[内部资料　注意保管]

中国工商银行年鉴

ALMANAC OF ICBC

2016

中国工商银行年鉴编辑委员会　编

中国金融出版社

责任编辑：张翠华
责任校对：潘　洁
责任印制：程　颖

图书在版编目（CIP）数据

中国工商银行年鉴.2016（Zhongguo Gongshang Yinhang Nianjian. 2016）/中国工商银行年鉴编辑委员会编.—北京：中国金融出版社，2017.3
ISBN 978-7-5049-8913-0

Ⅰ.①中…　Ⅱ.①中…　Ⅲ.①工商银行—中国—2016—年鉴　Ⅳ.①F832.33-54

中国版本图书馆CIP数据核字（2017）第036801号

出版发行　中国金融出版社
社址　北京市丰台区益泽路2号
市场开发部　(010)63266347，63805472，63439533（传真）
网上书店　http://www.chinafph.com
　　　　　(010)63286832，63365686（传真）
读者服务部　(010)66070833，62568380
邮编　100071
经销　新华书店
印刷　北京联合互通彩色印刷有限公司
尺寸　205毫米×280毫米
印张　53.75
插页　12
字数　1993千
版次　2017年3月第1版
印次　2017年3月第1次印刷
定价　285.00元
ISBN 978-7-5049-8913-0
如出现印装错误本社负责调换　联系电话（010)63263947

中国工商银行年鉴编辑委员会

中国工商银行年鉴编辑部

分行组稿负责人

曲兵林　付　郁　杜建国　韩彦斌　赵俊生　陈　龙　郭　浩
韩　宇　洪晓岚　钱　晓　陈　平　钱泽龙　张志彬　曾继武
高洪涛　徐　斌　王业清　匡维玮　童志军　瞿东波　刘欣然
张　军　马　强　罗　敏　高荣超　邢计划　强永辉　温陇秦
谭学军　吴文达　姚泽宇　程　琳　王维东　王一波　薛松颖
郑立华　王介林　刘文辉

组　稿　人　员

刘　博　高　珅　杜　衡　闫洁琼　盛清源　闵祥龙　冷建春
孙亚洲　付　强　李　然　谢　旻　姚　君　杨　希　余丽燕
段维斌　张　森　陈文辉　莫交林　翁文扬　贝为智　陈萍萍
曹　颖　熊　英　于　乾　黄　彪　温　诚　付春涛　杨　建
付康乐　袁　烨　张　芸　曹旭阳　杨　杰　吴　娟　傅　昌
戴　寒　宋　毓　程秋虎　路修光　黄旭辉　刘士光　郭　欣
王　剑　袁滨绍　张　恒　杨琛楠　王　强　左燕如　李金博
冀　风　吴　卫　杨　剑　薄　磊　叶定定　王嘉明　赵晓宇
郑　良　孙　琳　郑伶俐　赵卫永　黄洺慧　周利伟　刘冀云
朱　罜　肖亮亮　张　浩　欧　璐　白　洁　王　佳　王昭苏
魏　宏　张　颖　徐　颖　韦　闵　丁　岑　赵利杰　郑艳文
凌　子　郑　拓　汪　洋　杨晓琳　田艳妍　董　轶

董事长　姜建清

董事长致辞

2015年，世界经济复苏与增长依然乏力，国际金融市场震荡加剧，中国经济进入增速换档、结构调整、新旧动能转换的新常态，银行经营遇到许多新情况、处在新的发展环境中。在半年报致辞中，我曾就这方面的几个热点问题回答了投资者的关切。正如当时的预判一样，尽管遇到的困难和挑战仍然较多，但工商银行全年经营总体仍呈现出稳中向好、稳中有进、稳中提质、稳中出新的良好态势。

好在哪里，主要好在盈利增长平稳且积极因素增多。面对经济转型中潜在风险显性化、利率市场化发展中利差收窄等复杂因素对盈利的影响，本行通过突出加强风险控制，加快经营转型和业务创新，加大开源节流和挖潜增效，保持了经营的稳健和盈利的平稳增长。全年实现净利润2 777.20亿元，增长0.5%，拨备前利润4 502.28亿元，增长7.6%；加权平均净资产收益率17.10%，平均总资产回报率1.30%，实现基本每股收益0.77元，与上年基本持平。盈利增速放缓，但利润总额和资本回报率在全球银行业可比机构中仍然处于领先水平，而且从盈利结构看呈现出三大亮点。一是中间业务收入增速快于利息收入。利息净收入实现5 078.67亿元，增长2.9%；而手续费及佣金净收入实现1 433.91亿元，增长8.2%，占营业收入的比重提高0.44个百分点至20.55%。二是战略和新兴业务收入贡献持续提升。零售金融作为传统优势业务，经过近几年的持续创新实现了较快发展，在经济周期性波动中发挥了盈利稳定器的作用。资产管理业务作为重点创新发展的战略领域，发展稳健、前景广阔，营业贡献持续提升。三是境外机构和综合化子公司盈利快于集团平均增速。得益于中国对外开放的扩大和自身境外经营网络、业务体系特别是跨境人民币清算网络的更加完善，境外机构（不含新并购的工银标准和工银土耳其）净利润增长12.2%。基金、保险、租赁等综合化子公司也抓住机遇实现了盈利的较快增长，净利润合计增长55.4%，对集团的盈利贡献持续增强。盈利结构的变化显示出本行新的增长动力正在生成、强化，发展后劲更为充沛，未来增长更为可期。

稳在何处，主要稳在资产质量持续承压的情况下保持了总体稳定。近年来国际国内经济金融形势的复杂变化给银行风险管理特别是资产质量稳定带来新的考验和压力。本行审时度势，因时施策，深化全面风险管理，不断改进信用风险防控，完善大数据风险监控体系，加强对潜在风险的排查会诊和安全加固，组建了专业化处置团队，努力提高不良贷款处置效率和效益。年末集团不良率为1.50%，保持了信贷资产质量的基本稳定。同时，本行强化了市场风险、流动性风险防控，有效隔离股市震荡和汇市波动带来的风险。加强了内控案防管理，深入开展高风险领域、要害环节的专项检查以及对新型风险的专项整治，有效降低了外部风险带来的不良影响。

进在哪里，主要进在经营转型迈出重要步伐，资产负债业务得到改造提升。在利率市场化加速、金融脱媒等新环境下，本行以新理念新工具新机制调整资产负债结构，进一步激发传统业

2015年，全行突出以国家战略为导向完善融资业务发展布局，加大对重点项目和重大工程支持力度。图为内蒙古分行支持建设的京藏高速公路呼和浩特至包头段改扩建工程项目。

2015年，全行积极支持“一带一路”建设，助力企业“走出去”。图为中车集团戚墅堰机车有限公司，江苏分行支持其参与泰国、印度铁路局机车等项目投标。

2015年，全行积极创新融资方式支持实体经济，首次完成PPP项目资本金融资项目，为重庆红岩村大桥50亿元PPP项目提供“股权投资+银团贷款”的综合融资服务。图为红岩村桥隧项目。

2015年，互联网金融品牌“e-ICBC”正式发布。图为2015年5月26日，观众在“贵阳国际大数据产业博览会暨全球大数据时代贵阳峰会”上的工行展台了解、体验互联网金融产品。

2015年11月21日22:00至28日22:00，全行首次成功实施了持续一周的核心信息系统同城切换运行工作。图为数据中心(上海)员工在总控中心紧张地进行操作。

2015年，全行继续加大信贷结构调整，加大对高信用等级客户和重点支持类行业的支持力度，信贷资产结构得到进一步优化。图为江西分行支持的智慧海派科技有限公司。

2015年9月4日，王林纪委书记深入上海分行第二营业部调研智能网点建设与网点内控案防情况。

2015年7月9日，胡浩副行长在伦敦领取由《欧洲货币》颁发的“全球新兴市场最佳银行”奖。工行是第一家获得此奖项的亚洲商业银行。

2015年，境外机构盈利继续保持稳定增长，工银亚洲、工银阿根廷、工银澳门、工银欧洲等10家机构税前利润超过1亿美元，日益成为集团发展新动力和盈利增长极。

2015年6月8日，郑万春副行长出席肯尼亚10亿美元电站项目总承包合同及金融服务协议签约仪式并致辞。

2015年3月25日，谷澍副行长出席多伦多证券交易所为工行特别举办的开市仪式。工银加拿大与多伦多证券交易所签署《谅解备忘录》，在人民币清算结算及债券、股票、利率等领域开展全方位合作。

2015年2月10日，王敬东副行长出席2015年度企业年金投资策略会并致辞。

2015年10月14日，钱文挥监事长出席工银墨西哥揭牌庆典，墨西哥子行是墨西哥第一家中资银行。

2015年9月19日，张红力副行长在广西南宁出席“第7届中国—东盟金融合作与发展领袖论坛”并发表主题演讲。

2015年5月5日，王希全副行长出席工银信用卡HCE云支付首发仪式并致辞。

2015年9月29日，易会满行长在互联网金融战略暨网络融资中心成立发布会上做TED演示。

2015年7月31日，钱文挥监事长在第四届“感动工行”员工颁奖典礼上致辞。

2015年10月28日，钱文挥监事长、王林纪委书记出席廉洁文化发布会。

2015年11月24日，姜建清董事长出席中国－中东欧国家经贸论坛并发表主旨演讲。

2015年2月2日，易会满行长在伦敦出席工银标准多数股权项目交割仪式。这次收购是中资银行首次通过并购国际银行实现交易业务的全球化。

2015年6月17日，易会满行长在云南分行营业部北京路支行了解核算印章改革应用情况。

2015年10月30日，姜建清董事长作为中德经济顾问委员会中方主席在合肥主持中德经济顾问委员会会议及中德中小企业论坛。

2015年11月7日，姜建清董事长作为IFF新任理事长主持国际金融论坛2015年年会开幕式。

2015年11月16日，姜建清董事长、易会满行长、钱文挥监事长一同为行史馆开馆剪彩。

2015年6月20日，姜建清董事长在青岛出席中国财富论坛并发表主旨演讲。

2015年7月1日，姜建清董事长在巴黎为泛欧交易所敲响开市钟。此前一天，工行与巴黎泛欧交易所签署了总金额达30亿欧元的战略合作协议。

2015年8月27日，姜建清董事长、易会满行长、魏国雄首席风险官出席中期业绩发布会。

2015年2月4日，姜建清董事长、谷澍副行长赴电商平台工作组调研“融e购”发展情况。

2015年5月20日，姜建清董事长、魏国雄首席风险官深入广东某通信有限公司调研高新技术产业情况。

2015年6月18日，姜建清董事长、王希全副行长出席中国工商银行个人信用消费金融中心成立发布会。

监事长　钱文挥

化，有效避免了股市震荡和汇市波动可能带来的风险交互传染。针对非法集资、金融诈骗等外部风险多发的态势，深入开展专项检查，以及对新型风险的专项整治，堵塞漏洞，扎紧篱笆，有效遏制了案件和风险事件的反弹势头。

这一经营业绩是在结构优化与新动能培育加快推进基础上取得的。本行坚持创新驱动，主动创造条件加快经营转型，以新的理念不断完善实施零售金融、资产管理、投资银行等业务发展战略，新的增长点多点开花、新的动能正在形成。在零售金融业务领域，个人客户金融资产达到11.6万亿元；银行卡发卡量7.5亿张，其中信用卡发卡1.09亿张，稳居亚太第一位；私人银行业务客户数达到6.2万户，增长44.8%，管理资产规模首破万亿元。在资产管理业务领域，理财产品余额增长32.0%，达到2.62万亿元，规模为同业最大；托管资产11.5万亿元，增长近100%，继续保持同业第一；贵金属业务交易额、交易量分别达到1.25万亿元和15.9万吨，增幅分别达到21.4%和38.1%。工银瑞信管理资产总规模、客户数量分别突破9 000亿元和1 300万户；工银安盛实现保费收入235.4亿元，增长52.8%，总资产规模突破660亿元。在投行业务领域，业务结构持续优化，影响力持续提升，在汤森路透并购排名中，本行位列并购交易财务顾问交易数量亚太区首位、中国企业海外收购交易数量全球首位等多项第一。互联网金融是本行又一战略重点。我们按照新发布的e-ICBC互联网金融品牌和升级发展战略，基本搭建完成了互联网金融平台主体架构，运用新策略新思维加快各项业务的发展，推动了线上线下一体化服务发展格局加快形成，并带动网络融资、线上支付等业务快速增长、线下网点智能化转型、客户服务效能和水平大幅提高。

2015年，本行在复杂经营环境下的稳定发展态势也得到了市场认可。本行获评英国《欧洲货币》“全球新兴市场最佳银行”，成为亚洲第一家获此全球奖项的金融机构，同时连续三年蝉联英国《银行家》全球1 000家大银行、美国《福布斯》全球企业2 000强和《财富》500强商业银行子榜单等排名之首。

寒暑易节，冬藏春发，万物生长自有其规律，银行经营也是如此。2016年，外部经济形势仍然复杂多变，各类风险挑战还在增多，本行管理层将紧紧围绕董事会制定的发展战略和经营目标，牢牢抓住转型升级的工作主基调，以久久为功的定力、不畏浮云遮望眼的清醒，千方百计稳质量稳增长，谋势蓄势求发展创未来，以更加出色的业绩回报广大股东和社会各界的信任与支持！

行长：易会满

二〇一六年三月三十日

行长致辞

春天总是令人期待。我们在这充满希冀的时节报告工商银行上一年度的经营业绩。2015年，面对错综复杂的外部环境，管理层紧紧围绕董事会确定的各项目标任务，抓市场，调结构，促改革，控风险，推动本行经营效益稳定增长，风险总体稳定可控，结构调整逐步深化，总体保持了稳健经营态势。全年实现净利润2 777.20亿元，比上年增长0.5%。尽管静态看增速放缓，但从经济金融发展新常态这个大逻辑下，动态和辩证地看待本行的经营业绩，不仅符合预期，而且来之不易。

这一经营业绩是在增长难度加大的高基数上取得的。利润总量越大，增长难度也随之增加。现在本行净利润每增长1个百分点，相当于5年前的1.7个百分点、10年前的7.3个百分点。2015年的净利润超过了2000年之后8年的利润总和。而且从其他指标看，拨备前利润比上年增长7.6%，成本收入比下降1.26个百分点至25.49%；资本充足率上升0.69个百分点至15.22%，高于监管标准。这进一步展现了本行盈利的稳健性和良好的成长性，也为本行调整结构、推进转型创造了有利条件。

这一经营业绩是在与实体经济良性互动中取得的。本行坚持把服务实体经济提质增效作为改善自身经营质态的本源，着力盘活存量、用好增量，加大结构调整力度，努力在促进经济转型升级中优化经营结构、培育新的业务增长点。2015年，全年实际新投放信贷总量2.76万亿元，其中新增人民币贷款8 808亿元，比上年增长9.1%；贷款存量到期收回移位再贷1.88万亿元。此外，债券承销、股权融资、委托贷款等非信贷融资发生额1.36万亿元，成为支持实体经济的重要资金来源。在融资业务发展布局上，积极把握“一带一路”建设、京津冀协同发展、长江经济带发展“三大战略”中的机遇，加大对重点项目和重大工程支持力度，累计发放项目贷款8 168亿元；累计支持“走出去”项目170个，合计承贷金额427亿美元。运用互联网思维和大数据技术，将线下专业化经营与线上标准化运营相结合，努力走活服务大众创业万众创新和消费扩大升级的“这盘棋”。全年小微企业贷款净增1 617亿元，增幅9.4%，高于各项贷款平均增幅；个人消费和住房按揭贷款增加4 365亿元，占各项贷款增量的55.4%。

这一经营业绩是在顶住风险积聚压力、保持资产质量总体稳定和各类风险可控的情况下取得的。2015年，在经济下行、企业效益下滑、资本市场下挫等压力下，各类融资风险呈现多点多发、蔓延扩散势头。本行将信用风险防控工作摆在更加突出位置，创新办法措施，加强动态风险监测和预警，有效缓释存量风险，严格控制增量风险。到年末不良贷款率升至1.50%，纵向比，确实较年初上升0.37个百分点，但总体仍在可控区间；横向比，在国际国内可比同业中也处于较优水平。与此同时，本行还针对资产管理、代理投资等各类新型金融风险，进一步完善了全市场、全产品、全口径的投融资风险管理机制，切实加强底层资产穿透管理，实施压力测试的常态

行长　易会满

启动标准化与互联网化为特征的信贷业务运营，目前网络融资总规模超过5 000亿元。

时间将过往的努力留给历史，也将美好的希望带给未来。2016年是中国“十三五”规划的开局之年，也是本行实施的新一轮三年规划承上启下的关键一年。尽管经营发展中挑战很多、风险增加，困难不容低估，但我们有信心、有能力、有条件保持健康平稳发展。这种信心，来自于我国经济长期向好的基本面和改革发展的新推动，来自于本行近十年发展奠定的良好基础和较强风险抵御能力，来自于传统动能升级和新动能的加速形成，来自于互联网金融等新业态先发优势的不断积聚，等等。我相信，有本行全体员工的努力、有各位股东的支持，有社会各界的帮助，工商银行一定能够爬坡过坎，行稳致远，并为经济社会发展注入正能量、作出新贡献！

董事长：姜建清

二〇一六年三月三十日

务的增长潜能。在融资业务方面，本行坚持自身业务发展与经济转型升级、结构调整相适应相促进，着力完善信贷增量与存量移位再贷并轨管理，按照增量与存量进行全流量的统筹配置信贷资源，完善差别化的信贷政策和结构安排，从根本上促进信贷结构的调整和质量的优化。同时，加大信贷与非信贷融资服务的统筹运用，加快资产业务转型。全年实际新投放的信贷总量达到2.76万亿元，其中，新增人民币贷款8 808亿元，比上年增长9.1%；相当于新发放贷款的存量到期收回移位再贷1.88万亿元。债券承销、资产交易、金融租赁、银团分销、委托贷款等非信贷融资总量达到1.36万亿元，同比增加2 320亿元，既及时有效地支持了企业融资需求和多元化金融服务需要，又推动了本行由资产持有大行向轻资本的资产流量大行的转变。在负债业务方面，本行着力完善主动与被动负债协调发展的经营机制，尤其是突出发挥本行支付结算、托管存管、IT等服务优势，抓住机遇吸引了大量低成本稳定资金来源，促进了负债业务结构优化和量价协调。境内分行人民币客户存款及同业存放款项合计新增12 778亿元，同比多增3 972亿元，增幅8.2%，均创近三年最高。同时存款付息率比上年下降13个基点，相当于节约成本203亿元。

新在何处，主要新在新业态新动能加速生成。随着经济增长新动能的形成、金融新业态的发展，银行必须加快改革创新来打造新引擎新动力，为持续健康发展蓄势增能。本行多年持续转型创新的成效正在显现，一批新的盈利增长极和增长点正在形成，特别是在多层次资本市场建设和金融双向开放中逐步发展起来的新型零售金融业务、金融市场业务、资产管理业务、投资银行业务日益成为重要的盈利支撑。国际化发展又迈出了新步伐，去年本行又有5家境外机构开业或获颁牌照，成为境外机构覆盖范围最广（直接和间接网络布局覆盖61个国家和地区）的中资银行；完成了收购标银公众股权项目交割，搭建了全球化交易业务平台；共在6个国家获得人民币清算行资格，形成了覆盖亚欧美三大时区的人民币清算网络。基金、保险等综合化子公司更加有机地融入集团一体化发展，跨境跨市场的协同发展格局正在深化，进一步增强了本行在全业务链的价值创造力和市场竞争力。

尤值一提的是，本行互联网金融领域的新业态新优势正在加速形成。去年本行连续发布了e-ICBC互联网品牌和升级发展战略，以“三平台一中心”（“融e行”开放式网银平台、“融e购”电商平台、“融e联”即时通讯平台和网络融资中心）为主体，覆盖和贯通金融服务、电子商务、社交生活的互联网金融架构搭建形成。“融e行”是对原有网上银行、手机银行整合改造形成的、更加适应移动金融趋势、更为开放的直销网银平台，目前已有1.9亿的客户基础，开放后普惠服务的覆盖面正在扩大。“融e购”全年交易额超过8 000亿元，成为国内第二大电商平台。“融e联”是本行自主研发的一个社交型金融服务平台，目前战略布局已基本完成，2016年将为亿级客户提供信息沟通和金融服务。网络融资中心和个人信用消费金融中心挂牌成立，全面

2015年，全行加大对新能源等新产业的支持力度。图为广西分行贷款支持的中电广西防城港电厂二期扩建工程项目。

2015年，全行大力发展契合小微企业“短频急”融资需求的“网贷通”业务。图为2015年4月30日，厦门分行杏林支行客户经理深入某企业制衣车间实地了解小企业的经营情况和服务需求。

2015年，全行加快年轻客户群拓展。图为北京分行在中央财经大学借力第六届“工商银行杯”全国大学生金融创意设计大赛，开展产品宣传，努力提升大学生客户的渗透率和影响力。

2015年，全行加快了对线下网点的智能化改造，打造线上线下一体化服务体系。图为2015年7月25日，陕西分行榆林高新区支行员工在网点内向客户演示如何使用免费WIFI。

2015年，全行继续探索教育扶贫、卫生扶贫、项目扶贫、救灾扶贫相结合的扶贫开发模式，帮助当地人民提高生产生活水平。图为2015年10月14日，四川通江县贫困户抱着在生态养殖扶贫项目中领到的种猪喜笑颜开。

2015年，全行上下积极构建以人为本的和谐发展环境，不断提高员工满意度和凝聚力。图为2015年4月24日，工银租赁员工在“激情熔炼团队、凝聚创造梦想”拓展训练中击鼓颠球。

目　录

第三部分　公司治理与风险管理

第四部分　党建工作与队伍建设

第五部分　境内分行成就

第六部分　重要文献

第七部分　综合统计

第八部分　大事记

第九部分　附　　录

Contents

Part 1 Innovation & Development

Part 2 Global Development & Comprehensive Operation

Part 3 Corporate Governance & Risk Control

Part 4 Party & Staff Building

Part 5 Achievement by Domestic Branches

Part 6 Material Document

Part 7 Comprehensive Statistics

Part 8 Chronicles of ICBC in 2015

Part 9 Appendix

第一部分

改革创新与业务发展

责任编辑：缪　磊

认真贯彻国家宏观调控政策

2015年是“十二五”规划的收官之年，也是全行新一轮三年发展战略的开局之年。一年来，全行认真贯彻国家宏观调控政策和金融监管要求，紧密围绕新常态下实体经济需求，统筹运用信贷增量与存量、信贷与非信贷融资资源以及多元化金融服务，支持实体经济转型升级、提质增效，较好地发挥了大型银行在服务实体经济中的应有作用。

一、积极支持实体经济发展

认真贯彻中央关于稳增长、促改革、调结构的总体部署，在金融服务上更加注重五个突出。一是突出统筹运用信贷增量与存量、信贷与非信贷融资服务。2015年实际新投放的信贷总量达到2.76万亿元，其中新增人民币贷款8 808亿元，可比口径增长9.1%；贷款存量到期收回移位再贷1.88万亿元。债券承销、股权融资、委托贷款等非信贷融资总额1.36万亿元，成为服务实体经济的重要资金来源。二是突出以创新方式支持小微企业和居民消费融资需求。成立了网络融资中心和个人信用消费金融中心，运用互联网思维和大数据技术，将线下专业化经营与线上标准化运营相结合，努力走活服务大众创业万众创新和消费扩大升级的“这盘棋”。小微企业贷款净增1 617亿元，增幅9.4%，实现“三个不低于”目标；个人消费和住房按揭贷款增加4 365亿元，占各项贷款增量的55%。三是突出以国家战略为导向完善融资业务发展布局。主动对接国家实施“四大板块”和“三个支撑带”的战略，加大对重点项目和重大工程的支持力度，累计发放项目贷款8 168亿元；中西部及东北地区贷款增长10.4%，显著高于全行平均增幅。四是突出以国际化发展的新优势支持企业走出去。充分发挥境外机构覆盖面广、“一带一路”沿线机构多等优势，建立了涵盖25大类的“走出去”业务体系，支持“走出去”项目71个，承贷金额221亿美元，其中“一带一路”项目28个，承贷金额94亿美元。五是突出以大银行的市场影响力降低企业融资成本。全部贷款中六成左右执行的是基准和下浮利率，2015年新发放人民币贷款平均利率为5.39%，同比下降101个基点，处于市场较低水平。同时进一步取消了小微企业19项服务收费。

二、完善信贷政策，提高金融服务水平

结合经济形势变化和产业结构调整趋势，适时调整信贷政策，不断提升金融服务的针对性和有效性。按照“指投向、调结构、控总量”的战略导向，修订了18个板块（60个子行业信贷政策）的行业信贷政策，实现了公司贷款客户行业政策全覆盖。因地制宜制定了“三个支撑带”和西北、东北、珠三角、山西、西藏、新疆等9个区域的信贷政策，制定上海、广东和福建自贸区配套信贷政策，在解决个性化和差异化信贷需求的同时，有效控制相关区域的信贷风险。加快推进境外机构的本地化经营和信用风险管控，制定2015—2017年境外机构信贷发展的意见和信贷支持“走出去”业务指导意见，基本完成工银租赁、工银印尼、工银标准、工银安盛等机构的“一行一策”管理方案。持续健全信贷制度体系，全面整合境内外授信体系，优化信贷业务评级管理，严格信贷准入基本标准，进一步完善了集团层面授信管理制度体系。修订法人和个人信贷业务押品管理办法，促进押品管理与业务发展和风险管理的配合协同；提出非标代理投资业务的风险分类、作业监督等管理要求，提升金融资产服务业务的管理水平。

三、加强重点领域信贷风险管控

重点加强了对产能过剩、政府平台、房地产和煤炭行业的结构调整，同时改变过去刚性压降为允许适应性调整方式，细化客户清单，提高对目标客户的精准定位。持续加强对产能过剩行业限额执行情况的跟踪监测分析，加大对劣势客户的退出力度。研究确定2015年融资平台控制计划，实施差异化管理。制定2015年房地产行业政策，提出总量及分项限额目标，对重点区域、品种及客户进行政策倾斜和例外处理。加强煤炭行业的定期分析和控制执行情况监测，动态优化行业信贷结构。2015年全行地方政府融资平台贷款余额、房地产贷款余额、产能严重过剩行业投融资总量分别比年初下降1 131.6亿元、201.83亿元和155.2亿元。

（总行信贷与投资管理部）

互联网金融创新与发展

2015年，面对互联网时代的金融生态环境和客户需求变化，工商银行以创新进取的心态拥抱技术变革的新趋势，连续发布了e－ICBC互联网品牌和升级发展战略，贯通金融服务、电子商务、社交生活的互联网金融架构基本搭建完成，并迅速形成规模和市场影响力。

一、e－ICBC互联网金融品牌和升级发展战略发布

2015年初在同业中率先提出互联网金融战略，并在2015年3月向社会正式发布e－ICBC品牌和多款互联网金融产品，构建了融支付、融资、交易、商务、信息“五大功能”于一体，适应消费金融和移动互联特点，有自身特色的互联网金融体系。经过半年多的创新实践，工行在互联网金融创新方面取得了长足进步，同时对互联网金融发展有了新的审视和突破，形成了更清晰、更完善的互联网金融升级发展战略，即以金融为本，创新为魂，互联为器，构筑起了以“三平台、一中心”（“融e行”开放式网银平台、“融e购”电商平台、“融e联”即时通讯平台和网络融资中心）为主体，覆盖和贯通金融服务、电子商务、社交生活的互联网金融整体架构，以大银行的新业态、新生态，为促进实体经济提质增效增添了新动力，为推动自身经营转型提供了新引擎。

二、互联网金融领域的新业态新优势加速形成

按照e－ICBC战略部署，各专业密切配合，运用新策略新思维加快“三平台、一中心”各项业务创新发展，并带动支付、理财投资等业务快速增长、线下网点智能化转型、客户服务效能和水平大幅提高。

（一）“融e购”电商平台。“融e购”通过平台聚合客户和商户，链接交易与融资，提升客户的黏性与活跃度，使金融服务更具效率与价值。2015年，“融e购”的业务领域已从B2C扩展到B2B，并创造了B2G（企业与政府的采购电商平台），所提供的商品和服务从日常消费品扩展到地产、旅游、汽车、教育、集中采购等领域，全年交易额超过8 000亿元，客户数超过3 100万人，成为国内第二大电商平台。

（二）“融e联”即时通讯平台。“融e联”是自主研发的社交型金融服务平台，目标是实现银行与企业、银行与客户、银行内部的即时信息沟通。截至2015年末，“融e联”用户已达500万户，行内覆盖率超过95%，2016年将为亿级客户提供信息沟通和金融服务。

（三）“融e行”开放式网银平台。“融e行”是对原有网上银行、手机银行整合改造形成的、更加适应移动金融趋势、更为开放的直销网银平台。截至2015年末，已有1.9亿的客户基础，交易结构不断优化，移动端交易占比显著提升，交易笔数达到PC端的34.4%。

（四）网络融资中心。2015年，网络融资中心和个人信用消费金融中心挂牌成立，标准化与互联网化为特征的信贷业务运营全面启动，信贷业务创新产品日益丰富，网络融资总规模超过5 000亿元。基于客户线上线下直接消费的信用贷款产品“逸贷”客户数已达到447万户，余额突破2 000亿元，与全国P2P网贷成交额基本相当；契合小微企业“短频急”融资需求的互联网贷款产品“网贷通”，已累计为近8万小微客户发放贷款1.85万亿元，余额近2 200亿元，是国内单体金额最大的网络融资产品；全线上的“个人自助质押贷款”已累计发放1 335亿元，贷款余额632亿元。

（五）专属应用及相关产品线。依托三大平台建设和互联网金融营销服务新机制，实现了融资、支付、投资理财三大产品线的快速发展。具有小额、便捷特色的“工银e支付”产品，客户数达7 800万户，交易额达到1 700亿元，交易笔数1.5亿笔，其每秒上千万笔的并发交易处理能力在业界首屈一指；在投资理财领域，“工银e投资”是国内银行业中唯一面向个人投资者的投资交易平台，2015年以来的交易量近2 500亿元。智能网点改造进展快速，全国已有3 121家网点完成了智能化改造。此外，针对特定客户群体需求，推出了“工银e校园”、“工银e商友”、“工银e生活”等差异化服务和场景应用，收到良好反响。

（总行产品创新管理部）

成立网络融资中心

2015年9月29日，网络融资中心在安徽合肥正式挂牌成立，姜建清董事长、易会满行长、郑万春副行长、谷澍副行长、魏国雄首席风险官等行领导出席现场发布会。网络融资中心的正式成立标志着我行正式构筑起了以“三平台、一中心”为主体，覆盖和贯通金融服务、电子商务、社交生活的互联网金融生态整体架构，提升了我行网络融资品牌的知名度和影响力。这不仅是我行互联网金融创新的重要里程碑，也是我行信贷经营模式变革的新起点。网络融资中心对传统融资业务进行了标准化与网络化改造，促进信贷业务尤其是小微和个人金融业务在风险可控基础上的批量化发展，为客户带来“无地域、无时差、一键即贷”的良好体验，推动传统融资服务在“互联网+”时代加快转型。成立以来，网络融资业务实现稳健发展，主要体现在：

一是国内最大网络融资银行的市场领先地位得到进一步巩固和扩大。截至2015年12月末，境内分行网络融资业务表内外余额达到5 235亿元，较年初增加847亿元，较中心成立时（9月末余额为4 926亿元）增加309亿元，进一步巩固了我行作为国内最大网络融资银行的市场领先地位。

二是积极适应信贷经营管理转型要求，加快标准化产品研发上线。网络融资中心积极适应信贷经营管理转型需要，基于网上银行、手机银行和“融e购”等渠道，结合客户需求场景开发了一系列在线融资产品，陆续上线了公司客户网上质押贷款、“商e贷”、信用网贷通等产品，并从数据分析挖掘、额度智能推送、业务流程优化等多维度为产品推广提供支持和保障，初步建成了涵盖对公客户和个人客户的在线融资标准化产品体系。

三是加快新产品投产试点，“一键即贷”实现首笔业务发放。首笔工银集采贷于2015年11月在广东珠海分行成功发放，业务全流程不落地办理，资金实时到账，实现了真正意义上的“一键即贷”。12月，天津物产电商平台电子仓单融资顺利完成首笔系统自动核准放款，业务自动核准仅用时32秒，从客户申请到放款成功不到3分钟，极大地提升了业务处理效率。当月，首笔中建集采项下电子保理在山东分行成功发放，融资金额267万元，实现了电子供应链融资产品全流程不落地、系统自动审批。

（总行公司金融业务部）

成立个人信用消费金融中心

2015年，全行认真贯彻国务院加快发展消费金融、增强消费对经济拉动力的重要部署，在同业中率先成立个人信用消费金融中心，通过大数据技术精准定位客户消费轨迹、融资需求和信用状况，全面发展无抵押、无担保、纯信用、全线上的消费信贷业务，以“消费+金融+互联网”的有机结合，为客户带来全新体验和品质服务，让消费金融走进千家万户、普惠千万百姓。

一、创新推出个人信用消费贷款产品

将个人信用消费贷款纳入银行卡业务部统一管理，建立以客户为单位、统一的个人信用授信体系，研发集“白名单、全线上、预先授信、总额控制、实时监控、系统贯通”六大理念于一体的新一代个人信用消费贷款产品，并同步推动各分行相应建立个人信用消费金融中心、开展专题业务培训，确保整个营销链条认识一致、信息一致、步调一致。10月28日产品正式上线，截至2015年末已放款28.1亿元，贷款余额22.7亿元，贷款户5.1万户。

二、开拓分期付款市场

在巩固购车分期优势的基础上，持续拓展保险、高品质数码产品等分期市场，总对总汽车分期合作厂商达20家，其中贴息合作厂商达17家。丰富分期付款产品和渠道，相继推出汇总分期、定制分期、现金分期等新型分期产品；大力发展手机移动端分期付款，加快短信分期推广，推出“融 e 联”和自助终端分期，引导分期付款的移动化和智能化发展。截至 2015 年末，全行信用卡分期付款余额达 2 210.6 亿元，较年初增加 118 亿元。

三、依托公司逸贷产品打通消费产业链

发挥信用卡各业务板块协同优势，将公司逸贷范围拓展至小微商户逸贷公司卡、逸农消费公司采购卡、“融 e 购”网逸贷，以及旅游逸贷公司卡四个领域。在平衡市场推广与风险管控的基础上，协同收单市场拓展，营销有信贷需求的商户。截至 2015 年末，公司逸贷签约商户 1.3 万户，累计放款 123.2 亿元，贷款余额 38.9 亿元。

（总行银行卡业务部）

重点区域竞争力提升

2015 年，全行深入实施重点区域率先突破发展战略，积极推动第一梯队分行转型试点和重点城市行竞争力提升工作，区域经营模式改革的政策激励效应逐步显现，各层级机构的发展动力和竞争活力得到有效调动，重点区域的转型发展和创新竞争实力持续巩固提升。

一、试点创新，积极推动一梯队分行转型改革

2015 年，总行持续深化梯队建设战略，坚持“一行一策”方针，组织推动浙江、上海、广东三家一梯队分行实施转型试点，相继制订了加快转型方案，确定了转型目标和重点突破任务。总行相关部门从加大资源投入、放宽业务权限、给予新业务先行先试政策等方面研究配套支持政策，形成了总行对三家试点行转型发展方案的批复意见。截至 2015 年末，首批转型试点工作取得积极成效，三家试点行通过重构经营理念和发展思路，拨备前利润同比增长 4.4%，高出境内分行平均水平 2.8 个百分点，其中上海和广东分行拨备前利润同比增长分别达到 12.6% 和 4.3%；三家试点分行中间业务收入增速分别达到 16.1%、13.6% 和 9.4%，显著高于全行平均水平。

（一）浙江分行竞争发展能力显著提升。截至 2015 年末，浙江分行存款四行占比 34.6%，较 2014 年提升 1.2 个百分点，保持当地同业首位；“大投行”架构建设有序推进，新型投行业务线发展提速，其中资本市场相关业务同比增长 142%，组合式基金、分销顾问业务也取得突破；托管和人民币利率互换等潜力业务领域发展迅速，人民币利率互换交易额较 2014 年增长 39 倍；中间业务收入和大零售业务对营业收入的贡献明显提升，贡献度分别提升 3.4 个和 19 个百分点至 33.4% 和 65%；私人银行业务实现跨越式发展，客户数和管理的资产规模均较 2014 年增长近 1 倍。

（二）上海分行转型发展和业务创新水平迈上新台阶。零售业务营业贡献占比较 2014 年大幅提升 5.1 个百分点，私人银行客户数和管理资产均实现了较快增长；大资管业务创新动力增强，发售的净值型产品比例已经超过 92%，推出了“易申利”开放式收益递增型产品，利率互换业务的全年交易量、客户数和业务收入分别较 2014 年增长 144%、79% 和 145%；自贸区业务创新取得新进展，全年累计租赁融资额同比增长 3.68 倍，自贸区客户占上海地区自贸区客户总量的 25%，自由贸易账户的市场占有率达 25%；金融同业业务稳健发展，2015 年同业日均存款同比增幅近 120%，托管资产突破 1.1 万亿元关口。

（三）广东分行积极探索零售业务发展新机制。个人贷款增长 26%，余额、增量四行占比均保持首位，私人银行客户和管理的资产规模均实现强劲增长；大资管业务牵引力逐步增强，资产管理业务规模同比增长 36%，人民币利率互换跻身系统前三，资产托管业务也实现了跨越式发展；资产负债管理成效持续显现，存款稳步回升，2015 年本外币全部存款日均 1.4 万亿元，四行排名第一，经济资本回报率达到 23.2%，同比提高 0.3 个百分点。

二、重点突破，探索构建重点城市行竞争发展新路径

2015 年，全行按照大中城市行竞争力提升的总体战略部署，不断探索提升重点城市行竞争力的新路径和新方法。年初，总行会同相关分行，在 50 家总行级重点城市行中筛选确定了河北、湖南、陕西分行营业部，嘉兴、东营、洛阳分行等六家城市行作为首批重点扶持行，并组织六家重点扶持行制订了竞争力提升方案，研究提出了支持推动重点扶持行发展的相关政策。同时，总行建立了重点城市行竞争力监测分析体系，按季度对重点城市行竞争力变化情况进行跟踪监测和报告。

截至2015年末，50家重点城市行综合市场占比达到33.4%，较2014年末提升1.99个百分点，提升幅度位列四行首位，竞争优势较2014年扩大。六家重点扶持行综合市场占比为28.1%，较2014年末提升0.99个百分点，提升幅度位列四行首位，政策成效持续显现。其中，湖南分行营业部、嘉兴分行、洛阳分行竞争力提升幅度较为明显，综合市场占比分别提升2.63个、2.11个和1.06个百分点。从资产质量看，六家重点扶持行不良贷款率低于50家重点城市行0.32个百分点。

（总行城市金融研究所）

大零售战略

2015年，面对全球经济复苏缓慢、国内经济下行压力加大的严峻经济金融形势，全行零售条线深入贯彻年初工作会议和零售业务工作会议精神，加快推动全行经营的转型发展、持续推进“大零售”战略落地实施，零售业务在全行资产负债、收入、产品结构优化上发挥了重要支撑作用。

一、零售业务取得优异业绩

在收入贡献方面，实现了营业贡献与中间业务收入双提升。实现个人客户营业贡献1 995亿元，同比多增113.8亿元，在全行营业收入中的占比达到40%，同比提升2.4个百分点，充分发挥了对全集团利润贡献的稳定器作用；实现零售中间业务收入892亿元，同比多增175亿元，增幅24.4%，贡献占比再创新高，达59.1%，较去年提升7.2个百分点。私人银行业务成为又一个中收规模突破百亿元的专业线。在客户拓展方面，实现了客户总量的稳健增长和客户结构的持续优化。全行个人有效客户数达3.59亿户，其中日均金融资产1万元以上个人客户达到9 124万户，增量超过600万户，创历史新高；中高端客户规模稳步增长，100万元以上财富客户达到32万户；私人银行客户达到6.2万户，增幅43.85%；白金信用卡以上等级客户达到128.6万户。在金融资产方面，个人客户金融资产总规模达11.6万亿元，较年初增加1.1万亿元，增幅22%，进一步巩固和扩大了个人金融资产第一大行的地位和优势。其中，储蓄存款余额7.53万亿元，较年初增加967亿元，日均余额较年初增加2 106亿元；私人银行管理资产规模首破万亿元达1.06万亿元。在个人贷款方面，全行个人贷款余额达到2.78万亿元，占全行的26.25%，较年初提升2.11个百分点，增量4 365亿元，占全行的49.52%，日益成为全行信贷投放的中坚力量；信用卡贷款余额达4 204亿元，较年初增加523亿元；个人贷款质量继续保持较好水平。在信用卡业务方面，立足1亿张新起点，继续保持健康快速发展，发卡量达1.09亿张。此外，在零售产品创新和推广方面也取得了新突破，推出了覆盖资产、负债、移动支付以及系统平台等多个方面的创新产品，在提升市场竞争力、盘活存量、优化增量等方面取得了良好成效。

二、2015年推进零售战略的工作举措

（一）深入推进零售战略实施。一是积极支持和引导改革试点分行先行先试。在对改革试点机构调研的基础上，召开了零售业务率先发展改革试点工作座谈会，采取现场加视频的方式在全行范围内推广先进经验，收到良好效果。二是推动零售业务综合评价体系在全行的实施。按照“三评价”办法，对行长、分管行长、部室负责人三级管理人员的零售业务工作情况进行定期评价和通报，同时进一步规范了客户经理的绩效考核管理。印发《关于应用MOVA员工业绩试图加强个人客户经理业绩考核管理的通知》，明确个人客户经理业绩考核指标设置要求，强化业绩考核结果应用。

（二）推动储蓄存款稳定增长。一是加强个人存款创新产品营销推广，做好客户群的深耕维护，将大额存单、节节高、薪金溢和存管通等个人存款创新产品作为稳定存款和挖转他行客户存款的利器，促进了储蓄存款、金融资产的稳定增长。二是建立相应考核机制，引导分行减少对存款时点的依赖性，提升存款增长的科学性，将储蓄存款增长目标落实到日常工作中，夯实储蓄存款增长基础。三是持续扩大个人金融资产总规模，积极推进保险、基金、第三方存管、贵金属、外汇业务的协调发展，以日均储蓄存款增长为核心，以金融资产增长、存款同业占比提升为两翼，吸引流量、扩大增量、巩固存量，扩大金融资产领先优势。

（三）深入开展客户拓面，集群式发展客户。加快客户群拓展，实现客户规模快速增长。针对大公司大企业，紧紧围绕代发工资业务拓展和企业单位集群化营销两条主线，以总行直营项目典型引领与系统营销推动为抓手，持续加强联动营销体制机制建设，不断完善“工银薪管家”综合服务内涵，实现代发工资业务量质

双提升。针对商友客户，以“惠享商友，汇通天下”为主题，推动“商友贷”产品拓展工作，开展第三方非金融合作机构接洽，做好线上线下相关非金融服务。积极开展工银 e 商友服务项目建设，从传统关注客户金融行为拓展至生产经营、上下游供应链、日常生活等多个层面，着力打造商友客户资讯交流与社交沟通平台，构建客户、市场与我行三位一体的生意人客户群服务生态圈，实现商友客户的闭环营销服务。针对民生领域客户，优化金融社保卡专属产品发行机制，加强金融社保卡客户群的精准营销；启动个人医疗服务项目建设工作，扩充应用功能，拓展业务渠道，丰富服务内容，提升吸引力；依托大数据细化目标客户清单，推动财政统发客户精准营销，提高业务的贡献度。

（四）加大消费信贷新产品新业务推广力度。一是对金融资产自助质押贷款进行了全面优化，在质物范围、贷款额度、操作便捷性等方面有效契合了新时期居民高效快捷的临时性资金需求，成为推动消费信贷业务发展的新亮点。二是正式推出自助渠道申请的个人网贷通业务，实现客户端操作的“可自助尽自助化”。三是积极推进个人资产综合服务客户业务拓展和服务优化升级工作，制定一般抵押转最高额抵押担保操作指引，开展个人资产综合服务核心客户精准营销活动，着力研究推进资产综合服务业务体系优化升级。

（五）中间业务收入稳定增长。全行共实现零售中间业务收入 891. 95 亿元，同比增长 175. 15 亿元，增幅 24. 44%，较全行中间业务收入增幅高 15. 15 个百分点，在全行中间业务收入中占比达 59. 09%。从各项业务来看，代理个人基金、私人银行两项业务收入增幅超过 100%，代理个人保险、个人理财、个人外汇、代理证券、电子商务、资产托管六项业务同比增幅超过 20%，灵通卡、账户管理、电子银行及个人其他业务收入同比正增长。

（六）加强互联网零售产品服务应用推广。“融 e 联”方面，围绕“融 e 联”重点服务功能，发挥网点营销主阵地作用，面向代发工资、政府机构和大型社区等重点特定客户群做好批量拓展，实现用户数量稳定增长。直销银行方面，以“拓展新市场、竞争新客户、营销新资金”为方向，在多措并举加快营销拓展新客户的同时，有效推动了存量长尾客户的开发和激活。工银 e 校园项目，全版本功能于 8 月 15 日正式投产，截至 2015 年末，工银 e 校园平台在全国各大主要应用市场累计下载 90 万余次，平台注册客户数 22. 7 万人。注册客户数覆盖 1 990 所高校；大学生综合贷款累计发放 6 124. 77 万元，贷款余额 5 481. 28 万元。推动 eID 生态体系建设，利用我行独家 eID 芯片卡发行卡优势，与多家第三方机构开展合作，积极拓展 eID 线上应用场景建设。

（七）全面推进远程团队建设。一是建章立制，着力规范团队建设和运营。制定印发了远程运维相关的管理办法、流程规范、考核意见和营销话术。二是实地调研，围绕团队筹建、系统建设、职能定位、运营管理等重点，指导分行做好远程运维工作。三是系统研发，优化对远程运维的科技保障。四是强化培训，提高了远程客户经理的客户维护营销水平。

（八）落实行领导“三张表”工作要求，完善客户统一视图。从客户经理、柜员、个人客户三个维度搭建了统一完整的个人客户信息应用视图，形成《个人客户经理工作表》、《个人客户信息查询表》和《个人客户资料采集表》。其中，个人客户经理工作表于 5 月 17 日投产推广应用，重点解决了个人客户经理考核“最后一公里”问题；个人客户信息查询表于 7 月 11 日在全行投产，在有效控制风险的前提下，为网点柜员提供了个人客户信息全视图展现，全面展示当前客户在我行的基本信息、联系信息、持有产品信息、工作与职业信息，操作简捷适用，基层柜员工作效率进一步提升；新版《个人客户资料采集表》于 8 月投产应用，在信息采集环节整合了个人金融、银行卡、个人贷款等业务条线的基础信息。“三张表”投产以来，个人客户经理工作表日均访问量达到 9 万人次，网上银行渠道个人客户资产负债表日均访问量超过百万人次，每月个人客户资料采集表采集新增个人客户信息超过 400 万户。

（九）强化风险管理，深化依法合规经营。一是持续推进个金专业制度建设，完成了个金专业制度梳理工作，修订了《中国工商银行个人金融业务反洗钱操作流程》，研究建立借记卡伪卡事件处置工作机制。二是加强个金专业风险管理系统建设，强化重点环节风险监测。三是做好案件防范和操作风险管理，完成存款安全管理及飞单治理落实情况专项检查工作，贯彻落实“一加强两遏制”专项检查工作要求，完成打击银行卡非法买卖专项检查工作。

（总行个人金融业务部）

大资管战略

2015 年是大资管战略的“破题之年”。面对复杂多变的困难局面，全行资产管理条线按照总行党委的战略部署，创新进取，迎难而上，努力通过提高“单产”增加中间业务收入，对增进全行盈利能力与推动战略转型发挥了积极促进作用。

一、圆满完成各项经营指标

2015 年全行资产管理业务实现中间业务收入 194.5 亿元，同比增长 21.45%；实现考核利润 13.24 亿元，同比增长 30.18%。全行理财余额（包含私人银行部管理的产品及结构性存款）超过 2.62 万亿元，继续保持同业第一，大幅领先于排名第二的招商银行，市场领先地位得到进一步巩固。

二、积极开展跨市场全品种投资

一是探索项目跨业合作机会。完成分众传媒首单中概股回归投资 10 亿元、工银瑞信委托投资 100 亿元，各类跨业合作规模超过 1 000 亿元。全年共新增项目（含票据）投资 2 570 亿元，其中债权 1 800 亿元，股权 350 亿元。二是抢抓利率下行的债券投资机会。加大债券投资力度，优选中高等级次级债、私募债、永续债等风险可控且收益率较高的债券品种，全年累计完成债券投资 2 550 亿元。三是围绕多层次资本市场提升收益。积极投资权益二级市场并取得良好收益，年化收益率超过 23%。结构化、股票质押、安全垫及优先股等权益项目投资超过 1 000 亿元，涨幅均在一倍以上；把握新股发行的制度红利，打新基金投资规模近 1 000 亿元，年化收益率超过 6%。四是境外市场投资实现跨越式发展。整体规模达 87 亿元，黄金及外汇交易量达 320 亿元。成功落地欧洲首只中资银行 UCITS 基金；投资工银国际推荐的所有港股 IPO 项目；积极拓展美元优先股、离岸中概企业债券和境内美元投资品投资；业务规模和收入均实现了翻倍增长。搭建自贸区境外投资平台，完成全行理财资金首笔境外农业产业基金投资。五是量化投资迅猛增长。量化产品经受住对冲政策限制的考验，产品线规模和利润实现 6 倍增长，产品日均余额达 380 亿元。

三、产品转型创新成效显著

一是产品结构持续优化。进一步夯实开放式产品基础，截至 2015 年末，开放式理财产品规模 13 000 亿元，占比超过 80%；抢抓资本市场投资机会，净值型产品从 2015 年初的 464 亿元增长至 1 953 亿元。二是创新产品为客户提供多样化投资服务。发行全市场首只自贸区跨境理财产品、国内首只投资国债期货的银行理财产品、参与中石化混合所有制改革的“博股通利”产品、由第三方增信机构提供担保的“安享增信”产品，以及区域理财专属特色产品等，既满足了不同层次投资者的投资需求，也为银行理财业的转型和发展提供了新的思路和发展方向。三是践行普惠金融理念，升级互联网新媒体营销模式，在融 e 行、融 e 购平台全面销售理财产品，通过融 e 联与微信平台积极推广理财产品信息，实现了对行内外增量客户的深度挖掘。

四、管理机制建设再上台阶

一是“大资管”战略协同机制取得初步成效。做好顶层设计和协调，2015 年 3 月和 12 月召开两次资产管理业务推进委员会，分别部署“七大协同”（产品销售、流动性管理、项目投资、资本市场投资、国际市场投资、数据统计、投后管理）与“五大推进”（系统建设、产品管理、项目投资、区域理财、内部管理）工作，推动“大资管”战略协同发展。二是全面推进系统架构顶层设计。设计适应未来五年业务发展的系统功能架构方案、目标蓝图以及路线，持续推进代理投资类合作机构底层资产数据穿透。三是动态授权管理明确分行发展路径。新授权管理方案的实施，明确了分行“从无到有、从小到大”的发展路径，有效调动了全行资管业务的经营活力。

五、全面风险管理水平持续提升

（一）合规风险。认真落实银监会关于理财信息登记系统的要求，进一步优化升级资产管理业务系统的理财信息报告登记模块，为实现数据报送的及时性和准确性奠定了基础，全年通过全国银行业理财信息登记系统完成理财产品报备 3 450 只。积极配合内部审计机构开展金融资产服务专项审计工作，并从加强制度建设、规范投资管理、完善业务运营、加强风险监控等环节制定具体的整改措施，认真落实整改工作，不断强化员工的合规意识，确保业务合规平稳发展。

（二）信用风险。一是对新增项目严把准入关。通过集体审议制度，重点围绕还款来源把控投资风险，针对影响还款来源的各种因素拟订有针对性的投后管理要求。二是加强对风险高发行业和地区的重点监测和排查，督导分行加强日常及收付息等关键时点的监控，确保对风险项目及时掌握、迅速反应，掌握风险处置的主动权。三是深入推行“5 + 1”量化监测指标，如用水量、用电量、代发工资等，通过监测指标变化情况提高风险预警能力，并有针对性地采取应对措施。四是探索建立合格信用债备选库，推进投研一体化建设，实现“先研究、再投资”，通过分行跟踪分析债券投资风险情况，将投资风险控制端口前移。

（三）市场风险。一是提高投研能力，加强对市场趋势的预判，强化大类资产配置研究，及时追踪市场动态，灵活调整投资策略，适时抓住资本市场和利率下行环境中固定收益投资机遇，合理安排投资节奏。二是依据市场形势动态调整资本市场投资策略，组织做好风险监测管理工作。严控资本市场项目的杠杆比例和质押比率，提高预警止损线，建立总分行及合作机构间协作联动的监测管理模式，每日监测项目净值波动，落实补仓、平仓等风控手段，确保资本市场项目本金安全。三是优化资产管理业务市场风险限额管理方案，根据不同产品运作模式，细化了有针对性的市场风险限额指标，并优化了资产管理业务系统，实现自动监测各类市场风险限额指标超限情况的系统功能。

（四）流动性风险。严格执行流动性风险限额管理体系，持续做好限额指标的日常监测工作，通过对日常风险指标和限额监测管理，对资产配置进行动态调整。配合理财产品结构转型工作，对开放式产品进行极端情况下的压力测试，分析产品对流动性危机的承受能力，并制订相应的流动性风险应急预案。大力拓展外部同业融资渠道，调整理财融资结构。

（五）操作风险。积极推进系统功能建设，全年开展系统建设及优化项目 32 个，为资产管理业务的持续创新及风险防控提供了系统保障。建立理财创新集体审议机制，在创新业务开展前通过充分讨论，明确相关业务流程，梳理产品运作关键环节的风险点，制定有针对性的控制措施。严格执行资产管理业务每日操作风险监测制度，第一时间发现并通报业务操作中存在的问题，对异常情况采取应急处理措施。严格执行交易事前控制，将交易授权及限额管理、交易前头寸控制、交易员双人复核、债券交易价格偏离度控制、回购到期提醒等均纳入系统统一的监测控制。

（总行资产管理部）

信息化银行建设

2015 年，全行信息科技工作以“服务业务、服务基层、服务管理”为宗旨，积极推进大数据和信息化战略，信息系统保持平稳运行态势，为全行转型发展提供有力支撑，并连续三年在银监会中资商业银行信息科技监管评级中获得 2A 级评价。

在业务量保持快速增长、小额高频大量增加、社会公众对信息科技风险事件关注度日益提升的背景下，通过持续加强生产运行日常管理和信息安全防控，全行信息系统可用率达到 99.989%，整体保持平稳态势。基于“两地三中心”架构，实施了互为接管的操作一体化管理。完善了覆盖全集团软硬件的信息安全防护体系，实现对各类外部攻击实时监测、处置和安全分析等的集中管理。在国内同业中率先应用量子通信技术，完成金融 IC 卡、移动支付系统、个人网银系统等国密算法改造。

信息化银行建设取得新的重大进展。围绕“三平台、一中心”、e – ICBC 战略，积极推进融 e 购、融 e 行、融 e 联三大平台建设，电商平台“融 e 购”从 B2C 扩展到 B2B，并推出了采购平台；建成及时通信平台“融 e 联”，为客户提供更加便捷的信息服务；建成开放式手机银行“融 e 行”；工银 e 商友、工银 e 校园等一系列互联网金融产品陆续投放市场；工银云支付信用卡为客户提供线下非接触支付、线上一键支付的全新移动支付体验；构建网络融资产品体系，全新推出个人自助质押贷款等产品。深化和拓展大数据应用，推进数据仓库、集团信息库的统一管理及应用服务，建立分析师平台，加强在客户服务、精准营销、风险防控等重点业务领域的数据挖掘分析。完成法人信贷业务从法人信贷管理系统向全球信贷管理系统的迁移，实现法人、个人信贷业务在全球信贷管理系统的统一管理。全面完成营业机构核算印章综合改革全行推广。建立网点工作台、营销工作台，实现面向用户的跨系统服务集成。持续推进柜面渠道的网点组合服务业务流程优化改造。推进信用卡、电子银行等专业交易反欺诈功能研发。全面支持国际化、综合化发展，工银美国 FOVA 系统顺利投产，工银莫斯科完成主机 FOVA 系统向平台版核心系统的整体切换；工银安盛完成新一代个人保险核心业务系统建设。

同时，深入推进 IT 架构转型，充分利用云计算和大数据处理等新技术，从应用架构、数据架构和基础架构层面构建符合未来业务发展要求的 IT 新技术框架，建立 API 开放平台、流数据处理平台、基础设施云平台等技术架构。

持续加强全行科技管理力度。组织完成三大科技中心的职能优化调整工作，进一步明确科技机构的职责和主体责任。研发机制不断优化，开展了迭代研发模式试点，并持续优化研发测试管理体系。编制和推动稳定总行信息科技骨干队伍的方案，明确了骨干人才的标准、激励措施、培育培养等措施，多管齐下提高总行科技队伍稳定性。2015 年，我行获得国家知识产权局专利授权 47 项，拥有专利数量达到 404 项。

（总行信息科技部）

产品创新管理

2015 年，全行围绕转型发展中心工作，大力深化重点产品创新，着力加强产品推广应用，持续强化创新管理，不断增强创新价值创造能力，推动产品创新工作深入开展。

一、完善创新管理机制

（一）创新项目管理方式，提升项目研发质量和效率。一是在控总量方面，围绕项目总量管理目标要求，做好研发规模和项目数量控制。全年总行立项项目 272 个，完成了全年控制在 275 个以内的目标。二是在调结构方面，研发更多的产品类、业务类项目，新增项目中，产品类、业务类、管理类项目比例达到 1:0.95:1.11，比 2014 年的（1:1:1.17）比例结构有所提升。三是在增效率方面，积极推动通过需求变更方式，提升创新研发效率，全年已投产的业务项目和变更平均研发用时 169 天，较上年度缩短 34 天，同比下降超过 20%，同时探索迭代研发模式，并在工银 e 生活、大学生 e 服务、B2C 营销与服务平台、开放式网银及手机银行等重点项目中进行了试点，显著压缩了研发用时。四是在抓重点方面，协调优化重点项目的版本安排和资源投入。截至 2015 年末，95% 的重点项目已通过立项审批，90% 的全行重点和 90% 的专业重点项目在年内安排了开发版本。五是在降风险方面，总分行共开展新产品研发风险评估 630 项，识别和防控各类潜在风险点 905 个，有效强化了新产品研发的风险管理。六是在客户体验方面，建立客户体验一致性检查工作机制，通过内部评估和外部用户体验，发现并解决产品投产前影响客户使用的产品功能性及可用性问题，提高产品质量；全年共开展体验活动 74 次，涉及重点项目 29 个，发现可用性问题 1 530 个，用户需求 168 个，部分问题已及时解决；同时累计对 40 个全行重点项目开展了专业化视觉设计。

（二）完善产品管理，健全完整的全生命周期管理体系。一是加强产品准入管理。印发了《产品与业务创新项目准入及达标管理办法》，确立以客户为中心、以市场为导向、以资源为约束、对市场效果负责的项目准入机制，按照有重点才准入、有目标才准入、有资源才准入、有效果才准入、有审批才准入的原则实施项目审批。二是加强产品运营管理。持续开展产品运营态势分析，结合 2014 年全年、2015 年上半年数据分别开展个人、公司、机构、渠道、境外金融等一系列重点领域运营态势分析；印发《产品综合评价管理办法》，开展了 2014 年总行产品综合评价，为产品优化奠定了基础；同时拓展项目达标评价的范围，在产品类项目达标评价基础上继续开展了业务类、管理类项目达标评价。三是加强产品退出管理。印发《产品退出管理办法》，开展边缘产品梳理工作，从低效和风险角度全面梳理了总行产品及相关服务功能，并提出了边缘产品退出或优化的整改策略。此外，推进了产品管理和产品统计系统建设，完善产品管理系统，提高产品配置研发风险控制水平和系统易用性；完善产品统计分析系统，优化了产品考核、产品创新评奖、产品综合评价等功能。推进了创新创意征集，在行内外广泛征集产品优化意见建议近 12 000 余条，为全行产品创新提供了第一手信息；举办第六届大学生银行产品创意设计大赛，征集创新创意。

（三）加强分行管理，引导分行发挥主体作用。一是指导管理上，围绕服务提升分行产品创新工作的思路，对分行进行分类和分组管理，根据各分行创新工作能力、人员配备、市场环境等因素，将各分行分为示范分行、骨干分行和其他分行三类；同时根据“组内分行均衡匹配、地域分布基本相连、区域环境有相似性”的原则，将各分行分为四组，由总行相关处室直接对口支持分行开展产品创新工作。二是考核激励上，完善分行创新评价机制，按季度组织开展分行创新评价，激励调动分行产品创新牵头部门提高产品创新实效；修订产品创新奖励评选方案，同时有序推进本年度产品创新奖、明星产品奖及新产品推广奖的评选工作。三是人员队伍上，按计划组织开展年度产品序列专业资格考试和继续教育工作，同时举办了“产品创新管理专业人才培训班”，从产品研发、产品推广和日常管理三个方面，对各一级分行产品创新牵头部门人员进行了完整培训。

二、努力提升产品价值贡献

（一）密切总分行联动。围绕工银 e 缴费、工银 e 校园、工银 e 生活、工银 e 投资、航运企业金融服务平台、智能网点等一系列重点产品，总分行合作推进新产品上线、目标客户定位、产品体验营销，持之以恒地开展重点产品推广支持工作，并系统总结了总分行联动推广财智账户卡过程中的工作经验。

（二）建立产品推广支持新机制。创新利用融 e 联平台搭建全行产品推广支持的应用场景。组织产品研发中心设立产品宣传和推广支持服务号，全年通过“产品推广支持”、“工银新产品”服务号累计发稿 293 篇，累计阅读量和转发量超过 40 万次；依托融 e 联组建 28 个基础产品交流群和 14 个重点推广产品交流群，传导产品和市场相关信息，在线解答分行产品疑问，发动群成员互动交流产品推广经验做法，目前各群组合计覆盖近 4 万人，受到全行员工特别是基层行员工的广泛欢迎。

（三）创新产品推广方法。针对个人质押贷款、工银 e 投资、个人手机银行等重点产品开展目标客户精准营销；针对资金池、公共资源招投标等专业化程度较高的新产品向总行部门、一级分行和二级分行提供首单营销；利用大学生银行产品创意大赛的平台，与我行大学生校园招聘实现创新联动，有效带动了工银 e 校园等产品在年轻大学生客户中的市场推广工作。

（总行产品创新管理部）

渠道建设和服务创新

2015 年，渠道管理工作紧紧围绕总行党委战略部署，以服务基层、服务客户为宗旨，扎实做好新常态下的渠道转型升级和提质增效，纵深推进渠道规划工作全面系统开展，着力推动网点竞争力提升工作，进一步推进线上渠道业务发展，积极打造线上线下一体化的渠道体系，稳步提升全行服务管理水平，全行渠道经营管理水平和市场竞争力再上新台阶。

一、着力推动线下渠道经营转型，全行网点竞争力提升实现新突破

（一）全面完成网点竞争力提升七大工程任务目标。一是持续激发基层网点经营活力，加快推进业态创新和布局优化，稳步推进网点竞争力提升各项任务目标顺利实现。全年新增竞争力达标网点 1 105 家，实现年度计划的 110.5%，完成 1 316 家网点业态创新和 1 865 家网点布局优化，其中理财便利店共释放 1 752 人，节约营业面积 3.2 万平方米。二是继续深化网点竞争力提升配套支持体系建设，科学运用网点经营诊断分析、网点援助保障系统、服务营销支持系统，以及现场与非现场帮扶相结合的“组合拳”，提升网点管理的专业化、精细化和直通化水平，全年实现 2 268 家低效网点的提质增效，完成年度计划的 226.8%。三是成功举办网点竞争力提升劳动竞赛，将网点经营业绩与低效网点优化方案设计、业务理论技能比赛相结合，激发基层员工工作和创新热情，竞赛第一名选手荣获全国五一劳动奖章。

（二）加快推动网点智能化改造，自助渠道服务能力持续增强。一是全面推广网点智能服务模式，并持续跟踪监测智能服务模式开展情况及风险控制水平，全年完成网点智能化改造 3 121 家，实现年度目标的 297.2%，其中深圳分行率先实现了全辖所有网点全部智能化改造。智能服务模式在释放人力资源、提升服务效率、改进客户体验等方面取得显著成效。二是科学开展自助银行建设，完善自助设备分配管理流程，不断提升自助设备运行效率。截至 2015 年末，全行自助银行 29 043 家，同比净增 3 182 家；累计交易额 12.67 万亿元，同比增长 16.72%；全行投产在用自动柜员机达到 99 789 台，同比净增 7 470 台；在设备持续增长的情况下，自助设备台日均业务量保持在 249 笔。自助渠道服务客户数量和业务量实现双增长，有力地推动营业网点由交易处理向营销服务的战略转型升级。

（三）深化网点竞争力提升配套支持体系建设，网点管理的专业化、精细化和直通化水平持续提升。一是推广网点五级分类管理和“一点一策”竞争力诊断工具，借助直通式网点建议书，确保网点对自身竞争力状况看得清、“病因”找得准，助力网点实现提质增效。二是统筹推进网点援助保障、服务营销支持等系统建设，强化“网点直通车”、“服务直通车”等对网点的

直通式服务，有效消除网点竞争力提升中的各种“中梗阻”。截至2015年12月末，全行网点援助保障系统的网点覆盖率达97%，为基层网点切实解决各类事项3.3万件，网点满意度达98.7%；直通车系列全年共播出19期网点晨会直通车、7期特辑和3期服务管理直通车。三是提升全行物理渠道建设的信息化和标准化水平。积极推进渠道建设管理系统研发及网点信息系统的优化升级，实现网点选址、租购财审、装修设计等建设环节的全流程监控和管理。

二、进一步推动平台开放化建设，线上电子渠道业务发展再创佳绩

2015年，全行积极运用互联网思维，推动平台开放化建设，手机银行全面升级，融e行移动端上线，实现产品、用户、业务的全面开放，客户规模达到1.9亿户。个人网银、企业网银用户分别同比增长11.6%和12.5%；个人电话银行客户增长3.8%；交易离柜率在80%以上的电子银行个人活跃客户占比较2014年提高5.5个百分点。客户规模的扩大和结构的优化推动了电子银行业务继续快速增长。2015年，全行电子银行交易额较2014年增长30%，其中网上银行交易额同比增长27.6%，融e行移动端交易额同比大幅增长107.8%；短信银行、微信银行日均业务量接近人工电话的2.5倍；电子银行业务笔数占全行业务笔数比上年提高4.2个百分点。

三、开展“服务体验建设年”，客户满意度持续提升

（一）统筹推进“服务体验建设年”主题活动，切实提升网点客户服务水平。根据服务工作面临的新形势和新任务，总行确立以“服务体验建设年”为主题，以客户现场服务体验、多渠道服务体验和服务诉求解决体验改进为重点，持续深化服务改进、提升服务水平。客户满意度一直保持在良好水平，全年未发生服务恶性事件。

（二）建立健全服务管理工作机制，持续强化服务监测督导力度。一是强化服务工作委员会和服务考核引导作用，建立现场与非现场、明查与暗访、内部与外部相结合的服务监测督导机制。全年组织完成171家网点非现场服务检查和200家网点现场服务督导，有效提升了客户服务体验。二是开展服务体验优化项目，积极推动服务流程精简优化，联合多部门精简了8大类业务场景客户身份证明，对产品和收费信息不透明等五大类客户体验痛点进行了服务改进。

四、渠道规划和研究的成效逐步凸显，渠道转型创新取得新进展

（一）系统开展渠道规划和渠道研究。一是我行完成《未来三年网点发展规划与2016年总量调整计划》，明确网点发展的任务目标和举措，推动渠道规划在分行落地分解，渠道规划对发展的指导效果逐步显现。二是围绕全行转型战略，开展渠道前瞻研究，完成《粤深地区渠道管理工作调研报告》等近十项重点研究成果，为全行渠道发展管理决策提供理论支撑。

（二）积极推进渠道创新试点。一是我行继续开展网点线上线下一体化前沿探索，研究制定网点转型整体构想和实施方案，为全行网点经营转型提供重要支持。二是高效搭建网点O2O转型基础设施，丰富新型渠道入口，实现网点WiFi服务全面覆盖网点，加速渠道二维码营销项目试点，成功实施LBS项目，推动网点与线上渠道的有机融合互通和联动营销。全年WiFi客流量超过4 000万，渠道二维码累计销售理财、基金类产品4.73亿元。

（总行渠道管理部）

运营标准化改革和业务流程优化

2015年，全行着力改革攻坚，突出价值创造，全面完成网点运营标准化改革，深入实施业务流程优化，网点运营服务能力明显增强，客户和柜员体验明显改善，有力促进了全行网点经营转型和竞争力提升。

一、网点运营标准化改革圆满收官

作为网点竞争力提升的基础和关键，网点运营标准化管理改革是一项涉及网点岗位整合、柜口调整、人员优化、系统研发、机制建设和服务模式转变的系统工程，经过全行上下两年时间的攻坚克难，改革于2015年底圆满收官，全行全面构建起资源配置有标准、岗位设置有规范、效率评价有依据的网点运营管理新格局。全行网点柜口布局更加合理，截至2015年底，高低柜比例从2.27:1降至1.17:1，降幅达48.5%，实现了与网点实际业务结构的合理匹配。网点人员结构大幅优化，改革以来累计实现8 900余名高柜柜员转岗到低

柜，36 200 余名柜员和服务支持岗人员释放到营销类等岗位。网点运营评价管理机制初步建立，通过实施针对性管理，评级为E类的低效网点下降了65%，网点的资源配置和运营管理水平实现了质的提升，对全行核心竞争能力的增强和可持续发展具有十分重要的意义。

二、组合服务流程改革成功试点

为从根本上解决传统柜面渠道客户填单多、签字多、输密多的行业性难题，全行全面启动了组合服务流程改革，对柜面业务功能和服务流程实施系统性重构。新模式运用模块化设计理念，提取柜面单个交易中的公共处理流程，实行交易信息共享、操作步骤合并，实现多笔业务的一次输密、一次核查、一次授权、一次打印、一次签字，大量冗余环节得以精简，客户等候时间大幅减少，客户体验明显改善；新模式的操作界面直观简洁，购物车模式和网页化交互免去了柜员记忆大量交易代码的负担，柜员操作效率显著提升。截至2015年底，组合服务流程改革已经在四川、广东等10家分行成功试点，受到了客户、柜员和各级管理者的普遍好评。

三、网点统一工作台建设全面完成

按照全行“管理效率提升年”的总体要求，2015年组织开展了网点统一工作台建设推广工作，将30个网点应用系统整合纳入至统一工作台，实现了20万网点用户“一次登录、一次身份验证、一站式业务操作”，解决了网点系统多、反复多次登录操作的问题。依托网点统一工作台，建立起“以岗设权”的网点用户权限管理新模式，精简了用户权限审批环节，网点管理效率显著提高。

（总行运行管理部）

公司金融业务

2015年，全行公司金融专业坚持“以客户为中心、以市场为导向”，攻坚克难，砥砺奋进，积极应对经营环境变化带来的影响，推动公司金融业务的稳健发展。截至2015年末，全行公司贷款余额66 114亿元，新增2 494亿元；公司贷款不良率为1.79%，资产质量较为稳定；人民币公司存款余额33 894亿元，新增50亿元；13项公司类中间业务收入实现205亿元；全行承销非金融企业债务融资工具突破5 000亿元大关，增长38%，同业排名第一；非金融企业债券承销金额3 866亿元，同业排名第一；牵头银团项目475个，同业排名第一，首次荣登汤森路透亚太地区银团贷款牵头行、簿记行排行榜榜首。

一、总体谋划与战略传导并重，战略解码层层落实

一是制订工作方案，做好谋篇布局。制定总行级公司客户服务、日均金融资产50万元（含）以上公司客户拓展、上市公司营销拓展、重大融资项目营销推动、公司客户经理队伍建设、公司存款及“裸贷”客户治理、非金融企业债务融资工具主承销业务推动、银团贷款业务推动、供应链融资业务发展、重点公司类中间业务收入组织推动等10个方案。

二是以信息化助力战略传导和责任落实。2015年法人客户营销系统投产大数据平台、客户经理营销工作台、专业管理和基层机构负责人工作台等四大子平台。基于四大子平台，推进客户“进系统”，总行级客户由300户调整到305户，指导建立一级分行、二级分行级客户名单，分别达到1 446户、4 486户，总省市三个层次客户总量达6 237户，全量纳入系统进行管理；推进业务“进系统”，实现信贷储备、存款实时监测、中收考核、银团、债券承销、供应链、联动营销进系统等；推进客户经理“进系统”，实现近70%客户经理进系统管户，日均金融资产20万元以上客户分配率75%，50万元以上客户分配率90%，对公客户经理分配客户占已分配客户比例从48%提升至70%。

三是打造执行力强的专业化客户经理队伍。制定下发《2015年公司客户经理队伍建设工作要点》（工银办发〔2015〕393号），规范客户经理队伍的建设发展。建立主要业务专业团队，建立了150人的拓户团队，200人的债券承销团队，132人的资产交易团队，300人的供应链金融团队，300人的内外联动团队，30人的大宗商品交易团队，111人的数据分析师团队。加强资格认证管理，全行对公客户经理持证人数达到2.5万人。积极组织公司业务条线人员参加信贷专业资格考试，全年6 551名对公客户经理通过了考试。加强客户经理队伍培训，完善分层次、分梯队培训体系，举办了23期全行性的公司业务培训班，培训1.2万人次。及时推广全行先进经验，编发《公司金融营销动态》13

期，总计60期，涉及信贷市场拓展、公司存款、债券承销、银团贷款、中收、营销系统推广等内容。

二、客户服务与客户拓展并重，客户基础持续夯实

一是推动银企高层互访。2015年，实现对62家总行级客户高层互访92次；公司金融业务部总经理室拜访125户（336次），覆盖率41%。

二是全面合作签约。2015年，组织与大众汽车、南方航空、中国能源建设、BP、苹果、三星、百度、娃哈哈、柳工、航天科工、万向等16家总行级客户新签订全面战略合作协议，目前与我行签订合作协议仍在有效期内的近100家。

三是提供综合金融服务。我们向招商局、中国移动、中航工业、苹果、万达、三峡集团、中国建筑、中石化、中国烟草、嘉里集团、天津城投等26户企业，提交综合金融服务方案；向142户企业提交511份单项业务服务方案。

四是做好授信和重大项目受理。我部授信尽职调查客户55户，全部完成。牵头和直接受理业务96户（274笔，金额16 580亿元），覆盖率31%。

三、重点市场与重大项目并重，发展动能不断积聚

一是支持一线城市行拓展信贷市场。北京，主要通过投放非首都城市功能疏解贷款，支持城市基础设施、公共事业、轨道交通等项目建设等。上海，完善“城市能级提升”模式，扩大自贸区资金规模与总部跨区域融资客户范围等，支持六大重点制造业升级改造。深圳，研究“深圳城市更新改造”融资模式、支持分行拓展互联网、新能源、新材料等12个新兴产业。广州，支持集团总部流贷、跨境电商融资等创新，开展综合定价机制试点，提高对大型集团客户、现代服务业、先进制造业、优质上市公司等的支持。

二是加快拓展“三个支撑带”信贷市场。推动成立“三个支撑带”总行领导小组和工作小组，推动建立跨部门、跨区域业务合作机制，加快拓展经济带市场。

三是全面拓展重点行业信贷市场。制定下发了公路行业、装备制造业、文化旅游业、平台续贷、PPP融资、上市公司客户等领域营销指导意见，将资源配置到优先发展领域。

四是抓好重大项目营销储备和投放。我行规模以上储备项目2 566个，涉及项目总投资13万亿元，我行意向融资金额为2.95万亿元。从发改委已发布的两批重大项目中，精选了166个优质项目，我行意向融资金额2 662亿元，配套了专项支持政策。

五是大力推动供应链融资良性发展。进一步规范了供应链融资业务口径，优化了核心企业资格认定、方案审批等业务授权以及供应链RAROC阈值管理规定，有效解决核心企业利益返还问题。按照新口径统计，2015年全行供应链融资累放额1 642亿元，余额854亿元；累放的供应链973条，有余额的供应链804条；累放的子客户数4 106户，有余额的子客户数3 412户。

四、资金源头与流量管理并重，稳存增存更为扎实

一是抓好资金源头。联合机构、个金、银行卡、资管、金融市场等不同专业，做好财政支出、军队采购、资本市场募集资金、个人按揭、托管存管、POS收单资金等规模较大的资金源头向公司存款转化。

二是严控资金流转环节。裸贷治理方面，针对大中小客户不同经营特点，分类进行治理，全行裸贷客户较年初减少19 186户。受托支付方面，推动取消了流动资金贷款受托支付时限要求，提高了小企业贷款和网贷通受托支付起点金额，调低了受托支付走款比重下限要求，延长了资金驻留时间。

三是用好优势产品。推进供应链金融服务，配套现金管理，形成购销资金流动闭环；通过高来高走业务、大额存单等竞争重点客户；通过银票、保函、信用证等产品拉动保证金存款增长；通过跨境双向人民币资金池汇聚资金；通过“本外币掉存通+远期双择期”等创新业务，挖转他行存款。

五、债券承销与资产交易并重，转型优势牢固确立

一是债券承销。简化了66户优质客户推荐函出具流程、73户优质客户承销及投资流程，提升业务响应速度和处理效率。通过总行的“一站式”营销服务，持续扩大我行优质客户范围，我行主承销百亿元以上项目15个，50亿元以上项目36个，20亿元以上项目175个，同比分别增长5个、7个、47个。

二是资产交易。完成2015年工元一期113.5亿元铁路专项资产证券化项目和元二期69.7亿元资产证券化项目发行，合计金额183.2亿元。分别向国投公司在排水基金、先进制造业产业基金投资20亿元、50亿元，成为国投公司在产业基金领域的主要合作伙伴。

六、内内联动与内外联动并重，一体服务全面提升

一是内内联动。完善联动营销机制。分别与相关部门联动下发了《2015年公司部与电子银行部联动营销融e购电商平台业务工作方案》、《2015年银行卡业务条线与公司业务条线联动发展工作方案》、《公司业务条线与私人银行业务条线联动工作方案》等，引导分支机构统筹考虑相关业务，多角度深挖客户潜力。同

时，多维度开展内内联动。2015 年实现了与结现、电子银行、运行管理、投行、国际、资管、个金、银行卡、养老金、资产托管、工银租赁等多个部门的联动，进一步提升了重点客户群的全产品覆盖率。

二是内外联动。组建总分行联动营销团队，协同工银标准，共同走访了三十余家重点客户，成功承揽多笔总行级客户跨境项目。通过与华为公司、中粮集团、中石化集团等客户签署海外合作专项协议，开展跨境全产品营销。加强与工银亚洲、工银国际等多家境外机构合作，共为 27 户总行级客户及关联企业承销各币种债券，发行额合计超过 280 亿美元。

（总行公司金融业务部）

机构金融业务

2015 年，全行坚持以机构客户需求为导向，深入推进实施“全机构金融”战略，研究新形势、把握新政策、适应新变化、打造新优势，加强改进民生金融服务，积极推动同业合作创新，主要业务继续保持良好发展势头。

一、主要经营情况

2015 年，机构金融业务实现营业贡献和营业利润分别达到 649 亿元、535 亿元，机构及同业存款日均增量（剔除短定）13 773 亿元，中间业务收入同比增速 20%。机构客户综合贡献 1 607 亿元，占全行全产品营业贡献的 32%，营业贡献及利润增速创三年最好水平，分别高于全行增速 18 个和 24 个百分点，增量位居全行各专业首位。机构及同业存款日均增量首次超过时点增量，三年累计增量 2.13 万亿元，成为全行最为稳定的资金来源之一。机构存款付息成本显著下降，优于全行平均降幅 3 个基点，低成本同业活期存款同比多增 4 208亿元，负债结构有效优化。机构、同业存款余额和增量继续保持同业领先，增量占比持续四年超过余额占比。第三方存管客户数、资金量四行占比分别为 32% 和 43%，连续六年保持市场第一。代理财政集中支付规模、政府公务卡、社保资金归集发放量等位居同业首位。

二、主要工作情况

（一）把握经营转型主线，有效增强可持续发展能力。一是全面构建同业业务发展新框架。系统把握同业业务创新发展趋势。探索实施同业业务创新发展战略，广泛调研重点金融机构，厘清客户需求，掌握业务现状，规划发展框架。全面深化重点客户战略合作，大力拓展新兴机构业务往来，持续优化客户综合评价体系，有效完善限额及授信管理。二是深挖民生金融发展潜力。抢抓社保改革红利。召开全行社保改革营销工作动员会，动员全行强化战略导向、紧跟市场导向、突出服务导向，全力打造机关养老改革全服务链条。紧抓地方债扩容机遇，组织服务团队，加强营销沟通，规范业务流程，算好经济大账，加强资源投入，成为主承销业务量最大的银行，有效密切了银政合作关系。细化分板块业务指导，加强分行督导推动，打造综合服务平台，完善联动协同机制，圆满完成三年前总行党委会确定的民生金融客户、业务发展目标。三是持续完善经营管理体系。积极应对利率市场化挑战，完善分行授权，构建定价模型，探索主动负债，加强偏离度管理，推动机构存款量价协同发展。不断完善客户分类评价办法，逐步扩大评价范围，落实综合评价结果，实施合作机构动态管理，显著提升资源配置效率。优化授信流程，严格合作准入，规范限额管理，密切日常监控，有效防范各类风险。梳理统计全行机构业务从业人员数量，推动分析师专业团队建设，发挥营销信息支持作用，全面提升各层级营销人员的综合素质。

（二）突出创新驱动作用，全面有效对接客户多元需求。积极配合财政部等部委，推动财税体制改革进程，在同业中率先投产中央财政非税收入电子化、跨省异地交通罚没项目，抢占市场先机。运用“互联网 +”思维，优化银证、银保销售渠道，推广“银证快车”品牌，加快“融 e 联”推广使用，丰富“融 e 购”金融产品种类，推动形成线上线下一体化发展新格局。把握未来“大同业”发展的重要着力点和方向，以农信银“城乡通”合作为切入点，丰富合作产品库，与互补性较强的中小银行机构开展全面合作，加强系统互联，延伸服务渠道，扩大服务范围，不断拓宽银银合作发展空间。

（三）紧跟市场前沿动向，不断发展丰富营销服务方式。面对激烈的市场竞争，总行行领导身先士卒，走访重点机构客户 50 余次，总分行累计开展高层营销 1 000余次，在重点合作推动、重大项目争揽上成果丰硕。按时下发营销计划，加强督导推动，提早掌握改革信息，抢占营销先机。通过高层论坛、座谈研讨、系统推广、产品推介等形式，举办联合营销活动，大力开展市场营销，全面提升客户对我行认知度。通过总分联动、内外联动、跨境联动，巩固既有客户合作优势，开展汇金、中保投、金砖银行等新兴客户营销合作，全面拓广客户范围。制定重点客户综合服务方案，开通评级授信、债券投资等绿色服务通道，推动落实"一户一策"。

（四）对接国家战略导向，持续扩大我行品牌影响。一是维护金融安全。协助人民银行推动跨境人民币支付系统建设，构建跨境人民币结算体系；成为上海清算所综合清算会员、银行间市场外汇业务多币种唯一结算银行；推进与金砖银行、世界银行项目合作，全面对接"一带一路"建设。面对资本市场巨幅波动，服从监管指挥，快速构建金融支持绿色通道，助力稳定金融市场。积极支持中央国债登记结算公司、中国证券登记结算公司等清算机构工作，开展原油期货全网测试，推动大宗商品国内定价机制形成，助力完善金融基础设施建设。二是保障改善民生。加强一线力量投入，优化改进服务，推广社保、公积金综合系统，积极做好养老发放、水电费收缴等基础民生服务。发挥品牌及综合服务优势，圆满完成全部33个省市地方债发行任务，有序引导社会资金进入民生领域。发挥银银平台连接城乡市场作用，助力县域金融服务，重点加强贫困地区金融支持；高效组织扶贫资金下拨、低保发放，配合政府构建统一的社保、医疗和失业救济体系。

（总行机构金融业务部）

负 债 业 务

2015年，受多种因素影响国内存款市场出现较大变化，一般性存款和同业存款转化频繁，存款多元化发展趋紧明显，银行同业竞争越发激烈。我行积极顺应国内外经济金融形势，认真贯彻落实监管要求，从全行经营大局出发，不断理顺存款工作思路，通过加强联动协作、发挥渠道优势以及完善定价管理等方式，持续提升存款发展质量和效益。在各部门、各分行的共同努力下，全行负债业务实现稳步发展，存款增长稳定性和均衡性均有所提高。

一、存款业务发展情况

（一）强化大口径存款管理。在继续做好一般性存款稳存增存工作的同时，不断加强对同业存款，尤其是与资本市场密切相关的非存款类金融机构结算资金管理力度，努力实现人民币存款总量较快增长和各存款品种协调增长。截至2015年末，全行境内人民币各项存款（含同业）比年初增加10 720亿元，增幅6.8%，增量和增幅均为近三年最高水平，且与主要同业相比存款增长处于领先地位。分品种看，人民币一般性存款比年初增加4 642亿元，增幅3.12%，其中储蓄存款比年初增加977亿元，公司存款比年初增加50亿元，机构存款比年初增加3 615亿元，受金融市场运行和企业居民资产摆布等因素影响，同业存款较年初大幅增加6 078亿元，增幅68.13%。

（二）继续夯实存款基础性工作。加大存款付息成本控制，不断加强主动负债管理，努力拓展低成本资金来源，活期存款比重有所上升，高成本负债压降效果显著，全行存款结构得到进一步优化。截至2015年末，全行活期存款余额占比为51.5%，比上年末提高2.9个百分点；结构性存款和保本理财余额比年初下降2 962亿元；短期同业定期存款余额比年初下降628亿元，日均余额同比下降1 976亿元。

（三）持续加大日常存款管理工作力度。积极推动各项存款平稳均衡增长，努力提高存款日均增长贡献，截至2015年末，人民币各项存款（含同业）日均余额比年初增加8 483亿元，同比增加14 099亿元，日均增量明显高于时点增量，新增存款均衡率达近五年最高值。同时，不断加强月末、季末等关键时点存款管理，采取多种措施努力平抑临时性大幅波动，全行存款增长稳定性稳步提升。

二、主动负债发展创新情况

（一）开展人民币系统内资金池业务试点。为积极应对利率市场化，完善我行资金管理模式，提高分行市场竞争和经营管理的灵活性，维护重点客户合作关系以及对冲部分高息负债，总行在前期"高来高走"业务试点及主动负债业务管理方案的基础上，研究拟订了人民币系统内资金池业务方案，并于2015年9月启动业务试点，授权十家分行在辖内建立独立的资金池，按照既定规则选择人民币资产或负债业务入池单独管理，不再纳入全额资金管理体系核算。资金来源包括大额存单、定期存款等主要负债项目，投资渠道涵盖债券、同业融资和票据贴现等资产项目。截至2015年末，浙江、北京、江苏、天津等分行已陆续办理18笔资金池业务，金额合计33.8亿元。

（二）多渠道发展主动负债业务。我行于2015年9月15日在境外成功定价发行了20亿美元中国工商银行股份有限公司二级资本债券，进一步增强了我行的资本实力。成功推出大额存单创新产品。根据人民银行的统一部署，我行等9家市场利率定价自律机制核心成员从2015年6月15日起发行首期大额存单，我行全年共计发行大额存单14期、发行额4 008亿元、年末余额2 514亿元、平均期限13.24个月、平均利率2.56%。

（总行资产负债管理部）

信贷业务

一、保持信贷业务稳健发展

面对国际国内严峻复杂的经济金融形势，全行认真贯彻国家宏观调控政策和金融监管要求，严守风险底线，信贷业务保持稳健发展良好态势。至2015年末，集团各项贷款余额119 747.8亿元，较年初增加9 484.5亿元，增幅为8.60%。其中，境内分行人民币各项贷款余额106 058.7亿元，较年初增加8 813.5亿元。较好地完成了年度信贷投放计划。全集团清收处置不良贷款1 752.2亿元，其中现金清收707.1亿元，占比40.35%。不良贷款率为1.5%，资产质量水平保持在可比同业较优水平。

二、积极推进信贷结构调整

搭建信贷存量移位与增量并轨管理工作系统性框架，研究确定全行2015年度存量贷款移位计划，并作为指导性指标下发分行。探索建立了贷款存量移位与增量并轨管理监控评价指标体系并制定了相应制度办法，通过过程、效果评价两个维度来量化管理存量移位工作。2015年全年境内分行各项贷款存量移位额18 814.0亿元，其中公司贷款移位额14 445.9亿元，个人贷款移位额4 368.1亿元。公司贷款移位工作完成全年计划的105.10%，共计实现净移入额1 585.2亿元，存量贷款移位率达50.41%。全行呈现出从低信用等级客户向高信用等级客户、从高不良率行业板块向低不良率行业板块、从东北和珠三角向长三角环渤海和中西部地区移位的特点和趋势。

三、夯实信贷管理基础，提升信贷经营能力

积极推进信贷资产质量管理工程、信贷基础管理工程建设，以“搭建适应周期性变化的信贷管理体系、动态优化调整适合业务发展的行业与客户结构”为目标，不断提升信贷经营能力。

（一）加大新增融资管控力度，从源头止住“出血点”。按月对2013年以来新增融资的投向、结构、风险状况进行监测，对新增融资的信贷政策执行情况进行评价分析。加强对分行新增融资质量考核和业务控制，定期对新增融资不良分布较集中、行业不良率较高、产品不良率较高以及担保方式不良率较高的分行进行通报，并对违规审批信贷业务的审批人实施暂停业务审批系统控制。对2015年以来新建立信贷关系公司客户进行风险排查，持续优化监测指标体系。

（二）抓好存量融资风险排查预警，及早化解风险隐患。完善潜在风险客户动态管理，严格落实潜在风险融资控制要求。完善四色清单管理机制，实现四色风险预警客户与潜在风险融资客户的并轨和动态管理。优化分行潜在风险融资管理监测与考核体制，推动潜在风险融资管理相关系统优化。在充分研究市场形势演变和行内业务产品风险暴露情况的基础上，确定了大额亏损企业、过度融资、资金结算异常、保证贷款、非供应链贸易融资业务、固定资产融资业务、异地贷款和批发贸易类客户等八项重点风险领域，开展专项治理。建立健全总分行法人大户风险会诊机制，更有利于前瞻性研判、识别、防控信用风险。建立会诊客户的持续跟踪督办机制，定期报告会诊客户风险变动情况。开展对资金流、账户结算等数据的分析挖掘，拓宽大户分析手段，优化大户分析方法。

（三）提高逾期贷款精细化管理程度，防控贷款劣变。建立逾期贷款跟踪库，及时掌握逾期贷款劣变情况。分析全行逾期贷款，总结逾期贷款新发生、劣变和化解趋势，为资产质量预测提供数据支持。加强逾期贷款分析督导机制，实现信贷资产质量督导机制常态化。对5 000万元以上大额逾期贷款分行行领导挂帅情况、处置方式和进度等进行摸底，并建立大额逾期贷款督导模板，逐户跟踪、指导、督办分行做好大额逾期贷款清收转化工作。

（四）推动基层机构信贷经营资质认定及配套建设，强化信贷从业人员资质和行为管理。2015年，全行88.2%、4 568家基层机构被授予了信贷经营资质，

11.8%、613家低效基层机构不再被允许经营信贷业务，信贷业务经营层级有所上移。同时加快推进基层经营机构资质管理系统建设，逐步实现资质管理与业务发起的联动控制。建立信贷人员执业行为监测机制，加强信贷专业资质认证管理，在资质认证“事前”准入控制的基础上，进一步加强对信贷人员执业行为的“事后”监测，不断提升信贷工作人员的业务能力。

（五）深化信贷系统的研发运用与基础管理。2015年5月，全球信贷与代理投资管理系统（GCMS）法人客户一体化功能在全行投产应用，实现对信用风险业务的集中监控、统一运营、信息共享和关联管理。持续推动全球信贷与代理投资管理系统（GCMS）境外机构推广延伸、信贷业务系统流程优化、信贷与代理投资运营支持系统（CMAS）建设等工作，为全行信贷工作提供系统支持。

（总行信贷与投资管理部）

小微金融业务

一、2015年小微金融业务发展取得的成效

2015年，全行小微金融业务条线克服宏观经济下行、企业经营困难、有效融资需求减少等不利因素，累计为168 463户小微客户发放贷款15 109.86亿元，较2014年多放1 284.79亿元，小微企业贷款余额达到18 846亿元，业务发展取得良好成效。

（一）圆满完成小微企业贷款“三个不低于”监管指标。一是小微企业贷款增速高于同期各项贷款平均增幅。截至2015年末，全行实现小微企业贷款增长1 631亿元，贷款增幅达到9.5%，较同期各项贷款平均增幅高出1.76个百分点，如果进一步考虑小微企业平台贷款压降、不良贷款核销等因素（627亿元），我行小微企业贷款实际增量达到2 258亿元、增幅度超过13%。二是小微企业贷款客户数量高于上年同期。2015年末监管口径小微企业有贷户数量22.94万户，较上年同期增加1.83万户。三是申贷获得率高于上年同期。2015年末监管口径小微企业贷款的申贷获得率为89.57%，较上年同期提高了0.46个百分点。

（二）小微中心试点工作初见成效。深入开展小微中心试点工作，全行小微金融业务创新取得实质进展。一是促进了小微企业贷款增长。第一批试点的64家机构中，28家试点机构小微企业贷款余额实现较年初正增长，另外12家试点机构小企业贷款降幅收窄。二是显著提高了业务处理效率。60家小微中心实现了从收齐资料到审批完成在7个工作日完成，占全部已组建小微中心比重93%，其中32家能够在5个工作日以内完成。三是户均贷款金额逐步降低，推进“小额化”成效显著。小微中心试点行的小企业贷款户均787万元，按照小微中心流程发放的户均贷款余额447万元，明显低于全行户均868万元的水平。四是资产质量相对较好。按照小微中心模式新拓展客户1 795户，年末贷款余额72亿元，贷款不良率为零，显著低于全行平均水平。

（三）积极开展产品创新，促进业务发展和结构调整。一是在研究推出银政通、小企业网上质押贷款的同时，指导和协助分行创新融资方案。2015年总行共批复17家分行27项小微企业融资创新方案，其中已有11个融资方案正式付诸实施，拓展有贷户2 409户，累放17.48亿元，贷款余额10.57亿元，不良率为零。二是完善产品创新管理体制，向9家一级（直属）分行下放信贷产品创新权限之后的3个月内，5家分行创新推出7个产品或方案，拓展有贷户22户，贷款余额6 543万元。三是完善小微客户信贷业务期限管理，研究制订续贷相关制度。截至2015年末，小企业续贷金额326.92亿元、2 902户，较年初增加245.32亿元、2 266户。

二、2015年小微金融业务创新发展情况

2015年，全行小微金融业务条线紧紧围绕“全面优化小微金融业务发展模式”，重点在小微中心试点、市场规划、营销推动、产品创新、风险管理等方面开展工作，积极推进小微企业信贷业务结构调整，大力挖掘新市场、新客户群的小微融资潜力。

（一）大力推广小微中心，持续优化业务发展模式。自2014年10月启动小微中心试点工作以来，总行先后组织了两批试点，截至2015年末全行批复成立154家小微中心，其中第一批64家已全部开业运营。在试点过程中，总行开展了大量基础性的、卓有成效的工作。一是加强业务指导，推广小微中心试点。先后印发了《小微金融业务细分市场规划工作指导意见》等多份配套文件，指导分行按新模式开展业务。二是组建了总行小微中心服务支持团队，运用网讯小微频道、微信群等交流平台，与各试点机构建立了日常交流互动机

制，及时解决试点中出现的困难。建立定期报告制度，对试点运行情况进行跟踪监测。三是深入调查研究、加强定向督导。上半年对小微中心试点机构的人员配置和业务开展情况进行了专项摸底调查，11月中下旬联合总行相关部门对部分试点机构进行现场检查。四是做好市场规划。明确了部分行业的目标市场，并制订配套尽职调查模板和标准化作业流程，为开展细分市场规划工作提供方法和工具，同时研究建立行业评价体系，优化小微信贷资源在不同行业和地区的配置。

（二）强化组织推动，确保完成“三个不低于”监管要求。一是明确发展目标和重点工作。通过年度工作会议、年中工作会议、业务推动会议、行部文件等形式，下达全行小微金融业务年度发展目标，明确各阶段工作重点。特别是根据2015年5月11日党委扩大会议精神，组织召开小微专题会议并印发文件，明确了一把手负责制，制订了差异化的专项考核政策，保障了小微信贷所需信贷规模。二是配套专项机制，促进业务发展。制定“多做多得、少做少得”的专项规模管理制度，保障了小微贷款增长；对小微企业贷款实行差异化的内部资金转移价格，对超额完成任务的部分给予优惠、对负增长的部分予以惩罚；在季末对各行完成序时进度情况进行排队，对排名靠后的分行给予降档处理。

（三）做好营销指导，加强重点领域业务推动。一是积极开展联动营销，构建“网点推荐、小企业信贷专业人员跟进”的联动营销体系，指导分行做好小微企业有贷户电子银行产品营销，加强公私联动、挖掘优质商友客户资源。二是加强重点区域业务推动，研究制定《省行营业部小微金融业务发展指导意见》。三是加强营销推广，制定印发了《关于开展小微企业贷款重点产品重点客户主题营销活动的通知》，开展立体式营销宣传。

（四）完善创新机制，加快产品创新步伐。总行层面研究制订了“银政通”、公司客户线上质押贷款并改造原有“小企业账户卡循环贷款”产品。完善小微贷款期限管理，印发《完善小微客户信贷业务期限管理的规定》，创新推出续贷和年审制贷款模式。积极支持分行产品创新，印发了《小微客户信贷产品创新管理办法》及配套融资模式创新指引，赋予部分分行一定产品创新权限，构建起总分行联动、达标授权、过程管理、贴近市场的创新体系。同时，帮助和指导分行完善融资方案，全年共批复17家分行27项创新方案。

（五）求真务实，在推动业务发展同时紧抓风险防控。一是加强对全行小微信贷风险状况的动态跟踪和专项管理。对小微信贷风险进行定期监测分析，对2014年以来新发放贷款不良率较高的8家二级分行进行调查并形成分析报告，对存在“倒贷”特征的小企业和个人经营贷款进行专题调查，起草并印发了《小企业贷款风险防控意见》。二是积极开展裸贷治理。对全行小企业裸贷情况进行摸底，向各行下达裸贷治理计划，并进行通报和督导。小微企业裸贷客户数量由年初的28 436户，压降至年末的20 222户，净减少8 214户，完成年度压降计划的128.95%。三是调整客户评级相关政策。四是清退部分商品融资物流监管企业，基本完成战略性退出商品融资的任务。经过努力，2014年以来新建立信贷关系的小企业贷款质量较好，2015年末此类贷款余额1 497.50亿元，不良率低于全行平均水平。

（总行公司金融业务部）

专项融资业务

2015年，专项融资业务条线以海外投融资和跨境资本运作为核心，着力打造“专业、专营”的经营体制，“一站式”解决企业“走出去”的各类金融需求，完成了一批在国际资本市场颇具影响力的重大项目，实现了全行“走出去”工作的全面推进和专项融资业务的快速发展。

一、主要业绩

2015年，全行累计支持“走出去”项目170个、金额427亿美元。营业贡献实现增长45%，本部利润实现增长31%。资产质量保持稳定，无不良贷款。储备“走出去”项目454个，总投资额4 688亿美元，其中“一带一路”项目208个，总投资合计2 208亿美元，在全部“走出去”项目中占比47.1%，并取得了诸多“业内第一”和历史性突破。

（一）行业标志性项目取得重点突破。抓住国际产能合作与装备出口的重点行业，重大项目市场占有率排名第一。2015年独家牵头了阿根廷60亿美元核电融资、安哥拉45亿美元卡卡水电融资和沙特电力33亿美元哈翔电站融资，囊括了当年我国第一大、第二大和第四大“走出去”项目。

（二）前端服务取得经营实效。全年获得财务顾问委托的储备项目金额达255亿美元，服务关口大幅前移。在约旦核电、东电津巴布韦电站、国网巴基斯坦NBT风电等项目中，我行通过前期的财务顾问获取更多先发优势，基本确定了后期委托我行的融资意向。全年通过境外直接营销实现项目储备金额超过334亿美元，逐渐改变境内抓项目的单边性和跟随性。

（三）源头性国别开发效果明显。组建专门团队，对中巴经济走廊、中东欧市场和非洲大陆实施专题开发。在“中巴经济走廊”的14个重点项目中，其中我行牵头安排9个，“中巴经济走廊”首单签约项目和首个投资项目均落户我行。在中东欧地区，我行获得多边金融公司的独家筹建委任。在非洲高访期间，举办中非投融资论坛，与多个非洲国家签署合作协议。

（四）跨境并购金融再上新台阶。全年完成跨境并购项目审批超过60亿美元，推进到意向和达成阶段的并购项目总额达127亿美元，新增接触阶段的潜在并购项目金额229亿美元。中国化工并购意大利倍耐力、亦庄国投兆易创新美国ISSI半导体收购、万达并购瑞士盈方传媒、首旅收购如家酒店、中咨香港5亿欧元股权私有化搭桥贷款等一批代表性项目获得良好市场影响。

（五）国际产能合作深入推进。推进电力、冶金、矿产、水泥、建材等领域的国际产能合作项目超过160亿美元。孟加拉国沙基巴扎电站、土耳其LIMAK熟料干法水泥生产线、塔吉克斯坦水泥厂、中电工老挝第一钢厂等一批重点产能项目取得实质进展。此外，集中营销中材集团、中建材集团、安徽外经、江西国合、大连国合等代表性产能合作企业，储备项目金额超过百亿美元。

（六）租赁融资转型发展取得成效。全行30家分行及140余家支行培育租赁公司客户113家，完成金融租赁公司保理项目205亿元，支持工银租赁从他行获得授信和融资近千亿元。同时，本部经营职能积极向跨境结构金融转变，为全球资产交易贡献30亿美元交易金额，储备20亿美元电信、光伏等境外设备租赁结构融资项目。

二、重点工作

（一）牵头组织召开全行“境外一带一路”和“走出去”工作会议。研究新时期“走出去”工作和国际化经营的特点和机遇，解决新常态下“走出去”金融支持的突出问题，推动全行“走出去”业务快速发展。“境外一带一路领导小组”召开了五次会议，部署了国家政策对接、国别策略研究、全产品联动营销、项目组织管理、贷款分销交易、资金渠道优化、跨境人民币推进、投融资产品组合、内部经营体系、综合配套体系等十项任务，相关部门分工落实并建立了推进机制。在全行共同努力下，政策完善、全产品营销、项目组织、风险控制、机制建设、支持保障等各项工作全面推进；在领导小组对“走出去”重点工作的统筹协调和整体部署下，国别开发、全球融资产品线、全球资产交易平台等专项工作也取得了重点突破。特别是年中全行“走出去”工作座谈会上，行领导做了重要讲话和指示，深入剖析新时期“走出去”工作面临的新形势，进一步明确了我行“走出去”基本原则和工作重点，着力打造“走出去”金融服务的我行特色，推动我行国际化经营的纵深发展。

（二）国别开发。联合金研所、投行部等推进中亚五国、中东欧、中巴经济走廊、卡塔尔等多个国家区域的战略研究，完成行内课题2个、行外课题4个。试行国别经理制，推进签署国别开发合作框架，完成与罗马尼亚、安哥拉、埃塞俄比亚、肯尼亚和赤道几内亚等国签署整体开发协议，推动在基础设施、工业园、区域大型煤电、分级水电站等领域的金融合作。为卡塔尔提供了整体产业开发咨询，快速推进中东欧金融公司的筹建工作。

（三）全球融资产品线。与15家重点电力“走出去”分行制定全行电力项目协调机制管理办法，组建全球电力金融团队，有力推动了全行电力“走出去”业务发展。阿根廷核电、安哥拉卡卡水电和沙特电力哈翔电站均由我行独家牵头。中巴经济走廊电力项目中，我行安排融资笔数和金额排名第一。

（四）全球资产交易平台。完成平台系统首期开发，初步实现法律和税务信息发布、机构流动性管理、项目和借据管理、收益分配管理、资产交易撮合、平台资产交割等功能。资产交易规模快速增长，全年累计交易量实现100亿美元。其中，通过簿记、风险参贷和内保外贷等方式为巴黎、卢森堡、纽约、迪拜、新加坡、土耳其等境外机构新增51.5亿美元资产，并通过发布信息和撮合交易，帮助参与当地二手银团66.5亿美元，缓解了境外机构资产缺口压力。

（五）中小额跨境融资。完成建立中小额项目储备库，组织21家境内分行储备1亿美元以下的中小型项目共103个，拟融资总额40亿美元。重点推进境外小额资源支持融资、小额境外资产抵质押融资、小额跨境担保融资、组合式股权投资融资、中小额跨境信贷资产证券化共5大类产品开发。针对出口买贷、跨境担保等业务的法律文本进行标准化改造，制订使用指南。整合行内“走出去”制度文件，增补专业化管理操作要点，理顺业务范围和流程，编制产品手册。启动以项目为中心、以进程为主线、以关键环节为专营抓手的系统建设工作。

（六）机构协同和产品联动效应增强。强化对大型复杂项目的系统协同营销，注重带动全行实施大项目攻坚战。同时，强化融资业务与其他跨产品业务的协同，推动项目组织走向更广泛的产品联动。

（七）风险管理得到进一步加强。加强跨部门的国别风险和市场研究，及时跟踪评价主权国家风险，制作全球风险观察热图，指导专融项目实施与管理。加强与外部机构合作，保持信息共享和控制措施的协同。利用境内外分支机构的属地化优势，共同提高贷前调查和贷后管理质量。加大风险监测力度，创新产品结构缓释风险，多维度化解潜在贷款风险，保持资产质量零不良，在国内外同业中居于领先水平。

（总行专项融资部）

投资银行业务

2015年，投行战线齐心协力、攻坚克难，积极应对外部经营环境变化带来的不利影响，在产品创新、大项目运作及营销培训等方面取得积极进展，工银投行的市场影响力不断增强。

一、较好完成了全年投行收入任务目标

2015年，投资银行业务实现收入191.54亿元，其中，并购重组、股权融资、债务融资等品牌类投行业务收入112.79亿元，占比58.89%，同比提升3.25个百分点；基础类投行业务实现收入78.75亿元，投行收入结构继续优化。按照可比口径，2015年我行投行收入四行占比48.69%，市场排名第一。总分行投行部门积极做好项目挖掘、营销、尽职调查和投后管理等各项工作，2015年全年累计向总行理财、区域理财、私人银行、高净值个人客户、工银租赁及外部合作机构推荐项目金额合计近3 400亿元。

二、创新产品推广效果显著

一是正式推出组合式基金、产业基金、PPP项目资本金等创新股权融资产品，不断丰富并完善资本金融资产品体系；尝试拓展新三板投资、上市公司吸收合并、市场化基金等新领域，积极拓展资本市场类股权融资服务范围。二是研究开发代理并购与投资业务，积极营销储备相关项目，既丰富了并购业务产品线，将并购业务服务范围由并购贷款支持的控股收购扩展到参股、合资方式的并购业务，又有利于推动并购业务收入转型。三是加大了交易所资产证券化、过桥融资等业务领域的推广，增加新的收入来源，弥补外部政策因素带来的收入下滑，取得了一定成效。四是积极推进跨境并购产业基金业务，成功参与筹组中粮海外购产业基金，为我行跨境并购业务从传统的债权融资成功向股权投资拓展开创了新的业务模式。五是成功运作重大破产重整项目，积极探索挖掘不良资产中具有投行服务价值的项目资源，既改变了当前风险资产处置中较为被动的局面，又可实现投行业务创新、增收的经营目标。六是加大基础类投行业务的转型升级力度，正式推出“工银融安E信”、政府财务顾问等创新产品，不断丰富基础类投行业务的服务内涵、提升服务质量和技术含量，扩大收入来源。七是创新推广“投行集成服务”业务产品。

三、重大项目运作亮点涌现

（一）股权融资。成功完成518笔业务，涉及股权融资金额1 982亿元。其中，全行完成代理股权投资项目67个，投资规模287亿元；总行审批完成代理股权投资项目25个，涉及融资金额823亿元，完成投资96亿元。重大项目有：首次参与上市公司“重大无先例”资产重组业务，完成招商蛇口吸收合并招商地产及12亿元非公开发行配套投资项目；持续巩固国企混改领域的优势，完成中石油管道资产重组项目并实现30亿元真实股权投资；首次完成PPP项目资本金融资项目，为重庆红岩村大桥50亿元PPP项目提供“股权投资+银团贷款”的综合融资服务；作为唯一的商业银行投资国家先进制造业基金50亿元优先级份额，总行完成首笔无信用兜底、完全依靠结构化设计的组合式基金项目；完成湖北亿童文教等新三板企业投资，为10余家企业提供新三板挂牌顾问服务，积极拓展新三板市场；完成华能光伏产业基金项目12亿元投资，开创远期资产回购型的创新增信方式；完成贵州高速50亿元代理股权投资项目，形成中央财政资本金搭桥融资的服务模式；拓展形成政府投资基金产品线，营销储备大量项目，包括参与财政部中国PPP基金和中央财经领导小组中国建筑节能基金筹备设立工作，完成中国铁路发展基金二期和北京水环境基金项目审批工作，指导分行参与广东省丝路基金、湖北长江经济带产业基金、广东省铁路发展基金、贵州贵安新区投资基金等大型产业基金的组建和投资工作；央企和行业龙头企业产业基金业务渐成规模，审批完成上汽产业基金、国电投基金、中石油国新资本基金、安徽兴泰中小企业基金、厦门象屿农业基金等重大项目。

（二）境内并购。成功运作项目353个，涉及交易金额1 466亿元。主要大项目有：并购贷款业务领域，成功完成了国泰君安35.71亿元收购上海证券项目、武

汉航空港45亿元并购湖北机场项目、融侨集团27.46亿元并购上海宝钢长宁等项目。此外，积极开拓上市公司控股股东定增、房地产并购、国企改制、股权激励、PPP存量资产并购、并购基金等重点业务领域，通过华数传媒65亿元定向增发项目、包钢股份20亿元定向增资融资项目探索实现了代理并购与投资业务模式；通过TCL集团18亿元员工持股计划项目积极探索管理层收购与持股业务领域；通过南方同正认购海南海药项目实现了“并购贷款+收益分成”模式的突破。

（三）跨境并购。完成12个跨境并购项目并担任融资顾问，涉及交易金额562亿元，融资金额237亿元。完成包括锦江国际12.80亿欧元收购法国卢浮酒店集团项目、三峡集团境外公司股权增持项目、复星国际20亿美元股权并购美国Ironshore保险公司项目、万达集团10.50亿欧元收购瑞士盈方体育项目、长电科技7.80亿美元收购新加坡上市公司星科金朋项目等一批具有国内外市场影响力的重大项目，位列汤森路透中国企业海外收购交易数量排名中资金融机构首位、全球中外金融机构（含所有投行）第二，交易额是排名第二的种子金融机构近4倍。此外，成功开拓华联在新加坡发行REITs、如家私有化退市等同类型首单业务。全行跨境并购条线实现收入突破3亿元（境内外合计），是2014年的2.43倍，实现历史最大涨幅。

（四）债务融资。成功运作项目931个，融资金额1 000多亿元，其中总行牵头运作了30余个重大项目。在非公开债务市场领域，高效完成了60亿元南京公积金中心、50亿元中证金、50亿元武钢集团、50亿元江苏高速公路等结构化融资项目，有效满足了客户需求；在公开债务市场领域，成功运作了八达岭索道、雅居乐物业服务费、湖南高速、长春燃气、融和租赁等交易所资产证券化项目，并在交易所公司债、政府存量债务置换、PPP债务融资等领域积极进行了创新尝试。

（五）财务重组。完成323个项目，涉及金额1 278.37亿元。成功运作中国二重、英利绿色能源等市场瞩目的重大债务重整项目，涉及总债务规模超过260亿元，在化解信贷风险方面发挥了积极作用。

（六）分销顾问。完成分销项目近50个，涉及分销金额约220亿元，实现业务收入4.48亿元，完成全年计划的117.89%。成功运作了厦门分行债务融资类产品分销顾问项目、浙江分行股权类投行产品分销项目、山西交通厅工银安盛保险直投项目等多笔具有相当影响力的投行项目。通过全行的共同努力，已形成了涵盖314家分销合作机构与325家直接投资者的分销顾问业务数据库。

四、培训和营销力度不断加强

在对全行投行条线开展核心人才培训和业务适应性培训之外，举办了全行“投行大练兵”总决赛，并在15家重点分行开展了“案例培训+客户营销+项目拓展”活动，激发了投行战线的工作热情，提升了分行团队专业水平，也集中营销了几百家重点客户，发掘、储备了上百个大项目，为扭转收入下滑局面奠定了基础。成功举办“中巴投资论坛”、“中非企业家论坛”、“中德中小企业论坛”、“第五届中国—中东欧国家经贸论坛”、“印度投资推介会”、“新西兰—中国伙伴关系论坛”等系列投资论坛，前后组织500余家境内外客户参与，成功搭建了跨境投资交流和交易撮合平台，极大地推动了工商银行在跨境投融资和并购顾问业务领域的优势品牌形象宣传。

五、投行研究支持业务成效显著

研究中心密切联系投行业务实际，保障基础类投行服务的同时，加大了支持品牌类业务发展和项目运作、与基层交流的力度，研究针对性加强，创研究品牌效果初现成效，市场影响力提升。2015年，向全行客户发布报告超过1 700篇，逾1 000万字，举办“投行论坛”超过25场，直接服务客户上千家；创新性地开展政府和企业的研究咨询顾问业务，直接营销10多个政府机构，为越秀金控出具5份行业全面分析报告；投行研究品牌宣传力度进一步加强，通过包括邮件、杂志、微信、书籍等方式扩大投行研究影响力，“工银投行”微信公众号发布超过700条，关注人数超过5 000人；印发投行研究报告集三册，直接发送客户6 000人次。

（总行投资银行部）

债券与融资业务

一、指标完成情况

（一）人民币债券与融资业务取得零风险下的较好收益。截至2015年末，境内分行人民币同业融出业务余额2 287.37亿元，较年初增加93.31亿元；全年累计办理人民币同业融出业务903笔，金额33 806.93亿元，加权平均期限22天，加权平均利率4.07%，对应到期应收利息83.44亿元，实现利息收入84.70亿元。各项融资业务未出现任何风险损失。

（二）债券自营投资业务取得较好投资收益。截至2015年末，全行人民币债券投资面值余额（不含分行被动持有的凭证式国债及在北京分行核算的保本理财业务投资的债券/境内口径）41 771.90亿元，实现投资收益1 580.17亿元。其中，境内分行（不含总行本部）人民币债券投资余额4 949.53亿元，实现投资收入195.83亿元。

（三）国债代理发行市场占比继续稳居同业首位。2015年，全行累计代理发行国债694.17亿元，市场占比23.14%，继续稳居同业之首，实现承销手续费收入3.48亿元。其中：代理发行凭证式国债4期，代理发行金额234.06亿元，市场占比约20.51%，实现承销手续费收入1.64亿元；代理发行储蓄国债（电子式）10期，代理发行金额460.11亿元，市场占比24.75%，实现承销手续费收入1.84亿元。

二、工作开展情况

（一）完善同业专营机制，防范同业业务风险。建立和完善总行专营线下同业业务总体框架。根据银监会关于对同业业务实行总行统一授信和名单制管理的要求，会同相关部门开展制度建设，对涉及同业业务的境内金融机构客户实行由总行集中统一授信和名单准入管理。

（二）做好组织协调，顺利开展国债代理发行工作。2015年国债发行期间，加强对销售进度的跟踪管理，合理制定任务计划，及时调剂网上银行与柜面渠道额度分配，顺利完成全年国债代销任务。2015年，实现承销手续费收入3.48亿元，为我行中间业务的增收起到了积极作用。

（总行资产负债管理部）

金融市场业务

2015年，全行金融市场业务紧密围绕集团改革发展中心任务和利润中心创收增效核心目标，主动适应经济新常态、应对新挑战、把握新机遇，在复杂严峻的市场环境中取得了良好经营业绩，市场竞争力进一步提升。

一、经营指标完成较好

一是利润总额稳步增长。总行金融市场部实现利润534.13亿元，同比增长63.11亿元、增幅13.40%。二是中间业务收入快速增长。实现中间业务收入91.69亿元，同比增长16.92亿元、增幅22.62%。三是债务融资工具承销发行额大幅增长，全年发行额11 519.58亿元，同比增长6 819.46亿元、增幅145.09%，实现非金融企业债、金融债以及全口径承销发行规模三项第一。四是超计划完成本外币新增投资收益率指标。全年银行账户债券新增投资收益率达到3.81%，外币债券投资收益率达到3.20%。五是风险控制情况良好。全年不良资产率和操作风险损失率继续保持为零。六是月均超额备付金率优于同业。2015年月均超额备付金率较四行平均水平低23个基点。七是营业贡献成绩显著。2015年金融市场业务营业贡献630.72亿元，为全行转型发展作出积极贡献。

二、主要工作亮点

（一）产品与经营模式创新成效显著。一是创新开展特定目的载体投资，投资量563亿元，存续期不到2年，但平均收益率达4.24%，高于5年期AAA信用债90个基点。二是创新推出80个新兴市场国家币种对公外汇买卖业务，国内率先实现外汇业务对“一带一路”沿线国家的全面覆盖。三是首推柜台记账式债券24小时连续交易功能并推广至各品种与期限，交易规模同业占比近六成。四是进入境外主流交易所开展场内交易，入场交易累计节省和实现收入近3 500万元。五是大力开展境内非银行金融机构本外币同业拆借业务，实现收入5.31亿元。

（二）重点业务由培育期转入收获期。一是创新推出账户铜和账户大豆，同业独家形成账户类交易五大产品体系。账户外汇推出先卖出后买入功能，新增4个交易币种、共计达10个交易币种。新推出的账户原油日均交易量已突破4亿元，日交易量峰值近15亿元，全年收入3.2亿元。二是通过交易上网银、系统进网点、创新人民币结算方式等措施，商品交易开办范围持续拓展，除西藏分行外，其他全部35家一级（直属）分行全部开办。三是债券借贷业务盈利效应突出，有效盘活存量资产，全年收入2.27亿元，同比增长77%，市场份额过半。四是代客人民币利率互换业务呈现良好态势，客户数量同比增长2.6倍，交易规模同比增长4.6倍，分行交易收入同比增长8.9倍。

（三）互联网金融应用全面拓展。一是金融市场业务产品上网银成效显著，金融市场业务全部零售产品及对公结售汇等7项对公产品已开通网银交易渠道。二是金融市场业务产品实现在我行互联网平台广泛应用，柜台债等11项产品在融e购平台投产，账户贵金属等4项产品在工银e投资投产，账户贵金属和账户原油在融e行投产。

（四）与工银标准合作水平显著提升。制定包括丰富交易领域、深化商品交易合作、联动开展债券业务、加强业务交流培训在内的13项合作计划，全年合作交易额502.81亿美元，同比大幅增长近9倍。

三、四大业务板块发展势头良好

（一）债券投资水平不断提高。一是在人民币债券市场平均收益率大幅下行约130个基点的情况下，通过科学研判经济形势和货币政策动向、合理摆布投资进度等措施，实现组合收益率3.99%，同比仅下降2个基点。二是组合结构进一步优化。人民币方面继续加大优质信用债投资力度，剔除地方政府债投资因素，信用债投资组合占比达22%，同比提高4.6个百分点；外币方面大力投资中资机构境外债，投资占比达67.49%，同比提高15.85个百分点。三是做好地方政府债券投资，累计投资5 069.72亿元，在支持分行巩固地方政府关系的同时，充分利用地方债免税效应提升利润贡献。全年人民币债券累计新增投资8 221.17亿元，债券组合实现利润476.86亿元，同比增长6.45%；外币债券累计新增投资29.8亿美元，债券组合实现利润7.47亿元人民币，同比增长12.03%。

（二）融资业务运作效率进一步提升。一是在人民币资金流动性宽裕阶段加大融出力度，提高资金运作效率；积极向收益率更高的中小金融机构拆出资金，创造更高收益。二是大力开展非银行金融机构外币拆借业务，提高资金收益率水平；创新开展外币债券流动性资产池投资，拓宽外币资金运作渠道。全年人民币货币市场融资54.62万亿元，实现融出利息收入112.97亿元，同比增长233.5%；外汇货币市场拆借1 521.8亿美元，实现融出利息收入3.33亿元人民币，同比增长28.04%。

（三）交易业务保持快速发展势头。一是通过抓网点覆盖率、丰富兑换币种等措施，夯实结售汇业务发展基础，全年个人结售汇网点新增1 918个、增幅33.6%，总量达到7 626个；对公结售汇网点新增318个、增幅8.83%，总量达到3 921个，带动业务量和收入增量占比四行第一。全年银行间外汇市场叙做人民币外汇交易1.52万亿美元，全行代客结售汇业务量4 997.35亿美元，总分行人民币外汇交易产品线实现收入57.61亿元人民币，同比增长20.35%。二是多渠道加大账户交易类产品宣传力度，2015年末账户类交易客户数达1 703.25万户，同比增长35.33%；全年账户类交易量3 237.89亿元，实现收入10.9亿元，同比增长83.5%。三是积极向重点客户提供外币利率、汇率避险方案和产品服务，丰富外汇买卖交易币种。个人外汇买卖客户数68.46万户，同比增长25%；对公外汇买卖客户数1.66万户，同比增长13%。全年总分行外汇与衍生品交易量达1.92万亿元，实现收入15.22亿元，同比增长10%；中间业务收入7.82亿元，同比增长32.77%。四是主动把握年中流动性宽松时机，加大交易账户持仓规模及交易力度。全年人民币债券交易金额面值5 889.23亿元，人民币利率互换交易名义本金2 257.09亿元，柜台记账式债券交易金额62.09亿元，总分行人民币利率交易产品线收入32.12亿元，同比增长303.01%。五是实现柜台国开债、口行债等创新品种常态化发行，全年发行各类柜台债28只，金额合计14.39亿元；代理境外机构交易与结算业务范围和客户类型不断拓展，境外央行类客户营销工作成效显著。全年代理债券结算面值1 435.13亿元，代理债券交易金额1 194亿元，总行本级实现利润1 192.38万元，同比增长70.05%。

（四）承销发行保持市场领先优势。一是全年承销各类债券1 526只，承销发行额合计11 519.58亿元，位居市场首位，其中非金融企业债5 315.62亿元、金融债857.24亿元、地方政府债5 346.72亿元。二是资产证券化业务实现常态化发展，完成两期合计183.19亿元的资产证券化项目发行，有效支持全行信贷结构优化调整和盘活存量资产。三是作为唯一担任全球协调人的中资银行，协助人行首次在伦敦发行50亿元央票。四是圆满完成我行首只20亿美元境外二级资本债发行工作。

四、业务支持保障能力进一步增强

（一）业务管理水平不断提高。一是版次化定期更新"管理办法、操作规程、操作指南、交易指引"的四位一体业务制度体系，制定印发业务指引48项，有力提升全行金融市场业务规范化操作水平。二是积极开展业务授权与业务协议管理、合规机制建设工作，实现全集团金融市场业务统一视图管理，提升集团金融市场业务统筹管理水平。三是持续加强交易差错管理，加强交易人员培训和考试，严格规范交易人员操作，推进境外机构集中化、差异化业务授权管理。

（二）系统支撑效能稳步提升。一是对公代客交易系统基本建成，对公代客交易进网点试点在全国范围内铺开，打破原有不同层级机构分散办理的传统模式。二是全面启动同业做市电子交易系统建设，为同业提供外汇买卖、商品交易等业务连续报价和交易服务，稳步推进与北京农商行等机构业务合作。三是全集团事前控制体系建设大力推进，有序开展系统开发和境外推广。四是金融市场交易管理平台覆盖范围进一步拓展至集团

41 家境外机构，集团金融市场业务实现标准化管理。

（三）研究分析与产品管理工作高效开展。一是深入开展业务发展规划业务研究，充分发挥决策支持作用。二是完善金融市场业务策略模板与指标体系，进一步增强前瞻性指导作用、强化风险防范。三是围绕国内外焦点事件、主要金融市场走势等全面开展市场研究，完成各类研究报告近 200 篇，持续做好客户市场信息服务。四是自主编发工银人民币利率与汇率指数并试运行，提升我行人民币交易大行市场影响力。五是认真制订产品创新计划，动态更新产品文件与知识问答，定期开展产品分析，夯实业务与产品创新基础。

（总行金融市场部）

票 据 业 务

一、全行票据融资业务经营情况

2015 年，我行票据融资业务实现总收益 245.1 亿元，创历史新高，同比增加 75.4 亿元，增幅达 44.4%。其中，利息收入 242.5 亿元，投资收益 2.6 亿元。全年票据融资业务交易量 42 918 亿元，同比增加 9 345 亿元，增幅 27.8%。其中，直贴业务量达到 8 774 亿元，同比增加 2 134 亿元，增幅 32.1%，分行办理直贴业务的积极性不断提高。截至 2015 年末，全行票据融资余额 8 287 亿元，比年初增长 71%，其中，纳入信贷统计口径的贴现余额 5 192 亿元，比年初增长 48.2%，占我行全部信贷资产的 4.9%，比年初增加 1.3 个百分点，我行贴现余额市场占比为 11.3%，比年初下降 0.7 个百分点，占比继续位居同业首位；买入返售余额 3 095 亿元，比年初增加 1 754 亿元，增长 130.9%。票据营业部利润中心建设成效显著，共实现拨备后利润 23.09 亿元，同比增加 3.57 亿元，增幅为 18.29%，高出总行下达的 T3 考核目标值 1.59 亿元，超额完成利润目标。

二、主要工作措施及成效

（一）促进信贷资产总量与结构优化，推动小微企业贴现快速发展。一是票据融资保持反周期运作策略，促进信贷平稳投放。在有效信贷需求不足的情况下，积极引导分行和票据营业部加大对贴现业务的投放力度，贴现余额增长较快，有效提升了信贷资源的使用效率。截至 2015 年末，票据贴现余额达到 5 192 亿元，比年初增加 1 688 亿元。境内全部机构的日均贴现余额同比均实现正增长，全行日均贴现余额为 4 386 亿元，同比增加 2 134 亿元，增幅为 94.8%。二是多措并举巩固小微企业贴现的发展优势。我行通过分配专项规模、继续实施优惠资金配置价格、加大监测与通报力度等措施，引导分行在保证收益的同时加大小微企业贴现力度，小微企业贴现余额稳步增长。截至 2015 年末，小微企业贴现余额 1 933 亿元，比年初增加 842 亿元，占全行监管口径小微贷款增量的 51.5%，为实现小微企业金融服务“三个不低于”的目标作出了积极贡献。三是本行承兑汇票贴现比例进一步提高。全行累计贴现本行承兑汇票 1 779 亿元，同比增加 640 亿元；本行承兑汇票贴现比例达到 20.3%，比上年同期提高 3.1 个百分点。四是根据票据市场变化与全行资产负债管理策略需要，我行灵活调整业务经营策略，适时调整和发布 21 期票据融资指导利率，引导全行加强定价管理，提升票据业务收益。五是针对国内经济下行压力仍然较大，票据业务风险防控的形势比较严峻的现状，我行通过风险提示、窗口指导以及继续给予电票贴现优惠支持等多种方式，引导全行加大电票业务的办理，提高电票资产的余额占比。2015 年，全行系统外（转）贴现买入量中电票占比由上年的 30.5% 提高至 45.2%。截至 2015 年末，全行票据贴现余额中，电票余额占比由上年的 39% 提高至 59.8%。

（二）加大监测力度，强化风险防控体系。一是不断完善非现场监测体系。在 2015 年票据业务体量快速增长、风险形势日趋严峻的形势下，我行将非现场监测的范围由贴现业务扩展到转贴现与买入返售业务，并进一步丰富了监测指标体系，同时加大了对风险企业的关注，加强对破产企业、贴现贸易背景存疑及逾期票据等多维度风险因素的监测排查力度，引导分行充分认识当前票据业务风险防控重点，提高风险管理水平。二是及时排查风险隐患。通过日常非现场监测发现风险隐患后，及时向票据营业部以及深圳等 8 家分行下发风险提示单，引导票据经营机构关注并化解风险隐患，确保资产质量稳定和业务稳健发展。三是强化纸质票据管理。为有效防范“清单交易”等高风险业务隐患，在开发投产票据系统影像功能的基础上，先后对贴现、转贴现和买入返售业务进行了影像录入管理，同时印发了《关于加强系统外纸质票据买入与实物管理的通知》（工银办发〔2015〕120 号），对强化纸质票据管理提出了具体要求。

（总行资产负债管理部）

中 间 业 务

一、中间业务发展情况

2015年，面临利率市场化进程加快、费率监管趋紧、互联网金融竞争不断加剧的市场环境，工商银行坚持以客户需求为中心，开展产品、服务与渠道创新，推进中间业务转型发展，实现了中间业务收入增长率、总量和增量占比均列可比同业第一。2015年手续费及佣金收入1 616.70亿元，比上年增加149.92亿元，增长10.2%，其中银行卡、私人银行、银行理财等业务收入实现较快增长。各项业务收入情况如下：

单位：亿元

业务种类	收入	同比增减	同比增幅	说明
结算、清算及现金管理业务	279.86	－24.36	－8%	其中代客结售汇、电子商务等业务收入实现较快增长；人民币个人结算业务在业务量增长的同时收入有所下降。
投资银行业务	267.91	－36.83	－12.1%	受资产质量影响，投行类业务收入下降明显。
银行卡业务	376.84	25.51	7.3%	主要是银行卡发卡量和消费额增长以及收单业务增加带动相关收入增加。
个人理财及私人银行业务	359.10	152.34	73.7%	其中私人银行、个人银行类理财和代理基金业务收入取得较快增长。
对公理财业务	183.05	33.76	22.6%	主要是对公理财产品投资收益和债券的发行及承销业务收入增加。
资产托管业务	55.44	－3.79	－6.4%	主要是停办我行自营客户安心账户托管业务收入导致收入有所下降。
担保及承诺业务	46.87	0.73	1.6%	主要是对外担保业务增长带动相关收入增加。
代理收付及委托	19.79	－0.4	－2%	代发工资、代收公用事业费在业务量增长的同时收入有所下降。
其他业务	27.84	2.96	11.9%	主要是养老金业务收入增长较快。

二、中间业务组织推动情况

一是坚持目标导向，做好增收压力传导工作。认真分析监管、市场和舆论环境，制定并动态调整全口径的分产品、部门、利润中心和机构中间业务收入目标，准确传递总行经营意图，引导各经营单元努力多增中间业务收入。二是围绕“重落实、重行动”，努力强化过程管理与控制。按季度制定中间业务组织推动方案，明确增收重点和推动措施，引导各专业条线围绕产品、管理和业务指导，帮助分行共同推动任务目标实现；督促各分行围绕提升同业占比，解决基层行增收难题等环节，拿出针对性挖潜增收方案。实行中间业务收入预算和同业占比“双线”缺口管理，做好收入缺口预测、监测、协调、督导和典型案例推广。按月编制《中间业务收入月报》，及时发现中间业务增收中出现的问题和薄弱环节。三是紧扣创新主题，努力推动中间业务的创新发展。引导各行注重资产管理、私人银行、金融市场、银行卡以及与资本市场相关业务发展。研究打造“代客投资与交易收入”板块，研究代客投资及交易收入核算及产品口径、考核和资源配置政策，提高交易业务收入占比。

三、中间业务规范管理情况

一是根据党委部署，落实李克强总理、马凯副总理重要指示，向国务院报送《关于工商银行服务收费有关问题的汇报》和《中国工商银行关于落实国务院副总理马凯同志批示情况的报告》，汇报我行清理整顿服务收费，加大对“小微”企业和实体经济服务力度的具体措施，受到高层肯定。二是梳理制定并实施《服务价目表（2015 年版）》，合理设置收费和免费项目，梳理相关配套制度，开展专题培训，实现了新价目表的平稳实施，受到相关监管部门肯定。三是密切关注监管动态，积极与相关监管部门沟通。参加银监会组织的银行业减费让利、压降收费项目、收费清理自查等相关材料的起草，如实反映我行收费实际和诉求，主动向银监会、发改委和央行等部门汇报近年来我行创新服务方式，规范服务收费措施及成效，得到了监管部门的充分认可。加强对分支机构收费管理指导，及时组织收费自查整改，有效防范了各类声誉风险。

（总行财务会计部）

结算与现金管理业务

2015 年，结算与现金管理专业在总行党委的正确领导和战略部署下，以对公账户为基础，对公产品为抓手，围绕公司存款、中间业务收入和优质客户增长三个主要目标，深入实施了年初专业会制定的“五三二”工程，结现专业的定位更加清晰，队伍建设初见成效，对全行业务的贡献度不断提升。

一、主要经营指标完成情况

（一）价值贡献指标。实现结现专业营业贡献 431 亿元，完成全年计划的 101%，位居全行各专业及利润中心第五位；实现结现专业中间业务收入 126.68 亿元，占全行中间业务收入 1 509.36 亿元的 8.4%，完成年度计划的 93%。

（二）对公存款指标。截至 12 月末，新开结算账户存款时点余额 5 159 亿元，完成全年计划的 258%；新开结算账户存款日均余额 2 368 亿元，完成全年计划的 263%。

（三）对公账户指标。截至 12 月末，新开有效对公结算账户 71 万户，完成全年计划的 101%，净增有效对公结算账户 39.8 万户，完成全年计划的 398%，其中：新开有效基本结算账户 45.3 万户，完成全年计划的 151%，净增有效基本结算账户 29.1 万户，完成全年计划的 484%。日均金融资产 5 万元以上优质对公账户较年初净增 2.44 万户，完成全年计划的 122%。

（四）现金管理客户指标。全行净增现金管理客户 14.5 万户，完成全年任务的 145%；新增全球现金管理客户 541 户，完成全年任务的 101%。

（五）法人理财业务指标，实现理财产品日均存量 5 949 亿元，任务完成率 124.8%。

（六）贵金属业务指标，新增贵金属有效客户数 321.4 万户，任务完成率 136%。

二、抓业务，拓市场，市场营销工作成效显著

（一）坚持量质并举，实现规模拓展与结构优化双促进。一抓账户源头和产品捆绑营销，实现账户规模质量双提升。大力开展企业通平台推广，为企业提供工商注册和开立银行账户的一条龙服务，并推进商品市场和产业园区等源头营销；充分发挥结算套餐、工银信使、网上银行、财智账户卡等产品优势，并与客户开户业务同步推动。二抓部内业务联动和网点对公服务能力提升，实现 5 万元优质账户净增。通过潜在客户名单下发、精选重点产品网点注入、配套相应考核机制等，最终实现 5 万元优质账户净增 2.44 万户。三抓精细化营销，引导分行用高收益理财产品换取客户资源，并避免单纯价格竞争，法人理财业务实现量质并举。法人理财发行规模保持同业领先，保本理财和结构性存款的付息成本都控制在比较合理的范围内，实现法人理财中间业务收入 53.7 亿元，同比增幅 24%。

（二）坚持抢机遇抓特色，实现以点促面快速发展。一是抓跨境双向人民币资金池，做实做强全球现金管理。在对全球现金管理系统全面升级的基础上，借助跨境人民币、外汇资金集中运营和金融改革试验区等政策的陆续出台和人民币不断国际化的大背景，以中国银行为主要竞争目标，以帮助企业通过跨境双向人民币资金池实现全球低成本融资、开展资金集中管理、提升资金收益率为突破口，全力拓展签约客户。2015 年，207 家企业与我行签订跨境双向人民币资金池协议，备案成功 151 家；129 家外汇资金集中运营管理客户，111 家已开办业务，同业市场份额领先。二是抓产品特色与客户群结合，账户贵金属业务增长显著。针对业务特点，明确以私人银行客户、证券第三方存管客户、潜在大学生客户为主要营销对象，通过举办院校账户交易大赛、高端客户推介会等，强化营销宣传，实现贵金属有效客户数净增 321 万户，达到 1 101 万户，增幅 41%。

（三）坚持科学定位和精准营销，提高营销主动性。认真开展工银 e 缴费的设计推广工作，做好原有客户移行，推动水、电、煤、燃气等基础行业二级分行全覆盖，根据客户反馈持续优化系统，提升客户体验。截

至2015年末，工银e缴费上线项目已达4 771个，较年初新增3 038个，交易金额91.3亿元。同时，持续优化系统功能，提高信息精简性和针对性；强化业务培训，并重点推动各级行管理层应用。2015年，全行成功营销平台目标客户9 424户，带来账户1.5万户，存款余额240亿元。

（四）坚持工作创新，提升营销、管理和培训成效。采取互联网营销与网点服务协调相结合的形式，在全行开展财智账户卡“百万话费大放送”营销活动，显著巩固中小企业客户关系，并带动对公客户结算量和存款的显著提升。统筹做好机构准入、业务准入和定价管理，确保一家支付机构只能通过一家分行接入，并通过对于新增机构合理定价、存量客户重新议价、存量业务落实收费等一系列举措，提高业务贡献。全年实现中间业务收入16亿元，引入案例教学、行动学习、情景演练、小组讨论等多种创新方式，突出增强业务营销实战能力。2015年，结现专业共举办13期面授培训，其中6期考核“优秀”、5期考核“良好”，成效显著提升。同时，全力推进产品经理队伍建设和网点对公服务能力提升工作。2015年末，全行已在二级分行（含）以上层面建立1 284人的产品经理营销队伍，并举办8期、每期7天、共480人的产品经理培训班，强化人员素质，队伍建设工作已初见成效。与渠道管理部密切协同，通过强化网点客户经理管户责任、加强网点客户经理培训、打造标杆网点、推动智能网点外拓营销、建立分层营销机制等，网点对公服务能力进一步增强。截至2015年末，网点优质账户净增完成全年任务计划的122%，财智账户卡、法人理财等重点对公产品销售实现大幅增长。

（总行结算与现金管理部）

信用卡业务

2015年，信用卡专业认真贯彻总行党委决策部署，积极融入全行大零售发展战略，坚持量质并举、转型升级，在信用卡业务规模、质态结构、盈利能力、风险管控水平等方面取得进一步提升，巩固了市场领先地位，夯实了下一步发展根基。

一、2015年信用卡业务发展情况

（一）业务规模稳步扩大。截至2015年末，全行信用卡发卡量10 891万张，较年初净增835万张；信用卡客户数7 252万户，较年初净增501万户；消费额23 270亿元，同比增长24.5%；收单额54 907亿元，同比增长44.4%；信用卡贷款余额4 204亿元，较年初增加523亿元。

（二）质态结构显著优化。截至2015年末，信用卡启用率达66.7%，较年初提升4.3个百分点；动户率达67.3%，较年初提升3.9个百分点。年卡均消费额2.2万元，同比增长10.0%。

（三）盈利能力持续增强。2015年信用卡总收入363亿元，同比增长9.1%，中间业务收入279亿元，同比增长8.7%，信用卡中间业务收入占全行中间业务收入的18.5%，占大零售板块中间业务收入的31.3%。

（四）风控水平优于同业。在国内信用风险显现的大环境下，我行信用卡不良率控制在2.03%，较年初反弹0.63个百分点，风险总体可控。信用卡反欺诈水平优于同业，2015年末我行信用卡境内欺诈风险BP值0.09，低于国内同业0.04个基点；境外欺诈风险BP值10.57，低于国际同业4.76个基点。

二、开拓市场，加快创新，增强工银信用卡核心竞争力

（一）深入推进客户端精确营销，争揽优质活跃客户

1. 坚持“先有数据、后有客户”营销策略，精准定位目标客户。2015年，信用卡专业继续深化“9944”精确营销项目，对目标客户精准授信、主动营销，利用PBMS、叫号机系统、柜面快速识别系统等提升营销效率。截至2015年末，该项目累计发卡755.7万张，拓展信用卡客户458.6万户，启用率和动户率分别为77.6%和81.0%，卡均年消费金额和笔数分别为3.7万元和23笔，新发卡不良率仅0.32%，质态结构良好，实现了客户定位准、授信精、质态优。

2. 打造信用卡优势产品线，进一步增强信用卡获客能力。在商旅产品方面，首发工银大来爱购（I GO）信用卡，主打北美旅行支付服务；推出以主题公园旅游为亮点的工银长隆联名信用卡，与环球旅行卡、航空商旅卡共同构成了拓展境内外商旅市场的优质产品线。截至2015年末，长隆联名信用卡发卡量突破300万张，环球旅行卡发卡量达365万张，跨境消费增势明显。在高端产品和集团用卡方面，白金信用卡发卡量达165万张，年化卡均消费31.7万元，黑金信用卡发卡552张，

年化卡均消费673.9万元。公务卡发卡量达676万张，较年初净增118.5万张，年化卡均消费3.8万元，规模和质态同步提升。

3. 创新推出工银HCE云闪付信用卡，积极布局互联网金融领域。2015年5月5日，我行在业内率先推出工银HCE云闪付信用卡，成为亚洲首家与VISA合作、全球首家与银联合作开展HCE云闪付服务的银行。该产品通过我行云端服务器与客户手机APP之间的在线数据传输实现移动支付，采用Token（令牌）技术，依托云端验证、动态密钥和全面风控，在不借助实体芯片的前提下实现芯片级别安全性，成为中国人民银行"508工程"示范产品。2015年末工银HCE云闪付信用卡发卡量达14.8万张。

（二）全面铺开商户端精确营销，抢滩商户收单市场

1. 启动全数据化的"175"收单商户精确营销项目。筛选与我行有存贷款、理财、代发工资等业务联系，且符合收单准入条件的175万法人客户，将目标商户数据包和营销任务层层分解到支行网点，全面铺开"网格化"营销，将商户按照街区进行划分并纳入网格化营销范围，发动网点就近营销、就近维护。自6月25日启动以来，"175"项目新拓商户9.5万户，占同期新增商户的71.4%，发生收单额1 004.82亿元，贡献回佣收入1.02亿元。

2. 加强总对总集团收单商户合作。围绕优质集团商户，打造个性化收单服务方案，全年新签约总对总收单合作集团商户76家。截至2015年末，总对总合作集团商户突破200家，合作门店突破32 000家，收单交易额2 345亿元，实现回佣收入9.04亿元。

3. 搭建面向客户与商户的互联网服务平台。2015年8月15日，我行投产工银e生活、商户之家两大互联网应用体验版，向持卡人提供商户查询、定位导航、团购折扣等服务，向商户提供优惠发布、对账单查询、联系管户经理等互动服务。两大平台同时面向行内和行外商户与客户，用商户吸引客户，用客户吸引商户，为商户带来生意、为客户带来实惠。两大互联网应用平台实现金融服务与商业服务在线上线下的有机结合，形成我行与客户、商户之间的O2O金融商务圈。

（三）创新机制与产品，推动信用卡贷款健康快速发展

1. 开拓分期付款市场，促进大众消费对经济增长的拉动作用。一是在巩固购车分期优势的基础上，持续拓展保险、高品质数码产品等分期市场，总对总汽车分期合作厂商达20家，其中贴息合作厂商达17家；二是丰富分期付款产品和渠道，相继推出汇总分期、定制分期、现金分期等新型分期产品；大力发展手机移动端分期付款，加快短信分期推广，推出融e联和自助终端分期，引导分期付款的移动化和智能化发展。截至2015年末，全行信用卡分期付款余额达2 210.6亿元，较年初增加118亿元。

2. 基于大数据技术，依托公司逸贷产品打通整个消费产业链。发挥信用卡各业务板块协同优势，将公司逸贷范围拓至四个领域，包括小微商户逸贷公司卡、逸农消费公司采购卡、融e购网逸贷，以及旅游逸贷公司卡。在平衡市场推广与风险管控的基础上，协同收单市场拓展，营销有信贷需求的商户。截至2015年末，公司逸贷签约商户1.3万户，累计放款123.2亿元，贷款余额38.9亿元。

（四）强化动态授信和实时干预，提高风险管控水平

实施动态授信管理，从源头控制风险敞口。根据客户信用状况、消费数据、偿债能力等实施升降灵活的动态授信管理，对逾期、不良、交叉违约、代发工资或金融资产劣变、违规用卡及外部欺诈客户进行主动降额，控制风险的同时降低资本占用。加强事中监控，防止风险集聚。运用信用卡全球业务监测与干预系统，对发卡、收单、贷款、清算、客服、舆情等指标进行全业务、全流程、全风险的实时可干预监控。加大信用卡不良贷款清收力度，稳定资产质量。全行范围开展重点产品、重点区域、重点客户的不良贷款专项清收行动，将清收责任逐一落实到人；在信用卡电话服务中心增加催收坐席，提高催收频度，重点加强逾期90天内人工电话催收；推动分行加强信函、律师函、上门、司法催收，提高现金清收效率。

（五）提升服务易得性与增值性，丰富信用卡品牌内涵

一是拓宽服务渠道，通过推广手机银行、融e联、短信、微信等多种自助服务渠道，增强服务供给能力、分流电话服务压力，2015年全行信用卡电话服务20秒接听率保持在88%以上。二是提供高品质增值服务，广泛开展"幸运连连奖"、"积分当钱花"、"工银信用卡爱购全球"等覆盖境内外的线上线下促销活动，促进信用卡质态水平提升。三是加大品牌宣传力度，在持续做好营业网点、电视、广播等传统宣传渠道工作的基础上，加大微信、融e联等自媒体平台和互联网渠道传播。

三、工银信用卡中心（国际）业务发展和经营管理情况

（一）业务发展总体情况。截至2015年末，境外发卡机构达到26家，银行卡发卡量达252.2万张，全年累计新发卡69.24万张，净增卡量35.54万张。其中，信用卡发卡量达到148.9万张，全年累计新发卡39.4万张，较上年增长35.5%，发卡量净增19.83万张，较上年多增26.86万张；借记卡及预付卡103.3万张，全年累计新发卡29.9万张，较上年增长23.8%，

发卡量净增15.72万张，较上年多增25.32万张；全年累计消费额231.4亿元；透支及贷款余额43.2亿元，逾期90天以上不良率1.2%，较上年末下降0.18个百分点；境外收单机构达到8家，覆盖中国港澳、欧洲、北美、亚太等中国游客出行的热点地区，年累计收单额713.4亿元。

（二）经营管理主要成效和措施

1. 发挥集团优势，开展联动营销。发卡业务方面，以银联双币卡、环球旅行卡、长隆卡等重点产品为基础，结合本地市场需求，打造新的拳头产品。收单业务方面，依托总行大数据平台，根据我行持卡人在境外的消费情况，组织境外收单机构开展名单制营销。借助与银联国际的合作优势，推动工银莫斯科等5家境外机构成为当地银联卡代理清算行。

2. 加快业务创新，统筹线上线下渠道。顺应移动支付发展趋势，研发适用于移动支付场景的境外HCE云支付卡产品，填补了我行在境外移动支付领域的空白；在现有VISA和万事达品牌线上收单功能基础上，新增银联在线收单和网上短信动态验证码身份确认功能；优化、推广在线办卡、在线客服系统功能，投产机构各达12家，全年处理量分别比上年增长125%和132%；拓宽信用卡贷款受理渠道，开通网上、电话、手机银行及短信等多种方式，推广消费分期、现金分期等业务，年末分期付款余额达1.2亿元人民币。

3. 坚持合规运营，严格风险控制。做好制度建设和内审工作，完成《境外机构加入当地卡组织业务管理办法》、《工银信用卡中心（国际）内控审查工作规程（2015版）》等制度修订。建立了境内外风险信息共享机制，实现境外信用卡申请处理系统与总行外部欺诈系统和申请反欺诈系统对接。实现境外信用卡实时监控预警系统扩容，可疑交易监控频率由30分钟缩至5分钟，欺诈识别率提高4倍。

4. 提高运营效能，打造精品服务。通过完善考核机制，控制人员规模和成本，实现业务批量化、自动化处理，提高了运营效率，全年完成申请表录入、制卡、电话呼入等中后台业务100余万笔，电话接听率93%，未发生重大业务差错或投诉事件。推进境外信用卡快速发卡项目，优化信用卡自动审批系统，简化了处理步骤，实现即时受理当日制卡，提升了客户体验。

（总行银行卡业务部）

电子银行业务

2015年，电子银行专业积极贯彻全行改革发展战略，抢抓移动金融市场，全面开展互联网金融营销，深入推动境外业务拓展，改善客户服务体验，电子银行业务发展取得新成效。截至2015年末，全行个人网银客户数突破2亿户，融e行移动端客户达到1.9亿户，企业网银证书版客户数达到324万户，持续领跑同业市场；实现电子银行交易额592万亿元，电子银行业务收入250亿元，取得良好效益。

一、融e购平台加速发展，综合价值贡献凸显

融e购电商平台坚持“全行办、全行建”和“名商、名品、名店”策略定位，保持“规模、质量、结构”协调发展，成为集B2C、B2B、B2G三位一体的综合化电商平台。融e购总交易额达8 891亿元，非金融商品交易额807亿元，同比增长均达12倍，总交易规模跻身行业第二、非金融交易规模跻身行业第三，上线商户11 802户，注册客户3 158万人，同比分别增长3.5倍和2.5倍，商户直营率61.04%，保持业界领先；移动端占比由2014年底的4.21%提升至15.89%。客户投诉率低于0.04%，48小时发货率达到86.32%，客户体验持续改善。

二、融e行品牌打响市场，手机银行全面升级

全力推进“融e行”开放式手机银行建设，突出开放化、智能化、个性化理念，广泛运用大数据分析等前沿技术，打造贴近生活、富有生命的“智·惠”金融服务平台。截至2015年底，融e行移动端客户1.9亿户，领跑国内银行业。融e行品牌、功能和服务全面升级，在财经权威媒体和讯网开展的9家主流银行手机银行测评中拔得头筹。创新产品运营方式，成功开展粉群营销和市场集中宣传，在全国各地成功举办50余场线下粉丝见面会及市场推广活动，推出工银融e行小象卡通形象，不到两个月时间“工银融e行”订阅号粉丝数突破130万，单篇文章阅读量在一天内最高超过100万次，运营运出新天地。全行运用社会化营销模式，通过“一键召唤梅长苏”等富有创意的主题营销和专属优惠活动，在各大媒体大规模集中宣传，形成市场轰动效应，活动期间微信朋友圈文

案曝光1 200余万次，点击次数超过30万人次，在市场上打响了我行“融e行”品牌，树立了创新与活力的新形象。

三、融e联平台快速推广，创新金融服务模式

积极推进融e联功能完善、平台应用和组织机构建设，行内推广取得阶段性成果。总行成立融e联中心（筹），全面统筹“融e联”平台推广应用；正式开通“融e联”服务号，建立全行业务推广群，形成不同层级联系网络，推动全行员工使用融e联；完成全行员工余额变动提醒等短信切换至融e联发送；组织开展“红包大‘联’萌 、融e联送不停”等社会化营销活动，积极扩大融e联品牌社会影响力。2015年末，融e联用户数达到536万户，员工下载安装融e联43万户，占全行员工的96.72%，其中客户经理注册4.7万户，客户经理上线率达到43.19%，服务号群发信息累计推送3.6亿条次。

四、支付产品整合优化，竞争优势持续增强

顺应支付业务发展趋势，推出一键支付、转账支付并注册等功能，简化e支付注册及支付流程，加强商户营销，优化产品功能，实现支付业务高速发展。工银e支付账户数达8 451万户，客户数达7 804万户，同比增长均超1倍，全年实现交易金额2 121亿元，同比增长3倍；线上POS商户共发展10 691户，累计交易笔数6 395万笔、交易金额1 729亿元。开展社会化营销活动，组织了元宵“灯谜游园会”、 “1元爆米花套餐”、“工行最懂你”、“数字冲关”等活动，积极探索线上线下联动、深度社交等互联网营销新模式。制定线上POS商户重点营销目标商户清单，总分联动形成合力，快速推动市场拓展。

五、强化服务精益管理，服务体验进一步提升

深化电子银行客户分层营销服务机制，推动小微企业电子化服务，推进企业网银、B2B企业商城专题营销，银企互联全行覆盖率进一步提升，2015年《财富》世界五百强上榜的83家内地非银行企业已有71家开通我行银企互联服务，覆盖率达86.30%，本年度新上榜企业实现全覆盖。各电子银行中心围绕服务体验建设年工作要求，加大资源挖潜力度，强化价值创造，加强人工分流与智能替代，推广精益六西格玛管理理念，客户服务体验水平进一步提升。短微信日均业务量达到人工电话业务量的2.5倍，自助化率连续6个月保持在91.25%以上；智能服务业务量同比大幅增长86.17%。总行电子银行中心蝉联“亚太地区最佳呼叫中心”奖，各中心获得2015年最佳呼叫中心奖等集体奖项近20个。

六、境外业务扎根本地，全球布局日益完善

从产品创新、渠道建设、营销宣传等多方面推动境外业务发展，进一步完善境外业务全球布局。开展移动互联产品创新，组织港澳机构研发新版手机银行，构建聚合本地商户的移动金融运营平台，提升本地化获客能力。工银欧洲新版网银上线，全面推广具有欧洲本地化特色的网银系统。阿姆斯特丹分行突破境外网点限制，试点直销银行，拓展零售业务发展新模式。加快境外渠道推广，新加坡分行、工银泰国等9家机构对外推广手机银行，工银新西兰、工银美国开展网上银行业务推广，境外推广网银的机构达到33家，投产手机银行的机构达到19家。加大内外联动宣传，探索境外社会化营销新模式，工银澳门、工银加拿大等12家境外机构已开通“融e联”公众号，工银泰国试点H5社会化营销。境外网银个网、企网客户总数分别达到43.1万户和3.2万户，个网和企网客户渗透率分别达到50.76%和51.98%。

七、创新风险管理机制，风险管控进一步强化

以建立健全风险管控体系为主线，紧密结合业务发展和风险防控形势，加强重点领域风险管控，妥善应对和处置外部欺诈风险，推进电子银行风险监控系统建设，开展电子银行风险监控工作运营，初步建立了事前新产品风险评估与客户身份识别、事中交易安全认证与监控，及事后客户安全教育和保险补偿等手段有机结合的电子银行风险防护体系。投产工银e支付风险交易风险监控功能，实现欺诈交易实时监测识别，欺诈交易命中率达到25.97%。启动工银e支付交易风险损失保险赔付项目，成为首个在总行引入保险机制保障业务安全的部门。电子银行业务内部风险暴露水平继续保持低位，全年未发生涉及电子银行业务的重大操作风险事件。

（总行电子银行部）

资产托管业务

2015 年，在国内多层次资本市场改革深化、大资管领域蓬勃发展的背景下，资产托管业务条线深入贯彻“托管业务全行办”的工作思路，积极应对外部机遇挑战，着力优化内部经营管理，重点加强市场营销拓展，全面提升产品服务能力，规模和收入实现高速增长，市场领先地位进一步巩固。

一、经营业绩高速增长，品牌影响力持续提升

2015 年，全行托管资产规模达到 11.5 万亿元，较上年增加 5.7 万亿元，增长近 100%；四行占比约 37%，领先第二名 4.3 万亿元，国内第一大托管银行领先地位进一步巩固，证券投资基金、保险、银行理财、企业年金、基金专户、全球资产托管等主要托管产品继续保持市场领先。全行托管业务总收入达到 119.1 亿元，较上年增长 53.2 亿元，增长 81%，成为全行收入增长的重要来源之一；其中，托管手续费收入 53.5 亿元，较上年增加 16.8 亿元、增长 46%，托管存款利息收入 65.6 亿元，较上年增加 36.4 亿元、增长 125%。全行托管存款日均余额 3 938 亿元，较上年增加 2 237 亿元，增长 132%，托管存款平均付息率仅 0.94%，远低于全行存款付息水平。

2015 年，全行托管客户总数接近 5 000 家，年内新增 93 家。其中，基金客户新增 7 家、总计 69 家，保险客户新增 13 家、总计 102 家，证券公司客户新增 3 家、总计 64 家，企业年金客户新增 35 家、总计 4 188 家，全球托管客户（QDII、QFII、RQFII）新增 35 家、总计 178 家。我行托管服务得到境内外广大客户的高度认可和权威财经媒体的持续好评，2015 年获得《环球金融》、《银行家》、银行间市场清算所等知名媒体和专业机构颁发的托管银行大奖，累计获得 48 项国内外大奖，品牌影响力持续提升。

二、优化内部经营体制，管理改革取得实效

一是强化全行托管业务组织推动，组织召开部分重点分行托管业务座谈会，贯彻行领导关于“托管业务全行办”的指示精神，统一全行托管业务发展思路。二是新增设立 8 家托管分部，构建“分层管理、分类指导”的阶梯式发展格局，并分批次向分行移交 1.2 万亿元托管产品营运，激发分行业务潜力。三是加快总部经营职能转变，厘清总分行业务关系，明确分工职责，加强规范化管理，提升精细化管理水平，加强对托管客户的系统管理和联动营销。四是统筹优化系统研发，总行统筹把握系统总体架构和开发计划，向科技力量充足的分行适度放开系统开发权限，满足分行个性化系统需求，加快托管系统功能优化和新项目开发建设。

三、紧贴市场发展动态，产品创新成果显著

一是积极响应国家政策，配合参与救市行动，成功营销托管嘉实新机遇灵活配置混合型发起式基金、华夏新经济灵活配置混合型发起式基金两只救市基金，合计规模 800 亿元。二是紧抓中港基金互认机遇，与南方、易方达、广发、汇添富合作托管多只南下基金。三是紧跟大资管领域混业趋势，与银河基金、银河证券合作推出全市场首只公募基金 FOF 产品。四是把握人民币国际化机遇，提前布局境外主权基金等三类机构营销，获得柬埔寨央行托管委任，并试点开办 8 单 RQDII 托管业务；利用上海自贸区、深圳前海等地资本项目开放政策，为保险资金海外直接投资提供跨境资金监管（ESCROW）业务。五是加快安心账户业务转型升级，创新开办北京市高级人民法院执行案款资金托管、深圳联交所机动车号牌拍卖保证金托管等新业务。六是试点开办托管增值服务，为 MOM 产品提供信息咨询与投资者服务。

四、持续加强系统研发，保持科技领先优势

通过加大系统研发力度，我行投产了一大批新的托管业务系统，系统功能不断完善、自动化程度持续提高、处理效率再上新台阶，有效支撑了业务规模的高速增长和产品服务的不断创新。年内对我行托管业务系统（AAS）进行 39 次功能优化，资产托管信息服务平台（CPIC）一期顺利投产，投产沪港通、融资融券、个股期权、股指期权、基金互认托管项目，实现安心账户和企业托管网银与托管理财通业务系统对接，并落实“营改增”项目托管业务系统改造项目。

五、强化关键环节布控，全面强化风险管理

通过在产品准入、业务审批、事后监督等关键环节加强布控，全方位强化风险管理，确保了业务高速发展的同时，全行托管条线零风险。一是成立资产托管业务风险管理委员会统筹风险管理工作，准确研判市场走向，对高风险和创新业务逐单审核，成功防范和规避P2P网络借贷、私募基金领域风险；二是5月印发《关于进一步加强资产托管业务风险管理的通知》，停止与P2P公司开展托管合作，并对存量业务进行排查，立即确定退出程序，防止P2P领域风险向托管业务蔓延；三是5月印发《关于明确私募证券投资基金托管及外包业务准入标准的通知》，设定私募证券投资基金托管准入标准，从业务源头杜绝风险感染；四是开展安心账户、股权基金、信托计划托管业务自查，对存量业务风险进行全面排查和集中治理；五是系统梳理托管业务42项规章制度，13项产品操作指引和合同文本，并在年底前印发2015版规章制度。

（总行资产托管部）

养老金业务

2015年，面对激烈的市场竞争，养老金业务积极开拓市场，提升服务质量，进一步确立了市场的领先地位。

一、业务规模持续增长

截至2015年末，全行受托管理养老金基金827亿元，新增136亿元；管理养老金个人账户1 523万户，新增167万户；托管养老金基金4 397亿元，新增901亿元。2015年末，全行企业年金受托管理基金规模、管理个人账户规模、托管基金规模银行同业占比分别为51%、46%和41%，均位居同业第一。在中国银行业协会评选中，获得2015年度养老金业务“最佳业绩奖”和“最佳发展奖”。

二、提升业务运营管理能力

2015年，养老金业务条线以优化运营流程为重点，不断提高客户服务质量。持续提高受托投资管理能力，大力发展养老金产品受托人直接投资业务，投资业绩超过市场平均水平。账户管理业务自动化、自助化水平显著提升。与太平养老保险公司合作开展数据接口项目，成为国内首家实现业务数据不落地传输的养老金管理机构。举办企业年金宏观形势分析与展望会，提升客户服务感受。制定《养老金受托管理与账户管理客户服务工作指引》，规范客户服务标准。

三、做好业务研究工作，增强业务管理能力

完成全行重点课题《商业银行养老金融服务研究》，牵头完成银行业协会重点课题《商业银行职业年金管理与服务研究》，提高业务发展的前瞻性。持续强化支持保障功能，完成养老金综合管理系统版本升级12次，做好重点系统项目开发工作。强化风险管理，完善制度办法，规范业务发展。定期监测操作风险，提高风险研判和控制能力，夯实业务发展基础。

（总行养老金业务部）

私人银行业务

2015年，私人银行业务全面贯彻总行工作会议、大零售会议精神，发挥私人银行“全行办、全球办”、“专家办、做专业”的优势，围绕市场竞争力提升，加快私人银行产品服务创新与推广，及时调整大类资产总体配置，实现了较快发展。

一、业务经营情况

（一）客户规模稳步增长，客户结构呈优化趋势。截至2015年末，全行私人银行客户突破6万户，达到62 381户，较年初增长19 365户，增幅45%。其中，管

理资产2 000万元以上的超高净值客户突破1万户达11 687户，较年初增长3 684户，增幅46%；管理资产亿元以上的极高净值客户达576户，较年初增长251户，增幅达77%。超高净值、极高净值客户增速显著快于平均水平，客户层级进一步提升，客户结构得到优化。

（二）管理资产再创新高，产品配置结构多样化。截至2015年末，私人银行管理资产规模达10 616亿元，较年初增长3 495亿元，增幅49%。其中，储蓄存款2 620亿元，较年初增长162亿元，储蓄存款存量占全行储蓄存款的3.4%，储蓄存款增量占全行储蓄存款增量的13%。私人银行客户户均资产1 702万元，较年初增长49万元。私人银行产品余额7 726亿元，较年初增长3 939亿元，增幅104%；专户服务余额378亿元，较年初增长218亿元，增幅137%。

（三）业务收入大幅提升，综合贡献显著增加。私人银行业务线实现中间业务收入106.39亿元，同比增加70.53亿元，同比增幅达197%。私人银行中间业务收入占全行的7.1%，较上年提升4.5个百分点；占大零售业务收入的11.9%，较上年提升6.9个百分点，业务贡献显著提升。

二、开展的主要工作

（一）大力组织推动全行业务发展。在广泛开展“走进私人银行”与“走近私人银行”活动的基础上，继续加强全行业务的组织推动，定期组织召开分类行私人银行业务座谈会，总结各分行发展成果和经验，明确在落实核心竞争力文件、加大重点团队打造、提升中心经营管理能力方面的工作要求。

（二）深入实施“百千万户”工程。以重点分行为突破口，加快重点区域私人银行业务推进力度，加大对分行“百千万户”工程的推动和督导。同时，注意加强业务发展经验的总结和推广，每月总结分析“百千万户”工程落实情况、经营特点以及二级行先进经验，进行全行分享，提升各分行私人银行中心经营管理能力。目前206家双百行中有117家分行客户规模已超百户、占比57%。43家二级分、支行提前完成2015年“百千万户工程”客户发展目标，28家分、支行客户增幅超50%。

（三）正式启动工银家族财富管理业务。2015年，完成了工银家族财富（上海）投资管理有限公司的注册和相关备案工作，召开了第一次董事会会议，明确了公司相关重要制度，正式启动了私人银行家族财富业务。同时，还完成了家族财富管理公司的CRM、PPM等系统开发工作，与相关机构签订了合作协议，启动了二级分行的业务培训，加强了业务沟通，为家族财富业务的全面推进打下坚实基础。

（四）创新高端客户服务形式与内容。创新专户服务的形式与内容，升级专户服务2.0版本，将产品发行起点门槛提升至5 000万元，围绕市场热点丰富一对一专户策略内涵，逐步推出“全浮动业绩基准”型管理产品，同时落实专户客户名单制管理，加强精英财富顾问队伍建设，发挥精英财富顾问带头作用，利用多种方式落实客户交互机制和交互营销。此外，举行并圆满完成第二期“工银私人银行财能实践营”，以总、分营的形式在上海总行、北京、浙江、山东、广东五地同期举办，总人数约50人。通过有课程、有带教、有实践的项目安排，在帮助学员树立正确的财富观，提升综合能力的同时，促进精英财富顾问服务能力，开拓客户营销新路径，达到客户、子女、银行之间的多赢目标。客户及参营学员均对项目给予高度评价，对活动的满意度接近100%。

（五）全方位推动境外业务创新发展。持续推进私人银行全球理财基金的建设，先后与新加坡中心、卢森堡分行和迪拜分行签署分销协议，实现全球理财基金在当地的落地销售，与法兴集团启动共同建设工银—法兴环球动力基金，进一步丰富全球理财基金产品线，同时推动境外机构积极开展业务创新和推广，推动新加坡分行和工银欧洲推出全球理财基金质押贷款服务；支持工银澳门推出“存贷联赢”个人内存外贷业务；帮助工银美国梳理了美国房屋按揭贷款业务指引手册，并协调工银金融等机构研究创新美股质押贷款业务；支持悉尼分行研发投资移民工行专属产品研发；支持工银马来西亚投放全球理财基金链接基金；指导工银泰国效仿迪拜推出泰国投资绿色通道服务等。在境内，联合境外分行开展超高净值客户全面联动开户试点工作，持续开展“走出去”和“走进来”活动，第三季度组织境外机构回境内12个城市路演，为377位私人银行客户提供现场咨询，并继续举办私人银行客户环球投资考察活动，以满足中国私人资本“走出去”和全球资产配置需求，促进私人银行跨境投融资业务。

（六）强化私人银行业务专业培训。深化私人银行业务“专家办”战略，加强不同层级、不同类别专业人员的培训辅导，提升综合金融服务能力。2015年，实施两期境内精英财富顾问（新晋）培训班，共有来自34家一级机构107位入选总行专业型人才培训项目的精英财富顾问参训，培训班采取行动学习模式，通过训战结合的方式，将专业技能讲授与学员互动演练相结合，积极锻炼了参训学员的高净值客户营销能力。升级举办财富顾问实务能力提升训练营，对重点地区特别是双百行的分管行长、私银中心主任开展针对性培训。全年共举办训练营23期，覆盖各层级学员948人，占全行系统3 829名财富顾问的25%。其中二级分行分管行长班3期，覆盖140家重点机构；私银中心主任班1期，覆盖48家专职延伸中心；财富顾问班19期，覆盖学员760名。同时，结合总行十大专业型人才培训要求，2015年度私人银行高级财富顾问和精英财富顾问培训项目全年计划实施7期境内外财富顾问培训，培养近350名核心精英财富顾问。

（七）加大业务风险管理和监督力度。围绕业务发展中的风险焦点、难点等重点领域多措并举落实风险管理要求，积极化解潜在风险。一是落实银监局“两个加强、两个遏制”专项检查暨私人银行业务后续检查的整改工作，对监管意见进行逐条对照、认真研究，提出切实可行的措施并拟定整改方案和计划。二是认真落实总行党委要求，不断推进融资类项目风险排查工作，对资产管理、代理投资业务的风险状况进行梳理与全面排查，针对存在风险的融资客户建立融资类代理投资风险业务退出机制，强化存续项目风险监测力度。三是加强流动性风险监测，积极开展权益类资产市场风险化解工作，并主动压缩非标资产的投资规模，严格筛选，优中择优投资。四是提高客户准入的风险审查管理，落实监管整改要求，初步完成存量签约客户的资产核实工作，确保潜力客户符合我行签约标准。

（总行私人银行部）

贵金属业务

2015年，全行贵金属业务线积极应对复杂多变的经济金融形势，以经营转型发展为主线，坚持产品与服务创新，主动调整业务结构，实现了业务平稳增长，继续保持了同业第一的市场地位。

一、总体经营情况

全年实现营业贡献52.56亿元，同比增幅20%。贵金属业务交易额1.25万亿元，同比增幅21%。贵金属业务交易量达15.90万吨，同比增幅38%。客户总数达到2 913万户，全年净增482万户，增长率20%。手续费及佣金收入同业排名第一，四行占比超过50%，连续六年保持同业市场领军地位。

二、2015年贵金属业务发展举措

（一）加快产品创新，提升市场竞争能力。坚持以客户和市场需求为导向，加快产品和服务创新。实物业务方面，迎合市场投资收藏需求，持续优化自营与代销互补的产品结构，重点推出“熊猫金银币”、“生肖纪念币”等投资纪念币类产品，全年实物贵金属销售量约60吨。代理交易业务方面，保持上海黄金交易所场内最大代理交易和清算银行地位，全年场内代理业务交易量近14万吨，占金交所交易总量的18%。融货融资业务方面，全面加强贵金属租赁客户结构调整和风险管控，稳步推动租赁业务向产业链上游企业拓展。全年黄金租赁发放量210吨，白银租赁发放量110吨。理财业务方面，合作开发“安享回报”理财产品，全年共发行21期，理财规模244亿元。贵金属国际化业务方面，以拓展渠道和降低成本为目的，与集团内海外机构开展境外借金业务；积极筹备伦敦洲际交易所（ICE）国际黄金定盘商报价业务；完成上海自贸区保税库建设，启动贵金属实物跨境交割清算业务。

（二）全面拓展渠道，迅速扩大业务规模。一是抓住网点转型升级契机，初步建立符合贵金属商品现货经营特点、适应工行运管体系的经营管理模式，五星级专属服务区网均产能超过100万元，同比增幅15%。二是贯彻互联网金融发展战略，创新拓展线上渠道，全年融e购“工银金行家”旗舰店销售规模达2.2亿元。三是积极拓展银银合作渠道，成功将积存金、同业拆借、实物等业务延伸至江苏、浙江、厦门等地的法人银行。

（三）强化风险管控，夯实管理基础。一是严控租赁风险，加快推动租赁业务纳入全行统一信贷管理体系。二是对贵金属前、中、后台交易流程进行梳理，通过系统管理实现业务流程硬约束。三是修订《实物贵金属产品质量检测操作规程》，完善实物产品质量管控体系。四是加强声誉风险防范，明确线上线下渠道售后服务标准，平稳处置电子银行渠道外部欺诈事件。

（四）完善体制机制，激发经营活力。一是强化跨专业协同发展机制。新增贵金属个人客户近500万户，个人客户贵金属产品渗透率同比增长17%；有效拓展与中国黄金、山东黄金、紫金矿业等产业链龙头企业的业务合作广度和深度，创新开展产业基金合作。二是探索新型营销管理组织形态。河南分行试点贵金属团队制管理模式并取得较大成果，各项业务实现突破性增长，为下阶段全行贵金属业务创新发展积累了宝贵经验。三是从产品、业务、资质三个维度，对全行贵金属中高级管理人员、营销主管和客户经理开展培训，累计超过900人次，为业务发展提供智力和人力资源支持。

（总行贵金属业务部）

第二部分

国际化发展与综合化经营

责任编辑：贾　炜

境外机构拓展与业务发展情况

2015年是工商银行国际化发展第四个三年规划的开局之年，面对国内外发展的新形势，全行积极把握战略发展新机遇，持续推进国际化经营向更高水平纵深发展，实现了新的突破，境外机构战略协同效应不断显现，价值贡献持续提升。

一、全球网络布局不断优化

继续秉持自主申设和战略并购的两轮驱动原则，境外机构数量进一步增加，覆盖国家进一步扩容，填补了若干重要市场的空白。顺利完成对标银公众60%股权、土耳其 Tekstilbank 92.81%股权的收购，利雅得分行、仰光分行和墨西哥子行作为当地首家也是唯一营业性中资银行相继开业。截至2015年末，海外机构网络已延伸至全球42个国家和地区，海外机构总数达到404家，较上年增加66家，成为覆盖国家和地区范围最广的中资金融机构之一。特别是在“一带一路”沿线的18个国家和地区拥有123家分支机构，形成得天独厚的网络优势。

二、境外盈利贡献持续提升

境外机构盈利继续保持稳定增长，通过国际化经营从全球获取收益、抵御单一市场经济周期变化的成效进一步显现，国际化作为集团发展新动力和盈利新增长极的地位更加巩固。截至2015年末，境外机构（含境外分行、境外子公司及对标准银行投资）总资产2 798.30亿美元，比上年末增加438.34亿美元，增长18.6%，占集团总资产的8.2%，提高1.1个百分点。税前利润31.66亿美元，比上年增长4.7%。其中工银亚洲、工银阿根廷、工银澳门、工银欧洲等10家机构税前利润超过1亿美元，工银土耳其整合当年实现盈利，工银标准并购整合深入推进。

三、全球产品线建设向纵深推进

借助全球融资、投资银行、金融租赁等投融资产品线的发展，在服务“一带一路”战略、国际产能合作、优势产能输出等领域支持中资企业走出去。推动外汇业务、贸易金融、金融市场、投资银行、资产管理、私人银行、现金管理等全球重点产品线向纵深发展，提升国际市场的竞争力和影响力。支持“走出去”项目170个、累计承贷金额427亿美元。成功完成25个跨境并购项目，并购累计交易金额218亿美元，实现投行收入的境外机构达到23家。持续提升金融市场业务24小时集中交易水平，交易规模稳步扩大，其中开展外币债券集中交易45.4亿美元，同比增长5倍，贵金属即期交易1.2亿美元，同比增长60%。在29个国家和地区开办零售业务，境外零售客户数达215万户，零售存款余额304亿美元，零售贷款余额150亿美元。百万美元以上境外私人银行客户较年初增长10%，客户资产较年初增长19%。境外发卡机构达26家，总发卡量252.2万张，银行卡累计消费额达到人民币231.4亿元。境外个人网银、企业网银客户总数分别达到43.1万户和3.2万户，分别较上年末增长24.54%和28.73%。新增境外投资150亿元，投资类别扩展至美元优先股、美元债、点心债等品种，实现突破式发展。全球资产托管规模达2 132亿元，托管费收入1.93亿元。新增全球现金管理客户541户，跨境外汇资金集中运营签约近130家，外币结算量229亿美元。境外电子银行客户数量和业务规模快速增长，8家融e购海外馆开业。

四、国际化管理体制不断完善

制度建设方面，修订近三十项国际业务管理办法和操作流程，一大批业务线管理、风险控制、合规管理类的办法陆续推出，管理制度体系进一步完善。反洗钱合规方面，与属地监管要求、经营规模相适应的境外机构反洗钱组织架构和运行机制全面成型，在境外机构全面启动涉敏机制改革和反洗钱监控系统重构，严防涉敏风险事件，业务稳定运行。区域管理方面，深化中东区域属地化和集中式相结合的管理模式，考核引导型创新区域管理模式在澳新机构落地实施。资金集中管理方面，优化境外机构筹资工具管理流程，投产境外机构筹资工具管理系统，实现了筹资工具全流程的系统化管理。系统建设方面，工银美国、工银莫斯科成功投产FOVA系统，有效支持境外机构本地化经营，满足了业务发展和特色监管要求；继续推广优化GCMS系统，完成工银美国、工银墨西哥等机构系统投产；完成工银新西兰等七家机构市场风险系统投产，累计覆盖35家境外机构，内部模型计量成果在境外机构日常风险计量、限额监控等方面应用不断深化。

（总行国际业务部）

完成收购标银公众、成立工银标准情况

2014 年 1 月 15 日工商银行收购标准银行公众有限公司（以下简称标银公众）多数股权交易经董事会审议批准，同年 1 月 29 日工商银行与标准银行集团、标银伦敦签署了收购标银公众 60% 股权的协议，2015 年 2 月 1 日正式进行了股份交割。随后，经两地监管部门批准，完成了合资公司注册名称变更，以“工银标准银行公众有限公司”（以下简称工银标准）的名称开始对外运营。这是中资银行首次收购专营金融市场交易业务的专业机构，对提升工商银行乃至中资银行的全球市场交易能力具有重要意义。

一、机构整合及集团联动情况

交割以来，为发挥工银标准自身优势、形成对集团的功能性贡献，工银标准重点推进了与工行集团的机构整合和业务联动。在组织架构方面，重新整合工银标准的营销资源，成立了客户关系部门，全面牵头营销工商银行全球客户，整体推动集团内外联动、外外联动，同时积极探讨对在岸企业客户建立联合营销模式的可行性。在客户资源方面，全面梳理工商银行集团客户，遴选最具潜力的 200 余家客户作为工银标准重点客户，逐户推动。在机构联动方面，通过实地拜访、视频会、电话会等多种形式，为工行集团内 20 余家机构提供业务培训；与工银国际、工银亚洲签署债券资本市场协议，与境内外机构签署分润合作备忘录，建立业务合作及分润机制；与总行金融市场部及贵金属业务部紧密联动，共同探讨贵金属业务合作机会。在客户营销方面，赴北京、上海、浙江、山东、广东、云南、海南、甘肃、湖南、湖北、江苏、安徽等地逐户走访重点中资企业客户，赴美国、法国、德国、卢森堡、西班牙、新加坡、巴西、秘鲁以及英国本地等走访汽车、能源等重点外资企业客户，推介工银标准自加入工行集团以来的新身份、新能力和新优势，了解重点客户需求，为下一步针对性营销打下基础。同时，还在风险管理、IT 系统建设、文化和人员等方面持续推进整合，加强与工行集团的战略协同与融合。

二、业务发展情况

（一）在能源和大宗散货业务方面。重点研究内部业务运营模式，通过产品创新寻求新的业务增长点。一是创新推进实物原油回购新业务，成功完成与中石油的原油回购业务，成为新的利润增长点。二是积极推进与中石油等中外大型能源企业的原油仓储融资、原油纸货交易、航油套保等业务。三是积极发挥实物商品贸易与工商银行传统信贷及融资租赁业务互补优势，研究推出传统商业贷款配套工银标准商品包销合同的组合产品。

（二）在金属业务方面。一是大力推进商品预付款业务。抓住德意志银行退出实物商品领域的契机，整体承接 CAP（智利国家矿业）铁矿石预付款业务，综合获得客户融资性收入和实物商品贸易收入，并积极与相关海外行联动，推进多项预付款融资业务谈判。二是梳理贵金属业务和客户情况，厘清了不同风险类别的客户与产品，根据贵金属在不同行业、企业中的运用，把整合重点放在国内银行类金融机构、工商银行境外分支机构以及汽车、石油炼化等行业与企业。三是初步整合工商银行贵金属业务资源，增加与集团的借金总量。四是积极拓展贵金属仓储和清算业务线，全面推进各项准备工作。

（三）在债券资本市场方面。交割以来共完成总行次级债、人民银行离岸人民币债、宝钢欧元债、工银租赁、工银卢森堡、工银伦敦等项目的债券承销或分销，合计承销金额 65 亿美元，分销金额 27.5 亿美元。在人民银行伦敦 50 亿元债券发行期间，成功安排了央行在伦敦的全部发债流程，得到了高度评价。

（四）套期保值业务方面。为工商银行入市交易提供经纪清算业务，并积极拓展面向国有大型矿业公司的套期保值业务；成功为中石化等企业的银团贷款提供利率及汇率的套保业务。

（五）在金融市场交易方面。一是积极响应“一带一路”战略，发挥工银标准在新兴市场货币上的交易能力和经验，支持工商银行新增 80 个新兴国家外汇交易货币，带动集团可交易货币从 20 个增加到 100 个，交易产品覆盖即期、远期、掉期及 NDF，为中资企业走出去提供了风险管理工具。二是进一步加强外汇衍生产品合作，外汇掉期交易和期权等衍生产品交易量自交割以来实现大幅增长。三是积极推进 CNH 做市业务，2015 年累计交易量近 2 400 亿美元，并通过 Bloomberg、360T、FxAll、Integral、Mako FX 以及标银集团的 EmarketTrader 电子系统提供做市报价服务。

（总行国际业务部）

墨西哥子行成立

墨西哥当地时间 2015 年 10 月 14 日，中国工商银行（墨西哥）有限公司（以下简称工银墨西哥）在墨西哥首都墨西哥城正式揭牌成立。总行钱文挥监事长主持庆典仪式并致辞，全国政协副主席罗富和、墨西哥财政与公共信贷副部长阿波特拉、中国驻墨西哥大使邱小琪、墨西哥公共工程银行行长沙莫拉等出席。

墨西哥是拉美第二大经济体，衔接北美自贸区和拉美经济区，战略地位十分重要。此前由于监管政策限制，中资银行一直未能进入墨西哥市场。2014 年 1 月墨西哥通过金融改革方案，为中资银行的机构申设创造了有利条件。经过全力筹备，墨西哥当地时间 2014 年 11 月 7 日，墨西哥银行与证券监督委员会正式发布公告，批准工商银行在墨西哥的银行牌照申请，同意设立中国工商银行（墨西哥）有限公司，成为第一家获准在墨西哥营业的中资银行，结束了在墨西哥没有中资银行的历史，同时也是近 20 年来在墨西哥本土以申设方式成立的第一家外资银行。

在申设工作获得重大进展之时，恰逢亚太经济合作组织峰会在北京举行，墨西哥总统培尼亚・涅托与会并对中国进行国事访问，墨西哥子行牌照获批事项纳入墨西哥高访成果对外宣布。2014 年 11 月 13 日，在习近平主席和墨西哥总统培尼亚・涅托的共同见证下，墨西哥财政与公共信贷部经济产业司司长萨莫拉向子行颁发了批准文件。

在筹建机构的同时，子行与墨西哥政府和工商界开展了富有成效的交流与合作，履行担任中墨企业家高级别工作组主席单位的职责，积极参与墨西哥能源和电信领域的融资项目，受到了两国政府和企业客户的广泛赞誉。

经过近一年紧锣密鼓的开业筹备，工银墨西哥终于正式开业。开业后，子行将充分利用前期积累的业务基础和新的牌照功能，积极促进中墨经贸合作，推动本行国际化事业取得更大进展。

（总行国际业务部）

国际业务综述

2015 年，面对世界经济复苏艰难、国内经济下行压力加大的复杂形势，工商银行积极稳妥推进国际业务发展，坚持一手抓境外机构经营转型和网络拓展，一手抓境内国际业务竞争力的整体提升，有效推动了境内外国际业务的协调联动发展。

一、国际结算与融资业务量及收入整体情况

（一）国际结算。2015 年境内分行共办理国际结算业务 1.68 万亿美元，同比减少 873 亿美元，降幅 4.94%。

（二）国际贸易融资。截至 2015 年末，境内分行累计发放国际贸易融资（本外币）合计 1 156.2 亿美元（含中介型福费廷），同比下降 25.93%；国际贸易融资余额（本外币）376.70 亿美元，同比下降 18.50%。

（三）对外担保。截至 2015 年末，境内分行累计开出对外担保 258.65 亿美元，同比下降 28.14%；对外担保业务余额 391.76 亿美元，同比增幅 2.8%。

（四）国际结算与融资业务收入。截至 2015 年末，境内分行实现国际结算收入 49.37 亿元，实现对外担保收入 12.09 亿元，合计实现国际结算与融资业务收入 61.47 亿元。

二、采取的措施

（一）客户管理方面。一是建立总行级国际贸易融资重点客户名单制管理机制，制定配套政策，在资金配置、产品创新、信贷政策和办理流程等方面对名单内客户给予专项优惠政策和差别化服务。二是全面梳理国际业务基础客户群的数据及名单，通过对样本客户数据分析，向分行发布客户信息，为分行营销提供参考。三是研究分析全国进出口企业、“走出去”企业、“请进来”

企业等三大类国际业务客户的覆盖情况，为下一步国际业务客户挖潜提供支持。

（二）业务管理方面。一是多次组织召开中收工作推动会议，加大中收工作督导力度。二是先后下发多个业务拓展指导意见，推动重点产品拓展。三是加快推进创新产品，推动电子交单、国际业务国际化等业务创新。

（三）制度建设方面。顺利完成多项国际业务制度办法以及单证操作流程的修订工作，配合总行信贷与投资管理部完成了国际贸易融资信贷政策等多个制度的修订工作，并组织重点分行和国际业务专家进行研究讨论。

（四）风险管理方面。督导分行加强信用证和对外担保业务管理，及时向分行提示各类业务风险，协调处理各类业务纠纷。

（总行国际业务部）

跨境人民币业务综述

2015 年，境内外经济金融形势错综复杂，国内经济下行压力外溢，监管环境趋严。与此同时，人民币国际化进程进一步加快，人民币正式纳入 SDR，资本市场双向开放步伐提速，汇率和利率市场化程度进一步提高，纷繁复杂的内外部环境带来较大机遇与挑战。全行上下认真分析形势，迎难而上，围绕年度工作要点和中心任务，以顶层设计思维，谋划战略，积极践行，开拓创新，全力推进跨境人民币业务取得了健康快速发展。

一、2015 年跨境人民币业务主要数据

境内外机构共完成跨境人民币业务量（含跨境人民币结算、贸易融资及跨境人民币购售业务）4.34 万亿元，同比增长 18.61%。其中，境内分行结算业务同比增长 36.10%，增速远超全国平均水平，实现跨境人民币结算业务四行（工行、农行、中行、建行）占比 24.27%，同比增长 3.07 个百分点。截至 2015 年末，境内外机构共开立跨境人民币清算账户 666 个，同比净增 123 个，其中为外资代理行开立账户 477 个，覆盖全球 76 个国家和地区。

二、以顶层设计思维和高效工作机制推进业务发展

积极推进《中国工商银行跨境人民币业务联动发展实施纲要》落地，充分发挥跨境人民币业务领导小组工作机制对集团联动的协调枢纽作用，以顶层设计思维制定业务发展规划，推进联动产品创新和营销推广等重点工作，就跨境人民币业务发展中的重大事项和问题进行统筹协调，有效推动了跨境结算与贸易融资、跨境双向资金池、跨境电商等重点业务的启动和发展，为推动包括人民币加入 SDR 后相关业务发展等重大项目做好了组织机制准备。

三、积极推动跨境人民币结算与贸易融资产品创新推广

通过政策解读、制度支持、产品创新、营销培训等多种方式推动业务全面发展。明确产品创新与推广工作思路和具体措施，以印发业务指引与营销手册方式加强对分行跨境人民币政策、产品的讲解与支持；充分发挥跨境人民币专家组的智囊团作用，指导分行结合最新市场情况制定合适的业务发展策略；积极加强总分联动及部门间横向联动，实现跨境人民币业务的全面协调发展。不断加强系统建设，优化、推广和应用询报价系统平台，提高系统内业务撮合效率，提升跨境金融综合服务能力。

四、持续推进境外人民币清算行建设

2015 年 9 月，本行成功获得中国人民银行授权，担任阿根廷人民币业务清算行。年内成功举办了多哈、多伦多、曼谷和阿根廷四家境外人民币清算行启动仪式。推动六家境外人民币清算行充分发挥人民币跨境流通的主渠道作用，支持离岸人民币市场建设。同时，为支持配合中国人民银行 CIPS（人民币跨境支付系统）一期投产上线，在境外多地举办 CIPS 系统的营销推介活动，向市场普及 CIPS 及跨境人民币支付清算知识，拓展 CIPS 系统业务范围。在卢森堡、巴基斯坦、加拿大、韩国、阿根廷、美国等十多个国家开展业务推介会或人民币论坛，不断扩大人民币业务在离岸市场的影响力。

五、推进自贸区及金融改革试验区业务发展

密切关注监管政策动向，通过组织沟通会、经验交流会等多种方式在政策沟通、客户储备、业务授权

等方面主动作为，积极推进自贸区、金融改革试验区业务发展。特别是用好上海、天津、福建、广东等自贸区以及深圳前海、新疆霍尔果斯、云南、广西、苏州等境内跨境人民币试验区政策红利，着力打造跨境人民币业务特色平台，支持与境内外机构与项目的联动发展。在广东、福建、厦门等自贸区分别完成了自贸区首批跨境同业存单发行、首笔跨境放款、首笔直接投资外汇登记等业务，有力促进了自贸区金融改革业务创新。

六、充分把握人民币资本项目放开机遇，加快发展跨境人民币新兴业务

2015 年，跨境人民币资本项下政策加速放开，特别是在人民币加入 SDR 之后，第一时间开展针对境外央行、财政部、主权财富基金、国际组织类等主权机构的业务营销。同时，积极推动其他资本项下的重点业务，抓住“一带一路”建设加速推进和越来越多中资企业走出去的契机，拓展人民币在境外并购和项目融资中的使用范围，把握全球人民币投融资增加、人民币跨境流通政策不断放宽的业务机会，推动境内外机构联动营销潜在客户，实现债券发行、结算、存款、融资的全流程整合，提升对客户的综合服务能力。

七、推动跨境电子商务业务发展

及时把握跨境电子商务业务发展时机，制定跨境电子商务业务发展规划、跨境人民币相关产品创新方案，开展业务调研并编制产品创新功能清单，制定互联网金融跨境清算平台的功能需求与系统规划，推进跨境电商收支申报工作，积极推进跨境电子商务的业务营销工作。

八、加强风险防控，为业务健康发展保驾护航

进一步规范跨境人民币业务发展，印发《中国工商银行跨境人民币结算业务管理办法（2015 版）》，全面涵盖最新业务条线和管理要求。下发《关于加强外汇业务合规管理的通知》，进一步加强对人民币 NRA 账户和跨境购售业务的管理。通过业务培训等方式，对政策制定、业务操作进行合规解读与传导。通过开展专项检查，对制度建设及执行、系统应用与管理、落实监管要求等方面进行现场督导。

（总行国际业务部）

国际结算单证业务

2015 年，单证中心紧密围绕总行国际化发展战略，“强经营、增业绩”，积极探索业务转型发展新思路，集约化改革再获突破。全面完成国内信用证业务集中，实现本外币、内外贸后台金融服务一体化；完成全球单证管理系统（GDMS）在境外机构的推广，单证业务全球一体化管理及集约化运营体系进一步深化；有序推进保函技术审查集中，确保保函领域的竞争优势；进一步加强“新常态”下风险防控、专业建设与队伍建设，实现业务平稳安全运营，全年未出现因操作风险引起的资产损失、诉讼案件和重大纠纷。

一、2015 年业务运营情况

单证结算业务方面，笔数与去年基本持平，金额有所下降。全球单证管理系统境内外 80 家机构累计办理单证业务 436 643 笔，同比下降 3.1%；金额 3 129 亿美元，同比下降 24.8%。其中累计办理国际结算单证业务 417 003 笔，同比下降 7.4%，金额 2 921 亿美元，同比下降 29.8%；累计办理国内结算单证业务 19 640 笔，金额 209 亿美元。受全球经济环境及国内监管政策影响，国际结算单证业务量出现一定幅度的下降，但随着年内国内信用证集中完成，国内结算单证业务量增长迅速，全年整体业务量降幅由 -29.8% 收窄至 -24.8%。

贸易融资业务方面，业务量呈现下降趋势。全球单证管理系统境内外 80 家机构累计办理贸易融资业务 156 464 笔，同比下降 12.0%；金额 3 116 亿美元，同比下降 30.8%。其中，累计办理国际贸易融资业务 148 286笔，同比下降 16.6%，金额 3 034 亿美元，同比下降 32.7%；累计办理国内贸易融资业务（目前仅买方信用证）8 178 笔，金额 82 亿美元。

全年业务处理效率保持在较高水平。虽然全年国际结算单证与贸易融资业务量出现下降，但由于国内信用证集中、保函技术审查集中、GDMS 境外推广、单证业务涉敏审查集中等工作的全面开展，单证中心的人员仍较为紧张，工作压力维持在较高水平。为保障业务处理效率与质量，单证中心不断优化劳动组合、合理安排工作班次；同时继续加强人员业务和系统培训，均取得了良好效果。三中心全年日均人均交易量、工作量和业务量分别达到 19 笔、61 笔和 38 笔，其中工作量指标已

超过总行年初制定的业务量考核T3指标（60笔），业务效率保持在高位运行。

在复杂的宏观经济形势和日益严峻的外部监管环境下，单证中心严控国际结算单证与贸易融资操作风险，没有出现操作风险事件及风险损失，充分发挥了集约化运营对操作风险的防控作用，确保了单证业务和国际贸易融资业务的一方平安。

二、2015年主要工作

（一）全面完成国内信用证业务集中，本外币、内外贸一体化的综合性贸易金融服务平台初步建成

1. 统筹部署，实现国内信用证业务集中圆满收官。分四批完成38家境内分行国内信用证业务的集中，成功实现总行2014年机构改革赋予的国内信用证集中运营新职能，成为五大行中第一家完成国内信用证集约化改革的银行。

2. 提升服务，提高国内信用证业务标准化水平。着力规范业务标准，制定《集中模式下国内信用证业务操作流程》、《全球单证管理系统国内信用证操作手册》，明确集中模式下工作职责及操作流程，有效降低操作风险；加强业务指导，组织开展收单点业务操作、典型案例、跨行业务发展、政策新动向等专题培训；针对分行优质大客户协助开展业务营销，优化业务流程，开辟绿色通道，提高业务处理效率，提升市场竞争力。

3. 打造专业队伍，提升业务专业化水平。参与人民银行新版《国内信用证结算管理办法》及支付清算协会《国内信用证审单规则》制定；研究国内信用证跨行业务政策，参加银行业协会《跨行国内信用证产品指引》课题专家评审会；组织开展国内信用证课题研究。

（二）完成全球单证管理系统（GDMS）境外推广，实现单证业务全球一体化管理与集约化运营

1. 攻坚克难，完成GDMS境外推广。除工银亚洲、工银印尼外，分7批次顺利完成了GDMS在全部38家已集中境外机构的推广，实现全球单证业务的统一运营、统一管理，全行一体化的单证业务管理能力、服务水平和风险防控能力以及内外业务联动水平得到全面提升。

2. 持续优化，大幅提升GDMS适用性。通过实现业务自动调度及部分报文自动处理等功能，大幅提高业务处理效率；通过实现业务信息追加、关键要素复审等功能，强化风险控制；通过实现要素配置功能，快速实现系统对创新产品的处理支持，大幅提升业务创新的系统响应速度。紧跟市场发展趋势，实现GDMS与CIPS的系统功能对接。

3. 规范流程，强化风险防控体系。编制印发中、英文《全球单证系统（F-GDMS）操作手册（2015版）》；组织多轮GDMS操作现场与视频培训，举办境外收单点培训班，帮助境外机构人员了解掌握GDMS操作方法与规范；修订GDMS境外业务操作流程、GDMS系统管理办法和单证中心应急管理办法。

（三）稳步推进保函技审集中，打造集团国际保函权威

1. 完成25家境内外分行及机构国际保函技术审查集中，超额完成全年计划。截至2015年末，实现保函技审集中的境内外机构数已达34家。

2. 以打造集团国际保函业务权威为目标，不断提升专业化水平和行业影响力。加强保函理论研究，开展国际惯例、外管政策、担保法律、行内政策、基础交易、担保类型、技审技能、特殊问题共8大类31个专业热点的课题研究，已公开发表4个课题；邀请中国国际商会（ICC CHINA）银行委员会保函专家和国内著名贸易金融领域法律专家，举办国际保函业务理论及实践专题讲座；受邀参加“2015年保函法律年会”并专题发言，扩大行业影响力；修订完善保函业务流程，完成技审集中模式下和非集中模式下保函操作流程的编写，规范操作、严控风险，为全行国际保函业务人员提供参考与指导；积极协助总分行解决保函纠纷，配合总行提供技审意见，协助多家境内外分行及机构解决保函争议，维护本行及客户合法权益。

3. 发挥专业平台优势，协助总行相关部门制定《个人融资类保函业务管理办法（2015版）》，细化个人融资类保函业务集中技术审查和业务处理职责分工，做好个人融资保函技审集中工作准备。

（四）一如既往做好风险防范，主动应对“新常态”下国际化发展新挑战

1. 提升“新常态”下风险敏感度，及时做出风险提示。持续做好业务操作风险防控，加强对进口信用证、开出保函等业务迟付现象的监测和督办；密切关注国别政策和形势变化的业务影响，针对风险事件，及时清查相关未结卷业务并向总行及有关分行做出风险提示。

2. 加强流程管理与制度建设，完善风险与内控管理。牵头修订代付、代理、福费廷等13项境内单证操作流程。持续关注反洗钱、国际制裁等特殊业务处理，实现境外机构涉敏业务审查在专项业务团队的集中审查；制定《国际结算单证项下涉敏业务实施细则》，明确职责分工，规范业务流程，明确特殊业务处理要求，加强全行单证业务涉敏业务处理专业性和规范性；制定“国际结算单证中心海外业务灾难恢复应急预案”，组织开展2015年海外业务灾难恢复应急演练工作，满足监管机构要求。

（五）专业优质服务为本，提升本行业务竞争力

1. 关注市场动向与行内创新需要，支持全行产品创新和业务拓展。提供出口业务客户变动情况分析，助力分行开展精准营销；整理分析出口信用证交单被拒付

相关情况，提出相关建议与措施，促进分行业务健康发展。落实总行级贸易融资重点客户支持政策，全面梳理重点客户业务资料，安排专人提供业务处理绿色通道，定期开展风险提示、业务培训与产品推介，配合总行做好对重点客户的服务；优化系统，完善重点客户系统标识、业务推送等功能。根据境内外分行需求，提供专业服务与支持，为新加坡分行的监管要求，提供月度服务报告；为多家总、分行直营、重点客户提供专业、系统服务或协助制定服务方案。

2. 持之以恒为前台一线开展业务培训与指导，促进全行专业发展。组织全行境内外收单点培训班各一期，为多家分行收单行点人员举办单证业务培训，为境外筹备组举办国际结算单证类报文英文讲座，整理编译国际商会专业意见及《贸易金融信息》并转发全行。

3. 持续开展分行回访及双向实岗锻炼，加强单证中心与分行的业务和人员交流。坚持通过互访、座谈、调研等方式加强与各境内外机构的联系和交流，年内已回访境内外机构14家，其中境内分行8家，境外机构6家，收集分行问题和建议百余条，所有问题和建议均已改进或提出解决方案。

（六）加强对外交流合作，提升本行话语权和影响力

1. 参加国内外专业会议并发表主题演讲，彰显本行专业形象。参加在新加坡召开的ICC春季全体大会，应邀在人民币国际化论坛和ICC意见研讨两个环节发言；参加ICC CHINA在昆明举办的中国—孟加拉国银行同业研讨会，代表中国银行业做案例发言；承办ICC CHINA单证中心工作组年度工作会议，圆满完成本行作为首任轮值主席的任期职责；参加ICC CHINA单证中心工作组单证业务国际研讨、ICC CHINA下半年工作会议、ICC CHINA贸易金融年会及专家组会议等，并做主题发言和嘉宾发言；单证中心总经理应邀为中国银行业协会信用证专题培训班讲课，为参会的120多名国内同业国际业务管理人员及专家阐述本行对当今信用证热点问题和未来发展方向的思考。

2. 开展专业建设，掌握行业最新趋势与前沿观点。强化与国际商会（ICC）合作，编译并在ICC CHINA官网发布《全球贸易金融调查》（2015），向国内同业传达贸易金融领域的最新趋势和观点；与ICC CHINA合作翻译《银行付款承诺统一规则》（URBPO）官方中译本。开展内部学习研究活动，创办《贸易金融信息》电子杂志，助力本行贸易金融从业人员拓展专业视野；推进贸易金融研究小组、BPO小组和互联网金融小组开展研究，研究成果《工银E承诺》荣获工商银行创新大赛一等奖，10多篇研究论文在《中国外汇》、《贸易金融》等专业领域期刊发表；编辑出版《学习与研究成果汇编》、《国际结算与贸易融资案例汇编（2015版）》。

（总行国际结算单证中心）

对外金融往来与合作

2015年，工商银行深入贯彻国际化纵深发展战略，强化对外交往和国际合作，积极宣传金融产品服务和改革发展成就，促进品牌形象和市场影响力的不断提升。

一、接待来访与出访

2015年，全行共组织安排因公临时出国（境）1 087团次、4 323人次；接待各类外事来访710团次、4 199人次。

二、签订合作协议

2015年，由代理行产生的相关业务收入总计12.8亿美元，较2015年增加0.2亿美元，同比增长1.6%；外资代理行在工商银行的清算账户总数达859个，同比增加150个；全年为外资代理行完成清算量73万笔。

三、参加国际会议及活动

全年安排与代理行会谈280场；派员参加了国际银行间金融电讯协会（SIBOS）会议；开展了多项重要的营销活动，包括在上海举办的跨境人民币业务大型营销活动。

（总行国际业务部）

与标准银行的战略合作

2015年，面对南非国内经济增速放缓、本币贬值等多重挑战，标准银行集团（标银集团）稳健经营，盈利持续增长。工商银行对标银集团股权投资保持稳定回报，两行以股权为纽带的战略合作持续深入推进。

一、对标银集团投资收益情况

截至2015年末，工商银行持有标银集团股份324 963 464股，占比20.08%。按权益法核算，2015年标银集团归属工商银行利润约22.49亿元。自入股以来，工商银行累计收到标银集团现金分红109亿兰特，股票分红1 995万股。

二、对标银集团投资管理情况

工商银行继续通过派出董事履职、现场调研及日常股权监测相结合的方式，全面加强标银集团股权管理，确保投资安全和投资收益。2015年，派驻董事通过现场和电话会议方式参加标银集团董事会及各委员会会议20余场，密切跟进标银集团重大经营管理事项，促进其经营管理的提升。派驻人员还对标银集团经营管理及同业竞争情况进行了现场调研，就标银集团渠道发展、金融产品开发和定价，以及流动性管理、信用风险管理、同业竞争等议题与标银集团相关人员进行深入交流与沟通。

三、业务合作开展情况

两行秉持互利共赢的合作精神，积极沟通、密切配合，通过高层往来、合作会议、业务调研、人员交流、进展报告等多措并举推动合作进程。

2015年7月，两行在南非召开年度战略合作会，时任姜建清董事长出席会议，双方基于独特的市场定位和竞争优势，共同签署《关于推进全面战略合作伙伴关系的五年行动纲要》，标志着双方战略合作进入了新阶段。同月，工商银行与标银集团、亚布力中国企业家论坛共同组织的“中非企业家论坛”在南非约翰内斯堡和肯尼亚内罗毕成功举办。姜建清董事长及泰康人寿、海南航空、复兴集团等中非企业家代表300余人出席会议，就中非经济合作与交往，以及中国企业在非投资基础设施、油气资源等重要话题展开对话与交流。论坛为中非企业家提供了面对面的交流平台，也为两行战略合作带来了广泛的业务机会。

2015年12月，在中非合作论坛峰会召开之际，两行在南非召开《五年行动纲要》推动落实座谈会，时任易会满行长、张红力副行长出席会议，与标银集团就其经营管理、IT建设以及双方落实行动纲要的进展和计划等事项做了深入沟通。同月，工商银行与标银集团、国家发改委共同组织的“中非投融资论坛”在南非约翰内斯堡成功举办。易会满行长、张红力副行长及150名中非政企高管出席论坛。期间，两行共同发布了“中国—南非直联汇款”产品。

截至2015年末，两行累计开展合作项目190个，已成功合作项目71个，包括尼日利亚INT铁塔、南非某铬矿石和铬铁生产企业流动资金贷款、沙特电力南非电站、硅谷天堂私募股权基金跨境并购履约保函等项目。2015年，两行通过主机直联推出的中非现金管理平台新增签约客户4户，累计签约12户，上线账户近50个，业务覆盖南非、纳米比亚等十几个国家。另外，两行还成功签署中非韩三方合作协议和工商银行委托标银集团承销兰特债券的合作协议。

（总行战略管理与投资者关系部）

工银瑞信

2015年，工银瑞信紧抓政策市场机遇，进一步挖掘全能型资产管理平台优势，加快创新、深化协同，各项业务全面快速发展，实现收入34.6亿元，同比增长95%；净利润12.9亿元，同比增长155%；费用收入比和ROE分别为45%和59%，较上年均有较大提升。

一、管理总规模、客户数量分别突破9 000亿元和1 300万户

2015年公司通过加快产品发行、加强营销力度和业务创新等措施，实现规模和客户数量的持续快速增长。截至2015年末，公司资产管理总规模突破9 000亿元，较年初增长逾3 300亿元，增幅近60%；客户数量较年初增长55%，达1 359万户。

二、投资业绩继续保持“股债双优”

固定收益投资业绩继续优异。截至2015年末，公司20只债券基金全年平均收益达12.33%，超中债总财富（总值）指数同期涨幅7.82个百分点，其中有3只产品收益达15%以上；短端产品中，14天理财、60天理财居同类前10位。

权益投资业绩全面向好。2015年以前发行的16只境内权益基金全年平均收益率达39.53%，超同期沪深300指数涨幅近34个百分点，6只基金的收益率超50%。QDII基金方面，工银全球精选、工银全球股票2只QDII基金业绩分别居同类第1位和第2位。此外，社保、年金、专户等非公募组合继续保持良好业绩，重点组合业绩均位居同类管理人前列：其中，工行年金、统筹外养老金组合全年收益率达16.67%和14.42%，分别在全部七八个管理人中居第2位和第2位；连续两年获得全国社保理事会最高“A类”评价。

三、综合化和国际化发展势头良好

旗下设立了工银瑞信投资和工银瑞信（国际）两家子公司。2015年，工银瑞投在加强风险管理基础上，继续推进传统专项资产管理产品设立和发行；抓住国家深化改革和创新发展的契机，探索开拓资产证券化、产业基金、REITS、私募股权投资等新的业务机会。在上海自贸区设立工银家族财富（上海）投资管理有限公司开展家族财富管理业务。

工银瑞信（国际）加快产品线布局，进一步打开业务空间。2015年1月获得外汇局批准的3亿美元QFII额度，是首次获批额度最大的中资金融机构；独家获得标普中国500指数授权在全球各主要市场开发挂钩该指数的ETF与指数产品。旗下工银瑞信核心价值混合型证券投资基金于2015年12月18日获得香港证监会注册，成为首批获得互认资格的4只内地基金之一；随后，工银瑞信稳健成长混合型证券投资基金获得第二批基金互认资格。

四、持续加强风险管理，全面排查项目风险

进一步加强对投资风险、运作风险、法律风险和声誉风险的全面动态管理，持续提升管理能力，2015年未发生违法违规事件。针对专项子公司存量非标准化项目进行了系统梳理，通过“项目经理排查+推荐行核实+母子公司联合逐一确认”的方式，全面排查项目风险，并对上述项目进行了四级风险等级分类，对个别存在潜在风险的项目，加强了与相关分行以及项目方的及时沟通和紧密跟踪。

五、进一步优化内部管理机制，并提升管理效率

持续优化内部管理，进一步完善人力资源考核激励、营销费用分配等管理机制，有效地提升了管理效率。人力方面，制定销售分支机构工资含量制办法，实现工资分配与公司业务发展目标紧密挂钩；针对投研团队核心骨干人员，实施与财务贡献挂钩的投研人员激励机制，调动员工积极性，稳定核心人才。财务方面，完善营销费用预算管理模式，将营销费用划分为基础费用和绩效费用，绩效费用与业务发展目标挂钩，有效调动一线业务人员积极性。科技建设方面，成立科技管理委员会，全面统筹管理信息科技系统规划、开发和运维。同时，组建由PMO团队、前台研发、电商开发及后台研发组成的自主研发团队，提升自主研发能力。

六、获得“金牛奖”等多项权威奖项，品牌影响力不断提升

2015年公司揽获包括中国基金业协会认可的三大证券报4项公司级大奖和10项产品奖在内的33项权威荣誉；在海外的品牌影响力进一步提升，独家获得亚洲权威资产管理杂志*Asia Asset Management*“中国最佳基金管理人奖”等多项荣誉。

（工银瑞信）

工银租赁

2015年，工银租赁认真贯彻集团经营管理方针，以质量为根本，以发展为目标，以创新为动力，加快适

应"新常态"，加大国际国内市场开拓力度，不断提升专业化、国际化发展水平，夯实经营管理基础，有效控制各类风险，各项工作取得了积极成果。

一、各项业务稳健发展

截至2015年末，公司境内外经营总资产2 823亿元，较年初增长19.82%；实现拨备前利润46.17亿元，同比增长12.17%；净利润33.12亿元，同比增长17.51%；ROA为1.28%，ROE为15.96%，不良率为0.55%。公司资产规模、利润等关键指标稳居同业第一。

航空业务：全年新交付飞机76架，单年规模增量创历史最高。截至2015年末，公司拥有和管理的商用飞机总数达452架，其中已交付269架；开展租赁业务的国家和地区超过30个；境内外航空公司客户总数突破60家。经营租赁资产交易、离岸租赁、法税融资等项目实现了业内首航。

航运业务：各类航运资产总计323艘/座，覆盖海工平台、海洋工程船、邮轮、化学品船、液化天然气船、集装箱船、滚装船等主要门类。完成了英国石油公司、巴西淡水河谷、法国杰卡集团等标杆性项目。

设备租赁业务：继续深入拓展链式租赁，合作厂商达到8家；积极探索开发设备租赁转型新产品，税务筹划型租赁业务发展势头良好。实现了高速公路领域融资租赁业务突破，轨道业务完成了地铁主导向铁路主导的转型，继续拓展市政领域租赁业务，积极布局医疗、大健康租赁产品线，取得较好进展。

跨境租赁业务：积极研究跨境租赁业务支持"走出去"以及国际产能合作的新模式，为大规模开展业务奠定了初步的基础。在资源投资、能源建设、高端装备等行业，建立起与行业内主要运营商、厂商的合作，与总行、境内外分行、外资银行等金融机构联动，推动租赁产品和银行信贷产品组合创新。

私人、消费和互联网租赁业务：以私人飞机、游艇租赁业务为切入点，在定向营销理财、设备租赁方面取得突破性进展。积极探索消费租赁、互联网租赁的业务模式，确立了发展方向和业务模式。

融资业务：主动调整融资策略，优化融资结构，有效控制资金成本上升。成功进入国际资本市场，利用公司自身评级，创新性地确立了维好结构的资本市场融资方式。

资产交易业务：实现了金融租赁资产买入交易的规模化，创立同业资产交易模式并建立行业内首个资产交易平台。

二、国际国内两个市场有机融合，业务拓展卓有成效

2015年，工银租赁抓住国家"一带一路"、海洋战略、国际产能合作等重大机遇，加大对国际国内两个市场及重点行业领域的开拓深耕，成绩显著。

（一）配合推动国家战略，国际市场拓展不断深入。航空领域，在习近平主席访美期间，与波音公司签订30架737－800NG购机协议，提升了工行国际知名度；首次打入美国市场，当年完成8架飞机租赁业务；在2015年北京航展期间，与中国商飞和泰国都市航空签署了10架C919及10架ARJ21飞机采购租赁协议，支持国产飞机"走出去"；与土耳其航空公司签订合作协议，开展飞机融资租赁、售后回租、商业贷款等一揽子金融服务，拓展中东、中亚市场。航运领域，与德国贝仕集团签订风电维护船租赁项目协议，与比利时海洋贸易集团签署2亿美元的全冷柜集装箱租赁协议，与法国杰卡集团签署9亿美元的气体运输船租赁业务合作协议。跨境租赁领域，完成首笔华为匈牙利电信的跨国电信设备租赁业务，完成了肯尼亚中铁十局1.5亿元的工程设备租购项目，金光集团印尼售后回租项目。

（二）开拓深耕高端制造及转型升级项目，市场投放成果显著。先后与国家核电康富租赁、浪潮电子、汇源集团等多家重点企业签署战略合作协议，全方位拓展租赁业务，实现综合营销。继续支持国产飞机等高端制造业发展，与中国商飞签署了ARJ21－700飞机购机协议，成为唯一一家签署两种机型的客户，并以累计75架的签约数量成为国产飞机单一最大的启动用户，全面支持国产民机"一干两支"的研发、制造、销售和售后服务全产业链。

三、完善业务创新机制，不断丰富交易品类

将创新作为全年发展的一大主题，完善创新机制，谋划创新思路，业务创新取得一定突破。

（一）实现新常态下新发展。一是成功开拓同业服务业务。二是发行首单金融租赁公司出表型资产证券化产品。三是完成我国自贸区首笔飞机离岸租赁业务。四是实施第一单PPP项目租赁。五是开展税务筹划型租赁保理业务。六是完成境内首笔进口设备保税租赁业务。七是作为全国首家金融机构获准加入人民币双向资金池试点和跨国企业外汇集中运营。

（二）成功构建资产交易体系。公司资产交易实现了买入卖出的双向交易，并进一步开阔思路、完善体系，推进金融租赁行业资产交易平台建设。

四、强化风险及内控管理，资产质量保持良性发展

高度重视经济下行带来的国内商业银行资产劣变速度加快等形势，狠抓质量关和准入关，严防风险蔓延。一是初步建立客户分类管理体系。二是全力做好资产预警及不良资产化解工作。三是开展"一加强，两遏制"

检查整改及制度梳理工作，公司内控管理水平进一步提升。

五、行司联动不断深化，在集团战略地位进一步提升

积极与境内外分行加强业务联动，为客户提供综合化国际化金融服务；积极配合集团国际化战略，大力支持新设海外分行的业务发展。

（一）积极与境外机构联合打造综合金融服务品牌。响应总行促进工银标准业务全面发展的号召，与工银标准展开多方位合作，在欧洲发行美元本票融资3亿美元、衍生品交易26亿美元；与纽约分行、新加坡分行合作融资超过80亿美元；推动人民币PDP付款，成功为波音公司完成了首笔跨境人民币结算业务，为纽约分行、北京分行开拓了重要业务，实现了波音、空客、巴航工业所有订单预付款全部通过工行境外机构渠道进行，有力促进了集团整体效益提升；通过土耳其航空公司项目推进工行综合金融服务，为土耳其分行带来重要客户；利用欧洲多个航运项目，帮助海外分行积极拓展相关银行业务，有效地助力工商银行国际化战略实施。

（二）继续加强重点联系行合作。在南京、武汉、成都设立区域管理中心，推动委托分行资产管理工作，不断深化联动合作。在公司内部建立了商业银行综合贡献评价体系，对行司联动情况进行全面评价。

（三）利用租赁产品形成优势互补组合。与银行现有信贷产品相结合，大力开展税务租赁、医疗租赁等产品，更好地维护客户资源，有效拓展新客户，提升盈利空间。其中，公司与印尼分行就金光纸业项目开展合作，通过境内租赁＋跨境保理＋转让收益权的创新业务模式实现项目投放，成为跨境行司联动的又一成功实践。

（工银租赁）

工 银 安 盛

2015年是工银安盛人寿第一个三年发展规划的收官之年，公司积极落实集团综合化经营战略部署，坚持规模与价值并重的经营理念，通过转型创新不断提升核心竞争力，经营数据和盈利能力持续向好，内部管理水平和风险管控能力不断提升。

一、业务经营发展上新台阶

截至2015年末，公司实现保费收入235.38亿元，同比增速超过50%；实现投资收益28.83亿元，资产规模达到665.68亿元；实现利润4.5亿元，同比增长537%；年末偿付能力为370%，达到监管要求。2015年公司保费收入在外资（合资）寿险公司中居第1位，在所有寿险公司中居第14位，取得了“2015年度最受欢迎保险公司”、“最佳发展实力寿险公司”和“2015年度最佳管理寿险公司”等业内重要奖项。

二、营销渠道建设与时俱进

2015年，公司积极搭建“大营销”架构，以银行保险销售为重点，创新开拓网销、电销新渠道，一体化营销服务体系初具雏形。新增了山西、福建2家省级分公司，为业务持续发展注入了新鲜活力，截至2015年末，公司业务覆盖全国16个省份及直辖市，共设40家中心支公司和22家营销服务部，个人保险客户数量达66.14万户。坚持期交转型和结构调整，2015年实现新业务保费203.64亿元，同比增长50%；期交保费27.08亿元，同比增长44%。其中，作为业务增长主力渠道，银保及新渠道在母行的大力支持下，共实现新业务保费193.75亿元，期交保费收入同比增长54%。个险渠道业务保持了稳定增长态势，新业务保费增长35%，期交保费增长54%，团险渠道规模保费增长50%，直销和银团渠道成长迅速，业务质量不断改善。

三、投资规模收益稳步提升

截至2015年末，公司投资资产总规模531.97亿元，同比增长69%；实现投资收益28.83亿元，同比增长151%，年化投资收益率6.74%。积极响应国务院部署，加强资产针对性配置，高效对接实体经济，积极参与国家重大工程、城市基础设施、棚户区改造以及“一带一路”建设等重大项目，资产配置效率显著提升。先后投资了太平—南水北调债权计划、人保—中国铁建股权投资计划、中保投—招商局股权投资计划、太平洋—国和农房资产支持计划（第二期）等金融产品，获得良好收益的同时也赢得了业界的口碑。在资产端，公司借助银行系保险公司的项目资源优势，以直接投资为突破口，积极拓展银行、企业、保险三方合作，服务实体经济。

四、业务产品体系日臻完善

持续优化产品开发机制，进一步丰富公司产品体

系，成功开发上市了30余款新产品，覆盖子女教育、财富管理、家庭保障和退休规划四大领域。其中开门红产品“财富成长”凭借其稳定收益、全面保障、简明责任、简单易懂等独具创新的产品特色，在第七届“金理财”奖评比中获得“最佳投资型保险产品奖”。期交明星产品“鑫如意终身寿险”以保额复利递增、资产传承有序的产品特色自问市以来屡获嘉奖，2015年贡献了公司近70%的期交保费收入。

五、业务保障能力稳步提升

大力推动运营体系化建设。其中，运营作业平台三期版本的成功投产，新个险核心系统的主体功能顺利建成，全面提升了公司运营效率及风险管控水平。注重提升理赔端客户服务水平，个险新业务受理投保29万件，理赔处理案件3 635件，理赔获赔率90.5%；团险理赔处理案件24万件，理赔结案率95.7%。不断拓展“95359”客户服务热线的服务范围，将团险咨询服务纳入客服热线服务的范畴，并上线短号码短信服务功能。在公司网站及微信服务号平台上的客户自助服务项目增加到19项。开展了“健康幸福有约·工银安盛同行”为主题的第二届客户服务节，通过各项活动的举办，增加与客户的互动及信任，提升了公司在公众中的形象。

六、信息系统建设取得突破

信息化建设取得重大进展。为期两年的iLIS科技重大工程建设基本完成，数字化前台、保单、销售与客户四大主题的多个新系统建设均完成开发投产，与工行业务实施了多项协同与对接，开辟了多个互联网创新渠道，完成多个面向营销人员和公司客户的移动端平台建设，极大地提高了公司的管理、服务与创新能力。尤其是个险核心业务系统成功投产上线，实现了核心业务从安盛亚太RLS系统向自主研发的核心业务系统切换，标志着公司在信息化建设方面取得一项重大突破。成功完成了新灾备中心建设，显著提高了科技基础设施能力。生产系统的可用性长期保持在99.95%以上。

（工银安盛）

工银亚洲（含香港分行）

2015年，工银亚洲在总行和董事会的正确领导下，坚持“立足香港、背靠大陆、面向全球”的战略，紧紧抓住香港离岸人民币中心的市场机遇，积极拓展全面的人民币业务及跨境银行服务，整体经营保持平稳增长态势。

一、克服不利因素，总体保持稳健发展态势

（一）经营规模稳健增长，竞争实力不断提升。充分发挥香港国际金融中心的区位优势和工银集团海外银行业务旗舰的功能优势，灵活调整经营策略，加大市场拓展力度，经营规模稳健增长，资产业务基础进一步夯实，资产负债结构不断优化，经营业绩再创历史新高。截至2015年末，工银亚洲总资产余额7 336亿港元，较上年末增加530亿港元；总负债余额6 632亿港元，较上年末增加341亿港元；实现税后净利润67.84亿港元，较上年增加4.13亿港元。

（二）转型发展卓有成效，经营结构不断优化。2015年，工银亚洲积极适应外部环境变化，信贷资产结构不断优化，中间业务净收入快速增长，收益结构得到优化；内部成本得到有效管控，全年成本收入比为23.53%，保持历史最低水平。

（三）综合实力持续增强，市场排名不断进位。经过快速发展，工银亚洲综合经营实力和市场影响力得到显著提升。截至2015年末，工银亚洲及香港分行总资产已是2010年末的3倍多，经营规模与盈利水平全面超越东亚银行，跻身香港可比银行同业前五位。

二、加快落实经营转型，推进重点业务突破发展

零售业务方面。继续推进“大零售”战略，不断完善零售业务管理体系，加强销售渠道优化建设，加快零售产品创新，大力宣传“跨境金融 首选银行”品牌形象，积极拓展本地与跨境个人客户，零售存贷款、信用卡、证券等业务都实现了较大发展，创下多项新高，率先成为本港市场上第一批分销两地“互认基金”的银行。截至2015年末，工银亚洲在香港共设有57家分行、25家理财金账户中心及3家商务中心，自动柜员机169台。

公司业务方面。进一步加强与集团的联动，积极拓展大型集团客户、内地走出去客户及跨境客户，并继续深耕本地市场，努力实现本地客户量质齐升。着力做好资产负债总量管理及期限、币种等动态结构管理，在切实提高流动性管理水平的同时，不断增加优质资产，优

化业务结构，公司存款和贷款实现了平稳发展。

机构业务方面。快速拓展客户基础，业务品种更趋完善，涉足领域更加广阔，加强跨境人民币贸易融资产品创新，积极实施央行及主权机构负债蓝海发展战略，成功举办非洲人民币研讨会及央行离岸人民币研讨会，积极参与国际性人民币论坛，加强“一带一路”及自贸区业务拓展，推动自贸区清算及贸易融资业务创新和交叉销售，不断提升盈利能力与市场竞争力。

金融市场业务方面。充分发挥集团离岸人民币交易中心、离岸人民币集中交易做市商（亚洲时区）等功能优势，通过动态管理手段优化债券投资组合配置，在大力拓展代客金融市场交易业务的同时，扩大自营交易业务规模，金融市场业务保持了平稳运行态势，实现效益、规模双增长。2015 年实现财资业务收入 10.72 亿港元，同比增长 62.6%。

全球资本融资业务方面。在有序推动各项传统商业银行业务经营的同时，深入挖掘全球资本融资服务发展潜力，取得突破性进展。债务承销发行、银团贷款、结构化融资安排及信贷资产交易等业务的全球资本融资产品体系发展日趋成熟，规模逐渐壮大，在亚太地区资本市场发展扮演重要角色，完成多笔委任牵头安排簿记行银团贷款，首次承销欧元/美元双币种债券发行项目，完成首单自贸区概念债券发行，成功以全球协调人身份协助央行完成人民币央票的首次境外发行，在债券承销业务中担任全球协调人角色的比重大幅增加，项目数量及市场地位均得到显著提升。2015 年，共承销本外币债券、中期票据（MTN）、存款证合计 31 笔，业务量超过 262 亿港元，已成为极具市场影响力的承销行之一，银团业务总量超过 312 亿港元。

资产管理业务方面。积极利用全资附属子公司工银亚洲投资管理有限公司在香港及内地拥有资产管理业务全牌照的优势，深化加强与集团的联动，紧抓市场机遇，大力开发拓展 RQFII/QFII/QDII 及结构性产品，业务收入及资产管理规模均实现稳健增长。

电子银行业务方面。以“e－ICBC”互联网战略核心为发展方向，贯彻“以客户为本”的服务宗旨，以互联网思维改进服务模式，全力部署产品创新，积极拓展电子银行业务。2015 年客户规模同比增长 12%，电子银行业务笔数同比增长 19.6%，电子银行业务占比超过 70%，在跨境电商平台业务上取得突破性进展，获得市场及同业的高度认同。

证券及保险业务方面。面对大幅波动的市况和日趋激烈的竞争环境，持续加强证券经纪业务推广及客户拓展、提升系统及服务水平、优化网上银行服务功能，取得了良好的拓展成效，2015 年新增证券账户近万户。着力于加强保险产品研发，2015 年开发了多个保险计划新产品，全年保险业务类收益实现大幅增长，进一步优化了业务及收益结构。

资产托管业务方面。积极加强集团及自身资源的统筹与整合力度，重新规划及调整资源架构、服务平台等，重点支持客户到其他海外市场投资，积极提供全球托管业务，托管业务规模和收入都实现了里程碑式发展。

（工银亚洲）

工银国际

工银国际一直以建设亚洲一流投资银行为目标，2015 年围绕“提升”和“发展”两大主题，着力提升专业能力和管理能力，继续拓展业务和规划产品线布局，为可持续发展建立了良好基础，为促进集团经营转型发挥出的持牌投行平台作用日益彰显。

一、经营效益良好，财务指标表现优异

2015 年利润同比大幅增长，超额完成总行利润目标，净利润达到公司成立以来最高水平。各条产品业务线提升策略顺利推进，资产管理业务得到突破性发展，资金成本处于较低水平，流动性状况显著改善。ROE、成本收入比、人均利润等主要财务指标表现优异，处于同业领先水平，经营效益明显提升。

二、经营转型取得显著成效

（一）投资银行业务。投行业务整体运行平稳有序，2015 年累计完成 48 个项目（平均每月 4 个项目），包括 11 笔股权项目、29 笔债券项目、8 笔并购及财务顾问项目。IPO 项目方面，参与了广发、华泰、中再、华融和中金等大型金融机构 IPO 项目，IPO 承销涉及融资规模 169 亿美元，市场排名第 6 位。并购业务方面，作为财务顾问协助工行先后完成了对标银公众 60% 股权和对土耳其 Tekstil bank 75.5% 股权的收购项目；作为财团重要牵头人和财务顾问，成功完成了工银金融租赁与巴西淡水河谷船舶买卖交易。美元债及欧元债承销项目总融资规模 258.98 亿美元，中资发行人承销商市

场排名第11位，高收益美元债承销项目总融资规模26.50亿美元，在中资投行中居于第2位，市场排名第8位，较上年度市场排名大幅提升4位。在业务管理上将债券市场部、固定收益部独立出来，加强与境内外兄弟机构在债券营销及销售方面的合作和产品线功能，并不断丰富产品种类，推出集团内第一个CD/MTN私募交易平台。

（二）投资管理业务。继续稳妥发展资产业务，产品线发展亮点纷呈，取得新的突破，并带动实现中间业务收入增长。资本市场高息债投资实现了较好的投资回报，房地产业务成功完成第一个海外夹层融资项目和第一个海外股权投资项目，并把握机会首次开展了对境内A股上市公司的股权收购等。产品线还通过某项目实现财务顾问、股权投融资等多种业务交叉销售，成为金融综合服务的又一典范。产品线资产质量总体良好，各类风险可控，为公司取得良好的经营效益做出了贡献。

（三）销售交易业务。全力打造移动互联交易平台，手机移动交易APP正式上线运营，市场覆盖逐步扩展至美国、日本及新加坡等全球主要资本市场。客户基础不断夯实，产品种类更加丰富，服务渠道和水平进一步改善。2015年，经纪业务二级市场累计交易额比上年同期增加20%，二级市场净佣金和融资业务利息收入同比分别上升23%和28%。完成沪股通交易额达42亿元人民币。证券交易业务新增开户636户，其中，新保证金户为254户，是上年新增户数的1.8倍，投资者客户基础继续提升。债券销售建立了一个以华语地区为主的核心机构客户群，新开展了二级市场撮合交易业务、增加了CD及私募债产品营销，收入来源更为多元化。

（四）资产管理业务。着力推进资产管理平台的筹备和搭建，取得阶段性成果。截至2015年末，管理资产规模突破30亿港元。人民币私募基金业务发展态势良好，完成多个项目的交割，并实现部分项目的成功退出，其中某项目为投资人创造了39%的内部收益率水平。

（工银国际）

工银澳门

2015年，工银澳门结合澳门地区经济社会实际，发挥集团品牌优势，实施零售、电子银行、中间业务发展战略，推进资产业务、负债业务协调健康发展，加强风险管理，依法合规经营，不断提升核心竞争能力，较好地完成了全年工作任务。截至2015年末，子行资产总额1 920亿元（单位：澳门元，下同），较年初增加146亿元，增幅8.24%；各项存款余额1 570亿元，较年初增加162亿元，增幅11.6%；各项贷款余额1 238亿元，较年初增加62亿元，增幅5.29%；实现拨备后利润24.16亿元，同比增加3.98亿元，增幅19.73%；成本收入比21.7%，同比下降4.21个百分点；资本回报率（ROE）15.68%，资产回报率（ROA）1.11%；非利息收入占比31.67%；不良贷款率0.06%，资产质量继续保持优良水平。

一、牢固树立“存款立行”意识，增存揽存成效显著

公司存款方面。截至2015年末，子行公司客户总量达到13 636户，较年初增长14.8%，公司客户存款达到1 273亿澳门元，较年初增长5.3%。主要措施：一是立足本地市场，密切关注本地部分重点客户资金动向，针对其上半年派发股息情况，采取措施有效争取资金回存。其中在满足忠旺集团境外上市公司派发分红资金需求的同时，共吸收到其分红款4.43亿港元活期存款。二是继续加强与当地中资企业客户在保函、授信、结算等业务方面的合作，挖掘存款资源。三是建立目标客户清单，有计划地开展香港市场客户营销。四是采取灵活的存款利率报价策略，增加客户活期存款占比，优化存款结构，控制存款成本。

零售存款方面。截至2015年末，子行个人客户总数达到294 986户，较年初增长8.9%，个人客户存款余额297亿澳门元，较年初增长4.5%。主要措施：一是针对不同客户特点开展客户分层营销，设计“赏高息”发薪账户、“员工出粮大激赏”等发薪优惠产品组合，深入企业举办专项营销活动，提升发薪账户营销效率。二是加快产品创新，先后推出高息宝定存组合新春月供储蓄计划、理财小博士开户优惠计划等，以优惠储蓄利率抢占市场，争揽居民个人储蓄存款。三是进一步丰富电子化宣传渠道，通过柜台电子显示器、电台、微信、商厦电视短片等渠道提高推广效果。

增点拓户方面。一是密切与各政府机构的业务联系，根据资金头寸情况，适时调整其大额存款利率报价，争取新旧资金留置。二是组织多场存量客户访谈会开展产品及服务市场调查，将客户意见作为产品设计参

考及改善现有产品的目标。三是新增渔人码头分行、新濠影汇两家分行，进一步优化和完善网点布局，同时不断加快网点智能化转型，积极推广 ATM 和自助终端系统，年内新增自动柜员机 26 台，推出货币兑换机 1 台，自动存款机和自助终端机存量分别达 30 台和 35 台。

二、创新和服务并举，持续提升优质信贷市场份额

（一）为澳门经济发展提供资金支持。牵头参与本地大型银团贷款和重大项目融资，其中金沙集团 52 亿美元银团承贷金额 7 亿美元，美高梅集团 30 亿美元银团承贷金额 4 亿美元，新濠博亚 17.5 亿美元银团承贷金额 2.5 亿美元，永利澳门 238 亿港元银团承贷金额 34.7 亿港元；抓住银河二期开幕契机，营销开业运营贷款 5.9 亿港元；跟进营销办理澳门两间大型酒店项目融资金额 35.51 亿港元。配合特区政府施政方针，正式实施中小企业业务推广计划，根据本地 11 个行业业务模式及实际需要，为其提供专业的银行金融服务。截至 2015 年末，累计新增中小企业客户 279 户。

（二）加强内外联动，开拓内地市场。与兄弟分行合作，在人民银行跨境直贷新政出台首日即为珠海长隆发放一笔 1 亿元人民币项目贷款；为易盛国际完成一笔 7.25 亿澳门元放款，为香港盛晖有限公司办理信用证转开业务 1.3 亿澳门元；进一步加强对大型优质央企客户的拓展，落实中工国际 6 000 万加元，中铁物质 1.4 亿美元内保外贷业务；为国投、大象、华能、华电等多家租赁公司办理外债项下融资租赁业务，累计发放贷款 61.44 亿澳门元，实现了信贷业务的平稳增长。

（三）利用信贷簿记政策，降低资本占用。积极与总行境外资产业务中心就簿记业务具体办理方式、费率等事项进行协商并成功办理了多笔簿记业务，贷款余额和承诺未提款额合计 48.73 亿澳门元。

（四）不断提升个人信贷服务水平。推出“2015 年新楼盘推广贷款计划”，加大对本地九个优质楼盘的营销，抢占市场份额；推出“按揭通”贷款优惠计划，为港澳居民赴内地置业提供信贷服务；另有经屋装修“家居易”、“利息补助贷款”学生升学贷款优惠等众多产品满足不同客户群体需求，提升市场竞争能力。

三、灵活调整资金运作策略，积极应对金融市场波动

（一）加强存贷款利率管理。一是根据市场利率变化情况，多次调整定存基准利率，发挥基准利率定价指引作用。二是设立定存息率超基准额外审批机制，适当降低分行经理和部门主管审批权限。三是降低对短期低风险美元贷款利率要求，加快消化美元低息资金，提升资金运用效率。

（二）持续优化债券组合结构。一是适度加大对美元和人民币债券的投放力度，全年买入债券及存款证金额等值 190.6 亿港元，同比增长 127%。二是根据资金管理需要，盘活债券资产组合，适时释放资金支持信贷资产业务发展。把握时机沽售部分债券，策略性沽出美元债券 1.24 亿元、人民币国内银行间债券 32.1 亿元。

（三）加大产品研发及同业合作。一是开展自行开发的股票挂钩高息存款业务，增强产品市场吸引力，丰富产品线；二是与浦发银行、中银香港分别签订“跨境人民币汇兑通结售汇业务协议”和“ISDA Schedules 协议”，进一步拓展业务合作空间；三是加强与澳门金融管理局合作，加入同业市场拆借利率（MAIBOR）报价行，提升在澳资金市场影响力。

四、大力开展产品创新，中间业务实现较快增长

（一）银行卡业务。一是推出多项主题刷卡消费优惠营销活动，以全澳最低月手续费为卖点，推广免息分期服务，年内信用卡新发卡 3 万张，净增 2 万张，较年初增长 17.8%，增速为同业平均水平两倍；长隆联名卡首发 8 个月突破 1 万张，迅速成为第二大联名卡产品。二是成功投产 POS 端机支持网络线、WiFi 通讯等服务，受到商户欢迎，其中用卡消费额 20.5 亿澳门元，同比增长 13.4%；收单业务市场占比达到 47%，较年初增长 3%，其中银联收单市场占比 52%；新增商户 626 户，较同比增长 91.44%；分期付款金额 4 905 万澳门元，同比增长 99%；分期付款手续费收入 300 万澳门元，同比增长 104%。

（二）经纪业务。一是适应市场需求，推出“理想退休入息计划”、“乐活无忧危疾保”等多款代理保险产品，实现了保险业务收入快速增长，其中保单数量 21 738 张，同比增长 17%，保险收益 1.05 亿澳门元，同比增长 35%。二是代理股票业务实现了稳定增长，全年代理股票总交易量为 186 亿港元，同比增长 105%，股票客户总数达到 17 734 户，较年初增长 20%。三是为客户提供全方位、多角度、精细化的投资理财专业分析，与瑞银集团合作推出股票挂钩结构性产品，与德盛安联资产管理合作推出其旗下的 5 只人民币基金，受到市场欢迎。

（三）电子银行业务。设立互联网金融团队，专项推进新版移动银行和“融 e 购”澳门馆工作；投产退税入账自助登记系统并与本地政府机构探讨业务需求丰富电子渠道功能；推出“网上汇款手续费优惠”等多项营销活动，提升电子银行使用率及交易量。截至 2015 年末，子行新增个人网银客户 18 809 户，新增企业网银客户 1 315 户，网银交易量同比增长 33%，电子银行业务量占比 72.04%，同比增长 7%，电子商务交易额 6 315 万澳门元。

（四）资产管理业务。积极探索私募股权主理银行

业务落地、横琴企业澳门发债项目、美国移民 EB5 综合金融服务、信贷资金托管业务等。发行“T+0 理财通”系列“T+0”1 号开放式理财产品，实现了境外分行理财产品零的突破。优化现有 ESCROW 托管系统并大力推进将境内的 PPM 系统、GISS、FAS、AAS 等系统延伸至系统建设工作。年内吸收托管资金规模超 4 200万美元，Escrow 资金托管业务个人客户逾百户，成为子行 Escrow 托管业务发展的重要里程碑。

（五）私人银行业务。开展投资产品、保险产品创新，针对客户对股市的投资需求，与 UBS 合作推出衍生工具产品“股票挂钩票据”，与中国人寿推出“五年期精英储蓄保险计划（预缴）”，受到高净值客户的欢迎。推进私人银行专属产品研发，创新推出结构性票据产品，为私人银行客户提供个性化票据投资。开展内外联动，成功举办“境内私银客户跨境金融服务”交流会，为客户提供“一体化”跨境金融服务，取得积极成效。

（六）退休基金业务。成功营销某集团客户退休基金管理业务，首期参与成员达 1 235 名；与有关部门联动营销存量客户的人民币、澳门币、港币结算账户及网银户口、股票投资账户、信用卡等业务，基金管理和个人客户综合营销均取得良好成绩。截至 2015 年末，子行退休基金公司管理的基金数目共 4 只，成员数量 2.6 万名，管理资产规模达到 17.72 亿澳门元，较年初增长 34.55%。

五、深化全面风险管理，提高精细化管理水平

（一）加大风险管控力度，完善全面风险管理框架。一是按季度发布全面风险管理报告，深入分析本行信用风险、市场风险、流动性风险、操作风险和声誉风险及反洗钱状况，提出管理措施。二是利用风险管理系统，对腕骨指标变化状况、交易业务事前风险控制、外汇敞口验证和限额监控应用进行严格的风险监控。三是加强投资业务风险管理。每日对交易额度进行监控管理，逐笔复核，严控交易风险。按季度对银行账户利率风险进行分析，防控利率风险。四是对金融机构代理行客户执行全球统一授信管理，动态监测代理行交易对手的信用风险状况，及时掌握代理行的评级变化、CDS 变化和重要事项变动，有效防范及监控金融机构代理行风险。五是严格开展国别风险管理，通过国别风险报表每月对国别风险限额使用情况进行监控管理。

（二）加强信贷风险管理。完善信贷业务各项管理办法，优化信贷业务办理流程。强化各类贷款、特别是人民币担保贷款的日常监测，跟踪监督审批后续条件落实情况，积极开展信用风险排查工作。建立澳门物业价格资料库，为审查各类物业按揭贷款提供及时可信的参考资料，提高审批效率。积极推进逾期贷款催收及不良贷款清收，全年累计收回不良贷款本金 415.75 万澳门元。

（三）采取有效措施，提升内控合规管理水平。一是积极实施涉敏报警信息合规审核机制改革，率先试行总行优化后的反洗钱系统，对各部门的反洗钱工作职能进行全面梳理，将反洗钱工作职能整合至反洗钱中心集中进行。二是以技术手段和制度规定加强反洗钱管理，对每月的交易数据进行审查，实施境外反洗钱统一监控平台监控，加强了特别关注名单系统筛查。三是投产运行总行对境外延伸的法律风险并表管理系统，推动提升集团并表机构法律风险管理信息化水平。

（工银澳门）

新加坡分行

2015 年，新加坡分行认真贯彻总行国际化经营战略部署，全面落实当地金融监管工作要求，努力克服离岸人民币资金成本高企、大宗商品市场低迷、人民银行政策变化等不利因素影响，全力打造新的盈利增长点，各项业务发展再上新台阶。

一、主要经营业绩

（一）经营效益持续增长。2015 年，实现拨备后利润 16 126 万美元，较上年增加 1 545 万美元，增幅 10.60%；实现净利润 13 950 万美元，较上年增加 1 402 万美元，增幅 11.2%。其中，利差收入实现 15 961 万美元，较上年增加 754 万美元；中间业务收入实现 3 561万美元，较上年增加 1 337 万美元，增幅 60.1%。

（二）资产业务稳健发展。截至 2015 年末，资产余额达到 239 亿美元，较年初增加 16 亿美元。日均生息资产余额达到 206 亿美元，较上年增加 55 亿美元，增幅 36%。其中，资金拆借日均余额较上年增加 21 亿美元，增幅 78%；信贷资产日均余额较上年增加 18 亿美元，增幅 17%。增量生息资产带来利差收入增加约 5 100万美元，弥补了息差下降部分带来的收入减少。

（三）经营结构进一步优化。收益结构上，实现中间业务收入 3 561 万美元，占营业净收入比例达到17%，同比提高6个百分点；资产结构上，信贷资产占生息资产的比例较年初下降12个百分点至60%，资产拆借和债券投资占比较年初分别提高5.8个和5.4个百分点；产品结构上，融e购新加坡馆上线运营、首只QDII产品成功托管、首笔跨境人民币交易通过CIPS完成清算、人民币做市交易正式启动等，产品更加丰富多元。

（四）经营效率保持较好水平。加强资本以及费用资源管理，强化业务经济资本回报、投入产出比的测算和控制，经营效率保持较好水平。2015年，分行经济资本回报率19%，较上年提高约5个百分点；成本收入比15.5%，与上年持平；人均拨备后利润实现71.6万美元，较上年增加1万美元。

二、主要工作措施

以“提升综合金融服务能力，打造新的盈利增长点”为主线，加快业务板块调整，提升重点产品盈利能力，各项业务实现稳步发展。

（一）信贷业务结构更加优化。一是强化内外联动，加强与境内分行、其他金融机构的合作，增强与自贸区、工业园区的沟通，风险参贷、福费廷等业务呈现较好增长态势；二是重视本地业务拓展，积极代理或参与银团项目贷款，一定程度上弥补了贸易融资市场萎缩带来的业务下滑。截至2015年末，分行信贷资产日均余额123.4亿美元，较上年增加18亿美元。其中，风险参贷、福费廷两项业务日均余额较上年增加11.5亿美元，占增量信贷资产的64%；银团贷款日均余额较上年增加2.4亿美元，增幅50%。银团贷款实现中间业务收入516万美元，较上年增加186万美元。

（二）金融市场业务板块贡献突出。积极打造高水平的金融市场交易团队，扩展人民币外汇交易产品，与境内外机构、客户开展资金拆借、代客即期、远期、掉期等人民币外汇交易业务，提升金融市场板块贡献度。2015年，分行资金拆借日均余额53.4亿美元，较上年增加20.5亿美元，增幅62.48%；人民币外汇交易量2.53亿元，较上年增加1.83亿元，增幅261.92%；实现外汇交易业务收入2 162万美元，较上年增加1 500万美元；推出首笔质押式回购融资业务，进一步拓宽了资金来源渠道；成功开办第一笔人民币做市交易业务，外汇交易品种更加丰富。

（二）综合金融业务效益贡献度进一步提升。一是债券承销业务保持良好发展势头。受人民币贬值预期、国内经济发展增速放缓等因素影响，离岸人民币债券一级市场发行停滞。分行积极转变思路，大力拓展人民币次级债，转向新元、美元、欧元债券承销业务市场，取得了较好的成绩。2015年，分行参与债券承销22笔，累计76.5亿美元，实现债券承销业务收入140万美元；首次作为境外融资中心为集团发行中期票据4亿美元，满足境外机构业务发展资金需求，降低了集团境外融资成本。二是资产托管业务取得新突破。继2014年成功营销五家外资机构委任分行作为其RQFII托管行，2015年又成功获得四家机构委任为其RQFII托管行；成功托管首只QDII产品，托管业务正式起步。托管资产规模短期内突破人民币20亿元，实现中间业务收入人民币30万元。三是现金管理业务取得较大进展。推进名义资金池建设，营销推动大型集团开展跨境人民币双向资金池服务。持续推广企业网银代发工资业务，2015年新增9户企业网银代发工资客户，累计企网代发工资客户达19家。四是私人银行业务快速发展。完成总行发行的私人银行全球理财基金首只子基金上架销售；推出私人银行客户专属保费融资新产品，并完成首单融资发放；完成首笔面向私人银行客户的代理债券销售业务。截至2015年末，私人银行客户223户，较上年增加123户；管理资产规模达到4.7亿美元，较上年增加4亿美元；实现中间业务收入37万美元，较上年增加18万美元。五是融e购新加坡馆正式运营。与新加坡企发局、新加坡制造商总会合作，连续举办两场融e购产品推介会，吸引了20余家本地优质企业洽谈销售合作意向。2015年11月，融e购新加坡馆正式上线运营。

（四）金融机构业务范围不断扩大。以新加坡为立足点，拓展辐射整个东南亚市场。一是组建东南亚金融机构营销中心，加强对马来西亚、印度尼西亚及周边国家央行、金融机构的营销，积极推介人民币清算业务及产品。二是重点营销业务活跃银行，使其成为人民币主账户行，扩大参加行数量和范围，提高本行在人民币市场的地位和影响力。截至2015年末，共有42个国家和地区的113家参加行在清算行开立人民币同业往来账户，较年初增加23户，其中工行集团内机构账户43个，同业代理行账户70个（包括2家中央银行）；为31家参加行设立了账户透支额度，其中工行集团内机构14家，代理行17家。

（五）零售业务布局稳步推进。立足“完善服务渠道、丰富产品体系、增加客户群体”，围绕物理网点和ATM布局、电子渠道建设，新产品推广等方面推动零售业务稳步发展。一是组织“工行进企业”、“工行进校园”等各种形式的现场营销活动，现场提供个人金融服务，扩大客户规模。截至2015年末，个人客户数1.96万户，较年初增加1.06万户。二是有序推进渠道建设，尤其是电子银行渠道的构建和完善。个人网银客户数达到8 050户，个人网银客户渗透率达到45%。新开零售网点3家，网点总数达到7家；新布放ATM12部，自助设备总数达到18部；借记卡累计发卡15 720张，较年初增加12 404张；信用卡累计发卡量7 173张，较年初增加4 509张。三是不断推进产品创新，构建较为完备的产品体系。2015 年推出了首张美元/新元双币 VISA 借记卡和信用卡、账户贵金属、手机银行等新产品。

（六）风险管控能力不断提升。风险管理方面，一是充分发挥各委员会的管理决策功能，建立与本行不断增长的业务规模和复杂程度相匹配的风险管理能力。二是以监管达标为抓手加强流动性风险管理。三是把握限额的设定和监测为主线做好市场风险管理。四是不断延伸操作风险管理，培育良好的风险管理文化。内控合规方面，一是修订分行合规制度与工作流程，提高完备性与可操作性。二是加强反洗钱系统和管理建设，重点关注涉敏涉恐、贸易融资等风险防控，全力配合总行集中处理和涉敏机制改革，推进可疑交易和客户识别的自动化进程。三是加强新产品和业务流程的合规审核和反洗钱风险评估，为新产品的顺利上线推广保驾护航。

三、人民币业务发展

持续贯彻“提高人民币清算服务，带动分行业务全面发展”的经营思路，借助人民币国际化和工商银行作为全球人民币第一大行的优势，全方位提升人民币清算服务能力，推动人民币各项业务发展。

（一）人民币清算服务更加高效。一是实现 24 小时连续清算运作。2015 年 8 月，正式启动人民币 24 小时连续运作清算模式，清算服务运作时间覆盖亚、欧、美三大时区，成为清算服务时间全球最长的人民币清算行。二是加快推广清算网银产品。继 2014 年成功向汇丰等 4 家银行推广“清算网银”后，又成功营销华侨、麦格里银行使用“清算网银”，满足其业务需求。三是继续为参加行提供无成本、高效率的日间透支服务，缓解参加行人民币资金流动性困难。2015 年，分行人民币清算量突破 60 万亿元，较 2014 年增加 23 万亿元，同比增幅 61%。

（二）人民币资产业务发展稳健。打造丰富的人民币产品线，为客户提供全方位的贸易融资产品，实现各种结算方式及客户交易的全过程覆盖。积极拓展人民币内保外贷，双边贷款、银团贷款等信贷业务，拓宽人民币业务发展渠道。截至 2015 年末，分行人民币资产余额 1 006 亿元，较年初增加 78 亿元。其中，人民币贸易融资 501 亿元，较年初增加 97 亿元；人民币双边贷款余额 73.2 亿元，较年初增加 59 亿元。人民币资产占总资产的比例为 65%，人民币业务效益贡献度达到 72%。

（三）人民币产品丰富多元。发挥工行境内外联动优势，研发具有市场竞争力的跨境人民币产品。跨境人民币直接贷款、跨境人民币放款、跨境人民币双向资金池、跨境人民币直接投资、新汇通、人民币外汇做市、人民币现钞调运等业务稳步增长。截至 2015 年末，分行累计为上海自贸区、天津生态城以及广西沿边金融改革试验区企业提供跨境人民币直接贷款超过 31 亿元；4 家集团企业上线跨境人民币双向资金池业务；与广东分行合作推出的“新汇通”业务 2015 年累计受理金额超过 4.03 亿元；人民币现钞调运超过 10 亿元；跨境人民币结算量实现 2 893 万亿元，较 2014 年增加 452 万亿元。

（新加坡分行）

东京分行

东京分行成立于 1997 年 11 月，持有当地全面银行牌照，现下辖一家二级机构（大阪分行）和一家分理处（东京池袋出张所）。2015 年，东京分行坚定本土化发展方向，以依法合规为前提，积极抓客户、调结构、控风险，突出存款和人民币业务，加快清算业务和零售业务发展，打造工行品牌和特色服务，各项业务稳步协调发展。截至 2015 年末，分行资产规模 117 亿美元，较年初增长 39%；实现中间业务收入 1 406 万美元，同比增长 4%；税后利润 4 413 万美元，同比增长 10%；继续保持了不良贷款率和新增不良资产为零的良好态势。

一、拓宽客户群体，推进本地化发展战略

借助集团优势，以特色产品为抓手，将扩大客户群作为本地化发展的重要手段，取得了良好成效。一是积极拓展公司机构类客户。以跨境人民币、内外联动等具有“中国元素”的特色产品为抓手，主动拓展一批本地跨境大型客户，与多家本土世界 500 强企业建立了合作关系。采取“盯好日企中国市场发展，依靠集团整体优势，主打人民币牌，内外联动，以点带面，实施突破”的发展方略，积极拓展现有本地客户的上下游关联客户。抓住上海自贸区建立的有利时机，与上海分行联动为日立集团搭建人民币跨境资金池，完成中资银行首单中日跨境人民币双向资金池交易。二是采取“跟进本地，源头发掘，联动营销”的措施，“走出去”企业营销取得明显成效。全年共营销项目 211 笔，贷款合同金额 10.4 亿美元，同比增长 42%；贷款余额 17.1 亿

美元，同比增长12%。三是细分零售目标市场，围绕银联卡、汇款、存款等重点产品，紧抓三大重要客户群体，集中突破潜在客户市场。个人客户总数较上年增长34%，个人网银新增客户2 067户。

二、强化业务创新，推动资产业务稳健发展

一是全面加强内外联动，新开拓总行重点客户招银租赁、国银租赁以及分行重点客户庞大汽贸、湖北华电、奇瑞汽车、大连华信等。其中与总行合作的国银租赁项目是集团内利用全球资产交易平台的首次业务尝试；与北京分行联动的大唐租赁贷款项目被总行评为境内外业务联动利益分配机制10大典型案例之一。二是做好本地化特色资产配置。把日式飞机租赁融资业务作为本土化特色产品，作为分行长期资产业务的主要组成部分，积极渗透本地市场。成功中标东航2架飞机银团贷款，办理土耳其航空120亿日元日租结构飞机融资，为春秋日本航空公司办理了39亿日元贷款，这也是发放的本地客户最大单笔金额贷款。三是大力发展贸易融资业务。着重发展与人民币即期、远期、掉期等附加业务挂钩的结构型贸易融资产品，形成了较为成熟的人民币离岸资金渠道和产品线；适时调整分行人民币贸易融资结构，打造契合境内分行客户需求的个性化产品，加大力度发展D/A项下人民币结构性福费廷和其他人民币结构性贸易融资产品。全年共开展贸易融资业务85.17亿美元，其中人民币业务112亿元。

三、加强负债管理，夯实可持续发展根基

坚持精细化负债管理策略，推动负债多元化，全年共完成资金拆借981笔，合计496.83亿美元；完成资金拆放291笔，合计110.94亿美元；存放于境内商业银行的人民币存款余额为17亿元；发行各类业务筹资工具40笔，累计融资折合17.87亿美元。强化中长期筹资能力，完成了EMTN（欧洲中期票据）计划建立工作，为增加中长期负债奠定基础。与招商、浦发、兴业等国内同业合作，创新筹资产品，巧用跨境人民币融资账户的账户融资功能筹集短期人民币资金。以较低利率成功办理了日本生命保险的1年期50亿日元借款以及为期1年半的30亿日元借款。

四、贯彻总行战略，促进零售业务取得新突破

认真落实总行大零售战略，做大做强零售业务。全年新发行银联卡2 165张，较年初增长51%；网银业务量占比由年初的34.5%上升至47.17%。一是抓好银行卡和网银产品线建设，成为首家在日本推出VISA联名借记卡的中资银行，成功推出企业网上银行日本境内汇款项目，提高了对公业务的市场竞争力。二是积极拓展零售业务产品线，通过与境内分行联动，实现首笔个人大额跨境投资项目零的突破。启动了个人住房抵押贷款产品研发，并与永丰银行和三菱信托银行就合作办理的产品方案达成一致。

五、发挥中资优势，不断推动人民币业务发展

一是充分运用离岸人民币市场优势，在重点做大投资和货币市场业务的同时，开办与贸易融资相结合的人民币即期、远期以及掉期交易等多项人民币外汇资金交易产品，不断扩大收入来源。全年共办理短期掉期96笔、77.36亿美元，投资中国境内银行间债券市场人民币债券合计18.4亿元。二是积极开展在岸人民币债券发行业务。在现有日元NCD基础上，建立人民币NCD发行计划并获得监管机构同意；完成EMTN programme，并联合日本本地证券公司在PRO－BOND市场发行人民币计价债券。三是与台湾永丰金控联动，首次面向台湾金融机构发行人民币存款证，拓宽了筹资渠道并降低筹资成本。完成国开行点心债投资，成为首笔离岸人民币债券投资交易，提高了人民币投资收益水平。

六、紧抓转型机遇，实现代理行业务跨越式发展

把代理行业务作为本地化经营转型的重要抓手，全面扩大与代理行的业务合作。截至2015年末，已与17家代理行签订业务合作协议，10家代理行在分行开立人民币清算账户，代理行存款余额200亿日元。一是加强与瑞穗、三菱东京日联等本地三大银行交流，在客户清算服务、银团贷款、资金拆借等多领域开展业务合作，完成受让两架波音777飞机融资业务。二是以主营中小企业业务的优质代理行为突破口，积极争揽代理行的定期存款，并及时满足其客户融资需求，成功营销沙钢集团、晨鸣纸业、利思辰等多个融资客户，成功营销日本最大的中小企业政策性银行——商工中金在分行开立人民币清算账户。

七、发挥集团优势，不断提升日元清算服务能力

作为集团内日元清算中心，着力营销和推动日元清算业务发展，不断提升日元清算业务服务能力。截至2015年末，分行清算账户数达到61户，其中日元清算账户51户，人民币清算账户10户，全年清算金额40 321亿日元。积极配合日本银行及野村综合研究所完成对外汇日元清算日银系统的升级工作，确保清算系统零故障运行。主动访问当地同业，调研了解业务操作管理和清算灾备工作，完善分行日元清算业务操作规程，有效提高业务处理效率。积极向国内同业机构开展营销

宣传，截至2015年末，国内同业机构在分行开立日元清算账户已增至16家。

八、加强风险管控，着力落实监管合规要求

一是抓好全面风险管理。坚持合规管理与效益管理并重的思路，不断提升流动性风险紧急应对能力；严格把控外汇交易的敞口风险及利率敞口风险，密切关注汇率和债券价格市场变动风险；坚持“准入严格、审查严谨、贷后严肃”的原则，强化贷后风险管理；加强操作风险管理，建立明晰的风险报告制度以确保操作风险管理体系的完善性和有效性；重点加强新闻宣传管理，定期开展声誉风险舆情监测、处理及报告等工作；切实履行反洗钱工作职责，提高全体员工反洗钱合规风险防范意识。二是加强基础性风控建设，将本地黑名单筛查系统与总行全球反洗钱系统同步使用，极大地提升了业务处理效率。三是加强安全保卫制度建设，明确发生紧急事件时的处理方法和报告流程，组织开展地震消防应急演习训练、紧急停电对应演练和相关网络系统的演练验证工作，提高了业务抗灾和整体持续运作能力。

（东京分行）

首尔分行

2015年，首尔分行以“稳中求变”作为经营总基调，完善“5+1板块”（人民币、本地化、联动、筹资、零售及支持保障）发展机制，深化本地化经营，不断提升在韩国的市场地位。

一、主要经营指标情况

资产效益再创新高。截至2015年末，总资产规模达107亿美元，实现税前利润11 700万美元，同比增长12.68%；实现净利润8 853万美元，同比增长10.69%。资产规模、利润等主要指标跃居在韩中资银行首位。

中间业务收入快速增长。加快国际结算、零售、担保、外汇交易等特色业务发展，全年实现中间业务收入3 284万美元，同比增长104.23%。

客户基础持续巩固。截至2015年末，对公客户总数较年初净增47%，个人客户总数较年初净增44%。

二、主要工作开展情况

（一）抓本地市场拓展，提升可持续发展能力。一是大力实施扩户工程，本地信贷客户总数达到150家，覆盖韩国所有17家世界500强企业以及2/3的前60大企业；累计新增中小企业客户223户。二是以跨境金融为切入点，积极服务韩资企业“走出去”。累计为本地客户办理贸易融资17亿美元，发放SK E&S项目5 000万美元、天然气公社项目5 000万美元等一批跨境融资业务，与工银阿根廷联动为三星电子、LG电子办理保理业务1.1亿美元。三是与三星公司开展全面业务合作，累计吸收该公司人民币存款220亿元，办理贸易融资7.9亿美元。四是切实提升基础服务能力，成功投产与韩国预托决济院的银企互联系统及企业网上银行，均系在韩国的中资银行首家，进一步增强了分行本地化业务的竞争优势。

（二）抓重点突破，以三大机遇打造业务亮点。一是抢抓人民币国际化机遇，争做“韩国人民币业务首选银行”。积极开展人民币对韩元做市商业务，全年累计交易额达1万亿元，位居本地同业首位；主动参与韩国人民币市场机制建设，成功举办首尔人民币高峰论坛；以CIPS投产为契机，加快清算团队建设，提升分行清算业务竞争力。截至2015年末，人民币公司账户达到437户，较年初净增139户，人民币存款余额160.9亿元。二是抢抓中韩FTA机遇，争做“中韩经贸往来首选银行”。把握韩国企业加快进军我国西部的市场机遇，与四川、广西、陕西等兄弟分行联动，成功营销现代商用车、三星SDI等重点项目落户工商银行；派出韩籍员工长期驻扎江苏，协助当地行联合营销在华韩企，开创了内外联动的新模式；针对中韩FTA签署后中资对韩投资增长趋势，切实加强中资“走出去”客户营销，成功营销首尔签证申请服务中心、浙江大华等一批中资机构落户分行。三是抢抓“一带一路”战略机遇，积极服务国家战略。一方面与总行部门、境内外机构密切合作，寻找“走出去”项目机会；另一方面，在总行的支持下，先后与韩国贸易保险公社、输出入银行、新韩银行、友利银行达成战略合作协议，共同支持中韩企业参与“一带一路”建设和进军非洲等第三方市场。

（三）抓筹资开源，以主动负债支持资产业务发展。积极创新筹资手段，深化主动负债管理能力建设，为资产业务发展奠定基础。一是以韩国本地大公司和同

业为目标，大力吸揽稳定性存款。二是创新筹资模式，全年累计发行存款证 22 亿美元，以筹组俱乐部贷款、委托发债等方式筹资 4.6 亿美元。三是拓展资产转让业务，变信贷存量为流量，累计转让约 3 亿美元资产。四是加强与海外市场联系，确保与韩国同业的承诺拆借额度。

（四）抓产品建设，以特色业务提升分行竞争力。按照一行一策办法，积极打造资金、贸易融资、担保、零售等重点产品线，巩固对中资同业的领先优势。在资金业务方面，成功营销农心、NH 等 8 户代客外汇交易客户，全年代客外汇交易量达 256 亿美元，同比增长 25%。在贸易融资方面，以打造"贸易融资大行"为目标，年末表内贸易融资余额 44.8 亿美元，占资产总额的比重达 41.9%。在担保业务方面，以重工、建筑等韩国外向型客户为目标，拓展对外担保业务，业务规模在中资同业中遥遥领先。在零售业务方面，积极响应总行大零售战略，全力做大客户总量。截至 2015 年末，个人客户总数达 2.59 万户，个人存款余额达 6 283 万美元，较年初增长 181%，新发韩元借记卡 5 568 张。在电商业务方面，于 2015 年 10 月末成功上线融 e 购韩国馆，当月实现销售笔数 700 余笔。

（五）抓风险管控，确保各项业务稳健运营。根据当地监管要求，成立专门的风险管理部，进一步完善分行全面风险管理体系。一是不断完善信用风险防控。加强对宏观经济、主要行业和重点客户的风险分析，连续多年保持零不良贷款。二是切实加强流动性管理。加强资产负债期限和结构管理，降低期限错配比例，合理控制隔夜拆借规模。三是提升操作风险管理能力。配备专门操作风险管理人员，开展系列培训，全面加强各类操作风险控制。

（首尔分行）

工银印尼

2015 年，工银印尼积极贯彻总行工作会议和国际化工作会议精神，明确战略转型目标，调整业务结构，优化管理流程，完善系统功能，各项工作成效显著。

一、主要经营情况

截至 2015 年末，总资产规模为 36.8 亿美元（其中香港簿记资产 4.6 亿美元），较年初增长 6.6 亿美元，同比增长 21.8%；负债总额为 33.9 亿美元，较年初增长 6.5 亿美元，同比增长 23.7%。实现账面利润 5 324 万美元，同比增长 54.2%；实现净利润 4 061 万美元，同比增长 64.7%。在印尼银行业税前利润平均较上年下降 7.2% 的情况下，子行实现税前利润增长 78% 的成绩，大幅优于同业。

二、业务发展情况

在本地化业务方面。大力推进战略转型，将印尼国有大型企业、行业龙头企业、影响国计民生的重点基础设施建设项目以及中国央企和国企作为战略转型主要目标。抓住总行与印尼国有企业部签署 200 亿美元合作协议的有利契机，积极营销印尼国企、行业龙头企业，重点与印尼进出口银行、印尼国家储蓄银行、金光集团、力宝集团（Lippo Group）、AG 集团、印尼一号大厦、印尼国有火车工业有限公司开展合作，获得良好收益，在当地形成较好的示范效应。

在金融机构业务方面。拓展与外资代理行的多领域合作，挖掘合作贡献价值，为本行业务发展拓宽资金来源渠道。成功获得印尼国有银行万自立（Bank Mandiri）19 亿元人民币存款，是子行成立以后获得的最大一笔人民币存款。与工银亚洲联动为印尼进出口银行提供总额为 5 亿美元的流动资金贷款，支持印尼出口及基础设施建设。

资金业务方面。创造性采取定向私募债形式从总行融入 5 亿美元，大大缓解了美元资金紧缺的问题。成功发行低成本筹资工具，将原有高息存款挤出及选择性地退出部分现金质押贷款，提高了资金收益水平。截至 2015 年末，资产收益率为 1.43%，资本收益率为 19.25%，分别较上年末提高 0.45 个和 6.84 个百分点；净利息收益率（NIM）达到 3.19%；成本收入比下降 12 个百分点至 38.7%。在离岸人民币市场大幅波动的严峻形势下，人民币存款余额比年初增长 300%，从容应对了人民币流动性逆转的冲击，奠定了当地市场离岸人民币做市商的地位。

三、基础管理情况

在总行相关部门的具体指导下，进一步加强信贷基础管理，重塑信贷文化，加快信贷资产结构调整，修订完善风险管理制度，严肃信贷纪律，强化问责制度，提高了全员风险责任意识。强化金融市场交易前中台管理，加强并表风险管理的刚性控制，有效避免市场风险。加强科技系统建设，提出了“五个”更多原则，即更多地依靠总行的系统、资源、技术、平台和设备，指导科技战略转型工作。成功完成了总行金融市场内部询价与交易系统（MMTA）的本地部署和推广工作，组织完成了 BERSAMA 系统和内外联动项目的投产。加强人力资源管理，合理控制人员总量，优化人员结构，激发员工活力，积极提高员工队伍综合素质和技能。

（工银印尼）

工银泰国

2015 年，面对泰国经济不振、跨境业务需求下降等严峻形势，工银泰国坚持底线思维，调整经营战略，严抓内部管理，力促改革创新，保持了稳定健康的发展态势。

一、主要业务平稳发展，总体经营情况良好

一是经营效益同比提升。2015 年实现拨备后利润 16.67 亿泰铢，同比增长 12%（折合 4 619 万美元，由于泰铢贬值 8.8%，下同，同比增长 2.2%）；实现净利润 13.38 亿泰铢，同比增长 14.2%（折合 3 709 万美元，同比增长 4.1%）。控股子公司——租赁公司扭亏为盈，实现拨备后利润 815 万美元。

二是不良贷款双下降。截至 2015 年末，不良贷款余额 5 924 万美元，较年初下降 1 698 万美元；不良贷款率为 1.57%，较年初下降 0.08%，优于当地同业；拨备覆盖率较年初增加 48.3%，提升至 189.1%，风险抵御能力进一步增强。

三是资金成本进一步降低。实施主动负债管理，增加吸收美元、人民币存款，泰铢存款占比由年初的 79% 下降至 75%，人民币存款占比由几乎为零上升至 3.7%。在调整存款结构的同时，抓住泰国央行下调基准利率的时机，三次下调本币存款利率，泰铢资金成本（不含保险等费用）由年初的 2.49% 下降至 1.80%。

二、服务国家“一带一路”战略，内外联动支持中泰企业跨境发展

一是持续跟踪中泰铁路项目进展情况，与中国铁路总公司、中铁建、中铁工等中方承建总承包单位和融资谈判指定行中国进出口银行保持密切联系。二是跟踪泰国政府基础设施项目。密切跟踪泰国临时政府启动的铁路、高速公路、新能源发电、钾盐矿开发、港口建设等大型基础设施建设项目，从源头掌握项目信息。三是抓住优质中资企业走出去的机会，通过内外联动、丰富融资方式等手段，加大对来泰投资企业的服务支持力度。如以内保外贷方式支持杭州中策橡胶公司、山东玲珑轮胎、中利腾辉光伏、青岛森麒麟轮胎等中资企业在泰国新建工厂；以银行融资 + 设备租赁的组合方式，发挥工银泰国的银行和租赁两大牌照优势，与华为泰国、三一重工、中联重科、中国重汽、徐工、柳工等企业开展了广泛的合作。四是下大力气发展本地业务，本地贷款投放增加。加强对正大集团、泰国石油等现有本地优质企业的关系维护，增加本行融资占比；大力营销公寓抵押贷、厂房抵押贷等贷款新品种，推动中小企业贷款增长；广泛营销具有中国业务背景的本地客户和来泰投资的中资企业。截至 2015 年末，本地业务（除本行战略压缩的车贷外）实现较快增长，本地客户贷款余额达到 21.6 亿美元，较年初增长 8%。

三、大力推进零售业务，持续开展营销推广活动

一是建立健全零售业务发展机制，将个金业务指标纳入客户经理业绩考核，将信用卡、代发工资指标作为对公部门年度 KPI 进行考核，推动公私联动。二是把代发工资业务作为重要抓手，以“借记卡 + 个人网银”和“企业网银 + 代发工资”的套餐组合和个性化服务方案，新增代发工资客户 96 户，代发工资员工 1 616 户，代发工资金额 7.7 亿泰铢。三是开展了电子银行系列促销活动，不断丰富电子银行服务功能，重点推广手机银行，电子银行业务持续快速发展。四是在零售部成立房贷集中处理小组，重点发展外国人房贷业务，全面建立与本地开发商的合作，推动本行房贷业务发展，全年共审批通过外国人房贷 141 户、金额 3.91 亿泰铢。五是重点强化银行卡营销工作。持续开展信用卡刷卡满额返现活动，与中国银联共同开展银联卡促销活动，有力促进了银联信用卡的发卡进度。深入香格里拉酒店、王权免税店、皇家珠宝中心等重点商户营销本行收单业务，全年新增商户 50 户，POS 机 70 台。参加留学中国教育展，对有意向去中国留学

的泰国学生营销本行人民币泰铢借记卡产品，带动发卡近2 000张。

四、扎实推进租赁公司发展，经营转型初见成效

继续坚持以加快发展设备租赁与保理业务为主、适度发展汽车租赁的经营战略，积极推动租赁业务转型。一方面明确业务发展重点，将飞机及大型设备租赁业务、泰国电信行业业务、区域规模排名前三和行业排名前三的龙头企业的融资需求确定为设备融资主攻方向，目前已经联系走访设备租赁目标客户400余户，与电信运营商TRUE集团、泰国航空、华为技术（泰国）、Thai Payment（银联泰国）、Transtek医疗、Samart Telecom等行业龙头企业建立业务关系。设备租赁的客户结构也得到进一步的优化，从原来的一般制造业、建筑业、医疗等行业，扩展到港口码头、电信、互联网、高新技术和大型特殊运输等行业。另一方面优化车贷业务结构，调整信贷政策，提高信贷准入标准。对各业务部门及各分支机构的车贷业务设置不良贷款警戒线，超过警戒线的坚决实行业务停牌清收。

五、推进流程改革和产品创新，提升客户服务水平

一是针对客户开户等候时间长、服务效率不高的现状，推动流程优化和系统整合，实施“HAO”项目，大幅提升客户体验。二是重新梳理并明确了各部门在清算流程中的分工与责任，减少响应环节和重复劳动，提高清算效率。三是开办贸易融资新产品，今年新开办双币种信用证/代开信用证业务，成为业务发展的新亮点。四是优化贸易融资业务流程，配合总行做好网银贸易融资功能投产工作，依靠本行的科技实力，提高单证业务处理效率，为业务发展提供支持。五是重视存款产品创新工作，从客户需求的角度出发，提供丰富多样的存款产品，为零售业务发展打下坚实的基础。比如在零售产品销售结合上，推出了“Smart Combo”，提供购买指定银保产品获得优惠定期利率的打包产品。在渠道拓展上，推出了“网上存款”，新增了网上银行存款的功能，客户可随时通过网银进行定期存取，提升电子渠道的服务能力。另外还推出“阶梯利率定存”、“免税定存”和“人民币5个月定存”等产品，既优化了现有存款结构，也以便利服务赢得了客户认可。

六、人民币清算行挂牌成立，清算业务开始启动

2015年1月6日，中国人民银行授予工银泰国担任曼谷人民币清算行。经过三个多月的紧张筹备，在总行帮助下，工银泰国迅速完成了系统搭建、制度编写和人员配备，于2015年4月22日举行曼谷人民币业务清算行启动仪式。在中泰双方员工的共同努力下，多次就人民币清算业务营销当地同业，截至2015年末，已开立清算账户2户，清算量达248.48亿元，为当地参加行及客户提供人民币融资23.42亿元，人民币外汇交易量34.9亿元。

积极加入泰国银行间外汇交易市场，完成了交易系统申请、联通和测试工作，于2015年9月17日接泰国本地参加行泰京银行头寸，在境内银行间外汇市场进行了平盘交易，标志着曼谷人民币清算行正式成为境内银行间外汇市场的一员。积极筹备进入银行间债券市场，并于年底前完成了在中央结算公司、上海清算所开立债券账户以及在外汇交易中心开立交易账号等前期准备工作，正式实现开展银行间债券市场投资的相关交易。作为首批接入CIPS系统的直接参与行，曼谷清算行努力准备前期投产及业务开展工作，积极配合人行宣传CIPS系统，在CIPS投产当天，本行顺利通过CIPS系统处理泰国THANACHART银行的转汇业务，成功完成第一笔CIPS系统清算。

实现离岸人民币债券投资业务新突破。于2015年11月26日向工银国际买入1.4亿元珠海华睿投资有限公司的三年期债券，成功完成首笔离岸人民币企业债券投资交易，在提高投资收益水平的同时，进一步丰富了人民币业务产品线。

七、做好信息科技工作，确保信息系统稳定

一是增强对业务发展的科技支持。迅速完成人民币清算系统投产。结合总行推广新的单证系统要求，按计划推进相关报表的改造，完成300余项本地特色业务开发。完成了离行式ATM、无线POS等的开发部署，启动了自助设备支持芯片卡、TPN本地转接等项目并确定了版本安排。二是全面完成服务器虚拟化整合项目，积极开展灾备演练，确保本行生产系统运行稳定。三是夯实信息科技基础设施，加强了本地系统建设和制度建设。

（工银泰国）

工银马来西亚

一、主要经营指标情况

资产负债结构进一步优化。截至2015年末，资产总额达到40.74亿林吉特，较年初增加3 476万林吉特，增幅0.86%；负债总额36.6亿林吉特，较年初增加745万林吉特，增幅0.2%。主动调整资产结构，截至2015年末，子行同业融资占比已由2012年末的81.88%逐年下降至23.9%；同时不断加大本地贷款投放力度，年末各项贷款余额25.43亿林吉特，较年初增加3.2亿林吉特，增幅14%，占比由年初的55%上升至62.4%。大力优化负债结构，同业拆入金额从上年的13.78亿林吉特下降到1 717万林吉特，占总负债比重从37.02%下降到0.47%；客户存款余额达到34.25亿林吉特，占总负债比重从60.82%上升到93%。

收入结构进一步优化。实现营业收入10 656万林吉特，同比增加2 113万林吉特，增幅25%。其中利息净收入7 014万林吉特，同比增加1 127万林吉特，增幅19%；中间业务净收入3 645万林吉特，同比增加1 457万林吉特，增幅66%。实现拨备后利润4 019万林吉特（约合936万美元），同比增加1 349万林吉特，增幅51%；税后利润2 829万林吉特（约合659万美元），同比增加905万林吉特，增幅47%；税前ROE 10.42%，同比增加3.32个百分点，税前ROA 0.99%，同比增加0.39个百分点。

二、各项业务发展情况

（一）积极服务中资企业走出去。充分发挥本行作为中马经贸桥梁作用，主动服务国家“一带一路”战略，带动各项业务稳步增长。2015年，累计新拓展中资企业客户26户，新增公司有贷户18户，其中表内融资客户11户，表外融资客户7户。主要开展了以下项目：为首钢马来西亚项目提供1 000万美元的贸易融资授信支持。为山东岱银纺织马来西亚20万锭纺纱项目提供1 000万美元的流动资金授信和贸易融资授信。为厦门大学吉隆坡分校项目办理了公司注册资本金收汇业务、捐赠款监管账户、开行项目贷款监管账户以及项目搭桥贷款9 400万林吉特。为广垦橡胶工业公司天然橡胶加工项目提供2 400万林吉特的融资授信，支持农业产业化走出去。为中兴通讯马来西亚U Mobile项目提供800万美元的应收账款保理业务，这也是本行办理的首笔信保项下应收账款保理业务。此外，还完成中石化工程建设公司马来西亚边佳兰大型炼化项目专户开户工作，成功地从他行挖转2 800万美元存款。与总行专项融资部和广东分行营业部联动营销长大公路项目，完成内保外贷业务授信2 000万美元并全部实现放款，积极协助联系本地保函业务转开行，转开额度近1.2亿林吉特，获得中间业务收入超20万林吉特。积极营销山西建工马来西亚公司在本行开户，完成转开保函2 053万林吉特。

（二）加快零售业务发展步伐。将大型中资企业、我驻外使领馆和本地华人商会作为批量营销和集群营销的重要目标客户，开展专项营销活动，为客户提供集存款、贷款、银行卡、汇兑、预结汇汇款和网上银行等特色产品于一体的个性化综合金融服务方案，提高营销成效，促进客户规模提升。截至2015年末，新增个人客户6 225户，净增信用卡发卡525张，净增借记卡2 763张。成功营销中铁、华为等驻马分支机构的近500名员工批量开立工资账户，办理企业及个人网上银行、信用卡及借记卡、外汇买卖和预结汇汇款、代发工资等业务，深受客户好评。2015年4月，在总行的支持下成立私人银行部，借助集团产品服务，以及跨境人民币产品的优势，加快推动私人银行产品的开发与落地，于11月发行首只在马来西亚销售的集团全球理财基金产品。

（三）加速形成人民币业务区域化优势。把握人民币国际化进程加快、海外人民币业务迅速发展的机遇，充分发挥人民币业务大行地位以及境内外联动的优势，积极联系本地金融同业，采取策略性报价增强子行的竞争力，努力扩大银行间人民币资金拆借业务规模。认真研究人民币境内外市场情况，利用人民币利率逐步下降的趋势，以及本地同业对人民币资金的需求，成功开拓人民币资金拆入拆出新渠道，分别配置人民币债券投资以及人民币同业拆出等资产，最大规模达10亿元，在提升净利息收益的同时，扩大了本行人民币资产规模。2015年仅汇兑收益已实现马币2 275万元，较上年增加47%。建立本行贸易融资客户群，着力将贸易融资业务打造成为本行一大特色产品及利润中心。2015年，子行实现国际结算量95.5亿美元，跨境人民币业务量827.26亿元，集团内联动人民币贸易融资累计发生额1.39亿元。

（四）电子交易渠道逐步丰富。高度重视电子交易渠道建设，进一步丰富营销手段，提升产品体验，全年新增个人网银客户2 961户，为2014年的153%；新增企业网银客户219户，为2014年的280%，交易量、交易金额和户均使用率等指标均呈现大幅增长。积极推动手机银行建设，2015年5月顺利投产手机银行账户管理、行内转账、个人设置和网点查询功能，为子行市场竞争能力的提升打下了良好的基础。

（五）风险管控能力进一步增强。不断完善内控制度建设，全年向董事会、高管层提交审议审批政策27项、流程31项、操作手册67项。优化管理层各委员会的治理架构，成立信贷政策委员会，搭建全面风险管理架构。建立全面量化实质风险评估模板（Material Risk Assessment Program，MRAP），作为全面风险评估工具，结合季度全面风险报告，每季度评估本行各主要风险的实质状况及管理质量。

（六）进一步加强公司治理和企业文化建设。2015年，共召开7次董事会会议、5次董事风险委员会会议、11次董事审计、提名和薪酬委员会会议。在高管层会议下设财务审查委员会、资产负债委员会等9个委员会，共计召开47次高管层会议，60余次委员会会议。致力于学习型银行建设，鼓励员工参加各类培训，提升员工业务能力和管理水平。组织10名本地优秀员工到国内进行培训，拜访总行，参观数据中心和银行博物馆，在充分了解工商银行的基础上，进一步增强员工的自豪感和责任感。

（工银马来西亚）

中东机构

一、阿联酋机构

2015年，阿联酋机构（含迪拜国际金融中心分行和阿布扎比分行）在积极拓展中东业务的同时，不断渗透非洲市场，优化资产负债结构，经营业绩得到进一步提升。截至2015年末，资产总额93亿美元，较年初增加23亿美元；贷款余额48.3亿美元，较年初增加21.57亿美元；实现净利润7 150万美元，人均净利润108.33万美元，成本收入比为14.8%。

（一）持续拓展目标客户，扩大迪拜作为金融中心的辐射力

一是积极服务中资企业“走出去”。坚持“立足中资企业，深入拓展本地和同业客户”的整体营销策略，以本行网络、产品优势为依托，以点带面，努力争取市场份额。截至2015年末，累计为“走出去”中资企业放款36.96亿美元（目前阿联酋机构“走出去”贷款余额占贷款总额比例达到76%），开出保函2.85亿美元，信用证1.6亿美元。

二是持续加强本地市场拓展力度。积极拓展本地企业客户，2015年累计为本地客户提供融资支持2.1亿美元，吸收本地客户存款1.26亿美元，与本地多家石油、电力企业建立了稳定密切的业务联系。积极拓展本地金融同业业务：一方面通过发行筹资工具、存款证等方式降低融资成本，截至2015年末共发行中期票据和存款证40亿美元，较好地满足了资产业务对于资金的需求。2015年6月，迪拜分行发行了5亿美元中期债券并在迪拜纳斯达克市场挂牌交易，成为首个在海湾地区发行美元债券的中资银行，创下集团同档次发债最低价格。另一方面，通过资金同业存放、债券投资、系统内资金拆出等多种渠道提升资产收益率。

三是积极培育新的增长点。在深植中东地区市场的同时，阿联酋机构充分发挥中东区域中心优势，强化非洲市场开拓力度，积极储备和推动摩洛哥、刚果（金）、肯尼亚、埃及、埃塞俄比亚、坦桑尼亚、赞比亚等非洲国家的一些重点项目。尤其是经过多轮会谈磋商，成功促成刚果（金）政府与总行签署《财务顾问协议》。

（二）加强管理，保障经营目标顺利实现

一是加强全面风险管理。根据外部监管机构和总行最新风险管理政策的要求，完成了全面风险管理制度的修订工作。制定了紧急备用金计划、反洗钱手册和合规监控流程，加强对流动性风险、反洗钱风险与合规风险的控制，实现了对LCR和存贷比等指标的实时监控。重新梳理现有公司治理结构、风险管理框架，以执行管理委员会为核心，下设风险管理委员会、贷款审查委员会、合规反洗钱委员会等六大委员会，突出委员会作为集体审议机构在公司治理中的角色和定位。

二是实现业务运营规范有序。推动反洗钱，操作风险，法律风险防控等板块工作有序开展，切实履行风险第二道防线的监督检查职能，通过日常和专项监督检查、风险提示等方式，及时发现问题并要求整改，合规监督控制作用明显。

三是不断加强内审工作力度。按季度推进内审计划，监督评价风险管理、内控体系和公司治理的效率和

效果。内审项目的高质量实施，对外促进了当地监管对机构合规运营的信任，对内确保了本行稳健经营。2015年，在阿联酋央行和迪拜金融服务管理局两家相对独立监管机构分别对阿布扎比分行、迪拜国际金融中心分行的年度现场检查中，均未有重大风险和问题发现。

四是促进人力资源优化配置。高度重视人才队伍建设，牢固树立“发展依靠员工，发展成就员工”的理念，坚持“以人为本”，根据岗位设置强化不同经历、能力、来源的员工配备，继续提升员工本地化占比。截至2015年末，阿联酋机构国际雇员占比超过30%。

二、多哈分行

（一）主要经营业绩

截至2015年末，多哈分行资产余额28.56亿美元，较年初减少3.6亿美元，减幅11.19%，其中贷款余额21.79亿美元，较年初减少2.1亿美元，减幅8.79%。负债余额27.20亿美元，较年初减少3.88亿美元，减幅12.48%。实现账面利润2 835.4万美元，较上年增长604.4万美元，增幅27.09%。

（二）主要工作措施

一是积极适应本地市场特点，调整信贷业务结构。明确以中长期贷款业务为支撑，拓展本地市场，深化与本地政府、企业和同业合作，强化客户基础的发展思路。以此为指导，结合市场需求调整业务结构，大力发展内保外贷、债券投资等业务；提高收益较高的中长期业务品种的比重，促进资金使用效率进一步提高，夯实了可持续发展基础。

二是千方百计拓宽资金来源，降低资金成本。不断丰富资金来源和融资渠道，充分利用存款证项目平台，为风险参贷、内保外贷、债券投资筹集资金。完成了欧洲中期票据（EMTN）项目各项准备工作，包括申请总行批准以及与金融同业、中介机构联系沟通等。准确判断资金市场的松紧状况，利用资金价格的时间差、地区差，抓住拆入时机，灵活安排币种、期限，做好同业拆借业务，确保资金满足流动性需求。

三是精准把握市场行情，在离岸金融市场剧烈波动的情况下，积极寻找可操作的套利空间，果断决策，迅速出击。2015年3月，多哈分行在离岸市场筹集1年期和3年期的人民币资金，并顺利在人民币对美元掉期点的峰值上，通过交叉货币掉期等衍生品工具将其置换成美元资金，使得美元资金成本大幅降低，节省利息支出190万美元。2015年8月，多哈分行抓住人民币对美元掉期市场机会，通过金融市场操作，实现净收益约400万美元。

四是人民币清算行启动并平稳运行。2015年4月14日，卡塔尔中央银行与多哈分行联合举办人民币清算行启动仪式，正式宣布启动多哈人民币清算行服务。6月24日清算行正式获批开业。截至2015年末，人民币清算行业务发展迅速，已有7家集团内金融机构和5家当地同业开立人民币清算账户，包括卡塔尔最大的商业银行卡塔尔国民银行，以及卡塔尔伊斯兰银行、卡塔尔商业银行、卡塔尔国际银行、沙特荷兰迪银行等，实现清算业务量3 026亿元，在集团内全部境外清算行中排名第三。

五是严格落实监管要求，加强反洗钱相关工作。2014年，当地监管部门对分行开展了首次反洗钱风险评估，并出具了评估报告，报告认为多哈分行重视反洗钱工作，也展现了良好的合规文化，同时提出了改进建议。针对改进建议，多哈分行在总行和区域总部的大力支持下，开展了反洗钱整改工作，全面修订完善反洗钱相关制度、流程，落实各部门职责，加强反洗钱培训和反洗钱人员配备等。整改完成后，分行聘请了独立第三方对反洗钱工作的完善性和合规性进行了审计，审计结果显示多哈分行在所有重大方面均符合当地反洗钱法规的要求。

三、科威特分行

科威特分行于2014年9月24日正式成立，但因部分高级主管人员资质未获央行批准，因此尚未实质营业。在此背景下，分行积极进取，利用现有资源和集团内支持，有序开展前期市场营销工作。坚持“内外联动”、发挥集团整体优势的经营策略，围绕我国“一带一路”战略实施和科威特基础设施建设升级两大主线，加强对本地石油、路桥、工程基建等项目、本土大型企业和中资“走出去”企业的信贷支持，并通过迪拜金融中心分行办理簿记业务，2015年新增信贷资产8 445万美元，年末簿记资产余额达9 945万美元。尤其是实现了对科威特石化龙头企业Equate石化公司的营销突破，工行集团作为Equate银团联合牵头行发放贷款2.45亿美元，其中科威特分行通过簿记方式参贷8 000万美元。

为确保合规经营，避免监管风险，分行在业务拓展的同时，强化风险管理和内部控制。根据当地监管要求，抓紧招聘总监人员，完成了新办公地点的选址及搬迁工作。集中梳理当地监管规则，完善内部规章制度，完成了本地报表系统的连接投产。同时，分行完成了对FOVA系统的开发，加入了本地实时清算系统，并积极推进本地支票清算系统的连接工作，对网银系统进行了本地化优化改造并安排明年初投产。

四、利雅得分行

2015年6月3日，利雅得分行正式举行开业仪式。截至2015年末，分行资产总额为4 700万美元，净利润－420万美元，除本币清算系统尚未完成沙特央行的测试外，基本具备营业条件。

客户营销方面。一是加强与沙特中资企业的联系，跟踪监测在沙特有重大项目承建的公司，建立快速响应机制。二是加强对本地大型客户的营销和走访，通过与阿美石油公司积极沟通，取得该公司贸易融资合作伙伴银行地位。三是加强对金融同业的业务营销。先后拜会了利雅得银行、沙特英国银行、Al Rajhi Bank、AL Bilad BANK、沙特荷兰迪银行、巴基斯坦国民银行等，寻求在银团贷款、资金拆借、推介人民币业务等方面的合作机会。配合中东机构完成了沙特国民商业银行等多家代理行的评级授信。

制度建设方面。结合监管要求和业务实际，制定各类规章制度19项，涉及公司、资金、合规等九个业务部门，满足了分行初期业务发展的管理要求，为正式营业提供了制度保证。

系统建设方面。完成主机房的基础设施、软硬件平台及网络方面等各项建设。投产SWIFT清算前置、路透系统、VOIP电话等。完成SARIE系统（本地清算系统）的硬件和操作系统部署，正在由沙特央行进行应用部署和调试。根据监管要求建设本地清算灾备系统，完成了同城灾备机房选址。目前分行软硬件设备的部署基本完成，为正式营业奠定了系统基础。

队伍建设方面。截至2015年末，分行共有员工19人（含管理层2人），其中沙特籍员工7人，中方员工11人，巴基斯坦籍员工1人。

（迪拜国际金融中心分行）

工银阿拉木图

一、总体经营情况

2015年哈萨克斯坦经济形势急剧恶化，本币坚戈全年贬值86.46%。在特别艰难的环境下，工银阿拉木图按照总行党委决策，一手抓内部管理，一手抓市场营销，拨备后利润、净利润等主要财务指标均创子行成立以来最好水平。截至2015年末，子行资产总额为3.14亿美元，同比增长29.32%；负债总额2.70亿美元，同比增长56.21%；实现拨备后利润733.32万美元，同比增长28.67%，以本币计算同比增长139.98%；实现净利润588.27万美元，同比增长25.77%，以本币计算同比增长134.51%。投资回报率大幅提升，其中ROA（税前）为2.84%，同比提高0.99个百分点；ROE（税前）为12.49%，同比提高3.70个百分点。2015年7月哈萨克斯坦存款保险基金将子行评级由“B”调升至“A”，这是子行成立以来获得的最佳评级。2015年11月，哈萨克斯坦金融家协会向子行总经理颁发了“最佳金融工作者”荣誉勋章，以此表彰工商银行多年来对哈萨克斯坦经济金融所作出的贡献，系子行成立以来首次获颁哈萨克斯坦荣誉勋章。

二、主要工作举措

（一）积极拓展公司信贷业务，提升利息收入的利润贡献

将信贷业务作为经营转型的重要抓手，实现了多项重要突破。牵头筹组银团，与中石油哈萨克斯坦关联企业中油国际销售有限公司签订1亿美元等值欧元贷款协议；联合境内外兄弟行共同筹组2.8亿美元，首次参与哈萨克斯坦萨姆鲁克·卡泽纳（Samruk Kazyna）主权财富基金15亿美元国际银团贷款，开创了子行与哈萨克斯坦主权财富基金合作的新局面。截至2015年末，子行公司客户数量达到469户，新增52户，公司账户1 019户，新增82个，均超额完成总行计划任务。年内因坚戈大幅贬值导致信贷资产缩水4 012万美元的情况下，仍实现表内贷款余额1.17亿美元，较年初增加5 905万美元，增幅达到103%，全年贷款利息、银团代理费、保函担保费等各项业务收入合计486万美元，较上年增加137万美元，增长40%。

（二）拓宽资金使用渠道，努力提升资金业务收益

通过加强同业合作和外汇买卖点差管理，以及扩大美元交易头寸敞口等方式主动应对坚戈巨幅贬值的挑战，提升资金使用效率和收益。一是加强同业合作。与北京分行、工银亚洲和纽约分行合作办理短期定存业务，在不触碰监管指标限制红线情况下，千方百计增加资金收入。2015年实现人民币、美元存放同业利息收入39.03万美元，存放央行利息收入22.42万美元。二是提高外汇买卖点差收益。密切关注汇率变化，紧盯市场交易情况，利用专业能力“危”中寻“机”，拓展代客外汇买卖业务盈利空间，把握汇率震荡机会赚取短期对冲收益。2015年实现外汇买卖收入188.91万美元，同比增长93.16%。三是扩大美元交易头寸敞口应对汇率波动。哈萨克斯坦从2015年8月20日实行本币自由浮动汇率制以来，本币坚戈汇率持续下跌，全年累计贬值86.46%，对子行的经营管理造成了巨大冲击。为把汇率波动的影响降到最低，子行于2015年5月提前向总行申请将日间、夜间美元敞口限额由原来的80万美

元调增至1 500万美元。总行批复后，充分利用限额空间，根据市场形势变化情况，及时调整美元头寸敞口，既保证坚戈资金日常流动性，又通过持有美元提高盈利。截至2015年末，子行持有美元敞口338万美元，实现外汇敞口重估收益146万美元。此外，为完善资金交易渠道和产品服务体系，成功加入了哈萨克斯坦证券交易所并成为交易商，引入路透DEALING系统开展交易询价。为拓宽资金使用渠道，搭建广泛的资金使用和同业合作平台，先后在工银欧洲、工银莫斯科和东京分行开立了欧元、卢布和日元清算账户，在工行新疆分行霍尔果斯支行、华商银行和珠海横琴分行开立了人民币定期存款账户。

（三）调整完善组织架构，充实专业团队力量

成立财务审查委员会，制定了委员会《工作规程》，规范了重大财务支出行为。新组建成立内控合规部、风险管理部、法律事务处，招聘当地具有丰富工作经验的本地员工担任部门主管。把反洗钱部从营业部分离出来，独立行使反洗钱监测职能，确保反洗钱工作的独立性和合规性。

（工银阿拉木图）

河内分行

一、主要经营业绩

截至2015年末，河内分行资产规模达到13.19亿美元，各项贷款余额8.83亿美元，其中本地同业融资6.49亿美元，占比73.45%；负债总额8.39亿美元，各项存款余额1.93亿美元，占比23.04%，自筹拆入资金5.28亿美元，占比62.93%，合计自筹资金比例高达85.97%。实现拨备后利润2 123.29万美元（含资本金损益计价143.19万美元、簿记还原6.49万美元），同比增长21.41%；区域影子价格还原后拨备后利润为2 198.53万美元。ROE达22.99%，ROA达1.86%，成本收入比为19.87%。实现中间业务收入676.46万美元。全年无案件和重大差错事故发生，不良贷款保持为零。

二、主要工作举措

（一）进一步巩固在越南中资同业领先地位。在4家中资银行越南分行（中行胡志明分行、建行胡志明分行、交行胡志明分行及本行）中，河内分行的总资产和拨备后利润与其他几家中资银行的差距进一步拉大，盈利水平继续保持最优，稳居在越中资银行的第一位置，表现出了更强的市场适应能力和发展潜力。

（二）紧抓“一带一路”机遇，打造中国赴越投资第一金融服务品牌。越南作为“海上丝绸之路”第一站，基于优越的地理位置、丰富的劳动力资源、优厚的引资政策，吸引了大批国内“走出去”企业赴越投资。河内分行紧抓这一历史性机遇，以“塑造专业形象，打造特色品牌”为方向，从在越中资银行中脱颖而出。截至2015年末，河内分行共为“一带一路”企业提供近亿美元的融资，涉及飞机、纺织、钢铁、光伏、轮胎等行业。ICBC已经成为中资企业到越南投资发展的首选品牌。

（三）大零售战略效果初显。探索出一条以中越经贸为基础，发展有中越特色银行卡，并以此作为发展本行大零售业务突破口的工作思路。2015年，本行在调整用卡费率、启动积分兑换活动、增加用卡优惠商户等基础上，引入银联、越捷航空等外部营销资源，开展了“刷卡抽IPHONE”等极具品牌效应的营销活动，大大增强了本行信用卡的吸引力，体现了浓厚的中越特色，零售客户质量显著提高，业务贡献快速增长。

（四）金融机构业务核心竞争力不断增强。金融机构业务一直是河内分行的重要业务组成部分，集中体现了在越南市场经营“本土化、多元化、特色化”的要求。2015年，分行继续围绕“巩固合作基础，加大营销力度，丰富产品链条，学习本地经验”的发展方向，扎实推进各项业务。目前越南全部34家本土银行中已有23家银行使用了本行的金融机构类产品，有20家在本行开立了结算账户，全年代理美元通业务共41 048笔，较上年增长80.04%。

（河内分行）

万象分行

2015年是万象分行开业后第四个完整运营年度，也是万象分行第二个三年规划的开局之年，随着经营管理水平的持续提升，万象分行进入全新的发展阶段。

一、主要财务指标情况

截至2015年末，资产规模达146 493万美元，名列老挝外资银行第一位、全部商业银行第二位，稳居老挝主流银行行列。其中贷款余额68 898万美元，债券投资余额29 187万美元，同业拆出35 362万美元；负债规模达到145 048万美元，其中各项存款余额为40 298万美元，联行存放为102 104万美元，同业存款为2 103万美元。实现拨备后利润1 501万美元，较上年增加132万美元，增幅为9.68%；实现净利润1 257万美元，较上年增加219万美元，增幅为21.21%。

二、主要经营管理情况

（一）进一步夯实零售业务发展基础。截至2015年末，拥有个人客户9 820户，比年初增加3 463户，增长率54%；账户数26 929户，比年初增加9 803户，增长率36%。累计发放借记卡9 517张、信用卡750张，信用卡账户透支余额17.98万美元，较年初增长12%。个人网银客户3 284户，比年初增加2 057户，增长率167%；企业网银客户251户，比年初增加151户，增长率151%。实现银行卡业务收入13.79万美元，同比增加5.31万美元，增长率63%；个人结算业务收入为4.21万美元，同比增加0.02万美元。

（二）资产业务发展稳中有进。一是加强本地信贷业务发展。做好本地重点客户维护，在支持老挝当地企业贷款、小企业贷款、中资企业走出去内保外贷贷款、项目贷款、个人贷款、出口贴现、保函转开、信用证开立等各方面取得较好成绩。2015年新发放本地贷款2 974万美元，贷款余额4 844万美元，全年利息收入312万美元，实现中间业务收入54万美元。二是积极拓展人民币融资业务。拓展业务发展新渠道，挖掘境内分行业务资源，与5家境内分行签署了合作协议；与境内自贸区分行探索业务合作新模式，通过资产转卖方式，在降低资金成本的同时，实现了人民币融资业务的跨越式发展，年末人民币融资余额达14.66亿元。三是创新发展风参业务。在办理原有普通风参业务的基础上新开办了结构性风参业务，累计46笔，总计9 701万美元，成功地将客户的人民币资金需求转化为本行具有比较优势的美元资金需求，既增加了业务办理规模，又在代理外汇买卖过程中获得了外汇买卖点差收益，实现收入约50万美元。四是实现内保外贷业务的新突破。通过学习借鉴其他境外机构经验，实现了离岸式内保外贷业务的突破，办理2笔业务，总计1 950万美元。五是积极开展债券投资业务。对存续期债券做好投资后管理工作，积极与老挝财政部和老挝央行沟通，足额收取了2015年债券利息。根据老挝经济发展情况，在获得区域投资额度后，新增了5 000万美元老挝央票投资。六是稳固资产托管业务领先位置。积极推动ESCROW资产托管业务的开展，以优质和高效的资金监管服务赢得同业和本地客户的信任，巩固了万象分行在老挝当地的行业地位。目前开展的ESCROW资产托管业务总金额已达12.47亿美元，本年新增老挝南湃水电站及老挝国家电力公司两户客户，实现全年账面存款贡献约5.46亿美元。万象分行储备了多个有意向签署ESCROW资产托管业务的项目，预计2016年将为本行带来18.63亿美元的存款贡献。

（三）专项融资业务取得突破。顺应中国企业“走出去”趋势，发掘“走出去”客户金融服务需求，联合中信保，积极支持“走出去”企业在老挝当地业务发展。把握出口信用保险重大战略资源引进带来的业务机会，深入挖掘出口信贷业务市场，成立专项融资业务工作小组，设置专人与总行专项融资部、中信保、老挝相关政府部门及项目业主进行对接，收集、筛选和推介项目信息，重点支持信保支持力度大、业主实力强的交通、电力和基础设施建设项目。2015年在总行的指导下，完成吉达蓬外交公寓项目的报送及审批。此项目是本行开业以来的第一笔专项融资业务，为开拓新型产品线积累了宝贵经验。此外，还积极营销并储备了色贡拉芒火电、沙湾输电线路、万象电网改造、老挝风电以及多个小水电站等35多个出口买贷项目，总金额超过30亿美元，为后续出口信贷业务的发展打下良好的基础。

（四）资金业务强管增效硕果累累。一是加强渠道建设，先后投产MMTA系统一期和二期，拓宽了业务往来渠道，同时新增工银标准和新加坡分行作为主要交易对手，显著降低了交易成本。二是在严格控制流动性风险的基础上，采取将人民币备付金头寸摆放在收益较高的账户、进行超短期货币掉期套利、开办超短期美元定期存放等方法，显著提高闲置资金收益。三是盘活长期负债，精确测算本行长期净稳定可使用资金，开办中长期美元资金拆放业务，极大提高了长期资金的收益率。四是新开办汇兑通业务，利用境内外人民币资金价差获得收益。五是认真研判人民币利率、汇率走势及离岸人民币资金市场发展趋势，在掉期成本低廉时获得了3.4亿元长期人民币资金，显著节约了资金成本，为后续交易套利奠定了基础。六是敏锐捕捉市场交易性机会，及时调整业务发展方向，拓展金融市场业务，通过货币掉期和跨境人民币购售业务，进行无风险套利交易，为经营目标的完成作出了重要贡献。七是同业融资业务实现突破，通过进一步加大代理行营销力度，高质量完成了对当地最大商业银行老挝外贸银行的年度授信，在此基础上，实现了本地金融同业融资业务的突破。

（五）人民币清算及转汇款业务实现爆发式增长。积极履行人民币清算行职责，年初即有针对性地走访本地有办理人民币业务需求的当地同业，宣传人民币跨境结算政策，推介人民币清算服务，积极营销人民币账户，推动人民币业务发展。针对老挝本地外币（美元）跨境清算费用高昂、清算效率低下的情况，于2014年8月推出“中老转汇通”产品，获得爆发式增长，2015年累计办理业务199笔，金额总计69 742万元人民币。

（万象分行）

金边分行

2015年，金边分行认真贯彻落实总行工作会议及国际化工作会议精神，按照“本土化、特色化、精细化”的经营方针，坚持本土业务与离岸业务两轮驱动，信贷业务与资金业务并重发展，主要经营指标稳步增长，盈利能力进一步增强。

一、主要经营业绩

截至2015年末，总资产规模达90 764万美元，贷款余额43 911万美元，表外售卖贷款余额35 624万美元，全部存款（含同业）27 384万美元；实现账面拨备后利润1 958万美元，加计影子考核还原利润46万美元，拨备后利润2 004万美元，较上年增长33.20%；中间业务收入368万美元，较上年增长22.30%。ROA为2.03%，较上年增长20.86%，ROE为25.53%，较上年增长4.61%；成本收入比为18%，较上年降低6.20%；保持了零不良的良好局面。

二、主要工作举措

（一）深化经营转型，促进公司业务快速发展

一是加强信贷业务本土化，优化客户结构，丰富业务品种，提高本土业务贡献度。继续把MFI作为分行重点拓展行业，加强对重点MFI的支持力度；稳步发展个人抵押贷款，并将此作为分行新的利润增长点；支持“走出来”中资企业，通过内保外贷和企业跨境担保方式拓展本土信贷业务，不断提高本土信贷业务占比和收入贡献度；把同业资金业务向信贷业务转变，把短期资金业务转化为期限相对较长信贷业务，提高本行收益；首次办理银行承兑汇票贴现，推动同业间资金市场发展。

二是搭建内外联动平台，开展全产品、全方位营销。搭建信息联动平台，利用微信、融e联等即时通讯平台，与总行、境内外分行建立联动群，进行实时沟通和信息传递，同时为“走出来”到柬埔寨投资的中资企业提供信息咨询服务。建立业务联动机制，借助工银租赁和进出口银行等的资金监管，在对“走出来”客户进行全产品渗透的同时，营销其上下游企业，夯实客户基础。紧紧抓住国家实施“一带一路”战略的机遇，分别与四川、江苏分行联合举行企业现场业务讲演，营销“走出来”企业到本行开户。

（二）深耕细作，推动资金、代理行、人民币业务发展

一是进一步密切与柬埔寨央行的联系，在实现柬埔寨央行人民币储备配置基础上，持续做好对当地央行资产管理业务的报价、业务解释、系统内沟通等工作，2015年1月柬埔寨央行通过工银亚投进行RQFII投资3亿元人民币，实现工行境外机构中首家针对属地国央行RQFII投资的资产管理业务突破，并成功营销柬埔寨央行首次通过工行完成人民币外债购汇还债业务。同时，柬埔寨央行还确定从2016年起，指定工行作为其唯一人民币清算行，全面代理其人民币清算业务。二是加大同业存放营销力度，在充分分析当地同业及境外市场利率变动的基础上，制定灵活的利率定价策略，不断降低筹资成本，实现了本土资金自平衡。三是加快代理行业务投放，及时掌握代理行信息，加快年度授信审核基础工作进度，实现业务早投放早见效。同时根据央行对境外拆借资金纳入存款准备金管理的最新规定，及时研究

对策，变“危”为“机”，通过提高对代理行存放业务利率的方式，增加存放同业业务利差收入空间。四是充分发挥集团内外、外外联动优势，积极开展与境内分行联动办理跨境（预）结售汇业务，及时开展对境内分行报价制度，优化业务操作流程，提高付汇报文发送速度，提高跨境人民币结算量，不断拓展跨境人民币业务空间。

（三）以完善产品线为突破，落实推进大零售战略

一是以代发工资、跨境汇款等产品为抓手，为中资企业做好个人金融配套服务，不断夯实个人客户基础，重点营销企业高管和本地高净值客户存款。二是采取精准营销手段，将央行中高级管理人员、MFI和银行同业管理层作为信用卡业务重点营销群体，成立专门工作团队，制定针对性的特色授信方案，快速拓展信用卡市场。三是大力推动基于移动终端的产品线建设，加快推出了无线POS、手机银行、微信服务平台等特色产品和服务，尤其是先于当地中行推出的手机银行，实现跨时区、跨国界、随手享受信息查询、转账汇款、信用卡还款、定期存款等功能，是当地同业中功能最强大的移动银行终端服务产品。实施网点标准化改造，新增移动金融演示区，提升了网点智能化水平。四是深化银联网络合作项目，在去年实现两家银行合作的基础上，2015年与CAMPU、CAB银行签订银联网络转接协议，与ABA银行签订了工行集团内境外首家代理银联自动清算协议，向代理银联清算行目标进一步迈进。

（四）适应本土化风险管理要求，不断加强风控及合规精细化管理力度

一是积极接受各项内外检查。全年先后接受KPMG外部年度审计、总行内审局对总经理开展的非现场离任审计、总行内审局对分行开展的内部控制评价现场审计，均顺利完成，检查或审计中无重大事项，无监管处罚。二是严格信贷业务内部管理和风险控制，加强对本土业务风险监测，把控实质性风险。三是加强对境外头寸、境内头寸及现金日常管理，在做好资金总量控制的基础上实施流动性限额指标管理，制定流动性管理实施细则及应急预案，提高流动性管理水平。四是针对人民币汇率波动情况，制定及完善预警及监测机制，防范外汇市场风险。五是结合POS外部欺诈风险事件以及ATM收单业务中的操作风险，梳理业务流程，完善管理制度，重检甄别商户，并做好后续法律风险措施安排，提高操作风险防范及处置措施的有效性和及时性。

（金边分行）

仰光分行

2015年是仰光分行具有历史意义的一年。历经2014年竞标所得银行初始牌照和2015年紧锣密鼓的组建和缅甸央行验收，仰光分行筹备组于5月26日正式获得缅甸中央银行颁发的外资银行牌照，获准对外营业。

一、筹备开业情况

2015年初，分行筹备组完成了监管要求的7类34项检查材料准备工作，分别于2015年4月和5月顺利通过了监管机构组织的材料审查和现场验收，完成了正式开业所需要的全部监管许可手续办理工作。在紧张的筹备工作中，分行完成了本地员工选聘、办公场所租赁、环境测试、供应商选用等各项工作，并加快完善各类制度，于开业前制定了8类57项制度。2015年9月8日，仰光分行开业庆典暨“一带一路”中缅商务论坛在缅甸仰光成功举办。时任总行易会满行长、中国驻缅洪亮大使、缅甸政府及监管机构官员、各金融机构及当地企业和中资企业高管近400人出席了庆典。

二、业务开展情况

在筹备工作有序开展的同时，筹备组结合后续业务开展计划积极展开前期试运营工作，开业后抓住机遇积极展开业务拓展。截至2015年末，分行共走访、接待来访各类公司客户300余家，积累项目融资方面有意向企业和项目13个；共计营销公司客户67户、同业美元账户9户；年内国际结算业务量达到191笔83 623万美元；与7家银行签订同业拆借框架协议，货币市场业务、外汇买卖业务、同业代付业务、信用证、保函通知、转开保函、信用证保兑业务、转汇业务等均实现了零突破。在积极拓展业务的同时注重合规经营，加强风险防范，成立了信贷审查委员会、风险管理委员会、财务审查委员会、内控合规委员会，健全了管理体系，为分行稳健经营打下了良好基础。

（仰光分行）

卡拉奇分行

2015年，卡拉奇分行认真贯彻总行工作会议、国际化工作会议和“走出去”座谈会精神，加大市场拓展力度，积极探索经营转型，开展产品创新，提升管理水平，认真做好风险防控和合规经营，各项业务保持健康发展，超额完成了总行下达的经营任务，管理水平和盈利能力进一步提升。

一、稳健经营，超额完成了总行下达的经营任务

截至2015年末，总资产规模达到13.3亿美元，较年初增长76.64%；总负债规模达到13.05亿美元，较年初增长75.37%；各项存款余额2.57亿美元，较年初增长172%；各项贷款余额7 427万美元，较年初增长23%；营业收入4 052万美元，同比增加1 742万美元，增幅75%；利息净收入5 687万美元，同比增长62%；中间业务收入1 625万美元，同比增长243%；实现拨备后利润2 692万美元，同比增长92%；实现净利润1 694万美元，同比增长94%。不良贷款继续保持为零。

（一）持续拓户，扩大存款基础。一是发挥中资企业协会平台作用，加强与大使馆、总领馆、经商处室的联系，密切与总行及兄弟分行的联动，从源头上营销“中巴经济走廊”项目存款，成功争揽华能如意Sahiwal项目、中水大沃、阿波罗能源、卡西姆燃煤电站资本金以及嘉麟杰母公司借款等多笔大额存款，促进存款规模创开业以来新高。二是发挥唯一中资商业银行优势，以代发工资、汇款等产品为抓手，为中化七建、嘉麟杰、中电国际等多家客户办理批量开卡、网银业务，进一步夯实个人客户基础。

（二）加强合作，努力提升投资组合收益。一是密切关注巴基斯坦国内政治经济及金融市场的变化，科学制定债券购买计划，加强收益测算，保持与巴基斯坦央行相关部门的良好关系，确保获取最优市场价格。二是不断拓展资金来源渠道，降低交易成本。2015年共向总行、工银亚洲等机构拆借及利用自有客户存款叙做等值20.7亿美元掉期投资组合交易，项目到期交割约可实现收益1 853万美元。三是积极拓展交易对手，与巴基斯坦阿尔法拉银行签署ISDA协议，加大与其进行美元/卢比货币掉期的力度，2015年与该行达成美元/卢比掉期29笔，金额共计3.02亿美元。

（三）巩固优势，提升资金交易水平。一是借助总行金融市场内部询价及交易系统，对在岸及离岸人民币进行交易平盘，扩大跨境汇兑通的营销推广力度，增加交易收入。二是加强与当地同业人民币资金产品合作，提升人民币资金业务交易能力，2015年已累计与5家当地同业办理人民币汇兑交易1.9亿元。

（四）发挥优势，做大中间业务。2015年，分行跨境人民币汇兑通业务交易总量754亿元，实现汇兑收益及估值收益约1 194万美元；国际结算交易额24.63亿美元，较上年增长68.24%；其中单证项下国际结算业务1 376笔，累计金额达到16.17亿美元（信用证业务711笔，金额4.24亿美元；开立保函335笔，金额5.53亿美元）。实现国际结算中间业务收入77.73万美元，同比增长26.99%；实现担保类中间业务收入262.57万美元，同比增长26.39%。同时，针对巴基斯坦主权评级和商业银行外部评级较低，国际认可度不高的状况，分行充分发挥工行信用等级高的优势，积极和其他境外兄弟行进行联动，为巴基斯坦本地银行开具的信用证等提供保兑，共同促进业务发展。2015年，共为辖内14家当地代理行核定了授信额度，成功与新加坡分行开展保兑业务合作，累计完成保兑业务量3 840万美元；与总行专项融资部联动，为融资企业提供融资顾问及安排等前端服务，实现投行业务收入115万美元。

（五）重视调研，稳妥发展信贷业务。针对巴基斯坦不良贷款率偏高，信贷优质客户资源稀缺且贷款价格偏低等多种情况，一方面围绕国家“一带一路”、“中巴经济走廊”倡议的实施，定位具有中资企业背景的客户开展业务营销，积极争取项目簿记。配合总行专项融资部完成了大沃风电、撒察尔风电、Sahiwal火电、SK水电等多个“中巴经济走廊”项目贷款工作，争取到分行第一单簿记业务，即大沃风电项目簿记本行2 364.6万美元，开辟了新的利润来源。另一方面，拜访当地同业进行专题调查，实施账户透支业务自查，重新梳理、修订有关业务处理流程，督促前台提升议价能力，提高客户的综合贡献度。

（六）积极开展业务创新，提高服务能力。一是推出ESCROW全球资产托管产品，积极争揽客户自有资金或口行、开行、世行、亚行等第三方的贷款资金，扩大存款规模，拓宽中间业务收入来源。2015年本行与多家企业签署年收费数万美元、期限十数年的托管协

议，成功开办了 ESCROW 账户托管业务。同时，正在配合总行与国家能源局积极争取巴基斯坦 22% 电费保证金的托管业务落地本行。二是在总行的支持下，成功将 UBPS 缴费推广到网银渠道，进一步增强了分行网上银行功能，提高了对客户的吸引力。三是把握业务机会，研究监管制度，成功获批代理中国银联本地卢比清算服务，有效提升在当地的影响力。

二、抓住机遇，人民币清算行建设取得实质突破

作为在巴基斯坦唯一的中资商业银行，分行自成立以来主动践行人民币国际化战略，大力推动人民币业务发展。经过多方努力，2015 年 6 月 1 日，巴基斯坦央行正式批复同意本行在巴基斯坦建设人民币清算体系，允许本行为巴基斯坦本地同业机构开立人民币清算账户。以此为契机，分行加强与新加坡分行等境外兄弟机构的联系和交流，学习有关经验和先进做法，并在总行的支持下于 2015 年 7 月下旬成功举办人民币清算业务推介会。

三、强化合规意识，加强全面风险管理

一是持续构建严密的合规管理体系，认真履行事前合规咨询、事中风险监测、事后监督检查职能，不断提高监管政策运用水平，保障分行经营管理良性发展，各项业务合规依法。二是持续完善风险管理措施和监控手段，做好结构分析和指标监测，定期进行全面风险分析，加强信用风险、市场风险和流动性风险管理，提升风险防控能力。三是强化合规制度建设，结合监管动态和分行实际，制定完善了涉敏业务管理实施细则、操作风险标准化管理流程、安全保卫管理等制度，并完成对主要监管制度变化的跟踪分析和重点解读，实现制度的精细化管理和精确化传导，有效提升了管理效率和执行效果。四是修订完成反洗钱及反恐怖融资专项审计报告，完成信息科技管理专项审计，稳步推进各项审计检查、制度梳理及后续整改项目，促进总行操作规程和当地监管制度的贯彻执行，实现业务运营与管理活动的改善。五是积极开展灾备演练，先后组织了资金业务异地灾备处理和总行灾难恢复业务应急处理内部培训并成功完成灾难恢复演练。本行全面风险管理措施得到了当地监管部门的肯定，在 2015 年巴基斯坦央行的年检中，本行顺利通过并获得“满意”评价。

同时，面对巴基斯坦较为复杂的安全形势，分行把安全保障工作放在经营工作的重要位置，严密部署各项安防措施，严格执行各项安全制度，平稳度过了卡拉奇 PTI、MQM 等政党大规模游行示威、卡拉奇社区大巴枪击事件、巴基斯坦塔利班分子威胁中资机构、巴基斯坦北部地震等外部安全事件，妥善应对了持续缺水、高温、频繁停电、生活用水寄生虫频发等复杂恶劣的外部社会和自然环境挑战，分行全年未发生任何安全事故。

（卡拉奇分行）

孟买分行

2015 年，孟买分行积极贯彻总行工作会议和国际化会议精神，紧紧围绕“一带一路”战略和“中印工业走廊”倡议，抓住中印关系改善、印度经济好转的机遇，采取更加积极的营销策略，推动分行各项业务健康发展。

一、主要经营指标完成情况

（一）核心财务指标情况。

资产与负债规模均实现较快增长。截至 2015 年末，分行资产总额为 4.62 亿美元，较年初增长 43%，其中本地业务资产 1.55 亿美元，簿记业务资产 3.06 亿美元；负债总额为 4.74 亿美元，较年初增长 41%，其中本地业务负债 1.69 亿美元，簿记业务负债 3.05 亿美元。

效益类指标表现良好，均较上年同期有较大增幅。2015 年实现营业净收入 2 136 万美元，同比增长 38%；实现拨备后利润 1 201 万美元，同比增长 19%；实现净利润 632 万美元，同比增长 5%。资产回报率（税后）1.49%，同比下降 1.63%；资本回报率（税后）5.38%，同比上升 0.04%。

（二）重点非财务指标序时进度情况。

在专业融资产品线建设方面，完成总行专项融资部推荐银团项目两个，分别为 Bharti Airtel Limited 5 亿美元和 Adani Power Limited 1.25 亿美元。与境外资产业务中心（香港分行、迪拜分行）联合完成跨境贷款信贷集中业务 8 笔，推荐 2.85 亿美元，承贷 2.65 亿美元。

在全球现金管理产品线建设方面，新开立对公客户数 20 户，新开立对公结算账户数 20 户，新增全球现金管理客户 2 户。

在合规与反洗钱管理方面，严格落实印度反洗钱法

律法规和总行反洗钱制度规定，建立健全本机构反洗钱工作管理机制，加强涉敏业务管理，及时向分行管理层和总行报告反洗钱工作情况等内容，提高了反洗钱管理的有效性。

在交易事前风险控制方面，各项风控工作要求落实到位，制定并向总行报备事前风险控制方案，启用系统自带功能并动态监控调整，严格落实人工控制方式。

二、2015 年主要经营管理举措

（一）抓住“一带一路”建设及印度经济有所好转的机遇，调整经营战略和内设机构，为业务发展提供基础保障。

印度是“一带一路”战略沿线的重要节点国家，同时在公路、铁路和港口等基础设施和民生提升方面需求旺盛，与我国提出的与沿线国家共建“一带一路”的设施联通、贸易畅通、资金融通等基本内容高度契合。为此，本行从年初开始，实施更加积极主动的战略，充分利用分行全牌照的有利条件，对内设部门进行了较大的调整，最大限度地发挥外派员工的作用，在满足风险控制的要求下，将有限的人员充实到前台营销条线。一是进一步调整完善内设机构，由原来的市场一部、二部调整组建成公司金融一部和二部、贸易融资部和投资银行部，特别是在外派人员没有增加的情况下，在较短时间内迅速组建了贸易融资和投资银行团队，搭建完成了“投行引领，商行跟进，商投互促发展”的前台大营销架构，以适应印度市场的新变化和总行对孟买分行的新定位、新要求，为分行下一步业务推动奠定了坚实基础。二是为应对印度工作签证办理耗时长、外派人数限制等困难，转变人力资源管理思路，充分发挥外派员工的引领作用，将有限的外派员工调整到主要部门的关键岗位，发挥其传导总行的管理理念和控制风险的作用。三是加大本地员工招聘力度，2015 年分别为投资银行、风险管理、贸易融资、信贷分析等核心专业岗位，招聘本地员工 8 名，人员结构不断得到优化。

（二）发挥集团整体优势，加快拓展印度本地客户，积极服务中资客户，促进境内和境外业务双线发展。

一是跨境贷款联动合作发展迅速。针对印度本地的经营监管限制，确立了“稳健发展境内资产业务，积极推动跨境贷款发展”的经营转型目标，依托工商银行集团的资金、团队优势，以跨境簿记贷款的办理模式，成功营销印度当地一些实力强、担保优、收益高的优质客户和项目。跨境簿记贷款业务开办以来，分行先后与印度第一大国有航空公司——印度航空、本土最大汽车制造商——塔塔汽车、本地最大钢铁制造企业——塔塔钢铁、本地大型通讯公司——信实铁塔等一批印度优质大型集团客户建立了信贷关系。2015 年，分行向总行境外资产业务中心、迪拜分行累计推荐跨境银团贷款 8 笔，累计营销银团总金额 16.65 亿美元，实现工行累计参贷金额 2.85 亿美元，分行承贷 2.65 亿美元。

二是积极拓展本地优质客户。截至 2015 年末，分行个人客户数为 511 户，法人客户数为 96 户，其中：法人客户中非中资 56 户，占比 58.3%，客户本地化程度持续提升。2015 年 9 月成功为本地第四大电信运营商 Reliance 办理贷款项目；12 月紧抓总行与印度塔塔集团建立战略合作关系的契机，再次成功营销并参与该集团旗下塔塔汽车控股有限公司 6 亿美元再融资银团项目。

三是全面围绕“走出去”企业金融需求，加强与总行和境内机构的联系，持续挖潜内外联动机会，积极拓展订单融资、打包贷款、出口押汇、出口贴现、内保（存）外贷、开立和转开保函等多种业务和产品，通过对本地重点出口企业采取名单制管理、宽选严审有序推进，不仅保证了客户信用记录良好，风险可控，还提升了本地的服务能力和影响力，业务量和业务收入显著增加。同时，印度作为中国工程承包的最大海外目的地，孟买分行通过转开保函有效支持了中资企业在印度的项目工程建设。2015 年累计完成国际结算 3.86 亿美元，办理贸易融资 4 078 万美元，转开保函 5 492 万美元，内保外贷余额 1 272 万美元，支持中资企业“走出去”信贷业务余额 1 726 万美元。

（三）结合当地经营环境，突出重点产品线建设，加快本地经营转型步伐，业务范围不断拓宽。

投资银行业务方面：一是快速完成人员招聘工作，组建了由主管、业务总监和分析师组成的投行团队。二是全面搭建多元化信息平台，与本地的 YES Bank、同心资本、信实金融咨询公司、德勤公司金融咨询团队、Ethos Capital、Intellivate Capital 等投行机构建立了跨境并购信息沟通渠道，储备跨境并购项目 40 余个；与马邦工业发展局在北京联手组织了“马邦投资宣传推介活动”；有针对性地建立了客户直接沟通渠道，目前已向复兴集团、蚂蚁金服、华润水泥、玖龙纸业、美诺华药业、北京钟头新兴产业股权投资基金、爱尔眼科等客户推荐跨境并购项目 20 余个，涉及能源、基建、水泥、造纸、医药制造、健康医疗等多个行业。三是构建综合化投行产品体系。依托跨境并购顾问服务，带动融资业务的发展；积极开发“投资分析”为重点的咨询类产品；与各类会计师事务所、公司注册代理机构等建立了业务沟通渠道，积极为开展注册代理类服务做好准备。

资金交易业务方面：按照新的跨境人民币购售汇政策，将某企业投资款以在岸价格完成美元购汇，并通过美元作为中间货币顺利实现了人民币对印度卢比的外汇转换，在满足监管要求的同时，为客户省去诸多中间环节，同时也实现了可观的点差收益。

（四）立足机构稳健发展，不断提升内部管理水平

一是强化全面财务管理。严格按照总行会计核算规

定、本地会计准则和央行监管要求，不断完善会计核算体系，及时、准确编制总行财务报表和当地监管报表，杜绝合规风险。规范应税事务管理，严防税务合规风险。

二是强化全面风险管理。严格按照印度当地监管规定，加强流动性风险管理、市场风险监控和操作风险监控，实时监测 CRR、SLR、LCR 监管比率合规性。严格按照总行要求，加强外部欺诈风险管理、内部交易管理、金融市场业务事前风险控制、外包管理、关联交易管理等工作。严控信用风险，根据本地贷款和簿记贷款的特点，严格落实授信审批、贷后管理要求，加强对客户经营状态的监控，及时下调客户授信和完善担保措施，确保及时识别信用风险，并着力做好潜在风险贷款的质量改善工作。

三是加强安全保卫管理。聘请印度安保公司 NISA 的专业培训师，对员工进行消防及防恐应急事件培训，并进行应急演练，进一步提高应对火灾及恐怖袭击等突发事件的处理能力。

（孟买分行）

工银土耳其

一、主要经营业绩

工银土耳其自 2015 年 5 月 22 日交割以来，克服中土两国文化、新旧经营理念及语言不同等多重困难，实现了工行文化、经营理念与本地资源的有机融合，保证了收购行平稳过渡和健康发展。截至 2015 年末，子行资产规模和贷款规模分别达到 22.74 亿美元、14.12 亿美元，较交割日分别增长 91%、60%；资产质量持续改善，不良贷款额和不良贷款率实现双降。同时，子行克服土耳其里拉贬值、存贷款利差变窄、准备金比率提高和交割期间刚性支出加大等多重困难，实现交割后净利润为正（1.39 万美元），拨备前利润突破千万美元（达到 1 027 万美元）。

二、主要工作措施

（一）顺利完成股权交割。

为顺利实现股权交割，在总行指导下，子行全面梳理项目交割环节，认真做好交割前各项准备工作，有序推进子行更名、登记注册、广告宣传、客户告知等工作。2015 年 5 月 22 日，本行与子行原大股东 GSD 公司顺利完成收购土耳其 Tekstil bank 75.5% 股权交割程序（之后，又顺利完成 17.3% 的公众股份的收购，使本行持股总数达到了 92.8%）。此次并购是中资银行首次在土耳其设立营业机构，意义重大，被当地主流媒体称为一次标志性的中土金融合作。收购后的工银土耳其是全牌照银行，银行下辖有独立法人地位的证券公司及资产管理公司。截至 2015 年末，共有员工 920 人，其中当地员工 901 人，外派员工 17 人，总行派驻董事 2 人；下辖 44 家分行、20 家证券营业部，另在德国柏林有一家代表处。

（二）确定子行发展战略并加强内部管理。

一是确定战略定位并制订发展规划。按照总行国际化发展战略，确定了“立足本地，辐射周边，联通欧亚”的战略定位，制定了三年发展规划，从资产业务、中间业务、信息科技和风险合规等各方面提出了具体目标。

二是加强对分支机构的管理。交割完成后立即召开总部全员大会，明确未来子行的战略定位、中长期规划及下一步改革方向，既稳定了员工思想，又诠释了工行文化，为加强管理奠定了基础。按季度召开经营分析会，建立了“管理层定点联系分行工作机制”，要求各管理层成员协助对口分行做好市场营销、改进财务状况并定期报告进展。明确外派员工岗位职责，建立子行部门与总行对接联系人机制，确保总行要求能落地、子行汇报路线清晰。

三是完善制度建设。推动考评机制建设，制定涵盖价值回报、业务增长、风险控制、系统贡献等全方位的考核指标体系，引导各项业务健康持续发展；建立集中采购制度，交割后行内公务用车租赁，IT 服务、品牌更换等采购支出均经过集中采购委员会审批，有效控制了道德风险和财务风险。

（三）主要业务有序开展。

公司业务。交割以来，子行在维护好原有优质客户的同时，加强新客户营销，2015 年当年储备项目 70 个，总金额 300 亿美元（其中已完成项目 4 个，金额 1 亿美元，跟踪项目 20 个，金额 80 亿美元）；完成资产购买金额 3.72 亿美元；管理资产 1 笔，金额 8 亿美元；开立保函和信用证金额 2.1 亿美元。

零售业务。交割以来，根据市场实际情况积极调整存贷款内部定价机制，完善个人存贷款价格确定和市场报价流程，市场拓展能力进一步提高。截至 2015 年末，个人信贷余额 4.63 亿里拉，较交割日增长 27%。其中股权交割以来个人住房贷款累计发放 1.46 亿里拉，个人住房贷款余额2.21亿里拉，较5月末增长110%；个人存款合计13.93亿里拉。

资金业务。全力推动人民币业务发展，已有近百名客户在子行开设人民币账户，通过在土耳其陆续办理人民币存款、汇兑等业务，人民币市场影响力逐步提升，填补了土耳其人民币业务空白。顺利投产金融市场内部询价及交易系统（MMTA），提高了子行资金业务的运营效率、效益和管理水平。

国际业务。依据总行《代理行管理办法》和《涉敏国家管理办法》，重新梳理了子行代理行工作，全年共营销代理行89家，代理行总量1 065家。建立起系统内机构联动配合机制，与工银伦敦、工银欧洲等多家海外分行开展贸易融资合作，累计金额3 150万美元，并在系统内机构开立了不同币种账户11个，搭建起了系统内各币种清算通道。成功投产“境内外汇T+0”产品，在通过账户系统提高对国内的系统内汇款效率基础上，进一步提高子行对中国境内代理行的汇款效率，大幅度降低了汇款成本。

投行及证券业务。根据监管要求，在证券子公司下设立资产管理公司，并立足现有股票经纪业务，建立项目金融、重组并购、银团贷款、上市发债等业务产品线。累计走访客户84户，储备了重组并购、项目金融、发债等57个项目，项目总额近80亿美元。

信贷管理。一是设立信用风险委员会、信贷与投资评审委员会，实行分层授权，加强风险防控，提高信贷审批效率；二是规范和简化信贷调查审查报告格式，实施全流程信贷管理制度，建立信贷责任管理机制；三是调整信贷结构，目前子行中长期贷款、项目类融资已实现增长，主动授信类大客户已储备近百家，中资企业陆续在子行开户，并于年内完成第一笔人民币贷款。

全面风险管理。完善公司治理制度办法，修改子行公司章程，加强授权管理。梳理反洗钱管理制度、流程及系统，查找反洗钱管理的薄弱环节，并按总行及当地反洗钱监管要求进行改进和完善。针对土耳其安全形势的严峻局面，开展安保专项检查，加大对办公楼、各营业网点和机具的安保力度，开展外派人员安全培训，确保外派人员安全和机构运营正常。

（工银土耳其）

工银欧洲

一、主要经营业绩

2015年，工银欧洲机构（含工银欧洲及卢森堡分行）认真贯彻落实总行各项决策部署和监管机构工作要求，紧紧围绕跨越发展与经营转型目标，积极抢抓发展机遇，沉着应对困难挑战，在复杂多变的经营环境中，继续保持健康快速发展的良好态势。截至2015年末，实现营业净收入23 511万美元，实现拨备后利润17 396万美元，继续保持零不良，较好地实现了“安全性、流动性、收益性”相统一的目标。

二、主要工作措施

（一）资产规模稳步增长，负债结构进一步优化。

合理调整资产结构，加大信贷类资产拓展，减少简单资金拆放业务。截至2015年末，工银欧洲机构总资产规模达到230.73亿美元，其中贷款类资产余额约171.75亿美元。与此同时，负债结构不断优化，融资渠道进一步丰富。截至2015年末，主动负债融资余额为187.9亿美元，其中货币市场融资92.8亿美元，EMTN（欧洲中期票据）发行筹资6亿美元，存款证发行筹资86.9亿美元。

（二）以本地化和特色化为方向，市场营销稳步推进。

公司金融业务。重点锁定中资“走出去”企业及欧洲本地大型企业集团，对国家“一带一路”战略下的赴欧投资项目进行重点融资支持。进一步完善营销策略，加强内外联动，扩大内保外贷及贸易融资业务规模，积极开展公司信贷业务创新，成功办理多笔反向贸易融资及上海自贸区模式福费廷卖断。截至2015年末，公司客户数为1 632户，较年初增长17.49%；累计发放公司贷款96.73亿美元，其中内保外贷61.95亿美元，本地并购背景的搭桥贷款19.91亿美元，贸易融资168.41亿美元。

个人金融业务。实施“精品零售战略”，持续推动零售客户数量平稳增长，截至2015年末，个人客户数（不含中小企业客户）达到9 515户，较年初增长8.95%，零售存款余额达到1.85亿美元。不断丰富零售业务种类，全辖各机构相继开办见证开户、代发工资、工银速汇、留学生金融、预约汇款等各项业务。实现了万事达信用卡、万事顺借记卡以及米兰分行银联借记卡对外发卡，2015年新增发卡1 869张，银行卡年交易额达到866.12万欧元。银联卡收单业务稳步增长，同时实现了互联网收单模式投产，完成了银联芯片卡收单改造。电子银行业务实现跨越式发展，个人网银客户净增1 237户，存量共计6 270户；电子银行业务笔数达171.74万笔，业务占比达62.45%，较上年末提高6.34个百分点。

金融机构业务。截至2015年末，各类同业直接在卢森堡人民币清算行开立人民币清算账户33个，加上已为欧洲同业在工银欧洲各分行开立的22个人民币账户，实际参加行达到55户，客户数量不断攀升。客户类型从最初的商业银行，发展到覆盖私人银行、保险公司、资产管理公司、超主权金融机构和政府机构、企业财务公司等各类金融机构。合作类型也从传统的资金交易，发展到介绍金融机构客户成为本行RQFII托管客户、债券承销客户、战略合作伙伴等。

金融市场业务。2015年主要以新产品研发及系统建设为核心、通过不断丰富和优化产品种类、提升业务处理效率、服务及管理水平，以实现业务本地化和特色化。卢森堡分行与卢森堡央行合作，圆满完成欧洲央行首次人民币公开市场操作。通过清算行项下的拆借拆放业务，与明讯银行合作，首次在卢森堡当地成功开展人民币三方回购业务。交易方面继续加强敞口管理，控制汇率风险，推动全辖实现CNH等外汇敞口的区域集中平盘，增加对冲收益。加强系统建设，陆续投产了债券集中交易系统、交易事前风险控制管理系统FMTS及筹资工具管理系统等，提升业务系统化管理水平和风险控制水平，推动引进第三方交易平台FXALL及360T以实现代客外汇交易业务渠道的拓展。

（三）持续推进经营转型，新兴业务快速发展。

投资银行业务。先后跟进多个大型跨境并购和投资顾问业务。债券承销业务迅速发展，作为联席主承销商成功为宝钢、三峡集团在欧洲发债提供承销。应邀参与了法国兴业银行EMTN项目发行人民币债券补充二级资本的12亿元离岸人民币债券承销。

私人银行和资产管理业务。截至2015年末，全球视图的私人银行客户共计50户，管理资产合计9 953万美元。欧洲本地视图100万美元以上的私人银行客户共计17户，其中欧洲本地资产6 350万美元。2015年共完成私人银行客户公司项下跨境融资项目6笔，总贷款额为1 530万欧元。截至2015年末，UCITS基金管理资产规模达到2 541万欧元。私人银行全球理财SIF基金在2015年3月末正式成立，截至年末管理资产规模达到6 475万美元。于11月2日获批成为卢森堡首家RQFII机构，并获得国家外汇管理局授予的40亿元投资额度。与工银瑞信合作发行的“标普中国500指数基金”于2015年12月获得卢森堡金融监管局批准发行。此外，成功营销6家RQFII托管业务。

全球现金管理业务。以跨境双向人民币资金池为主要抓手，截至2015年末现金管理客户数180户，客户存款余额2.95亿美元，结算量34.94亿美元。实施了多个欧洲跨境双向外币资金池以及跨境资金池功能优化项目，与多家欧洲本地知名企业就现金管理业务合作进行了洽谈，助力大型中资企业实现欧洲区资金高效管理。

人民币业务。截至2015年末，卢森堡人民币清算行的人民币资金清算笔数为2.37万笔，总计金额31 602亿元，其中跨境人民币清算业务为3 899笔，合计金额4 554亿元。进入银行间本币同业拆借市场、外汇交易市场、债券投资市场和衍生交易市场，丰富人民币清算行产品种类。

（四）全面加强风险管理，提升区域管理水平。

一是强化区域风险管理。严格实施经营授权管理制度，强化风险管理委员会的审议职能，实施区域信贷业务和新产品准入集中审批，完善风险管理考核机制和经济资本限额管理机制，完成工银欧洲恢复计划，加强辖属分行风险管理职能。

二是确保监管指标合规。持续加强全辖RWA限额动态管理，资本充足率始终合规；有效实施流动性比率预警机制，稳妥推进LCR分步达标；完善大额风险敞口管理，有效实施工行集团内非豁免敞口和金融机构客户敞口占用核准机制。

三是加强各类风险管理。信用风险方面，严格履行贷审会审议职能，做好风险提示和行业分析，强化贷后管理，充分运用GCMS风控功能。市场风险方面，做好交易账户市场风险限额管理和交易业务事前风险控制，加强外汇敞口、利率风险和产品控制工作。操作风险方面，风险管理委员会定期审议风险排查情况，推进监管报表自动化项目。流动性风险方面，优化内部监控指标，做好每日流动性比率监测。法律和声誉风险方面，优化法律审查业务流程与沟通机制，开展声誉风险演练和排查工作。

（五）加强内部审计检查，保证业务依法合规开展

2015年完成了对卢森堡分行和工银欧洲本部的资产管理相关业务、内部资金交易和信贷业务的内部审计检查，并依次完成对华沙分行、阿姆斯特丹分行、布鲁塞尔分行和米兰分行有关监管要求的年度现场审计。修订反洗钱政策与合规章程，优化前台部门反洗钱尽职调查流程，并对客户引入打分卡机制，做好反洗钱系统优化和使用工作，制定MiFID客户分类流程、利益冲突政策等合规制度，继续实施合规管理月报制，密切关注欧盟监管动态，积极稳妥推进和实施FATCA、EMIR、MiFID、TP等合规项目。

（工银欧洲）

法兰克福分行

一、主要经营业绩

资产负债规模稳健增长。截至2015年末，分行资产总额17.96亿美元，负债总额26.12亿美元。

客户基础进一步夯实。截至2015年末，公司客户总数595户，其中新增95户；个人客户总数1 663户，其中新增139户；借记卡发卡量达到1 122张，其中净增191张。个人客户网银渗透率达到69%。

清算业务蓬勃发展。通过拓展代理行账户和代理行清算服务，各项清算指标稳步增长。其中清算总笔数达46.6万笔，同比增长10%；清算总额3 927亿欧元，同比增长20%；实现清算业务收入571万欧元，同比增长10%。代理清算中，代理本地同业（CEE/CUE）汇款5.48万笔，同比增长8%；代理本地同业人民币清算496笔，同比增长117%。

风险管控继续处于较好水平。2015年分行不良资产保持为零。通过了自成立16年来第一次由德国监管（德国央行和银监会BaFin联席）开展的专业审计，成为在德四大中资银行（新成立的农行尚未经历审计）中唯一一家没有在最高级别审计中遭受监管处罚的机构。

本地化网络建设取得重大进展。2015年6月，汉堡、柏林分行相继开业，建成了覆盖德国所有使领馆所在地的本地化营销网络，成为在德国网点布局最完善的中资银行。

二、主要工作措施

（一）持续推动本地化经营。一是加强本地优质大客户营销。与西门子、戴姆勒奔驰、大众、欧宝等本地优质企业保持良好的银企合作关系，拓展了德国知名太阳能组件生产商AVANCIS GmbH、上海振华重工欧洲采购与物流中心、普仁集团等企业客户。合作范围包括银团贷款、存款、清算汇款、外汇买卖等多个领域，并积极探索与工银标准、工银欧洲开展合作，为客户提供投行衍生品、人民币远期交易等多样化服务，提升竞争实力。二是拓展船舶融资特色业务。成功推动总行与德国第二大航运企业彼得杜勒公司开展船舶融资项目，并在中德两国总理见证下签署项目协议。配合总行专项融资部，与拥有190年历史的德国莱斯航运公司签署了独家融资委托协议，为莱斯航运在大连中远船务升级改造项目提供出口买方信贷，助力中国船企“走出去”。

（二）内外联动拓展资产业务。一是成功办理首单外债宏观审慎管理外汇改革试点业务，与北京分行联动，借助工银集团内欧元清算行的优势，为某知名企业发放境外贷款1 780万欧元。二是克服监管困难，持续拓展跨境人民币业务和贸易融资业务，累计办理跨境人民币结算业务377笔，跨境人民币结算金额达244.16亿元；累计办理跨境人民币贸易融资业务97笔，发放金额75.57亿元。

（三）大力发展中间业务。一是推进投行项目。与河北分行内外联动，担任凌云集团收购德国WAG公司项目财务顾问，提供融资和贷款重组方案，以及房屋租赁保函、设备租赁保函等服务；与新疆分行内外联动营销金利科技在德收购摩伽公司股权的监管账户服务、跨境人民币境外购汇业务；配合工银欧洲完成复星集团收购德国私人银行H&A的并购贷款尽职调查工作。二是推动全球现金管理业务。与德国重庆轻纺萨固密集团建立了全球现金管理业务合作，并首次实现了银企SWIFT系统直连，后续将进一步实现资金归集和资金池管理服务。积极配合总行开展南航、中石油等“走出去”企业以及Chemica Invest Holding BV等外资企业全球现金管理业务调研和营销工作，制定服务实施方案，推进分行全球现金管理业务发展。三是推广国际结算业务。2015年累计办理国际结算量358.28亿美元。以购入EBICS银企互联系统为突破口，成功营销阳光电源德国子公司Sungrow GmbH的结算业务。营销西门子集团与分行银企直联。四是开展租赁资金监管业务。为工银租赁提供了即期固定汇率美元兑欧元的换汇业务，通过此笔资金监管业务，分行还成功营销了德国著名饮料罐装设备生产企业开立了欧元账户。

（四）强化欧元清算中心职能。一是积极开展中资同业营销推介，2015年在分行开立欧元清算账户的中资同业超过30家，并取代德意志银行、德国商业银行，成为了平安银行的欧元主清算行；二是积极拓展德国本土同业客户，2015年新增客户7家；三是拓宽与欧资同业代理行业务合作，借CUE业务合作行科威特土耳其银行在法兰克福开立代表处的机会，对其进行美元账户协议的更新和人民币清算账户的开立。

（五）发挥好欧元跨时区运作中心职能。在欧元区负利率环境下，分行尽量减少总行清算头寸占用，有效节约资金成本；同时加强自主资金筹措，尽可能减少总行负担，全年使用总行资金日均同比减少 85%。作为欧洲时段工行资金交易中心，很好地为工行集团内各兄弟机构提供货币市场交易服务。

（六）积极稳妥开展债券投资。顶住欧洲宏观经济环境变化和欧元区债券收益率下滑的压力，在总行投资授权区域内及授信允许前提下选择久期、收益率合适的债券，成功投资瑞士信贷伦敦分行和德意志银行总部发行的债券各 2 000 万欧元。把握总行金融市场部批准放开外币债券发行体投资权限的机会，于 2015 年 6 月初完成一级市场投标，提高综合收益的同时，也丰富了欧元资金投资渠道。

（七）推动与外资代理行合作。与德国商业银行、德国黑森州银行、德国巴登符腾堡州银行、德国巴伐利亚州银行等当地主流银行以及渣打银行、法国巴黎银行等大型国际金融机构开展了多项金融市场业务合作。通过新加坡分行开通了与新加坡华侨银行的福费廷业务。为奥地利上奥地利州银行提供了保函业务。

（法兰克福分行）

巴黎分行

2015 年，巴黎分行以“法资客户综合化、中资客户本地化”为主要思路，以中法大型优质企业、在法中资机构、高端华人华侨客户和境内私人银行客户为主要目标客户，以银团牵头、外汇存款、跨境人民币、资金业务、投资银行、现金管理、资产管理、电子银行等业务为主要发展方向，稳步向“客户满意、盈利增长”的法国主流外资银行的战略目标前进。

一、法资客户综合化

法国拥有 32 家世界 500 强企业，是欧洲拥有世界 500 强企业最多的国家。分行已基本实现对辖内 500 强企业及 CAC40 指数企业的全覆盖营销，其中开展实质业务合作的占 70%。截至 2015 年末，法资客户利润贡献达 473.13 万美元，在整体公司客户利润贡献占比为 11%。业务合作品种已从过去的以牵头银团贷款为主发展到存款、资金、现金管理、债券投资等多种业务领域。

二、中资客户本地化

随着中资企业在法国投资的增加，中资本地客户群体进一步扩大，为分行夯实客户基础提供了有利条件。分行加强与总行和境内分行联动，做好法国及法属非洲投资客户的本地化落地服务。2015 年，分行参与了全部中资走出来 1 亿欧元以上的并购项目，并购顾问和融资业务快速增长。2015 年中资客户本地化利润贡献 572.13 万美元，在全部公司客户利润中占比 13%。

三、零售客户高端化

为提升客户质量，降低合规风险，2014—2015 年，分行对开业以来的账户进行了集中清理，并对反洗钱风险高的账户和零余额长期不动户进行了主动关户，客户质量得到了明显提升。截至 2015 年末，分行零售客户（个人及中小企业客户）数 1 288 户，户均存款余额 4.36 万美元，客户对分行的依存度和贡献度整体提高。批量拓展在法中资机构员工客户，加大对驻法使馆、中资机构与企业的营销力度，成功营销 12 家中资机构办理代发工资业务，代发员工 86 人。截至 2015 年末，代发工资金额 218.46 万美元。同时，加大电子银行业务营销力度，存量个人客户电子银行渗透率和电子银行业务占比都达到了 60% 以上。

四、业务发展多元化

投资银行业务。一是积极参与锦江集团并购卢浮宫酒店、图卢兹机场并购、复星集团并购地中海俱乐部等大型并购项目，2015 年累计为“走出去”企业提供融资 39.65 亿美元。二是积极推动中法资客户在内地和香港的债券承销业务。如宝钢 5 亿欧元在欧洲的债券发行业务，巴黎分行贡献 7 000 万欧元销售订单。三是积极营销本地客户债券发放业务。2015 年，分行成功主承销巴黎市政府主权债，是第一家承销所在国主权债的海外分行。

信贷资产业务。加大精细化经营和管理力度，调整优化资产结构，增加资本回报率较高的系统内拆放、中资企业债、房贷等业务，努力增加高收益优质资产或风险权重低的业务，取得一定成效。在总行资产负债管理部的支持下，分行继续向卢森堡分行转让部分资产。截至 2015 年末，分行向卢森堡分行转让表内资产 12.19 亿美元，表外资产 14.58 亿美元。

资金业务。资金业务已成为继公司业务之后又一收入和利润支撑点，营收贡献占比已达到 15.5%。

人民币业务。除了传统的人民币存款、贷款、贸易融资、结算业务外，分行在人民币业务创新上也取得了重大突破。推荐总行资产托管部为SG申请RQFII已获证监会批准，获得额度60亿元，是法国市场目前批准的最大单笔额度。为满足LCR要求，分行自身也成功通过RQFII投资了境内人民币债券。成功营销摩洛哥人民银行同分行签订MOU及在分行开立人民币账户；营销瑞士苏黎世州银行在工行开立人民币清算账户及给予巴黎分行拆借额度。

全球现金管理业务。重点锁定“走出来”企业在分行办理相关现金管理业务。2015年，分行成功为第一家外资试点企业，施耐德提供人民币跨境双向资金池服务。

银行卡收单。已发展银联卡收单商户23个品牌、59家门店（其中历峰集团门店22家），安装POS终端283台，2015年实现收单额2 181.14万欧元，收单业务收入11.40万美元。成功投产POS互联网接入方式，弥补了POS电话线接入方式的局限性，较好地满足了收单商户的需要。收单业务开展的同时带动了商户在分行开户及存款业务的增长，目前日均沉淀存款300多万美元。

个人房贷业务。将房屋贷款业务定为重点发展业务，并在继续保持贷款不良率为零的前提下加强业务营销。截至2015年末，房屋贷款余额1695.56万美元。

五、内部管理精细化

2015年接受了央行检查、税务检查、劳工检查模拟。着力加强内部管理，重新修订并下发了财务、行政、人力资源等一系列管理制度，并加强财务管理，开展财务分析，严格财务审批，降低支出标准，压缩差旅费用，控制营销费用，严控员工人数。

（巴黎分行）

阿姆斯特丹分行

一、主要经营业绩

2015年，按照总行及工银欧洲的战略部署，阿姆斯特丹分行以本地化发展为抓手，以中荷经贸往来为切入点，积极开拓进取，持续加强市场营销，市场竞争力不断增强，经营业绩稳步提升。截至2015年末，分行共有公司客户259户，个人客户1 998户，发行万事达信用卡25张、万事顺借记卡98张、银联卡1 192张。

二、主要工作措施

（一）夯实本地客户基础，提升重点客户服务能力。与工银伦敦、新加坡分行联动以筹组牵头行（MLAB）角色，参加中粮收购荷兰尼德拉公司（Nidera）银团项目。这是分行依托集团优势，通过跨境联动办理的第一家具有强大中资背景实力的荷兰本地融资项目。与工银伦敦外外联动，以高级牵头行及开证行的角色共同参贷托克欧洲区银团业务，以筹组牵头行的身份加入托克2015年亚洲区银团业务，成功完成联合利华双边备用贷款的重组。成功以第一梯队筹组牵头行的身份加入荷兰皇家航空2015年重组银团，与该公司建立更紧密、深入和全面的合作。

（二）加强内外联动，中资企业客户营销取得新成效。在工银欧洲的大力支持下，分行顺利交割中兴荷兰、KPN首笔保理业务。在卢森堡分行的联动支持下，与华为保函合作量创历史新高。成功营销新疆准东石油荷兰控股公司、天津赛象集团、力诺太阳能、山东寿光蔬菜集团、厦门航空等“走出来”中资企业。

（三）抢抓历史机遇期，跨境人民币业务取得新进展。一是积极开展对本地政府机构人民币业务的营销。以荷兰首相吕特访华为契机，与荷兰央行（DNB）举行两次会谈，就中国宏观经济、人民币国际化进程、人民币在岸和离岸债券市场、人民币投资产品等进行交流。与阿姆斯特丹市政府会谈，就双方人民币业务领域的合作进行深入交流，致力于使阿姆斯特丹市成为下一个欧洲离岸人民币中心，并与市政府共同向财政部、央行推介人民币产品。二是开展对本地金融机构的人民币业务营销，与阿姆斯特丹泛欧证券交易所就人民币债券、企业上市、衍生产品交易等合作展开多轮探讨。三是加大对同业人民币清算账户的营销，继年初成功营销荷兰银行ABN AMRO在卢森堡分行开立人民币清算账户后，成功协助营销荷兰第一大银行ING在卢森堡分行开立账户。四是持续做好跨境人民币结算和融资，截至2015年末，累计完成跨境人民币结算量242.25亿元，实现跨境人民币融资额39.94亿元。

（四）完善组织架构，金融机构业务拓展取得实效。加强金融机构业务营销，2015年初成立了专门的部门和营销团队，在资金合作、资产管理、贸易融资等方面取得实效。截至2015年末，金融机构的存款余额为1.8亿美元。拓展多家代理行客户资源，全年发放贸易融资29.44亿美元（含推荐卢森堡分行办理的业务）。抓住境内外人民币短期汇差的机会，主动营销境内分行办理跨境汇兑通业务，并通过配套贸易融资的汇兑业务实现455万元人民币的汇兑收益。为工银欧洲分销宝钢债券1 000万欧元，为三峡集团安排阿姆斯特丹站的欧元债券路演活动，分销其债券。

（五）渠道和产品线建设逐步完善，客户服务手段日益丰富。完成万事达信用卡和万事顺借记卡的发行。于2015年2月正式推出万事达信用卡，这是中资银行在欧洲发行的第一张万事达品牌信用卡，满足了大使馆、中资企业员工等个人客户的用卡需求；于2015年4月正式向客户推出了MASTRO借记卡，这是中资银行在欧洲发行的首张万事顺品牌借记卡。不断优化网上银行功能，于2015年上半年正式投产手机银行。截至2015年末，个人电子银行存量客户1 708户，渗透率为85%；企业电子银行存量客户185户，渗透率为71%。通过远程“在线开户”产品，突破物理网点瓶颈，2015年共收到在线开户申请105份，成功开户94户，开户成功率达到90%；正式推出“留学生在线开户产品”，已成功开户42户，全部在线开户产品的柜面替代率达到50%。

（六）加强内部管理，保证各项业务平稳安全运营。一是进一步加强全面风险管理。梳理内部经营管理权限和转授权；提高RWA监测的准确性和效率，确保满足限额要求；完成风险管理委员会章程、贷审会工作规则的修订，制订个人信用卡授信政策和交易业务事前风险控制实施细则等。不断完善合规风险管理机制。二是进一步完善法律风险预防体系，定期开展法律合规培训，提高员工法律合规意识；根据当地监管变动修改相关流程。三是荷兰央行通过了分行提交的“合规风险分析报告”，评定等级为“合格”。参与评定的170家金融机构中，仅有20%的机构被评定为“合格”。因此，荷兰央行免除2015年对阿姆斯特丹分行的现场检查。

（阿姆斯特丹分行）

布鲁塞尔分行

一、主要经营业绩

2015年，布鲁塞尔分行主动应对国际国内不断发展变化的经济金融形势，紧密围绕发展战略与中心任务，积极探索外延与内修并举、效益与风险兼理的可持续发展模式，有序推进市场拓展、改革创新、管理提升、风险防控、队伍建设等工作，保持了稳中加速、科学发展的良好势头。截至2015年末，分行共有客户1 334户，其中公司客户数138户，个人客户总数1 196户。银联卡累计发卡总量295张，万事顺借记卡累计发卡总量116张。不良贷款继续保持为零。

二、主要工作举措

（一）挖掘特色，拓展船舶融资业务链。一是积极营销比利时Exmar集团在中国南通惠生船厂建造的FLNG项目的融资业务。在总行专项融资部和分行的联动下，Exmar集团与总行签署了Term sheet。以6月23日比利时国王访华为契机，习近平主席与比利时菲利普国王共同见签了该项目。二是为比利时冷冻食品运输船舶企业Seatrade集团在中国扬帆船厂建造的4艘新型冷冻柜船提供售后回租的融资业务。在6月李克强总理访问比利时期间，在两国总理见证下双方签署了战略合作协议。三是会同工银租赁营销当地船运公司的船舶监管账户，为其提供资金监管服务，争取账户结算业务。目前分行共为5家船东开立了超过30个监管账户用于收款、支付及归还贷款等用途。

（二）抢抓机遇，开拓人民币业务市场。一是比利时央行人民币清算行申设营销工作取得阶段突破。目前比利时央行董事会已经通过决议，并以行长名义向中国人民银行发送信函，表示愿意参与人民币国际化进程以及在本地设立完善人民币清算机制。二是在布鲁塞尔成功举办“ICBC人民币投资论坛”，当地20多家银行、资产管理公司和优质私人银行客户代表参加了活动。三是积极向当地主权机构介绍债券业务，走访了比利时财政部，推介中国境内债券市场的最新政策以及本行服务，营销其在境内市场发行熊猫债。四是拓宽业务辐射面，联系立陶宛、瑞士、芬兰等多国央行营销债券结算以及交易代理业务等。

（三）创新突破，实现首笔债券投资、保函、结算业务。一是成功办理首笔债券投资业务。选择欧洲投资银行美元类债券作为投资备选项，于2015年9月美联储议息会议前，选择阶段性价格低点完成债券投资任务，投资组合平均收益率为1.37%。二是成功办理首笔保函业务。为东风设计研究院有限公司参与竞标几内亚的厂房建设总承包项目开立投标保函。三是成功办理首笔信用证转通知业务，与黑龙江分行联动办理了分行首笔信用证转通知业务。

（四）开放交流，加大与本地同业合作力度。一是与比利时联合银行（KBC）建立战略合作关系。在6月李克强总理访比期间，总行与比利时联合银行在两国领导人见证下共同签署战略合作备忘录。二是资产管理产品营销实现快速发展。分行客户申购中国机遇RQFII债券基金总额一度达到627万欧元，占该基金发行总额的20%以上。通过UCITS产品，分行与比利时法巴富通银行（BNP Paribas Fortis）首度合作。三是牵线搭桥，通过分行和比利时ING银行的良好关系，促成了卢森堡分行成功竞标ING集团总部的人民币清算行业务。

（五）服务深化，推进投行项目落地。一是协助东风公司完成比利时CARAT集团剩余股权收购；二是跟进安徽国帧环保投资有限公司收购挪威Goodtech公司项目；协助武汉金牛管业有限公司、深圳优元生物有限公司、讯腾达投资有限公司等多家国内企业在比利时设立全资子公司，开立验资账户。

（六）细分市场，整合大零售业务优势。一是以卡为媒，丰富零售业务条线产品。2015年6月正式发行万事顺欧元借记卡；9月顺利完成万事顺借记卡3D认证交易投产。二是服务留学生，扩大业务影响力。通过分行网站、电话、网银及留学生服务热线、邮箱等多渠道，全年办理留学生客户新开户185户，留学生客户ID续期存款证明99户。通过优化公派留学生奖金发放系统，实现奖学金定时、定向发放。三是加强业务宣传，开展了“三羊开泰，开户有惊喜”专享优惠营销活动，赴中国驻比利时使馆教育处、布鲁塞尔文化交流中心、COSCO集团驻比利时代表处等机构推介跨境速汇、电子银行、理财产品等，扩大零售业务影响力。

（七）完善系统，保障各项业务顺利开展。一是完成了全球新一代单证管理系统（GDMS）的投产工作，实现了境内外单证业务的实时联动。二是出口信用证项下通知及出口议付交单工作量增速明显。创新实现信用证双笔转通知业务，增加了通过分行对外通知信用证的笔数，全年办理信用证通知业务64笔，是2014年的3倍；完成出口交单59笔，累计金额达5 607万欧元。三是成功投产手机银行、电话银行系统，推广U盾和动态密码器双认证介质。

（八）防控风险，夯实稳健发展基础。一是加强流动性风险动态预测，协助完成债券投资计划。根据欧盟新资本指令和新资本监管规定对监管指标的要求，测算债券投资计划，完成债券投资9 000万美元。二是加强存量贷款的担保覆盖率跟踪监测。建立内保外贷业务的保函覆盖率台账，及时按更新汇率计算担保覆盖率及折扣率，推进增信措施的提醒落实。三是提升汇率风险管理水平。开展了汇率风险专题分析，排查汇率风险点，加强对美元、欧元及人民币的汇率跟踪及走势分析，做好放款前后保函折扣率的监控，落实好监管指标测算预警机制。四是梳理转授权流程与细则。制定分行2015年度经营管理权限实施细则，规范分行信贷业务流程。五是加强贷款实质性审查及信用风险排查。加强贷款用途把控，规范一次性审批总额度，抓好信贷审查工作。六是严控洗钱风险。制定并发布新的反洗钱政策，加强公司客户和个人客户开户审查、代理行关系建立、日常交易监控、可疑交易上报等反洗钱流程管控，对全球特别控制名单系统进行测试、参数设定和投产。

（九）完善机构，积极筹建安特卫普分行。成立安特卫普分行筹备小组，开展筹建工作，并走访弗拉芒大区政府、投资局以及安特卫普省、市政府等机构，争取支持；营销安特卫普当地公司客户、机构客户以及私人银行客户。安特卫普分行于2016年1月正式开业。

（布鲁塞尔分行）

米 兰 分 行

一、客户基础稳步提升

截至2015年末，分行对公客户数138户，较年初新增24户，公司类客户存款余额2.81亿美元；已建立信贷关系客户数26户，较年初新增13户，优质信贷资产协议签约规模10.20亿美元；个人客户数1 309户，个人存款余额760万美元，其中开通个人网银989户，银联借记卡发卡量647张。

二、深入挖掘本地业务

以客户本地化、业务本地化、产品本地化为抓手，努力推进本地化进程。筛选一批细分行业内领先、收入结构国际化程度较高、风险抵御能力较强的当地企业进行重点营销，成功营销杰尼亚、Roberto Cavalli、Canali等优质企业；先后跟踪营销SORIN、PRIMA INDUSTRIE、STEVANATO、FIAT、GRIMALDI、ANSALDO、

AMA、BBH（ALFAPARF）、TREVI 等 18 个本地重点客户及项目，向卢森堡发起 12 户客户评级授信申请。截至 2015 年末，已为本地客户提供信贷支持 3.56 亿美元（含已签约未提款承诺）。创新打造“交易型”银行，与本地同业在贸易融资资产转卖方面展开更广泛、更深入的合作。在分行总体风险加权资产和经济资本受限的情况下，通过不断扩大境内和本地两方面市场，做大业务流量，2015 年共完成资产转让逾 6 亿美元，有效缓解分行资金紧张的同时，创造中间业务收入超过 550 万美元。

三、继续加强内外联动业务

一是拓展业务来源渠道。一方面加大与境内重点系统内外分行联动，加强业务宣传，推广业务产品及服务优势，深化与广东、浙江、江苏等重点分行的合作深度，另一方面打开与浙商银行、苏州银行、江南农村商业银行等系统外银行合作局面，以点带面延展合作空间和广度。二是着力推进产品创新。密切关注国内跨境人民币政策，实现首笔交叉币种内保外贷业务办理；利用境内借款人具有外债指标额度优势，实现首单“大额定期存单配套保理理财 + 跨境直贷”业务突破。三是积极拓展资产分销渠道。已与工行卢森堡分行、工行迪拜分行、农行卢森堡分行、台湾永丰银行合作，以风险参贷方式实现资产转让共计 1.4 亿欧元。截至 2015 年末，米兰分行通过跨国银团、双边贷款、内保外贷、风险参贷、跨境直贷等业务模式，为内外联动客户提供融资 63 笔，金额共计 4.72 亿美元（不含资产转让业务）。

四、投行业务取得新突破

依托巴黎投行中心并借助自身资源，帮助中意双边企业寻找投资机会，前后跟踪投资项目 8 个。境内外分行通过紧密联系，充分运用集团优势，成功协助配合境内分行完成卡奴迪路（香港）股份有限公司并购意大利公司 LEVITAS S. P. A. 51% 股权交易、浙江日发集团投资收购高嘉国际公司、福田雷沃国际重工股份有限公司收购意大利国宝级高端农业装备品牌“阿波斯”等交易。另外，与复兴集团签署投融资顾问协议，为下一步业务发展做好储备。

五、零售业务转型及直销银行取得新进展

根据总行战略定位及分行零售业务发展现状，正式启动零售业务转型工作。2015 年 8 月正式发行银联双币借记卡产品。该卡是中资银行在意大利发行的第一张银行卡，进一步丰富了分行产品结构，为分行深入推进本地化进程和公私联动类业务提供了有力的产品支持。此外，积极推进融 E 购项目，目前处于意大利馆项目前期规划、商户及代运营商遴选阶段。

六、加强风险合规管理

按照业务发展和合规管理坚持两手抓、两手硬的思路，将合规管理作为工作重点，狠下功夫、大力提高内控合规水平和风险管理能力。一是强力推进内控文化建设，从思想认识、绩效考核、监督检查等方面多管齐下，搭建以严谨合规为核心的内控文化建设工作。二是不断搭建完善强化内控合规的组织架构，及时深入把握监管新规定并定期更新制度流程。三是高标准、严要求地开展各类监督检查工作，主动邀请 KPMG 按照外审的标准对分行各部门的合规水平开展全面评估。四是定期开展合规类培训，内容涉及反洗钱、FATCA、银行透明法、隐私法等。

（米兰分行）

马德里分行

2015 年，马德里分行通过开拓互联网金融、个人业务自助服务、投行业务模块式、网络式发展，推动新营销模式的转变，取得了良好效果。目前马德里分行业务范围覆盖西班牙、葡萄牙，已成为一家在欧洲“两牙”（西班牙、葡萄牙）市场有较大影响力的金融机构。

一、丰富零售产品，打造智能网点，提升客户体验

2015 年 1 月 29 日办理第一笔个人住房贷款业务，促进零售金融产品更加丰富。相继推出个人客户银行卡副卡、银行公务卡及“凤凰知音”ICBC 国航联名借记卡，进一步满足了客户多层次用卡需求，提高了分行在同业银行中的竞争力。将打造智能网点作为做好零售服务的重要手段，实施了一系列银行网点现代化方案：2015 年 6 月引入工行欧洲机构首家 ATM 存取款一体机；2015 年 8 月，先后在马德里分行及巴塞罗那分行取消柜台并停止柜面现金服务，采取“自助机具与客户经理相结合，以自助机具为主，客户经理主要服务核

心客户”的新前台服务形式，为客户提供更为卓越的金融服务。

二、发挥内外联动优势，积极服务“一带一路”建设，打造工银公司金融品牌

紧跟国内企业“走出去”步伐，加强国内与国外市场的双向联动，推动建立全球金融服务体系，从四方面着手树立分行“投融资顾问”品牌：一是以投研分析引领投行顾问业务。2015 年与总行投研中心合作，先后完成《当西班牙橄榄邂逅中国市场》、《西班牙地产行业研究》两个系列专题深度报告，以此为营销推手，成功为某房地产基金提供投行顾问。同时与总行投行部共同向某央企担任普通合伙人的海外农业投资基金推荐了西班牙优质农产品标的。二是拓展属地合作网络，深入开发西班牙本地市场。通过与西班牙本地知名机构合作，主动承揽本地客户卖方顾问等方式，成功担任西班牙某储油港口开发项目的独家卖方顾问。三是顺应投资新趋势。抓住中资进军欧洲足坛的有利时机，积极介入足球产业投行业务，不仅获任葡萄牙某知名足球俱乐部卖方顾问，还为某上市公司收购西甲俱乐部定制方案提供融资及债务重组服务，并协助国内某知名足球产业投资者收购西乙俱乐部。四是参加国家“一带一路”建设。2015 年 4 月陪同中国驻西班牙新任大使及商务参赞，先后赴西班牙埃斯特雷马杜拉大区特路西略、卡萨雷斯和梅里达三个主要城市，拜访了大区政府主席和主管经贸事务的官员，会见当地主要企业并探讨了潜在的合作领域；6 月，作为西班牙中国商会主席单位，与湖北贸促会在马德里成功举办“中国湖北—西班牙贸易投资洽谈会”。

三、以融 e 购西班牙馆开业为起点，打造互联网金融领先优势

2015 年 7 月，融 e 购西班牙馆投入运营，标志着中国银行业首个跨境电商平台正式启动，开创了中国互联网金融的又一重要里程碑。融 e 购西班牙馆采用内外联动无缝对接模式，依托融 e 购与我国首家也是目前唯一的国家级电子商务综合试验区——杭州电商试验区的无缝对接，实现了资金流、信息流和物流的“三流合一”。西班牙商户在马德里分行开立结算户后直接入馆，馆内商品采用“跨境保税”方式销售，商品全部由西班牙发货直接送达杭州电商试验区，履行完备的报关手续后进入保税仓库；消费者在融 e 购下单后，由试验区与融 e 购的合作物流企业办理通关发货，送抵消费者；马德里分行提供跨境结算、外汇买卖与贸易融资等金融服务。这一模式不仅解决了时下跨境电商“代购”、“海淘”等流行方式中存在的商品质量参差不齐、入关报税不规范等问题，还可充分发挥银行综合化金融服务优势，因而赢得了消费者、商家与政府部门的一致认可。开馆之初就已受到消费者的关注和青睐。

四、加强中后台合规管理，进一步提升风险管控水平

一是实行运营集中处理，严控操作风险。全面实施业务运营集中，将前台业务部门承担的全部运营业务，交由后台运营管理部集中处理，同步正式启用远程授权，既有效地促进了前台业务人员由“业务处理型”向“营销服务型”的转换，也加强了操作风险管理，实现了业务处理的自动化和标准化。二是细化信用风险控制手段。开展了本地市场行业分析工作；优化单体客户信贷准入模板，作为分行信贷准入的刚性控制标准；结合本地市场业务特点和工行信贷政策，制定了七类信贷业务中英文审查要点；严格执行贷后监测模板，推动贷后监测的自动化。三是强化合规风险管理。坚持全球特别控制名单系统（GWP）的集中授权，实现可疑类交易的事中控制；开发操作风险监控模板（daily activity report），实现操作风险事件的及时预警。四是实现费用管理集中可控。对内严格费用管理，按月检查费用计划执行情况，严禁超计划列支。对外通过集中采购模式，不断压缩供应商价格空间，严格管控费用支出，取得了良好效果。

（马德里分行）

华沙分行

一、主要经营业绩

2015 年，华沙分行在总行和工银欧洲的指导下，紧抓“一带一路”建设的战略机遇，外拓市场、内抓管理，内外联动和本地化业务齐头并进，资产及收入结构进一步优化，初步实现在以波兰为中心的中东欧新兴市场业务网络的布局。截至 2015 年末，分行零售存量客户 348 户，其中私人银行客户 2 户、个人网银存量客

户290户；公司存量客户112户，其中公司网银存量85户。

二、主要工作措施

（一）积极发挥在“16+1”峰会中的作用

2015年11月，第四届中国—中东欧国家领导人会晤暨经贸论坛在苏州举办（又称“16+1”会议）。期间，华沙分行和总行专项融资部、投资银行部、国际业务部以及苏州分行一道，积极助推中国与中东欧多项合作，促成总行分别与欧洲复兴开发银行、波兰信息与外国投资局、波兰国家开发银行、捷克总理府、捷克进出口银行、捷克贸易促进局、保加利亚开发银行、斯洛伐克投资促进局、东方电气波黑燃煤电站项目签署九项战略合作协议或融资协议。依托本次“16+1”会议，总行将进一步发挥在中东欧市场的影响力，充分发挥商业性金融和开发性金融的互补优势，推动中东欧开发性项目和金融资本深度融合，支持丝路西线互联互通和产能合作；通过互联网金融、跨境电商、PPP融资等创新服务，构建系统性合作机制，进一步建立中国中东欧产业合作、金融合作新模式。

（二）重点业务线拓展取得新成效

公司业务产品线。一是创新发展资产业务，与集团外近40家国内代理行建立了业务关系，进一步拓展内外联动低风险业务。二是充分发挥中资元素和集团优势，挖掘“走出去”企业在中东欧业务潜力。继续保持与波兰柳工、清华同方、胜利科技、大连达伦特良好合作关系，为企业提供营运资金贷款；为柳工波兰创新开办中信保项下、国内分行风参项下供应链融资业务；成功营销波兰冠捷5 000万欧元贷款。此外，实现了捷克、塞尔维亚两国贷款突破。三是充分发挥集团联动优势，全面营销中资企业在中东欧区域的潜在项目。深入罗马尼亚、塞尔维亚、捷克、斯洛伐克、匈牙利、波黑、保加利亚等国家营销，跟踪潜在中资投资或EPC承包项目，积极关注国机集团、金风科技、华电集团、东方电气等中资企业的投标项目情况。四是加强本地化市场拓展，稳步推进本地化经营。以双边、俱乐部、银团贷款等多方式营销本地优质企业，与波兰、匈牙利、捷克、斯洛伐克、保加利亚等国家多家龙头企业建立了联系。2015年，以联合牵头行的身份，参贷波兰最大的化工企业之一Ciech集团8 900万欧元；参贷波兰第二大电力企业Tauron集团1亿欧元；参贷匈牙利MVM集团3 000万欧元，并完成捷克EPH能源集团、俄罗斯Acron化工集团、保加利亚国开行BDB贷款审批。五是全面拓展与企业合作领域。联合工银标准，充分发挥其大宗商品和利率、汇率衍生品交易平台优势，介入匈牙利、波兰、捷克大型能源企业大宗商品和汇率衍生品交易，提高客户综合贡献度。

投资银行产品线。依托内外联动，加强与中东欧国家相关政府部门、招商促进机构、商会、代理行、中国使馆及重点客户的联系，积极关注区域内国企私有化进程以及当地企业战略引资、股权投资、重组并购、股权重组需求，建立投资银行信息渠道及项目库，积极对接总行、国内分行，发挥集团联动作用，努力拓展投行业务以及相关融资、托管、结算业务，打造“投行+公司”的业务拓展机制。2015年，共收集近100户区域内私有化、战略引资等投资银行项目，积极向有意向的中资企业跟进撮合。重点开展的项目包括塞尔维亚国企私有化项目、复星集团收购波兰心血管连锁医院AHP项目和波兰化肥龙头企业AZOTY寻找中国合作者等项目。

代理行产品线。一是继续深化与波兰PKO、PEKAO、BGK、BPH、CitiHandlowy、Deutsche Bank、Mbank、匈牙利OTP、捷克CSOB、PPF银行、塞尔维亚圣保罗银行、保加利亚建设银行、国家开发银行的合作关系，累计争取近10亿兹罗提金融市场拆借额度，有效拓宽资金来源渠道。二是积极整理区域内潜在合作金融机构近100家，逐一筛选并开展有针对性营销洽谈。三是积极营销代理行在卢森堡分行开立人民币清算账户，推进人民币结算业务同业合作。年内成功营销波兰国家经济银行BGK、匈牙利OTP银行在卢森堡分行开立人民币清算账户。

资产管理及托管产品线。多次与波兰、匈牙利、立陶宛等中东欧区域国家央行及国家外债管理局会谈，营销其在岸、离岸人民币债券投资、资产托管、发债及建立人民币清算行，与波兰保险机构PZU、匈牙利OTP银行等潜在目标客户洽谈QFII托管业务，取得一定进展。

跨境人民币产品线。积极关注跨境人民币业务市场动态，通过路演、论坛、企业推介等各种渠道加大人民币业务宣传，重点营销与中国相关贸易企业。认真学习研读人民银行相关政策规定及境内试点分行制定的管理办法，进行客户需求调研。向分行存量个人客户和华人聚集较多的中国商城进行广泛宣传，为客户提供兹罗提对人民币的直接兑换服务，促进了跨境人民币结算、人民币存款和中间业务收入的增长。

存款产品线。持续对个人及公司客户营销灵活存款产品，取得较好效果，提升了自筹资金的能力。为适应客户需求，提升分行在中东欧区域的服务能力，在捷克和罗马尼亚开立清算账户，并进一步研究对中东欧区域客户提供当地币种的服务。

银行卡产品线。积极了解当地信用卡市场状况，已加入当地最大的征信组织BIK，并投产波兰语小语种电话语音自助挂失服务。目前信用卡已在员工中试用，借记卡的相关准备工作也已开始进行。

私人银行产品线。密切联系总行及工银欧洲私人银行中心，依托专业的理财顾问，与客户建立稳固关系，以高端理财产品为突破口，逐渐将部分高端零售客户转化为私人银行客户，拓展公司业务客户高管个人资产。

（三）夯实全面风险及内控合规管理

一是加强信贷档案管理，研究制定了《信贷档案移交工作方案》并组织实施，实现了贷款档案管理与前台业务的分离。不良贷款继续保持为零。二是进一步加强流动性风险管理，为确保全年关键时点LCR流动性覆盖比率达标奠定了基础。三是定期监测风险加权资产、单一客户敞口、外汇敞口限额等各项指标。四是对采用异币种备用信用证担保的内保外贷业务进行了重点排查并建立定期监测机制，锁定清单逐笔落实风险管理责任，定期跟踪相关措施进展情况。五是梳理各项业务管理办法，加强业务培训及反洗钱管理。2015年，工银欧洲对分行内审检查情况总体良好，外部审计顺利完成。波兰社保局对分行劳动法执行情况的检查也圆满完成。2015年10月，波兰金融监管局KNF在与中国银监会的会谈中，给予分行“稳健经营”的正面评价。

（四）不断完善服务功能及系统建设

先后实施了现有营业区域优化改造和新增区域扩建工程，优化了网点布局，进一步突出客户服务功能。全年共实施12次FOVA系统版本投产，完成132项科技调研类任务，成功实施了一批科技重点项目，包括网银信用卡模块、汇款全自动处理、电话银行特色挂失功能、电话银行语音效果优化、电子印鉴系统和大屏幕信息发布平台。通过优化灾备网点网络架构，建立了本地数据灾备恢复系统，进一步完善了科技安全保障体系。

（华沙分行）

工银伦敦（伦敦分行）

一、主要经营业绩

截至2015年末，伦敦机构资产总额达65.94亿美元，较年初增加21.81亿美元，增幅49.42%；负债余额为62.3亿美元，较年初增加21.44亿美元，增幅52.47%；实现拨备后利润（账面利润）5 550万美元，净利润4 248万美元，分别增长49.24%和48.21%，中间业务收入增长21.77%，成本收入比为31.91%，低于上年同期水平；不良贷款率较年初下降0.51个百分点。

二、主要工作措施

（一）公司金融业务。

一是优化客户结构。以获得分行牌照为契机，加大公司业务的营销力度，采取本地及中资企业营销并重策略，形成了以联合利华、ABB、空客等世界五百强跨国公司，以希思罗机场、捷豹路虎、英航等本土知名企业，以中化、五矿、中国电信等中资优质客户为代表的一批基础客户群体，增加了客户数量，改善了客户结构，进一步夯实了长期健康发展的基础。二是积极推动房地产贷款业务。借英国商业地产回暖之机，充实商业房地产团队，以经营性物业贷款为重点，积极参与汇丰银行大厦、伦敦塔楼大厦、曼彻斯特大学学生公寓、BBC在曼城新总部等重点项目，加强房地产贷款的投放。截至2015年末，已实现提款10.4亿美元，进一步提升了在当地房地产市场的影响力。三是以内外联动服务走出去项目。抓住中英政商关系升温的机遇，密切与总行相关部门、境内外分行的沟通，大力支持“走出去”企业，参与山东电建赞比亚项目、绿地集团及上海烟糖境外并购营运资金，同总行专项融资部合作办理英国石油BTC输油管线项目1.74亿美元银团贷款，同华沙分行、工银莫斯科、悉尼分行等共同参与Acron银团贷款等。涉及行业有基础设施、地产、商业、农业等多领域。四是积极参与银团项目。2015年共完成银团项目25个，参与银团承销项目的总金额达257.82亿美元，其中以牵头行身份完成项目19个，总金额165亿美元，牵头银团金额和数量在集团境外机构中排名第一位，为今后银团中心的发展打下坚实基础。截至2015年末，公司客户贷款余额达到39.9亿美元，较年初增长17.3亿美元。

（二）机构业务。

一是加强与金融同业在资金筹措、银团贷款及贸易融资等方面的合作。2015年，工银伦敦连续七年成功组建俱乐部借款，贷款规模达到10亿美元，12家主要外资银行参贷，成为中资银行在全球范围内金额最大的银团借款。二是在中国经济增速放缓的情况下，发挥既有的同业网络优势，与多家土耳其代理行建立了直接联系，累计发放贸易融资近4亿美元，成为2015年新的业务增长点。三是顺应人民币国际化的发展趋势，通过内外联动促进跨境人民币业务发展。特别是针对境内外市场利差逐步收窄，今年部分时段甚至出现倒挂现象，把握时机，抓住阶段性的价差机遇，全年共办理跨境人民币业务44.66亿元。截至2015年末，人民币资产余额26.44亿元，较年初增长15%；人民币业务在贸易融资余额中占比51.33%，较年初增长10%。四是完成组建100亿美元EMTN欧洲中期票据项目，并成功发行首笔3亿美元债券。该项目的成功发行，为伦敦机构日益增长的美元资产业务开拓了稳定合理的资金来源，将进一步优化伦敦机构资产负债结构，降低资产负债期限错配情况，增强资金的流动性。

（三）金融市场业务。

一是积极落实总行建立全球24小时交易中心的战略规划，伦敦交易中心建设有了长足进步，从相对单一的产品发展成账户外汇、账户贵金属、账户农产品、账户基本金属、账户原油、债券、衍生产品等较为齐全的产品线。作为工商银行三大外汇资金交易中心之一，伦敦外汇资金交易中心的贵金属及原油交易量相当于另外两个交易中心交易量的总和，交易收益率持续提高。积极推进人民币全球交易中心的建设，于2015年7月成功上线人民币跨境购售、账户融资业务，为全集团实现交易盈利4 000万美元。二是在外部监管环境日趋严厉，内部管理不断增强的情况下，通过和合规部门反复协商，完成外部税务和合规咨询，于2015年7月末正式启动欧洲时段代理总行人民币跨境购售和账户融资交易业务，成为本行全球24小时不间断交易的重要节点，全面提升了本行人民币跨境业务的交易服务能力。三是积极推进代客交易业务。2015年代客外汇交易量共18.5亿美元，交易盈利约170万美元，较上年增加140%。同时新增和储备了一批像空客集团（Airbus Group）这样的优质客户，与多家国际知名大公司签署ISDA协议的工作已经启动，巩固和扩大了代客交易的客户群体，为业务的快速发展打下良好的基础。四是加强对债券投资组合的管理，共持有债券6.29亿美元，分行债券组合到期收益率1.39%，子行到期收益率0.84%，分别高于基准（同期美国国债收益率）31个基点、23个基点，同时在动态管理中实现了近百万美元的交易收益。五是启动了80亿美元的CD项目，全年成功发行22亿美元，年末余额19亿美元。在部分期限上取得了低于LIBOR的融资成本，有效地控制了资金成本，支持资产业务的快速发展。

（四）零售业务。

目前工银伦敦的个人零售主要客户群是在英华人及留学生。截至2015年末，子行拥有个人及中小企业客户3 296户，其中中小企业客户87户。零售客户存款余额2 069万美元，其中中小企业客户存款余额669万美元，月平均存款余额较年初增长800万美元。新增个人客户98户、中小企业客户5户。新发借记卡192张，实现境外机构首发万事达品牌借记卡，实现发卡112张。新增个人网上银行客户162户，个人网银客户占比49.16%，较年初提升了4.03%。电子银行业务占比61.3%，较年初提升了7.89%。

（五）全面风险管理。

伦敦机构已建立了运行高效、制衡有序的全面风险管理体系，并不断完善制度体系，进一步提升全面风险管理水平。在信贷风险管理方面，按照前中后台相对分离的原则，清晰界定业务部门和风险管理部门的职责划分和报告路线，确保风险管理部门的独立性。按照总行及当地监管要求，结合外部经济金融环境以及自身资产负债规模、风险偏好等因素，统一设定在交易对手、国别、行业等不同维度的信用风险限额，防范集中度风险。截至2015年末，伦敦机构信用风险敞口总额约80亿美元，其中不良贷款0.3亿美元，占比0.37%。贷款区域主要集中在亚太（53%）和欧盟（24%）地区，行业主要集中在银行（54%）、商业房地产（12%）及大宗商品（10%）等领域，全部贷款企业中AA－及以上客户评级占比为85%。在反洗钱管理方面，与咨询公司合作，完成反洗钱管理流程再造，并通过建章建制、投产新系统、充实合规团队、梳理既有客户档案等措施，全面提高反洗钱管理、金融犯罪预防工作水平，为后续业务发展夯实了基础。

（六）公司治理

持续保持与监管部门的良好沟通，根据监管部门的意见，结合本行实际情况，调整机构设置，优化内部流程。顺利完成新一届董事会的组建。在董事会层面增设公司治理与合规委员会，在管理层层面增设金融犯罪风险委员会。增加对批发业务条线的重点投入与倾斜，分设公司业务部与机构业务部，分设信贷管理部与信贷作业监督部；加强对合规与法律风险的管理，将合规部调整为合规与法律部。

（工银伦敦）

工银莫斯科

一、主要经营业绩

2015年，莫斯科子行外部经营环境异常严峻，受国际油价暴跌、地缘政治冲突和欧美对俄经济制裁等多重因素的叠加影响，俄罗斯呈现经济陷入衰退、通胀长期处于高位、本币汇率大幅波动、融资成本持续上升、国家财政赤字增大、银行业不良贷款率大幅攀升的局面。面对复杂多变的外部经营环境，莫斯科子行全面落实总行工作会议和国际化工作会议精神，通过与工银集团境内外机构密切联动，实现了经营业绩、风险控制、队伍建设和客户基础的全面提升。截至2015年末，莫斯科子行资产总额9.45亿美元，实现净利润1 679.53万美元，同比增长126.64%，完成总行第四季度调整后利润计划（净利润1 601万美元）的104.91%。成本收入比23.03%，同比下降10.39个百分点。

二、主要工作措施

（一）积极拓展客户。继续加大新客户拓展力度，截至2015年末，企业客户总数达到461家，其中新增开户企业209家，开立账户526个，账户币种包括人民币、卢布、美元、欧元、港元、新加坡元等六个币种。以莫斯科子行为营销平台，由总行协调工银集团境内外资源为俄罗斯优质跨国企业提供全球金融服务的模式已初步形成。在积极拓展本地客户的同时，与总行和境内分行紧密联动，全力争揽重点中资企业在俄业务，成为中资企业在俄机构和在俄项目的最主要合作银行，与在俄业务量较大的中资企业大多建立了稳定的业务联系，尤其是成功将长城汽车集团总投资额达30亿元人民币的俄罗斯图拉组装厂和海尔集团鞑靼斯坦冰箱厂、安琪酵母三个有重要影响的项目争揽至莫斯科子行，并成为丝路基金在俄罗斯的投资代理银行，改变了以往中资在俄机构主要在中国银行办理业务的局面。

（二）稳健投放贷款。在密切跟踪俄罗斯宏观经济运行情况、银行同业关键经营指标变动趋势以及目标客户经营状况的基础上，子行调整信贷投放政策，提高客户准入标准，重点拓展以出口为主的俄罗斯行业龙头客户、以日常消费品为主的俄罗斯大型连锁超市以及在俄中资企业的内保外贷等信贷业务。2015年累计投放贷款1.3亿美元，已完成审批待投放9 000万美元。子行牵头组织的俄镍50亿元备用银团业务已获总行审批通过，目前正在向中资同业分销。

（三）做好资产负债管理。针对子行负债以客户存款为主的特点，子行资金部门在做好客户日常存款收付头寸管理的基础上，做好俄央行当天流动性、30天流动性、1年以上流动性监管指标的监测工作，确保子行流动性监管指标安全。同时根据俄央行以及国际市场利率变动情况，结合同业定价情况，及时调整客户的存贷款利率水平，特别是针对卢布利率不断下降的趋势，通过降低对客户1个月以上的存款利率水平，严格控制卢布的利率风险。为切实掌握各个币种的资产负债的收益成本情况，子行资金部门每日监测资产的收益水平，并根据资产池情况，计算资产池的每日平均收益率水平；对每一笔有息负债建立了资金池，每日计算资金池的平均资金成本，通过资产收益率和资金成本率的比较分析，掌握子行资产负债净利差的波动情况，保障子行资产业务发展壮大后，净利差（NIS）水平的基本稳定。

（四）推进金融市场业务。一是代客外汇买卖。子行努力提升代客外汇买卖业务的服务水平，每周向客户提供金融市场动态分析，通过提供代客电话外汇买卖交易的方式，使VIP客户抓住有利的市场时机成交，提升了客户对子行服务的满意度。全年共实现代客外汇买卖交易量13.96亿美元。二是做市商交易。在莫斯科交易所人民币兑卢布交易开市以来，莫斯科子行始终是交易所最主要的做市商，2015年市场份额达23.52%（双边口径），从8月开始连续4个月位居市场交易首位，超过中行俄罗斯子行（两个月排名第一）。2015年共实现做市交易业务量401.42亿元，同比增长68.70%，实现交易收益8.67亿卢布，同比增长841.82%。实现港币做市交易2.81亿港元，市场占比达到46.90%（双边口径），市场份额第一。三是加强同交易所的战略合作。协助总行和莫斯科交易所签署合作备忘录，推动实现莫斯科交易所主席访问总行。为落实该合作备忘录，在总行的统一安排下，子行在8月启动在交易所长期人民币掉期交易和工银标准成为交易所国际会员业务，目前这两项业务均取得一定进展。四是人民币债券投资。利用人民银行核定的RQFII额度，投资中国银行间债券市场，开辟了人民币新的资产运用渠道，优化了人民币资产的期限配置。为确保交易稳健开展，制定了人民币债券操作流程，为投资对象核定债券投资额度，完善FMBM系统设置，为满足本地监管要求翻译公证了中国人民银行、中国外汇交易中心的相关文件，成功完成1.2亿元人民币的债券投资业务。

（五）金融机构业务全面推进。一是根据俄罗斯央行最新规定，更新了美元、人民币、欧元、新元、港币、卢布等6个币种的标准账户协议，按居民和非居民账户区分，重新签署了全部代理行账户协议。全年共新开立31个Vostro账户，其中人民币账户11个。莫斯科子行因连续三个月清算量达到规定标准，成为俄罗斯支付系统的成员，获准建立自己的清算体系。子行按央行要求组织制定并完善了与支付系统相关的各项规章制度，及时报俄央行备案。二是根据工作需要，与工银标准签署了ISDA协议，分别与俄罗斯储蓄银行、Alfa银行、国际投资银行（IIB）签署了RISDA协议；与俄罗斯储蓄银行、资本转换银行签署了现钞协议；全年新签署5个Master协议，并与10家代理行新建立了代理行关系。按照工作进度，子行按时向信贷审批委员会提交年度授信申请，及时完成了43家代理行授信年审工作，其中作为授信主办行的有23家。

（六）创新发展国际结算与贸易融资业务。一是面对俄罗斯经济形势复杂严峻，多家金融机构出现不良贷款增加，本地贸易融资与代付业务发展受到制约，以及受中国国内经济形势趋缓和美元资金成本下降，海外代付业务也严重下滑的情况，子行在严控风险的前提下，把拓展新产品作为业务突破口，在较短时间内制定了福费廷产品管理办法，以及相关文本的审定，全年累计办理福费廷业务8 496万美元。二是根据总行的统一部署，投产了新一代全球单证系统（GDMS），此次投产工作是在子行同时投产平台核心系统的背景下完成的，这是GDMS与平台核心系统在境外机构首次联动启用。

（七）严格管控各类风险。一是针对各类风险管理压力不断增大的局面，及时采取多种措施，包括严格信贷和贸易融资投向管理、加强存量贷款的贷后跟踪和管理、减少资金期限错配和币种错配、增加涉敏业务的复核检查环节等。截至2015年末，子行的不良贷款率为零，未发生市场风险损失事件，流动性指标良好，所有监管指标均符合俄罗斯央行和总行的要求。二是加强敏感领域信用风险的防控，暂停了SMP银行的新增业务，暂停俄罗斯储蓄银行、天然气工业银行、外经银行、外贸银行等制裁名单客户的超过30天以上的融资业务，防止可能面临的制裁风险。三是针对本轮经济下行过程中俄罗斯银行业普遍存在盈利能力下降、不良率攀升、流动性趋紧、系统性风险增大等情况，进一步提高客户准入标准，加强业务期限管理，压降或取消部分代理行授信，暂停部分代理行新增业务，下调俄罗斯农业银行的客户分类，加大对存量业务和整个银行系统的跟踪监测力度，并及时将客户的潜在风险提示给业务前台部门，引导前台按本行风险偏好开展业务营销工作，及时做好存量业务的风险防范工作。

（八）稳步推进IT系统建设。2015年8月16日，子行成功投产本地平台版核心业务处理系统，成为集团内首个全面使用平台技术搭建的核心系统的境外机构。2015年完成业务需求编写、业务和技术培训、系统俄语翻译、本地测试验证等大量系统相关工作，设计并测试了3 310个案例，发现问题519个，为成功投产平台版核心业务系统奠定了坚实的基础。在FOVA平台版核心系统上线后，子行积极收集并整理二期优化需求，组织业务部门与总行开发中心开展需求讨论，提交需求163项，其中43项已完成投产，61项已明确版本计划。完成了本地卢布清算及监管报表外购产品的技术评测及商务谈判工作，并获总行财审会审批通过，进入了外购产品实施阶段。

（工银莫斯科）

组约分行

一、主要经营情况

截至2015年末，纽约分行共有员工130人，资产总额为182.48亿美元，同比增长57%；负债总额为179亿美元，同比增长57%；实现营业收入1.77亿美元，同比增长19%，其中实现中间业务净收入6 890万美元，同比增长111%；实现税前利润1.35亿美元，净利润1.17亿美元，分别同比增长12%和15%。

二、主要工作举措

（一）积极开展业务创新与联动营销，突出三大重点业务线。

公司业务线：一是在牵头银团贷款方面，以独立牵头行身份完成万科美国610 Lexington Ave豪华住宅大楼开发项目。作为唯一中资行成功获得淡水河谷1.15亿美元银团贷款，并获得Lead Manager头衔；以独立牵头行筹组银团负责上海城投集团与美国地产商Ceruzzi共同开发的位于138 East 50th Street的62层豪华住宅楼项目等。二是在专项融资方面，在2015年所有办理12个结构性融资项目中都获得了至少联合牵头行（Joint Leader Arranger）的角色，实现了质的飞跃。三是在商业票据增信服务方面，成功协助TCL集团在美国滚动发行不超过2亿美元的3年期商业票据。四是在联动业务方面，成功为五矿美国办理9 000万美元营运资金循环贷款项目；为联合石化公司办理7 000万美元营运资金循环贷款项目。与工银租赁开展了全面联动业务合作，为其16亿美元石油海工项目提供融资，为其Paragonh海工项目开立了14个监管账户，并进行账户管理。

资金交易业务线。2015年共发行CD 253笔，总金额439亿美元，年末余额34.7亿美元，平均利率为LIBOR+4.83bps左右；共发行CP 28笔，总金额8.88亿美元，年末余额0.79亿美元；分行共办理代客即期外汇交易金额8.09亿美元，实现交易收入104万美元；新增债券投资15笔，金额2.56亿美元，年末债券组合余额3.8亿美元，平均到期收益率1.66%。2015年纽约分行继续做好管理总行境外账户商业汇入款业务，日均运用余额为12.26亿美元。在纽约资金交易中心建设方面，分行于2015年7月正式开始代理总行开展人民币跨境购售和账户融资两项业务，成为首家在纽约时段提供在岸人民币外汇交易服务的银行。此外，代理总行完成了账户商品业务首笔TAS交易，代理美洲机构完成了多笔债券交易。2015年代理总行各类产品交易总金额111.49亿美元，为总行创造交易利润1 198万美元。

美元清算业务线。清算业务稳步上升，结构更趋合理。推陈出新，开展美元清算产品创新及推广。积极配合总行做好外购清算系统整合工作。积极落实资金清算跨时区连续运作要求。

（二）立足本土，通过加大全球化品牌形象市场宣传，强化全球联动，跨境人民币业务取得实质性拓展。

纽约分行多方位、持续开展全球化品牌形象的市场宣传活动。高度重视跨境人民币业务和集团联动机会，积极进取，主动作为。美国市场人民币业务拓展成果显著。人民币相关资金交易能力不断提升。

（三）大力开展与金融机构的银团合作，提升金融机构业务的利润与工行市场知名度。

注重资产分销交易，实现低资本消耗型发展。积极开拓以金融机构客户为借款人的银团资源，夯实本行在北美地区的本地化客户基础，丰富与金融机构客户的合作内容，增加新的收入增长点。积极扩大与金融机构客户的资金业务合作，吸收客户存款，争取主流银行为纽约分行设立承诺性资金额度，为分行资产业务的快速发展提供资金支持。

（纽约分行）

工银美国

一、主要经营情况

截至2015年末，子行总资产达到17.14亿美元，较年初增长4.63亿美元，增幅37.01%；其中各项贷款余额13.89亿美元，较年初增长52.81%；实现营业收入4 997万美元，同比增长19.63%；实现净利润348万美元，同比增长244万美元。

二、主要工作措施

（一）进一步强化公司治理，组织架构和经营管理机制得到全面优化。将强化公司治理作为夯实管理基础、提升决策水平的有效手段，不断完善董事会及其下设委员会、管理层及其下设委员会的构成和运作机制，继续推动组织架构重建，通过新设部门、明晰职能、优化人力资源、整合岗位设置等措施，努力构建“对内管理有序、对外竞争有力”的前中后台分工明确、各司其职，既相互配合又有效制衡的经营管理机制，提高了子行的经营管理能力和效率。

（二）促进美国机构资源整合，机构网络布局延伸工作取得重要成果。在美国机构区域委员会的统一部署下，积极推进美国机构整合工作，着力构建“统一品牌、统一渠道、统一管理、统一风险标准、服务高效”的“ONE ICBC美国大平台”。同时，工银美国西雅图机构顺利开业，得到了社会各界的广泛关注和高度评价，极大地提升了子行当地市场的知名度。

（三）成功实现FOVA核心和外围系统同步投产，为子行融入全集团管理以及总行的国际化战略实施开辟了新篇章。工银美国FOVA系统开发和投产项目是2015年总行的一项重大战略工程。2015年5月26日，子行成功实现从外包系统（JHA）向本行自主研发系统（FOVA）的全面切换，成为集团内首家同步投产FOVA核心系统、借记卡、网上银行、支付清算平台、GCMS、新一代单证等多系统、多平台的境外机构；在集团内首次支持网银自助注册、网银账单支付功能、网银操作风险实时识别和监控、支票影像识别处理、本地支付清算接口、大额现金管理、借记卡地址验证、本地卡组织支付等创新功能。FOVA 系统的成功投产和稳定运行，标志着总行跨境业务处理平台应用推广工作在美国地区实现了新突破，对于工银美国自身发展以及集团国际化战略的实施等都具有重要意义。一方面，FOVA 的投产使得具有众多客户资源和资产负债业务的工银美国得以纳入全集团的统一管理，为在统一平台上实施内外联动、客户资源共享、资金内部清算、风险统一管理等提供了无限可能，为打造子行跨境业务核心竞争力、提升对国内客户的跨境服务能力等奠定了基础。另一方面，FOVA 的投产为子行结合自身实际，借鉴总行和兄弟行经验搭建新的产品线，丰富产品和服务功能提供了基础平台和强大支撑。目前子行各项系统运行稳定，投产过程中出现的问题得到了较好的解决，客户服务未受到较大影响，系统功能完善和升级工作不断推进，保障了子行日常经营的持续、稳定、健康开展。

（四）加大产品服务创新力度，打造本地综合化主流商业银行经营格局。针对重点产品线缺失、产品功能不丰富、服务吸引力不足等问题，深入谋划和组织新产品、新业务创新工作，充分利用本地专业化服务资源，依托 FOVA 系统资源优势，推出部分拳头型新产品，有效提升服务能力和业务规模。紧锣密鼓地组织若干重点新产品线的筹建工作，探索新的利润增长点，打造综合化、全能型、美国本地主流外资商业银行，取得明显进展和成效。

（五）加强重点业务营销推广，发挥集团整体优势，不断提高市场竞争力和品牌美誉度。成功举办人民币国际化暨中美经济合作论坛。深入开展留学生业务宣传推广。打造“中美财富之旅”活动品牌，拓展跨境私人银行客户。不断深化内外联动机制，提升对赴美客户的增值服务能力。积极服务境内“走出去”企业客户，加强与中资企业协会的沟通协作。积极开拓本地客户市场，寻求“本地化”经营发展新机遇。

（六）坚持安全稳健经营，赢得监管机构认可。通过子行的不懈努力，美国监管机构 OCC 正式移除了于 2011 年向美国东亚银行（工银美国前身）发布的 NOD（Notice of Deficiency），标志着子行的经营状况、合规管理、内控质量等达到 OCC 的要求，是 OCC 对工银美国合规工作的重要肯定。工银美国自此新设网点、发布新产品等不再受到监管因素影响，对今后实现战略发展目标具有现实意义。

（工银美国）

工银金融

一、主要经营情况

2015 年，工银金融清算各类证券 2.1 亿笔，累计 110 万亿美元，其中，清算美国国债 766 万笔，累计 95.4 万亿美元；清算公司债 817 万笔，累计 7.1 万亿美元；清算股票 2.4 亿笔，累计 3.7 万亿美元。截至 2015 年末，工银金融资产总额 318.2 亿美元，实现税前利润 2 745.2 万美元，净利润 1 685.5 万美元，增幅 21.1%。资本回报率 15.86%。全体员工 103 人，其中当地雇员占比 94.2%。

二、主要工作举措

坚持一手抓美国市场，一手抓中国客户。截至 2015 年末，公司拥有证券清算客户 184 家，较年初增加 38 家；证券交易对手 187 家，较年初增加 21 家，交易对手类型包括经纪券商、对冲基金、商业银行、地产信托和政府机构等。

国债与股票清算。截至 2015 年末，股票清算业务团队有 15 人、48 家客户，月均清算股票交易 1 860 万笔、清算股票价值 3 021 亿美元。国债与股票清算业务线相平衡，有利于形成兼顾风险收益的业务模式和收入结构。在股票清算业务的基础上，保证金融资（Margin lending）业务有序发展。截至 2015 年末，保证金融资业务客户 16 家。

债券回购与股票借贷业务。证券融资是工银金融的主打产品，主要有债券回购和股票借贷两项业务构成。其中债券逆回购资产主要以美国国债和政府机构债为抵押，业务运作稳定成熟，安全可控。2015 年，债券逆回购业务实现净利息收入 4 614.9 万美元，股票借贷业务实现净利息收入 985.9 万美元。

手续费与利差收入。2008 年国际金融危机后，美国监管机构逐步提高了金融机构的资本及流动性要求；2014 年，美联储又启动了对三方回购业务的监管改革，各大金融机构纷纷减少资产占用大的逆回购业务，导致工银金融的证券回购业务大幅下降。在国债回购市场总体紧缩的环境下，工银金融2012年开始发展的股票清算业务起到了较好的利润补充作用。2015年股票清算实现收入584.2万美元，比上年增长331.9万美元，增幅76.1%。

进一步加强风险管控。在流动性管理方面，与纽约分行订立了无担保无期限拆借协议，纽约分行承诺向工银金融提供充足的流动性保障和支持，由纽约分行向公司提供日间资金支持5亿美元左右，显著提升了工银金融的流动性水平和流动性风险管理能力。在风控合规管理方面，根据监管要求，将业务操作系统与监管系统对接，自动接收监管提示信息，并安排了专人落实，满足监管要求。在IT系统整合方面，进一步优化IT系统开发管理流程，探索IT系统整合项目。对于自主开发的TSS系统，通过实施源代码版本管理，进一步规范了软件开发过程，降低了系统故障风险。对于租用的股票清算系统，经过多次与软件提供商的谈判，工银金融对Inteli Clear系统实施了变更控制，增强了对该系统的了解和掌控。对于证券借贷应用（SLAP），从供应方接管了系统运维支持功能，下一步将继续接管系统的开发功能。除此之外，还接洽了TSS外部咨询服务商，为将来实施IT系统整合做了必要准备。通过上述工作，基本确立了搭建统一证券清算平台的基础。

（工银金融）

工银加拿大

一、主要经营情况

2015年实现税前利润1 831.5万加元，同比增盈468.7万加元，增长34.39%；实现税后净利润1 343.3万加元，同比增盈343.3万加元，增长34.32%。子行总资产15.38亿加元，较年初净增4.10亿加元，增长36.43%。其中各项贷款余额11.32亿加元，较年初净增1.91亿加元，增长20.32%。总负债余额13.31亿加元，较年初净增3.47亿加元，增长35.30%。不良贷款余额145.2万加元，较年初减少306.6万加元，不良贷款率0.13%，较年初减少0.35个百分点。拨备余额650.1万加元，拨备覆盖率447.69%。税后年化权益净回报率（ROE）与税后年化总资产净回报率（ROA）分别为7.08%和1.06%，较年初分别下降0.15个百分点和增长0.06个百分点。

二、主要工作措施

（一）充分发挥集团优势，公司及机构金融业务发展取得新的突破。将公司及机构金融业务作为发展的重要抓手，充分利用集团优势，以中加跨境金融服务为突破口，重点拓展大型“走出来”中资企业，为其提供存贷款、结算、外汇买卖、现金管理、投融资等全方位的金融产品；以知名银团项目为突破口，深度挖潜本地优质客户，逐步扩大品牌影响力。与加拿大帝国商业银行签订担保投资证产品代理销售协议，最大化地利用本地成熟大银行的服务渠道，缓解被动负债业务发展压力，在主动负债渠道实现质的突破。

（二）深入拓展直销银行模式，创新发展零售业务。以电子渠道为突破口，不断提升零售银行服务能力。一方面借鉴本地成熟直销银行理念和运作模式，推出直销银行产品“逸账户”，实现超级网银功能，绑定本地其他银行账户，延伸了子行服务网络，弥补了子行缺少实体网点的劣势。另一方面，充分利用集团渠道和客户群优势，着力打造线上线下相结合、境内境外一体化，具有集团特色的直销银行模式。

（三）大力推动人民币业务，建设离岸人民币市场。多伦多人民币清算行成立后，克服人员少、经验不足、本地市场较小等多重挑战，与加拿大各级政府、各大金融机构、主流交易平台（彭博、路透等）、跨国企业、政府组织等就人民币业务建立了紧密的合作和沟通。加快发展机构同业客户，主动跟进美洲区各个金融机构客户，利用清算行优势加强与各机构之间投资境内银行间债券市场、RQFII、人民币ETF产品等业务交流。截至2015年末，多伦多人民币清算行共开立13家人民币参加行账户，办理收付业务1 123笔、累计清算量318亿元，其中离岸清算量233亿元，跨境清算量84亿元；办理人民币购售累计4.5亿元。

（四）扎实推进信贷审批和管理。在全面铺开业务发展的同时，子行始终有进有退，严格把控风险，推进信贷移位转型，引导资本集约及轻资金占用的信贷产品发展，降低客户集中度，有效提升信贷资产质量，全年不良贷款率、不良贷款额实现双降，全年无新增不良贷款，不良率达到收购以来最低水平。此外，持续跟踪逾期贷款，坚决退出潜在风险客户。逾期贷款余额46万加元，关注类贷款余额397万加元，分别较年初减少569万加元和292万加元，不良贷款、逾期贷款、关注类贷款实现三降，为集团管控不良贷款作出子行最大的努力。

（五）强化各类风险管控能力。严格遵守当地法律法规和监管要求，在总行指导下，从公司治理、制度流程、系统支持、产品服务、员工培训等多个方面采取积极措施，不断加大合规管理力度，提升合规风险防控水平和能力。一是进一步落实反洗钱、反恐融资工作措施，推出更加细致的交易监控规则和审核流程，严格把控各项新业务的合规风险；二是强化各项风险管理能力，修订风险偏好制度，严格监控市场风险、操作风险、信贷风险、声誉风险等风险指标。修订完成流动性风险制度，并制定了清算行流动性应急管理办法，及时、准确计算和预测流动性风险指标，LCR 连续 12 个月实现监管达标。全年未发生重大操作风险事件、安防事件和案件，无关联交易、外包业务违规事件。连续四年给予子行温和等级的风险评级。

（六）全力推动分行申设。受到单一敞口、关联方业务、资本充足率等监管制约，子行无法承接相关目标客户的资产业务，很大程度上影响子行业务发展及资产盈利能力，因此子行一直在积极推动多伦多分行的申设。自启动分行申设以来，子行成立申设团队，与监管建立透明沟通，充分按照本地惯例和商业做法，全力推动分行申设。

（工银加拿大）

悉尼分行

一、基本经营情况

2015 年，悉尼分行实现拨备后利润 1.27 亿美元，剔除汇率因素影响，同比增长 27.6%，绝对额和增幅均居境外机构前列。年末资产总额达到 83.6 亿美元，较年初增长 5.3%；资金自筹率始终保持在 90% 以上；公司客户新增 147 户至 486 户，本地客户占比近八成，当地业务占比超过六成，成功与当地百强企业中的 40 多家客户建立业务关系；成本收入比再降 1 个百分点至 12.5%，远优于 48% 的当地同业均值。

二、主要工作措施

（一）深入实施拓户工程。

稳步推进客户和业务本地化，客户基础不断夯实，本地化、高端化特征日益明显。年内通过实施高端客户拓户工程新增客户 147 户，客户总数增至 486 户，同比增长 43%。特别是与包括澳洲最大工程企业 Leighton Group、西澳最大基建工程企业 Brookfield、澳洲最大天然气公司 Santos 等在内的四十多家龙头企业建立了良好的业务关系，本地业务渗透率和贡献度均大幅提高，本地贷款占比达到 60%。成功以银团为“敲门砖”，谋求全产品营销，与多家本土银团客户建立双边合作关系，着力提升客户综合贡献度。针对不同行业特点采取差异化市场营销策略。在矿业领域，把握矿业企业去杠杆和减投资的趋势，适时开发和推广资产和租赁融资及商品融资；在油气能源领域，实施产业链营销，从多个在建大型液化天然气项目的衍生基建领域寻找契机，成功在澳第二大油气管道能源企业 Duet 集团收购澳洲最大远程发电企业 EDL 之后的再融资项目中争得联合牵头行，提供澳元、美元和英镑多币种融资；在基建领域，加强与基建基金和业主的双边关系，密切跟踪各州政府的基建私有化进程，成功参与当地多个重大基建项目；在医药医疗、传媒、农业等新领域，采取有选择、适度介入策略，成功与澳洲医疗前三强之一 PRIMARY HEALTHCARE、澳第一大和第二大电影院线 Village 和 Hoyts 建立信贷关系。同时，分行积极加大本地贸易融资产品营销，出口押汇、打包贷款、TT 融资等贸易融资业务同比增近三成。

（二）紧抓跨境人民币业务发展契机。

把握澳洲人民币市场发展机遇，针对不同类型客户积极研发适销对路的跨境人民币产品，极大丰富人民币产品线，形成覆盖人民币清算、存款结算、贸易融资、外汇交易、双边贷款、跨境投资顾问等较为完善的产品体系，初步形成“人无我有、人有我优”的竞争优势。全年新拓展 57 家公司客户开立人民币账户，年末人民币资产余额达到 114 亿元，较年初增长 39.5%；实现人民币业务净收入 3 067 万美元，同比增长 46.4%。同时，抓住澳洲获得 500 亿元 RQFII 投资额度之机，推动实现 RQFII 投资在澳落地。围绕新出台的投资移民政策等，成功实施人民币跨境理财产品投资。探索在澳人民币债券承销业务，努力打造澳洲人民币债券承销业务领头羊。拓宽人民币筹资渠道，努力降低人民币筹资成本，全年累计发行人民币 ECP、ECD、MTN、EMTN 等债务工具 128 亿元，通过货币市场拆借近 4 000 亿元，并成功发行全球市场上首只在澳交所挂牌上市的人民币 MTN。

（三）特色业务建设彰显成效。

积极实施优势品牌工程，以品牌产品为载体竞争优秀业务，现已成功打造多条特色产品线，助力拓展重点目标市场。

基建金融品牌获市场认可。积极与当地政府投资部门及基建投资基金、养老基金、基建公司和运营管理公司等澳洲主要财团方建立双边关系和沟通渠道，力图以打造高端渠道切入，以公私合营（PPP）和私有化项目为主力，成功参与悉尼轻轨PPP银团项目、维州东西公路PPP银团项目、纽卡斯尔港再融资项目、布里斯班机场融资等重大基建项目，涉及投资总额超过200亿澳元。参与角色从一般的银团参与发展到项目牵头和财团双边安排等角色，进一步巩固分行基建金融品牌和专业队伍，在同业市场树立了良好的知名度。

资源银行逆势发展。紧盯澳洲资源矿业衰退带来的企业并购和再融资业务契机，积极探索并购融资和投行业务，并在电力能源领域取得突破性进展，包揽了2015年澳洲电力能源金融市场上70%的项目，并历史性地担任牵头包销行、牵头簿记行和融资顾问等角色，获投融资业务重要突破，使本行具备了为中资企业投资澳洲电力能源市场提供投融资一体化方案以及无追索权融资的独特能力和优势，进一步树立了本行在澳洲电力能源行业的品牌和口碑。年内成功拿下华能集团旗下Millmerran Power银团融资，获得牵头行和账簿管理行角色，是唯一获得此类角色的中资银行；战胜澳联邦、澳新和汇丰等多家银行，与澳国民银行共同成为京能集团收购新州Gullen Range风电厂项目再融资的牵头行和包销行；与维州六大电网企业之一的United Energy及新州最大的独立煤炭公司项目WHITEHAVEN分别成功签署融资协议等。截至2015年末，分行资源银行业务融资承诺额22.89亿美元，同比增长93%；贷款余额17.49亿美元，较年初增长142%。

代客交易发展良好。紧跟交易市场和客户需求快速发展变化，建立起一条涵盖即期、远期、掉期等产品、覆盖11个交易币种的外汇交易产品线，进一步丰富利率掉期等代客避险衍生类产品、人民币汇兑通等产品。2015年代客交易总量约22.2亿美元，实现中间业务收入450万美元，成为中间业务收入重要来源之一。

澳元清算渐成气候。不断加强清算业务创新，顺利投产“工银速汇转汇”产品及“资金抵达通知”、“澳元全额到账”、“优先清算”等功能，持续提升业务自动化处理水平。2015年，悉尼分行累计办理澳元转汇清算超过14万笔，同比增长57%，金额约27.8亿美元，同比增长38%；办理汇出汇款及解付汇入汇款61.6亿美元，境内分行澳元清算来委比例超过90%，汇款业务实现中间业务收入200万美元，同比增长45%。

一体化中国财务顾问初见成效。积极推进“商投联动”，利用中国牌为本地客户寻找中国合作伙伴，争揽“一体化中国财务顾问”业务，并以此为突破口营销后续融资业务，累计实现投行业务收入近200万澳元。

私人银行实现突破。积极践行私人银行业务“全行办、全球办、专家办”发展战略，着力加大与优质机构合作力度并取得突破，年内成功与澳洲证券交易所最大上市基金公司BT Investment Management（BTIM）合作，成功设计推出客户专属理财产品，吸纳低息存款2 000余万澳元。

（四）资产负债管理能力显著提升。

注重加强资产负债管理，由分行总经理挂帅成立专业团队，持续优化资产负债结构，降低筹资成本及流动性成本，着力提升资产收益水平。通过定向发售和市场拆借等方式，对当前的资产负债期限错配情况进行不断优化，时刻注重把控流动性风险，并根据分行业务需要和市场情况，择机灵活选择小币种筹资进行掉期使用，为分行资产业务发展提供了保障。同时，分行通过完善多元化融资渠道、主动管理筹资币种、盘活账面低息债券资产等方式，有效降低分行整体负债成本0.19个百分点，其中澳元整体筹资成本下降0.79个百分点，为分行资产业务奠定坚实基础。

（五）全面风险管理日渐完善。

持续完善全面风险管理体系建设，强化各类风险的统一、集中管理，确保了零不良贷款、零监管处罚率、零案件风险率、零反洗钱处罚事件、零重大损失事件。年内有效落实澳洲金管局在金融机构风险管理和公司治理方面的最新监管条例，对风险管理架构进行优化重组，进一步确保风险管理职能的独立性。全面落实以流动性覆盖率（LCR）为核心的流动性监管新规，将原有以高流动性资产比例（HQLA）为主的静态管理模式平稳过渡到以流动性覆盖率（LCR）为核心的动态管理模式，强调前瞻性的现金流预测及管理，优化整合多部门间的资产负债管理职能，并建章立制实现对LCR指标的逐日监控。年内顺利完成澳金管局信用风险审慎检查、AUSTRAC反洗钱和反恐怖融资专项检查以及总行内控合规全面检查。严格落实“安全生产第一”的要求以及“科技引领业务发展”的相关规划，核心网络稳定性和应急恢复能力均取得长足进步，确保全年各类系统运行稳定，未发生重大安全生产事故。

（悉尼分行）

工银新西兰

作为首家进入新西兰市场中资银行，新西兰子行在总行领导和相关部门的支持指导下，积极谋划、准确定位，2015年全面贯彻总行海外发展战略，逐步推出涵盖对公和零售业务的各项产品和服务，在当地市场迅速打开局面，实现了经营的良好开局。

一、经营发展情况

资产负债情况。截至2015年末，子行资产余额为5.08亿美元（含总行大额拨款2.62亿新西兰元，折合1.80亿美元），扣除总行大额拨款后资产余额为3.28亿美元，较上年增长156.25%；其中贷款规模实现大幅增加，年末贷款规模达到2.60亿美元。负债余额4.71亿美元，所有者权益0.37亿美元。

损益情况。2015年是子行第一个完整经营年度，全年实现营业净收入449万美元，同比增长61.47%；中间业务净收入102万美元，同比增长188.85%；拨备前利润-150万美元，拨备后利润-203万美元，同比减亏25万美元。若剔除估值亏损96万美元，则亏损为107万美元，同比减亏123万美元。

二、子行的发展机遇

从经营发展角度出发，我们面临的业务机会主要有：

一是新西兰经济复苏和发展势头良好。新西兰政局平稳，经商环境稳定，近年来经济保持平稳增长，财政赤字逐年减少，通胀水平较低，2014年度新西兰主权评级由AA-上调为AA+。

二是新西兰特色产业的发展机会良好。拉动新西兰经济的主要因素有三大部分：第一是政府主导的基础设施建设和基督城重建。新西兰政府近期出台了新的30年基础设施发展规划，未来10年，新西兰将至少投入1 100亿新西兰元进行基础设施（含公路、铁路、港口、桥梁、交通等）建设，以改善落后的公共配套设施，本行将关注潜在的大型银团贷款参与机会。第二是新西兰房地产行业受到房价持续走高的推动，发展迅猛。房价上涨带动资产价格的走高，并带动了相关产业的发展。第三是农牧业、乳品业、旅游业等传统特色行业继续保持优势地位。这三大领域蕴含了大量潜在融资项目机会，也是本行重点关注的行业领域。

三是中新贸易和投资持续发展。中国已超越澳大利亚，成为新西兰最大的贸易伙伴，新西兰政府的各项政治经济政策有利于鼓励中新贸易和投资。中国对新西兰的投资也保持良好势头，大型中资企业如伊利、中林、蒙牛、华为、中远纷纷进入新西兰市场，在乳业、林业、基础建设和建筑等领域投资并购比较活跃。本行将致力于拓展其中的项目融资、并购融资和贸易融资业务机会。

四是企业发展对融资多元化的需求。一批有实力的当地企业为了降低融资成本、拓展融资渠道、提高融资能力，总是会寻求新的融资渠道，为本行这类新的金融机构提供了介入机遇。

三、主要工作举措

（一）完善公司治理架构。建立管理层与董事会定期沟通机制，取得了董事会对子行经营战略、重大经营事项的理解和支持，目前与董事会的沟通及时有效，信息通畅。强化董事会下属专业委员会的作用，梳理制定了三个董事会委员会的议事章程，定期召开各项委员会议，切实发挥委员会的职能。已初步建立了董事会、董事会下属委员会、子行管理层为主体的层次清晰的公司治理架构，形成了信息透明、公开的管理体制。

（二）强化风险管理和内部控制。一是完善业务条线和岗位设置。为全面符合当地的监管政策和操作惯例，实现业务的可持续发展，2015年以来子行已增设关键岗位14人，特别是相应增加了具有当地丰富从业经验的首席风险官、内审主管，在管理层下建立完善了风险和内审条线，实现了前中后台的真正分离。二是梳理优化风险管理和内部控制政策和流程，畅通了风险、内审部门向董事会风险和审计委员会的汇报路线。三是积极配合外部审计。目前每个季度均向公众披露经过独立外部审计的披露报告，公开子行主要经营和财务信息。

（三）大力开拓当地市场。进一步明确重点产品线，深耕当地市场，在本地化知名大型企业拓展方面取得实质性突破，本地化业务发展成效显著。

公司业务。截至2015年末，公司业务实现新西兰元表内融资2.33亿元，美元表内融资1 250万元，实现公司业务收入602.1万新西兰元，收入75万美元，已经全面超过2014年的收入水平。成功营销了惠灵顿高速公路、TR Group、2 degrees通讯、HydroTech、Willis bond、Oregon以及Equinox等当地知名大型企业项目贷款。其中子行参与惠灵顿高速公路、2 degrees通讯项目还获得由新西兰金融专业协会颁发的年度最佳债务融资奖项，提升了子行在新西兰银团和专项融资市场的地位，树立了良好的市场形象。

贸易融资。面对中行、建行在新机构相继开业，竞争加剧的情况，加大对现有客户的营销力度和服务水平，本地客户贸易融资业务较2014年有较大增长。但由于受当地监管对流动性比例的限制，子行无法利用长期资金来源支持短期贸易融资业务，因此，在目前监管框架下，贸易融资业务拓展受到一定限制。截至2015年末，共办理来证通知31笔，总金额4 714万美元；出口寄单31笔，总金额4 756万美元；出口信用证融资28笔，总金额4 671万美元；风险参贷9笔，总金额1 150万美元。全年累计办理汇款业务22 236笔，总金额7.5亿美元。另外，子行2015年先后投产人民币、全币种清算平台、新工银速汇转汇产品，具备了办理新西兰元实时清算的所有前提条件，进而积极争取总行将集团内新西兰元清算业务在本行办理，带来清算及汇款业务的大幅增长。

零售业务。零售业务主要指标总体呈现快速良性增长，客户基础不断扩大，优质客户比例大幅提高。截至2015年末，子行零售客户数量为1 382户，较年初新增826户，增幅为148.56%。零售存款余额为1 582.81万美元，较年初新增1 091.64万美元，增幅为222.25%。个人住房按揭贷款余额6 965.48万美元，较年初新增6 084.44万美元，净增长690.60%。实现利息收入170.08万美元，中间业务收入5.37万美元。借记卡发卡总量1 211张，信用卡发卡总量330张，完成全年指标的110%，发卡任务完成良好。个人网上银行和电话银行于2015年初投产，截至2015年末，新增用户772户，新开户客户渗透率达93.5%。

资金市场业务。大力发展资金市场业务，增强资金自我筹集能力。目前已经与四大新西兰本地主要交易银行建立了交易对手关系。在总行的支持下，不断丰富本地融资工具，一是推出了可零售发行本地中期票据债务融资工具项目，本行可通过此项目发行符合新西兰移民局投资移民要求的零售债券；二是建立了本地短期票据融资工具项目和欧洲中期票据债务融资工具项目；三是通过工银国际发行了本行首笔3年期欧洲中期票据1 700万美元。

（四）积极争取人民币业务。在做大做强人民币业务的同时，积极向储备银行申请当地人民币清算行资格。在人民币业务方面，完成了新西兰本地首笔贸易项下新西兰元人民币直兑业务；成为第一家，也是唯一一家与本地四大行签署人民币战略合作MOU的中资银行；营销BNZ银行在本行开立人民币账户并将其作为人民银行CIPS系统本行的间参行；人民币业务品种全面启动，已办理跨境人民币汇款（含贸易、非贸易、资本项下）、人民币保函、人民币信用证、人民币风险参贷、双币证转开、人民币纽币汇兑通、人民币/纽币双币信用卡、借记卡、人民币MM等众多业务品种，实现人民币业务总量近5亿元。

（工银新西兰）

工银阿根廷

一、主要经营情况

2015年，在阿根廷比索全年累计贬值53%的不利情况下，子行实现拨备后利润2.59亿美元，税后净利润1.69亿美元，比总行追加后的任务指标多盈利3 318万美元。如剔除上年一次性汇兑收益因素，拨备后利润和净利润分别同比增加69.02%和71.05%。子行以本币计算的税后利润为21.86亿比索，同比增加71%，在可比同业中位居第一，ROE在比索大幅贬值的情况下逆势增长，同比由28%增至33%，实现了经营效益的快速提升。

二、主要工作措施

（一）创新产品提升服务，公司与投行多项业务保持同业领先。以跨国企业全球总部为重点，对在阿美资、欧资及日韩跨国企业开展联动营销和业务拓展。通过“探戈通”业务对当地关键战略性产业形成有效支持与开拓，子行贸易融资服务跃居市场首位，现金管理付款业务服务质量排名首位、收款业务服务质量排名第二。全年为客户安排发行28笔债券合计107亿比索，债券发行业务超越花旗、汇丰及阿根廷本土几大银行。积极应对监管限制，大力发展簿记贷款业务。资产托管业务在稳居市场首位的基础上，抓住花旗、汇丰退出阿根廷托管市场的时机，成功营销了摩根士丹利和阿根廷国家社保基金（ANSES）的资金托管业务。

（二）增强应对市场波动能力，全球金融市场盈利跃上新台阶。采取多种有效措施，成功应对比索2015年底一次性大幅贬值41%的极端情况：积极向阿根廷央行争取到出口前贸易融资新增额可以相应调增美元长头寸限额的特殊政策，提高了子行通过持有美元长头寸对冲资本汇率敞口的比例上限；增持美元汇率挂钩债券和通胀挂钩债券，有效对冲了比索贬值和高通胀风险；抓住利率上升机会，持续调整银行账户央票投资组合和大额贷款组合利率结构和到期期限，实现了通过额外提高净息差收入来对冲比索贬值的目标。在总行的大力支持下，争取到了人民币清算行资格及金融市场业务区域中心地位。

（三）整合产品渠道，个人及中小企业“大零售”转型成果喜人。创新客户发展模式，提升存量客户维护水平。实现了 e－ICBC 战略在阿根廷落地，加强自助渠道建设，新一代西语版手机银行顺利上线。创新银行卡营销模式，实现了银行卡发卡量、消费额、信用卡贷款余额以及信用卡动卡率的大幅提升。引入网点竞争机制，强调对代理销售业务的营销管理，做大做强基金、保险等重点产品。投资公司在银行同类基金公司中稳居市场前三，是阿根廷市场上最有影响力的基金公司之一。

（四）多措并举，强化中阿贸易金融服务能力。紧扣做实主办银行的经营思想，确立了营销中资客户的核心思路。在重点企业上，葛洲坝阿根廷水电站项目四笔提款 4.94 亿美元和中设阿根廷货运铁路改造项目 3.75 亿美元预付款都已通过子行办理。在 2015 年阿根廷出口中国贸易量出现萎缩的情况下，子行中阿贸易结算量逆势增长 21.6%。通过提升客户授信额度以及设计结构化产品，为华为和中兴等客户开立的进口信用证超过 5 000 万美元。

（五）完善全面风险管理体系，不断提升风险管理水平。严把贷款准入关，在信贷投向上大力支持跨国企业和政府扶持的本地企业，有效防范了增量风险。创新担保方式，将资源优先配置到市场垄断性强、与民生关联度高的行业，主动规避了客户的信用风险和比索汇率风险。引入大数据分析理念，通过数据挖掘和分析，做到了信贷政策调整的有的放矢。结合市场变化灵活调整市场风险限额，组织开展市场风险管理研究，有效落实了事前风险控制。

（六）提升中后台运行效率，为业务发展提供可靠保障。提升运营管理水平，持续优化业务流程，强化高效的大运管服务体系建设。信息科技运行平稳，整体可用率保持在 99.8% 以上。投产了信贷风险数据直连一期项目。引入总行的经营预算管理机制和经营绩效考评机制，根据集团战略引导子行经营活动，提高效益，控制成本。建立了适应本地特点的人力资源管理体系，在薪酬管理上加强中方的完全控制，进一步提升薪酬分配对业务转型的促进作用。加强对人员的进出管理，保持对违规行为处理的高压态势。细致做好劳工关系处理和案件管理工作，尽力减少复杂的外部环境对子行带来的负面影响。

（工银阿根廷）

工 银 巴 西

一、主要经营情况

2015 年，面对巴西经济衰退、经营环境恶化、优质企业竞争激烈、企业评级普遍下调、监管环境日趋严苛的不利局面，工银巴西秉持“审慎经营、稳健发展”的经营思路，严守信贷风险底线，超额完成各项预定考核任务。截至 2015 年末，本地报表口径资产共计 2.41 亿美元，负债 1.88 亿美元，所有者权益 5 296 万美元，实现拨备后利润 397 万美元，净利润 242 万美元。考核还原后，全口径资产 5.06 亿美元，拨备后利润 660 万美元，净利润 444 万美元，资产回报率 11.87%，资本回报率 1.32%，成本收入比 43.88%，无不良贷款和案件风险事件发生。

二、主要工作措施

（一）新理念逐步完善，审慎经营、稳健发展。面对 2014 年以来巴西经济持续恶化并逐步陷入衰退泥潭的不利形势，工银巴西逐步完善经营理念。一是稳健经营、严控风险。全面增强行业和企业风险评估，打好信贷风险管理基础，对存量业务加强管理，扎实细致进行贷后管理工作。二是深挖存量客户，提高综合贡献度。继续加大信贷业务开拓力度，在存量客户中深入挖潜、积极开拓新客户；挖掘中资企业客户潜力，争取全面业务机会，提升客户黏性；准确把握市场走势，显著提升债券投资收益并扩展投资标的。

（二）新路径日趋成熟，拓展新产品、挖掘新潜力。为丰富盈利渠道，工银巴西通过持续加强集团内外联动拓展新产品、提供新服务，挖掘新的盈利来源，发展新途径日渐成熟。一是加强集团合作，拓展新产品，积极加强与工银标准、簿记平台等兄弟机构的合作，探索新的利润增长点。二是紧扣中巴贸易，开发新金融产品“融易汇”，实现巴西进口商及中国出口商的资金需求，举集团合力为中巴贸易服务。三是积极拓展并购、财务顾问等业务机会。四是深挖外汇业务潜力，拓展业务发展新方向，成功办理首笔衍生交易和首笔跨境人民币交易。

（三）推动顶层设计，力促中巴货币互换落地。2014年下半年巴西雷亚尔波动频繁严重制约了中国企业对巴西投资的意愿；若能将现有的中巴货币互换协议落地从而规避汇率风险，则必将极大促进中资公司赴巴投资。为此，工银巴西专门成立货币互换工作小组，推动互换协议落地。一是制定多个货币互换操作方案。二是多次联系并拜访巴西央行。三是通过中国政府层面进行推动。经过坚持不懈的努力和可行性操作方案，使得中巴两国政府层面逐渐认识到落地互换协议的积极作用，并同意进一步将探讨相关细节。

（四）秉承合规理念，风险管控得当。在努力实现业务快速发展的同时，工银巴西通过持续开展信贷与风险管理制度建设，选择优质客户进行信贷组合，保质保量及时向总行与巴西监管部门报送风险监管报告，全面推进各项风险管理工作，以“零风险”促进业务发展。与此同时，子行严格贯彻总行“零容忍”的风险偏好，全面遵循“合规第一”的管理原则，开业以来，在当地监管机构中树立了积极的口碑和良好形象，顺利通过巴西央行首次驻场检查，监管评价积极。

（五）持续优化系统，为子行业务发展提供坚实保障。工银巴西在月均交易量增幅达103.5%的背景下，强化生产运行管理，确保了主要业务时段银行系统的系统可用率在99.9%之上，较好地保证了子行各项业务的正常开展。一是重点项目按计划投产实施，顺利投产金融市场业务报表自动报送项目等系统功能。二是加强信息科技治理，正式成立信息科技委员会，加强科技资源的合理使用，提升治理水平。三是顺利完成业务连续性工程。

（工银巴西）

工银秘鲁

一、主要经营情况

截至2015年末，子行总资产规模（含簿记）1.68亿美元，同比增长54%，其中贷款（含簿记）0.6亿美元，同比增长38%；总负债（含簿记）1.38亿美元，同比增长94%，其中存款0.57亿美元，同比增长73%；中间业务收入18.5万美元，同比增长320%；全年净利润（含簿记）－195万美元，同比减亏46%。客户拓展成效显著，截至2015年末，拥有结算客户51户，较年初增加46%，其中贷款客户22户，较年初增加120%；全年新开拓网银客户10户。

二、主要工作措施

（一）市场开拓力度加大，方向更加明确。

一是通过链式营销，拓展优质客户。围绕龙头企业首钢秘铁，拓展其控股公司首信矿业有限公司相关业务。同时由于中水电对外秘鲁公司在首钢和首信的工程招标中屡次中标，本行充分关注相关企业的具体需求和经营特点，积极沟通和跟进，通过集团整体的产品优势、渠道优势和服务优势，争揽该建筑供应商为本行客户，带动国际业务结算、存款和电子银行发展。

二是丰富业务品种，满足客户需求。依托工行强大的产品库，针对客户需求，推出多样化产品，实现了进口信用证和保函“零”的突破；通过本地代理行，实现了代签支票结算业务；通过代理监管银团业务属地押品和代理开行业务，实现了中间业务收入拓收；通过交叉营销，网上银行和外汇买卖等业务稳步发展。通过营销代理行，子行2015年先后代理开行1.9亿元首信受托支付业务和1.25亿元中铝受托支付业务。

三是借力簿记平台，增强市场竞争力。抓住当地油气公司期限为四年半的银团贷款的市场机会，积极运作迪拜分行和银团牵头行成功签署贷款合同，并完成放款事宜。该笔贷款在审批过程中涉及秘鲁和迪拜两地的监管要求和总行制度规范，簿记业务发放成功，为子行在现有条件下探索发展簿记业务的模式提供了经验。

（二）优化资产负债管理，资金业务取得新突破。

一是拓展代理行网络，加强营销与合作。在现有9家代理行的基础上，2015年先后向总行申请与秘鲁中央储备银行、秘鲁农业银行和秘鲁GNB银行等三家机构建立代理行关系，与总行代理行中国国家开发银行、瑞士苏黎世州银行等交换了SWIFT密押，建立了代理行关系。在营销代理行开户、存款等基本业务的同时，持续营销秘鲁金融银行、秘鲁IDF银行及秘鲁GNB银行等机构通过总行清算网络完成向中国的资金清算，并于2015年5月首先与秘鲁金融银行签订了清算协议，先后营销秘鲁GNB银行、秘鲁农业银行在本行开立了人民币清算账户。为弥补本行营业网点单一、尚未加入本地小额清算系统的不足，与秘鲁国民银行签订代理结算协议，借助其辐射全国的服务网络，办理本地结算业务。除与当地银行同业开展资金业务往来以外，积极同瑞士信贷银行等国际性、地区性大银行开展银团业务合作，成功参加了巴拿马拉美出口银行（BLADEX）牵头组织的对秘鲁农业银行银团贷款项目；通过离岸簿记的形式参加法国巴黎银行（BNP Paribas）银团贷款项目；从纽约分行买入对秘鲁矿企 Cerro Verde 公司银团贷款。

二是拓宽资金来源渠道，提高自筹资金能力。截至 2015 年末，累计吸收公司客户定期存款约 4.3 亿美元；累计吸收包括秘鲁证监局、财政部等在内的 11 家政府机构、1 家保险公司和 1 家商业银行的本外币定期存款累计约 1.23 亿美元，其中，吸收本币新索尔存款 1 941 万美元，有效地支撑了本币资产业务的发展。

三是深挖金融市场业务，提升业务深度和广度。在债券投资业务方面，2015 年以来通过秘鲁财政部平台参与政府机构存款竞标，提高了投资业务收益，全年累计投资秘鲁政府债券和央行票据 3 739 万美元，较去年同期增加 89%，成为子行资产配置的主要组成之一。在外汇买卖业务方面，累计办理代客外汇买卖 3 610 万美元，银行间外汇买卖 5 800 万美元，累计实现点差收益约 10 万美元。此外，本行还丰富了外汇买卖交易品种，成功办理首笔代客欧元新索尔交易和银行间美元人民币交易。在衍生品业务方面，自获得秘鲁银监局套期保值衍生业务许可之后，子行先后与秘鲁中央储备银行叙做了五笔货币掉期，筹集 5 000 万新索尔（约合1 519 万美元）用于购买秘鲁政府债券和央行票据以及贷款投放。

（三）凸显中资银行特色，人民币业务提速推进。

作为唯一在秘鲁获得运营牌照的中资银行，工银秘鲁以推动人民币在秘鲁的国际化进程为己任，积极推动人民币在秘鲁市场的推广使用。通过多次走访，子行同秘鲁央行就人民币业务合作达成共识，努力促使秘鲁央行将其部分外汇储备置换为人民币。秘鲁央行董事会现已批准与本行纽约、卢森堡、新加坡等分行建立代理行关系。同时建立健全人民币清算渠道，做好各项业务准备，积极争取当地人民币清算行资格。

（工银秘鲁）

非洲代表处

2015 年，在非洲代表处暨驻标行工作组全体员工的努力下，标准银行公司治理与经营业绩显著提升，与工商银行战略合作五年行动纲要正式出台，非洲市场拓展和贷后管理取得新的突破，国别研究和行业研究工作取得新进展，员工队伍和组织建设得到加强。特别是成功举办了“中非企业家论坛”、“中非投融资论坛”和“中非合作论坛峰会”等一系列重大活动，促进工商银行在非洲的市场地位和对外形象进一步提升。

一、主动参与、积极应对，促进标准银行公司治理与经营业绩双提升

加强对标银集团投资管理，确保投资安全、提升投资回报，是非洲代表处暨驻标行工作组的首要职责。2015 年标准银行面临新老董事长交替、标银公众股权出售、核心业务系统升级成本高企、南非国内经济发展滞缓、非洲其他地区风险增加、大宗商品价格低迷、外部监管机构调查频繁等一系列挑战，在公司治理与经营业绩方面遇到前所未有的困难。本行派驻董事认真分析标准银行经营动态与治理变革，及时向总行汇报有关情况，积极参与董事会及有关委员会的专题讨论，在坚决维护工行权益的同时支持与配合管理层工作，推动标准银行实现公司治理与经营业绩双提升。2015 年标准集团实现核心净利润 220 亿兰特，较上年增长 27%。股本回报率为 15.3%，较上年提高 2.4 个百分点。不良贷款率 3.2%，与上年持平；信贷成本 0.87%，比上年下降 0.13 个百分点。在国际会计准则下，2015 年标银集团归属普通股股东净利润 238 亿兰特，比上年增长 33%。

二、深入沟通、多方协调，非洲业务战略合作与市场拓展取得新突破

不断加强与标行沟通协调，通过定期召开战略合作例会、参与标行团队工作等多种形式，积极探讨深化战略合作的方法和途径，双边战略合作捷报频传。

一是在南非、肯尼亚、埃塞俄比亚三国成功举办“中非企业家论坛”系列活动。其中在南非举行了以“非洲腾飞·中国助力”为主题的论坛峰会，中非企业家代表和当地政要 150 余人出席，共同探讨了非洲的整体投资机会，并就多元化投资、金属与矿产等领域进行了分论坛讨论；在肯尼亚举行了以“发展中国与东非

的伙伴关系”为主题的论坛峰会，中非企业家代表和当地政要100余人出席，重点探讨了东部非洲的投资机会，并就电力基础设施、石油与天然气等领域进行了分论坛讨论；论坛期间在南非成功举办了工行、标行2015年战略合作会议，双方共同签署了《全面推进战略合作关系的五年行动纲要》，奠定了未来五年（2015—2020）两行战略合作的基础框架。系列活动的成功举办，为中非企业家面对面探讨业务机会提供了交流平台，进一步扩大与“走出去”和“引进来”客户的合作范围，挖掘并提升客户价值，获得社会各界热烈反响。

二是抓住我国与50个非洲国家举办“中非合作论坛峰会”的机遇，配合总行组织和推动了一系列重大活动。峰会举办期间，总行时任行长易会满在习近平主席与南非总统祖玛见证下与标准银行集团联合首席执行官 Sim Tshabalala 共同签署了总金额为100亿兰特的兰特发债合作协议，并作为两个受邀的中国企业家之一参加了南非总统祖玛主持的欢迎晚宴；易会满行长和张红力副行长参加了“中非企业家大会”开幕式，易会满行长作为唯一的企业代表作了“金融架起中非经贸合作的桥梁”的主题发言。活动期间，易会满行长和张红力副行长率团会见了六位非洲国家元首，扩大了本行在非影响力；与标准银行、国家发改委联合举办了以“建设可持续发展的非洲”为主题的中非投融资论坛，论坛期间，本行还和标准银行共同宣布将推出专门服务中国和南非双边汇款的金融产品“中国—南非直联汇款”；与标准银行集团召开了战略合作会议，就两行《战略合作五年行动纲要》的落实情况及下一步合作重点进行了探讨。

三是发挥在非洲市场的桥头堡作用，加强联合营销，携手拓展非洲市场重点项目。配合总行部门，突出和标准银行在基础设施、能源、电力、通讯等重点领域的重点项目合作，密切跟踪了南非核电项目、金风科技新能源投标项目、100亿兰特债发行、南非 ACWA 电力项目等多个重点项目。其中南非 ACWA 电力项目，标行2亿兰特贷款已于2015年10月完成提款，本行10亿兰特已于2015年11月完成提款。

三、稳健开展本行在非项目前期营销及贷后管理

受总行专项融资部委托，代表处对工商银行在非的8个重点项目进行贷后管理，贷款余额超过百亿元人民币。2015年，代表处先后赴14个国家出差50多人次；贷后检查项目8个，涉及融资金额35.4亿美元；跟踪项目24个，涉及融资金额超过140亿美元。同时加强在非项目的前期营销，2015年在非洲共审批通过项目11个，新增承诺贷款金额28亿美元，其中已签署贷款合同项目6个，合计金额约21亿美元。

四、开拓思路、谋求创新，国别分析与行业研究工作取得新进展

广泛收集非洲宏观经济及项目信息，深入进行国别分析与行业研究工作。一是全年编辑报送《非洲快报》50多期，对蕴含的可行业务机会，及时向总行及相关兄弟机构进行通报，内外联动，共同捕捉市场机会。二是编辑出版《2014年非洲国别大事记》。对2014年度非洲主要国家的大事进行摘选、编撰，涵盖33个非洲国家，包括宏观经济数据、政治局势、各行业重大事件，以及重要项目进展等内容。三是顺利完成《非洲重点行业分析报告》。对涉及能源、电力、矿产、基建、银行等五大类的17个子行业，结合非洲自身的特点，进行了较为深入的研究工作。

（非洲代表处）

浙江平湖和重庆璧山工银村镇银行

一、浙江平湖工银村镇银行

截至2015年末，平湖村镇银行各项存款余额10.8亿元，贷款余额14.9亿元，实现各项利息收入1.22亿元，实现净利润3 163.9万元，较同期增加3.42万元；资本充足率为20.3%，核心资本充足率为19.2%，同比分别提高0.5个和2.5个百分点；拨备覆盖率达794.89%，同比提高141.5个百分点；不良贷款余额1 343万元，较同期减少18.5万元，不良率为0.9%，较同期下降0.1个百分点，低于全省村镇银行平均水平，不良贷款实现“双降”。

（一）优结构，努力拓展优质存贷新市场。

1. 多措并举，促进存款稳定增长。截至2015年末，各项存款余额10.8亿元，其中对公存款余额6.1亿元，较年初增加6 814万元，占比由年初的49.3%提升至56.6%；个人存款余额2.68亿元，较年初增加1 203万元，占比由年初的23.1%提升到24.8%；保证金存款余额2亿元，较年初下降1.02亿元，占比由年

初的 27.5% 下降至 18.6%，存款结构进一步优化。

一是全力开展拓户增存活动。先后组织开展了“拓户增存”，“到期转存”和“空白户”等系列营销活动，全年共新增对公和个人客户 5 627 户，新增存款 3 550 余万元。

二是不断挖掘客户资源。实施产品与服务联动营销策略，拓展网上银行、银行卡、代发工资、集零储蓄和小贷户积数存款等客户和市场。全年新增发卡 5 527 张；累计代发工资 6.41 万人次，较上年增加 7 055 人次，累计代发工资 2.13 亿元，较上年增加 2 955 万元；累计集零收储额 1.06 亿元；新增网银客户 29 户，新增有效交易户 23 户，网银有效交易户数达 284 户，累计交易量达 130.3 亿元，推进了“先有流量再有增量”目标的实现。

三是持续探索深化支农合作模式。以“强村计划”、“村级经济合作社”、“农村社区建设”和“农业综合化发展”为切入点，制定了《无贷户存款维护管理办法》，建立了 10 万元以上无贷存款户走访、交流、积分回馈、通报、培育等五项制度。2015 年末镇、村、局办、协会、寺庙等存款余额达 1.2 亿元，10 万元以上无贷户日均存款余额 4.78 亿元，占比由上年的 39.4% 上升到 47.4%。

四是大力拓展存款新增长点。2015 年针对央行连续五次降息带来的影响，充分发挥小法人银行“灵活、快捷”的特色优势，及时收集和分析同业出台的利率政策信息，测算成本，采取差异化营销策略，推出了“保利增值”等存款产品。同时积极组织开展了“亲友存款”、“节日存款加息”、“生日祝福”和“扫街扫市”、“进村、进企、进社”蹲点以及流动服务车进社区、进市场等系列营销活动。与文化部门合作开展“百场电影下乡”、“电视天天看”和“短信周周发”等宣传活动，广泛宣传和提升品牌形象，共吸收存款 4 531万元，收到了良好效果。

2. 实施“两退两进”策略，不断优化信贷结构。

一是“退劣、退大”，主动分散风险。在调整信贷结构中，按照“四类标准”进行授信管理，明确“进、退、清”目标，重点对关联贷款、关联担保、大额贷款实施调退策略，进一步规范集团授信管理。全年盘活优化存量贷款 6 000 多万元，纳入集团授信管理企业 73 家，调退大额贷款 1.77 亿元，取得一定效果；切断和收回关联贷款和关联担保贷款 5 300 万元，调整和收回“五行业”融资 1.5 亿元，压退银行承兑汇票余额 2.25 亿元，票贷比从年初的 51% 降至 36.3%，大额贷款余额和“五行业”融资占比分别比年初下降 11.3% 和 2.8%。

二是“进优、进小”，不断探索“支农、支小”新路子。坚持“支农、支小、拾遗补阙、差异化发展”市场定位，一方面积极组织开展金融产品和服务“进村、进社、进户、进场、进企”营销宣传活动，另一方面积极依靠和发挥支农信息员、协会和社区联络员的作用，通过各种对接会、见面会、洽谈会等方式，了解同业情况，制定差异化服务方案，创造竞争优势。如“8 万元、8 年期、免担保、分期还”小额信用贷款方式，赢得了“小贷户”的青睐。2015 年，先后向鱼圻塘、陆沼、徐家埭、虎啸桥等 10 个村发放了“易贷通”小额授信卡近 4 000 张，已有 285 个客户得到信贷授惠。全年新拓展小优信贷客户 262 户，发放贷款余额 2.16 亿元，户均贷款为 82.4 万元。

（二）提质效，逐步形成自身发展新优势。

1. 进一步分类细化客户和市场目标，向管理要效益。按照监管部门提出的“户均贷款 80 万元以下”，“100 万元以下贷款客户占比达到 80% 以上”，“500 万元以下贷款余额占比达到 80% 以上”的要求，重点做好调整和置换工作，按名单制管理要求，调整和腾退大额贷款占比较高的制造企业和建筑企业贷款，管好用好收回移位再贷款资金的投向和总量，促进贷款向效益和效率更高、风险更小的客户和区域配置，不断提高经营效益。

2. 向“新客户、新存款、新资源”要效益。以拓展无贷户、挖掘有贷户资源为抓手，努力向低成本资源、渠道要存款，积极落实拓户提质、联动营销、差别化存款利率成本考核等措施，努力减少同业拆借资金数量，降低资金占用成本，通过优化客户和负债结构，逐步提升质量效益。

3. 保持一定的利差水平，向定价要效益。对现有客户资源结构进行重新评估，按照制定的《贷款利率定价指导意见》，突出以“风险、贡献、担保”作为贷款定价的依据，实施“错配利差办法”提高贷款收益，进一步提高贷款定价水平。

（三）控风险，不断完善内控案防新机制。

1. 切实加强风险管理，守住风险底线。

按照锁定存量风险，关注增量风险的要求，设定防线，以抓好潜在风险贷款的转化、不良贷款的清收和核销及新增逾期欠息贷款的催收和转化为重点，一方面健全授信委和贷审会制度，严格按照“支持、调整、压退、清收”四类标准进行分类，确定压退、清收的具体目标，通过审批、约谈、监测等环节的控制，落实清退措施；另一方面进一步加强对“显性、隐性、特性”三类贷款企业的管理，在真实反映资产质量的前提下，合理设定防控目标，对关联企业、融资大户和建筑、钢铁、玻璃、小型服装加工和小型贸易等五个低效、相对风险较高的行业企业实行了名单制监测管理。通过强化“三色预警”、“贷审会”、“风控会”、“现场约谈”、“切断关联”和“贷后管理评价考核”等措施，有效地化解和控制了存量风险和新发生风险，不良贷款实现“双降”。

2. 进一步加强风控机制建设，努力提高合规管理水平。切实抓好案防薄弱环节的整治、风险排查和内控合规制度建设，突出风险治理。进一步落实“七项检查”、“一卡八制度”工作措施，先后组织开展了“两加强两遏制”、“平安银行”和“清雷防险”检查、“全面风险自查”和“内控合规突击检查”等检查活动；建立和完善各项内控制度，制定和完善了《内控网络人员履职管理办法》、《员工违规行为处理规定》、《非工资性费用管理办法》、《贷款管理评价考核办法》和《账销案存管理办法》等制度和办法；组织开展“学制度、排风险、强意识”和廉政警示教育等内控主题教育活动，进一步提高员工的内控防范意识。把风险责任与绩效考核挂钩，将信用风险、操作风险、制度执行、落实监管指标执行情况和员工行为动态纳入客户经理浮动工资和全员综合绩效、贷后管理评价和风险责任金考核之中。通过加强风控机制建设，全体员工的合规经营、合规操作、制度执行和内控防范意识有了进一步提高，切实防范了“以习惯代替制度，以情面代替规定，以信任代替管理”的问题发生。

（四）强素质，队伍建设再上新台阶。

1. 继续贯彻落实员工综合素质提升实施计划。组织员工参加银监、人行、工行、同业协会及教育培训机构组织的各类培训教育活动。在新常态下，不断加强形势分析和引导，认真贯彻学习中央、银监、工总行、分行等一系列政策文件精神。结合村镇银行的发展实际，先后组织开展了“我为村镇银行献计献策”、“共产党员争做五个模范”和“适应新常态、把握新脉搏、激发新动力”等主题讨论和主题授课活动。

2. 积极组织开展关爱员工活动。通过开展不同形式的座谈会、交流会、谈心会、家访和业务技术练兵、趣味运动会、慰问员工等言行于身、寓教于乐活动，营造了积极向上的良好氛围，激发了全体员工的工作动力和团队凝聚力。参加了全省新型农村金融机构首届业务技术比赛，获得团队第三名的好成绩。

二、重庆璧山工银村镇银行

2015年，重庆璧山工银村镇银行在总行、重庆市分行的指导下，坚持服务“三农”、服务璧山、服务小微的经营定位，坚持小额、流动、分散的经营原则，做好当地农户和小微企业金融服务，业务经营实现了稳步发展。

（一）主要经营情况。

截至2015年末，各项存款余额90 960万元，较年初增加20 096万元。其中储蓄存款余额16 459万元，较年初减少1 299万元（主要是定期存款下降1 749.52万元）；公司存款余额5 277万元，较年初减少4 643万元；保证金存款余额30 972万元，较年初减少6 183万元；同业存款余额38 220万元，较年初增加32 220万元。

各项贷款余额72 970万元，较年初增加9 537万元，其中公司贷款余额49 526万元，较年初增加9 044万元；个人贷款余额23 444万元，较年初增加494万元。不良贷款余额598万元，较年初增加560万元，不良贷款率0.82%，较年初增加0.76个百分点。累计提取拨备3 757万元，拨备覆盖率628%。

全年实现拨备前利润4 251万元、净利润2 025万元，资产利润率2%、资本利润率11.65%，成本收入比30.01%，较上年下降4.29个百分点。

（二）主要工作措施。

1. 积极做好新客户的营销。截至2015年末，单位基本存款账户88户，较年初增加51户；单位一般账户331户，较年初增加47户；个人账户20 387户，较年初增加1 003户。新客户的入驻，调整客户结构，优化资源配置，扩大业务范围，起到了积极的促进作用。

2. 多方面寻求负债业务的突破。在做好存量客户的维护、稳定和挖潜工作的同时，充分利用作为独立法人银行的优势，积极创新业务产品，于7月推出“月利宝”存本取息定期存款产品，获得广大客户好评，至年末累计吸引存款3 423万元。努力抓好源头揽存，借助业务合作平台和翡翠卡的功能优势，认真抓好代发工资业务，2015年累计代发工资客户43户，累计发放工资额9 660万元。

3. 坚持信贷服务“三农”、服务中小的经营定位。在“三农”服务方面，探索“公司＋农户”的支农贷款新模式。通过与璧山县养殖业龙头企业——特驱家禽养殖有限公司达成协议，由公司为农户贷款提供担保，解决了农户贷款难题。截至2015年末，“公司＋农户”贷款规模达到290户、4 900万元。在服务中小企业方面，坚持“支持一家农业企业，带动一方农民致富”的信贷投放原则，采用“公司＋基地＋农户”的利益连接方式，支持园林企业发展，带动一片农户增收致富，彰显了支农经营特色，收到了较好的社会效果。在积极支持“三农”和中小企业发展的同时，实施“区别对待，有保有压”的原则，推动信贷结构向良性转化，资产业务可持续发展。截至2015年末，累计退出信贷客户50户、17 539万元。

4. 加强各类风险管控。一是加强信贷管理，强化贷后检查和作业监督，全年开展信贷检查5次，发出作业监督质询书3份，整改通知书12份，召开信贷风险分析会7次、内控暨操作风险管理委员会12次。二是强化担保公司的风险管控。针对融资性担保机构风险频发和合作的担保公司多为个人合伙的私营企业等特点，对担保公司增加了股东及其配偶承担连带担保责任的风险管控措施，进一步巩固了信用风险防控体系。三是加强内控制度建设。结合自身经营特点，建立了覆盖业务经营与内部管理的制度、办法和规程，逐步完善了公司治理、风险管理、内控合规、业务管理、财务管理等150余项制度，实现了“一项业务，一个制度，一套流程”的管理要求。四是强化检查监督。结合重庆银监局“员工行为管理强化年”活动要求，将员工行为排查与日常案件风险排查相结合，开展了消费权益保护工作自查、一加强两遏制等13项内控检查。对员工是否参与民间借贷、非法集资、充当资金掮客、洗钱、涉黄、涉赌、涉毒、经商办企业、从事超自身经济能力的高风险投资、过度消费及负债、频繁请假等进行了重点核查。

（浙江分行、重庆分行）

第三部分

公司治理与风险管理

责任编辑：盘为龙

公司治理机制建设

2015 年，本行严格遵守营业所在地和上市地的法律法规和相关监管规定，把完善公司治理作为经济新常态下应对挑战和把握机遇的关键举措，不断强化股东大会、董事会、监事会和高级管理层的履职机制和有效制衡机制，积极推进经营转型，加强集团全面风险管理和内部控制，促进各项业务健康可持续发展。

一、持续优化公司治理架构，确保“三会一层”高效运作

（一）高效有序推进董事换届工作。2015 年，本行董事会共有 13 人次换届，其中包括 6 位首次担任本行董事，5 位董事连选连任，以及 2 位董事任期届满离任。本行以充分发挥董事会战略决策和公司治理核心作用为目标，坚持依法合规，统筹谋划，有序衔接，顺利完成董事会换届调整工作，确保董事会架构完善合规、成员结构多元合理。

（二）积极维护股东各项权益。2015 年，本行共召开 1 次股东年会和 2 次临时股东大会，审议通过了 24 项议案并听取了 3 项汇报，参会股东及股东代表 3 558 人次，比 2014 年增加了 32.6%，会议的召集、召开、通知、公告、提案、表决等严格遵守相关程序，充分保障了沪港两地投资者的权益。2015 年，本行顺利完成境外优先股派息工作，成为全球首例以人民币、美元和欧元三个币种同步派发股息的银行。其中人民币优先股股息派发开创了全球银行业先河，欧元优先股股息派发亦是亚洲银行业首例。2015 年，也是沪港通开通以来首次派发股息，本行制定了精细的分红派息时间表和分工表，按时、准确完成了 A 股和 H 股股息派发，充分维护了投资者关系和资本市场声誉。

（三）董事会充分发挥战略决策作用和公司治理核心作用。2015 年，面对复杂的国内外经济形势，本行董事会积极推进并加强全面风险管理，以公司价值可持续增长和股东利益最大化为根本目标，坚持市场导向和商业银行经营原则，加强集团治理，强化内部控制，持续提高信息披露和投资者关系管理水平，加强董事会自身建设，圆满完成了全年各项工作任务。2015 年，本行共召开董事会 8 次，审议议案 58 项，听取汇报 23 项；召开董事会专门委员会会议 24 次，审议议案 37 项，听取汇报 24 项。同时，董事会积极开展战略研讨，通过一年一度的战略研讨会分析讨论转型发展的战略目标、机构和业务布局、集团化资源配置和整合、全面风险管理等问题，并持续关注战略、规划和决策的实施情况，有力促进了经营业绩的平稳增长。

（四）监事会认真开展监督工作。一是不断加强履职监督工作。认真研究分析本行在经济新常态下重大战略决策调整和执行情况，深入开展公司治理、经营管理和监督情况的调研，加强对董事会、高级管理层及其成员履行责任和执行职务行为的监督，并及时按规定向股东大会和监管部门报告履职评价情况。二是加强财务合规性、真实性监督。认真审核定期财务报告，加强外部审计师的沟通与监督，有针对性地抽查分支机构财务收支账务，核实财务信息真实性情况。按季度听取全行经营情况的汇报，按月监测分析境内分行、境外及控股机构财务数据和指标变化情况。定期对重要财务决策和执行情况进行监督，重点关注授权审批程序的合规性和会计核算的真实性，组织开展财务资源配置有效性专项调研，提高财务资源配置有效性。三是进一步深化风险管理监督工作。密切关注经济新常态下银行经营面临的主要风险和突出问题，加强对集团风险管理体系的监督，以资产质量监督为核心，加大对潜在性、苗头性、倾向性问题的风险提示，开展资产质量和经营情况的专项调研和督导。关注资本市场波动对本行市场风险的影响，加强对金融市场、互联网金融等新兴业务风险的监督力度，及时提示风险。四是加强内部控制体系有效性监督。重点关注新常态下本行内部控制反映出的体制性、机制性和制度性问题，重视监督检查的整改与问责情况，组织开展内部监督体系有效性专项调研。五是加强监事会自身建设。组织修订《中国工商银行股份有限公司监事会对董事会、高级管理层及其成员履职监督办法》和《中国工商银行股份有限公司监事会对董事会、高级管理层及其成员履职评价规则》，为监事会依法履行监督职责打牢制度基础。完成了部分监事换选工作，组织开展对监事的年度履职评价工作，加强培训和同业交流，不断提高履职能力。

（五）管理层统筹抓好各项工作，实现良好经营业绩。面对经济新常态下错综复杂的经营形势，管理层进一步把经营的重心放在转型升级、提质增效上，把发展的动力转向机制改革、结构优化、新增长点的培育上，把管理的着力点聚焦到提升风险控制的前瞻性、针对性和实效上，努力在严峻复杂形势下保持平稳健康发展，

提升服务实体经济的水平。本行全年经营总体呈现出稳中向好、稳中有进、稳中提质、稳中出新的良好态势。2015年，本行实现净利润人民币2 777.2亿元，比上年增长0.5%，资产质量总体保持稳定，资产管理、投资银行、互联网金融等新动能加速壮大。

二、不断完善公司治理制度，进一步健全“决策科学、监督有效、运行稳健”的公司治理机制

（一）修订完善公司治理基本制度。根据本行经营规模不断扩大及境外机构业务快速发展的需要，修订了股东大会对董事会、董事会对行长两项授权方案，完善了公司治理制度框架，并进一步明确了公司管治主体的职责权限边界。

（二）加强全面风险管理体系建设。印发《2015—2017年风险管理规划》，提出未来三年风险管理目标和管理措施，进一步完善全面风险管理体系。推进落实系统重要性银行等监管要求，做好集团并表风险管理，深化国别风险管理，提升集团市场风险管理水平，规范开展产品控制工作，强化资产管理业务风险管理，推进资本管理高级方法实施。

（三）完善内部审计体系。围绕发展战略和中心任务，实施以风险为导向的审计活动，全面完成年度审计计划。持续优化内部审计管理模式，积极推进审计项目精品化、审计方式信息化和审计团队专业化。全面深化外部审计协调职能，营造和谐的外部监管环境。不断完善内部审计制度体系，加强专业实务建设，增进审计同业交流，提升审计人员职业素养，持续提升审计工作的质量和水平。

（四）强化内部控制。以集团一体化为指导，健全内部控制基本制度。制定《2015—2017年内部控制体系建设规划》，确立新时期集团内控建设基本框架。加强集团制度统筹，完善制度标准化建设机制。组织开展境内分支机构内控评价，提升评价质量和效率。优化监督检查统筹，修订监督检查整改制度，确立全闭环整改管理流程。持续推进内控信息化建设，推广合规指数和文本挖掘等新技术，加强内控监测分析。

（五）不断提高公司透明度。秉承“真实、准确、完整、及时、公平”的信息披露原则，以投资者需求为导向，不断提高自愿性信息披露的深度和广度。严格执行内幕信息及知情人管理制度，防范内幕交易，充分保障广大股东的利益。通过境内外路演、业绩推介会、反向路演、日常接待等多种形式，加强与投资者的沟通交流，打造专业、高效的投资者交流平台。

三、积极开展公司治理研究，进一步加强公司治理理念的宣传和推广

（一）积极开展公司治理研究。在“One－ICBC”理念指导下，通过确立管控模式、健全治理架构、完善治理制度等方式不断加强子公司的治理建设，积极开展子公司治理情况搜集和分析研究工作，促进集团公司治理的全面性、一致性和有效性。并根据实际工作需要，积极参与和开展全行重点课题《金融集团透明度建设研究》，深入探索了以加强透明度建设为手段提升工银集团市场价值、品牌价值、经营管理能力和行业话语权的有效路径。

（二）进一步加强公司治理奖项参评、对外宣传和交流工作。2015年，本行荣获香港上市公司商会“公司管治卓越奖”、《财资》杂志“全优公司白金奖”、香港管理专业协会“优秀企业管治资料披露奖”等19项境内外公司治理的重要奖项。

（总行董事会办公室、监事会办公室）

投资者关系管理

2015年，世界经济仍处于国际金融危机后的深度调整期，中国经济面临诸多挑战和困难，银行业盈利增速放缓、信贷风险逐步释放。伴随着经济调整下的全球资本市场持续动荡，投资者对中国银行业发展前景出现分化。在此背景下，本行通过定期业绩发布会、路演和投资者会见、主要股东分析等工作，积极做好投资者精准沟通，有效引导市场预期、抚平市场情绪，推动了本行估值修复和市值稳定。截至2015年12月31日，本行市值2 428亿美元，位于全球同业第三，中国同业第一。

一、依托定期业绩发布和形式多样的投资者沟通，回应市场关切，增强投资者信心

2015年，本行高质高效地通过大型现场会或全球电话会议的形式举办了四次定期业绩发布活动。根据全球投资者分布特点，赴北美、欧洲重点国家和国内重点

区域开展了多层次的境内外路演。依托摩根士丹利、摩根大通、美银美林、瑞士信贷、野村证券、中信证券、国泰君安等多家投行组织的大型论坛和投资者交流会，以及上交所"上证 e 互动"、分析师交流群等新型网络平台，多维度、全方位地加强与投资者、分析师的沟通。全年与境内外 550 余家投资机构、合计 5 000 余人次进行了形式多样、传递有效的互动沟通，向投资者展示了本行积极有序的经营转型举措和可持续发展潜力，增进了境内外投资者对中国经济发展和本行经营转型的信心，并储备了一批有价值的潜在投资者，有效保障了本行股价的总体稳定运行。

二、深入研究新常态下宏观经济与资本市场的政策调整和变化趋势，加强研究分析

本行始终坚持对国际国内宏观经济形势的分析和研究，客观评价国内外宏观经济走势，认真研究货币、汇率、财政等宏观经济政策，引导市场正确预期；在业绩发布前后的市场关注期，撰写同业业绩、战略动向比较报告和分析师评析报告，为管理层决策提供参考；跟踪监管部门新规和市场化改革政策，深入分析可能对本行市值和业务的潜在影响，研究分析资产质量、互联网金融、利率市场化、资本工具创新等市场关注问题，在主流媒体发表了一系列专题研究报告，取得了良好的宣传效果。

三、依托精细的股价日常监测和市值异动分析，强化投资者分类服务

（一）加强定期市值监测与管理。定期监测本行及可比上市公司市值变动，编制并发布"全球前十大市值银行"和"全球十大上市公司"等监测信息。密切跟踪本行与可比银行市值变化，每日编制股价和市值情况快报。

（二）全面监测全球宏观经济、股市、债市及银行业股价。定期制作国际国内可比银行股价及全球股指变动情况表、中资银行及国际主要银行股价波动图、本行及可比银行 H 股和 A 股溢价变动趋势图等监测材料，每月监测全球股市及本行股票表现，研究分析相关原因和走势，编写《资本市场监测月报》。

（三）精确掌控股东数据变动。定期关注并分析 A 股股东和 H 股全球股东认证数据变动，基于投资者持股数、公司类型、地域等数据反映的新情况，定期主动与重要潜在投资者交流，展示本行投资价值。

四、成功完成境内优先股发行工作

2014 年，在全面执行新资本监管要求的背景下，本行确定了通过发行优先股补充其他一级资本的决策。根据总募集不超过 800 亿元等额人民币的整体发行框架，2014 年本行已完成不超过 350 亿元等额人民币的多币种境外优先股发行工作，2015 年本行进一步成功推进并顺利完成剩余 450 亿元额度的境内优先股发行。

在发行方案设计方面，本行参照境外优先股与同业范例，合理确定具体发行条款，确保满足监管要求及市场惯例。在发行时间窗口选择方面，积极推进内部审议与外部监管审批程序，全方位、多层次地开展监管沟通工作，创造性解决了发行时间窗口问题，确保年内如期完成发行计划。在筹备发行方面，根据本行经营战略、业务优势及转型成果，高质量编制募集说明书，合理引导评级机构给予最佳投资评级，为顺利通过监管审批、凝聚投资者需求及合理定价奠定基础。在簿记发行方面，采用"定点询价、精准营销"的策略，最终实现了低端定价，4.5% 的股息率较农业银行、中国银行二期优先股 5.5% 的股息率低 100 个基点，预计每年可节约股息成本 4.5 亿元。本次优先股发行将提升本行一级资本充足率 34 个基点，进一步夯实了一级资本基础。同时，通过本次境内优先股发行，本行进一步密切了与重点客户的战略合作关系，夯实了投资者基础，为更有效地开展投资者关系管理工作创造了有利条件。

（总行战略管理与投资者关系部）

履行社会责任

作为国内首家加入联合国"全球契约"的商业银行，本行始终立足经济社会发展的普遍诉求，服务于经济与社会可持续发展大局，牢记自身肩负的使命和企业公民应尽的责任，矢志实现经济、环境、社会的综合价值最大化。2015 年本行履行社会责任的良好表现赢得广泛认可，荣获"年度最具社会责任金融机构奖"、"亚洲最佳社会责任奖"、"最具责任感企业"等多个奖项，并连续多年入选香港恒生可持续发展企业指数系列全部指数。

一、服务实体经济，助力改善民生

本行坚持金融服务实体经济的本质要求，把握信贷

投向和节奏、严控信贷风险，支持实体经济提质增效。截至2015年末，各项贷款余额119 334.66亿元，较上年末增长8.23%。培育拓展新能源、高端装备、高端制造等战略性新兴产业市场。战略性新兴产业贷款余额3 697.29亿元，增长11.99%。鼓励重点分行成立文化产业相关业务专营团队，构建专属融资产品体系。文化产业贷款余额1 754.57亿元，增长14.36%。发挥区域信贷政策对区域协调发展的促进作用，形成自贸区信贷政策体系，推进欠发达区域信贷业务健康可持续发展。中西部地区贷款余额38 394.09亿元，增长10.02%，高于境内分行各项贷款平均增幅2.07个百分点。探索线上标准化与线下专营相结合的小微金融发展新模式，小微企业贷款增加1 617亿元，增长9.4%。改善农村金融服务，加大“三农”尤其现代农业信贷支持。涉农贷款余额19 978.69亿元，比上年末增加609.68亿元。支持消费扩大与升级，成立个人信用消费金融中心，开展全线上信用消费贷款业务。个人金融资产质押贷款累放量为2014年的5倍，创历史最高水平。

二、致力服务创新，塑造全球品牌

本行推进“服务体验建设年”主题活动，全面提升服务品质。2015年客户致电“95588”表扬2.5万件，窗口服务满意度99.04%，151人荣获银行业协会“明星大堂经理”称号，355家网点获评银行业协会“文明规范服务星级网点”。在国内银行业率先完整发布互联网金融品牌，推出e－ICBC发展战略，以融e购聚合客户与商户，以融e联创新信息沟通与客户服务，以融e行打造开放共享的互联网金融新生态，通过网络融资中心为客户提供全新融资体验。推广智能服务模式网点3 000余家。完善海外布局，助力人民币国际化，为中资企业“走出去”提供全面金融支持。截至2015年末，在42个国家和地区建立404家境外机构；在全球银行业率先构建起横跨亚欧美三大时区的7×24小时不间断全球人民币清算服务体系；累计支持中国企业“走出去”项目170个，承贷总额427亿美元。

三、倡导绿色金融，推进生态友好

本行将绿色低碳理念融入金融服务全过程。2015年修改或制定60个行业（绿色）信贷政策，绿色经济领域贷款余额7 028.43亿元，增长7.3%，高于同期公司贷款余额增速3.88个百分点。坚持“绿色信贷一票否决制”，对钢铁等5个产能严重过剩行业劣势客户融资余额下降155.8亿元。将绿色信贷相关指标纳入高管及分支机构绩效考核体系，构建多层级、多渠道绿色信贷培训体系，并在中国金融学会绿色金融专业委员会指导下，就“环境因素对商业银行信用风险影响压力测试”进行研究，选择水泥和火电行业，在思路、流程、模型和结果上取得突破性进展。加快电子渠道建设与创新，全面升级绿色服务。个人及企业网银用户分别增长11.6%和12.5%，电子银行交易额增长30%，电子银行业务笔数在全行业务笔数中占比升至90.2%。开展“美丽中国自觉行”活动，提高员工环保意识，以植树造林、义务清洁等实际行动致力绿色公益。持续推进办公信息化建设，创新节能减排模式，降低车辆能源消耗。

四、强化内控合规，建设诚信金融

本行持续完善全流程消费者权益保护机制。2015年开展相关培训4 500余场，培训员工15万余人次。制定2015版服务价目表，收费项目比2014年减少49项，无新增和调高收费项目。健全投诉管理工作长效机制，在中国质量协会客户满意度调查中排名可比银行第1位。完善常态化消费者金融知识宣教体系，开展“3·15主题宣教”等集中宣教活动。制定首个覆盖全集团的内部控制体系规划，推进跨国别、跨机构、跨区域、跨监管廉洁自律建设。深化“最安全银行”建设，构建全覆盖、全渠道、全天候的立体化、智能化防控电信诈骗网络，帮助客户查堵电信欺诈5.87万余件，避免损失7.06亿余元；与公安部建立全功能、全业务条线的网络协助执行查控平台，参与建立完善社会诚信与失信惩戒体系；推动报警监控联网综合管理平台建设，开展应急演练。完善集中采购管理体系与运营机制，禁止不良行为供应商参与集中采购。深化反洗钱集中处理和综合试点改革，积极配合监管和执法机关反洗钱调查、涉恐资金查控及国际追逃追赃，加大反洗钱宣传力度。

五、保护员工权益，创建和谐金融

本行持续完善劳动用工制度，依法合规做好劳动合同签订及员工福利保障。发挥职代会在经营发展和员工利益相关重大事项上的作用，工会建会率100%。建立健全涵盖多岗位类别，“纵向可晋升、横向可交流”的新型职业发展模式，实施“十大专业型人才培训工程”。2015年完成培训5.2万期，参训员工415万人次，人均受训11.4天。推动多元融合，全集团聘用外籍员工8 586人，增长18.6%，并积极组织境外当地雇员到境内机构交流工作，评选全球荣誉雇员。定期组织员工体检，推动孕期哺乳期女员工“爱心妈妈小屋”建设，推进员工心理健康关爱工程。创新员工救助机制，试点“小额度、多频次”专项救助，全年总部共发放特困救助金8 000万元，累计救助慰问困难员工3万人次。依托1 623个离退休人员活动中心和17所自办老年大学开展文娱活动，推动“物质养老”、“待遇养老”向“文化养老”、“快乐养老”转变。

六、参与公共建设，培育公益理念

本行坚持社会效益和经济效益有机统一，2015年公益投入5 575万元。在四川投入定点扶贫资金1 160

万元、信贷资金5亿元，开展优秀山村教师表彰、优秀贫困大学生资助、金融服务扶贫等主题活动。向“健康快车光明行”捐赠300万元，帮助1 550名贫困白内障患者免费实施复明手术，并积极开展天津港爆炸灾后金融服务、西藏地震灾区捐款等活动。连续六年举办“工商银行杯”全国大学生金融产品创意设计大赛，个人助学贷款余额7.09亿元。向中国法律援助基金会资助160万元，支持“1+1”法律援助支援者行动，法律服务地达108个县（区）。开展青年志愿者活动623场次，参与青年人数33 275人次，累计服务约2.5万小时。依托融e购开创“线上公益”电商平台，筹款捐建9个“希望工程快乐美术教室”，并赴西藏、青海开展“爱目行动”，为6 000多名贫困儿童做免费视力诊断。集团各境内外分支机构还积极探索适合自身的经济责任与社会责任协调可持续发展模式，开展了“银行与您，关爱同行”、“爱心食品捐赠”等公益活动。

（总行战略管理与投资者关系部）

子公司公司治理及股权投资管理

2015年，本行根据《自营业务管理规定》及子公司股权投资管理细则等相关要求，持续做好子公司股权投资授权与监测，稳妥推进新增股权投资审核准入，在助力集团深入实施国际化、综合化发展战略，加快风险化解，实现价值更高、结构更优的盈利增长方面发挥了较好的功能作用。

一、规范子公司股权投资的授权管理与监测督导

一是完成2015年度境内外子公司股权投资基本授权及工银泰国租赁业务SPV投资授权调整。依托授权管理流程，引导子公司根据集团统一的风险偏好，稳健发展有关业务。二是加强对子公司股权投资管理的导向性和实效性。在总行相关部室建立响应子公司需求的联系人机制，就子公司股权投资相关业务发展中面临的信息系统引进、产品创新、人才培训及资金业务等方面的瓶颈提出支持措施。三是持续做好子公司股权投资监测分析，建立总行层面通报和响应机制。完成2014年和2015年各季度监测分析，在战略性股权投资发展管理、自有资金投资非上市非金融企业股权、SPV投资管理等方面向相关控股子机构提出了针对性的管理建议，促进其改进管理基础，有效防范风险，提升投资管理效益。

二、审慎论证子公司新增股权投资与处置

一是完成设立工银家族财富管理公司的论证审批，深入分析境内外家族财富管理业务面临的法律环境，确立了新设机构公司治理模式和管理架构。二是完成工银安盛资产管理有限公司的论证审批，并加快推动保监会批准筹建申请。三是完成工银国际与长城、华融分别合资设立两家不良资产管理平台项目的论证审批。四是完成工银安盛参股投资中保投资有限责任公司的论证审批，以少量战略性投资，带动后续获得中国保险投资基金优质项目跟投机会。五是完成工银亚洲向华商银行增资的论证审批，深入分析华商银行近年经营管理情况、财务业绩、战略定位，论证增资方案的必要性和可行性，以及增资后发展规划，并获得监管许可。六是完成工银泰国减持FSS证券的论证审批。七是梳理分析集团PE基金相关业务发展和管理现状、国内PE基金市场情况，提出加强集团PE基金相关业务统筹管理的思路。深入比较母基金与单一项目PE基金投资在风险控制、投资收益、业务运作模式等方面的差异，完成资产管理部设立理财母基金签报和可行性研究报告；论证工银资本对投行业务转型和集团PE基金业务发展的意义，PE基金和直接股权投资市场环境，研究工银资本治理架构、人力资源管理、预算考核、授权、风险控制等管理机制，完成投资银行部设立工银资本签报及可行性研究报告。

（总行战略管理与投资者关系部）

全面风险管理

2015 年，本行加强集团维度全面风险管理和市场风险管理，持续完善风险计量体系，推进资本管理高级方法实施，实现了风险管理水平的进一步提升。

一、进一步提升全面风险管理水平

（一）做好全球系统重要性银行相关工作。按照金融稳定理事会全球系统重要性银行（GSIFI）的相关要求，更新完善了 49 张数据模板、恢复计划 9 个方面、处置计划 6 个方面，完成 2015 年度恢复与处置计划更新。研究金融稳定理事会相关要求，对处置计划的可行性和可靠性进行自评估，形成 5 万字的可处置性自评估报告，配合监管机构完成可处置性评估。跟踪研究美国 EPS（提高审慎标准）及 CCAR（全面资本评估评审）监管要求，参与 TLAC（总损失吸收能力）国际监管规则制定，完善全面风险管理框架，研究国际清算银行《有效数据加总和风险报告原则》，开展 GSIFI 定量测算。

（二）完善全面风险管理制度体系。印发《2015—2017 年风险管理规划》，提出未来三年 16 个风险管理定量目标。修订印发《压力测试管理规定》，开展人民银行金融稳定压力测试，完成 ICAAP（内部资本充足评估程序）压力测试和 RRP（恢复处置计划）压力测试，完成信用风险、市场风险等多项专项压力测试。根据经营管理环境、监管标准变化和业务发展，研究完善全面风险管理框架，完成 ICAAP 报告，修订风险偏好指标体系。

（三）加强集团并表风险管理。根据监管指引，修订印发《并表管理规定（2015 年版）》，进一步明确了并表管理的基本要求。制订《集团内机构间业务管理办法》，规范管理集团内机构资金往来、融资担保等业务。加强子公司风险管理，落实子公司重要事项审核机制，按季度监控子公司风险指标，按年评估子公司风险水平与风险管理能力。

（四）推进国别风险管理。围绕“一带一路”战略和国际化、综合化战略，抓好重点国家的国别风险跟踪监测，揭示重要风险。国别报告范围进一步扩大，季度风险述评覆盖 40 多个主要经济体，累计发布 45 期《国别风险观察》。完善年度主权/国别评级体系，完成 130 个经济体主权/国别风险内部评级。加强国别风险敞口分析和限额管理，按月完成国别风险敞口统计及监管报表十多张，按季度完成集团国别风险报告，每半年进行一次压力测试，更新 197 个国家和地区的国别限额，按月监测限额使用情况，根据业务需求全年调整或调剂限额 20 余批次，覆盖 40 多个经济体。加强境外机构对接管理，及时完成工银标准、工银土耳其等新设机构的国别敞口并表统计。

（五）提升风险报告和风险管理委员会工作成效。持续提升风险报告水平，履行好向管理层、董事会的风险报告职责，按季度完成集团全面风险报告工作。结合新形势和风险新特点，探索加强分析报告的前瞻性，选取宏观经济和金融市场的不同假设情景，运用压力测试、风险热图等方式，分析内外部经营环境变化对风险状况的影响。按半年及时完成国内外同业风险分析报告，加强同业重点风险跟踪分析，完成各类专题风险报告和风险动态信息 18 份。

发挥总行风险管理委员会的决策平台作用，落实总行风险委员会年度工作计划，2015 年全年召开四次会议，共审议 12 项议案，听取 5 项汇报，审阅各项材料 26 份，督导决议落实并跟踪执行情况，有效发挥了风险管理决策作用。2015 年，总行市场风险管理委员会召开 4 次会议，审议和听取汇报议题 26 份，审阅报告 13 份。修订印发《风险管理委员会章程》，增加非现场审议方式，提高委员会运行的灵活性和有效性。

（六）研究以客户为中心的企业级大数据应用方案。研究运用大数据思维，打破产品间、业务间、行内外的数据隔断，建立以客户为中心的大数据应用体系思路，全面推进个人、公司、金融客户数据整合和运营体系、管理架构、风险管理的升级改造，实现审批自动化、监控集中化和营销精准化的目标。

二、持续提升市场风险管理工作

（一）提升集团市场风险管理水平。完善集团市场风险管理机制，修订《市场风险并表管理办法》，明确境外机构金融市场业务风险管理准入标准，制定分类管理标准和具体要求。从市场风险管理水平、限额情况、业务发展等方面，开展 36 家境外机构的市场风险管理评估。建立小币种外汇风险统计、境外人民币敞口统计分析机制。

推动全球市场风险管理系统延伸应用。完成工银亚洲交易账户主要产品业务投产，工银阿根廷债券业务数据直联项目投产，市场风险管理系统新推广到工银泰国（含清算行）等9家境外机构。完成11家境外机构外汇敞口数据验证，实现系统取数。通过现场支持、集中培训等方式，加强境外机构市场风险管理、计量方法和系统应用的指导培训。

完善集团市场风险限额管理体系。印发总行、境内分行、境外机构2015年度市场风险限额方案，细化限额指标设置，进一步明确超限类型和超限处理方式，增强了境外机构限额管理流程的规范性和可操作性。

（二）持续做好产品控制工作。完善集团产品控制管理体系。建立集交易业务事前、事中、事后全流程的风控制度体系，印发《金融市场业务产品控制管理办法》和《债务融资工具簿记建档监督管理办法》，修订《金融市场业务交易复核操作手册》，拟定《总行金融市场业务中台异地备份管理办法》。

规范开展产品控制日常工作。全年共审查审批事前风险控制参数237个，落实8家境外机构22个外购系统自带交易员参数设置；监督检查债券发行334只，涉及金额5 869亿元。全年完成40万笔交易复核，及时避免了资金损失。监控35家机构/部室200万笔新增交易、2 000万笔存量头寸，按日开展对账、价格监测、估值验证、损益分析等工作。

推进产品控制系统优化。优化产品控制系统，新覆盖金融市场部商品业务和贵金属业务部交易业务，延伸至工银新西兰、墨西哥等8家境外机构。新建簿记建档监督管理系统，实现监督工作电子化。新建集团市场风险分析平台，实现交易明细、估值、损益等数据入库，联通市场与信用风险数据。

（三）强化资产管理业务市场风险管理。开展理财投资底层资产穿透分析。加强资本市场投资等专门分析，首次开展了股票和债券投资底层资产穿透分析，建立季度定期报告机制。印发《集团资本市场业务（股票）风险管理办法》，明确自营和代理投资资本市场业务的管理框架、职责和管理流程等，设置权益类资产投资限额和股票投资比例指标，控制风险敞口，核定代理投资合作机构专项合作限额，防控合作机构集中度风险。

深化资产管理业务市场风险限额管控。印发资产管理业务市场风险限额管理方案，细分投资组合，增加止损、集中度等限额指标。按周/月监控资产管理业务市场风险情况，累计监测投资组合2万余只（次）。健全新业务的风险评估评价机制，构建新产品评估模板。

三、推进资本高级方法实施和风险量化体系建设

（一）完善信用风险内部评级体系及管理应用。完善模型监控机制，提高评级时效性和敏感性。建立了持续监控体系，按季度监控客户违约率变化趋势及预测、实际违约率突破阈值情况、定性得分偏高客户及违约情况、评级推翻情况，模型稳定性及等级结构迁徙情况。优化评级监测体系，客户风险发生变化时，系统及时生成等级待重评清单。实行系统刚性控制，评级有效期内未完成更新的客户下调等级。对于发生重大环评事件、企业主失联、诉讼、债券违约等突发事件的客户，及时对分行进行风险提示，督促其检查并发起评级更新。

提高评级模型风险区分能力。完成公司客户评级模型优化，细分行业进行违约分析和校准，研究保险、证券等金融机构模型优化方案，完善客户评级主标尺。完成外资代理行和境内商业银行细分评级模型开发，研究建立PPP客户评级模型框架，开发融e购小微商户评级模型。启动个人贷款动态LTV项目，研究个人押品LTV自动计量系统，基本实现中文地址模糊匹配、切词技术和评估模型开发。监测零售评分模型及资产池参数的区分能力，完成信用卡新申请客户评分、个人商用房贷款申请评分、零售信贷新产品风险预判等10个模型的优化。

加强大数据在内部评级中的应用。在评级模型和系统中引用人行征信等外部信息，进行级别限定和调整。在融e购商户模型中引入银行债务总额、对外担保信息。研究使用外部债券评级变动信息反映公司客户信用风险的隐含评级模型。研究内部评级监测预警方法论，提交系统需求。对存量客户企业信息进行分析，从中挖掘有价值的客户群。

指导分支机构内评管理应用。对分行开展应用量化工具的调研，继续推进分行进行特色模型研发，重点支持工银亚洲内部评级法初级法项目建设，梳理工银标准现行内部评级方法、流程、系统，做好收购后风险管理承接工作，指导工银美国本地评级模型投产上线。

（二）推进操作风险资本计量和反欺诈项目建设。做好操作风险资本计量，按照银监会批准的操作风险标准法要求计量监管资本，运用高级法测算操作风险资本要求，组织开展2015年度操作风险情景分析。推进反欺诈项目建设和应用，全面梳理本行反欺诈数据库和系统情况，制定企业级反欺诈管理平台规划，明确实施计划表并提交科技立项。优化个人信用消费贷款、信用卡交易反欺诈模型，投产应用个人消费信用贷款申请反欺诈、信用卡交易反欺诈和电子银行交易反欺诈等系统，实现交易事中实时干预。

（三）推进风险加权资产计量与应用。优化系统功能，提升数据质量。投产按月对账功能，持续改善数据质量，对账差异率降至系统设定阈值范围。投产银监会资本管理高级方法报表系统，实现新旧监管报表有效衔接。将人民币公司债纳入内评法覆盖范围，整合同一客户不同业务的计量方法，压降风险加权资产2 000多

亿元。

持续完善监测机制，做好监管报表报送。按季度完成风险加权资产监测分析，建立二级分行层级的监测报表，推动分行应用系统开展监测分析。做好监管报表组织报送，按季度填报资本管理办法 1104 报表、持续监管报表。

（四）做好风险计量模型验证工作。按季开展信用风险内部评级模型监控，监控分析模型区分能力、审慎性和稳定性。对境内外金融机构、小企业等非零售客户评级模型及信用贷款、商用房贷款、无贷户等零售模型进行投产前验证，验证参数调整结果。汇总分析 2015 年市场风险返回检验结果，分析集团、法人模型理论损益突破及原因，完成内部模型法全面验证，全面监测市场风险的估值和风险价值模型，开展交易对手信用风险模型计量和验证。开展操作风险高级计量法的全面验证，从多维度对操作风险高级计量法实施应用情况进行分析评价。

（总行风险管理部）

不良贷款管理与处置

2015 年，本行围绕“新增贷款严管控、潜在风险早化解、逾期贷款防劣变、不良贷款快清理”四项核心任务，秉承“疏源”“堵漏”“清淤”和“固本”的治理理念，统筹潜在风险贷款、逾期贷款、不良贷款管理，层层筑坝，逐级设防，形成资产质量梯度控制体系，确保了信贷风险总体可控。

一、多措并举强化全年不良贷款清收处置

2015 年，本行合计清收处置不良贷款 1752 亿元。不良贷款清收处置总额、现金清收、重组转化、呆账核销金额均创历年以来新高，为全行信贷资产质量稳定发挥了重要支持作用。

二、完善不良贷款清收处置相关制度办法

制定《不良信贷资产管理基本规定》《受托资产管理办法（试行）》《贷款欠息减免办法（2015 年版）》《呆账核销管理办法（2015 年版）》《抵债资产管理办法（2015 年版）》《关于做好不良资产批量转让工作有关事项的通知》《关于进一步明确不良资产批量转让组包范围的通知》等一系列制度办法，规范不良贷款管理要求，推动了不良清收处置工作的开展。

三、创新不良贷款批量处置方式

2015 年，本行围绕资产质量控制目标，科学制定并下达清收处置计划，均衡安排处置时点，持续做好督导工作，积极探索创新处置方式，拓宽不良贷款清收处置渠道。一是加强与资产管理公司等同业的合作，积极推进批量转让处置不良资产包；二是将有关不良贷款处置项目信息上传到融 e 购平台，试行不良贷款网上处置；三是研究通过工银租赁等渠道处置不良资产；四是积极参与银监会不良贷款证券化试点工作。

（总行信贷与投资管理部）

内部审计

2015 年，内部审计围绕全行发展战略和中心任务，准确把握自身在全行风险管理、内部控制和公司治理体系中的职能定位，持续关注主要经营风险，有序开展各项审计活动，积极推进专业管理升级，在全行有效防范风险、实现经营目标的过程中发挥了保障增值作用。

一、全面完成年度审计任务，有效发挥审计作用

2015 年，内部审计秉承风险导向和重要性原则，坚持全面审计与重点审计相结合、现场审计与非现场审计相结合、内部审计与外部监管审计相结合、发现问题

与促进整改相结合，开展了多层次、多形式的监督评价活动，全年共完成董事会批准的 24 项年度审计计划项目、22 项区域性审计项目、51 项专项分析和 156 项持续性监测项目，并组织 120 名审计骨干参与全行“一加强、两遏制”专项检查，最大限度地利用了审计资源，实现了有效的审计覆盖。通过审计发现问题和促进整改，有力提升了审计计划整体执行效率和效果。

（一）揭示风险。重点关注对经营发展影响大、风险控制压力大的区域、机构和业务领域，包括全行稳定信贷资产质量，加强个人贷款、小微企业贷款和房地产贷款等信贷领域的风险防控情况；推进综合化经营过程中，金融资产服务、寿险业务等跨市场、跨行业经营和业务产品创新过程中的风险；境外机构执行国际化战略中落实监管要求、防范重点风险、内部控制和竞争发展情况；信息化银行建设过程中，业务连续性、IT 开发管理、系统应用控制等方面的信息安全和风险防控情况；贯彻监管要求，坚持从严治行过程中，全行财务管理、绩效考评、消费者权益保护等领域规范经营行为的情况；以及集团化经营过程中，资本管理和并表管理等方面的情况。力求整合各类风险管控信息，加强对各类审计发现的深层次、关联性分析，揭示影响经营管理的主要风险，评价制约业务发展的影响因素，对全行在复杂环境下预判和防范重大风险起到了支持作用。

（二）提出建议。充分发挥审计活动辐射全业务、全机构、全流程的综合优势，加强了对年度各类审计发现的整体归纳和提炼，注重从产品流程入手，看管理机制上的缺陷，从个体风险及其潜在影响入手，看风险之间的关联性和相互作用，从区域、局部风险的分布与差异入手，看风险对全局的传递影响，从集团全局和整合视角揭示问题，评价制约业务发展的影响因素和根本原因，向董事会、管理层和被审计单位提供了更客观、更有建设性的审计建议，提交审计工作报告 4 期，《内部审计情况专报》25 项。

（三）督促整改。制定《审计发现整改督促工作实施细则（2015 年版）》，进一步明确和细化各级内审机构、审计项目团队、审计师在督促整改中的职责分工；实施整改督促工作日常动态跟踪、季度整改提示、半年时点评价相结合的整改跟踪程序；加强了对整改督促工作的统筹管理和协同联动。截至 2015 年底，审计发现的 594 项问题，已整改 391 项；督促被审计单位完成 59 项制度办法的修订完善，完成 49 项信息系统功能改造和优化升级，采纳 124 项业务流程改进建议。

二、积极开展外审协调

2015 年，内部审计积极传导国家监管要求，督促落实监管事项，促进各项业务依法合规经营，营造和谐的外部监管环境。

（一）服务监督检查。2015 年，内部审计部门积极配合审计署、银监会及法定审计师完成各项检查和审计任务，加强对监管政策的分析解读，不断完善统一灵活的协调配合工作机制，全年共主办各类重大外审协调事项 24 项，提交审计委员会、董事会及监事会各类相关议案汇报 14 项，协调整改落实监管审计发现问题共 134 条。在服务监督检查过程中，内部审计不断提高归纳提炼的水平，加强对报送监管材料的总体把握和与监管部门多种形式的沟通交流，支持外部监管客观全面地评价本行的经营管理情况。此外，内部审计为本行境外机构的申设、并购、新业务开办等提供了所需的独立第三方的鉴证与咨询服务，进一步拓展和深化了内审服务的领域和内容。

（二）加强监管配合。内部审计充分发挥及时传导监管政策和要求的作用，认真承办监管会谈要求事项，并积极组织会谈要求的落实工作，收集议题、征求意见、反馈结果，银监会多次对本行积极落实监管要求和认真配合监管工作给予充分肯定。2015 年向监管部门反馈各类意见 84 条，努力为本行的经营发展争取有利的外部监管条件。

（三）做好外审选聘。组建 2016—2018 年度法定审计师的招标选聘工作组，严格按照财政部《金融企业选聘会计师事务所招标管理办法（试行）》等相关法规要求，本着“统筹资源、程序规范、节约成本、提高效率”的工作原则，开展了选聘方案制定、履行公司治理审议程序等一系列工作，依法合规完成了集团法定审计师的招标选聘工作。本次选聘将 41 家境外分行、控股机构及代表处的财务报表审计工作一次性纳入招标范围，更好地统筹了外部审计资源，为提高集团财务报表审计效率及信息披露的准确性、及时性与完整性创造了有利条件。

三、持续加强内部管理

（一）编制内审三年发展规划。基于对当前和未来形势环境的分析，全行未来总体战略目标与部署的理解，以及内部审计升级发展需要，编制了《2015—2017 年内部审计发展规划》。规划注重继承性与创新性相结合、全局性与重点性相结合、服务全行与自身发展相结合，提出了内部审计未来三年提质增效、跨越发展的总目标，明确了需要集中关注的 8 个主要领域以及审计重点任务，全面评估了内部审计应当提供的审计服务，以及自身需要具备和发展的审计能力，为未来内部审计的发展明确了目标、方向与路径。

（二）完善审计质量管理机制。实施了一系列审计质量控制措施，整合优化了审计准备、审计实施、审计报告、审计跟进等流程，建立了审计发现评级和审计结论评级复审机制，为提高审计发现能力，确保审计项目质量夯实了基础。

（三）持续推进信息化审计建设。一是开展非现场模型库建设。梳理现有模型清单，进行价值评估，提出优化方案，实施模型的修改与系统发布。二是加强分析师队伍建设。积极开展内审专业分析师队伍培训与锻炼，为信息化审计提供人才储备。三是对境内审计风险监测系统、境外机构审计分析与监测系统进行了升级，通过梳理指标模型，调整系统功能，提升数据质量，改进了审计监测质量和效果。

四、深化内审队伍建设

坚持把员工队伍建设作为提升内审履职能力的根本途径和重要任务来抓，内审部门结合形势发展需要，充分考虑了员工的学历背景、业务经历、审计工作经验以及对复合型人才的培养发展需要，组织建立了财务效益、信贷、内控、互联网金融、新兴业务、境外机构、IT、经济责任和审计分析师等9支审计专业团队，进一步提高了审计资源的配置效率和效果，更好地发挥了专业骨干的带动和引领作用，实现了以老带新，以精促优，推动了队伍整体素质的提升。

（总行内部审计局）

内控体系建设

2015年，本行围绕新时期全行改革发展战略，制定并着力推动实施《2015—2017年内部控制体系建设规划》，深化集团制度统筹管理，夯实合规管理基础，优化监督检查手段，强化重要领域风险监督，组织开展2015年度内控评价，持续推进内部控制体系不断完善。

一、推动实施内控体系建设规划

2015年，本行在研究分析未来三年经济金融形势、国际国内监管环境，以及全行经营转型和业务创新发展态势的基础上，组织编制了首个境内外全覆盖的内部控制体系建设规划——《2015—2017年内部控制体系建设规划》（以下简称《规划》）。《规划》提出了本行内控体系建设的总体目标，按照内控五要素厘清未来全行三年内控体系建设的53项任务，突出了内控管理创新和监管规定变化的要求，体现了内部控制信息化和集约化的改革思路。各一级（直属）分行、境外及控股机构均制定了本级机构的内控三年规划，明确了相应的年度任务和分工，构建起新时期集团内控建设规划体系。

本行将《规划》提出的建设任务与经营发展工作紧密结合，积极落实各项工作任务。一是在内部控制环境方面，根据银监会新版《商业银行内部控制指引》要求对本行《内部控制基本规定》及相关内控管理制度进行修订完善，确保内部控制工作符合监管要求。二是在风险识别与评估方面，组织开展2015年操作风险与控制自我评估工作，对有限合伙企业代客理财等9项重点业务进行监测分析。三是在控制活动方面，不断深化集团制度统筹管理，持续开展制度日常梳理评估，形成分层级的集团制度体系。四是在信息与沟通方面，扎实开展信息科技“二道防线”工作，积极开展信息安全（保密）宣传教育，持续推进业务应急管理，有力保障了业务的连续性。五是在内部监督方面，持续开展整改问责后续评价，确定了问题有整改、结果有确认、过程有监督、效果有评价、差评有问责的全闭环整改管理流程。

二、深化制度和检查“两个统筹”

在制度统筹管理方面，一是持续开展制度日常梳理评估，最终形成了由1 972个总行制度、15 039个境内分行制度、23 763个二级分行制度、4 238个境外机构制度组成的集团制度体系，梳理确认了总行组织机构改革涉及300余项制度的有效性和归属部门，并对260个过渡性制度文件进行了清理。二是投产应用新版制度管理系统，建立了全行统一的制度展示渠道和管理平台，实现了灵活的制度查询使用功能，并以此为依托在制度制定者与执行者之间建立信息双向交流的通道。三是进一步完善集团口径制度统筹管理机制，印发《关于加强境外机构制度管理工作的意见》，完善制度标准化建设机制，为系统性解决基层反映的制度制定、传导问题提供了保障。

在检查统筹管理方面，一是强化组织推动，统筹管理效果明显提高。开展“检查质量提升年”活动，密切跟踪检查计划执行，大力推进检查规范化管理，杜绝检查流于形式和无报告、无问题、无整改的“三无”现象。二是加大监督检查力度，有效遏制违规违纪行为。组织对重点风险领域开展了自2005年股改上市以来规模最大、覆盖面最广的“一加强两遏制”和“回头看”大检查，围绕高风险领域组织开展了存款安全管理及飞单治理落实情况、银行卡透支呆账核销业务检查等专项检查，使全行风险控制、监督问责及风险化解机制得到全面评估和完善。三是加大整改问责力度，建立整改工作全闭环管理机制。修订了《监督检查整改工作管理办法》，形成了问题有整改、结果有确认、过程有监督、效果有评价、差评有问责的全闭环整改管理流程。并且明确了“双线整改”主体责任，建立了问题整改确认核销机制，整改工作监督检查和通报机制，整改问责后续评价工作机制和“亮黄牌”责任追究机制。

三、完善集团合规工作机制

在全球金融监管趋严背景下，本行密切关注境内外机构合规风险，持续健全适应国际化、综合化发展的集团合规管理体系，促进集团合规管理更加规范有效。

一是持续推进监管规则解读与落实。全年跟踪监测新增（修订）国家级监管规则共250项、地方级监管规则共380项。通过解析监管规则、梳理解读合规要点提出合规管理建议，并编写出版《商业银行合规概要（2015）》，积极推动沃克尔法则和FATCA法案在集团层面的实施，有效确保了重要监管规则在本行的落地执行。

二是进一步优化合规审查报告机制。修订《合规审查管理办法》《合规报告管理办法》，编制《合规审查工作手册》和《合规审查案例汇编》；在此基础上各级机构共完成合规审查7 705项，涵盖37个业务类型和经营管理领域，提出合规审查意见9 620条，意见采纳率95.6%，有效防范了新制度、新业务、新产品等的合规风险；在境内分行组建200余人的合规审查专家团队，推广应用合规审查管理系统，通过系统硬控制规范合规审查工作流程，充分发挥了合规风险事前把关和事中提示作用。

三是重点加强境外机构合规管理。编制《境外机构合规检查工作手册》，对工银印尼、工银巴西等10家机构开展现场合规检查，发现并整改问题164个。建立境外机构合规官定期约谈、区域合规协调人等六项机制，从集团统一管控角度明确了境外合规管理的基本内容。

四是做好关联交易与内部交易牵头管理。优化完善《内部交易管理办法》和内部交易管理系统，有效提升了内部交易管理的工作品质。印发《关联交易管理办法》，完善关联交易信息系统，拟定《2014年度关联交易专项报告》，以“一年一本制度、一年一期优化、一年一项专报”的推进速度，全面完成集团关联交易管理三年规划任务，推动了集团关联交易管理的跨越式发展。

四、强化监测分析和风险核查力度

一是强化内控合规信息化建设。制定《内控合规“2016—2020年”信息化建设规划》，确定了打造先进的“云内控”的管理模式，并将内控合规信息化纳入全行《“十三五”信息科技发展规划》。完成了合规指数在全行的推广及投产工作，并在内控监测分析成功应用文本挖掘技术和指标预警方法，提高了工作的系统性和前瞻性。

二是围绕新问题、新风险开展常态化监测分析工作。发挥内控监测分析视角独特、综合性强的优势，对有限合伙企业代客理财、互联网金融、异常ATM查询交易、员工代客还贷还息、银行“过桥贷款”等9项热点、重点业务进行了监测分析，及时对发现风险隐患进行了预警和提示。

三是认真开展业务运营风险核查工作。探索建立全流程闭环管理模式，强化专业风险提示及整改跟踪，全年逐笔核实准风险事件238.74万笔，确认风险事件77.82万笔。针对核查发现的典型风险，各级内控部门共发布风险提示3 727份，提出管理建议3 855条，各级专业部门采取整改措施1 789条。将三类高频低危和四类低频高危风险事件作为屡查屡犯的治理重点，高频低危、低频高危风险事件数量分别较上年同期降低30.44%、6.07%，取得显著成效。

五、不断优化操作风险管控手段与工具

着重从健全制度体系、完善管理工具、强化履职管理等方面不断提升操作风险管理水平，一是对《2015年年度操作风险限额管理方案》作出调整，深入分析已超限分行或已到达超限临界值分行超限的原因，及时对分行进行风险信息提示，督促其分析原因并及时采取风险管控措施。二是进一步夯实操作风险管理基础。集中开展全行操作风险损失数据质量核查工作，对全行1.5万条操作风险损失事件信息进行复核，纠错补缺，共计核查并修订5 000余条；组织境内外分行、控股机构按季度开展操作风险关键指标监测数据和报告的报送工作，编写监测通报，及时向各机构进行风险信息提示。三是进一步加强操作风险报告与理论研究。总行印发各类操作风险管理报告31份，发布《操作风险信息晨报》249期；各机构共向总行报送重大操作风险事件报告52起。四是提升业务外包及信息科技风险管理水平。印发了新版《业务外包管理基本规定》、《业务外包管理办法》、《业务外包目录》，开展科技外包风险监控评估，统筹外包立项管理，组织开展信息科技风险管理评估检查，不断提升全行信息科技风险和业务外包风险管控水平。通过持续不懈的努力，2015年，本行操作风险损失率为0.0486%，实现了连续9年控制在限额标准以内，达到了良好的控制效果。

六、组织开展内控评价工作

2015年，本行秉承“过程控制”和“从严治行”理念，在对一级（直属）分行和基层行开展内控评价工作的过程中，着力加强现场评价质量管理，并通过扩

大非现场指标权重、优化评价系统、规范评价内容和流程，进一步提高了评价质量和效率。

在评价前，对照现行有效制度重新梳理现场评价指标，完善《现场评价操作手册》，完成信贷、运行管理、财会及贵金属等多个专业的非现场抽样工作，有效提升了评价工作效率。现场评价过程中，通过组建专家组统一解答各评价组遇到的问题，组织督导组加强现场巡视，评价组每两日报送发现问题、每周报送现场情况，以保证评价结果的准确性。在初步评价工作结束后，进一步组织全体评价组长和主评人召开座谈会，重点研判当前内控管理总体状况，深入分析问题原因，并对进一步改进评价办法和强化内控管理提出意见和建议。在此基础上，开展现场评价复评工作，按照统一标准汇总整理内外部检查问题，科学地评价了各级机构内控管理状况，有效促进其有针对性地改进自身内控管理。

2015 年度，各一级（直属）分行内部控制评价平均得分 80.38 分，较上年下降 2.96 分。境内共有 7 家分行评为内控一级，较上年减少 1 家；有 16 家分行评为内控二级，较上年减少 4 家；有 8 家分行评为内控三级，较上年增加 2 家；有 5 家分行评为内控四级，较上年增加 3 家；无内控五级分行。与上年度相比较，在大体相同内控管理水平下，2015 年内控评价各分行总体分值及等级有明显下降，主要原因是评价活动由一次性评价向常态化评价方向发展、外部经济环境导致不良率上升、案件数量增多等，导致过程、效果、限制评价得分均有所下降。总体来说，评价结果符合新形势下各分行内控管理实际情况，评出了各分行的管理差距与薄弱环节，切实发挥了内控评价工作在全行经营管理中的作用。

（总行内控合规部）

声誉风险管理

2015 年，本行深入开展正面宣传和声誉风险管理，全方位、立体化传播本行服务经济社会的新成就和改革发展的新进展，持续深化声誉风险的规范化和精细化管理，强化舆情快速应对，推进源头治理，提升舆论引导能力，为改革发展和经营转型营造了相对平稳的舆论环境。

一、量质并举，全方位、立体化传播本行服务经济社会的新成就和改革发展的新进展

全年共编辑发布新闻通稿 220 余篇，组织新闻发布会、媒体专访、撰写领导署名文章等 140 余次，境内外各类新闻媒体刊播本行正面报道超过 22 万篇次。在中央电视台、《人民日报》、《经济日报》、新华社等中央权威媒体刊播稿件 600 余篇（条），其中在中央电视台《新闻联播》播出 8 条，在《人民日报》刊登报道 66 篇。国际传播局面进一步打开，建立了新闻稿件同步翻译成英文向境外媒体传播的工作机制，在 42 个国家和地区的近 400 家境外媒体刊播报道 2.3 万余篇，被国家外文局授予年度中国企业“最佳海外形象”奖。新媒体平台建设成效显著，官方微信公众号关注用户达到 220 万户，官方微博推送图文信息 1 200 余条。新开辟了“今日头条”和“融 e 联”官方账号，进一步拓展了传播渠道。全年拍摄行内各类活动 200 余场，照片 1 万余幅，在总行网讯刊登 200 余张，对外部媒体提供新闻图片 100 余张。

（一）围绕全行中心工作精心策划一批具有较大影响力的深度报道。围绕服务实体经济和社会民生、建设人民满意银行的主基调，对本行积极适应新常态服务实体经济和社会民生、加快 e – ICBC 创新发展、服务“走出去”和“一带一路”战略、深入推进经营转型、维护消费者权益和建设最安全银行等重点工作进行了全方位和立体化传播。全年举办互联网金融大型发布会两场，发布正面报道 2 万余篇（条）次，其中央视《新闻联播》大篇幅报道 2 次，央视财经频道《经济信息联播》专题报道 1 次，在中央人民广播电台《经济之声》连续推出 5 期系列报道。结合金融支持“一带一路”建设、支持中国企业“走出去”、完善全球金融服务体系和人民币跨境使用等主题，策划一系列专题宣传活动，境内外报道超过 1 万篇（条）次，全景式展示了本行服务“走出去”和“一带一路”、建设中资企业首选银行的积极成效。针对公众对银行客户资金安全的高度关切，深入开展保护金融消费者权益和建设最安全银行的专题宣传活动，并通过主流媒体开展深度报道，全面展示本行防外部欺诈系统、推广芯片卡、维护客户信用卡用卡安全等方面的做法和成效。在协调媒体对行领导进行高层访谈的基础上，邀请主要媒体，在本行年报、中报、三季报和互联网金融发布会前后，对电子银行、国际业务、投行、专项融资、个金、风险管理、安全保卫等主要业务条线和工银租赁、工银瑞信负责人开展 10 余场深度访谈，增进了媒体和公众对本行的正面

认知。

（二）国际化传播局面进一步打开，通过内外联动深入拓展国际传播空间。借助国家领导人出访，本行境外机构开业、重大项目签约等有利时机，与境内外机构紧密协作开展正面报道，其中2015年上半年习近平主席访问巴基斯坦期间，本行成为《人民日报》唯一报道的金融机构；李克强总理访问南美期间，本行多个项目签约活动得到央视、《中国日报》以及当地媒体的重点报道。加强对境外机构新闻宣传的工作指导，先后指导新加坡、迪拜、巴西、新西兰、米兰、俄罗斯、万象、越南、工银欧洲等境外机构负责人接受媒体专访，扩大了境外机构在当地的影响力和本行国际影响力。2015年，本行还首次举办了境外机构国际化传播能力提升培训班。

（三）新媒体传播平台建设深入推进，“两微一联”应用能力和影响力快速提升。下发了《关于进一步加强微信公众号管理的通知》，明确了全行各机构设立微信公众号的指导思想和工作准则。官方微信公众号全年共推送信息700余条，平均每个工作日3条，浏览人次逾1 700万人。注重通过组织优质内容提升传播效果，微信单条信息最高阅读量达57万次。官方微博着力加强原创内容的编发和与网民的沟通互动，发挥舆论引导的积极作用，全年共推送信息1 300余条，平均每个工作日超过5条，日均阅读量超过10万次。新开辟了“融e联”和“今日头条”官方账号，每天通过“融e联”同步推送官方微信信息，进一步拓展了新媒体传播渠道。

二、持续深化声誉风险的规范化和精细化管理，强化舆情快速应对，推进源头治理，提升舆论引导能力

全面落实舆情分级应对和快速响应机制，成功防范和妥善处置了多起重大突发舆情事件，积极协调推进重大舆情隐患的源头治理。全年向各单位提示负面舆情1 100余次，妥善处置客户通过微博、论坛等渠道反映的问题近700件，督促各单位改进工作440余项。持续提升舆情管理对决策的支持作用，编发《舆情监测报告》和《每日媒体报道摘要》200余期、《舆情专报》20余期，行领导批示50余次，促进了重要业务领域和环节的潜在风险化解。

（一）建立7×24小时不间断舆情监测机制，全面落实舆情分级应对和快速响应机制。坚持实行全天候、全媒体、全集团舆情监测，第一时间发现和报告舆情，加强舆情提示督办机制，敦促各单位妥善处理客户投诉，快速化解风险。落实舆情分级应对和快速响应机制，提高重大舆情的处置应对效率。在分行机构层面落实工作责任制，强化各级机构对所辖区域性及辖内机构舆情事件的处置责任，下移工作重心，避免因内部流程过长影响应对效率。在总行部门层面落实舆情分级应对机制，各专业部门按照舆情事件严重程度和紧急级别，在规定时限内提供应对意见和口径，确保应对及时。落实快速应对机制，对影响较大、较为敏感和传播较快的舆情，及时对外发布回应口径或应对稿件，抢占信息传播的“第一时间、第一现场、第一落点”，正面引导舆论。

（二）声誉风险基础制度建设不断完善。积极推进声誉风险管理系统的开发投产工作，完成该项目在业务与项目管理系统的正式立项。系统于10月18日实现一期投产后，组织部分重点分行进行现场测试，发现并解决40余项问题。编写完成《声誉风险管理手册》和《声誉风险管理须知》，对声誉风险管理应知应会内容进行归纳总结，为全行开展声誉风险管理工作提供指引。按照第二支柱监管要求，参与了内部资本充足率评估程序（ICAAP）相关工作，完成了声誉风险定性压力测试，组织开展了应急演练。

（三）深入落实常态化声誉风险评估和排查机制，前移声誉风险管理关口，加强源头治理。落实声誉风险评估机制，加强新产品声誉风险评估工作，与产品创新管理流程建立对接机制，组织开展新产品立项的声誉风险评估，排查风险点，制定应对预案，落实管理措施，建立新产品投产后半年的声誉风险评估机制，组织各专业部门分2批对507个已投产的新产品项目开展了投产后声誉风险评估，检视预案及措施的有效性。落实声誉风险排查机制，加强声誉风险高发领域的专项治理，组织全行对风险高发领域和业务环节开展了2次全面摸排，涉及重大案件、风险事件、服务突出问题等重大声誉风险隐患事件由总行实行动态台账管理，逐件分析风险点，提前制定处置方案和应对口径，将化解责任逐级逐项落实到具体专业部门和人员，推进采取风险控制措施，持续跟踪督办，2015年已完成处置、消除隐患并申请销账70件。

（四）深入推进网评员队伍建设和舆论引导工作。对本行2 000余名网络评论员实行名单制管理，初步打造了百名总行级核心网评员团队，建立了网评信息的采集、管理和工作考评机制，不断提升舆论引导能力。加强对智库及专家力量的挖掘，针对舆情及社会热点问题组织撰写评论文章约30篇，并通过网络、自媒体平台等多渠道推广，发挥了引导舆论的积极效果。

（总行办公室）

消费者权益保护

2015 年，本行认真贯彻落实消费者权益保护相关法律法规和监管要求，积极履行消费者权益保护主体责任，健全完善消费者权益保护工作制度和工作机制，有针对性开展消费者权益保护各项工作，加强改进客户投诉管理，切实防控相关风险，推动全行业务经营与消费者权益保护协调发展，管理水平和实际效果得到明显提升。

一、完善消保工作制度和工作机制

将消费者权益保护纳入公司治理和全行经营发展战略，在全行 2015—2017 年发展战略规划中明确消费者权益保护内容。根据法律法规和监管部门对银行消费者权益保护各项要求，研究制订《消费者权益保护工作管理办法》，并印发《2015 年法律事务和消费者权益保护工作要点》，明确年度工作重点。在境内分行经营绩效和业务发展考评指标体系中新增“消费者保护”考评指标，按季度从被诉败诉案件、监管处罚、负面舆情等维度对各分行开展考核评价。建立超时工单统计分析制度，加强客户投诉工单管理，推动快速、妥善解决客户投诉热点、难点问题。此外，本行还对 2015 年度消费者权益保护工作进行审计，认真查找存在的问题并及时予以整改。

二、完善投诉管理架构，健全长效机制

一是将客户投诉管理职能从渠道管理部调整至法律事务部，组建专门团队开展工作，并将“客户之声”系统管理职能由电子银行部移交至法律事务部，依托系统监测跟踪全行投诉受理和处理情况，通过数据分析发现系统性风险问题，并及时采取针对性管控措施。二是修订印发《小额补偿管理办法（2015 年版）》，完善小额补偿机制。三是建立重大客户投诉快报、客户投诉管理工作季度联席会、周例会和重大问题现场研究处理机制，发挥部门机构联动效应做好系统性风险预警、防范和化解。妥善处理重大疑难和热点投诉问题，快速化解各类潜在风险。四是在各营业网点和门户网站同步公示《中国工商银行客户投诉指南》，进一步畅通投诉受理渠道，并着力加强对基层行的投诉处理培训指导，提升基层行专业队伍能力。

三、持续规范服务收费，更好支持实体经济

本行积极履行企业社会责任，认真落实服务收费相关监管要求，持续优化产品和服务收费政策，进一步降低金融消费者费用支出。一是全面梳理“2014 版”服务价目表，出台“2015 版”服务价目表，进一步调整、压缩服务收费项目，更好地服务和支持实体经济。二是按照银监会《关于进一步开展银行不规范服务收费清理工作的通知》（银监发〔2015〕26 号）要求，深入开展不规范服务收费自查整改，并结合各类服务收费外部执法检查情况及相关监管要求，进一步完善产品和服务收费操作流程，夯实规范服务收费基础。三是强化监测和督导，巩固服务收费规范成果。

四、切实强化产品和服务审查

2015 年，本行制定出台了《消费者权益保护法律审查要点指引》，落实产品和服务准入前的消费者权益保护审查程序，从公平设计合同权利义务、合理确定银行免责范围、避免排除消费者合法权利或不合理加重消费者责任等方面入手，切实保障消费者合法权益。认真做好消费者保护咨询审查工作，在支持保障各类服务和产品创新的同时，将消费者保护理念有机融入产品设计、研发、推广等各环节，并在制定管理制度、设计业务流程、制定合同文本、监督业务操作等方面落实各项监管要求，确保业务经营管理在监管框架下依法合规开展。

2015 年，本行总行本部共办理涉及消费者权益的各类书面咨询审查事项 4 000 余项，审查各类规章制度、业务方案、操作流程、协议文本等有关文件 14 000 余份，出具书面意见 3 000 多份。

五、集中式与常态化结合开展消费者金融知识宣教

一是适应移动互联新媒体时代消费者阅读方式变化，积极探索创新常态化宣教方式，针对电信诈骗、钓鱼邮件、非法集资高发等情况，以生动活泼、通俗易懂、图文结合方式编制“官方网址要牢记”、“钓鱼欺诈也‘升级’”、“借你一双慧眼 远离非法集资风险”等有针对性宣教材料，第一时间通过本行官方微博、微信、营业网点 WiFi 等新媒体渠道向客户推送。二是在全行范围内组织开展“金融知识进万家”、“普及金融知识万里行”、“金融知识宣传月”等集中式消费者金融知识宣教，传统宣传手段与新媒体宣传方式相结合，

扩大消费者金融知识覆盖面，确保宣传教育效果。三是针对社会公众和监管关注热点问题，开展“防范和打击非法集资”、“防范打击银行卡非法买卖”等阶段性主题宣教，引导消费者主动远离非法集资，提醒消费者妥善保管银行卡、身份证及个人信息。

2015 年，本行累计开展各类宣教活动 10 万余次，参与网点 1.7 万余个，参与员工 53 万余人次，受教育社会公众数量 1.1 亿人次，发放纸质宣传资料 2 900 万余份，短信发送数量达 2 100 万余条，微博、微信阅读量 1 600 万余次，通过各类媒体发布公益广告、宣传片及活动报道累计 25 万余次，荣获中国银行业协会颁发的“中国银行业普及金融知识万里行活动最佳成效奖”。

六、持续提升员工消费者权益保护意识和工作技能

不断巩固强化消费者权益保护企业文化氛围，常态化开展消费者权益保护相关教育、培训和知识测试。编制《消费者权益保护员工手册》，做好员工消费者权益保护业务学习和培训。将消费者权益保护知识纳入新员工培训教材，促使新入行员工及时树立消费者权益保护理念，尽快掌握相关工作技能。开展消费者权益保护工作现场培训和视频专题培训，提升员工保护消费者权益的主动性和工作水平。开展消费者权益保护知识学习、网上消费者权益保护知识竞赛和创优系列活动，引导广大员工以赛促学、不断提升工作能力。

2015 年，本行开展消费者权益保护工作相关培训 4 500余场，培训员工 15 万余人次，3.2 万余名员工参加银行业协会消费者权益保护知识学习和创优竞赛，7.2 万余名员工参与本行网上消费者权益保护业务知识集中测评，荣获中国银行业协会颁发的“2015 年度中国银行业消费者权益保护知识网络竞赛先进集体奖”。

（总行法律事务部）

财务会计管理

一、稳效益，推动全行经营目标圆满完成

（一）优化全面预算管理机制，增强预算管理的引领性。一是完善预算编制。合理制定集团综合经营计划，科学分解分产品、分部门预算，同时将各项计划指标纳入总行部室及利润中心定量考核，确保经营战略和计划指标落到实处。二是强化预算执行。树立“季度决算观”，及时发现经营短板与预算执行偏差，统筹好各项财务安排，在满足监管要求的同时实现盈利的稳健增长。三是完善预算评价。创新发展了四分类综合评价机制，对分行实施分类指导。年末适时确定利润中心、境外机构和控股子公司的利润沟通目标，并配套各项奖励措施，引导其提升盈利贡献度。

（二）优化财务资源配置机制，全力助推各项业务健康发展。一方面，优化费用资源配置。全面推行基础费用标准核定方式改革，引导分行从源头加强费用列支标准管理，提高基础费用配置效率；优化营销费用预算管理，采取“年底预估、次年清算”的管理模式，并进一步建立健全营销费用存借机制；不断提高费用精细化管理水平，引导分行盘活存量、用好增量，适度提高激励费用在营业费用分配中占比。另一方面，完善固定资产配置管理。实行“控总量、调结构、促转型”投入政策，全年审定固定资产投资预算 194 亿元，有效平衡业务发展与财务成本的关系。

（三）优化多维经营绩效考评机制，实现战略的一致精准传导。一是完善境内分行经营绩效考评指标体系。围绕全行经营转型的重点，进一步加大对核心存款的考核力度，对个人客户、公司客户、机构客户分层考核，单设“社会责任类”指标板块，强化对大中城市竞争力提升、网点竞争力提升等内容的考核。二是完善境外机构经营绩效考评体系。适当提高考核利润及资本回报率指标的考核权重，并调整成本收入比指标考核方式，增设跨境人民币业务指标，突出业务联动考核。三是完善总行部门和利润中心定量考核体系。进一步优化关键业绩指标，合理控制考评指标数量，加强与其他维度考评体系的衔接。四是完善非银行控股子公司绩效考评体系。扩大考评对象范围，将工银安盛纳入考评，调整协同竞争类指标，加大风险控制指标的考核权重。此外，按月进行关键绩效考评指标监测与发布，统筹印发《2015 年度分行专业条线评价指标》，科学评价各分行、各专业条线发展状况，推动各项业务健康发展。

二、促改革，围绕内部市场化方向激发深层经营活力

（一）深化利润中心改革，进一步促进业务线发展。在已完成金融市场部等 9 家利润中心改革基础上，

研究制定牡丹卡中心、电子银行部模拟利润中心改革方案，从盈利模式、利益分配、会计核算、绩效考核等方面明确模拟利润中心改革方案，激发业务线发展活力。

（二）促进境内外利益分配机制落地实施，增强集团联动整体经营合力。对《境内外一体化业务联动利益分配方案》的实施情况进行监测和跟踪，推广业务联动利益分配机制典型应用案例，开展境外“一带一路”业务联动利益分配机制调研，制定印发《工银标准与集团分支机构业务联动利益分配方案》，引导发挥集团整合经营优势。

（三）完善费用分摊还原机制，落实成本管控责任。按照“谁受益、谁承担”原则，制定印发工银信使、总行本部系统研发费分摊管理办法，实现总行本部费用列支主体和实际发生主体的匹配。印发《总行机构与驻地分行共享内部资源和服务计价管理办法》，建立总行与分行间双向内部计价体系，调动分行向总行机构提供内部资源和服务的积极性并规范统一共享行为、合理补偿分行成本。

（四）深化管理会计体系建设，推进“最后一公里”落地。一是适应利率市场化改革和客户综合定价要求，全力推进对公单客户业绩贡献评价系统建设。二是围绕员工考核“最后一公里”落地，编制《MOVA2015年度经典案例》，顺利完成大零售专业重点分行试用推广，完善员工业绩计量和分成分润机制，引导各级行修订绩效分配办法，促进直通式考核落地。三是按照价值财会理念，开展同业经营诊断和管理咨询分析，相关研究成果获得财政部管理会计优秀论文二等奖。

三、抓规范，有效提升财务管理水平和勤俭节约意识

（一）加强财会制度建设，完善财会合规管理体系。根据中央及监管部门政策要求，及时修订职工教育经费、职工福利费和总行本部因公出国（境）费用等管理办法，修订印发《手续费及佣金支出管理办法》，规范全行手续费及佣金支出的管理和核算；制定或修订多项合规管理标准或规定。

（二）加大财务合规检查，严格规范财务行为。组织召开全行性规范财务管理会议，严肃财务纪律、规范财务行为，强化各级机构与人员的底线思维、红线意识；组织开展全行财务自查整改，及时发现问题，通报正反典型；积极配合中央巡视组巡视，按时保质提供相关资料；配合内部监督检查部门做好“一加强两遏制”专项检查，督促做好问题落实整改。

（三）强化财务监测分析，提升风险防范水平。开展财务备用金管理专项监测，达到“全面摸底、提前排雷”的预期工作目标；初步搭建基于MOVA的重点财务费用、过渡科目等财务非现场监测模板，提高财务非现场监测水平和工作效率。

（四）强化财务授权管理，厉行勤俭节约。2015年境内分行列支会议费、差旅费、低耗、车船使用费、业务招待费和业务宣传费较2014年均实现较大幅度下降。

（五）完善财务决策机制，提升费用投入产出效率。建立实行“权责对等”的财务决策机制，强化业务战略与财务战略的对接；建立财审会重要项目后评价机制，优化财审会工作流程。2015年组织召开总行财审会14期，审议项目81个，审议金额折合人民币211.9亿元，压缩预算3.7亿元，预算压缩比例1.73%。

四、强基础，主动适应经营发展新形势

（一）强化会计信息质量管控，科学准确反映经营成果。一是优化会计科目体系，强化会计核算支持。二是加强会计政策制度研究。密切跟踪财政部工作动态和国际财务报告准则变化，正式启动9号准则实施工作。研究制定《会计信息质量管理办法》，逐步编制健全我行各项重点难点业务的《会计核算手册》。三是加强公允价值计量管理。按时完成各期计量工作，保障全行公允价值计量体系顺利运行。

（二）加强应税事务管理，有效管控应税风险和经营成本。一是稳步推动集团“营改增”工作。开展“营改增”战略层面研究，制定集团“营改增”工作方案，明确工作时间表和部门职责分工，稳步推进业务梳理、核算规范、系统改造等工作。二是加强动态监测，完成2014年度企业所得税费用计算、账务处理、信息披露及汇算清缴工作。三是加强风险管理，做好税收专项检查收尾工作，密切与国家税务总局沟通协调，积极化解政策风险。

（三）推进财会基础信息平台建设，提升财会工作信息化水平。一是继续做好财务综合管理系统、财务会计报告管理系统、金融工具计量平台等的功能完善和系统优化，同步做好相关系统在境外机构的推广。二是推广MOVA管理行视图、MOVA员工业绩视图，提升精细化管理水平。三是在全行范围内推广使用按日模拟决算系统。四是完善集中采购业务管理系统和集审会表决系统，将二级分行项目信息纳入系统常态化管理。五是制定会计信息质量监测系统项目规划，完成第一阶段建设。

（四）加强集中采购管理，促进集采工作集团化、集约化发展。一是完善集中采购制度体系。制定《“融e购”电商平台集中采购管理暂行办法》《“融e购”电商平台集中采购管理办法（试行）》，下发《采购目录（2015年版）》、集中采购项目协议格式文本等。二是完善供应商信息库建设，初步建成项目信息库、产品信息库。三是稳步开展二级分行集中采购评审权上收工作。四是加强集中采购计划管理，提高集中采购质量。

五是加强分支机构集中采购管理。继续推进专项集中采购工作，规范分行采购行为，加强直属机构集中采购管理，将境内控股机构纳入集中采购管理范围。六是积极做好电商平台集中采购工作，与多部门协作开发电商采购平台并在全行推广。同时，基本实现总行统一集中采购项目在集团采购专区上交易。通过上述举措，2015年全行累计集中采购金额425亿元，节约成本43亿元。

（总行财务会计部）

资产负债管理

2015年，国内外经济金融环境错综复杂，主要经济体经济走势进一步分化，国际金融市场波动加剧，国内经济下行压力加大，本行克服重重困难，合理把握资产负债总量和运行节奏，资产负债业务保持平稳较快增长。

一、主动适应经济运行的新常态，资产负债总量结构持续优化

一是适应形势变化，有效保持贷款平稳运行态势。境内分行人民币贷款增加8 863亿元，增长8.8%，个人类贷款增量比重大幅提升，个人住房贷款、网银质押贷款和信用卡透支合计增加5 417亿元，占各项贷款增量的61.5%；监管口径小微企业贷款增加1 631亿元，增幅9.5%。

二是存款实现较快增长，结构得以优化，稳定性增强。人民币各项存款（含同业）增加10 720亿元，同比多增2 659亿元，增幅6.8%，增量和增幅均为近三年最高水平。各项存款日均余额比上年增加14 099亿元，同比多增5 027亿元，为近五年均衡率最高的一年。本外币存款偏离度0.26%，波动性大幅降低，存款基础更加扎实。

三是主动负债管理取得新突破。成功发行大额存单，发行余额2 514亿元，同业排名第三，实现了成本控制和客户关系维护的有效协调。大力压缩和消化高成本负债，截至年末，全行保本理财和结构性存款余额2 330亿元，较年初大幅下降2 968亿元，日均同比减少698亿元，节约付息成本32亿元；短期同业定期存款余额1 222亿元，同比减少628亿元，日均同比减少1 976亿元，节约付息成本85亿元。境外机构筹资工具统筹发行改革顺利推进。确定纽约分行等六家境外机构为境外筹资工具发行中心，累计发行中期票据25亿美元，境外机构筹资工具发行余额466亿美元，占境外机构负债总额的15%。

二、主动适应利率市场化改革的全面加速，内外部定价能力显著增强

一是存款定价能力进一步提高。2015年，本行积极适应利率市场化改革步伐，建立了对市场有较强竞争力和影响力、对经营有明确传导力和约束力的定价管理体系。研究制定“中段上浮”挂牌利率政策，并加强与可比同业的沟通协调，对稳定市场利率发挥了积极作用。优化完善分品种、分期限的存款差别定价与授权管理政策，建立存款利率上浮总量管理机制，有效促进了存款量价协调发展。截至年末，全行人民币存款付息率1.93%，同比下降16个基点，节约付息成本约260亿元。

二是贷款的市场化定价机制进一步成熟。2015年，全行新发放人民币贷款平均利率5.39%，同比下降101个基点，比六次降息后一年期贷款基准利率累计降幅少下降64个基点，新发放贷款利率降幅可比同业最低。积极推广LPR应用，全年累计发放以LPR定价贷款约2.08万亿元，是2014年的10.5倍。

三是内部资金价格调整对全行的经营导向作用进一步发挥。根据经营形势变化，全年调整存贷款内部资金转移价格6次、市场化业务内部资金转移价格46次，有效传导总行经营导向，促进各项业务同步协调发展。注重提升全行资产负债期限错配收益，2015年全行活期存款占比51.5%，比上年提高2.9个百分点，10年期及以上公司贷款占比24.22%，比上年提高0.98个百分点；对个人住房、个人自助抵押、小微企业贷款及小微贴现等业务，给予10～50个基点的内部点差优惠，鼓励分支机构积极开展相关业务。实施总行清算中心盈亏平衡方案，客观反映各机构经营贡献，向分行有效传递经营压力。

三、主动适应日趋严格的资本监管，资本管理水平明显提升

一是创新实施调整后RWA和经济资本“双线管理”及市场化交易机制。全年共有36家境内一级（直属）分行和13家境外机构参与了限额交易，交易额合计近700亿元，实现了经济资本在行内各机构间的有序流动和优化配置，提升了监管资本压力传导的有效性。

二是经济资本优化工作卓有成效。先后在黑龙江、贵州、吉林、广东、广西、江西、青岛等分行开展资本

优化提升工作，为分行节约经济资本占用5%～10%左右，有效提升了基层行的资本节约意识和资本回报水平。

三是资本补充渠道进一步拓宽。成功发行20亿美元境外二级资本工具和450亿元人民币境内优先股，进一步增强了资本实力。

2015年末，本行集团口径资本充足率15.4%左右，比年初提高87个基点，继续保持同业领先。

四、主动适应资金市场波动加大，资金营运效益持续提高

一是资金运作节奏灵活高效。抓住2015年上半年债券投资收益率较高的市场机会，加大人民币债券投资力度，年末人民币债券投资比年初增加2 378亿元，实现利息收入1 625亿元，同比增加43亿元；选择市场利率高点，加大同业存单投资和票据回购业务力度，同业存单投资和票据回购日均余额分别为1 321亿元和1 196亿元，合计实现利息收入95亿元，同比增加52亿元。

二是资金收益保持良好增势。做好同业业务改革及配套工作，年末境内人民币同业融出余额7 996亿元，较年初增加4 197亿元，实现利息收入184.6亿元，较上年增加69.3亿元。年末票据融资余额8 211亿元，票据业务总收益创历史新高，达到245.1亿元，较上年大幅增加75.4亿元。国债代理发行市场占比继续稳居同业首位，全年累计代理发行国债694亿元，市场占比23.14%，实现代理发行手续费收入3.48亿元。

五、主动适应复杂多变的严峻形势，资产负债风险防控能力进一步增强

一是有效管控流动性风险。在同业率先开展同城资金归集工作，对38家分行及票据营业部等近1 200个存放人行账户资金进行了归集，日均节约备付金超过200亿元。加强对境外机构的流动性管理。通过集团内58亿元中国国债转让，提升境外机构流动性监管指标值，有效降低集团流动性指标达标成本。截至2015年末，本行在当地有明确LCR监管要求的16家境外机构全部达标。做好跨境人民币支付系统（CIPS）上线后的全行资金管理工作，建立资金流入流出的实时监控和预警机制，保持跨境支付资金管理平稳有序。

二是有效把控市场风险。加强对银行账户利率风险的监测分析，2015年全行利率风险处于可控范围之内。在美元中长期走强、新兴市场货币大幅贬值的情况下，保持以美元为主外汇风险敞口结构的基本稳定，通过境外机构人民币直接注资增资、人民银行货币互换借贷以及境外机构利润汇回等方式，加强对境外机构资本金的保值增值管理，有效对冲境外小币种汇率风险敞口。

三是有效防控同业业务和票据业务风险。建立了总行专营体制下的同业业务总体框架，实现了对涉及同业业务的境内金融机构客户由总行集中统一授信和名单准入管理。不断夯实票据融资业务制度基础，强化风险监测与防控体系建设。2015年末，全行贴现资产不良率0.1%，买入返售资产不良率为零。

（总行资产负债管理部）

授 信 审 批

2015年，本行认真贯彻执行国家宏观调控政策和金融监管要求，围绕经营转型的各项部署进一步加强授信审批工作，完善授信审批管理机制，加强系统管理和指导，较好地支持了实质风险把控和优质信贷市场拓展。全年各级授信审批部门共完成法人客户年度授信方案5.07万个，核定授信额度25.69万亿元；完成审批各类单笔融资250.83万笔、11.98万亿元；完成项目贷款评估3 738个，涉及融资申请2.29万亿元；总行和各一级（直属）分行共组织召开集体审议会议5 202次，比上年增加298次，增长6.08%，审议事项3.94万笔，金额23.45万亿元，比上年分别增长1.8%和17.6%。

一、优化客户授信管理，提升年度授信效率

（一）完善管理制度，打好工作基础。围绕防范客户过度融资风险这一核心，修订完善法人客户授信办法，突出通过核定授信控制客户风险总量。一是对集团客户推广预留授信、授信报备、“总对总”授信等授信管理模式，进一步提高大型优质集团客户授信使用的便捷性。二是进一步优化授信分项设置，新增债务融资工具承销专项授信额度，取消债项授信分项和“流动资金贷款”品种限额强制要求。三是进一步完善和细化金融机构客户测算模型，将原境内金融机构测算模型细

分为银行、保险、证券、信托与财务公司、金融资产管理公司和其他金融机构六类模型。

（二）优化授信模式，合理简化流程。一是根据客户不同类型与不同授信策略分类制定审查报告模板，采取差异化的授信核定模式。对授信额度压缩或维持的存量客户，简化审查流程。对授信额度拟增加的存量客户以及新营销客户，突出风险把关，从严核定授信总量，把好风险总闸门。二是优化“总对总”管理模式。改变过去“总对总”授信客户名单统一由总行审定的管理模式，明确各分行可根据总行制定的准入标准自行确定“总对总”授信客户名单。三是分类简化境外代理行授信核定模式。对经营情况和信用风险稳定且拟核定最高授信额度不超过上年度的境外代理行，简化授信审查内容，提高境外代理行的授信核定效率。

（三）加强组织推动，确保授信效率。统一年度评级和授信的完成时限，明确要求各行必须在 8 月底前完成年度评级授信工作，加强督导推进，并对评级授信业务流程进行了整合优化，明确要求同一客户的评级、授信工作应采用统一流程同步开展，大幅减少了客户经理和审查人员的重复劳动，有效提高了工作效率，改善了客户体验。

二、强化实质风险把控，确保授信审批质量

（一）把控总量风险，提高授信质量。一是统筹考虑客户的实际融资需求与债务偿还能力，确保客户融资总量的适度性，有效防范过度融资风险，对存在过度融资风险的客户果断调减清退授信，加强增信措施。2015 年度授信额度较上年维持不变的客户数量占比 49.15%，授信额度压缩的客户数量占比 34.93%，授信额度增加的客户数量占比仅 15.92%。二是优化授信结构。与 2014 年相比，2015 年授信额度增加最多的前三大行业分别为金融机构、交通运输和电力生产。产能过剩行业、政府融资平台及房地产行业授信总量继续得到严控。对多元化经营的集团客户，一方面积极支持集团及核心企业、重点项目建设，另一方面严控集团非主流产业、经营业绩和财务情况不佳的成员企业授信额度。三是严格把控集团客户统一授信的第一道风险关口，认真做好关联关系排查，按实质重于形式原则，进行集团关联授信。通过主动调查，总行全年新发现集团关联客户 263 家，涉及成员企业 1 578 户。

（二）坚持该否则否，守住风险底线。一是严控产能过剩行业贷款。全年完成审批钢铁、水泥、光伏制造、有色冶炼、造船、煤化工、平板玻璃、风电设备、液晶面板等产能严重过剩行业贷款 19 笔，合计金额 383.77 亿元，其中未通过审批（包括否决和中止审查）12 笔，金额 273.96 亿元，占比达 63.16% 和 71.39%。二是从严把握房地产开发贷款。全行未通过审批的房地产开发贷款 158 笔，金额 811.85 亿元，分别占完成审批业务的 23.8%、24.73%。三是关注债券承销与投资业务风险。严控私募债以及期限在 5 年以上的债券承销及投资业务。严格审查主业不突出、盲目扩张、过度融资比较严重的民营企业集团以及批发贸易型企业的债券承销与投资业务。四是坚持原则从严把关，否决了一批交易结构复杂、融资用途不尽合理、理财投资退出风险较大的业务，2015 年总行受理的代理投资业务按笔数和金额计算的否决率分别为 45.19% 和 37.87%，较信贷业务分别高出 19.29 个和 17.77 个百分点。

（三）完善管理机制，防范流程风险。根据业务发展和风险控制的需要，及时对相关管理要求进行修订和完善。一是在提款审核方面，印发了《关于规范法人客户信贷业务审批时效与提款期管理的通知》，对法人客户（含小微企业）信贷业务审批时效、提款期等规定进行了详细规范。二是在集体审议方面，组建授信审批部授信（代理投资）审议小组，负责审议总经理审批权限内业务，并将总行专项融资部总经理授权范围内业务的集体审议职能转由授信审批部授信（代理投资）审议小组承担，进一步统一了总行审批业务的风险偏好和把控尺度。

（四）规范项目评估管理，推进评估能力建设。一是在原有《中长期项目贷款偿债能力评价细则》基础上，经梳理、整合和完善，起草印发了《项目贷款评估偿债能力评价办法（2015 年版）》。二是结合本行贷款重点投向，新编写了制造业、电源、房地产、公路四个行业细则，规范了相关行业借款人、项目及偿债能力三个方面的评价要素。三是起草了《项目评估委托外部咨询管理办法》，拟建立外部咨询合作机构和专家库，对重大疑难项目委托外部专家出具咨询意见。四是开展重点行业项目贷款评估技术经济指标参数编写工作，整理提炼了轨道交通和火电两个《行业评估参数》。五是对 GCMS 项目评估系统打分卡评价指标体系进行了优化。合理精简评价指标个数，将借款人、项目评估模块的定性评价指标个数由原有的约 100 个减至一半左右。六是及时总结和推广新兴行业项目贷款评估经验，在全行范围内征集了数百篇新兴行业项目评估案例，编写了《新兴行业评估案例》。

三、加大专业指导力度，提升中台把关能力

（一）加强检查指导，夯实管理基础。选取天津、河北、内蒙古、上海、江苏、湖南、广东、广西、云南、青海等 10 家分行开展了授信审批工作“一对一”调研检查。加强调查研究，主动与分行信贷前中后台部门以及重点支行进行座谈，就目前分行有关信贷市场营销、资产质量管控以及授信审批工作等方面深入开展交流指导。下发《关于以客户为中心优化授信审批部门内部劳动组合的通知》（工银办发〔2015〕220 号），推动各分

行授信审批部内部劳动组合优化调整，尽快实现同一客户的评级、授信、债项审查工作由同一审查人完成。

（二）加强培训交流，提升专业水平。一是举办了2015年分行授信审批主管行长和总经理培训班、授信审批专业人才第一期集中面授培训班、小微金融业务中心审查人专题培训班等系列培训活动。二是通过“授信审批园地”发布2 000多条有学习借鉴价值的信息资料，如国家公开发布的各类政策法规文件、常用信贷文件目录、总行投资银行部每日研究报告以及总行授信审批部编写的各类典型案例等，全年发布授信审批动态9期，网讯448篇。

（三）加强研究监测，及时警示风险。2015年第三季度，某债券投资公司通过分析1 777家发债企业近两年财务数据，发布了涉及218家企业的债券发行人兑付风险预警。本行及时组织各级授信审批部门进行风险排查，发现在218家企业中，本行涉及27家企业的债券承销和投资业务，其中6家企业经营和财务状况较差，存在一定兑付风险，其余21家企业的财务状况欠佳，需要高度关注。根据排查结果，及时向相关投资部门和分行发送了风险提示函，对6家兑付风险较大的企业要暂停办理债券承销及投资业务，并择机转让已持有的债券，加快退出；加强对其他21家企业的生产经营情况及财务状况的关注，确保及时采取有效措施防范风险。

（总行授信审批部）

授权管理

一、总行年度基本授权工作

根据公司章程及有关文件规定，总行法律事务部统筹协调总行相关部门拟订2015年度总行基本授权方案；于一季度末印发对总行副行长等高级管理人员、部门总经理、利润中心和直属机构负责人、境内外分行和境外子行及附属公司的基本授权文件，全面、及时完成了2015年度基本授权工作，并着重从以下几个方面完善和优化授权管理工作模式。

（一）明确利润中心和业务牵头部门相关职责。根据总行《关于明确利润中心经营管理相关事宜的通知》（工银发〔2014〕39号）有关规定，在授权文件中明确了业务牵头部门和利润中心的相关职责，明确业务牵头部门负责利润中心的系统经营计划、系统专业评价、系统监督管理等行政管理职能，下达工作要求，组织专业评价，配合利润中心进行专业人才培养；对于利润中心提出的相关产品业务线年度授权方案，经协商一致后，由业务牵头部门汇总提交法律事务部。利润中心负责专业发展规划、发展策略和业务管理制度办法的制定，专业线的产品设计与产品创新，相关产品（线）的专业化经营管理、业务准入、专业人才培养和风险控制；相关产品业务线年度授权文件下达后，由利润中心负责执行和落实，对于超出分支机构授权范围的业务事项，由利润中心总经理根据授权进行审批。

（二）明确上海自贸实验区分行相关授权事宜。根据人民银行2013年12月发布的《关于金融支持中国（上海）自由贸易实验区建设的意见》和陆续出台的相关监管要求，在2014年通过批复方式新增上海分行部分业务授权，明确了上海自贸实验区分行相关权限，并在2015年基本授权文件中进一步予以明确，保持了业务授权的连续性。

（三）明确苏州分行和5家一类分行营业部相关授权事宜。为落实总行《中国工商银行境内分支机构改革方案》（工银发〔2014〕85号）相关规定，在拟定专业授权方案时明确界定授权对象是否包含苏州分行和广东、浙江、四川、江苏、湖北5家一类分行营业部。同时，规定苏州分行和广东、浙江、四川、江苏、湖北5家营业部超过授权范围的业务事项，应通过省分行报总行审批或申请总行特别授权。

二、分行转授权工作

指导督促分行根据总行授权文件和转授权相关规定开展转授权工作，加强转授权文件备案管理，确保各项业务顺利开展。积极配合相关业务部门对分支机构授权执行情况开展监督检查，动态调整转授权内容，严查越权行为，进一步强化授权管理工作的严肃性和规范性。

三、日常授权管理工作

积极指导各业务部门、各分行妥善解决日常授权管理中遇到的问题，协助各业务部门规范、修改、完善特别授权工作流程及所需授权文件，认真做好特别授权的咨询审查和登记备案工作，保障年度基本授权文件的贯彻落实和全行授权管理工作的顺利开展，充分发挥授权管理对各类运营风险的有效防控作用。

（总行法律事务部）

运行管理

2015年，本行紧紧围绕改革发展战略部署，通过内涵式挖潜深入推进运行管理体制机制变革，运营效率和质量显著提升，风险管理显著增强，运行管理基础不断巩固，价值型运行管理体系建设取得新成效，为全行转型发展作出了重要贡献。

一、集约导向型运营后台建设持续加强

坚持集约化运营与规范化管理的协调推进，统筹实施业务处理中心标准化建设与二级分行后台中心整合，集约运营后台的运行能力和管理水平明显提升。

（一）集约运营标准体系有效建立。遵循精益运营理念，围绕集约运营、质量管理、效率管理、服务支持和创新发展五项能力，实施业务处理中心分类评价。全面构建层次清晰、衔接紧密、内容完备的业务集中处理制度体系，保障了集约运营体系的标准化管理与规范化运作。集约运营质量效率和安全水平稳步提升，2015年末全行网点业务受理退回率降至2.2%，客户立等的实时业务平均耗时缩短至81秒，集中处理业务的风险事件率压降至0.01‱。

（二）二级分行后台中心整合完成。按照统一分类、整合职能、规范运作、理顺机制的总体要求，深入实施二级分行运行后台中心整合工作，306家二级分行全部完成了账务管理类、实物管理类两大类中心的整合归并和分类设置，后台中心机构数量从1 076个精简至554个，精简幅度近50%；定岗定编后释放的人员充实至二级分行管理部门和基层营销服务等岗位，人力资源配置进一步优化。同步完成20多类中后台业务的集中上收，大大减轻了基层行工作负荷。四川、湖北等7家分行因地制宜实施省行集中或跨地区远程授权，授权等待时间平均下降了79%，授权人员释放率达38%，授权规模效应充分显现。

（三）现金集约运营能力不断增强。本外币现钞、贵金属、自动柜员机集中运营扎实推进，有力保障了现金业务高效运行，2015年累计完成现金收付量44.1万亿元、自动柜员机装卸钞6万亿元、贵金属出入库4 600吨，现金备付率控制在0.52%以内。现金运营信息化建设步伐加快，款箱物流管理系统完成全行推广，利用射频识别技术实现了款箱信息的自动化识别和重要物流节点的风险硬控制；现金调拨、假币收缴、贵重物品保管等业务以及重要审批流程纳入现金营运管理平台统一管理，现金业务处理更加便捷高效。自动柜员机服务管理进一步改进，账务处理流程持续优化，实现了长短款错账的实时处理，满足了客户的应急服务需求。

二、风险导向型过程控制体系日趋完善

全面贯彻案件和风险事件防控工作会议的“五个必须”和“五个强化”要求，不断深化运营风险管理体系建设、改进风险管理手段、强化过程控制，发挥了运行管理在全行操作风险管理中的关键作用。

（一）流程的风险硬控制能力不断增强。着力实施关键风险环节的流程改造，将制度规定和管理要求固化到流程当中，从源头上防控案件风险隐患。强化开户环节真实性管理，优化开户业务流程，实现开户过程中与工商注册等相关信息的交叉核实；实施开户管理与尽职调查电子化的有机协同，将尽职调查作为账户启用的必要条件之一纳入系统硬控制，实现开户资料审批和尽职调查的并行处理。强化单位定期存款支取环节的刚性控制，实现存款资金按规定回到原账户或基本账户。加强票据质押环节的系统关联控制，实施单位定期存单电子化改造、优化银行承兑汇票质押业务流程，实现主机核算与信贷业务系统之间账务核算、实物保管、押品登记的信息共享和联动控制。强化空白重要凭证的联动销号控制，有效解决了凭证游离于流程控制之外的内在缺陷。

（二）业务运营日常风险管理持续强化。改革事权划分管理机制，主机交易的授权类型和授权方式进一步优化。营业机构核算印章综合改革历时三年圆满完成，实现了重要核算印章的电子化打印和自动化控制，全行24万余枚废止核算印章全部上收销毁、4.2万枚保留重要核算印章全部纳入柜面用印机保管，分行特色印章得到全面清理规范、数百种用印凭证纳入自动用印范围，用印风险得以有效管控。支付密码推广率达到95%，电子验印自动通过率维持在79%的良好水平，支付结算风险防范能力得以提升。以数据挖掘、规则筛选、精准定位为核心的智能督导模式完成全行推广，比传统模式检查任务减少近2/3，风险事件收集率增加1/3，督导效能大幅提升。非现场检查模式推广至安徽、吉林等15家分行，依托监控联网平台实现了对网点的实时直通式非现场检查，检

查威慑力明显增强。模型监控范围继续拓展，针对飞单、存款失踪、融e购以及第三方支付等重点领域研发45个风险模型，及时识别并有效化解非法集资等风险隐患。

（三）参数集中统一规范管理有序推进。参数管理改革进一步深化，参数管理系统平台整合和制度体系提升有效实施，初步构建起贯穿参数设计、生产、应用、安全管理全流程，涵盖主机与外围、境内与境外的参数统一运营管理体系。手工计息专项治理全面完成，解决了冻结账户、保证金存款等45类产品每年10余万笔手工计息问题，实现相关产品结息、入账、凭证、回单全流程自动化处理和计息行为参数控制，有力促进全行付息成本和经营成果真实、准确反映。参数安全管理继续加强，实施重要业务事项参数关联维护设置，建立参数申请数据质量规范，完善参数应急灾备机制，全行参数风险管理水平持续提升。年终参数管理、系统测试、账务核查、损益结转、报表反映等工作圆满完成，确保年终决算的安全高效。

三、全球化资金清算运营体系全面构建

（一）资金清算服务能力显著增强。境内外一体化清算体系建设持续深化，总行、境内分行和境外40家机构基于清算通用平台实现了统一的清算流程、清算制度和清算业务标准。人民币跨境支付系统CIPS成功投产，具备了集团一点接入、代理全球银行加入CIPS的清算能力。跨时区连续清算运作机制建设取得重要突破，总行和境外人民币清算行实现24小时连续运作，有力提升了跨境人民币业务的市场竞争力。清算网络渠道进一步拓展，与“农信银”清算组织实现了互联互通。紧紧围绕“e－ICBC”发展战略，开展互联网金融跨境清算机制建设，形成了支撑电商平台跨境交易、代理支付机构跨境清算的产品和服务。工银速汇产品已推广至纽约、中国香港、新西兰等境外机构，截至2015年末相关币种汇款业务使用工银速汇产品的比例大幅提升至48%。同城跨行业务资金归集清算模式全面建立，分散在分支行的1 357个备付金账户资金全部归集至总行，实现了统一清算、集中管理，存放至人民银行备付金余额日均减少200亿元以上，资金利用效率进一步提高。

（二）金融市场服务后台建设持续加强。集团统一的金融市场运营管理平台成功投产，本外币债券买卖、回购、质押、拆借等三十几类业务顺利上线，金融市场业务的后台支持能力明显增强。集团债券业务集约化建设加快推进，债券代保管和代理结算服务范围覆盖68家境内外机构，在降低债券托管成本、提升债券结算效率方面发挥了重要作用。通过成功竞标银行间外汇市场结算银行资格，为40家市场成员提供人民币外汇交易净额结算服务，进一步扩大了同业合作的业务领域。成功将资产管理业务后台系统延伸到海外机构，有力地支持了全球范围的跨市场投资运作。

（三）海外机构运营支持水平不断提升。成功组织工银美国FOVA系统投产上线，纳入集团统一运营体系。建设境外平台版核心银行系统，率先在工银莫斯科投产应用，实现了系统功能、业务流程、柜面终端操作模式的差异化灵活配置，满足了境外本地监管要求，提升了服务效率。按照统一组织规划、兼顾当地实际的原则，组织完成境外新设机构运营流程设计，为境外业务发展提供了良好的运营管理支持。

（总行运行管理部）

法律事务

一、积极运用法律手段清收不良贷款

2015年，全行法律部门办理法律清收起诉案件28 177件，起诉总金额898.61亿元，审理结案16 421件，审结金额478.91亿元。通过诉讼和强制执行等法律手段收回各类资产161.24亿元，较2014年增加40.53亿元，增幅33.58%；其中，收回现金134.26亿元，占比为83.27%，为减少信贷资产损失、提高经营效益作出了重要贡献。

（一）不断加大依法清收督办工作力度。总行将2014年度胜诉案件执行率低于11%的5个分行和胜诉案件年末应收余额超过12亿元的分行列为2015年度重点关注行；将亿元以上大户胜诉未执结案件列为重点督办案件；督促指导各行加强对账销案存资产和个人客户大额不良贷款的法律清收工作。通过督办和指导相关分行研究制定加强胜诉案件执行工作方案，加大依法清收力度，有效提高执行成果。

（二）积极组织开展执行积案清理专项活动。以最高法院开展“转变执行作风　规范执行行为”专项活动为契机，印发《关于开展执行积案清理专项活动的通知》，在全行范围内组织开展执行积案清理专项活动，组织3个小组分别赴6家分行督办执行积案清

理工作，并向最高法院执行局报送我行胜诉执行积案明细情况，请求最高法院给予支持和重点督办，取得显著成绩。自2014年8月开展执行积案清理专项活动至2015年7月活动结束，全行共清理执行积案5 503件，涉及金额251.1亿元；共收回各类积案资产37.83亿元，占全国银行业收回总金额的26.96%，并通过核销和批量转让方式处理积案不良资产88.81亿元，取得了显著成果。

（三）提高起诉案件管理工作水平。针对2015年全行起诉案件高发态势，逐月分析起诉案件特点、业务类型、区域分布等情况，重点关注起诉案件数量多、金额大、风险突出的分行，指导和帮助重点分行结合实际做好法律清收工作。另一方面，全面提升诉讼案件管理信息化水平，实现诉讼案件审批无纸化和电子化，提高诉讼案件审批效率。2015年总行共审批分行超授权起诉案件224件，审批金额291.55亿元，较上年分别增加85件、144.45亿元。

二、切实加强被诉案件防控工作

2015年，全行法律部门处理新发被诉案件2 034件，被诉总金额30.83亿元。累计结案1 461件，结案金额14.94亿元；通过妥善应诉处理，我行胜诉980件，避免经济损失13.58亿元，避免损失率90.9%。

（一）着重加强诉讼风险事前防控工作。一是通过通报典型被诉案例，提示被诉案件风险，提出风险防控意见和建议。二是主动向业务部门提示法律风险，针对不法分子利用客户已注销账户预留的手机号开通工银e支付并盗转客户存款等问题引发的被诉风险，向有关部门发送风险提示函，提出风险防控措施和建议。三是对有关分行应对得当、处理成功的被诉案件，转发其他分行参考借鉴，全年共转发分行报告15份，编发典型诉讼案例参考2期。

（二）不断提高诉讼案件管理水平。积极督促被诉风险较高分行加强风险管控工作，将被诉风险较高分行列为重点关注行，发送督办函要求其采取有效措施防范和化解被诉风险；对重要被诉案件实行名单制管理，2015年全行千万元以上被诉案件结案31件，避免经济损失10.11亿元，避免损失率96.64%，超过全部被诉案件避免损失率6个百分点；落实重要被诉案件快报制度，对七类重要被诉案件，督促分行在发案后24小时内上报总行，妥善做好有关应诉处理工作。

（三）切实做好被诉案件风险化解工作。2015年，总行指导或协助分行处理民间借贷引发的被诉案件、支付宝快捷支付纠纷等重大、疑难诉讼案件38件，涉及金额约13.31亿元，取得较好诉讼效果，其中，诉至最高法院各类案件18件，涉及金额4.91亿元；直接处理以总行为被告的诉讼案件21起，涉及金额2.66亿元，经有效应对处理，结案7起，总行全部胜诉，避免损失金额127.12万元。

（四）就客户存款丢失、“飞单”等法律风险事件进行巡回指导。针对今年以来一些分行客户存款丢失、“飞单”事件高发情况，总行专程赴有关分行开展调研，积极指导分行完善法律风险应对预案，做好被诉风险事前防控工作；认真分析每起案件反映的法律风险，将典型案例发送分行，促使分行在应对此类案件过程中参考借鉴；协助做好声誉风险和信访风险化解工作，通过现场会议或视频会等方式，有针对性地指导相关分行全面排查风险隐患，要求有关分行明确部门责任，制定声誉风险防控预案，协调配合化解信访风险和不稳定因素，避免发生极端事件或群体性事件。

三、积极推进协助执行工作信息化和规范化

（一）牵头推进公安部总对总网络查控项目研发投产。着力推进与公安部总对总网络查控项目建设，项目一期于2015年12月成功投产运行，在同业中率先实现了全国范围内个人账户的自动查询、冻结、布控和紧急止付等六大主体功能。同时启动项目二期和线下应用功能的需求编写和研发工作。该系统的投产运行，很大程度上满足了公安机关的协查需求，显著提升本行协查工作效率，大幅降低人工协查工作压力和风险压力。

（二）进一步深化与最高法院网络查控合作。2015年1月和4月，在网络执行查控系统一期投产基础上分别投产两期优化版本，在同业率先实现全国范围内个人及对公存款的查冻扣一体化功能。系统投产一年以来，已顺利为全国各级人民法院办理网络查控290.89万笔，较好地解决了人民法院执行难的问题，得到各级法院的高度肯定。部分分行与当地法院深化合作，在执行案款归集、代发工资等方面拓展业务，取得良好效果。

（三）高效集中办理总行本部协助执行事项。为统一规范总行本部协助执行工作，总行法律事务部自2015年9月起统一受理、处理和反馈各类有权机关直接到总行本部的协助执行事项。至2015年底，共受理来自有权机关协查事项105次，其中，协助查询71次，涉及账户4.63万个，查询结果7 767.33万条；协助冻结（含解除冻结）34次，涉及账户0.99万个。在时间急、任务重的情况下，与信息科技部建立快速反应机制，及时完成多起人民银行、银监会与公安部联合部署的大案要案协查工作，得到公安机关和监管机构的高度肯定和表扬。

四、进一步加强法律咨询审查与法律服务

2015年，全行各级法律部门认真履行法律专业职能，积极为依法合规经营发展提供有力支持和保障，全年共处理各类书面法律咨询审查事项33.7万项，审查各类合同协议等有关法律文件75.7万份；出具书面法律意见19.6万份；揭示各类风险点及需要关注的问题41.2万个，提出

有关风险防控措施及建设性意见41.3万条，参加各类会议及业务谈判2万余次，累计谈判时间约5万小时。

（一）助力国际化经营发展。配合做好土耳其子行和墨西哥子行开业运营相关法律工作，协助开展多项重大海外收购项目。充分发挥专业优势，为高层领导互访期间签署项目合作协议、签订备忘录等国际合作事宜提供有力法律支持。为跨境人民币业务、新型资本工具境外发行、“走出去”跨境贷款业务等提供优质高效法律服务。助力境外机构业务依法合规拓展，为境外机构发行中期票据、开展跨境信贷业务提供法律意见和建议，确保有关工作目标顺利实现。

（二）支持和保障各项业务发展创新。积极支持私人银行家族财富基金管理公司设立事宜、融e购平台优化项目、云支付信用卡、个人小额信用消费贷款等创新项目，从制度办法拟定、产品结构设计、业务流程安排、担保结构设置、协议文本起草等多方面提出相关法律意见和建议，有效防控法律风险。协助有关部门修改完善《私人银行产品管理办法》、《法人客户授信管理办法》、《个人金融资产质押贷款管理办法》等200多个制度办法，确保各项经营管理活动在法律和监管框架下依法合规健康开展。

（三）加强合同文本规范管理。结合工商行政管理部门对相关分行格式条款的检查意见，总行法律事务部全面梳理个贷、银行卡、电子银行等业务格式合同文本，修订总行格式合同151份。落实银监会商业银行服务收费新规，协助业务部门修订完善涉服务收费项目合同文本，确保依法合规。满足业务发展需要，规范相关业务中英文合同文本，根据新法规要求及时补充完善格式合同中有关条款，修订相关格式合同。2015年共发布（含更新发布）各类合同文本420份。

（四）开展专项法律服务工作。总行法律事务部选择投资银行部、专项融资部、养老金业务部作为2015年专项法律服务对象，量身定做法律服务方案，有针对性地提供法律意见和服务。在分行层面，选取上海分行和山东分行作为专项法律服务对象，结合分行实际，开展专项法律服务；建立总分行重大法律审查项目直联机制，开通诉讼案件审批绿色通道，通过视频座谈会、实地调研、专题培训等方式，指导分行提升创新业务法律服务能力，妥善处理重大诉讼案件。

（五）提高法律服务价值含量。及时总结法律风险防控要点，印发《消费者权益保护法律审查要点指引》，供业务部门与法律人员参考学习。持续跟踪研究最新法律法规及监管规定，2015年，共编发《金融法律简讯》12期、《金融法规专题报告》6期，向相关业务部门和分行作出风险提示和应对建议，主动预防和规避因新法实施可能产生的法律风险。充分利用“法律工作管理系统”为分行法律部门搭建法律信息沟通平台，引导和鼓励分行开展法律专题调研，沟通和交流法律风险防控经验技巧。

五、着力加强集团法律风险并表管理

（一）妥善应对处理跨境法律风险事件。妥善应对印度国家银行预付款保函纠纷、工银亚洲贷款风险事件、伊朗Melli银行保函业务等事宜，结合业务主要风险点提出法律风险防控建议。持续监测并表机构诉讼案件情况，指导工银阿根廷、工银泰国等诉讼案件数量和问题比较突出的机构加强和改进诉讼管理工作，切实降低诉讼风险。

（二）推动集团内部法律资源和信息共享。投产集团法律风险并表管理系统，将集团各并表管理机构相关法律信息纳入系统管理，实现并表机构法律风险信息采集、数据分析存储和应用、报表统计自动化处理，提高集团法律风险并表管理信息化水平。编辑完成4期中英文双语集团内部通讯*Inhouse Insight*，发送各境外分行和各附属机构参阅，为集团相关人员提供有价值的境内外法律资讯。

（三）开展集团法律风险管理调研和业务指导。对工银亚洲、工银国际、迪拜国际金融中心分行、孟买分行等4家境外并表管理机构及工银瑞信、工银租赁开展现场调研和业务指导，听取并表管理机构关于其整体经营情况和法律风险管理现状的汇报，针对各机构法律风险管理面临的不同问题和困难提出改进建议，指导和督促并表管理机构进一步完善法律风险管理工作机制，提升法律风险防控水平。

六、认真做好商标保护、关联方管理和专项工作

（一）加强商标权益保护工作。根据业务发展及品牌管理需要，积极开展工银e校园、工银e缴费、工银e商贸等互联网金融品牌商标以及工于至诚、工银金行家、工字图形和“ICBC”等商标的国内外注册工作；全力配合业务部门处理泰国“金融@家”、“ICBC Global transfer”商标驳回，“中银积存金”、“ECBC”异议，“融e购”及图形异议等事宜，切实维护我行商标权益。2015年，共办理各类核心商标、业务商标注册及续展194件，办理商标异议、异议复审、异议复审答辩13件，监控商标公告49期，涉及商标约8.8万个。

（二）做好关联方管理工作。做好关联方管理和关联方初步确认工作，指导和督促境内外机构按规定报送关联方变化信息，及时确认本行新增的关联自然人和关联法人。2015年共确认新增关联自然人55人，新增关联法人或其他组织5家，退出关联自然人50人，退出关联法人或其他组织5家。

（三）组织做好法律咨询审查系统投产工作。在前期部分分行试点基础上，2015年7月11日，法律咨询审查系统在境内全部机构投产使用。系统实现了与办公

平台、GCMS 系统、行政印章系统的有效对接以及全行法律咨询审查工作的统一信息采集、数据查询和统计、资料存储等功能，有效提升了法律咨询审查工作的管理水平。

（四）认真组织开展专业培训。根据全行“十大专业型人才培训工程”整体安排，组织“法律咨询审查专业人才（中级）培训项目”培训班，向境内分行及相关附属机构法律骨干讲授法律咨询审查技巧、银行常见业务及新兴业务等问题。举办法律事务（消费者权益保护）部门负责人培训班、诉讼案件管理培训班等，邀请法官和业务部门专家探讨分析商业银行法律风险防控相关问题，不断提高法律人员整体专业水平。牵头做好法律序列专业资格管理工作，会同有关部门在全行范围内开展 2015 年法律序列专业资格初级、中级、高级考试，做好法律序列专业资格考试、阅卷、认证工作。

（总行法律事务部）

反洗钱工作

2015 年，本行认真贯彻落实“风险为本”的监管要求，积极履行反洗钱社会责任和法定义务，全面深化反洗钱集中处理、综合试点和涉敏机制三大改革，持续推进反洗钱制度建设、系统建设和队伍建设，着力加强境外机构管理、涉敏业务管理和客户信息治理，不断强化高风险客户、高风险业务和高风险产品洗钱风险防控，为预防和打击洗钱及其上游犯罪活动、促进和保障全行健康发展发挥了积极作用。

一、深化反洗钱集中处理改革和综合试点改革

推动可疑报告分析研判工作向一级分行反洗钱中心集中，31 家一级（直属）分行实现集中研判模式，进一步节省了人力，降低了成本，提高了效率。优化完善反洗钱监控模型与系统功能，全年因触发新模型共生成异常报告 439.9 万份，同比下降 38%，本行“新一代反洗钱监控系统”荣获“银行科技发展二等奖”，系统研发理念和功能设计被人民银行评定为国内领先水平。综合利用反洗钱综合改革试点创新成果，2015 年共发送内部协查 141 869 份、风险提示 12 993 份，向专业条线和营业网点提示客户可疑特征和风险隐患。每半年开展异常交易报告质量抽查，报告甄别的及时性、规范性和有效性不断提高。

2015 年，本行共向人民银行报送可疑交易报告 7 658份，同比增加 48%，中国反洗钱监测分析中心通过量化分析和抽样评估，认为本行 91.2% 的可疑报告和 97% 以上的涉恐融资可疑报告具有中等以上情报价值；人民银行印发《关于中国工商银行 2014 年可疑交易报告情况的通报》，对本行可疑报告质量和集中研判模式给予了高度评价，并向全国推广本行试点经验和有效做法。

二、深化涉敏集中甄别机制改革，制裁合规风险得到有效防控

组织对 6 家分行开展涉敏业务专项检查，验证分行涉敏报警甄别机制改革成效。每半年开展一次涉敏报警信息甄别质量非现场抽检，提升涉敏业务处理合规性和及时性。修订印发《涉敏业务管理办法（2015 年版）》和《关于〈涉敏业务管理办法〉有关问题的说明》，为境内外机构涉敏业务差异化管理提供政策指导。调整优化系统白名单及筛查规则，名单误中率下降 33.39%。2015 年各分行反洗钱中心共处理涉敏报警信息 33.29 万笔，发送尽职调查和协助研判通知 7 678 份，经甄别审核拒绝或退回涉敏业务 3 166 笔，所有报警信息甄别处理均做到日清日结。

三、加强境外机构反洗钱管理，实现复杂国际形势下零处罚目标

全面启动境外机构反洗钱管理基础综合治理，将境内机构“集中做、专家做、系统做”模式推广到境外机构，计划在 2～3 年内全面夯实境外机构反洗钱工作基础。序时推进境外反洗钱监控系统建设，制定推广计划，编写业务需求，并在新加坡分行和工银澳门两家机构成功投产。启动境外机构涉敏报警信息合规审核机制改革，配套开发“境外机构涉敏合规审核系统”（COMPASS），并在新加坡分行和工银澳门两家成功投产；组织境外反洗钱视频培训，传达总行对境外机构的改革思路、实施步骤和工作部署。印发《关于加强境外机构反洗钱人员配备与管理的意见》和《境外机构反洗钱工作考核办法（试行）》，加强境外机构反洗钱人员配备和考核；组织对境外机构反洗钱开展监督检查，先后对 11 家境外机构实施了反洗钱内部审计和合规检查，对 16 家境外机构进行了反洗钱现场调查。

稳妥应对国际反洗钱制裁事件对集团的影响，审慎处理涉俄业务，及时跟踪分析国际反洗钱重大风险事件并提示风险。

2015年，本行共有16家境外机构接受当地监管检查，未发生反洗钱监管处罚事件，美国监管机构正式解除工银美国反洗钱不达标警告书（2011年OCC出具给东亚银行），对本行3家在美机构的总体评价为“满意”，认为本行在美机构“反洗钱管理框架和措施到位适当”。

四、建立健全洗钱风险评估体系，顺利推进反洗钱监管新规的贯彻落实

投产“新一代反洗钱客户风险分类系统”，完成对全部存量对公客户和个人客户洗钱风险等级的重新划分。印发《洗钱风险自评估管理办法（2015年版）》，组织对全行开展首次自评估工作，自评估等级为A级（最优级），并按时向人民银行报送了自评估报告。修订印发《产品洗钱风险评估管理办法（2015年版）》，通过业务与产品项目管理系统对新产品洗钱风险评估进行刚性控制和质量把关。转发《金融机构反洗钱监督管理办法》及有关文件，按期向人民银行报送反洗钱年度报告、非现场监管报表、考核自评报表，报备反洗钱内控制度修订及人员调整情况。完成洗钱类型定期分析报告，全面掌握洗钱威胁在不同地域、客户、业务等方面的分布情况，督促相关机构做好重点监控和风险防范。

五、深入推进客户信息专项治理工作，强化重点业务领域洗钱风险防控

纵深推进客户信息数据质量专项治理，截至2015年末，全行个人和对公客户信息完整率达到98.09%和98.08%，较专项治理前显著提高。印发《关于进一步加强个人客户开户身份审核管理的紧急通知》和《关于做好非居民客户信息核查及涉敏业务工作的通知》，修订完善了个人金融、单位结算账户、电子银行、银行卡、私人银行、涉敏业务、金融市场和贵金属等重点领域专业管理办法或操作规程，强化业务条线洗钱风险防控。加强洗钱高风险产品的风险管控，组织对2015年持外国护照开户客户进行涉敏风险回溯筛查，对21.5万反洗钱中高风险企业网银客户设置了公转私交易限额，在信用卡发卡审核环节系统自动拒绝反洗钱高风险客户。成功实现个人网银主机交易、企业网银内部管理系统与新一代反洗钱客户风险分类系统，金融市场交易管理平台与全球特别控制名单管理系统的对接，推进洗钱风险评估成果的综合利用。加强境内控股机构反洗钱管理，按照人民银行“法人监管”新要求，指导工银瑞信、工银租赁、工银安盛3家控股子公司加强制度建设、系统建设和队伍建设，2015年，各境内控股子公司共修订反洗钱内控制度3项，报送可疑报告17份，开展反洗钱培训160次，接受监管检查和走访4次，未发现严重违规问题和行政处罚事件。

六、配合做好反洗钱调查和涉恐资金查控工作，为打击洗钱等犯罪活动作出积极贡献

积极配合监管机构和有权机关实施反洗钱调查，将涉恐案件资金实时监控和限额支付要求纳入总行涉案账户资金网络查控平台，提高涉恐案件资金查控效率，2015年全行共完成反洗钱协查任务1 506项。配合做好国际追逃追赃工作，及时根据国家公布的名单进行实时监控和回溯筛查，对筛查出的风险客户及交易清单分批进行人工甄别，按照监管要求报送可疑报告并做好后续处理工作。

七、突出抓好反洗钱培训和队伍建设，提高专业水平和履职能力

总行举办反洗钱管理人员、集中研判人员、涉敏甄别人员、反洗钱专家等4期现场培训班和境外机构涉敏机制改革视频培训。各境内外分行组织开展多种形式反洗钱培训915次，累计参训人数11.07万人次，反洗钱岗位人员培训面达到100%；同时通过网络大学开展反洗钱基础知识、制裁合规知识等普及性培训，累计参与学习28.75万人次，贯彻落实“反洗钱全员性义务”的监管要求。积极参加国际公认反洗钱师资格（CAMS）认证和人民银行反洗钱岗位准入培训考试，截至2015年末，全行共有344人获得CAMS资格认证、25 846人通过人民银行反洗钱岗位准入培训考试，在国内同业中持证人数最多。编写《管理人员反洗钱读本》、《反洗钱合规工作手册》，为各级管理人员和反洗钱岗位人员知责、履责、尽责提供指导和帮助。完成第二批反洗钱专家团队成员选聘工作，共聘任反洗钱专家团队成员105名。派员参加第六届中美战略对话反洗钱与反恐融资研讨会等反洗钱国际会议，积极开展反洗钱信息交流。

2015年，本行反洗钱工作取得了良好成效，多家机构反洗钱工作得到监管部门的充分肯定，总行先后3次获得人民银行和公安部门通报表彰或表扬，全年共有5家分行在当地监管组织的反洗钱活动中获奖、17家分行受到当地人民银行通报表彰、2家分行由当地人民银行组织向同业推广经验、15家分行在当地反洗钱工作评估中名列前茅，进一步树立了本行认真履行反洗钱社会责任和法律义务的大行形象。

（总行内控合规部）

管理信息

2015年，管理信息部门以信息创造价值为核心，构建集团统一的数据库，夯实信息管理基础，加强数据挖掘分析，推进信息共享应用，围绕管理信息的四项工程（数据标准与质量提升工程、大数据仓库体系整合工程、构建数据挖掘与智能应用体系工程和统计信息“管理驾驶舱”工程），集中推进十四项重点工作，为全行转型发展提供了积极有效的信息服务与支持。

一、推动大数据应用基础工作，拓展数据入库范畴

围绕全行大数据和信息化战略，推进数据仓库、集团信息库的统一管理及应用服务，探索跨平台数据关联访问及大数据应用产品开发。紧随全行互联网金融进程，实现融e联用户、群组和交谈信息等信息入库；完成外部信息整合与应用项目立项，实现工商注册信息、个人身份户籍信息、银监会同业客户风险信息等外部数据入库。截至2015年末，企业级数据仓库（EDW）纳入境内外业务系统127个，基本涵盖境内外分行、子公司业务系统，累积数据量近400TB，为绩效考核平台、内部评级系统、客户统一评价及星级服务系统等69个下游数据集市和应用系统提供3 300多个数据接口，日均提供数据量1TB；集团信息库纳入了网银日志、客户投诉工单、行内外新闻报道等非结构化数据，数据量达到72TB，实现了在大数据分析挖掘平台、ICBC搜索中心等应用。

二、细化数据治理措施，客户信息真实性、有效性持续提高

继续做好数据治理工作组织推动，针对影响数据质量的具体原因，细化制定了各专业数据治理工作纠改指引，完善了数据质量考核办法，完成公司金融、个人金融、银行卡等部门新增数据质量检查模型开发，提升专业数据治理的针对性和可操作性。推动全行核算类信息差错率大幅下降，中间业务收入应录未录项比例由年初的12.22%降至0.69%，为准确评价客户贡献和产品贡献提供有力支持。作为全行数据治理工作重点的客户基础信息质量得到明显改善，截至2015年末，个人客户9项基本要素信息完整率为98.09%，较年初提升3.86个百分点，超额完成全年工作目标（96%）；法人客户24项基本要素信息完整率为98.08%，提升6.1个百分点，完成全年工作目标。集中精力对五星级以上个人客户信息开展真实性、有效性治理，截至年末，个人客户信息真实有效性问题数据降至151.08万条，较年初下降30.73%。

三、健全集团信息标准，客户信息标准化建设与整合工作取得重大进展

信息建标工作基本完成，累计发布集团信息标准近5万项，其中基础信息标准1 500多项，覆盖十大主题，基本涵盖我行现有系统具有共享性要求的字段。“贯标”取得实质进展，实现信息标准管理服务系统（IS2010）与软件数据资源管理系统（SEAS）联动，推动集团信息标准在需求编写、软件开发等领域的自动应用。重点实施“客户信息标准化建设与整合工程”，对主机及各专业业务系统540万项字段进行统一梳理，初步构建以客户为中心的客户信息标准管理框架，客户基础信息标准达395项、客户指标信息标准达801项，基本覆盖常用的客户基础信息，为客户信息统一规范应用及客户信息视图完善打下坚实基础。服务全行互联网金融，发布11项二维码基础信息标准。优化客户贡献评价模型，增加中间业务分摊收入、运营成本和交易成本，推进PCRM系统和CCRM系统客户贡献评价模型监测功能开发。

四、完善信息安全手段

投产特别关注客户信息系统（CIIS）用户与信息安全管理项目，实现CIIS用户准入测试、异常查询预警等功能，部署18个安全管理监测模型，提高CIIS系统对客户信息安全保障的硬控制和自动化水平；对“无业务背景”查询客户信息行为开展非现场检查，推进贷款预审批征信查询纳入信贷全流程管控。严格依据对外合作中客户信息安全保护制度要求，完成对外提供客户信息的项目审批。开展“集团信息应用及系统管理专项检查”，重点就信息安全管理制度落实、用户权限管理、对外合作中客户信息安全管理对分行进行检查。加强T+1动态监测系统日常监测，及时核实“一人多户”、“多人一户”等用户异常访问行为，按季度清理系统长期不动户，确保用户有效性。

五、加强分析师队伍组建与管理

全行建立起一支2 000余人的分析师队伍，其中总

行管理信息部组建数据分析师10人，31个业务部门组建专业分析师700余人；37家一级（直属）分行配备数据分析师186人、专业分析师1 163人。制定《中国工商银行分析师队伍管理办法（试行）》，明确分析师工作职责、队伍管理、选聘标准、业绩考核等内容，指导31家分行制定分析师队伍管理细则。加强专业化培训，根据总行“十大专业型人才培训工程”要求，制定并实施数据分析师和专业分析师培训项目方案，举办两期4次数据分析师现场培训和三期6次专业分析师现场培训，累计培训近500名分析师。投产分析师工作台（AIMS），总分行AIMS用户增至1 300余人，发布成熟分析报告279个。推进全行分析成果经验交流，按季度通报全行分析师队伍建设及工作成果，在网讯“数据分析”专栏展示分析产品及精准营销案例，为全行分析师提供成果交流共享平台。

六、数据挖掘技术取得突破

组织推动总分行数据分析师和专业分析师联合开展客户管理、新兴业务、资金流向、风险监控等领域的15项重点课题研究，完成各类分析报告1 000余篇。其中，总行数据分析师围绕全行经营管理重点和互联网金融业务热点，完成客户流失和资产降级、融e购客户评价、客户五级分类、个人中高端客户迁徙及发展等领域的分析报告60篇，在全行客户拓展与维护、绩效考核、监测评价等方面发挥了较好的参谋支持作用。试点应用ASTER、SAS EM等新的数据分析工具和文本挖掘技术，探索网点触发式营销、融e购客户评价、重点客户舆情分析等大数据分析技术应用。

七、多层次组织开展精准营销

开展涉及网上质押贷款、工银e支付、互联网金融客户营销等63项精准营销活动，推动分行依托EBM系统自主开展特色精准营销活动1 849项，全行共派发2.41亿目标客户，营销成功率16.76%，比传统方法提高2~4倍。分两批在各分行推广应用中高端客户流失预警模型，北京、上海等14家首批推广分行53.58%的目标客户实现日均资产提升，户均增加8.66万元；河北、山西等22家第二批推广分行已派发120万目标客户。推进客户行为偏好细分与产品响应项目实施，依托工银e支付拓户模型、多币种卡响应模型分别派发100万、72万目标客户，通过个人客户经理、坐席外呼和网银推送等多渠道开展精准营销活动。与加拿大子行协作开展出国金融产品精准营销活动，依托EBM系统推送目标客户11 080人，共发生购汇37 897笔；与工银欧洲联合启动4项境内外联动精准营销项目，部署工银欧洲个人客户出国金融产品营销活动。

八、投产全行统一指标库，统计指标入库应用扎实推进

完成信息化银行建设工程重点任务“全行统一指标库”主体框架搭建并顺利投产，实现全球统计信息系统（GSIS）近4万个综合统计指标入库。按“根指标+维度”方式对集团报表平台（CS+）19个业务部门3 000余张报表的10余万个指标进行梳理拆解，去重后形成384个根指标、1 702个维度、7 094个根指标与维度组合关系共7万余个指标，并实现在全行统一指标库中查询指标业务属性。结合全行统一指标库建设，加强集团报表平台存量报表管理，清理退出980张失效报表，有效提高平台运行效率。

九、落实最新监管要求，全球系统重要性银行（GSIFI）统计框架和系统建设加快开展

密切跟踪监管统计最新要求，印发工商银行2015年统计制度，包括127张报表、3.2万余个统计指标，及时修订综合统计制度及资本充足率统计制度。梳理银监会《G0A主要监管指标统计表》8大类98项指标填报工作，向银监会反馈填报意见并制定相应统计制度。完成通用数据模板三个阶段指标梳理，初步制定业内首部GSIFI统计制度，实现衍生品、证券融资交易等30余项复杂产品统计与行内20多个业务系统的落地对接，搭建覆盖指标、模型、口径、数据系统全链条的GSIFI统计框架，推进GSIFI统计系统功能开发建设，完成覆盖第一、第二阶段指标的统计系统投产。开展对境外机构统计工作的现场指导，有力支持了当地机构统计工作机制的健全及数据质量的提升；与8家GSIFI机构开展数据磋商与合作，就数据报送、数据合作与交换等事宜达成一致意见。

十、完善互联网金融统计监测，充实统计信息服务产品

按月发布互联网金融监测通报，开展互联网金融54个重点指标日监测，实现对互联网金融业务三大平台、三大产品线及线上线下一体化服务的全覆盖。深入调查研究，完成服务高层决策的“驾驶舱”项目立项，编制“驾驶舱”电脑版和手机版系统建设业务需求。加强T+1动态监测系统与GSIS系统报表联动，实现GSIS系统中互联网金融系列报表（日报、月报）、存款偏离度报表、同业系列报表等重点报表在总行版T+1展现。加强统计数据分析，完成理财业务同业比较、用于小微企业贷款同业比较、互联网金融业务和金融资产服务业务等统计分析报告。

十一、加快全球统计信息系统（GSIS）验证推广

有序推进 GSIS 系统各版本投产，组织各分行开展 GSIS 系统应用培训，于 2015 年 8 月顺利实现人民银行月报第一批次报表编报从金融统计信息系统（SIS）迁移到 GSIS 系统。打通 GSIS 与 T+1 动态监测系统数据连接，投产同业主要指标监测月报。在 16 家分行开展统计管理合规性现场检查，对分行统计组织领导、岗位设置、统计管理与业务制度建设、统计系统、统计数据及报送等方面进行检查。根据银监会审慎规制局数据报送要求，建立全行监管统计快报统计机制，明确指标统计口径及部室分工，顺利完成监管快报数据报送。深入分析银监会监管标准化测试数据报送模板，组织开展数据验证及数据质量评价，圆满完成试填报工作任务。坚持统计数据 T-1 监测，按时完成人民银行日、周、旬、月、季报及银监会各期报表，完成各季度集团、法人两种口径下资本管理高级方法、BIII 权重法、原办法报表编制报送，完成新修订的资本管理高级方法 20 余张报表试填报工作。

十二、加强资讯特色信息应用，信息定向推送有序开展

加强外部资讯信息采集、供给，全球信息资讯平台累计导入工商注册信息 370 万余条，全行应用工商注册信息新拓户 17.9 万户，新注册企业拓户率 13.7%；采购国家发展改革委拟在建项目信息、商务部对外投资信息，通过全球信息资讯平台营销项目信息库累计提供营销线索 2.8 万条、对外投资信息 3 万条。顺利投产集团网讯新版本，增强信息展示功能，优化部室主页功能。向总行部门、直属机构及境外机构推广网讯新采编系统，推进非结构化信息标准化编制发布，优化境外机构信息发布流程。围绕全行热点工作，开设“三严三实”、“互联网金融服务”、“服务体验建设”、“京津冀一体化”等专栏 20 余个，全力做好互联网金融等重点工作的信息服务。上线融 e 联“每日要闻”服务号，实现《每日资讯摘要》同步发布，并初步建立融 e 联网讯信息推送服务。加强资讯分析，完成利率市场化与商业银行优势再造、商业银行电商平台比较等多篇非结构化信息分析报告。进一步规范资讯信息集中采购及管理，持续推进移动办公建设，2015 年末全行移动办公用户 16 218 人，较上年末增加 5 673 人。

十三、升级征信系统，实现对具备投产条件的境外机构全覆盖

完成特别关注客户信息系统（CIIS）整体架构优化需求编制，按 10 大功能板块进行统一整合，提升系统效率和用户体验。新增数据资源，将关联关系、CIIS 拒贷、催扣收、预警等资源信息纳入企业和个人版征信报告，继续推进工商登记信息、GCMS 关联数据源引入 CIIS，为融资客户准入、评级授信、贷后管理和不良处置提供更加全面的信息支持。积极拓展行外信息来源，与腾讯征信、芝麻信用等 6 家社会征信机构进行交流座谈，调研引入社会征信信息的可行性，初步确定引入金电联行公司信息。完成人民银行个人重要信息提示产品推送项目开发需求，建立通过融 e 联向全行推送个人类贷款风险预警信息的新渠道。启动客户关联关系整合项目，逐步建立跨行际、跨机构、跨业务、跨客户的全行客户关联关系统一视图，支持信贷前中后台各条线业务工作。推进 CIIS 系统境外应用，指导万象、新加坡、伦敦等 16 家境外机构顺利投产 CIIS 系统，CIIS 系统覆盖的境外机构增至 23 家，实现具备投产条件的境外机构全覆盖。深入挖掘 CIIS 系统信息价值，完成小微企业与其法定代表人贷款关联风险情况分析等多篇分析报告，提供高端信用卡客户识别、征信信息查询、不良欠款扣收、客户关联关系视图等应用支持。2015 年 CIIS 系统累计堵住不良信用客户再融资 21.16 万笔、575.98 亿元，清收转化不良贷款 29.04 万笔、84.14 亿元，在贷后管理中预警高风险贷款 61.28 万笔、3 212.91 亿元。

十四、按期完成信息披露报告，同步开展同业比较分析

落实沪港两地监管要求，高质量完成定期财务报告和资本充足率报告编制、披露。强化同业披露信息采集与比较分析，围绕盈利能力、资产质量、零售业务、资本管理等主题，完成 60 篇国内外同业经营业绩和重点业务分析报告。加强评级业务集团管理与服务，完成 2015 年度跟踪评级会谈。加强与国际媒体交流，本行连续三年位居英国《银行家》全球 1 000 家大银行和美国《福布斯》全球企业 2 000 强排名榜首，并首次荣获英国《欧洲货币》“全球新兴市场最佳银行”、“全球金融服务杰出贡献奖”等奖项。

（总行管理信息部）

安全保卫

2015年，本行扎实推进安全保卫“四条防线”建设，着力发挥外部欺诈风险信息系统和报警监控联网平台应用功效，进一步夯实安全管理基础，有效维护了业务运营安全。集团外部案件防范成功率达97.2%，较上年提升了4.71个百分点，连续8年成功防范了各类抢劫案件，连续11年保持员工零伤亡。

一、外部欺诈风险管控体系逐步完善，风险防控态势得到进一步巩固

（一）积极履行社会责任，维护金融服务环境安全。认真贯彻落实国家打击电信诈骗工作要求，依托本行自主研发的外部欺诈风险信息系统，构建全系统、全业务、全渠道的立体化、智能化防控电信诈骗网络，累计帮助客户查堵电信欺诈5.5万余件，合计避免损失7.6亿余元，受到中央电视台、人民日报、金融时报等多家主流媒体宣传报道，赢得了社会公众广泛赞誉与好评，彰显了“人民满意银行”的大行风范。本行外部欺诈风险防控成果先后得到了中央领导、公安部、银监会的充分肯定，要求银行系统学习借鉴，并在全国范围内推广“工行模式”。在国资委、工业和信息化部以及中国企业联合会联合举办的第21届全国企业管理现代化创新成果评选中，本行外部欺诈风险信息系统荣获一等奖，并已申报国家发明专利。

（二）深化外部欺诈风险信息系统应用。一是与国家有关职能部门在反欺诈及风险防范领域合作更加紧密，截至2015年底累计与11个国家部委（司局）建立了风险信息共享合作机制，初步搭建起了国内同业中外部欺诈风险信息资源最权威、最全面的风险信息数据库，信息总量突破1 300万条。二是实现风险预警全面覆盖、全程控制。完成了系统在自助渠道、网银、手机银行和融e联的投产应用，实现了从柜面到自助、从线下到线上的全渠道自动布控，并嵌入到FOVA、APS、GCMS等13个业务系统的业务流程中，构建起一道依托于信息化和大数据技术的安全防火墙。三是有效支持各专业条线防控外部欺诈风险。全行运用该系统累计预警拦截各类风险交易27万余笔，避免或减少风险资金218亿元。其中，信贷业务通过预警拒绝个人和法人新增贷款，或压降不良贷款，累计避免资金风险33.6亿余元；累计筛查发现存量贷款失信客户900余户，为相关专业避免或预防相关资金风险166亿元。信用卡业务累计预警风险和拒绝办卡或调额申请8.1万余笔，剔除预审批客户17.8万余户。预警私人银行业务风险客户3 625户。四是以外部欺诈风险信息系统为基础，成功研发投产“工银融安e信”，面向金融同业和企业客户提供有偿风险咨询服务，签约各类客户近500家，营业收入超过9 000万元。在为本行创造直接经济效益的同时，有效促进形成行业合力，挤压欺诈犯罪空间，维护良好金融生态环境，助力诚信社会建设。

（三）强化风险数据挖掘和评估。一是启动实施风险客户关联业务分析，分析筛查100万条数据样本，提出完善对风险账户开户资料风险监控模型、加强特殊证件联网核查等业务风险防控等建议，在开展跨业务综合性风险分析方面进行了有益尝试。二是结合当地风险状况开展安全评估，36家一级（直属）分行围绕业务产品、流程管理和实体防护等组织开展专项安全评估87次，对相关风险防控薄弱环节进行了有效揭示和及时预警，各项评估成果已陆续在分行转化为实际应用。三是探讨建立安全管理与反欺诈量化监测指标体系，并引入安全成本收益测算机制，从外部欺诈风险监测分析、外部欺诈风险信息系统应用等8个维度60项指标，以36家一级（直属）分行为对象，组织开展动态监测和量化分析，较为直观地展示分行绩效，为全行有针对性地确定安全管理与风险防控策略提供数据支持，促进了安全管理集约化能力的进一步提升。

二、报警监控联网平台建设全面推进，集约化安全技防格局基本形成

（一）报警平台建设进展良好。报警监控联网平台建设是工行安全保卫工作实现从操作型向管理型转变的关键环节，随着该平台的研发和试点建设圆满完成，全行应用推广工作也在稳步实施。2015年，全行306家二级分行启动实施平台建设，占全行二级分行总量的94.7%，并有159家二级分行平台投入运行，二级分行平台建设基本完成。启动总行与一级分行平台研发和试点建设工作，并完成试点运行和功能评审，为建立总、省、二级分行三级联动的全行应急指挥网络平台打下了扎实基础。此外，报警平台核心技术“多输入和多输出的视频处理装置”获国家实用新型专利，“多输入和多输出的视频处理方法”和“多信道音视频转码”两项发明专利通过了国家专利初审，奠定了本行报警监控

联网平台在业内的技术领先地位。

（二）报警平台综合运用成效日益显现。一是及时预警和处置外部风险攻击。已运行的二级分行平台累计成功防范抢劫、盗窃、破坏 ATM 机具事件 102 起，处置治安事件及扰乱业务秩序事件 4 372 起，为本行和客户财产安全提供了有效保障。特别是天津“8·12”特大爆炸火灾事故发生后，分行报警平台迅速触发响应，实时监测现场环境，有力支持了后续应急处置。二是动态监控基层履职过程。通过对营业网点每日安全检查、撤布防管理、款箱交接等重点环节，实行持续监测记录和异常预警提示，累计查堵操作风险事件 396 起，纠改履职缺失问题 2 932 件。三是全面支持多专业应用需求。依托报警平台非现场检查服务支持，为运行、内控、渠道和信息科技等专业提供了更为丰富和高效的监督管理手段。如总行运行管理专业调取 6 个网点共 10 个小时视频，发现问题是全行上半年网均现场检查收集问题总量的 3.6 倍，问题收集率提升 95%，违规积分查处率提升 329%。利用平台进行非现场检查还大幅降低了检查时间和人力成本，完成同量检查任务，检查时间节约近 52.3%，检查人力和差旅成本降低近 56%。

三、安全管理基础工作更加扎实，工作效能进一步提升

（一）狠抓安防规范化建设。一是加强安防集中采购管理，严控过度安防投入。全行共采购安防设备 27 万余件，累计金额约 2.9 亿元，较当前市场价格节约支出约 3.8 亿元。二是积极推进总行安防集采产品上线“融 e 购”平台，与 14 家总行入围安防供应商签署集采框架协议，订单金额累计达 1.11 亿余元，促进了安防设施集约化管理。三是落实国家及行业安防建设标准，各机构共完成 2 300 余家新建自助银行和 5 300 余台新增 ATM 配套安防建设，支持了物理渠道优化。

（二）加强安全保卫监督检查。一是建立安全隐患排查长效机制。在切实抓好岁末年初、两会期间、法定长假等重点时期安全保卫工作检查的基础上，还结合社会治安形势变化和业务管理实际，组织开展安全生产、业务库和自助设备等专项检查，全行共排查消除各类问题隐患 5 700 余项。二是强化安全隐患整改。一级（直属）分行对下辖机构的安全监督检查抽样覆盖率达 83.78%，检查发现问题整改率达到 95.82%，较 2014 年提升了 3.82 个百分点，安全检查效能大幅提升。

（三）加强安全保卫业务外包管理。一是利用非现场手段筛查全行安保外包业务风险隐患，督促各级机构严格落实《安全保卫业务外包管理办法》，提升规范化管理水平。二是制订格式合同，维护本行权益。对全行安保业务外包格式合同体例进行修订，在主合同中统一明确权责划分，在附件中突出流程控制，细化评价标准。制订发布《驻点保安服务格式合同》，完成《守库押运外包格式合同》修订。

（四）加强安全保卫队伍建设。一是加强全员安全宣传教育。利用视频、动画、网媒 H5 等形式和网站、柜面、多媒体、融 e 联等渠道广泛宣传，营造全员参与、人人重视的良好氛围。二是多层次多维度开展专业培训。依据管理人员、业务骨干和专业能手不同岗位工作需求，合理设置培训课程，同时按照不同适用对象开发网络培训课程，满足各级机构安全培训教育需求，累计参训人员达 2 万余人次。通过理论与实操相结合、面授与网络学习相结合的教育培训，切实实现各类安保人员的能力提升，为全行安全保卫业务转型发展积累人才保障。

四、境外安全服务效能持续提升，安全管理模式不断完善

（一）立足集团管理，推动机制建设。一是建立专业考核评价机制。印发境外机构安保专业条线评价指标，明确境外机构年度安全管理重点工作。二是印发《关于完善境外机构安全和外部欺诈管理制度的通知》、《加强境外机构安全服务外包管理工作的通知》和《关于加强境外新设立机构安全管理工作的通知》，境外机构安全管理工作制度逐步完善，安全管理基础进一步夯实。三是完善境外机构安全管理档案，更加系统化和精细化地掌握辖内物理防范、技术防范、报警联网等信息数据。

（二）强化专业指导，提供个性支持。一是按照集团战略合作协议，全面指导工银亚洲、工银阿根廷等 9 家境外机构与国际安全服务商在驻点保安、安防建设、警情处置等领域开展洽谈合作，发挥集团竞价优势，实现服务成本的合理控制，促进了服务标准与效能的提升。二是依托国际银行业安全协会（IBSA），联合瑞士信贷、加拿大皇家银行等 5 家国际金融机构，共同发起构建全球欺诈资金止付合作机制，与蒙特利尔银行、加拿大皇家银行等 6 家境外会员银行合作，追讨止付风险资金 28.64 万美元。三是印发《2015 年度境外机构所在国家和地区安全风险地图》《美国网络欺诈年度分析报告》，客观分析全球安全风险，促进境内外机构员工识别犯罪新型手段，提高预警能力。

（总行安全保卫部）

案 件 查 防

2015年，面对严峻复杂的案防形势，本行紧密围绕改革发展中心任务，积极采取有效措施，持续保持案件防范工作的高压态势，案件风险得到有效化解和控制，有力保障和促进了全行经营发展。

一、全面加强案防工作的组织推动和制度建设

根据银监会案防工作要求，结合本行实际，印发《关于调整案防工作职责分工的通知》，对于案防牵头职责调整工作进行了总体安排，确保全行顺利完成案防牵头移交工作。制定了《案件防范工作规定》、《案件风险排查管理办法》，修订了《案件防范工作责任制管理办法》，完善了案防工作管理制度体系。举办了全行案防管理专业人员培训班和二级分行行长培训班，深入开展了警示教育，开通了案件线索举报邮箱、电话，通过多种渠道在全行范围内公布和宣传。各分行按照总行部署和案防制度要求，结合自身情况，将案防各项职责贯彻到日常工作中，认真开展案防转培训和案防制度宣讲，提升了案防管理人员素质和水平。

二、积极采取针对性案件防控措施

召开案件和案件风险事件防控专题会议，针对“飞单”私售、“存款丢失”、资金挪用等典型案件，印发了严防外部存款欺诈、严格预防和查处“飞单”行为等系列通知，并针对柜面业务操作风险连续印发了《关于严防外部欺诈保障客户存款安全的紧急通知》和《关于严格预防和查处面向个人客户“飞单”行为的通知》等文件，要求做到“四个严禁”和“把好五关”。召开全行案防工作视频会议，要求全行务必做到“坚持五个必须，做到五个强化，恪守银行经营基本原则”，总行多部门组成联合检查组，对部分分行的存款安全管理及“飞单”治理落实情况进行了专项现场检查，部署了银监会关于加强内控管理有效防范柜面业务操作风险的工作要求，组织启动了全行“两加强两遏制”回头看检查工作。召开全行案件形势分析会议，要求各分行落实责任、突出实效，做好“五个必须”、“五个强化”要求的再落实、再深化，突出严字当头，抓好重点管控。

三、不断加强案件风险排查

印发《关于进一步加强员工异常行为排查有效化解案件风险的通知》，组织开展对非法集资、“飞单”销售和“存款失踪”三类案件涉及异常行为的排查。部署开展对全行员工违规投资经商办企业情况的全面筛查，对员工大额资金异常交易线索进行了核查，按季度将员工大额资金异常交易线索转分行纪检监察部门进行核查，对核实确属违规的及时进行处理，对苗头性风险及早防范。制定《关键岗位人员岗位轮换和强制休假管理办法（2015年版）》，进一步加强对关键岗位轮换和强制休假的监督与管理力度。各分行也针对本行高风险领域开展了特色化的风险排查项目，认真做好业务风险核查和内控评价等各项工作。

四、着力深化重点领域的风控和管理

加强运行风险管控，强化开户环节真实性管理，优化了开户业务流程。制定尽职调查办法，实施尽职调查电子化改造。制定客户身份认证体系构建和双屏交互服务模式建设方案，强化客户身份和意愿的真实性管理。调整银企对账策略和重点，加强高风险网点综合治理。制定印发网点运营风险分级管理办法，加强高风险网点风险管控。修订印发事权划分管理办法，优化了主机交易的授权类型和授权方式。严防信贷领域案件风险，加强检查监督，完善相关信贷制度和系统功能管理，改造定期存款质押业务流程，实现了信贷台账系统和主机核算系统间的信息联动，全面推进实施信贷从业人员资格认证制度。防堵票据业务管理漏洞，梳理修订票据融资业务管理制度，开展对票据融资业务的非现场监测，排查风险隐患，加强对实物票据的管控，强化系统控制，优化了银行承兑汇票质押流程。

五、不断加大案件查处和通报的力度

2015年，本行共立案查处内部案件风险事件和商业贿赂案件38件。在对案发行案件查处工作进行非现场指导的同时，加大现场督办力度，先后对16件重大案件或案件风险事件进行了现场督办。积极协调公安司法机关和监管宣传部门，全力做好案件定性、侦破、资金追缴和舆情控制等工作，努力将案件造成的不良影响降到最低。加大案件问责力度，对90名责任人进行了问责，其中开除党籍、行政开除14人，行政开除10人，移送司法机关68人。集中整理分析13

起典型案例，在全行范围进行通报，及时提示风险，起到了警示作用。针对案件暴露出的问题，督促指导案发行认真开展整改，对涉及流程、制度等管理层面的问题，向专业部门提出意见建议，发挥了以查促防的治本功能。制定印发《关于进一步加强案件查处规范案件管理的通知》，对案件查处和管理工作提出了具体要求。

（总行内控合规部、监察室）

第四部分

党建工作与队伍建设

责任编辑：孙清华

开展“三严三实”专题教育

根据中央部署，从2015年4月开始，全行各级党组织和党员领导干部认真学习习近平总书记重要指示精神，扎实推进“三严三实”专题教育，进一步促进全行经营转型发展取得实效。

一、基本情况

总行党委高度重视并带头开展“三严三实”专题教育。4月21日中央“三严三实”专题教育工作座谈会召开后，总行党委立即于4月22日通过传阅会议文件的形式对会议精神进行了学习贯彻。5月11日，总行召开党委会专题研究专题教育方案、总行党委开展专题教育具体安排、专题党课议程等。5月15日，姜建清书记讲授“三严三实”专题党课，以此启动全行“三严三实”专题教育。7月22日和8月20日，易会满和钱文挥副书记分别以“践行‘三严三实’全面从严治行”和“坚持严以用权　弘扬清风正气”为主题讲授党课。党委其他成员也陆续围绕“三严三实”要求，结合分管业务领域实际情况，为分管部室党员干部讲党课。三个专题学习研讨期间，总行党委共开展七次集中学习研讨，党委成员认真撰写发言材料，结合个人进步成长经历和自身实际情况进行了总结反思、交流研讨。12月29日，总行党委紧扣“三严三实”主题，召开了专题民主生活会，党委成员严肃认真地开展了批评与自我批评。

全行各级党组织和广大党员干部自觉向总行党委看齐，聚焦“三严三实”，突出问题导向，贯彻从严要求，坚持以上率下，扎实抓好四个关键动作。一是带头讲专题党课。从2015年5月开始，各一级（直属）分行、各直属机构320余名党委成员，各二级分行近2 000名党委成员紧扣“三严三实”，联系本单位实际，联系党员干部思想、工作、生活和作风实际带头讲党课。二是扎实开展专题学习研讨。6月至11月，全行各级领导班子基本按照两月一个专题，每个专题一次集中学习研讨的进度，开展了“严以修身”、“严以律己”、“严以用权”三个专题学习研讨。各一级（直属）分行、各直属机构党委班子在三个专题学习研讨中，共开展了200余次集中学习研讨。三是认真召开专题民主生活会和组织生活会。2015年12月至2016年1月，各一级（直属）分行、直属机构、二级分行、一级支行领导班子召开专题民主生活会，基层党组织召开专题组织生活会，广泛听取意见，深入交心谈心，进行党性分析，严肃认真开展批评和自我批评。四是强化整改落实和立规执纪。坚持边学边查边改，主要领导干部带头，列出问题清单，一项一项整改，专项整治、正风肃纪。针对不严不实问题，建制度立规矩，强化刚性执行。

为推进全行“三严三实”专题教育深入开展，姜建清书记多次在重要会议、考察调研中作出重要指示，提出明确要求，为专题教育指明了正确方向、注入了强大动力。4月27日，在全行第一季度经营分析会上，姜建清书记向各一级（直属）分行、直属机构党委书记传达了中央“三严三实”专题教育的总体精神，对全行开展专题教育提出了具体要求。在7月30日召开的全行年中工作会议上，姜建清书记对推进全行“三严三实”专题教育深入开展进行了进一步的安排部署，要求广大党员领导干部结合学习贯彻习近平总书记近来一系列新的重要指示精神，用好正反两方面典型，使学习研讨更有深度、更有质量。在10月16日召开的第三季度行务会上，姜建清书记突出强调了专题教育工作，要求全行各级党组织认真学习习近平总书记重要讲话精神，深入抓好“严以用权”专题学习研讨，高质量开好专题民主生活会。专题教育的开展，进一步促进从严治党、从严治行各项措施的落实，促进全行经营发展水平和服务实体经济能力的提升。总行党委成员多次深入基层调研指导，对贯彻落实习近平总书记重要指示精神，深入推进专题教育进行指导推动。专题民主生活会期间，总行党委成员、党委各部门负责人等共列席48家分支机构专题民主生活会，有力督促各单位有效提高民主生活会质量。总行专题教育工作协调小组认真抓好专题教育组织工作，先后召开4次工作协调小组会议，4次以党办文件转发中央关于“三严三实”专题教育重要文件，4次发出工作通知，5次对全行专题教育进展情况进行统计分析、开展督促指导，并在专题二和专题三学习研讨期间，分别赴河南、湖南、江西、安徽、陕西分行和总行电子银行中心参加领导班子集中学习研讨并开展工作调研。同时，创新教育载体，利用新媒体，打造“三严三实专题教育”融e联服务号新平台，推送“掌上专报”，全行1.5万余人关注服务号。

全行各级党组织普遍反映，专题教育针对性强，对处级以上领导干部在思想、作风、党性上进行了又一次集中“补钙”和“加油”，特别是绷紧了政治纪律和政治规矩这根弦，使全面从严治党氛围更浓厚、领导干部标杆作用更明显，在深化“四风”整治、巩固和拓展党的群众路线教育实践活动成果上见到了实效，在守纪律讲规矩、营造良好政治生态上见到了实效，在真抓实干、推动改革发展稳定上见到了实效，在攻坚克难、迎接经营管理挑战上见到了实效，在勇于担当、建设国际一流现代金融企业上见到了实效。

二、主要做法和成效

这次专题教育，对照“严以修身、严以用权、严以律己，谋事要实、创业要实、做人要实”的要求，聚焦对党忠诚、个人干净、敢于担当，把思想教育、党性分析、整改落实、立规执纪结合起来，教育引导各级领导干部着力解决“不严不实”问题，做到心中有党不忘恩、心中有民不忘本、心中有责不懈怠、心中有戒不妄为取得显著成效。

第一，始终把学习习近平总书记系列重要讲话精神摆在首位，强化思想理论武装，增强了政治意识和看齐意识。全行各级党组织采取中心组学习、集中研学、个人自学等方式，组织党员领导干部学习习近平总书记系列重要讲话精神，研读《习近平谈治国理政》、《习近平关于党风廉政建设和反腐败斗争论述摘编》，学习党章和党的纪律规定，努力在用马克思主义中国化最新成果武装头脑、指导实践上下功夫，加强党性修养，坚定理想信念，增强道路自信、理论自信、制度自信，站稳党和人民立场，把牢思想和行动的“总开关”。各级领导干部普遍感到，这次专题教育最重要的收获是对习近平总书记系列重要讲话精神的学习进一步系统和深化，深刻认识到习近平总书记系列重要讲话是党领导人民实现中国梦的强大思想武器和行动指南，对以习近平同志为总书记的党中央治国理政新理念新思想新战略高度认同，增强了在思想和行动上同党中央保持高度一致，坚决维护党中央权威，向党中央看齐，向党的理论和路线方针政策看齐的政治自觉。

第二，对照正反面典型深刻剖析，严肃党内政治生活，绷紧了政治纪律和政治规矩这根弦。全行各级党员领导干部普遍对照党章要求，对照老一辈革命家崇高风范，对照焦裕禄、谷文昌、孔繁森、杨善洲、沈浩等先进人物和身边先进典型，重温党的光荣传统和入党时的初衷；联系反面典型特别是周永康、薄熙来、徐才厚、郭伯雄、令计划、苏荣等严重违纪违法案件，认清其严重危害，吸取深刻教训，受到深刻教育和警醒，自觉做政治上的“明白人”。各级党员领导干部普遍认为，这次专题教育最深切的感受是经历了一场严肃的政治点名、党性洗礼和作风锤炼，深刻认识到政治纪律和政治规矩是打头的、管总的，必须把坚守政治纪律和政治规矩的要求落细落小、落到实处，听党话跟党走、守纪律讲规矩正在成为习惯。

第三，既抓思想引导又抓行为规范，进一步明确干事创业行为准则，秉公用权、依法用权的自觉性明显增强。全行各级党员领导干部把自己摆进去、把职责摆进去、把思想摆进去，深入研讨权从何来、为谁用权、怎样用权，切实增强为人民掌好权用好权的自觉性。认真梳理权力运行中的漏洞和“暗门”，划清权力边界和用权底线，修订了新的惩防体系建设五年规划，健全了业务条线、内控内审、纪检监察综合治理的“三道防线”。以创新机制、完善制度和强化系统控制为重点，加大对业务审批、财务管理、贷款发放、集中采购等重点领域和关键环节的监督制约。加强对干部员工的廉洁从业教育，发布了廉洁文化理念，召开了全行警示教育大会，始终保持对违规违纪行为和腐败案件严查重处的高压态势。各级党员领导干部普遍反映，这次专题教育最显著的改善是用权规范了、干事规矩了，深刻认识到权力再大也不能随心所欲，权力再小也不能肆意妄为，搞特权必然走向腐败。通过专题教育，领导干部敬法畏纪的多了，用权任性的少了，坚持民主集中制，正确用权、谨慎用权、干净用权正在成为常态。

第四，聚焦不严不实问题认真整改，促进领导干部持续改“四风”转作风，解决了一批群众反映强烈的突出问题。始终坚持“四风”问题和不严不实问题一起解决，从专题教育一开始就列出问题清单、责任清单、整改清单，不等不拖、立行立改，促使领导干部在“四风”问题上由“不敢”向“不想”转变。结合银行经营实际健全落实中央八项规定的具体制度，全面梳理和修订完善了业务用车、公务接待、差旅费管理、会议管理、财务管理、出境管理等一系列制度办法。全行会议、文件数量及业务招待费继续呈下降态势。聚焦客户和基层反映突出的、影响和制约发展的效率问题，通过建立不良行为、不良作风积分制，开展“效率提升年”活动，进一步巩固了作风建设成效。着力解决严守政治纪律和政治规矩、选人用人、领导干部亲属利用职务影响经商办企业等问题。把解决基层干部不作为、乱作为等损害群众利益问题作为“三严三实”专题教育的重要内容，组织开展“四个排查”，重点对工作不在状态不敢担当、服务效率服务质量较低、基本制度执行不力、不讲规矩不按程序办事、合规意识淡薄、对风险失于把控、滥用权力中饱私囊等问题，逐个单位进行摸底排查，开展销号管理，逐项认真整治。群众反映，这次专题教育在基层最可喜的变化是党员领导干部作风有了新面貌，经营管理效率有了新提升，从严治行有了新成效。

第五，坚持两手抓两促进，推动领导干部真抓实干，为全行改革发展提供了强大正能量。把开展专题教育与贯彻重要重大决策部署结合起来，自觉将全行发展放到全国经济金融工作大局下去研究和把握，保证党的路线方针政策在工商银行得到全面贯彻落实，有效地发挥大型银行在支持经济稳增长调结构中的主力军作用。总行党委班子坚持两手抓、双肩挑，统筹推进党的建设和改革发展。通过“总部抓、抓总部”，推动总行部门主要负责人及班子成员落实好“一岗双责”。通过拓展巡视、专题检查、述职评议等方式，推动基层党建工作深入开展，解决好党建工作责任向下延伸问题。制定领导干部提醒、函询和诫勉办法，推进干部约谈、巡视监督、严肃问责常态化。各级领导干部普遍认为，这次专题教育最积极的效果是严和实的标杆立起来了，做决策、想问题、干事情都要用“三严三实”标尺量一量、卡一卡。

第六，把专题教育融入经常性学习教育，为加强党的思想政治建设和作风建设探索了新的路子、积累了新的经验。这次专题教育不分批次、不划阶段、不设环节，不搞成一次活动，把讲专题党课与“三会一课”、专题学习研讨与中心组学习、专题民主生活会与年度民主生活会等基本载体融为一体，在落实党内生活基本制度中探索了加强领导干部经常性教育的一套成功办法。注重立根固本、落细落小、修枝剪叶、从谏如流，推动领导干部深入学习、静心思考、剖析反思、交流碰撞，在触动思想、触及灵魂中自我教育、自觉改造提高，形成了全行各级党组织真抓实抓领导班子和领导干部思想政治建设的生动局面。各级党员领导干部普遍反映，这次专题教育最鲜明的特色是突出主题、融入日常，在春风化雨、润物无声中使“三严三实”内化于心、外化于行。

（总行党委组织部）

接受中央专项巡视

根据中央统一部署，中央第四巡视组于2015年11月1日至12月31日对工行开展了专项巡视，并于2016年2月2日反馈了巡视意见。总行党委高度重视，积极担当起主体责任，配合中央巡视组顺利完成了现场巡视工作任务，并狠抓巡视整改，深入推进全面从严治党、从严治行，推动党建工作和改革发展取得新进展。

一、配合中央巡视工作有序高效

（一）巡视进驻前认真准备，为配合和完成中央巡视工作任务奠定了坚实基础。2015年4月，中央纪委领导约谈中管金融企业主要负责人后，总行党委及时召开会议，研究部署了进一步落实两个责任、从严管党治党6个方面的18条具体措施。同时组织全行围绕党风廉政建设、选人用人、财务纪律等方面，深入开展了自查整改，如制定完善了总行差旅费管理办法等制度，在全行发布并确立了“公开透明、公私分明、自律律他、廉勤并重”的廉洁文化理念，开展了“效率提升年”和“服务体验建设年”活动，召开了案件防范分析会和境外机构党风廉政建设座谈会等，为中央巡视工作顺利开展奠定坚实基础。

（二）巡视过程中全力配合，保障了现场巡视工作的顺利开展。接到中央巡视通知后，总行及时召开党委会议，研究制订了迎接和配合中央巡视工作方案，成立了迎接和配合中央巡视工作领导小组及联络组，为做好各项配合工作提供了坚实的组织和制度保障。现场巡视期间，全行共配合开展个别谈话270人，组织起草和提供各类调阅资料300余套（份），陪同巡视组赴11家单位进行“下沉一级”调研检查，安排列席我行有关会议3次，并及时组织48个核查组对巡视组转办要结果的百余件信访件开展核查，同时做好日常接待、安全保卫、信访维稳等工作，为中央巡视工作的顺利开展提供了有力保障，巡视组对我行积极高效的配合工作给予了充分肯定。

（三）现场巡视期间立行立改，不断推进党风廉政建设工作深入开展。巡视期间，中央巡视组反馈了巡视初期发现的部分问题。总行党委坚持正视问题、立行立改，于2015年12月1日召开了全行从严治党严肃执纪警示教育大会，对43个典型违纪违规问题、137名责任人处理情况进行了通报。同时，还在全行纪检监察系统开展“一加强、两提高”（加强党章党规党纪学习，提高责任意识，提高履职能力）教育活动，编发警示教育读本、廉洁文化故事集，组织廉洁知识答题等，有力地支持了中央巡视工作的深入推进。

二、把巡视整改作为重大政治任务抓紧抓好

（一）党委高度重视，迅速周密部署。中央巡视组反馈巡视意见后，总行党委高度重视，于当日晚上拟定了整改方案，第二天即召开党委会暨巡视整改领导小组工作会议，将巡视组反馈指出的两大类、八个方面问题进一步细化为37个具体问题，形成整改任务清单和分工安排表。2016年2月19日再次召开党委会议，分类

细化研究76项具体整改措施，进一步明确了20项单一性问题和17项全局性问题的整改措施、牵头部门和负责行领导。2月23日，在全行纪检监察会议上，进一步对全辖各级机构巡视整改相关事项进行了具体部署。3月15日，总行党委召开专题民主生活会，紧紧围绕巡视整改主题，以巡视反馈的具体问题为鉴，深入透视思想根源，明确整改方向和措施。

（二）坚持层层联动，全面落实整改。总行党委印发了《中央巡视组反馈问题整改分工安排》，要求各单位积极担负起巡视整改主体责任。各分行、各机构、各部门党组织都严格落实总行党委要求，及时召开巡视整改专题民主生活会，深刻剖析原因，明确和落实具体整改措施及分管领导和责任部门（人）。对于中央巡视组反馈意见明确指出本单位存在的问题，坚持立行立改，确保尽快取得成效；对于全行性的问题，及时深入全面排查，摸清有关问题在本单位的具体表现，对症施策、精准发力，力争取得实效；对于其他特定机构的问题，坚持对照检查、举一反三，着力排查本单位类似问题，不断拓展和深化巡视成果，把巡视整改工作的成效体现在更多领域、更深层次、更广范围。

（三）强化督导检查，确保整改到位。为及时掌握巡视整改情况，督促整改落实，总行党委成立了8个督导检查组，于2016年3月上中旬对27家单位（11家一级、直属分行、9家直属机构以及总行7个部室）进行了现场督导检查。督导组通过听取工作汇报、个别谈话、调查问卷、公布联系电话等方式，深入了解整改工作进展情况和存在问题。对于中央巡视指出的一些具体问题，现场一一核实整改情况，确保全面整改落实；对于整改不深入、有偏差的，严肃反馈，并提出具体要求，督促整改到位；对于整改期间发现的新情况新问题，坚决及时予以解决和处理。通过严格督导检查，推动各项巡视整改措施不折不扣地落实。

（四）注重统筹兼顾，促进改革发展。一是将巡视整改工作与贯彻落实党的十八届三中、四中、五中全会精神相结合，紧紧围绕创新、协调、绿色、开放、共享发展理念，重点强化对各级行落实中央决策部署情况的安排推动和监督检查，为社会经济发展提供有力的金融支持。二是将巡视整改工作与贯彻落实中央纪委六次全会精神相结合，坚持强化党章党员意识，坚持夯实主体责任和监督责任，坚持狠抓纪律建设和作风建设，不断增强“四种意识”，努力在全行推动形成“讲了就要听、定了就要做、安排布置了就要认真落实、不听不做不落实就要严肃执纪问责”的遵规守纪新常态。三是将巡视整改工作与全行改革发展、经营转型相结合，召开了全行改革发展研讨会和2016年全行工作会议，安排部署当前及今后一个时期稳质量、调结构、转方式、促升级各项工作，使党的建设成为推动全行克难奋进、转型跨越的坚强保障。

三、巡视整改工作取得明显成效

截至2016年4月底，中央巡视组反馈的两大类、八个方面37个具体问题，已整改完成14个问题，基本完成23个问题。接受中央巡视以来，总行共制定或修订管党治党、廉洁从业等方面的制度76项，全行共问责追究4 462人次。中央巡视组在对我行整改报告的审核意见中指出：“工商银行党委高度重视巡视意见，积极承担整改主体责任，注重剖析问题根源，建立完善相关制度，整改效果比较显著。”

（一）突出政治整改，进一步提高了管党治党的认识。接受中央巡视以来，全行各级党组织牢牢把握政治巡视和政治整改的要求，自觉将接受巡视、抓好整改作为锤炼党性、提高认识的过程。仅总行就召开与全面从严治党有关的党委会议11次，举办党委中心组集中学习12次。通过巡视，各级党员领导干部清醒地认识到，全行在管党治党方面与中央十八大以来的新精神新要求还存在不小的差距，需要进一步深刻反思，坚持向中央看齐，真正从思想认识上强化党的观念，把加强党的领导作为根本，切实加强党的建设，落实好“两个责任”，做到党建和业务“两手抓、两手硬”，不断提高服务实体经济的水平。

（二）健全长效机制，进一步强化了作风建设。全行将巡视整改与“四风”问题整治“回头看”充分结合，不断健全作风建设制度体系，聚焦热点问题开展整治，作风建设有了新进步。围绕强化勤俭办行，修订了《业务招待费管理办法》等，进一步明确公务、商务和外事接待的标准，继续从严从紧控制业务招待费预算；围绕提高服务客户水平，研究制定《服务督导管理办法》等，完善客户投诉管理体制机制，努力减少和避免有责二次投诉；围绕提高服务基层水平，印发了《关于进一步改进总行服务的通知》，从系统优化整合减少流程环节等六个方面制定服务改进措施。截至2016年4月底，总行已梳理作风建设制度110余件，其中新修订和制定24件；全行新查处29起违反中央八项规定精神的问题，对56名责任人进行了处理。

（三）严肃执纪问责，进一步加强了从严治党和从严治行。巡视整改期间，全行认真梳理排查2013年以来因违规违纪行为造成重大损失事件以及违反中央八项规定精神的问题，又对203名责任人进行了问责，其中省行副行长及总行副总经理以上干部24名。对2015年不良贷款增幅较大的4家一级分行管理人员进行责任认定，严肃追究9名一级分行行长和副行长的管理责任。对2013年以来的离职员工进行了逐人排查，共发现147名离职员工任职期间存在违纪违规问题，已将146名员工责任认定情况和处理建议报备监管部门并通报其现所在单位。全面完成了员工违规经商办企业排查工作，给予810人党纪政纪处分。

（四）层层传导压力，进一步压实了“两个责任”。坚持个人有关事项报告凡提必核，对新发现的“裸官”及时进行岗位调整或督促其放弃移居。同时，在问责过程中认真落实“一案双查”要求，对发生重大案件和严重违纪违规行为的单位和部门，不仅追究当事人责任，也倒查追究相关人员的领导责任。接受中央巡视以来，在核查处理问题线索过程中，共对11个履职不到位的问题进行了责任追究，追究主体责任11人，深入推进了“两个责任”的落实。

（五）完善体制机制，进一步强化了党的建设。巡视整改期间，总行制定了《贯彻落实全面从严治党要求实施意见》，明确了全面从严治党的总体要求、具体措施和工作任务；修订了《总行党委党建工作联系点管理办法》，要求班子成员每年至少深入联系一级分行2次、二级分行1次；建立了党委书记抓党建工作评议机制，组织部分单位党委书记进行现场述职；健全了党支部工作规则，明确规范党内政治生活的具体要求；设立了境外机构廉政建设工作联络员，强化境外机构党风廉政建设工作。同时，积极推进纪检监察部门深化“三转”，制定了《纪委书记提名考察办法》等7项制度，并据此新任命或调整19家单位的纪委书记，优化了总行管理的纪委书记年龄结构和专业结构。

（六）坚持对症施策，进一步提升了风控水平。针对中央巡视组反馈指出的多个风险防范不到位的问题，总行制定和完善了一系列风险防控措施。针对不良资产处置问题，完善不良资产处置制度和管理系统平台，成立不良资产管理处置中心，确保清收处置有序、健康开展；针对科技设备采购问题，改进采购方式和流程，大力提高公开招标科技采购项目占比；针对外包服务问题，修订业务外包管理基本规定，在总行层面指定归口管理部门，强化成本效益审核把关，加强项目后评价和监督管理；针对理财“飞单”问题，强化日常运营监测核查，投产了疑似飞单大额资金转账防控系统，建立客户日常回访机制，发现飞单私售等违规线索及时开展核实；针对挪用客户资金的问题，修订了结算账户管理办法及操作规程，研究实施柜面业务双屏交互服务改造，优化电子验印流程，加大监测核查力度，保障客户资金安全。

（七）强化权力控制，进一步推进了源头治腐。在选人用人方面，将严禁超职数配备干部等具体要求嵌入系统进行“硬控制”，努力实现对干部任免的全流程系统化操作和监督。在信贷管理方面，启动了信贷经营管理架构调整改革试点，试行了新的信贷监控模式，在体制机制上加强信贷经营和风险管理。在集中采购方面，进一步加强专家库建设，将营业办公用房装修改造等工程类项目上收到一级（直属）分行，将集中采购项目结果推荐到融e购采购平台实施采购交易，推进集中采购的公开性和透明度；在新兴业务领域，严格执行合作机构名单制管理要求，加强合作机构选聘与费用支付管控；开发金融资产服务业务风险管理系统，加大员工异常交易监测与理财业务运行风险报告，充分发挥事中、事后环节的风险防控效能。

（总行监察室、纪委）

党建工作

2015年，全行各级党组织认真落实全面从严治党要求，深入推进党建工作，持续加强基层党组织建设和党员队伍建设，为全行改革发展提供坚强的政治保障和组织保障。

一、努力提高系统党建工作水平

组织召开全行党建工作会议，重点部署了现阶段全行党的建设重点工作，强化了党委党建工作主体责任，落实全面从严治党要求。印发《关于进一步加强全行党的建设的意见》，就新常态下进一步坚持党的领导、加强党的建设提出具体意见，进一步强化了对全行党建工作的指导。完善党委工作规则和党建工作领导小组职责，规范党委议事规则和工作程序。组织召开纪念建党94周年党建工作交流会，党委书记、董事长姜建清作重要讲话，基层单位的党组织负责人围绕“强化党委党建工作主体责任　落实党组织书记抓基层党建工作职责”主题开展研讨，促进了党建工作水平的提升。

二、不断夯实基层党建工作基础

印发《深化“四风”整治、巩固和拓展教育实践活动成果意见》，并总结教育实践活动整改落实“回头看”情况，深化教育实践活动整改落实工作，持续推进领导干部作风建设。印发《关于进一步加强基层服务型党组织建设的实施意见》，就加强全行基层服务型党组织建设提出意见，破解基层服务型党组织建设重点难点问题，推进基层服务型党组织建设的科学化、制度化、规范化水平奠定了基础。组织全行开展党组织书记述职评议考核工作，强化各级党组织书记特别是党委书记管党意识，落实管党责任，推动形成一级抓一级、层层抓落实的基层党建工作格局。积极探索综合化、国际化新形势下跨行业、跨国别基层党建工作的有效途径和方法，着力提高全集团基层党组织覆盖面和服务能力。加强组织工作信息化建设，召开组织工作管理系统需求研讨会，选择部分分行对相关功能模块开展试点工作，努力实现基层组织工作的系统硬控制，进一步规范基层组织工作。开展党建联系单位换届工作，确定 12 家基层党组织为 2015—2016 年度总行党建工作联系单位，指导发挥“排头兵”和“试验田”作用。

三、扎实开展党员教育和管理工作

加强对各基层党组织发展党员工作的指导，以中组部确定的发展党员指标为依据，稳妥做好指标分配工作，统筹辖内各单位党员发展计划；开展发展党员工作检查，提高发展党员工作质量，较好地把握党员发展的数量、质量与结构。2015 年，全年新发展党员 3 750 名，党员总数为 27 4691 人，其中从业人员党员 189 207 名，占比 42.30%。举办总行基层党支部书记轮训示范培训班，基层党支部书记以及各单位组织部门负责人和业务骨干参加培训。开展党员教育电视片选送工作，择优选择三部电视片报送中组部，其中四川分行作品《激情飞扬写春秋》获全国党员教育电视片观摩交流活动三等奖。着力加强党费管理，开展 2015 年党费收支结存情况统计工作，各级党组织认真做好党费收缴、使用和管理工作，总行向中组部报告全行 2015 年党费管理工作情况，并在总行网讯公示 2014 年度中管党费收支情况及总行管理党费收支情况。截至 2015 年末，全行共有党委 813 个、总支部 1 120 个、支部 11 447 个。

四、加强总行机关党建工作

总行机关党建工作紧紧围绕服务中心、建设队伍两大任务，深入推进机关党的思想、组织、作风、反腐倡廉和精神文明建设。总行机关连续 5 年保持中央国家机关和首都双文明单位称号。

（一）紧密联系实际，深入扎实开展“三严三实”专题教育。各支部把专题教育与做好转型发展、改进服务、开展“管理效率提升年”活动、学先进树典型相结合，扎实有效开展了“三严三实”教育活动。各支部书记带头讲党课，在重点抓好处级以上干部自学的同时，分别以“严以修身”、“严以律己”和“严以用权”为专题，开展了 180 余次集中学习研讨，近 190 名班子成员畅谈了对“三严三实”和“忠诚干净担当”的认识和体会。

（二）认真贯彻落实《中国共产党党和国家机关基层组织工作条例》，推动机关党建工作责任制落实。修订印发了《中共中国工商银行机关委员会工作规则》，从职责任务、会议制度、文件审批和责任追究 4 个方面进行了规范，进一步明确了机关委员会工作原则，强化了机关委员会职能。修订印发了《总行机关党支部工作细则》，印发了《关于学习贯彻〈中国共产党发展党员工作细则〉的通知》，使党支部工作职责更加明晰。开展支部工作及改进服务工作专项检查，以优秀、良好、合格、基本合格和不合格为标准，对党支部工作和部室服务工作的两大方面、10 项具体内容和 46 个分解指标进行了检查评价。抓好支部建设重点工作的落实。全年共有 4 个总支部、21 个党支部进行了换届选举，10 个党支部进行了增选、补选；共发展党员 43 名，预备党员转正 23 名。开展机关党建述职评议考核工作，机关党委常务副书记向总行机关党员代表述职，党员代表进行评议，8 个支部书记向机关党委现场述职，机关党委书记进行点评。其他支部以非现场述职的方式进行评议考核，党员以组织生活会、党小组会议形式进行个人述评。

（三）加强党风廉政建设，认真落实党风廉政建设主体责任和监督责任。制定印发了《关于深入推进总行机关基层党组织落实党风廉政建设“两个责任”的意见》，进一步明确了机关党委、党支部（总支部）的主体责任和机关纪委、党支部（总支部）纪检工作的监督责任。制定印发了《总行机关落实党风廉政建设主体责任监督检查办法》，采取自查与抽查相结合的方式，依据 5 项一级指标和 25 项二级指标具体内容，对履行主体责任情况进行监督检查，推动主体责任在各支部的落实。各支部围绕党风廉政建设进行了自查，机关党委对 8 个支部落实主体责任情况进行了现场检查。组织部分处级以上党员干部，参观了西城区预防职务犯罪警示教育基地，警醒党员干部更加珍惜职业生涯，抵御各种诱惑，切莫以身试法。开展了“家庭助廉”、“清风正气传家远”等活动，引导干部职工在家风家教的传承中汲取清白做人、清正做事、清廉为官思想，以家庭建设促进廉政建设。

（四）结合开展“效率提升年”活动，深入推进总行机关作风建设。开展了以“加强作风建设，提升工作效率”为主题的党日活动，各支部累计开展活动达 251 项，近 4 000 名党员员工参加，累计刊登宣传稿件 226 篇，20 个党支部获“优秀组织奖”。在机关副处级以上干部中开展了调研报告评选活动，围绕解决经营转型发展中重点、难点问题，深入实际开展调研，共收到调研报告 125 篇，其中 54 篇调研报告分别获得一、二、三等奖。持续开展了回乡见闻征文活动，共收到征文 832 篇，其中 124 篇获一、二、三等奖，16 个支部获优秀组织奖。根据工委要求，各支部积极参加“服务品牌”选树活动，共有 37 个支部提交申报材料 41 份，其中选树 10 个服务工作典型，作为总行机关基层服务型党组织建设品牌，4 个服务工作典型推荐报送给中央国家机关工委。在学习借鉴工委“一二三四”机关支部工作法的基础上，16 个支部报送了支部工作法，其中 7 个工作法参加工委支部工作法典型选树评选活动。开展了机关党员到社区报到（试点）活动，选取了两个支部分别与西城区什刹海街道和金融街街道二龙路社区进行了对接，为社区居民讲授了投资理财、风险防范等知识，介绍了互联网金融产品，听取居民意见建议，走访慰问了社区残障人员。

（总行党委组织部、直属党委）

领导班子建设

2015 年，全行各级党委不断提高领导班子建设的科学化水平，选优配强各级领导班子，着力优化班子的专业结构和年龄结构，强化对干部的培养锻炼和管理监督，持续提升班子的凝聚力和战斗力。

一、抓好领导班子选拔配备

围绕全行经营管理和市场竞争需要，立足增强班子整体效能，加强对各机构领导班子的调整配备。在干部选拔工作中进一步强化基层导向和实践导向，注重班子成员的经历和专业搭配，优化班子结构。通过调整补充，各机构领导班子得到进一步充实，干部队伍结构更加合理，干部资源配置效能不断提高。根据中央要求，立足全行转型发展需要和领导班子建设实际，开展各级领导班子后备干部集中调研工作，对各单位领导班子运行情况、干部综合表现及选人用人工作情况进行深入调研，选拔储备了一批比较成熟的后备干部和发展潜力较大的中长期培养对象。制定印发《关于加强优秀年轻干部培养选拔工作的意见》，进一步明确了年轻干部的选拔配备要求，引导各行树立注重基层和注重专业的导向，加快优秀年轻干部培养、储备和选拔步伐，推进全行干部梯队建设。

二、加强干部交流培养

结合新一轮后备干部选拔，做好各层级干部的培养工作，将干部上下交流、横向交流、轮岗锻炼与干部培训等综合性培养手段结合起来，形成系统性的干部培养方案，进一步完善了干部培养机制。持续推进干部上下交流工作，全年分两批选派多名赴基层任职干部，组织选拔了一级（直属）分行、内审分局和直属机构 35 家机构的多名干部赴总行交流工作。同时，通过援疆、扶贫、选拔驻村第一书记、地方挂职等多种形式，从总行本部选派多名干部人才赴地方任职，进一步加大对年轻优秀干部的交流培养力度。开展处级干部横向交流，组织来自 31 家机构的多名干部进行交流，将干部横向交流的范围由一级（直属）分行之间扩展到分行、直属机构、内审分局和控股子公司，并积极推动直属分行与属地省分行之间的干部交流，拓展直属分行干部培养锻炼平台，促进人才交流和业务联动。组织开展三期总行新任副处长培训班，加强对优秀年轻干部的培养。组织举办二级分行行长示范培训班，探索建立二级分行行长经营管理能力提升的标准化培训模式。

三、完善干部监督管理机制

印发《关于加强管理人员选拔聘用工作监督的意见》，加强选人用人全程监督和倒查追责。结合年度考核工作，组织各机构开展选人用人“一报告两评议”，做好民主评议结果的反馈和运用，推动全行提高选人用人公信度。结合行内巡视工作，组织开展选人用人专项检查，将检查结果在全行范围通报，并督促相关机构认真抓好检查发现问题的整改。开展 2015 年度个人有关事项报告和抽查核实工作，对拟提拔和拟列入后备考察对象进行重点抽查核实。开展管理人员任职回避排查工作，部署全行开展违规办理和持有因私出国（境）证件专项治理工作，继续做好超职数配备干部、违规兼（任）职、“裸官”等专项清理工作。持续推动干部人事档案专项审核工作，审核完成 200 余名总行管理干部的人事档案，通过调研督察、分片召开推进会等方式，推动分行做好干部人事档案专项审核工作。

（总行党委组织部）

廉政反腐建设

2015年，全行各级纪检监察部门按照中央纪委和总行党委工作部署，强化监督执纪问责。特别是2015年4月末中纪委领导在巡视前约谈中管金融机构党委书记和纪委书记后，总行纪委根据约谈要求和党委部署，指导全行加快探索推进转职能、转方式、转作风，在落实“两个责任”、坚决纠正“四风”、深化拓展巡视工作、加大执纪问责力度、配合中央巡视、加强队伍建设等方面，采取了一系列新措施，努力发挥好纪委监督作用。

一、理顺责任机制，推动“两责”落实

各级纪委以《关于落实党风廉政建设主体责任的意见》和《关于落实党风廉政建设监督责任的意见》为依据，以党风廉政建设责任制量化考评为抓手，积极协助党委加强党风建设和组织协调反腐败工作。从总行本部入手，深入推动全行惩治和预防腐败体系建设新五年规划的实施，明确需要总行各部室共同完成的10项任务和各部室分别牵头或协助完成的148项任务。逐级抓好考核监督，全行各级纪检监察机构共对9 744个下级机构和本级部室进行了责任制考评，并将考评结果与经营绩效相挂钩，促进被考核单位提升党建水平、强化风险防范和转变工作作风。同时，注重综合运用约谈督促、述职考评、纪律处分等方式加大对“两个责任”履行情况的问责力度。2015年8月以来，总行纪委监察室向4家分支机构发出提醒函，督促其切实加强对辖内党员干部的管理监督，并对落实“两个责任”不力的典型案例进行了全行通报。

根据党的纪律检查体制改革实施方案精神，加快推进落实“一个强化和两个为主”要求，促使纪检监察工作更加聚焦主责主业。进一步强化上级纪委对下级纪委领导，2015年8月以来，先后制定或修订印发《纪委书记提名考察办法》、《监察室正副职任免职办理工作程序》、《纪委负责人向总行纪委报告工作办法》、《新任职纪委负责人谈话办法》、《纪检监察专业考核办法》等，逐步建立健全纪委负责人提名考察、任职谈话、报告工作、业绩考核等以上级纪委为主的制度体系，努力实现全过程管理，推进双重领导体制具体化、程序化、制度化，为纪委更好地履行监督责任提供组织和制度保障。

二、紧握纪律戒尺，持续改进作风

按照中央纪委纪在法前、纪严于法，把握运用监督执纪“四种形态”等要求，以总行党委文件下发《进一步严明党的纪律，加强对违纪党员责任追究工作的意见》，强调对党员干部从严要求，以纪律尺子衡量党员干部行为，逐步加大了党纪处分力度。本着挺纪在前和“严管就是厚爱”执纪理念，2015年，全行共进行诫勉谈话961人次、函询382人次；严肃查处了违纪违规问题，并给予相关责任人党纪政纪处分。

紧密围绕中央八项规定精神，狠抓作风建设。一方面坚持早提醒早预防，紧盯各个重要时间节点发出多项禁令。2015年9月末，在全行严肃财务纪律会议上重申纪律要求，进一步规范全行财务行为。总行监察室配合相关部门制定总行领导履职待遇和业务支出管理实施细则等，努力建立健全改进作风制度体系。另一方面，通过巡视、执法监察、信访核查等紧盯用公款宴请、赠送节礼、超标准接待、变相公款旅游等问题，坚决查处通报顶风违纪行为。组织召开全行警示教育大会对典型问题进行通报曝光，释放了越往后执纪越严的信号。

三、突出问题导向，深入监督执纪

一是深化拓展巡视，发挥警示作用。认真贯彻中央巡视工作新精神，用“六大纪律”深化“四个着力”，紧盯“三个重点”，采取“一托二”模式提高巡视效率，全年开展了2轮巡视，共巡视了14家一级（直属）分行、直属（控股）机构，完成了对设立党委的总行管理分支机构的第一轮常规巡视。针对发现的被巡视机构廉政建设、作风建设、选人用人、转型发展等方面问题，提出相关建议，将涉及全行性有关问题及建议分流总行相关部室研究处理，将较为重大的违纪违规问题线索移交纪检监察部门核查处理，取得了一定的警示和震慑效果。同时，对6家机构开展巡视回访，推动巡视整改问题落实到位。

二是强化线索处置，加大审查力度。规范信访举报线索管理，总行对2010年以来关于总行管理干部的举报线索办理情况进行了全面梳理。积极畅通信访举报渠道，全行各级纪检监察机构共接受信访举报1 796件，处置问题线索342件。针对线索具体、影响面大以及中央巡视组交办的情况紧急、急需查明的问题，坚持由总

行组织直查，实现快查快结。特别是中央巡视期间，组织40余个核查组对转办要结果信访件集中核实，严肃处理。强化信访监督成果运用，把好“党风廉政意见回复”关，总行对拟提拔调整总行管理干部进行了任职前廉洁情况核查反馈。

三是聚焦关键领域，加强执法监察。围绕权力集中、资金密集、资源富集等领域，将中央八项规定和总行党委十五条落实意见贯彻执行情况作为全行指令性执法监察项目，运用党纪尺子衡量和规范各种财务行为，进一步加强对费用审批、项目决策、款项支付等重点环节检查，严厉查处了财务授权不规范、虚列支出套取费用等问题，全行共对1 283家机构开展了执法监察。探索对集中采购项目开展区别监督，尝试以重大项目全程监督、重点环节随机监督和后评价监督方式逐步降低现场监督频次，提升监督实效；加强不良行为供应商排查，全行共排查11 417家供应商，新增19家不良行为供应商，累计达148家。

四是拓展监督触角，强化集团管控。组织召开10家境外机构负责人参加的党风廉政建设座谈会，对4家境外机构高管人员廉洁履职开展现场检查，积极参与非现场离任审计，增强境外机构管理人员党的意识，促进党风廉政建设要求传导落实。加强因公、因私出国（境）审查，分别对425个因公出国（境）事项、297名总行直管干部因私出国（境）情况进行了审核。出台《关于规范境内控股机构惩戒工作的意见》，统一控股机构惩戒标准尺度，努力建立权责明晰、客观公正、错罚相当、全面覆盖的惩戒体系。

四、深化查办治理，严控案件风险

坚持“有案必查、查案必严”原则，严肃查处案件和案件风险事件。进一步完善案件考核机制，强化重点监控行管理，夯实工作基础。发挥案件查办治本功能，提示和督促整改案件暴露的问题，加大典型案例通报力度，编发警示教育读本和专刊。

以深化员工异常行为排查为抓手，以员工违规投资经商办企业、参与非法集资、飞单销售等为重点，突出科技手段在排查工作中的应用，加强与内控、运管等部门风险监督联动和信息共享，提高排查工作精准性和有效性。根据风险程度对排查发现的异常行为员工分别采取给予党纪政纪处分、解除劳动合同、调岗待岗、教育提醒等措施，防范和消除了潜在风险。

五、注重教育提醒，营造文化氛围

加大《廉洁自律准则》和《纪律处分条例》学习贯彻力度，把党章党纪党规教育与落实“三严三实”要求相结合，与实现转型发展目标相促进，提高党员干部遵纪守规意识。运用新媒体新技术，在网讯和融e联平台开设“明纪守规树新风”专栏，对党员干部及时进行告示、提示和警示。全行各级机构共开展反腐倡廉教育活动16 300余次，培训干部员工124万余人次。

制定印发了《关于加强廉洁文化建设的意见》，正式发布了“公开透明、公私分明、自律律他、廉勤并重”十六字理念，标志着我行首个专业文化正式确立，中纪委监察部网站、新华网、《金融时报》等媒体进行了报道。开展了8万余人参加的廉洁文化知识竞赛活动，开展了廉洁文化故事、漫画征集和甄选活动，促进廉洁文化在全行传播根植。组织全行4万余名管理人员在线填报个人廉洁从业报告，不断提高管理人员廉洁从业意识。

六、坚守职责使命，打造过硬队伍

适应全面从严治党形势任务，以更严要求和更实举措推进自身建设。总行纪委修订了《纪律检查委员会工作规则》，坚持每月召开纪委会议对纪检监察重要工作研究审议，带头学习中央关于党风廉政建设新精神新要求；并积极深入基层一线调研，努力以科学的决策指导促进全行工作开展。持续加大纪检监察教育培训力度，2015年9月初，首次同时面向一级机构纪委书记、监察室主任举办培训班，围绕落实“两个责任”和实现“三转”（转职能、转方式、转作风）等进一步统一了思想、深化了认识。全年累计举办片区培训班9期，培训900余人次。同时，认真落实中央纪委纪检监察干部监督工作座谈会精神，加强对全行纪检监察干部监督工作组织领导，在总行监察室明确具体承担相应职能的机构。2015年10月末在全系统启动开展了“一加强两提高”教育活动，引导纪检监察干部争做守纪的标兵、执纪的尖兵。

（总行监察室、纪委）

宣传思想文化建设

2015年，全行宣传思想文化工作紧紧围绕中心，服务大局，强化学习教育，深化企业文化建设，加强精神文明创建，为全行改革发展提供有力的思想保证和文化支持。

一、推动习近平总书记系列重要讲话精神学习宣传贯彻向纵深发展

坚持把思想建党放在首位，以讲话精神为统领，切实抓好党的十八届五中全会精神、新修订的《中国共产党廉洁自律准则》和《中国共产党纪律处分条例》等学习贯彻，印发《关于认真学习宣传贯彻党的十八届五中全会精神的通知》，开展了多领域、多形式理论学习教育。突出领导干部带头学，精心抓好中心组学习规划和服务，将全面学与专题学相结合，深入学与贯通学相结合，着力推动各级领导干部把理论学习成果转化为谋划推动工作的能力，体现到研究解决全行改革发展的重大问题、客户和员工关心的热点问题的成效上来，并编纂《2013—2014 年度分行党委中心组专题调研成果集》。全年总行党委中心组集中学习 16 次。

二、大力开展“三严三实”专题教育学习宣传

积极履行专题教育宣传组职能，下发《关于做好“三严三实”专题教育学习宣传工作的通知》，加强学习宣传的组织推动。一抓学习研讨。精心设计学习方案，通过编制警示教育片、理论解读片及正反面案例，以直观生动的方式使党员干部受教育、明底线、知敬畏，提升学习效果。二抓宣传引导。开设“‘三严三实’专题教育”网讯专栏和融 e 联服务号，加强理论阐释和动态传导，极大便利了员工“碎片化”、“社交化”学习，为全面从严治行营造了舆论氛围。截至 2015 年末，融 e 联服务号关注人数高达 27 万余人，《掌上专报》推送 110 期，网讯专栏刊发信息 2 300 余条。三抓对外交流。按中组部要求上报《中国工商银行“三严三实”专题教育学习教育情况的报告》，并通过主流媒体广泛宣传全行专题学习研讨特色经验和运用新媒体深化学习宣传的创新做法，展示全面从严治行形象。

三、加强树典推优的表彰宣传

认真贯彻全国精神文明建设工作表彰暨学雷锋志愿服务大会精神，对第四届全国文明单位、银行业“雷锋岗”等予以表彰宣传；积极参与银监会举办的 2015 年度“银行业最美人物”评选，所推荐 2 人均成功跻身 10 位获奖者之列。引导各级行和干部员工广泛挖掘宣传“身边雷锋”、“最美员工”，通过微视频、“道德讲堂”、“故事会”等方式，开展了“身边人　模范事”、“点亮身边人　传播正能量”等活动，弘扬新时代雷锋精神，营造了崇德向上、敬业奉献的氛围。

四、从严从实抓好文明单位评选

围绕中央对文明创建工作的新要求，修订《文明创建工作管理办法》，进一步细化测评标准，完善创建与管理相结合的长效机制。组织开展第九届总行级文明单位评选和往届文明单位复查，针对新常态下经营管理变化特点，会同 10 家评委会部室从“严”从“实”把关审核；同时由分管领导率队深入多家基层单位，就文明创建工作情况进行实地走访。经综合评审，共评出“中国工商银行文明单位”29 家、“中国工商银行精神文明建设工作先进单位”36 家，复查确认保留称号单位 26 家。

五、专业文化建设实现新进展

把握企业文化体系发布五周年节点，以“三严三实”专题教育为契机，加快推进廉洁文化建设，下发《关于加强廉洁文化建设的意见》，正式推出“公开透明、公私分明、自律律他、廉勤并重”十六字理念，成为首次发布的专业文化，标志着企业文化建设进入了新的阶段。编印《企业文化故事集》（第四辑“廉洁篇”）、开展管理人员廉洁文化知识竞赛等方式，进一步增强队伍廉洁从业意识，促进廉洁文化理念传播渗透。

六、特色文化建设持续推进

制定下发《基层特色文化建设指引》，组织分行建立首批特色文化建设“电子台账”，提高了检查督导信息化水平。各分行因地制宜推进特色文化建设实践，运用新媒体新技术，积极开展“微心情·谈文化”、“感悟企业文化”、“微系列”等活动，并通过编印《员工工作法汇编》、打造“文化名片”、开展各类竞赛、推进耕心工程、举办“企业文化日”等形式，把特色文化建设与结构转型、业务创新、队伍管理等紧密结合起来，较好发挥了文化团结鼓劲、提振士气的重要作用。

七、成功举办第四届“感动工行”员工颁奖典礼

以“工行梦”为主线，创新典礼表彰形式，新增预告片、暖场片、提名人选感言片及“感动地图”，引入互动环节，充分反映了工行人在“追梦”中进取创新、追求卓越的精神风貌，获得全行上下一致好评。抓好典礼后续宣传，下发《关于开展向“感动工行”员工学习活动的通知》，通过光盘、微信、融 e 联等载体跟进宣传，结合《金融时报》、门户网站等渠道扩大对外报道。同时，总结树典推优系列活动经验，以《发挥先进典型正能量、培育优秀企业文化》为题向中央文明委作了书面汇报，所撰写《以核心价值观引领发展》被中国政研会主办的《思想政治工作研究》刊发，并在金融政研会主办“践行核心价值观 讲述身边好故

事”现场会上，以《讲述“工行故事”弘扬“身边感动”》为题作了介绍。

八、创新开展“服务体验建设年”主题教育活动

紧扣全行服务工作大主题，充分发挥员工主体作用，着力转变服务理念，倡导员工“创造经验”。开设“主题教育活动”融 e 联服务号，运用自媒体口碑传播力量，以图片、漫画等生动形式，解答基层行业务疑难，宣传服务亮点和先进工作法，加强思想“滴灌”和理念“浸润”。各级分支机构结合实际，开展了“我是客户”、“怎样理解文明服务”等活动，引导员工开展同业、跨界服务体验，挖掘我行客户体验方面“痛点”、“堵点”，自觉探究改进对策，为释放服务潜力、优化服务体验起到助推作用。

（总行党委宣传部）

行史馆建成开馆

经过一年多的精心筹建，中国工商银行行史馆全面建成，并于 2015 年 11 月 26 日举行了简朴的开馆仪式，正式开馆迎客。

行史馆位于总行大楼 A 座一层东南侧，展览面积约 1 000 平方米，主要包括序厅、成长之路、走向世界、科技兴行、至诚致远、荣誉殿堂六个部分，分别展示了工商银行改革发展的历程、海外业务发展、境外经营布局、信息科技、企业文化、社会责任、国内外获得的重大奖项及荣誉等内容。

行史馆共展出 1 000 多件实物，500 多幅图片和 60 多条影像，以丰富的文物、翔实的资料、多样的表现方法，生动地展示了工商银行从国家专业银行到国有独资商业银行、再到国际公众持股公司的历史脉络，记录了工商银行从弱到强、从本土领先到跻身全球领先大型跨国金融集团之列的辉煌成就，反映了中国银行业改革发展历程、人民群众金融生活的时代变迁。根据展品特点，行史馆采取了灵活多样的展览方式，既有传统的博物陈设，也有声光电等现代科技手段的应用，脉络清晰，亮点突出，精彩纷呈，呈现出历史感与现代感并重，艺术性与企业文化兼顾的特色。

行史馆是为纪念工商银行成立 30 周年而建设的。在 2014 年工商银行成立三十周年之际，为再现几代工行人艰苦创业、奋发图强的奋斗历程，充分展示工商银行改革发展的辉煌成就，总行党委决定在原行史陈列室的基础上重建新的中国工商银行行史馆，并将其列为全行十件文化大事之一。行史馆的设计和建设，坚持“业界一流、品位独特、具有工行浓厚文化特色企业形象名片”的建馆理念，依据总行办公大楼现有的建筑结构特点，因地制宜，巧妙构思，精心策划，突出大气、通透、现代的设计风格。同时，注重绿色节能，严格控制成本、勤俭办馆。在筹建过程中，总行各部室和各级分支机构的共同努力，共搜集、挖掘到总行、境内外机构及员工个人收藏、捐赠的 1 万余件实物展品，50 000余幅照片及 500 多条历史影像资料。

行史馆建成开馆后，总行各部室及分支机构干部员工、境内外来宾参观十分踊跃，累计接待参观已经超过五千人次。其中包括哈佛大学商学院教授、塔吉克斯坦央行行长等参观者。众多参观者都在留言簿上对工行的未来发展寄予殷切期望和美好祝愿。参观行史馆后，一些员工还将陪伴自己多年，乃至精心珍藏的一些老物件、极具代表性的历史图片、珍贵视频等无私捐献给行史馆。行史馆已初步成为开展行史教育、传承工行文化和弘扬工行精神的重要阵地。

（总行办公室）

品牌建设

2015 年，全行积极适应金融新常态、传播新格局对品牌建设工作提出的新要求，明确了“新形象、新布局、新探索”的品牌建设和管理目标，围绕中心工作和业务发展大局，在树立品牌形象、深化内部管理、

优化渠道传播、提升品牌价值等方面取得新成效。

一、深化互联网金融业务品牌管理和营销推广

（一）规范互联网金融品牌管理。全面梳理互联网金融产品，就命名规范、品牌整合、形象统一等进行规划，研究搭建互联网金融品牌架构体系。加强全行APP手机应用的统筹管理，梳理并组织研究全行存量APP及在建、假冒APP情况，下发了《关于加强移动APP统一管理的通知》，发布了《APP品牌形象管理规范》，对总行业务部门及分行的6个APP品牌形象进行了审批。研究确定互联网金融业务对外品牌名称及相关英文名称，并注意品牌保护，已提起30个商标注册申请。

（二）加强互联网金融品牌策划与形象建设。在“工行红”基础上构建起风格一致、层次鲜明的e－ICBC互联网金融产品视觉体系，完成了融e购、融e行、融e联三大平台英文名称的命名、工银e校园等近10款图标和标识的设计、16款平面广告的制作，建立了e－ICBC规范字体，打造了e－ICBC统一、鲜明的整体品牌形象，为全行提供了丰富的互联网金融宣传素材。积极推出两支互联网金融战略宣传片、e－ICBC平面广告及电子贺卡，以满足发布会及分行对外宣传的切实需要。策划制作了适合年轻受众、主题清新的“色彩篇”工银融e行电视及平面广告，并于2015年11月18日产品正式上线，并在央视、凤凰卫视、网络、户外等大众媒体同时播出，效果显著。根据银监会要求，策划制作了防诈骗网络视频宣传片和H5广告，并同时通过官方微信、网讯企划工作园地组织网点渠道传播，扩大影响力。

（三）组织策划社会化营销活动。根据全行互联网金融战略整体部署，按照统筹规划、协调管理、分散实施、标准监测的管理原则，形成了日渐成熟的互联网金融营销传播体系。对总行各业务部门的营销项目，总行办公室负责从前期方案策划、KPI指标确定、费用预估、物料制作、活动过程监测以至效果评估等环节进行了严格把关，对活动效果、结项数据进行大数据分析和评估，初步形成了较为完整的管理链条。2015年全年共组织策划了100多个社会化营销方案。

二、着力集团品牌的策划与传播

（一）推动重大活动集团品牌宣传。全力做好e－ICBC互联网金融品牌暨战略发布会、e－ICBC2.0版本发布暨网络融资中心成立发布会、巴西“中国装备制造业展览”、中非合作论坛及制造业展览、SIBOS年会、上海金融展等重大活动的宣传，借助重大活动、特殊时点扩大工商银行集团品牌和e－ICBC的影响力。

（二）提升品牌国际化宣传及推广。积极研究落实品牌国际化传播工作，多管齐下加大品牌国际化推广力度。一是策划制作了环球金融服务电视和平面广告，并在央视播出，为宣传国际化综合服务能力起到了良好的传播效果。二是全面改版18个国家与地区的跨境人民币平面广告，对于使用渠道、期限、适用语种等做了明确规定，并增加了中国境内版权，扩大了宣传渠道和适用范围，新版广告目前已被各机构广泛投放，受到境内外机构普遍好评。三是加强境外CI管理，协助审核多个境外机构开业仪式、机构大楼等标识使用方案，完成华商银行、工银土耳其标识规范方案审核及批复，境外机构标识管理日趋规范。四是为万象分行、仰光分行等境外机构办公场所策划了艺术装饰方案，制作并运送了89件油画、青瓷、剪纸、照片等一系列的艺术装饰品。

三、优化品牌推广、提升品牌价值

（一）逐步减少传统大众媒介投放。压缩境内机场廊桥广告投放，支持数量由2014年的24个机场减少为12个，同时加强业务品牌宣传力度，在原有工银理财、工银私人银行、工银金行家、工银牡丹卡、工银小企业服务、工银跨境人民币业务六款广告画面基础上增加了融e购、融e联、融e行等互联网金融业务的宣传；组织了2016—2017年香港机场广告续约项目，完成境外机场广告换刊工作。减少央视广告投放总量并优化结构，通过签约认购续约《新闻30分》、《经济信息联播》常规资源，并现场招标购买了《新闻联播》标板及配售黄金广告资源，加大了在重点时段的宣传力度；全年在央视投放了“互联网金融”和“环球旅行信用卡”两支业务品牌宣传片，突出互联网整体形象和国际化产品和业务推广，取得了良好的品牌传播效果。

（二）尝试电影院线广告营销新模式。首次采取电影映前广告投放与影院线下活动相结合的方式，锁定2015贺岁观影高峰期档期，在14个城市146家影院投放了互联网金融和环球旅行信用卡两支广告片，并动员分行力量在全国95个城市的万达影院开展了工银e支付、融e购“爆米花”促销活动。在传播方面，通过网络广告、平面软文、微信公众号和朋友圈传播及网点宣传等多种方式加大“爆米花”促销活动宣传力度，活动点击量超过200万人次，手机扫描二维码参与活动超过75万人次，促进成功支付或开通工银e支付70 000户。此外，着重加强广告效果评估工作，引入独立第三方进行广告投放监测及效果评估。此次活动建立了线上品牌传播与线下获客营销，总行资源＋技术与分行特色＋网点的总分行O2O联动营销新模式。

（三）加大互联网精准广告投放力度。为充分发挥大数据营销功能，积极配合一线营销需求，加大了互联网精准广告费用支持力度，针对三大平台、工银e支付、手机银行、云端信用卡、账户类交易等14个互联网金融产品及e－ICBC整体品牌开展了精准广告营销策划，投放了百度关键词搜索资源、Discovery搜索集

成平台及信息流广告等资源。

四、加强品牌建设规范管理

深入研究互联网金融营销新趋势和营销活动特点，就融e购电子券报销、个人奖励积分、贵金属电子礼包、融e联专项营销活动、工银e缴费优惠券等新型营销活动开展行内研讨，积极与同业交流费用管理经验，建立了客户回馈类营销项目分段管理、登记审核的费用管理模式，明确各方职责，积极防范合规和操作风险。建立了策划创意类项目服务商+询价模式和相应管理机制，通过集中采购最终确定并向全行发布了视频制作类、营销策划类、展览展示类、精准营销类四大类服务商名单，以及实施原则、执行流程、各部门职责等相关管理要求，对于达到集中采购金额起点的总行策划创意类项目均按照该模式进行集采。服务商+询价模式创新了策划创意类项目的采购方式，也是服务商管理模式的一次有益探索。

（总行办公室）

人力资源管理

2015年，全行人力资源管理工作紧紧围绕新常态下转型发展目标，突出资源配置市场化、集团管理一体化的改革主线，完善组织机构管理，优化人力资源配置，强化薪酬激励约束，为全行改革发展提供坚强的组织保障和人才支持。

一、协同经营转型发展，人力资源配置进一步优化

（一）稳步推动人员优化配置工作。2015年，集团人员总量保持在46.5万人。为更好地实现年度用工计划与招聘计划的有序衔接，指导各机构统筹做好2016年招聘工作，提前编制2016年度用工计划并提交董事会审议。稳步推动网点人员优化配置工作。完成《关于全行网点人员优化工作情况的报告》，下发《关于做好当前网点人员优化工作的通知》，制定并下达2015年网点人员优化建设工作任务目标，圆满完成序时工作进度。组织开展《e-ICBC战略框架下的人力资源优化配置研究》，从互联网金融时代商业银行人力资源配置发展趋势入手，科学谋划未来全行人力资源优化配置总体目标，研究在e-ICBC战略下完善人力资源优化配置的具体措施。

（二）持续优化集团人员招聘机制。创新人才引进方式，将2016年度校园招聘与第六届“工商银行杯”全国大学生金融产品创意设计大赛相结合，从中选拔和锁定部分学生直通录取，在提升招聘品质的同时，进一步增强校园金融产品在广大学生群体中的影响力和渗透率。积极开展定向招聘，在2015年度柜面服务人员招聘中，将70%的目标岗位直接定向县域机构。指导各机构针对互联网金融等新兴业务领域及综合化、国际化经营急需、紧缺人才，有序开展社会招聘，不断加快市场化人才引进步伐。全面加强“中国工商银行人才招聘”微信公众号在各类招聘中的深化应用，通过定制宣传内容、创新宣传方式、定期宣传发布，进一步增强对外部人才的吸引力。

（三）推动员工关系工作再上新台阶。为进一步完善劳动合同管理，促进劳动关系和谐稳定，印发《劳动合同管理办法（2015年版）》。根据银监会关于案件防范和风险管理的要求，对关键岗位目录进行了修订，印发《关键岗位人员岗位轮换和强制休假管理办法（2015年版）》。在调查了解2014年网点员工年休假、婚假、产假等情况的基础上，制定《关于加强基层员工休假工作的通知》。组织开展员工思想动态调查，通过人力资源系统发放员工思想动态调查问卷，完成全行41.6万人问卷填写工作，并对调查问卷进行汇总整理，从不同维度出发分析全行员工的思想状况，确定影响员工满意度和敬业度的关键驱动因素，为进一步构建和谐稳定员工关系提供决策参考。

（四）持续加大外派员工选派和储备力度。进一步通过公开招聘、组织推荐等方式拓宽外派干部选拔视野。在专业搭配上，注重选拔信贷管理等重点专业人才输送境外工作，选派的长期外派人员中，前台营销专业人才占比29.6%，信贷、风险相关专业人才占比16.8%，财会资金资负专业人才占比13.5%。创新培养与储备机制，从小语种、金融市场等专业入手，加强主动培养，从源头上丰富相关专业外派人选，同时也通过境外机构这个平台为全集团培养稀缺专业人才。

二、深化机构改革和调整，总分行组织架构体系持续完善

（一）深化推进分行组织机构改革。自2014年启动改革，到2015年全面完成分支机构组织架构改革工作，初步理顺和明确各级分支机构的架构体系和机构管

理规则。完善分支机构编制管理体系，首次框定并明确直属机构的分类及人员编制，建立本部编制核定规则，加大编制管理的规范和监控力度，督促分支机构消化超编情况。探索建立分支机构等级管理体系，突破传统行政等级限制，建立以价值贡献为导向的境内分支机构内部等级管理体系，全面衡量包括网点到一级分行等各类机构在全行的相对价值贡献。稳步推进扁平化改革，提出未来针对分支机构的规模及特点，实施分类管理、逐步推进、注重配套的扁平化推进措施。

（二）探索柔性化、市场化新组织模式。开展总部职能规划研究，预判业务未来发展趋势和集团总部职能定位，结合国家政策导向，对总行职能进行前瞻规划，淡化总部地理概念，深入研究总部各板块职能重点及未来方向，提前规划资源配置的导向及步骤。在全行推进团队等柔性组织模式的创新及应用，掌握全行各类机构对团队组织模式的探索情况，初步制定团队管理指导意见，进一步明确团队在应对急、难、新、重任务时的作用。开展子公司制改革研究，前瞻规划部分业务线的子公司制改革，提升经营自主性与运行效率。

（三）配合战略完善组织架构搭建。开展全行机构综合分析研究，从探索市场化的机构管理新机制和资源配置新模式入手，提出2015—2017年的新任务新举措。结合战略要求，优化调整总行组织架构，持续提高机构管理的规范性和科学性，保障重要职能承接落地，结合互联网金融e－ICBC2.0要求，完善全行互联网金融管理架构，推进相关重点机构的组建和改革，在总行先后组建互联网金融营销中心、个人信用消费金融中心、网络融资中心、融e联中心，理顺各机构间的职能关系。在分行建立互联网金融团队，搭建全行互联网金融业务架构；做好存量机构的布局优化与业态创新，配合完成银监会年度机构计划相关工作，集中推进四家自贸区和重点县支行升格工作，根据实际经营情况完成20余家支行等级调整工作。

三、全面实施人力资源管理深化项目，薪酬福利体系不断健全

（一）全面实施人力资源管理深化项目。总行及境内各机构积极研究制定人力资源管理深化项目实施方案，平稳组织各项工作，包括总行本部在内的境内各机构已于年内全部完成了项目的实施落地。在总结吸收项目实施经验基础上，印发《人力资源深化项目实施方案》、《岗位职级体系管理办法（2015年版）》、《境内机构员工薪酬管理办法》等配套制度办法，固化项目成果，持续推动项目的贯彻执行。在工银亚洲、工银伦敦、纽约分行等境外机构开展了境外机构人力资源管理状况和人力资源管理深化项目实地调研，制定了境外机构人力资源管理深化项目实施方案，促进境内外人力资源一体化管理，增强了境外机构吸引力和队伍凝聚力。

（二）着力完善工资总额分配机制。针对新常态下全行经营情况，加大当期业绩挂钩力度，突出当期业绩对当期工资总量的影响，进一步强化“利润增、工资增，利润降、工资降”的激励导向。跟进经营导向的变化，针对各类机构经营发展重点，调整绩效挂钩指标和挂钩方式，充分发挥考核分配的指挥棒作用。突出激励重点，在工资增量有限、人才竞争加剧的情况下，探索建立控股子公司核心板块激励计划和利润中心、科技中心骨干人才激励计划，通过市场化激励机制和倾斜性支持，提高对关键领域和骨干人才的激励效果。调整福利补贴管理方式，将福利补贴计划并入基础工资计划，各机构可统筹安排使用，提高工资费用安排的灵活性和使用效率。

（三）持续提高薪酬管理精细化水平。面对工资总额增长受限的现实约束，深入分析未来人员总量压降对工资分配的影响，在此基础上做好长远规划，适度减缓年度间员工整体收入的波动幅度。加强过程管理，通过与利润计划实现进度挂钩的季度工资计划预警方式，提高工资费用当期列支与效益实现情况的匹配度，防止出现工资费用硬缺口。加强各级机构本部工资总额管理，推行本部部室“增人不增资，减人不减资”的工资总额管理，逐步建立内设部室人力成本的内在约束机制。及时关注国家政策导向和监管机构政策变动，按照中央关于中央管理企业负责人薪酬改革相关要求，调整行领导薪酬发放方案，积极向有关部门反馈完善负责人薪酬核定机制及配套福利体系的建议。

（四）不断优化员工考核激励机制。印发《关于加强员工绩效管理工作的意见》，设计全行各类员工绩效考核模板，通过完善基于岗位职责的员工绩效考核体系建设，推动绩效考核传导落地。优化一级（直属）分行副职管理人员绩效工资分配，将主要业务领域核心指标的实现情况和业务条线考评结果作为副职绩效工资分配的主要依据，按照副职分管业务业绩实现情况合理拉开绩效工资差距，在强化总行经营目标传导的同时，全面体现副职的责任贡献和业绩表现。

（五）着力推动保险福利体系建设。印发《补充医疗保险管理办法》，规范费用列支，以一级分行、直属机构为单位统一建立辖内补充医疗保险制度，将员工重大疾病保险纳入必选保障内容，提高员工医疗保障水平。印发《中国工商银行总行企业年金实施细则（2015年版）》，调整了总行本部留存比例，优化了企业缴费分配，进一步完善多层次养老保障体系。规范总行本部补充医疗保险管理，完善外派和基层任职人员保险体系。调整离退休人员行内养老待遇，实施差异化慰问金制度，并将年金补差政策延长至2018年。扩大企业年金企业缴费提取基数，提高留存基金支付能力，并统一留存基金比例范围，兼顾好在职员工与退休员工

权益。

（六）加强两项基金管理。组织召开企业年金管理委员会2015年度会议，通过新增投资管理人、优化资金配置机制、完善绩效考核体系、实地走访投资管理人、加强投资风险监控等举措，确保两项基金取得较好投资收益。2015年，企业年金基金收益率为13.5%；统筹外福利负债基金收益率为12.63%。

（总行人力资源管理部）

工会工作

2015年，全行各级工会认真学习贯彻中央《关于加强和改进党的群团工作的意见》和中央党的群团工作会议精神，紧密围绕全行中心工作，深入开展员工素质提升、权益维护、文化建设、民主管理等各项工作，团结动员广大员工在改革发展一线建功立业，为全行转型发展凝聚正能量。

一、认真贯彻落实中央关于加强和改进党的群团工作部署，牵头起草了《关于加强和改进工会共青团工作助力全行转型发展的意见》

中央下发《关于加强和改进党的群团工作的意见》和召开党的群团工作会议后，总行党委在第一时间组织传达文件和会议精神，并结合实际，研究部署了贯彻落实措施。按照总行党委的指示精神，总行工会牵头起草了《关于加强和改进工会共青团工作助力全行转型发展的意见》，提出了新形势下加强和改进工会共青团工作的总体要求、保持和增强工会共青团工作的政治性、保持和增强工会共青团工作的先进性、保持和增强工会共青团工作的群众性、大力加强工会共青团组织自身建设、切实加强和改进党委对工会共青团工作的领导等6个方面24条举措。通过推动工作方式和机制创新，探索构建工作资源有效整合、工作落实更具特色、工作效能整体提升的“大群团”工作模式。

二、努力提升员工队伍素质，助推经济新常态下全行转型发展

配合电子银行部、个人金融业务部、结算与现金管理部等6个业务部门开展了以完成年度任务目标的主题竞赛活动；会同总行教育部举办了资产管理等8个专业的网上业务知识竞赛，全行共有9万余人参加了自测练习，11万余人参加了模拟竞赛，19万余人参加了正式竞赛。2015年3～10月，与渠道管理部联合开展了网点竞争力提升劳动竞赛活动，并举办了网点负责人业务技能比赛总决赛。通过开展各类劳动竞赛和业务技能练兵活动，进一步调动了员工的学习和工作热情，在全行营造了学业务、强素质、比业绩、比贡献的良好氛围。

三、加强劳模先进评选表彰工作，大力弘扬劳模精神

组织开展了五一劳动奖状（奖章）评选活动，积极做好全国和金融系统劳动先进评选推荐工作。湖南分行株洲分行新华路支行行长肖义华、内蒙古分行信息科技部总经理满都拉、浙江温州分行永嘉支行大堂经理林小群、安徽淮南分行人力资源部胡家山、河南安阳分行营业部客户经理杨金花、贵州六盘水分行个金部业务经理罗欣等6名员工荣获全国劳动模范称号，参加了中共中央、国务院在北京召开的2015年庆祝“五一”国际劳动节暨表彰全国劳动模范和先进工作者大会。组织全行员工参加了第一届全国金融道德模范评选投票，上海分行朱捷荣获全国金融道德模范助人爱亲模范称号，辽宁分行陈铁钢荣获学习创新模范提名奖。通过网讯、劳模事迹专刊等多种形式，广泛宣传和弘扬先进典型。深入做好劳模后续培养和服务工作，全年共安排5 800名劳模先进参加了学习教育和疗休养活动。

四、认真落实总行党委对困难员工的关心关爱，进一步完善困难救助工作机制

2015年，总行共发放特困救助金8 000万元，累计救助慰问各类困难员工3万余人次。在开展集中救助的基础上，试点推行“小额度、多频次”专项救助，即在总行8 000万元特困救助资金的总额度内，拨付一定额度资金授权各一级（直属）分行、直属机构工会根据实际情况自主审批使用，专门用于对突发重大疾病、意外事故或遭遇自然灾害造成生活困难的员工进行慰问救助，解决员工突发性、临时性、特殊性困难，得到各级行和广大员工的好评。组织开展了2016年元旦春节送温暖活动，协调安排行领导对基层一线员工进行慰问，总行工会、女工委负责人分别赴广西、宁夏、贵州、辽宁、重庆等分行走访慰问基层困难员工。

五、加大对孕期哺乳期女员工和单亲困难女员工的关爱，切实维护女员工合法权益和特殊利益

为贯彻落实全国妇联、全总、中国金融工会关于推动全社会力量关心关爱母婴健康事业的工作部署，体现总行党委对女员工的关心关爱，在有条件的单位推动“爱心妈妈小屋”建设，为孕期和哺乳期女员工提供休息、哺乳场所及设施。截至2015年底，共建成爱心妈妈小屋330个。组织开展了女劳模先进、工会女干部与单亲困难女员工一对一结对子帮扶活动。2015年总行工会女工委开展了4次结对子帮扶活动，发放慰问金12万元，完成35对帮扶对子；31家一级（直属）分行结成1 042对帮扶对子。通过搭建女职工结对子帮扶活动平台，使女劳模先进、工会女干部与单亲困难女员工建立起长期帮扶关系，从思想上、工作上、生活上等各方面关心单亲困难女员工，帮助解决各种实际问题，增强她们战胜疾病和困难的勇气信心。

六、加强对员工的宣传教育，引导广大员工培育和践行社会主义核心价值观

2015年5～8月在全行开展了“中国梦 劳动美”员工法律知识竞赛，8名优秀选手脱颖而出代表我行参加了全国金融系统“中国梦·劳动美”员工法律知识竞赛，取得第三名的好成绩。在总行机关组织开展了“清风正气传家远”家庭助廉活动，通过讲家风故事、创家训格言、写家书手札、拍家教短片等多种形式，积极推进廉洁文化建设，弘扬社会主义核心价值观和家庭传统美德，在中央国家机关工委评选中，10篇作品获“最美家庭”奖项，总行机关女工委获优秀组织奖。

七、积极推动员工文化建设，进一步激发员工队伍活力

为规范和加强各类协会管理，组织了地市级以上协会会员情况统计，截至2015年末，全行达到国家及省市级书法美术和摄影家协会会员水平的爱好者有750多人，其中国家级书法会员45人、美术会员16人、摄影会员57人，其中不乏获得国际奖项的艺术家。为贯彻落实习近平总书记在全国文艺工作者座谈会上的重要讲话精神，更好地发挥文艺人才特长服务全行经营发展，2015年组织行内艺术家开展了4批次送文化下基层活动，先后组织80位艺术家深入到50多个基层行，为基层员工、劳模、客户送去1万余幅精心创作的作品，进一步丰富了当地行员工文化生活，助推了业务营销活动。组织举办了工商银行首届员工书法美术摄影展，共征集作品1 000余幅，经专家评选，最终评出书法作品60幅、美术作品60幅、摄影作品30幅，在总行办公楼展出。举办了第三届员工羽毛球比赛，全行79个参赛队近400名员工参加了比赛。总行机关及各级工会广泛开展各种球类、游泳、健步走、太极拳、瑜伽等群众性日常健身活动，进一步增强员工身体素质，帮助员工缓解工作压力，丰富员工业余生活。

八、深化企业民主管理，促进全行和谐稳健发展

2015年9月下旬，组织召开了全行临时职工代表会议，听取职工监事述职报告，选举产生了新一届职工代表监事。落实总行党委要求，认真做好全行系统职代会建立的前期各项准备工作。督促指导各一级（直属）分行、直属机构如期完成了2015年职代会议程，并开展了职代会制度建设先进单位评选表彰。

九、加强工会经费管理，进一步夯实服务员工和工会工作的物质基础

按照中央八项规定和全国总工会文件要求，印发了《关于规范和加强工会经费收支管理的通知》，进一步明确工会经费管理要求。2015年，先后对天津、云南、青海、甘肃、新疆、贵州、广西7家分行组织开展了工会经费审计，重点审计检查了上述单位2014年度工会经费预算执行情况和财务管理情况，并对上两年已经审计过的福建、内蒙古、河南、安徽、浙江、江苏、湖南、广东、青岛、苏州10家分行工会进行了审计回访。通过开展审计和检查，进一步规范了各单位工会经费使用管理，提升了工会财务管理水平。

（总行工会工作委员会）

共青团工作

2015年，团委全面贯彻党的十八大和十八届四中、五中全会精神，认真落实中共中央关于加强和改进党的群团工作的意见，按照总行党委和中央金融团工委的部署安排，紧密围绕党委中心工作和青年实际需求，按照

“抓业务、促发展、创特色、拓平台”的基本思路，组织开展了以下几个方面的工作。

一、聚焦重点业务，进一步提升团组织的价值创造能力

（一）围绕互联网金融，举办“互联网+”全行青春创意秀活动。活动于5月6日在总行学术交流中心隆重举行，旨在纪念五四运动96周年，充分展示广大青年在推动我行互联网金融发展进程中积极奋进、锐意进取的青春风采，此次青春创意秀共分为“互联网+时尚”、“互联网+商务”、“互联网+营销”、“互联网+服务”、“互联网+校园”、“互联网+公益”六大板块，综合运用创意短片、微电影、动漫、Flash等多种新颖形式。各级党委领导、团干部和青年代表共1.2万人现场或视频参加活动。

（二）围绕大零售战略，开展“团聚青年 联动营销”主题竞赛活动。活动开展期间，涌现出1 500余组优秀青年营销团队，共拓展代发工资单位4 326户，新增代发工资个人客户114.08万人，新增代发工资金额235.05亿元，进一步凸显了广大青年员工在实施“大零售”战略中的生力军和先锋队作用。

（三）围绕网点竞争力提升工程，开展“致青春——渠动四季”主题活动。以网点竞争力提升和客户服务能力提升为切入点和着力点，围绕“春选、夏集、秋意、冬蕴”四个主题，按季推出“青年文明号评选宣传活动”、“青春由我——多媒体作品征集大赛”、“我型我塑——网点布局创意PK赛”、“搭建青年就业创业见习基地”相应的主题活动，鼓励广大青年员工发挥创意才智，助力网点竞争力提升。

（四）围绕“e-ICBC”，开展多项活动。6月开展“5动青春，创意无限”H5大赛，短短一个月共收到32家机构报送的1 020个作品，作品聚焦行内互联网金融重点产品，创意新颖、内容丰富、形式多样，展现了青年员工积极进取、勇于创新的精神风貌。8月开展“融e联”体验月活动，全行青年发布图文信息共计11 066条。11月开展青年文明号互联网金融O2O“双11”宣传活动，在以11月11日为节点的三天时间里，共有792家各级青年文明号集体踊跃参与活动，工银e支付新开户达11万人。

（五）开展“走进基层，青春共建”活动。以青年业务交流为纽带，总行10余个部室与一级分行、直属分行进行定点共建，通过举办课题研讨、业务讲堂、论坛PK、座谈交流等各类活动，引导机关青年与基层青年共促进、同提高。

二、深入推进青年爱心行动，打造共青团志愿公益品牌

（一）上线“微爱·益起捐”公益店。该公益店是2015年5月总行团委与中国青少年发展基金会依托融e购，在国内金融机构中首创的“线上公益”电商平台，通过采取时下热门的“积分捐赠+公益众筹”慈善网购新模式，号召社会公众登录融e购进行线上慈善捐赠参与公益活动。公益店自上线以来已推出了“希望工程快乐美术教室”和“爱目行动”两个项目，筹集善款70余万元，共捐出9个“希望工程快乐美术教室”，并赴西藏、青海开展“爱目行动”，为6 000多名贫困儿童进行了免费视力筛查和诊断，捐赠2 300余套儿童视力保护公益包。“微爱·益起捐”公益店成功推出并开创的公益参与新模式，得到了共青团中央、中央文明委及社会各界的高度关注和充分肯定，其中，“爱目行动”入围第二届全国青年志愿服务项目大赛决赛并摘得金奖，我行也被中国青少年发展基金会授予“希望工程2015杰出贡献奖”。

（二）广泛开展学雷锋等青年志愿者活动。主要包括雷锋精神学习讨论活动，爱老敬老活动，阳光助残“五个一”行动，“送金融知识下乡”金融志愿服务活动。据统计，2015年，全行共开展活动623场次，参与人数达33 275人次，服务人数达191 439人次，累计服务25 225.5小时。通过纸媒、微信、微博等各种形式宣传6 000多条，形成了良好的社会效应。其中，广东中山银苑支行、总行本部王端阳和上海虹口支行张倩分获金融青年阳光助残“五个一”优秀集体、优秀个人。

（三）举办援疆“融情夏令营”活动。为贯彻落实第二次中央新疆工作座谈会精神，按照团中央和中央金融团工委的统一部署，由广东分行承办为期一周的援疆“融情夏令营”活动，来自新疆昌吉地区的50名中小学师生参加活动，活动取得圆满成功。团中央、中央金融团工委及新疆团区委发来感谢信。

（四）总行机关团委开展“工青志愿”品牌系列活动。通过开展“工青志愿　行五彩梦”、“工青志愿　冬日温情”、“工青志愿　快乐美术”等系列主题活动，共募集衣物三百余件、资金118 000多元。成立了1个“五色慈善基金”资助自闭症儿童，帮扶了50多名四川省大凉山两河乡的贫困孩子，资助了3名河北贫困大学生，捐建了2个贫困地区乡村小学美术教室。

三、坚持党建带团建，加强团组织自身建设，进一步提升共青团的服务能力

（一）广泛搭建各类青年创先争优平台。评选表彰2013—2014年度全国、总行级青年文明号集体，其中，北京新街口支行营业室营业厅等13家集体荣获2013—2014年度全国青年文明号称号，工银欧洲本部是金融系统唯一获此荣誉的境外机构；评选表彰了总行机构金融业务部等236个集体为2013—2014年度总行级青年文明号。评选表彰总行级优秀共青团员114名，优秀共青团干部117名，五四红旗团委（团支部）102个，优

秀青年小组51个，并向中央金融团工委推报优秀共青团员、优秀共青团干部、五四红旗团委（团支部）各5个，江西分行汪蔚菁获得全国金融五四青年奖章。评选表彰总行级青年岗位明星211人，其中北京新街口支行杨镒铭等20名青年被中央金融团工委评为全国金融青年岗位能手、服务明星，山东淄博分行行长助理王磊和浙江台州分行营业部值班经理冯灵芝还分别当选全国十大金融青年岗位能手标兵和全国十大金融服务明星标兵。推荐“工银e校园”项目参评金融系统金点子评选，获得一等奖。

（二）切实服务青年各项需求。举办2015年全行金融青年论坛活动，以“主动适应新常态，全面提升金融服务质效、全面提升风险防控水平”为主题，全行共推荐优秀青年论文228篇，其中5篇优秀论文被推荐参加金融系统评选并全部获奖，其中一等奖2篇，二等奖1篇，三等奖2篇。一等奖获奖数量居四行首位，创历届活动最佳。举办“重走丝绸之路”优秀青年先进典型甘肃行活动，将参观、经验交流、爱国主义教育等多种形式有机结合，寓教于乐，获得优秀青年的一致好评。举办全行青年文明号负责人培训班，提高各级号长工作履职能力。

（三）加强团组织自身建设。完成总行团委委员换届工作，报请总行党委任命第六届总行团委委员，保证了总行团委正常履职及各项工作的顺利开展。加强团的制度建设，下发《加强直属机构共青团工作的意见》，对直属机构的青年工作提出指导性意见。充分利用总行网讯“青春在线”、“青春进行时”微信公众号、《工行青年》电子杂志等平台，加大对全行共青团和青年工作的宣传力度。据统计，2015年，“青春在线”栏目共发布网讯1 253篇，“青春进行时”公众平台共发布信息105期、340篇，粉丝数达36 597人。

截至2015年12月31日，全行共有35岁以下青年141 163名，占比31.6%，共有40岁以下青年180 246名，占比40.3%。全行共有共青团员60 569人，各级团组织5 905个，团干部9 029名。

（系统团委）

离退休人员服务和管理

2015年，全行离退休人员工作认真贯彻落实全国和全行离退休干部“双先”表彰大会精神，全面落实老同志的政治生活待遇，持续深化服务管理工作，保持离退休人员队伍和谐稳定，推动各项工作取得了新的进展。

一、认真开展为党的事业和工商银行改革发展增添正能量活动

以持续抓好学习、不断提高认识为重点，通过及时转发中组部的两个“宣传提纲”，在总行网讯部门主页开设活动专栏，及时宣传上级有关精神及要求、交流各单位开展活动情况；邀请中组部老干部局有关领导在全行离退休人员工作处长培训班上讲解如何深入开展正能量活动，在全行组织开展正能量活动研讨，制定印发《关于在全行离退休人员中深入开展为党的事业和工商银行改革发展增添正能量活动的指导意见》等，把正能量活动不断引向深入。全行上下紧紧围绕中心工作，以“展示阳光心态、体验美好生活、畅谈发展变化”为主要内容，开展了形式多样的正能量活动，不仅在社会上弘扬、传递了正能量，也树立了工行的良好形象，还丰富了老同志晚年生活、增进了老同志身体健康。

二、扎实做好纪念抗战胜利70周年有关工作

一是按照国资委要求，对全行抗战老战士、老同志信息和人数进行统计和再确认。经反复核实确认，全行共有符合要求的抗战老战士、老同志481人。二是以总行党委名义起草了致抗战老战士、老同志的慰问信，向他们表达了崇高的敬意和亲切的慰问。三是认真组织做好抗战胜利70周年纪念章的发放工作。对全行抗战老战士、老同志有关信息及纪念章编号等逐一登记造册，同时督促各行认真及时做好纪念章的领取和发放工作。四是组织离退休人员积极开展多种形式的纪念活动。如浙江等分行通过开展“一次上门、一次沟通、一封慰问信和一笔慰问金”的“四个一”慰问活动，将总行党委对抗战老战士、老同志的关怀和慰问落到了实处。

三、切实抓好“两项建设”

一是认真组织政治理论学习。通过举办报告会、座谈会、读书班等多种形式，组织广大老同志深入学习习近平总书记系列重要讲话精神；学习党史、党章，重温党的历史和入党誓词；并利用内刊、宣传栏等各种媒介，及时向老同志宣讲党和国家大政方针政策，通报行

内情况，引导离退休人员党员与时俱进，坚定信念，永葆党员本色。2015 年，全行共组织老同志开展政治学习 6 192 场（次），9 万多人次参加；阅读文件 4 171 场（次），10 万多人次参加；通报行内情况 4 116 场（次），15 万多人次参加。二是不断加强离退休人员党支部建设。各级行将离退休人员党支部建设纳入党建工作的总体规划，不断优化离退休人员党支部组织设置，进一步理顺组织关系，健全完善学习制度、组织生活制度、联系党员制度等，推进了党支部工作的制度化、规范化。到 2015 年末，全行离退休人员党支部已达 2 697 个。全年共组织离退休人员党员培训 1 167 期，参训党员达 1.5 万多人次。三是引导老同志发挥积极作用。如总行本部离休干部党支部编辑出版了纪念文集《耄耋文采》，通过老同志的回忆文章和心得，弘扬了党的优良传统和我行企业文化。

四、全面落实生活待遇

各级行党委和离退休人员工作部门始终把走访慰问离退休人员及为老同志过生日，作为增强党组织与老同志联系的有效方式，认真落实元旦、春节等节日走访、生病住院慰问和为老同志过生日制度；针对部分老同志生活困难的问题，通过建立专项基金、发放困难补助金等多种方式，为老同志送温暖，帮助协调解决困难。2015 年，全行元旦、春节期间共走访慰问老同志 16.56 万人，发放慰问金 6 833 万元；日常共探望住院的老同志 3.89 万人次，家中探望 2.87 万人次；组织举办集体过生日活动 1 973 场次；共向 3 161 位 90 周岁以上的老同志发放了“高寿慰问金”，总金额 320 多万元。继续积极推进利用社区资源服务离退休人员工作，为广大老同志就近学习、就近活动、就近得到关心照顾、就近发挥作用创造了条件。妥善处理好老同志的丧事，全年共处理丧葬事宜 3 102 次。

五、积极组织开展健康向上的文体活动

各级行离退休人员工作部门结合国庆、建党、春节、重阳等重大节日和时间节点，积极组织开展科学、健康并适合老同志特点的文体活动，丰富他们的晚年生活。如北京分行组织了“展示才与艺，彰显精气神”文艺汇演。同时不断加强离退休人员活动中心（室）和老年大学建设，努力为老同志开展学习和各种活动创造良好条件。到 2015 年末，全行共建有离退休人员活动中心（室）1 623 个，总面积达 22 万多平方米，全年活动人数达 42.7 万人次；自办老年大学 17 所，在校学员近万人。

（总行离退休人员管理部）

教育培训

2015，全行教育培训工作紧紧围绕改革发展中心任务，加强核心专业人才培训，深化全员培训，圆满完成各项教育培训任务。

一、启动实施“十大专业型人才培训工程”，推动核心专业人才的系统、持续培养

着眼于打造工商银行核心专业人才高地，启动“十大专业型人才培训工程”，借鉴普通大学人才培养管理方式，从学员选拔、学制设置、培训模式和学籍管理等多方面创新实践，取得丰硕成果。一是创新培训模式，采取“学籍学分制”、“面授 + 网络 + 实践”三位一体模式，形成了涵盖主要业务领域的课程师资、教材案例、课件试题、结业推荐等方面统一标准和内容体系；二是优化项目管理，成立了 80 个以总行部室负责人为责任人、处级干部任项目经理的工作组，建立了跨专业、跨部门、跨机构的协调机制；三是突出质量控制，严格审验需求计划、项目方案、课程师资、教材案例、选拔考核、总结反馈等环节，实现“一阶段一审核一反馈”全流程控制；四是推进训用结合，严格考试考核，给予合格学员颁发结业证书并对优秀学员提供推荐使用意见，做好人才培养与使用的衔接。2015 年，共启动实施了覆盖“经营管理”、“互联网金融”、“资产管理与金融市场”等十大专业领域的项目 71 个，开设 150 个学籍班次、参训学员 11 914 人。全行培训工作较好地实现了从业务适应性培训为主向专业胜任力培训为主的重要转型。

二、推行学习积分管理，提高全员培训发展质量

印发《工商银行员工学习积分管理办法》，及时追踪各分行试点情况，通过专题现场会、网讯简报等渠道加大宣传推广力度，督促和审核分行制定相应实施细则、调整相应的考核指标等手段，积极推动该办法的实施。优化工银大学培训管理和网络大学系统的积分管理功能，通过搭建专区，增加板块注册、学分查询、学分核算及统计等功能，为员工在线学习积分提供平台支

持。2015 年，32 家一级（直属）分行启动试点工作，覆盖8.36 万余名员工；北京、重庆、福建、浙江、宁夏及广东分行营业部予以全辖推行，对引导员工主动学习、持续学习起到了积极作用。

三、积极做好重点项目，增强全员培训实效

以全行经营转型和战略发展为中心，以重点项目为抓手，统筹开展全员培训，切实提升各级类员工岗位胜任能力。一是持续推进党校培训，坚持“党校姓党”办学原则，紧扣“三严三实”专题教育，创新采取学员讲坛、“逢训必考”，三级党校全年举办培训班 26 期，培训 1 650 人。二是统筹经营管理人员培训。围绕“零售金融、负债管理、互联网金融、信贷经营管理”等战略重点，全年举办境外短期班 11 期，其中高管班 4 期、专业班 7 期；香港班 18 期，“深港联动”班 19 期，共培训 1 565 人。实施二级分行信贷副行长培训 6 期，培训 336 人，完成历时 2 年的信贷分管行长专题轮训。三是优化国际化人才培训项目。围绕全行国际化综合化布局，实行学员“逆向选拔”（学员参训前即明确今后境外工作的基本方向）、统一考核标准、强化训用结合，项目整体质量进一步提升。2015 年共组织 55 人参训，项目实施以来累计派出 480 人。四是落实“网点竞争力提升工程”、“客户服务体验年”部署，实施网点负责人实战能力提升培训项目，采取“面授 + 网络 + 实习”方式分层实施，总行举办总分行级网点负责人培训实习基地导师培训 7 期、1 184 人；分行参照统一标准组织实施，全行共培训网点负责人 2 000 人。实施客户经理专业能力提升项目，综合运用体验式学习和案例讲解，强化专业基础能力训练，面向个人、公司客户经理举办培训班各 6 期，培训 929 人；总行举办相关适应性培训 9 期，培训 727 人。五是配合“网点运营标准化”“县域市场拓展”等重点工作，实施转岗人员培训项目和县域市场营销能力提升培训，着力提升一线员工的岗位实战能力。

四、持续优化信贷专业试点，完善资质考试认证体系

以信贷资质认证优化项目为试点，逐步扩大行内专业资质考试认证体系优化调整范围，全面提升行内专业资质考试与认证的品质和“含金量”。一是制定《信贷专业资质管理办法（2015 年版）》，优化调整信贷资质层级与模块设置、应用挂钩、认证标准、管理机制等；研发配套资源，开发 13 个模块 2 300 多道试题，组编《金融资产服务业务手册》等系列教材，实施了涵盖信贷前中后台全体人员的信贷业务培训与资质认证工作，全行约 10.2 万人次参加，2.6 万人次获证。二是将严抓考纪作为落实“三严三实”专题教育活动的突破口，进一步明确违纪处理流程、责任追究和考场退出机制等，提升了专业资质考试认证工作的严肃性与权威性。三是优化组织流程、完善认证标准及获证方式。调整考试安排，各序列初中级考试全年安排六个考试时间点，逐步实现“随需考试、即时认证”；取消免试条件设置，从严把握认证标准，各序列各等级认证标准不低于 60 分。2015 年，除信贷资质外，全行累计 12.4 万人次参考，4.8 万人次获得相应资格。

五、加强机制方法创新，增强培训内生动力

立足全行战略转型部署，按照企业大学的建设管理模式，创新推动培训工作转型发展。一是完善培训经费管理机制。落实中央对培训费管理的最新要求，修订印发《职工教育经费管理办法（2015 年版）》，明确培训班、师资、教材、案例、试题、课程等培训各环节支出项目标准，加强经费规范化管理，提高培训投入产出效益。二是推进实习基地建设的深度和广度。组建了全行 588 家分行级网点负责人实习基地，推动分行采取“学习 + 实践”模式施训，多途径提升实习交流规范化水平；启动专业培训实习基地建设工作，组建总行级私人银行、贵金属专业培训实习基地 5 家。三是优化评估激励机制。健全培训质量评价体系，完善评价区分度、准确度、完整性等指标，结合“逢训必考”、“强制分布”、“直线反馈”等方式方法，推广更为全面、清晰、科学的培训质量评价体系。同时，开展年度教育培训先进集体、个人和优秀兼职培训师评选工作，发挥先进典型的示范引导作用，激励培训工作者的积极性、创造性。四是深化学习型银行建设。在总行机关推动“全员阅读”系列活动，按季度推荐书目并组织交流分享、编印《观书有物》三辑、举办机关讲座和视频培训 57 期；倡议引导全行广泛开展读书活动，北京、安徽、宁波等 20 余家分行开展丰富多彩读书活动，营造了全行“多读书、读好书”的良好氛围，把学习型银行建设推向深入。

六、加强资源平台建设，提升服务保障能力

一是加快师资队伍建设。实施内训师“去行政化建设”项目，按照“以授课聘师资、以效果评能力、以能力定课酬”原则，制定印发《内训师管理办法》，建立了以授课满意率等指标为主要参照的课酬标准和评价体系，从选聘、评价、激励与培养等多方面着手，提高队伍专业能力和素养。启动内训师标准化轮训，提升内训师师资整体授课水平。全年举办培训班 146 期、6 720人，参训率达 70%。开展内训师续聘增聘，其中总行级内训师 581 名，分行级 9 932 名。二是推进教材、案例、试题开发。根据全行战略部署和培训转型思路，强化重点领域资源研发，开展教材效果评估，力促

培训产品质效。完成《新员工培训系列教材》等71种各类教材，涉及“十大专业型人才培训工程”项目60种，专业资格认证培训11种；完成互联网金融风险控制、国内贸易融资等8个专业439个案例的征集汇编，精选实用、亟须的案例80个向相关专业兼职培训师推送；完成网点负责人等10个序列17个模块的考试大纲、组卷策略和题库的更新修订，总行题库达36万道；推动分行题库清理优化，在网络大学设专区择优展示37家分行5 500道试题，实现优秀试题资源的全行共享。三是加强“工银大学”等平台建设。配合全行教育培训转型发展，开辟网络大学“十大专业型人才培训工程”、“全员学习积分”专区并加快配套功能建设，印发《关于进一步提高网络培训与学习实效性的通知》，丰富课程资源，加快微课件研发，切实为广大员工提供更加丰富、便捷、实用的e－learning服务。同时，持续推进知识共享平台建设，投产数字期刊系统，为员工提供全方位学习支持。截至2015年底，网络大学总访问量1 742万人次，日均7.81万人次；知识共享平台总访问量691万人次，日均2.88万人次，知识使用427.9万次，是2014年同期的14倍；数字期刊系统总访问量23.8万人次。全行共举办网络培训930期，其中总行举办全行性网络培训项目98期，分行自主举办辖内网络培训832期。

七、加强研究交流，提高从业队伍专业水平

一是强化教育培训系统性、前瞻性研究。起草《关于加强境外机构员工培训工作的意见》，明确境外培训的内容要求、组织管理、重点项目、支持保障措施等，为实现境内外员工培训同步实施和一体化运作奠定基础；扎实做好《关于新常态下加强我行员工队伍专业胜任能力的研究》重点课题研究，为全行专业人才培养工作提供扎实理论基础。二是加强从业队伍建设。完成全行二级分行教育培训管理人员轮训，采用“课前预习＋集中面授＋模拟演练＋在线考试＋课后复习”的多样化、系列化培训模式，举办培训班8期，培训480人。三是扩大宣传交流。加强培训信息交流和经验分享，编发网讯培训信息2 200余条、《培训简报》28期；加强跨界交流，与耶鲁大学、中国邮政集团、华为等多家境内外机构调研交流培训工作；与中国金融教育发展基金会合作，面向全国22所金融院校开展“中国工商银行杯——全国大学生金融微视频竞赛”活动。2015年，荣获美国管理会计师协会颁发的特别贡献奖；全行共有1家单位、3名员工荣获中国金融教育发展基金会评选的“金融教育先进集体”、“金融教育先进个人”称号。

八、香港培训中心全面完成培训任务

2015年，香港培训中心配合国际化发展战略，充分利用地处国际金融中心的办学优势，开展中高级管理和专业人才金融前沿业务专题培训，共举办培训班18期，培训592人，组织赴外资银行考察12次，召开学员与在港机构内外联动座谈会20次。同时，编制《前沿培训》电子期刊50期，为行内员工传递海外同业业务发展动态信息。

（总行教育部）

长春金融研修学院教育培训

2015年是长春金融研修学院新的三年发展规划的开启之年，也是学院建院30周年。学院认真贯彻总行各项工作部署，坚持“专业做、专家做、专注做”，深入实施大培训优服务、研发先导、特色学院、科技强院“四大战略”，努力提升自我发展能力，各项工作取得了新的成绩。

一、坚持转型，培训规模与质量再创新高

在主动适度压降培训规模的情况下，全年培训211期，15 983人次，75 990人天，培训人天略高于2014年。一是圆满完成总行计划内培训任务。全年实施总行计划内培训班136期、10 930人次、54 240人天，分别占全部培训规模的64.46%、68.39%和71.38%，同比提高6.90%、8.45%和8.99%。其中实施十大专业人才培训项目共46个，全行占比56.79%。全年培训院校满意度98.17%，整体评价97.47%。二是全年实施计划外培训班75期，培训5 053人次、21 750人天，同比分别降低27.88%、27.33%和23.16%，主要是为保障总行重点培训主动进行了压降。三是在培训旺季培训接待资源饱和情况下，应天津、湖北、贵州等分行的邀请，采取送培训项目到分行方式为上述分行举办培训班5期，培训学员408人次、1 374人天，既满足了分行的培训需求，又节省了分行的培训成本和学员的时间。

二、研发先导，智慧学院建设取得新突破

全年开发实施培训项目 72 个，其中自主项目 17 个，总分行委托项目 55 个，同比分别增加 21 个、2 个、19 个。全年新开设厅堂营销、高效行动力、经验萃取等课程 16 门，全年院内教师授课 1 921 学时，是 2013 年的 4.4 倍，其中 23 位青年教师授课 637 学时。

（一）“专业做”，提升培训项目的专业化水平。坚持总行提出的以任务或问题为导向的十大专业人才培训项目设计思路，打造学员学习生态圈。专业化工具和教学模式创新运用成为项目研发的“新常态”，目前学院已通过经验萃取工作坊积累结算与现金管理、渠道网点竞争力、公司金融业务等相关业务领域 200 多个岗位微案例。

（二）“专家做”，打造教育培训研发专业团队。通过专业化培训创新工作评审小组，实行培训项目招募制，对培训项目从需求分析、策划开发、组织实施、效果评估等环节进行精心设计和严格把控，专业化实施全流程、全要素、全过程的管理。积极推进与总行专业部门的深度合作，充分发挥学院和总行专业部门分别在培训项目运作和银行专业知识技能两个方面的“专家”优势，不断打造精品培训项目。

（三）“专门做”，形成直属学院的品牌特色。成立行动力培训发展中心，并把行动力培训作为重点方向，积极服从和服务于总行战略落地，有效解决知行合一的“最后一公里”问题，以此逐步打造自己的品牌特色。通过实施转岗人员（大堂经理）行动力训练营、资深个人客户经理行动力提升项目、支行行长行动力提升暨党支部书记培训项目等，积累了项目推广经验，并将网点诊断与竞争力提升项目的诸多经验移植到行动力培训中，使培训既有知识的导入，又有态度、行为的转化，取得了切实的效果。

三、提升质量，特色学院建设品牌凸显

持续深化质量工作，课件制作、教材编审、培训信息应用、《现代商业银行》杂志等特色品牌影响力进一步提升。

（一）课件制作扩大了品牌影响力。制作课件 122 个，2 373.4 小时。在手机课件、微课件、碎片化课件、体验式课件方面取得新突破，如《财智大通关》互动模拟式动画课件一上线就以 91.67% 的学习增长率快速覆盖全行。

（二）教材编审品牌形象得到进一步巩固。继续创新教材形式，开发口袋书，包括自主开发的《大堂经理常见业务知识问答》，与山东分行合作开发的专业系列辅导教材（10 本 + 互动光盘 1 张），参与公司金融业务部策划、设计、编辑、印发的《公司与法人客户营销系统导图》，受到普遍欢迎。

（三）培训信息资源应用价值迅速提升。对培训相关资源进行梳理和评估，汇集海量的数据和信息，形成强大的培训支持平台。全年共承办各种全行性考试竞赛等 200 个，服务考生达 180 万人次，监测培训信息 35 000条，编写培训信息分析报告及单项分析报告共 23 篇。

四、科技强院，智能学院建设取得新进展

开发项目管理系统，实现对项目的全流程管理；开发台账管理系统，实现对低值易耗品的严格管理，对老化件更新提示等风险预警功能，进一步提升了智能化管理水平。开通融 e 联工银服务号，开发智慧星，提供智慧服务，实现通过移动终端派车服务等功能。实施数字化教学系统更新和考试系统流程优化，专业资格考试实现了考试时间考生自选，开启专业资格考试集约式处理模式，满足了考生一年多次参加考试的切身需求。关注客户体验，将考试搬上移动端，22 027 人次在手机端参加 2015 年个人金融专业网上知识竞赛自测练手阶段答题，开创全行移动端考试先河。

五、美化环境，美丽学院建设呈现新亮点

持续完善综合教学服务保障体系，努力建成环境优美、设施先进、服务和管理优质的“美丽学院”。增加绿化覆盖率，建造蓝莓园、葡萄架，精心选择植物品种，使四季景观变化丰富，达到“四季常绿，三季有花”的景观效果，改善植物的空间分布状况，形成多层次的点、线、面相结合完整的绿地系统，以道路创造绿色的脉搏，建立一整套步行绿化系统。实施综合楼第二教室改造，8 号楼客房异味改造，动力区水泵拆除，阳光餐厅更换采光顶，综合设置移动桌椅，建立研讨室，增设图书角，建设小型足球场，进一步改善了培训服务环境，提升了培训服务品质。

六、深化文化建设，努力在幸福学院上实现新突破

大力弘扬“长于致知 远以笃行”的价值理念，努力营造信任、开放、合作、积极的学院文化，持续提供高效创造的环境和工具，鼓励各种形式的自组织、自激励、自加压、自成才，鼓励创新、宽容失败，鼓励贡献、鞭挞懒惰，在全院形成“贡献创造价值”、“贡献使我美丽”、“贡献决定回报”的共识。以纪念建院 30 周年为契机推出系列活动，努力传承学院文化，弘扬自强不息的长院精神，开展年度“十大创新工作”和“十大亮点工作”的评选，凝聚蓬勃发展的强大正能量。

（长春金融研修学院）

杭州金融研修学院教育培训

2015年是学院2015—2017年发展规划的启动之年。一年来，学院全力配合总行实施“十大专业型人才培训工程”，加快推进学院领导力发展中心建设、网络大学建设、双满意学院建设和信息化学院建设，在真抓实干推动发展上取得了新成绩、新突破、新成效。

一、培训工作业绩显著

全年共举办现场培训224期，培训16 300人次、99 676人天，其中总行培训163期、12 084人次，分行培训61期、4 216人次。实施网络培训项目139个，举办网络培训479期，培训学员136.8万人次。举办各类在线考试261期，53万人次参考。全新开发培训项目25个，其中现场培训项目21个，网络培训项目4个。编审完成教材33本，开发试题19 231题、课程4门、案例294个，撰写完成课题20个。开发制作各类课件165个，其中三分屏课件115个，多媒体课件50个。院内教师全年授课2 842课时，为分行送教上门48人次、320课时。全年培训班院校满意率98.71%。

二、重点工作成果突出

（一）配合启动实施“十大专业型人才培训工程”。全年为42个项目提供方案建议，为38个项目审核了课程、案例和试题，共实施项目37个，其中现场培训105期，网络培训29个，培训学员8 150人次。培训后整理完成了15个项目的分析报告（其中12个为一年制项目），并为1个项目提供了结业支持。尤其是在无经验可借鉴、无规律可遵循的情况下，边实施、边摸索、边总结，通过组建专业团队、梳理工作流程、明确任务分工、制定规范标准、建立反馈机制、强化项目经理管理等方式，形成了一套较为完整的项目运作流程和文件制作标准。通过建立十大专业型人才培训网络大学专区、梳理课程体系、开展线上答疑等方式，实现了线上线下同步走。

（二）探索实践、配合优化专业资质认证工作。以信贷专业为突破口，配合总行开展了信贷专业资质认证相关工作。配合信贷管理部组织开展信贷专业资格认证考试题库及教材的编写修订工作2次，新建题库2 426道；组织实施1次信贷A类高级考试和主观题阅卷、2次信贷A类中级考试及主观题阅卷、6次信贷A类初级、B类初中级和C类考试，全年共10.2万人次参考，26 549人次通过考试获得了不同类别、不同层级的信贷专业资质。配合信贷管理部对考试结果数据进行多维度分析，为进一步开展信贷专业资质认证工作提供数据支持。配合总行教育部、信贷管理部及授信审批部对以往通过考试获得信贷序列专业资格和信贷审批资格的4万余人次进行了与目前岗位相匹配的信贷专业资质换证工作。

（三）持续提升培训研发的针对性、实效性。以项目为抓手，加强学习调研，开展专题研讨，开发实施了以“中级管理人员岗位胜任力强化培训”、“互联网金融专业人才培训”、“绍兴分行年轻人才成长工程”培训为代表的“三力一化一工程”项目。完善人才测评系统，积累了一定的基础数据。梳理领导力发展课程体系，按照“领导组织、领导业务、领导团队、领导自我”4个模块，梳理出支行行长胜任力课程近30门。

（四）不断深化培训管理服务流程改造。优化培训管理“前后台分离”。成立“青春同行”行动小组、“后台工作组”。前台班主任以建立培训班微信群、短信平台、班前破冰、学员趣味运动会等多种创新方式，丰富培训管理手段，提升学员的培训体验。后台班主任通过微信群、后台工作表等方式，汇总培训班各类信息，利用“大数据”思维进行任务和资源调配，提高了培训服务质量。

（五）顺利完成信息化学院建设三年规划。启动智慧杭院iHY建设工程。开发完成杭院通3.0版本，完善了学院个性化服务功能。深化应用虚拟服务器集群系统，解决了未来3～5年内学院服务器的数量瓶颈。通过加装音频隔离器，提高了流媒体课件制作的效率和质量。开发机房计算机桌面一键清理工具、机房多网段快速切换工具以及机房IP地址快速指定工具，提高了机房管理的质量和效率；投产网控中心温湿度远程监测系统，提高了生产机房的运行稳定性。

（六）成功举办建院30周年纪念活动。以简朴而隆重的形式举办建院30周年系列纪念活动，400多名嘉宾代表参加纪念活动，以“砥砺与绽放”为主题，通过“激情燃烧的岁月”、“匆匆那年”、“致青春”、“感谢有你”四个篇章，搭配嘉宾会客室、校友会客室、院史陈列室、系列宣传橱窗、主题沙龙等活动和载体，集中呈现了学院30年发展的历程和取得的成就，充分展现了学院新面貌、员工新风貌，营造了良好的文化传承氛围，受到了嘉宾和员工的肯定与好评。

三、创新工作推进有力

（一）线上线下融合创新成效初显。以开发实施“十大专业型人才培训工程”为契机，开展网络培训全流程行动学习，从网络培训形式、项目开发、品牌营造等多个角度梳理重点问题，强化线上线下融合，提升了网络培训实效。延伸网络培训职能，探索利用网络大学平台功能选拔培训学员。以私人银行部和绍兴分行的培训项目为试点，加强网络培训项目运营，提高了项目管理的效能和实施质量。

（二）教学方式创新亮点突出。尝试引入行动教练技术，完善和实施行动学习、“工作坊”系列、“沙盘”系列课程，全年共实施行动学习47次，完成364课时，行动学习还被应用到提升网络培训成效、青年业务骨干能力提升培训等学院工作中；成功开发“商业银行员工动机管理沙盘”，形成了商业银行沙盘子品牌，全年共实施沙盘14次、116课时；领导力工作坊共授课27次、108课时；拓展训练实施13期、52课时。在培训班上首试电影教学，创新互联网微课教学模式，在“绍兴分行年轻人才成长工程”项目中，集合O2O行动学习、翻转课堂、微课、线上成果展示等八大创新技术和手段，打造项目亮点。

（三）移动学习创新取得新进展。创新发挥网络大学“虚拟课堂”作用，将学习和工作研讨充分结合，组织开展学习研讨活动4次。利用网络大学直播系统，面向全行就“工商银行三年规划解读”、“互联网金融”等内容，举办网络大讲堂3期。开展移动学习和移动考试探索和实践，为全行2 000名私人银行业务工作人员提供掌中宝移动学习平台，为全行知识竞赛提供移动端自测自练功能，方便了员工碎片化学习和考试练习，为下一步移动端的学习考试积累了宝贵经验。

（四）资源开发创新不断推出。启动“案例创新年”工作，通过把教师送出去学习，并将学习成果融入教师的课程开发和总行的项目开发中，促进了学院案例开发和案例教学工作。加大微课件、动漫类、视频类课件的开发，探索课件开发新模式；直通车系列课件产品在全行形成示范效应，基层行反响积极、评价较高；推出《互联网金融简明培训手册》、《互联网金融风险控制案例》、《绍兴分行年轻人才成长工程培训项目之网点管理》等3个系列22门微课，为下一步打造“微课超市”奠定了基础。

（杭州金融研修学院）

金融理论研究和学术交流综述

2015年，面对复杂严峻的经营环境，全行围绕改革创新和转型发展，深入开展理论研究和学术交流，取得了丰硕成果，有力地发挥了决策支持职能。同时，在国际国内一系列高层次学术交流活动中发出声音，在业界的学术领先地位进一步提升。

一、围绕“过三关”的战略任务，推动三个方面39项重大课题研究，为集团发展提供支持

（一）面对经济增速换挡和经济结构调整背景下，银行风险多点多发、集中暴露的新情况，强化风险管理和内部控制研究，为突破资产质量关奠定基础。《转型发展视角下中国工商银行信贷经营管理体制机制研究》提出了构建总分支行、前中后台责权利相匹配的新型信贷经营管理体制总体方案，并就提升标准化和专业化信贷业务的经营管理水平提出具体建议；《交易对手信用风险计量与管理研究》从管理框架、计量模型、IT系统、授信管理、风险缓释与风险报告等方面，设计了工商银行交易对手风险计量与管理的实施方案；《上市银行集团化经营下的关联交易风险管理研究》通过对上市商业银行关联交易监管法规的分析和实证对比，研究综合化、国际化、混业经营背景下的金融集团关联交易主要特征，通过将工银集团关联交易管理现状与监管规则实行对标，提出改进和完善关联交易管理的有效措施；《运用法律手段清收不良贷款问题研究》从司法环境、市场环境、诚信体系以及银行内部经营管理等层面，剖析了不良贷款清收难问题的主要原因，总结出担保物权、开展网络执行查控和信用惩戒机制、推动司法网络拍卖、建立不良贷款处置平台等有价值的法律清收措施和途径；《互联网金融的内部审计体系研究》全面系统分析了互联网金融面临的风险，明确了互联网金融审计的重点和核心，从组建互联网金融审计团队、完善审计项目运作机制、开展标准化建设、完善审计技术与方法、建设审计系统与平台、加强相关培训等角度提出了构建互联网金融内部审计体系的主要思路。

（二）适应国家新一轮对外开放、多层次金融市场

创建以及新的金融和商业业态的兴起，就优化业务结构和转变经营模式开展研究，为突破经营转型关提供有力助推。《商业银行服务“一带一路”建设路径研究》、《深度挖掘“一带一路”国家战略下我行投行业务的机会》深入分析“一带一路”建设中行业投融资合作以及人民币国际化等机遇，提出了完善全球机构布局，构建全球一体化的管理体系，商投联动以及融资融智相结合，推动境外机构本土化经营等措施建议；《个人存款业务创新发展研究》探索个人存款业务如何实现从被动负债向主动负债、从单一业务向投资产品、从储蓄账户向综合账户、从做产品向做客户、从线下思维向线上思维的五大转变，分析了客户、渠道、产品创新、考核激励和服务提升等战略配套手段；《“互联网+”时代移动金融业务发展研究》借鉴国内外金融机构和互联网企业的实践经验，提出了构建移动金融服务体系的具体措施与建议；《中国工商银行净值型理财产品转型路径研究》确定净值型产品转型的重点是估值管理规范化、产品管理集约化、投资管理专业化、风险管理计量化、运营管理流程化、互联网金融平台化，从而为“大资管”战略落地提供了突破口和支撑点；《打造国际一流全球人民币财富管理机构》对财富管理业务的发展进行前瞻性的规划，提出了夯实产品体系的竞争优势、提升跨境产品服务能力、完善业务流程和组织架构、加强专家型人才培养、加快基础设施投入与系统建设以及培育投资者成熟的投资理念等发展重点。

（三）以解决关键问题、复杂矛盾和挖掘内部潜力为目标，就重点领域和关键环节的体制机制改革开展研究，为突破改革创新关提供有力支持。《工商银行客户发展战略研究》提出要从体制机制上搭建“客户发展”组织架构，通过优化业务运营机制和流程、构建客户经理和产品经理分层分类的管理制度、健全分润及考核机制、完善集团信息系统和服务渠道，从而以最快的速度响应和满足客户升级需求；《商业银行“营改增”理论与实务研究》从产品定价、业务外包、税务筹划等多个角度分析了商业银行的对策；《商业银行信贷流量管理体系研究》对分行贷款存量移位与增量并轨管理效果进行评价分析，提出了信贷流量管理的基本工具、手段与措施，以及配套的信贷政策制度创新；《工商银行网点线下线上一体化转型与创新研究》从指导思想、总体目标、基本模式与主要任务等角度系统地规划了网点O2O转型战略方案；《e－ICBC战略框架下的人力资源优化配置研究》运用数量分析工具测算集团人员及各板块条线的人员需求总量以及人力资源优化配置的目标，设计了契合e－ICBC战略的人力资源配置新思路。

二、密切跟踪行内外改革热点，打造系列研究产品，为全行经营管理提供专业支持

（一）国际宏观形势分析和市场研究系列产品。持续跟踪国际经济环境的最新动态变化，关注全球经济复苏分化、地缘政治动荡事件等热点焦点问题对工商银行的影响，跟踪“一带一路”建设推进，开展一系列研究、座谈、调研工作，务实探索工商银行积极支持、深度参与“一带一路”方案。针对国际化战略的迅速推进，定期推出全球区域风险研究报告，并针对重点风险事件及时发布区域风险月度报告。

（二）国内宏观形势分析和市场研究系列产品。密切跟踪国内经济金融环境最新动态，及时预测经济走势和财政政策、货币政策、监管政策走向，重点关注并深刻分析工商银行客户战略、人口老龄化、地方政府债务置换、信贷资产证券化、东北经济失速、长江经济带、不良资产证券化等重点、热点问题，深入剖析国内形势变化对工商银行经营发展的影响。

（三）战略研究系列产品。研究制定了2015—2024年发展战略纲要和2015—2017年发展战略规划，围绕突破质量关、转型关、创新关“三关”考验、构建国际一流金融企业的总目标，做出了新的战略布局，从强化风险管理、推进结构调整、夯实发展基础、改革体制机制等重要环节入手，深化转型与改革的要求。

（四）同业研究系列产品。借鉴国内外银行同业的战略转型经验，先后完成《农业银行的战略实践及经验借鉴》、《德意志银行2012年以来改革战略成效评估与新动向解析》等一系列成果；重点围绕“互联网+”这一发展大势，完成《大型商业银行“互联网+”战略研究》、《电商市场发展趋势及我行未来竞争要点分析》、《直销银行的发展现状及趋势预判》等前瞻性研究；围绕转型中的难点与焦点问题，完成《工商银行零售客户关系管理研究》、《“考核最后一公里”问题调研报告》、《我行理财业务发展与问题研究》等研究成果。

（五）绿色金融研究产品。在生态文明建设、绿色发展成为国家战略的背景下，围绕“打造国内领先、国际一流的绿色金融机构”的长期发展战略，积极开展绿色金融前瞻性研究，并通过推动绿色金融国际化，参与全球治理。通过开展环境风险压力测试、绿色指数等一系列研究，探索出环境风险和企业环境表现的量化方法，为全行绿色信贷政策乃至国家监管机构政策制定提供了科学依据，对全球商业银行具有引领作用。其中，环境风险压力测试研究填补了中国乃至全球商业银行环境风险量化和传导机制研究的空白，为全球金融机构量化环境与社会风险提供了有效工具，同时也塑造了工行负责任、可持续发展的大行形象。

（六）“工银系列指数”研究产品。在充分挖掘大数据优势的基础上，构建“工银系列指数”系列产品，初步形成工银先行指数、工银ESG绿色指数、工银全

球风险指数三大系列指数成果。其中，工银先行指数基本完成工银经济先行指数和工银价格先行指数，拟合运行效果良好；绿色指数的指标体系及数据提取基本完成，上证180公司评价结果取得突破性进展；全球风险指数在征求相关部门意见及试行发布的基础上，持续优化。

三、扩大学术交流范围，提高学术交流层次，显著提升了影响力

（一）国际交流范围不断扩大。一是稳步推进B20相关工作。从2015年11月起，张红力副行长受中国贸促会邀请担任B20金融促增长工作组联合主席。研究所作为牵头部门代表我行与贸促会B20组委会保持密切合作，稳步推进B20议题框架搭建及会议筹备相关工作。二是深度参与ABAC和APEC峰会。王丽丽前副行长带队参加ABAC墨西哥城会议和墨尔本会议，发表中国经济金融相关提案，获得了ABAC的高度评价及中国外交部、商务部、财政部、人民银行和贸促会的广泛认可。三是积极参与国际金融论坛（IFF）第12届全球年会。为年会提供资金支持，承担会议的相关会务及宣传报道等工作。四是应邀会见境外机构来访，广泛开展学术交流活动。与巴西淡水河谷公司、巴克莱投资公司、荷兰银行、标准银行、新加坡星展银行、挪威央行投资管理公司、瑞士央行新加坡分支机构、丹麦银行等机构开展学术会谈，就国际国内经济金融形势和热点问题进行交流。

（二）积极参加银行业协会各项学术交流活动。作为中国银行业协会监事长单位，积极参与协会组织的各项学术交流活动。其中，参与协会年度重点课题《社会主义国有银行家激励约束机制研究》获得银监会一等奖，以此成果为主体的银监会版本课题获中组部课题一等奖；参与完成协会年度重点课题“互联网+时代下的中国银行业”，为银行业下阶段转型发展出谋划策；加入协会牵头成立的银行业绩分析小组，及时反馈银行经营中的热焦点问题；参与银行业协会的年度研究成果评选活动，获优秀组织奖，是获奖数量最多的会员单位；积极配合协会推进的“银行家调查问卷”、资产证券化课题调研等多项活动，为整个行业发展贡献更多智慧。

四、开展行长调研和重点课题研究等工作，加大专家支持力度，群众性学术活动蓬勃发展

（一）各分行行长、总行部门负责人从经营实践和工作实际出发，围绕经营转型、体制机制改革、潜力市场拓展、服务与竞争力提升、员工队伍建设等事关全行发展的重点、难点和热点问题，认真撰写兼具前瞻性、针对性的调研报告，为总行领导决策及分行和部门改进工作提供了有益的参考借鉴。

（二）组织城市金融学会各团体会员围绕全行中心工作开展重点课题研究，并建立研究指引、立项审核、成果鉴定等规范的制度和流程，以确保课题研究质量。全年共完成课题成果198篇，其中部分课题还获得全国及地方有关部门的优秀科研成果奖励。

（三）发挥学会专家优势。把学会常务理事中强大的专家队伍，作为学会工作和宝贵财富，先后召开常务理事会会议暨中国工商银行发展战略咨询会议、理事会会议暨2015学术年会以及智库建设座谈会等，就新常态下金融改革以及工商银行发展战略等，广泛听取专家学者的意见和建议。

（四）组织开展科普宣传。学会发动各团体会员以地方社科联主办的“科普宣传周（月）”为契机，以工商银行营业网点为阵地，深入社区、企业和校园，就“存款保险制度”、“利率市场化”、“互联网金融”等内容开展科普宣传，践行普惠金融。

（五）博士后研究工作蓬勃开展。博士后研究团队全年在国内外经济金融类期刊上发表了70余篇学术论文，其中核心期刊论文30余篇，发表内部研究报告30篇。基于优良的研究业绩、规范的管理流程和稳健的运行机制，博士后科研工作站在国家人力资源和社会保障部、全国博士后管理委员会组织的2015年全国博士后工作站评估中获得了优秀等级。

（六）提升创新沙龙活动品质。通过提高举办频率、邀请重量级嘉宾、精准选题、扩大探讨领域等举措，不断提升活动品质，在全行的吸引力与影响力进一步增强。全年共举办“2015年宏观形势分析与展望”“资本市场走势与对外开放”、“财富管理的今与昔”、“信贷防假反假对策”等6期沙龙活动，累计约2万人次在现场或通过视频参与。

五、充分发挥《中国城市金融》、《金融论坛》的宣传导向和理论研究的学术平台作用

（一）《中国城市金融》围绕全行工作重点及亮点积极开展对内、对外宣传报道。对行内重大新闻事件和重要活动及时进行宣传报道，包括以封面文章形式报道李克强总理来我行考察调研的相关新闻，对国际金融论坛（IFF）2015年会等重大活动以专题形式进行报道；紧扣互联网金融、支持“一带一路”建设等行内工作亮点及所取得成就进行报道；围绕金融智库建设，对我行学术动态的发展进行宣传报道；对定点扶贫等履行大行责任所做的不懈努力进行报道，塑造我行积极正面品牌形象。

（二）以“建设中国金融智库”为目标，将《金融论坛》定位明确为“金融智库思想传播、金融理论学术研究、具有国际视野的一流学术期刊”，所刊文章扩展为货币政策、金融监管、商业银行、证券、保险等金融领域研究。建立审稿专家与读者之间双向匿名评审制

度，聘请250多名审稿专家审稿，建立92人的名家库，全年共刊登名家文章17篇，进一步提高了刊物质量。2015年《金融论坛》刊登文章102篇，文章被CSSCI期刊引用次数高于往年；电子版被读者下载了16.01万篇次。

（三）主动顺应新媒体与传统媒体融合的发展趋势，成功创建金融论坛微信公众号及“工银金融评论”融e联英文服务号两大网络信息交流平台，着力打造集纸媒、网站、微信、融e联、线下学术活动等多渠道、立体化的工银金融智库，致力于通过多样化传播渠道的相互融合，增强文化传播力及影响力。

六、行史编修工作持续推进

继续推进《中国工商银行史（2005—2014年）》（即行史第六分册）的编修工作，系统、全面地记述股改上市后十年改革发展的黄金时期。在粗纲的基础上，编写完成细纲，拟订了下一步编修和出版计划。启动并推进《中国工商银行史》（电子版）项目。启动《世界银行业大辞典》（暂定名）的编修工作，以史为鉴，客观、系统地展示全球大型银行变迁的历史图景，辑录丰富的资料。

（总行城市金融研究所）

第五部分

境内分行成就

责任编辑：史绍伟

北京分行

【主要业务指标完成情况】

2015年，北京分行实现本外币账面拨备前利润、净利润457.97亿元、338.72亿元，同比分别增长9.03%、9.38%。继续保持系统内和当地同业首位。净利润完成总行年初下达任务的116%，完成总行追加任务的102%，盈利能力进一步增强。本外币存款较年初增加3 301亿元，余额迈上3万亿元新台阶，达到3.26万亿元，余额和增量均排名北京同业首位。本外币贷款较年初增加515亿元，余额突破6 000亿元大关，达到6 068亿元，排名北京同业首位。实现中间业务收入113.8亿元，同比多实现22.6亿元，增幅24.8%，分别完成总行年初任务和追加任务的116%和102%，收入总量、增量和增幅均领先于北京同业。大零售、大资管、大投行、大国际等各项重点产品线均实现较大幅度增长，经营转型进一步加快。资产质量保持稳定，不良贷款率0.3%，稳定在年初水平，低于系统内和北京同业平均水平。拨备覆盖率保持在550%的较高水平，风险抵补能力不断增强，发展质量进一步提高。

【主要工作措施】

一、在服务实体经济中促进了融资业务的提质增效

一是大力拓展优质融资市场。紧紧抓住京津冀协同发展的历史机遇，依托总行“非首都功能疏解贷款”的政策倾斜，进一步优化资源配置，充分发挥分行65个集团大客户服务团队的作用，重点支持京津冀协同发展战略中的非首都核心功能疏解、城市副中心建设、交通一体化、产业园区、产业转移、清洁能源改造等领域的优质项目，积极营销投资规模大、辐射带动强、经济效益好的国家重大项目和重大工程，支持电网、水电、核电、新能源发电、油气资源开发储备等优质项目，支持新型城镇化进程中的国家级战略规划区、国家级开发区、城市基础设施、城市公共事业等建设项目。全年累计发放人民币贷款4 134亿元，增量达到518亿元，北京同业排名首位，90%以上用于支持国家和北京市重点在建续建项目及“十二五”规划确定的重大项目建设，进一步巩固和扩大了在重点领域的市场影响力和对目标客户的竞争力。建立了京津冀协同发展重大固定资产投资项目储备库，逐项目分解落实了工作责任，适当调整了信贷审批管理，明确了绩效考核与营销激励措施，鼓励和推动将支持京津冀协同发展的各项工作做细做实做到位，全年共审批非首都功能疏解贷款347亿元，发放18亿元。

二是持续推进信贷结构调整。大力支持北京市“双轮驱动”发展战略，一方面依托“工银启明星”服务品牌，积极为科技型企业提供涵盖信贷、结算、国际业务等7大类30余项金融产品的综合金融服务；另一方面积极与市文资办、文化产权交易所等政府主管部门和有关平台开展创新合作，探索建立以知识产权融资为核心的文化金融产品体系，全年科技和文化产业贷款增加100亿元。持续加大中小企业金融服务力度，全面拓展具有增长潜力和发展活力的现代服务业、先进制造业等产业融资市场，创新推出“工银融e贷”小微金融产品品牌，推动小微企业贷款向小额化方向发展，向消费、服务、民生领域倾斜，全年中型客户贷款较年初增加250亿元，小微企业贷款增加10亿元（监管口径增加86亿元）。积极把握国家实施养老健康家政、信息、旅游、住房、绿色、教育文化体育等六大领域消费工程的新机遇，在继续满足首套自住房信贷需求、扩大优质按揭市场份额的基础上，积极发展以金融资产质押、个人住房抵押为重点的消费信贷业务，提升市场竞争力和综合贡献度，全年个人贷款增加260亿元，余额突破1 000亿元，达到1 213亿元。此外，基于线上标准化的网络融资业务也实现了比较快的发展。

三是积极创新融资业务发展方式。积极落实好信贷增量优化与存量调整的统筹、信贷与非信贷融资业务的统筹、融资业务与多元化金融服务的统筹等“三个统筹”机制，全面提升融资业务经营水平。加快推进从传统的资金中介商向“资金+增值服务”提供商转变，不断强化以融资业务带动其他业务的联动发展机制，充分利用商业银行信息中介功能，撬动和打开更大的融资业务市场，切实发挥好大公司金融综合化、一体化服务优势。充分利用北京集团客户众多的独有资源优势，紧跟客户需求变化，深入加强与非银行金融机构合作创新，积极运用“商行+投行”、“表内+表外”、“股权+债权”等模式，综合使用债券融资、股权融资、融资租赁等非信贷融资产品和工具，有效满足企业多元化、个性化和低成本融资需求。大力营销政府和社会资本PPP模式主导的项目，在产品、服务模式及运作方式上开展多维度创新，打通贯穿表内外、境内外、行内外的金融动脉，以综合服务商的大视野为客户提供集成化的金融服务。全年表外融资累计投放5 390亿元，信

贷与非信贷融资比例为1:1.5，表外融资余额达到7 242亿元，较年初增加2 030亿元。

二、在创新改善服务中提升了存款业务的竞争发展层次

一方面，抓好各类资金的源头竞揽，推动存款稳定增长。充分发挥机构存款的稳定器作用，持续加强与军队、社保、公积金以及医疗、教育等领域龙头客户合作，积极跟进军队体制改革、财政电子化改革、中央及北京各级机关事业单位养老改革等重大改革进程，为反法西斯战争胜利70周年阅兵提供优质高效的金融服务保障，启动法院案款集中项目，全方位拓展资金来源，全年机构存款增量达到1 668亿元。与此同时，加大与各类同业客户的创新合作力度，积极营销低成本的同业存款，全年同业存款增加1 593亿元。努力扩大储蓄存款市场份额，突出储蓄存款在个人金融资产中的主体地位，坚持优质客户拓展和存量客户升级，利用产品组合全力争揽代发工资客户、商友客户、第三方存管客户等重点客户群，全力争揽拆迁补偿款、工程款等各类源头资金，全年纯储蓄存款增加301亿元。持续深挖公司存款增长源头，坚持大中小客户协调发展，利用我行强大的结算网络优势，以资金池、票据池、收款管家等拳头产品为抓手，深入挖掘各类公司客户的增存潜力，同时积极做好“大众创业、万众创新”中对公结算账户的营销拓展，扩大存款来源。切实把握外汇存款增长机遇，充分利用美元升值加息带来的市场机会，大力争揽外汇储蓄存款，加强公司、机构类境外回流资金营销，进一步增加跨境资金池沉淀，不断丰富外币存款来源。全年外币存款余额增加31亿美元，同业排名第一。

另一方面，不断加强负债业务成本效益管理，促进存款均衡增长与低成本增长。坚持“存款重日均、资产重结构、销售重本行”的工作导向，做好成本与效益、发展与质量的协调统筹，更加注重存款增长的均衡性，年末人民币全部存款日均余额较同期增加3 628亿元，远远高于银行同业，存款偏离度 -2.45%，控制在监管要求水平内。同时，加强资金“量本利”精细化管理，针对量差补价差边际效应趋降的情况，积极加强资金成本管控，引导全行强化效益分析，严格实施高成本负债限额管理，严禁吸收价格倒挂资金，将利率上浮存款控制在最低水平，力争资金成本缓升或不升，总体实现了客户提高存款收益和控制付息成本的“双赢”。

三、在提速发展新兴业务中加大了经营转型力度

一是突出整合发展，推进大零售战略。坚持以客户为中心，加快构建完善的组织管理、科学的业务评价、高效的资源配置、多元的产品供给和优质的客户服务等“五个体系”，努力推动了零售业务营业贡献与市场竞争力双提升。全年个人金融资产较年初增加952亿元，完成年度计划的119%，新增个人客户122万户，总量达到2 475万户，其中财富客户、私银客户分别增加2.4万户和1 781户，总量达到22.8万户和7 187户。信用卡新增发卡169万张，收单交易额、信用卡消费额同比增长16%和19%，分期付款余额较年初增长46.7%。

二是突出价值创造，推进大资管战略。主动适应金融资产迁移、客户需求变化以及金融创新走向，研究推进投资管理、产品管理、风控模式、盈利模式、业务运作上的全面升级，使资管业务成为拉动中间业务收入增长和全行转型发展的重要引擎。年末理财产品余额达到5 066亿元，同比增长5%；实现贵金属收入2.47亿元，四大行占比59%，同业排名第一；资产托管规模达到3.27万亿元，同比翻番，管理养老金个人账户295万户，均保持北京同业领先。

三是突出创新驱动，推进大投行战略。抓住基础设施建设、PPP项目、国企混改、并购重组、城镇化与产业发展规划等市场机会，通过产品体系转型赢得市场优势，在产业基金、股权融资、跨境并购、资本市场、非首都功能疏解等五大领域不断取得新突破，推动了投行业务的快速发展。全年共承销非金融企业债券2 980亿元，完成股权融资274亿元，完成银团分销690亿元，系统内和北京同业均排名第一。实现投行收入13.1亿元，同比增幅11%。

四是突出内外联动，推进大国际战略。积极把握“一带一路”、人民币纳入SDR货币篮子、资本项目放开有序推进等战略机遇，坚持公司、机构、同业、零售等各业务线本外币一体化经营，丰富网点外汇功能，强化外汇人员队伍建设，大力拓展各类“走出去”业务和跨境人民币业务，推动了外汇资产、负债与中间业务统筹协调发展。年末结售汇业务量达到1 422亿美元，同比增长29%；跨境人民币结算量2 355亿元，北京同业排名首位。

四、在线上线下融合发展中提升了全渠道的价值创造能力

一是大力推动互联网金融提速发展。加快打造出“客户+商圈、平台+应用场景、坐商+行商”互联网金融生态圈，形成了商户市场融合跨界、客户领域渗透联动的活跃局面。在平台建设上，用好银企互联、电子商务及相关配套产品，深入营销大宗商品交易市场。加强了外迁专业市场、知名企业的B2B渗透，做好外迁企事业单位的生活服务与金融服务延伸，将区域性旅游商户引入电商平台，不断拓宽了金融服务新领域。在产品推广上，重点拓展了日常缴费、影院、高校、医院、商圈等消费生活场景，不断加强融e联、融e行、工银e校园、工银e生活等互联网创新产品的宣传推介和组合营销，进一步扩大了客户规模和对我行产品的黏性。全年电子银行交易额率先突破100万亿元大关，达到101万亿元，同比增长40%；手机银行客户净增119万户，总量达到661万户；融e购交易额突破200亿元，签约商户突破1 000户，分别达到255亿元和1 005户；

工银 e 支付客户净增 168 万户，总量达到 380 万户；融 e 联客户达到 36.5 万户。

二是基本完成网点竞争力“三年大变样”的既定目标。坚持“客户管理、考核引导、产品营销、队伍建设、优质服务、保障支持”六个常态化不动摇，持续提升网点经营效能。进一步深化“客户包”营销管理，共将 4.57 万户对公客户纳入客户包管理，管包客户经理达到 980 名，客户包存款日均余额同比增幅 33%。持续推进网点运营标准化改革，优化网点硬件布局和业务服务流程，新增低柜 260 个，总量达到 2 293 个，高低柜配比达到 1:1。不断提升网点综合化经营水平，打造外汇旗舰网点 20 家，建成出境金融服务中心 32 家，27 家支行的 61 家网点推荐发放了公司贷款，网点销售类人员达到 3 828 人，占网点人员总量的 33%。全行网均存款 58.74 亿元、网均利润 8 252 万元、网均中收 2 050 万元，较三年前分别增加 17 亿元、1 450万元和 629 万元，均排名北京四大行第一；网均贷款 10.93 亿元，较三年前增加 2.7 亿元，略低于建行，排名第二。

三是加快推进网点渠道转型。持续优化网点布局，在确保网点经营效能不下降的基础上稳妥开展“理财 + 自助”改造，全年优化网点布局 50 家，新建自助银行 116 家，新布放自助机具 1 575 台，实现了网点 WiFi 全覆盖。稳步推广智能化服务模式，推动网点人员从柜台“走出来”，由与客户“面对面”向“肩并肩”转变，由“以柜台为中心”向“以客户为中心”转变，完成智能化网点改造 150 家，智能化网点占比达到 27%。顺应线上线下一体化融合趋势，以网点为核心在海淀西区、海淀、长安等支行积极开展了 O2O 探索。

四是持续改善客户服务体验。按照总行“客户体验建设年”的统一部署，以客户现场服务、人员、渠道、环境、投诉解决等各方面体验的改进为着力点，把管理的落脚点、改进的聚焦点放到客户体验“痛点”上，在系统内率先建立客户体验指数，推动服务品质再上新台阶。不断完善客户分层服务规范体系，统筹好普惠金融与中高端服务的关系，着力改善中高端客户的服务体验。在中银协、北京银协组织的各项评比活动中，获评“百佳”网点 1 家，“五星级”网点 10 家，“特色”网点 5 家，均排名北京同业之首。根据第三方评价，分行的客户满意度和服务规范度继续保持优秀水平。

五、在强化风险防范中增强了发展质量保障

一是全力确保信贷资产质量稳定。持续加强信贷基础管理，认真落实“三查”制度要求，切实做到风险关口前移，统一全行的风险偏好，强化对风险的源头把控。密切关注大中型亏损客户经营情况，重点防控和化解融资平台、贸易融资、涉房类贷款、产能过剩行业、小企业、个人经营贷款等重点领域的潜在风险，全年累计压降潜在风险贷款 45 亿元，清收处置不良贷款 6.4 亿元，有力保证了资产质量的稳定。与此同时，进一步强化自营与代理业务风险隔离，有效防止了风险从表外向表内、行外向行内、业外向业内传导。

二是持续强化全面风险管理。不断完善适应经济新常态、金融新生态的风险管理制度和机制，前瞻性把握新形势下风险的跨市场、跨行业、跨地域特征，创新风险防控手段，提高全面风险管理的协同性和主动性。高度重视操作风险防控，加快分行运营管理统一平台建设，充分发挥监测中心大数据挖掘的技术优势和专家团队的业务优势，构建了“线上”与“线下”、现场与非现场有机结合的操作风险管理监督体系，全行可控风险暴露水平同比下降 0.38 个百分点。着力加强市场及流动性风险、声誉风险、法律风险、IT 风险和信息安全等方面的统筹管理，保证了全行平稳健康运营。

三是切实加强内控案防工作。深入开展了“两加强、两遏制”及回头看工作，全面检查近五年来主要违规违法问题的问责整改情况，系统排查信贷、存款、票据、同业、理财、财务、信息安全等风险高发领域的潜在问题，扎实做好问题整改。狠抓私售飞单问题的持续整治，不断健全制度体系，严格加强员工异常行为管理，对出现“飞单”的支行进行了通报，对相关责任人进行了严肃处理，在全行形成了强烈的震慑和警示作用。始终保持对各类重大风险事件和案件的高压态势，不断增强内控案防工作的针对性、有效性，全年无案件事故发生。

六、在深入开展“三严三实”专题教育中加强了党建和队伍建设

一是全面落实从严治党要求。积极推动党委主体责任的贯彻落实，坚持党建工作与经营发展两手抓、一肩挑，坚持在全行性工作会议上都把党建工作和经营工作同谋划、同部署、同考核，促进了全行党建工作深入开展和政治优势充分发扬。通过“书记抓、抓书记”，推动各单位主要负责人和班子成员认真履行“一岗双责”，形成一级抓一级、层层抓落实的党建工作格局。着力强化党风廉政建设工作党委主体责任和纪委监督责任，把纪律建设摆在更加重要的位置，重点通过开展理想信念和廉洁从业教育，推动强化“不想腐”的自觉；通过严查重处顶风违纪行为和腐败案件，推动保持“不敢腐”的态势；通过深化体制机制改革和整章立制，推动健全“不能腐”的机制。

二是推动党风行风作风持续改进。扎实开展“三严三实”专题教育，成立了分行“三严三实”专题教育工作协调小组，制定了专题教育实施方案，分行党委班子成员带头讲党课，深入开展学习研讨，42 个二级党委班子以及各基层党总支、党支部全部完成专题学习研讨，有效促进了党员干部自觉把“三严三实”要求落实到修身做人、为官用权和干事创业中。深入开展

“四风”问题整改落实情况“回头看”，会议费、业务招待费、差旅费、因公出国（境）费、车辆运行费、低值易耗品购置费等持续下降，进一步巩固了作风建设成效。

三是优化调整干部队伍结构。坚持对干部选拔任用不唯年龄、不唯资历，合理使用各年龄段干部，积极发挥好老中青搭配合力。不断完善干部选拔任用方式方法，通过“组织推荐+公开选拔”相结合等多种方式，择优使用干部。年内，按照总行统一部署加强了后备干部队伍建设，共有65人纳入正处后备，257人纳入副处后备，为分行可持续发展提供了有力保障。着力提升干部综合素质，加强干部交流锻炼，积极创新干部教育培训方式方法，针对各单位“一把手”、新聘干部、网点负责人等不同群体，通过“视频课程+网络学习+在线考试”模式，实施差别化、分层次的培训，进一步提升了教育培训的针对性和实效性。

四是深入凝聚员工智慧与力量。不断完善竞争性选人用人机制，为各类业务人才搭建进步通道、发展舞台。全面推广培训项目制管理，充分运用“学习地图”“胜任素质模型”等新型工具，提高培训效果。坚持发展为了员工，成果与员工共享，进一步优化提升薪酬福利和保障水平，完善员工福利保障体系，加大对困难员工的帮扶救助力度，积极营造了和谐温馨的家园氛围。深入实行员工关爱计划，优化职工之家建设升级，关心员工思想动态和心理健康，进一步提升了员工满意度，增强了员工对企业的归属感和认同感。

天津分行

【主要业务指标完成情况】

2015年，天津分行实现拨备前利润68.45亿元，同比增加0.32亿元；实现净利润38.81亿元，完成总行计划的100.23%。实现中间业务收入22.15亿元，同比增长4.16%。本外币各项存款（含同业，剔除保本理财和结构性存款）余额为2 569.07亿元，比年初增加95.5亿元；本外币各项贷款（含银行卡透支）余额为2 562.96亿元，比年初增加188.07亿元。不良贷款余额为50.64亿元，不良贷款率为1.99%，全年累计清收处置不良贷款22.46亿元，全年未发生总行定性的安保及重大内控案防事件。

【主要工作措施】

一、深化资产质量改善工程

一是构建多道风险防线，严防严控资产劣变。逐户听取全行1 500余户法人信贷客户专题汇报，逐户研究制定风险防控措施，积极压降潜在风险贷款，全年共压降40.77亿元，完成总行下达压降任务的339.75%。严格执行总行风险监测任务，积极开展自主监测，及时准确预警风险；开展现场检查和风险隐患排查，有效防范了风险。二是严格信贷审查审批，严防病从口入。通过加强融资客户关联关系管理、客户经营真实性核实、授信风险总量控制、贷款抵押物管理、保证方式贷款的管理与准入、作业监督环节的风险把控等“六个加强”，严格把牢信贷准入关。三是快速压降不良贷款，资产质量管理取得成效。综合运用多种手段加快推进清收处置工作，全年共清收处置不良贷款22.46亿元，其中：收回现金13.29亿元，占比59.17%，较2014年提高35.48个百分点。四是加强信贷基础管理，营造审慎稳健的信贷文化。建立并实施经营机构信贷经营资质管理和从业人员资质管理，制定了两个资质管理委员会工作细则和管理实施细则，夯实了信贷经营管理基础。

二、深化资产业务增强工程

一是全力开拓重点领域。成功营销南站、京津城际于家堡延长线、中心商务区基础设施等重点项目，年末京津冀协同发展重点项目贷款余额达到177亿元。牵头筹组蓟汕高速公路项目（北段）等银团，银团贷款总金额211亿元，分行承贷58亿元，牵头银团数量保持同业领先地位。进一步加大债券承销业务的营销力度，全年承销发行非金融企业债务融资工具41.25亿元，实现债券承销业务收入6 543万元，超额完成全年任务计划。二是坚定不移发展小微企业金融业务。在东丽、西青、开发支行设立了三家小微企业中心，抢抓成长型优质客户。加大产品创新力度，依托天物大宗电子商城，创新上线“网上商品交易市场仓单融资业务”，创新开办小微企业理财产品质押贷款业务。以天津市建立健全中小微企业贷款风险补偿机制为契机，年末分行中小微企业贷款风险补偿金备案金额达910.55亿元，占全市全部备案金额的10.52%，在全市排名第一，荣获市里颁发的“全年新增信贷投放表现突出的合作金融机构十佳单位”称号。三是加速推进个人贷款业务发展。专题研究制定并推进包括优化流程在内的一系列配套措施，促进了个人贷款业务的快速发展。全年累计发放个人住房贷款132.8亿元，较2014年增长104.6%。

三、深化转型发展跨越工程

一是加强零售板块重点业务拓展，年末大零售营业贡献23.44亿元、营业贡献占比29.79%，分别比2014年提高4.75亿元和7.71个百分点。个人金融资产余额1 875.1亿元，较2014年增长8.41%，保持同业领先。二是深入推进投行和资管业务快速发展。成功运作完成天津临港港务集团有限公司5年期4 400万元理财计划直接投资，实现了分行资产管理业务新投资模式的突破。成功运作理财计划直接投资业务和总行银行账户投资票据资产业务。“8·12”爆炸事故发生后，最先发起并与滨海新区政府共同推动设立规模为50亿元的生态家园建设发展基金，实现了股权投资基金项目的突破，彰显了积极履行社会责任的大行风范。三是深入推进国际业务发展。抢抓政策机遇，在自贸区正式挂牌当日就成功为自贸区内注册企业办理了区内首单金额为1.2亿元的跨境人民币境外借款业务，全年为自贸区企业办理跨境人民币业务44.83亿元。抢抓“一带一路”机遇，与天津市商委签订“走出去”战略合作协议。全年与“一带一路”周边国家的跨境人民币资金往来累计70.67亿元。抢抓天津自贸区金融政策正式出台的机遇，为自贸区内企业办理直接投资外汇登记业务6.41亿美元，其中人民币直接投资登记5.42亿元；根据相关政策简化经常项目外汇收支手续，在真实合法交易基础上，为自贸区内货物贸易外汇管理分类等级为A类的企业，办理货物贸易收入无须开立待核查账户入账业务4.86亿美元。四是积极探索互联网金融发展模式，在网点阵地推广电子银行“1+4产品包”营销模式，努力提升手机银行客户端规模及客户活跃度。全年手机银行客户端动户达到68.4万户，完成总行全年任务的136.8%。融e购B2C金融类交易额实现169亿元，在系统内排名第六位；B2C非金融类交易额实现14.45亿元，在系统内排名第七位；B2B电商平台交易额实现36.45亿元，在系统内排名第二位。

四、深化存款增长提速工程

一是全力吸揽储蓄存款。加快代发工资储源，公私联动开展代发工资百日精准营销活动，全年代发工资额达608亿元，较2014年增加112.15亿元。全面挖掘商友卡储源。年末商友客户资产达205亿元，较2014年增加34.52亿元。抓好重点项目资金落地，强化与国开行、农发展等政策银行业务合作，紧盯棚户区拆迁、小城镇改造等重点项目进度，全力争取拆迁补偿款、工程款等各类资金。二是积极营销对公存款。不断加强对公存款源头营销，充分运用大额资金流向监控平台，重点针对集团类客户、跨国企业、央企在津机构等目标客户加大营销力度，加大对“百万、千万、亿元以上”三个层级客户的拓展和维护力度。用好工商系统平台，将使用权限下放支行，打通支行直接获取工商登记信息渠道。充分运用工行资金池、集团账户、票据池、收款管家、银企互联等优质结算产品，提升重点客户的资金沉淀率，保障了对公存款的稳定增长。

五、深化有效客户拓展工程

一是强化个人客户营销维护。深入贯彻“竞争高端、赢在中端、培育潜力”客户发展策略，健全营销队伍管理机制，建立以“新客户、新存款、新资产”为导向的分行直通式考核体系和管理模式，个人客户拓展取得成效。年末分行日均金融资产1万元以上客户148.03万户，比年初增加8.62万户，完成总行年度计划的107.75%；推动私人银行“全行办”、“专家办”，私人银行客户规模759户，增长94.62%，增幅名列总行第三位。二是强化对公客户营销维护。进一步完善对公拓户考核，将对公存量客户维护和优质客户拓展与管户人员及其网点、部门负责人挂钩。研发了“对公客户经理营销评价考核系统”，为稳户拓户打下了坚实的基础。年末日均金融资产5万元以上对公账户达37 197户，比年初增长562户，完成全年任务的140.50%。

六、深化渠道竞争力提升工程

一是加快物理网点调整，优化结构布局，调整中心城区密度过大且效益低下的网点，将资源逐步向新四区及县域等潜力市场倾斜。以智能银行建设打造互联网时代网点新形象，全年建设离行式自助银行51家、智能网点60家，分别完成总行全年任务的102%和300%。二是深入推进运营标准化改革。梳理整合岗位、优化业务流程，助力网点转型，年末网均低柜业务可分离率为34.4%，较2015年6月的58.4%压降了24个百分点，在系统内处于较好水平。三是持续推动网点竞争力提升。坚持以“一点一策”分析帮扶等措施全力推进网点竞争力提升，年末分行一类、二类网点占比合计为39.26%，较2014年末提升8.14个百分点，四类、五类网点占比合计为26.18%，较2014年末下降9.51个百分点。四是持续提升网点服务水平。积极贯彻总行“服务体验建设年”工作部署，进一步健全服务管理机制，修订了“支行服务质量考核办法”等制度。强化服务明星网点的培养和典型引路工作，白堤路支行荣获“中国银行业文明规范服务‘百佳’示范单位”荣誉称号，成为全市获此称号的两家网点之一。迎宾支行等8家网点获中国银行业协会文明规范服务星级网点称号，数量位居天津地区同业第一。

七、深化内控案防巩固工程

一是加强内控案防管理。制定了2015—2017年内控体系建设规划，加大了对重要风险点的防控力度，组织了存款丢失防控、飞单私售排查、营业网点人员风险履职行为访谈调查等专项工作。认真落实监管部门部署，开展了“两加强、两遏制”回头看检查工作。二是加强操作风险管理。投产了电子印鉴系统、现金款箱物流系统，优化了主机手工计息、票据质押、代发工资、开户核实等业务操作流程，网点操作风险防控能力得到有效提升。加大信息科技支持力度，保障系统平稳运行。全面做好安全生产大检查、大排查、大整治工作，防患于未然。继续保持了未发生总行定性的安保及重大内控案防事件的良好态势。

八、深化党建和队伍强化工程

一是加强基层党建和党员队伍建设。组织开展党的群众路线教育实践活动整改落实“回头看”工作，全面启动“三严三实”专题教育活动，突出问题导向，高质量讲好党课，高标准抓好学习研讨，积极推进干部作风建设。健全完善党建制度，先后修订了《分行党委工作规则》等制度。继续全面开展党风廉政和反腐倡廉工作，贯彻落实中央《建立健全惩治和预防腐败体系2013—2017年工作规划》的实施办法，推动分行党风廉政建设和反腐败工作的深入开展。二是持续做好人才队伍建设。组织实施了支行领导班子后备干部和支行中级管理人员后备干部的选拔推荐工作，进一步充实了后备干部队伍。加强客户经理队伍建设，研究制定了《关于加强客户经理队伍建设的意见》，积极筹建了投行、贵金属、私人银行、收单、电商等五大直营团队，分行销售类人员占比显著提高，超额完成总行计划。

河北分行

【主要业务指标完成情况】

2015年，河北分行实现拨备前利润130.4亿元，净利润84.11亿元，分别增长6.06%和0.93%，净利润完成总行计划的100.44%；净利润排系统第8位，账面利润居同业首位。实现经济增加值48.01亿元，增长1.82%。实现中间业务收入49.37亿元，增长14.21%，同业首位，完成总行计划的102.86%。人民币全部存款余额达到5 381.07亿元，增加185.09亿元。其中储蓄存款余额3 422.97亿元，增加200.83亿元。人民币各项贷款（含信用卡贷款）余额4 280亿元，较年初增加462.5亿元，同比多增74亿元，增幅12.12%，位列四大国有银行首位。其中，京津冀协同发展相关贷款余额1 974.59亿元，较年初增加248.29亿元，增幅14.38%；个人贷款余额1 606.02亿元，较年初增加285.84亿元，排系统第3位，余额和增量均居同业首位。小微贷款余额679.29亿元，较年初增加78.97亿元，实现“三个不低于”监管目标。

【主要工作措施】

一、突出支持立省强省重点项目

一是持续加大三个率先突破领域支持力度。把支持京津冀协同发展战略作为“一号工程”，对在建重点项目、非首都功能疏解项目、京津冀合作项目实行名单制管理，优先保证重点城市、项目建设融资需求。2015年向京津冀协同发展领域投放项目贷款105亿元；生态方面，大力发展绿色信贷，坚决落实环保一票否决制，设计河北省大气污染防治专项基金专属方案，全方位支持河北节能减排和大气污染治理。二是做好城镇化建设领域金融服务。配合做好地方债务置换债券工作，全年累计承销地方债220.21亿元，份额居同业首位。对接支持河北省PPP试点项目，协助引入社会资金、项目参与方，并提供股权类和债权类融资支持，全方位支持服务基础设施、公用事业等城镇化建设领域融资需求。

二、突出加大实体经济资金投放

一是服务产业升级。以产业结构优化升级为导向，加强“三个一百”领军企业、“十百千”工程和千项技改项目的跟踪对接，积极支持现代服务、先进制造、节能环保等新兴产业发展，帮助和支持企业做大做强，转型升级重点领域贷款较年初增加131.59亿元。并运用票据、供应链等业务为企业提供融资支持，全年办理票据贴现711亿元，增幅43%，排工行系统第3位、同业首位。大力支持河北地区企业“走出去”，拿出专项规模，对接支持优势富余产能输出、重大装备出口、大型工程承包等项目，已与13家企业的25个“走出去”项目达成了合作意向。强化本外币一体化服务，完成国际结算量181.17亿美元，国际贸易融资累放量5.43亿美元，跨境人民币业务量176.51亿元。二是服务小微企业。做实小微企业专营机构，在保定、廊坊、邢台等分行设立小微中心，实施供应链、产业集群、产业园区批量发展，积极推广保定白沟箱包、辛集皮革市场“网商微贷”业务，不断提高小微企业融资的便利性和可获得率。三是服务涉农领域。积极推动金融资源向县域流动，强化对县域农产品深加工企业、农业产业化龙头企业、农业科技推广企业的融资支持，涉农贷款余额860.75亿元、增加20.53亿元。四是创新支持渠道。强化“商投互动、投行引领”模式，积极服务河北上市公司定向增发、国企混合所有制改革、过剩产能兼并收购，投行融资额93亿元，是上年的4倍。办理债券融资、金融租赁、理财投资367.8亿元，进一步拓宽实体经济资金获得渠道。积极落实“互联网+”行动计划，运用互联网金融新渠道扩大河北省企业产品销售和品牌影响，通过将河北地区知名企业、特色产业、专业市场引入融e购电商平台上线销售，帮助企业经营由地方走向全国、由国内走向国外，为实体经济注入活力，为企业所在地创造税收，2015年融e购上线商户260家，交易额突破300亿元，排工行系统第二位。

三、突出加强消费民生领域服务

一是支持消费升级。以个人贷款、信用卡分期付款等产品切入，支持居民家庭住房、耐用消费品、教育、文化、旅游等消费信贷需求，个人贷款和信用卡客户分别达到71万户和218万户，促进扩大社会内需和消费潜力。二是扩充民生服务。积极为财政、社保、公积金等部门做好资金保值增值等综合金融服务，连续9年在10余家代理银行中获得省财政厅年度考评第一，投产跨省异地缴纳交通罚没款、银医一卡通、校园一卡通等多个项目，进一步拓展了该行服务民生领域范围。三是提升服务体验。开展服务体验建设年活动，积极参加河北金融系统“岗位练兵、服务创优”劳动竞赛和“金融志愿服务在行动”两项活动，17家星级网点和6家千佳网点全部通过省银协评定验收，数量均居同业首位。落实发展普惠金融要求，推广定期存款分段计息的“节节高”存款产品和针对农村市场客户的“福农卡”，设立169家助农支付服务点，不断优化对农民工等特殊群体的金融服务。

四、突出坚守质量案防两个底线

一是加强信贷资产质量管控。坚持不良贷款清转处置和潜在风险贷款化解两手抓，集中专业力量加快清转处置和风险化解，有力遏制了贷款劣变的迅猛势头。加强信用风险滚动排查，集中开展企业涉足民间借贷、过度融资等八个方面风险排查并分类制定化解措施。实施信贷资产质量管理和信贷基础管理“两大工程”，扎实开展“反十假”专项治理，强化信贷人员和机构资质管理，努力提升信贷经营能力。二是强化内控案防管理。落实从严治行要求，系统深入做好“两加强两遏制”专项检查问题整改，开展案件风险隐患专项治理，严格管控员工参与非法集资、民间融资和经商办企业，违规放贷和贷款诈骗，私售理财产品和“飞单”等三类违规行为，消除风险隐患。深化反洗钱集中处理改革，加强可疑交易甄别分析报告和客户身份识别工作，积极为国家机关办案和洗钱分析提供有价值的线索。认真落实各项监管政策，主动加强与人行、银监局等监管部门和审计、物价等有关部门沟通协调，主动接受并认真落实监管部门年度监管座谈意见，确保依法合规经营。三是加强安全保卫管理。加强报警联网综合管理平台等安防设施建设，定期开展突发事件应急演练活动，加强外部欺诈风险信息系统应用，成功防范外部欺诈风险事件624起，避免经济损失近9 200万元。中央电视台社会与法频道对我行成功防范外部欺诈的典型案例进行了3期专题报道，安全银行形象得到提升。

五、突出履行大型银行社会责任

落实从严治党要求，扎实推进“三严三实”专题教育，深入开展“管理效率提升年”活动，各级党组织和党员干部队伍作风进一步转变。落实全省农村面貌改造提升行动和省委组织部、省扶贫办有关要求，派驻工作组到贫困山区开展帮扶工作。积极开展与地方互派交流挂职干部，全方位支持地方经济建设。组织开展大学生课外实习项目，寒暑假期间来自省内高等院校的3 000余名大学生到我行实习，为大学生社会实践提供平台。加强金融消费者权益保护，严格落实“七不准、四公开”要求和小微企业收费减免规定，认真执行总行价目表，减轻客户负担、降低融资成本，全年对小微企业累计减费让利近2亿元，着力解决小微企业“融资难、融资贵”问题。开展“金融消费者权益日”和“普及金融知识万里行”活动，组织各级机构到社区、企事业单位进行防范电信诈骗、非法集资等宣传，推动金融知识普及和社会公益活动经常化，践行国有大型银行社会责任。

山西分行

【主要业务指标完成情况】

2015年，山西分行实现净利润36.84亿元，同比增长2.68%。本外币各项贷款（含银行卡）余额2 218.53亿元，较年初增加102.56亿元。其中，个人贷款较年初增加27.82亿元，票据贴现较年初增加42.8亿元，银行卡较年初增加4.55亿元。本外币全部存款（含同业）余额为3 981.83亿元。其中储蓄存款余额增加133.71亿元，机构存款余额略有下降。全年实现中间业务收入22.12亿元。不良贷款余额34.48亿元，不良率为1.6%。

【主要工作措施】

一、保持资产质量稳定

研究确定“集中处置、专职清收、分层管理”的总体思路，建立行领导分片包干督导二级分行资产质量的工作机制，组建11个专门工作团队，先后16次召开督导会议，18次深入二级分行与客户面对面共同研究面临问题，制定风险化解应对措施，形成自上而下的推进动力，促使各项清收处置措施层层落地。着力构建管理人员带头攻坚的工作格局，严格落实各级班子成员“挂帅”清收责任，定期召开不良贷款分析会，逐行逐户研究清收处置方案，明确阶段目标和进度安排，保证清收处置工作高效组织、有序推动。坚持传统清收和创新方式双管齐下，在发挥好常规清收主通道作用的同时，通过批量转让、投行介入等方式缓解资产质量压力，同步实现了财务状况良好和基本面的健康，特别是运用法律手段成功全额追索海鑫钢铁信用证垫款，成为国内首个商业银行作为提单持有人胜诉海上货物运输合同纠纷的典型案例。突出对潜在风险管理的前瞻性、准确性和全面性，纵深推进风险滚动排查，全年召开法人大户风险专题分析会13次，对56户、融资总额409亿元的贷款项目进行集中会诊，提出明确意见和管控措施，重点提升潜在风险客户的预警覆盖率，全年压降潜在风险贷款33.4亿元。从重塑信贷文化入手，全面推开信贷从业人员资质认证，打造专业化、高素质信贷队伍；开展基层机构信贷经营资质认证，提升各级机构信贷经营能力；健全由省分行牵头的三级联动贷后管理机制，强化信贷政策研究和产品应用管理；积极探索闭环式信贷管理新模型，加快链融资业务试点推广，着力提升信贷创新管理水平。持续加强表外业务风险化解工作，成立应急工作领导小组，按周召开应急领导小组会议，动态跟进工作进展，及时研究制定应急预案和应对措施；同步强化与地方党委、政府的沟通协调，密切与总行对口部门的上下联动，保持与媒体、公检法等部门的互动协作，为加快处置工作打开了通道，全年成功化解了1个信托项目和2个理财违约项目风险，其余风险项目矛盾得到有效化解，形成局面基本可控的有利格局。

二、夯实存款增长基础

始终将拓户增存作为业务发展的“生命工程”，围绕稳拓两条线，依托大数据分析，有效发挥三大委员会平台职能，通过MOVA直通式员工考核的全覆盖，形成全员拓户工作格局，深化市场梳理，锁定目标客户，实现了客户扩容提质和存款稳步增长。全年有效对公结算账户净增7 222户，个人有效客户增加79.62万户。储蓄存款深化“六进”主题营销，以薪金溢、节节高、大额存单、理财保险等产品为抓手，扎实推进“五个一”台账认领营销，积极竞争代发工资、三方存管和同业客户，拉动储蓄存款稳健增长，年末储蓄存款余额增加136.5亿元，日均增加91.8亿元。公司存款综合运用大额资金监控平台等系统，提前预警和督促各行严控重要时点走款，上下联动多维实施策略挽留，同步强化“存贷比、受托支付和销售归行”三维管理，年末公司存款时点增加23.8亿元，日均增加31.5亿元。机构存款继续巩固“财政、住房、社保、民生”四大核心阵地，成功取得省市县三级廉政专户唯一主办权，稳固第三方存管市场第一位置，成功挖转他行武警系统全部地方经费专户，实现新拓客户1 517户，同比多增749户，多渠道归集机构存款，有效消化了山西公积金个人提取70多亿元的减存因素。年末本外币全部存款（含同业）余额3 961亿元，较年初时点增加212.1亿元；日均增加217.8亿元。

三、推进贷款多元增长

紧紧围绕省委省政府“六大发展”战略布局和总行信贷政策导向，加强顶层设计和路径规划，拓宽客户拓展视野，深化市场滚动梳理，调整目标客户清单，成立专门团队集中开展营销攻坚。2015年累计投放各项贷款（含票据）1 512.6亿元，同比多投40亿元；本外币各项贷款余额为2 149亿元，较年初增加98.6亿元。加大重点项目建设支持力度，按照《2015年信贷市场拓展重点》名录，结合全省1.3万亿元固定资产投资项目及重点行业板块分布，依托重大融资项目领导组，开展名单制营销，特别是敏锐把握电力行业突破的机遇，实现电力板块全年新增贷款29.94亿元，占大中型客户贷款净增额的67%。持续推进信贷结构调整，加强与政府部门对接，及时掌握建筑、医药、旅游、物流、煤层气等行业最新动态，积极跟进75个政府和社会资本合作项目，大力开拓交通设施、市政设施和公共服务等信贷市场，全年累计发放新兴行业贷款12亿元。以太钢、太重核心企业为主线，推动供应链融资业务发展，全年共拓展供应链13条，累计拓户110户，实现融资投放12.14亿元。加快推进小微信贷专业化经营，在运城试点成立首家小微中心，8月份正式运营以来累计发放贷款20笔，金额1.15亿元，目前正在积极推进营业部小微中心组建。把握金融消费升级需求，借势发展个人信贷业务，全年个人贷款增加27.82亿元，增量占全部贷款增量的53.84%，其中个人质押贷款投放、余额、净增额分别在系统内排第5位、第8位和第9位。不断推进融资业务创新，多元满足客户金融需求，帮助企业拓宽低成本融资通道，全年实现创新融资414.68亿元。敏锐把握退出产能过剩行业的窗口机遇，及时退出风险程度较高、把握难度较大的潜在风险企业，全年融资压降客户137户、涉及融资35.02亿元，其中煤炭行业压降29户企业、10.42亿元，促进信贷资源向高质量、高信用的行业客户倾斜配置。

四、打造多元收入格局

深入实施“双擎两翼”工程，以提升中间业务组织收入能力为重点，依托中间业务委员会，集思广益加强研究分析，统一思想明确目标定位，多措并举狠抓措施落地，努力打造基础产品支撑、重点领域拉动、新型业务创收的收入格局。全年实现中间业务账面收入22.12亿元，同比增加3.31亿元，增幅17.61%；中间业务收入四大行占比37.96%，继续保持同业首位。大零售发挥基础支撑作用，营业贡献达到39.93亿元，占比44.94%，同比提高0.5个百分点；零售业务中间业务收入实现13.09亿元，占比59.18%，同比提高2.92个百分点。大资管发挥引擎拉动作用，特别是理财类业务收入贡献突出，全年法人理财、个人理财分别实现收入1.54亿元和1.45亿元，分别同比增长469.22%和22.82%。票据业务成为收入增长亮点，在实现零风险运营的同时，全年累计办理票据直贴365.35亿元，系统内排名第9位；实现票据收入7.68亿元，同比增加3.85亿元，增幅100.52%；实现业务净收入3.12亿元，同比增加1.21亿元，增幅63.35%。互联网金融发挥创新驱动作用，不断扩展电子银行业务新蓝海，深入开展网点"1995"效能提升和柜员"1+1"劳动竞赛，积极组织融e行"登录有礼、交易有奖"、"融e购购房节、购车季"、"O2O全员营销体验"等活动，全年工银e支付客户、企业网银证书客户分别同比增长58%、12%，融e行计划完成率系统排名第1位，电商平台企业商城交易额完成全年计划的185%。

五、提升内控案防水平

深入实施网点运营标准化管理改革，全行高低柜业务配比下降至1.53∶1，柜员日均工作量达到127笔，山西分行改革经验做法成为总行宣讲案例。改革共充实前台营销和客户经理团队1 895人，通过配套跟进转岗人员熔炉式培训，增强了转岗人员的适岗能力。按照"先试点后推广、边总结边推进"的工作原则，实现MOVA"直通式"员工考核全覆盖，2015年末MOVA员工维度中有业绩员工占全部网点员工（剔除网点负责人）比重达到86%，工作动能被极大释放。持续提升网点核心竞争力，启动"领头雁"培养计划，加快智能网点和自助银行布设，网点格局持续优化，全年推动73个网点实现效能提升。强化内控案防管理，纵深推进"合规文化建设工程"，深入开展"制度执行暨合规文化建设巩固年"活动，扎实组织"两加强、两遏制"自查、检查及回头看，按照总行"五个必须"、"五个强化"要求提出7项贯彻措施，滚动推进风险排查和问题整改工作。试点开展合规养成教育，组织合规文化大讲堂，启动合规标兵评选，深化员工参与经商办企业、员工异常行为等专项排查，累计对234人次进行了处分和处理，促进全行基础管理水平持续提升，全年未发生案件和重大风险事件。

六、持续深入改进作风

坚持把政治理论学习放在首位，全年通过视频学习、专家授课、形势报告会、观看专题片等形式，召开党委中心组学习12次。继续组织处级以上干部"深入学习习近平总书记系列重要讲话精神"轮训班，建立常态化的党员干部谈心谈话机制，分层推进党的十八届五中全会精神学习领会活动，坚定管理人员理想信念和推动全行改革发展的执着追求。以"三严三实"专题教育为抓手，加强政治理论学习，省分行班子带头开展专题研讨和民主生活会，查找问题，剖析根源；带头为各级党员干部讲授"三严三实"专题党课，整体凝聚力战斗力得到提升。细化明确党建工作46项责任清单，督促各级党委落实好主体责任，扎实推进惩防体系建设新五年规划落实，组织层层签订党风廉政建设责任状，严格制定个人事项报告制度，大力推进"两个责任"有效落实。分行班子成员从严加强自身建设，带头落实"八项规定"和廉洁自律各项规定，严格按制度和程序办事，规范权力行使，管好亲属和身边工作人员自觉接受监督，弘扬求真务实的工作作风，广泛深入基层和企业开展工作调研，有针对性地进行指导帮扶，践行党的群众路线，以自身表率带动党风建设，为全行改革发展提供强有力的支撑和保障。

七、践行社会公益事业

继续秉承"回馈社会、服务社会"的宗旨，积极投身社会公益事业，在扶贫、助学、助残、环保等方面发挥金融骨干作用。按照当地政府要求和扶贫办安排，在充分调研的基础上，制订了五年扶贫计划，确定了扶贫项目。全年对两个扶贫点各捐赠5万元，用于民生工程。按照每户360元标准，购置粮油米面等生活用品，对贫困户进行慰问。购置8 000元科教图书，捐赠当地小学。

内蒙古分行

【主要业务指标完成情况】

2015年，内蒙古分行实现营业收入74亿元，实现中间业务收入11.58亿元，实现拨备前利润37.63亿元、拨备后利润21.09亿元、净利润15.2亿元。人民币各项贷款余额1 736.91亿元（含票据贴现和银行卡透支），增加22.47亿元，增长1.31%。人民币各项存款余额2 089.37亿元，减少96.34亿元，下降4.41%。

【主要工作措施】

一、狠抓不良贷款清收处置，全力打好资产质量保卫战和攻坚战

一是完善不良贷款常态化处置机制。加强不良贷款清收处置专门团队建设，在区分行和9家重点二级分行成立风险资产处置中心，严格落实行领导挂帅清收制度，对不良贷款和剪刀差大户实行提级管理。加大考核问责力度，制定对二级分行行长、分管副行长以及分行本部相关部室负责人考核办法，将不良贷款控制目标与管理层绩效工资挂钩。二是突出抓好鄂尔多斯地区不良和逾期贷款清收压降工作。深入鄂尔多斯分行摸底排查，积极沟通当地政府，积极促成鄂尔多斯政府对我行不良贷款清收工作的协助。年末鄂尔多斯分行不良贷款余额41.61亿元，不良率10.33%，取得了较好的压降效果。三是多措并举加快处置进度，运用账户扣收、诉讼清收、减免息、抵押物变现等方式提高现金清收比重，全年累计现金清收34.71亿元，完成总行年度计划的173.6%；通过第三方承贷、多收少贷、增加有效担保抵押、清收欠息、个贷转化等方式，重组转化不良贷款17.51亿元；通过以物抵债方式处置不良贷款3.78亿元；累计核销呆账贷款4.32亿元。

同时，全力夯实信贷基础管理。抓好潜在风险及重点领域风险防控，对重点风险领域的464户、金额222.93亿元贷款开展专项治理工作，全年退转潜在风险贷款47.86亿元。针对信贷经营管理存在的问题，组织召开全区加强信贷管理工作千人视频会议，并印发《关于全面加强信贷与投资管理工作的若干意见》《2015年度重点领域信贷投向指导意见》等文件，强化信贷经营管理的危机意识和责任意识，建立发展与风险相平衡长效机制。从严治行、从严治贷，认真开展不良贷款责任评议工作。

二、积极应对新常态，推进信贷业务可持续发展

大力拓展优质重点项目市场。结合地区经济发展实际，制定印发信贷重点领域营销投向指导意见、重大融资项目营销推动实施方案和加强重大项目营销及贷款投放等文件，加大对电力、公路、铁路等重大基础设施项目的信贷支持力度，积极营销推动特高压电网及配套电源点项目。年末大中型公司客户贷款余额1 229.81亿元，较年初增加57.69亿元。加大行内外银团的筹组力度，成功牵头筹组2个银团项目，完成代理行项目2个，承销金额23亿元，分销金额24.6亿元。积极推进债务融资工具承销业务发展，全年承销额达27.9亿元，较上年增加9.5亿元。

积极推动小微企业和个人信贷业务创新发展。重点推动小微企业批量化融资业务发展，全年累计发放小企业批量化融资59户、6.76亿元，小微企业票据贴现增加13.91亿元，增长166.45%，完成总行计划的463.67%。积极开展个人自助质押贷款精准营销，全年累计投放个人自助质押贷款5.76亿元，同比多投4.49亿元，增长356%。大力拓展个人二手房贷款业务，全年个人二手房贷款新增2.62亿元，增长23.12%。积极拓展信用卡贷款业务，全年信用卡贷款增加14.96亿元，增幅27.6%，完成总行计划的124.69%。

三、理性应对存款市场竞争，努力保持存款量价协调增长

在储蓄存款发展上，采取目标“倒逼”工作机制，强化压力层层传导，按日、按旬、按月及时通报分支机构增存进度，先后五次召开储蓄存款业务会议，突出重点开展督导，促使基层行不放松、不懈怠。2015年储蓄存款（含保本结构）日均增量31.35亿元，系统排名第16位。在对公存款发展上，针对对公存款持续下滑局面，组织召开对公存款及客户维护工作视频会议，深刻分析工作中存在的突出问题，对下一阶段工作进行全面部署。持续做好“裸贷”客户治理工作，年末裸贷客户690户，较年初减少531户，下降43.49%。对财政、社保、国土、军警等机构存款源头和龙头客户，坚持推进一把手负责制，实行高层定期拜访，部门跟进营销，努力稳定与客户合作关系。

积极应对利率市场化条件下的竞争新形势。增强成本意识，提高议价能力，审慎批复辖内存款利率上浮，严控中长期存款利率上浮和上浮到顶存款规模，切实提高存款利率上浮增存稳存效果，增强对大客户存款的市场竞争优势。年末存款付息率1.44%，低于系统平均水平0.43个百分点，排名第4位，存款付息水平同业最低，也是唯一较上年下降的行。贷款收益率5.68%，系统排名第17位。存贷款利差4.23%，系统内排名第9位。

四、坚持以提质增效为核心，深入推进经营转型创新

深入实施大零售战略。一是大零售业务营业贡献持续提升。通过优化零售业务考核机制、成立零售金融业务推进委员会，强化部门联动，促进零售金融重点业务线和产品线快速发展。全年大零售板块实现营业贡献28.3亿元，同比增加5.4亿元，增长23.8%；营业贡献占比55.6%，较上年提升18.9个百分点。二是信用卡业务实现较快发展。信用卡发卡总量达到142.82万张，增长14.63%，增幅系统排名第11位；净增发卡18.22万张，完成总行计划任务的1.82倍。实现信用卡消费交易额534.3亿元，系统内排名第16位，同比提升4个位次。三是私人银行业务实现跨越式发展。业务收入、持产品客户、产品时点余额和产品日均余额等主要经营指标的同比增幅均超过100%，签约客户、持产品客户、专户客户、专户余额等七项经营指标系统内排名前20位。

深化网点竞争力提升项目，加快推进网点渠道转型。一是加快网点结构调整优化，2015年共整合优化25家、内部布局优化222家、迁址优化37家网点，完

成总行年度任务的10.1倍。建成理财便利店35家，完成96家智能化服务网点改造工作，智能化服务网点覆盖率达到25.46%，财富管理中心、理财中心占比分别较上年提高2.6个和4.1个百分点。二是推进网点人员优化。完成网点柜员向销售类转岗338人、网点销售类人员净增208人，分别完成年度计划的198%和132%。顺利完成运营标准化管理改革，网点普通区实开柜口减少872个，网点高低柜配比偏离值1.12，较总行评价初期压降0.52个百分点。三是加强低效网点增效提级工作。全区四级、五级低效网点提级99家，完成总行年度任务的3倍，低效存量网点净减少49家，降幅23.2%。四是加强网点现场服务管理，组织召开各层级管理人员和全辖营业网点员工参加的万人服务工作会议，有效提升全行服务质效。中高端客户和普通客户的满意度分别较上年提升2.9个和5.7个百分点，客户服务体验逐渐改善。五是加强自助渠道精细化管理，交易离柜率80%以上的活跃客户占比52.4%，较年初提高13.9个百分点，高于系统平均水平12.9个百分点；柜面业务可分流率16.9%，较上年下降6.3个百分点。

加快互联网金融发展。全年营销签约B2C商户83家，已上线41家，非金融交易额达到6 942.17万元；营销签约B2B商户10户，交易额达8 809.34万元。净增e支付客户44.3万户，增长112.4%；新增线上POS商户67户，新增融e联注册客户4.57万户，员工注册认证率达97.4%。实现电子银行交易额3.92万亿元，同业占比47.1%，排名第一位。

五、加快改革创新，有效激发经营活力和发展动力

统筹盘活机构编制资源，强化机构综合经营效能。积极完善分行本部组织机构改革后续工作，回顾、梳理、调整各部门内设科室及具体岗位设置，明确各岗位职责、工作报告关系。深化提升营业部和二级分行竞争力改革，对分行营业部和二级分行本部机构设置和部门管理人员编制进行重新调整核定，撤销二级分行附属机构87个、增设直属机构43个，调整后二级分行本部内设机构总数由212个减少到167个，总量压缩21.23%。

持续推进绩效考核体系建设。完善机构维度的绩效考核制度，抓好战略传导的“最后一公里”，因地制宜地优化二级分行考评指标体系。完善全行工资总额分配机制，积极应对工资总额下降带来的负面影响和管理压力，坚决杜绝出现工资发放的“硬缺口”。完善员工维度绩效考核体系，用好用活人力费用资源，充分调动各层面员工的积极性。探索建立激励有力、约束有效的基层管理人员岗位工资动态调整机制，打破行政等级限制，按照网点业态划分支行管理人员岗位工资等级。

六、加强内控案防管理工作，有效提升风险防范和管控能力

以强化一岗双责为重点，强化各级机构和部门落实案防工作主体责任，健全监督检查体系，加强监督制约与核查整改，全面提升合规风险管理能力，推进违规积分管理、加大专项治理力度、深入开展员工异常行为排查，构建更加完善的内控案防长效机制，有效防范大额案件风险和违规事件。全面组织开展“两加强两遏制”专项检查、“回头看”和问题整改工作，扎实推进安全保卫、党风廉政、信息安全和信访维稳等工作，切实纠正和防范违法违规行为。2015年经营计划涉及“风险管理与内控类”的六项指标全部完成总行计划，无经济案件和重大风险事件。

七、全面加强党建和队伍建设，完善作风建设长效机制

深入贯彻全面从严治党要求，扎实推进“三严三实”专题教育。组织召开全区党建工作会议，开展党建工作专题调研，细化分解年度党建工作目标，定期监测，狠抓落实。制订完善分行党委工作规则、加强基层服务型党组织建设实施办法等重要制度，修订完善财务管理、督察督办、会风会纪、会议管理、差旅费管理、公务用车管理等制度办法，抓好厉行节约、勤俭办行专项整治方案的逐项落实，确保工作作风问题不回流、不反弹。改进干部考核评价机制，严格各级党员干部重要事项报告制度。

切实加强员工队伍和企业文化建设。制定印发《加强和改进新常态下员工精神文化活动的实施意见》，对2015—2017年具体员工活动项目、活动时间以及预期效果等做了详细安排部署，通过开展丰富多彩的活动，引导广大员工树立转型发展信心、高昂士气和攻坚干劲。2015年，内蒙古分行被自治区政府授予“2015年度金融支持‘大众创业　万众创新’突出贡献奖”。

辽宁分行

【主要业务指标完成情况】

2015年，辽宁分行实现拨备前利润48.9亿元，实现净利润30.9亿元，实现中间业务收入18.4亿元。人民币全部存款时点余额3 249亿元，增加63亿元，日均余

额3 217亿元，增加145亿元，存款均衡度达到近三年最好水平。人民币各项贷款余额2 353亿元，增加167亿元。不良贷款余额19.2亿元，不良贷款率0.81%。

【主要工作措施】

一、坚持市场拓展和结构调整相结合，推进信贷经营健康发展

在市场拓展上，应对经济下行，有效信贷需求不足的现实困难，强化信贷经营顶层设计，明确“两大两小”发展方向。公司贷款抢抓大客户和大项目，积极推进重点领域突破，在先进制造业、基础设施、现代农业等行业新增贷款101亿元，同比多增37亿元。突出个人信贷支撑作用，个人贷款增加49.3亿元，余额达到552.6亿元，在各项贷款中占比达到23.5%，同比提升0.5个百分点。在持续做大一手房按揭贷款规模的同时，把二手房作为发展重点，二手房贷款较上年增长35.2%，增速明显快于一手房贷款。为防范风险，主动调整信贷结构，全年实现存量移位再贷306.8亿元，其中平台、房地产、固融、域外贷款共下降101.4亿元。严把新增贷款质量关，堵住“失血点”，强化不良贷款处置，持续推进行领导挂牌清收，密切关注房地产、固融、商贸企业等重点风险领域，保持了资产质量整体可控。

二、推进存款协调发展，夯实业务增长基础

始终坚持存款业务的核心地位，正确处理日均和时点、存款与非存款金融资产的关系，全力稳定存款增长，人民币全部存款日均增加145亿元，同比多增20亿元。存款结构进一步优化，结构性存款和保本理财等高成本负债压降61亿元，压缩58%。储蓄存款方面，突出抓好代发工资等源头市场，代发单位净增1 147户，代发个人客户净增25.6万户。强化存款与非存款金融资产的协同发展，个人金融资产较年初增长182.6亿元，其中非存款金融资产增长93.5亿元，占比达到51.2%。对公存款方面，完善管理体制，狠抓重点市场拓展，密切关注军队、财政、事业单位养老金改革进程，在沈阳市机关事业单位养老保险等重点项目上取得了新的进展。

三、积极发展转型业务，培育新的增长点

把“大零售”作为转型的重中之重，全面强化组织推动、考核评价、队伍建设和试点先行。年末零售业务营业贡献占比达到48%，同比提高3.8个百分点，私人银行业务在体制初步理顺的基础上提速发展，实现收入7 186万元，是2014年的6.9倍。“大资管”方面，组建大资管业务推进委员会，明确营销目标，建立数据分析制度和评价体系，强化考核督导，实现“大资管”业务收入5.7亿元，同比增长8%；积极发展结算、代理、理财等传统业务，实现收入13.2亿元，同比增长11.05%；持续做大贵金属交易业务规模，实现收入5 319万元，四行占比第1位；抢抓资本市场发展机遇，托管业务收入翻番增长；强化实体贷款与贴现业务互动，票据贴现业务同比增加利润贡献1.5亿元。“大投行”方面，在省行层面理顺业务职能，将全部投行业务统一归口管理，为解决体制问题和投行业务发力打下基础。

四、推动重点领域改革创新，释放经营发展活力

一是针对营业部竞争力和贡献度相对不足的问题，启动了营业部竞争力提升项目，确立了三年发展目标，省行与营业部两端发力，加快工作落地实施，在全行上下营造提升营业部竞争发展能力的良好氛围。年末营业部净利润占比从2014年的45.6%提升至49.1%。二是加强考核和分配机制建设。完善二级分行行长绩效考评，制定省行部室和各专业条线考评办法，构建“一个点、两条线”横纵结合的考评体系。优化工资资源配置机制，确保资源向贡献大、效率高、基础竞争力强的分行和重点业务线配置。三是创新团队营销模式。在省行、二级分行两个层面陆续组建收单团队、互联网金融团队、私人银行团队、个人客户新型营销团队、个人客户远程运维团队等5个营销团队，逐步完善配套机制，强化省市行的直营职能，收单团队全年营销POS机1 990台，实现收单额11亿元；个人客户新型营销团队拓展商友客户2万户，拓展新农客户3 000户；互联网营销团队拓展商户57户。四是落实总行决策部署，稳妥推进二级分行分支机构改革，有效提升各级机构经营管理效能；提早谋划网点转型建设，学习先进行经验，研究低效物理网点的撤并、改建等工作，为加速推进人员释放，充实营销服务力量打下基础。

五、坚持从严治党从严治行，队伍建设和作风建设取得新成效

深入开展“三严三实”专题教育活动，召开了党建工作会议，加强从严治党，强化各级党委的党建工作主体责任意识，抓好基层党建工作，通过建制度、立规矩，强化干部教育、监督和管理。落实从严治行要求，针对各类案件和风险事件高发的严峻形势，先后召开三次案防工作会议，认真落实“五个必须、五个强化”工作要求，对风险高发环节开展专项检查，强化内部管理细节，建立排查工作长效机制，有效遏制了各类案件和风险事件反弹。在干部队伍方面，强化各级班子建设和管理，在规范干部选拔、强化干部考评、推动管理类和业务类干部有序流转、加强年轻干部梯队建设等工作上，出台了一系列纲领性政策和文件，为今后盘活干部队伍打下良好基础。员工队伍方面，以人力资源管理深化项目为突破口，拓展员工晋升发展空间，通过新员工置换、网点岗位优化、分支行本部机构改革等方式，持续优化人员结构，增配销售类人员779人，其中客户经理658人，客户经理在全员中的占比由16.2%提升至20%。加强机关作风建设，通过深入开展“管理效率提升年”活动，强化重要事项限时办结，建立调研和督办工作机制，推动部门提升履职能力、工作效率和管理水平，更好地执行总行党委决策部署。

吉林分行

【主要业务指标完成情况】

2015年，吉林分行实现拨备前利润36.56亿元，同比增加1.29亿元，创历史新高；实现净利润24.04亿元。实现中间业务收入15.09亿元，同比增加3.34亿元，增幅28.4%。本外币各项存款余额2 198.55亿元，较年初增加12.49亿元；日均余额2 288.04亿元，较年初增加102.14亿元。本外币各项贷款余额1 502.59亿元，较年初增加116.61亿元，增幅8.41%。不良贷款余额12.11亿元，较年初减少0.11亿元；不良贷款率为0.81%，较年初下降0.08个百分点，连续10年保持“双降”，并首次实现同业四行最低。连续4年保持无内部经济案件和重大风险事件。在总行一级分行行长经营绩效和业务发展考核中列第16位，同比提升4个位次，创历史最好水平。

【主要工作措施】

一、围绕同业领先目标，加快提升市场竞争力

在信贷业务竞争力提升上，实现法人业务“四合一”审批，扩大授权审批制范围，积极营销交通厅债务重组、铁路改扩建、吉电股份等项目，累计投放公司贷款900亿元；审批通过供应链融资方案14个，供应链融资累放331.43亿元。组建长春授信审批分部，在通化分行、白城分行成立小企业经营中心，监管口径小微贷款较年初增加24.93亿元，完成总行计划的104.01%。加强对重点楼盘的营销管理，加快金融资产自助质押贷款推广，推进二手房贷业务发展，个人贷款较年初增加26.41亿元。在网点竞争力提升上，进一步理顺渠道管理职能，推进低效网点提质增效，加快自助渠道及智能化网点建设，全年净增自助银行118个，总量达到563个，完成智能化服务网点改造73个、理财便利店改造23个、网点业态创新（O2O体验店）2家，低效网点压降幅度列系统内第3位；完成网点运营标准化管理改革，离行式自动柜员机全部实现集中运营管理，柜面服务满意率达到99.02%，同比提高1.28个百分点。在县域支行竞争力提升上，出台《进一步加快县域支行发展　全面提升同业市场竞争力的指导意见》，在37家县域支行成立了55家“工银福农俱乐部”，实现全省县域全覆盖，加快抢占县域中高端市场。成功投放系统内首笔土地经营权抵押贷款，创新推出“雏鹰贷”专属融资产品，实现贷款投放12笔、1.7亿元，产品规模效应列总行22个创新方案之首。在互联网金融竞争力提升上，积极抢占“互联网+”发展制高点，在融e购电商平台设立“特色吉林馆”，融e购B2B业务实现零突破，吉恩镍业、华正牧业、华夏矿业等13家商户成功上线，完成一汽集团和长春高新银企互联上线工作，全年B2C电商平台交易额54.71亿元，同比增长6倍；新增工银e支付客户67.41万户，同比增长21%；电子银行交易额5.12万亿元，同比增长31.28%，列同业首位。在新市场、新客户、新资产“三新”竞争力提升上，成功中标高速公路电子不停车（ETC）非现金支付项目，成为省内首家实现全国联网的银行，增加ETC客户近9万户，同业占比第一。积极应对商事制度改革，启动基本账户源头拓展工程，全年累计净增有效结算账户5 938户，完成全年计划的792.32%。抢抓司法体制改革机遇，取得法院、检察院系统零余额账户及国库集中支付业务独家开户银行资格，全省法院、检察院系统账户全部迁移工行。通过开展银证联合营销，新增第三方存管客户15.5万户，同比增长8倍，列同业首位。全年净增个人有效客户、日均金融资产1万元以上客户51.34万户和14.17万户，同比分别增长42.26%和264.27%。

二、围绕系统争优目标，加快转型升级发展步伐

在大零售业务发展上，建立健全零售业务考核评价体系，在支行推出“A+1+N”营销模式，推进由“等客上门”向“外拓出击”模式转变，个人金融资产余额达到2 026.85亿元，较年初增加188.74亿元，余额和增量同业双第一。组织开展了个金业务系列拓户提质工程，积极利用节节高2号、薪金溢1号、存管通等新产品吸引新客户新存款。开展百日竞赛、加强员工体验活动，贵金属销售量达到1 474.74公斤，新增贵金属有效客户5.92万户，分别同比增长69.47%和88.32%。银行卡业务以“175”商户精确营销项目、“9944”项目为抓手，全年实现净增信用卡16.29万张，完成全年计划的135.08%；商户总量达到1.35万户，完成总行倍增计划；消费交易额同比增长30.57%，高于系统内平均水平6.04个百分点。率先在系统内实施私人银行流失客户挽回工程、开发投产资产配置管理系统、实行产品管理期和资产管理报告制度，净增私人银行客户208户；私人银行金融资产达到126.37亿元，同比增长46.89%。在大资管和大投行业务发展上，通过加强对资本市场的渗透营销、做好项目信息沟通、举

办并购论坛等措施，成功运作系统内首单安全垫证券投资业务，为吉恩镍业定向增发募集资金16亿元；以第一名的成绩成功竞标吉林省产业投资引导基金托管银行和唯一基本账户开户行资格，实现投行收入1.49亿元，列东北地区分行首位。坚持私人银行投融资一体化发展，加强对总行理财产品转型的引导，实现理财项目投资16亿元，实现大资管收入6.54亿元，同比翻一番，在大数据和信息化银行发展上，依托EDW系统解决全行重点分析项目需求418个，同比增加1倍，信息服务数量在系统内排名第15位；部署精准营销活动达37项，工作量是同期的2倍；完成本地化特色业务自主研发项目40个，数据质量治理系统内排名提升19个位次，数据服务支持能力、精准营销能力快速提升。

三、围绕经营增效和员工增收目标，加大增收节支工作力度

抓中间业务创新发展，通过加强分析、通报、督导，加强收费审批管理，保证收入项目均衡有效增长；在巩固传统业务的基础上，突出抓好资产管理、私行、零售业务的转型拉动，私人银行业务、机构金融业务、银行卡业务收入同比分别增长346.64%、72.66%和28.13%。抓节约型银行建设，制定下发《关于创建节约型银行　提高精细化管理水平的指导意见》，加大闲置资产盘活处置，加强机关费用管理，突出“简洁实用”原则，做好网点装修改造，全行弹性费用同比下降19.39%。抓资产负债管理，发挥票据业务对信贷投放“空窗期”的支撑作用，做大票据直贴和小微票据贴现规模，全年累计办理直贴80.1亿元，相对转贴增加收入0.29亿元；严控中长期存款上浮1.3倍，与总行下达我行限额计划相比，节约付息成本0.31亿元。抓经济资本管理，成立经济资本优化管理小组，制定并下发“经济资本明白纸”，深入运用风险量化管理工具，向总行出售10.45亿元经济资本限额，增加EVA0.22亿元。

四、围绕落实从严治行要求，强化各类风险管控

在信贷风险管控上，成立信用风险监控团队，开展5大重点领域专项治理，对重点分支机构进行风险预警，强化现场检查和不良贷款责任认定。同时，积极探索新的处置方式，加大清收长账龄不良贷款，开展新增不良攻坚战，累计清收处置不良资产15.38亿元，是过去三年的总和。在内控案防风险防控上，组织开展“两加强、两遏制”专项检查活动，强化非法集资、“飞单”、员工异常行为的监测分析，在总行内控评价中，现场评价得分进入“一级3档”，获得开展此项评价工作以来的最高分。强化印章管理，全行可控风险触发模型占比降幅51.62%。强化外部欺诈风险管理，推进报警监控联网平台建设，与省公安厅、检察院建立信息共享合作机制。在舆情风险防控上，扎实做好信访工作，全行信访量同比下降84.87%。严格控制各类负面信息传播，全行重大负面舆情零发生，获得“年度用户满意银行、年度卓越竞争力银行、年度最佳互联网金融产品”等称号。在廉政风险防控上，细化落实党委主体责任和纪委监督责任，深化纪检监察部门“三转”，制定完善了20余项管理办法，组织开展参观吉林省廉政教育基地活动，实施“四项严厉问责制度”，深入推进“一岗双责”和党风廉政建设工作。

五、围绕提升队伍士气和素质，增强企业竞争活力

持续加强党建工作，组织召开纪念建党94周年座谈会，全面启动“三严三实”专题教育，各级党委班子成员带头讲党课，精心组织专题讲座、征求意见建议和宣传学习等活动，全年报送“三严三实”专题稿件732篇，总行网讯采用数量列系统内第2位。持续加强队伍建设，采取加强组织推动、开辟网讯专栏、下发活动简报、制作电子期刊等举措，深入推进“十佳劳动竞赛”活动和《赢在执行》、《关键在于落实》、《细节决定成败》读书活动；组织开展个人客户经理大赛、网点负责人业务技能竞赛等11次竞赛活动，数量创历年之最。强化员工专业资格认证，网点负责人、业务类员工持证率分别较年初提升10.04个和18.37个百分点。持续加强体制机制建设，推进一级支行内设机构改革，在各部门组建团队及开展团队主管选聘工作，组建省行互联网金融营销中心、个人信用消费金融中心和个人客户远程运维中心。作为总行第一批试点行，稳步推进人力资源管理深化项目试点，进一步拓宽了员工等级晋升空间。持续加强企业文化建设，发挥典型引路作用，召开“十佳”女员工表彰大会，开展中年员工巡讲活动。成功举办首届趣味运动会、首届手机摄影大赛，组织开展银行卡业务H5页面设计大赛、私人银行产品服务主题竞赛等创意活动，以丰富多样的载体，缓解员工压力，推动精神文明建设。

黑龙江分行

【主要业务指标完成情况】

2015年，黑龙江分行实现拨备前利润45.6亿元，增幅1.62%；实现净利润31.1亿元，增幅0.85%，计划完成率100.4%。存款余额2 801亿元，比年初增加183.4亿元，各项贷款余额（含银行卡透支）1 662亿元，比年初增加133亿元。实现中间业务收入19.2亿元，同比增收4.5亿元，增幅31%。不良贷款余额23.3亿元，不良贷款率1.43%，比年初上升0.25个百分点。各项业务指标总体保持平稳良好的发展态势。

【主要工作措施】

一、加大市场营销力度，推进经营转型发展

一是坚持高层营销。积极营销了多个行业和单位部门的核心客户，推动与10多个重要客户建立了全面战略合作关系；向当地政府、各界人士介绍工商银行国际化、综合化及互联网金融的业内领先优势，为拓展业务打好基础。二是大力拓展民生领域市场。以住房公积金管理系统为核心，营销并投产上线省森工公积金系统和财务系统；与省高速公路管理局合作，同业中率先开展省内高速公路ETC收费业务；从省财政争取社保补贴资金30亿元和结余资金49亿元、养老金运营资金134亿元；成功竞标省级国库现金管理定期存款21.8亿元；争揽省体彩中心代理业务归集资格，并在全省投产上线；组织多个业务部门公私联动营销，竞争校园一卡通、银医一卡通等项目。签约合作单位达12家，其中已投产的4个校园一卡通项目，实现发卡6.2万张，吸收活期存款5 200万元。三是多种方式开展营销活动。开展支持企业“走出去”合作签约活动，参与中俄博览会等大型经济活动，组织了市场营销“十大状元”竞赛活动，激发广大员工的营销积极性。与此同时，各项业务发展也取得了新的进步。一是各类客户大幅增长，大部分都超额完成计划任务。二是存款稳步增长。存款增量连续4个季度位居可比同业第一。三是中间业务收入强劲增长。增幅31%。2015年，手续费及佣金收入占营业净收入的比重为22.87%，同比上升了5.67个百分点，收入结构进一步优化。

二、加快改革创新步伐，不断增强经营活力

一是顺利完成了机构改革工作和人力资源深化项目工作；在5家二级分行试点设立了独立的小微金融业务中心，在其他8家分行比照上述模式配备专业化队伍，负责营销推动工作。二是推进渠道建设优化工作。完成了164个低效网点提质增效工作；将129家储蓄所和分理处升格为二级支行；启动147家网点迁建和改扩建工作，对309家网点实施智能化改造。网点运营标准化改革成效显现，网点运营管理评价等级、柜员工作负荷量、网点人员结构和柜口布局等指标显著提升。三是在省行组建了互联网金融营销团队，举办7期全行性互联网金融培训班，组织互联网金融产品推介会、大学生互联网金融创意大赛、“米香全国”龙江产品e购节等营销推广活动。四是加大信贷政策支持力度。下放部分信贷业务审批权限，给二级分行更大自主决策空间；扩大授信项下授权审批制范围，覆盖全部二级分行；推动信贷业务流程优化，实现营业部支行的部分信贷业务直报省行审批。五是在齐齐哈尔试点绩效合约工作，在牡丹江、佳木斯试点大零售先行先试工作，在七台河试点网点扁平化工作。六是推进新兴业务发展。承销信用债券126亿元，投资债券31.2亿元，其中投资北大荒集团超短期融资券3亿元，实现业务零的突破；开办中融国际信托日进斗金系列产品估值业务，实现了估值业务零的突破；票据业务累计交易量2 065亿元，同比增加1 613亿元。其中直贴业务138亿元，同比增加11.5亿元，小微企业票据贴现增量20.9亿元，完成计划的419%。实现票据利息收入8.12亿元，同比增加5.29亿元，创历史新高；促成总行专项融资部与哈电国际对接，为其南亚地区项目提供2.3亿美元出口买方信贷，其中我行承贷1.14亿美元；2015年12月初与哈电国际、沙特国际电力和水务集团签署了迪拜哈翔电力项目投资协议和融资意向协议。该项目总投33亿美元，融资总额25亿美元，是黑龙江最大、全国第三大的“走出去”项目，是国内中资企业首次以投融资和总承包模式进入海湾高端电力市场的历史性突破。

三、努力稳固资产质量，严防各类风险发生

一是累计清收处置不良贷款10.2亿元，不良贷款率控制在1.43%，低于系统内平均水平和可比同业平均水平；退出并转化潜在风险贷款16.7亿元，计划完成率104%；压降地方政府融资平台贷款25.3亿元，计划完成率126%。二是完成了对基层经营机构的信贷经营资质认定工作，努力夯实信贷管理基础。三是强化内控案防工作。认真推进案防长效机制建设，开展内控案防主题活动，实施专项治理，强化违规违纪问责；当年操作风险损失率同比下降93.7%；风险事件暴露水平同比下降16.8%；“十大违规”事件同比下降38.8%；信息科技系统稳定运行，高质量实施总行部署的项目任务，研发并支持了我行民生领域的竞争性项目；安保工作扎实推进，在全行启动了报警监控联网平台建设；在人行金融统计工作考评中获一等奖；被人行列为黑龙江省金融机构反洗钱免检单位；在人行执行政策和管理规定综合考评中，是五大行中唯一获得A类评级的单位；全年无案件和重大风险事件发生，内控评价等级由三级二档提至二级三档，实现了提档升级。

四、坚持从严治行，抓好党风廉政建设工作

按照中央和总行党委要求，在全行副处级以上干部中开展了“三严三实”专题教育活动，并结合分行实际，开展了“走基层、转作风、提效率”活动，深入基层网点调研，了解推进基层经营管理和党建工作，工作作风更加接地气。贯彻总行党委从严治党、从严治行要求，把廉政工作与业务工作同部署、同落实、同检查、同考核。强化领导干部“一岗双责”，抓好“廉政案防主体责任落实年”活动。将中央八项规定、总行十五条落实意见和反“四风”作为重点监督内容，组织开展了廉洁谈话、廉政提醒、执法监察、执纪问责、员工经商办企业和异常行为排查等一系列工作，党员领导干部遵章守纪的自律、自警、自纠意识得到增强。对于涉及人、财、物等重大事项，坚决贯彻民主集中制，认真落实“三重一大”管理要求，按照规则、制度、流程办事，严格规范权力运行。对于个别干部工作不在状态、不敢担当、忽视群众利益的不良作风和行为，做到敢抓敢管，监督整改。

五、坚持以人为本原则，构建和谐发展环境

一是评先树优。多家分支机构、多名员工先后获得中国银行业、总行、省内的表彰和荣誉称号。其中有1家营业网点获评2015年中国银行业文明规范服务“百佳网点”称号。分行共计有2家网点获中国银行业“百佳网点”称号，2家网点获“千佳网点”称号，9家网点获“星级网点”称号，居同业首位。二是抓好员工福利及暖心工程。加大投入为全行员工办理补充医疗保险和意外伤害险；慰问老党员、老干部和特困员工，发放特困救助金840万元；加大福利费用投入，办好职工食堂，提升员工体检标准，把关爱员工落到实处。

上海分行

【主要业务指标完成情况】

2015年，上海分行实现拨备前利润257.69亿元，同比增盈30.82亿，增幅13.6%；实现净利润128.67亿元，实现中间业务收入103.19亿元，同比增收11.1亿元，增幅12.1%。全年拨备前利润、中收突破两位数增长，净利润、中收双超总行预算目标；不良贷款实现双降，存贷款规模稳健提升。

【主要工作措施】

一、紧抓改革创新，引领转型发展

一是强化机制抓推动。2015年初，上海分行完成了《创新发展纲要（2015）》，从体制机制改革、自贸区与跨境业务、大零售、大投行大公司、全机构大资管、互联网金融、金融市场业务、郊区市场、信贷管理和风险控制、网点竞争力提升等10个方面、38个具体项目上进行聚焦突破，通过顶层设计、管理创新、业务和产品创新等举措，为经营发展注入新的动力。二是明确目标促发展。围绕全年业务发展和经营任务目标，兼顾中长远发展和短期增长，深入研究市场，紧盯业务前沿，尤其是抓住自贸区机遇创新跨境业务发展、率先推进大零售业务战略落地、结合大投行推动大公司业务转型、围绕全机构推动大资管业务发展、聚焦移动金融打造互联网业务品牌等方向，创新产品和举措，加强整合借力，实现客户结构、存贷款业务、中间业务收入等的全面优化和提升。三是激发活力聚合力。组织开展创新发展大讨论，持续开展“金点子”、“微创新”等活动，充分调动广大干部员工的创新激情和智慧。加强宣传引导，利用行报、网讯等平台，对创新的想法和建议进行评价和奖励。设立创新贡献奖，每半年组织开展一次全行性的创新评比活动，对作出突出贡献的单位和个人进行重点表彰，营造万众创新的良好氛围。

二、紧抓质量攻坚，加大化解力度

一是全力抓好百日攻坚。贯彻资产质量攻坚动员会议精神和要求，明确阶段性目标和举措，上下联动、部门协同，抓早抓实，全力开展不良资产清收压降百日攻坚。二是创新手段多措并举。进一步改进工作方法，突出重点，聚焦关键环节，加快核销、拍卖和抵押资产处置进度；创新处置手段，积极探索通过产权交易所挂牌转让股权、物权、债权、知识产权方式，拓展全行不良贷款处置新途径；研发投行结构化产品，提高有效资产担保项下的不良贷款处置效率。在做好清收处置的同时，本着“标本兼治、正本清源”的原则，加强信贷风险监测和预警，加强贷前、贷中、贷后全流程管理，管住风险源头，稳定资产质量。三是强化考核有效激励。加快不良贷款清收处置，积极通过现金清收、以物抵贷、抵押资产转让等手段处置不良，有效压降风险敞口；制定不良贷款清转压降攻坚考核奖励办法，对处置有力、贡献突出的机构和员工，将给予专项考核奖励；对主动承担责任，积极配合处置工作的有关人员和机构，认真总结表彰；对完不成处置目标的行部实行“一票否决”。同时，制定市场项目下个人经营贷款责任认定的综合处理方案，按照“先认定责任核销处理，后合并一次处罚”的原则，提高责任认定效率和工作质量。

三、紧抓提质增效，夯实客户基础

一是持续拓户增容。创新营销模式，成立公司大客户、私人银行、个人贷款、信用卡分期付款和跨境人民币等营销团队，分支行联动，项目制、团队化推进，实施营销流程标准化管理和团队考评机制，完善分润和计价考核，进一步稳定优化存量，挖转拓展增量，提高重点客户的业务总量和同业占比。拓展重点群体，积极营销大中型企业、上市公司、政府机构、自贸区企业、金融同业客户，抓好五级以上代发工资客户的源头营销，加强社保缴费卡客户二次营销，加快电话银行中心营销职能转型，持续提升优质客户和潜力客户总量。提升客户质量，实施“内提外拓”分类提升工程，创新运用互联网金融产品和服务手段，有效激活低效客户，维护好活跃客户，加大中高端客户同业占比、产品覆盖率等指标考核力度，促进客户金融资产总量有效增长，切实解决客户结构下移和综合价值回报不高等问题。二是优化业务结构。全力稳存增存，抓好存款与理财协调发展，做大活期存款占比，提高代发工资贡献度，持续做好裸贷治理和大额资金进出监测，严格控制存款偏离度，强化有贷户贷存比管理，提升日均稳定性，实现存款有效增长。拓展优质市场，加强信贷业务布局优化和结构调整，做大住房按揭、信用卡透支、新型消费贷款等个人贷款业务，积极开展 PPP 模式下融资创新，加快文化、旅游、物流等消费性服务业领域突破，创新小微金融业务模式，组建小微企业专营中心，确保完成小微贷款两个不低于目标。做大新兴业务，大力发展投资银行、区域理财、金融市场交易、资产管理、资产托管、私人银行、贵金属、养老金、票据等业务，加快自贸区专营产品创新，做大跨境人民币业务规模，抓好互联网金融新产品推广应用，尤其要抓紧筹建移动金融业务中心，率先做强移动金融品牌，持续提升新业务和新产品的收入贡献。三是努力增收减支。强化成本管理，除去保障员工基本薪酬和业务运营所必要的开支外，从严安排、从严审批一切费用支出，合理优化资源配置，规范财务费用支出，提高与价值创造和创新发展的挂钩力度。加强投入产出分析和评价，明晰成本收益，明算账、算清账，采用切实可行的内部计价方法，提高资源有效利用率。强化资本管理，细化分类指导，将资本压力传导到各机构、各业务条线，按照整体目标和分项目标，明确经济资本限额，专业部门按品种分别把口，有效控制资本占用，鼓励发展低资本占用的创新业务，提升资本回报水平。强化定价管理，适应利率市场化改革趋势，综合考虑资金回报、客户维护、业务带动等因素，加强产品的市场化组合定价，提高整体效益水平。

四、紧抓风险防控，强化风控管理

一是强化信贷基础管理。加强存量风险排摸，对一般法人逐户分析，做到客户情况心中有数，重点关注存在经营亏损、过度投资、过度负债、盲目扩张、互保联保、裸贷、民间借贷的风险客户，严格落实风险管控措施。抓好增量风险控制，关注贸易融资、供应链、票据贴现、固融等业务中虚假交易、虚假票据风险，把好客户准入关，扎实推进剪刀差压降工作，前移逾期贷款风险防范，最大限度压降逾期贷款规模。二是狠抓“一加强两遏制”。扎实推进“一加强两遏制”专项检查工作，完善内控合规管理机制，高度关注表外业务风险，对存量代理投资和代理销售业务进行风险排查，针对风险暴露情况和办理过程中的合规性问题，及时提出风险化解方案。突出抓好人员管理，加强员工职业操守教育和内控案防责任落实，坚持管事与管人相结合，严格落实五条制度高压线，完善重要岗位、重要人员、重要业务、重要风险点、重要行为等“五项监督”，加强明知故犯、明晓不报、明辞逃责、明诉暗处、明违不罚等“五项约束”，确保依法合规经营。三是加强全面风险管控。加快提高市场风险管理水平，加强对利率、汇率及大宗商品价格波动的跟踪研判，完善风险应对预案。加强流动性风险管理，关注资金流动频繁、存款稳定性下降带来的流动性管理压力，定期开展压力测试，形成完备的管理策略。高度重视声誉风险管理，密切关注舆情变化，完善应急处理预案，切实防范外部风险渗透转化，持续抓好收费规范管理，切实保护消费者权益，进一步提升客户投诉处理能力，加强信访维稳工作，营造和谐稳定的发展氛围。

五、紧抓队伍建设，营造良好氛围

一是充分发挥强大的思想政治工作优势。开展形式多样的文化宣传活动，传递分行发展愿景、创新纲领和改革思路，释放战略引导和制度设计的红利，激发全体员工的认同感和主动性，以强烈的主人翁意识，积极参与到全行改革发展中来。推进人力资源管理深化项目，制定实施细则，明确岗位职级管理、工资套改方案、绩效考核等内容，进一步拓展员工晋升发展空间，优化薪酬配置机制，提升人力资源管理的激励约束效果。二是创新教育培训工作思路。突出创新发展和改革攻坚要求，提升各类人员岗位履职能力。抓专业队伍培训，系统开展公司信贷、零售金融、新兴业务等重点领域的专业培训，培养一批专业核心人才。抓干部队伍培训，加强对各级管理人员的教育培训，全面提升干部队伍素质，培育优秀履职文化，做到风清气正，心无旁骛，真抓实干，攻坚克难。抓营销队伍培训，进一步加大对客户经理的培训力度，创新培训方式方法，尝试分行统一培训和支行自主培训相结合，全面提升专业素养和营销服务能力。三是抓好机关作风转变。认真开展“效率提升年”活动，大力推行服务承诺制、首问负责制、限时办结制、督察督办制等一系列制度办法，强化重大事项协调机制，实现基层服务、业务联动和管理效能的大提升，有力助推创新发展。围绕“创新发展、队伍建设和风险防控”三大主题，辖内各级班子成员带队开展专题调研，提出有效思路和措施。各部门落实基层联系制度，深入基层调研指导工作。抓好党风廉政建设，强化主体责任和监督责任的落实，持续开展反腐倡廉和警示教育，严格执行各项组织纪律规定，努力维护工商银行品牌形象。

江苏分行

【主要业务指标完成情况】

2015年，江苏分行实现拨备前利润272.15亿元，增长7%；净利润160.57亿元，增长0.88%。不良贷款余额86.1亿元，不良贷款率1.08%，比年初上升0.24个百分点，仍处于可比同业最优水平。

【主要工作措施】

一、集中精力加大信贷风险管控

一是防范潜在风险贷款劣变。加强大户风险管控，实行省市行分级会诊制度，落实重点关注大户风险评估和处置预案。加强重点领域风险监控，组织开展公司客户保证贷款、过度融资等专项治理，年末保证方式贷款大幅减少，单边压降金额超过370亿元。传导逾期欠息贷款化解压力，推动违约贷款重组转化，推进风险防控关口前移。二是加强不良贷款处置管理。统筹用好常规处置手段和批量转让方式，发挥特殊资产处置中心职能作用，千方百计提高处置效率和受偿水平。全年不良贷款处置金额是2014年的1.6倍；批量转让受偿率达到61.2%。三是夯实信贷管理基础。推进行业信贷限额管理，加强行业环保风险管控，集中压降5个产能严重过剩行业后两类客户的融资。抓实总行监控预警信息核查反馈，强化资金可疑流向监测，有效堵塞风险管理漏洞，总行预警信息反馈及时率逐季提升。四是重塑信贷风险文化。坚持从严治贷，厘清管理职责，严肃查处失职行为。实施信贷轮训和资质认证，启动基层经营机构信贷资质管理，推动落实专家治贷。加强典型案例的风险教育，重塑“诚、慎、精、恒”的信贷文化。

二、全面夯实业务发展基础

负债业务方面，坚决抛弃“冲时点”的思想偏差，通过加强客户拓展维护和日均存款指标的考核，促进存款总量持续稳定增长。人民币存款日均余额超过10 000亿元，较上年增加445亿元。在清理规范非基础存款的基础上，对公基础存款新增88.2亿元，日均余额较年初增加399亿元。资产业务方面，按照“抓大、抓小、抓优、抓新”的经营导向，大力拓展优质信贷市场，人民币各项贷款比年初增加536.5亿元。突出抓好“三重”领域信贷投放，项目贷款新增328.2亿元，余额、增量系统排名双第一。坚持小微融资小额化、专业化导向，推出小微创业贷等融资新品，监管口径小微贷款新增近150亿元，完成“三个不低于”目标。大力拓展个人按揭和消费信贷市场，个人贷款新增359.9亿元，是2014年的2.1倍，信用卡透支比年初增长20.2%。中间业务方面，围绕规范经营和持续发展，加强新兴业务的培育和传统业务的升级，逐步改变过于依靠资产拉动的收入结构。中间业务收入增长7%，继续保持系统第二位和同业第一位。私人银行、资产托管、债券承销、并购重组等新兴产品线收入增幅均超过50%，结算、代理、理财等基础类收入增幅也达到12.3%。客户基础方面，坚持新户拓展和存量维护两手抓，加强线上线下服务体系建设，个人客户远程维护模式日趋成熟。发挥大额资金监控平台、工商企业通、银关通平台优势，目标客户拓展取得较好成效。工商企业通开户超过4万户，5 000万元以上对公客户较年初进一步增加，大额资金监控平台新开户数连续四年排名系统第一。

三、更加注重新兴业务发展

一是大零售转型初见成效。大力倡导以个人金融资产为核心的经营理念，积极推进零售业务转型。大零售业务贡献度达到39.8%，同比提升4.2个百分点；个人客户金融资产总额增长10%；大零售中间业务收入增长27%，占到全部中收的46.6%，提高7.6个百分点。实施私银客户千户工程，开展目标客户高层营销和联动营销，私银客户大幅增长74%。二是大投行、大资管业务快速发展。加大投行团队的人员配备，专注上市公司的深度挖潜，全年运作品牌类投行项目154个，投行收入总量继续保持系统第一。加强入池资产的组织推荐，推动封闭净值型产品转型，大资管业务推荐投资超过400亿元，区域理财产品发行募集资金超过130亿元。建立健全票据移存体系，做大票据资产流量，票据业务净利差增长114.66%。三是互联网金融增势良好。组建互联网金融营销团队，突出统一平台、移动金融、盈利产品等营销重点，客户规模和产品总量快速增长。“融e购”签约商户、手机银行客户、e支付客户分别增长130.4%、24.6%、148%。四是网点渠道转型取得新成效。稳步推进网点智能化建设，持续优化网点区域和功能布局，累计建成“自助+理财”网点174家，完成智能化改造133家，四五级低效网点占比44%，压降4.5个百分点。

四、内控案防形势保持平稳

面对严峻的内控案防形势，组织开展“过程管理巩固年”活动、“无违规、无差错”活动、“一加强两遏制”专项检查等工作，扎紧风险管控和从严治行的篱笆。根据形势发展变化，梳理确定了信贷审批发放、不良资产处置、存款欺诈风险、违规代客理财、违规销售理财产品、财务违规违纪行为、信用卡套现、员工参与民间融资和经商办企业等8个重要风险点，把全面防控和重点治理结合起来。加大存款失踪、贷款诈骗、非法集资、商户套现等风险点的治理力度，预防和化解外部输入性风险。深入开展临柜风险管控，全面落实监管机构“20个加强”工作要求，持续抓好银企对账、风险核查、反洗钱等基础工作，提高对实质风险的防控能力。全年内部风险暴露水平下降10.14%，风险事件降幅超过30%。加强员工异常行为动态管理，落实关键岗位轮岗、违规举报奖励等制度，遏制案件和重大风险事件反弹势头。强化金库、营业网点、离行式自助银行等重点部位的安全管理，加强信息系统管理和信访舆情管控，保障业务安全稳定运行。

五、扎实推进党建和队伍建设

召开党建工作会议，成立党建工作领导小组，落实管党治党责任。加强各级党组织建设，开展党组织书记轮训，抓好一线和青年党员发展工作。落实党风廉政建设主体责任和监督责任，严明党的纪律和规矩，开展“三严三实”专题教育，深化“反四风”作风建设，对于违规违纪人员坚决给予党纪政纪处分。加强各级领导班子建设，组织二级分行领导班子“N+1”年轻干部公开选拔，推进非管理类员工职务聘任工作，完成人力资源管理深化项目。实施网点运营标准化改革，加大向营销岗位和新业务条线的人员增配，探索团队制、柔性化的人员管理模式。深化员工分层分类培训，加强网点负责人实习基地建设，开展临柜岗位、理财经理、网点竞争力提升等技能竞赛，提高员工履职能力。推进企业文化建设，落实行务公开和民主管理，广泛开展各类群众性文体活动。深入推进文明创建和创先争优工作，三家单位荣获全国性荣誉，六家单位荣获江苏省荣誉，四家单位和六名员工获总行“五一劳动奖状”和“五一劳动奖章”。持续开展送温暖、送清凉、送爱心活动，关心困难员工和离退休老同志生活，救助各类困难员工898人，营造了守望相助、和衷共济的浓厚氛围。

浙 江 分 行

【主要业务指标完成情况】

2015年，浙江分行实现各项存款余额10 406亿元，历史性首次突破万亿元大关，较年初新增1 179亿元，四行占比48%、列同业第一。实现全部贷款余额7 960亿元，比年初新增383亿元，增量和余额四行占比分别为63.3%、31.9%，均保持同业第一；表内外融资余额达10 941亿元。实现中间业务收入132亿元，增幅15%，四行占比42.4%、超过第二名19.8个百分点，占到全部营业净收入比重的33.4%，同比提升3.43个百分点。实现拨备前利润240亿元，增幅2.5%；实现净利润100.9亿元，是农中建交四行净利润总和的1.16倍，拨备前利润及净利润均超额完成总行计划。累计清收处置不良164亿元，创历史之最，不良贷款余额164亿元，不良率2.22%，低于浙江省金融机构平均水平并持续保持可比同业最优。

【主要工作措施】

一、全力化解风险，资产质量总体可控

一是加强不良贷款清收处置队伍建设。组织全省271人分派在各个二级分行进行集中处置、专职清收，每个二级分行都有行领导专门负责清收；同时，在组建温州、绍兴、舟山三个风险压降小组的基础上，向金华、义乌分行增派风险资产压降小组。二是明确清收人员职责分工。专职清收人员，主要负责对已经出现不良的存量贷款，通过现金清收、呆账核销、还款免息、批量转让、本息无损失债权转让、重组转化等各种手段，加快清收处置。信贷管理条线和支行安排部分客户经理，负责对潜在风险加强源头管理，深入开展“四色”风险排查工作，把风险客户纳入名单管理，逐户分析制定化解预案，逐户落实到人；同时在“风险不扩大、担保不变化、纳入潜在风险管理”的前提下，充分运用企业瘦身、政府帮扶、收息转贷、再融资、展期、重组转化、延缓代偿、结息方式调整等措施缓释存量风险，控制贷款劣变。三是着力强化风险管控。加强对高风险业务和高风险机构管理，强化贸易融资风险管控，暂停办理订单融资、预付款融资等部分债项难以核实、缺乏实质风控手段的贸易融资业务，明确要求贸易融资做到“七查七防”；对全省21家高风险支行，除办理低风险业务外，新拓展客户的尽职调查上收到二级分行，严把准入关；对新增融资劣变多发的6家支行行长进行诫勉谈话和督导。四是严格责任追究。对目标任务完成不力、责任不落实、管理不到位的机构和个人，实施风险责任评议和追究。2015年累计处理责任人4 536人次，其中行政处分249人次，批评教育148人次，扣减绩效收入4 094人次、1 973万元，违规积分1 830人次、积分5 072分。全年累计清收处置不良贷款163.9亿元，年末不良贷款余额163.7亿元，不良率2.22%（同业口径含卡透支不良率2.12%），低于浙江省金融机构2.37%的平均水平，还原打包核销后不良率为3.75%（农行4.29%、中行3.91%、建行9.06%），继续保持可比同业最优。

二、负债业务多元发展，存款规模超“万亿元大关”

主动适应利率市场化发展趋势，坚持以客户为中心，加快推进从规模管理向成本效益管理转变。全年新增私人银行客户3 482户、财富客户1.54万户，日均资产1万元以上客户43.3万户，分别同比增长93%、19.4%、10.6%，均列系统内前二；新增日均对公金融资产50万元以上客户2 396户。在做好被动负债的基础上，创新推出“工银聚富”、“天天惠”银证款、“期期赢”升级版等优势产品，加大“高来高走”、大额存单等主动负债产品创新应用，加快从被动负债向被动负债和主动负债并重转变。加强裸贷综合治理，压降裸贷客户3 516户，依托信息科技等技术手段，成功争揽全省法院案款、省级养老金等一批重大项目。全部负债（存款+理财）余额13 108亿元，比年初增加2 142亿元，超过当地建行（6 561亿元）和中行（5815亿元）两家之和。其中全部存款余额10 406亿元，四行占比34.7%，较2010年末提升5个百分点；比年初新增1 179亿元，增量四行占比达48%，成为浙江省内首家存款“超万亿”金融机构。“储蓄+个人理财”余额6 206亿元，实现对可比同业的反超。

三、资产业务平稳增长，信贷结构调整持续深化

主动收缩资本高耗型的资产业务，大力发展表外融资业务，积极推动资产经营“轻型化”。年末全部贷款（含卡透）7 960亿元、新增383亿元；表外融资余额2 981亿元、新增140亿元；表内外融资总量达到10 941亿元、新增523亿元。在信贷业务经营上，坚持“两大两小三新”信贷策略，持续推进信贷结构调整。公司贷款紧盯“两大”目标市场，加大对上市、拟上市等大企业以及基础设施建设等重大项目的信贷投放，先进制造业、文化产业、战略性新兴产业和现代服务业等四大新领域新增贷款69亿元、占全部公司贷款增量的71%。“两小”业务重点发展个人按揭贷款、个人消费贷款和信用卡透支业务，个人贷款新增223亿元，其中个人住房和消费贷款分别新增178亿和84亿元；信用卡透支余额579亿元、新增61亿元。新拓展小企业2 933户，新增贷款43.5亿元，户均贷款705万元，低于年初存量户均65万元，实现了监管部门提出的“三个不低于”要求。“三新”领域重点关注拓展新业态新市场新领域，全年完成杭州文一西路隧道、余杭文化中心、江山第二污水厂等3个PPP项目审批，成功发放了浙江省内首个PPP项目贷款。

四、推进盈利结构优化，确保百亿元利润大行

大力发展中间业务，克服“减费让利”带来的影响，不断挖潜新的盈利增长点。全年实现中间业务收入131.9亿元，同比增加17.3亿元，四行占比42.4%、超过第二名19.8个百分点；中间业务净收入占到全部营业净收入比重33.44%，同比提升3.43个百分点。个人金融业务专业抢抓资本市场机遇，销售非货币型基金346亿元、保险131亿元，实现收入40.6亿元、同比增长111%；其中私人银行产品净增669亿元，实现收入20亿元、同比增长257%。信用卡专业持续推进汽车分期、线上线下收单等业务发展，创新“家家乐”等新业务，实现收入33.4亿元，同比增长12.6%。结算与电子银行专业加强互联网领域业务渗透，分别实现电子银行收入27亿元、结现收入18.7亿元，均保持两位数快速增长。国际结算量1 056亿美元，实现结算收入5.6亿元，均列四行第一，合计实现国际业务收入10.5亿元。在中间业务收入的强劲支撑下，实现拨备前利润239.7亿元，同比增长2.5%；因净计提风险拨备105.1亿元，同比多增44.4亿元，实现拨备后利润134.6亿元；扣减所得税成本，实现净利润100.9亿元。

五、加快推进业务创新，全面转型初见成效

紧紧抓住成为总行加快转型发展试点行的机遇，启动全面转型工作，大力推进五个重点领域率先突破，取得了初步成效。“大零售”营业贡献显著提升，坚持“高端引领”客户发展战略，做优个人资产业务，做大私人银行业务，全年实现大零售营业贡献124亿元，占到全部营业贡献的56%，较上一年度提升9.57个百分点。“大资管”业务齐头并进，主动对接资本市场，完成资本市场类项目投资89.7亿元、同比增长142%。债券承销业务280亿元，市场份额15%、继续保持全省金融机构第一。新增托管资金1 903亿元，

托管余额9 260亿元，成为系统内托管规模最大的省级分行。金融交易类业务创新发展，建成资产流转“产品库”，与多家同业及系统内分行建立资产流转合作渠道，实现资产交易80亿元、实现收益7 000万元；在湖州、杭州等地创新开展公积金资产证券化业务，开创同业之先河；打造离岸人民币交易产品线，全年累计交易56亿美元，同比增长121%，实现收入近1亿元。重构信贷战略架构，在重塑信贷文化的基础上，探索并逐步构建起“战略定位清晰、准入制度完善、授信额度合理、客户管理到位、操作流程科学、岗位职责明确、技术平台先进”的信贷经营管理新体系。推进互联网金融发展，积极推广总行“三平台一中心”和“三大产品线”，“融e购”签约商户625户，年销售额超过26亿元；融e行客户达957.9万户，动户率26.3%，同比提升2.49个百分点；工银e支付客户净增266万户，同比增长92.68%。“工银聚”网络金融平台上线71家大型龙头企业，集聚上下游客户逾3.4万家，结算金额700亿元，放贷11亿元、实现“零”不良。成功上线O2O移动金融平台，累计发展商户2.2万户，交易总笔数33万笔，全额近2亿元。着力打造跨境电子商务服务平台，陆续在“融e购”跨境频道上线西班牙馆等6家海外馆。互联网金融发展受到社会各界广泛关注，中央电视台两次来浙采访并在《新闻联播》播放。

六、加强全面风险管理，确保实现安全经营

进一步加强操作风险、市场风险、道德风险、声誉风险防范，全年实现安全经营、经济案件“零发生”。强化合规基础管理，开展“增强风险意识，坚守合规底线”案防主题教育、内控案防述职、合规培训班等系列活动，全力营造浓郁合规氛围。加强风险排查，组织开展“两加强、两遏制”专项检查及回头看、“清雷防险”等活动；加强上下联动，建立全省飞行检查队伍，加大重要风险点的防控治理。完善案防网格化管理，总结提炼成功经验，制定管理模板进行全省推广。加快推进技防智能化，全面启动报警监控联网综合管理平台建设，不断夯实安全保卫防线，多家机构获得“治安安全示范单位”和“心防工程先进集体”等荣誉称号。

七、践行“三严三实”，深入推进党建工作

坚持党的建设与经营发展“两手抓、两促进”，深入推进党建各项工作。思想建设上，把思想政治建设摆在首要位置，健全党委中心组、领导干部论坛等定期学习机制，提高党员干部党性修养，引导党员树立担当精神和克难攻坚决心。制度建设上，进一步落实“一岗双责”，制定分行党委主体责任和纪委监督责任的实施意见，推动主体责任和监督责任制度化、规范化。健全长效机制，在系统内率先推行内控案防专职领导制，每个支行配备一名内控监察专员，专门分管本单位的党风廉政建设、案件防范以及内控管理工作。率先探索开展二级分行党委书记抓基层党建工作述职评议，推动基层党建工作常态化、科学化。组织建设上，加强基层组织建设，配齐二级分行专职纪委书记，充实纪检监察条线力量，在业务处理中心、审批部等人员较多部门设立专职支部书记，在各党支部专门配置纪检员，真正落实监督责任。建立健全“立体化”人才培养管理体系，设计各类人才工程，鼓励青年党员干部到困难地区、清收一线经受历练，形成了一支800余人的适应转型要求、梯次合理的核心人才队伍。作风建设上，以开展“三严三实”专题教育和教育实践活动整改落实“回头看”为契机，认真组织专项检查，坚决防止“四风”反弹，全面完成当年制定的5个方面19条整改措施。通过“三严三实”专题教育，进一步激发了员工的凝聚力和战斗力，在困难面前信心不失、人心不散、劲头不减、管理不松，为改革发展提供了坚强的思想保障。

安徽分行

【主要业务指标完成情况】

2015年，安徽分行实现净利润44.06亿元，同比增加8 173万元。人民币各项存款增加269.67亿元，日均存款增加219.06亿元；各项贷款增加212.14亿元，实现中间业务收入22.53亿元。年末不良贷款余额43.7亿元，不良率为1.52%，逾期贷款余额66.1亿元，均控制在总行下达的计划内；“剪刀差”余额22.4亿元，比年初下降10.69亿元，居全国第3位。

【主要工作措施】

一、积极正面应对，全行资产质量进一步提升

面对严峻的信贷资产质量稳控形势，牢牢把握质量这一关键，把信用风险防控放在特殊重要位置，深入实施全面的系统的信用风险管理，打好信贷资产质量保卫战和攻坚战，全年资产质量基本稳定。一是思想高度重视信贷资产质量。在深入分析信用风险问题产生根源的基础上，按照标本兼治原则，牢固树立全面的系统的信

用风险管理理念，实施信贷营销管理、存量贷款管理和不良贷款管理的“三位一体”管理，并根据贷款风险状况，实施潜在风险客户、违约贷款客户、不良贷款客户等三类名单库管理。先后组织召开了违约贷款处置联席会议、信用风险管理工作座谈会、全省信贷工作会议，进一步明确责任、强化措施，要求对信贷资产质量实行党委领导下的分工负责制，尤其是强调分管信贷前台部门的行长要坚持靠前指挥，信贷前台部门承担风险化解的主要责任。二是坚守任务目标。围绕总行下达的“44、78”计划目标，即不良贷款控制在44亿元内、逾期贷款控制在78亿元内，进一步完善信用风险防控机制，要求各分支机构围绕自身承担的质量稳控目标任务，按月倒排工作计划，针对当期影响目标任务完成的突出问题，及时明确稳控重点和措施，一户一户地盯，一个时段一个时段地抓，坚决守住阵地，确保了各时点稳控目标实现。尤其是提出建立信用风险处置调度会制度，各级行一把手对信用风险处置工作实行调度，每月定出控制目标并分解落实、严格考核通报，促进了相关目标责任“落地生根、开花结果”。三是细化管控措施。重点推动潜在风险客户库、违约贷款客户库、不良贷款客户库等“三库”精细化管理，持续对存量贷款分产品维度、客户维度进行分析排查，提前主动化解了相关风险；逐户研究违约贷款化解措施，全力压降违约贷款，努力做到“功在其前”；综合运用各项处置政策，多措并举提升不良贷款清收处置成效。全年转化违约贷款67.18亿元；清收处置不良贷款55.28亿元，其中现金清收25.87亿元。四是完善工作机制。进一步完善了横向协调和纵向管控、源头防控等机制，重点加强信息真实性治理。积极拓宽风险管控范围和深度，高度重视加强表外业务风险管理，对表外融资业务进行了逐项目分析。重视抓好大额个人不良贷款清收，着力提高信用卡透支逾期催收成效。在坚持尽职免责的基础上，严肃追究了尽职调查、风险排查、不良贷款违规等责任。

二、大力推进发展，市场领先地位进一步巩固

着力深化大零售、大公司、全机构发展战略，组织实施三大板块综合营销和储蓄存款旺季营销活动，积极抢抓市场机遇，促进了各项业务均衡快速发展。一是推动存款低成本稳定增长。重点依托客户拓展和综合服务，全力以赴推动存款业务稳定增长，储蓄存款增加133.65亿元；公司存款增加36.88亿元；机构存款增加13.55亿元，同业存款增加85.59亿元。年末各项存款余额为3 832.78亿元，居同业首位。二是保持信贷均衡稳步投放。突出抓好优质贷款营销，进一步优化信贷投向，促进了各项贷款均衡稳步投放。全年项目贷款增加60.47亿元；个人贷款增加115.79亿元，票据贴现增加76.95亿元。年末各项贷款余额为2 951.46亿元，居同业首位。三是大力推进中间业务发展。围绕打好传统牌、挖潜牌、创新牌等“三张牌”，实施中间业务优胜县支行、优秀项目评选，重点突破金融资产服务业务、信用卡、结算与现金管理等业务领域，切实推动中间业务加快发展，实现中间业务收入22.53亿元。四是深入实施大零售战略。牢固树立“无大零售不稳”理念，积极开展了“率先发展”试点，切实抓好大零售战略实施落地，努力提升零售市场竞争力和营业贡献，全年实现零售营业贡献52.82亿元，占全部营业贡献的54.03%，同比提高3.12个百分点。

三、坚持从严治行，风险防控进一步得到强化

面对复杂严峻的内控案防形势，坚持将从严治行、从严管理贯穿于经营发展各方面，严格防范各类高风险事件和案件，努力为实现健康可持续发展创造良好条件。针对不良社会风气给员工行为带来的负面影响等突出问题，持续加强“从人到事”和“以事找人”内控案防网络建设，各级党委按季听取案防工作尤其是“人”和“事”两项排查工作汇报，有效提高了排查工作的常态化、制度化、规范化水平。全年通过动态排查新增关注对象88人，通过风险事件核查处理了37名责任人，解除劳动合同15人。同时，持续深化内控体系建设任务落实，推进了内部控制一级行相关工作。认真开展了“一加强两遏制”专项检查活动，针对典型问题进一步完善了相关制度和机制。开展了现金业务专项整治活动。严控违规理财和私售飞单，加强信息安全管理，健全被诉案件联动、声誉风险防控等机制，有效管控了各类风险。全面落实安全目标管理责任制，认真开展安全工作大检查，确保实现了安全运营。

四、持续深化改革，经营发展活力进一步增强

牢牢把握改革这一动力，全面推动和深化了相关领域改革，加紧突破制约发展的关键障碍。结合“服务体验建设年”活动，重视抓好客户经理队伍建设，探索建立新型服务营销体系。突出抓好网点运营标准化改革，持续推动了网点布局优化、自助渠道建设、网点功能转型等重点工作，全年实现1 008名柜员和服务支持人员转岗，其中623人充实到大堂经理、客户经理岗位；迁址优化网点19个，新建离行式自助银行156个。加快线下服务网点智能化改造，建成26家智能网点。加快互联网金融产品推广应用，其中推荐123户省内商户入驻融e购电商平台，全年实现各类商品交易额1.36亿元。加强线上线下联动，推进“工银e生活”线下店商圈建设，开展了16次线下O2O购物体验活动。实施差异化的经营定位，改进政策资源配置，努力促进各级机构增强竞争力、协调共同发展，重点加大了对县支行发展的指导和督促。注重落实各级行经营管理责任，进一步改进完善了考核评价和财务资源配置。

五、加强党建和队伍建设，干部员工合力进一步凝聚

深刻认识新常态下加强党建工作的重要意义，统筹

推进了党的建设各项工作，着重强化党建工作主体责任，把思想建党放在首位，为统一全行思想、凝聚全员合力、调动积极因素提供了有力支撑。扎实推进“三严三实”主题教育，认真开展了“严以修身”、“严以律己”、“严以用权”专题学习研讨，进一步严肃了党内政治生活，持续推动了作风改进。组织召开了纪检监察会议，安排党风廉政和反腐败工作，制定实施廉洁文化建设意见，持续推进了廉洁银行建设。深入研究新环境下的队伍建设，按照团结、务实、廉洁、创新、卓越的要求，进一步提升了各级领导班子建设水平。认真落实《管理人员选拔聘用工作规定》，进一步规范了干部选拔任用流程。加强后备干部队伍建设，组织实施了二级分行后备干部集中选拔。将网点负责人纳入管理类人员管理，按照1:1比例配备了网点负责人后备人选。举办了两期基层党支部书记示范培训暨支行行长培训班。加强员工教育培训，共举办培训班超过400期，参训2万余人次，促进了干部员工队伍履职水平和业务技能的提升。

福建分行

【主要业务指标完成情况】

2015年，福建分行实现拨备前利润63.48亿元。各项贷款余额2 994.3亿元，较年初增加132.22亿元，其中：新增公司贷款46.96亿元、个人贷款3.86亿元、票据贴现114.18亿元。金融资产服务业务余额合计227.55亿元，比年初增加86.69亿元，增幅64.54%。存款余额2 599.35亿元，较年初增加130.4亿元，其中人民币储蓄存款、公司存款、机构存款、同业存款分别较年初增加39.17亿元、27.29亿元、25.67亿元和25.43亿元。实现中间业务收入32.79亿元。不良贷款余额138.12亿元，不良率4.61%。

【主要工作措施】

一、注重金融创新，全力支持实体经济发展

一是着力支持优质重点项目。全年共对电力、核电、高速公路、铁路和能源等49个福建省政府公布的省级重点项目贷款投放166.43亿元贷款，较年初新增130.22亿元，增幅72.36%；对已确立的188个省分行级重点项目投放183.22亿元。二是力推标准化信贷经营模式。累放小微企业贷款261.92亿元；小微企业票据贴现余额44.46亿元、比年初增加39.85亿元，增幅863.5%；新增个人金融资产自助质押贷款业务10.22亿元，个人住房按揭贷款53.25亿元。三是积极跟进对接自贸区金融服务。与福州经济技术开发区管委会、入驻自贸区的重点客户万国（国际）商品交易中心有限公司分别签订合作协议并提供综合服务方案。两家自贸区分行共新增企业1 082户，福州自贸区分行公司存款实现翻番，平潭自贸区分行各项贷款增量、机构存款增量和中收居同业第一。

二、狠抓“止血”和“化瘀”，打好信贷资产质量攻坚战、持久战

一是改善信贷资产存量结构。2015年末，项目贷款占公司贷款比重48.73%，比年初上升了5.75个百分点。全年实现公司贷款存量移位343.6亿元，完成全年任务数的107.38%。二是加固存量信贷资产质量。通过积极开展信用增信活动，699户法人客户，涉及融资金额168.77亿元实现了信用增级；通过假贷、裸贷、过度贷、异地贷等治理，较年初涉假融资余额下降89.71亿元，裸贷客户下降了1 516户。通过风险滚动排查、风险化解预案制定，设立“三道防线”、建立不良贷款清收处置项目工作制等的机制建设使风险监控和不良清收处置工作前瞻性、针对性和有效性得以提升。三是信贷经营管理制度建设取得进展。在机构客户准入、贷款审批、贷后预警监测、不良清收处置等方面先后出台多项制度文件规定，使信贷经营管理纪律更为严明，措施更为有力，责任更为明晰。

三、“三大战略”持续推进，市场竞争力进一步增强

一是推动大零售战略深入实施。零售业务率先发展试点机构扩大到3个分行、20个支行。年末个人客户营业贡献44.80亿元，同比增长4.07亿元；实现零售中间业务收入23.08亿元，同比增长3.06亿元；个人金融资产余额比年初增加266.80亿元，增幅13.50%。新增金融资产5万元（含）以上客户4.51万户、高资产财富客户4 004户。信用卡发卡量达47.43万张，新增31.26万张，信用卡消费额1 495亿元，同比增长35.8%。二是推动大资管战略深入实施。加大了资本市场类项目推荐力度，瞄准定增、股票投资、股票质押式回购以及债券推荐等业务，项目推荐取得大幅增长。全年资产管理业务实现投资108.87亿元，增幅54.09%；项目推荐发生额完成率120.97%，增幅46.52%。资产管理业务中间业务收入2.21亿元，增幅24.85%；资产管理业务收入完成率118.18%，增幅35.99%。新增资

管计划托管产品组合 14 只，新增托管规模 70.3 亿元。三是推动大投行战略深入实施。与 6 家私募、7 家证券、2 家保险、4 家信托、5 家资产管理公司、5 家基金公司建立了合作关系，积极开展投行业务。成功为南平市武夷新区投资开发有限公司提供 5 亿元债券搭桥融资业务，是福建首笔通过投行手段解决政府债务融资问题。全年投行业务实现投资项目（含表内）46 个，投资额 119.44 亿元，并已储备了 7 个、总金额 50 亿元的项目。

四、积极应对新常态，逆势而上弥补利润缺口

一是成立了私人银行、票据、大客户、投行、信用卡收单五大团队，效益增长效果明显。私人银行产品线方面，私人银行客户数达 1 122 户、较年初增加 173 户，中间业务收入达 2.8 亿元、完成全年任务的 280%；票据产品线方面，全年票据交易量累计 318.83 亿元，同比增加 212.54 亿元；实现票据交易利息收入 2.22 亿元、同比增加 1.26 亿元，递延收益 1.72 亿元、同比增加 1.58 亿元。大客户产品线方面，大客户中心直接受理的 65 户客户，比年初新增贷款 46.44 亿元，实现中间业务收入 7 593 万元。实现银团分销 26.6 亿元，超额完成全年任务。投行产品线方面，全年实现投资银行业务收入 2.41 亿元，核心产品线收入 2.24 亿元。新开拓资本市场投融资业务，全年收入 0.467 亿元。信用卡收单产品线方面，收单商户总数 30 999 户，列系统第 11 位，较年初增加 3 665 户，增幅 13.41%。二是新兴业务实现创新转型发展。加快了“互联网 +”产品推广，全年平台累计签约商户达 258 户，累计上线商户 171 户，总交易额累计达 20 亿元；新增手机银行客户数 59.36 万户、工银 e 支付客户数 87.56 万户；融 e 联客户端累计用户达 12.59 万户；融 e 行用户达 1.39 万户。大力支持福建省地方债承销业务，获主承销团成员资格，共承销认购 155.33 亿元、占比 12.34%，位居前列，实现中间业务收入 1 133 万元。推进养老金业务创新发展，养老金业务收入市场占比 78.43%，连续十年保持市场第一位，养老金客户新增 131 户、市场占比 70%，存量达 666 户、市场占比 47%，新增年金账户管理规模和受托管理规模银行同业占比第一。加大贵金属营销力度，实现贵金属业务收入 1.76 亿元，同业占比第一。加快交易类业务的发展，同业中首家开通 BOLERO 系统用户，办理了首笔 BOLERO 电子交单业务；全年实现交易业务收入（大口径）2.24 亿元。三是提升负债业务贡献度。储蓄存款方面，继续抓好代发工资、专业市场、存贷通等源头性存款的营销工作，加大储蓄存款创新产品推广工作，储蓄存款实现稳步增长。个人金融资产余额 20.82 亿元，比年初增加 3.41 亿元；存管通资金余额达 5.78 亿元。公司存款方面，积极拓展日均金融资产 50 万元以上客户，狠抓“裸贷”治理，抓好贷款派生资金及客户上下游购销资金的流动闭环管理，抓好项目资本金、拆迁补偿资金、各类募集资金的沉淀。机构存款方面，通过主动服务、深化合作扩展业务，机构存款继续保持了存量和增量同业第一的优势。全年新增日均金融资产 5 万元以上机构同业客户 329 户，完成年度计划的 165%。军队武警客户覆盖率达 94.62%，稳居同业第一。四是加强内外联动步伐。全年国际业务合计带来本外币存款 50.82 亿元。通过双向资金池、跨境购售、境外放款和反向汇兑通拓展跨境人民币业务，办理（实收实付 + 贸易融资口径）468.44 亿元，同比增加 25%。国际业务大中型客户新增 188 户，序时完成率 150.4%；人民币利率避险衍生交易客户数 73 户，序时完成率 730%，客户数居全国系统第一。办理国际贸易融资 28.7 亿美元，对外担保 9.53 亿美元，个人外汇汇款 7.6 亿美元，个人结售汇 9.14 亿美元；个人结售汇网点覆盖增长率居系统第一。

五、全面推进精细管理，体制机制改革能效开始释放

一是推进分支行机构改革。出台组织机构改革实施意见，加大重点区域资源投入，完成了福建自贸试验区福州片区分行和平潭片区分行升格工作。二是完善考核机制建设。在工资性费用大幅缩减的情况下，通过完善工资总额分配办法、“一总四分”考核指标、网点绩效工资分配办法和本部部室考核机制，加强客户经理考核管理，推动“最后一公里”考核传导落地，最大限度调动员工积极性。三是人力资源管理深化项目持续推进。建立副经理级备用人才库，开展省分行副总经理级后备人才库选拔工作；推进人力资源管理深化项目，建立明晰的晋升发展机制；建立实施“管理培训生”项目，指导新入行员工职业生涯科学规划；实施全员学习积分管理，全年共举办各类培训班 2 891 期，人均培训天数达 9 天。四是网点运营标准化改革进一步深化。较改革前，全辖普通区高低柜比例（1.09∶1）下降 84.9%，低柜业务可分离率（23.76%）下降 51%，有效推进了客户分层服务和高低柜业务分离处理；柜员人日均工作量（115.9 笔）提升 33 %，网点资源运营效率明显提高；净释放柜员和服务支持岗共 935 人，其中 590 人转岗为大堂经理或客户经理，年末销售类人员占全员比为 23.56%，比上年末提升近 2 个百分点，营销力量显著增强。荣获总行“网点运营标准化管理改革优秀组织奖”。

六、从严治行，严谨规范经营作风进一步形成

一是坚持党建工作与中心工作同谋划、同部署、同考核。将党建工作开展情况、落实党风廉政建设主体责任、纪委落实监督责任纳入行长经营绩效考核。扎实开展“三严三实”专题教育活动，对全辖基层党支部书记开展轮训。二是作风建设持续推进。通过“干部学习管理系统”和中心组扩大学习会等，抓实干部队伍政治理论学习和思想理论教育。落实总行

"管理效率提升年"活动部署，改进作风、提高效率的良好氛围在全行推动形成。三是社会正面形象进一步树立。开展"2015·我是明星"系列劳动竞赛、团员青年系列主题竞赛以及省分行第一届"感动工行"员工和集体表彰活动，弘扬先进，树典推优，传递正能量。启动实施员工帮助计划（EAP）项目，维护员工身心健康；积极在省政府、省银监局作经验介绍，为我分行争取政府、监管部门的政策支持创造了有利条件；开展金融青年阳光助残"五个一"行动，践行社会责任。

江西分行

【主要业务指标完成情况】

2015年，江西分行本外币全部存款突破3 000亿元大关，余额达3 013.99亿元，较年初增加297.56亿元，增长10.95%，余额、增量同业第一。其中储蓄存款增长7.85%，机构存款增长16.16%，公司存款增长10.27%。本外币各项贷款突破2 000亿元大关，余额达2 024.87亿元，比年初增加201.48亿元，增长11.05%。其中公司贷款增长8.65%；个人贷款增长6.69%。不良贷款余额39.44亿元，不良率2.04%。实现拨备前利润、拨备后利润和净利润56.3亿元、44.96亿元和33.6亿元。实现中间业务收入23.73亿元，总量继续保持同业第一。

【主要工作措施】

一、着力提升传统业务竞争力，经营转型基础进一步夯实

一是积极调整经营思路，多措并举推动稳存增存。积极贯彻"以客户为主、以活期为主、以日均为主"的存款工作指导思想，改进考核方式，促进存款增长。储蓄存款重点围绕代发工资、商品市场以及结算市场等三大市场拓展，通过存贷互动，多产品组合，带动资金在我行归集、沉淀。机构存款在积极做好财政、公积金、社保资金的稳存基础上，着力把握资本市场大发展之势，加强"银、证、保"合作，大力发展证券公司客户交易结算保证金存款，着力加强与政策性银行的合作，积极做好棚户区改造资金代理结算监管业务，实现了50个代理支行业务全覆盖。公司存款紧抓存贷联动不放松，以加强企业销货款归行为抓手，促进了结算资金归集，一改往年日均负增长的局面，成为系统内为数不多的全年保持正增长的分行之一。

二是围绕服务新经济和产业结构调整，改善信贷结构布局。大力实施"扩优筑基"工程，紧紧围绕总行确定的十大板块和江西分行确定的"四大新市场"，按照"选最优质客户、控风险总量、提融资占比"原则，梳理确定60户扩优客户名单，提升其融资占比和全产品综合价值。积极关注健康养老产业，通过在全省开展"一县一院"专项营销活动，拓展医疗卫生行业信贷新领域。着力发展银团贷款，积极牵头万达文化城、晶科能源、赣州综合保税区等一批有影响力的重点项目，提高了我行在信贷市场上的领导力。大力发展个人住房按揭贷款，有力推动了个人贷款稳定增长，全年个人住房按揭贷款增量达74.33亿元，占全部个人贷款增量的163%。

二、坚持防控与化解并举，资产质量得到有效稳控

一是改进贷款工作机制，切实把住入口关。开展信贷集中整顿活动，完善信贷作业监督管理，加强了信贷业务操作风险的防范。着力做好信贷经营资质管理，对辖内178个经营机构和1 400名信贷从业人员进行了信贷经营资质认定，"专家治贷"要求逐步落实。严格贯彻总行的信贷政策和准入管理制度，加强审批把关，退出了一批潜在风险客户。

二是突出重点领域风险，严控潜在风险贷款劣变关。按"四色"管理要求全面落实排查和退出机制，对潜在风险客户实行名单制管理。定期开展大户风险诊断分析，重点围绕房地产行业、产能过剩行业、批发贸易企业、政府融资平台、扩张风险突出的民营企业等进行集体分析，逐户制定信贷掌握意见和风险管理措施。组织省分行有关部门赴各二级分行现场指导资产质量管理工作，面对面商量风险缓释转化措施，并积极走访当地政府部门和重点贷款客户，取得各方支持，落实转化措施。通过各种措施共缓释贷款风险近68亿元，退出潜在风险贷款22.22亿元。

三是加大不良资产清收处置力度。组建了12个特殊资产处置团队，采取"一对一、点对点"方式，进行帮扶对接，逐户逐项盯进度，推动不良贷款清收，处置额创股改以来的最好水平。坚持常规处置与批量处置并重，成功批量出售两个资产包，处置不良贷款5.6亿元。持续开展胜诉案件"大额清收、小额清户"专项活动，胜诉案件执行收回3.45亿元。加强高层推动，通过与地方政府、人民法院沟通协调，使一批大额不良贷款处置得到实质性进展。

三、坚持外拓市场内激活力双轮驱动，打开转型新

空间

一是全面实施管理机制改革，凝聚了转型发展内生动力。从2014年底开始组织开展包括机构人员管理、业务经营、内部管理、考核分配在内的13项经营机制改革。一年来，完成了机构改革、人力资源深化、费用分配预算制改革和客户经理管户制度改革，选择部分行进行了产品经理制度、大零售业务率先发展、县支行综合改革、网点经营责任制管理、小企业专营制度改革等试点；组建了大客户服务中心，实施了营业网点运营标准化改革和渠道智能化建设。部分改革已初见成效，如：大客户集中经营促进了重要客户存贷款业务的归行，县支行综合改革、网点经营责任制改革的试点行实现了困难环境下的逆势大发展，网点“减高增低”和智能化网点建设开启了物理渠道转型发展的光明通道。

二是全力以赴开拓四大潜力市场，多元格局开始崭露头角。国际业务市场拓展成效明显。牵线省政府与总行签署了《“走出去”战略合作协议》，拓展了海外市场；紧抓跨国公司本外币资金池业务新政机遇，实现外汇资金集中运营业务客户的全覆盖；推广了一批具有较强市场竞争力的产品，如全辖推广境外结售汇业务，实现了8小时不间断业务办理；开办远期结售汇业务，开辟了收入新渠道；大力发展个人结售汇业务，业务量同比增长57%。全年国际业务的中间业务收入9 912万元，同比增长25.3%，在江西省进出口业务增幅不足5%的情况下，国际结算量同比增长19.4%。农村市场拓展探索破冰。开展了农业生产资金链全封闭经营试点，完成3个县的农产品供销链金融服务模式试点，组织县以下农资供应商开户5 660户，组织研发了针对农产品供应商的融资产品“定向支付信用卡”、“惠农融资宝”；大力推广“福农卡”，净增发卡92.06万张，卡内存款余额较2014年同期增加44.67亿元。金融资产服务市场拓展步伐加快。积极对接投资市场，重点发展了理财服务、承销发行、资产托管、代理交易等业务，累计承销发行2015年江西地方政府债58.7亿元，代理发行国债3.54亿元，发行区域理财产品41.74亿元，大资管业务同比成倍增长，来自大资管业务的佣金及手续费收入较2014年增长124.4%。互联网金融市场拓展顺利推进。充分发挥“三大平台、一个中心”行业领先优势，积极加快融e购、融e行、融e联和工银e支付的应用推广。江西省60.8%名优商品达成入驻融e购协议，网上售房370套，交易额4.23亿元；网上缴学费5 262万元。

四、落实“挖潜增收”与“严支节流”双管齐下，精耕细作助力发展转型

一是全面挖潜，力促各业务条线多做贡献。学习兄弟分行先进经验，重点推行中间业务团队营销机制；完善“缺口管理”，分产品、分专业、分客户细化增收目标，逐项落实收入来源，加强督导推动。围绕总行提出的9类战略性成长业务，梳理确定分行重点发展业务，制定增收措施，以点带面，抓好落实。部分专业成效明显，如：私人银行业务通过建设“全行办”机制，组建专职团队，开展翡翠、陶瓷、贵金属品鉴等多种非金融增值服务活动，打响了服务品牌，实现中间业务收入1.12亿元，增长129.06%。

二是从严管理，倡导节支创造效益。在利差收窄，利润下降的背景下，引导全行从“过紧日子”向“过苦日子”转变，精心计算每一分钱的使用，把“钱”花在“赚钱”上，努力营造“厉行节约、勤俭办行”的良好氛围。实施营销费用分配制度改革，破除“挣费用”的概念，通过精细管理，发挥好费用预算的支持保障功能。从严审批一切消费性费用支出，进一步规范各项公务接待、会议、培训费用，真正把勤俭办行落到实处。

五、从严抓好党建工作和内部管理，筑牢了健康发展根基

一是把党的建设放在经营管理的重要位置，不断提高领导班子科学决策和“两手抓”的能力。坚持将党建工作和业务工作同谋划、同布置、同检查、同考核。认真组织开展“三严三实”专题教育，仔细查找“不严不实”问题，努力摸清“病症”、查到“病因”、找准“病根”，即刻入手、立行立改，推动全行作风不断改进。深入贯彻党风廉政建设责任制，严格落实党委的主体责任和纪委监督责任。制定了《关于切实加强机关作风建设的意见》，严格按照“六抓”要求抓好落实，切实加强机关作风建设。坚持在全行持续开展创建“五强”基层党组织和争当“五优”共产党员活动，着力加强了基层党组织和党员队伍建设。

二是着力加强内控案防建设。持续推进“三位一体”、纵向到底、横向到边的内部控制体系建设。全面深化反洗钱集中处理改革，反洗钱能力进一步加强。组建党委巡察组，重点针对选人用人、财务管理、信贷发放、集中采购、作风建设等重点领域对二级分行开展巡察，严肃查处了违规违纪事件。扎实开展运营条线关键岗位人员履职、核算印章管理、账户管理风险排查工作，从源头上防范操作风险。组织全行开展“廉字在心中、自律不放松”等主题教育活动，增强了全行干部员工合规从业的意识。

三是坚持以人为本，加强企业文化建设。完善“职工之家”建设，打造“妈妈小屋”，继续组织基层员工疗休养，并通过爱心帮困基金等方式，做好困难职工帮扶工作，丰富了关爱员工的各项举措。举办了江西分行第一届智力运动会，丰富了员工精神生活。创建企业文化指数管理系统，实现了文化建设与员工思想管理的有力对接。组织开展了“中国梦·工行梦”、“弘扬正能量，做优秀员工”等主题教育活动，进一步弘扬正能量，凝聚全行转型发展内生动力。

山东分行

【主要业务指标完成情况】

2015 年，山东分行实现拨备前利润 182.42 亿元，净利润 88.76 亿元。人民币各项贷款（含票据贴现）增加 314.03 亿元，其中公司贷款增加 162.39 亿元（不含票据 12.67 亿元），个人贷款增加 151.57 亿元。本外币全部存款较年初下降 41.77 亿元。其中，储蓄存款增加 76.54 亿元，机构存款增加 22.49 亿元，同业存款增加 15.81 亿元。全年新拓展对公客户 3.2 万户，其中公司客户 3.08 万户，新开机构有效客户 822 户；新增个人有效客户 121 万户，同比多增 1.95 万户，其中资产 5 万元以上客户增加 9.77 万户，私人银行客户增加 1 072 户。互联网金融提速发展，新增手机银行客户 190 万户、工银 e 支付客户 256 万户。信用卡新增有效发卡 70.62 万张，实现消费额 1 010.36 亿元，增长 23%。全年实现国际结算业务量 700 亿美元，资产托管规模达 931.67 亿元，同比增长 35.36%；完成贵金属交易量 5 900吨，实现收入 3.84 亿元，系统排名第二。全年退出转化潜在风险贷款 145.60 亿元，清收处置不良贷款 121.55 亿元，比上年多处置 60.53 亿元，是历年来最多的一年。不良贷款余额 145.2 亿元，不良贷款率 2.33%。全辖未发生责任性刑事治安案件事故，成功防堵各类外部欺诈风险事件 362 起。

【主要工作措施】

一、加大信贷投放力度，提升服务经济发展的质量和效率

一是积极支持重点项目建设，累计发放在建续建项目贷款 268.78 亿元，占全部新发放项目贷款的 85%。其中，青荣城际铁路项目贷款 15 亿元、省电力农网改造项目贷款 3 亿元、济东高速项目贷款 4.2 亿元。二是积极支持重点行业产业发展，新增先进制造业、现代服务业、战略性新兴产业、文化产业和节能环保等绿色产业贷款 26.04 亿元，占全部公司贷款增量的 67%。三是继续加大小微企业支持力度，在济南、烟台等 9 家二级分行组建小微金融业务中心，推出了网贷通、公司逸贷等契合小微企业服务需求的网络融资产品，提高了信贷服务效率，降低了企业融资成本。全年新增小微企业 450 户，新增贷款 18.66 亿元，贷款余额达到 752.05 亿元，居同业首位。四是积极支持进出口企业对外贸易发展。按照山东省政府有关部署和要求，积极对接省商务厅确定的重点贸易企业，完善信贷政策，建立绿色通道，创新业务产品，加大服务力度，发放国际贸易融资 74.71 亿美元。五是积极满足个人消费信贷需求。全年新增个人贷款 151.57 亿元，占全部贷款增量的比例达到 52.59%，其中个人住房贷款增加 149.68 亿元，增幅 11.4%，高于全部贷款平均增幅 6.55 个百分点。

二、持续加快业务创新，积极推动经营结构转型

一是积极发展并购重组业务，先后为潍坊电建三公司收购颐杰鸿泰产业集团、张裕葡萄酿酒股份有限公司收购爱欧公爵酒庄 75% 股权等重点项目提供了并购重组服务。二是积极发展股权融资业务，先后承做了龙口煤电 5 亿元股权融资、招金矿业股份有限公司员工持股计划、歌尔声学股份有限公司大股东增持等项目，同时对济青高铁潍坊段、济青高铁邹平段、临沂曲阜城际铁路等重点 PPP 项目进行了对接。三是积极发展债务融资业务，成功承做了菱花集团 1.8 亿元委托债权代理业务，山东三融公司电厂脱硫及脱销装置特许经营收益权融资项目，淄博宏达矿业 10 亿元、山东药玻 3 500 万元股票质押回购业务等。四是积极发展专项融资业务，支持和服务企业“走出去”战略实施。2015 年完成了济宁中济建设 2 550 万美元出口买方信贷业务、重汽信保项下 9 500万美元买断型应收账款融资业务，为 5 家企业的 11 个境外项目出具了 1.55 亿美元的兴趣函和贷款条件表。五是大力发展跨国公司资金池业务，为 7 家企业备案外币跨境资金池，为 8 家企业备案人民币跨境资金池，实现人民币业务量 45 亿元，外币业务量 7 700 万美元。

三、不断强化信贷管理，努力维护资产质量稳定

一是加强新增贷款管理，严格把握客户准入和贷款进入关口，严密防范假资料、假用途、假贸易背景等虚假贷款行为，确保新增贷款质量。二是加强风险排查分析，组织对亿元以上融资大户进行逐户分析，并不间断地开展非现场监测分析，加强风险预警，加大化解力度，实现了风险的早防早控。三是加大风险化解力度。对滨州、日照等风险集中爆发地区，积极争取省政府支持，紧紧依靠当地政府，做好风险化解工作，取得较好成效。对于暂时出现经营困难、资金紧张的企业，主动协调当地政府、监管部门和其他债权银行，研究制定风险缓释和化解方案，加大困难企业帮扶力度，缓释银行信贷风险，达到了支持企业发展、维护金融稳定的目的。四是加快清收处置进度。对存量不良贷款，综合利用现金清收、以物抵债、呆账核销、债务重组、批量转

让等多种手段，严格落实省市支行三级行行长、副行长和部门负责人挂牌清收制度。全年累计清收处置不良贷款121.55亿元，比去年多处置60.53亿元。其中核销呆账贷款49.59亿元，同比多核销23.33亿元。清收处置和呆账核销额均创历史新高。

四、切实加强内控外防，确保全行安全稳健运行

针对银行案件多发、外部欺诈高发、安全事故频发的严峻形势，毫不放松地做好“三防三保”（防案件、防事故、防欺诈，保平安、保发展、保形象）工作。扎实推进“一加强两遏制”专项检查活动，进一步加强内部管控，加大重要风险点治理力度，坚决遏制违规经营和违法犯罪，内控合规管理水平持续提高，全年未发生重大操作风险事件和案件事故。深入开展“最安全银行”建设活动，切实加强防抢防盗、消防安全、信息安全管理工作，全行金库、营业网点和自助银行等重点部位安全运营，信息系统整体可用率和骨干网络安全运行连通率达到100%，ATM、自助服务设备正常运行率达到99%以上，没有发生重大责任事故。高度重视反洗钱和反金融欺诈工作，持续开展客户反欺诈宣传，加强风险评估预警，会同公安部门开展伪卡、电信欺诈、利用自助设施欺诈等专项打击活动，成功防堵各类外部欺诈风险事件330起，避免银行和客户资金损失1 344万元。在人民银行组织的反洗钱自律评估中，被评为“A”级机构。

五、努力改善金融服务，不断提升服务质量和效率

一是提高服务供给能力。全年改造、优化、迁建网点16家，新建自助银行100家，新增自助机具1 373台。顺应互联网金融发展步伐，启动了智能化网点建设。通过智能终端、移动助手、产品领取机、智能打印机等新设备，可以实现80%以上的个人非现业务，以及6类22项对公非现业务的自助办理，受到客户的一致欢迎和好评。年末投产运营智能网点80家，投产智能设备515台，占网点总数的比例达到8.16%。二是提高服务工作效率。在服务前台，通过加快推进智能网点建设，提升网点填单、凭证打印等电子化处理率，减少前台现场操作环节等，业务办理更加便捷，客户体验明显改善。在信贷审批方面，大力推行信贷业务授信项下授权审批，实行贷款审批限时工作制度，信贷审批环节明显缩短，业务办理效率大大提高。三是积极创新服务手段。投产了融e行、融e联、融e购等互联网金融服务平台，创新推出了工银e支付、线上POS、通用缴费平台等支付方式，满足了客户足不出户网上购物、缴纳税费、办理金融业务的需求。同时，在工商银行的电商平台——“融e购”上专门建立了“特色山东馆”，用于销售山东的地方特产；与栖霞市政府合作举办了“烟台大樱桃节”，樱桃销量远远超过了淘宝和京东商城的销量。山东省在“融e购”上线的商户达到580家，上线商品2.7万件，有力地打造了“好客山东人，地道山东味”的特产品牌形象。

河南分行

【主要业务指标完成情况】

2015年，河南分行实现拨备前利润108.5亿元、拨备后利润87.1亿元、净利润65.7亿元，同比分别增长11.9%、3%、4.6%。本外币各项存款余额4 657亿元，新增315亿元，增幅7.3%。其中，储蓄存款余额2 939亿元，新增243亿元，增幅9%；对公存款余额1 718亿元，新增71.7亿元，增幅4.4%。各项贷款余额3 314亿元，新增394亿元，增幅13.5%。其中，法人客户贷款余额2 053亿元（含票据融资），较年初新增118.7亿元，增幅6.1%；个人客户贷款余额1 261亿元，较年初新增275亿元，增幅27.9%；实现中间业务收入50.07亿元，同比多增4.26亿元，增幅9.3%。资产质量保持稳定，贷款不良率控制在0.99%。

【主要工作措施】

一、持续优化经营结构

一是优化负债结构，活期存款占比57.4%，同比提升2.2个百分点，高于全国8.9个百分点。存款付息率1.67%，同比下降0.1个百分点。二是优化信贷结构，个贷新增占全部贷款新增的69.6%，较年初提升2.44个百分点，其中个人住房贷款新增264.8亿元，增长33%，高于全国11.6个百分点，总量1 068亿元；“八大目标市场”贷款新增77.4亿元，占公司贷款增量的95.5%；压缩产能严重过剩行业融资6.2亿元，完成总行目标的138%。三是优化收益结构，中收占营业净收入比重达28%，同比提升1.2个百分点，高于全国4.5个百分点。“大零售”营业贡献78.4亿元，占比55.4%，较年初提高2.3个百分点，高于全国16.4个百分点。

二、持续增强服务能力

一是渠道协同能力进一步增强。调整优化网点62家、新建成离行式自助银行202家，智能化网点改造116家，均超额完成计划。围绕总行构建三大平台、三

大产品线，以及线上线下一体化服务体系的战略部署，加快互联网金融发展，年末总行监测的49项指标中，37项位列全国前10，其中15项排前5，占30.6%。二是服务品质进一步提升。开展“客户发展与服务体验建设年”活动，创建标杆网点，改善服务体验，中高端客户服务评价满意度99.8%、提升0.4个百分点。在中银协星级和百佳网点创建活动中，河南分行星级网点评价得分最高、创建成功数量同业最多、级别最高。营业部郑花支行以第一名成功创建全国“百佳网点”；12家机构荣获省银协“三百佳”优秀网点。三是服务实体经济效能进一步显现。主动融入并助推三大国家战略规划落地，重点支持“三区建设”、重大项目建设；贴近“三农”服务，新增涉农贷款50.7亿元，支持农业规模化产业化发展；加大对小微企业支持力度，完成了“三个不低于”监管目标；大力发展惠民金融，加大保障性住房以及普通商品住房按揭贷款支持，新增个人贷款275.4亿元，排全国第4位，增幅27.9%，高于全国12.4个百分点。同时，通过提供卡分期、逸贷等方式，多渠道满足居民多元消费需求，促进消费扩大升级。

三、持续推进机制创新

一是创新考评机制，完善对二级分行综合经营绩效考核办法，优化辖内一级支行指标体系，提高统一考评的成效，更好发挥导向作用。二是创新营销机制，落实总行关于组织架构团队化运作、柔性化管理的方向性要求，组建了7支专业营销团队，建立配套管理机制，实现业务收入30.9亿元，同比增长25.3%，拉升了中收增长。三是创新客户经理机制，多方式释放劳动力资源，充实数量，提高素质，加大MOVA、PBMS、CBMS等系统的普及和应用，全面实施营销积分考核，提高联动营销、综合营销能力。四是创新干部队伍管理机制，深入推动各级干部责任和履职岗位评价机制，注重评价结果的应用，促使各级干部认真履职尽责。

四、持续强化风险防控

坚持从严治党、从严治行，从正风肃纪入手，制定《关于加强案件和风险事件防控工作的实施意见》和《关于开展资产质量攻坚的实施意见》两个“35条”，作为强化管理、防控风险的重要抓手，狠抓落实推动。一是加强信用风险防控。狠抓机构资质和人员资格等基础管理、风险化解、重点领域风险防控、不良贷款清收处置等工作，确保资产质量稳定。压降退出潜在风险融资50.42亿元；逾期贷款剪刀差由峰值近百亿元降至31.21亿元；累计清收处置不良贷款55.21亿元，完成总行计划的251%；不良贷款余额32.85亿元，控制在总行33亿元目标以内；不良率较年初微升0.07个百分点，优于系统平均水平0.47个百分点。二是强化内控案防。落实监管部门“两加强、两遏制”及总行有关要求，深化“强内控、促合规、防风险、创三无”活动，开展非法集资专项排查、“一加强两遏制”专项检查、异地企业开立账户全面排查、员工行为动态排查等活动。各类风险事件同比下降26.6%，其中一类风险事件下降11.5%。防堵外部欺诈风险事件974起，共涉及风险资金10.56亿元，协助公安机关抓获嫌疑人员4名。总行先后两次安排我行在专题会议上介绍经验。三是落实从严问责。全年组织或接受外部监督检查1 430次，在抓好问题整改的同时，狠抓责任追究，累计做出政纪处分488人次，党纪处分21人次。其中：行政警告205人次，行政记过198人次，行政记大过76人次，行政撤职2人次，开除1人，留用察看6人，开除党籍2人，党内严重警告4人，党内警告15人。增强了震慑作用，提升了合规意识。

五、持续深化党建工作

一是完善党建工作机制，修订《党委工作规则》、《贯彻执行“三重一大”决策制度实施细则》等制度。落实“三严三实”要求，举办2期共380人的基层党支部书记轮训班，增强抓党建意识、明晰抓党建路径、提升抓党建能力。通过讲专题党课、开展专题研讨、召开专题民主生活会，从严治行、从严治贷、从严治财、从严执纪的思想认识更到位、实践行动更自觉。二是加强党风廉政建设，把纪律规矩挺在前面，制定《党风廉政建设责任制工作量化指标表》，分岗位、分层级细化廉政责任清单，形成齐抓共管工作格局。三是建立专项巡察制度，分两批对辖属12个二级分行实施专项巡察，累计发现440多个问题，下发通报6次，给予107人批评教育至警告以上行政处分，形成有力震慑，廉洁银行建设呈现新变化、新气象。

六、持续提高队伍素质

一是加强员工培训，推进分层次岗位培训，举办面授、网络、视频、讲座培训1 765期，轮训8.01万人次，员工培训覆盖率99%，加大一级支行行长领导力、基层党支部书记、转岗人员的培训力度，组织21 227人次参加887场次21个序列38个模块的专业资格考试，非管理类员工持证率达到58%，提高23个百分点。在总行网点竞争力提升技能比赛中，夺得团队第3名、个人二等奖和三等奖，荣获“网点竞争力提升业务技能比赛标兵单位”荣誉称号，郑州商都路支行网点负责人平玉侠荣获“中国工商银行五一劳动奖章”。二是开展文明创建，平顶山分行荣获省行营业部保留“全国文明单位”称号；营业部郑花支行、周口铁路支行荣获第九届总行级“文明单位”，营业部商都路支行、开封兰考支行荣获总行级“精神文明建设先进单位”，开封分行营业部荣获中国银监会命名的“学雷锋岗”，焦作分行薛陆成同志荣获“学雷锋标兵”。三是关心关爱员工，坚持以人为本，建成“职工之家”238个、“职工小家”498个，救助困难员工2 215人，金额790万元。

湖北分行

【主要业务指标完成情况】

2015年，湖北分行实现拨备前利润113.54亿元，同比增加8.91亿元，增幅8.51%；净利润71.67亿元，同比增加1.63亿元，增幅2.33%。实现中间业务收入66.42亿元，同比增加0.79亿元，增长1.21%。各项存款比年初增加606.52亿元，增幅13.87%；其中储蓄存款比年初增加214.94亿元，公司存款比年初增加169.91亿元，机构存款比年初增加212.37亿元。贷款投放比年初增加508.9亿元，增幅16.9%；其中法人贷款增加263.97亿元，个人贷款增加190.76亿元。不良贷款余额25.69亿元，不良贷款率0.76%。

【主要工作措施】

一、开展专题教育，强化党建引领

按照中央统一部署和总行要求，组织开展“三严三实”专题教育。通过党委中心组学习、党委班子成员讲党课、党建知识测试等方式，加大对各级领导班子党建知识培训力度，提升各级班子党建意识和履职能力。坚持党建工作与业务发展同安排、同部署，同推进，提升其抓党建的主角意识和主动意识。按照打造一支政治坚定、纪律严明、廉洁自律、作风过硬的干部队伍要求，不断加强深化党风廉政建设。深化“守纪律、讲规矩、作表率”学习教育活动，组织学习《党章》、《廉洁自律准则》、《纪律处分条例》，加强自身修养，筑牢思想防线。制定完善加强党风廉政建设和反腐败工作意见，加强各级党委主体责任和纪委监督责任，落实责任分工，细化责任清单，加强责任考核，使党员领导干部对党风廉政建设和主体责任的要求内化于心、外化于行。

二、服务实体经济，履行社会责任

紧紧围绕“一带一路”、长江经济带、长江中游城市群等重点发展战略，加强信贷资源储备，持续推进新兴市场开发和优质项目营销。建立立体维度储备库，及时更新项目信息，动态把握项目近况，推进项目实质性突破，全年共储备项目2 760亿元。依托公司金融推进委员会收集、整理营销管理中存在的重大问题，提出解决路径，提高营销重大项目的市场反应速度和成功率。抢抓总行信贷政策调整机遇，大力拓展公共设施、棚户区、交通能源基础设施等领域优质信贷市场。积极争取总行支持，以工银瑞投为投资主体成功成为湖北省长江经济带产业基金管理有限公司的股东之一，通过以点带面和投行+商行互动的方式，实现银、政、企多方共赢。加快小微和个贷业务发展，制定供应链融资方案，结合工业园区不同类型的小微企业量身定做信贷产品，努力实现“批量”式的小微企业拓展，推广政银合作发展小微企业模式，银政集合贷余额40.11亿元，拓展客户829户，其中新拓展小企业客户576户。小微企业贷款实现“三个不低于”。

三、管控资产质量，切实防范风险

实施资产质量“一把手工程”，严格落实不良贷款的挂帅清收和直接督办制度，持之以恒抓好资产质量管理。建立资产质量督办清单，实行集中会诊、分层压降，形成从上至下层层压力传导机制。综合运用批量转让、呆账核销、现金清收和贷款重组等路径，全力压降不良贷款。全年对列入督办清单的140户法人，134户100万元以上的个人不良贷款实现清收转化，累计清收不良贷款25.62亿元。落实逾期贷款监控，提升逾期贷款的前瞻性预警工作。强化不良贷款日常管理，加强潜在风险和不良处置情况监测，按月下达不良余额控制计划，落实资产质量绩效考核措施。牢固树立“把控实质风险”的管理思想，加强贷款审批和贷后管理，对可能新发生的风险，前瞻性预防排查，实现风险防控关口前移。举办“风险管理大讲堂”系列活动，教育引导全员确立良好的风险意识，切实提升风险防控能力。

四、夯实客户基础，提升竞争能力

持续拓展代发工资客户，全行五级分类代发工资单位净增3 087户，代发客户净增58.5万人，当年累计代发金额1 105亿元，金融资产留存率19.33%、储蓄存款留存率12.61%。强化公私联动，明确联动发展目标、建立联动考核机制，实现信息共享、流程嵌入、责任到人。推进系统客户源头营销，成功将全省法院系统和检察院系统90%以上分支机构代发工资业务营销至我行进行统一发放。推进个人客户远程维护团队建设，提升客户服务水平、改善客户体验。与此同时，商品交易市场、民生市场、县域农村市场、财富市场、社区市场均有不同程度的突破。强化上下联动、部门联动，各个专业条线的客户拓展全面推进。日均金融资产50万元以上公司客户比年初增长1 278户，机构客户净增976户，国际业务大中型客户新增121户，新增工银e支付账户数146.8万户，净增信用卡客户22万户，日均资产5万元以上对公结算账户净增3 050户。

五、推进业务转型，全面提质增效

在利润增长面临多重压力的情况下，从增收和节支两端发力，开源和节流多措并举，保持了盈利的稳定增长。深入开展“两压缩两提升”工作，通过压缩不合理、不合规财务开支，减少无效、低效资源占用，经营性费用同比减少4 625万元，下降2.17%，其中会议费同比减少1 778万元，下降59.6%；招待费同比减少571万元，下降8.9%；共处置闲置固定资产1.25万平方米，实现收入1.4亿元。全年日均库存现金控制在23.22亿元，比上年压降2.28亿元；实现系统内资金往来净收入26.5亿元，同比增加2.2亿元。贯彻落实“e-ICBC”的发展战略，“融e联”注册客户25.8万户；“融e行”注册客户7.8万户，拥有金融资产123.8亿元。推进网点运营标准化改革，运营效率持续提升。科学设置柜口，优化劳动组合，每万笔业务较全国平均水平节约29人，居全国第2位；柜员日均工作量较改革前增加40笔，居全国第6位。

六、加强内控案防，确保平安稳定

在全行组织开展以“违规行为大排查、风险隐患大扫除、事故问题大整治、案防质量大提升”为主题的“内控案防深化年”活动，切实找准和抓住内控管理工作中的薄弱环节，在全行积极营造依法合规氛围。着力加强新形势下内控案防工作，坚持“真知真晓真重视、真抓真管真履职、真查真处真问责”，以合规文化建设为先导，以检查方式创新、监测手段创新和系统推广应用为依托，不断强化操作风险管控。以“八个加强”为重点，加强客户管理、账户管理、U盾管理、对账管理、网点管理、贷后管理、员工管理和合规管理，内规案防基础有效夯实。持续开展业务运营“屡查屡犯”治理，5类“屡查屡犯”风险事件网点数为80个，环比下降26.36%；柜员数为72人次，环比下降18.05%。

七、改进金融服务，构筑品牌形象

推进网点竞争力提升“七大工程”，网点布局持续优化，全年共优化网点布局224家，其中跨行政区调迁网点10家，同城迁址13家，内部布局优化201家。新建自助银行158家，附行式自助银行实现全覆盖，离行式自助银行与物理网点配比达到0.92∶1。新投放自动柜员机817台，自助终端1 625台，同比分别增加303台、893台，较好地提升了物理渠道布局与市场资源的匹配度。渠道转型与创新加速推进，全年实施智能化改造网点197家，系统排名第2位。实现网点WiFi全覆盖，建设实物贵金属体验网点20家、融e购体验网点15家。深入推进“服务体验建设年活动”，着力推进服务水平提升，省分行入选湖北“十佳优质文明服务银行”。认真抓好金融服务网格化，建立普惠金融网格化工作站488个，被评为省金融服务网格化先进组织单位。

八、坚持齐抓共管，深植企业文化

将社会主义核心价值观和工行核心价值理念的学习宣传融入日常工作中，着力加强行风作风建设和思想道德教育，进一步加强企业文化建设力度。推进标杆网点和示范团队创建，在全行营造建设文化、践行文化的良好氛围。发挥团员青年先锋队和生力军的作用，组织开展形式多样的创新创效活动。针对干部员工关心的热点难点问题，做好宣传解读和舆论引导工作，进一步鼓舞士气、提振信心。强化文明创建工作，倡导新风尚，树立新形象，精神文明建设硕果累累。湖北分行连续三届荣获湖北省文明行业；全辖共有145个各级文明单位获表彰，辖内一级支行（含）以上机构文明单位建成率达93.99%，分行本部荣获“全国文明单位”。

湖南分行

【主要业务指标完成情况】

2015年，湖南分行实现拨备前利润58.81亿元，净利润31.06亿元。本外币贷款增加305.61亿元，其中人民币贷款增加312.24亿元。本外币存款增加337.54亿元。中间业务收入37.03亿元，同比增加2.81亿元。销售各类理财产品642.82亿元，其中法人理财产品222亿元。实现投资银行业务收入6.8亿元，同业排名第一。票据融资交易总量814亿元，增长150.46%。票据业务收入3.01亿元，增长33.49%。销售私人银行专属产品109亿元，增长56.22%。国际结算业务量92.45亿美元，增长28.8%。电商平台B2C金融交易额142.8亿元，B2B非金融交易额23.4亿元。

【主要工作措施】

一、持久发力，稳存增存

一是加强大户营销，强化裸贷治理。加强公司存款的非现场监控，每日监测存款数据，存款波动时，及时以发送邮件、微信、电话等方式督导。加强内部协调，解决常德烟机、湖南移动等大客户业务需求，留存公司存款12.7亿元。强化“裸贷”治理，把“裸贷”客户认领到每一个客户经理，层层落实工作责任。二是介入保险改革，提供专属服务。立足民生，抓好财政与社保客户营销，成功争取到财政国库资金12亿元；稳妥推进金融社保卡业务开展，新增发行社保卡54.63万张；积极介入机关事业单位养老保险改革，成立专属服务团队，提供综合服务方案。加强与湖南移动、湖南烟草、湖南武警总队、国防科大和湖南军区等系统大户的战略合作，强化联系走访，夯实存款基础。同时，加快养老金业务和资产托管业务的发展，积极拓展银证、银保、银银合作领域。机构及同业存款年末余额达851亿元，较年初增长144.31亿元。三是竞争交易市场，拓展优质客户。强化储蓄存款组织工作。突出抓好储蓄存款工作问责制，按季对储蓄存款负增长的支行、网点负责人实行直接问责；突出抓好优质存款客户拓展，通过“助商宝”（1+3+N）产品组合，竞争商品交易市场，使商友卡客户总数达75.76万户；突出抓好存款新产品营销，通过节节高2号、薪金溢1号、个人大额存单、存管通等个人存款创新产品吸收存款56亿元。

二、拓展市场，优化布局

一是开展大项目信贷市场营销。开展了省政府“511”重点项目、“135”园区项目、长江经济带在湘项目、“一带一路”在湘项目、中国制造2025在湘企业、82个PPP项目营销对接。全年共营销审批完成公司贷款1 370亿元，当年发放838亿元，同比多投放67亿元。完成潭邵高速公路80亿元项目贷款总行审批并正式开贷；中烟工业湖南公司法人客户透支业务20亿元获批，并在11月开贷15亿元；郴电国际农网改造项目贷款20亿元获批；完成长沙磁浮高铁项目银团贷款32亿元，16亿元发放到位；与黔张常铁路签订项目贷款40亿元。二是推动投向与结构优化布局。加强法人客户行业分类准入管理，积极竞争优质市场。全年共在权限内核定准入属于积极进入和适度进入行业的法人新客户169户，辖内法人客户总量2 191户，较年初增加66户，其中城市基础设施、城市公用事业、电力、医院、文化及文化旅游、装备制造、现代物流等积极进入或适度进入类行业客户较年初增加74户，从房地产、商贸流通、钢铁、有色、纺织等行业退出客户36户。三是支持小微企业和个贷业务健康发展。“网贷通”业务实现恢复性增长，“网贷通”贷款余额及客户增长数在全行均排名第一。创新小微业务营销模式，对核心企业上下游配套小微企业等实施“集群化、标准化”营销。规范小微企业信贷管理，确保完成“三个不低于”。大力发展个人住房贷款、自助质押贷款和个人资产综合服务业务，全年个人贷款增加77.84亿元。四是深挖“走出去”企业信贷市场。配合国家“一带一路”战略，与湖南省商务厅联合举办海外商会项目对接会，签订支持湖南优势企业和产能富余企业“走出去”战略合作协议，全年四次参与省商务厅组织的“一带一路”海外经贸促进活动。积极推行“投行+商行”、“专融+国际”的综合服务模式，组建“走出去”专业营销团队，全年为中南院、建工集团、特变电工、中能建、中车电机等大型对外承包工程企业提供了全方位金融服务，为23个对外承包工程和投资（含并购）新项目出具了承贷意向条件函。

三、推动业务转型和创新发展战略

一是推动“大资管”战略。制定“大资管”业务发展实施意见，采取分“三步走”、实施“三个突破”。成立湖南省分行创新业务推进委员会“大资管业务推进分会”。强化督导，力促中间业务增收和转型。理财产品销售额同比增加113.23亿元，实现“大资管”中间业务收入4.62亿元，占全行中间业务收入的12.98%。二是推动“大零售”战略。突出做大做强个人客户资产总量，全行个人客户金融资产新增268亿元。突出存款和银行类理财产品、代理保险、代理基金、贵金属和账户类商品交易业务营销带来的营业贡献价值，代理销售个人理财类产品510.91亿元，同比增加13.91亿元，非储蓄存款的金融资产增加115亿元。适应市场变化，创新推出商品市场客户“组合产品包”，组合包装商友卡、POS、结算、逸贷公司卡及融资、理财等产品，受到客户好评。先后推出信用卡家居分期、汽车租金分期、新能源汽车分期、留学分期、二手车分期等信用卡创新业务，实现中间业务收入12.7亿元，同业排名第1位。大零售营业贡献达到占全行的50%。三是推动“e－ICBC”战略。围绕“三大平台、三大产品线”，将互联网金融渗透各业务条线中，积极推进“互联网+金融+产业”特色业务。打造湖南旅游监管结算平台，全省入网企业750家，新增旅游企业结算账户348户。全面推广银财互联，全年新增银财互联17户，累计36家。统一开展融e购O2O体验活动，通过电商平台成功挖转他行客户40户。积极抢占互联网金融业务市场，成功举办“湖南分行融e行、融e联粉丝见面会”。四是推动客户发展工程战略。制定“111122”五年客户发展目标，落实条线客户发展责任。在网讯开辟专栏，按月通报“111122”工程推进情况，第一时间开展工作督导。严格考核奖惩，制定专门考核办法把客户发展列为考核内容。深化客户认领维护工作，使中高端客户认领维护工作真正落到实处、取得实效。

四、全力提高风险管理水平

一是加强信贷管理机制建设。严格执行产能过剩行业融资压降控制计划，确保从钢铁、水泥、平板玻璃、造船、电解铝等5个行业谨慎类和退出类客户压降退出融资5亿元。加大资产质量考核挂钩力度，将不良贷款考核指标直接纳入各级行长绩效考核体系，按季考核兑现。强化资产质量管理一把手责任制，重点落实不良贷款大户省、市、县三级行行领导挂帅清收责任制。二是多措并举清收处置不良。一手抓贷款逾期及劣变管控，化解潜在风险，减少和止住新的“出血点”，一手抓不良贷款清收处置，持续加大“清淤”力度。明确压降目标，及时将不良及逾期贷款“剪刀差”清收压降任务分解下达各二级分行，并纳入关键绩效考核指标按季考核。建立到期贷款风险月度排查预警提示、逾期贷款“剪刀差”压降月度监测通报和贷款质量状况监测预警通报制度，突出做好重要节点的逾期压降工作。开展定期督导和现场督办，全年共组织召开资产质量督导会4次，推进逾期贷款“剪刀差”压降进度向年度目标靠拢。三是扎实抓好内控案防工作。深入贯彻落实总行“五个必须、五个强化”案防工作新要求，持续开展“两加强、两遏制”活动，开展主要业务领域、重点管理环节和员工异常资金交易排查，增强全员案防意识和能力。实施内控评价常态化管理，总行现场及非现场过程评价均在80分以上，达到二类行水平。内部可控风险暴露水平由上年的4.4‰降至1.99‰。组织开展员工非理性投资股市、“非法集资、飞单销售、存款失踪”三类案件风险以及员工违规经商办企业等专项排查治理活动，强化督导和整改。加强安全保卫外包业务的履约监督，强化外部欺诈风险预警防控，增强外部风险抗御能力。有效处置群访和突发事件，全年无重大事故发生。四是经营管理推陈出新。在绩效考评方面，建立县支行、城区支行分类考评管理机制，大幅度调增二级分行不良贷款控制和清收处置的考核权重，引导各级行明确经营重点和发展方向。在人力资源管理方面，完成二级分行内设机构改革，培养使用一批年轻干部，改进经营管理者绩效工资考核办法。在渠道建设方面，完成低效网点提质增效86家，网点智能化改造195家，改建理财便利店33家。在运营管理方面，积极推进网点标准化运营改革，运营效率综合评价排名由第26位上升到第12位。在员工培训方面，省分行行领导授课68课时、部门总经理授课116课时，重点开展支行行长轮训、依法合规和廉洁教育培训。

广东分行

【主要业务指标完成情况】

2015年，广东分行实现拨备前利润347亿元，同比增幅为7.47%；实现净利润205.59亿元，同比略有下降；利润总额居同业第一。本外币全部存款余额14 488亿元，比年初增加757亿元，日均余额14 072亿元，居四行首位。本外币贷款余额8 793亿元，比年初增加589亿元。全年实现中间业务收入160亿元，同比增幅10.26%，稳居同业系统双第一。资产质量总体稳定，不良率低于系统和同业平均水平，不良贷款余额99.12亿元，比年初增加17.04亿元；不良率1.17%，比年初微升0.13个百分点。全年无案件发生，实现安全运营，确保“内控评价一类行”的地位。

【主要工作措施】

一、强化标本兼治，坚决守住资产质量生命线

广东分行把“拼质量”作为全年工作的重中之重，继续以铁的决心、铁的措施、铁的手腕，全力打好信贷资产质量保卫战、攻坚战和持久战，实现了不良贷款率低于总行和同业平均水平，不良余额控制在总行下达的目标以内。一是严防死守，止住“出血点”。进一步加强风险监测和排查，围绕“四个重点”，提前预判识别风险，坚决止住新的“出血点”。二是开创思路，加大不良贷款清收处置。在加强现金清收的同时，积极通过政府、投资银行、专业化公司等渠道，推进不良贷款的清收处置。在打包处置的同时，着力平衡好每个季度利润与资产质量之间的关系，平衡好处置速度和受偿率之间的关系。在打包处置的过程中，注重严格按照规章制度操作，确保经得起检查。三是从严治贷，进一步加强信贷经营能力建设。坚持从严治贷，强化尽职才能免责的理念，规避道德风险，防止“人祸”；加强信贷经营机构及人员的管理及培训，保证人员落实到位、职责落实到位、工作落实到位；尤其进一步加强了对信贷从业人员的案例教育培训。

二、强化创新驱动，不断提升造血能力

一是坚持“功在平时、贵在坚持”的理念，不断提升存款竞争力。储蓄存款方面，在坚持做大客户规模、做大金融资产规模的同时，着力从代发工资、投资理财、交易结算等方面的创新产品入手拉动源头资金的增长，提升代发工资客户、商友客户、财富客户群三个核心客户群体的储蓄存款贡献度。年末储蓄余额7 678亿元，保持同业第一，个人客户金融资产余额12 652亿元、净增883亿元。公司存款方面，进一步加强公司存款的组织推动，强化分层营销、差异化营销和分类管理，加强有贷户存贷比管理，提高现金管理归集率。公司存款余额3 221亿元、净增244亿元，余额、增量同业双第一，日均余额2 794亿元、日均增量129亿元；系统内增量排名第一，余额排名升至第三。机构存款方

面，加强营业部与各市分行的联动，加强当地机构基础客户的营销力度，加大机构大户和核心项目的攻坚突破，进一步抓好机关事业单位养老改革在各地市的落地营销工作。机构存款余额 2 416 亿元、净增 205 亿元，日均余额 2 348 亿元、日均增量 309 亿元，增量同业第一、余额第二。同业存款方面，积极加大对非银行类金融机构存款的营销力度，做大流量，提升综合收益。同业存款余额 1 173 亿元、净增 721 亿元，日均增量 731 亿元，余额、增量均稳居同业第一。二是大中小并举、表内外联动，加大优质信贷市场拓展力度。面对市场整体有效需求缩减的外部形势，广东分行更加注重信贷增量与存量并举，表内外联动，积极用活用好信贷资源，提高资金使用效率，拓展好新常态下的大中小目标信贷市场，促进实体经济提质增效。不唯计划唯市场，加大个人信贷业务投放力度，年末个人贷款余额 3 209 亿元，成为系统内乃至国内同业中首家余额突破 3 000 亿元的省级金融机构，净增 660 亿元，居系统、同业双第一；积极拓展重点项目和重点企业，加大对大型基础设施项目和优质大中法人客户的拓展力度，强化主动授信和主动营销，通过名单制管理，积极拓展重点客户、重点基础设施项目、上市公司和各行业内的优质企业客户，大中法人客户余额 3 236 亿元，全年增长 128 亿元；积极推动小微企业业务创新发展。统筹推进小额化战略，做实分行层面小微金融业务中心，确保小微企业贷款余额系统第一；加强同业机构合作力度，创新投融资方式，积极介入混合所有制改革，提前布局注册制改革，积极储备一批优质新三板上市企业客户。三是积极打造多点支撑的中间业务发展格局。持续推进改革深化，充分发挥大零售业务板块的增长稳定器作用。在认真总结大零售改革试点经验的基础上，进一步探索和推进大零售经营转型，不断提升大零售业务的持续发展能力，努力将大零售业务打造成为广东分行利润持续增长的第一引擎。进一步发挥“大资管”等战略成长业务的加速器作用，将“融资、融智、融信息”与“跨业、跨界、跨市场”相结合，加强投商融合，发掘品牌投行产品增长潜力。加强跨境金融服务拓展力度，确保国际结算量同业第一。全力发展互联网金融，抓好三大平台和三大产品线等互联网金融产品的应用推广，积极构建线上线下一体化服务，不断巩固和扩大广东分行在融e购交易额、e支付客户以及手机银行等业务发展方面的领先优势。积极推进广东自贸区金融创新和境内外联动，大力推动跨境人民币直贷、跨境人民币资金集中运营和琴澳同城卡等自贸区金融创新项目，使横琴分行和南沙分行成为我行盈利的新增长点和总行综合化、国际化战略的桥头堡、试验田。四是推进网点经营转型，提升综合服务水平。深入开展做强 100 和做活 100 项目，分类推进网点综合化、轻型化和智能化建设，持续推动精益运营项目，着力加快低效网点提质增效。年末辖内 729 家网点各项存款超广东当地同业平均水平，占网点比例超过 50%。积极做好“服务体验建设年”主题工作，充分运用各种服务系统加强对网点服务情况的日常监测和重点跟踪，加快同业体验活动、窗口服务标准的贯彻落实，抓好现场和非现场检查和督导，网点排队问题得到有效缓解，全年客户平均排队时间控制在 11 分钟以内，柜面办理业务的客户满意度接近 99%。15 家网点入选“中国银行业文明规范服务星级网点”（四星级以上），在同业中数量排名第一。

三、强化基础管理，从严治行，确保安全运营

一是认真配合做好总行内控评价和监管部门“两加强、两遏制”工作，做好全面体检，进一步夯实内控案防基础。二是积极开展以“注重养成教育，强化三种意识，推动内控合规精细化管理上台阶”为主题的内控案防教育活动，进一步强化内控案防意识。三是贯彻落实总行“五个必须”，加强对高风险机构、重点岗位和易发案领域的监督管理。进一步加强员工异常行为的排查，落实好银监会关于有效防范柜面业务操作风险的“二十条”要求，认真抓好对信贷、理财、互联网金融、表外业务、私售飞单，非法集资、违规代客办理业务、信用卡套现、员工大额异常交易等十个方面的风险防范，切实把篱笆扎实扎牢。四是积极处理好其他安全隐患。认真抓好反洗钱、科技安全、外部欺诈、信访维稳及舆情管理等工作。特别是对私售飞单、存款丢失等社会关注度高的投诉事件，加强舆情应对与上级行、监管部门的沟通，妥善应对，防止声誉风险。

四、强化队伍建设和党建工作，从严治党，增强队伍的战斗力

一是高标准严要求地抓好党建工作。持续抓好“三严三实”专题教育，通过专题教育的深入开展，进一步加强党风廉政建设，进一步严明政治纪律和规矩，进一步增强党员和领导干部的责任担当意识，在思想上、政治上、行动上同党中央和总行党委保持高度一致，不断提升分行经营发展水平和服务实体经济能力。同时高度自觉地配合做好中央巡视组以及总行执法监察工作，把这次专项巡视与加强全行党风廉政建设相结合，切实把从严治党、从严治行引向深入。着力加强队伍的作风建设，深化“四风”整治，巩固和拓展党的群众路线教育实践活动成果。二是进一步优化队伍结构，提升队伍素质。加强转岗分流和客户经理的培训招聘工作，销售类岗位员工较年初增加 438 人，其中网点客户经理比年初增加 282 人，有力支持了网点的经营转型。同时稳妥推进人力资源管理深化项目，对岗位职级体系、绩效考核体系、薪酬福利管理、机构等级评估等方面进行进一步的完善和优化。三是坚持以人为本，文化兴行，营造“共创共建共享”的家园文化氛围。

广西分行

【主要业务指标完成情况】

2015年，广西分行实现拨备前利润57.97亿元，同比增加1.81亿元，增幅3.23%；实现净利润33.9亿元；实现中间业务收入23.16亿元，增幅9.2%，同业排名第一。各项存款余额2 407.56亿元，比年初增加161.78亿元。各项贷款余额2 152.89亿元，较年初增长147亿元。全年大零售营业贡献40.96亿元，大零售营业贡献占比55.6%，比年初提升2个百分点。不良贷款余额30.39亿元，不良率1.41%。

【主要工作措施】

一、加大融资支持力度，提升服务实体经济水平

一是发挥资金优势，支持重点项目建设。紧跟国家及广西重大战略推进步伐，通过总行与广西自治区人民政府签署“一带一路”重大项目战略合作协议提升合作层级，围绕“海上丝绸之路”、广西“双核驱动”、央企入桂等重点项目，在区分行层面新成立重大项目专属服务机构，全力支持高速公路、铁路、港口、电力、机场、物流基地、开发区等基础设施和互联互通建设。全年累计发放项目贷款189.2亿元，同比增加56.5亿元，贷款余额比年初增加53.24亿元；其中对基础设施建设领域发放项目贷款147.3亿元，对文化旅游、新型城镇化、棚户区改造等新兴领域发放项目贷款31.3亿元。二是加快业务创新，增强多元融资服务能力。发挥工行在投行、基金、保险、租赁等领域的多牌照、综合化优势，广西分行联合工银瑞信、工银租赁等集团成员，积极引入总行、系统内分行的资金。成功设立8亿元“工银瑞投—中马广西产业园建设基金”，开创了国内股权融资的新模式；引入总行资金投资区内重点企业次级债9亿元，实现引入集团资金投资我区企业次级债零的突破；办理区内首笔人民币境外放款业务，全年为境内企业办理4.6亿元跨境人民币贷款。三是落实普惠金融，支持小微企业和居民融资需求。持续推进小微企业贷款专营建设，围绕地方特色产业集群、专业市场及核心企业上下游客户，发挥网贷通、供应链融资、小额信用贷等优势产品，创新担保方式，优化小微企业审批流程，积极扶持广西小微企业发展。年末小微企业贷款余额（监管口径）241.5亿元，比年初增加25.6亿元，增幅11.8%，快于各项贷款增速。围绕住房、旅游、绿色、文化教育等领域消费，积极支持居民消费转型升级，大力发展个人住房贷款和个人消费贷款，丰富个人贷款的服务种类和客户体验，全年新增个人贷款51.45亿元。

二、夯实客户基础，提升存款业务贡献度

一是抓项目带动，促进客户集群发展。抓好社会民生领域项目拓展，以客户集群式发展带动存款持续增长。深入开展“联动营销，双卡争辉”主题营销活动，不断提升对建筑行业和社保民生领域的服务水平，发行金融社保卡达110万张，已覆盖广西14个地级市。加快院校、医院、社区、园区、专业市场、旅游等板块的项目创新，完成中燃灵通卡、校园一卡通、工银广西e医院、多功能金融IC套件与个人金融特色应用服务平台等项目的研发投产，在拓展学校、医院等市场方面实现新突破。完成财政国库集中支付电子化推广、交罚系统升级改造、国土资源交易系统投产等工作，争取政府存款市场份额。二是抓重点板块，挖掘存款增长潜力。加强财政、社保、公积金及军队四大重点系统客户的营销维系，通过配合做好广西地方债发行、军队资金集中管理、住房公积金贷款业务营销等工作，提升机构存款贡献。四大重点系统客户年末新增存款44亿元，日均增长60.4亿元。注重抓好广西分行30户公司核心客户的营销维系，提高对核心客户的服务层次，提升核心客户对公司存款的稳存增存贡献。大力拓展代发工资业务，推动代发质量不断提升，全年代发工资人数107万户，较年初增加4.6万户，累计代发金额378亿元，同比增加42亿元。三是抓新兴市场，拓宽稳存增存源头。加大跨市场资金营销力度，主动把握企业债券发行、上市公司IPO、定向增发资金等源头信息，多渠道增加资金沉淀。结合资本市场震荡宽幅加剧的行情，积极推广节节高、大额存单、存管通等存款创新型产品，较好地衔接了客户回流资金。年末节节高2号余额达40.2亿元，存管通资金池余额4.2亿元；非存款类金融机构存款比年初增加17.5亿元，日均余额59.72亿元，比年初增加30.24亿元。

三、强化创新用新，增强中间业务创收能力

一是推动基础业务升级。积极应对监管政策变化和北部湾同城化等因素影响，明确结算业务以拓展账户为核心的发展思路，加强产品组合营销，持续增强创收能力。抓住资本市场机遇，深度挖掘分销渠道价值，优先销售高收益产品和行内产品，不断提升代理业务收益水平。紧跟经营效益提升导向，大力推进以净值型产品为

优先级的营销渗透，优化理财类收入结构。全年实现结算、代理、理财收入 13.6 亿元，同比增长 0.9 亿元。二是加速重点条线发展。实施“三个一亿”工程和“千万级产品线升级”工程，提升重点条线收入贡献。跨越式发展银行卡业务，抓住居民消费多样化趋势，促进发卡、收单、信用卡贷款业务规模和质量协调发展，积极开展精准营销，全年实现信用卡中间业务收入 5.09 亿元，同比增幅 16%。高品质发展投资银行业务，大力拓展股权融资、理财直接融资工具、并购贷款等新业务，全年实现投资银行业务收入 4.7 亿元。突破发展资产管理业务，积极适应资本市场发展形势和客户偏好变化需要，加大项目推荐和理财销售，全年实现资产管理业务收入 1.34 亿元，同比增加 0.21 亿元。在重点产品线中，代理基金、承诺、私人银行等业务发展速度较快，成为全行新的增收亮点。三是抢抓特色市场拓展。跨境业务抓住广西沿边综合金改向纵深发展推进的政策红利，充分发挥优势系统、优势产品、优势服务，积极打造一批具有里程碑意义的标杆项目。成功办理广西金融系统第一笔跨境双向资金池业务、广西首笔人民币境外放款业务。金融市场业务结合客户多元化需求，不断丰富业务品种线，实现业务收入 0.79 亿元，同比增长 79%；实现投资收益 1.57 亿元，同比增长 41%。互联网金融业务抓住“互联网 +”新经济形态加快形成的有利时机，强化“三平台一中心”的宣传和营销力度，丰富场景应用，持续提升互联网金融服务创效能力，实现中间业务收入 0.81 亿元。

四、坚守质量底线，保持信贷资产质量整体可控

一是综合施策，完善资产质量管理机制。落实信贷资产质量管理一把手工程，实行领导挂帅制和支行行长承诺制，建立资产质量管理与绩效挂钩考核机制，形成行长亲自抓、主管行长重点抓、班子成员配合抓、专业部门全力抓、责任人员具体抓的“五抓”机制。专门组建风险监测分析团队和信用风险缓释专业团队，实行集体讨论、专家会诊、制定预案。分别在区分行组建处置中心、各二级行组建差异化管理团队，统筹管理、指导全辖抓好清收处置，全力堵塞信贷资产劣变“黑洞”。二是统筹管理，千方百计止住“出血点”。突出把握好借款人、贷款用途、还款来源和增信措施四个关键环节，防范过度融资风险和多头融资风险。强化存量贷款管理，加大对产能过剩、风险担保圈等高风险领域资产的主动退出力度，确保新增和存量移位贷款健康运行。制定《信贷质量攻坚战指导意见》等一系列制度办法，建立完善信贷资产质量分析会、法人大户风险会诊等风险排查分析制度，提高风险防控的前瞻性和针对性。全年累计压降潜在风险贷款 41.4 亿元。三是多措并举，全力清收化解存量风险贷款。积极“缓释”，对生产经营正常、未来还款可能性较大的企业，在不增加风险的前提下，实施风险缓释方案，其中区分行牵头缓释法人贷款 77 户、金额 41.6 亿元。加速“清淤”，打好清收处置“组合拳”，创新代位代偿、以物抵债等方式加快存量清收，提高不良清收处置效率，全年累计清收处置不良 35.29 亿元。全面“控小”，千方百计压降个贷不良，组织 14 个二级行和 96 个一级支行行领导签署承诺书，实行定期通报制度，努力为法人不良贷款压降腾出空间，年末个贷不良率 0.91%。四是强基固本，重塑审慎信贷文化。对异地放贷、粉饰客户、不适合的第三方抵押、贷后管理严重失职等问题进行专项治理。强化问责力度，坚持“尽职免责、失职追责”的原则，重点对 2013 年以来新拓客户和存量新增客户形成不良的责任人实行严肃问责。加强队伍建设，强化培训力度，规范信贷从业行为，持续推行专家治贷。

五、加强基础管理，推进全行持续发展

一是未雨绸缪，完善内控案防管理。以内控评价争创一级行为主线，全面开展“两加强、两遏制”专项检查、员工异常行为排查、“以案说法、警钟长鸣”警示教育等活动，持续夯实内控案防基础。坚持“严管善待”管理理念，对违规违法行为开展周密排查，依规惩治，共查处 8 起严重违纪违规违法问题，在全行形成极大的震慑力，确保从严治行精神的贯彻落实。切实抓好信访稳定工作，做好重点领域排查防控，全年没有发生非正常集体赴邕进京上访和恶性事件。二是夯实基础，不断提升服务能力。加强线下渠道建设，积极推进网点转型和网点竞争力提质增效，全年改造投产全功能智能化网点 87 家，“五级”低效网点由 20 家减少至 4 家，新建离行式自助银行 61 家。加强线上渠道拓展，依托总行互联网金融“三平台一中心”和“三大产品线”，拓展电子银行客户市场，全年实现电子银行交易额 6.77 万亿元。三是统筹协调，抓好运营管理和安全生产。深入贯彻总行“五个必须、五个强化”工作要求，抓好业务集中处理、现场管理和远程授权管理，持续深化网点核算印章、身份指纹认证、业务集中改革，不断提升运营质量和效率。内部风险暴露水平由上年末的 3.07‱降至 1.87‱。严防外部欺诈风险，提升安全管理专业化、科技化和集约化水平，全年在 6 家二级行完成总行版本报警监控联网平台建设。坚持“两个第一”的思想，通过加强基础架构建设、监控管理、应急管理、生产运维专项治理等措施，持续提升生产精细化管理水平，确保不发生重大生产事故或案件。

六、加强自身建设，激发经营管理活力

一是加强党的建设。深化思想作风建设，认真开展“三严三实”专题教育，扎实推进整治不作为乱作为等损害群众利益问题专项治理。加强组织建设，积极跟进组织机构改革情况，及时调整完善各级基层党组织建设，保证党建工作的稳定性和连续性。做好党员发展，将发展党员重点向年轻员工多、业务骨干多的机构、部

门和业务一线倾斜，不断优化党员结构，全年发展党员55人。二是加强班子队伍建设。加强干部管理，合理使用各个年龄段的干部，有效满足干部结构层次培养的需要，通过民主推荐、公开选拔、竞争上岗等方式提任管理干部19人，管理类岗位转任业务类岗位的处级干部4人，并选派优秀干部到兄弟分行、二级分行和政府部门交流锻炼。三是加大改革发展力度。实施“三市一区”重点城市行发展战略，通过配强班子、扩大经营授权、完善组织架构、加大资源倾斜等措施，激发重点城市行市场潜力和经营活力。推进二级分行机构改革和业务管理中心改革，优化内设机构设置，建立精简高效的组织体系。全面完成网点运营标准化管理改革，累计完成柜员及服务支持岗人员转岗624人，其中柜员转岗销售类人员159人。深化考评机制改革，增强大中城市行竞争力提升考核，并出台县域支行竞争力提升考核方案，促进经营策略的传导落地。

海南分行

【主要业务指标完成情况】

2015年末，海南分行实现净利润19.31亿元，同比增加0.72亿元，增长3.86%；各项贷款余额691.22亿元，较年初增加63.93亿元，增长10.19%；各项存款余额1 032.55亿元，较年初增加28.96亿元，同比增长2.89%；实现中间业务收入11.05亿元，同比增加1.54亿元，增长16.2%；不良贷款率为1%，继续保持在合理区间。各项存款存量、信用卡、电子银行、贵金属等业务均居同业首位。

【主要工作措施】

一、立足实体，进一步拓宽资产业务发展领域

一是全力抢抓重点项目市场。结合海南区域经济特点和重点项目发展规划，依托大客户中心及各分支行，全力做好分层分级营销，多层次多途径满足了交通、港口、机场等综合运输体系领域，批发零售业领域、电力等能源领域、农林牧渔业等领域、住宿餐饮等旅游领域，以及文化产业领域多元化的融资需求，全年共支持省重点项目64个，同比增幅36%；投放贷款57.4亿元，同比增幅37%。公司贷款余额453.29亿元，累计投放248.31亿元，净增10.56亿元，为全省实体经济发展提供了强有力的金融保障。二是积极开拓小微企业和个人贷款市场。在小微企业市场，组建了专营机构和小微客户经理队伍，相继推出了“政保贷”、“助保贷”、“政银保”等创新产品，有效解决了小微企业融资难的问题。年末小微企业贷款余额为102亿元，较年初增加9.07亿元，增幅9.76%，高于全行各项贷款增速0.86个百分点。在个人贷款市场，加快发展个人住房贷款、产权式酒店个人商用房贷款等优势品种，创新发展金融资产自助抵押贷款、自助房产抵押贷款、线下通抵通贷等新模式。全年个人住房贷款较年初净增17.67亿元，创该项业务年度增量历史新高，信用卡贷款余额28.5亿元，其中分期付款余额9亿元，较年初增长24.5%，高于系统平均水平18.9个百分点。三是加强商投互动与创新。积极运用股票质押回购业务、结构化定增、股权并购基金业务优势，深化与上市公司的合作。同时，针对房地产、旅游文化、先进制造业领域的重点企业，大力开展项目建设、酒店装修、固定资产维护中的债权融资服务业务。2015年非信贷融资较快增长，余额56亿元，新增33亿元。成功办理并购业务5笔、上市公司股票质押式回购业务2笔、上市公司员工持股计划业务1笔、私募债承销发行业务1笔、为上市公司提供分销融资1笔。

二、量质并举，进一步增强综合负债竞争能力

一是积极抢占零售板块竞争高地。重点抓好“三个源头”（代发工资、民生领域、院校市场），挺进“三新市场”（新农村、新城区、新商圈），搭建“三圈网络”（民生客户生活圈、商友客户生意圈、大学生社交圈），不断夯实储蓄存款基础。全年实现各项储蓄存款500.47亿元，同比增长1.27%；个人客户金融资产762亿元，较年初增加56亿元，增幅8%；储蓄存款存量同业占比第一，增量同业占比第二。二是加快突破公司板块竞争短板。加大对招商局、发改委、金融办、商务厅和工商局等客户源头部门的营销，并开通“工商e线通”系统。同时，以产业园区、专业市场、核心客户供应链上下游客户为重点，大力开展集群营销，推动公司存款稳中有升。全年新开对公结算账户10 024户，对公有效结算账户净增1 873户，计划完成率134%。新增公司客户8 546户，存款余额19.75亿元，日均7.86亿元。三是着力巩固机构板块竞争优势。在财政资金领域，紧密跟踪财政资金公开招标信息，大力竞争土地保证金、法院执行款等各类财政专户资金。2015年，成功中标了国开行3个棚户区改造项目的结算代理资格，涉及资金85.3亿元，在19个市县的土地出让金专户开户率达79%。在民生领域，成功与教育厅签订

《战略合作协议》，积极跟进教育系统重点项目落地，全年教育板块新增存款0.49亿元。加强对卫生医疗机构的挖潜，推动187医院银医卡项目投产和升级，全年卫生医疗板块新增存款0.48亿元。在国防领域，深入开展“军队客户服务年”活动和“金融产品进军营活动”，全年军队存款新增19亿元，进一步扩大了我行在同业中的绝对优势。

三、创新驱动，进一步提升中间业务收入贡献

一方面，推动基础类业务稳步发展。在信用卡业务上，紧紧抓住发卡、收单、分期付款三个创收点。全年实现信用卡中间业务收入1.61亿元，增幅29.6%，增幅系统排名第四；全年新增发卡10.14万张，创历史新高；信用卡消费额突破200亿元大关，增幅86.2%，系统排名第三；信用卡中间业务收入、发卡量、消费额等核心指标均保持同业第一。在人民币结算业务上，针对个人客户和对公客户的基础结算需求变化适时更新产品组合，以结算包、结算套餐的方式开展捆绑营销。2015年人民币对公结算收入同业占比46%，位居第一。在理财业务上，顺应社会金融资产变迁和资本市场日益活跃的发展，着力把握好理财与存款、时点与日均、对公与对私之间的关系，扩大理财客户覆盖面。2015年，实现法人理财业务收入1.3亿元，同比增加8 652万元，增幅193%，系统考核排名第一；个人理财收入3 500万元，增幅39.37%。另一方面，加速新兴业务创新发展。在投行业务上，完善并购、股权、高端财务顾问等产品体系，推动投行业务全面发展，2015年实现投行业务收入2.85亿元。在资产托管业务上，积极开拓本省私募基金、期货、同业票据、民生领域等托管市场，实现托管收入1 055万元，同比增幅42.76%。在养老金业务上，精准发力全省百强企业、国资委下辖企业、自收自支型机关事业单位等目标客户，实现养老金业务收入4 756万元，增幅107.41%。在贵金属业务上，提升积存金客户渗透率，拓宽实物类产品销售渠道，做大交易类业务规模，实现贵金属收入534万元，同比增长108万元，增幅25%。在私人银行业务上，着力提升专业化服务水平，增强产品、服务与客户需求的匹配性，实现私人银行业务收入3 250万元，增幅167.16%。在电子银行业务上，以扩大电子银行活跃客户为核心，着力推进线上产品与线下服务的融合联动，实现电子银行业务收入1.6亿元，较去年同期增长33.4%。在国际业务上，大力发展国际贸易融资业务，着力拓宽代客外汇资金交易收入途径，支持“走出去”企业，实现国际业务收入5 787万元，增长10%。

四、前瞻管控，进一步筑牢实质风险防御底线

一是严把信用风险管控关。把信用风险防控列为“一把手”工程，多次组织召开信贷资产质量管控专题会议，有针对性地研究部署清收转化风险贷款的措施及任务，对不良贷款大户行领导亲自挂帅清收处置，对欠息逾期公司贷款大户部门领导逐户制定清收措施，同时建立信贷资产质量管控督导联系机制，落实挂牌清收制度，做到工作有部署、有跟踪、有督办。全年累计清收处置不良贷款4.85亿元，逾期贷款余额从11月份的最高峰值52亿元压降到22亿元，及时控制住贷款质量劣变蔓延的势头。二是严把内控案防及操作风险整治关。强化内控案防管理。结合总行内控考核办法新变化、新要求，从严从实抓好年度内控评价工作，同时进一步加大总行执法监察、财务检查以及监管检查发现问题的整改落实力度。强化运行风险管理。开展业务运营风险模型研究，并对“屡查屡犯”问题进行专项治理，全行业务运营内部可控风险暴露水平3.60‰，较上年下降0.28‰，降幅达7.22%。强化重点领域和重点人员管理，聚焦“6+N”重要风险点持续发力，重点加强对高风险或排名前列的柜员、网点大堂值班经理或分管内控副行长的监督，全面提高了风险把控力，全年实现无重大差错、无重大事故、无案件。三是严把外部风险防范关。持续抓好外部欺诈风险信息系统和报警监控平台在基层营业网点的实际应用，充分发挥信息监控系统在防范外部欺诈风险方面的第一道防线作用。持续加强舆情监测和研判，通过持续完善全媒体监测制、声誉风险预警制、声誉风险排查制等，对新闻危机事件的苗头，做到了早发现、早报告、早处置，未发生重大声誉风险事件。

五、深化改革，进一步夯实可持续发展基础

一是推进机构管理改革。将分行原有的24个内设机构、5个直属机构和16个附属机构，整合成21个内设机构、8个直属机构，形成精简高效的经营发展格局。同时，综合考虑分支行的内部管理等级、业务发展规模、区域竞争需求等因素，按四大类别、统一名称的方式核定各行机构编制与管理人员职数，构造更具活力的市场竞争架构。二是加快渠道转型。在物理网点的建设上，严控网点总量，着力改善老城区和渠道密集区的网点结构，提高重点区域、潜力地区和新兴市场的网点覆盖率。全年改造网点14家，迁址建设4家；在自助银行的建设上，加大在核心商区、大型居住区、工业园区、商品交易市场等客户集中区域的自助机具布放力度，全年新增离行式自助银行18家，离行自助服务区9个，完成7家智能化服务模式网点的改造。在电子渠道建设上，全行新增企业网银证书版客户5 699户，同比增长6%，新增手机银行客户20.2万户、工银e支付客户29.3万户，手机银行存量动户数达25.4万户，同比增长62.4%。三是提升人力效能。结合全行经营战略重点，修订《省行本部绩效考评办法》、《领导干部问责考核办法》，形成对本部机构与分支机构、领导干部与一般员工的分层次、分类别绩效考核评价体系；制定《分支行工资总额分配管理办法》，将绩效工资重点与效益贡献、转型发展、业务基础和资产质量等指标挂

钩；实施人力资源深化项目，实现员工工资等级档次晋升覆盖率100%。四是推进痕迹管理。按照“营销有跟踪、维护有记录、信息有价值”的原则，进一步规范员工尤其是客户经理的日常行为，定期走访企业和客户，及时掌握客户状况，不断提升服务水平和产品渗透能力。

重庆分行

【主要业务指标完成情况】

2015年，重庆分行实现拨备前利润81.25亿元，同比多增7.91亿元，增幅10.78%，排名系统第三；实现净利润53.07亿元，同比多增2.69亿元，增幅5.34%，排名系统第五。实现中间业务收入38.39亿元，同比多增2.32亿元，增幅6.43%。本外币全部存款余额达到3 211.17亿元，较年初新增308.82亿元，增幅10.64%；本外币各项贷款余额2 683.62亿元，较年初新增210.35亿元，增幅8.5%。不良贷款余额19.54亿元，不良贷款率0.73%，比系统平均水平低75个基点，排名第四。未发生重大差错事故和案件，实现了安全营运。

【主要工作措施】

一、加快推进经营转型，盈利能力持续提升

一是加快业务拓展，大力推进资产业务。积极拓展个人贷款。新增一手房合作机构98家，按揭项目289个，同比多增27家和33个；加快个人综合资产业务发展，签约客户达到13 096户，排名系统第四；投放个人自助质押贷款25.06亿元，同比多投20.15亿元，增幅410%。积极拓展公司重点项目贷款。推动总行与市政府签订金融战略合作协议，意向融资1 500亿元，已完成项目审批28个、金额462亿元；成功营销系统内首笔30年期独家承贷的高速公路项目。积极拓展小微企业贷款。监管口径小微企业贷款余额477.98亿元，较年初增加66.35亿元，增速16.12%，完成全年增长目标；小企业经营中心直营客户新增贷款投放11.18亿元，完成序时进度111.82%；发放小企业贷款利率加权平均上浮幅16.13%，剔除低风险贷款后上浮25.56%。积极拓展票据业务。累计完成票据贴现406.33亿元；拓展票据贴现量千万元以上客户102户。二是夯实经营基础，着力推进负债业务。客户数量快速增长，其中对公结算账户还原后净增13 607户，增幅15.6%，账户总数达到10.09万户；个人有效客户达到882.07万户，新增65.54万户，增幅8.03%；监管口径小微贷款客户4 303户，新增1 498户，增长53.4%；电子银行客户达到1 256.7万户，新增150万户，增幅13.6%。客户质量持续优化，其中，新增代发工资单位2 358户、代发工资客户33万人，累计代发额达到700.61亿元；新增国际业务大中型客户70户；新增个人中高端客户5.32万人，增幅7.28%；新增私人银行客户318户，增幅54%；手机银行客户、融e联客户、直销银行客户、融e购商户分别新增64.94万户、15.2万户、1.67万户和105户。客户贡献稳步提升，其中100万元以下无贷户日均存款新增12.82亿元；养老金管理规模30.6亿元，管理个人账户4.9万户，分别比年初增加5.6亿元、0.8万人；私人银行金融资产规模达到133亿元，产品余额突破94.9亿元。三是多元健康发展，深入推进中间业务。在基础业务上，净增信用卡26.75万张，同比多增3.95万张；净增商户（间联）6 612户，同比多增1278户；实现中间业务收入11.46亿元，同比多增1.06亿元，增幅10.19%。新增市行级现金管理客户66户，完成全年任务的165%；跨境人民币结算、结售汇、国际结算分别达到644.72亿元、142.51亿美元和437.40亿美元，继续保持四行第一；法人理财年日均新增177.16亿元，完成总行年度计划的785%；实现中间业务收入5.48亿元，同比增加2.13亿元，同比增幅61%。个人理财产品销售（不含私银）630亿元，实现中间业务收入9 214亿元，同比多增1874亿元，增幅25.5%；法人理财产品销售390.87亿元，实现中间业务收入3.67亿元，同比多增2.29亿元，增幅165%；实现代理基金收入0.91亿元，同比多增0.57亿元，增幅170%；贵金属交易额达到123.93亿元，实现中间业务收入0.51亿元，同比多增0.12亿元，增幅30.76%。在新兴业务发展上，成功办理系统内首笔网银渠道“人民币报价、人民币结算”对公商品交易业务及“固息换浮息”利率互换业务；完成重庆首笔地方债发行工作，承销份额同业第一；成功办理西南地区首单租赁资产证券化托管和上市企业募集资金托管业务，托管规模达到1 917亿元；有效贵金属客户新增3.64万户。实现单一流通股结构化投资、行外银团跨境并购贷款项目和分销顾问等业务零的突破。

二、深化全面风险管理，发展质量有效巩固

一是信用风险管理不断加强。狠抓逾期及潜在风险贷款管理，及时将逾期贷款控制目标分解至各行部，按日监测、定期通报，并针对重点行、重点大户召开分析会，研究方案、制定措施、督导落实；建立了潜在风险大户每周汇报制度，对业务流程、后续管理均提出更加细致和严格的要求。加强房地产贷款、小企业贷款和个人贷款风险管理，做好房地产贷款封闭管理，严格按销售进度收回贷款45亿元，并对出现风险苗头或存在风险隐患的，通过尽快落实还贷资金和处置方案缓释风险；对小企业开展了民间借贷、贸易背景、过度融资、销售归行等专项风险排查；强化个人违约贷款管理，累计催收9 730笔、金额10 548万元。加强信贷基础管理创新，新增包括大户风险会诊、大户放款核准联合会审在内的五项风险管理制度，对61户客户进行风险会诊；制定了《基层经营机构信贷经营资质管理实施细则》等多项制度办法；组建了二级分行直营客户、金融资产服务业务、潜在风险贷款转化业务三个专职审查审批团队。同时，强化现场检查和非现场监测预警力度，做好融资押品重评、信贷监督执行、违规责任评议等工作。二是重点领域治理和案防工作成效明显。加强内控管理，对2010年至2014年各类检查发现的问题进行了梳理、排查，对355个问责不到位的“两违”问题进行了追责；对25家分、支行312个营业网点开展了合规安全检查，涉及账户开立、U盾发放、管理人员及客户经理履职等17个关键点和重要风险环节，并及时督导整改；开展了外部欺诈风险评估工作，成功堵截各类外部欺诈事件164起（含电信诈骗、伪冒证件）；继续强化非现场监测工作，包括网点现场管理、印押证管理、交换业务、封包交接、大额资金操作等环节的风险控制，确保了安全运行。加强案防管理，开展了信托公司及信托产品风险监测、个贷资金流入股市风险监测等五项监测分析；继续加强行内员工异常行为监测，加大对违规参与民间融资、违规转移客户资金、外部风险转嫁等重要风险点的排查和防范工作；制定了《2015年党风廉政建设与反腐败工作分工包项责任制》，对党风廉政建设责任制和案件防范工作责任制进行量化考核。

三、大力倡导改革创新，提质增效亮点纷呈

一是加快推动互联网金融建设。融e购“重庆馆”正式上线，并与长安、华硕、金科等客户签订电商合作协议；联动商委开展了名特优企业专项推介活动；完善了企业差旅机票月结业务。全年新增B2C电商平台商户80户、B2B电商平台商户25户；融e购B2C电商平台金融交易额11.3亿元，B2C电商平台非金融交易额26亿元；B2B电商平台交易额达到11亿元。分层开展了互联网金融产品推介会，为构建线上线下一体化服务体系打下了坚实基础；开展了互联网金融进校园活动，新增手机银行客户4 587户，工银e支付客户4 145户，工银e校园客户624户，融e联客户1 413户，融e购个人注册客户2 483户；积极开展代发工资单位专项营销和O2O营销体验活动。2015年，手机银行业务笔数和交易金额分别占个人网银总量的45.1%和24.2%，同比提高23.8个和11.9个百分点；新增工银e缴费项目68个，缴费笔数达到132.2万笔，金额2.72亿元。二是加快推动网点经营转型。有序推进网点运营标准化改革，对全行311个营业网点标准化改革情况进行逐一研究，统筹推进改革工作全面落地，网点低柜业务可分离率从年初51.97%降至23.8%，高低柜配比偏离值从1.31降为0.34，对外服务柜口叫号率从年初43.4%升至90.95%，网点运营资源利用效率大幅提升，系统内考核排名第一。深入推进网点竞争力提升工作，网点智能化改造竣工投产104家；新建离行式自助银行51家，新增ATM 205台，离行式自助银行与网点比例达0.69:1；建成理财便利店21家，完成年度计划的140%；实施网点竞争力提升驻点辅导项目，完成39家网点的营销服务标准流程导入。进一步提升服务效能，311家网点实现WiFi全覆盖，在提升客户体验的同时推进了互联网金融产品在网点的落地；对12个排长队问题较为严重的网点，以及15个客户等候超时网点进行了现场调研和帮扶；持续加大网点援助保障系统推广应用力度，系统访问量达24 740人次，实现100%网点全覆盖，网均提交援助事项3.83件，排名系统第一；组织开展了“强化主动服务意识”主题教育月活动，中高端客户到店率较年初提高5.23个百分点至44.82%。三是加快推进人力资源优化配置。在队伍建设方面。对4家分支行、3个本部部室及5家县支行主要负责人进行了调整优化；举办了两期管理人员培训班、一期网点负责人培训班；开展了柜员合同工入职培训和新入行大学生岗前培训，并实施了管理培训生培养项目；完成43名劳务人员转制工作；选派了23名信贷业务骨干到县行进行对口帮扶。在人力资源深化上，制定完善了《员工职业积分管理办法》、《岗位职级体系管理实施细则》等配套制度，按进度深入各行部进行方案的重点宣讲工作，顺利完成全行在职员工岗位工资套改工作；制定下发了分支行机构改革实施方案，并积极调整分行机关各部室科室职能设置，确保人员安排及时到位，圆满完成了机构改革工作。四是加快推进利率及资本管理改进。加强存款利率管理，建立了存款利率同业日常沟通机制，启动并完成现阶段储蓄存款差别化定价方案的研究，先后下发了《现行外汇内外部利率定价政策解析》等四期指引，着力提升利率市场化定价水平，人民币各项存款付息率1.95%，比上年低0.15个百分点，低于系统平均水平0.05个百分点。加强贷款利率管理，全面启动一年期以内公司贷款LPR定价业务，要求对新发放一年期公司贷款首选LPR定价。截至12月末，实现贷款LPR定价2 761笔、金额277.29亿元，新发放贷款LPR定价占比达到24.82%。人民币各项贷款中，利率上浮贷款占比42.27%，较年初提高2.01个百分点；基准利率贷款占比32.97%，较年初下降3.08个百分点。加强经济资本管理，制定了2015年资本管理实施方案，并开展了经济资本培训与资本占用优化工作，引导分支机构通过经济资本管理优化信贷资产结构。

四川分行

【主要业务指标完成情况】

2015年，四川分行实现拨备前利润159.63亿元，同比增加5.36亿元，增长3.48%。实现净利润106.31亿元，同比增加0.54亿元，增长0.51%，系统内排名第五。实现中间业务收入58.21亿元，同比增加7.19亿元，增长14.09%，系统内排名第八，同业排名第一。各项存款余额达到7 020.98亿元，比年初增加430.54亿元，增长6.53%，其中，对公存款（含非存款类金融机构存款）比年初增加262.63亿元；储蓄存款增加177.09亿元。各项贷款余额达4 781.38亿元，表内贷款较年初增加440.05亿元，表外融资较年初增加306亿元。互联网金融业务快速发展，融e购B2C商城实现非金融交易额9.69亿元、B2B交易额12.77亿元，新增个人注册客户68.9万户。不良贷款余额59.34亿元，不良率1.28%，全年共清收处置不良贷款61.95亿元，压降潜在风险贷款54.15亿元，保持了资产质量阶段性可控。

【主要工作措施】

一、支持地方经济发展的金融服务能力进一步增强

一是进一步发挥了地方重点项目建设上的金融主力军作用。结合地方政府在经济新常态下工作部署，以名册制方式积极介入地方经济发展在产业升级、基础设施建设、经济增长新动力方面的金融市场空间。通过“贷款融资＋股权融资＋债券融资”等多路径融资安排，全面加大了对国家省级重点项目，特别是长江经济带、“一带一路”、天府新区、绵阳科技城等国家级战略推动下的骨干高速公路、骨干铁路、成都新机场、航空、水运等综合交通建设项目以及成都、绵阳、德阳、宜宾、泸州、南充、乐山等经济发展水平较高城市的基础设施建设项目的支持力度，并在许多重点项目上成功争取到银团牵头行地位。二是进一步完善了小微企业金融服务体系，完成监管口径“三个不低于”目标。成立了51家小微企业专营支行，构建起了“专营支行＋银政合作风险共偿＋供应链融资＋园区商圈”的小微企业金融服务新模式，银政合作共同设立小微企业融资风险补充基金模式推广到成都、绵阳、德阳等城市，已设立风险共偿基金1亿元。三是进一步加快多元化表外融资业务创新。紧密结合资本市场热点，大力拓展新三板客户、上市公司定增及大型集团客户股权融资业务，成功办理四川能投新城投资有限公司5亿元代理投资产业基金资产管理计划业务，实现了我行“股权＋债权”融资模式的突破。加大资产证券化业务发展力度，推动存量资产流动性发展，有效推动实施资产交易；加大债务融资顾问业务发展力度，积极推进包括超短融、短融、中票、长期限含权中期票据等债务融资工具承销业务。四是创新普惠金融服务。稳步推进智能化服务模式网点改造，积极探索融e购O2O线下体验店、店中店网点等新业态网点建设。强力推进逸贷、蜀通卡、银医卡、市民卡、社区卡、ETC、手机移动支付等便民新业务、新产品的市场推广，全面启动了“十万POS进县域”活动。

二、多措并举严守信贷风险底线

一是高度重视潜在风险贷款的前瞻性分析和风险化解，通过提前确定信贷策略、做好预警分析、制定进退和风险处置措施，有效管控好正常贷款劣变。二是进一步加强新增贷款的风险识别和风险防控，完善了授信项下授权审批制管理。加强表外业务风险管理，强化合规销售、审慎投资与代客投后管理。2015年共计压降产能过剩行业贷款6.38亿元、商品融资4.35亿元、小微企业联保贷款3.08亿元。三是多措并举推进不良贷款处置。抓好常规处置，坚持依法处置、依法收贷，逐户推进，特别是重点强化了大户清收责任的落实，取得了显著成效；强化对批量转让不良贷款的专户管理，继续做好批量转让贷款受托资产的清收处置工作。四是进一步强化信贷管理队伍建设，强化考核奖惩措施。建立了特殊资产处置队伍、他项权证集中办理和上门催收队伍、分析监测队伍等几支队伍。进一步加强了各级机构、流程部门、信贷经营管理人员的安全经营意识。

三、大零售业务战略取得新的探索和突破

一是深入推进大零售业务发展战略。进一步扩大了大零售业务试点行范围，加大资源配置倾斜力度，完善了相应的工作体系，有力地推动了大零售业务战略的纵深推进，全年大零售业务营业贡献度达到50.37%，较上年提高1.81个百分点。二是“储蓄＋理财”的综合负债发展模式取得明显成效，通过存款与理财的互促发展，进一步提高了客户在我行的金融资产总量。三是个

人贷款业务继续保持了良好增长态势，强力发展个人经营性贷款业务，大力发展优质信用卡客户和特约商户，大力拓展信用卡贷款业务和汽车分期、车位分期、家居分期、消费分期等信用卡分期业务。年末个人贷款余额1 713亿元，较年初增加231亿元，其中个人住房贷款余额1 487.94亿元，增加225.85亿元。此外，私人银行业务全行一体化经营取得了较好成效，信用卡业务继续保持良好发展态势，个人中间业务和个人客户发展基础较同业发展质量更高。全年实现个人中间业务收入16.2亿元，系统内排名第六。

四、公司金融业务创新能力进一步增强

一是明确信贷经营的目标，全年分别向水电、高速公路、品牌旅游和城市基础设施建设板块投放贷款133亿元、123.35亿元、63.36亿元、687.5亿元，有效保证了新增贷款质量。二是充分发挥投行业务转型发展的引领作用，实现了结构化融资中间业务收入的合理增长。全年实现投行业务收入15.14亿元，同比增收3.15亿元，系统内排名第三。三是加大债券市场业务拓展力度，多元化推进债务融资工具主承销业务的可持续发展，实现了四川省能源投资集团有限责任公司12.5亿元永续债、中铁二局6亿元超短融等一批优质客户的债券承销。2015年我行债务融资工具承销73亿元，实现债务融资工具承销业务收入1 992万元。四是资产证券化业务取得良好成效，积极消化不良资产，进一步拓展完善银团分销网络，积极探索与信托公司、租赁公司等机构在分销领域的合作，加大分销创新力度。

五、机构金融业务继续保持良好发展态势

一是高质量高效益地完成了省政府地方债券的牵头承销发行工作。完成了5批共1 790亿元地方债发行，其中总行直接投资296亿元。二是实施精准营销不断做大机构存款规模，年末机构存款余额1 886.41亿元，较年初增加209.5亿元，同比多增93.6亿元。三是同业金融业务得到进一步重视，有效带动了拆迁金融、代发工资、资金接续等业务的发展，以及证券、信托、保险、基金等托管业务的发展。年末，同业活期存款余额184.1亿元，较年初增加106.2亿元，同比多增99.5亿元。

六、严管操作风险强化合规经营

一是进一步健全操作风险管理机制。持续深化“不想为、不能为、不敢为”的操作风险管控和内控案防文化建设。二是进一步强化传统业务风险管控。强化结算类、印章类、现金类、票据类、权证类等重点领域业务风险的防控，加强信用卡发卡审核和授信管理，有效防范信用卡盗刷、套现、办假卡等诈骗风险。加大对民间投融资公司的开户管理和存量风险账户的清户力度，不断强化金融交易的“防火墙”建设。加大违规销售问责力度，对违规销售保持“零容忍”。三是主动前瞻性管控风险。加大了对代理业务风险、反洗钱涉敏及涉恐风险、第三方支付与互联网金融业务风险、信息安全风险、国际金融业务风险、代客投资风险等新风险方面的管控力度。采取“线上”非现场监测分析+“线下”检查相结合方式，及时揭示涉嫌非法集资、客户经理违规私售、员工“十大”违规行为等风险隐患。有效抓好安全事件管理，严防暴力恐怖事件和盗窃抢劫案件。

七、强化党建和党风廉政建设，增强干部队伍素质

一是发挥党建政治优势引领全行金融服务能力提升。把党的建设作为最重要的政治优势，坚持“把支部建在网点”原则，着力强化网点党支部建设，2015年全辖网点型党支部391个，比上年增加207个，增幅112.5%，同时进一步强化了各级党支部书记的配备和培训，有效增强了基层党组织的战斗堡垒作用。二是按照“三严三实”要求从严治党、从严治行。抓好“三严三实”专题教育活动，坚持以“严”的精神、“实”的要求抓实经营业绩和干部行为管理。严格落实党建工作和党风廉政建设主体责任和监督责任，坚持“双线问责”工作机制。三是进一步加强干部队伍建设。坚持党管干部原则，强化后备干部队伍培养。强化干部管理监督，做好分行管理干部个人有关事项报告填报和廉洁从业教育，认真开展“一报告、两评议”工作；坚持“以人为本”理念，落实休假等员工福利，推进员工健康管理工程。

贵州分行

【主要业务指标完成情况】

2015年，贵州分行实现拨备前利润70.6亿元，增长12.08%；实现净利润44.65亿元，增长3.27%；实现中间业务收入24.53亿元，增长12.28%。人民币各项存款余额2 394亿元，增长279亿元，增长13.2%。其中，储蓄存款余额1 052亿元，增加46亿元；对公存款余额1 233亿元，增加196亿元（不含同业），保持同业第一。人民币各项贷款余额2 270亿元，增加

266 亿元（含银行卡透支），增长 13.12%，余额及增量保持同业第一。其中，个人贷款余额 571 亿元，增加 57 亿元，银行卡透支增加 13.24 亿元；公司贷款余额 1 670亿元，增加 200 亿元，保持同业第一；不良贷款余额 14.52 亿元，不良率 0.64%，在总行系统内保持较好水平；累计清收处置不良贷款 44.36 亿元，其中，常规清收处置 20.03 亿元，批量转让打包处置 24.33 亿元，清收处置计划完成率在全国一级分行排名第一。国际业务、信用卡、电子银行、结算、贵金属业务等继续领跑同业。全年无内部经济案件、无商业贿赂案件、无重大风险事件及安全责任事故。

【主要工作措施】

一、坚持发展导向，保持市场竞争力和平稳盈利能力

一是着力拓展优质信贷市场，增强发展动力。积极营销公路、铁路、机场等领域重大基础设施建设项目，大力支持重大基础设施建设、五大电力集团重点火电风电等项目，深挖传统优质客户贡献潜力，进一步巩固传统领域市场优势。交通领域融资余额较年初增长 210 亿元，电力行业累计审批贷款金额达 123 亿元，风电新能源领域融资余额较年初增长 12.62 亿元。稳健推进个人信贷业务发展，加强逸贷、个人资产自助质押等业务推广，商用房按揭发展，实现住房类贷款新增 64.2 亿元，经营性贷款新增 3.9 亿元。二是着力推动存款稳定增长，夯实发展基础。积极实施个金项目落实，提早布局市场销售工作，通过联动销售收益高理财产品、基金产品、保险产品等，助推存款类产品销售，推动储蓄存款稳定增长，储蓄存款余额 1 052 亿元，增加 46 亿元。加强源头信息搜集，做好财政专户、企业账户和同业存款营销，加大代发工资业务、拆迁源头项目落地营销，为对公存款市场增长奠定坚实基础，对公存款余额 1 233亿元，增加 196 亿元（不含同业），保持同业第一。三是着力推动中间业务发展，保持平稳盈利能力。坚持金融市场全参与、金融产品全供应、新领域改革全跟进的导向，加快“大资管”业务布局，实现投资银行、资产管理机构托管、结算与现金管理、养老金等业务收入平稳盈利，全年实现投行业务收入 5.21 亿元，资产管理业务收入 1.66 亿元，结算产品中收 14 192 万元，资产托管业务中收 2 317 万元，受托管理养老金中收 2 200 万元。坚持率先发展、巩固优势、深度整合、提升贡献的导向，推进“大零售”升级发展，实现信用卡、私人银行、贵金属等业务中收再创佳绩，实现信用卡中间业务收入 6.42 亿元，私银产品中间业务收入 12 936 万元，贵金属租赁收入 2 481 万元。

二、坚守风险底线，确保资产质量稳定和风险总体可控

一是抓好化解潜在风险。突出抓好信贷资金管理，强化融资大户风险管理，定期召开信贷前中后台风险分析会，制定“一户一策”风险处置预案。抓实逾期贷款风险化解，对发生逾期欠息客户逐户制定针对性强风险转化预案。抓实产能过剩行业、房地产和小企业风险管理，严把客户准入关口，强化现场非现场的监测预警。二是抓好清转处置不良。加强组织推动，成立专职清收中心，完善清收工作机制。实施不良贷款名册化管理，实行“一行一册”、“一户多策”管理方案。加大工作创新力度，拓宽清收渠道，结合实际开展批量转让工作，实现不良贷款快速压降。全年累计清收处置不良贷款 44.36 亿元，批量转让打包处置 24.33 亿元，清收处置计划完成率在全国一级分行排名第一。

三、注重经营转型，拓宽发展新空间和新市场

一是积极推进新领域市场拓展。将信贷投放重点转向政府主推的新型城镇化领域、“三新市场”、五大新兴产业及新农村建设与扶贫等领域。全面推动 2014 年末储备的 27 个城市公共设施领域 140 亿元项目通过总行审核，并投放贷款近百亿元。在公共设施、现代农业、水利、美丽乡村、土地治理等领域成功储备一批项目，全年审批通过项目 40 个，金额 200 多亿元。二是稳步推进小微金融业务转型发展。抓好小微金融业务发展新模式落地，在省分行成立小微金融业务中心，完成二级分行小微金融业务中心和小企业中心组建运营。积极开展业务创新，针对不同客户领域，推出“政采贷”、“黔旅贷”、“文企贷”、“贵工贷”、“工扶贷”等多项融资方案。

四、着力改革创新，激发全行经营活力和动力

一是加快建设互联网金融生态圈。围绕“线上金融生态圈”、“O2O 移动金融生态圈”和“信息互通交流生态圈”三个框架，打造集消费理财为一体的线上线下金融生态圈。积极培育特色电商企业，推出贵州特色馆助力黔货出山，万科、茅台等上线融 e 购商城，全年实现非金融交易额 15.3 亿元。二是加快构建立体化营销体系。投产贵州分行微信公众号并开设“微理财、微服务和惠生活”三个栏目，向客户推送互联网金融产品、优惠活动等信息，以社会化营销方式扩大互联网金融产品影响力。创新实施互联网金融营销模式，建立社交阵地，实施粉丝经营，发展大学生营销宣传团队，抢占新兴客户市场。加速移动银行业务发展，率先开展“手机银行转账汇款零手续费”优惠活动，手机银行动户数增幅达 75%，全国排名第一位。三是加快推进经营渠道转型。抓好“一点一策”网点经营诊断，强化营业网点五级分类管理，统筹推进网点竞争力提升。网点标准化、自助化、互联化、精益化等“四化”建设实现 100% 覆盖率的目标，同业竞争力达标网点达 217 家，占比为 82.5%，全国排名第二位。

五、强化队伍建设，统筹配置资源提升效率

一是强化队伍建设，提升经营效率。按总行部署，

推进落实“大零售”战略，加强零售业务队伍建设，构建零售条线与对公条线协同营销模式。进一步细化团队建设管理，促进市场营销开拓、业绩提升与服务能力。推进落实“大公司、全金融”战略，在省分行及二级分行层面成立大客户服务中心，建立完善全产品联动营销机制，制订客户一体化营销方案，实施直营客户综合化服务管理。全年省分行直营客户时点存款、日均存款、公司贷款增量全行占比分别达 15.5%、58.26%和 81.63%，有效提升了经营业绩。二是发挥考核导向作用，科学配置资源，增强发展动力。优化多维度、多层级激励考评体系。优化费用配置模式、配置结构和考核重点，构建多维度考评体系，发挥考评导向作用。加大考评机制传导力度，构建多层级考评体系，抓实机制延伸到网点层级的“最后一公里”。优化财务运行标准化管理体系。坚持保开门和保员工基本薪酬，压缩不必要的开支，减少低效或无效的资源占用，加大有利于提升核心竞争力战略要素投入，切实提升经营资源的利用效率。

六、加强文化建设，扎实推进从严治党治行

一是扎实推进从严治党建设。严格按照中央精神和总行党委部署，在全辖认真开展“三严三实”专题教育活动，扎实抓好党的群众路线教育实践活动整改落实“回头看”，坚持“立说立行、雷厉风行”的作风，把从严从实的要求始终贯穿治党治行建设上。开展“加强党的建设年”系列活动，立足党建基础管理，组织开展基层党支部书记示范培训班，进一步规范基层党建工作。二是抓实服务品质和合规意识提升，开展“服务体验建设年”“基础管理建设年”系列活动。开展大堂服务现场专项治理工作，强化柜员主动服务、大堂主动识别引导和大堂值班经理现场主动服务管理，服务效率得到进一步提升。开展对重点领域检查监督管理，开展合规教育，增强员工依法合规意识。三是坚持以人为本，让员工充分享受改革发展成果，倡导凝心聚力的和谐家园文化。持续开展有利于员工身心健康文体活动，落实好“职工之家”建设，做好困难员工、劳模、离退休老同志帮扶慰问等工作。倡导企业文化、精神文明建设，宣传推广弘扬正能量。

云南分行

【主要业务指标完成情况】

2015 年，云南分行实现拨备前利润 58.4 亿元，实现净利润 31.57 亿元，实现中间业务收入 18.55 亿元。全年新增各类融资 450.92 亿元（其中，新增贷款 134.05 亿元，创新融资 316.87 亿元）。人民币各项贷款余额达 2 228.56 亿元，人民币全部存款余额达 2 527.61亿元。代理及个人理财、信用卡、电子银行、投资银行、担保承诺、企业年金、养老金等业务收入同业占比第一位。

【主要工作措施】

一、坚持以改革创新为驱动，经营活力得到增强

认真落实总行与云南省签订的《“一带一路”金融服务战略合作协议》，加大融资创新力度，拓宽融资渠道。成功发行昆明怡美天香项目 4.99 亿元专项资产管理计划，实现了我行封闭净值型区域理财产品的创新突破。成功上线了“融 e 购大理旅游商城”电政合作新模式，投产了勐海茶叶市场交易结算项目和西双版纳、保山、文山彩云公交卡项目。成立了工银瑞信云南市场拓展部，成功营销红塔证券 6 亿元现金快线业务。与新加坡分行合作办理了首笔人民币贷款 6 000 万元的跨境直贷业务，完成了首笔晋红高速公路 10 亿元理财直接投资项目审批工作。圆满完成 2015 年云南省政府地方债券承销和推荐投资工作，中标 164 亿元，在系统考评中排名第七位，并获得财政厅的高度赞扬。完成了省分行、各二级分行内设部室和直属机构的改革。进一步修订完善了《二级分行经营绩效和业务发展考评办法》、《云南省分行绩效工资考核分配办法》，建立了零售业务“三评价、一考核”机制，激发调动了广大干部员工的积极性，增强了各级机构的经营活力和发展动力。

二、坚持以风险管理为前提，发展质量得到强化

各级行一把手认真履行第一责任人的职责，把稳控资产质量作为各项工作重点，明确责任领导和部门，上下联动、合力攻坚。结合云南省的实际，联合 9 家银行和 3 家机构向省政府分别报送了《关于银行业服务全省经济发展及防范区域性金融风险的报告》、《关于化解云南中豪集团债务危机，维护社会稳定，防范区域性金融风险的紧急请示》，对政府、银行、企业共同防范信贷风险提出了建议和意见。成立了不良贷款清收处置领导小组，实施重点分行和重点大户挂钩督导，按月研究不良贷款清收处置，逐户确定重点风险大户和逾期、不良贷款清收处置方案及余额控制目标。通过再融资、展期、重组等方式，共缓释了 568 笔 134.8 亿元的贷款风险。同时，深入开展了“两加强、两遏制”专项检查、财经纪律执行情况等多项专项检查，全年一二类内

部风险事件同比下降 44.06%，重点治理的 7 类风险事件同比下降 12.87%，在人民银行昆明中心支行执行政策评价通报中，获得 A+级评级。营业部新闻路支行成功堵截一起 246 万元假支票事件，应用外部欺诈风险管理系统和报警联网监控系统成功堵截金融诈骗 251 起，挽回客户资金损失 560 万元，有 1 家支行荣获“中国银行业安全管理先进单位”称号，有 3 家支行荣获总行级“安全管理星级支行”称号，积极配合公安机关破获多起大案要案，收到云南省公安厅的来信感谢。

三、坚持以结构调整为重点，发展基础得到巩固

中间业务收入占营业净收入的 20.55%，比年初提高 0.2 个百分点。新发放贷款加权利率系统排名第三位。大零售营业贡献占全行营业贡献的 44.28%，比年初提高 3.5 个百分点；大零售中间业务收入占全行中间业务收入的 60.3%，比年初提高 11.05 个百分点。新增竞争力达标网点 74 家，提前一年实现附行式、离行式自助银行与营业网点 1:1:1 的三年规划目标，获得总行网点竞争力提升劳动竞赛先进集体荣誉表彰。高低柜口比例由年初的 2.21:1 调整到 1.23:1，柜员及服务支持岗人员占比由年初的 62.23% 下降至 53.21%，营销类人员占比由年初的 17.06% 提升至 21.33%，荣获总行网点运营标准化管理改革优秀组织奖，提高了人力资源配置效率和网点竞争力。

四、坚持以改进服务为基础，社会形象得到彰显

深入开展“服务体验建设年”活动，制定下发了《云南省分行服务工作委员会工作规则（2015 年版）》和《云南省分行服务工作考核评价办法（2015 年版）》，在全辖开展窗口服务争先创优活动，进一步丰富网点晨会内容，积极打造文明规范服务标杆网点，强化对网点的规范化服务培训，加大服务规范检查力度。中高端客户平均满意度 98.95%，较上年末提高了 0.78 个百分点，普通客户平均满意度 98.36%，较上年末提高了 1.4 个百分点，在总行 2015 年度服务工作考核评价中系统排名第五位，南屏支行营业室蝉联中国银行业文明规范服务“百佳示范单位”，是西南地区工行系统唯一获评百佳的单位。有 2 家网点被评为中国银行业“最佳社会责任特殊贡献单位”，有 10 个网点荣获中国银行业“星级网点单位”。积极落实省委扶贫工作要求，实施精准扶贫，制定了《云南省分行“挂包帮、转走访”工作方案》，开展了对 49 户贫困户的扶贫工作，资助了 50 名少数民族贫困学生上大学。抓住“一带一路”、“互联网+金融”等时事热点，开展了丰富多彩的主题新闻宣传活动，营造了良好的舆论环境。分行机关还获得了“全国文明单位”的荣誉称号，2015 年 32 家机构荣获云南省第十四批省级文明单位。荣获“云南省最佳商业银行品牌大奖、云南省银行业支持地方经济发展贡献奖、云南省银行业社会责任突出贡献奖”等 11 个奖项。

五、坚持以党建工作为根本，助推各项业务发展

以学习宣传贯彻党的十八届三中、四中、五中全会、总行党委和云南省委系列会议精神为契机，强化党委中心组学习制度，深入开展“三严三实”专题教育，积极推进“管理效率提升年”活动，大力加强各级行领导班子建设和作风建设。分行举办了 1 次专题党课、4 次党委中心组专题学习研讨、2 期省分行机关处级以上干部党委中心组（扩大）集中学习、2 期高级管理人员经营管理能力提升培训班和 2 期支行管理人员集中培训班，不断提高各级领导干部的政治理论水平和经营管理水平。持续开展了“学产品、学制度、学技能”（“三学”）活动，共举办各类培训班 922 期，培训了 8.17 万人次。同时，省分行加大督导巡察力度，先后 3 次深入 12 个二级分行、51 个一线网点开展调研督导，其中对 4 家二级分行开展了巡察工作，开展了“全行总动员、奋战四季度”主题营销活动，有力地推动了各项业务发展。

陕西分行

【主要业务指标完成情况】

2015 年，陕西分行实现净利润 39 亿元。实现 EVA29.6 亿元，同比增长 11.82%。经济资本回报率 18.02%。实现中间业务收入（含卡还原）22.1 亿元，同比增长 14.93%。全部存款净增 184 亿元，其中，公司存款净增 45 亿元，机构存款（含同业）净增 51 亿元，储蓄存款净增 88 亿元。各项贷款净增 131 亿元，其中，公司贷款净增 63.7 亿元，个人贷款净增 15.9 亿元，票据贴现净增 55 亿元。累计压降潜在风险贷款 18.6 亿元，清收处置不良贷款 57 亿元，同比多处置 36.1 亿元，其中，现金清收 17.5 亿元。不良贷款余额 48.06 亿元，不良率 2.27%。荣获陕西省人民政府“2015 年金融先进单位”。

【主要工作措施】

一、着力提升信贷经营能力，全力以赴强化信贷风险管控，加快信贷经营转型

一是加快信贷市场拓展。促成总行与省政府签署

《全面推进陕西“一带一路”战略合作协议》，累计投放重点项目贷款688.6亿元，大中型公司贷款新增94.8亿元。大力发展“工银瞪羚计划”及“科技贷”、“高新贷”、“上市贷”等创新产品，累计投放小微企业贷款94.4亿元，实现监管部门“三个不低于”的目标，获财政厅考核二等奖。继续围绕重点按揭合作项目名单、挖潜楼盘名单和自动审批合作机构白名单，实施个人住房按揭贷款精准营销，新增个人住房按揭贷款45.3亿元。突出消费经营类个人贷款转型和新产品推广，推进个人资产综合服务和自助质押贷款融合发展，个人金融资产自助质押贷款余额6.1亿元。以分期付款、逸贷公司卡和个人信用消费贷款为抓手，加快汽车、家装分期市场拓展，分期付款净增10亿元，签约小微逸贷公司卡商户298户，累放5.75亿元。二是全力稳定资产质量。把信贷质量稳定作为重中之重，切实遏制了逾期贷款和不良贷款上升势头。积极建立“突出重点、落实责任、多维考核、纵向到底、横向到边”的资产质量管理考核和双线管控机制。按照四色名单对潜在风险客户实行梯度差异化分类、动态化管理。通过“一户一策略、一周一跟踪、一月一通报”加快化解潜在风险，累计化解潜在风险贷款18.6亿元。三是加大不良贷款清收处置。围绕“一个地区、三大项目、一个资产包”，加大不良贷款清收处置，积极缓释存量贷款风险。转化法人逾期贷款177.1亿元，压降清收个人逾期28.7亿元，通过展期、再融资缓释风险贷款31亿元。运用批量转让政策，加快对存量不良贷款的清收压降，有效遏制不良贷款增长势头，批量转让资产包三个共计24.9亿元。四是持续夯实信贷基础管理工作，制定《陕西分行“一带一路”信贷实施方案》和《2015年行业（绿色）信贷政策导读》，规范行业分类，加速产能过剩行业退出，持续优化信贷结构。不断加强基层经营机构信贷资质管理和信贷队伍建设，印发《基层经营机构信贷经营资质管理实施细则》，建立机构风险预警和警戒线管理机制。完成926户、41.2亿元贷款责任评议，针对2013年以后新增融资开展信贷业务合规专项检查整改，整改率100%。

二、着力夯实可持续发展根基，扎实推进客户发展战略，促进存款稳定增长

一是持续完善客户分层分级分类认领维护机制，加大对各层级客户的维护提质力度，组建个人客户远程维护团队，有效提升长尾客户服务和挖潜能力。突出代发工资客户和产品渗透，加强各层级间联动营销，新增代发工资客户8.8万户。以工银e校园、银医一卡通及各类联名卡持续加强重点领域个人优质客户项目式营销和批量式拓展，新增个人有效客户55.5万户，其中日均金融资产1万元以上客户增加16.4万户。深入落实私人银行业务“全行办”、“专家办”的双轮驱动方针，实现私人银行业务快速发展。新增达标私人银行210户，私人银行产品规模达110.3亿元，均创历史新高。积极运用新注册和预注册企业数据，加强新客户的开户营销和结算服务，牢牢把握对公客户源头开展营销，有效结算账户净增8 076户。二是促进存款稳定增长。明晰存款考核评价体系，强化日均存款管理，形成按月监测、按季通报机制。在储蓄存款方面，积极吸纳承接代理基金、三方存管等回流资金，加大客户资产多元化配置，个人金融资产净增257亿元。充分发挥创新产品拓展客户、吸收存款、增强客户黏性作用，四大类储蓄创新产品总量突破100亿元。持续开展代发工资主题营销活动，代发工资额净增85.7亿元。在公司存款方面，注重发挥融资业务对负债业务的杠杆撬动作用，促进存贷协同发展，对日均金融资产50万元以上公司客户配备专职客户经理，依托公司与法人客户营销系统，定期做好大客户资金流的数据监测与挖掘工作，确保客户资金封闭循环。围绕关键指标持续强化“裸贷”客户治理，“裸贷”客户下降173户。在机构存款方面，制定企事业单位养老保险改革营销路线图和金融服务方案，投产代理财政集中支付电子化业务。以军队三卡、“长城系列”理财、基金定投等产品为抓手，有效提升军队客户服务体验，军队存款继续保持余额、增量双第一。加强同业合作，有序推进各类商业银行和非银金融机构客户，银银、银证、银信合作成效凸显，同业客户服务品质有效提升，新增同业存款67.7亿元。

三、紧扣盈利结构优化，厚植中间业务收入增长新动力

一是推动“大零售”板块跃升式发展。全面推进“三评价一考核”综合考评体系落地，完善个人客户经理管理实施细则和各级负责人专项考核办法，开展“银证合作、互利共赢”及个人理财“两覆盖、两提升”专项营销活动，个人理财业务增幅100.67%。紧扣“9944”精准营销和牡丹三秦通、大来信用卡等重点产品，持续推进产品和客户结构优化，新发信用卡30.6万张，其中新发三秦通卡7.7万张；深化POS商户倍增计划和总行“175”商户精确营销项目，线下收单商户净增2 718户。深入开展“手机银行转账汇款0元汇”、“融e行”、“五进”万家和“融e购”员工体验品鉴活动，加大地方主流媒体宣传力度，持续提升移动金融市场份额。二是培育“大资管”业务增长新元素。积极应对利率市场化，准确把握政策导向和市场机遇，加强信贷产品对利率对冲的应用，创新推广“LPR短期贷款+LPR利率互换”组合，LPR利率互换业务、代客商品交易业务在交易品种和交易渠道上实现新突破。全面布局交易类、贵金属融资以及实物类三大产品线，实现贵金属条线全面发展，如意金积存、代理金交所交易、黄金回购实现翻倍增长，贵金属质押贷款2 747万元，列系统第三位。采取团队名单式攻坚营销，

开展养老金旺季主题营销，养老金受托规模、企业数、账户数和收入继续保持同业第一。三是开辟“大投行”发展新空间。牵头组建丝绸之路经济带产业发展基金、陕西高速公路发展基金和陕西省企业成长专项基金。加快重点领域创新和重点市场拓展，突出“一带一路”战略和城市基础设施建设，在结构化证券投资、债券承销、分销顾问等重点产品上实现新突破，实现了定向增发类结构化证券投资、债券类结构化证券投资、股票质押式回购等“零”突破。全年实现投行收入 1.22 亿元。

四、聚焦精细化水平提升，进一步加强内部管理，为全行稳健发展保驾护航

一是深入实施网点竞争力提升工程。通过柜口布局优化、重点工作督办、分类指导等措施，提前完成网点运营标准化管理改革工作，高低柜配置比例达 1.5∶1，累计释放并优化人力资源 808 人，加快推进网点由交易处理型向营销服务型转变。统筹推进网点渠道优化，改扩迁网点 71 家；全面推进网点竞争力提升工作，59 家四五级网点实现提质增效；加快构建线上线下一体化渠道服务体系，新建 61 家智能网点，提前实现辖内网点无线 WiFi 服务全覆盖。深入开展“服务体验建设年”活动，切实提升客户服务水平，客户平均等候时间下降 1.4 分钟，继续保持“零有效投诉”，9 家机构获全国“百佳”和陕西“星级网点”称号，列同业之首。二是坚持业务发展和内控管理“两手抓、两手硬”，深入推进“内控案防管理年”活动，重点开展了“强化管理责任 扫除风险隐患”专项治理，对 6 个专业 12 项业务的重点环节和流程进行专项检查。持续加大操作风险管控，扎实开展内控监测分析和运营风险核查工作，继续强化十大违规和“屡查屡犯”行为治理。积极提升反洗钱管理水平，持续提高洗钱风险和大额可疑交易识别能力。建立完善员工异常行为常态化排查“四项机制”，发现并处分异常行为员工 31 人次。扎实开展“运行基础管理年”活动，稳步推进二级分行后台中心改革，加快实施流程优化及项目推广应用，有效提升业务运营效率和质量。以“三防三保”为目标，深化外部欺诈风险信息系统应用，持续推进报警监控综合平台建设，安全管理和外部欺诈风险防范水平跃上新台阶，全年成功堵截外部欺诈风险事件 1 112 起。加强信息科技日常业务连续性运作保障机制建设，自助终端及 ATM 正常运行率达 98.77%。

五、进一步加强党建、队伍建设和企业文化建设

一是持续深化党风廉政建设，切实推动“两责”履行。以“两个责任书”、“两个实施办法”、“两个考核细则”的落实构建“六位一体”党风廉政建设工作新体系。持续开展“效率提升年”活动，以服务承诺制建设、部室联系支行、督察督办事项库和“行长信箱”为抓手，构建多维度、多层次督察督办新体系，进一步带动客户服务水平提升。强化党内法规法纪的日常性学习教育，注重抓常抓长，持续抓好重要时间节点廉政提醒工作，作风建设成效进一步巩固和扩大。深入开展“三严三实”专题教育。坚持边学边查边改，先后组织 3 期管理人员“三严三实”读书班、4 期基层网点负责人暨党支部书记培训班、2 期企业文化大讲堂和 13 次党委中心组学习，把牢思想和行动的“总开关”；坚持领导带头讲党课，围绕“三严三实”开展专题研讨，进一步形成了践行“三严三实”的浓厚氛围。二是持续优化人员结构，销售类人员净增 296 人。稳步推进机构改革，圆满完成营业部、各二级分行机构改革。坚持“围绕中心、服务大局”的工作理念，加快企业文化“落地”和“深植”，积极实施“1234 工程”，企业文化建设再上新台阶，5 家支行分别被授予“全国文明单位”、“全国银行业雷锋岗”、“2013—2014 年度宣传思想文化工作先进集体”等称号，1 人荣获“全国银行业学雷锋标兵”称号；深入开展创先争优活动，新增五星级党支部 66 个。

甘肃分行

【主要业务指标完成情况】

2015 年，甘肃分行实现拨备前利润 31.15 亿元，同比同口径增长 20.53%。实现净利润 20.39 亿元，同比增长 14.68%，增幅系统排名第一。实现中间业务收入 11.23 亿元，同比增长 10.03%。贷款收益率 5.92%。利息收入同比增长 13.8%。存款付息率 1.62%，系统排名第六，同比略有下降。各项贷款较年初增加 200.12 亿元，增长 17.6%，贷款余额及增量连续六年保持四行“双第一”。其中公司贷款净增 106.68 亿元，增长 13.46%；小微企业贷款净增 5.4 亿元，增长 5.93%；个人贷款净增 34.36 亿元，增长 17.52%；银行卡贷款净增 15.34 亿元，增长 39.11%。不良贷款余额 12.92 亿元，较年初增加 7.57 亿元。不良贷款率 0.997%，较年初上升 0.52 个百分点，信贷资产质量基

本稳定。

【主要工作措施】

一、深化信贷引领战略

一是强化市场营销。公司贷款确定以风光电新能源、铁路、公路、有色冶金四大行业为贷款投放重点，营销投放风光电贷款58.93亿元，铁路项目贷款净增39.5亿元，公路项目贷款净增15.14亿元，有色冶金行业净增20.39亿元，四大重点行业合计净增占公司贷款净增总额的110.4%。小企业贷款搭建好“银政”、“银税”两个平台，在营业部及10个二级分行设立小企业经营中心，以“万户百亿”为目标，不断加快推进网络融资业务发展，全面开展小微企业小额信用贷款营销。全年累计发放小企业贷款107.94亿元，余额达到96.54亿元。个人贷款主要以拓展住房贷款市场和个人消费信贷市场为抓手，以重点项目为突破，全年累计投放个人贷款86.45亿元，余额达到230.4亿元。信用卡贷款以购车、装修等专项分期业务为主打产品，大力拓展新市场新客户，信用卡贷款余额达54.6亿元，较年初净增15.3亿元。二是积极优化结构。按照“发展两头，控制中间，构建‘哑铃形’信贷格局”总体思路，项目贷款较年初增加81.33亿元，增长13.02%；500万元（含）以下小微企业、个人、信用卡贷款分别较年初增加2.95亿元、34.37亿元和16.35亿元，增长31.48%、17.52%和42.72%；流动资金贷款较6月末锁定的基数减少0.91亿元，减幅0.58%。年末项目贷款余额706亿元、占各项贷款的52.8%，小企业、个人、信用卡贷款余额382亿元，占各项贷款的28.57%，“哑铃形”信贷格局建设初见成效。三是全力提升质量。突出抓好信贷“队伍建设、基础建设、文化引领”三项工程，打好资产质量保卫战。在营业部设立了授信审批分部，下放审批权限，审批效率得到提升。全年共为764名信贷人员举办7期信贷风险防控集中轮训。确定行级领导专职负责信贷风险防控工作，组成了3个潜在风险贷款排查工作督导组，逐行逐户制定管控措施。选派基层信贷人员到总省行跟班作业，组织“十个一”信贷基层送教帮扶，信贷基础管理得到进一步加强，风险防控能力显著提升。全行紧紧围绕“排查、缓释、处置”六字方针，积极化解信贷资产风险，针对小企业不良贷款反弹苗头，先后3次召开专题会议，会诊不良贷款与逾期贷款风险状况，有针对性地制定清收措施。全年退出转化潜在风险贷款13.5亿元，清收处置不良贷款4.75亿元，资产质量总体平稳，风险可控。

二、大力拓展存款工作

积极开展多种营销活动，努力控制存款成本。公司存款紧盯筛选确定的146户重点公司客户，紧盯大额资金进入行和公司存款负增长严重行等重点区域，紧盯交通、能源、文化、水利等重点项目，以省分行、二级分行、支行、网点四个层面，扎实开展分层营销。重点在小微企业信贷业务中挖掘有良好发展前景的优质客户，对裸贷客户实行名单制管理，凡存贷比日均和时点均达不到5%以上的，予以退出治理。机构存款确立以财政、住房公积金、社保和文教卫系统为重点的四轮驱动策略。实行重点系统重点客户重点突破，落实行领导重点客户高层营销。储蓄存款积极争夺对价格敏感的个人客户群体。认真研究基金、大额存单、节节高、薪金溢、理财、三方存管、陇原交通卡等产品的组合营销，以此提升客户黏性。在全行开展全员大战50天揽储活动、省分行本部高级经理以上人员帮扶存款负增长网点活动和营销1户私人银行客户活动、陇原交通卡全员营销活动等，领导带头，全员参与，对提升储蓄存款起到了一定效果。12月末全部存款较年初减少123.16亿元，其中储蓄存款减少97.95亿元，公司存款减少52.9亿元，机构存款增加8.44亿元，同业存款增加19.25亿元。高成本存款较年初减少70.8亿元，其中保本理财减少50.5亿元，结构性存款减少20.3亿元。存款付息率1.62%，同比下降0.15个百分点。

三、力促中间业务发展

紧盯“完成年度计划目标、占总行一个百分点和保持同业领先”作为三大标杆，各专业对照三大标杆，自觉寻找差距，加快追赶进度。结算与现金管理、银行卡、个人金融三大传统专业中间业务收入分别增长16.49%、37%和35%；三大专业中间业务收入占总行比重超过或接近1%。代理个人基金及国债、承诺业务、投资银行、养老金、私人银行等新兴业务实现收入均较上年翻番增长。大力挖掘和培育新的业务收入增长点，代理个人基金及国债、承诺业务、投资银行、养老金、私人银行等新兴业务实现收入均较上年翻番增长。严格中间业务收费管理，对所有手工计息全部由省行审批，每季组织抽查核实中间业务收入情况，保证了中间业务合规发展。

四、持续改进作风建设

按照中央和总行党委统一部署，精心安排“三严三实”专题教育，认真组织学习习近平总书记系列重要讲话精神，深入开展专题研讨和民主生活会，努力提升问题查找的深度、原因剖析的准度、整改落实的力度，各级党组织和党员领导干部思想认识进一步提高，专题教育取得了良好成效。坚持将作风改进作为一项经常性工作来抓，全面推进“管理效率提升年”活动，通过调查问卷形式征求基层意见，重点整治庸、懒、散、慢等问题，有力促进了各级管理机构作风转变。厉行勤俭办行方针，三公经费支出同比下降36.33%。深入推进“服务体验建设年”活动，持续加大服务明察暗访，窗口服务质量和社会形象显著提升，在年度效能风暴行动行风政风民主评议中综合考核排名全省银行业第一。

五、夯实内部管理基础

大力推进“网状控制法”实施，加大关键风险点管控力度，加大发现问题整改力度，加大责任追究惩处力度，三类以上风险事件由 2011 年 23 881 件降低到 2015 年的 2 152 件，降幅 91%。积极开展监督检查。组织开展“两加强、两遏制”、操作风险“网状控制法”推动情况、存款安全管理及飞单治理、反洗钱业务等 12 项专项检查，对 34 名高级管理人员的经济责任审计以及一级支行、二级支行行长进行离岗审计，对发现的问题逐一进行整改。对 354 名一级、二级支行行长分三期进行“廉洁从业合规经营”专题教育培训，期间开展离岗审计，对客户经理分 9 期进行专业培训和合规教育；严格排查一级、二级支行行长和客户经理个人账户资金往来和日常行为；对重点风险岗位人员采取强制轮岗、强制休假等措施，发现和排除风险隐患。组织对 112 个网点开展操作风险大检查，对发现的问题从严查处、从严问责。在总行 12 月 1 日警示教育大会结束后，立即召开专题会议，对照总行通报的违纪违规违法问题和案件深刻反省，积极营造廉洁银行政治生态，动员全行全力以赴抓经营、集中精力抓管理。

六、塑造良好社会形象

积极服务和支持全省实体经济发展，连续第 5 年荣获“省长金融奖”，在年度国有商业银行支持非公经济发展考核中排名第一。积极组织“联村联户”行动，精准扶贫工作得到省委、省政府的充分肯定，工作经验省长批示全省推广，扶贫互助基金入选全省金融精准扶贫经典案例，被中共甘肃省委授予年度双联行动“民心奖”。大力弘扬社会正能量，连续第 8 年独家冠名“感动甘肃·陇人骄子”评选活动，我行先后两名员工当选“陇人骄子”。认真办好“行长热线”，四年来累计收到员工来帖 3 600 余条，员工反映的问题建议绝大部分得到解决和采纳，“行长热线”成为我行独具特色践行群众路线的“亮丽风景线”。连续 5 年开展全员读书活动，每年举办读书沙龙，每年集萃出版读书心得，受到专家学者和总行领导的肯定，有力推进了学习型银行建设。深入推进文明单位创建，省分行本部和所有二级分行获得省级文明单位称号，所有县支行获得县级以上文明单位称号，成为全省荣获文明单位称号最多、且唯一一家实现“双覆盖”的金融机构。

宁夏分行

【主要业务指标完成情况】

2015 年，宁夏分行实现拨备前利润 14.44 亿元，净利润 9.51 亿元，分别较上年增长 4.83% 和 4.48%。成本收入比 29.97%，同比下降 0.63 个百分点。各项贷款余额（含信用卡透支）达 625.63 亿元，较上年增加 48.72 亿元，增长 8.45%。各项存款（含同业活期）日均余额达 475.35 亿元，较上年末日均增加 30.03 亿元，增长 6.74%。全年实现中间业务收入 4.82 亿元，较上年同期增长 9.94%，位居宁夏地区工、农、中、建四行第一。不良贷款率控制在 1.04%，在当地同业和全国系统内始终保持较好水平。全年无重大违规事件和经济案件发生。

【主要工作措施】

一、加快信贷结构调整，形成资产业务多极支撑格局

紧紧围绕国家战略布局和宏观政策导向，结合总行信贷政策要求，以用活存量，用好增量为原则，不断改善信贷经营质态。一年来，重点支持了宁夏交通投资有限公司高速公路新建、改扩建项目，华电国际宁夏新能源发电有限公司宁东风电场二期、七期，宁夏医科大学总医院医疗设备升级改造等一批涵盖基础设施、新能源、先进制造业、现代服务业、节能环保等一些战略新兴领域，这一领域贷款较年初合计增加 21.17 亿元，占公司新增贷款的 61.02%。小微贷款余额 103.14 亿元，较年初增加 10.56 亿元，按照银监局“三个不低于”要求，小微企业贷款增速为 11.50%，高于各项贷款平均增速 8.09%，高出 3.41 个百分点。全年累计审查通过供应链融资业务 2.49 亿元，涉及 23 户供应链客户。累计办理票据融资交易量 765 亿元，较上年增加 285 亿元，增长 59%，票据融资余额、交易量继续保持系统内五行第一。

二、加快推进经营转型，中间业务稳步提速发展

电子银行、国际业务、银行卡、结算与机构业务竞争发展能力进一步提升，分别较上年同期增长 64.12%、14.88%、9.44% 和 0.94%。品牌类投行业务拓展成效明显，收入同比增长 91%。养老金业务实现跨越式发展，收入同比增幅达到 243.8%，新增 2 户企业年金集合计划，良好的业绩获得了总行养老金业务部的通报表扬。债券承销与投行分销业务顾问两项业务实现了零突破。个人金融资产余额达到 343.3 亿元，同比增长 3.32%。四星级以上个人中高端客户增加 33.63 万户，较年初增加 2.81 万户。日均金融资产万元以上客

户 34.7 万户，较年初增加 1.6 万户。信用卡新增发卡近13 万张，消费额同比增长 13.03%。实现商户回佣收入6 357 万元，在信用卡中间业务收入占比达 52.53%。私人银行产品配置总量达到 43.12 亿元，实现中间业务收入2 582.36 万元，同比增长 278.09%。电子银行业务发展迅猛，尤其是互联网金融创新服务进程持续提速，全年新增融 e 购注册客户 44 769 户，融 e 购交易金额达 18.62 亿元。工银 e 支付新增客户 16.9 万户。国际业务竞争发展能力进一步增强，国际结算量、跨境人民币结算同比分别增长 2.79% 和增长 134.98%。累计拓展国际业务新客户 23 户。

三、深化服务创新和渠道建设，经营发展活力进一步增强

扎实开展“服务体验建设年”主题教育活动，深入推进网点运营标准化建设工程，持续加大服务检查力度，不断强化网点厅堂服务管理，逐步完善健全服务考评体系，积极改善客户体验，促使全行规范化服务水平稳步提高。运营管理流程更加高效，科技保障体系更趋精益，绩效考评格局更趋完善，促推业务创新发展的后台支持能力进一步增强。继续加大网点装修改造费用投入，加快电子设备购置投放和智能银行建设，全面实施网点叫号机系统和客户之声系统，渠道优化转型步伐进一步加快，并通过强化客户投诉精细化管理，实施常态化晨会管理制度，加快渠道管理平台及网点援助保障系统推广应用，持续推进智能化网点服务模式试点改革等一系列有效工作举措，综合服务能力显著提升。全年共装修改造网点和附行式自助银行 11 家，新增离行式自助银行 31 家，新增自助机具210 台，新增 POS 机6 639 台，完成了 17 家智能网点建设。离行式自助银行与营业网点比例由年初的 0.49:1 提升至 0.79:1。电子银行业务分流工作成效明显，柜面业务可分流率较上年下降了 9 个百分点。顺利完成灵武、宁东支行跨机构调整和会计核算印章综合改革，系统建构了“分行 + 支行”运行督导集中管理模式，全面推广实施柜员指纹认证系统和电子验印系统，不断提升远程授权质量和效率，实现了空白重要凭证联动销号管理，全行运营管理体系根基更加扎实。持续推进核心应用系统、核心网络系统信息化建设，信息科技保障支持能力进一步增强。继续加快审查审批流程的优化整合，强化专业管理和指导，有效提高了授信审批业务的效率。依托我行的技术研发优势，不断扩充网银代理缴费品种，正式投产开通了石油城燕鸽湖社区和吴忠出租车一卡通项目，成功营销了中石化网络 POS 项目。全面完成了分行本部内设机构改革，打造成立了 23 支专业团队，设立了 2 家小微金融业务中心，以及个人信用消费中心和营业部票据中心 4 家专营机构，全行业务整体优势得以发挥，经营管理的组织架构体系更趋完备。加快推进人力资源管理深化项目，强化薪酬分配战略导向，优化经营绩效考评体系，调整优化凸显效益贡献、转型发展、客户基础和资产质量四类指标的考核权重，锻造了更趋科学完善的薪酬激励考核分配机制。

四、统筹抓好风险防控和内部管理，发展根基更加牢固

切实做好信贷基础工作，不断强化尽职调查、审查审批及贷后等各环节管理，尤其是突出抓好产能过剩、贸易融资、小微企业等重点领域的跟踪监测和风险预警，细化逾期贷款控制措施，化解潜在风险贷款，严控信贷资产劣变。通过各种行之有效的工作措施，全年压降退出潜在风险贷款 17.39 亿元，累计清收处置转化不良贷款 1.96 亿元，不良贷款率保持在当地同业和全国系统内的较好水平。持续完善内控评价督导和违规问责机制，高效履行操作风险管理职责，不断强化监督检查统筹管理，全面深化反洗钱工作，多频次、有重点地开展常态化监测分析，进一步强化了内控合规工作管理水平。加大业务运营风险核查力度，全面排查各业务领域风险隐患，全年运营内部风险暴露水平同比下降 36.15%。认真落实案件防范责任制，扎实开展执法监察和效能监察，强化 10 个案件风险点的治理，并结合总行内控评价大检查和“两加强、两遏制”回头看工作总要求，进一步严格管控和排查违规理财、私售飞单、民间融资、参与经商办企业等行为，坚决防止风险隐患的渗透和扩大。此外，密切关注舆情变化，高度重视声誉风险管理，全面做好安全保卫、防范外部欺诈风险监测，持续抓好收费规范管理。

五、扎实开展“三严三实”专题教育，党建和员工队伍建设进一步强化

认真组织开展“三严三实”专题教育活动，通过突出问题导向，坚持以上率下，高质量讲好党课和抓好学习研讨，推动专题教育深入开展。坚持边学边查边改，重点围绕推进从严治党和从严治行、严格执行中央八项规定、防止“四风”反弹、深入开展“管理效率提升年”活动等核心内容，统筹兼顾、立行立改，切实以作风建设新成效加速培育转型发展的新动力。认真落实党建工作主体责任，找准党建工作与全行经营转型发展的结合点，坚持党建工作和中心工作同谋划、同部署、同考核，促使党建工作与经营发展同频共振。坚持内涵式队伍建设导向，拓宽选人用人渠道，完善干部选拔聘用机制，健全干部监督考核体系，持续加大管理人员岗位轮换和任职交流力度，促使干部队伍的年龄和专业结构不断优化，履职能力和干事创业激情进一步增强。

青海分行

【主要业务指标完成情况】

2015年，青海分行实现拨备前利润11.82亿元，同比多增1.2亿元，增长11.31%。实现净利润6.85亿元，实现中间业务收入3.42亿元，同比多增9 162万元，增幅36.54%，增幅位列系统内第一。各项存款余额592亿元，较年初增加31.66亿元；各项贷款余额519亿元，较年初增加79.49亿元。不良贷款余额6.66亿元，不良贷款率1.28%。

【主要工作措施】

一、紧紧围绕扁平化管理特点，不断转化经营管理机制

一是积极推进公司条线扁平化改革。先行成立大客户中心与公司金融业务部合署办公，整合管理、营销、服务职能，对西宁地区一般法人信贷客户、系统及日均千万元以上存款客户上收，进行集中营销、服务和管理，缩短了公司客户营销、服务和管理的决策链条。年末上收公司贷款余额303.6亿元，占全行公司贷款的71%，上收公司存款54亿元，占公司存款的72%。二是完善小企业金融业务营销机制。研究成立了小企业经营中心，集中上收了西宁城区支行小企业金融业务，建立统一的客户准入、市场细分、营销方案、风险偏好，集中优势兵力营销供应链、银政通和网贷通业务，强化了对小企业业务的统一规划、精准指导和集中营销。三是大力实施大零售率先发展战略。在全行建立了“四评价一考核”体系，在行长经营绩效考核中增加了考核权重，对支行行长、主管行长、部门负责人、网点负责人进行大零售指标考核，组建了大零售业务板块直营团队、客户远程运维团队、大零售工作督导组，全面落实“主题、方法、目标、行动”四统一的营销模式，搭建了客户经理融e联工作圈服务平台，从而健全了与扁平化体制相适应的零售业务考核激励机制、营销管理机制和客户维护机制，为大零售战略传导和执行提供了机制保障。四是强化信息科技支持服务职能。建立了网点机具故障报修信息直通渠道和快速处理机制，改变了过去逐级报送模式，明确由信息科技部承担全辖机具的维修保养、系统维护和推广以及科技人员再培训的全部职能，并在全行配备兼职科技信息员155人，初步建立了与扁平化体制相适应的“点到点”直通式科技管理服务机制，做到了技术支持和服务保障的全覆盖。五是构建省分行与地市政府、经济部门的高层沟通机制。改革西宁、海东两市和海西地区政府由一级支行维护的工作体制，建立由“省分行行级领导牵头、省分行公司金融业务部对接、政府所在地一级支行联系”的常态化高层沟通协调机制，畅通信息交流和反馈渠道，提升对接联络层级。六是理顺后勤管理职能。将后勤管理职能由海苑服务总公司调整至办公室，对办公用品、零星维修、车辆油耗以及公务招待等规范管理，严格费用列支和报账流程，并对全辖闲置固定资产进行集中管理，完成对25处房屋公开招租，年租金收入同比增长89%，后勤管理水平进一步提升。

二、紧紧围绕总行下达经营目标，不断强化业务的协调联动发展

在信贷市场拓展中突出公司、小企业、个贷一体化发展。全年累计发放公司贷款179.35亿元，增量位居同业第一；累计发放小微企业贷款8.35亿元、个人贷款23.37亿元。年末信用卡贷款规模达22.9亿元，净增14.1亿元，完成年度计划的234%。在负债管理中突出存款与理财业务的一体化营销。实施高层营销，成功请转青海省交通厅资金27亿元；抓住盐湖股份发行中期票据及短期融资券26亿元资金到账的有利时机，做好源头营销，争取资金沉淀；利用灵活的定价机制和大额定期存单等工具，稳定了财政、军队、公积金、社保、证券领域重点客户存款75亿元，促进机构存款日均余额保持同比增长态势；针对资本市场活跃导致储蓄存款分流的趋势性变化，利用高附加值的理财产品承接存款转移，积极拓展第三方存管和理财客户群，做大“理财资金池”，促进了储蓄存款与理财业务的一体化发展。全年银行类理财产品、私人银行理财产品分别较年初增加18.2亿元和17.3亿元。在中间业务拓展中突出传统产品与新兴产品的一体化带动。在分行组建了投行团队，对投行业务牵头推进，成功承销20亿元中期票据和27亿元短期融资券。2015年实现承销业务收入1 898.31万元，同比多增1 882.71万元，取得了重大突破。首次办理风险参贷项下出口订单融资、并购贷款、ICE棉花欧式看涨期权等业务，取得业务领域的新突破。同时，深入挖掘各业务条线的增收潜力，形成对中间业务收入增长的“混合动力”和“多点支撑”。2015年“大零售”实现中间业务收入2.88亿元，占中间业务总收入的84%，同比提高59个百分点，经营贡献显著提高。其中，私人银行实现中间业务收入4 398万

元，同比增加 4.71 倍；实现资产管理业务收入 7 551 万元，同比增加 4 345 万元，增长 73.78%。在市场开拓中突出精准营销与全员营销的一体化推进。利用“大数据”开展精准营销项目 69 项，同比增加 47 项，成功营销客户 32.98 万户。全年“9944”项目营销信用卡 5.9 万张，目标客户渗透率 14.4%，列系统内第一。开展的“全员商友行 友聚天下商”劳动竞赛活动，全年新增商友卡客户 9.02 万户，同比多增 8.38 万户，增幅 477.41%，成效显著。

三、紧紧围绕资源优化配置，全方位激发竞争发展活力

一是优化财务费用配置结构。围绕价值创造编制了 2015 年支行绩效考评办法、网点绩效考核指引及一级支行员工绩效考核指引，对每一项考核制定了量化标准，力求“对号入座”。设置大零售考核加分项目，提升了考评传导效果。加大 MOVA 员工业绩视图的推广应用，督导各行建立管户认领、分成分润机制，科学、精确考核员工业绩，有效激发了团队的工作积极性。二是提升人力资源配置效率。通过实施一级支行内设机构改革，精减压缩二线人员 137 人，并将其全部充实到营销岗位和业务一线。在支行选聘 25 名客户经理助理，在对公网点积极尝试派驻客户经理，以人力资源的优化配置保证公司业务改革的顺利推进。年末营销人员占比 19.61%，同比提高 5.51 个百分点，新增大堂经理 56 名，网点配备率达到 100%。三是实施网点资源统筹管理。由省分行承担一级支行网点规划、撤并、选址、建设等职能，对各类渠道全盘布局，统一规划。2015 年撤并营业网点 2 家，转化低效网点 4 家，有 16 家网点实现了提级进位工作目标。新增智能化服务模式网点 15 家，新建自助银行 33 家，自助银行与物理网点比例由上年的 1.23∶1 提升至 1.62∶1。集中财力物力批量更新网点计算机设备近 2 000 台（套），为业务发展提供了设备保障。四是集中优势资源推动互联网金融发展。积极推进网点大堂“微沙龙”、“码上赢”等服务营销平台建设，实施 Wifi 覆盖项目，有力推动了融 e 行、融 e 联普及推广，年末融 e 联注册客户占比达 3.14%，位居系统内第一；五星级以上客户覆盖率 4.42%，位居系统内第二。积极推动网络融资标准化产品“迁移上网”，全年累计投放个人网上自助质押贷款 12.32 亿元，占个人贷款投放总额的 52.45%。

四、紧紧围绕从严治行方针，保障全行安全平稳运行

一是持续加强内控合规管理，认真排查各业务领域风险隐患，对员工违规参与非法融资、民间融资、经商办企业等违规行为进行排查，及时发现隐患，堵塞漏洞。严格落实“从严治行”要求，大力整治有过不纠、问责不严、屡教不改的现象，对 2015 年度新发生的 21 户不良贷款和受到外部监管机构处罚的 2 家支行责任人进行了责任认定和责任追究。二是持续加强风险监测、预警和提示工作的有效性，事中控制能力不断提升。开展“学规章、熟流程、争做合规标兵”活动，发挥合规典型的正面引导作用，加大违规案例教育力度，增强了员工遵章守纪，规范操作的自觉性。三是深入开展了“一加强、两遏制”专项检查及“回头看”复查，抓好重点机构、重要人员、高风险环节的管控以及对发现问题的整改落实。修订完善相关制度 127 项，形成 5 份内控监测分析报告，提升了内控管理的针对性。2015 年我行内部可控风险暴露水平下降至 2.59‱，同比下降 1.56 个万分点。针对不良贷款集中爆发势头，努力做好逾期贷款压降和不良贷款清收处置工作。四是持续开展具有青海特色的“大美青海最安全银行”创建活动。各级机构层层签订安全管理目标责任书，重点加强综合管理、报警监控应用管理、安防规划管理及安全监督检查，全面提升各级机构外部欺诈风险防控和管理水平，安全保卫连续实现第二十个安全年。

五、紧紧围绕“两个责任”落实，加强党建和队伍建设

通过召开党建会议和纪检监察会议，明确抓党建的责任清单，细化到人、量化到岗，更好地用责任制来传导压力。建立有针对性和可操作性的党建工作考责、问责和追责机制，建立了党组织书记抓基层党建工作述职评议考核制度，开展基层党建工作综合考评，推动了党风廉政建设责任制的落实。党委负责人对有问题、不作为、乱作为、慢作为的管理人员进行了约谈，及时指出了工作中的不足和需要改进的问题，履行了党委书记廉政建设第一责任人的职责。认真开展“三严三实”专题教育活动，高质量讲好党课和抓好学习研讨，开展“三严三实”专题辅导讲座共计 7 次，分行班子成员讲党课 9 次，推进了活动的深入开展。解决了部分机构员工吃饭难、住宿条件简陋等实际困难，专题教育见人见物，得到了员工认可。制订了新一轮三年发展规划，明确了未来一段时期的指导思想、主要目标和发展路径。加强制度建设，制定相关制度、办法 12 项，健全了党风廉政制度体系。进一步加大对基层行的执法监察力度，认真落实总行执法监察发现问题的整改工作，并对违反规定的部门负责人和员工进行了严格问责，从严处罚。制定了业务招待费、业务宣传费等管理办法 12 项，进一步规范了财务管理。

努力建设适应转型发展需要的员工队伍，调整优化了 5 家支行的班子成员。强化后备人才培养，组织开展了后备干部集中选拔工作，确定支行、省分行部室和直属机构正副职后备干部 64 名。高度重视员工教育培训，全年开展各类培训 258 期，人数 13 228 人次。组织实施专业资格考试共计 41 场次，涉及 21 个序列，410 名员工通过认证，提高了员工持证上岗率。积极做好困难

员工救助、社会济贫助困等工作，履行社会责任，展示良好的企业形象。创新加强了宣传思想工作和企业文化工作，设置企业文化墙、员工风采栏目等，增强了团队的凝聚力、向心力和战斗力。

新疆分行

【主要业务指标完成情况】

2015 年，新疆分行实现账面拨备前、后利润 45.21 亿元和 39.97 亿元，同比增长 10.8% 和 9.9%；净利润 29.83 亿元，增幅 9.36%，完成总行计划的 103%；实现经济增加值 14.76 亿元，经济资本回报率为 19.80%。本外币各项贷款余额 1439.37 亿元（含银行卡），较年初增加 221.64 亿元，增幅 18.2%，增量、余额同业排名第一；其中，公司贷款余额 935.86 亿元，新增 135.26 亿元，连续 3 年增幅系统排名第一。本外币各项存款余额 2 245.79 亿元（含同业），新增 24.55 亿元，余额同业第一。中间业务收入 16.86 亿元，同比增长 27.46%，增幅排名第四，提升 1 位，总量、增量同业排名第一。不良贷款余额 10.39 亿元，较年初增加 2.39 亿元，不良率 0.74%，较年初上升 0.07%，但保持同业最低水平。

【主要工作措施】

一、向内挖潜，推动改革发展、提质增效迈上新台阶

一是统筹推进渠道优化转型。通过持续深化网点运营标准化改革、加快理财便利店建设、推进低效网点提质增效、推广网点智能化服务模式等措施，持续推动渠道转型与创新，网点人员结构进一步优化，配套服务机制进一步完善，综合竞争能力进一步提升。年末网点总柜口 1 731 个，网点日常开放的普通区高低柜口配比降至 0.76:1，贵宾区柜口 485 个，网点功能分区、柜口配置持续优化；柜员日人均工作量为 118.5 笔，平均业务处理时间 5.2 分钟，网点运营效率逐步提升；客户平均排队等候时间 15.8 分钟，客户平均满意度 99.7%，实现零客户投诉；完成了全部 9 家四级、五级网点提级优化、37 家智能网点建设和 29 家理财便利店改造，共释放人员 142 人充实到销售、管理和专业类岗位。全行客服类人员由年初 2 244 人减至 1 929 人，减幅 14.04%，柜员人数 1 648 人，同比下降 8.09%，销售类人员由年初 1 963 人增至 2 061 人，净增 98 人，销售类人员占比 25.48%，增长了 1.21%。二是着力完善内部管理体制机制。不断提升 EBM、CIIS、DAS、CS2002 等系统以及分析师团队在精准营销、绩效考核、经营分析和风险管理等领域的作用，数据挖掘应用的综合效益显著提高。深化前台业务流程优化和二级分行后台中心改革，提升了业务运营效率。进一步完善信贷序列改革和授信审批管理机制，信贷业务管理和流程更加契合内外部环境。设立了四家小微金融业务中心，实现了全流程集约化经营，同步提升工作效率和风控能力。完善资产负债及经济资本管理机制。通过进一步完善人民币存款利率分级授权机制和差别化定价机制，做好 LPR 推广应用和经济资本优化，提升了存贷款市场定价能力和资本利用效率。三是依托 MOVA 完善了考核激励体系。探索利用 MOVA 网点业绩视图、员工业绩视图和网点考核模板三大体系，将任务细化到网点，明确到员工，解决了考核激励机制在网点落实的“最后一公里”问题。特别是在基层网点员工维的应用上，进行了产品分润、推荐客户分润，以及客户经理、客服类人员管户业绩考核等方面进行了有效尝试，使得员工维的考核激励更加精细化、科学化。年末 MOVA 网点业绩视图用户 4 375户，员工业绩视图有营销业绩用户 5 565 人，网点应用模板 255 个，有效推进了业绩价值管理的精细化水平。

二、主动适应新常态，推进全面风险防控能力的提升

一是资产质量总体保持良好。通过强化风险管理手段，提升管理效能，创新风险监控措施，加强不良清收处置措施，进一步夯实了信贷管理基础，实现了资产质量的有效管控。打好逾期和不良贷款清收压降攻坚战，全年累计清收转化不良贷款为 1.49 亿元，不良贷款余额控制在总行下达指标之内。加强潜在风险客户管理，对信用等级低、行业信贷政策限制、“两高一剩”行业等潜在风险客户，采取逐户制定压退方案。全年压降潜在风险贷款 6.95 亿元，完成总行下达任务的 255.67%，超额完成全年压降任务。加强贷款大户风险分析和监测，及时对违约风险提示经办行核查并落实整改，先后对兖矿新疆煤化工、新疆天运化工、哈密市海鑫物业等企业下发核查通知。二是运营风险管控能力持续强化。通过扎实推进案件和风险事件防控工作，强化重点部位和关键环节的风险管控，加大运营风险管理手段推广应用，保障了各项业务安全运行。年末可控风险暴露水平 3.26‰、可控风险率

0.59‰、可控风险度5.55，分别下降19.91%、17.97%和1.93%；高风险网点及高风险柜员较年初分别减少37.25%和31.17%，业务运营风险管理形势持续向好。三是内控案防和安保工作水平不断提高。组织“两加强、两遏制”专项检查及专项检查“回头看”，持续开展风险事件专项治理活动，重点治理的10类风险事大幅下降，超额完成治理目标。做好员工异常行为监测，强化监督检查和执纪问责，围绕财务、信贷、采购及中央规定的执行情况等领域重点开展排查。严防外部欺诈风险，全年为客户挽回直接经济损失8 710万元。

三、深入推动党建和干部队伍建设

开展“三严三实”专题教育，近1 500名党员干部参加了专题学习，切实提高干部政治思想水平，进一步严明了党的政治纪律和政治规矩。坚持将党建工作任务融入各专业条线的日常管理和业务之中，推进领导干部严格履行“一岗双责”，不断推进基层服务型党组织建设。继续做好“访惠聚”驻村工作，加大扶贫帮扶力度。在配合好总行巡视工作的同时，以巡察作为从严治党、依规治行的重要抓手，深入推动各级党组织落实党风廉政建设“两个责任”，综合运用多种监督手段，加大监督执纪问责的力度。坚持党管干部和从严管理干部原则，努力打造政治、业务“双过硬”的干部队伍，选派9名干部分赴行内外及境外交流任职，提拔、调整、退出、续聘和转聘干部92名。落地实施了人力资源深化项目，为15年以上行龄员工发放岗位贡献补贴，修改完善员工岗位变动、晋升积分等相关配套制度，将员工18周岁以下子女纳入补充医疗，进一步完善了员工薪酬、福利和保障体系，让员工得到了更多实惠。

西藏分行

【主要业务指标完成情况】

2015年，西藏分行实现拨备前利润5.5亿元，净利润3.7亿元，较上年分别增加4 700万元和6 200万元，增幅分别为9.3%、20.1%，在系统内均位居前列。各项贷款余额221亿元，较年初增加40亿元，增幅22%；其中，公司贷款191.7亿元，票据贴现28.9亿元，较年初分别增加33.7亿元和6亿元，增幅分别为21.3%和26.3%。全部存款111.9亿元，较年初增加5.46亿元，增幅5.1%；其中，公司存款14.6亿元，较年初增加9亿元，增幅166.5%；机构存款92.2亿元，比年初减少4.27亿元，但日均存款较年初增加3.6亿元；储蓄存款5亿元，较年初增加7 400万元，增幅17.2%。实现中间业务收入1 514万元，较上年增加279万元，增幅22.6%。

【主要工作措施】

一、持续加大贷款投放，支持重点领域重点项目成效显著

以服务和支持区域经济建设发展为己任，不断加大贷款投放力度，全力支持自治区经济社会跨越式发展。制定实施了一系列差异化信贷政策，通过增加信贷规模配置、保障信贷资金供给、优先安排项目审查审批、创新信贷服务模式和扩大业务授权等措施，持续加大对自治区国计民生领域和重点项目的贷款投放。围绕政府投资基础设施、重大项目施工企业和能源开发建设“三大板块”审批120亿元贷款；与内地分行联动，向建筑施工、矿产开发、交通运输及新能源“四大行业”新增贷款投放112亿元，投放量创历史新高；高度关注公路交通、电力能源、施工企业和基础设施“四大领域”重大项目推进情况，储备项目15户、贷款136亿元；与自治区旅游局签订了《支持旅游产业发展战略合作协议》，承诺在未来五年内为旅游及相关企业提供不少于200亿元的意向性融资支持。

二、持续推进金融服务改进和产品创新，增强客户服务能力

一是渠道布局方面不断加快。对外营业网点由成立之初的1个增加至目前的3个，自助服务设施达到11个，在全区建立第一家智能自助网点，开发区支行进入装修待开业状态。二是产品创新方面加快推进。深入分析区域内市场客户实际需求，先后将个人经营贷款、工银e校园、小微商户逸贷公司卡、信用卡现金分期、黑金卡、收款管家、投标保函等多项新业务、新产品推向市场，全年合计填补业务空白31项，目前已基本形成满足区域群众全方位需求的特色产品体系。同时，为了庆祝自治区成立50周年，研发投产贵金属祈福金卡和大庆纪念借记卡和贷记卡，并发行高收益大庆专属理财产品回馈社会。三是服务手段改进方面不断提升。通过产品和服务创新切实提高对财政系统和军队系统的金融服务保障力度。另外，开展一系列“金融知识送万家”和“第四届小微企业金融服务月”等金融知识宣传活动，向广大群众广泛宣传普及金融知识。

三、扎实开展“三严三实”专题教育，提升党建工作水平

不断加强分行党的组织建设，完成了六个党支部的调整改选，建立了分行团委和三个基层团支部，加强了党团基层组织建设。针对基层管理工作中存在的问题，年初在全行范围内开展了“强党建、转作风、严管理、促发展”专项实践活动，以党建促发展强管理。召开分行党建工作会议，就党的组织建设和党员管理进行安排部署，强化了党建工作基础。严密部署、扎实推进“三严三实”专题教育，落实从严治党和从严治行要求，进一步加强了党风行风建设。

四、落实自治区维稳工作要求，做好优秀员工驻村选派工作

逐级签订《维稳承诺书》，强化维稳保安责任；做好维稳保安日常学习、文件传达、会议督促等，强化员工维稳意识；落实双值班、护行巡查、出入藏车辆管理等制度，细化维稳保安举措，保证了维稳保安工作的扎实有效开展，确保了春节、藏历新年、3 月敏感期、萨噶达瓦节、50 周年大庆等关键节点的安全，实现了自治区党委提出的“大事不出、中事不出、力争小事也不出”工作目标。

积极通过面向全行筛选、分行党委研究，四批次选派 16 名优秀员工赴阿里地区革吉县革吉镇森布村驻村，调整选派 1 名优秀员工赴日喀则地区江孜县日星乡吹美村担任“村支部第一书记”，同时加强对驻村人员的日常管理，认真落实自治区党委、政府提出的强基础惠民生“五项任务”，在加强党建、感恩教育、帮助致富、办好实事等方面发挥了应有作用。分行也对驻村工作给予了大力支持，2015 年累计向驻村所在地捐款捐物 63 万元，同比增加 28 万元，增幅 80%。

五、全力以赴组织开展抗震救灾工作

日喀则地震灾情发生后，分行第一时间启动抗震救灾金融应急服务机制，做好抗震救灾款项的汇划结算，畅通向地震灾区捐款的绿色通道，加强对受灾地区的信贷支持，全力以赴做好各项金融服务，与此同时及时向总行汇报情况，总行第一时间捐款 500 万元，分行 100 余名员工自发捐款 4.22 万元，分行党员以大额党费形式捐款 6.2 万元，帮助灾区人民重建家园。

大连分行

【主要业务指标完成情况】

2015 年，大连分行实现账面净利润 20.3 亿元、EVA 8亿元，分别完成总行计划任务的 101.6% 和 105.6%；不良贷款余额 30.6 亿元、不良率 2.56%，完成总行下达的控制计划。各项贷款余额 1 194.7 亿元、较年初增加 53.3 亿元，可比同业位列第一；各项存款（含同业）余额 1 490.8 亿元，继续保持同业首位，日均余额 1 517.6 亿元、较年初增加 2.2 亿元，改变了近年来日均增量低于时点增量的状况；全年累计实现账面中间业务收入 10.7 亿元、完成总行计划任务的 108.7%，同比增长 19.3%、高于总行平均水平 10.4 个百分点，增速在系统内五家直属分行中位列第一，占营业净收入比重达到 20.5%、同比提高 3.7 个百分点。互联网金融业务发展提速，“融 e 购”平台总交易额累计达到 31.6 亿元，其中非金融类交易额是上年的 17.6 倍，领域从 B2C 扩大到 B2B，从日常消费扩展到地产、旅游、汽车、集中采购等，“融 e 联”用户总数达到 5.4 万户，新版“融 e 行”手机银行用户突破 143.8 万户。

【主要工作措施】

一、全力以赴抓风险防控，顶住压力，严守风险底线

切实强化责任担当，坚持领导挂帅，举全行之力打好资产质量攻坚战与保卫战，保持了信贷风险总体可控。全年累计清收处置不良贷款 19.6 亿元、同比增加 6.2 亿元，其中现金清收 8.5 亿元、同比增加 3 亿元，累计退出转化潜在风险贷款 15.6 亿元、完成总行计划任务的 194.7%。全面落实从严治行工作部署，层层传导责任要求，始终保持内控案防高压态势，全年无重大风险事件和案件发生。认真落实人民银行综合执法检查、银监局“一加强两遏制”专项检查及回头看、总行内控评价检查问题整改，并通过强化制度建设、深化合规教育、严肃责任追究，不断健全完善内控案防长效机制。深入贯彻落实反洗钱监管新要求，切实加强组织领导，认真履行反洗钱法定义务，扎实做好客户信息维护基础工作，不断提高可疑交易甄别水平及报告质量，反洗钱内部控制体系和反洗钱工作的有效性得到进一步增强。持续加大业务运营体系规范化建设，内部风险暴露水平和可控风险暴露水平逐年创历史新低。深入开展“建设最安全银行”主题活动，不断强化安全保卫、信息科技、信访维稳基础管理，切实加大声誉风险防控力度，有效维护了安全稳定大局。

二、坚持结构调整与转型驱动，核心业务保持了稳健发展

一是强化风险导向，牢牢把握信贷结构调整主攻方

向，推动有效发展与服务地方经济水平不断提升。年末分行各项贷款余额1 194.7亿元、较年初增加53.3亿元，在地区四大行中位列第一；全年累放额856.9亿元，相当于新增量的16.1倍；债券承销、金融租赁、代理投资等非信贷融资累放37.9亿元。其中，新兴领域、重点产业、重大项目、重点工程共投放贷款222.5亿元，占到全部公司贷款投放量的51.7%。二是积极拓展“走出去”市场，在外保直贷、结构性风险参贷等新业务领域不断取得突破，全年通过内外联动实现跨境融资类业务15亿美元、同比增长62.6%。不断改善小微金融服务水平，年末监管口径小企业贷款余额150.8亿元，较年初增加17亿元。着力突出个人信贷战略发展，年末个人贷款余额375亿元、较年初增加20.2亿元，占全部贷款比重达到了31.4%，实现余额、增量同业双第一。三是适应客户需求和存款业态新变化，积极调整发展思路，注重抓源头、抓流量、抓服务，存款稳定性得到增强。2015年末，分行各项存款（含同业）余额1 490.8亿元，继续保持同业首位，日均余额1 517.6亿元、较年初增加2.2亿元，改变了近年来日均增量低于时点增量的状况，其中，储蓄存款年末时点、日均较年初增量分别达到16.6亿元和18.6亿元，对稳存增存起到了关键的筑底和拉动作用。四是注重因势利导，挖掘和培育新增长动能，确保盈利的稳定。全年累计实现账面中间业务收入10.7亿元、完成总行计划任务的108.7%，同比增长19.3%、高于总行平均水平10.4个百分点，增速排名在系统内五家直属分行中位列第一，占营业净收入比重达到20.5%、同比提高3.7个百分点，其中结算代理理财业务收入增速28.3%、比重达到75.6%，对公理财、个人理财和基金、私人银行理财、实物贵金属销售收入分别是上年同期的3.8倍、2.4倍、4.1倍和1.9倍。五是大零售稳定器作用有效发挥，营业贡献占比持续提高，达到44.3%、高于总行平均水平5.3个百分点，个人客户金融资产总规模突破1 214.9亿元，较年初增加117.1亿元、同比多增12.4亿元。六是互联网金融发展提速，“融e购”平台总交易额累计达到31.6亿元，其中非金融类交易额4.1亿元、是上年的17.6倍，领域从B2C扩大到B2B，从日常消费扩展到地产、旅游、汽车、集中采购等，“融e联”用户总数达到5.4万户，新版“融e行”手机银行用户突破143.8万户。

三、重点领域改革不断深化，经营发展活力得到激发与释放

分行本部及辖属分支行组织机构改革基本到位，通过流程优化、团队建设、网点管理、完善考核，促进了经营管理效能的提升。人力资源管理深化项目顺利实施，职级体系、晋升机制、薪酬管理得到了进一步的完善与优化。信贷流程及体制机制改革取得阶段性成果，客户、机构、人员三维度分类差异化管理模式全面启动。渠道转型步伐不断加快，全年新建自助银行44家、新增各类自助设备215台，成功投产41家智能网点；深入推进运营标准化建设，网点高低柜比例下降至0.89:1，全年实现柜员向销售类转岗84人；成功开展标杆网点“一对一”驻点打造，取得良好效果。年末同业竞争力达标网点总数达到81家、占比51.2%，五级分类一级、二级、三级网点总计占比87.5%，在系统内五家直属分行中位列第一，网均拨备后利润在地区四大行中排名第一。在持续的服务改进和提升中，大连分行获得社会各界的好评，2015年，在新浪财经、新浪大连联手主办的2015金麒麟奖评选中，大连分行荣获“最佳新媒体营销银行”称号，在第十届大连理财市场调查暨“2015大连最佳金融机构”英雄榜评选中获得“白金金融品牌”，在当地多家媒体的消费者调查评选中，获评“最具创新力金融机构”、“大连市五星理财服务机构”、“年度最具影响力银行”等荣誉称号。

四、以“三严三实”专题教育为促进，党建和队伍建设取得新成效

一是全力推动党委党建主体责任落实，严抓各级领导班子“一岗双责”落地。按照中央和总行党委的统一部署，认真组织开展“三严三实”专题教育活动，通过突出问题导向，贯彻从严要求，坚持以上率下，着力抓好集中学习、党课报告、专题研讨、查摆整治等关键环节，使全行党员和领导干部“补了钙”、“加了油”，增强了践行“三严三实”的思想自觉和行动自觉，也有力推动了不严不实问题的解决，促进了改革发展和对实体经济金融服务的改进。坚持党建统领，以党风带行风，分行精神文明建设取得丰硕成果，2015年，大连分行荣获第四届全国文明单位荣誉称号，受到大连市委、市政府和总行的表彰。二是加强干部队伍建设，提高凝聚力和向心力。坚持实事求是、公平公正，通过科学完善选人用人机制，使得干部队伍无论在年龄结构还是专业结构上都得到了优化；持续强化干部管理，突出以“实绩”奖优劣汰，打造风清气正、充满活力的组织生态。加大与转型发展相适应的专业人才培养力度，积极创新培训方式与手段，有效促进了各岗位人员专业胜任能力的不断提升。召开二届四次职工代表大会，成功举办了全行趣味运动会，持续推进“职工之家”建设，加强对困难员工的帮扶救助，完善离退休人员服务管理，组织开展形式多样的青年员工活动，从点滴入手，“用温暖关爱员工、用真情服务员工”，促使凝聚力和向心力不断增强。

青岛分行

【主要业务指标完成情况】

2015年，青岛分行实现拨备前利润33.78亿元，同比增加6 005万元；净利润18.42亿元，同比增加4 716万元。中间业务收入12.47亿元，同比增加7 811万元。本外币各项存款（含同业）余额1 176.50亿元，较年初增加41.36亿元；本外币各项贷款余额1 229.98亿元，较年初增加86.60亿元。不良贷款实现“双降”，不良贷款余额34.91亿元，较年初下降2.74亿元，不良率2.84%，较年初下降0.45个百分点。

【主要工作措施】

一、加快经营转型，积极打造新的增长点

一是大零售营业贡献持续提升。大零售（不含小企业贷款）营业贡献共实现17.85亿元，占全行营业贡献比重的46.66%，同比提高4.36个百分点。个人客户金融资产规模超千亿大关，达到1 006.64亿元；当年新增资产111.32亿元，增幅12.43%。二是新的业务增长点多点开花。个金业务实现中间业务收入4.86亿元，同比增长73.78%，在全部中间业务收入占比达39%，同比提高15.06个百分点。其中，基金、理财中间业务收入双超亿元，保险中间业务收入同比增幅超200%，个人贵金属业务中间业务收入首破千万元。私人银行业务实现中间业务收入8 710万元，增幅232%；客户规模达到674户，较年初翻了一番；客户资产和销售额双超百亿元。信用卡业务实现中间业务收入1.84亿元，增幅53.38%；发卡量突破100万张，消费额同比增长47.5%；分期付款余额5.44亿元，同比增长118%。票据业务实现收益2.3亿元，同比增长48.4%；贴现累办量163.37亿元，同比增长93.07%。三是互联网金融业务发展迅速。融e购电商平台方面，实现B2B非金融交易额2.2亿元，实现B2C非金融交易额1.2亿元，同比增长268%。工银e支付客户净增35.26万户，同比增长51.9%。工银e缴费实现缴费笔数126万笔，缴费项目覆盖率达到92%。

二、坚持资产质量底线，提升信贷经营管理水平

一是坚决打好资产质量攻坚战、保卫战和持久战。按照“选择好客户、落实好责任、做好防假、把握好实质风险”的管理原则，对新增贷款形成不良实施更加严格的管控措施，清旧控新，确保新增融资质量，避免不良贷款前清后溢。对于已纳入总行潜在风险名单的客户，逐户研究风险压降方案，加快潜在风险贷款退出、化解。不断创新清收处置手段，综合运用现金清收、转化、核销和批量转让等多种方式，加快不良贷款的清收处置。2015年，实现清收处置不良贷款40.76亿元，同比多清收处置18.03亿元。二是大力拓展优质信贷市场。主动适应经济新常态，创新信贷发展方式，坚持“一大一小”的信贷发展思路，不断优化信贷结构。其中，优质大客户贷款余额306亿元，占公司贷款比重从年初的33.58%提升至42.74%；个人贷款较年初增长68.6亿元，余额达到422.53亿元，占全部贷款比重由年初的31.41%提升至34.33%。

三、坚持从源头抓存款，提高市场竞争力

一是进一步突出储蓄存款在个人金融资产中的主体地位，从产品创新、考核评价、机制改革等方面多策并举，不断增强储蓄存款的竞争力。二是抓住商事登记制度改革、市场主体快速增长的机遇，利用企业通、大额资金流向监控平台系统，强化源头营销，拓展企业基本结算账户。强化网点对公业务考核，开展公司类客户数、日均对公存款和金融资产等核心指标提升工程。三是深入挖掘财政、军队、教育、医疗等领域的综合金融服务需求，努力做到“一个巩固、两个提升”，即巩固军队、财政、社保等传统优势领域的领先地位，提升民生客户的综合贡献，提升教育、医疗等薄弱市场份额，扩大机构客户基础。

四、深化改革创新，管理体制机制进一步完善

一是考核体系进一步健全。在支行行长考核方面，实施以综合经营绩效考核为主、专项激励为辅的考核激励机制，将拨备前利润计划完成情况和不良贷款控制情况直接与专项激励挂钩，增强绩效收入的直观性；在支行副职考核方面，按照大零售、大对公、信贷、内控4个专业维度定期进行全行大排名，构建起对支行副职垂直考核体系。二是网点竞争力得到提升。共有55家智能网点正式投产，使用智能设备累计发卡4.7万张，购买理财产品3.38亿元。自助银行与物理网点之比由年初的2.06∶1提升至2.36∶1。支行销售类人员占比36.65%，较年初提高了3.35个百分点。三是分行本级直接经营能力得到增强。分行成立了投资银行中心、资金营运中心、互联网金融营销中心3家专营机构以及收单等专业团队，进一步增强了分行本级主导作用和组织推动能力。

五、坚持从严治行，夯实内部管理基础

一是建立起内控管理“三道防线”，全年无案件和重大风险事件发生。操作风险损失率和监管处罚率远低于总行的预警控制线。“一治理、两强化”主题教育活动的开展，使运行“屡查屡犯”事件较治理目标下降1.72个百分点。二是财务行为进一步规范。在全行范围内开展了财务大检查，对2014年以来的重点财务开支的合规性进行了一次“全面体检”，并制定财务开支“十不准”，严肃财经纪律。三是严格执纪问责。严肃追究各类违规违纪行为，共对各类违规违纪人员1 619人次进行了责任追究，其中行政处分229人次，解除劳动合同6人。

六、深入开展“三严三实”专题教育，全面加强党建工作

坚持把党建工作与中心工作同谋划、同部署、同考核，充分发挥党建工作对带队伍、强作风、促发展的推动作用。一是认真落实党委主体责任和纪委监督责任两个责任制。进一步明确抓党建工作的责任清单，细化到人、量化到岗。出台廉政履职巡查管理办法和廉洁从业约谈制度，把发现问题、形成震慑作为主要任务，进一步强化纪委监督责任。二是开展“三严三实”专题教育。通过专题教育巩固扩大了党的群众路线教育实践活动作风建设成果，在全行上下形成了践行“三严三实”要求的浓厚氛围。三是开展“廉政巡查”工作。围绕党风廉政建设、作风建设、“三重一大”等方面，对全辖19家支行进行了廉政巡查，覆盖面达到100%，达到了发现问题、形成震慑的目的。四是坚持不懈推进作风建设。开展群众路线教育实践活动整改落实“回头看”，严格贯彻落实教育实践活动中修订、制定的相关制度，推动作风建设长效化、常态化。

宁波分行

【主要业务指标完成情况】

2015年，宁波分行实现拨备前利润48.31亿元，同比增长1.36亿元，增幅为2.9%；实现拨备后利润24.12亿元。存款总量、增量同业双第一，本外币存款余额1 691.18亿元，较年初新增138.16亿元，增幅8.90%，增量四行占比39.5%；日均存款较年初新增160.65亿元，日均增量四行占比55%。贷款总量、增量同业双第一，本外币各项贷款余额2 116.53亿元，较年初新增174.68亿元，增幅8.99%，增量四行占比52.33%。中间业务收入总量、增量同业双第一，实现收入20.34亿元，同比增幅11.5%，收入四行占比33.4%。不良贷款余额46.06亿元，不良贷款率2.3%。

【主要工作措施】

一、牢牢把握增加利润这个核心，抓好主营业务发展

一是着力优化信贷经营。力拓大项目和大客户“两大”市场，重点拓展“一带一路”和长江经济带等国家战略项目、基础产业及新兴产业市场、城市基础设施建设及优质风电、水利、港口交通项目等，全年累计发放项目贷款140亿元。加强日均金融资产50万元以上公司客户营销维护，全年净增该段客户251户。力拓个贷和小企业“两小”市场，全面拓展按揭业务，高质发展个人消费贷款，全年新增个人贷款84.41亿元。重点发展单户融资金额在500万元以下的小微客户，推动小微信贷业务向小额化方向及消费、服务、民生等领域倾斜，年末内部口径小微企业贷款余额229.39亿元、较年初增加21.63亿元，小微企业贷款客户数较年初净增395户，其中500万元以下小企业客户净增235户。积极发展新型融资和非信贷融资，大力发展债务融资工具承销，成功发行7笔共30.4亿元；抓好信用债推荐投资，推荐总行3笔共6.3亿元；大力发展代理债权投资业务，完成委托债权代理、股票质押式回购等业务8笔共18.83亿元；大力发展代理股权投资业务，完成代理股权投资业务3笔共3.53亿元，实现总行首单上市公司产业投资基金及实现结构化证券投资业务的突破；大力发展并购融资及分销顾问业务，完成并购贷款融资13笔共15.8亿元、分销顾问业务5笔共14.22亿元；持续推进银团贷款平稳发展，牵头组建银团6个，分销金额22亿元。二是确保存款持续稳定增长。中标“宁波市产业发展基金开户与资金存放项目”、宁波市政府和社会资本合作基金（PPP基金）定期存款存放银行、宁波市级首期财政资金竞争性存放银行等多个重大项目，成功营销象山法院、中国国际贸易委员会宁波分会等多家重点机构客户新开户，巩固公安、法院、军队、医疗、教育和住房等重点板块优势。全年新增机构存款75.10亿元。推动公司存款持续增长，加强裸贷客户治理，年末分行裸贷客户较年初减少612户；利用短融、中票、IPO上市顾问、重组并购等业务办理机会，力争成为优质客户债券承销主办行和拟上市企业募集资金账户主理行，吸收相关派生存款。全年新增公司存款

50.03亿元。推动储蓄存款稳中有升，研发集客户维护、存款与产品业绩统计于一体的全员营销管理监测系统，对重点存款产品建立“1+3”日均周通报制度；针对不同客户分别推广“天天惠”、“期期赢”、“节节高2号”等产品；组织开展以储蓄存款增长为重点的营销竞赛；充分发挥新建网点作用，全年新增储蓄存款13.03亿元。三是加快中间业务发展。零售板块方面，私人银行业务跨越式发展，全年净增私银客户646户、增幅152.36%，增量任务完成率居全国首位，私银产品余额172.6亿元、较年初净增116亿元、增幅204.95%。年末实现个人中间业务收入5.16亿元，较去年同比增加2.18亿元、增幅72.96%，其中私人银行中间业务收入2.03亿元，同比增加6倍。同时，进一步做强做优购车分期、商户收单等银行卡业务，全年实现信用卡中间业务收入4.49亿元、同比增加2.04亿元、增幅83.36%。公司投行方面，加强贷款关联中收管理，同时做大投融资顾问、常财、资产管理等业务，推动中间业务内涵式发展。年末，实现公司中间业务收入4.67亿元，实现品牌投行中间业务收入1.02亿元。电子银行方面，全年发展融e购会员18.35万人，实现融e购B2C金融（理财）交易额2.18亿元、非金融产品交易额4.16亿元；全年净增企业网银证书客户3 920户、手机银行客户25.30万户、工银e支付客户35.43万户。年末，实现电子银行业务收入2.07亿元。结现专业方面，抓好法人理财，全年法人理财日均余额13.48亿元、较上年同比增长53.9%，代理基金销售额34.99亿元、较上年同比增长96.8%；抓好现金管理，全年净增现金管理客户2 386户，实现现金管理业务收入5 261万元；抓好贵金属定制、积存金定期积存、贵金属租赁、法人积存等业务发展，全年贵金属交易量1 864.2吨，实现收入4 628万元，市场占比保持同业第一。年末共实现结算与现金管理业务收入1.92亿元。国际业务方面，全年累计办理跨境人民币业务569.96亿元、同比增长54.88%，结售汇量125.58亿美元、同比增长1.32%，国际结算量408.19亿美元，国际贸易融资累放51.33亿美元，实现外汇中间业务收入2.87亿元。

二、更加突出稳定质量这个关键，全力确保稳健运营

一是全力稳定资产质量。加快存量不良处置进程，大力实施贷款承接和以物抵债，完成风险贷款承接86户、金额26.12亿元，完成以物抵债项目6个、涉及贷款5 092万元；组织落实好现金清收、批量转让和呆账核销工作，完成现金清收13.22亿元，完成法人呆账核销157户和个人呆账核销48户、共涉金额20.78亿元。全年累计清收处置不良贷款65.39亿元，同比多清收16.71亿元。积极化解潜在风险，建立亿元以上融资大户会诊机制，组织开展保证贷款、非供应链贸易融资业务、固定资产支持融资等6项专项检查和治理工作，同时强化融资平台、房地产等重点风险领域监控，加强信贷客户属地化管理。全年压降潜在风险贷款20.71亿元。夯实信贷基础管理，完善信贷政策制度，着力压降产能过剩行业贷款总量和比重，年末产能过剩行业压降7 639万元，同时着力提升信贷合规经营水平。明确重点支行分行领导对口负责制、大额不良分行领导挂帅清收制，并在16家不良贷款1亿元以上支行设立不良贷款处置中心；设立不良贷款率、不良贷款余额控制、逾期贷款余额控制以及风险贷款化解处置等细项指标，加大考核权重；严格不良贷款责任认定，全年完成270户新发生法人不良贷款、251笔个人不良贷款的责任评议工作。二是着力抓好内控案防。研究编制2015—2017年内控体系建设规划，开展制度统筹管理和梳理，顺利完成总行内控评价工作。抓好员工违规参与民间借贷或非法集资活动、充当资金掮客为民间借贷牵线搭桥、以本人或借用他人名义经商办企业等十六个方面的排查，扎实做好“一加强、两遏制”专项检查、保密和密码工作。强化安全保卫，全年未发生员工人身、财产损失风险事件和安全管理责任事故，评获“省级治安安全示范单位”、“五星级治安安全单位”等荣誉。

三、切实抓好改革创新这个动力，不断激发经营活力

一是大客户直营成效显现。完善组织机制，将分行直营的27家公司集团客户和10家机构客户分成四个团队管理；大力促进存款、表内外融资和中收提升。年末直营客户本外币存款余额457.8亿元，较年初增加36.5亿元；人民币贷款新增14.23亿元，考虑政府债置换项目贷款影响，实际新增贷款37.4亿元；实现中间业务收入2.53亿元、较去年同比增加0.26亿元；实现人民币非信贷融资150亿元。二是网点竞争力再提升工程深入推进。完成慈溪支行升格二级分行各项工作；分三批推动标准化改革。抓好人员优化、低效业务分流、网点同业竞争力达标、低效网点提质增效、网点布局优化、自助渠道和理财便利店建设、网点智能化改造等各项工作，年末柜员优化192人、柜员转网点销售类岗位140人、网点销售类人员净增83人，柜面业务分流率较年初下降2.8个百分点，同业竞争力达标网点较上年末新增7家，低效网点提质增效26家，迁址改建网点6家、优化布局20家，完成自助银行建设15家，建成理财便利店网点13家，完成智能化改造41家。开展服务体验建设年活动，五家网点进入“2015年度中国银行业文明规范服务星级营业网点”候选名单，分行营业部和余姚支行营业部最终上榜。三是人力资源深化项目实施落地。成立深化项目实施工作小组，建立沟通联系制度，指定专人负责深化项目实施工作；开展业务类职务选拔性晋升试点，正式建立和行政职务聘任并行的业务类职务晋升通道，全年共计选拔经理（二级）及以上

职务层级27人、占从业人员总数的0.63%；制定并下发《人力资源管理深化项目配套操作手册》，对员工岗位工资核定管理、员工工资档次晋升积分管理、新员工岗位工资核定管理、员工岗位工资核定流程和员工岗位信息管理等方面的工作作出明确规定。

四、全面深化党建和队伍建设，锻造优秀企业文化

一是加强党建工作，提升组织战斗力。开展“三严三实”专题教育，由分行党委书记和党委委员讲授“三严三实”专题党课，组织开展专题学习研讨；强化基层党组织建设，成立东门、鼓楼、江北3家支行党委；做好党员发展，全年发展党员35名。二是创新干部管理，增强队伍激情活力。完善干部选拔任用，对9个支行的领导班子进行了调整充实；加强优秀年轻后备人才培养，实施“新星+”人才培养计划；完善干部监督管理，做好拟提任干部重点抽查核实，开展干部人事档案专项审核，加强员工出入境管理。三是优化人员结构，提升全员素质。强化人员总量管理，修订考核人数统计规则，提高经营绩效考评“人均”值灵敏度；推进网点人员结构调整，抓好客服类岗位人员转销售类岗位，壮大网点销售类人员队伍；优化全员教育培训，全年共举办各类面授培训112期、培训12 368人次，举办各类考试57场次。四是完善绩效考核，加强薪酬福利管理。完善工资费用分配机制，将福利补贴纳入基础工资进行管理；修订《部室绩效考评办法》、《支行经营管理者绩效考评办法》和《客户经理绩效考评办法》，细化完善机构副职绩效考评；进一步优化本年度保险方案，加强福利保障管理。五是举办文体活动，丰富精神文化生活。组织举办“中国梦　工行梦　我的梦”演讲比赛等社会主义核心价值观为主要内容的宣传教育，广泛开展“学雷锋志愿服务”、“最佳党日活动”评选等活动，承办总行第三届员工羽毛球第三赛区比赛，抓好“职工之家”和“阿拉文化角”建设，倡导寓教于乐和创先争优的企业文化。

厦门分行

【主要业务指标完成情况】

2015年，厦门分行实现拨备前利润27.4亿元、净利润17.2亿元、中间业务收入10.3亿元，分别增长13.0%、9.0%、14.2%，均超额完成全年目标；净利润增幅、经济增加值完成率均居系统第5位，中收增幅高于系统平均水平5个百分点，增量同业第一。存贷款业务稳定增长，各项存款841亿元，日均增加52亿元；各项贷款918亿元，人民币贷款增加61亿元，个贷占各项贷款比重达47%。大零售营业贡献16.6亿元，增幅居系统第三位，占比首超50%；新办理金融资产服务业务306亿元；跨境人民币业务量282亿元，增幅居系统第五位，自贸区业务创下多笔“第一”；战略性成长业务近半数指标排名系统前10位，实现收入6.3亿元，占比提升2个百分点。不良贷款有效控制，资产质量实现基本稳定，内控评价连续三年保持一级行。年内分行首次获评“厦门市五一劳动奖状”，是唯一获奖银行单位，再次荣膺“福建省文明单位”、“优秀劳动关系和谐企业”等多项荣誉称号。

【主要工作措施】

一、深化以客户为中心的经营理念，筑牢可持续健康发展根基

一是全力以赴打好拓户攻坚战。确立了以拓展基础客户群体为核心工作的发展战略，把拓户作为“核心工作中的核心、重点工作中的重点”，更加突出中高端优质客户拓展。加大对市财政、部队、建发、国贸等一批重点公司机构大客户的密集走访，做好客户关系、存量业务的稳定和衔接，拜访市委、市政府、监管部门等政府单位，表达支持地方经济发展的积极态度。依托各级渠道平台，广泛搜集重点工业企业、上市后备企业等拓户信息，推动分层营销维护落地和优质公司客户全量认领；加强机构、非银同业拓户，重点拓展医疗、教育、行政单位等领域目标客户；坚持集群化营销、批量式拓展，加大个人中高端拓户力度。同时实施拓户专项激励和“亮灯”评价考核，开展行领导挂点支行辅导帮扶，加强配套营销产品支持，打通拓户营销落地“最后一公里”。分行各类优质客户拓展不断取得新进展，日均金融资产50万元以上公司客户净增174户，日均金融资产5万元以上公司客户、机构客户分别净增749户、206户，增量分居系统第八、第九位；日均金融资产5万元以上个人客户净增1.9万户，同比增幅131%；有效对公结算账户净增5 030户，完成率居系统第四位；取得总行第二季度优质账户净增和对公有效账户新开以及第四季度对公优质账户任务完成率三项第一。二是常抓不懈推动存款稳定增长。强化“存款立行”理念，抢抓源头、突出重点，不断完善存款管理工作机制，持续推动存款稳定增长。集中优势资源抢抓

存款源头，密切跟踪地方债发行、财政资金增值运作、重点项目引进等，成功中标厦门市政府债券主承销商，圆满完成两批地方债承销发行，得益于良好合作关系，竞争取得配套存款资金 14.4 亿元，并且六年来首次中标社保增量资金 13 亿元，成功营销电气硝子、联电、伟利实业等重点项目资本金；紧抓资本市场活跃时机，强化非银融资引存，重点争揽（拟）上市企业、新三板企业募集资金以及企业发债、定增、资管计划、私募、三方存管等带来的存款机会，有效提升存款日均水平。加强存款工作管理机制，落实存款日常监测、分析、通报，强化存款偏离度管理、存款大户精细管理和裸贷治理，加强与拓户联动营销，开展存款产品创新竞赛和“金点子”征集，推动落实各级人员存款工作责任，确保有目标、有压力、有考核。全年各项存款（不含同业）较年初增加 49 亿元，其中机构存款增加 26 亿元，公司存款增加 21 亿元，储蓄存款增加 2 亿元；各项存款日均较同期增加 52 亿元。三是加大新增领域和优质市场信贷营销拓展。把握国家“一带一路”战略、美丽厦门发展规划和厦门自贸区建设等重大机遇，抢占优质信贷资源和业务发展先机。加强与各级政府渠道合作对接，深入挖掘“一带一路”和自贸区优质信贷项目，加强一体化联动营销与服务，推动厦航及关联企业、台湾联电、青岛海尔等重点客户和重大项目营销落地；顺利推进轨道 2 号线二期、江苏金牌橱柜等重点银团合作，新签约各类银团项目 8 个，发放各类银团贷款近 15 亿元；加强上市公司营销拓展，为象屿集团、三五互联、科华恒盛等辖内上市公司提供并购、定增等综合化金融服务。创新推出分行特色产品“小企业园区经营用房贷款”，专门设立小微金融业务中心，全力开展供应链和集群营销，成功拓展“鼎泰和国际金融中心”等 7 个重点项目，监管口径小微贷款增量 12.4 亿元，增幅 10.6%，新拓展小微信贷客户 295 户，均完成全年任务。全面启动个人信贷多渠道营销攻势，加大优质个人住房贷款拓展，加强个人资产综合服务、个人自助质押贷款和个人账户综合理财等重点业务营销，个人贷款余额和增量占各项贷款比重分别达 47% 和 205%，均居系统第 2 位，成为支撑和拉动全行信贷增长的重要力量。发挥 4 支直销团队直销拓展效应，成功营销中航紫金、强力巨彩光电、美图秀秀等优质项目和客户，有力带动了账户开立、存款拓户、授信融资等业务发展。全年人民币各项贷款较年初增加 61 亿元，其中个人贷款突破 400 亿元大关、达 432 亿元，较年初增加 64 亿元。

二、加速推动转型创新，不断增创领先发展新优势

一是大力推进大零售战略向纵深发展。抓住资本市场活跃、居民消费升级等新机遇，纵深推进个人金融资产、私人银行、银行卡、代发工资等主要条线快速发展，不断提升大零售营业贡献及占比。加强全资产配置营销，大力拓展优质客户，个人金融资产实现稳步增长，日均个人金融资产净增 90 亿元，同比增长 78%。坚持“全行办”、“专业办”两条主线，私人银行客户规模、产品余额和业务收入显著增长，其中私银中收达 8 634 万元，同比接近翻两番，增幅居系统第 5 位，综合贡献快速提升。以“9944”、“175”、工会卡、烟草等重点项目和特色卡种为抓手，推动信用卡业务平稳发展，中收突破 2 亿元，消费额突破 200 亿元，增长 25.9%，收单交易额 75 亿元，增幅 33%、居系统第六位。加大代发工资联动营销，代发工资客户净增 18 万户，代发工资额净增 69 亿元，完成率均居系统前列。全年实现大零售营业贡献 16.6 亿元，增幅 12.7%、居系统第三位，营业贡献占比首超 50%。二是加快实施大资管、大投行发展战略。抢抓大资管发展机遇，加快推动品牌投行、资产管理、托管、养老金、贵金属等重点业务创新发展，积极培育新的盈利增长点。强力出击分销顾问和发债业务，帮助中泛建设、世茂新纪元等多家客户顺利实现融资，创新办理厦门首笔类永续债，累计承销 14 只债务融资工具、总额 74 亿元，实现承销业务收入 1 035 万元，增幅 255%、居系统第三位，承销量同比增长超 10 倍，实现各类投行收入 2 亿元，其中品牌类投行收入 1.7 亿元，占投行总收入的 86%，拉动投行金融资产投放 144 亿元，同比增长 97%。个人理财产品日均余额 75 亿元，法人理财产品日均余额 16 亿元，增长 52%，实现资产管理业务收入 10 604 万元，增幅 24.4%。资产托管持续创新转型，净增资产托管规模 46 亿元，完成总行任务的 511%，实现创新类资产托管收入 525 万元，同比增长 80%。养老金保持高效发展，实现业务收入 746 万元，增幅 69%、居系统第十位。代理对公保险业务跨越式发展，实现收入 918 万元，增幅和完成率均超 10 倍。贵金属实物类、交易类、融资类三大板块齐头并进，贵金属有效客户数净增 4.4 万户，增幅 44.8%，实现贵金属业务收入7 493万元，同比增幅和完成率再次位居系统首位，四行占比稳居第一。现金管理客户净增 1 338 户，增幅 61.4%、居系统第五位。全年新办理金融资产服务业务 306 亿元，同比增幅 6.7%，金融资产服务业务余额 370 亿元。三是高起点推进互联网金融快速发展。依托融 e 购、融 e 行、融 e 联三大平台和工银 e 支付等拳头产品，加快拓展移动金融和电商平台业务，精心策划 O2O 体验、社会化营销等各类宣传促销活动，抢占新兴客户市场，互联网金融主要业务指标超额完成总行任务。全年手机银行客户净增 20.3 万户，增幅 10.5%、居系统第六位；工银 e 支付客户净增 29.8 万户，增幅 121%、居系统第二位；新入驻融 e 购商户 25 家，B2C 电商平台非金融商品交易额 3.3 亿元，增长 17 倍、居系统第九位；电子银行交易额 27 663 亿元，增幅 17.7%。四是以自贸区创新为突破引领国际业务发展。抢抓自贸区政策落

地，加快发展战略布局，翻牌建设三家自贸区机构，成立自贸试验区分行，抢占发展制高点，并大胆先行先试，加大与自贸区管委会、区内优质企业通力合作，大力开展自贸区金融创新，创造了首笔新设外商投资企业登记、最大一笔外资落户、首笔农产品商品交易、全市首笔对台跨境人民币贷款、首个重要实业投资项目落户等诸多“第一”。以跨境汇兑、境外放款、跨境融资等为抓手，全力拓展跨境人民币业务，大力争揽跨境本外币双向资金池业务，实现跨境人民币业务量282亿元，增幅106%、居系统第五位。把握市场利率汇率变动和客户需求，加大内外联动和产品组合创新，通过内保外贷、低风险融资、即远期结售汇、人民币外汇期权、福费廷等重点产品带动国际业务发展，实现国际结算量226亿美元，外汇中间业务收入1.8亿元，均完成全年任务，四大行中唯一连续四年荣获外汇合规管理A类银行。

三、全面加强风险和内控管理，牢牢守住风险底线

一是全力压降逾期和不良贷款。针对不良贷款现状全盘梳理细化目标、分批推进，强化利润考核挂钩约束，组建清收处置团队，一案一策化解清收障碍，加大个人逾期贷款清收处置专项攻坚，有效运用现有政策，创新清收处置渠道，积极推进不良贷款清收处置。成功收回泓信特种1.08亿元的大户不良贷款、新鹭东方存续5年的全部不良贷款并及时化解永红集团的信贷风险；全年累计清收处置不良贷款9.7亿元，其中现金清收3.8亿元，压降潜在风险贷款10.9亿元，不良贷款额、不良贷款率、逾期贷款余额全面完成总行控制目标，控制情况位居系统内前列。二是加强实质风险把控。坚持严审实管，优化信贷管理与授信审批，加强授信风险总量控制，防范过度融资和多头融资风险，积极转化潜在风险，明确规范授信项下授权审批融资业务办理要求，坚持实质风险审查，注重防假反假，大力开展项目贷款和年度授信后评价，提高风险把控精准性。强化对贸易融资等重点领域风险防控，积极开展多维度风险排查和信息核查，全面推动法人风险大户会诊，强化各类预警、监测信息的落实反馈，完善涉诉信息管理，持续深入开展异地贷款、批发贸易类企业等七大专项治理，加强信贷经营资质和专业资质管理，不断提升信贷经营水平。三是加强重点领域治理和内控案防。坚持“从严治行”、“过程控制”的内控工作指针，根据案防重点和风险发展变化对案防工作提出的新要求，调整案防牵头部门，强化一把手内控案防责任机制，完善案防运行机制。全面开展案件风险和员工行为排查，积极开展“一加强两遏制”、非法集资、飞单销售、投资经商办企业、参与民间借贷等专项检查，狠抓重点领域和关键环节治理。认真落实总行案防“三个办法”，加大对支行案防工作督导力度，强化合规教育培训，加大不良贷款责任认定及问责力度，促进内控案防水平不断提升。

四、加快重点领域改革提升，激发经营活力和发展动力

一是加快渠道转型与服务提升。持续深入推动网点运营标准化改革，加快网点智能化推广、新型业态试点和自助渠道建设，实施网点五级分类动态管理，举办网点竞争力提升等多场专项技能比赛，提升网点竞争力。普通区高低柜配比提升到0.55∶1，人均工作量112笔，累计实现柜员转营销岗136人，网点运营效率稳步提升；投产43家智能网点、7家O2O网点、1家理财便利店，智能化覆盖率居系统第三位；净增自助银行25家，自助银行与物理网点比例提升至1.88∶1。深入开展“服务体验建设年”活动，改进客户投诉响应、排队监测和晨会直通车管理，推动星级网点创建，重点抓好大堂经理、柜员等网点服务队伍建设，提升网点现场服务水平。累计15家支行获评中银协、厦门银协服务星级网点称号，客户投诉处理满意度保持100%，客户服务体验持续提升。二是加快大数据在经营管理中的应用。加快数据挖掘和深度应用，主动推进分析师队伍建设，建立了项目立项、工作通报、定期交流、工作室等一系列工作和培训机制，扩大分析成果共享。全年累计提供EDW灵活查询信息服务500余项次，部署开展总分行各类精准营销项目69项，完成数据挖掘分析报告10篇，从大零售逐步扩展到拓户、直销、风险监测等领域，全力打造业务营销及客户服务新模式。三是改进和加强资本精细化管理。以结构优化推动效益增长，引导支行优化信贷资产结构，努力压降经济资本占用。全年累计出售经济资本限额7.4亿元，节约经济资本占用1.02亿元，增加经济增加值1 020万元，提高了分行经济资本使用效率；调整后RWA增量限额和经济资本增量限额排名大幅提升，均居系统第四位。四是持续提升综合服务与支持保障水平。积极推广手工计息治理、网点统一工作台等8个总分行重点项目，促进运管业务流程优化创新。围绕“防、查、宣、教、惩、奖”六字方针，扎实做好安全保卫和外部欺诈风险管理，确保全行安全运营。以互联网金融、自贸区、智能银行等为突破口，强势推进品牌整合创新传播，不断提升我行社会美誉度和影响力。

五、深入推进党建、队伍建设和企业文化建设，为全行改革发展提供强有力的支撑

一是深入开展“三严三实”专题教育，坚持从严治党治行要求，认真落实党建“两个责任”，举办2期副处级以上干部党建和作风建设培训班，加强廉洁文化建设和廉政教育，创办《党风廉政建设专刊》，严肃劳动纪律管理，不断提升党风廉政建设和作风建设水平。二是深化干部员工队伍建设，实施分行本部组织机构改革，稳步推进人力资源深化项目；加大干部考核履职评价和结果运用，推动128名副经理级以上干部岗位流动任职，补充34人进入各层级人才库，通过公开竞聘选拔任用27人；推动教育培训转型，推广“学习+实

践”二元培训新模式，实施了信贷精英队伍、柜员集中轮训、网点负责人实岗锻炼、深港联动等多期分行特色培训，提升队伍素质和培训实效。三是加强企业文化建设，设立“关爱·圆梦”文化建设园地，精心举办文艺汇演和经常性组织各类文体活动，开展团员青年特色主题活动，加大员工关爱和节日慰问力度，首次开展分行疗休养活动，丰富本部食堂用餐选择和体验，提高员工交通补贴标准，增强员工归属感和凝聚力。

深圳分行

【主要业务指标完成情况】

2015年，深圳分行实现拨备前利润115.79亿元，同比增长18.3%，中间业务收入46.35亿元，同比增长2.1%；本外币各项存款余额5 492亿元，同比增长1%，本外币各项贷款余额3 184亿元，同比增长6%；不良贷款余额31.6亿元，不良贷款率1.03%，资产质量保持同业第一，为总行评定的内控一级行；创新打造了系统内第一个全生态的智能网点和智能化运营模式，率先实现智能网点的全辖覆盖，通过876台智能设备科学布放、运营模式调整、人员岗位整合，主要柜面非现金业务迁移率达92.6%。

【主要工作措施】

一、加快转型升级，推进有质量的稳定增长

一是做好大零售业务全面发展。从新注册企业、核心企业上下游客户入手，做好代发工资、住房公积金、金融社保卡批量营销。加大对第三方存管、跨境类、商贸流通类优质客户营销，巩固零售客户基础。完善星级评价及服务体系，对客户群体进行分层服务，充分挖掘大众客户的长尾价值，将深化中高端客户服务作为提升零售业务竞争发展能力的重点。按照支付、融资、理财一体化的发展思路，针对不同客户群体，深度整合理财、信用卡、贵金属、基金、保险等业务资源，形成整体金融解决方案。在个人资产业务方面，增强消费贷款创新力度，稳步推进“优贷通”业务，以房产定位目标客户，以“通抵通贷”特色服务培育新的信贷增长点；开展信用卡线上线下一体化收单营销，完善连接商户和持卡人的“工银爱购”微信平台，通过为商户带来生意、为客户创造实惠，推动收单、支付结算、消费信贷、商户融资等业务全面发展。二是做好公司业务的“三个统筹”。统筹传统与新兴行业拓展：抢抓深圳产业结构优化升级的发展机遇，在有效满足先进制造业、战略性新兴产业融资需求的基础上，加强优质并购项目营销力度，通过产业链并购、实业并购、跨境并购分享深圳产业升级红利，研究进入国际会展、文化创意等新兴领域。统筹信贷与非信贷融资服务。深化商投互动，构建“大投行”发展格局，以“信贷+非信贷”服务模式支持实体经济多元金融需求，实现多元收益。推进产品从融资为主向投融资相结合转型，灵活运用金融租赁、债券发行、中票短融等资本市场工具，促进盈利模式从单纯收取固定顾问费向顾问费加分享投资收益转型，持续提升服务水平和专业价值。统筹境内与境外服务：立足“工银关贸E联盟”先发优势，持续加载新的功能，服务好结算大户、跨境电商等重点客户。巩固人民币跨境资金池与前海跨境贷的领先优势，创新发展第三方支付跨境人民币项目，不断提升对重点行业、重点客户和大额交易的市场占比。三是推进机构业务升级发展。重点做好学校、医院、培训机构、社会团体、要素平台、基金子公司、私募基金等“大民生”和“大资管”范畴的客户营销。不断完善“银保、银证、银基、银银”四大同业投融资平台建设，优化调整同业融资政策，开展资管产品和理财业务联合创新，推动存款、托管、结算、代理等全面业务合作；加快第三方存管、银期转账等跨市场结算通道类业务创新发展；不断丰富“银财、银税、民生”三大政府公共服务平台功能，主动适应政府公共资金管理模式改革。加快推进银证保、证券直销平台的推广应用，发展相关代理业务与直接交易业务，立足“网银缴税”、“民政E线通”等渠道对接的先发优势，继续推动在卫生、教育等民生领域的合作，在提供社会公共服务的同时获取更加丰富的业务资源。

二、深化改革创新，坚持可持续的全面发展

一是加快互联网金融创新发展。围绕“系统、网络、平台、联盟”八字创新方针，构建以融e购、直销银行、即时通信平台为主体，以融资、结算、投资理财三大互联网金融产品线为支撑，打造覆盖金融服务、电子商务、社交与生活一站式互联网金融营销服务网络，建立移动互联网格局下信息流、资金流、交易流的商业生态系统，形成互联网金融时代新的竞争力。突出产品创新的互联网化方向，加快线下支付、融资、交易等传统优势产品的线上化改造。推动产品功能的移动化改造，提升移动端业务量的“线上”占比。适应互联网营销传播特点，积极开展“社交式”营销，创新运用微信、搜索引擎、微博等新媒体开展营销宣传，同时通过融e联软件的推广和应用，组织客户经理建立与客户的社交圈，在稳固客户关系的基础上开展针对性营销。开展“体验式”营销，各级领导干部率先使用，带头体验，成为参与者、推动者和实践者。统筹推进网点竞争力提升工程、大力推进网点智能化运营模式创新，2015年底实现了全辖营业网点智能化营运目标。二是加快前海业务创新发展。抢抓前海开发开放全面提速机遇，主动作为、全行联动，加快完善四大共享平台建设。完善跨境融资平台，将前海管理局基础设施建设、前海土地开发建设产生的融资需求作为跨境人民币资金运用和提升资产业务收益率的主攻方向，创新前海贷专属产品，实现对开发区地块从“生地”向“熟地”升级。加大金融创新力度，抢抓前海跨境双向投资推动、交易平台与结算方式创新、跨境资金池业务试点等创新机遇，加快推出政策导向和需求驱动的金融创新产品，抢占前海业务创新先机。推进金融资产交易业务发展，积极探索与利率、汇率挂钩的多区域、多要素平台的资管服务方案，不断提升全市场资管服务能力。依托服务创新，挖掘石油、商品等要素平台建设和要素流转中的金融服务需求，探索以服务佣金和交易费用为主导的新盈利增长点。深化总部企业服务平台建设，加强总分行和境内外联动，积极搭建“大金融”服务体系，发挥好前海分行平台化、国际化服务优势。三是加快大资管业务创新发展。提升全市场投研能力，抢抓重组并购、资产证券化、同业资产等投融资热点领域，充分运用非标债权、债券和货币市场等业务授权，实现资产管理的“全市场运作、全品类投资”；创新推出商汇宝、票汇宝等集商品交易、票据集合与外汇交易的资管组合产品，扩充资管业务投资外延，创新资管产品服务内涵。拓宽一体化销售渠道，提升线上渠道营销推介能力，强化行外优质客户渗透。推动资管产品转型，按照打破刚性兑付的监管导向，推动资管产品向净值型产品转型，加快构建适应净值型产品特征的投资风险管理体系，强化投后管理，防范风险蔓延或转嫁给银行。

三、加强全面风险管理

一是持续强化信贷风险管理基础。全面推行全产品、全流程、全员参与的“三全”风险管理举措，构建前中后台尽职履责、分兵把口、联动管控的信贷管理机制。加强对固融、房地产、贸易融资、融资大户等重点领域的风险排查，进一步加强金融资产服务业务涉及融资客户的存续期管理，确保风险隐患早发现，早化解，早控制。将拓展好客户、好市场、好项目作为风险抵御的第一道关口，自上而下做好拓户引导。加强风险管理压力传导，强化“尽职免责、失职追责”的责任追究机制，对出现风险的信贷业务，实施责任倒查追究，防止重贷轻管和短期化行为。二是提升风险防范和内控管理水平。健全以监测实质性风险为核心、以内控案防为主线、以服务发展为宗旨的内控合规管理模式，为分行业务发展提供良好的内控环境和合规保障。认真落实“一加强、两遏制”专项检查要求，及时消除风险隐患，提升风险管控水平。加强对汇率、利率及黄金、大宗商品价格波动的跟踪监测，强化交易限额的系统硬控制，完善市场风险应对预案。积极探索契合负债业务发展目标的负债结构安排，减低利率风险对分行利润增长的冲击。高度重视声誉风险管理，完善消费者权益保护措施，及时研判和应对舆情，防止不实信息、恶意信息对我行声誉造成损害。加强外部欺诈风险管控体系和平台建设，提升对外部欺诈风险的预警和技防水平。三是加强廉政案防建设。完善“不想干、不敢干、干不了”的内控案防体系，严格规范员工和机构经营管理行为，健全员工行为动态管理机制，加大风险排查力度，保持对飞单、私售等违规行为的高压态势。进一步明确支行纪检监察岗、运行督导员、信贷执行助理等人员的岗位责任，建立报告制度，加强对基层机构负责人、客户经理等关键岗位的监督制约。

四、加强党建和队伍建设

坚持把党建工作与经营管理相结合、同部署、共落实，以党建工作责任制统领分行经营管理大局。充分发挥党建工作对带队伍、强作风、促发展的推动作用，引导党员干部牢固树立正确的“世界观、权力观、事业观”，把“三观”的深化认识成果转化为新常态下破解发展难题、提升市场竞争优势、攻坚求进再攀高峰的不竭动力，凝聚起全行共谋发展的“正能量”。认真学习和深刻体会习近平总书记对一个合格领导干部提出的“心中有党、心中有民、心中有责、心中有戒”的“四有标准”，引导党员干部以“工行事业、客户满意、员工乐业”为己任，想干事、敢担当、能出力、不越线，拿出“打铁人”应有的强大气力、沉着定力和持久耐力，以“主心骨”的率先垂范、以“功成不必在我”的接力精神，干出一番无愧于客户和员工、无愧于工行发展的业绩。紧紧围绕“好班子、好干部、好员工”的“三好”队伍建设标准，推动队伍建设成效落地生根。大力开展“三好”队伍评选活动，结合分行经营管理实际，细化完善好队伍评价内容和标准，特别是把“简单干群关系、良好人文关怀氛围”作为衡量好队伍建设成效的重要尺度；以好队伍建设中的先进人物、先进事迹为主题，发挥网讯、墙报等宣传阵地作用，在全行上下大力营造争先创优、典型引领的良好经营氛围，通过好队伍评选有效激发队伍干事创业激情。完善干部和人才培养机制，继续实施管理人才、后备人才的分层培训计划，增强领导干部履职能力、专业素养；不断探索交叉培养、跨岗学习等员工培训机制，强化人才培养的“导师制”，帮助年轻员工更快胜任岗位要求；加快“年龄有分段、术业有专攻、岗位有后备、发展有通道”的人才梯队建设，丰富员工晋升发展路径。不断优化人力资源管理体系，围绕总行人力资源管理深化项目实施要求，加快完善适应分行业务发展需要的人力资源管理体制机制，发挥人力第一资源效用；综合运用薪酬、精神、情感等多元激励方式，以员工乐业的家园文化氛围增强全员幸福感和归属感，稳定核心人才和业务骨干。

苏州分行

【主要业务指标完成情况】

2015年，苏州分行实现账面拨备前利润68.65亿元，同比增加0.74亿元，增幅为1.09%；净利润40.16亿元。实现账面中间业务收入29.53亿元，同比增加3.91亿元，增幅为15.26%。本外币全部存款余额2 231.81亿元，比年初增加122.19亿元；人民币全部存款日均余额2 017.44亿元，比年初增加20.18亿元；外币各项存款余额比年初增加5.25亿美元，列四行第一。人民币各项贷款余额2 148.65亿元，新增78.98亿元，日均新增48.19亿元。不良贷款余额29.17亿元，比年初增加9.41亿元，不良贷款率1.33%，比年初上升0.41个百分点，不良贷款率低于当地同业平均水平。

【主要工作措施】

一、全面夯实信贷经营管理基础，有效推动资产业务稳健发展

一是积极开拓信贷市场。密切关注省市两级重大项目投资计划，紧跟长江经济带战略实施步伐，加大轨交、公路、港口等重点基础设施项目以及热电联产、光伏电站等能源类项目的营销力度，全年项目贷款投放140亿元。开展对龙头企业、上市公司、外商投资企业的集中公关，促进法人流动资金贷款新增38.38亿元。加快推进“千人计划”、“大师贷”等七个小微企业融资方案化营销工作的落地，实现新拓目标客户35户，发放融资2.88亿元。紧抓苏州房地产市场火热契机，个人住房贷款新增118.19亿元，首次新增超过100亿元大关。自助质押贷款新增24.56亿元，列系统第六。全年累计办理票据贴现259.52亿元，列四行第一。票据净收益1.59亿元，是同期的1.88倍。以优质供应链为基础，加快链条上下游子客户的发展以及项目供应链的推动。全年新增核心企业15户，新增子客户221户，有效带动了存款、结算等综合金融收益。对辖内4A级（含）以上景区实行名单制管理，制定一揽子服务方案，满足景区多元融资需求，全年文化旅游类项目贷款投放22.85亿元。以“信用网贷通”和“流贷网络化”的新兴网络融资模式，攻坚国企、央企、大型民企和上市公司，充分运用新产品和新技术，开辟了信贷业务新市场。全年办理信用网贷通1 000万元和流贷网络化业务31 300万元。针对客户融资需求特点，大胆创新业务产品，完成省内首单“T+0租赁和保理”业务投放，积累了拓宽表内投放渠道的先进经验。二是全力稳定资产质量。加快不良贷款清收处置，综合运用诉讼、转化、核销和批量转让等方式，累计清收处置不良贷款39.36亿元，完成总行任务的198.79%。其中，实现现金清收17.41亿元，账销案存资产收回595万元，不良资产现金受偿率和处置水平进一步提高。努力防控新生劣变风险，建立法人大户风险分析会诊机制，全年开展11次专题研究，对349户企业进行风险分析诊断，不断前移风险关口，牢牢把握防范风险的主动权。加强潜在风险贷款的监测管理，继续扩大风险排查的覆盖面，防止出现突发性风险。落实亚健康贷款风险化解预案责任人，通过清收转化、展期、重组、增信等多种措施及时化解或降低风险。全年压降公司客户潜在风险融资22.73亿元，压降存量亚健康贷款2.66亿元。三是加强信贷基础管理。把好客户“准入”关，坚持优选客户原则，遵循“防假、反假、合规”规则，认真核实客户贷款需求和申贷资料的真实性，科学客观测算客户还款能力，严把实质性风险，确保新增融资安全稳定。强化信用风险监控。高度重视总行下发的关于客户偿债能力下降、盈利能力减弱、担保圈交叉违约等预警信息，及时落实专人进行核实，尽早排除风险隐患。加强对现金流的管理，严密监控客户贷款资金用途，将贷款归行、贷款受托支付作为贷款发放的重要前提条件，实现信贷资金的封闭运行。强化信贷从业人员资质管理，启动信贷岗位退出机制，落实信贷违规行为责任追究制度，从严治贷、从严治行。通过开展公司信贷客户经理全员培训，加快锻造一支适应新形势的优秀信贷队伍。

二、全面实施拓户增容工程，不断稳固负债业务根基

一是抢抓对公存款。强化重点板块营销，针对年初确定的军队、教育、医疗、上市公司、进出口企业等十大板块内的目标客户，采取一户一策跟踪营销策略，年末新拓客户119户，新增存款2.4亿元。紧随国家政策变化，加快与社保财政部门的对接，赢得资金批量归集

先机。狠抓重点网点贡献度提升，统筹配置辖内百家重点网点内外资源，网点负责人亲自维护日均或时点公司存款变化百万元以上的客户，加强“裸贷”治理和有贷户存贷比提升，年末“裸贷”客户比年初减少 286 户，100 家公司存款重点网点新增存款 31.22 亿元。深化同业营销合作，与辖内多家农商行合作开展贵金属、远期结售汇、跨境人民币支付等多项创新业务，新增银行同业客户存款 1.72 亿元。着力开展银证、银期合作业务，年末证券期货公司客户存款新增 28.2 亿元，增幅为 186.38%。二是竞争个人存款。以拳头产品抢占市场，通过理财沙龙、上门拜访、专场活动等方式，大力推广“节节高 2 号”、“薪金溢 1 号”、“大额存单”等优势产品，加快对客户市场的集群化、批量式营销，不断扩大产品规模，持续夯实存款基础。年末节节高 2 号产品规模达 30.2 亿元；大额存单存量规模达 12.4 亿元；薪金溢 1 号签约客户达 29.8 万人，签约账户存款余额达 63.9 亿元。优化存款结构，更加注重存款规模与效益的协调发展，将纯储蓄存款和定期存款作为产品进行营销，促使存款结构更为合理，年末纯储蓄规模新增 51.36 亿元。以存贷通、存管通、高收益账户等创新产品为抓手，吸引客户闲散资金回流我行。三是创新客户拓展维护机制。将私人银行业务作为各层级经营机构的“一把手”工程，落实联动营销的“四个必须”，形成私行与公司、机构、投行等部门的双向互补联动机制，私人银行客户总量达 1 535 户，增幅为 47.60%，列总行私人银行客户发展指标完成率第一名。落实工商企业通开户“三专三有”制度，做到“专人负责、专柜办理、专业服务”；利用大额资金监控平台信息，开展目标客户针对性营销；进一步优化开户流程，提升客户服务体验。年末全行对公客户新增 1.49 万户，增幅为 20%，人民币结算账户净增 12 580 户，列四行第一，系统第四。创新启用远程运维模式，采用“分散 + 集中”模式，组建一支 415 名的远维专属队伍，占总行远维人员总量的 59.45%，深度挖潜客户资产，全年累计外拨呼叫 28.98 万人次，实现了 5 万元以下长尾客户群体金融资产整体提升 96.89 亿元，存款整体提升 46.11 亿元的好成绩。进一步加快个人客户拓展步伐，全年个人客户新增 71.03 万户，增幅 8.61%，信用卡存量 180.6 万张，当年新发 30.3 万张，继续保持同业第一位次。出台《苏州分行个人客户经理综合评价办法》，完善考核激励机制，提高客户经理的营销积极性，有力推动存款业务的快速增长。

三、全面发展新兴业务、新产品线，加快培育中间业务新增长点

一是坚定不移地实施“大零售”战略转型，充分发挥零售业务盈利“稳定器”的作用。全年零售业务板块实现营业贡献 32.32 亿元，占全行的 44.45%，比年初提升 4.02 个百分点。个人中间业务收入实现 11.16 亿元，占中间业务收入总额的 37.8%。全行个人金融资产总量为 1 563.12 亿元，新增 184.39 亿元，增幅为 13.37%，完成全年新增任务的 115.24%。二是围绕“投行引领、商投互动”的经营转型理念，以重组并购、股权融资等重点产品为抓手，加强对优质企业和重点项目的营销，不断提升投行业务对盈利创收的贡献度。全年实现投行业务收入 6.2 亿元，其中，品牌类投行收入 4.1 亿元，同比增加 1.5 亿元，增幅为 60%。成功完成保利协鑫苏州地区发行的首单超短融业务，树立了工银投行的品牌形象，创新开展东吴证券 30 亿元次级债投资和公积金 100 亿元银行账户债权型特定目的载体投资业务，处于系统领先地位。三是积极开展德资、日资企业专项营销活动，努力挖掘优质国际业务客户资源，年末累计新拓客户 15 户，成功为 3 户企业办理了融资业务。持续发挥柜面营销主阵地作用，对收付汇大户开展有针对性的营销，实现跨境人民币业务的逆势增长。年末跨境人民币实收实付累计实现 651.98 亿元，同比增加 226.39 亿元，增幅为 53.19%。快速响应跨境资金集中运营新政，成功取得“苏州金螳螂”跨境人民币资金池唯一主办行资格，树立了工行跨境本外币资金池业务同业领先地位。结售汇、账户交易类业务平稳发展，对全行盈利创收的“补充剂”作用不断显现。四是深入实施银行卡“9944”工程，努力扩大发卡规模，着力提升对优质客户的发卡渗透率，全年新发卡片 30.3 万张，其中，白金卡发卡占比为 4.7%，同比提升 1.16 个百分点。适时推出“逸生活”分期业务品种，较好地契合了市场需求，形成了与汽车、家装等业务协同发展的良好局面。全年分期投放额为 29.44 亿元，同比增加 7.92 亿元，增幅达到 36.8%。以“175 商户拓展项目”为抓手，大力拓展优质收单商户，通过以量补价的方式，保持收单大行的市场地位，全年新增商户 1 872 户，收单额同比增加 95.65 亿元，增幅为 23.45%。五是积极推动“e－ICBC”互联网金融战略落地生根，组建互联网金融营销团队，组织开展“进校园、进企业、进机关、进社区”各类宣传活动，“工银 e 校园”创下 20 天集中成功营销 3 000 名客户的良好业绩，列系统内前十位。年末企业网银证书客户净增 12 775 户，完成总行任务的 157.7%；手机银行客户净增 56.35 万户，完成总行任务的 102.5%；工银 e 支付账户数新增 71.4 万户，完成总行任务的 110%；实现电子银行交易额 6.9 万亿元，完成总行任务的 91%，在总行开展的“融 e 购房，一键享惠”活动中，分行售房套数列全国第一，售房金额全国第二。六是借第 53 届世乒赛在苏州举办的东风，全力推动贵金属业务发展，全年实现实物贵金属收入 1 812.63 万元，同比增幅 92.19%，列系统第三。账户交易开户发展形势喜人，全年有效账户比年初新增 3.16 万户。贵金属租赁实现新突破，全年新增白银租赁和黄金租赁各一户。

四、全面深化内部管理，持续营造和谐经营氛围

一是党建工作持续加强。构建了分支行两级党委书记履行党建主体责任，班子成员履行“一岗双责”的工作格局，以思想建党、制度建党、组织建党和作风建党，全面落实管党治党责任。认真开展“三严三实”专题教育活动及专题民主生活会，进一步明规矩、严纪律、强约束，形成从严从实的工作氛围。顺利完成总行巡视工作，对总行巡视组发现的19个问题和改进要求，落实整改责任人和明确时间表，及时完成了整改工作。组织开展了对辖属张家港分行落实“两个责任”的现场巡查试点工作，创新了监督方式。二是内控案防平稳有序。扎实开展“过程管理巩固年”、“无差错、无违规”、“两加强、两遏制”等合规教育活动，通过加强过程管控，促使员工经营行为更加合规，依法经营的思想意识更加浓厚。加大对私售产品、参与非法融资、反洗钱等内部风险领域的摸底排查力度，强化对质押贷款、票据贴现、远期信用证、保理、信用卡、网上银行等外部领域欺诈风险防范，对109个辖属二级支行和网点进行了突击检查，及时查找基层网点和柜面管理漏洞，在错综复杂的经营形势下，较好地守住了风险底线。严格落实不良贷款责任认定追究机制，开展批量转让不良资产，特别是2013年以来新增不良的责任评议工作，全年共计处理599人次，其中，分行管理干部128人次、网点负责人130人次、客户经理341人次，对10名员工进行了行政处理，违规积分61人次151分。组织开展员工经商办企业排查，涉及的52名员工中，基本完成退出或注销手续。积极响应市政府号召，选派员工进驻苏州市反通信网络诈骗中心工作，切实履行社会责任，保障群众利益。三是运营水平集约高效。辖内新区支行营业部积极开展“品位至诚、用心服务”创建活动，顺利通过中银协验收，成为苏州地区唯一一家“百佳”网点。深入推进网点标准化运营改革，持续激发网点的内生动力和经营活力，年末网点物理高低柜配比达到0.87:1，营销人员占比达到27.2%，均较去年同期有了明显的优化。年内完成41家低效网点的布局调整，网点竞争力逐步增强，年末全辖网点网均各项存款余额9.53亿元，较年初增加0.35亿元，增幅为3.8%。加快新型渠道业态建设，撤并网点7个，59家低效网点完成优化提质增效，完成23家智能化网点改造，实现总行版WiFi网点全覆盖。四是团队凝聚力进一步增强。实施人力资源配置调研工作，对部室、支行人岗匹配、提高效率等下发诊断意见书，提出整改意见。完善职工成长晋升平台，加大员工上挂下派力度，全年有37名员工通过内部交流学习活动，丰富从业经历。健全新常态下的员工教育培训机制，创新教学方式方法，让不同岗位类型的员工都学有所得、学有所用，全行业务类人员专业资格持证率为89.9%，列系统第二。圆满完成世乒金融服务，实现赛事准备阶段和赛事期间“业务办理无障碍、语言沟通无障碍、业务纠纷处理无障碍”和“零业务差错、零安全事故、零重大负面舆情”的既定目标，展示了中国工商银行的良好形象。成功协助总行承办“中巴论坛”、“中国—中东欧论坛”。关心关爱员工生活，“安心午餐”、“妈妈驿站”等实事工程温暖人心，全年帮扶困难员工48人，发放救助金额26万元。

广东分行营业部

【主要业务指标完成情况】

2015年，广东分行营业部实现拨备前利润160.58亿元，同口径增加15.5亿元，增幅10.68%，近四年增长最快；实现拨备后利润133.8亿元，同口径增加0.74亿元；实现净利润100.37亿元，同口径增加1.1亿元，增幅1.08%，净利润连续三年保持在百亿元以上。本外币全部存款（含同业存款）余额6 934亿元，比年初增加748亿元；各项贷款余额3 866亿元，比年初增加221亿元；不良贷款率1.15%，资产质量持续保持优良水平。

【主要工作措施】

一、突出各类资金归集，存款规模与收益实现同步大增长

紧抓市场新机遇，深入落实存款理财互动、资产业务拉动、渠道平台带动、公私业务联动、资源投入撬动、考核评价调动等工作，实现了存款规模与收益的同步大发展。一是机构、同业存款时点及日均余额实现“四个超千亿”，机构、同业存款余额和增量四行占比均居第一。机构存款余额1 082亿元、比年初增加109亿元；机构存款日均余额1 099亿元、同比增加169亿元。同业存款余额1 055亿元、比年初增加658亿元；日均余额1 103亿元、同比增加707亿元。二是公司存款增量勇夺全行和同业双第一。公司存款余额1 579亿元、比年初增加201亿元、增量首次居全行第一位；余额和增量四行占比为36.10%和37.60%，均居首位。三是个人金融资产稳步增长。个人客户金融资产总量5 175亿元、比年初增加320亿元，储蓄存款余额3 218

亿元、比年初减少220亿元。四是存款利润贡献显著提升。全部存款利润贡献同比增加7.93亿元，占拨备前利润增量的50.97%。

二、突出信贷结构优化，综合金融服务能力进一步提升

一是大客户竞争力显著上升。年末公司贷款余额2 578亿元、比年初增加31亿元，增量四行占比67.91%。大中型客户流动资金贷款比年初增加100亿元，项目贷款累放169亿元、同比多放39亿元。二是个贷余额首超千亿元，余额和增量同业占比连续五年双第一。个人贷款余额1 170亿元，年度余额首次突破千亿元大关，比年初增加195亿元，同比多增88亿元，余额和增量四行占比分别为37.21%、31.94%，个人贷款增量2011—2015年连续五年居广州同业榜首。信用卡分期付款交易额50.4亿元、同比增加6.4亿元。三是小微企业贷款实现“三个不低于”监管目标。小企业贷款（监管口径）余额为814亿元，比年初增加67亿元，增速8.90%，高于各项贷款平均增速2.84个百分点；贷款户数9 791户，比年初增加320户；申贷获得率为94.60%，同比上升1.70个百分点。四是综合融资服务能力显著增强。2015年累计为19家客户办理债券承销业务、超过过去5年的总和、居广州同业首位，承销额180亿元，居广州同业第二位；完成运作投行重点项目71个、增长57.78%，显著带动了存款、贷款和结算业务的发展。

三、突出抓好“三大战略”的落地实施，中间业务收入总量增量均居四行首位

一是大零售业务贡献突出。个金专业中收25.33亿元、同比增加7.37亿元、占全部中收增量的90.32%。私银收入3.3亿元，是上年的4.4倍。银行卡中收9.05亿元、增加0.58亿元，收入总量近年来首次超越深圳分行、居全国直属分行和营业部第2位。二是大资管业务成长迅速。资产托管和养老金中间业务收入总量6.22亿元，超北京分行跃居全行第一，“存款+中收”整体贡献度突破13亿元，同比增长1.7倍；资产管理业务收入6.7亿元，同比增幅25.11%；贵金属业务收入9 163万元、同比增幅17.78%，实现逆市增长。三是国际结算四行占比连续五年位居第一。国际结算610亿美元、四行占比31.73%、领先中行0.58个百分点，自2011年以来连续五年居四行首位。跨境人民币结算891亿元、同比增加311亿元、四行占比31.69%、同比提升3.76个百分点。国际业务中收4.96亿元、同比增加0.17亿元。四是互联网金融快速发展。融e购平台商户新增382家、非金融交易额超30亿元；融e联客户端用户31万户；融e行用户新增116万户；工银e支付新增151万户；手机银行客户新增116万户，主要指标均居直属分行和一级分行营业部前三甲。

四、突出质量管理和内控案防工作，不良贷款率近五年首次同时低于总省行平均水平，全年实现安全经营

一是抓好新增贷款风险把关。前台部门充分研究市场和客户，制定目标清晰的“主动授信客户”清单；中台部门把好审查关，综合运用内外信息系统和大数据思维，解决好审查中信息不对称问题，提高实质风险管理水平；后台部门强化精细管理和分类管理，提高监测分析频率，提前预判风险，及时防控和化解风险。二是抓好存量贷款的风险控制。建立完善存量贷款会诊制度，对出现大额亏损、关联交叉违约、多头过度融资、连续违约等风险特征的客户加快退出或转化。加强对融资平台、批发贸易、产能过剩、商品融资等重点领域的风险排查，防止资产质量劣变。加强表外资产风险管控，严防输入型、交叉型风险。三是加快不良贷款清收处置。全年累计清收转化不良贷款70.1亿元，成功批量转让5批不良贷款债权，受偿率54.96%。退出潜在风险贷款43.7亿元，完成省行计划的115.67%。四是加强信贷文化及队伍建设。对信贷经营机构和信贷人员进行监测，一旦超过控制线，即停止相关业务资格或人员授权。推进信贷人员资质认证和持证上岗制度。加强风险教育，大力建设审慎经营的信贷文化。五是抓好从严治行和内控案防工作。深入开展“三严三实”专题教育活动，持续抓好党建和党风廉政建设，认真开展“两加强、两遏制”专项检查及“回头看”，抓好重点领域、重点人员的风险排查和防范，持续推进运营风险核查、外部欺诈防范、声誉风险管理、信访维稳和反洗钱等工作。全年未发生大的差错事故和内部案件，实现了安全运营。

五、突出抓好各项体制机制建设，可持续发展能力不断提升

一是客户基础进一步夯实。年末法人信贷客户增加113户（剔除汽车经销商退出因素）；日均金融资产5万元以上机构客户增加1 471户，系统内排第一位；日均金融资产50万元以上公司客户增加1 398户，系统内排第六位；有效对公结算账户新增3.7万户；日均金融资产1万元以上个人客户增加14.3万户；私人银行客户增加694户。二是服务能力不断提升。大力开展“服务体验建设年”活动，辖内云山支行营业室首获2015年度“全国服务百佳示范单位”称号（全省银行仅4家网点获此殊荣），实现了历史性突破。三是经营机制进一步健全。网点运营标准化管理改革、人力资源深化、大数据精准营销等重点项目深入推进；私人银行中心、互联网金融营销中心成功组建，辖内南沙支行正式升格为二级分行，花都支行、新塘支行顺利搬迁到新址营业，7家支行获批为小微金融业务中心试点支行，经营体系和组织架构进一步完善。

第六部分

重要文献

责任编辑：李富宇

在中国工商银行2015年工作会议上的讲话

姜建清

（2015年1月29日）

这次会议的主要任务是，深入贯彻中央经济工作会议精神，落实全行改革发展研讨会部署，总结2014年工作，布置2015年任务。下面我讲五点意见。

一、2014年工作情况与2015年总体目标要求

2014年，在国际经济形势复杂多变、国内经济运行挑战增多、金融改革持续深化的情况下，我们认真贯彻党中央、国务院决策部署和金融监管要求，统筹把握发展基调、服务方向、改革重点、转型导向和风险防线，扎实做好经营管理各项工作，实现了新常态下的健康平稳发展。主要体现在：

盈利增长平稳。实现净利润××亿元，增长××%。这种稳定增长得益于多点支撑和多源拉动。一是通过优化资产负债结构、提高资金运作效率，实现净利息收益率（NIM）较上年提升9个基点至2.66%；二是在收费政策调整的情况下，依靠规范基础上的创新发展，实现手续费及佣金收入同比增长9.5%，好于预期目标。三是境外机构实现净利润129亿元，增长41%，拉动集团利润增长1.28个百分点；各综合化子公司实现净利润35亿元，增长29%，对集团盈利贡献和战略协同作用增强。

资产质量总体稳定。不良贷款余额××亿元，较年初增加××亿元，不良率较年初上升×××个基点至××%，资产质量保持可比同业较先进水平。拨备覆盖率207%，风险抵补能力较强。

资本充足率稳定在合理水平。加快推动资本节约型发展，成功发行200亿元二级资本工具和350亿元境外优先股，预计资本充足率和一级资本充足率分别为××%和××%，比年初提高××个基点和××个基点。

存款稳定性增强。本外币各项存款（含同业）增加1.08万亿元，同比多增2 724亿元，余额和增量均领先同业；存款偏离度为1.87%，控制在监管要求内。一般性存款日均余额较上年增加8 300亿元，改变了近年来日均增量低于时点增量的状况。

一年来，面对“三期叠加”，我们保持清醒头脑，积极主动作为，自觉探索和实践新常态下经营管理的方法策略。

（一）注重通过信贷增量优化和存量结构调整相结合，支持实体经济提质增效。全年新增本外币贷款9 346亿元，同比多增459亿元，增幅10.2%；累放贷款8.98万亿元，相当于新增量的9.6倍，同比多放2 770亿元。从投向看，累放项目贷款9 102亿元，同比多放1 664亿元，95%以上用于支持国家重点项目建设。对先进制造业、现代服务业、文化产业和战略新兴产业新增贷款2 718亿元，占公司贷款增量的67%。创新对小微企业的金融服务，还原统计口径调整和不良核销因素，小微企业贷款实际增加1 613亿元，增长9.4%；余额1.7万亿元，占公司贷款余额的25%。积极支持居民合理消费需求，个人类贷款（含信用卡透支）增加3 525亿元，增幅15%，其中个人住房贷款余额突破2万亿元。加大对企业“走出去”的支持力度，新发放境外贷款1 700亿元。坚持有扶有控，加强了对地方政府融资平台、房地产开发、产能过剩行业的融资限额管理和结构调整优化。

（二）注重通过因势利导推进经营转型，培育盈利增长新引擎和竞争发展新优势。全行个人客户金融资产总额在同业中率先突破10万亿元，零售业务经营贡献占比达到40%。银行卡发卡量超过6亿张，交易额达7.6万亿元，其中信用卡发卡量突破1亿张，跻身全球前三大信用卡发卡行之列。理财产品日均余额突破1.5万亿元，巩固了境内最大资产管理银行地位。资产托管业务规模达到5.8万亿元，继续保持境内同业领先优势。服务于企业并购重组、股权融资等需求的投行业务发展较快，债券承销、银团贷款分销量均居同业首位。一年来又有3家境外机构开业、两家获颁牌照，收购标银公众60%股权项目通过监管审批，这是中资银行历史上首次收购从事商品、资本和货币市场交易业务的机构。目前，我行已成为境外机构覆盖范围最广（41个国家和地区）的中资银行，在服务国家新一轮对外开放和“一带一路”战略实施中具备了新优势。我行新加坡、卢森堡、卡塔尔、加拿大、泰国5家境外机构获得人民币清算行资格，境外人民币清算业务量超过37万亿元；跨境人民币业务量3.66万亿元，同比增

长66%。

（三）注重通过深化改革创新，最大限度地激发经营活力和发展动力。精简总分行内设机构和管理人员，促进了管理效能的提升。系统实施信贷流程优化和审批授信改革，提升了实质风险防控能力和市场响应效率。统筹推进网点运营标准化管理和竞争力提升工程，加快了线下渠道转型步伐。完善绩效考评体系和业务分类评价体系，形成更加重视质量和结构的经营导向。随着上海同城数据中心的投入使用，“两地三中心”的科技新架构整体建成，实现了从传统灾备恢复模式向双中心并行运行的业务连续模式转型。努力下好互联网金融创新的“先手棋”，以“三大平台”、“三大产品线”和线上线下一体化服务为重点，搭建起互联网金融的整体架构，取得良好开局。其中，“融e购”交易额715亿元，进入国内十大电商之列，注册客户1 255万人；即时通讯平台“融e联”信息推送客户已超过1 130万户；“工银e支付”用户达到4 111万，交易额549亿元；“逸贷”全年累放2 300亿元，余额1 526亿元；“网贷通”余额近3 000亿元，是国内单体金额最大的网络融资产品。

（四）注重标本兼治加大风险防范和化解力度，确保资产质量基本稳定和各类风险总体可控。我们针对经济“三期叠加”阶段风险特点及演化趋势，积极创新机制和手段，增强风险防控的前瞻性和有效性。强化了风险导向的信贷基础管理，严格了风险认定与责任追究。组建信贷监督中心，运用大数据技术加强风险动态监测和实时预警，一年来已对5.16万亿元资产进行了风险排查，各级行收回风险融资3 752亿元，整改操作不规范和风险融资8 546亿元。全年清收处置不良贷款1 060亿元，同比多处置278亿元，其中呆账核销382亿元。根据新的监管要求，完善了现代公司治理体系和全面风险管理体系，完成了全球系统重要性银行首份恢复与处置计划。组织开展对违规多发易发环节的依法合规经营大检查，持续保持了对案件和风险事件的高压态势。

（五）注重以作风建设为引领，全面加强党建和队伍建设。把教育实践活动整改落实作为贯穿党建及经营工作的主线，对照习近平总书记提出的“三严三实”要求，抓住整章建制这个关键，努力推动整改深化和改进作风常态化，不仅使党风行风建设出现新变化新气象，也对改进经营管理起到积极促进作用。全行还根据新的形势任务要求，系统推进惩防腐败体系建设，创新宣传思想文化工作，深化选人用人等干部制度改革，以提高岗位胜任能力为重点改进员工培训工作，为转型发展提供了支撑和保障。

总的看，在股改上市以来全行经营最困难的一年，能取得这样的成绩，并且圆满完成第一个十年纲要的各项战略目标确属不易，既稳定了市场预期，也增强了全行信心。这是党中央、国务院正确领导、科学决策的结果，是国家有关部门加强监管、支持帮助的结果，是全行上下共同努力、攻坚克难的结果。在此，我代表总行党委和董事会，向国家有关部门、监管机构和股东单位，向全行干部员工表示感谢和敬意！

在肯定成绩的同时，我们也必须看到经营发展中存在的困难和问题。一是在经济增速放缓和产业结构调整中，不良贷款反弹压力增大，贷款劣变比上年增加384亿元，逾期贷款与不良贷款剪刀差扩大××亿元。同时，输入型、交叉型风险与我行信用风险、操作风险、声誉风险等相互交织、综合作用，加大了管控难度。二是存款理财化、利率市场化及互联网金融快速发展对存款业务影响突出，去年人民币存款增量和增幅均为近三年最低值，付息成本较上年上升5个基点。三是客户基础薄弱问题仍较突出，日均资产1万元以上的个人客户占比有所下降，日均资产5万元以上公司客户为负增长，反映出我们在服务与营销机制、产品创新等方面，还不能适应客户需求和市场竞争变化。

应当看到，经营发展中这些困难和问题，都是我们在新常态下需要长期应对的一些趋势性问题。全行要深刻认识我国经济进入以“中高速、优结构、新动力、多挑战”为主要特征的新常态后，经济运行的新规律及对金融服务与风险控制的新要求。既要认清经济下行压力加大、利率市场化加快、金融脱媒和跨界竞争加剧、金融监管深化带来的严峻挑战，增强危机感和责任意识，进一步做好过苦日子、紧日子、难日子的准备；同时也要认清新改革红利释放、“新四化”同步推进、“新三大战略”实施、新业态不断催生、新一轮对外开放带来的新机遇，看到我行转型发展奠定的良好基础，坚定信心、鼓舞士气。

2015年全行工作总的指导思想是：认真贯彻党的十八大和十八届三中、四中全会精神、中央经济工作会议精神，主动适应经济发展新常态，进一步把经营的重心放在转型升级、提质增效上，把发展的动力转向机制改革、结构优化、新增长点的培育上，把管理的着力点聚焦到提升风险控制的前瞻性、针对性和实效上，把队伍建设的核心放在落实党建和廉政两个主体责任、提高经营管理能力上，努力在严峻复杂形势下提升稳健可持续发展和服务实体经济的水平。2015年全行两大核心经营目标是：努力将不良贷款率控制在××%以内，保持资产质量总体稳定和可比同业较优的质量水平；努力实现盈利正增长，保持健康的财务基础和可比同业较优的盈利水平。实际上，这两大目标是相互适配、紧密关联的。如果资产质量控制不好，不良贷款会是盈利最大的损耗；如果利润过快下滑，反过来又会影响风险化解处置能力。全行要统筹把握好这两大核心目标，并要进一步明确三点思想认识。

第一，实现今年核心经营目标是极其重要和十分必要的。随着我国经济进入新常态，国际上质疑和唱衰中国经济和中国银行业的声音又多了起来。作为一家在境内外市场上有代表性和影响力的大型银行，如果我们不良资产大量增加、利润大幅下滑，不仅会给我行市场形象、市值管理、队伍士气和经营发展带来极大波动，而且会对经济金融全局产生非常不利的影响。因此，需要我们从政治和全局高度来看待今年经营目标的实现，努力引导好市场预期，维护好经济发展和金融稳定大局。

第二，实现今年核心经营目标是非常有挑战性的。从资产质量来看，目前信用风险多发态势还没有过去，行业布局失衡和产能过剩问题加剧，经济转型成本通过多种方式反映到银行领域，我们风险防控的堤坝可能还要承受一波接着一波的风浪。今年全行可安排的财务核销资源与去年大体相当，要实现××%的不良率控制目标，就必须以更加有效的风险管控来应对严峻复杂的风险环境，必须将贷款劣变总量控制在去年××亿元的水平内，必须用有限的核销资源撬动更多的不良资产化解。从盈利增长看，如果单纯静态算账，非对称降息和利率市场化的持续推进，将使今年 NIM 下降 14 个基点；实施新的收费政策，将使中间业务收入增速降至 5.3%；资产质量劣变约需计提贷款减值准备 700 亿元。综合测算的结果是利润负增长。由此可见，今年经营发展困难比去年还要大，实现质量稳定和盈利增长目标面临很大挑战。

第三，要尽一切努力实现更好的结果。越是在困难大的情况下，越要重视引导和激励全行提振信心和士气，强化担当和进取精神，通过加把劲、够一够，甚至跳一跳，千方百计、千辛万苦去争取更好的结果；越要重视领导干部带头，聚精会神细谋划、扑下身子干实事，将各项工作抓早、抓紧、抓实、抓到位；越要重视调动两方面的积极性，鼓励先进行多做贡献，帮助困难行尽快扭转风险暴露多、盈利下滑快的经营被动局面；越要重视做好改革、创新、转型的大文章，通过业务发展能力、产品创新能力、市场竞争能力、结构调整能力和风险控制能力的巩固提升，支撑和保障质量效益目标的实现。

二、提升新常态下信贷经营管理水平

坚持金融服务实体经济的本源，主动适应经济新常态，创新信贷发展方式，开拓优质市场，坚持在发展中控制风险、化解不良，确保信贷资产质量稳定，增强信贷可持续发展能力和对各项业务发展的带动效应。

（一）创新融资业务发展方式，增强竞争发展与服务实体经济的能力。要重点建立和完善“四个统筹”机制，即统筹信贷增量优化与存量调整机制、统筹境内与境外信贷资源配置机制、统筹信贷与非信贷融资业务机制、统筹融资业务与多元化金融服务机制。综合考虑贯彻国家战略和稳健货币政策要求，落实集团境内外发展战略部署，全年集团全球信贷增量计划为 1.1 万亿元，其中境外 1 700 亿元，加上存量贷款到期移位再贷 1.9 万亿元，全年实际新投放的信贷总量为 3 万亿元。要抓紧出台存量贷款管理办法，像重视管好增量贷款那样，管好收回移位再贷资金的投向和总量，探索信贷增量和存量的并轨管理；要主动适应国内大集团融资国际化的趋势，像重视境内信贷业务发展那样，积极开拓国际目标信贷市场；要主动适应企业融资多元化趋势，加快发展非信贷融资业务。要进一步完善全口径融资业务统计和管理体系，实现对全面融资业务发展的整体规划和管理。要强化以融资业务带动其他业务的联动发展机制，更要适应优质融资业务买方市场趋势，充分利用商业银行信息中介功能，运用投行带动商行、表外拉动表内等新机制，撬动和打开更大的融资业务市场。

（二）大力拓展优质融资市场。今年要实现 3 万亿元的信贷投放和非信贷融资业务的较快发展，而且必须提质增效，关键在于按照国家战略规划和政策导向精准发力，切实把握住新机遇、新动力，抓到足够大的优质融资市场。要突出抓好重点项目领域融资业务。要建立重点项目清单，坚持好中选优，抓住一批投资规模大、辐射带动强、经济效益好的国家重大项目和重大工程，特别是“一带一路”、京津冀协调发展、长江经济带“三个支撑带”中的重点项目。总行将成立专门领导小组和工作团队，指导协调相关分行按照大中小客户协同、公私联动、区域联动原则，统一开展营销。要突出抓好具有增长潜力和发展活力的产业融资市场。尤其要适应服务业成为第一大产业的变化，加快服务业融资业务的创新发展；关注国家实施高端装备、信息网络、新材料等重大创新工程和现代制造业发展，及时研究调整和完善配套的行业信贷政策和融资方式，逐步扩大其在全部融资中的比重。要突出抓好小微企业金融业务。通过建立专职队伍，强化小微金融市场研究分析，创新业务模式，推动向小额化方向发展，向消费、服务、民生领域倾斜；完善营运模式，本着“集约化、专业化”目标做实小微中心，在试点基础上加快推广进度；改进服务模式，根据小微客户“短、频、急”的资金需求特点，开发适销对路“产品套餐”，完善网贷通、商户逸贷等服务与营销模式。力争监管口径小微企业贷款增加1 400亿元，实际增长不低于各项贷款平均增幅。要突出抓好个人信贷业务。重点发展个人住房按揭贷款，实施分区域差别化定价策略。配合国家实施信息、旅游、绿色、文化教育等 6 大领域消费工程，创新发展逸贷、信用卡融资等产品，稳步推开以个人金融资产、标准商品房为抵质押的个人综合资产服务，探索建立综合授信、线上受理、快捷提款和精准监控的个人信贷新模式。要突出抓好跨境融资业务。发挥我行国际化布局优势，把握产能出口、资源进口、跨境并购中的重大业务机会，关注“一带一路”及亚太地区基础建设投资和互联互通带来的融资需求，进一步做强以境外项目融资、海外并购为主的跨境金融业务，以飞机、船舶、大宗商品融资为主的资产金融业务，以租赁融资与安排为主的结构金融业务。

（三）打好信贷资产质量保卫战和攻坚战，坚决遏制不良贷款反弹势头。各级行必须把信用风险防控放在特殊重要位置，一把手要每月主持召开专题会议，研究分析不良贷款产生的根源和防控的工作措施，检查落实风险防控责任，以非常之举压降不良、管控风险。要在清转处置中消化不良。要完善不良贷款集中处置、专职清收、分层管理工作机制，逐级、逐业务品种下达清转处置任务，并严格责任考核。要积极创新处置方式、渠道和手段，加紧搭建特殊资产处置平台，探索通过资产证券化、投行等渠道进行市场化处置，坚决稳住和减缓不良上升趋势，力争在越来越多的分行和信贷领域实现不良由升到降的拐点。要在风险退出中降低不良。要实行严格的剪刀差管理，逐级明确剪刀差控制目标，提前做好到期前贷款风险分析，坚决遏制逾期贷款增长，切断不良贷款生成的源头。对新增贷款（包括存量移位）发放后短期出现不良的，要逐笔审查，严格问责。要建立存量贷款会诊制度，总分行都要定期对存在风险隐患的融资大户进行会诊，有针对性地制定风险化解管控措施。加紧完善总分行联动的信贷监控体系，进一步发挥总行信贷监督中心风险监控、决策支持功能，实现对全集团、全客户、全产品、全流程的有效监控。要在重点领域中防控不良。要继续加强对地方政府融资平台、房地产、产能过剩、批发贸易、商品融资等重点领域的风险控制，锁定存量、管住增量、缓释总量。尤其要密切关注地方政府性债务管理体制改革进程，严格落实存量债务偿还责任，防止利用地方债新规悬空我行债权；对于清理分类后的地方政府融资，要再次进行摸底排查，严格按户监测，按月报告，逐步压降融资总量。要在发展中盘活不良。对那些符合国家产业政策和我行信贷政策，具有核心竞争力和长远发展前景，而经营暂时遇到困难的企业，不能简单地压贷、抽贷、断贷，要在把控实质风险的前提下，以发展的眼光，通过适当的方式帮助企业渡过难关，保全我行债权。要着力强化信贷基础管理。抓紧组织完成信贷经营机构资质认证工作，优化信贷专业人员资质认证制度，积极推行专家治贷，增强信贷经营专业化能力。深化信贷流程改革，推进全球资产管理系统建设，不断提升管理效率和风险防控水平。

三、积极发现和培育新增长点、新增长带

要以更广阔的视野、更敏锐的思维捕捉经济新常态下的机遇，突出转型发展、创新驱动和全球一体化经营导向，努力打造多点多带支撑的增长新格局。

（一）努力在金融改革和客户需求变化中培育新增长点、新增长带。要把握客户金融资产组合多元化和居民消费升级的大趋势，适应各类市场主体投资领域放宽、跨业竞争加剧的市场新格局，加快完善并重在落实“大零售”与“大资管”发展战略。

零售业务发展要力求取得三个突破，一要通过健全对各经营机构、各业务条线、各相关管理与销售人员的零售业务评价考核机制，优化资源配置，促进“大零售”战略落地深植，力争对全行的盈利贡献有个大的突破。二要通过改革客户经理营销服务模式，重构客户运营维护体系，加快以客户为中心的流程优化，创新线上线下一体化服务，推进精品服务、精准营销、精细管理，力争使个人有效客户、信用卡活跃客户、私人银行客户以及各类重点产品使用客户总量均有大的突破。三要通过推进支付、存款、融资、银行卡、交易、保险、投资、财富管理等零售产品的全面、一体化创新，加大对重点优势产品线的资源倾斜和营销推广力度，加快潜力市场开发和新市场布局，力争使零售业务各条线发展有个大的突破，其中要确保个人客户金融资产增量、信贷增量、中间业务收入同业第一，努力使储蓄存款日均与时点增量同业领先。

资管业务发展要力求从五个方面推进转型升级。一是统筹利用集团内银行理财、基金、保险、机构、公司、投行等业务资源，突破商业银行传统投资领域的局限，尽快在混合所有制改革、资产证券化、资本市场、同业市场、PPP投资等领域探索形成成熟的业务模式，最大限度分享不同市场的改革发展红利。二是实现理财与存款的协调发展，推进以净值型产品为导向的产品转型，在理财监管新规实施中确立竞争新优势。三是突破传统销售渠道和客户准入高门槛的束缚，建立面向长尾客户、行外客户，以及养老基金、保险资金、海外主权基金等大型机构投资者的开放型销售模式，形成更加多元、稳固的客户基础。四是要针对投资领域从传统信贷类资产向多元领域拓宽的变化，完善相应的风险预警、隔离和止损机制，落实投后管理责任，构建更加符合代客理财本质的风控模式。五是推进总行理财事业部制改革，完善分行资产管理业务经营模式，充分挖掘区域资管业务发展潜力。

要不断深化公司、机构与投行业务发展战略，以更有效率的全产品营销、全产业链服务、全集团联动的新机制，应对金融脱媒加剧、资金管理集中、并购重组加速、新业态大量涌现的趋势，尤其是要主动适应财政资金公开招标、军队资金集中管理改革、机关事业单位养老保险制度改革的需要，改进营销策略，优化服务方式，稳定传统优势业务的市场地位和利润贡献。同时，要特别重视加强薄弱环节、开拓潜力市场，打造新的增长点。一要重视强化客户基础，明确市场拓展的主攻方向并要逐板块制定营销策略和服务措施，尤其要抓住境内外两个市场、本外币两种货币带来的新机遇，聚焦优质客户、新兴市场、重点供应链，以及教育医疗等民生

领域拓展新客户。二要重视发展和管理结算账户，加快对公结算分析系统建设，全面监测分析客户账户结算交易、资金流向等信息，为精准营销和前瞻预警风险提供基础信息支持。要借助账户信息监测，加大“裸贷”治理，严格治理目标责任考核。三要重视把同业业务作为重要的利润增长点来培育，加快在同业领域的战略布局，进一步形成以结算代理、投融资、资金交易、资产转让为重点的完备同业产品线。四要重视加快构建“大投行”的战略格局，成立投资银行业务推进委员会，建立集团口径投行业务统计体系，统筹规划和推动集团投行业务的发展；整合集团总分行、子公司、境内外的投行资源，深化商投联动，打造跨区域、跨市场、全品种的投行产品线；扩大股权融资、并购重组、债务融资、银团贷款等市场的份额；适当设立投资管理、信托等专业平台，拓展资本市场业务，创造新的盈利增长点，努力使投资银行成为全行转型的标志性业务板块。

（二）抓住互联网金融中的新增长点、新增长带。2015年是我行互联网金融发展的关键之年。要推动互联网金融从单项产品创新向整体服务模式创新升级发展，加快构建产品量多质优、客户交易活跃、线上线下交互、服务运营完备的互联网金融体系，努力在互联网金融的棋局中刻下鲜明的“工行印记”，将我们布局早、行动快的“先手棋”优势尽快转化为难以撼动的市场竞争胜势。要瞄准互联网金融竞争发展的主战场，从产品、场景、用户、商户、营销等方面多管齐下，打造同业最强的移动金融服务平台。要强化支付产品创新以及与移动金融的联动推广，以线上线下一体化商户拓展为突破口，构建“金融+消费”的移动生态服务链，更好地应对第三方支付的挑战，力争年内移动支付业务量占个人网银的比重超过30%。要以创建知名的B2C平台、成熟的B2B平台、领先的采购平台为目标，以研究建立贡献度考核机制为推手，加快“融e购”平台量质并举发展，力争“融e购”全年交易额突破5 000亿元，其中B2C超过3 000亿元，并不断增强对支付、融资等业务的带动力。要加快建设开放化、智能化、社区化、个性化的新一代电子银行平台，加强“融e购”、“融e联”即时通讯、“融e行”直销银行“三大平台”的共联、共享、共通，更好地发挥其在聚合各类产品、服务与竞争各类客户方面的倍增效应。要尽快创新推出“工银e生活”线下店商圈，通过整合我行支付、融资与信息中介功能，创造金融服务与商业服务跨界融合的新模式，在为客户和商户创造价值的同时，扩大我行线上支付和收单市场优势，实现多赢局面。

（三）抓住国家区域发展战略实施中的新增长点、新增长带。要根据不同区域的资源禀赋和各类机构的发展潜力，特别是跟进国家“三个支撑带”等新战略的实施，集中一定资源，强化分类指导，形成更加系统的差异化授权、差别化管理政策体系。要改进资源投入产出综合评估体系，扩大各类经营要素向效益和效率高的重点机构配置。要分类建立市场竞争力监测评价指标体系，将监测评价结果运用到经营授权、资源配置，以及对各级领导班子的业绩和能力考察，促进各类机构提质增效、梯次发展。要加快第一梯队分行转型升级，尽快提出首批试点行转型发展方案，确定新时期转型任务目标和政策措施，加大前瞻性资源配置，进一步奠定第一梯队分行竞争和盈利主力军地位。要发挥第二、第三梯队分行后发优势和生力军作用，特别是一批基础条件较好、市场机遇较多的第二梯队分行要提速发展，总行要提供相应的配套资源，力争有新的分行迈上百亿元利润台阶或迈入第一梯队，在全行利润增长放缓的时候，有更多的分行顶得上去、撑得起来。在国家战略实施中面临重大发展机遇而自身又背负沉重不良贷款包袱的分行，要分兵作战，在组织精干团队加紧处理不良的同时，不能放慢转型创新，总行要为其拓宽不良资产处置途径和拓展新市场提供具体支持。要进一步梯次实施大中城市行和重点县支行竞争力提升计划。处在第一、第二梯队的特大和大城市行是全行发展战略中的重中之重，更要有全面和进取的竞争力提升目标，总行也要更多地参与和支持其竞争力提升计划。同时，要突出抓好直属分行和重点省行营业部以及总行确定的6家战略地位重要、竞争力相对薄弱的城市行竞争力提升，促其争先进位。要从抓班子、强队伍、改机制、转方式入手，扎实推进重点县支行改革发展。各分行要优化对重点县支行资源倾斜方式，确保支持到关键节点。要加快电子银行和互联网金融在重点县支行的布局，增强对县域和新农村市场目标客户的辐射力。要实施对重点县支行经营管理人员和重点专业人员培训项目，提升班子和队伍素质。总行要发布县支行综合考核排名，将重点县支行竞争力提升状况纳入分行经营绩效考评，充分调动分行推进重点县支行竞争力提升工作的积极性。

（四）抓住国家实施新一轮高水平对外开放中的新增长点、新增长带。明天会召开国际化工作会议进行专门布置，这里重点强调一下推进新常态下国际化升级发展问题。全行要充分看到，全球经济金融的大变革、大调整和我国新一轮高水平对外开放，为我行国际化经营提供了宏大发展背景和重大战略机遇，我们一定要树立高远进取的发展目标，加快从“广布局、打基础”向“强经营、创业绩”的纵深发展阶段迈进。境外机构布局应更多关注我国对外贸易投资的重点区域及“一带一路”的空白区域，重心更多转向提高核心市场的渗透率和本土化经营程度。产品线建设应在不断做强汇款、存款、融资等基础业务的同时，着力培育全球交易业务、资产管理、私人银行、投资银行、银行卡等新兴产品线，建设离岸人民币全球24小时做市交易平台，全面打造跨境人民币业务和“走出去”综合服务体系，形成以线带面、全面开花的发展新格局。内外联动应依托“一带一路”的广辐射和人民币国际化的大推进，从以往更多“以内助外”，向今后更广领域、更深层面的双向互动和“内联外引”转变。经营管理上应进一步强化资金、资本、风险成本观念，更多在练内功、强根基、优结构上做文章，在特色经营、精耕细作、做优做强上下功夫，通过境外价值创造能力的深度挖掘，对全行可持续发展发挥更大支撑促进作用。

四、加快构建适应转型发展需要的新机制

要在深入落实前期出台各项改革方案的基础上，紧紧抓住经营管理中的突出问题，启动一批新的改革举措，加快建立与转型发展要求相适应的新机制，为提质增效升级注入新动力。

第一，构建以客户为中心的服务营销新机制。要把客户端的服务营销机制改革作为今年首要改革任务来抓，从大处着眼、细节入手，结合“服务体验建设年”活动，系统解决影响客户服务品质和营销效率的体制机制问题。这是壮大客户基础和提升竞争力、培育增长点的根本所在。一是改革客户经理业绩评价考核机制，打通战略传导和考核激励“最后一公里”。改变简单以产品计价为主的考核方式，建立包含客户维护与拓展、业务增长、价值创造、合规评价等内容的全面考核体系，并要突出对营销“新客户、新存款、新资产”考核，引导客户经理从营销存量客户为主转向新老客户并重。要完善客户经理营销和业绩管理系统，推广“电子工作日志”管理方式，使其成为客户经理营销管户、责任传导、业绩展现与评价的主要平台。二是依托“融e联”平台，创新客户经理服务营销模式。拓展“融e联”的互动社交功能和特色金融功能，改进客户经理与客户的沟通和交互模式，推动客户经理从主要依托网点进行线下面对面服务营销，转到依托“融e联”为中高端客户提供在线服务，利用大数据对长尾客户提供智能服务。三是建立新型客户服务营销组织体系，创新服务营销方式。总分行要组建在线服务支持团队，为客户经理营销实时提供集成信息支持，对互联网金融产品及时进行维护。组建互联网金融营销服务团队，重点营销电商平台嵌入我行产品，重点布局互联网产品在用户量大的影院、医院、学校等场景的应用。深入推进对公客户分层分类分级营销体系建设，提高服务的针对性。四是构建线上线下一体化服务模式，继续深入实施网点竞争力提升工程。加强线上线下一体化运营服务体系的整体规划和顶层设计，稳步推广智能化服务和O2O模式。加快网点布局优化和业态调整，重视网点对公服务能力的提升，全面实现运营标准化和管理精细化，并将改革释放的柜员定向调配、主要充实到服务营销队伍，进一步把网点承载复杂服务的价值凸显出来。五是进一步整合客户信息，优化客户信息统一视图。要构建信息标准化体系，完善信息采集、核实、更新管理机制，持续开展客户数据治理和信息整合，尽早实现客户信息在各系统、各交易间的互联互通和共享复用，更加有力地支持客户服务与业务营销。六是完善以客户需求为导向产品创新机制，提升产品研发和经营效率。掌握客户真实需求和使用体验，提高研发效率和产品质量。要高度重视产品的商业模式和营销推广方式的研究，常态化开展产品运营分析、综合评价，力求产品研发能够达到预期的市场效果。

第二，完善存款经营发展机制。实现合理成本基础上的存款稳定增长，巩固市场竞争优势，关键是要适应日益深化的利率市场化改革，完善相应的机制性措施。一要健全新常态下存款发展激励约束机制。加大绩效考核中存款发展指标的权重，并要进一步强化存款与理财协调发展的考核，更加突出“存款重日均、资产重结构、销售重本行”的科学发展导向。优化新增存贷比管理机制，坚持对日均存款增长波动过大的机构计收超额成本。实施分品种、分地区的存款偏离度差异化管理，促使各分行兼顾存款业务的成长性和稳定性。二要完善存款定价管理机制。要以量化模型科学划分存款利率敏感度层级，逐层构建统计监测体系，将分类结果应用到制定挂牌利率和利率授权管理之中。建立基于客户综合贡献度的差别化存款定价模型和管理系统，以此驱动存款产品创新，以及定价融合服务的新型营销模式的推广。完善适度授权与自律管理相结合的定价机制，在增强利率管理弹性的同时，强化内部资金转移价格对外部利率“一浮到顶”的约束作用。三要建立主动负债管理机制。统筹规划大额存单、保本理财、结构性存款等主动负债，逐步推开“高来高走”业务模式，增强经营单位资产负债管理的主动性，实现大宗资金来源与运用一一对应的精细化管理。

第三，完善资本约束机制。对各境内分行、利润中心、控股机构实施调整后风险加权资产与经济资本的限额管理，通过增强资本流动性、建立市场化的交易和有偿使用机制，提高资本配置效率和回报水平。强化调整后风险加权资产回报率考核评价，通过直观有效的压力传导，促使全行增强资本自我约束。将资本指标作为盘活信贷存量的抓手，积极推进个人住房、基础设施贷款等中长期限和固定收益信贷资产的证券化，更多依靠资产结构的优化盘活来降低资本占用，力争今年信贷资产证券化规模达到500亿元。在坚持内源性资本补充为主的基础上，继续做好优先股、二级资本工具的发行工作。境外机构要制定实施中长期资本规划，鼓励和规范境外机构对外资本性融资，拓宽集团和境外机构资本补充渠道。

第四，完善财务资源配置机制。要强化源头管理，健全盘活存量与用好增量相统筹、费用增加与效益增长相挂钩、短期零基预算与中长期滚动预算相结合的资源

管理机制，引导各机构增强责权利对等的资源获取意识，实现资源配置的自求平衡。要强化过程控制，在优先保障员工基本薪酬和日常运营需要的基础上，逐项分析开支动因，从严从紧控制费用支出，完善资源投入尤其是大额财务支出及固定资产投资效果的后评价机制，堵塞成本开支漏洞和减少低效无效资源占用。要激发价值创造，重点是在收支两条线明晰各经营责任主体间的业绩边界，一方面要稳步推进资产负债及中间业务收入的模拟分账改革，对银行卡业务部、电子银行部实施模拟利润中心考核，同时完善境内外一体化业务联动方案，探索以客户价值贡献为核心的分配模式，依靠内部市场机制调动各板块、各条线、各机构的创利积极性；另一方面要逐步实施费用分摊还原及内部服务计价机制，将无偿服务转变为等价有偿的内部经济往来，加快形成“明算账、算清账、共发展”的局面。

第五，完善全面风险管理体系。要前瞻性地把握新形势下风险的跨市场、跨行业、跨地域特征，完善公司治理、并表管理、反洗钱以及风险恢复与处置计划等方面的重要制度，健全适应国际化综合化发展需要的全面风险管理体系。要将风险管理重心适当前移，加强分行风险管控能力建设。当务之急是要完善风险高发的一些代理业务管理机制。要从近一个时期发生的数起银行代理业务风险事件中吸取教训，充分认清一些代理业务风险的突发性、传染性和外溢性，以及对银行声誉造成的极大损害，进一步明确风险管理责任，构建更为严密、更加规范的代理业务管控机制。业务准入上，要区分不同类型的代理投资和代理销售业务，明确差别化的准入评级、质量分类和限额管理要求，特别是要严控非标业务合作机构数量，对私募证券投资基金等风险难以把控的标准化业务也要核定合作限额。风险防控上，要高度重视存续期管理，尤其对代理信托收付等风险多发领域，要逐户逐笔监测风险状况、明确风险处置策略，严防责任关联和风险兜底。收益评价上，要构建完整的收益曲线和量价匹配度模型，清晰掌握各类代理业务的业绩贡献，为产品配置决策、手续费率调整、合作机构退出提供依据。监督管理上，要通过规范产品和服务信息披露、强化系统控制、完善现场监控、逐级签订合规承诺书、明确禁止性要求等约束手段，防范各种形式的误导销售。严格实施代理业务风险事件责任认定，对越权审批、飞单销售等违规责任人从严惩处，同时上追一级管理责任。

要深入开展“一加强两遏制”专项检查，进一步反思一些“屡查屡犯”、“说是有把关、其实没人管”等现象背后的机制性问题，更有针对性地完善管理制度，使“线上”监测分析预警与“线下”现场监督排查更好地结合起来，及时发现和处置内控案件风险隐患。

第六，加快落实信息化银行建设任务。要继续从应用、数据、技术三个层面，推进 IT 架构转型，扩大我行科技领先优势。要确保按计划完成互联网金融创新、全球清算网络建设等重点项目，保证重要性强、涉及面广的应用系统研发进度。要强化大数据仓库整合和应用，建成全行统一指标库，形成独立于各业务部门的全面、客观的第三方统计信息，提升数据质量，加强分析师队伍建设，支持全行决策分析、信息披露、业务发展等数据挖掘需要。要依托“两地三中心”，全面搭建智能化数据中心和监测管理平台，确保系统安全稳定高效运行。

五、开创从严治党的新局面

党的十八大以来，以习近平同志为总书记的党中央围绕从严管党治党提出了一系列新的重要思想，为我们做好新形势下的党建工作指明了方向。前不久召开的十八届中央纪委五次全会，研究部署了当前及今后一个时期党风廉政建设和反腐败工作的总体要求和主要任务。明天我们将专门召开党建工作会议进行全面部署，接下来还会召开纪检监察工作会议具体贯彻中纪委五次全会精神。这里重点强调几个问题。

一要严格落实从严治党责任。各级行党委要认真按照习近平总书记要求，把抓好党建作为最大政绩，进一步强化抓党建的主角意识和主动精神，切实把担子担起来，管好自己“责任田”。党委书记作为第一责任人，要对重要工作亲自部署、重点问题亲自过问、重要环节亲自协调，真正成为从严治党的书记；班子成员要认真执行“一岗双责”，落实好分管领域从严治党的责任；各职能部门要根据分工承担起直接责任，从而在全行形成一级抓一级、层层抓落实的党建工作格局。同时，要结合银行特点和实际，建立有针对性和可操作性的党建工作考责、问责和追责机制。今年总行将对一级分行党委书记进行党建工作述职考评，并将通过巡视和专题检查等方式，加大对党建工作责任落实的督查力度。尤其要重视加强对基层党建工作的经常性检查和分析评价，努力在严格党内生活、创新内容方式上下功夫，补短板，强基础，提高基层党组织的凝聚力和战斗力。

二要深化党风廉政建设。要认真贯彻中纪委五次全会精神，强化党风廉政建设工作党委主体责任和纪委监督责任，把纪律建设摆在更加重要的位置，严格落实习近平总书记提出的“五个必须”要求，使纪律真正成为“带电的高压线”，进一步在全行营造守纪律、讲规矩的浓厚氛围。要标本兼治、破立并举，重点通过开展理想信念和廉洁从业教育，推动强化“不想腐”的自觉；通过严查重处顶风违纪行为和腐败案件，推动保持“不敢腐”的态势；通过深化体制机制改革和整章立制，推动健全“不能腐”的机制。要牢固树立作风建设永远在路上的思想，对照领导班子和个人整改方案，深入开展整改落实情况“回头看”，确保承诺兑现、整改到位。同时要紧盯“四风”新形式新动向，通过建立不良作风积分制，在各级管理行、管理岗位开展“效率提升年”活动，不断采取新举措解决存在不良作风的深层次问题，促进作风建设的常态化、长效化，使重服务、讲效率、抓落实在全行蔚然成风。要在教育实践活动成果基础上，按照中央要求，高起点、高标准地推进“三严三实”专题教育，促使党员干部自觉把“三严三实”要求落实到修身做人、为官用权和干事创业中，建设忠诚、干净、担当的干部队伍。各级领导干部尤其要强化责任意识和担当精神，直面新常态下经营发展中的困难和挑战，意气风发、满腔热情地抓紧每一天，干好每一件。对得过且过、碌碌无为、甘当“太平官”和“甩手掌柜”的干部，要坚决问责，该调整的调整，该撤换的撤换。

三要加强干部队伍建设。要聚焦发展、服务全局，打造高素质干部队伍，提升人力资源整体效能。要按照习近平总书记提出的关于“好干部”的五条标准，实施《管理人员选拔聘用工作规定》，完善选人用人机制，选优配强各级行领导班子尤其是一把手。同时要加强对各级领导干部包括境外管理人员的从严监督管理，做到管理全面、标准严格、管到实处、严到份上，以严格管理打造过硬队伍。要在去年精简机构和管理人员基础上，进一步深化人力资源改革，尤其是要重点组织实施好人力资源管理深化项目，通过进一步优化岗位职级、绩效考核和薪酬分配体系，加快人力资源管理由要素投入和增量配置为主向存量挖潜和精细核算转变，稳定核心人才和业务骨干，激发员工队伍士气和活力。要按照重点突出、分层实施原则，建立以培养各层级专业人才为主导、兼顾管理人员综合素养培训和业务适应性培训为主要内容的“一主两辅”培训体系。尤其要根据新常态下全行转型发展的战略导向，全面实施“十大专业人才”培训工程，突出抓好零售金融、公司与机构金融、互联网金融、大数据和信息化、综合化国际化、资产管理、风险管理等领域的专业人才培训，打造可持续的人才竞争优势。不断优化完善资质考试认证制度，建立资质认证与授权管理、岗位人员配置相衔接的新机制。

同志们，2015年是全行转型发展和质量管理的关键之年，也是新一轮十年纲要和三年规划的开启之年。面对新常态、新任务，全行要以优良作风和良好精神状态，凝心聚力谋发展，统筹兼顾促改革，毫不松懈抓落实，努力实现新常态下的提质增效升级和健康平稳发展。

坚持从严治党　凝聚全行合力
以党的建设引领全行新一轮科学发展

——在中国工商银行党建工作会议上的讲话

姜建清

（2015年1月30日）

这次会议是全行现代金融企业建设在适应新常态、开创新局面的大背景下召开的一次重要会议。会议的主要任务是，认真学习贯彻十八大以来中央关于党的建设总体部署，总结回顾近年来党建工作取得的成绩与经验，深入分析当前面临的新情况新问题，动员全行各级党组织和广大党员干部进一步以党的建设为引领，统一思想，坚定信心，凝聚合力，努力推动全行新一轮科学发展。下面，我讲七个方面的意见。

一、近年来全行党建工作取得明显成效

工商银行股改后第一个十年发展纲要和第三个三年发展规划已顺利完成，全行站在一个新的历史起点上。回顾近年来全行的改革发展，我们在“三期叠加”、经济下行压力加大、利率市场化加速推进、金融脱媒加剧、金融监管趋严的环境下，通过全行上下的团结协作、奋力拼搏，总体保持了稳中有进的发展态势。全行各级党组织高度重视和不断加强党的建设，充分发挥基层党组织和广大党员的战斗堡垒和先锋模范作用，在推进现代金融企业建设事业进程中，将全行党建工作推上了一个新的高度。

一是思想政治建设不断加强。坚持把思想政治建设摆在首要位置，坚定不移地用科学理论武装头脑、指导实践、推动工作。组织开展学习贯彻党的十八大精神、十八届三中、四中全会会议精神系列主题实践活动，组织处级以上干部深入学习习近平总书记系列重要讲话精神，加强理想信念教育，提高党性修养和解决实际问题的能力。建立党委中心组定期学习机制，完善干部述学、评学、督学机制，调动了各级干部学理论、学业务

的积极性。创新学习方式，利用行内网络视频系统，组织三级党委中心组同步开展理论学习，增强了学习效果。加强宣传思想文化工作和党员干部教育培训，发挥党校在党员干部培训中的主阵地作用，统筹总分行三级党校资源，深入开展多层级、多领域、多形式的学习培训，举办以思想政治学习和国内形势教育为重点的境外机构负责人党校培训班，进一步提升了境内外党员领导干部的思想理论素养。

二是作风建设富有成效。坚持把作风建设摆在更加突出的位置，下真功夫、下大力气，把作风建设抓常、抓细、抓长。组织开展深入学习实践科学发展观活动，教育引导各级党员干部树立正确的业绩观。深入推进党的群众路线教育实践活动，认真查摆和切实解决形式主义、官僚主义、享乐主义、奢靡之风“四风”方面存在的突出问题，全行上下形成了为民务实清廉的良好氛围。整治“大企业病”，组织实施总分行机构改革，进一步理顺职能关系，优化工作流程，构建精简高效的组织架构体系。深入开展“人民满意银行建设年”活动，狠抓窗口服务，服务质量和服务能力实现较大提升。落实中央八项规定，厉行节约，勤俭办行，正风肃纪初见成效。坚持常抓不懈、久久为功，不断巩固和扩大教育实践活动成果，作风建设长效机制初步建立。

三是组织建设持续强化。坚持抓基层、打基础、重人本，使各级党组织和党员、干部员工队伍的生机活力不断增强。坚持基层党组织与机构同步规划，同步设置，同步调整，同步运转；通过发展党员、选派党员、成立联合支部等方式，减少党员“空白点”；结合项目实施、业务攻坚、服务提升等工作，深入推进形式多样的创先争优活动。出台关于加强党员教育和管理工作的指导意见，建立党员评价体系；组织开展基层党组织晋位升级和党员公开承诺活动，增强各级党组织和广大党员抓党建、促发展的积极性。大力推进干部管理的集团化、市场化、多元化改革，推进各级各类干部在全集团的有序流动与合理配置；加强各级领导班子和后备队伍建设，进一步改善了领导班子结构。实施《2011—2015年管理人员教育培训改革纲要》，构建“三纵三横九级”的网络式干部培训体系。加强员工队伍建设，深化人才战略，初步构建起广大员工与工商银行“同进步、共发展”的员工工作新体系。

四是廉政建设深入开展。坚持以强化制度执行监督为重点，抓好反腐倡廉建设，使各级干部恪守法纪、清正廉洁。加强广大党员干部尤其是领导干部廉洁从业教育，筑牢思想道德防线，增强干部员工拒腐防变的自觉性。坚持标本兼治、综合治理、惩防并举、注重预防，落实构建惩治和预防腐败体系五年工作规划与党风廉政建设责任制，推进反腐倡廉的体系化建设。加强对廉政风险防控重点领域和关键环节的制约监督，改进和完善巡视工作，认真开展信访核查，对干部从严管理与监督。积极推动案防工作由以防为主向查防并重转变，始终保持对各类案件和风险事件的高压态势，保障了全行的安全稳健运行。

五是制度建设扎实推进。坚持把建章立制作为加强党建的基础工程，以制度建设提升党建工作的规范化、科学化水平。修订实施《中共中国工商银行委员会工作规则》，明确党委在现代公司治理结构中的职责任务及相应的工作机制，从制度上确立党委的领导核心地位。按照中央党内法规制度建设的总体部署，结合现代金融企业建设，同步完善党的思想、组织、作风和反腐倡廉建设各项制度，形成系统完备、科学规范、有效管用的党建工作制度体系。加强集团制度统筹管理，组织开展了全行规章制度的大梳理，形成和发布有效制度清单与废止制度清单，建立制度清单动态维护机制，推动制度建设不断完善，使全行党的建设和经营管理有规可依、有章可循。

在工商银行加快推进经营转型、不断实现跨越发展的进程中，各级党组织积极探索、改革创新，建立健全了适应现代金融企业需要、具有工行自身特色的党建工作机制。各级党群工团等部门在党委统一领导下，围绕经营发展大局和党建工作重点，扎实做好组织、纪检、宣传、工会、青年、统战、女职工、老干部等工作，提升凝聚力，集聚正能量，推动全行党建工作取得明显成绩，得到了各方面的充分认可。在去年召开的全国组织部长会议上，我行作为中央企业、中管金融企业的唯一代表，在大会上进行了党建工作经验交流发言。成绩来之不易，我们要认真总结近年来党建工作实践取得的宝贵经验，在未来的改革发展中不断传承和发展。总体来看，有以下几点经验：

——必须始终坚持两手抓、两手硬，在现代金融企业建设事业中不断巩固和加强党的领导。坚持党的领导，是办好国有控股大银行的根本要求，也是工商银行强大的政治优势。我们坚持抓好党建促发展，把发挥党的政治优势与运用市场机制有机结合，不断探索党建工作引领发展、支撑发展、保障发展的新途径，实现党的建设与经营发展同频共振、相融互促，保证了现代金融企业建设沿着科学发展的道路不断向前推进。

——必须始终坚持党管干部、党管人才，结合现代金融企业特点建立市场化的选人用人机制。把党的干部人才方针政策与现代公司治理结构下市场化选人用人有机结合，是保持正确用人方向、释放人才活力的关键所在。我们贯彻落实党管干部、党管人才原则，充分发挥市场化机制在干部选拔聘用、考核评价、激励约束中的作用，大力实施人才兴行、人才强行战略，努力打造政治上、业务上“双过硬”的干部人才队伍，有效发挥了人力资源作为“第一资源”对经营发展的战略支撑作用。

——必须始终坚持从严治党、从严治行，协调推进全行的依法合规经营和反腐倡廉建设。党要管党、从严治党是中央的一贯要求，也是落实从严治行、加强内部管理的现实需要。我们注重把党风廉政建设的各项要求贯穿于经营管理全过程，坚持严字当头，不断加强对全行员工特别是党员干部的从严教育、管理和监督，确保员工规范从业、干部廉洁清正，使全行始终保持风清气正的良好氛围，在复杂多变的外部环境下依法合规经营、安全稳健运行，树立了良好的社会声誉和形象。

——必须始终坚持与时俱进、改革创新，不断提升党建工作的科学化水平。与时代同步，在传承中创新发展，是抓好党建工作的永恒主题。我们紧密结合现代金融企业建设需要，创新党建工作的形式与载体，以思想工作培育优秀企业文化，以群众工作加强队伍建设，以基层组织建设提升分支机构竞争力，不断推动党建工作的观念创新、制度创新和实践创新，拓展了党建工作的内涵与外延，使党建工作在各个时期始终保持着旺盛的生命力和感召力，成为凝聚四十多万员工、推动全行改革发展的强大力量。

二、深刻认识进一步加强全行党建工作的重要性和紧迫性

国际金融环境日趋复杂化，国内经济发展进入新常态，是当前和今后一个时期我行经营发展面临的历史大背景。去年底，我们召开了改革发展研讨会，全面分析了新常态对全行经营发展带来的新变化，研究谋划了新时期推动全行转型发展的重大战略部署。在刚刚结束的年度工作会议上，我们就如何适应新常态、抓住新机遇，做好今年的各项工作，进行了整体安排。面对内外部经营环境的深刻变化和十分艰巨的工作任务，进一步加强党的建设，更好地保障、支持和推动全行转型发展，显得极端重要和十分紧迫。

（一）加强党的建设，是落实中央关于管党治党系列战略部署的重要举措。党的十八大以来，以习近平同志为总书记的党中央着眼于实现中华民族伟大复兴的中国梦，统筹中国特色社会主义伟大事业和党的建设新的伟大工程，对新的历史时期推动党要管党、从严治党作出了一系列战略部署。党的十八届三中全会明确提出，全面深化改革，必须加强和改善党的领导，发挥党总览全局、协调各方的领导核心作用；十八届四中全会强调，全面推进依法治国，必须坚持把党的领导贯穿到依法治国全过程和各方面。近年来召开的中央纪委全体会议和全国组织部长会议，都进一步突出了全面从严治党的要求，对从严管理监督干部、构建作风建设长效机制、抓好党风廉政建设和反腐败工作做了全面部署，明确了今后一个时期党的建设的重点任务。这一系列战略部署和宏观布局，体现了我们党对历史使命和自身责任的清醒认识，反映了时代变化对管党治党提出的全新任务，也为我们持续推进党的建设提供了指导、指明了方向。工商银行作为一家中管金融企业，全面落实中央部署，自觉把加强党的建设贯穿于全行改革发展，使党始终成为现代金融企业建设事业的领导核心，是我们肩负的政治任务和光荣使命。

（二）加强党的建设，是确保国有控股大银行健康发展的必然要求。国有控股大银行是我国现代金融体系的重要组成部分，担负着维护国家金融安全稳定的政治责任、确保国有资产保值增值的经济责任、推动经济社会发展的社会责任。坚持党对国有控股大银行的领导，对于完善国家金融体系，夯实党执政兴国的基础，具有重要意义。这些年，我们在完善现代公司治理机制过程中，坚持党的领导不动摇，发挥党建优势，凝聚全行员工，把工商银行建设成了多项指标位居全球第一的领先银行。我们要继续坚持以党的建设为引领，推动全行改革发展始终沿着正确方向前进，努力做好落实国家金融方针政策的“排头兵”、支持社会经济发展的“国家队”。各级党组织和党员干部要主动将经营发展放到国家经济金融工作大局中去谋划推动，保证国家宏观调控政策在工商银行的全面贯彻落实，切实履行好国有控股大银行的重要职责。

（三）加强党的建设，是适应经济新常态、开创发展新局面的根本保证。经济新常态，带来的是金融发展和银行经营的新常态。在新的发展阶段，我们必将迎来许多新的机遇，也将面临一系列新的挑战。这些挑战集中体现在经营压力会更多，风险防控任务会更重，合规管理要求会更严，改革攻坚难度会更大。对于这些考验，我们要有足够的心理准备，从思想上做好过紧日子、难日子的准备，更要有坚定的信心、务实的作风、科学的举措，来团结和凝聚全行员工和衷共济、共渡难关，使新常态下的调整期、阵痛期成为未来新一轮发展的蓄势期、准备期。各级党组织和党员干部要充分认识到“越是困难时期，越要重视和抓好党建工作”，自觉把党建工作摆到全行经营管理的重要位置，始终不懈地抓好抓实，使党的建设成为推动工商银行攻坚克难、转型跨越的强大动力。要更加注重以党的建设为引领，始终坚持围绕中心、服务大局，发挥党建工作在统一思想、坚定信心、集聚人才、固本强基、激励员工、凝聚合力等方面的作用，努力开创全行提质增效升级和健康平稳发展的新局面。

（四）加强党的建设，是提升现代金融企业建设水平的现实需要。党建工作的质量与水平，直接关系到现代金融企业建设的大局。总体来看，我行党建工作与经营发展的需要是相适应的，但也面临着新的形势与任务。特别是在中央全面深化改革和全行加快经营转型的形势下，如何提升党建工作与企业发展的契合度，使党的建设与现代金融企业建设协调推进、相互促动；如何把党管干部、党管人才原则与市场化选人用人更好地相结合，充分激发各类干部人才的创造活力；如何适应国

际化、综合化发展中各类机构的差异化需要，同步推进和加强党的基层组织建设；如何在各项改革攻坚和业务发展难题中，更好地发挥党组织与党员的战斗堡垒和先锋模范作用；如何针对员工队伍构成多元化、利益诉求多样化、价值取向多维化的特点，有的放矢地开展思想政治工作，等等，都需要以改革创新的精神积极探索，不断完善现代金融企业的党建工作机制。同时也要看到，一些单位党建工作还不同程度地存在着一些问题，比如党建工作与经营发展“两张皮”、党建工作缺乏有效抓手和载体、个别党组织战斗力不强、一些干部的履职能力和精神状态不佳、党组织负责人履行党建工作主体责任不到位等。这些问题都需要在下一步工作中认真研究分析、切实加以解决。

各级党组织和广大党员要深刻理解与准确把握十八大以来中央各项决策部署，深入思考经济发展新常态对全行经营发展带来的挑战与机遇，进一步增强做好党建工作的历史使命感和政治责任感，结合现代金融企业建设和全行转型发展实际不断加强党的建设。当前和今后一个时期全行党建工作的总体要求是：以十八大以来党中央提出的一系列重大战略思想为指导，深入学习贯彻习近平总书记系列重要讲话精神，以全面从严治党、从严治行为主线，以制度建设为基础，以改革创新为动力，统筹推进党的建设各项工作，通过党建工作统一全行思想、凝聚全员合力、调动一切积极因素、激发经营发展活力，把党的政治优势转化成为全行竞争优势、创新优势和科学发展优势，为新常态下加快建设国际一流现代金融企业提供坚强的思想保证、人才保证和组织保证。

三、强化党委党建工作主体责任，落实全面从严治党要求

落实从严治党，重在明确责任。只有责任到位，管党才能做到真管，治党才能做到严治。各级党委和党委书记一定要强化责任担当，把坚持党要管党、全面从严治党的要求切实落到实处。

（一）不断增强管党治党意识。习近平总书记十分明确地指出，要把抓好党建作为最大的政绩，如果我们党弱了、散了、垮了，其他政绩又有什么意义？对各级党委和党委书记来说，抓好党建工作是最大的业绩，是不可推卸的分内职责。从总体来看，我行各级党委和党委书记，都能够把党建工作当做自己的分内职责重点来抓。但也有一些党委书记党建工作意识不强、知识不够、办法不多，抓工作较少考虑本单位实际，有时照搬上级做法，抓不到点子上；有的把经营管理真抓实干、党建工作挂在嘴上，一手硬、一手软；有的遇到党建方面的问题绕着走，能推就推；有的只知道自己行长、总经理的头衔，忘了自己作为党委书记的职责，等等。所有这些，归根到底是一个思想认识问题，是一个责任心的问题。各级党委和领导干部要经常对照问一问党委是不是真正做到了聚精会神抓党建，党委书记是不是真正成了从严治党的书记，党委成员是不是真正履行了分管领域从严治党责任，以回答好这三个“是不是”，不断强化抓党建的主角意识和主动精神。

（二）全面落实管党治党责任。党建工作责任是具体的而不是笼统的。要进一步明确党委抓党建的责任清单，细化到人、量化到岗，更好地用责任制来传导压力，推动党委书记切实落实第一责任人的责任，推动班子成员认真履行“一岗双责”、抓好分管领域党建工作，推动党建工作领导小组承担好研究谋划、统筹协调、督促落实的责任，推动各党委职能部门根据分工承担起直接责任，形成党委抓、书记抓、班子成员抓、各有关部门抓，一级抓一级、层层抓落实的党建工作格局。一是要坚持党建工作和中心工作同谋划、同部署、同考核。各级党委要把党建工作放在本机构工作全局中统筹考虑，提前谋篇布局，认真研究部署，确保党建工作责任落在实处、抓在细处，坚决防止“一手硬一手软”。要把党建工作作为考核评价领导班子和领导干部的重要内容，对各级党委书记的考核，首先要看抓党建的实效，对其他党员领导干部工作的考核，也要加大履行党建工作责任方面的权重。二是要健全述职考评机制。总行党委将围绕履行第一责任人职责、加强基层服务型党组织建设、严格党员教育管理、加大基层党建工作投入等内容，开展各机构党委书记抓基层党建工作述职评议考核工作，建立健全相关制度机制。通过述职评议考核进一步增强管党治党意识，找准党建方面存在的突出问题，推动党建工作扎实开展。三是要加强党建工作问责。运用巡视督查、专题检查等方式，加强对落实党建责任的经常性检查督办，及时发现管党治党责任落实方面的问题。坚持有责必问、有责必究，对管党治党履职不到位、措施不得力的，要及时进行诫勉谈话、限期整改；对管党治党不严致使问题频发、不正之风蔓延，要追究领导责任，该调整的调整，该处理的处理，通过问责使党建工作责任得到真正落实。

（三）坚持推进制度治党。习近平总书记在教育实践活动总结大会上，明确提出坚持思想建党和制度治党紧密结合的重要论断，体现了对新形势下党的建设规律的科学把握。加强制度建设，是最可靠、最有效、最持久的治党方式。落实好全面从严治党的部署和要求必须以改革精神推进党的制度建设，以法治思维和法治方式建制度、明法度、严约束。首先要有法可依、有规可依。党的十八大以来，党内法规制度建设步伐明显加快，在思想、组织、作风、反腐倡廉建设等方面出台了一系列制度规定。2013 年 11 月中央专门印发了党内法规制定工作五年规划纲要，去年 9 月又印发了《深化党的建设制度改革实施方案》，确定了党的组织制度、干部人事制度、基层组织建设制度、人才发展体制机制改

革等4大方面、26项具体任务。总行党委也随之制定修订了一系列的制度办法，其中有些已经在实际工作中得到执行。随着中央和总行党内法规制度建设工作的推进，各机构党委也要开展相应的工作。要紧紧围绕党的执政能力建设、先进性和纯洁性建设这条主线，积极回应从严治党、依规治党、制度治党的现实需要；要坚持于法周延、于事简便，强化问题导向、实践导向，提高党内法规制度的科学性、针对性、实效性，使形成的制度规范立得住、行得通、用得好。其次要有规必依、违规必究。制度的生命力在于执行，制度治党关键要落实到提高制度执行力上。要坚持制度面前人人平等，执行制度没有例外。当前我们面临的问题，有制度不健全不完善的问题，但更多的是有制度不执行、不落实的问题。这些年，全行各项规章制度建立了不少，制度体系建设也初见成效，但违规违纪甚至违法现象不时出现，一些不正之风屡禁不止，一个重要原因就是规章制度没有真正得到落实。要着力加强规章制度的学习教育，推动党员干部形成遵章守纪的思想自觉；要认真抓好制度执行，真正把制度执行到人、到事、到底，使制度持久发挥效力；要把遵守法规制度、坚持依法合规作为考察任用干部的重要依据，把模范遵守制度、自觉执行制度作为选人用人的一个鲜明导向；要强化对制度执行情况的监督检查，完善制度执行监督机制，坚决维护制度的严肃性、权威性。

四、把思想建党放在首位，深入学习贯彻习近平总书记系列重要讲话精神

重视思想建党是我们党的优良传统和政治优势，也是我们破解改革发展难题的重要保证。加强思想理论武装，当前和今后一个时期，最现实最重要的任务，就是不断深化习近平总书记系列重要讲话精神的学习教育。

（一）深入学习领会讲话精神的丰富内涵。习近平总书记系列重要讲话，蕴含着一系列独创性的思想理论观点，体现了形势发展对党和国家各项工作包括金融事业发展的新要求，是中国特色社会主义理论体系的最新成果，也是我行推进转型发展和改革攻坚的指导思想。要深入学习习近平总书记系列重要论述，努力掌握基本观点、理论体系和精神实质，进一步坚定理想信念，统一思想认识，提高理论素养，并自觉贯彻落实到现代金融企业建设事业中去。要深入学习领会关于坚持和发展中国特色社会主义的重要论述，排除和纠正各种错误思想干扰，坚定建设国际一流现代金融企业的信心；要深入学习领会关于实现中华民族伟大复兴的中国梦的重要论述，胸怀理想、脚踏实地、扎实工作，一步一个脚印朝着我们的愿景奋进；要深入学习领会关于全面深化改革开放的重要论述，坚持把改革作为破除全行发展障碍的根本动力，把发展方式转变作为推动科学发展的根本途径；要深入学习领会关于推动科学发展的重要论述，更加重视发展的质量和效益，更加重视民生改善和环境保护，在经营实践中实现促进经济社会全面协调发展和银行自身可持续发展的有机统一；要深入学习领会关于社会主义民主政治和依法治国的重要论述，进一步树立审慎经营意识，坚定依法合规经营理念，把握好防控风险与推动发展的关系；要深入学习领会关于宣传思想工作的重要论述，进一步发挥思想政治工作对全行员工的思想引领、舆论推动、精神激励作用；要深入学习领会关于国际关系和我国外交战略的重要论述，利用好我国实施更加积极主动的开放战略这一有利条件，尽快实现从本土传统商业银行向全球大型综合化金融集团的转变。

按照中央统一部署，去年我们深入开展了习近平总书记系列重要讲话精神的学习教育活动，在用讲话精神指导和推动全行转型发展上取得积极成效。同时也要看到，对讲话精神的学习是个常学常新的过程，要真正领会透、运用好讲话精神，必须读原著、学原文、悟原理，坚持全面学与专题学相结合、反复学和跟进学相结合、集体研讨和个人自学相结合，做到学而信、学而用、学而行。要把习近平总书记系列重要讲话精神作为各级党委中心组学习的重点内容，总行党校要加强对党员领导干部的教育培训，各级领导干部特别是党委书记要带头学习、亲自宣讲，发挥表率作用，把学习贯彻讲话精神活动不断引向深入。

（二）学习讲话精神，重在做到“三个落实”。深入学习贯彻习近平总书记系列重要讲话精神，重在掌握讲话的核心要义和精神实质，自觉落实到思想和行动中去。一是要落实到忠诚信仰上。信仰信念忠诚，是贯穿总书记系列重要讲话的灵魂所在。要自觉同以习近平同志为总书记的党中央保持高度一致，不断增强中国特色社会主义道路自信、理论自信、制度自信。工商银行是全球最大银行和市场先行者，我们正在从事的是关系国家昌盛、社会繁荣的社会主义金融事业，肩负着党和人民的历史重托，前进的道路上难免会遇到各种风险和挑战，发展过程中也会面临更多同业的竞争和冲击，这就更加需要我们坚定信念，忠于使命，增强战略定力，提高战略执行力，以钉钉子的精神将一张蓝图绘到底，推动现代金融企业建设不断实现新突破。要以讲话精神为指导，增强在困难复杂局面下推动全行转型发展的信心与决心，始终坚持党和国家既定的金融方针政策，始终坚定不移地贯彻落实总行的经营指导思想和各项决策部署。二是要落实到严于律己上。总书记系列重要讲话对各级党组织如何从严治党，党员干部如何修身做人、严谨用权作了深刻阐述，为我们加强党性锻炼和修养指明了方向。各级领导班子和领导干部要认真践行严以修身、严以用权、严以律己，谋事要实、创业要实、做人要实这“三严三实”的要求，带头弘扬社会主义核心价值观，带头弘扬中华优秀传统美德，带头弘扬清风正

气，干干净净做人，规规矩矩做事。要坚持依法合规经营，落实监管要求，诚信对待客户，在市场经营中更好地发挥大行带动作用，努力营造良好的社会信用环境。要时刻牢记党的纪律，带头遵守廉洁自律各项规定，自觉将权力置于监督制约之下，严格按规则和程序办事，始终做到公私分明、严格自律，守住经营管理和做人处事的底线。三是要落实到勇于担当上。深入学习贯彻讲话精神，要牢牢把握贯穿其中的历史担当精神，增强忧患意识、使命意识、进取意识，始终把责任铭记心中、扛在肩上。当前，全行经营发展面临许多新的挑战和困难，更加需要我们以讲话精神为指导，拿出勇于担当、干事创业的精气神和敢打硬仗、攻坚克难的进取心，坚决消除不作无为、庸政懒政、畏难懈怠等消极心态，牢牢把握经营发展的主动权。

（三）以讲话精神为指导，做好思想文化建设工作。要以习近平总书记系列重要讲话精神为指导，紧紧围绕总行党委战略部署和全行中心工作，大力推进宣传思想文化建设，在入脑入心入行上出实招，在落细落小落实上下功夫，为全行改革发展提供精神动力和文化支撑。一是要贯穿思想政治工作，打牢思想基础。强化核心价值观教育，将社会主义核心价值观的学习宣传融入各级各类培训，深化中华优秀传统文化及党的优良传统教育，加强行风建设、思想道德和职业素养教育，使干部员工言行有律、敬业勤勉。加强形势政策教育，围绕中央全面深化改革、全面推进依法治国的新思想新论断，结合经济新常态带来的趋势性变化及我行改革发展战略，做好宣传解读和舆论引导工作，提升全行员工特别是党员干部认识形势、把握大局的能力，坚定攻坚克难、转型发展的信心。二是要融入企业文化建设，形成文化积淀。把学习贯彻讲话精神与加强企业文化建设相结合，坚持面向基层、面向一线、面向全员，以讲话精神为指导，推动优秀文化的传播，使每一名员工都能成为讲话精神的践行者和我行优秀文化的传承者。要丰富学习教育和文化建设的载体，开展文化论坛、讲座、巡展等形式多样的活动，发挥“企业文化园地”等渠道的作用，增强讲话精神和我行文化的感染力、渗透力，充分发挥企业文化凝聚员工、弘扬正气、提升管理、促进经营的作用。三是要结合员工思想教育，营造良好氛围。以学习讲话精神为契机，进一步提高对员工思想教育工作重要性的认识，充分利用各类现代信息技术和新型媒体，准确把握员工思想动态，不断创新员工教育方式，提高思想教育的针对性和实效性。要广泛挖掘和宣传可学可鉴的各类先进典型和优秀代表，继续办好“感动工行”“三优一先”等评比表彰活动，以身边人身边事打动人、教育人、引导人，努力营造拼搏进取、健康向上的良好氛围。要加强反面典型和警示教育，针对近来个别机构和少数员工出现的信贷和财务制度有章不循、会计核算随意调整、利率管理不尽规范、越权销售、“飞单”私售理财产品、违规代客投资、手工出单销售保险等问题，要严肃处理、强化惩戒，并开展针对性的教育引导，使“守规矩，有底线，律己严”成为广大干部员工的思想共识。

五、持续深化教育实践活动，坚持不懈推进作风建设

抓作风、改作风，是十八大以来从严管党治党的重要突破口。要持续深化党的群众路线教育实践活动，抓好整改措施的贯彻落实，研究制定保障作风建设持续深化的制度规定，完善作风建设的长效机制。

（一）深化整改落实，建立长效机制。2012 年以来，中央出台八项规定、开展群众路线教育实践活动，给全党带来了新气象新变化。我行也按照中央要求开展了一系列活动和工作，取得了良好成效，党内党外、干部群众、员工客户对此有目共睹，也对深化作风建设寄予更高期待。但应当看到，作风建设永远在路上，没有休止符。现在的作风建设正处在一个新起点上：“四风”得到初步遏制、作风有所好转，但文山会海、“部门墙”、“大企业病”等一些问题还需要进一步解决；作风建设制度体系初步建立，但制度执行落实的长效化、常态化还有待进一步加强；大多数党员干部自我约束更严了，但顶风违纪、改了又犯的现象还有发生。因此，作风建设只能继续加强，不能有“松一口气”的想法。我们必须始终保持清醒认识，保持坚定自觉，认真贯彻全面从严治党要求，持续深入地抓好作风建设。

关于下一步的作风建设，习近平总书记在教育实践活动总结大会和党的十八届四中全会上，都提出了明确要求。中央下发的深化“四风”整治、巩固拓展活动成果的指导意见也作了安排部署。基本要求是，牢固树立作风建设永远在路上的思想，在巩固、拓展、深化教育实践活动成果上下功夫，在抓常、抓细、抓长上下功夫，锲而不舍、驰而不息地推进作风建设。贯彻落实中央要求，首先要抓好整改落实、深化专项整治。这是巩固教育实践活动成果最首要的任务，也是深化作风建设最现实的要求。要认真抓好整改任务的落实，坚持标准不降、力度不减、措施不松，不达目的不罢休，不改到位不收兵，决不能出现“烂尾工程”。今年 2 月底以前，各机构要结合年度工作总结，对整改落实和专项整治情况进行一次“回头看”，看一看哪些已经完成、需要巩固提高，哪些整改还不彻底、需要限期完成，哪些尚未整改、需要抓紧推进。年内总行将组织整改落实工作和巩固拓展活动成果情况的专项检查，督促各机构切实抓好整改落实的各项工作。

（二）强化正风肃纪，巩固扩大成果。持续深入推进作风建设，还要强化正风肃纪、保持高压态势。党的十八大以来作风建设的一条重要经验，就是强化正风肃纪、形成震慑效应。正风肃纪的作用，不仅在于处理了

多少人、多少事，更在于教育了干部、警示了干部，形成了一种鲜明的导向。对“四风”方面的突出问题，要保持警觉，发现一起，查处一起，坚决防止不良作风复发反弹；对新出现的隐形问题、变种问题，要有效应对、及时解决，做到魔高一尺道高一丈，让各种歪风无所遁形。总行将通过探索建立不良作风积分制等措施，以制度化手段，持久保持对“四风”的高压态势。

效率的提高是作风建设的必然成果，解决效率问题必须从改进作风入手。去年以来，总行针对反映突出的部门职能交叉、业务流程长、制度繁复等问题，下大力气进行了改进，取得了一定成效，但效率问题仍是基层反映较多的问题。今年，总行将结合教育实践活动整改落实“回头看”，在全行开展“效率提升年”活动，重点解决服务基层不够、业务联动较弱、管理效能不高等问题。通过倒查重要工作不落实责任，严肃惩处一批作风拖沓、推诿扯皮的典型，促使各级党员干部进一步形成重服务、讲效率的风气和机制，并通过风气的改进、效率的提升，带动全行作风建设的深化和客户服务水平的跃升，巩固和扩大教育实践活动的成果。

（三）严肃党内政治生活，营造风清气正的氛围。党内政治生活是锤炼党性、砥砺作风的重要平台，有什么样的党内政治生活，就有什么样的党员、干部作风。严肃党内政治生活、营造良好氛围，越来越成为从严治党的一项紧迫任务。今年总行将按照中央部署，抓好两个方面的工作。一是完善党内政治生活制度。党内政治生活是党组织教育管理党员和党员进行党性锻炼的主要平台。总的来看，我行各级党组织和党员干部能够以身作则，发扬党的优良传统，较好地落实了党内政治生活的各项具体要求。下一步，总行将根据中央有关精神，结合我行实际，研究制定新形势下加强和规范党内政治生活的制度规定，进一步严肃党内政治生活。各级班子要继续坚持实事求是、理论联系实际、密切联系群众、开展批评和自我批评等作风，特别是一把手要坚持民主集中制，带头学理论、讲党课、转作风，落实好相关制度要求，提高全行党内政治生活的质量和水平。二是在处级以上干部中开展“三严三实”专题教育。这是教育实践活动的延展深化，是推进作风建设的重要举措。开展专题教育，要有具体抓手、注重实际效果，党委主要负责同志要带头讲一次党课。要注重运用正反两方面典型，既要组织宣传学习优秀领导干部的先进事迹材料，也要组织接受反面典型的警示教育，使党员干部深刻认识违规违纪的巨大危害，对我们事业的严重损害，切实做到警钟长鸣、警惕长存。要通过专题教育，使党员干部深刻认识“三严三实”的重大意义和丰富内涵，按照“三严三实”要求加强党性修养、改进工作作风，把“三严三实”作为修身做人的基本遵循，作为严谨用权的警世箴言，作为干事创业的行为准则，促使党员干部成为求真务实、真抓实干、克己奉公、严格自律的榜样和表率。

民主生活会是党内政治生活的重要形式，是提高党员领导干部发现和解决自身问题能力的重要途径。目前，全行2014年度党员领导干部民主生活会已经基本结束。这是教育实践活动结束后的第一次民主生活会，全行各级党组织按照教育实践活动中的做法来准备这次民主生活会，使民主生活会延续了好的状态、取得了好的效果。今年，全行还将以“三严三实”为主题，在“七一”前后召开党员领导干部的专题民主生活会。各级党组织要继续运用这次民主生活会的成功经验，坚持领导带头、问题导向、开门纳谏，认真对照检查，开展严肃的批评和自我批评。上级党委班子成员要参加指导下级党委班子的民主生活会，充分发挥指导和把关作用。今年，中央将修订县以上党员领导干部民主生活会的若干规定，总行党委也将出台相应的具体办法，进一步规范民主生活会的内容、标准、程序等具体要求，对这方面工作作出制度性安排。各机构也要认真落实中央和总行党委要求，总结教育实践活动专题民主生活会的经验做法，结合自身实际，健全民主生活会的相关制度办法。

六、坚持固本强基，为全行改革发展提供坚强的组织保障

党的组织建设是党的建设的基础性工程，也是决定我们事业成败的关键。要从严管理干部、从严管理党员，增强基层组织活力，推进领导班子建设、基层党组织建设和党员队伍建设再上新台阶。

（一）加强队伍建设。虽然近年来我们在干部、人才和党员队伍建设上成效明显，但要适应未来转型发展的需要，则还有一些问题亟待解决。比如，各级领导班子年龄段过于集中、梯次结构不合理，干部集中退出和有序更替的压力较大；干部的专业能力不够、风险意识不强，缺少在复杂环境下把控风险的经验；员工总量较大，但高层次、复合型、国际化以及新兴业务领域的人才仍较短缺；党员队伍的构成日趋多元化，有针对性地管理监督需要进一步加强。要坚持从实际出发，着眼于未来转型发展的需要，有的放矢地加强队伍建设。一是推进干部队伍的年轻化、专业化建设。未来几年我行将进入干部新老交替的高峰期，下大力气抓好优秀年轻干部的培养选拔，是一项关系到工商银行未来长远发展的百年大计。今年，总行将研究制定关于加强优秀年轻干部培养选拔工作的指导意见，并启动新一轮后备干部的集中选拔工作。各机构要按照总行的统一部署，统筹考虑干部接续和未来发展，把后备干部集中选拔和各层级年轻干部的培养储备结合起来，将更多优秀年轻干部纳入视野、重点培养，加快他们的成长步伐。要针对干部专业能力的薄弱环节，从班子整体功能的强化与提升着手，注重班子成员的专业搭配和互补，做到“缺什么

样的干部，补什么样的干部”，避免班子成员专业背景和任职经历“扎堆”。要强化干部的专业化培训，完善岗位资质管理，加大专业考核力度，加强干部队伍的专业履职能力建设。二是建设门类齐全的专业人才队伍。发挥好党管人才的作用，从未来转型发展的重点领域出发，从当前工作的薄弱环节出发，从市场竞争的用人需求出发，有针对性地推动各类人才队伍建设，实现重点突破、以点带面、整体推进。以实施人力资源管理深化项目为契机，打破行政级别和机构层级对员工晋升发展的限制，拓展业务类干部的晋升空间，建立明确清晰的晋升机制，使各类专业人才能够在各自岗位序列中不断晋升发展、成长进步。三是加强党员管理。按照控制总量、优化结构、发挥作用的要求，抓好发展党员工作，落实发展党员工作细则，提高新发展党员的质量。要切实加强党员的教育与管理，发挥党员的模范带头作用，做好不合格党员的处置工作，不断纯洁党员队伍。

（二）从严管理监督干部。从严治党的重点，在于从严管理干部。十八大以来，中央先后出台了一系列制度规定，推动从严管理监督干部常态化。各级党委要坚持把从严的要求落实到干部管理的各个环节，真正管到实处、严到份上。一是要做好事前监督，切实防止带病提拔。要在选人用人环节把好“动议提名关、考察考核关、程序步骤关”这“三关”，确保拟提拔聘用干部的初步建议人选得到充分酝酿，考察人选的档案和个人有关事项报告得到认真核查，选拔聘用的各项组织程序得到严格落实，对拟提拔聘用干部的信访件做到件件查核清楚并落实责任。根据中央要求，从今年开始，对拟提拔为副处以上干部和拟列为总行直管单位后备干部的人选，都要核实个人有关事项报告，核实结果将作为评价干部是否忠于组织、能否提拔使用的重要依据。二是抓好日常监督，增强管理监督的针对性和有效性。要突出领导班子和一把手这个重点，在日常管理中注重监督各级领导班子是否认真贯彻落实民主集中制，既防止议而不决、决而不行，又防止一言堂、个人说了算。要进一步完善提醒谈话、函询诫勉等工作机制，把功夫用在平时，注意抓早抓小、抓苗头抓预防，时时、处处、事事严格要求干部。要敢于动真碰硬解决问题，继续做好“裸官”、违规兼职、任职回避等专项清理工作。三是抓好制度建设，完善选人用人机制。前不久，总行修订印发了《管理人员选拔聘用工作规定》（以下简称《规定》）。新版《规定》充分体现了中央对干部工作的新精神新要求，吸收了我行近年来干部制度改革的新经验新成果，是做好新时期干部选拔聘用工作的基本遵循。要认真学习宣传和贯彻落实这一《规定》，准确把握干部制度改革的总体方向，建立有效管用、简便易行、充满活力、有利于优秀人才脱颖而出的选人用人机制。既要始终坚持党管干部原则，又要结合现代金融企业建设实际，把全面落实党的干部路线方针政策和不断加快市场化改革相结合，建立完善干部能上能下、有序流动、科学配置、合理激励的用人机制。

（三）增强基层党组织的战斗力。党的基层组织是全行党组织的“神经末梢”，承担着推动党的路线方针政策、总行党委决策部署落地生根的重要责任，必须牢固树立抓基层、强基础的鲜明导向，努力提升战斗力。一是要把握好功能定位。基层党组织是党的执政根基，具有鲜明的政治属性。这就要求在基层党组织建设中，要强化政治功能、注重政治引领，严格组织生活、严明组织纪律，使其成为落实党的路线方针政策和推动各项工作的坚强战斗堡垒；要充分发挥基层党组织的应有作用，在思想上政治上组织上引导、教育、凝聚广大党员和群众。要继续深化基层服务型党组织建设，紧紧抓住银行作为服务行业的特点，以为广大人民群众提供卓越金融服务为使命，践行服务宗旨，履行社会责任，强化服务理念，完善服务体系，提高服务能力。要把坚持党的群众路线转化为服务人民群众、服务经济社会的具体行动，认真维护广大人民群众的切身利益，着力满足人民群众日益增长的金融服务需求，在服务中体现党的政治优势，增强基层党组织的凝聚力和感召力。二是要重视基层支部建设。基层党组织强不强，关键在于支部，关键在于书记。一个好的支部，一个好的书记，就能带好一支队伍、干出一番事业、惠及一个机构。基层党建工作细致具体、头绪繁多，我们基层党组织负责人又多是业务出身，党建工作经验较少。要加强这支队伍建设，注重在各级班子中配备熟悉党务工作的干部，配齐配优支部成员，特别是选好配强支部书记，增强支部的领导力量。要加强对基层支部书记的党建培训，引导基层干部强化员工立场、增进员工感情，提高做好员工工作、带领员工干事创业的能力。三是要加强境外机构、综合化子公司等基层党建工作。加大对境外基层党建工作的指导支持力度，建立健全境外党组织的工作交流沟通机制，帮助境外党组织结合实际开展好各项工作，扩大党组织活动覆盖面。针对境外文化多元的复杂环境，加强对境外党员干部特别是机构负责人的思想政治和形势教育，使他们能够增强政治意识、带好员工队伍，确保我行境外员工能够时刻遵守政治纪律和组织纪律。研究探索综合化子公司、集约化业务处理中心党组织设置新模式，推动基层党组织创新开展工作，提高基层党组织活动的针对性、吸引力。

七、深入开展反腐倡廉，着力推进廉洁银行建设

反腐倡廉是党的建设的生命线。在外部经营环境复杂多变、市场竞争日趋激烈的情况下，要清醒认识到党风廉政建设的长期性、艰巨性和复杂性，深入学习中央有关精神，把反腐倡廉工作不断引向深入。下一步，总行还将就贯彻落实中央纪委五次全会精神进行全面部

署，这里我重点强调以下三点。

（一）认真落实党委主体责任和纪委监督责任。十八大以来，中央多次强调，落实党风廉政建设责任制，党委负主体责任，纪委负监督责任。根据中央有关精神，总行党委已经制定了落实党风廉政建设主体责任的意见，正在制定落实监督责任的意见。各级党委要切实把党风廉政建设当做分内之事、应尽之责，主要负责同志要树立“不抓党风廉政建设就是严重失职”的意识，担负起第一责任，管好班子、带好队伍，并管好自己、当好廉洁从业表率；其他领导班子成员要按照“一岗双责”要求，履行好分管范围内的党风廉政建设责任。各级纪委要履行好监督责任，协助党委加强党风廉政建设和组织协调反腐败工作，督促检查相关部门落实惩治和预防腐败工作任务，严肃查处腐败问题，更好地发挥党内监督专门机关的作用。要进一步加强对两个责任落实情况的监督检查，发现问题、严肃问责，层层传导压力、强化责任担当，督促和警示各级党委、纪委和班子成员，既要管好业务，又要管好干部，切实担负起主体责任和监督责任。

（二）不断加大监督问责力度。要继续深化和拓展巡视监督，把发现问题、形成震慑作为主要任务，创新组织制度和方式方法，强化巡视成果运用，充分发挥巡视的震慑、遏制、治本作用。加强对总行部室的党风廉政建设责任制考评，充分发挥总行部室引领全行作风改进、转型发展的重要作用。加大执法监察力度，将贯彻落实中央八项规定和总行改进工作作风十五条要求的情况作为指令性执法监察项目。深化信访监督工作，重点核查群众反映强烈的不正之风和侵害员工合法权益等问题。加强对境外机构管理人员廉洁从业情况的监督检查，不断提升集团廉政风险防控水平。深化和推进党务、行务、部务公开，进一步明确公开的内容、形式、程序和载体等，创造条件让员工群众监督。整合监督资源，建立协调机制，增强纪检监察、内部审计、内控合规等监督合力，加大问责力度，确保各项权力正确行使。

（三）深入推进新五年惩防体系建设。去年，总行研究制定了新的五年惩防体系实施办法，要认真组织实施，全面落实惩治和预防腐败有关要求，特别是引导党员干部严格遵守政治纪律和政治规矩，坚决维护中央权威、维护党的团结，遵循组织程序、服从组织决定。要加强反腐倡廉教育和廉洁文化建设，创新教育内容和形式，建立健全文化创建长效机制，在全行培育清正廉洁的价值理念。要完善廉政风险防控制度体系，坚持党纪国法与行内制度、基本制度与实施细则、实体制度与程序制度相配套，形成决策、执行、监督环环相扣的反腐倡廉制度链条，并继续发挥“制度＋科技”的有效做法，切实加大制度执行力度。要坚持把预防腐败与各项改革发展同步考虑、同步部署、同步实施，围绕财务、用人、信贷、采购、处置以及新兴业务领域交易权，聚焦权力集中部门和资金、资源密集领域，深化体制机制改革，堵塞滋生腐败的漏洞。要改进纪检监察工作机制，推动全行纪律检查工作双重领导体制具体化、程序化、制度化，强化上级行纪委对下级行纪委的领导。

必须指出的是，抓好党建工作是一项重大的系统工程，需要各级党委全面落实好主体责任，需要各级党委书记切实担负起“第一责任人”的职责，需要党委成员履行好“一岗双责”，需要各部门的共同努力和通力合作。各级组织部门作为管党治党的重要职能部门，在加强党的建设中发挥着重要作用，要做好综合协调、统筹联系，成为党委抓党建的有力助手。各级党委办公室承担着党委办文办事、上传下达等大量综合性工作，宣传教育部门担负着思想文化建设和党员员工教育的重要职责，纪检监察部门负责着推动全行反腐倡廉建设的重大任务，工会和女工组织维护着全行员工与女员工的合法权益和切身利益，老干部部门服务着各级老领导、老同志，团委联系着广大团员和青年，各机构各部门都需要落实本单位的党建工作主体责任，都是抓好全行党建不可或缺的重要力量。要从各自职能和服务对象出发，从本机构本部门的管理实际出发，围绕党建工作的中心任务，在员工思想教育、培养选拔、激励约束、文化建设等方面发挥更大作用，形成工作合力。要重视和加强党务部门自身建设和群团组织建设，保证组织设置健全、资源投入到位、干部配备充足。这次分行机构改革，一些部门设置或职能有所调整，要注意做好衔接和配套，保证机构改革后对党建有关工作只能加强、不能削弱。要加强党务干部培养，关心党务干部成长，努力建设一支素质好、作风好、业绩好的党务干部队伍。

最后还要强调的是，党建工作涉及面广、任务重、要求高，需要进一步细化工作部署，分解工作任务，分层分级地抓好贯彻落实。有关组织人事、纪检监察、宣传思想等工作总行还将专门召开会议，进行安排部署，请各单位按照总行统一部署，把当前党的建设各项工作谋划好、推动好、落实好。

同志们，工商银行的改革发展已经站在新的历史起点。加强和改进党建工作，推动全行适应新常态、实现新发展，是摆在各级党组织和广大党员干部面前的一项重大政治任务。我们要以奋发有为的精神，求真务实的作风，改革创新的意识，不断提升全行党建工作的科学化水平，为推动国际一流现代金融企业建设作出更大的贡献！

顺应新常态 把握新趋势 推进国际化经营纵深发展

——在中国工商银行2015年国际化工作会议上的讲话

姜建清

(2015年1月30日)

这次会议的主要任务是，贯彻全行工作会议精神，总结2014年国际化发展情况，分析新常态下国际化发展的新特征、新机遇和新挑战，部署今年及今后一个时期推进国际化纵深发展的思路和举措。下面我讲三点意见。

一、全行国际化发展迈入新阶段

(一)国际化经营价值贡献显现。2014年，在全行共同努力下，国际化工作扎实推进，经营成果亮丽。从利润贡献看，境外机构实现税前利润166亿元人民币，同比增长43%；实现净利润129亿元，同比增长41%。如果把境外机构作为一个整体看，去年净利润首次突破人民币百亿元大关，跻身全行盈利第一梯队，拉动集团盈利提升1.28个百分点，在境内利润增速放缓情况下，对2014年顺利实现全行经营目标发挥了重要支撑作用。从经营规模看，境外机构(不含标银集团)资产规模、贷款余额分别达2 668亿美元、1 305亿美元，集团占比为7.96%、7.24%，分别较上年提高0.58个和0.57个百分点。如果把境外机构看做一家独立银行的话，资产规模大约可以排到全球银行业百强榜单第93位，与上年相比提高6位。从资产质量看，境外机构继续保持较好质量水平，不良贷款率0.34%，同比下降0.01个百分点。从投入产出效率看，境外机构ROA为0.85%，较上年提高0.1个百分点；境外子行ROE为12.58%，较上年提高1.04个百分点；成本收入比33.86%，同比下降3.4个百分点；境外机构以约占全行2%的网点和人员，实现了全行约5%的利润，国际化战略价值优势逐步显现。从经营能力来看，境外机构整体盈利能力再上新台阶，相当一批机构实现新跨越，工银亚洲利润突破10亿美元大关，工银澳门、工银阿根廷、欧洲机构、新加坡分行、纽约分行、悉尼分行、首尔分行7家机构利润超过1亿美元；新加坡、首尔、东京、马来西亚、巴西、中东机构利润增幅超过100%，欧洲机构、美国机构和澳新机构利润增幅超过50%，近六成机构利润增幅在30%以上。工银欧洲获得《欧洲货币》"卢森堡最佳银行"奖项，成为首家荣获此奖项的中资银行，工银亚洲克服流动性覆盖率(LCR)实施和NIM水平下降等不利因素，ROE创历史最高水平。

(二)全球化渠道建设有序推进。截至2014年末，我行境外网络已经覆盖全球41个国家和地区，分支机构达到338家，是全球网络覆盖最广的中资金融机构。全球机构网络拓展捷报频传，连续斩获多项市场"第一"。抓住英国监管准入放松契机启动分行申设，成为新中国成立以来首家获准在英成立分行的大陆银行；创造墨西哥新设银行机构最快的审批纪录，成为首家获准在墨西哥营业的中资银行；成功升格仰光代表处，成为首家获准在缅甸设立分行的中资银行；工银新西兰、科威特分行对外营业，成为两个国家首个开展业务的中资银行；标银公众收购项目获得中国、英国和南非三国监管批准，成为首家收购从事专业交易金融机构的中资银行。多元化渠道建设稳步推进。结合境外市场特点布设自助渠道，新增自助机具89台，总数达1339台；港澳、欧洲机构根植当地市场夯实服务网络，新加坡、马来西亚等东南亚机构利用全牌照优势加快延伸三级机构；多数境外机构在已建成门户网站基础上，进一步提升线上服务能力，丰富产品内涵，境外渠道结构与效率不断改善，全渠道服务水平进一步提升。作为全球网络的重要补充，外资代理行总数突破1 800家，遍布对华投资和贸易往来95%以上的国家和地区，实现对全球GDP排名前20强、对华贸易400亿美元以上国家和地区前十大代理行的全覆盖；同时，总结北美金融机构营销中心设立和运作经验，正式成立东南亚和欧非金融机构营销中心，完成对全球金融机构客户资源较为集中的三大市场覆盖，形成"总行+境外机构+境外营销中心"的整体营销架构，在中资同业中稳固保持代理行数量、布局和营销优势。

(三)跨境人民币业务全面铺开。跨境人民币清算网络迅速搭建。继新加坡人民币清算行后，面对激烈同业竞争，短时间内连续获得人民银行对4家机构资格授权，卢森堡分行、多哈分行、工银加拿大和工银泰国相继担任所在国家或地区的人民币业务清算行。目前，我行已在境外拥有五家中国人民银行指定的人民币清算行，成为首家拥有横跨亚、欧、美三大时区境外人民币清算行的金融机构，人民币清算行全球网络格局基本形成。人民币代理行清算网络持续拓展，已覆盖全球75个国家和地区。人民币清算账户数量持续增加，累计开立跨境人民币清算账户543个。机制建设快速推进，强化顶层设计，制定跨境人民币业务联动实施纲要，搭建以十大重点产品线、人民币清算行、上海自贸区和深圳前海创新试点区为依托的“10+3”的跨境人民币整体架构。发挥人民币大行优势，业务发展和产品创新引领市场。2014年集团跨境人民币业务总量（含结算、融资、购售）突破3.6万亿元大关，同比增长66%。其中，境内分行完成1.67万亿元，同比增长47%，境外机构完成1.99万亿元，同比增长85%。在离岸市场，工银亚洲作为联席簿记管理人及联席承销商，推动完成首笔国际金融公司人民币债券在伦敦交易所发行和交易；新加坡人民币清算行业务量实现“井喷式”增长，2014年完成人民币清算量37.5万亿元，较上年增长超过13倍，“狮城债”承销市场占比达68.5%；工银美国与洛杉矶市政府签署人民币合作备忘录，为我行在美国推进人民币业务提供重要突破点；工银新西兰成功完成当地首笔代客人民币对新西兰元直接交易；首尔分行成功完成当地市场首笔人民币对韩元直接交易，做市业务份额居当地外资银行榜首。牢固确立境内试验区金融创新先锋地位，在上海自贸区，我行首创跨境人民币双向资金池，完成跨境人民币借款放款、首笔跨境并购等业务；在深圳前海，我行牵头推动成立前海首只主权基金，并成为首只500亿元跨境母基金的唯一合作国有银行、首只境外点心债发行的唯一合作中资银行；在苏州工业园，我行办理了创新业务试点项下的首笔跨境人民币贷款业务；在新疆霍尔果斯和广西沿边金融改革试验区，我行也通过境内外机构全方位、多渠道联动，创下众多市场首单业务。

（四）境外产品线建设扎实推进。专项融资业务方面，我行以435个牵头行、467亿美元签约金额首次荣膺“亚太区银团贷款牵头行排行榜”之首；支持“走出去”项目27个，承贷金额70亿美元。投行业务方面，支持中资企业“走出去”跨境并购，累计交易规模达230亿元人民币，同比增长139%；在路透集团“中国海外并购财务顾问”年度排名第八，是唯一进入前十名的中资金融机构。交易业务方面，境外机构外汇即期、外币债券、衍生产品集中交易量分别增长6倍、7倍和8倍。资产管理业务方面，成功发行欧洲UCITS基金，成为首家进入欧洲投资基金行业的中资机构。托管业务方面，代理QFII客户数居中资银行首位，累计托管RQFII资产330亿元人民币，各类跨境资产托管超过1 600亿元人民币。私人银行业务方面，境外百万美元以上私人银行客户增长44%，管理资产增长17%，“私人银行全球理财基金——SIF”成功获得卢森堡金融管理局批准，成为首个在国际主流基金市场注册私募基金的中资银行。全球现金管理业务方面，新增现金管理客户560余家，与超过4 300家客户建立全球现金管理合作关系，稳居中资银行首位，获得《亚洲银行家》杂志“中国最佳现金管理银行”。零售业务方面，境外零售客户超过201万户，储蓄存款余额突破300亿美元。电子银行业务方面，境外个人网银客户达34.6万户，同比增长38.4%；电子银行业务占比达63.6%，较上年末增加7.2个百分点；13家境外机构推广手机银行。银行卡业务方面，境外发卡机构增加至26家，总发卡量达216.7万张，累计消费额181.3亿元，初步建成境外银行卡服务网络和“ICBC CARDS”菜单式产品线，中后台业务实现集中处理、专业化、规范化运作。贵金属业务方面，连续三年获评《欧洲货币》“中国最佳贵金属交易银行”，被《财资》评为“中国最佳商品衍生品交易银行”。

（五）境内国际业务稳步发展。2014年，境内国际业务持续增长，风险控制有力，中间业务收入基础不断夯实，产品创新取得明显成效，单证集中处理效率进一步提升。在业务规模方面，境内累计完成国际结算量1.77万亿美元，同比上升10.61%，超过2014年全国进出口总值增幅7个百分点，创历史最好成绩；境内分行外汇存款新增152亿美元，完成计划的127%。外汇存款（不含同业存款）增量和增幅均居四行第一，存量占比较年初上升约3个百分点，为近年来最好水平。在风险控制方面，境内贸易融资累计发生额1 560.87亿美元，余额462.18亿美元，不良率为0.71%，资产质量明显优于全行贷款和融资类产品平均水平。在中间业务收入方面，全年实现国际业务收入121.47亿元，同比增长10.78%，在国内进出口增长放缓的背景下，仍创历史最好水平。在产品创新方面，创新进口代收保付、第二性风险参贷、信用证电子交单等业务，引导分行在严控风险基础上抢占市场，加快结构调整、效益提升。在单证业务处理方面，单证业务集中上收稳步推进，全球单证管理系统（GDMS）在境内全面投产，境外机构系统覆盖范围进一步扩大，单证业务系统集中处理效率进一步提高。

（六）一体化管理水平稳步提升。在管理体制方面，从“机构+产品线”双维度丰富一行一策管理内涵，将一行一策举措落实与非财务考核直接挂钩，运用考核指挥棒引导境外机构措施落地；提出市场分类概念，突出境外差异化发展策略；专门出台管理办法，规范境外产品中心设立和运营管理；香港簿记中心正式成立并启动运作，开展境外信贷簿记业务的政策空间全部打通。在科技建设方面，通过加强系统建设提升国际化发展的深度和质量，积极推进 FOVA 系统在工银美国、工银阿根廷的投产准备，推动实现境外机构全覆盖；稳步实施全球统一授信管理，除工银阿根廷外其他境外机构均已投产 GCMS 平台办理信贷业务。在风险防范方面，投产全球特别控制名单处理平台，搭建集团统一市场风险和产品控制管理体系，举办境外机构合规官培训，集团信息系统和风险监测不断完善。在资金管理方面，综合运用价格杠杆和额度管理方式，引导境外机构提升资金自求平衡能力，境外机构自主筹资比例提升至 58.94%，境外机构流动性风险监测水平与管理能力明显增强。在队伍建设方面，面对业务发展和人员短缺矛盾，从加强境外机构管理层建设、做好外派员工选派和管理、加快国际化人才培养、强化全球雇员管理等方面入手，着眼于本土化和内涵式发展，持续加强境外机构队伍建设。在外事管理方面，全面推广外事管理系统，运用系统手段提升外事管理水平，在严格因公出国（境）审批前提下，合理安排支持国际化发展的外事出访，有力地支持了国际化发展需要。

二、新常态下国际化发展的新特征、新机遇和新挑战

我国经济发展进入新常态后，认识新常态、适应新常态、引领新常态是当前和未来一段时期全行经营发展的基本出发点。目前我行国际化经营正从“广布局、打基础”的先期发展阶段逐步进入“强经营、创业绩”的纵深发展阶段，准确认识和全面把握新常态下国际化发展的新特征、新机遇和新挑战，是做好国际化工作的基础和关键。

（一）深刻理解国际化发展面临的新常态。当前，我国经济已深度融入全球经济，形成你中有我、我中有你的发展格局。作为一家在全球拥有广泛网络和业务布局的大型商业银行，中国经济与全球经济金融的互动，将深刻影响我们国际化经营的内外部环境。全行要充分认识和深刻理解我国经济发展新常态对国际经济金融走势及对我行国际化经营带来的影响。

一是正确认识中国经济新常态。习近平总书记在去年北京亚太经合组织工商领导人峰会上，概要分析了我国经济发展新常态下速度变化、结构优化、动力转换三大特点；在中央经济工作会议上，又全面系统阐述了经济新常态的 9 大趋势性变化，对我们把握经济运行规律具有重要的指导作用。我们深入推进国际化发展，就必须准确认识和理解新常态的内涵和特征。中国经济“新常态”有“结构优化、经济均衡、全面转型”的深刻内涵，表面上看是经济增长速度的换挡与调整，实质上是经济结构重构和发展动力重塑的过程，表明我国经济正向形态更高级、分工更复杂、结构更合理的阶段演化。如果能成功实现经济发展方式转变和结构调整，中国经济将会产生新的持久动力。同时以中国为代表的新兴经济体的成功转型，将在全球经济格局中发挥越来越重要的作用。

二是正确认识全球经济金融的新变局。当前国际经济金融形势正面临大调整、大变革。主要经济体走势和政策取向继续分化。美国经济增长相对较快，货币政策将由宽松逐步走向常态。欧元区和日本经济增长疲弱，预计还会加大宽松货币政策实施力度。新兴经济体经济增速放缓，面临困难增多。全球产业分工大调整、投资与贸易格局大重构加快，新一轮科技和能源革命蓄势待发。与此同时，国际金融格局也在发生深刻变化。从国际金融市场看，美联储加息预期推动国际资本从新兴市场回流美国、从非美元资产回流美元资产，美元预计将继续保持强势，欧元和日元将震荡贬值，新兴市场货币兑美元汇率将整体走弱，人民币双向波动加剧，人民币国际化进程加快。从国际金融秩序看，以中国为代表的新兴市场国家将在国际金融秩序重塑中发挥更大作用，金砖国家开发银行和亚洲基础设施投资银行相继成立，进一步打破欧美发达国家主导的国际金融秩序，加速了全球“去美元化”进程和国际货币格局重构。从监管环境看，各国金融监管当局在银行资本、流动性、合规等方面提出一系列新的监管标准，监管内容日益深化。同时，政治经济格局的深刻变化也会联动影响金融发展和金融监管。

三是正确认识中国经济新常态下我行国际化发展新特点。在全球经济金融的再平衡、再发展和互动格局中，在中国经济进入新常态的情况下，我行国际化向纵深推进也呈现一些新的特点，主要是：挖掘境外经营价值贡献、支撑集团利润增长面临更高要求和更大压力；人民币与外币业务相互转化、境内机构与境外机构联动发展、境内国际业务和境外国际化经营良性互动的态势将持续深化；国际化经营转型发展和提质增效升级上升到更加突出的位置，需要在特色经营、精耕细作、做优做强上下功夫。

（二）全面把握国际化发展新机遇。整体来看，我行国际化发展仍处于可以大有作为的重要战略机遇期。一是中国与全球经济互动增强给我行国际化经营提供了更加宏大的发展背景。一方面，我国正在经历从全球经济参与者到主动推动者的“转身”。中国经济更加主动、全面地融入全球经济，全方位开放新格局逐步形成。目前中国进出口贸易额、外汇储备和外商投资额全球第一，对外投资额世界第三，即将成为净资本输出国，经济增速处于全球上游水平且趋势稳健，中国作为全球经济的主引擎地位正在不断显现和强化。另一方面，全球经济正面临渐进式的再平衡。世界经济复苏的大趋势没有变，同时政治经济金融的互动关系日益明显。旧的秩序不断被挑战和打破，新的秩序仍在渐进形成过程中。全球经济金融格局的深刻变化，为我行的国际化经营提供了宏大发展背景和广阔业务选择空间。我

们可以灵活根据全球不同区域的特点，结合我国对外经贸投资走向，调整国际化经营区域策略，甄选优质客户和优势业务。例如，1990—2013年，亚洲贸易年均增长率高于10%，约为区域外国家的2倍，跨境银团贷款需求旺盛，2014年亚太地区银团贷款业务创下5 230亿美元的历史新高，中国的占比不断提高，我行牵头的银团贷款市场份额为8.9%，我行在亚洲区域的广泛网络布局可以支持未来分享更大市场份额。又如，目前欧洲央行提振经济意愿越来越强，预期未来欧元区主要国家信贷市场存在丰富机会，是我行拓展境外信贷业务的重要机遇。

二是我国新一轮高水平对外开放为我行国际化经营提供了重要支撑和有力抓手。以"一带一路"为主轴的新一轮高水平对外开放正在开启中国经济金融走向世界的新篇章。"一带一路"规划涉及64个国家，覆盖范围广阔。目前，中国正在全球50个国家建立118个经贸合作区，其中35个位于哈萨克斯坦、俄罗斯等丝绸之路经济带沿线国家，42个位于东盟、南亚、非洲等海上丝绸之路沿线国家。"一带一路"的提出，既是国内经济稳增长、调结构、促升级的重要举措，也是中国走向世界、开创区域合作、南南合作新模式的关键抓手，为金融追随、引领和服务企业走出去提供广阔发展空间。预计未来10年中国对外投资将达到1.25万亿美元，同比增长3倍以上，跨境贸易增长更是潜力巨大。最近一段时期，几家中资银行市值排名有所变化，尤其中国银行上升很快，一度超过建设银行。从银行的规模和利润来看，几家银行间的差距其实很大。比如从经营效益看，我行净利润差不多要比中行和农行高1 000亿元人民币。中国银行近期市值上升比较快的主要原因，可能是中国走向国际化和"一带一路"国家战略的提出，影响了资本市场对受益者的价值判断。其实"一带一路"战略实施的最大受益者应该是我们工商银行，一方面我行海外布局非常广，目前已达41个国家和地区，是全球网络布局覆盖最广的中资商业银行；另一方面我行大量机构分布在"一带一路"规划带上，涉及我行一半以上境外机构和东南沿海、西南、中西部等近20家境内分行，"一带一路"机构布局中资银行数量最多。因此，要抓准宣传点，对我行的"一带一路"概念要进行挖掘和宣传。前期，尽管做了很多国际化的宣传，但是外部对中国金融业近年来的变化了解仍然不多。所以，我们要持续进行国际化宣传，宣传工商银行已经是国际化程度最高的中资银行之一，在"一带一路"国家战略推广中应该是最大受益者。近一个时期以来，国家层面正在抓紧研究规划金融支持走出去、服务"一带一路"的政策措施，包括进一步简化金融机构境外布局审批，支持金融机构境外并购增强服务能力，加大金融对中资企业"走出去"的支持力度等。这将为我行国际化经营提供重要战略机遇，境内国际业务和境外发展将同时迎来关键窗口期，将推动我行国际化金融服务从传统的存贷款、结算等基础服务，加速向涵盖贸易金融、个人金融、资产管理、投资银行、托管服务、交易业务等多元化、综合化的金融服务体系发展。

三是人民币国际化快速推进为我行国际化经营创造了有利条件。自2009年初推出跨境人民币业务以来，人民币国际化进程加快推进，正从跨境贸易向跨境投融资、从结算货币向计价货币、储备货币等方面加速发展。目前，全球超过98%的国家和地区与中国内地开展人民币结算业务，人民币已成为全球第2大国际贸易融资货币，第5大支付货币，第7大储备货币，第9大外汇市场交易活跃货币，我国人民币跨境收支占全部本外币跨境收支的比重已接近25%，货物贸易进出口的人民币结算比重超过15%。人民银行在全球四大洲14个国家和地区指定了人民币清算行，与28个国家和地区央行签订总金额3.09万亿元的双边本币互换协议，境外获批RQFII投资总额达到8 700亿元。中国香港、中国台湾、伦敦、新加坡等地已形成初具规模的离岸人民币市场，境外人民币存款总量已超过2.5万亿元。人民币业务推动了工商银行国际化发展，目前境外机构平均盈利的20%来源于人民币业务，有的机构最高甚至达到60%。各市场主体使用人民币意愿持续增强，跨境人民币业务正焕发巨大活力，业务发展已进入由量变到质变，由基础跨境结算、融资到全产品线发展的全新时期。例如，"一带一路"沿线多数都是发展中国家，中国企业在基础设施、能源产品等投资和贸易项目上更多争取使用人民币，将催生大量的人民币投资、融资、资金交易和风险管理需求。这为我行充分利用人民币大行优势、全球布局优势、信息系统优势，营销市场、拓展客户和推动业务发展提供了有利条件。

（三）充分认清国际化发展面临的新挑战。我行国际化经营面临快速变化的内外部环境，一些深层次的老问题还未得到彻底解决，一些新情况新问题又不断显现。

一是集团联动发展有待进一步深化。近年来，全行在集团联动发展方面取得很大成绩，但仍然存在不足，不利于深入挖掘战略机遇，实现境内外优势互补和强化。联动机制还不完善。合理分润问题始终没有得到有效解决，有利于提升联动积极性的机制还没有完全确立，各自为战的情况还比较多，还没有形成制度性的沟通机制，有时候很多客户信息和业务机会没能有效利用，精准营销和协调整体作战还处在初级阶段。联动基础还不扎实。境外机构本地化经营能力还不是很强，对境内支持的依赖程度还比较高。一些境内分行国际业务有弱化的迹象，在一些区域的市场竞争力有所下降。

二是境外机构利润保持高速增长面临考验。2009年以来境外资产和利润年均增速分别为40%和36%，对全行的利润增长起到了重要的补充和调节作用。但是，在经济新常态下，境外利润增长将面临市场变化、同业竞争、外部监管、风险控制和内部约束的多重压力。客观来讲，去年境外利润高速增长一定程度得益于人民币相关业务高利差和汇率的有利变化，随着人民币境内外利差由去年约 3% 收窄至 1% 左右，以及人民币汇率的反向波动，继续支持人民币业务收益增长存在较大不确定性。同时，国际大银行经营实力在逐步恢复，市场竞争将进一步加剧。资本约束日益严格，总量扩张受到一定制约。国内经营压力增大，也会制约对境外的支持。

三是平衡增长速度和结构优化的难度更大。国际化发展过程中始终伴随长期利益和短期收益、发展速度和发展内涵、资源约束和发展冲动的平衡取舍。部分机构过度关注短期效益，过于依赖资产规模支撑盈利增长的情况仍然存在。从收入结构来看，我行境外机构仍以利差为主，手续费及佣金收入占比多数不足 20%，而境外同业普遍在 30% 左右。从业务结构来看，我行境外机构依托境内支持的内保外贷、风险参贷、代付、同业拆放等业务占比较高，而对当地信贷市场、代理行等业务挖掘尚有不足。无论是从外部环境变化，还是自身可持续发展来看，都需要我们加快经营转型，促进业务结构和收入结构的多元和均衡，走立足本地、充分联动、结构优化、效率提升、资本节约的内涵式发展道路。

四是全球化经营中风险管控压力增大。新常态下国内与全球经济加速深度融合，境内外机构业务联动密切，国际化经营中的风险点多面广，且复杂性、传染性和隐蔽性不断增强。信用风险方面，全球化背景下企业融资形式和渠道更趋多元化，客户信用风险的跨区域、跨条线传导速度加快，境内不良贷款反弹使得境外机构信贷资产质量同样面临考验。同时，还缺乏有效利用和甄别客户信息的先进手段，对风险的早期预警能力不足。市场风险方面，汇率、利率、大宗商品价格持续剧烈波动，既增加了资产负债定价和风险管理的难度，也给并购整合、境外交易、资产管理、私人银行等业务稳定发展带来困难。国别风险方面，政治经济金融联动日益密切，全球地缘政治持续动荡带来的区域风险日益多发，对部分境外机构本地经营可能产生冲击。比如去年乌克兰事件后，对工银莫斯科的发展带来非常大的影响。反洗钱和声誉风险方面，发达国家对这一领域的监管日益严格，2014 年欧美各大银行支付的罚款总额高达 650 亿美元，较 2013 年提高了 40%，声誉的损失更是难以估量。境外有些监管机构有逐步盯紧中资金融机构的趋势，境外经营稍有不慎就可能触及监管红线，迫切需要加强风险管理的前瞻性、敏锐性和有效性。

五是监管趋严对业务发展的制约更加明显。资本约束更加严格。巴塞尔协议Ⅲ框架下一系列宏观审慎监管规则陆续落地，银行业面临更为严格的资本和杠杆率监管要求，我行入选 GSIFI 后又面临额外的资本充足率要求。目前境外机构七成以上资本来源于总行，外源性和内生性资本补充能力还不强。尽管去年优先股募集后短期内资本问题并不突出，但总的来看，未来几年资本刚性约束效应将逐步显现。境外机构在快速发展中要高度重视资本节约。对流动性问题要高度关注，不少境外机构流动性覆盖率与所在国家或地区的监管要求存在较大差距，这与境外机构短借长贷、资产负债期限错配程度较高直接相关，需要进一步增强自我筹资和造血能力，提升流动性管理水平。要特别重视监管合规要求，境外监管要求很高，有些监管机构还提出增加合规人员、系统等额外要求。未来随着我行境外业务规模、种类及复杂程度进一步提升，还可能面临更加严格的监管要求，对此，要以一家优秀银行的标准严格要求自己，深入强化合规管理。

总之，在我国经济全球化进程加快的新形势下，在我行境内业务发展承压、盈利增长放缓的情况下，各方面对我行境外业务、国际化经营给予很高的要求和期望。如何前瞻性地把握全球经济金融发展趋势，准确把握我国经济新常态的阶段性特征，转变观念，增强信心，积极适应，主动作为，努力实现国际化发展的新突破，是摆在我们面前的重大课题。

三、推进国际化经营纵深发展

2015 年是全行第四个境外三年发展规划的开局之年。全行改革发展研讨会和年度工作会议明确提出了今年及今后一个时期国际化发展的方向。全行要树立更加高远进取的目标，抓住机遇，应对挑战，推动国际化发展迈出更大的步伐。

（一）坚定不移地实施国际化发展战略。

一要坚持走工行特色的国际化发展道路。对银行的国际化经营，世界上没有一条固定的、合适的、可以效仿的发展道路。几十年来，中国金融界曾经把不少国外银行经营模式作为“仿效对象”，如花旗银行的综合经营、德意志银行的“商行变投行”、汇丰的全球化发展、渣打银行的新兴市场战略等，在这些银行受到国际金融危机重创后，又转而学习富国银行的零售业务策略。但真正的核心竞争力是学不来的，亦步亦趋、简单仿效不足以支持中国银行业国际化经营的行稳致远，那仅仅是“邯郸学步”，取不到真经，学不到真正精髓和经典。服务国家战略、追随客户需求、全球获取收益、合理分散风险是我行国际化经营的根本动因。工商银行国际化发展道路并非一帆风顺，回顾我行在国际化战略推行之初，有人质疑和不理解，认为境内可以实现 30% 以上的利润增长，境外增长速度还不到 10%，还有没有必要到境外发展。但是，“人无远虑，必有近忧”，现在中国商业银行普遍滑落到个位数甚至零增长时，境外反而可以实现高达 40% 的增长，因此现在已经越来越清晰地看到，我行要坚定推进国际化经营的方向、坚持走具有自身特色的国际化道路是正确的，不要为质疑所动，也不能简单模仿和仿效。经过二十多年的发展特别是股改上市以来的经营实践，我们已经基本探索出一条具有工行特色的“成熟市场和新兴市场兼顾、自主申设与战略收购并举、内外联动和本地化经营并重、市场分类与一行一策差异化发展”国际化发展道路。工商银行国际化发展是跟随客户“走出去”，同时也在引导客户的国际化发展。总的来看，紧跟中国国际化发展而发展，这是工商银行国际化发展取得成功的根本经验，今后仍要不断探索我们自己的国际化发展道路。

二要与时俱进丰富和深化国际化发展内涵。在全球网络布局思路、不同市场差异化经营定位、内外联动着力点等方面，都要根据新的形势变化进行适应性调整。全球网络布局思路方面，过去十年特别是在国际金融危机期间，我行抓住窗口机遇期，境外机构设立和并购较快增长，全球经营网络到目前基本成型。今后，境外机构国别总量将趋于平稳增长，布局将更加关注国家经济外交战略和对外贸易投资重点区域，这些区域特点是与中国经贸关联度紧、发展潜力大、政治经济稳定、法律健全。在未来一段时间，争取境外机构覆盖国家和地区在 50 个左右，机构建设重点转变为在核心和重点市场推进本地化经营，增强市场渗透率，新增机构拓展将重点围绕“一带一路”的空白区域，加大在重点区域延伸二级、三级网络，增强经营网络覆盖深度，形成强大的联动服务基础。不同市场差异化经营定位方面，去年我们提出了境外四类市场的划分，对指导境外机构差异化经营发挥了积极作用。今年要结合全球经济再平衡和中国经济走出去的新特点，密切关注不同市场的此起彼伏，梳理各类境外市场的发展重点，动态调整分类，进一步明确各核心、重点、观察、节点类市场的业务发展重点，通过差异化发展锻造市场竞争优势。例如，“一带一路”规划覆盖我行众多境外机构，需要进一步明确市场定位，积极发掘沿路国家基础设施互联互通、贸易投资便利化中蕴含的新增长点。内外联动着力点方面，以往谈集团联动更多是强调境外机构依托境内机构拓展客户和业务，着力点更多是“以内推外”。在“一带一路”和人民币国际化的大背景下，集团联动着力点要更多关注境内外机构和不同业务条线间的双向互动，内联外引。要按境内境外一盘棋的思路，提升境内外一体化业务联动的积极性，既要发挥境内已有业务优势对境外的辐射作用，也要发挥境外新兴业务亮点对境内的引领作用。要进一步完善内外联动体制机制，扩大联动的业务和区域范围，特别是加强跨境人民币业务的内外联动，以及境内分行与“一带一路”所在境外机构的内外联动。

三要挖掘潜力，保持境外利润可持续增长。境外机构资产和利润中期目标是达到集团的 10%，预计三年后境外机构资产和利润要分别超过 3 500 亿美元和 40 亿美元。目前测算，在境内机构利润不变的前提下，境外利润较境内每多增长 20%，大约可以支持集团利润增长 1 个百分点。今年确定的境外机构净利润增幅目标是 13%，与前几年的 30% 以上增幅相比有所下调，这兼顾了保持境外利润可持续增长和促进境外利润结构优化的需要。为实现全年利润目标，各境外机构要瞄准新常态下的业务机遇，坚持“用好增量、盘活存量”，积极挖掘新的利润增长点。要努力用好增量，推动境外资产负债规模适度增长，加快我行资产全球配置，提升集团境外资产比重。尤其是要挖掘境外信贷市场潜力，抢抓优质项目。中国企业“走出去”、大型项目和设备出口、大型基础设施建设，包括高铁、核电等大型项目，会带动很多信贷业务。要围绕“一带一路”、新兴经济体和重点发达国家区域的优质客户，投向“走出去”项目、内外联动信贷项目、人民币信贷业务和国际贸易融资业务。要探索盘活存量，在风险可控的前提下，探索存量资产流转的新思路，提升存量资产收益率。不能一味依赖不断扩大信贷规模这类高资本耗用的业务，要大力发展资本节约型业务，向国际结算与贸易融资、市场交易、资产管理、私人银行和投资银行等业务条线要利润。

四要统筹各类资源推动国际化发展。国际化发展走到今天，无论是内涵还是外延都已经大大拓展。企业走出去和引进来深度融合，信息流、物流、资金流四通八达，公司、机构、个人、代理行客户和业务在境内境外广泛互动，上下游密切关联，人民币和外币界限日益模糊，使得国际业务往往牵一发而动全身。与国际业务联动的是广布全球的丰富信息资源和广泛业务机会，在走出去企业、外贸企业、横跨中外的外资企业、中高端个人客户、代理行等方面，都有着可以挖掘的丰富资源潜力。现在很多优质企业已经不再满足于银行单纯提供简单的存、贷款等金融服务，对交流企业战略、收购兼并重组、“走出去”、“一带一路”发展机遇更感兴趣，银行更丰富的信贷、资金、交易等业务机遇蕴含其中。在中国经济金融日益外向型发展、我行重点客户群体服务需求日益全球化、多元化的今天，国际业务已经不只是单独的业务条线，而是全行业务联动的重要枢纽；不仅关系到境外机构的发展，而且关系到境内机构的转型。全行要从更高角度和背景深刻认识国际业务和境内外联动的重要意义，把国际业务放到更大的背景、更突出的位置来考虑和谋划。要配套必要资源和政策支持，着力做强境内国际业务，扩大客户群体，提升产品创新能力和市场竞争能力，夯实内外联动基础；要更加注重做实内外联动，切实解决分润等瓶颈制约，打造运转高效的联动机制，充分挖掘国际业务的增值潜力。各级行国际业务部门要做好联动业务的牵头和组织推动，会同相关部门一道，充分利用境内境外不同市场、不同资源和不同规则的协同效应和互补优势，共同推动集团市场竞争能力和价值创造能力的全面提升。

（二）着力打造跨境产品线竞争力。

一要深度挖掘“走出去”业务潜力。要根据“一带一路”战略和企业加快“走出去”的现实需要，既要服务企业“走出去”，更要引领企业“走出去”。境内外相关机构要结合辖区实际情况，提出一揽子服务措施，引导国内优势和富余产能跨出国门。尤其是对高铁、核电、港口、公路、油气管网及设备、电网及电力设备、电信等重大基建和装备，乃至钢铁、水泥、平板玻璃、电解铝、纺织等中国产能过剩可对外输出行业提供“走出去”金融支持，为我行信贷结构调整和经营转型开辟新的途径，使“走出去”业务真正成为带动客户拓展、全产品营销、中间业务增收的有力武器。要紧密跟踪我国与周边国家互联互通、“一带一路”国家战略及其他双边重大战略合作框架下的基础设施和能源等合作项目，实现对本区域重点客户和重点营销项目的全覆盖。要充分发挥“走出去”项目跨区域、跨行业、跨机构的特点，带动全链条上下游客户的拓展，充分发挥“走出去”项目结构化程度高、特色竞争力强的优势，带动相关产品线发展。要搭建集融资、结算、交易、信息咨询为一体的全方位支持“走出去”服务体系，为“走出去”企业提供强大的全球服务支持。要增强风险敏锐性和判断力，提高对“走出去”项目的综合驾驭能力。要尽快搭建境内外信息沟通平台，寻找业务机会，做好境内外信息沟通、业务联动。

二要全面推进跨境人民币业务。要进一步提高对人民币国际化机遇的认识与把握能力，尽快实现我行跨境人民币业务基础优势向市场强势的有效转化。要以客户拓展为基础，以产品创新为驱动，以重点产品线、境内试验区和境外人民币清算行为抓手，加强组织推动，配套必要政策和资源投入，深化集团联动体制和机制建设，推动我行跨境人民币业务做大做强，努力打造全球人民币业务第一大行。巩固全球人民币清算网络优势，进一步完善境外人民币清算行网络，争取更多清算行资格；明确境外各人民币清算行定位，统筹规划发展格局，发挥各清算行区位优势，以清算行为依托拓展区域化离岸人民币市场资源，形成各有侧重、功能互补的境外人民币清算架构；引导各清算行强化外部营销拓展，将人民币清算结算做成代理行业务的拳头产品。对每家境外机构都要有拓展清算客户的要求，不仅是签约，更要有实质性清算业务发生。打造集团内外联动平台，以境内试验区、试点政策为契机，充分利用上海、天津、广东、福建自贸区和深圳前海、新疆霍尔果斯、江苏昆山、天津中新生态城、广西沿边等地试点政策红利，拓宽境内外联动渠道，实现集团资源的优势互补。境外机构要更加重视做好人民币业务，依托集团资源发挥比较优势，把发展当地人民币业务作为重点工作内容，树立我行在当地人民币市场的品牌形象，确立和巩固市场领先优势。境内分行要以重点产品线为抓手，集中快速突破市场，确立结算和清算产品线核心竞争优势，挖掘融资产品线潜力，提升资金交易产品线竞争力，拓展RQFII与资产管理、私人银行、资产托管等产品线业务，以“沪港通”等业务为抓手，增强结算、清算、投资、理财、资金交易等全流程金融服务能力。要充分利用我行在境内外市场的客户、资金和产品优势、网点和机构平台优势、信息优势、清算和科技优势，特别是着眼境内境外两个市场的利差和汇差，加强跨境人民币新产品、新业务研发和推广，推出一批拳头产品和营销利器。

三要着力打造新兴产品线。要打造全球交易业务产品线。加大账户贵金属、账户原油、账户外汇等境内优势交易业务的境外拓展力度，积极提升境外当地市场参与度和盈利能力，完善和深化全球24小时不间断交易体系。尽快完成标银公众的交割和整合，利用标银公众在全球交易产品线的优势地位与专业经验，逐步补齐我行全球交易产品线中商品、利率、汇率和信用交易业务的短板。公司金融业务部要全力配合，中国有大宗交易的公司数量非常多，过去都是找外资银行代理做，工商银行有了自己的交易业务平台，将来要逐步将这些交易业务由外资银行转到中资银行来做。要打造全球投资银行产品线。要更加重视利用我行境内外投资银行平台，加快构建境内外投行业务联动发展的“大投行”新格局，围绕跨境大型客户和境外重点客户，强化承销、顾问咨询等投行业务的市场地位，特别是通过支持我国走出去企业的境内外投资和兼并重组，挖掘高附加值投行业务。投行业务包括面很广，包括收购兼并的财务顾问、境内外发债、银团贷款等等，去年银团贷款是中国第一、亚太有些是第一，今年要继续保持和扩大这些优势。要统筹全行研究资源，为客户提供更多关于中国经济金融等问题深度研究的高质量信息服务，增强客户“黏性”。城市金融研究所、投资银行研究中心和其他相关部门组成团队，定期推出专门信息报告并翻译成外文，作为信息产品提供境外机构作为增值服务提供客户。要把握国际市场上大宗商品波动带来的机遇，有选择性地在一些新兴业务领域寻求突破。要打造全球资产管理产品线。依托集团已有的工银亚投、工银欧洲两大境外资管平台，关注国际金融中心具有核心竞争优势的中型资产管理公司的收购机会，提升我行全球多元化资产投资管理能力、先进产品设计能力和风险管理能力。把握人民币国际化和境内试点地区政策机遇，打造跨境资产管理业务拳头产品，发挥工银品牌的“中国概念”产品在主要离岸市场的引领作用，推动实现境内外一体的资产管理发展新格局。加快构建全球托管网络，积极推动有条件的重点区域境外机构开办本地托管服务，争夺当地重点托管客户和RQFII业务机会。要打造全球私人银行产品线。加快私人银行业务全球服务平台建设，不断提升全球服务能力。依托我行在卢森堡注册成立的私人银行全球理财基金，突破现有境外私人银行产品瓶颈，满足境内高端客户的全球资产配置需求；发挥我行人民币资产管理优势，有效管理底层人民币投资品，为投资中国的境外高端客户提供稳健回报。

四要不断夯实基础产品线。传统的外汇存贷汇业务是银行锁定国际化客户、发展高附加值业务的重要基础。要提升基础国际化业务服务能力，提高能够开展传统外汇存贷款业务的基层网点和人员占比，加大对基层外汇业务人员培训，增强渠道服务能力，完善服务触角。要优化基础产品服务的性能，不断完善基础产品的功能细分与定位，增强对客户的吸引力。汇款业务，要打响工行特有的“工银速汇”国际支付品牌，充分利用我行先进的科技信息系统，完善全额快速到账、全程实时查询等产品功能，不断提升客户体验，推动客户服务从汇款结算到全球现金管理的升级。要大力解决现有产品市场份额不足的问题。我行现有的很多汇款产品功能齐全，但有时比不上西联汇款、速汇金等，产品开发出来后如果市场份额没到预期目标，就要研究为什么、怎么解决、怎样才能逐年提高。要利用大数据分析追踪客户资金流向，抓好上下游客户链和全产品营销。存款业务，去年做的非常好，增量都是第一，要重视外汇存款在国际化经营中的基础性、保障性作用和锁定客户的重要意义。在美国QE退出后可预期的生息通道内，境内机构要积极吸收外汇存款尤其是中长期存款，近期美元具有较强吸引力，要大力吸收外汇存款。为全行储备稳定的低息外汇存款资源，支持集团流动性与业务发展。境外机构要增强资金自主循环能力，树立存款是立行之基的意识，加大对本地化客户的存款营销力度，扩大资金内生来源。在部分零售业务成本高的地区，探索以网络银行为主的零售银行发展模式。我行海外网银科技功能很强，但客户体验不太好或者是不太适应外国客户的体验，网银产品种类不多。要依托网银，而不是再依靠网络和网点发展零售业务，这一点要好好探索和发展。要将现有海外网银做成让境外客户，而不是我们自己肯定和赞扬的网上银行。贸易金融业务，要紧贴市场需求和形势变化，开发引领市场型、市场需求推动型和集团联动内部需求型产品，丰富产品体系。

为支持打造跨境重点产品线，做强境内国际业务和做深做细境外业务，全面挖掘业务联动潜力，全行要在考核引导、营销资源配置、组织推动、系统支持等方面给予必要倾斜，在信贷政策、授信等方面也要进行适应性调整，更好把握风险控制和业务发展的平衡。

（三）不断提升资本配置、合规管理和风险管控水平。

一要加大资本配置力度优化配置效果。去年总行在境外成功发行优先股，其中约三分之二将用于境外机构增资、申设和境外收购，增强境外机构发展后劲，预计可为境外机构留出250亿~300亿美元的风险加权资产增长空间。总行各相关部门要抓紧推动增资的落实，尽快完成内部审批流程，加强与监管部门的沟通，争取增资款项尽早到位，为今年境外机构信贷业务及其他资本占用型业务“早投放、早受益”提供及时的资本支持。同时，境外机构更要注重资本节约和高效使用，进一步提升资本配置效率和效益。资本非常昂贵，境外机构要重视，要根据自身资本约束，合理确定资产业务扩张边界，努力形成多元、均衡的收益结构，构建资本节约型的可持续增长模式。总行要促进资本优化配置，对资本回报率高的境外市场、业务潜力大的核心市场和重点市场进行资本配置倾斜。要严格资本回报要求，继续完善境外及控股机构的经济资本配置和管理，引导各机构建立资本约束机制，提高资本使用效率，进一步发挥经济资本对境外机构经营转型的引领作用。

二要高度重视合规管理。境外机构要密切关注所在区域合规政策变化，及时更新合规管理制度，加大自查力度，强化日常管理。要不断提升反洗钱管理水平，尤其要针对汇款等合规制裁重点领域，研究关注市场动态及典型案例，及时查缺补漏。境外机构负责人要切实承担起第一责任。总行相关部门要加强对境外机构合规风险的日常监测和预警分析，有序开展境外机构合规检查审查，防控境外机构合规风险；密切关注国内外监管动态和重大合规风险事件，做好对境外机构前瞻性风险提示工作；积极开展境外机构合规培训，帮助境外机构合规官学习和理解集团的合规管理要求，增进总行与境外分支机构的信息共享；加强对境内外一线员工的国际化经营合规文化教育和合规知识普及，特别是要重视对客户开户、汇款等业务的尽职调查。

三要重视加强国际化全面风险管理。信用风险方面，大力拓展优质“走出去”业务、内外联动业务和境外机构本地化业务，支持集团调整优化信贷资产结构，降低集团整体信用风险。关注境内风险向境外和跨境之间的互相传导和演化，着手全面排查与预先防控，增强信用风险管控的敏锐性和前瞻性。流动性风险方面，明确境外机构负责人是境外流动性风险管理的第一责任人，推动挖掘当地资金来源，增强主动负债能力，切实做好资产负债匹配。总行要加快境外筹资中心建设，统筹境外机构中长期债务发行计划，逐步替代压缩短期市场资金拆借。市场风险方面，随着美元日益强势，今后一段时期国际市场汇率、利率、大宗商品价格仍然将持续剧烈波动，交易业务机遇众多，但如果管理不当，机遇很可能就会转化为风险。要加紧完善境外市场风险管理制度，加快推广金融市场业务事前控制系统，加强境外机构交易账户市场风险限额管理。声誉风险方面，要做到关键时刻不失语，重大时刻不缺位，应对有序，积极维护和提升工商银行集团的美誉度。面对经济下行外资唱空中国经济、中资银行的声音，要按照总行统一要求，主动发声，增信释疑，抓住我行荣获“全球最佳银行”等有利时机，正面宣传中国经济新常态的内涵特点和我行的发展亮点；要做好突发情况应对预案，确保及时反映，妥善处置。总行研究部门要协助做好这方面工作，要针对外方疑虑较多问题和关注方面，写好研究报告，及时提供境外机构，让海外一万多名员工，每人都成为对外宣传的渠道。

（四）持续夯实支持保障体系。

一要进一步重视人才队伍建设。随着我行国际化战略的深入实施，全行经营环境和客户结构正在发生深刻变化，各个机构和条线人才需求越发迫切，业务发展与人员制约的矛盾更加突出，建设一支高素质的境内国际业务和境外机构干部员工队伍，是提升我行国际化经营水平的重要保证。要做强境内国际业务队伍，持续推进境内国际业务专家和人才队伍建设，稳定外汇业务基层从业人员。要着力提升境外机构管理人员的履职能力和合规意识，选好配强管理层，注重团队成员合理搭配与互补，增强整体合力；要健全境外机构民主决策和监督约束机制，推动管理层科学决策，履职尽责；抓好境外领导干部作风建设，坚持廉洁从业，带头弘扬良好风气。要不断完善外派员工薪酬激励机制，拓展职业发展空间，做好跟踪培养工作。要加强国际化人才的培养储备，继续深入实施国际化人才培训项目，拓宽选拔渠道。要强化并逐步完善全球雇员管理机制，稳步提升全球雇员占比和质量，建立健全集团统一的岗位职级、考核评价、培养发展和薪酬管理体系。

二要持续推进系统建设和优化。继续围绕监管认可、客户满意、竞争有力、员工便利的目标，加强境外区域科技服务团队建设，增强FOVA系统在满足业务落地、监管要求和本地化发展方面的灵活性和适应性，组织好FOVA系统在工银美国的投产；要加快研究，形成全球客户信息采集、挖掘和运用机制；要继续提升境外机构报表自动化水平，提高报表报送的及时性和准确性，更好地满足当地监管规定、总行管理要求和业务发展需求；要不断完善海外网银，使其更加适应当地市场需求。境内机构和总行部门也要配合推进国际业务包括跨境人民币业务有关数据统计和报表的自动化，提升国际业务整体信息化水平。

三要进一步完善管理体制机制。抓紧完善联动分润机制。要切实解决制约集团业务联动的“最后一公里”问题，要在顾全集团利益大局的前提下，确立规则，完善合理的境内外一体化业务联动利益分配机制。探索全球营销管理体制，探索形成全球客户分类分层营销管理体制和后台支持机制，做实业务联动机制，努力实现对全球重点客户的“一点接入，全球响应”；要依托已设立的境外三大金融机构营销中心，更多探索总行和境内分行营销力量支持境外一线，依托境外机构开展营销，构建全球区域协调机制，加强重点业务线集中运作，深入挖掘境外同业业务潜力。稳步推进集约化管理。资产管理方面，各境外机构要加强与境外簿记中心的业务合作和联动，努力发掘和营销本地大型优质客户，充分利用簿记平台合理规避单一信贷敞口限制。负债管理方面，要集中有序地为境外机构乃至全集团筹资，引导资金在集团内由低成本地区向高收益地区流动，降低集团付息成本。短期来看，要按照统分结合、指导定价、有序发行、内部流动原则，将部分币种和类型的境外筹资工具集中到若干家境外机构统一集中发行，逐步形成若干个境外筹资中心；总行加强统筹管理集中发行的筹资工具，制定指导价格，把握发行节奏，加强与承销商议价，并指导发债资金有序拆借给无法自主发债或发行成本较高的机构。长远来看，要考虑筹建总行境外发行团队，真正实现集团层面统筹发行和调配筹资工具。财务管理方面，要逐步推进境外机构财务事项的适度整合和集中处理，减轻境外机构负担，降低成本，提高效率，控制风险，同时，要着手研究统筹集团税收成本管理思路，在依法合规前提下探索集团税务风险控制和税收统筹规划，挖掘统筹资源布局的价值贡献。

同志们，目前全行国际化发展到了新阶段，适逢国家“一带一路”战略实施，工商银行国际化发展必将大有作为。全行要适应经济发展新常态，统一思想，坚定信心，抓住机遇，奋发有为，努力推动国际化发展再上新台阶，开创新局面。

严守纪律规矩　落实两个责任
努力开创党风廉政建设和反腐败工作新局面

——在中国工商银行纪检监察工作会议上的讲话

姜建清

（2015 年 2 月 16 日）

这次全行纪检监察工作会议，是继 2015 年全行工作会议和党建工作会议之后，总行召开的又一次重要会议。刚才，敬东同志代表总行纪委作的工作报告已经总行党委审议，我完全赞成。下面，我讲四个方面的意见。

一、深刻学习领会，紧密联系实际，把思想和行动统一到中央对反腐倡廉新部署和新要求上来

（一）学习贯彻中央纪委五次全会精神，要深刻把握中央反腐倡廉决策部署的精神实质和核心要义。党的十八大以来，以习近平同志为总书记的党中央，从关系党和国家生死存亡的高度，以强烈的历史责任感、深沉的使命忧患感、顽强的意志品质推进党风廉政建设和反腐败斗争，坚持无禁区、全覆盖、零容忍，坚决遏制腐败现象蔓延势头，深得党心民心，不仅彰显了党中央全面从严治党的坚强意志和勇于担当的政治勇气，也进一步坚定了反腐败斗争的必胜信心。这次习近平总书记在十八届中央纪委五次全会上的重要讲话和王岐山书记的工作报告，深刻分析了现阶段依然严峻复杂的反腐败斗争形势，明确提出当前和今后一个时期工作的总体要求和主要任务，对于我们坚守阵地、巩固成果、深化拓展，不断把党风廉政建设和反腐败斗争引向深入，具有重要指导意义。近日，李克强总理在国务院第三次廉政工作会议强调，要放好权、管住钱、抓落实、惩贪腐，持续推进党风廉政建设和反腐败工作。全行各级党组织和党员领导干部要深刻领会中央纪委五次全会精神实质和核心要义，狠抓国务院第三次廉政工作会议要求的落实，把守纪律、讲规矩摆在更加重要的位置，扎实深入地做好党风廉政建设和反腐败工作。要切实增强抓党风廉政建设的忧患意识和担当精神，坚决落实党委的主体责任和纪委的监督责任；要切实增强抓作风建设的工作韧劲和持久耐力，坚决纠正“四风”；要切实增强从严治党、从严治行的坚定决心，坚决查处各类违规违纪问题和腐败案件；要切实增强党性观念和纪律意识，坚决遵守党的各项纪律和党内规矩；要切实增强作为国有金融企业应有的政治意识和大局观念，坚决摒弃各种“特殊论”思想。总之，要坚定立场方向、明确目标任务，按照中央新部署新要求，坚定不移地推进廉洁银行建设，着力在全行营造不敢腐、不能腐、不想腐的良好氛围。

（二）学习贯彻中央纪委五次全会精神，要正确认识全行反腐倡廉工作取得新成效和面临的新问题、新挑战。2014 年，各级行党委、纪委认真贯彻党中央和中央纪委决策部署以及总行党委各项要求，抓好主体责任和监督责任落实，强化纪律建设和作风建设，加大监督执纪问责力度，做了大量的工作，取得了明显的成效。总行党委派出巡视组对 11 家分行进行了巡视，聚焦党风廉政建设和反腐败工作，坚持问题导向，形成了有力震慑。围绕群众反映突出的作风建设、廉洁从业等问题深入开展信访核查，对信贷管理、业务外包等重点领域加强执法监察，加大了对违规违纪责任人的处理力度。针对易发案重点领域和环节，深入开展案件和风险事件专项治理活动，案件防控指标连续多年控制在监管要求以内。完善反腐倡廉体系建设，总行组织制定和修订反腐倡廉制度 20 余件，源头治腐各项改革取得重要进展，干部员工的廉洁从业意识明显增强，新风正气得到大力弘扬。党风廉政建设的持续深化为全行改善经营管理、提升市场业绩营造了良好的环境和氛围。但与此同时，我们也要清醒看到反腐倡廉工作还存在一些薄弱环节。比如，一些单位党组织和纪检监察部门在落实主体责任、监督责任方面，意识还不够强，表面工作做得多，扑下身子抓落实比较少；有些党员干部在纠正“四风”问题上，观念转变不到位、制度执行不严格，上级为下级服务意识还不强、效率还不高，个别党员干部在出差、接待等方面超标准，只是行为“由明转暗”，“打擦边球”，享乐主义、奢靡之风仍然存在；个别党员干部在廉洁从业方面自我要求不严，存在利用信贷发放等权力收受企业好处、公款报销应由个人支出的费用等问题；个别员工涉嫌违法放贷、违规参与民间融资等突出

问题尚未得到根本遏制；同时随着业务复杂程度的加深以及国际化综合化快速发展，如何及时有效应对新兴业务领域出现的廉政和案件风险，如何强化全集团廉政和案件风险防控等问题也日益突出。加之，当前经济下行压力加大，外部违法违规金融活动有所增加，一些社会金融风险向银行体系传导蔓延，有的甚至与内部操作风险、道德风险交织在一起，使得全行面临的风险环境更加错综复杂，给反腐倡廉工作带来许多新情况、新挑战。对此，全行一定要有清醒的认识，进一步采取有力措施，切实改进作风、严明党纪行规，不断推动党风廉政建设和反腐败工作深入开展。

（三）学习贯彻中央纪委五次全会精神，要紧密结合实际深入抓好落实。各级党组织要把学习贯彻习近平总书记重要讲话精神和中央纪委五次全会精神作为当前重大政治任务，通过会议部署、工作安排、中心组学习、党校培训等方式，将中央精神传达贯彻到全行每个机构和每名党员干部。全行党员干部要将学习贯彻中央纪委五次全会精神与学习《习近平总书记关于党风廉政建设和反腐败斗争论述摘编》结合起来，充分认识党中央将反腐败斗争进行到底的坚强决心，深刻理解党中央有腐必反、有贪必肃、以零容忍态度惩治腐败的坚定立场，切实把思想和行动统一到中央对反腐倡廉形势判断和任务部署上来。要把学习贯彻中央精神和银行经营管理有机结合起来，按照全行年度工作会议、党建工作会议的安排部署，联系各级行、各部门党员干部思想和工作实际，认真落实“两个责任”，不断加强作风建设，严明各项纪律和规矩，加大监督执纪问责力度，切实做到廉政有为，以党风廉政建设的实际成效保障全行改革发展的顺利推进。

二、深入落实“两个责任”，强力纠正“四风”，着力推进廉洁银行建设

2015年，全行党风廉政建设和反腐败工作的总体要求是，深入贯彻党的十八大和十八届三中、四中全会，中央纪委四次、五次全会以及国务院第三次廉政工作会议精神，按照2014年改革发展研讨会和2015年全行工作会议、党建工作会议部署，坚持从严治党、从严治行，严明政治纪律和政治规矩，加强纪律建设，认真落实党委主体责任和纪委监督责任，强化监督执纪问责，持之以恒地贯彻中央八项规定精神以及总行党委十五条要求，深入推进反腐败机制创新和制度保障，推动廉洁银行建设取得更大进展，将全行党风廉政建设和反腐败工作不断引向深入。做好今年的反腐倡廉工作，要重点把握好以下四个方面。

（一）严肃责任追究，确保“两个责任”落实到位。从严治党、从严治行，关键是各级行党委、纪委要承担起落实党风廉政建设责任制的主体责任、监督责任。当前，部分单位不同程度存在抓党建、抓廉政失之于宽、失之于软的现象。有的单位党委班子及成员主体责任落实不力，抓业务实一些，抓党风廉政建设虚一些，停留在每年开个会、讲个话、签个责任书，没有真正将党风廉政建设融入业务工作中，将惩治和预防腐败要求体现在经营管理措施中。有的单位纪委监督责任落实不够到位，监督检查不够深入细致，责任追究不够严肃认真，没有真正履行好监督执纪问责的职责。

落实主体责任和监督责任是抓好党风廉政建设和反腐败工作的“牛鼻子”。各单位党委（支部）要切实把党风廉政建设当做分内之事、应尽之责，真正把重任承担起来。要进一步细化责任、以上率下，层层传导压力、级级落实责任。主要负责同志要担负起第一责任，对廉政案防重要工作要亲自部署，对涉及党风行风的重大问题要亲自过问，对源头治腐的重要环节要亲自协调，对涉及直接管理的干部和金额较大的重要案件要亲自督办，切实管好班子、带好队伍、当好廉洁从业表率。各单位领导班子成员要做到业务工作和党的建设两手抓，认真履行分管范围内的党风廉政建设职责，种好“责任田”，既要严格自律，管住自己，也要管好身边人、身边事。各级行纪委要更加聚焦主业主责，协助党委加强党风廉政建设和组织协调反腐败工作，督促检查各单位、各部门落实惩治和预防腐败工作任务，切实发挥好党内监督专门机构的作用，确保监督工作没有死角；纪委委员要强化责任担当，敢于监督、善于监督，积极担负起应尽的职责。总行党委已经出台落实主体责任的意见，落实监督责任的意见也正在起草过程中，各级行党委、纪委要严格执行。要进一步强化问责，没有问责，责任就难以落实。今后，如果一家分行、一个部门接连出现廉政和作风问题，或者发生重大腐败案件和风险事件，不仅要追究当事人和相关部门的责任，还要严肃追究有关单位党委、纪委的责任，大家对此一定要有深刻认识。

（二）驰而不息推进作风建设，常抓抓出习惯、抓出长效。通过深入开展党的群众路线教育实践活动，认真落实整改方案和措施，全行“四风”问题明显有所改观，党风行风也出现了新变化、新气象。但是，“四风”的产生由来已久，一些导致不良风气的深层次问题很难一下子根除或者短期内完全扭转过来。比如，管理层次比较多、业务流程比较复杂的问题仍然没有得到很好解决，上级服务下级、全行服务客户的意识仍然树立得不牢固，一些体制机制弊端亟待深化改革加以破除；在当前从严查处“四风”情况下，有的干部员工虽然不敢违反规定搞“四风”，但还远未达到自觉的程度，反弹苗头时有显现；有的抵制“四风”态度不坚定，半遮半掩，甚至习惯性违反规定；有的作风整改表面化，只抓一些容易改、见效快的问题，对于一些矛盾较多、难度较大的问题不愿意触动，或者且改且观望，等等。这些说明全行作风建设依然任重而道远。

针对这些问题，全行各级党组织必须始终保持清醒头脑，以坚决的态度驰而不息地纠正“四风”。要在群众路线教育实践活动成果的基础上，结合今年开展的“服务体验建设年”活动，进一步深化体制机制改革，完善作风建设各项制度，努力铲除“四风”问题产生的根源。要持之以恒抓好中央八项规定精神以及总行党委十五条要求的贯彻执行，紧盯“四风”新形式、新动向，警惕穿上“隐身衣”的各类违规行为。要加大执纪监督、点名通报力度，严肃查处超标准接待、公款吃喝送礼等问题，坚决防止“四风”反弹。春节将至，各级行要按照中办、国办《关于做好2016年元旦春节期间有关工作的通知》要求，坚决杜绝“节日腐败”。要盯牢看住一个个节点，解决一个个具体问题，锲而不舍纠正“四风”，促进作风的进一步改进。

（三）保持高压态势不放松，坚决惩处腐败问题。查处腐败问题，必须坚持零容忍的态度不变、猛药去疴的决心不减、刮骨疗毒的勇气不泄、严厉惩处的尺度不松。对利用职务谋取私利，涉嫌贪污贿赂、权钱交易、腐化堕落、失职渎职等行为要严肃查处，特别是要重点查处十八大后不收敛不收手、问题线索反映集中、群众反映强烈、现在重要岗位且可能还要提拔使用的干部。要改进和强化巡视工作，适时启动对各一级（直属）分行的第二轮常规巡视，更加聚焦党风廉政建设，重点关注违反政治纪律和组织纪律、违反廉洁从业规定、违反中央八项规定精神、违反选人用人制度以及违反落实主体责任要求等问题，充分发挥巡视的震慑、遏制和治本作用。探索推进对直属机构的专项巡视，利用专项巡视机动灵活、定点突破的特点，加大对领导班子及其成员的监督。要深入开展党风廉政建设责任制考核评价，着力发现问题，加大问责力度，收紧主体责任的“紧箍咒”。要针对财务管理、资金配置、信贷投放、集中采购等权力集中、资金密集领域深入实施执法监察。要聚焦群众反映强烈的不正之风和侵害员工合法权益等问题，认真开展信访核查。各级纪检监察部门近期要对历年来的信访举报线索，抓紧进行排查梳理，按照拟立案、初核、谈话函询、暂存、了结五类标准分类处置，定期清理、规范管理。要持续强化对境外机构高管人员廉洁履职监督检查，探索加强对境内子公司的廉政指导和监督，增强集团廉政风险防控能力。要全面推进党务、行务、部（室）务公开工作，重点公开涉及群众切身利益和资源配置等方面的事项，充分发挥员工的监督作用，防止权力滥用。要加强纪检监察、内部审计、内控合规等内部监督部门的协调配合，加大监督问责力度，确保权力正确行使。

（四）狠抓案件查防，坚决遏制案件和案件风险事件反弹势头。抓好案件查防工作，对于全行实现在新常态下的稳健经营至关重要。2014年，全行发生案件和案件风险事件20余起，内部案件涉案金额、案件风险率等指标出现反弹，案发诱因、环节和作案方式出现新的变化，案件防范形势更趋严峻复杂。比如，违法放贷案件中，有的信贷从业人员失职渎职，有的收受贷款企业好处，操作风险和道德风险相互交织。贷款诈骗案件中往往也有员工违规操作问题，甚至不排除个别内外勾结、骗取银行贷款。在理财和代理理财业务领域，个别机构、员工以帮助客户购买高息理财产品等为诱饵，越权审批或私售“飞单”，甚至挪用、诈骗客户资金，严重损害了我行的利益和声誉，带来了极大的案件风险，性质十分恶劣。

对此，我们要保持高度警惕，各级行、各部门要以案为鉴，各司其职、各负其责，针对本行本部门内控案防工作薄弱环节，强化风险防范治理，做好问题协查处理工作。要加强对案发规律的分析和预判，认真开展重要风险点治理和“一加强两遏制”专项检查，持续提升案件防控能力和水平。要坚持有案必查、查案必严，重点查处新发放贷款出现劣变、违规理财和违规办理其他新兴业务、违规参与民间融资和经商办企业、诈骗和挪用银行或客户资金等案件风险事件。要严格按照员工违规行为处理规定，严肃处理案件风险责任人，坚决遏制案件和案件风险的反弹势头。对“飞单”行为，要从重执法、从严问责，一经查实，对当事人要坚决开除，对瞒报及管理责任人要重罚重处，决不姑息。对发生重大案件或案件风险事件、经营秩序混乱的单位，要按照“一案双查”要求，既要严肃追究当事人的责任，又要认真追究相关领导的责任。

三、严格遵守纪律，强化规矩意识，加强全行纪律建设

严明的纪律和规矩是党团结统一的重要保证。习近平总书记在中央纪委五次全会上特别强调，要加强纪律建设，把守纪律讲规矩摆在更加重要的位置，并指出，党内规矩是党的各级组织和全体党员必须遵守的行为规范和规则，主要包括：其一，党章是全体党员必须遵循的总章程，也是总规矩；其二，党的纪律是刚性约束，政治纪律更是全体党员在政治方向、政治立场、政治行动方面必须遵守的刚性约束；其三，国家法律是党员、干部必须遵守的规矩，法律是党领导人民制定的，全党必须模范执行；其四，党在长期实践中形成的优良传统和工作惯例。之所以要把党在长期实践中形成的优良传统和工作惯例也作为规矩，这是因为，对我们这么一个大党来讲，不仅要靠党章党纪，还得靠党的优良传统和工作惯例。纪律是成文的规矩，一些未明文列入纪律的规矩是不成文的纪律。党内很多规矩经过实践检验，反映了我们党对一些问题的深刻思考和科学总结，需要全党长期坚持并自觉遵循。同样，对工商银行这样一个党领导下的国有控股大型金融企业集团而言，要实现国际一流现代金融企业的愿景、保证全行数十万干部员工步

调一致、令行禁止，也必须靠严明的纪律和规矩。除了成文的行规行纪、制度规定以外，在长期经营发展实践中，我们也形成了许多优良传统、好的做法和行业惯例，有些规矩虽然没有白纸黑字的规定，但都是一种传统、一种范式、一种要求，约定俗成并行之有效，必须遵照执行。

在这次全会上，习近平总书记特别指出了拉帮结派、跑风漏气、妄议中央大政方针等五种不守党内规矩的问题。就我行而言，不守规矩的现象也不同程度地存在：有的在落实中央以及总行党委决策部署方面，搞选择、打折扣，考虑本单位、本部门利益较多，大局观不强；有的缺乏正确的业绩观，不顾客观实际，片面追求短期业绩，寅吃卯粮、弄虚作假，透支了发展潜力，掏空了发展基础；有的借同乡会、同学会之名，相互交往、结交私谊，将来好相互提携、互通款曲；有的组织纪律涣散，口无遮拦、跑风漏气，私自将组织有关内部决定向外透露；有的缺乏事业心和责任感，节假日未按要求严格履行值班职责，工作日脱岗离岗，也不向组织汇报，没有考虑到自己肩负的责任；有的在个人重大问题报告上打"马虎眼"，该向组织报告的事项遮遮掩掩，甚至隐瞒不报；有的为了一己私利，为不符合信贷条件的企业出谋划策，帮助其包装信贷资料"达标"，将严肃的信贷风控要求视同儿戏，等等。守纪律是底线，守规矩要自觉。各级行要把严守纪律、严明规矩放到重要位置来抓，努力在全行营造守纪律讲规矩的良好氛围。各单位班子成员要牢固树立纪律和规矩意识，在守纪律讲规矩上做表率，自觉做政治上的"明白人"。要增强大局意识，不折不扣落实中央决策部署及总行党委各项要求，决不允许阳奉阴违、自行其是。要端正发展观和业绩观，紧密结合区域特点和本单位实际，科学制定目标规划，扎实推进各项业务稳健发展。要重视加强对年轻员工的教育引导，让他们从进入工商银行之日起就知道守纪律讲规矩的重要性和严肃性。要在选人用人、表彰奖励等方面引导大家守纪律讲规矩，做老实人、办老实事。对不守纪律和规矩的，要严肃批评教育，情节严重的要给予组织处理或纪律处分，在日常工作中也要经常谈话提醒，确保纪律和规矩真正立起来、严起来。

四、着力健全制度，全面深化改革，努力消除滋生腐败的体制机制弊端

银行业是经营货币的高风险行业，建立一整套完善有效的制度体系，强化制约监督极其重要。去年，中央纪委查处的银行高管案件中，带给我们的一个重要启示就是，除了个人贪腐因素之外，其所在机构对权力运行的监督制约不到位、不管用，也是非常重要的原因。我们要引以为戒，深入查找案件风险背后的系统性、机制性和规律性原因，有针对性地完善制度、推进改革，努力消除滋生腐败的体制机制弊端。

（一）着力完善党风廉政建设制度。要认真落实总行党委制定的惩防体系建设新五年规划，各单位、各部门要抓紧制定实施细则和配套制度，把建立健全惩治和预防腐败体系纳入年度任务分工，贯穿到经营管理各项工作之中。待中央相关制度规定出台以后，要及时修订完善我行管理人员廉洁从业若干规定、巡视工作暂行办法、党风廉政建设责任制考核评价办法，通过严格的制度约束，进一步强化对各级党委班子及成员的监督。要加紧研究制定境外机构高管人员廉洁履职监督检查办法，探索建立境外机构廉政建设联系人制度，推动境外廉政监督工作常态化、规范化。要强化利益冲突管理，建立各部门权力清单，把防止利益冲突、规范用权的要求纳入专业条线规章制度和流程设计，构建权责清晰、规范透明、实在管用的廉洁风险防控机制。要出台加强廉洁文化建设的意见，积极开展廉洁文化建设活动，在全行广泛传播和深植廉洁从业的价值观念。

（二）着力健全选人用人管人制度。各级行党委担负党风廉政建设主体责任，要选对用好干部，更要从严管好干部。要加强干部日常管理，及时了解干部的思想、工作、生活状况，对出现苗头性、倾向性问题的，要坚持抓早抓小，敦促领导干部按本色做人、按角色办事。要坚决防止带病提拔，对问题尚未查完、存在疑虑的干部，不能贸然提拔。总行纪委、总行党委组织部要加强对二级分行一把手的关注和了解，督促一级（直属）分行加强管理和监督。巡视工作要向二级分行一把手延伸，盯住一把手，使他们进入主要负责人行列起就受到严格的监督管理，督促其廉洁履职。要加强对支行行长、网点负责人和客户经理的教育、管理和监督，在去年涉嫌受贿被司法机关立案侦查的员工中，上述三类人员占到77%，需要高度关注。另外，按照中央要求，非专业出身的各级行现任或已退休的班子成员，如有在各类书画、艺术等协会中兼任领导职务的，要及时退出。

（三）着力深化体制机制改革。党的十八届三中全会后，我们及时召开了改革发展研讨会，部署新时期改革发展重点任务，去年底的改革发展研讨会和今年初的全行工作会议又进一步明确了有关改革事项。全行要将健全防腐机制与深化改革发展同步考虑、同步部署、同步实施，确保廉政案防工作有抓手、见实效。要深化信贷运营体制改革，整合与精简信贷业务流程，努力实现信贷业务全流程的风险监控与监督；深化财务运行机制改革，严格财务授权管理和预算控制，最大限度防止跑冒滴漏和权力寻租；健全授权审批制度和限额管理制度，加强事前控制，杜绝超授权、超限额等违规交易的发生，防范金融市场业务风险；完善理财、投资银行等业务领域的管理架构和风控体系，提高信息披露的全面性、准确性，强化风险防控；健全和创新集中采购工作

机制，规范制度流程，严格执行不良行为供应商禁入名单制度，加大对已完成项目的后评价监督，不断提升采购效率和透明度。

打铁还靠自身硬。要按照中央“一个强化和两个为主”要求，深化纪检监察体制机制改革，加快推动全行纪律检查工作双重领导体制具体化、程序化、制度化。要切实加强上级行纪委对下级行党委、纪委的监督，对下级行纪委不向上级行纪委报告问题线索和案件查处情况的，必须严肃问责。各级行纪检监察部门要深化“三转”工作，聚焦党风廉政建设和反腐败工作，更好地履行党章赋予的监督职责。各级行纪委书记要根据中央要求及总行现有规定，进一步规范和调整职责分工，确保把主要精力放在抓纪检监察工作上，强化监督执纪问责，瞪大眼睛、发现问题。纪检监察部门对党风廉政方面的问题，该发现没有发现就是失职，发现问题不报告、不处理就是渎职，就要严肃问责查处。要加强纪检监察队伍建设，增强干部能力素质，严明各项纪律，做到自身正、过得硬。各级纪检监察干部要以“三转”为工作准绳，牢固树立敢于担当、敢于监督、敢于负责的精神，牢固树立忠诚于党、忠诚于纪检监察事业的政治信念，努力打造一支忠诚、干净、担当的纪检监察干部队伍。

同志们，党风廉政建设和反腐败工作任务艰巨、责任重大。全行上下一定要深刻学习领会习近平总书记重要讲话精神，认真贯彻落实十八届中央纪委五次全会部署，牢记党风廉政建设和反腐败工作永远在路上，切实增强忧患意识、风险意识和责任意识，持之以恒地推进廉洁银行建设，为全行改革发展提供坚强保证。

坚持从严治行　全面强化管理
推动全行经营管理水平再上新台阶

——在中国工商银行2015年内审内控工作会议上的讲话

姜建清

（2015年3月30日）

今年的内审、内控年度工作会议采用合并形式召开，既是总行提高效率、精简会议的体现，更是在新常态下进一步加强各项管理工作的协调联动、深入落实从严治行方针的内在要求。易行长随后要具体总结全行内审、内控去年的工作，安排今年及未来一段时期内审、内控的主要任务。这里，我先讲三点意见。

一、内审、内控工作在促进全行改革发展中发挥了积极的作用

过去的一年，全行上下认真贯彻国家宏观调控政策和金融监管要求，落实总行党委和董事会决策部署，积极应对经济“三期叠加”挑战，统筹推进转型创新发展，扎实做好经营管理工作，多措并举缓释化解经营风险，在严峻复杂的局面下保持了稳健经营，实现了平稳发展。总体来看，全行的内部管理是规范有效的，风险是可管可控的，这得益于各级行、多方面的努力和支持。其中，内审内控工作积多年之功，不断创新，不断完善，在全行经营发展的过程中发挥了重要的保障作用，充分体现了内审内控的职能作用和增值服务价值。

（一）持续深化的内审、内控体系建设为全行稳健发展打下了坚实的管理基础。2005年，为适应现代商业银行公司治理和股改上市的要求，总行决定将稽核监督局分设为内部审计与内控合规两个部门，从而在全行初步建立起了一个由相关业务管理部门、内控合规与风险管理部门、内部审计部门组成的“三道风险防控体系”。股改上市十年来，内部审计、内控合规作为全行公司治理和风险管控体系的重要组成部分，始终围绕全行经营发展战略，积极构建职能体系、制度架构、管理机制和报告程序，工作内容日渐丰富，实务体系逐步完善，工作价值逐步体现，走出了一条具有工商银行特色的发展道路。内部审计积极发挥在治理层面的监督与评价作用，通过独立、客观的审计活动，对全行经营、风险管理、内部控制、公司治理的效率和效果进行监督，支持董事会及时准确掌握全行风险管理和控制状况，实施监督，科学决策，促进全行经营和治理的不断改善。内控合规部门全面履行在管理层面的内部控制与合规管理职能，通过全面推动和落实内部控制体系建设、集团合规管理、操作风险管理、反洗钱和常规检查等职能，逐步将工作深入到全行经营发展过程，实现了业务发展的事前、事中和事后的全过程控制与合规管理。内部审计、内控合规与其他风险管控部门各司其职，相互配合，在全行管控风险、规范管理中发挥了重要作用，促

进了全行内部管理能力和水平的持续提升。

（二）充分有效的内审、内控监督机制在全行持续健康发展中发挥了重要的保障作用。多年来，内部审计和内控合规坚持以风险为导向，以控制为主线，以合规为基础，对各级各类机构和各项业务活动开展了有效的风险核查、专项检查和内控评价等一系列监督检查。内部审计部门集中关注全行经营和治理过程中的重大风险领域、主要经营事项，进行了持续的专项检查和跟踪监督，从机制、流程、系统、产品等层面及时发现和揭示了风险隐患，提出了大量有针对性的管理建议。内控合规部门持续关注全行业务发展、合规经营和规范操作方面的问题，通过事前合规审查、事中监测核查、事后监督检查与整改问责，以及适时开展依法合规大检查、重点领域案件和风险事件专项治理等一系列检查活动，及时堵塞和消除了大量管理漏洞和风险隐患，持续保持了对案件和风险事件的高压态势。内审、内控监督检查有合作有分工，覆盖全行风险管理、内部控制和公司治理领域，涉及集团境内外各级各类机构，监督检查的视角和内容不断向纵深推进，工作质量和层次持续提高，体现出了内审内控的战略性、系统性、建设性和前瞻性。各类监督检查结果得到了董事会、管理层及各级行、各专业的充分重视和有效利用，为全行严把控制关口、严守风险底线，起到了保驾护航的作用。

（三）持续不懈地控制和合规文化建设，为全行营造了良好的经营管理环境。多年来，内审内控工作始终立足经营管理实际，积极倡导“内控提升品质、合规创造价值”的基本理念，不断推进内部控制与审计监督体系建设，深化内控评价工作，推动各部门持续优化内控制度流程，强化授权控制，完善事权划分，逐步形成了全程控制、全员参与、全方位覆盖的管理文化。内控合规部门整体规划全行内控体系建设，坚持梳理完善内部管理制度，持续开展员工合规文化教育培训。内部审计通过审计活动向全行传导规则意识与合规要求，同时积极发挥在协调国家监管部门和外部审计机构对全行检查事务方面的沟通“窗口”作用，及时向全行传导和解读国家监管政策和要求，向监管部门有效地传递全行近年来加强管理、合规经营的成效。多年不懈的工作促进了全行上下贯彻落实科学发展观，树立正确的业绩观和风险观，增强了收益与风险匹配、内部制衡与效率兼顾的风险管控意识，在推动全行加强内部控制、防范风险、规范经营等方面发挥了增值作用。工商银行内审、内控的运行机制和管理严格、稳健经营的实践得到了监管机构的认可和业界的尊重，在国内外树立了良好的大行形象。

总之，内部审计、内控合规有效履行了在全行公司治理和风险管理中的职责，出色完成了总行党委、董事会、高管层交办的各项任务，为我行安全稳健运行和持续健康发展作出了重要贡献。这些成绩的取得，既凝聚了内审、内控系统干部职工的心血和汗水，也得益于各分行、各机构、各部门的支持，得益于审计署、人民银行、银监会等监管机构的指导与帮助。在此，我代表总行党委和董事会，向大家表示衷心的感谢！

二、新常态下全行内部管理面临的新挑战

全行经过近些年的稳健发展，打下了良好的内部管理基础，积累了较为丰富的内审内控管理经验，但从新常态下银行业经营发展的特征和出现的新情况来看，内部管理仍存在不适应、不完善、不到位的方面，全行的经营决策能力、风险防范能力和内部管理水平正面临新的严峻考验。

（一）经营形势变化对风险管理能力提出了新挑战。“三期叠加”的经济环境对银行主要业务领域都不同程度地造成了影响，尤其是在以下两方面需引起全行高度警觉：一是信贷风险突出显现，信贷风险由企业向产业、由下游向上游、由局部向区域蔓延的程度加深，非法集资、民间高利贷由于经济下行压力加大和资金链断裂产生的风险向银行业传染，钢贸领域风险和大宗商品融资风险尚未见底，风险发酵单点辐射和多点多发态势扩大，全行不良贷款反弹，余额和比率持续“双升”，特别是个别机构新发放的贷款当年就出现不良、次年就产生损失，全行近十年来形成的良好信贷资产质量正经受经济周期波动的严峻考验，也对盈利增长构成了极大压力。二是外部欺诈风险、内部操作风险和道德风险突出显现，全行合规管理面临较大挑战。从近几年内外部监管检查发现的问题来看，内部违规事件和案件增加，部分机构出现票据垫款、越权放贷、信贷准入不符合产业政策、抵押担保不落实、到期催收不及时、档案和数据管理不规范，内外勾结骗贷等违规操作事件和案件；个别机构和少数员工存在内外勾结骗贷、私售飞单、虚增存款、变相浮息分费、误导销售、捆绑销售等违规行为，并因此发生了一些单笔超千万元的监管处罚和诉讼赔付事件，不仅造成了直接经济损失，有的还引发了较大的声誉风险。

（二）监管环境变化对内部管理模式提出了新挑战。随着一系列宏观和微观审慎监管新规的不断出台和落地，宽准入、严监管已成为我国银行业发展和监管的共识。在逆周期的监管环境下，我行作为全球系统重要性银行，主要面临两方面的管理压力。一是审慎监管在资本、杠杆率、流动性等领域出台了更高和更严格的监管标准，我行原有盈利模式下资产业务资本消耗较大，利润来源对批发业务、传统业务、利差收入依赖过高的问题尚未根本解决；资本投入与回报、效益与风险的平衡等方面的约束还不够精细，在资本运作、成本控制、资源布局、业务创新以及风险防控等方面长期存在的一些深层次管理问题愈显突出。这些问题的存在事实上压缩了我们应对新常态的纵深空间。二是审慎监管更加重

视经营行为的规范性和适当性，监管涉及的范围更广，处罚也更为严厉，我们需要进一步处理好金融创新与守法合规的关系，将依法合规经营的理念进一步融入各项经营决策和管理活动中，在合规管理框架下清晰地界定业务边界、权力边界和责任边界，确保我们的行为可以预期、风险可以控制。

（三）全行业务创新和国际化综合化发展对集团管理方式提出了新挑战。随着大零售、大资管、大投行等重大战略的实施，e－ICBC服务体系的快速构建，国际化综合化发展格局的完善，以及一系列新的经营机制、服务模式的建立，集团经营架构发生了深刻变化，全行正在由境内传统商业银行向涵盖投行、基金、保险、租赁等多领域的国际化全功能金融机构转变。目前我行境外经营网络已经扩展到41个国家和地区、330余家分支机构，综合化子公司跨市场经营范围不断拓展。集团战略布局在逐步培育新的竞争优势和盈利点的同时，也使集团管理遇到新的问题。一是面临更为复杂的风险局面，境内外、表内外风险相互交织转化，各类风险传染蔓延，跨境、跨市场传递和演化为区域性、系统性风险的诱因和几率加大，隐性风险显性化、突发性和破坏性增加的态势加剧。二是集团全面风险管理和内部控制体系仍需要改进提高，信用风险、市场风险、流动性风险、操作风险、反洗钱风险、声誉风险、国别风险等集团风险管理体系，尚需要根据变化的经营和监管环境加以检验和优化。部分经济上行期构建的制度机制与下行期的管理需要不适应，考核激励和战略传导不协调，流程系统刚性控制与全员参与群防群控两种手段运用不均衡，风险控制过度与缺位并存，监督检查过频与不到位并存，权力与责任脱节导致难以失职追责与尽职免责等问题，都需要认真改进。建设好新常态下的防火墙与隔离带，阻断风险传染源，在管理机制与方法技术上尚需做很多的功课。

上述问题是新常态下我行经营管理面临的挑战，也是我们需要长期应对的主要风险。要实现新常态下的新发展，全行上下必须保持清醒头脑和危机意识，积极应对挑战，认真反思内部管理中存在的突出问题，重视管理、研究管理、加强管理，通过全面强化管理、全面从严治行、全面整合各类资源，确保和实现集团效益的最大化。强化内部管理是新常态下实现稳健经营的基本前提，全面从严治行是新常态下全行转型发展的根本保证。在长期的改革发展实践中，我们深切地体会到，银行业改革发展需要强烈的管理意识，业务行为需要强有力的管理规范，有效经营需要坚强厚实的管理支撑，特别是在复杂环境下要实现全行转型发展目标，建设国际一流现代金融企业，更是必须以过硬的管理守住风险底线，以从严治行筑牢内控防线，增强驾驭复杂风险局面的能力，强基固本，壮筋健骨，才能让风险撼不动、渗不透、拖不垮，全面打赢风险防控的硬仗，夯实转型发展的基础。

三、进一步做好新常态下的内部管理工作的几点要求

总行党委在去年改革发展研讨会和今年初召开的全行工作会议上，已经明确了新常态下全行的战略思路、中心任务和主要措施，要求全行必须更加注重风险管理、更加注重合规经营、更加注重从严治行，把管理的着力点聚焦到提升风险控制的前瞻性、针对性和实效上，确保有效防控风险，守住底线，各级行各部门特别是各级管理层对此要在思想上有足够的认识，工作中做具体的落实。

（一）强化内部管理，坚持内控先行，确保全行转型发展的质量。强化内部管理的主要任务是解决当前各级行在风险管理和内部控制方面存在的管理理念不适应、管理责任不落实和管理措施不到位的问题，在规范经营，有效控制，平衡效益与风险的前提下想问题，作决策，办事情，夯实新常态下的发展和管理基础。

要进一步落实各级机构内部管理的主体责任。“主体”之意在于责任所系，使命所在，落实主体责任，根本在于担当。工商银行摊子大，专业分工细，各级行、各部门、各专业条线都有自身的管理责任和义务，各级机构一把手是本单位内部管理的第一责任人，要像研究经营一样，拿出足够的精力研究部署管理工作，种好自己的“责任田”，引领本单位牢固树立科学的发展观和正确的业绩观，端正经营思想，坚持依法合规经营，一切经营活动都要落实“内控优先、制度先行”的原则，特别是在竞争新业务、推出新产品、开拓新市场等易出风险的工作环节，尤其要注意及时完善规章制度和健全内控机制，注意完善绩效考评、授权管理、资源配置，切实把经营发展建立在有效的内部控制和风险管理基础上。

要进一步发挥风险管控“三道防线”的作用。目前全行已建立了明晰的风险管理与内部控制“三道防线”，各业务部门和内控、风险管理部门分别履行对风险的自控、自查、自纠职责，内部审计则对前两道风险防控程序的运行效率、工作质量和控制效果以及改进情况进行客观独立的再检查和再评价，提出加强和改进管理的建议。“三道防线”要各司其职，把守关口，共同扎牢风险防控的“篱笆”。随着经济周期转换和风险环境变化，各部门都要研究新形势下出现的新问题，分析形成的原因和机制，一方面要进一步梳理完善本专业的内控管理职责体系，完善内控管理措施；另一方面要进一步增强管理合力和监督实效，切实找准着力点，积极作为，着力整治现有问题，及时解决新的问题，确保不发生大的风险问题。各部门无论完善制度、加强考核还是实施处罚，都应当形成正向激励，要让全行员工感到守法合规能够产生效益、促进发展，进而增强风险管理

和合规经营的自觉性。

要进一步做好重点领域的风险与合规管理。当前，压倒一切的任务是稳定资产质量、遏制不良贷款反弹。保持资产质量总体稳定和可比同业较优的质量水平是全行核心经营目标之一，各级行要认真落实全行信贷工作会议部署，着眼于控制实质风险，锁定存量，管住增量，缓释总量，明确责任，规范管理，综合诊治，坚决止住前清后溢，努力保持资产质量基本稳定。当前经济“三期叠加”，下行压力较大，企业经营遇到一些困难，这些风险会向银行传导，导致银行不良贷款“双升”，有些分行不良上升得较快，但我们不能将经济下行作为不良双升的理由，而必须眼睛向内找不足，尤其是自身管理上的问题。内审内控要持续关注信贷领域的风险和控制，加强对小微企业、地方政府融资平台、房地产、产能过剩、批发贸易、商品融资等重点领域的监督检查，加强对相关风险演变的研究分析，及时揭示存在的管理问题和风险趋势；要加强对新进入的领域、新开发的产品、新拓展客户质量与相关风险的监督，防止产生新的“出血点”；要跟进“四个统筹”、信贷流程改革深化等过程中的信贷基础管理及相关政策措施的落实效果，促进信贷管理效率提升；要加强对清收处置、转化、退出等风险防控措施落实情况的监督；集团内各级机构管理层要准确把握反洗钱监管政策的重大调整，加强对本机构反洗钱工作的组织推动、资源配备和履职管理，确保各项反洗钱监管要求落实到位，切实履行好反洗钱法定义务。

（二）强化从严治行，坚持底线思维，确保全行稳健经营的成果。从严治行的着力点是落实从严管理措施，要通过落实制度，强化监督，加强教育，追究责任来综合施策，解决有章不知、执章不严、违章不纠、纠之过轻的问题，坚决遏制经营管理中不良倾向和风险问题上升的态势，严守底线，明晰红线，达到知规矩、守纪律、规范管理的目的。

要进一步严格落实规章制度。当前部分行出现的经营不规范问题和风险事件、案件，一个很重要的原因是规章制度不落实。制度不落实有一个不可忽视的原因就是制度学习、培训这项基础工作不够扎实，部分管理人员和操作员工有章不知或一知半解，有些员工是在干中学，有些甚至只干不学。这一问题如果得不到很好的解决，违规操作也就在所难免，管理漏洞、风险隐患也就必然是前堵后陷。随着经济环境变化，我们一方面要及时修订调整规章制度和内控机制，总行各部门要自上而下地对本专业的规章制度、管理规范进行一次全面的梳理，结合当前风险特征和基层实际，完善适应形势需要、切合工行实际、职责清晰明确、利于执行落实的制度，不适应发展的要废止，不利于执行的要修订，制度缺失的要补充。另一方面要加强制度培训和学习，通过多种方式将培训这一课补起来，让管理人员树立管理红线不能触碰、法律底线不能逾越的观念，让操作人员知规矩、守纪律，从源头解决不规范经营和操作行为。

要进一步加大监督检查力度。这几年各方面检查覆盖的领域较广，但有些检查深度不够，或流于形式，不能发现疑点、查出问题，不能对发现的薄弱环节持续跟踪、彻底整改。加大力度不是要量大面广，而是要提升效率和效果，内控合规部门要进一步加大对全行监督检查工作的统筹管理力度，结合当前风险特征和基层实际，研究新形势下的检查监督方法，改进检查的技术，组织开展检查质量提升活动，使检查监督到需要处、问题揭示到紧要处、整改建议到点子上。今后全行检查工作也要落实主体责任，对“三道防线”中的各类监督检查力量的监督检查效果进行问责，对于查出的问题，要坚持谁检查、谁跟踪落实整改，确保整个检查活动一抓到底。

要进一步加大整改问责力度。内控制度再健全，各类检查组织得再多，问题不能最终解决也是徒劳枉然。违章不纠或纠之过宽、从严治行的要求没有落到实处，也是近年来风险屡挖不尽、问题屡查屡犯的重要原因。一方面要加强问题的监督整改工作，各级机构主要负责人作为整改工作的第一责任人，要承担组织推动本单位整改落实工作的职责，对本单位整改工作的质量和效果负总责；各业务管理部门要加强对本专业整改工作的指导，主动加强与相关机构部门的支持配合，不仅要自扫门前雪，更要注重解决交叉结合部和盲点区域的问题；内控合规部门要切实发挥好全行问题整改的统筹管理作用，完善监督检查系统功能，做好整改落实的牵头协调、监督检查、核实确认、汇总报告等工作。内部审计部门要深入落实内部审计发现问题整改管理办法，细化完善措施，健全整改跟踪检查机制，加强对重点问题整改情况的后续审计。另一方面要加大对违规行为的惩处力度，全面落实风险认定与责任追究制度，严格按照相关规定处罚当事人和相关责任人，切实抓一批反面典型。特别是在开展不良贷款责任认定和追究等工作中，要对严重违规、造成重大损失或影响，隐瞒事实、弄虚作假的相关责任人进行严肃处理，对问题责任机构“亮黄牌”，深查严纠管理漏洞，为全行重敲警钟。

（三）强化内审内控自身建设，坚持服务发展大局，确保专业支持保障的实效。内审内控要主动适应形势变化和全行管理需要，科学谋划提升履职水平的方向和重点，积极探索审计监督的措施和途径，加快提升履职能力，在全行强化管理、从严治行的过程中承担重要任务，起到关键作用。

要认真履行监督检查与合规管理责任，前瞻性地揭示预警风险。内部审计与内控合规作为全行合规管理和监督检查的专门机构，要坚持风险导向，把前瞻性揭示风险、建设性提出建议、针对性督促整改作为提供专业监督服务的立足点，全面增强复杂环境下对风险的预判和揭示能力，介入更多的领域、层面和维度，提供更多全局性、系统性的支持与服务，当好风险防范的“卫士”和“哨兵”。2015年的全行内部审计计划和境内外检查计划已经印发，内审内控在执行计划过程中，要实现“有深度、有重点、有步骤、有成效”的全覆盖，突出事前预警和事中监督，及时揭示并推动解决影响经营发展和管理效率的体制、机制、系统、流程等方面的痼疾顽症，不断提高监督检查质量和水平。

要改进监督手段，加快信息化建设。内审内控要加快自身信息化建设的创新与实践，努力推进系统建设与新技术应用，加大数据集中和分析力度，探索审计监督运用大数据技术的途径，精确定位、精准发力，不仅要靠经验说话，更要靠数据说话，有效提高审计与监督检查质量和效率。同时要研究改进审计监督方法，研究现场与非现场、线上与线下、全面与重点、境内与境外相结合的多种监督检查方式，由项目监督检查为主向持续性监督为主转变，由“抽样监督”向“全量监督”转变，实现对集团各机构和业务领域的全面覆盖和及时监测。

要从严管理队伍，打造内审内控铁军。履行新形势下的内审内控职责，关键在于建设一支与职责任务要求相匹配的、素质和技术过硬的队伍。坚持以品德为核心、作风为基础、能力为重点，加强干部队伍建设，是内审内控部门队伍建设的主要任务。要通过锻造优良的职业素养，促进内审内控人员具备坚定的政治信念、强烈的大局意识，保持应有的职业水准、行为标准和道德规范；要通过锤炼精湛的业务本领，促进内审内控人员不仅要精通业务、更要熟悉政策，不仅要善于发现问题、更要善于推动解决问题；要通过打造过硬的纪律作风，促进内审内控人员严格遵守政治纪律、组织纪律、保密纪律、财经纪律和工作纪律，做到以责立志、以德立身、以能立业、以行立信。

同志们，全行转型发展已进入新一轮攻坚阶段，内审内控工作正面临更大的考验与挑战，肩负更重的职责与使命。希望各级行党委、各机构管理层要高度重视发挥内审内控的作用，各机构各专业要充分尊重与主动配合内审内控工作，全行内审内控部门的同志们要继续保持和发扬优良传统，以奋发有为的精神状态和求真务实的工作作风，开创新局面，再创新佳绩，为全面实现今年经营目标和长远战略愿景，确保工商银行的健康持续发展作出新贡献！

在2015年一季度经营情况分析会上的讲话

姜建清

（2015年4月27日·根据录音整理）

刚才易行长通报了一季度经营情况，对当前需要着力落实的重点工作作了强调和安排，讲得非常周全。总行各位行领导和高管也谈了对当前经营工作的看法和意见。上午，几家分行和总行几个业务部门也汇报了本单位工作进展、存在的突出问题和下一部重点加强的工作措施。总的来看，这次会议大家通过谈形势、摆问题，剖析成因、共商办法，对当前所面对的一些新情况新问题有了更深一步的认识，对下一步的措施也有了一些想法和思路，达到了这次会议的目的。下面，我结合大家的发言，再强调四个方面的问题。

一、敏锐把握经济形势变化，更加主动地应对挑战和抢抓机遇

今年以来，全行在经营中更加深切地感受到国内外经济金融形势的复杂变化，各种严峻挑战和重大机遇交织混杂、纷至沓来，考验着我们的经营管理水平和改革创新能力。

从经济运行情况看，世界经济低迷复苏态势还在持续，美国经济增长势头较好，欧日等经济体增长乏力，新兴市场增速总体放缓，各国货币政策进一步分化，全球汇率走势和跨境资本流动方向多变、波动加大，国际大宗商品价格呈现新的不确定性。对高度融入世界经济的中国经济来说，当然不可能独善其身，国际环境复杂多变与国内经济调整交织，经济下行与价格涨幅回落叠加，企业效益下滑与财政收入放缓并行，部分主要经济指标回落幅度超出预期。一季度工业增加值仅增长6.4%，增速回落至国际金融危机以来同期最低水平；工业品出厂价格同比下降4.6%，连续37个月下降；发电量和工业用电量仅分别增长1.9%和1.3%，铁路货运量下降9.1%；投资增长13.5%，增速为2001年以来同期最低，其中民间投资增速从去年一季度的20.9%下降到今年一季度的13.6%；进口量价齐跌，

增速回落26.9个百分点，表明内需疲弱。

从我行对一些重点行业企业的监测情况看，受经济下行压力加大、市场需求不振、劳动力成本上升等因素影响，部分企业经营困难加剧，盈利水平下降，偿债能力减弱。其中，钢铁行业生产减缓、价格低迷、亏损面进一步扩大；煤炭行业需求疲软、价格持续下跌，除神华等个别大型煤企外，基本全线亏损；电力行业相对过剩现象凸显，装机增长已明显高于电力消费增速；房地产开发投资增速连续12个月回落，新开工面积、土地购置面积、商品房销售面积和金额持续下滑，一些地区商铺空置率持续上升、酒店出租率连续下降，尽管近期密集出台了一系列调控新政，但房地产市场基本面短期内难以完全扭转。银行是实体经济运行的晴雨表，近年来经济领域累积的一些风险已经越来越多地反映到银行信贷资产质量上，不良贷款呈加速暴露趋势。

同时也要看到，我国经济仍处在合理区间，一季度国内生产总值增长7%，制造业PMI为50.1，回到荣枯线之上。同时经济发展在多方面、多领域呈现新亮点，如新产业、新业态、新模式、新技术发展势头良好，对经济和就业拉动明显，服务业增长继续快于工业，服务业增加值占GDP的比重从2013年的46.9%上升至2015年一季度的51.6%；高技术制造业增加值同比增长11.4%，明显高出整体工业水平；网上商品和服务零售额同比增长41.3%，是消费增速的3.9倍。简政放权有效释放了微观主体活力，大众创业、万众创新氛围日渐浓厚，一季度全国新登记注册企业同比增长38.4%，新增注册资本增长90.6%。国家“三个支撑带”战略全面布局，正由顶层设计转向专项规划与具体实施并进，其中“一带一路”建设愿景与行动文件已经出台，亚投行筹建迈出实质性步伐，一批基础设施互联互通项目开始启动实施，京津冀协同发展和长江经济带建设也取得积极进展。产业结构转型升级加快，“中国制造2025”即将实施，推动中国制造由大变强；“互联网+”等专项行动计划正在陆续推出，重点推动互联网创新成果与制造业、农业、能源、金融等行业的融合创新。这一系列内需释潜力、改革激活力、创新增动力的组合拳，有利于推动我国经济实现保持中高速增长和迈向中高端水平的“双目标”，也为银行健康稳定发展创造了重要条件，带来了一批新的业务增长点和盈利增长带。

从金融领域看，一系列重大改革措施正从多个层面深化。利率市场化改革迈出实质性步伐，《存款保险条例》将于5月1日起正式实施，面向企业和个人发行的大额存单将适时推出，今年完全放开存款基准利率上浮区间限制的概率很大。人民币汇率市场化形成机制改革稳步推进，汇率双向浮动弹性增强。银行业市场准入放宽，民营银行设立常态化。多层次资本市场发展提速，股票发行注册制改革预计年内落地，“深港通”试点择机推出，股权众筹融资试点稳步推开。PPP模式已在30多个基础设施项目试点推行，并将逐步扩大推广；地方政府债务置换工作稳妥推进，近期财政部已批复1万亿元地方政府债务置换额度，并下达4 000亿元新增债券发行额度，后续还会有新的安排。金融改革的日益深化和金融生态的深刻变化，既为银行创造了新的发展空间，也对加快经营转型和金融创新提出了紧迫要求。可以说，银行业也面临着“三期叠加”，经济周期、实体产业周期和金融行业自身的周期。

金融服务实体经济是党中央、国务院高度关注和重视的工作，近来又连续出台了一系列政策措施，如下调存款准备金、定向降准、实行信贷资产证券化注册制、扩大银行不良贷款自主核销权等，通过这些定向调控、定向施策，对金融服务实体经济加力增效，同时也赋予银行新的政策支持。这次李克强总理来工行、开行考察并召开座谈会，对银行提高服务实体经济水平，特别是对支持小微企业、盘活资金存量、减免服务收费、加快金融创新、防范金融风险等工作作出重要指示，为我们进一步做好经营工作、改进金融服务指明了方向，我们既深受鼓舞，也深感责任重大。连日来，总行相继召开党委（扩大）会议、专题会议，研究了具体贯彻措施，这次会后将很快印发全行，各级行要认真贯彻落实。

总的来看，当前经济金融形势十分复杂，机遇与挑战并存，怎么样在复杂局面中发现机遇，在风险挑战中创造机遇，这对我们来说是一场大的考验。全行上下既要进一步增强忧患意识和紧迫感，更要坚定信心、勇于担当、奋发有为，紧紧围绕贯彻党中央、国务院关于金融服务实体经济的决策部署、落实李克强总理考察时的重要指示，大力改进和推动各项工作，努力实现服务实体经济水平和自身稳健发展能力的“双提升”。

二、关于资产质量问题

我们风险控制面临的形势是十几年来最严峻的。这种严峻性并不是说数字本身有多差，我们目前×%的不良率在可比同业中还处于较低水平，拨备也较为充足。真正令人担忧的是，现在贷款劣变的速度非常快，质量下滑的斜率非常陡。2000年的时候我们不良贷款的压力也非常沉重，但那时总体上是在逐月、逐季、逐年向好的方向转化，现在是质量在往下行，而且底部是非常不确定的。会上各分行讲到6月份的数据，讲到12月份的数据，都有点吞吞吐吐，心里没谱。如果不能有效遏制住这种贷款劣变势头，可能会引发一系列的多米诺骨牌效应，甚至有可能颠覆全行持续多年的良好发展态势。

前几天在研究全行2015—2017年新三年规划时，我讲过今后3年工商银行必须过好三关，一是质量关，二是转型关，三是创新关。其中质量关是首道关口，这个关过不好，其他所有事情都会焦头烂额。因为资产质量是决定全行整个经营状况的基础，也是我们面临的最大挑战。总行做了个大致算账，按照目前贷款劣变趋势推算，预计到年底还要劣变×亿元左右、对应的不良率为×%；如果要实现1.25%的控制目标，则要耗用600多亿元财务资源。全行拨备覆盖率已由年初的207%较快下降到一季度末的180%，我们多年辛苦积存的拨备“余粮”已经所剩无几了，照这样下去再持续两三个季度我们的拨备水平就会到一个临界点，也就是150%的最低监管要求。所以说，资产质量控制不好会是最大的利润损耗。盈利下降会直接影响到业务创新发展，最终又会反过来削弱处置和化解风险的财务实力，这是我们经营上面临“两难”的突出表现。今年要努力实现资产质量和盈利的“双稳定目标”，也就是说，既要守住风险底线，也要守住利润底线，必须把握好这两者的平衡点。任何一个指标完成不好，都会对我们经营发展、队伍的信心与士气带来极大影响。同时，资产质量也不单单是银行自身的问题，它是一个涉及金融、经济、社会的全局性问题。在前不久召开的业绩发布会和进行的全球路演过程中，大家关注的焦点进一步集中到信贷资产质量上。尤其是在当前国际上质疑和唱衰中国经济声音不断的情况下，如果我们不良大幅增加，会影响全球对中国银行业和中国经济走势的看法，带来负面的市场预期。此外，不良贷款快速反弹，也会造成一些惜贷和恐贷心理，影响支持实体经济的能力。因此，大家一定要从政治和全局高度上，对不良贷款问题有个更加深刻和全面的认识。

不良贷款上升有“三期叠加”的经济背景，更有我们自身经营理念、业务结构、政策制度、体制机制等方面的深刻原因。现在看来，全行上下对新常态下风险防控的长期性、复杂性、严峻性认识是不足的，或者用一句简单的话说，还有些盲目乐观。这两三年来，总行对不良贷款的问题打了很多招呼，但在去年部分沿海分行不良贷款激增的时候，分行还认为当年就可以解决掉或控制住了，因此寄希望于一次性地核销和集中打包处置，而没有对风险作全面和深入地排查，在控制信贷资产质量劣变上缺乏长期的工作考虑和机制安排，结果问题越来越严重。而且，现在表面看中西部地区还没有受到影响，但我担心等出现问题的时候，情况更加糟糕而不可收拾，因为中西部很多企业资质不太好、管理不太完善，现在还没出问题只不过是因为没有辐射到而已。

更深一层地反思，我们对于工商银行信贷风险管理的有效性也过于乐观了。十几年前我们的不良情况非常糟糕，最高时达47.5%的不良率。经过这么一个资产质量回升向好过程后，在前些年，我们一些行长说，这十几年最大的进步就是我们风险管理上的进步，我们现在真正有非常深刻的风险意识，有很好的管理体制，所以我们的不良控制得非常好。应该肯定这些年全行信贷管理的机制和手段是在不断进步的，但也应认识到真正检验风险管理的成色和有效性并不是在经济上行期，而是要在经济下行环境中。当前我国经济增速放缓、下行压力加大的新环境，是对我们风险管理能力的一次全面检验。我们一些业务领域和分支机构信贷风险的集中爆发，实际上也是自身管理漏洞的全面暴露。如一些行发展观、业绩观出现偏差，为了即期利益，放松市场准入，过度信贷投放；一些行重走流程和形式合规，轻实质风险把控。同时，总行层面在政策制定、产品设计、流程设置、风险监测等方面，也存在与市场有一定脱节、对关键风险点管控不够有效的问题。对不良贷款产生的深层次原因，从总行到分支机构都要进行深刻反思，真正从教训中学会成长。

我一直在想，我们的信贷为什么会出这么多的问题，我想根子是因为我们信贷管理的模式方式有点过时。现在都在说工业4.0，但我们的信贷管理可能还是2.0、3.0时代。刚才信贷管理部讲到我们信贷面临着几个变化，诸如简单的变复杂了、传统的信贷客户变成多元的客户了、信息不对称了，等等。现在小微企业、贸易融资等领域出现的问题，包括中型企业客户开始出问题，总的来看，是因为我们现行这种信贷管理的模式慢慢不适应了，跟不上企业发展变化。我认为信贷业务可以分为两种：一种是标准化的信贷，比如按揭贷款、信用卡贷款、逸贷等，这种标准化贷款管理就是依赖“数据+模型”，不用过多人员参与。另一种是专业化的信贷，这就需要丰富的经验，如大型的项目贷款。现在我们是两种形式的贷款混在一起，标准化的贷款也按专业化贷款来管，造成一方面总是觉得再多的客户经理都不够，另一方面又出现大量的风险问题。很多小额信贷需要持续性的监督和信息的收集。什么是持续性？最严格的持续性是按秒来计算。我们一天2.7亿笔业务，有些企业可能每秒都有业务，所有业务都应该进入我们的数据库，进行全数据的分析，根据它的交易行为来分析它的风险怎么样。这实际与运管和内控负责的员工行为分析模型是类似的。这才叫信贷管理。专业化信贷对应的是专业管理，与企业所处行业是密切相关的，需要与企业所在行业的专业知识。很多分行在审查时，看似有一班人在讨论研究，其实我们并没有那么多的行业专业人才，对行业的了解是非常肤浅的。就是大家说的，外行面前的内行、内行面前的外行。所以，专业的不专业、标准的不标准，用很传统的2.0的办法来做4.0客户的信贷管理，一定出问题。我们现在就面临这个情况。

怎么办？从长远来看，就是必须要推动信贷经营管理模式的根本转型。刚才分行、总行各位行领导讲的所有措施，一定要落实到位。不是说2.0、3.0时代的东西就要完全丢掉，好的方法还要做；同时也要考虑推出我们自己的4.0版本，要真的往这个方面去转。要实现两种模式平行发展，能够标准化的全部标准化，能够专业化的专业化。没有办法标准化，就只能专业化来做。哪怕是一笔50万元的专业化贷款，也要按专业化管理。但如果这样一笔贷款还经常要客户经理去企业走访调查，管理方式就过于费时费力了。如果有一天有足够长和足够多维度的信息、有足够的模型，就可以实现标准化管理。刚才个人金融业务部汇报的，如果把企业与其员工的代发工资等信息结合起来，对企业经营的判断就更为准确。如果再增加企业负责人的信息等多维度信息，增加到20多个维度，企业经营一旦有出问题的迹象，也都会在我们的掌握之中。现在的问题是我们跟不上经济和企业的变化，企业已经不是昨天的企业了，但是银行还是昨天的银行，我们用落后的办法从事更加复杂的市场，今天摔了跟头，还是轻的。按照市场这样变化下去，如果我们不改变，将来可能摔得更重。希望大家对资产质量的现状有一个长期的考虑。这也是我们能否实现爬坡过坎的关键。如果我们这次付出了这么昂贵的学费，能够把工商银行的信贷水平提升到一个新的阶段，能够完全脱胎换骨，在中国的商业银行中成为第一家真正能够称得上是具备现代风险管理的优秀银行，我们才算成功。

在不良贷款的防控与处置上，我们一是要进一步坚定信心，看到保持资产质量稳定所具备的有利条件、良好机遇和前景。我行盈利能力已今非昔比，具备了一定的化解不良贷款的财务实力。更重要的是我们前面分析到的，在以经济转型为主要标志的新常态下，银行无论是开拓优质信贷市场，还是改善信贷资产质量，都面临着一系列新的重要机遇。各级领导干部都要树立打赢这场质量攻坚战、持久战的必胜信心，并且要把这种信心传导到全行员工，引导全行在挑战与机遇并存、困难与希望同在的形势下，把打赢质量攻坚战、持久战的着力点放在加大不良贷款防控处置与积极拓展优质市场、改善信贷结构上，坚持两条线作战，保证两个专业团队的力量都要强、两方面的措施都要硬。

二是要做好长期性、机制性的工作安排。新常态下我们和不良贷款的战争不能指望毕其功于一役，速胜论是不现实的，这可能是一个长期、艰辛甚至痛苦的过程。如果今年能实现不良贷款升势减缓或者逐步筑底，并最终用三五年时间走出低谷，将不良“双上升”扭转为“单上升”或者“双下降”，就已经是理想的状况了。全行务必要有长期打算，加紧做好完善机制、创新手段、充实人员、提升信贷经营能力等常态化的措施准备。

三是要加大风险防控与处置力度。要进一步完善总行信用风险监控中心功能与相应的风险防控机制，提高风险监测的精准度和风险防控的及时性。要本着有利于加固安全性、有利于逐步化解风险的原则，真实缓释存量融资风险，不能简单将风险延后甚至遮掩。在不良处置上，要尽可能多投精力，少花财力，不能不顾全行财务承受能力，简单寄希望于一核了之，也不能不管受偿率而过度依赖批量打包处置。今年全行可安排的财务核销资源最多600亿元，各行都要发挥聪明才智，去谋划如何用好这部分资源，发挥好杠杆效应，力争撬动更多的不良资产化解处置。要积极创新多元化处置手段，尤其是投行条线要发挥更大的作用，在重组和盘活不良资产上更多做文章。要研究利用融e购平台将不良资产状况向潜在投资者披露，吸引更多有条件、有意愿的市场投资者参与。要通过有效风险缓释与处置，千方百计遏制住贷款较快劣变势头。

四是要强化责任落实。在不良贷款防控上要既抓条，又抓块，全面落实总行专业部门和各分行的责任，上下联动，分兵把口，形成防控风险的合力。要清醒认识客观环境变化对资产质量的影响，但是决不能过度强调客观因素，而忽视内部管理上的问题和工作上的差距。总行领导都挂帅督导不良资产压力大的重点分行和相关专业条线，各个分行也要参照总行的做法，给各个主管行长分工作，分任务。各行一把手作为本行资产质量管理的第一责任人，更要守土有责，拿出主要精力研究推动风险防范与化解工作，直接挂帅组织大额不良资产的清收处置，直接督导辖内重点二级分行的信贷风险防控与处置。要每月召开不良贷款分析会，每月定出控制目标并分解落实、严格考核通报，一户企业一户企业地抓，一个时段一个时段地盯，一个月一个月地坚守，不断取得攻坚战的新突破。要按照实事求是、权责对等、责任明确、违规必惩、尽职免责、突出管理责任的原则，对不良贷款责任进行准确认定和严肃责任追究，即要防止处罚失之于软、失之于宽，尤其要对2013年以来新增融资出现劣变的从严追究责任，但尽职履职就能免责，注意保护和调动好信贷从业人员的积极性。

稳定和改善信贷资产质量最根本的途径还在于优化信贷结构、改善信贷经营质态，在于更有效地服务实体经济稳增长、调结构、提质增效。我们要深刻理解李克强总理在金融工作座谈会上关于经济金融相辅相成，实体经济是根基，金融是血液，光有骨架，没有血液，经济活不了；实体经济垮了，金融也不可能支撑等重要论述，坚持着眼于服务实体经济的大局来改善信贷资产质量，坚持用发展的思路来解决质量问题，更好地把信贷增量投向优化与存量结构调整结合起来，实现信贷业务的转型升级和有质量的发展。全行必须清醒地认识到，今天的投向决定明天的质量，系统性的风险往往产生于重大的结构性问题。某种程度上说，当前更大的风险就在于有些分支机构看不清、把握不住经济转型发展的方向，不知道贷款应该投向哪里，找不到有活力、有潜力的新市场，就局限在原有的传统领域打转，明知道风险在累积，也只顾眼前效益盲目投放，不管来年洪水滔天。因此，稳定和改善信贷资产质量，既要立足于加大“清”和“转”的力度，更要像大禹治水那样采取

"疏"和"导"的办法，不能无限量地往"过剩的"现有信贷"池子"里注水。当然老池子也可以再加固扩容，但当总量超出警戒水位或传统池子里风险因素发生大的变化时，就必须把资金流导向新业态的池子，否则就要出问题。

近来常常听到有些分行同志讲，当前经济下行，金融脱媒又在快速发展，有效信贷需求越来越缺乏，难找到新的并且有一定容量的信贷"蓄水池"。其实，真正缺乏的不是有效信贷市场，而是正确的发展思路、有效的发展模式和真正适应市场需要的产品。换句话说，能否找到新池子，关键在于能否真正把握实体经济提质增效的本质要求，把握国家经济发展战略实施中的重大政策和市场机遇；关键在于能否通过创新构建风险可控制、发展可持续的信贷新格局。刚才也听了大家对一些新产业的看法，总体上讲概念的多，讲中央政策的多，但对如何把它们转化成我们可投放的信贷市场讲得少。比如说服务业，服务业在GDP中的占比已经51.6%了，但它有很多行业，到底领头羊在哪里，好的行业在哪里，在各省市的情况怎么样，我们在这些行业的进入状态怎么样，进入的政策、流程怎么解决？这些问题都不是太清晰。我们可能看到一些传统服务行业，比如餐饮目前经营状况不太好，然后就说服务业不好做。还有刚才讲到的战略性新兴产业，我们可能也做了点，比如光伏、风能之类的，前些年出了些问题，现在又不敢做了。对这些领域，全行没有一个专业团队来研究。在这个问题上，总行相关部门要把好关，对相关的产业、行业一个一个研究梳理，明确相关的政策制度流程，开发相匹配的信贷产品，使之变成可操作、可行的信贷投向，变成一个个信贷"蓄水池"。

有些领域要抓紧进行探索，一要进一步开阔发展视野，主动对接国家"一带一路"、长江经济带、京津冀协同发展"三个支撑带"战略，主动对接新一轮高水平对外开放战略，完善信贷综合服务方案和跨境跨区域协调服务机制，以"存量+增量""商行+投行+租赁""境内+境外"等方式，加大对事关全局、带动性强的重大项目，以及对中国制造、中国装备、中国企业"走出去"和国际产能合作等信贷市场拓展与综合金融服务力度。特别是，我们是国际化程度比较高的银行，这些年"走出去"项目非常多，要通过这些项目抓住牛鼻子，争取更多的业务，而不是只抓住一个项目贷款，100%都由工行来承贷。信贷是我们的主要目标，但不是说信贷规模一定要占到最大，份额可以小一点，但必须做牵头行。二要切实抓住国家推动现代服务业、文化产业、现代农业发展，以及实施"互联网+"、中国制造2025规划等机遇，稳步在新产业和新业态中布局信贷和综合金融业务。三要抓住消费市场结构升级、居民消费潜力不断释放的有利机遇，创新优化个人贷款产品体系，在继续重点发展好个人住房按揭业务的同时，积极创新发展具有互联网金融特征和良好市场成长性的消费信贷业务。目前全行有11万亿元的个人金融资产，可质押的金融资产在5万亿元左右。目前我们的自助质押贷款只有140亿~150亿元规模，如果发展到1 000亿元以上，就增加了千亿级的新的信贷投向，是很大的市场。自助资产质押平台目前存在的问题是界面不友好、没有引导性。要进行优化，一项一项地解决。纯信用的个人消费贷款，可以与房屋的质（抵）押结合起来，根据客户信用情况来提供贷款。下一步可以考虑将个人信用贷款产品全部整合纳入信用卡和个人信用消费贷款的新管理体系，把纯信用的消费贷款做起来，努力实现个人消费信贷业务"额小、面广、量大"的健康较快发展。四要围绕互联网金融整体战略，探索建立基于大数据和三流合一的网贷平台，在整合相关数据与模型基础上，设立面向公司与个人客户的质押类、抵押类、信用类等产品线，以"一触即贷、信息透明、引导消费、有利风控"的新模式，实现互联网金融在融资领域的重大突破。

党中央、国务院高度重视小微企业发展问题。今年政府工作报告中提出，把打造大众创业、万众创新作为经济发展的"双引擎"。这次李克强总理到我行重点考察了小微金融服务，在座谈会上又对缓解小微企业融资难融资贵、加大对小微企业金融支持力度作了重要指示。发展小微金融是我行转型发展的重要战略，我们必须认真贯彻党中央、国务院关于支持小微企业发展的重要部署，加快走出一条小微金融发展的新路子。很多分行说由于小微企业不良率上升到2%~3%了，现在就不能再做了。这个说法是有问题的。中国6 000万家的小微企业，产出总量占全国经济总量的6~7成，就业占比90%以上。未来的趋势是，大型企业通过资本市场融资，逐渐金融脱媒。如果不做小微企业市场，我们的客户会越来越少，下一步将如何发展？现在不发展小微金融业务，首先完不成党中央、国务院以及监管部门交给我们的任务。其次，目前小微企业出问题，并不只是小微企业单方面的问题，而是我们的管理方式、风险控制方式落后于企业的发展。要抓紧推进小微金融专营机构及相应新服务模式建设，6月底前必须全面改革到位，整体建立起能够有效控制风险、具有较高融资服务效率的小微企业金融服务新机制，总行还在研究建立对小微企业信贷进行持续性、多维度的数据收集、监测、分析的网络信贷业务中心，提升小微企业风险控制能力，从而更好地发展小微企业金融业务。要以互联网思维加快小微金融产品的升级换代，重点发展好小额、便捷、全线上、纯信用的网贷通、链融资、商户贷等产品，努力提高小微企业融资可获得性和降低融资成本。要严格执行小微企业服务收费有关规定，对已经取消的收费项目一律不能擅自或变相收费，同时总行要对建立在创新服务基础上的收费项目作进一步梳理归并，使收费更加简洁明了，更易于为客户及社会各方面理解和接受，在创新技术、降低成本过程中，更多地让利小微企业。

三、关于经营效益问题

一季度全行×%的净利润增长，虽然是近15年来的历史低点，但也是符合我行经营预期的，各级行各机构为此付出了艰苦努力。处在盈利增长的艰难和紧要关头，全行必须非常清楚地认识到，实现盈利增长，对于增强风险化解和处置实力、提高内源性资本补充能力、稳定市场预期、鼓舞队伍士气的至关重要性，在稳定和增加盈利上不能有任何犹豫和迟疑。要按照年初工作会议的部署，逐项分析经营计划执行情况，加大各项工作的推动落实力度，在坚决稳定资产质量、控制信贷成本的同时，加快适应利率市场化的大环境，稳定资产负债业务收益；加快创新和开源，大力增加中间业务收入，培育新的盈利增长点，从而努力把盈利正增长的态势逐季延续下去，千方百计去争取一个更好的经营成果。

实现盈利增长，必须切实能够在全面利率市场化时代，保持资产负债业务的收益稳定。今年以来受基准利率下调和利率市场化改革提速影响，全行净息差收窄的压力进一步凸显，这既表现在贷款收益率水平的下降上，也体现在上浮利率存款的比例扩大及存款增长的稳定性不足上。适应全面利率市场化的新形势，完善风险定价管理，调整优化和创新发展资产负债业务，进一步发挥资产负债业务收益对盈利增长的“压舱石”作用，是全行面临的重大而紧迫的任务。关键的是要加快落实改革资产负债经营模式的各项措施，建立健全适应全面利率市场化的资产负债管理新机制。尤其要加紧优化以利率敏感性为主线的负债分类体系，完善以客户综合贡献为基础的定价模型，增强存贷款业务的市场定价能力。要积极探索完善“总行统一管理、分行自主运作”的主动负债管理模式，适当吸收部分成本较高、但较为稳定的资金来源，匹配部分收益较高、期限较长的资金运用，提升资产负债精细化管理水平。紧迫的是要把握当前深化金融改革对社会资金流转格局带来的新趋势新变化，及时完善存款经营策略和措施，以更加开阔的思路提升各类资金的吸纳和汇聚能力。今年以来全行稳存增存压力仍然较大，其中公司存款较年初下降1 959亿元，较去年初已累计下降2 216亿元；储蓄存款增量四行占比处在第三位。能否扭转存款增长乏力、市场份额下降的不利局面，努力实现一个总量、结构、成本更加平衡合理的存款增长，关键是要在市场资金流动变化较大的情况下把握住新的机遇、创造出竞争优势，在加快推动大零售和公司、机构业务战略落地生根的过程中，强化存款这一基础性工作。要抓住存款保险制度推出的契机，积极竞争发展资金安全性要求高、保险覆盖率低的大额存款客户，以高品质的服务吸引和稳固高净值的客户。抓住各级政府开展金融生态治理的时机，充分发挥我行品牌、信誉、安全、便捷等综合优势，积极引导社会舆论和客户预期，引导更多的社会资金归流我行。抓住资本市场活跃的商机，积极吸收交易结算资金、保证金等成本低、黏性强的同业负债，加大对第三方存管的精准营销，争揽客户证券端闲置资金及他行存款。抓住财政资金公开招标、军队资金集中收付管理、机关事业单位养老金改革等各项挑战中的有利条件，通过强化综合服务和联动营销，巩固和扩大机构存款领先优势。根本的是要做好客户拓展、网点竞争力提升、产品创新等基础工作。要按照年初工作部署，加紧推动以客户为中心的服务营销机制改革，特别是要尽快把客户经理业绩评价考核新机制落实到位，真正打通战略传导和考核激励的“最后一公里”；加快融e联平台推广和功能完善，打造全天候、个性化客户服务平台和全新客户经理服务营销模式。要抓紧建立“每日监测、每月通报、每季督导”的常态化拓户管理机制，真正像关注存款和贷款那样盯住拓户进展。

实现盈利增长，必须加快新增长点的培育，增强新引擎新动力的支撑拉动作用。当前全行经营发展正处于转型升级的关键和艰难时刻，一些新业务线、新增长点尽管成长较快，但整体看还难以对冲传统增长动力较快回落的影响。特别是一些分行过去中间业务收入增长较快，但主要还是依赖信贷业务带动中间业务，甚至是通过“息转费”等不可持续或者说是畸形的发展方式来增加中间业务收入。在监管政策和信贷环境发生变化后，近来一些分行中间业务收入出现陡降，是缺乏科学发展思想的必然结果。因此，全行必须在推动转型上下苦功夫、硬功夫，真正依靠服务创新开拓新市场、培育新增长点，并要努力使新业务和新动力的成长速度快于传统业务领域的放缓。李克强总理在考察我行时召开的座谈会上，生动阐述了经济转型发展中的“雁行理论”，即通过在产业转型升级中不断培育新的“头雁”，轮流带动经济前行。我们中间业务发展也是一样，必须不断培育一批“领头雁”，轮流带动各板块中间业务上水平、大发展。

实际上，工商银行大到总行利润中心，小到中间业务收入板块，面都非常广，新的盈利增长点还是比较多的。有的小业务条线，收入并不是很多，但是累加起来是不小的数。我们看到有的分行某些条线的实力比较强，业务增长比较好；有些条线的干部弱一些，业务增长就慢，或者是负增长。要逐条线、逐产品地进行梳理研究，提出增收措施。在市场潜力大、发展机遇多、收入增长快的中间业务领域，不能小进则满，而是要在同业比较中促进发展、扩大份额；近期市场出现较大变化或收入增长出现较大波动的业务线，如投行、结算、现金管理等，要抓紧研究对策，狠抓增收提速。投行业务要抓住当前产业结构调整深化、并购重组活跃，以及我国加快“走出去”和国际产能合作等机遇，将“融资、融智、融信息”与“跨业、跨界、跨市场”相结合，要以投行融合与引领信贷业务发展，而不是过度依赖信贷业务；要争取多做银团安排、财务顾问等业务的“总包”，占据价值链的上游和高端。结算和现金管理业务在收费监管政策调整、第三方支付快速发展带来巨大竞争和分流压力的情况下，要积极以创新求变，以营销求胜，尤其是要加快改善工银e支付的客户体验，扩大场景应用，不断增强服务覆盖面和市场渗透力。要注重利用境内外一体化及信息科技等优势，加紧研究创新全球统一账户等一批国内独具特色、国际上具有竞争优势的撒手锏产品，形成难以撼动的市场竞争优势。这里需要进一步强调的是，各部门、各分行发展中间业务，不仅要有年度计划，还必须要有清晰的季度、月度计划和相应的目标责任分工，并要形成更及时的统计报表，强化动态监测分析和定期考核通报，对照目标实行“缺口管理”。

互联网金融是重要的创新领域。去年我们作了内部动员，今年又对外召开了互联网金融产品发布会，“三大平台三大产品线”已陆续投产，并正在形成规模和品牌效应。要持续跟进和关注客户体验，加强与市场上同类产品的分析比对，不断优化产品功能，丰富场景应用，同时严格落实产品改进和市场推广责任，确保产品取得良好的用户口碑和市场反响。要强化“互联网+”思维在全行各个领域的创新应用，各业务条线都要加快互联网金融产品的研发和推广，使互联网金融和e-ICBC尽快成为工商银行盈利成长和竞争发展的重要接续力量。

四、关于守纪律讲规矩问题

党的十八大以来，以习近平同志为总书记的党中央从战略和全局高度，对加强党的纪律建设、增强全党纪律性作出一系列新部署。习近平总书记在中央纪委五次全会上特别强调，“要加强纪律建设，把守纪律讲规矩放在更加重要的位置”，这是对进一步从严治党和深化反腐败工作提出的新要求，也为新时期干部队伍建设指明了方向。对一个政党来说，纪律就是生命线。对我们这样一家国有控股大型金融企业来讲，推进新常态下的经营管理、改革创新、转型发展，也必须靠严明纪律和规矩，来保障全行的统一思想、步调和行动，形成强大的凝聚力和战斗力。

守纪律讲规矩，要把严明政治纪律和规矩放在首位。按照中央要求，我们将在全行启动处级以上干部的“三严三实”专题教育，总行已经拟定了相关方案。今年，中央巡视组还将聚焦党风廉政建设、执行政治纪律和政治规矩等内容，实现对中管金融企业的巡视全覆盖。全行要以这次专题教育和巡视工作为契机和促进，结合落实年初党建工作会及纪检监察工作会议部署，把严明政治纪律和政治规矩作为从严治党的基础来强化，进一步深入落实各级行党委从严治党的主体责任。尤其要深刻认识“三严三实”专题教育的重要意义和总体要求，突出抓好习近平总书记系列重要讲话精神的学习，融入经常性学习教育，高质量做好专题党课、专题学习研讨、专题民主生活会和组织生活会、整改落实和立规执纪4个关键动作。党委主要负责同志既要以上率下，带头参加和接受教育，又要投入足够的时间和精力加强组织领导。要真正把专题教育成果体现在守纪律、讲规矩、营造良好政治生态上，各级行领导干部要作守纪律讲规矩的表率，在思想上政治上行动上同以习近平同志为总书记的党中央保持高度一致，严格落实习近平总书记提出的“五个必须”要求，坚决守住规矩的底线，做良好政治生态的建设者、维护者。要真正把专题教育成果体现在深化“四风”整治上，进一步巩固和拓展教育实践活动成果，对违反中央八项规定和廉洁从业规定等问题，要持续保持严查重处的高压态势；要重视群众举报，对举报线索认真核查、及时处理。要真正把专题教育成果体现在真抓实干、推动改革发展上，经济金融新常态要求干部有新状态。需要警惕的是，面对新常态下不良贷款上升和利润增长艰难的严峻形势，有的干部强调客观多，查找主观原因少，精气神上不去，存在畏难发愁情绪，甚至存在“不作为”、“慢作为”现象。因此要通过“三严三实”专题教育，促进各级领导干部把守纪律、讲规矩同敢担当、有作为结合起来，切实做到心中有戒不妄为、心中有责不懈怠，拿出干事创业的精气神，锤炼狠抓落实的好作风，增强攻坚克难的锐气和韧劲，从严从实谋划和推动工作，积极进取，挖掘潜力，努力争取更好的经营成果。要加大治庸治懒治散力度，让不作为、慢作为的干部没市场，让想干、会干的干部有舞台。

守纪律讲规矩，还要体现在严明经营纪律上。在“三期叠加”阶段经济体系的敏感性、脆弱性、波动性有所显现，部分企业资金链偏紧甚至断裂，非法集资、民间高利贷等行为异常活跃、风险高发，且大量风险向银行传导趋势明显。与此同时，银行内部一些操作风险、道德风险也有所上升，与外部欺诈等风险交织在一起，对银行安全运营形成严峻挑战。近一个时期以来，个别机构接连发生了内外勾结骗贷、销售飞单、违规担保、票据垫款、存款丢失等风险事件和案件，不仅造成直接经济损失，还引发了较大声誉风险。这些问题若不严肃整治，不仅会使风险传染扩大，而且会带来“破窗效应”，滋生不良风气，损害健康发展的根基。因此，越是形势严峻复杂，全行越要绷紧从严管理、从严治行这根弦，切实以铁的纪律、铁的规章、铁的管理，筑牢风险防线。要对照前一段各项内外部检查，特别是违规私售专项治理和“一加强两遏制”专项检查，抓紧列出问题清单，落实整改措施，并严肃处理违规违纪责任人员，切实纠正“重检查、轻整改、轻问责”现象。管理上的问题，归根结底都是人的问题。要结合检查中各类问题的整改和责任人的处理，加强对全员的依法合规教育，将守纪律讲规矩要求细化融入岗位责任清单，使人人、时时、处处遵规守纪成为常态，成为工商银行严谨稳健文化的鲜明特质。

同志们，当前经营形势十分复杂严峻，全行上下务必要保持清醒头脑，既要增强忧患意识，把风险形势估计得深透一些，认真做好应对更大困难的长期准备；也要增强信心，把发展机遇把握得更充分一些，把各项工作部署推动得再快一些、落实得再好一些，积极遏制和扭转经营上的不利趋势，努力实现新常态下的新发展。

在中国工商银行“三严三实”专题教育党课上的讲话

姜建清

（2015 年 5 月 15 日）

4 月 10 日，中央印发了《关于在县处级以上领导干部中开展“三严三实”专题教育方案》，最近，刘云山、赵乐际同志在“三严三实”专题教育工作座谈会上，进一步对专题教育进行了部署。根据中央要求及总行党委安排，今天我为大家讲一堂党课，主要想就如何学习践行“三严三实”，巩固深化作风建设成果，推动全行在复杂严峻环境下实现健康可持续发展，更好地服务实体经济，与同志们交流一下思想。重点谈三个方面的内容：一是充分认识“三严三实”的丰富内涵和重大意义；二是当前全行党员干部队伍中“不严不实”问题的突出表现及危害；三是落实“三严三实”要求，真正把“严”的精神和“实”的态度体现到尽职履责、做人做事的方方面面，希望能够以此启发大家的深入思考和工作改进，并以此启动全行的“三严三实”专题教育。

一、充分认识“三严三实”的丰富内涵和重大意义

去年 3 月，习近平总书记在参加十二届全国人大二次会议时提出，党员干部特别是各级领导干部要做到严以修身、严以用权、严以律己，谋事要实、创业要实、做人要实，在广大党员干部中引起强烈反响。习总书记“三严三实”的要求，着力点在“严”、“实”两个字上。“严”字蕴含的是马克思主义信仰、共产主义远大理想、中国特色社会主义共同理想等严肃的政治追求，是完善组织生活、贯彻民主集中制等严格的组织原则，是懂规矩守底线、拒腐蚀永不沾等严明的纪律要求。只有“严”字当头，才能坚定宗旨信仰、严明组织纪律，增强凝聚力和战斗力。“实”字蕴含的是一切从实际出发、理论联系实际、实事求是、在实践中检验和发展真理的思想路线，是求真务实、尊重实践、注重实效的工作方法，是忠诚老实、厚道朴实、认真踏实的处世态度。只有“实”字托底，才能作风扎实，不务虚功，推进科学发展，赢得民心民意。“三严三实”贯穿着马克思主义政党建设的基本原则和内在要求，体现着共产党人的价值追求和政治品格，丰富和发展了党的建设理论，明确了领导干部的修身之本、为政之道、成事之要。中央部署开展“三严三实”专题教育，是党的群众路线教育实践活动的延展深化，是持续深入推进党的思想政治建设和作风建设的重要举措，是严肃党内政治生活、严明党的政治纪律和政治规矩的重要抓手，对于落实新形势下从严治党的战略举措，以及协调推进“四个全面”的战略布局具有重大而深远的意义，对于我们进一步做好当前复杂环境下的金融工作具有极其重要的作用。

（一）“三严三实”是党的群众路线教育实践活动的延展深化，是对作风建设的新发展新要求。经过前一阶段党的群众路线教育实践活动，“四风”蔓延势头得到有效遏制，党风政风出现新变化新气象。从工商银行情况看，总行党委共落实整改措施 94 项，开展专项整治工作 7 项，制定完善制度 22 项；各一级（直属）分行、直属机构落实整改措施 2 628 项，完成专项整治 367 项，制定完善制度 1 114 项。通过整改，全行党员干部服务基层、服务员工、服务客户的意识显著增强，廉洁勤业、艰苦奋斗的优良风气得到持续培育，经营管理能力和服务实体经济水平有了新进步新提高，也进一步密切了全行党群干群关系，树立了党员干部队伍的良好形象。但也必须清醒地看到，“四风”问题虽然暂时压制住了，但病原体还没有根除，长效机制还没有完全建立，产生问题的思想根基还在，违规违纪现象还时有发生。或者说，解决“四风”问题在“不敢”上已经初步形成强大震慑，但在构筑“不能”的“笼子”上

才刚刚起步，在树立“不想”的自觉上还远远没有到位，许多深层次的问题还需要进一步解决。“三严三实”正是着眼于解决作风方面的根源性问题提出来的，具有很强的现实针对性，切中了作风之弊的要害，把准了作风建设的命脉，抓住了作风改进的关键。当前，转作风改作风正处在一个不上则下、不进则退的关键点、节骨眼上，需要乘势而上、持续用力，才能巩固和扩大既有成果；稍有放松和懈怠，就可能故态复萌、前功尽弃。因此，在这一节点开展“三严三实”专题教育，就是要在教育实践活动已有基础上，再添把火，再加把力，巩固扩大成果，把作风建设良好态势保持和发展下去，使好的作风成为广大党员干部的思想自觉和行为习惯，这也表明了我们党在作风建设上一鼓作气、一抓到底的决心和恒心。同时，还应该看到，党员干部队伍中还存在一些不守政治纪律、不讲政治规矩的现象，解决这些问题也必须从严上入手、从实处着力，加强思想政治建设，严肃党内政治生活，进一步明规矩、严纪律、强约束，形成从严从实的氛围，营造风清气正的政治生态。

（二）“三严三实”是协调推进“四个全面”战略布局、实现中华民族伟大复兴中国梦的重要保证。当前，我国改革开放和社会主义现代化建设正站在一个新的历史起点上，正在进行具有许多新的历史特点的伟大斗争，改革发展稳定任务之重前所未有，矛盾风险挑战之多前所未有，对我们党治国理政的考验之大前所未有。面对“发展起来以后”的新问题新挑战，习近平总书记以当代中国共产党人的全局视野和战略眼光，坚定中国自信，发展中国道路，优化中国模式，总结中国经验，提出“全面建成小康社会、全面深化改革、全面推进依法治国、全面从严治党”的战略布局，确立了新时期党和国家各项工作的战略方向、重点领域、主攻目标。“四个全面”是我们党更加注重发展和治理系统性、整体性、协同性而提出的治国理政总纲领，是实现“两个一百年”奋斗目标、实现中华民族伟大复兴的行动指南。协调推进“四个全面”，少不得要过难关、打硬仗。中国经济发展已经进入新常态，应对“三期叠加”挑战、保持平稳发展的压力不小；改革进入深水区和攻坚期，需要敢为人先的改革创新精神和责无旁贷的砥砺担当精神；全面依法治国在有着数千年人治传统的环境下仍然存在或明或暗的阻碍，法治意识、法治思维和法治素养的养成需要有滴水穿石的韧性和愚公移山的意志；全面从严治党更需要有刮骨疗毒的决心和持之以恒的毅力。我们的目标越伟大、使命越艰巨，就越需要践行“三严三实”，真正把“三严三实”作为行动遵循、精神引领、行为规范和政治规矩，作为推进“四个全面”的强大思想武器和重要保证。特别是各级领导干部作为“关键少数”，只有忠实践行“三严三实”要求，带头从严修身、从严自律、从严扎牢作风之根，带头求真务实、勇于担当、干事创业，切实发挥好推进“四个全面”组织者、推动者、引领者和实践者的作用，党才会更有力量担负起实现国家富强、民族振兴、人民幸福的历史使命，才能够以优良党风带动政风民风社风，汇聚起实现中华民族伟大复兴中国梦的磅礴力量。

（三）践行“三严三实”是工商银行顺利“过三关”、加快推进转型发展、更好地服务经济社会发展大局的内在要求。经过30多年的改革发展，工商银行实现了从大到强、从本土到全球、从国有独资银行到上市银行的历史性转变，跻身世界领先的大型跨国金融集团之列。这一辉煌成就是在党的领导下取得的，得益于中国经济的长期稳定增长，得益于几代工行人筚路蓝缕、艰辛奋斗，也得益于我们从严从实的管理态度和工作作风。我一直深深记得，当年我们顶着连续多年虚盈实亏、不良率最高达47.5%的巨大压力，依靠一定的国家政策支持，依靠更多的自力更生，咬紧牙关，大打资产质量保卫战和经营效益翻身仗。正是靠着这种严的管理、严的要求，以及一点一点啃硬骨头、迎难而上百折不挠的实干精神，我们才一步一步走出困境，积小胜为大胜，将一家曾被国际同行宣称“技术上已经破产”的银行逐步建设成了市值、利润、资本、资产和品牌价值等主要指标全球第一的国际大行。在最近刚刚公布的2015福布斯全球企业2 000强中，工商银行再度荣膺榜首。回顾所来径，苍苍横翠微。我从事银行工作36年，亲历了人行、工行分设至今的风雨历程，个中艰辛相信今天在座的许多同志都有着切身体会，因为迈向更高巅峰的每一步，都是一次又一次艰难的攀登。工商银行走到今天殊为不易，需要我们倍加珍惜。

随着经济新常态的确立，整个金融业，包括工商银行经营发展也呈现出一些新的特征和趋势，我在去年12月全行改革发展研讨会上做了详细阐述。应该说，在“三期叠加”背景下，全行经营发展所处的内外部环境之多变，面临挑战之严峻，改革任务之艰巨，经营压力之巨大，是近些年来所未有过的。概括地讲，当前和未来三年全行需要“过三关”，也更需要以“三严三实”的精神来爬坡过坎：一是资产质量关。目前全行信用风险防控形势是进入21世纪以来最为严峻的一次，这种严峻性并不是指不良贷款率有多糟，尽管一季度末不良率升至1.29%，但仍处于国际国内可比同业的较优水平，其实真正令人担忧的是，现在贷款劣变的速度比较快，质量下滑的斜率比较陡。20世纪末21世纪初的时候，我们的资产质量压力也很重，但那时总体趋势是向上向好的，质量状况一天比一天改善，日子虽然难，但看到了可喜的变化，看到了希望；而现在的趋势则相反，资产质量处于下行轨道，短期内还难以看到底部，质量劣变态势可能还会持续一段时间。资产质量是决定全行整体经营状况的根基所在，关系着服务实体经济的能力，也在一定程度影响着国际上对中国银行业和中国经济走势的看法，如果信用风险把控不住，过不好这个关，可能引发多米诺骨牌效应，使整个经营发展陷入被动，甚至成为国外看空和唱衰中国经济的注脚。全行必须拿出当年创业苦干的劲头来，全力荡难闯关，不仅要过得去，还要过得好，这是对我们各级行特别是领导干部风险管控能力和驾驭全局能力的重大考验。二是经营转型关。当前我国经济正处在“衔接期”，新旧产业和动力转换还没有衔接到位，反映到银行经营上，也出现了一些传统市场和新兴市场“青黄不接”的现象，使得股改以来我行高速增长势头大幅放缓，加之受利率市场化、互联网金融等多方面因素影响，存贷利差持续收窄，支付结算不断分流，存贷汇等传统优势业务对盈利增长的拉动作用逐渐减弱。虽然资产管理、投资银行、信用卡、私人银行、贵金属、金融租赁等一批新业务发展较快，但相对于传统业务利润贡献的庞大体量来说还比较弱小，对盈利增长的弥补和拉动作用有限。全行亟待加快以传统业务升级增效与新兴业务创新发展为重点的经营转型，让传统业务“老树开出新花”，让新兴业务“嫩苗长成大树”，形成促进持续增长的“混合动力”与“多点支撑”。三是改革创新关。当前新一轮信息技术革命在全球孕育兴起，一大批新金融、新业态快速发展，特别是互联网金融的崛起对银行传统经营模式带来重大挑战，传统金融行业界限和竞争格局被改变、被颠覆。面对互联网金融和大数据浪潮，总行启动实施了“e－ICBC”战略，在较短时间内构建起包括三大平台、三大产品线在内的线上线下交互的互联网金融体系，并在电商等领域取得不俗业绩，确立了银行系电商的优势，但整体上看，“e－ICBC”还处在闯市场、打基础的艰难创业初期，互联网金融创新的步伐有待进一步提速。同时，随着金融改革的日益深化，各项市场化改革措施不断出台，迫切要求我们在资金定价管理、财务资源配置、人力资源管理等诸多方面作出相应改变，通过改革创新化解矛盾、破除阻碍、探寻出路、创造活力。全行要成功闯过“三关”，就必须自觉践行“三严三实”，立足于严，着眼于实，进一步发扬从严从实的优良传统，咬定青山不放松，不达目的不罢休，才能攻坚克难、夺关过隘，趟过风险涌动的河，跨过结构调整的坎，爬过转型升级的坡，实现服务实体经济和自身稳健发展的“双提升”。

二、全行干部队伍中存在的“不严不实”问题

“三严三实”要求，好比一面镜子、一把标尺，全行每个党员、干部特别是领导干部都应当经常照一照、量一量，认真思考、坦诚回答“修身、用权、律己严不严，谋事、创业、做人实不实”的问题，使专题教育的过程成为一个矫正“不严不实”问题的过程。应当说，全行干部队伍总体上是好的，风气是正的，但从细处查、往深里剖，我们一些领导干部还不同程度地存在不严不实的问题。

对照“严”的准绳，我们一些党员干部的差距主要表现在：

（一）理想信念的“总开关”没有拧紧。我们说，共产党人是“用特殊材料制成的”，一个最重要的方面，就是对党和人民的事业无限忠诚。这种忠诚从哪里来？就来自于理想信念。理想信念坚定，忠诚才有理性的基础。社会学上有个“第一颗纽扣效应”，就是说如果穿衣服时第一颗纽扣对不住，其他纽扣就会依次出错。人生的扣子也是如此，少数党员干部正是由于理想信念“第一颗扣”扣错了，结果一步错、步步错，最终走上一条不归路。所以说，理想信念是马克思主义政党团结奋斗的精神旗帜，是中国共产党人安身立命的根本，是共产党人的命脉和灵魂。习近平总书记反复强调，理想信念动摇是最危险的动摇，理想信念滑坡是最危险的滑坡；理想信念就是共产党人精神上的“钙”，没有理想信念，或者理想信念不坚定，精神上就会“缺钙”，就会得“软骨病”。经过教育实践活动的洗礼，全行各级党组织和广大党员干部思想上补了课，精神上补了钙。但我们也要清醒地认识到，当前党员干部在理想信念上遇到的纷扰是多重的，人们思想活动的独立性、选择性、多变性、差异性明显增强，各种思想观念交锋碰撞异常激烈，这些都给理想信念的坚守和优良作风的传承带来新的挑战。面对复杂的形势，一些党员和干部思想上还会出现新疑惑和迷惘，精神上“钙”还会出现新的流失。比如，有的对共产主义、社会主义、中国特色社会主义的历史必然性认识不深刻，感到共产主义太遥远，不是有生之年能看到其实现的目标，甚至认为是虚无缥缈的幻想；有的认为理想信念不能当饭吃，别太认真，过好自己的小日子才是硬道理；有的政治敏锐性和鉴别力不够强，对一些错误思潮、观念或奇谈怪论缺乏辨别能力，甚至在原则问题和大是大非问题面前退避三舍、态度暧昧，不敢作针锋相对的斗争；有的“一叶障目、不见泰山”，对我们党带领全国各族人民战胜前进道路上的困难和风险还不够自信，等等。现实生活中，一些党员、干部出现这样那样的问题，说到底是信仰迷茫、精神缺失。深入剖析十八大以来查处的周永康、徐才厚、苏荣等严重违纪违法案件，无不是因为理想信念的丧失而成为贪欲的俘虏，滑向犯罪的深渊。所以理想信念缺失的问题，必须引起我们高度重视和警醒。

（二）在守纪律讲规矩方面尚有差距。对一个政党来说，纪律和规矩是生命线。我们党从成立之初只有50多名党员的地下党，发展成为一个拥有8 600多万名党员，领导中国人民不断战胜各种困难、取得举世瞩目成就的执政党，除了科学理论指导外，很重要的一条就

是有铁的纪律保证。毛泽东同志曾指出，“加强纪律性，革命无不胜”。对一个党员领导干部来说，纪律和规矩是高压线，只有守纪律讲规矩，才能有权不任性。习近平总书记形象地讲过，孙悟空给唐僧画了一个圈，妖魔鬼怪就进不来了。实际上，孙悟空自己也有个圈，就是头上的紧箍咒，有了紧箍咒就不能随心所欲、无所顾忌了。党员干部也要有个“紧箍咒”和“护身圈”，这就是党纪国法，就是自律和他律。从我行情况看，多数党员、干部在守纪律讲规矩方面做得是比较好的，但也存在一些纪律观念淡薄甚至违规违纪的问题和现象。比如，在政治纪律方面，一些干部头脑中政治纪律意识不强，认为经济金融纪律是“硬”的，“高压线”碰不得，而政治纪律是“软”的，触了线也没怎么样；有的本位主义严重，想问题办事情首先考虑自己的“一亩三分地”，不讲大局，不考虑全局，在落实国家政策和总行工作部署上搞选择、打折扣，于己有利的就“抢滩登陆”，于己不利的就“高高挂起”。在组织纪律方面，执行民主集中制，既有集中不够的问题，也有民主不够的问题，包括总行在作一些决策时也存在听取基层和员工意见不够的问题；有的同志摆不正个人与组织的关系，和组织讨价还价，过分强调个人得失，过多向组织索取，有的觉得自己“到点”了，没有被及时安排，或看见别人进步快一点，就觉得组织亏欠自己，心生怨气，也有的因为一时没被提拔，就感叹“冯唐易老、李广难封”，“英雄无用武之地”，消极泄气；有的无视组织纪律，对组织打“马虎眼”，重大事情事前不请示、事后不报告；还有的口无遮拦，跑风漏气，对组织相关内部决定和考虑向有关当事人通风报信，违背原则，讨好个人。此外，少数分支机构在干部选拔任用中还存在违反程序、任人唯亲、突击提拔、说情风、打招呼等问题。在廉政纪律方面，有的把廉政规定当小节，对奢侈腐败的危害认识不足，对铺张浪费、大手大脚等不良作风见怪不怪；有的习惯用“四风”推动工作，视公款吃喝为惯例，以节庆送礼为传统，作风改了不习惯、不适应，甚至抱怨纪律收紧而影响业务营销，如我们就有某个支行行长不顾八项规定要求，顶风违纪，在豪华酒店宴请客户，被当地纪委暗访拍摄，并在媒体上曝了光，造成了很不好的影响。还有个别人经不起利益诱惑和拉拢腐蚀，为一己私利出卖职业操守，搞违规放贷、私售飞单、违规参与民间融资，等等。以上这些问题若不严肃整治，就会带来“破窗效应”，使不良风气像传染病一样蔓延开来，最终侵害党的肌体和全行健康发展的根基。

（三）从严治党责任的落实还不到位。我们作为一家在境内外拥有1.7万余家分支机构，员工44.2万人、拥有各级党委842个、支部1.2万个、近27万名党员的大型银行，发挥好基层党组织的战斗堡垒作用和党员的先锋模范作用至关重要。这些年各级行都建立了党建工作责任制，基本形成了党委抓、书记抓、各有关部门抓，一级抓一级、层层抓落实的党建工作格局。然而，是不是各级机构党委、各部门党支部都做到了聚精会神抓党建？是不是各级党委书记、各部门党支部书记都成为了从严治党的书记？是不是各级行各部门党委（支部）成员都履行了分管领域从严治党责任？恐怕不是所有的都能给出令人满意的答案。有些同志只知道自己行长、总经理的头衔，忘记了作为党委（支部）书记的责任，认为抓党建同抓经营相比要虚一些，不容易出显绩，嘴上讲讲或开会布置一下就可以了，不必那么上心用劲；有的抓党建工作知识不够、办法不多，不善于带队伍，不习惯于或已经不大会做思想政治工作。一些基层机构党内政治生活机制不够完善、内容长期没有创新，存在随意化、平淡化现象，党内政治生活没有成为对党员进行教育管理和党性锻炼的有效平台；从总行到分行对基层党建工作特别是党内生活开展情况也缺乏经常性的检查和分析评价，这与我们对分支机构经营工作已经建立起的严密绩效考核体系相比，还有较大的差距。此外，一些机构和部门自由主义、好人主义、个人主义之风还比较盛行，对作风不良的党员教育管理不够及时，对违规违纪问题的查处不够有力，存在失之于软、失之于宽的现象。以上这些问题都是履行从严治党责任不到位的表现。习近平总书记特别强调指出，要把抓好党建作为最大政绩。如果我们党弱了、散了、垮了，其他政绩又有什么意义呢？所以对各级行各部门党员领导干部来讲，一定要把从严治党的责任承担好、落实好。

对照“实”的标尺，我们一些党员干部的问题突出表现在：

（一）观念转变和能力提升跟不上新的形势变化。当前我国经济发展已进入一个新常态，而我们很多同志包括一些领导干部对新常态的特征和趋势性变化思想认识不到位，观念转变不及时，思维模式还停留在过去时，不善于学习和研究新情况，存在“本领恐慌”，讲话老三篇，观念老一套，光会吃老本。反映在经营管理中，总习惯于用老办法抓市场和抓管理，留恋于规模扩张型的粗放模式和传统路径，局限于在自己熟悉的领域里打转，穿旧鞋走老路，既看不到新市场、抓不住新机遇，又控不住风险。比如说，当前我们信贷风险管理中暴露出一些问题，其中一个根本原因是我们的信贷管理转型滞后，跟不上经济和企业的变化，仍用信贷2.0、3.0的模式应对工业4.0的变革。企业已经不是昨天的企业，而银行还是昨天的银行，靠这张“旧船票”已经很难登上新常态下业务发展与风险管理的“新航船”。再比如说，当前在经济下行压力加大、金融脱媒加剧的情况下，很多分行和部门的同志比较困惑，总在问新的有效需求、新的增长点在哪里？敢问路在何方？其实路就在脚下。新市场不但有，而且大量存在、潜力巨大。国家三个支撑带战略、中国制造2025、“互联网+”、服务业发展和消费升级等，都蕴含了大量金融需求。所以说真正欠缺的并不是有活力的新市场，而是发现新市场、把握新机遇的眼光和能力。

（二）服务客户、服务基层不到位。我们结合落实教育实践活动整改工作，推动实施了总分行机构改革、绩效考核体系改革、业务流程优化等工作，内外部服务质量和效率有了新提升。但客观地讲，服务改进并未达到预期目标，对客户和基层服务的“最后一公里”还没有全面打通。在客户服务方面，以客户为中心的信息系统整合与服务模式重构还没有实现大的突破，融e联平台、线上线下一体化等新机制、新方式还没有很好应用到客户服务营销中；以客户需求为导向的产品创新机制还没有真正建立起来，很多平台和产品的设计还是基于银行角度，而不是从客户体验出发。此外，尽管在缓解小微企业融资难融资贵问题上做了很多努力，但离中央要求还有较大差距，小微金融服务新机制还没有全面建立，小微企业融资产品体系还很不完善。在服务基层方面，各级管理行俯下身、伸出手，设身处地为基层排忧解难的服务意识不强，业务联动较弱，制度整合不够，办公信息化的潜能还没有充分发挥出来，内设机构改革后相应的机制转换还没有到位，服务效能提升不明显。就总行来讲，我们的办事程序还比较复杂烦琐，公文运转效率还比较低，有的事情党委会或行长办公会已经审议决定，可一两个月后文件还在部门转圈。有时候基层的请示上来，本来一两天可以办好的也要拖个三五周才答复，甚至有的流程走下来需要两三个月时间。我们说守规矩、讲规则，决不是不要效率。商场如战场，这种效率怎么去支持基层行拓展市场和服务客户呢？总行部门间的协作也不够顺畅，遇到一些重要工作和跨界问题不是主动与相关部门沟通协商，而是由任在一些细枝末节上反复纠缠，长时间达不成一致，有时候一些本可顺利解决的问题，也需要行领导出面一而再地开会协调。还有一些部门在开发系统、制定制度时都希望搞得小而全，自成体系，各搞一摊，结果造成信息不共享、制度不兼容，基层和客户体验不佳。此外，一些形式主义的东西也加重了基层负担。比如，简单依靠考核学时来约束基层员工学制度、学业务，结果一些员工开着电脑“刷学时”，开着视频、不放声音，来应付上级，不仅没学到业务技能，还大量占用网络资源，造成业务系统运行缓慢；还有的专业视频会动不动就搞“一竿子插到底”，层层陪会，占用了大量本该去拓展市场、服务客户的宝贵时间。坦率地说，在过去几年高速发展阶段，一些不讲效率、不出效益的行为，对经营发展的影响还不是那么突出，但在当前已经十分复杂严峻的经营形势下，再搞这种形式主义的东西，可是真要到没“饭”吃的时候了。服务客户和基层不到位的问题，既有群众观点树立不牢的根本原因，也有体制机制上的深层次问题，需要我们进一步认真梳理和标本兼治地加以解决。

（三）一些领域不落实之风仍未得到有效纠正。党中央、国务院高度重视抓落实工作。习近平总书记深刻指出，如果不沉下心来抓落实，再好的目标，再好的蓝图，也只是镜中花、水中月。李克强总理也强调，千条万条，不抓落实就是白条；千招万招，不抓落实也是空招。教育实践活动以来，我们围绕落实党中央、国务院决策部署和总行政策措施，加大了工作推动力度，取得积极成效，但在一些领域作风漂浮、落实不力的问题仍然存在。比如，尽管我们着眼改进作风，较大幅度地削减了“文山会海”的总量，但一些部门和分行会议效率并没提高，发文质量也没上去，“以会议落实会议、以文件落实文件”的不良惯性没有打破，还习惯于当“复印机”和“传声筒”，会开了，文件发了，事情就没人再管了，半年一年过去经营情况或工作状况也没什么起色变化。有的热衷于搞花架子，做表面文章，抓工作不讲实效，不下功夫解决经营中的实际问题，而是难以给领导留下印象的事不做，形不成多大影响的事不做；有的是挂空挡轰油门，把准备做的说成已经做了，把布置的说成落实的，结果“光打雷不下雨”、“只听楼梯响、不见人下来”，有时候行领导或总行提的一些创新思路、管理措施，一两个月过去如泥牛入海，迟迟没有反馈，不催不办，不推不动。还有的机构经营作风不实，对打基础利长远的工作不上心用劲，只追求短期利益，只为应付考核，甚至通过冲时点、走“捷径”等不可持续、弄虚作假的行为来完成考核任务，掩盖矛盾和问题，透支发展潜力。这些工作不实、落实不力的问题，若不下大气力解决，不仅会直接影响全行工作改进和竞争力提升，还会对我们优良的企业文化形成侵蚀。

（四）一些干部缺乏责任担当的问题解决不够好。勇于担当是党员干部必备的基本素质。“为官避事平生耻”。担当大小，体现了党员干部的胸怀、勇气、格调，有多大担当才能干多大事业。习近平总书记概括了好干部的五条标准，其中一条就是敢于担当。现在，全行干部队伍的担当精神总体是好的，但也有一些干部不作为、不担当的问题比较突出。尤其是当前全行风险控制和盈利增长面临较大困难的情况下，一些同志的精神状态也出现滑坡。有的畏难发愁，消极无为，强调客观因素多，查找管理上的问题和工作上的差距少，讲起挑战头头是道，应对新常态下复杂局面则束手无策，把“新常态”作为经营滑坡的挡箭牌；有的干部在岗却不在状态，在位却不在谋事，安于现状、甘于平庸；还有的为人圆滑世故，对工作拈轻怕重，对岗位挑肥拣瘦，只想揽权不想担责，只想出彩不想出力，有功劳抢得快，出了问题上推下卸。我认为，干部可以有这样那样的缺点，但不干事是最大的缺点、最不能容忍的缺点。

这种不负责任、不敢担当、不愿作为的庸政懒政，说的难听点，就是尸位素餐。这实际上也是一种“腐败”，它不仅对干部个人成长有百害而无一利，而且会对全行改革发展乃至党的事业造成严重危害。

三、落实“三严三实”的实践要求

“三严三实”涵盖修身用权律己、谋事创业做人等多个方面，既继承了我国优秀传统文化，又赋予其新的时代内涵；既坚持了党的优良传统，又提出了新的更高要求。在新的历史条件下，习近平总书记提出“三严三实”，体现了新一届中央领导集体从严从实的鲜明执政风格，有着深刻用意和战略思考。这次中央开展“三严三实”专题教育有的放矢、指向性强，是具有全局意义的重要部署，也充分表明党中央锲而不舍、驰而不息推进从严治党的决心和态度。全行广大党员特别是党员领导干部要充分认识开展“三严三实”专题教育的重要意义，增强践行“三严三实”的思想自觉和行动自觉，按照中央要求以及总行党委部署，针对查摆出的“不严不实”问题，立行立改、着力清除，真正从思想上、工作上、作风上严起来、实起来，切实在深化“四风”整治、巩固和拓展党的群众路线教育实践活动成果上见实效，在守纪律讲规矩、营造良好政治生态上见实效，在真抓实干、推动全行改革发展上见实效。这里，我向全行处级以上领导干部提出践行“三严三实”的五点希望：

第一，要坚持以学修身、以学增才。我国自古以来就强调道德的作用，将“修身”作为“齐家、治国、平天下”的基础。习近平总书记把严以修身作为“三严三实”之首，作为作风建设之基。习近平总书记多次强调，共产党员要以德为先，精神上不能“缺钙”，要坚定“三个自信”，等等，都是讲的修身问题，讲的理想、品格等锤炼问题。每一名领导干部都要清醒地认识到，只有不断加强学习，增强党性修养，坚定理想信念，提升道德境界，才能守住高洁，净化灵魂，提高本领。

要把深入学习贯彻习近平总书记系列重要讲话精神作为重大政治任务，重点学好《习近平谈治国理政》《习近平关于党风廉政建设和反腐败斗争论述摘编》《习近平关于全面依法治国论述摘编》等重要著作，以及“四个全面”战略布局等重要论述。习近平总书记的讲话，深刻阐述了党的政治原则、路线方针、领导方法，也包括了许多历史规律、辩证思维、人生哲理，从中可以学到世界观、人生观、价值观、方法论，学到党的执政规律、社会主义建设规律、人类社会发展规律，学到做好工作的指南针和金钥匙。学好总书记的重要讲话，是我们修身的理论基础、思想基础。去年总行连续举办了9期干部集中培训，各级行也对党员干部进行了普遍轮训，在用讲话精神武装头脑、推动工作上取得了积极成效。同时要看到，对讲话精神的学习是个常学常新的过程，要在已有基础上向深处着力，坚持读原著、学原文、悟原理，不能以辅导报告、辅导材料代替对原文的学习；坚持全面学与专题学、反复学与跟进学、集体学与个人学相结合，不仅要通读，还要结合工作进行精读、深读，真正入脑入心，把学习贯彻讲话精神不断引向深入。

要把学好党章摆上重要位置。党章是党的根本大法，集中体现了党的性质和宗旨，体现了党的理论和路线方针政策、党的重要主张，明确规定了党员的权利义务和对领导干部的基本要求，是全党必须遵守的总规矩。要切实组织好党章的学习宣传，认真学习领会党的十八大党章修正案的新思想、新观点、新规定，不断强化党的意识、党员意识、纪律意识、规矩意识。要把学习党章、遵守党章、贯彻党章、维护党章制度化和具体化，使党员干部进一步明白，应该做什么、不该做什么，能做什么、不能做什么，用党章规范言行，真正使党章内化于心、外化于行。

要持续不断地优化知识结构，提高专业能力。习近平总书记在中央经济工作会议上指出，我们的干部有学历、有书本知识的人不少，但也有相当一部分同志管用的专业知识和素养很不扎实，难以适应新形势新任务。全行干部同样存在“能力不足”的问题。当前经济金融形势复杂多变，经营管理中各种新情况新问题新挑战层出不穷，要克服它们、驾驭它们，必须争分夺秒加强学习，一刻不停增强本领。“好学才能上进、好学才有本领。”各级党委要以党委中心组学习为核心，进一步完善学习制度，尤其要把各方面的集中培训学习与个人自学很好地结合起来，增强学习效果。各级领导干部要把持续学习作为“家常便饭”，经常“回回炉”“充充电”，决不能满足于作个“内行中的外行、外行中的内行”。要志存高远，有银行家的职业追求，努力成为经济金融领域的行家里手，对专业领域问题要有独到见解、体现深厚水准，具备解决复杂问题的能力，能够为基层行和员工提出破解难题的工作思路和方法。“全民阅读”已经连续两年被写入《政府工作报告》，去年以来总行开展了“潜心静读、多读好书”阅读系列活动，要坚持这些好做法，原则上总行各部室每月都要组织一次集体学习，带头在全行营造好学之风，依靠学习强固立身做人之本、夯实从业做事之基。

第二，要坚持做守纪律、讲规矩的模范。人不以规矩则废，党不以规矩则乱。我们党是靠革命理想和党的纪律组织起来的马克思主义政党，纪律严明是党的光荣传统和独特优势，是党的领导能力和执政能力，是党的凝聚力和战斗力的重要保证。在新的历史条件下，我们党要团结带领人民全面建成小康社会、基本实现现代化，同样要靠铁的纪律来保证。十八大以来，以习近平同志为总书记的党中央从战略和全局高度，对加强党的纪律建设、增强全党纪律性作出了一系列新部署，为新时期深化反腐倡廉工作、加强干部队伍建设、提高党的活力和战斗力指明了方向。党的规矩总的包括哪些？党章、党纪、国法，还有党的优良传统，都是全党必须遵守的规矩。党章是全党必须遵循的总章程，也是总规矩。党的纪律是刚性约束，政治纪律更是全党在政治方向、政治立场、政治言论、政治行动方面必须遵守的刚性约束。国家法律是党领导人民制定的，全党必须模范执行。党在长期实践中形成的优良传统和工作惯例是自我约束的不成文的纪律，同样需要长期坚持并自觉遵循。在中纪委五次全会上，习近平总书记特别指出了搞团团伙伙、拉帮结派，口无遮拦、乱评妄议，自由散漫、目无组织，欺上瞒下、弄虚作假，说情拉票、跑风漏气等五种不守党内规矩的表现，提出了"五个必须"，"必须维护党中央权威，在任何时候任何情况下都要在思想上政治上行动上同党中央保持高度一致；必须维护党的团结，坚持五湖四海，团结一切忠实于党的同志；必须遵循组织程序，重大问题该请示的请示，该汇报的汇报，不允许超越权限办事；必须服从组织决定，决不允许搞非组织活动，不得违背组织决定；必须管好亲属和身边工作人员，不得默许他们利用特殊身份谋取非法利益。"这是最重要、最根本、最关键的规矩，也是不可逾越的底线、不能触碰的红线。党员干部党性强不强，对党是不是忠诚，这"五个必须"是重要的考验、根本的检验。

作为国有控股大型银行，工商银行在服务经济社会大局、维护国家金融稳定安全中具有举足轻重地位，必须切实增强纪律意识和规矩意识，在思想上政治上行动上同以习近平同志为总书记的党中央保持高度一致，自觉把经营工作放到全国经济金融大局下去研究和把握，决不在贯彻中央决策部署上打折扣、做选择、搞变通，确保党的路线方针政策和中央的各项决策部署在工商银行得到全面贯彻落实。各级行领导干部要作守纪律讲规矩的模范，以上率下，严格遵守民主集中制，自觉做到"四个服从"，即党员个人服从组织、少数服从多数、下级服从上级、全党服从中央，成为良好政治生态的建设者、维护者。广大党员干部，不论在什么业务条线、在哪个岗位上工作，都要经得起风浪考验，确保在政治方向上不走岔、走偏，始终听党话、跟党走，是非面前分得清、关键时刻靠得住，做政治上的"明白人"。各级行党委都要加强对政治纪律和政治规矩执行情况的督查问责，坚决克服和纠正组织涣散、纪律松弛现象，确保党的纪律成为刚性约束。

第三，坚持驰而不息，形成作风改进长效机制。作风改进绝非朝夕之功，要充分认识作风建设的长期性、复杂性和艰巨性。以开展"三严三实"专题教育为新的起点，深化落实中央八项规定，强化源头治理，不断健全和改进作风常态化机制，切实防止"四风"反弹回潮。

狠抓持续深化和整改落实。要保持常抓的韧劲和长抓的耐心，在坚持中深化，在深化中坚持，聚焦突出问题，紧盯"四风"新形式、新动向，狠抓一个个节点，解决一个个具体问题，进一步带动作风的整体转变。要牢固树立持续整改、长期整改的思想，经常开展整改和制度落实情况"回头看"，逐项评估成效，确保承诺兑现、整改到位。"羊群看头羊、群众看干部"，在作风改进上，总行领导班子及各级行各部门负责同志要以身作则，当好标杆。

狠抓执行力和过程管理。执行力是衡量干部队伍作风的一把重要标尺，好的战略需要坚决有力的执行才能落到实处。要突出抓干部队伍执行力建设，对定下来的工作一抓到底，做到言必践，行必果。特别是各级领导干部要把责任扛在肩上，攥在手上，不推诿扯皮，不敷衍塞责，不当甩手掌柜。今年的经营计划目标和年初工作会议确定的65项重点任务分工已下达各行各部门，这是你们的"任务书"，大家要对照序时计划，高标准高质量地加以推进和落实，对困难多、压力大的任务更要全程紧盯，强化过程管理，加强跟踪监测和协调督促，决不能走到哪里算哪里。要定期对照检查各项任务的落实完成情况，以不落实之事倒查不落实之人。

狠抓服务理念的改进。前不久，李克强总理到我行考察座谈时强调"居敬行简"，看似简单的四个字，蕴含着非常丰富的哲理，是管理哲学，也是方法论。这句话出自《论语·雍也》，本是孔子弟子仲弓评价子桑伯子的一段话，"居敬而行简，以临其民，不亦可乎?"意思是，心里是严肃认真的，做事简约不烦琐，以这样的方式治理百姓，不就很好吗？从管理的角度讲，"居敬"强调的是工作态度，"行简"指的是工作方法，以敬民之心行简约之事，也就是所谓的"大道至简"。而前面提到的"传达层层陪会""制度道道加锁""流程不厌其长、管理不厌其烦""看似硬性学习、实则无奈无趣"等问题，恰恰与"居敬行简"相悖，实际上是官本位意识浓厚、服务意识淡薄和作风不严不实的表现。银行业作为服务行业，管理的本质是服务，崇尚的是简约。面对日益繁重的工作，全行要以"居敬行简"的理念改进作风，改进服务，认真严肃做事，善于化繁就简，拒绝"复杂原则"和"烦琐哲学"，特别是力戒那些形式上层层把关、实际上一拖就开的"连环扣"。各级领导干部要多站在基层、员工和客户角度考虑问题，珍惜民力，把握根本，扭住关键，化难为易，正所谓"事不繁而民不扰"，唯有如此，基层才不会忙乱，员工才不会抵触，政策制度才能真正落到实处、取得实效。

狠抓"管理效率提升年"活动开展。总行把今年确定为"管理效率提升年"，就是要下决心解决客户反映突出的、影响和制约发展的效率问题，这个活动的针对性很强，主要在各级管理行和管理岗位中开展。“管理效率提升年”活动实施意见已经印发，各行各部门要按照要求，认真抓好活动的组织落实。要突出问题导向，找准症结、瞄准靶心，着力整治政策措施执行落实不到位、协调联动不够、业务流程过长、制度冗余、文山会海、慵懒散慢等不良作风，既要有解决眼前紧迫问题的“治标”措施，也要有治理深层次矛盾的“治本”之策，并明确任务清单、责任清单和时限清单。对重要工作事项，要雷厉风行、快速响应，倒排时间，按周、按天、按小时算，而不能按月、按季甚至按年算。要积极利用信息技术手段提高管理效率，比如“融 e 联”是我们为适应移动互联网发展自主研发的即时通信平台，既可用于客户经理对外营销服务，也可以作为集团内部移动办公的重要辅助渠道。各行要组织全员推广使用“融 e 联”，根据需要建立不同的工作群组，实现内部信息的及时沟通和快速传达，提高工作效率。要强化督查督办和考核问责，曝光反面典型，大力表彰先进，在全行进一步形成重服务、讲效率、抓落实的良好风尚。

第四，要坚持从严治行、从严管理。作为经营货币的特殊企业，我们落实“三严三实”的一个重要内容，就是始终绷紧从严治行、从严管理这根弦，特别是在当前经济金融形势严峻复杂、各类风险多发易发的情况下，越要以铁的纪律、铁的规章、铁的管理，筑牢思想行为防线。

要切实抓好党风廉政建设主体责任和监督责任的落实，强化反腐倡廉工作。各级行一把手要把履行主体责任作为重大政治要求来落实，研究具体措施，明确目标任务，层层传导压力，推动形成各方面动手一起抓的局面。要切实把惩治预防腐败工作与业务管理、风险控制紧密结合起来，认识到一些风险事件的发生往往与违规违纪问题紧密相关，往往暗含利益输送和腐败行为，在继续抓好信贷、集中采购等重点领域监督管理的同时，针对近来暴露出来的代理销售、代理投资、委托贷款等业务领域风险问题，加强完善监督制约机制，尤其要深入查处越权审批或私售“飞单”等问题，消除风险隐患和权力寻租空间。从严治行，关键在治，没有责任追究就没有落实，动员千遍不如问责一次。要把风险事件和案件查处作为最重要的教育方式。对各类案件线索，发现一起查处一起；对违规违纪人员，发现多少查处多少。对发生重大案件或风险事件、经营秩序混乱的单位，要严格落实“一案双查”要求，不仅要严肃追究当事人责任，还要严肃追究管理人员责任。

当前全行改革发展任务艰巨，大家承担着很大的责任，我希望大家为工商银行事业、为全面建成小康社会而努力工作的同时，每个干部都不掉队、不在廉政方面栽跟头，这是党委的重要责任所系，也是对干部最大的爱护。各级党委要结合实际，完善干部监督管理的相关措施，使干部无论八小时内还是八小时之外，都受到约束。要经常提醒干部严格遵守中央八项规定以及总行党委相应十五条要求，并紧盯重要节点、具体问题，抓小抓细。要完善干部考核评价制度，既重视考察业务素质、工作能力，又重视考察政治表现、作风表现；既用好组织部门的考核结果，也注意用好纪检、巡视、审计、信访等方面的信息，从而更全面掌握干部动态，及时发现问题、及早谈话提醒，防止小问题酿成大错误。总行党委将继续深化和拓展巡视工作，真正起到发现问题、形成震慑的作用。

同时，也应清醒地认识到，再严密的监督管理也是有边界的，没有哪个单位是天然的保险箱，也没有哪个人具有天然的免疫力，腐败的风险就在我们身边，违规违纪往往就在一念之间。只有内心守廉、保持政治定力、做到律己才是根本。习近平总书记强调“严以律己，就是要心存敬畏、手握戒尺，慎独慎微、勤于自省，遵守党纪国法，做到为政清廉”。敬、戒、慎、省、守五个方面，为党员干部严于律己确立了行为准则，打造了防护栏和防火墙。党员干部要牢记“物必先腐而后虫生”的道理，切实增强自律意识，严格遵守廉洁自律各项规定，防微杜渐，警钟长鸣。记得有个典故，说的是宋朝有个官员叫赵概，善于自省、勤于洗心，他在案头上摆了个瓶子和黑白两种豆子，起一善念，投一白豆于瓶；起一恶念，投一黑豆于瓶。开始黑豆很多，后来反省磨砺，白豆越来越多，最后成为高德之士。我们每个党员特别是党员领导干部都要有这种“吾日三省吾身”的精神，一天下来，把自己的所思所想和所作所为，在脑子里过过电影，想一想自己的人生理想、价值追求是什么，想一想自己的言行是不是符合党的纪律要求，想一想自己做的事情是不是有利于党和人民的利益。经常过滤思想、检点言行，扫除思想和行动上的灰尘，做到心有所畏、言有所戒、行有所止，珍惜名节，珍惜生活，走好人生每一步。

第五，要坚持以高度的责任感和勇于担当的精神推动改革发展。领导干部是党和人民事业的中坚，当领导意味着责任、意味着担当。当年邓小平同志南方谈话中语重心长地讲，“我们肩膀上的担子重、责任大啊!”一句朴实的话道出了老一辈革命家对党员领导干部要敢负责任、敢于担当的殷切期望和要求。习近平总书记系列重要讲话中反复强调，责任担当是领导干部必备的基本素质。责任与担当体现着领导干部的党性和觉悟、胸襟和勇气，决定着领导干部职责的履行、作用的发挥、贡献的大小。对领导干部来说，责任无处不在，担当义不容辞。

当前的工商银行，正处于“过三关”、爬坡过坎的关键时期，尤其需要强烈的责任意识和担当精神，需要领导干部面对矛盾敢于迎难而上，面对危机勇于挺身而出，保持奋发有为、重任肩扛的精气神，拿出不甘落后、勇于革新的狠劲头，在其位、谋其政、尽其责。新常态下担当尽责，就是要坚决守住风险底线，确保资产质量稳定。资产质量关是首道关口，是对经营管理的最大考验，这个关过不好，其他所有的事情都会焦头烂额。各级行领导干部特别是一把手作为资产质量管理的第一责任人，要以“昼无为、夜难寐”的责任感和“重任在肩、舍我其谁”的担当精神，直面问题，迎难而上，深入实施信贷资产质量管理和信贷基础管理“两大工程”，尽非常之责，作超常之功，全力遏制不良贷款反弹势头。要坚持守土有责、守土尽责，决不能“新官不理旧账”，决不能“眼睛向下看齐”，放任贷款劣变而无所作为。“责重山岳，能者当之”，困难和压力最能考验干部的责任与担当。如果遇到困难绕着走，碰到压力往后缩，那就没有资格做党员，更没有资格当领导干部。当然，资产质量攻坚战不可能指望毕其功于一役，要有中长期打算，既要加紧推动完善机制、创新手段、充实人员、提升信贷经营能力等常态化措施的落实，更要从根本上改进信贷管理模式、方法技术，以适应新市场环境要求，把住实质性风险，把信贷管理提升到一个新的水平，努力成为国内银行业中第一家能够称得上真正具备现代风险管理能力的优秀银行。

新常态下担当尽责，就是要加快改革创新。改革创新是事业发展的重要动力源，改革创新只有进行时，没有完成时。面对严峻复杂的经营形势，各级领导干部要以对党的金融事业高度负责的精神，以“逢山开路、遇水搭桥”的气魄，深入落实总行党委各项重大改革部署，加快推进财务资源改革、资本配置改革、人力资源改革、大中城市行和重点县支行改革、网点标准化与竞争力提升、信息化银行建设等重点领域的改革工作，敢于啃硬骨头打硬仗、敢于趟激流涉险滩，努力向改革要动力，向改革要红利。要把握互联网时代金融创新发展趋势，着力实施创新驱动战略。“心胜则兴，心败则衰”，作为全球科技水平领先的大型银行，我们决不能在创新上甘于平庸，在别人后面亦步亦趋，必须树立敢为天下先的志向和决心。各级领导干部要率先更新理念，改变过去局限于在自己熟悉的领域打转转的路径依赖，用创新的思维研究推动工作，不断推出更多有思想、有价值、有市场的新产品、新服务，不断释放出促进可持续发展的新优势、新动力，使工商银行始终保持勇于改革、善于创新的蓬勃朝气，始终成为业界重要业务领域改革创新的领跑者。

新常态下担当尽责，就是要加快推进全行转型升级发展。面对全球经济金融的大变革、大调整，以及我国经济金融环境一系列重大趋势性变化，全行上下要以积极姿态和沉着定力迎接挑战、主动作为，抓住事关转型升级发展的重大问题，着力寻求破解之道，真正依靠经营转型拉动当前增长，并为长远发展铺路搭桥。要认清利率市场化大背景下存贷款传统业务发展的新规律，全面优化资产负债结构，全面建立新的发展方式，在利率市场化大潮中勇立潮头，切实将经营和发展的主动权牢牢抓在自己手上。要以更广阔的视野、更敏锐的思维，捕捉新产业、新业态、新技术、新市场涌动催生出的金融服务需求，把大零售、大资管、大投行等业务条线作为转型升级的重要战略举措，努力实现全面突破，不断打造带动力强、辐射面广的发展新引擎、新动力、新支柱。要主动融入金融改革和新一轮高水平对外开放进程，充分发挥人民币第一大行优势，充分发挥在中资银行中全球网络布局最广的优势，充分发挥子公司特色发展优势，不断提升对集团的战略协同效应和盈利贡献。各机构、各分行都要在推进转型发展中主动承担更重责任，树立高远进取的发展目标，不断在转型中升级、在升级中发展，积极打造工商银行多点多带增长支撑和全球化综合化发展的新格局，实现经营发展新的历史性跨越。

新常态下担当尽责，就是要在服务实体经济中更好地履行大行责任。这次李克强总理在我行考察和召开的金融工作座谈会上指出，经济金融是相辅相成的，实体经济是根基，金融是血液，光有骨架，没有血液，经济活不了；实体经济垮了，金融也不可能支撑。我们要深刻领会李克强总理这一重要论述，进一步深化对经济金融辩证关系的认识，进一步认清大银行在服务实体经济发展中的重要责任，切实增强大行担当，牢牢把握实体经济提质增效的本质要求，在服务实体经济的大局下推动经营发展。要认真贯彻国家稳增长、调结构、惠民生的政策要求，落实李克强总理的指示精神，统筹用好信贷增量与存量、信贷与非信贷融资资源以及多元化金融服务，多渠道增加有效资金投放，多方式服务实体经济发展需要。要坚持在促进经济结构转型升级中优化自身经营结构，在支持新产业、新业态发展中培育银行新的业务增长点。要把握“三大支撑带”战略实施中蕴含着大量金融需求，加强信贷政策与国家区域发展总体战略、新一轮高水平对外开放战略的衔接，加大对事关全局、带动性强的重大项目，以及中国制造、中国装备、中国企业“走出去”和国际产能合作等综合金融服务力度。要把握产业结构优化升级、新型城镇化发展中的重大机遇，积极在现代服务业、文化产业、现代农业，以及“互联网+”、中国制造2025等新产业和新业态发展中完善金融布局。要充分认识小微企业是稳增长的基础，促就业的容纳器，坚持发展小微金融的长期转型战略，积极探索小微金融服务的新模式、新路子，有力支持大众创业、万众创新。要把握国家实施6大领域消费工程、居民消费潜力加快释放的市场空间，创新消费和民生领域的融资模式、产品体系，提升金融服务消费水平，为拉动经济增长不断加力。

关于搞好这次专题教育，中央有明确要求，总行党委也将下发实施方案。各级行各机构党组织和党员干部要把中央的精神以及总行党委的要求把握好、落实好。这次专题教育是全行党建工作的一项重要任务，也是在教育实践活动基础上，融入经常性教育的一次探索实践，不是一次活动，不分批次、不划阶段、不设环节。这里，我简要强调几点。一要突出责任落实。能否把“三严三实”专题教育这个重大政治任务完成好，是对各级党委履行党建主体责任的直接检验、现实检验。各级党委要认真谋划安排，精心组织实施，扎实有效推进。党委书记要承担起第一责任人的责任，既要带头参加教育，接受教育，上好党课；又要搞好组织推动，亲自抓，形成上行下效、上率下行的良好局面。二要突出从严从实要求。从一开始就要从严从实，防止形式主义，确保取得实效。特别是要严格党内生活，认真开好专题民主生活会和组织生活会，加强党性分析，开展好批评和自我批评，使领导干部受到警醒、警示、警戒，在党内生活的熔炉里得到锻炼和提高。三要突出问题导向。要把中央提出的“三个着力解决”作为对照检查的重点，真正把自己摆进去，边查边改，既解决共性问题，也解决个性问题；既解决表象问题，也解决深层次问题，使专题教育的过程，成为校正“不严不实”的过程。四要突出两手抓两促进。不能以抓集中活动的形式开展专题教育，要把专题教育与做好当前工作结合起来，与完成本单位的任务目标结合起来，做到统筹兼顾、相互促进，真正把全行党员干部的工作热情和进取精神激发出来，形成做好各项工作的强大动力。

同志们，“三严三实”是对作风建设发出的新的动员令，全行要自觉践行“三严三实”，切实从“严”上要求自己、向“实”处谋事着力，善始善终、善作善成，不断取得作风建设新成效，推进各项工作取得新进展，确保全面完成今年各项任务目标，推动全行朝着国际一流现代金融企业目标不断迈进。

抓住战略机遇　转换经营模式
开拓“走出去”工作新局面

——在中国工商银行“走出去”工作座谈会上的讲话

姜建清

（2015 年 6 月 16 日 · 根据录音整理）

今天开了一天的座谈会，我觉得这次会议开得非常成功，不仅内容丰富，形式活泼，给参加会议的同志们留下了深刻的印象，也使大家对“走出去”和“一带一路”重大战略有了进一步的了解。刚才易行长的重要讲话非常全面，我都赞成，会后各行要认真贯彻落实，有些政策问题要加强研究。这里，我再讲三点意见。

一、深刻理解“一带一路”战略，把握商业银行经营环境的新变化

工商银行的国际化发展至今已经走过了 20 多年的历程。我们是在 1992 年邓小平同志南方谈话以后，顺应当时中国外向型经济发展需要，提出了“全行办外汇”的战略，并选择新加坡设立了首家境外机构。2001 年，中国加入世界贸易组织后，明确提出要实施“走出去”战略，我们的国际化发展也沿着“壮大亚洲、巩固欧洲、突破美洲”的轨迹开始提速。特别是在 2008 年国际金融危机爆发后，我们抓住了“危中之机”，加快海外布局步伐，截至目前，在中资银行中，我们机构境外布局最广，资产仅次于中国银行，国际化发展成绩与中国经济全球化、中国企业“走出去”进程相匹配，这表明我们既有前瞻性的战略布局，同时也在一步一个脚印地贯彻执行。去年以来，党中央、国务院提出“一带一路”战略构想并不断推动落实，客观反映出商业银行经营环境的诸多变化，也为我行的国际化发展带来重大机遇和新的挑战。

（一）经营环境变化对商业银行国内发展提出挑战。随着国内经济发展进入新常态，银行业传统增长模式难以为继，优质信贷投向资源不足，国内信贷业务发展空间和速度受到限制，银行盈利下降，风险上升。同时，商业银行面临的竞争不断加剧，直接融资比重上升，非银行金融机构快速发展，商业银行业务迅速分流。利率市场化加快、负债成本上升、存贷利差收窄，以及第三方支付、互联网金融的“野蛮生长”等，也都对商业银行业务构成挑战。此外，监管层严格控制收费科目，要求降低企业综合融资成本，传统手续费收入增长空间有限。这些问题是摆在我们面前的客观问题，所有的商业银行都面临这样的情况。

与此同时，我们看到，集团海外业务增长开始崭露头角，最近几年我们海外机构的盈利增长都在40%左右。更重要的是，海外业务反哺国内业务的迹象开始出现。今天很多银行羡慕工商银行把握住了国际化发展机会，不仅带来了新的业务和盈利成长空间，而且稳固了工商银行在国内的业务，这是长期以来的国际化战略布局收到了成效。如今“一带一路”发展战略为中国未来的发展、为中国更好地融入世界和经济全球化绘制了一张蓝图，我们必须紧紧抓住历史机遇，推动工商银行的国际化发展再上新台阶。

（二）经营环境变化中蕴含国际化发展新机遇。金融是经济的折射。回顾历史不难发现，一国的金融竞争力与其国家所处的历史阶段、政治环境、经济实力、对外贸易等密切相关，全球金融格局的演变往往紧随着经济格局的重大变化。因此，我们要以历史的眼光把握住其中的规律性。综观百年全球金融史，欧洲、美国、日本的银行都是随着本国政治和经济兴衰在国际银行排名中此进彼退。当然，我们还要有全球视野，不拘泥于一国一地的具体情况，而要把握住全球地缘政治和经济格局变化；更要有前瞻视角，既能在大时代机遇前迎风扬帆，又能智慧地避开前进道路上的激流和旋涡。这里有几个问题需要重点思考：

一是中国走上世界经济舞台中心，为中资金融机构确立全球影响力提供了难得的战略机遇。这轮全球金融危机爆发后，世界金融格局出现深度调整，中国等新兴市场国家综合国力日益强大，金融力量随之崛起，大型中资银行的资产规模、资本实力快速增长，国际影响力不断增强。按一级资本排名，2014年全球前十大银行中，中资银行占了四席，这是中国政治经济力量崛起的必然结果。而且，随着“一带一路”战略实施、亚投行建立和人民币国际化推进，中国在全球贸易、投资和经济治理体系中的话语权将会进一步提升，加速占据全球经济金融的核心地位，这也是我行提升国际竞争力、保持全球银行业领先地位的时代机遇。

二是中国与全球经济深度融合，为我行国际化发展提供了更为广阔的空间。“一带一路”战略是我国新一轮高水平对外开放的重要举措，必将促进我国对外贸易和投资实现质和量的双重飞跃。人民币国际化进程加快，跨境人民币业务有望实现“井喷式”增长，我行可利用本币优势，全面提升在国际金融市场的竞争力和影响力。“走出去”方式转型升级带来大量新业务潜力，跨境投融资、财务顾问、资金管理以及风险对冲等金融服务需求将日益增长，我行可凭借集团的综合优势，进一步提升全球产品线的市场竞争力。“走出去”企业境外长期经营，带来更多的本地化金融服务需求，我行可发挥全球网络布局优势，提供完善本地化服务，进一步融入当地经济发展，增强市场渗透率，提升境外经营价值贡献。

三是资本等经营要素的跨国流动，为我行跨国银行建设提供了重要契机。历史上曾发生过三次大规模的国际资本流动浪潮：第一次发生在19世纪末到20世纪初，英国资本输出带动英国银行业崛起，1913年全球20强银行中，英国9家银行榜上有名；第二次发生在“二战”后到20世纪70年代，美元在资本跨国流动中占据主导地位，1970年的全球前十大银行中，美国银行独占7席；第三次发生在20世纪八九十年代，以日本企业的全球扩张和收购为代表，到1995年日本6家银行跻身全球资产最大的十家银行之列。中国去年开始提出的“一带一路”战略，必将带来第四次以中国资本为主的全球性大规模资本流动，也必将推动中国银行业跨国经营的进一步崛起。

目前，我行海外业务贡献占比与全球性银行标准还存在明显差距，今年一季度末境外机构资产规模在集团中的占比尚不到8%，与全球性银行40%的标准相距甚远，境外机构资产规模至少还有4倍的增长空间。这里面有一点特殊性，因为中国非常大，我们一个国家的国土面积和整个体量与整个欧洲差不多，所以欧洲银行的跨国经营是非常普遍的。同样，美国作为一个大国，其跨国银行的比例就比较低，美国银行、富国银行、摩根大通海外资产占比也不高。但不管怎么说，8%的境外资产占比，离一个国际化银行、离一个真正全球性银行的距离还是比较远的，所以，我们还有相当大的发展潜力，这是一个历史的必然。

二、适应新时期“走出去”工作特点，坚持我行国际化发展的正确方向

（一）准确把握新时期“走出去”的特征。

一是新一轮“走出去”的内涵呈现新变化。以往中国企业“走出去”通常以商品和劳务输出为主，新时期“走出去”则突出表现为资本引领、装备出口和产能合作，更多体现为链条式转移、集群式发展和园区化经营等新型模式。最典型的比如我们做的25亿美元安哥拉石油换贷款项目，中信建设在安哥拉投资建设，工商银行贷款给安哥拉，安哥拉把建设款给中信建设，所有的钢筋、水泥、玻璃、铁钉甚至卫生洁具都从中国运过去，安哥拉再通过其石油公司卖石油给中石化，把购油款还给工商银行，这就形成了一个复杂的“走出去”链条。近日我拜会安哥拉总统，签订了一个7.8亿美元的电厂项目，我提议安哥拉在每家每户装智能电表，先买电卡然后才能用电。中国在智能电表制造方面有优势，还可以把卖电收入放在南标银行监管。安哥拉有几千万人口，这个项目做下来，至少可以拉动中国几百万个智能电表出口，这也是链条式“走出去”。

二是全球经济渐进式再平衡呈现“双刃”影响。当前，世界经济复苏的大趋势正在进行中，政治经济金融的互动日益明显，旧的秩序不断被挑战和打破，新的

秩序正在逐渐形成过程中，为金融业的发展提供了新的市场空间。国内经济则进入“三期叠加”阶段，企业分化趋势明显，银行信贷资产增量、质量和效益都将持续承压。这就要求我们既要抓住全球经济再平衡带来的金融服务增长空间，也要尊重渐进式再平衡带来的现实约束，业务推进不能急于“铺摊子”，要在把控实质风险的基础上稳中求进。特别是“一带一路”的区域风险特征非常明显，部分区域的地缘政治关系错综复杂，是大国角力的焦点和政治博弈的敏感地区。比如，俄罗斯和乌克兰问题就是这样，妥善处理后才能有好的经济发展前景。部分“一路一带”沿线国家系统性风险比较高，经济体系、金融体系抗风险能力比较差，许多国家法律法规不健全、政府的效率不高、信用体系不完善、汇率波动大，这些都给我们在这些国家的发展带来了一些金融安全问题，必须充分评估这些风险。

三是商业可行与政府合作呈现交织平衡。“一带一路”大部分项目都建立在经济可行基础上，但也有部分项目虽不具备商业可行性，但具有很强的公共性和合作代表性，是两国政府关注的重要项目。作为商业银行，既要追求收益和风险的平衡，又要顾全国家政治外交关系，这是商业银行“走出去”面临的新课题，需要提高项目鉴别和筛选能力，能够在项目初期从政府间一揽子合作框架中，选出商业可行项目重点推动，对于商业性较差的项目尽早放弃融资跟进，但是不做贷款还可以做服务、做代理，做那些不花钱能赚钱的工作。

四是“走出去”同业呈现多元化竞争格局。随着“一带一路”战略的实施推进，各金融机构已经迅速聚焦“走出去”蓝海，参与机构更加多元，同业竞争愈发激烈。据媒体报道，为支持“一带一路”，中行计划今年提供200亿美元、未来三年提供1 000亿美元授信，建行计划提供2 000亿元人民币，平安集团与进出口银行以投贷、保贷结合等方式开展“走出去”全方位合作，一些券商、信托、基金等机构也纷纷涉足“走出去”领域。此外，丝路基金首期出资400亿美元，亚投行注册资本1 000亿美元，都将成为参与“走出去”市场的重要金融机构。因此，未来“走出去”的同业格局，将演变为更为复杂的多边参与、竞争与合作共存的局面。如国开行、进出口银行、中信保与我行以往合作很好，要继续加强“一带一路”合作。丝路基金、亚投行也要成为我们未来重要的合作伙伴。另外，要加强与国外金融机构的合作，现在我们在这方面考虑得还不够多，将来则是我们分销能力建设的关键。如果可以把基础设施建设项目打包分销，我们就可以引领全世界的金融机构共同支持“一带一路”。

（二）深入剖析新时期“走出去”面临的战略性问题。

一是境外机构的本土化发展问题。在国际化发展中，我们非常重视本土化，境外机构的本土化能力也在逐步增强，但对母行的依赖在一定阶段还很难改变。所以，全行要共同努力，一方面继续发展内保外贷、风险参贷、簿记等业务，继续做好对境外机构的业务支持。另一方面，境外机构要充分挖掘本土客户和本土项目，将来要真正做到本土化经营。全行就像一棵大榕树，每个境外机构就像大榕树上的一个根须，既从大榕树得到养料，也通过根须反哺母体，这是一个互相依存、互相促进的过程。

二是源头性金融服务问题。商业银行的传统经营以需求跟踪为主线，具有明显的后端性，往往是金融服务跟随业务机会。在新一轮的国际化发展中，继续侧重于需求跟踪的金融机构将愈发被动，市场更需要能够引导需求、规划需求甚至创造需求的主动型金融机构。如果能够对一个国家的重大建设项目进行总体设计和咨询，帮他去组织建设单位和上下游公司，变成整个项目的完成者，那么我们就根本不用发愁贷款、结算、存款等一系列业务。做这样的源头性金融服务，是商业银行核心竞争力的一个大的提升，现在就要着手这方面的能力建设，将来要成为常态化业务。

三是国际信贷的专业和专营问题。国际信贷涉及的政治、法律、国别风险比较多，许多项目都是个性化的、偶发性的、结构多样化的，所以必须走专业和专营道路，这也是全球银行在国际信贷上的普遍做法。专业化经营也是工商银行这么多年来走出来的比较成功的道路。在国际化、“走出去”和“一带一路”中，我们之所以比较有竞争力，就是因为在海外发展的同时，建立了专项融资产品线，必须要把它继续管好。当然，专项融资部也要进一步按照“专业执贷”的原则继续提高经营能力，完善前中后台分离的风险控制机制。要科学处理好分润问题，要做细一点，分成不同的种类，同时也要从大局出发，不要过分看重项目本身收益，要更多考虑到“走出去”业务稳定国内客户关系的作用以及对国内其他业务的带动作用。

（三）着力打造“走出去”金融服务的工行特色。

一是坚持商业化。从国家层面看，新时期“走出去”战略既有外交上的需要，也更多地体现为国家间的商业互利合作，而不仅仅是我国政府的单边支持，商业化将成为主流趋势，民间经济外交、商业性机构将发挥更大的作用。从商业银行的角度看，历史上任何可持续的银行国际化进程，虽有国际政治格局变化的影响，但更以市场化、商业化为核心原则。尤其是我行作为一家国际化的上市商业银行，要把国家的战略意图和自身的商业利益很好地结合起来，既要抓住机遇发展壮大自己，也要努力避免风险。到现在为止，我们“走出去”没出问题，这一点值得表扬，但更要注意今后不出问题。

二是立足本地化。虽然境外大型项目融资是我行“走出去”工作重点，但我们区别于政策性金融机构的一大特点，不是单纯取得融资收益，更不是融资完了就走，而是要立足于海外机构的长期发展，支持当地机构和谐融入东道国。尤其是要借助大型融资项目的安排，把更多金融服务融入到当地社会发展和经济运行中，不断夯实长期发展的基础，提升我行在当地市场的社会形象和影响力。同时，借助境外产品线建设，发挥我行产品、网点、清算和科技等优势，以融资带动境外机构结算、清算、存款、现金管理、外汇交易等本地金融服务能力的提升。

三是发挥引领性。“一带一路”沿线大部分是新兴和发展中国家，各国的经济、金融发展阶段各不相同，面临着政治转型、经济转轨和社会转变的不同挑战，金融资本的先期介入是“一带一路”建设破题的“牛鼻子”。我们作为最大、最有中国经验的中资商业银行，要更好地对外诠释中国模式和中国经验，积极为沿线国家政府制定总体发展规划建言献策、提供方案，以此拿下项目“总包”后“转包”给企业。尤其是我们在几十年中国改革过程中积累的经验优势和在国际化进程中积累的专业优势，可以引领东道国的产业规划和产业格局，而且这种引领能力已经在一些具体项目合作中开始体现。

四是秉承开放性。“一带一路”的推进过程中会遇到新旧国际秩序的各种碰撞，甚至会有一些较为复杂的政治经济冲突，对我们的工作产生影响。面对这些挑战，要始终保持“开放、协作、创新、交流”的心态，广泛团结各方伙伴，广交朋友。要加强与国内政策性金融机构合作，推动政策贷款与商业贷款的更好结合；要深化与国内商业银行等金融机构合作，提高清算交易代理、银团牵头安排等能力，树立“走出去”大行形象；要注重与沿线国家金融机构、发达国家商业银行和股权基金以及多边国际组织合作，实现信息交流、收益分享和风险共担，并在坚持自身特点和利益的基础上，更好地融入全球金融和资本市场。

三、抓住新时期“走出去”的历史机遇，推动国际化经营纵深发展

据亚洲开发银行预测，到2020年亚洲的基础设施建设需求8万亿美元，非常振奋人心。随着“一带一路”战略的全面实施，未来三年，全行力争累计安排“一带一路”境外融资3 000亿美元，包括“走出去”项目融资1 000亿美元，“一带一路”沿线境外机构的本地化融资1 000亿美元，境内分行对本地参与“一带一路”建设企业的配套融资支持1 000亿美元。当然，这些都是预先提出的目标，要在执行过程中不断调整和完善。

（一）必须实现从“跟随”到“引领”的转变。

一是凭借多年“走出去”的实践实现经验引领。“一带一路”是个复杂体系，必须根据不同国家的不同情况，按照“政策统一、形式各异”的原则区别推进。我行在支持“走出去”过程中，在适应各国政治、文化和法律框架并有效开展务实经济合作方面积累了大量经验。截至目前，我行在沿线设有18家机构，在其他重点国家还有进一步增设机构的计划；在沿线国家支持“走出去”项目81个，融资总额116亿美元；在已经建成的四个人民币清算中心中，新加坡、泰国和卡塔尔均位于沿线；和巴基斯坦最大的哈比银行联合在巴基斯坦发起中巴工业园项目，协助纺织、钢铁、水泥等中国企业在巴基斯坦设立产业园区，等等。应该说，在与沿线国家的经济、金融往来中，我行始终是最直接的参与者和实质上的主力军，积累了大量因地制宜开展合作的经验。在“一带一路”推进建设过程中，提供我行关于重点国家、优先行业、可行融资模式等方面的先行经验，可以帮助中资企业和东道国政府少走弯路。

二是凭借境内外机构的联动网络实现信息引领。国际化发展到今天，无论是内涵还是外延都已经大大拓展，信息流、物流、资金流四通八达，上下游间横跨多国的产业链密切关联，全球政治、经济、行业、法律和国别风险相互交织。我行在日常经营中积累了大量的管理信息、客户信息、政府信息和市场信息，在信息收集、处理和分析领域具有技术系统和人力资源两方面优势。在“走出去”企业面对较为陌生的境外市场时，我行内外联动的信息网络可以打通上下游、境内外，帮助企业判断市场，发现机会，评估风险，配置资源，提供决策支持。特别要利用好融e联这一现有平台，建立大大小小的“信息圈”，比如“一带一路”圈、中亚圈、东亚圈等，把总行相关部分和境内外机构连接起来。同时，从我行自身发展诉求来看，海外市场继续依靠大规模、高资本消耗的信贷支持增长，既不明智，也难以为继，需要更多使用投行化、咨询顾问类的金融服务手段，要抓紧落实研究报告和信息服务的全球化，统一制成英文版及时发到全球，定期更新。

三是凭借专业化的金融视野实现政策引领。我们现在对国内的风险基本上能够判断，一个项目技术行不行、市场怎么样、政府什么态度，什么行业可以进、什么行业应该退，都还有一个基本清楚的认识。但是在境外这方面能力就有所欠缺，我们85%的跨境贷款依靠中信保保险，这就偏离了银行的本质，也是我行引领企业作用发挥较少、算不上真正意义上跨国银行的一个根本原因。以石油行业为例，如果我行的行业专家能把世界石油的未来趋势判断准确，国别专家对非洲某个产油国的政治、经济、社会和法律环境能说清楚，产品专家能提供便于客户理解的融资产品组合以及相应的风险管理服务，我们必将成为相关行业“走出去”企业的第一选择。

四是凭借中国改革开放的成功经验实现模式引领。“一带一路”国家大多是新兴和发展中国家，这些国家

需要的不仅仅是资金，更需要可以借鉴的增长模式和发展理念。我国在过去30多年的改革开放进程中，取得了举世瞩目的巨大成就，经济实现了年均近两位数的持续增长。中国模式已经是一种取得成功并被广泛借鉴的新兴市场国家的发展模式。我行在30多年的发展历程中，对于中国经验既有全面深入的了解，也有金融机构的独特视角。因此，我们要对沿线国家政府广泛介绍中国在工业园区、开发区建设上的经验和相关的招商引资政策，积极推荐具备世界一流工业制造能力的国内企业客户，传播中国金融监管理念和金融发展经验。要通过这些工作，使我行成为相关国家政府的“发展总顾问”，进而对当地经济、金融政策形成一定影响力，在企业面前展现令人信服的引领能力。

（二）必须打造有核心竞争力的全球产品线。

一是着力打造全球融资产品线。这里所讲的“全球融资”不仅仅是简单的贷款，而是包括了多种类型的融资，如项目贷款、银团贷款、卖方信贷、担保，还有股权融资、债券融资、资产证券化等。要具备重点区域开发能力，分析国家情况和特色行业，推动与东道国政府签订“总体框架融资安排”，建立稳定的合作架构和运作机制，提出可操作的区域融资策略和可接受的风险承受总额，形成多元化、有特色的区域开发模式。要具备全球行业开发能力，从各行业全球范围的中长期供需入手，研判和发现沿线国家的发展趋势与行业机会，并以此确定重点客户和项目。在整合总行和境内外机构专业资源的基础上，以全球油气、电力和基础设施三大行业为试点，打造专业化的行业金融团队，提升全球行业服务能力，实现全球资源的有效调度以及专业化、高质量的业务决策。这其中的关键是要实现全球资金的合理调配，现在西方国家的资金价格比较便宜，北方发达国家的资金比较充裕，所以要通过全球融资产品线的建设实现“西水东调、北水南调”。

二是着力打造全球人民币产品线。巩固全球人民币清算网络优势，明确境外各人民币清算行定位，统筹规划发展格局，发挥各清算行区位优势，以清算行为依托拓展区域化离岸人民币市场资源，形成各有侧重、功能互补的境外人民币清算架构。同时，继续积极争取更多清算行资格。引导各清算行强化外部营销拓展，将人民币清算结算做成代理行业务的拳头产品。发挥集团内外联动优势，充分利用上海、天津、广东、福建自贸区以及深圳前海、广西沿边等地试点政策红利，确立结算和清算产品线市场领先地位，提升资金交易产品线竞争力，拓展RQFII与资产管理、私人银行、资产托管等产品线业务。发掘境外人民币融资潜力，抓住目前人民币进入降息通道的有利时机，研究制定境外人民币贷款中长期固定利率的报价方案。着眼境内、境外两个市场的利差和汇差，加强跨境人民币融资新产品、新业务的研发和推广，在综合考虑资金价格和风险管理成本的情况下，保证境外人民币资金对外汇资金的竞争优势，推出一批拳头产品和营销利器。

三是要着力打造新兴产品线。全球交易业务产品线方面，发挥标银公众的平台作用与专业经验，逐步补齐我行全球交易产品线中商品、利率、汇率和信用交易业务的短板，加大账户贵金属、账户原油、账户外汇等境内优势交易业务的境外拓展力度。全球投资银行产品线方面，加快构建境内外投行业务联动发展的“大投行”新格局，围绕跨境大型客户和境外重点客户，强化承销、顾问咨询等投行服务的市场地位，特别要围绕我国“走出去”企业的境外投资和兼并重组，挖掘高附加值投行业务。全球资产管理产品线方面，依托集团已有的工银亚投、工银欧洲两大境外资管平台，密切关注国际金融中心具有核心竞争优势的中型资产管理公司的收购机会，提升我行全球多元化资产投资能力、先进产品设计能力和风险管理能力，发挥工银品牌的“中国概念”产品在主要离岸市场的引领作用。全球私人银行产品线方面，加快私人银行业务全球服务平台建设，不断提升全球服务能力，依托我行在卢森堡注册成立的私人银行全球理财基金，突破现有境外私人银行产品瓶颈，满足境内高端客户的全球资产配置需求。此外，我们其他的一些产品线可能短期内还不具备全球影响力和竞争力，但是随着我们机构和业务的全球化，都要进一步考虑产品线的全球化发展。

（三）必须实现全球化经营的转型发展。一个真正的国际化银行，开始是机构布局全球化，然后是客户全球化、业务全球化、产品全球化、管理全球化，最后是人才全球化，这是必然要走过的道路。

在转型过程中，一是要实现低资本占用型发展模式。在当前国际经济金融形势大调整、大变革的背景下，为降低风险暴露、提高经济资本回报，我行“走出去”业务必须从资产持有大行转变为牵头安排大行，从依靠融资能力营销转向依靠综合化服务能力营销，从高资本占用转向低经济资本占用、轻资产方式的可持续发展模式。例如，对于未来三年安排的1 000亿美元“走出去”项目，要本着“三个三分之一”，即留贷三分之一、银团分销三分之一、资本市场转让三分之一，确保经济资本占用和不良资产低于全行平均水平。

二是要实行标准型和专家型信贷的差异化发展。对小额、高频、快速的“走出去”业务要发挥互联网思维，运用大数据手段，加强对市场需求和风险信息的技术识别与自动监控，形成智能化、标准化的快速处理能力，最终打造出线上标准化跨境小额融资产品体系。针对大额、偶发、长期的“走出去”业务，要注重专业信贷能力建设，培养具备国际视野的区域专家、具备产业知识的行业专家以及擅长信贷结构设计的产品专家，开发资源储量支持融资、跨境并购融资、主权信用挂钩融资、跨境租赁结构融资等“专家信贷”型结构化产品，不断提升专业化服务能力。

三是要带动相关产品和中间业务收入的发展。充分发挥“走出去”融资结构化程度高、特色竞争力强的优势，带动全行相关产品的发展。要在并购贷款、银团安排、资产交易中配套高端财务顾问等投行服务，促进商投结合；在跨境融资中落实账户行、代理行、履约担保行角色，提高外汇资金系统内收付、沉淀比例，促进国际业务的发展；加强工程履约保证金、银团清算代理行的要求，促进本外币存款的发展；引入 QDII 理财、PE 等股权投资支持“走出去”，带动资产管理、资产托管和私人银行业务的发展；围绕客户的风险管理需要，带动远期结售汇、利率掉期、货币互换等金融市场业务的发展。通过发展上述业务，带动全行顾问费、安排费、担保费、代理费、托管费、手续费等中间业务收入的持续增长。

（四）必须树立打造“百年老店”的发展意识。

一是坚持以盈利为中心。当前我国经济新旧产业交替与发展动力转换还没有完全到位，反映到银行经营方面，就表现为优势信贷市场青黄不接，资产质量呈现加速劣变趋势，对全行稳定盈利增长构成较大压力。因此，更要抓住“一带一路”战略发展机遇，积极培育新的利润增长点，不断提升境外机构利润贡献度，对全集团的转型发展形成新的有力支撑。要向新投放业务要收益，摒弃一味追求信贷规模增长的传统发展思路，舍弃部分短期经济回报较低项目；要从存量资产要收益，探索存量资产证券化和银团再融资，获取更多资产流转利润；要从负债端要收益，抓住目前国际金融市场资金成本较低的市场机遇，加大境外票据、债券发行力度，替换较高成本外汇资金；要大力发展资本节约型业务，向国际结算与贸易融资、市场交易、资产管理、私人银行和投资银行等业务条线要利润。

二是坚持以客户为基础。在国际化发展进程中，要将境内外的拓户、稳户工作作为一号工程，结合“一带一路”工作开展，切实将战略重心落在客户资源的发现、拓展、维护和利用上，围绕客户需求推进业务改革和产品创新，围绕客户体验改造管理流程和运营机制。对外要充分发挥“走出去”跨区域、跨行业、跨机构的特点，带动整个业务链条相关客户的拓展，重点通过对境内出口商、国际工程承包商、收购方的服务带动境外机构对境外借款人、项目业主、被收购方等企业客户以及政府部门、国际组织等机构客户的拓展，通过国际银团分销和资本市场对接等资产流转渠道，加强对境内外银行和金融机构客户的拓展。对内要充分利用国内企业“走出去”的意愿，充分发挥引领作用，主动为企业推荐项目，分析境外国别、市场和行业环境，提供投融资一体化的金融解决方案，要让客户感受到我行不仅仅是“身边的银行”，更是“可信赖的银行”。

三是坚持以质量为关键。在追求盈利的同时，更要守住风险底线。特别是当前国内外对“一带一路”仍存质疑，如果出现影响较大的不良贷款事件，将会影响全球对中国“一带一路”战略的看法。所以，要从政治和全局高度，对沿线国家的信贷资产质量有更加深刻和全面的把握，不能有急于求成的发展观和业绩观，不能放松市场准入，过度信贷投放。要充分关注境内外风险的互相传导和演化，关注各个国家的政治风险、国别风险，各境外机构要重视利用总行信用风险监控中心的大数据手段，及时分析和报告所在国家和企业的风险，提高风险管控的前瞻性。

四是要特别注意非经营风险。“一带一路”沿线部分区域地缘政治关系错综复杂，经济金融问题易被泛政治化。同时，部分沿线国家民族、宗教势力错综复杂，对中资企业和金融机构进入存在不同看法和声音。要牢记我行的商业银行定位，从商业角度做出专业判断，用商业行为助力政治交往，而不是反其道而行之。要谨慎开展无实质内容但有较大金额的合作谈判，避免合作意向被误认为融资承诺，造成工作被动甚至是不必要的外交纠纷。要严格遵守所在国的法律、法规和合规监管政策，不断提升反洗钱管理水平，尤其要针对汇款等合规制裁重点领域，及时查缺补漏。在声誉风险面前，要做到关键时刻不失语，重大时刻不缺位，应对有序，维护我行声誉。同时，也要做好突发情况的应对预案，确保问题的及时妥善处置。

五是要加快海外人才队伍的培养建设。工商银行现在有 1.2 万人在海外工作，其中总行派出 800 多人，这是十几年来我们持续开展国际化人才培养的结果。我们今天收购一个小银行，十几个人一天时间派出去，各个岗位可以全部管住。但如果收购一个大一点的银行，我们的人才还是跟不上。人才的培养是个长期过程，人才的使用也要在国内外两边打通，人力资源管理要更适应国际化、“走出去”和“一带一路”的新要求。要对外派人员的薪酬管理等问题作进一步研究，激励大家在海外工作。针对海外经济发展不均、安全形势不一等问题，要在海外干部的轮换过程中，重视这方面的平衡考虑。对专业人才、管理人才和小语种人才，要做好前瞻性培养。对总行相关部室、处室负责人，要把海外任职经历作为提拔前提。对海外回来人员，要妥善安排，必要时总行要合理干预。对于这些问题，要通过制度和办法来解决，既要有前瞻考虑，也要有政策指引。

同志们，随着国家“一带一路”战略的实施，“走出去”工作进入到了一个新的历史时期，不仅给全行国际化经营的纵深发展带来了新的机遇，也给全行经营转型提出了新的要求。全行要进一步统一思想，坚定信心，奋发有为，扎实工作，全面落实好本次会议精神，不断开创“走出去”工作新局面，将国际化经营推进到一个崭新阶段。

在中国工商银行个人信用消费金融中心成立发布会上的讲话

姜建清

（2015年6月18日）

很高兴在这个充满生机的盛夏时节，邀请到大家出席这次发布会。半年之前，我们刚刚在这里举办了工银信用卡超亿张发布会，今天又和大家一同见证工商银行个人信用消费金融中心的挂牌，这标志着我行零售金融创新特别是个人消费信贷业务的发展迈出更大的步伐，标志着工商银行将在促进以消费拉动经济增长中有更大的作为。这里，我谨代表中国工商银行，向参加本次发布会的媒体朋友们表示热烈欢迎，并对你们长期以来对工商银行的信任和支持表示衷心感谢。

当前，我国经济稳增长、调结构任务艰巨，消费对经济拉动作用至关重要，发挥金融对消费的促进作用具有较好市场基础和较大空间，是银行的重要责任。近日，国务院常务会议作出部署，决定将消费金融公司试点扩至全国，增强消费对经济的拉动力。工商银行成立以来，一直以服务实体经济为己任，坚持在支持经济平稳较快发展和经济发展方式加快转变中，实现自身的健康可持续发展。今天我们在业内率先挂牌成立个人信用消费金融中心，浓墨重彩地做好消费金融这篇大文章，就是想应时应势，在全新的经济金融格局下，以更具效率、更富价值的金融服务，支持实体经济提质增效升级。

工商银行发展个人信用消费金融，旨在助燃经济转型升级的"强国梦"。消费是拉动经济增长和打造中国经济升级版的重要引擎。从经济社会发展规律看，一国经济发展到一定水平之后，需求将在经济增长中发挥重要动力作用。目前我国人均GDP已超过7 000美元，处于消费较快增长和结构升级加速时期。近五年，我国社会消费品零售总额以年均15%的速度快速增长，2014年达26.2万亿元，消费对GDP的贡献率达50.2%，首次超过50%，拉动GDP增长3.7个百分点。但与不少国家消费占GDP比重普遍70%以上的水平相比，我国消费市场还有很大的发展潜力和后劲。如果能更好地聚合和撬动13亿人的消费大市场，以消费带动大量创业和就业，以消费促进先进制造业的升级和发展，无疑将对我国经济结构调整、发展方式转变起到重要推动作用。工商银行一直致力于将金融服务深入到消费链条的各个环节进行全方位支持。以银行卡为例，目前我行银行卡发卡量已超过6亿张，年消费额7.5万亿元，在全国超过100万商户铺设了近140万台POS机，形成了催生居民消费的巨大动能。我行个人信用消费金融中心的成立，有利于更好地发挥金融推动消费升级的重要作用，进一步促进金融"活"起来、消费"转"起来，在"活"与"转"中培育经济增长新动力，以金融杠杆助推经济转型升级。

工商银行发展个人信用消费金融，旨在助圆普惠民生的"幸福梦"。随着居民收入水平的提高和新兴消费群体的逐步形成，我国不仅成为世界上消费市场增长最快的国家之一，而且呈现出日益明显的消费升级趋势。消费结构从传统物质消费、商品消费向更高层次的旅游休闲、文化娱乐等服务消费、体验消费转变，消费偏好从模仿型、排浪式向个性化、多样化转变，消费场景从线下向线上迁移，网上商品和服务零售额已超过社会消费品零售总额的10%。同时长久以来先储蓄后消费的传统消费文化也在悄然改变，信用消费和适度提前消费观念逐步被更多人所接受。2014年，全国消费信贷余额达到15.36万亿元，占GDP的比重达24%，较五年前上升了10余个百分点，但其中70%以上是基于抵押的个人住房按揭融资。在国家重点推进实施信息、绿色、住房、旅游、教育文化体育、养老健康家政等6大领域消费工程的情况下，发展纯信用的消费信贷大有可为。工商银行成立个人信用消费金融中心，将通过加强服务模式和信贷产品的创新，满足不同消费群体多层次、多元化的消费需求，与各方携手共同营造大众敢消费、能消费、愿消费的金融环境，在提升居民幸福生活指数的同时，使大众消费"汇小溪成大河"。

工商银行发展个人信用消费金融，旨在助推工行的战略转型。面对经济下行压力加大、金融监管深化、利率市场化加快、金融脱媒加剧等一系列重大趋势性变化，银行只有通过加快推进经营转型，推动资本节约型发展，大力培育新的业务增长点和盈利增长带，才能实现更有质量、更可持续的发展。而消费金融正是最具潜力、最富开发价值的"新蓝海"。据央行统计数据，消费信贷在全国银行业的信贷规模中只占15%，除去住房按揭贷款后的消费金融仅占3%，而国外成熟市场消费信贷占比一般在30%左右。消费金融具有抗周期能力强、轻资本效用强等特点，正符合银行经营转型的内在要求。近年来我们持续实施大零售战略，努力把零售金融打造成全行转型升级和盈利增长的重要引擎，我们成立个人信用消费金融中心，就是要因势利导主动布局潜力市场、加快推动大零售战略的落地深植，为结构优化调整配上“助推器”和“加速器”，让经营转型跑出“加速度”。

工商银行的个人信用消费贷款产品较好迎合了互联网时代的消费融资需求，客户可通过工商银行网上银行、手机银行、直销银行，以及我们的即时通讯平台——融e联等渠道申请贷款，从申请到发放全程线上办理，简易快捷，无须担保抵押，且贷款利率低于市场同类产品。我们有理由相信，个人信用消费贷款会有良好的市场反响，能给客户带来别具一格的体验。

首先，工商银行在消费金融领域具有成熟的业务模式和管理经验。目前，我行个人消费信贷余额达到2.91万亿元，除去个人住房按揭贷款后的消费贷款余额近7 000亿元，其中信用卡消费贷款余额达4 100亿元。近年来我们陆续推出了多款个人信用消费金融产品，如2013年推出的以银行卡为主要媒介、基于线上线下直接消费、一触即贷的信用贷款产品——“逸贷”，余额目前接近1 900亿元。工商银行信用卡发卡量在国内率先突破1亿张，成为亚太第一、全球前三的信用卡大行。我们还根据自身掌握的真实的商户交易流水和经营数据，创新发展了小额便捷、全线上、纯信用、可循环使用的POS商户逸贷产品，帮助客户提高融资可获得性和降低融资成本，目前贷款累放82亿元，客户超过1.1万户。我行之所以选择在银行卡业务部和牡丹信用卡中心基础上，再挂牌成立个人信用消费金融中心，是因为信用卡业务和个人信用消费贷款的性质在多方面具有高度一致性。我们将把在信用卡领域积累的丰富运作经验和成熟运营模式，有效移植到个人信用消费贷款的创新实践中，通过连续地、历史地对个人信用数据的积累和对个人消费特征的模型分析，完善个人信用档案，建立无抵押、无质押、凭个人信用即可贷款的个人贷款体系，真正让个人信用体现价值。我们将全面整合集团资源优势，持续加大个人信用消费金融的产品创新、系统优化、流程整合和渠道拓展力度，持续加强营销和运营工作，加快培育个人信用消费贷款业务的核心竞争力，推动这项业务在高起点上的健康较快发展。

其次，工商银行拥有“专业化 + 大数据”的领先风控技术。风险控制能力是决定信用消费金融业务行稳致远的基石。工商银行在信贷领域拥有长期积累的管理经验和专业化团队优势，信用卡中心运用大数据挖掘技术，实现对全部客户和资产的风险排查监控，完成了风险控制从人工经验向数据分析、从单维度要素向全景分析、从简单数据判断向授信模型分析的转型跨越。同时，我们还首创实施了POS集中运行管理，建立了基于大数据、可实时干预、具有国际一流水平的可视化监控系统，能动态掌控客户的资金流向、交易行为和资产变动情况，确保个人信用消费贷款风险可控且真正用于消费领域。

最后，工商银行已实现互联网与金融的深度融合创新。站在“互联网 +”的时代风口，工商银行坚持以金融为本、创新为魂、互联为器，整体构建起较为完备的e - ICBC互联网金融服务和运营体系，主要包括电商平台、即时通信平台和直销银行平台“三大平台”，支付产品、融资产品和投资理财产品“三大产品线”，以及高效协同、无缝对接的线上线下一体化服务体系。一大批互联网金融产品服务已陆续投放市场，并正在形成规模效应和爆发式增长。如我们的融e购电商平台，推出1年多时间已进入国内十大电商之列，今年以来累计交易金额近1 300亿元。依托e - ICBC的总体框架和各平台的互联互通，基于全程线上的个人信用消费金融业务的发展，将更好地促成物流、资金流和信息流的“三流合一”，精准定位客户的消费轨迹、融资需求和信用状况，有效地将客户潜在消费转化为现实消费，将客户消费需求转化为消费信贷需求，以“消费 + 金融 + 互联网”的完善融合，为客户带来全新体验和品质服务，真正让消费金融走进千家万户，惠及千万群体。

经济的成长需要消费的驱动，消费的升级发展需要金融的有力支撑。在这个中国消费金融发展的黄金时代，工商银行愿与社会各界携手并肩，在消费金融的沃野上深耕细作，努力为推动中国经济的转型升级和改善社会民生作出新的贡献。

在欧洲机构座谈会上的讲话

姜建清

（2015 年 6 月 30 日 · 根据录音整理）

今天召开欧洲机构座谈会，主要是分析当前的经营发展形势，研究解决欧洲机构面临的新问题。通过一上午的座谈，总体感觉尽管外部经营压力很大，但欧洲机构依然取得了不错的成绩。工商银行进入欧洲的时间不长，大多数欧洲机构只有 10 多年的历史，但今天我们在欧洲已经拥有了比较完备的机构布局、高素质的管理团队、不断扩大的客户基础、持续快速发展的业务，并在当地市场具有一定的影响力和美誉度，这说明工商银行国际化经营在欧洲已经迈出了扎实的步伐。下面，我讲三个方面的意见。

一、境外发展要进入提质增效的新阶段

2008 年国际金融危机爆发后，全球金融市场和监管体制都发生了重大变化，银行业发展受到外部市场变化、监管限制和内部约束的多重挤压。前几年，境外业务处于高速增长期，境外机构持续多年保持 40% 左右的利润增长速度，这成为工行经营中的一大亮点，为全行的利润增长作出了很大贡献。但是目前境外机构的发展瓶颈已经开始显现，利润高速增长面临较大考验。从经营数据看，截至 5 月末，境外总资产 2 902 亿美元，较年初增长 8.8%；拨备后利润 11.58 亿美元，同比增长 1.93%，序时目标完成率为 91%。从中不难发现，资产规模扩张并未形成相应比例的利润增长，境外机构面临较大经营压力。

究其原因，一方面，如大家所谈，境外机构盈利增长受到外部市场变化和监管限制等客观因素的制约。以欧洲机构为例，一是欧洲加强了资本、流动性等监管要求，导致资产规模总量扩张受到制约，合规成本上升，业务转型、盈利增长和资本补充压力明显增大。二是境内外资金价差空间收窄造成内外联动业务萎缩。三是欧版量化宽松政策（QE）的推出既导致当地资产收益率显著降低，又造成存放欧洲央行存款利率下降或者出现负利率，大大压缩了部分欧洲机构的盈利能力和盈利空间。四是美元走强导致欧元、英镑、卢布等出现较大幅度贬值，不仅造成欧洲机构折算成美元的利润减少，而且对掉期和远期资产的估值产生了较大影响。

另一方面，从内部发展模式看，境外机构重资本、重资产的经营模式已经进入瓶颈期。尽管在不同的市场环境中，各境外机构面临的发展瓶颈会有所差异，采取的主动应对措施也不尽相同。但在新形势下，通过高资本消耗和重资产获得微薄利润的发展道路，无疑是不可持续的。如果不抓紧从战略层面进行重大改变和主动调整，那么未来几年境外机构面临的困难将会越来越大，甚至会进入增长的停滞期。因此，我认为，境外机构发展要步入“提质增效”的新阶段，下一步工作的关键在于调整发展模式，确定转型方向，明确重点产品线发展战略。

从整体情况看，全球银行业选择的都是“轻资本、轻资产”的发展道路。在国际商业银行的生态链中，工行境外机构目前处于生态链和业务链条较为低端的位置，主要依赖于信贷业务，个别机构甚至是“裸贷”行，不仅收益容易受到挤压，而且风险也相对较高。境外经营的链条就像经济学中的“微笑曲线”，由于各种能力不足，我们往往处于微笑曲线中盈利较少的底端，暂时还无法到达盈利比较高的微笑曲线两边的顶端。两个顶端中，一端是拼智力而不是拼资本的投行化经营，包括收购兼并、咨询顾问等方面，核心在于掌握大量最原始的第一手信息，是“信息化 + 投行”的概念。另一端是与金融市场相关的业务，包括利率、汇率、商品市场，以及与之相关的私人银行、投资管理等业务。现在欧洲一些较优秀的跨国公司的利率只是 Libor + 10 至 30 个基点，而我们负债成本不低，利差越收越窄，利润被全部挤掉。因此，我们要想办法从低端位置逐渐走向中高端，这是境外机构经营转型非常重要的方向。

国际化发展过程中始终伴随长期利益和短期收益、发展速度和发展内涵、资源约束和发展冲动的平衡取舍。目前，中资商业银行境外发展走的多是网络延伸的外延式发展道路，并没有真正走到以产品线为抓手提升境外业务的内涵式发展阶段。这方面突破了，就能形成难以复制的核心竞争力。所以，境外发展转型的重点是确定主攻方向，积极开展境外业务创新，培育真正拥有全球竞争力的产品线。这个调整可能会决定未来三年、五年甚至十年工商银行的境外发展道路。否则，即便境外机构“武功”再好，只凭借冷兵器时代的大刀长矛

式的产品，也难以与当地同业精良的现代化武器式的产品相抗衡。只有用“新武器”武装境外机构，使境外产品更多元、业务更丰富、服务更专业，再加上我们的特有优势，才能把境外业务真正发展好。

二、加快推进核心产品线的创新发展

（一）构建投资银行业务的核心竞争力。随着境外资产收益率的下降，部分境外机构已经忍痛退出了部分优质企业的银团贷款。面对困境，要把握好欧洲地区商业银行投行化的方向，加强内外联动，深化商投互动，挖掘顾问咨询、并购、跨境投资等高附加值投行业务，将服务做实做精，增强客户黏性，扩大市场影响力。同时，投行服务要做更多探索和创新，从资金拉动型向“顾问咨询型 + 资金杠杆撬动型”、从单纯收取固定顾问费到分享综合收益的模式转变，拓展产品链和收入来源。欧洲的投行业务和资产管理业务资源非常丰富，要挖掘利用好这些资源。我举几个例子，比如，能否以北京、上海等财政状况较好省市的收益率 3.6% ~4% 的地方政府债为基础资产，设计成金融产品拿到伦敦证券交易所上市？我与伦敦证交所 CEO 会谈时就提到此事，核心是让海外唱空中国地方政府债的人变成积极购买的投资者甚至倡议者。再比如，法国、德国等欧洲国家拥有一批历史悠久、品牌卓越、技术领先的中型企业，这些企业是最容易被并购的对象，收购兼并的机会非常多，可以引导境内企业积极竞标收购欧洲市场优质标的，提供多元化跨境融资顾问服务，还可以参与中资企业境外收购后的整合方案实施。另外，即将实施的总额达 3 150 亿欧元的“容克计划”（欧洲投资计划）非常希望中国投资者参与，这些项目机会都可以跟进。现在工银欧洲专职投行团队人数较少，应尽快调整、充实队伍，可考虑在确立分润机制的前提下，将欧洲专职投行团队的业务区域延伸到资源丰富而人才短缺的英国、俄罗斯。欧洲机构要发挥整合资源、集中供给、协同营销的优势，只有这样才能真正做大我们在欧洲的投行业务。

（二）强化私人银行和资产管理业务的服务能力。私人银行、资产管理业务以及与资本、货币、商品、大宗商品等市场相关业务，是促进业务转型的另一个重要抓手。目前，欧洲私人银行和资产管理市场非常大，卢森堡公募基金规模达 2.5 万亿欧元，英国的私募基金规模排名全球第二，法国资产管理市场规模也有 1.5 万亿欧元。另外，工银瑞信的公募基金在国内市场排名不错，今年利润预计超过 8 亿元人民币，我希望至少应做到几十亿元的利润。下一步要研究可否把国内的公募基金发展成为全球性公募基金？当然这需要进行制度设计，研究确定方向，是仅做好中国市场，还是把中国市场与国际市场打通？去年依托总、分行联动，工银欧洲成功发行了基金，迈出了实质性一步，但业务仍处于起步阶段，业务规模与欧洲市场的体量并不匹配。欧洲机构要加强与总行及综合化子公司的沟通，下功夫做好产品开发和服务创新，提高产品竞争力。要有长期经营思想，做大规模、做出品质。投资方式上，可同时兼顾欧洲资产和亚洲资产，这种组合的收益率和安全性会让欧洲客户满意。售后服务上，人员要配备足，要在当地建立销售团队，专门服务于特定的客户。

（三）利用跨境电商平台拓展新的市场机遇。要全力做好融 e 购第一家海外馆——西班牙馆的建设，条件成熟时升级为欧洲馆。要重视利用好物流、信息流和资金流，要联通空运、海运和陆运三个渠道，使西班牙海外馆与杭州电商综合试验区对接，后续可考虑整个欧洲地区的商品都通过西班牙进入杭州关口。除了 B2C 模式，也可发展 B2B，还可考虑在欧洲收购一个欧洲本土电商，将其与融 e 购对接，进而将融 e 购现有的 50 万件中国商品反向销售到欧洲，助推中国实现从“全球工厂”到“全球商店”的转变。在人民币对欧元升值的背景下，做跨境电商，尤其是出口端，市场潜力很大，要充分利用跨境电商平台，为相关商户和客户提供结算、融资、结售汇等一揽子金融服务。

（四）巩固全球人民币清算行网络的先发优势。我行在境外拥有 5 家央行指定的人民币清算行，是首家拥有横跨亚、欧、美三大时区境外人民币清算行的金融机构。人民币业务和境外人民币清算行都是工行的优势。随着人行清算系统的建立，预计一两年内境外人民币清算行就会取消。但即便如此，还是要充分抓住发展机遇期，全力争取更多清算行资格，境外清算行数量多多益善。其根本原因在于，人民币清算行资格具有导向性，在市场刚刚起步时，可以利用人民币清算行的唯一性，吸引大量客户，形成先发优势。境外机构要把发展当地人民币业务作为重点工作内容，树立我行在当地人民币市场的品牌形象，确立和巩固市场领先优势。下一步，要加快推进土耳其子行申请成为当地人民币清算行的工作。

（五）发挥工银标准商品融资与交易平台的特有优势。目前总行已印发支持工银标准发展的政策，相关部门和机构要跟进落实。未来两到三年，工银标准将处于整合扭亏的关键时期，需集全行之力，共克时艰。工银标准要做好以下工作：一要稳步推进商品融资业务。商品融资的市场潜力很大，中国由于缺乏商品库标准的认定和管理，所以银行不办理除了抵押之外的全口径商品融资业务。工银标准要先研究并制定相关标准和做法，再报给总行信贷部研究如何在中国和全球推动办理商品融资业务。同时，加快推进与专项融资部、工银租赁等部门的合作，推出结构性商品融资产品，发掘国内市场的有效信贷需求。二要发挥 FICE（外汇、利率、信用、股权）及新兴市场业务优势。工银标准可从事利率、汇率相关的套期保值，债券、股票的分销和相关风险管理。其优势在于新兴市场业务，能够提供一百多种货币的做市，风险、利率的套期保值，期限可长达十年，这是我们独有的优势，而且与中资企业的需求非常契合。目前大型走出去中资企业非常注重全球现金管理的海外账户集中和多币种管理。前期我们对中建、三峡等企业的高层营销效果都很好，结算与现金管理部和工银标准要加强跟进营销和服务的力度，突出我行特有优势的对外宣传，尽快实现业务落地。三是要继续跟进黄金定价事宜。在黄金定价权问题上，要有大局意识。南非是最大的黄金市场，中国是最大的黄金需求国，工行是中国黄金业务最大的银行，市场占比55%以上。所以，黄金定价权是工行最早提出的，伦敦也愿意给我们做，但我们因为一些风险因素不想做。总行已经有部门提出，拥有定价权会对我们在中国黄金市场的竞争力和影响力有重大提升。现在的情况是，作为黄金交易最大行的工行不争取，而交易量较小的中行、建行在积极争取。我们考虑问题要有战略高度，不仅需要着眼事情本身，还要考虑市场影响。四是关注实物储备相关业务。目前西方比较反对商品交易有实物的基础设施，而是倾向于放弃基础设施转成轻资产模式，因此，黄金的实物储备要审慎推进。我们有黄金库存、托管、清算等能力，国内金融同业和央行有黄金储备的业务需求。黄金质押贷款方面，以黄金作质押获得我行融资的方式具备一定可行性，可跟进关注一些国家的黄金质押贷款业务，但必须移库。此外，还可关注一些中国企业在全球建油气库的业务机会，争取其中的商品交易与融资业务。

（六）实现全球基建项目和境外直销银行的创新突破。目前全球大型基建项目正在渐次展开，比如，“一带一路”沿线的基础设施项目；又比如，英国未来5年850亿英镑的基础设施投资、欧洲3 150亿欧元的“容克计划”，有些可考虑从全面的代理、顾问、咨询等业务角度切入。我们要改变传统银行服务后端性的特点，抓好源头性金融服务，考虑利用我们已有的经验，为其他国家的重大基础设施项目提供总体设计和咨询建议，协助组织建设单位和上下游公司，工商银行要在其间发挥类似项目“承包商”的角色，一方面把项目的权利承接过来，另一方面把中国的企业引进去，从中提供链式金融服务。在零售业务领域，要针对欧洲地区人力成本高、市场高度发达的特点，依托互联网、直销银行等模式确立零售业务发展策略，用产品优势营销拓展当地银行客户，减少物理网点铺设及人力成本费用。要加快境外直销银行建设，国际业务部要牵头组织总行相关部门和境外机构做好直销银行的开发工作。

三、持续强化集团内协作与支持保障

（一）加强总行统筹协调力度。一家本土银行一旦走向全球化，会有诸多不适，会产生不少碰撞。随着全球化程度从0到5%、到10%，再到更高，总行的管理体制要不断进行适应性调整，特别是要通过完善体制机制加强集团全价值链的分工协同，明确各参与方的责权利边界，实现一体化运作，提高工作效率，形成发展合力。总行相关部门要立足于协调和解决境外发展的问题，有的事情要看战略，有的事情要看战术，要有落实结果，要逐步商量和研究解决，不能解决的，要把道理讲清楚。国际业务部要全面梳理欧洲机构提出的各项诉求，协调相关部门逐项解决。

（二）优化产品线组织与团队建设。在欧洲，我们发展投资银行、私人银行、资产管理等业务缺的不是市场机遇，缺的是产品研发供给和专业团队，如果仅凭各个机构单打独斗很难有效提升业务。目前工银租赁30%的业务是全球化的业务，随着全行主要产品线全球化发展，境外行的低端业务会相对减少。目前看，欧洲机构专门从事投行、私人银行、资产管理业务的人员偏少，很难满足欧洲市场拓展的需要。欧洲的投行中心、私人银行和资产管理中心要进一步做大做强，要进行事业部制运营，每个中心至少配备十几个专业人员，在泛欧地区实现统一运作，实施专项考核，建立分润机制，与区域内机构顺畅协作，做成真正具有竞争力的产品线。要解决资产管理公司牌照问题，可以考虑成立或者收购一家资产管理公司。同时，欧洲产品线中心要与亚洲产品线中心差异化经营，既产品互补，又适度竞争。

（三）提升系统与需求开发的水平。要严格把控好项目需求的关键环节，各部门和各机构的负责人要多闻多问，把思路理清楚，充分分析论证，要具体化，避免碎片化，防止需求底层化、低层化，防止让既不熟悉市场、又没有丰富经验和履历的人员来提项目需求，防止“处长治行”。经办写需求、处长定需求、负责人被忽悠，这是我们大量开发失败的主要原因，不少案例显示出“大领导具体、小领导宏观”的现象。要重视海外网银以及电商平台发展，不断完善海外网银功能，加快个性化需求的实现进度，加快境外电商平台的建设。要做好全球现金管理产品的优化和管理系统的升级，研发对公多币种账户、境外多币种名义资金池、全球账户信息报告等新产品，10月版本要能够满足境外机构的相关需求，10月份之前解决全球授信、实时提款、全球报价等问题。

（四）强化集团内外的业务合作机制。要站在全球和集团的视角，优化健全机构之间协同和产品线之间联动的机制，切实加强内外各层次、各维度的合作，避免单打独斗，各自为战。要实现总分行、境内外机构在业务、产品、团队、信息等方面的资源共享。境外机构要加强针对性营销，获得第一手信息，做好与总行公司部门、投行部门、工银国际等机构的对接。要考虑建立一个平台，不仅可以进行大规模项目信息的对接，而且在项目信息具体化后可以进行“一对一”或“一对多”的营销。对有些境外行反映的境内外联合跟进项目存在交流障碍的问题，一是依托投行的项目交易平台，尽快完成相应功能的开发，实现潜在项目的快捷发布；二是在网讯上增加投行业务专栏，并建成网讯的手机端应用，实现网讯手机化、移动化；三是总分行的投行部门要通过融e联建立投行圈，加强信息交互。此外，要深化与国开行、进出口银行等政策性银行的合作，推动政策贷款和商业贷款的更好结合，可考虑制定标准化、综合化的营销方案，切实加强多边合作。

（五）持续加强国际化人才队伍建设。全球化过程必然从客户、业务、机构、产品、管理全球化依次推进，其深入推进对人力资源提出更高要求。当前我行境外布局已超过40个国家和地区，业务横跨商行、投行、交易、租赁等多个领域，文化差异很大，培养和储备国际化人才特别是重点产品线的人才已成为一个非常重要而紧迫的问题。要认识到我们在吸引高端人才方面优势并不明显，要推进建立人力资源集团化共享机制，从集团、全局角度配置人才，探索组建跨机构、跨部门的专业团队，提高专业团队的区域化营销和属地化服务能力，注重提升专业人才队伍素质。要打通境内外职业发展通道，越来越多人才要有在国内外都工作过的经历。要通过人才的大量交流，使大家真正理解全球化的意义，这是银行国际化必经的过程。在这个过程中，可通过优化人员配置促进各条线、各机构间的深度融合、协同发展。要进一步研究外派人员的薪酬管理，激励大家到境外工作。要逐步强化总行相关部室、处室负责人的境外任职经历要求。要妥善安排境外人员回国任职，必要时总行要合理干预。国际业务部以及跟海外业务联系比较多的总行部门，要为全行国际化发展而多做努力。

同志们，大家在海外辛苦工作，顽强拼搏，开拓进取，取得了很好的成绩。现在，全行面临新常态下国际化发展的新特征、新机遇和新挑战，大家要进一步统一思想，坚定信心，奋发有为，努力推动集团国际化发展再上新台阶！

在中国工商银行纪念建党94周年党建工作交流会上的讲话

姜建清

（2015年7月6日）

在中国共产党诞辰94周年之际，我们齐聚一堂，庆祝党的生日，交流经验体会，共谋转型发展。刚才，来自全行不同机构的8位同志，分别介绍了各级党组织班子落实管党治党责任的经验做法、党组织书记履行“第一责任人”职责的措施成果，听了之后，很受感动，也很受启发。从你们身上，我们感受到了各级党组织和广大党员对党的热爱，对事业的忠诚，对工商银行转型发展强烈的责任感和使命感；从你们身上，我们见证了立足本职、默默奋战在各个条线、各个岗位上的同志们，正在用勤奋和汗水创造无愧于时代和历史的骄人业绩；从你们身上，我们看到了一代又一代工行人实现“工行梦”的信念和激情，正是有了这些，我们的未来才充满了希望。在这个光荣的日子里，我代表总行党委，向在各条战线为全行转型发展作出重要贡献的全体党员同志，致以节日的问候和崇高的敬意！

借这个机会，我想谈三个方面的意见。

一、始终坚持党的领导，工商银行砥砺风雨成绩斐然

94年来，中国共产党团结和带领全国人民，在建设中国特色社会主义道路上不断取得辉煌成就，夺取了新民主主义革命的胜利，实现了民族独立、人民解放；建立了人民当家做主的新中国，确立了社会主义基本制度；推动了改革开放的伟大进程，开创、坚持、发展了中国特色社会主义。在党的领导下，古老中国发生了天翻地覆的变化，国家从贫穷落后到繁荣昌盛，民族从任人欺凌到振兴自强，人民从灾难深重到富裕安康。94年的历史充分证明，中国共产党是伟大、光荣、正确的党，是领导中国人民不断前进的核心力量。

在党的正确领导下，工商银行从1984年成立到现在跨入世界领先大银行之列，也走过了31年不平凡的发展历程。我们经历了国家专业银行、国有独资商业银行和国际公众持股公司三个重要阶段，实现了自身经营发展的历史性跨越，取得了令人瞩目的发展成就。截至2014年底，全行总资产由成立之初的2 728亿元发展到20.6万亿元；存款和贷款规模分别达到15.6万亿元和11万亿元；对公和个人客户数分别达到509万户和4.65亿户；业务范围从成立初期的存贷汇等基础业务扩展到以提供商业银行业务为主体，涵盖货币市场、资本市场和保险市场等跨市场的全面金融服务；服务网络

从完全本土化发展到一个跨越五大洲、覆盖42个国家和地区、拥有397家境外机构的全球化服务网络，从一家曾被国际同行宣称“技术上已经破产”的银行，逐步建设成了总资产、一级资本、存款、贷款、营业收入、利润、市值、品牌价值等多项指标在全球同业居于领先地位的大型上市银行。在最近公布的2015福布斯全球企业2 000强中，工商银行再度荣膺榜首。这些年来，无论国内外环境如何变化、全行体制机制如何变革，无论面临什么样的困难关口和复杂考验，我们都始终坚持党对国有金融企业的坚强领导，保证了现代金融企业建设始终沿着正确的方向前进。工商银行的发展实践证明，党的领导，是工商银行在大风大浪中经受住考验并实现跃升的根本保障。坚持和加强党的领导，在任何时候都不能动摇。

二、大力加强党的建设，以党建工作优势锻造科学发展优势

在推进现代金融企业建设的过程中，全行各级党组织认真贯彻落实中央关于党的建设的总体部署，高度重视和不断加强党的建设，旗帜鲜明地把党建工作作为最大的政绩、最重要的工作来抓，充分发挥基层党组织、广大党员的战斗堡垒和先锋模范作用，以党的建设为引领，推动全行科学发展。

（一）坚持发挥党的领导核心作用，实现了党的建设与各项工作同步推进。我们把完善党的领导体制与健全现代公司治理机制相结合，建立和完善各项工作规则、议事程序和管理制度，完善科学民主的决策机制，探索形成了党委与公司治理结构职责明确、运转协调、相互促进、共同加强的新型领导体制，不仅确保了党委在公司治理中的领导核心地位，而且有效发挥了党建工作与公司治理的双重优势，形成了国家控股大银行特有的核心竞争力。我们始终坚持围绕经营抓党建，抓好党建促发展，加强对系统党建工作的垂直领导、垂直管理，保证了党和国家的方针政策在全行的有效贯彻落实，促进了全行竞争发展能力的不断提升。股改以来，我们针对不同时期全行党的建设和经营发展的需要，先后于2007年、2010年、2015年三次召开了全行党建工作会议，印发了《关于加强和改进新形势下党建工作的意见》，明确了每个阶段党建工作新的历史内涵，开启了建设具有工商银行特色党建工作体系的新阶段，有力地推动了新时期全行党建工作的创新发展。

（二）坚持落实以人为本的经营理念，打造了善于领导科学发展的高素质干部员工队伍。我们把党的干部人才方针政策与现代公司治理结构下市场化选人用人有机结合，充分发挥市场化机制在干部选拔聘用、考核评价、激励约束中的作用，实施人才兴行、人才强行战略，努力打造政治上、业务上“双过硬”的干部人才队伍。大力推进干部管理的集团化、市场化、多元化改革，持续推进各级各类干部在全集团的有序流动与合理配置；加强各级领导班子和后备干部队伍建设，进一步改善了领导班子结构。全面加强员工队伍建设，深化人才战略，初步构建起广大员工与工商银行“同进步、共发展”的员工工作新体系，有效发挥了人力资源作为“第一资源”对经营发展的战略支撑作用。大力优化人力资源配置，加强集团化人员管理，构建公开透明的差异化人力资源配置机制。通过优化网点人员结构、加强专业人才队伍建设、加强国际化人才队伍建设，促进了从“人员大行”向“人才大行”的转型。

（三）坚持抓基层打基础，为全行改革发展提供了坚强保障和内生动力。我们把加强基层党组织建设与提高机构竞争力相结合，积极适应机构扁平化改革、后台中心建设、利润中心改革以及直属机构迅速发展等新情况，坚持基层党组织与机构同步规划、同步设置、同步调整和同步运转，坚持党建工作和中心工作同谋划、同部署、同考核，保障了党建工作对各机构网点、各专业条线的全覆盖。围绕全行改革发展大局来研究谋划和部署推动基层党组织建设，使组织建设的目标任务、体制机制、手段方法全面融入经营管理的各项工作中。近年来，我们通过开展深入学习实践科学发展观活动，引领和推动全行以求真务实精神应对国际金融危机的挑战，迈出科学发展的新步伐；通过深入开展创先争优活动，为全行在复杂多变的环境下顺利完成各项目标任务注入了强大动力；通过加强基层服务型党组织建设，建立与业务工作相结合的党建目标管理体系，把解决业务发展和市场竞争中的难题作为党建活动的重点，把服务好党员、员工、客户作为基层党组织的重要任务，充分发挥了基层党组织推动发展、服务群众、凝聚人心的战斗堡垒作用，有效激发了广大党员在加快改革创新、推进经营转型、服务实体经济中的先锋模范作用。

（四）坚持改进作风、加强管理，夯实了从严治行的内部管理基础。把作风建设摆在更加突出的位置，抓常、抓细、抓长。深入推进党的群众路线教育实践活动，切实解决“四风”方面存在的突出问题，全行上下形成了为民务实清廉的良好氛围。着力整治“大企业病”，组织实施总分行机构改革，进一步理顺职能关系，优化工作流程，构建精简高效的组织架构体系。深入开展“人民满意银行建设年”活动，狠抓窗口服务，促进了服务质量和服务能力的提升。落实中央八项规定精神，厉行节约、勤俭办行、正风肃纪初见成效。加强广大党员干部尤其是领导干部廉洁从业教育，筑牢思想道德防线，增强干部员工拒腐防变的自觉性。坚持标本兼治、综合治理、惩防并举、注重预防，落实构建惩治和预防腐败体系五年工作规划与党风廉政建设责任制，推进反腐倡廉的体系化建设。加强对廉政风险防控重点领域和关键环节的制约监督，改进和完善巡视工作，认真开展信访核查，对干部从严管理与监督。积极推动案

防工作由以防为主向查防并重转变，始终保持对各类案件和风险事件的高压态势，确保了全行的安全稳健运营。

三、不断强化党委党建工作主体责任，努力开创新常态下转型发展新局面

一代人有一代人的使命，一代人有一代人的担当。革命战争时期，看的是冲锋陷阵、英勇献身；社会主义建设时期，看的是改革智慧、执政能力。新常态下，我们面临的困难和挑战前所未有。特别是今年以来，全行在经营中更加深切地感受到国内外经济金融形势的复杂变化，各种严峻挑战交织混杂、纷至沓来，考验着我们的经营管理水平和改革创新能力。对我们来说，改革就是最大的历史担当。能不能打赢全面深化改革这场攻坚战，能不能顺利实现建设国际一流现代金融企业的伟大事业，关系工商银行的前途命运，关系 46 万工行人的切身利益。加强和改进党的建设，是攻坚克难、加快发展的重要保障。在这个过程中，各级党委既是决策者和组织者，也是先行者和参与者，加强和改进党的建设能承载多少内容、达到多大效果，各级党委责任重大，作用突出。全行各级党委和党组织书记要深刻认识进一步加强和改进全行党建工作的重要性和紧迫性，严格落实主体责任，不断强化管党治党意识，通过党建工作统一思想、凝心聚力，带领全行干部员工在复杂严峻环境下实现健康可持续发展。我在这里，向全行 1.3 万余名各级党组织书记、近 3 万名各级党组织班子成员提四点希望：

（一）全面落实管党治党责任，打造坚强的领导核心。各级党委要强化“打铁还需自身硬”的责任担当，以理想信念为旗，用优良作风打底，靠坚强组织作保障，充分发挥各级党委总览全局、协调各方的领导核心作用，汇聚起全行干部员工理解改革、支持改革、参与改革的磅礴力量。要从思想上把党建工作作为最大的政绩，坚定理想信念，推行党建工作目标管理，坚持党建工作和中心工作同谋划、同部署、同考核，坚决防止“一手硬一手软”。要从行动上构建推进党建工作的有利格局，明确党委抓党建的责任清单，推动党委书记切实履行“第一责任人”的责任，班子成员认真履行“一岗双责”，党建工作领导小组承担好研究谋划、统筹协调、督促落实的责任，各党委职能部门要根据分工承担起直接责任，形成党委抓、书记抓、班子成员抓、各有关部门抓，一级抓一级、层层抓落实的党建工作格局。要从制度上规范约束权力运行，建立党建工作报告制度，把履行党建工作责任情况作为党委班子成员述职述廉的重要内容，把抓基层党建工作情况列入领导班子和领导干部年度考核体系。要驰而不息地加强作风建设，按照“三严三实”要求加强党性修养、改进工作作风，使各级党员领导干部成为求真务实、真抓实干、克己奉公、严格自律的榜样和表率。要特别注意加强班子自身建设，坚持民主集中制，紧紧依靠组织解决班子中的问题，充分发挥班子合力。

（二）积极履行推动发展责任，增强基层组织活力。发展是党执政兴国的第一要务，是解决所有问题的关键。“来而不可失者，时也。蹈而不可失者，机也。”当前，改革百事待兴，发展不进则退。落实党委主体责任，必须把推动发展放在更加突出的位置。各级党委要坚持“围绕发展抓党建，抓好党建促发展”，把推动科学发展、实现改革目标作为党建工作的着力点，敏锐把握经济形势变化，率先更新理念，深入落实总行党委各项重大改革部署，坚决守住风险底线，加快改革创新，推进经营转型，全力服务实体经济发展。要深化基层党组织建设，加强具体工作指导，积极主动为下级党组织排忧解难，使基层党组织成为落实党的路线方针政策和推动各项工作的坚强战斗堡垒，引领全行改变过去局限于在自己熟悉的领域打转转的路径依赖，消除一切等待观望的情绪，闯关夺隘、破冰除障，顺利闯过资产质量关、经营转型关、改革创新关。要继续加强基层服务型党组织建设，强化服务理念，完善服务体系，提高服务能力，在服务中体现党的政治优势，增强基层党组织的凝聚力和感召力，不断释放出促进可持续发展的新优势、新动力。

（三）持续强化队伍建设责任，着力提高员工忠诚度和队伍凝聚力。事靠人为，事在人为。习近平同志指出，一个政党，一个政权，其前途和命运最终取决于人心向背。要着眼于未来转型发展的需要，有的放矢地加强队伍建设，充分发挥基层党组织在思想上政治上组织上引导、教育、凝聚广大党员和群众的积极作用。要关心干部成长、从严管理干部。贯彻党管干部原则，按照“三严三实”要求，建立完善能上能下、有序流动、科学配置、合理激励的选人用人机制。党委班子成员每年都要和分管干部交流谈心，了解他们的真实想法和诉求，帮助他们解决思想困惑、工作难题和生活问题。要关爱员工成长，牢固树立群众观念和现代企业人本管理理念，始终带着感情去做员工工作，主动为员工排忧解难，每年抓几件影响大、作用大、员工期盼和欢迎的好事、实事。注重通过加强引导、教育培训和实践锻炼等多种方式，增强领导干部员工工作意识和能力，使他们成为推动员工和企业共同发展的成功实践者。要重视基层党支部书记队伍建设。基层党建工作细致具体、头绪繁多，我们不少基层党组织负责人是业务干部出身，党的工作经验相对较少，要注意加强这支队伍建设，在各级班子中配备熟悉党务工作的干部，配齐配优支委成员，特别是选好配强支部书记，提升支委的履职能力。要加强对基层支部书记的党务知识培训，增强他们带领员工干事创业的能力。

（四）严格落实党风廉政建设责任，为转型发展提

供坚强的管理基础。越是形势严峻复杂，全行越要绷紧从严管理、从严治行这根弦，切实以铁的纪律、铁的规章、铁的管理，筑牢风险底线。各级党委要切实把党风廉政建设当做分内之事、应尽之责，主要负责同志要树立“不抓党风廉政建设就是严重失职”的意识，担负起第一责任，管好班子、带好队伍，并管好自己、当好廉洁从业表率；其他领导班子成员要按照一岗双责要求，履行好分管范围内的党风廉政建设责任。要从严上入手、从实处着力，加强思想政治建设，严肃党内政治生活，进一步明规矩、严纪律、强约束，形成从严从实的氛围，营造风清气正的政治生态。要坚持有责必问、有责必究，运用巡视督查、专题检查等方式，建立协调机制，增强纪检监察、内部审计、内控合规等监督合力，通过对落实党建责任的经常性检查督办和问责，使党建工作责任得到真正落实。

当前，全党正在深入开展“三严三实”专题教育。这次“三严三实”专题教育有的放矢、指向性强，是具有全局意义的重要部署，也充分表明党中央锲而不舍、驰而不息推进从严治党的决心和态度。“三严三实”体现了党要管党、从严治党的基本要求，是世界观和方法论的有机统一、内在自律和外在约束的有机统一，也是新形势下全面推进党的建设新的伟大工程的重要遵循，为全行各级党委履行党建工作主体责任，从严管党治党提供了具体指引。全行各级党委要充分认识开展“三严三实”专题教育的重要意义和总体要求，党委主要负责同志既要以上率下，带头参加和接受教育，又要投入足够的时间和精力加强组织推动，通过专题教育，引导广大党员领导干部切实增强践行“三严三实”的思想自觉和行动自觉，努力在坚定党员干部理想信念、激励员工积极投身国际一流现代金融企业建设上见实效，在深化“四风”整治、巩固和拓展党的群众路线教育实践活动成果上见实效，在守纪律讲规矩、营造良好政治生态上见实效，在落实从严治党责任、不断提升全行党建工作科学化水平上见实效。

同志们，志之所趋，无远勿届；志之所向，无坚不入。当前，工商银行正处于爬坡过坎的关键时期，强化党委抓党建工作主体责任，加强和改进党建工作，推动全行适应新常态、实现新发展，是摆在各级党组织面前的一项重大政治任务。各级党委、党组织书记，要树立强烈的担当精神，保持昂扬向上的进取心、奋发有为的精气神、勇于革新的责任感，团结带领广大干部员工，坚定信心、砥砺勇气，善作善成、久久为功，不断提升全行党建工作的科学化水平，为推动国际一流现代金融企业建设作出更大的贡献。

坚定信心　攻坚克难
把握机遇　创新转型
确保全年经营发展目标顺利实现

——在中国工商银行年中工作会议上的讲话

姜建清

（2015 年 7 月 30 日）

这次会议的主要任务是，总结上半年经营发展情况，分析当前面临的形势，部署下半年重点工作任务，动员全行进一步坚定信心，更加积极有为，顶住经营压力，增强发展动力，努力提升服务实体经济能力，坚决完成全年各项经营发展目标。下面，我讲四个方面的问题。

一、关于当前全行经营形势与外部经营环境

（一）上半年经营总体平稳，一些积极因素和新的动力正在积聚。今年以来，国内外经济形势依然严峻复杂，一些困难和挑战甚至比预想的还大。我们稳字当头，迎难而上，狠抓改革创新，突出转型驱动，强化风险防控，总体保持了平稳经营态势，而且经营发展在多方面、多领域呈现新亮点。概括起来，主要体现在以下六个方面：

一是在诸多复杂因素的叠加影响下，展现出稳定的盈利能力。面对经济下行压力加大、利率市场化进程再次提速、金融脱媒持续深化等复杂形势，全行积极打好挖潜增效的主动仗，培育多点支撑和混合动力的盈利增长格局。上半年实现拨备前利润 2 370 亿元，同比 8.6% 的增幅展现了较好的盈利成长性，在比去年同期多计提 75% 即 180 亿元的拨备后，实现净利润 ××亿元，较去年同期略有 ××% 的增长。在连续多次降息和存款利率浮动上限扩大、带来 NIM 下降 12 个基点至

2.54%的情况下，通过优化资产负债结构、统筹加强境内外资金营运等措施，实现了6%的净利息收入增长。在进一步规范的基础上加快中间业务创新发展，实现手续费及佣金收入同比增长8.4%。综合经营、境外发展对全行盈利增长的拉动作用进一步显现，综合化子公司净利润同比增长40%，境外机构净利润同比增长6%。从严从紧控制费用支出，成本收入比23.65%，较上年同期略有下降。

二是通过创新和改进信贷经营管理，促进了服务实体经济效能的提升。信贷增量与存量并轨管理机制基本形成，上半年新增本外币贷款6 226亿元，增幅5.6%，累放贷款4.65万亿元，相当于新增量的8倍，其中收回移位再贷1.02万亿元，加上新增实际新投放信贷总量达1.6万亿元。商行+投行+租赁、信贷+非信贷、表内+表外、境内+境外的多元金融服务方式，更好满足了实体经济的多样化需求。债券承销、金融租赁、委托贷款等非信贷融资累计办理5 215亿元；主承销各类债务融资工具3 843亿元，居同业首位；银团贷款总额2 715亿元，稳居亚太地区银团业务牵头行、簿记行榜首。在资金投向上，突出支持了实体经济发展的重点领域和薄弱环节。支持国家重点项目建设和产业结构调整，累计发放服务“三个支撑带”融资2 300亿元，对中国制造2025、战略性新兴产业、现代服务业、文化产业、现代农业新增贷款1 749亿元，占公司贷款增量的62%。积极支持居民扩大消费和消费升级，创新成立个人信用消费金融中心，个人消费和住房按揭贷款新增2 062亿元，同比多增82亿元。认真落实李克强总理考察我行时关于支持小微企业的重要指示精神，加快小微专营机构和服务新模式的落地优化，还原统计口径调整和不良核销等因素，小微贷款实际增加1 065亿元，增幅6.2%，贷款客户同比增加2.16万户，申贷获得率提高至91%，达到“三个不低于”的监管要求。

三是重点领域风险防控与治理全面加强，适应经济新常态与金融新生态的风险管理新机制正在快速形成。建立了行领导、专业条线负责人和工作团队质量管理三级责任机制，实施存量大户风险分层会诊处置，完善大数据风险监控体系及上下协同风险处置机制，制定新的潜在风险加固缓释政策，组建特殊资产处置专业团队，搭建不良贷款清收处置平台，综合运用多种手段，提高实质性风险化解效果和处置回收率。上半年压降潜在风险融资610亿元，清收处置不良贷款734亿元，同比多处置304亿元；6月末不良贷款余额××亿元，较年初增加××亿元，不良率较年初上升××个百分点至××%，资产质量仍处于国内国际可比同业的较好水平。在大资管业务创新发展中，对代理投资特别是非标业务的风险防范化解工作得到加强。针对一些不规范、不健康金融业态风险，尤其是非法集资、金融诈骗等案件风险多发态势，持续加强内控合规管理，深入推进“一加强两遏制”工作，开展对存款安全、代理销售等领域的专项整治，防范外部风险向行内传导扩散的堤坝得到加固。

四是转型和创新进程中新的增长点生机显现，经营发展的多元动力日益增强。适应客户需求和存款业态新变化，实现了近三年最好的存款增长水平，各项存款增加1.6万亿元，同比多增6 307亿元，其中非存款类金融机构存款同比多增8 462亿元；主动负债业务创新加快，发行大额存单541亿元。以先行先试改革促进大零售战略的整体落地实施，个人客户金融资产总额突破11万亿元，零售业务经营贡献接近40%。抓住上半年资本市场活跃契机，积极推动相关金融服务的发展，基金代销、对公资产服务、私人银行、第三方存管、个人理财、资产托管等产品线均实现50%以上甚至翻倍增幅，重组并购、股权融资等投行重点产品线保持20%以上的较快增长。以三大平台和三大产品线为主体的互联网金融快速发展，其中融e购平台总交易额累计达2 044亿元，同比增长26.8倍，领域从B2C扩展到B2B，从日常消费扩展到地产、旅游、汽车、集中采购等；融e联用户总数达到130万户，融e行交易额突破230亿元，整体发展呈加速态势；工银e支付客户突破6 000万户，交易额突破800亿元，是去年同期的5.4倍。

五是重点领域改革不断深化，经营发展活力进一步激发释放。适应全面利率市场化趋势，持续完善资产负债管理体系尤其是利率定价机制。实施了调整后风险加权资产与经济资本限额双线管理，以更加直观有效的压力传导强化了各机构的资本自我约束。优化了经营绩效考评体系，健全了与绩效考评相一致的资源配置机制。客户统一视图以及客户经理统一工作平台初步建成，考核“最后一公里”问题得到改进，客户维护与拓展的成效较为明显。选择3家一级分行作为转型发展试点、6家营业部和二级分行作为重点扶持行，并统筹推进重点县支行竞争力提升，带动形成各类机构梯次发展格局。网点运营标准化改革基本实现全覆盖，网点竞争力提升工程协调推进，线下渠道营销和服务能力增强。

六是全面从严治党得到突出加强，党建和队伍建设取得新进展。召开了全行党建工作会议，推动了各级党委党建工作主体责任和全面从严治党各项措施的落实。按照中央统一部署，扎实开展“三严三实”专题教育，通过突出问题导向，坚持以上率下，高质量讲好党课和抓好学习研讨，推动了专题教育的深入开展。同时坚持边学边查边改，重点围绕推进从严治党和从严治行、严格执行中央八项规定、防止“四风”反弹、深化反腐败工作、实施管理行和管理岗位“效率提升年”、改善对实体经济和居民大众的金融服务等内容，不断深化整改。根据新的形势任务要求，创新加强了宣传思想工作和企业文化建设，系统实施全员培训及资质认证工作，增强了对改革发展的支持保障作用。

上半年，全行推动改革发展的一些工作得到国务院领导同志和国家有关部门的肯定，还获得数十个来自全球著名评级机构和国内外媒体的奖项，特别是继获评2014年度英国《银行家》“全球最佳银行”之后，又被《欧洲货币》冠以“全球新兴市场最佳银行”，成为亚洲第一家获此全球奖项的金融机构。

（二）银行经营环境不确定因素增多，挑战前所未有，但机遇也无所不在。总的来看，世界经济复苏一波三折，各经济板块运行和宏观政策继续分化，一些发达经济体增长逐步回稳，但内生动力依然不强，而新兴市场经济体增速普遍放缓；同时美联储加息时点不确定、欧洲加大宽松政策力度、希腊债务危机跌宕起伏等溢出效应增强，国际主要货币汇率波动和跨境资本流动不确定性较大，地缘政治等非经济扰动因素也比较多，都使世界经济复杂性和不稳定性进一步增加。全球经济持续调整对我国经济影响加大。从我国经济运行情况看，上半年尤其是二季度以来缓中趋稳、稳中有好，但稳中向好的基础还不牢固，“两降、两难、一增加”的问题突出（“两降”即投资增速下降比较突出、进出口下降比较明显，“两难”即企业经营困难、财政困难，“一增加”即金融风险在增加），经济下行的压力依然较大，一些深层次矛盾进一步显现。

应当清醒地看到，随着经济增速换挡和结构深度调整的阵痛持续释放，银行经营风险形势更为严峻复杂。一些技术含量低、产品缺特色、调整不及时的企业生产经营普遍困难、停产半停产企业增多；一些产能过剩行业资产重、负债高、调整转型难度大，生产和效益持续下滑的局面可能长期化；个别地方经济下滑过快，财政收支矛盾和债务负担进一步加重。经济下行和结构调整中的风险暴露不断传导到金融领域，而且更为复杂、多变和突发，主要表现为信用风险在客户、行业和区域等维度上呈持续扩散趋势，银行表内与表外、信贷与代理投资等风险压力明显增大，信用风险与流动性风险、市场风险、操作风险的关联性更强、转化频率更快，各类风险的境内外传递更为直接，同时非法集资、民间借贷、各类不健康金融业态等外部风险向银行内部传染也呈多发态势。

我们更应充分看到，我国经济运行保持在合理区间和长期向好的基本面没有改变，经济发展具有巨大潜力、韧性和回旋余地，银行经营发展环境总体有利。上半年，我国7%的经济增速仍处在全球前列，尤其二季度以来工业、投资、消费、出口等指标逐月回暖。同时随着经济结构优化升级，政策效应积极显现，改革红利持续释放，一些新的增长点破茧而出，第三产业贡献度持续上升，新兴产业拉动效果增强，内需结构进一步改善，都为中长期经济增长注入了动力。特别是“一带一路”、京津冀协同发展、长江经济带三大战略齐头并进，“中国制造2025”、“互联网+”、国际产能合作加快实施，将大大拓展我国经济发展空间；一些结构调整起步早、转型升级步伐快的东部地区和部分中西部省份经济逐步趋向平稳运行；大众创业、万众创新正在激发亿万个市场细胞，这些都是我国经济实现速稳质优、保持中高速、迈向中高端的有力保障。宏观经济环境稳定是银行业健康平稳发展的基础条件，经济结构战略性调整是银行改善经营质态的有利契机，一系列新产业、新业态、新模式的不断涌现，正在为银行业务创新发展打开越来越大的空间。

从金融运行看，金融调控与改革正深刻改变着银行经营发展的政策和体制环境。有关部门连续出台一系列调控措施，促进加大金融支持实体经济力度。在稳健货币政策基础上更加注重松紧适度、预调微调、定向调控，综合运用多种工具组合，保持流动性合理充裕，引导市场利率适当下行。半年多时间已经2次全面降准、3次定向降准、4次下调存贷款利率，并增加信贷资产证券化试点规模，酝酿取消将存贷比作为法定监管指标。同时，以市场配置资源为导向的金融改革持续深入，连续放宽存款利率浮动上限，继《存款保险条例》正式实施后，又推出了大额存单，利率市场化改革接近终极目标；人民币汇率市场化形成机制改革继续推进，资本项目可兑换程度不断提高，汇率波幅逐渐扩大；民营银行、消费金融公司设立加速，商业银行混合所有制改革和混业经营渐进开放，多层次、差异化银行业机构体系不断完善。各家银行都深切地感受到，流动性总体充裕和市场利率下行周期，金融业更加开放和市场化的体制环境，既有对银行经营发展有利的因素，也会使银行传统经营模式面临许多不适应和巨大挑战。

分析当前的经济与经营形势，既要看到上半年在严峻复杂经济环境下保持平稳经营态势的艰难和不易，充分肯定全行上下付出的艰苦努力和取得的积极成效，又要更加清醒地认识到困难和挑战的严峻性，认识到资产质量劣变快、风险蔓延范围广，传统业务收益下滑、新兴业务拉动作用相对较弱的突出问题，保持强烈的忧患意识、危机意识。上半年，全行各项贷款劣变1 119亿元、同比增长103%，上半年不良贷款增加额已超过去年全年增量，逾期贷款与不良贷款的剪刀差从年初的861亿元扩大到1 202亿元，增长40%；同时，部分信用债和代理投资非标项目违约及潜在风险状况不容小视。上半年还发生了××起涉及存款安全、飞单销售等案件和风险事件。这一风险状况，反映出我们的风险管理体系还明显不适应形势的变化、滞后于风险蔓延趋势，必须下更大的力气加以改进和完善。从上半年业务增长情况看，较为明显的特征是，与资本市场活跃相关的非存款类金融机构存款和中间业务收入、投资收入增长快，而多数月份储蓄和公司存款为负增长、微增长，利率上浮存款增加较快、息差持续收窄，一些基础类中间业务收入增长缓慢或降幅较大。全行上下应从经营工作的这些新情况新变化中，更加深刻地认识到强化客户基础、加快经营转型和业务创新的紧迫性。

当然，分析当前的经济与经营形势，更要全面把握稳定资产质量、推进转型与创新的各种机遇和有利条件，多看到新的亮点和积极因素，提振信心、鼓舞士气，牢牢把握发展的主动权。挑战是各家银行都要面对的，而机遇永远是留给有准备、有作为的人们。近一个时期以来，党中央、国务院多次召开会议研究当前经济工作，对金融服务实体经济、防范和化解金融风险作出新的重要部署，也提出了更高要求。全行上下要进一步增强政治意识、大局意识、责任意识，坚持金融服务实体经济的本源，更加注重以创新思路落实好稳增长、调结构的各项政策措施，实现与实体经济的良性互动；坚持稳中求进、变中突破，狠抓总行各项工作部署的落实，多出改革创新的"硬招"，多出针对性强的"实招"，多出提升发展能力的"新招"，铆足干劲，不甘人后，力争在可比同业中我行的资产质量继续保持优良；传统业务的升级增效与新兴业务的加快发展，对盈利增长"混合动力"和"多点支撑"作用更加强劲，努力在下半年取得更好的经营成果。

二、关于服务实体经济和稳定资产质量

要按照党中央、国务院关于经济金融工作的总体部署，以更加有力有效的措施，下好服务实体经济这盘棋，打好稳定资产质量这场硬仗，努力在促进实体经济企稳向好中实现自身健康发展。

（一）更加注重以创新手段支持实体经济发展。

一要在盘活信贷存量上有更大突破。存量贷款的盘活进度和移位效果直接决定着全行信贷经营质效和服务实体经济质量。因此，我们的工作必须从过去主要围绕信贷增量做文章向注重经营好信贷存量转变，而且要通过深化信贷经营管理体制改革加快这一转变。总分行都要建立更加系统的信贷存量与增量并轨管理监测评价体系和定期通报制度，建立并轨管理与投向政策、限额管理、潜在风险贷款管理、资本占用和 RAROC 管理的统筹协同机制，不仅要看移得多不多、快不快，更要关注移得好不好、实不实，真正使存量移位再贷有"质效"，从低信用等级向高信用等级、从落后产能向先进产能、从潜在风险领域向重点目标市场移位。

二要在创新标准化信贷经营模式特别是小微和个人消费金融模式上有更大突破。过去我们在小微金融和个人消费信贷发展中遇到的问题，很大程度上可以归结为信息不对称。现在随着互联网和大数据技术的发展，为我们解决这一难题提供了现实可能。前期我们已在产品创新和风险监控等方面作了一些破题和尝试，初步具备了把信贷标准化与专业化分开管理的基础和条件。上个月总行在银行卡部挂牌成立了个人信用消费金融中心，主要负责无抵押、无担保、纯信用的个人消费贷款业务，依靠大数据实现目标客户的精准挖掘与营销；接下来还准备在合肥挂牌成立全行统一的网络融资中心，作为信贷业务标准化的一个新起点，为法人客户、小微客户、个人客户提供涵盖质押、抵押和纯信用的网络融资服务。要依托这两大中心的成立，以标准化、线上、小额为主要特征，加快个人消费、公司金融特别是小微金融领域的产品创新，成熟一个、推出一个，不断细化和丰富产品线，逐步形成有较大容量和安全边际的"蓄水池"，实现精品化、规模化发展。此外，也要重视做好小微金融的线下专业化发展模式创新，依托线上标准化与线下专业化的有机结合，开辟小微金融健康接续发展的"新蓝海"。

三要在利用综合金融服务竞争大项目上有更大突破。近来，国家发布的重大工程包，特别是"三个支撑带"战略和国际产能合作领域的重大工程比较多，如在基础设施互联互通领域将实施一批标志性工程，在京津冀协同发展领域将启动一批疏解非首都功能的项目，在长江经济带领域将加快推进黄金水道及城市群发展规划实施等。全行要抓住这些市场机会，建立制度化的国内外、跨区域、跨专业协调联动机制，发挥好机构和专业单兵突破与全集团一体化作战优势。要用好融 e 联平台，按投资主题建立信息圈，变传统多级传导为扁平互联，实现对信息的敏锐捕捉与高效共享。要对重点项目实行名单制管理，建立项目全程跟踪服务机制。要针对重点项目往往结构复杂、需求多元等特点，坚持以客户为中心，设计涵盖表内外、境内外以及租赁、保险等综合化业务的整体营销服务方案，以综合服务商的大视野、大手笔为客户提供集成化的金融服务。要依托全球信贷管理系统和全球资产交易平台的建设，提高项目精准营销和资产分销能力，努力做好相关业务的"总包"，占据价值链的上游和高端，以信贷大行的好基础打造牵头安排大行的新优势。

（二）打好信贷资产质量保卫战、攻坚战、持久战。我们把稳定资产质量作为一场"保卫战"，就是要坚持底线思维，严防死守风险底线。当前资产质量是决定银行整个经营态势的关键，全行上下必须要有强烈的责任意识，一块阵地一块阵地、一个时段一个时段地坚守。具体到下半年，就是要努力守住年初董事会确定 1.45% 的不良率控制底线，并把这个底线目标逐级分解到各级信贷经营机构和各个信贷品种，分解到月、到责任人，严格目标责任机制。我们把稳定资产质量作为一场"攻坚战"，就是要以非常之举攻坚克难，啃下"硬骨头"。目前贷款劣变速度之快超出预期，并且潜在风险还在不断聚集，必须下超常之功从"止血"和"清淤"两端发力，管住新增贷款质量，管住收回再贷质量，加快潜在风险化解与不良处置进度。我们把稳定资产质量作为一场"持久战"，就是要做好长期性、机制

性的工作安排，坚持不懈地抓好“信贷质量管理”和“信贷基础管理”两大工程。从历史经验看，经济企稳后不良释放仍会有个延续和滞后的过程，因此不能指望毕其功于一役，或通过打包一次性甩掉包袱。各行必须对贷款质量预期变化做到心中有数，明确年度及今后一个时期的风险防控目标和措施安排。尤其是要统筹摆布好每年财务资源使用和风险释放的平衡，决不允许分行因资产质量问题产生经营亏损，决不允许资产质量或盈利出现突发式、断崖式的下坠，更不允许倒逼挤占全行资源来填补个别机构的风险损失。持久战既拼耐力，也拼信心，要有决心在可比同业中实现早企稳早筑底早回升。关于稳定资产质量的具体政策措施，总行已作了很多的安排，这里再突出强调三点：

一要切实重视风险排查、缓释与安全加固。目前全行潜在风险预警的覆盖率还不到65%，很多机构对自身的风险状况还家底不清，风险排查是“每月一排，一排一变样，半年大变样”，风险防控处在被动应对、四处“救火”的状态。这一状况不改变，资产质量劣变的态势就无从把控。因此，各行要切实按照总行的部署，深入开展对保证担保贷款、非供应链贸易融资、裸贷、过度融资等重点领域的风险排查会诊，真正做实潜在风险名单，一户一策制定风险化解预案和安全加固措施，通过提高对逾期与潜在风险贷款的识别力和治愈率，从源头上有效降低贷款损失、拨备消耗和资本损耗。要在不断提高大数据风险监测精准性的同时，严格落实四级联动的风险核查与处置机制，确保各类风险预警得到及时响应和问题整改。

二要多策并举强化风险清收处置。要树立“风险防控和处置也是创造效益”的观念，重视不良贷款、账销案存、以物抵贷这类特殊资产的经营，从专门团队、手段创新、节奏安排、资源保障等方面，健全特殊资产处置新机制，尽一切可能加快处置进度，提高受偿比例。要改进核销和打包处置方式，按照“一次亮底、按季分配”的原则，均衡配置处置规模，强化常规化、日常化处置，不能集中在月末、季末突击处置；对过度利用财务资源处置不良而完不成利润计划的，要在绩效考核中真实反映其改善资产质量工作的效果。要创新思路和手段，利用各种有利条件，打好风险化解的“组合拳”。如用好国家相关税收优惠政策，以物抵债一批；抓住国家有关部门打击逃废债、解决执行难问题的契机，诉讼追偿一批；借力地方政府推动企业兼并重组，以投行手段整合各类资源，重组转化一批；充分发挥不良资产处置平台和融e购渠道优势，营销推介和试点处置一批。

三要总结经验教训，构建新常态下的信贷管理新体系。要对经济上行期形成的信贷制度、产品、流程、IT等进行系统梳理，对其中不适应的环节抓紧改革完善，建立起适合经济调整周期特点的信贷管理新体系。要重点解决好人的问题，引导各级管理人员和信贷从业人员牢固树立稳健审慎的经营理念和风险观，对信贷经营要有敬畏之心；持续深化信贷从业人员和信贷经营机构资质管理，大力推行“专家治贷”，重视在各级班子中培养和配备信贷专家型干部，真正做好实质性风险把控而非形式上的把关。解决好责任落实问题，前台市场部门、中台审批部门和后台风控部门既要明确各自承担的风险管理责任，也要相互配合增强信贷管理合力；进一步完善权责明晰和错罚相当的不良贷款责任认定与追究机制，切实避免责任追究不到位与处理面过大两方面的问题。解决好信贷架构问题，探索建立“分级营销、差异化经营、分类授权、责任清晰、责权对称”的新架构，同步提高市场响应和风险管控能力；将表外、境外及并表机构的信用风险也要尽快纳入大数据非现场监控体系，形成全集团统一的风险管理政策，严防不合规业务“曲线”和“绕道”办理。

三、关于进一步把握机遇加快业务创新发展

面对一系列重大经济金融改革带来的经营环境变化和新的市场空间，我们要以高度的敏锐性和主动性，适应新趋势、把握新机遇、做大新亮点。

（一）把握利率市场化机遇，提升负债业务竞争力。随着全面利率市场化时代的临近，以前我们判断的“银行从被动负债向主动和被动负债并行阶段转变”的市场特点更趋明显，存款业态和市场竞争形势发生很大变化。对我们这样一家风险管理相对较强、信息技术领先、规模和成本优势突出，以及品牌信誉卓著的大银行来讲，参与利率市场化环境下的竞争应该是具备有利条件的。全行一定要正确判断形势，有针对性地完善工作机制和策略措施，努力在负债业务竞争发展中形成战略主动和竞争优势。

一方面要加紧完善全面利率市场化条件下的负债业务经营机制。要进一步完善内外部、本外币定价机制，尽快制定利率敏感度管理标准，建立以客户贡献度为基础的定价体系，更为灵活地设计期限、利率以及计息方式等多元化组合的存款产品，提高差异化定价管理水平。要进一步完善利率定价授权管理与各级经营机构自律管理机制，优化付息成本考核机制，强化经营主体责任和利率定价的财务约束，同步增强市场响应与成本控制两个能力，既要善于灵活运用利率定价经营存款，更要善于通过为客户提供资产配置多元化服务组织存款，而不是过度依赖利率上浮竞争存款。要随着发行大额存单和推出新的存款产品，相应置换保本理财和结构性存款等高成本负债，逐步优化负债结构。当前市场流动性充沛、利率处于下行周期，寻找能够覆盖高成本负债的资产和投资项目难度增大，接受大宗高成本负债业务时，要更加注重匹配明确的资金运用，真正做到高来的负债能够高走，守住不亏本、有盈利的经营底线。今年

非存款类金融机构存款的大幅增长，在带来充裕资金来源的同时，其大进大出、大幅波动的特点，也给资金运用和流动性管理带来新课题，全行要适应这种变化，尽快构建分产品、分期限的“资金池”，积极拓展相应的资金运用渠道，提升精细化管理水平，避免大量资金闲置或低效运用。

另一方面要更加重视负债业务的稳定性。存贷比不作为法定监管指标，并不意味着存款的市场竞争会减弱。对于银行经营来讲，相对低成本的资金来源仍然是一般性存款，相对稳定的资金来源依然是储蓄和公司、机构存款。全行一定要深入落实总行关于壮大客户基础、加强源头性存款组织、创新客户金融资产服务等系统性、综合性策略措施，大力推动储蓄、公司存款的稳定增长。要继续高度关注机构存款市场面临的重大改革调整，特别是财政和军队系统资金改革、机关事业单位养老改革等可能带来存款的分流和成本上升，努力通过主动服务、深化合作扩展业务，实现这些源头性存款成本稳定、总量增长。要以稳定存款为基础加快全面业务创新，增加中间业务收入，提高零售业务等各业务条线的综合贡献率。

（二）把握多层次资本市场发展的新变化，推动金融资产服务业务的新发展。要密切关注资本市场变化，积极捕捉客户投融资两端新的市场机会，充分发挥我行全链条、跨市场金融服务能力强的优势，创新优化产品体系，打造更多的盈利增长点。一要关注客户资产配置的新趋向，科学把握大资管发展节奏。随着资本市场从单边快速上扬转入震荡整理期，客户金融资产配置面临重新调整，对资本市场投资将逐步回归理性。全行在产品研发、渠道销售、运营管理中，要敏锐把握市场形势和客户偏好的新变化，坚持效益导向、风险导向，以客户的需求和自身的风险管理能力为基础，合理把握产品发行的规模，优化调整投资布局，以持续稳健的收益表现吸引客户。二要抓住经济结构调整和企业资本运作的新热点，稳步提升大投行发展水平。要大力拓展上市公司、重点国有企业、“走出去”企业等优质客户的债券承销发行、股权融资、并购重组、混合所有制改革等业务，积极拓展面向行外机构投资者的分销顾问业务，进一步打开发展空间。要在二级分行建立投行项目团队，提升项目落地实施能力。三要把握市场调整动向，严格防范风险。这次股市剧烈震荡，给全社会上了一堂深刻的风险教育课，使我们进一步对跨市场业务风险的突发性、传染性和破坏力有了切身体会。综观百年商业银行发展史，成功的银行无一例外均在跨市场业务领域坚持审慎的态度，而那些盲目冒进的银行，往往招致灭顶之灾。我们必须始终牢记历史经验教训，对资本市场相关业务要有明确定位，重点提供高价值含量的智力服务。要抓紧完善全市场、全产品、全口径的投融资风险管理机制，对资本市场相关业务线、综合化子公司设定严格的风险限额，建立并表管理统计体系，对委托外部投资，也要切实解决好底层资产数据穿透问题，实现风险监测的全覆盖和压力测试的常态化。要加强代理销售、代理投资等业务的管理，既要把握机遇发展好业务，又必须严格合作机构和产品的准入管理、限额管理，根据合作机构的资本实力、风控水平、收益贡献等建立完备的跟踪评价机制，实施差异化管理，严防外部风险传染。对存量代理投资，特别是非标债权业务，要逐机构开展风险排查摸底，逐户对存续期内各类金融资产服务业务拟定风险管控措施，逐项目逐产品落实投后管理责任，有序推进风险资产的化解处置。

（三）把握新一轮高水平对外开放机遇，加快提升全球化资源配置能力。要充分利用我行全球战略布局优势，加强集团资源的全球统筹配置，加快核心产品线的境外延伸，进一步打通国内国际两个市场，形成高效的全球运营模式，更好地服务产业资本和客户资产全球化，推动境外机构转型发展。下半年要重点推动几项工作：一是资金的全球化筹集配置。进一步推进境外资金集中管理和筹资工具统筹管理，更好地利用境内外两个市场及利率上的差异，促进资金在低成本地区筹集、高收益地区运用，提高多币种资金筹集效率与配置效益。要做好中长期和短期债务工具在境外的发行，为境外“一带一路”项目拓展低成本融资渠道。二是全球资产转让平台的建设。总行正在组织建设全球资产交易平台，按照市场化原则实现全球资产的集中统购、全球分销、价值调节和风险对冲，弥补全球资源整合、资产购买和分销能力的不足。相关机构要按计划加紧资产入池、资产交易团队和系统建设等前期工作，争取9月底完成平台搭建、首批资产交易，力争年内资产交易额突破100亿美元。三是自贸区机构创新试验田的打造。目前第二批自贸区建设正在加速推进，总行有关部门和福建、天津、广东等分行要加强政策研究和金融创新，支持自贸区机构既立足当地，抢抓战略机遇和业务机会，形成各有侧重、各具特色的发展模式；又面向境内外机构，充分利用自贸区政策便利以及境内外利率差异，成为集团筹资、跨境人民币、离岸金融、参与全球金融市场的业务平台和创新试验田。四是金融市场交易业务的整合。要整合境外机构交易业务，按照交易中心、区域性管理机构、一般经营机构，实行差异化管理、分层授权，减少交易出口，实现风险集中控制。要发挥工银标准的商品融资与FICE（外汇、利率、信用、股权）交易平台的特有优势，将其纳入集团金融市场集中交易体系，全面对接国内巨大的商品交易、融资和金融衍生工具服务需求，提升我行在国际金融市场的竞争发展能力。五是核心产品线的境外延伸。目前我行境外经营链条就像经济学中的微笑曲线，处于盈利稀薄的底端，更多的是走机构网络延伸和信贷扩张的外延式发展道路，这种重资本、重资产的经营模式已经进入一个瓶颈期，未来甚至会进入增长的停滞期。因此，必须依托集团全球运营模式的构建，培育真正拥有全球竞争力的产品线，推动境外发展模式的主动调整。要利用境外丰富的市场资源，做大并购、跨境投资、顾问咨询等高附加值的投行业务，尤其要着力在全球基建项目领域实现投行业务的创新突破；做大私人银行、资产管理，以及与资本、货币、商品等市场相关的业务线，从而逐步占据微笑曲线的两个顶端。

（四）把握“互联网+”行动机遇，推动互联网金融跨越式发展。近期国务院发布《“互联网+”行动指导意见》，提出“互联网+”普惠金融等11个方面的重点行动，央行等10部委又联合发布了《关于促进互联网金融健康发展的指导意见》，对互联网金融主要业态明确了监管责任和业务边界。我们要抓住“互联网+”新经济形态加快形成和互联网金融监管环境逐步完善的有利时机，突出我行互联网金融的信誉、技术、品质等优势，添火加力，迅速扩大规模和品牌效应。要在服务各行业“互联网+”发展上有大的突破。目前“互联网+”正由消费领域加速向生产经营、政府服务等领域拓展，各方面借力互联网重构发展模式的需求非常迫切，我们要抓紧完善B2B商城、B2G采购平台，使之成为服务政府机构、集团公司、企业供应链的“云”平台，落实各级行、各相关专业营销计划，争取下半年与重点机构和公司客户全面建立起互联网合作新模式。要持续完善“三大平台、三大产品线”特别是移动端功能。紧盯行业标杆，加强平台与产品比较分析，高度重视客户体验，对客户反映的各种问题要快速响应、及时完善，在不断学习改进中实现超越，在竞争中突出和奠定我们的比较优势。下半年要做好新版手机银行、工银e生活、工银e校园、工银e商友等重点产品的投产推广，把我行互联网投融资服务的突出优势做大、打响。要大力拓展契合客户需要的消费生活场景。这是互联网时代增强客户黏性的关键。总分行都要积极行动，像当年布放POS机一样，逐街区逐商户推动，增加线上线下商户数量，丰富场景应用。要整合各系统平台，实现各平台与产品线间的交互引流，整体推动互联网金融从做产品向做客户、从做功能向做场景、从做渠道向做平台转型。要注重加快互联网金融在境外的发展。扩大跨境电商平台在海外的覆盖范围，把国际优质商品引到国内，从中为客户提供结算、融资、结售汇等一揽子金融服务，更要努力将融e购商品反向销售到境外，助推中国实现从“全球工厂”到“全球商店”的转变。要加快境外直销银行建设，以此作为境外零售业务发展的主要策略。要依靠和动员全行力量，营销推广互联网金融产品和服务。总行已经成立了互联网金融营销中心，各一级分行也要抓紧互联网金融营销团队建设，探索适应互联网金融发展的营销新模式，既抓好一些重点产品的直接营销，也要做好组织推动和牵头协调工作。总行有关部门要加强互联网金融产品和商户发展等情况的动态推送，强化营销支持。各业务条线要增强创新自觉，网点要强化服务落地和现场宣传，各级管理人员要亲力亲为，员工要人人使用分享，形成上下结合、全面营销推进e-ICBC的强大攻势，在互联网金融竞争格局中牢牢占据有利位置。

四、关于按照“三严三实”要求从严治党、从严治行

全行各级党组织开展“三严三实”专题党课和学习研讨，要注重结合学习贯彻习近平总书记近来一系列新的重要指示精神，不断深化对“三严三实”丰富思想内涵的理解，并深入开展交流互动，用好正反两方面典型，使学习研讨更有深度、更有质量。同时，要坚持问题导向，无论是学习研讨、专题民主生活会，还是立规执纪，都要聚焦问题查、对照问题改。下半年，中央巡视组还将聚焦党风廉政建设和反腐败工作，对包括我行在内的中管金融企业进行巡视。全行要积极主动做好配合巡视工作，对巡视组指出的问题及时整改。总之，要把这次“三严三实”专题教育和中央巡视作为对工商银行的一次“全面体检”，作为对全行党员干部的一次深刻党性锻炼，并以此为促进，结合落实年初党建工作会议部署，将全行党建工作和党风廉政建设不断引向深入。

（一）按照“三严三实”要求从严治党。各级行党委要进一步强化党建工作和党风廉政建设的主体责任意识，牢固树立“抓好党建是本职、不抓党建是失职”的观念，坚持党建工作与经营工作一起谋划、一起部署、一起考核。尤其是各级党委书记要落实好抓党建的第一责任，真正成为从严治党的书记；各级行纪委要切实履行好监督责任。要结合银行特点，完善党建工作考核和述职评议机制，尤其要重视加强对基层党建工作的经常性分析评价，通过深化和拓展巡视工作、开展专题检查等方式，解决好党建工作责任向下延伸的问题。落实全面从严治党，既要向思想建党要自觉，也要向制度治党要约束，把纪律和规矩挺在前面，做到有规在先、抓早抓小，使纪律成为管党治党的尺子、党员不可逾越的底线。要围绕严肃党内政治生活、加强干部教育管理、加强权力运行制约监督等重点，做好建制度、立规矩的工作，对违反制度、不守规矩的现象和行为，要抓典型，动真格，不手软。要深化党风廉政建设，创新反腐败体制机制，始终保持严惩腐败的高压态势和威慑力，坚决防止不良作风复发反弹。要加强对境外机构管理人员廉洁从业情况的监督检查，提升全集团的廉政风险防控水平。

（二）按照“三严三实”要求从严治行。近一个时期以来，银行存款“丢失”、飞单销售等案件和风险事件频发，这既是外部非法集资和金融诈骗风险向银行体

系传导扩散的反映，也暴露出我们内部管理上存在的薄弱环节和漏洞，特别是个别机构违规越权和个别员工内外勾结等问题，教训深刻。上个月总行召开了三级行管理人员参加的专题视频会议，就加强案件和风险事件防控作了具体部署。各级行要结合“三严三实”专题教育的开展，进一步落实从严治行的责任，落实分支机构与专业条线双线问责和双线整改等制度，真正以铁腕决心和雷霆措施，坚决把案件和风险事件反弹势头打下去。要深入开展针对客户存款安全制度执行情况和防控飞单措施落实情况的专项检查，突出加强对账户开立、U盾管理、银企对账等关键环节的风险排查，进一步明确员工从业禁止性规定和职业操守“底线”，深化面向全员的合规养成教育，加强对营业场所和员工的监督管理，切实防弊堵漏。要对那些尚未纳入监管轨道的P2P网络借贷、众筹融资等新业态风险高度关注，严禁与有潜在风险的公司开展托管及外包合作。要主动加强对全行互联网金融领域，尤其是一些传统线下业务向线上迁移时的风险扫描和攻击性试验，加强对金融消费者的宣传教育，筑起坚实的风险防火墙，切实维护消费者权益和我行良好信誉。

（三）按照“三严三实”要求抓好干部队伍作风和能力建设。经过群众路线教育实践活动，全行作风面貌有了新变化新气象。但面对当前及今后一个时期闯过质量关、转型关、创新关的严峻挑战，一些干部精神状态不佳、能力不足的问题依然较为突出。有的畏难发愁，消极无为，把新常态作为掩盖工作不力、经营持续下滑的托词；有的在资产质量、经营效益、业务发展等指标上喜欢眼睛向下看齐，比差不比优、自我安慰；有的工作飘浮，重口号、轻落实，一些工作久推不动或迟迟没有回音；有的存在“本领恐慌”，用老的知识家底和传统经营管理方式已很难驾驭新常态、新业态、新市场。为此，全行上下尤其是各级领导干部在践行“三严三实”中，要进一步提振攻坚克难的精气神，锤炼敢于担当的好作风，通过学习培训和实践锻炼抓好能力提升这一打底工程，为新常态下的经营发展注入奋发进取的正能量。要把庸碌无为、看摊混事、推诿塞责等问题列入不严不实的清单，从严问责、从实问效。对资产质量和经营效益出现大幅劣变下滑、业务发展剧烈波动的各级机构及专业部门，要在严格绩效考核的同时，全面考察其班子履职情况，尤其要着重考察其业绩观、担当精神、大局意识及专业能力。要持续深化干部制度改革，健全各级各类岗位的目标责任制，做到职责清晰、目标清晰、考核清晰，不断营造能者上、庸者下、劣者汰的良好生态。

同志们，当前外部形势依然严峻复杂，挑战更大，机遇也更多，全行上下既要增强忧患意识，更要坚定信心；既要保持定力，又要积极作为，努力在改革创新上再添一把劲，在风险防控上再加一把力，在推动工作落实上再鼓一口气，确保完成好年内各项经营目标，并为来年工作打好基础。

在中国工商银行2015年三季度行务会上的讲话

姜建清

（2015年10月16日）

刚才易行长分析通报了三季度的经营情况，对年前重点工作作了具体布置，我都赞同，会后大家要抓好贯彻落实。总的看，前三个季度全行在经济下行压力加大、利率市场化加快、资本市场巨幅震荡等严峻复杂的经济金融形势下，总体保持了资产质量的稳定、经营效益的稳定和发展态势的稳定，1.44%的不良贷款率依然是国内国际可比大银行较优的资产质量水平，2 223亿元的净利润依然是全球最好的盈利水平，特别是拨备前利润增幅实现9.77%，且较上半年提高了1.2个百分点，零售业务的贡献提高，国际化、综合化的利润贡献增加，私人银行、资产托管、金融市场、资产管理等许多新兴业务发展较快，提前完成或接近完成全年利润计划；互联网金融发展格局基本形成，实现全面加速发展局面。这些经营结果，说明全行经营态势是稳健的，同时反映出在持续的转型和创新中，新的增长点、增长极正在逐渐形成，适应经济新常态的竞争发展能力日益增强。所以说，应该充分肯定全行上下在应对各种风险挑战、克服诸多不利因素影响、推动健康发展中作出的艰苦努力。我们看到，尽管信贷资产劣变还在扩大，各类风险仍在集中暴露，影响利差和中间业务收入的因素较多，各种经营压力和发展困难比较大，但全行上下的整体精神状态是好的，攻坚克难、推动转型升级和创新发展的信心在增强，思路办法更加开阔和丰富；尽管经济形势和经营环境错综复杂，不确定因素很多，我们现在还不能过于乐观地认为实现全年目标的大局已定，但可以讲，实现全年经营目标的把握大为增强，关键取决于后两个多月全行的艰苦努力。

今年最后两个多月，既是业务冲刺的关键期，同时我们也面临一些重大政治任务，更需要注意做到两手抓、双肩挑。即将召开的党的十八届五中全会，将研究提出“十三五”规划的宏伟蓝图；“三严三实”专题教育正按照中央部署深入推进，中央巡视组对我行的专项巡视工作也即将展开，全行上下要以高度的政治责任感，以贯彻十八届五中全会精神、开展专题教育和配合中央巡视为契机，进一步促进从严治党、从严治行，推动全行各项工作更好开展。为此，我再强调三个方面的工作。

一、关于做好严峻复杂形势下的经营工作

做好四季度经营工作，务必要更加注意敏锐把握经济形势和经营环境的变化，既要坚持底线思维，有应对更大困难的思想和措施准备，又要积极把握各种有利条件和重大机遇，紧紧抓住经营发展的主动权。

要十分清醒地认识到，当前经济下行压力加大，特别是一些周期性行业和投资驱动型行业过剩压力增加，一些资源型省份和上游产业比重较大地区的经济回落幅度较大，一些过度依赖规模扩张和传统经营模式的企业经营困难加重等趋势，对银行经营特别是风险防控工作的影响；股市大幅震荡和调整，对整个金融市场产生的溢出效应，以及对银行相关业务经营等层面的影响。同时还应始终关注，世界经济格局中主要经济体走势分化加剧以及国际金融形势的不确定性，对我国经济金融运行的影响、对我行国际国内经营的实质影响。特别要关注新兴经济体增长放缓，一些国家经济陷入深度衰退，全球汇市、股市、大宗商品市场剧烈波动，以及美联储一旦启动加息对全球金融市场、资金跨国流动和相关国家宏观政策带来的一系列影响。要深入研究国际国内经济金融形势变化中，金融风险传导路径和形式的变化，如信用风险由以往在敏感行业和区域间扩散转变为沿着交易链、产业链和担保链大范围较快传导，由单一信贷领域向涉及债券投资、理财投资、资产证券化等多领域交叉发散传染；研究国际化发展中特别是一些境外机构经营中的风险变化趋势，把困难和复杂性估计得更充分一些，把各种风险想得更深入一些，把风险防控措施抓得更全面扎实一些。

当然我们更要充分看到，我国经济虽形有波动，但势仍向好，经济稳定的基本面没有变，仍运行在合理区间。尤其要看到，党中央、国务院审时度势，接连推出一批有利于稳增长、调结构、激活力的重大战略举措和政策措施，如简政放权改革、扩大地方政府债务置换额度、积极推广 PPP 模式、推出重大投资工程包和消费工程、深入实施创新驱动战略、出台“中国制造 2025”和“互联网 +”行动意见、深化国有企业改革、多次降准降息等。这一系列财政货币政策和改革创新举措的叠加效应正在逐步显现，经济运行中的积极因素正在积聚增多，如服务业比重上升，消费对经济的拉动作用增强，新产业、新技术、新业态加快孕育，一批新的重大项目投资相继启动，新增长极和新增长带加快形成，双创活力持续迸发。这些重大政策措施的推出和逐步见效，为银行稳定健康发展创造了重要条件，为我们市场拓展、金融创新和风险化解带来重大机遇。因此，越是在当前这种风险多、挑战大、经营较为艰难的时刻，总行越要注意引导全行看清大势，看到新的机遇，增强信心和战略定力，充分发挥主观能动性和创造性，狠抓年初和年中工作会议部署落实，并根据新的形势变化，及时完善经营策略措施，力争较好实现全年经营发展目标。在当前错综复杂的经营环境中，尤其要注重把握好以下三个方面的关系。

一是把握好服务实体经济与防控金融风险的关系。党中央、国务院近来对金融服务实体经济和金融风险防控作出了一系列新的重大部署和政策安排，落实这些政策和部署也是银行实现稳定健康发展的必由之路和根本保障，必须统筹兼顾地推进、有机统一地落实。

要坚持在服务实体经济的大局中优化信贷结构和改善经营质态。要加快完善信贷存量和增量并轨管理，真正形成包括增量与存量移位在内的信贷资源配置的全面质量保障机制。要进一步开阔视野，在经济新常态的大背景和加快走出去、推进国际产能合作的大格局下，加快研究全行信贷布局和加快调整信贷政策。尤其是要加强对北上广深等重点区域、“三个支撑带”等战略领域，以及一批重大基础设施项目的市场研究规划及指导推动工作，坚持按照商业化运作原则，不断提高优质市场和重大项目的营销拓展成功率和投放落地转化率。要积极运用信贷、投行、租赁等综合化手段和全功能服务，满足客户多元化需求，成为真正意义上的综合金融服务提供商。网络融资中心成立后，要抓紧实施相应产品的整合优化、营销的组织推动，尽快把标准化的融资服务开展起来，努力以新思路、新模式走活服务小微企业、服务消费扩大和升级、服务大众创业万众创新、服务改善民生的“这盘棋”。

防控金融风险首要任务就是全面落实总行关于信贷资产质量保卫战、攻坚战和持久战的工作部署，坚决遏制不良贷款上升的势头。刚才易行长根据董事会确定的年度经营目标和当前的信用风险防控形势，进一步明确了四季度末将不良率控制在 1.45% 的指标，这就是今年后两个多月信贷资产质量保卫战的具体目标。希望全行上下能以严防死守的姿态和决心，守住这一目标。要把这一目标快速分解到各相关专业部门和各分行，强化目标责任制，强化总分行领导包重点行工作机制，强化各级行特别是总分行不良贷款清收处置力量，一户企业

一户企业、一笔不良一笔不良地开展攻坚，每笔不良贷款都要落实处置方案和责任人，决不能继续存在不良贷款“悬空”、无人过问催收的状况。要全面加大常规处置力度，全面用好投行、租赁、不良处置平台、电商平台、证券化等新的渠道和手段，提高处置效率和回收价值。要在下更大力气“清淤”的同时，也要下更大力量“疏浚”风险，努力止住或减少新的出血点。要切实强化逾期与不良“剪刀差”目标责任管理机制，促使全行盯紧每笔逾期贷款的风险化解。要更加有效地发挥信用风险监控中心的作用，加强潜在风险贷款的风险监测与安全加固缓释。尤其要落实好新增贷款的质量控制，2013 年以后新发放的不良贷款达到××亿元，这是不能容忍的。需要特别注意的是，当前信贷风险的防控，一定要从经济下行压力大、企业经营困难加重的实际情况出发，本着有利于化解而不是加重风险的原则开展工作。对那些符合产业政策、具有核心竞争力和发展前景、经营出现暂时困难的企业，不能简单抽贷、断贷，而是要尽力通过创新机制和服务，帮助企业渡过难关，一企一策地化解信贷风险。总分行领导干部和相关部门负责人要主动走访各级政府部门，在大额风险化解、推动企业重组转化、打击逃废债等方面争取更多政策支持。要持续关注跨业风险加速暴露的趋势，像重视信贷风险处置一样，重视代理投资风险的处置，尽快完善规范化、常态化的代理投资风险处置机制和策略措施，推动金融资产服务业务健康发展。

二是把握好实现资产质量目标与利润目标的关系。当前资产质量是影响盈利的关键，在贷款劣变较快的情况下，处置不良贷款和满足拨备监管要求，必然会加大对利润的损耗。而我们在可比同业中保持一个合理的盈利水平，对稳定市场预期和员工收入、保持资本补充和风险化解能力，又是至关重要。因此在四季度经营工作的收官中，必须更好注意统筹把握好不良率、拨备覆盖率、资本充足率、净利润等核心指标的平衡，既要守住风险底线，也要守住利润底线，做到质量与效益指标的最佳适配。要加强政策传导，强化对处置回收率和财务撬动率的要求，引导各级机构在不良资产处置上尽可能地多投入精力、少花费财力，努力用宝贵的财务资源撬动更多的不良资产。总行在审批分行不良核销计划时要优先考虑利润计划完成好和回收率高的分行。对那些过度耗用财务资源处置不良而完不成利润指标的分行，要在绩效考核中真实反映其质量改善的工作成果。

同时，要积极抢抓国家推动重大改革创新的政策机遇，抢抓岁末经济运行和企业经营中资金流量大、业务活跃的市场机遇，大力拓展业务、增加收入，努力保持拨备前利润较快增长的势头。要继续加快适应利率市场化推进、汇率形成机制改革以及人民币国际化的趋势，完善资产负债精细化、境内外一体化营运与管理机制，健全基于客户综合贡献度的存款定价机制，加强全口径负债业务管理，压降高成本负债规模，优化资产负债结构，提高资金营运效益，保持资产负债业务收益率的基本稳定。要在严格规范中间业务收费管理的基础上，加快业务的扩展，逐项逐品种落实四季度增收计划，增强对整个利润增长的拉动作用。要借助我行发布互联网金融升级发展战略形成的声势，抓紧各产品线的营销推广，进一步确立我们在互联网金融领域的市场地位，形成新的盈利增长点。

要高度关注近一个时期以来各分行间经营状况分化加剧的趋势。有的行虽然资产质量也劣变较快，但反映业务成长性的拨备前利润增长较好。而少数行不仅资产质量差，而且主要业务指标和整个经营状况全面弱化。要通过经营分析评价和压力传导，督导这些机构的领导班子尤其是一把手，切实强化经营主体责任，认真反思和检查自身经营管理工作，认真落实总行关于坚持不良处置与市场拓展两条线作战，两支力量都要强，两方面措施都要硬的工作部署，一项一项找差距、抓落地，尽快把业务发展、风险控制的“短板”补强，努力在复杂的经营环境中创造出工作亮点、培育出新的增长点，确保不拖全行发展的“后腿”。

三是把握好完成当前经营计划与推动基础工作的关系。今年以来，总行推出了一系列强化基础管理、深化改革创新的重大举措，现在这些工作都到了一个落地见效的关键时刻。抓好这些战略性、基础性工作既是对实现全年经营目标的重要推动，也将为明年及今后一个时期的发展创造新的重要条件。在四季度工作头绪多、任务重的情况下，总行要注意引导全行统筹兼顾、远近结合，在集中精力抓好经营计划完成的同时，下力气抓好这些基础工作和改革措施的落地。要抓好信贷基础管理工作，尽快形成较为完善的信贷经营管理体制机制改革方案，从管理模式、业务流程、职责分工、经营资质、团队建设等方面进行全面调整优化，抓紧构建起适应经济发展新常态的信贷管理新体系，实现增强活力、明确责任、提高效率、防控风险的有机统一。要抓好客户基础工作，加快整合优化客户信息统一视图、深化大数据挖掘与精准营销应用、完善客户经理业绩评价考核机制、依托融 e 联创新服务营销手段等措施的落地实施，努力在建立新型客户服务营销模式上取得更大突破。要抓好网点转型基础工程，加强线上线下一体化建设的统筹规划和顶层设计，加快网点布局优化和业态调整，促进网点营销服务水平和市场竞争力迈上一个新台阶。要抓好内控基础管理，针对当前案件和风险事件的特点及成因，紧盯重要业务领域和高风险环节，逐项督导落实在开户管理、U 盾管理、对账管理、营业场所管理等方面的措施要求，加强经常性的员工异常行为排查，拓展大数据技术和信息化手段在内控案防工作中的深度应用，进一步筑牢内控管理的堤坝。

二、关于深入扎实开展“三严三实”专题教育和高度自觉配合中央巡视工作

目前，“三严三实”专题教育正在全行各级党组织中扎实深入开展，广大党员特别是党员领导干部比较系统地学习了习近平总书记重要讲话精神，增强了思想自觉。总行党委班子成员和各部门、各分支机构党委书记坚持以上率下、带头学习提高，并分别在不同的层面和范围讲了党课，深入查摆了不严不实的具体表现和危害，结合本行、本专业、本部门实际，明确了落实“三严三实”的具体要求。各机构各部门基本完成了“严以修身”、“严以律己”两个专题的学习研讨，大家对照正反典型，联系自身实际，在剖析反思和交流碰撞中提高了认识，受到了教育。全行上下坚持边学边查边改，从专题教育一开始，就聚焦不严不实问题，深入查、立即改，在防止“四风”反弹、改进对实体经济和居民大众金融服务、提高管理行和管理岗工作效率等方面，落实了一系列整改措施，使专题教育成为全行党员和领导干部思想、作风、党性上的又一次集中“补钙”和“加油”。

最近，习近平总书记在中央政治局第二十六次集体学习时，对广大领导干部践行“三严三实”提出新要求，对善始善终搞好专题教育作出新部署。全行各级党组织要认真学习习近平总书记这篇重要讲话精神，从新的和更高要求全面深化专题教育的开展。要深入抓好“严以用权”第三个专题的学习研讨，创新方式，丰富内容，入脑入心。要高质量开好专题民主生活会，严肃认真开展批评和自我批评。要紧密联系班子和个人实际，联系全行转型发展实际，进一步查摆不严不实的问题，梳理形成问题清单、责任清单、整改清单，开实药方，落实举措。要通过专题教育的开展，进一步促进从严治党、从严治行各项措施的落实，促进全行经营发展水平和服务实体经济能力的提升。尤其是要落实好党建工作的主体责任，坚持从严治党、思想建党、制度治党，把纪律和规矩摆在前面，促进各级领导班子、基层党组织和党员队伍建设的全面加强。要深化党风廉政建设，严格落实反“四风”规定，创新反腐败体制机制，强化对权力运行的监督制约，强化对腐败问题的查处，不断健全反腐败工作长效机制。要把解决一些干部精神状态不佳、畏难发愁、庸碌无为等问题作为深化专题教育的一个重点，通过加强教育帮助、严格责任考核、改进选人用人和干部退出机制等措施，在全行营造担当尽责、攻坚克难、干事创业的良好氛围。

近期，中央巡视组对中央金融企业的专项巡视工作将全面展开，这既是对我们党建和党风廉政建设的一次“全面体检”，也是关爱各级干部成长的“一次免疫”，对于我们全面落实从严治党要求，深入推进党风廉政建设和反腐败斗争，切实加强各级领导班子和队伍建设，开创改革发展的新局面，具有极其重要的意义。全行各级党组织和党员干部要充分认识开展此次专项巡视的重要意义，把接受专项巡视作为当前一项重大政治任务来落实，严格遵守巡视工作要求，坚决服从巡视工作安排，全力支持、积极配合巡视组工作。巡视期间，总行管理的干部原则上不允许出国，特殊情况从严审批。各级领导干部要本着对党忠诚、对事业负责、也对自己负责的态度，客观公正提供情况，实事求是反映问题，自觉诚恳接受监督检查。要把接受好巡视作为一个勇于直面问题、深刻揭示问题、坚决整改问题的过程。对巡视前全行各类审计检查发现的问题，包括前一段对9家总行直属和控股机构巡视以及对部分机构财务检查中发现的问题，要即知即改，抓紧整改到位；对巡视中发现的问题，要抓早抓小，不等不拖、立行立改；对巡视后反馈的意见，要统筹研究，全面整改，并从体制机制上查找原因，堵塞漏洞；对巡视组发现的违规违纪问题，不管涉及什么人，都要深入查处，严肃处理，绝不姑息迁就。总之，要把这次专项巡视与加强全行党风廉政建设相结合，与深入开展“三严三实”专题教育、全面加强党的建设相结合，把从严治党、从严治行引向深入。

三、关于认真思考谋划明年及今后一个时期的发展思路

本月即将召开的党的十八届五中全会，将研究提出关于制定国民经济和社会发展第十三个五年规划的建议，这对准确把握新常态下重要战略机遇期内涵的深刻变化，保持经济社会持续健康发展，确保如期全面建成小康社会，实现党确定的“两个一百年”奋斗目标的第一个百年目标，具有十分重要的意义。未来几年也是工商银行爬坡过坎的关键期，今年我行启动了新一轮三年发展规划和十年发展纲要。我们要在学习贯彻十八届五中全会精神中，深入研究“十三五”时期我国发展环境、条件、任务、要求等方面发生的新变化，根据中央确定的经济和社会发展的大政方针，来完善我们中长期发展的战略举措，尤其要抓紧研究思考明年的工作目标和思路，于11月底前拿出综合经营计划、改革创新课题、转型发展举措等，并尽快提交党委会审议，从而更好地推动全行在新常态下的提质增效和转型升级，努力在服务全面建成小康社会建设过程中，把全行现代金融企业建设提高到一个新水平。

一是研究经营转型问题。要在我国“十三五”经济社会发展的总体战略布局下，研究全行服务经济转型和自身转型发展的重大举措，尤其要重点研究新的信贷投向和市场布局，研究建立符合国际大型金融集团特点的综合金融服务模式，研究在新产业、新业态的蓬勃发展中培育我行新的盈利增长点和增长极，研究利率市场化条件下资产负债业务发展的新模式，以及推动资本节约型发展的新路子等问题。

二是研究全面风险管理问题。要研究我国经济新常态下和国际金融市场复杂变化中各类风险的传导演化趋势，以及全面改进风险管理的措施，特别是研究深化信贷体制机制改革、从根本上稳定资产质量的有效措施；研究我行资产管理业务创新以及综合化、国际化发展中风险的新特征和防控的新举措。

三是研究国际化发展问题。要研究如何把握我国新一轮高水平对外开放的新机遇，在不断完善境外网络布局的基础上，通过重点抓好产品线延伸和境内外联动，提高国际化发展水平和价值创造能力。

四是研究互联网金融发展问题。要研究如何抓住“互联网＋”新经济形态加快形成的机遇，大力实施以“三平台一中心”为主体的互联网金融升级发展战略，努力实现市场规模、业务收益、客户体验和品牌效应的同步提升。

五是研究体制机制改革问题。要按照党中央、国务院确定的深化国有企业改革的总体方向，研究从公司治理、组织机构、资源配置、激励机制、IT 架构、营销服务等方面，建立更具活力和竞争力的体制机制。

六是研究加强和改进党的建设问题。要研究创新党组织发挥政治核心作用的途径和方式，严格落实管党治党责任，深化党风廉政建设和反腐败斗争，健全作风建设长效机制，大力实施人才兴行战略，尤其是建立与转型战略高度匹配的关键人才规划。

当前外部环境十分复杂，经营发展工作任务重、挑战多、压力大。越是在困难的情况下，全行越要拿出锐意进取、奋发有为的精神状态，越要保持勇于担当、狠抓落实的工作作风，在全面完成好今年各项目标任务的基础上，以十八届五中全会精神为指导，以开展“三严三实”专题教育和中央巡视工作为契机，及早谋划明年工作及未来发展，努力保持好、巩固住全行稳健发展的良好势头。

严肃执纪　立行立改
坚决把党风廉政建设和反腐败斗争引向深入

——在中国工商银行从严治党严肃执纪警示教育大会上的讲话

姜建清

（2015 年 12 月 1 日）

今天我们召开总行处级以上干部和一二级分行中层以上干部参加的这么大规模的会议，通报中央第四巡视组移交核实处理的一批违反中央八项规定精神问题，以及我行自查处理的一批违纪违法案件和风险事件，就是要警示全行特别是各级领导干部牢固树立党纪观念，坚决做到严于律己、拒腐防变、廉洁从业，同时也进一步表明总行党委和各分行、各机构党委积极配合中央巡视工作、闻过即改、立行立改的态度，坚决落实从严管党治党、不断把党风廉政建设和反腐败斗争引向深入的决心。下面我讲两方面的意见。

一、进一步统一思想，更加深刻地认识国有金融企业加强党风廉政建设和反腐败斗争的极端重要性

党的十八大以来，以习近平同志为总书记的党中央以高度的历史使命感扛起了进一步全面从严治党的责任，旗帜鲜明地反对腐败，提出了一系列新思想、新论断和新要求。特别是把加强作风建设作为反腐败的治本之策，以执行八项规定作为加强作风建设的切入点，以上率下，坚持惩治震慑和建章立制两手抓，将党的纪律和规矩立起来、严起来，党风政风为之一新，党心民心为之一振。

从我行总体情况看，总行党委和各级行党委认真贯彻十八大以来党中央关于党风廉政建设、反腐败斗争的一系列重大部署，认真执行中央八项规定精神，完善从严管党治党责任机制，深入开展党的群众路线教育实践活动和“三严三实”专题教育，全行党的建设不断加强，党风行风出现新变化新气象。但是，无论是从严肃查处的近三年一些违反八项规定精神问题，还是从这次集中查处通报的问题和案件来看，虽然“四风”问题得到了有效遏制，违反八项规定精神的问题明显减少，但是病原体还没有根除，长效机制还没有完全建立，产生问题的思想根源依然存在。有的干部执行八项规定的态度仍不坚定，片面强调企业特殊性，错误认为公款宴请、节庆送礼是客户沟通营销的惯例，抱怨纪律收紧会影响市场拓展、业务发展；有的对中央八项规定和总行制度要求想当然、无所谓、打折扣、搞变通，缺乏应有的政策敏感性和制度执行力，甚至违规违纪趋于隐蔽；

有的公私不分、执纪不严，视公款私用、违反纪律规定为小事小情或风土人情；个别机构党委、纪委查处违规违纪问题顾虑较多，甚至有了问题总想捂着盖着，存在核查不深入、惩处不够严厉的现象。尤为严重的是，个别人经不起利益诱惑和拉拢腐蚀，搞违规放贷、私售飞单、违规经商办企业或参与民间融资。在信贷发放、资产管理、工程招标、物资采购方面也存在违规违纪的迹象。从刚才通报中可以看出，许多案件和风险事件中存在内部腐败问题，教训十分深刻。全行必须从查处的这些问题中更加清醒地认识到，反腐倡廉、反“四风”、落实八项规定仍处在一个不上则下、不进则退的关键点和节骨眼上，稍有放松和懈怠，就可能故态复萌、痼疾复发，最终侵害党的肌体和全行健康发展的根基。

需要指出的是，这次处理的干部中，有些违规程度和情节相对较轻，或违规问题的形成可能有着各种非主观的因素，但是也反映出这些同志对党规党纪严肃性认识不到位的倾向。严管才是厚爱，对这些同志一并作出处理，既是对全行干部员工的警示，也是党组织对这些同志的及时帮助和教育，希望大家能够正确对待。特别是这次被问责和受处分的同志，既要深刻反思、吸取教训，同时也不要有过重的思想包袱，关键是要提高认识、知错就改，举一反三，强化党性观念和纪律意识，增强遵规守纪的自觉性。

更为重要的是，全行上下要通过今天通报的问题和案件查处情况，进一步深刻认识到工商银行作为一家国有大型金融企业，担负着维护国家金融安全稳定的政治责任、确保国有资产保值增值的经济责任、推动经济社会发展的社会责任，加强工商银行系统党的建设、党风廉政建设，是我们肩负的重大政治任务，也是确保全行始终沿着正确方向健康发展的必然要求。尤其是在当前经济金融发展的新常态下，我们既面临着许多新的战略机遇，同时也面临着一系列严峻挑战。能否攻坚克难、转型升级，将新常态下的调整期、阵痛期，变成新一轮发展的缓冲期、蓄势期，关键就在于能否做到全面从严治党，能否充分发挥党的领导核心作用，使党的建设成为推动全行克难奋进、转型跨越的强大动力。

管党治党没有特殊。王岐山同志在2015年中央第三轮巡视工作动员部署会上强调指出，全党是同一部党章、同一套纪律，坚持党的领导没有例外、没有特殊。全面从严治党，国有金融企业必须置身其中。作为国有大型金融企业的党员干部，我们决不能放松和降低对自己的党性要求，决不能在执行党章党纪方面存在强调企业属性、市场属性等“特殊论”的思想，决不能以市场营销等借口搞任何违反中央八项规定精神和党的纪律的行为。

党风廉政建设没有最严，只有更严。中央反复强调，作风建设永远在路上，永远没有休止符；纠正“四风”是一场输不起的斗争，决不能让“四风”反弹。全行要高度清醒地认识中央纠正“四风”、反对腐败的坚定决心和持久恒心，在加强党风廉政建设和反腐败工作中，坚决防止和克服侥幸心理、松懈情绪和“一阵风”思想，保持定力，持续发力，坚决把党风廉政建设一步步引向深入。

二、深入推进全面从严治党、从严治行，高标准打造廉洁银行

总行召开这次从严治党严肃执纪警示教育大会，集中通报一批违反中央八项规定精神典型案例和近期查处的违纪违法案件，再次表明总行党委以这次中央专项巡视工作为新起点新促进，坚持从严治党、从严治行，坚持有贪必肃、有腐必反、有案必查和违纪必究、有责必究的坚定决心。各级行各机构要以案为鉴、吸取教训、检身正己、防微杜渐，切实增强党章党规党纪意识与依法合规经营意识，进一步形成思想自觉与行动自觉，全力维护大型国有金融企业的廉洁形象。

（一）必须扎实深入落实党委主体责任和纪委监督责任。党的十八届三中全会强调，落实党风廉政建设责任制，党委负主体责任，纪委负监督责任。刚才通报的一些问题和案件，固然有当事人党性修养不够、理想信念不坚定、制度执行不坚决、自律不严等主观因素，但也和上级机构及所在机构党组织主体责任与监督责任落实不到位有关。如果各级党委、纪委切实履行了党要管党、从严治党的责任，在思想认识、责任担当、方法措施上及时跟上中央要求以及总行党委的部署，按照党章党规党纪、行规行纪的要求严格管理监督干部，真正把纪律规矩严起来、挺起来，一寸不让地执行到位，让咬耳扯袖、红脸出汗成为常态，在严明纪律中体现对党员干部的从严要求和关心爱护，可能有些党员干部就不会犯这样的错误，有些干部也不至于从违规违纪一步步滑向违法犯罪的深渊。因此，各级机构党委要强化政治责任担当，牢固树立党委抓好党风廉政建设是本职、不抓党风廉政建设是失职、抓不好党风廉政建设是渎职的意识，真正把落实全面从严治党的主体责任放在心上、攥在手上、扛在肩上，当好党风廉政建设的领导者、执行者和推动者。要强化抓党风廉政建设的主角意识和主动精神，明确责任清单，完善考核问责机制，把主体责任压力逐级传导下去。各级机构党委书记要认真履行“第一责任人”职责，既要挂帅又要出征，对其考核首先要看抓党建的实效，形成党建工作年度述职考评制度；党委班子成员要认真履行“一岗双责”，对分管范围内的党风廉政建设切实负起责任。各级纪委要聚焦主责主业，认真履行监督责任，既要监督检查党章和党的路线方针政策执行情况，确保中央权威和政令畅通，还要把深化“三转”、从严执纪贯穿于经营管理各项工作之中，确保监督执纪问责做深做细做实。对因“两个责任”落实不到位导致本单位纪律规矩意识淡薄、顶

风违纪问题不断、案件风险突出的，要严肃追究该机构党委的主体责任和纪委的监督责任。

（二）必须切实把纪律和规矩摆在前面。党员领导干部违法者，无不自破纪始。党的政治纪律和政治规矩是每个党员必须遵守和执行的铁律，纪律规矩的生命力在于执行，有了纪律规矩就要执行，决不能只是嘴上说说、纸上写写、墙上挂挂。党的十八大以来，按照中央新要求新部署，总行党委进一步制定完善了从严治党和廉洁从业的制度规定，如果这些制度规定得不到执行或者被选择性地执行，那么从严管党治党、从严治行的效果将大打折扣，甚至就是一句空话。上述通报中受到查处的党员领导干部，尽管有违纪和违法之别，有情节轻重之分，但都突破了党的纪律底线。个别干部到高档场所消费、安排或接受超标准接待、公款送贵重礼品等所作所为，严重违背中央三令五申的有关规定，就是典型的对纪律和规矩的漠视，其中的教训十分深痛，必须深刻反省、认真吸取。各级党委要把加强纪律建设作为落实从严管党治党责任的治本之策，抓好《党章》和《条例》、《准则》等党内法规的学习贯彻，使党的纪律刻印在每个领导干部、每个党员的心上，真正把党章党规党纪的权威性、严肃性树起来，形成一种“讲了就要听、定了就要做、安排布置了就要认真落实、不听不做不落实就要问责”的新常态。

（三）必须着力形成执纪必严、违纪必究的强大震慑力。“动员千遍，不如问责一次”。十八大以来党中央领导的反腐败之所以取得如此大的成效，关键就在动真格，真抓、真管，动真碰硬，无论是谁，不管职级有多高，只要违反党的纪律，都要严肃追责。这次中央巡视组从总行近三年执法监察发现的涉嫌违反八项规定精神的问题中，提出 15 个问题要求重新量纪处理，这些主要是有关分行当时仅仅作出了情况说明或进行了一般性整改，未对责任进行认定，也未对相关责任人进行处理。河南登封支行列支景点门票，江苏分行营业部消费信贷部用公款邀请客户打高尔夫，上海分行超标准接待总行调研组一行等，都属于此类问题。从严治党、从严治行，关键在治，没有责任追究就没有落实。我们要深刻理解“严管就是厚爱”的深刻含义，依规依纪严肃处理责任人，不仅是对当事人的负责，避免其犯更大的错误，更是对全行干部员工的警示、警醒。要把严查重处作为最重要的教育方式，充分发挥执纪处罚戒尺的作用，对违纪违规问题，不管涉及什么人，都要严肃处理，决不包庇纵容，决不姑息迁就，真正做到惩前毖后、治病救人，真正体现我们对党员干部的严格要求和关心爱护。

（四）必须真正做到心有所畏、行有所止。用权为公还是以权谋私，始终是对党员领导干部的严峻考验，一些干部正是由于看不到、看不清权力和职务后面的责任，才容易迷失在权力和职务带来的好处和利益之中，以致最终行为失范甚至走向违法违纪道路，辜负了组织多年的培养和信任。今天通报的一些内部案件和违纪事件中，有的违规公款宴请、变相出国旅游；有的违反廉洁纪律经商办企业；有的接受贷款企业宴请、收受购物卡和贵金属礼品；有的以权谋私，涉嫌受贿；还有的甚至竟然敢伪造省分行信贷审批书、违规出具担保，等等。这些典型案例再次告诫领导干部一定要慎用手中权力，决不能把个人利益和公权使用不恰当地联系在一起。各级党委要高度重视加强对广大党员尤其是党员领导干部的理想信念教育，加强党风廉政教育，毫不放松地抓好思想政治建设，使广大党员和干部员工都能始终如一地固思想之元、守从业之本。要把从严的要求贯穿于干部培养、锻炼、选拔、使用各个环节，形成完善的干部监督管理体系，使党员干部的行为始终受到严格约束。广大党员干部要切实增强自律意识，严格遵守廉洁自律各项规定，心存敬畏、警钟长鸣，知边界、守底线，才能对一切诱惑腐蚀保持清醒与警惕，才能从思想和行为上筑牢拒腐防变的坚实防线。

（五）必须建立健全反腐倡廉和案件风险防范长效机制。发现问题最终是为了解决问题，要通过对这些违规违纪违法案例的层层剥笋，深刻分析，找出问题病灶，挖出深层次原因，进一步完善规章制度，健全体制机制，达到标本兼治的目的。要结合金融工作实际和当前新型金融风险的特点，全面推进惩治和预防腐败体系建设，找准党风廉政建设和业务经营管理有机交融的结合点、切入点，把从严治党、从严治行贯穿于经营管理各项工作，建立不敢腐、不能腐、不想腐的有效机制。要在对“四风”问题、违规违纪行为、腐败行为继续保持高压、严查重处的同时，针对容易滋生“四风”和案件风险的重点领域与薄弱环节，形成常态化、长效化的治理机制。尤其要持续加强对高风险业务机构、高风险岗位和易发案领域的管理，加强对飞单销售、存款失踪、金融诈骗等案件风险的专项治理，加强对员工参与非法集资、经商办企业等违规行为的排查，加强对用人权、信贷权、财务权、采购权、不良资产处置权等权力行使的规范与监管，把权力关进制度的笼子里，确保权力运行规范透明，消除风险隐患和权力寻租空间。

同志们，中央对我行的巡视工作还在深入进行，我们一定要进一步积极配合、加强问题整改和制度建设，全面推进从严治党、从严治行，全面加强党风廉政建设，高标准打造廉洁银行，以优良作风和严明纪律，为现代金融企业建设提供坚强保障。

创新发展理念　破解发展难题
增强发展动力　厚植发展优势
不断开拓现代金融企业建设新境界

——在中国工商银行改革发展研讨会上的讲话

姜建清

（2015 年 12 月 25 日）

这次研讨会的主要任务是，认真贯彻十八届五中全会和中央经济工作会议精神，分析外部经营环境变化，以提高发展质量和效益为中心，以转变发展理念和方式为主线，谋划明年的工作思路及未来一个时期的发展战略，动员全行增强信心、攻坚克难、奋发有为，着力破解发展难题，增强发展动力，厚植发展优势，不断开拓现代金融企业建设的新境界。我讲以下几方面意见。

一、认清形势与任务

党的十八届五中全会确定了“十三五”时期我国经济社会发展的指导思想、目标任务和重大举措，提出了“创新、协调、绿色、开放、共享”五大发展理念，确立了全面建成小康社会决胜阶段的行动纲领。刚刚召开的中央经济工作会议，全面分析了当前国内国际经济形势，以新的发展理念提出了明年工作的总体要求、主要目标和重点任务。深入贯彻落实全会精神和中央经济工作会议精神，就是要站位经济工作大局，以战略眼光辨明大势，分析经营环境和发展条件的新变化，把握中央对金融改革创新和服务实体经济提出的新要求，以新的发展理念谋划全行创新转型的目标任务与战略举措。

（一）认真把握中央关于形势的分析判断和经济工作的重要部署。“十三五”时期，我国发展仍处于可以大有作为的重要战略机遇期，也面临诸多矛盾叠加、风险隐患增多的严峻挑战，战略机遇期的内涵已发生深刻变化。这是十八届五中全会对我国发展环境审时度势作出的重大判断。中央经济工作会议对当前经济发展面临的机遇和挑战作了深入具体的分析，既系统阐释了我国拥有雄厚的物质基础和量大质优的要素资源，具备发展中大国特有的巨大潜力、韧性和回旋余地等保持经济持续健康发展的五大优势；也深入分析了我国经济发展面临的一些突出矛盾和困难，尤其着重分析了“四降一升”问题，即经济增速下降、工业品价格下降、实体企业盈利下降、财政收入增幅下降、经济风险发生概率上升，并深刻指出目前的问题主要不是周期性的，不可能通过短期刺激实现 V 形反弹，我国经济可能会经历一个 L 形增长阶段。面对错综复杂的国际国内经济形势，习近平总书记对新常态怎么看“精准把脉”、为新常态怎么干“开出良方”，突出强调了跨越“中等收入陷阱”，就是要提高我国经济发展质量和效益，针对的就是要加快转变经济发展方式、调整经济结构；抓经济工作、检验工作成效，要从过去主要看增长速度有多快转变为主要看质量和效益有多好，彻底抛弃用旧的思维逻辑和方式方法再现高增长的想法。中央经济工作会议作出了推进供给侧结构性改革的重大部署，要求在适度扩大总需求的同时，主要抓好去产能、去库存、去杠杆、降成本、补短板这五大任务，明确提出了尽可能多通过兼并重组化解过剩产能、开展降低实体经济企业成本行动、化解房地产库存、补齐软硬基础设施短板、化解地方政府债务风险和开展金融风险专项整治等具体措施，提出了宏观政策要稳、产业政策要准、微观政策要活、改革政策要实、社会政策要托底等相互配合的五大政策支柱。这是中央适应和引领经济发展新常态的重大创新，也是适应国际金融危机发生后综合国力竞争新形势的主动选择。可以预见，随着这一重大政策的推进，必将有效地提高供给侧质量和效率，提高投资有效性，加快新发展动能的培育和传统比较优势的提升，增强持续增长动力。

我们要通过学习贯彻十八届五中全会和中央经济工作会议精神，进一步认清我国经济运行“形有波动、势仍向好”的本质特征，对保持经济持续健康发展的信心毫不动摇。同时，又丝毫不能低估经济发展面临困难及其对银行经营影响的严峻复杂性。特别是在化解过剩产能、处置僵尸企业、去房地产库存过程中，大量处于隐蔽状态的矛盾将会不断显现，并与经济爬坡过坎中一些新的难以预见的风险相互交织，而且我国现有融资体系、融资结构决定了与这些风险和矛盾相伴生的转型成本，必然会通过多种渠道反映到银行领域，对银行风险防控、资产质量稳定和整个经营工作形成巨大压力，全行务必要有更加强烈的危机意识。更为重要的是，要明确这场重大的供给侧结构性改革对银行服务实体经济提出的新要求，将信贷政策及各项金融服务措施与产业结构调整政策紧密结合起来，将支持“进”与管理“退”的办法统筹起来，真正将金融服务的重心聚焦到提高服务实体经济质量和效率上来。

（二）认真把握重要战略机遇期内涵的深刻变化。要通过学习贯彻全会和中央经济工作会议精神，准确把握发展方式从速度扩张型向质量效益型转变中战略机遇的新内涵，把握发展动力从要素驱动向创新驱动转变中战略机遇的新内涵，把握对外开放从国际跟随向主动参与、全面布局转变中战略机遇的新内涵。要深刻认识到，旧常态下，能源资源瓶颈制约加剧、产能过剩突出、城乡与区域发展不平衡等问题，日益成为经济可持续发展的拖累和风险隐患；与此同时，随着我国劳动力、土地等要素成本不断上升，依赖低成本要素大规模投入的粗放型发展方式已经难以为继。从全球范围来看，国际金融危机产生的深层次影响还在持续显现，世界经济可能维持较长一段时间的平庸增长，同时世界主要经济体纷纷将新的增长动力转向科技革命和产业变革，发达国家推进高起点“再工业化”，发展中国家加速工业化，我国利用世界经济较快增长机遇及传统比较优势加快自身发展的条件正在发生变化。国内国际经济发展这些新的阶段性特征，正是中央作出深入实施创新驱动发展战略、大力推进结构性改革等一系列决策部署的重大背景。对银行来说，旧常态下的机遇许多已经逝去，而新常态下的机遇正在奔涌而出，我们要切实摆脱旧常态下“速度情结”、“换挡焦虑”的思维定式，前瞻和清晰地认识到新常态下的重大机遇，并预为谋之。

未来最为重要的战略机遇将主要集中在新动能培育发展与传统动能改造提升上，大众创业、万众创新与“互联网+”行动计划正在带动新技术、新业态不断涌现；《中国制造2025》与传统产业优化升级融合实施，高端装备、智能制造、绿色制造等战略性新兴产业突破性的发展必将催生一批世界级的技术、产品和大企业；现代服务业、新型工业化、农业现代化迈向更高水平等等，需要大量新的金融服务方式的支持。这些都是银行新的发展条件和创新空间。在补齐基础设施短板上，一批“十三五”重大工程项目启动，尤其是加快“最后一公里”水电气路、新一代信息基础设施、新能源汽车基础设施、城市地下管网、城际交通基础设施互联互通、生态保护和环境治理等建设，需要大型银行在金融服务中发挥骨干作用。在深挖内需潜力上，旅游消费、养老健康消费、住房和汽车等大宗消费、信息消费需求扩大，开展改善消费品供给、促进消费品质量提升专项行动；新型城镇化深入推进，政府和社会资本合作（PPP）模式在更大范围推广，必将给银行带来新的增长潜力和发展契机。在保障改善民生上，增加公共服务有效供给，推进养老保险、医药卫生、财政资金收付等领域改革，这无疑为银行提供了新的市场空间。在国家区域发展格局优化上，“四大板块”的新一轮发展，“三大战略”的重点实施，国家级新区、综合配套改革试验区等区域发展平台作用的充分发挥，必将形成区域协调发展的叠加效应，孕育出巨大的金融服务需求。在高水平双向开放上，我国在全球治理、规则制定、国际分工以及价值链重组中扮演日益重要的角色，“一带一路”建设提速和国际产能合作扩大，高标准自由贸易区战略加快实施，企业跨境并购和全球资源配置增加，这些对于我行来说，将不仅是推动银行国际化的机遇，而是打造国际化银行的机遇。能否把握住新常态下这一系列重要战略机遇，是对一家银行全球视野、转型深度、创新思维、改革精神、管理水平及人才队伍的全方位考验。

（三）认真把握国际国内金融格局与金融监管的发展趋势。从金融市场环境看，未来几年世界主要经济体货币政策分化的状况难有改善，美联储已启动近十年来首次加息，欧元区和日本延续超宽松经济刺激政策，新兴市场国家政策选择不确定性加大，全球金融脆弱性上升，跨境资本流动加剧，国际金融和大宗商品市场波动性增强。我国积极构建金融业双向开放新体制，促进国内国际金融市场深度融合。人民币纳入特别提款权（SDR）货币篮子，有助于完善汇率市场化形成机制，推动人民币成为可兑换、可自由使用货币。与此同时，国内多层次、广覆盖、有差异的银行机构体系，直接融资和间接融资协同发展的金融市场体系，主流金融业态与新兴金融业态竞合发展的金融体系，以及市场发挥决定性作用的人民币利率形成体系，正在从多个维度重构金融生态环境。近日，国务院常务会议又研究决定了进一步显著提高直接融资比重的措施，包括完善股票和债券等多层次资本市场、丰富直接融资工具、稳步推进符合条件的金融机构在风险隔离基础上申请证券业务牌照等。境内外金融市场的深刻变化以及互为影响，对我们这样一家全球最大的人民币银行和国际化程度最高的中资银行来说，既蕴含提升跨境跨市场发展水平的重大机遇，也面临金融脱媒速度加快、同业和跨界竞争程度加深、风险管理幅度加宽、资产负债经营难度加大等巨大挑战。

从金融监管环境看，金融危机以来，全球金融业进入“监管紧周期”，银行业面临更加严格的资本金、杠杆率、流动性、合规性的监管要求。一些国际大银行正在实施以控制资产规模、收缩全球布局、剥离非战略核心业务为主要内容的转型调整。新兴市场国家的银行面临的国际监管尤为严苛。前不久，金融稳定理事会发布的总损失吸收能力（TLAC）监管规则，要求新兴市场国家的全球系统重要性银行（GSIFI），到2025年TLAC（包含资本和合格债务工具）需达到风险加权资产的

16%，如在此之前所在国金融与非金融公司债占 GDP 比例超过 55%，则从超过的第二年起在 3 年内加速执行。从我国监管环境看，完善适应现代金融市场发展的金融监管框架，健全符合我国国情和国际标准的监管规则，实现金融风险监管全覆盖，是“十三五”规划建议提出的一项重大任务。中央经济工作会议对强化综合监管和功能监管，深化国有商业银行改革、完善公司治理，开展互联网金融风险专项整治等工作作出重要部署。国际国内监管制度的变化，对我们改进公司治理、风险管理、资本营运、增长方式等提出了更为紧迫的要求，尤其是使全行资本约束从紧平衡演变为硬缺口，资本成为决定全行发展进程的最主要制约因素。

（四）认真把握新常态下全行经营发展新的阶段性特征。我们在去年的改革发展研讨会上总结了股改后实施第一个十年发展纲要和第三个三年发展规划中取得的成绩与进步，从今年开始进入新一轮十年纲要和三年规划的实施阶段。回顾“十二五”期间，我们在党中央、国务院的正确领导下，伴随着经济社会的平稳较快发展，总体保持了稳中有进的发展态势，综合实力和价值创造力显著增强。盈利水平实现了千亿级别的跨越式提升，净利润从 2010 年的 1 660 亿元预计到今年底增长到××亿元；以大零售、大资管、大投行、国际化综合化以及互联网金融为代表的新增长极不断涌现或发展壮大，多元动力、多点支撑的经营格局日渐形成；资产质量总体稳定，保持国际国内可比银行的较优水平。自 2008 年成为全球盈利、存款和品牌价值第一的上市银行以来，近五年我们又在营业收入、一级资本、总资产、ROA、ROE 等更多指标上确立了全球领先地位，从经营业绩到公司治理各方面都得到广泛认可，成为有史以来第一家来自新兴市场国家的“全球最佳银行”，昂首步入世界金融舞台的中央。

从国家“十二五”后期特别是 2014 年以来，随着我国经济进入新常态，我行经营发展出现了不良贷款反弹、存贷利差收窄、盈利增长放缓等趋势性变化，周期性和结构性双重矛盾特征日益突出。未来五年是全行稳质量、调结构、转方式、促升级的过关期和重要窗口期。概括来讲，就是必须“过三关”。

第一是资产质量关。随着经济增速换挡和结构深度调整，各类融资风险在客户、行业和区域等维度多点多发、集中暴露、持续扩散蔓延的迹象十分明显。2014 年以来，全行不良贷款余额增加××倍，达到××亿元，剪刀差扩大××倍，潜在风险贷款余额居高不下；去年和今年前 11 个月分别提取拨备 563 亿元和 740 亿元，较前些年 350 亿～400 亿元的水平大幅度提高，近两年核呆共消耗财务资源 870 多亿元，拨备覆盖率从 2014 年初的 260% 下降到 150% 监管红线附近。信贷风险成本加大日益加重盈利增长的困难，仅今年核呆消耗的 600 亿元财务资源，就相当于 4 万亿元存款或 2.5 万亿元贷款的收益。供给侧结构性改革的推进，去产能、去库存、去杠杆战术上打歼灭战的安排，使明后两年注定是稳定资产质量更为困难的时期，能否有效控制贷款劣变、提高不良资产处置水平，将直接决定全行整体风险与盈利状况，乃至全集团的经营发展大势，这是我们当前面临的重大而急迫的挑战。

第二是经营转型关。我们在“十二五”之初提出要走一条资产不无限扩张、盈利可持续增长的发展新路，并相应提出了存贷利差收入、投资与交易收入和手续费及佣金收入的比例到 2015 年调整到 5:2.5:2.5，到 2020 年再调整到 4:3:3 的总体目标。由于近两年外部环境发生了较大变化，转型的进展不及预期目标。五年来，全行资产和信贷总量增长较快，分别由 13.5 万亿元和 6.8 万亿元增长到 22.4 万亿元和 12 万亿元，成为全球资产及信贷规模最大的银行，导致收入结构仍基本维持在 6:2:2 的比例。未来一个时期，经济稳增长、调结构、补短板、培育新的发展动能等，对银行的融资需求依然巨大，若以过去五年平均 10.6% 的资产增速和 12% 的信贷增速测算，到“十三五”期末，全行资产和信贷规模将达到 37 万亿元和 21 万亿元。经营管理这么大规模的资产在全球银行业都是史无前例的探索，是前所未有的考验，发展前路上可能遭遇难以预料的巨大风险。从某种角度看，近年来信贷风险上升、操作风险事件多发的趋势，正是对信贷和资产总量巨大与风险防控能力不适应的一种警示。信贷风险成本的增加以及利率市场化带来的利差持续收窄，出现以量补价情况，规模扩张的边际效益处在下降通道，2011 年以来存贷利差净收入增速低于信贷总量增速 1.2 个百分点。这种高资本消耗的经营模式与国际国内高标准资本监管的矛盾凸显。按照资本充足率保持 14% 测算，未来五年全行将面临高达 3 600 亿元的资本缺口，如再加上 TLAC 及 GSIFI 监管要求，到 2025 年以前还要再发行 TLAC 工具 1.22 万亿元。

除此之外，还有许多需要通过经营转型来解决问题。比如，以互联网金融为代表的新业态对传统物理渠道的替代效应越来越明显，网点基础服务和交易功能逐渐弱化，一批网点开始出现资源利用率不足、成本高企、效益低下状况。过去五年，全行日均处理业务量由 1.4 亿笔上升到 2.76 亿笔，而同期柜员日均业务量由 190 笔下降到 140 笔，目前人均业务量不足 80 笔的网点有 948 个，亏损状态和拨备前利润 100 万元以下的微利网点达 1 603 个，渠道的调整与转型迫切需要加快步伐。再比如，全行人力、科技、资金、资本等要素资源较多安排在低效领域和传统模式中，而新业务、新模式、新业态的资源配置不足，影响了经营效率的提升和发展空间的拓展。还比如，这些年来国际化发展实现了 40% 左右的盈利高增长，但一些境外机构简单复制境内经营模式，业务和服务功能单一，在利差逐步收窄后发展遇到瓶颈，盈利增长速度放缓。可以说，转方式、调结构是各层级、各条线都面临的紧迫要求，更是全行突破发展瓶颈、创造一个新的增长周期的必由之路。

第三是改革创新关。深刻变化的外部环境与日益迫切的转型升级内在要求，使我们面临的改革创新任务注定是全方位和深层次的，也是更为复杂艰难和至为关键的。这种改革创新往往不是一般层面的机制、流程、模式改进或优化的"加减法"，而必须是从思想观念到重大制度创新的"乘除法"。比如，转变"重资本、重资产"型的发展方式，不是简单地发展几项中间业务，更不是所谓的依赖信贷拉动中间业务或搞什么"息转费"，而是要对资产负债经营进行重大体制和结构性改革，同时以新技术、新机制、新业态、新商业模式打造发展的新引擎。无论是资产负债经营改革创新滞后，还是新的增长点培育迟缓，都可能带来动力转换接续的失衡、发展失速或停滞。再比如，实现更高水平的信息化综合化国际化发展，必须依靠从管理体制、经营机制到信息系统的创新与重构，彻底解决信息资源共享不充分、机构间利益不协调、境内外要素流动不顺畅、价值创造与资源配置不匹配、战略传导和激励约束不到位等深层次矛盾。还比如，创立互联网金融领先优势，进而打造线上线下一体化发展的新模式，不仅需要在产品和技术创新上先人一步，而且必然要对传统的服务与管理模式进行颠覆性改革。当前改革创新的紧迫性、艰巨性前所未有，实施创新驱动发展战略是大势所趋，是关系转型发展全局的重大抉择。

综观形势变化，全行经营发展中挑战很多、风险凸显，困难不容低估，但我们有信心、有能力、有条件保持健康平稳发展。这种信心不是"空中楼阁"，而是来自于我国经济长期向好的基本面和改革发展的新动能，来自于我行"黄金十年"发展奠定的良好基础和较强风险抵御能力，来自于传统业务优化升级焕发的新活力，来自于新增长极加速形成并对盈利增长起到日益明显的拉动作用，来自于拨备前利润持续较快增长所彰显的良好经营成长性，来自于信息化银行建设引领发展的先发优势不断积聚，来自于互联网金融快速发展与我行人员退休高峰叠加对调结构、降成本带来的有利条件。这些都是我们的信心所在、是未来的希望所在。全行上下要充分看到潜力、看到机遇，以迎难而上、自立自强的精神，顶住下行压力，爬坡过坎，闯过三关。要善于站位全局、谋长虑远，立足支持经济社会发展的宏观大局，研究谋划全行经营工作；要着眼未来五年发展考虑明年关键经营指标，尤其是要统筹把握好不良率、净利润、拨备覆盖率、资本充足率等核心指标的综合平衡，既要体现适当的目标弹性，考虑相互适配性；又要体现积极进取，合理引导市场预期，力避不良率陡升、净利润陡降。当前及今后一个时期，全行整体经营发展都要做好打持久战的准备，敢于经历阵痛的磨难，把调整的阵痛期变成发展的蓄势期，在保持自身健康发展的同时，为实体经济发展注入更多正能量。

二、坚决闯过资产质量关

稳定资产质量特别是信贷资产质量攸关银行生存发展，也事关经济金融稳定发展大局。中央经济工作会议对防范化解金融风险、对加快银行不良贷款处置作出重要部署。我们必须认真落实中央要求，在引领新常态的大背景下，正确处理好防范风险与支持实体经济，以及信贷总量与结构、进入与退出、区域与行业等重大关系，深化资产质量攻坚战、保卫战和持久战的安排，坚决顶住质量下行压力，确保信贷风险总体可控，信贷风险成本对全行经营的影响可控，并使信贷及整个融资业务为实体经济转型发展提供更加有力的支持。

（一）要以新思维新机制稳定资产质量。当前，资产质量"三大战役"正处于战略防御阶段的关键节点上，质量劣变速度快于不良贷款的清收处置速度。因此，闯关的当务之急是要控制住新的劣变，而稳定质量的根本出路在于"疏源""堵漏""清淤"和"固本"，必须多措并举，既管住当下，更利于长远。

一要"疏源"，完善新增贷款质量管控机制。不良贷款治理需要用大禹治水的办法，疏堵结合、以疏为主。"疏"首先要选准好的目标市场，把好"蓄水池"的库容和质量，管好水源闸口，保证新进水流的安全。或者说，能否发现和拓展优质目标市场并保证新增贷款的高质量，决定着资产质量的优劣和信贷结构的优化。回想当年我们在股改前以背水一战的决心发起资产质量攻坚战，很关键的一点就是把控住了新增贷款的投向，发掘了个人住房按揭贷款、基础设施建设贷款、票据融资等几个大的"蓄水池"，将新增贷款源源不断地导入到这些池子中。同时，对新老贷款实行严格的分账管理，把新增不良率不得超过2%作为红线，连续七八年坚持下来，资产质量得到很大改善。要控制目前不良贷款快速反弹态势，有必要重新启动贷款新老划段管理机制，对2013年以来新建信贷关系客户的贷款质量、存量移位再贷的质量划定不良率红线，建立目标责任考核机制，坚决止住新的"出血点"。要完善增量和存量并轨的全流量信贷管理机制，严把存量移位再贷投向，对风险程度较高、把握难度较大的行业实行黑白名单差别化管理制度，对过度融资区域要从严把控融资规模配置，对高过剩、高库存、高杠杆行业企业要严格限制信贷投放，促进信贷资源向高质量、高信用的客户、行业和区域倾斜配置。

二要"堵漏"，完善潜在风险贷款减退化解机制。随着实体经济去产能、去库存、去杠杆的步伐提速，加快转化和退出潜在风险贷款、堵住资产质量劣变的

"漏洞"更为紧迫和关键。这些年我们在产能严重过剩行业信贷管理方面，增量把控得总体不错，但存量退出的行动迟缓，许多分行对此重视不够，前中后台认识不尽统一。今后，对总行和分行决定实施退出的信贷客户，有关行如果未能按计划退出，要考虑通过经济资本计量或计提特种拨备等手段，纠正其经营上的短期和短视行为，反映对信贷风险损失的预估。对基层机构因执行信贷退出计划而影响正常经营的，可考虑对其工资费用等刚性费用支出给予政策兜底。要对重点风险领域贷款持续开展专项治理，密切跟踪本地区化解钢铁、煤炭等过剩产能进展情况，主动摸清底数，前瞻性地安排市场退出和风险化解。要及时掌握地方处置"僵尸企业"方案和成本安排，注意利用投行等金融手段引导企业实施兼并重组、审慎进行破产清算，最大限度地保全我行信贷资产，并要严防恶意逃废银行债务。要前移风险管控关口，强化总分行信用风险监控团队作用，完善逾期贷款和潜在风险贷款监测与排查化解机制，扎紧管住逾期率和劣变率的口子。

三要"清淤"，完善不良贷款清转处置机制。信贷经营与质量风险总是相伴相生，要保持必要的库容和水质，就需要持续地清理"淤沙"。要树立不良资产经营理念，完善常态化清收处置机制，以更大的工作力度和更加深入的手段创新，提高处置效率与回收率，降低相应的财务消耗。要积极争取不良资产证券化试点，扩宽处置通道。这里特别强调的是，总行在去年改革发展研讨会提出、今年工作会议上明确要求各行组建不良贷款专职清收处置团队和风险监测团队，但目前仍有一些不良贷款大行和劣变压力突出的分行力量配备薄弱，致使清收处置和风险监测防控工作极为被动。没有精兵强将冲锋陷阵，打不赢任何战役，这种状况必须即刻改变。

四要"固本"，加紧夯实信贷基础管理。稳固的基础管理是信贷业务行稳致远的关键，全行必须拿出"推石上山"的韧劲来培元固本，努力夯实信贷基础管理。要完善信贷经营管理体制机制，着力解决旧常态下的体制机制与信贷业务发展不相适应的矛盾，特别是基层机构掌握客户信息不完整致使准入把关"失准"、前中后台风控职能定位不清晰致使风险"失察"、大数据和信息技术利用不充分致使风险监测预警"失步"等问题。目前，总行层面对信贷经营管理体制机制改革整体方案的设计已基本成熟，在保持组织架构总体稳定的前提下，对信贷营销管理架构、授信审查审批机制、风险管理职责定位等进行调整。要通过改革，推进信贷业务标准化与专业化分类管理，完善客户分层服务，落实前中后台风控责任，健全风险管理机制，提升信贷全流程、各环节对风险异动的实时反应和联动控制能力。要完善信贷经营机构、从业人员和业务产品等管理准入机制和退出机制，实施动态的评价和调整。研究组建总分行信贷作业监测中心，依托总行即将启动建设的企业级数据应用体系，实现从客户准入到事中事后全流程、自动化、24小时不间断的风险监控。实践是最好的老师，要强化信贷案例培训，从近年来典型案例中归纳风险要点、提出管理要求，借助融e联等即时通讯工具及时警示员工，增强其风控技能。要重塑稳健审慎、合规诚信的信贷文化，塑造新常态下信贷经营管理之"魂"。

（二）要以新视野新理念拓展信贷市场。近来，随着经济下行压力加大，信贷市场有效需求不足、贷款放不出去的声音越来越多了起来。事实上，这恰恰说明一些机构还没有走出旧常态的思维定式，新常态下信贷市场机遇是结构性的，如果用旧常态的视角看市场，抱着那种"老的放不下、新的不会做、优的做不到、小的不想做"的旧思维旧习惯做市场，注定会路子越走越窄。全行要尽快转变观念，以新常态下经济结构调整、动能转换的新视野发现和拓展信贷市场，以"五大发展理念"谋划好信贷市场的顶层设计和结构布局，着力培育形成若干具有"压舱石"性质的信贷业务战略性板块。

一要拓展零售信贷市场。零售信贷具有抗周期性波动强、资本占用相对较低、收益相对较高的特点，优先发展零售信贷的转型方向不能动摇，必须推进有质量、有效益、比较快的发展。应当看到，近两年零售信贷出现的阶段性风险，特别是小微企业和个人经营贷款风险暴露比较集中，主要是相关的经营模式和管理机制还不完善。比如，把小微企业像大型企业一样经营管理，对单户企业融资额越来越大，缺乏实时监控，加之信息又不对称，必然风险越来越大。要充分吸取前些年一些零售信贷产品先天不足、风险高发的教训，切实把好业务和产品的准入关，研发推出新产品必须明确市场定位和主要风险点，形成成熟的经营模式，决不能再出现大的波折。小微金融重在做"小"做"专"，抓住小微企业多围绕供应链、商圈、电商平台等进行经营交易的特性，进行标准化改造，充分运用大数据技术，建立适合小微客户的新型营销服务和风控模式，加强小微金融专营机构建设，真正走小额化、专营化的路子。个人信贷领域，要重点推进住房按揭贷款、汽车消费信贷、小额信用贷款、基于直接消费交易的逸贷、个人金融资产自助质押贷款等业务发展，并适应居民消费升级趋势，稳健推出新的个人信贷产品，尤其要突出加快那些经历过较长时期市场检验、风险可控的信贷产品发展。要依托网络融资中心和个人信用消费金融中心，着重扩大纯线上以及线上线下相结合新模式的业务覆盖范围，实现客户精准营销、需求快速响应和风险精确控制。

二要拓展批发信贷市场。要完善总分行投融研一体化建设，围绕国家经济发展战略布局，加强宏观政策和目标市场研究，形成更加有效的融资、投资决策支持。要更加突出区域信贷市场规划。主动适应我国区域发展空间总体布局和区域经济特征更加明显的新形势，强化区域信贷管理理念，研究制定区域信贷发展战略，努力形成具有区域优势的客户结构和融资结构。应当看到，这些年我们通过行业信贷政策指导信贷投向，在优化行业信贷结构、防范行业系统性风险中起到了重要作用，但政策“一刀切”问题始终未得到很好解决。比如，简单地为完成行业限额而压降，结果形成逆向调整。因此，要在完善行业信贷政策的同时，强化区域信贷政策与国家区域发展战略的衔接，把握“三个支撑带”“四大板块”等不同区域的经济特征，实施差别化、精准化的区域信贷战略，使行业信贷政策更加穿透到区域特色上，聚焦到区位优势上。比如，在房地产信贷政策掌握上，坚持“总量控制、结构优化”原则，可根据各地房地产市场实际和“去库存”的力度进度，在继续控制三四线城市、库存较大地区房地产开发贷款和商用房贷款的同时，研究对北上广深等一线城市全面放开。又如，对铁路、公路、电力等重点基础设施领域，应根据各地发展阶段和区位优势，更多考虑区域信贷布局。要更加突出重点城市信贷市场的开发。要以中央城市工作会议精神为指导，深入研究城市信贷政策，着力拓展以重点城市为主体的信贷业务空间。把握北上广深等一线城市、二线重点城市能级提升的市场契机，积极拓展城市轨道交通、城际铁路、地下综合管廊和智慧城市、海绵城市建设等基础设施项目融资。要更加突出新产业新能源新业态信贷经营模式的构建，研究现代服务业、文化产业、现代农业等领域信贷政策、服务方式和风控机制，稳步拓展新的信贷市场。

三要拓展全球信贷市场。把握我国经济全方位对外开放的战略性机遇，以全球化视野统筹国际、国内两个市场，整体规划集团的全球信贷布局，制定国别信贷政策和“走出去”企业配套信贷政策。要重新审视和调整完善我们在装备制造、基础设施建设等境外扩展较快行业的信贷政策，突出在“一带一路”建设、亚太地区基础设施建设和互联互通、优势和富余产能输出、国际产能和装备制造合作等领域，跟进一批重大融资项目，逐步扩大境外贷款比重和多种形式的境外融资规模。强化专项融资、投资银行、金融租赁等专业拓展境外市场的作用，强化工银亚洲等境外融资业务的龙头带动作用，强化境外资产业务中心对融资业务落地的平台支撑作用，强化集团各级机构的内外联动作用，打造“专业突出、实力强大、风控有力”的全球融资产品线。

三、坚决闯过经营转型关

要深刻认识经营转型是一个艰难和渐进的过程，外部环境的复杂变化会不可避免地影响转型节奏，使我们在把握现实经营与长远目标的平衡中可能会因时因势有所侧重，但必须毫不动摇地坚持“五个转变”（由资产持有大行向资产管理大行、由高资本占用向资本节约型业务、由存贷利差收入为主向多元均衡盈利增长格局、由本土传统商业银行向全球大型综合化金融集团、由银行信息化向信息化银行转变）的方向，主动创造条件加快推进经营转型，不断在优化结构、转变方式、增强动力、提高质量效益上取得突破性进展。

（一）改造提升资产负债经营动能，拓宽盈利增长空间。要深化资产负债结构调整，构建适应利率市场化环境和全球一体化发展需要的资产负债管理体系，提高集团资产负债业务的整体营运效益。

一要着力推进资产结构调整。要通过优化增量、盘活存量，加快资产流转和资产业务转型，逐步使资产体量变轻，使资本占用变轻，使存贷利差收益趋于稳定，使投资交易收入大幅增加，使开发资产业务市场带来的多元收入不断扩大。第一，要更加系统地推进信贷结构调整，重在完善全流量信贷管理，稳步改善资产质量；重在提高零售信贷比重，将每年60%贷款规模配置到零售领域，使零售信贷比重在目前43%的基础上每年提高1~2个百分点，五年内达到50%左右；重在加快公司信贷业务的转型，主动适应公司贷款脱媒与企业降杠杆的趋势，完善信贷与非信贷业务相协调、相衔接的政策体系，发挥集团债券承销、金融租赁、投资银行全链条多牌照融资业务体系的优势，加快从信贷融资为主向全面金融服务转型，既从源头上控制加权风险资产的增长，又增加多元化收入来源。第二，要进一步打通信贷资产交易通道。更为积极地采取证券化、理财化、转让出售等多种手段，扩大信贷资产流量，减轻信贷资产体量，提高资产整体收益。尤其要积极把握资产证券化政策和市场机遇，加紧分类研究住房按揭、项目贷款、不良资产等各类资产证券化的方式，推动资产证券化业务常态化发行。第三，要大力提高非信贷资产经营管理水平。目前我行非信贷资产占总的资产比重已经达到47.5%，非信贷资产经营的作用越来越突出，必须结合全集团境内外金融市场业务的总体布局，加快完善全球一体化经营体制，健全授信审批等风险控制机制，改进投融资策略，创新形成更加丰富的产品体系，不断提高非信贷资产占比和效益。第四，要统筹规划和管理全行融资总量。编制涵盖信贷与非信贷、存量与增量、境内与境外融资在内的年度融资计划，建立相应的统计报告和监测分析体系，更加系统地推动资产业务转型，更加全面真实地反映多元融资发展情况和对实体经济的融资规模，主动回应社会关切，为转型和创新争取更多政策支持、营造更好的市场环境。第五，要加强资本管理。要不断提高资本精细化管理水平，加强对集团各机构和各项经营管理活动的资本约束，严格控制风险加权资产的过快增长，严格限制各级各类机构超额占用资本、低效扩张。同时要在努力稳定盈利、保持内源资本补充能力的同时，积极拓展外源性补充渠道，确保资本充足率持续满足监管要求，并留有一定的安全边界，支撑可持续发展。

二要加快完善利率市场化条件下的资产负债经营机制。要逐步将存贷款定价由盯住央行基准利率转向统筹考虑央行基准利率、市场利率和内部收益率曲线的综合定价上，形成更加精细、更富弹性、更有效率的利率定价机制，促进资产负债业务量本利协调发展。要转变负债业务经营机制，建立负债利率敏感性分类管理体系，统筹摆布主动、被动负债的总量和结构，更加灵活主动地组织资金来源，力争以大银行的综合实力形成负债成本比较优势。要坚持把客户存款作为核心负债，突出抓好其创新发展，开发应用以客户综合贡献为基础的存款定价模型，通过丰富产品体系、完善与客户资金管理运作相适应的全链条综合服务，壮大客户基础，增强存款竞争力；通过发挥我行支付结算、资产托管、资金存管、IT 系统等服务优势，在直接融资市场大发展中增加低成本资金来源；通过发挥好我行资金账户安全、长期合作基础等整体服务优势，主动适应财政、社保、军队等方面改革创新的深化，稳定大宗存款来源，努力在资金分配格局调整中巩固我行的市场地位。

三要全面构建全球一体化资产负债体系。要推进集团资产负债市场化统筹管理改革，进一步改变各境外机构多头对外、各自为政的状况，增强从境内外不同市场转换中的获利能力，努力实现集团利益最大化。要完善集团内资金拆借市场化交易机制，更多利用价格杠杆调节集团内资金供求，提高集团资金运作效益。要建设境外筹资中心，深化境外筹资工具管理改革，实现筹资工具在集团层面的统筹发行和统一资金调配，引导资金在集团内由低成本地区向高收益地区有序流动。要发挥全球资产转让平台和境外簿记中心的作用，提高全球资源整合、资产购买和分销及风险对冲的能力。

（二）强化三大引擎拉动作用，打造新的增长极。要以新的发展理念不断完善大零售、大资管、大投行“三大战略”，进一步强化各相关业务条线的统筹规划与协同联动，不断增强零售、资管、投行三大引擎拉动转型升级的动能。同时要着眼于更多的新领域，开拓发展新空间。各专业都要研究推动以客户为中心、以价值创造为导向的转型升级，在不断适应客户新需求的过程中培育新的盈利来源。

大零售业务，核心是推动跃升式发展，实现新一轮三年规划提出的营业贡献占比达到 50% 的目标，在经济周期性波动中发挥稳定盈利的压舱石作用。要以宽阔的视野和创新的理念，进一步规划零售板块各专业条线确立市场领先地位和提升盈利贡献的战略安排，牢固确立管理个人金融资产规模最大、金融交易与账户交易规模最大、个人与小微企业网络融资规模最大银行的地位，争创中国第一私人银行和全球第一大信用卡发卡行，巩固并提升储蓄存款、个人支付结算和住房按揭贷款领域的优势地位，打造个人外汇、跨境业务的新优势。确立领先的金融零售商地位，归根结底要靠高品质的服务。要聚焦目标、找准痛点、精准发力，加快零售板块的全业务链创新。要深化以客户为中心的产品整合优化，尤其要在支付产品整合，打造线下非接支付与线上一键支付相结合的移动支付产品方面取得突破。要构建利率市场化条件下新的产品体系，尤其要在创新有特色有优势的储蓄产品体系方面取得突破。要完善线上线下一体化发展中新的营销服务模式，尤其要在利用大数据技术整合和挖掘客户信息、实施精准营销方面，在依托融 e 联打造信息化线上客服方面，在搭建涵盖不动产和金融资产的个人资产综合服务平台方面取得突破。要专注做好更多细分市场的场景应用，形成广泛覆盖、精耕细作重点行业、重要商户和主要商业街区的金融生活圈。要深化零售先行先试改革，加快在一批条件较好的分行推广新产品、新技术、新模式、新机制，打造零售业务样板行，带动全行大零售业务全面升级。

大资管业务，核心是要加强统筹规划，构建统计、产品、投研、营销、风控五方面统一的发展平台，凝聚集团合力，增强大资管全业务链的价值创造能力。要健全统一的业务统计监测体系，并以此为基础，强化大资管业务推进委员会的作用，促进大资管战略的落地实施。要打造统一的产品体系，站位全集团战略，明晰各业务线的差异化发展定位，对各条线存量产品进行整合，加快形成各具特色、互为补充的产品体系。尤其要积极适应当前低利率、高波动的市场环境，稳步推进理财产品的净值化转型，加强合规销售与信息披露管理，稳定产品收益表现，以“卖者尽责”的专业服务赢得客户、塑造品牌。要构建协调统一的投研和服务体系，依托集团信贷资源优势、跨境跨市场经营优势及在金融同业的影响力，积极拓展在非标资产、多层次资本市场、同业资产等领域的多元投资机会，拓宽发展空间。要延伸大资管服务价值链条，对新的市场环境下发展资产托管业务，增加中间业务收入、低成本资金来源以及催生大量新业务机会的作用进行再认识，进一步形成全行办和境内外一起发展的格局，力争托管规模三年晋升全球前十大托管银行。要构建协调统一的市场拓展与营销体系，整合线上线下各营销渠道的力量，推进客户的统一营销与综合开发。尤其要适应客户交易向线上迁移的趋势，完善线上资管业务的营销，强化对长尾客户、行外客户的渗透。要构建统一的风控体系，深刻认识经济新常态下大资管业务信用风险、市场风险、操作风险相互交织转化的突出特征，系统梳理排查可能出现的风险源头，统一各专业的风控政策，前中后台分离，将业务授权、审批、限额等制度要求嵌入系统硬控制，建立既契合我行整体风险偏好，又与大资管业务特点相适应的风控体系，避免形成风险控制的“洼地”。

大投行业务，核心是加快转型升级，逐步实现从“商行拉动”向“投行引领”转变。要进一步完善跨境、跨市场、多平台协同联动的大投行发展格局，加快重点领域创新和重要市场拓展，推动投行业务进入一个黄金发展期。要在投行产品体系转型上有大突破，重点推动并购贷款、产业基金、资产证券化、财务重组等市场空间广阔的投行产品发展，争取用三年时间打造10个“10亿级”收入的核心投行产品线。要在服务产业结构调整、混合所有制改革和企业扩大直接融资上有大作为，成为企业战略发展的“总顾问”、资本运作的“总牵头”。要在服务区域经济发展上有大作为，突出在“三个支撑带”建设和城市重大基础设施建设，在地方政府债务管理、城镇化与产业发展规划中提供“融智+融资”的财务顾问服务。要在服务企业“走出去”上有大作为，积极拓展跨境并购、国际产能合作领域机会，以中巴工业园项目为范本，围绕“一带一路”建设重点，为沿线国家提供从产业规划咨询、到项目对接、再到融资安排的集成服务，争取每年做成几个有国际影响的大项目。

加快发展同业业务，是总行审时度势提出的又一新的战略举措。同业业务具有资本占用少、业务派生能力强等特点，在金融改革开放全面深化、同业合作不断扩展的新阶段，同业业务已不仅是流动性管理的工具，更是拓宽银行服务领域、改善资产负债结构的重要抓手和新的盈利增长极。全行要主动转变观念，把发展同业业务放到促进经营转型的战略高度，进行总体规划、统筹推进。要理顺机制，落实业务专营，统一营销平台，建立起客户统一营销、产品线联动协作、前中后台政策统一的业务管理体系，形成发展合力。要明确定位，立足服务实体经济，发挥我行最大人民币做市商、信息化国际化同业领先等独特优势，按照资产驱动负债发展、进而带动中间业务的思路，有序推进各项业务的拓展，重点发展与我行互补性较强的中小商业银行和非银金融机构客户。要控制风险，高度重视同业客户业务结构复杂、风险隐蔽、传染性强的特点，加强同业客户信息的整合，形成集团统一的风险偏好、政策准入和限额管理体系，并建立起事前、事中、事后全流程的风险监测控制平台。当前，尤其要关注部分中小保险公司、资产管理公司等利用过度的期限错配、杠杆融资在资本市场开展激进投资运作的风险，严格控制风险敞口，切实避免同业客户风险对我行的扩散传染。要在创新发展同业业务的大背景下，拓展票据业务的经营定位，理顺票据营业部与省分行的业务关系，依托我行票据专营优势和同业领先的电子票据交易平台，打造票据全产品链，充分释放票据业务增收创利潜能。

（三）推动国际化与综合化发展上水平。要更加重视发挥集团联动效应，在国家实施高水平双向开放、深化金融体制改革的大格局中，推动国际化综合化经营全面升级、提质增效。

国际化发展，重点是要推动境外机构向本地化多元化经营转型，深化境内外一体化经营，形成更高级形态的国际化发展格局。我国对外开放已进入由对外贸易大国迈向投资大国、产品输出迈向产业输出的新阶段，企业“走出去”呈现出链条式转移、集群式发展、园区化经营的新特征，相应创造出大量持续、稳定的本地化金融服务需求，我们要切实把握新的机遇内涵，加快国际化战略的实施进程。要加快将集团优势业务推出去，发挥集团领先的互联网金融和IT优势，加快将金融市场交易、投资银行、资产管理、私人银行、全球现金管理、直销银行等国际化程度和价值含量高的业务线向境外延伸，有力推动境外业务向结构多元化、高附加值化的方向转型发展。要特别重视统筹规划金融市场业务全球布局，突出发挥工银标准在商品和金融交易上的专业优势，打造全产品覆盖、全时区统一运作的金融市场业务体系。要深化境外机构本地化经营和一行一策发展，抓牢一批“走出去”中资客户，提高对世界500强等大型跨国企业、当地龙头企业的覆盖率，并以此为突破，以点带面、一点带链地发展客户，不断夯实持续发展基础。要根据利润贡献和发展潜力，完善对境外机构的分类管理，真正将市场定位、资源配置、业务授权与严格的经营目标责任制有机结合起来，形成重点机构率先发展、潜力机构跃升发展、特色机构各有侧重和各具优势的“雁阵式”发展格局。要提升境内外联动发展水平，逐步由境内支持境外向境内外互动转变，发挥双向辐射带动作用。要突出抓好中国—中东欧国家金融公司的筹建工作，探索以多边金融公司的商业化模式参与国际产能合作。要把跨境人民币业务作为内外联动的契合点，把握人民币纳入SDR货币篮子、资本项目有序放开的机遇，发挥境外清算行辐射带动作用和自贸区机构特殊政策，在人民币跨境结算与贸易融资、人民币跨境资金池、人民币跨境筹资等重点业务领域打出品牌，使之成为我行国际业务赶超战略的突破口。

综合化发展，重点是进一步提升综合化子公司的专业化、特色化经营水平，加大对集团的盈利贡献度。要完善集团综合化发展的顶层设计，以资本和股权管理为纽带，加强子公司与集团的战略协同，既要积极支持子公司适应竞争发展的需要，不断拓展业务领域，又要确保子公司的创新发展特别是并购与投资决策符合集团整体战略布局，切实防止“小而全”，避免资源投入的分散和内部的无序竞争，使各子公司业务领域的延伸，成为集团产业链、价值链的有机构成。要优化集团与子公司的业务联动机制、利润分成机制、风险共管机制以及人才合理流动机制，使子公司成为全行各级各类机构增强跨市场竞争与获利能力的重要渠道，使集团资金、渠道、科技、客户、品牌等优势，成为支撑子公司进一步做大做强的重要依托。工银瑞信要坐二望一，在资产管理规模跃升国内基金行业第二位的基础上，冲击第一的市场位置，在集团大资管战略实施中发挥全功能资管平台作用。工银租赁要进一步融入集团境内外融资业务一体化发展体系，成为有国际影响力的一流金融租赁企业，成为集团全球公司金融业务竞争发展的一张王牌。工银安盛要从国内第一合资寿险公司迈向有较强综合实力的一流寿险公司，成为集团实施大零售、大资管战略的重要平台。工银国际要打造精品投行产品线，成为具有市场领先地位的亚洲知名投行，成为集团推进大投行战略的先锋和旗舰。要加强对综合化子公司资金占用成本的核算与资本回报的考核，激励各子公司增强内生动力，在创新发展中不断提高对集团的盈利贡献。

（四）优化人力资源结构。全行转型发展中人力资源结构性矛盾的制约日益突出，必须下更大力气加以调整。要坚持增量优化和存量挖潜并举，坚持价值创造和效率优先并重，结合人力资源深化项目，利用人员退休高峰、网点线上线下一体化转型以及低效网点调整的窗口时机，压总量、优结构、提效能。在增量结构上，要强化人力成本约束，把新增人员更多地投向发展空间大、价值创造力强的新兴业务条线和战略核心领域。现阶段突出加强对互联网金融、投资银行、专项融资、资产管理、私人银行、国际业务、大数据分析等领域的倾斜力度。要加强岗位饱和度分析，改进定岗定编机制，大力优化各级机构、各专业部门、前中后台岗位人员配置。要研究实施属地定向招聘和贫困大学生专项招聘项目，缓解县域机构尤其是偏远机构人员断层的矛盾。在存量结构上，要对未来三年网点转型中腾挪出的4万名员工，统筹安排、从长计议，选拔适合的人员特别是年轻员工，充实到新服务领域、新兴业务条线和市场营销团队，使人力资源存量潜能得到极大释放。对新兴业务条线的人力资源配置，要尝试通过柔性管理，组建平台式、弹性化的专业团队或项目团队，加快形成适合新业务特点、能够快速响应市场需要的组织模式。在薪酬结构上，要用好用活人力费用资源，充分调动各层面员工积极性，同时与人力资源转型相匹配，合理加大对核心人才、关键岗位的绩效资源倾斜力度，更好地应对人才流动常态化趋势。

四、坚决闯过改革创新关

破解发展难题，增强发展动力，归根结底靠改革创新。要把改革创新贯穿于经营发展的各个领域各个环节，在解决关键问题、复杂矛盾和挖掘内部潜力上出实招、下实功、见实效，塑造更多依靠创新驱动、更多发挥先发优势的引领性发展。这里重点强调三个方面具有重大牵引作用的改革创新举措。

（一）加快大数据在经营管理中的应用。银行作为社会信用和信息的中介，通过掌握的信息优势实现交易，而信息优势正是我行的核心优势。这些年，我们在客户信息积累和挖掘利用，特别是在运用大数据技术监测和防控风险方面，是走在同业前面的。但是客户信息整合的问题始终没有解决好，成为信息化应用升级的最大制约。最近，总行党委决定加紧构建企业级数据应用体系，将行内行外数据进行整合，搭建统一共享的客户信息管理平台，建立全行统一的客户标签和客户画像，形成完整、立体、动态的客户全景视图，为快速洞察潜在风险、准确预测客户交易行为、及时把握营销机会提供有力支撑。这是又一个数据信息大集中的“9991工程”，涉及面广、难度大、标准要求高，我们要拿出当年科技攻坚的劲头来，集全行之力推动这项具有重大和深远意义的战略工程实施。当前要紧的是建立全行统一的风险监控平台，尽快在信用风险和操作风险管理应用上实现大的突破。明年将着手在广东、浙江、江苏、深圳试点。要建立完善信贷作业监测中心，通过线上、线下相结合，对客户、业务和产品从准入、运营、预警到退出进行全过程监控、实时干预，推动全行实现营销精准化、审批自动化、监控集中化、产品标准化、流程网络化，把信贷管理水平从2.0版本升级到3.0版本。运用大数据技术管控风险，不仅是技术创新，更是体制创新、模式创新、管理创新，涉及非常严密的体系，牵一发而动全身。要改革各相关专业的管理制度、业务流程、组织架构及考核机制，从基层行到分行至总行联动推进。这条路走出来了，就能把风险的底线牢牢守住，营造出更大的产品衍生和获利空间。

（二）加快互联网金融发展。互联网金融是我行大战略、大棋局，这盘棋走好了，不仅可充分拓展线上发展空间，而且能从根本上促进经营管理和服务营销模式的创新，重焕传统业务的生机与活力，为转型发展提供强大动力。现在我行互联网金融竞争优势和增长动能正在加速生成，要坚持领先领跑战略，继续发挥优势，补齐短板，以打造“尖刀”产品和服务为突破，推动互联网金融各业务齐头并进。融e联是目前的短板，但却是打通其他平台和中心的一把总钥匙。要充分认识到，在信息化发展进程中，银行的渠道、流程、产品、管理必将持续发生大的变化，我们与客户沟通服务的方式也必然因时而变，由过去主要靠网点、面对面的方式变为更多依靠互联网、线上和移动的方式。事实上我们很多客户经理早就自发地运用微信等移动社交工具维护客户。开发融e联，既是顺应这个趋势，将客户经理松散的、碎片化的改为系统的、集成的社交和客服方式，更重要的是为了将客户的数据和信息这一宝贵资源留在自身系统内，这样才能把各个平台的客户资源聚集起来，将各种商机利用起来。社交工具的聚合效应突出，用的人越多就越活跃。因而当前最重要的是快速增加融e联客户总量，明年要确保客户达到亿级，成为中国第二大即时通讯平台。各专业各机构都要把推广融e联放到重要位置，研究利用融e联推动工作的具体方式。在移动客服方面，要熟练运用融e联加强客户沟通与服务，使融e联成为客户身边的客户经理，明年要率先在财富管理、私人银行客户关系管理上实现重大突破；在融e联支付方面，要加快各类产品功能的整合，形成应对第三方支付的五指合拳强劲竞争力。融e行，要做好落地推广，从明年起要有包括客户活跃度、唤醒休眠客户数、拓展行外客户数等在内的更为完善的发展计划和目标考核，促进活跃客户和交易量的同步提升。融e购，要着力推动B2B、B2G平台和跨境电商建设，做大B2C端客户流量，明年交易额要破万亿元，一举成为国内第二大电商平台，三年内实现全部交易量中国第一，商品、服务类交易量中国第二的目标。与此同时，要着力加快线上住房按揭、汽车分期、逸贷及支付等业务发展，推动电商融资及相关金融业务取得大的突破，这是我们发展电商的最主要目的。

（三）加快网点渠道转型。网点转型和互联网金融发展是相辅相成的关系。没有网点转型、不加强地推力量，互联网金融就难以跨越式发展；没有互联网金融的发展，网点也难以真正实现从交易核算型向服务营销的快速转变。要把互联网金融发展和网点转型同步推进，形成线上线下服务一体、互促共进的发展格局。要本着控总量、调结构、优功能的原则，更具前瞻性地推进网点转型，做到网点总量减少但单点效能提高、到客减少但黏性增强、交易核算减少但服务营销功能增强，使网点成为高附加值业务和目标客户服务的主阵地、线上线下客户资源的导入口、辐射周边商户的新平台。要稳步推进轻型化建设，在动态分析评估网点投入产出效益、业务增长潜力基础上，持续调整优化网点区域和功能布局，三年内逐步完成1 000家低效网点的精简优化，并要同步优化网点业态结构，减少高成本、低客流、贡献不足的财富管理中心、理财中心的数量和营业面积，逐步使经营方式灵活、核心主业突出的轻型网点成为网点主流业态。要稳步推进智能化建设，坚持成本节约、因地制宜的原则，对不同业态网点灵活设计智能化服务模式，不要求整齐划一，重在功能改进、重在流程优化、重在客户体验提升，大幅提高单点效能，形成网点“以一胜多”的市场竞争力。

网点转型根本在于线上线下一体化。目前银行O2O尚没有成熟可鉴的模式，各行要坚持从实际出发，突出重点，积极探索。总的方向是，要立足于网点周边资源、着眼于客户服务体验和价值贡献的提升，以移动支付为利器，加快O2O基础平台建设和场景拓展，构建线上线下一体化服务营销新模式，形成线上线下渠道双向拉动、互为支撑的服务竞争新格局。一要突出发挥好网点的阵地作用，更加重视满足客户对实体网点的心理信赖感和体验式服务需求，重点在复杂业务和高附加值业务上形成比较优势。二要突出做好商户拓展工作，建立专业的线上线下一体化商户拓展团队，纵深推进网点“网格化”营销，并运用好融e联、工银e生活、商户之家、二维码收单等新型产品，着力做好商户场景拓展、激活客户交易等常态化服务。三要突出移动金融的发展，把“三大平台”及产品建设推广的重心全面转到移动端上来，努力成为移动金融市场的领先者。

五、深入落实从严治党从严治行

按照中央关于从严管党治党的总体部署，以巡视整改工作为新起点，进一步完善加强党的建设的责任机制，从严治党、从严管理，大力提高队伍的创造力凝聚力战斗力，为开拓现代金融企业建设新境界提供强有力的思想组织作风保障。

（一）严格落实从严管党治党责任机制。强化各级党委抓党建的主角意识和责任意识，按照中央关于全面从严管党治党部署，按照“三严三实”要求，以及总行党委近来相继修订完善的10多项相关制度办法，推动全集团党的建设系统工程，切实把一级抓一级、层层抓落实的党建工作责任扛在肩上、抓在手上。要加强党的各级组织建设，强化基层党组织整体功能，创新境外机构党组织发挥领导核心作用的途径和方式，解决好管党治党“最后一公里”问题。结合中央巡视组发现问题的整改要求，进一步严格落实党风廉政建设主体责任和监督责任，严明党的纪律和规矩，不断强化对违反中央八项规定精神的行为的严格执纪，强化权力运行制约和监督，全面运用好“四种形态”，严查重处顶风违纪行为和腐败案件，构建不敢腐、不能腐、不想腐的有效机制，持续培育干部清正廉洁、干净做事的政治生态。

（二）严密防范和严厉查处各类案件。要强化各级党委、各级领导干部在案件和风险事件防控中的责任，深化反腐败与防案件的有机结合，促进“三铁”管理的全面加强。要高度关注复杂形势下经济金融链条脆弱环节增多的态势，各类非法集资、金融欺诈多发的态势，深入研究外部风险输入特征、传导路径和内部诱因、管理漏洞，强化内部管理细节，完善科技控制手段。要对存款失踪、贷款诈骗、“飞单”销售、商户套现等多发案件、新型风险事件进行专项治理；对高风险网点、对新业务新业态等案件新发生领域进行专项治理；对质押贷款、票据业务、债券承销等所谓的“低信用风险业务”进行专项治理，完善制度流程。要加快构建覆盖全产品、全客户、全渠道的业务运营风险管理体系，提高过程控制和对实质风险的识别、核查和防控水平。要把制度约束、技术控制、员工日常教育和异常行为排查结合起来，把风险管理、内控合规、审计监督和执法监察结合起来，整合运用各类监督资源，推动案件防控从单点单线向综合立体转变，坚决把各类案件和风险事件反弹势头打下去，为全行健康发展筑牢堤坝。

（三）加强队伍建设且要突出加强作风建设。要持续改进各级领导班子建设，完善干部教育监督管理机制。要把干部教育培训作为“先导性、基础性、战略性工程”，持续加强政治理论培训，推进十大核心专业人才培训和境外人才培训，大幅度提高干部素质和能力。要积极落实五中全会提出的人才优先发展战略和中央关于年轻干部培养的要求，着眼于全行干部队伍结构变化和代际传承，通过拓宽渠道、改进方式、提高质量，培养造就大批能够担当重任的优秀年轻干部和各类人才。要有计划地推进年轻干部培养选拔工作，对优秀年轻干部要早压担子、重点培养、大胆使用。总行管理机构的领导班子中45岁以下、各单位处级领导班子中40岁以下、科级领导班子中35岁以下的年轻干部，总体上按照相应层级管理人员总数五分之一左右的比例统筹把握，其中要有适当数量的正职年轻干部。要把后备干部队伍建设作为培养选拔优秀年轻干部的重要举措，做好各层级后备干部选拔、使用、动态更新等工作，保持后备干部队伍活力。认真落实《推进管理人员能上能下暂行规定》，实现庸者下、劣者汰的干部退出常态化、机制化。要不断完善作风建设长效机制，当前尤其要把解决一些干部精神状态不佳、不作为、不担当问题作为作风改进重点，用问责利器祛除不作为的“病症”，对不作为的，该约谈的约谈，该处理的处理，让不作为的“太平官”混不下去。同时，强化激励机制，选树先进典型，弘扬新风正气。特别要注意选树一批从严治党和推进科学发展的“双优”党委、“双优”书记；善于破解资产质量管控难题、应对困难复杂局面的“顶梁柱”；在重大任务面前勇于担当、敢闯敢干，依靠改革创新开辟转型发展新路的“领头雁”；以积极有为的精神状态顶住经营压力，善谋发展、务实肯干、业绩突出的“排头兵”，激发广大干部积极进取、健康向上的正能量，锤炼敢于担当、踏实肯干的好作风。

同志们，当前及今后一个时期，资产质量关、经营转型关、改革创新关是我们绕不过去的历史关口，全行上下一定要把思想统一到中央关于新常态的重要论断和决策部署上来，牢固树立五大发展理念，坚定信心，顶住压力，把握机遇，做实内功，努力闯关夺隘，走出一条风险可控、结构优化、效率提升、资本节约、盈利可持续的发展新路，不断开拓现代金融企业建设新境界。

开创信息科技工作新局面
全力支持经营转型发展

——在中国工商银行2015年信息科技工作会议上的讲话

易会满

（2015年1月21日·根据录音整理）

很高兴参加这次全行信息科技工作会议。在过去的一年里，全行各级科技部门和业务部门齐心协力，开展了大量卓有成效的工作，借今天这个机会首先向大家表示慰问和感谢！当前经济发展进入新常态，信息科技工作作为全行经营的重要支持保障，要进一步结合全行中心工作明确科技工作定位，更好地为全行的改革发展与经营转型做好服务支撑。关于2015年信息科技工作安排，林首席稍后会作具体部署，我主要讲两个方面的意见。

一、2014年全行信息科技工作再创佳绩

2014年，全行认真贯彻党中央、国务院决策部署和金融监管要求，扎实做好经营管理各项工作，实现了新常态下的健康平稳发展。这些成绩得益于多方面的共同努力，信息科技部门也作出了突出贡献。

（一）信息系统安全平稳运行为全行提供了坚实的保障。在去年全国金融系统区域性生产事件较多的情况下，全行各级科技部门狠抓生产运行管理，确保了信息系统平稳运行。在生产运行管理方面，全行日均业务量达到2.29亿笔，较上年增长11.2%，高峰日业务量突破3.14亿笔，增幅超过23.6%，每秒钟业务量峰值超过8 000笔。过去几年里，业务量增幅超过20%的情况并不多见。从业务结构上看，柜面渠道业务量同比下降3.3%，手机银行、第三方支付的业务量同比增幅分别超过120%和130%，这既表明我行电子渠道建设取得了持续进展，也在一定程度上说明银行存在被“通道化”的隐忧。在基础设施方面，全行灾备体系建设进一步完善。自2009年总行党委研究决定启动“两地三中心”工程建设以来，经过四年多的持续奋战，“两地三中心”架构体系于去年6月正式建成，开展的2次实时生产切换，都达到了预期目标和效果，全行灾备体系由此迈上一个新台阶，在全球大型银行中处于领先地

位。围绕渠道转型，全年新投放2万台ATM和40万台POS设备，投产在用的ATM和POS数量分别达到9.2万台和146.8万台。在自助设备增加投放的背景下，全行自助设备台均业务量继续保持在较高水平。在信息安全管理方面，去年我行遭受外部攻击的数量大幅增加45%、攻击手段日益多样化，在此背景下，我行信息安全体系经受住了考验，没有发生信息安全事件。

（二）重点领域研发创新取得重大突破，有力促进了全行战略实施和经营转型。围绕总行突出“三大战略”、优化“五大布局”的发展要求，科技部门积极作为，信息化银行建设取得了新的重大进展。总行完成8期版本696个项目的研发测试任务，各分行实现了307项社保、银医、住房公积金等本地特色创新，有力地促进了全行业务创新和管理升级。过去一年里，尽管研发任务重、时间紧、要求高，但各级科技部门和业务部门勇于担当，较好地完成了研发计划安排，并在一些重点领域取得长足进展和新的突破。

一是互联网金融服务体系快速形成，创新驱动战略展现出旺盛生命力。以“三大平台”、“三大产品线”和线上线下一体化服务为重点，初步形成了集支付、融资、金融交易、商务、信息“五大功能”于一体，较为完备的互联网服务和运营体系，在银行同业中处于领先地位。融e购、融e联、线上POS、账户交易类产品、手机银行APP等一批具有竞争优势的平台和产品迅速打开和占领市场，客户数、交易额初具规模，互联网金融建设取得了良好开局。

二是信息化银行建设确定的重点项目取得阶段性成果。信息化银行建设项目繁重，数据治理、数据挖掘、产品化改造、分析师队伍建设等各方面工作取得显著成效。在去年底召开的信息科技管理委员会上，也对一年来信息化银行建设工作给予了肯定。

三是研究制定了工商银行IT架构转型规划。作为一家大型集团公司，科技架构优化是一项关键内容。全行组建了专业团队，历时数月，提出了架构转型方面的战略构想，对今后信息化银行建设起到了关键的基础和指导作用。

四是去年全行围绕零售业务、公司业务、机构业务等营销领域开展了大量的研究和创新。个人客户营销平台已经基本成熟；公司客户营销平台去年迈出重要一步，今年将加快推进；机构客户营销平台建设也得到持续推进。

五是全行金融资产服务业务系统建设基本完成。该系统涵盖代理销售、代理投资等各种表外业务，实现了从客户准入到投后管理、风险拨备等全流程系统管理，在同业中率先搭建起相对完整的金融资产服务平台。

六是运营改革持续深化。信息科技在运营改革上做了大量配合和支持工作，包括核算印章改革、运营流程优化、指纹身份验证系统、本外币资金汇划体系改革、人民银行二代跨行支付系统接入等方面。

七是信贷业务流程优化扎实推进。全行信贷流程优化的信息整合要求已经在IT系统中得到逐一落实和体现，搭建起了信贷集中运营支持系统平台，充分利用大数据加强风险动态监测和实时预警。

八是FOVA系统进一步完善。支持境外分行差异化需求，海外电子银行业务量保持持续增长，境外机构总行报表和当地监管报表自动化率分别提升至75%和58%。在支持综合化发展方面，自主开发并投产了工银安盛保险基础销售和管理系统。

以上这些项目的研发推广对全行经营管理水平和竞争力的提升起到了很好的促进作用。全行信息化银行建设取得的丰硕成果，一是得益于总行党委对信息科技工作的高度重视，在科技与业务发展上保持了清晰的战略思路，将科技驱动力应用在业务转型和客户服务上。二是得益于各级科技部门围绕全行改革发展中心任务积极努力工作。三是得益于各级业务部门以及总分行的整体合作与密切配合。在此，我代表总行党委，对大家的辛勤努力再次表示衷心的感谢！

二、在全行经营发展新常态下，信息科技工作任重道远

当前外部金融经济环境复杂，国内经济发展正在经历阶段性调整，对银行经营带来了更为严峻的挑战。今年全行经营的重心在结构优化、转型升级、提质增效上，这需要信息科技工作围绕全行战略发展目标和中心工作，积极发挥作用，取得新的突破。

（一）保持科技领先优势，为全行总体发展战略的实施注入新的源动力。去年底召开的改革发展研讨会对未来一段时期全行的战略发展作出了明确部署，将经营转型作为拉动当前增长和促进长远发展的根本战略。科技部门要与业务部门齐心协力，将科技资源投入到全行重点项目研发中，加快重点领域创新突破，打造各业务领域领先的拳头产品，抢抓新环境下的金融先机。

一是做好信息化银行的综合推进。今年是信息化银行建设的第三年，也是很多重点项目的收官之年，要按计划推进信息化银行建设的各项任务。

二是做好客户信息整合，确保信息的完整性、准确性。管理信息部要牵头做好数据治理工作，信息科技部也要组织对数据做进一步整合。数据是各类业务平台的基础，要通过今年一年时间的努力，做好数据治理这项基础工作。

三是全面完成客户营销系统建设，加快对公客户营销系统建设，做好个人客户营销系统的优化与使用推广。

四是通过法人信贷一体化系统推广将信贷流程优化真正落地，要建设好用、管用、易用的系统，并充分听

取基层客户经理和各级管理层的意见。

五是在定价管理方面，利率市场化加快推进对全行定价管理提出了更高要求，要扩大对定价管理的授权范围，注重发挥分行了解客户、了解市场的优势。要将客户的贡献度和客户对利率定价的敏感度作为定价的基础，总行要做好监控和系统跟进，切实防范道德风险；科技部门要大力参与、加快推进系统建设，积极做好迎接利率市场化挑战的准备。

六是在国际化建设上，要持续完善系统对境外机构本地化和差异化发展的支持。电子银行的本地化落地刚开始，境外行的信息系统延伸已经初具规模，关键是要做好提升。

七是在正式完成对标银公众的并购后，信息科技部门如何进一步了解其 IT 系统、逐步介入直到掌握，这是今年一项新的重要任务。

八是要持续完善和优化风险监控系统，加强对信贷风险、运营风险的把控。新常态下信贷风险面临较大压力，要借助大数据更有针对性、更准确地发现风险点。

九是对暴露出的大量操作风险问题，内控合规部要牵头与信息科技部门共同做好相关体系建设。在全民资管的风潮下，各类越权代理销售外部金融产品的行为会给我行带来巨大的商誉风险，今年信息化银行建设要重点考虑如何把风险防范落实到系统中。

十是人力资源管理方面。人力资源 IT 建设基础还比较薄弱，如干部履历和成长经历缺乏数据支撑和分析。人力资源管理要从 IT 架构认真设计，与信息科技部一道组建团队，运用信息化手段做好管理。这套体系的建设与干部管理、人力资源管理有着密切关系。

十一是渠道变化对科技提出更多需求，包括智能化网点建设等问题。今年计划对 1 000 家网点进行智能化改造，要持续关注智能化网点的建设标准和模式，统筹考虑投入产出。

十二是通过产品创新、服务创新打造新的业务增长点。科技部门要紧跟业务发展的态势，积极创新。第一，对国家机关和事业单位公务员养老保险制度改革，总行机构金融业务部要牵头提出营销模式，开发出完善的系统有利于市场竞争，各省行要高度关注，主动争取客户，将其打造成机构业务新的增长点。第二，要推进存管与托管业务创新。存管业务不是简单地提供服务，也同样面临着风险防范问题。关键是要按账务明细做好存管业务监管，要对存管系统进一步细化与完善。第三，大投行业务是我行新的增长点，在大投行体系建设上要做到信息共享、境内外资源的共享，需要一套好的信息系统，要抓紧做好需求梳理和系统建设。第四，要按照开放、合作、共享的指导思路，推进同业平台系统建设与应用。第五，要把握住大宗商品市场的机会，丰富提升商品交易系统功能，改善客户体验。第六，要考虑如何深化结算账户营销与管理，从结算量上寻找差距、优势和潜力，加强对风险、机遇的判断。

信息科技和业务部门要围绕今年的工作安排、社会金融服务的难点热点以及全行经营管理中存在的问题，开动脑筋，做好总分行产品创新与提升，进一步保持科技领先优势，保持科技基础设施优势，加强在应用、架构方面的优势，不断提升全行竞争发展的软实力。

（二）要用互联网思维创新产品研发和推广模式，提升客户口碑和满意度。去年，我们召开了互联网金融服务营销动员会，对全行互联网金融建设作了系统性安排。作为一家国有控股大型商业银行，如何结合互联网思维，进一步转变我们的业务组织架构、经营模式、营销体制，这需要很长的过程。目前我行在互联网金融领域虽然有产品，但是缺乏比较完整的体系；我们初步建立互联网金融产品架构，但是缺乏比较高效的营销配套机制；我们有客户体验，但是缺乏持续完善的体制机制。目前全行营销仍是分散的，各业务部门为了完成业务指标而采取传统的营销方式，这是今年我们要着重解决的问题。全行近 1.7 万个网点是我们的线下优势，也是更好地推进互联网金融的优势。要按照互联网的模式，思考如何开发产品、如何共享信息、如何重视业务场景和客户口碑与体验。今年要在服务上重点解决三个问题：一是营销机制问题。传统的任务层层分解营销和互联网的集群式、口碑式营销是不一样的，在营销中如何体现互联网金融的特点，要提出一些设想。二是在产品研发上争取率先突破。我们提出了小步快走、迭代开发等研发新模式，但是如何打破目前产品研发周期长达 200 多天的现状，要学习和借鉴电商和第三方公司在这方面的经验。对于业务部门、产品研发部门、测试部门如何以产品为中心实现项目开发的团队制，科技部门要提出方案并在今年有所突破。如果一个产品研发周期要 200 多天，那我们就无法打造产品的先发优势。三是要适应创新发展互联网金融的要求，探讨和推进部分部门职能和组织架构的配套完善。互联网金融对银行的挑战才刚刚开始，这是全行今后 3～5 年非常重要的工作。我们要看到新型的银行业态对我们的冲击，要未雨绸缪，在互联网金融领域积极关注，率先投入，为今后的变革提供足够的技术、业务特别是理念上的支持。对此，各级信息科技部门责无旁贷。

（三）要积极应对当前信息系统安全运行挑战，做好科技风险的控制与防范。通过多年的建设，我行整体信息系统的安全是有基础保障的，但仍有几个问题需要相关部门和分行高度关注：

一是如何防范与第三方合作的风险。前几天暴露的第三方存管方面的生产问题，尽管问题的主要原因不在我行，但我们仍要引起高度重视。银证转账管理的难度在于要实时管理，但是不能人工干预，要结合实际研究做好额度的控制，要做好双方接口、系统的配合，快速解决问题，切实经受住资本市场剧烈波动的考验。对于涉及第三方公司合作的系统，要建立限额机制、确保银证转账特别是实时交易类的安全。

二是客户信息安全。目前我行基础设施建设、制度建设方面都是比较好的，但是随着信息化进程加快，信息创造价值的能力越来越强，对信息的需求越来越强。各业务部门与信息科技部门要认真梳理我行信息安全的风险点。第一，对于业务外包的问题，业务可以外包，但是风险不能外包。第二，员工的多次重复查询，要通过模型监控手段把控。第三，对于掌握客户信息的各个环节，都要进行风险排查。对于客户信息安全问题，要从上到下做进一步梳理。

三是要抓好分行机房基础设施安全管理，对境内分行以及境外机构的基础设施要认真检查梳理风险，抓好问题整改落实。

（四）要保持科技队伍骨干稳定，不断提升科技队伍核心竞争力。科技人员稳定问题对我们是非常大的挑战，我们要注意保持核心骨干队伍的稳定。在工资总额有限的情况下，各级科技部门要学会两手抓，在抓信息科技具体工作的同时，也要做好思想政治工作，重视队伍建设。要做好环境留人、事业留人，尤其要留住重点骨干人才。我行有比较好的文化传承，组织内部简单和谐，团队氛围融洽。如何创造好的环境，是对各数据中心、软件开发中心、各部门一把手的挑战。要对年轻专业骨干压担子、提要求、讲愿景，创造机会，培养成长。要关注中心人员结构和年龄梯度，建立开放的平台，鼓励科技与业务之间横向的交流，在科技队伍年龄上形成一定的梯度，为科技队伍创造好的环境。要借助专业序列建设、人力资源深化项目，对科技队伍做好结构性安排。各省分行仍面临特色业务研发、日常维护等大量工作，所担负的科技任务仍然非常繁重。各省行、二级分行要进一步关心科技队伍，调动科技人员的积极性，关注科技队伍的贡献度，确保科技队伍的稳定。

在中国工商银行
2015 年工作会议上的讲话

易会满

（2015 年 1 月 29 日）

根据姜董事长刚才对 2014 年工作的全面总结评价和 2015 年工作的总体部署，我就去年经营情况作一简要分析，对今年主要经营计划、工作措施进行具体布置。

一、2014 年经营情况

1.1　总体经营情况

1.1.1　总体经营效益情况

经营效益保持稳定增长。

亿元
3 000
2 763
2 630
2 500
2 387
2 000
2012
2013
2014
年份
净利润

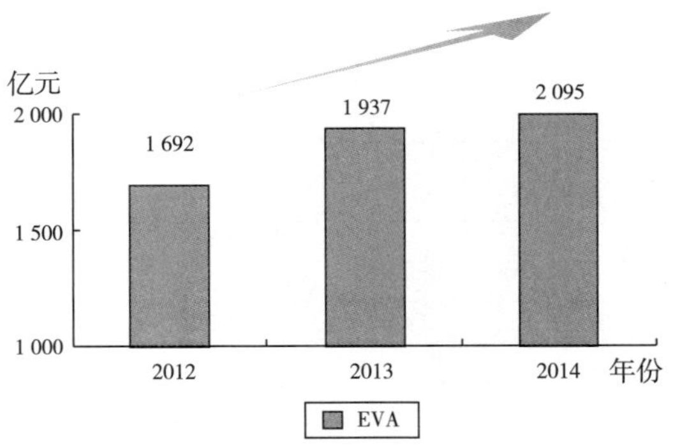

注：上图数据为国际财务报告准则下集团口径数据，其中 2014 年为管理层数据。

2014 年，集团实现净利润××亿元，同比增加××亿元，增幅××%。

集团 EVA 达到 2 095 亿元，同比增加 158 亿元，增长 8.2%。

1.1.2　主要经营指标情况

国际财务报告准则（集团管理层数据）

主要经营指标	2014 年	2013 年
1. 盈利能力		
1.1　净利润（亿元）	××	2 630
1.2　EVA（亿元）	2 095	1 937
1.3　加权平均权益回报率	××%	21.92%
1.4　基本每股收益（元）	××	0.75
2. 收益结构		
2.1　净利息收益率（NIM）	2.66%	2.57%
2.2　手续费及佣金净收入占比	20.91%	21.13%
2.3　成本收入比	27.96%	28.80%
3. 资产质量		
3.1　不良贷款额（亿元）	××	937
3.2　不良贷款率	××%	0.94%
3.3　拨备覆盖率	206.65%	257.19%
3.4　贷款总额准备金率（境内）	2.47%	2.56%

主要经营指标全部完成董事会目标。

净利润、EVA、加权平均权益回报率、基本每股收益以及成本收入比五项指标全部完成年初董事会经营计划目标。

净利息收益率稳步增长；

净利息收益率较 2013 年提升××个基点。

不良贷款控制压力加大；

不良贷款余额和不良贷款率呈“双升”趋势，信贷成本上升较为明显。

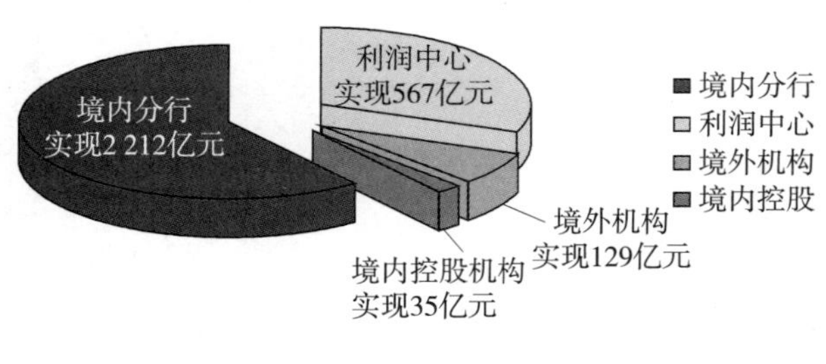

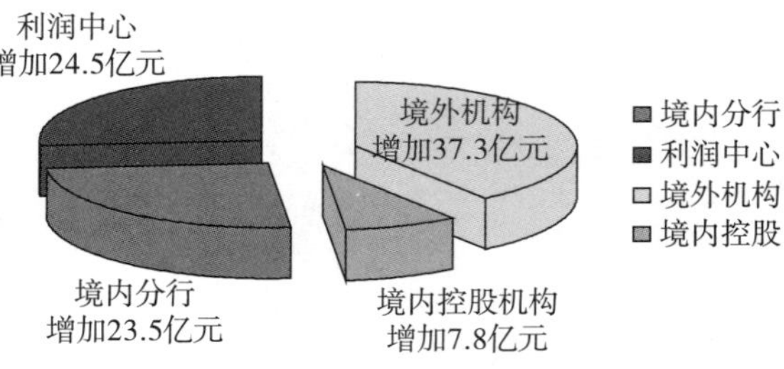

各板块利润增长情况

从各板块盈利情况看，境内分行实现净利润 2 212 亿元，占集团利润总量的 80%；境外机构同比增长 41%，拉动集团增长 1.28 个百分点。

1.1.3　境内分行净利润完成情况

境内分行净利润完成情况（绝对额排序）　　单位：亿元

行名	净利润	完成率	排名	行名	净利润	完成率	排名
北京	309.7	109.3%	1	湖南	39.0	82.2%	29
广东	219.3	96.8%	20	广西	38.2	94.5%	22
江苏	167.0	96.8%	19	山西	37.6	71.4%	32
上海	138.8	90.6%	23	江西	36.5	97.8%	14
浙江	138.4	85.5%	26	黑龙江	32.3	89.2%	24
山东	128.6	97.4%	15	新疆	27.7	97.2%	17
四川	105.8	103.7%	2	吉林	26.5	99.0%	12
河北	86.3	96.9%	18	宁波	23.3	84.4%	27
湖北	71.6	99.6%	11	内蒙古	23.1	63.8%	33
深圳	65.0	101.3%	7	青岛	19.2	71.7%	31
河南	64.7	101.8%	4	海南	19.0	98.4%	13
重庆	50.4	95.9%	21	甘肃	18.2	100.4%	9
陕西	48.9	102.0%	3	厦门	16.4	101.7%	5
云南	44.8	97.3%	16	福建	10.3	21.4%	35
贵州	44.0	101.5%	6	大连	10.0	43.8%	34
辽宁	43.8	100.4%	8	宁夏	9.4	88.0%	25
天津	43.4	83.6%	28	青海	7.3	100.3%	10
安徽	43.2	80.6%	30	西藏	4.4	109.8%	—

注：西藏分行未参与排名。

净利润总量前 10 名的分行是北京、广东、江苏、上海、浙江、山东、四川、河北、湖北和深圳分行。

境内分行净利润完成情况（增量排序）　　单位：亿元

行名	净利润				行名	净利润			
		同比增减	同比增幅	排名			同比增减	同比增幅	排名
北京	309.7	33.9	12.3%	5	云南	44.8	1.6	3.8%	18
江苏	167.0	12.4	8.0%	11	新疆	27.7	1.6	6.0%	13
四川	105.8	9.4	9.8%	9	辽宁	43.8	1.5	3.5%	19
湖北	71.6	6.5	9.9%	7	广西	38.2	1.1	2.9%	20
深圳	65.0	6.2	10.5%	6	吉林	26.5	0.6	2.2%	22
宁波	23.3	6.1	35.2%	1	青海	7.3	0.4	5.4%	15
河南	64.7	5.8	9.8%	8	宁夏	9.4	0.1	1.6%	25
贵州	44.0	5.3	13.7%	4	黑龙江	32.3	-2.9	-8.3%	27
河北	86.3	4.5	5.5%	14	天津	43.4	-4.7	-9.7%	28
广东	219.3	3.8	1.7%	23	青岛	19.2	-5.8	-23.1%	31
浙江	138.4	3.7	2.7%	21	湖南	39.0	-6.8	-14.8%	29
重庆	50.4	3.1	6.5%	12	安徽	43.2	-7.8	-15.4%	30
甘肃	18.2	2.8	18.5%	2	上海	138.8	-9.2	-6.2%	26
厦门	16.4	2.6	18.4%	3	大连	10.0	-11.8	-54.2%	34
陕西	48.9	2.4	5.2%	16	内蒙古	23.1	-12.1	-34.4%	33
山东	128.6	2.1	1.7%	24	山西	37.6	-13.0	-25.7%	32
江西	36.5	1.7	5.0%	17	福建	10.3	-24.8	-70.6%	35
海南	19.0	1.7	9.6%	10	西藏	4.4	1.7	64.4%	—

注：西藏分行未参与排名。

净利润增加额超过6亿元的有北京、江苏、四川、湖北、深圳、宁波6家分行；净利润增幅超过10%的有宁波、甘肃、厦门、贵州、北京、深圳6家分行。

净利润为负增长的有10家分行，其中福建、大连、内蒙古、山西、青岛、安徽、湖南7家分行降幅超过10%。

1.1.4　利润中心经营情况

2014年利润中心本部经营情况

单位：亿元

机构名称	考核利润			
	2014年	同比增加	同比增幅	2013年
金融市场部	666.04	34.72	5.5%	631.32
资产托管部	17.67	1.35	8.3%	16.32
票据营业部	19.52	4.04	26.1%	15.48
贵金属业务部	5.14	0.08	1.6%	5.06
专项融资部	7.34	1.49	25.5%	5.85
养老金业务部	1.73	0.65	60.2%	1.08

续表

机构名称	考核利润			
	2014年	同比增加	同比增幅	2013年
资产管理部	10.17	2.03	24.9%	8.14
投资银行部	11.93	2.29	23.8%	9.64
私人银行部	0.79	0.44	125.7%	0.35

考核利润同比增幅超过20%的有私人银行部、养老金业务部、票据营业部、专项融资部、资产管理部、投资银行部。

利润中心业务条线经营情况：

利润中心业务条线2014年营业贡献合计1 272亿元，较上年增长13.04%，业务条线对全行效益贡献的作用进一步显现。

营业贡献增量较大的业务条线：金融市场、资产管理、私人银行、投资银行。

营业贡献增幅较大的业务条线：私人银行、养老金业务、票据业务、专项融资、资产管理。

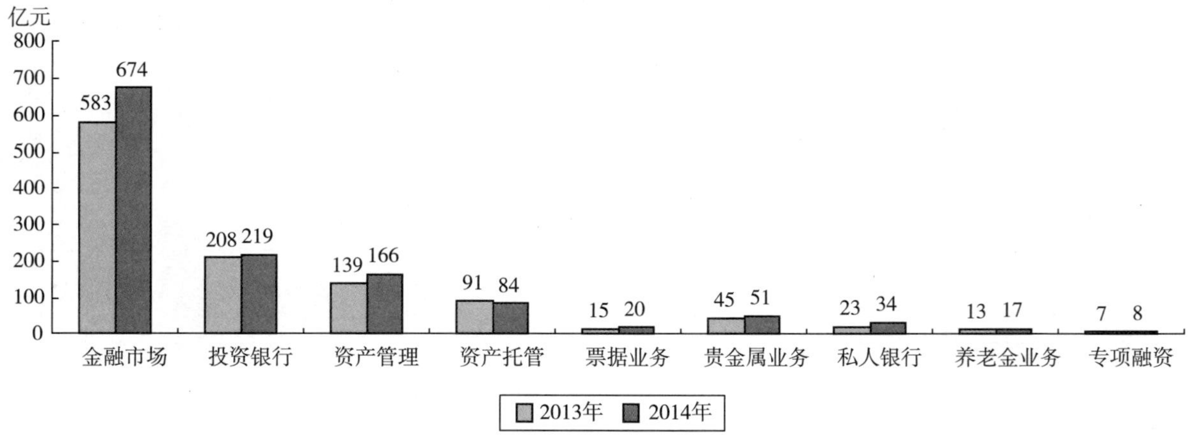

注：①营业贡献 = 利息净收入 + 手续费净收入 – 营业税及附加 – 资产减值损失。②2014 年 9 月，安心账户客户融入资金托管业务正式停办，造成资产托管业务条线收入大幅减少，较原收入计划减少了 17 亿元。因此，资产托管业务整体营业贡献水平较上年有所下降。

利润中心业务条线营业贡献增长情况

1.1.5　境外机构经营情况

经营效益保持高速增长，成为集团重要的利润增长点。

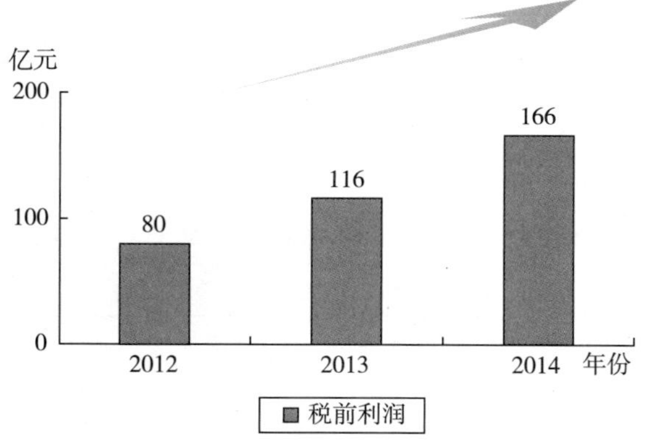

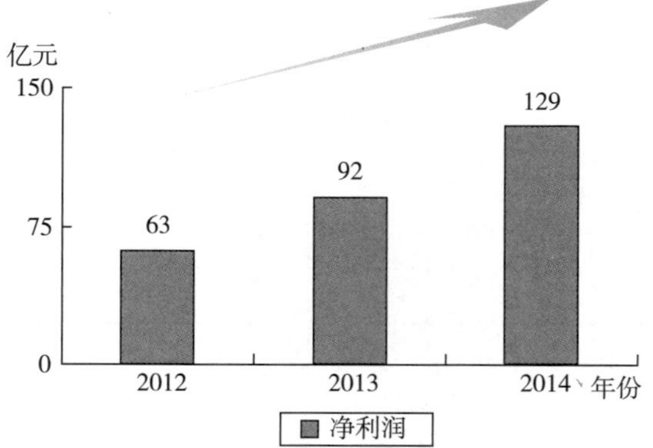

2014 年，境外机构共实现税前利润 166 亿元人民币，同比增长 43%；实现净利润 129 亿元人民币，同比增长 41%，净利润集团占比达到 4.7%，较上年提高 1.2 个百分点。

香港机构、工银澳门、工银阿根廷、工银欧洲机构、美国机构、新加坡分行、澳新机构、首尔分行、中东机构、东京分行、湄公河机构、卡拉奇分行、工银加拿大、孟买分行、工银阿拉木图完成了总行调增后的利润目标，为集团利润增长作出了贡献。

境外机构净利润完成情况（增量排序）　　单位：亿元

行名	净利润			行名	净利润		
		增量	增幅			增量	增幅
香港机构	52.34	6.72	14.7%	首尔分行	4.96	2.96	148.0%
工银亚洲	50.96	9.87	24.0%	工银阿根廷	9.38	2.82	43.0%
香港分行	1.38	–3.15	–69.5%	悉尼分行	5.53	2.22	67.1%
新加坡分行	7.78	4.80	161.1%	湄公河区域	2.22	1.13	103.7%
工银澳门	13.76	4.07	42.0%	金边分行	0.73	0.45	160.7%
中东机构	5.64	3.92	227.9%	万象分行	0.64	0.41	178.3%
迪拜分行	3.75	3.48	1288.9%	河内分行	0.85	0.27	46.6%
多哈分行	1.38	0.46	50.0%	东京分行	2.49	1.11	80.4%

续表

行名	净利润			行名	净利润		
		增量	增幅			增量	增幅
阿布扎比分行	0.51	-0.02	-3.8%	工银国际	2.72	0.57	26.5%
美国机构	7.22	3.83	113.0%	工银印尼	1.53	0.35	29.7%
纽约分行	6.30	3.81	153.0%	卡拉奇分行	0.54	0.35	184.2%
工银美国	0.06	0.05	500.0%	工银泰国	2.21	0.33	17.6%
工银金融	0.86	-0.03	-3.4%	工银巴西	0.08	0.22	—
欧洲机构	7.99	3.53	79.1%	工银马来西亚	0.34	0.20	142.9%
卢森堡总部	3.19	1.70	114.1%	法兰克福分行	0.89	0.16	21.9%
巴黎分行	1.40	0.41	41.4%	工银加拿大	0.53	0.14	35.9%
阿姆斯特丹分行	0.89	0.27	43.5%	孟买分行	0.38	0.14	58.3%
布鲁塞尔分行	0.52	0.27	108.0%	工银伦敦	1.88	0.10	5.6%
马德里分行	0.82	0.32	64.0%	工银阿拉木图	0.29	0.09	45.0%
米兰分行	0.76	0.42	123.5%	工银莫斯科	0.46	0.08	21.1%
华沙分行	0.41	0.14	51.9%				
新设机构							
工银墨西哥	0.01	—	—	伦敦分行	-0.10	—	—
工银秘鲁	-0.22	—	—	工银新西兰	-0.14	—	—
科威特分行	0.07	—	—				

1.1.6　境内控股机构经营情况

行司联动进一步加强，经营效益持续高速增长。

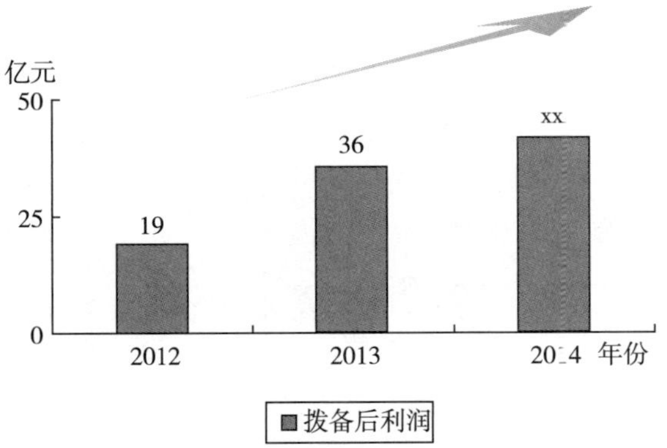

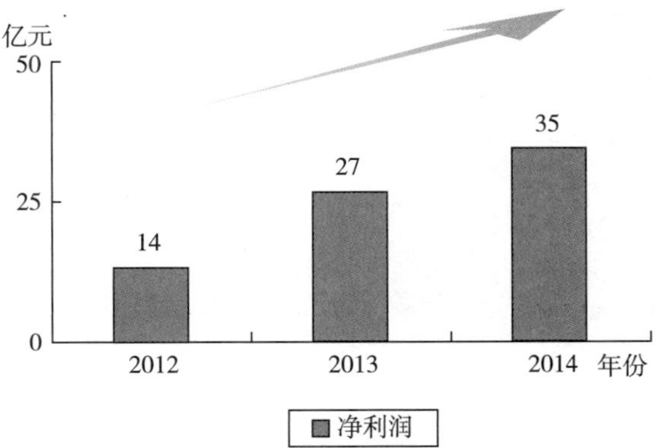

截至2014年末，境内控股机构总资产规模达2 812亿元，较上年末增长36%；全年实现净利润35亿元，同比增长29%，集团跨市场的盈利能力显著增强。

工银瑞信　　单位：亿元

项目	2014-12-31	2013-12-31	增量	增幅
总资产	22.86	13.42	9.44	70.34%
总负债	7.47	3.31	4.16	125.68%
资产管理规模	5 898	2 357	3 541	150.23%
	2014年	2013年	增量	增幅
净利润	5.05	3.18	1.87	58.81%
ROE	39.54%	35.07%	4.47%	

工银租赁　　单位：亿元

项目	2014-12-31	2013-12-31	增量	增幅
总资产	2 356.44	1 816.05	540.39	29.75%
总负债	2 165.66	1 683.41	482.25	28.64%
	2014年	2013年	增量	增幅
租赁业务收入	143.14	102.51	40.63	39.63%
净利润	28.13	22.99	5.14	22.35%
ROE	17.45%	18.97%	-1.52%	
ROA	1.35%	1.46%	-0.11%	

工银安盛 单位：亿元

项目	2014－12－31	2013－12－31	增量	增幅
总资产	405.18	215.18	190.00	88.29%
总负债	322.20	170.71	151.49	88.74%
	2014 年	2013 年	增量	增幅
保费收入	154.00	102.87	51.13	49.70%
投资收益	11.74	5.28	6.46	122.34%
净利润	0.71	0.20	0.51	255.00%

1.1.7 净利息收益率情况

境内分行 NIM 情况表 单位:%

项目	2014 年		2013 年
		同比增减	
客户贷款及垫款	5.97	0.03	5.94
证券投资	3.92	0.20	3.72
非重组类证券投资	4.03	0.20	3.83
重组类证券投资	2.25	—	2.25
存放央行款项	1.59	—	1.59
存放和拆放同业款项	3.45	0.03	3.42
生息资产	4.65	0.11	4.54
存款	2.05	0.07	1.98
同业及其他存拆入款项	2.57	－0.14	2.70
应付债券	4.77	0.09	4.68
计息负债	2.13	0.05	2.07
净息差（NIM）	2.73	0.09	2.64

2014 年，集团 NIM 为 2.66%，同比提升 9 个基点，其中境内分行 NIM 达到 2.73%，增加 9 个基点，主要是生息资产收益率提升幅度高于计息负债，一方面生息资产收益率提高 11 个基点，其中贷款收益率提高 3 个基点，债券投资收益率提高 20 个基点；另一方面计息负债付息率提高 5 个基点。

1.2 经营情况分析

1.2.1 集团存贷款业务

集团本外币各项存款余额 15.81 万亿元，比年初增加 8 582 亿元，增幅 5.7%；同业存款余额 11 554 亿元，比年初增加 2 249 亿元；含同业存款在内的集团存款性负债比年初增加 10 836 亿元，同比多增 2 724 亿元，增幅 6.8%，占负债总额的 90%，较年初下降 0.4 个百分点。

集团本外币各项贷款余额 11.04 万亿元，比年初增加 11 055 亿元，同比少增 123 亿元，增幅为 11.1%。各项贷款占总资产的比重为 53.7%，较年初上升 1.4 个百分点。

2014 年集团存贷款增长情况表 单位：亿元

项目	2014 年				2013 年		2012 年	
	余额	增量	同比	增幅	增量	增幅	增量	增幅
各项存款合计	158 084	8 582	－3 088	5.7%	11 671	8.5%	15 093	12.3%
其中：活期存款	75 650	2 564	124	3.5%	2 439	3.5%	4 454	6.7%
定期存款	82 434	6 019	－3 213	7.9%	9 231	13.7%	10 639	18.8%
同业存款	11 554	2 249	5 651	24.2%	－3 402	－26.8%	1 614	14.5%
负债总计	189 422	12 954	631	7.3%	12 323	7.5%	19 332	13.3%
各项贷款合计	110 354	11 055	－123	11.1%	11 178	12.7%	10 110	13.0%
其中：短期贷款	37 956	3 365	－541	9.7%	3 906	12.7%	6 465	26.7%
中长期贷款	72 399	7 690	418	11.9%	7 272	12.7%	3 645	6.8%
资产总计	205 526	15 601	1 720	8.2%	13 881	7.9%	21 137	13.6%

1.2.2 人民币存款业务

境内人民币存款稳定性增强。

境内分行人民币各项存款比年初增加 8 060 亿元，同比多增 36 亿元，增幅 5.4%。其中，一般性存款（不含同业存放）增加 6 850 亿元，同比少增 4 248 亿元，增幅 4.8%。

各项存款日均余额比上年增加 9 071 亿元，增幅 6.3%。其中，一般性存款日均余额较上年增加 8 300 亿元，增幅 6.1%。

存款偏离度为 1.87%，控制在监管规定以内。

境内人民币存款增长情况表　　单位：亿元

项目	2014 年				2013 年		2012 年	
	余额	"比年初增量"	同比	增幅	"比年初增量"	增幅	"比年初增量"	增幅
境内人民币各项存款	157 901	8 060	36	5.4%	8 024	5.7%	14 213	11.1%
1. 一般性存款	148 980	6 850	-4 248	4.8%	11 098	8.5%	13 402	11.4%
（1）储蓄存款	74 425	2 260	-3 010	3.1%	5 270	7.9%	7 793	13.2%
（2）公司存款	33 844	-257	-1 338	-0.8%	1 081	3.3%	1 321	4.2%
（3）机构存款	40 711	4 847	99	13.5%	4 747	15.3%	4 288	16.0%
2. 同业存款	8 921	1 211	4 284	15.7%	-3 074	-28.5%	811	8.1%

四大行人民币存款增长情况表　　单位：亿元

项目	工商银行					农业银行				
	余额	排名	比年初	排名	增幅	余额	排名	比年初	排名	增幅
人民币各项存款	157 901	1	8 060	2	5.4%	131 559	3	8 305	1	6.7%
1. 一般性存款	148 980	1	6 850	2	4.8%	128 231	2	7 259	1	6.0%
（1）储蓄存款	74 425	2	2 260	3	3.1%	77 382	1	5 389	1	7.5%
（2）对公存款	74 555	1	4 590	1	6.6%	50 849	3	1 870	2	3.8%
2. 同业存款	8 921	2	1 211	2	15.7%	3 328	4	1 046	2	45.8%

项目	中国银行					建设银行				
	余额	排名	比年初	排名	增幅	余额	排名	比年初	排名	增幅
人民币各项存款	89 721	4	4 481	4	5.3%	133 703	2	7 960	3	6.3%
1. 一般性存款	84 164	4	4 249	3	5.3%	123 681	3	3 715	4	3.1%
（1）储蓄存款	36 835	4	1 777	4	5.1%	59 365	3	2 966	2	5.3%
（2）对公存款	47 330	4	2 472	2	5.5%	64 316	2	749	4	1.2%
2. 同业存款	5 556	3	232	4	4.4%	10 022	1	4 245	1	73.5%

从结构看，高成本存款总量得到控制，季末理财向存款转化明显改善。

成本较高的短期同业定期存款余额比年初下降1 277亿元，余额降至1 850亿元，占同业存款的比重为20.7%，较年初下降20个百分点。

保本理财及结构性存款余额5 298亿元，比年初增加352亿元，占一般性存款的比重为3.56%，同比提高8个基点。其中，个人保本理财和结构性存款占比为82.3%，较年初下降10.8个百分点。

理财产品向存款的转化比例得到改善。12月份理财产品份额较月初减少1 716亿元，同比少减477亿元，占当月一般性存款增量的51%，同比下降10个百分点。

2012—2014 年全行短期同业定期存款增长情况表

单位：亿元

年份	余额	比年初	占同业存款比重
2012	5 510	291	51.0%
2013	3 127	-2 383	40.6%
2014	1 850	-1 278	20.7%

2014 年末四大行保本理财及结构性存款情况表 单位：亿元

项目	工商银行		农业银行		中国银行		建设银行	
	余额	比年初	余额	比年初	余额	比年初	余额	比年初
个人保本理财及结构性存款	4 362	-244	3 303	420	790	575	909	-692
对公保本理财及结构性存款	936	596	1 542	242	1 706	495	1 440	-1 142
保本理财及结构性存款合计	5 298	352	4 845	662	2 496	1 070	2 349	-1 834

1.2.3 人民币贷款业务

人民币贷款平稳均衡增长，投向结构较为合理。

总量增长适度。境内分行人民币各项贷款比年初增加 9 066 亿元，增幅为 10.3%。根据实体经济运行合理安排贷款投放节奏，前 11 个月人民币贷款同比持续多增，12 月份适度掌握贷款节奏，发挥了大行对全社会货币信贷运行的缓冲作用。

投向结构合理。剔除基数调整和还原核销等因素，小微企业贷款实际增加 1 613 亿元，较年初增长 9.4%；个人住房贷款增加 3 452 亿元，增长 20.3%；项目贷款增加 3 509 亿元，同比多增 1 043 亿元；中西部地区分行贷款增加 4 236 亿元，增幅较全行平均水平高 3.1 个百分点。

2014 年人民币贷款增长情况表 单位：亿元

项目	2014 年			2013 年	2012 年	2011 年	2010 年
		占比	同比				
各项贷款	9 066	100%	-147	9 213	8 673	8 183	9 000
1. 公司类贷款	3 794	42%	-1 422	5 216	5 323	4 696	6 861
2. 个人类贷款	2 629	29%	-1 105	3 734	1 955	2 718	3 717
3. 票据贴现	2 026	22%	2 396	-370	754	-92	-2 124
4. 银行卡透支	617	7%	-16	633	642	861	547

2014 年四大行人民币贷款对比表 单位：亿元

项目	工商银行				农业银行		中国银行		建设银行	
	余额	增量	排名	增幅	增量	增幅	增量	增幅	增量	增幅
人民币各项贷款	97 245	9 066	1	10.3%	8 009	11.9%	5 448	9.8%	8 479	11.1%
（一）公司类贷款	63 620	3 794	2	6.3%	4 313	9.5%	2 590	7.2%	3 759	7.4%
（二）个人类贷款	26 453	2 629	3	11.0%	2 748	14.5%	1 676	10.2%	3 590	16.3%
其中：个人住房贷款	20 477	3 452	2	20.3%	2 599	—	—	—	3 736	—
（三）票据贴现	3 505	2 026	1	137.0%	649	70.2%	718	63.8%	528	44.4%
（四）银行卡透支	3 668	617	1	20.2%	298	15.3%	464	22.2%	602	22.5%

1.2.4 人民币资金业务

流动性总体适度，资金营运效率保持在较高水平。

资金管理及客户支付平稳有序。日均超额备付率（含现金）为 1.39%，比四行平均水平低 0.31 个百分点，相当于日均节约资金 445 亿元。按 2014 年新增债券投资收益率 4.78% 与超额准备金利率 0.72% 利差测算，相当于全年增加利润 18.07 亿元。

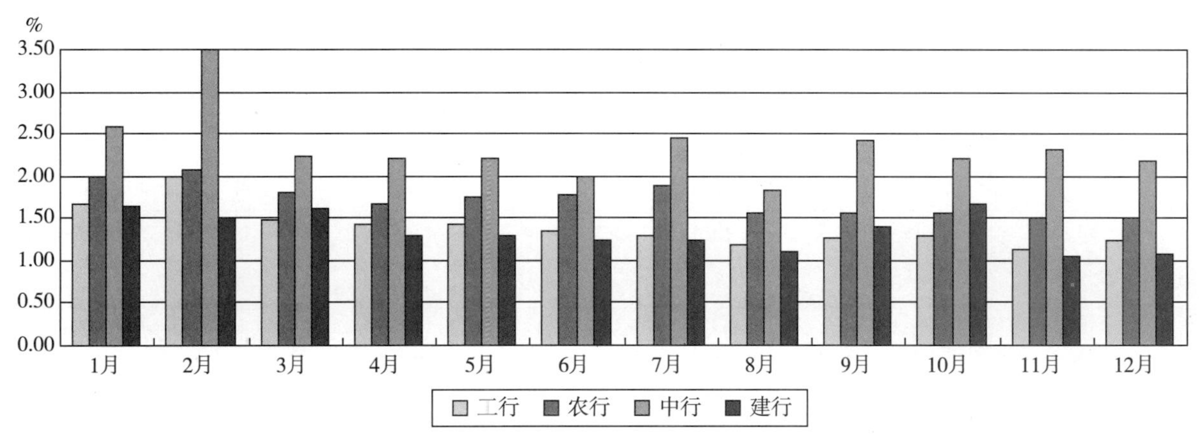

2014 年四行日均备付情况

灵活审慎调整流动性管理策略和资金运作节奏。总行全年累计融出资金 9.42 万亿元，累计融入资金 4.26 万亿元，实现了流动性和效益性的有效均衡。非结算用途存放同业业务日均余额 113 亿元，票据回购业务日均余额 725 亿元，加权利率 5.20%，高于同期限 Shibor 62 个基点，实现利息收入 43.56 亿元。

把握市场有利时机，适度加快债券投资进度。在全行资金总体偏紧的情况下，通过承担一定的流动性压力，抓住年初债券利率较高的时机适度加大债券投资力度。截至 2014 年末，人民币债券投资余额 39 686 亿元，比年初增加 445 亿元。其中，新增债券收益率为 4.78%，同比提高 80 个基点；债券加权投资收益率为 3.97%，同比提高 28 个基点。

2014 年人民币资金营运主要项目表 单位：亿元

项目	余额		"日均余额"		年损益		年收益率/付息率	
		比年初		同比		同比		同比
一、同业资金来源合计	10 515	2 249	9 991	645	275	6	2.75%	-0.13%
（一）同业拆入	17	5	107	-42	4	-1.8	3.69%	-0.14%
（二）债券质押拆入	1 507	963	1 035	-94	40.1	-5	3.88%	-0.12%
（三）同业存款	8 921	1 211	8 850	781	230.4	11.8	2.60%	-0.11%
1. 同业活期存款	7 011	2 522	6 008	744	93.9	10.5	1.56%	-0.02%
2. 短期同业定期存款	1 850	-1 278	2 818	39	119.9	-8.8	4.25%	-0.37%
（四）同业存单发行	70	70	16	16	0.7	0.7	4.23%	—
二、同业资金运用合计	6 666	1 010	4 028	-264	195.2	-1.3	4.85%	0.27%
（一）同业拆出	3 088	50	1 680	530	96.3	34.8	5.73%	0.38%
（二）债券质押拆出	1 225	936	460	70	14.4	0.8	3.14%	-0.35%
（三）非结算用途存放同业	1	-712	113	-984	6	-46.2	5.34%	0.57%
（四）买入返售票据	1 340	750	725	84	37.6	5.8	5.18%	0.22%
（五）结算类存放同业	831	-159	957	-39	36.7	0.3	3.83%	0.18%
（六）同业存单投资	181	181	91	91	4.2	4.2	4.58%	—
三、债券投资	39 686	445	39 807	-99	1582.1	107.6	3.97%	0.28%

1.2.5 外汇存贷款业务

2014 年，境内外汇存贷款业务快速发展，外汇各项存款（含同业）比年初增加 152 亿美元，增长 24.6%；外汇各项贷款比年初增加 32 亿美元，增长 5.4%。

境内外汇存、贷款增量排名均居四行第一，尤其是外汇贷款在同业均出现负增长情况下保持稳定发展。

境外机构存贷款余额大幅增长。境外机构各项存款（含同业）余额 1 116 亿美元，较年初增加 260 亿美元（折合人民币 1 737 亿元），增长 30.4%；境外机构贷款余额为 1 305 亿美元，较年初增加 219 亿美元（折合人民币 1 514 亿元），增长 20.2%。

2014 年四大行境内外汇存贷款增长情况表　　单位：亿美元

项目	工商银行			农业银行		
	余额	比年初	年增幅	余额	比年初	年增幅
各项存款	773	152	24.6%	512	6	1.3%
其中：对公存款	391	72	22.4%	292	23	8.5%
储蓄存款	146	-2	-1.2%	25	3	15.6%
同业存款	236	83	53.9%	196	-20	-9.2%
各项贷款	620	32	5.4%	305	-23	-6.9%
其中：国际贸易融资	403	-19	-4.4%	235	-18	-7.3%
现汇贷款及转贷款	217	50	30.3%	70	-4	-5.6%
项目	工商银行			农业银行		
	余额	比年初	年增幅	余额	比年初	年增幅
各项存款	1 526	150	10.9%	590	-24	-4.0%
其中：对公存款	455	-36	-7.3%	414	34	8.8%
储蓄存款	325	16	5.2%	46	8	19.6%
同业存款	746	170	29.5%	130	-65	-33.5%
各项贷款	820	-5	-0.6%	532	-22	-4.0%
其中：国际贸易融资	403	-61	-13.1%	232	-142	-38.0%
现汇贷款及转贷款	417	56	15.5%	300	120	66.5%

2014 年境外存贷款增长情况表

单位：亿美元

项目	余额	比年初增量	同比	增幅
境外各项存款	1 116	260	38	30.4%
境外各项贷款	1 305	219	-148	20.2%

1.2.6　中间业务

总量及结构情况：

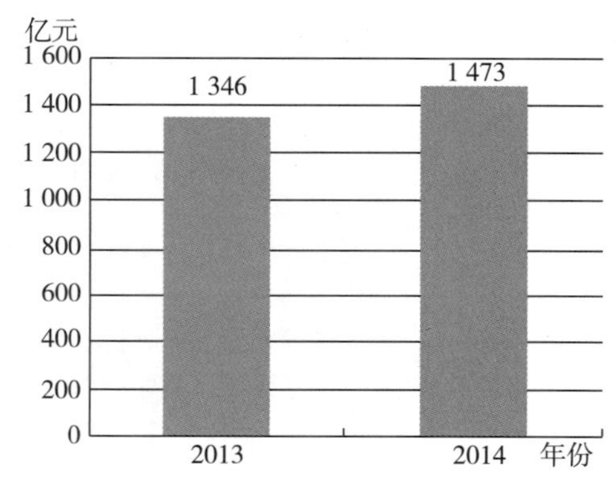

手续费及佣金收入增长情况

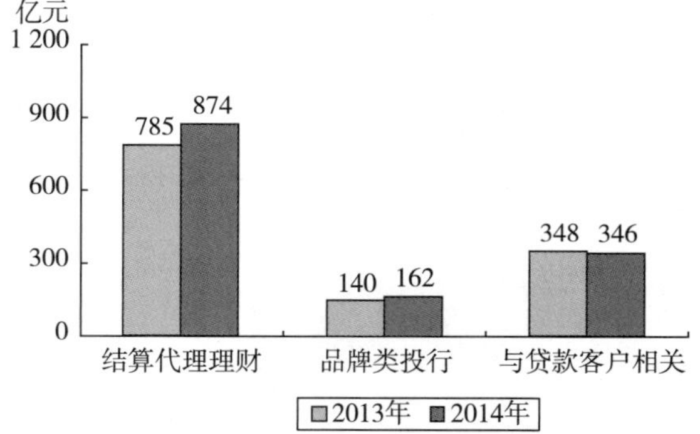

各板块手续费及佣金收入增长情况

2014 年，集团实现手续费及佣金收入 1 473 亿元，增长 9.5%；手续费及佣金收入增幅高于净利润增幅 4.5 个百分点，是盈利增长的重要推动因素。

结算、代理、理财和品牌类投行收入增幅分别为 11.3% 和 15.8%，与贷款客户相关收入下降 0.7%，收入结构持续优化。

全年境内分行实现中间业务收入 1 386.63 亿元，增长 9.19%，计划完成率为 100.12%。按可比口径计算，全行中间业务收入增长 13.5%。

全年境外机构实现中间业务收入 60.54 亿元，同比增加 12.24 亿元，增幅为 25.34%。

分条线情况：

各部门、各利润中心中间业务收入增长情况表

单位：亿元

机构名称	2014 年	2013 年	2014 年增幅
个人金融业务部	298.67	261.76	14.10%
银行卡业务部	297.64	236.82	25.68%
投资银行部	231.31	220.45	4.92%
公司金融业务部	223.70	221.95	0.79%
资产管理部	160.18	141.78	12.97%
结算与现金管理部	128.18	130.95	-2.12%
国际业务部	89.05	84.08	5.92%
金融市场部	74.78	61.67	21.25%
资产托管部	57.79	67.99	-15.01%
私人银行部	35.75	24.29	47.16%
贵金属业务部	28.99	25.69	12.82%
机构金融业务部	21.10	20.40	3.44%
养老金业务部	20.21	14.21	42.23%
电子银行部	200.41	166.67	20.25%

注：1. 各部门收入按《总行部门及利润中心资产负债及中间业务模拟分账考核方案》确定的模拟分账比例统计。银行卡业务部收入为可比口径数据，电子银行部收入为影子收入。

2. 各利润中心收入按利润中心负责的产品线收入的100%统计。

3. 资产托管部中间业务收入同比下降，主要是2014年9月起我行停办了自营贷款客户安心账户托管业务收入。

分项目情况：

中间业务收入分项目增长情况表

单位：亿元

序号	收入小类	2014 年	增量	增幅	序号	收入小类	2014 年	增量	增幅
1	信用卡分期付款	140.48	31.37	28.76%	24	代收代付	4.07	0.24	6.15%
2	信用卡结算及商户回佣	155.46	28.65	22.59%	25	个人账户管理	7.09	0.21	3.13%
3	借记卡	74.68	26.33	54.46%	26	对外担保	10.37	0.20	1.96%
4	品牌类投行	161.9	22.14	15.84%	27	信用证	13.96	-0.15	-1.07%
5	私人银行	35.27	15.84	81.50%	28	代理个人保险	28.24	-0.17	-0.59%
6	个人银行类理财产品	64.91	15.09	30.28%	29	代理个人国债	3.95	-0.17	-4.11%
7	结售汇及代客资金交易	49.29	10.77	27.97%	30	人民币对公账户管理	18.61	-0.28	-1.46%
8	对公银行类理财产品	42.54	7.07	19.95%	31	对内担保	2.7	-0.31	-10.39%
9	对公电子银行服务	16.98	4.89	40.42%	32	对公委托贷款	4.07	-0.36	-8.14%
10	代理个人基金	38.48	4.42	12.98%	33	对公贷款服务	0.4	-0.46	-53.36%
11	养老金	17.77	4.03	29.37%	34	理财项目推荐	48.32	-0.57	-1.16%
12	资产托管（不含安心账户托管）	35.18	3.80	12.12%	35	其他对公中间业务	2.3	-0.71	-23.61%
13	实物贵金属	28.71	3.38	13.34%	36	代理对公保险	3.7	-1.04	-21.91%
14	代理债券发行承销	19.87	3.24	19.46%	37	外汇托收及其他国际结算	2.26	-1.34	-37.16%
15	个人电子银行服务	14.78	2.35	18.92%	38	账户贵金属	5.62	-1.71	-23.35%
16	国际贸易融资	41.82	1.67	4.17%	39	人民币对公结算	48.68	-1.88	-3.71%
17	代理财税	6.76	1.07	18.69%	40	个人贷款服务	10.04	-1.88	-15.80%
18	个人委托贷款	6.08	0.94	18.22%	41	国内贸易融资服务	28.5	-4.37	-13.31%
19	承诺	25.47	0.67	2.72%	42	现金管理	19.78	-7.18	-26.62%
20	外汇汇款	3.77	0.66	21.11%	43	人民币个人结算	40.64	-10.88	-21.12%
21	第三方存管及代理其他对公证券	3.68	0.59	18.89%	44	基础类投行	102.71	-12.83	-11.11%
22	其他个人中间业务收入	4.24	0.50	13.42%	45	安心账户托管	22.61	-14.01	-38.26%
23	代理公积金归集	3.17	0.39	13.98%					

2014年，全行45类中间业务中有26类业务收入同比正增长。信用卡、借记卡、品牌类投行、私人银行、个人银行类理财产品、结售汇及代客资金交易等业务收入增量超过10亿元且增幅超过15%，此外，对公银行类理财产品、对公电子银行服务、养老金、代理债券发行承销、个人电子银行服务、代理财税、个人委托贷款、外汇汇款、第三方存管及代理其他对公证券等业务收入增速也超过15%。

2014年境内分行实现大零售中间业务收入716.8亿元，同比增长17.16%。

分机构情况：

中间业务收入分机构增长情况表　　单位：亿元

机构	2014年	增量	增幅	年初预算完成率
北京	91.17	13.62	17.57%	102.32%
广东	143.56	11.87	9.01%	100.01%
湖北	65.54	11.24	20.71%	107.62%
浙江	114.61	10.49	10.07%	100.02%
上海	92.07	9.55	11.57%	100.08%
深圳	45.4	7.71	20.46%	106.82%
江苏	129.93	6.50	5.27%	94.43%
河南	45.64	6.03	15.22%	102.33%
河北	43.23	5.70	15.20%	101.48%
山东	76.91	5.41	7.57%	96.05%
重庆	36.07	5.09	16.43%	102.76%
四川	51.03	3.92	8.33%	95.92%
贵州	21.37	3.69	20.87%	107.93%
（广东分行营业部）	54.93	2.96	5.70%	95.53%
云南	20.78	2.42	13.16%	100.87%
新疆	13.12	2.13	19.40%	105.81%
宁波	17.48	1.81	11.54%	96.57%
厦门	9.01	1.46	19.27%	104.77%
海南	9.44	1.42	17.75%	103.74%
广西	21.21	1.24	6.19%	93.44%
黑龙江	14.66	1.19	8.83%	91.63%
吉林	12.23	1.14	10.25%	97.84%
辽宁	21.11	1.06	5.28%	90.99%
大连	8.97	0.58	6.86%	92.47%
江西	24.57	0.55	2.28%	91.00%
青海	2.51	0.48	23.50%	110.57%
天津	21.27	0.39	1.88%	89.75%
陕西	19.17	0.12	0.62%	87.73%
西藏	0.12	-0.00	-1.39%	80.00%
青岛	11.69	-0.04	-0.36%	88.56%
宁夏	4.38	-0.06	-1.33%	88.31%
山西	18.81	-1.31	-6.53%	82.86%
安徽	24.66	-1.55	-5.93%	83.31%
甘肃	10.21	-1.70	-14.25%	76.19%
福建	37.82	-1.74	-4.40%	83.30%
内蒙古	14.15	-1.94	-12.07%	78.18%
湖南	33.08	-2.16	-6.12%	83.75%
（苏州）	25.62	-3.90	-13.20%	75.80%

2014年，38家境内分行中，28家分行中间业务收入增长，10家分行下降。

北京、广东、湖北、浙江等4家分行增量超过10亿元，青海、贵州、湖北、新疆、海南、北京、重庆、河南和河北等9家分行收入增长超过15%。

青海、贵州、湖北等15家分行完成年初预算目标。

同业比较情况：

我行与同业境内分行中间业务收入总体情况比较　　单位：亿元

行名	中间业务收入	增量	增幅	同业占比	同业占比变化
工商银行	1 386.63	116.66	9.19%	33.98%	+1.17
农业银行	817.11	-16.46	-1.98%	20.02%	-1.51
中国银行	786.71	76.32	10.74%	19.28%	+0.93
建设银行	1 090.66	33.56	3.17%	26.72%	-0.58
合计	4 081.11	210.08	5.43%	100.00%	0.00

2014年，我行贵金属、代理及个人理财、投资银行、企业年金和电子银行业务收入总量和增量均列同业第一。

38家境内分行中，北京、黑龙江、上海、浙江、山东、河南、湖北、广东、广东分行营业部、海南、四川、贵州、陕西、新疆、大连等15家分行结算代理理财收入总量和增量均列同业第一。

1.3　需要关注的问题

1.3.1　资产质量稳控压力加大

不良贷款持续反弹。

不良贷款额和不良率双上升。集团口径不良贷款余额××亿元，比年初增加××亿元，比6月末增加××亿元；不良率为××%，比年初上升××个百分点，比6月末上升××个百分点，呈逐季上升态势。

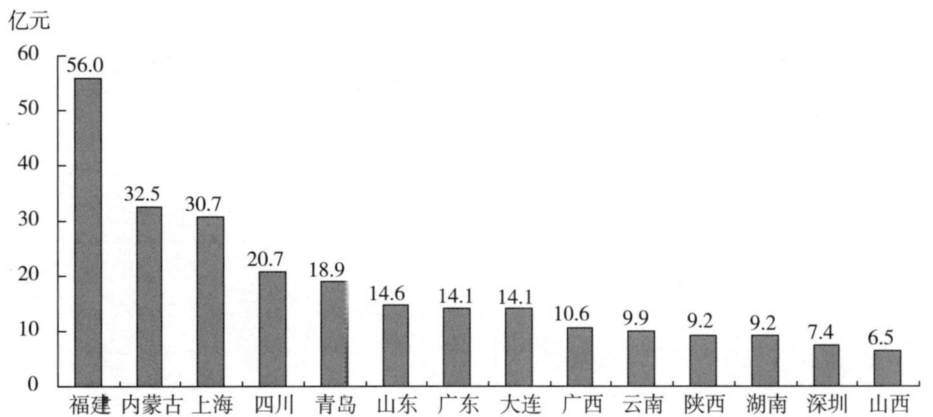

不良贷款比年初增加最多的15家分行

不良贷款继续呈现蔓延趋势。截至年末，21家分行不良额和不良率双升，比年初增加2家；7家分行不良额上升、不良率下降；有15家分行不良率高于全行平均水平，其中福建分行、青岛分行不良率超过3%。

剪刀差持续扩大。

逾期贷款余额××亿元，较年初增加××亿元，比6月末增加××亿元；逾期贷款与不良贷款剪刀差余额823亿元，比年初扩大424亿元，比6月末扩大114亿元。

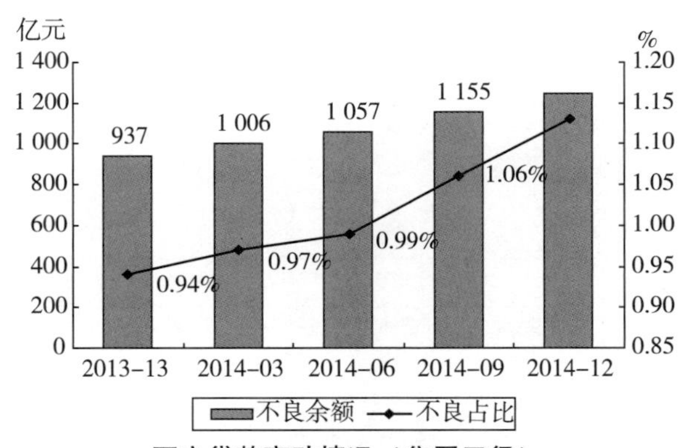

不良贷款变动情况（集团口径）

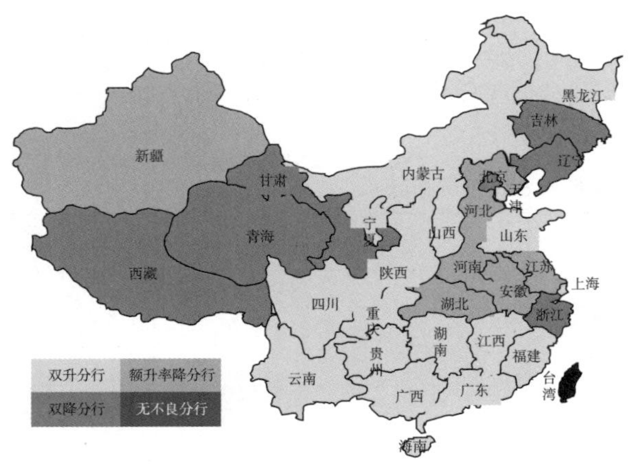

各行不良贷款情况

逾期贷款和剪刀差情况（集团口径）

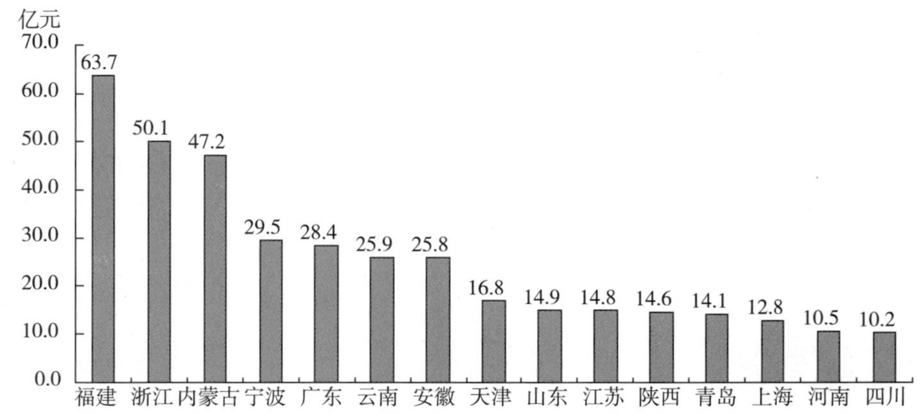

剪刀差比年初增加最多的15家分行

不良贷款前清后溢。

2014年全行贷款累计劣变××亿元，较上年增加384亿元，增幅39.5%。全年清收处置不良贷款1 060亿元，其中现金清收407亿元，呆账核销382亿元。不良贷款批量转让项目成交355亿元（本金），其中现金收回135亿元，现金回收率38%。清收处置总额、现金清收额、呆账核销额均为股改上市以来历年最高，但资产质量劣变速度仍快于清收处置进度。

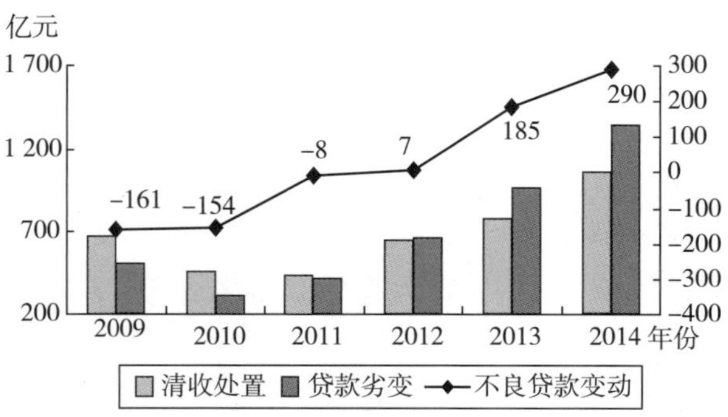

贷款劣变及不良贷款清收处置情况
（境内分行口径）

不良贷款分方式清收处置情况表
（境内分行口径）　单位：亿元

年份	清收方式				
	合计	现金清收	以物抵债	呆账核销	重组其他
2014	1 060	407	13	382	258
2013	782	343	8	159	273
2012	662	278	8	71	305
2011	437	197	8	43	189
较去年	278	64	5	223	-15
较前年	398	129	5	311	-47

资产质量劣变大幅推升信贷成本和侵蚀利润。

受资产质量劣变影响，集团计提拨备561亿元，同比大幅增长47%，占集团净利润的20.3%；信贷成本率同比增加13个基点，至0.51%，为近年来最高。各分行间信贷成本差距较大，福建、大连、宁波、内蒙古、浙江等5家分行信贷成本率超过0.90%。

据测算，不良贷款率每提高1个基点，将增加贷款减值准备6亿元，影响净利润增长0.15个百分点。在信贷成本逐步提升、拨备余额增长的同时，拨备覆盖率不断下降，降至206.7%，较年初降低52.7个百分点。

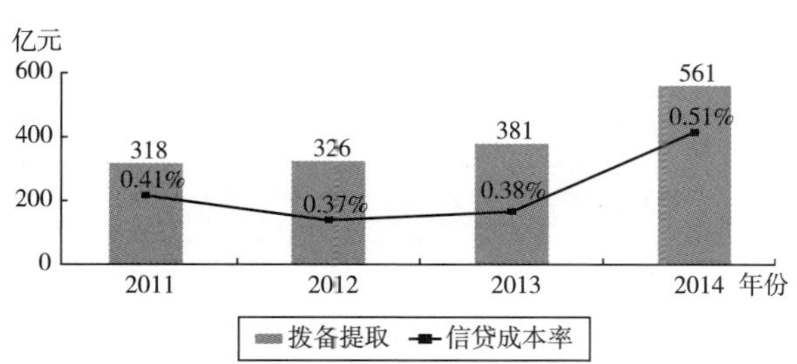

2011 年以来集团拨备提取和信贷成本率情况

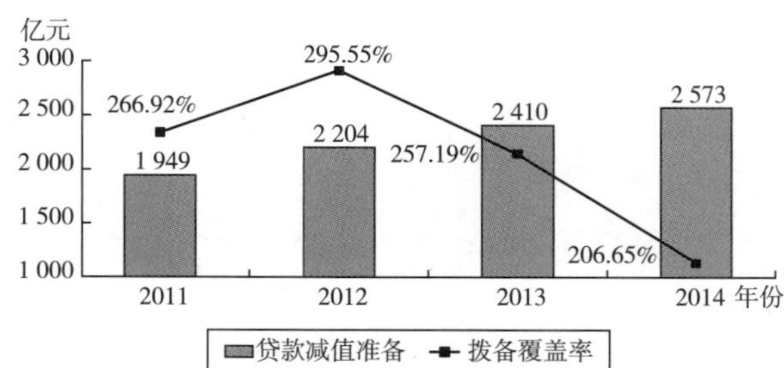

2011 年以来集团贷款减值准备和拨备覆盖率情况

2014 年各行信贷成本率情况表

行名	信贷成本率		行名	信贷成本率	
		较上年			较上年
福建	2.11%	0.87%	山东	0.45%	0.07%
大连	1.70%	1.39%	湖北	0.42%	0.17%
宁波	1.04%	-0.49%	广西	0.36%	0.13%
内蒙古	0.95%	0.58%	青海	0.33%	0.25%
浙江	0.90%	-0.04%	厦门	0.33%	-0.14%
青岛	0.76%	0.56%	四川	0.32%	0.10%
安徽	0.72%	0.47%	河北	0.32%	0.09%
上海	0.66%	0.10%	贵州	0.31%	0.04%
山西	0.65%	0.41%	宁夏	0.30%	0.09%
西藏	0.58%	-0.11%	重庆	0.28%	0.07%
江苏	0.56%	-0.22%	甘肃	0.27%	-0.05%
天津	0.55%	0.30%	海南	0.26%	0.00%
深圳	0.52%	0.25%	辽宁	0.26%	0.08%
新疆	0.51%	0.25%	陕西	0.26%	0.04%
河南	0.51%	0.25%	黑龙江	0.25%	0.17%
广东	0.48%	0.29%	云南	0.25%	0.08%
江西	0.48%	0.13%	吉林	0.17%	0.15%
湖南	0.45%	0.45%	北京	0.15%	-0.02%

1.3.2　存款竞争力有所弱化

存款增长动力不足。人民币各项存款较年初增加8 060亿元，增幅5.4%，同比下降0.3个百分点，仅完成年度计划的73%。分品种看，存款增长呈“两低两高”特点：储蓄存款较年初增长2 260亿元，增幅3.1%，同比少增3 010亿元；公司存款较年初下降257亿元，降幅0.8%，同比少增1 338亿元；机构存款较年初增加4 847亿元，增幅13.5%，同比多增99亿元；同业存款较年初增加1 211亿元，增幅15.7%，同比多增4 284亿元。

存款市场份额下降。

2014年人民币各项存款增幅位居四大行第三位，较农行落后1.3个百分点，仅较中行高出0.1个百分点。

全行一般性存款时点增量虽较中行和建行分别高出2 601亿元和3 136亿元，但落后于农行409亿元，居同业第二位；若不考虑北京分行的绝对领先优势，存款增量则较建行仅高出464亿元、较中行高出74亿元，落后于农行3 433亿元。

从区域情况看，我行存款增量仅在环渤海地区居四大行首位，在西部地区居四大行第2位，在长三角、珠三角和中部地区居四大行第3位，在东北地区居四大行末位。

2014 年四大行一般性存款分区域增长情况表　　单位：亿元

	工商银行				农业银行		中国银行		建设银行	
	余额	排名	增量	排名	余额	增量	余额	增量	余额	增量
全行合计	148 980	1	6 850	2	128 230	7 259	84 164	4 249	123 680	3 714
长江三角洲	30 060	1	465	3	27 131	974	17 123	715	23 706	449
珠江三角洲	19 763	1	786	3	16 922	794	14 387	815	18 225	-385
环渤海地区	40 949	1	3 371	1	23 252	813	17 148	951	23 450	740
东北地区	9 177	2	115	4	6 631	443	5 663	158	9 219	674
中部地区	22 109	2	1 167	3	21 096	1 374	14 725	968	22 248	1 503
西部地区	26 165	3	1 427	2	29 423	1 684	14 338	611	26 690	733
总行直属	758	3	-517	4	3 776	1 174	781	31	141	0
全行（不含北京）	123 183	1	4 002	2	122 079	7 435	78 030	3 928	114 323	3 538

从各分行存款增量情况看，有 10 家分行存款增量排名四大行首位，7 家分行排名第二，11 家分行排名第三，10 家分行排名末位，即半数以上分行存款增量排在同业后两位。

从各分行存款余额情况看，全行仅有 14 家分行存款余额居四行首位，13 家分行居第二位，9 家分行居第三位，2 家分行居末位。

2014 年人民币存款分地区增量情况表　　单位：亿元

地区	时点余额	同业排名	比年初增量	同业排名	日均增量	地区	时点余额	同业排名	比年初增量	同业排名	日均增量
全行合计	148 980	1	6 850	2	1 316	宁波	1 482	1	108	1	53
总行直属	758	3	-86	4	-3	吉林	2 136	1	99	3	101
北京	25 797	1	2 417	1	1 242	福建	2 333	3	97	1	3
深圳	3 817	3	393	1	-74	江苏	9 823	2	93	3	-264
四川	6 341	3	381	2	43	其中：苏州	1 944	4	-228	4	-203
广东	12 879	1	367	3	-570	甘肃	1 580	2	93	2	43
其中：广州	5 658	1	127	2	-253	内蒙古	2 136	1	81	2	58
浙江	8 621	1	365	2	-228	云南	2 440	3	76	3	15
河南	4 235	2	339	1	272	青岛	1 099	2	68	1	57
湖北	4 336	3	299	3	17	广西	2 182	3	48	4	6
山东	6 461	2	298	3	226	大连	1 347	1	21	4	-9
江西	2 566	2	267	1	85	青海	547	3	19	2	2
重庆	2 751	2	221	1	57	海南	988	1	17	3	22
湖南	2 948	3	205	3	170	宁夏	451	3	14	3	-4
陕西	3 373	2	186	1	130	西藏	106	4	11	4	4
河北	5 126	2	171	4	128	厦门	734	2	-10	3	-27
贵州	2 056	1	155	1	23	天津	2 466	2	-14	4	-28
新疆	2 201	2	142	2	104	山西	3619	1	-69	4	-21
辽宁	3 128	2	131	3	18	上海	10 133	1	-102	4	-438
安徽	3 417	1	109	4	152	黑龙江	2 565	1	-136	4	-26

1.3.3　存贷利差持续收窄

存贷利差非对称下降。

利率市场化改革提速后，存贷款利率非对称下降趋势明显。2014 年全行人民币贷款收益率为 6.09%，同比下降 1 个基点；存款付息率（不含结构性存款和保本理财）为 2.09%，同比上升 5 个基点；存贷利差同比收窄 6 个基点。

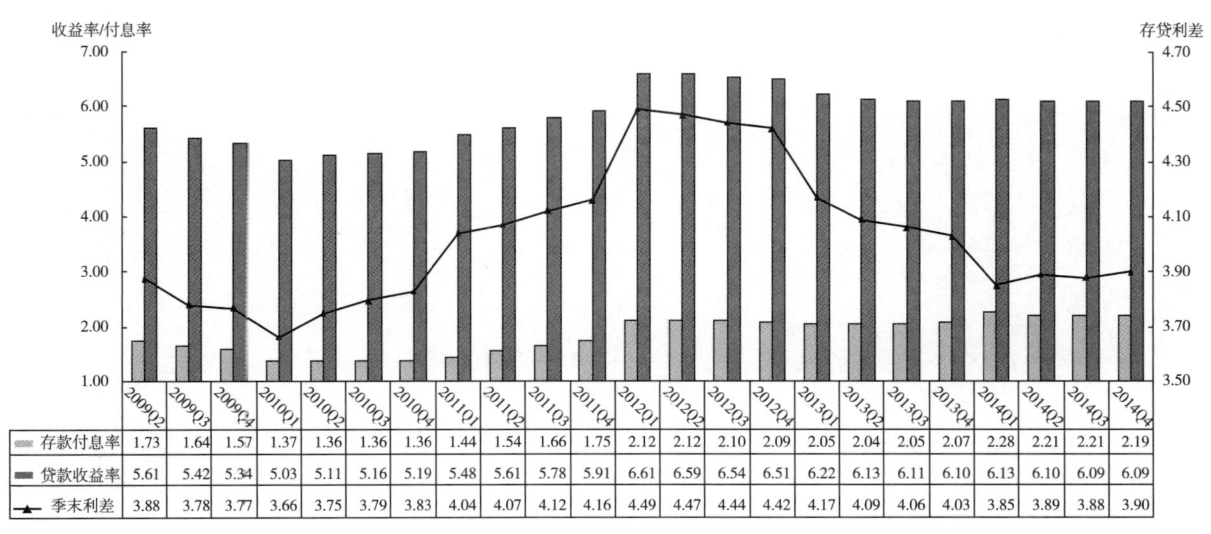

	2009Q2	2009Q3	2009Q4	2010Q1	2010Q2	2010Q3	2010Q4	2011Q1	2011Q2	2011Q3	2011Q4	2012Q1	2012Q2	2012Q3	2012Q4	2013Q1	2013Q2	2013Q3	2013Q4	2014Q1	2014Q2	2014Q3	2014Q4
存款付息率	1.73	1.64	1.57	1.37	1.36	1.36	1.36	1.44	1.54	1.66	1.75	2.12	2.12	2.10	2.09	2.05	2.04	2.05	2.07	2.28	2.21	2.21	2.19
贷款收益率	5.61	5.42	5.34	5.03	5.11	5.16	5.19	5.48	5.61	5.78	5.91	6.61	6.59	6.54	6.51	6.22	6.13	6.11	6.10	6.13	6.10	6.09	6.09
季末利差	3.88	3.78	3.77	3.66	3.75	3.79	3.83	4.04	4.07	4.12	4.16	4.49	4.47	4.44	4.42	4.17	4.09	4.06	4.03	3.85	3.89	3.88	3.90

存款付息率　贷款收益率　季末利差

2009—2014 年人民币存贷利差变化情况

存款付息率高于主要可比同业。

境内分行人民币存款付息率（不含结构性存款和保本理财）为 2.09%，在四大行中排名第三位，分别比农行和建行高出 18 个基点和 4 个基点。其中，一般性存款付息率 2.05%，比农行高 17 个基点、比建行高 14 个基点。

2014 年四大行人民币存款付息率比较

项目	工商银行	建设银行	农业银行	中国银行
人民币全部存款	2.09%	2.05%	1.91%	2.43%
（一）一般性存款	2.05%	1.91%	1.88%	2.25%
储蓄存款	2.09%	2.06%	1.88%	2.36%
对公存款	2.02%	1.77%	1.89%	2.15%
（二）同业存款	2.60%	3.60%	2.69%	4.01%

注：存款不含保本理财及结构性存款。

2014 年四大行新发放贷款量价比较情况表　　单位：亿元,%

项目	工商银行				农业银行		中国银行		建设银行	
	发生额	排名	利率	排名	发生额	利率	发生额	利率	发生额	利率
人民币各项贷款	54 426	1	6.40	4	44 277	6.64	34 410	6.57	40 424	6.48
一、公司类贷款	46 562	1	6.31	4	34 504	6.46	28 255	6.44	32 566	6.37
二、个人类贷款	7 864	2	6.96	3	9 773	7.29	6 155	7.16	7 858	6.95
其中：住房贷款	5 565	2	6.83	1	4 197	6.75	3 327	6.73	6 217	6.78
非住房贷款	2 299	3	7.30	4	5 576	7.70	2 828	7.67	1 641	7.61

新发放贷款量价协调能力有待增强。

全行人民币贷款发生额5.44万亿元，居四大行首位，但平均利率四行最低，分别比农行、中行、建行低24个基点、17个基点和8个基点。分品种看，农行个人非住房贷款量价优势明显；我行公司贷款发生额四行最高，但平均利率最低；建行个人住房贷款发生额与我行接近，但平均利率比我行低6个基点。

人民币贷款利率地区差异明显。

境内分行人民币贷款收益率（不含票据贴现和银行卡）为6.27%，但不同分行之间差异较大。贷款收益率最高的分行比最低的分行高95个基点。也就是说，同样投入100亿元信贷资源，在不同分行间每年的效益产出最大相差1亿元，贷款收益平衡和区域协调优化值得关注。

新发放贷款平均利率地区差异较大。

有10家分行新发放贷款平均利率低于全行平均水平。全行新发放贷款平均收益率为6.4%，利率最高和最低的分行之间相差达129个基点。

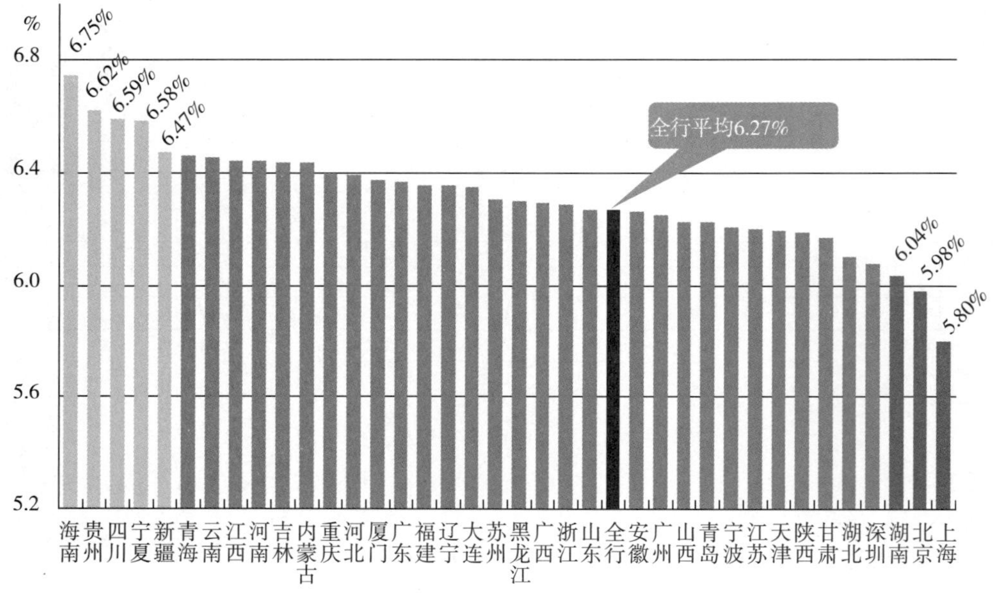

2014年末各分行人民币贷款收益率比较

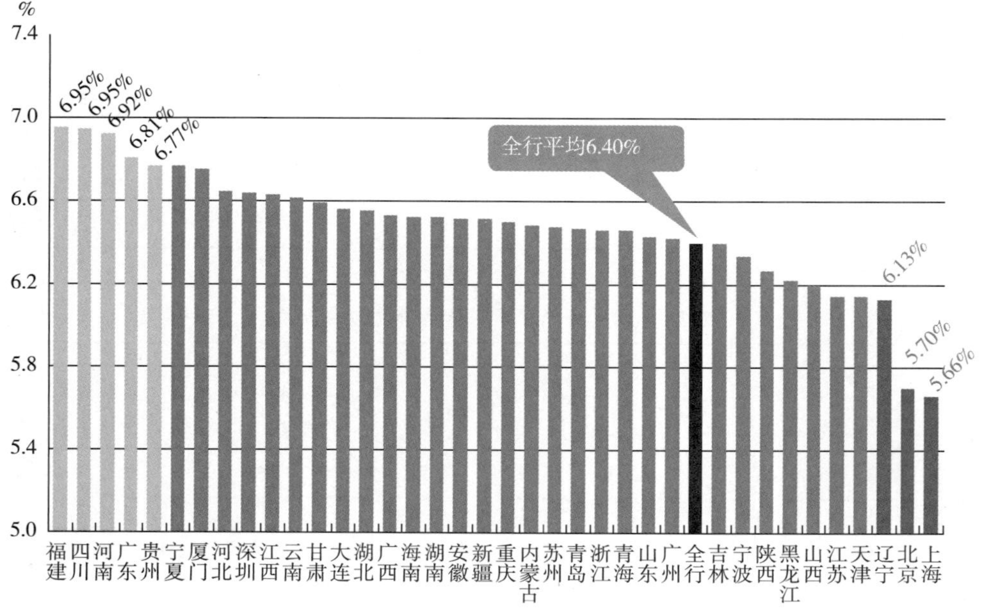

2014年各分行新发放贷款平均利率比较

1.3.4　资本约束刚性增强

资本管理面临较大压力。

随着资本的不断补充和盈利增幅的下降，我行ROE从前几年25%的高点逐渐回落到目前的21%左右。与15%的国际平均水平相比，优势进一步缩小。如果不大力节约使用资本、控制加权风险资产扩张，ROE降低的压力会进一步增加，日益突出地影响我们的市场预期和外部资本来源。

未来我行在全球系统重要性银行（G－SIFIs）中的组别可能会提升。目前我行附加资本要求为1%，随着国际化程度提高，未来G－SIFIs组别提高附加资本要求可能进一步提高。

未来国际金融监管将进一步加强。总损失吸收能力（TLAC）监管可能进一步提高资本充足率至16%～20%的水平，新标准法的实施将大幅提高资本充足率底线要求，内部评级法节约资本的效果将大打折扣。

未来面临资本缺口。如按照国际大银行15%左右的资本充足率平均水平为目标进行测算，在利率市场化情景下，至2017年我行累计资本缺口将达到2 500亿元左右。

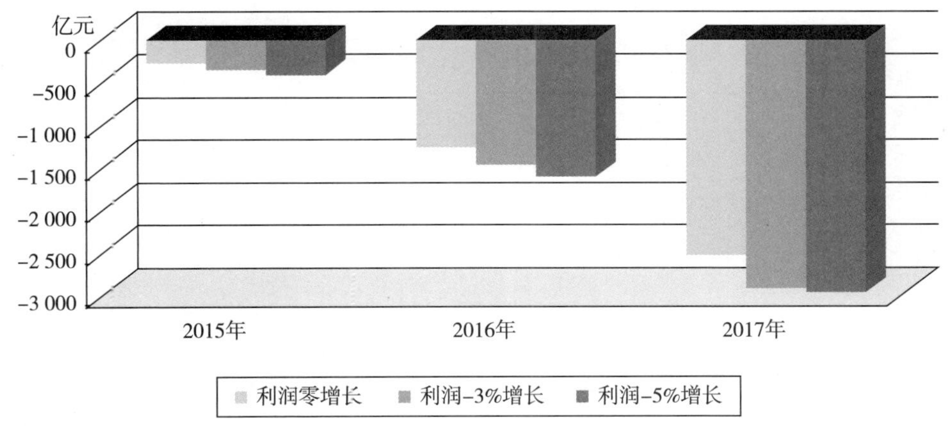

利率市场化资本缺口测算

经济资本占用增长较快。从2014年经济资本限额执行情况来看，各分行经济资本实际增幅差异较大，福建、内蒙古等分行不良贷款增加较多，经济资本占用增幅较高。浙江、福建分行经济资本占用的增量相对较高。

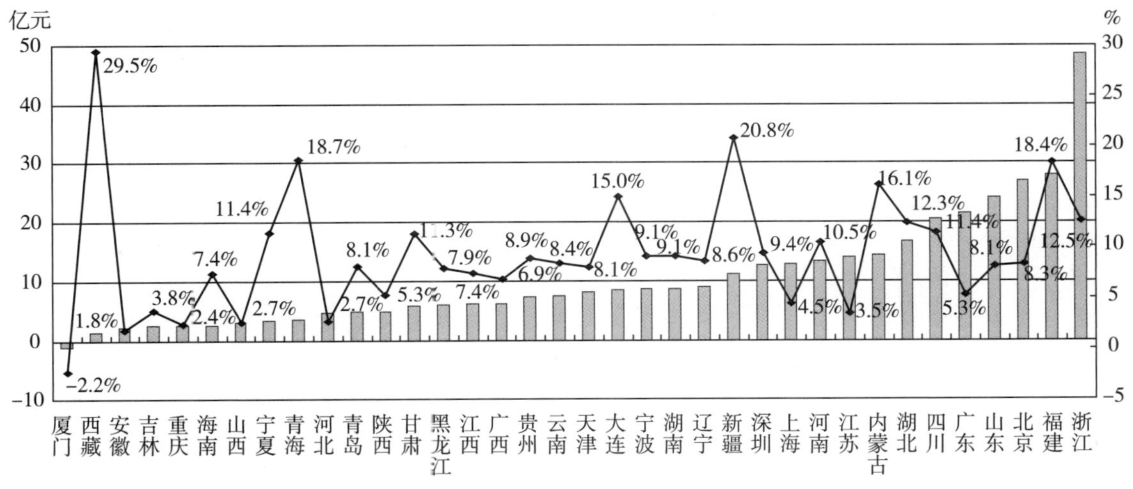

2014年一级分行经济资本占用增量情况

资本管理力度有待强化。目前经济资本限额的约束力还不强，缺乏市场化的限额调整机制。资本管理压力从总行到分行、从分行到支行层层衰减，尤其是经济增加值、资本回报率等考核指标权重占比逐级降低。信贷审批环节使用内评高级法监管资本，对分行的限额管理、绩效考核以及资源配置中使用经济资本，资本充足率计算采用内评初级法监管资本，导致资本管理口径较多，管理效果受到影响。

1.3.5 客户基础有待夯实

个人客户数量增长不快。

2014 年，全行个人客户数 4.65 亿户，其中有效客户数 3.38 亿户，较年初净增 1 754 万户，完成年度净增 3 000 万户计划的 58.47%，增幅下降 11%。

客户结构有待优化。

个人客户中，日均金融资产 1 万元以上客户较年初净增 280 万户，仅完成计划的 28%；金融资产 5 万元以上的客户增加 194 万户，完成计划的 43%；四星级以上客户较年初增加 473 万户，完成年度净增 800 万户计划的 59%。

法人客户中，日均存款 5 万元以上客户数占比较年初有所下降。其中，日均存款超过 5 万元的公司客户减少 5 992 户。

客户联动服务机制有待完善健全。

个人客户数量及金融资产情况表

个人客户星级	客户数量（万户）			金融资产（亿元）			户均资产（万元）		
	2014 年 12 月	比年初	增幅（%）	2014 年 12 月	比年初	增幅	2014 年 12 月	比年初	增幅
个人客户合计	46 498	3 330	7.71%	104 992	9 962	10.48%	2.3	0.06	2.57%
有效客户合计	3 3840	1 754	5.47%	104 992	9 962	10.48%	3	0.14	0
四星及以上小计	6 571	472	7.75%	92 681	9 902	11.96%	14.1	0.53	3.91%
其中：七星	28	1	5.24%	11 771	2 863	32.14%	421.3	85.77	25.56%
六星	471	58	13.90%	25 935	4 129	18.93%	55.0	2.33	4.42%
五星	2 148	235	12.26%	32 386	2 312	7.69%	15.1	-0.64	-4.07%
四星	3 924	179	4.78%	22 589	598	2.72%	5.8	-0.12	-1.97%
三星	10 237	613	6.37%	10 936	162	1.50%	1.1	-0.05	-4.58%
准星	17 624	673	3.97%	1 375	-102	-6.88%	0.1	-0.01	-10.43%
无星	12 658	1 576	14.22%	0	0	—	0.0	0.00	-12.45%

法人客户日均存款余额分段情况表

日均余额分段	客户数（万户）	客户数占比	客户数占比比年初	日均余额（亿元）	余额占比
合计	509.4	100%	0.00%	85 836	100%
10 亿	0.1	0.02%	0.00%	39 285	45.77%
1 亿～10 亿元	0.8	0.16%	-0.01%	20 872	24.32%
5 000 万～1 亿元	0.8	0.15%	-0.01%	5 449	6.35%
1 000 万～5 000 万元	4.6	0.91%	-0.08%	9 784	11.40%
500 万～1 000 万元	4.4	0.86%	-0.08%	3 059	3.56%
100 万～500 万元	20.5	4.03%	-0.38%	4 538	5.29%
50 万～100 万元	15.6	3.06%	-0.30%	1 100	1.28%
5 万～50 万元	86.3	16.95%	-1.38%	1 507	1.76%
5 万元以下（不含零余额）	317.0	62.24%	1.92%	242	0.28%
0	59.3	11.64%	0.31%	0	0.00%

二、2015 年经营计划

2.1　主要经营目标。

2015 年全行力争实现净利润××亿元，同比增长××%。

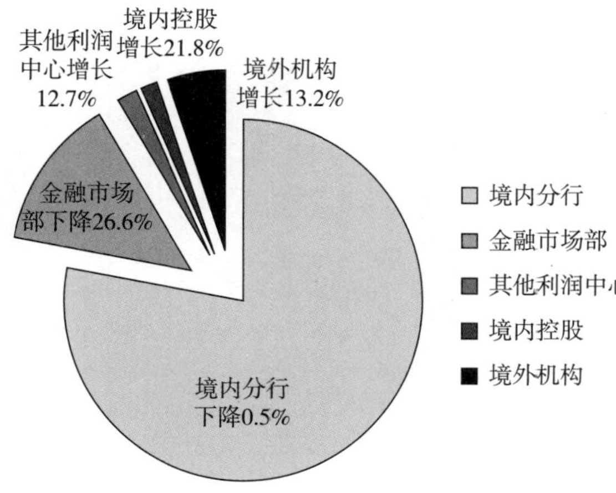

注：1. 境内分行净利润剔除降息以及调整内部点差和组合拨备提取比例两项影响因素后，可比增幅为增长2.9%；

2. 金融市场部剔除内部转移价格调整影响因素后，可比增幅为增长2%；

3. 其他利润中心包括：资产托管部、票据营业部、贵金属业务部、专项融资部、养老金业务部、资产管理部、投资银行部、私人银行部。

各盈利板块贡献及增长目标

2.2　主要业务发展计划

境内存贷款发展计划：

境内人民币存贷款计划表

单位：亿元

计划项目	2015 年计划		2014 年		
	增量	增幅	余额	增量	增幅
人民币存款	10 000	6.3%	157 901	8 060	5.4%
人民币贷款	8 500	8.7%	97 245	9 066	10.3%

外汇存贷款计划表

单位：亿美元

计划项目	2015 年计划		2014 年＊		
	增量	增幅	余额	增量	增幅
外汇存款	90	11.6%	773	152	24.6%
外汇贷款	80	12.9%	620	32	5.4%

境外存贷款发展计划：

境外人民币存贷款计划表

单位：亿元

计划项目	2015 年计划		2014 年＊		
	增量	增幅	余额	增量	增幅
人民币存款	530	31%	1 726	551	43%
人民币主动负债（含同业拆入、存款证等）	600	34%	1 761	659	60%
人民币贷款	500	30%	1 674	549	49%

境外外汇存贷款计划表

单位：亿美元

计划项目	2015 年计划		2014 年＊		
	增量	增幅	余额	增量	增幅
外汇存款	170	20%	835	156	23%
外汇主动负债（含同业拆入、存款证等）	170	23%	730	74	11%
外汇贷款	280	23%	1 211	233	24%

境内中间业务发展计划：

中间业务收入计划表　单位：亿元

计划项目	2015 年计划			2014 年
		同比增减	同比增幅	
中间业务收入	1 491	104	7.5%	1 387
其中：结算代理理财	943	69	7.9%	874
投资银行	299	35	13.2%	265

境内中间业务发展计划：

部门和利润中心中间业务收入计划

（模拟分账考核口径）　单位：亿元

机构名称	2015 年计划	增幅
个人金融业务部	313.27	4.89%
银行卡业务部	299.16	15.56%
投资银行部	263.54	13.94%
公司金融业务部	242.43	8.37%
资产管理部	175.66	9.66%
结算与现金管理部	136.95	6.84%
国际业务部	93.35	4.82%
金融市场部	78.43	4.89%
私人银行部	43.10	20.58%
资产托管部＊	42.94	-25.68%
贵金属业务部	30.98	6.86%
机构金融业务部	23.33	10.57%
养老金业务部	22.89	13.31%

注：资产托管部收入计划剔除自营贷款客户安心账户托管业务停办因素，按同口径比较，2015 年收入增幅为16.96%。

分项目中间业务收入计划表

单位：亿元

序号	收入项目	2015年计划	增量	增幅	序号	收入项目	2015年计划	增量	增幅
1	人民币对公结算	50.03	1.35	2.77%	23	代收代付	3.47	-0.61	-14.89%
2	现金管理	23.34	3.56	18.00%	24	其他个人中间业务收入	4.83	0.59	13.86%
3	人民币对公账户管理	17.50	-1.10	-5.92%	25	代理债券发行承销	20.51	0.64	3.23%
4	人民币个人结算	29.78	-10.86	-26.72%	26	资产托管（不含安心账户托管）	40.98	5.80	16.48%
5	个人账户管理	7.09	-0.00	-0.03%	27	对公银行类理财产品	47.40	4.86	11.43%
6	借记卡	79.80	5.12	6.85%	28	个人银行类理财产品	72.23	7.32	11.27%
7	信用卡结算及商户回佣	129.74	13.05	11.18%	29	理财项目推荐	52.50	4.18	8.65%
8	对公电子银行服务	20.89	3.91	23.04%	30	私人银行	43.00	7.73	21.93%
9	个人电子银行服务	17.37	2.60	17.57%	31	账户贵金属	6.28	0.66	11.72%
10	信用证	14.99	1.04	7.43%	32	实物贵金属	30.66	1.96	6.81%
11	外汇汇款	4.09	0.31	8.28%	33	结售汇及代客资金交易	51.64	2.35	4.78%
12	外汇托收及其他国际结算	2.16	-0.10	-4.52%	34	养老金	20.17	2.40	13.48%
13	国际贸易融资	42.55	0.73	1.74%	35	投资银行	299.44	34.84	13.17%
14	对公委托贷款	4.11	0.03	0.83%	36	对公贷款服务	0.40	—	0.00%
15	个人委托贷款	7.16	1.09	17.86%	37	个人贷款服务	8.10	-1.94	-19.36%
16	代理公积金归集	3.47	0.30	9.55%	38	信用卡分期付款	167.10	26.62	18.95%
17	代理对公保险	4.28	0.58	15.66%	39	对外担保	11.76	1.39	13.42%
18	代理个人保险	29.63	1.39	4.93%	40	对内担保	3.00	0.30	11.28%
19	代理财税	6.94	0.17	2.58%	41	承诺	28.40	2.93	11.51%
20	第三方存管及代理其他对公证券	4.46	0.77	21.04%	42	国内贸易融资服务	27.69	-0.81	-2.84%
21	代理个人基金	45.88	7.40	19.23%	43	安心账户托管	1.97	-20.64	-91.29%
22	代理个人国债	3.98	0.03	0.82%	44	其他对公中间业务	—	-2.30	-100.00%

2.3　风险控制计划

不良贷款管理与清收处置计划：

不良贷款管理与清收处置计划表

单位：亿元

计划项目	2015年			2014年
		同比增减	同比增幅	
不良贷款占比	××%	××%	—	××%
不良贷款清收处置额	1 300	240	22.6%	1 060
其中：现金清收	450	43	10.6%	407

2.4　资本管理计划

经济资本计划表

集团　　单位：亿元

计划项目	2015年			2014年
		同比增减	同比增幅	
经济资本需求量	15 217	1300	9.3%	13 917

注：经济资本需求量未考虑境内分行PD、LGD模型优化等内部评级参数调整因素，以及经济资本计量标准调整因素。

资本充足计划建议方案表

集团

计划项目	2015年（高级方法）			2014年*
		同比增减	同比增幅	
核心一级资本充足率	××%	××%	—	××%
一级资本充足率	××%	××%	—	××%
资本充足率	××%	××%	—	××%

注：1. 2014年预计数已考虑年底前发行的350亿元优先股；

2. 未考虑2015年可能实施的再融资、发行优先股、发行新型二级资本工具等外源性资本补充因素；

3. 未考虑2015年内资本充足率计算政策和计算方法的变动；

4. 假设2015年PD、LGD等内部评级结果保持基本稳定。

三、2015年主要工作措施

今年是全行适应经济新常态、迈向发展新阶段的关键之年。作为全球最大的银行，新常态下的经营发展特别是质量与效益状况为国内外所普遍关注，实现今年经营计划至关重要。面对许多两难、多难问题，特别是一些趋势性问题，面对许多前所未有的机遇，实现今年的经营计划既是非常具有挑战性的，也是具有难得的有利条件的。新常态必须要有新思路，关键之年必须要有非常之举。

全行要认真贯彻党中央、国务院方针政策和金融监管要求，按照刚才姜董事长重要讲话中作出的总体部署，突出质量稳定和利润增长两大中心任务，尽一切努力全面实现好全年的经营计划。要着力抓好以下六个方面的工作：

3.1 依靠信贷流量和增量并轨管理，不断增强服务实体经济的能力

信贷经营对全行各项业务发展的带动效应强，其质效在很大程度上决定着全行的总体效益，更关系着我们服务实体经济的能力。面对经济发展新常态下社会融资方式的变化趋势，我们要积极适应，主动作为，认真落实好“四个统筹”机制，用好增量、盘活存量，重点拓展“六大信贷市场”，全面提升信贷经营水平。

3.1.1 全年信贷与非信贷融资配置计划

根据实体经济需求，统筹安排信贷与非信贷总量，多渠道、多方式解决客户融资需求，2015 年信贷融资增加 11 000 亿元左右，非信贷融资增加 2 200 亿元左右；集团信贷余额 12.1 万亿元，非信贷融资余额 2.8 万亿元，信贷与非信贷总额比例在 4.5:1 左右。

2015 年全行信贷与非信贷融资计划表 单位：亿元

信贷	2014 年			2015 年计划		
	余额	增量	增幅	余额	增量	增幅
集团本外币贷款	110 354	11 055	11.1%	121 354	11 000	10.0%
其中：境内人民币贷款	97 245	9 066	10.3%	105 745	8 500	8.7%
1. 公司类贷款	63 620	3 794	6.3%	68 120	4 500	7.1%
2. 个人类贷款	26 453	2 629	11.0%	29 753	3 300	12.5%
3. 票据贴现	3 505	2 026	137.0%	3 575	70	2.0%
4. 银行卡透支	3 668	617	20.2%	4 298	630	17.2%
境内外汇贷款（亿美元）	620	32	5.4%	700	80	12.9%
境外机构贷款	8 097	1 514	23.0%	9 797	1 700	21.0%
境内控股公司贷款	1 167	195	20.0%	1 667	500	42.8%
非信贷	2014 年			2015 年计划		
	余额	增量	增幅	余额	增量	增幅
非信贷融资	25 583	2 907	12.8%	27 783	2 200	8.6%
1. 理财债权类投资	4 751	690	17.0%	5 151	400	8.4%
2. 理财股权类投资	793	-75	-8.7%	893	100	12.6%
3. PE 主理银行	427	59	16.0%	477	50	11.7%
4. 企业债承销及投资	9 078	1 102	13.8%	9 728	650	7.2%
5. 委托贷款	6 848	854	14.3%	7 348	500	7.3%
6. 未贴现的银行承兑汇票	3 473	222	6.8%	3 673	200	5.8%
7. 信贷资产证券化	212	55	35.0%	512	300	142%

注：信贷资产证券化采用累计数据统计，企业债承销及投资为存续期内余额数，按发生额统计预计 2015 年承销企业债 4 000 亿元左右。

3.1.2 信贷流量计划

信贷流量 = 信贷存量移位 + 信贷增量计划

今年全行人民币存量贷款到期可供移位再贷总额约 1.95 万亿元，是 8 500 亿元人民币贷款增量计划的 2.3 倍。

2015 年人民币信贷流量计划表

单位：亿元

序号	品种		到期额	移位率	移位金额
人民币存量贷款可移位规模	公司贷款	小计	26 312	53%	13 943
	其中	项目贷款	1 973	172%	3 403
		房地产贷款	1 184	148%	1 747
		流动资金贷款	18 577	31%	5 732
		贸易融资	4 579	44%	2 001
	个人贷款	小计	5 333	80%	4 250
	其中	个人住房贷款	2 116	95%	2 010
		个人消费贷款	1 473	95%	1 399
		个人经营贷款	1 744	50%	850
	票据贴现		2 780	50%	1 400
	存量移位合计		34 425	—	19 543
人民币信贷增量计划			—	—	8 500
人民币信贷流量			—	—	28 043

注：1. 存量贷款移位额指当年存量客户贷款余额减少量，资源用于新客户或优质客户新增贷款。

2. 移位率＝存量贷款移位额/当年到期贷款，各品种移位率按前三年平均值预测。

重点控制和挖潜领域贷款。

全行重点挖潜领域贷款合计压降 6 600 亿元，全部用于信贷结构优化：

融资平台压降 1 000 亿元，重点做好存量贷款确权，防止债务悬空。

房地产贷款压降 200 亿元，重点压降三四线城市及商用房开发贷款。

5 个产能严重过剩行业贷款压降 100 亿元，劣质客户要压降 120 亿元，多压降出的额度重点满足优质客户融资需求。

大额亏损、互保联保、过度融资、现金流下降等风险隐患领域退出 4 000 亿元。

重点控制和挖潜领域贷款可移位测算表

单位：亿元

序号	领域	退出金额
1	融资平台	1 000
2	产能过剩行业	100
3	房地产	200
4	大额亏损、互保联保、过度融资、现金流下降等风险隐患领域	4 000
5	清收处置不良贷款	1 300
合计		6 600

注：风险隐患领域主要从存量到期的贸易融资和流动资金贷款（约 2.1 万亿元）中清退。

3.1.3　信贷增量计划分配原则

根据人民银行存贷款口径调整和宏观审慎管理的新要求，把握好各项贷款总量和节奏，探索贷款与非存款类金融机构拆放的协调发展，保持对实体经济融资需求的有效支持。

继续实施增量贷款计划“三挂钩”分配。

按历史因素、增量贡献和战略调节相结合的挂钩分配方法，按各行单位信贷资产 EVA、日均增量存贷比、存贷利差和贷款五级分类后四类占比指标进行挂钩定量分配。

对今年 8 500 亿元人民币贷款增量计划，继续实行“三挂钩”分配。年初挂钩分配计划 7 800 亿元；预留 700 亿元计划用于按季挂钩追加分配和有侧重地向大中城市行倾斜配置；年中挂钩 2015 年上半年分行主要经营指标重新测算和调整。

适当优化挂钩分配办法：

“一降”：适度降低历史基数配置比例，由 2014 年的 65% 调降至 60%；

“一升”：战略调节配置比例从 5% 提升至 10%，根据各行资产负债结构调整、有效贷款需求和区域经济发展实际等情况，适当增加战略配置；

“一不变”：保持 EVA 挂钩配置 30% 的比例不变，对偏低分行给予适当缓冲。今年初实际分解下达各行人民币贷款计划 7 736 亿元（未含专项融资部、票据营业部），相当于 2014 年总量计划的 86.6%，因此大部分行本次分配的计划低于上年水平，但与上年实际增量的比例关系均高于 80%。

3.1.4　建立信贷流量监测体系

建立存量贷款移位监测指标体系。从行业、产品、区域、客户、质量等方面建立全面的移位组合监测体系，跟踪监测分析各行贷款结构变化、单边增减、累收累放等情况。

建立存量贷款移位效果评价机制。要综合评价存量移位贷款的资本占用、收益、RAROC等情况，分析贷款移位资金的配置效率。要根据全行战略布局，动态调整新发放贷款投向标准。各行贷款移位效果评价与其年度新增贷款规模挂钩。

强化存量移位及结构优化的督导。根据评价结果，加大对重点分行督导，提高存量贷款移位效果。

贷款移位监控评价指标体系

类别	监控领域	指标内容
移位客户监控	单一客户	移位额、移位率
移位组合监控	行业组合	分行业移位额、移位率
		跨行业移位额、移位率
		净移出、移入行业
	产品组合	分产品移位额、移位率
		跨产品移位额、移位率
		净移出、移入产品
	区域组合	分区域移位额、移位率
		跨区域移位额、移位率
		净移出、移入区域
	质量组合	分客户信用等级移位额、移位率
		跨级别移位额、移位率
		净移出、移入级别
移位效果评价	移位资金评价	RAROC变化
		风险变化
		收益变化
		资本占用变化

3.1.5　新增贷款流量的主要投向

积极拓展六大信贷市场。

1. 个人贷款。积极配合国家推动实施的六大领域消费工程，加快培育和发展个人贷款业务。全年个人贷款投放总额约7 600亿元，其中新增3 300亿元，存量移位4 250亿元。到年末个人贷款余额占各项贷款的28%，较年初提升1个百分点；信用卡贷款新增630亿元，增幅不低于17%。

支持居民合理住房消费需求，个人住房按揭贷款新增2 500亿元。

“逸贷”新增360亿元。

发展基于客户信用基础的个人小额信用贷款，全年新增100亿元。

发展基于个人金融资产的质押贷款，全年新增200亿元。

发展基于客户房屋资产等实物资产的抵押贷款，全年发放500亿元。

2. 重点工程和项目。公司贷款投放总额约1.82万亿元。其中项目贷款4 900亿元，计划新增3 000亿元。

支持“三个支撑带”中的国家重点规划建设项目。

一带一路：重点支持境内战略承接区域的交通运输及商贸物流项目、境外基础设施建设和能源资源项目以及产业投资、经贸合作等方面配套金融服务。

京津冀协同发展：重点支持交通一体化、产业园区、产业转移、清洁能源改造、文化旅游和医疗教育六大领域。

长江经济带：重点支持提升长江黄金水道、建设综合立体交通走廊、提升城市公共交通网络能力、全面推进新型城镇化、创新驱动促进产业转型升级等五大规划实施中的优质项目。

支持新型城镇化建设尤其是64个试点城镇中的重点项目建设。

支持电网、水电、核电、新能源发电、油气资源开发储备等优质项目。

3. 现代服务业和新兴产业。现代服务业。计划新增贷款1 000亿元，重点投向医疗、教育、养老，现代物流业等。

新兴产业。先进制造业重点支持有市场、有效益的高端装备制造等行业；信息基础设施产业重点支持三大电信集团等重点项目；文化产业重点支持文化旅游、广电网络运营及新闻出版、电影院线等领域。

4. 小微金融。监管口径小微企业贷款计划新增1 400亿元，到年末余额占公司贷款比例达到25.8%，上升0.24个百分点；重点发展单户融资规模在500万元以下的小微企业，其年末贷款余额占内部管理口径小微企业贷款比例要从目前的21%上升到24%。

抓好小微金融业务发展新模式的落地。各级行要建立相对独立的小微金融业务管理团队，落实总行规定的条线管理职责；要扎实推进小微中心建设，保证按期开业运营；要通过实行贷前市场规划、贷中转变审批理念、贷后实行现场与非现场相结合的管理模式，提高管理能力。

建立发展与风控相平衡的长效机制。提高分支行小微金融业务的考核权重，完善小微从业人员考核制度；推行标准化作业流程，对从业人员实行尽职免责；推行绩效工资与风险挂钩，逐步实施延期支付。

加快构建单户500万元以下微型客户信贷业务新体系。建立符合小额化、零售化业务运行规律的客户评级、政策制度、产品和流程，完善绩效考核、经济资本占用、内部资金转移价格等方面配套政策。

建立和完善以结算为基础，以融资、理财为重点，以客户贡献度为定价基准的小微金融产品服务体系；打造小微金融业务网上服务平台，大力发展网贷通、商户逸贷等业务，网贷通要增加300亿元，小微商户逸贷和逸农消费公司采购卡贷款增加50亿元。

5. 境外信贷市场。境外贷款新增1 700亿元，余额增长21%。以“走出去”中资企业和全球500强企业为重点，围绕资源、高铁、电力、港口、产能富余等行业，发展产能出口、资源进口、跨境并购中的信贷业务。年内新增营销项目300亿美元，实现签约提款150亿美元。

6. 区域优质客户。抓好各地区、各行业、各细分领域的龙头企业及其关联企业和优质上下游企业，关注上市公司和拟上市公司金融需求，抓住企业收购兼并、混合所有制改革带来的市场机会，提供“商行+”等综合金融服务。

3.1.6 抓好“三个支撑带”配套金融服务

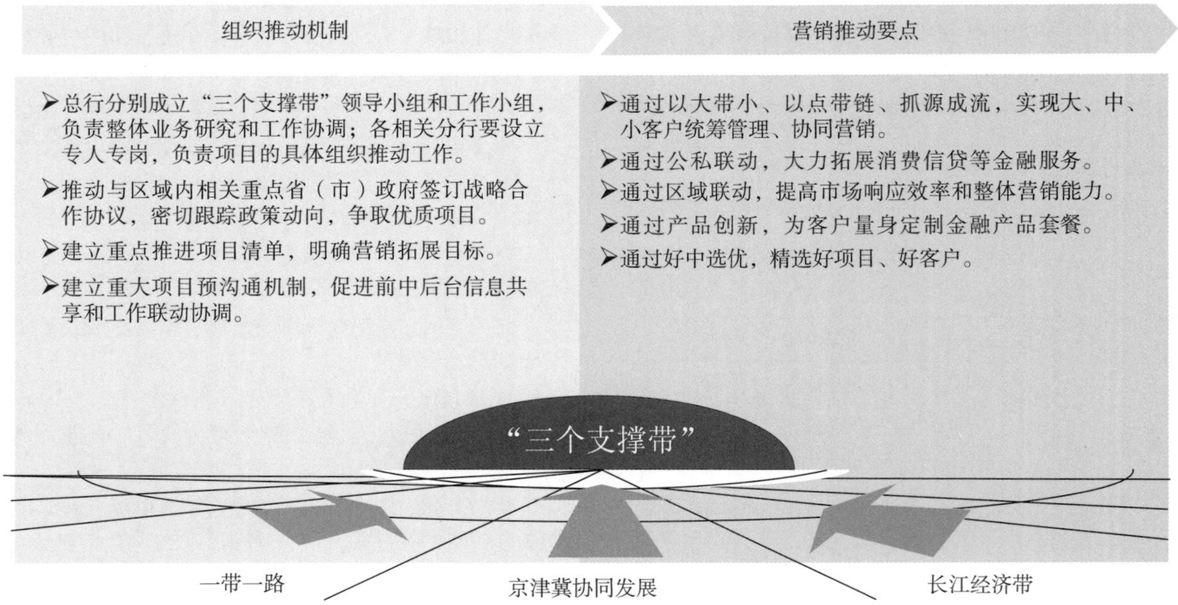

3.1.7 完善相关信贷政策措施

1. 政策体系。

适当调整“三个支撑带”内有关分行授权及相关行业的准入条件和限额管理方式。

根据全行信贷布局及投向重点，完善行业政策标准，加强投向指导。放宽轨道交通、港口、机场等领域政策要求，提高煤炭、商用房开发贷款等风险较高领域政策要求。

完善行业限额管理方式，将总量限额与结构限额相结合，在控制融资总量的同时，加强存量结构调整，在确保全年压降目标的前提下，增加限额管理灵活性。

按照授权下放、监管上收原则，调整完善信用风险业务授权政策。扩大基础产业类、个人消费贷款、债券承销与投资、走出去等业务授权。扩大大中城市行转授权额度。

2. 制度体系。

逐步形成以客户全球授信为基础，通过授信占用实现全口径融资业务的统计和管理体系，全面反映客户在我行的融资总量状况，定期进行监测、评估和分析。

吸取近两年风险管理经验教训，按照把控实质风险的原则，调整经济上行期形成的信贷制度，完善业务标准。

完善法人客户授信管理办法。取消风险系数折算比例，根据业务实际余额计算授信额度占用情况；建立集团层面、境内外统一授信制度；调整优化分项授信额度；简化授信调整流程和规定。

制定个人贷款用途负面清单。

3. 产品体系。

建立信贷前中后台联动的产品创新机制，前台部门负责产品创新需求、产品设计，中后台负责配套支持并做好风控审查，鼓励分支机构创新发展特色优势产品。

对信贷产品的收益、风险、使用频率等进行评价，对风险较高、使用频率过低的产品，要及时采取停办措施，或调整产品要素和管理要求。

4. 管理工具。

信贷管理工具要及时跟进信贷经营方式的变化，增强客户评级、RAROC、内部资金价格等的适应性，更好地服务于信贷经营。要完善RAROC阈值审批与业务审批层级统一的管理措施。

3.1.8 创新拓展票据融资业务

2014年，全行及时调整票据融资业务经营策略和发展节奏，在协同促进信贷均衡投放和流动性管理的同时，持续优化票据资产结构，小微企业贴现余额达到1 091亿元，较年初增长272.6%，本行承兑汇票贴现占比较年初提高2.7个百分点；累计实现经营收入169.7亿元，为5年来最高水平。要保持业务发展良好态势，把握新常态下经济结构调整带来的业务机会，加强对贴现客户的培育营销，不断拓展票据融资业务发展的空间。

巩固市场竞争优势。要优化资产结构，大力开展小微企业贴现，力促票据融资更好地服务实体经济。要认真研究互联网金融对票据业务的影响，加快票据业务与互联网金融服务平台和产品的融合创新，尽快确立我行在互联网票据业务的优势地位。

提升票据业务电子化水平。要进一步提高电子票据资产占比，充分利用票据电子化交易平台，积极参与平台报价，提高交易效率。要加强票据托管系统与电子化交易平台的推广，引导全行通过电子化交易平台提升资源配置效率，促进分行与票据营业部的协同发展。

扩大票据业务盈利贡献。要强化对票据业务的考核引导，促进优质票源与高收益票源的良性增长。要加大再贴现业务办理力度，积极拓展低成本融资渠道。

提高本行承兑汇票贴现比例。要统筹承兑业务发展，加强对我行承兑票据的营销推动，促进承兑与贴现业务的协调发展。

3.2　依靠服务创新和客户拓展，切实增强存款市场竞争能力

存款的背后是客户，客户的背后是服务，服务的背后是创新。全行要正确认识新常态下存款形势及客户需求的新变化，紧密围绕客户基础这一难点、金融资产总量这一重点、存款增长这一关键、效益贡献这一根本目的，强化大零售、大公司、全机构战略落地，持续加大产品服务创新力度，下大气力抢抓优质客户资源，牢牢把握存款工作主动权，巩固我行存款市场份额的领先地位。

2015 年人民币存款计划指标

单位：亿元

2015 年计划项目	时点		日均	
	增量	增幅	增量	增幅
人民币存款（含同业）	10 000	6.3%	4 000	2.5%
（一）一般性存款	8 500	5.6%	3 400	2.3%
1. 储蓄存款	3 000	4.0%	1 200	1.6%
2. 公司存款	1 500	4.4%	600	1.8%
3. 机构存款	4 000	9.8%	1 600	3.9%
（二）同业存款	1 500	16.1%	600	6.7%

个人客户

- 个人有效客户增长 2 000万户
- 资产1万元以上客户增长400万户
- 个人中高端客户增长300万户
- 四星级及以上客户增长450万户
- 六星级及以上财富客户增长45万户
- 私人银行客户新增0.9万户
- 信用卡客户净增380万户

公司客户

- 日均资产50万元（含）以上客户净增3 000户
- 日均金融资产5万元以上账户净增2万户
- 新开有效结算账户70万户
- 有效结算账户净增超过10万户
- 集团跨境人民币业务大中型客户新增1 000户
- 供应链累放链数净增200条，累放客户净增2 000户
- 监管口径小微企业有贷户至年末高于32.5万户

机构客户

- 全年新增三甲医院、211院校客户100家，力争政府机构客户全年贡献增长至800亿元
- 新增同业合作客户数100家，金融同业客户贡献增长至750亿元

2015 年客户拓展目标

2015 年存款考核比重。

总行将进一步提升存款在经营绩效考评的分值，其中储蓄存款考核分值增加到 70 分，公司存款和机构存款考核分值均增加到 40 分，三项存款的考核权重较以往增加 39 分，以更好地调动各分行抓存款工作的积极性。

从 1 月份前两旬的情况看，全行存款竞争态势不容乐观，各行要引起高度重视，迅速扭转不利局面。

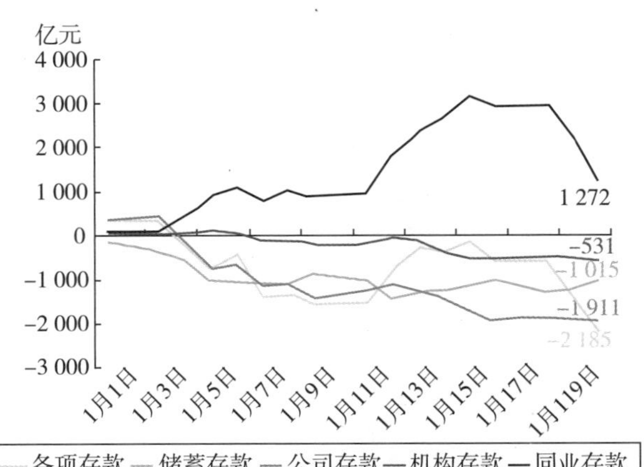

截至 2015 年 1 月 20 日人民币存款增长序时图

截至2015年1月20日四大行人民币存款增长情况表 单位：亿元

项目	工商银行			农业银行		中国银行		建设银行	
	余额	比年初	增幅	比年初	增幅	比年初	增幅	比年初	增幅
人民币各项存款	155 721	-2 186	-1.38%	1 303	0.99%	1 104	1.23%	834	0.62%
（一）一般性存款	145 527	-3 457	-2.32%	48	0.04%	365	0.43%	778	0.63%
1. 储蓄存款	73 409	-1 015	-1.36%	179	0.23%	260	0.71%	257	0.43%
2. 对公存款	72 117	-2 442	-3.28%	-131	-0.26%	105	0.22%	521	0.81%
（二）同业存款	10 194	1 272	14.26%	1 255	37.71%	739	13.30%	56	0.56%

截至1月20日，境内人民币各项存款（含同业）较年初减少2 186亿元，其中储蓄存款减少1 015亿元，公司存款减少1 911亿元，机构存款减少531亿元，同业存款增加1 272亿元。受1月中旬新股集中上市发行带来验资往来款因素影响，同业存款波动有所加大。

各项存款和一般性存款增长均明显落后于同业，农行、中行、建行存款均为正增长。

从分行情况看，黑龙江（比年初增加97亿元，下同）、湖南（88亿元）、吉林（38亿元）安徽（36亿元）等14家分行一般性存款实现正增长，北京（-815亿元），江苏（-581亿元）、广东（-499亿元）、浙江（-488亿元）、上海（-348亿元）等12家分行下降较多。

3.2.1 重塑储蓄存款优势地位

要进一步突出储蓄存款在个人金融资产中的主体地位，从产品创新、考核评价、信息整合、机制改革等方面多策并举，不断增强储蓄存款竞争力，努力把既有的市场巩固住，把失去的市场夺回来。

面向特定客户群打造新的产品体系。

好的产品是吸引和稳固客户的支撑，要有产品、有介质、有交易，才能有活跃的优质客户。要围绕个人客户支付结算、融资、投资的全方位金融服务需求，全面推动产品的创新和营销推广。已经完成研发的产品，要抓紧落地，尽快推向市场。

支付结算端产品创新。以重点客户群为目标，开发针对代发工资客户、商友客户、第三方存管客户的专属产品，促进通道类业务向个人存款的转化，不断提高代发资金的留存率和结算资金的沉淀率，实现储蓄存款均衡稳定增长。

针对代发工资客户。

通过零存整取特色产品锁定优质个人客户每月代发工资源头资金，逐步实现“代发金+特色存款+专属理财”的一体化增值服务。

对于日均存款达到一定标准的客户，要给予定期存款利率水平。

提高代发资金留存率、覆盖率和产品渗透率，力争今年留存储蓄存款1 500亿元。

针对商友客户。

优化商友服务体系，突出“大同城”结算便利优惠服务，有力竞争商品交易类结算资金。

据测算，个人结算资金的沉淀率约为8%。力争今年结算量增长10%，沉淀活期存款增加700亿元。

针对第三方存管客户。

要根据第三方存管账户活期储蓄的锁定金额，采取定期利率分档次计息，并提供灵活支取功能，吸引客户在双休日、节假日以及投资空档期回流存款至我行。

通过系统控制，只有已签署协议的第三方存管个人客户可购买。

以2014年2 500亿元的三方存管资金测算，若资金假日回流率为30%，我行可获得约236亿元的日均存款。

融资端产品创新。以灵活便捷的信贷产品创新，形成“融资+消费+支付”于一体的客户资金闭环，依托存贷款账户关联，提高客户黏性以及在我行的资金留存比例。

投资端产品管理创新。遵循投入产出效益原则，构建科学的客户金融资产配置体系。

2014年储蓄存款及理财产品规模四行比较情况表 单位：亿元

行名	储蓄+理财余额			储蓄+理财增量		
	储蓄存款		非保本理财	储蓄存款		非保本理财
	储蓄存款	保本理财		储蓄存款	保本理财	
工商银行	70 063	4 362	11 036	2 504	-244	4 274
农业银行	74 075	3 307	6 043	4 967	422	2 131
中国银行	36 044	790	5 728	1 202	575	377
建设银行	58 456	909	7 172	3 658	-692	1 512

从个人客户金融资产的情况看，截至 2014 年末，全行储蓄存款在个人金融资产中占比较年初下降 5 个百分点，增量占个人金融资产总增量的比例仅为 23%。我行非保本理财产品规模增长 4274 亿元，比农、中、建三行总增量还多 254 亿元，而同期储蓄存款增量不及农行和建行。金融资产结构失衡已成为我行存款增长明显低于同业的重要原因之一。

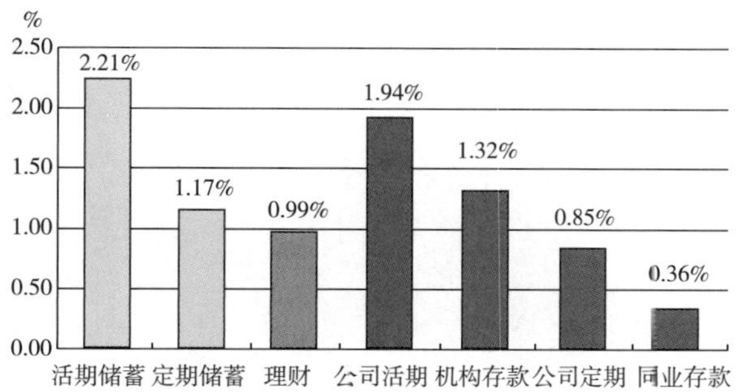

2014 年理财与存款收益对比

理财类金融资产规模的扩大，并未相应带来有效的收入增长。以理财产品为例，去年我行理财产品余额的四行占比为 41%，而收入四行占比为 38%，同期农行、中行收入占比超越规模占比。

更值得关注的是，这些产品的长期收益普遍低于存款。存款特别是活期存款仍是我行最重要的收入来源。

开展理财类业务，必须充分考量业务的性价比，坚持效益最大化原则，促进存款与理财业务的协调发展。

要建立客户金融资产调控机制，进一步突出经营战略导向和长期效益贡献，对主要金融资产配置既要有总量控制，又要有比例限制，确保存款基础地位不动摇；对既消耗存款、又不能带来业务收入的理财类业务要严格控制其规模，确保全行收益最大化。

要建立产品盈利能力动态管理机制，定期对各类理财类产品进行效益分析，根据收益状况优化产品销售策略，不断提升理财类业务的综合价值创造能力。

要建立分区域的差异化管理机制，根据不同地区在经济发展程度、市场成熟程度、同业竞争程度、客户风险等方面的差异度，科学合理设置各分行的客户金融资产发展目标，避免“一刀切”削弱我行在重点区域的竞争力。

要强化客户资产多元化配置理念，避免过度引导客户追求收益而引发金融资产结构的失衡。

加快推进个人客户信息整合与应用。

在做好个人客户信息标准化体系顶层设计、实现客户信息互联互通的基础上，尽快将整合后信息应用到产品创新等经营管理领域，实现客户信息的多维应用和价值创造。

做好“三张表”系统建设和应用推广工作。

个人客户信息查询表：建立面向网点负责人、个人客户经理、柜员等业务人员统一的个人客户信息查询视图。

个人客户经理任务表：统一客户经理业绩视图和考核评价管理。

个人客户信息采集表：一次性采集办理各项零售业务所需的客户信息，客户无须重复填写、确认信息。

加快基于 eID 的网络身份信息应用。在身份核查中引入直连全国人口库核查方式，提高客户信息身份核查的准确性和实效性；充分利用独家 eID 芯片卡发行卡优势，推动 eID 技术在航旅服务、物流、移动通信等领域的广泛应用，努力成为 eID 生态体系中最大的发卡机构和资金清算机构，带来稳定的结算类资金沉淀。

拓展客户信息大数据挖掘应用领域。建立重点产品营销、客户价值提升、目标市场拓展和客户流失预警等挖掘分析模型，将分析成果转化为个人客户和储蓄存款的增长动力。

建立分支机构负责人零售业务综合考评体系。

1. 一级（直属）分行行长。

开展分支机构主要负责人任期内零售业务综合评价，引导一把手加强大零售战略的整体推进和落地执行。

考评采取按年通报，任期评价的方式，对其整个任期内发展零售业务的情况作综合评价。

评价包括零售贡献提升、个人有效客户增幅和储蓄同业排名三个反映零售业务核心竞争力的指标，并对零售业务长效机制建设做定性评价。

2. 零售业务主管行长。

着重评价分支机构零售主管负责人在大零售战略实施过程中组织协调、资源配置、机构联动等方面的工作情况。

考评采取按季通报，按年评价的方式，对年度零售业务发展情况作综合评价。

评价包括零售业务贡献、个人有效客户、个人储蓄存款、个人贷款和协同发展与风险管理等指标。

3. 个人金融业务部总经理。

对分支机构个金部总经理实施目标任务书管理，按年度下达个人金融业务经营管理目标任务，按季度开展评价，重点关注其个金业务主要指标的序时完成进度。

评价结果与个人金融业务专业评价挂钩。

在建立分支机构负责人零售业务综合考评体系的同时，要优化客户经理管理机制，抓好考核“最后一公里”落地。

全面推进零售业务先行先试改革试点。

1. 推进先行先试改革试点。

要将零售业务先行先试纳入综合改革试点单位推进创新发展的重要组成部分，有机结合、相辅相成。

上海、浙江、广东分行要充分利用综合改革试点单位的有利条件，加大零售金融业务创新力度。

总行在体制机制、产品创新等方面要给予试点行一定的自主权限，鼓励其在体制机制、产品创新、客户管理、资源配置、队伍建设、零售文化等方面先行先试，积极探索适应新常态、符合市场和客户需求的零售业务转型发展之路。

2. 优先对试点机构简政放权。

扩大对试点机构的产品创新授权，缩短产品创新流程，采取包括总分行共同研发、总行研发分行试点等多种方式给予试点机构创新支持。

适度给予试点机构在新产品、新业务的定价权，坚持底线思维、区间思维，鼓励和支持试点机构开展差异化定价和综合定价机制探索。

3.2.2 促进公司存款健康发展

要坚持大公司金融战略，不断提升客户服务水平、夯实管理基础。今年总行将对公司存款单独考核，各行要发挥好考核的导向作用，针对客户协调发展、结算账户拓展、网点服务水平提升、“裸贷”治理等重点工作，进一步开阔发展思路，改进工作措施，努力开辟公司存款业务新蓝海。

坚持大中小客户协调发展。

1. 抓重点板块。

集团客户板块。通过与集团开展总对总合作，批量拓展集团下属企业。

供应链客户板块。重点拓展政府采购、装备制造、医药医疗、信息服务、建筑工程等领域的目标客户。

上市拟上市客户板块。全面覆盖主板、中小板、创业板、新三板客户。

国际化客户板块。做好“走出去”、“走进来”重点客户拓展。

网络平台客户板块。拓展行内外大型网上交易平台目标客户。

2. 抓服务提升。

提升客户服务层次。总、省、市三级行主要负责人要带头营销维护战略客户。各级国资委直管企业、行业龙头民营企业及外资企业，都要纳入相应层级的重点客户名单。

实行差别化服务。对重点客户要一户一策提出综合金融服务方案、重大业务营销计划，指定责任团队具体实施；对大型集团客户试行首席客户经理制，强化团队营销服务；同时要解决好中小公司客户的服务落地问题。

3. 抓机制建设。

明确责任链条。各行公司业务部门要牵头公司客户的营销管理，尤其要明确日均金融资产 50 万元以上公司客户的营销管理责任。

强化责任落实。建立拓户工作责任制，确保客户营销任务和维护责任分解到人，考核奖惩兑现到人。

大力拓展结算账户市场，深挖公司存款增长源头。

加强对公结算账户营销拓展，确保实现新开有效账户 70 万户，新开户存款余额达到 2 000 亿元，日均余额达到 900 亿元；加强存量客户结算产品的渗透，不断提高账户交易量，做好存量账户激活，实现有效户净增 10 万户；利用账户数据挖掘开展精准营销，提升账户价值，力争日均金融资产 5 万元以上的优质账户数增长 2 万户。

扎实做好网点对公服务基础工作。

抓好网点对公服务落地，每个对公网点都要建立面向中高端公司客户的专属服务区域和通道。

强化网点公司业务考核，开展公司类客户数、日均对公存款和金融资产、表内外融资等核心指标提升工程。新开办对公业务的网点，对公存款占比不得低于 10%；开办对公业务三年的网点，对公存款占比不得低于 30%。

切实抓好“裸贷”治理。

通过客户账户资金流变化分析，定期发送“裸贷”客户清单，加大量化考核，督促各行做好贷款资金归行监控，以及贷后的跟踪检查，力争年内裸贷客户总量压缩 20%，减少 9 400 户。

遵循“先易后难”的工作原则，对我行业务占比高、但结算归行率偏低的优先治理；对我行业务占比过低的，结合客户实际情况先力争成为客户主要合作银行，再争取更多的结算归行。

大型集团客户由总行与各分行大客户部负责，通过加强客户关系管理、综合化营销等手段，提高集团客户在我行的存款占比，年内基本消灭总行级客户“裸贷”现象。

中型客户由各分行负责公司客户拓展的团队负责，年内中型客户裸贷数量较 2014 年考核基数要下降 30%。

小型客户裸贷治理由总分行小企业部负责，年末除不良及潜在风险客户外的裸贷小型客户总量要压降 35%。

按月监测各行有贷户存贷比情况，对指标过低的分行予以通报。各行要将有贷户存贷比纳入相关部门、机构和管户客户经理考核范围。

3.2.3 保持机构存款增长势头

加强与改善民生、国防领域金融服务。

深入挖掘财政、军队、教育、医疗等各个领域的综合金融服务需求，努力做到“一个巩固、两个提升”，即巩固军队、财政、社保等我行传统优势领域的领先地位，提升民生客户的综合贡献，提升教育、医疗等薄弱市场份额，扩大机构客户基础。特别是要重点关注政府招标、部队改革、机关事业单位社保并轨三大领域。

密切关注财政资金公开招标动向。

近期，国务院及财政部下发通知，对盘活地方财政闲置资金、加强国库现金招投标管理等提出了具体要求，一些地方政府已经开始实施。财政资金公开招标是政府转变职能和利率市场化加速背景下的新趋势，各级行既要客观理性地看待，抓住存款竞争更趋透明、有利于我行发挥综合服务优势的机遇，更要认真应对成本上升挑战，用新思路、新模式，统筹协调存款增长与成本控制的关系，保持在这一领域的竞争优势。

注意发挥大行在同业定价中的引领和导向作用，避免价格无序竞争；主动了解同业在客户营销中的做法，研究应对措施，及时向总行反映情况，提出政策优化建议。

积极争取监管部门支持和政府的理解，同时要及时跟进了解改革动向和大额资金拨付信息，争揽新的存款资源。

紧跟全军资金集中改革进展情况。

目前全军资金集中改革试点已经启动，各行要紧跟改革进展情况，积极推进“军队资金集中收付项目”，进一步完善部队客户全面金融服务机制，提前谋划相关制度措施，抢抓营销先机。

把握机关事业单位工作人员养老保险制度改革机遇。

这次改革涉及全国3 800多万机关事业单位工作人员，各行要高度重视，加强组织领导，成立专门营销团队，及早做好对各级财政、社保部门、机关事业单位综合营销，重点争揽专户开立，做好资金代理归集发放、社保卡等服务，争取年金托管人资格，并联动工银瑞信争揽年金投管业务。

开拓同业合作创新。

统筹规划和安排同业业务，一要充分依靠银银平台，明确和落实总分行在客户营销、业务拓展、风险管理等方面的职责分工与协同机制，加快形成以结算代理、投融资、资金交易、资产转让等增值服务为重点的、完备的同业产品线；二要加快构建同业客户统一视图，实现同业客户贡献统一核算、合作政策统一制定、考核核算科学还原等功能。努力做到“一个拓展、两个增加”，即拓展银银平台、区域性金融产品交易场所等新兴客户；增加同业活期资金沉淀，增加同业客户合作贡献，使同业业务成为利润增长的潜力源。

3.2.4　顺应利率市场化趋势，创新存款管理模式

要积极把握被动负债向主动和被动负债并行转变的阶段性特点和规律，转变存款工作思路和经营模式，调整优化存款业务总量结构，不断增强存款市场竞争力。

探索完善“高来高走”业务模式，提升主动管理水平。要在全行范围内推广“高来高走”业务方案，调动各行主动开展资金运作、获取价差收益的积极性，并在发展中不断总结经验，完善措施，提高主动负债管理水平，为我行负债结构调整和资产负债市场化管理的转型升级打好基础。今年，全行“高来高走”额度控制在1 000亿元以内，各行要按照总行下发的《“高来高走”业务试点方案》，提高议价及投资能力，加强对交易对手信用情况的跟踪分析，在确保风险可控、每单盈利的前提下，满足重点客户保值增值需求，促进客户存款稳定增长。

做好大额存单推出的准备工作，把握业务拓展先机。去年总行已根据人民银行有关要求，开发了大额存单业务系统功能，起草了我行大额存单管理办法。今年，在人民银行推出面向企业和个人的大额存单后，我行要抓住业务拓展先机，加强大额存单的合理定价与营销管理，既要维护好存量重点客户，更要发挥大额存单对新客户的吸引力，通过大额存单这一新产品提升客户黏度和市场竞争力，优化存款客户结构，提升稳存增存效果。

抓住存款保险制度推出机遇，创新存款发展策略。预计2015年存款保险条例将正式公布。存款保险制度推出后，客户在不同银行存款的风险差异将逐步显现。各级行要持续深入分析存款保险制度对各类存款业务发展的影响，积极引导社会舆论和客户预期，充分发挥我行品牌、服务、规模优势，重点加大对重视存款安全性、保险覆盖率低的存款大户的竞争力度，深入挖掘重点机构客户和公司客户的增存潜力，创新服务与营销策略，扩大客户基础，提升客户存款规模和综合贡献程度。

3.3　依靠稳固传统产品、提升新兴产品，持续增强中间业务发展能力

这些年，一大批新兴中间业务快速发展，有力支撑了全行的利润增长。在利率市场化加速推进、利差收窄的情况下，要进一步加大中间业务增收挖潜的力度，严格落实收入“缺口管理”，加强产品创新和定价的精细化水平，强化对各经营主体的激励约束，收入规模大、市场占比高的优势业务要巩固市场份额，新兴业务要快速做大做强，不断提升收益贡献，努力构建起优势更加突出、结构更加均衡、发展更有后劲的中间业务板块，确保中间业务收入增量、规模继续保持同业双第一。

资产管理。

新常态下，资产业务面临着传统领域投资品收益下降、监管趋严等一系列挑战，但同时改革也催生了新的投资机遇。要主动适应市场和政策环境的变化，突出推动“大资管”战略实施，实现在投资管理、产品管理、风控模式、盈利模式、业务运作上的全面升级，使资管业务成为拉动中间业务收入增长和全行转型发展的重要引擎。

实现投资市场的全覆盖，在继续做好优质项目投资的基础上，把握资本市场回暖、资产证券化常规化发展、同业投资政策得以明确等新的投资机遇，延伸投资触角，拓宽与表内差异化的投资品来源。

更加突出产品管理的市场化导向，建立符合监管要求的产品估值体系，稳妥、有序地推进理财产品向净值

型产品转型；健全行内外融资相结合的流动性管理体系，拓展行外融资渠道。

健全以投研能力为核心的盈利模式，稳步提升投资管理能力。

构建符合代客理财本质的投资风控体系，把握代客投资与自营业务的区别，积极探索识别、防范与把控新型投资风险的有效手段，强化信息披露和投后管理，建立不同于信贷业务的风控模式。

深化总行理财事业部制改革，完善分行资产管理业务经营模式。

推进资管业务的全球布局，按照“梯次发展、重点突破”的原则，继续用好工银亚洲、工银欧洲两大海外资管平台，重点拓展与中国澳门、新加坡、悉尼等机构的内外联动合作。

盈利机会决定投资摆布，盈利机会在哪里，我们的投资选择、产品和业务创新就转向哪里！

投资银行。

多层次资本市场的加快发展，为投资银行、资产管理等业务打开了广阔空间，总行提出建立“大投行”“大资管”发展格局，就是要整合集团资源，更好地打通资金和资产两端的连接通道，实现投行与商行、投行与资管业务的协同发展，更加全面地分享资本市场大发展的红利。2015 年，投行业务要抓住机遇实现经营转型，增强可持续发展能力，并购重组、股权融资、债务融资三项产品线收入总体要保持 20% 以上的增速。

整合集团资源，深化商投联动，搭建适应“大投行”发展的业务运作架构。

成立投行业务推进委员会，统筹制定投行业务发展规划，建立集团口径投行业务统计体系和跨部门、跨机构、跨区域的协调运作机制。

实现经营转型。

产品体系转型：在现有并购、股权、债权产品体系框架下，创新出具体的、复制性较强的产品，在全行推广。

融资方式转型：改变现有的以并购贷款、行内理财资金为主的融资方式，向行外渠道分销转型。在分散风险的同时，提高融资安排能力。

目标市场转型：从传统房地产、政府类融资项目为主的市场结构逐步向“三大经济支撑带”建设、产能输出与跨境资本流动、混合所有制改革等新市场转型。

信息渠道转型：用好投行交易撮合平台，加强与中介机构及同业的合作，提高投行项目信息获取和撮合的能力。

顾问及信息服务类业务转型：提高顾问方案的针对性和技术含量，落实服务内容和责任，做到服务方案专业、服务记录完备，把投融资顾问、常年财务顾问、企业信息服务打造成兼具标准化和个性化特点的专业投行产品。

信用卡。

信用卡在全行中间业务收入中的占比达到 20%。要抓住社会消费由模仿型排浪式消费向个性化、多样化消费升级的新趋势、新特征，打造竞争力强的产品服务体系，推动发卡、收单、信用卡贷款业务规模、质量的全面协同发展，继续保持同业绝对领先地位。

信用卡主要业务指标

2015 年目标	同比增量/提升	同比增幅	
发卡量	新发卡 1 500 万张	净增 750 万张	7.5%
启卡率	65%	提升 2.7 个百分点	—
动卡率	62%	提升 3.9 个百分点	—
消费额	2.08 万亿元	2 113 亿元	11.3%
收单交易额	4.19 万亿元	3 877 亿元	10.2%
信用卡贷款余额	4 311 亿元	630 亿元	17.1%
不良率	低于 2%	—	—

量质并举拓展发卡市场。

抓行内客户，筛选交易活跃、信用记录良好的客户开展主动营销，力争全年在行内客户中新拓展 500 万信用卡客户。

抓行外客户，拓展航空、商旅等合作机构优质会员。

抓高端客户，年末信用卡私人银行客户渗透率要达到 80%。

抓未来客户，积极推广高校联名信用卡合作模式，为大学生提供用卡便利和优惠，打造大学生金融服务范本。

巩固收单市场优势。

完善全行抓收单的业务机制，加强商户 POS 交易数据分析和动态管理，力争年末特约商户超过 110 万户，净增 17 万户，新增 POS 活跃率要达到 80%。

做强做优信用卡贷款。

围绕消费热点领域，加大分期付款推广力度，特别是要推进分期付款由线下向线上延伸。

加强小微商户逸贷公司卡营销推广，在北京、江苏、广东等 6 家分行创新推广逸农消费采购卡，力争全年发放贷款 100 亿元。

结算与现金管理。

紧跟市场发展形势和新技术、新理念的变革应用，以账户拓展为基础，深化账户营销、现金管理等核心业务发展，不断提升市场竞争力和价值贡献。

坚持把账户营销作为做大结算业务的首要工作，特别要抓住国家推进商事登记制度改革、市场主体快速增长的机遇，利用企业通、大额资金流向监控平台系统，强化源头营销，拓展企业基本结算账户，提升账户质量。

提升现金管理服务水平：

细分客户群体，重点面向结算量大而资金留存少、分支机构较多、跨行向同名账户划转资金较多的潜力客户等，拓展现金管理服务，提高中间业务收入贡献。

开发现金管理客户专属理财产品，有效降低归集资金流失率，实现现金管理和理财销售贡献双提升。

优化完善全球现金管理系统，抢抓外汇资金集中运营管理、跨境人民币等领域的政策机遇，加快人民币双向跨境资金池等创新产品的营销推广，努力将全球现金管理服务打造为我行精品业务。

推动代理合作创新发展：

继续实施“五统一”的支付机构合作原则，加大与支付机构统一议价力度，实现各支付机构对我行综合贡献最大化。

做好通用缴费平台营销推广，抓紧完成存量缴费项目迁移，把通用缴费业务打造成全行支付业务的亮点产品。

代理销售。

客观计量代销产品的业绩贡献：考虑到基金、保险、国债等代销类产品，手续费及佣金率受存续期及周转率影响较大，为可比起见，对佣金收益进行年化处理，形成年化可比收益率。

2014 年代销产品综合收益评价标准

产品	手续费及佣金率	年化可比收益率
基金	0.37%	0.92%
对公	0.06%	0.29%
个人	0.40%	0.95%
股混型	1.94%	1.11%
债券型	0.38%	0.72%
货币型	0.06%	0.51%
国债	0.46%	0.16%
个人保险	2.81%	1.40%
保障类	10.45%	10.55%
投资类	2.63%	1.20%

注：年化可比收益率 =（手续费及佣金收入 + 相关收入）/产品年日均规模。

结论：（1）从手续费及佣金率来看，保险最高，股混型基金次之，货币型基金及对公基金最低。（2）从年化可比收益率来看，保险、国债因存续期较长，年化可比收益率明显下降；基金因周转换手率较高，年化可比收益率明显上升。

科学确定代销产品配置策略：

对收益率高、客户风险认知度和自担程度高的基金类产品，要顺应资本市场回暖、客户投资热情高的形势，作为代销业务发展的重点，尤其要加大个人权益类基金产品代销力度。

对收益率较高，但易发生销售误导、产生声誉风险的保险产品，要从机构和产品两个维度把好准入关，优先代销存续期限短、产品结构简单的保障类产品，并严格销售环节管理。

对收益率低且与存款性质较为类似的国债、货币基金等产品，在承担一定社会责任、满足特定客户群体需求的基础上，实施规模和比例控制。

动态跟踪各类代销产品收益贡献的变动及市场费率水准，为手续费定价水平调整等经营决策提供科学依据。

实施对合作机构托管、存款、资管等业务的联动营销，充分发挥我行代销渠道的议价优势，拓宽合作领域，最大限度挖掘合作价值。

金融市场：

交易业务。

我行交易业务线已日益完备，推动发展的关键是要把握国际金融市场和大宗商品市场不确定性增加带来的投资交易与避险需求，强化客户渗透，加快培育规模可观、交易活跃的优质客户群体。

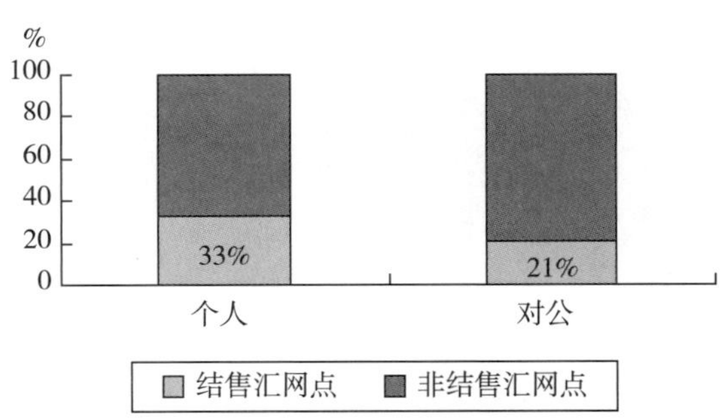

全行个人及对公结售汇网点覆盖率

稳步提高网点交易业务覆盖率。实现结售汇、商品、账户交易类等业务在全行的全面开办，各行年末个人和对公结售汇有效网点覆盖率要分别提高至 45% 和 26%。

加强营销推广。完善面向客户的常态化信息服务体系，持续开展系列主题营销和重点产品推广活动，充分发挥我行“人无我有”的竞争优势，努力挖掘潜在客户，扩大产品线规模和盈利贡献。力争账户交易类客户数较上年增长 20%，达到 1 400 万户。

搭建全球交易业务运作体系。

——抓紧完成标银公众交割，利用其在全球主要商品交易市场会员资格和专业运作经验，搭建工行全球商品交易业务运作体系，联动境内外机构做大客户规模与交易规模，争取代客及做市交易收入。

——依托工银亚洲、新加坡、伦敦和纽约机构，搭建策略统一、优势互补、协同运作的全球离岸人民币做市交易体系，争取尽快成为国际市场主流做市银行。

承销发行。

丰富承销发行业务领域，在大力发展非金融企业债的同时，积极拓展金融企业及地方政府债承销发行，探索参与永续债、项目收益票据等新业务领域。全年力争实现承销发行5 000亿元，继续保持同业第一。

推动资产证券化业务常态化发展和品种创新，全年计划发行300亿元，力争完成500亿元。

筹建我行全球DCM（债务资本市场）平台，满足客户跨区域的资金需求，实现承销规模和品牌的进一步升级。

私人银行。

实现业务线收入43.1亿元，同比增长20.58%。

坚持客户优先发展战略。

将超高净值客户、极高净值客户作为主要服务方向，深入开展私人银行“百千万户工程”。

强化境内外资产配置能力。

推进差异化的私人银行产品服务，强化以资产配置为核心的产品管理模式，力争年末私人银行理财产品规模达到4500亿元。启动私人银行全球理财基金发行，尽快实现离岸家族信托业务落地，推动私人银行产品跨区域全球配置，力争全年实现跨境人民币业务规模超100亿元人民币。

提高同业市场竞争能力。

聚焦北上广深等特大城市和地处新一轮对外开放试验区的城市行，加强业务指导和支持，特别是总行选定的大中城市竞争力提升重点行，要尽快实现争先进位。

资产托管。

托管资产规模达到6.3万亿元，实现收入42.94亿元。

全面把握业务发展新机遇。

把握资本市场回暖机遇，紧抓基金托管业务。

把握民生与社会服务领域机遇，推动分行安心账户托管业务转型，重点拓展二手房交易资金托管、专项资金托管等市场。

把握国际化发展机遇，以跨境人民币托管为重点，加速发展全球资产托管业务，特别是在RQFII托管领域要争取建立领先优势。

建立多层次营销体系，深挖全行营销潜力。

总行重点营销基金、保险、社保基金、全球资产托管等业务；分行主要营销辖内年金、券商、信托、银行理财及安心账户托管业务。

总行更多负责业务推动，建立公平合理的利润分配机制；分行建立客户名单制，逐级落实营销责任。

贵金属。

主要目标：实现中间业务收入30.98亿元，确保同业领先优势。加强专业联动，使贵金属客户在个人客户中的渗透率提升12%；在公司和机构客户中的渗透率提升8%。

拓宽实物类产品销售渠道，提升网点和融e购线上渠道销售规模，努力拓展同业机构、商业零售企业等行外代销渠道。

做大金融性业务规模，积极适应不同客户的投资理财、避险保值需求，做大贵金属资产管理业务规模。

养老金。

主要目标：年末受托管理养老金规模720亿元，实现业务线收入22.89亿元。

主要指标	2015年经营计划
受托管理养老金规模	720（亿元）
管理养老金个人账户净增	155（万户）
养老金理财产品日均余额	918（亿元）
新增养老金企业数	5 000（个）

健全养老产品服务体系，以受托管理、账户管理等源头业务为发展重点，立足标准年金业务，力拓非标准年金市场，不断提升业务发展能力和价值贡献。

做大养老金资产管理业务。把握机关事业单位人员养老保险并轨、社保基金运作市场化的机遇，积极争取基本养老金、职业年金等社保类资金管理资格。

积极发展个人养老金业务。以个人养老账户为纽带，搭建个人养老综合服务平台，灵活提供包括养老计划、财务规划、投资理财、信息管理等一揽子个人养老金融服务。

3.4　依靠优化格局，促进“1+3”经营单元提质增效

要立足集团和各经营单元实际，更加精准地分类施策，促进资源高效配置、境内外深度融合、区域间良性互动、行司间优势互补，进一步形成“1+3”经营单元协调发展、协同发展、共同发展的新格局。

3.4.1　一行一策支持盈利梯队建设

2014年，第一梯队分行在境内分行拨备后利润占比近50%，仍是全行业务发展的主阵地和盈利的主力军；第二、第三梯队分行利润占比分别达到29%和19%左右，对全行经营发展的支撑作用明显增强，特别是第二梯队分行正在成为全行业务发展和盈利创造的生力军。

2015年，要一行一策推动第一梯队分行转型升级和第二梯队分行提速发展，各梯队分行要把握我国区域发展布局中的新机遇，跟进国家“三个支撑带”战略，打造发展新优势、增长新动力。

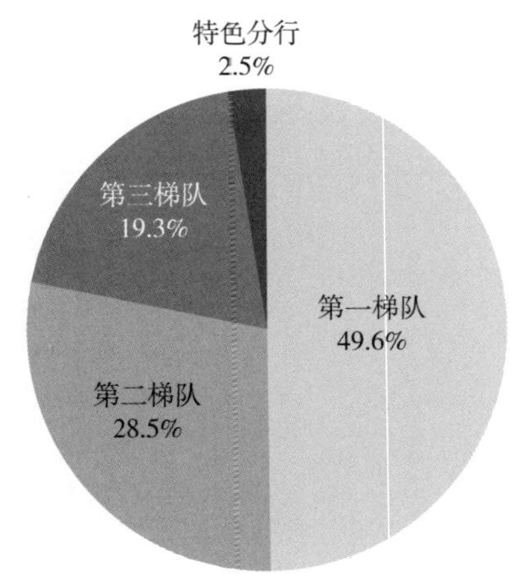

第一梯队包括北京、广东、江苏、浙江、上海、山东6家分行。

第二梯队包括四川、河北、湖北、河南、深圳、重庆、安徽、天津、苏州、山西、陕西、福建12家分行。

第三梯队包括湖南、辽宁、云南、贵州、广西、江西、黑龙江、内蒙古、吉林、新疆、青岛、宁波、甘肃、大连14家分行。

特色分行包括海南、厦门、宁夏、青海、西藏5家分行。

2014年各梯队拨备后利润占比

第一梯队分行要转型升级。

第一梯队分行要增强转型升级的责任感和自豪感，稳固竞争和盈利主力军地位，在境内分行利润中的占比要保持在48%左右。

率先推动浙江、上海、广东分行转型试点。目前2家分行已经报了方案，总行要以积极的态度，加快方案审定，指导试点行明确转型任务目标。3家试点分行要认真抓好转型方案的落地，强化进度管理，争取早日取得成效，为全行探索出一些成熟的、可复制的改革新经验和发展新模式。

第二、第三梯队分行要提速发展。

第二、第三梯队分行要有勇挑重担的使命感和紧迫感，积极把握新常态下的新机遇，加快发展步伐。2015年，第二梯队分行在境内分行利润中的占比要力争达到31%，第三梯队分行利润占比要保持在20%左右。

四川、河北分行要向第一梯队目标加速迈进；湖北、河南、深圳分行要巩固百亿元利润基础，实现在新平台上的持续稳健发展；重庆、安徽分行要力争在2017年前实现拨备前利润过百亿元的目标。

3.4.2　巩固提升大中城市行竞争力

截至2014年末，50家重点城市行本外币存款余额（不含同业）6.05万亿元，占境内分行比重为39.7%，比年初增长5.5%，高于全行平均水平0.5个百分点；本外币各项贷款余额为4.69万亿元，占境内分行比重为46.4%，比年初增长9.7%，低于全行平均水平0.5个百分点。但部分城市行存贷款市场竞争力较弱的问题仍较突出，其中佛山、长沙、苏州、温州、唐山、沈阳、株洲等7家分行本外币存贷款余额均落后当地同业第一名20%以上。

部分城市行存贷款同业市场竞争力情况表　　单位：亿元

城市行	本外币存款						本外币贷款					
	工行			农行	中行	建行	工行			农行	中行	建行
		排名	较第1名落后					排名	较第1名落后			
佛山	1 039	2	57.1%	2 421	710	944	704	2	42.1%	1 215	566	667
长沙	813	3	49.0%	659	936	1 594	819	3	40.0%	543	896	1 365
苏州	2 015	4	46.7%	3 779	2 553	2 291	2 212	3	22.3%	2 848	2 166	2 213
温州	802	2	44.5%	1 445	588	755	717	2	32.5%	1 062	661	702
泉州	539	3	42.3%	848	450	933	641	3	12.5%	662	420	732
唐山	756	3	36.7%	1 194	633	895	487	4	22.4%	627	552	621
烟台	558	4	35.8%	869	562	662	462	3	10.8%	493	358	518
无锡	1 014	4	34.9%	1 557	1 199	1 054	874	4	14.2%	1 019	911	966
厦门	792	2	32.0%	744	508	1 164	877	2	13.4%	771	399	1013
沈阳	1 261	2	31.4%	942	757	1 837	755	2	36.3%	474	493	1 185
株洲	208	3	31.2%	224	197	302	112	2	23.5%	108	105	147
潍坊	552	2	31.0%	801	471	516	650	1	0.0%	572	447	465
襄阳	306	3	30.3%	440	128	420	203	1	0.0%	179	90	165

注：存款同业排名首位22家，第2位18家，第3位7家，第4位3家；贷款同业排名首位26家，第2位17家，第3位5家，第4位2家。

50 家重点城市行本外币存贷款业务发展情况表　　单位：亿元

城市行	近三年存款增速	存款同业排名	近三年贷款增速	贷款同业排名	贷款收益率	资产质量	城市行	近三年存款增速	存款同业排名	近三年贷款增速	贷款同业排名	贷款收益率	资产质量
合计	8.9%	1	10.1%	1	6.10	1.03	青岛	8.3%	2	8.1%	1	6.11	3.26
无锡	7.1%	4	5.5%	4	5.67	1.85	南昌	8.7%	2	13.2%	1	6.24	1.32
唐山	4.6%	3	5.3%	4	6.40	1.31	兰州	6.1%	2	14.1%	1	6.05	0.34
苏州	3.6%	4	6.7%	3	6.13	0.92	潍坊	8.2%	2	10.3%	1	6.19	1.12
烟台	5.7%	4	6.4%	3	5.73	1.02	芜湖	13.7%	2	4.6%	1	6.16	2.09
长沙	7.0%	3	6.2%	3	6.15	1.43	赣州	10.0%	2	9.6%	1	6.56	0.81
泉州	10.7%	3	14.3%	3	6.12	1.68	鞍山	5.8%	2	9.1%	1	5.90	0.24
呼和浩特	14.5%	1	11.5%	3	6.25	0.83	宁波	8.9%	1	8.0%	1	5.98	1.64
石家庄	5.9%	3	11.2%	2	6.34	0.83	大连	4.7%	1	10.4%	1	6.21	2.32
株洲	6.6%	3	14.5%	2	5.47	2.25	广州	6.3%	1	6.7%	1	6.10	1.06
柳州	3.5%	3	3.4%	2	6.34	2.67	杭州	8.1%	1	8.2%	1	6.03	0.48
深圳	16.2%	2	18.6%	2	5.56	0.67	南京	10.6%	1	9.7%	1	6.14	0.29
厦门	6.5%	2	7.8%	2	6.09	1.80	武汉	12.2%	1	12.4%	1	6.16	0.32
成都	15.8%	2	14.1%	2	6.37	0.57	长春	7.5%	1	9.1%	1	6.29	0.79
沈阳	9.1%	2	14.2%	2	6.41	0.54	哈尔滨	3.1%	1	9.8%	1	6.03	0.78
福州	9.0%	2	15.8%	2	6.28	1.15	郑州	13.1%	1	17.2%	1	6.13	0.30
南宁	6.3%	2	6.3%	2	6.00	0.44	济南	8.2%	1	2.9%	1	5.99	1.88
西安	7.4%	2	14.3%	2	5.88	0.94	太原	5.6%	1	7.4%	1	5.96	0.57
嘉兴	11.7%	2	11.1%	2	5.88	0.46	合肥	10.3%	1	15.7%	1	6.23	0.78
佛山	6.3%	2	8.2%	2	6.08	1.38	贵阳	16.8%	1	13.5%	1	6.42	0.54
温州	-3.0%	2	-1.5%	2	6.12	3.13	昆明	8.7%	1	13.4%	1	6.29	1.03
洛阳	9.1%	2	18.1%	2	6.33	0.21	台州	8.8%	1	10.2%	1	6.38	0.54
乌鲁木齐	14.5%	1	15.2%	2	6.32	1.11	东莞	10.9%	1	6.3%	1	5.95	1.31
常州	6.9%	1	5.9%	2	6.08	0.55	中山	9.2%	1	10.0%	1	6.15	0.17
绵阳	8.1%	1	11.4%	2	6.58	2.22	东营	14.7%	1	18.9%	1	6.18	0.19
襄阳	15.0%	3	17.3%	1	6.25	0.24							

注：1. 本表按照城市行存贷款余额落后同业幅度进行排序，越靠前表明落后同业的幅度越大。

2. 存贷款平均增幅为2012年至2014年年化复合平均增幅。

3. 存款同业排名来自2014年9月末四大行交换数据。

大中城市行竞争力提升目标：要深入落实总行《关于提升大中城市行竞争力的意见》，2015年50家重点城市行综合市场占比和拨备后利润四行占比力争提升1个至2个百分点，分别达到32%和33%，巩固在重点大中城市的市场地位。

主要措施：

实行重点城市行竞争力提升名单制。省行要主动向总行推荐重点城市行，同时也要明确省行的重点城市行，指导其制订切实可行的工作方案，明确竞争力提升的目标、进度与措施。

加强重点城市行领导班子的经营管理能力建设。着力提升其战略思维能力、驾驭全局能力、市场竞争能力和风险防控能力“四种能力”。省行要配强重点城市行领导班子尤其是一把手，并将竞争力提升成效作为班子成员选任的重要依据。

总行将选取战略地位重要、发展潜力较大的湖南、河北、陕西3家省行营业部和东营、嘉兴和洛阳3家二级分行作为第一批重点提升行，在资源、政策等方面给予一定支持，推动其实现经营成效的明显改善、竞争力的大幅提升。

总行将进一步完善对50家总行级重点城市行的竞争力监测评价体系，按季公布评价结果，并将竞争力提升状况纳入所属一级分行经营绩效考评体系。

要继续坚定不移地推动实施重点县支行改革，各分行要切实负起责任，对近年来重点县支行改革进行全面认真的总结分析，以总行《关于拓展县域市场和提升县支行竞争力的意见》为指导，进一步完善工作推动机制，着力从抓班子、强队伍、改机制、转方式、练内功入手，增强重点县支行的经营发展能力。要抓住县域经济崛起和新型城镇化推进的机遇，大力发展零售业务和小微金融业务，积极利用互联网渠道和产品，创新提升对县域重点市场与客户的拓展能力，形成竞争新优势。对经济环境好、风控能力强的县支行可以继续加大信贷等资源投入，支持其提升竞争力。总行将重点县支行竞争力提升状况纳入分行经营绩效考评，定期发布县支行综合考核排名。

3.4.3　推动国际化发展迈出更大步伐

境外机构要勇担发展重任。2014年，境外机构支撑集团盈利提升1.28个百分点，是集团利润增长的重要贡献来源。这是境外机构自身努力和集团整体联动的结果，也说明前些年我们前瞻性推进国际化发展布局开始带来良好回报。

今年总行对境外机构下达的利润增幅目标是13.2%，与前几年比有所下调，这一方面考虑了当前的市场环境，另一方面主要是为境外机构业务结构调整优化留下空间。在境内盈利增长困难的情况下，各境外机构要主动加压，讲大局、比贡献，尤其要利用好这次总行境外发行优先股募集资金的支持，继续保持较快的业务发展速度和较好的盈利回报水平，作出更大贡献。

要主动融入国家新一轮高水平对外开放新格局。这是我们国际化发展的重大机遇。要根据国家战略，进一步完善全球网络布局和不同市场差异化经营定位，将机构建设重心放在推进核心和重点市场的本土化经营，增强市场渗透率；新增机构重点围绕“一带一路”空白区域，特别是在中亚、东欧、南欧等区域，要深化机构布局，延伸二级网络。要围绕企业和个人跨境贸易、投资和消费需求，加强重点产品线建设，特别是要进一步提高对人民币国际化的认识和把握，加快推动跨境人民币业务做大做强，全年跨境人民币结算业务要达到3.9万亿元，同比增长50%以上。

要更加重视夯实经营发展基础。面对外部市场环境、监管政策、风险因素的变化，各境外机构要始终坚持本地化、差异化、特色化发展思路，不断夯实客户和业务基础，重视加强全面风险管理和合规经营，确保稳健发展。总行要加大人才、科技等资源配置力度，完善境外机构管理体制，支持境外机构更好发展。

3.4.4　促进综合化子公司作出更大贡献

坚持“集团化、市场化、协同化”原则，深化“各业务线专业运营、产品和服务高度聚合、渠道捆绑交叉销售、科技后台集中运行”的整合发展模式，完善商业银行业务与综合化子公司业务联动机制，以子公司特色化经营助力集团综合化发展。

2015年综合化子公司发展目标

单位：亿元人民币

	2014年		2015年（计划数）		净利润增速
	净利润	总资产	净利润	总资产	
工银租赁	28.19	2 356	32.42	2 648	15%
工银瑞信*	5.05	5 908	6.06	7 000	20%
工银国际	2.72	161	3.5	188	28.67%
工银安盛	0.71	400	2	587	181.69%
合计	36.67		43.98		19.93%

*工银瑞信总资产为管理资产总规模。

工银租赁：要根据国家政策和集团战略导向，加快租赁业务创新、潜在客户开发和国际化拓展，推动资产结构的优化和权益回报水平的提升。

突出专业特色，积极融入全行“大公司”战略，实现租赁产品与信贷产品的有机组合，为客户提供高附加值综合服务。

加强与分行联动，充分发挥分行属地管理优势，强化租赁资产的租后管理，提高风险防控能力。

工银瑞信：要把握多层次资本市场体系建设和股债市场双双向好的有利时机，重点提升投资管理能力、营销服务能力，推动公司管理规模、盈利贡献再上新台阶，确保行业前三的领先地位。

多策并举做大资产管理规模，特别是收益较高的权益性投资、专户投资业务规模。

发挥全功能资产管理平台作用，利用业务模式灵活、轻资本的优势，更好满足集团客户多样化投融资需求，提升对集团的功能性贡献。

工银安盛：要把握保险业“新国十条”等政策机遇，坚持规模与效益并重，坚持承保与投资双轮驱动，巩固在外资寿险公司中的领先地位。

围绕“财富管理、期缴保障、高端客户”三大方向，优化业务结构，提高业务可持续增长能力。

尽快完成保险资管公司筹建工作，积极介入保险资管产业链，成为集团“大资管”业务布局中的重要增长点。同时抓住资本市场回暖机会，适时提高权益投资占比，提高投资收益。

工银国际：要以资本市场双向开放为契机，依托集团境外持牌投行平台，打造精品产品线，推动业务发展模式转型，提升可持续发展能力。

做强资产业务，重点发展以交易为重点的融资，通过加快资产周转提升资产回报和经营效益。

做大经纪业务，紧跟“沪港通”“深港通”推进步伐，加快建设全球股票经纪业务平台，为集团境内外客户提供资本市场投资通道和平台。

拓展全产品链投行服务，提高跨境并购及结构化融资服务能力，重点在不良资产处置、私募股权基金等领域推进综合化经营和业务创新。

3.5　依靠深化改革，完善转型发展的体制机制

改革由问题倒逼而产生，又在不断解决问题中得以深化。全行上下要进一步突出问题导向，重点围绕服务营销、资源配置、考核激励、资本和定价管理、队伍建设等领域的突出问题，做实做细调查研究，明确落实改革方案的责任和要求。通过全面深化改革，建立起适应转型发展需要的新体制新机制，充分激发当期增长动能，不断增强未来发展潜能。

3.5.1　创新互联网金融发展机制

经过一年多的努力，我行互联网金融三大平台、三大产品线的客户和业务都达到了一定规模，取得了初步成效，在大型银行具备了一定的领先优势。但是，互联网金融创新推广与传统银行业务模式差异很大，我们现在高度依赖网点的营销服务模式、开发周期较长的瀑布式开发模式，难以满足客户需求，也难以带来真正的活跃客户。今年要从互联网金融入手，在营销推广和产品研发模式上有所突破，提高互联网金融竞争发展能力，持续打造领先的 e－ICBC。

三大平台

板块	产品	目标
电商平台	融 e 购 B2C	总交易额达 3 000 亿元，其中非金融商品交易额 300 亿元
		客户数达 3 000 万
	融 e 购 B2B	交易额达 2 000 亿元
直销银行	融 e 行	待投产
即时通讯平台	融 e 联	个金客户 2 000 万
		信用卡客户 2 000 万

三大产品线

板块	产品	目标
支付	工银 e 支付	客户达 8 000 万
	线上 POS	商户达 2 万户
	手机银行	业务笔数达 PC 端 30%；交易金额达 PC 端 16%
	通用缴费平台	新增缴费项目 1 200 个
融资	逸贷（借记卡）	新增 10 亿元
	小微商户逸贷和逸农卡	新增 50 亿元
	逸贷（信用卡分期）	新增 350 亿元
	电商融资	带动 10 亿元
	网贷通	新增 500 亿元
投资理财	账户交易类产品	客户数 1 400 万
	工银 e 投资	客户数 30 万
	e 灵通	年底余额达 100 亿元

线上线下一体化

产品	目标
大学生 e 服务	客户数 50 万
工银 e 商友	客户数 10 万
工银 e 生活	客户数 20 万
智能网点	选取 1 000 家网点进行智能化改造

提升互联网金融产品营销能力。

相对来说，开发出一个新产品并不太难，难的是成功地营运推广。要抓住互联网金融平台化、移动化、场景化的发展特点，重点围绕解决营销什么，谁来营销的问题，改革营销推广机制，加强部门整合联动，组建互联网金融产品营销团队，推进线上线下一体化营销，拓展真正能带来业务的活跃客户，推动各项业务的快速发展。

营销什么。

产品是桥，一头连着商户，一头连着客户，必须把商户和客户两头都落实了，产品与客户生活场景合为一体，才有生命力和竞争力。

商户。

商户背后是场景。要找准客户生活的主场景，以开放的心态、共赢的目标，加快商户拓展，通过社交、购物、支付、理财等多功能平台的集聚，全力打造我行互联网金融全链条生态圈。

紧密围绕用户日常生活需求，丰富手机银行缴费、机票、彩票、租车、挂号等支付场景，打造综合化移动金融服务体系。

选择中等规模、排名居中、易合作的电商平台，列出清单，逐一营销完成工银 e 支付的嵌入应用。

积极营销有线上销售需求的线下商户，引导线下商户拓展线上支付业务。选择人流量比较多，目前应用条件相对不够完善的电影院、医院、学校等场景，加快互联网金融产品的应用推广。

个人客户。

重点营销工银 e 支付客户，新增 3 600 万户；手机银行动户数达到 3 000 万户。

重点营销学生、白领、中小企业主等年轻客户、优质客户群体，开发大学生、工银 e 商友等 APP，广泛联合饮食、娱乐、旅游、网游、教育、医疗、虚拟社区等应用服务商，以专享优惠等形式组织开展营销活动，带动个人客户的快速增长。

今年务必在商户拓展方面有新的突破！

谁来营销。

研究建立专业化、扁平化的互联网金融营销与服务团队。总、分行要成立专门营销团队，加强商户营销和产品推广。

总分行联动推广、线上线下一体化营销。

总行：总体规划和推动产品营销。

总行制定线上线下总体营销方案，牵头负责总对总商户签约工作，为基层行提供数据支持和精准营销服务。

分行：结合区域市场持续做好产品推广。

分行要配合总行推广方案的实施，做好辖内集团商户营销、任务分解、考核等工作，同时加强产品线下推广。

支行负责开展商户审核签约、日常运营维护等工作，通过收单合作拉动零售和对公业务发展。

网点要落实对商户的网格化营销责任，积极拓展周边商户、做大商圈。

如何营销。

依托融 e 联即时通信平台，创建线上线下一体化服务营销模式。客户经理要用好用活融 e 联，提高客户服务效率和质量。

依托融 e 行直销银行，拓展获客范围。通过“少而精”产品，重点做好对互联网客户的拓展和新资金引流。如远程开户政策实施，我行要积极尝试远程开户，做好风险评测。

依托互联网和大数据，创新营销模式。整合融 e 联、微信、微博等行内外互联网渠道资源，创新开展网络社会化营销，在朋友圈、社交圈等广泛推介我行产品和服务。要利用交易流数据分析和 LBS（基于位置的服务），精准定位客户及推介增值服务和产品，提升智能化营销水平。

依托网点入口优势，积极引导网点客户体验线上服务和产品的便利，以增强客户黏性。力争上半年实现全行网点 WiFi 全覆盖。

创新互联网金融产品研发机制。

组建从需求编写、产品开发到测试推广相对独立的项目制团队，建立迭代式研发机制，打破部门限制和流程束缚，简化环节，缩短研发周期，提高产品创新效率和质量。

由以往各部门分段负责的“串行研发”模式，向“并行研发”模式转变，快速抢占市场先机。

落实产品研发主体责任，业务主管部门要充分发挥产品创新的主体作用，深度参与应用研发过程。

通过在研发阶段进行迭代开发，推出核心功能比较完整、客户体验满意的精品产品。

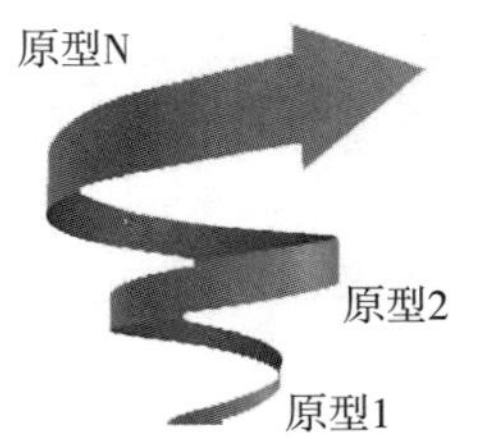

建立快速迭代研发模式

通过用户深度参与产品研发，准确掌握客户的真实需求。即准确找到粉丝客户，建立高效的用户反馈及处理机制，快速持续优化产品。

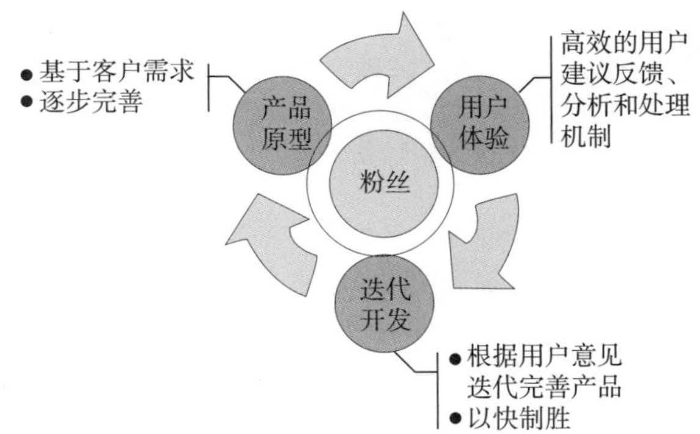

建立用户参与研发模式

3.5.2　加快信息化银行建设

深入推进信息化银行各项重点工作任务的落地实施，重点改进跨渠道产品体验的一致性及易用性，持续推进业务流程优化，显著提升客户体验。同时，抓紧 IT 架构转型工程建设，今年要在主机与开发平台架构布局、面向用户的服务集成、流数据平台、智能运维体系等几个重点领域取得突破。

信息化银行建设重点工作任务：

推进互联网金融建设。

加快网银电商化改造，做好电子银行 3.0 升级。

持续做好融 e 购平台、融 e 行直销银行、融 e 联即时通信平台等“三大平台”建设，多银行支付等“三大产品线”以及“工银 e 生活”（线下商圈）线上线下联动等研发工作。

支持重大战略。

大零售方面：打造个人客户综合信息账户，建设大学生金融 e 服务平台。

大公司方面：推进对公服务电子银行渠道整合、第三方支付机构合作平台建设、全球现金管理服务提升，加强大客户技术服务支持工作。

大资管方面：持续完善金融资产服务业务全流程管理系统，进一步扩大纳入系统管理的产品范围。

支持“两项流程”改革。

业务运营流程改革方面：优化网点业务操作流程，推进网点组合服务业务流程优化。

信贷流程改革方面：全面完成境内外、法人和个人信贷业务一体化整合及推广，简化信贷业务处理流程。

建设工作平台。

完善个人及法人营销工作平台，针对客户经理、网点负责人和营销专业负责人形成定制化的服务台。

打造面向网点管理人员的业务运营管理平台。

数据架构：

全面推进数据分析成果应用。

完成全行统一指标库核心功能研发，建立全行指标标准体系。持续完善数据仓库、集团信息库“两库”建设，持续加强数据治理，提升数据质量。健全分析师管理体系，管好、用好分析师资源，深化大数据在客户营销、经营管理、风险控制等各领域的应用，充分发挥分析师“解读数据、洞察业务、助力发展、创造价值”的支持作用。

1. 加强分析师队伍建设

配齐配强分析师队伍，力争每家分行配备 5 名以上的数据分析师；健全分析师管理制度，制定分析师管理办法、资质认证体系及工作成果考核细则；完善分析师协同工作机制，确定分析师重点项目计划，联合开展重点课题攻关，促进团队合作、优势互补、知识共享。

2. 夯实大数据基础

持续完善数据仓库，推进境内外新业务、集团子公司业务数据入库，加快工商注册信息、身份户籍信息、上市公司信息等外部数据统一入库；推动信息库建设，实现与数据仓库、大数据处理平台、流数据处理平台等的整合联动和互联共享；推广分析师工作平台（AIMS），实现面向分析师的跨系统服务集成，为分析师提供全面的系统支持。

3. 丰富分析产品体系

运用大数据分析方法，综合利用内外部各类数据资源，围绕精准营销、客户管理、风险防控、互联网金融等开展深度挖掘分析。

创新分析领域，加强对非结构化数据、流数据等的分析挖掘，充分发挥结构化数据与非结构化数据组合分析的价值。

4. 推动数据分析成果应用

依托精准营销等手段，丰富客户细分、流失预警、产品响应等模型，为基层和客户提供数据线索和信息中介服务，实现信息创造价值。

3.5.3　推进渠道转型

渠道的价值，在于客户引流，做深服务，做活营销。要以“服务体验建设年”活动为主线，以客户现场服务体验的改进、服务诉求解决体验的改进、多渠道服务体验的改进为着力点，显著提升服务品质；并按照“线上云银行、线下智网点、线上线下一体化”的原则，加快网点布局优化和业态升级，将网点打造成品牌展示中心、客户关系管理中心、客户体验中心、复杂高附加值产品营销中心、O2O 的落地中心。

深入实施网点竞争力提升工程。

力争同业竞争力达标网点新增 1 000 家，占比由 40.7% 提升至 47%。

着力优化渠道区域布局和功能布局，积极打造以财富管理中心为中心，以理财中心和金融便利店为支撑的“中心 + 卫星”网点体系。

大力推进自助渠道建设，力争至年底，附行式自助银行覆盖到全部网点，离行式自助银行与网点的比例由 0.64∶1 提高到 0.8∶1。

网点智能化改造既要配备相关硬件，更要优化业务流程，加强客户辅导，切实发挥智能网点在提升服务效能的示范作用。

探索建立线上线下一体化的运营服务模式。

运用互联网思维和现代信息技术，综合考虑客户金融需求和银行管理要求，完善线上线下服务流程，拓展线上线下联动的广度和深度，构建“服务全面线上接入、线上线下互联互通、流程无缝对接、风险控制严密”的全新运营服务体系。

按照“统筹规划、分步实施、持续创新”的原则，强化整体规划和顶层设计，在深入调研论证的基础上组织好流程、模式、机制、体系等建设。

构建全面的线上接入模式。实施受理环节的线上化改造，实现全业务的客户线上自主接入，承担业务处理职能的柜员走出柜台服务客户、营销产品，促使网点从交易处理的节点转型为服务体验和产品营销中心。

构建线上线下一体化金融服务模式。拓展线上服务内容、完善线下服务流程，实现客户服务的线上线下无缝对接，为客户提供更为精准、更加确定、能够全程感受的人性化服务。

构建协调运转的线下运营支撑体系。整合前后台运营服务资源，建立网点和后台中心间职责合理分工、任务智能分配、资源集中调配、服务有机联动的线下服务处理体系，形成线上线下信息共享、流程互通、业务互联的综合运营服务新模式。

构建更加完备的风险过程控制模式。依托主机以及直销银行、即时通信等平台信息，构建符合客户交易习惯的风险评估和控制体系，对客户在我行的金融交易风险进行智能识别和实时控制，有效防控实质风险。

构建服务导向型网点运营标准化管理体系。

全行高低柜口配置比例从改革前的2.27∶1降至目前的1.40∶1，降幅为38%。

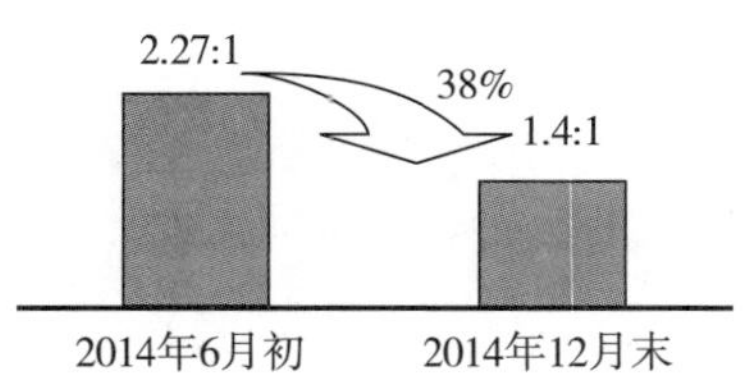

普通区高低柜配比日趋合理

共实现8 900余名柜员从高柜向低柜流动，13 695名柜员和服务支持人员转岗至营销类等岗位。

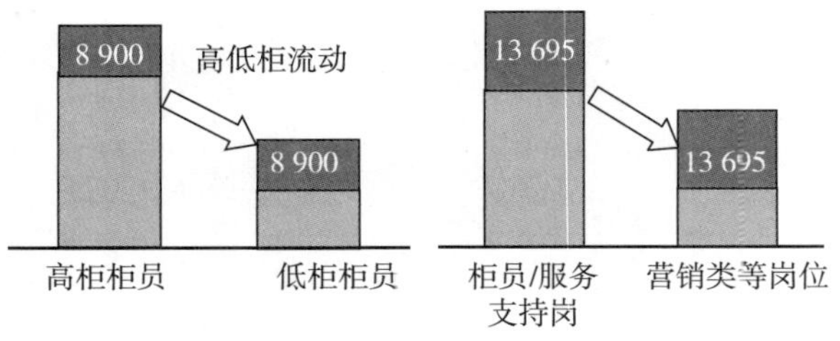

网点人员结构逐步优化

全行柜员人均工作量从105笔提高至124笔，上升了18%。

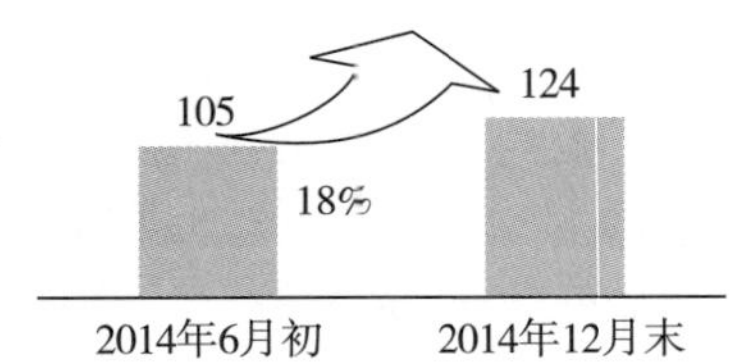

网点业务运营效率有效提升

全面完成网点运营标准化改革。年内全面构建起营业网点运营业态、柜口设置、岗位配备、人员配置的标准化体系，实现高低柜配比与业务结构的合理匹配。做好转岗员工的适岗培训，完成网点人员结构优化的目标任务。构建有利于实现网点内各岗位兼岗流动的制度、流程和机制，集中调度和动态配置运营资源，全面提高网点运营效能和服务效率。

实施服务导向型的业务流程再造。深入推进柜面服务流程优化和管理机制建设，对柜面业务的客户服务、运营风险、业务核算等公共处理流程进行模块化改造，形成各项业务的流程标准和处理规则，支持业务功能灵活组合和产品的快速创新。实施公共流程的参数化、统一管控和柜面流程的全生命周期管理，提高业务流程的整体协调性和管理的规范性。

3.5.4　实施客户经理管理机制改革

加强对公客户经理队伍建设，创新管理与服务支持系统。

要建立“视图完整、营销精准、评价科学、管理智能”的对公客户经理业绩管理系统，通过强化客户经理配备，完善考核激励机制，应用好营销系统等有效手段，不断提升客户经理综合营销服务能力和水平。

强化配备：年内全行公司客户经理要增加2 000人；每个对公网点配备1～2名对公客户经理；日均金融资产50万元以上客户必须配备专职客户经理。

完善考核：重点选择拓户、存款、贷款、中间业务收入、理财、结算、现金管理、代发工资等基础服务类产品作为主要考核指标。

提升素质：以专业资格认证培训考试为重点，开展分层培训。

用好系统：增强公司与法人客户营销系统功能，研发对公客户经理工作台，实现客户经理对分管客户主要信息、营销业绩信息的一表展示。客户经理要运用统一视图掌握自身主要任务指标差距和客户各项金融业务变动情况，及时落实营销服务措施，提升分管客户产品覆盖率和综合贡献度，确保完成各项营销任务目标。各级管理人员要通过系统认领辖内核心客户，由系统自动推送、通报客户主要业务信息，确保动态掌握核心客户业务状况，组织做好核心客户的营销服务。各级机构要运用统一视图开展客户经理业绩发布、考评与沟通。

完善个人客户经理管理机制，开展集约化支持团队试点。

今年要在个人客户经理管理机制改革上取得突破，建立责任清晰、传导顺畅的责任分解与任务细化机制，突出新增客户、新增存款、新增资产等三项核心指标，强化存量与增量客户、资产的考核，改变过去绩效合约以计价产品为主的做法，切实将总行战略和考核传导到“最后一公里”。

调整客户经理管户机制。

建立个人客户“双维度”管理模式。

按照客户星级和资产以及客户群属性进行双线管理。

探索将部分客户群体集中到一级分行或二级分行进行集约化管理和批量化维护的模式。

开发移动端个人客户关系管理系统，支持个人客户经理市场拓展、产品营销、客户管理、业绩统计的一站式应用。

优化客户经理考核机制。

将新增客户、新增存款、新增资产作为三项核心指标，纳入个人客户经理考核体系中，且权重占比不低于60%。

加强对客户经理的直通式管理，统一规范个人客户经理绩效考评，通过PBMS系统和MOVA系统进行标准化、精细化考核。

进一步缩短对客户经理的考核评价周期，实现“每日出业绩、每周有评比、每月兑奖惩”，及时做好客户经理业绩分析和指导，激发经营活力。

今年6月底以前调整到位，总行相关部门组织验收。

研究组建个人客户远程运营维护团队。总行拟在北京、广东、江苏、湖北、重庆、青岛等分行试点在一级分行层面或辖内二级分行、营业部在现有客服中心的基础上，设立个人客户远程维护团队，通过整合线上服务资源，构建线上线下一体、客户体验一致的营销服务体系，实现对中高端和潜力客户的全覆盖，提升客户发展能力。

主要职能。

产品营销：标准化产品的精准营销；根据客户指令远程实时交易；远程指导客户自助交易。

服务维护：客户信息维护管理；产品售后服务；客户关系维护。

理财规划：提供专业投资理财建议，帮助客户实现资产合理配置，协助客户达成理财目标。

风险管理：针对个人贷款违约客户，进行首轮短信和电话催收。

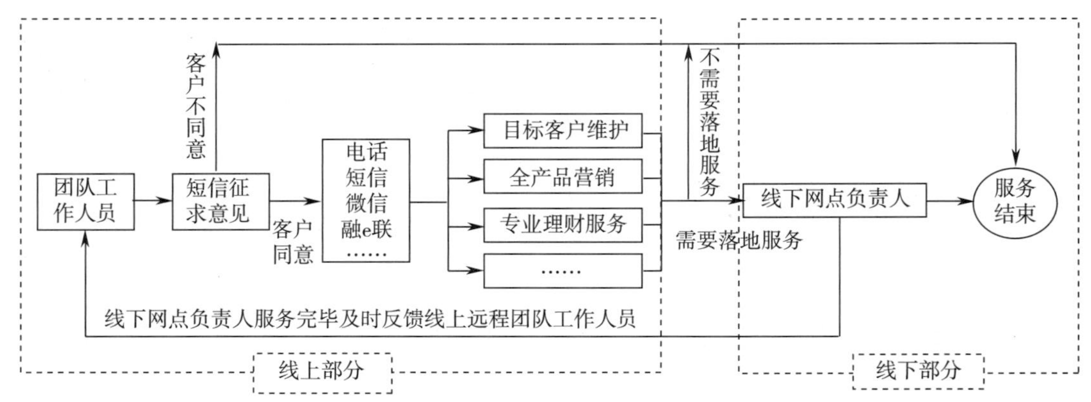

营销服务模式

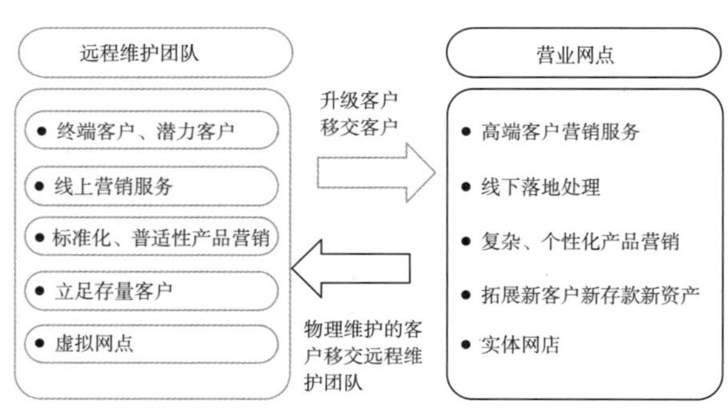

与营业网点的关系

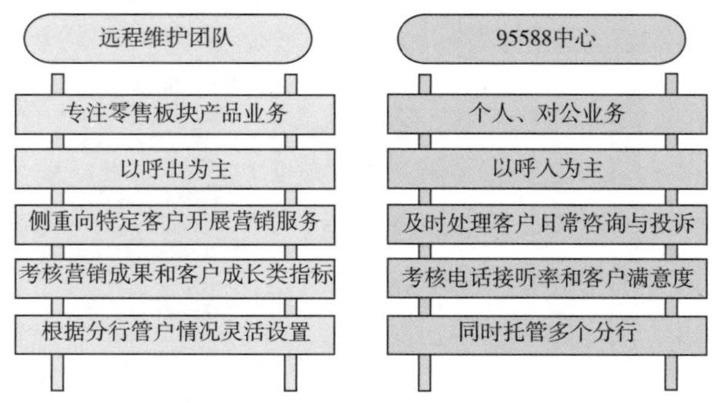

与“95588”中心的关系

3.5.5 推动实施资本管理改革

在资本监管日趋严格、资本补充难度加大的背景下，能否实现资本的优化配置与有效约束已成为衡量银行经营管理能力的重要标准。要加快推进资本管理改革，实施调整后风险加权资产（RWA）和经济资本的限额管理，构建起直观透明、公平合理的资本压力传导机制，引导各机构立足自身“挣资本、用资本”，提高资本使用效率，确保我行资本充足率持续符合监管要求。

实施调整后RWA和经济资本的限额管理。

综合考虑集团各经营主体业务增长、资产风险、资本优化等因素，2015年集团经济资本限额为15 199亿元，年度增量1 281亿元；调整后风险加权资产限额为124 580亿元，年度增量10 502亿元，两个指标增幅均为9.2%。各分行要对辖内机构进行二次分解，有效传导总行资本约束要求。

设置调整后RWA回报率考核指标。

完善分行行长绩效考评体系，增强资本管理相关指标的直观性，设置调整后RWA回报率考核指标，替代原有RAROC指标，引导各分行主动调整风险加权资产总量结构，提高风险加权资产的收益水平。

2015 年调整后 RWA 和经济资本限额分配表 单位：亿元

机构	调整后 RWA 限额配置			经济资本限额配置		
	2014 年占用	2015 年限额		2014 年占用	2015 年限额	
		增量	增幅		增量	增幅
1. 境内分行	86 474	7 158	8.3%	10 550	873	8.3%
2. 境外及控股机构	11 442	2 287	20.0%	1 396	279	20.0%
3. 利润中心	16 162	1 056	6.5%	1 972	129	6.5%
合计	114 078	10 502	9.2%	13 917	1 281	9.2%

优化经济资本计量政策，有效传导监管资本要求。

进一步优化经济资本计量，按照 12.5% 的资本充足率内部管理目标，对目前 8% 的经济资本占用要求进行适度调整，设置 1.5625 倍（12.5% ÷ 8%）的经济资本总量调节系数，调整后经济资本与监管资本基本保持一致。今后按照调整后的经济资本作为绩效考核的依据。

资本总量平衡表 单位：亿元

机构	经济资本（调整后）	监管资本（一级）	总行保留的缓冲量	缓冲比例
1. 境内分行	1 0550	—	—	—
2. 利润中心	1 396			
3. 境外及控股机构	1 972			
4. 集团合计	13 917	15 100	1 183	7.8%

统一分行资本口径，内部管理使用经济资本。

在分行层面统一采用经济资本作为内部资本管理口径，以更好地传导总行层面的账面资本和监管资本要求。经济资本以监管资本为基础，经过必要的调节用于内部管理，既能直接传导监管资本的压力，又能适应我行经营发展和绩效考核的需要。

科学制定分地区调整后 RWA 和经济资本限额。

分地区的调整后 RWA 和经济资本限额，既考虑了各分行的历史存量和业务发展因素，也兼顾了各分行的创利能力和资本回报因素，实现资本与规模、结构和质量相挂钩，以进一步强化价值创造导向。

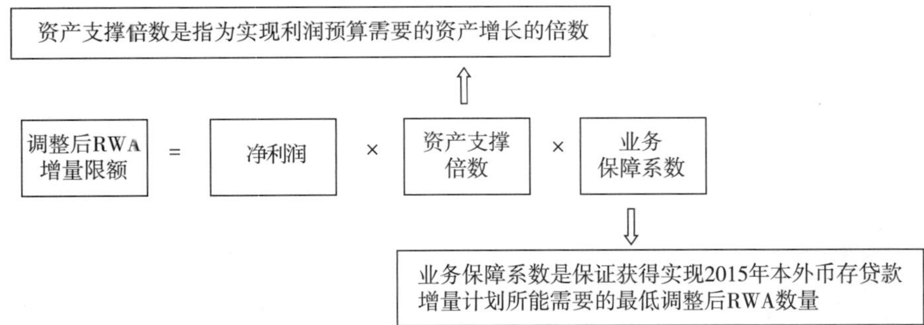

建立市场化交易机制，提高资本使用效率。

在新的资本管理机制下，各机构的经济资本和调整后风险加权资产限额都是自身通过利润创造的，而不是总行行政分配的。为鼓励各机构多做利润贡献，总行将建立资本交易机制，通过市场化手段合理调剂资本限额余缺。各分行可将多余的限额出售给总行，同时获得收益（通过扣减经济资本占用实现）；限额不足时向总行购买，同时承担适当成本（通过增计经济资本占用实现）。各机构可根据利润实现情况测算经济资本和调整后风险加权资产限额执行情况，并作出相应的交易决策，有效提升资本管理水平与节约意识。

3.5.6 改进利率定价管理机制

要充分预估降息和利率市场化改革加快的影响，加快建立以利率敏感性为主的负债分类体系，开发以客户综合贡献为基础的存款定价模型，优化完善存贷款定价系统，做好利率定价监测，适度扩大分行授权，保持

NIM 在可比同业中处于先进水平。各级行要强化利率定价自律管理，重点关注和解决新发放贷款利率水平下降、利率上浮到顶的存款规模快速增加等新问题，不断增强市场适应性，确保净利息收入为利润平稳增长提供有力支撑。

加强存款付息成本控制。

落实负债分类管理方案。尽快建立无到期日存款模型和换手率模型，量化分析定活存款的利率敏感程度，积极探索新型分类管理在差别化定价中的应用。

建立以客户贡献度为基础的存款定价模型。研发储蓄存款统一综合定价及大型对公客户逐笔定价模式，为前台部门营销服务提供定价依据，确保重点客户定价与贡献匹配协调。

完善主动负债定价策略。对同业存单、大额存单、短期同业定期存款、保本理财、结构性存款进行统筹规划，协调好业务发展与成本控制的关系。

健全政策和授权评估机制。及时评估分行定价议价偏差，适时调整定价授权，建立“可放可收、收放有序”的动态授权管理机制。

优化存款考核评价体系。加大对各行存款付息率的考核力度，抑制筹资成本过快上升。

提高贷款市场化定价能力。

调整主要信贷品种的 RAROC 阈值标准，引导分行多办理 RAROC 值高的业务，提高风险收益。

适度加大对分行贷款收益率的考核权重，加强对重点关注行的贷款利率管理，推动各行利用有限信贷资源获取合理的收益。

积极推进贷款基础利率应用，扩大以 LPR 为基准的贷款规模，发挥好我行 LPR 报价行和贷款大行优势，努力成为市场价格的主导者。

发挥内部定价、贷款计划配置和经济资本约束的协调作用，引导分行提高资金运作效率和收益水平。

优化投资组合结构。

把握债券市场扩容机遇，充分用好全年 5 000 余亿元的债券到期再投资规模，加大优质信用债投资力度、做好存量低息债券置换、创新开展同业资产投资，力争新增投资收益率提高 25 个基点。

3.5.7　深化财务运行机制改革

要在全集团引入市场化的财务管理机制，对各经营主体间的合作与服务进行计价，科学反映其业绩贡献，并通过健全三项业绩计量机制、完善四项联动考评机制，引导各经营主体凝心聚力、形成发展合力，达成理顺经营关系、提高经营效率、激发经营活力的目标。

健全三项业绩计量机制，科学反映业绩贡献。

完善内部利益分配机制。推动《境内外一体化业务联动利益分配方案》的落地实施，选择境内业务量大、分行反映迫切的联动业务，完善境内机构之间的业务联动利益分配机制，促进境内机构业务协同。

建立内部服务计价机制。制定合理的内部服务计价方法，实行工银信使短信业务内部计价收费，增强分行的成本效益意识。

完善成本费用分摊机制。从成本费用入账的“最先一公里”切入，进行成本费用归集还原分摊路径的优化，提升成本费用核算的精细化水平。按照“谁受益、谁承担”的原则，实行总行本部系统研发费用分摊管理办法。

完善四项联动考评机制，形成集团经营合力。

做好四项联动考核。

1. 加强营销管理部门与利润中心的联动考核。深化资产负债及中间业务模拟分账考核，完善代发工资考核，继续实施客户产品覆盖率考核，引导业务条线联动。

2. 加强利润中心与分行的联动考核。对利润中心的考核，业务线指标权重原则上不低于 80%，引导其做大做强业务线。

3. 加强分行与综合化子公司的联动考核。考核分行在基金、租赁、投行、保险方面联动业务开展情况，引导分行开展行司联动。

4. 加强境内分行与境外机构的联动考核。重点突出跨境人民币业务联动，引导发挥境内、境外两个市场的协同竞争优势。

深化财务运行机制改革是一项综合性系统工程，需要全行上下按照内部市场化、集团一体化的指导思想，建立健全各项配套保障机制。

提早谋划“营改增”税制改革应对策略。

根据国务院财税体制改革总体安排，金融业“营改增”工作将在年内启动。从与国家有关部门的沟通情况看，“营改增”改革方案倾向于对银行中间业务收入支出按照一般计税法征税；对存贷款业务采用一般计税法但存款利息支出不得抵扣。按照这一方案要求，我行需实行收入价税分离，同时也要对进项税进行区分抵扣，这将直接导致全行营业收入尤其是净利息收入减少，提高税负成本，压缩我行盈利空间。我们要密切关注“营改增”方案政策动向，测算不同税制方案的影响，从业务流程改造、会计核算变化、增值税发票管理等方面探索实施税务管理机制改革，努力降低实际税负和经营成本。

强化成本控制管理。

全行要牢固树立过紧日子思想，深化成本控制和勤俭办行意识，压缩一切不必要开支，盘活存量，用好增量，不断提升成本管理的科学化、精细化水平。

加强费用预算授权管理。严格将营业费用总量及各项费用开支控制在预算和授权额度之内，坚持“量入为出”。要切实转变“用足额度”观念，根据业务发展需要，真实、合理、合规使用开支。

从严从紧控制费用支出。按照总行相关规定，从严控制行政办公成本；根据总行确定的差旅费、会议费等开支限额，结合本行实际确定合理的开支标准并严格执行；规范公务接待行为，严格控制公务接待费用，倡导节俭开展客户营销；从严审批外包项目，避免盲目外包形成刚性开支。

注重低效固定资产盘活。要采取投资额度与闲置资产处置计划挂钩等方式，引导各行多措并举积极处置变现闲置固定资产，大力挖掘存量资产红利。目前，全行闲置固定资产面积达到237万平方米，年内要力争实现辖属闲置资产原值总量下降30%，其中因网点撤并形成的闲置资产要下降50%。同时，增量部分的投入要根据市场拓展、业务需求、库存和存量设备使用情况等合理确定需求数量，防止不科学不审慎的投入形成新的浪费。

今年财政部将出台国有金融企业办公用房和业务用车的具体配备标准，并制定《中央金融企业培训疗养服务机构改革实施方案》，全行要高度重视，严格按照中央最新政策要求，及时跟进落实，严禁触碰政策红线。

3.5.8 完善境内分行绩效考评体系

结合经济金融形势及我行工作重点，在保持总体稳定的基础上，对境内分行考评办法进行适当完善。

1. 加大存款考核力度。

将保本理财和结构性存款从存款中剔除，纳入“人均本行理财产品日均增量”考核，控制存款付息成本，确保核心存款稳定增长。

细化存款考核口径，分别从储蓄、公司、机构及同业三个方面考核存款工作，避免和减少存款业务短板，促进各项存款业务协调发展。

加大存款考核力度，提高考核指标权重。

2. 完善客户类考核指标。

对客户类指标进行分层考核，根据客户日均金融资产分档区间引入加权系数，日均金融资产越高，则加权系数越高，引导分行强化客户基础，加大对高价值贡献客户的营销挖掘，提升客户质量。

3. 完善风险加权资产和经济资本考核。

将“经济资本回报率”调整为“调整后风险加权资产回报率”，同时将“监管资本占用率”调整为“经济资本占用率”，以更直观、有效地传导资本压力，引导分行进一步加快经营转型，强化资本约束理念。

4. 强化移动、互联网金融考核。

将“工银e支付账户数”调整为“工银e支付客户数”，夯实业务发展基础。

适应移动金融发展需要，将“手机银行客户端动户数”调整为“手机银行动户数”，并增设“手机银行交易额”调节项，推动手机银行客户和交易额增长。

将电商平台交易额的考核口径由原来的B2C扩展为B2C和B2B，加快电商平台发展。

5. 突出跨境人民币业务联动考核。

落实跨境人民币业务发展战略，将“跨境人民币业务（同业占比）”纳入“业务协同联动”板块单列考核，推动集团业务联动的进一步深化。

6. 调整投行业务考核指标口径。

将“品牌类投行业务收入”调整为“投行业务收入”，鼓励分行在规范的基础上，全面拓展投行业务，促进投行业务转型发展。

7. 增加大零售综合评价。

增设大零售业务综合评价加分项，建立以大零售营业贡献为核心的业务评价体系，进一步引导分行贯彻落实大零售业务战略。

8. 增加大中城市行竞争力提升考核。

将大中城市行竞争力监测评价结果作为加分项，纳入境内分行绩效考评，调动分行提升大中城市行竞争力的积极性。

3.5.9 落实人力资源管理深化项目

要按照去年底总行人力资源管理深化项目启动会的部署安排，抓好实施方案的落地执行。重点要对项目所涉人员晋升和工资费用等进行3~5年的滚动测算，并结合项目的不断深化推进，建立起常态化的人力资源管理优化体系机制。

项目实施安排	2015年一季度：1月份开始组织部分境内机构开展试点工作，一季度末境内各分支机构形成实施方案
	2015年上半年：境内分支机构全面落地实施
	2015年底：境外机构、控股子公司落地实施

建立健全员工培训与资质认证体系。

启动实施“十大专业型人才”培训项目。围绕“经营管理人才”“零售金融业务专业人才”等10个领域开展重点培训，力争今年培训8 000名核心人才。

推进专业资质认证体系建设。扩大行内资质认证范围，推进资质认证在员工职业生涯发展中的应用。加快构建覆盖信贷业务前中后台各个岗位，并与授权审批挂钩的资质认证体系。

完善培训工作机制。明确不同类型人员的专业胜任能力标准，完善员工“持证上岗”制度。建立员工培训积分制，全面推行“逢训必考”培训评估反馈机制。

3.6 依靠从严治贷、从严治行，为全行稳健经营提供有力保障

确保资产质量稳定，有效防范各类风险，对于实现新常态和新的经营环境下的稳健经营至为关键。全行必须更加突出从严治贷、从严治行，以非常之举、以严格的责任机制管控风险，坚决遏制资产质量下滑趋势，坚决扭转各类案件和风险事件上升的态势。

3.6.1　坚持从严治贷，打好资产质量攻坚战和保卫战

2015 年资产质量控制与清收处置计划

不良贷款率	年末不良贷款率控制××%以内
清收处置	境内分行不良贷款清收处置 1 300 亿元
	其中现金清收 450 亿元
	用于不良贷款核销的拨备金额控制在 400 亿元以内
逾期贷款	逾期贷款控制在××亿元以内
	剪刀差控制在 1 000 亿元以内
潜在风险贷款	全年压降潜在风险贷款 1 000 亿元

信贷资产质量管理工程。

对新增贷款形成不良实施更加严格的管控措施。

2013 年以来，境内分行累计发放法人客户新增贷款（新客户及存量客户增加贷款）63 768 亿元，贷款余额 35 566 亿元，不良余额 398 亿元（含已核销 65.6 亿元），占同期全部法人不良余额的 29.73%。不良贷款户均劣变时间为 8.51 个月。

除北京和西藏分行之外，其他分行均有劣变。2013 年以来新增贷款形成不良余额最多的三家一级分行依次为福建（64.82 亿元）、浙江（46.07 亿元）和山东分行（30.45 亿元），从 2013 年新增不良贷款占全部不良贷款比例看，有 5 家一级（直属）分行占比超过 50%，有 12 家分行超过 30%。从二级分行近两年新发放贷款情况看，逾期率超过 5% 的有 73 家，超过 10% 的有 25 家；不良率超过 5% 的有 30 家，超过 10% 的有 15 家。

管控措施。

1. 既要加快存量不良贷款的清收处置，更要突出抓好新增融资的质量控制，清旧控新，避免不良贷款前清后溢。

2. 从今年开始建立新增贷款的资产质量监控体系，以 2013 年纯新增贷款为基础，要按照选择好客户、落实好责任、做好防假、把控好实质风险的管理原则，形成与经济新常态相适应的信贷制度办法和政策标准，确保新增融资质量。

3. 对 2013 年以来新办理业务发生的不良贷款，各级内控部门要会同信贷管理部门，逐笔分析，区分责任，严肃问责。对相关责任人要根据贷款损失程度、违规事实，按照员工违规行为处理规定从严、从重处罚。

4. 建立信贷人员离岗审计制度，防止违规违纪责任人以辞职、离职规避处罚；对出现大额不良、大面积不良的机构，坚决查处管理人员责任，不能因调离岗位而不进行处罚；对失职、渎职的管理人员绝不能迁就姑息。

依托有效的信用风险监测，切实阻断新的出血点和风险源。

要从客户履约与经营行为、特定领域融资产品、重点风险行业等维度，综合利用我行信贷、结算数据以及征信、工商、法院、媒体等外部信息，对融资客户风险持续进行排查，对存在风险隐患的，要立即采取措施实施退出或转化，阻断新的出血点、风险源。

重点关注风险点：

大额亏损集团及成员企业；

互保、联保、担保圈交叉违约、关联交叉违约；

多头融资、过度融资；

日均存贷比低于 5% 的裸贷户；

客户结算或资金异常；

连续违约、逾期的个人贷款；

过度融资、过度扩张、风险突出的民营企业；

国有企业改制可能引发的逃废债；

2014 年末重点关注风险点涉及的融资　　单位：户，亿元

序号	风险识别因素	风险说明	客户数	融资余额
1	大额亏损集团及成员企业	整个集团亏损金额在亿元以上	498	2 106
2	互保	贷款客户之间互为保证人	1 882	1 330
3	担保圈交叉违约	担保圈内任一客户出现不良，其他客户仍为正常	1 036	546
4	关联交叉违约	借款人的关联企业出现不良	86	108
5	多头融资、过度融资	小企业在 3 家以上银行进行融资	8 747	1 591
6	裸贷	日均存贷比低于 5%	264	495
7	客户结算或资金异常	最近 12 个月内我行账户贷方科目结算笔数合计小于 12 次	192	433
8	涉及淘汰落后产能	列入国家淘汰落后产能企业名单	11	36
9	连续违约、逾期个人贷款	监测时点前 1 年内累计逾期 6 次以上且贷款形态为正常或关注类	288 557	642
合计			301 273	7 287

严防输入性、交叉性风险。

当前，外部风险隔离控制的难度持续加大，特别是随着社会融资活动日渐活跃，信托、基金、证券等银行合作机构日趋增多，贷款客户涉足民间融资等情况日益普遍，P2P、众筹等互联网融资迅速发展，都可能引致信用风险从表外向表内、行外向行内、业外向业内传导，极易触发形成新的风险，需要引起高度重视、严加防范。

进一步加强自营与代理业务风险隔离。在办理理财投资业务时，不能简单以贷款审查审批代替代理投资审查审批，要按代理投资审批授权和要求履行信用风险审查审批。

严格融资客户准入管理。对存在风险隐患、第一还款来源不足、过度融资、表内业务已经逾期或纳入潜在风险名单管理的客户，理财业务不得受理其融资需求，严防风险传染。对理财投资的客户或项目出现经营困难、兑付逾期等违约风险的，不得通过表内贷款为其融资。

提高代理投资信用风险审查质量。要按照总行各项要求，审慎把握融资客户准入，严格履行政策要求，严审业务合格风险和信用风险。

严防银行之间交叉违约、境内外银行交叉违约和代偿风险。

加快潜在风险贷款退出。

总行信贷监督中心根据潜在风险客户风险程度的大小，实施红、橙、黄色分类监控与管理。截至2014年末，潜在风险客户贷款共计5 351亿元。

2014年末法人客户四色风险统计表

单位：户，亿元

预警颜色	客户数	融资余额（剔除低风险）	其中：贷款余额	其中：表外余额
红色	2 883	876.9	793.2	83.6
橙色	1 267	616.9	572.3	44.6
黄色	18 725	3 426.4	3 198.9	227.5
合计	22 875	4 920.1	4 564.4	355.8

2014年末个人客户四色风险统计表

单位：户，亿元

预警颜色	客户数	贷款余额
红色	5 164	45.7
橙色	33 473	100.7
黄色	304 914	640.6
合计	343 551	787

对于纳入潜在风险名单的客户，各行要逐户研究风险压降方案。除低风险信贷业务外，原则上不得增加融资余额。对压降计划未完成额和潜在风险融资未覆盖部分的违约融资额，年末按10%的标准扣减分行考核利润。

要做好风险化解，避免简单化处理。对那些生产经营、销售回款等暂时出现困难，但符合国家产业政策和我行信贷政策、具有核心竞争力和长远发展前景的企业，要在把控实质风险的前提下，以发展的眼光，通过适当方式帮助企业渡过难关，保全我行债权。

进一步抓好“剪刀差”压降。目前“剪刀差”压降仍然存在较大波动和反复，从1月份情况看，全行逾期贷款增加较多，各行务必要高度重视，提前做好到期前贷款风险排查，逐月监测逾期贷款、“剪刀差”控制计划完成进度，加大催收督导和考核挂钩力度，坚决遏制逾期贷款的增长，确保“剪刀差”持续、稳步下降，避免年末、季末等关键时点出现工作被动。对单户贷款余额5 000万元以上的大额逾期贷款，分行主要负责人要亲自挂帅清收，跟踪落实情况。此外，要将逾期30天到90天未纳入不良的公司贷款按照不良贷款进行管理，相应计提拨备和落实责任认定。

进一步抓好不良贷款的清收处置。建立不良贷款和潜在风险贷款专职清收处置队伍，完善特约处置专家制度，不断创新清收处置手段，综合运用现金清收、还款免息、以物抵债、转化、核销和批量转让等多种方式，提高清收处置效果。要加快探索搭建集团不良资产处置平台，提升资产处置价值。

进一步抓好重点领域风险防控。持续加强对融资平台、房地产、产能过剩、批发贸易、商品融资等重点领域的风险控制。要层层落实责任，做好政府债务相关领域融资确权工作，督促地方政府纳入债务管理系统，偿债资金纳入政府预算，坚决避免债务清理导致债权悬空。在监管政策未作调整前，仍执行现行融资平台融资管理政策。同时，要采取有力措施避免因政策、产品失当造成整个产品线或经营模式的风险失守，坚守不出现区域性、系统性风险的底线。

进一步抓好存量贷款风险的会诊治疗。总行、一级分行、二级分行都要建立完善大户风险会诊制度。总行负责重点研究提出融资额超过10亿元的潜在风险大户管控措施。各分行要抓好亿元以上重点大户以及部分重点产品风险的评价和管控。

信贷基础管理工程。

进一步抓好信贷监控体系建设。充分发挥总行信贷监督中心作用，对监测中发现的带有普遍性、趋势性的风险问题，要及时采取管控措施，切实防范系统性风险。要抓紧健全信贷风险反馈核查制度，形成“总行负责重点监控，一级分行、二级分行组织督导落实，基层经营机构落地执行、报告反馈”的闭环管理机制，落实风险防控责任。

进一步抓好风控职责界定。以风险控制实质重于形式为原则，以简洁简约为目标，持续优化信贷业务流程，同时建立健全针对信贷全流程的尽职指引、工作规范和惩戒标准，前台部门要优选客户，负尽职调查责任，并负直接贷后管理和间隔期检查职责；中台部门要严格信用风险审查，把好风险准入关口；后台部门要做好作业监督、档案归集和贷后管理。将前、中、后台对应职责有机嵌入流程中，使各环节、各岗位在开展业务操作和风险管理时，都能有章可循、尽职履职。

进一步抓好信贷经营能力提升。按照总行《信贷经营机构资质认证管理办法》，完成信贷经营机构的首次资质认定工作，并建立起持续监测、动态调整的工作机制；完善信贷专业人员资质认证制度，把具备相应资格作为信贷专业授权的刚性条件，达不到认证标准的坚决不予准入，真正实现信贷经营与业务能力相匹配。

3.6.2　坚持从严治行，不断改进内控案防工作

要深入分析、切实把握当前各类案件风险、合规风险的新趋势新特点，扎实开展“一加强、两遏制”专项检查活动，抓住风险源，找准控制点，狠抓风险隐患大扫除、内控缺陷大整改、管理责任大落实，促使全行案件和风险事件防控能力有一个明显的提升。

严格管控违规理财和私售飞单行为。

统一授权管理。严禁各行超越授权开展业务或突破转授权业务范围向下级机构转授权，严禁未经总行批准，以任何形式擅自开展各类理财代理销售和客户推介。特别要强调的是，在与合作机构开展资产托管、代理资金收付、代理资金归集以及有限合伙投资资金存管等业务合作过程中，严禁各行在未按总行授权进行产品准入的情况下，擅自扩大或延伸相关业务的业务范围，变相向个人客户推介代理托管、存管的相关理财产品。

统一系统管理。各行销售的各类理财产品均须通过我行统一的业务系统办理，严禁通过手工转账及汇款方式在相关业务系统以外销售产品。

强化监督检查。一方面要加强“线上”系统的常态化持续监测预警与分析报告，另一方面要健全“线下”违规举报、客户回访、网点机构合规经理现场监督等机制。同时，要定期组织开展各类理财产品合规销售情况现场检查，对发现的各类问题，要狠抓督促整改，切实堵住风险源头。

加大问责力度。对存在违规销售问题的，一经发现，要采取“零容忍”态度，严厉问责、严肃处理。

对私售飞单的个人，出现私售行为的，谁销售、解除谁劳动合同；分支行越权审批准入的，谁决策、撤谁职，并视情况解除劳动合同；借“托管”、“存管”等各种名义违规扩大业务范围的，视同越权审批处理。

对私售飞单的机构，严格执行风险预警、停牌（取消销售资格）等惩戒措施，同时总行还将视情况对有关分行实施扣减中间业务收入、全行通报批评等处罚，各行也要对辖内相关机构及人员采取相应的处罚措施。

加强账务业务核算与财务管理。

强化账务核算真实性管理。重点关注中间业务收入、贷款收益率、存款付息率、成本费用等核算真实性，严密防控存款、同业、理财等业务中的违规风险。严肃查处账务核算弄虚作假行为。

强化账务核算系统硬控制。应用推广账务管理相关系统，切实杜绝个别业务的手工处理，及时将内外部检查发现的风险隐患通过系统硬控制加以解决。

对“一加强、两遏制”检查发现的典型问题进行严厉问责，进一步严明财务纪律。

持续加强员工异常行为管控。

建立员工与社会融资机构的异常资金往来监控机制，借助公安、工商等外部信息强化对员工参与民间融资、非法集资、经商办企业等违法违规行为的监督管理，充分应用银行从业人员处罚信息共享系统，防范员工内外勾结侵蚀我行权益。

进一步健全内控合规管理机制。

整合应用各类内控合规信息，通过编制集团内部控制手册、试点应用合规指数等措施，引导各机构有针对性地加强内部控制和合规管理。

保持案件治理高压态势，完善案件防范制度和系统手段，持续加强案件风险的全面排查、专项排查和日常排查，组织开展案件风险自我评估，及时发现和处置案件风险隐患。

完善全集团制度统筹管理，实行制度建设、执行、监督、整改的闭环式管理，切实解决一些制度“看似高压线、其实不带电”“说是有把关、其实没人管”的问题。

强化内控监督检查与违规问责，组织开展全行检查管理质量提升活动和问题整改问责后续评价，提高内控监督检查与问责实效。

加强境外合规风险管控，健全境外机构合规管理政策体系，进一步推行境外区域合规管理模式，制定反洗钱危机事件应急处置预案。

3.6.3　进一步加强全面风险管理

全行上下必须十分清醒地认识到，被动式、单线条的风险管理方式越来越难以适应外部形势变化和全行创新发展要求。要加快改进和完善全面风险管理体系，创新风险防控手段，提高全面风险管理的协同性和主动性。

防范流动性风险。充分评估存款保险制度推出、利率市场化进一步推进对流动性的影响，定期开展流动性压力测试，不断完善流动性风险预警体系及应急预案；密切监测货币政策操作、外汇占款、财政资金变动及同业、理财等业务发展动态，灵活调整全行资金头寸及融资安排；统筹集团表内外、境内外、本外币资金管理，合理控制资产负债总量结构及期限错配程度，确保流动

性保持平稳、有序。

防范市场风险。关注国际大宗商品市场以及全球汇率剧烈波动的风险变化，完善集团统一的市场风险管理体系，有序推进市场风险管理系统和产品控制体系的应用，加强集团交易业务事前风险控制。

防范IT风险。充分认识信息化银行发展中信息系统安全的敏感性和极端重要性，发挥我行“两地三中心”新架构优势，健全信息安全制度、技术与防护体系，强化全集团生产运行一体化管理，定期开展安全评估和应急演练，重在落实各环节的安全管理责任，确保信息系统安全运行。

防范声誉风险。健全声誉风险源头预防机制，落实管理责任，强化对存款安全、信托代收付、理财代理销售、代理保险、服务收费、客户信息保密等易引发负面舆情领域的监督检查，发现问题力求快速解决、控制影响，并要及时堵塞漏洞、完善管理。其中尤其要持续关注代理信托收付业务状况，全面了解存续信托计划运营、分行相关业务情况以及协议的签署及履约情况，重点排查信托计划兑付风险，做到“防患于未然”。同时，要逐级落实声誉风险管理责任机制，做到快速反应、妥善应对、守土有责。

防范并表风险。组织开展非银行子公司风险评估，监控分析主要敞口、重要风险指标，不断提高并表风险管理水平。

防范国别风险。紧跟我行国际化发展步伐，完善国别风险的统计分析和限额管理机制，强化对较高风险国家、地区的监测预警，引导各境内外机构审慎开展涉外业务，有效防控国别风险。

积极配合国内外监管机构的监督检查，主动适应全球系统重要性银行（GSIFI）监管要求，做好银监会第二支柱审批准备。

一分部署，九分落实。2015年全行工作的目标任务和战略部署已经明确，现在最重要的就是扑下身子狠抓落实。各机构、各部门主要负责人要对抓落实负总责，明确任务清单、责任清单和时限清单，全面加强抓落实的责任机制。要在各级管理行、管理岗位深入开展“效率提升年”活动，围绕影响和制约效率提升的机制、制度、流程、作风等突出问题，标本兼治，加强监督检查，严格责任追究，以管理行、管理岗位作风的改进、效率的提升，促进各项工作落实进度的加快、执行力的增强，带动全行服务水平和竞争发展能力的跃升，圆满完成全年各项目标任务，为新一轮改革发展开好局、起好步，努力开创经济新常态下更有质量、更富效率、更可持续的发展新局面。

在中国工商银行2015年国际化工作会议上的讲话

易会满

（2015年1月30日）

刚才，姜董事长深入分析了新常态下全行国际化发展的新特征、新机遇和新挑战，对国际化经营向纵深发展进行了部署，提出了要求，为全行当前和今后一段时期的国际化工作指明了方向。下面，我结合董事长讲话精神，就新常态下如何抓好国际化重点工作的落实，促进国际化经营转型和可持续发展，谈五个方面的意见。

一、深入挖掘国际化经营价值贡献

（一）提升国际化经营价值贡献，必须清醒认识和牢牢把握国际化发展所面临的重大机遇。经过20多年的国际化经营实践，全行已基本形成全球化的网络布局，国际化发展的价值贡献逐步提升。去年境外机构实现净利润129亿元人民币，同比增长41%，净利润集团占比提高1.2个百分点至4.7%，日益成为提升全行利润增长的重要来源。这既得益于境外机构的自身努力，也体现出境内各部门和各机构在客户、业务、信息等方面的大力支持，应该说是集团协同联动的结果。当前经济全球化发展进入新阶段，全球经济结构调整再次开启了银行业全球配置金融资源的战略窗口，特别是随着我国新一轮高水平对外开放和“一带一路”战略的实施，“走出去”和“引进来”步伐将进一步加快，中外经贸合作与交流将更加频繁，各类跨境贸易投资活动将更趋活跃，为我行推动国际化经营向纵深发展提供了巨大的业务机遇和市场空间。正如姜董事长所讲的，我行国际化发展处在可以大有作为的重要战略机遇期。我们要切实抓住和用好这一重要战略机遇期，尤其是在境内盈利增长困难的情况下，各境外机构要胸怀大局、增强自信、自我加压，在“1+3”经营单元的协同发展中勇担重任，努力保持较快的业务发展速度和较好的盈利回报水平，为全集团经营转型和改革发展作出更大贡献。

（二）提升国际化经营价值贡献，必须进一步发挥集团整体合力。近年来的成功实践证明，国际化发展不仅仅是境外机构和国际业务条线的事情，而是集团整体战略的重要组成部分，必须通过全行上下共同努力，充分发挥集团整体合力和优势，才能将国际化经营不断引向深入，实现价值贡献的大提升、大跨越。在统一规划方面，要突出全球一体化经营导向，找到、找准、找好促进国际化经营转型升级的新引擎，科学谋划发展规划，形成统筹推进工作的新局面。特别是针对国家“一带一路”战略，总行要加强研究和顶层设计，提出战略框架和政策措施，明确总体目标和实施路径，指导境内外机构有序、深入推动各项工作的开展。在资源配置方面，要始终坚持价值创造导向，给予资本、资金、财务、人力、科技等资源的适当倾斜，确保资源投入能够有效促进集团整体价值增值，确保巩固和扩大我行在重点战略市场和业务领域的优势地位。在营销机制建设方面，要选好联动营销发力点，构建针对跨境客户特别是大型跨境客户的分层分类营销机制，形成境内外机构“一点接入、全球响应”的协同服务格局。在创新联动方面，要充分利用我行在全球网络布局、客户、业务和系统等方面的整体优势，特别是注意发挥好工银亚洲、上海自贸区分行等业务基础较好、产品研发能力较强、具备独特政策与区位优势机构的平台作用，建立境内外联动创新机制，面向重点客户群体推出有竞争力的产品，及时响应客户全球金融服务需求，积极锁定一批综合贡献度高、发展潜力大的战略性客户。在政策配套和保障支持方面，要配合优势产能走出去，尽快研究出台配套信贷政策。特别是对具有联动示范效应的龙头企业，要完善针对性营销、资金配套和全球授信方案，优化信贷审批手续。要推动联动分润方案落地，力争年内覆盖主要联动业务，并不断扩大覆盖范围。要建立健全跨境客户联动信息库，促进联动信息在全行顺畅流转和共享。要抓好业务系统建设，提升后台运营稳定性，增强对联动业务的保障能力。

（三）提升国际化经营价值贡献，必须深入落实本地化和差异化战略。保持境外机构价值贡献可持续增长，关键在于扎实推进本地化经营和差异化发展，加快由外延式扩张向“做深做细、做优做强”的内涵式发展转型。一是客户本地化。过度依赖境内走出去客户的外源式“输血”，将导致国际化发展内生动力不足。各境外机构要着力实施“连接中国”与“本土培育”相结合的客户发展战略，尤其要有效发掘和形成足够数量的本地客户，积极进入当地主流银行市场，不断提高自身“造血”能力，为长远发展积蓄后劲。二是业务本地化。深耕当地市场，推动业务下沉，仅靠“高来高走”“两头在外”的业务发展模式是难以奏效的。要重点加大境外机构信贷业务本地化的推进力度，像重视境内信贷业务发展那样，积极开拓本土目标信贷市场，逐步降低代付类业务在境外贷款中的占比。三是雇员本地化。本地化的客户和本地化的业务，离不开本地化的雇员。要强化全球雇员管理，完善当地雇员管理细则，一视同仁做好本地雇员的引进、培训、使用，建设一支熟悉当地市场、能力较强、忠诚度较高的本地雇员队伍。四是区域定位差异化。全球不同区域的市场环境差异较大，经营形势、发展阶段、管理能力也不尽相同。要坚持境外集中管理与差异定位并重，进一步完善“一行一策”、区域管理等发展模式，努力实现集约化经营要求与分支机构个性化需求的平衡统一。五是产品创新差异化。产品是吸引客户、拓展市场的利器。要加紧推动重点产品线向境外延伸，同时借鉴并购机构的智力、经验优势，积极打造全球交易、投资银行、资产管理、私人银行等重点产品线，将境内产品创新优势辐射到境外，促进境内外机构产品互补和发展互动。

二、加快推进境外机构转型发展

（一）优化全球信贷资产配置。根据全行信贷业务发展战略布局，未来三年境外贷款比重提高到10%以上，今年境外机构贷款新增1 700亿元。要切实用好用活信贷资源，更好地发挥其业务带动作用。一方面，要选准优质市场和重点客户。要紧跟我国资本和产能输出战略，积极寻找境外信贷投放目标市场，特别是与“一带一路”紧密相关的重大工程项目、“走出去”企业以及境外本地大客户、全球500强企业、区域优质客户等。要瞄准高铁、核电、电信、机电设备、能源资源开发、基础设施建设等重点产业，筛选我国出口企业500强、对外投资100强和工程承包200强等权威排行榜的客户资源，形成300户总行级“走出去”客户重点名单，并将客户重点名单分解到各相关机构，精准营销，持续跟进。另一方面，要抓好全产品覆盖。要针对客户需求，形成完整的融资产品链，挖掘客户最大价值。要加大境外BOT、PPP、PFI融资等创新项目推进力度，开发出口卖方信贷、资源储量支持融资、实物支付融资等创新业务品种，利用项目资源与融资渠道资源，提升结构设计、融资安排和贷款分销能力。

（二）明确境外机构市场定位。根据境外机构的发展规划，境外市场主要划分为核心类、重点类、观察类和节点类四类，总行对不同类别的机构有着不同的要求和配套政策。今年，在核心市场，港澳机构要巩固主流市场地位，打造综合化经营和金融创新的全功能服务平台；美国机构要加快构建涵盖批发、零售、券商等牌照齐全的综合经营平台；英国机构作为集团金融市场、资金头寸、商品交易集中管理体系的重要一环，重在提升利率、汇率、商品及信用等类别的报价和平盘服务水平；新加坡机构除继续发挥好跨境人民币清算中心作用外，还要提升东南亚贸易融资、私人银行、现金管理等平台服务能力；德国机构要成为欧元清算跨时区运作和贸易金融的服务带动平台。在重点市场，中东、湄公河和东南亚机构要抓住全球贸易金融业务链条，抢抓“走出去”企业和“一带一路”实施中能源、基础设施等战略性项目，加大对当地市场的经营深度；澳新机构要发挥协同优势，发展资源银行业务；工银欧洲及辖内机构要积极拓展优质信贷、投资银行及资产管理业务，强化功能建设，推动本地化经营取得新突破；韩国机构要以对华贸易、人民币、投资和人文交往为切入点，为跨境和本地客户提供人民币等特色金融服务；俄罗斯机构要抓住两国经贸往来升温期，做好资源类信贷和人民币做市商等业务的市场拓展。在观察和节点市场，各机构要深入把握当地市场，加快形成特色经营优势，培育新的盈利增长点。实行区域管理模式的机构，本着集团利益最大化原则，认真梳理哪些事项应发挥区域集约效应，哪些事项应下放驻地机构自主决策，在经营管理实践中加快形成区域管理的成熟模式。

（三）夯实经营发展基础。总的看，目前除少数境外机构特别是并购机构外，多数机构根植本地市场能力还不够强，根本原因是发展基础不扎实、不深厚。各境外机构要加紧研究如何借助集团优势，依托联动带动，稳步推进境外机构本地化。今年，要在这方面狠下功夫、做实工作。一是强化客户基础。目前境外机构85%以上的公司、零售客户集中在工银亚洲、工银阿根廷、工银澳门、工银泰国、工银美国和工银印尼6家并购机构，其他境外机构本地化客户基础仍很薄弱。境外机构要充分挖掘集团丰富的客户资源，主动竞争和发展一批本地跨境大型客户和我国跨境大型客户，并以此突破，拓展现有本地客户的上下游关联客户，实现以点带面、以点带链的拓户效果。二是强化业务基础。要以跨境人民币、内外联动等具有“中国元素”的特色产品为抓手，强化对大客户资金潜力的挖掘。要积极利用集团信用评级和信用支持，按照境外筹资工具管理改革思路，加大境外机构本地筹资力度。要发挥境外机构资产管理、投资银行等多元化牌照优势，向客户提供高效优质的跨境综合产品服务，吸引客户开户和资金留存。三是强化渠道基础。要对比境外电子银行与当地主流同业的差异，根据境外机构特点，实施产品、服务、语言、流程、功能的本地化改造，通过线上渠道延伸服务半径，提升客户体验。要加快推进已有机构二级或三级网络延伸，特别是定位于零售业务的港澳、东南亚分支机构，要加大拓展力度，形成更为完善的网络布局。同时，要把握合适时间窗口，通过并购等方式强化重点机构和产品线的本地化经营能力。四是强化系统基础。要分离FOVA标准业务与特色业务功能，保持主机系统功能相对稳定，将特色业务功能下移至境外特色业务平台实现，满足全行性或区域性监管、本地化客户服务及内部管理要求。

（四）发挥集团集约化运营优势。一是充分发挥簿记中心作用。香港簿记中心成立头两个月，就通过迪拜平台簿记贷款1.5亿美元，效果很好。各境外机构要用好这个平台，破解资本约束、税收成本、单一客户敞口和离岸业务限制等瓶颈。二是抓紧建成境外筹资区域中心。去年境外机构发行筹资工具余额约375亿美元，较上年末增长31.93%。今年要继续抓好筹资工具管理改革方案落地，1年期以上的人民币、美元、欧元、港元普通金融债券要集中到工银亚洲、纽约分行等8家境外机构发行，由总行统筹把握发行价格和节奏。三是规范境外产品中心管理。对于具有良好发展前景的产品中心，要合理确定发展目标，统筹推动业务，尽快抓出业绩；对于市场资源匮乏、业务量不饱和、辐射功能发挥不到位的产品中心，该清理的清理，该撤销的撤销；对同一区域内设立多个中心的情况，要进行整合；对新设立产品中心的需求，要从严控制。四是完善全球24小时交易平台。尽快开展跨境人民币购售、跨境人民币账户融资、离岸人民币做市交易等业务全球24小时不间断交易方案的研究，丰富集团全球24小时不间断交易体系的服务内涵，满足境外机构全时段交易需求。

三、大力提升境内国际业务发展水平

（一）更加重视境内国际业务发展。国际业务集结算、融资、理财、避险等综合服务于一身，是客户营销和业务联动的重要抓手。在境内，国际业务对本外币存贷款、结售汇、代客外汇买卖等众多业务条线有明显的带动效应，去年全行办理组合型国际业务派生的本币存款占公司存款的比例超过10%，国际业务的中间业务收入贡献在全行占比也接近10%。在境外，通过商投互动和内外联动，境内许多重点产品线可以实现延伸，形成全球产品链。应该说，国际业务贡献不小，发展空间很大。但与人民币业务相比，做国际业务的难度更大一些，见效也要慢一些。有些机构由于受业务能力和水平限制，往往“不敢、不愿、不会”做国际业务，一些基层柜员和客户经理对经办国际业务更是存有畏难情绪。各境内分行都要进一步提高对国际业务的认识和重视程度，针对业务能力薄弱等突出问题，加强业务培训，同时要适当加大资源配置倾斜力度，因地制宜采取一些激励措施，促进国际业务加快发展。

（二）做大做优客户群体。去年，我行境内机构年进出口1 000万美元以上的国际业务中型客户突破1.6万户，客户覆盖率达到38.65%，年进出口5 000万美元以上的国际业务大型客户达到5 457户，客户覆盖率达49.72%，但还有相当部分客户没在我行办理国际业务，发展空间还非常大。一是扩大客户群体。围绕“外贸、外经、外资、外汇、外出”五大市场，进一步梳理潜在客户群，并按照突出重点、渐次推进的原则，建立“总—分—支”分层营销体系，明确“大—中—

小”客户群体的营销责任，做到客户与服务相匹配。二是挖掘存量客户潜力。目前，全行有融资关系的公司客户中，国际业务大中型客户占比较低，公司金融、国际业务等部门要共同研究措施，提升客户转化率，力争年内开办国际业务的公司客户比重达到30%。三是优化客户结构。对议价能力相对较低、创收潜力较高的中小型客户要出台专项措施、重点拓展，通过客户基数的总体扩大，使国际业务中小客户业务占比提升2个百分点。

（三）抓好产品和业务创新。发展活力来自于创新。要重点围绕汇率、利率变化和互联网金融等创新开发产品，年内要推出一批市场反响好、价值贡献大的新产品。要注重调动基层结合实际创新的积极性，并及时总结经验，抓好受欢迎、可复制产品的推广。要优化进出口产品结构，通过优势产品来巩固我行进出口业务竞争地位，出口业务在国际业务占比要提升至55%。要在实质风险可控前提下，开辟业务绿色通道。适当扩大境内分行授信项下授权审批制的推广范围，对有条件的分行推行国际业务差别化审批，简化低风险国际业务的审批环节；对部分龙头企业面临的行业政策限制，可以考虑实行名单制管理，给予一定的政策倾斜；优化外汇资金定价授权控制，对核心客户办理国际业务，在总行资金配置成本上给予分行一定的下浮权限，以创新的思路和办法稳定核心客户业务资源。

（四）多措并举增强发展能力。一是加强外汇综合网点建设。目前境内可办理五项个人外汇业务的综合网点有8 000多家，网点覆盖率47%左右，虽然有明显提高，但与中行还有差距，年内要力争提高到50%以上。二是加强队伍建设。目前专兼职外汇柜员13 000人左右，占全部柜员的5.6%；境内分行国际业务专职从业人员3 200人左右，不足全行员工数量的1%；上述占比年末要力争分别提升1个百分点和0.5个百分点。三是加强系统建设。要加强国际业务信息化建设，加快满足监管要求的外管合规管理系统、外管检查分析管理系统，以及业务需要的国际结算与融资、跨境人民币询报价等系统的开发与投产进度，实现对业务和客户多维度统计分析，提高对市场拓展、业务创新、客户营销、风险防控等各方面的支持能力。

四、打造具有较强市场竞争力、影响力的跨境重点产品线

（一）“走出去”业务方面。要以跨境金融、资产金融、结构金融和信用交易四大条线为支柱，配套高端财务顾问等投行服务，促进商投结合。要争取在跨境融资中担当账户行、代理行角色，提高外汇资金系统内沉淀比例。要强化对工程履约保证金、银团清算代理行的要求，促进本外币存款业务发展。要通过满足客户的风险管理需要，带动远期结售汇、利率掉期、货币互换等金融市场业务的发展；通过对境外借款人、业主、被收购方的服务，带动对境内出口商、国际工程承包商、收购方的客户拓展；通过对租赁公司的服务，带动对制造商和中小型进出口商的客户拓展；通过对飞机船舶制造商的服务，带动对航空、航运业的客户拓展；通过国际银团的分销代理，带动对境内外银行和金融机构的客户拓展。

（二）跨境人民币业务方面。要抓紧解决好影响业务发展的组织推动、资金瓶颈、信贷政策、系统支持、信息传导等关键问题，抓好跨境人民币业务联动实施纲要的落地，力争年末集团跨境结算量突破3.9万亿元，境内分行跨境人民币结算量四行占比达到22%；境外机构人民币资产和负债均突破4 600亿元，在总资产和总负债占比力争分别达到25%以上，跨境人民币业务对境外机构整体利润贡献超过22%。公司业务，要开展跨境人民币专项拓户工程，集团跨境人民币业务大中型客户数量力争突破5 500户，新增1 000户。零售业务，要做好个人跨境人民币客户拓展和高端客户储备，尽快推出人民币预付卡、内保外贷等产品，争取全年跨境人民币汇款金额达到40亿元。专项融资，要推动境外人民币产品创新，实现3～4个跨境人民币项目开花结果。资金交易，境外机构人民币外汇交易量达到4万亿元，境内人民币购售交易量达到280亿元，人民币账户融资业务交易量达到500亿元，代理人民币债券交易与结算交易量达到800亿元。全球现金管理，抓住跨境人民币双向资金池和经常项下资金归集的政策机遇，跨境人民币现金管理客户在全球现金管理客户渗透率要达到10%。资产管理，RQFII产品总体规模要达到22亿元，争取RQFII投资顾问业务突破，积极申请英国RQFII资格和额度。资产托管，力争新增RQFII客户10～15家，协助客户获取RQFII投资额度突破500亿元。投资银行，利用QFLP、FDI等境外人民币入境通道，实现更多跨境人民币融资和交易撮合顾问业务。私人银行，要持续扩大为私人银行客户提供RQFII专属基金规模，力争达到20亿元人民币。境内分行要充分发挥我行人民币大行优势，将跨境人民币业务打造成营销重点客户的新抓手；境外人民币清算行要提升清算、资金交易和债券等经营能力，将清算业务打出品牌、创出市场，带动整体业务发展；其他境外机构要深入研究客户需求，加强主动营销和产品覆盖，切实提升在当地人民币业务市场的竞争力。

（三）全球交易业务方面。要建立衍生品、外汇、账户贵金属等集中交易系统，并在有条件的境外机构试投产；加快推进纽约、伦敦和香港交易分中心建设，研究将迪拜分行纳入7×24小时资金交易体系的可行性。推动境外机构交易事前联动控制，取消非必要的交易渠道，尽快实现FMBM系统对境外机构的全覆盖，提高集团金融市场业务统一管理与集中交易水平。推动有零

售牌照的境外机构开展网上黄金投资业务，并逐步扩展到白银、铂金投资。以境内率先推出账户原油业务为契机，评估账户原油业务在境外机构推广的可行性，做好监管沟通和市场推广。

值得一提的是，在国家有关部门和监管机构的大力支持下，我行收购了位于英国伦敦的南非标准银行海外全球市场业务平台——标准银行公众有限公司 60% 股权，2 月 1 日交割后将正式改名为工银标准银行。这次收购在中国金融业历史上是第一次，对中国金融业战略意义重大。工银标准银行未来的新增客户，主要有三类。第一类是公司客户，主要与全球大宗商品交易有关，包括进口大宗商品、在大宗商品交易市场上开展业务的企业。公司金融业务部和工行派驻南标团队经过分析，列出了 130 家重点营销跨国公司客户清单。工银标准银行要定好商业计划书，对这 130 家公司逐户路演和推介，同时通过这块敲门砖带动我行传统业务的合作。这项任务艰巨，但动作要快，抓紧推进，今年上半年要见成效。第二类是机构客户，主要是有商品和金融交易需求的银行同业、证券公司、期货公司。国内商业银行，特别是中小银行，有诸如黄金、贵金属等商品交易，以及金融市场的风险交易服务需求，以前一般是跟外资银行进行交易敞口平盘。工商银行是目前唯一拥有全球交易业务平台的中资银行，如果我们提供的费用能优惠一些、服务能到位一些、时间能节省一些，金融同业包括证券公司、期货交易所都是未来客户群体。上海期货交易所准备创新商品交易业务，邀请工银标准银行进驻。进驻后，客户就可以在中国境内与全球客户统一进行交易，届时工银标准银行吸引力将更大。第三类客户是工商银行自身，包括金融交易、资金交易两大类交易业务，还有贵金属业务，可以深入合作。下一步，主要围绕这三类客户，总分行包括境外机构要认真研究如何通过这个平台更好地发挥作用，境内分行要将工银标准银行视作加强境内客户服务的新手段和新平台。全行要了解、重视、关注，有关部门组织好推介、路演，这项工作上半年要取得成效，工银标准银行今年要力争大幅减亏，在未来尽可能短的时间内盈利。全行要齐心协力，将这个非常具有战略性意义的平台做好做强，努力将其打造成为拥有跨市场报价和连续运作能力的全球交易业务服务商。

（四）全球投资银行业务方面。要加强对重点企业的深度营销，对接海外投行业务资源，为中国企业境外投融资、进入新兴市场和获取战略资源提供承销、顾问咨询、并购等海外投行服务。投行部门要着眼客户价值增值需求，会同有关部门加强对国际经济金融形势、重点市场、重点行业等方面的分析研究，向重点客户提供高价值研究报告，通过为客户创造价值来增强对客户的吸引力，实现互利共赢。境内外机构要强化与工银国际的业务联动，配合争揽公司客户赴港发行股票、债券融资的保荐承销业务，QDII 客户、保险机构、专业投资者及私人银行高端客户在香港的证券经纪业务，支持工银国际以直接投资方式参股拟上市优质公司企业。

（五）全球资产管理业务方面。要逐步建立涵盖债券、股票、股权、商品、货币等品种的多元化、综合性投资交易平台，打造以资产管理业务为核心的高端客户服务体系。加快境外资产管理平台建设，将工银亚投作为境外资管业务旗舰，提升其辐射亚太地区的资管平台作用；以欧洲投资基金和海外资产证券化为抓手，丰富欧洲产品平台。加强与工银国际和工银亚洲的联动，根据不同客户的风险收益期望，以专户理财形式开发量化投资、债券投资、新股投资、基金投资、稳定回报组合等个性化理财产品。境内要创新发展自贸区离岸资产管理业务，以 QDII 产品为基础拓展泛资管管理业务。今年跨境资产管理业务规模要新增 20%。

（六）私人银行业务方面。要逐步探索和完善产品研发、基金管理、离岸操作和特色业务等境外平台建设，以私人银行全球理财基金为核心产品，提高境外机构产品研发、遴选水平，增强全球资产配置能力。要抓好私人银行营销渠道、产品服务、信息平台、专家资源、品牌资源、培训资源联动，支持境外机构开展私人银行业务。到年末，争取私人银行客户管理资产达到 85 亿美元，境外专属产品发行量达到 3 亿美元，业务线收入达到 2 100 万美元。

（七）外汇存款业务方面。从外汇资金来源和运用看，境内外汇存、贷款有 150 亿美元的存差，存款约 70% 来自储蓄和公司客户，中长期居多、成本较低；而境外机构客户存款占比仅 35%，同业拆入和存放过半，负债结构还不稳固。要高度重视存款在本地化经营中的基础作用，通过存款产品创新以及存汇款、存贷款业务联动发展零售业务来增加客户存款。境内分行要贴近市场和客户需求，优化外汇存款定价机制与价格策略。境外机构要深挖本地市场客户潜力，结合区域特点、市场情况和客户需求，靠好的产品组合、高附加值的服务和有竞争力的配套政策，规模化、集群式拉动客户存款增长。

（八）跨境汇款业务方面。作为跨境金融服务链条的前端和后端，跨境汇款服务能力在一定程度上决定着银行对客户跨境链条的整体金融服务能力，进而影响客户对外汇存款、国际结算、贸易融资等产品的选择。尽管我行有 FOVA 和 NOVA 系统境内外连接的优势，但目前汇款业务总体发展还比较慢、不够理想，应该有更高的发展目标。要认真梳理现有跨境汇款产品功能，丰富业务办理渠道，创新“先进完善、灵活多样”的跨境汇款产品，努力打造自主国际汇款品牌。今年争取网银跨境汇款业务占比在目前 30% 的基础上提高 5 ~ 10 个百分点。

（九）贸易金融业务方面。境内外机构要抓住国际贸易链条的两端，共同构建对跨境客户上下游产业链和交易链全覆盖的贸易金融产品体系。境外机构要有选择、有侧重地开办结构性融资等新业务，扩大与当地代理行在筹融资等方面的合作，通过代付转卖、风险参贷等方式盘活存量资产，拓宽代理行资金利用渠道。

五、加强境外机构合规管理与风险控制

（一）完善境外机构合规工作机制。依法合规是确保国际化经营行稳致远的基石。要进一步完善境外机构合规管理架构，强化全流程、全领域合规管理，构建适应集团战略发展需要、满足境内外监管要求的合规管理体系。合规制度建设和报告方面，要根据监管政策变化，及时更新合规制度，持续跟踪执行，对潜在风险问题要早发现、早提示，督促落实到位。各境外机构要密切关注属地监管规则变化动向，及时向总行报送监管动态、监管检查等合规信息。合规检查和培训方面，今年总行将继续选取部分境外机构开展重点风险领域的合规及反洗钱检查，各机构要针对检查发现的合规薄弱环节及风险隐患，采取有力措施抓好整改落实。高度重视合规人员培训，确保境外属地监管规定和总行工作要求传导落实到位。合规人员管理和监管沟通方面，对拟选派境外任职的合规管理人员要进行任前合规谈话，强化合规管控意识。各境外机构要在自觉遵守所在国家和地区法律法规和监管要求的基础上，加强与属地监管的沟通，为经营发展争取良好的监管环境。对引发监管质疑并出现明显合规和风险管理缺陷的机构，总行要加大考核扣分力度。反洗钱应急处置和涉敏风险防范方面，要逐步将涉敏集中甄别机制推广至境外，全面推进境外机构反洗钱系统建设，切实做好制裁合规风险的集中控制和专业化管理。外事管理方面，要严格落实中央“八项规定”及相关要求，从严从紧掌握出国团组总量，优先满足跨国经营发展需要。

（二）做好重点业务领域和条线的风险控制。充分认识跨国经营中面临风险关联性强、传播面广、交叉传染复杂的特征，进一步强化境外业务风险的统一管理，严格防范各类风险的跨境传导。一是严防信用风险，要加大信贷业务风险监测和管控力度，建立逾期贷款定期跟踪机制，特别要密切关注与境内经济结构调整关联度较高的国家和行业，对出现信用风险苗头的机构或项目要进行重点排查，并提出可行的风险防控措施。二是严防市场风险，以全球市场风险管理系统向海外延伸为契机，建立区域市场风险集中管理机制，实现对境外机构市场风险的限额管理与动态监控。健全中台独立的市场风险治理架构，对复杂业务要配备必要的市场风险专业人员，开展独立的市场风险计量监控。三是严防流动性风险，在健全流动性风险应急预案和压力测试机制的同时，进一步完善境外机构 LCR 指标提升计划，借助债券回购、出售、质押或借贷等交易形式合理有偿地向境外提供流动性支持。积极推进资金集中管理改革，加快实现内部资金转移价格管理，提高流动性监管报表自动化水平。四是严防操作风险，加强损失事件管理和操作风险关键指标的监控分析，推动操作风险高级计量法的推广应用。年内要完成交易业务事前风险管理措施的落地实施。五是严防声誉风险，特别注意在办理进口信用证、保函等业务时要严格遵守国际惯例，避免个别风险事件影响集团声誉。六是严防安全风险，地缘政治局势的变化，使得国际化发展面临的安全风险也渐趋复杂。各境外机构要把安全管理和应急管理作为一项基础工作抓实抓牢，特别是要结合境内的好经验和好做法，把各种可能的情况想周全，完善应急预案，加强应急演练，确保人员、机构和财产安全。

同志们，国际化发展对促进全行在新常态下转型升级、结构优化，实现盈利平稳增长具有至关重要的意义。全行要主动适应新常态，敏锐把握新机遇，努力推动国际化发展提质增效，为建设国际一流现代金融企业作出更大贡献。

在中国工商银行2015年零售业务工作会议上的讲话

易会满

（2015 年 2 月 5 日 · 根据录音整理）

今天召开的零售业务工作会议对全行深入实施“大零售”战略、推动零售业务转型发展，乃至对推动全行整体经营转型都是具有重要意义的。在上周召开的全行年度工作会议上，姜董事长和我已经对今年的大零售工作进行了安排部署。下面，我想结合希全副行长的报告和去年零售业务的经营情况，再谈两点意见。

一、2014 年零售工作的新成绩和几点体会

我赞成希全副行长刚才对 2014 年零售业务转型发展取得新成绩、存在新特点和新问题的基本判断。到去年末，全行个人金融资产总量突破 10 万亿元；零售业务营业贡献基本稳定，中间业务收入快速增长，同业占比持续提升；住房按揭贷款突破 2 万亿元，且资产质量较好；信用卡发卡量突破 1 亿张，综合贡献度进一步提升，走出了一条良性循环发展的轨道；私人银行业务也有新的突破和提升，客户总量增长 38%。去年零售板块成绩来之不易，应予充分肯定。在此，我代表总行党委，对过去一年零售业务取得的成绩表示诚挚的祝贺！对全行零售条线同志们付出的努力、对相关专业同志的支持和配合表示衷心的感谢！

过去一年的零售工作，有成绩也有问题，大家都觉得不容易。对去年大零售工作，我有五点体会：

第一，实践证明总行党委确定的高度重视大零售业务发展是完全正确的。零售业务是工商银行的传统优势，无论是从历史发展沿革，还是从当前经营发展的趋势看，优先发展、加大零售板块投入支持力度的指导思想是正确的，也是必需的。在经济发展新常态下，大力推进零售业务转型具有重要战略意义。国内外经济金融形势的变化一方面为零售业务转型发展创造了更加有利的条件，同时也对零售业务发展提出了更高的要求，零售业务应该也能够更好地发挥对转型发展的稳定器和助推器作用。激烈的市场竞争态势和层出不穷的金融创新趋势，也迫切要求全行上下高度重视零售业务，不断巩固我行的传统优势，进一步树立忧患意识、责任意识和发展意识，不断提升大零售的贡献占比。

第二，零售业务要做大做强，需要下苦功夫、硬功夫、细功夫。零售业务是典型的长线业务、长效业务，需要各级行党委班子真正重视，尤其是一把手的统筹协调和持续跟进管理，需要各级管理人员对零售业务转型发展的长期性、艰巨性和复杂性有充分认识，需要零售条线从业人员具备过硬的业务素质和细致的工作作风，需要全行各专业各机构协同配合以形成整体合力。在这方面，有的分行以零售业务为突破口做出了一些有益的探索。比如广东中山分行，近年来该行在总分行的综合考评中名列前茅，就得益于零售业务占比高、贡献大、稳定性好，其基本经验就是十年磨一剑、持之以恒打造第一零售银行，功在平日、贵在坚持。因此做零售业务，必须有恒心、有毅力、有担当，必须以踏石留印、抓铁有痕的务实精神，把一张蓝图绘到底。

第三，做好大零售业务要不断地适应外部环境和客户需求规律的变化。零售业务是一项系统性很强的业务，掌握规律尤为重要。适应规律、遵循规律，工作就会主动、事半功倍，否则，工作就会被动、事倍功半。这就要求全行必须对当前复杂严峻形势时刻保持清醒认识，对外部环境变化必须敏感，反应必须及时。过去一年，零售业务业绩较好的指标都是适应市场变化和规律所取得的。比如中间业务收入能够在多重客观因素影响下保持较快健康发展，就有个人理财业务通过持续创新来不断满足零售客户多元化金融需求的贡献。而部分业务竞争力下降，很大程度上是因为没有因需而变，或者变得还不够快，或者变了以后执行不到位。比如客户基础问题，客户总量虽然不小，但是活跃客户、价值客户和潜力客户占比不高；客户增量不少，但与目标相比差距较大；在客户维护和挖掘方面，对中高端客户管户责任尚不到位，面对大量的长尾客户更是没有精力、没有手段进行批量精准营销管理。当然，客户需求变化规律具有区域性特征，也有阶段性趋势，这些需要我们从细微入手，敏锐地发现，及时地把握。适应变化的重点体现在创新，主要是产品和服务。

第四，做好大零售必须抓好总行战略的传导与落地。零售业务只有基层强，才能全行强；大零售战略，只有在基层落地生根，才有全行的枝繁叶茂。战略传导核心在“最后一公里”，重在执行力建设，重在过程管理。观念认识、绩效考评、渠道转型、人力资源结构优化、服务提升、信息化建设、分析师队伍建设等都与大零售息息相关。传统的经营模式、等客上门、服务工作存在的“冷、硬”等问题不解决，零售工作就没有出路，也不可能有好的口碑。去年储蓄存款增长、客户基础夯实两方面工作不太理想，存款增量同业排名第三，全行只有贵州、深圳两家分行增量同业排名第一，有 11 家分行增量同业排名第四，有效客户总量同比少增，这都与战略传导有很大关系，必须深刻反思。当然，总行有问题，主要是创新能力还不强，定价管理还没有找到科学有效的路径，对互联网金融发展趋势认识还不到位、应对还不及时、措施还不得力。但部分分行对总行战略传导不到位、经营转型不到位同样是一个突出问题，要看一看有没有真正把基础工作责任到人、落实到位。此问题不解决，零售业务的竞争力就不可能提升，大零售战略就会成为一句空话。

第五，做好大零售需要信息化和大数据的有效保障。互联网金融之所以对零售业务产生如此全面的冲击，归根结底是信息技术的快速发展以及大数据挖掘与应用的广泛推广。未来零售业务的竞争是数据的竞争、信息的竞争和经营模式的竞争，必须要有好的工具、全新的模式、竞争力强的产品。去年我们在信息化银行建设方面做了不少工作，取得了不错的成效，但还存在一些问题，表现较为突出的也在零售板块，主要是经营理念、经营模式还比较传统，创新需求的基层导向、客户导向坚持得不够，整合营销效果不明显，对系统的管理手段比较传统，等等。新的一年里，对这些问题我们要进一步引起重视，并采取切实有效措施加以解决。

二、2015年零售业务需要强调的几项重点工作

刚才，希全副行长对2015年工作作了很好的安排，我都同意，同时有以下几点需要大家重点予以关注。

（一）突出抓好大零售战略贯彻落实，提高零售业务收入贡献度。这是全行转型发展和结构调整的要求，更应成为各行提升市场竞争力的经营共识。要明确“双提升”目标，对内持续提升经营贡献，对外持续提升核心业务市场竞争能力。今年要着重突出金融资产、个人存款、个人贷款、客户总量、信用卡总量与质量、私人银行客户与资产等六项核心指标，尤其是要努力提升个人存款和客户基础两个薄弱指标，打好储蓄存款翻身仗。对储蓄存款问题，全行的认识还不是很统一，有的同志认为只要个人金融资产总量增加就可以，存款关系不大。我认为这个观念不尽准确和全面。第一，从中国银行业发展现状看，负债中被动负债还是主体，每年增加的贷款都需要存款来支撑，这也是流动性最主要的来源，所以存款工作只能加强，绝不能削弱。第二，从收益看，存贷款的利差约为4%，净息差超过2%，高于理财等业务的收益率。第三，从零售业务的发展规律看，需要我们顺应存款理财化的趋势，但也不能过度推销银行理财或代销产品。我到网点调研发现，大家对抓存款兴趣不大，因为考核不直接，而卖产品有计价收入。总行反复强调要强化存款导向，看来没有真正传导到网点。对于客户问题，在互联网时代，抓客户的模式也需要顺应形势、适应规律。我们靠什么吸引客户？如果新产品推广不好、服务模式不创新、信息化手段应用不好，靠传统的营销模式很难有大的作为。存款基础、客户基础的背后是什么，需要今天参会的每一位同志深入思考，不能就存款论存款、就客户论客户，否则工作永远是被动的，没有抓住问题的本质和症结所在。总行今年在境内分行绩效考评上加大了零售业务指标考核权重，突出储蓄存款的增量考核分值，增加大零售综合评价加分项，并建立对分支机构负责人的零售业务综合评价体系。希望各行把总行的经营思想、经营导向层层传导好，要客观反映，拉开差距，对整体考评方案要认真研究，以起到应有的作用。

（二）突出抓好产品创新与客户拓展良性互动，增强新形势下零售业务的冲击力。零售业务创新发展，根本在客户，核心在产品。必须把客户体验、市场需求有机融合在产品创新中，才能造就一批具有撒手锏效应的拳头产品，形成强大的市场冲击力。

一是顺势而为，做好互联网金融与传统优势的有机结合。既要正视互联网金融创新模式对商业银行传统优势业务，比如存款、贷款、支付结算等方面形成的强大冲击，善于取长补短，借鉴互联网思维为我所用，同时也要看到我们零售业务的优势所在，比如良好的品牌形象、雄厚的资本实力、遍布城乡的线下网点和机具设备、多层次的专业人才体系、健全的风险管理能力，这都是互联网金融企业无法比拟的优势，或者短时间内无法复制的竞争力。当然，我们也要承认在产品易用性、服务口碑传播、平台整合和信息共享、开放程度等方面不占优势。线上需要线下支撑，相对互联网金融，我们只有把线上线下一体化作用发挥好，才是真正的优势。我们要积极作为，顺势而为，扬长避短，争取主动。

二是客观看待产品创新与客户拓展的相辅相成关系。一方面，要突出以新的产品营销拓展客户。要做好产品创新，深入思考“客户需要什么”“如何满足客户需求”，通过换位思考来提升客户体验。当前产品创新的核心要体现便利性、增值性和安全性。希全副行长在报告中用了很大篇幅谈今年零售业务发展的突破口，其核心就在“创新”二字，要从存款、贷款、理财、客户管理、渠道协同等多方面入手，加快新产品的研发与推广，要以客户资金流把控为核心创新负债业务，要以贷款用途管理为突破口创新资产业务，要以资产配置理念为依托创新理财业务，要以客户经营模式转型为契机提升客户服务和维护能力，要以渠道多样化和协同性支撑零售业务发展。

另一方面，强化产品销售需要突出依靠客户拓展。比如，不能只在存量客户中销售我们的产品，而忽视拓展新客户，否则结果只能是越卖客户越少，现在这个问题就比较突出。这里重点讲讲互联网金融产品销售问题。互联网金融大部分产品和服务是面向零售客户的，全行零售条线必须责无旁贷地肩负起应用、推广、完善、升级的营销重任。要加快扩大客户规模，使我行的互联网产品成为客户首选。要大力推广工银e支付，进一步提高其在中高端客户、年轻客户中的渗透率和活跃度。要让客户能用起来，构建场景。今年特别要加大商户拓展力度，以更加开放心态加强与第三方公司的合作，积极拓展商户和客户。产品求精而不求多，核心是管用，能整合尽量整合，以利产品销售。对互联网金融其他产品也同样，核心在客户拓展。

三是加强零售业务线上线下一体化建设。我们有着庞大的线下资源和线下信息，但与线上的结合不够。要在抓好商户拓展的同时，着力解决好线上线下分离的问题。要在产品、客户、场景、渠道等方面形成线上线下一体化良性互动的格局，才能适应新型传播模式，才能真正吸引年轻客户、未来客户和潜力客户，目标客户拓展才能起到真正效果。要优先发展移动客户端，全面做好大学生综合服务、工银e商友、工银e生活等APP优化上线推广工作；要通过融e联变革客户关系管理模式，强化客户沟通交流；要充分利用融e购平台形成的客户信息流、物流等，加强个人客户信息的共享共治，完善配套消费信贷产品支持和综合积分应用，持续改善客户体验和易用性。

（三）突出抓好服务这个基础，切实提升客户满意度。近年来我们持续开展服务提升活动，取得了一定的成效，服务面貌、服务态度、服务质量等都有所改进，但尚不占有优势，且较之于良好的客户体验和口碑还有一定差距。从零售业务发展趋势看，服务软实力的竞争将日益重要，只有一以贯之地抓好服务这个基础，零售业务才能形成更强的核心竞争力。

一是要保证客户的资金安全和杜绝恶性服务事件是我们服务的底线。必须把握以下几点：第一，切实加强代理投资管理。要加大对融资企业的审查力度，为客户把好关。第二，坚持“把合适的产品卖给合适的客户”的基本准则，规范各级销售人员的营销行为，做到卖者有责，才能做到买者自负。第三，高度重视客户信息安全。客户信息是银行的宝贵资源，要坚持系统刚性控制与客户教育并重，加强与第三方机构合作中的客户信息安全保护。第四，认真细致对待客户投诉，要学会换位思考，注意方式方法，注重倾听客户诉求，本着实事求是、急人所急的态度，帮助客户解决问题。第五，严厉打击和惩治违规理财、私售飞单等行为，完善“谁受理、谁受益、谁牵头、谁负责”的管理责任机制。总行将开通有偿举报热线，奖励金额和举报金额挂钩。第六，高度重视近期银行客户存款被骗、被盗事件，做好风险排查和防范。

二是从以产品销售为主向以财富管理、综合金融服务转变。要了解客户需求，尤其是对私人银行、财富管理等高净值客户，重点围绕客户财富安全增值做文章。要摒弃单纯以推销产品为主的低层次服务模式，逐步向提供综合金融服务需求解决方案和资产配置方案的高层次财富管理模式转变。要以创新家族财富管理和跨境业务为突破，聚焦重点区域、各行业尖端财富人群，打响工银私人银行品牌。

三是持续推进渠道转型，提升渠道服务能力。要深入实施网点竞争力提升工程，加快网点布局优化和业态升级，优化业务处理流程，加强大堂营销管理。大力推进智能化服务网点建设，今年要对 1 000 家网点进行智能化改造，并与线上业务相结合，打造以私人银行中心、财富管理中心为核心，以理财中心和便利店为支撑的营业网点体系。

四是以员工发自内心竭诚为客户服务作为我们零售服务的终极目标。要认真思考调动零售从业人员尤其是一线柜员提升优质服务主动性的各种因素，真正关心关爱员工。坚持客户导向、基层导向的流程优化和系统支持，进一步完善激励机制，有效增强优质服务的内生动力。虽然服务工作的牵头管理部门是渠道管理部，但是对零售客户的服务是零售部门的本职工作，是内在要求，要把抓好服务嵌入到日常工作中。

（四）突出解决好战略传导和整体联动，形成经营合力。战略成功与否的关键在于落地执行，正所谓“一分部署、九分落实”，尤其是要解决好“最后一公里”问题。

一是调整客户经理绩效考评机制。总行从今年起要全面改良客户经理的考核办法，要将新增客户、新增存款、新增资产作为三项核心指标，纳入个人客户经理考核体系中，且权重占比不低于 60%。各分行要重视并加快执行，一季度要调整到位，二季度总分行组织验收。

二是构建零售客户金融资产结构调控机制。坚持以收益最大化为基本原则，坚持以本行理财为主的基本策略，逐步建立和实施零售金融资产业务的价值管理机制。全面推行并强化个人客户资产配置理念，加强对个人客户的资产配置。去年金融资产增量中，储蓄存款和其他理财产品 3:7 的比例是被动反映，要在主动配置上探索路径，见到效果。除了考核调整，其他工作也要跟上去。今年储蓄存款增量不能少于 3 000 亿元。

三是发挥好集团整体优势。零售板块要依托零售业务推进委员会机制，形成合力，共同为客户创造价值，提升服务。要以代发工资、信用卡、私人银行业务为突破口，建立公私联动常态化机制。依托综合化发展，构建零售金融业务母子公司联动发展机制。这两年与工银瑞信、工银安盛的联动效果不错，要继续坚持下去。在客户拓展、储蓄存款等零售业务基础工作上要加大资源投入，逐年提升“大零售”口径信贷业务在全行信贷业务中的占比，促进信贷业务转型和结构优化。境外零售业务发展要投入足够的精力，我们目前在 41 个国家和地区有分支机构，对于有零售牌照的地区，总分行要加强调研，明确区域定位，不能简单地在全行、全球下任务。境外产品要有所突破，例如全球财富管理服务、汇款业务、沪港通、深港通等。

四是加强零售条线系统执行力建设。要加强和完善大零售业务通报机制，构建以分行为单位的零售业务流量结构分析统计报表，对资产总额和结构、客户结构、收入结构、中高端客户增长情况等进行综合评价。结合分支机构负责人零售业务综合评价管理办法，加强对中高级管理人员履职能力的定期评价，对评价结果连续较差的，提出分管干部调整建议。

（五）突出解决好零售业务信息化手段，提升营销和风控效能。重点从以下五个方面实现突破：一是加强零售业务数据治理。建立完整的个人客户“大数据”信息库，完善客户基础信息采集、补录和更新机制，通过与客户互动的营销服务和交易活动核实其联络信息，保证客户信息真实、有效、可用。推动个人客户信息在全集团内互联互通和共享共治。二是开发和用好“三张表”。要从个人客户、个人客户经理、柜员三个维度搭建统一完整的个人客户信息应用视图，将“三张表”整合成果应用到个人客户经理管理考核、流程改造、互联网金融、大数据分析和精准营销等方面，实现客户信息的多维应用和价值创造。三是发挥数据分析师和专业分析师作用。依托信息采集、数据集成和多维信息应用基础，打造集经营决策、营销服务、风险防控、客户体验于一身的客户信息价值创造体系。对特定客户、产品、服务、渠道等的行为偏好和金融需求持续进行分析挖掘，并制定实施有针对性的工作措施。四是发挥好融e联最大效用。融e联要成为内部管理和营销服务支持的主要移动平台之一，加快推进融e联在个人客户经理、信用卡客服、电子银行客服人员中的应用；加快面向零售客户推广融e联，并整合融e联、微信、微博等行内外互联网渠道资源，开展网络社会化营销；要全面打通融e联、融e购、工银e支付、网上银行等线上渠道，实现互联互通，有效提高零售客户在移动支付端的体验。五是发挥好风险监控平台对信用风险的防范作用。构建多样化的零售客户及业务风险模型，积极探索互联网金融模式下的零售信用风险管理新模式。

同志们，面对复杂的市场形势和繁重的改革发展任务，我们一定要统一思想、提高认识、坚定信心、主动作为，增强危机感、责任感和使命感，增强加快发展零售业务的战略定力，持之以恒、心无旁骛地做大、做强、做活、做实零售业务传统优势，把我行建设成为国内最优秀的零售银行！

在中国工商银行2015年信贷工作会议上的讲话

易会满

（2015年2月10日）

刚才，魏首席对2014年全行信贷工作进行了总结，并对2015年信贷工作作了全面部署，内容很重要、很具体，也很有可操作性，我都赞成，各行、各部门要认真落实。

2014年，全行信贷战线在严峻复杂的经济金融形势下，根据总行党委的统一部署，全面加强信贷管理，积极支持实体经济发展，持续推动信贷体制、机制改革与业务创新，切实防控信用风险，优化信贷结构，保持了全行信贷业务稳健有序发展。全行信贷工作取得的成绩来之不易，这是全行广大信贷系统前中后台干部员工齐心协力、奋力拼搏的结果。在这里，我代表总行党委，向全行信贷系统的干部员工表示衷心的感谢！

今年是我行实施股改后第四个三年发展规划的开局之年，也是转型发展、迈向新阶段的关键之年。适应经济新常态、开创新局面，守住不发生系统性、区域性风险的底线，是党中央、国务院对银行信贷工作的基本要求，是总行党委交给我们的重要任务。对于新常态下如何做好信贷工作，近期总行已经作了多次重要部署。在去年10月份召开的信贷专题会议上，针对全行信贷经营中存在的突出问题，总行明确要求全行务必牢固树立正确的发展观、业绩观和风险观，牢固树立质量意识、风险意识和责任意识，牢固树立合规、诚信的经营理念，牢固树立“尽职免责、失职追责”的责任追究理念，牢固树立“把控实质风险”的管理思想。在改革发展研讨会及2015年工作会议上，进一步提出要以“五个牢固树立”为指导，全力推进信贷资产质量管理和信贷基础管理“两大工程”。这些经营理念、指导思想和工作重点，是我们做好2015年信贷工作的总体思路，这次会议核心就是抓落实、抓执行。下面我再重点强调四方面意见。

一、充分认识当前资产质量管控面临的严峻形势，增强做好工作的信心

在经济新常态下，信贷资产质量管控面临着诸多挑战。随着我国经济由高速增长转变为中高速增长，产业结构调整深化，实体经济在去产能、去库存、去杠杆的过程中，部分行业企业持续承压，甚至有可能出现一些产业集群大的震荡与分化，触发一些区域性系统性融资风险。同时，信托、证券、保险、资管、基金等社会投融资活动日趋复杂，小贷、担保、第三方支付、互联网金融等也形成了错综复杂的金融业态，民间借贷、直接融资与银行融资等风险交叉传染、蔓延扩散，信用风险管控的难度和复杂性进一步加大。同时，由于各家银行不良贷款上升较快，纷纷实施不良贷款债权批量转让等处置措施，受制于处置渠道单一的影响，以及资产管理公司收购价格不断走低，部分区域物业价值大幅下跌，现金回收率降低，银行风险资产处置难度及成本加大。面对复杂的信用风险形势，我们的经营理念、信贷文化、机构人员、政策制度、体制机制等管理基础还有较多不适应性，需要根据形势环境的变化进行及时调整。

从我行今年1月份情况看，形势十分严峻。截至1月末，集团各项不良贷款××亿元，比年初增加××亿

元，不良率约为×%，比年初上升×个百分点；逾期贷款××亿元，比年初增加××亿元；逾期与不良的剪刀差为××亿元，比年初增加××亿元，三项指标都比年初有较大增长，上升势头均过快，如果不能坚决遏制不良和逾期贷款反弹势头，不仅会对今年经营目标的实现造成严重影响，甚至可能动摇全行长期以来形成的稳健发展的根基。全行务必增强忧患意识和责任意识，要对控制信贷资产质量的紧迫性和缓释风险的持续性有清醒认识，对不良贷款防范化解要有长期艰苦工作的准备，集中精力打好信贷资产质量攻坚战和持久战，不得有一丝懈怠。

在充分估计资产质量管控严峻形势的同时，我们也要有信心打好这场攻坚战，看到保持信贷资产质量稳定有基础、也有条件，要树立取得胜利、稳固资产质量的决心与信心。随着改革创新的持续推进，我国经济的巨大韧性、潜力和回旋余地等有利条件将进一步发挥。目前我行不良率仍是国际上按一级资本排名前13家银行最优水平，拨备覆盖率××%，也属于可比同业较高水平。按照目前的盈利能力，全行每年可拿出××亿元拨备用于消化不良资产，大体能够消化解决约××亿元左右的不良贷款，具有解决不良贷款和控制信用风险的财务基础。更重要的是，多年来全行在信贷经营体制机制、风险管理体系、创新能力和信贷文化等方面积蓄了明显优势，我们形成了一支敢打硬仗、能打胜仗、专业化、高素质的信贷人员队伍。当前风险的释放可以避免风险的长期累积，有助于我们及时总结经验，夯实管理基础，创新风险管理思路和手段，保持信贷资产质量长期稳定。各级行领导都要树立打好这场资产质量攻坚战、持久战的信心，并要把这种信心传导给各级机构和全体人员。

二、严格落实质量管理一把手负责制，守住不发生系统性、区域性风险底线

今年工作会议提出2015年全行两大核心经营目标：努力将不良贷款率控制在×%以内，努力实现盈利正增长。其中资产质量又是实现两大经营目标的基础。严防死守，确保将贷款不良率控制在×%以内，这是对全集团的一个底线要求，全行要以非常之举打好信贷资产质量保卫战和攻坚战，坚决遏制不良和逾期贷款反弹势头，努力实现资产质量控制目标。

（一）要严格落实一把手责任制。各级行一把手是信贷资产质量管控的第一责任人，要对逾期贷款压降和不良贷款控制负总责，要深刻认识肩负的重大责任，切实把工作重心转移到风险防控上来，积极引导所辖机构正确处理好市场与风险的平衡关系，勇于担当，积极主动作为，不敷衍、不搪塞、不推脱，在其位、谋其政、尽其责。各级分行行长要积极推动完善资产质量管控的有效工作机制，牵头组织调度信贷前中后台资源，全力保持资产质量总体稳定。对于履职不力、风险底线失守的，要严肃追究领导管理责任。

（二）坚决遏制逾期及不良贷款上升势头。总行对逾期贷款和不良贷款双线控制、双线考核，各一级（直属）分行也要加大对二级分行风险考核力度，提高风险指标在绩效考核中的权重，引导各级经营机构切实坚持信贷经营的风险导向。要进一步加大存量不良贷款、逾期贷款清收处置力度，完善集中处置、专职清收、分层管理的工作机制，落实清收处置责任，保证人员落实到位、职责落实到位、工作落实到位。要严格执行一级分行行领导大额逾期贷款、不良贷款挂帅清收制度，分行行长和主管行长对重点大户要一竿子插到底，直接组织指挥清收化解工作。

（三）坚决避免出现系统性、区域性风险。从前期情况看，不良贷款的形成具有一定的区域性、传染性、交叉性特征，各行要加强对重点机构、重点客户、重点产品的风险预判与控制，定期分析并控制集中度风险，不仅要控制客户的过度融资，也要对各行业板块严格控制集中度风险。继续压降融资平台融资，重点做好存量债务确权，防止债务悬空。控制产能过剩行业融资总量，加快退出劣势客户融资，支持优质客户融资需求，支持产业兼并重组、转型升级和产能转移输出。加大房地产融资结构调整，重点压降三四线城市三四级资质客户贷款，压降商用房开发贷款，防范区域结构性风险。要切实加强对经营性物业贷款风险防控，严防物业贬值、经营现金流枯竭、价值高估、套现投资、监管账户不到位等风险。控制煤炭、钢材、原油等大宗商品批发贸易企业新增融资，严防商品价格下跌引发企业经营风险。对风险高发的小企业、商品融资、个人经营贷款等领域，要分类施策，锁定存量风险、管住增量风险，做到降旧控新、逐步化解。在压降工作中，要特别注意工作方法与技巧，防止“劣币驱逐良币”情况的发生。总分行都要加强对带有普遍性、趋势性风险问题的防控，确保不发生系统性、区域性风险。

（四）坚决阻断新的出血点、风险源。总行研究决定，对2013年以来新发放贷款实施更严格的责任追究、更高的质量标准，通过严控增量风险，加快潜在风险贷款退出，确保止住新的出血点，尤其是对全行2015年工作会议上指出的几个主要风险源，要仔细排查，采取切实可行的隔阻措施。要综合利用我行信贷、结算数据以及各种外部信息，实时监控客户履约与经营行为，充分收集应用第三方信息，加强逻辑判断和校验分析，提高防假、反假能力，识别客户经营浮亏、盲目扩张、过度融资、虚假交易、隐性关联互保、民间融资等风险，采取有效措施实施融资退出或风险转化。要特别控制好大额贷款风险。各级行的一把手都要亲自抓大户风险排查，识别和预警大户风险，及时做好应急保全工作，采取有力措施化解风险。各级行都要层层做好客户风险排

查，从前期对各行自身潜在风险贷款排查跟踪监测情况看，近三个月新增逾期法人贷款有近55%没在潜在风险贷款名单中。说明各行风险排查工作还需要加大力度，要像打鱼拉大网式地层层筛查，不留死角，真正从源头上堵住风险。总行信贷监督中心要充分利用大数据优势，不断优化监控预警范围，提高命中率和准确性。对于总行预警的客户，各分行要认真分析，及时果断采取风险防控措施。总行要加强对分行核查、反馈、管控与整改情况的持续跟踪督导，对核查不落实、反馈不及时、管控不坚决、整改不到位导致形成实际风险的，在不良贷款责任认定时要从重处罚。

三、把好信贷准入关、把控实质风险，优化信贷布局

根治当前信贷经营中出现的风险问题，必须通过把好关口、良性发展的途径加以解决。各级行都要善于平衡资产质量与信贷发展的关系，注重在发展中解决问题，这是解决一切风险的基础所在。重存量、优增量、保质量，优化信贷布局。

（一）更加积极主动地优化信贷布局。合理的信贷布局是决定信贷资产质量的关键，总行已经明确提出2015年全行信贷业务要重点投向个人贷款、重大工程和重点项目建设、现代服务业和新兴产业、小微金融、跨境信贷市场、区域优质客户等六大信贷市场。各分行要加强信贷资产的结构管理，根据区域市场特点、资源禀赋和管理现状，建立和完善风险抵御力强的资产结构布局，特别是一些长期性、基础性资产占比过低的分行，要更加突出风险导向，突出优质大型企业、大项目的营销。要更加积极地推进个人信贷业务发展，重点发展个人住房按揭业务，创新个人消费信贷业务，稳步发展基于个人金融资产质押或商品房抵押的业务。要坚定不移地发展小微金融业务，抓好小微金融业务发展新模式的落地，扎实推进小微中心建设，建立发展与风控相平衡的长效机制，重点发展单户500万元以下微型客户信贷业务。

（二）更加积极主动地实施信贷存量与增量并轨管理。实施存量到期贷款移位与增量资源并轨管理，提高信贷资源使用效率，是更好地服务实体经济，更好地推进结构优化的重要举措。各行要从管理理念、具体措施上更加重视存量与增量并轨管理，将存量贷款移位资源管理与信贷结构优化、与潜在风险压降等有机结合，统筹配置存量贷款到期收回及增量资源。总行要建立贷款流量监控评价体系，综合评价各分行存量移位与增量资源配置效果，强化对信贷流量投向管理，促进信贷结构优化。

（三）更加积极主动地完善信贷政策引导。总行要全面梳理经济上行期形成的信贷政策，认真评估这些政策制度的风险抵御能力，及时调整完善业务标准和政策措施。要建立完善信贷产品定期评估制度，对于风险较高、使用频率过低的产品，要及时停办或调整。贸易融资要精简产品体系，产品设计除了强调债项、物权，更要强调客户综合偿债能力，重点解决产品在特定应用环境下的操作规范，明确产品适用场景和风险防控要点，重点做好防假反假，推动贸易融资业务健康发展。行业政策要把好限额关，各分行更加突出把好客户关，准确判断行业中长期发展趋势，控制行业系统性风险，加大行业内客户结构调整。区域政策要加大对分行信贷结构及投向的指导，支持区域优势信贷市场投放。要将代理投资业务纳入全行统一的政策体系，更加突出客户风险关，与信贷政策相互衔接，执行全行统一风险偏好。

（四）更加积极主动地把好信贷准入关口。信用风险的实质就是客户违约。我们一切风险管理的措施手段都要聚焦到对客户违约风险的实质把控上来。选好客户是风险防御的第一关，也是最有效、最主动的风险防范措施。各行业务营销要真正把好客户的风险准入关，提高业务收益必须以风险可控为前提，坚决杜绝无视风险、片面实行“价高者得”，坚决杜绝包装粉饰客户。授信审查核定要突出管控好风险总量，重点关注客户整体融资的适度性，对已经存在明显过度融资的客户，要从严核定授信额度。业务审查审批要把握好借款人、贷款用途、还款来源和增信措施四个关键环节，切实做到独立审贷、尽责履职，坚决杜绝姑息与迁就风险事项，不能尽责履职的行为。提款审核环节要发挥好放款前最后关口作用，特别是在当前经济下行情况下，对于借款人经营情况较审批时已发生重大变化、风险严重上升的业务，不能核准提款。

四、提升信贷经营能力，夯实管理基础

信贷业务发生的风险，有外部经营环境变化的诱因，但自身信贷管理基础、风险识别能力以及合规经营等方面存在的严重缺陷与问题是主因。全面提升信贷经营能力、夯实信贷管理基础、强化合规审慎经营，既是解决当前问题的现实要求，也是实现信贷业务可持续健康发展的根本之策。

（一）要切实加强信贷基层经营机构管理。目前一些办理信贷业务的基层经营机构的人员配备、信贷业务经营表现均不容乐观。一是人员配备不均衡，有接近10%的基层经营机构只有1～2名信贷客户经理。790个二级支行中，有80余个支行没有持有信贷相关专业资质的人员。二是基层经营机构信贷业务质量差异大，少量机构集中大量不良贷款，不良率高于10%的二级支行83个，这些支行数量占全部二级支行的10.5%，不良贷款占比达60.4%。这种状况表明，我们的一些从事信贷业务的机构，尚不具备办理信贷业务的基本条件，防范和控制风险能力也就无从谈起。总行近期印发了基层经营机构信贷经营资质管理办法，这是提升信贷

经营机构能力的重要抓手。一级（直属）分行行长要直接负责此项工作，尽快完成经营机构资质认定。必须严格按照信贷经营资质管理办法要求，对基层经营机构配备有信贷业务经历、考试考核合格的信贷人员。要通过人员配备、资质管理，重塑审慎、健康的信贷文化，建设专业、敬业的经营管理团队。要对不适宜继续开展相关信贷业务经营的机构，提出优化调整方案、工作措施和具体工作进度要求。对存在经营管理不善、专业人员流失、资产质量恶化、发生经营管理问题或出现风险隐患等问题的基层经营机构，要实施风险提示、业务整顿、机构整顿措施，直至取消信贷经营资质。对信贷管理不到位、资产质量劣变速度快的分支机构经营班子，要进行调整优化。

（二）要切实加强信贷授权管理。今年总行按照"授权下放、监管上收"原则，适当扩大了对一级（直属）分行行长的授权。同时，总行机构改革方案明确可在苏州分行、省行营业部设立授信审批分部，积极推进小微金融中心试点，总行在信用风险业务授权上也做了相应调整。各一级分行要结合自身实际，稳步推进相关机构设立，可按有关规定向下充分转授权，但必须做到权责匹配，审慎授权。总行要做好授权动态管理和监督，对授权不当，授权事项风险明显增加的，要及时调整授权。

（三）要切实强化数据质量治理。数据和信息是管理的基础，特别是非现场监控的重要依据，数据失真将直接导致决策失误。各行要进一步提高对数据质量治理工作重要性的认识，将信息采集、录入、更新作为一项重要的基础管理工程全力整治。要切实做好客户经理录入信息准确性、有效性、真实性的管理和校验，从源头上保障信贷业务数据质量。要在审查审批、作业监督和贷后管理等环节，运用大数据方法和工具加强数据质量监测，发现问题及时整改，定期分析总结问题发生的原因，建立完善信贷业务数据质量治理的长效机制，为信贷决策和风险管控奠定坚实的数据信息基础。

（四）要切实强化风险责任追究。总行信贷监督中心对2013年以来新发放法人贷款劣变为不良情况进行了专项分析，结果不容乐观。总行已责成检查组在开展"一加强、两遏制"专项检查时增加对新增不良贷款的检查并将检查结果向总行党委进行专项报告。总行内控合规部、信贷与投资管理部要研究完善相关制度。各行要深刻分析不良贷款集中形成的区域、行业及客户特征，认真查找调查、审查及审批、贷后管理环节规律性问题。要坚持"从严治行、从严治贷""尽职免责、违规必惩"原则，建立一个严格完善的信贷业务责任追究机制，严肃信贷纪律，整治违规操作。一是严格责任认定时限。各行要严格按照新发生不良贷款及不良贷款损失责任认定有关规定，在贷款转为不良后及时完成责任评议和责任认定工作。二是严格不良责任追究。各行要在查清违规事实的基础上，严格按照员工违规行为处理规定，严肃追究相关责任人责任，不得以经济处罚代替行政处分。对2013年以来新发放贷款形成不良的责任人，按有关规定从重处罚。三是严格管理责任追究。各行要严格按照有关规定，对负有不良贷款管理责任的辖属分支机构负责人进行责任追究。对风险把控能力弱的负责人，进行分工调整、岗位调整。对管理人员要实行终身责任追究，不能因责任人已提拔、已换岗、已调离，就不追究责任。

（五）要切实强化合规经营教育。要健全合规教育工作机制，做好新入职、新转岗、新任职等"三新人员"合规教育和关键岗位员工的持续性合规教育。要重视典型风险案例培训，教育信贷从业人员从中吸取教训，引以为鉴，不能重蹈覆辙。要持续培育合规文化，要通过内控检查、评价，将科学的发展观、风险观、业绩观传导下去，促进各级行毫不动摇地走稳健与理性发展的道路。

同志们，这些年来尤其是在去年十分困难的情况下，全行信贷战线做了大量工作，保证了全行信贷业务健康运行和资产质量的稳定，这是难能可贵的，全行信贷队伍素质是过硬的。今年我们依然面临复杂的经济金融环境，工作任务依然十分繁重，既要保持资产质量基本稳定，又要积极开拓业务，全行要按照总行党委的统一部署和要求，面对新常态、新任务、新要求，加强学习研究，积极探索利用互联网、大数据等信息技术手段，创新信贷管理体制机制，创新政策制度体系，优化信贷业务流程，强化信用风险控制，坚定信心，齐心协力，扎实工作，为全行改革发展作出更大的贡献。

在中国工商银行纪检监察工作会议上的主持讲话

易会满

（2015 年 2 月 16 日）

这次全行纪检监察工作会议的主要内容是，传达贯彻十八届中央纪委四次、五次全会精神，认真分析我行反腐倡廉面临的形势和任务，结合今年全行工作会议和党建工作会议部署，安排部署 2015 年度党风廉政建设和反腐败工作任务，深入推进廉洁银行建设，更好地保障全行经营转型和改革发展顺利推进。总行党委对这次会议非常重视，专门召开党委扩大会议研究讨论了建清书记的重要讲话和敬东同志的工作报告。刚才，敬东同志代表总行纪委回顾总结了去年全行党风廉政建设和反腐败工作，安排部署了今年的工作任务；建清书记作了重要讲话，从四个方面对全行提出了明确要求，要求全行认真学习贯彻中央纪委五次全会精神，把思想和行动统一到中央对反腐倡廉新部署和新要求上来；深入落实“两个责任”、强力纠正“四风”，坚定不移推进廉洁银行建设；严格遵守纪律、强化规矩意识，切实加大纪律建设力度；着力健全制度、全面深化改革，不断消除滋生腐败的体制机制弊端。

会后，各级行党委、纪委和总行各部门都要认真贯彻落实好今天的会议精神，特别是要做到“三个强化”，以反腐倡廉工作新成效保障全行改革发展的顺利推进。

一要强化责任担当。落实主体责任、监督责任是各级党委和纪委职责所在、使命所系。各级行党委要紧紧抓住主体责任这个“牛鼻子”，牢固树立抓党风廉政建设是本职、不抓党风廉政建设是失职、抓不好党风廉政建设是渎职的理念，切实组织推动好反腐倡廉各项工作。各级行纪委要强化监督执纪问责，认真履行好党内监督检查机构的作用。同时，要加大对主体责任、监督责任落实情况的监督检查力度，发现问题、严肃问责，层层传导压力、强化责任担当，确保主体责任、监督责任落实到位。

二要强化规矩意识。纪律是成文的规矩，规矩是不成文的纪律；纪律是刚性的规矩，规矩是自我约束的纪律。各级行、各部门要把守纪律讲规矩，特别是严守政治纪律和政治规矩放到重要位置来抓，通过严格执纪监督督促干部员工认真遵守纪律和规矩。全体干部员工要深入领会守纪律讲规矩的基本要求，以更强的党性意识、政治觉悟和组织观念要求自己，切实提高遵纪守规的意识。

三要强化贯彻落实。各级行、各部门要紧密结合工作实际，聚焦目标任务、着力开拓创新，同步谋划年度业务发展和党风廉政建设工作措施，将各项任务细化分解到每个部门和每个岗位，明确完成时限和标准，确保落实到位。各级领导班子和领导干部要保持风清气正、奋发有为的精神状态，既要抓好党风廉政建设，管住自己、带好队伍，又要勤勉有为、善作善成，扑下身子，扎扎实实地推动全年各项任务圆满完成，为把我行早日建设成为国际一流现代金融企业提供坚强保障。

奋力完成集团效益目标　加快推进三大财务战略

——在中国工商银行 2015 年财务会计工作会议上的讲话

易会满

（2015 年 3 月 13 日）

这次会议的主要目的是，贯彻全行改革发展研讨会和年初工作会议精神，总结 2014 年财会工作情况，部署2015年集团效益推动和财会工作任务。下面，我讲三方面意见。

一、财会专业为圆满完成2014年效益目标作出突出贡献

2014年，受经济新常态和利率市场化等因素影响，我行财务运行呈现信贷成本上升、存贷利差收窄和资源约束趋紧等不利变化，各级财会专业积极优化各种管理举措，千方百计抓增收、促节支。通过全行上下的共同努力，集团全年共实现净利润××亿元，同比增加××亿元，增长××%，较好地完成了各项目标任务。

（一）内部市场化改革扎实起步，财务战略管理不断强化。各级财会专业以集团战略为指导，开展内部市场化改革研究，并针对当前经营管理中的部分突出问题制定了配套实施方案，如境内外一体化业务联动利益分配方案、资产负债及中间业务模拟分账考核方案和科技费用分摊管理办法等，有步骤、有计划地对经营管理手段进行了调整。预算管理方面，面对严峻的增收形势，树立季度、月度决算观，将年度计划分解转化为季度、月度序时进度，实施缺口管理。强化对境内分行的分类管理，适时调高境外机构利润目标，并配套出台激励措施，鼓励境内外机构深入挖潜。针对如何合理把握结构性存款和保本理财的发行总量和节奏，如何降低电子机具投入中的无效和低效占用，如何优化内部资金转移价格（FTP）解决分支机构业绩准确性等问题，深入开展经营分析，为优化经营管理提供了重要的决策支持。费用配置方面，针对财务资源区域性、周期性供需矛盾，探索建立费用跨期管理机制。固定资产配置方面，按照“控总量、调结构、保续建、讲挂钩”的总思路，合理平衡业务需求与成本控制。全年实际投资185亿元，同比下降4.7%。绩效考评方面，按照“直观简约、导向清晰、强化协同”的总思路，及时调整境内分行绩效考评办法，实现指标数量的大幅精简，实施关键绩效考评指标月度监测，有效传导经营战略和经营压力。

（二）坚持规范与发展两手抓，坚守中间业务增收关。认真贯彻落实银行业收费监管要求，完善《中间业务定价管理规定》和《“2014版”服务价目表》，组织全行中间业务收费自查及整改，积极配合国务院专项督查和外部收费检查，做到了依法合规、要素齐备、收费合理、服务匹配。坚持中间业务发展不动摇，按季实行纵横双线缺口管理。针对资产管理、品牌投行等战略性成长业务，制定专项增收措施并实施动态管理，努力挖掘增收潜力，此类业务全年实现收入745亿元，同比增长15.5%。探索改进各专业条线中间业务考核模式，由“捆绑制”转向“模拟分账制”。突出中间业务增收过程管理及控制，落实“两个衔接”。最终有效克服价目表调整、停办部分业务等因素的冲击，境内分行全年实现中间业务收入××亿元，同比增长××%，总量和增量继续保持同业“双第一”。

（三）积极优化财会基础管理，提升精细化管理水平。在银行业监管趋严、会计准则密集修订、税收征管空前严厉的背景下，重新审视并积极优化财会基础管理，引领全行过好紧日子。财务制度方面，全面修订差旅费、会议费和业务招待费等财务管理办法，主动压降行政费用。会计管理方面，牵头配合财政部会计信息质量检查，主动与检查单位反复沟通，尤其是涉及员工利益的问题，最大限度维护我行利益。应税事务方面，牵头配合国家税务总局税收专项检查，经过大量细致的沟通协调，大幅降低全行补缴税额；加强所得税精细化管理，积极协调境外机构抵免税款7.25亿元。管理会计方面，完成MOVA网点业绩视图推广和管理行业绩视图研发，启动单客户中间业务收入计量，探索员工业绩考核“最后一公里”落地，在部分分行进行了一些新的尝试。集中采购方面，立足防风险、提效率，完善采购制度体系，探索实施集中采购全生命周期管理，全年累计节省采购支出45.4亿元；积极推动融e购集中采购平台建设，为拓展和营销客户提供了新的支点。

总的来说，去年财会专业充分发挥集团效益组织推动中枢的作用，表现出良好的大局意识、担当意识和创新意识，出色地完成了各项工作任务，为全行继续保持健康发展态势作出了突出贡献。在此，我代表总行党委向大家表示衷心感谢。

二、切实增强责任感和紧迫感，奋力完成2015年效益目标

今年前两月，集团实现净利润××亿元，同比负增长××%。在36家境内一级分行中，24家分行利润呈负增长，这是近年来从未出现过的情况。

（一）全行效益增长及财会管理面临的现实挑战

一是信贷成本上升、利差收窄对全行效益增长形成双重压力。从资产质量看，前两月，共提取贷款减值准备××亿元，同比增加××亿元，增幅为××%。2月末，不良贷款余额为××亿元，较年初增加××亿元；不良贷款率为××%，较年初升高××个基点；逾期贷款为××亿元，较年初增加××亿元，不良贷款与逾期贷款的剪刀差较年初扩大××亿元。在36家境内一级分行中，31家分行呈双升趋势。从存贷利差看，非对称降息及存款利率上浮区间扩大对我行盈利的影响进一步显现。前两月，境内分行净息差（NIM）为××%，较2014年下降4个基点，主要原因是贷款收益率重定价规模和速度快于存款。继2014年11月降息并扩大存款利率上浮区间至1.2倍之后，3月1日央行再次降息，存款利率上浮区间进一步扩大至1.3倍。按照挂牌利率测算，即排除因客户议价能力增强带来的存款上浮比例提高因素，本次降息减少利息净收入32亿元，两次累计减少今年利息净收入208亿元。截至2月末，境

内分行利率上浮1.2倍人民币定期存款占比为21.1%，比年初提升12.6个百分点。随着客户议价能力增强和存款竞争加剧，可能会有更多存款执行更高的上浮水平。如果定期存款中50%的存款利率上浮至1.3倍，两次降息将累计减少今年利息净收入300亿元。

二是中间业务收入转型发展压力凸显。前两月，全行实现手续费及佣金净收入××亿元，同比下降××%。45类产品的中间业务收入同比“23升22降”，其中，投资银行、人民币个人结算、国内贸易融资服务、现金管理等业务收入降幅超过40%。36家境内一级分行的中间业务收入同比“12升24降”，其中，青岛、湖北、内蒙古、福建等9家分行同比下降超过20%。经初步测算，今年全年因价目表调整、严禁“息转费”、停办自营贷款客户信贷资金托管业务等将减少中间业务收入75亿元以上。人民币汇率、贵金属等市场价格走势对代客外汇买卖及结售汇、贵金属业务增收的影响越来越明显，各月度、季度收入可能随市场价格波动呈现较大起伏。部分行在存款与理财、收息与收费问题上把握不够清晰，且在收费配套服务机制建设上有待提高。

三是资源约束趋紧与成本刚性化矛盾更加突出。在银行业收入增速降低的背景下，费用增速必然放缓。但我行目前的费用刚性化程度较为严重，使用效率提升和配置结构优化的任务尤为艰巨、紧迫。2014年末，人力、折旧和摊销三项支出占全部费用的比重达到76.2%，较上年增加1.5个百分点，如再加上租赁费、物业费、水电取暖费、安全防卫费等支出，合计占比将达到88%左右。财务弹性不足将严重制约经营的灵活调节。

四是各项监管在变革中趋严，关键效益指标面临挑战。资本监管方面，未来我行在全球系统重要性银行中的组别可能会提升，核心资本和附加资本要求进一步提高，资本回报率（ROE）面临进一步压力。税务政策方面，金融业“营改增”实施在即，不仅价税分离后会导致银行营业收入减少、利差收窄，还将影响业务结构、客户选择等战略定位，对税务成本、会计核算、税票管理、产品定价及主机系统等产生一系列重大影响，并可能导致净利息收益率和净利润进一步承压。会计准则方面，新出台的《国际财务报告准则第9号：金融工具》中，对金融工具的分类与计量、金融资产的减值计量方法作出了重大变更，将涉及银行前台业务模式、后台风险管理，以及信息系统等众多方面的改造，并可能引起拨备计提增加，对利润造成影响。

（二）全行效益增长的有利因素和内部潜力

有利因素方面。全行年初工作会议对2015年经济金融形势做了全面、深入的分析，困难是现实存在的，但有利因素也不少。例如，金融改革的加快推进，在深刻改变银行业监管环境、市场机制和竞争格局的同时，也为银行带来了新的发展空间和改革红利；居民财富的增长将带来更多个性化的金融需求；国际环境改善为我行境内外业务联动提供更为广阔的空间，等等。此外，央行下调存款准备金率对我行盈利产生正面影响，预计年内仍有降准空间。

内部潜力方面。一是体制机制改革红利尚待挖掘。应该说，全行经营管理体制机制已基本成型，但在产品、员工和客户维度的价值化、精细化管理方面仍存在一些短板，尤其是在评价和激励的“最后一公里”落地方面还有待进一步完善。未来内部体制机制改革总的方向是，以客户为中心、以市场为导向，将更多的经营单元甚至员工转变为责任主体、利润主体，最终实现各业务部门不论前后台都关注价值创造和成本控制，全体员工不论是否营销人员都关心客户服务和市场营销，从而使全行竞争力得到根本提升。这一变革的核心就是加快内部市场化改革。二是财务资源利用效率提升潜力巨大。2014年全行费用开支达到1 775亿元，如能节约5%，就是近90亿元。去年末全行闲置固定资产原值47.5亿元，其中，房屋类固定资产闲置46.2亿元，如果进一步严格闲置固定资产的认定标准，留给我们的存量盘活空间会更大。

（三）要确保完成2015年效益目标

一是落实各维度经营责任，增强预算硬约束。各级机构在加强辖属机构管理的同时，要强化业务条线业绩管理，做好产品条线及业务部门的任务分解落实和考核激励。境外机构要以集团优先股发行带来的资本补充作为新的动力，积极把握“走出去”战略和人民币国际化的机遇，努力提高本土化发展能力和盈利水平，确保完成全年利润目标，同时要进一步提高财务管理水平，更好地发挥拉动集团盈利增长的作用。利润中心要积极发挥产品线对全行盈利的支持作用，尽可能多地创造利润。不承担利润任务的直属机构也要挖掘节支潜力，过好紧日子。今年，总行将强化预算问责制，对利润完成不理想、工作举措不到位的机构加强督导。

二是优化不良资产管理，有效控制信贷成本。要采取有效措施，努力稳定全行资产质量。强化风险导向，审慎进行信贷投放，优化存量贷款结构，针对风险较大领域，进一步严格和细化业务准入标准，加大对部分风险较高业务的收缩和控制力度。做好潜在风险贷款管理，完善和应用监控预警模型，全面及时识别潜在风险隐患，严格潜在风险融资管理，有效落实潜在风险化解和压降措施，防控贷款劣变。加大逾期贷款清收处置力度，通过密切监控客户账户资金流动、上门催收等手段大力清收逾期贷款，通过重组并购等手段最大限度处置逾期贷款。积极探索不良贷款清收处置的新渠道，切实提高处置回收率。

三是优化存贷款定价管理，保持合理的利差水平。要进一步优化存贷款定价管理，保持利差在可比同业中处于先进水平。要逐步建立以客户贡献度为基础的存款定价模型，研究储蓄存款统一综合定价及大型对公客户逐笔定价模式，为前台部门营销服务提供定价依据，确保重点客户定价与贡献相匹配。要完善主动负债定价策略，对同业存单、大额存单、短期同业定期存款、保本理财、结构性存款进行统筹规划，协调好业务发展与成本控制的关系。要健全政策和授权评估机制，及时评估分行定价议价偏差，适时调整定价授权，建立“可放可收、收放有序”的动态授权管理机制。要调整主要信贷品种的 RAROC 阈值标准，加强对重点关注行的贷款利率管理。要发挥内部定价、贷款计划配置和经济资本约束的协调作用，不断提高资金运作效率和收益水平。

四是优化绩效考评的战略传导。要按照统一性与差异化相结合的分层设计思路，因地制宜地优化考评指标体系，努力做到“五个更加注重”。要更加注重服务经济发展新常态导向，在满足客户需求、服务经济发展的同时，实现自身经营的提质增效。要更加注重转型发展导向，进一步强化存款考核，完善客户基础与资本考核。要更加注重创新驱动战略导向，不断完善互联网金融尤其是移动金融业务的考核。要更加注重集团一体化联动导向，强化跨境人民币业务联动考核、营销部门与产品部门联动考核、行司联动考核。要更加注重风险管理导向，确保风险合规指标权重不低于40%。

三、加快推进三大财务战略，提升新常态下的盈利管理水平

经济新常态下，商业银行盈利增长的来源和结构将发生重大变化，盈利增长的组织推动方式需要相应调整。这一改变是长期的、深远的。2015 年以及未来一段时期内，财会工作要从全局上、战略上谋划，围绕提质增效，加快推进中间业务转型、资源配置优化和内部市场化改革三大财务战略，全面提升盈利管理水平。

（一）加快中间业务转型，努力培育新的增长点。要在保持中间业务收入对利润目标有效支撑的前提下，按照回归“手续费及佣金”和“代客投资及交易”本源的导向，从为客户提供服务、创造价值、提升效率角度出发创新发展理念和思路，逐步提升结算、代理、理财和投资银行收入总量和占比，加快中间业务转型发展。一是确保完成全年中间业务收入目标。今年，总行对中间业务收入采取“全口径、全产品”计划管理，各专业条线、各分行要勇于担当，积极作为，明确责任，细化措施，进一步完善中间业务收入计划和同业占比“缺口管理”，确保完成收入任务。二是加快实施创新驱动战略。各专业、各行要在产品创新上继续发力，争取每个专业都能推出一个有增收前景的创新产品，对冲服务价目表调整和停办个别产品对全行中间业务收入的影响。要顺应互联网金融发展形势，积极创新与其他电商、第三方支付等机构的合作，设计一批能为客户提供增值服务的信息产品。抓住利率市场化和人民币国际化机遇，努力打造“代客投资及交易收入”新板块。三是细化过程管理和控制。要坚持成本效益原则，根据存款利率浮动幅度和客户贡献变化，及时梳理存量客户和产品收费减免情况，避免存款利率不断上浮，收费减免维持不变甚至加剧的现象。要加强新产品、新服务项目管理，确保收费标准覆盖成本并有盈利。要加强手续费支出监控，引导相关增收主体不断优化产品营销和管理策略，提高收入与支出增长匹配度。要拓宽分析思路，综合运用纵向趋势、同业比较、收入结构和关联因素等分析方法，及时发现薄弱环节并采取应对措施。四是各分行要围绕激发各专业条线的活力，结合本行实际情况，探索推行中间业务收入模拟分账。五是继续规范收费行为，确保经得起内外部检查与质询。

（二）加快资源配置结构优化，助推集团战略落地实施。

一是探索资源配置新模式。对于境内分行，考虑到增量资源有限，总行拟选取 2～3 家分行作为试点，采取以标准预算为基础、以零基预算为原则、以滚动预算为载体的新模式，引导分支机构增强业绩换资源的意识，在中长期内主动调整自身人、财、物配置，有效提高费用开支弹性。对于境外及控股机构，总行将逐步建立财务支出标准和固定资产投资标准，为实施零基预算打好基础。各分支机构要顺应资源配置的新形势，加快本行零基预算的探索与实践。

二是围绕转型发展战略优化财务资源投向。对驱动全行转型发展的大零售、大资管、大数据和信息化战略，要完善考核机制，改进资源配置，优化业务流程，做好财务资源倾斜配置。为适应互联网金融发展的需要，总行将按照“总量控制、投向转变、结构调整”的配置理念，分步骤、有针对性地加大对移动金融服务平台建设、互联网金融产品创新及推广的投入，积极支持新一代电子银行平台建设和融 e 购、即时通讯平台、直销银行“三大平台”的共联、共享、共通。在大幅压缩固定资产投资的情况下，总行将继续安排 68.8 亿元信息科技固定资产投入，同比增加 14.6%，其中，专项安排 5 亿元战略机动指标用于支持互联网金融发展平台建设。境外及控股机构在财务资源投入上重点支持电子渠道、人力资源、清算系统等基础设施建设和跨境人民币业务发展，逐步夯实业务发展基础。

三是减少低效无效占用。要深化成本控制和勤俭办行意识，压缩一切不必要开支。要加强投入前的成本效益论证和投入后的预计目标达成情况评价。要加强固定资产预算源头管理，重点支持信息化银行与渠道优化建设，严禁安排新增办公用房、培训中心投入，预留指标挂钩闲置固定资产处置，积极有序推进闲置资产盘活处置，实现大幅压降。对接分行现有闲置固定资产与子公

司固定资产投入需求，多方探索存量资产盘活新模式。各行要结合今年即将出台的国有金融企业办公用房和业务用车的具体配备标准，负责人履职待遇和业务支出管理办法，以及培训疗养服务机构改革实施方案，进一步加强财务规范管理。

四是完善财务决策机制和管控模式。财务决策方面，针对分行反映的“专业条线作投入决策，但不承担成本；分行被动承担成本，但不参与决策”问题，要按照“权责对等”的原则加紧完善相关机制，必须有成本承担者参与财务投入的评估和决策。对于系统性投入，要逐级汇总并严格履行财务审批，确保业务战略与财务战略相匹配、相平衡。财务管控方面，要完善规范管理与引领发展并重的管理模式。财会部门要积极参与、提前介入、及时解决业务经营中涉及的财务管理问题，引导业务部门优化营销方式与开支模式，正确、合理地使用会计科目。目前，总行正在研究制定手续费及佣金支出管理办法，在依法合规、加强管控的基础上，进一步打通列支渠道，支持经营发展和业务创新。

五是挖掘集中采购创收增效潜力。目前总行已打造了面向社会公众的、开放式的融e购电商采购平台，将我行的集中采购产品通过对外营销来发展优质客户，为我行服务和营销提供了又一有力抓手。各行要从战略的高度重视采购平台建设，积极把我行的优质供应商发展成为我行的重要客户，积极吸引大型采购商入驻采购平台，并提供金融等配套服务，为我行培育新客户。国务院已颁布施行了《政府采购法实施条例》，体现了国家对政府采购的重视程度。我行也要加快推进集团化集中采购管理，加大总行对一级分行专项采购的实施力度和二级分行采购的上收力度，加速供应商、产品和项目信息库建设，在全行范围实现采购结果公开透明。目前部分分行采购管理还比较薄弱，各级领导要高度重视集中采购工作，特别是采购管理不到位的分行，更应严格按照采购制度办事，任何人不得违规干预采购正常程序。对于履职不到位、造成不良后果的，将暂停其集中采购业务办理权。

（三）加快内部市场化改革，深层激发内生经营活力。去年是内部市场化改革的起步年，主要聚焦于框架设计，今年是市场化改革的推广实施年，重点是推进前期研究成果的落地实施，并不断拓展改革的广度和深度。

一是完善内部精细业绩管理。要按照“亲兄弟，明算账；算清账，共发展”的原则，准确计量各业务单元的真实贡献。要按照跟单计价方法模型，将中间业务收入全面统计到单客户，实现对客户贡献的完整、客观计量，夯实客户综合定价的基础。要进一步提升中间业务收入确认的及时性、准确性，在总行部门、利润中心下划分行的中间业务收入中，选择一些标准明确、资金结算及时的项目，分行在业务发生环节即按照权责发生制及时反映分行经营成果，总行相关部门及财务会计部要共同配合做好该项工作。要加强费用入账环节管理，确保成本归集、还原、分摊及时合理，并建立费用信息披露机制，从源头提高成本节约意识。按照先易后难的思路，坚持使用导向、问题导向，加快MOVA业绩视图的推广，从员工绩效考核分配“最后一公里”落地入手，在使用中完善MOVA功能，并做到“三个落地”：经营任务落地，即采用“包干到户”的方式，将存量和增量优质客户分配到具体的客户营销人员或团队；业绩计量落地，即按照员工不同产品业绩情况和对应牌价，确定员工的全产品综合计价积分业绩；资源配置落地，即通过MOVA确保“按劳分配、多劳多得”的基本业绩观能够在员工层面落地实施，确保及时兑现奖罚。

二是完善和拓展集团业务联动机制建设。要做好境内外一体化业务联动利益分配方案的落地实施。境内外机构要加强业务联动前的沟通协调，做好业务联动后的台账登记、数据上报和会计核算，确保利益分配方案的顺利实施。要进一步健全境内机构之间的业务联动利益分配机制，选择境内业务量大、反映迫切的联动业务，按照内部市场化原则，研究制定境内业务联动利益分配办法，将原来松散的、短期的业务联动转变为以客户为中心的、紧密可持续的业务联动。在集团层面，要建立综合化子公司与分行之间的服务定价协调机制，通过市场化的定价策略激发各方积极性，进一步促进行司联动。

三是妥善实施营改增，逐步过渡到全方位的税后业绩评价。金融业“营改增”方案即将出台，从政策出台到正式实施可能只有短短几个月时间，涵盖全部机构、全部业务条线，涉及前、中、后台各类人员，必须在有限的时间内完成包括业务调整、系统改造等一系列准备与测试。由于银行业“营改增”很可能实施省级分行汇总缴纳的模式，因此应实施纳税筹划以增加进项税可抵扣额，从而降低全行税负。大家必须认识到此项工作的紧迫性和重要性，全行上下要紧密配合，确保此次税制改革平稳过渡。要将所有税务成本进一步分摊到部门、产品和客户维度，精细核算各维度税后经营业绩，并按税后业绩进行评价和考核，全面传递税务成本压力。

各级机构要将市场化改革融入盈利能力建设中，融入中间业务转型升级中，融入资源配置优化中，融入财会精细化管理中，使内部市场化改革既具战略价值，更具应用价值。同时，要全方位强化财会队伍建设。要抓好财会分析师队伍建设，力争绝大部分财会人员都能成为专职或兼职分析师，做到勤算账、会算账，算大账、算活账、算清账。总行、分行都要积极创造条件，持续开展岗位轮换，提升员工综合素质。要强化专业培训，激励员工参加注册会计师、特许金融分析师、注册管理会计师等专业资格认证。在当前监管变革时期，尤其要培养好应税事务、金融工具计量和会计准则等方面的专业人才。

还有十八天就是一季度末了，借此机会我对季末经营提三点要求。一是努力稳定资产质量。各行务必采取扎实有效措施使3月末不良贷款和逾期贷款有明显下降，不得突破总行年初下达目标。各行行长要切实履行信贷资产质量管控第一责任人职责。浙江、福建、内蒙古、广东、江苏、山东和河北等贷款劣变压力大的分行，务必全力防控逾期贷款劣变。天津、河北、内蒙古、上海、安徽、福建、江西、云南和陕西等不良贷款控制任务重的分行，务必把握好处置时机，全力加快处置进度。3月末不良贷款超过控制目标或逾期贷款余额比年初增加50亿元以上的分行，4月初需到总行专题汇报。总行将继续严格执行不良贷款控制计划与分行行长绩效工资挂钩政策。要强化风险责任追究，特别是对2013年以来新增融资形成的不良贷款，要逐笔区分责任，严肃问责。二是确保完成中间业务收入序时进度和正增长。各级行要逐产品落实目标任务和工作措施。各专业条线要重点从产品和服务两个方面细化对分行的指导措施。要加大投资银行、银团安排等优质高收益项目的储备，促进资产管理、私人银行、信用卡分期付款、银行卡POS收单、代理基金、资产托管、电子商务等业务发展。三是推动存款业务稳步健康发展。年初以来，全行稳存增存压力仍然巨大，各行要继续从产品创新、考核评价、信息整合、机制改革等方面着手，夯实存款业务发展基础，深挖存款增长源头，进一步理顺存款、理财和代销业务的关系，加大对目标市场和目标客户的营销拓展，扎实细致地推动存款稳步回升。总行相关部门和各分行要加强市场动态监测，综合考虑财务成本约束、客户综合贡献和有效存款增长等情况，有策略地选择利率上浮，提高市场反应速度。要合理控制付息成本，提高存款利率上浮后的稳存增存效果，并制定明确的增存目标和要求。

同志们，今年我们面临着更为复杂严峻的经营形势，全行上下必须打好盈利管理重构、盈利能力重塑这一场硬仗，财会专业要继续发挥好价值推动中枢作用，迎难而上，开拓创新，加速推进内部市场化改革，不断激发内生动力、增添源头活水，为全行提质增效和转型发展作出新的、更大的贡献。

在中国工商银行组织人事工作会议上的讲话

易会满

（2015年3月18日）

前不久我们召开了全行党建工作会议，总结回顾了近年来党建工作取得的成绩与经验，对当前和今后一个时期全行党建工作作出了全面部署安排，重点对落实从严治党要求，加强思想建党，持续深化教育实践活动和推进作风建设，加强组织建设、党员队伍建设和干部队伍建设，深入开展反腐倡廉等提出了要求。这次组织人事工作会议的主要任务，就是要全面贯彻党建工作会议精神，深入分析当前全行组织人事工作面临的新形势，部署下一步具体工作。下面，我讲六个方面的意见。

一、认清形势，转变观念，主动应对组织人事工作面临的新任务新挑战

过去的一年，各级党委和组织人事部门紧紧围绕全行改革发展中心任务，锐意进取，开拓创新，各项工作取得明显成效。组织全行深入学习贯彻习近平总书记系列重要讲话精神，深化党的群众路线教育实践活动，各级干部员工的思想和作风建设得到新的加强。强化领导班子和干部队伍建设，开展选人用人专项检查，对“裸官”、“兼职”、“任职回避”进行专项清理，从严管理监督干部的常态化机制得到进一步完善。实施总分行机构改革，科学核定总分行机构编制和干部职数，组织体系更加精简高效；启动人力资源管理深化项目，完善岗位职级体系，员工职业发展和激励约束机制持续健全；加强国际化人才、客户经理等专业人才队伍建设，调整优化人员结构，员工整体素质不断提升；统一集团用工计划管理，优化工资总额管理，资源配置水平进一步提高。总的看，去年全行组织人事工作，虽然任务重、难度大、要求高，但各项工作进展有序、推动有力，为全行经营发展提供了良好保障，也为今后的组织人事工作奠定了更加坚实的基础。这些成绩的取得，是总行党委正确领导的结果，是全行共同努力的结果，也是组织人事条线上同志们不畏困难、团结进取的结果。在这里，我代表总行党委，向大家并通过你们向全行组织人事战线的同志们表示诚挚的慰问和衷心的感谢。

当前，随着我国经济发展进入新常态，全行改革发展面临的内外部环境发生了很大变化，组织人事工作也面临着许多新形势、新任务和新挑战。

（一）中央和国家有关重要部署对做好组织人事工作提出新要求。党的十八大以来，中央对加强新时期党的建设作出了全面部署，国家有关部门也相继出台了一系列制度办法。一是在干部管理上突出从严标准，把加强干部管理与监督摆到更加重要的位置，要求各级党组织将从严要求贯穿到干部选拔、培养、管理、监督等各方面，确保干部队伍清正廉洁。二是在作风建设上要求常抓不懈，将作风建设作为管党治党的重要突破口，持续深化党的群众路线教育实践活动，构建作风建设长效机制。三是在人力资源管理上强化合规要求，先后就国有企业人员招聘、劳动合同管理、绩效考核、薪酬福利管理等工作提出许多新的要求，增强管理的严谨性、规范性。各级党委和组织人事部门要认真学习贯彻中央精神，全面理解和正确把握一系列政策要求，尤其要把从严从紧、合规审慎等要求落实到实际工作中，不断提升组织人事工作的科学化、规范化水平。

（二）全行经营发展新常态对做好组织人事工作形成新约束。经济新常态下，全行盈利增长进入一个相对平缓甚至负增长的时期，相应地，薪酬、人员、机构等资源配置也将由过去的增量投放期转入存量挖潜期。一是薪酬增量受限。由于薪酬资源与盈利增幅挂钩，盈利放缓使未来一段时期全行薪酬增幅进一步收窄，甚至可能出现零增长或负增长，如何在现有薪酬体量内，加快调整优化薪酬资源结构变得日趋迫切。二是人员增量受限。新常态要求我们进一步转变发展方式，优化资源配置，提高人均效能，而不是靠人员总量扩张来实现业务发展。况且在薪酬增量受限的情况下，如果人员总量持续规模增长，将进一步摊薄人均工资，进而影响可持续发展能力。三是机构增量受限。建机构、设网点，需要大量资源投入和配套，新常态推进经营转型已经不允许我们再在机构网点上铺摊子，对现有的机构和网点也要进一步优化结构、转变职能。未来一段时期内，人力资源各项投入要素很难在增量上有大幅增长，大家一定要有过紧日子、难日子、苦日子的充足思想准备。

（三）互联网金融等新业态兴起对做好组织人事工作带来新挑战。近年来，随着互联网金融等新兴业态的蓬勃发展，一些互联网企业从商务领域向金融领域快速渗透，传统的金融行业界限和竞争格局被打破，银行传统商业模式和增长方式受到严峻挑战。一是银行经营范畴进一步扩展。随着客户金融服务需求日趋多元化，银行服务的内涵和外延发生了很大变化，除了存贷汇等传统金融服务外，还要提供财富管理、金融交易等诸多新兴服务，服务范围甚至延伸至线上线下购物和日常生活金融服务，我们的业务组织形式、机构管理模式等都需要随之进行改进和调整。二是银行营销和服务模式加快转变。随着信息传播方式的变革和客户消费习惯的变化，银行营销正在从依托传统媒体的广告式宣传向口碑式营销、社交化营销转变，从单向进行的客户服务模式向双向互动的“场景化”模式转变，从单一产品、单一品种、单一领域的分散式营销向多渠道、多专业、多机构“联动式”的整体营销转变，从关注大客户、高净值成熟客户向同时关注长尾客户、新生代年轻客户转变。这就需要组织人事工作主动适应这种营销和服务模式的转变，统筹做好各类资源配置和优化。三是银行销售渠道结构发生重大调整。随着移动互联技术的发展和智能移动设备的普及，客户金融服务需求和服务获取方式正在发生深刻变化，金融服务和交易加速向线上迁移。作为一家有近 1.7 万个物理网点、2.6 万个自助银行、23 万网点员工的大行，如何发挥好我们线下渠道的传统优势，为客户提供更好、更高效的服务体验，是必须深入思考和解决的问题。总的说，互联网金融时代给银行经营带来的新变化对组织人事工作的挑战是全方位的，涉及组织架构改革、业务流程调整、人力资源配置优化、重点人才培养储备等许多层面，需要我们深入研究，积极应对，以人力资源管理的主动创新为全行业务发展提供更有力的协同与支撑。

（四）业务组织体制机制改革的深化对做好组织人事工作提出新课题。近年来，随着信息化银行建设、运营体制改革、网点运营标准化等工作的深入推进，全行业务组织方式发生了较大变化，组织人事工作也需要积极适应和改进。一是网点综合化成本更低。运营体制改革后，中后台实现了远程集中共享，网点不再需要投入大量的中后台人员，网点综合化更加易于推行。二是网点功能转型基础更好。改革后网点前台柜面基本保留业务受理和简单的业务处理职能，业务复杂性降低，工作量减少。同时网点运营标准化促进了劳动组合优化，释放出大量柜面人员，网点更有条件由“业务处理”向“业务处理和营销服务”转型。但调整出来的人员如何分流安置，能力素质如何培养提高，网点的管理模式、考核体系、岗位组合如何设计优化等，都需要组织人事部门认真研究、统筹规划。三是机构扁平化更具条件。这些年我们在业务集约化方面做了大量工作。比如，建立了分层营销体系，一些原来由支行、网点服务的大客户，改由管辖行直接营销服务，实现了重点客户营销的扁平化；投行、托管、年金、资产管理等业务，主要在中心城市实行团队化经营，而不需要在支行层层设机构、配人员，实现了一些创新业务经营的扁平化；授信审批改革将大部分业务集中到了一级分行审批，实现了信贷风险控制部分职能的扁平化；运营体系改革将风险监控集中到一级分行，远程授权和业务处理集中到一级分行或二级分行，实现了业务运营的扁平化。这些扁平化改革措施的推进，使得各城市行尤其是支行的管理复杂度有所降低，也为下一步推动管理扁平化创造了更为有利的条件。这需要组织人事部门要重新审视和深入研究机构扁平化改革的方向和内涵，更好地服务于全行业务发展。

（五）国际化综合化的深入推进对做好组织人事工作提出新考验。当前，集团机构布局已遍布全球41个国家和地区，业务横跨商业银行、基金、保险、租赁等多领域，跨界、跨业、跨境、跨文化的经营管理格局给做好新时期组织人事工作带来更大难度，提出更高要求。一是在资源配置上，面对更加宽广的业务领域、更加多样的机构类型，需要以集团视野统筹考虑资源的配置与摆布，在业务板块上要统筹银行与非银行，在地域范围上要兼顾境内与境外，在人才队伍建设和骨干人员培养上要更具宽广胸怀和世界眼光，这是对人力资源管理的全局性和系统性的考验。二是在政策制度上，不同国家地区的法律法规和监管环境不同，境外机构所处的发展阶段也不尽相同，不能简单套用单一管理模式，如何把握整体性与差异化的关系，建立既符合当地机构实际、又真正管控有效的集团管理体系，是对人力资源管理适应性和统筹性的考验。三是在集团企业文化建设中，如何让综合化子公司的招聘员工、境外机构的本地雇员愿意接受工行文化、增强融入感和归属感、真正认同ICBC，是对人力资源跨文化管理能力的考验。

（六）人才竞争的加剧对做好组织人事工作构成新压力。近年来，金融行业人才竞争日益激烈，特别是互联网金融、小微金融、电商平台的快速发展，对金融人才需求十分旺盛。尽管目前全行人员流失仍保持在较低水平，去年离职率不到2%，但“骨干增多、层级提高、范围扩大、去向多元”等趋势性变化需要引起高度重视。一是业务骨干和关键岗位人员流失增多，占比提高。一些工作3～5年的年轻人，刚刚培养成长为业务骨干就流失了，特别是信息科技、风险管理、金融交易等领域的员工离职明显增多。二是离职人员职务层级有所提高，中高层级管理人员出现流失现象，而且这些人离职还可能带走一些业务骨干。三是离职人员区域和专业范围有所扩大，各地区、各级机构、各专业条线都出现人员流失现象。四是跨行业人才竞争加剧。人员流失去向更加多元，去年我行离职员工流向银行和非银行金融机构的占比约40%，其余60%流向互联网企业、电商平台等行业外机构，反映出跨行业人才竞争加剧。需要特别注意的是，我行人才多是单向流出，而对一些重点业务或创新业务领域人才的招聘难度比较大，说明在吸引高端人才方面优势还不明显。如何做好人才的选、用、育、留，为全行改革发展提供坚强的人才保障，需要做进一步深入思考和统筹安排。

根据全行党建工作会议和年度工作会议部署，2015年全行组织人事工作的主要任务是：紧紧围绕新常态下全行转型发展目标和战略部署，以党建工作会议精神为统领，把握集约化转型、内涵式发展的根本要求，突出资源配置市场化、集团管理一体化的改革主线，进一步健全完善人力资源管理制度体系，适度控制人员总量，优化员工队伍结构，加强以年轻化、专业化为重点的领导班子和干部队伍建设，大力推动适应银行业务深刻变革的组织架构改革创新，建设完善强化目标传导的激励约束机制，以组织人事工作的前瞻性、主动性变革，更好地服务、支持全行战略转型和业务发展。面对新形势，迎接新挑战，完成新任务，全行必须进一步转变观念，以新思想、新理念生成转型新动力，促进发展再提速。

一要从重“总量扩张”向重“内涵发展”转变。要积极适应新常态，重点在盘活存量上多做文章，从重总量转向优结构，走内涵式发展道路。比如，在优化薪酬资源方面，当前及未来几年，全行员工正进入退休高峰期，人员总量减少与员工新老更替将释放出一定的薪酬资源，如果将这部分资源盘活用好，就能在一定程度上缓解薪酬总量增长放缓的压力。又如，在人员配置方面，一些分行按照政策对部分符合条件的干部实施退出，安排转任业务类职务，但这些干部通常有专业特长、有经验优势和人脉资源，可以考虑通过适当的工作安排继续发挥好他们的作用，防止形成人力资源的闲置浪费。总之，在资源精细管理、推动内涵发展上我们还有很大的潜力可挖。

二要从“适应支持”向“推动变革”转变。全行改革发展中心任务要求人力资源工作变“被动”为“主动”，由“支持为主”转向“推动为主”。要着眼未来发展趋势，在资源配置和政策制定等方面作出前瞻性安排，积极构建与新常态下集团发展战略相匹配的人力资源管理机制。比如适应互联网金融发展、业务运营模式变革趋势，主动研究和改进业务组织形式，推进机构改革，提高组织架构的灵活性和响应能力。又如，适应渠道由线下向线上线下并重转变的趋势，提前谋划人力资源布局，优化机构人员分布结构，加快引进、培养、储备相应的人才，确保队伍建设与业务发展相协调。

三要从“资源自有”向“资源共享”转变。要树立更为开放的人力资源管理理念，建立人力资源集团化共享机制，健全涵盖各类机构、人员的内部人才市场，从集团视野、全局角度去考虑人员使用和配置，推动人力资源的优势互补，提高整体配置水平。去年组建工银安盛销售团队，在集团内部人力资源共享上做了一些探索和尝试，涉及的机构都能克服困难，支持符合条件的人员积极参与，体现了集团化人力资源优化配置的成效。

四要从“管理员工”向“成就员工”转变。员工的满意度和归属感、队伍的凝聚力和战斗力，是企业发展的决定性因素。实事求是地讲，一些领导干部在思想认识上不同程度地存在重经营业绩、轻员工工作现象，管理上更多强调下达任务、强化考核，不善于也不愿意做深入细致的思想政治工作，没有充分发挥好国有金融企业特有的思想政治优势和优良传统。越是转型发展关键时期，越要重视队伍建设和稳定。对干部员工既要严格要求，也要关心关爱，解决好员工关切问题和实际困难。要把战略和制度变成员工自觉的理念和行动，把追求自我价值和实现组织目标紧密结合起来，实现员工和企业共同发展。

二、坚持从严管理干部，完善选聘培养机制，建设高素质的干部人才队伍

领导干部在改革发展中作用重要、责任重大。要持续深化干部制度改革，加强领导班子和干部队伍建设，为转型发展提供强有力的组织保障和人才支持。

（一）加强干部制度建设，完善选人用人机制。要根据中央关于深化干部制度改革的一系列政策措施，结合我行干部队伍建设实际，制定实施干部制度建设规划，形成符合中央精神、体现工行特色的干部制度体系。要完善干部选拔聘用机制，改进公开选拔与竞争上岗工作，规范民主推荐和民主测评程序。要科学评价干部、合理使用干部，坚持德才兼备、以德为先，把德作为使用干部的首要标准，同时也要树立注重实绩的用人导向。强化干部聘期管理和业绩考核，以实绩论高低、辨优劣，探索解决干部能上不能下的问题。要加强外派干部聘期管理，提高选派工作和到期安排的计划性，稳定外派干部预期。完善境外干部交流使用机制，促进干部跨机构轮换、交流，提高干部跨机构管理能力。规范业务类职务管理，强化专业定位，明确岗位职责和工作目标，既要防止业务类职务行政职级化，也要避免成为虚职、闲职。

（二）加强年轻干部选拔培养，推进干部梯队建设。今年总行将开展新一轮后备干部的集中选拔，其中分行、内审分局和部分直属机构已经完成初步人选的推荐报送工作，总行部门也将于近期启动这项工作。各单位和总行调研组要按照总行要求，认真研究，严格把关，稳妥做好人选推荐报送和调研工作，真正把那些业绩优、有作为、潜力大、敢担当的优秀干部选出来，努力建立一支德才兼备、素质优良、数量充足、结构合理的后备人才队伍。要根据后备干部专业特长、成长经历、发展潜力和弱点不足，有针对性地加以培养。按照培养锻炼、适时使用、定期调整、有进有出的要求，从严管理、动态调整，保持后备干部队伍“一池活水”。要统筹考虑领导班子今后3～5年的干部接续和长远发展需要，加大优秀年轻干部的选拔培养力度，实现优秀年轻干部的常态化培养、专业化配备，力争通过几年的努力，使各级领导班子的年龄结构明显优化，形成合理的梯次结构。要遵循年轻干部的成长规律，科学培养、合理使用年轻干部，既要发挥年轻干部有朝气、善创新、干劲足的优势，为他们提供施展才华的舞台；也要针对一些年轻干部不接地气、心态浮躁、缺乏毅力担当、解决复杂问题经验和能力不足等问题，加强其在基层一线、艰苦环境的多岗位实践锻炼，防止“镀金式”“呵护式”培养，真正通过基层实践达到磨炼意志、培养能力、锤炼作风的目的。对于条件比较成熟、发展潜力大的年轻干部，要大胆使用，放到重要和关键岗位上砥砺品质、增长才干。要继续做好管理培训生的选拔培养工作，为“好苗子”成长搭建平台，形成吸引、储备、促进有潜质青年人才成长的长效机制。

需要强调的是，后备人才储备、年轻干部培养选拔是系统工程，既要科学谋划、抓早抓紧，也要循序渐进、不能急于求成。要注意处理好选拔使用年轻干部和用好其他年龄段干部的关系，培养选拔年轻干部的目的是进一步优化干部队伍年龄结构，并不意味着选拔干部越年轻越好。搭班子既要有富有活力、敢于打拼的年轻同志，也要有经验丰富、成熟稳重的年长同志，实现班子的结构合理、优势互补。提拔或调整干部也不能简单地以年龄画线，不搞干部任职年龄层层递减和“一刀切”，以充分调动和保护好干部队伍的整体积极性。

（三）加强专业能力培养，提升领导班子履职能力。要注重领导班子成员的专业搭配和互补，按照完善专业结构的要求培养、选拔、配备和调整干部，原则上每个分行班子都应配备熟悉对公、零售、风险控制、运营管理等专业的干部。各分行要逐级对辖内分支行领导班子专业配备情况进行分析评估，进一步规范班子专业分工，对缺乏某方面专业力量的班子，要及时选拔补充，对干部专业和经历同质性较高的班子，要通过交流使用进行调整。要增强干部选拔的针对性，当班子岗位出现空缺时，应根据专业结构和分工情况，优先选配具有相应专业经历和专业能力的干部。要加强副职专业化考核，按照班子成员的岗位设置和专业分工，科学评价副职业绩贡献和履职能力，完善经营压力传导机制，做到考核有压力、业绩可量化、横向可比较。要加强专业能力培训，持续培养干部专业能力，提升业务水平和岗位胜任力。要逐步明确部分管理岗位的专业资质要求，目前总行正在制定信贷条线管理人员专业资质管理办法，从事信贷相关工作的班子成员，比如从事对公、风险控制专业的副行长，要通过考试或评审取得相应专业资质认证，才能继续分管专业工作。下一步，还要探索其他管理类岗位的专业资质要求，逐步建立与专业分工和业务授权挂钩的专业资格体系。后备干部在推荐选拔过程中，要注意专业结构的问题，要合理搭配前中后台人选，覆盖银行经营管理的主要专业类别，后续培养上也要注重专业能力的培养锻炼，保证各主要业务板块都有一定的干部储备。

（四）加强干部监督，落实从严管理要求。要认真执行管理人员选拔聘用工作规定，严格按有关原则、条

件、程序和纪律办事，建立干部选拔聘用工作档案管理和纪实制度，增强干部选拔工作的规范性、严肃性，并建立倒查机制，强化责任追究。要加强干部监督，结合巡视工作对部分机构开展干部选任工作专项检查。要积极运用信息化手段，将重要监督事项嵌入人力资源管理系统实现"硬控制"，提高对干部管理流程的实时监测和控制能力。要抓好个人有关事项报告核查工作，副处级以上干部人选在办理任职手续前都要对个人有关事项报告进行核实，核实结果真实的，才能办理任职手续；凡隐瞒不报的，一律不得提拔任用、不得列入后备干部人选。

三、推进组织机构改革，完善机构管理机制，增强各级机构竞争发展能力

机构管理工作要在2014年总分行机构改革基础上，坚持客户和市场导向，因地制宜、随需而变，进一步创新模式、规范管理、夯实基础、完善体系，不断提高各级机构的竞争发展能力。

（一）提高机构管理前瞻性。重点是研究推动营销服务体系重构、网点渠道转型和集团管控模式优化。一是要完善营销服务体系。要按照全行年初工作会议"构建以客户为中心的服务营销新机制"的要求，建立新型客户服务营销组织体系，组建在线服务支持团队和互联网金融营销服务团队。要完善对公客户分层营销服务体系，明确各级机构分层服务功能，优化纵向层级间的相互关系，锁定目标市场、目标客户，增强整体营销合力。要建立新兴业务集中营销服务体系，适应投行、年金、托管等新兴业务的发展特点，转变业务组织方式，集中有限资源，通过专业直接经营，快速做出模式、做大规模。二是要推进渠道网点转型。要按照构建线上线下一体化服务模式的要求，加快网点布局优化和业态调整，加速推进线上线下渠道融合，建立渠道间信息共享、流程互通、业务互联的综合服务机制，着力解决好相关运营流程优化、服务资源统一调配、人员转岗和技能提升等问题。要加速推进传统网点功能升级改造，重视网点对公服务能力的提升，增加商户拓展、商圈维护等功能，构建金融商务生态圈，加快推进网点从"业务处理"向"业务处理与营销服务相结合"转变。三是要优化集团管控模式。要立足于One ICBC要求，通过完善治理结构和加强IT系统的有效整合，共享大数据，共建大平台，促进境内与境外机构、集团与子公司的深度融合和共同发展。要深入推进区域化管理，加强对境外机构业务支持平台建设，提高集约化经营水平。要继续推进境外重点市场二级机构布局，健全本地化运作模式，拓展在境外市场的经营纵深。

（二）提高组织机构运行效率。扁平化、集约化、柔性化有利于缩短管理链条、降低沟通成本、提高管理效率，是全行机构管理改革的方向。要按照"因地制宜、分类实施、稳步推进"原则，深化机构扁平化管理内涵，与营销扁平化、业务扁平化及业务结构调整相适应，与激励导向、授权调整与流程优化相配套，与机构管理能力、干部队伍素质与服务方式转变相结合，提高扁平化管理水平，不搞全行统一模式，不搞一刀切。要全面总结分析各级机构业务集中管理成效，对集中后有利于风险防控、效率提升和资源集约的，要继续深入推进，并做好集中后原有机构职能的归并调整。对投行、托管、年金、资产管理等新兴业务，可实行省行或省行营业部、重点城市行集中经营，形成专业优势，全辖推广复制，不再层层设机构、配人员。对集中后服务效率降低、客户体验下降、市场响应变慢的，或者造成集而不约、职责错位的，要加快研究改进措施和解决方案，该调整的要调整，该放权的要放权，不能为集中而集中。要适应快速变化的客户需求，探索新型组织管理模式，打破"机构墙"，引入项目制、专业团队等柔性化组织管理模式，充分发挥其效率高、专业强的特点，增强组织管理的灵活性，为客户提供综合化、一站式的高效服务。

（三）提高机构管理有效性。要进一步将市场化理念内化于政策、制度、机制、管理模式和工作措施中。一是完善利润中心管理模式。重点优化利润中心业务协作框架，进一步理顺利润中心、总行业务牵头部门、总行营销推动部门和分支机构之间的关系，完善利润中心考核机制和分润机制，推进利润中心和产品线竞争能力提升，促进与分支机构协作共赢。二是构建分支机构等级管理体系。进一步改变按行政级别管理机构的传统模式，建立以经营效益和价值贡献为核心的分支机构等级管理体系，全面衡量各级分支机构的相对价值贡献，并以此为基础，逐步推广应用到对分支机构的经营授权、资源配置和激励约束上。三是完善机构约束机制。总行层面，探索建立"预算+编制"相结合的管理控制机制，试点实行"增人不增资、减人不减资"，传导人力成本压力，形成机构的自我约束和良性发展机制。分行层面，建立编制动态管理和监督检查机制，通过对编制职数进行系统硬控制，有效监控和管理编制使用，消除编外运作。省行也要进一步强化对辖内分支机构的编制管理，无论是设置机构、配备干部，还是引进人员，都要在编制范围内进行，一律不得突破。

四、压降人员总量，优化人员结构，提升人力资源配置水平

未来三到五年，人员管理要突出"合理压降总量"和"深度优化结构"两大重点，"减""优"并行，进一步丰富管理方式、提升人力资源配置水平。

（一）稳步压降人员总量。从今年起，集团人员总量将进入负增长阶段，今年境内分行退休人员3 000多人，明年近6 000人，我们要用好这一窗口期，按照

“以退定进、多退少进”的原则，进一步强化人员新增、退出双线管理，有序压降人员总量，力争2017年末压降到45万人以内，2020年末控制在40万人左右。总行充分考虑到各机构价值创造和所处发展阶段各不相同，对不同类型机构因地制宜实行差异化的调控策略。具体而言，集团总部和直属机构保持人员总量稳定，利润中心、综合化子公司、境外分行和境外控股机构保持人员适度增长，境内分行保持人员负增长。

（二）着力优化人员结构。一是要以运营标准化管理改革为契机，围绕网点经营转型，全面优化网点人员配置。日前总行已下发通知，对网点柜员配备标准、转岗人员培训等人员优化工作提出了明确要求，各行要严格执行，按照服务综合化、专业化的发展思路，前瞻性地做好网点人员配置工作，更好地适应智能网点、线上金融等银行业态新趋势。去年，全行通过运营标准化管理改革，有8 000多人转岗到销售类岗位，是个不小的成绩，但也发现，有部分人员不适合或不胜任客户经理的岗位要求。各行要坚持人岗匹配原则，严格销售类人员准入标准，将适合人员选聘到客户经理、大堂经理等服务营销岗位，除运营标准化过程中的转岗人员之外，也可以采取公开选聘方式，拓宽选人视野，充实服务营销队伍。力争到2017年，全行网点人员总量减少到20万人以内，网点客户经理总量增加到7.9万人。二是要适应组织架构扁平灵活的发展趋势，打造精简、集约、高效的各级行本部。要以中后台和集约化中心的精简整合带动本部“瘦身”。要优化本部劳动组合，探索组建跨机构、跨部门的专业团队。对已实现扁平化经营或能够采取集约化管理的，上级专业部门不得要求基层行配置相应人员。到2017年，各一级（直属）分行、二级分行本部人员要控制在全行人员总量的28%以内。

（三）统筹专业队伍建设。一要加大社会招聘力度，主动引进互联网金融、数据分析、电商平台等培养周期相对较长但业务发展亟须的新型人才；加大交易类人才、资产管理类人才的培养与储备。二要注重提升专业人才队伍素质，除做好培训外，每年要有一定的比例，让专业人员在性质相近的业务条线和板块之间合理流动，通过针对性的轮岗锻炼，丰富和提升综合履职能力。三要增强专业人才队伍的营销服务支持能力，对集约化经营的创新型业务条线，要着力提高其专业团队的区域化营销和属地化服务能力，积极为前台和基层一线提供及时的信息服务和产品营销支持。四要结合产品条线考核，探索建立人力成本归集还原机制，按照“谁受益、谁承担”的原则，从今年起，选择几个专业条线将相关成本费用、投入回报等逐级还原到受益主体，强化专业条线人力成本控制意识。

（四）推进集团人力资源共建共享。要打破板块、地域、层级和岗位限制，实现集团范围内人力资源的有序流动与优化配置，以人员配置优化促进各板块、各机构间的深度融合、协同发展。去年不少分行参与了工银安盛保险销售队伍组建，今年要本着互惠协作、供需有序的原则，进一步扩大参与机构范围与组建规模。要进一步完善内部招聘机制，出现岗位空缺时，优先面向集团内部招聘，这既能盘活现有人力资源，又能控制集团人员规模，还能拓宽员工职业发展通道。要强化集团人力资源一体化管理，尤其要打通全球雇员境内外职业发展通道，组织境外机构雇员赴境内工作、境外机构之间横向交流等，尽快形成集团统一的培养发展体系。

（五）加强员工队伍管理。各级管理人员要引导员工正确认识经济发展的新常态、正确认识全行转型发展的战略决策，主动适应新常态下的变化趋势、适应转型发展的各项要求，进一步增强全行向心力和凝聚力，为转型发展奠定坚实的思想基础。要把握员工构成日益多元、思想认识日趋活跃的变化，转变管理理念，注重人文关怀，主动了解员工、帮助员工、成就员工，让员工体会到被需要、被尊重、被关心的归属感和幸福感，体会到肩负全行经营发展历史使命的责任感和成就感，体会到自身的能力和努力给我行发展带来价值的荣誉感和自豪感，积极投身到工商银行事业发展中。要立足企业与员工共同发展，重视对员工的预期引导，使广大员工能够立足长远，形成正确的职业定位和发展预期。要坚持人本管理与严格管理有机结合，针对当前工作压力增大的实际情况，积极探索实施员工帮助计划，帮助员工疏导工作压力，在政策范围内帮助员工解决一些现实问题。同时要把从严管理落到实处，对违反有关管理规定的人员，要严肃问责惩处；对不胜任工作的人员，要降档、降级、调整岗位甚至解除劳动合同，做到宽严相济、奖惩结合，防止人员管理失之于宽、失之于软。

五、强化战略导向，规范薪酬管理，提高薪酬资源使用效率

各机构要充分评估未来工资增量有限带来的影响，进一步转变观念，改进工作方法，由关注增量工资管理向存量工资挖潜转变，由关注工资总量调控向结构优化转变，切实发挥好薪酬资源激励员工、促进经营的作用。

（一）加强薪酬总量统筹管理。在关注年度薪酬使用总量的同时，要做好跨年以及一段时期内的薪酬资源统筹安排。一要加大内部挖潜。要注重盘活使用人员总量压降和新老员工更替释放出的工资总量，改变部分绩效工资固化发放的模式，探索对重点群体实施绩效工资延期支付和任期考核激励。要注重在依法合规的基础上，用好福利费，统筹安排项目，合理确定标准，提高员工整体薪酬满意度。二要加强工资总额统筹调剂。各机构要根据自身实际情况，考虑经营波动的周期性，有针对性地采取不同的统筹调剂方式。对那些业绩较好的机构，要建立“蓄水池”，预留部分工资费用，减缓年

度之间工资波动。对那些经营发展暂时遇到困难、工资增量有限甚至负增长的机构，要建立对辖属机构统筹调剂的“奖金池”，用于机构之间以丰补歉。三要加强应付工资管理。合理把握应付工资的使用进度，并指导辖属机构合理使用应付工资结余，做好自身工资费用储备，避免工资总额大幅波动。四要提高工资总额分配的科学性和准确性。在合理预测经营指标实现情况的基础上，按照“量入为出”原则，科学制订辖内工资总额分配方案，年度内跟进经营情况的变化适时调整工资预算，合理把控工资列支进度，并加强对下级机构的指导监督，不能在季末、年末出现工资费用“硬缺口”，将难题留给上级行，更不能将员工岗位工资用于考核挂钩分配，影响员工基本收入。当然，最根本的还是要抓好经营管理，激发员工活力，以效益增长来带动工资总额的增长。

（二）突出薪酬资源投放重点。要改变“摊大饼、撒芝麻”的平均化分配方式，进一步明确重点激励领域和对象，发挥激励投入的杠杆效应。在机构工资总额分配上，要加大工资总额与经营发展目标、业务发展重点的挂钩力度，突出效益贡献、转型发展、业务基础和资产质量等重点。要提高投入产出效率，将增量资源主要投入整体产出效率更高的业务板块和经营机构，激发其创利增效的动力与压力。各行要根据总行的激励导向，结合本行经营重点，建立自上而下、导向清晰的绩效挂钩指标体系，确保战略目标逐级传导落地。在员工薪酬分配上，要着力提高对重点群体的激励力度，完善从战略目标出发、以岗位职责为基础的员工绩效考核体系，合理拉开绩效工资分配差距，体现对核心人才和骨干员工的有效激励。上半年，重点解决好个人客户经理绩效考核“最后一公里”落地问题，人力资源部和个人金融业务部门要共同研究推动，一季度完成制度整改，二季度开展监督检查，确保执行到位。

（三）强化薪酬激励约束作用。要通过“有升有降、有增有减”的机制设计，强化激励约束效果。对各级经营性机构，要坚持以价值创造和收益分享为核心，强化“利润增长、工资增长，利润下降、工资下降”，持续提高资源配置与效益贡献的匹配度。对各级行本部，要改变与人员增长相关联的敞口式工资总额核定模式，参照辖内工资总额增幅，合理制定本部工资总额预算，结合部室人力成本约束机制，控制各级行内设部室工资费用过度膨胀，确保薪酬资源向基层倾斜。对各级各类员工，要充分发挥员工晋升发展和考核分配机制的市场化激励效果，对优秀员工加速晋升、加大绩效奖励力度，强化正向激励；对表现较差员工则要落实降级降档、调减乃至停发绩效工资等负向激励措施，通过营造“有奖有惩、赏罚分明”的氛围来激发员工活力。

（四）规范薪酬分配秩序。要注重提高薪酬分配的透明度，薪酬政策的制定要广泛征求员工意见，薪酬决策要经过领导班子集体研究，同时加强薪酬政策宣传及员工个人薪酬事项沟通，确保政策公开透明、决策公平公正。要规范各类员工工资核定方式，按照工资水平与责任贡献相匹配的原则，合理确定员工薪酬差距。要足额及时发放员工岗位工资，规范员工绩效工资发放，严禁以任何方式收回已发放至个人账户的工资收入，用于再次分配、客户营销及其他用途。总行已将薪酬分配工作纳入巡视和审计内容，各机构也要加强对辖属机构的管理和监督，通过系统监测预警、硬控制等手段，加强现场和非现场检查，防止和纠正违规行为，严肃薪酬分配纪律，保障员工权益。

六、增强责任意识，提高履职能力，加强组织人事部门自身建设

越是担子重、责任大，各级组织人事部门越要加强自身建设。这里，我对组织人事部门的干部提四点要求：

（一）要强化担当意识。大事难事看担当。人力资源作为重要的基础性资源，各种业务发展需求都会转化为人力资源需求，组织人事部门作为需求汇集点和矛盾集合点，要克服畏难情绪和顺其自然的想法，敢于承担责任、迎难而上，既不能怕得罪人，也不能犯拖延症。要提高解决复杂问题的能力，善于动脑筋、想办法，把难办的事办好，把难管的事管好。

（二）要增强工作智慧。在增量资源有限的情况下，要更多用新视角分析工作、用新观念谋划工作、用新举措推进工作，顺应发展趋势和方向，把握变革的主动权，通过前瞻性的创新谋变，平衡处理好改革、发展、稳定的关系，更好地协同全行转型发展。要增强人力资源管理的专业性，学习运用先进的管理理念、工具、方法，帮助全行破解资源约束条件下的发展难题。

（三）要提升信息化管理水平。信息技术是提高组织人事部门履职能力的一个重要支点和工具。要借助信息技术推动人力资源管理工作的集约化，提高工作效率；要利用人资源管理系统促进规范管理，通过系统做实做细一些管理要求；要高度重视人力资源数据的综合利用和深入挖掘，扎实推进数据质量治理和数据信息共享，提高决策的科学性和前瞻性。今年总行要组织制订人力资源信息化建设中长期规划，明确阶段性目标任务，加快推进重点项目，实现干部管理、组织设计、薪酬分配、绩效评价等功能的改造完善与推广应用，促进人力资源信息与业务发展信息的综合分析与运用。

（四）要增强服务主动性。最好的服务就是最好的管理。组织人事工作要服务中心工作，贴近业务，贴近基层，贴近一线。要加强调查研究，注重摸清情况，分析原因，寻找对策，为党委决策当好参谋助手。要服务业务发展，及时跟进业务新趋势、新需要，想方设法支持推动业务发展，对于发展中出现的问题，要积极帮助

业务部门研究对策，找到解决问题的办法。要坚持公道正派，积极为党员、干部、员工服务，办实事、解难事，把组织人事部门真正建设成为“党员之家、干部之家、人才之家”。

最后，我再强调一下分行机构改革和人力资源管理深化项目两项重点改革的落地实施工作。2014 年两项改革已经全面启动，2015 年是两项改革落地实施的关键之年，各机构要按照总行整体部署，切实抓好改革落地实施，保证改革发挥实效。

关于分行机构改革后续工作。各分行在完成本级机构改革的基础上，要做好辖内分支机构的优化调整工作，既与全行改革方向保持一致，又注重结合本行实际，有效提升各级机构的竞争发展能力。另外，各分行要着力在机制建设上做文章、下功夫，进一步理顺纵向和横向间的相互关系，优化业务流程，调整授权体系，完善配套措施，努力形成改革合力，充分发挥机构改革对各项业务发展的促进作用。各项改革工作原则上在 3 月底前完成，于 11 月底前完成 50% 超配干部的调整工作。

关于人力资源管理深化项目。这项工作我在去年底的启动会上专门进行了部署安排。目前，已有 40 家机构形成了项目实施方案，其中 9 家正在推进落地实施；其他机构也要加快工作进度，争取在一季度末完成实施方案设计，上半年全部落地实施。各机构在项目推进过程中，一要坚持问题导向，重点解决基层一线员工等级偏低和员工晋升发展通道不畅的问题。二要着眼长远发展，重在建立常态化机制。要结合对未来几年经营形势、工资增长以及退休高峰等因素的预判，对项目实施成本进行滚动测算分析，有些标准起步可以低一点，以后年度逐步调整。三要注重统筹平衡。在项目实施中要做好各类员工的套改调整，不能顾此失彼；在后续管理中要做好其他政策的配套衔接，比如以年度考核结果作为员工晋升因素的，就要注意合理把握考核优良比例，避免晋升工资增量失控。今年总行还将启动境外及控股机构人力资源深化项目，搭建包括本地雇员与外派员工在内的集团一体化的人力资源管理体系，上半年完成方案设计，年底前落地实施。

同志们，今年是全行转型发展和质量管理的关键一年，希望大家充分认识肩负的责任和使命，勇于担当，敢于创新，积极谋划，狠抓落实，不断提升人力资源管理水平，开创组织人事工作新局面，为全行可持续健康发展提供更加坚强有力的组织保证。

发挥内审内控合力　提升内部控制水平
努力保障新常态下全行持续健康发展

——在中国工商银行 2015 年内审内控工作会议上的讲话

易会满

（2015 年 3 月 30 日）

刚才，姜董事长立足全行经营转型，简要回顾了过去十年内审内控从建立到发展的经历与成绩，着重分析了当前内审内控工作面临的新形势和新挑战，从集团战略的高度对内审内控工作在新形势下坚持从严治行、加强内部管理中的作用寄予了新的期望，提出了新的要求。全行各级机构、各部门要认真领会学习，特别是各级内审内控部门更要充分认识自身所肩负的重要使命，更好地发挥职能作用。下面，结合贯彻落实董事长讲话精神，我就去年内审内控工作情况和今年重点工作任务做具体的总结和安排。

一、内审内控工作在全行经营管理中发挥了重要作用

去年，为适应新常态带来的新挑战，全行进一步加强了内审内控工作，发挥了内审内控作用，集中表现在以下五个方面。

（一）认真落实公司治理要求，支持集团管理有效运作。内审部门积极协调外审机构，圆满完成了各期财务报告和集团关联交易审计工作，开展了境外机构并购整合管理审计和绩效考评审计。内控合规部门加强了集团关联交易与内部交易的自动化、系统化管理，编制了首份年度关联交易专项报告。在两部门共同努力下，如期披露的季度、半年度和年度报告，以及首次披露的关联交易专项报告，满足了资本市场信息披露要求。内审内控部门还分工配合，完成了 11 238 名境内外管理人员的经济责任审计工作，为集团有效管理运作提供了有力支持。

（二）持续加强内控建设与评价，促进集团健全内

控体系。各级内控合规部门对标银监会新版《商业银行内部控制指引》，组织全行完成了2012—2014年内部控制体系建设三年规划各项任务，推动总行各部室、各一级、二级分行和工银租赁深入开展了集团制度梳理和网点流程优化配套制度建设工作，有力促进了全行内部控制水平的提升。内审内控部门分工合作，优化了集团内控评价方案和境内分支机构内控评价办法，进一步探索了全年持续性评价模式和非现场评价方法，组织完成了2014年度集团各级机构内控评价，对外披露了内控自我评估报告，引导和推动全行持续强化内部控制工作，进一步巩固和提升了我行内部控制的同业领先地位。

（三）密切关注风险变化，推动完善集团全面风险管理体系。内审部门根据巴塞尔协议Ⅲ和境内外监管要求，对第一支柱项下信用风险内部评级、市场风险和操作风险管理情况，第二支柱执行情况以及境外机构流动性风险和IT风险管理情况进行了全面审计，为我行率先获批实施资本管理高级方法并满足境外属地监管要求提供了有力支持。各级内控合规部门切实加强操作风险偏好和限额管理，加快操作风险管理工具向境外延伸应用，做好业务外包牵头管理和系统建设，主动配合做好信息科技风险管理二道防线工作，有力保障了集团操作风险损失率连续9年远低于监管限额标准，并为尽早实施操作风险资本计量高级法奠定了坚实基础。

（四）积极落实监管要求，保障集团依法合规经营。内审部门围绕监管规则落实和监管指标执行，组织开展了15项审计项目，并协调各机构、各部门配合完成了9项监管检查和外部审计工作。各级内控合规部门扎实推进了合规分析、审查及报告等合规管理基础工作，制定了境外机构合规管理工作指导意见和境外机构反洗钱管理指引，加强了对境外机构监督检查。在深化反洗钱“三做改革”和人民银行综合试点改革的基础上，又启动并完成了反洗钱涉敏报警信息集中甄别机制改革和涉恐融资风险监控机制建设，开展了“合规创造价值”知识竞赛和基层机构负责人合规管理能力提升培训活动。在全球金融监管日益严格、巨额监管处罚频出的大环境下，有效的合规管理保障了全行未出现重大合规风险事件，以及境外机构连续3年反洗钱合规零处罚，维护了我行依法合规的良好形象。

（五）加强重点领域风险监督，有效防控潜在风险隐患。内审部门以风险为导向，密切关注了全行不良贷款的分布和成因，手机银行、电子商务平台和银行卡业务风险控制，科技专项投入的效率效果以及系统安全生产管理等情况，为相关专业健全制度、改进管理、堵塞漏洞提供了客观的审计支持。各级内控合规部门积极创新监测分析与监督检查手段，综合应用线上线下手段及时发现了员工私售行为，持续提升了业务运营风险核查质量，在非现场排查“精确制导”的基础上对账户核算基础管理、法人客户重点低风险质押贷款等业务进行了精准检查。首次完全通过非现场方式开展了对公存款业务检查，开展了“微信红包”“有限合伙人代客理财”等多项创新型监测分析项目。根据监管要求承接了案件防范工作牵头职责，在全行开展了重点领域案件和风险事件专项治理、违规私售行为专项治理活动，以及“一加强两遏制”专项检查，揭示了一批隐藏深、危害大的违规典型，并对存在严重违规现象和不良贷款管理问题突出的机构和个人进行了严厉问责，起到了较好的风险警示和违规震慑作用。

一年来内部审计与内控合规的工作成绩，也是两个部门十年来发展成果的一个缩影。正如董事长刚才的讲话所总结的，十年来，两个部门努力工作、积极创新，在健全集团公司治理机制的进程中，逐步建立起满足国际一流大型商业银行公司治理要求、具有鲜明工商银行特色的工作体系；在服务全行经营转型和业务发展的过程中，充分发挥了服务经营、发现问题、揭示风险、规范管理的专业价值；在有效应对复杂严峻风险形势的实践中，培养打造了一支熟悉业务风险特征、掌握先进技术手段的内审内控专业队伍；在与监管部门和同业机构的互动中，巩固并不断扩大工商银行内审内控管理在业界的领先优势。这些都充分印证了总行决策的前瞻性和正确性。但同时也要看到，与新常态下全行转型发展的要求相比，内审内控工作的系统性、有效性还有很大提升空间，工作方法与手段还需要进一步改进，在贴近业务发展、服务改革创新方面还有很多工作要做。可以说内审内控部门过去的工作成绩令人欣慰，今后的责任更加重大。希望大家珍惜当前来之不易的良好工作基础，在今后的工作中再接再厉，发挥更大的作用。

二、2015年内审内控主要工作任务

根据姜董事长对新常态下全行面临的风险形势和内部管理挑战的深刻分析，以及对内审内控工作提出的总体要求，2015年以及今后一段时期内部审计与内控合规的主要工作任务是：紧紧围绕全行新常态转型期的目标与任务，充分发挥内审内控各自职能作用和整体合力，更加突出从严治行和过程控制，不断完善工作机制，积极创新监督手段，持续推动健全集团公司治理和内部控制体系，促进完善集团风险管理体系和合规管理机制，切实加强重点领域风险防控，为全行顺利推进战略转型、实现健康可持续发展提供有效审计支持和良好内控合规保障。2015年内部审计与内控合规要重点做好以下六方面工作。

（一）认真做好治理审计与合规管理，不断提升集团公司治理规范性。一是做好信息披露审计协调工作，组织协调外审机构和行内各机构、各部门做好2014年度报告审计，以及2015年度各季度审计和中期审阅工作，保证信息披露的及时性、准确性和完整性。二是完

善集团关联交易和内部交易管理，制定和完善管理办法，强化合规审查和报告管理，通过相关管理系统与生产系统直连对接等方式实现对关联交易禁止性事项的刚性控制，并根据监管要求开展年度集团关联交易管理审计。各境内外机构要加强对关联交易和内部交易跨境、跨业风险的监测分析，配合总行做好系统优化和报告工作。三是完善高级管理人员经济责任审计工作，修订经济责任审计办法，探索建立高级管理人员履职信息台账，完善审计模型和指标体系。各内审分局和各分行要依托审计信息化平台和集团内控合规管理平台提高非现场审计比重，逐步实现经济责任审计工作的日常化、持续化和高效化，为各级党委选人用人提供可靠依据和重要参考。

（二）持续推进内部控制体系建设与评价，全面提高集团内部控制水平。一是进一步健全集团内部控制体系，根据中国银监会 2014 年版《商业银行内部控制指引》要求，并借鉴 2013 版 COSO《内部控制整合框架》的相关内容，全面总结内控体系建设三年规划实施经验和“一加强两遏制”专项检查发现的普遍性问题，系统修订我行《内部控制基本规定》，认真编制实施 2015—2017 年内部控制体系建设规划，确立新时期集团内部控制体系建设的总体框架。各境内外机构要结合自身实际，及时调整完善本机构内部控制制度，制定实施本机构内控体系建设规划，不断提高内部控制水平。二是持续深化集团制度统筹管理，制定和完善集团制度管理规定和办法，建立制度标准化建设、制度与岗位对接、制度问题评估整改等工作机制，优化制度管理系统功能。各境内分行要扎实做好制度梳理、新制度立项、审核以及执行落地工作。各境外机构也要按照总行统一要求和自身实际，切实规范自身制度建设管理。三是精心做好 2015 年度集团内控评价，进一步优化内控评价实施的方式方法，强化非现场评价手段应用，加大内外部审计和检查信息，以及案件和重大风险事件信息的共享和应用力度。总行各部室、各境内外机构要积极配合内控评价工作，确保评价结果更加客观、准确地反映被评价机构内控水平和风险状况。

（三）深入开展风险管理机制审计与建设，促进完善集团全面风险管理体系。一是精心做好资本管理审计项目，对第一支柱项下零售与非零售信用风险内部评级法、市场风险内部模型法和操作风险高级计量法等计量方法的适用性和有效性、计量结果的可靠性和准确性，以及验证工作的独立性等进行全面审计，对第二支柱项下内部资本充足评估程序、资本规划、资本充足率管理计划的执行情况以及相关系统数据的合规性和有效性进行全面评价，确保满足资本计量高级方法适用条件。二是持续加强操作风险综合管理，修订操作风险损失事件、关键风险指标监测和风险自我评估管理办法，扩大操作风险管理系统与监管报表系统和相关业务管理系统的信息共享范围，为操作风险高级计量法达标申请做好充分准备。各机构要进一步加强业务外包风险管理、预算控制、成本效益论证和费用列支管理；健全重要业务条线应急管理机制并加强实操演练，依托信息安全日志集中管理平台逐步建立机构、个人两个维度的信息安全内控监测体系，积极组织开展教育培训，提高员工信息安全合规意识。

（四）全面强化合规管理与监督，有力夯实集团稳健发展基础。一是强化监管规则跟踪解析，建立由规则跟踪、文本收集、分析解读、风险预警、落实督办等环节组成的工作流程，培养并用好合规分析专家团队，及时跟踪分析监管规则变化对我行经营活动影响，发挥对市场拓展、产品创新、业务管理的风险预警和提示作用。二是深入推进合规经理队伍建设，健全激励考核和退出机制，明确合规经理履职标准，理顺工作流程，延伸应用合规管理系统，为合规经理创造良好履职条件与技术支持。各境内分行要加强辖属各层级合规经理的履职培训与指导，发挥好合规经理在内控案防与合规管理等工作中的优势作用。三是持续加强境外机构合规管理与监督，建立境外机构合规风险跟踪监测与系统评估机制，积极探索并有序推广境外区域合规管理模式，落实境外机构主要负责人任前合规谈话的监管要求，逐步提高境外机构外派合规人员比例。认真完成今年对境外机构的审计和合规检查项目计划，督促各境外机构切实加强合规管理。四是进一步深化反洗钱集中处理改革和涉敏集中甄别机制改革，全面完成可疑报告分析研判等工作向一级（直属）分行反洗钱中心集中任务，健全恐怖融资风险常态化监测机制和涉恐融资快速协查机制，完善反洗钱分析评估管理制度和系统。在境外机构试点涉敏集中甄别机制改革，推进客户信息综合治理，建立反洗钱危机事件应急处置机制，着力防控重点业务领域洗钱风险。五是进一步强化合规培训和合规养成教育，制定《合规教育管理办法》和《员工合规手册》，在全行深入开展依法合规主题教育和合规标兵评选表彰活动，大力弘扬并积极引导广大干部员工强化法治观念和规则意识，养成良好合规习惯，自觉践行正确的发展观、业绩观和风险观。

（五）切实加强案件防范与监督问责，坚决遏制违法违规风险事件和案件。一是加大案件风险防范和监督检查的统筹力度，制定完善案防工作规定和案防相关管理办法、评估办法，组织开展全行检查管理质量提升活动，加大对各机构年度检查计划的统筹管理和执行情况的监督力度。各境内分行要尽快完成案防牵头职责移交工作，组织做好案件风险排查和案防自我评估，认真开展案件信息分析和警示教育工作，进一步加强监督检查的计划统筹、质量管理和系统应用。二是有效提升运营风险核查工作的客观性和针对性，着力优化资金异动类风险核查、跨区域核查、风险事件评定、重点风险分析报告、核查质量评估等重点环节的组织管理，有序稳妥地推进一般关注类准风险事件核查层级上收，积极探索核查信息在客户营销、信贷管理等领域的应用方式，更好地发挥运营风险核查对经营管理的服务增值作用。三是进一步加大对违法违规行为的问责力度，积极完善不良贷款责任认定流程，修订不良贷款管理责任认定办法，加快建设非信贷资产损失与金融资产服务业务责任认定系统，研究健全违规积分标准和正面激励机制，加大审计监督力度，对问题整改和问责措施落实不到位的机构，要严肃追究有关管理责任，坚决解决“看似高压线、其实不带电”“重检查、轻处理”“整改走过场、问责不落实”等问题。

（六）巩固和深化“一加强两遏制”检查成果，深入开展突出问题和风险隐患集中整治活动。从近两年各类监测核查和监督检查情况，特别是近期开展的“一加强两遏制”专项检查结果看，当前全行各主要业务领域都存在一些具有普遍性、典型性的突出问题，其中个别问题的性质还比较严重、危害也比较大。比如信贷业务中的尽职调查不到位问题、违反或减少程序授信问题、违反政策规定或审批条件发放贷款问题、资产质量分类和拨备计提不规范问题等；比如存款业务中的利息计付不规范问题、各种虚假增存问题等；比如理财业务中的误导销售问题、贷款承接理财产品问题、理财资金变相投向限制性领域问题等；比如财务管理中的费用列支不规范问题、违规采购资产和资产闲置浪费问题、人为调节损益问题等。这些问题如不能得到及时、全面、彻底地解决，必将危害工商银行长远发展基础和声誉形象。为此，今年要在全行组织开展突出问题和风险隐患集中整治活动。一是对“一加强两遏制”专项检查发现问题进行全面、彻底整改，各行要针对信贷、存款、表外、理财、同业、财务六大板块存在的突出问题研究拟定整改方案，各机构、各部门一把手要亲自负责，认真对照问题清单，逐个确定整改计划，严格按照规定时限落实整改措施，切实做好六大板块，特别是信贷、理财、表外业务突出问题的整改工作。二是系统改进问题背后反映的机制和体制性缺陷，内审内控部门要认真梳理分析此次检查反映出的制度管理、系统流程等方面存在的缺陷，督促相关业务部门实施整改，力争在年底前完成相关制度指标修订、系统完善升级、流程改造优化等工作，并根据需要将一些基础性、长期性的整改措施纳入全行内部控制体系建设新三年规划持续跟进落实。三是严肃追究违规责任和管理责任，内审内控部门要按照检查分工，对发现的违规问题直接责任人和管理责任人，提出问责处理意见，监察、人力、内控等部门要根据有关规定认真落实问责处理。四是组织开展问题整改和问责效果评价，内审内控部门下半年要对各机构、各部门的问题整改和问责效果进行验收评价，主要是查看违规问题有没有整改到位、责任人有没有处理到位、体制机制缺陷有没有完善到位、经营理念和合规文化有没有端正到位。凡是没有到位的，要严肃追究相关机构及负责人的责任，并在内控评价和绩效考核中严厉扣分。全行要通过集中整治，真正达到加强内部管控、有效遏制违法违规问题和重大风险隐患的目的，为我行坚持依法合规、稳健经营打下更加坚实的基础。

三、切实加强内审内控部门的自身建设

面对新的风险形势和工作任务，内审内控部门必须更加充分地认识和更加坚决地贯彻“从严治行”方针，进一步完善工作机制，不断创新工作方法，切实加强队伍建设，履行好全行战略发展愿景和新常态转型目标赋予的重要使命。

（一）积极完善工作机制，有效贯彻“从严治行”要求。近两年总行党委一再重申“从严治行”方针，目的在于坚决遏制住经营管理中新出现的一些不良倾向和问题，不断提高全行经营管理的规范化水平。对此，内审内控部门一是切实找准“从严治行”的着力点，进一步突出“过程控制”。内审部门要关注经营决策过程、业务处理流程、系统运行进程中存在的各种问题和缺陷，独立客观反映风险的生成积聚、失控爆发、扩散传染的发展过程，及时准确揭示在内部控制和风险管理的机制设计和实际运行中的缺陷。内控合规部门要以制度和检查统筹管理、合规咨询审查、内控监测分析、风险核查等重点工作为抓手，进一步强化事前、事中控制能力，持续健全和完善以事前咨询审查、事中监测核查、事后监督检查为主线的“三查”工作模式，加快推动内控合规管理重心由事后监督向全流程控制转变。二是坚决落实“从严治行”方针，严肃开展违规问责。内审内控部门要秉持从严从紧的原则，对故意违规、屡查屡犯、渎职失职、违法乱纪等危害全行经营秩序、形象声誉和发展基础的行为，要综合运用纪律处分、职务调整、解除劳动合同等方式，加大问责力度，并严肃追究相关机构、部门负责人的管理责任。要通过严格管理、严厉问责，把“从严治行”方针融入各机构、各部门和每个员工的思想认识和自觉行动中去，实现维护工商银行利益与保护干部员工职业生涯的有机统一。

（二）探索创新工作方法，持续提升揭示风险的能力。新常态转型期，全行面临的内外部风险形势出现了很多新变化，对内审内控部门发现问题、揭示风险的能力提出了更高要求。对此，内审内控部门一要进一步探索应用全样本数据定量分析与典型事件定性分析相结合的风险分析方法。充分运用好审计信息化平台和集团内控合规管理平台的分析处理能力，选择适当的审计、监测或检查项目，试点开展全样本定量分析，以更好地适应管理水平不断提高、风险更加分散偶发的客观状况。要推广应用风险热图、合规指数等实务工具，将不同来源、不同类型的信息整合起来，深度挖掘并直观展示其

中所蕴含的风险线索和变化趋势。要通过案件形势分析会、案例教学等方式，深入剖析典型重大风险事件和案件成因，将其转化为可持续应用的监测分析模型，由点及面提升全行的风险识别和评估能力。二要进一步探索构建线上与线下、现场与非现场相结合的监督体系。加快推进内审内控信息化建设，不断优化审计信息化平台和集团内控合规管理平台的系统功能，逐步构建起覆盖集团各类机构和业务条线的监测分析体系，形成强大的线上非现场监督体系，实现对风险的精确定位。同时，还要进一步健全和运用违规举报、客户回访、飞行检查、基层机构网点合规经理现场监督等监督机制，丰富线下现场监督手段。通过线上和线下、现场与非现场两种监督手段相互引导、相互印证，全面增强发现问题、揭示风险的能力。

（三）切实加强队伍建设，不断提高专业履职能力。一是切实重视和支持内审内控工作。各级党委和领导班子要高度重视内审内控工作，“一把手”要按照“一岗双责”原则履行好内部控制的第一责任，创造有利于内审内控部门严格履职的管理环境。要进一步加强内审内控部门与前台部门、业务一线的干部交流，相互学习、共同提高。二是切实加强专业素质建设。各级内审内控部门要继续坚持专业化的团队建设思路，科学规划内审分析师、内控监测分析师、反洗钱专家团队、合规经理等专业化人才队伍的培养方式，注重主要业务条线领军人才的选拔、培养和引进，有效带动各层次业务骨干队伍建设，提升全系统发现问题、分析问题、认识问题和解决问题的能力。三是持续加强系统作风建设。要树立大局意识，在促进全行贯彻正确发展观、业绩观、风险观的过程中，要在状态、有作为、敢担当，积极主动、客观公正地履行职责，发挥好应有的作用。要强化服务意识和效率意识，主动围绕全行改革发展的热点、难点和前沿问题开展调查研究，当好各级行党委的“好助手”，成为业务部门与基层一线的“好帮手”。要通过扎实有效的工作，履行好部门工作职责，让各级党委放心、让被监督者服气、让广大员工满意。

同志们，经济新常态下全行转型发展赋予了内审内控专业更加重要的使命，希望内审内控战线的全体同志，按照姜董事长提出的总体要求，进一步总结经验，发扬成绩，不辱使命，不负重托，以奋发有为的精神状态和求真务实的优良作风，开拓进取，扎实工作，为全行战略转型的深入推进和业务的持续发展作出新的贡献！

在2015年一季度经营情况分析会上的讲话

易会满

（2015年4月27日·根据录音整理）

这次会议是一次闭门会议，就是要坚持问题导向，正视全行面临的压力，一起研究对策，增强发展信心。刚才10家分行和4个部门的汇报发言，进一步印证了总行对当前全行经营形势严峻复杂的判断。下面，我先简要通报全行一季度经营情况，对二季度需要抓好的几项重点工作作些强调，然后请姜董事长就贯彻落实近日李克强总理在总行视察讲话精神及下一步工作作重要指示。

一、一季度主要经营情况

一季度全行经营发展开局总体平稳，各项业务保持稳健发展势头，主要计划指标基本完成序时进度。但经营形势依然严峻，一些突出问题特别是不良贷款持续反弹等，需要引起高度重视，尽快采取措施加以扭转。

（一）盈利增长基本符合预期，但利差出现较大下滑。一季度，全行实现净利润×亿元，同比增长×%，完成全年计划目标的27.78%。其中，境内分行实现695.96亿元，同比增长0.2%，北京、深圳、河南、厦门分行净利润增加过亿元；境外机构实现5.63亿美元，在消化工银标准并表亏损和去年较高基数的基础上，净利润同比增长9.6%；境内综合化子公司实现净利润11.6亿元，同比增长43.2%，特别是工银瑞信和工银安盛抓住资本市场活跃的时机，加强产品发行和销售组织，净利润分别增长82%和492%。应该说，在外部形势复杂、各种不利因素增多的情况下，一季度全行实现盈利正增长非常不容易，对各行各部门迎难而上的各种努力，总行是充分肯定的。但同时，需要引起高度关注的是，受人民银行两次下调基准利率、扩大存款利率上浮区间的影响，一季度境内贷款收益率下降较快，带动存贷利差大幅收窄20个基点至3.72%，是2011年以来的季度新低。一季度全行净利息收益率（NIM）较去年下降×个基点至×%。预计二季度利差可能进一步收窄，保持NIM稳定和实现上半年利润计划面临不小的困难。

（二）存款同比多增，但可用资金贡献度低、成本控制难度大。一季度，全行更加注重突出存款的基础地位，从完善考评机制、夯实客户基础等方面多措并举稳存增存，季末人民币存款（含同业）比年初增加5 660亿元，居四大行第二位，同比多增777亿元，增幅3.6%。其中，得益于有效个人客户增长（净增476万户）和户均资产增长，储蓄存款比年初增加3 940亿元，增长5.3%；机构和同业存款增加3 680亿元，增长7.4%，公司存款负增长。但存款冲时点现象有所反弹、“一低一高”问题突出：“一低”是资金贡献度较低。一般性存款日均负增长1 579亿元，是可比同业中唯一负增长的行，新增存款主要集中在3月下旬，有20家分行的季末存款偏离度超过3%，引起监管部门的关注；“一高”是付息成本相对较高。利率上浮存款余额和占比分别较年初增加5 110亿元和2.67个百分点，其中上浮30%的存款余额为2 412亿元，付息成本较高的保本理财和结构性存款比年初增加578亿元，两者相加，拉高了付息成本，基本冲抵了央行下调存款基准利率的效应。

（三）信贷投放合理适度，但新的信贷增长点、增长带拓展乏力。一季度，全行更加注重加强信贷增量与存量并轨管理，积极盘活信贷资源，提高资金使用效率，促进实体经济提质增效。境内分行人民币贷款比年初增加2 716亿元，同比多增1 241亿元，增幅2.7%；累放贷款2.23万亿元，其中移位收回再贷5 422亿元，实际新投放贷款达8 440亿元。从投向看，一是跟进国家“三个支撑带”等新战略实施，加大国家重大项目、重点工程的支持力度，项目贷款较年初增加1 030亿元，增长3%。二是支持居民合理住房消费需求，个人住房贷款比年初增加930亿元，增幅4.5%，高于贷款平均增幅1.8个百分点。三是适应人民银行将对非存款类金融机构拆放纳入贷款总量管理的新要求，适度加大同业拆放力度，非存款类金融机构拆放余额较年初增加112亿元，增幅3.8%，同比多增1 252亿元。但总体新增长点不多，新客户增加不多，小微贷款、个人消费贷款还是负增长，部分重点领域和区域信贷储备下降较为明显，贷款后劲显得不足。

（四）中间业务收入保持同业领先，但部分产品线、部分分行增速明显放缓。全行坚持规范和发展两手抓，克服收费标准下调、部分业务停办等不利因素影响，加强收入组织推动，做实缺口管理，一季度境内分行实现手续费及佣金收入390亿元，同比增长0.91%，收入总量保持同业第一。从专业条线看，受益于资本市场回暖带动理财、代理销售、债券承销等业务的快速发展，按可比口径，私人银行、资产管理、金融市场、养老金、机构、个金、银行卡、资产托管等条线收入增长均超过10%；而受监管和市场因素影响，投行、公司、国际业务手续费及佣金收入出现负增长，其中投资银行实现收入62亿元，同比下降25亿元。人民币结算、现金管理等主要业务收入持续负增长，竞争力下滑明显。从分行看，20家分行手续费及佣金收入正增长，其中北京、海南、厦门、广西、上海等10家分行增幅在10%以上，但也有部分分行收入增收乏力，波动较大，7家分行收入同比减少过亿元，中间业务收入下滑，不单单是哪个条线的问题，反映的是整个竞争力下降的问题，需要引起高度重视。

（五）风险管控得到加强，但资产质量劣变加速趋势难以有效遏制。全行稳步推进信贷资产质量管理和信贷基础管理“两大工程”，加快不良贷款清收处置，积极缓释存量贷款风险。一季度共清收处置不良贷款296亿元，同比增加81亿元，其中呆账核销150亿元，耗用拨备资源同比多增75亿元。但不良贷款余额仍快速上升，3月末，全行不良贷款余额×亿元，比年初增加×亿元，不良率×%，比年初上升×个百分点。逾期贷款现在已超过3 000亿元，剪刀差1 235亿元，比年初增加374亿元。季末拨备覆盖率180.41%，较年初下降26.49个百分点。如何控新降旧，守住风险底线，仍是全行各项工作的重中之重。

与此同时，一季度全行一些创新业务加快推进，改革取得新的成效。互联网金融业务发展强劲，B2C商城实现交易额535亿元，其中非金融交易额41亿元，同比增长7倍；移动金融快速抢占市场，手机银行占个人网银业务笔数和交易金额的比重分别达到26.8%和12.4%，较上年增加9个和3.6个百分点。成功举办e－ICBC战略发布会，新颖的发布形式和丰富的产品内容引起业内外强烈反响，树立了工行勇于变革创新的市场形象。多伦多、多哈、曼谷人民币清算行业务正式启动，全球24小时不间断的人民币交易清算业务与服务体系日益完善。盈利梯队建设中三家试点分行转型发展方案进入批准实施阶段，网点竞争力提升、资本管理改革、财务运行机制改革、人力资源管理深化项目等取得积极进展。客户服务体验建设年活动全面推开，个人客户远程运营维护等新的客户营销服务模式开展试点，促进了服务质量的提升。深入开展“一加强两遏制”专项检查，并针对发现问题落实整改措施。

总的说，一季度全行在困难增多、压力加大的情况下，经营管理开局平稳，业务发展亮点频现。但也要清醒地认识到，新常态下银行经营环境的复杂性是一个中长期特征，必须立足本行本部门实际，科学把脉形势，既要分析客观原因、更要找准主观不足，既要对长期向好充满信心、也要做好应对更大困难和挑战的准备。要坚持问题导向，抓关键环节、抓推动落实，一月盯着一月钢，一天盯着一天干，不畏难、不懈怠、不等靠，努力完成各季度序时进度计划，不断推动各项工作取得新的突破。

二、打好信贷资产质量攻坚战和持久战，坚决止住出血点

一季度，全行不良贷款持续反弹，逾期贷款快速增加，信用风险不断累积，管控形势异常严峻。一是资产质量劣变速度加快。一季度境内分行公司和个人贷款累计劣变×亿元，同比增幅×%，等于不良劣变翻了一番。尤其值得关注的是，近两年新增融资劣变较快，截至3月末，2013年以来首次在我行办理融资业务的新客户和存量客户，其新增融资发生不良较去年末增加140.7亿元，同比增长44.4%，占当期全部不良贷款增加额的66.4%，新增融资不良余额占到全部不良余额的18%；新增融资平均劣变时间仅为1年，也就是说，上年放贷、次年报损，前脚投放、后脚劣变。目前新增融资不良率超过3%的有福建、内蒙古2家分行，超过1%的有天津、青岛等9家分行，广西、云南分行新增融资不良余额占本行全部不良余额的比重高达40%。如果新的“出血点”止不住，资产质量劣变势头就不可能得到根本遏制。二是不良贷款区域、行业及客户范围持续扩大。从区域看，一季度末有31家分行不良贷款余额比年初上升，增加额超过5亿元的有12家分行，逾期贷款增加额超过10亿元的有19家分行。广东、山东、内蒙古等去年不良贷款增加较多的分行，今年贷款质量继续下滑，不良增加额占到境内分行新增额的60%；去年资产质量控制尚可的云南、陕西、江西、湖南、安徽、广西等分行，今年不良增势较猛，增加额均超过3亿元。与此同时，不良贷款与逾期贷款剪刀差持续扩大，除浙江、江苏、福建、山东、广东、内蒙古等剪刀差大行外，河北、贵州、海南、广西、湖南、四川、江西等分行剪刀差快速抬升，增加额均在10亿元以上，个别行甚至翻了几倍。剪刀差扩大、不良增加、形态下滑，给利润带来极大影响。一季度利润负增长10亿元以上的分行就有13家，正增长的不到10家分行。从行业看，新发生不良贷款主要分布在批发零售业和制造业，其劣变额占公司贷款劣变额的81.17%，不容忽视的是，商务服务业和建筑业等行业风险也在逐步显现。从客户看，不良贷款继续由小微企业向大中型企业蔓延，一季度小微、中型和大型企业累计劣变同比分别增加42.6亿元、125.1亿元和29.8亿元，亿元以上贷款大户劣变加快，一季度劣变额达104亿元，同比增长155%。三是部分区域信贷风险高度集中。一些地区金融生态环境复杂，成为不良贷款产生的重灾区。如内蒙古鄂尔多斯、陕西榆林、山东滨州、福建三明、宁德、漳州等二级分行不良贷款和逾期贷款比重较高，而且风险还在持续演化。安徽芜湖、安庆，湖南娄底、河南许昌等二级分行由于区域民间融资总量大、信贷违约风险交织传染，形成风险的集中爆发。江苏吴江、浙江绍兴、义乌等区域产业结构比较单一，而我行贷款行业集中度又较高，风控形势堪忧。

当前银行风险尤其是信用风险上升的原因是多方面的，固然有新常态下经济增速放缓，实体经济去产能、去杠杆、去库存过程中，部分行业和企业资金链紧张导致风险交叉传染、蔓延扩散的客观原因，但也要看到，全行在思想认识、工作机制、方法手段等方面，仍然存在诸多与快速变化的市场环境和经营形势不相适应的问题。一是思想认识上存在误区，将资产质量劣变看做新常态的必然符号。有的分行认为新常态下银行出现一些不良贷款是正常的，将质量劣变更多归咎于经济下行压力加大等外部市场因素，把新常态当成一个筐，什么都往里面装，新常态成了规避管理责任的“挡箭牌”；有的分行尽管不良贷款冒得不少，但喜欢跟冒得更多、更困难的分行比，于是心安理得、泰然处之；有的行责任意识、担当意识不够；有的行一味地强调客观，而忽视主观，等等。这些思想认识是非常危险和有害的。二是对新常态下信贷风险的严峻性、长期性和复杂性估计不足，工作机制不够健全。有的分行对信贷风险的敏感性和重视程度不够，没有对不良贷款背后的成因、规律等进行深入分析，没有对潜在风险贷款进行深入筛查，存在盲目乐观倾向，认为不良贷款反弹只是局部的、阶段性的，忽视了信贷风险的传染性、隐蔽性和复杂性。有的分行统筹工作机制尚未形成，部门联动配合不够，没有形成风险化解的合力。有的分行专业力量不足，人员素质不强，风险识别能力偏弱，加上应对预案、措施准备不充分，面对不良贷款反弹势头束手无策。这里，特别提醒中西部地区部分分行，尽管目前不良贷款控制压力还不是很重，但并不意味着信贷管理能力和水平更高，不良贷款正从东部向中西部蔓延，个别中西部分行资产质量已经出现反弹，切不可掉以轻心。有些行一个季度就冒出不良贷款几十亿元，思想准备不充分，从队伍到处理机制都没有形成，工作比较被动。去产能、去库存，结构调整是个很长的过程，银行资产劣变可能会相伴相随，不太可能一两年见底，我们需要作好打持久战准备。三是对不良贷款缺乏系统的风险排查、化解和处置措施。去年全行新发生逾期贷款有45%未在潜在风险名单内，个别分行甚至80%以上不在风险名单，风险排查化解不实不细、底数不清。还有的分行在不良贷款清转处置上办法不多，处置渠道狭窄、手段单一，过度依赖批量转让或者呆账核销等对财务资源消耗较大的方式。几十亿元不良资产，简单打个包，一打就算完了。当年一户一策、专门团队处置的好经验、好作风都丢了。这种打包处置的办法，其实副作用不小，不仅受偿率低，耗费当期财务资源多，而且不利于诚信环境建设，不利于信贷的持续发展。对此，我们要深刻总结，研究如何眼睛向下、眼睛向内，从信贷战略布局、制度安排、政策流程、产品设计等方面作调整，既解决短期问题，又利于长远发展。

年初工作会议和信贷工作会议就落实信贷管理“两大工程”做了具体布置，一季度总行组织督导组，深入不良和逾期贷款增加较多的分行现场指导，推动加强信贷风险管控工作。4月初总行党委又召开扩大会，专题听取资产质量情况汇报。虽然在全行共同努力下，3月末不良贷款率控制在×%，仍处于同业较优水平，但要看到，形势比数字更严峻，目前全行关注类贷款中尚有逾期90天以上贷款×亿元、逾期60~90天的贷款×亿元，若将其全部纳入不良，则不良贷款余额将达×亿元，不良率×%；而且资产质量劣变趋势短期内尚无向好迹象，不良率年内会进一步上升。全行要把稳定资产质量作为当前最突出、最紧迫的任务，拿出更有力、更有效的措施，尽快遏制不良贷款快速上升势头。年末不良率要控制在×%的目标以内，6月底基本保持在一季末的水平。

一要进一步严格资产质量管理一把手负责制。会后，总行行领导将分头督导不良资产压力大的重点分行和相关专业条线，推动落实资产质量管控责任。各行行长要切实履行信贷资产管理第一责任人职责，对完成不良和逾期贷款控制目标负总责。各行信贷管理和不良资产处置工作原则上由同一位副行长分管，目前由不同行领导分管的，要抓紧调整到位。要按照总行要求每月主持召开专题会议，对存在风险隐患的融资大户进行会诊，研究风险管控方案措施，并跟踪督导落实。总行将按季落实目标任务，按月通报各行工作进度情况。对月末未完成逾期贷款、不良贷款控制目标的，分行行长要向总行作出书面汇报；季末仍未完成的，要到总行进行专题汇报。对大额不良和逾期贷款，要严格执行行领导挂帅清收制度，分行行长和主管行长一竿子插到底，直接组织清收化解工作。继续严格执行按季度对不良贷款余额超过控制计划部分与分行行长、分管信贷前中后台副行长的绩效工资挂钩考核。对质量管控不力、风险防线失守的，要对一把手严肃问责。

二要进一步加大不良贷款清转处置力度。总行要逐级逐品种下达不良贷款清收处置任务，加大清收处置督导力度。要加快不良贷款处置平台建设，力争5月份投产。各行要创新运用现金清收、诉讼清收、以物抵贷等多种方式清收不良，逐个企业、逐个方案加以推进，不能简单依赖批量转让和呆账核销，一转了之，一核了之。不良贷款余额在10亿元以上的一级（直属）分行和3亿元以上的二级分行，要组建专门团队专司不良贷款的处置。贷款核销要充分考虑受偿率、财务承受能力等因素，优先安排处置损失率低的资产。对恶意逃废债或有骗贷等行为的要坚决依法维权。以后对于打包处置，首先要看分行利润计划能不能完成，利润完不成的，打包要慎重；利润计划能完成的，再看受偿率高低。二季度力争清收处置不良360亿元，其中现金清收115亿元，任务要在会后立即下达。

三要进一步加强重点领域风险管控。总行信贷监督中心要加强全天候、持续性监控，提高监测预警的针对性和准确性。二季度，要在全行组织开展对担保贷款、非供应链融资的贸易融资、固定资产支持融资、“裸贷”等高风险领域的专项治理。各行也要组建风险监控专职团队，组织力量对辖内贷款开展拉网式排查，二季度重新向总行报送潜在风险贷款和客户名单。对潜在风险名单以外发生的逾期贷款，总行将按照发生额的一定比例扣减分行绩效工资和经营费用。6月末，全行逾期贷款比年初增加额要控制在400亿元以内，余额控制在2 500亿元以内，与不良贷款的剪刀差控制在1 000亿元以内。目前，总行正在研究制定一些在风险不扩大、增信措施不弱化前提下的风险缓释措施。比如，针对潜在风险客户的经营实际，可对相关存量业务实行展期、再融资、重组、调整合同要素、变更业务品种等措施。各行要本着有利于风险缓释和化解的原则，正确理解和运用相关政策，决不能掩盖风险暴露、触碰监管红线，要使政策调整真正起到防控贷款劣变、化解实质风险的作用，减少风险敞口。

四要进一步落实责任追究机制。不良贷款的原因有“人祸”，凡“人祸”就要追责，首要的是问责管理者，不能层层推责，仅仅把板子打在基层客户经理身上。要对管理人员尽责履职情况进行评价，严肃追究由于主观因素导致风险大面积暴露的分支机构负责人的责任，特别要从重追究2013年以来新增融资和存量移位再贷且不良贷款较多机构的管理人员责任，对履职不到位的必须严厉问责，不得以经济处罚替代行政处罚，对不能担当、不愿担当的管理人员，要采取调整措施；对客户经理等一般人员尽量避免重复处罚和多次处罚。当然，追责要区分风险形成的主客观因素，对于已经完全履职、尽到管理责任但因外部环境变化导致的风险，要尽职免责。

五要进一步加强信贷经营能力建设。资产质量管理得好坏说到底靠的是人，提升信贷从业人员特别是各级行信贷管理人员的能力是保持信贷业务健康发展的根本。去年总行制定了经营机构资质认证管理办法，最近又出台了信贷专业资质管理办法，各行要高度重视这项打基础、利长远的工作，持续加强信贷经营能力建设，各级班子都要配备熟悉信贷工作的干部，不断提高专家治贷的水平。

在抓好信用风险控制的同时，要高度关注和严格防范日益显露的表外业务风险。目前全行管理的非标资产接近7 100亿元，其中理财项目投资5 400多亿元，私人银行自主投资610亿元。此外，全行投资的企业债和信用债规模也均超过6 300亿元。在经济下行压力加大环境下，这么大规模的管理资产，稍有不慎，不仅可能造成资金损失，甚至会诱发声誉风险。近期，山东、山西、内蒙古、浙江、福建、云南等地区出现了部分理财投资项目存续期内拖欠本金及收益，或部分理财客户融资后劣变为潜在风险客户的情况，项目涉及地区较广、金额也比较大。要看到，大部分表外客户说到底也是表内客户，表外资产风险管理不好，同样会影响表内资产的安全。要健全和落实项目投前集体讨论、投委会审议等制度性安排，完善风险决策机制和独立的内部制衡机制，着力提升投前风险甄别和控制能力，确保投资项目优中选优，防止“病从口入”。要本着“谁发起、谁负责”、“谁投资、谁负责”的原则，逐笔逐人落实项目投后管理责任，严格执行投后管理各项规定，落实风控措施，并对项目本息兑付情况进行实时监测。对部分投资项目准入不严格、风险隔离机制不健全、存续期管理不规范等问题，要抓紧采取管控措施，防止“表外不行、表内来补”，造成表内外风险的交叉传染蔓延。

需要引起大家重视的是，造成这么多信贷风险，确实有外部经济环境原因，但如何从中寻找规律，认真总结教训，进一步提升信贷经营管理水平，值得每位同志思考。如果不好好吸取教训，学费就是白交。要结合本省经济、本行客户情况，从更高层面思考研究下一步的信贷发展战略。总行拟成立专门团队，结合外部经营环境变化和我行经营管理现状，对信贷经营管理若干重大问题专题研究，完善顶层设计，落实分级责任，争取信贷经营的主动权。

三、加快优质信贷市场拓展，增强服务实体经济的能力

当前我国经济正处在“衔接期”，新旧产业与动力转换还没有到位，反映到银行经营方面，就出现了优质信贷市场青黄不接的现象。现阶段，贷款投向哪里是最大的难题，而这种情况很可能会是阶段性常态。如果不能在新增贷款投向上把握好实质风险，而是为完成计划而降低贷款条件，就会累积更大的风险。年初总行经过深入研究，对重点工程和项目、现代服务业和新兴产业、小微金融、个人贷款、境外信贷市场、区域优质客户等信贷投放计划做出安排，抓好这些目标市场既是服务实体经济、稳增长调结构的必然要求，也是我们优化信贷结构、促进盈利增长的现实需要。未来信贷利率有下调空间，全行要围绕年初计划安排，通过信贷增量与存量并轨管理、信贷政策适调微调等综合配套措施，加大优质信贷市场拓展力度，做到早投放早受益，力争二季度贷款新增完成全年计划的60%以上。

一要抓好“三个支撑带”重点项目投放。目前总行已分别成立了工作团队，近期将印发“三大支撑带”相关配套政策及重点区域信贷政策，明确信贷重点和主攻方向。各相关分行要积极与各地政府、有关企业进行对接沟通，拉列重大项目清单和建立项目储备库，实行名单制管理，逐一订制和落实营销方案。条件成熟的，要加快审批，及时放款；尚不成熟的，要实时跟进，定期通报。“三大支撑带”很多项目涉及跨境跨区域，有关分行和部门要建立制度化的协调机制，加强信息和资源共享，充分发挥集团信贷、投行、金融租赁以及境内外一体化综合服务优势，争取在重大战略市场上的领先份额。特别是“一带一路”方面，要加强与亚投行、丝路基金等机构的合作沟通，通过创新投融资合作、资源储量支持融资、主权信用挂钩融资等业务，推动优势产能和高铁、核电等高端装备“走出去”。

二要抓好新兴产业和重点领域投放。今年政府工作报告提出实施“中国制造2025”，以信息化和工业化深度融合为主线，重点发展新一代信息技术、先进轨道交通设备等十大领域，近期国务院常务会议决定推出中国制造重点领域升级方向绿皮书目录指引，部署加快实施规划。我们要积极把握“中国制造2025”以及现代服务业和新兴产业等领域巨大的市场机会，将信贷投放的重点放在领先企业和重点产业升级项目上，放在竞争本地优质存量信贷市场上。一季度总行调整了信贷政策，扩大了分行授权，细化了行业信贷政策指导，各行要用足用好政策，抓紧梳理本地区优势行业和主要企业，重点加强对龙头企业的总对总营销，利用龙头企业供应链延伸批量拓展上下游企业，及时总结推广成熟可复制的服务模式，提高优质市场的竞争力。

今年地方政府债较往年出现较大变化，自发自还方式将推广到全国，发行规模也大幅扩大，计划发债规模1.6万亿元，其中存量置换债券1万亿元，新发债券6 000亿元。财政部已经印发了地方政府债券发行管理办法，各省（市）政府陆续开始承销团组建、投资意向摸底等工作。从目前了解的情况看，针对存量债务中的银行贷款，将采取定向发行方式置换，也就是说“谁家的孩子谁来抱”；新增部分按不超过20%比例确定承销份额。投资利率，总行将指导各行按市场化原则掌握，不能乱打价格战、搞无序竞争。总行对地方政府债券实行单独建账管理，按照8:2比例分别簿记总、分行。要尽快摸清各省存量置换额度中涉及我行的表内外存量债务额度及明细。对有些财政实力比较弱的、县市级平台贷款，要主动与政府沟通，争取早日纳入置换计划。对未纳入本次地方政府债务范围的存量平台融资，要切实落实可靠还款来源，确保我行资产安全。平台融资关键是把结构搞好，结构比总量更重要。目前，国家有关部门正在研究平台融资3年过渡期方案，总的要求是平稳过渡，但相关政策尚不明朗。要积极把握好平台融资政策，积极支持营销现金流较好、财政实力较强、负债压力较小的地方政府融资平台，择优支持市场化运作的融资平台；特别是对重大续建项目，可待国家政策明确后，继续做好投放。总行有关部门要密切跟踪过渡期方案的制订和实施情况，提前做好政策和措施准备。同时，要调整优化平台融资系统刚性控制，在分行能够完成年度压降任务的前提下，增加限额执行的灵活性，

但对小口径平台要继续实施刚性控制。

最近，国务院常务会议通过《基础设施和公用事业特许经营管理办法》，各行要将PPP模式作为拓展新型城镇化市场的重要抓手，加快对接优质项目PPP试点，探索路子，积累经验。当前房地产总体供应过剩格局已经形成，市场分化明显。要把握房地产市场特征，合理调整房地产开发信贷政策，在控制房地产开发融资总量基础上，把结构调整放在更突出位置，控制商用房开发贷款增长，压缩三四线城市贷款，资源重点用于支持一二线城市和全国性一二级开发商项目等优质市场。

三要抓好小微企业和个贷投放。这两大领域是信贷经营转型的重点，特别是小微企业融资问题一直为国家和监管部门高度关注。李克强总理这次视察调研的重要方面就是小微金融服务问题。在总行视察期间，总理详细询问了我行小微信贷业务发展情况，充分肯定了“网贷通”等创新业务，勉励大银行要加大互联网金融创新。姜董事长也多次强调，要以互联网和大数据思维改造小微金融与个人信用类贷款业务模式。按照总理重要指示精神以及董事长要求，总行计划成立网络业务中心，有关部门要抓紧拿出可行方案，推动小微金融和个人贷款等零售融资规模增长。

小微金融是我们的战略领域，既要看到风险的问题，更要看到市场的机遇，核心是怎么做。一条路是专营化。要抓好小微金融“集约化经营、专业化管理”营运新模式的落地，把小微中心做实，充分发挥专营机构的作用。另一条路是要利用互联网、大数据、链融资，进行标准化经营，坚持“做小做多做好”。要抓好小微金融产品创新，适当扩大分行产品创新权限，抓紧推出单户融资金额在500万元以下的微型客户贷款产品，创新适合批发零售、餐饮旅游、生活服务、文化娱乐等弱周期行业小微信贷产品，把网贷通、链融通、商户逸贷等打造成精品业务，力争年末实现“三个不低于”的目标。个人类贷款，现在市场比较好，一定要争取多做，力争上半年新增1 700亿元。个贷多做几百亿元，公司贷款压力就小一点。按揭贷款是主体，要继续加大投放，扩大规模，但也要注意因地制宜，分类施策，制定差别化定价政策，适当提高自动化审批贷款额度，尽快实现融e购线上办理按揭业务，抓好房屋供求状况较为均衡的重点城市或重点区域市场，在积极支持居民自住及改善性住房需求的同时，努力提高按揭盈利水平和重点区域市场占比。消费贷款，主要是把新品种发展上去。第一个是质押贷款，全行可质押的金融资产有5万亿元，风险相对较小，要把这项业务尽快做大规模。第二个是线上小额信用贷款，系统要抓紧开放。第三个是个人房屋抵押综合消费贷款，现在只有深圳一家分行在做，投放了1 000多万元。其他行特别是省会城市行，要积极一些、主动一些，研究好本地情况，争取产品早落地。

四、积极有为地做好存款工作，提高负债业务发展质量

4月20日，人民银行今年第二次全面降准和定向降准，年内降准或降息政策或将继续出台；同时随着5月1日存款保险条例的即将实施，利率市场化已行至“最后一公里”，存款利率上限放开在即。受多重因素影响，预计年内市场流动性将进一步宽松，市场利率中枢将进一步下行，平衡好存款规模增长与成本支出更加困难。做好当前存款工作，一要把成本控制好，二要努力增加规模，提高市场占比。一季度末，广东、云南、贵州分行存款时点增量在当地可比同业位居第5，上海、江苏、福建、天津、湖北、江西、四川、甘肃、宁夏、内蒙古、辽宁等分行存款时点增量在当地可比同业中位居第4，存款竞争力弱化趋势更加明显。全行要进一步强化成本效益理念和量价协调发展意识，合理压缩保本理财等高成本负债规模，进一步把存款定价工作做细，做到不简单授权、不跟风、不宣传，不带头实行“一浮到顶”，并尽量将利率上浮的揽存效果最大化，扭转基础存款增长疲势。

（一）下功夫抓好存款新市场。要顺应存款竞争格局的深刻变化，改变惯性思维和路径依赖，以新视野新办法寻找政策调整、市场变化、资金流转中的新机遇，稳步拓展新资金市场，提高负债来源的主动性、多样性和稳定性。一要高度关注主动负债市场。总行正在着手制定主动负债业务管理方案和发展规划，各行要有序拓展主动负债来源，为迎接全面利率市场化备战练兵。要做好大额存单发行工作，对面向同业的大额存单，要扩大客户基础，引导短期同业定存向同业存单转移，同时要研究落实本行理财投资同业存单流程，打通本行理财资金体内循环通道。面向企业和个人大额存单很快也要推出，我们要做好准备，争取成为首批发行机构。二要高度关注同业特别是非存款类金融机构存款市场。2月起，非存款类金融机构存款已纳入一般存款统计，而且资金向这类机构集聚效应日益明显。一季度全行非存款类金融机构存放增加1 894亿元，占全部新增存款的1/3。这部分市场如果开发好了，不仅有了重要的存款来源，也有了新的收入增长点。要坚持成本控制和效益驱动，加强对不同类型、不同规模机构合作模式的研究和创新，争取更多低成本资金。要抓住证券账户“一人一户”政策解禁机遇，积极竞争个人投资者新开证券账户，从源头拓展银证业务。上半年，银银平台新版本也将投产，要把技术接口、资金清算等问题解决好，年内要在20家同业投产相关产品。三要高度关注财政、军队资金改革和机关事业单位养老改革资金市场。目前机关事业单位养老改革已经启动，军队资金集中改革开始试点，财政资金招标改革范围正在扩大，包括前面提到的地方政府债券发行。这些项目体量大、影响广，项

目得失会影响市场竞争的格局，同时也是我们提升存款市场竞争力和份额的难得机会。各行各部门要放长眼量，多算大账，集中优势资源和力量，全力以赴争揽专户开立，确保重点区域、重点项目市场份额领先。这些市场资金价格敏感度更高，要密切跟进，灵活调整策略，合理控制付息成本。

（二）下功夫抓好存款基础工作。去年全行有1 700万潜力个人客户在其他金融机构拥有较大规模资产，但在我行日均资产平均不足5万元；中高端客户中，资产等级向上迁徙的占比仅6.8%，向下迁徙的占比高达25%。今年以来资产5万元以上公司客户净下降7.1万户。产品竞争力不强、服务黏性不够是留不住客户的重要原因。要重视抓好高流量、低存量客户，大力推广“薪金溢”等创新产品，提高代发工资、社保卡、第三方存管等重点客户的资金留存率，力争上半年实现储蓄存款争先进位目标。要改变公司存款竞争主要依靠“拼价格”和“信贷派生”等传统方式，针对客户生产经营和资产保值增值需要，设计定制化产品和费率套餐，加快“节节高”、存贷通等存款新产品的开发推广，通过产品交叉配置提高客户黏性。要把提升网点对公服务能力摆上重要议事日程，结合网点标准化改造，落实网点对公服务人员配备、对公业务分类目标和考核细化等措施，落实总分行的责任，以点带面、抓好推动。要充分利用大额资金监控平台、融e购平台以及供应链融资服务，重点拓展上市、拟上市公司及新三板挂牌企业、中小企业等客户。要充分挖掘行内外各类资金源，继续加大裸贷治理，抓好企业境内外股权和债券募集资金落账，更好地实现各类资金“体内循环”。力争6月末日均资产50万元以上公司客户净增1 500户，裸贷客户控制在3.5万户以内，公司存款实现正增长。

（三）下功夫完善稳存增存长效机制。要抓紧健全存款经营发展激励约束、定价管理、主动负债管理“三项机制”，推动政策落地并发挥成效。公司存款已实现单独考核，要进一步完善，逐步做到客户分管到人、指标考核到人、压力传导到位。要加紧制定利率敏感度统计监测分类标准，加快开发量化模型，逐层构建存款利率敏感度层级体系。以客户贡献度为基础的存款定价体系，目前已确定综合定价方法，二季度要完成定价模型开发，并进行充分验证和试点，争取明年实现对公存款的逐笔定价和个人存款的分类定价。要抓紧研究相关方案，以市场化方式管理和调节全行资金、撮合各机构不同期限和价格的资金，从机制上调动各机构吸收低成本资金的积极性。

五、加快中间业务和新业务转型升级，拓宽多元收入来源

今年中间业务的目标是计划增长7.5%，现在还有较大差距。要坚持两手抓，一方面抓好新价目表的执行，对与贷款客户相关收费进一步自查整改，对收费项目进行优化整合；另一方面抓好收入的组织推动，对目标计划、市场占比、序时进度等强化缺口管理，特别是收入负增长的专业和分行，要逐业务、逐产品进行细项分析，拿出针对性挖潜增收方案，确保上半年中间业务收入正增长，并保持同业领先。

在看到压力的同时，也要看到我们有很多机遇。去年下半年以来资本市场快速上扬，社会财富正在发生一轮重新配置浪潮，金融资产特别是投资理财类产品在个人财富中的占比显著提升。一季度末，全行个人客户金融资产规模达11.1万亿元，较年初增长近5 700亿元。大资管、大零售业务板块要牢牢把握这波机遇，一手抓产品，一手抓营销，争取二季度和下半年再有一个比较可观的业务增长。资产管理要加大对基建、交通运输、高端装备等稳增长重点领域优质项目的组织推荐，适度加大资本市场类项目的储备投资力度，以稳定的投资收益推动产品规模的增长，做大收入基础。私人银行要严格客户准入标准，在全行大零售战略指引下，下大力气做出品牌，提升北上广深等战略性区域的竞争力。要以“两个百家”（百家重点二级分行、百家重点城区一级支行）为抓手，争取有更多的行成为私人银行客户百户行、千户行。养老金在做好大型企业客户年金市场拓展的同时，抓住中小企业年金、个人养老和社会养老保险基金市场化运作机会，推动业务下沉，争取6月末养老金业务一级支行覆盖率达到95%。资产托管要加快建立分级营销体系，增加合格分行业务授权和总部产品移交，充分调动全行发展托管业务积极性，尽快弥补自营贷款托管业务停办后的收入缺口。今年以来，全行加大与资本市场高度相关的权益基金销售力度，收入同比增长87%。二季度要根据市场行情，进一步调整和优化代销产品配置，吸引客户在我行配置金融资产，尽可能多地增加收入。

大投行业务板块要以转型升级促进收入增长。一季度，3个原基础类投行科目（投融资顾问、常年财务顾问、企业信息服务），加上债务融资顾问，共4个科目收入合计减少24.77亿元，几乎占到投行收入下降额的全部。要深入分析收入下降原因，重点解决过度依赖行内融资和产品体系不够丰富的突出问题。目前投融资顾问、常年财务顾问和企业信息服务三者的收入占投行收入的比重超过1/3，是大部分基层行主要的投行收入来源。这三项业务不能再走以贷吸费的老路，要加快转型升级，总行已经印发了转型升级指导意见，各行要抓好落地实施。同时，要把握产业优化调整和社会融资结构的变化，加大高端投行业务创新力度，重点在兼并收购、股权融资、企业资产证券化、政府财务顾问和PPP融资、财务重组等新领域实现突破，形成成熟的产品和服务模式，促进高端投行收入的稳定增长。

要积极打造“代客投资及交易收入”新板块。相

对于国际性大银行，这一板块既是中资银行的薄弱领域，也是业务发展的“蓝海”。目前工银标准已挂牌成立，也有很好的产品线。总分行都要积极支持其业务发展，抓好客户拓展特别是首批100家企业的落地，把这一块业务作为创新亮点做起来。金融市场、贵金属等专业要充分利用这一交易平台，抓住国际金融市场频繁波动、客户对冲风险需求旺盛的机遇，积极创新代客利率、汇率、商品、信用等交易业务，力争使代客投资及交易收入成为中间业务增收的新引擎。需要指出的是，尽管我行结售汇、商品、账户交易类业务在产品功能和品种上具有优势，但营销推广落地还不够、客户渗透率还不高。如个人结售汇业务网点覆盖率仅为30%，距全年提高至45%的目标差距还不小。要进一步健全产品线管理机制，加大业务考核力度，努力将产品优势转化为竞争优势。

结算等传统优势板块要实现发展再提速。结算是基础业务也是业务基础，必须想方设法尽快扭转被动局面，坚决把这块重地守住看牢。要抓好账户拓展源头。现在大众创业、万众创新，新注册企业较多。一季度全国新登记注册企业84.4万户，同比增长38.4%，市场主体继续大幅增长，而我行新开有效对公结算账户13.4万户，仅完成全年计划任务的19%，而且市场占比不高。总行有关部门要对标计划目标，加快“企业通”建设推广，与工商总局系统建立“总对总”连接和信息共享。各行可先行开展与地方工商管理部门之间系统连接、线下代理等工作，抢先锁定优质客户。同时，要加紧研发投产小微企业账户服务平台，增强对小微结算户、无贷户等客户的综合服务能力。要强化现金管理等重点业务的营销推广。现金管理作为集企业账户管理、收付款服务、流动性管理、信息服务等产品于一体的综合解决方案，对各类业务的带动效应强、综合效益高。目前现金管理业务尽管发展不错，但是收入很低。全行要重新审视现金管理业务的战略定位，把现金管理作为增强客户黏性、增加中间业务收入、应对服务脱媒的基础平台，而不能作为客户服务的一个附加。要完善联动营销服务和考核激励机制，充分调动各行各业务线的积极性，推动客户产品上线和服务升级。当前随着资金跨境流动政策的放开，越来越多的企业获批组建跨境双向资金池，这项业务具有很强的排他性，各行要把其作为竞争优质大客户全球现金管理业务的重要抓手，组织专门团队，对重点客户开展名单制营销，在客户申报资格时提早介入，争取更多签约客户。要着力扭转国际结算收入下降趋势，存贷汇是工行的传统优势，一定要抓好。随着我国进出口贸易量增速下滑以及汇差利差缩窄，一季度全行国际业务结算量和收入有所下滑。要及时调整竞争策略，优化业务和客户结构，重点加大对出口单证、民营和外商投资企业客户等的挖潜力度，发展跨境人民币、电商跨境支付等新兴业务，培育和扩大新的收入增长点。

目前全行互联网金融在产品体系、业务规模、客户基础等方面都已形成同业领先优势，根据年初的计划，下一步要把握“互联网＋”全面渗透机遇，更加广泛深入地拓展业务领域，尽快形成业务盈利模式，争取将规模转化为实实在在的盈利。要加快建设综合化电商平台。融e购要量质并举，全面拓展细分行业排名前10位的商户，力争二季度完成6 000家优质商户入驻目标。B2B商城要抓住大宗商品、电子元器件、化工等线上专业市场快速发展机遇，加快推出面向不同行业量身定制的金融服务方案，以账户管理、支付结算、融资于一体的综合化服务赢得市场竞争。要加快拓展互联网金融产品的应用场景，加大对优质电商的营销力度，完成工银e支付、线上POS对国内排名前25家电商企业的全面嵌入应用。工银e缴费目前缴费项目已超过2 000个，正逐渐成为重要应用场景和客户入口，要依托这一平台，积极营销有收款需求的企业，尤其对水电燃气、通讯、有线电视等基础生活类企业，力争6月底前实现全覆盖。要加快工银e生活线下商圈建设，二季度实现O2O服务功能，下半年在全行推广。直销银行要尽快扩大市场影响，精选有竞争力、有吸引力的产品，挖转他行客户，实现目标客户的快速增长。总行互联网金融营销团队即将成立，要及早开展工作；各一级（直属）分行也要成立营销团队，上下联动，推动互联网金融业务快速发展，巩固既有优势，抢占市场竞争的制高点。这里我再强调一点，现在各行各条线都说人员紧张，很多战略落不了地，很多工作推而不动。早上河南分行介绍成立了投行、租赁、贵金属、私人银行、收单等专门团队，营销成效很明显。可见，在有效控制人员总量规模的情况下，要真正把一些新业务抓上去，把传统业务转型落实到位，关键要靠些集约化、扁平化的团队制、柔性管理组织来推动。总行利润中心改革就是往这个方向推。各分行要结合外部环境变化，结合互联网、大数据及网点标准化工作，在营销组织上做些创新，把团队制做活，进一步提升我们的竞争能力，使总行战略快速落地、早见成效。

此外，大中城市行、重点县支行和网点竞争力提升、国际化综合化发展、客户服务体验建设年和效率提升年活动开展、队伍建设和专业人才培训，以及内控案防等工作年初已经做过部署，这里不再一一安排。希望各行各部门对照年度目标任务，进一步查找短板，加快推动既定措施的落实，统筹推进各项改革创新工作，积极培育新的增长点，努力形成促进发展的叠加效应。

目前，有些分行季度会已经开过了，希望大家结合今天的会议内容特别是董事长讲话精神，回去以后作进一步的再动员再部署再贯彻，紧紧抓住质量这个核心，紧紧抓好业务发展这个基础，紧紧抓住经营效益这个目标，把各项工作落实下去。同时，“三严三实”教育，中央已经做了专门的部署，总行也将下发文件，作出全面安排，要把这个工作贯穿始终，与业务工作结合好、组织好。

同志们，当前外部形势变化比较快，全行上下要以李克强总理视察讲话精神为指导，坚定信心，振奋精神，主动作为，攻坚克难，确保完成上半年任务目标，努力为促进实体经济稳定健康发展提供更加优质高效的金融服务。

把握机遇　坚定信心
奋力打赢社保营销攻坚战

——在社保改革营销工作动员会上的讲话

易会满

（2015 年 6 月 5 日 · 根据录音整理）

刚才，红力行长对社保改革系列政策进行了深入解读，详细分析了全行面临的机遇和挑战，具体安排部署了下一步重点工作，我都赞成。广东分行作了经验介绍，充分说明只要领导重视，发挥好整体合力，再加上团队努力，争取到这项业务是完全可能的。下面，我再强调两点意见。

一、充分认识抢抓社保改革营销工作的重要意义

社会保障是市场经济的支柱性制度。在新常态下，中国经济、社会、制度、民众诉求等正在发生深刻的结构性变化，面对新时期的发展环境、任务目标，中央已将社会保障制度改革纳入国家战略。作为国有大型金融机构，工商银行既要将服务国家战略、助推经济转型升级、立足服务实体经济之本作为自身重要使命和社会责任，更要将其作为适应新常态、寻找新动力、实现新发展的重要途径。

（一）充分把握机关事业单位养老保险改革带来的巨大市场机遇。机关事业单位养老保险改革后，约有 3 800万人将纳入基本养老保险体系，每年带来的增量资金超过 2 000 亿元；加上配套职业年金制度，5 年内每年平均另有 1 900 亿元左右的新增缴费。无论是从服务人群还是从新增资金来看，这都为金融机构的存款、资金结算、银行卡、投资管理、资产托管等业务创造了巨大的发展空间，也为我行批量拓展收入水平高、社会影响较大的个人客户群体提供了有利的机遇，可以说是近年来国家改革难得的政策红利。与其他重点机构客户项目相同，社保改革营销具有“一次性投入、长期稳定收益”的特征，项目体量大、影响广，得失会影响市场竞争格局，是我们提升存款市场份额的难得机会。各行各部门要放长眼量，多算大账，集中优势资源和力量，灵活调整策略，全力以赴争揽专户开立，确保重点区域、重点项目市场份额领先。

这次改革对我们来说是一次千载难逢的历史性机遇，我们决不能错失机遇，否则将承担历史性责任。姜建清董事长提到在 90 年代初住房制度改革、公积金制度建立之时，由于部分分行对公积金业务认识不到位，总行统一战略也不够清晰，致使很多分行没有参与当地房改配套金融服务。失去这一机遇后，我行 20 多年来的公积金配套金融服务，包括公积金存款、缴费、贷款、个人账户等业务，逐渐形成了历史性的差距，而且格局很难改变。此次机关事业单位养老保险制度改革与住房改革的性质是一样的，改革既涉及 3 800 多万名公务员代发工资、基本账户等业务，也包括社保专户的开立和职业年金受托、托管、投资管理等一系列业务，这次机遇对我们来说非常重要。

（二）积极应对社保基金投资运营改革带来资金存量形态改变的挑战。社保基金投资运作模式改革和投资范围拓宽，既是大资管时代银行业与非银行业金融机构的政策红利，又是社保资金分配格局的重大调整和金融资源的全新“洗牌”。改革后，一部分原来以存款形式存在的社保基金，将转化为其他金融资产，这种变化虽在一定程度上表现为社保存款的分流，但通过争揽托管、投管等资格能够实现存款回流，而且通过投管人的资产配置还能进一步扩大我行各类金融产品的销售，这对于全行推进“大资管”战略、增强表内表外业务协同、打造集团综合化经营优势等都有促进作用。因此，要积极发挥集团综合化优势，为客户打造资金收缴发放、受托管理、资产配置、资产托管等综合服务链条，尽量使社保资金在行内循环流转，增加客户合作黏性，提升综合收益。

社保资金投资多元化，对我行来说，整体弊大于

利，但这是大势所趋。现在全国基本养老保险基金结余3.59万亿元，其中我行社保存款1.3万亿元，市场占比达到三分之一以上，说明在企业职工社保改革时我们做了大量工作，抢占了主动权。此次基本养老保险基金增加投资渠道、寻求增加投资收益，是社会经济发展的必然选择。特别是在当前经济下行压力较大的情况下，怎样解决股权资金、长期资金来源，也是各级政府非常关注的问题。因此，我们必须顺应市场大势，抓住合作机会，从服务功能完善的角度出发，积极参与社保资金投资运营，增加我行服务机会，努力降低和减轻对存款流失的负面影响。

（三）坚定打赢社保改革营销工作攻坚战的必胜信心。近年来，全行抢抓民生战略发展机遇，在服务民生客户方面逐步建立了一定优势，打下了良好基础。目前我行不仅具备受托管理、账户管理、托管、投资管理等全部4项企业年金资格，同时具有全国社保基金托管、境内外投资管理业务资格，是国内养老金业务资格最全面、市场占比最高的商业银行；我行现有社保业务四行占比约为40%，大幅领先其他银行；托管规模超过6万亿元，已连续17年居国内托管银行首位；工银瑞信养老金投资收益出众，2008年至2014年，年金基金平均投资收益高于全国平均水平3.36个百分点；全行各级机构与各级人社、财政部门大都建立了密切合作关系，在获悉相关政策动向和关键信息方面具有优势。前期总行独家与人社部开发的社保与银行系统接口已在部分省区成功试点，为对接此次改革的有关系统打下了良好的基础。科技部门和业务部门密切合作，积极配合人社部信息中心建设投产了该系统，确立了我行领先其他同业的先发优势。各分行在客户营销时要积极推介我行已开发完成的社保相关系统。

当然，也应当看到，部分分行在社保改革营销竞争中还存在着步子不够快、可操作的方案不够多、相关资源的配置不够等问题，其中既有前期相关改革政策不明朗的客观原因，也反映了部分分行思想还不够重视、方向还不够明确、行动还不够果断等主观因素，以及在机制上还存在联动协同效应不强、职责分工不明的问题。要看到，我们当前还面临着诸多挑战：一是参与市场竞争的主体多，例如在受托、托管、投资管理业务方面都有超过10家的竞争对手。二是竞争因素非常复杂，例如，原来企业养老制度改革省市县三级都有社保机构，丢掉一个可以再争取另外一个，这次机关事业单位社保改革各省统一集中，每个省争取社保账户的机会有限，如果拿不到，就只能做一些社保卡等外围业务；职业年金方面，投资管理人业务只有工银瑞信能争取，账管人业务由各级社保经办机构承担，各分行能争取的业务种类是有限的，层级是唯一的，如果其他银行拿到这项业务，我行能做的工作就非常有限。所以，全行上下要进一步增强工作的紧迫感、责任感和使命感，积极克服营销中的机制障碍，发挥优势，发挥合力，努力夺取社保改革营销工作的新胜利。

二、奋发有为、积极作为，加快各项决策部署的贯彻落实

当前社保改革形势复杂，时间紧迫，各行要以高度的使命感，强烈的责任感，积极把握当前重大战略机遇，加快落实总行决策部署，全面推进社保改革营销服务工作。

一是明确行长挂帅，强化战略导向。总行已经成立了社保领域一系列改革联合服务团队，我担任组长。各分行要充分认识社保改革营销工作对全行经营发展的重大意义，成立行长挂帅的专属服务团队，切实落实“一把手工程”。各分行行长要亲自组织研究，结合本地实际，拿出综合化配套金融服务方案；要亲自推动营销，建立专项营销考核机制，加大资源投入和政策倾斜，对营销任务强力落实、层层分解，目标到人、具体到事；要亲自拜访客户，切实做好对分管省（市）长、人力资源和社会保障厅（局）、财政厅（局）等的分层营销，做到高层拜访着眼全局、厅局走访突出重点、处室座谈解决问题。各分行要以时不我待的精神状态，解放思想，强力推动社保改革营销工作。特别是北京分行，在做好北京市级社保改革业务营销的同时，更要协同做好在京中央机关事业单位养老改革和全国基本养老投资管理改革的服务营销工作。

我在总行行领导碰头会上强调，各位行领导去各省市区调研拜访当地领导时，都要把这项业务作为重点来推介，寻求地方党委、政府高层的支持。各省市区营销需要总行领导出面的，总行机构部要及时了解，总行领导责无旁贷。特别是红力行长，如果有可能尽量多跑一些省份，多做一些这方面的协调争取工作。需要我到省里协调的，我们也会努力创造条件，争取做好营销。同时，也可以尝试将一些社保改革重点区域，作为总行几位行领导的联系点，提高营销层次，发挥营销合力，也能够使省里面能更加重视工商银行。我们也可以利用一些资源，特别是将地方融资平台、政府债务置换、信贷规模投入等工作，与此项业务很好地结合起来，把我行的优势、资源投入等和这项业务很好地捆绑起来，而不要“单打一”。在同业间实力差不多的情况下，如果我们的工作早一点做，早一点有意向，主动一点，力度大一点，效果会好得多。

二是密切部门联动，紧跟市场导向。社保改革营销工作，涉及条线长，服务范围广，客户涵盖多，系统要求强。总分行、各部门要强化全局意识，加强联动协作，横向整合协调，纵向推动督导，打破“部门墙”“机构壁”，团结一致，形成合力。机构业务部作为牵头部门，要做好财政部、人社部等社保改革重点客户的营销服务，制订整体服务方案，建立各部门间常态化的

沟通与信息通报机制，及时沟通政策动向、同业动态、客户需求等重要信息，形成市场快速响应机制，整体推进社保改革营销工作。个人金融业务部负责做好社保卡及参保人相关个人金融服务；产品创新管理部和信息科技部负责做好系统开发改造、技术支持保障工作；资产托管部负责做好职业年金和养老保险投资运营托管的营销服务；工银瑞信负责做好职业年金和养老保险投资管理业务的营销服务；养老金业务部负责做好职业年金受托、账管咨询的营销服务；财务会计部要在资源投入方面开绿灯，给予大力支持，因为这是一项专项营销，需要一些财务资源配套。各级机构“一把手”要发挥好统筹协调作用，各专业条线要各司其职，加强协调，“弹好钢琴”，把好平衡。

三是狠抓督导落实，突出服务导向。实干兴业，行胜于言。要强化督导落实，确保战略落地。要制定营销任务，明确进度要求，建立营销定期通报和专题报告制度。各分行行长作为社保改革营销第一责任人，要完善激励考核，对于量化业务指标，要统筹纳入分行长的绩效考评，总行财会部要抓紧研究具体方案。要坚持“以客户为中心”的原则，加强对新形势下客户需求的分析把握，整合产品、优化服务，形成涵盖存款、结算、上下游客户服务、资产管理、投资运营、系统建设等方面的一揽子服务方案，为客户提供支付、结算、融资、存款、信息等全方位金融服务，推动与人社、财政等核心客户的全方位合作，不断提升综合服务能力水平。

同志们，这次会议是在全行社保业务面临新的历史机遇的情况下召开的一次重要会议，希望全行上下统一思想，认清形势，以时不我待的紧迫感和责无旁贷的使命感，认真落实好会议各项要求，坚决打好社保改革营销工作攻坚战，为加快推进全行改革发展和经营转型作出新的贡献。

严密防范金融诈骗和非法集资
坚决维护银行信誉和客户资金安全

——在中国工商银行案件和风险事件防控工作会议上的讲话

易会满

（2015 年 6 月 10 日）

近年来，全行通过深化运营改革、优化业务流程、创新技术手段、完善内控和风险管理体系，推动内控案防工作取得显著成效，案件风险指标处于较低水平。但近一个时期以来，随着非法集资、金融诈骗等外部输入型风险的高发和扩散，我行案件和风险事件也呈现出多发态势。总行召开这次视频会议，就是要分析当前案防工作面临的严峻形势，贯彻国务院领导同志关于案件防控的重要批示精神，落实银监会专项治理工作部署，动员全行采取果断有效措施，严密防范外部风险输入，坚决遏制案件和风险事件高发势头。这里，我讲三点意见。

一、认清案发形势，进一步增强案防工作的责任感和紧迫感

去年以来，一些地方非法集资风险集中爆发，各类金融诈骗活动猖獗，针对银行的外部侵害明显增加，涉及银行的案件和风险事件明显增多，特别是存款失踪、飞单销售类案件和风险事件高发，成为全社会关注的焦点。尤其需要高度关注的是，一些不法分子处心积虑利用银行管理漏洞和薄弱环节，甚至伙同银行个别员工进行作案，蓄意将风险向银行转嫁。2014 年我行案件风险率超过银监会腕骨监管指标，今年以来又发生案件×起、内部欺诈类重大风险事件×起、外部欺诈类重大风险事件×起。深入分析，这些案件和风险事件的发生，有外部经济金融环境变化的客观原因，本质上是外部民间融资风险和非法集资、金融诈骗案件风险向银行体系扩散的体现和反映，也说明我行风险防范、内部控制适应不了外部环境变化，甚至出现内外勾结以及违规越权，暴露出我行管理上存在的严重漏洞，教训深刻，令人痛心。在“三期叠加”背景下，经济下行压力较大，结构调整阵痛显现，企业生产经营困难增多、资金链趋紧，民间高利贷、非法集资等行为异常活跃，金融诈骗等犯罪活动日益猖獗。据国家有关部门统计，2014 年全国非法集资发案数量、涉案金额、参与集资人数等大幅上升，同比增长 2 倍左右，均达到历年峰值，涉及全国 31 个省份 87% 的地市，且涉及行业领域众多，其中投资理财、P2P 网络借贷、房地产、私募股权投资等领域风险暴露突出。根据总行相关模型监测，仅今年 2 月

份就有9 532名个人客户向611个投资理财公司大额转账1.76万笔、金额144亿元，这其中有数起目前已确认为非法集资事件。可以预计，当前及未来一个时期，我国经济发展的内外部环境十分复杂，市场机制和法律体系的完善、金融创新和服务的发展、社会公众金融素养和风险防范意识的提升都是一个较长期的过程，各类违法违规金融活动仍会频繁发生，银行业案防形势仍将十分严峻。

分析近期金融领域、银行业以及涉及我行的案件和风险事件，有六个方面的突出特点。一是案件多、金额大、涉众面广，社会舆论持续关注。可以说，近两年媒体频繁出现所谓银行存款“失踪”、飞单、误导销售、卡被盗刷、网银账户资金被盗取等事件的报道，特别是近段时间湖南、河北、浙江等地接连发生几起同时涉及多家金融机构的大案，引起社会对银行存款安全和产品可靠性的普遍担忧。从我行情况看，2013年以来涉及存款诈骗、飞单销售、员工参与民间融资和非法集资等重大风险事件数量和金额均大幅上升；近三年我行存款类被诉案件、败诉案件的数量和金额也始终居高不下。一些风险事件经媒体报道和网络传播后，形成重大负面舆情，个别风险事件还引发了当事人集体上访和围堵党政机关、监管机构，严重损害了我行社会形象和信誉。从某种程度上讲，这种声誉风险的影响比直接的财务损失还要大。

二是各类诈骗案件多是利用客户贪图高利、获取不当回报的心理。特别是在涉及个人客户的存款类案件中，都有不法分子利用客户急于获取高额回报的心理对其进行诱惑，并假借银行信誉进行诈骗，而一些客户金融风险意识缺失、投机心理强烈，有的明知自己参与民间借贷或非法集资也不以为然、心存侥幸，觉得自己不是最后一棒“接力者”就行，结果深陷泥潭，甚至有的主动配合不法分子规避银行风控措施，出现兑付问题后利用社会舆论向银行施压。如年初某分行发生的“存款失踪”事件，以及近期某分行发生的“存款丢失”事件中，不法分子对存款人承诺8%～15%的高息，有的存款人明知获取高息存在风险，仍与不法分子签订“六不准”承诺，包括不准开通余额变动提醒、不准查询余额、不准提前支取、不准向亲朋好友提及，等等，从而给及时发现和有效防范金融诈骗带来较大困难。

三是多为团伙作案，且经过精心设计。在这些诈骗案件中，组织化、团伙化倾向明显，诈骗分子多与非法集资用款人串谋作案，或伙同企业内部人员共同作案、拉拢银行个别员工内外勾结作案，甚至有受害客户协助不法分子实施诈骗。这类案件往往计划性、预谋性很强，不法分子专门研究银行和企业业务模式及操作流程，挖空心思钻漏洞。如在近期接连发生的白酒企业存款丢失案件中，不法分子盯上一些酒企“存款卖酒”的业务模式，利用这种业务往往异地操作、银企之间信息不畅的漏洞，先合谋伪造银行印章，编造假存款合作协议，再冒充银行工作人员到公司上门获取公司有关开户所需资料和印模，然后利用私刻假印章，伪造开户资料调包，到银行办理开户手续，并使用假印鉴将存款全部转出。这类案件往往在集中爆发后，银行和企业经过深入分析才对作案手段有所了解。

四是不法分子千方百计向银行转嫁风险。不法分子抓住社会公众绝对信任银行的心理，编造欺骗性很强的“高息存款”、“贴息存款”的故事，把非法集资与银行存款业务或理财产品销售捆绑在一起，故意将“祸水”引向银行。在具体手法上，无所不用，有的在银行营业场所内或网点周边兜售非法投资产品，有的在着装上有意模仿银行制服样式，有的在资料文件中恶意使用银行标识，故意误导客户混淆业务关系，手段屡屡得逞。还有一些则利用银行员工急于拓展业务、增加存款的心理，故意在开户、U盾发放等关键环节绕开风险防控措施，企图将银行涉入其中。更有甚者，民间借贷双方联手做局向银行转嫁风险。如在公安机关刚刚侦破的某存款诈骗案件中，民间借贷的出借人不是直接将借款转账给用款人，而向借款人提供了自己公司的一整套开户资料，让借款人在银行以自己公司的名义再开具一个账户，之后配合借款人通过网银完成借款的划转。此后，由于借款人资金链断裂无法还款，出借人就以自己未另开账户、未取款为由向银行索赔，自导自演了一出存款丢失的闹剧。

五是不法分子使用的技术手段日趋先进。当前随着互联网技术的快速发展，一些不法分子的作案手段也“升级换代”、花样翻新，对银行风险防控带来新挑战。如在近两年我行遭遇的外部欺诈事件中，这种新型诈骗手段明显增多，包括通过各种非法手段窃取客户信息、克隆银行卡盗刷，通过植入木马病毒或仿冒银行网站盗取存款，通过第三方支付、超级网银、无卡支付等手段盗取资金，等等，银行防范打击难度较大。

六是一些基层机构和从业人员合规意识淡薄，甚至个别员工道德底线失守、参与违法犯罪。一些机构经营行为扭曲，在组织开展各类业务营销工作中为了完成指标放松管理要求，突破风险底线，对形形色色甚至迹象明显的金融诈骗丧失应有的警惕。一些员工制度观念不强，有章不循、违规操作问题屡禁不止、屡查屡犯。如U盾业务必须坚持本人办理且交由本人的制度规定是用沉痛教训和惨痛代价换来的，近年来总行三令五申，但从刚才通报的一些案例来看，制度并没有得到很好的贯彻执行，以致给不法分子留下可乘之机。极个别员工为一己私利铤而走险，利用银行从业人员身份向客户私售理财产品，个别管理人员还越权审批代理业务，甚至违规组织“飞单”销售。更需要警惕的倾向是，一些机构负责人为了开脱自身管理责任，对参与非法集资、私售飞单等违法违规人员简单采取一辞了之的做法，而不是严厉惩处或及时向公安部门报案，使有关人员违法犯罪行为没有受到应有法律惩处，对各类违法违规现象没有形成有力震慑。治行不严、管理不力是一些机构案件和风险事件多发的根本原因。

当前非法集资、金融诈骗案件高发势头，已引起党中央、国务院高度关注。根据党中央、国务院的部署，接下来将在全国范围开展非法集资问题专项整治行动。同时，国务院领导同志和有关部门对银行存款安全工作提出明确要求。今年国务院领导同志在《公安部情况反映》第4期“近年来银行存款丢失类犯罪手段多样危害严重需引起高度重视”上批示，“指导商业银行尽职尽责做好金融机构自身的工作，包括完善规制和业务流程，强化技术手段，加强内部监管和人员教育，动态地排查风险隐患，切实保护存款人权益，维护社会稳定”；之后又在银监会《关于“存款失踪”类案件有关情况的报告》上批示，“请各商业银行认真落实各项措施，银监会继续加强督查、指导，切实保护存款人权益”；“看好自己的门，管好自己的人”。银监会也多次召开会议，并赴大型银行开展专题调研，对防范存款欺诈类案件等提出一系列新的监管要求。总行党委高度重视内控案防工作，认真落实国务院领导同志批示精神和监管要求，针对当前新的案防形势，组织全行持续开展了案件和风险事件专项治理，特别是加大了对违规私售理财、违规放贷、挪用客户资金、员工参与民间融资和经商办企业等问题的整治力度，还派出工作组加强对重点机构的督导检查。近日针对部分行“存款丢失”事件，董事长和我又分别主持召开专题会议，分析情况、研究对策，提出了19条具体管理措施。近期总行还接连下发文件，对严防外部欺诈、保护客户资金安全等工作作出具体安排。今天这次视频会，是对强化管理、严防案件工作的再动员、再部署。全行要更加深刻地认识到，在当前一些地方非法集资多发和金融诈骗活动猖獗的环境下，在全社会高度关注银行存款安全和金融消费者权益的形势下，作为一家客户数量多、存款规模大，而且信誉优良和品牌价值全球第一的大型银行，我们肩负重责，也应该有更高的管理标准。如果不能在严峻复杂的经营环境中充分保障客户的资金安全和金融消费者权益，不能有效维护银行形象和信誉，将对全行竞争发展、经营转型和金融创新工作带来较严重的困难，并对整个金融秩序和金融稳定大局带来影响。全行要以严格的管理、严密的防范、严厉的追责，落实好从严治行的各项措施，坚决把案件和风险事件高发的势头打下去，切实维护客户资金安全和我行良好信誉，在同业中树立更安全的银行形象，取得客户的信任，更好地促进业务发展。

二、坚持“五个必须”，恪守银行经营基本原则

银行经营“三原则”中，安全性居于首位。安全性是流动性和效益性的前提，没有了安全性，流动性和效益性都无从谈起。面对当前严峻的案防形势和艰巨的案防任务，全行上下要牢固树立安全就是效益、合规经营创造价值的观点，把内控案防工作放在更加突出位置，查防结合、标本兼治，扎扎实实、持续深入做好各项工作。关于当前的内控案防工作，总行今年召开的年度工作会议和内控一系列专业会议都做过总体和专门部署。这里，我再突出强调“五个必须”，希望引起大家的进一步高度重视。

（一）必须坚持正确的发展观和业绩观。分析案件风险，不难发现，很多都直接或间接地反映出经营思想上的问题。由于内控案防工作投入与效益产出没有明确的对应关系，一些机构在追求发展和确保安全的理念上存在偏差，突出表现为一味追求市场份额，重规模轻质量，在市场拓展上简单追求规模扩张而对客户准入把关不严，特别是对账户开立、吸收存款等传统弱风险业务中新的风险因素没有给予高度警惕，导致一些无正常金融服务需求、贡献度极低、风险极高甚至个别蓄意欺诈银行或转嫁民间借贷风险的企业进入我行，埋下大量风险隐患。如有机构2013年以来拓展的单位结算账户中，存款余额为零元的账户占比高达62%，半年内销户比例超过30%。个别机构账户存在一个法人代表注册多家公司、一个地址注册多家企业的现象，最多的一个地址注册了393家企业。还有个别基层机构中介代理单位结算账户开户数占总开户数高达60%，中介在代理过程中掌握了大量的客户账户密码、密码器、凭证等支付要素。此外，一些机构在经营管理上重利润轻内控，过度将绩效奖励与产品营销等挂钩，内控管理、防范操作风险考核落地不够，对加强内部管理、掌握员工动态投入的时间和精力少，对一些关键岗位和人员缺乏及时有效的监督核查，出现制度执行不力和风险管控放松等问题；个别客户经理和柜员为得到较高奖金报酬不惜违规拉存款、拉客户，甚至为资金掮客提供存款、转账便利，使不法之徒有了可乘之机等。

全行要从这些风险事件中深刻吸取教训，特别是在当前经济下行压力加大的经营环境下，始终坚持正确的发展观和业绩观，一切经营活动都要在风险可控下进行，兼顾业务发展与内控管理、规模扩张与质量提升。要在平衡效益与风险的前提下想问题、作决策、办事情，避免一讲营销，就忽视风险，或一讲风险，就放松营销的两种不良倾向。尤其在竞争新业务、开拓新市场时，对容易出现风险的环节，要从管理机制入手，通过完善绩效考评、授权管理、资源配置等措施，使经营发展建立在良好的内部管理、有效的风险控制基础上。要教育引导各级机构、每位员工越是经营环境复杂，越是业务创新发展加快，越要坚守制度规范的红线，做到守规矩、明底线、有准绳，凡是明确规定需遵循的流程、需履行的程序、需执行的动作必须坚决严格落实；凡是

禁止的事项坚决不能触碰。7月份总行组织开展一次针对客户存款安全的制度执行情况的专项治理，针对去年以来各项检查发现的问题和本次会议的要求进行集中整治，确保问题整改落实到位、责任处罚到位、整改效果到位、措施落实到位，重点解决有章不循、执章不严、违章不纠、纠之过轻等痼疾，把经营发展的管理基础夯实打牢。

（二）必须严格尽职调查和开户管理。尽职调查是了解客户风险程度的过程，也是账户管理的源头和关键。只有尽职调查收集的客户基础信息真实、准确和完整，后续的监测核查、银企对账等风控手段才能充分发挥功效。前面提到的泸州老窖等涉及异地账户的风险事件，就是因未上门尽职调查，给犯罪分子以可乘之机，利用企业提供的真实资料进行伪造，并持假开户资料和授权委托书开户，预留虚假联系信息，控制了企业资金账户，引致核查和对账机制失灵，企业和银行难以及时发现案件隐患。从我行近年来开立的账户数据看，经过尽职调查但预留信息不完整、不真实、不准确的情况较为普遍，如某机构2014年异地账户554笔准风险事件，涉及55个客户预留电话为空号、无法拨通、非单位电话等；某机构4家公司开立一般账户，仅两个月网银交易累计达115亿元，核查发现4家公司办公地址、经营范围等完全相同，公司名称、成立时间极为相近。这些情况说明，少数基层机构对尽职调查不够重视，没有认识到一旦尽职调查“失真”，账户管理形同虚设，高风险客户就极易将我行卷入各种纠纷，危害很大。

各行要切实加强尽职调查和开户管理，建立差别化的账户管理机制。一是要进一步明确不同类型客户的尽职调查工作标准和要求，建立完善的开户尽职调查流程，实施客户风险分类管理。对高风险业务、高风险行业或地区、资金来源不明的客户申请开户，必须实行增强型尽职调查，重点调查单位客户身份证明文件、地址信息、真实意愿等，严格客户准入管理。二是要进一步落实尽职调查质量管理的责任，将尽职调查工作贯穿于与客户合作关系的始终，真正做到“了解你的客户”。要将尽职调查情况、信息完整率和准确率纳入客户经理绩效考核，对后续发现客户提供虚假材料的，要视具体情况采取关闭账户、终止客户关系，必要时提起法律诉讼等措施；如属尽职调查人员失职，应视情形严肃追究其相关责任。对首次大额存款开户或后续成为大额存款户及重点账户，由专门人员双人不定时上门核对客户信息和开户意愿、印鉴等开户资料的真实性。三是要进一步加强结算账户集中审批和监测分析。按照营销和开户分离、操作和审批分离的原则，加强账户审批管理。柜面受理开户时，要进行多来源的信息交叉核实，使用身份证鉴别仪、联网核查等手段，核实有权办理人身份。各行要加强账户质量的监测分析，对投资担保、民间融资等活跃的地区，要制定严格的账户准入条件；对异地账户、大额定期存款账户数量较高或变动异常的地区，要加强风险排查分析。四是要进一步加强对异地、敏感、异动、大额等重点账户的风险管理。对异地账户，总行已下发通知，各行要加强尽职调查、开户审批等关键环节管理。对同一法人代表开立多个企业、不同企业预留联系地址相同，以及酒类营销、中小型房地产、网上金融服务公司等敏感账户，必须组织增强型尽职调查，严格审批管理。对短期内资金大额或频繁进出、不符合客户交易习惯的异动账户，要重点关注客户业务办理的合理性，加强客户身份、意愿和资料真实性的审核。五是要进一步加强长期不动无效账户的激活营销和专项清理。各级结算与现金管理、公司业务、机构业务等部门要逐户分析长期不动账户状况，并制订具体实施方案，实行差异化管理。对企业经营状况良好，有保留价值的长期不动户，要进行激活营销；对已无实际经营，无保留价值的长期不动户，要及时清理。7月底前账户清理工作要完成，主动清理的账户数考核时可予以剔除。

（三）必须严密U盾交接管理。U盾已成为我行客户电子支付的主要介质，U盾申领一次性认证的特点决定了实物交接是风险控制的关键点。近年来，商业银行因电子银行相关物品内部交接、与客户交接等环节屡屡出现问题，相继发生重大风险事件，教训十分深刻。但我行部分机构在实际作业过程中，对U盾的管理仍未引起足够重视，存在网银并非本人办理使用等现象，这些问题必须限时整改解决。一是必须严格U盾发放手续。发放时，要坚持本人办、面对面、不间隔、交本人，严格双人办理要求，重点提示客户核对实物号码和凭证记载的一致性，并让客户核对签收。单位客户网银注册后更换人员领取的，必须严格审核领取人身份和客户印鉴。二是必须严格确认客户意愿。账户开立、网银注册、客户信息变更等关键业务环节，网点要明确专人现场拨打客户预留电话，确认电话是否为客户本人所有。三是必须确保输密环境的防窥性。涉及U盾、银行卡等支付介质的发放，严格执行“一米线”制度；对于新办理U盾客户，应在与外界有隔离设施的柜口或者在理财室等相对独立空间办理，严禁其他无关人员进入。四是必须严格U盾领用的系统硬控制。所有U盾必须全部纳入要素系统进行销号控制，各行月底前必须完成。已营销赠送的存量客户持空白U盾在柜面开立启用时，必须双人监交办理，严格客户身份和真实意愿的确认。

（四）必须加强监测核查和银企对账管理。近年来，总行持续加强运营风险监控平台建设，构建起覆盖对公、个人、电子银行等10大业务线，涵盖柜面、网银、第三方支付等主要业务渠道的模型体系，实现了对运营风险的精准定位、及时识别，有效化解了大量风险隐患。要充分发挥运营风险监控平台作用，对存款

“丢失”、飞单、非法集资等外部输入型风险进行重点防控，提高监测核查的针对性。要进一步优化模型，提升模型智能识别能力，通过多维度、组合式关联监控，实现客户风险精准画像。要将监测核查力量集中于高风险账户，突出监控重点，确保核查效果。要按照“有疑必查，查必详尽”的原则，对单位结算账户单笔支付1 000万元以上，个人单笔支付500万元以上或新开户、网银注册、证书变更、密码重置后资金异动的重点关注类准风险事件，必须由二级分行以上人员独立核查，核查细则总行将进一步修订明确；要通过内外部核查手段同步落实，重点关注行内人员异常行为和客户代理开户、异地开户、多头开户等外部风险，核实客户意愿真实性；涉及跨区域的风险核查，各级运行管理、内控合规部门要密切配合，按照先横后直的流程协同落实；各行要根据历史核查情况，对回复存疑或不彻底的，结合客户具体情况和风险程度，及时通知相关部门采取增强型尽职调查、限制授信、降低额度、中止业务、反洗钱报送等措施，防范不法分子借用银行通道进行欺诈活动。要抓好运营风险分级管理制度的落实，对连续被认定为高风险以及频繁触发同类准风险事件的机构、人员、业务，要跟踪核查确认情况，督促相关责任部门、责任人采取有效措施，并严格落实责任追究制度。

作为银企双方间的一种事后核对机制，及时有效的银企对账有利于及早发现案件隐患。各行要切实发挥银企对账领导小组作用，定期组织对账结果分析，关注异动、重点、可疑账户的对账结果，对影响对账工作开展的客户信息质量、对账资源配备等问题，督促落实解决。要加强对账、监控、核查和网点间的信息共享，为对账人员提供更多客户风险信息。要真正贯彻风险导向对账要求，进一步加强“三新一异动”等重点账户的对账，对账人员必须全面收集客户办公场所、场所标识、单位财务人员和预留信息不一致的异常情况，及时反馈风险监控中心、分行对账领导小组和开户网点，加强联动管理，其中异地账户首次对账必须严格执行本地和单位总部注册地的双线对账。要继续大力推广成本更低、更加有效的网银对账方式，实现网银客户的全覆盖，通过短信提醒、手机银行、自助回单机等多种方式提供资金变动提示，便于客户及时掌握其账务情况。

（五）必须严惩“飞单”等严重违反职业操守行为。近年来，总行对包括“飞单”在内的业务行为出台了若干禁止性规定，这些禁止性规定是业务操作中的高压线，一旦违反，要严肃问责、绝不姑息。要重点强化代销产品和合作机构管理，严格托管、民间投融资类客户的准入和分类管理；对支付机构备付金存管业务，要推行分账户明细存管模式，加强日常监控；严格执行托管准入标准，对不符合准入标准的存量业务要加强监测，严禁与P2P、担保、小贷公司等开展各种名义的托管及外包合作，已合作的必须立即退出。要加强员工和投资者教育，警示员工远离违规私售，及时向投资者告知我行代售产品信息。

要强化违规行为查处，建立健全客户定期回访机制，了解和掌握客户经理营销行为。要落实违规私售举报人的激励和保护机制，在充分保护举报人隐私的前提下，设立电话、网讯等便捷的内部举报渠道，对有效举报人给予重奖。近期总行将对“飞单”防控措施落实情况再进行全面检查，按照“谁准入、谁签约、谁组织、谁负责”的原则，对要求员工进行违规销售的管理者、组织者进行重处重罚，严格落实“检举揭发者一律重奖、私售飞单者一律开除、越权违规决策者一律开除、管理失职者一律撤职”的要求，形成严惩违规私售理财产品的高压态势，坚决遏制违规私售现象发生。

三、落实“五个强化”，完善内控案防管理体制机制

当前遏制案件和风险事件高发势头，关键要紧盯重点业务领域和高风险环节，严格排查风险隐患，严格落实整改措施，严格强化内部管理，尤其要加紧完善内控案防管理体制机制，改进创新管理手段方法，进一步筑牢内控案防管理堤坝。

（一）强化领导责任，落实一把手负责制。尽管案件风险事件多发生在基层，产生的原因也有很多，但追根溯源、究其根本往往在于领导，在于管理不严、管理不善、管理不到位。总行反复强调“一岗双责”，这是各级行各部门领导干部的分内职责，而不仅仅是纪检监察、内控内审等专业的职责。面对当前案件风险多发高发势头，各级领导干部必须时刻紧绷案件风险防范这根弦，认真履行“一岗双责”，切实负起本单位或分管专业条线内控案防工作责任。特别是各级一把手作为本单位内控案防第一责任人，更要全面履行内控案防管理的直接领导职责，尽全力负全责。“一把手”要定期主持召开内控案防分析会，深入分析经济新常态下风险管理形势和特征，及时发现新情况新问题，认真研究对策措施；要亲自抓内控案防责任制的落实，确保各部门齐抓共管、一级抓一级，层层抓执行的工作机制落实到位，案防责任层层分解落实到人；要强化风险意识和责任意识，提高对业务风险的敏锐性、判识力和防控能力；要推动完善科学的绩效考评体系，发挥正确的导向和约束作用，引导全行进一步形成诚信守法、严谨合规的合规文化。今天各级行班子成员都参加了会议，这里再次强调，凡是因领导干部未认真履行职责，导致所辖机构普遍存在同质同类违规问题或管理混乱的，要对相关领导干部严厉问责；对于性质严重、负面影响大的案件和风险事件，要从严追究领导干部的责任。

（二）强化风险管理队伍建设，抓好组织保障。各

级行要适应风险管理形势变化，抓紧抓实风险管理队伍建设，强化风险管理人员配备和履职能力，努力培育一支与风险管理职责和任务要求相匹配的、素质和技能过硬的队伍。各相关业务部门要加强对基层行的业务指导、风险监测和管理，合力提升基层行应对风险变化的能力。账户集中审批、监测核查、对账等业务领域人员数量不足的分行，要尽快增配具有良好职业素养的员工。对所处区域外部欺诈风险多发，但内部风险管理能力偏弱的网点，要尽快选配业务能力强、风险意识敏锐的网点负责人或大堂值班经理，增强网点事中风险控制能力。特别强调的是，要高度重视网点负责人队伍建设，网点负责人作为网点内控案防的第一责任人，处在风险防范的前沿，其职责作用发挥得如何至关重要。因此，选拔任用网点负责人不仅要突出对其业务和风险管理等专业能力的考察，更要注重其道德品行和职业操守等方面的考察，确保网点负责人既“有本事”，更“靠得住”。要加强对风险管理人员、网点负责人等关键岗位人员履职能力的培养，使其既精通业务、熟悉制度，又善于发现问题、推动解决问题，承担起强化管理、防范风险的重要任务。同时，要加强对各级管理人员和关键岗位人员、敏感人员日常行为的监督，认真落实人员交流、轮岗轮调和强制性休假等制度，加强员工异常行为排查分析，有针对性地开展警示教育，发现问题要及早采取果断措施。

（三）强化一线管理，守好网点阵地。目前，网点柜面仍是客户办理业务尤其是复杂类业务，以及提供个性化金融服务、进行业务资料、实物交接的重要渠道，网点作为内控案防第一道防线作用突出，全行必须在加强网点一线管理上下更大功夫。

要加强对管理人员的管理。当前，少数基层网点出现的一些私售理财产品等违规问题，有的与机构管理者违规干预、失职失察有着直接关系，全行必须严格各级管理者的授权和监督管理，严禁未经批准擅自扩大与第三方机构合作范围，严禁违规要求、暗示、默许下级机构和员工代销或推介第三方理财产品，严禁以任何名目向客户、合作机构收取我行账务以外的费用和利益提成。对各级管理者履职管理不到位，未按规定落实内控制度，发生有损我行利益行为的，或者造成案件风险损失的，要予以严惩。

要加强对客户经理的管理。客户经理直接面对客户，负责产品销售、客户拓展和关系维护，是非常关键的岗位。而客户对客户经理的信任，实际上是对工商银行品牌的信任，对国有大行的信任，因此必须从严管理好这支队伍。要深入开展客户经理行为排查工作，规范客户经理营销行为，对他人介绍办理开户和大额存款的客户，必须向客户明示我行存款利率政策，关注客户业务办理中有无异常，并及时采取适当措施。同时，要注意加强客户经理业务能力培训，提升客户经理在尽职调查、信息收集、风险识别等方面的能力。要加强客户经理营销服务管理，落实禁止客户经理代客保管、代客操作、代客签字、违规签订协议、外出为客户办理存取款业务、违规私售、虚假宣传或夸大产品收益、私自保存和泄露客户信息等有关规定。要逐步实行营业网点理财产品销售录音录像，保障客户和客户经理的合法权益。

要加强现场管理。严格大堂值班经理准入管理，选配具备相应能力和素质的网点负责人或大堂值班经理承担网点现场管理职责，强化现场管理人员与网点负责人的相互制约机制，严格落实现场管理人员的业务审批和事中风险控制职责，加强业务审核、签批真实性管理。要严格把关客户身份真实性、客户提交材料的真实性、柜员业务处理与客户真实意愿一致性的审核；特别是对大额汇款、网银注册、U盾交接等业务，必须直接询问客户所办业务种类，确认客户办理业务的真实意愿。要严禁外部人员在我行营业场所开展营销活动，管辖行要向辖内客户经理提供我行代销的理财产品清单，使客户经理清楚代销产品种类。要做好营业场所的风险提示，通过在网点醒目位置或滚动屏幕公开代销产品清单，产品发行方、销售方、预期收益、投资风险等信息，以张贴或显示“风险提示书”等方式，告知金融消费者可能性风险以及外部欺诈风险，不断增强其自我保护意识。

（四）强化技术硬控制，提升信息化管理水平。要积极推进信息科技手段在操作风险管理中的应用，将管理规定和制度流程固化到各类管理系统中，实现对各级行经营管理行为的刚性控制，努力从源头上防控案件风险隐患。一是研究试点双屏交互的业务处理模式，通过客户端屏幕同步展现业务类型、交易金额、对手名称等关键信息，语音提示操作要求，使客户全程参与业务处理，核对并确认交易意愿，减少信息不对称引发的风险。二是研究应用指纹、人脸识别等生物体征认证技术，在客户开户、网银注册、U盾申领等关键业务环节，采取现场拍照+人体生物特征识别的方式，实现客户、照片、联网核查信息的多方比对，强化客户身份识别的硬性控制，确保客户身份信息的真实性。三是加大数据库建设和分析力度，全方位收集客户基本信息、联系信息、支付信息、消费信息等，积极引入工商、税务、征信、公检法等外部相关信息，建立全方位信息数据库；探索运用大数据技术及信息充分共享，持续推动模型监控成果前移至事中风险控制环节，实现风险识别和控制的精确定位。四是尽快实现单位定期存款开立、计息、支取、质押等多个环节的系统关联控制，对单位定期存款支取业务进行刚性控制，关闭网点相关交易，实现存款资金按规定回到原账户或基本账户。

（五）强化声誉风险管理，重在源头治理。随着微博、微信的快速发展，社会已进入了“人人都有麦克风”的自媒体时代，舆论传播的路径、方式发生了很大变化，简单的舆情控制已经很难起到作用。当前银行经营管理中的一些风险事件和负面舆情往往首先由自媒体发酵，但由于我们的一些管理者关注不够，化解不力，造成了较大的声誉风险。比如，目前舆情较为集中的“存款丢失”、飞单等事件，往往是客户多次投诉，甚至在微博、论坛中早有反映，而且总行多次发出舆情提示，并作为声誉风险隐患数次督促化解，而有些分行和部门迟迟未引起足够重视，没有相应采取风险化解措施，以致酿成较大的声誉风险。有的分行对于内外部案件未按规定及时上报，一直等到媒体报道之后总行才知道，十分被动。全行一定要对此类事件高度重视，不能自认为责任小或没责任，就对不利舆情反应迟钝、听之任之，更不能因此类问题复杂而有意回避，将问题拖大、拖炸。要切实把声誉风险管理纳入全面风险管理体系来抓，努力抓早抓小，把声誉风险化解在萌芽状态。

一要立足于源头治理，建立潜在声誉风险化解责任制。全行要深入排查潜在声誉风险隐患，快速响应客户投诉，特别是对涉及客户资金安全的投诉要限期核查，千方百计在各类媒体介入之前化解矛盾、平息纠纷，真正从源头上控制声誉风险的发生。要落实声誉风险化解的责任机制，将重大声誉风险隐患化解责任逐级逐项落实到具体的分管行领导和专业部门，对于工作不力导致重大负面舆情的，要进行严肃问责。

二要加强舆情监测和研判，做到早发现、早报告、早处置。特别是对于各类案件和风险事件，要按规定及时报告，对瞒报、迟报和漏报的要严肃追究责任。这里进一步明确，今后发生或发现的案件和风险事件要在按要求报总行相关专业部门的同时，统一报告总行内控合规部；属于重大突发事件报告范围的，还要在规定时限内报总行值班室。要准确判断舆情走势，对确实无法避免的负面舆情要及时发布信息，抢占信息传播的“第一时间、第一现场、第一落点”，主动引导舆论。

三要主动向当地党委、政府及宣传、互联网管理部门汇报，争取地方政府的支持，防止出现个别媒体为吸引公众眼球而捏造夸大事实、主观臆断银行责任的情况。

四要加强与公检法等部门的沟通协调，努力避免不利信息的发布和传播。对当前列入公安侦查和司法诉讼的案件，有关分行负责人要带队主动上门了解案情，努力在舆论引导和负面舆情控制上争得主动。

五要加强与新闻媒体的沟通，尽量避免媒体在公安机关做出调查结论之前对类似事件进行报道，对那些出于不当动机频繁进行恶意歪曲报道的媒体，要采取措施进行劝阻和果断应对，同时依托主流媒体及时发布权威、真实、准确的信息，努力掌握舆论主动权。

六要进一步组织好确保客户存款安全、维护金融消费者权益的集中宣传，深入挖掘生动感人的服务故事和先进典型，大力传播我行负责任大银行的形象。

同志们，当前全行经营发展面临的困难较多，特别是稳定资产质量和实现盈利增长的压力很大，决不能让案件又成牵制和羁绊。全行上下要切实坚持经营发展与风险管理两手抓，在努力把质量效益提上来的同时，坚决把案件和风险事件反弹势头打下去。

上半年很快就要过去了，各行各专业要认真检查计划目标完成情况，检查总行年度工作会议和一季度经营情况分析会部署落实情况，确保时间过半计划任务完成过半。这里，我就当前经营工作再强调三点：

第一，把握好质量效益目标的平衡。今年以来，资产质量劣变问题更为突出，以致拨备计提大幅增加，使得利润增长备受压力，能否有效控制质量劣变是实现半年质量效益目标的关键。各行要进一步把稳定资产质量放在更加突出的位置，多措并举、一户一策地推动不良贷款清收处置，尤其要注重创新和优化清转处置方式，通过借助政府力量推动平台融资和不良贷款置换等手段，通过投资银行、专业化公司等渠道，以及加强与资产管理公司、租赁公司合作等方式，推进不良贷款化解。不良贷款打包处置要充分考虑受偿率水平，呆账核销要充分考虑财务承受能力，对因打包核销而未完成净利润计划的，总行将按净利润目标缺口和核销金额（含打包处置和常规核销）两者孰低，对不良贷款考核指标进行还原考核。各行要认真吃透用好存量融资风险缓释政策，一户一策地做好风险化解措施的落实。对纳入潜在风险贷款管理的客户，在风险敞口不扩大、担保措施不弱化的前提下，可结合客户实际经营资金需求和贷款真实用途，采取展期、再融资、重组、调整合同要素、变更业务品种等措施来缓释风险。要进一步加强风险监测和排查工作，5 月份全行有 35% 发生逾期的贷款未纳入潜在风险池进行管理，有 14 家分行池外逾期违约率在 50% 以上，反映出部分行风险排查不细致、不扎实。各行要对辖内贷款再进行拉网式排查，及时将存在风险的客户纳入潜在风险管理，提早制定风险化解预案，坚决止住新的“出血点”。要切实抓好保证贷款、非供应链贸易融资、固定资产支持融资、“裸贷”、大额亏损客户、异地贷款、结算账户资金异常客户等高风险领域贷款的专项治理，防止贷款逾期劣变。6 月末，各行不良率务必控制在总行下达的计划以内。对各行不良贷款余额超过控制计划的部分，总行将与分行行长和分管信贷业务副行长的个人绩效考核挂钩；对质量管控履职不力，造成风险防线失守的，要严肃追究管理责任。

第二，千方百计增加收入。应该说，今年利率市场化提速、降息和金融脱媒等因素叠加，对全行总体收入影响很大，但同时各方面市场机遇也很多。全行既要认清挑战，更要抓住机遇，加快落实客户拓展、结构优化、业务创新、互联网金融营销等重大战略举措，加快培育新的盈利增长点。要加强中间业务收入组织，逐项产品落实目标任务和工作措施，尤其要抓住当前资本市场活跃的有利时机，加大代理基金、第三方存管、资产托管、资产管理、私人银行等业务拓展力度，提升收入贡献度。要正确处理规范收费管理和业务发展的关系，认真贯彻银监会《关于进一步开展银行不规范服务收费清理工作的通知》要求，落实总行相关工作部署，对去年1月至今年5月的服务收费情况进行细致的排查清理，做好自查自纠，确保依法合规。最近，总行给各分行各专业下达了半年利润、中收计划力争目标，这个力争目标是根据前5个月的实际经营情况，结合各行上报计划，经过认真测算后确定的，是经过努力跳一跳可以实现的。各行要根据这一目标落实缺口管理，按天倒排计划，深挖潜力，盯紧盯牢，确保6月末利润和中收计划的实现。哪家分行预计净利润实现存在缺口，要在6月12日前，向总行书面上报原因和拟采取的具体工作措施。各行要根据利润完成情况，统筹安排上半年费用列支事项，从严从紧控制费用支出，切实把握好费用支出与当期利润的匹配度。

第三，进一步做好存款工作。今年全行各项存款增长乏力，储蓄存款、公司存款目前较年初还是负增长，且与同业相比存在较大的差距。各行要积极应对当前资本市场活跃、利率市场化推进、金融脱媒带来的存款分流的挑战，密切关注财政和军队资金管理体制改革、机关事业单位养老改革、地方政府债发行等重大措施出台带来的存款市场格局变化，有针对性地创新改进存款工作，争占本区域存款市场制高点。6月底前这段时间是同业竞争最为激烈、大额资金流动频繁、存款波动比较大的时期，各行各专业要加大对分支机构存款工作的督导力度，要一个行一个行地盯，一个客户一个客户地争，确保大额存款不流失，确保在可比同业中有一个合理的市场份额。

近一段时期，特别是5月11日央行存款利率上浮空间扩大到1.5倍以后，各行对存款定价管理问题反映较多，向总行申请利率上浮30%以上的不少，可以看出，有些行对存款市场化定价还存在一定的模糊认识。要看到，利率市场化并非必然导致存款利率水平的上升，并非银行必须被动地接受客户存款利率上浮的需求，也不能简单地认为存款增长必须依赖利率报价优于同业。目前货币政策相对宽松，存贷款基准利率持续下调，市场利率也在走低，这对缓解存款成本上升的压力是有利的，大家要以积极的心态去看待和应对利率市场化改革。实际上，我行存款付息成本和整体报价水平并不低于主要可比同业，因此，对客户提出的存款利率上浮，要综合分析，积极引导，很多客户对工商银行的牌子是倚重的，我们做工作和不做工作，以及工作的细致程度等都会对存款定价产生影响。切实加强存款定价管理，不能一浮到顶，不能带头提价，不搞恶性竞争，要发挥各级行市场利率定价自律机制的协调作用，维护金融市场秩序。6月8日起，总行将不再审批利率上浮超过1.3倍的存款。近期，总行将发行400亿元首批大额存单，期限以1年和6个月为主，利率为同期限基准利率上浮30%～40%。各行要认真选择目标客户，充分发挥大额存单发行对存款的拉动作用，努力稳定和增加客户的一般性存款，并压缩表内理财和结构性存款。要高度关注存款偏离度问题，确保6月末控制在监管红线以内。

当前的各种困难和挑战是对各级领导班子、领导干部能力和作风最为现实的检验。在此困难和关键时期，要特别加强各级领导班子、领导干部的管理，给那些有能力、有作为、敢担当的干部以平台，对不作为、不担当、没有能力扭转被动局面的干部要果断予以调整。各级领导干部要切实增强责任意识，增强担当精神，在资产质量、经营效益、业务发展、案件风险控制等各项指标上都要向先进行看齐，勇于进取，力争上游，而绝不能比差，自甘落后。希望各行各专业在挑战中抢抓机遇，在困难中寻求突破，努力把上半年各项计划目标完成得更好一些，在同样复杂严峻的环境下取得好于可比同业的经营业绩。唯有这样一份成绩单，才更能令投资者满意，令各方面认可，令市场尊重。

在中国工商银行“走出去”工作座谈会上的讲话

易会满

（2015年6月16日·根据录音整理）

在今天“走出去”工作座谈会上，大家发表了非常好的意见，会议形式比较新颖，会议内容也很充实。这次会议很重要，表明总行党委对“走出去”、对“一带一路”这项工作的重视，要研究落实，紧抓机遇。

对“走出去”工作，我有两点感受：一是项目单笔金额大、时间长、变数大，项目从签约到真正落地的比重较低。比如，我们目前3 000多亿美元的项目储备，5年以后真正能够落地的比例不一定太高，但同时又会涌现很多新的项目机会。二是“走出去”工作对工商银行品牌影响力有很大的提升作用。这次南美高访，巴西一共35个项目，工商银行签了其中5个，总理对我们印象很深。现场200多个企业家，包括“走出去”的50个大型央企，都觉得工商银行有实力，能够配合国家的外交战略，协助中国企业“走出去”。虽然目前“走出去”项目总金额只有200多亿美元，对全行20万亿元资产而言不算太大，但它给工商银行带来了巨大的无形资产，不管是在境外高访期间对企业的“走出去”业务营销，还是在境内与地方政府的“走出去”商谈，都会得到积极回应。所以，通过此次会议，全行要从战略高度认识“走出去”的作用，利用好我们全球化的网络和丰富的金融产品，做好支持企业“走出去”工作，配合国家重大战略的实施。接下来，我谈三点意见。

一、“一带一路”战略给工商银行带来了新的历史机遇

目前，全行整体经营面临经济新常态的转型压力，国内存贷利差持续收窄，新业务线和新增长点整体上难以对冲传统增长动力较快回落的影响，贷款劣变形势严峻。与此同时，境外机构资产增速放缓，尽管总资产增长超过8%，但贷款只增长不到2%，同时因为汇率、利率等国际金融市场环境变化，经营压力也在逐渐显现，拨备后净利润只增长了6%，较去年大幅降低。总体来看，全行经营形势和国际化发展都面临很大挑战。另外，我们也应该看到，以“一带一路”为主线的新时期“走出去”战略，为我行国际化发展带来了前所未有的新机遇。

（一）区域合作推动全球经济的再平衡和再发展。“一带一路”沿线国家，拥有44亿的总人口和21万亿美元的经济总量，分别占全球的63%和29%。以“一带一路”为代表的新时期“走出去”战略，将进一步推动全球经济增长中心向亚欧大陆转移，推动沿线国家的基础工业和加工制造业快速发展，并带动中国的经济结构向高附加值、高技术产业调整。预计未来10年，沿线国家的GDP总量将占到全球的35%，成为与北美、西欧并列的重要经济板块。目前，我行在“一带一路”沿线国家已做好了机构布局，全行国际化发展和境外机构的业务增长必将受益于“走出去”和“一带一路”对区域经济的强大带动力，打造出新的业务增长点。

（二）互联互通建设为银行业带来新的发展潜力。据有关部门统计，预计未来10年，“一带一路”总投资额将达1.6万亿美元以上。我们现在储备的“走出去”项目有286个，总投资额合计3 360亿美元，其中“一带一路”储备项目139个，总投资额合计1 885亿美元，占比超过50%。此外，中国还将成为“一带一路”沿线国家最大的贸易伙伴和出口市场，去年我国与沿线国家贸易已占到我国对外贸易总额的1/4，随着区域内互联互通建设和经贸合作区的逐步设立，将带来更多人流、物流和贸易往来，贸易额和贸易格局都将出现增长和升级，催生大量贸易结算、货币兑换、现金管理、财务管理等跨境金融服务需求。

（三）金融合作将带动我行境外机构本地化发展。总体来看，“一带一路”大部分地区金融发展水平不高，银行机构少，竞争水平低，“一带一路”能够给我行海外机构的本地化发展创造比较好的条件，我行将有机会在重点区域延伸二三级网络，增强经营网络覆盖深度。同时，“走出去”方式已逐渐转向长期经营，中资企业在当地长期驻扎，客观上给我行海外机构的本地化发展创造了条件。特别是在业务层面，开始呈现“股、债、贷、租”等多种融资模式融合的特点，对贸易金融、个人金融、资产管理、投资银行、托管服务、交易业务等综合化金融服务也将提出更多本地化需求。

（四）“走出去”转型升级带来新业务潜力。中国企业的“走出去”内涵正在不断扩展，既有传统的绿地投资和工程承包，也有跨国并购和战略投资；既有传统的劳务、产品输出，也有中国标准和顶层设计输出；既有传统能源资源领域，也有新兴装备制造出口和优质产能合作。特别是在转型升级的带动下，境外直投、并购不断增长，投资主体日益多元，项目单体规模明显提升，加速增长趋势明显。与此同时，企业的金融服务诉求也在出现新的调整，从原先的国际贸易融资和出口信贷等简单的资金需求，开始扩展到股权融资、跨境并购、全球供应链融资、战略咨询、财务顾问、风险管理等业务机会。

（五）跨境人民币业务迎来广阔市场空间。近几年，全球离岸人民币结算中心不断建立，人民币跨境使用规模增长迅速，目前中国已在14个国家和地区建立人民币清算行安排，支持人民币成为区域计价、结算及投融资货币。人民币也已超越欧元成为全球第二大贸易融资货币，同时也是全球第五大支付货币和全球第七大储备货币。随着“一带一路”战略深入实施，沿线新兴经济体和能源输出经济体在大额资源交易中使用人民币的可能性在逐渐增加，东南亚地区会成为跨境人民币的优势区域，中巴、中哈等大规模双边政府合作将成为跨境人民币的重要纽带，美元加息和人民币降息预期也使人民币更具长期融资成本优势，“一带一路”规划的亚洲债券市场为人民币提供了更广阔的境外使用和交易渠道。人民币在“一带一路”沿线的认可度将不断提高，推动人民币国际化进入新的阶段。

二、正视“走出去”和国际化进程中面临的问题

从多年的“走出去”金融服务实践来看，我行经营管理方面还存在一些问题，还不能完全适应新时期“走出去”和全行国际化纵深发展的需要。从今天讨论情况看，问题主要集中在三个方面。

（一）传统服务模式与“走出去”业务要求存在差距。虽然我行已成为中国企业“走出去”的首选金融伙伴，但“走出去”经营模式与10年前相比并没有太大变化。服务模式仍以传统商业银行融资业务为驱动，过于看重表内增长，资本占用比较高，风险比较高，相对收益有限，而投行、交易、资管、私银等新兴产品线发展相对滞后。在业务来源上，主要是跟随企业走出去，在企业身后获取信息，前端引领型业务较少。在营销方式上，主要依赖于相关贷款的全额包销，工银集团多产品联动优势未得到充分发挥，境内外营销工作存在一定程度的脱节。在增长路径上，主要仍依赖于境内对境外的支持，境外机构的独立发展以及对境内的反哺能力不强。

在境内机构方面，主要问题是专业化服务能力不足，特别是“走出去”行业知识较为缺乏，对境外国别情况不太了解，产品结构设计能力不能满足客户的要求。在境外机构方面，主要问题是缺乏做大客户、大项目的底气和能力，未形成特色化和独立性的发展路径。一方面对内保外贷、总行簿记、风险参贷等低风险业务存在明显偏好，本地客户潜力未充分挖掘，本地项目营销工作未完全跟上，本地风险管理工作未完全到位。另一方面，近些年各业务条线都在积极向境外延伸，客观上也造成境外机构业务发展“小而全”，各项经营指标压力较大，甚至造成对本地市场特点和业务需求探索不够，影响了本地经营能力建设。

（二）集团资源整合和产品协同营销不尽理想。最近我们在处理平安集团托管业务招标时，感觉到平安集团资源整合能力很强，全集团的业务需求包括授信、积分互换互利、代理保险销售、上海陆金所业务合作等十几个方面，都在托管业务招标书中有明确要求，这一点很值得工商银行学习。我们目前融资的就是搞融资，存款的就是搞存款，结算的就是搞结算，机构之间的块块协同和产品线之间的条条联动机制还不够有效，各自为战的多，合作大多出于自发，真正形成机制的少。具体到“走出去”工作方面，主要有三个问题：

一是“走出去”营销缺乏全行统筹和立体协同。“走出去”境外项目具有跟踪周期长、牵涉面广的特点，往往涉及境外业主、承包商、施工方以及境内外政府部门和保险机构等10多家单位，客户关系分散在境内外不同机构。在目前经营体系下，针对同一个项目，不同机构可以从不同的参与方获取信息并开展营销，造成全行营销资源的浪费，也容易给客户带来行内压价的机会和一些不必要的困扰。而且，“走出去”项目往往由国内多家企业参与竞标，若我行不同机构分别与不同企业组团，并出具不同的金融服务方案，将不利于我行的整体对外形象。

二是内部政策的集成化和一体化还不到位。“走出去”是一个系统工程，需要集团内部信贷、资金、风险等各方面的政策协同。目前行内政策还有不到位之处，政策捆绑性不强，政策一体化还需不断完善。例如，国别风险政策的主动性管理不够，较多侧重风险规避，缺乏更加主动、前瞻的国别风险管理；资金政策较为单一，境外专项债、资产证券化等市场化渠道的资金安排还有很大拓展空间；境外行业和区域信贷政策较为割裂，动态调整机制和业务适用性还有待提高；全球授信制度还需要不断完善。这些政策问题已经困扰我们多年，到现在工作有一定程度推进，但是总体感觉整合服务效率还是不高，部门为中心的思想惯性还比较强。

三是内部分润考核机制缺乏适用性和当期匹配性。目前集团一体化联动分润机制存在一些问题，了解程度不够，规定过于原则，难以操作，不好落地。当然，客观上也有困难，因为“走出去”项目比一般业务更复杂，往往涉及总行利润中心、境内外机构和子公司等多个利益主体，虽然现行的利润分配方案做到了清晰算账，但对交叉销售贡献的激励不够。同时“走出去”项目周期长、见效慢，短期收益没有境内项目大，真实工作量和阶段性成果难以体现为当期收益，影响到经营机构对一些长期战略性项目的营销积极性。此外，一些创新型业务如贷款分销、财务顾问等，耗时费力，工作难度大，在经营压力较大情况下，难免导致重视程度不够。

（三）风控体系和专业人才队伍建设需要加强。境外经营面对的风险环境非常复杂，有国别风险、政治风险、政府更替风险，还有很多的微观操作风险，而且这些风险会相互传导、相互演化。但总体我们对境外风险的管理手段还较为单一，主要依赖中信保保险和境内主体担保等方式，甚至有些项目的贷后管理基本依靠企业提供信息。在资产交易未有效开展、全球资产配置未合理实现的情况下，一旦出现风险事件，就会造成“牵一发而动全身”的后果。特别是工程承包和出口类业务，施工单位和出口企业回款期短，银行贷款期限长，面临的风险和企业完全不同，需要我们加倍小心。考虑到“一带一路”项目金额较大，常常是数十亿美元的规模，一旦出现风险，将会导致银行无法承受的损失。因此，怎样更加积极地拓展市场，又能够有效防范风险，是我们“走出去”工作应该考虑的首要问题。

同时，我们的专家型人才队伍也存在明显缺口。从干部外派情况看，境外机构对国际化专业人才需求十分迫切，目前外派800多人，仅去年一年就增加了200多

人，但离实际需求还有差距。目前的主要问题除了人才数量不足外，还包括大量人才集中在一般性金融领域，熟悉新兴市场的各类项目规划人才、产业技术人才、法律税务人才以及小语种人才等都比较缺乏，难以满足“走出去”扩容增质的现实需要。尤其是面对下一步“前端引领”、“做总包商”的更高要求，专家型人才的重要性大大上升，急需补充既熟悉国际市场和东道国情况，又掌握行业专门技能、善于协调各方复杂关系的专业化高端人才。

三、下一步“走出去”工作重点

（一）贯彻“一带一路”战略，推动重点项目落地。

一是要在“一带一路”战略背景下，加强政策导向研究，及时传递政策信息。要认真贯彻执行国家战略，积极参加国家相关部委组织的研讨会以及民间组织的论坛和座谈会，宣传我行支持装备产能“走出去”的具体举措和工作成绩；积极与国外政府机构、国际金融组织、研究机构合作，宣讲“一带一路”的经济内涵和积极意义，为跨境合作打好舆论基础，做好理念对接；建立“一带一路”智库，组织国内经济学者围绕商业银行如何服务“一带一路”进行研究，为开展实际工作打好理论基础和思想基础；举办“一带一路”论坛，发出我行声音，宣传我行产品，塑造我行“走出去”的市场形象和品牌影响力。

二是加强项目组织和落地工作，强化市场化、商业化运作原则。“走出去”的核心是项目，但跟踪、建设和经营周期都很长，从启动到实施平均需要2～3年，项目的执行期则常常在5年以上，并涉及境内外多地机构，对协同营销和管理都提出了更高要求。要建立重点项目库，提出100个总行级重点项目名单和300个分行级重点项目名单，逐个制定拓展方案并将营销责任落实到人，并实施重大项目流失问责制，确保项目的全程跟踪落地。要推动项目管理模式转型，由传统的多级联动转为扁平互联，实现“走出去”项目信息的高效流转和资源广泛共享，以项目为核心，分阶段、按进程接入境内外机构、前后台部门和跨产品团队，并最终打造与全球信贷管理系统（GCMS）对接的项目组织管理系统。要对储备项目开展前期筛选工作，提升对项目的前期把握能力，集中精力精准营销，按照全行风险偏好主动选择项目，强化前中后台对全球业务机会的联合分析，提升储备项目的转化率和成功率。要秉承商业化和市场化原则，政策性过强的项目若不符合商业原则，应转为综合配套金融服务营销。要充分考虑境外机构单一客户敞口及审批权限等限制，加强集团内合作，通过内部银团、簿记和风险参贷等多种方式推进项目合作及落地。

（二）加强全产品联动营销，充分发挥集团的全球综合竞争优势。

一是深化“一行一策”策略，体现“一带一路”区域特色，结合核心市场、重点市场、观察市场和节点市场定位，明确不同市场的重点拓展产品。要加强总对总营销联动，发挥总行、分行公司金融部在大客户服务方面的更大作用，扭转全行“走出去”营销的分散、自发和自下而上的现状，尤其要加强对大客户的总对总营销工作，以“走出去”投融资为切入点，推动大型集团客户的全产品覆盖。要加强全行产品培训工作，总结一批成功案例，做好案例培训，提升营销的针对性和实效性。要明确客户、项目的准入标准，建立内外统一的报价机制。要优化激励机制，改进考核体系和分润规则，处理好总行利润中心、境外分行、境内分行三者之间的关系，尽量透明化、标准化，调动各方积极性。

二是注重投融资产品组合营销，发挥投行、商行相互带动作用。“走出去”项目竞争激烈，风险收益结构多样化，传统的贷款产品已不能完全适应要求，需要综合利用普通债务型、优先债务型、次级债务型、权益型、夹层型和信用期权型等多种投融资组合，并实现对风险的有效控制、分散、对冲和转移。要建立境内外投行信息对接机制，定期发布境外资产出售和投行业务需求，同时搜集境内企业的投资需求，双向对接境内外需求信息，实现信息的精准投放。要建立投融资资讯和案例交流平台，加强投融资产品组合实战培训以及兼并、重组、IPO等投行业务标准培训，提高境外机构的信息捕捉和甄别能力。要加大境外债券和股权融资力度，运用全球资本市场支持“一带一路”建设。要复制推广中巴工业园模式，发挥“信息中介”职能，引领更多企业“走出去”，通过区域引领和产业引领，带动专项融资、投行、结算、咨询顾问等综合金融产品的一揽子介入。

（三）转换“走出去”经营模式，提高全球市场资源配置能力。

一是注重资产分销交易，实现低资本消耗型发展。“走出去”贷款金额大、期限长，风险敞口和经济资本占用高，并常常需要银行先行独家承贷。只有具备全球市场的强大分销能力，才能有效控制留贷风险，实现低经济资本占用、轻资产方式的可持续发展。要建立全球资产交易平台，负责全球贷款分销及信贷资产交易运营，做好标准化和非标准化产品的设计工作，提高资产交易操作和管理效率，减少信息传递层级和链条。要建立全球资产交易协同工作机制，纽约、伦敦、悉尼、香港等全球贷款交易中心的境外机构，要指定专人负责分销工作，与总行部门密切沟通、协同推进，尽快实现“一笔贷款、多地分销”。要尽快打开外部资产交易渠道，加强与全国性银行、外资银行、证券、保险、信托、各类投资基金、养老基金等金融机构的合作，境外机构要加强与本地大型银团参与行、债权交易所等渠道的合作。要实施贷款条款标准化的整改，对存量贷款与客户协商后，争取将部分贷款条款进行修改，使其适应分销要求，同时对新增贷款尽快规范“可交易性”的标准化要求。要制定全球资产交易指导意见，明确方案设计、交易环节、机构分工和分润原则等。

二是要提升金融市场全球布局和资产负债的全球化运作水平。只有做好金融市场和资产负债的全球化配置，才能真正成为一家全球化银行，而不是一家以境内人民币为主的银行。目前全行金融市场业务基本上还是以境内人民币为主，全行资产负债管理还主要满足于提供保障。从主动性、前瞻性、集团化等方面考量，全集团、本外币、境内外资金的综合统筹能力还不强，集中营运能力还不强。要积极提升全球化资金运作水平，丰富融资币种组合，解决多币种资金来源，特别是尽快提供与我国签有货币互换协议的外汇币种，满足客户对不同币种的融资需求。要充分考虑客户对我行的整体贡献度，推出币种、规模、成本和期限结构的最优资金政策，提高市场竞争力。要在继续稳定政策性资金支持的同时，利用境外市场外汇资金价格较为便宜的有利时机，加大境外专项债、资产证券化等全球金融市场工具的筹资力度，统筹安排全球八个发债中心的定位和操作，解决部分机构资金短缺问题。要对高铁、核电、电信等高端装备以及国际产能合作领域给予适当的倾斜性支持，配置差异化价格的专项资金。

（四）强化“走出去”项目融资专营体制，提升全球市场专业竞争力。“走出去”项目具有长期、偶发、大额等特点，是典型的专业信贷产品，风险控制更依赖专家执业，现行的专业经营体制要坚持和强化，并不断带动专业化水平的提升。一是在完善总行专业化经营体制的同时，培养分行层面“走出去”产品的专业经营能力，特别要抓好省级分行、大城市行的专业化团队建设。二是保证“走出去”人员和岗位的稳定性，做好信贷结构设计专家、区域市场专家和行业专家的长期培养工作，确保业务经营与能力范围相匹配。三是以行业为主线，聚合各产品、各机构、前后台的专业力量，采用工作团队、项目小组、临时团队等方式，充分利用好全行现有人力资源。四是完善海外工作人员的激励措施，提高海外专业队伍的工作积极性和队伍稳定性。五是加大专业人才引进力度，特别是“走出去”所急需的项目规划人才、产业技术人才、法律税务人才以及小语种人才。

（五）加强风险管理机制建设，确保各项业务稳健可持续发展。“走出去”业务风险错综复杂，境内外风险容易互相传导演化。在当前全行境内外不良均有所增长、经营压力日益增大的情况下，保证新投放贷款的高质量尤为关键。一是严格遵守我行国别管理相关制度，加强对敏感国家和地区的项目把关，动态看待国别风险变化，根据外部环境变化和专业机构信息及时调整风险策略，既要管住风险，也要促进业务发展。二是密切关注大宗商品价格走势，及时进行风险提示，并用好标银公众在商品、利率、汇率和信用交易上的产品优势，做好风险对冲和套期保值。三是在把控实质风险的基础上，提出符合我行风险管理文化的增信措施和担保方案，加强与世界多边组织的风险管理合作力度，研究对中信保不承保的项目如何加强风险管控，避免对中信保保险和企业担保的过度依赖。四是研究优化“走出去”审批体制，推动审批集中，实现营销审批分离，可由总行相关部门组成联合审批团队，建立专业、高效、相互制衡的审批体制。五是在常规信用风险控制要求的基础上，研究不同区域的风险特征，结合境外项目特点，加强对国别政治、法律环保、劳工税收、经营操作等方面的风险识别和防控。

践行“三严三实” 全面从严治行

——在总行本部“三严三实”专题教育党课上的讲话

易会满

（2015 年 7 月 22 日）

自姜建清书记为全行处级以上党员领导干部讲专题党课、启动“三严三实”专题教育以来，全行各级领导干部按照中央要求和总行方案，结合当前工作认真开展专题教育，在校正“不严不实”上取得了初步成效。总行党委也组织开展专题学习研讨，党委班子成员认真自学。今天，我想结合自己近期学习心得和当前全行经营管理实际，围绕从严治行，跟大家一起交流我对践行“三严三实”要求的学习体会。

一、全面从严治行是“三严三实”要求在商业银行经营管理中的具体实践

党的十八大以来，习近平总书记多次强调，党员干

部特别是各级领导干部要严以修身、严以用权、严以律己，谋事要实、创业要实、做人要实。“三严三实”贯穿着马克思主义政党建设的基本原则和内在要求，体现着共产党人的价值追求和政治品格，丰富和发展了党的建设理论，明确了领导干部的修身之本、为政之道、成事之要，为加强新形势下党的思想政治建设和作风建设提供了重要遵循。“三严三实”的重要论述，也体现了新一届中央领导集体从严从实的鲜明执政风格，对全面推进伟大事业和伟大工程意义重大。坚持“三严三实”，是贯彻党的群众路线的重要保障，是推进改革发展的强大动力。践行“三严三实”，不是抽象的，对于工商银行而言，推进全面从严治行，就是对“三严三实”要求最具体生动的实践。

（一）全面从严治行是工商银行发展壮大的历史经验总结。许多事情，放到历史长河中会看得更加清楚。银行是高风险行业，管理水平决定着事业的兴衰成败。30年来，工商银行经历了从国家专业银行到国有独资商业银行，再到国有控股的国际公众持股公司的历史性转变，迈入世界领先大银行之列。在这个过程中，从严治行一直是推动全行不断向前发展的重要法宝。我们根据不同时期经营发展特点和监管要求，从管理体制、管理制度、管理技术等各方面不断加以改进和完善，夯实从严治行的基础。在成立初期就确定以城市行为基本经营核算单位，实现信贷、资本金、财务等统一管理，构建起总行统一法人授权经营的商业银行经营管理体制。20世纪末到21世纪初，面对因经济体制改革和国有企业改制形成的沉重不良资产包袱，全行大打资产质量攻坚战和经营效益翻身仗，实行新老贷款分离管理，建立严格的信贷资产管理机制，实现了资产质量的大幅好转。我们还实施“9991”工程，实现了全行数据大集中，为管理信息化、集约化、精细化创造了条件。进入21世纪以来，建立并完善了前后台分离的业务管理体制、垂直独立的风险管理和内部审计体系以及“下管一级、监控两级”管理体制，进一步从机制上保障了管理的严谨和有效。特别是股改上市后，持续推进了一系列管理体制和经营机制改革，建立健全了现代公司治理制度和全面风险管理体系，为从根本上提高经营管理水平和实现可持续发展提供了保障。总而言之，这些年来我们之所以能够在复杂多变的经营环境下较好地应对各种风险挑战，始终保持健康发展的良好态势，靠的主要就是从严治行，不断加强和完善管理基础，“规范、严谨、稳健”成为工商银行企业文化的一个鲜明特征。

（二）全面从严治行是工商银行应对各种挑战和困难的内在要求。工商银行的企业组织特点决定了从严治行的重要性。一方面，银行是经营货币信用的特殊机构，经营管理好风险是银行的本质和铁律。另一方面，我们实施的是统一法人体制，分支机构多，机构类型多，管理层级多，业务品种多，管理幅度大、链条长，各链条上的业务环节相互作用，各类产品的风险因素相互交织，金融体系的内生性问题相互叠加，表内外、境内外、本外币、母子公司等各类风险共生共联、多点多发的特征明显。尤其是当前经济下行和结构调整中风险暴露不断传导到金融领域，部分行业企业会持续承压，引发的需求不振、贷款劣变日益增多，对全面风险防控形成新考验。资产质量的劣变就是最大的财务损耗，对资产质量问题的严峻性、长期性和复杂性，需要有更加深刻和全面的认识。同时，金融创新的持续加快也给银行管理带来了严峻的考验。改变传统模式的技术创新、外部新金融业态的迅猛发展和跨界竞争的加剧，风险的隐蔽性、传染性和突发性增强，全面管控流动性风险、市场风险、合规风险、操作风险、IT风险、国别风险、声誉风险的难度日益增大，更需要我们看好自家的门、管好自家的人，时时刻刻把从严治行放在突出位置，作为银行的生存之本、发展之基。

（三）全面从严治行是工商银行建设国际一流现代金融企业的必然选择。股改以来，工商银行盈利能力、服务能力、创新能力和风险管理能力得到广泛认可，多项指标位列世界银行前列，市场地位和国际形象不断提升，连续位列《福布斯》全球企业2 000强、《银行家》全球1 000家大银行排名之首，最近还分别被《欧洲货币》、《银行家》杂志评为“全球新兴市场最佳银行”和“全球最佳银行”。从某种意义上说，工商银行已经是全球领先银行，但是不是就是国际一流金融企业呢？我理解，国际一流金融企业，必然是一家公司治理完善、风险管理科学、经营指标领先、品牌声誉卓著、具有较强国际竞争力和影响力的金融企业。客观地说，我们距离这个标准还有不小差距。而且所谓“一流”，始终是一个动态比较、持续改进、不断提升的过程，国际一流现代金融建设永远在路上。同时，银行属于典型的顺周期行业，兴衰转换往往随经济周期变化而变迁。姜建清书记曾经研究对比过1913年和2013年全球银行业排名榜单，100年前全球前20大银行全部是欧美银行；100年后则是中国的银行在前10大中独占4席。百年前就位列全球前20大银行，目前仍存在的银行还有5家。今天好未必明天就一定强。在当前经济发展进入新常态、金融改革深化、银行盈利增速放缓的大背景下，要做到跨越周期性陷阱，实现长期可持续增长，保持市场的领导者地位，就必须始终保持清醒头脑和危机意识，始终坚持从严治行，找准薄弱环节，反思经营管理中的突出问题，抓好各项战略措施的落实，推动全行加快经营转型。

二、目前全行经营管理中存在的“不严不实”现象

“三严三实”是针对作风方面的突出问题提出来的，姜建清书记在上次专题党课中概括了全行干部队伍

中存在的七个方面的“不严不实”问题，在这里，我着重谈一谈全行在经营管理中存在的治行不严的主要表现形式。

（一）经营思想和管理理念不够端正。应该说，全行绝大多数的干部都能从思想上认同正确的发展观、业绩观、风险观，但面对经济增速下行、经营困难增多、业绩压力上升的实际，也有部分干部在观念上出现了动摇和偏差，甚至长期以来注重纠正的一些不健康经营理念又有新的抬头。一是“重扩张、轻管理，重市场、轻风险”的观念根深蒂固。存在风险管控让位于业务扩张的错误倾向，过度追求速度和规模，忽视对基层机构的管理，对员工经营行为的把控，对业务风险的管控，内控管理机制、技术手段和管理覆盖面不能及时跟上业务发展与风险控制的需要；而且由于即期业绩考核容易，风险评估考核较难，实践中“业务拓展有奖励、风险管控少激励”的情况仍不少见，以致基层机构和一线员工行为导向一定程度上发生扭曲。二是“重数据、轻基础，重显绩、轻潜绩”的短视行为难以杜绝。习惯于以规模论英雄，甚至存在投机思想，不重视过程管理、不重视基础工作，走捷径、重结果，为了数据好看甚至默许、纵容不良经营行为的发生，严重威胁到了健康发展。例如，个别机构无视总行禁令，大规模甚至区域性地购买存款以“美化”经营指标，大幅推高了存款成本；在拓展客户工作中，一味追求数量而不顾质量，形成大量的死户、不动户；为提升 ATM 业务量，部分网点公然做假，虚增业务量，等等。这些不良经营行为不但败坏了经营风气，而且留下了风险隐患。三是“重形式合规、轻实质风险”的规避责任现象多有发生。一些机构和人员办理业务只按流程形式完成调查审查，忽视了对真实情况的掌握和判断，不仅无法及时发现和消除潜在风险，还会使风险可控的客户与我行失之交臂，造成“劣币驱逐良币”的逆向选择。例如，在信贷业务办理过程中，一些企业为了获得贷款而对申贷材料进行包装，前台人员调查不严不实，片面注重业绩，审查审批人员离市场较远，而且降低风险偏好，只对企业财务报表、抵质押物等做逻辑形式审核，甚至出现了只依照规定条款进行批办的“本本主义”，“做要件、做流程”而非“做业务、做风险管理”的倾向，造成了风险控制的失效。大量的信贷风险案例都是经营管理理念不正确造成的。

（二）经营作风不够严谨务实。好的作风是健康持续发展的基石。应该说，我们经营作风总体是好的，是严谨、务实的，但近年来随着经营发展压力的增大，一些“不严不实”的风气又有所滋长，主要表现在以下几个方面：一是定政策、下任务不尽符合基层实际。对基层状况和各行特点考虑不充分，出台政策、制定标准、分解任务和日常考核等缺乏针对性，一定程度上助长了基层违反规律搞经营、违反规则冲指标的风气；总行有些部门看似制度、政策出的不少，但前期调研不深入，情况掌握不充分，后期跟踪和反馈不到位，修订不及时，以致一些制度根本落不了地，还给基层造成了制度“多如牛毛却轻如鸿毛”的印象，影响了制度的严肃性和权威性。二是贪图捷径、弄虚作假。在实践中，有的机构为完成任务指标人为干预贷款计息，随意调整入账科目，将贷款利息按考核需要人为计入中间业务收入；有的机构通过延迟资金支付等方式增加月末存款，有的出现利用同业业务增加一般性存款的情况。对于这些为完成指标而采取的所谓“特殊”措施，总行一些部门为了自己业务条线的业绩好看，不是严加制止，而是装聋作哑、听之任之，某种程度上就是纵容默许，违反了银行诚实守信的经营原则。三是合规意识淡薄，绕道走、擦边球的现象屡屡出现。有的机构办事不合规，检查出现问题后，对问题的整改跟踪不重视，责任处理走过场，导致基础管理长期得不到加强，屡查屡犯现象严重；有的甚至认为“合规就是不出案件”“摆平就是水平”，行事之时不守规矩，事发之后总想靠关系摆平，反而导致违规隐患难绝，案件和风险事件频发。业务领域的不良作风带坏了一些机构的行风，对作风严谨务实的机构也是一种负激励，影响了全局。

（三）管理措施与业务创新不同步。近两年开展的集团制度梳理评估发现，制度的完善、风险的控制还不能完全跟上业务的发展。部分业务创新脱离我行管理现状。一是业务规章制度和内部控制机制未随着经济周期转换及时调整、适用性不足的现象较为突出。有道是：“常制不可以待变化，一涂不可以应万方”。制度固然应保持一定的稳定性和延续性，但是在经济周期发生转换、风险形势急剧变化的环境中，一旦有关风险控制设定的条件发生重大变化，如不及时评估和调整，则极易造成系统性风险。二是部分业务创新与我国的市场环境不适应、与我行的风控能力不尽匹配。比如前些年推行的个人经营贷款、贸易融资、商品融资等业务大方向都是对的，但由于对我国所处的国情、我行的行情和基层的实情缺乏准确的判断，造成风险管理滞后，风险识别、风险规避、风险处置缺乏有效的措施，形成大量不良贷款，还存在大量潜在风险，教训十分深刻。三是部分新业务出台后，制度建设没有及时跟上，风险措施不够同步、配套。比如，U 盾管理的制度落地问题、理财产品合规销售问题，以及代理投资、代理销售业务的准入和投后售后管理问题，托管业务边界模糊带来的“飞单”问题，等等。

（四）责任追究机制不够健全、不够科学。从严治行的一个关键要素就是敢于严格问责，一直以来我行对违规行为都采取绝不姑息的态度，但在实际的问责处理中也往往存在不严的情况。一是问责制度不够健全。比如，对信贷资产质量管理责任的认定，问责面过宽与问责不到位并存，影响了执纪的严肃性。再比如，对一些违规问题存在惯性麻木，缺乏敏感性，对财务纪律、八项规定等要求想当然，习以为常，对一些不合规问题没有及时纠正和严肃问责。二是问责存在“问下不问上”的现象。部分机构在责任追究时采用尺度不一，对基层员工严，对管理人员松，引发普通员工不满。三是问责存在“大事化小、小事化了”的不良倾向。对一些大的违规事件的问责，不是严肃执纪，而是想着法子搞“变通”，要么“看风头，拖着办”，分步来，先处理一些，另外一些等风头一过就再无下文；要么“避重就轻”，以经济处罚代替行政处罚、代替党纪处分。这些或流于形式，或避重就轻地问责处理，不仅没有起到应有的警示威慑作用，反而助长了违规经营的不良风气，扭曲了一个单位的经营思想和作风。作为集团管理总部干部员工，我们要认真地想一想，造成这些状况的原因是什么？为什么总行一再强调从严治行，但落实却这么难？要做到从严治行，关键要解决什么问题？造成上述现象，根源到底在什么地方？

三、坚持“三严三实”，打牢从严治行的思想基础

思想是行动的“总开关”。思想上松一寸，行动上就会松一尺。前面讲到的治行不严的种种表现，归根到底，是思想上出了问题。只有把“三严三实”刻于心、践于行，筑牢从严治行的思想基础，不断增强纪律意识、担当意识、大局意识，才能带好这么大一家银行，带出一支作风和能力过硬的队伍。

（一）增强纪律意识。对一个政党来说，纪律就是生命线。对我们这样一家国有控股大型金融企业来讲，推进新常态下的经营管理、改革创新、转型发展，也必须靠严明纪律和规矩，来保障全行的统一思想、步调和行动，形成强大的凝聚力和战斗力。反思一些机构和干部在经营管理上的我行我素，以及制度执行、工作落实、作风建设上“最后一公里”问题迟迟得不到很好解决，最基本和最重要的一条就是纪律和规矩没有挺起来、立起来、严起来。因此必须严格执行“把纪律和规矩挺在前面”的要求，做到有规在先，抓早抓小。而且既要给党的纪律和规矩立威，也要给工商银行的行规行纪立威，促使广大党员干部把守纪律讲规矩作为从业的生命线，经常自觉拿起规矩的尺子，量一量自己的言行，拿起纪律的“铁扫把”，扫一扫身上的“尘土”，真正做到执行纪律无条件、遵守规矩不含糊、遇到红线不碰触。要重点围绕严肃党内政治生活、加强干部教育管理、加强权力制约监督、加强内控案防等内容做好建制度、立规矩工作，把制度笼子扎紧织密，对违反制度、不守规矩的行为，强化执纪问责，防止“破窗效应”。

（二）增强担当意识。担当大小，体现着干部的胸怀、勇气、格调，有多大担当才能干多大事业。尤其是面对严峻复杂的经营环境，各级领导干部更要有一颗昂扬向上的进取心，有一种干事创业的精气神，全身心投入创新发展的主战场，解难题、干实事、创大业。

一是要把守土有责、确保一方平安作为责任担当的第一要求。各级行各专业都要牢固树立安全就是效益、合规创造价值的思想，越是在经营环境复杂、金融创新较快的情况下，越要绷紧安全这根弦，深入分析经济新常态下风险管理的新形势新特征，严格落实内控案防“一岗双责”制度，落实从严治行、从严管理的各项措施，努力保证各自管理的工作、分管的专业不出案件、少出风险，把全行健康平稳的经营局面保持住、发展好。

二是要有改革创新的胆识。在滚石上山、爬坡过坎的重要关口，唯改革者进，唯创新者强，唯改革创新者胜。尤其作为多项核心指标全球领先的大行，我们决不能在改革创新上跟在别人后面亦步亦趋，而是要有“逢山开路、遇水搭桥”的改革勇气，有“舍我其谁、敢为人先”的创新志向，深入把握当前稳增长调结构、深化金融改革，以及新产业、新业态、新市场不断涌动催生的金融服务需求，扎实做好经营管理各个领域的改革创新，始终成为同业中改革创新的领跑者，为工商银行新常态下的发展培育更多新的增长点和增长动力。改革创新推动经营转型是最有效的风险防范。

三是要有攻坚克难的锐气。当前面对经营中的困难和压力，一些干部强调客观多，查找主观原因少，存在畏难发愁、消极无为的心态，有的则喜欢在资产质量、经营效益、业务发展等指标上眼睛向下看齐，相互比差自我安慰，面对困难消极应对。这些思想认识是非常危险和有害的，存在这种思想意识和工作作风的干部不可选、不可用，尤其不可重用。全行上下要通过开展“三严三实”专题教育，进一步提振攻坚克难的精气神，从严从实谋划经营发展和推动工作落实，为改革发展注入更多奋发进取的正能量，以攻坚克难的“硬招”、推动落实的“实招”、创新转型的“新招”，赢得竞争发展的主动和先机。

（三）增强大局意识。不谋全局者，不足谋一域。只有把握大局、服务大局，抓经营、谋发展才会目标明确、凝心聚力。

一是要自觉把本机构、本部门工作放到全局中去考虑和安排。要牢固树立全行“一盘棋”思想，时时从大局出发，处处以大局为重，紧密围绕全行中心工作、重点工作来思考各机构、各部门自身定位，把握和推动自身经营工作。要做到步调一致、令行禁止，使每个部门的每项工作有利于全行的整体发展，决不允许为了局部利益和小团体利益而置全行利益于不顾。

二是要从可持续发展的高度驾驭好本机构本部门的工作。要始终坚持正确的风险观、发展观和业绩观，在

平衡好效益与风险、当期成果与可持续发展的前提下想问题、作决策、办事情，避免一讲营销，就忽视风险，或一讲风险，就不要市场的不良倾向，不管什么部门和机构，任何时候都要从处理好经营与管理这对矛盾，经营的时候要体现管理，管理的时候要顾及经营，要坚持经营与管理的有机统一。要防止部分经营机构激进偏好带来风险隐患，甚至侵害全行审慎合规的文化根基。持续的发展才是我们追求的境界。

三是要努力构建和谐总部。团结协作是战斗力的源泉，能让每个部门、每个员工的执行力、工作效率和潜能得到充分发挥。总行本部尤其要发挥好表率作用，进一步通过强化大局意识和协作意识、深化体制机制改革，深入破解“部门墙”、“条线壁垒”和“大企业病”问题，积极营造涉及多个部门的工作时主动协商、涉及多个部门的责任时主动承担的良好氛围，积极营造涉及本部门的问题时主动解决、涉及本部门的工作时主动配合的良好氛围，积极营造团结奋进、合作共事的良好氛围，形成推动工作的合力，做到相互补台、好戏连台。

四、加强干部的严格教育监管管理

治国先治吏。从严治行也要从严格管理干部抓起，尤其要突出领导班子和领导干部这个重点，真正管到实处、严到份上，这既是对干部负责，也是对工行事业负责。

（一）树立从严从实的选拔使用干部导向。近期中央制定实施了《关于推进领导干部能上能下的若干规定（试行）》，这是全面从严治党、从严管理干部的重要举措，对于促使干部自觉践行“三严三实”要求，解决为官不正、为官不为、为官乱为等问题，建设高素质干部队伍，完善从严管理干部制度体系，具有重要意义。我们要结合自身实际，抓紧完善全行干部选拔、任用、考核、激励、奖惩、问责等一整套制度安排，形成能者上、庸者下、劣者汰的用人导向和制度环境，切实防止一些干部“逆淘汰”问题。要坚持德才兼备、以德为先，认真落实好干部标准，对政治上不守规矩、做事上不干净、工作上不作为不担当或能力不够、作风不实的干部，要坚决进行组织调整；同时，及时把那些忠诚、干净、敢于担当的干部，想干事、能干事、干成事的干部用起来，切实增强干部队伍活力，为经营发展添续动力。

（二）坚持从严从实教育监管干部的标准。要从严从实教育干部。要用好思想建党的传家宝，坚持不懈地抓好思想理论武装，尤其要不断深化习近平总书记系列重要讲话精神的学习教育，在读原著、学原文、悟原理的基础上，努力用讲话精神武装头脑、指导实践、推动工作，重点在忠诚信仰、严于律己、勇于担当上见实效。要把“三严三实”专题教育与全行经营管理实际相结合，并融入企业文化建设中，以此促进推动从严治党、从严治行措施的落地生根，努力开创党建工作和经营发展的新局面。要从严从实监督干部。干部监督工作重在经常、贵在较真。要把功夫用在平时，注意抓早抓小、抓苗头抓预防，也要敢于动真碰硬，对巡视、审计、信访举报、监督检查、个人事项报告抽查中发现的问题，主动核实，敢于查处，增强干部监督的针对性和有效性。要突出领导班子和一把手这个重点，督促一把手在职权范围内依法依规行使权力，推动各级领导班子健全议事规则和决策程序，既防止议而不决、决而不行，又防止一言堂、个人说了算。要对党员干部进行思想上、作风上、纪律上的全面监督，进一步完善巡视、提醒谈话、函询诫勉等工作机制。要注重发挥群众的监督作用，畅通来信、来电、网络等举报渠道，形成对党员干部的全天候、全方位监督体系。

（三）完善从严从实管理干部的有效方法。干部管理工作要宽严并济，既要严管，也要善待。具体来说，有三个方面需要注意：首先，要率先垂范，上行下效。上有所好，下必甚焉。领导干部只有身正为范、做出样子，要求别人才有底气，严格管理才能服众。因此，要坚持以身作则，以严于律己，促进从严治部、从严带队伍。其次，严和实要落到日常行为规范上。干部管理要想取得成效，必须使严和实的要求成为干部的日常行为规范，成为纪律规矩。在干部日常管理中特别是在作风建设上，决不能睁一只眼、闭一只眼，不能掩着护着、当“好人”，看着干部在错误的道路上越走越远，从“小洞不补”，最终演变成“大洞吃苦”，这是对干部的极大不负责任。最后，要善待干部员工。严格管理不代表着冷漠无情。严格管理与关心关爱员工相结合，才能建设和谐健康、积极上进的团队。要关心干部员工的思想动态，坚持谈话谈心制度，经常和干部员工交流思想，掌握他们的所思所想，解除他们的思想顾虑和迷惑。我听说一个极端的例子，一个业务骨干辞职，部门的主要负责人竟然从他来到这个部门以来，没有和他谈过一次话。这里提一个具体要求，各部室负责人每年要抽时间与主管处室员工谈一次话；一些人员较少部室的主要负责人，要与全部员工谈次话。要多在感情留人、事业留人上下功夫。人在不同的年龄阶段会遇到不同的实际困难，我们要关切关爱干部员工，尽可能多地给他们支持，让他们感受到组织的温暖；要关注干部员工的合理诉求，特别重要的一点是要做到公道正派，努力使我们的干部员工人尽其才、才尽其用。

五、抓住当前经营管理重点，扎实推进全面从严治行

全面从严治行，要落实到每一项具体工作中，尤其要落实到当前的经营管理重点工作中。面对新常态下各种新考验新挑战，必须全面加强从严治行，以过硬管理

守住风险底线，以从严精神筑牢内控防线，以从严从实作风增强驾驭更加复杂风险局面的能力，夯实蓄势转型发展的基础。这里重点强调三个方面。

（一）突出资产质量，确保表内表外资产质量稳定。今年上半年，全行不良贷款余额、不良贷款率、逾期贷款余额均超出年度控制计划，管控形势异常严峻。全行上下必须保持清醒头脑，并且要有更加强烈的危机意识，认真反思信贷资产管理中存在的突出问题，全面强化管理、全面从严治行、全面整合资源，打好信贷资产质量攻坚战和持久战。一要认真思考新常态下风险管理的新思路。改变在经济上行期形成的风险文化，高度重视现阶段信用风险暴露的严峻性、复杂性、持续性，重新审视经营思路，寻找新的风险管理思路。要牢固树立正确的发展观、业绩观、风险观，改善客户准入规则、审慎办理高风险业务品种、优化绩效考核机制、重塑合规审慎的信贷文化。要积极帮助基层机构和信贷人员转变工作思路，由只重眼前利益转变到收益与风险并重、由只重规模扩展转变到发展与质量并重上来，进一步推进信贷业务健康发展。二要重视多市场、多产品、表内外交叉风险的管理。针对当前信用风险复杂、隐蔽、易传染的特点，完善全业务品种的信用风险管理机制，强化对表外融资、代理投资、债券承销与投资及租赁业务的全口径投融资及机构客户的信用风险管理，防止表外业务风险向表内传导。要抓紧对辖内存量非标准化代理债权投资业务风险进行摸底、排查，对存续期内的各类金融资产服务业务的风险客户，要逐户拟定风险管控措施，落实管控责任。三要抓住“人员机构”“责任落实”“管理架构”三个关键，强化信贷基础管理。要解决人的问题，针对目前基层信贷人员配备不足、不均衡的问题，通过优化人力资源配置、严格信贷资质管理、科学设定管户上限、强化合规经营教育等措施，建立一支专业、敬业、高效的信贷经营管理团队；要成立“一把手”负责的信贷业务经营资质管理委员会，强化对经营机构的动态管理，对不符合条件的，要实施风险提示、业务整顿、机构整顿等措施。要加强新增贷款的责任管理，尤其是对2013年以来新发生的不良贷款责任进行严格认定，通过止住新的“出血点”、增量与存量并轨管理，达到整体提升信贷质量的目的。要严肃责任追究，加大惩处力度，对重大典型责任认定案例要进行全行通报，对责任认定意见落实情况要进行抽查。同时，要进一步完善信贷问责制度，问责要问得准、问到位，增强针对性，做到尽职免责，调动和保护积极性。要进一步完善信贷经营模式，精简信贷流程，完善信贷架构，合理匹配权责，避免“人人参与，人人不负责”的局面。要完善信贷风险的监测机制，充分利用大数据技术和第三方信息进行逻辑判断和校验分析，有效识别过度融资、虚假交易、隐性关联互保等风险；适当扩大授信项下授权审批范围，促进各分行对辖区信用风险的研究和分析，培育主动管理风险的能力；进一步完善绩效考核机制，防范“重贷轻管”等短期行为。

（二）突出重点业务，强化关键环节的风险管控。当前新的金融业态发展较快，特别是互联网金融、民间借贷等异常活跃，而相应监管体系的完善需要有个过程，以致金融秩序出现一些新情况新问题，各种形式的非法集资、金融诈骗等犯罪活动日益猖獗，银行合规风险、案件风险的发生领域和方式都发生深刻变化，近期存款、理财、U盾、开户、电子银行等领域都集中暴露出一些值得重视的问题。如最近一个时期广受关注的泸州老窖、酒鬼酒亿元存款被盗事件，河北、浙江等地被媒体报道的客户存款被诈骗事件，不仅给客户造成了资金损失，更对我行声誉造成了较大影响。又如，性质恶劣的私售飞单、员工参与非法集资和民间融资事件呈现出上升趋势。过去的一年多来，我行发现和查处或正在查处湖南“博沣”、四川“川镁”等××起飞单事件，2013年以来我行涉及员工参与非法集资和民间融资的重大操作风险事件和损失事件的数量、涉险金额均大幅上升。更值得注意的是，个别风险事件还引发了受害人集体上访和围堵党政机关的情况，严重损害了工商银行在政府、监管机构和社会公众心目中的稳健形象。此外，电子银行业务中个人客户通过第三方支付、POS预授权、电商平台等渠道套现，恶意向银行转嫁风险的事件也越演越烈。

分析近期发生的案件和重大风险事件，有客户风险防范意识薄弱、犯罪分子向银行转嫁风险的方式更加隐蔽、团伙作案方法和手段日益复杂等客观因素；但与我们合规意识不强、执行制度不严、风控机制不严密等管理工作密切相关。在当前外部欺诈风险、内部操作风险和道德风险突出显现的非常时期，特别需要全行干部员工尤其是党员领导干部，高度警觉，密切关注，带头落实“三严三实”要求，从严执业、从严管理。一要加强对员工行为的监督管理。严格开展员工大额异常交易监督管理工作，高度关注员工与客户尤其是民间投融资机构、房地产企业等高风险客户的异常资金往来行为；严格规范存款营销行为，杜绝让不规范操作演变为员工参与民间融资、非法集资、充当资金中介等违法违规活动。二要加强对潜在风险和违规行为的事前管理。总行业务部门和内控内审运行管理等专业监督条线要保持对重点部位、关键领域、敏感人员的关注，采取线上与线下相结合的方法，及时预警、揭示风险。要督促各机构通过严格尽职调查和开户管理、严密控制U盾交接、认真进行监测核查和银企对账、规范代销产品和合作机构管理、加强业务真实性审核培训、开展投资者教育等措施，防堵管理漏洞、防患于未然。三要严格违规责任处理。坚决贯彻“检举揭发者一律重奖、私售飞单者一律开除、管理失职者一律撤职”的重奖重罚要求，形成严惩违规行为的高压态势，有力遏制各类违规行为。

（三）突出基层网点，从严从实抓好“最后一公里”。目前，基层网点仍是我行办理主要业务、提供个性化金融服务、进行实物资料交接的重要渠道，基层网点的日常管理是否规范、内控制度是否落实、风险管控是否到位，对全行的内控案防的有效性具有很大影响，必须将基层网点视为内控案防的第一道防线，在从严从实抓好网点管理上下更大功夫。一要加强基层管理人员管理。督导分行选配业务能力强、风险意识敏锐、道德品行可靠的人员担任网点负责人、合规经理和大堂值班经理；注重对基层管理人员履职能力的培养及内控合规意识的养成教育，使其既精通业务，又善于发现和防范风险；严格对基层负责人的授权和监督管理，发现不认真履行内控案防职责和落实内控制度的行为，要从严追究其管理责任。二要加强客户经理管理。完善对客户经理行为的监督制约机制，严格落实各项禁止性规定，规范客户经理营销行为；加强客户经理业务能力培训，提升客户经理在尽职调查、信息收集、风险识别等方面的能力。三要加强网点现场管理。强化现场管理人员与网点负责人的相互制约机制，严格落实现场管理人员的业务审批和事中风险控制职责；完善业务审核制度，严格把关客户身份真实性、提交材料的真实性、柜员业务处理与客户真实意愿一致性的审核；严禁外部人员在我行营销场所开展营销活动，并做好营业场所的风险提示，增强消费者自我保护意识。

六、总行要在全面从严治行中作出表率

我常讲，很多问题出在基层，但根子还是在上面，在干部。总行作为全行、全集团的战略规划中心、经营决策中心、管理指挥中心和资源配置中心，干部作风严不严、实不实，是不是自觉落实从严治行要求、带头做到严格管理，直接影响着全行经营管理全局，关系着改革发展大局。打铁先要自身硬。践行“三严三实”，全面从严治行，总行既要履行好组织实施的责任，又要起到榜样的示范带动作用。总行各部门各党员干部必须始终把作风建设放在突出位置，从自己做起、从每一项工作做起，全面落实从严治行各项要求，确保思想上有新认识，言行上有新气象，工作上有新业绩。

（一）正确处理好政治信仰和个人理想的关系，在坚定信念上作出表率。作为一名和工商银行同进步、共成长的党员干部，大家要把理想信念建立在科学分析的理性基础之上，增强政治敏锐性和鉴别力，正确认识改革发展事业的长期性、艰巨性、复杂性；要自觉加强党性修养，把坚定政治信仰与实现个人理想结合起来，从实际出发谋划事业和工作，在实现工商银行改革发展大业中实现个人理想和个人价值。一要坚定理想信念，牢固树立正确的世界观、人生观、价值观，不为任何风险所惧，不为任何干扰所惑，不为任何艰难所阻，以讲政治的坚定立场，贯彻执行好党中央确定的大政方针和总行党委的决策部署。二要坚持“严”字当头，严守政治纪律、政治规矩，对大是大非问题必须有坚定立场，对背离党性的言行必须有鲜明态度；严守中央八项规定精神和总行改进作风六方面十五条措施，不该要的坚决不要，不该做的坚决不做。三要坚持“实”字托底，安心本职、安稳心神，投入感情、定心谋事，珍惜自己的岗位、做好每件事情；专心工作、专注事业，把实的要求体现在慎思、明辨、笃行上，努力成为本职工作的行家里手。

（二）正确处理好短期利益与长期利益的关系，在树立正确的发展观上作出表率。发展观决定业绩观、风险观，是各项工作的根本出发点。对总行的干部而言，发展观决定了发展战略和发展思路，进而影响着全行员工对待发展问题的态度和信心。一是辩证看待“快”和“慢”的关系，更加注重看质量、看内涵。中国经济在经历30多年的高速增长之后，出现局部回调和阶段性波动，由高速增长到中高速增长，是正常现象，符合经济发展的内在逻辑。同样，工商银行过去30%的高复合增长率也不可能一直持续，我们从高速增长阶段过渡到平稳增长阶段，从增量扩能为主向调整存量、做优增量并举的深度调整，既符合当前国内外经济周期，也符合自身发展规律。二是辩证看待“稳”和“进”的关系，更加注重看潜力、看可持续性。“稳”是指经济运行处在合理区间，“进”是指发展方式转变步伐加快，经济增长转向中高速是新常态的典型特征之一，体现了我们的主动选择，目的就是要改善结构、提高质量，从根本上解决长远发展问题。同样，我们的“稳”就是要稳定资产质量，稳住总体盈利水平；“进”就是要突出转型发展、创新驱动和全球一体化经营导向，培育新的增长点和增长带，努力打造多点多带支撑的增长新格局。三是辩证看待“变”与“不变”的关系，更加注重看大局、看长远。适应新常态，必须痛下决心作出转变甚至是重大转变，惟其如此，才能顺利度过增长速度换挡期、结构调整阵痛期和前期刺激政策消化期。总行的干部要对这个问题有一个清醒的认识，各项业务发展规划、客户营销重点、信贷结构调整、绩效考核措施等均要因地制宜、因时制宜，顺势而为、量力而为、尽力而为。要带头贯彻从严治行要求、端正经营发展观念。

（三）正确处理好风险管理与盈利创造的关系，在加强内部管理上作出表率。近年来轰然倒下的一些国际大银行则说明，风险管理可以成就一家银行，也可以覆灭一家银行，风险管理这块基石一旦缺失或者损坏，将直接导致“老店”的坍塌。对一家致力打造“百年老店”的大行而言，要实现可持续发展，就必须处理好风险和盈利之间平衡关系。总行要把强化内部控制和过程管理放在重要位置，积极完善制度流程，改进工作方

式方法、提高过程控制水平，使总行的战略、政策、制度、要求在各级机构都得到全面、有效地贯彻执行，推动全行在确保资产质量的基础上，扩大业务规模，提高经营效益。这里我要强调的是，风险管理并不是杜绝风险，而是在业务发展过程中控制风险，驾驭风险和经营风险，为业务发展服务。总行本部要立足于经济发展方式加快转变和经济结构战略性调整的重点和方向，充分发挥自身业务优势，帮助和指导分支机构在控制风险的前提下，加快业务创新和经营转型。

（四）正确处理好严格管理与服务基层的关系，在履职尽责上作出表率。从严治行，关键在治。总行是各项政策制度的制定者、执行者和监督者，既要始终绷紧从严治行、从严管理这根弦，以铁的纪律、铁的规章、铁的管理，筑牢思想和行为防线；又要正确处理好从严管理和服务基层的关系，要怀着帮助纠正违规、积极寻求解决办法的态度，帮助基层建立严格管理的文化，养成依法合规经营的习惯。要讲究工作方法和工作技巧，只有严之有理，才能严之有效。发现问题，要坚持严肃处理，但不能打官腔、要官威，不能把制度当成挡箭牌、把拒绝当成权力，更不能把自己摆在基层和员工的对立面上。要发挥合力、建立统一规范的制度约束机制，各部门、各条线要在各自职责范畴内，在各项规章制度的约束下形成规范的管理秩序，不能有资源有权利的事情都抢着管，没资源不讨好的事情都不管。

同志们，践行“三严三实”要求，全面从严治行，是工商银行顺利“过三关”、加快推进转型发展、更好地服务经济社会发展大局的有力保障。总行党员干部要树立和发扬好的作风，严格落实从严治行要求，自觉把各项工作放在全行改革发展大局中审视、谋划、推动，切实从“严”上要求自己、从“实”处着力谋事，努力创造经得起实践、人民、历史检验的实绩，推动全行朝着国际一流现代金融企业目标不断迈进。

在中国工商银行年中工作会议上的讲话

易会满

2015 年 7 月 30 日

一、上半年总体经营情况

上半年，全行认真贯彻党中央、国务院经济金融工作部署，深入落实李克强总理在我行调研时的重要指示精神，坚持稳中求进，加快经营转型，强化风险控制，实现了严峻复杂形势下的稳定健康发展，取得了好于预期的经营业绩，进一步提升了服务实体经济的水平。

1.1　总体经营情况

1.1.1　总体经营效益情况

盈利在复杂严峻形势下保持正增长。

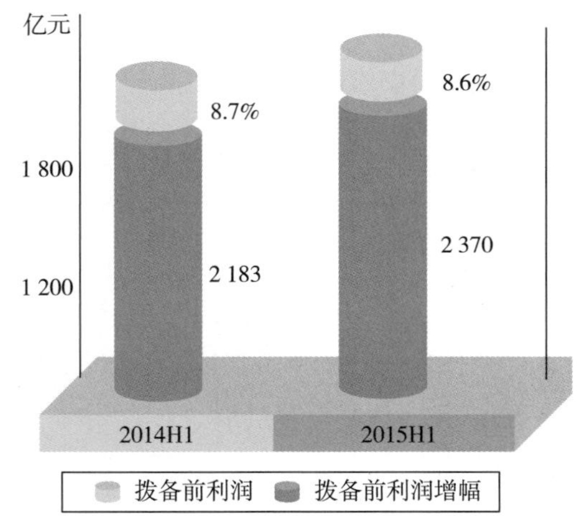

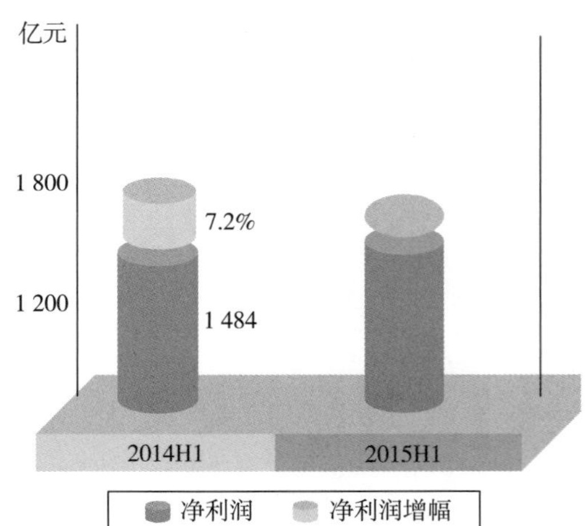

注：上图数据为国际财务报告准则下集团口径数据，其中 2015 年上半年为管理层数据。

上半年，集团净利润达到××亿元，增幅为×%；拨备前利润同比增长8.6%，展现出稳定的盈利能力。

1.1.2　主要经营指标情况

国际财务报告准则（集团管理层数据）

主要经营指标	2015H1	2014	2014H1
1. 盈利能力			
1.1　净利润（亿元）	××	2 763	1 484
1.2　加权平均权益回报率	××%	19.96%	21.77%
1.3　基本每股收益（元）	××	0.78	0.42
2. 收益结构			
2.1　净利息收益率(NIM)	2.54%	2.66%	2.62%

续表

主要经营指标	2015H1	2014	2014H1
2.2　手续费及佣金净收入占比	22.93%	20.87%	23.11%
2.3　成本收入比	23.65%	27.93%	24.97%
3. 资产质量			
3.1　不良贷款额（亿元）	××	1 245	1 057
3.2　不良贷款率	××%	1.13%	0.99%
3.3　拨备覆盖率	163%	206.90%	238.02%
3.4　贷款减值准备余额（亿元）	2 671	2 576	2 517
3.5　贷款总额准备金率（境内）	2.42%	2.48%	2.51%

1.1.3　境内分行拨备前利润情况

境内分行拨备前利润情况表（增量排序）　　单位：亿元

行名	拨备前利润				行名	拨备前利润			
		同比增减	同比增幅	排名			同比增减	同比增幅	排名
北京	228.9	22.1	10.7%	10	黑龙江	26.2	0.5	1.8%	19
上海	145.1	21.3	17.2%	4	吉林	21.5	0.3	1.6%	20
广东	180.8	15.0	9.1%	13	宁夏	7.9	0.1	0.8%	21
深圳	63.6	9.2	17.0%	5	湖南	34.6	-0.2	-0.6%	22
陕西	43.4	6.5	17.7%	3	大连	16.1	-0.2	-1.4%	24
河南	60.3	5.7	10.5%	12	江西	31.6	-0.3	-1.0%	23
重庆	43.7	5.6	14.8%	7	宁波	25.3	-0.5	-1.9%	25
湖北	57.7	4.7	8.9%	14	天津	36.3	-0.8	-2.1%	26
四川	77.2	3.9	5.4%	16	云南	32.1	-1.5	-4.3%	27
新疆	25.8	3.5	15.9%	6	青岛	16.3	-1.9	-10.7%	32
贵州	37.0	3.5	10.5%	11	山西	34.3	-2.4	-6.7%	30
广西	31.8	3.3	11.4%	8	安徽	41.4	-3.8	-8.5%	31
甘肃	16.9	3.1	22.5%	1	山东	103.4	-5.3	-4.9%	28
江苏	143.8	2.9	2.1%	18	福建	33.3	-6.0	-15.2%	33
厦门	15.3	2.5	19.6%	2	辽宁	32.4	-6.1	-15.9%	34
河北	68.3	2.3	3.6%	17	内蒙古	21.5	-6.5	-23.1%	35
海南	15.8	1.0	6.5%	15	浙江	122.1	-7.5	-5.8%	29
青海	6.0	0.6	11.4%	9	西藏	3.6	0.6	19.2%	—

注：西藏分行未参与排名。

从境内分行经营效益情况看，上半年22家分行实现拨备前利润正增长，14家分行拨备前利润下降。其中，增量贡献最大的5家行是北京、上海、广东、深圳和陕西分行。

境内分行拨备前利润情况表（增量排序） 单位：亿元

行名	拨备前利润				行名	拨备前利润			
		同比增减	同比增幅	排名			同比增减	同比增幅	排名
甘肃	16.9	3.1	22.5%	1	黑龙江	26.2	0.5	1.8%	19
厦门	15.3	2.5	19.6%	2	吉林	21.5	0.3	1.6%	20
陕西	43.4	6.5	17.7%	3	宁夏	7.9	0.1	0.8%	21
上海	145.1	21.3	17.2%	4	湖南	34.6	-0.2	-0.6%	22
深圳	63.6	9.2	17.0%	5	江西	31.6	-0.3	-1.0%	23
新疆	25.8	3.5	15.9%	6	大连	16.1	-0.2	-1.4%	24
重庆	43.7	5.6	14.8%	7	宁波	25.3	-0.5	-1.9%	25
广西	31.8	3.3	11.4%	8	天津	36.3	-0.8	-2.1%	26
青海	6.0	0.6	11.4%	9	云南	32.1	-1.5	-4.3%	27
北京	228.9	22.1	10.7%	10	山东	103.4	-5.3	-4.9%	28
贵州	37.0	3.5	10.5%	11	浙江	122.1	-7.5	-5.8%	29
河南	6.0	5.7	10.5%	12	山西	34.3	-2.4	-6.7%	30
广东	180.8	15.0	9.1%	13	安徽	41.4	-3.8	-8.5%	31
湖北	57.7	4.7	8.9%	14	青岛	16.3	-1.9	-10.7%	32
海南	15.8	1.0	6.5%	15	福建	33.3	-6.0	-15.2%	33
四川	77.2	3.9	5.4%	16	辽宁	32.4	-6.1	-15.9%	34
河北	68.3	2.3	3.6%	17	内蒙古	21.5	-6.5	-23.1%	35
江苏	143.8	2.9	2.1%	18	西藏	3.6	0.6	19.2%	—

注：西藏分行未参与排名。

上半年拨备前利润同比增幅最大的5家行是甘肃、厦门、陕西、上海和深圳分行；拨备前利润同比负增长且下降幅度最大的5家行是内蒙古、辽宁、福建、青岛和安徽分行。

1.1.4 境内分行净利润情况

境内分行净利润完成情况表（增量排序） 单位：亿元

行名	拨备前利润						行名	拨备前利润					
		同比增减	同比增幅	排名	完成率	排名			同比增减	同比增幅	排名	完成率	排名
北京	168.1	15.5	10.2%	4	57.5%	6	湖南	20.4	-1.3	-5.9%	19	55.1%	13
深圳	43.2	6.2	16.9%	1	62.4%	1	广西	18.1	-1.8	-9.2%	21	48.1%	29
河南	38.8	2.9	7.9%	6	56.9%	8	陕西	23.7	-1.8	-7.2%	20	54.4%	15
新疆	17.2	2.4	16.3%	2	59.3%	2	江西	18.3	-2.9	-13.7%	24	49.3%	26
重庆	29.6	2.3	8.5%	5	58.1%	4	天津	20.5	-3.7	-15.4%	25	52.8%	19
甘肃	11.1	1.5	15.2%	3	55.6%	11	辽宁	21.9	-4.5	-17.1%	27	50.2%	24
四川	52.9	1.0	2.0%	11	49.2%	27	安徽	24.4	-4.5	-15.7%	26	51.3%	20
湖北	37.1	0.9	2.4%	9	50.3%	23	云南	18.5	-4.7	-20.2%	28	41.0%	31
厦门	10.0	0.7	7.3%	7	58.6%	3	宁波	10.8	-5.1	-31.9%	31	54.1%	17
海南	10.8	0.5	4.4%	8	56.1%	9	青岛	7.6	-5.4	-41.5%	32	40.4%	32
贵州	23.8	0.4	1.9%	12	54.1%	16	山西	19.7	-5.9	-22.9%	29	50.4%	22
青海	3.7	0.1	2.4%	10	48.9%	28	上海	68.0	-8.4	-11.0%	22	57.4%	7
宁夏	5.3	-0.0	-0.7%	15	56.0%	10	内蒙古	7.1	-9.7	-57.6%	34	28.5%	34
黑龙江	18.0	-0.1	-0.4%	13	58.1%	5	广东	102.4	-13.7	-11.8%	23	45.7%	30
大连	10.9	-0.1	-1.2%	17	54.5%	14	山东	57.1	-18.2	-24.2%	30	49.6%	25
河北	45.4	-0.2	-0.5%	14	52.9%	18	浙江	41.5	-38.7	-48.3%	33	30.5%	33
吉林	14.7	-0.4	-2.9%	18	55.5%	12	福建	-48.3	-69.6	-326.4%	35	-193.1%	35
江苏	88.3	-1.0	-1.1%	16	51.2%	21	西藏	2.4	0.4	19.5%	—	43.0%	—

注：西藏分行未参与排名。

从境内分行经营效益情况看，上半年13家分行实现净利润正增长，23家分行净利润下降。其中，增量贡献最大的5家行是北京、深圳、河南、新疆和重庆分行。

境内分行净利润完成情况表（增量排序）

单位：亿元

行名	拨备前利润	同比增减	同比增幅	排名	完成率	排名
深圳	43.2	6.2	16.9%	1	62.4%	1
新疆	17.2	2.4	16.3%	2	59.3%	2
甘肃	11.1	1.5	15.2%	3	55.6%	11
北京	168.1	15.5	10.2%	4	57.5%	6
重庆	29.6	2.3	8.5%	5	58.1%	4
河南	38.8	2.9	7.9%	6	56.9%	8
厦门	10.0	0.7	7.3%	7	58.6%	3
海南	10.8	0.5	4.4%	8	56.1%	9
湖北	37.1	0.9	2.4%	9	50.3%	23
青海	3.7	0.1	2.4%	10	48.9%	28
四川	52.9	1.0	2.0%	11	49.2%	27
贵州	23.8	0.4	1.9%	12	54.1%	16
黑龙江	18.0	-0.1	-0.4%	13	58.1%	5
河北	45.4	-0.2	-0.5%	14	52.9%	18
宁夏	5.3	-0.0	-0.7%	15	56.0%	10
江苏	88.3	-1.0	-1.1%	16	51.2%	21
大连	10.9	-0.1	-1.2%	17	54.5%	14
吉林	14.7	-0.4	-2.9%	18	55.5%	12
湖南	20.4	-1.3	-5.9%	19	55.1%	13
陕西	23.7	-1.8	-7.2%	20	54.4%	15
广西	18.1	-1.8	-9.2%	21	48.1%	29
上海	68.0	-8.4	-11.0%	22	57.4%	7
广东	102.4	-13.7	-11.8%	23	45.7%	30
江西	18.3	-2.9	-13.7%	24	49.3%	26
天津	20.5	-3.7	-15.4%	25	52.8%	19
安徽	24.4	-4.5	-15.7%	26	51.3%	20
辽宁	21.9	-4.5	-17.1%	27	50.2%	24
云南	18.5	-4.7	-20.2%	28	41.0%	31
山西	19.7	-5.9	-22.9%	29	50.4%	22
山东	57.1	-18.2	-24.2%	30	49.6%	25
宁波	10.8	-5.1	-31.9%	31	54.1%	17
青岛	7.6	-5.4	-41.5%	32	40.4%	32
浙江	41.5	-38.7	-48.3%	33	30.5%	33
内蒙古	7.1	-9.7	-57.6%	34	28.5%	34
福建	-48.3	-69.6	-326.4%	35	-193.1%	35
西藏	2.4	0.4	19.5%	—	43.0%	—

注：西藏分行未参与排名。

上半年净利润同比增幅最大的5家行是深圳、新疆、甘肃、北京和重庆分行；净利润同比负增长且下降幅度最大的5家行是福建、内蒙古、浙江、青岛和宁波分行。

1.1.5 利润中心经营情况

业务条线营业贡献情况表

单位：亿元

业务条线名称	营业贡献			
	2015年上半年	同比增减	同比增幅	2014年上半年
金融市场	322.7	32.9	11.3%	289.8
私人银行	45.0	27.8	161.7%	17.2
资产管理	94.5	25.0	35.9%	69.6
资产托管	52.1	21.4	69.6%	30.7
银行卡业务	48.1	5.2	12.0%	43.0
贵金属业务	26.8	4.1	17.9%	22.8
票据业务	13.0	2.7	26.3%	10.3
专项融资	5.3	2.0	60.1%	3.3
养老金业务	11.0	0.4	4.2%	10.6
投资银行	106.7	-38.6	-26.6%	145.3
合计	725.3	82.8	12.9%	642.5

注：营业贡献=利息净收入+手续费净收入-营业税及附加-资产减值损失。

上半年利润中心业务条线营业贡献合计725亿元，同比增长12.9%。

营业贡献增量较大的业务条线有：金融市场、私人银行、资产管理。

营业贡献增幅较大的业务条线有：私人银行、资产托管、专项融资。

这里，对任务目标完成好、贡献大的业务条线提出表扬！

1.1.6 境外机构经营情况

上半年，境外机构共实现拨备后利润92亿元人民币，同比增长 10%；净利润 73 亿元人民币，同比增长 12%；剔除工银标准虚增的保险赔偿款收入 6 800 万美元后，实现净利润 68 亿元人民币，同比增长 6%。

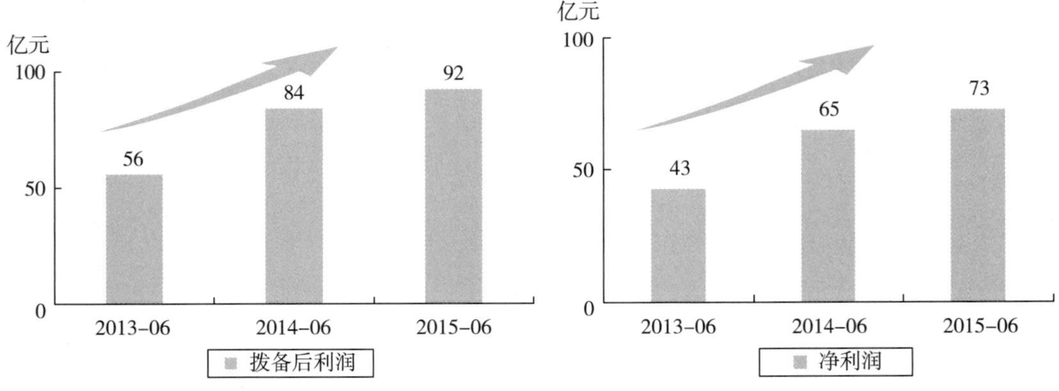

境外机构净利润完成情况表

单位：亿元

行名	净利润			行名	净利润		
		增量	增幅			增量	增幅
香港机构	27.34	4.86	21.6%	美国机构	3.19	0.04	1.1%
香港分行	2.69	4.23	275.7%	工银美国	0.03	0.03	—
工银亚洲	24.64	0.63	2.6%	纽约分行	2.69	0.02	0.6%
澳新机构	3.49	1.71	96.2%	工银金融	0.47	-0.01	-2.9%
悉尼分行	3.49	1.65	89.4%	工银阿拉木图	0.19	0.03	19.9%
工银新西兰	-0.01	0.06	89.7%	工银马来西亚	0.26	0.03	12.3%
首尔分行	3.23	1.07	49.7%	工银莫斯科	0.33	-0.09	-21.0%
工银澳门	8.08	1.04	14.7%	伦敦机构	0.97	-0.21	-17.4%
湄公河机构	1.70	0.56	49.3%	工银伦敦	1.06	-0.12	-9.8%
金边分行	0.74	0.44	141.6%	伦敦分行	-0.09	-0.09	—
河内分行	0.55	0.14	35.7%	中东机构	2.95	-0.25	-7.8%
万象分行	0.41	-0.02	-4.2%	多哈分行	1.08	0.29	36.6%
工银国际	2.56	0.45	21.4%	阿布扎比分行	0.27	-0.14	-34.1%
卡拉奇分行	0.52	0.27	105.1%	迪拜分行	1.59	-0.40	-20.0%
工银印尼	1.09	0.26	31.2%	法兰克福分行	0.24	-0.39	-62.0%
工银泰国	1.26	0.22	21.2%	欧洲机构	3.70	-0.81	-17.9%
东京分行	1.54	0.19	13.9%	巴黎分行	1.00	0.32	47.0%
孟买分行	0.33	0.16	95.3%	布鲁塞尔分行	0.58	0.17	40.4%
工银加拿大	0.40	0.16	64.2%	阿姆斯特丹分行	0.60	0.09	17.1%
新加坡分行	3.87	0.13	3.4%	华沙分行	0.19	-0.04	-16.7%
工银秘鲁	-0.03	0.12	78.4%	米兰分行	0.41	-0.06	-12.5%
工银巴西	0.15	0.09	170.9%	马德里分行	0.49	-0.17	-25.5%
	—	—	—	卢森堡总部	0.43	-1.12	-72.3
				工银阿根廷	5.95	-1.44	19.5
新设机构							
科威特分行	-0.06	-0.06	—	工银墨西哥	-0.01	-0.01	—
工银标准	-0.44	-0.44	—	利雅得分行	-0.14	-0.14	—
工银土耳其	-0.19	-0.19					

工银巴西、卡拉奇分行、澳新机构、工银秘鲁、孟买分行、工银加拿大、首尔分行、湄公河机构等净利润增长较快。

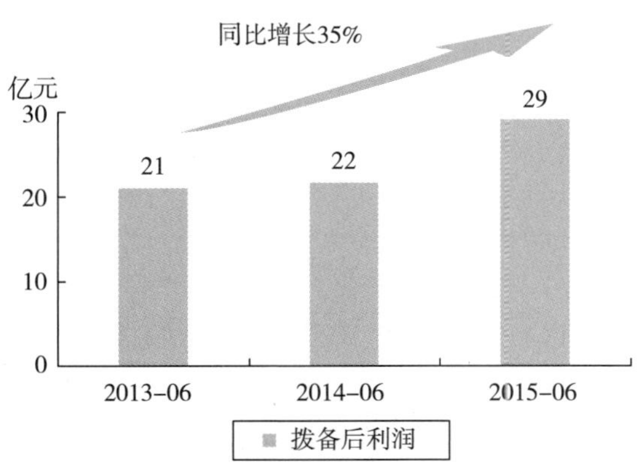

截至6月末，境内控股机构总资产规模达3 285亿元，较上年末增长17%。

上半年，境内控股机构充分利用集团平台优势，加快发展，实现净利润23亿元，同比大幅增长40%，进一步体现出我行综合化经营的优势。特别是工银瑞信、工银安盛等抓住难得的市场机遇，实现快速发展，净利润同比分别增长125%和1 030%。

（一）工银瑞信

单位：亿元

项目	2015/6/30	2014/12/31	增量	增幅
总资产	30.31	22.85	7.46	32.60%
总负债	9.71	7.47	2.24	30.00%
资产管理规模	7 540	5 898	1 642	28%
	2015上半年	2014上半年	增量	增幅
净利润	4.89	2.18	2.71	124.50%
ROE	54.31%	38.81%	15.50%	

（二）工银租赁

单位：亿元

项目	2015/6/30	2014/12/31	增量	增幅
总资产	2 680	2 356	323	13.70%
总负债	2 474	2 166	309	14.20%
	2015上半年	2014上半年	增量	增幅
租赁收入	72.11	69.54	2.57	3.70%
净利润	15.08	13.86	1.22	8.80%
ROE	15.22%	17.93%	-2.71%	
ROA	1.20%	1.43%	-0.23%	

1.1.7　境内控股机构经营情况

行司联动进一步加强，经营效益快速增长。

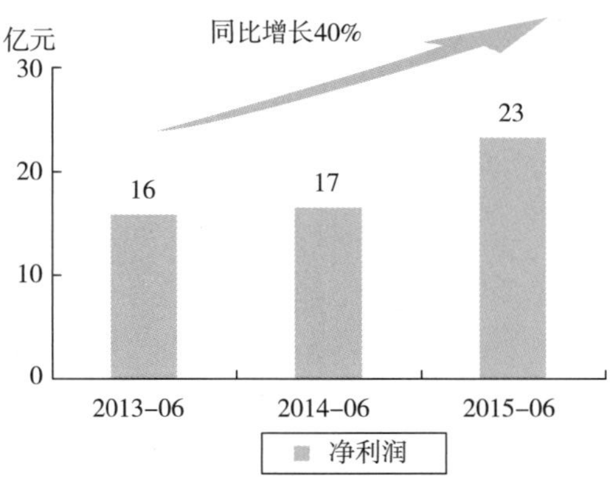

（三）工银安盛

单位：亿元

项目	2015/6/30	2014/12/31	增量	增幅
总资产	550.05	405.18	144.86	35.80%
总负债	457.32	322.2	135.12	41.90%
	2015上半年	2014上半年	增量	增幅
保费收入	149.99	77.5	72.49	93.50%
投资收益	14.54	4.69	9.85	210%
净利润	2.96	0.26	2.7	1 030%

1.1.8　大零售、大资管业务贡献情况

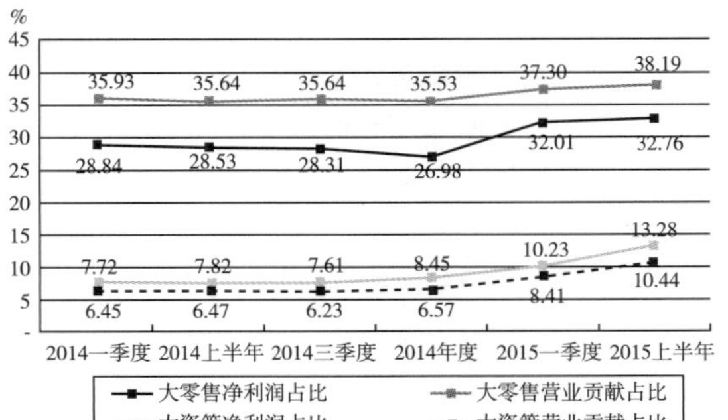

注：2015年起消除了总行端与分行端资金转移收支差异，照此对2014年度大零售条线各期指标进行了追溯调整。

大零售成为全行利润的稳定器。上半年，大零售实现营业贡献976亿元，占比38.19%，较上年末提高2.66个百分点，同比提高2.55个百分点。

大资管成为全行利润新的增长极。上半年，大资管实现营业贡献267亿元，占比10.44%，较上年末提高3.87个百分点，同比提高3.97个百分点。

1.2　主要经营情况分析

1.2.1　集团存贷款业务发展情况

集团本外币各项存款余额16.51万亿元，比年初增加6 994亿元，增幅为4.4%；同业存款余额2.19万亿元，比年初增加1.04万亿元；含同业存款在内集团存款性负债比年初增加1.74万亿元，同比多增5 347亿元，增幅为10.2%，余额占负债总额的89.7%，较年初下降0.8个百分点。

集团本外币各项贷款余额11.66万亿元，比年初增加6 226亿元，同比少增1 024亿元，增幅为5.6%。其中，境内人民币贷款增加5 238亿元，同比多增528亿元。各项贷款占总资产比重为51.7%，较年初下降0.8个百分点。

2015年上半年集团存贷款增长情况表　　单位：亿元

项目	2015年6月末						2014年6月末		2013年6月末	
	余额	增量	同比	增幅	占比	较年初	增量	增幅	增量	增幅
一、各项存款合计	165 083	6 994	-4 459	4.4%	79.2%	-6.1%	11 453	7.7%	8 596	6.2%
其中：活期存款	79 969	4 314	-1 455	5.7%	38.4%	-3.4%	5 769	7.9%	2 037	2.9%
定期存款	85 114	2 681	-3 004	3.3%	40.8%	-2.7%	5 684	7.4%	6 559	9.8%
二、同业存款	21 942	10 387	9 807	89.9%	10.5%	5.3%	581	6.2%	-3 235	-25.5%
三、负债总计	208 439	19 017	6 793	10.0%	100.0%	0.0%	12 224	6.9%	8 877	5.4%
一、各项贷款合计	116 580	6 226	-1 024	5.6%	51.7%	-0.8%	7 250	7.3%	6 299	7.1%
其中：短期贷款	40 211	2 255	-388	5.9%	17.8%	-0.5%	2 643	7.6%	2 448	8.0%
中长期贷款	76 370	3 971	-636	5.5%	33.9%	-0.3%	4 607	7.1%	3 852	6.7%
二、资产总计	225 352	19 826	6 784	9.6%	100.0%	0.0%	13 042	6.9%	10 230	5.8%

注：因央行新口径存贷款统计数据只适用于境内金融机构，故上表中集团存贷款数据仍采用不含非存款类金融机构存拆放的原口径数据。

1.2.2　存款业务发展情况

人民币存款增量和增幅达到近三年最好水平。

上半年，境内分行人民币各项存款（含同业）比年初增加16 034亿元，同比多增6 307亿元，增长10.2%，存款增量和增幅均创近三年最好水平。各项存款日均余额较上年增加10 322亿元。本外币存款偏离度为2.95%，控制在监管规定以内，稳定性有所增强。

人民币存款（含同业）和一般性存款（人行口径）时点增量均排名四大行首位。

上半年人民币存款增长情况表　　单位：亿元

项目	2015年6月末				2014年6月末		2013年6月末	
	余额	比年初增量	同比	增幅	比年初增量	增幅	比年初增量	增幅
人民币各项存款	173 940	16 034	6 307	10.2%	9 727	6.5%	5 511	3.9%
（一）一般性存款	170 778	14 987	4 919	9.6%	10 068	6.8%	7 638	5.6%
1. 储蓄存款	76 203	1 778	-2 657	2.4%	4 435	6.1%	4 777	7.1%
2. 公司客户存款	34 361	512	-1 098	1.5%	1 611	4.7%	203	0.6%
3. 机构客户存款	44 731	4 019	213	9.9%	3 807	10.6%	3 364	10.8%
4. 非存款类金融机构存放	15 484	8 677	8 462	127.5%	215	4.3%	-706	-14.6%
（二）同业存款	3 162	1 047	1 388	49.5%	-341	-12.7%	-2 127	-35.8%

上半年四大行人民币存款增长情况表　　　　单位：亿元

项目	工商银行					农业银行				
	余额	排名	比年初	排名	增幅	余额	排名	比年初	排名	增幅
一、人民币各项存款	173 940	1	16 034	1	10.2%	145 652	3	13 989	2	10.6%
1. 一般性存款	170 777	1	14 986	1	9.6%	143 849	3	13 184	2	10.1%
（1）储蓄存款	76 203	2	1 778	3	2.4%	82 321	1	4 864	1	6.3%
（2）对公存款	79 092	1	4 532	1	6.1%	55 104	3	4 226	1	8.3%
（3）非存款类金融机构存放	15 482	1	8 676	1	127.5%	6 423	3	4 094	2	175.8%
2. 同业存款	3 163	2	1 048	1	49.6%	1 803	3	805	1	80.6%

项目	中国银行					建设银行				
	余额	排名	比年初	排名	增幅	余额	排名	比年初	排名	增幅
一、人民币各项存款	89 721	4	4 481	4	5.3%	147 787	2	14 086	2	10.5%
1. 一般性存款	84 164	4	4 249	4	5.3%	146 143	2	13 420	2	10.1%
（1）储蓄存款	36 835	4	1 777	4	5.1%	62 617	3	3 073	2	5.2%
（2）对公存款	47 330	4	2 472	4	5.5%	68 233	2	4 098	3	6.4%
（3）非存款类金融机构存放		—		—	—	15 293	2	6 249	2	69.1%
2. 同业存款	5 556	1	232	4	4.4%	1 645	4	667	3	68.2%

非存款类金融机构存放对人民币存款增长贡献明显。

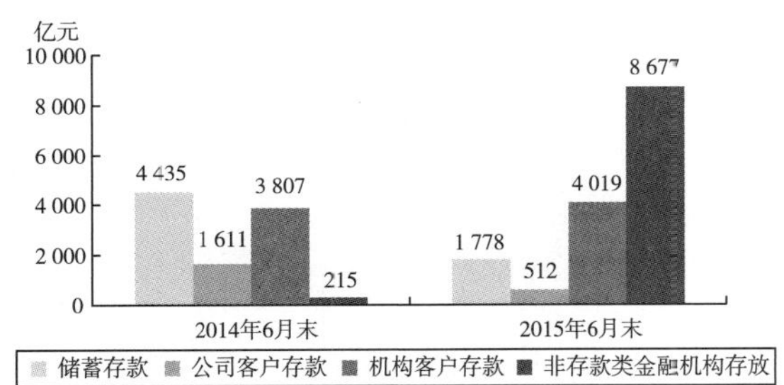

分品种看，储蓄存款比年初增加 1 778 亿元，同比少增 2 657 亿元；公司存款增加 512 亿元，同比少增 1 098亿元；机构存款增加 4 019 亿元，同比多增 213 亿元；非存款类金融机构存放比年初增加 8 677 亿元，同比多增 8 462 亿元。

非存款类金融机构存放增量占比 57.9%，同比提高 55.8 个百分点；储蓄存款和公司存款增量占比分别为 11.9% 和 3.4%，同比分别下降 32.2 个和 12.6 个百分点；机构存款增量占比为 26.8%，同比下降 11 个百分点。

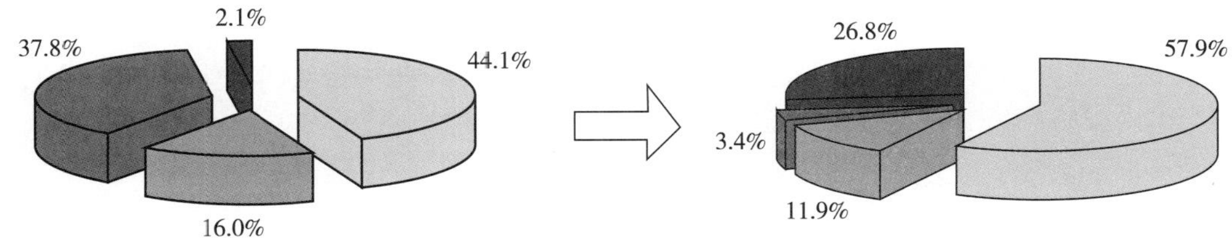

上半年人民币分品种存款增量及结构图

推出大额存单并积极压降高成本负债。

按照央行部署，推动主动负债业务创新。6 月 15 日起正式发行大额存单。到 6 月末，全行大额存单余额 541 亿元，其中个人大额存单 86 亿元，平均利率 2.98%；公司大额存单 369 亿元，平均利率 2.50%；机构大额存单 86 亿元，平均利率 2.95%。

主动压缩短期表内理财产品节约付息成本。表内理财产品余额 4 380 亿元，较年初减少 896 亿元。其中保本理财余额 2 924 亿元，较年初减少 184 亿元；结构性存款余额 1 457 亿元，较年初减少 712 亿元。

严格控制短期同业定期存款。短期同业定期存款余额 464 亿元，较年初大幅下降 1 386 亿元，较 2012 年 10 月初 7 534 亿元的最高值压降了 94%。

上半年境内人民币存款分品种增长及付息率情况表　　单位：亿元

项目	余额	余额占比	比年初增量	增量占比	付息率
人民币各项存款（含同业）	173 936	100.0%	16 034	100.0%	2.12%
（一）一般性存款（新口径）	170 773	98.2%	14 987	93.5%	2.15%
1. 储蓄存款	76 203	43.8%	1 778	11.1%	2.24%
其中：1.1 大额存单	86	0.1%	86	0.5%	—
1.2 结构性存款	1 043	0.6%	-644	-4.0%	4.80%
1.3 保本理财	2 066	1.2%	-591	-3.7%	5.07%
2. 公司存款	34 357	19.8%	513	3.2%	1.48%
其中：2.1 大额存单	369	0.2%	369	2.3%	—
2.2 结构性存款	413	0.2%	-68	-0.4%	4.48%
2.3 保本理财	857	0.5%	406	2.5%	4.53%
3. 机构存款	44 731	25.7%	4 019	25.1%	2.49%
其中：3.1 大额存单	86	0.1%	86	0.5%	—
4. 非存款类金融机构存款	15 482	8.9%	8 676	54.1%	1.78%
（二）同业存款	3 168	1.8%	1 048	6.5%	
其中：短期同业定期存款	464	0.3%	-1 386	-8.6%	4.46%
（三）同业存单	0	—	-70	—	—

各分行新口径一般性存款时点增量均实现正增长。

北京、上海、深圳3家分行新口径一般性存款增量在1 000亿元以上，甘肃、青海、大连等11家分行增幅低于5%，增长较慢；仅深圳、广东、甘肃3家分行原口径一般性存款时点增量为负值。

北京、上海、广东、深圳4家分行非存款类金融机构存放业务余额合计11 622亿元，占境内分行的75.1%，比年初合计增加6 269亿元，占境内分行的72.2%。

2015年6月末人民币一般性存款分地区增量情况表　　单位：亿元

地区	一般性存款（新口径）	一般性存款（原口径）	非存款类金融机构存放	增幅	地区	一般性存款（新口径）	一般性存款（原口径）	非存款类金融机构存放	增幅
全行合计	14 986	6 310	8 676	9.6%	福建	200	111	89	8.4%
北京	3 734	1 916	1 817	13.7%	广西	180	129	52	8.2%
上海	2 508	385	2 123	20.4%	云南	177	123	53	7.2%
深圳	1 258	-103	1 360	25.0%	新疆	176	177	-0	8.0%
江苏	918	212	706	9.2%	吉林	173	120	52	8.1%
其中：苏州	143	86	56	7.3%	天津	150	102	48	6.0%
广东	893	-76	969	6.7%	海南	115	54	61	5.8%
其中：广州	920	24	896	15.2%	内蒙古	106	74	32	4.9%
浙江	440	129	311	4.9%	辽宁	104	96	8	3.3%
湖南	420	247	173	13.9%	江西	95	44	51	3.6%
湖北	394	320	75	9.0%	宁波	86	83	2	5.8%
安徽	377	273	104	10.8%	贵州	80	30	50	3.9%
河南	355	318	37	8.3%	青岛	78	44	34	7.0%
河北	336	303	34	6.5%	厦门	50	60	-11	6.5%
黑龙江	311	277	34	12.0%	宁夏	49	50	-0	10.9%
陕西	293	211	82	8.6%	大连	46	4	43	3.2%
山东	282	219	63	4.3%	青海	20	10	10	1.8%
四川	270	169	101	4.2%	甘肃	8	-14	22	0.5%
山西	257	163	93	7.0%	西藏	5	5	0	4.9%
重庆	241	192	49	8.7%					

1.2.3　融资业务发展情况

信贷与非信贷融资稳步增长，对实体经济支持力度进一步增强。

上半年，集团本外币贷款余额达到11.66万亿元，较年初新增6 226亿元，完成年初确定11 000亿元计划的56.6%；非信贷融资余额2.83万亿元，较年初增加1 503亿元。信贷融资与非信贷融资的比例为4.1:1，信贷融资与非信贷融资均增长5.6%，增速持平。

2015年上半年全行信贷与非信贷融资业务发展情况表　　单位：亿元

信贷	2015年6月末			年度计划	计划执行情况
	余额	增量	增幅		
集团本外币贷款	116 580	6 226	5.6%	11 000	56.6%
其中：境内人民币贷款	102 867	5 622	5.8%	8 500	66.1%
1. 公司类贷款	66 467	2 847	4.5%	4 500	63.3%
2. 个人类贷款	28 128	1 675	6.3%	3 300	50.8%
3. 票据贴现	4 330	825	23.5%	70	1 179%
4. 银行卡透支	3943	275	7.5%	630	43.7%
境内外汇贷款（亿美元）	618	-1	-0.2%	80	-1.8%
境外机构贷款	8 717	620	7.7%	1 700	36.5%
境内控股公司贷款	1 163	-4	-0.4%	500	-0.9%
非信贷	2015年6月末			年度计划	计划执行情况
	余额	增量	增幅		
非信贷融资	28 269	1 503	5.6%	2 200	68.3%
1. 理财债权类投资	4 377	-374	-7.9%	400	-93.6%
2. 理财股权类投资	815	22	2.8%	100	22.0%
3. PE主理银行	374	-53	-12.4%	50	-106.0%
4. 企业债承销及投资	11 471	1 210	11.8%	650	186.2%
5. 委托贷款	7 339	490	7.2%	500	98.1%
6. 未贴现的银行承兑汇票	3 568	95	2.7%	200	47.3%
7. 信贷资产证券化	326	114	53.6%	300	37.8%

各项贷款较快增长。人民币贷款比年初增加5 238亿元，完成9 000亿元年度计划的58.2%，同比多增528亿元，增幅为5.2%。

小微企业贷款增长实现“三个不低于”目标。剔除基数调整和还原核销等因素，小微企业贷款实际增加1 065亿元，增幅达到6.2%，高于本外币各项贷款5.6%的平均增幅。

个人贷款业务亮点突出。个人住房贷款增加1 853亿元，增长9%；个人自助质押贷款等创新产品发展迅速，自助质押贷款累计发放382亿元，余额247亿元，较年初增加193亿元。

中西部地区贷款增速较快。中西部地区分行贷款增加2 495亿元，增幅较全行平均水平高1.8个百分点。

上半年人民币贷款增长情况表

单位：亿元

项目	2015年上半年	占比	同比	2014年上半年	2013年上半年
人民币贷款（人行口径）	5 238	100.0%	528	4 710	5 931
一、人民币贷款	5 622	107.3%	389	5 233	4 853
1. 公司类贷款	2 847	54.3%	-474	3 321	2 329
2. 个人类贷款	1 675	32.0%	68	1 606	2 271
3. 票据贴现	825	15.8%	759	66	6
4. 银行卡透支	275	5.3%	36	240	247
二、非存款类金融机构拆放	-384	-7.3%	139	-523	1 078

上半年四大行人民币贷款对比表

单位：亿元

项目	工行				农行增量	中行增量	建行增量
	余额	增量	排名	增幅			
人民币各项贷款（新口径）	105 397	5 238	2	5.2%	5 706	3 352	5 009
（一）人民币贷款（原口径）	102 867	5 622	2	5.8%	5 634	3 352	5 017
1. 公司贷款	66 467	2 847	2	4.5%	2 961	1 777	1 628
2. 个人贷款	28 128	1 675	2	6.3%	1 599	1 387	2 229
其中：个人住房贷款	22 330	1 853	2	9.0%	1 659	—	2 166
3. 票据贴现	4 330	825	3	23.5%	1 025	149	840
4. 银行卡透支	3 943	275	2	7.5%	49	39	320
（二）非存款类金融机构拆放	2 530	-384	4	-13.2%	71	—	-8

移位再贷效果明显。信贷增量与存量并轨管理机制日臻完善。上半年，全行累放贷款4.65万亿元，累放量相当于新增量的8倍多；收回移位再贷1.02万亿元，与信贷增量相加，上半年实际新投放的信贷总量达到1.6万亿元。

公司客户贷款移出7 900亿元，移入10 741亿元，实现净移入2 840亿元，移位率45.9%。

从信用等级看，上半年A级（含）以上客户移入额大于移出额，其中AA-级及以上客户余额增加2 770亿元；A-级（含）以下等级客户移出额大于移入额，净移出413亿元。

从行业看，不良率较低的教科文卫、能源、交通运输、公共设施、金融与机构等5个行业板块，移入额4 104亿元，移出额2 521亿元，净移入1 583亿元。

个人贷款移位效果主要体现在住房按揭贷款这一品种上，净移入1 853亿元，个人消费贷款和经营贷款净移出178亿元。

上半年公司贷款移位信用等级情况表

单位：亿元

信用等级	移出额	移入额	净移位（移入+移出）	期内到期贷款	贷款移位率（移出额/到期额）
AA-级及以上	-4 455	7 225	2 770	10 877	-41.00%
A+、A级	-2 226	2 736	510	4 947	-45.00%
A-级及以下	-655	242	-413	627	-104.50%
A级（低风险）	-565	538	-27	768	-73.50%
总计	-7 901	10 741	2 840	17 220	-45.90%

上半年部分行业板块移位情况表

单位：亿元

行业	期末贷款余额	移出额	移入额	净移位	净移入率	不良率
教科文卫	818	-93	128	35	4.5%	0.3%
能源	9 274	-703	1 149	446	5.1%	0.3%
交通运输物流	12 780	-580	1 106	526	4.3%	0.3%
公共设施	11 827	-1 082	1 588	506	4.5%	0.4%
金融与机构	512	-63	133	70	15.7%	0.5%
小计	35 210	-2 521	4 104	1 583	4.7%	0.3%

资产质量劣变加快、但风险总体可控。

截至6月末，集团不良贷款余额××亿元，较年初增加××亿元；不良率为×%，较年初上升×个百分点，质量劣变加快，但仍处于国内国际可比同业先进水平。

针对资产质量劣变加快的严峻形势，全行深入开展信贷资产质量保卫战、攻坚战，加大清收处置力度，共清处不良贷款734亿元，同比多处置304亿元，完成全年处置计划的56.5%，清收处置金额为股改上市以来同期最高，也为四大行最高。同时，着力加强对逾期和潜在风险融资的管理，收回风险融资2 330亿元，其中直接压降潜在风险融资611亿元；通过调整期限、追加或变更担保等方式对4 060户、1 604亿元贷款进行了风险缓释和加固。上半年全行提取贷款减值准备419亿元，同比增长74.83%；信贷成本率为0.72%，较上年同期（0.45%）增加27个基点；累计耗用拨备资源315亿元，拨备覆盖率降至163%。

上半年四大行不良贷款清收处置情况表　　单位：亿元

机构	不良贷款清收处置金额	其中							
		现金清收		以物抵债		呆账核销		重组转化	
		金额	占比	金额	占比	金额	占比	金额	占比
工行	734	269	36.69%	7	0.91%	311	42.4%	147	20%
农行	395	157	39.63%	0	0.09%	153	38.81%	85	21.47%
中行	423	178	42.21%	1	0.3%	182	43%	61	14.49%
建行	432	140	32.52%	2	0.41%	226	52.4%	63	14.67%
合计	1 984	745	37.54%	10	0.51%	873	43.99%	356	17.96%

1.2.4　外汇存贷款业务发展情况

上半年，境内分行外汇各项存款（含同业）比年初增加97亿美元，增幅为12.5%；外汇各项贷款（新口径）比年初增加81亿美元，增幅为11.8%。

紧跟国家"一带一路"战略和人民币国际化发展，支持企业"走出去"融资需求，相应的现汇贷款余额增加24.6亿美元。境内外汇国际贸易融资余额稳居四行第一，外汇存款余额和增量均居四行第二。

2015年6月末四大行境内外汇存贷款增长情况表　　单位：亿美元

项目	工商银行			农业银行			中国银行			建设银行		
	余额	增量	增幅	余额	增量	增幅	余额	增量	增幅	余额	增量	增幅
各项存款	869	97	12.5%	556	43	8.5%	1 586	60	3.9%	739	149	25.4%
一、一般性存款（新口径）	764	75	10.9%	365	47	14.7%	821	28	3.5%	597	115	23.9%
1. 储蓄存款	153	8	5.3%	26	1	5.1%	351	26	8.0%	51	5	10.7%
2. 对公存款	467	75	19.3%	338	46	15.6%	470	2	0.4%	525	111	26.9%
3. 非存款类金融机构存款	144	-8	-5.1%	2	0	8.4%	—	—	—	21	-1	-3.7%
二、同业存款	249	14	5.8%	192	-3	-1.8%	765	32	4.4%	163	33	25.7%
各项贷款（新口径）	766	81	11.8%	376	5	1.3%	762	-58	-7.1%	664	59	9.8%
一、外汇贷款	618	-1	-0.2%	306	1	0.2%	762	-58	-7.1%	597	66	12.3%
1. 现汇贷款及转贷款	241	25	11.3%	76	27	54.0%	411	-6	-1.4%	337	37	12.5%
2. 国际贸易融资	377	-26	-6.5%	230	-26	-10.2%	351	-52	-12.9%	260	28	12.1%
二、非存款类金融机构贷款	147	82	126.8%	70	4	6.4%	—	—	—	67	-6	-8.6%

1.2.5　资金营运情况

根据市场环境变化灵活调整资金营运策略，加大资金运作力度。

今年以来，市场资金环境变化较快，全行加强资金管理的前瞻性和灵活性，加大高收益资产摆布并调整同业负债业务结构，加大境外资金运用力度。上半年累计融出资金164 227亿元，同比增加94 070亿元。人民币资金业务往来利差1.75%，同比提高了82个基点。

债券投资余额比年初增加1 720亿元，新增债券投资收益率4.14%，同比下降86个基点。其中地方政府债投资余额1 111亿元，平均收益率3.41%。

总行拆放境外机构人民币资金余额764亿元，比年初增加339亿元；拆放上海自贸区分行余额348亿元，比年初增加302亿元。

2015年上半年人民币资金营运主要项目表　　单位：亿元

项目	余额	比年初	同比	日均余额	同比	累计发生额	同比	年损益	同比	年收益率/付息率	同比
一、同业资金来源合计	19 855	9 334	12 185	16 367	6 481	21 383	8 863	167	19	2.06%	-0.97%
（一）同业拆入	0	-17	-33	50	-18	1 504	365	1	-0.4	4.10%	-0.05%
（二）债券质押拆入	1 205	-303	1 117	2 182	1 490	19 879	8 498	41	25.5	3.78%	-0.71%
（三）同业存款	18 650	9 724	11 101	14 115	4 988	—	—	124.7	-6.7	1.78%	-1.12%
1. 同业活期存款	18 127	11 116	12 691	12 974	7 488	—	—	98.3	56.3	1.53%	-0.02%

续表

项目	余额	比年初	同比	日均余额	同比	累计发生额	同比	年损益	同比	年收益率/付息率	同比
2. 短期同业定期存款	464	-1 386	-1 596	1 119	-2 498	10 342	-19 754	24.8	-52.2	4.46%	0.17%
（四）同业存单	0	-70	0	21	21	—	—	0.4	0.4	3.98%	—
二、同业资金运用合计	13 835	7 169	6 499	7 451	3 388	164 227	94 070	149.7	53.3	4.05%	-0.73%
（一）同业拆出	2 620	-468	47	2 793	1 028	31 790	14 056	69.6	20.9	5.03%	-0.54%
（二）债券质押拆出	5 769	4 544	2 939	2 032	1 506	127 858	78 464	25.1	17.1	2.49%	-0.58%
（三）非结算性存放同业	2	1	-140	1	-212	3	-662	0	-5.7	—	—
（四）买入返售票据	2 724	1 384	1 904	1 155	589	4 577	2 284	25.6	10.2	4.47%	-1.03%
（五）结算类存放同业	781	-50	-190	795	-195	—	—	14.4	-4	3.66%	-0.10%
（六）同业存单投资	1 939	1 758	1 939	676	676	—	—	14.9	14.9	4.45%	—
三、债券投资	41 406	1 720	1 211	40 503	949	5 120	1 201	806	23.5	4.01%	0.02%

集团内境外资金交易市场成为集团内资金融通的主要渠道。

集团内境外资金交易市场于2014年4月19日正式建立，各市场成员可按照公允市场原则和价格优先、时间优先的成交规则，对发布的资金拆借交易信息进行匹配成交。运行一年多来，共有36家境外机构、上海自贸区分行以及总行参与市场交易。截至6月末，累计发生交易6 816笔，交易金额13 506亿美元。

平台已成为集团内资金融通的主要渠道，既提高了境外机构间资金融通效率，也实现了总行对境外机构间资金拆借的系统化管理。

2015年6月30日总行向境外机构及自贸区分行拆借余额情况表

单位：亿美元

项目	余额	比年初
总行向境外机构拆借合计（集团内）	120.17	14.88
1. 审批拆借	32.51	8.86
（1）境外分行拆借	12.30	-6.25
（2）拆放境外控股机构	20.22	-2.60
2. 主动拆借	87.66	23.74
（1）境外分行拆借	68.58	13.31
（2）拆放境外控股机构	19.08	9.43
总行向自贸区拆借合计（单位：人民币）	348	302

2014年4月19日至2015年6月30日集团内境外资金交易市场运行情况表

单位：亿美元

交易机构	笔数	发生额	交易占比
总行	1 067	798	6%
境外机构	5 479	12 558	93%
上海自贸区分行	270	151	1%
合计	6 816	13 506	100%

1.2.6 净利息收益率情况

上半年，集团NIM为2.54%，较2014年（2.66%）下降12个基点。NIM下降主要是受降息影响明显，客户贷款收益率（5.57%）较上年（5.81%）下降24个基点；存款付息率（2.04%）受定期化和利率浮动区间扩大等因素影响，与上年持平。

利息净收入同比增长142亿元，从量价分析情况看，由于净利息收益率下降使得利息净收入减少73亿元，由于生息资产规模增长使得利息净收入增加215亿元。

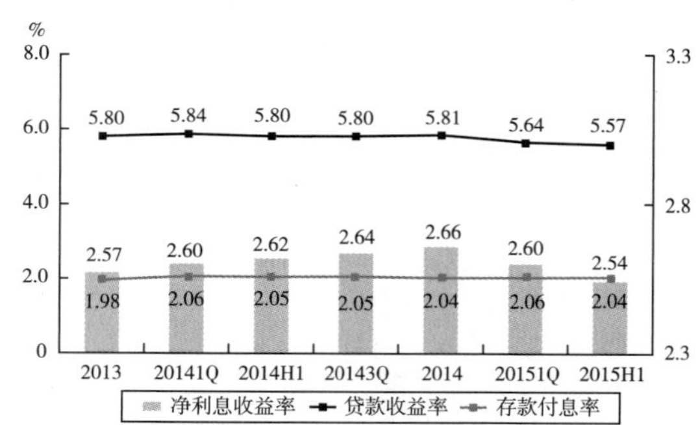

NIM变动情况

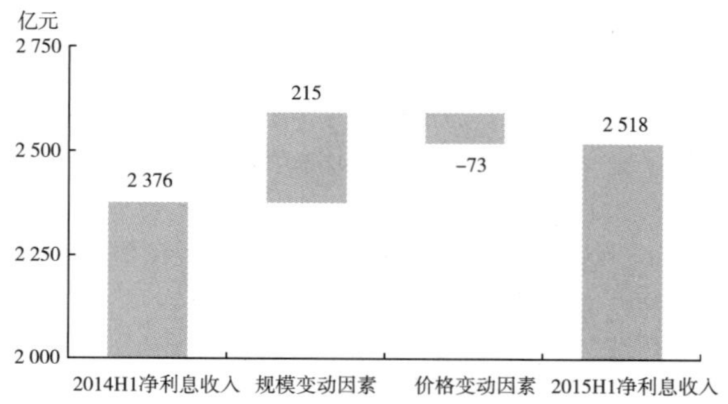

利息净收入变动情况

1.2.7 资本管理情况

截至6月末，法人口径资本充足率为××%，较年初下降××个基点；核心一级资本充足率为××%，较年初上升××个基点。

全行经济资本和调整后 RWA 限额执行情况良好，"双限额"资本压力传导和资产扩张约束效果进一步显现。

经济资本增幅低于信贷资产增幅。截至 6 月末，境内分行经济资本占用较年初增长 4.3%，低于信贷资产增幅。

经济资本限额执行情况较好。年度预算执行进度为 51.5%，与信贷投放序时进度基本匹配，资本限额控制和交易精准度进一步提高。

经济资本限额交易活跃。上半年共有 16 家一级（直属）分行买入经济资本限额 73.8 亿元，25 家分行卖出 160 亿元，通过限额卖出提升这些分行 EVA 合计 14.3 亿元；境外有 9 家机构买入 58.6 亿元（人民币，下同），3 家机构卖出 8.5 亿元。

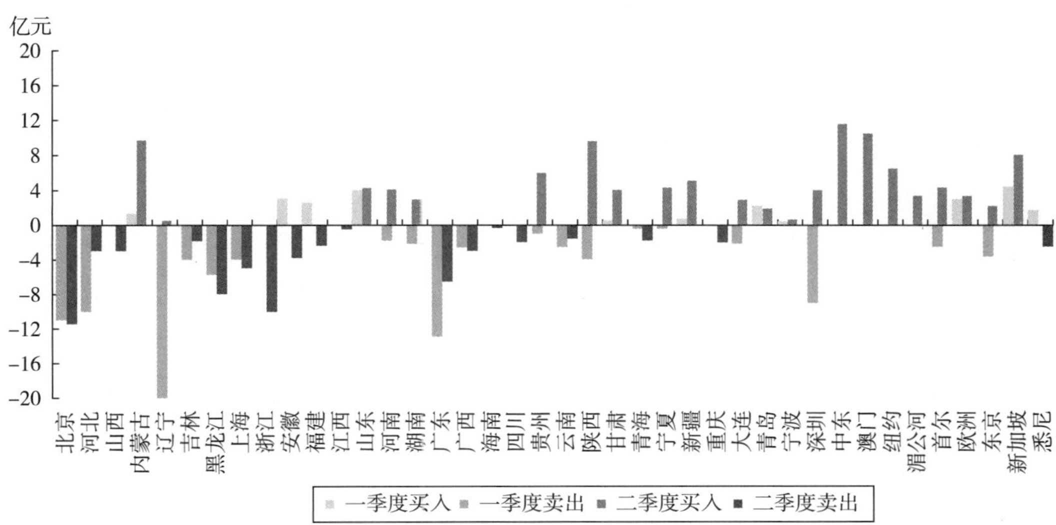

上半年境内外经济资本限额交易情况

1.2.8　中间业务发展情况

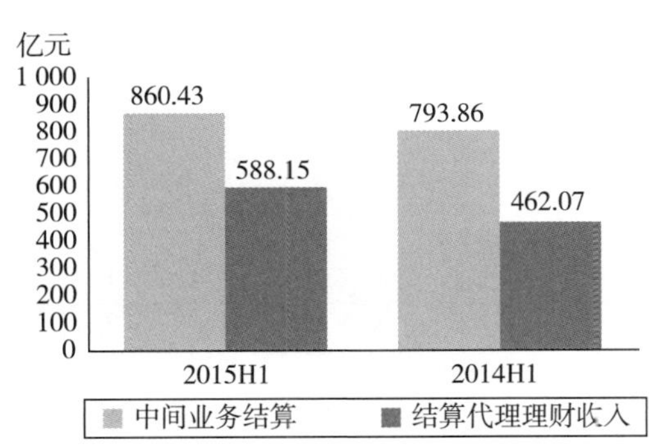

手续费及佣金收入增长情况

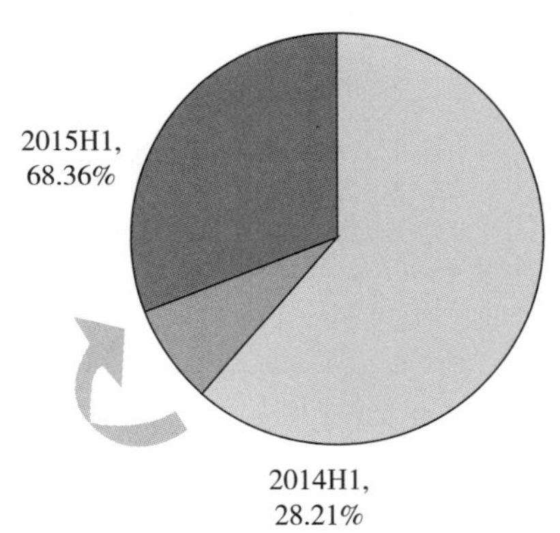

结算代理理财收入占比变动情况

上半年，集团实现手续费及佣金收入 860.43 亿元，同比增长 8.39%。

结算、代理、理财收入同比增长 27.29%，结算、代理、理财收入占手续费及佣金收入的比重为 68.36%，同比提升 10.15 个百分点，结构持续优化。

境内分行实现中间业务收入 807.13 亿元，同比增加 52.15 亿元，增长 6.91%，完成全年中间业务收入计划的 54.13%。

境外机构实现中间业务收入 36.93 亿元，同比增加 8.31 亿元，增长 29.06%。

境内分行中间业务发展情况——分产品　　单位：亿元

序号	收入小类	2015H1	增量	增幅	序号	收入小类	2015H1	增量	增幅
1	代理个人基金	58.02	41.07	242.35%	24	代理公积金归集	2.05	0.05	2.71%
2	私人银行	47.63	29.81	167.29%	25	个人账户管理	3.55	0.01	0.23%
3	个人银行类理财产品	43.32	14.46	50.08%	26	其他对公中间业务	1.11	-0.01	-0.65%
4	信用卡分期付款	78.66	11.12	16.46%	27	外汇汇款	1.52	-0.06	-3.74%
5	资产托管	26.25	8.71	49.65%	28	人民币对公账户管理	10.59	-0.16	-1.51%
6	对公银行类理财产品	26.94	7.51	38.61%	29	代理对公保险	1.84	-0.17	-8.37%
7	结售汇及代客资金交易	29.54	6.52	28.32%	30	代理财税	3.05	-0.3	-8.93%
8	代理个人保险	22.42	5.87	35.48%	31	对公委托贷款	1.9	-0.34	-15.05%
9	信用卡结算及商户回佣	60.22	4.57	8.22%	32	代理个人国债	1.23	-0.36	-22.44%
10	理财项目推荐	27.25	3.55	14.96%	33	企业年金	10.69	-0.46	-4.09%
11	代理债券发行承销	13.74	3.53	34.53%	34	银团安排	18.77	-0.87	-4.41%
12	账户贵金属	4.99	2.2	79.02%	35	代收代付	1.46	-0.96	-39.57%
13	个人电子银行服务	8.85	1.72	24.08%	36	信用证	5.78	-1.37	-19.15%
14	借记卡	37.7	1.71	4.75%	37	个人资产服务	4.32	-2.05	-32.22%
15	对外担保	7.28	1.62	28.58%	38	人民币对公结算	22.5	-2.18	-8.85%
16	对公电子银行服务	11.96	1.36	12.88%	39	现金管理	7.84	-2.45	-23.81%
17	第三方存管及代理其他对公证券	2.81	1.04	58.64%	40	承诺	14.62	-2.68	-15.50%
18	其他个人中间业务收入	2.56	0.57	28.66%	41	国内贸易融资服务	14.06	-4.24	-23.15%
19	个人委托贷款	4.09	0.53	15.05%	42	国际贸易融资	20.58	-4.95	-19.40%
20	对公资产服务	0.57	0.39	215.06%	43	人民币个人结算	14.57	-9.86	-40.37%
21	实物贵金属	14.12	0.21	1.47%	44	信贷资金托管	—	-17.17	-100.00%
22	外汇托收及其他国际结算	1.45	0.17	13.35%	45	投资银行	112.87	-40.88	-26.59%
23	对内担保	1.62	0.13	8.88%					

上半年，全行45类中间业务中有25类业务收入同比正增长。受资本市场活跃的影响，代理个人基金、私人银行、个人银行类理财产品、信用卡分期付款、资产托管、对公银行类理财产品、结售汇及代客资金交易和代理个人保险收入同比增加超过5亿元且增幅超过15%。此外，代理债券发行承销、账户贵金属、个人电子银行服务、对外担保、第三方存管、个人委托贷款和对公资产服务等业务收入增速也超过15%。

境内分行中间业务发展情况——分机构　　单位：亿元

机构	2015H1	增量	增幅	机构	2015H1	增量	增幅
北京	64.01	16.65	35.17%	湖南	21.94	0.83	3.92%
广东	84.76	12.08	16.62%	大连	5.87	0.8	15.77%
上海	57.85	11.53	24.90%	重庆	19.97	0.63	3.23%
浙江	67.76	5.52	8.87%	青海	1.66	0.48	41.13%
广西	12.9	3.81	41.84%	天津	11.97	0.22	1.87%
新疆	9.11	2.81	44.61%	宁夏	2.56	0.04	1.74%
黑龙江	10.23	2.37	30.09%	西藏	0.05	-0.04	-48.00%
河南	28.55	2.33	8.89%	云南	11.16	-0.46	-3.99%
四川	25.66	2.32	9.94%	湖北	31.5	-0.59	-1.83%
河北	25.5	2.28	9.81%	甘肃	5.9	-0.65	-9.88%
山西	11.46	1.52	15.29%	青岛	6.09	-0.88	-12.58%
海南	6.62	1.33	25.06%	辽宁	10.56	-1.33	-11.17%

续表

机构	2015H1	增量	增幅	机构	2015H1	增量	增幅
厦门	5.94	1.14	23.67%	江西	12.73	-1.8	-12.38%
吉林	8.27	1.03	14.26%	山东	41.19	-2.47	-5.65%
深圳	26.36	1.03	4.07%	内蒙古	5.91	-3.2	-35.15%
宁波	10.44	1	10.63%	江苏	71.48	-3.39	-4.53%
陕西	11.85	0.99	9.12%	安徽	12.47	-3.96	-24.10%
贵州	12.76	0.9	7.54%	福建	17.21	-4.72	-21.51%

36 家境内分行中，24 家分行中间业务收入正增长，12 家分行中间业务收入下降。

北京、广东、上海、浙江和广西 5 家分行增量超过 3 亿元，新疆、广西、青海、北京、黑龙江、海南、上海和厦门 8 家分行收入增长超过 20%。

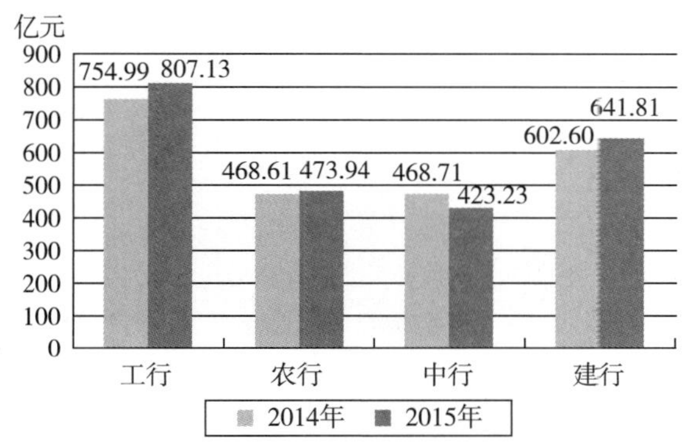

上半年四大行境内分行中间业务收入增长情况

境内分行中间业务发展情况——同业竞争

	2015 年 H1	增加额	增幅	2015H1 占比	收入占比变化
工行	807.13	52.15	6.91%	34.40%	1.50%
农行	473.94	5.34	1.14%	20.20%	-0.22%
中行	423.23	-45.48	-9.70%	18.04%	-2.38%
建行	641.81	39.21	6.51%	27.36%	1.10%

上半年，我行中间业务收入占四行的比重为 34.40%，同比提高 1.5 个百分点。中间业务收入总量和增量双第一。

上半年境内分行各类中间业务收入同业竞争情况表 单位：亿元

收入类别	2015H1 中收	同比增幅	同业占比	占比变化（%）	总量四行排名	增量四行排名
人民币结算	67.03	-16.57%	31.97%	1.63	1	3
贵金属	19.11	14.41%	54.11%	0.54	1	1
代理及个人理财	167.05	106.97%	46.92%	4.30	1	1
代理保险	24.26	30.72%	24.58%	-0.26	3	3
委托贷款	12.93	-9.86%	26.25%	1.13	2	1
对公理财	64.51	25.58%	35.97%	-0.60	1	2
借记卡	37.70	4.75%	26.01%	0.32	3	2
信用卡	138.88	12.74%	34.09%	-1.99	1	3
国际结算	29.33	-17.47%	24.81%	1.48	3	3
代客外汇买卖及结售汇	29.54	28.32%	35.16%	3.91	1	1
投资银行	140.93	-21.92%	45.06%	3.57	1	3
担保承诺	37.58	-12.09%	29.11%	0.77	2	2
资产托管	26.25	-24.38%	35.53%	-3.27	1	4
企业年金	11.20	-5.08%	86.64%	-4.47	1	4
(电子银行)	141.92	41.85%	62.47%	6.04	1	1
其他	1.34	-78.07%	2.29%	-6.28	2	3
中间业务合计	807.13	6.91%	34.40%	1.50	1	1

上半年，境内分行14类中间业务收入中，9类业务收入总量四行占比第一，4类业务收入增量四行排名第一，其中，贵金属、代理及个人理财、代客外汇买卖及结售汇等收入实现总量及增量双第一。

上半年各境内分行中间业务收入同业竞争情况表 单位：亿元

地区	2015H1 中收	同业占比	占比变化	总量排名	增量排名	地区	2015H1 中收	同业占比	占比变化	总量排名	增量排名
北京	64.01	43.26%	4.56%	1	1	广东	84.97	35.37%	2.59%	1	1
天津	11.97	28.30%	0.13%	2	2	广西	12.95	32.35%	6.83%	1	1
河北	25.69	31.10%	2.12%	1	1	海南	6.62	47.11%	4.74%	1	1
山西	11.68	39.29%	2.02%	1	1	重庆	20.68	40.71%	1.96%	1	1
内蒙古	6.02	23.15%	-7.38%	3	4	四川	25.78	31.15%	2.62%	1	1
辽宁	10.68	24.08%	-4.83%	2	4	贵州	12.88	42.74%	-0.02%	1	1
吉林	8.33	28.05%	2.79%	2	1	云南	11.35	30.25%	0.12%	2	2
黑龙江	10.31	37.51%	6.00%	1	1	陕西	11.85	31.73%	-1.20%	2	2
上海	57.85	38.50%	3.49%	1	1	甘肃	5.9	28.78%	-2.94%	2	4
江苏	71.48	31.95%	4.16%	1	3	青海	1.66	30.32%	4.36%	2	1
浙江	69.02	41.92%	2.40%	1	1	宁夏	2.59	31.54%	-0.95%	1	4
安徽	12.57	27.15%	-3.01%	2	4	新疆	9.2	36.89%	7.64%	1	1
福建	17.84	26.75%	-2.63%	2	4	西藏	0.05	2.69%	-2.25%	4	4
江西	12.81	32.25%	-2.61%	1	4	大连	5.87	29.07%	2.25%	2	1
山东	41.19	32.14%	0.50%	1	3	青岛	6.09	29.40%	-1.10%	1	3
河南	28.71	33.87%	-0.02%	1	2	宁波	10.62	33.73%	14.46%	1	2
湖北	31.5	41.34%	3.03%	1	2	深圳	26.36	28.15%	0.88%	2	2
湖南	22.35	35.66%	3.43%	2	1	厦门	6.07	31.27%	4.03%	2	1

上半年，36家境内分行中，有21家分行中间业务收入总量同业占比第一，18家增量排名第一，其中北京、河北、山西、黑龙江、上海、浙江、广东、广西、海南、重庆、四川、贵州和新疆13家分行总量和增量双第一。内蒙古、辽宁、安徽、福建、江西、甘肃、宁夏7家分行增量排名第四。

1.2.9 新兴业务发展情况

1. 互联网金融业务

上半年，融e购平台总交易额累计2 044亿元。其中B2C商城交易额1 434亿元，同比增长23倍；累计签约商户6 478户，上线商品27.8万件；B2B商城交易额611亿元，累计签约商户近1 000家，上架商品9 443件，累计注册客户数67 180个，企业会员2 947个。

融e联用户总数达到130万户，融e行交易额突破230亿元。

工银e支付客户数突破6 000万户，新增工银e支付客户2 262万户，完成序时计划的126%，交易金额突破800亿元；手机银行动户数达到2 435万户，完成序时计划的162%。

2. 信用卡业务

信用卡发卡量达到1.08亿张，较年初净增712万张；消费额达到1.06万亿元，同比增长19%；收单额达到2.37万亿元，同比增长39%；可比口径信用卡业务实现收入178亿元，同比增长11.5%。

3. 私人银行业务

私人银行客户数达5.3万户，较年初新增1.04万户，增幅24%；管理资产达9 100亿元，较年初新增1 979亿元，增幅28%；私人银行业务线实现收入47.6亿元，同比增加29.4亿元，增长162%。

4. 金融市场业务

金融市场实现利润267亿元，同比增加27亿元，增幅11.1%；中间业务收入48亿元，同比增加12.5亿元，增长35.1%。债务融资工具承销发行额3 843亿元，同比增长87%，四行占比28%，位居四行第一。

5. 资产管理业务

资产管理实现收入102亿元，同比增长38.2%，完成全年收入的58.16%；中间业务收入/日均余额的年化比值达到1.31%，同比提升15个基点，效益与规模关系进一步优化。

6. 资产托管业务

资产托管业务收入 54 亿元，同比增加 22 亿元，增幅 68.9%；营业贡献 52 亿元，同比增加 21 亿元，增长 69.7%。资产托管规模达到 6.5 万亿元，较年初增加约 7 000亿元，继续保持国内第一大托管银行领先地位。

7. 投资银行业务

兼并收购顾问、股权融资顾问收入在连续多年高增长的基础上，继续保持较快增速，分别实现收入 13 亿元、16 亿元，增幅为 36% 和 24%。

8. 贵金属业务

贵金属业务量 8.62 万吨，同比增加 4.22 万吨，增幅 96%；贵金属交易额 6 600 亿元，同比增加 2 000 亿元，增幅 43%。实现收入 32 亿元，同比增长 17%；中间业务收入 14.37 亿元，同比增加 0.32 亿元，增幅 2%。

9. 养老金业务

受托管理养老金基金 818 亿元，管理养老金个人账户 1 407 万户，托管养老金基金 4 118 亿元。实现收入 12 亿元，同比增长 3.2%；营业贡献 11 亿元，同比增加 0.4 亿元，增长 3.8%。

10. 专项融资业务

专项融资实现收入 6 亿元，同比增长 23.53%。营业贡献 5.3 亿元，同比增加 2 亿元，增长 60.6%。产品线资产总额 2 220 亿元，较年初增长 8.6%。

二、当前需要重点关注和思考的问题

正如刚才董事长讲话中所指出的那样，今年以来全行在严峻复杂形势下保持平稳经营态势，而且在多领域呈现新亮点，难能可贵；同时，必须更加清醒地认识到银行业经营环境正在发生的深刻变化，认识到我们面临各类风险和挑战的严峻性、复杂性，认识到我们机制上的不适应特别是工作中的不足和潜力。尤其应当深入思考以下三个方面的问题。

2.1　如何更好地适应严峻复杂的经营环境，进一步增强风险管控的前瞻性、主动性和系统性

经济下行和结构调整中，银行信用风险在客户、行业和区域等维度上呈持续扩散趋势，表内与表外、信贷与代理投资中非标资产等领域风险都在加大；民间融资、互联网金融发展中，金融生态治理滞后导致非法集资、金融诈骗猖獗，且危及银行的安全运营；全球经济走势的分化，金融市场的大幅波动，我行国际化、综合化发展中面临的风险增多、增大。全行一定要认清金融风险多发的严峻形势和演变趋势，全面排查风险防控中的问题和漏洞，深入思考有效防控风险的办法措施。

2.1.1　高度关注信用风险问题

不良贷款额继续大量增加。6 月末，集团口径不良贷款余额约为××亿元，比年初增加××亿元，比一季度末增加 179 亿元；不良率为××%，比年初上升 0.27 个百分点，比一季度末上升 0.11 个百分点。还原处置不良贷款的因素，上半年新劣变 1 119 亿元，占 6 月末不良贷款的 69.6%。

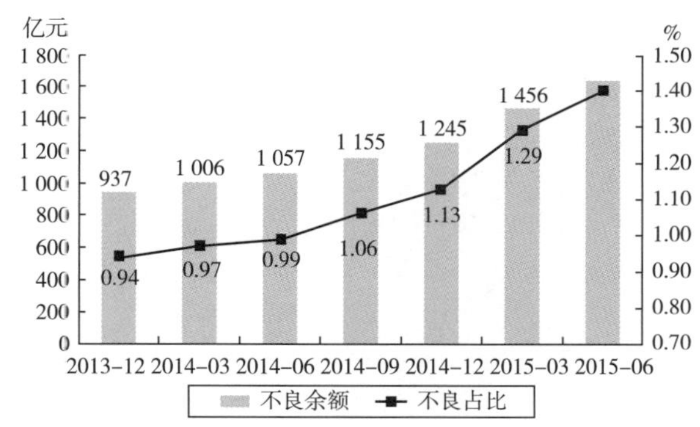

2014 年初以来集团和口径不良贷款变动情况

上半年各分行还原核销后不良贷款、不良率变动情况　　单位：亿元，%

序号	分行	6 月末		较年初变化		序号	分行	6 月末		较年初变化	
		不良贷款	不良率	不良贷款	不良率			不良贷款	不良率	不良贷款	不良率
1	浙江	175	2.35	95	1.22	19	山西	34	1.57	10	0.41
2	福建	190	6.26	74	2.18	20	安徽	48	1.69	8	0.19
3	广东	140	1.68	54	0.58	21	贵州	17	0.76	7	0.28
4	山东	132	2.14	43	0.63	22	黑龙江	23	1.46	5	0.28
5	上海	125	2.22	42	0.7	23	重庆	14	0.52	5	0.15
6	河北	65	1.65	33	0.8	24	青海	5	1.1	5	0.97
7	江苏	93	1.18	26	0.28	25	深圳	23	0.8	4	0.13
8	陕西	58	2.77	25	1.1	26	宁夏	7	1.1	3	0.5
9	宁波	56	2.83	25	1.14	27	吉林	15	1.02	3	0.14
10	天津	55	2.24	24	0.92	28	厦门	18	2	2	0.2

续表

序号	分行	6 月末		较年初变化		序号	分行	6 月末		较年初变化	
		不良贷款	不良率	不良贷款	不良率			不良贷款	不良率	不良贷款	不良率
11	云南	42	2.02	22	1.03	29	辽宁	15	0.64	2	0.06
12	河南	48	1.48	21	0.56	30	海南	6	0.87	2	0.25
13	内蒙古	69	4.02	20	1.05	31	甘肃	6	0.53	1	0.05
14	四川	66	1.47	19	0.34	32	北京	17	0.29	1	-0.01
15	广西	33	1.57	12	0.54	33	新疆	9	0.64	1	-0.03
16	江西	35	1.9	12	0.58	34	西藏	0	0	0	0
17	湖北	29	0.91	11	0.29	35	大连	25	2.11	-2	-0.21
18	湖南	46	1.97	9	0.23	36	青岛	36	2.97	-2	-0.32

不良贷款双升分行范围继续扩大。6 月末，26 家分行不良额和不良率双升，比年初增加 5 家；3 家分行不良额上升、不良率下降；18 家分行不良率高于全行平均水平，其中福建、内蒙古分行不良率超过 3%。

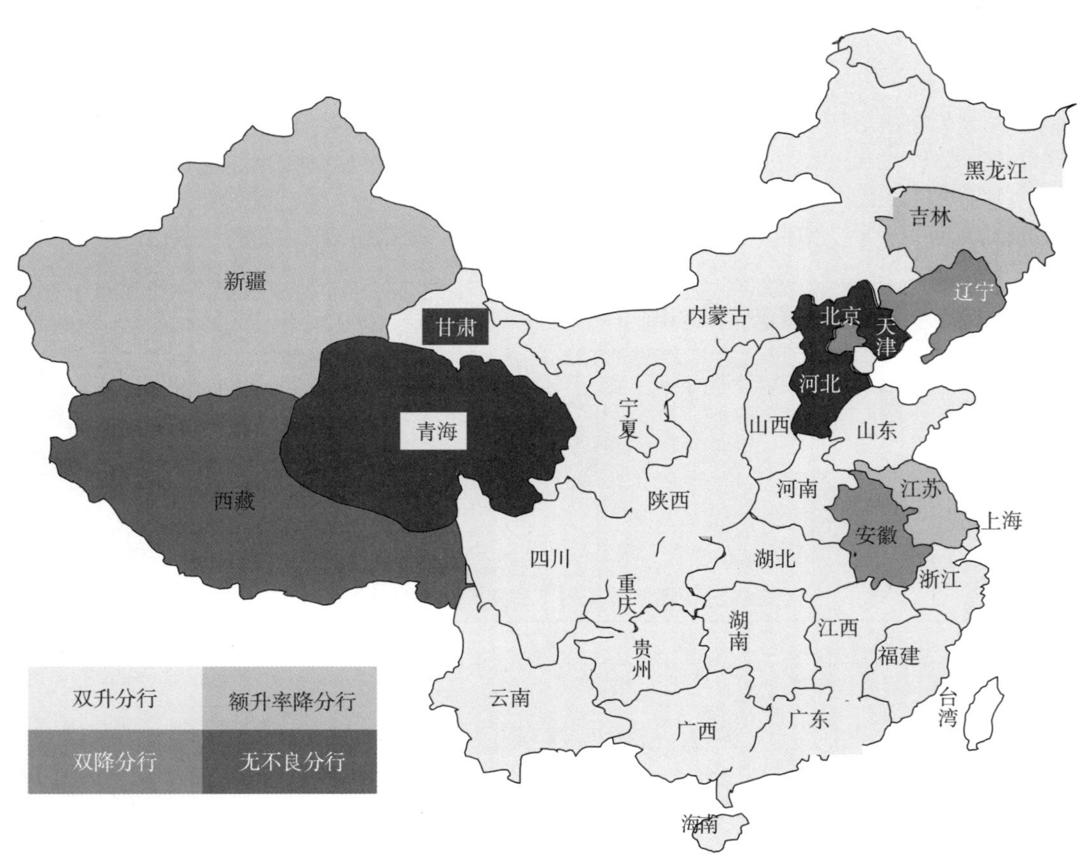

逾期贷款与不良贷款“剪刀差”进一步扩大。截至 6 月末，集团逾期贷款余额 × ×亿元，超过全年 2 300亿元的控制计划，比年初增加× ×亿元；上半年新发生逾期贷款 1 312 亿元，占 6 月末逾期贷款余额的 × ×%；逾期贷款与不良贷款剪刀差余额 1 202 亿元，比年初扩大 341 亿元，比一季度末减少 34 亿元，二季度有趋缓迹象；剪刀差扩大较多的有浙江、山东、广东等分行。

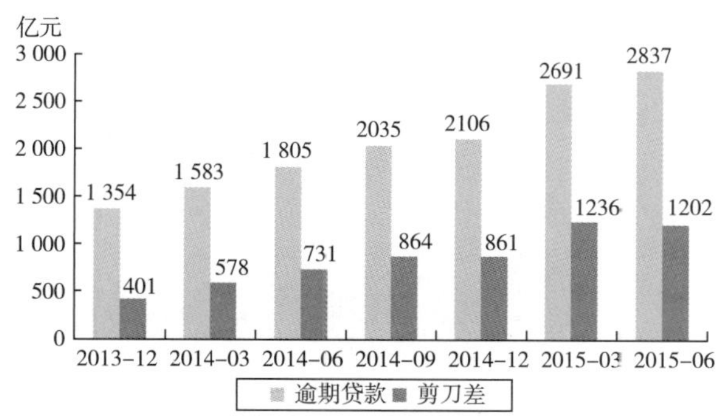

2014 年初以来逾期贷款和剪刀差情况

上半年各分行剪刀差变动情况

单位：亿元

序号	分行	6 月末剪刀差	较年初变化	序号	分行	6 月末剪刀差	较年初变化
1	浙江	140	61	19	湖北	25	5
2	山东	72	48	20	陕西	26	4
3	广东	84	37	21	青岛	20	3
4	江苏	80	33	22	甘肃	6	3
5	大连	29	25	23	黑龙江	10	2
6	湖南	35	22	24	北京	5	2
7	山西	35	23	25	海南	5	1
8	贵州	30	20	26	重庆	8	1
9	内蒙古	74	18	27	厦门	7	1
10	四川	40	18	28	青海	3	1
11	河北	28	17	29	宁夏	3	0
12	江西	30	15	30	福建	91	0
13	辽宁	17	12	31	西藏	0	0
14	广西	21	11	32	吉林	9	0
15	河南	25	11	33	安徽	32	-1
16	宁波	47	9	34	云南	22	-5
17	深圳	14	7	35	天津	15	-6
18	新疆	10	7	36	上海	18	-31

潜在风险融资客户数、融资余额较年初增加。截至 6 月末，全行潜在风险融资客户 2.93 万户，占有融资法人客户数的 23.2%，比年初增加 6 309 户，增长 5.2%。

从品种看，不良和逾期贷款过去集中在贸易融资、小企业、个人经营性贷款等领域，今年项目贷款、固定资产支持融资也陆续出现风险苗头。

从行业看，新发生不良和逾期贷款仍主要集中在批发零售业和制造业，但房地产、建筑建材、商务服务、煤炭、住宿等行业呈快速上升态势。

从区域看，中西部地区潜在风险融资客户显著增加，增幅较大的有河北（159%）、河南（109%）、宁夏（107%）、陕西（89%）和贵州（67%）分行。

代理投资业务风险显现。受经济增速放缓、资本市场波动等因素影响，全行代理投资业务风险上升，风险来源更加多元，既有非标项目的传统信用风险，也有央企公募债券违约造成的信用风险，还有此轮资本市场深度调整导致的市场风险。截至 6 月末，全行代理投资业务共有 41 户逾期欠息客户，业务余额合计 75 亿元。风险主要集中在山东、山西、内蒙古、福建、陕西等分行。

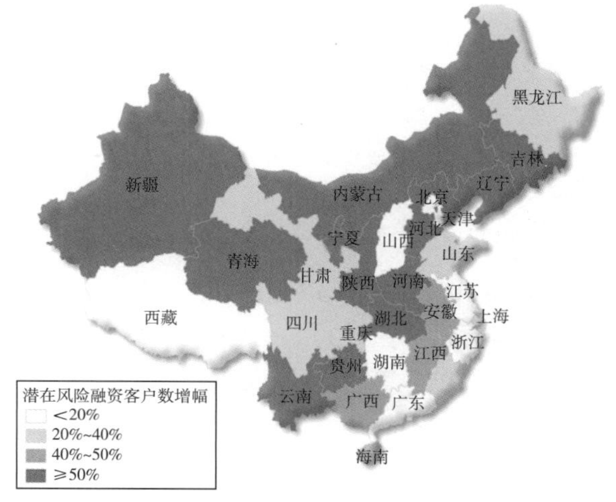

6 月末各分行潜在风险融资客户数较年初增幅图

这一轮不良贷款的暴露，外部经济环境变化是主因，但也反映出我们信贷风险管理能力的欠缺与不足。对此，我们一直在进行深刻反思，根本原因是在于外部经济、金融环境发生明显变化的情况下，全行未能在信贷经营理念和体制机制上及时跟进和适应。去年以来，一些方面虽然有所改进，但改革还远未到位，特别是以下四方面的问题还需要加快突破。

1. 经营管理模式方面

“三级管理、一级经营”的传统信贷经营管理架构已难以适应信贷业务发展需要，存在管理层级多、经营层级少、发起业务的起点低、流程优化空间小、信息传递链条长、信贷责任不落实等问题，往往容易造成“大客户服务不到位、小客户风控不聚焦”。

前中后台职责、经营行和管理行职责划分不够清晰，缺乏目标合力，一些机构仍存在前台风险意识不强、中台偏重形式合规，后台检查督导乏力的问题，导致重流程、重形式，轻实质、轻内容。

部分基层机构缺乏明确的信贷业务发展定位，信贷资源配置、信贷业务授权和经营目标考核还未能有机协同，容易造成市场响应速度慢、基层信贷经营行为“扭曲”等问题。

2. 资产质量管控方面

部分分行对新增贷款、正常存量、逾期贷款、潜在风险和不良贷款这五类形态贷款的分类和接续管理机制还不到位，对存量移位贷款缺乏系统管理，对退出贷款尚未形成有效制度，退出不及时、不坚决。

过多依赖打包处置反映出不良处置思路、创新工具应用、专业队伍建设等方面还较薄弱。

不良贷款前清后溢问题反映出个别行家底不清、问题不实、情况不明。

3. 市场拓展方面

市场拓展灵活性不够，过度依靠降低政策标准拓展业务，既不利于政策的稳定性和延续性，也进一步增大了信贷风险防控的压力。

产品创新不够，部分产品存在适用范围窄、操作性不强与政策制度交叉的问题，对市场整体把握、布局不够，反映出对市场、对客户、对需求的分析和挖掘驾驭不强。

信贷营销力量薄弱，缺乏产品专家队伍支撑，信贷服务能力不强。

4. 集团信用风险防控方面

部分子行跨境经营造成区域风险重叠，集团信贷组合风险趋于集中。

部分境外分行和子行受所在国经济下行影响较大，抗风险能力不足。

非银行子机构的跨区域经营导致项目落地管理不到位的问题比较突出，与母行分支机构的业务协同性和风险管控互补性还需加强。

综合化经营机构对类信贷和代理投资业务，在执行集团统一风险管理要求上还有差距。

2.1.2　高度关注外部风险向银行传染问题

外部风险传染压力加大，内控案防管理形势严峻。

近一个时期，社会违法违规金融活动明显增多，非法集资和金融诈骗等外部风险向银行体系扩散传染加剧，银行业整体案件防控形势严峻。

从我行情况看，上半年，全行发生案件×起、案件风险事件×起；重大操作风险事件××起，涉及金额××亿元，同比增长×倍。案件和风险事件呈现数量多、金额大、涉众广的特征。这些案件和风险事件主要集中在信贷、存款、理财、员工参与非法集资及民间借贷等领域，涉及15家境内分行，目前已有××名员工被公安机关刑事拘留，主要集中在基层机构负责人、客户经理和柜员三类岗位。一些“存款失踪”、飞单销售类案件和风险事件、互联网金融客户信息安全等甚至引起了社会的关注，形成了声誉风险。

从上半年运营风险核查确认的风险事件来看，外部因素引发的有23.48万笔，同比增加12.52万笔，占全部风险事件的比重由去年同期的43.1%升至67.9%。这一趋势性变化表明，今后一段时期外部风险传染冲击压力还可能持续。

2.1.3　高度关注综合化子公司和境外机构经营风险

综合化子公司经营风险。

工银租赁：

6月末，不良租赁资产率0.78%，较年初上升0.18个百分点。

近一年新发生不良租赁项目13个；个别融资租赁项目已发生租金逾期，质量分类下行压力增大。

工银安盛：

非标投资余额148亿元，占投资总额的33%，但相关的准入、限额和投后管理制度办法有待完善。

偿付能力充足率下降较快，退保率有所上升。

工银瑞信：

关注资本市场波动形势下的合规风险和流动性风险管理问题。

部分非标业务风险有所显现。

对分行项目审批把关和投后管理有待加强。

境外机构经营风险。

资产质量下行风险。

部分境外分行和机构资产质量面临较大压力，不良贷款和逾期、关注贷款比年初增加，如工银印尼、工银亚洲不良贷款率比年初分别上升1.7个和0.32个百分点。

关注反洗钱风险、国别风险。

2015年上半年综合化子公司主要风险指标

主要指标	上半年	年初	变化
工银租赁			
不良租赁资产率	0.78%	0.60%	0.18%
单一客户融资集中度	20.63%	28.79%	-8.16%
租赁资产价值覆盖率	109.11%	104.80%	4.31%
工银瑞信			
操作风险损失率	0.00%	0.00%	0.00%
监管处罚率	0.00%	0.00%	0.00%
工银国际			
不良贷款率	5.72%	4.67%	1.05%
单一客户融资集中度	10.15%	14.98%	-4.83%
高风险股权投资余额占比	7.04%	5.32%	1.72%
工银安盛			
保费总收入（比同期，亿元）	150	63.65	86.35
偿付能力充足率	333.00%	466.00%	-133.00%
退保率	6.12%	5.99%	0.13%
工银金融			
交易对手抵押物充足比率	104.36%	103.76%	0.60%
融资交易政府类债券占比	85.72%	83.79%	1.93%

2.2 如何更好地适应资金形态和流动规律变化，进一步提高资产负债管理水平

今年以来，资本市场活跃，降准、降息、发行大额存单、实行存款保险制度、存贷比拟从法定监管指标剔除等货币政策及其他相关政策密集出台，使社会资金形态和银行存款业务发生很大变化。同时全球流动性过剩现象更为突出，银行资金运营和资产负债管理遇到许多新情况新问题，需要我们高度关注和认真应对。从我行情况看，主要表现在以下三个方面。

2.2.1 一般性存款与同业存款“跷跷板”效应明显，备付金和流动性管理难度加大

2015 年第二季度非存款类金融机构存款增量资金运作情况。

上半年，全行资金总体较为宽裕，储蓄存款、公司存款等传统存款品种向非存款类金融机构存放转换明显。

一般性存款稳定性有待提高。从全行看，存款波动幅度有所缩小；但从各分行看，6 月末偏离度超过 3%的分行有 21 家，比 2014 年末多 9 家。

非存款类金融机构存款快速增加，主要为客户交易结算资金和托管基金存款，两项合计余额占非存款类金融机构存款比重为 66%，增量占比 81%。

到 6 月末，全行日均备付率 2.75%，同比上升 120 个基点。从二季度非存款类金融机构存款增量资金运用情况来看，仅略有盈余。

2015 年第二季度非存款类金融机构存款增量资金运作情况表

	业务种类	日均同比增量（亿元）	利率	损益（亿元）
资金来源	非存款类金融机构存放	9 236	1.53%	35.33
资金运用	合计	9 294	1.63%	37.85
	超额备付金	4 213	0.72%	7.58
	银行间市场融资	3 003	1.61%	12.09
	票据回购及同业存单投资	2 078	3.50%	17.68

2.2.2 利率上浮存款增加较多，付息成本控制压力加大

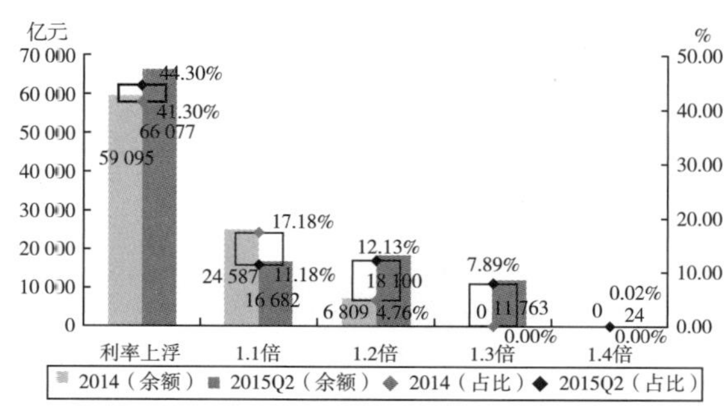

2015 年上半年利率上浮存款变化情况

四大行存款付息率情况表 单位：%

项目	2015Q2				比 2014 年			
	工行	建行	农行	中行	工行	建行	农行	中行
全口径存款	2.02	2.02	1.98	2.43	-0.07	-0.05	0.03	0.00
（一）一般性存款（不含保本理财和结构性存款）	2.05	1.96	1.97	2.30	0.00	0.05	0.04	0.05
其中：储蓄存款	2.08	2.13	1.96	2.42	-0.01	0.07	0.05	0.05
对公存款	2.01	1.80	1.97	2.19	0.00	0.02	0.04	0.04
（二）同业存款	1.78	2.48	2.33	3.36	-0.82	-1.24	-0.36	-0.64

利率上浮存款增加较快。截至 6 月末，上浮利率存款（含挂牌利率）余额 6.6 万亿元，占比 44%，比上年末提高 3 个百分点。其中利率上浮 1.2 倍、1.3 倍和 1.4 倍存款占比较上年末分别提高 7.4 个百分点、7.9 个百分点和 0.02 个百分点。

一般性存款付息成本下降缓慢。截至 6 月末，全行人民币存款付息率为 2.02%，比上年末下降 7 个基点，降幅四大行最多，付息率与建行持平，比农行、中行分别多下降 10 个基点和 7 个基点，主要是大幅压降付息率较高的短期同业定存所致。但一般性存款付息率仍然较高，分别比农行、建行高 8 个基点、9 个基点；同业存款付息率控制较好，在一定程度上缩小了我行付息率水平与可比同业的差距。

如果下半年存款利率全部放开，存款成本控制难度将进一步加大。如何优化定价机制，平衡好市场拓展和成本控制；如何看待保本和结构性存款，处理存款和理财的关系；如何加强资产负债精细化管理，提高资金和资本使用效率，都需要全行上下认真研究。

2.2.3 加强资产负债和金融市场全球化运作更为迫切

近年来全球流动性过剩，全球各地资金价格存在差异。目前我行金融市场业务基本上还是以境内人民币为主，全行资产负债管理还主要满足于提供保障。海外机构尽管逐步实施区域化经营管理，但更多时候是各自为政。总体而言，全集团、本外币、境内外资金的综合统筹能力、集中营运能力还不强，在集团资源的全球优化配置上差得还比较远。

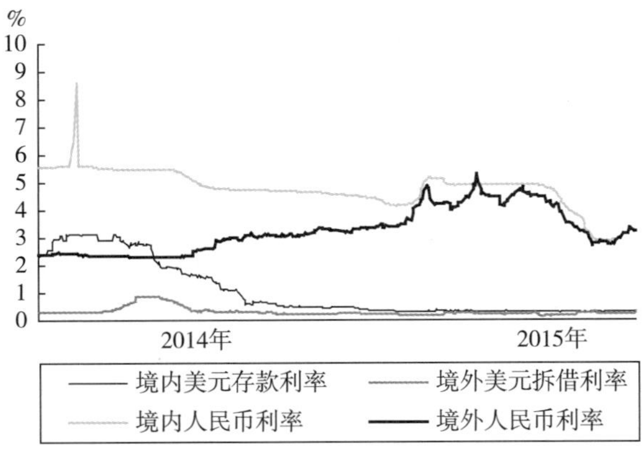

2014 年以来人民币汇率变化情况

2014 年以来人民币利率变化情况

利率汇率变动较快，对加强资产负债和金融市场全球化运作提出了迫切要求。

从利率看，去年境外资金比较宽裕，利率大幅低于境内；今年境内外利率基本趋同，甚至部分时点境内比境外利率还要低，大量资金向境外流动。

从汇率看，2014 年 3 月以前，人民币单边升值，2014 年 3 月之后人民币对美元双向波动，部分时段甚至出现一定程度的贬值压力。

如何提升全球的金融资产负债管理能力，如何通过全球金融市场交易平台、全球资产交易平台建设等，做好集团资金、资产的统一调度、统一运作，发挥集团化优势，是当前亟须破解的问题。

2.3 如何更好地解决“中梗阻”和“最后一公里”问题，进一步把改革创新和转型发展各项政策措施落实到位

去年全行改革发展研讨会和年初工作会议重要部署总体落实情况良好，但各行、各专业工作推进不平衡、不到位的问题仍比较突出。突出表现在以下几个方面：

一些行稳定资产质量工作不力。总行党委把这项工作提升到攻坚战、保卫战、持久战的高度加以全面部署，但一些资产质量劣变快、潜在风险大的行，缺乏对工作的总体把握和安排，相应的工作机制还没有真正完善起来，从组织推动到团队配备，从风险排查到不良处置，许多工作措施落实不到位，反映出这些行的工作仍旧停留在经济上升周期的“老状态”。

一些重点领域改革创新推动不够快。面对挑战与机遇并存的经营环境，如何把稳定资产质量与加快改革创新统筹推进，事关经营工作全局和服务实体经济大局。总行相应工作部署明确而又具体，而一些分行改革创新上进展较慢，活力不足。特别是一些资产劣变较快的行，被不良贷款拖累，面对重大市场机遇，创新的思路、办法不多，发展没有新的增长点，整体经营态势下滑得比较快。

重部署、轻落实，重安排、轻行动。一些重要部署作出之后，具体办法、操作性意见迟迟拿不出来；一些重大改革创新举措、看准的事情，决策了却迟迟启动不了；一些市场急需的创新产品和服务，研发投产了却迟迟推不出去，甚至对一些决策部署无行动、无结果；一些领导干部习惯于层层下指标、下任务，满足于泛泛地开会布置，缺乏具体问题的解决和关键环节的协调组织，工作很不深入。

“最后一公里”传导还需不断改进。随着客户信息基础建设、MOVA 系统在基层网点的落地，客户基础工作有所改进，“最后一公里”传导有所加强，但各项工作还正在推进过程中，成效还不明显。这块工作面广、量大、十分具体，需要下更大功夫，做更深入的工作。同时，面对激烈的市场竞争，管理链条较长的问题更为突出，相应的扁平化、直通式管理机制构建，以及柔性化团队建设的探索步伐还不够快。

三、下半年重点工作

姜董事长讲话深刻地分析了当前全行经营所面临的形势，对全行贯彻党中央、国务院经济、金融工作部署，落实金融监管要求，做好下半年工作进行了重点部署。全行要结合当地实际，认真落实。要切实适应和把握新常态的趋势性特征，增强支持实体经济发展的政治意识、大局意识和责任意识，以创新的思路和手段，全面提升金融服务水平；高度关注国内外经济发展变化和金融市场波动中的风险演变趋势，增强风险防控的前瞻性、主动性和系统性，把各类风险防控措施落实到位，确保资产质量稳定；坚持变中求新、变中求进、变中突破，抢抓机遇精准发力，积极培育转型发展的新引擎、新动力；打通政策措施落地的“最后一公里”，形成务

实高效、主动作为的叠加效应；对年初制定的各项目标任务不能降格以求，必须集中力量、不讲条件地全面完成，努力创造可比同业的较优业绩。

3.1　坚持以创新的思路服务实体经济

下半年，全行要继续坚持增量与存量并轨、信贷与非信贷融资并重，加大优质信贷和多元化融资市场拓展力度，加快信贷业务模式、机制、流程和产品创新，更加及时有效地支持经济稳增长、调结构，并以此提升信贷业务的接续发展能力。

3.1.1　着力强化信贷存量和增量并轨管理

统筹信贷增量优化和存量调整机制是今年一项重大举措，只有“并轨管理＋止住新的出血点”，才能真正把信贷质量管好。从上半年存量贷款移位情况看，整体执行情况较好，有 27 家分行任务完成过半，但也有 9 家分行未完成序时进度计划，需进一步完善信贷流量管理机制，加强工作督导，确保存量移位再贷效果。

各分行存量贷款移位情况表

序号	分行	公司贷款移位计划（亿元）	上半年移位额（亿元）	计划完成率	下半年需移位额（亿元）	序号	分行	公司贷款移位计划（亿元）	上半年移位额（亿元）	计划完成率	下半年需移位额（亿元）
1	深圳	308	533	173%	0	19	大连	152	82	54%	70
2	厦门	92	86	93%	6	20	江苏	1 253	674	54%	579
3	陕西	204	154	76%	50	21	宁夏	66	35	54%	31
4	安徽	287	201	70%	86	22	新疆	145	77	53%	68
5	西藏	38	26	69%	12	23	吉林	174	92	53%	82
6	福建	320	206	64%	114	24	辽宁	318	165	52%	153
7	上海	888	560	63%	329	25	河南	349	181	52%	168
8	北京	863	522	60%	341	26	青岛	202	103	51%	99
9	甘肃	114	67	59%	47	27	广东	1 205	606	50%	599
10	贵州	165	98	59%	68	28	宁波	326	161	49%	165
11	内蒙古	197	116	59%	82	29	四川	424	210	49%	214
12	青海	40	24	58%	17	30	湖北	582	268	46%	314
13	天津	425	248	58%	178	31	云南	241	111	46%	131
14	山西	242	141	58%	101	32	浙江	1 119	495	44%	624
15	山东	990	566	57%	424	33	江西	251	110	44%	141
16	河北	549	311	57%	238	34	黑龙江	257	109	42%	148
17	广西	241	135	56%	106	35	湖南	253	104	41%	149
18	重庆	338	186	55%	152	36	海南	125	50	40%	75

要完成今年 9 000 亿元人民币贷款增量计划和 1.9 万亿元的存量贷款到期移位再贷计划，下半年贷款尚需投放近 3 800 亿元，存量贷款移位再贷也还需再实现 1 万亿元。各行要在确保完成收回贷款移位再贷计划的基础上，力争多移位搞活一批，推动存量贷款从低信用等级客户向高信用等级客户移位，从不良率较高行业向不良率较低行业移位，从潜在风险、不良贷款等高风险形态向正常贷款形态的移位，促进全行资产质量的提升和信贷结构的不断优化。

各分行 2013 年以来新增贷款及不良情况表　　单位：亿元

序号	分行	新增贷款	新增不良	不良率	不良额较年初变化	不良率较年初变化	序号	分行	新增贷款	新增不良	不良率	不良额较年初变化	不良率较年初变化
1	福建	1 817	70	3.84%	29.66	1.48%	19	山西	1 051	12	1.13%	1.96	0.10%
2	浙江	4 742	65	1.36%	33.46	0.70%	20	江苏	3 736	12	0.31%	4.19	0.10%
3	山东	3 996	42	1.06%	26.35	0.66%	21	深圳	2 011	10	0.51%	1.14	0.11%
4	河北	2 297	40	1.75%	29.24	1.21%	22	湖南	1 239	10	0.80%	4.61	0.25%

续表

序号	分行	新增贷款	新增不良	不良率	不良额较年初变化	不良率较年初变化	序号	分行	新增贷款	新增不良	不良率	不良额较年初变化	不良率较年初变化
5	上海	2 911	34	1.18%	3.55	0.18%	23	贵州	1 289	10	0.74%	5.98	0.42%
6	广东	2 721	28	1.03%	14.54	0.49%	24	重庆	1 386	7	0.49%	4.18	0.31%
7	内蒙古	882	26	2.98%	13.55	1.48%	25	黑龙江	723	6	0.84%	3.88	0.54%
8	宁波	1 431	26	1.80%	15.48	1.01%	26	吉林	791	5	0.60%	3.59	0.45%
9	天津	1 350	23	1.72%	15.07	1.01%	27	大连	705	5	0.64%	1.31	0.11%
10	陕西	1 038	21	2.05%	11.41	1.01%	28	青海	293	4	1.41%	4.09	1.40%
11	河南	1 913	20	1.04%	15.47	0.77%	29	厦门	643	4	0.59%	1.76	0.23%
12	四川	2 577	20	0.77%	12.38	0.44%	30	新疆	930	3	0.37%	1.35	0.10%
13	安徽	1 638	18	1.12%	5.18	0.20%	31	辽宁	1 207	3	0.28%	0.29	0.01%
14	广西	1 069	17	1.60%	6.13	0.47%	32	宁夏	364	2	0.67%	1.56	0.38%
15	云南	1 068	16	1.45%	6.08	0.46%	33	海南	381	2	0.53%	0.09	0.01%
16	青岛	771	13	1.74%	2.47	0.11%	34	甘肃	817	2	0.23%	1.31	0.15%
17	湖北	2 014	13	0.66%	6.19	0.23%	35	北京	4 224	1	0.02%	0.61	0.01%
18	江西	1 121	13	1.15%	7.26	0.63%	36	西藏	132	0	0.00%	0	0.00%

强化存量移位管理。

进一步完善存量移位与增量并轨管理制度。以降低风险为基本要求，通过存量移位优化行业限额、资本占用、RAROC、潜在风险贷款管理等，统筹协同推动信贷业务压差退劣、做优做强。

完善贷款流量定期评价通报制度。对存量贷款移位与增量资源使用情况按月监测、按季通报。

各行要结合辖内机构发展定位、资源禀赋、资产结构等情况，有效开展存量移位再贷工作，提升信贷资源统筹运用效率。

进一步加快非信贷融资服务发展。运用债券承销、股权融资、金融租赁、委托贷款等非信贷融资解决客户多元化融资需求，力争下半年非信贷融资增加700亿元左右。

适度扩大资产证券化规模。加快资产包组建和证券化发行进度，力争全年发行规模达到400亿元以上；重点对利率定价相对较低的个人存量住房贷款等通过证券化进行转让。

3.1.2 着力开拓标准化融资产品市场

上个月总行成立了个人信用消费金融中心，并在积极筹建网络融资中心，主要想法是，依托“两大中心”对现有信贷经营模式进行改造，实现标准化和专业化信贷业务的分开管理，这是我们互联网金融在信贷领域应用上的重大突破。

个人信用消费金融中心。主要负责个人无抵押、无担保的信用消费贷款业务，是我行全面进军消费金融市场的重要举措。要尽快完成个人信用消费贷款职能整合，开发整合系统，梳理业务流程，推进个人信用消费贷款白名单管理、全线上办理、预先授信、总额度控制、实时监控和系统互通等措施落地。各一级（直属）分行也要在银行卡业务部抓紧成立个人信用消费金融中心，大力推动消费信贷升级发展。

网络融资中心。争取9月底之前在合肥挂牌成立。为客户提供个人质押贷款、法人质押贷款、抵押类贷款和信用类贷款四大类标准化线上融资产品。年末力争贷款新增500亿元，其中，个人自助质押贷款250亿元，法人自助质押贷款50亿元，网贷通200亿元。力争到明年底贷款余额达到2 800亿元。

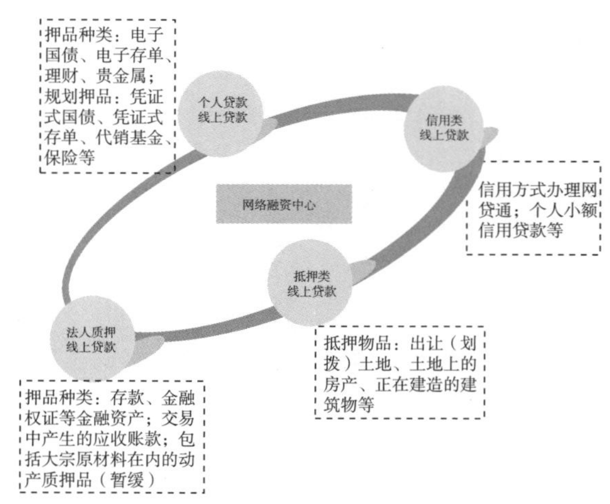

3.1.3　着力拓展优质重点项目市场

基础设施投资、重大项目投资是推动经济增长的重要动力。各行要主动对接国家战略实施和重大工程项目建设，加大信贷投放力度，特别要紧跟“一带一路”、京津冀协同发展、长江经济带“三大支撑带”中的重点项目，落实重大项目名单制管理及配套措施，抢抓优质项目。公司金融业务条线要切实负起责任，加强整体联动，在服务重点区域、重点战略中，要注重产品创新、服务创新、工作机制创新，注重重点项目的服务落地。

1. 提供综合性金融服务

在项目建设期，提供股权投资基金和专项股权投资工具；提供长短期贷款和债券承销业务；为建筑承包商或设备供应商提供供应链融资服务。

在项目运营期，提供短期贷款、债券发行、理财融资、贸易融资，永续债和售后回租等金融服务。

在日常运营中，提供与客户类需求相匹配的结现、理财、B2C、B2B业务等特色服务；公私联动，批量开展企业和项目管理层及员工的借记卡、信用卡、消费信贷等业务。

2. 完善重点项目库

加强与政府、国际金融组织、研究机构合作，多渠道拓宽项目来源，充实项目储备库。

发挥重大项目预沟通机制的作用，及早商定融资金额、利率、期限、担保方式等的掌握原则和条件，尽量将一般性分歧解决在前期，提高储备项目的转化率和成功率。

3. 落实营销机制和责任

根据重点项目名单逐个制订营销方案，责任落实到人，确保项目全程跟踪落地。

实施重大项目优先受理和限时服务制度，开辟重大项目“绿色通道”。

要按照信息共享、利益共享、风险共担原则做好跨区域联动营销，形成营销合力。

4. 推进PPP融资业务开展

主动遴选并储备一批价格调整机制相对灵活、市场化程度较高、需求长期稳定、具有一定经营性现金流的优质项目。

根据项目及融资主体特征设计服务方案，在拓展融资业务同时，探索提供多种形式的股权融资安排。

上半年，我行非金融企业债券累计承销2 169亿元，同比增长24%，承销费收入9.26亿元，同比增长31%，均创同期历史最高。但承销额同业排名第二，有16家分行未完成序时目标。各行要明确目标，把债券承销业务作为对优质公司客户综合化金融服务的核心内容，当地同业排名落后的分行要深入研究市场、客户，找准与主要竞争对手的差距并制定细化措施，全力提升本行承销市场份额，确保实现全年冲冠目标。

3.1.4　着力推动小微金融业务健康发展

为贯彻李克强总理到总行调研重要讲话精神，总行将今年小微企业贷款增量计划由年初确定的1 600亿元调增至1 700亿元。从上半年进展情况看，小微企业贷款增量完成调增后计划的62.6%。下半年，要立足于做实新型小微金融专营机构，加快推动小微金融服务新模式落地，进一步把基础打好夯实，促进小微金融服务快速健康发展。

做实新型小微专营机构

深入推进小微中心试点工作。在完善首批试点行经营模式的同时，加快推动第二批试点，争取到年末再增加100家小微中心。

推动新模式落地。做实市场规划，主动筛选目标市场，实现风控前移；优化业务流程，推行标准化作业模板，提高业务处理效率；发挥好非现场贷后管理作用，做好数据挖掘和交叉验证，强化风险管理；加强队伍建设，提升从业人员专业能力。

打造小微企业拳头产品。继续实施专项计划，从解决客户“痛点”出发，打造小微企业专属产品，推进网贷通、小微商户逸贷卡、小微票据直贴、供应链融资等业务的发展；创新小微企业信用贷款、小微企业商用房贷款以及基于融e购、第三方互联网企业的信贷产品。

实行政策倾斜。加大对小微金融业务在规模、资金、资本等方面的倾斜，同时完善小微企业贷款续贷模式，采取“1+1”、循环贷款、年审制贷款等期限管理方式；认真执行减免小微企业服务收费有关规定，减轻小微企业经营负担。

强化责任机制。理清小微中心各岗位职责，明确各环节主要责任人，在审批下放的同时确保责任落实到位，做到权责统一；推行从业人员部分绩效工资与风险挂钩机制，实现责权利对等，对小微金融机构及人员实行尽职免责管理。

3.1.5　着力加快个人贷款业务发展

个人贷款业务在上半年保持了稳健的发展势头，个贷（不含个人经营贷款，下同）余额达到25 260亿元，较年初增加1 787亿元，同比增长11.25%，完成全年计划的54%。个贷余额占全行贷款余额的比重达到24.55%，较年初提高0.41个百分点；增量占上半年新增贷款的31.8%，展现了良好的业务成长性。下半年，个人贷款业务要围绕六大领域消费工程，创新产品和服务模式，推动个人贷款业务持续发展，增强消费对经济的拉动力。

个人住房按揭贷款。要积极推进个人住房贷款自动化审批，落实住房贷款定价差异化管理机制，在融e购投产个人住房贷款按揭业务，力争到年底个人住房贷款客户达到900万户，按揭贷款较年初增加2 500亿元。

个人信用消费贷款。要以个人信用消费金融中心成立为契机，将个人信用消费贷款与信用卡业务作为标准化融资产品统一管理。在精准筛选目标客户的基础上，依托大数据技术和标准化流程对客户准入、授信、放款、监控和催收进行管理，由总行统一挖掘分析数据、制定授信策略，集中至省分行授信审批，力争90%以上的贷款业务通过系统自动处理，年末规模达到100亿元。

个人自助质押贷款。要扩大质物范围，加快推动基金、保险质押品在自助质押平台上线，结合电子渠道贷款开放式设计项目，从产品流程、易用性、友好性等方面对个人自助质押贷款业务做全面升级，力争全年自助质押贷款累放量达到1 000亿元，余额突破600亿元。

个人抵押消费贷款。重点面向拥有2套以上高价值住房、且有大额消费交易的中高端客户，探索发展个人房屋抵押综合消费贷款业务，稳步创新个人消费贷款。

抓紧启动个人资产池建设。目前，全行个人客户持有的金融资产十分丰富，除了存单、国债、理财产品和贵金属等产品外，与第三方合作机构进行系统对接实现联机止付的质押品（如保险保单、基金等）也可纳入到押品池中。下半年要抓紧启动全行统一的抵质押品管理平台建设，按照“押品评估操作标准化、押品价值管理智能化、押品监测管理动态化”的原则，加快构建涵盖个人金融资产和住房资产的资产池，提高个人资产综合服务业务的营销管理、运营支持与服务能力。

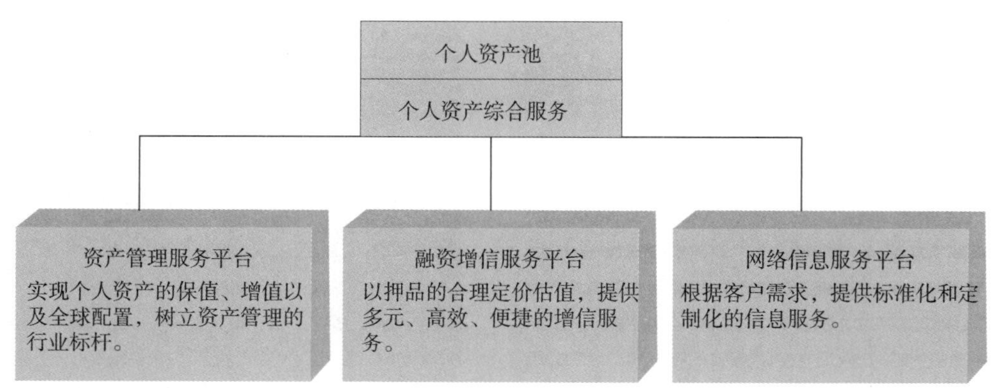

3.2 抓紧抓实各类风险特别是信用风险的防控

要继续坚持以稳定信贷资产质量为重点，全面加强表内表外业务、境内境外机构，以及跨境、跨市场的风险排查与防范，加强信用风险、流动性风险、市场风险、操作风险和声誉风险等的全面风险管理，坚决维护平稳经营、健康发展的良好态势。

3.2.1 坚决打好资产质量保卫战、攻坚战和持久战

把不良贷款率控制在1.45%以内，是下半年要努力守住的风险底线。要逐级、逐专业落实这一底线的坚守责任，落实风险防控与处置的具体措施，不强调客观和困难，不讲条件和理由，真正以保卫战的责任心、攻坚战的决心、持久战的恒心，守住这道风险防线。

	工作目标	上半年情况	完成率	下半年工作目标
不良贷款率	年末控制在1.45%以内	×%	—	1.45%
清收处置	境内分行不良贷款清收处置1 300亿元	734亿元	56.46%	566亿元
	其中现金清收450亿元	269亿元	59.78%	181亿元
逾期贷款	逾期贷款控制在2 300亿元以内	××亿元	—	-549亿元
	剪刀差控制在1 000亿元以内	1 219亿元	—	-219亿元
潜在风险贷款	全年压降1 000亿元	610亿元	61.05%	390亿元

加大不良贷款清收处置力度。

从目前各行不良贷款清收处置方式来看，一些分行处置手段还比较单一，过多依赖呆账核销或批量转让等方式，贷款损失率高，财务资源耗费大。各行要进一步开阔思路，统筹利用现金清收、账户扣收、协议清收、还款免息、单户本金无损失债权转让、以物抵贷、重组转化等一切可以运用的手段，并要探索不良资产证券化新途径，不断拓宽不良贷款处置渠道；要总结推广一批创新方式处置不良资产的成功模式，引导全行从当地实际出发，从每笔不良贷款的实际情况出发，创造性开展处置工作，提高清收处置效率和效益。

通过“四个一批”清处不良。

以物抵债一批。目前，国家有关部门正在修订政策，以解决双边收税成本较高的问题。要密切跟踪政策进展，争取下半年以物抵债50亿元以上。

诉讼追偿一批。要抓住国家打击逃废债、解决执行难问题的契机，通过诉讼解决一批不良资产。对于需要起诉的不良贷款，要积极起诉，并争取首轮查封、优先处置的权力；对于已进入执行程序的资产，要尽快制定抵债或核销方案，确保及时处置。

重组转化一批。要主动跟进国企改革、企业兼并重组等进程，探索通过“重组基金”等投行手段参与企业财务重组，化解不良资产。

新的处置平台解决一批。为拓宽不良资产处置渠道，由工银国际和长城资产管理公司合资成立的长融国银（北京）投资管理有限公司已于6月登记注册。上半年组织了124亿元平台资产包，最终批复并竞价成交90亿元，不良贷款平均受偿率74%。下半年各行要积极组包，力争到年底再组织140亿元左右的平台资产包，受偿率按60%以上掌握；同时，积极探索通过“融e购”等电商渠道处置不良资产，提高资产处置价值。

同时，要深入挖掘清收潜力，加大账销案存资产清收力度。截至6月末，全行共有账销案存资产1 625亿元，要逐户制定清收方案，力争下半年通过现金清收8亿元。

创新处置手段的案例：湖南分行在清收转化某钢材物流园风险贷款中，通过借助政府力量取得较为理想的清收成效。

湖南分行通过政府介入成功化解某钢材物流园4.78亿元潜在高风险贷款。

2009　湖南××钢材物流园内经营钢材的商户共244家。湖南分行积极开发专业市场，运用“联保制”的模式向物流企业发放贷款，最高时贷款总额高达5.6亿元。

2013年1月　受国际钢材价格走低影响，钢贸企业风险逐渐显现。钢材物流园部分钢贸老板失联，168家商铺退租走人，湖南分行4.78亿元贷款形成潜在风险。

2014年3–5月　经过坚持不懈地与地方市委市政府、经开区管委会、公安局等有关部门沟通，湖南分行提出由湘潭XX经济建设投资有限公司下属子公司收购抵押物，先行垫付高风险贷款，然后通过拍卖处置抵押物，得到地方政府的支持，责成公安部门负责追缴跑路商户。

2015年3月　政银企签署债权转让协议。

2015　4月30日，最后一笔0.64亿元债权转让落地。历时1 490天，4.78亿元贷款本息100%现金收回。

完善处置机制。要抓紧制定不良资产管理制度，明确职责、任务和要求；要按照“一次亮底、按季分配”的原则，均衡配置处置资源。要加强督导，继续对不良资产大行实行三级督导；对亿元以上的不良资产大户，切实逐户研究落实处置方案；要完善责任考核，强化对各级行、各相关管理人员、专业人员不良资产处置任务完成率、处置回收率等指标的考核。

加强不良资产处置专业队伍建设。总行将加强不良资产处置工作力量，不良资产处置任务较重的一级、二级分行，要切实组建强有力的不良资产清收处置专业团队，确保不良资产处置工作日常化、专业化和按计划有序推进，避免形成季末、年末突击处置。

坚持依法合规。在处置的过程中要依法合规，严禁触碰监管红线、违反财经纪律。

进一步提高拨备资源使用效率。

年初以来，受不良贷款余额增加和不良贷款核销力度加大（上半年核销315亿元，同比增加188亿元）双重因素叠加影响，集团拨备覆盖率下降至163%，较年初下降43.9个百分点，如上述趋势进一步延续，下半年拨备覆盖率或将触及150%监管红线。因此，必须在有效控制不良贷款增加的同时，更加珍惜有限的拨备资源，大力提高拨备使用效率。

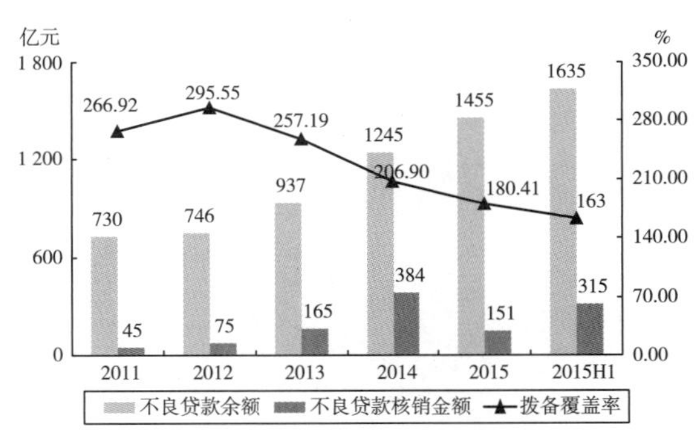

近年不良贷款、核销和拨备覆盖率变动情况

要平衡好不良贷款清收处置需求和拨备覆盖率监管要求的关系。考虑到全行不良贷款增加的实际情况，总行经反复测算平衡，将全年用于核销的拨备资源由年初计划的400亿元调增至600亿元，这与利润目标处于更紧的平衡状态。在上半年已耗用315亿元拨备的情况下，下半年用于不良贷款清收处置的拨备资源只能也必须严格控制在285亿元以内。

努力以有限的财务资源，撬动更多的不良贷款处置。下半年，预计通过现金清收、以物抵债和重组转化等方式，可清收处置不良贷款600亿元左右，通过核销债务人贷款，还可以撬动债务人关联企业或上下游企业的风险贷款转化300亿元左右。按此测算，要用285亿元的核销资源，争取撬动900亿元左右不良贷款的清收处置。各行原则上都要按1:3来申请动用核销资源。

在实现清收处置目标的前提下，压降批量转让规模。上半年不良贷款批量转让386亿元，占清收处置总额的53%，处置成本相对较高。下半年拟批量转让260亿元左右，占清收处置总额的39%。对于上半年已经占用较多核销资源的分行，下半年将从严控制核销规模分配。

全力抓好逾期贷款化解。

截至6月末，集团逾期贷款余额××亿元，如果按照上半年逾期贷款发生率和逾期贷款最终劣变率测算，预计下半年公司逾期贷款劣变××亿元，个人逾期贷款劣变××亿元，再加上逾期超过90天暂未纳入不良的××亿元，下半年境内公司和个人贷款劣变金额或达××亿元。逾期贷款是高悬于全行头顶上的巨大“堰塞湖”，抓好逾期贷款控制、转化对于完成全年不良贷款控制目标至关重要。各级行各部门要采取更加有力的措施，全力化解逾期贷款，确保年末控制在2 300亿元以内。

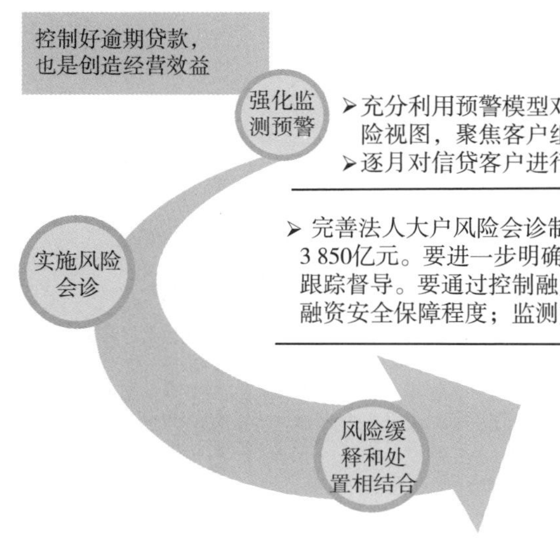

➢充分利用预警模型对行内外数据深入挖掘分析，研发公司客户统一风险视图，聚焦客户组合风险，提高潜在风险预警覆盖率。
➢逐月对信贷客户进行风险筛查，对压降潜在风险情况进行监测督导。

➢ 完善法人大户风险会诊制度。上半年，全行会诊客户712户，涉及我行融资3 850亿元。要进一步明确一级分行、二级分行分级会诊目标客户清单，定期进行跟踪督导。要通过控制融资总量，降低我行融资占比；落实追加增信措施，提高融资安全保障程度；监测资金流向和结算信息，确保资金回笼我行。

对符合续贷条件的企业，用好政策缓释风险，防控贷款劣变；
做好风险缓释、不良贷款处置和质量分类工作的统筹安排，更加有效地掌握信贷资产质量的变化。

抓好重点领域风险防控。

产能过剩行业：

完善产能过剩行业政策和限额管理方式，加快劣势客户退出，进一步推动产能过剩行业的信贷结构调整；加强对国家产业政策调整、产能过剩行业及上下游行业运行状况的跟踪监测分析，梳理排查风险因素及风险客户，强化资产保全措施。

房地产行业：

严控商用房开发贷款总量，逐步降低商用房贷款占比，原则上新项目贷款借款人仅限于总行级优质房地产客户。

利用近期政策调整有利时机，督促借款人加快项目销售，按销售进度及时收回贷款。排查借款人是否存在参与民间融资等可能影响项目建设与销售的风险行为，以提前采取措施化解项目风险。

重点领域风险防控　单位：亿元

序号	风险领域	年初确定的退出计划	上半年退出金额	任务完成率	下半年需退出金额
1	产能过剩行业	100	－66	－65.6%	166
2	房地产	200	－107	－53.7%	307
合计		300	－173		473

地方政府融资平台：

要关注包括土地出让收入在内的地方政府财力变化，特别是财力较弱地区的融资平台贷款风险。对清理甄别中未纳入政府债务范围的融资平台债权，各行要及时与地方政府和债务人协商落实风控及增信措施，保障我行资产安全。

目前关于PPP项目融资及管理的政策细则尚不完善，各地纳入PPP项目库的项目良莠不齐。各行应做好PPP项目融资的遴选工作，既要防范政策性风险，也要避免在财政负债率较高地区大规模介入主要依靠财政收入偿债的 PPP 项目。

下大力气改进和加强信贷管理。

要在深刻剖析和反思资产质量劣变问题的基础上，加快改革信贷体制机制，逐步建立适应经济新常态的信贷经营管理模式，增强信贷业务发展活力和风险防控能力。

优化信贷架构。改进“三级管理、一级经营”模式，构建扁平化、短流程、高效率的信贷经营管理体制。

探索信贷业务分层经营改革，明确试点各层级的经营定位和差异化授权，逐步建立分级营销、差异化经营、分类授权、责任清晰、责权对称的信贷业务新架构。

按照客户群特征和信息技术手段的不同，将全行信贷业务区分为标准化和非标准化信贷业务两类，分别实行差异化的经营管理模式。标准化信贷业务主要针对个人和微型企业等零售类客户信贷业务、大中小型批发类客户中可以实行标准化管理的信贷业务，将重点通过网络融资中心、个人信用消费金融中心进行拓展；非标准化信贷业务主要针对不能实行标准化管理的批发类客户信贷业务，其中，对大中型客户非标准化信贷业务，实行专业化经营；对小企业客户非标准化信贷业务，通过小微中心实行集约化专业经营。

提升信贷经营能力。持续推进信贷“质量管理”和“基础管理”两大工程，进一步加固夯实信贷经营管理根基。

加快经营理念和管理手段创新，实现从“抓好增量、管好存量、做大规模、提升效益”的管理理念向“盘活存量、加快移位、做大流量、创造效益”转变。

加强信贷从业人员资质管理，尤其是各级班子“一把手”和信贷业务分管行长的资质管理。对不适岗的要抓紧调整，提高“专家治贷”水平。

目前全行信贷经营机构首次资质认定工作已经完成，要建立持续监测、动态调整的工作机制，促进各机构信贷经营能力不断提升。

明确和落实责任。

要明确信贷业务前中后台的各自风险管理责任，实行“授权下放、监控上收”组合管理，使责权利相匹配，充分调动前中后台和各级机构的积极性，形成发展合力。

完善不良贷款责任认定和追究机制，切实解决问责面过宽与问责不到位两方面的问题。

总行信贷与投资管理部牵头会商有关部门，抓紧研究论证，拿出优化信贷经营管理体制机制的工作方案。

3.2.2　切实加强代理业务风险管理

要充分认识代理业务尤其是代理投资业务风险增加的趋势，切实本着“受人之托、代客理财”原则，加紧完善代理业务风险管控机制。

1. 化解存量业务风险

信用债。推动存量风险债券的处置；加强信用债评级模型的前瞻性指标监测，排查潜在风险，有效防控新增项目风险。

非标。总分行组成联合处置团队，化解存量风险，一户一策推动处置。

2. 厘清业务边界

要厘清标准化与非标准化代理投资业务边界，对于私募债、永续债、企业债、非我行承销的投资为基础的资产支持证券等形式上是标准化、但实际上是以信用风险为主的代理投资业务，要认清其业务实质，通过控制限额、审核信用风险、落实投后责任、统一风险视图监控等措施，切实防范风险。

3. 规范新兴业务管理

要加强对新兴代理投资业务的管理，对同业结构化理财投资、组合式基金投资业务，要重点关注交易对手或保障退出方的股东背景、资产规模、风控能力等情况，严格准入管理，把各项管理要求落到实处。

4. 落实管理责任

要认真坚持“谁发起、谁负责”、“谁投资、谁负责”的原则，健全尽职调查部门与投资部门、总行与分行责任明晰、协调一致的投后管理机制。

5. 加强准入和限额管理

要区分不同类型的代理业务，实行差别化准入，特别要严格非标业务合作机构的准入，从严控制合作机构数量。

加大限额管理力度，严格执行融资客户、合作机构、行业限额管理的政策制度，未对融资客户、合作机构核定限额或限额不足的，不得开展代理投资业务。

3.2.3　全面防范境外机构、控股机构和资本市场相关的业务条线经营风险

要注重把握新形势下风险的跨市场、跨行业、跨地域特征，密切关注国际国内金融市场波动趋势，完善适应我行国际化综合化发展需要的全面风险管理体系，进一步增强集团风险防控能力。

1. 防范境外业务风险

抓好境外机构信贷管理提升工作，适应境外机构本地化发展，研究出台信贷能力建设、信贷审批完善、异地交叉贷款管理、贷后投后管理、集团风险监控等配套措施。

突出抓好“一带一路”大型项目风险管理工作，明确境内外相关机构的风险管理责任，切实将“一带一路”中的信贷项目打造成经得起历史检验的优质信贷资产。

2. 防范与资本市场相关的业务条线风险

高度关注跨市场业务的风险传染，加强资产管理、金融市场、私人银行等重点业务线的风险防控工作，严格准入管理，完善风险限额管理方案，建立常态化的风险监控和压力测试机制，严格防范金融市场大幅波动对全行经营造成大的冲击。

3. 防范控股机构风险

对工银瑞投的非标准化投资产品，要做好与母行金融资产服务业务管理的衔接，实行风险统一控制，融资

客户或融资项目要经过母行尽职调查和审查审批。对于标准化投资产品，要密切关注产品的净值和流动性变化，加强市场预判，及时调整优化资产结构。

工银租赁、工银安盛风控体系要纳入集团全面风险管理，在准入、授信、风险管理上要发挥分行作用和落实责任。

工银国际要加强资产管理业务相关风险控制制度建设，加快大额不良项目处置，同时要重点关注监管合规管理等方面的问题。

3.2.4 狠抓内控案防工作

要针对当前民间融资风险和非法集资、金融诈骗、网络欺诈案件风险向银行体系传导的趋势，全面落实6月初召开的案件和风险事件防控工作会议做出的“五个必须”和“五个强化”部署要求，打好检查、处罚、整改、制度健全等“组合拳”，及时消除各类风险隐患，坚决遏制案件和风险事件多发势头。

1. 强化重点领域风险治理

要加紧对异常类、敏感类、重点类账户的运营风险核查监督以及柜面监控的定期抽查，加大风险警示与违规查处力度。

持续开展以“存款欺诈、理财产品私售、违规放贷”等为重点的案件风险排查，找出风险点和薄弱环节，进一步做实风控措施，前移案防关口。

2. 防范外部欺诈风险

要充分认识当前第三方支付、电商、P2P、网络融资等互联网金融领域风险多发趋势，特别对网络诈骗、线上业务风险保持高度敏感性，防早防小，防止其蔓延扩散。

要对接外部欺诈风险信息系统与各业务系统的应用，拓宽信息来源，优化系统功能，重点针对信贷和融资、柜面业务、账户及网银开户等领域和环节，加强风险预警和控制。

3. 构建内控监督新模式

要针对作案手段花样翻新、风险转嫁方式更加隐蔽的特点，加快构建“线上”与“线下”交互联动、现场与非现场融为一体的内控监督新模式，加强“线上”系统常态化持续预警与分析报告，健全“线下”违规举报、客户回访、网点机构合规经理现场监督等监督机制，更好地实现“精确制导、精准检查”，及时发现并准确控制风险。

4. 加强监督问责

要严格执行员工从业禁止性规定，坚守职业操守“底线”，特别要严格规范员工营销行为，防止不规范操作演变为员工参与民间融资、非法集资、充当资金中介等违法违规活动。

要重点监督员工大额异常交易，特别是与客户的异常资金往来行为。

要紧盯违规问题的查处，不能“徇情废罚”，始终保持严惩违规行为的高压态势，有力震慑和遏制各类违规行为。

3.2.5 加强市场风险防控

随着利率市场化改革的加速推进，6月末，我行人民币银行账户利率风险敏感度为13.47%，比去年末上升2.45个百分点。据测算，6月28日降息将减少全行2015年净利息收入约20亿元；去年以来的四次降息叠加影响全行2015年净利息收入减少约257亿元，影响NIM收窄约14个基点。要高度关注利率风险对全行经营的影响，进一步完善内外部、本外币定价管理，推动资产负债结构调整，不断提高利率风险管理能力。

利率市场化进一步推进对全行经营效益影响测算

利率浮动情景	贷款利息收入变化	存款付息成本变化	债券利息收入变化	净利息收入变化	影响NIM（BP）
情景一：假设贷款利率按基准利率执行，2015年末30%的定期存款余额执行央行基准利率1.3倍，活期存款执行基准利率，债券收益率下降15个基点。（可能情景）	-42.66	61.34	-2	-106	6
情景二：假设贷款利率按基准利率执行，2015年末50%的定期存款余额执行央行基准利率1.3倍，活期存款执行基准利率，债券收益率下降15个基点。（中度情景）	-42.66	102.23	-2	-146.89	8
情景三：假设贷款利率按基准利率执行，2015年末100%的定期存款余额执行央行基准利率1.3倍，活期存款执行基准利率，债券收益率下降15个基点。（极端压力测试情景）	-42.66	204.47	-2	-249.13	13

积极推进利率风险管理体系建设。

研究制定全行利率风险敏感度管理标准，加强宏观货币政策与市场流动性的分析研判，做好压力测试及应急预案，不断丰富利率风险计量、监测、缓释的技术和手段。

完善利率市场化条件下的利率管理机制，提高精细化、差别化定价能力。

构建按利率敏感度分类管理、以客户贡献度为基础的存款定价模型，实现对各类存款产品按主动负债、利率敏感性高的被动负债、利率敏感性低的被动负债分类管理，按客户综合贡献精准定价，为前台营销部门提供议价依据。

研究稳步扩大 LPR 在人民币贷款定价中的应用方案，逐步积累和培养全行贷款利率市场化定价的经验，促进贷款的量价协调发展。

优化资产负债的品种和期限结构。

结合资金形势、利率和货币政策动向变化，加大存、贷款业务分品种、分期限结构性调整力度，特别要注重在当前利率下行期，严格控制长期限、高成本存款增长，防范资产负债重定价风险。

前瞻性做好利率汇率联动风险的防范。

关注利率汇率变化趋势，及时调整外汇资金内部转移价格，综合采取人民币美元掉期、结售汇等措施有效平衡全行外汇流动性，努力降低外汇资金期限错配风险，确保全行外汇流动性安全，提高资金营运收益。

3.3　切实增强三大战略业务线的竞争发展能力

当前，经济金融改革开放中，银行零售、资管、投行业务领域面临众多的市场机遇，这三大战略业务线支撑和拉动全行盈利增长的作用越来越重要。全行一定要主动研究市场、适应变化，更加积极地推动大零售、大资管、大投行战略的深入实施。

3.3.1　推动大零售战略深入实施

零售业务是商业银行经营的重要基石和稳定器。从上半年零售业务贡献看，在当前经济下行压力大、银行经营面临诸多困难的环境下，零售业务抗周期性强、利润贡献稳定、创新空间广阔的特性更加凸显，全行要切实把零售业务发展作为经营转型的重要着力点，对照年初任务目标，找差距、抓落实、抢机遇，进一步推动大零售战略落地深植。

上半年大零售重点工作落实情况

重点工作		推进情况
战略落地	构建评价体系	初步形成了以“三评价一考核”为核心的零售业务评价体系；客户经理“新客户、新资产、新存款”三新考核已在全行全面实施。
	推动改革试点	从存贷款差异化定价、产品创新等方面扩大对试点行的授权，鼓励分行在零售业务管理体制、资源配置、队伍建设等方面先行先试。81 家试点机构的大零售营业贡献平均为 48.62%，高于全行平均水平 9.96 个百分点，零售贡献平均增幅高于全行平均水平 1.08 个百分点。
创新经营	存款产品创新	推出存款新产品“节节高”及代发工资专属服务“薪金溢”，稳存拓户成效初现。节节高持有客户达到 70 万户，稳定和增长储蓄存款 745 亿元，薪金溢签约客户达到 130 万户。
	贷款产品创新	个人自助质押贷款业务进入快速发展通道，成为消费贷款增长点。截至 6 月末，全行个人自助质押贷款累放 381.9 亿元，贷款余额 246.7 亿元，较年初增加 193.1 亿元。
	远程团队建设	选择北京、广东、江苏（含苏州）、湖北、广西、重庆、青岛 7 家分行启动了个人客户远程维护团队的试点工作。
系统优化	客户信息整合与应用	从客户经理、柜员、个人客户三个维度搭建统一完整的个人客户信息应用视图，目前个人客户经理工作表已投产应用，并实现客户经理 MOVA 考核结果 T+1 日直接展现在工作表中。
	数据挖掘与精准营销	推动零售业务营销模式转型，从资金、客户、产品等维度加速推进数据挖掘分析应用，上半年共开展 30 项大数据精准营销活动。活动覆盖客户 2 782 万户，新增个人金融资产 2 733 亿元、储蓄存款 950 亿元、个人自助质押贷款 107 亿元，新发借记卡 85.5 万张。

进一步加强个人客户拓展工作，持续做好重点客户群拓展。

零售客户拓展情况

项目	净增（万户）	同比增幅
个人有效客户	1 049	20 00%
日均资产 1 万元以上客户净增	497	66 00%
四星级以上客户净增	299	47.00%
代发工资客户	139	2.48%
商友客户	290	17.81%
新型经济组织客户	382	13.21%
代理基金客户	93.44	5.17%
理财客户	162.18	9.99%

续表

项目	净增（万户）	同比增幅
代理保险客户	36	3.03%
个人贷款客户	40.69	4.22%
大学生客户	20	4.32%
信用卡有效客户	299	18.70%
私人银行客户	1.04	31.00%

上半年，全行个人有效客户净增 1 049 万户，同比增长 20%，其中，日均资产 1 万元以上客户和四星级以上客户分别增长 66%、47%，客户规模和质量都有所提升。要不断巩固扩大成果，分析把握客户的源头，

持续抓好重点目标客户群的拓展。当前要特别重视三大客户群的拓展：

个人贷款客户：利用房地产市场回暖以及个人信贷创新产品推出的有利时机，大力发展信用消费、自助质押、房产抵押、综合资产服务业务等，有效拓展个人贷款类客户。力争年内住房贷款客户、消费贷款客户分别达到900万户、130万户。

交易类客户：在持续扩大基金、保险、理财等传统投资理财客户规模的基础上，开展账户外汇、账户贵金属以及其他外币交易在内的促销活动，全方位拓展个人交易类客户。

年轻客户：尤其要将校园一卡通项目作为竞争高校市场和推广“大学生 APP”的重要手段，加强与主要校园一卡通系统集成商的合作，从源头上竞争和拓展大学生客户群体。

不断创新拓展与维护客户的手段。

利用互联网金融服务拓户。

大力推动大学生、商友等特定客户群的金融服务APP 推广，年内确保 APP 用户下载量突破200万。

抓好“融 e 联”市场推广，不断丰富和优化“融 e 行”平台上的重点产品，通过“融 e 行”对外有效拓展新农村、社保卡、养老金、金融同业、银银合作等重点新市场、新客户，对内激活和开发我行存量长尾客户、睡眠户、低效户等客户群体。年内力争“融 e 行”注册客户达到180万户、交易额达到1 000亿元。

利用远程团队拓户。

总结7家试点分行运作经验，形成可复制、易推广的运作模式，三季度实现全行范围推广。

建立远程团队拓户机制，完善远维系统功能，进一步提高专业团队的远程营销拓户能力。

利用大数据分析挖掘拓户。

持续强化个人客户信息基础建设。8月投产《个人客户信息查询表》和《个人客户资料采集表》，实施全渠道的个人客户基本信息输入硬控制，到年末进一步将个人客户信息完整率提升到96%。

投产个人客户智能化营销项目，探索场景式实时短信触发营销模式，构建与客户端对端的智能精准营销通道。

利用网点转型拓户。

抓好网点标准化改革释放人员的转岗培训，充实个人客户经理队伍，提高“走出去”营销拓户的能力。

结合网点智能化改造，以网点为阵地，整合周边线下商户资源，将金融服务从网点延伸到周边商户，提升获客能力。

进一步扩大金融资产领先优势，牢牢树立储蓄存款的基础地位。

上半年，全行个人客户金融资产较年初增加8 045亿元，增长27%，增量创历史新高，但储蓄存款受到资本市场向好等因素影响，较年初仅增加1 778亿元，同比少增2 657亿元；日均新增448亿元，同比少增217亿元。储蓄存款在个人金融资产中的占比67.4%，较年初进一步下降了约3个百分点。

面对客户资产配置格局的趋势性变化，我们既要尊重客户投资多元化的选择，着眼于客户价值创造，及提高我行的综合收益，为客户提供更多资产服务选择；更要认识到在当前利率市场化条件下，储蓄存款以其成本低、稳定性强进一步凸显重要性，不管是否取消存贷比监管，一般性存款特别是储蓄存款永远是基础，发展储蓄存款工作不能有丝毫放松。要进一步把握理财与存款的关系，发挥好双向促进效应，在服务客户多元资产配置中进一步做大个人客户金融资产总量，稳固储蓄存款的基础地位。

完善客户金融资产服务策略。按照客户的年龄、风险偏好、资产规模等设计资产配置模型，为服务客户优化资产配置提供支持。继续按季评价主要代销产品的效益贡献，动态调整产品销售策略，避免低收益代销产品过度分流储蓄存款。

拓展源头资金和储源市场。要依托公私联动营销机制，进一步提高代发工资业务的批量拓户能力，并针对不同群体客户，丰富薪金溢增值系列产品，持续提高代发资金留存率。要抓住储源富集的新农村市场，以服务农村外出务工人员为重点，推出有竞争力的转账汇款套餐，带动存款增长。

切实扭转储蓄同业占比下滑趋势。上半年我行储蓄增量四行排名第三，四行占比12.7%，这与我行的个人客户规模和零售竞争优势是不相称的。各行要深入分析原因，不仅要看计划、确保完成全年目标任务，更要盯住同业，把在当地市场的占比作为重要衡量标准，扎实做好稳存增存各项工作，力争年末市场排名实现争先晋位。

抢抓投资理财资金回流。上半年，我行个人客户第三方存管和基金产品增长逾4 800亿元，占全部金融资产增量的三分之二。针对这类占比高、流动性大的金融资产，要创新与之对接的储蓄产品，引导客户资金在投资间歇期回流。面向第三方存管资金的“存管通”储蓄产品，要确保8月上线。

稳步推进零售业务国际化。

随着中国推动新一轮高水平的对外开放，个人客户资产配置全球化是大势所趋，零售业务的国际化是必然选择。但境外零售业务是一项成本高、培育期长的业务，我们要坚持有所为有所不为的原则，解决好“去哪儿、做什么、发展谁、怎么做”的问题，将有限的资源优先投入到重点区域、重点客户、重点产品，稳妥推进零售业务各产品线的境外延伸。

1. 区域布局上

结合各境外机构不同的牌照、业务规模、市场环境，评价业务发展价值，明确零售业务发展定位与资源投入水平。具体将港澳、美洲机构作为核心发展区域、将湄公河机构作为重点发展区域、将欧洲机构作为一般发展区域，一行一策、梯次推进、重点突破、确保成效。

2. 客户拓展上

重点针对“出国留学、移民、商务、旅游、在华外籍人士”五类目标客户群，整合跨境汇款、开户见证、环球旅行卡、留学贷款、资信证明等出境金融产品，制定一站式“出国金融产品服务包”，打造个人跨境金融服务品牌。

加快信用卡、私人银行等重点零售产品线的境外延伸，尽快完成境外销售布局，加强对境外机构的产品支持。

3. 渠道建设上

重点拓展电子渠道，弥补我行境外机构网络覆盖不足的短板。加快远程在线开户、网银等业务发展，尽快实现手机银行对境外零售业务重点机构的全面覆盖。总结阿姆斯特丹分行、工银加拿大试点经验，在有条件的机构探索直销银行渠道模式。

3.3.2　推动大资管战略深入实施

今年以来，全社会资产管理规模继续保持高增长，银行、证券、基金、信托等不同资管行业之间的跨界竞合趋势愈发明显，资产管理业务发展呈现出新特点，需要我们有新思路、新对策。

面临形势：

竞争环境：上半年，在资本市场大幅上扬态势下，银行理财分流的压力较大，全行理财产品日均规模1.56万亿元，较年初增加3.1%，规模增速趋缓。

客户构成：机构客户的投资占比明显上升，上半年，我行个人理财产品余额8 997亿元，较年初下降10%；机构专属理财产品余额6 951亿元，较年初大幅增长59.5%。

资产配置：在监管强化、市场利率下行、信贷有效需求不足趋势下，传统非标业务发展动力不足，包括债券在内的资本市场相关资产配置占比明显上升。

风险形势：全市场的资产配置对应多元化的风险来源，既有经济下行带来的传统非标项目的信用风险，也有债券违约造成的信用风险，还有此轮股市深度调整导致的市场风险。

应对思路：

坚持“三大原则”：

效益原则：核心是提高“单产”，以市场盈利为导向，合理确定产品价格中枢，更多地在优质投资品上下功夫，力求以一定的规模增长实现更多收益。

需求导向：核心是顺应客户需求多样化的发展趋势和我行的投资管理能力，合理掌握理财发行规模。

风险导向：核心是全面防控实质性风险，按照“受人之托、代客理财”本质，化解存量风险，防范增量风险，全面加强信用、市场、流动性等各类风险管理。

加强“三个协同”：

在产品发行上加强存款与理财协同、在投资管理上加强风险与收益协同、在价值链分工上加强部门之间的战略协同。

1. 抓住“两类客户”，稳步做好产品发行工作。

保持重点产品规模稳定，理财日均余额维持1.6万亿元左右。

机构客户：目前机构客户投资在理财产品中的占比已达到40%以上，而且仍有上升趋势。要加强面向机构投资者的产品研发和营销，合理把握各类机构客户的风险偏好差异，有针对性地拓展业务空间。

行外客户：用好融e联、融e行等互联网营销手段，深度挖掘互联网金融在拓展行外客户方面的巨大潜力；进一步细化行外代销业务操作流程和风控措施，推动代销业务落地。

2. 拓展“两个渠道”，加快培育投资资源。

好资产难求是近年来持续困扰我们的一个难题。从非标投资来看，6月末我行理财非标投资存量4 745亿元，预计下半年将到期1 200亿元，缺口超过2 000亿元，寻找新的投资资源非常紧迫。在当前有效信贷需求不足的情况下，我们要坚持两条腿走路，抓好行内和行外两个项目来源的拓展。

行内渠道：继续鼓励分行推荐投资项目的组织挖掘，进一步优化理财项目投资行业选择，将新增非标项目来源更多转向基础设施等“现金流稳定、成长性好”的基础产业。同时，要重视我行庞大存量资产的挖潜，将扩大资产证券化规模、加快盘活存量与理财投资对接起来，加快推进个贷资产转出业务。

行外渠道：组建专门团队，主动拓展第三方项目来源，进一步加大同业资产、产业基金、混改股权、租赁资产等创新投资，实现与行内项目的差异化发展。

3. 把好“两个关口”，全面加强风险防控。

“项目投向关”：目前出现风险的项目主要来自批发零售业、物业租赁类项目和涉及民间融资的客户，要加强风控分析，进一步强化理财投资项目的推荐管理，明确审查要点，加强对分行的指导。

“投后管理关”：切实落实“谁发起，谁负责”“谁投资，谁负责”的管理机制，业务发起行要建立代理投资项目责任人制度，落实每笔项目的具体责任行和责任人；总行投资部门要指定负责人专司本部门项目的投后管理，确保投后管理不留空白。

3.3.3　推动大投行战略深入实施

上半年，投行收入实际完成113亿元，计划完成率42.75%，要实现全年收入目标难度不小。要加大业务组织推动力度，逐产品、逐分行梳理分析发展机遇和增收潜力，以快补慢、以丰补歉，争取全年任务的完成。

2014—2015上半年并购与股权融资顾问收入增长情况。

1. 在资本市场发展中挖掘商机

多层次资本市场建设的加快，是投行业务再次转型、重装出发的大好机会。尽管当前二级市场波动较大，但我行重点拓展的并购重组、股权融资等业务主要聚焦一级、一级半市场，与实体经济关联度高，客户更加关注项目的基本面。各行要认真梳理辖内上市公司、重点国企和大型民营企业集团的业务需求，开展集中营销，提高投行业务的客户覆盖率。

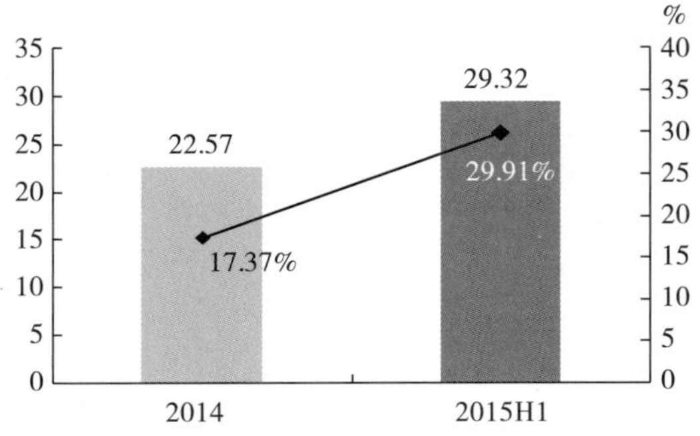

2. 推动投行产品线境外延伸中挖掘商机

抓住“一带一路”建设、中资企业“走出去”机遇，积极服务央企集团、A股上市公司、大型并购基金等重点客户群的海外并购与投资需求。要总结中巴工业园、中非论坛等项目实施经验，增强对新兴市场投行业务的总体规划和落地实施能力，实现项目的集群式对接开发。

3. 在对接投融资客户需求中挖掘商机

紧紧围绕客户综合化投融资需求，整合集团资源，打通融资端与投资端的通道，深化投行、公司与资产管理、私人银行等资金渠道部门的协同联动，为客户提供一揽子解决方案，增强投行业务竞争力。

3.4 在把握经济金融改革机遇中实现业务的提升

今年以来，国家相继出台一系列深化经济金融改革的重要举措，我们要密切关注、及时跟进，充分发挥我行资金、技术、客户、网络等综合优势，抢抓政策机遇，巩固和扩大市场优势。

3.4.1 把握大众创业万众创新机遇，大力拓展对公结算账户

国家大众创业万众创新战略的实施，特别是商事制度改革的持续深入，极大地激发了大众创业热情，市场主体高位增长。上半年，全国新登记注册企业200.1万户，比上年同期增长19.4%，注册资本（金）12万亿元，增长43.0%。我们要抓住机遇，大力拓展对公结算账户，以结算基础性业务带动对公业务竞争力的整体提升。

抓账户源头营销。

1. 企业通

从深圳分行创新推出“企业通”综合服务平台、江苏分行前期推广情况看，极大地便利了新设立企业注册登记，拓户成效明显。今年上半年又有山东、浙江、山西、陕西、广东5家分行与工商管理部门达成合作意向，下半年要加快平台的全面推广。

2. 大额资金监控平台

经过近些年的持续努力，大额资金监控平台应用成效日益显现。上半年，全行累计拓展平台目标客户5 398户，新增存款1 179亿元。下半年各行主管行长要亲自挂帅营销重点目标客户，同时要完善跨行资金流转的联动营销与内部还原机制，发挥资金汇出行与汇入行的营销合力，争取下半年再利用平台新增客户7 000户。

抓优质账户挖掘。

上半年，全行新开有效基本账户20.4万户，但日均金融资产5万元以上对公账户较年初减少3.07万户，账户质量下滑需要引起重视。要以账户维护和拓展为抓手，进一步推动对公板块的整合能力、统筹能力和强化网点的对公服务能力。要通过完善小微企业账户服务平台、加强现金管理产品渗透等多种措施，确保到年末实现5万元以上优质账户正增长。

抓产品经理队伍建设。

目前全行结现专业的产品经理已经有上千名，要充分发挥这支队伍的作用，不仅要激励到位、培训到人，更要压力传导到位、后台专业支持到位，真正让这支队伍走出去，成为优质账户营销的骨干团队。

3.4.2 把握社保改革机遇，打赢营销攻坚战

认真落实总行社保改革营销工作动员会议部署，全面展开营销攻势，确保在这次社保资金分配调整中进一步巩固、提升我行地位。

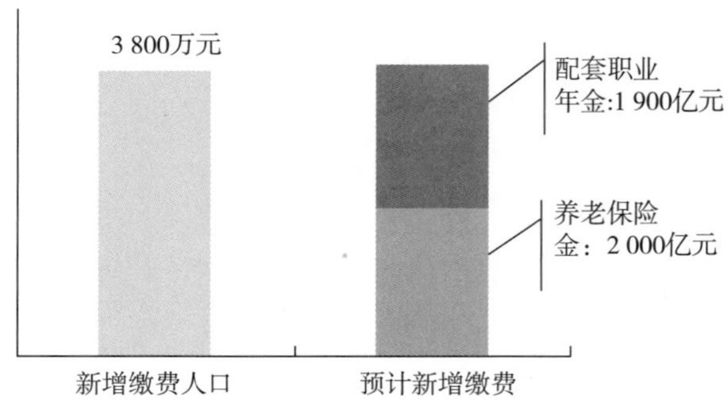

机关事业单位养老金改革潜在市场规模

明确“一把手工程”。面对社保改革这块市场，各家行起点相近，谁更敏锐和迅速，在一定程度上决定着社保改革相关业务花落谁家。各行一把手要亲自督战、亲自攻坚。总行成立了社保领域系列改革联合服务团队，各分行也要成立行长挂帅的专属服务团队，灵活调整营销措施，及时响应市场。

细化和落实工作方案。总行下发了《关于做好机关事业单位养老保险制度改革金融服务和营销工作的意

见》，并考虑将相关量化业务指标统筹纳入分行长的绩效考评。各行要按照总行要求，细化综合服务方案，建立专项营销考核机制，并统筹利用信贷投放、政府债务置换等各种资源，确保核心客户、重点业务领域不失“一城一池”。

发挥“全链条”竞争优势。目前我行社保存款约1.3万亿元，市场占比超过三分之一。基本养老保险基金投资运营改革将使社保资金运用多元化，我们既面临资金分配格局调整、存款分流的压力，同时也为促进存款和中间业务的全面发展、增加综合收益创造了空间。要发挥我行整体优势，推动社保营销从单一存款产品扩展为表内外多业务的综合服务，既争揽资产管理、养老金、资产托管等业务，又有效回流存款，将社保存款转化为低成本结算资金，提高我行综合收益。

3.4.3 把握各类基金设立机遇，推动业务尽早、全面渗透

设立存款保险基金、信托保障基金等，是国家推进金融市场化改革的基础性制度安排，也是完善市场化风险处置机制、维护金融消费者权益的重要举措。目前我国处于建立市场保障基金的探索阶段，随着金融市场的深化发展，未来这类制度性安排的覆盖面将不断扩大，基金的资金存放、支付、投资运作的市场化程度也将进一步提高，金融服务需求空间巨大。我们要密切跟踪研究，对潜在合作领域提早布局；要成立专门团队，建立与客户的定期联系机制，制定专项营销方案。一旦时机和条件成熟，要以快制胜，确保在重要战略业务领域占据有利位置。

当前两类基金市场规模。

存款保险基金：根据当前中国银行业存款水平估算，初期年保险费规模约160亿元，预计5年左右基金规模将突破千亿元。信托保障基金：按新发行资金信托金额的1%计提，预计3年内可突破1 000亿元。

合作领域：

存款：中证金已在我行开立资金归集账户，首批1 280亿元资金全部通过我行账户归集。

资产托管：我行已负责20家信托公司认购信保基金资金归集、发放和后续托管服务。

委托投资：我行具有多项投资管理资格，可根据各类基金的监管规定和经营规划，对其提供全面的资产管理服务。

……

3.4.4 把握地方政府债券发行扩容机遇，深化银政合作

5月份以来，地方债发行全面铺开，预计发行规模由最初计划的1.6万亿元大幅提升至2.77万亿元，并仍有继续扩大的可能。截至7月中旬，全国已发行地方债1.08万亿元，其中我行承销中标1 540亿元，中标比例14.24%。地方债发行的持续扩容，标志着地方政府融资向直接融资进一步转型，对今后银政合作模式、渠道等影响重大，我们要认真研究、积极应对、有保有控、争取主动。

积极参与，抢抓营销先机。总行成立了专门营销指导团队，即将印发做好地方债业务营销管理的办法。各行要加强与当地财政部门的沟通协调，及时了解本省存量债务置换和新增债券的发行计划，加强高层营销，积极抢占市场先机。

2015年地方债发行及我行中标情况

	发行省份	发行规模	我行中标规模	中标比例
公开债	33	9 339.79	1 363.34	14.60%
定向债	7	1 473.23	176.81	12.00%
合计	—	10 813.02	1 540.15	14.24%

好中选优，慎重开展投资工作。地方债发行有助于增强我行政府性债务的偿债保障，但地方债发行利率较低，从已发行情况看，公开债与国债利率基本相当，定向债利率也要低于所置换的存量贷款利率。要认真分析评估地方债投资的市场定价、我行的资金成本及发行体风险等情况，坚持好中选优，按市场化原则慎重开展地方债投资工作。同时，要实行增减挂钩，将地方债投资与融资平台贷款压降工作衔接起来，加强对政府债权的总量控制，防止地方政府债权总量被动增加。

以点带面，提升综合收益。地方债承销发行是密切银政合作的新抓手，各行要以此为契机，营销当地政府加大在我行的存款摆放比例，并带动地方优质项目融资、公务卡、代理国库支付等业务全面发展。

加强风控，做好债务管理。地方债是新的债券品种，要抓紧研究地方债投资中的主体评级、投资授信、信用风险审批等问题，加强投资准入和投后管理。

3.5 努力提升资产负债管理和金融市场的全球化运营水平

当前全行经营面临的三个新变化需引起关注：一是利率全面市场化即将到来；二是资本市场的快速发展对负债总量、负债结构带来极大变化；三是人民币国际化和我行境外业务的快速发展，给集团资产负债管理和金融市场业务带来许多新的课题和机遇。我们要相应完善管理机制，调整业务布局，加快建立市场化和全球一体化的经营管理体系。

3.5.1 强化资产负债的精细化管理

利率完全市场化的时代即将到来，这必然对银行利率定价和市场竞争带来新的课题，但正如董事长所指出的那样，对我们这样一家综合实力领先的大银行来讲，只要应对得当，利率市场化更能将我们在风险管理、信息技术、成本及品牌信誉上的优势发挥出来，赢得市场竞争。全行要以更加积极的态度去看待利率市场化的影

响，并以此为契机，进一步完善工作机制和策略措施，推动资产负债管理水平有新的提升。

理性应对市场竞争。

利率市场化不必然导致存款利率水平上升。利率市场化条件下资金的价格由市场供求来决定，在当前存贷款基准利率持续下调，市场流动性整体宽松的情况下，完全有可能实现既推动利率市场化改革，又促进市场利率保持在合理水平，这也是国家政策的导向。

市场化定价并不是简单、被动接受客户要求。对客户上浮存款利率的要求，我们要认真分析研究，真正抓住客户诉求的核心，提出分层分类服务方案，更多从我行综合服务优势、创新产品、账户合作安全等方面取得客户的理解与支持，维护公平有序的竞争环境。

存款增长并不必然依赖价格竞争。截至6月末，全行一般性存款付息率为2.05%，仅低于中行；而增长最好、增量领先的同业存款，我行利率却是最低的，增长主要依靠我们在结算和托管上的优势。

上半年四行存款付息率比较

项目	工行	建行	农行	中行
一、全口径存款	2.02	2.02	1.98	2.43
（一）一般性存款（不含保本理财和结构性存款）	2.05	1.96	1.97	2.30
其中：储蓄存款	2.08	2.13	1.96	2.42
对公存款	2.01	1.80	1.97	2.19
（二）同业存款（含非存款类金融机构存款）	1.78	2.48	2.33	3.36

要坚持“外松内紧”，在外部定价适度授权，增加分行经营灵活性的同时，存款内部资金转移价格要适度从紧，合理调整存款利率上浮业务的内部点差收益，加大存款付息率同业排名在绩效考评中的权重，及时传导经营压力，引导全行减少上浮利率存款和控制付息成本。

要理性认识利率市场化和存款竞争，保持定力，绝不带头打价格战，积极发挥大行作用，多作正面引导，保持我行NIM稳定在合理水平。

加强资金来源与运用的精细化管理。

要构建分品种、分期限、资产负债相对应的精细化管理体系，探索在总行和重点分行试点推出资金池业务，试点行根据本行市场拓展需求，选择资产、负债业务入池交易和管理，从而吸收部分成本较高但较为稳定的资金来源，以支撑部分较长期限、收益较高的资产运用。

要拓宽资金运用途径，针对当前非存款类金融机构增长较多的实际，适度提高债券、同业存单、票据回购、短期贷款等高收益资产摆布比例，避免出现利率倒挂。

稳步做好大额存单发行管理。

发行大额存单是进一步增加市场化定价负债产品，扩大金融机构自主定价空间的重要措施。虽然大额存单现在发行规模不大，在我行存款中的占比还非常低，但从国际同业经验看，它是商业银行非常重要的主动负债工具之一，如在美国商业银行负债中的占比通常为15%～20%。我们要立足长远，提高认识，把做好大额存单发行管理作为迎接利率完全市场化到来的重要“练兵”。

要坚持大额存单与表内理财增减挂钩。大额存单与保本理财、结构性存款的目标客户群体有较高的重合度，且相对成本较低。要把大额存单发行与压缩表内理财结合起来，做好对高成本负债综合管理、总量控制。原则上，高成本负债余额不得超过一季度末余额。

要坚持以运用定来源。加强大额存单发行部门与金融市场、资产管理部门之间的协调联动，拓宽大额存单资金表外运用渠道，提高资金运用收益，有效消化大额存单发行成本。

切实加强存款稳定性和偏离度管理。

要立足于增加有效可用资金，从客户、产品、服务等各方面夯实工作基础，切实促进存款的稳定增长。

3.5.2　提升资金和资产的全球配置能力

当前我行已经是一家国际化发展布局的银行，截至6月末，我行境外资产3 090亿美元，占集团总资产的8.6%，但我行的全球经营能力还不足，突出表现在资金、资产的全球配置水平相对较弱。随着国家新一轮高水平对外开放，人民币国际化进程加快，以及我行国际化发展战略的持续推进，我们必须前瞻性地将集团资产负债管理由以境内为主转向集团化视角，更加注重从境内外、本外币及各区域优化集团资产负债配置。

统筹资金全球化筹集配置。把握好境内外市场利差的时间窗口，推动境内外多币种资金来源与运用的统筹管理，做好不同期限债务工具在境外的发行，提高集团资金配置效率和运营收益。

进一步强化集团人民币资金统一配置。跟进人民币国际化步伐，结合跨境人民币交易和清算配套设施建设，通过自贸区分行、人民币清算行及境外分支机构等渠道加强人民币资金内外联动运作。尤其要抓住境内资金总体充裕的机遇，继续加大人民币资金的境外摆布，支持境外机构人民币资金拆借、境内银行间债券市场投资、人民币离岸交易等业务的发展，提高集团人民币资金营运收益。

进一步推进境外资金集中管理和筹资工具统筹管理。下半年计划在境外发行30亿～40亿美元的中长期债务工具、300亿～400亿美元的短期债务工具，为境外“一带一路”项目拓展低成本融资渠道，促进资金在低成本地区筹集，高收益地区运用。

进一步加强集团境外资金交易市场建设。充分发挥其在集团内资金融通的主渠道作用，提高境外机构间资金融通效率，实现总行对境外机构资金拆借的系统化管理。

搭建全球资产交易平台。

目标：今年底，全球资产交易平台实现 100 亿美元交易量。

2016 年底，全球资产交易平台实现 500 亿美元交易量，全行国际银团牵头行比例增加 50%。

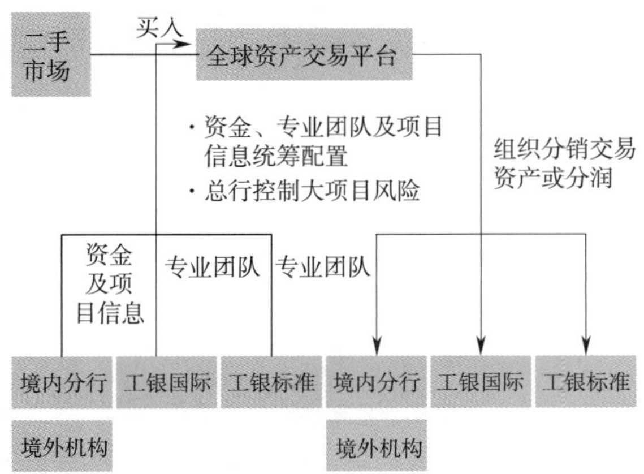

建立全球重大项目信息导流机制及海外银团审贷快速通道，实现境外优质信贷资产的集中统购，并通过交易平台市场化配置到具有资金和成本优势的境外机构，实现全球资金和资产的有效对接。

建立专业交易团队，对大型项目，由总行牵头调配专业团队参与竞争，总行资产交易平台集中承贷，加强对境外机构的服务支持，提高全球融资产品线的竞争力。

建立资产分销渠道，在我行流动性不足或贷款市场价格走高时，择机将储备资产卖出，盘活资产并赚取市场溢价，发挥全球资产“蓄水池”作用。

延伸风险管理手段，集中利用信用衍生产品等创新工具有效对冲风险。

3.5.3　完善金融市场业务全球布局

我行金融市场业务近年来发展迅速，但与国际同业相比，在产品完备性、国际市场参与度等方面均还存在较大差距。正是基于这一考虑，总行抓住时机收购设立了工银标准，全行要以此为契机，进一步加强全球金融市场业务的规划和统筹，充分发挥工银标准等地处主要国际金融中心机构的作用，打造覆盖境内外、多币种、24 小时集中运营的全球运作体系，提升全球市场服务能力与竞争力。

推进境外金融市场业务的分层整合。

按照交易中心、区域性管理机构、一般经营机构，对境外机构实施差别化管理、分层授权，减少对外交易出口，实现风险的集中控制，着力解决境外金融市场业务点多、分散的问题。

在现有汇率、利率、商品及账户类交易 24 小时不间断交易体系基础上，逐步丰富纳入金融市场业务全球布局的产品线。

完善与金融市场业务全球布局相适应的业务制度和系统支持体系，探索建立全集团协同的研究分析机制，为跨市场、多币种资金营运提供信息参考和决策支持。

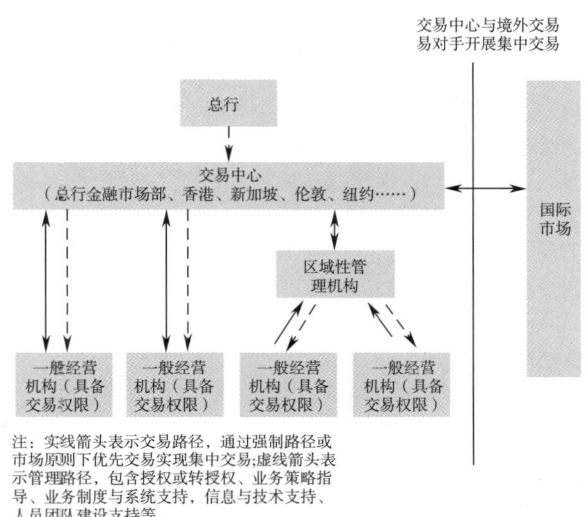

注：实线箭头表示交易路径，通过强制路径或市场原则下优先交易实现集中交易;虚线箭头表示管理路径，包含授权或转授权、业务策略指导、业务制度与系统支持，信息与技术支持、人员团队建设支持等。

推进工银标准与集团的融合发展。

总行已制定印发了支持工银标准健康发展的意见及配套业务联动分润方案，未来 2 ~ 3 年，将是工银标准整合发展的关键时期。全行要强化联动，将集团庞大的客户资源、市场需求与工银标准的产品体系、交易能力对接起来，取得“1 + 1 > 2”的效果，推动工银标准尽快步入规模、效益、质量协调发展轨道。

功能融合。将工银标准纳入集团全球金融市场业务体系，充分发挥工银标准的产品、业务经验、人才储备等优势，将其打造成全行境外 FICE（外汇、利率、信用、股权）和商品业务交易中心、离岸人民币业务交易中心和衍生产品创新基地，使工银标准成为继工银亚洲、工银阿根廷之后，全行又一金融市场业务海外延伸平台。

业务融合。完善业务联动协作机制，金融市场、贵金属、结现等专业要积极总结与工银标准业务合作的成功案例，形成成熟的合作模式，实现快速复制推广；工银标准也要以主动换互动，协同行内其他机构，深挖集团客户有效金融市场需求，加大对新市场新客户拓展力度。当前，尤其要加快我行“走出去”客户全球现金管理等业务的争揽，尽快实现中建、三峡等重点目标客户的业务落地。

管理融合。抓紧研究制定工银标准业务运营、风险管理、报表管理等 IT 系统的优化整合方案，有计划地将现与标银集团共用的系统和由标银集团提供的外包服务转到总行，逐步实现工银标准与集团科技、管理体系的融合，优化支出结构，降低运营成本。

3.6　加快互联网金融发展并整体推进 e－ICBC 建设

要切实抓住当前互联网金融政策和监管环境进一步完善的有利契机，拿出更有力的措施和更有效的手段，加快互联网金融的发展，整体推进 e－ICBC 建设。

3.6.1　进一步加快互联网金融发展

持续完善三大平台三大产品线。

1. 融 e 购

发展“融 e 购”的目的，是要把带来金融服务作为我们的终极目标，各行要下大力气，拓展上线客户的金融服务机会。

B2C 商城力争年末商户数达 1 万户，商品数达 50 万件；B2C 交易额达 3 000 亿元（非金融 300 亿元），注册客户数达 3 000 万户。

完善“基层营销拓展＋一级分行审批＋总行动态监测”的商户审批机制，发挥总分行两个积极性。

围绕智能家居、节能环保、进口商品及房地产、汽车等重点市场、产业链拓展商户，提升上线商品数量和质量。

加快跨境电商发展，研究将西班牙馆升级为欧洲馆，争取年末境外商户达 100 户，商品 5 000 件。

开展比价监测，提高融 e 购商品价格优势，并督促做好物流等配套服务。

融 e 购在拓展客户、拉动贷款等方面的功能已逐步显现。

B2C 新增商户中有 865 户是我行新增客户，占比达 32%。

B2B 新增商户中约 300 户是我行新增客户，占比达 45%。

房地产项目拉动住房按揭贷款 12.4 亿元，其中办理贷款的个人客户中有 1/3 是新增客户。

B2B 商城和采购平台 力争年末 B2B 商户数达到 2 000户，交易额突破 2 000 亿元（非金融交易 300 亿元）；采购平台交易额达到 80 亿元。

充分挖掘优质客户资源，实施“买家推动”策略，提升交易额。

完善和创新结算、融资产品，加大线上数据应用，提升平台价值贡献度。

做好新版采购平台的建设和推广，推广中建采购平台、大理旅游等“B2G”服务模式，争取更多金融、建筑等重点行业大型采购商、地方专门频道上线。

2. 融 e 联

主要定位于客户经理与客户的交互平台，力争今年底用户规模达到 3 000 万户，其中活跃用户达到 2 000 万户。

完善咨询、查询、交易、营销“四大功能”，实现与手机银行、融 e 购、融 e 行、e 缴费等的无缝连接。

3. 融 e 行

主要定位于拓展非我行客户及网点服务覆盖不到地区的客户。

丰富产品，上线薪金溢、账户外汇、账户基本金属等具有吸引力的投资理财产品。

推进跨行资金归集功能实施。

4. 工银 e 支付和线上 POS

加强在融 e 购、工银 e 缴费平台上的应用，拓展公共事业、学校、商店等场景应用，重点发展交易量大、频率高的商户。

注重互联网化发展客户，持续降低柜面渠道开户占比，大力增加活跃客户。

尽快确定第三方支付合作公司，增强跨行收单能力，降低线上交易成本。

研究建立融工行网银支付和快捷支付、第三方快捷支付、跨行及跨境支付于一体的综合性支付平台。

5. 线上融资

运营好个人信用消费金融中心和网络融资中心，推进标准化融资产品的线上发展，尽早实现互联网金融在信贷领域的突破。

优化迭代开发模式。

上半年总行对“融 e 购”、手机银行启动了迭代研发试点，要继续探索建立扁平化、节约化、高效化的研发模式，聚焦于客户的主要痛点，快速研发具备基本核心功能的产品，尽早投入市场进行检验，并不断根据用户体验反馈进行迭代完善。

各部门要进一步明确各自在迭代开发中的责任，确保进一步提高迭代开发的质量。业务牵头部门负责根据客户需求提出产品优化方案；产品创新管理部负责做好需求的统筹整合；信息科技部负责构建适应互联网金融发展特点的研发机制，同时要着眼于长期竞争力的提升，借鉴互联网行业的先进做法，研究重构信息科技体系架构。

加强营销团队建设。

总行层面，已成立互联网金融营销中心，要继续充实力量，完善工作机制，既要抓系统推进，又要抓牵头协调，更要做好直接营销，切实履行好各项职能。

负责牵头全行互联网金融营销组织工作，直接负责 e 支付、线上 POS 的市场营销工作和三大平台、e 支付、线上 POS 的平台建设和运营工作。

建立定性与定量相结合的考核机制。完善分行经营绩效中互联网金融考核内容，增加融 e 联、融 e 行指标。

加强数据支持与培训指导，建立业务推动监测与督导机制。

分行层面，要加快组建互联网金融团队，形成上下协同的互联网金融营销组织体系。

一级分行，要建立营销中心，牵头负责三大平台、三大产品线的营销组织工作；直接负责融 e 购、e 支付、线上 POS 的营销推广工作。

二级分行，要培养并配备熟悉互联网金融业务的产品经理；指导并协助业务人员做好市场营销，解决产品层面的“最后一公里”问题。

3.6.2　加快网点标准化和线上线下一体化建设

目前金融服务和交易加速向线上迁移，尤其是移动金融服务增长迅猛，“去物理渠道化”趋势越来越明显。要使全行 1.6 万家网点持续成为我们的优势，就要加速推进网点转型。第一阶段是解决标准化问题，第二阶段是加快线上线下一体化，构建新应用场景，这是互联网金融时代全面提升网点竞争力的关键，是我们 3 ~ 5 年内必须完成的转型。

既是优势

➢数量庞大，网络发达：我行遍布全国及40多个国家和地区的1.6万多个营业网点，是区别于其他互联网公司的特有优势。

更有挑战

➢网点产品销售额呈下降趋势。上半年个人理财产品网点销售额同比下降7.9%；个人保险产品网点销售额同比下降7.3%。
➢网点柜面交易量呈下降趋势。上半年柜面业务量同比下降6.4%；两年半时间已累计下降10.7%。
➢与线上互动性不强。客户交易日益线上化，网点服务与线上交易互动性不强。

网点未来将干什么，出路在哪里？

第一步：标准化。

经过近两年时间的努力，网点竞争力提升工程取得阶段性成效。6 月末，各项存款达到所在省区金融同业平均水平的网点占比达到 50.2%，较上年末提升 6.1 个百分点；四五级网点占比 28.1%，较上年末降低 1.6 个百分点。网点销售类人员占比达到 27.8%，较上年末提升 1.8 个百分点。

网点标准化改革取得阶段性成效，下半年要全面完成改革任务。

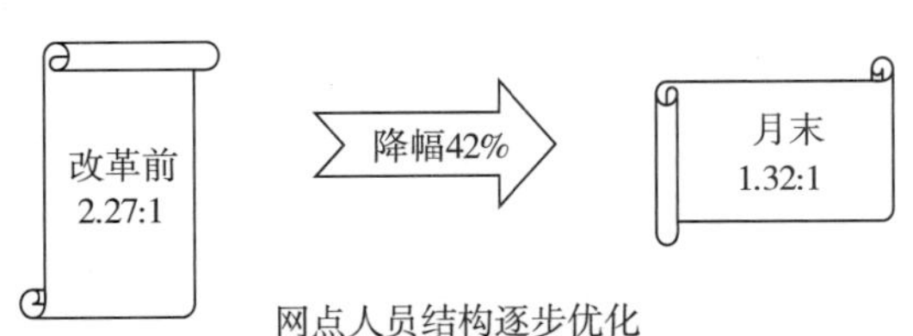

网点人员结构逐步优化

改革以来共实现27 900余名柜员和服务支持人员转岗至营销类等岗位，超额完成原定人员转岗任务目标。

网点业务运营效率有效提升

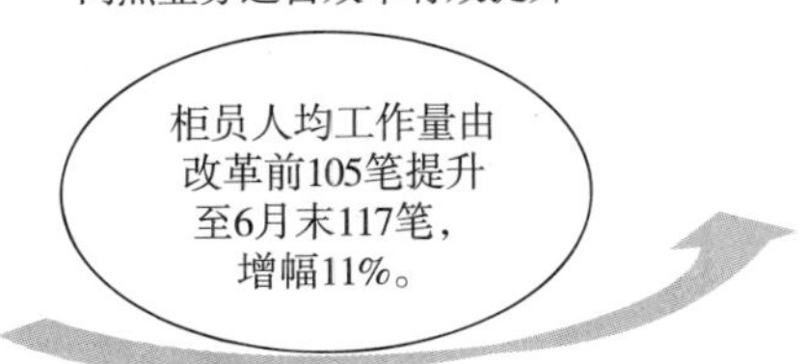

全行普通区高低柜配比日趋合理

下半年要按照既定计划扎实推进，10 月底全面完成改革推广，年底前形成完善的网点运营标准化管理体系。

不断优化网点资源配置，在科学调整高低柜口的同时加强高低柜业务分离处理，以提高网点资源综合利用效能；要切实做好人员转岗和适岗工作，充分释放改革成效。

加快构建网点运营标准动态优化、网点运营分析评价和资源统一调度等网点运营管理长效机制。

第二步：线上线下一体化。

总体思路：着力推动网点的智能化、平台化转型，促进线上线下渠道在客户拓展、信息共享、产品渗透、业务联动、体验提升等方面的融合发展。构建基于网点的更加丰富多样的本地生活服务场景，使网点、周边商家及消费者之间实现更加紧密的连接，成为互惠互利的合作伙伴。建立起以客户和商户为核心、以网点线下渠道为阵地、以线上渠道为纽带的立体化、多元化的 O2O 服务闭环和泛金融化的 O2O 生态系统。

目前进展：

线下：完成了 294 家网点智能化改造；全行所有网点全面开通 WiFi 服务，发挥网点在客户引流、业务拓展方面的主阵地作用。

线上：正在加紧研发工银 e 生活、商户之家、工银 e 商友、工银 e 校园 APP，争取尽快投产。

整体构架：

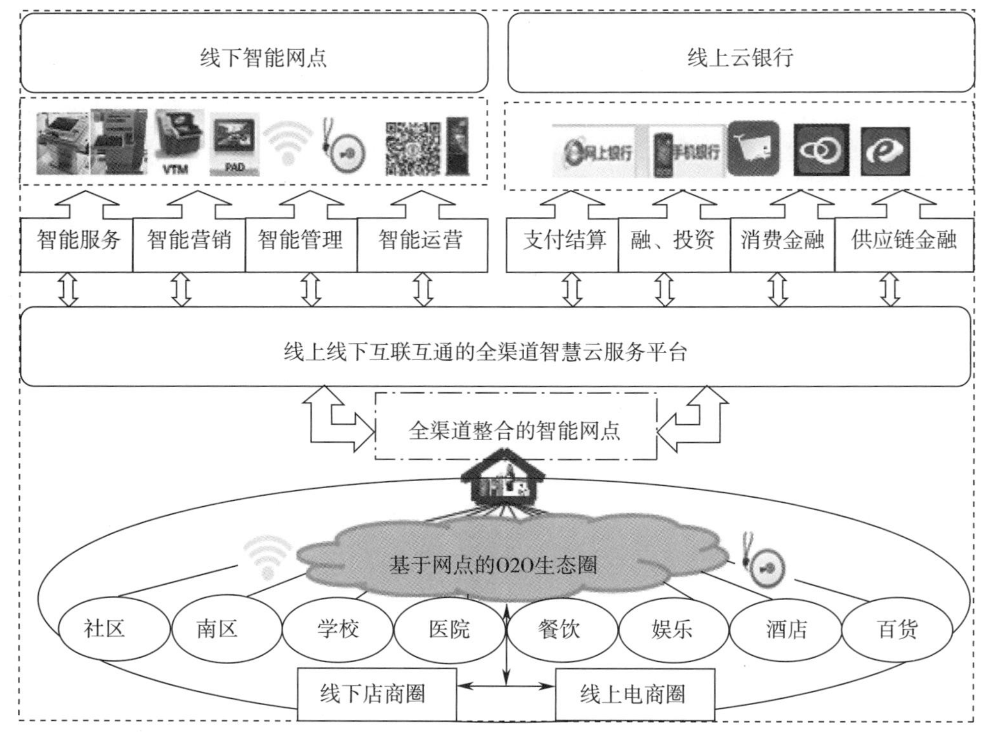

加快网点“两化”转型。着手制定网点 O2O 服务模式的顶层规划，对网点 O2O 服务体系的战略定位、发展方向、整体架构、实现目标、主要任务、具体措施、试点与推广方案、技术运营支撑等配套体系进行全方位设计。

1. 智能化转型

加快线下智能网点建设，丰富网点智能服务，优化网点智能管理，通过搭建 O2O 系统管理平台、研发 O2O 营销服务平台等，实现线上线下全渠道业务接入的整合，使不同渠道实现信息共享与流程互通，进而实现客户在不同渠道的一致体验与无缝连接，构建起线上线下一体化的生活应用场景。

2. 平台化转型

加快网点功能拓展，依托融 e 购、工银 e 生活、商户之家等线上平台，落实网点对商户的网格化营销维护职责，获取账户支付和商户交易信息，建立大会员与通用积分平台，形成基于网点的 O2O 微商圈，将网点打造成为线下店商圈的资源整合平台、线上电商圈的服务体验平台、线上线下数据与信息的交互服务平台，为 e－ICBC战略的实施提供强有力的落地支撑。

3.7　推进各项工作的落实特别是重要改革的突破

年初，总行对年度工作会议部署的 65 项工作进行了责任分解，并相继出台了一系列改革办法和工作意见。总行各部门、各分行要对工作进展，认真进行一次对照检查，抓紧盯实，确保各项工作落到实处取得成效。这里，突出强调两点。

3.7.1　继续抓好盈利梯队建设

今年上半年，一梯队分行拨备后利润占境内分行的比重达到 49.1%，同比提升 1.1 个百分点，对全行盈利主力军和压舱石的作用进一步提升；二梯队分行拨备后利润占境内分行的比重为 27.5%，同比下降 1.7 个百分点，主要是不良资产对利润侵蚀较大；三梯队分行盈利贡献基本保持稳定。

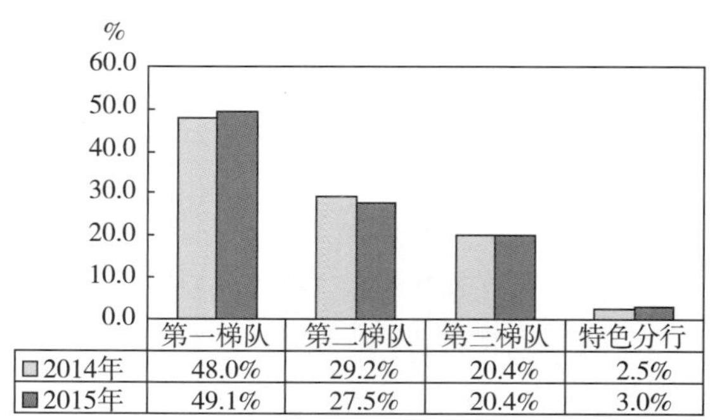

	第一梯队	第二梯队	第三梯队	特色分行
2014年	48.0%	29.2%	20.4%	2.5%
2015年	49.1%	27.5%	20.4%	3.0%

第一梯队：北京、广东、江苏、浙江、上海、山东

第二梯队：四川、河北、湖北、河南、深圳、重庆、安徽、天津、苏州、山西、陕西、福建

第三梯队：湖南、辽宁、云南、贵州、广西、江西、黑龙江、内蒙古、吉林、新疆、青岛、宁波、甘肃、大连

特色分行：海南、厦门、宁夏、青海、西藏

上半年各梯队拨备后利润占比

年初总行在浙江、上海、广东 3 家分行启动了转型发展改革试点，3 家试点分行的改革方案有重点、有目

标、有措施，不是简单的扩权，不是简单的资源倾斜，初步起到了找准业务突破点、积极开展先行先试的作用。如上半年浙江分行大零售营业贡献占全部营业贡献的比重达53.5%，较年初提升6.7个百分点；上海分行在自由贸易账户项下共办理国际贸易融资27.5亿元人民币和4 220万美元；广东分行的省内股权类业务余额增加278亿元、增幅达7.33倍。

下半年推进盈利梯队建设主要措施。

总行要继续加强对浙江、上海、广东3家试点分行的指导支持，及时跟踪监测方案落地情况，及时解决推进中的问题，3家试点分行更要主动作为、注重实效。总分行共同努力，使试点工作充分发挥出对全局性改革的示范、突破和带动作用。

坚持一行一策和差异化支持的原则，着手研究江苏、北京、山东分行的转型发展方案，重点研究北京分行作为第二批转型试点行的思路。北京分行自身也要积极把握“京津冀一体化”、北京行政副中心和航空新城建设等市场机遇，加快战略谋划，争取早日试点。

各梯队分行特别是二梯队分行要实现升级发展。总行要结合京津冀协同发展战略纲要的实施，研究河北分行追赶一梯队方案和天津分行升级发展方案；以实现率先进入一梯队为目标，研究完善四川分行追赶一梯队分行发展方案；继续保持对湖北、河南和深圳分行的战略指导和必要投入，夯实百亿元利润基础；研究评估重庆、安徽分行冲击百亿元利润的方案。

持续巩固提升重点城市行竞争力。

今年以来，全行加大了对重点城市行竞争力提升的推动力度，以点促面、协调推进，取得了良好成效。上半年，50家重点城市行拨备后利润占境内分行的比重为49.4%，较年初提高2.3个百分点。

截至2015年6月末大中城市行本外币存贷款业务发展情况表

城市行	综合市场占比			存款同业排名	贷款同业排名	贷款收益率	资产质量	城市行	综合市场占比			存款同业排名	贷款同业排名	贷款收益率	资产质量
	2015Q1	较上年变化	排名						2015Q1	较上年变化	排名				
合计	32.1%	↓	1	1	1	5.80	1.24	鞍山	18.6%	↓	1	2	1	5.76	0.24
南京	51.8%	↓	1	1	1	5.89	0.16	沈阳	18.0%	↓	1	2	2	6.02	0.66
杭州	45.2%	↓	1	1	1	5.72	0.69	呼和浩特	17.8%	↓	1	1	3	5.83	1.18
郑州	43.5%	↑	1	2	1	5.83	0.23	株洲	39.2%	↑	2	3	2	4.28	2.18
柳州	42.5%	↑	1	3	1	5.82	2.20	襄阳	36.6%	↑	2	3	1	5.75	0.40
中山	41.5%	↑	1	1	1	5.95	0.14	南昌	33.7%	↑	2	2	1	5.88	1.38
武汉	41.2%	↑	1	2	1	5.88	0.24	石家庄	33.1%	↑	2	3	1	6.25	1.21
合肥	40.6%	↑	1	1	1	5.93	0.49	长沙	32.6%	↑	2	3	3	5.62	1.27
昆明	39.2%	↑	1	1	1	5.93	2.73	潍坊	32.0%	↑	2	2	1	5.77	1.50
贵阳	37.2%	↓	1	2	1	6.11	0.85	嘉兴	30.4%	↑	2	2	2	5.60	0.57
绵阳	35.2%	↓	1	1	2	6.37	2.18	洛阳	30.2%	↑	2	1	1	6.23	0.96
济南	33.8%	↑	1	1	1	5.77	1.76	深圳	30.1%	↑	2	2	3	5.18	0.80
东莞	33.7%	↑	1	2	1	5.70	1.39	厦门	28.6%	↑	2	2	2	6.01	1.69
广州	33.7%	↓	1	1	1	5.85	1.45	温州	27.7%	↑	2	2	2	5.66	3.83
台州	33.5%	↓	1	1	1	6.13	1.00	赣州	26.6%	↓	2	2	2	6.15	1.28
太原	33.2%	↓	1	1	1	5.75	1.30	大连	26.2%	↑	2	1	1	5.90	2.13
宁波	32.5%	↓	1	1	1	5.50	2.32	常州	25.3%	↓	2	2	2	5.78	1.08
东营	31.4%	↑	1	1	1	5.91	0.15	烟台	29.2%	↑	3	3	3	5.42	0.79
乌鲁木齐	29.5%	↑	1	1	2	6.04	1.02	芜湖	25.7%	↓	3	2	1	5.74	2.96
兰州	28.0%	↑	1	2	1	6.16	0.50	青岛	24.2%	↓	3	2	1	5.71	2.37
成都	27.9%	↓	1	2	2	6.11	0.94	无锡	23.7%	↓	3	3	4	5.37	2.17
西安	27.6%	↑	1	2	2	5.67	0.96	泉州	23.6%	↑	3	3	2	6.00	4.17

续表

城市行	综合市场占比			存款同业排名	贷款同业排名	贷款收益率	资产质量	城市行	综合市场占比			存款同业排名	贷款同业排名	贷款收益率	资产质量
	2015Q1	较上年变化	排名						2015Q1	较上年变化	排名				
南宁	25.5%	↑	1	2	2	5.77	0.81	唐山	19.3%	↓	3	3	4	6.07	1.39
长春	24.3%	↓	1	1	1	5.88	0.60	苏州	15.0%	↓	3	4	3	5.85	1.04
哈尔滨	23.2%	↓	1	1	1	5.67	0.81	福州	25.7%	↓	4	2	2	5.95	1.16
佛山	22.9%	↑	1	2	2	5.57	1.79								

注：1. 本表按照城市行综合市场占比四大行排名进行排序。

2. 综合市场占比 =0.4×拨备后利润 +0.15×储蓄存款 +0.15×对公存款 +0.15×各项贷款 +0.15×中间业务收入。

3. 综合市场占比及存贷款同业排名为2015年3月末四大行交换数据。

上半年，总行选取了战略地位重要、发展潜力较大的湖南、河北、陕西3家省行营业部和东营、嘉兴和洛阳3家二级分行作为第一批重点提升行，在资源、政策等方面给予一定支持，推动其积极改善经营成效、提升竞争发展能力。

总体来看，6家重点扶持行的竞争发展情况优于50家城市行的平均水平。上半年6家重点扶持行在四大行中综合市场占比为28%，较年初提升0.8个百分点；各项存款占比为26.5%，较年初提升0.2个百分点，其中东营、洛阳分行占比居当地四大行首位；各项贷款占比为26.6%，较年初上升0.2个百分点，其中河北营业部、洛阳分行占比居当地四大行首位。

6家重点扶持行上半年主要经营指标　　单位：亿元

指标	拨备后利润			各项存款			各项贷款		
	总额	排名	占比	余额	排名	占比	余额	排名	占比
河北营业部	10.8	2	28.0%	1 025	3	24.8%	671	1	31.0%
湖南营业部	12.0	2	25.1%	1 081	2	22.0%	905	3	23.0%
陕西营业部	16.9	2	28.3%	1 827	2	28.3%	956	2	24.8%
东营	8.9	1	31.8%	534	1	31.0%	440	2	29.8%
洛阳	4.7	2	31.9%	439	1	29.4%	279	1	31.3%
嘉兴	9.8	2	28.6%	796	2	28.2%	683	2	27.6%
合计	63.2	2	28.3%	5 701	2	26.5%	3 934	2	26.6%

试点是改革的重要任务，更是改革的重要方法。重点扶持行是城市行竞争力提升的突破口，总行要继续完善重点扶持行的制度安排，积极探索城市行竞争力提升新模式，树立城市行竞争力新标杆。各家重点扶持行要积极进取、主动争先，在有效控制风险的前提下，力争实现同业市场排名晋位、系统排名逐年提高。

1. 逐个评估6家重点扶持行竞争力提升方案，明确各行实现综合竞争力首位目标的时间表、措施和配套政策支持，总行要尽早批复方案。

2. 要加强对6家重点扶持行的工作督导，加快体制机制、市场拓展、客户服务、团队建设等改革创新举措的落地，在立足当地实际、特色发展上寻求突破，努力探索城市行经营转型的新模式。

3. 建立上下直通的联系制度，密切跟踪分析重点扶持行竞争力提升情况，推动各项配套政策和资源落地。同时，进一步选择2～3家城市行纳入重点扶持行名单，启动竞争力提升方案设计，逐步形成重点城市行的发展梯队。

3.7.2　打通政策措施落地的“中梗阻”和“最后一公里”

要围绕“干什么，怎么干，谁来干、哪些不能干、为什么要干”等5个问题，搭好天线，接好地线，打掉“中梗阻”，疏通顶层政策到基层实践的阻点，形成上下互动、前后照应、左右衔接，层层压紧的工作和传导机制，让总行的战略举措、政策制度快速落地，早见成效。

探索推进直通式、扁平化管理。有条件的分行可以探索以一级分行或二级分行为单位，进一步扩大集中管理范围，缩短管理链条，将支行、网点从繁重的内部管理中释放出来，有更多的精力参与市场竞争。

1. 在管理创新上

探索推进直通式、扁平化管理。有条件的分行可以探索以一级分行或二级分行为单位，进一步扩大集中管理范围，缩短管理链条，将支行、网点从繁重的内部管理中释放出来，有更多的精力参与市场竞争。

2. 在组织创新上

加强柔性化团队建设。对一些新业务、重点产品的销售、重点客户的维护，要积极组建客户经理、产品经理及柜员等多岗位人员组成的柔性团队，提升集中层次，增强服务能力。

3. 在考核激励上

健全考核激励机制。要按照“责、权、利”对等原则，明晰客户经理对重点优质客户的管理责任，健全客户营销责任制。加大绩效分配与员工业绩的挂钩力度，完善“按劳分配、多劳多得”的激励机制，激发经营活力。要及时总结经验，编制案例，便于全行复制推广。

4. 在信息支持上

继续完善客户营销管理系统，支持客户经理市场拓展、产品营销、客户管理等一站式应用，解决好客户经理对重点优质客户管户的缺位或错位问题，实现客户管理责任落地。

做好 MOVA 在网点、员工“最后一公里”的推广应用，解决好员工、客户业绩计量问题，实现员工绩效分配落地。不断吸收基层行经验，完善系统功能，解决好基层数据需求的一体化、可视化展示，实现数据服务落地。

四、以“三严三实”专题教育为契机，进一步改进作风

要认真贯彻落实刚才姜董事长对全行开展“三严三实”专题教育、从严治党、从严治行提出的新要求，进一步改进作风、锤炼意志，不断巩固深化作风建设成效成果，以更加昂扬的斗志、更加饱满的精神、更加务实的作风攻坚克难，推动全行在严峻复杂环境下的稳定健康发展。

4.1　要坚定信心，担当进取

经济新常态下，全行经营发展面临股改上市以来最具挑战的严峻局面，这三五年或许还算不上是真正的苦日子，但将是各方面都绷得都比较紧的“难日子”，经营压力加大，矛盾困难不少。同时也要看到，随着国家“三大支撑带”和“走出去”等重大战略的实施，国际国内市场机遇也很多，转型发展的空间很大。全行既要正视困难，直面挑战，更要坚定信心，迎难而上，以奋发有为、敢于担当、勇于进取的精神，把压力转化为动力，把差距转化为潜力，把薄弱点转化为新增长点，把盈利平台期转化为增长动能的积蓄期，争取早日度过困难期，实现新一轮更高水平的发展。

4.2　要转变理念，过好“三关”

姜董事长在一季度经营形势分析会和“三严三实”专题教育党课上都强调指出，今后全行经营发展必须要过“三关”，也就是质量关、转型关和创新关。而要过好“三关”，关键在于转变发展理念。质量关现在各行比较重视，因为有切肤之痛，但一些行对于过转型关、创新关的紧迫感还不强，推动力度还不大，根源在于转型发展、创新发展的理念还没有真正树立起来，暂时还可以靠传统的发展方式吃饭，有的甚至是穿新鞋走老路。发展必须转型，转型才能发展，唯有主动适应快速变化的形势和新业态新业务的发展要求，努力使我们的经营管理思想、模式和手段与时俱进，因势而变，才能顺利闯过“三关”，赢得新的发展空间。

4.3　要讲大局、讲纪律、讲规矩

工商银行实行的是统一法人体制。作为有着上万家机构、数十万员工的大型金融集团，其各组成单元的大局意识、纪律意识和规矩意识至关重要。我们面临的形势越复杂严峻、肩负的任务越艰巨，就越要求严明的纪律和规矩，越要求坚决保证全行政令畅通、步调一致，战略执行不能耍小聪明、打小算盘。尤其是在资产质量稳定、利润计划实现等事关全局的重要工作上，必须坚定执行总行计划安排。

4.4　要发扬钉钉子精神，善作善成

对于总行部署的全年任务目标，各行各部门要逐一抓紧落实，确保一步一个脚印抓实，一件一件干出成效。现在，全行经营管理正处在关键节点上，资产质量劣变加快，净利润增长在正负零基附近，如同逆水行舟，不进则退。全行必须进一步增强忧患意识、责任意识，充分利用和发挥集团化体制、资源等优势，咬定青山，紧盯死拧，锲而不舍，努力减缓和化解经营中的突出矛盾和突出压力，确保稳健经营发展。

最近，总行制定印发了集团 2015—2024 年发展战略纲要和 2015—2017 年发展战略规划，明确了今后一段时期全行转型发展的目标任务和措施。各行各部门要认真学习，结合本单位实际抓好贯彻落实。要进一步做好在三五年内过“难日子”的措施准备，尽可能把困难估计得更充分一些，把工作做得更扎实一些；更要坚定发展信心，知难而进，敢于“亮剑”，奋发有为，努力把今年各项目标任务完成好，使新的三年规划实施有个良好开局。

客户引领　创新发展
开拓境外零售业务发展新局面

——在中国工商银行境外零售业务工作会议上的讲话

易会满

（2015 年 8 月 14 日）

这次境外零售业务工作会议是在全行深入贯彻国际化发展战略，持续推动大零售战略实施、深化零售经营转型的背景下召开的。会议的主要任务是，分析境外零售业务发展面临的新趋势新机遇，研究部署今后一个时期境外零售业务的新思路新举措。下面，我结合全行业务发展现状谈三个方面的意见。

一、境内外协同推进，跨境零售业务迎来新发展

（一）境外零售业务保持快速发展态势。工商银行国际化发展从 1992 年在国外设立第一家代表处起步，到今天已经历了 23 年的历程，通过加快全球化布局，用短短 20 年的时间成为境外机构覆盖范围最广的中资银行，走出了一条具有工行特色的国际化发展道路。境外零售业务也从无到有、从小到大，逐渐成为境外机构经营发展重要的业务增长点和收入来源。目前，零售业务全球网络逐步形成，已在 29 个国家和地区开办零售业务。境外零售客户规模持续扩大，已突破 200 万户，达到 208 万户，与中国银行相当；年均复合增长率为 45.9%。金融资产 100 万美元以上境外私人银行客户数 1 515 户，境外网银个人客户数 38 万户，均保持了快速增长。境外机构零售业务经营贡献不断提升，如果把境外机构作为一个整体来看，上半年我们境外零售业务的中间业务收入折合人民币 10.73 亿元，存款余额折合人民币 2 000 亿元，贡献已经相当于一家中等规模的境内分行。

（二）境内分行个人外汇业务稳步发展。境内分行积极把握发展机遇，将个人外汇业务作为大零售战略实施的重要组成部分。截至 6 月末，个人外汇储蓄客户已达到 455 万户，外汇存款达到 153 亿美元，四行占比 26.9%；个人跨境汇款业务量达到 140.96 亿美元，跨境人民币汇款量 9.92 亿元人民币，个人外汇存款、结售汇、账户交易、外币理财等业务同步快速增长。为满足个人客户多样化的跨境金融需求，全行推广了出国金融主题卡、工银环球旅行卡、多币种信用卡、个人外汇储蓄存款通存通兑等产品，个人外汇业务已成为很多境内分行竞争中高端客户的重要抓手，也成为境外零售业务发展可以依托和借力的母行优势。

（三）内外联动进一步深化。全行上下齐心协力，规范联动制度、创新联动产品、开展联合营销，零售业务逐步呈现出境内外一体化服务的新格局。一是已有 31 家境内分行开办开户见证业务，累计为 12 家境外机构见证开立 7.1 万户。其中，私人银行客户联动开户新增 340 户，较上年增长 89%。二是境内外机构组织开展了“工行相伴　全球服务”“惠享之旅　汇通全球”“工行出国金融　畅享境外之旅”“私人银行一站式海外服务活动”等一系列跨境活动联合营销客户。三是银行卡业务方面，总行发挥集团优势，统一与卡组织开展谈判，推动境外机构获得会员资格。工银印尼、工银莫斯科等 7 家机构成为当地银联卡清算代理行。在全球范围深化与历峰集团、雅高酒店集团等国际大型集团的全球商户收单合作。开通境外白金信用卡免费使用境内机场贵宾室服务，并建立 4 家境外信用卡 VIP 客户服务中心，面向全球工银信用卡客户提供服务。

这些成绩的取得实属不易，包含着全行员工特别是海外员工的艰辛努力和勤劳汗水。这几年来，我走过不少境外机构，深深被我们干部员工的敬业奉献精神所感动。有的机构所在国家政局动荡，但是干部员工始终保持乐观向上的工作态度；有的机构条件不太好，但是干部员工仍然保持着高昂的精神风貌；有的机构当地同业竞争激烈，但是同志们直面挑战，交出了一份份不错的答卷。应该说，每一份成绩都饱含着员工的心血，每一份成绩都是大家积极进取、无私奉献的结果。在此，我谨代表总行党委，对全行境外零售条线同志们的努力和付出、对相关专业同志们的贡献表示衷心的感谢！

二、全面认清发展形势，把握境外零售业务发展机遇

当前，全球经济金融格局处于深刻的变革之中，境外零售业务发展道路上充满了机遇与挑战，我们唯有统

一思想，认清形势，找准自身定位，才能准确地把握前进方向。

（一）从经营内外部环境来看境外零售业务的发展机遇。世界经济复苏一波三折，各经济板块运行和宏观政策继续分化，呈现日趋复杂的发展形势。全球经济的持续调整对我国经济带来持续影响，有机遇、也有挑战。作为一家在全球拥有广泛网络和业务布局的大型商业银行，中国经济与全球经济金融的互动，将深刻影响我行零售业务全球化经营的内外部环境。首先，从中国经济发展趋势来看，中国将更加主动全面地融入全球经济圈，国家层面启动实施了“一带一路”战略，大力推动基础设施富余产能“走出去”，加快推进人民币国际化进程并深入开展上海、天津、广东、福建等国内自贸区建设，我行境外零售业务发展迎来了重要的战略机遇期。其次，从个人客户的需求来看，随着美联储加息窗口的不断临近，国际市场资金从新兴市场国家流向美国、从非美元资产回流至美元资产的趋势将比较明朗，预计未来一个时期美元将继续保持较强态势；近期人民币兑美元汇率国内市场和离岸市场上均有一定幅度贬值，引起了全球高度关注，预计人民币汇率形成机制将继续朝着市场化方向迈进。随着人民币利率汇率的市场化步伐加快，随着个人外汇政策的逐步宽松，个人客户全球配置资产、多币种组合配置资产的需求将日益强烈。目前我国是全球主要的留学生输出国和最大的出境旅游国，我们依托跨境客户发展境外零售业务具有得天独厚的客户基础。再次，从境内零售业务发展经验来看，零售业务对全行业务的经营转型和可持续发展具有重要意义和深远影响，已经成为全行经营发展的稳定器。将境内零售业务的先进经验和做法向境外延伸，推动我行境内外零售业务优势互补、良性互动，实现境内机构与境外机构的加速融合和联动发展，成为我行境内外一体化发展、提升零售业务经营贡献的必然选择。

（二）从国际大型商业银行的横向比较来看境外零售业务发展的重要性。一是零售业务对提升我行境外知名度和品牌影响力具有重要作用。零售业务是大型商业银行品牌形象和服务口碑的载体，以花旗、汇丰为代表的全球性银行在世界主要国家和地区形成了覆盖广泛的零售业务网络，为客户提供横跨全球的零售金融服务，在客户中形成了较高的知名度，也提升了这些机构的品牌价值。我们不少海外机构，在当地经营了多年，但并没有在市场上形成足够的影响力，一定程度上就是因为我们在零售客户上的相对短板。二是零售业务对全球化经营起到稳定器的作用。凭借客户众多、风险分散、业务受经济周期波动影响较小的优势，零售业务在国际大型商业银行的经营发展中起到了基础性作用。如富国银行的零售业务占比达 50% 以上，汇丰银行的零售业务利润贡献度为 33.7%。三是零售业务成为大型上市银行市值管理的重要抓手。一家上市银行，零售业务发展得好，抗风险和经济周期波动的能力就强，资本市场上给予的评价就更正面。因此，抓好零售业务经营对于我行市值管理而言也有着重要意义。近期，富国银行再次成为全球市值最高的银行，主要原因就是其零售业务核心竞争优势突出，整体经营更加稳健。

（三）从我行现有服务能力和客户需求的差距来看境外零售业务发展潜力。从汇丰银行的零售业务经营情况看，其在中国香港、英国地区的利润占其全球利润的 60%，其他地区为 40%，已经形成零售业务全球化盈利格局。与全球主要的商业银行相比，我行境外零售业务无论从盈利贡献、客户基础，还是从产品体系、创新能力等方面都存在着较大差距。当然我们也欣喜地看到，工银亚洲、工银澳门、工银阿根廷已经跻身当地主流银行之列，形成集团境外零售业务发展的第一梯队，一批在当地排名居前、盈利能力较强、具有本土化发展基础的第二梯队也在逐步壮大。但要达到或接近国际大银行的水平，还有很长一段路要走，即使与外汇业务和境外零售业务开办较早的中国银行相比，我们的本土化经营程度依然不足，全球一体化服务能力尚有差距，还未能充分发挥中资银行特色优势。我行境外零售业务的规模还很小、贡献度还很低、竞争力还很弱。从日益增长的客户需求看，2014 年，我国各类出国留学人员 45.98 万人，增幅达 11.09%，目前在外留学人员 170.88 万人；出境游客总计 1.09 亿人次，出境消费超过 1 000 亿美元；我国已跃升为全球第四大移民输出国，个人海外房产投资总额为 165 亿美元，同比增长 46%，预计 2015 年或将达到 350 亿美元，实现翻番；境外还有 6 000 余万的华人华侨遍布世界各地。境外零售业务市场潜力很大，亟待我们去挖掘、拓展。

发展境外零售业务突出要解决认识问题，特别是全行上下要解决好境外零售业务为何发展、如何发展这个根本问题，解决好一行一策落实不到位、境内外联动机制有待进一步强化、服务能力尚需进一步提升、集团特别是境外机构对零售业务关注不够、研究不够、投入不够等制约零售业务发展的共性问题。我们一直在思考如何让境外机构在当地成为一家本土化、主流化的银行，零售业务是一个重要标志。应该说，在全球化网络布局基本完成后，如何精耕细作、提升各个机构的竞争力和盈利能力已经是境外业务发展的当务之急。从这个意义上说，现在已经到了关注和发展境外零售业务的关键时期，我们要以高度的责任感和使命感来加快推进境外零售业务的跨越式发展。

当前，发展境外零售业务要坚持四条原则：

一是要坚持优先发展。要从商业银行全球发展规律来寻找境外机构零售业务发展定位，要从境外业务潜力和客户需求寻找境外机构零售业务发展目标和动力，要从境外零售战略的经验寻找境外机构零售业务发展途径。现在绝大多数境外机构的利润是对公板块贡献的，在发展初期我认为是应该的，但要真正做出本地化、主流化，对条件成熟的机构应充分重视零售业务，要优先发展零售业务，补齐海外业务短板。零售业务是一项长线业务、是一项系统性很强的业务，它的发展不是一朝一夕就能实现的，需要我们坚持问题导向、需求导向，从客户做起、从产品创新抓起，一步步推动零售业务的壮大发展。

二是要坚持梯次发展。开办零售业务的29家境外机构面临着迥异的监管政策、人文环境、经济环境，不能按照一套标准、一种机制来开展业务，应该根据资源禀赋和客观条件，实施分类梯次管理，实行差异化发展。具备条件的，加足马力、跨越发展；条件欠缺的，不面面俱到，走特色化发展；不具备条件的，可以先放一放，等条件具备了再发展。不能平均用力。对重点机构要重点投入，境外机构要自我加压、主动作为，集团更应从人力资源、财务资源、科技资源、考核资源等方面加大倾斜力度。

三是要坚持创新发展。要将创新精神融入境外零售业务发展之中，要坚持产品创新、技术创新、渠道创新、流程创新，通过创新来提升竞争能力和服务能力。要深化内外联动，现阶段境外零售业务无法完全独立发展，需要背靠集团、境内分行的支持与帮扶。内外联动是境外零售业务的重要依托，是境外机构发展零售业务的优势所在，必须扎实深入地推进。

四是要坚持合规发展。要依据所在国的法律、监管环境规范地发展，特别要认真地落实反洗钱的有关规定，坚持制度先行，做好内控制衡。

三、细分客户、差异定位、创新驱动，推进境外零售业务快速发展

刚才谈了为什么境外机构要发展零售业务和发展的原则，接下来简单谈一下今后一段时期，我行境外零售业务该如何发展几个具体问题。我想从客户细分、机构定位、产品驱动、联动深化、科技推动等几个方面阐述一下想法。

（一）突出三类客户，夯实境外零售业务发展基础。一是突出海外本地客户。作为一家中资银行，在境外发展零售业务面临着传统观念、用户习惯、服务口碑、监管差异等方面的困难，发展海外本土客户有个渐进的过程。起步阶段，我们可以将海外本地客户首先定位于海外华侨华人客户。海外华侨华人总量庞大，东南亚、美洲、欧洲等地区华人客户群体相对集中，我们首先要努力成为全球华人首选零售银行。从长远来看，发展除了华侨华人之外的本土客户，是本土化经营的更高要求，对于一些有零售业务收购兼并基础的机构而言，尤其需要重视。截至上半年，我行29家开办零售业务的境外机构共向208.22万名客户提供服务，平均一家机构仅有7万多客户，其中客户数超过10万户的仅有工银阿根廷、工银亚洲、工银澳门、工银泰国四家，与我们期望的差距还不小。对于境外机构而言，拓展和维护海外本土客户，是境外零售业务的发展基础，也是最有挑战的部分。有了一定的客户基础，才能实现投入产出的均衡发展，零售业务的盈利性和稳定性才能得以体现。

二是突出跨境客户。随着我国居民财富的逐步增长，随着中国经济与世界经济一体化步伐的不断加快，境内客户对跨境金融服务的需求越来越旺，驱动我国跨境客户群体迅速增长。根据有关咨询公司的报告，境内财富客户的全球资产配置呈逐年递增态势，拥有海外资产配置的超高净值客户和高净值客户比例分别为57%和37%。针对跨境客户群体，我们要细分留学、旅游、跨境投资、移民、华人华侨、跨境电商消费、跨境劳务等不同客户群的特点和需求，深度整合产品和服务，发挥境内境外机构各自优势，整合推出面向不同客户群的一站式、境内外产品组合的跨境金融产品套餐，将目前分散的、条块化的产品线整合形成一揽子、个性化、多样化的跨境金融服务方案，既提升我们在跨境客户群体上的竞争力，也促进境外机构零售客户的拓展。

三是突出境内个人外汇客户。上半年全行个人外汇储蓄、个人结售汇业务的客户数分别为455.06万户和227.09万户；个人结售汇、个人外汇汇款业务量分别达184.67亿美元、140.96亿美元，预计年内将分别突破350亿美元、300亿美元，以两项业务为核心的个人外汇中间业务收入增量、增幅均位居个金业务条线前五位。此外，个人外汇买卖及账户外汇业务实现17.20%的增幅。我们要进一步关注和重视境内个人外汇业务，加快外币理财产品发行，丰富与完善外汇投资交易产品的功能、品种、类型、报价等，帮助客户进行全球资产配置和多币种组合资产配置；要抓住这次美元可预期加息的契机，大力吸收外汇存款，巩固外汇存款在境内外零售业务经营中的基础性作用。

（二）分列三类机构，实施差异化发展。总行按照国际化三年发展规划和境外业务重点产品线规划，根据境外零售业务发展目标，结合各境外机构不同的牌照情况、客户规模、发展潜力，将开办零售业务的境外机构分为重点发展、特色经营、潜力培育三类。

列入重点发展的境外机构，是全行境外零售业务发展的第一梯队，以零售业务全面发展为特征。包括工银亚洲、工银澳门、工银阿根廷、工银泰国、工银美国、工银加拿大、工银印尼、首尔分行、工银马来西亚、新加坡分行10家。这类机构是当前我行境外零售业务发展现状较好的机构。这几家机构所处经营环境的普遍特点是所在地拥有大量华人华侨，客户基础较好，与国内文化相通或相互熟悉、人员之间往来频繁、经济联系紧密，或是我行并购的以零售业务为主的机构。列入重点发展的境外机构，要将成为当地主流零售银行，实现规

模经济、构建全产品综合业务线、实现境内外一体化服务作为工作目标。要将零售业务作为本行经营发展的重要业务板块，全力以赴拓展客户，积极构建包括个人金融、银行卡、私人银行、电子银行、资产管理服务全产品线的综合零售服务体系，一方面积极延伸零售全球化产品，另一方面积极构建本土特色的产品体系，做到量质并举，不断提升零售业务贡献，提升本地主流银行地位和知名度。同时，要紧密依托境内分行，尤其是境内重点外汇业务分行，联动营销留学、移民、旅游、商务等跨境客户，构建境内外一体化服务体系。

列入特色经营的境外机构，是全行境外零售业务发展的第二梯队。要注重走零售业务特色发展道路，不求大而全，先求少而精，包括东京分行、马德里分行、工银伦敦、法兰克福分行、巴黎分行、卢森堡分行、工银新西兰、河内分行、万象分行、金边分行10家。这类机构是已经具备了一定的零售业务发展基础，在特定零售产品条线的发展潜力或优势较大。这10家机构所处经营环境的普遍特点是具有差异化金融市场或监管政策优势，拥有一定华人华侨客户群体，特定业务线延伸具备较好的市场空间和条件。这类机构可根据当地目标客户群特点及本行实际情况，打造特色零售产品线，形成特定市场领域的竞争优势。例如，卢森堡是全球离岸基金最主要的注册地，欧洲机构可以依托此优势，面向高净值客户拓展私人银行业务，特别是以全球理财基金为重点，完善跨境顾问咨询服务体系，不断丰富面向中高端客户的财富管理产品体系。

列入潜力培育的境外机构，是全行境外零售业务发展的潜力梯队，重点依托当地机构的公私业务联动，研究和培育零售业务市场。包括工银阿拉木图、阿姆斯特丹分行、米兰分行、布鲁塞尔分行、卡拉奇分行、孟买分行、华沙分行、工银秘鲁、工银巴西9家。这类机构目前的机构网点数量较少，客户规模小，尚未形成一定的零售业务基础。这类机构可将零售业务作为本行公私联动发展的组成部分，走以电子渠道为主的差异化发展道路，选择性发展零售业务。

对于纳入零售业务重点发展的境外机构，总行将在零售业务发展资源投入上给予倾斜，加强保障，将上述机构列入境内分行联动发展的重点市场领域。对于纳入零售业务特色发展的境外机构，总行将积极支持境外机构搭建资产管理、私人银行、信用卡、移民留学综合服务等特色业务线，结合业务线纵深发展进行针对性资源投入和联动。

在零售业务发展中，各家机构要找准定位，制定适合自身发展的策略。总行也将根据集团整体战略和国际化、大零售战略实施步骤，结合境内外市场情况变化，对境外机构分类进行动态调整，实现对境外机构的弹性管理。在考核上分类施策，对重点行加大零售业务考核权重，对特色行考核特色发展，对潜力行不列入考核指标、只作加分选项，以利业务培育，避免平均用力。

（三）打造“三位一体”的零售产品体系，深化产品创新驱动。境外零售业务发展的核心在于产品竞争力，要逐步构建完善境内个人外汇产品、内外联动产品、境外零售产品“三位一体”的零售全球产品体系。

一是深化个人外汇产品创新与推广。其一，要推进工银速汇推广与创新。作为我行重点打造的跨境汇款品牌，自2014年推出以来，工银速汇获得了客户与市场的高度认可，今年上半年，工银速汇在我行澳元、加元、新西兰元、港币跨境汇款中的占比已超过七成，汇款笔数同比增长分别达到58%、33%、418%、66%。下一步要大力做好工银速汇产品的营销与推广，提升“工银速汇”品牌影响力，继续深化工银速汇转汇产品创新，加快推出英镑、日元等币种业务，提升产品竞争力。其二，要全力提升五项外汇重点业务的市场占比，打造核心竞争力。继续推进个人结售汇、个人外汇买卖币种创新，巩固结售汇币种最丰富的竞争优势，不断提升业务办理便利性。突出账户投资交易类业务的先发优势，丰富与完善覆盖账户贵金属、账户外汇、账户能源、账户基本金属和账户农产品五大账户交易业务的产品线，创新推出柜台外币债券交易，满足客户多元化的投资需求。

二是进一步深化内外联动产品推广。其一，创新推进内保外贷业务营销与推广工作。总行将在近期出台个人融资类保函业务管理办法，支持境内外机构联动对接客户跨境服务需求，打通境内外融资渠道。境内客户尤其是高端客户，可以在境内将金融资产、住房资产进行抵押，由境内分行出具个人保函至境外分行，境外分行根据保函向借款人短期放款。内保外贷对于发挥境内境外分行各自优势，拓宽业务增长点都有着积极意义，是下一步业务发展的重点和蓝海。其二，借助境内外系统一体化优势，继续推动开户见证业务发展，逐步增加开户见证业务办理机构范围。留学生、移民等客户的重点目标国家和地区要全部开办此项业务。其三，继续推动银行卡内外联动业务与产品的发展。研究制定境内授信、营销、申请与境外领卡的便捷流程，推动更多境外机构受理境内信用卡相关业务。统一构建境内外风险信息共享机制，并在有条件的境外机构，积极推进与银联开展境外物理网络合作。其四，实现投资产品融合发展。通过总分行联动、境内外联动，抢占自贸区业务先机，加大人民币离岸市场产品创新力度，并以QDII产品为推动力，积极开展全球稳健投资型境外理财产品的研发，提升资产管理业务的全球影响力。其五，密切关注政策动向，积极把握人民币国际化发展机遇。国家推出合格境内个人投资者境外投资试点（QDII2）后，个人跨境人民币收益转移等经常项目业务及个人投资项下业务有可能进一步放开，各机构要及早着手准备，强化境内外机构之间的信息共享、协同营销，抓住机遇加快推动业务发展。

三是打造境外零售产品新体系。其一，在网上银行、手机银行等自助渠道逐步推广成功的基础上，推动境外直销银行提速发展，加快探索以直销银行为特征的零售银行发展新模式。其二，逐步构建全球投资交易业务产品线。积极研究制定并推进实施境外交易产品推广工作机制，初期可在具有零售业务牌照、监管许可、系统支持并拥有一定客户基础的境外机构加快推广账户贵金属、账户原油、外汇买卖等交易品种，积极提升境外当地市场参与度，持续拓展境外零售业务盈利增长点。创新发展适应境外机构当地特色的投资交易类零售产品，研究探索面向境外个人客户推出人民币债券交易服务，力争逐步在具备零售牌照的境外机构全面健全覆盖汇率、利率及商品等类别的境外投资交易类产品体系。其三，要支持境外机构形成特色资产管理产品线。结合境外机构资产管理业务牌照、销售基础及客户需求，依托集团已有的工银亚投、工银欧洲两大境外资管平台在香港、欧洲等地区设立公募基金，推动国内“T＋0”类理财产品在工银澳门的试点，通过产品销售和投资管理，吸纳离岸人民币资金，拓展资产管理业务的深度和广度，推动实现境内外一体的资产管理发展新格局。其四，要重点建设境外信用卡产品线。坚持“五个统一”和差异化发展原则构建境外信用卡产品线。统一系统，即通过 FOVA 与 NOVA 系统对接，实现信用卡新产品、新功能境内外同步投产；统一授信，即对同一客户一次授信，境内外共享使用；统一监控，即对境内外信用卡实现同步实时监测，实时可干预，风险信息共享；统一服务，即推行“基本功能＋地区个性化服务＋全球共享促销活动”的服务标准，境内外信用卡共享商户折扣、特惠权益和增值服务；统一品牌，即制定统一宣传推广策略。其五，要进一步明确和深化私人银行境外四大中心战略定位，逐步形成香港“全球私人银行和财富管理产品研发平台”、欧洲“全球理财基金管理平台”、新加坡“离岸业务操作平台”、中东“伊斯兰金融业务平台”为核心的发展架构，并借助中资银行在国际主流基金市场首只注册的私募基金“中国工商银行私人银行全球理财基金－SIF”契机，加强全球理财基金子基金建设，建立基金总分销制度，通过结构化票据和联结基金（feeder fund）等方式快速扩大全球理财基金销售网络，突破现有境外私人银行产品瓶颈，满足境内高端客户的全球资产配置需求。

（四）把握三个重要抓手，扎实推进内外联动协同发展。

一是建立统一服务体系，实现境内外客户互荐与共同服务。境外机构，尤其是列入重点发展的境外机构要借鉴境内个人客户星级服务体系，按照客户贡献度并参考各地经济发展水平、同业标准、本地客户金融需求习惯将境外个人客户进行分层，在此基础上实现境内外客户星级服务体系的有效对接，建立全球统一的客户服务体系。依托统一的客户服务体系，通过相互代理开户见证为纽带实现境内外机构的客户互荐和服务对接，夯实境内外零售业务联动发展的基础。

二是开展精准营销，加快境内外联合营销拓展。近年来，全行零售业务发展以大数据挖掘、分析和应用为突破口，组织开展了立体式精准营销，取得了不错的效果。下一步要推动境内外联动精准营销。初期可对客户的资产结构、资金流动、消费习惯、业务需求等方面进行数据分析并分类筛选出跨境往来频繁的商务人士、境外长期居住人士、留学生群体等各类客户信息，由境内外机构通过电话、短信、网银、微信等多种方式联动开展精准营销。待境外机构融 e 联、直销银行逐步应用以后，也可通过这两大渠道推送产品信息。

三是深化机制建设，推动境内外联动协调发展。其一，要加快完善境外零售业务发展考核评价机制。境外机构可以学习借鉴境内考核管理的成熟经验，按照 PBMS（个人客户营销系统）的思路结合境外机构的实际情况对 OBMS（海外客户营销管理系统）进行优化升级。对境外零售业务重点机构要适当加大零售业务在经营绩效考核中的占比，适当加大零售非财务考核指标中的分数权重；对境内分行要加大五项个人外汇重点业务以及跨境零售业务在经营绩效考核中的占比，逐步建立境内分行向跨境客户推荐办理境外零售业务的加分考核及奖励机制，推动零售金融境内外机构协同发展。其二，总行也要加大政策扶持力度。要研究推出同一客户一次授信、境内外共享使用、境外机构尽职免责的相关政策；加大考核还原力度，鼓励境外机构加大初期投入。总行各部门可根据需要向境外机构推荐长期外派人才，派遣业务专家提供短期业务支持，带动系统、业务和产品迅速开办、推广。

（五）发挥三大信息科技优势，加快境外零售业务转型发展。

一要发挥我行在信息化银行方面的领先优势，积极推动 e－ICBC 战略的境外延伸。我们的 e－ICBC 战略在境外市场成功实施后，部分海外机构完全有可能实现零售银行业务的跨越式发展。为发挥互联网金融方面的优势，境外机构要积极配合总行加快海外直销银行战略的研究及实施；要加快线上开户系统研发，增强渠道延伸能力；要进一步统筹整合境内外网银系统功能，为零售客户提供更统一、更适应本土用户习惯、体验更优的网上银行服务。要大力推动境外手机银行建设与发展；要研发推出专供网上支付使用的银行卡产品，加快完善在线支付功能，积极做好在线收单系统研发及营销；要推动融 e 购、融 e 行、融 e 联三大互联网金融平台向境外延伸，加快推进融 e 购海外馆建设，并在有条件的境外机构发展出口电商及境外本地电商业务，推动境外零售业务升级发展；要依托融 e 联构建全球零售客户即时通信平台，逐步将其打造成为境外机构的社交型移动金融服务平台。

二要发挥境内境外系统一体化优势，快速提升境外零售业务的综合服务水平。目前 FOVA 系统在绝大部分境外机构已部署完成，与其他走出去的中资银行相比，这是我们的先发优势。未来 FOVA 系统将遵循开放性、高容量、易扩展的原则，逐步实现各业务系统之间的互联互通和服务集成。依托此优势，我们可以快速提升境外机构零售金融创新发展能力，实现境内外个人客户的统一客户信息和视图，不断完善境外个人账户体系、银行卡体系和支付体系建设，优化境外分行零售金融营销管理模式，构建线上线下一体化营销及服务体系，培育境外机构零售综合服务能力。

三要发挥境外机构特色系统平台的优势，更好地支持差异化发展、本土化经营。目前已有境外机构投产应用了部分特色业务系统，在业务发展中发挥了重要的作用，成为境外机构差异化特色经营的重要依托。后续各境外机构要根据差异化和特色化的经营要求，不断丰富系统的特色功能。

同志们，面对国际国内复杂多变的经济金融形势，我们要统一思想，坚定信心，主动适应客户需求变化，优先发展境外中高端零售客户市场，加快零售产品创新步伐，着力推动业务转型发展，共同开创境外零售业务发展的新局面。

在部分分行信贷资产质量督导会上的讲话

易会满

（2015 年9 月6 日）

刚才，10 家参会分行详细汇报了本行信贷资产质量管理情况，我听了之后总体感觉：一是各行不良贷款处置转化和贷款劣变压力大；二是各行在信贷资产质量管控方面做了大量的工作，在不良贷款处置转化方面做了一些创新，对这些工作要予以充分肯定；三是尽管不良贷款防控难度大，但各行还是有信心的，都在积极努力想方设法完成总行下达的任务。

目前，整个银行业都处在经济环境与经营环境比较艰难的时期，大银行、小银行各有各的难处。工商银行作为一家在全球有着良好管理口碑的大银行，我们要守住一条底线，就是信贷资产质量要处于同业领先的地位，这不仅是姜建清董事长对我们的要求，更是一家上市银行可持续发展的基础。结合今天大家的讨论，我再强调三方面意见。

一、当前全行信贷资产质量面临很大的管控压力

今年以来，全行不良贷款逐季增加，一季度增加××亿元，二季度增加××亿元，三季度前两个月增加××亿元。8 月末，全行不良贷款率为××%，比 6 月末上升 0. 2 个百分点；逾期贷款余额约为××亿元，逾期占比 2. 8%，从可比银行数据来看，我行逾期贷款总量和增量在工、农、中、建四行中最高；剪刀差××亿元，比年初扩大××亿元，其中逾期 60 天以上未减值贷款 440 亿元，这对 9 月末及四季度不良贷款管控形成了巨大压力。

今天参会各分行的不良贷款占全行不良贷款的比重在 50% 以上，总行在批量转让资源分配上也给予了重点倾斜，比例超过了 60%。但总体上看，你们这 10 家分行压力仍然比较大，趋势也不太乐观，不良贷款增幅超过了全行平均水平，情况是相对比较严峻的。此外，从上半年情况看，10 家分行财务资源投入对清收处置不良贷款的撬动比例为 1:2. 3，而全行平均是 1:2. 4；参会的 10 家行之间撬动效应也不平衡。总行提出下半年撬动比例要达到 1:3，这一点在各行今后 4 个月的工作中要充分体现。

二、全行不良贷款管理中存在的突出问题

（一）各分行对不良贷款的预测数与总行目标差距较大。根据目前对各分行预测数加总来看，全行 9 月末不良贷款率预计将达 1. 50%，超过全年 1. 45% 的控制目标，而 8 月末实际不良贷款率已经超出全年控制目标 15BP。各行要进一步加大工作力度，9 月末一定要努力实现将不良率控制在 1. 43% 的目标。

（二）部分分行对潜在风险贷款和预警大户退出不坚决。今年 1 ~7 月，全行累计压降法人潜在风险融资 755 亿元，完成全年计划的 75. 6%，但行际之间很不平衡，部分分行压降任务完成较差，甚至还有个别分行对后续发生不良的潜在风险客户新增了融资，这是非常不应该的。对总行提出风险预警的部分客户，以及总行与

分行共同进行会诊分析并提出明确压控意见的法人贷款大户，个别分行也没有及时落实有效的风险化解措施，甚至继续增加融资，导致风险进一步积聚。如果新的出血点止不住，信贷质量管控就是一句空话。

（三）一些分行不良贷款清收处置过度依赖批量转让，常规处置力量投入不足，清收处置损失加大。当前不良贷款管控中，不良贷款批量转让的处置效率虽然比较高，但损失率也比较大，还消耗了大量宝贵的财务资源，因此不能过度依赖，不能以此完全替代甚至放弃常规处置方式。

（四）处置过程中对诉讼、执行和重组转化手段的运用不充分。截至6月末，全行法人客户中尚未起诉的不良贷款526.6亿元，已诉讼并进入强制执行的不良贷款276亿元，其中183亿元不良贷款尚未制定抵债或核销方案。全行法人客户不良贷款中，抵押贷款余额616亿元，其中拟采取批量转让方式处置的有190亿元，拟采取以物抵债和本金无损失债权转让处置的35亿元，还有390亿元不良贷款尚没有明确处置方案。这也就意味着，现在有抵押物的不良贷款中，除了批量处置之外，其余三分之二的不良贷款基本还没有处置方案。这说明一些分行工作做的还不到位，这也是全行的共性问题。

（五）风险监控和不良贷款清收处置专业队伍配备不到位。各分行在这两支队伍上的人员配套都还存在不足，尽管今天参会的各分行基本上都成立了专职队伍，但在数量和质量上与当前资产质量管控形势的要求还有很大的差距。

上述五点问题在当前各分行信贷质量管理工作中比较突出。当然，还有风险排查不到位的问题，反映出基础工作还不扎实。只有真的把队伍建好了，把责任落实了，风险排查工作的效果就会体现出来。应该说，工作不到位是现象，本质还是对信贷质量管理的不重视。

三、下一步工作要求

刚才魏首席已经给各参会分行布置了近期信贷资产质量的工作目标与任务。要实现这一工作目标，信贷资产质量管控必须要做到“四个结合”，即：治标和治本相结合、近期和远期相结合、行政手段和市场手段相结合、传统办法和创新办法相结合。

各行一把手既要从治标上做好9月末和年底不良贷款的清收转化控制工作，更要从治本上多研究、多思考、多采取措施。首先，要深入分析不良贷款的形成原因，通过反思来尽快构建适应新常态下的信贷经营管理新模式，进一步完善信贷责任和考核机制，进一步提升信贷经营能力，进一步树立良好的信贷文化。同时还要切实抓好新增贷款管理，进一步带动存量贷款盘活，尽快将信贷结构调整优化到位。应该说，当前全行不良贷款的形成除了客观原因，还有一些主观原因、共性原因。比如，总省行对信贷经营顶层设计和营销指导不够，信贷结构更多取决于基层行选择哪些客户、营销哪些市场，信贷经营“头重脚轻”的问题比较突出。比如，在发展小企业和贸易融资业务过程中，基础管理没有跟上，能力建设没有跟上，责任落实不到位，在经济增速下行期间出现了比较大的风险。比如，信贷队伍建设上，年轻客户经理偏多，经验不足、风险意识不强，加上基础管理不认真、不扎实、不到位，信贷经营“前轻后重”，导致风险“病从口入”。比如，考核压力下，管理者信贷经营相对短视，容易患上“急性病”“近视眼”，不能很好地兼顾长远发展。比如，奉行流程至上，信贷经营只重形式合规、流程完备，轻视实质风险，出现名义上“大家负责”、实际上“大家都不负责”的问题。当然，我们信贷经营上也有很多长处和优点，但面对严峻的信贷质量形势，还是希望大家能多找差距、找问题、找不足，更加系统、全面、有针对性地加以治理，才能真正使今后的信贷经营更加科学，使信贷质量从根本上得到有效提升。

下一步希望大家围绕“四个结合”，认真抓好以下三个方面的工作：

（一）加大逾期贷款催收转化和不良贷款清收处置力度，确保完成9月末不良贷款控制任务。只有9月末不良贷款控制目标实现了，完成年底控制目标才有基础。不良贷款防控工作结果体现在期末，但功在平时、贵在坚持。一是各行要对照8月末逾期超过60天的客户清单，逐户分析风险化解的可能性，及早落实还款资金和风险处置方案。对于仅积欠利息的客户，要努力争取将客户实际欠息天数压缩在90天以内，防止贷款劣变。对尚能偿还利息仅本金逾期的客户，要及时结合客户现金流情况调整合同要素和还款计划，把握时机做好衔接。二是加大常规方式处置力度。总体上各行要按照呆账核销与不良贷款清收处置额1:3的比例使用核销资源，即大致上现金清收三分之一、呆账核销三分之一、重组转化三分之一。三是做好批量转让处置，提高处置回收率。总行在审批呆账核销时要重点关注分行利润完成情况和资产包处置回收率，优先考虑利润计划完成好的分行和回收率高的项目，其中转让至总行不良处置平台的资产包的处置回收率要在60%以上。目前总行还计划通过工银租赁来化解一些不良资产，但做这些业务不能留有后遗症，不能今天做了很多创新，却为今后留下财务包袱。对此前已转让的平台资产包，相关分行要按照总行受托资产管理办法的规定，做好受托后资产的管理与清收处置，不能一转了之，这是一种责任和担当的表现。希望大家回去以后，把工作抓早抓细抓实，把9月底的任务完成好。

（二）加强信贷基础管理工作，进一步增强风险防范的主动性和前瞻性。一是层层落实责任。经历了十多年的经济上升期，部分二级分行信贷管理、风险防范等工作还存在较大惯性，“重市场、轻风险”“重形式、轻实质”的观念比较严重。各行要清醒认识当前的信贷经营形势，全力打好信贷资产质量的攻坚战、保卫战和持久战。要充分调动二级分行在风险防控上的主动性和积极性，加大责任落实的力度，特别是要落实二级分行行长的责任。

二是重视团队建设。各行要按照总行的要求，加快组建专门的监控团队和处置团队，配备业务能力强的人员。各分行信贷管理部都要有专门的监控团队，既要落实好总行的监控信息和管理要求，也要主动加强属地监控，做好上下衔接，使全行的信用风险监控工作形成闭环。总行对不良贷款处置团队建设已有明确的文件要求，今天参会分行中的9家分行也已经成立了不良贷款处置团队，但力量还不够。在座的各位行长要高度重视这个队伍的组建工作，这不是临时性的机构，人员配备要强一些。要充分认识到抓好不良贷款清收处置，实质就是在抓利润。

三是不良贷款的清收处置要坚持一户一策。各行要结合各自的省情行情和风险实际，逐户研究不良贷款处置预案。今天的会上，很多同志提出了不少好的经验做法，要把这些成功经验、成功做法、成功案例推广好，提升不良贷款清收处置的能力和水平，少走弯路。

四是落实增信措施，做实抵押资产，有效防范虚假担保、过度融资，切实提高信贷管理水平。事实上，很多保证实际上并没有相应的担保能力，本质上就是信用方式，要破解保证担保占比过高的问题，进一步提升抵质押贷款比重。部分区域的信用证短证长用、资金挪用、过度融资等问题比较突出，扣除保证金后风险敞口较大，相关分行要从省行层面做好后续的资金和资产追偿工作。

五是积极争取省市两级地方政府及金融办和人民银行、银监局等监管部门的支持，利用政府的影响力打击逃废债行为，维护地方金融生态环境。各行要把自身的不良贷款排好队、算好账，在债务承接、企业重组转化等方面争取地方政府的优先支持和特殊政策。另外，还要关注部分区域不良贷款打包处置较多可能带来的负面影响和蔓延趋势，及时采取有针对性的应对措施。

（三）加强新增贷款、存量移位贷款的风险把控，切实堵住新的出血点。现在的新增贷款就是今后的存量贷款，抓好新增贷款质量防控是对未来的资产质量负责，是信贷风险防控一项基础性、根本性的工作。现在全行存量贷款大致11万亿元，每年存量移位再贷约2万亿元，加上新增约1万亿元，每年实际新投放约3万亿元，按照这个速度，3～5年就能把整个贷款大盘子转一遍。因此，只要把新增贷款质量管好了，集团整体资产质量就能管得住。在把控新增贷款质量这个问题上，在座的各位一把手，包括总行相关部门在内，都要围绕怎样止住新的出血点去做好工作。

第一，要着力拓展信贷优质市场，加快调整优化信贷结构。要主动适应当前经济的运行特点与规律，选好新的市场方向、选准新的业务增长点，集中营销一批优质重点项目。营销一定要坚持顶层设计、统一规划，不能以基层机构的信贷选择来决定全行的信贷结构。近期总行根据京津冀一体化发展战略，开展了对北京这一重点市场的集中拓展，配套完善了相关政策，并进行了产品创新，目的是为了紧紧抓住北京行政副中心建设、新机场建设等新的重大业务机会，预计会有比较好的效果。这种模式可逐步拓展至上海、深圳、广州等经济发达区域，各省行也要按照这个思路找到自身发展的优先和重点地区。当然各行所处的经济环境存在很大差异，可以做选择性的营销拓展。需要提醒大家的是，在拓展重点市场的过程中，一定要按照市场化原则来做政府项目，不能再穿新鞋走老路。从投向选择上看：一是在分析掌握省情行情的基础上，做好重点项目、优质项目的营销。总行和省行对这些项目要主动规划好，谋划好市场。二是对于房地产贷款，要突出把握好结构，坚持好中选优。有的分行为了增加业务收入，把贷款重点投向三四线城市和三四级的开发商，这是本末倒置的行为。三是加大个人贷款投放力度，努力挖掘个人住房和抵押类贷款的潜力。四是结合即将成立的总行网络融资中心的挂牌运营，积极拓展互联网金融标准化产品。五是坚定不移地发展小企业信贷业务，标准化产品走线上融资模式，非标准化产品走线下集约化专营。各行要在把握投向的同时，还要高度重视企业过度融资的问题，不要被表面的“繁荣”假象所迷惑，有的企业这个问题非常严重。

第二，要研究加强二级分行信贷能力建设。二级分行是经营管理的基本核算单位和经营基础，信贷经营的重要战场在二级分行。目前经营中的“头重脚轻”“前轻后重”“病从口入”“近视眼”“急性病”等问题也集中表现在二级分行。各行要认真考虑如何解决二级分行在信贷经营管理和机制、队伍等方面存在的问题，科学界定二级分行的信贷责权利，使二级分行信贷经营能力能有明显提升。

第三，要坚决杜绝为防范风险再增加风险敞口的行为。这要作为一条严肃的纪律，希望全行要严格地掌握和执行。在风险敞口掌握上，特别是新增融资方面，不能为了解决老问题，再滋生大量的新问题。对确定的潜在风险客户，退出态度要坚决，不准新增融资，谁增加新的融资，就追究谁的责任。

各行在确保完成9月末和年末不良贷款控制目标的同时，要更多地前瞻性研究今后的信贷经营布局、架构、模式等核心问题，相信只要把信贷经营战略真正思考清楚，日子再难也会一年比一年好过。如果仅仅是限于不良贷款处置，治标而不治本，日子则会一年比一年难过，永远见不到底。

在中级管理人员岗位胜任力强化培训班学员座谈会上的讲话

易会满

（2015 年 9 月 17 日·根据录音整理）

很高兴来杭院参加这次座谈会。听了大家刚才的发言，觉得特别接地气，你们反映的经营管理中的一些问题和建议都非常好，说明大家都在认真思考如何更好地贯彻落实总行战略决策部署，把工作抓得更实、做得更好。大家谈的面很宽，有关于市场拓展的、有关于经营管理的、有关于团队建设的、还有关于风险防控的，尤其对利率市场化、互联网金融、转型创新等当前热点问题谈了很多体会和思考，总行有关部门要带回去很好地研究。下面，结合大家的发言，我谈几点想法。

一、二级分行要勇于承担更大责任、发挥更大作用

城市行作为基本经营核算单位，是工商银行成立以后确定的基本经营原则，也是我们一直以来所坚持的。现在全行共有 434 家二级分行，其中 289 家是像嘉兴、湖州这样的地市分行，还有 100 多家是北京、上海等城市行里的支行。二级分行的经营主阵地在城市，你们在城市的经营情况很大程度上决定了全行的经营情况，重要性不言而喻。可以说，城市行强，则工商银行强；城市行弱，则工商银行弱。经济发展新常态下，二级分行经营面临的总体形势比较严峻，问题和挑战比较多，这些困难有共性的，也有个性的。姜董事长提出要“过三关”，也就是质量关、转型关、创新关，相信你们也有很多体会。

这三关中，“质量关”是核心。所谓“成也信贷，败也信贷”，一个行如果经营得好，通常是信贷经营基础比较强；相反一个行经营出问题，大多也是“坏”在信贷上，信贷经营出了问题。今年全行要拿出 600 亿元左右的财务资源用于核呆，这在过去是不敢想象的，十年前（2005 年）全行税前利润还不到 600 亿元，净利润只有 377 亿元。但即使拿出这么多资源，并且运用重组转化、清收处置等多种手段消化不良以后，全行不良贷款绝对额还可能增加××亿元，即当年劣变超过××亿元、新发生不良率达到××%。目前全行有 70 多家二级分行的不良率超过了 3%，占全部二级分行的比重超过 15%，面比较宽、量也不小。由于贷款劣变较快，导致拨备提取大幅增加，今年以来净利润始终处于零增长的临界点。也就是说，尽管不良贷款消化能力增强了，尽管不良率仍处于国内外同业较好水平，但信贷经营形势之严峻、对全行整体经营影响之大，是近些年少有的。所以董事长说第一关是要过好“质量关”。

第二关是“转型关”。现在经营转型面临的问题，主要是利率市场化、汇率形成机制改革、互联网金融等政策变化和新技术发展带来的挑战。记得十年前，杨凯生行长曾说，未来中间业务收入超过千亿元的时候，我们应对利率市场化就会比较主动。去年全行的中间业务收入都 1 400 多亿元了，但为什么还是感觉经营压力很大呢？因为这个论断的一个假设前提是，面对利率市场化等挑战时，我们已经走出了信用风险的泥潭，也就是说信用风险已经管控得很好了，这样应对市场风险就能够很主动了。但现实情况是，我们面临的信用风险不是小了，而是更大了；同时又增加了利率风险、汇率风险、资本市场波动风险等市场风险，以及外部输入性风险、内控案防风险等操作风险，各种风险交织和叠加，加上外部经营环境、竞争形势的变化，给我们经营带来很大压力，迫切要求我们进一步加快经营转型，过好“转型关”。

第三关是“创新关”。当前环境下，传统的经营路子已经走不下去了。比如信贷，全行存量贷款余额 11 万多亿元，每年新增信贷 1 万多亿元，不仅需增加资本占用 1 000 亿元以上，而且面临的风险也在加大。西方投资者不看好中资银行的一个重要原因，就是认为我们的信贷盘子太大、风险比较高。在境外路演时，我从不强调我们是全球最大的信贷银行，因为这是一个非常复杂的指标，大不等于强。西方银行通过资产证券化将贷款出表，一年下来贷款总额没有增加多少，但收益却增加了。反观我们，资产规模越做越大，仅七年时间我们的资产规模就从 10 万亿元增加到 20 万亿元，照这样下去，再过 10 年就会做到近 40 万亿元，那时我们还能管得住、管得好吗？传统规模扩张的路子已经很难再继续走下去了，必须加快创新、推动转型，过好“创新关”。

关于这些问题，我利用出差、调研、开会等机会跟省行的同志交流得比较多，跟二级分行的同志交流还不是很充分。二级分行是工商银行重要的经营主体，是全行承上启下的关键一环，作用举足轻重。总省行的战略需要包括在座各位在内的二级分行一把手认真准确地来落实执行，你们经营得好了，全行才有希望；离开你们，工商银行的战略就只能是一句空话。希望大家切实增强使命感、责任感，勇于承担更多责任、发挥更大作用，保持在同业竞争中应有的市场地位。相信通过大家的齐心协力，工商银行的创新发展会进入到一个新的阶段。

二、二级分行行长要学会当好一把手

一个行经营得好不好，关键在一把手。当前经营环境十分复杂，大家作为新就任的二级分行一把手，要当好班长，承担好使命，核心就要抓好班子、带好队伍。这里，我结合中组部、总行党委要求以及个人经历谈一些体会，供大家参考。

第一，要有良好的形象。中组部“四好班子”其中一点就是要“作风形象好”。这个形象包括政治素质、道德品质、业务能力等方方面面，是一个综合形象。作为二级分行一把手，一定要树立公私分明、勤政廉政、值得大家信赖的正面形象。如果这个班长天天想着自己的事、只顾短期业绩、十分浮躁、盛气凌人、架子很大，班子其他成员和干部员工就会与你拉开距离。这种情况下，要想抓好班子、带好队伍，是不可能的。希望大家在这个方面勤于自省、努力锤炼。

第二，要有较精的专业能力。我曾经跟一些支行行长、网点主任说过，不要总想着自己只是个股级或科级干部，感觉“官”很小，其实你们手里掌握着十几亿、二十几亿元的资产，如果是一家企业，这样的资产规模已经是很大的了。更何况，干银行吃的是专业饭，不是来当官的。银行业务表面上复杂，但背后的原理是相通的，特别需要大家持之以恒、沉下心去研究、学习，才能做到融会贯通、掌握规律。姜建清董事长曾经说过，有些人做了一辈子业务都没有真正弄通弄懂，有些人两三年就能把业务脉络理顺认清，其中的关键在于有没有用心学习和钻研。大家都有很好的学历教育背景，又有一定的专业基础和工作经验，只要用心钻研，就能够做得很好。总行党委在遴选干部时，非常注重干部的业务能力和专业特长。希望大家要努力成为各领域的行家里手。

第三，要有较强的带团队能力。工商银行一个非常大的优势是思想政治工作优势，这是我们的传统优势。没有这个优势，我们就不可能留住这么多优秀人才、取得这样大的成绩。要认识到，管理不是简单地下任务、提要求、扣奖金等，更不能粗暴化。大家要学会做细致的思想政治工作，把思想政治工作与企业文化建设结合起来，发挥思想政治工作凝聚人心、激发活力的作用。我在北京分行工作期间去过很多网点，看到很多网点员工在岗时不敢多喝水、不能按时吃饭，他们为了工行的事业，每天做着大量具体的工作、付出了辛勤的汗水和劳动。基层的员工十分辛苦，也很可爱。作为行长，我们应该关心他们、关爱他们，为他们解决一些力所能及的事情，这就是带团队。我去分行调研，非常愿意了解干部员工的想法，听听基层同志反映一些情况和问题。我也曾经对总行到基层任职的同志讲过，到基层任职最重要的是做好两件事，一是学会怎么抓管理，二是增强对基层的感情。带着感情去基层工作，才能融入基层，与基层员工打成一片；从基层回到总行时，才能带着感情来决策，来考虑问题，真正做到换位思考，达到基层锻炼的目的。带团队的能力，是一把手的基本功，希望大家把这项基本功放在心上、抓在手里。

第四，要有较强的解决复杂问题的能力。树立威信靠什么？靠人品、靠能力，能力不仅指专业能力，也要具备解决复杂问题的能力。提高解决复杂问题的能力，一要有担当精神，敢承担、有担当，面对困难不低头、敢于迎难而上；二要有办法，遇到经营难题，不能简单地提要求、下指标、派任务，要与干部员工一起研究靠什么办法、有什么措施、通过什么途径，去更好地完成任务、达成目标。这也是工作作风实不实、负不负责任的表现。光下任务而不教下级行、教员工怎么去找市场、找客户、如何去完成任务，结果很多时候是面上的指标完成了，但发展的质量不高、后劲不足，甚至风险很大。我们在这方面有很多教训，也提醒我们，培养一把手解决复杂问题的能力十分关键和重要。

三、对座谈反映问题的看法

当前大家普遍感觉到经营环境更加复杂多变，市场和业务很难做。所谓经济新常态，就是说我们面临的环境和困难与过去大不相同，可能不是一年两年就过去了、就解决了，会持续相当长一段时间。作为二级分行一把手，既要坚定发展的信心，也要学会在新常态下辩证地分析和解决问题，许多问题都没有绝对、单一的解决方案，可能面临多种选择，这就需要我们用辩证的思维来考虑，努力找到一个比较好的、适合的发展路径。下面，针对大家反映比较集中的问题，我谈谈看法。

（一）关于信贷经营问题。当前大家都很关注信贷问题，一把手肯定更关注。部分机构信贷出问题，有经济大环境的客观因素，也有自身内部管理等主观因素。希望各位回去后，要深入学习掌握总行关于信贷方面的思路和想法。

一要对信贷实施标准化和专业化改造。这在总行年中工作会议上已经提出的，标准化主要围绕着线上信贷产品，专业化主要围绕着法人客户特别是大客户信贷领域。

二要构建良性的信贷结构。不同的分行，信贷结构可以不一样。比如，个人与对公的比例，长期与短期的比例，大客户与小客户的比例，不同行业产业的比例，每家分行都要形成符合自身实际、合适比例的信贷结构。对全行来说，目前要大幅提升零售信贷占比，始终不渝地抓好重点项目，稳步发展小企业金融，加大境外信贷资源的配置等。各行一把手要结合实际，认真考虑大的信贷战略和结构问题。

三要加强信贷责任建设。姜建清董事长提出信贷有三大问题，其中一个就是信贷责任问题。总行正在研究调整优化信贷经营体制机制，总体考虑是授信集中、总量控制、审批下放、监控上收。现在的问题是前中后台责任不清晰，导致出现“病从口入”、“前轻后重”、“头重脚轻”等问题。前台认为反正有中台把关，尽职调查时很松，这就可能导致“病从口入”；中台认为我是审查不是审批，上贷审会我只是提供审查意见，最终由有权人审批；有权人认为贷审会都审议通过了，我只是履行例行程序。到最后谁都认为自己没有责任。责任到底是谁的呢？好像谁都有，又谁都没有。现在一年出现这么多不良，最多就是一些行政处罚、扣一点奖金，不痛不痒。你们反映希望信贷责任追究更科学，我非常赞成。现在责任追究不到位与责任追究过度是并存的，但前提是要理顺责任机制。今后审批下放，要结合分层营销体系建设，根据不同的业务品种、不同的客户类型来构建不同的营销、授信、审批和贷后管理机制，落实好各级行的经营主体责任。比如，大客户由总省行集中营销，中型客户由二级分行集中营销，小微企业客户走专营，支行今后主要做零售和周边商户维护。总行也准备在信贷责任认定上细化相关办法，更好地做到尽职免责，但这很难绝对化，达到完全精准，因为信贷经营太复杂了，一定程度上还要依靠大家的责任心。我希望大家对信贷经营一定要有敬畏之心。

四要进一步提升信贷尽职调查水平。现在的贷款尽职调查、投后和贷后管理方式还比较传统，还是靠客户经理上门调查、上门搞贷后管理，这在目前市场环境下、在大数据时代已经不能有效适应了。从这些年情况看，信贷出问题很大程度跟“假”有关，包括假贸易、假仓单、假交易、假关联、假担保。仅靠客户经理、靠刚入行一两年的大学生，本身经验不足、能力不够，很难辨别真假；更何况许多企业现在都搞跨区域经营，总部和分支机构分布在不同地域，仅靠客户经理个人经验很难识别风险，还是要靠技术的手段，靠大数据的支持。我跟有关部门提出，既然城市行是基本经营单位、核算单位和管理单位，首先就要把大数据的方法和工具武装到省分行、武装到二级分行，用大数据的支持来提升客户经理尽职调查和贷后管理水平。

五要学会运用辩证法来看待和处理信贷问题。经济热、环境好、发展快的时候，信贷经营一定要冷静；经济冷、环境差、发展慢的时候，信贷经营也不能太被动，可以主动一点、热一点。为什么有的行现在信贷出了许多问题，就是因为当时环境太好、经济发展太快，急功近利，连续高速投放，结果形势一变化，没有了退路和回旋余地，导致出现大量不良。当行长一定要弹好钢琴、运用好两点论、搞好辩证法，懂得分析和抓住事物背后的规律，带着信贷条线同事一起思考、一起研究、一起想办法，做好战略规划和顶层设计，把信贷经营引入新的、正确的发展轨道，真正适应新常态下的信贷市场。

（二）关于利率市场化问题。最近我去分行调研，这些分行几乎无一例外地提出扩大存款利率上浮幅度的诉求。归纳起来，主要是以下几种情况：一是这笔业务不赚钱，但从客户总体贡献看，是赚钱的；二是工商银行不做，客户就去其他行做了；三是整体利润计划完成就可以了，单笔业务可以松一些。换位思考一下，这些情况我都非常理解。这些说法听上去也都很有道理，但是有时候局部看似有道理，放到全局就不一定了。为什么这么说呢？因为如果各行利率上浮都放开了，全行净息差就会不断收窄，很可能某个分行利润计划完成了，但全行利润计划就完不成了。下一步随着利率管制的全面放开，全行要加快从被动负债为主的管理模式转到被动负债与主动负债相结合的管理模式上来，尤其在流动性相对充裕的情况下，更要做好主动负债这篇文章。最近市场资金面宽裕，全行存款情况总体不错，相对稳定，我们放弃了一部分高息存款，如果一松动就可能增加几亿元的利息支出。

从利率市场化在不同国家的推进历程看，任何市场搞利率市场化都会有同业约定，由大行起主导作用，不能出现无序竞争。美国、中国香港等市场都是如此，国内也是如此。我现在代表工行担任首届市场利率定价自律机制委员会的主任委员，工行就必须率先以身作则。正因为是自律机制，又不能强迫大家控制上浮比例，需要自觉和相互监督。如果实在是竞争需要上浮利率，我们也有其他办法化解。比如，可以用大额存单来解决，利率能上浮到40%，同时也要加大保本理财、结构性存款等高成本负债的压缩力度，逐步用大额存单来替代。又比如，可以采取高进高出、高来高走的方式消化高成本负债，1.5倍上浮利率进来的存款，只要分行自己能通过高收益资产运用出去，总行也是可以批的。此外，还要注意策略，利率上浮不一定到顶，比如上浮32%或33%等，要进一步提高管理的精细化水平。对于做客户工作，我们也鼓励大家发挥传统优势，多跑客户、勤跑客户，维护好客户关系。很多客户是讲感情的，去与不去是不一样的，沟通与不沟通是不一样的。希望在座的行长一定要转变作风，亲自跑客户、主动跑客户。

总之，对于大家反映的利率上浮问题，总行是理解的，也不会过于死板，特殊情况会有处理办法。但现在我们的工作做得还不够细致，我们的理念还没有转化到真正的主动负债管理和精细化管理上来，还没有真正开发出科学的客户贡献度模型、利率敏感度模型等。更值得注意的是，我们的作风还不够深入，做传声筒多了一些、主动应对少了一些。造成这个矛盾和问题的原因很多，需要辩证地去思考和解决。

（三）关于网点转型问题。网点转型是工行下一步经营转型的重点。现在有一种观点认为工行这么多人是巨大的劣势，这么多网点今后会变成沉重的包袱。我的观点恰恰相反，我认为只要提早做好网点转型，尽快转型到位，网点和人员就能成为巨大的线下优势。对此，我们要有充分的自信，不能把网点、把员工当包袱，要顺应整个社会发展趋势，主动做强网点。现在每年柜面业务量减少6%～8%，五年下来就是30%～40%。前些年我们研究的还是网点排长队问题，讨论如何减少排队、减少等候时间。但按照目前的发展速度，再过两三年，我们很可能就要担心网点没有客户的问题了。互联网金融发展之后替代最大就是网点的传统业务，现在各家第三方支付公司的业务量已经跟银行的业务量旗鼓相当，虽然金额只占到2%。在这种大趋势下，现在网点线下业务的70%～80%都得搬到线上去做。希望各位要关注网点的发展规律，及早谋划，一定要走在前面，不要被时代所淘汰。

前年以来我们实施了网点竞争力提升七大工程，目的是让柜员从高柜走到低柜、从柜员变成客户经理、从网点走出来营销市场。未来的网点要作为线上的补充和落地的依托，做客户应用体验的场景支持，实现O2O线上线下一体化。“纯线上”的支付可以做大，但“纯线上”的融资很难，因为融资要求钱放得出去、收得回来，要求线下做一些核实和辅助性的工作。光靠线上、光靠大数据也会有很多问题，比如假数据、伪数据、伪信息的问题，比如按揭贷款房屋抵押核实和办理的问题。网点、员工要真正转型，要做客户的工作，做线上的支撑，做代表未来方向的工作。今后我们的物理网点可能会逐步减少，大家要结合自身实际和发展趋势，对网点布局和功能优化提前做好规划，希望大家要有这个头脑，工作要有前瞻性。

（四）关于偏远机构员工招聘和队伍建设问题。从大家反映情况看，主要问题一是干部和员工队伍日益老化，二是一些偏远地区员工“新鲜血液”不足，希望能招一些准入要求略低的本地员工。其实这根子上是员工准入标准化和差异化的问题。未来两到三年全行将逐步进入退休高峰，前瞻性做好人力资源结构的优化调整非常重要。现在完全搞标准化确实难度很大，尤其是县域支行，员工平均年龄达到四十七八岁，年轻人几乎没有，大学生进去后也留不住，像这些机构搞一点差异化是有必要的，可以定向招一些人，但要坚持标准化的大原则，一方面这是严肃招聘纪律的需要，另一方面不能只顾眼前救急好用，还要考虑十年以后的长远需要。现在大学录取比率很高，我们把握招聘质量还是很重要的，基本的要求一定要有。如果招些综合素质不高、潜力不大的员工进来，眼下做一些一线柜面简单业务没问题，但他们不具备应对未来的能力和素质，到时候又不能随便辞退，怎么办？现在工商银行还是有吸引力的，去年我们全集团招1万人，结果报名的多达几十万人，说招不到人，可能也有方法的问题。没有年轻人就没有未来。在这个问题上，原则上要坚持标准，也可以适度考虑差异性。特别是一些偏远基层机构，还是要招些年轻人进来，但不能搞过度个性化，否则人才队伍发展后劲无法保证。

（五）关于操作风险和道德风险防范问题。这是当前二级分行面临的一个重要问题。目前经营环境下，风险很多、压力很大，安全经营是我们必须坚守的底线。经营稳健是工商银行的品牌形象，风险防控是我们的看家本领，这个传统不能丢。今年以来，监管部门已经提示我们有些案件防范指标超出正常值范围了，希望大家始终绷紧风险防范这根弦，齐心协力做好工作，做好员工和基层网点负责人的工作。尤其要关注偏远网点、小型网点，许多操作风险、道德风险都出在这类网点，出在网点负责人不尽职的网点。只要把网点负责人管理好，做到专业尽职、规范守纪，网点队伍就能建设好，网点经营就能搞好、风险就能控制住。

以上是针对大家讨论问题的一些看法。对大家反映的问题和建议，总行会带回去商量研究，争取很好地加以解决。

在严肃财务纪律视频会议上的讲话

易会满

（2015 年 9 月 25 日）

刚才，谷澍副行长和王林纪委书记分别作了重要讲话。谷行长深入总结了目前全行财务管理中存在的主要问题，提出了严肃财务纪律、规范财务行为、建立长效机制的具体要求。王书记从监督执纪问责的角度，提出要严肃看待财务纪律约束，增强纪律意识、责任意识和监督意识，立行立改规范财务行为。谷行长和王书记的讲话内容我完全同意，各级机构要全面抓好落实。下面，我再补充强调几点要求。

一、各级机构负责人要增强财务合规意识，做好带头表率

财务合规管理是一把手工程，提高合规意识，首先要提高一把手的合规意识。目前暴露出的这些财务问题，反映了我们有些分行的负责同志不守纪律、不讲规矩，在重大问题面前缺乏应有的原则，只注重业务需要，不考虑财务法纪和财务风险，默认、支持甚至指使一些不合规行为。一个机构，或是一个机构负责人，如果在经营过程中没有底线，没有原则，不知后果，不计后果，在依法合规方面必然会出问题，不仅给我行造成不良影响，使我行面临极大的声誉风险，对个人的职业生涯也会带来不良后果。

因此，各级行领导必须保持清醒头脑，树立依法合规经营意识。要先从自身做起，率先垂范，本着自觉从严的原则，严守财务纪律，坚决贯彻落实各项制度规定。要切实履行好职责，在抓好财务预算管理的同时，下大力气严肃财务纪律，将财务风险放在与操作风险、信用风险同等重要的地位，亲自管、亲自抓。在重大问题上必须坚持原则，要有明确的态度，严禁指使、纵容、默许各类财务违规行为。要营造依法合规的机构文化和氛围，切实支持、保障财务部门和财务人员充分履行审核监督职能，把好最后一道防线。

在这里还要重点强调一下，当前提高全行财务合规意识，首先要加强以下几方面的认识。一是要深刻认识当前外部环境的变化，增强敏感性。不能“无所谓”，不能停留于“一直以来都是这么做的”惯性思维，不要强调客观，不要强调营销，不要强调企业的特殊性。环境变了、政策变了，我们也要变，不变会被动。二是财务问题表面是业务问题，实际是合规文化、经营作风问题，也是大局观的问题。不能就事论事，要从反对“四风”、贯彻八项规定、严肃纪律意识和责任意识的高度来规范财务行为。三是财务制度执行要根治层层衰减问题，尤其是要对二级分行及以下机构进行重点治理。几次检查，都有类似特点，重点领域主要在营销费用、薪酬福利、行政办公费用、集中采购、后勤公司。要打“假”，假发票、假用途；要打“拆”，拆分、拆小，逃避授权和审批；要打“变通”，无原则变通。四是财会部门要对本行财务制度执行负责，管不好、制度执行不到位，就是失职。如发生违反纪律、造成严重或比较严重后果的，财会部门要负直接责任或连带责任。

二、各级机构要全面加强财务规范管理，做好自查整改

谷行长讲话中，在谈到目前存在的一些突出问题时，点到了一些分行，但并不是说只有这些分行才存在问题，没被点到的机构就可以松口气了。从前期检查情况来看，检查暴露出来的不少问题，都属于共性问题，在很多机构普遍存在。虽然具体到各个机构，由于微观风险环境和自身管理水平存在差异，问题的表现形式、严重程度、发生频率可能各有不同，但是绝不意味着没有问题，或是不存在隐患。因此，无论是前期已经接受过检查的机构，还是未曾接受检查的机构，都要充分认识此次自查整改工作的现实作用和长远意义，对照总行编写的自查提纲和案例进行系统排查，开展一次全面、深入的“大扫除”，在规定的时间内完成自查整改，并建立财务规范长效机制。尤其是十八大以后、八项规定出台以后、群众路线教育实践活动开展以后的问题要重点整改，不留死角，不能整改的要主动处罚和严格追责。总行内控合规部、内部审计局、监察室等三部门四季度将组织开展“回头看”，对自查不充分、整改落实不到位的将严肃处理，查处一批典型案例，切实将财务规范要求落到实处。各级机构不要存有任何侥幸心理，有问题现在自查出来，整改还来得及。风险隐患如果不主动清除，将会成为随时可能引爆的雷区，后果会很严重。

我在这里强调一下，工商银行对外是一个整体，各家分支机构存在的财务违规行为，在外部看来，就不只是一家分支机构的问题，而是工商银行整体的问题。如果由于个别机构的违规行为，影响了外部对我行的综合评价，甚至对我行形象或声誉造成不良影响的，总行将严肃追究相关人员责任。

三、各级机构要切实强化财会队伍建设，打造优秀团队

财会工作对专业要求很高，强调专家管财、专家理财。当前严峻复杂的经营形势和外部环境，对财会人员的岗位胜任能力提出了更高要求。财会人员如果配备不当，缺乏专业能力和职业道德，“无知者无畏”，极易带来财务合规风险隐患。各级机构要强化财会专业条线履职资格管理，并建立健全保障财会专业条线有效履职的机制制度。一是各级机构要强化财会人员任职资格管理，尤其要强化财会工作主要负责人的任职资格管理，确保将坚持原则、具有财会工作和管理经验的人员选拔任用到财会管理岗位。总行财会部对此要加强督导和检查，对任职不当、履职不力的要提出管理建议，并恢复建立财会负责人任职上级行核准制、任前上级行谈话制。二是建立健全有效履职的配套保障机制。要建立财会专业条线合规评价体系，对管理规范的、专业能力强的要有激励措施，鼓励财会人员严守财务规范管理底线。要创新财会专业条线管理模式，研究解决实施财务集中后，二级分行、支行财会职能弱化、财会人员数量减少等新情况。要优化财会人员和集中采购专职人员配置，避免人员配置不科学导致操作不规范、管理不合规、风险防范不到位等问题出现。

同志们，财务合规管理不是一朝一夕或一时一阵的事情，这是一项长期工程，需要常抓不懈。全行上下各级机构、部门和人员要共同努力，切切实实把这项工程建设好，打好地基、建好上层建筑，为工商银行健康可持续发展构筑坚实堡垒。

认清案发形势　完善管控机制
进一步筑牢内控案防管理堤坝

——在中国工商银行案件形势分析会议上的讲话

易会满

（2015 年 10 月 15 日）

今年以来，受经济下行以及外部风险向银行传导加剧等因素影响，全行案防形势异常严峻，特别是近一段时间各类案件和风险事件呈急剧上升趋势。总行召开这次案防分析会议，就是要总结前一阶段案防工作进展落实情况，进一步增强全行对当前案防形势严峻性和案防工作紧迫性的认识，明确下一阶段工作任务和要求，有效遏制住案件和风险事件高发势头。下面，我讲三点意见。

一、清醒认识，近三个月来案防形势更加严峻复杂

自 6 月总行召开案件和风险事件防控工作会议后，河南、江苏、宁夏、浙江、广西、安徽、江西、河北、广东、陕西、山东、北京、四川、辽宁 14 家分行又发生了××起案件和重大风险事件，占今年已发生案件和重大风险事件的 52%，发生频率接近一周一起，涉案金额达到××亿元，而且部分案件性质恶劣、影响严重，给我行带来重大资金损失和声誉风险。从三季度关键案件风险指标来看，截至 9 月末全行案件风险率已达到百万分之××，较 6 月末增长 14.69%，继 2014 年末该指标超限以来，已连续两个季度超过预警值。这种趋势性变化表明，当前及今后一段时期我行面临的案件风险冲击很可能超过常规判断，案防工作将接受更加现实和严酷的考验。

从这些新发生案件和风险事件的分析来看，除“飞单”私售、民间融资等外部输入性风险引发的案件依然严峻外，下半年全行案件风险呈现出以内生性风险为主的新趋势，并有以下四个方面突出特点。

一是违规放贷案件突出，并上升到违法放贷、失职渎职的刑罚层面。除一些从业人员利用贷款调查审查审批职务便利收受好处引发的商业贿赂案件外，近期因信贷调查审查违规操作引发的违法放贷案件又凸显出来。山西、宁夏、河北分行涉及此类案件的员工均以“违法发放贷款罪”或“国有公司、企业人员失职罪”被刑拘，甚至被判处有期徒刑。贷款发放中的违规行为的处理，已经不再局限于行规行纪的处罚，而是上升到了

国家刑法追究的层面。这类案件涉案人员集中于负责贷前调查的客户经理、公司部负责人和支行行长，判刑依据为信贷人员在贷款调查和贷后管理工作中违规操作甚至严重失职。河北张家口分行信贷从业人员失职被逮捕事件中，主要原因就是贷前调查未进行现场核实、贷后管理又未对还款异常情况引起警觉，致使不法企业诈骗贷款轻易得逞。这种量刑标准必将影响后续同类违规放贷事件的判处，增加我行案防管理和声誉风险管理难度。

二是多年未见的传统作案手法“死灰复燃”。由于我行部分机构基本制度执行不力、内部管控弱化，诸如套打凭证、虚存实取等一些简单低级、多年未见的作案手段再次出现。比如，近期暴露的江苏泰兴变造金融票证案，柜员利用为客户办理定期存单业务机会，用白纸套打存单后进行变造，最后支取时才被发现拦截。再如，在陕西榆林挪用财政资金案中，柜员周彦廷私刻印鉴购买业务委托书等方法也是极为简单、久未出现过的。这些传统领域旧有作案手法的再度出现，既与外部形势严峻、部分员工作案心切、不择手段有关，根本上还是这些年个别机构案防工作放松警惕，管控松懈、麻痹，让作案人员有了可乘之机。

三是案发基本都在管控的薄弱环节。分析近期××起案件和重大风险事件发生的领域，发案机构多集中于网点、支行等基层机构，特别是外部欺诈风险多发、但内部风险管理能力偏弱的D、E类网点，陕西榆林衡山支行、江苏泰州泰兴支行都在此列；涉案人员多集中于柜员、客户经理、基层机构负责人等看似“人人管”，但又存在管控盲区的岗位；案发环节多集中于贷前调查和审批、理财销售、票据质押和银票保管、印章和空白凭证管理、产品设计测试等管控难度大或管理存在漏洞的环节。可以说，这些案件和风险事件以惨痛的教训揭示了我行一些机构内部管理的薄弱之处，如果说我们仍然不引起足够重视，不能切实进行反思和整治，必将重蹈覆辙、再次发案。

四是新产品开发设计存在缺陷，诱发外部欺诈案件。随着新技术的发展和新渠道的运用，一些不法分子瞄准产品缺陷实施违法活动，而我们自身在产品的改造升级过程中风险评估和测试不到位，形成技术和业务漏洞，让不法分子钻了空子，造成巨大损失。继第三方支付、无卡支付出现风险后，我行发生的“利添利”事件成为关注焦点，并被银监会作为典型事件在相关会议上通报，影响非常恶劣。分析原因，主要在于产品化改造过程中对可能引发风险的因素考虑不全；在开发测试时又存在疏漏，虽经不同机构、人员的多轮测试，却未及时发现协议升级产生的漏洞，最终被不法分子利用。目前在产品升级和新产品开发存在的风险控制与金融创新不同步问题，已成为诱发案件的一个重要原因，我们必须从设计开发源头就予以重视和解决。

二、深刻反思，找准案件高发频发的主要原因

从以上案防形势的分析来看，近期案件频发既有外部欺诈冲击加剧、客户风险防范意识薄弱等客观因素，更与我们一些机构经营意识不端正、制度执行不严格、责任追究不严肃等主观因素密切相关，“三个不够”是近期案件接连发生的最主要原因。

一是教育引导不够，导致部分机构员工合规意识淡薄、放松风险底线。绝大多数案件和风险事件产生还是主观意识出了问题，既有个别机构管理人员经营思想不够端正，业绩观出现偏差，也有个别从业人员利欲熏心、无视纪律、违规操作。究其根源，还是部分机构不能正确处理业务发展与风险防范之间的关系，放松了对员工的职业道德教育、不能从严管理密切相关。有的苗头问题只要从思想上抓早、抓小、抓实，就能解决在萌芽状态，一些员工也就不会陷入银铛入狱的境地。此外，我们在合规教育、党风廉政教育上也存在着方法和手段不接地气、不连续、不严肃的情况，大大削弱了教育的效果，难以真正解决让员工从主观意识上不想、不敢违规违纪的问题。持续深入的教育引导和从严管理是我行稳健发展的宝贵经验，尤其在当前形势下，绝不能丢掉这一传统经验，绝不能放松职业道德、职业纪律、职业素养教育，否则就会出现违规隐患难绝、各类案件防不胜防的被动局面。

二是制度落实不够，导致部分防控措施形同虚设，未能发挥应有作用。经过多年的建设和完善，我们的各项制度已经比较完备，但由于主观上的业绩考核偏差、人情代替制度、员工行为异化及道德底线缺失等因素，制度执行效果层层衰减，制度变通绕道的现象屡禁不止，致使众多控制措施手段失准失效，埋下了案件风险隐患。特别是授权审核、岗位分离、重要介质管理等基本的制度，是用沉痛教训和惨痛代价换来的，如果不能得到很好的贯彻执行，案件防控就失去了应有的基础和保障。回顾陕西榆林挪用公款案件的整个过程，只要印章管理、重要凭证管理、银企对账管理、重要岗位管理、运营风险监督等任何一项制度得到了严格执行，作案人员就不会得逞。“十案九违规”，制度落地不力、执行不严仍是案件发生的重要原因。

三是问责处罚不够，导致部分员工心存侥幸、难以从严律己。从严问责处理是震慑违规，也是教育和保护员工的有效手段，一直以来我们对违规行为都采取绝不姑息的态度，但由于执行力不到位，还是存在问责力度不够、处理避重就轻等问题，导致问责处理不仅没有起到应有的警示震慑作用，反而助长了屡查屡犯、违规违纪的不良风气。我们很多案件发生的原因就在于一些机构对违规问题习惯性麻木，缺乏敏感性，问责处理不痛不痒，致使一些问题积小成大，从违规违纪上升到违法

犯罪。在浙江天台存款丢失案中，分行在案发前就排查发现涉案员工参与民间借贷，并与他人存在经济纠纷，但仅对其作了调岗处理，事实证明，调岗后该员工为一己私利，反而变本加厉地违法违规、参与诈骗，最终入狱。对于一些重大的违规事件，也因个别机构采用“大事化小、小事化了”方式，该免职开除的却以经济处罚代替，该追究管理人员责任的却只是“问下不问上”，这在一定程度上让我们的问责处理成为“不带电的高压线”“纸老虎”，起不到警示员工依法合规的作用。

总的来说，出现案件的根本原因还是在于我们一些基础工作的不严不实，对此大家必须认真地反思，找准根源、对症下药，切实采取措施进行整治和完善，这才是对员工负责、对自己负责、对工商银行的长远发展负责。

三、突出重点，做好案防制度措施的贯彻落实

面对当前严峻复杂的案防形势和艰巨的案防任务，结合案件出现的主客观原因，总行6月份案件和风险事件防控会议提出了“五个必须”“五个强化”，各机构务必贯彻落实好，这里我再强调四点。

（一）突出一级抓一级，层层落实案件防控责任。案件防控是各级机构管理的天职，在当前形势下，不仅总行要加大对基层机构案防工作的指导和督促，各一级（直属）分行、各二级分行也要按照“下管一级监控两级”的原则，加大工作力度，通过一级抓一级，层层传导形势压力，逐级落实案防职责，不断强化案防质量考评，确保辖属机构不出案件、少出风险，共同把全行健康平稳的经营局面保持住、发展好。各省分行、二级分行的案防作用只能加强不能削弱，尤其是各机构“一把手”要严格落实“一岗双责”制度，做到重要工作亲自部署、重大问题亲自过问、重点环节亲自协调、重要案件亲自督办，切实将案防第一责任承担起来。为确保责任落实，总分行要进一步加大案防工作考核力度，将机构员工案防履职情况和效果纳入内控评价、绩效考核，对履职不力、出现重大案件和风险事件的，一律从严扣分、从严处理，督促各级机构、各专业防线履行好案防职责，发挥好案防主体作用。

（二）突出工作实效，做好“五个必须”“五个强化”再落实、再深化。6月案件和风险事件防控会议后，各级机构和部门围绕“五个必须”“五个强化”做了不少工作，取得了一定成效。但从近期案件暴露出的问题，以及会后总行开展的存款安全管理及飞单治理专项检查情况来看，部分机构在落实会议要求和措施上还存在明显差距和突出问题。对此，各级机构要进一步提高认识，强化领导责任，把内控案防工作放在更加重要的位置，结合近三个月来的案件趋势特点，以及存款安全和飞单治理专项检查情况，认真查找自身在贯彻落实“五个必须”“五个强化”中存在的问题，更加严格地执行和落实总行在开户、对账、U盾管理、飞单治理、网点管理、技术硬控制、声誉风险管理、授权管理、风险管理队伍建设等方面的工作要求。通过扎扎实实、持续深入地做好“五个必须”“五个强化”的贯彻落实，进一步夯实全行案防基础，有效遏制住案件和风险事件的反弹势头。

（三）突出问题导向，抓好重点机构、重要人员及高风险环节的管控。要遏制案件和风险事件高发势头，关键要突出问题导向，结合近段时期内控评价以及“两加强、两遏制”回头看检查工作，加强对案发数量和涉案金额较高分支机构、内控案防工作基础薄弱基层机构的监测、检查和督导，促进其夯实内控基础，提升制度执行能力，增强风险管控水平；要高度关注关键岗位和人员管理，充分利用各种非现场监测手段，时刻保持对重要岗位、敏感人员的监控，坚持运用“从人到事”和“以事找人”相结合的方式，切实做好异常行为排查分析，不断加大教育警示力度和频度，提高案防工作的主动性；要高度关注账户开立与变更、重要凭证介质管理、验印、大额支付核实、银企对账等高风险环节的管控，前瞻性地评估查找这些关键环节在内部控制中存在的薄弱环节和问题隐患，及时采取有效措施整改，强化对潜在风险的事前管理；要加强外部欺诈风险管控，充分发挥外部欺诈风险信息系统、报警监控联网综合管理平台在全业务风险预警和控制方面的作用，加大信息科技安全、业务交易安全、互联网金融安全等方面的排查力度，确保不发生重大生产事故或案件。

（四）突出“严”字当头，对违规违纪问题严肃通报、从严问责。在当前各类案件和风险事件集中暴露的时期，各机构、各部门要充分认识“有过不纠、问责不严”的危害性，坚持严肃问责、严肃处理，对违规违纪行为保持高压震慑态势。对屡教不改、屡查屡犯等痼疾，要抓典型、出重拳，从严处理、严肃通报；对违规私售、参与非法集资、违规经商、内外勾结、违规放贷、行贿受贿等性质恶劣、触及底线的行为，要坚决贯彻“检举揭发者一律重奖、违规违纪者一律开除、管理失职者一律撤职”的要求，决不姑息放任；对管理人员未认真履行职责，导致管辖领域或机构普遍存在同质同类违规违法问题，或因管理混乱、管控不力，导致辖内出现性质严重、负面影响重大案件和风险事件的，要从严追究管理人员，尤其是一把手的责任。在问责处理中，各级内控、监察部门要进一步发挥在从严治行中的重要作用，对严重违规行为和屡查屡犯问题，要集中认定一批、处理一批、通报一批，真正起到严查严处的震慑作用。同时要对问责落实情况进行跟踪和后续评价，凡是问责落实不到位，甚至弄虚作假的，要坚决对所在机构和管理者“亮黄牌”，责成并监督有关机构和

部门进行严肃处理。

同志们，案件防控是当前十分重要的一项任务，责任重大，意义深远。希望大家要进一步加强合规意识教育、培育良好合规文化，进一步抓好工作落实，确保案件防控工作取得实实在在的效果，为全行持续健康发展、树立可信赖大行形象奠定更加坚实的基础。

在中国工商银行2015年三季度行务会上的讲话

易会满

（2015年10月16日）

这次行务会议主要是分析总结三季度经营情况，布置四季度重点工作。下面，我先就这两方面讲几点意见，然后请董事长作重要指示。

一、三季度主要经营情况

三季度以来，全行上下认真贯彻总行年度和年中工作会议精神，积极落实国家宏观调控政策和金融监管要求，主动适应经营环境和市场竞争形势的复杂变化，各项工作在上半年的基础上稳步推进，继续总体保持了稳定和健康发展态势。

（一）信贷资产质量总体平稳。尽管信贷资产劣变较快，不良贷款上升压力加大，但信贷风险总体可控，这是决定目前全行总体经营态势稳健的最为基本和关键的因素。截至9月末，集团不良贷款余额××亿元，不良率××%，控制在年度目标以内。信贷存量与增量并轨管理对盘活优化存量贷款、稳固资产质量的提升效应初显，前三季度境内分行各项贷款存量移位金额约1.43万亿元，信用等级AA-级及以上客户贷款余额增加2 854亿元，A-级（含）以下等级客户净移出467亿元；能源、交通运输、公共设施、教科文卫，以及一些机构类客户等风险较低的5个板块净移入1 309亿元。潜在风险贷款退出和不良资产清收处置力度进一步加大。前三季度，累计压降潜在风险融资1 078亿元，完成全年压降计划的107.8%，其中三季度当季压降468亿元；清收处置不良贷款1 215亿元，三季度当季清收处置480亿元，其中现金清收221亿元，尤其是总行不良资产处置平台公司6月投入运营以来，已累计处置不良贷款319亿元（不含以物抵债资产），处置现金回收率达70.2%，显著高于前三季度40.4%的总体水平。

（二）盈利增长处于合理区间。前三季度，集团实现拨备前利润××亿元，同比增长9.77%；在提取拨备612亿元，同比大幅增加290亿元的情况下，实现净利润××亿元，同比增长0.65%。从收益构成来看，境内分行净利息收益率（NIM）2.58%，尽管同比下降13个基点，但得益于生息资产规模的增加，实现利息净收入××亿元，同比增长4.34%。实现中间业务收入1 158亿元，同比增长10.42%，完成年度计划的77.66%，其中三季度当季实现收入351亿元，代理基金、私人银行、资产托管、银行类理财产品和信用卡分期付款等业务继续保持较快增长，成为拉动中收增长的主要力量。在资金运营方面，较好地把握了资金市场波动和存款准备金按日均考核的新政策，三季度日均备付率1.57%，较上半年大幅下降91个基点；同业资金往来净收入同比多增62亿元；债券投资收益率同比上升3个基点至3.94%，投资收入同比增加63亿元。境外机构和综合化子公司实现盈利150亿元，同比增长19.3%，尤其是工银瑞信、工银租赁、工银安盛三家子公司合计实现净利润39亿元，同比增长65.2%，增速较上半年提高24.6个百分点，显示出强劲的持续增长能力；在对冲掉两家新收购机构亏损的情况下，境外机构实现净利润18.22亿美元，同比增长9.9%。

（三）信贷投放合理适度。9月末，集团本外币各项贷款余额11.88万亿元，其中境内分行人民币贷款比年初增加7 849亿元，同比多增1 923亿元，增长7.8%。信贷投向较好地贯彻了国家稳增长、调结构、促转型的宏观调控要求。一是积极服务经济发展重点领域、重大工程项目建设。轨道交通、港口、公路等基础设施、基础产业与电子信息、文化等新兴行业贷款增加2 550亿元，占公司贷款增量的84%；“三个支撑带”项目储备增加，投放加快。二是积极支持小微企业金融服务需求。启动第二批小微中心试点，以票据直贴、网贷通等重点产品为抓手，促进小微金融业务发展。监管口径小微企业贷款较年初增加1 377亿元、增长8%，还原不良贷款核销等因素后，小微企业贷款实际增加1 871亿元、增幅8.75%，高于各项贷款平均增幅；小微企业贷款户22.13万户，同比增加3.2万户；申贷获得率90.43%，较上年提高1.23个百分点，满足“三个不低于”监管要求。三是积极扩大个人消费领域融资。个人信用消费金融中心进入实质性运作，信用卡透支较年初增加352亿元，增长9.6%；个人住房贷款较年初增加3 303亿元，占各项贷款增量的42.1%，增幅为16.1%，提前完成全年计划。四是积极发展多元化融资业务。债券承销及投资、委托贷款、PE主理银行等非信贷融资余额达到2.8万亿元；累计主承销债务融资工具7 677亿元，市场排名第一，第三季度当季承销3 895亿元；银团贷款分销金额2 051亿元，完成全年计划的147%。

（四）存款整体稳定性较好。前三季度，全行各项存款总体保持同比多增态势。截至9月末，境内分行人民币各项存款（含同业）余额17.02万亿元，继续保持同业第一；较年初增加1.23万亿元，同比多增6 994亿元，增幅7.8%。其中，储蓄存款增加2 595亿元，同比多增819亿元，增长3.5%；公司存款减少82亿元，但同比少降1 407亿元；机构存款保持平稳较快增长，比年初增加5 559亿元，同比多增491亿元，增长13.7%；非存款类金融机构存款增加3 908亿元，增幅57.4%；同业存款增加294亿元，增幅13.9%，付息成本偏高的短期同业定期存款持续压降，较年初大幅下降1 025亿元。本外币存款偏离度2.57%，较好地平衡了存款增长与偏离度管理要求。

（五）重点业务板块和业务线继续保持良好增势。大零售战略深入实施，实现营业贡献1 464亿元，在全行的占比达38.62%，较6月末提高0.43个百分点；信用卡总收入267亿元，同比增长9.8%；私人银行业务持续提速，实现收入79.8亿元，同比增长205%。大资管实现营业贡献406.4亿元，其中理财业务较好把握规模与收益的协同，余额达到1.8万亿元，总体发行成本较6月末下降31个基点，实现收入145.2亿元，同比增长34.6%；托管资产规模突破9万亿元，实现收入超过90亿元（含托管存款利息收入），同比增长90%，并带来托管存款3 800亿元，增加2 100亿元。代客投资与交易业务板块的培育成效显著，结售汇与代客资金交易、账户贵金属收入增长较快，推动金融市场业务线实现中间业务收入72亿元，同比增加15.5亿元、增幅27.5%。跨境人民币业务快速增长，前三季度累计业务量达3.27万亿元，同比增长25.36%，其中抢占政策先机，实现人民币双向资金池业务的较快发展，争揽到40%的市场份额。

尤其需要肯定的是，三季度许多重点工作和改革创新取得了新的进展和突破，为今后的经营发展创造了新的有利条件。在3月份首次完整发布互联网金融品牌之后，9月又发布了以“三平台、一中心”为主体的e-ICBC升级版，形成了更清晰、更完善的互联网金融发展格局，市场反响良好，业务发展呈加速态势。融e购交易额累计突破5 000亿元，三季度单季交易额超过3 000亿元，注册客户2 400万户，较6月末增加约400万户；融e联用户总数达220万户；融e行注册客户达51万户，并即将升级为全部网上业务的开放平台；工银e支付客户近7 000万户，累计交易额超过1 400亿元，较6月末分别增加910万户、580亿元。网络融资中心挂牌成立，标志着我行信贷标准化、互联网化运营平台的全面上线。网点转型步伐加快，1 241家网点完成智能化改造。探索资产负债精细化管理途径，在11家分行试点了资金池业务。搭建起全球资产交易平台，已完成多笔银团贷款的二级市场分销。仰光分行正式开业，我行成为唯一一家在缅甸获颁银行牌照的中资银行。工银阿根廷成功获批阿根廷人民币清算行，横跨亚、欧、美三大时区的全球化人民币清算网络基本形成。同时，在加强内部管理上也推出了许多新举措，开展了财务审计检查与整改，进一步规范了财务行为；加大了业务运营风险核查力度，对存款安全和严禁私售飞单制度执行情况进行了专项检查；完善了针对员工异常行为、客户经理和网点负责人行为的管理办法；开展了内控评价暨“两加强、两遏制”回头看工作，管理基础得到进一步夯实。

应该说，在外部形势更趋复杂、各种不确定因素增多的情况下，取得这样的经营业绩非常不容易，各部门各级行的工作抓得是比较紧的，重点工作落实也是比较好的，经营发展在多方面、多领域呈现出新亮点。但是，我们也要清醒地认识到，外部经营环境变化之快超出预期，全行经营管理中的新情况和老问题叠加，困难和挑战增多，特别是不良贷款反弹压力进一步增大；存贷款和结算等基础性业务发展遇到许多新的挑战，而相应创新的思路、对策和措施却不多；境外机构和新兴业务发展也遇到许多新的阻力和风险，一些机制瓶颈、体制矛盾和管理问题亟须突破；行际间、机构间工作不平衡，个别机构经营呈现下滑甚至恶化趋势；案件与重大风险事件多发的势头尚未得到有效遏制，等等。待会儿，姜董事长还将专门就当前经济金融形势进行深入分析，对四季度工作提出进一步明确要求。希望各部门、各机构按照董事长要求，对前三季度的工作做一次全面透视，进一步认清机遇和挑战，找准差距，抓住弱项，以严的精神、实的作风，切实抓紧后两个多月的工作，有针对性地出招，一项一项推进、一步一步提升，确保年度各项目标任务的全面完成，并要努力为来年工作和全行整体战略的实现多争取一份主动、多创造一些有利条件。

二、四季度需要重点抓好的几项工作

做好四季度工作对于完成全年计划非常关键，各部门、各专业要按照年初和年中两次工作会议部署，抓好各项工作的落实，确保高质量完成目标任务。这里，突出强调以下六个方面的工作。

（一）切实抓好经营目标和经营责任的落实。前三季度全行各项经营目标总体完成不错，但从净利润、拨备前利润、中间业务收入、资产质量等维度综合分析，各分行之间的经营状况有分化加剧的趋势。具体来看，第一类分行，包括北京、重庆、深圳、新疆、厦门等分行，存贷款和中间业务发展整体较好，拨备前利润增幅普遍较高，同时资产质量相对稳定，净利润增长保持在相对较高水平。第二类分行，受资产质量劣变较快影响，信贷成本偏高，制约了净利润的增长。如上海分行净利润下降2.3%，但拨备前利润增幅达到21.6%，全行最高；广东分行、河南分行拨备前利润、中间业务收入超过全行平均水平。说明这些行在市场拓展和经营转型上，抓出了成绩、抓出了亮点，经营发展的基础是比较好的。第三类分行，拨备前利润增速低于全行平均水平，信贷成本相对稳定，但存在隐忧。如河北、湖南、江苏分行剪刀差率较高，未来资产质量和信贷成本控制压力还比较大。第四类分行，包括福建、内蒙古、青岛、山东、浙江、宁波、云南、天津、山西、江西分行，拨备前利润增幅均低于全行平均水平甚至负增长，同时信贷成本整体较高，净利润同比下降较多。尤其是福建、内蒙古、云南3家分行，净利润、拨备前利润、中间业务收入全部负增长，而且在耗用较多拨备后，不良率和剪刀差仍处于高位，可以说整体经营处于滑坡状态，情况十分令人担忧。在同样面临较多困难和挑战的大环境下，各行经营出现如此大的分化，反映出各行在经营发展中存在的问题是多方面的；反映出一些行经营发展的主观努力不够，抓市场拓展、抓资产质量两手都软；同时也反映出总行的经营责任传导还不到位，必须拿出有力措施，尽快加以扭转。这里，我提两点要求：

一要充分传导压力。这是我们首次从多维度对境内分行经营成果进行综合评价，既看净利润，也看拨备前利润；既看存贷款和中间业务收入总量，也看增量、结构和市场地位；既看不良率，更看贷款劣变率、拨备消耗和剪刀差。总的想法是，通过综合评价，力争全面、真实、动态反映各机构经营发展情况，防止“一俊遮百丑”，用亮点掩盖结构性或深层次问题，也防止“一丑遮百丑”，将所有经营发展中的问题归咎于信贷资产质量劣变。相关部门要根据全行每个阶段的经营特点和发展重点，及时完善综合评价指标体系，将综合评价作为对各行进行绩效考评的重要补充，按季监测通报，督促各行正视自身问题，并充分认识到自身经营状况对全行整体经营的重要影响，切实将经营压力一层一层传导下去。需要强调的是，一个行的经营发展，关键在一把手和管理层。在全行经营发展的困难时期，各分行一把手和管理层更要担负起应尽的责任。这里还要对新接任一把手分行提出严格要求，不能过度搞盈余管理，形成硬缺口。

二要加强分类指导。要督促帮助分行切实认清自身所处的位置和问题所在，分析查找原因，在四季度有针对性地改进提升。经营状况较好、盈利贡献较大的行，四季度要有超额增长计划，在相对较弱的方面进一步挖掘潜力；业务发展较好，但受不良拖累较大的行，要在加快创新发展的同时，着力稳定资产质量，推动信贷成本的下降，确保完成经营计划；计划完成较慢的行，尤其是上述第四类的10家分行，要进一步增强大局意识，拿出更具体的、适合本行的针对性措施，既要抓好不良贷款压降，也要着眼发展，做好经营管理的日常工作，增强发展活力和竞争力，尽力缩小缺口，争取不拖后腿。

要大力提高境外机构和综合化子公司利润贡献。前三季度，受多方面因素影响，境外机构盈利增速整体趋缓。中等偏大规模机构中除首尔分行、工银澳门、澳新机构等增长情况较好外，传统盈利大行如工银亚洲、新加坡分行、中东机构、美国机构盈利增速下滑，其中工银亚洲提取了1.5亿美元贷款减值损失准备；法兰克福分行、工银欧洲净利润同比下降较多。工银标准2～9月经营亏损7 373万美元。有关部门要认真分析研究，采取有针对性的措施帮促境外机构积极应对市场环境变化，加大本地客户拓展和业务转型的力度，加强信贷风险和汇率风险防控，稳定盈利状况。特别要突出抓好境外盈利大行和亏损大户。要督导工银亚洲、工银印尼进一步强化信贷风险防范，严防出现新增不良，止住出血点。督导工银欧洲和法兰克福分行适时调整资产结构摆布，最大程度减小利差收窄影响，稳定盈利水平。督导工银标准坚持两条腿走路，要加大与境内各业务线、各机构的客户营销和业务联动力度，尽快发挥出中国元素和商品、金融交易两大优势，深度挖掘中国企业和客户庞大的金融交易需求，争取四季度与集团内部的业务合作规模再有一个大的增长；同时要眼睛向内，着力改善内部管理，严控费用增长，降低对境外机构总体盈利的影响。督导工银土耳其尽量控制亏损总额。综合化子公司今年盈利增长较好，但从各子公司全年经营预测来看，四季度目标普遍有所下调。各子公司要不唯计划唯市场，根据市场和同业盈利增长状况，树立更加进取的全年盈利目标，毫不保留地为集团多做贡献。

（二）全力遏制不良贷款反弹势头。当前资产质量管控形势依然十分严峻，压力巨大。到9月末，全行贷款累计劣变达××亿元；不良贷款余额较年初增加455亿元，比上半年增加65亿元；不良率1.44%，分别比年初、上半年上升0.31个和0.04个百分点。从信贷品种看，不良贷款主要集中在一般流动资金、贸易融资和个人经营性贷款领域，合计占到境内分行不良贷款总额的72%；信用卡融资风险扩大，不良率较年初上升0.62个百分点，达到2.03%。从分行情况看，前一阶段不良贷款压力较重的上海、青岛分行形势有所好转，不良额和不良率较年初双下降，湖南、厦门分行不良率也开始下降，但有些分行贷款劣变依然较快，浙江、福建、山东、广东4家分行不良额超过百亿元，内蒙古分行不良率接近4%，福建分行超过5%。尤其严重的是，2013年以来新增融资不良额达到××亿元，较年初和上半年分别增加××亿元、××亿元，不良率1.14%，较年初、上半年分别上升0.58个和0.11个百分点；福建、浙江分行新增贷款不良额超过80亿元，福建、内蒙古分行新增贷款不良率超过4%。如果还原核销因素，全行新增融资不良增加额已占当期全部不良贷款增加额的47%，占全部不良余额的28%。同时，逾期贷款与不良贷款剪刀差不断扩大，9月末达××亿元，比年初和上半年分别增加××亿元和××亿元，其中山东、江苏、内蒙古分行剪刀差超过100亿元。

遏制不良贷款反弹势头、稳定资产质量决定着经营工作的全局。今年全行的净利润、拨备覆盖率等经营盘子是按照不良率控制在1.45%以内安排的，由于前三季度贷款劣变较多，加上核销补提等因素，导致拨备提取大幅增加，共计提拨备612亿元，同比大幅增长90%，利润始终处于零增长的临界点。同时，拨备覆盖率快速下降，已由年初的207%降至9月末的158%左右，逼近150%的监管红线。根据计划，全年用于核销的拨备资源600亿元，前三季度已经耗用466亿元，四季度仅有134亿元。所以说，遏制不良贷款反弹势头、稳定资产质量的任务更加艰巨。总行有关部门要立刻下达四季度各分行、各业务品种不良贷款控制目标与清收处置计划，把更多精力放到推动分行清收处置不良贷款，特别是大额不良贷款上来。总行各位行领导将继续按照分工，包干不良贷款大行，加强对分行的工作指导，特别要多走访地方政府及有关部门，积极争取政策和支持，为分行清收转化不良贷款创造有利条件。

一要坚持常规处置和批量处置并举，化解存量不良。从前三季度看，全行共清收处置不良贷款1 225亿元，其中核销466亿元，占比38%；按常规和批量处置方式分，批量转让686亿元，占比56%，明显偏高。要看到，防控不良贷款的上策是在资产质量劣变前化解处置，避免发生不良；中策是通过现金清收、以物抵贷等常规措施进行处置，减少损失；下策才是通过呆账核销、批量处置等方式出表。要多用上中策，少用下策。要督导各行尤其要加大常规手段清收处置力度，对不良贷款逐户逐笔制定清收处置方案，落实责任人员。四季度常规处置比例要达到50%以上。目前还有3家分行尚未组建不良资产处置团队，已组建的行也有一些存在团队力量不足的问题，要督促这些分行加紧充实专业处置力量。

要从严掌握呆账核销、批量转让等消耗财务资源较大的处置方式运用。前三季度，全行运用财务资源撬动不良贷款清收处置的比例为1:2.61，单从三季度当季看，掌握的还不错，比前两季度有较大提升，达到1:3.11，但上海、福建分行明显偏低，不足1:1.5。四季度对达不到1:3撬动标准的原则上不予审批，促使各行切实重视转让资产选择与价值评估。要尽快下达各行平台包组包额度，优先考虑利润计划完成好的分行和回收率高的项目。要督促各行按照受托资产管理办法的规定，加强受托后资产的管理与清收处置，防止一转了之。平台资产包处置回收率要按转让评估价值掌握，防止形成新的财务缺口。

二要加大逾期贷款的催收转化力度，防控潜在不良。三季度末，全行逾期贷款达××亿元，比年初和上半年分别增加××亿元、×亿元；逾期贷款占比×%，较年初和上半年分别上升×个、×个百分点。逾期贷款是不良贷款的后备，根据经验一般会有15%~20%发生劣变，而实际上大量逾期贷款是可以通过主动介入提前转化的，必须立足于及早采取措施。要明确下达各行年末逾期贷款控制目标，督导各行对照9月末的逾期客户清单，逐户研究分析风险化解的可能性，落实还款资金和风险处置方案，并要求各行行长、分管信贷管理的副行长分别负责组织抓好逾期亿元以上和5 000万元以上大户的风险化解工作。要密切监控逾期客户账户资金流动、关联客户资金往来情况，及时提示分行加强催收。

三要加强全流量信贷管理，防范新增不良。要全面管住新增贷款与存量移位贷款投向，坚决保证每年大约3万亿元的贷款投放有个好的质量。从前三季度移位情况看，全行共移位贷款1.43万亿元，移位率14.7%，基本符合序时进度计划。总体上，各行对这项工作比较重视，但进展也不平衡，青岛、内蒙古、福建、浙江、天津分行序时进度偏缓。四季度，要进一步加强贷款增量与存量移位并轨管理，抓紧出台有关监测与评价办法，完善监测评价体系和定期通报制度，推动各行的存量移位工作有效落地执行，切实止住新的出血点。

四要加强信贷基础管理，提高风险防范的“免疫力”。应该说，所有清收处置不良贷款的办法措施，都只是控制资产质量恶化的“退烧药”，是治标之策；而要想真正“消除炎症”，必须根治信贷经营中存在的“头重脚轻”、“前轻后重”、“病从口入”、“近视眼”、“急性病”、“流程至上”、“重形式把控、轻实质风险”、“名义上都负责、实际上都不负责”等顽疾，必须要靠改革信贷体制机制、加强基础管理的治本之策。这段时间，总行经过深入研究讨论，反复征求意见，形成了改革信贷经营管理体制机制的初步意见。有关部门要抓紧修改完善方案，争取尽快报经党委审议，试点实施，真正构建起“分层营销、差异化经营、分类授权、责任清晰、责权对称”的信贷管理新架构。同时，要对信贷基础管理工程的各项既定部署，督导各行逐项加紧落实，四季度要全面完成首次信贷经营机构经营资质认定工作。

这里还要强调的是，要切实重视代理投资业务风险防控。今年以来，一些分行代理投资业务风险多发，并有从表外向表内传染的趋势。9月末，全行代理非标投资业务余额1.8万亿元，涉及融资客户2 300多户，其中潜在风险客户179户，代理投资余额1 017亿元，分别较年初增加106户和519亿元。山西、内蒙古、湖南、广东、山东等代理投资业务量大的分行，潜在和暴露的风险也大，云南、新疆、贵州等业务量较小的分行，逾期欠息客户也增加较多。总行监测发现，有的行疑似对潜在风险项目通过办理贷款接续代理投资，也有的行疑似对潜在风险项目通过办理代理投资接续存量贷款。有关部门要切实加强对风险高发产品和区域的监测分析，督导各行逐户落实风险项目处置方案，明确责任人，限期化解风险。要加强代理投资业务投后管理，按照“谁发起（投资），谁负责”的原则，逐笔落实项目投后管理责任。对逾期欠息问题比较突出的分行，要调减业务额度或上收权限。要严格落实代理投资与自营业务隔离制度，防范表内外业务交叉感染，对已经出现违约风险的融资客户，严禁以贷款接续其到期代理融资；对已经出现资产质量劣变的贷款客户，严禁以理财资金接续其到期贷款；对已经实现系统支持的代理投资业务，必须通过系统进行操作，否则一律视为账外经营，予以严肃查处。

（三）改进资产负债业务经营管理，稳定利差水平。今年前三季度，境内分行利差收入受利率市场化推进和连续降息的影响进一步显现，本外币NIM降至2.58%，分别比年初和上半年收窄16个基点和3个基点，大致减少收益106亿元。应该说，尽管当前影响净息差收入的客观因素不少，但也与各家银行、各级机构的资产负债结构、定价策略以及经营管理水平密切相关。从同业比较看，五大行NIM均较去年同期有所下降，我行在五行中降幅最小；股份制商业银行NIM情况整体好于五大行，一些中小银行的NIM甚至不降反升。从负债端看，境内分行人民币存款付息率同比下降11个基点至1.98%，降幅虽优于可比同业，但存款成本控制压力依然较大。主要是利率上浮存款增长过快和高成本负债压降趋缓，部分对冲了基准利率下调因素。目前全行利率上浮存款占比已超过40%，其中利率上浮1.3倍存款规模达到2.1万亿元，占比14%，并呈逐月上升态势；保本理财、结构性存款的平均付息成本分别为4.14%和4.49%，两项存款日均余额接近5 000亿元，需比同等规模的一般性存款多支付年化成本114亿元。从资产端看，我行人民币贷款在四行中新增最多，但5.68%的收益率水平并不具备优势，降幅高于建行和中行，较去年同期也下降了41个基点。在37家可比分行中，21家分行新发放贷款利率在当地四行排名后两位，其中利率最低（4.96%）与利率最高（6.16%）的两家分行相差120个基点。贷款收益率的下降，既有存量贷款重新定价使降息影响集中反映的原因，前三季度完成重新定价的人民币贷款7.75万亿元，占存量贷款的86%；也受到新发放贷款定价下降幅度加大和速度加快的影响，今年新发放人民币贷款利率5.6%，同比下降83个基点，其中9月份当月降至5.01%，同比大幅下降147个基点。预计四季度稳定NIM的内外部压力还将持续加大。而全行四分之三的净收入来源依靠息差，必须把加强和改进资产负债业务经营管理放在更加突出的位置，千方百计保持一个合理的利差收入增长。

一要改善负债经营，兼顾存款稳定与成本控制。不可否认，利率市场化环境下，存款竞争中价格因素更为敏感和关键，但这种价格的竞争一定不是单一的存款利率，而是综合服务的价格；赢得存款竞争优势，也不一定完全靠价格，客户基础和服务往往更为重要；没有合理成本的存款规模增长，是没有经营价值的盲目扩张。全行在当前激烈和复杂的存款市场竞争中，应该对存款业务经营发展的这些基本规律保持清醒的认识，以理性和前瞻性的思维应对利率市场化环境下存款竞争发展的新情况。要加紧完善存款定价机制，掌握定价主动权。加快投产负债敏感性分类和以客户综合贡献为基础的存款定价模型，形成精细化、针对不同客户群的差异化存款定价能力。完善存款利率上浮总量管理和授权管理，促使各行强化利率定价自律机制，特别要从严控制利率上浮到顶的存款限额。进一步加大压降高成本负债力度，通过调整产品配置价格挤出一批、发行大额存单替代置换一批，争取四季度保本理财和结构性存款的日均规模再压降1 000亿元。要更加善于运用大额存单、节节高、薪金溢等主动负债、新型存款产品，适应利率市场化环境，不断增强对客户和存款的吸引力。要更加重视发挥我行综合服务功能、资金账户安全、长期合作基础等整体优势，稳定重点客户存款。尤其要主动适应财政、社保、军队、国企和金融同业等各方面改革创新的特定需要，利用我行先进的信息系统和强大的IT支持力量提供针对性服务，以全链条、全产品的集成式服务，努力在资金分配格局调整中巩固和提升我行的市场地位。要进一步发挥资产托管、资金存管业务对存款的吸收作用，进一步发挥大额资金监控平台对拓展新户的作用，四季度要争取新增客户3 000户。要通过网点竞争力提升工程，强化网点对公服务能力，增强客户基础。要针对岁末年初资金活动频繁的特点，加大重点客户走访频率，提前摸清岁末年初客户资金回流状况与使用计划，与客户沟通好存款的摆布安排，避免年末存款出现大幅波动、大宗流失，确保存款偏离度指标符合监管标准。

二要改善信贷经营，增加信贷收益。这其中关键是要降低信贷成本和实现合理定价，核心是要优化信贷结构。要切实通过完善信贷存量与增量并轨管理机制，有效管控新发放贷款的风险和定价，推动信贷结构向质量更优良、收益更合理的方向演进。近来有些分行同志讲，当前经济下行，金融脱媒又在加速发展，有效信贷需求越来越缺乏，信贷市场越来越难找。应该说，这种现象在一些地方是存在的，但从全局的角度看是个伪命题，原因在于我们一些机构仍然沿用传统的眼光看待变化了的市场，用局部的视角看待开放的市场，囿于自下而上选择信贷市场的旧机制。因此，必须加强总分行对信贷市场的整体规划、顶层设计和系统推动，实现信贷市场布局决策由自下而上，向自上而下与自下而上相结合转变，更加明确、清晰、具体地引导全行抓大、抓小、抓新、抓优，为四季度大约 9 000 亿元的投放，以及每年 3 万亿元左右的投放，源源不断地接续上有效信贷需求。要集中专业力量研究国家推出的一系列扩大投资和产业优化升级政策中、推动“三大支撑带”发展中的重大市场机遇，完善重点行业信贷政策，提出一批重大项目营销服务计划，组织全行主动对接、联动营销、综合服务，加快在基础设施和基础产业、能源资源领域、高端制造业、新一代信息技术产业、现代服务业和文化产业以及民生消费等领域的信贷布局。要以“三大支撑带”的核心城市为龙头，制订重点区域综合金融服务方案，以及相应的配套政策措施，加快北上广深等重点城市群的信贷市场开发和各项业务的快速发展。要结合推动小微专营中心和网络融资中心经营机制的完善，结合信贷业务专业化、标准化两大经营体系的完善，促进小微企业和个人信贷业务健康快速发展。要根据当前的信贷经营特征，本着质量效益匹配原则，改进四季度信贷规模调配方式，适度压缩收益偏低的票据融资，保证收益率较高的信贷品种和分行的投放。对四季度各分行新增个人网银质押贷款、基准利率以上的个人住房按揭贷款和信用卡“逸贷”分期业务规模放开，总行自动追加。要将信贷资产转让平台作为调整信贷区域结构的重要工具。目前各行对这一平台的运用不够充分，去年以来仅有 8 家分行完成了 6 笔贷款转让。总行要通过政策引导、功能优化、监测评价等措施，调动分行参与信贷资产买卖交易的积极性，促进信贷资源在行内的市场化配置和资金营运效率的显著提升。

三要改善资金营运，提高资产负债精细化管理水平。要根据当前金融市场和我行资金结构的变化趋势，不断完善资金营运策略，要最大限度地减少闲置和低效占用，向资金营运精细化、科学化要效益。稳定和提高 4. 25 万亿元的债券投资收益水平，对于减缓 NIM 收窄、实现盈利目标非常关键，必须更加精心地摆布好债券投资结构，提高债券业务对外定价水平。要加快资产负债管理方式创新，尤其要重视稳步推进“资金池”试点，帮助分行在核定额度内通过高收益资产运作自主消化高成本负债。同时也要进一步明确，“高走”资产必须是新增资产，坚决避免用存量优质资产消化新增高成本负债，给全行 NIM 稳定带来新的不确定因素。要加紧实施集团资产负债市场化管理机制改革，推进集团内资金拆借交易市场、境外筹资工具管理系统、经济资本交易平台“三大市场平台”建设，引导境内外、本外币资金在全球范围内统筹优化配置，形成资金在低成本地区筹集和高收益地区运用的资产负债管理新格局，真正以全球资金营运能力的提升促进集团利益最大化目标的实现。

（四）保持中间业务良好增长态势。在当前存贷利差持续收窄的大趋势下，尽可能多地增加中间业务收入，对全年利润计划目标的实现有着更加重要的作用。尽管前三季度中间业务收入总体增长良好，但三季度当季环比下降 15. 92%，比二季度减少 66. 42 亿元，部分业务条线、部分分行增速放缓。人民币个人结算、投资银行、国际贸易融资服务等业务收入同比降幅超过 20%；内蒙古、辽宁、安徽、福建等 5 家分行收入同比降幅超过 10%。四季度，要逐业务条线、逐机构、逐产品梳理分析增收潜力、明确中收计划，逐旬盯进度、盯成效，严格落实缺口管理，加大收入组织力度，确保完成和超额完成全年增收目标。同时，要加强服务收费管理，认真开展《“2015 版”价目表》实施情况检查，及时发现存在问题并落实整改，引导全行以规范管理、合理收费、价值服务为中间业务发展营造良好的市场环境。

一要稳定资本市场相关业务发展。这一块稳定住了，实现全年中收目标的最大不确定性因素也就控制住了。前三季度，代理基金、资产管理、资产托管等与资本市场相关业务的收入占到全部中间业务收入的 30%，增量占比高达 148%。但三季度由于股市降温，相关业务收入出现了较大下滑。四季度，各相关业务条线要积极关注债券等多层次资本市场发展中的机会，关注股市进入修复调整期、客户资产配置避险需求增多、投资资金大量回归银行等变化，主动调整营销策略、创新产品和服务，努力保持相关业务收入的稳定。特别是理财业务，要着重解决客户需求骤增而高收益投资品供给不足的突出矛盾，以投资定规模、定价格，做到既稳定住产品规模、又控制好发行成本，增加业务收入。

二要提升零售板块相关业务贡献。前三季度，零售板块相关业务实现中间业务收入 688 亿元，同比增长 30. 6%，成为提升零售板块贡献度的重要因素。四季度，相关业务条线要抓住社会资金充沛、消费旺盛、市场活跃的机遇，力争全年收入贡献再有一个大的提高。信用卡业务，要做到消费与分期付款业务的同步推进，以市场欢迎的创新产品为抓手，围绕提升信用卡启用率、动户率和 POS 活跃率，持续开展客户精准营销和特约商户结构优化，进一步激发信用卡支付和收单市场潜力，争取四季度信用卡结算及商户回佣收入增速有显著提升。私人银行业务，要继续加大北上广等重点地区、重点机构业务推进力度，尽快推出委托专户服务升级、基金组合服务等创新业务，启动12家分行家族财富管理业务的试点，保持客户规模、管理资产和收入的较快增长。贵金属业务，要拓宽销售渠道，大幅提升在个人客户中的渗透率，推动收入稳步增长。

三要扭转投资银行、现金管理、人民币结算、国际贸易融资等业务缓增甚至下滑局面。投行业务，要抓紧推进正在运作的各类项目，提升效率和成功率，能入账的要确保年内入账。要加快复制推广投行产品分销顾问、代理并购与投资、跨境并购过桥融资等创新业务，努力做大收入规模，并争取年内成功储备100个左右的大项目，形成更多收入来源。要推进权益类投行业务发展，借助并购贷款、财务顾问等手段，在有效把控风险的基础上，积极拓展企业IPO、定向增发、兼并收购、优质政府引导基金和产业基金市场，弥补传统收入来源萎缩造成的缺口。要指导基层行把信息服务、县市政府财务顾问作为基础类投行业务转型的突破口，年内争取成功运作30个项目，同时要重视提高顾问方案的针对性和技术含量，丰富产品服务内容，足以支持议价和收费。四季度当季，投行收入同比、环比要有明显增长，切实扭转前三季度收入锐减的被动局面。个人结算业务，要评估第三方支付市场扩大及个别银行跨行异地网络汇款免费对我行的影响，尽快研究拿出针对性的应对措施，通过调整优化个人结算套餐等服务，努力拓展市场，以量补价，增加收入。对公结算和现金管理业务，要组织好年末优质对公账户的营销冲刺活动，多措并举提升账户质量，提高现金管理的客户上线率和资金归集率，尽快止住收入下滑局面。国际贸易融资业务，要以巩固维护170家总行级国际贸易融资客户为重点，指导分行用好总行专项配套支持政策，抓好客户拓展和业务渗透，巩固提升我行市场份额，带动国际业务中收的整体增长。

（五）加快互联网金融发展战略的落地实施。四季度，要围绕“三平台、一中心”的e－ICBC升级版战略和各项既定目标，加大工作推动力度，在产品体系、业务规模、客户基础等方面尽快形成更大的同业领先优势。要加快新产品新业务市场推广，趁着e－ICBC升级版发布形成的社会关注热度，抓住“双11”电商节、元旦等做好策划，持续掀起营销热潮，扩大市场影响力。明天正式投产商e贷、公司客户金融资产质押贷款、个人在线住房按揭、个人小额信用消费贷款等4个网络融资产品，这是网络融资中心成立后首推的产品，也是我们主打网络融资优势产品，有关部门要积极做好市场营销策划，加强对各分行的业务推广，力争年内网络融资余额突破5 000亿元。近期还将投产新版的融e行，要督导各级行充分利用新版融e行的开放性特征及丰富功能，在做好网银存量客户平稳迁移的同时，大力营销吸引行外客户，迅速聚集人气，力争两年内客户总量突破2亿户。要持续完善和整合各平台功能，按照“三平台一中心”架构和功能定位，围绕打造亿级客户群目标，突出入口聚焦和交叉引流，加快整合各平台功能、优化产品布局。对目前细分市场的存量APP，在整合入口的基础上予以保留；针对特定客户、特定业务的APP，原则上不再单独建设，确实需要的，也要纳入三大平台通过内嵌方式加以实现。要加强互联网金融队伍建设和业务培训，目前总行已成立互联网金融营销、网络融资、个人信用消费金融三个中心，近期还将组建融e行、融e联中心，基本搭建起了互联网金融的运营架构。要抓紧充实中心人员，并督导各级机构成立相应的工作团队。总行要高度重视互联网金融培训，把互联网金融内容作为专业培训、管理人员培训的必修课，尽快为各行培养一支具备互联网思维、熟悉网络语言、了解产品业务、能够运用互联网方式开拓市场的业务团队，帮助基层机构提高互联网金融业务开展能力，改变目前互联网金融热在总行、冷在基层的现象，紧紧依靠和动员各级机构、全行员工营销推广互联网金融产品和服务。

（六）坚决遏制案件和风险事件高发势头。在昨天召开案件形势分析会上，总行深入分析了面临的案防形势，就下一阶段内控案防工作作出具体部署。应该说，当前全行案件风险形势之严峻是近些年来所未有的，各部门务必保持清醒认识，以高度的责任感，抓好本专业内控案防措施的落实；要督导各行认真贯彻案件形势分析会精神，以及6月份案件和风险事件防控工作会议精神，切实将案件风险防控责任层层落实到位，将“五个必须”“五个强化”的要求部署再深化再落实；要以案为鉴，紧盯重点部位和高风险环节，采取强有力措施，坚决把案件风险高发态势打下去，努力营造安全稳定的良好环境。

一要扎实开展内控评价暨“两加强、两遏制”回头看工作。这次“回头看”是银监会根据国务院要求专门安排部署的，重要目的在于遏制当前银行业案件风险的反弹势头。这次检查时间长、范围广、标准高，贯穿整个四季度。要指导各行按照总行上月召开的工作启动会部署和检查方案要求，把握检查重点，严格开展自查、抽查和整改等各阶段工作，深入排查并及时解决内控薄弱环节和问题隐患，推动风险控制、监督和化解机制的进一步完善。要注重检查质量和成效，对搞形式主义、弄虚作假、隐瞒不报、整改不到位以及在日后监管检查又发现严重问题、或在检查后半年内发生案件和重大风险事件的，要从严从重追究有关人员的检查责任和管理责任。

二要加强对高风险机构、重点岗位和易发案领域的监督管理。从今年发生的案件风险事件看，主要集中在基层机构负责人、客户经理和柜员等岗位，存贷款、票据、同业、理财等业务领域，银企对账、印鉴管理、重要空白凭证管理、账户开立与变更等重点环节。要深入分析今年以来案发特点和趋势，加大对案件风险高发机构、业务领域和关键环节的监督检查力度，及时堵塞管理漏洞。要深化员工异常行为排查，前一阶段总行组织了针对非法集资、飞单销售、存款失踪三类案件涉及的异常行为，以及超出自身经济承受能力投资股市和违规投资经商办企业的专项排查，目前前两项排查工作已经完成。通过排查，发现和处置了大量的异常行为，化解了案件风险隐患。四季度要在巩固成果的同时，对员工违规经商办企业问题进行集中清理，对总行管理干部、总行本部人员经商办企业情况更要持续排查，加强监督约束。

三要严格考核奖惩和责任追究。从严治行是稳健经营的根基，必须植于言，见于行。要从严掌握案件和重大风险事件的考核标准，对银监会通报的一、二类案件全部按内部案件考核标准扣分；对案件风险事件中符合银监会一类案件标准的，也按照内部案件考核标准扣分。要畅通员工对案件风险线索的反映渠道，健全奖惩机制，对反映有效线索的举报人员给予奖励，对故意隐瞒不报的予以惩处。近期总行集中通报了陕西榆林、福建莆田、吉林分行营业部、票据营业部上海分部等机构的一批案件和重大风险事件，对有关人员责任进行了严肃认定和追究。今后，要进一步加大对违规违纪、屡查屡犯、失职渎职等不良行为责任人的问责力度，特别是对这次内控评价和“回头看”检查中发现的问题，要重拳出击，严厉追责，切实起到震慑作用。

同志们，目前我们许多工作对照年初计划目标还有不小差距，任务繁重、压力不小，希望各部门、各专业进一步坚定信心，扎实工作，在今年还剩下的最后两个多月时间里，再加一把劲，再努一把力，交出一份优于可比同业的经营业绩单，让总行党委、董事会、股东和员工满意。

在中国工商银行2015年决算工作会议上的讲话

易会满

（2015年11月26日）

今年决算工作的核心任务是，坚守经营效益和资产质量的“双底线”，确保实现全年经营目标。下面，我讲三方面的意见。

一、完成全年经营目标面临较大的压力和挑战

前10个月，在国内外经济金融形势依然复杂严峻背景下，通过全行上下共同努力，业务经营继续保持了稳定健康的发展态势。集团实现拨备前利润××亿元，同比增长××%；实现净利润××亿元，同比增长××%。与同业相比，前三季度，全行拨备前利润在可比同业中处于最高水平，但受拨备提取大幅增加影响，净利润增幅与可比同业基本持平。从目前经营情况看，能否圆满完成全年经营效益目标，依然面临较大的压力和挑战。

（一）资产质量防控压力持续加大，成为影响全年效益目标实现的首要因素。今年以来，全行不良贷款余额、逾期贷款余额及占比均快速上升。截至10月末，不良贷款余额达到××亿元，比年初增加××亿元；不良率为××%，比年初上升××个百分点，仅低于农行，高于中行和建行。还原核销因素后，10月末不良率达到××%，比年初上升××个百分点。逾期贷款余额××亿元，比年初增加××亿元；逾期贷款占比××%，比年初上升××个百分点，预示着年末及未来较长一段时期内，资产质量控制的压力仍然较大。前10个月，集团提取拨备685亿元，同比增幅超过60%，其中由于贷款劣变提取的拨备达到575亿元。云南、陕西、天津、山东等11家分行拨备提取同比增幅超过100%。即便如此，由于全行拨备资源消耗较快，10月末拨备覆盖率已经降至××%，低于监管标准××个百分点。

（二）净利息收益率显著收窄，对全年效益目标实现带来持续压力。目前全行生息资产规模超过20万亿元，利差水平每下降1个基点，利息净收入将减少20亿元。去年11月以来，央行连续6次下调存贷款基准利率，并完全取消存款利率上浮限制，而我行存贷款定价能力没能有效提升，使得全行净利息收益率（NIM）大幅收窄。前10个月，集团净利息收益率为××%，较上年下降××个基点。从存贷款两端看，贷款收益率降幅明显快于存款付息率。其中，人民币贷款收益率为

5.53%，较2014年下降44个基点；人民币存款付息率为1.97%，仅较2014年下降8个基点。从同业比较来看，前三季度，各一级（直属）分行（不含西藏）中，仅5家分行贷款收益率居四行第一，其余各有10家分行分别列第二、三、四位。尤其是青海、上海、陕西、吉林、江苏、山东、内蒙古7家分行，各项贷款日均增量及当年新发放贷款收益率均排在后两位。

（三）存贷款业务发展不平衡，市场竞争力有待进一步增强。从存款情况来看，截至10月末，全行人民币存款（含同业存款）比年初增加9 899亿元，同比多增3 112亿元，增幅6.3%。但结构上，各类存款业务发展不平衡，部分核心存款竞争力有所下降。前10个月，存款增加的主要是机构存款和非存款类金融机构存放款项，储蓄存款和公司存款则分别比年初下降34亿元和1 386亿元。与同业相比，我行人民币存款增量分别较农行和建行低4 918亿元和437亿元，仅略高于中行，其中储蓄存款为四行中唯一一家比年初下降的机构，分别较农行、建行和中行低5 813亿元、3 342亿元和2 532亿元；对公存款增量虽高于同业，但对机构客户存款的依赖度偏高。分地区看，仅6家分行存款总量和增量均列四行第一，广东、湖北、四川、河北、山东、湖南等14家分行存款增量排名第三位，江苏、江西、甘肃、内蒙古、深圳5家分行存款增量排名第四位。从贷款情况看，前10个月，全行人民币贷款增长的品种和区域差异较为明显。分品种看，公司类贷款较年初增长2 596亿元，同比少增1 094亿元，增速明显放缓，反映出新市场拓展力度不足；个人住房贷款增势较好，但与主要竞争对手差距仍不小，落后建行493亿元。一些区域信贷储备明显不足，贷款增长乏力，贷款“冲时点”的老问题重现；黑龙江、内蒙古、厦门、重庆等分行公司类贷款比年初负增长，票据贴现成为其贷款总量增长的主要支撑。

（四）中间业务发展分化加剧，个别分行、个别产品收入下降明显。从各分行情况看，前10个月，36家分行中间业务收入同比“27升9降”，其中青海、黑龙江、北京、新疆、广西、大连、上海和吉林8家分行同比增长超过20%；浙江、山西、宁波分行克服资产质量压力，中收分别增长××%、××%和××%，高于全行平均水平；内蒙古、安徽、福建分行在2014年收入同比负增长的情况下，今年前10个月收入同比下降超过10%。从产品情况看，私人银行、代理个人基金、第三方存管、账户贵金属、资产托管、代理个人保险、对公银行类理财产品等业务收入同比增长超过40%；人民币个人结算、现金管理、信用证、投资银行等业务收入同比下降超过20%。信用卡业务收入同业占比在2014年同比下降的基础上，今年再降1.87个百分点。此外，同一产品在分行间发展不平衡现象也比较突出，比如代销基金业务，前10个月，浙江分行四星级及以上客户为××万户，代销基金收入为××亿元；而江苏、山东分行四星级及以上客户分别为××万户、××万户，代销基金收入仅为××亿元、××亿元。

另外，汇率波动加剧、费用列支进度等一些因素也对全行效益目标实现带来一定压力。例如，随着人民币汇率形成机制市场化改革的深入推进，在岸和离岸市场人民币汇率波动幅度均在扩大，部分境外人民币资金持有大行，保有的人民币敞口较大，如果没有较好的套期保值措施，汇率波动将对盈利产生一定影响。再如，根据集团全年费用列支安排，预计四季度单季列支费用将占全年费用的××%，较2014年第四季度列支占比高出××个百分点。

二、各经营机构存在的突出问题及工作要求

从以上分析可以看出，实现全年效益目标存在较大的难度和挑战。各分行各部门要找准问题和短板，积极主动作为，做好年内最后一个月冲刺，努力完成任务或缩小差距。

北京、新疆、深圳、湖北、厦门、重庆、海南7家分行，业务发展整体较好，信贷成本相对较低，拨备前利润和净利润增幅均保持在系统内前列。这类分行对全行效益作出的贡献值得肯定，希望能再接再厉，进一步挖掘潜力，增强盈利能力，不唯计划唯市场，为全行多做贡献。

上海、广东、河南、贵州、青海、广西、陕西、甘肃8家分行，拨备前利润增幅均好于平均水平，但信贷成本较高，制约了净利润的增长。例如，上海分行利息净收入增长6.8%，手续费及佣金净收入同比增长21.6%，带动拨备前利润增长17.4%，处于全行前列，但受资产质量影响，其今年信贷成本达到××%，同比大幅增加××个基点，导致其净利润下降××%。总体来说，这类分行在市场拓展和经营转型上，保持了较好的经营发展基础。甘肃分行各项经营指标保持较好的成长性，但由于发生重大风险事件，会拉低四季度的利润增幅。希望这类行能着力稳定资产质量，加强内部管理，确保完成年末不良贷款控制计划目标，推动信贷成本下降，努力多超总行下达的利润计划。

大连、宁夏、安徽、四川、河北、江苏、黑龙江、吉林、江西、湖南、山西、辽宁12家分行，拨备前利润增速低于全行平均水平，尽管目前信贷成本相对稳定，但也存在一些隐忧。例如，河北、湖南、四川分行剪刀差率较高，未来资产质量和信贷成本控制压力还比较大。希望努力抓好存贷款等基础业务发展，推动营业收入的增长。同时，要继续管控好资产质量，避免信贷成本上升。

下面，我重点说说福建、内蒙古、山东、宁波、云南、浙江、青岛、天津8家分行。这些分行利息净收入下滑幅度较大，资产质量也面临较大压力，拨备前利润

和净利润增幅在系统内均处于落后水平，其中福建、内蒙古、山东、宁波、云南、浙江分行，净利润降幅超过20%，给集团效益目标完成造成极大的压力。例如福建分行，贷款余额3 000亿元，前10个月不良贷款累计劣变竟然达到155亿元，计提减值损失逾百亿元。主要受资产质量影响，前10月亏损45.6亿元，是目前全行唯一一家亏损行，亏损额相当于大连、青岛、厦门三家直属分行前10个月净利润的总和。又如山东分行，面临较大资产质量压力的同时，其业务发展也存在较大问题，表现在存贷款业务发展量价协调性较差，其存款时点和日均增量均处于同业第三位，其中存款日均余额增幅在系统内排名第32位，显著落后于其他分行；新投放贷款收益率处于当地四行末位，利息净收入同比降幅超过7%。再如内蒙古分行，不仅业务基础薄弱，而且资产质量持续劣变，大量侵蚀了利润，拨备前利润和净利润下降幅度分别达到18%和30%。更值得关注的是，剪刀差率达到6.87%，表明未来一段时期内蒙古分行资产质量控制压力仍然很大。这类分行中，有些分行经营发展出现的困境，虽受一些客观因素的影响，但也存在自我加压不够、主观原因分析不够、工作作风转变不够问题，其中个别分行对全局驾驭能力较弱，造成工作被动。希望这类行要克服困难，增强大局意识、责任意识和担当意识，在剩下的一个多月的时间里，扎扎实实制定措施，尽快扭转目前的经营态势，全力完成今年总行调整后的利润目标，并争取明年有切实的好转。

从境外机构情况看，前10个月共实现净利润××亿美元，同比增长××%，如剔除工银标准因青岛港保险赔款虚增的收入，同比略降××%；即便按照剔除新并购亏损机构工银标准和工银土耳其的可比口径，净利润增幅也仅为××%，与上年同期（45.3%）相比，下降比较明显。其中，新并购机构中，希望工银标准加快发展，促进收入增长，严格控制营业成本，严格把控薪酬激励水平，确保落实集团战略导向。工银土耳其务必要将全年亏损控制在500万美元以内。欧洲区域，法兰克福分行和工银欧洲机构净利润同比分别下降43%和12%，其中固然有受欧洲货币政策宽松导致利差大幅收窄的客观因素，但希望工银欧洲能积极调整经营思路，努力实现全年净利润同比不下降的目标。亚洲区域，新加坡分行、首尔分行、东京分行和中东机构，要密切关注汇率风险的影响，积极想办法拓宽资金来源，力争全年净利润增幅达到两位数以上。工银亚洲作为境外机构的旗舰行，尽管今年压力较大，希望多措并举，实现好管理层拨备后利润"保5争8"的盈利目标，争取为集团多做贡献。

从利润中心情况看，前10个月，各利润中心业务条线共完成营业贡献××亿元，同比增长××%。其中，私人银行、资产托管、票据、专项融资业务条线紧抓市场发展机遇，营业贡献目标完成进度超过90%。金融市场部抓住流动性相对宽松、生息资产规模扩大的有利因素，利润完成情况较好。但也有个别利润中心条线发展遇阻，经营效益完成情况不尽如人意。例如，投资银行部前10个月实现中间业务收入144.86亿元，同比下降23.9%，预算完成进度为72.43%（按全年200亿元计算），且前三季度单季收入呈逐季递减趋势，分别为62亿元、51亿元和30亿元。希望各专业条线能够抓住年底前的营销旺季，加大工作力度，实现业绩的进一步增长，投资银行部要争取完成200亿元的收入目标。

三、切实抓好年终决算各项工作的落实

（一）确保完成资产质量控制目标，有效控制信贷成本。如果年末全行信贷资产质量不能得到有效控制，根据拨备覆盖率的监管要求，我行将被动增提拨备。因此，各机构务必要将资产质量控制作为决算工作的"第一要务"，按照总行下达的年末不良贷款控制计划，从控制劣变和加大清收处置两个方面做好各项工作，确保完成年末控制计划。一方面，要防止贷款逾期及劣变。要做实做细风险排查，准确预判客户按期还本付息的能力，提前落实还款来源，对于按期还本付息有困难的客户，提早做出风险化解和处置安排，防止贷款逾期。要抓住重点，对照逾期客户清单，尤其是到年末逾期超过90天、目前仍分类为关注的客户，逐户分析风险化解的可能性，及早落实还款资金和风险处置预案，防控逾期贷款劣变。这方面，安徽、山西等分行做得不错，一把手直接参与，排得早、排得实。另一方面，要加大常规方式处置力度，提高清收处置成效。要把主要精力投入到常规方式处置上，有针对性地制定处置方案。对常规方式难以取得处置成效的不良贷款，要在做好转让资产选择与价值评估基础上，有选择、有控制地进入平台处置或其他批量处置，努力以有限的财务资源撬动更多的不良贷款处置。特别是福建、浙江、河北、湖南、山东、四川、江苏、江西、广东、内蒙古等分行，根据初步摸排，总行确定的不良贷款年底控制目标任务与各分行预测数差距较大，这些分行一定要千方百计完成控制任务。总行行领导将通过各种形式加强对联系行的督导，推动目标实现。

（二）进一步强化组织推动，努力多增中间业务收入。一是狠抓收入目标落实。截至11月23日，境内分行实现中间业务收入××亿元。要实现××亿元的收入目标，还有××亿元的缺口，同比需要增加××亿元。在这种情况下，各专业条线、各分行要强化多增加收入和多压缩缺口都是贡献的意识。专业条线方面，个人金融、资产管理、私人银行、金融市场、资产托管要自我加压，四季度分别要争取实现收入××亿元、××亿元、××亿元、××亿元和××亿元，不断提升对全行增量的贡献；投资银行部要确保完成收入目标；信用

卡、结算与现金管理、国际业务、贵金属要加快收入组织进度，最大限度缩小缺口，减轻全行平衡总盘子的压力。分行方面，北京、上海、广东、浙江、黑龙江、吉林、新疆、宁波等21家调增计划的分行，要力争完成四季度目标；天津、甘肃、重庆、青岛4家分行，中间业务收入增速比前三季度要有明显提高；福建、湖北、四川、山东、内蒙古、江苏、辽宁、安徽、江西、云南、西藏11家分行，要大幅度缩小缺口，力争完成或接近完成收入目标。二是细化推动措施。加强中收工作的组织领导，确保精力投入和帮扶督导不放松、不减弱。此次会议后，各级行至少每10天通报一次中收进度，确保信息畅通。对战略成长性业务和潜力产品，总行相关部门、利润中心要加强市场预判，逐产品、逐项目及时调整推动策略。三是继续做好收费规范管理工作，严格按《“2015版”价目表》收费，发现问题及时整改，切实防范各类声誉风险。

（三）进一步强化资产负债定价管理，缓解利差收窄压力。一是强化存款量价协调管理。要控制长期限、高成本存款的付息成本，严守一般性存款业务定价不超过同期限央行基准利率1.3倍、大额存单业务定价不超过基准利率1.4倍的利率上限。在存款工作中，要发挥好大行比较优势和综合竞争优势，严控结构性存款和保本理财产品的日均规模。二是完善贷款量价协调管理。要合理风险定价，保持信贷收益水平。积极推动市场化定价产品和业务的发展，提升应用贷款基础利率（LPR）定价贷款占比，加快推动其在个人非住房贷款业务和中长期限贷款业务中的推广应用，增强我行市场化定价贷款业务话语权。三是强化投资收益管理。受流动性相对宽松影响，金融市场部前10个月生息资产规模同比增长超过4 400亿元，交易类同业存单投资规模增长近10倍，远超年初预计情况。希望金融市场部要把握市场环境，进一步提升资金营运水平，不唯计划预算，为全行经营效益多做贡献。

（四）加强存贷款业务管理，夯实全行业务发展基础。一方面，要着力扭转存款竞争力下降的被动局面，切实增强存款稳定性。要努力缩小储蓄存款与同业可比银行差距，处理好储蓄存款与个人金融资产发展的关系。要关注大型集团客户年末资金往来变动，增强公司存款的稳定性和资金贡献度，确保全年存款增长与我行市场地位相称。要继续加强存款稳定性管理，提早安排组织推动工作，避免因为日均存款增长较慢限制了时点存款的正常增长，确保年末存款偏离度符合监管政策要求。要着力协调好存款增长与成本控制的关系，继续按目标压降表内理财，新增大额存单主要用于置换高成本负债，不能将其作为支撑存款总量的依赖。另一方面，统筹做好岁末年初贷款投放工作。各行要积极开拓市场，特别是要排好重点项目清单，做好客户营销和沟通，年末前尽可能提早完成大额贷款投放工作。要积极优化新增贷款投向结构，继续加大对小微企业贷款和个人住房贷款投放力度，确保完成小微企业“三个不低于”考核目标；保持个人住房贷款良好发展态势，力争缩小与主要竞争对手的差距。要紧紧围绕“十三五”规划建议中提出的国家重点经济区域布局和重点产业布局，努力增加重点领域重大工程项目等优质信贷资源储备，大力竞争优质个人贷款市场，为明年贷款均衡稳定增长打下扎实基础。

（五）进一步严肃财务纪律，严格规范财务行为。9月份，总行召开了严肃财务纪律工作会议，并组织开展了全行财务专项自查整改工作。从各机构报送的自查整改材料和近期各方面反映的情况来看，还有一些机构、部门思想认识转变依然较慢，底线意识不强。对此，重申三点要求：一是各分支机构“一把手”必须不断强化主体责任意识，切实抓好财务规范管理工作。业务部门能不能理解和认同财务纪律要求、财务部门敢不敢行使《会计法》赋予的权力，主要取决于“一把手”的态度和作为。各级行“一把手”要首先带头转变观念，带动全行增强合规意识。境外机构的“一把手”不能以财务人员少、区域差异等为借口，打财务规范管理的擦边球，更不能存在侥幸心理，疏于管理。二是各业务部门要承担财务规范的源头治理责任，把好财务行为的源头关。财务开支、财务行为的源头在各业务经营环节，各部门要深刻认识当前外部环境的变化，摒弃“穿旧鞋走老路”的思想和做法，对财务支出的真实性、合法性、合理性承担第一责任。三是财会部门要提升履职能力和责任意识，把好财务行为的监督关和入账关。事前能够防控的，要事先向业务部门预警提示；事中发现异常的，要及时与业务部门沟通反馈、督促改正；事后支付核算环节审查发现问题的，要及时通知业务部门整改纠正，严禁“带病”入账。另外，总行印发的《财务管理基本规定》中明确了财会部门负责人的任职核准管理要求，各级行要认真落实，确保各机构财务负责人“心中有红线，脑中有底线”。四是各级行要做好年末集中采购项目计划安排，严禁不按流程突击采购，对已上线融e购采购平台的必须在平台上采购，同时还要做好明年二级分行采购评审权上收的准备工作，进一步加强集中采购管理。

为鼓励各经营机构努力实现全年经营目标，总行将在现有考核激励机制的基础上，加大对机构、班子和个人业绩考核及绩效挂钩力度。对机构，将在年初工资费用分配办法基础上，对净利润、中间业务收入和不良贷款控制计划完成情况较好的机构，额外配置部分激励性工资费用，完成情况越好，获得的激励性工资费用将越多。同时，继续实行净利润负增长，工资和费用总额不增长的政策。为鼓励中间业务增收，在2015年度总行部门和利润中心定量考核中，增设中间业务收入超计划调节指标，对超年初目标的部门和利润中心予以适当加分。对领导班子，超额完成11月份调整后净利润和中间业务计划，以及年末不良贷款控制计划的分行，总行将对其领导班子成员发放行长特别奖励，其中对净利润同比实现正增长的分行还将加大奖励额度。未完成年末不良贷款控制计划的分行，将调减领导班子绩效工资总额。对班子成员，11月下达的净利润目标低于年初预算的分行中，年末未完成利润目标且居后六位的分行，以及未完成不良贷款控制计划且居后六位的分行，其“一把手”在年度考核时不能评定为优秀或良好。同时，为加大经营压力传导，2015年对分行副职的绩效工资分配，将引入分管业务的专业条线评价排名，拉开副职绩效工资分配差距；明年起，总行还将在专业条线考评的基础上，增加分管业务的核心指标考核，提高副职个人绩效工资与分管业务业绩实现情况的关联度。总之，经营指标实现情况的好坏，将直接影响机构的工资和费用总额、班子绩效工资包以及班子成员个人考核结果和绩效工资发放水平。

在集中力量打好实现经营效益和资产质量攻坚战的同时，运行管理、信息科技等部门要积极做好年终决算的技术保障与服务支持等工作，各机构各部门要统筹做好中央巡视组专项巡视配合、岁末年初案件防范和风险排查等工作，确保安全顺利地完成年终决算等各项工作任务。

同志们，今年决算会开得相对早一些，就是希望全行上下充分利用年底前最后30多天的时间，以高度的责任感和使命感，各司其职，各负其责，攻坚克难，毫不松懈地坚守住经营效益和资产质量“双底线”，确保如期实现全年经营目标。

在中国工商银行从严治党严肃执纪警示教育大会上的主持讲话

易会满

（2015年12月1日）

中央第四巡视组自11月1日进驻我行以来，按照中央巡视总体安排部署，深入细致地开展专项巡视工作。近期，巡视组将一批违反中央八项规定精神的问题以及部分信访举报线索移交我行进行核实处理。总行党委对此高度重视，立行立改，迅速安排调查核实，并按照党纪政纪规定组织对有关人员进行了严肃处理。近来，总行集中查处了××起违反中央八项规定精神问题和××起案件风险事件，对××人作出了严肃责任追究处理。为从这些违规违纪问题和案件风险的典型案例中进一步深刻反思，吸取教训，形成震慑，警示教育全行党员干部严格遵守纪律和规矩，督促各机构各部门举一反三、严格管理，根据中央巡视组意见，总行党委决定召开今天这次全行从严治党严肃执纪警示教育大会。

刚才，王林同志重点通报了我行查处的8起违反中央八项规定精神的典型问题和5起案件风险事件。建清书记代表总行党委作了重要讲话，要求全行进一步把思想和行动统一到中央全面从严治党的部署和要求上来，更加深刻地认识国有金融企业加强党风廉政建设和反腐败斗争的极端重要性，更加深入地推进全面从严治党、从严治行，高标准打造廉洁银行。会后，各级党委要迅速组织传达贯彻落实这次会议精神，并专门召开一次组织生活会，认真学习《党章》和《准则》《条例》，重温中央八项规定要求，认真学习总行党委制定的廉洁从业重要规定，对照梳理本行相关制度规定，进一步提高思想认识，进一步增强党章党纪党规意识，进一步把从严治党、从严治行各项工作加强起来。下面，我再提三点要求：

一是思想认识要到位。这次会议是在中央巡视组专项巡视期间，针对作风建设、案件查防方面存在的问题，专门召开的一次全行性警示教育大会，充分表明总行党委坚定不移贯彻落实中央八项规定精神、深入推进反腐倡廉建设的坚定决心，以及闻过则改、立行立改的责任担当。全行上下要进一步统一思想，认清形势，看到一些机构、一些干部在守纪律、讲规矩上还有不小差距，“四风”问题仍比较突出，一些机构内控案防形势仍比较严峻，始终绷紧反腐倡廉和案件防范这根弦，全面贯彻落实总行党委要求，切实增强工作责任感和历史使命感，以思想认识的再提高推动全行党风廉政建设和案件风险防范工作的再深化。

二是立行立改要到位。全行要从这次通报的典型问题和案件中深刻吸取教训，以案为鉴，立行立改。要敬畏纪律、执行纪律，把纪律要求贯彻到日常工作和生活当中。凡是纪律禁止的，就是一条“红线”，坚决不能逾越；凡是纪律规定的，务必坚决执行，把规矩立起来、把纪律挺起来。各级领导干部要强化带头作表率的意识，牢固树立纪律规矩面前没有特权、制度约束没有例外的观念，率先垂范、以上率下，真正形成一级带动一级、齐心协力推进廉洁银行建设的强大合力。

三是抓常抓长要到位。要以接受中央巡视组专项巡视为新促进，以这次警示教育大会为新起点，进一步增强党风廉政建设及内控案防经常抓、长期抓的耐心和韧劲。要坚持以踏石留印、抓铁有痕的劲头，从具体问题抓起，把重要环节抓紧，把责任担当压实，锲而不舍、驰而不息地正风肃纪，在全行着力推动形成“讲了就要听、定了就要做、安排布置了就要认真落实、不听不做不落实就要问责”的工作氛围，确保把中央各项纪律规矩以及总行党委各项制度要求落到实处，把内控案防的各项措施落到实处。

在中国工商银行改革发展研讨会上的讲话

易会满

（2015 年 12 月 25 日）

刚才，姜董事长作了非常重要的讲话，我们要认真学习领会。讲话结合十八届五中全会和中央经济工作会议精神，对全行明年及今后一个时期的发展战略做了系统思考，号召全行增强信心、攻坚克难、奋发有为，破解发展难题，增强发展动力，厚植发展优势，这是全行未来发展的方向标、动员令。

2015 年在复杂困难的经营形势下，经过全行上下的艰苦努力，总体上保持了稳健发展的态势，各项经营指标基本符合预期，预计全年拨备前利润可望达到××亿元，增长××%；净利润××亿元，保持××%的微增长。但当前外部经济金融环境变化比我们预想的要快，新常态下内部经营管理也暴露出不少问题和矛盾。总的看，明年经营形势会更加严峻，集中体现为“四个前所未有”：一是对全行发展的需求和压力前所未有。不管内外部环境如何变化，都不能停下来搞调整、搞改革，发展仍将是解决一切矛盾和问题的根本所在；二是对全行转型与创新的需求和压力前所未有。要引领新常态，只有加快转型创新和结构调整，才能走出一条可持续发展的康庄大道，否则没有出路；三是对全行风险控制、内控管理的需求和压力前所未有。只有坚守风险底线、遵循银行经营发展规律和节奏，才能行稳致远，保持良好口碑；四是对全行强化责任担当、求真务实、与时俱进、攻坚克难精神的需求和压力前所未有。在爬坡过坎的关键时期，只有保持这种昂扬向上的精神状态，才能完成好总行党委、董事会确定的各项经营目标，满足监管机构、股东、员工等利益相关各方的要求。全行既要有今后几年接受更大困难和挑战的充分思想准备，也要增强战胜困难、勇闯“三关”的必胜信心。根据刚才董事长对明年及今后一段时期改革发展战略的总体部署和要求，结合经营管理情况，我谈谈对一些重点工作的思考。

一、关于信贷经营的问题

经济发展进入新常态以来，实体经济层面暴露出的风险不断向金融领域传导扩散，银行业信用风险压力陡增，不良贷款持续“双升”，特别是近两年资产质量呈现加速劣变趋势。从我行情况看，2014 年以来，不良贷款余额从 937 亿元增加到××亿元，不良率从 0.94%上升到××%；剪刀差从 399 亿元扩大到××亿元，逾期率从 1.35%攀升至××%。今年以来，不良贷款重灾区分行的风险形势还没有太多缓解，过去资产质量相对稳定的一些分行信贷风险也在攀高。境外机构不良率整体上控制得比较好，但个别区域和大额风险事件值得高度警惕。此外，非标代理投资业务风险也不容忽视，如果按照潜在风险融资标准划分，还存在较大风险隐患。为合理平衡不良率，去年全行耗用拨备 384 亿元，今年计划安排 600 亿元核呆资源，到 11 月末已使用 488 亿元。应该说，这么大的核呆力度是近些年来没有过的。明年全行利润目标实现会更加艰难，尽管如此，总行仍计划再安排 600 亿元左右的核销资源，但从目前资产质量变化趋势看，情况不容乐观。

信贷问题是银行经营管理的核心问题，是当前拉开各银行之间、各分行之间经营差距的关键。工行作为有近 12 万亿元信贷资产的大行，一定程度上，信贷赢，全盘主动；信贷输，全盘皆输。现阶段资产质量持续劣变有外部环境变化的因素，但也暴露出我们在主观认识和信贷管理体制机制等方面存在一些不容忽视的问题。比如，2013 年下半年以来，随着经济下行压力加大，信贷风险更加明显，但各行对风险蔓延趋势的认识不尽统一，一些分行思想上盲目乐观，行动上反应迟缓，措施上准备不足，导致资产质量问题愈加严重。再如，现行信贷经营管理体制机制与经济新常态不相适应的问题凸显，全行信贷战略、结构和投向的调整跟进还不及时，信贷业务在营销、准入、尽调、授信、审批、贷（投）后等环节管理机制还不完善，责任追究机制还不健全，有些信贷产品先天不足，代理投资业务没有落实全流程风险管控，等等。对这些问题，如果不认真加以研究解决，今后信贷领域面临的困难会更多、挑战会更严峻。未来一段时期，信贷业务要重点解决好七个方面的问题：

（一）严把客户准入关、严控新增贷款质量，切实防止“病从口入”、坚决止住新的出血点。选择好的客户是防范风险的第一道关口，客户质量决定着信贷质量；今天的新增贷款就是明天的存量贷款，如果新增贷款风险控制不住，资产质量的改善就没有希望。只有把住客户准入、管住新增贷款质量，同步抓好存量贷款风险治理，才能守住风险底线，闯过“资产质量关”。

1. 建立分层营销体系，完善法人贷款准入管理。建立“分层直营”的信贷营销架构是明年信贷经营管理体制机制改革的一项核心内容。要明确总行、一级分行、二级分行、支行四级营销定位，总行负责全球性和全国性特大重点信贷客户、一级分行负责区域性大型信贷客户的金融服务统一规划和牵头营销，原则上二级分行负责一般大中型信贷客户具体业务营销和发起，支行负责法人客户的日常维护、落地服务以及小微、个人等零售业务营销和发起。通过对法人客户分类管理、分层直营，提高法人信贷业务发起层级，解决当前存在的“三级管理、一级经营”“头重脚轻”等问题。要强化信贷经营机构资质认定管理，只有有资质的机构才能从事法人信贷，不能没有区分，什么机构都能做。

2. 组建总分行信贷作业监测中心，利用大数据技术把住客户准入关和提升风险识别防控能力。信息不对称是风险形成的重要原因，目前已核销不良贷款户，有50%以上的不良和假合同、假抵押、假质押、假担保、假贸易、假库存等“造假”行为有关。要通过对客户各方面信息资源的大数据分析，进行客户信用情况的交叉验证，形成“现场客户经理尽调 + 非现场模型验证”的组合型准入管理模式，真正把住客户的准入关口，也就是说，把客户准入从目前的基层行的“单选”，转变为上下结合的“双选”，提高防假反假能力。客户通过准入后，再以非现场方式对其进行全方位、全流程、全天候的风险监测，以实时识别风险，提早防控风险。

3. 加强信贷增量和存量并轨管理。这是打赢资产质量翻身仗、促进信贷业务提质增效的关键。一要严格管控新增贷款质量。2013 年以来全行新增不良贷款 896 亿元，不良率 1.35%，有些贷款是当年发放、当年劣变，说明新的“出血点”还没有止住。要以 2013 年为节点，对贷款实行新老划段管理，划定新增贷款不良率“红线”，并纳入行长目标责任考核。二要加强存量移位管理。今年总体移位效果不错，到 11 月末，AA－级（含）以上法人客户净移入 1 987 亿元；积极进入类和适度进入类行业净移入 1 613 亿元，退出类和谨慎进入类行业净移出 384 亿元。明年的移位工作要更加积极主动些。存量贷款到期收回再贷实际上就是新增融资，要优化考核指标设置，将新增融资计划和存量收回资源统筹配置，与各行贷款质量、结构、投向、移位成效等挂钩。只有管住了新增、管好了移位，才能真正落实新增贷款质量控制，更好地把握信贷工作的主动权。

（二）切实把好信贷布局和投向。根据明年国家经济政策取向，尤其是着力加强结构性改革的重大创新，综合考虑市场、资本及资产负债结构优化等因素，明年全行人民币贷款计划新增 8 500 亿元左右，尽管总量略有减少，但加上存量移位 2 万亿元，全年可投放的信贷资源仍接近 2.9 万亿元，能够较好地支持实体经济的资金需求。我们要认真落实好董事长提出的批发信贷市场“三个更加突出”要求，以新视野新理念抓好顶层设计和谋篇布局。要坚持不唯客户大小、不唯期限长短、不唯信贷品种，只唯客户优劣，本着“抓大、抓小、抓优、抓新”的原则来把好投向。

1. 抓大，主要是抓大项目大客户大城市。重点从“三个支撑带”、“四大板块”以及交通设施、新型城镇化、能源开发、现代农业、生态环境治理等领域筛选一批重大项目，从高端装备、战略性新兴产业等事关国家综合实力提升的领域中优选一批重大工程，从大城市地下管网、城际交通基础设施互联互通等建设中优选一批重大项目，作为投放目标。

2. 抓小，主要是抓小微信贷和个人信贷。依托网络融资和个人信用消费金融两大中心，创新应用“标准化与专业化相结合、线上与线下相结合”的经营模式，通过供应链、商圈、电商平台等渠道批量拓展小微金融业务。通过对客户进行差异化分层，并配套相应的产品和流程，做出小微企业特色。要积极支持消费结构升级和扩大消费需求，重点发展个人住房按揭、个人消费贷款等业务，重夺第一住房按揭银行。

3. 抓优，主要是抓优质客户。优选一批经营状况好、盈利能力强、发展前景佳的行业领先企业作为中长期战略支持客户，完善综合金融服务方案和跨区域跨境协调服务机制，通过表内和表外、信贷和非信贷等多元化服务来竞争优质客户群体。

4. 抓新，主要是抓新市场。把握产业升级和供给侧改革契机，抢抓新产业、新业态、新技术、新模式发展及民生保障、文化旅游、中国制造 2025 等新兴市场。加大海外市场拓展力度，重点抓住“一带一路”等领域项目融资、世界 500 强企业融资等市场。

要根据信贷战略布局与投向结构，坚持风险导向，客观看待行业限额管理和区域信贷政策，完善分类管理等机制，防止“劣币驱逐良币”，形成信贷结构逆调整。要同步优化资本调节系数、RAROC 等管理工具，以更好地服务于信贷业务的发展。

（三）抓好信贷管理责任机制建设。前台营销尽调、中台审查审批、后台作业监督，贷后齐抓共管的现行信贷管理模式，看起来都有人负责，实际上责任并不落实。前台营销部门容易“重营销、轻风控”，对客户选择把关不严，尽职调查不充分；中台审批部门容易“重形式、轻实质”，对客户过度融资等总量性控制手段不力；后台风险管理部门容易“重程序、轻落实”，对客户融资风险判断滞后，信贷全流程监督管理虚化。问题的症结就在于信贷责任不落实，致使管理悬空，出了问题也难以追责。管好信贷的基础是明确责任、落实责任，必须区分管理中的责任和流程中的责任，厘清区域板块经营和业务条线管理的职责。

1. 重构和明确前中后台责任。前台部门要负起风险管控主体责任，客户经理作为风险管控的第一责任人，承担具体的贷后管理责任；中台部门要以做实授信为抓手，从专业角度提出独立审查意见供有权审批人决策，对客户信用总量负总责，对过度融资负总责；后台部门要运用统一客户视图实现对客户风险的全方位监测，及时提示前台部门应关注的风险信号。

2. 实行信贷业务分类经营。根据信贷业务风险特点，按照标准化和专业化两种模式进行分类经营管理。对标准化业务，依托总行搭建的系统平台，通过“全线上”或“半线上”的模式审批处理。还要进一步探讨物联网技术，结合现代物流管理，探讨新型的贸易融资方式。对不适用标准化业务模式的公司信贷、专项融资等专业化程度较高的信贷业务，实行专业化经营。重新梳理分类经营后不同部门和机构层级的职能职责，落实好相关责任。

3. 优化授信审批管理。这几年企业过度融资是个大问题，背后是过度授信，有的不良贷款户的授信额高于融资额。要本着“把控实质风险”的原则，做实授信，做优结构，管住融资风险总量和信贷投向，提高授信管理的科学性和适用性。扩大授信项下授权审批制的适用范围，建立授信审批和单笔业务审批相分离的分级分类审批体系，根据不同客户、区域、产品和经营模式，实行差异化授权，进一步突出一级分行和二级分行的经营主体责任。

（四）持续夯实信贷基础管理。基础管理实不实、水平怎么样，决定着信贷经营能力，也决定信贷业务能走多稳、走多远。

1. 注重基础数据质量治理。加强数据质量监测分析和监督检查，确保客户基础数据信息的全面性、真实性和准确性。在此基础上，完善总分行信用风险监控体系，形成闭环式管理。要增强风险监控预警的精准性，管少、管精才能管实、管好。

2. 注重落实“专家治贷”。强化各级行一把手特别是分管信贷工作负责人的专业能力建设，领导班子配备中要有懂信贷、有信贷专长的干部。完善信贷从业人员资质认定管理机制，加大专业培训力度，提高信贷队伍的专业素质。建立健全境外信贷专业外派人员后备库，提升境外机构信贷经营能力。

3. 注重重塑健康审慎的信贷文化。积极推动优秀的信贷理念、信贷文化内化为合规诚信经营的良好风气，重视典型风险案例培训，花了学费就要吸取教训，不能重蹈覆辙。完善责任追究机制，细化尽职免责标准，让信贷纪律挺起来、严起来。

（五）全力做好不良资产处置和转化。随着经济增速的放缓，信贷资产质量集中劣变的状况也会持续存在一段时期，全行要有持久作战的充分思想和措施准备，做好长期性、机制性工作安排。

1. 牢固树立不良资产处置“减少损失也是增加效益”的理念。风险成本是最大的成本。要把不良资产作为重要资源统筹经营和管理，平衡好处置效率与回收率的关系，尽可能地减少处置损失。要逐户研究制定责任明确、措施具体、进度清晰的不良贷款清转处置方案，完善督导、通报、考核和问责等管理机制。对因畏难懈怠、责任落实不到位等，导致清转处置进度缓慢或损失扩大的机构和人员，要严厉追责。

2. 加强不良资产专业化处置团队建设，实现换人换手处置。目前，虽然各分行都成立了专业团队，但大多数行力量配备不足，尤其是一些不良贷款大行和劣变压力突出的分行，力量配备明显不适应严峻危急的风险形势需要。各行要严格落实总行要求，抓紧配齐配强专业团队，切实改变现行“谁发放贷款、谁清收处置”这种既不专业、也不经济的做法。总行有关部门要加强督导。要争取不良资产证券化试点，对不良资产证券化，要有专门团队和机制，独立运作、独立考核。

3. 前移风险防范目标，狠抓潜在风险。逾期贷款和潜在风险贷款是直接威胁资产质量安全的“洪水猛兽”，必须管好扎紧这“两个笼子”，防止贷款质量劣变，前清后溢。要抓紧组织对那些已经停产半停产、连年亏损、资不抵债、靠政府补贴和银行续贷维持的“僵尸企业”进行调查摸底，按照风险程度排队，做到心里有数，争取风险处置工作主动权，特别是钢铁、煤炭等行业要率先推进。要积极发挥总行信用风险监控中心和各行监控团队的作用，运用大数据技术加强风险排查预警，提高风险贷款的识别力和覆盖率。要创新潜在风险贷款管理模式，按照风险实质划分为可化解类和准不良类，实施分类管理。对可化解类，按照现行潜在风险贷款标准进行管理；对准不良类，可在做实责任认定的前提下，实施逐笔认定、单独建池、分段管理、单独考核、有序劣变并配套差异化政策。

4. 强化重点领域风险治理。在继续抓好过度融资、异地贷款、大宗商品贸易融资等八大重点风险领域专项治理工作的同时，将那些风险苗头显露、潜在影响大的业务领域也要及时纳入专项治理范围。深入落实大户风险会诊制度，由各级行一把手定期主持，一户一策地研究制定风险化解方案和退出策略，推动落地实施。

5. 减少对批量处置的依赖。从严掌握呆账核销、批量转让等财务资源消耗较大的处置方式运用，加大常规手段处置力度，加强受托后资产的管理与清收处置。平台资产包处置回收率要按转让评估价值掌握，防止形成新的财务缺口。

6. 严厉打击"逃废债"行为。要严防"去产能、去库存、去杠杆"过程中，一些企业特别是"僵尸企业"在市场出清中逆向选择，逃废债务。要根据不同的"僵尸企业"实际，争取多通过兼并重组、债务重组等方式进行处置，尽量减少处置损失。对存在逃废债苗头的企业，要积极争取地方政府支持，并联手同业坚决打击，全力维护合法权益。

（六）加快推进信贷经营管理体制机制改革。今年总行启动这一重大改革研究，明年将正式试点和实施，目的在于建立适应新常态的、责权利相统一的信贷业务体系，科学界定部门职责，落实营销和风控责任，实施差异化信贷经营模式，全面提升信贷经营管理能力。

1. 实施标准化和专业化分离。这里重点谈谈发展标准化业务的问题。要加快打造抵押、质押、信用三大类融资产品线，对符合条件的个人客户、小微企业和少量大客户的部分信贷业务实行标准化经营模式，实现精准营销和风险精确控制。加强对标准化融资产品的培训和推广，厘清总分行在产品营运和管理上的职责，帮促基层更好地认识和发展标准化业务。

2. 建立分层直营的信贷营销管理架构和落实前中后台风控职能。这个问题前面已经讲过，就不重复了。

3. 研究提出信贷作业监测中心组建方案。对现有信用风险监控中心的功能、范围等进行扩展，抓紧拿出方案。

总行将选择几家分行进行体制机制改革试点，再逐步推行。鼓励各行创造条件，争取试点；也鼓励非试点行在整体方案的框架下积极探索差异化、特色化发展道路。

（七）省分行和直属分行一把手要重视信贷、研究信贷。要把信贷工作提升到关系生存发展的高度来认识，不断探索新时期信贷经营管理的新路子。一把手要重点抓好"四件大事"：

1. 研究谋划本行信贷布局和结构投向的问题。良好的信贷布局是防范风险的第一道"防火墙"。要对本行信贷结构做全面分析，寻找有利于业务发展和风险防范的信贷客户结构、产品结构，防止结构性风险。要跟随国家区域发展战略，加强顶层设计，形成自上而下与自下而上相结合的信贷投放策略，改变目前基层机构信贷风险偏好决定信贷投向与结构的问题。今年总行在北京、上海等一线城市做了一些综合性创新方案，明年还要研究重点二线城市的区域信贷市场规划和开发问题。一把手要组织好本行信贷布局、结构及投向等研究，根据所处区域经济与产业结构特点，确定不同的信贷业务定位和发展策略。

2. 研究推动"专家治贷"，确保信贷经营能力与业务发展匹配的问题。信贷是各类业务中风险程度最高、最不易掌握的业务之一。要围绕"专家治贷"目标，选好配强分支机构信贷业务主管行长，健全主管行长考核评价机制，建立信贷中后台部门负责人聘任须经上级行认可机制，定期对二级分行和支行的信贷经营管理能力进行全面评价，对经营管理能力不够强的机构要减少信贷业务品种，对专业性强、基层机构驾驭不了的信贷业务可实行集中经营或专营。在当前环境下，信贷风险防范是主要的，市场开拓要以风险防范为先。

3. 研究落实"从严治贷"、完善责任追究机制的问题。坚持从严治贷，完善责任追究办法，解决责任追究层级偏低、追究面过宽和追究不到位并存、震慑力不够等问题。亲自组织亿元以上大户的风险会诊制度，对潜在风险客户要实施坚决的退出制度。加强不良资产处置和信用风险监控两支团队建设，组织推进信贷资产质量管理工程和基础管理工程，促进信贷业务稳健发展。

4. 研究推进信贷经营管理体制机制改革，探索信贷发展新模式的问题。这次改革不强制推行，非试点行可以在总行统一方案框架下，结合实际自主探索，创造经验，趟出路子。一把手要牵头谋划，争取早日按总行方案推进。

以上几项工作事关信贷发展全局，抓好了，就能实现信贷经营责权利相统一，有效平衡市场拓展与风险控制的关系。除了各行要抓好组织推动外，总行相关部门也要立足职能，认真研究谋划，加强顶层设计，落实相关政策制度和综合配套措施，坚持实事求是、分类施策，防止一刀切。要统筹抓好信贷业务宏观指导、落实分级营销、调整优化结构投向、改造经营管理模式、完善区域行业政策管理、落实前中后台责任、严格信贷监管与责任追究、加强队伍建设和教育培训等重点工作，加强与各行和其他机构的主动沟通配合，努力为信贷业务发展提供更好的支持保障。

三、关于利率市场化影响及积极应对的问题

（一）清醒认识利率市场化对经营的影响。这种影响是全方位的，目前感受最直接、最明显的主要有三个方面。

1. 利差收窄趋势更加明显。受 6 次降息影响，NIM 受到贷款利率下浮和存款利率上浮两头挤压、大幅下降，预计今年同比收窄 18 个基点，影响净利息收入约 380 亿元；明年大约还会收窄 20 个基点，影响净利息

收入约420亿元、减少净利润约330亿元。下一阶段，人民银行为引导社会融资成本下行，可能继续降息降准，利率将维持在低位运行，利差将进一步收窄。

2. 内生性资本补充能力下降。股改上市以来，全行累计补充资本1.44万亿元，其中通过利润增长内生性补充资本1.18万亿元，占81.6%。盈利的下降将直接降低内生性资本补充能力。同时，拨备覆盖率持续下降导致计入二级资本的超额贷款损失准备下降，今年以来影响达到531亿元，降低资本充足率约40个基点。

3. 经营理念和经营行为需要变化。利率市场化环境下，银行单靠赚取利差做大利润的传统发展路子很难走下去，经营理念和经营行为必须顺时而变、因势而变。比如，需要进一步建立多元化的盈利实现模式，要不断提升非信贷利息收入的占比；又如，未来所需存款既可通过价格调节顺利实现，也可通过发挥我行客户、产品、服务以及联动优势拓展低成本核心负债。在强化存款基础作用的同时，存款兴行、存款立行的内涵要有变化，未来存款不是需要多少，而是需要什么存款、如何竞争成本可控存款的问题。存款发展要从追求总量增长和市场占比转移到量质协调发展上来，在总量领先的同时更加突出对负债成本的控制。又比如，在信用风险暴露呈上升趋势环境下，单纯的价格驱动容易将贷款配置引向高风险或低回报两个极端，因此信贷市场拓展必须平衡好风险和收益的关系，追求符合风险定价原则和市场规则的收益率。再比如，未来信贷资产增速和占比必然下降，要保持盈利可持续增长，就必须更加重视发展资产管理和资产服务业务，重视借鉴票据业务的经验，通过做大资产流量来弥补价差、拓展收入增长空间。总的看，全行对利率市场化影响的认识是清醒的，但管理需要更加精细化，政策配套需要更加完善。

（二）采取积极措施主动应对利率市场化

1. 负债业务要着力推进“三强化”。

一要进一步强化主动负债与被动负债相协调的业务发展模式。要靠创新产品吸引一批，靠源头客户拉动一批，靠托管、债券承销等业务带动一批，靠改善管理稳定一批，加大低成本核心负债的拓展力度。同时要统筹规划主动负债业务发展，根据市场竞争态势、成本收益情况确定总量占比、推动进度、产品结构等，驾驭好保本理财、结构性存款、大额存单和发行债券等产品的时机和量价关系。要加强对同业资金的主动调控，统筹调剂资金来源与运用，提高营运收益。

二要进一步强化客户基础。对客户基础工作，只能加强，不能削弱。当前全行负债客户集中度偏高的问题普遍存在，对公存款日均余额1亿元以上客户9 140户，占法人客户总数的0.17%，所贡献日均存款余额占对公存款总额的73.4%；个人客户日均金融资产5万元以下客户占比为92.3%，贡献资产占比仅12.65%。要针对存在问题，不断壮大客户总量，优化客户结构，从根本上改善负债结构，提升可持续发展能力。对零售客户，要在深耕现有客户资源的同时，进一步强化“新存款、新资产、新客户”考核导向，明年要进一步在打造差异化服务和具有竞争力的创新产品上有新突破，通过零售信贷服务、互联网金融落地和网点转型来壮大零售客户总量，吸引新客户群体特别是年轻客户和中高端客户，沉淀和集聚更多资金。对公司客户，要抓住“双创”时代新注册企业多的机遇，运用好大额资金监控平台、小微企业服务平台、工银e缴费、企业通等平台，形成从信贷存款大户的资金流向寻找新开户机会的工作机制，实现从单一客户到全产业链客户群拓展；要以提高现金管理等产品覆盖率为抓手，通过做深做细服务、产品多元配置带动大客户存款增长，进一步提高裸贷治理成效和资金留存率。对机构客户，要紧跟和把握机关事业单位养老制度、养老金统筹、财政国库集中收付、部队改革带来的资金流动变化，深化服务，在确保核心关键客户不流失的同时，争揽更多新客户，开辟存款新来源，特别是低成本存款的新来源。

三要进一步强化从存款大行向管理资产大行和存款大行并重转变。今年以来全行通过资产托管和证券资金第三方存管分别带来日均活期存款3 866亿元和8 422亿元，要高度重视资产管理和资产服务业务的溢出效应，通过管理资产的规模增长、流量的扩大带动存款及负债总量的有效增长。要有策略地处理好理财与存款的关系，完善两者在价格、发行联动等方面的机制，同时进一步强化存款日均考核，降低时点存款考核比重，促进存款与理财业务的协调发展。突出强调的是，在打造管理资产大行的同时，存款大行地位绝不能丢，这是我们经营的基础。

2. 资产业务要着力推进“三突出”。一是进一步突出资产结构优化，通过优化配置提高整体盈利水平。要提高非信贷配置占比，平衡信贷与非信贷之间的资金摆布，明年非信贷资产占全行总资产的比例提升0.5个百分点，力争尽早达到50%。要提高境外资产占比，拓展境外资金交易和债券投资等资本节约型业务，力争境外资产增速达到境内的两倍以上，占集团资产比重尽快提升至10%。要提高优质客户资产占比，按照客户综合贡献进行差别化的资产业务定价，通过价格手段挤出低效客户，压降低效资产对全行资金、资本以及系统资源的耗用。二是进一步突出资产流量，通过做大规模提高投入产出效益。要针对区域经济金融特点，加快行内资产流转平台建设，将存量贷款规模转出配置到效益和质量更高的客户、项目和区域。要创新拓宽表内持有资产向表外管理资产转化的途径，利用银团、资产证券化等多种手段，加速资产周转，推动由资产持有生息为主转向持有生息与交易价差相结合的盈利模式。对优质项目、优质客户的融资可放宽我行的比例限制，可通过银团贷款二次分销等手段降低实际持有资产量。要把票据业务从单纯的信贷规模调节工具转变为重要的产品线来经营，通过创新做大转贴现、做回购和同业投资等业务规模，提高盈利贡献。三是进一步突出统一定价，通过表内外业务联动提高发展水平。按风险、资本和收益匹配原则，对表内外业务进行统一定价和合理配置，避免管理真空和客户套利，绝不能这边为客户提供表外融资服务，将表内利差转为相对微薄的手续费收入，那边又承担与表内业务同等的风险敞口和资本占用。

3. 更加重视资金全球化配置。顺应全球金融市场融合深化的趋势，进一步完善集团资金管理体制和运作机制，坚持市场化配置方向，努力提高资金全球化配置和一体化运作水平，增强从全球市场的获利能力。要统一对境外机构本外币拆借的管理，取消内部拆借额度限制，主要通过市场化手段调控集团内资金供求；统筹境外机构债务筹资工具的发行管理，丰富筹资工具种类和币种组合，降低筹资成本。要关注和把握人民币国际化进程加快后利率汇率走势，努力拓展人民币直接注资和人民币国债纳入优质流动性资产池的应用范围，适当增加境外机构长期人民币资产的运作规模，引导资金在集团内由低成本地区向高收益地区流动。要完善金融市场业务全球布局，对境外机构实行分层授权、差别化管理，减少国际市场交易出入口，将对外交易的境外机构由目前的 47 家缩减至 9 家以内，提高集团资金运作效率和效益。

4. 加快完善和创新定价方式。利率市场化的竞争表面看是价格的竞争，其实质是管理水平的竞争。未来存贷款基准利率可能会简并或取消，要加快构建市场化、差异化的动态定价机制，加强利率的预期管理，提高存款与理财、线上线下产品定价的联动性，推进各类业务竞争力和整体效益的提升。贷款定价，要丰富以 LPR 定价的贷款期限和品种，逐步实现贷款定价由盯住贷款基准利率向市场化 LPR 的转变。存款定价，要研究建立制定分期限、分金额的多维度存款挂牌利率，并逐步实现按客户贡献综合定价。要加强同业合作和利率定价的行业自律，不打价格仗，维护良好的利率市场秩序。要完善市场化的 FTP 价格管理机制，总行计划从明年 1 月 1 日起，统一调整存贷款等内部资金转移价格，平衡总行清算中心的亏损缺口，分行和金融市场部承担比例为 7:3 左右。初步匡算，本次调整对各行拨备前利润影响幅度在 4% ~7% 之间。各行对此要有正确认识，要活学会用价格型手段做管理、算细账，做好产品定价，向外要效益；也要高度重视 FTP 传导的政策信号，向组合管理要效益，全面提升利率市场化条件下的资产负债管理水平。

三、关于转型与创新的问题

不创新没有出路，不转型没有未来。近年来全行坚持实施大零售、大资管、大投行战略，推进国际化综合化经营，加快渠道优化调整，推动互联网金融发展和信息化银行建设，不仅契合新常态下经营发展要求，更体现出党委以钉钉子精神将一张蓝图绘到底的战略决心。当前外部环境和内部经营的双重压力，使转型创新发展又处在一个重要关口，全行上下要切实增强责任感和紧迫感，加大转型与创新力度，加快培育形成新的增长动力。

转型与创新的目标体现在以下“五个方面”：一是更加自觉地推进经营结构的战略性调整，业务结构、渠道结构、盈利结构和人员结构不断优化；二是大力改善客户服务体验，增强吸引客户尤其是未来客户的能力；三是提高集团综合服务能力和水平，积极开辟和培育新的盈利增长单元；四是优化资金、资本、管理等要素资源配置，提高投入产出效率；五是注重发挥核心价值的引领作用，实现客户价值、企业价值与员工价值的共同提升。

（一）突破增长瓶颈，进一步深入推进大零售战略。总体看，大零售战略的推进是有力的，抓住了多层次资本市场发展、居民消费升级和财富管理的新机遇、新需求，今年除储蓄存款以外的主要经营指标都迈上了一个新的台阶，为全行作出了较大贡献。下一步要进一步深化大零售战略，努力有新的更大突破。

1. 围绕“4 + 1”做强个人客户基础。客户是零售的重中之重。要从“产品、场景、渠道、服务” + “融 e 联”入手，做大客户总量，优化客户结构。在产品上，继续围绕客户需求加快产品创新，监测通报各类产品的应用情况，解决新产品落地推广力度不够、发展不均衡的问题。储蓄存款类产品，重点要抓好薪金溢、节节高、存管通等产品的优化完善，打通储蓄与投资理财的流转通道，优化客户资产配置。个贷类产品，重点要加大资源投入，抓好个人住房贷款、个人自助质押贷款、个人住房抵押综合消费贷款的发展。支付结算类产品，重点要整合创新，重点解决客户支付的便利性、安全性的统一，还要以“工银速汇”、见证开户业务为纽带，整合推出跨境金融产品套餐，做大跨境客户群。在服务上，以客户信息整合为抓手，以融 e 联为桥梁，完善客户经理对优质客户的互联互通服务，对金融资产在 5 万元以上的中高端客户，要全部落实管户经理。尤其要围绕新生代客户金融消费偏好，突出抓好移动金融产品的应用创新，加强工银 e 校园 APP 等特色产品的口碑传播和推广，促进年轻客户群的提质扩容。在场景和渠道上，结合网点渠道转型，搭建以客户为中心的金融生活圈，实现各类创新产品的多行业、多场景应用。

2. 夺取信用卡全球第一大发卡行。随着第三方支付对线下支付市场的快速渗透，银行卡消费主渠道受到挤压，同时各银行同业也加大了对信用卡业务的发展力度，我行部分核心指标增量占比有所下降。必须增强危机感和紧迫感，加快创新发展。要量质并举夯实发卡基础，深入实施“9944”工程，实现对目标客户的精准营销，争取明年信用卡总量达到1.2亿张，争取成为全球第一发卡行。要以“一键支付”为目标，整合后台功能和对外产品展示，打好移动支付这一关乎未来市场格局的“硬仗”。要挖掘消费金融潜力，做实、做大购车等分期付款产品线，深入拓展公司逸贷，积极发展纯信用、全线上的标准化的个人信用消费贷款，培育新的盈利增长点。建立健全动态授信管理体系，加强实时、可干预的风险监控，确保信用卡贷款资金回归消费。

3. 争创全国第一私人银行。今年私人银行业务呈现良好成长性，客户规模突破5万户，管理资产突破1万亿元，预计全年实现收入过百亿元。站在新的发展起点，私人银行业务要有百尺竿头、更进一步的进取精神，力争实现更好的表现，业务收入在高基数上继续有所提升。要以创造“工银私人银行”品牌为目标，坚持“全行办、全球办”“专家办、做专业”的指导思想，充实专业人才队伍，争取量质并举、同步提升客户规模、资产总量、服务能力和经营贡献。要认真总结“百千万户”工程实施一年以来的成功经验和做法，针对不同类型地区特点，形成与之相适应的业务发展模式。相关省市行要以同业市场第一为目标，主动作为。要加快家族财富管理和全球基金等新业务创新推广，丰富产品和服务内容，做大规模，为业务持续发展增添新的动力。

4. 深化零售先行先试改革。随着新常态下区域经济发展的速度、模式、动力等的分化，银行零售业务的区域发展情况也将相应变化，有些区域零售业务的作用和地位将更加凸显。要适应新变化，突出抓好重点机构的大零售先行先试改革，在战略上进一步重视，在资源上进一步投入，争取形成若干个改革样板，总结经验、抓好推广，发挥更大的辐射带动作用。要动态监测试点机构零售业务主要经营指标，并纳入上一级行的行长、主管行长零售业务综合评价体系，以调动推进改革的积极性和主动性。

（二）善于在市场变化中把握机遇，培育和打造大资管业务增长新元素。当前大资管发展环境正在发生深刻变化，经济结构深度调整和利率持续下行，使我们在理财产品定价、投资品选择、风险管理上面临一系列新的挑战。要进一步做好集团资管业务的顶层设计，建立分工明确、优势互补、资源整合、风控科学的集团资产管理新体系。当前，全行上下尤其是“七大业务线”要积极适应环境变化，努力实现创新发展。

1. 在总量规模不断扩大的同时资产管理业务核心要提升投资和风控能力。近年来资产管理业务的规模和收入年均增长20%以上，但外部市场环境的不确定因素增多，资管业务转型压力日益加大。对此，我们要有清醒认识，并针对性地做好工作。在投资管理上，要坚持全市场的资产配置策略，进一步丰富投资品系列，保持合理的优质非标项目投资规模，适度扩大期限错配力度，提高收益回报。在产品管理上，要牢固树立投资能力决定产品规模与价格的理念，要形成理财规模和价格的快速反应机制，根据市场变化灵活调整产品规模和价格，优化产品期限布局，保持我行应有的服务收费。在风险管理上，要从销售管理与投后管理两端抓好落实。销售端要坚持依法合规销售，对净值型产品要有充分的风险披露和告知，确保将产品卖给合适的投资者；投后管理要建立标准化工作流程，细化落实投后管理责任，并建立代理投资资产质量的五级分类，对已经形成潜在风险的项目投资，要加快处置回收，严肃责任追究。

2. 金融市场业务要抓住新的发展机遇。今年金融市场业务发展势头良好，预计全年实现考核利润约520亿元，较去年可比口径增长10%以上。未来随着我国债券市场持续扩容，利率汇率市场化改革加快和国际金融市场波动的常态化，客户债券融资、汇率利率交易和商品套期保值等需求将被极大激发，金融市场业务将迎来新一轮重要机遇期。要顺应市场需求不断创新产品，深化全球金融市场布局，加快交易产品扩容和服务延伸，牢牢把握发展先机。要持续提高投融资收益。在市场流动性相对充裕、利率下行时期，投融资业务要更具前瞻性、更加积极进取，科学制定债券投资策略，合理摆布债券和资金融出的品种、久期结构，进一步做好全币种资金的全球配置，提高资金收益。要大力提升汇率、利率、商品等交易业务盈利贡献。这是我行最具潜力的业务领域之一。要狠抓网点结售汇业务的开办率、开办币种数量、现钞配备水平等，提高全行结售汇业务服务能力。要进一步发挥工银标准的功能，把握我行增加“一带一路”沿线国家80个币种外汇买卖这一特有优势，深入挖掘“走出去”企业和中长期外汇贷款客户汇率利率避险需求。账户类交易业务要扩大业务品种，实现对工银e投资、融e行、融e购等互联网渠道的全面覆盖，做大业务规模。商品交易要实现在境内分行的全面开办，并争取进入境内商品交易所开展交易，发展代客、配套融资等延伸服务。探索建设大宗商品电子交易平台，提高我行商品业务市场影响力。要巩固承销发行市场领先优势，进一步加强境外债券承销产品线建设，争做中资银行最大的债券承销商。

3. 同业业务要成为大资管新的增长点。同业业务在部分同业发展很快，盈利性很好。过去我行将同业业务主要定位于流动性管理的工具，而且管理分散。要根据全行经营转型和创新发展的需要，重新审视同业业务的功能作用和定位，提高对发展同业业务重要性的认识，提升市场化运作水平。要理顺机制，按照“平台要统一、部门有分工、产品为支撑”的原则，适度调整部门职责分工，实现前台部门负责统一营销，产品部门各自发挥职责做好服务支持。可考虑先在金融市场部设立同业专营团队，统一运作银监会要求专营的六大类同业业务，相关部门要加强配合，争取三个月内人员、系统和基础资源到位，开始实质性运行。要体现创新，发挥我行最大人民币做市商优势，本着以客户为中心，整合现有产品功能，打造统一的同业业务交易平台和营销管理平台，重点拓展与我行业务互补性较强的中小商业银行及非银行金融机构，尽快上线一批具有示范意义的客户和合作项目。要控好风险，针对不同类型客户的风险特征，分类制定差异化的风险管理策略，做好交易对手准入、授信与限额管理，以及全流程风险监测，有效防范同业风险对我行的传染。

4. 托管业务要保持良好成长性。托管业务主要有两大贡献：一是中间业务收入，全年预计将超过 52 亿元，增长超过 50%；二是带来大量同业活期存款，且平均付息率仅 0.88%，资金也比较稳定。托管业务未来面临非常大的发展机遇，要进一步激发增长潜力，争取三年内托管规模突破 20 万亿元人民币，巩固国内第一大托管银行的领先地位，并跻身全球前十大托管银行之列。要完善托管业务组织架构，推动非标准化托管产品的属地化营销与营运，调动分行业务发展积极性，形成以总行为中心、分部为核心、其他分行为补充的梯度发展格局。要加强托管客户的综合贡献度分析，针对基金、保险、证券、社保等重点行业托管客户，进一步做好代销支持、授信支持和产品支持。要提升服务创新能力，丰富产品体系，加快发展以投资咨询、绩效评价、交易便利为主要内容的托管增值服务，提升托管业务附加值。要推进托管业务的全球化战略，延伸托管服务线，完善业务布局、客户网络、系统架构、产品体系，加快建设国际一流托管银行。

5. 票据业务要加快创新发展步伐。票据业务既是信贷业务，也是资管业务。近三年全行票据业务收入年均增幅 17%，在 16 家上市银行中增幅最高，今年实现收入 277 亿元，增长 38.9%。但从同业来看，我行票据业务收入与部分股份制商业银行还有不小的差距，也低于农行。要对票据业务发展潜力和实现路径做进一步研究，采取更有力措施，实现对同业的赶超。如方法得当，潜力很大。要理顺票据业务管理体制，发挥好票据营业部专营优势和渠道产品优势，强化产品线建设职能，并做好业务推动。要按市场化原则理顺票据营业部与分行之间的关系，把体量做大、把蛋糕做大。要构建线上线下一体化的票据综合服务体系，加快票据池、票据资产托管、票据电子化交易平台等平台类服务的营销推广，创新对接企业客户及我行表内外资金增值需求的票据资管产品，推动跨市场票据业务合作，成为最大的票据市场综合服务商。

6. 贵金属业务要挖掘发展新动力。在今年贵金属价格持续低迷、客户投资需求下降的情况下，贵金属业务线积极应对市场变化，主动调整产品结构，保持了 10% 以上的收入增速，明年要进一步强化系统推动，加快产品服务创新，突出抓好重点市场、重点区域的发展，巩固领先优势。

7. 养老金业务要稳固基础业务。养老金业务是战略性新兴业务，面对发展中遇到的新瓶颈，要加强业务创新推动，紧抓国家深化养老体制改革、加快职业年金建立、鼓励企业实施员工持股及各类福利计划等机遇，突出强化受托管理、账户管理等基础业务，发挥其客户和业务带动作用，扭转增量市场占比下滑局面。

（三）整合大投行业务资源，开辟发展新空间。2015 年预计投行收入降幅在 15% 以上，主要是基础类收入降幅较大。这既有客观原因，也与我行投行业务的运作机制、产品和客户结构等密不可分。投行业务只有加快转型，才能进一步提升竞争力。当前经济结构调整为投行转型升级发展提供了难得机遇，新兴产业投贷联动、传统产业并购重组、多层次资本市场投资等领域存在很多业务机会，需要深度挖掘。投行业务要敢于担当、勇于改革、突破瓶颈、量质并举，围绕“品牌业务创新拓展、基础业务转型升级、新兴业务勇于尝试”的总体思路，加大综合推进力度，尽快扭转收入持续下降的被动局面，并有新的突破和提升。

1. 做大做强品牌投行产品线。品牌类投行重在智力输出，重在信息撮合，重在优势互补，也是真正体现投行核心竞争力的业务。要打造 10 个“10 亿级”收入的核心投行产品线，加快形成一批收入增长点和增长极。境内并购，要大力推广代理并购与投资业务，通过“并购贷款 + 代理投资”实现投贷联动，获取投资收益；跨境并购，要善于整合资源，围绕国家“一带一路”建设重点，通过推动政府、政策性金融机构、企业和银行的多方联动，运作一批有市场影响力的项目；股权融资顾问，要积极拓展 PPP 项目、代理投资产业基金及一二级市场联动的资本市场融资等；债务融资顾问和财务重组顾问业务，要对成熟业务模式和产品加快复制推广，提升我行服务客户的综合能力。

2. 推动基础投行转型升级。基础类投行对稳定投行收入十分重要。各行对此要有正确的认识和积极的态度。要持续提高企业常年财务顾问业务客户覆盖率，并以“工银融安 e 信”、政府财务顾问等创新产品为抓手，大力拓展机构类、政府类客户新市场，带动基础投行转型升级。

3. 提升“工银投行”品牌的影响力和竞争力。在团队建设和风控能力持续加强的基础上，给予投行足够的创新空间，鼓励争取 PE 基金管理资格，探索开展投贷联动业务试点，为企业创新活动提供股债结合的融资服务，使创新成为投行的“基因”和提升竞争力的关键。要统筹利用集团优势和各板块协同互补作用，调动境内外、本外币、投行商行、股权债权等各种资源和工具，打造跨区域、跨市场、全品种的“工银投行”产品和服务体系。

（四）保持国际化综合化良好成长性和盈利贡献

1. 深入推进国际化发展。今年境外业务发展有成绩，但也面临盈利增速下降较快且呈现机构分化等新的困难。要正视困难，抓住我国经济金融双向开放不断提升的机遇，顺势而为、积极作为，采取有力措施稳定增长态势。一要坚持推进本地化、多元化、特色化经营，强化基础客户、基础业务、基本盈利单元建设。要加快盈利单元选择性布局，延伸跨境人民币、金融市场交易、资产管理、私人银行、投资银行、现金管理等重点业务线。要建立科学的境外机构考核评价体系，既重视当期效益，更注重增强长远发展后劲，抓好重点区域、重要节点、重点机构的发展能力和盈利能力建设。二要发挥整体优势，抓好内外联动。要充分发挥境外筹资中心、境外资产业务中心、境外资产交易平台对境外机构发展的联动支持作用。要利用我行人民币业务大行和清算行网络亚欧美全覆盖的优势，深入发掘境内自贸区机构的业务潜力，进一步加快跨境人民币业务的市场拓展。要强化与政策性金融机构的合作，做好落地服务。要高度重视境内国际业务发展，尤其要做大做强国际结算这个核心业务，夯实内外联动基础。三要在调整中发展，在发展中调整。境外机构要深挖增长动能，降低对境内支持、对信贷业务的过度依赖。要对自设和并购机构进行分类管理，对并购机构要做好资源投入产出分析，传导总行的战略，强化精细化管理，达不到集团要求的要优化调整。工银标准要采取措施，明年实现大幅减亏。要优化境外网络布局，重点深化二级机构延伸，选择重点区域投产直销银行，利用我行互联网金融和IT优势突破网点局限，促进内涵式发展。另外，在当前新兴市场货币汇率波动加大的背景下，要注意做好集团层面一体化的汇率风险对冲和保值安排，避免当地机构经营利润受到影响。

2. 深入推进专项融资业务全球拓展。专项融资业务是全行跨境融资的重要产品线，要发挥好走出去的尖刀作用，紧紧围绕“一带一路”建设，争取明年有更多的项目落地。要以电力、油气和交通基建为试点，打造几条有工行特色、有国际影响力的全球融资产品线。要稳健推进国别开发，着眼于做东道国开发的“总承包商”，从源头拿项目、拓商机。要抓好专业融资产品线建设，调动分行层面积极性，拓展中小客户跨境融资业务。要构建集约化的运营平台和资产交易平台，推进业务资源和资产的集中运作、全球配置。

3. 深入推进综合化经营。对于承担集团综合化任务的四家子公司而言，未来机遇大于挑战。要不断提高竞争发展能力和对集团的综合贡献，争取在今年利润高增长的基础上，明年再有20%以上的增长。工银瑞信要充分发挥全能型资产管理平台优势，深化与集团的联动，推动公募基金、专户资产管理、专项资产管理三大业务线全面发展。工银租赁要以经营转型为主线，大力发展低资本占用的经营租赁、投资咨询等业务，改变依赖息差为盈利主要来源的经营模式。工银安盛要加快在养老及健康医疗服务、互联网金融以及个险渠道的布局，争取业务结构和渠道结构有明显改善。工银国际要发挥集团境外持牌投行的平台作用，以资产业务带动中间业务发展，不断提高市场占有率和品牌影响力。

（五）加快网点渠道转型，推动互联网金融落地。随着网点竞争力提升工程和智能化改造的推进，全行网点布局与市场资源契合度不断提升，网点从交易结算向营销服务转型成效逐步显现，特别是服务中高端客户、提供复杂与高附加值服务的主渠道作用日渐加强，但同时一些问题也越来越突出地表现出来：一是业务量逐年下降。近三年柜面业务量年均减少5%左右，今年前三季度同比又下降9%，一些网点网均、人均业务量相对不足，人日均业务量不足80笔的网点有948个，还有不少面积过大网点尤其是财富管理中心、理财中心等，由于客户开发不够、主动服务不够，造成利用率低，服务资源冗余闲置。二是区域布局仍待优化。网点资源总量多与发展快、潜力大区域投入不足的问题并存，目前全部城区网点中，分布在老城区的占88%。三是经营效能不容乐观。亏损和100万元以下的微利网点还有1 603家，占比约10%，而且人员占用沉淀多，难以调配出来。面对互联网时代的渠道竞争压力，以及全行线下业务向线上大量迁徙、网点客流日益萎缩的严峻现实，如果我们不主动、不及早推进网点转型就没有出路，一旦“被调整”“被转型”，现在网点渠道点多面广的优势，就有可能成为“不可承受之重”。对此，全行务必要保持清醒认识，务必保持对网点未来发展趋势的前瞻视野，按照“轻型化、小型化、智能化、一体化”方向，加快推进网点转型，以我行强大的线下服务优势为支撑，形成新的、更突出的渠道聚合效应。

1. 抓好网点结构调整。未来三年全行将优化整合网点1 000家左右。要科学规划布局，精简整合低效网点，加快将存量网点资源配置到金融资源富集区、潜力区等重点区域。要把握网点轻型化发展趋势，构建运营标准化和绩效评价体系，对人员配备、营业面积、服务范围等要有明确标准。对超出标准的，要优化调整；对产出不高的财富管理中心和理财中心，要尽快瘦身，使网点业态更加多元、营运更加灵活、业务特色更加鲜明。要把网点智能化改造的落脚点放到服务便捷、客户体验改善上，在进行投入产出分析的基础上，争取三年内一半以上的网点完成智能化改造。要通过网点运营标准化的深入推进，进一步压缩低效柜口和柜员，提升网点运营效能。

2. 抓好线上线下一体化服务。要顺应客户金融行为线上线下一体化融合趋势，构建以网点为核心的O2O

生态圈，加快我行金融服务向客户生活、商户经营场景的融合渗透，既将线下客户资源导入线上，推动线上业务跨越式发展；又发挥好线上线下互动服务及网点专业服务优势，增强网点对高附加值客户的吸引力。构建O2O生态圈，关键在拓场景、抓商户。目前我行收单市场正受到互联网企业的强劲冲击，客户正加速远离银行。前11月收单额表面看有4.8万亿元，同比增长40.8%，但其中第三方支付公司接转达2万亿元，占到42.6%，同比增加10.9个百分点，以致我行特约商户回佣收入增速同比放缓7.3个百分点。丢掉商户、丢掉收单，流失的不单是当前支付的通道、交易和流水，更是事关未来的数据、信用和商业机会。要把做大商户规模作为O2O工作最为关键而紧迫的任务，加快组建专业化的商户拓展团队，依托大数据支持以及网点“网格化”营销，大力拓展商户，使我行商户尽快突破200万户。要充分发挥互联网金融特别是支付产品的撬动作用，整合线上支付品牌，集中火力、形成重拳，努力提升支付和收单市场份额。明年上半年，争取推出“融e联”支付产品，加上PCS布放，为O2O的发展提供良好保障。

3. 抓好互联网金融服务和产品落地。目前互联网金融战略正在快速推进，“三平台一中心”发展势头都不错，只有“融e联”相对较弱。要依托“融e行”，发挥好客户经理的作用，推进功能创新、场景拓展和客户推广，争取明年“融e联”客户实现几何式增长。“融e行”，要通过业务、客户和平台的开放，构建行内外用户、我行与同业机构之间良性互动的金融生态体系。“融e购”，要以地产、汽车、旅游、文化等优势产品及跨境电商为突破，推动交易规模和特色业务同步提升。网络融资产品已基本构建完成，要通过融资产品线标准化改造、线上融资线下抵押联动、大力拓展家庭用车等分期付款业务，推动客户规模和融资总量实现较快增长。互联网金融产品在线上，线下推广同等重要；规划营运在总行，营销服务仍要下沉到分行。要加强总分行互联网金融营销团队和工作机制建设，重点抓好层层传导、分层定位、业务培训等工作，特别要加强对管理人员的培训，解决其对互联网金融了解不多、工作抓不到位的问题，扭转上热下冷，产品部门热其他部门冷的局面，形成上下合力、齐抓共管的工作格局。

4. 抓好服务声誉与口碑塑造。服务是我们的基础。总的看，全行对服务的重视、投入、机制建设是不够的，与客户的需要还有距离。在客户排长队等问题基本解决、柜面业务量连续下降情况下，我们更有条件抓好服务质量。要根据国务院《关于加强金融消费者权益保护工作的指导意见》，进一步完善我行消费者权益保护和服务管理工作机制，自上而下抓好服务外延扩张和服务内涵的提升，重点在服务理念、服务细节、服务态度上有突破，在服务口碑上有明显好转。要找准网点服务工作的切入点和关键点，通过解决大堂经理配备不足、主动服务意识薄弱、服务规范不到位等问题，完善网点关键岗位服务规范，力争1～2年内全部网点实现分级达标。要把减少客户投诉作为服务提升的主要目标，落实责任机制，减少重复投诉和升级投诉。要把客户投诉作为提升服务的宝贵资源，特别针对近来客户投诉较集中的互联网金融、理财等新业务领域，从产品功能、业务流程等方面加以改进，从根本上减少投诉发生。要善于利用新媒体，传播我行服务先进典型和优质创新产品，主动塑造我行高品质的服务形象。

（六）重构我行人力资源结构分布图。近年全行通过实施人力资源深化项目，为转型发展提供了有力支持，但人力资源仍面临许多亟待解决的问题。特别是转型发展与新兴业务人才不足的矛盾迫切需要化解；人力资源分布不合理，网点人力成本占用大，人均效益差异大，人才价值挖掘不够等都对经营转型形成了强烈约束。如果“人”不转型，全行经营转型就是一句空话。要通过人力资源结构大调整来弥补经营转型和业务创新人才的硬缺口。

1. 认清人力资源存在的问题与潜力。从结构分布看，目前全行46万员工中一半以上集中在网点，很多网点人日均业务量低于80笔甚至50笔，大量人员工作不饱和。同时，互联网金融及各类新兴业务条线人员占比不足2%，人才缺口达8 000人。从人均效益看，以人员占用最多的网点为例，人均利润约56万元，比全行平均水平低7%。如果按一个网点10人计算，亏损和微利网点大约1.6万名员工在做低效工作。从人员使用看，以新招录大学生为例，入行两年的大学生还有3 400人在柜面工作，占当年新招大学生总量的57%；三年、四年、五年还在柜面的有2 800人、2 200人、1 100人，占比分别为37%、27%和16%。这反映出相当一部分人力资源的潜力还没有得到充分发挥，一方面总分行包括网点都喊人手紧张、要求增人，另一方面人力资源使用不尽合理。如果将亏损微利网点的大约1.6万人调整出来，人均创利从10万元提高到50万元，就能为全行增加60多亿元利润；如果调整到效益更高的新兴业务线，利润提升会更大。

2. 编制好人力资源“两张表”。一张是“人力资源流量表”，另一张是“人力资源来源与运用表”，这是与信贷结构调整同等重要的大事，没有这“两张表”打好人力资源基础，其他工作都是纸上谈兵。未来三年，全行员工退休等各类退出人员约6万人，通过新增及网点优化、内部转岗等因素大约有8万人的腾挪空间，这就是全行的“人力资源流量表”。应该说，腾挪空间不小，我们一定要抓住难得的窗口期，利用各种有利条件，推动人力资源由总量大向结构优转变。“人力资源来源与运用表”主要解决“人从哪里来、人到哪里去”问题。总行、分行、二级分行都要编制“两张表”。在来源上，坚持外部新增与内部存量挖潜并重；在运用上，坚持价值创造和效率优先，重点加大对投入产出高、经济效益好的领域或条线的支持倾斜力度。明年计划对互联网金融、投资银行、专项融资、资产管理、私人银行、国际业务、金融市场等业务线补充6 000人，客户经理与产品经理5 000人，信贷经营与风险管理3 500人，满足业务快速发展的人员需求。

3. 成立矩阵式人力资源优化团队。明年总、分行都要成立由人力资源部门和不同专业条线共同组成的矩阵式人力资源优化团队，逐个分行、逐条线、逐部门、逐网点分析人员优化调整空间与潜力、目标与措施。这项工作要有顶层设计、要有持续性、要具体落地、要见到成效。

4. 找准人力资源调整定位。人力资源优化调整不是简单地每年进多少人、出多少人，也不是把人从多的地方挪到人少的地方，而是人员数量、质量、结构要与全行战略转型、业务创新和需求变化相契合，让人力资源在价值创造中发挥更大的作用。比如，随着线下业务向线上迁移加快以及低效网点整合优化，未来三年全行网点人员总量将再减少约4万人，明年约减少1万人。对这部分人如何优化调整？不是下个分流指标、“一刀切”了事。要把工作年限较长、服务经验丰富的柜员继续安排在柜面一线岗位，更好地发挥作用；而把相对年轻、可塑性和学习能力强的人员优化出来，充实到能胜任的新兴服务领域和专业岗位。这才是真正要做的优化调整和结构转型。

5. 创新团队制、柔性化管理模式。人员用得好不好、积极性调动得充分不充分，关键在政策、在机制。河南分行组建了25人的贵金属专业团队，由省行直管、二级分行配合营销，业务推进成效非常好。今年团队业务收入翻了一番，带动该行贵金属业务线实现收入3.2亿元，收入增量系统排名第一、总量排名第三，贵金属中间业务收入四行占比达70%。人还是分行的人，但工作状态和创效成果大不一样。各行要结合实际，针对一些专业化强、技术含量高、运作难度大的新兴业务，探索适合的组织新模式，运用高效能的项目制、专业团队等柔性化管理，满足快速变化的市场需求，实现人力资源产出最大化。总行要总结提炼一些好的经验做法，及时为各行提供指导帮助。项目制、专业团队可以放在二级分行，也可集中在一级分行。目前一级分行本部不再是纯管理行的概念，直接经营职能日益强化，这部分人员要增加。

6. 完善绩效考核管理。目前全行逐步建立了员工绩效评价体系和绩效工资考核分配体系，整体效果不错，仍然存在绩效管理传导不到位与传导过度并存的问题，对管理人员主要是传导不到位，对一般员工两方面情况都存在，说明绩效管理的系统性不够。当前全行经营压力越来越大，薪酬资源可能面临负增长，在存量减少的情况下，必须要突出重点，学会做减法，导向上进一步向关键岗位、业务骨干和业绩突出员工倾斜，通过结构优化来提高薪酬资源使用效率。要完善机构维度的考核。既要关注当期利润，也要关注发展性指标，加大经营效益、转型发展、业务基础和资产质量等关键性指标的挂钩力度。要完善员工维度的考核。强化考核结果在绩效工资分配、员工晋升发展等方面的应用，激励导向要明确、要适度。要加大对各级管理人员的目标传导。对班子正职，探索建立任期考核，建立长期评价机制，防止短期行为。同时完善对班子副职的考核，将考核结果作为干部能上能下的重要依据，通过能者上、庸者下、劣者汰，更有效地把经营压力传导到位。要注重绩效管理与企业文化建设相结合。选树先进典型，激发进取意识强、敢于担当、大局观强的正能量和团队精神。

四、关于加强内控与风险管理的问题

在当前经济下行压力加大，类金融业态不断涌现，以及非法集资和民间借贷风行的环境下，各种自发性风险、交叉性风险、伪创新风险和输入性风险交织出现。今年以来，全行内控案防形势十分严峻，也暴露出大量内部管理基础薄弱的问题，需要我们重新审视发展理念、风险文化、内控合规、机构管理和干部队伍建设等方方面面。这是新形势下对我们的一次严峻考验，这种考验是长期的和全方位的，唯有全面正视，采取坚定措施，才能遏制案件和风险事件高发势头；唯有筑牢堤坝，层层压实，严防内外部风险滋生，才能度过这个非常时期。

（一）加强合规文化建设，树立全面科学的发展理念。合规文化是银行风险防控之本，是工商银行基业长青的保障。一直以来我行倡导的“三铁”精神就是合规文化的集中体现。要认真总结提炼传承多年的合规文化，制定合规文化建设规划，按照“一年一个主题，一年一个台阶”的思路，持之以恒促进合规文化建设。要把今年发生的30起案件和风险事件编成教育案例，层层解剖，引导各级机构对照反思，深入查找改进内部管控存在的薄弱环节，达到警示教育的目的。要严肃绩效考评纪律，建立举报、核查、检查机制，对为考核得分弄虚作假的，发现一起查处一起，并与行长和班子绩效挂钩。要将科学的发展观、风险观、业绩观传导全行，让全行充分意识到我们的发展是经过辛勤努力换来的，是实实在在的发展，是有质效的发展，进而在全行形成良好的合规氛围，夯实稳健发展的基础。

（二）夯实“三道防线”，同步推进业务风险“两手抓”。当前，全行个别业务条线，特别是营销部门和部分产品部门存在重业务发展、轻内控案防的问题，内审内控专业检查多，发现问题多，但实质问题少，严厉问责少、系统整改少、举一反三少，满足于检查完成后发个通知、下个文件，实际效果不佳，影响检查质量和效果。其原因既有能力问题，也有好人主义作怪。全行要进一步加强内控合规“三道防线”建设，厘清前中后台部门的责任，健全履职标准，加强过程监控，严格考核评价，落实三道防线责任制。其中，业务部门和经营机构要履行第一道防线职责，将合规要求融入制度流程、日常经营管理和监测检查中，对本专业经营安全负责；中后台风控部门要通过监测核查、评价检查、问责处理等手段，发挥好内控第二道防线作用，内部审计部门作为第三道防线要做好内部控制效果的监督评价。各专业部门要坚持业务、风险“两手抓”，落实岗位责任，规范业务流程，及时排查风险隐患；坚持问题导向，从点到面、从表象到源头解决违规现象背后的制度、流程和系统问题，并进一步做好问题整改后评估和再检查，确保合规要求执行落地和业务安全运营。

（三）突出作业流程监督和基层网点管理，提高运营风险管控水平。近年来，全行实施了风险监控体系改革，变革了沿袭多年简单复审模式，监督效能大幅提升。但在新的形势下，现有监控模式和监控机制难以适应业务快速发展的需要，运行监控问题逐渐显现。主要表现在：监控范围还不全面，识别能力有待提升；核查环节独立性、专业性不强，过分依赖基层网点；运管部门与业务主管部门脱节，对同级专业缺乏有效的沟通机制和整改反馈机制，未形成完整闭环，还存在真空。要着重抓好几方面工作：

1. 加强运营风险监控体系建设。对于运营风险点，关键在找得更全、更准。要通过构建统一风险视图，实施事件驱动和数据驱动相结合的分析型监控，准确识别预警，对一些行为风险、异常交易采取熔断、悬停等措施进行干预控制。对同级产品部门和营销部门，特别要建立检查和跟踪评价整改措施的落实机制，形成协同运作的风险监控机制，不能再出现屡查屡犯等问题。

2. 落实网点运营风险分级管理。制定网点分类管理策略，科学定位高风险网点、高风险环节和高风险人员，加强薄弱领域的协同治理，形成网点操作风险防范立体化、网格化的管理架构。

3. 严肃挂账管理和报表核对。健全内部账户管理制度，开展内部户挂账专项清理，解决无序挂账、被动挂账的问题。规范业务数据变更管理，解决数据变更过多过频问题。加强客户分类对账管理，强化对异动交易、异常事项管控，“对少才能对好”，重点是对大额账户、敏感账户、异地账户实现100%对账。

4. 强化U盾、印章、凭证、支票等运营介质的管理，实现客户身份真实性、意愿真实性、凭证真实性的流程硬控制。做好生物识别等新技术的研究应用，为远程开户业务做好技术储备。

（四）加强信息科技和产品创新领域风险防控，提高产品创新质量。在互联网金融蓬勃发展、安全问题日益突出、监管要求日趋严格的形势下，我行产品创新工作面临新的挑战。全行要加强产品创新的全流程管理，吸取风险事件教训，严格立项准入，落实主体责任，增强业务风险把控能力。强化新产品准入评估，按照“谁发起、谁负责”的原则，对产品潜在的风险进行全面识别和评估，避免边缘、低效和风险隐患的项目实施。强化业务需求管理，以近年来发生的风险案件为鉴，完善管控手段和处理流程，明确配套管理制度。强化测试质量控制，提升测试工作的全面性和准确性。做好低效产品退出，全面梳理自有产品和代销产品，加快低效产品和“僵尸”产品清理和退出。

（五）全面落实管控措施，严防输入性和交叉性风险。今年以来，全行输入性风险和交叉性风险呈现多发态势，这既有外部环境变化的因素，也有内控管理方面的漏洞。全行要从重点机构、重点领域、重点环节、重点岗位入手，进一步强化深层治理，保持对输入性和交叉性风险的高压态势。要继续整治飞单，通过加强疑似行为核查、违规举报奖励、客户回访、信息披露及警示教育等措施，有效防止飞单发生。要加强对非法集资、非法民间借贷的监测，定期开展员工异常行为排查，落实关键岗位轮岗制度，阻断风险传染途径。要落实同业业务监管要求，完善代理投资业务与信贷业务风险隔离机制，加强委托贷款等表外业务管理，防范“抽屉协议”、违规担保等风险。要加强托管业务和存管业务边界不清、越权签约、变通业务模式等带来风险的日常管理和监控。要高度关注债券承销风险，健全全流程的风险管控体系，及时关注企业偿付风险和信用风险变化，把好、防住实质风险点。要加强第三方机构准入管理，严格执行客户与产品风险分级管理，强化净值型产品的销售管理，规避理财销售风险。要加强私人银行业务全流程风险控制，甄选合作机构，提高风险控制的有效性。要强化黄金租赁业务风险识别与控制，防范黄金租赁业务中存在的租赁逾期、租赁逃离以及担保链等问题。要加强对代理投资第三方资产的穿透和评估，制定底层资产穿透方案，细化底层资产调查、审查、限额及投后等管理要求，增强对代理投资风险的主动管理能力。要加强代理销售限额管理，不能把我行作为第三方筹集资金的平台，避免声誉风险。

（六）建立企业级数据应用体系，推进大数据整合应用。数据的价值在应用。总行已经成立了企业级数据应用体系建设领导小组，着手研究制订实施方案。这是事关工商银行长远发展的重大工程，目的是整合行内外数据，形成涵盖全客户、全业务、全机构的数据应用体系，以此实现风险精准防控、客户精准营销、产品精准开发和管理科学高效，让数据真正创造价值。在数据采集上，以客户为中心，建立多维度的数据信息库，实现数据实时联动、无缝对接和标准共享；在数据挖掘上，搭建数据分析模型，设计客户分类标签，绘制客户全景画像，建立客户统一风险视图；在数据应用上，坚持用户导向和基层导向，明确总分行的职责，确保层层推动、落地可用。

面对压力和挑战，全行要增强信心、迎难而上、埋头苦干、奋发有为，把压力与挑战化为前所未有的动力和机遇，加快推动新旧发展方式和增长动力的顺利转换，早日实现勇闯“三关”的目标，在服务实体经济的大局中实现新一轮更高水平的发展。

在总行党校第二十三期领导干部进修班开学典礼上的讲话

钱文挥

（2015 年 4 月 14 日）

中国工商银行党校第二十三期领导干部进修班今天开学了。在这里，我代表总行党校，对大家来学习表示热烈的欢迎！

这期进修班隶属中央党校中央国家机关分校主体班次，其教学和管理与中央党校一致，课程结束后，也将颁发中央党校的结业证书，是一次宝贵的学习机会。为了让大家了解、熟悉党校学习，尽快进入学习状态，在这里，我们还是从党校学习的性质、特点和任务说起。按照《中国共产党党校工作条例》的规定，党校是在党委直接领导下培养党员领导干部和理论干部的学校，是党委的重要部门，是培训、轮训党员领导干部的主渠道、主阵地，重点要提高学员五个方面的素质和能力：一是掌握马克思主义的立场、观点、方法；二是坚定不移地走中国特色社会主义道路，始终同党中央保持一致；三是坚持解放思想、实事求是、与时俱进，善于分析解决改革发展中的重大问题；四是坚持全心全意为人民服务的根本宗旨；五是具备胜任本职工作所需的基本知识和领导能力。

作为培训、轮训党员领导干部的主渠道、主阵地，总行党校学习有这样三个特点：其一，“党校姓党”是党校教学的基本原则，它决定了党校必须以马克思主义理论教育和党性教育作为教学的主要内容，这是党校学习与其他业务类学习的最大区别；其二，“实事求是”是党校教学的基本方针，它决定了教学要坚持从实际出发、坚持问题导向，把解决工作、学习、生活中的问题作为出发点和落脚点，强调联系实际、学以致用；其三，“教学相长、学学相长”是党校教学的基本模式，通过师生互动、交流座谈、分组研讨、撰写课题报告等方式，使党校培训富有针对性和实效性。

这期进修班将用两个半月的时间完成五大模块 80 多个专题的学习和研讨，大家将比较系统地学习党的基础理论和中国特色社会主义理论，参加综合知识与能力培养、党性修养、经济金融改革与发展、工商银行改革发展实践等一系列专题的学习和讲座，并将前往中国延安干部学院参加为期一周的党性教育现场教学，总行党校还配发了一系列书目供大家读原著、看原版。除此之外，还将围绕全行改革发展的中心任务撰写课题报告。可以说，时间相对宽裕，对学习任务和学习质量的要求也就更高。要想取得好的学习成果，还要靠集体的力量和个人的努力。在这里，我讲三点要求：

一要紧密结合学习领会习近平总书记系列重要讲话精神，坚定理想信念，践行“三严三实”，做对党忠诚、个人干净、敢于担当的党员领导干部。党的十八大以来，习近平总书记高度重视干部队伍建设，就培养党和人民需要的好干部作出一系列重要论述。2013 年 6 月，在全国组织工作会议上，习近平总书记提出好干部“二十字”标准，即“信念坚定、为民服务、勤政务实、敢于担当、清正廉洁”；2014 年 3 月，在参加全国两会分组审议时，提出了“严以修身、严以用权、严以律己，谋事要实、创业要实、做人要实”的“三严三实”要求；今年 1 月，在同中央党校县委书记研修班学员座谈时，提出了“心中有党、心中有民、心中有责、心中有戒”的“四有”要求。总书记还在多个重要会议和场合，强调领导干部要始终做到对党忠诚、个人干净、敢于担当。习近平总书记的这些要求，对全行干部队伍建设具有十分重要而深远的意义。

党的十八大以来，按照中央部署，总行党委在全行组织开展了以“为民、务实、清廉”为主题的党的群众路线教育实践活动，组织了全行处级以上干部学习习近平总书记系列重要讲话精神轮训，大家作为全行各级单位的组织者和参与者，都投身到这两项活动之中，做了大量细致深入的工作，可以说效果是显著的，其作用和影响也是十分深远的。这次党校学习，习近平总书记系列重要讲话仍然是重点安排的必修课程，大家要在教育实践活动和集中轮训的基础上，进一步坚定信念、锤炼党性，始终坚守共产党人的精神追求，始终保持清醒的政治头脑和坚定的政治立场，自觉贯彻落实中央精神和重大决策部署，在党言党，在党为党，做学习和实践的表率。

前期，按照中央统一部署，总行党委转发了中组部关于基层党组织书记轮训的通知，并对全行轮训工作作出重要部署。总行党校基地班次也将作为示范班，分9期直接对640名一级支行行长进行培训。希望大家将总行党校学习的成果带回去，带头学、带头讲、带头用，和本级党委班子成员一起，严格按照中央和总行的部署，切实把本单位的轮训工作抓实抓好。

二要紧密结合“经济新常态”和“四个全面”，联系我行改革发展的实际，深入思考，做好课题研究。2014年5月，习近平总书记在河南考察时提出“新常态”的概念，11月在APEC工商领导人峰会上对新常态进行了系统阐释。“经济新常态”的重要论述，是适应国际国内环境变化、辩证分析我国经济发展阶段性特征作出的科学判断，为中国经济社会发展进行了精准定位，指明了前进方向。12月，习近平总书记在江苏调研时提出要协调推进全面建成小康社会、全面深化改革、全面推进依法治国、全面从严治党的重要论述。“四个全面”的重要论述，高度凝练了新阶段党和国家事业发展的大棋局，深刻揭示了当前中国发展的重点任务，开创了党和国家事业发展的新格局。

目前，中国经济正向着形态更高级、分工更复杂、结构更合理的阶段演化，我行也面临着盈利增长放缓、存贷利差收窄、不良贷款反弹以及金融脱媒加剧、金融监管趋严等严峻挑战，迫切需要我们树立科学的发展思维，积极认识新常态、适应新常态，紧紧围绕经济金融大局，主动把握“一带一路”、京津冀协同发展、长江经济带、亚太地区基础建设投资和互联互通等国家战略，以及新型工业化、信息化、城镇化、农业现代化这“新四化”带来的新商机，向管理要效益，向风控要效益，向服务要效益，深入推进新常态下的金融服务工作。

这期党校进修班除了安排这些相关的课程外，还有一项重要任务就是课题研究，希望大家结合读书、学习、交流、研讨的心得体会，围绕全行改革发展的要义，认真做好课题。研究的对象可以结合大零售和大资管战略、互联网和移动金融、全球一体化经营等热点领域，找准出发点和落脚点，为提高全行管理效能、运营效率和经营活力贡献智慧和力量。

三要紧密结合党风廉政建设和从严治党要求，加强党性修养锻炼，在党员干部中争当学习和践行的表率。十八大以来，以习近平同志为总书记的党中央，从关系党和国家生死存亡的高度，以强烈的历史责任感、深沉的使命忧患感、顽强的意志品质推进党风廉政建设和反腐败斗争，坚持无禁区、全覆盖、零容忍，严肃查处腐败分子，着力营造不敢腐、不能腐、不想腐的政治氛围，在广大党员干部和人民群众中引起了强烈的反响。

加强党风廉政建设，全面从严治党，关键是从要思想源头上加强对广大党员干部的党性教育。习近平总书记反复强调要坚定党员干部的理想信念，补足共产党人精神上的“钙”；强调干部到党校学习，必须把坚定理想信念、提高思想政治水平放在首位；强调思想教育要突出重点，加强党性和道德教育。总书记的这些要求，都对大家到党校学习提出了新的更高要求。

党性教育是党校学习的一个突出特点，也是党校办学的优势。根据中央党校关于在各级培训班中进一步加强党性教育的有关要求，我们这期进修班进一步突出了党性教育专题单元，并严格执行党性教育课时不低于20%的要求，期间还将前往中国延安干部学院参加为期一周的党性专题现场教学，通过充分运用讲授式、研讨式、案例式和体验式相结合的学习方式来提高培训效果。大家要把这块内容与党风廉政建设和从严治党的要求结合起来，切实增强忧患意识、风险意识和责任意识。要认真落实中央纪委五次全会精神和全行纪检监察工作会议精神，认真落实“五个必须”要求，树立底线意识和红线思维，把好“总开关”，在工作中既要以身作则、严格自律，又要敢抓敢管、带好队伍，努力营造风清气正、创业干事的良好环境。

这里强调一点，总行党校一直以严格管理著称，党校培训已成为全行培训系统特别是管理人员培训的品牌，很多参加过党校学习的学员对此都深有体会。希望大家在学习期间以一个普通学员的身份自觉遵守党校的各项纪律和规定，自觉维护党校良好的品牌和声誉，营造良好的校风学风，展示工商银行党员领导干部良好的精神风貌。

习近平总书记在全国干部学习培训教材的《序言》上指出，中国共产党人依靠学习走到今天，也必然要依靠学习走向未来。从今天开始，大家就将开始一个团结、紧张、严肃、活泼的学习历程，希望大家专心致志、心无旁骛、抓紧时间，合理安排学习计划，努力提高学习效果，真正做到满怀学习渴望而来，满载丰收成果而归，使党校的学习成为一段充实、美好、难忘的经历，成为思想不断解放、认识不断深化、能力不断提高、党性不断增强的过程，把党校学习的收获和成果转化为进一步做好各项工作、推进转型发展的新动力。

在2015年宣传思想文化工作会议上的讲话

钱文挥

（2015年5月21日）

党的十八大以来，党中央高度重视宣传思想文化工作，习近平总书记就党的建设、宣传思想工作、意识形态工作等发表了一系列重要讲话，作出了许多新的论断和理论创新，是我们做好新形势下宣传思想文化工作的基本遵循。这次宣传思想文化工作会议的主要任务就是，认真贯彻落实习近平总书记系列重要讲话精神和党的十八届三中、四中全会精神，围绕全行改革发展研讨会和年度工作会议确立的中心任务，总结近年来宣传思想文化工作，分析当前面临的形势，安排部署当前及今后一个时期宣传思想文化工作任务。下面我讲三点意见。

一、近年来宣传思想文化工作发展回顾

近年来，各级宣传思想文化工作部门在党委统一领导下，紧紧围绕全行改革发展中心任务，扎实做好各项工作，导向正确，基调鲜明，主旋律响亮，正能量强劲，宣传思想文化工作呈现出持续加强改进、不断向好向上的良好态势。

一是思想理论建设不断加强，学习型党组织氛围日益浓厚。坚持开展党的理论创新成果宣传教育，用先进理论武装头脑、指导工作、推动发展。深入学习宣传贯彻党的十八大精神、十八届三中、四中全会精神和习近平总书记系列重要讲话精神，组织处级以上干部集中轮训，引导党员干部深刻领会中央提出的重大理论观点、重大方针政策和重大决策部署，将思想和行动统一到中央和总行党委各项部署上来。进一步完善党委中心组学习制度，干部述学、评学、督学机制落实到位，学习档案管理和考核管理切实有效；学习方式不断创新，通过三级中心组成员视频同步理论学习、“微型党课”、研讨式培训、读书班等，进一步激发了党员干部学习积极性；学习交流形式多样，通过“宣传思想文化工作管理信息系统”、“网络大学”、网讯、简报等渠道，促进了学习资源和学习成果共享。同时，发挥党校在党员干部培训中的主阵地作用，统筹总分行三级党校资源，组织开展多层级、多领域、多形式的学习培训，联系实际、突出重点、搭建平台，进一步提升了党员领导干部的理论素质和党性修养。坚持学习培训与工作调研相结合，把理论知识转化为驾驭复杂形势、解决实际问题的能力，形成了一批具有一定理论水平和实践意义的学习调研成果，学习型党组织、学习型银行建设水平有了新的提高。

二是社会主义核心价值观宣传教育深入开展，企业文化建设稳中有进。坚持把培育和践行社会主义核心价值观作为工作主线，抓好贯穿结合融入，力求入耳入脑入心，在全行积极倡导和形成了正确的价值导向和追求。大力开展“中国梦·工行梦”宣传教育，围绕30年行庆等主题，做好宣传阐释和成就展示。以社会主义核心价值观为统领，全面推进企业文化建设，集中力量办好“十件文化大事”。加强企业文化内外传播，将“职工之家”“文化角”等实体渠道与“企业文化专区”“企业文化园地”、电子书等电子渠道相结合，价值理念得到广泛传导和渗透。专业文化建设扎实推进，各专业部门参与文化建设的主动性显著增强，合规、廉洁、服务、风险等专业文化建设全面启动。特色文化建设范围更广、力度更大，通过“基层行长践行文化”“文化示范网点”建设、“文化建设进网点”等活动，多层面、多维度开展文化实践，充分发挥出企业文化在聚人心、促发展、树形象方面的重要作用。

三是精神文明创建工作取得明显成效，“感动工行”活动品牌成功打响。坚持创建工作“两手抓两手硬”，将精神文明建设目标与全行改革发展任务相结合，着力巩固和提高创建工作的水平与质量。创建活动紧扣中心、务实见效，先后组织了“打造卓越金融服务，建设客户满意银行”、“同庆辉煌成就　共促转型发展”、“人民满意银行建设年”等主题教育活动，特色鲜明、内容丰富，员工队伍凝聚力、战斗力进一步增强，服务水平和窗口形象进一步提升。创建工作动态管理机制与时俱进，修订了《文明创建工作管理办法》，推出文明单位测评体系，建立创建报备制度，进一步通畅创建通道，优化创建格局，充分激发了基层创建活力。员工思想道德建设不断加强，学雷锋活动长效机制初步完善，“岗位学雷锋，争做好员工”等6个常态化项目广泛推开，大大丰富了文明创建工作的内涵和外延。典型宣传活动品牌成功打响，持续开展“感动工行”员工评选表彰，选树了一批立足岗位作贡献，体

现工行文化特质、具备优秀道德品质的先进典型，彰显了工行文化内在精神力量，极大激发了员工的荣誉感和归属感，成为近年来工行宣传思想文化工作的重要“拳头产品”，今年表彰活动也将在近期正式举行。各类道德模范宣传活动不断融入时代气息和文化内涵，通过主题征文、员工座谈、宣传展板、网络交流等形式，营造了学先进、议感动、见行动的良好氛围，为改革发展传递积聚了正能量。

四是思想政治工作实效性显著提高，人文关怀不断增强。坚持贴近实际、贴近员工、贴近一线，完善思想政治工作体系和配套措施，扎实做好抓基层、打基础的工作。实施员工定期思想调查制度，通过多种方式调研梳理，及时把脉员工思想，服务好党委各项决策。建立总分行两级联系点制度，深入基层开展一揽子调研，推动分行通过“结对子”、建档案等方式，将员工思想政治工作与推进经营管理有机结合，更好促进转型发展。深化员工关爱工程，构建延伸“员工心灵绿色通道”，组织了基层行管理者心理健康测评，鼓励分行开展“健心工程”“人心工程”等活动，这些活动特色鲜明，成效明显，较好促进了员工幸福指数和工作满意度提升。

五是正面宣传引导扎实深入，舆论氛围更加积极向上。牢牢把握正确舆论导向，保持基调一致，突出宣传重点，深入做好党的十八大、十八届三中、四中全会精神、党的群众路线教育实践活动宣传工作，及时解读和传导中央重大决策部署，推动总行党委政策措施上情下达。坚持正面宣传为主，主动发声、精准引导，用成就鼓舞人，用典型激励人，用事实教育人，切实做到团结稳定鼓劲。着眼受众习惯和现实需要，有针对性地设计载体、搭建平台，大力推进“企业文化园地”建设，推出“感动工行”微信公众号，创新应用微信群、电子内刊、手机报等新媒体，持之以恒做好信息维护和舆情管理。开展形式多样的心得交流和成果展示，先后组织了“新征程新展望”、“感动工行主题曲征集”、“行长谈文化”、“回眸三十年 扬帆谱新篇”等系列活动，进行“文明新风大看台”电子书展示，营造了谋转型、促发展的浓厚氛围。

总的来说，这几年我行宣传思想文化工作发展和进步有目共睹，得到监管部门、社会公众及广大员工的认可和好评。这些成绩的取得，离不开各级宣传思想文化工作部门的积极努力和辛勤付出，离不开各级党政工团、业务部门及全体员工的协同配合与大力支持，在这里，我代表总行党委，向大家表示诚挚的感谢和敬意！

二、充分认识宣传思想文化工作服务“四个全面”战略大局、推动新常态下全行转型升级和提质增效的重要意义

党的十八大以来，以习近平同志为总书记的党中央从坚持和发展中国特色社会主义全局出发，提出并形成了全面建成小康社会、全面深化改革、全面依法治国、全面从严治党的战略布局。这“四个全面”战略布局立足于我国发展的现实需要，顺应了人民群众的愿望期盼，抓住了我们面临的关键问题和突出矛盾，集中体现了我们党在新形势下治国理政的战略思维、战略考量，体现了党和国家事业长远发展的战略目标、战略举措。工商银行要适应经济新常态、深化改革促进发展，必须紧紧围绕“四个全面”战略布局来推开，更好地推进经营转型和结构调整，更好地服务客户和支持实体经济发展。宣传部门也要找准“四个全面”布局下全行工作的重要着力点，认清大势、胸怀大局、谋划大事，从四个方面入手，进一步加强和改进宣传思想文化工作，更好地保障、支持和推动全行转型升级和提质增效。

（一）服从党和国家“四个全面”战略布局，着力提供坚强有力的思想保证。“四个全面”作为当前和今后一段时期党和国家的战略布局，为各方面工作提供了总引领。落实好这一战略布局，是一个艰巨复杂的过程。现在，全面建成小康社会处于决定性阶段，全面深化改革进入攻坚期和深水区，全面依法治国正在大力推进，全面从严治党面临许多亟待解决的重大课题。服从服务大局是宣传思想文化工作的根本职责，观大局，识大局，工作才能有为，服务才能到位。大家要充分认识到时代赋予我们的职责，深刻领会“四个全面”的总体要求，进一步增强使命感和责任感，切实担当起中管金融企业政治责任、经济责任、社会责任，围绕总行党委各项战略部署，坚持正确政治方向和以员工为中心的工作导向，做到全面、准确、深入。要贯彻落实“两个巩固”（巩固马克思主义在意识形态领域的指导地位、巩固全党全国人民团结奋斗的共同思想基础）根本任务，坚持底线思维，在重大方向性问题上旗帜鲜明、毫不含糊，为全行发展筑牢主心骨、把牢方向盘。要强化阵地意识，做大做强正面宣传，增强干部员工对党的理论创新成果的自信和认同，为“四个全面”提供有力的思想保证、舆论支持和文化条件。

（二）顺应经济新常态下新一轮发展与挑战，着力构筑攻坚克难、同舟共济的精神力量。当前，国内经济发展正处于“三期叠加”的关键节点，经济下行压力增大，进入了以“中高速、优结构、新动力、多挑战”为主要特征的新常态。经济新常态带来的是金融发展和银行经营的新常态，从外部环境来看，利率市场化加速推进、金融脱媒和跨界竞争加剧、金融监管趋严，对银行业金融服务和风险防控能力要求越来越高。从我行自身看，随着转型发展进入新常态，我们将迎来许多新的机遇，也将面临一系列新的挑战，主要体现在不良贷款反弹压力增大，利率市场化、多层次资本市场及互联网金融快速发展对存款、支付结算等传统业务影响突出。同时，客户基础薄弱等问题仍较突出，服务与营销机

制、产品创新等方面还不能适应客户需求和一线参与市场竞争的需要。历史和现实证明，改革越是进入“深水区”，挑战越多、困难越大，就越要巩固壮大主流思想舆论，越要发挥正面宣传鼓舞干劲、增强信心、凝聚共识的作用。目前，外部经营形势不断变化，产品愈加复杂，竞争愈加激烈。一方面，我行经营转型、业务发展、资产质量等面临一定的压力；另一方面，我行作为国有控股金融机构，有义务和责任支持实体经济健康发展。近期，李克强总理到我行考察调研时也提出了相关要求。在当前环境下，如何采取有效办法和举措，凝聚全行员工的力量与智慧，达成共识、形成合力，服务于全行中心工作的大局，对全行宣传思想文化工作来说是新的挑战。宣传思想文化工作必须积极适应全行改革发展新常态，围绕总行战略部署，强化形势任务教育，抓好专题宣传、成就宣传，加强阐释引导、提供舆论支持、营造良好氛围，尽最大可能调动全行员工的主动性、积极性、创造性，齐心协力打好改革攻坚战。

（三）适应员工队伍思想新动态，着力做到理顺人心、凝聚人气。随着时代进步和社会发展，今天的时代条件、舆论环境乃至大众心理，与过去完全不同，员工队伍构成多元化、利益诉求多样化、价值取向多维化的特点更加突出。过去我们是比较单纯的商业银行，现在不仅商业银行业务拓展了，还有数量众多的专业化子公司、海外机构，员工身份也逐渐多样化，员工思想活动的独立性、选择性、多变性、差异性明显增强。特别是我行转型发展进入新常态后，经营压力明显增大，风险防控和合规管理任务更加艰巨，盈利增长进一步放缓。姜建清同志告诫全行，未来几年要做好过紧日子、难日子、苦日子的心理准备。股改以来，我行员工薪酬有了较大提高，主要得益于经营效益的极大提升，但现在外部环境发生了变化，在其影响下，全行经营效益可能产生波动。在物质激励资源增长空间收窄的背景下，要保持员工队伍的昂扬斗志，就必须更加充分地依靠精神激励，进一步发挥好宣传思想文化工作的传统优势和重要作用。所以，未来几年尽管困难重重、挑战很多，但也是宣传思想文化工作重要性凸显、大有可为的一个时期。我们要在进一步提高思想政治工作针对性和实效性上下功夫，切实摸清员工思想脉搏，认真分析甄别员工诉求，主动回应关切，系统解读阐释，引导广大干部员工辩证看待新常态下的各种问题，有效疏导情绪。要多唱“进行曲”，多吹“冲锋号”，以员工喜闻乐见的新形式、新手段提高员工参与度，让员工增强团队归属感和荣誉感，进一步激发建功立业的主观能动性。要增强人文关怀，帮助员工舒缓工作压力，保持心理健康，用更为积极向上的精神面貌做好新常态下各项工作。

（四）把握新形势下宣传思想文化工作内在要求，着力创新舆论引导、讲好工行故事。“四个全面”战略布局体现了我们党治国理政方略的与时俱进，蕴含着科学统筹的思想方法，贯穿着改革创新的时代精神，对各方面工作改进创新提出了更高要求。“明者因时而变，知者随事而制”，做好新形势下宣传思想文化工作，关键要增强系统思维，加快改进创新，既要把握好与全行深化改革大局的关系，又要抓好自身的统筹协调，充分调动好各种资源力量，进一步巩固优势、补齐短板，推动内宣外宣一体化发展，共同讲好工行故事，对内坚定信心勇气，对外加深理解认同。既要总结发扬既有经验，又要不断解放思想，推进理念创新、手段创新和基层工作创新，重点摸透传播规律、讲究宣传艺术、对接员工需求，运用通俗的语言和喜闻乐见的形式，增强宣传的亲和力、感染力、说服力，形成有利于深化改革、谋划发展的舆论氛围。随着外部形势以及内部员工结构、思想动态的变化，过去行之有效的工作手段也要结合当前实际进行改变，宣传思想文化条线的管理者要在这方面积极创新。最近总行正在大力推动“融 e 联”在全行员工中的运用，这也是我们宣传思想文化工作的重要阵地，是行之有效、员工喜闻乐见的好工具，如何把这个阵地、工具利用好，服务于全行改革发展大局，需要我们深入思考。

三、提升新常态下宣传思想文化工作水平

2015 年是全面深化改革的关键之年，也是新一轮十年纲要和三年规划的开局之年。做好今年的宣传思想文化工作，要深入贯彻党的十八大和十八届三中、四中全会精神，深入贯彻习近平总书记系列重要讲话精神，认真落实全行工作会议和党建工作会议要求，把握正确导向，坚持价值引领，讲好工行故事，奋力创新求进，着力加强党员干部的思想政治建设，努力提升思想政治工作水平，深入推进企业文化建设，增强文明创建工作整体活力，提高员工思想道德素质，为全行实现经济新常态下的提质增效升级和健康平稳发展提供思想保证、文化支撑和精神动力。

关于今年具体工作，日前下发的宣传思想文化工作要点已经作了全面安排。在这里，我就贯彻总行精神、抓好工作要点落实，讲几个方面的重点工作。

（一）以党委中心组和党员领导干部为重点，推动习近平总书记系列重要讲话精神学习宣传贯彻向纵深发展，搞好“三严三实”专题教育

习近平总书记系列重要讲话系统透彻地阐明了新形势下宣传思想工作一系列带有方向性、根本性的重大问题，是中国特色社会主义理论体系的最新成果，为我们做好各项工作提供了重要遵循。学习宣传贯彻习近平总书记系列重要讲话精神是全行一项长期政治任务，要以领导干部为重点，推动各级党组织和广大党员干部全面学、专题学、及时学、跟进学。各级党委中心组要通过多种方式开展集中学习和自学，并及时做好学习情况通报和经验交流；总分行三级党校也要发挥培训主阵地作

用，将学习总书记重要讲话精神作为主课，结合《习近平总书记谈治国理政》、《习近平总书记系列重要讲话读本》等理论读物，组织读原著、学原文、悟原理。要在"深入"二字上下功夫。"深"，就是要深到全体党员中，深到广大员工中，通过领导干部带头宣讲，推动讲话精神进机关、进基层、进工作；"入"就是要入耳、入脑、入心，使讲话精神成为干部员工的思想罗盘和行动指南，做到学而信、学而用、学而行。

学习习近平总书记系列重要讲话精神，要做到"三个结合"：

一要同贯彻落实中央以及总行党委重大决策部署结合起来。以讲话精神为理论指导，深入学习领会十八届三中、四中全会精神，进一步加强形势政策宣传教育。各级行党委要围绕全会提出的一系列全面深化改革、全面推进依法治国的重大理论观点和政策举措，围绕经济新常态带来的趋势性变化及我行改革发展战略，深入开展多层次、多领域、多样式的学习宣传活动，通过领导干部"领"学、专题辅导"讲"学、搭建平台"互"学、深入基层"送"学、指导评议"促"学等形式，做好精神下达、理论解读和舆论引导工作，引导干部员工吃透中央精神，认清大势、把握大局，更好地将中央精神及总行战略转化为贯彻落实的具体措施和行动。

二要同"三严三实"专题教育结合起来。根据中央要求，今年全行将在处级以上领导干部中开展"三严三实"专题教育。5 月 15 日，党委书记、董事长姜建清同志以"三严三实"为主题，为总行本部和各分支机构党员干部讲授专题党课，并以此启动全行"三严三实"专题教育。这项教育要围绕习近平总书记重要讲话精神，对照"严以修身、严以用权、严以律己，谋事要实、创业要实、做人要实"的要求，聚焦对党忠诚、个人干净、敢于担当，把思想教育、党性分析、整改落实、立规执纪结合起来，加强党性修养，坚持实事求是，改进工作作风，切实增强践行"三严三实"要求的思想自觉和行动自觉，做到心中有党不忘恩、心中有民不忘本、心中有责不懈怠、心中有戒不妄为，进一步深化"四风"整治，巩固和拓展党的群众路线教育实践活动成果。特别是各一级分行、直属分行、直属机构党委班子成员，要立足同员工联系更直接、更紧密的实际开展专题教育，从思想深处清除与"三严三实"要求不适应、不符合的突出问题，努力当好忠诚、干净、担当的标杆。二级分行以上机构党委书记要带头讲"三严三实"专题党课，抓好活动开局，积极带学促学。要通过专题学习研讨、召开专题民主生活会和组织生活会、强化整改落实和立规执纪等方式，引导各级领导干部和广大党员边学边查边改，牢固树立政治意识、大局意识、责任意识，增强纪律观念、法治观念，严守党的政治纪律和政治规矩，严格执行中央"八项规定"和总行廉洁自律各项规定，抓好党性定期分析，查找解决突出问题，从根本上补好精神之"钙"，提高拒腐防变能力。

三要同解决我行经营转型发展中的实际问题结合起来。特别是各级领导干部一定要带着问题学，联系实际学，通过日常工作调研、中心组学习调研、党校课题研究等方式，着力加强对机制改革、结构优化、新增长点培育等全局性、战略性、前瞻性问题研究，增强运用理论化解矛盾、啃"硬骨头"的能力，更好推动工作、促进发展，为全行转型升级、提质增效注入强劲动力。

（二）以社会主义核心价值观和"中国梦"为统领，不断深化企业文化建设、精神文明创建和思想道德建设，进一步坚定全行理想信念、形成共同价值追求

习近平总书记在讲话中多次指出，人民有信仰，民族有希望，国家有力量。要实现中华民族伟大复兴的中国梦，需要物质财富的极大丰富，更需要精神财富的极大丰富。培育和弘扬社会主义核心价值观，就是凝魂聚气、强基固本的灵魂工程，是必须始终抓好的国家战略，是生而为中国人的独特精神支柱。要做好宣传思想文化工作，必须将社会主义核心价值观作为主线，在贯穿结合融入上下功夫，在落细落小落实上见真章，让社会主义核心价值观教育融入全行企业文化建设、精神文明创建、思想道德建设中，使员工从讲工行故事中理解中国故事，从工行声音中听到中国声音，充分认识到工行企业文化建设植根于社会主义核心价值观，"工行梦"的最终依归就是民族复兴"中国梦"，努力成为社会主义核心价值观和我行优秀企业文化的传承者、传播者和践行者。

深化社会主义核心价值观学习教育实践。

一要大力宣传推介。要将"中国梦"和社会主义核心价值观宣传教育融入工行价值理念宣传中，与行风建设和职业道德教育有机结合，纳入各级各类学习培训中，广泛开展形式多样的主题宣传、形势宣传、成就宣传、典型宣传，吸引员工多看、多听、多想，相互印证、加深感悟。要运用媒体宣传、专题视频、文字书画等多种形式，借助主流媒体、刊物等渠道，进一步唱响社会主义核心价值观和工行文化的主旋律。要组织文化督导检查，进一步规范特色文化建设，把一线网点打造为宣传社会主义核心价值观和我行文化的重要窗口，在濡染熏陶中倡导共同的价值追求。要推进廉洁文化、合规文化等专业文化建设，编发《企业文化故事集》，开展廉洁文化知识竞赛，进一步发挥企业文化引领发展、推动实践的重要作用。要坚持正面宣传为主，找准共鸣点、切中关注点，寓理于事、娓娓道来，让员工爱听爱看、产生共鸣。

二要开展主题活动。今年是我行企业文化体系发布五周年。要以此为契机开展"中国梦·工行梦·我的梦"网络大讨论，通过网点班前班后会、"企业文化园地"等平台，鼓励员工述说自己的工行故事，回应员

工关切的热点内容，进一步增强员工价值认同和文化自觉。各级行要从实际出发，多设计一些践行核心价值观和工行文化的有效抓手，多组织一些富有特色的主题实践活动，让员工亲身体验感悟，积极付诸行动，推动社会主义核心价值观和工行价值理念入脑入心入行。

三要抓好树典推优。要继续发挥“感动工行”活动的品牌力量，以弘扬社会主义核心价值观和“中国梦·工行梦”为主线，组织好第四届“感动工行”员工表彰活动，着力增强互动性和感染力，将典型学习宣传推向一个新的高潮。此外，还要推出一个“践行工行文化先进集体”评选表彰活动，以二级分行和支行为重点，选育和宣传体现社会主义核心价值观、践行工行文化的基层先进典型，力争打造成新的文化活动品牌，用“感动工行”的点，带出“践行工行文化先进集体”的面，形成从点到面的树典推优工作体系。要坚持打开门搞评选，充分把握员工期待和公众呼声，多挖掘那些富有时代气息、代表工行主流、具有广泛认同的人和事，在真实可靠上动脑筋，在可亲可敬上做文章，在入脑入心上下功夫，用先进典型的感召力讲好工行故事。党政工团要注重齐抓共管、互融互通，联动挖掘、共同培育，长期关注、协同推进，积极发现和培育“道德模范”“身边好人”“最美人物”等先进典型，建好典型成长档案，进一步改进典型培育宣传工作格局。

群众性精神文明创建活动是社会主义核心价值观建设的重要载体。金融作为服务业的“名片”和“窗口”，始终是精神文明创建的重点。总行党委围绕中央开展的诚信主题实践活动，从巩固党的群众路线教育实践成果出发，将2015年定为“服务体验建设年”，全行上下要围绕这条主线，深入推进“服务体验建设年”主题教育活动，把践行诚信规范、改善客户体验、创建服务品牌作为着力点，从客户最关心、最期盼解决的问题入手，组织开展换位体验、研讨交流等活动，引导各级分支机构培育和弘扬诚信为本的价值取向，将服务改进重点转到客户体验建设上来，有效提升金融服务的价值创造。要组织好第四批全国文明单位表彰和第九届总行级文明单位评选，充分发挥各级各类文明单位的排头兵作用，带动整个创建活动内涵的充实和行业文明水平的提高，使创建活动始终与核心价值观保持同向结合。要持续推进“五个一”建设，进一步统筹好精神文明创建与党政工团各方面工作的关系，深化内涵，拓展领域，提升成效，增强文明创建工作的系统性。要坚持创建为民、创建惠民，把创建着力点放在服务员工、造福员工上，为员工办实事、办好事，调动员工参与创建、支持创建的积极性。要对接时代需求和公众期待，推动文明创建活动内外宣传一体化，运用报刊、网络、电视等外部资源，多亮相，多发声，提高宣传报道的新闻性，回应好社会对银行业的质疑和误解，进一步塑造具有正能量的服务口碑。

学雷锋活动作为推动社会主义核心价值观建设落地的一项重要举措，经过长期以来大力倡导，广泛实践，已初步呈现出学雷锋活动常态化、志愿服务制度化的良好态势。下一步，全行要围绕转型发展新坐标，积极倡导立足岗位学雷锋，以优质文明服务为主线，深化诚信教育和职业道德教育，广泛开展“学雷锋 树新风”“岗位学雷锋 争做好员工”等常态化项目。要以全国银行业“雷锋岗”和“学雷锋标兵”命名表彰为契机，加大学雷锋典型的宣传力度，引导员工从身边人、身边事中感悟崇高、提升境界，使社会主义核心价值观真正转化为自身价值追求。

应当看到，价值观培育是在员工心灵里搞建设，是先进文化逐步濡染熏陶的过程，需要潜移默化、日积月累，有其特殊规律，简单化、搞运动是行不通的。所谓“从善如登，从恶如崩”，推进核心价值观教育和文化建设，一定要有韧劲、长期抓，落细落小落实，才能让理想信念这个根本在全体员工中牢固树立起来。还需要强调的是，价值观培育不是宣传部门的“独角戏”，更主要责任在于党委班子，在于各级领导干部。希望分管领导能够自觉担当好这项政治责任，推动班子成员和各部门齐抓共管、协同配合，相互补台、互为促进，共同唱好这台大戏。

（三）以经济新常态下员工思想动态为着眼点，加强和改进思想政治工作和舆论宣传引导，巩固壮大积极健康向上的主流舆论

经济新常态下全行经营发展面临着一系列严峻挑战和考验，经营管理和风险防控的繁重任务给员工带来了较大心理压力，员工队伍思想动态呈现出前所未有的复杂性、差异性，舆论引导难度随之增大。有的同志做工作，用了一多半的功夫去“说”，不到一半的时间去“听”。我想，最好的办法应该是多“听”少“说”，更多地倾听员工自己的声音，了解员工实际需求，“接地气才能有底气”，然后方可有的放矢、对症下药，扎扎实实做好“人”的工作。

要落实好工作联系点制度，真正“沉”到基层，踏踏实实开展形式多样的工作调研、思想调研，和员工交朋友，多听、多看、多想、多问，系统了解当前基层行经营管理状况，为一线员工思想现状把脉，研究分析不同层级、不同专业员工的思想特点和心理特征，掌握他们的意愿诉求。要注重发挥“联系点”神经末梢作用，鼓励基层单位发扬首创精神和前驱勇气，大胆探索宣传思想文化工作新途径、新机制、新载体。要加强经验交流和推广，培育一批基础扎实、工作得力、特色鲜明的“联系点”，总结基层行行之有效的工作法，研究提出加强人文关怀、做好新形势下思想政治工作的措施和办法，以有效化解矛盾、释放情绪。要继续深化“员工心灵绿色通道”建设，推动各行通过“心理咨询

热线”“心理咨询直通邮箱”“在线心理测评”等方式，为员工提供心理健康管理服务，扩大职业心理健康教育实效，进一步增强员工心理弹性，提升全行“心理资本充足率”。

要围绕干部员工思想动态和心理诉求，正确把握舆论导向，创新舆论引导方式，突出舆论引导重点。要抓“热点”引导，对员工关注的切身利益问题，有针对性地解疑释惑、化解矛盾；抓“焦点”释放，对员工高度聚焦的突发事件、复杂敏感问题，注重理顺情绪、适时降温降调；抓“低点”提升，对没有达到预期效果的宣传主题，要加大力度、增加热度；抓“缺点”补充，对宣传工作中的重要缺项，要及时跟进、弥补到位。舆论引导既要坚持方向性，把握政策性，讲求系统性，又要掌控好时、度、效，用员工熟悉的语言讲解员工遇到的实际问题，以真感情动人，以真故事明理，切忌夸大拔高、过度包装，太高大上。如果脱离了员工思想实际，效果往往就不好，特别要杜绝“常说的老话、正确的废话、严谨的套话”。要加强内宣外宣工作协同谋划，保持基调导向一致、标准要求衔接、平台建设融合，“墙内开花，内外都香”，集中各方面力量把工行声音传播开来。要适应基层工作快节奏特点，不断创新宣传手段，抓好“微系列”宣传教育活动，以“微课堂”“微视频”“微信公众平台”“融e联”等员工喜闻乐见的形式，为员工搭建可视、可读、可交流的宣传教育平台，增强宣传教育的吸引力和感染力。同时，要加强网上网下宣传工作统筹安排，既要发挥好内刊、内报等传统宣传渠道优势，又要运用好论坛、微信、微博、手机报等新兴媒体，深化“企业文化园地”建设，开通“文化工行”微信公众号，尽快占领“融e联”文化阵地，抓好“纸网联动”，占领信息制高点，进一步营造价值同向、步伐同频、内外同声的良好舆论氛围。

最后，我还要强调的是，做好宣传思想文化工作，关键在人、在队伍。当前一个时期，全行机构改革正在集中推行，各单位宣传部门、队伍情况变动较大。怎样适应新常态下宣传思想文化工作需要，建强宣传队伍、培育骨干人才，需要党委领导认真思考和研究。要按照“讲政治、管队伍、守纪律”的政治要求和工作要求，大力加强领导班子建设和宣传干部队伍建设。要把提高宣传思想文化工作队伍思想政治素质摆在突出位置，政治红线必须坚守、思想防线必须筑牢。要紧跟中央、保持一致，强化党的观念，严守政治纪律和政治规矩，做到忠诚、干净、担当。要着眼新常态下宣传思想文化工作的对象、内容、方式等变化，积极提升自身综合素养和工作能力，不断学习理论、熟悉政策、通晓业务，力争成为宣传思想文化工作的行家里手。要着眼全行改革发展大局，在提升宣传思想文化工作科学化水平上奋力创新求进，敢于作为，敢于探索，以一往无前的勇气开创工作新局面。

同志们，工商银行改革发展正在开启全新的征程，机遇无处不在，挑战也前所未有。今后的工作任务会更重，压力会更大。我们要以奋发有为的态度、求真务实的作风、改革创新的精神，不断提升宣传思想文化工作科学化水平，为加快推动国际一流现代金融企业建设作出更大的贡献。

在中国工商银行廉洁文化发布会上的讲话

钱文挥

（2015年10月28日）

在全行企业文化体系发布五周年之际，我们在这里举行中国工商银行廉洁文化发布会，共同见证专业文化建设重要成果的诞生，这是我行企业文化建设具有里程碑意义的一件事情。经过五年的企业文化建设与探索，工商银行“工于至诚 行以致远”的核心价值理念逐步深入人心，文化认同和文化自觉正在形成，基层特色文化建设蓬勃开展、硕果累累，专业文化培育也稳步推进、初见成效，为全行经营管理水平提升和凝聚人心、鼓舞士气发挥了重要作用。廉洁文化作为我行首次发布的专业文化，标志着全行廉洁文化理念正式确立，对于进一步推动企业文化建设，促进全行健康、可持续发展具有重要意义。全行要以此为新起点，不断深化企业文化与经营管理和合共融、相互促进，加快推动合规、服务、风险等其他专业文化陆续出台，为建设国际一流现代金融企业提供强大的精神动力和文化支撑。下面，我讲三点意见。

一、工商银行优秀的企业文化孕育了特色鲜明的廉洁文化

（一）工商银行集团文化为廉洁文化的形成发展提

供了肥沃的土壤。廉洁文化是工行集团文化的子文化，它植根于工行文化的沃土，生发自工商银行长期的经营管理实践，融合在全体工行人的日常行为之中。31年来，一代代优秀工行人怀着服务客户、奉献社会的理想，自觉传承和发扬“铁算盘、铁账本、铁规章”的“三铁”精神，恪守着廉洁从业的规范，用实际行动铸就廉洁文化之骨，将朴素的信念融汇为廉洁文化之魂，使“诚实守信 尽职尽责”“严谨规范 稳健合规”的特质，逐步积淀形成工商银行特色鲜明的文化基因，为“工于至诚 行以致远”的价值观形成奠定了基本导向，廉洁文化也蕴含其中，生根发芽、茁壮成长。

（二）工行多年来的党风廉政建设实践，奠定了廉洁文化发展的坚实基础。工商银行自成立之日起，就一直秉持“从严治党”、“从严治行”的方针，积淀了很多好的经验和做法。特别是近年来，我行认真贯彻落实党中央关于党风廉政建设和反腐败工作的各项决策部署，紧紧围绕建设国际一流现代金融企业的愿景，明确提出了建设“廉洁银行”的目标和要求。同时，积极引导员工树立正确的发展观、业绩观、风险观，加大教育、制度、监督、改革和惩处力度，把反腐倡廉有机融入经营管理工作之中，风险治理成效显著提升，员工“崇廉、尚廉、思廉”之风愈加浓厚，为建设廉洁银行提供了坚实保障。

（三）积极主动的培育梳理，形成了特色鲜明的廉洁文化理念。长期以来，我行廉政案防工作坚持两手抓两手硬，在建制度、立规范的同时，注重经验总结和理念引导，营造了廉洁从业的良好氛围。全行企业文化体系发布后，总行党委因势利导，在集团文化建设框架下，将专业文化建设作为践行价值理念的重要抓手。廉洁文化作为近年来全党全国全社会高度关注的焦点，成为我行专业文化建设的首要任务，被提上了重要议事日程。我行在全行范围内进行廉洁文化现状调研，全面梳理经营管理实践活动中廉洁文化建设的经验和脉络，形成了《关于我行廉洁文化建设前期调研情况的报告》。在此基础上，探索提炼具有工商银行鲜明特色的廉洁文化理念，逐步构建了符合工商银行发展实际的廉洁文化建设体系。

二、从打造百年金融老店的战略高度，充分认识全面推进廉洁文化建设的重要性和紧迫性

党的十八大以来，中央高度重视党风廉政建设和反腐败工作，打出了管党治党、正风肃纪的一系列组合拳，为廉洁文化建设树立了能够看得见、摸得着、够得到的高标准。特别是近日中央印发了《中国共产党廉洁自律准则》和《中国共产党纪律处分条例》，这是党中央在新形势下推进全面从严治党的治本之举。因此，工商银行开展廉洁文化建设，是切实贯彻落实中央要求，推进全行反腐倡廉工作深入开展、实现稳健发展的重要任务。全行必须认清形势，更新观念，进一步加深对廉洁文化建设重要性和紧迫性的理解认识，切实增强践行廉洁文化的使命感和责任感。

（一）加强廉洁文化建设是从严治党、从严治行的要求。近年来，党中央从坚定理想信念、加强作风建设入手，先后推进党的群众路线教育实践活动、“三严三实”专题教育，通过自我净化、自我完善、自我革新、自我提高，从思想上增强了全体党员的宗旨意识和责任意识。我们在这个节点上开展廉洁文化建设，就是要发挥文化的软约束力，教育引导全行党员不断加强党性修养，不断增强纪律意识和规矩意识，做到心有所畏、言有所戒、行有所止，政治上讲忠诚、组织上讲服从、行动上讲纪律，从源头上消灭不严不实现象的温床，为进一步加强党风廉政建设、行风建设夯实思想根基。

（二）加强廉洁文化建设，打造廉洁银行，是我行健康可持续发展的保障。作为风险经营者，商业银行抓好廉洁文化建设将对经营发展起到重要保驾护航作用。所谓“道私者乱，道法者治”。实践证明，凡是重视廉洁文化建设的单位，大都风清气正、稳健发展；凡是忽视廉洁文化建设的单位，则容易自毁长城、风险频发。特别是在当前复杂严峻的内外部形势下，我行开展廉洁文化建设显得尤为重要。要大力倡导廉洁从业的理念，全面提高员工的廉洁自律意识，保持警钟长鸣、未雨绸缪，才能让员工不断自省自察，自觉规范行为，逐渐把廉洁从业作为一种职业信仰和自觉实践，从根本上防患于未然，保证全行业务的良性发展。

（三）加强廉洁文化建设是促进集团文化落地深植的重要途径。经过五年来的文化实践，全行企业文化传播深入开展，编译了《企业文化手册》（中英文双语版），并分发至境内外员工手中。企业文化培训不断加强，企业文化内容纳入各岗位专业资格培训和认证考试中，并作为新员工、党校和国际化人才培训的必修课。“企业文化专区”“企业文化园地”等平台搭建持续深化，“感动工行”品牌活动和主题教育活动等载体不断丰富，使价值理念得到广泛传导和渗透。同时，将价值观、“八大理念”寓于经营管理之中，全面开展特色文化建设和专业文化建设，各单位特色文化建设百花齐放，好经验好做法不断涌现；各专业部门参与文化建设的主动性显著增强，合规、廉洁、服务、风险等专业文化建设陆续启动。尤其是廉洁文化建设成果突出，围绕经营管理实践形成了廉洁文化建设体系，进一步推动了企业文化与经营管理的相融并进。

（四）加强廉洁文化建设是员工职业生涯安全和个人人生价值实现的重要保障。当前经济金融形势严峻复杂、银行各类案件和风险事件多发易发，其中一些案件和风险事件往往暗含着利益输送和腐败行为，说明党风党纪管理还存在“失之于宽、失之于松、失之于软”的现象。因此，要实现员工与工商银行共同发展，必须

充分发挥廉洁文化激浊扬清、扶正祛邪的功能。通过正面倡导、重在立德，强调他律、重在立规，将高标准与守底线相结合，文以教化与以规治行相结合，帮助党员干部员工树立正确的世界观、人生观、价值观和义利观、权力观、事业观，牢筑廉洁从业防火墙，提高拒腐防变能力，走好职业生涯的每一步。

三、文化引领、理念先行，全面建设廉洁银行

工商银行在长期的经营管理实践活动中，积淀形成了具有自身特色的廉洁文化。近两年，经过仔细梳理总结、广泛征求意见和反复提炼推敲，形成了《关于加强廉洁文化建设的意见》，其中明确提出“公开透明、公私分明、自律律他、廉勤并重”的廉洁文化理念，这是我行第一个有统一理念指导、有自身鲜明特色，且建设路径明确、工作体系完整的专业文化，它标志着我行企业文化内涵的进一步丰富和完善，为其他专业文化建设树立了典范。

（一）廉洁文化理念以我行“工于至诚 行以致远”的核心价值观为统领，凝练表达了廉洁文化的精髓，是全体工行人需要共同遵循的准则，也是廉洁银行建设的追求和承诺

一是公开透明。要大力推进党务、行务、部（室）务公开，以公开为原则，以不公开为例外。除涉及国家秘密等事项外，相关事务都要按照要求，向党员、员工乃至社会公开，自觉接受组织、群众和舆论监督，让权力在阳光下运行，形成透明高效的运作机制。

二是公私分明。要坚持以法律法规和行内规章为判断标准，把公私分明作为谨慎用权的底线，牢固树立正确的权力观和业绩观，自觉处理好公与私的关系，确保行使权力不越轨、不谋私。要忠实维护工商银行利益，干净做事、清白做人，精心呵护廉洁银行的形象。

三是自律律他。要严于律己，不断提升职业操守和道德修养，能够在灰色、模糊地带和各种利益诱惑面前，有效识别和管理利益冲突，严格约束自己的一言一行；要勇于律他，对苗头性、倾向性问题及早提醒和化解，发现违规违纪行为要及时揭发和制止，敢于做“吹哨子”的人。

四是廉勤并重。要以廉立身、以廉养德，审慎对待和使用权力，科学合理配置资源，增强节俭意识和成本意识；同时，要以勤立业、以勤促廉，做到勤勉敬业、恪尽职守、崇尚实干、乐于奉献。

（二）今后一段时期廉洁文化建设的指导思想和总体目标

《关于加强廉政文化建设的意见》的发布只是廉洁文化建设迈出的第一步，下一阶段更重要的是将廉洁文化理念内化为员工的自觉行动，转化为推动反腐倡廉和打造廉洁银行的内生动力，衍生为诚信服务客户和建设国际一流现代金融企业的重要保障。因此，当前和今后一段时期，全行廉洁文化建设要以社会主义核心价值观和“四个全面”战略布局为指导，将“从严治党”、“从严治行”、“三严三实”要求贯穿改革发展全过程，不断增强国有控股金融机构的政治责任、经济责任、社会责任，为干部员工管理立德立规，为廉洁银行建设清风正气。

围绕这一指导思想，总行确定了当前和今后一段时期全行推进廉洁文化建设的目标：从当前到2017年，要结合惩防体系建设新的五年规划实施，通过在全行推动落实《意见》，组织开展廉洁故事征集等文化创建活动，联系和确定一批廉洁文化教育基地，推广一批先进经验等，使全行廉洁文化的基础更加牢固，氛围更加浓厚，各级管理人员和广大员工守纪律、讲规矩、自觉廉洁从业的意识进一步增强。

从中长期看，要进一步健全和完善廉洁文化建设的责任机制、参与机制、监督机制和考核机制，拓宽和推动廉洁文化平台建设，加快廉洁文化建设平衡发展，打造一支廉洁过硬的干部员工队伍，实现文化建设与业务经营的互促互进，有效提升我行廉洁诚信的品牌形象。

在这里，我还要强调一下，廉洁文化建设是一项系统性、长期性的工程，想要毕其功于一役，是不可能的。一曝十寒，其结果必然是半途而废。因此，各级行党委班子、各级各部门负责人作为其领导者、推动者和先行者，要带头践行，持续推进。一要时时铭记，见常态。要将廉洁文化理念有机融入经营管理实践中，让干部员工在廉洁文化的濡染下养成文化自觉，形成以廉洁促发展、以发展助廉洁的良性循环。二要全面渗透、见实效。各单位、各部门要将廉洁文化建设具体要求落细落小落实，多积尺寸之功，经常防微杜渐，让廉洁从业理念这个根本在全体员工中牢固树立起来。三要久久为功、见长效。要不断提高廉洁文化制度化水平，做到用制度管权、按制度办事、靠制度管人，为作风建设形成长效化保障。

（三）加强组织推动，做好宣传教育，扎实推进廉洁文化建设

第一，加强宣传推广，实现廉洁文化理念内化于心。一是强化培训，以价值理念引导人。要把廉洁从业理念传播作为全行员工培训的重要内容，通过宣讲传授，不断加深广大员工特别是各级管理者对廉洁从业文化的理解和认同。二是树立标杆，以先进典型引领人。要积极宣传和评选奖励优秀的廉洁文化建设项目、活动和作品，打造廉洁文化建设示范单位。注重宣传发挥正面典型机构和人物在廉洁文化建设中的引领作用，着力挖掘身边的先进典型事迹，进一步形象生动地展现、诠释廉洁文化理念。三是丰富载体，以文化活动感召人。要充分利用系统内网、宣传橱窗、电子刊物等载体宣传廉洁文化，同时以多种主题鲜明、内容丰富、形式创新

的文化活动为抓手，引导广大员工对廉洁从业理念入耳、入脑、入心，营造全员共创廉洁银行的良好氛围。

第二，推动深植创新，促进廉洁文化理念外化于行。一要将廉洁文化理念深植与规章制度建设相结合。各专业部门要认真对照廉洁文化理念，重新审视和修订现有的规章制度和操作流程，突出制度与流程的文化内涵，融文化于制度之内，寓理念于规章之中，实现文化理念与制度的对接。二要将大力传承弘扬与不断创新发展相结合。廉洁文化是在长期实践中逐步形成的，要根据时代的发展和经营情况的变化，取其精华，举其精神，不断对其进行丰富、优化和提升，通过精心培育和广泛借鉴，持续注入新的内涵。

第三，凝聚工作合力，确保廉洁文化建设固化于制。一要加强组织领导。各级行党委，特别是“一把手”，要切实落实主体责任，敢于担当、勇于问责，做到认识到位、责任到位、组织实施到位；纪检监察部门和企业文化部门（党委宣传部）要切实发挥廉洁文化建设牵头作用，做好任务分解、活动组织、监督检查等工作；相关部门要积极参与，密切配合，认真落实廉洁文化建设的各项任务，确保各项工作执行到位，有序开展。二要健全制度机制。通过完善廉洁文化建设专项配套制度，推动廉洁文化在专业领域制度中的渗透。同时，要建立健全廉洁文化建设责任机制、参与机制、考评机制，确保廉洁文化建设出成果，见实效。

同志们，廉洁文化建设任重道远，需要全行各级机构协调配合、共同努力，需要全行员工持之以恒、携手共进。让我们以廉洁文化发布为基点，凝心聚力、深入推进企业文化建设，持续为我行企业文化注入新的活力，努力为建设国际一流现代金融企业作出新的更大贡献。

在中国工商银行2015年资产管理业务工作会议上的讲话

张红力

（2015年1月22日）

2014年是大资管战略的开局年，2015年则是发挥大资管战略引擎作用的升级发展年。今天会议的主题就是，全面总结2014年全行资产管理业务工作情况，深入分析经济新常态下的新机遇、新挑战，安排部署2015年落实大资管战略的具体工作措施，实现大资管业务发展提质增效和战略转型。

一、2014年资产管理业务再创历史佳绩

（一）圆满完成各项经营指标。据初步统计，2014年全行资产管理业务收入200亿元（包括总行资产管理部和私人银行部资管业务产生的销售费收入、投资管理费收入、项目推荐及管理费收入、理财产品及项目托管费收入等，剔除捆绑考核因素），同比增长25%；理财产品日均余额1.93万亿元（含结构性存款），增长32%。其中资产管理部实现收入175.63亿元，增幅20%，是全行中收增幅的2.2倍，盈利贡献从11.5%增至12.7%，提升1.2个百分点，8项考核指标有6项完成T3最高业绩目标，2项完成T2目标。全年可比规模和收入的四行占比分别达到32.3%和41.8%，同比提高2.4个和4.9个百分点，均居同业首位，国内最大资产管理银行的领先优势进一步巩固和扩大。总行党委对于大资管战略开局之年取得的成绩是非常满意的。

（二）产品形态成功实现战略转型。在全行业走过“十年十五万亿”的快速发展期之后，我行根据监管要求提前布局净值型产品转型，总行非保本期次型产品与开放式产品的规模占比，实现了从年初8∶2到年末2∶8的转型，开放式产品规模增长6倍，达到7 800亿元，为下一步向净值型产品转变打下了非常良好、坚实的基础。

（三）投资管理取得丰硕成果。把握债券市场投资机会，新增债券投资2 752亿元，增长243%，三分之一左右的资金投到了总分行主承债券、我行二级资本债券与资产支持证券，有力地支持了客户营销和我行的资本管理工作。创新拓展项目来源，抓住了中石化销售公司、铁路基金、北京排水基金等混合所有制改革契机，实现市场化股权投资零的突破；加大债权和票据资产投资力度；推进同业资产、交易所资产证券化、理财直投等业务创新；全年新增项目投资2 723亿元，增长19%。成功把握资本市场回暖机遇，加大了股票纯多头、结构化定增、股票质押回购等投资力度，实现了良好的收益。精心打造国内银行业唯一的量化投资团队，全年投资管理规模和收入都实现了翻番，机构客户专属

产品的年化收益率稳定在10%以上。

（四）产品创新取得突破。依托互联网金融推出“e灵通”，兼具T+0、7×24小时交易、赎回资金即时到账、全自助理财、分红再投资等5大惠民理财特点。创新推出专门面向同业客户发行的“同利”产品，以适应同业客户资金量大、价格敏感、流动性要求高的特点。发行了1 800亿元县域理财产品，有力地支持了我行在西部地区和县域的业务布局。

（五）管理机制与风控水平显著提升。客户基础进一步巩固，在个金、结现、养老金等销售部门的大力支持下，个人与法人理财客户数分别突破1 600万和40万，双双创下历史新高。优化定价管理，个人理财产品定价采取市场化方法，根据工、农、中、建、交、浦发、招商七家行面向全国发行的个人理财产品的平均价，确定我行相应期限个人理财产品的价格，实现了市场化定价。拓展行外融资渠道，年底行外融资占全部融资的比重达到32%。根据信贷监测中心的监测结果，对56家有风险苗头的客户进行了风险排查，加强投后管理，控制和化解潜在风险，保证了代客理财资金的安全。

（六）大资管战略协同取得积极成效。根据理财业务监管要求，总行党委确立了“统一管理、专业经营”的组织架构改革思路，总行理财业务事业部制改革稳步推进。深化总分行联动，建立了动态调整的授权管理机制，根据各行管理水平和业务基础，将全国35个分行划分为ABCD四类，推进区域理财的精细化管理。加强与专业子公司联动，开展与工银租赁的资产转让合作、与工银瑞投的资管计划合作、与工银国际的股权基金合作，总量近1 000亿元，并完成母基金方案论证。内外联动取得可喜进展，在欧洲6个国家成功发行基金产品，成为首家进入欧洲成熟资产管理行业的中资银行；成功营销海外主权基金，柬埔寨央行已决定今年初委托我行管理其储备资金；获批我行历史上单笔规模最大的15亿元RQFII额度，实现了总额度翻番；工银欧洲、工银澳门相继成立了资产管理部，与工银亚投一起，构成了辐射全球市场的桥头堡。

在经济下行压力较大、全行盈利增速放缓的大背景下，大资管业务迎难而上、抢抓机遇、攻坚克难、勇于担当，交上了一份令人满意的成绩单。这些成绩的取得，是大资管条线各个部门、各级行、各子公司共同努力的结果，也充分体现出全行大资管条线的同志们是一支勇于担当、敢打硬仗的队伍，这份成绩来之不易，在此，我代表总行党委对大家所作出的贡献和付出的努力表示感谢！

在肯定成绩的同时，我们也应看到大资管业务发展中也还存在一些问题。例如，吸引行外资金的渠道还有待拓展，互联网金融创新力度还不够，区域理财的特点和潜力还有待挖掘，集团全价值链的分工协同还有待加强，资产管理的“量”上去了、管理能力的“质”还需强化，等等。这些问题需要我们在今后的工作中不断改进和完善。

二、准确把握大资管业务发展的新常态

在上个月召开的全行改革发展研讨会上，总行作出了将大资管战略作为全行经营转型引擎之一的决策部署，要求今年大资管业务发展的基调是持续、稳健，要积极适应新常态下投融资市场环境的变化，以提升盈利贡献为核心，加快经营模式的转变。今天，我也想就经济新常态下如何实现大资管业务的转型发展，谈一谈看法。

应当说，认识新常态、适应新常态、引领新常态，是当前和今后一个时期我国经济发展的大逻辑，也是未来银行经营转型必须遵循的根本规律和基本出发点。市场逻辑变了，我们的经营模式也需要随之转变，转型方向则取决于新常态下投融资市场的发展方向。新常态下的市场盈利机会在哪里，我们的投资管理、产品创新、风控模式、盈利模式就转向哪里。以市场盈利为根本导向，推进市场化的经营转型，这是大资管业务适应新常态、构建新增长点的总体策略。

市场化的经营转型，首先要研究新常态下的市场环境。这个新常态反映到大资管业务上主要有三个特征，概括起来就是把握好“三大关系”。

（一）经济增速放缓考验投资管理能力，经济结构调整催生新型投资机遇，应正确把握增长动力转换的关系。我国经济发展进入新常态后，面临许多旧矛盾和新挑战。经济增速放缓已成共识，增速从10%左右的高速增长转向7%左右的中高速增长。在昨天下午总行举办的创新沙龙上，央行研究局首席经济学家马骏特别提到，国家将积极推动资本项下可兑换，主要原因是今年10月份IMF（国际货币基金组织）将有一次投票，决定是否把人民币纳入SDR（特别提款权）。这是人民币作为国际储备货币的一个标志，对于整个投资市场影响很大。同时，在实体经济去产能、去库存、去杠杆的痛苦调整过程中，部分行业会继续承压，境内外、表内外各类风险相互交织转化和多点多发，对全面风险防控形成新的考验。在此背景下，我行大资管业务发展困难很多，经营压力不小，尤其是投资管理中的两难、多难问题更加凸显：既要符合我行行业限额、投资授权等风控要求，又要满足客户收益需求，还要应对金融同业对债券、项目等优质投资品的竞争。但是，新常态没有改变我国仍处于可以大有作为的重要战略机遇期的判断，经济发展方式的转变和经济结构的调整，同样催生了新型投融资机遇：混合所有制改革是国家政策的支持重点，目前已有31个省出台了地方国企改革方案，预计未来5～10年将有30万亿～40万亿元的国有资产需证券化，A股中，国有股市值占比将从60%降至30%；资产证

券化潜力巨大，去年银监会和证监会实施了备案制改革，有利于大幅提高资产支持证券的市场供给；资本市场是提升直接融资比例的有效途径，蕴含结构化定增、优先股、IPO基石投资等潜在市场；政府平台债务清理蕴含契机，项目收益债、PPP都是国家明确鼓励的地方政府融资渠道。

（二）银行的盈利空间收窄，客户的财富管理需求巨大，应正确把握效益与规模协同增长的关系。从国际经验看，利率市场化短期内往往伴随着投资价差收窄和波动加大，如美国、日本、韩国普遍缩小了50~100个基点。从国内情况看，情况更加复杂。利率市场化改革持续推进，引导无风险利率下行，投资端的收益相应下跌；而存款利率上浮与刚性兑付的负面影响叠加，产品端的定价易上难下。受两端挤压，近五年来，国内银行资管业务的收入—规模比普遍从1.5%收窄至1%左右，银行资管业务的效益与规模客观上面临较大的协同增长压力。

但是，关于大资管业务的盈利能力，我们要有两点清醒的认识：第一是既要算银行账，也要算客户账。大资管业务的本质是“代客理财”，更加强调银行盈利与客户收益的共赢发展。从绝对收益看，2014年我行为客户实现收益687亿元，增幅19%，有效巩固了客户基础，带动了综合效益提升；从盈利效率看，如果考虑我行与客户的综合收益，我们的投资收益率（我行业务收入加上客户收益，除以理财产品日均余额）从2012年的5.41%提高至2014年的5.72%，近三年来年均提升10个基点，单位规模创造的综合效益是在稳步提升的。我们在今后的经营管理中一定要算清这笔“客户账”，一定要看到大资管业务在满足客户需求、夯实客户基础方面发挥的固本培元作用。第二是既要算现在账，也要算未来账。展望国内市场，人口老龄化加剧，类似美国401K计划的市场化养老、医疗资管需求日益增强；中产阶级崛起，与居民消费、教育、衣食住行密切相关的财富管理服务需求旺盛；高净值客户群体不断壮大，财富传承、家族信托的市场潜力巨大。总体而言，国内资产管理市场已经完成了存款储蓄向理财投资的阶段性转变，正向着居民全面财富管理的阶段发展。研究显示，国内财富管理市场规模大致在80万亿~120万亿元，市场容量和利润空间完全可以支撑国内商业银行的整体转型。展望国际市场，近十年来，全球资产管理规模年均增长6%，2013年达到68.7万亿美元，创下历史新高，预计2020年将突破100万亿美元，资产管理行业方兴未艾，正在成为全球性的发展趋势。银行的业务经营就是要紧跟经济社会的发展趋势。例如，美国于20世纪70年代推出401K计划，一跃成为全球最大的资产管理市场；而当前国内社保领域正在推进一系列改革，也会推动大资管业务的蓬勃发展。又如，我国第三产业在GDP中的占比已经超过第一产业，达到46%，经济结构转型也为大资管战略实施提供了重要机遇。纵观国际与国内市场，只要牢牢抓住客户财富管理需求，把握社会金融资产迁移趋势，大资管业务的发展潜力十分巨大。对此，大家要有足够的信心！

（三）银行理财的监管趋于规范，推动理财业务回归本质，应正确把握短期转型阵痛与长期稳健发展的关系。《商业银行理财业务监督管理办法（征求意见稿）》在打破刚性兑付、控制风险、规范管理等方面提出了新的重大改革，今年一旦实施，资管与信贷的表内外互动逻辑将发生重大变化。例如，预期收益率型产品投资的非标资产需全部回表，并按照投资管理费的50%计提风险准备金，净值型产品也需要计提10%的风险准备金，进一步加大了今年大资管业务的增收压力，产品转型势在必行。反观券商、基金等资管行业，大资管时代的监管政策松绑，投资范围与销售渠道放宽，去年超过六成的股票型基金取得了20%以上的绝对收益。在大资管时代，我们的竞争对手已经从银行同业迅速扩展至所有大资管金融同业，既面临着资本市场对客户资金的分流压力，又受到直接融资市场对非标供给的挤压，环境更加复杂，竞争更加激烈。

但是，此轮监管改革根本上是要推动银行理财业务回归“受人之托、代客理财”的资管本质，要求银行按照客户的投资意愿和风险偏好，尽职尽责地履行投资管理人职责，投资收益由客户享有，风险由客户承担，做到“卖者有责、买者自负”。这种正本清源的监管改革，不但有利于发挥我行产品转型的先发优势，更有利于大资管业务的持续、稳健发展。一是要明确净值型产品转型的大方向。经过资本市场20多年的投资者教育，普通投资者已能够较好地接受基金净值的涨跌和波动，但银行理财客户的投资者教育还有待深化，因而净值型产品转型对于打破银行理财市场的刚性兑付，将起到积极的作用，真正将投资收益和风险让渡给投资者，做到“将合适的产品卖给合适的投资者”。二是要以自主投资管理为主导。净值型产品转型后，业绩基准将取代预期收益率，投资端的收益水平将迅速映射到产品价格上，形成以投资收益率为主导的产品定价与销售模式，进一步引导银行构筑以投研能力为核心的盈利模式，这也是我们为什么一直反复强调要提升投资管理能力的原因。三是要持续推进理财事业部制改革。长期以来，国内银行理财的经营模式是嫁接在信贷经营模式上的，实际上是用一种经营模式同时支撑两类行业发展，不可避免会产生许多“水土不服”的问题。因而，此次监管新规再次强调要统一归口管理，背后就是要持续落实“栅栏”原则，以及理财与信贷分离、自营与代客分离、理财与代销分离、理财产品之间分离、理财业务操作与其他业务操作分离的“五分离”要求，推动银行大资管业务的长期可持续发展。

三、积极推进新常态下的大资管经营转型

应对新挑战、把握新机遇的关键是以市场盈利为导向，推进经营转型。市场盈利是一家银行投资管理能力、产品创新能力、风险控制能力、协同发展能力的综合反映，是一个水到渠成的结果。我们关注盈利的增长，其实更看重的是利润背后这些支撑和决定因素的走强。纵观百年全球金融史，一项有韧性的金融业务总能在市场风云变幻的关键时候，迅速做出适应性反应，去参与新一轮更有效率的经济活动。回顾历史上的全球前十大银行，30年前日本银行至少占据半壁江山，10年前主要是欧美银行，现在四家中资银行已经跻身十强，银行兴衰成败的关键就是能不能适应市场，能不能把控风险，能不能抓住战略转型契机。当前的经济新常态，就是对我们有没有发展韧性、能不能做到因时而变，敢不敢推进战略转型的重大考验。

干在实处，才能走在前列。我们要把大资管战略作为全行转型发展的重要引擎，将经营触角延伸至传统商业银行难以覆盖的领域，真正构筑新常态下的新增长点，形成多元均衡的盈利格局。

（一）把握新常态下的市场机遇，强化投资管理能力

一要加大优质项目资产的推荐力度。项目和债券是支撑资管规模与收入的“压舱石”。2015年要力争新增项目储备5 000亿元，完成项目投资3 300亿元。一方面，各分行要做好辖内项目资源的营销挖掘工作。北京、江苏、浙江、广东、山东、深圳等重点分行，要发挥骨干作用，做好今年项目推荐的“开门红”，早投资早收益。湖北、四川、贵州、重庆、河南、河北等分行作为第二梯队，大多处于京津冀、“一带一路”、长江经济带等国家战略重点区域，更要加大项目推荐力度。其他分行要在风险可控的情况下，做好辖内项目的营销工作。另一方面，各分行还要加强与同业机构的交流，拓展项目来源。目前，金融同业合作较为活跃，包括银行、券商、基金、信托都有资产转让和业务合作需求，各分行应在风险可控的情况下配合总行做好同业机构业务拓展。

二要借鉴项目投资的成熟模式，建立分行推荐总行投资债券的机制。分行将优质债券承销项目推荐给总行，并负责项目尽职调查、投后风险管理和风险化解处置。总行根据债券投资管理规程进行独立的信用资质分析和准入筛选，组织资金进行投资，同时向分行返还投资推荐费。分行运用该机制，不仅可以在总行理财资金的支持下维护客户关系、获得债券承销收入，还可以取得投资推荐费，稳定客户存款。

三要通过加强创新来提升项目推荐和投资管理能力。创新是大资管业务持续健康发展的源泉，总行各部门、各分行应配合投资管理部门做好项目投资创新工作。重点突破混合所有制改革、并购基金、资产证券化、优先股、永续债等新型投资领域；稳步探索加大资本市场、股权类资产的投资创新力度；加强外币债权、股权的项目推荐，研究境外股票质押融资、港股结构化投资等创新业务。

（二）做好理财产品销售工作，继续保持领先优势。经过2014年的持续努力，我行已经形成了系列化的开放式产品体系，客户可通过我行各渠道随时进行购买，极大提升了理财产品服务客户的便利度，在市场中具备显著优势。2015年，各分行要向客户充分展现我行产品的特点与优势，持续抓好理财产品销售工作，总行与区域理财产品日均规模要力争达到1.7万亿元。

一是持续做好增利、尊利、稳利与现金管理等主力产品的营销工作。总行管理的主力产品规模要稳定在9 000亿元以上，力争达到1万亿元；各分行也要稳定各自辖内的产品规模，并以主力产品为抓手，广拓客户，通过做大业务规模，为提升客户服务水平与提高中间业务收入奠定基础。

二是善用期次产品与保本产品。为做好客户的差异化营销与维护工作，总行与分行区域理财仍将保留一部分期次型产品。各分行要用好这部分产品资源，切实用于特定客户群的拓展与维护。在保本产品方面，各分行要善用、巧用保本产品的有限额度，发挥好保本产品服务与稳定低风险偏好客户的独特作用。

三是做好新型产品的推广工作。今年总行将继续做好创新产品的投资、研发与推广工作，积极应用直销银行等互联网金融手段吸引行外资金，包括具备7×24小时交易功能的“e灵通”产品、契合同业法人客户理财需求的“同利”产品、客户可定制理财期限的“随心e”产品、专门投资于股权项目与资本市场的“点股成金”产品等一系列新型产品。各分行要及时掌握产品特点，迅速转化为销售动力，做好新型理财产品的营销推广。

四是充分发挥专业化营销优势。随着产品转型工作的不断深入，净值型产品的占比会逐渐提高，专项产品会逐渐增多，各分行既要向客户充分展现我行产品特点与优势，也要充分揭示产品风险，将合适的产品销售给合适的客户。

（三）强化风险管理，构建符合资管本质的风控模式

一要建立差异化的风险控制手段。资产管理业务不是“准信贷”，其本质是代客理财，既要借鉴信贷业务在信用风险防控方面的成熟经验，也应该以控制实质性风险为核心，按照其本质特征探索差异化的风险审查标准。根据前期项目经验，结构化分层等交易方案设计有利于规避和转移风险，可加大次级对优先级的保障倍数，增厚“安全垫”，建立次级投资人名单甚至次级基金，强化对联合投资实体的控制力、透明度和一票否决

权，发挥投资交易结构的风险预警、隔离、止损作用。同时，要配合运用期限管理手段，对于期限短、把握大的市场投资机会，在风险可控的情况下可以合规参与；对于期限长、市场走势难以判断的投资标的，参与时就要更加审慎，就要适当提高风险缓释和防控要求。

二要切实加强投后管理。各前台营销部门、各分行要按照“谁发起、谁负责”的原则，重点加强第一还款来源的分析研判，及时、妥善处置风险事件，切实做好投后管理，严肃责任追究，坚决保证资产质量的整体稳定，坚决守住风险底线。初步打算今年二季度开展针对投资风险管理“回头看”专项检查活动，结合“一加强、两遏制”检查，重点排查企业过度融资和“裸贷”风险，做到防患于未然。

（四）打造区域经营特色，促进总分行资管业务协调发展。按照监管要求，总行去年在全行理财业务统一管理的组织框架内，搭建了“分类授权、动态调整”的分行授权管理体系，根据区域盈利能力、经营管理、风控水平以及与总行的协调发展等情况，将所有分行分为四类，按季评价并根据评价结果对区域理财的授权品种和审批额度进行动态调整。分行区域理财经过近几年发展已形成一定规模，但仍然面临转型任务艰巨、区域特点不够突出、流动性管理压力较大、信用风险上升等现实情况。2015 年，分行要充分运用好授权品种，树立以经营为导向、以业绩争授权、以能力换资源的管理意识，从以下四个方面推动区域理财业务发展。

一是合规发展，打造符合监管要求的区域产品线，稳步推进区域产品转型。各分行要重点发展封闭式净值型理财产品，同时充分发挥期次产品灵活定制的特点，满足重点客户的个性化理财需求，探索分红型、定投型等流动性较为稳定的创新产品形态，研发推出净值波动较小的类货币基金型产品，扩大符合监管要求的净值型产品的规模占比。分行可适时探索在区域内建立理财产品交易平台，实现产品份额的交易转让。

二是立足当地，结合区域内投融资客户需求，探索形成区域经营特色。各分行要充分了解自身资源禀赋，结合自身管理水平和风控能力，在巩固发展原有融资类业务的基础上，突出区域特点，开展与当地产权交易所的业务合作，把握当地投资机遇。已经设立自贸区的地区，要充分把握人民币境内外双向流动带来的市场机遇；地方混合所有制经济较为活跃的地区，要通过积极参与企业员工持股计划、定向增发、股票质押回购等业务，盘活企业存量资产，做出区域理财特色。

三是差异化定位，以客户需求为中心，努力实现总分行同步协调发展。各分行要加强市场调研，分行区域理财一方面要与总行产品在销售对象、产品定价、投资金额、风险等级等方面形成差异，在授权范围内满足当地县域客户、对期限要求灵活、单笔投资金额在5 000万元以下的法人客户需求；另一方面，要充分发挥总行理财资金在运用全行资源、风险控制能力方面的优势，将大型客户的投融资需求及时反馈给总行，实现总分行业务的协调发展。

四是审慎经营，加强风险控制的主动性和前瞻性，切实加强风险管理。各分行要充分发挥“贴近客户”的优势，提前掌握理财客户资金动向，加强同业合作，综合运用各类投资工具，合理确定高流动性资产投资比例，避免流动性风险。加强信用风险的监测和跟踪，做好自身经营管理，把握项目的实质风险。

（五）加强集团协同，突出全价值链经营的支撑作用

一要大力推进全球化战略布局。要引导价值链上各业务线、各经营单元打好国际化这张牌，工银亚洲、工银欧洲、工银澳门要发挥海外资管平台的辐射作用，夯实 QFII、RQFII、QFLP 等跨境产品线；新加坡分行、悉尼分行、湄公河区域机构、标银公众等海外机构要加快实现梯次型跟进，研究申请资管牌照和跨境产品资格，加快大资管业务的全球布局；一批有牌照、有资源的海外机构要立足属地化经营，在取得海外授权后尽快开展资管业务。

二要深化集团母子公司联动。各子公司要在风险可控的前提下，加强与总行资产管理业务的合作。工银租赁要通过盘活存量资产，向总行理财推荐优质项目，做大资产转让业务，并积极探索资产交易型的合作模式；要推动与工银瑞信的合作升级，包括通过工银瑞投的资管计划开展股权、债权、基金投资合作；工银国际要加大与总行理财的股权项目合作，用好结构化分层、母基金、产业基金、跨境投资等业务方法，积极探索权益类投资的新模式。

三要适当给予财务考核和人力资源倾斜。大资管业务涉及部门多，业务协同要求高，业务品种比较复杂，更新变化快，在考核和人员管理上要适应其业务特点，既要给予适当倾斜，又要明确各参与方的责权利，重在形成大资管发展合力。

同志们，新常态是经济发展阶段性特征的必然反映，是不以人的意志为转移的客观规律。大资管业务面临的挑战前所未有，机遇也空前巨大。能否牢牢抓住新常态带来的新机遇，沉着应对新挑战，是对我们敢不敢正视“最坏处”、会不会解决“最难处”、能不能争取“最好处”的重大考验。全行要认真贯彻总行党委的决策部署，坚定信心、勇于担当、奋发有为、稳中求进，在新起点上开拓新局面，在新常态下迈上新台阶！

适应新常态　实现新突破
奋力开创机构金融业务发展新局面

——在中国工商银行2015年机构金融业务工作会议上的讲话

张红力

（2015年2月12日）

本次会议的主要任务是，认真贯彻中央经济工作会议精神，全面落实全行改革发展研讨会和2015年工作会议部署，总结2014年机构金融业务工作，分析新的经营形势，部署2015年重点任务。下面，我讲三点意见。

一、2014年机构金融业务攻坚克难、再创佳绩

2014年，面对复杂经营环境的挑战，机构金融业务战线迎难而上、锐意进取，全年实现机构金融业务营业贡献563亿元，营业利润453亿元，机构及同业存款日均增量5 790亿元，日均金融资产5万元以上机构客户比年初增加9 361户，全面超额完成部门定量考核理想目标值。具体来看，有四个特点：一是负债业务再创新高。机构存款增长创历史最高水平，在全行存款整体增势放缓的态势下，机构存款日均增量在一般性存款中的占比超过70%，存款增长均衡率、关键时点偏离度全年保持稳定，成为全行稳健经营最重要、最可靠的资金来源。二是领先优势有效巩固。机构存款余额和增量四行占比分别为34%和43%，分别领先第二名10.2个和23.1个百分点；第三方存管客户数、资金量四行占比分别达到33%和40%，连续五年保持市场第一；代理中央财政集中支付规模四行占比超过40%，政府公务卡、军人保障卡发卡量和地方债主承销只数、金额均居同业首位。三是客户贡献更加突出。初步测算，机构客户综合贡献约1 500亿元，占全行全产品营业贡献的30.2%；保险公司合计持有我行股票50亿股、认购次级债1 417亿元、境外优先股98亿元，在稳定市值、补充资本中发挥了积极作用。四是营销活动成效显著。面对激烈的同业竞争，成功营销海警局系统；中标2015—2019年度“中央财政非税收入收缴代理银行项目”；获得“港股通”和“新三板”结算、上清所人民币利率互换综合清算、地方财政国库集中支付电子化等业务首批银行资格，首家投产“金融衍生品代理清算业务系统”。

回顾2014年工作，有以下做法值得肯定：

（一）加强顶层设计，从战略高度推进机构金融业务经营转型。把握国家战略导向，全面分析民生、同业两大市场合作内涵、政策机遇、业务需求、发展潜力，明确机构金融转型发展主攻方向。一是积极推动民生金融规划实施，组织开展重点分行宣导调研，研究落实财务、营销政策支持，有效夯实民生金融发展基础。二是系统规划同业合作发展思路，召开重点分行金融同业座谈会，研究比较主要银行同业业务的发展现状、管理架构，制定银银平台升级、互联网金融对策措施。三是充分发挥总行机构金融业务推进委员会组织协调作用，明确民生金融和同业合作的战略定位、发展目标、创新策略，全面构建两大业务发展新框架。

（二）把牢工作重心，以重点业务带动机构金融业务结构调整。一是坚持存款基础地位不动摇。从服务全行经营大局出发，始终高度重视机构存款稳存增存工作，引导分行统筹协调龙头营销与分支机构维护、短期投入与长远收益、单项业务定价与综合贡献提升之间的关系，加强关键时点前后存款变动的前瞻性管理，定期开展分行机构存款竞争力通报，实现机构存款增长规模和发展质量的协同提升。二是坚持结构调整不动摇。优化客户结构，在巩固重点客户关系的同时，率先与上海清算所、上海国际能源交易中心、优质区域性金融产品交易场所等新兴客户开展合作；推动银保销售渠道转型，新渠道销量占比由上年末的0.1%提升至27%，同业领先。三是坚持创新发展不动摇。拓展业务新领域，把握互联网金融蓬勃发展趋势，在“融e购”电商平台上拓展保险项目，积极引进退货运费险、账户损失险；开发推广“一站式开户”等第三方存管创新产品，在传统产品基础上融入互联网思维新体验。探索合作新模式，开发投产证券公司代销我行理财产品业务系统，加快实现银证理财产品互销；会同工银租赁研究制定对军队附属医院、学校单位的设备租赁合作方案，有效丰富客户服务手段。

（三）加大营销力度，凭借卓越服务有效巩固重点

客户合作关系。一是高层营销有力。面对激烈的市场竞争，总分行全年进行900余次机构客户高层走访，及早掌握市场信息，深化与客户的全面合作，对重点客户营销、重点产品推广、重大项目投标起到关键的推动作用。二是联动营销密切。全行加强部门联动、上下联动、内外联动、行司联动，扎实推动对财政、社保、军队等系统客户综合服务方案制定落实，完善重点机构客户标准化服务体系，强化重点同业客户合作定期梳理评价机制，进一步巩固扩大在重点业务、重点客户和重点区域的领先优势。三是营销形式多样。按照年初营销计划安排，围绕七大主题，以座谈会、研讨会、劳动竞赛等多种形式，大力开展市场营销活动；在加强机构客户直接营销的同时，联合重点合作金融机构，对共同的下游客户进行营销推广，取得良好市场效果。四是服务意识优良。各级分行建立机构客户服务热线，做到业务咨询随时解答、客户投诉快速回复、疑难问题及时处理。不少分行主动派出业务专家，为客户提供业务培训，确保客户及时、顺利地使用我行产品。

（四）夯实管理基础，依托精细管理提升机构金融业务综合化、科学化水平。一是有效整合全行各类资源。推动民生领域综合服务平台建设，加快军队综合业务系统推广升级，优化金融同业产品服务功能，有效增强客户合作黏性。二是加快实施客户分类管理。优化各类金融机构客户综合评价指标，落实总分行分层管户职责，开通直营客户评级授信、债券投资“绿色通道”，显著提升重点客户服务效率。三是完善统一营销管理架构。各一级（直属）分行均已成立机构客户营销议事协调机构，为整合营销力量、深入推进“全机构金融”战略打下基础。四是加强机构客户营销管理系统推广应用。全面梳理集团与系统客户成员关系，丰富机构客户信息视图；升级业务数据分析模式，深入掌握客户资金流背后的经营活动规律，为机构客户营销提供有力支持。五是夯实风险管理基础。严格客户准入，规范授信管理，加强日常监控，强化风险自查，完善制度办法，为业务经营保驾护航。

2014年，面对复杂市场形势和繁重营销任务，机构金融战线奋力开拓、勇往直前，业务发展再创佳绩。在此，我代表总行党委，向奋斗在机构金融战线上的各位同志致以诚挚的慰问！向所有关心和支持机构金融业务的相关部门、各级机构表示衷心的感谢！

二、准确把握、主动适应新常态下机构金融发展新趋势

当前，中国经济进入以“中高速、优结构、新动力、多挑战”为主要特征的新常态。经济决定金融，经济新常态必将催生金融新常态。利率市场化改革步伐加快，更为严格的资本、流动性、杠杆率等监管政策陆续落地，要求金融发展模式由过去论增速、讲数量，转向优结构、重质量；多层次资本市场体系日益完善，互联网金融蓬勃兴起，新的金融竞合格局加速演化；金融信息化加快向信息化金融转变，信息技术将在金融机构竞争发展中发挥更加重要的作用。认识新常态，适应新常态，引领新常态，不仅是当前和今后我行经营发展的大背景，也是我们把握发展机遇、做好机构金融业务的大前提。

（一）准确把握机构金融业务在新常态下对全行转型发展的战略支撑作用

第一，机构金融业务是全行经营发展的重要基石。去年机构存款为全行保持平稳运营提供了有力的资金支持，成绩殊为不易。经济新常态下，客户金融资产组合更加多元，市场主体投资领域不断放宽，银行存款加速向体外分流。远程开户模式渐行渐近，并被金融消费者认可，在一定程度上又削弱了大行网点的竞争优势。这些都对我行存款业务发展提出很大的挑战，也更加凸显机构存款支撑全行经营发展的重要作用。机构金融业务战线要牢牢把握国家政策机遇，继续发挥奋勇争先、敢于担当的精神，全力巩固存款发展的客户基础。各级机构、各相关部门，更要从全行经营发展和战略转型的大局出发，高度重视机构客户战略性基础地位，加强产品创新、资源配置、考核激励等政策支持，合力推动机构金融业务的发展。

第二，机构客户是全行经营转型的核心资源。当前，金融脱媒加速催生金融资产服务多元化需求，全行资本内外源补充又受到利润增长、市场环境等诸多制约，迫切需要我行加快向轻资本、轻资产的方向转型。机构客户交易金额大、成本费用低、边际收益高、资本占用少、规模效益明显，符合全行经营转型的方向。其中，政府机构客户是国家改善民生的龙头和主体，是民生领域资金流、信息流的源头，广泛连接中下游公司、个人客户群体，也是我行展示品牌价值、社会形象的窗口。金融同业客户的牌照、渠道、人才、技术、客户资源，已成为商业银行开展综合化经营、提供全方位服务必不可少的组成部分。全行一定要牢牢抓住机构客户这一核心资源，以全新的思维方式做好营销服务。要纠正单纯以存款、手续费衡量机构客户贡献的片面认识，更加重视机构客户为全行转型发展所起到的主业互补、渠道融合、技术合作、客户共享、战略协同作用。既要加强全产品营销、全流程服务，努力拓展机构客户收入来源和中下游客户资源；更要发挥好机构客户互补功能，全面提升综合服务、资金运作、风险管理能力。

第三，民生和同业市场是全行改革创新的重点领域。2014年，我国第三产业在GDP中的占比已达48%，跃升成为国民经济第一大产业，但与美国第三产业约80%的占比相比，仍有很大提升空间。民生和金融作为现代服务业重要组成部分，必将成为未来中国产业结构优化的最大受益者。金融产品、大宗商品定价权

逐步纳入国家战略、人民币国际化步伐提速，为同业合作创新注入新的动力；政府加速转变管理职能，对银行综合业务系统和电子信息平台建设的需求方兴未艾，都为机构金融业务创新打开了广阔空间。对此，全行要进一步统一思想、提高认识，站在响应国家战略号召、推动全行经营转型、履行大行社会责任的战略高度，顺应国民经济结构优化调整的趋势，充分认识民生和同业市场的丰富内涵和巨大潜力，抢抓“两大蓝海”发展机遇，不断提升机构金融业务价值创造力和创新驱动力。

（二）重点关注新常态下机构金融市场的趋势性变化

第一，要高度关注财政资金招标扩大化趋势。财政是国家治理的基础和重要支柱。十八大以来，中央明确建立全面规范、公开透明的现代财政制度改革目标和时间表。在此背景下，各级财政按照规范财政专户、盘活资金存量、优化国库资金现金管理的思路，加大财政资金市场化招标力度，要求利率上浮，增加定期存款比重，资金存放规模进一步与银行信贷资源、系统建设费用投入挂钩，加大了经营成本控制难度，更对全行跨部门、跨层级协同作战能力提出新的要求。对此，我们要充分认识到财政资金招标是财政制度改革的新趋势，既要坚定信心，抓住存款竞争更趋透明、有利于我行发挥综合服务优势的机遇，努力争取更多的合作资源；更要对系列改革实施后，可能带来的资金沉淀减少、付息成本上升的挑战，保持清醒认识，坚持用新思路、新方法，强化综合服务，做好与政府、监管部门和同业的沟通，发挥好大行综合竞争优势和定价引领作用。

第二，要牢牢把握机关事业单位养老保险改革的机遇。为统筹推进城乡养老保障体系建设，优化人力资源管理和配置，2015 年 1 月，国务院作出机关事业单位工作人员养老保险制度改革的决定。本次改革预计年均增加社保资金约 1 700 亿元，并可带动 3 800 多万优质个人客户相关业务发展。对此，全行上下要充分认识到做好营销服务，对于争取制度改革红利的重要意义，充分发挥我行集团综合服务优势，尽快成立专属营销团队，加强对各级财政、社保部门、机关事业单位的高层走访，重点争揽收入、支出及财政专户开立，做好资金代理归集发放、工资代发、社保卡发放、年金托管和投资管理等综合服务。

（三）统筹协调好新常态下机构金融转型发展的几个关系

第一，统筹协调支持全行发展和推动自身转型的关系。在当前全行各项业务加快转型的背景下，机构金融业务要及时解决好两个问题：一是目前机构金融业务部门营业贡献主要来源于负债业务，随着利率市场化步伐加快，单一盈利结构面临天然制约。如何抓住当前机构客户金融需求多元、金融同业大发展的有利契机，扩大资产、中间业务收入比重，实现机构金融业务盈利的可持续增长。二是在当前存款增长形势严峻的情况下，全行经营发展更加需要机构金融专业将工作重心放在机构存款稳存增存之上。如何合理把握机构金融业务转型的全局性节奏和阶段性重点，更好地服务于全行整体大局。

解决上述问题，关键是处理好全行经营需要与专业条线发展两者之间关系。要坚持服从和服务于全行大局不动摇，坚持抓好存款基础性工作的重心不动摇，坚持依靠产品、服务、流程、机制创新优化业务结构不动摇，有效夯实存款背后的客户基础，实现存款稳定增长和业务结构调整优化的协同发展。

第二，统筹协调规模增长和效益提升的关系。机构金融业务已成为全行重要的资金和利润来源，但当前发展也面临着一些难题：一是在金融脱媒和同业竞争加剧的背景下，机构存款增长的边际贡献出现下降。2014 年全行机构存款日均增量 5 035 亿元，但对应营业贡献却同比下降 1.7%，如何寻求负债增长的有效边界，在规模和效益之间找到合理的平衡点。二是近年来社保、军队客户虽存款增长较多，但议价能力不断提升，对利率上浮、系统共建要求较高，如何以更加合理的价格争取更多的合作资源。

解决上述问题，关键是处理好投入、产出和效益三者之间的关系，加快发展方式从规模速度型向质量效率型转变。要构建机构客户统一视图，站在全行整体利益角度，综合评价客户合作贡献，统一资源配置策略，细化分层分级管理，提升产品定价能力；更要加强业务创新、拓展服务渠道、增加收入来源，深挖机构客户合作潜力，提升客户综合贡献。

第三，统筹协调创新引领和风险防范的关系。科技进步和金融产业变革，为机构金融业务创新提供了有利的环境。不少保险、基金等中小型金融机构借助互联网金融，实现跨越式发展。一些中小银行通过同业互联和资源整合，逐步探索出“小银行、大同业”的发展模式。与主要同业相比，我行部分产品创新仍缺乏政策支持，业务审批流程长、分行授权不足，创新机制建设相对滞后；另一方面，部分同业创新业务交易链条过长、产品结构复杂，合作机构风险蔓延的问题也要引起足够的重视。

解决上述问题，关键是要处理好需求、服务和管理的关系。既要贴近市场、了解客户，完善创新机制，加强内部协作与资源整合，推动创新发展布局；又要合理把握创新节奏，研判新形势下风险跨市场、跨行业、跨地域的特征，构建涵盖业务准入、风险防控、收益评价、监督管理的全面风险管理机制。

三、开拓创新，奋力开创新常态下机构金融业务转型发展新局面

面对新形势，2015 年机构金融业务工作的总体要

求是：紧抓国家改善民生和深化金融改革的历史机遇，围绕有效巩固传统合作优势、持续提升机构客户综合贡献、稳步提升薄弱领域和新兴市场业务占比的目标，深入实施“全机构金融”战略，强化创新引领，完善营销机制，重点在落实大民生、大同业客户工程，推广升级机构客户营销管理系统等方面取得新突破。主要发展目标：全年实现机构客户贡献 1 550 亿元，机构金融业务营业贡献 591 亿元、经营利润 476 亿元；机构存款、同业存款分别比年初增加 4 000 亿元和 1 500 亿元，中间业务收入合计 23.4 亿元。围绕上述目标，2015 年全行机构金融业务要做好三项重点工作。

（一）加快落实民生、同业客户工程

在加强与改进民生金融方面，要深化落实全行民生金融发展规划和指导意见，全面提升民生客户服务能力。

第一，加强宣传督导，提高重视程度。一是加强宣传引导。目前，全行民生金融整体发展态势良好，但业务和区域结构不均衡。各级行要继续深化对民生、军队客户基础性地位的认识，以机不可失、时不再来的紧迫感，加强统筹协调、规划资源投入、强化高层营销、抢抓发展机遇。总行要组织召开分行民生金融推动会，帮助分行及时了解相关营销方案和政策支持，提升竞争发展能力。二是实施分类指导。总行要建立对分行民生、军队金融服务评价体系，定期通报综合贡献、客户拓展、市场占比、产品渗透、营销团队建设等情况。根据各行发展基础和特色，在任务指标分解、配套支持政策上给予差异化对待。加强各分行之间先进案例交流推广，推动分行探索构建适合当地特色的发展模式。各行要全面摸底调查辖内民生及军队业务发展情况，及时关注同业竞争态势，并向总行进行报告。

第二，密切联动协作，形成工作合力。一是加强综合服务方案制定落实。机构、公司、个人等相关专业，要加强业务联动，细化目标、优化服务、强力推动，形成涵盖融资、结算、上下游客户服务、系统建设等方面的一揽子服务方案。各行要紧跟财政国库制度改革进程，全力竞争国库现金管理业务，持续营销地方政府债项目，确保市场份额同业领先。全面落实《关于加强医疗、教育领域金融服务的指导意见》相关要求，重新夺回与我行匹配的市场份额。积极跟进司法体制改革，探索与检察院和法院系统建立合作新途径，尽快取得新突破。以投产红十字会财务管理系统为契机，拓展民政慈善合作领域，提升社会影响力。二是推动服务平台建设。机构金融业务部要会同科技部门，积极推进社保及住房综合服务平台、地方财政国库集中支付电子化试点。及时开发中央非税跨省异地交通罚款业务系统，确保按照财政部要求投产上线。优化大学生综合金融服务平台，拓展金融服务、商品交易、社交网络功能。加快军队银行账户和资金监管系统、专用网银支付平台投产升级。

第三，强化配套支持，夯实发展基础。一是加强民生项目投入管理。机构金融业务部要积极会同财会部门，研究财务资源投入政策，细化测算标准，优化审批授权，提高决策效率，强化事中控制和事后评估。二是加大科技支持力度。要针对机构客户系统建设需求多、时效要求高的特点，建立专属客户科技保障绿色通道，加强对民生、军队系统开发支持，抢占未来发展制高点。

在开拓同业合作创新方面，要加强各相关产品线创新发展，整合同业业务系统平台，完善政策支持，依托我行服务创新和技术优势，锻造同业业务核心竞争力。

第一，推动产品创新。一是优化银证类产品服务。机构金融、资产负债、金融市场等部门要加快研究恢复券商拆借、债券回购业务，稳步推动债券借贷办理、股票质押回购、理财资金投资两融收益权等业务，满足证券公司融资需求。密切配合证券公司办理见证开户、手机开户等非现场开户方式，线上推广第三方存管非现场确认创新产品。二是引进优质保险产品。要选择重点保险公司，联合开发养老、健康等保障型产品和预定收益型产品，加强与养老不动产和医疗健康机构的资金项目对接，丰富民生保障产品体系。三是推动与同业客户互联网金融合作。要围绕电商平台管理和线上消费环节，积极探索退货运费险、账户安全险、保证金险的嵌入式销售和情景营销。运用互联网思维，联合保险公司、证券公司，探索粉丝互动产品开发、社交式营销、实时智能在线服务的新模式。四是拓展与非银行金融机构合作领域。紧抓场外衍生品交易逐步集中清算的机遇，积极争取各类衍生品综合清算资格，努力拓展交易会员。紧抓证监会“探索证券期货经营机构交叉持牌”的机遇，与前 10 大重点期货公司开展代理期货资管计划、股票期权业务合作。紧抓我国第一个国际化期货产品推出契机，为上海国际能源中心和期货公司提供原油期货结算和夜盘结售汇服务。

第二，推动平台创新。一是加快银银平台优化升级。发挥我行科技优势，完善 API 接口直连、客户端服务和技术输出等多种合作模式，优化系统功能；加强合作机构的准入管理和合作产品的遴选评价，构建全面、统一、规范的管理平台和客户营销视图。按照“对我有利、双方共赢”的原则，精心策划、逐级分段地丰富平台产品。加快推动与农信银资金清算中心等重点客户合作，充分利用网点互补优势，拓展与农村金融机构合作范围，增强我行县域竞争能力。运用互联网思维，探索通过开放式网银和融 e 购平台，逐步将“银银平台”建设成容纳银行、证券、保险等金融机构的同业合作产品交叉销售平台。二是拓展平台类及其上下游客户。目前新三板挂牌企业已达 1 600 多家，而且每天都有 10 多家新挂牌，按此速度测算，今年内就能达到 3 000家，与在主板、创业板上市企业数持平。机构金融要密切与公司金融、投资银行等专业联动，加强与全国中小企业股份转让系统及证券公司合作，协助在新三板挂牌的企业客户完成上市辅导、定向增发，待其满足银行融资条件后，再推荐给我行，完成客户“推荐—培育—再推荐”的内部循环。要加强与个金部、私人银行部配合，引导行内高净值客户直接投资新三板挂牌企业，或向其推介证券公司发行的新三板理财产品，丰富我行个人客户投资选择。要把这种合作模式，复制运用到与上海清算所、上海国际能源交易中心、金融产品交易场所合作上，在做好新产品结算服务的基础上，带动与平台交易成员的合作。

第三，探索合作模式创新。一是发挥保险与信贷业务的协同效应。要继续加强信贷抵质押物的保险代理，引导客户按照抵押物估值足额投保综合险和一切险。加快推动信用保险业务试点，增强中小企业融资能力和信贷风险保障。年内再引进出口信用险合作公司，开展针对小企业贷款的保证险业务。推动租赁保险项目，组织筛选合作保险公司，制定相关推广方案在分行推广实施。二是探索与资产管理公司“不良转让+融资”合作模式。要借助资产管理公司经营逆周期的特点，探索不良贷款转让合作，并以同业借款向其提供资金，丰富我行不良贷款处置途径，增加同业借款收益。

（二）持续提升内部管理精细化水平。机构金融业务竞争力提升的关键，是要按照“以客户为中心”的原则，系统优化服务模式、产品体系、渠道布局，重构内部管理架构。

第一，加强存款精细化管理。一是完善重点客户利率管理。机构金融业务部要配合资产负债管理部，全面梳理分析各类机构客户资金的利率弹性、成本期限结构，建立机构存款分类统计体系；研究构建以客户贡献度为基础，结合客户资金价格弹性、同业定价水平的存款定价模型。二是创新存款管理模式和产品。要在总量额度和成本可控的前提下，针对财政、军队、社保、公积金等四类客户定期存款，加快探索“高来高走”的资金管理模式。借鉴同业先进经验和成熟做法，研究推出约定期限、靠档计息、分账户管理的新品种，满足重点客户资金保值增值需求，并持续做好合作效果跟进监测。三是持续做好存款监测与督导工作。总行要进一步强化对重点客户、重点分行机构存款监测，定期开展存款成本监测分析和市场竞争力通报。2014 年末机构存款增量四行排名第三、第四的分行，要尽快分析查找原因，拿出有力措施，扭转存款发展不力的被动局面。

第二，增强风险管理能力。一是加强合作机构的准入管理。要按照金融资产服务业务管理基本规定和合作机构管理办法要求，定期监测合作金融机构风险状况，及时做好合作限额监测和调整。建立代销产品遴选评价机制，综合考虑市场环境、产品销量、业务风险等因素，及时更新、替换、淘汰相应产品，做好产品上线的后续管理。二是加强对新业务的风险防范。要加强对代理信托计划融资企业、融资项目及信托公司的跟踪管理。选择信用等级高、偿债能力强、风控水平好的证券公司，严格落实增信措施，稳步推动理财资金投资券商两融收益权业务。及时出台对金融产品交易场所合作、债券及外汇代理清算、代理期货公司资产管理计划等新业务的操作指引、合作文本。三是完善突发事件快速反应机制。要提前制定应对预案，提升在风险事件发生后各级行、各相关部门的应急处理能力，防止风险扩大和蔓延。

第三，提升服务精细化水平。一是完善客户分层分级管理。要从“贡献度、忠诚度、成长性、风险性”四个维度，完善金融机构客户评价办法，建立政府机构客户评价体系，细化对重点客户“一户一策”综合服务方案，以客户贡献为基础，优化资源配置、产品定价机制，优化分层、分类、分级的差异化客户服务体系。二是强化队伍建设。要对全行机构金融业务专业人员进行全面统计摸底，制定机构客户经理考核管理办法，规范机构客户营销人员配置标准。围绕全行“263”核心人才培训规划，开展民生金融、同业业务、互联网金融等专业培训项目，提升核心类人才营销管理能力。在部门内选拔专业素质突出、分析能力较强的人员，组建银行、证券、保险、非银、政府等五大行业板块分析师队伍，密切部门之间、总分行之间分析师沟通协作，加强分析师智能挖掘服务平台（AIMS）日常运用，提升营销管理水平。

（三）着力完善营销体制机制建设，推动机构客户综合服务水平升级。机构客户营销的特点犹如“集团作战”，在这种“集团军、大兵团”作战的营销态势下，需统筹全行各类客户服务资源，促进部门间、专业间、层级间的协调联动，加强配套的机构客户综合营销服务体系建设。

第一，加快构建机构客户营销全方位信息集成平台。一是加强系统推广优化。要持续开展系统应用动态监测和跟踪分析，进一步促进系统在各行的应用推广。继续优化系统在客户视图建设、集团与系统客户管理、综合数据分析等功能，有效整合客户账户和产品信息，为全面掌握客户经营行为、资金动态、上下游关联关系，准确制定客户合作策略，实施精准化营销打下基础。二是建立全面的客户关系树。针对机构客户成集团、成系统的立体型结构特点，要在系统中建立机构客户集团内已与我行合作的组织成员“客户关系树”，通过与客户组织架构树对比分析，快速准确寻找营销空白点。三是推动数据质量治理。相关部门要按照客户分类规则，尽快完成对新增机构客户的重新标识，解决同一法人客户对应多个客户信息号、科目核算错误、数据不完整等问题。

第二，持续完善机构客户营销团队支援和全系统联动机制。一是加强信息横向共享。完善与公司、个人、产品、渠道等部门信息沟通机制，使机构客户需求快速传递至相关部门，其他部门也可以查询到机构客户相关信息，为联动营销找准切入点。二是建立网络化服务机制。要加快构建机构客户层级树模型，按照分层营销策略，打造“以首席客户经理为龙头、不同层级客户与客户经理一一对应”的树型客户营销管理团队，实现机构客户经理在系统中分层认户、管户功能。围绕重点客户，组建与该客户组织架构、行业特色、空间分布、综合贡献相匹配的专属服务团队。

第三，不断健全机构客户营销组织管理体系。一是加强组织协调。要进一步发挥机构金融业务推进委员会组织协调作用，围绕民生金融、同业合作的目标任务，及时跟踪进展情况，了解同业竞争动态，梳理困难问题，加强顶层设计、职责分解、进度督促、问题协调，并从完善机构客户营销体制入手，加强全行资源统筹、发挥整体合力。二是完善考核核算机制。要强化考核体系的客户贡献价值导向，以客户贡献为基础，优化资源配置和产品定价机制，提升管理精细化水平。三是理顺工作流程。要明确落实各级行、各部门在机构客户营销服务中的职责，全面提升系统客户整体服务水平。对于重点机构客户，要在有效防范风险的前提下，完善直接受理、简化流程、个性授权的“绿色通道”。同时加强部门联动，借助客户图谱分析、大额资金监控管理平台等手段，积极拓展核心机构客户的上下游客户资源。

同志们，认识新常态，才能适应新挑战，把握新机遇，迎接新时代。全行机构金融业务战线要牢记使命、坚定信心，以更加积极有为的精神状态和良好的工作作风，坚持创新驱动，加快升级发展，力争圆满完成总行党委交办的各项任务，为全行转型发展作出新贡献！

适应经济发展新常态
发挥学会金融智库和学术窗口作用

——在中国城市金融学会2015年理事会会议
暨秘书长工作会议上的讲话

张红力

（2015年4月10日）

近年来，随着中国经济进入新常态，银行业经营的外部环境发生了显著变化，不确定性明显增强。从国际看，全球经济仍将延续分化加剧态势，美国经济一枝独秀，欧洲和日本复苏乏力，新兴市场经济体增长放缓。从国内看，我国经济正处于增长速度换挡期、结构调整阵痛期、前期刺激政策消化期“三期叠加”阶段，经济下行压力增大。对于工商银行而言，如何顺势而为，从改革和创新中汲取动力，保持住稳定健康发展的态势，已经成为摆在我们面前的重大考验。城市金融学会作为工商银行的研究智囊，一直保持着勤于和善于研究的好传统，在工商银行经营发展的历程中提供了卓越的咨询建议服务，起到了不可替代的重要作用。借此机会，我向各位理事、各位秘书长多年来的辛勤工作表示感谢和慰问，对各级学会取得的工作成绩表示祝贺。

同时，我想就新形势下，学会系统如何更好地推进研究工作，使学会在我行改革发展中发挥更大作用，讲两个方面的意见：一是与大家共同探讨新常态背景下工商银行面对的经济金融形势；二是围绕金融智库建设目标，就学会加强对新常态下工商银行转型发展重大战略问题的研究提出工作要求。

一、“新常态”下工商银行面对的经济金融形势

当前，我国经济进入发展的新常态，正如习近平总书记在中央经济工作会议上指出的，认识新常态、适应新常态、引领新常态，是当前和今后一个时期我国经济发展的大逻辑。其中，如何认识和把握新常态下的经济金融发展特征与规律，将成为包括工商银行在内的国内商业银行深化改革的重要前提和基础。上个月，姜建清董事长在学会常务理事及战略咨询会议上就当前形势发表的重要讲话，是全行今后一个时期战略研究的重点领域。在此，我再谈一下自己的认识。

（一）当前中国宏观经济金融领域的显著特征

第一，经济增速延续2012年以来明显放缓的态势。从2012年起，我国经济增速就开始持续地回落。2012年、2013年、2014年，全国GDP分别增长7.7%、7.7%和7.4%，明显低于1978年至2011年9.9%的年均增速。截至2014年末，GDP已连续10个季度在

7.3%～7.9%之间窄幅波动。今年前两个月，我国规模以上工业增加值、固定资产投资、社会消费品零售总额均创近年新低。剖析经济增速回落，既有国内外环境变化导致短期需求萎缩的原因，也有我国宏观政策主动调控的因素，更是我国经济发展模式转型的内在逻辑决定的。我国经济发展模式转型和宏观政策主动调控，使得经济运行中长期积累的结构性矛盾日益凸显，进而对“去产能、去泡沫、去杠杆”提出了要求，“去产能”是企业投资和生产能力压缩，“去泡沫”是抑制过高的房地产价格，“去杠杆”是实体经济部门与金融部门降低杠杆率。这些都直接导致工业、房地产、固定资产投资增速大幅下行，成为当前经济下行的最主要压力源。

第二，虽然近年来经济增速有所放缓，但我国经济仍运行在合理区间，经济结构呈逐步优化态势。由于近年来我国经济规模明显增大，即使增速有所放缓，对应的增量仍然很大，因此，观察当前经济数据，必须按照新常态下的新环境来判断，不能按照传统思维来判断。多方面数据表明，我国经济正在发生着一系列重大而深刻的变化。

一是产业结构在孕育着新的突破。第三产业比重在持续提高，2014年，第三产业产值占GDP的比重为48.2%，比上年提高1.3个百分点，高于第二产业5.6个百分点。

二是需求结构有积极的变化。消费对经济增长的拉动作用继续增强，2014年最终消费支出对国内生产总值增长的贡献率为51.2%，继2012年后再次高于资本形成总额贡献率，整个经济再平衡的态势比较明显。

三是区域结构有所改善。中西部各项经济增长指标快于东部地区，地区间发展差距在缩小，协调性增强，东部地区在结构调整、转型升级中的引领作用突出，中西部地区后发优势继续得到发挥。2014年，中、西部地区投资分别增长17.6%和17.2%，高于东部地区的15.4%。

四是资源环境成本消耗减少。经济发展方式由过去过度依赖于资源消耗的粗放式发展方式，向集约型发展方式转变的态势比较明显。2014年，单位GDP能耗同比下降4.8%，降幅比上年扩大1.1个百分点。

经济结构优化的结果表现在就业上，就是在经济增速不断放缓的同时，就业增长不断加快。2014年，城镇新增就业1 322万人，超额完成全年目标（1 000万人）。

第三，房地产市场进入调整周期。实证分析结果表明，只要资金流增速大于投资增速，房地产必然繁荣，价格将上升，如果资金流大幅上涨，房价就暴涨；相反，当资金流增速回落并且低于投资增速时，房地产销售和投资必然明显放慢，房价也由升转跌。现在资金流发生了逆转，2014年，全年房地产到位资金同比已经出现负增长（－0.1%），远低于同期房地产投资增幅（10.5%）。可以看出，人们对房价上涨预期开始下降，从而使房地产市场出现拐点性变化。

今年一季度末，国家多个宏观调控部门密集发文，出台了优化住房及用地供应结构、下调二套房个贷首付比例、放宽转卖二套房营业税免征期限等一系列楼市新政策，释放出稳定住房消费，尤其是支持二套房改善型需求的积极信号。从短期来看，这一系列政策组合拳将有助于进一步释放刚性需求，借此稳定房地产投资，从而推动总需求回升，使房地产短期下行压力缓解。但从长期来看，本轮房地产调整是高库存、人口老龄化、政策回归理性等中长期因素共振的结果，由于人口老龄化趋势已无法扭转、房地产库存仍居高不下、房地产投资属性将逐步让位于消费属性，因此，未来房地产价格“暴涨”不太可能重现，预计“量增价稳”将成为楼市的新常态。

第四，存贷款走势异常，商业银行面临的金融生态发生改变。去年以来，我国金融机构新增人民币存款增速出现个位数的增长，而新增人民币贷款则创新高，商业银行存贷比迅速上升。存贷款走势的异常反映出以下两方面问题：

一是商业银行揽存难度越来越大。经济增速放缓，使得居民、企业等各经济主体收入增速下降，直接影响存款源头。同时，利率市场化和金融脱媒，特别是储蓄存款理财化、对公存款同业化以及金融服务互联网化等，都正在深刻改变着银行存款业务的市场生态，不断增加银行吸收存款的难度。

二是受监管政策影响及“稳增长”需要，今年前两个月信贷投放力度加大。一方面，央行规范表外融资，部分表外融资转为表内贷款。另一方面，随着“稳增长”政策逐步实施，一系列重大项目加快推进，促使信贷快速增长，成为新增社会融资的主要来源。

（二）当前中国经济金融存在的主要问题和下一阶段的走势“经济一下来，物价一下来，资产价格一下来，原来被水盖着的石头就露出来了。”当前我国经济正处在经济、物价、房价全面下行的时期，被水盖着的“石头”即经济运行中存在的问题也在逐步暴露，主要包括：

首先是债务困境。金融危机爆发后政府大规模投资支出，加上通胀和负利率刺激借贷需求，普遍推高负债率，随着政府大规模投资计划的逐步退出、调控房地产和清理整顿地方政府融资平台等政策的推进，以及通胀率下降导致真实利率由负转正，经济“去杠杆”趋势明显，很多企业、行业、地区都陷入债务困境，直接表现就是商业银行不良率不断攀升。截至2014年末，商业银行不良率已达1.29%，较去年同期增加了0.29个百分点。

其次是产能过剩。近年来，产能过剩越来越成为我国经济运行中的突出矛盾，不仅传统行业过剩，一些新兴战略行业也出现绝对过剩，产能过剩、僵而不死的企业不仅挤占社会资源，而且拉低了整个社会的生产效率，“去产能”成为必然趋势。“去产能”对GDP增长产生两方面影响：一是限制增量产能，制造业投资增长将放缓；二是清除存量产能，工业企业开工率下降，大量企业破产重组，进一步使工业生产增长放缓。

最后是房地产“去泡沫”。宽松的社会资金环境和融资条件造成房地产价格泡沫有所膨胀，随着政府调控房地产等政策的推进，经济呈现出“去泡沫”的必然趋势。“去泡沫”对经济增长的影响体现为房价下跌，并冲击房地产开发投资。如果房地产市场“去泡沫”的进程持续较长时间，对经济增长会带来更为持久而巨大的负面影响。

当然，从下一阶段的走势来看，中国经济保持平稳较快发展，或者说是中高速发展，还是有很多有利条件的。

第一，中国经济非常有韧性。我国的社会保障水平还不高，大多数人无法靠财政供养，在市场谋生是主要形式。同时，30年的市场化改革在我国孕育了一批相对富裕的中产阶级，“非谋生型创业”将成为推动经济发展的新生力量。

第二，全球化大有机会。我国人均收入仅位居全球第85位，与发达国家相比，还有10倍的差距，仍然存在劳动力成本比较优势。在新的全球格局中，中国开拓新兴市场的潜力巨大。

第三，品质革命。国内居民收入提高和新一波进口替代正启动国内内需的品质革命，而品质革命将会激发我们巨大的制造潜力。

第四，空间集聚再布局。部分非市场主导的、粗放的城市化将会被纠正，以充分发挥空间资源配置的效果。城乡之间、城市之间收入的差别是城市化的经济驱动力，因此，我国城市化驱动强烈，且可持续时间较长。

综上所述，虽然发展面临的宏观环境依然比较复杂严峻，但中国经济具有较长时期保持中高速增长，并向中高端迈进的潜力和条件。主要将呈现以下特点：

一是经济发展将向新的阶段演化升级。经济增长速度从10%左右的高速增长转向7%左右的中高速增长，经济发展方式从规模速度型粗放增长转向质量效率型集约增长，经济结构从增量扩能为主转向调整存量、做优增量并举的深度调整，经济发展动力从传统增长点转向新的增长点等一系列新特征，说明我国经济正在转向形态更高级、分工更复杂、结构更合理的阶段。

二是我国经济与全球经济的融合互动将向纵深发展。当前，世界经济仍处在危机后的修复阶段。主要经济体走势和政策趋向继续分化，尤其是美国量化宽松政策退出和加息预期上升，及欧洲和日本相继推出量化宽松政策，可能影响全球利率水平和资本流动。全球新一轮科技、产业和能源革命蓄势待发，新的国际产业分工调整加快，国际经贸规则制定权竞争升级。中国实施“一带一路”战略、倡议建立亚投行等，将加深欧亚大陆的互联互通，加快人民币国际化步伐，促进中国经济与全球经济日益紧密的融合互动。目前，已有60多个沿线国家和国际组织对参与“一带一路”建设表达了积极态度，52个国家和地区正式申请加入亚投行。

三是经济决定金融，在国际国内经济变化的大格局下，金融监管环境和市场运行机制也将发生深刻变化。随着巴塞尔协议Ⅲ框架下一系列宏观审慎监管规则的陆续落地，银行业面临更为严格的资本、流动性、杠杆率等监管要求，同时针对银行经营行为合规性、适当性的微观审慎监管力度也不断加大。我国利率汇率市场化改革步伐加快，存款保险制度下个月将实施，存款利率完全放开也有望很快实现；人民币汇率双向浮动弹性增大，资本项目可兑换稳步推进。随着多层次资本市场体系日益完善，互联网金融业态的兴起，以及民营银行准入放宽，金融竞争格局加速演化。

二、围绕金融智库建设，推进新常态下重大战略问题的研究

随着中国经济步入新常态，工商银行亟须推动新一轮的改革创新和转型发展，其间蕴含了很多值得深入探索和需要尽快突破的问题，这些问题对研究工作提出了很高要求。因此，去年以来，姜建清董事长和易会满行长多次指示，要把打造“中国金融业智库”作为城市金融研究所和中国城市金融学会的工作目标。我衷心希望，城市金融研究所和中国城市金融学会能够围绕金融智库建设、打造高端学术品牌的要求，紧跟事关银行业改革发展大局的议题，做出更多、更具价值和深度的研究，为新常态下工商银行乃至中国银行业的战略探索提供新的发展思路和对策。

（一）研究如何突出服务实体经济导向，紧紧围绕国家战略布局，找准新常态下最具增长潜力和发展活力的业务领域机遇。实体经济是商业银行发展的根基和依托。去年以来，国家先后提出“新型工业化、城镇化、信息化、农业现代化和绿色化”同步推进，“一带一路”、京津冀协同发展、长江经济带“新三大战略”等重大构想。前几天，国务院又批准了《长江中游城市群发展规划》，提出打造珠三角、长三角、环渤海经济圈外的“中三角”第四个中国经济新增长极。这些，不仅是工商银行的重大市场机遇，同时也是我们落实国家宏观经济政策义不容辞的社会责任。

我们要积极把握“五化”同步发展和产业结构优先升级中的重大机遇，研究分析制造业转型升级、战略性新兴产业做大做强、服务业成为第一大产业、流通业将要发展成为国民经济的大产业，以及互联网等新兴业态发展壮大中的有效融资需求，逐步拓展新市场。要积

极把握国家“四大区域板块”、新“三大战略”实施中蕴藏的大量金融服务需求，加强区域业务布局与国家区域发展战略的衔接，进而使国家政策在工商银行通过服务客户的形式落地。要积极把握我国实施新一轮高水平对外开放，特别是以“一带一路”为主轴构建全方位开放新格局，以及从贸易大国到对外投资大国转型升级中的机遇，大力提升境内外融资和全球化金融服务的水平。通过探索新改革红利继续释放、新的支柱产业发展壮大、新兴业态不断催生、新一轮高水平对外开放等外部环境变化衍生出来的金融需求，为工商银行的转型发展找到市场空间更大、增长动力更强劲、更具可持续性的业务蓝海。

（二）研究如何结合国家宏观经济环境的重大变化，探讨银行业发展模式调整的方向和路径。目前，我国经济正在经历一个影响深远的转型过程，银行经营的宏观环境面临剧变。未来十年我国经济平均增速可能降至6%～7%。“三期叠加”背景下，经济增长将由主要依靠“水多了加面，面多了加水”的加法式调整，逐步转向以存量为主的转移式调整。

伴随着经济的深度调整和金融脱媒的持续深化，银行信贷需求和传统金融服务需求将逐步趋缓，从而使国内银行这些年主要依靠规模扩张的增长方式难以为继，高速增长的黄金时期将终结。同时，商业银行在顺境中掩盖的资产质量、管理等问题也将逐步显露，出现盈利增长放缓、业务风险凸显等不利变化。

随着经济调整进入加速转型期，银行业将逐步从规模速度型粗放增长转向质量效率型集约增长，从外延式发展转向内涵式发展，从传统增长点转向新的增长点，实现发展方式和发展动力的深刻变革。对于工商银行而言，我们已明确了要走结构优化、效率提升、资本节约为主要特征的内涵式发展道路。但在具体实施过程中，如何解决资本紧平衡对业务发展的约束效应，如何找到业务结构和增长动能全面转型升级的发展路径，如何应对金融脱媒、利率市场化对市场空间、经营模式甚至传统中介功能形成的冲击，仍然需要我们付出艰苦的努力和大量的精力去关注和研究这些重大问题。

（三）研究如何抓好启动内需、扩大消费过程中的重要机遇，助推工商银行业务结构调整。过去这些年，商业银行认为公司客户的钱相对好赚，但在未来的经济结构调整中，国家将更多启动内需，扩大消费，加大内需对经济增长的拉动作用。随着客户换代、居民财富增长，以及互联网发展带来的客户需求变化、消费模式变革，同质化排浪式的消费模式正在被个性化、多样化的需求所取代。在这个过程中，商业银行应该起到应有的作用，同时消费金融本身也是银行转型升级的一个重要方向。

如何适应金融交易和服务从线下向线上、向移动迁徙的趋势，针对新生代群体的金融行为特征，真正按照以客户为中心的原则，系统优化营销机制、渠道布局、服务模式和产品体系，构筑新常态下新的竞争优势，都值得我们深入思考分析。

特别是大零售、大资管作为服务消费的“两大引擎”，对于工商银行打开更大的发展和盈利空间具有十分重要的意义。就大零售而言，要研究如何建立零售和对公业务的协同机制，真正做到适应客户需求深度整合产品和服务，把“全能化、一体化”服务优势转变为拓客户、抓市场的竞争优势。就大资管而言，随着居民财富管理需求的日益增长以及投融资工具不断丰富，关键是要完善投资管理水平，回归“受人之托、代客理财”资管本质，从客户维度出发，探索适应投资管理特点的风控模式，拓宽投资品选择空间。在此，我希望大家加强对这两大战略的关注，并在业务管理办法、考核制度、产品创新等方面多做研究。

（四）研究如何加强经济增速下滑时期，过剩产能和实体经济调整过程中商业银行风险防控和资产保全等问题。历史经验表明，经济增速下滑和结构调整期同时也是银行风险的上升和暴露期。在实体经济去产能、去库存、去杠杆的痛苦调整过程中，部分行业企业会持续承压，银行不良贷款反弹压力增大；少数企业逃废债行为不断增加，银行资产保全受到威胁；同时境内外、表内外各类风险的相互交织转化和多点多发，对全面风险防控形成新考验。

面对信贷资产质量压力骤升，如何找准风险源和出血点，在坚守风险底线的同时，依托大数据的运用，健全全流程、全要素的风险管理机制，增强风险管理的预见性和资产质量在环境周期变化中的稳定性，实现市场和风险、发展和质量的有机辩证统一，是值得研究的重大问题。尤其是对于少数恶意逃废债的行为，要敢于和善于运用法律手段加强维权，研究建立有效防止企业逃废银行债务的协作联动机制，以及商业银行资产保全机制。这些都需要全行上下的共同努力，积极有序协调、稳步推进。

（五）研究如何适应互联网条件下银行物理网点的变化趋势，布局网点转型战略。网点是银行服务客户最直接、最前沿的阵地，在银行业务拓展、客户维护和竞争力提升中起着举足轻重的作用。近年来，伴随移动智能设备的全面普及和互联网金融的大发展，客户所享用的金融服务渠道极大丰富，金融消费需求也发生显著变化。尽管物理网点仍然具有无可替代的作用，未来较长一段时期网点仍会占据重要地位，但有一个趋势正在日渐明确：传统网点的服务体验与当今数字时代的发展已经有所不相适应，网点本身不会消亡，但过去的定位、布局、形式、职能、流程等均亟待因势而变。

在新定位下，网点不再是追求满足客户所有需求的一站式服务终端，而是越来越成为银行多渠道体系中的重要组成部分，尤其在顾问咨询、资产管理、情感交流、品牌展示等方面，将发挥更大作用。随着智能网点等新型网点形态的逐渐普及推广，需要我们对互联网条件下银行物理网点的变化趋势有清晰的认识，并在整体和区域渠道策略框架下，对网点柜员分流机制、网点营销人员的激励与培养机制，网点的分类分级管理机制等进行深入研究，并在此基础上，制定有效的渠道经营战术和营销方案，加快推进网点转型战略的落实。

（六）研究如何顺应产业结构升级调整新趋势，积极把握生产小型化、智能化、专业化的产业组织新特征，加强小微企业金融服务。发展小微金融业务对商业银行的转型发展有着特殊重要意义，它既是银行调整优化客户结构、提升盈利能力的必然选择，也是银行支持实体经济、履行社会责任的客观要求。近两年来，受宏观环境影响，我国许多小微企业经营出现困难。必须注意的是，高风险、高收益本来就是小微金融的内在特征，银行不可能只享受收益而不承担风险。目前小微金融业务风险加剧的状况，在很大程度上既是由于银行传统的业务模式不适应小微金融业务特殊性，没能实现有效的风险防控，同时也和目前经济下行压力较大，企业普遍出现经营困难有密切关系。

因此，银行在转型发展中，要在战略上继续对小微金融持积极的态度，不能因为暂时的风险与问题就打退堂鼓，但在战术上也要对小微金融的风险和问题予以高度重视。要通过国际经验借鉴、经营模式改进和重构、产品服务创新等各种方式，加大对小微企业融资机制和风险控制机制的创新研究，力争形成成熟、可持续的小微金融业务模式，在新兴市场构筑起先发优势。

同志们，面对转型与变革的时代，城市金融研究所和城市金融学会作为工商银行的决策咨询机构和研究品牌的载体，作为行内外思想交汇和学术交流的平台，使命重大，责任艰巨。在此，我希望各级学会继续保持奋发有为、昂扬向上的精神风貌，以时不我待的紧迫感，砥砺奋进，进一步增强研究的前瞻性和针对性，增强学术影响力和社会辐射力，切实成为中国银行业金融智库和核心竞争力的重要组成部分。

适应新常态　找准突破口
纵深推进零售业务转型发展

——在中国工商银行2015年零售业务工作会上的讲话

王希全

（2015年2月5日）

自2014年开始，总行党委决定实施“大零售”战略，推进全行零售业务的经营转型。一年来，经过全行上下的共同努力，我们欣喜地看到全行零售业务的发展取得了新成绩，但同时也注意到，零售业务的内外部环境发生了很多新变化，零售战略的实施和零售业务的经营也面临着很多新问题。今天，我们召开零售业务工作会议，目的就是贯彻落实改革发展研讨会和全行工作会议精神，研究如何在经济新常态下找准突破口，将零售战略向纵深推进。下面，我主要讲三点意见。

一、2014年零售业务转型发展取得新成绩，呈现新特点，但同时面临新问题和新矛盾

我们首先回顾一下2014年零售业务的整体经营情况。

（一）零售业务转型发展取得新成绩。去年零售条线围绕建机制、夯基础两大中心工作，扎实推进零售战略实施，零售业务转型实现了良好开局。

一是零售业务营业贡献持续提升，中间业务收入领跑同业。2014年，在经济增速持续放缓的大环境下，全行零售板块实现营业贡献1 969亿元，再创新高，同比增加49.5亿元；零售营业贡献占全行营业贡献的比例达到39.2%。在中间业务收入方面，全行共实现零售中间业务收入671亿元，同比增长15.7%，高于全部中间业务收入平均增幅7.2个百分点，在全行中间业务收入中占比48.6%，同比提升3个百分点；四行占比超过35%，继续稳居同业第一。

二是金融资产规模快速增长，同业领先优势进一步扩大。截至2014年末，全行个人金融资产余额达到10.5万亿元，成为国内首家个人金融资产余额突破10万亿元的金融机构，余额较年初增长9 962亿元，同比多增2 448亿元，增幅32.6%。其中，可比金融资产余额四行占比31.4%，增量四行占比33.7%，领跑优势进一步扩大。储蓄存款业务在互联网金融冲击、同业竞争加剧、存款偏离度监管出台等多项因素影响下，余额

仍较年初增长 2 247 亿元。

三是零售信贷业务量质并举，协调发展。2014 年末，全行个人贷款（不含经营性贷款）余额 2.35 万亿元，较年初增长 2 917 亿元，其中个人住房按揭贷款余额突破 2 万亿元；个人贷款在各项人民币贷款余额中的占比为 24.14%，较年初提升 0.83 个百分点。信用卡贷款余额 3 681 亿元，较年初增长 619 亿元。个人贷款收益水平稳步提升，新发放贷款加权平均利率为 6.96%，较年初上升 36 个基点，其中，新发放个人住房贷款加权平均利率为 6.83%，较年初上升 60 个基点。资产质量继续保持较好水平，个人贷款不良余额 109.07 亿元，不良率 0.46%，低于全行平均水平；信用卡贷款不良率 1.4%，处于同业先进水平，成为唯一获得 Visa“2014 年度亚太地区最佳风险控制奖”的境内银行。

四是个人客户总量稳步扩容，中高端客户快速增长。2014 年末，全行个人有效客户数达到 3.38 亿户，较年初净增 1 754 万户。其中四星级以上客户 6 571 万户，较年初增长 473 万户，增幅 7.8%；信用卡客户 6 751万户，较年初增长 687 万户，增幅 11.33%；金融资产 100 万元以上的高资产财富客户突破 100 万户，增幅 17.32%；私人银行客户达到 4.3 万户，较年初增长 1.17 万户，增幅 38%。

五是零售板块核心业务快速发展。信用卡业务实现突破式发展，发卡量在国内同业中率先突破 1 亿张，成为亚太第一、全球前三的信用卡大行，并荣获工信部“中国第一信用卡品牌”称号。收单额达 3.8 万亿元，同比增长 50%，发卡量、消费额、贷款余额、中间业务收入四行占比均达 1/3。私人银行业务充分体现了新兴业务的高成长性，管理资产、产品余额、中间业务收入等指标增幅均超过 35%。贵金属业务创新销售模式，实物贵金属销售收入、代理业务交易量和交易收入均居四行首位。

（二）零售业务转型发展呈现新特点。2014 年是零售战略的开局之年，也是转型发展的攻坚之年。面对新情况、新问题，全行在零售业务经营管理方面也呈现出新的特点。

一是零售战略顶层设计与基层实践统筹推进。顶层设计上，总行形成了“1 + 6 + 4”零售战略框架体系，对零售业务的战略目标、实施路径等进行了全面规划和战略统筹，配套推出了关于体制机制、客户发展与结构优化、营销模式转型、信息化工程、文化建设六个方面的工作意见，建立了零售业务推进委员会、大零售通报制度、重要问题报告制度和零售业务率先发展试点等四项配套机制。各分行结合自身区域特征和实际情况也都明确了战略实施方案，并完善相关配套机制，取得明显成效。广东、北京、江苏、浙江、四川分行零售业务营业贡献超过 100 亿元，上海、江苏、四川、贵州、重庆、宁波、苏州等分行同比增幅达到 13% 以上，广东、广西、黑龙江、河南、江西、吉林、安徽、新疆和湖南等分行零售贡献占比超过 50%。

基层创新实践上，我们在整体推进零售转型发展的同时，也很注重激发基层经营活力和创新动力。总行专门召开视频会议部署，在全行范围内筛选了 81 家试点机构，从管理创新、客户经营、产品推广、营销模式、团队建设和文化引领等六方面先行先试，总行零售部门组织力量形成对口联系制度，深入开展调研指导和支帮促工作，省市行牵头制定改革试点方案，虽然只有短短半年时间，但部分分行改革试点初见成效。例如，北京分行以组织机构调整为契机，整合试点机构零售业务由一名行领导分管；四川分行针对改革试点行单独制定绩效考核与分配管理办法；江苏分行组建个人客户远程维护团队；浙江分行营业部高新支行建立客户经理选拔淘汰机制；广东佛山分行创新构建数据营销中心；湖北襄阳分行实行零售业务“一把手”负责制；等等。截至年末，试点机构的零售业务营业贡献平均增长 17.7%，高于全行平均水平 15 个百分点，个人客户数平均增长 8.3%，高于全行平均水平 2.5 个百分点，金融资产、个人贷款、中间业务收入、信用卡等业务增速也显著快于全行平均水平。

二是零售业务改革创新步伐进一步提速。针对商友客户和代发工资客户实施五级分类，推出薪金卡，根据客户贡献度提供差异化的金融和非金融服务。投产个人金融资产质押贷款平台，增加办理渠道，优化业务流程。积极运用互联网思维组织个人综合积分新媒体营销活动，有效促进融 e 购发展和线下收单交易额增长。私人银行业务率先开展融 e 联平台试点，完成财富顾问部 100% 推广覆盖。推动零售板块的简政放权，对全部一级、直属分行完成了定期存款差别定价授权，对北京等 14 家一级、直属分行进行了个人住房贷款利率的定价授权。研发推出纯芯组合信用卡，推出了芯片卡行业多应用平台。总对总集团商户营销成效明显，与历峰集团、麦当劳、红星美凯龙、上海迪斯尼乐园等建立战略合作关系。

三是零售业务信息化银行建设和应用取得新突破。信息化银行应用与推广核心和重点在零售业务，去年以来零售部门在个人客户信息整合方面做了大量工作，在客户信息标准化管理和客户信息互联互通共享、共治方面取得了阶段性成果。优化个人客户营销管理系统，将零售板块各专业的营销功能进行整合，构建了统一的、面向全行开放的个人客户营销服务与维护管理平台。持续开展“定向客户、定向区域、定向产品”的精准营销，面向新农村和县域客户、公务员、商友等特定客户和“率先发展”试点机构等特定区域发行各类专属理财产品 100 余款。针对特定消费记录的借记卡客户开展信用卡“9944 项目”定向营销，两个月新发卡超过 100 万张，启卡率、动卡率都超过 60%。在总分行建立了超过 120 人的专业分析师团队，积极开展数据应用实践。

应该说，面对去年复杂严峻的形势，零售业务仍然能够取得良好的经营业绩，是非常难得的，对于全行整体经营计划的完成发挥了强有力的支撑作用，作出了重要贡献。

（三）当前面临的新问题。在看到成绩的同时，我们也要清醒地认识到，零售业务在适应外部变化、满足客户需求等方面仍然有很多问题存在，经营压力仍然巨大。

一是经济新业态对零售客户基础形成强烈冲击。自 2013 年下半年以来，国内外的经济金融环境、监管政策都发生了深刻变化，尤其是互联网企业的跨界经营，凭借其庞大的活跃年轻客户群体、众多的应用场景和良好的服务体验，在支付结算、投资理财、小额信贷等领域创新不断，对长尾客户形成更强的场景应用黏性，并在中高端客户中逐步形成影响力，对我行零售客户群形成较大冲击。2014 年全行有效个人客户增量同比少增 217 万户，日均金融资产 1 万元以上的客户较年初增长 280 万户，距离年度目标计划也有一定差距，以准星级和三星级为代表的长尾客户数量占比 80% 以上，但金融资产基本没有增量，这些在一定程度上反映出我行对大众型客户的关注度不高、竞争手段有限。据麦肯锡发布的 2014 年个人金融服务调研报告显示，超过 70% 的国内零售客户愿意开办纯数字银行账户，随着远程开户的逐步松绑，可能会对我行存量客户维护形成较大冲击。

二是传统优势业务创新力不足，竞争力下降。随着居民财富的持续增长，广大零售客户理财意识的觉醒和支付消费行为的变化，对商业银行以存贷汇为核心的传统优势业务形成了全方位的冲击。在负债业务方面，储蓄存款增长持续承压，金融资产中存款与其他理财产品的比例失调，总体增量虽然很大，但稳定的日均存款比例下降明显。去年金融资产增量中，存款与其他理财的比例为 3:7，与存量结构比例倒挂，主动负债能力不足是困扰零售业务转型发展的主要因素之一。此外，去年四季度资本市场回暖也分流了银行大量资金。在资产业务方面，消费信贷创新力不足，市场竞争力下降，各家银行同业以及非银金融机构都在持续加强个人消费信贷业务营销拓展和产品创新，而我行的消费信贷产品适用范围狭窄、贷款额度和期限等方面规定较同业更为严格，这样虽然有利于防控风险，但也容易导致产品竞争力不足。在支付结算方面，随着线上支付规模的快速膨胀，导致资金脱媒趋势明显，银行体系线上支付市场份额不容乐观，对零售客户资金流的把控能力越来越弱。

三是战略传导和管理精细化水平有待进一步提升。总体上看，我们在零售业务的经营与管理上仍然处于相对粗放的状态。以代发工资为例，去年全行累计代发金额超过 2.6 万亿元，但金融资产留存率不足 20%，储蓄存款留存率更是不足 10%，大量代发资金在工资发放后迅速转移至其他银行账户或购买“宝宝”类产品，我行个人账户沦为资金通道。再以客户维护为例，目前客户经理仍然以产品销售为主，以单纯的销售计价作为绩效分配的主要依据，对客户资产合理配置、日均存款平稳增长、新客户拓展等战略指标在客户经理这“最后一公里”的传导落地尤为不足，机构维考核与人员维考核的一致性传导有待加强。还有就是对互联网金融产品的研发、应用和推广机制仍处于探索期，还没有形成一套行之有效的营销机制，总行层面表现在产品多、品牌多、名称多，分散在多个部门管理和营销，各自为政，尚未形成营销合力；分行及其以下层面表现为缺乏有效的营销组织、客户维护与灵活性服务，从而导致了客户体验不佳甚至优质客户流失的问题。

上述这些问题既有客观的，也有主观的；既有分行的，也有总行的，希望大家能够正确认识，多从主观上找找原因，想想办法，争取在新的一年里有所突破。

二、树立新目标，找准突破口，加大零售业务创新力度，着力提升核心业务市场竞争能力

总体来看，中央经济工作会议确定的稳中求进工作总基调以及努力保持经济稳定增长总体要求，为商业银行零售金融业务提供了良好的宏观经济环境和转型发展条件，我行零售业务依然处于重要的发展机遇期。全行上下必须正确认识和准确把握经济新常态下零售业务经营发展的新变化、新规律和新趋势，统一思想、提高认识，坚定信心、主动作为。

2015 年全行零售工作的总体要求是：认真贯彻落实改革发展研讨会和年度工作会议精神，纵深推进“大零售”战略，突出创新引领、精准营销、细节管理和过程管控，强化传导力和执行力建设，着力解决“最后一公里”问题，全面推进零售业务的转型发展。全年要力争实现以下主要经营目标：在收入贡献方面，零售业务实现营业贡献 2 100 亿元，实现中间业务收入 740 亿元，收入贡献占比双提升。在金融资产方面，个人客户金融资产余额增长 1 万亿元，其中储蓄存款增长 3 000 亿元，巩固和扩大金融资产领先地位，储蓄存款存量和增量占比双提升。在零售信贷方面，个人贷款余额增长 3 300 亿元，其中住房贷款增长 2 500 亿元，消费贷款增长 800 亿元；信用卡贷款余额增长 630 亿元，其中逸贷（分期付款）增长 350 亿元。在客户拓展方面，日均金融资产 1 万元以上个人客户增加 400 万户，四星级以上客户增加 450 万户，信用卡客户增加 380 万户，财富客户增加 45 万户。在信用卡方面，新发卡 1 500万张，净增卡量 750 万张，在确保总卡量超过 1.07 亿张的基础上，启卡率达到 65%、动卡率达到

62%。在私人银行方面，私人银行客户增加9 000户，总量达到5.2万户，私人银行产品余额增长至4 500亿元。在先行先试方面，81家零售业务试点行要加大改革创新力度，加快业务发展，形成各具特色的经营管理模式与可以借鉴推广的成功经验，零售业务的主要指标要大大高于全行平均水平。

根据上述目标，结合零售业务的特点，我们必须要以持续提升市场竞争能力来有效扩大业务规模，实现规模效应，因此要紧紧围绕核心产品、核心业务，夯实零售客户基础。

（一）面向特定客户群创新产品服务机制，重塑储蓄存款竞争优势。储蓄存款是零售业务的根本，也是零售营业贡献最重要的组成部分，存款竞争力的高低在一定程度上体现了商业银行对客户的综合服务能力。要紧紧围绕"客户、资金、服务"动脑筋、做文章、想办法，打一场储蓄存款翻身仗。

一是锁定资金源头，着力从代发工资、投资理财、交易结算等方面开展负债业务创新。针对代发工资客户，要通过零存整取特色产品锁定优质个人客户每月代发工资源头资金，逐步实现"代发合+特色存款+专属理财"的一体化增值服务，要通过对日均存款达到一定标准的目标客户活期储蓄靠档定期利率计息产品的创新，有效提高代发工资资金留存率、覆盖率和产品渗透率。针对投资理财客户，要推出第三方存管创新产品，对于高于一定金额的资金享受相对较高的协议利率，并提供灵活支取功能，有效吸引第三方存管客户资金在双休日、节假日以及投资空档期回流我行体内。针对交易结算客户，要进一步优化商友卡服务体系，通过大同城支付结算费用减免提高其结算资金在我行的沉淀率，扩大其稳定存款在我行占比。

二是注重量质并举，在规模扩张中优化客户结构。要深化实施"新市场、新客户、新产品、新渠道、新团队"的"五新"发展策略，继续发挥商品交易市场的引领作用，着力构建面向新型消费品市场、现代服务业市场、新型要素市场、跨境流动市场以及各类改革与政策调整催生新市场的综合化、专业化、特色化零售金融服务整合营销机制，以开放共赢的互联网思维搭建平台，大力竞争私营企业主/个体工商户、公务员、企事业单位白领、大学生、自由职业者等潜力客户群体，形成各类目标客户群体的金融与非金融服务链。加快构建零售金融各专业条线间"双向客户渗透机制"，持续提高信用卡、电子银行、贵金属、私人银行业务在优质目标客户群体的覆盖面和渗透率。以私人银行客户及产品结构双优化专项活动为抓手，推进私人银行客户"百千万户工程"，迅速提升重点行的私人银行客户规模。

三是抓好客户维护，构建零售客户集约维护、分层维护、分包维护体系。强化网点负责人和客户经理在客户分层管理、维护和拓展稳定存款方面的主体责任，推行按照客户星级和资产以及客户群属性进行双线管理的客户管理模式。对于具备某种社会特征、适于批发化营销和维护的客户群体，探索集中到一级分行或二级分行进行集约化管理和批量化维护的模式，整合线上服务资源，组建个人客户远程运营维护团队，在北京、广东、江苏、湖北、重庆、青岛分行先行试点，实现对中高端客户和潜力客户的全覆盖，提升客户关系管理能力和稳存增存能力。

四是强化渠道协同，深入实施网点竞争力提升工程，有效支撑储蓄存款稳定增长。要充分发挥私人银行中心、财富管理中心旗舰作用和理财中心主阵地作用，继承和发扬全员揽储的优良传统，加大智能网点建设和自助设备投入，有效扩大服务半径。加快网点运营标准化改革，优化高低柜配置比例，推进营业网点由业务处理型向营销服务型转变，优先将转岗人员充实到零售业务销售岗位，加强适岗培训，持续提高网点销售类人员占比。

（二）以消费信贷业务创新为突破口，全面提升零售信贷占比。未来一个时期，居民的文化、居家、留学、旅游等消费需求日趋旺盛，个人信贷业务尤其是消费信贷要加快转型升级，从传统线下申请受理模式，转向以自助、线上、循环、标准化为突出特点的新型现代化作业模式。

一是加快发展消费信贷业务。要持续优化和完善个人综合授信体系，改良消费贷款用途管理，实施负面清单，以交易渠道、上下游资金链、职业属性等要素构建消费信贷客户行为分析模型，通过数据分析精准监控资金流向，确保消费信贷业务合规经营。要加大个人金融资产质押贷款营销力度，促进个人信贷业务与个人存款及理财业务的有机融通。进一步完善个人小额信用贷款管理办法和业务受理流程。

二是巩固和扩大住房信贷市场优势。要加强贷款投放布局谋划，重点支持居民首套及改善型自住房信贷需求。做好存量贷款与增量贷款的统筹管理，科学合理配置信贷资源，促进存量贷款向效益和效率更高的客户、项目和区域配置。要提高贷款风险定价能力，根据区域市场情况、客户偿付能力、信用风险状况等因素，按照市场化原则合理确定贷款利率。稳步推进住房贷款标准化和自动化，不断提升自动化审批贷款的比重。要进一步加强与各地公积金中心的合作，加大个人住房公积金委托贷款营销力度。

三是大力发展逸贷系列贷款产品。扩大汽车、数码产品、家装家电等成熟分期付款产品拓展，加快发展小微商户逸贷公司卡。围绕由超市、经销商、农户构成的城市消费供应链及冷链物流模式，推出逸农消费公司采购卡。面向旅行社推出全品牌、多币种的旅游逸贷公司卡，促进信用卡贷款和境外消费规模的同步提升。创新推出融e购网逸贷产品，以逸贷公司卡为基础，以融e

购网商销售记录为授信依据，以融e购网商销售收入为还款保障，提供全流程线上服务。

四是全力推动个人资产综合服务业务拓展。要重点围绕高价值、低杠杆住房核心资产，优先面对一线城市特定客户群体，推广以个人房产抵押为基础的个人资产综合服务，促进我行由金融资产管理大行基础上向金融加实物资产管理大行迈进。要加大相关产品服务整合创新，将个人资产综合服务打造成面向私人银行客户和家族财富管理基金提供投融资及各类增值服务的平台，以贷款为突破口，配合理财、保险、贵金属等财富管理产品，以及星级提升、私人助理等增值服务，实现对高资产客户金融服务需求的深入挖掘和全面提升。

（三）以“两为主”为原则，构建零售金融资产价值体系。要坚持以收益最大化为主的基本原则，坚持以本行理财为主的基本策略，逐步建立和实施零售金融资产业务的价值管理机制，既要确保储蓄存款基础地位不动摇，又要充分考量业务性价比，以较小的存款消耗换取最大化的中间业务收入。

一是构建金融资产结构调控机制，建立以效益为导向的表外业务发展策略。要根据历史数据、同业水平、未来趋势等因素构建金融资产总量结构调控模型，保持各类金融资产规模增长的均衡性。要建立高速扩张资产种类的预警管理机制，对于货币基金等规模快速增长的资产种类，原则上按金融市场和银行同业的平均发展水平分别设置产品销量、产品余额、在金融资产中占比等上限指标。要建立产品盈利能力动态管理机制，定期对表外业务进行效益分析，根据业务的收益确定产品销售策略。要建立科学合理的差异化管理机制，根据不同区域类型分别设置金融资产总量调控目标，避免“一刀切”削弱区域竞争力。

二是全面推行并强化个人客户资产配置理念，切实加强对个人客户的资产配置。要以风险适配为原则，按照资产规模、风险偏好、流动性需求以及单一产品销售起点等要素，建立分层次、分类别的个人客户资产配置模型，实现客户经理、财富顾问由单一产品销售向以客户为中心的财富管理和私人银行转变。

三是持续加强外部增收与内部挖潜，促进中间业务发展。要适时把握市场节奏，甄选高收益、业绩好的优质重点基金产品，做好客户分层营销。要强化重点健康险、意外险产品的精准营销，快速扩大保障型保险产品销售规模，扩大新渠道销售占比。要发挥净值型产品表现稳健、中收水平高、创收能力强和增利尊利稳利等产品交易便捷、支持预约、支持质押等特点，进一步提升个人理财产品销售收入。

（四）全面提升银行卡业务竞争优势。银行卡业务是拓展新客户、把握资金流、提升价值贡献的有效抓手，必须坚定不移地扩大领先优势。

一是全面发行芯片卡，精准推进信用卡发卡。要持续开展针对四星级以上客户的免费换“芯”活动，加强金融IC卡行业应用，以项目制、名单制管理推进银医一卡通、金融社保卡、公积金联名卡、交通ETC卡、校园卡、宝贝成长卡等优质目标客户群拓展。要继续深化信用卡“9944项目”营销，提高对行内客户渗透率，铺开对航空商旅领域合作单位优质会员的精确授信和主动营销，以黑金卡和白金卡等高端产品带动客户与我行的全方位合作，以联动营销方式加强对私人银行客户的信用卡渗透。

二是大力发展收单业务，加快线上线下一体化进程。要持续推进商户倍增计划，搭建我行与客户、商户三位一体的银行卡商务圈，健全网格化营销的收单业务运行机制。大力开展总对总收单合作，打造集团商户总对总收单服务品牌。组织协调好统一营销团队，加快推广线上POS，着重拓展消费和民生领域的商户，扩大跨行、跨境线上收单规模。

三是加强支付领域创新，构建金融生态圈。要推广网上办卡和移动终端办卡，投产线下店商圈“工银e生活”APP，加快推广O2O服务模式。做好面向大学生、商友等特定客户群体的移动客户端的建设和推广，为客户提供专业化、综合化、个性化的综合服务。

（五）全面提升市场竞争力，实现私人银行业务高速发展。要尽快确立我行私人银行业务绝对领先优势，保持私人银行业务每年不低于25%的增速快速发展，提升境内分行私人银行业务竞争力。要深入开展“百千万户工程”，在全行形成一批万户行、千户行、百户行，未来1～3年内广东、北京、上海、浙江、江苏等分行要率先破万户；继佛山分行和苏州分行之后，沿海地区部分重点二级分行今年要加入千户行行列；省行营业部、核心城市一级支行、主要二级分行以及重点地区县域二级分行要全面晋级百户行。全行要加速实现全净值化产品配置的转型，同时保持私人银行理财产品组合收益全市场领先水平；分行要加强私人银行客户投融资项目拓展与推荐，力争实现区域投融资理财产品余额达到1 500亿元；遴选全市场最优的产品与服务，为客户提供多样化的投资选择；探索专户客户营销服务新机制，加大试点推广家族财富管理业务力度。要进一步强化境内私人银行中心的全球资产配置能力，启动私人银行全球理财基金发行，开展境外RQFII投资专户、私人银行客户专享保险融资等业务。

三、加强传导执行力建设，纵深推进零售战略

战略成功的关键在于持续推动，在于落地执行。经过去年的不懈努力，零售战略的顶层设计和制度安排基本完成，今年的工作重点就是如何抓好传导和落地，将有效的执行力转化为市场竞争力。

（一）持续推进先行先试改革试点工作。这项工作

去年下半年才启动，今年力求抓出典型、抓出实效。要加强分类指导，实施零售业务转型发展梯队建设，培育新的利润单元。2015 年要力争使上海、山东和河北等 3 家分行零售贡献迈入百亿元行列，跻身零售业务转型发展的第一梯队；推动河南、湖北、安徽、深圳、陕西、湖南、重庆、辽宁、江西、广西、山西和黑龙江等 12 家分行形成零售业务加速发展的第二梯队，年零售贡献超过 50 亿元；要通过深入调研、现场指导、交流观摩等方式，加强对零售营业贡献占比下降或增速放缓分行的支、帮、促工作。

要扩大率先发展试点改革。根据改革发展研讨会议精神，总行选择上海、浙江、广东分行开展综合改革试点。这三家分行要将零售业务先行先试纳入综合改革试点单位推进创新发展的重要组成部分，有机结合、相辅相成，充分利用综合改革试点单位的有利条件，加大零售金融业务创新力度，总行将在体制机制、产品创新等方面给予一定的自主权限，鼓励探索适应新常态、符合市场和客户需求的零售业务转型发展之路。去年选定的 81 家试点机构要加大改革力度，今年总行要从管理创新、客户经营、产品创新、营销模式创新、团队建设、文化引领等六个重点改革方向着手，寻找成功案例，在每个改革方向上树立 1～2 家典型，并深入分析总结经验，力争在全行范围内推广。

（二）加快推进零售业务信息化建设与应用。要在全面推进集团个人客户信息标准化建设和跨部门信息互联互通、共享共治的基础上，抓紧做好推广应用。加快推进“三张表”系统建设和应用推广。从个人客户、个人客户经理、柜员三个维度搭建统一完整的个人客户信息应用视图，将信息整合成果应用到个人客户经理管理考核、流程改造、互联网金融、大数据分析和精准营销等方面，实现客户信息的多维应用和价值创造。完善客户信息在电子渠道的有效采集与动态更新机制，通过与客户互动的营销服务和交易活动核实其联络信息，保证客户信息真实、有效、可用。

加快基于 eID 的网络身份信息应用。引入直连全国人口库的核查方式，提高客户信息身份核查的准确性和实效性。充分利用 eID 芯片卡独家发行优势，全面参与 eID 生态体系建设，使我行成为 eID 生态体系中最大的发卡机构和资金清算机构。

强力推进互联网金融平台的零售业务应用。围绕融 e 购，以零售产品为连接点参与线上线下商圈建设；加大融 e 联拓展力度，革新我行与客户的沟通模式，做好服务号内容服务和客户经理线上管户制度，年内确保完成在 2 000 万中高端客户和 1 000 万信用卡客户中的应用与推广。

（三）强化精准营销和联动营销。要自上而下组织建立一整套数据挖掘和精准营销的工作机制。围绕客户服务、市场营销、经营管理、风险控制、绩效评价等方面，基于全行统一的数据仓库和集团信息库两大数据基础平台，加大对非结构化数据的采集应用。建立重点产品营销、客户价值提升、目标市场拓展和客户流失预警等挖掘分析模型，将分析成果快速转化为业务发展动力。要在总行和省行本部充实专业分析师队伍，组成联网的分析师网络。

要开展多层次联动营销，发挥集团优势。公私联动、私私联动、行司联动和内外联动是这几年来全行非常关注而且已经取得一定成效的经营实践，对于发挥集团合力、提升同业竞争能力起到了重要作用。公私联动的常态化机制正在逐步完善，要以代发工资业务为突破口，形成营销合力，优化分润机制，调动各方积极性；个人金融业务部门要加强客户营销和产品推广的统筹管理，各零售业务产品部门和机构要做好产品创新研发推广和售后支持；围绕私人银行客户个人、家族与关联企业的需求，要加强专业联动，推出综合金融服务方案，实现公私金融服务一体化、投融资服务一体化、境内外服务一体化；要把握跨境流动客户快速增长的机遇期，强化境内外机构联动，加强沪港通、见证开户、个人外汇等重点业务推广，推进自贸区零售业务发展，充分发挥 ONE ICBC 的集团优势。境外机构要按照“一行一策”的原则，以“走出去”零售客户及本地中高端客户为目标，通过批量化、精准化模式持续开展主题营销活动，扩大零售客户群规模。加强境外零售业务电子渠道建设，完善线上线下一体化服务功能，扩大境外零售业务覆盖地区，提升境外零售业务贡献度。

要在产品创新、客户服务、考核激励等方面与工银瑞信和工银安盛加强合作。工银瑞信要抓住资本市场机会，加大工银瑞信权益类产品持续营销和新产品发行的力度，提升工银瑞信产品、特别是权益类产品在全行渠道的代销占比和保有量占比。工银安盛应不断加强营销支持、产品创新、投资管理、客户服务、队伍建设、风险控制等方面的工作，加快非工行渠道的业务拓展，进一步提升业务经营水平。

（四）进一步加强零售队伍的执行力建设。要以落实各层级零售业务从业人员的主体责任为抓手，增强守土有责的担当意识。要构建零售业务综合评价体系。在机构考核维度上，完善境内分行绩效考评体系，增加大零售业务综合评价加分项，优化专业评价机制。在管理人员评价维度上，进一步完善对分支机构主要负责人、零售分管责任人和零售业务部门总经理的评价办法，通过差异化设置指标和评价周期，不断提升战略的传导力和执行力。在销售人员绩效考评上，改良现行的个人客户经理考评机制，将新增客户、新增存款、新增资产作为三项核心指标，规范个人客户经理绩效的考评管理，探索在销售类个人客户经理序列下单列私人银行财富顾问岗位，完善分支行两级私人银行中心财富顾问业绩评价体系，通过业务系统进行标准化、精细化考核，解决战略传导“最后一公里”的问题。要推进零售从业人员综合素质提升和系统培训工作。在总分行层面建立零售业务师资库、教案库和试题库，有序推进各级零售管理人员和营销人员的培训，不断提升其综合素质。要借助内外部的资源，做好重要岗位的考试和认证。

（五）提升服务品质，强化风险管理与合规经营。客户体验、易用性和服务品质是未来零售业务竞争的关键因素。要始终坚持服务至上，将零售客户满意度作为评判产品服务创新管理的主要标准。结合“服务体验建设年”重点工作部署，加大普惠金融服务创新力度，持续完善个人客户星级服务体系，推出个人奖励积分服务，在私人助理服务、家庭综合保障和健康管理等财富客户增值服务基础上，进一步发掘个人综合积分和融e购商城等平台功能，开展有特色、有针对性的积分兑换活动。继续提高电话服务水平，提高业务在线处理效率，完善投诉管理机制。

要始终坚持合规经营，防范业务风险。发挥总行信贷监测中心的“雷达”作用，丰富完善信用风险识别计量模型和防假反假技术手段，积极探索互联网金融模式下的零售信用风险管理新模式。优化信用卡大数据可视化平台，开展实时可干预的风险监控。完善贷后管理，提升不良资产清收效率。通过强化系统控制、严格销售人员资格准入、严格产品准入、加强风险提示、开展投资者教育等方式，严禁各类误导违规销售行为。严厉打击和惩治违规理财和私售飞单行为，完善“谁受理、谁受益，谁牵头、谁负责”的管理责任机制，对于客户经理私自销售行为，发现一起、开除一起；对于分支行有组织越权审批准入或违规扩大业务范围，谁决策、撤谁职。建立健全声誉风险的应急处理机制，持续提升应对声誉风险事件的响应速度和能力。

同志们，今年是“大零售”战略推进的关键之年，我们的目标已经明确，突破口也已经找准，希望大家积极适应新常态，以饱满的热情、昂扬的斗志投入到零售业务的转型发展中来，为工商银行的经营转型贡献新的力量。

深化联动　加快转型
推进期交业务持续健康快速发展

——在工商银行—工银安盛期交转型创新发展工作会议上的讲话

王希全

（2015 年 7 月 3 日·根据录音整理）

今天，总行召开2015年工银安盛期交转型创新发展工作会议，总结今年前6个月业务发展情况，全面动员部署下阶段工作。下面，我讲三个方面的意见。

一、上半年工银安盛保险业务实现跨越式增长

（一）工行银保业务发展势头良好。主要表现在：一是工行代销工银安盛保费规模突飞猛进，价值贡献稳步增长。截至6月底，工行实现代销工银安盛保费134.22亿元，同比增长103.05%；期交保费9.82亿元，同比增长109.99%；新业务价值4.51亿元，同比增长168.91%。二是工银安盛行业地位进一步巩固，市场排名领先。截至5月底，工银安盛保费同比增长172.36%，较市场平均水平高134.96个百分点，在合资寿险公司中排名第一，在全部寿险公司中排名第13位，与去年排名持平。三是客户数量增加，中收贡献增大。截至5月底，工行渠道客户为61万人，较去年末增长49.81%；1～6月工银安盛支付母行手续费约5.28亿元，同比提升169.6个百分点，在工行代销保险手续费收入中的占比达到25.19%。

（二）经营质量持续优化。主要表现在：一是风险控制水平不断提高。截至5月底，银保主要业务品质指标逐步改善，未发生案件及群访群诉事件。其中，13个月继续率85.95%，同比提升了1.72个百分点。契撤率和投诉率指标同比有改善。标准保费契撤率14.41%，同比下降了0.96个百分点。销售误导投诉率为0.06%，同比下降了0.056个百分点。金额退保率为5.27%，同比基本持平。犹豫期内电话回访成功率为86.59%，同比小幅下降了0.87个百分点。二是网均、公司外勤人均产能继续提高。1～5月，月网均规模保费产能与期交保费产能分别为31.5万元和1.98万元，同比增长141.25%与106.97%；月人均规模保费产能与期交保费产能分别为155万元和9.76万元，同比增长167.71%与129.67%。

（三）新渠道保险业务总规模市场排名首位。主要表现在：一是业务渠道全面覆盖，银保规模迅猛增长。截至6月底，工银安盛银保新渠道业务已覆盖物理网点及网银、手机银行、自助终端、融e购、融e行、融e联等工行全部渠道，完成保费67.97亿元，同比增长609.5%；期交保费9 061万元，同比增长1 936.2%；新业务价值1 333万元，同比增长45%。二是业务占比快速提升，市场地位遥遥领先。截至6月底，工银安盛新渠道在工行电子渠道全部保费中的占比为12.77%，在工行各合作寿险公司中高居首位。截至5月底，工银安盛新渠道累计销售保费在全部寿险公司、合资寿险公司和银行系保险公司均排名第一。

在此，祝贺工银安盛今年以来取得的优异成绩，也对总行有关部门和各分行给予工银安盛的大力帮助与支持表示感谢。

二、加快期交业务发展是工银集团的重要战略部署

加快银保期交业务发展是工银集团的重要战略部署，是大零售战略的重要内容，全行要高度重视，抓出成效。随着保险市场的发展，客户的风险保障需求日益提高，期交产品可以帮助客户建立风险屏障。同时期交产品大多具备保障倍数高的特征，能帮助客户做到“小投入，大保障”，还可通过与储蓄、理财等产品的组合，一站式满足客户的综合金融需求，从而提高客户满意度和留存率。

从银保期交业务的性质来看，其对保险公司发展的重要性类似房贷按揭业务之于银行的零售业务，期交业务带来的不仅仅是当期的保费收入，更重要的是也给银行带来了稳定的客户与长期的收入，当然也会带来储蓄存款等其他业务。因此我们有必要达成共识，代理保险业务不应该与零售业务相脱节，也不是零售业务的副业，而是大零售业务的有机组成部分，尤其是代理期交保险应该成为零售业务的拳头产品之一。

从保险行业发展历史及趋势来看，期交业务所产生的利润往往占到一家寿险公司的70%～90%，是公司盈利的主要来源，优秀保险公司均高度重视其发展。国外优秀寿险公司银保新业务期交保费占比基本在18%左右，最优秀的更是高达25%，我们目前7%多一点，预计年底可达12%，说明工银安盛的期交保险业务发展空间巨大，我们完全有可能把期交占比提得更高。期交保险产品形态较趸交产品复杂，对营销人员的专业性和销售技巧要求较高，因此在积极推动期交业务发展战略时，要从客户选择、产品开发、营销模式、渠道布局、业务培训、风险管理等多个方面进行部署。

（一）多措并举，重点发展期交业务。

一是研究客户的需求，确定期交业务的目标客户。工行有4亿多个人客户，我们要把期交产品卖给谁，这其中客户的选择非常重要。从客户角度来讲，一要对保险公司的品牌有认知度，二要对产品熟悉了解和接受，解决好这两个问题，后面的问题就会迎刃而解，因此需要细分客户，有针对性地提供产品，使客户需求与产品性质高度匹配。

二是加快开发强竞争力的期交产品。下半年行司双方要借助保险费率改革契机，对“盛世丰年”和“御立方”两款主力产品进行费改升级。同时在调研目标客户特征和差异化需求，深入研究同业产品的基础上，开发出更多具有工行特色、市场竞争力强的高保障、高收益期交产品。

三是积极打造素质过硬的专职期交营销团队。一方面工银安盛要继续加快公司800人期交专职销售队伍的培育，强化考核，精细管理，提高产能；另一方面公司要积极协助母行抓好600人的银保销售队伍建设，使其成为营销期交产品的生力军。

四是提高新渠道期交业务占比。首先，总分行要对公司新渠道期交业务的发展给予高度重视和全面支持；其次，公司也要不断创新网销期交产品，既要产品简单、价格便宜、保障突出，又要能够贡献较大规模的保费，如“百万保驾”类产品；最后，银保双方要进一步优化网销期交产品投保流程，改进用户体验，在做好网银、自助终端等传统网销渠道基础上，加快在手机银行以及融e购、融e行、融e联三大互联网金融平台的期交产品销售。

五是加强对期交业务的考核督导。总分行要对期交业绩进行重点跟踪，通过银保双方密切协作，积极查找问题并及时解决。同时要主动学习借鉴同业推动期交的成功经验，可以研究制定新的工银安盛销售专项奖励政策，即在继续维持按销售工银安盛全年保费收入的30%计提销售专项奖励且奖金总额不减的基础上，适当提高期交产品奖励比例，降低趸交奖励比例，以提高一线人员销售期交产品的积极性。

（二）行司密切协作，全面启动“大银保”战略。

一是做大做强做精个金业务。个金部要积极协调私人银行、银行卡、电子银行、贵金属等部门与工银安盛开展多层面的个人保险业务合作，对私人银行、代发工资、商友、大学生、宝贝成长卡、钻石信用卡、贵金属及互联网等重点目标客户群进行研究，开发专属期交产品，配套推出期交精准营销方案，开展以柜面和新渠道为平台的全方位推广营销活动。

二是积极拓展对公客户团险业务。机构金融业务部应协调公司金融、养老金、结算与现金管理等部门与工银安盛加快团险业务拓展，共同探讨发展战略、经营模式、业务流程、制度建设等工作，特别是要创新开发“如意贷”这样有卖点的期交团险产品。各行要支持工银安盛下半年完成养老金项目——如意人生员工福利计划20亿元的保险销售目标，为对公保险业务合作打开

突破口。

三是全面加深银保双方中后台部门的配合。双方人力资源部要共同加强期交销售队伍的共建，争取早见成效；教育部、国际业务部要联合工银安盛银保部、银保培训部共同完善期交培训体系，加强对国内外同行先进期交保险销售经验的学习调研；产品创新管理部要协调个人金融等相关部门及工银安盛共同加强期交产品创新，特别是银保组合产品、客户专属产品和互联网产品创新；资产管理部、金融市场部要与公司开展大资管合作，将保险业务融入集团大资管平台；行司运营、信息科技部门要共同研究实施期交产品大运营管理，整合统一运营作业模式；管理信息部要与工银安盛合作构建大客服体系，研究客户信息共享的可能，全面提升客户体验。

（三）加大支持力度，确保完成今年工银安盛保费销售目标。一是保质保量完成2015年公司的期交和总保费代销任务。下半年要重点推出“硕果累累”工银安盛期交产品专项营销活动，总分行要高度重视，积极与工银安盛各部门、各机构对接，快速部署，抓好落实，早见成效，确保完成12亿元期交销售目标，进而实现全年代销工银安盛总保费183亿元的任务目标。个人金融业务部要将全年工银安盛的总保费暨期交销售任务以正式文件印发各行。二是继续加大支持力度。总行各部门和各分行要从集团战略角度出发，积极给予工银安盛政策倾斜和业务支持，继续落实销售专项奖励、分行经营绩效考核、保费计入储蓄存款等优惠政策。各分行要将销售专项奖励分配到每一个销售人员，不得层层截留。三是工银安盛要进一步提升业务管理水平，做好服务工作。要不断提升运营服务能力，优化服务流程，提高服务效率，做好对母行的销售支持工作。同时要加强风险防范，避免发生对集团和公司声誉造成负面影响的行为。

（四）切实加强代理保险业务的系统管控和风险管理。一是加强系统管控，加大我行在银保合作中的把控力度，提升在服务、营销和风控方面的同业领先优势。各行要积极协调保险公司全力配合，完成全辖个人保险产品投保、保全（包括犹豫期撤保、退保、续期缴费、满期给付、保费追加和其他保全交易）交易上系统工作，对在银保通系统外出单的行为一律按照“飞单”处理，总行就此已专门下发了几个文件，要求非常严格，行司要共同遵守。二是坚持依法合规销售，如实向客户提示保险产品的特点和风险，杜绝销售误导。这一点十分重要，误导销售会造成严重后果，在销售中永远不要存有任何侥幸心理，这是一条铁律。三是重视客户服务工作。要依托银保通系统做好对客户的保全服务工作，继续推广“95588”与保险公司客服电话对接工作，实时解答客户产品咨询，妥善解决客户投诉，提升客户服务水平。

三、上半年零售业务情况与下半年工作要求

上半年，在总行党委正确领导下，全行零售系统认真落实年初全行工作会议和零售工作会议精神，积极应对复杂的外部环境和激烈的市场竞争，深入推进“大零售”战略实施，实现了零售业务稳健良好的发展，各项核心经营指标基本完成序时进度。

（一）主要指标超序时进度。一是个人客户金融资产总量突破11万亿元。截至6月末，全行个人客户金融资产总量达11.15万亿元，较年初增加6 481亿元，完成全年新增计划的64.81%，同比多增560亿元，增幅9.46%；其中，储蓄存款76 149亿元，较年初增加1 774亿元。二是个人贷款超额完成序时进度任务。截至6月末，我行个人贷款（不含个人经营性贷款，下同）余额25 260亿元，较年初新增1 787亿元，增幅7.61%，任务完成率54.16%。三是中间业务收入实现快速增长。上半年全行实现零售中间业务收入达450亿元，同比增加115亿元。其中个金中间业务收入（财务会计部考核口径，分润后）210.7亿元，同比多增58.7亿元，增幅38.6%，远高于全行中间业务收入平均增幅（7.59%），完成全年计划的67.3%，超序时进度17.3个百分点。四是个人客户规模增长提速。截至5月末，全行个人有效客户总量达到3.47亿户，较年初增长921万户，同比多增151.7万户，任务完成率46.06%。其中，日均金融资产1万元以上客户达到8 978万户，较年初增长462万户，任务完成率115%；四星级及以上客户达到6 898万户，较年初增长327万户，任务完成率72.66%。五是信用卡业务增长较快。继去年突破1亿张后，6月末达到10 700万张，比年初增加712万张，消费额突破1万亿元，同比增长19%，收单额同比增长39%，信用卡贷款3 958亿元，比年初增加276亿元，信用卡业务总收入增长11%，其中信用卡中间业务收入139亿元，增长12%。六是私人银行业务形势喜人。私人银行客户达到53 458户，比年初增加10 442户，增幅24%，完成全年计划的116%，管理客户资产突破9 100亿元，比年初增加1 979亿，增幅28%，完成全年计划的105%，实现业务收入47.63亿元，同比增加22亿元，完成全年计划的125%。

在此也特别感谢整个零售条线的同志们，你们辛苦的付出取得了非常好的成果，也感谢各部门对零售业务的支持与配合。

（二）上半年各项重点工作的推动力度显著加强。一是深入推进大零售战略实施。“三评价一考核”、客户拓展、远程团队维护、先行先试等工作均取得了良好进展。二是以产品创新为抓手，推动储蓄和个贷业务的稳定增长。这里有两个产品值得一提：一个是个人金融资产的自助质押贷款平台成效非常好。上半年累计发放个人自助质押贷款381.90亿元，目前余额246亿元，

比年初增加193亿元，其中6月份发放自助质押贷款194亿元，日均发放6.5亿元。另一个是个人信用消费贷款业务。目前余额突破4亿元，客户1.3万户，成效初显，这是信贷体制改革和互联网金融创新的重要内容。对我们下一步信贷业务、零售业务的发展至关重要。三是中间业务收入快速增长。特别是代理基金收入达到58亿元，同比增加41亿元，这与上半年火爆的资本市场大有关系，当然也和大家的努力付出是分不开的。四是加强互联网零售产品服务应用推广。五是信用卡业务保持了量质并举的发展态势。今年上半年信用卡业务召开了三次会议，分析了市场、比较了同业、寻找了差距、确定了重点。对于信用卡业务怎么发展，要根据三次会议的精神积极进行调整，需要认识到这个市场很大，我们存在的问题也不少，必须调整我们的策略，把重点地区的业务做上去。六是私人银行业务要抓重点行、抓重点客户、抓重要技术，为未来业务发展打好基础。这一轮资产市场行情下来，财富将会重新分配，会产生一大批新的私银客户、财富客户，要找到这些客户，抓住这些客户，把握机会。七是强化风险管理，深化依法合规经营。越是有商机的时候，越要高度关注风险，如同在高速路上开车，越是前途坦荡的时候，也正是事故发生率较高的时候，人们注重速度的同时往往容易忽视风险。因此，在推进业务加快发展中，我们更要平衡好、控制好两者之间的关系。

（三）储蓄存款偏离度管理是目前个金业务条线需要解决好的重要问题。上半年储蓄存款面临保增长的任务，但偏离度又不能过高，如何把握？总行对偏离度是有严格要求的，3月末我行偏离度超标，监管部门对我们的部分业务实行了禁入。从6月底情况看，天津、吉林、安徽、海南、贵州、甘肃、青海、宁夏、新疆、宁波、厦门等分行做得比较好，存款增量和偏离度都控制在计划以内，提出表扬。但是9家分行储蓄存款增量和偏离度超过计划标准，在这里提出批评。对存款偏离度考核这个问题，正面的理解会产生正面的效果，负面的理解会产生负面的效果。要认识到存款偏离度考核能够帮助我们规范存款行为，避免时点冲高，保持存款的稳定性，是有利于存款业务健康发展的。在监管政策没有重新调整以前，还有9月末、12月末的两次考核，各行要予以高度关注，把加强存款偏离度管理作为促进储蓄存款稳定增长的有力手段。

（四）抓住机遇，把零售业务推进到一个新的水平。尽管零售业务现在面临很多困难和挑战，但我们面临的机遇更多。从外部市场环境看，当前是做零售业务最好的时机。零售市场、零售业务无处不在，我们不能坐失良机。有人可能认为今天做零售很难，比以前难多了，所以我们要抓住今天的机会，因为一天比一天更难，今天就是最好的时机。大家还要清楚一点，资本市场的发展，无论是牛市还是熊市，都是零售业务市，都是发展零售业务的好机会。从内部环境看，全行对零售业务的重视今非昔比。各行、各相关业务条线都更加重视零售业务，认识更加明确，基础更加牢靠。目前全行抓零售业务发展的氛围已经基本形成，希望大家能够珍惜。最后，经过前期实践和先行先试，我们在推动零售业务发展上的经验越来越丰富，大家的信心也更足，相信成果会越来越明显。总之，希望大家认真学习领会这次会议精神，认识和把握当前机遇，把银保期交业务做上来，把零售业务做上来，为集团利润增长作出更大贡献。

在零售业务先行先试工作座谈会上的讲话

王希全

（2015年8月13日·根据录音整理）

零售业务先行先试工作作为全行大零售战略的重要组成部分，目前已实施了一年时间。试点工作开展以来，81家试点行结合区域和自身特点，开展了一系列零售业务经营管理的改革创新，取得了良好成效。这一年里，我也去了11家试点行调研，切实感受到了一些试点行在零售业务体制机制、营销模式、队伍与文化建设等方面所作出的努力和探索，也看到了经营业绩的向好变化。今天，我们召开零售业务率先发展改革试点工作座谈会，目的是总结一年来的成效，交流推广部分试点行的先进经验和优秀成果，分析当前面临的问题，对下一阶段深入推进改革试点工作进行部署和安排。下面，我讲三点意见。

一、零售业务先行先试工作初见成效

（一）先行先试是大零售战略在分支机构的重要实践形式。近年来，随着我国经济发展进入新常态，银行业面临的挑战日趋严峻。一方面，实体经济的下行压力对批发业务的信贷需求与资产质量形成了较大影响；另一方面，各家商业银行对抗周期性强的零售业务的竞争也日趋白热化。随着我国金融体制改革的持续推进，利率市场化进程的加快、金融监管的日趋严格、互联网金融的冲击等对商业银行零售业务的经营管理提出了更高要求。与此同时，经济增长由投资驱动为主转向消费拉动为主、国家不断加大民生领域的投入、居民收入的不断提高、信息技术的快速发展也为零售业务的发展创造了良好的外部环境。在上述背景下，总行党委结合工商银行的实际，在2013年改革发展研讨会上正式提出实施大零售战略，随后又建立了“1+6+4”的制度体系，为新时期全行零售业务的转型发展树立了目标，明确了方向。

零售业务先行先试作为大零售战略的配套机制之一，是大零售战略的重要组成部分。首先，先行先试是战略执行的突破口，是发展零售业务的一个点。从执行层面看，任何一项战略实施总要有突破口，都要有着力点，都要有先行者，尤其是对于大零售战略这样一项重大的系统性工作，更需要有战略指导与重点突破，更需要典型引领与先行先试。总行鼓励和支持具备一定条件的分支机构率先发展，无疑是希望大零售战略在执行中找到突破口、培养领导者。其次，先行先试是发现规律的必经路，是发展零售业务的一条线。鉴于零售业务复杂性与创新性特征，在发展中确有必要让一些行能够客观分析发现规律并反复论证，走出新路，有必要让一些机构以新的思维、新的模式探索并发现新路径，完成从总行战略部署到基层落地实施的路线图。最后，先行先试是因地制宜的试验田，也是发展零售业务的一个面。我行机构数量众多，覆盖地域广阔，服务客户规模庞大，资源禀赋差异较大，通过选择不同类型、不同地域、不同客户等特征的分支机构开展试点，一些机构成功了，就是一面旗帜，就是一种模式，就是一块阵地，提供给相似的机构参照借鉴。这样的方式无疑会使大零售战略的实施效率更高、成本更低、走的弯路更少。我们用突破口、必经路与试验田的比喻，从一点、一线与一面的角度来解读零售业务先行先试的意义与作用，是希望以此来带动与促进全行零售业务的全面发展。

经过近一年的实践探索，大零售战略进一步向纵深发展，全行上下对零售业务的重视程度、资源投入以及配套措施都有了显著提升，先行先试工作更是初见成效，已经成为大零售战略在基层实践方面的重要表现形式。

（二）改革试点工作稳步推进，取得良好经营业绩。去年6月份，总行召开了零售业务“率先发展”改革试点工作视频会，标志着全行先行先试工作正式启动；随后印发了《关于加快推进零售业务率先发展改革试点工作的意见》，明确了差异性、创新性、协同性和稳健性四项原则，提出了创新经营模式、提升综合贡献、增强综合竞争力、打造优秀文化、建设卓越团队和树立发展标杆等六大改革目标。各分行也高度重视、认真研究，结合实际向总行推荐了一批不同类型的改革试点行。在各分行推荐的基础上，为了确保先行先试工作的稳妥推进，总行遴选了81家机构作为首批总行级的改革试点单位。试点行既有二级分行，也有一级支行；既有零售业务基础较好、零售贡献占比超过50%的传统零售大行，也有零售业务基础薄弱、零售贡献占比不足30%的潜力分行或支行；既有传统零售业务优势明显的城区支行，也有重点县域支行，还有部分城市新区支行；既有对公资源丰富的机构，也有以商品交易市场等新市场新客户为目标的特色分支机构。各类试点行的多样性基本代表了工商银行分支机构的实际，为后续的改革试点和大零售战略的实施发挥了较好的典型引领作用。

一年来，大部分试点行的零售业务发生了向好的变化，主要经营指标均明显优于全行平均水平。在营业贡献方面，81家试点行大零售营业贡献平均占比为48.62%，高于全行平均水平9.96个百分点，其中21家行占比较去年同期提升超过5个百分点，四川遂宁、黑龙江佳木斯等分行占比接近或超过70%。试点行零售贡献平均增幅优于全行平均水平1.08个百分点，其中22家行营业贡献同比增幅超过10%，河南安阳分行等7家机构同比增幅超过30%。在客户拓展方面，今年以来试点行有效个人客户的平均增幅为3.78%，高于全行平均水平0.68个百分点，四川南充分行、厦门鹭江支行等4家行增幅超过10%；全行私人银行客户平均增幅20%，而试点行宁波余姚支行增幅达158%。在金融资产增长方面，今年以来试点行个人金融资产平均增幅7.82%，高于全行平均水平0.16个百分点，其中28家行增幅超过10%；储蓄存款平均增幅4.39%，高于全行平均水平2个百分点，19家行增幅超过10%，四川分行辖内四家试点行增幅均在10%以上。在个人信贷发展方面，今年以来试点行个人贷款平均增幅6.35%，19家行增幅超过10%，四川、青海分行所辖试点行增幅均在10%以上，山西晋中分行、深圳罗湖支行等5家机构增幅超过20%。在信用卡业务方面，今年以来试点行发卡量平均增长10.05%，高于全行平均水平2.43个百分点，17家分行增幅超过20%，山东、宁夏分行所辖试点行增幅均在20%以上。

以上经营业绩说明，各试点行认真贯彻总行关于先行先试的要求，从实际出发，在充分结合区域特点、资源禀赋和市场环境等实际情况基础上，发挥主观能动性，通过明确市场定位和竞争策略，持续扩大市场占比和领先优势。部分行的核心业务已经在当地市场确立了口碑，确立了优势，也为全行起到了表率作用。

（三）改革试点初步形成了一些宝贵经验。经过一年的改革试点，各试点行从体制机制、客户经营、产品创新、营销模式、团队与文化建设等方面创新求变，涌现了一批零售业务先行先试的典型代表和鲜活案例，为全行零售业务的发展积累了宝贵经验。

第一，正确理解和主动践行大零售战略是先行先试取得成效的重要前提。多数试点行及其上级行一致认识到，大零售战略是工商银行转型发展的必然选择，不仅事关长远，也取决于当下；大零售战略不仅是业务发展战略，更是客户选择战略，只有营造全行重视零售业务的经营氛围，才有可能把先行先试工作推广开来。只有认识到大零售战略的重要性，才能理解先行先试的重要意义，才能合理地确定改革目标，科学地制订改革方案，持之以恒地抓好执行。从这一年实践来看，凡是改革试点取得显著成效的，试点行本身及其上级行都非常重视零售业务，一把手行长往往亲自参与到战略执行中来，将零售业务作为经营转型的核心和方向，牵头组织零售业务推进委员会等机制建设，定期研究贯彻大零售战略和推进先行先试的改革举措和配套政策，带头营造大零售战略的氛围；主管行长和职能部门更是积极发挥作用，创造内部环境，调动各种资源，对大零售战略给予了全面完整的响应与传导，进而创新并丰富了工商银行的零售文化。

第二，试点行的率先作为和积极探索是先行先试取得成效的重要基础。正是基于不同机构的差异性，总行希望各试点行能结合实际先行一步，先行先试的要义在于“先”字，只有“先行”才能“先得”，“先试”才能“先成”。试点行的率先作为、主动作为和创新作为，是改革试点成功与否的关键。在这方面，我觉得广东中山分行就为全行树立了一个良好的榜样。我去年6月去中山分行调研时，他们的零售贡献占比是63%，已经非常高。这个占比是他们十年来坚持不懈、持之以恒地抓零售业务所得来的，当时我给他们总结了一句话是“十年磨一剑”。座谈时我提出来，作为试点行，能不能在此基础上更进一步。经过一年的努力，他们的零售贡献占比提高到70%，提升了7个百分点。中山分行的经验主要是三个方面，一是持之以恒，二是把政策用足，三是敢于超越自我。湖北襄阳分行也是很好的例子，襄阳作为一个工业城、汽车城，发展公司业务具有天然优势，但是湖北分行更长远地看到了零售业务的发展前景，把先行先试行定在襄阳，意在从批发业务相对发达的地区实现经营转型，如果成功，借鉴意义更大。通过一年的试点，襄阳分行的零售业务发生了可喜变化，优质客户、金融资产、储蓄存款、个人贷款等业务增速都超过10%，储蓄存款增量四大行占比33.8%，较年初提升9.4个百分点。

第三，持续指导和定向扶持是先行先试顺利推进的重要保证。由于先行先试需要对现有的体制机制、经营模式进行创新和改革，因此在很多时候，单纯依靠试点行的力量往往是不够的，需要省分行乃至总行的支持，或者说先行先试工作是需要上级行事先设计的。试点以来，总行相关部门一方面与各分行通力配合，全面摸底改革试点行基本情况，指导和明确了试点行的改革突破口和业务转型发展方向；另一方面，个人金融业务部联合银行卡业务部、私人银行部将试点行对口到各自的职能处室，制订了长效的支帮促工作方案。去年以来三个部门联合省分行深入试点行开展了两轮蹲点调研，共同指导试点行改革创新，协调解决重大问题。今年上半年总行陆续将个人住房贷款风险定价权、储蓄存款利率上浮部分权限、数据仓库灵活查询权限等授予部分一级（直属）分行，持续增加专属理财产品等，都为试点行改革提供了有力武器。大部分省行也在指导和帮助试点行改革方面做了大量工作。例如，四川、湖北、安徽等分行的一把手、主管行长等多次赴试点行调研，听取试点行的意见建议，帮助他们解决问题。有些分行将试点行对口给分管财务、信贷的副行长，有的分行专门针对试点行制定了区别于非试点行的考核办法和资源配置机制，有些分行明确提出在改革试点行增配1名分管干部，这些都是改革试点工作在有效帮扶和持续指导方面的很好的经验和做法。我们在去试点行调研时，试点行总是汇报他们做了什么，其实我们更愿意听到上级行做了什么，因为上级行的帮扶支持是试点成功的重要因素。

第四，体制机制创新是先行先试改革的重要环节。改革创新是先行先试的实现路径，基于零售业务系统性强的特点，在改革试点中对体制机制方面的创新尤为重要。总行的指导意见中明确要求各试点行要从组织架构、资源配置、激励考核、产品创新、零售文化、团队建设等多个方面大胆尝试和探索适应市场变化和客户需求的体制机制。从试点情况看，试点行在改革创新方面想了很多点子，也取得了一定的成效。例如，在管理创新方面，很多试点行都成立了零售金融业务部，将原有的个人金融、个人信贷、银行卡和私人银行等业务进行管理职能上的统一，组建了诸如住房按揭、收单、私人银行等专业团队以及外拓直营团队、远程运维团队，对于促进核心业务、新兴业务的快速发展起到了极其重要的作用。在文化引领和队伍建设方面，比如四川遂宁分行始终坚持“从‘零’开始，以小见大”的零售业务经营文化，在提升全行凝聚力和战斗力、提升零售业务软实力方面发挥了很好的引领和示范作用，在网点、人力资源远低于同业竞争对手的情况下，储蓄存款、金融资产、个人贷款、中间业务收入等核心经营指标增量均居同业首位，初步探索出一条中西部地区以提升县域零售业务市场竞争力为突破口的特色转型发展之路。

应该说，在当前复杂的内外部环境下，在总行没有对零售业务经营体系作出大的改变的情况下，各试点行在这一年里能实现这样多的创新与变革是非常不容易的，这是试点行自身努力的结果，也是上级行正确指导与有关部门大力支持的结果。在此，谨对各部门、机构给予试点行的支持和帮助表示感谢，对试点行取得的成绩表示祝贺！

二、当前先行先试工作中存在的主要问题

在看到近一年来改革试点工作取得成绩的同时，我们也注意到，试点行的进展不平衡，部分试点行变化不大，甚至没有变化，个别机构零售贡献还出现了负增长。这或许与外部环境的影响有关，但总行也了解到一些分支机构没有对先行先试工作给予应有的组织与推动，主要问题有以下三个方面：

（一）对零售业务战略地位和先行先试重要意义认识不足。大零售战略的实施以及先行先试举措的推出，是总行根据内外部经营形势变化，结合我行具体行情作出的重大决策部署，对未来一个时期工商银行的经营转型和可持续发展具有重要影响，只有全行上下统一思想、行动一致，才能在新常态、新环境、新变化中继续保持零售业务的传统优势和经营活力。但从前期所了解的实际情况以及各部门开展两轮支帮促调研反馈回来的情况看，部分行对这项工作的认识还不到位：一是有些分支机构的一把手认识不到位，认为大零售战略是零售专业的事情，只是由专业部门简单地把总行的相关文件转发布置下去，并没有认真根据试点行的区域特点和经营特点制定差异化的改革实施方案。二是有些分行的分管行长组织不力。有的分管行长认为先行先试是专业部门的工作，是下面试点行的事情，对整体试点工作少有研究，推动工作也是听听汇报、走个过场，个别分管行长试点期间从来都没有到试点行调研指导工作，缺少对试点行的系统性指导和跟踪检查，相关职能部门也没有就改革试点行提出的建议和意见进行研究，并在力所能及的范围内加以解决。三是试点行认识不到位，存在“无能为力”的思想倾向，认为是改革是“总省行的事情”“自己没有先行先试的权力”，没有主动思考、积极研究如何利用先行先试机遇做大做强零售业务，仍然沿用传统的思路和方法经营零售业务，这实际上也是思想僵化、缺乏创新的表现。

（二）改革试点组织推动不平衡。总行对先行先试提出的四项原则、六个总体目标以及六方面的改革着力点和突破口，是希望各省市分行结合自身实际和试点行具体情况，对试点行提出更有针对性、更具可操作性、更有力度的改革目标和配套政策，真正打造和树立一个标杆，但部分机构对改革试点工作流于形式、浮在表面，从开始遴选试点行就重视不够，对指导意见研究不深，一年以来组织推动、配套措施、督导跟进、对口支帮促、重要问题报告等工作力度明显不够，成效也不明显。上半年，有7家试点行零售贡献占比下降10个百分点以上，部分行还出现营业贡献及占比双下降，在这里确实要问一下为什么。其实总行十分清楚，零售业务作为一项长线业务，作为一项战略，布局需要长远，收效会有一个过程，但作为试点行总不能比非试点行做得还要差，不能比试点前还要差。当然，如果这7家行经过一年的试点，发现不适合做零售业务，我倒觉得可以把名单做一个调整。如果从经营方面找不出原因，那就要分析是不是工作抓得不扎实，或者是重视不够，或者是配套措施不够，这些方面需要我们事后很好地研究一下。

（三）改革试点配套措施不够。坦率地讲，试点行前期所取得的成绩，很大程度上是基于领导的重视，而在体制机制方面的配套相对欠缺，这也是各部门调研过程中基层行反映较为集中的问题。这方面的问题主要在总省行层面：一是我们还没有触及到涉及零售业务的体制性问题。二是授权管理无法适应外部变化和市场竞争，试点行缺乏具有竞争力的产品和手段，比如零售信贷政策缺乏一定的区域特色，贷款政策、业务流程、审批权限等方面灵活性较低，很难适应市场竞争。三是基层创新积极性和主动性尚未完全激发。创新应源于基层、源于客户、贴近市场，我行的创新管理有时是自上而下，对市场的反应、对客户需求的满足、对基层的支持还不够。四是在管理创新方面，部分分行对试点行的考核评价没有体现出试点行的差异性和针对性；在财务资源方面受整体经营情况影响，对试点行难以提供必要的支持。五是在零售专业人才的培养和使用方面还做得很不够，零售条线从业人员的发展通道也有待进一步拓宽。

三、进一步深入推动先行先试工作的要求和措施

结合当前存在的问题，我就下一步深入推进先行先试工作再提几点要求。

（一）进一步提升对大零售战略地位和先行先试重要意义的认识。今年以来，虽然全行在诸多不利因素叠加影响下依然呈现出盈利的成长性，但是贷款质量劣变加快、传统业务收益下滑、新兴业务拉动作用还不够强等一些问题仍然突出，我们面临的经营形势更趋严峻复杂，转型发展任务更加紧迫，迫切需要零售业务在加快推动全行经营转型和支撑利润持续增长方面发挥更大作用。今年上半年，零售业务稳定的经营业绩也体现出正当其时的良好发展机遇，营业贡献达到976亿元，全行占比38.19%，较去年同期提高2.55个百分点；中间业务收入达到450亿元，同比多增113.5亿元，同比增幅34%，全行占比达到57.64%，较上年提升5.74个百分点，代理销售、银行卡、私人银行、个人理财、个人贷款等业务展示出强劲的成长态势。对于零售业务对全行的贡献和作用，姜建清董事长和易会满行长都在年中工作会议上的讲话中给予了充分肯定。因此，全行上下要进一步提升对大零售战略地位以及当前经营形势下所具有的重要性、基础性作用的认识，抓住当前发展零售业务、促进经营转型的有利时机，对大零售战略再认识、再提高、再升华。

各分支机构首先要认识到这次会议对于推进大零售

战略与先行先试工作的重要作用与意义，要以这次会议为契机，全面分析总结前期在推动零售业务、开展先行先试工作方面的经验与存在的问题，并有针对性地研究制定适合于本机构与试点行率先发展的创新举措。其次，要把推广使用互联网金融产品作为重视和做好零售业务的重要方式。去年以来，全行围绕建设三大平台、三大产品线，先后开发投产了很多互联网金融产品，其中绝大部分是面向零售客户的。各行要通过新产品的营销服务客户、推广业务并进而感受零售业务的新需求与新变化。对零售新产品的学习、营销、应用的过程，也是我们丰富零售文化的重要方面，是认识零售业务发展规律的重要方面。最后，要把先行先试工作融入全面完成下半年各项任务目标之中，紧紧围绕十大千万级个人客户群，重点做好个人贷款客户、交易类客户和以大学生为主体的年轻客户拓展工作；全面推动储蓄存款、代理业务和住房资产的增长，大力发展个人自助质押贷款、个人信用消费贷款和综合资产服务业务，加速客户资产的流动；要深化大数据与精准营销应用，加强互联网金融产品推广，做好针对大学生、商友等特定客户群的金融服务APP建设，持续推进零售业务营销模式转型；大力推广信用卡“9944”精确营销项目，全面铺开“175”商户精确营销项目，依托线上线下一体化资源，构建个人账户和商户账户的双数据模式。

（二）持续深入推进改革试点工作

一是加快体制机制创新。体制机制创新的关键是总省行要稳步扩大试点行的权限，加大支持力度。总行相关部门要指导各分行对有效需求多、资产质量稳定、综合收益较高的试点行适度追加零售信贷规模，要支持试点行开展个人信贷业务创新，加大政策、流程、授权等支持力度，指导试点行做大做强个人住房按揭贷款市场份额。易行长在年中工作会议上提出，目前我行个人住房贷款较建行少2 000多亿元，同业排名第二，我们能不能用两年左右的时间扩大个人住房贷款的份额，回到第一的位置上去，这需要我们很好地谋划。工商银行这么多信贷产品，个人住房贷款是最好的一款产品，2.3万亿元的规模，不良率仅有0.32%，而且还少有核销，未来住房信贷市场前景也很广阔。在先行先试工作中，我觉得有些试点行不用全面开花，如何能把这块业务做好就是经验。我6月份去陕西宝鸡调研，扶风县支行个人住房贷款份额超过全县的80%，他们是抓住了县城搬迁的机会，贷款客户都是县里最好的客户。我觉得扶风县支行未来15年的收益都被锁定了，不管市场有多大的变化，这家支行可以健康、稳定地发展，而且由于住房贷款的绝对优势，支行把上下游和相关的个人业务都拿了过来，这些方面的经验需要我们总结。

我们还要通过分期付款期限适度放宽等政策支持，加快发展信用卡贷款和个人信用消费贷款业务。要鼓励和引导一级（直属）分行将存款定价权限部分转授至一些试点行，并在大额存单额度配置方面向试点行优先倾斜。要构建一套信用卡、私人银行与个人客户之间的双向渗透机制，努力使客户的金融资产在我行形成运行闭环。要继续面向试点行发售专属理财产品，巩固和扩大第一金融资产大行地位。要研究适用于试点行的人力资源保障措施，指导试点行优化人力资源配置，适当考虑在人员总数年度安排上给予一定政策倾斜。要加快推动网点竞争力提升项目，指导分行将项目释放出的人员优先充实到个人客户经理队伍上，并建立名单制，持续跟进、严格落实责任。今天下午与会各分行、各部门还要就此深入研究，总行会在下半年制定专门的意见，指导如何使先行先试工作升级换挡，用更高的改革“版本”推动零售业务的先行先试。在总体深化的基础上，要通过81家试点行的经验总结几种发展模式，供全行参考和借鉴。

二是加强系统支持。要研究建立适应市场变化、客户需求和基层营销的产品创新机制和科技研发流程，鼓励基层首创精神。要进一步将数据仓库通用查询、灵活查询等权限下放至试点行，鼓励试点行在精准营销和数据挖掘等方面进行有益探索。

三是强化经验共享。总省行要持续做好先行先试改革案例和典型的梳理和总结，明年初要在充分总结改革试点成效的基础上，对先行先试先进单位进行评比表彰。要建立常态化的试点行核心经营指标监测通报，定期反馈省市行及试点行。进一步完善试点行的动态调整机制，将那些近年来锐意改革、成效显著、但不在总行改革试点名单内的优秀机构加入其中，对那些试点工作不重视、不作为、无成效的机构进行预警并调整出试点名单。

四是坚持对口联系制度。总行各部门、各一级（直属）分行要继续坚持改革试点行的对口联系制度，这也是我们践行“三严三实”、持续改进作风的重要内容。要一以贯之地执行下去，从基层了解第一手资料，从基层掌握同业最新动态，从基层发现制约改革发展的症结，从基层汲取创新实践的金点子。

（三）上级管理行要发挥在改革试点中的主导作用

一是明确深化试点改革的方向和目标。各一级（直属）分行要在系统总结改革试点经验、认真分析存在不足和问题的基础上，通过细致扎实的市场调研和经营研究，形成更有针对性、更具可操作性的改革试点深化方案，进一步提出所辖试点行的改革方向、经营目标和配套措施，进一步加快对现有经验和改革成果的推广力度，进一步研究扩大改革试点的范围，力争通过1～2年的努力探索出更多零售银行经营模式。

二是完善基于改革试点的配套政策。要结合试点行的实际情况简政放权，鼓励试点行进行体制机制创新，充分激发基层经营活力。要积极探索个人客户经理直通式、扁平化管理，以二级分行为单位，进一步扩大集中管理范围，缩短管理链条，使零售业务从业人员有更多的精力参与市场竞争。要建立与大零售战略相适应、与先行先试目标相匹配的资源投入保障机制，逐步建立一套资源投入定期报告和评估机制。要积极研究落实信用卡精确营销的“尽职免责”政策支持，以个人信用消费金融中心成立为契机，完善个人信用消费贷款目标客户的“白名单”管理机制，探索用大数据技术和标准化流程对客户准入、授信、放款、监控和催收实施管理的发展道路。要健全对试点行的考核激励机制，按照“责、权、利”对等原则，加大绩效分配与员工业绩的挂钩力度，完善“按劳分配、多劳多得”的激励机制。要做好 MOVA 在网点、员工的“最后一公里”推广应用，解决好员工的业绩计量问题，实现绩效分配落地。

三是加强过程管理和业务指导。一级（直属）分行零售业务分管行长作为第一责任人，要亲力亲为，多关心、关注试点行创新工作，每年赴试点行的时间不应少于 10 天，要深入一线网点了解掌握第一手资料，组织协调相关部门对试点行存在的问题、提出的建议和意见认真研究，对于系统共性问题及时向总行反映，对于所辖能解决的问题要限期解决。要加强改革试点工作的目标管理、过程管理与细节管理，建立试点行零售业务关键指标跟踪机制和督导机制，对于全辖改革试点工作推进情况要形成定期通报、问题反馈等制度，对于改革方案定期“回头看”。

四是将试点行作为创新产品的试验田。要将总行创新的产品和业务优先在试点行试行和推广，例如互联网金融产品的营销推广、个人客户远程运维团队的建设、各类区域特色产品的研发推广等。近期“工银 e 校园”、“工银 e 生活”、“商户之家”等即将上线，要在试点行率先开展推广应用，将试点行打造成网点智能化和平台化转型、线上线下一体化发展的典范。要加快落实个人信用消费贷款业务整合至信用卡专业的管理要求，支持和推动试点行运用大数据分析技术，加快推进信用卡与信用消费贷款捆绑营销，积极拓展个人信用消费金融市场。广东、浙江、上海、北京分行要根据综合改革试点的总体部署，将零售业务改革试点摆到更突出的位置，对所辖改革试点行提出更高要求，给予更多支持。

五是将试点行作为锻炼优秀干部的基地。各行在推进大零售战略、做大业务规模的同时，要有组织地把后备干部、年富力强具有发展潜力的优秀员工充实到试点行，给他们多压担子，把一些重点产品、重要业务分配给这些同志，让他们多锻炼、多学习摸索。总行相关部门也要安排业务骨干赴试点行蹲点调研、交流实习、宣讲培训，为试点行解决实际问题。

（四）试点行要成为争先创优的排头兵

一是高标准推进先行先试。试点行要注重发展策略的应用，结合本行本地区实际情况，认真分析和选择业务发展突破口，尤其要确立储蓄存款、个人贷款、中间业务收入、银行卡、私人银行等核心业务绝对的市场领先地位，并拉开与竞争对手的距离。要实施对标行动，无论现阶段处于领先地位还是追赶地位，各试点行都要在辖区内确定 1～2 家目标同业，眼睛向外，多学习对手的长处。以后我和相关部门到试点行调研，首先要了解你的市场有多大，你的对手和学习对象是哪家，如何通过先行先试赶超先进。对试点行的经验总结和考核要重点着眼于市场竞争力。

二是成为创新产品推广的标杆。总省行要加大对试点行新产品、新业务的培训力度，各试点行也要顺应互联网金融业态发展的新趋势，探索新型零售业务营销、运营、服务新模式。今年零售领域的创新有很多，比如个人自助质押贷款、个人信用消费贷款，薪金溢、节节高等存款创新产品，融 e 联、融 e 行等互联网营销产品，还有远程运维模式，每家试点行要从中选择 1～2 个适合自身的主攻方向，经过下半年的努力探索出条新路子来。

三是成为破解“最后一公里”难题的典范。要严格按照总行关于对个人客户经理考核“新资产、新存款、新客户”的要求落实绩效分配，有条件的二级分行要探索个人客户经理集中管理和统一绩效分配机制。要做好两个明确，其一是明确营销人员的主要工作目标，分解到季、到月、到周、到日，每天检查业绩完成情况；其二是明确营销人员的日常规范要求，每日、每周、每月、每季需要做哪些工作，见多少客户，效率如何，成果如何，等等，都要定期跟踪督导。如北京海淀西区支行、江苏常州分行等都有非常具体的工作流程图和基本规定动作，抓得很细很到位，通过一段时间坚持，工作成效显著，希望其他试点行能认真学习。

同志们，这一年来的实践证明，总行关于零售业务率先发展改革试点的决策部署是完全正确的，各行在先行先试方面的举措也是富有成效的。希望大家坚定信心，在改革创新方面胆子再大一点，思路再活一些，步子再快一点，成果再好一点，为大零售战略的纵深推进以及全行经营转型作出更大贡献。

锐意进取　奋发有为
努力开创个人贷款业务新局面

——在个人贷款业务视频推动会上的讲话

王希全

（2015 年 10 月 23 日·根据录音整理）

在经济新常态下和全行经营转型过程中，信贷市场拓展与信贷风险防控是全行工作的重中之重，发展个人信贷业务可以成为实现这一目标的两全之策。今年下半年以来，总行个人金融业务部、信贷与投资管理部、银行卡业务部组成工作团队，到基层做了一些调研，就如何发展个人信贷业务，与基层的同志们做了非常好的研究，我也到东北三省、河北、广东等分行做了一些调查研究。上周我和魏国雄首席风险官组织总行 9 个部门专门召开了一次个人信贷业务专题办公会，对当前个人信贷业务发展中的一些具体问题进行了专题研究。今天召开这次专题视频会议，就是要总结前一阶段全行个人贷款经营情况，分析当前形势及存在问题，统一思想，明确目标，积极采取各种有效措施，推动个人贷款业务持续健康发展，为全行信贷业务发展与风险防控作出零售条线应有的贡献。刚才 4 家分行的发言，讲得都非常好，这些分行抓住了机遇，善于创新，措施扎实，工作有特色，成绩突出，经验宝贵，值得各行学习借鉴。下面，我讲三个方面意见。

一、当前全行个人贷款业务经营情况

今年以来，全行个人贷款业务总体呈现良好发展态势，主要呈现出以下几个特点：

（一）贷款规模加快增长，成为全行拉动信贷增长、调整经营结构的重要动力。截至 9 月末，全行全口径个人贷款（含个人经营贷款及银行卡透支）余额 33 504.5亿元，占全行人民币各项贷款（不含拆放，下同）的 31.93%，较年初提升 0.95 个百分点；余额较年初新增 3 370.2 亿元，同比多增 754 亿元，增量占全行各项贷款的 44%，较上年提升 8.2 个百分点。大口径个人贷款（含个人经营贷款，不含银行卡透支）余额四行占比 28.93%，在四大行中继续保持领先地位。

（二）各业务品种发展基本优于去年同期，创新产品取得良好的市场反响。今年以来，个人住房贷款保持较快增长势头，成为拉动个人贷款增长的引擎，同时个人消费贷款、个人经营贷款余额持续大幅下降的势头也得到了初步遏制。9 月末，个人住房贷款余额 23 780.8 亿元，较年初新增 3 303.4 亿元，同比多增 488 亿元，增量占全行各项贷款的 41.7%；消费贷款余额 2 890.6 亿元，下降 105.3 亿元，同比少降 277 亿元；个人经营贷款余额 2 797.9 亿元，下降 181.9 亿元，同比少降 46.9 亿元；银行卡透支余额 4 035 亿元，新增 353.9 亿元。需要特别肯定的是，今年个人金融资产自助质押贷款实现了快速发展，是个人贷款业务中增长最快的一款产品，成为消费贷款新的增长点和互联网融资业务的新亮点。9 月末，全行个人自助质押贷款当年累放 743.6 亿元，余额 357.3 亿元，较年初增长 303.7 亿元。

（三）重点分行表现突出，对全行个人贷款业务发展作出重要贡献。9 月末，广东分行大口径个人贷款余额突破 3 000 亿元，江苏、浙江两家分行突破 2 000 亿元，四川、山东、河北、深圳、上海、河南、安徽、北京、福建、湖北等 10 家分行超过或接近 1 000 亿元。这 13 家分行个人贷款余额合计 19 982 亿元，对全行贡献率为 67.81%。

（四）存量个人贷款客户突破 1 000 万户，成为“大零售”板块中又一个千万级客户群。个人贷款客户黏性大，稳定性好，存续期长，贡献度高，是全行最为优质、宝贵的客户资源之一。9 月末，全行大口径个人贷款客户 1 027.5 万户，较年初增加 63.3 万户，增幅 6.56%。

（五）资产质量总体保持优良，经受住了市场考验。尽管今年以来个人不良贷款有所上升，但资产质量整体保持良好，是全行质量最好、最稳定的信贷资产之一。9 月末，全行全口径个人贷款不良额 413.3 亿元，不良率 1.23%，大口径个人贷款不良额 331.2 亿元，不良率 1.12%。其中，住房贷款不良额 84.1 亿元，不良率仅 0.35%，是全行质量最优的一项信贷产品。同时，我们还要关注经营性贷款与银行卡透支业务，前 9 个月这两项业务不良率仍然居高不下，特别是银行卡透支业务不良率超过 2%，有些分行不良率超过 5%，需要引起我们的重视，抓紧清收。

（六）个人贷款业务业务效益良好，综合贡献高。受央行连续降息、住房贷款定价中枢下移等因素的影响，个人贷款定价水平有所下降，但贷款效益在全行各项贷款中仍保持较高水平。截至9月末，全行全口径个人贷款实现利息收入1 265.1亿元，占各项贷款利息收入的29.12%，同比增长71.2亿元，增幅5.97%。从新发放贷款看，前三季度新发放大口径个人贷款加权平均利率5.75%，较全行各项贷款平均水平高0.15个百分点。其中，住房贷款加权平均利率5.61%，高于全行各项贷款平均水平。今年以来新发放住房贷款中有60%执行基准（含）以上利率，40%执行下浮利率。而且，个人贷款业务除本身的收入贡献外，还可带动其他金融产品的发展，综合贡献显著。9月末个人贷款客户对储蓄存款的渗透率高达100%，对灵通卡的渗透率高达91.67%，均显著高于个人客户整体水平。根据挖掘数据，按18种产品统计，个人住房贷款客户人均持有5.93种产品，接近全部个人客户3.38种产品的平均水平的两倍。

可以说，在全行整体信贷需求相对不足、风险加大的情况下，个人贷款业务无论是发展速度，还是资产质量、综合贡献与品牌影响力，都可圈可点，成效显著。在这里，我代表总行向零售条线的同志们，向为个人信贷业务发展作出贡献的有关部门、有关同志表示感谢。

二、当前个人信贷业务经营面临的形势和存在的问题

当前，我国个人信贷市场正在发生深刻而复杂的变化，既有良好市场机遇，也将面临新的挑战，同时我行内部也存在一些问题需要认真研究和解决。

（一）经济新常态及国家全面深化改革为个人信贷业务发展带来新机遇。从机遇方面看，首先，我国经济发展已进入新常态，经济结构加快调整与转型升级，经济增长从过去以投资和出口为主的模式向以内需和消费拉动为主的模式转变，服务业占比持续上升。今年前三季度，我国第三产业增加值占GDP的比重已达51.4%。经济结构的调整必然要求银行业相应调整自身的经营方向和经营策略，加快向发展零售业务转型，尤其要注重发展低风险、高收益的个人信贷业务。其次，党的十八大以来，国家在多个领域全面深化改革，鼓励支持居民加快个人财富积累，推进国有企业改革及混合所有制改革，不断完善社会保障体系，深化养老、教育等领域的改革，这些都将为包括个人贷款业务在内的零售业务的发展带来新的市场空间。从面临的挑战看，随着经济增速下行、利率市场化及金融脱媒加速，商业银行利润增速下行，资产质量管控压力不断加大，资本约束不断增强，也迫切要求商业银行加快经营转型，加快发展资本占用低、风险分散、质量优良、综合贡献高的个人信贷业务。

（二）我国房地产市场持续增长将为住房信贷业务提供新的发展机遇。我国房地产市场在中长期看仍有较大市场需求，有望保持持续增长。首先，从城镇化看，国家正在大力推进新型城镇化，2014年末全国城镇常住人口7.49亿人，占总人口比重为54.77%，距离发达国家整体80%的城镇化率水平还有很大空间，同时改善性住房需求不断增长。其次，从市场空间看，2014年我国个人住房贷款余额约10.6万亿元，占当年GDP 63.6万亿元的16.65%，大大低于发达国家50%以上的水平（英美约为60%，德国为47%），住房贷款市场空间仍然巨大。最后，去年下半年以来，在一系列宽松政策的影响下，全国房地产市场整体逐步企稳回暖。今年前三季度，全国商品房销售面积8.29亿平方米，同比增长7.5%，其中住宅销售面积增长8.2%；商品房销售额5.67万亿元，同比增长15.3%，其中住宅销售额增长18.2%。预计今明两年，我国房地产市场整体上将继续呈回暖态势，尤其是一线及部分二线城市市场回暖态势将更加明显，但三四线城市短期内还将面临较大的去库存压力，但市场交易量也将进一步放大。全行对房地产市场形势应该保持清醒认识。同时，从房产交易市场内部结构看，随着我国住房市场向纵深发展，二手房交易量将不断扩大，目前一线城市二手房交易量基本上都已超过一手房，今后这一趋势将逐步从一线城市向二三线城市扩展，二手房交易将为我行二手房贷款业务提供很大的市场空间。

（三）居民消费增长和升级将为消费信贷业务创造良好机遇。近年来，国家不断加大对居民消费的政策支持力度，我国居民消费不断增长，消费对经济增长的贡献不断提高，已逐渐成为扩大内需、拉动经济增长、推动经济增长方式转变的重要力量。今年前三季度，消费支出对经济增长的贡献率达到58.4%。而且，国际经验表明，人均GDP达到4 000美元后，居民消费结构将从生存型向发展型和享受型转变，购车、文化消费、旅游、教育、养老、出国留学等方面的消费将迅速增长，相关产业将迅速发展。2014年，我国人均GDP已达到7 485美元。今后一段时期，在以上有利因素影响下，居民消费需求将持续增长，消费信贷需求也将不断扩大，这无疑将为全行消费信贷业务的发展提供广阔空间。其实，我们每一个人都是消费者，我们的消费需求也代表了全国广大消费者的消费需求，从我们自身的需求来研究信贷业务的需求无疑具有参考价值。

（四）国家鼓励创业创新将为个人经营贷款创造良好机遇。近年来，国家积极鼓励“大众创业、万众创新”，简化注册登记手续，降低资本金门槛，工商注册登记的各类市场主体数量显著增长。目前，全国已拥有1 500万户中小企业和4 400万个个体工商户。而且，国家积极支持用“互联网+”改造传统产业，为创业创新提供了良好环境。可以看出，随着民营经济的不断

发展及创业创新工作的加快推进，各类市场主体特别是新生代对个人经营贷款、个人创业贷款的需求也将不断增长，个人经营贷款市场广阔，发展潜力很大。

我们在看到机遇的同时，也要清醒地认识到，我行正面临日趋激烈的市场竞争，个人贷款虽然继续保持市场领先地位，但领先优势已十分微弱。9月末，我行大口径个人贷款余额仅领先第二名建行119.5亿元，从今年前9个月两行增长情况看，我们的领先地位已岌岌可危。个人住房贷款前9月比建行少增391亿元，与建行的差距已拉大至2 548亿元，江苏、福建两家分行住房贷款余额与当地建行的差距已超过500亿元，陕西、湖南、深圳等3家分行与当地建行的差距超过或接近300亿元，这5家分行差距合计2 135亿元，占全行与建行差距的83.78%。当然并不仅仅是这5家分行，由于广东、河北等分行远远领先于建行，因此还有一些分行与当地建行相比还有差距。未来全行个人信贷业务要实现更大发展，我行内部也有一些问题需要认真研究解决，主要有三个方面：一是思想认识还不够统一。部分分支机构对个人信贷业务的战略地位认识不到位，经营思路、经营行为与总行相关战略部署不统一。对个人信贷业务、住房信贷业务认识的局限会影响战略的执行，在基层调研中发现，有些分行在认识上过分放大了当前信贷业务经营风险，对发展优质的个人信贷业务也产生了动摇；有些分行一谈到信贷，就认为都不敢投放了，个人住房贷款也不敢投放了，这个认识是错误的。部分分支机构前中后台对业务发展认识不一致，未能形成有效的沟通协调机制。这种状况既导致其业务发展未达到应有水平，也导致全行各分支机构之间业务发展很不平衡。二是贷款政策和业务创新还不够完善。我行部分个人信贷政策、产品功能与市场及客户的需求脱节，产品创新速度、研发速度滞后，对市场的反应速度与同业相比也有一定差距。三是贷款管理体制机制还不够健全。个人贷款业务组织管理架构、业务流程设计、客户经理队伍建设、考核激励机制等方面还需要进一步研究完善。

总的来看，当前我行个人贷款业务正处在重要的战略机遇期，机遇大于挑战，创新求变的动力大于墨守成规的阻力。全行要充分利用自身有利条件，积极应对挑战，努力推动个人贷款业务再上新台阶，为全行改革发展作出新的贡献。

三、下一步工作要求

为积极抢抓战略机遇，主动应对各种困难与挑战，这里对下一步工作提出以下六个方面的要求。

（一）进一步明确个人贷款业务发展目标，加大组织推动和支持保障力度。全行要进一步统一思想认识，从工商银行长远发展出发，按照“大零售”战略及全行信贷结构调整的要求，明确树立“中国第一个人信贷银行”及“中国第一按揭银行”的发展目标，这既是量的目标，更是质的要求。要坚持个人住房贷款基础主体地位，加快住房抵押、自助质押、网贷通等创新消费信贷产品的市场拓展，全面稳定和提升市场占比，不断缩小与同业的差距。要在确保“中国第一个人信贷银行”地位的基础上，力争通过1～2年的努力，在住房贷款增量上超越建行，通过3年左右的时间实现住房贷款余额赶超建行，夺回“中国第一按揭银行”地位。我们要围绕“全球第一大发卡银行、中国第一信用卡品牌”战略目标，以信用卡分期付款和个人信用消费贷款为抓手，大力发展纯信用个人消费贷款业务，巩固并扩大我行信用卡业务领先优势，个人信用消费贷款力争今年发放50亿元，明年超过300亿元。个人信用消费贷款已于10月17日上线，前期总行做了培训，希望各行能够把这项工作紧抓起来，同时通过白名单管理，前后台一起加强风险防控。

各行要充分认识新常态下发展个人信贷业务的重要意义，将经营思想统一到总行战略部署上来，切实按照总行相关工作要求，加大个人贷款业务组织推动力度。要把个人贷款业务发展作为行长会和零售金融业务推进委员会的重要议题，形成一把手亲自抓、主管行长抓落实、相关专业和团队协同执行的局面。要分解细化任务目标，研究制定配套政策措施，从贷款规模、资金配置、机构与队伍、考核激励、品牌宣传、硬件配备等方面加大倾斜和支持力度，积极抢占个人贷款市场。

（二）用足用好总行政策，推动个人贷款业务加快发展。总行上周召开的个人信贷业务专题办公会研究确定了多项推动个人贷款业务发展的政策措施。其中，总行已经或即将发文明确的政策措施包括：一是将个人住房贷款市场自主定价机制适用范围由目前的14家一级（直属）分行扩大至全行，赋予分行更大的利率定价权，提升市场竞争的主动性和灵活性。同时，各行要加强利率定价监测，努力实现量价平衡，避免在可比同业中定价水平排名落后。二是下调一年以上各期限个人住房贷款的内部资金配置价格各10个基点，并调整新增个人质押贷款的资金配置价格与住房贷款一致，从业务发展导向上对分行进行财务激励，鼓励各分行积极发展低风险的住房贷款和金融资产质押贷款业务。三是四季度新增的个人自助质押贷款、基准利率（含）以上的个人住房贷款和信用卡逸贷分期业务等多数由客户端发起的贷款，贷款规模由总行统筹配置管理、事后追加。也就是说，这些贷款的规模不受分行贷款规模的限制和影响，只要分行投放得好，总行将追加规模。四是进一步明确和扩大个人金融资产自助质押贷款和住房抵押贷款的用途范围，满足个人及小微客户合法合规用途的“消费＋经营”等综合性融资需求。五是允许各分行根据地区市场情况、风险控制和业务效率等经营管理实际需要，选择差异化的集中审批实现方式。六是调整房地产开发贷款结构政策，压降商用房开发贷款，对北京、上海、广州、深圳等住房市场较好的城市，研究放开住房开发贷款投放控制。

同时，还有一些政策措施需要总行相关部门抓紧研究落地，主要包括：一是尽快推出个人保函业务，通过保函的形式，实现跨地和跨境的抵质押贷款。二是允许以第三人的住房为抵押物办理个人房屋抵押贷款业务，首先从直系亲属做起。三是在“融e购”打造二手房交易平台，为“融e购”二手房交易提供二手房贷款支持，根据各地市场竞争需要，研究论证在二手房贷款业务流程中引入阶段性保证担保的相关政策制度。四是对质押品进行科学、细致的分类和风险评估，确定合理的、差异化的质押贷款成数和价格，在覆盖贷款本息的前提下，适当提高人民币存款自助质押贷款的成数，细化理财、基金等质物的贷款成数和价格规则，做到风险收益匹配。五是适当降低个人质押贷款、个人住房贷款等低风险贷款的经济资本占用，激励分行合理调整业务发展导向。六是适应线上业务发展趋势，优化信贷计划调度模式，对客户端发起的贷款，适时由总行统筹规模配置。七是为个人信用消费贷款业务开通线下服务渠道，对30万元以上的个人信用消费贷款，分行要根据营销重点需要，落实可证实收入，经批准后方可办理，为有效防范风险，该业务办理须纳入白名单管理。八是逐步提高个人住房贷款自动化审批比例，争取达到30%～40%。要积极研究实施二手房贷款自动化审批，现在各分行情况不平衡，不少分行低于这个水平，要整体提升自动化审批水平。九是继续做大个人分期付款业务，加强信用卡不良贷款催收和清收，压降信用卡不良率。十是加强全行个人贷款队伍建设，培养个人贷款专业化人才，提高个人贷款从业人员整体素质，打造专业高效的个人贷款业务团队，从体制机制上加强对个人贷款业务营销、管理的支持和保障。对于总行已发文明确的政策措施，希望各行要高度重视，切实用足用好这些政策，抓紧后两个月时间，不等不靠，加快推动个人贷款业务的发展。对需要总行研究落地的政策措施，总行各相关部门要抓紧研究，各分行可积极参与，有好的意见与建议，可与总行个人金融业务部、信贷与投资管理部等部门沟通。

（三）抢抓个人信贷市场良好机遇，分类施策发展个人贷款业务。

一是要抢抓房地产市场回暖的良好机遇，加快发展住房贷款业务。尤其是东部重点分行和一线城市行要高度重视，积极采取措施，努力做大住房贷款业务规模，保持或达到同业领先的市场占比。加强房地产开发项目融资与按揭贷款的经营联动，调整房地产开发贷款投向结构，加大住房开发贷投入，通过项目融资撬动更多按揭资源，总省行要加强“总对总”按揭合作营销力度。在二手房市场发达的地区，要加强与当地品牌好、实力强的二手房中介机构的合作，实施针对性的业务拓展策略，积极抢抓新兴的二手房贷款市场。要加强住房公积金委托贷款与自营贷款经营联动，推动公转商或商业贷款贴息业务。今年我行与军队在住房公积金贷款上实行了新的合作模式，各行要积极做好军人公积金贷款开办和军队服务工作。要把握监管部门推进资产证券化注册制改革的机遇，探索推进住房贷款证券化。

二是要全面把握消费增长升级的良好机遇，审慎稳妥地创新发展个人消费信贷业务。要充分认识质押贷款对于联动各项个人金融业务、提升个人金融综合效益的重要作用，发挥先发优势，继续加大自助质押贷款营销拓展力度。同时，各行还要充分认识到房产是消费类贷款的担保物主体，抵押类贷款对于拉动个人消费贷款实质性增长具有核心作用。今年以来，总行推出了个人房屋抵押综合消费贷款，但推广使用情况不太理想，经过调研，感觉到其贷款条件、对借款人条件的限定、抵押房产限定为第二套房产、大额贷款集中在一级分行审批等要求，与市场和客户的需求还有差距。目前，总行信贷与投资管理部、个人金融业务部正在研究优化，希望优化完善后尽快实施。各行要以总行优化个人房屋抵押综合消费贷款、个人网贷通为契机，营销宣传“抵押类贷款自助化操作”的产品亮点，促进消费贷款业务发展。要研究消费者新的金融需求，大力拓展购车分期业务，全面抢占“家装、家居、家电”等行业龙头企业的分期付款业务，进行收单业务营销时，要同步营销分期付款业务。各行还要积极运作个人信用消费金融中心，加快发展个人信用消费贷款业务。尚未挂牌成立个人信用消费金融中心的分行，要抓紧充实人员、组建团队。在行内要实行白名单制度，行外要营销具有可证实收入的客户和优质集团客户，要开展点对点精准营销。

三是要抓住国家大力推动创业创新的机遇，审慎发展个人经营性贷款业务。要加强在重点商圈和供应链领域的营销，重点推介住房抵押类个人经营贷款，特别是个人经营贷款网贷通服务。要优选客户群稳定、电子商务替代率低的市场进行宣传营销。要围绕龙头企业，实现批量拓户，拓展个人经营贷款网贷通业务。

四是要充分利用我行现有优质客户资源，积极发展个人资产综合服务业务，创新拓展新的业务收入渠道。目前，我行有效个人客户已达到3.5亿户，个人客户持有的金融资产已突破10万亿元，同时，我行个人房产抵押贷款客户已突破1 000万户，初步估算，其抵押在我行的房产价值超过5万亿元。这些都为我行进一步开拓包括金融资产、实物资产在内的全口径个人资产管理业务提供了强大的优势资源。下一步，要按照“做大两池，活化资产，创新驱动，价值提升”的原则，优化升级个人资产综合服务，构建涵盖不动产和金融资产的两大资产池，搭建资产管理服务平台、融资增信服务平台和网络信息服务平台，在这些平台上为客户提供多种贷款用途的组合性融资服务、基于个人资产抵押的保函类服务和其他财富管理、增值增信等多种服务，锁定持有高价值房产的优质客户，创新拓展新的业务收入渠道。

（四）鼓励各分行特别是先行先试分行探索个人贷款经营管理体制机制创新。积极鼓励、支持各分行特别是零售业务先行先试分行探索个人贷款经营管理体制机制创新，进一步释放经营活力，并为全行下一步改革发展摸索路子，积累经验。一是承担管理职责的分支机构可根据经营管理需要，探索个人贷款经营管理体制及管理架构创新，适当整合个人贷款管理相关环节的职能，提高经营管理效率。二是二级分行、支行等具体承担个人贷款营销、日常管理等职责的基层机构，可根据经营管理需要，适当整合集中个人贷款业务流程与相关岗位职能，探索建立专业化的个人贷款专业机构或团队，保障客户经理外出营销及客户服务时间，实现抵押登记、贷后管理、催收清收等工作的集中，提高个人贷款业务经营的专业化和集约化水平。三是要加强个人贷款营销渠道建设，充分利用我行实体网点、网上银行、“融e购”平台和行外合作伙伴渠道资源，构建多层次、立体化的营销渠道网络，不断提升个人信贷业务的营销拓展能力。四是要加强个人贷款专业团队建设，充实个人贷款业务岗位及人员配置，加大个人贷款业务培训力度，提高个人贷款营销队伍的整体素质。这是一项非常重要的工作，队伍人员是根本，营销队伍、信贷队伍的能力与素质决定贷款业务的质量与发展速度，人员素质与水平提高了，资产质量、发展速度就会提高，如果我们的队伍做业务的功夫不到家，人员素质与能力不过关，今天发放出去的正常贷款可能就会变成明天的不良贷款。五是要建立更加稳定有效的考核激励机制，更好发挥考核激励的战略导向与激励约束作用。要针对个人贷款业务的特点，对从事个人贷款业务的客户经理实行计件考核专项奖励制度，真正将营销奖励兑现到一线客户经理。要建立前中后台目标一致的交叉考核机制，前台部门有风险控制指标，中后台部门要承担业务发展任务。

（五）顺应互联网金融发展趋势，运用互联网思维创新发展个人贷款业务。各行要按照总行关于互联网金融工作的相关要求，在个人贷款业务领域加快发展互联网金融业务，使互联网成为个人信贷业务发展的新动力。一是要运用互联网思维发展个人贷款业务。要牢固树立“客户至上”理念，不断提升客户的服务体验，打通各业务板块、各渠道之间的信息壁垒，促进信息充分整合和共享，更加平等地接纳不同客户和合作机构。二是要积极搭建互联网交易平台。要积极构建互联网应用场景，搭建互联网交易平台，通过我行“融e购”平台、自助质押贷款、网贷通、信用消费贷款、POS收单等产品或服务，满足客户的融资、支付、投资等金融服务需求。要通过逸贷及信用消费贷款形成“代发工资+消费+支付+融资”闭环，通过自助质押贷款形成“金融资产+融资+消费+支付”闭环，通过网贷通形成“不动产+融资+消费+支付”闭环，全面盘活客户流动收入、金融资产、实物资产等各类资产，实现个人资产、负债、中间业务的全面融合。三是要做好互联网金融产品营销推广工作。要积极做好“融e购”平台在线按揭贷款的应用推广工作。要运用精准营销、总部直营式营销、社交化营销等互联网营销方式，做好自助质押贷款、网贷通、“融e购”在线按揭贷款等互联网个人信贷产品的营销推广工作。要顺应“互联网+”发展趋势，与互联网企业、电商平台合作，拓宽分期付款业务渠道，推动分期付款移动化、智能化发展。要挖掘电子商务客户群资源，尝试与行内“融e购”及行外开放式B2B、B2C对接，创新个人经营贷款业务模式。

（六）切实增强风险管控能力，抓紧抓好个人信贷风险防控工作。要高度重视个人贷款风险管理，而且越是在业务发展快的时候，越要加强风险管控，确保个人信贷业务不出现系统性风险，创新产品不能出现新风险。一是“防假”工作时刻不能放松，尤其在去库存压力大、房屋价格下跌明显的区域，对开发企业有首付分期行为等高风险特征的按揭项目要重点关注，杜绝“假按揭”。二是要加强操作风险管理。对于采用抵押担保的贷款，要及时办妥抵押登记手续，落实我行抵押权。对于线上个人质押贷款，要做好引导宣传和风险提示工作，使客户充分了解产品特点，增强客户防范金融诈骗的意识；对于线下个人贷款，要严格按照操作流程办理，严格履行面谈面签、押品核验等流程。三是要进一步加强逾期贷款催收和不良贷款清收，积极推进城市行逾期贷款集中催收工作，提高催收工作效率和专业化水平。四是要加强个人不良贷款清收处置工作，总行要抓紧研究出台适合个人贷款业务特点的呆账核销、以物抵债以及与第三方机构合作处置等清收处置政策，明确责任认定及尽职免责标准，并统一组织全行实施，促进个人贷款业务健康发展。

总之，希望在今年最后两个月时间里，全行能够进一步提高对发展个人贷款业务的认识，落实好总行已经出台的各项政策措施，加大营销力度，确保完成全年既定目标任务，并为明年个人贷款业务发展奠定良好基础。

最后，借这个机会，再强调一下代发工资业务。前三季度，全行代发工资业务实现平稳较快发展，主要有以下几方面特点：一是代发个人客户规模快速增长。9月末，全行代发个人客户达5 855.1万人，较年初净增244.04万人，其中北京、浙江、山东、湖北、天津、上海、厦门、湖南、黑龙江和辽宁分行净增超过10万人，拓户成效显著。满足“五级分类管理”标准的稳定代发个人客户达4 474.33万人，较年初净增294.69万人，较全部代发工资客户整体增幅高2.71个百分点；前三季度，全行累计代发金额达20 716亿元，较去年同期增加3 050亿元，增幅17.27%；代发单位达24.01万户，较年初净增5 389户。二是代发工资客户结构不断优化，质量进一步提升。9月末，满足“五级分类管理”标准的稳定代发个人客户占比76.42%，较年初提升1.93个百分点；在全部代发个人客户中，四星级及以上客户达1 833.91万人，占比31.59%，较年初净增140.60万人；金融资产5万元以上的中高端客户达1 026.55万人，占比17.68%，较年初净增38.61万人。三是代发工资业务对零售业务的贡献越来越大。9月末，全行代发个人客户金融资产余额达29 698亿元，较年初净增2 267亿元，占全行个人金融资产余额的26.16%；储蓄存款余额20 508亿元，较年初净增1 285亿元，占全行储蓄存款余额的27.38%；借记卡、个人网银、信用卡、基金、理财、保险和个人贷款等七款重点个人金融产品渗透率均有明显提升。四是“工银薪管家”综合服务能力不断提升，拓户成效明显。9月末，全行“薪金卡”客户突破2 000万户，达到2 029.86万户（含200.52万户批量开卡未启用客户），比年初净增960.07万户；卡内储蓄存款余额1 096亿元，比年初净增639亿元，已启用卡卡均储蓄存款余额5 991亿元。“薪金溢”业务自3月份开办以来，签约客户规模稳步增长，至9月末已突破300万人，金融资产余额4 708亿元，较年初净增660亿元。其中，储蓄存款余额2 158亿元，较年初净增368亿元。“薪金溢”系列产品正在发挥储蓄存款“稳定器”作用，为全行个人金融资产实现快速增长提供了有力保障。希望各行将本行情况与全行情况作对照，认真分析本行的优势和差距，进而采取针对性的营销措施。

总行个人金融业务部、公司金融业务部、机构金融业务部等部门要在总结前期代发工资客户百日精准营销活动经验的基础上，尽快研究安排代发工资业务旺季营销，在此提几点要求：一是要细化营销目标，把握营销节奏。这次营销活动以“工银薪管家”综合金融服务和“工银e校园”APP推广为营销介入点，以军工、电力两大行业，高校、医院、直营户和有贷户四大群体为营销着力点，统筹行内外资源，把握好各个营销节点，明确每个时间段的重点工作。二是要完善联动机制，强化团队建设。要强化组织领导，定期召开联动会议，统筹安排资源，完善联动机制，明确考核激励。针对辖内重点营销目标单位，强化营销团队，逐户确定责任人，落实对公客户经理和个金产品经理。大型企业、重点高校和医院由行领导牵头营销，由专门团队做好营销和服务落地工作。代发工资业务是公私联动、批零兼营的最好抓手，相关业务部门联合起来，工商银行就会更强大，希望通过代发工资业务相关部门的合作，为全行的整体联动，为个人金融业务以及公司金融业务、机构金融业务的发展作出贡献。三是要创新营销模式，寻求营销突破。将本次活动与“工银e校园”APP推广活动、校园招聘会、“工商银行杯”全国大学生金融产品创意设计大赛、金融大讲堂等活动有效结合起来。要落实“一户一策”营销策略。各分支机构每周应分别组织不少于一场的进企业、进高校、进医院推介活动。要充分利用好工银安盛、工银瑞信等集团内部的营销资源，探索与通讯、航空等外部机构的合作新模式，不断丰富活动内容，提高客户参与度。希望各行通过旺季营销活动，把“工银薪管家”和“工银e校园”这两款产品，把两大行业、四大客户群体的代发工资业务做起来。

今天，我讲了今年前9个月全行个人贷款业务及代发工资业务取得的一些成绩和进步，这是全行的成绩，未必是所有分行的成绩，有些分行前9个月业务发展并不理想，甚至拖了全行的后腿，这些分行要抓紧找原因、找差距，努力补短板，赶上来。我也谈到了当前面临的一些问题与不足，虽然不是所有分行的问题，但是需要引起全行的重视。我们要见贤思齐，努力把个人信贷业务打造成工商银行系统的经典产品线，打造成银行业最优秀的个贷品牌，这是工商银行发展个人信贷业务的至高目标。

适应新常态　探索新模式
加快推动公司结现投行业务转型发展

——在中国工商银行2015年公司结现投行业务工作会议上的讲话

郑万春

（2015年2月6日）

这次会议的主要任务是，贯彻落实全行改革发展研讨会和年初全行工作会议精神，总结2014年公司、结现和投行业务各项工作，分析面临的形势和挑战，谋划新常态下发展路径，部署今年的重点工作，动员全行公司、结现和投行条线进一步统一思想、协调配合，共同推动业务转型创新和稳健发展。下面，我讲三个方面意见。

一、2014年公司结现投行业务稳中有进

2014年，全行公司业务实现净利润1 027亿元，是贡献最大的业务板块。公司贷款利息收入4 025亿元，增长9%；公司类中间业务收入835亿元，增长7.3%，占全行中间业务收入的60.5%，其中结现类中间业务收入128亿元，投行类中间业务收入278亿元。公司客户净增28万户，增长7%，总量达431万户，领先同业百万户以上。考虑科目调整因素，公司存款实际增加99亿元，再加上非存款类公司理财增加687亿元，全行公司客户金融资产增加786亿元，公司存款总量在同业中排名第一。法人理财销售额2.03万亿元，日均存量规模4 281亿元，同业排名第一。非金融企业债券承销金额3 866亿元，同业排名第一；牵头银团项目475个，同业排名第一；完成投行并购顾问项目319个，涉及交易金额1 400多亿元，增长近60%。荣获《环球金融》、《财资》和《欧洲货币》等国际国内著名媒体评选的“中国最佳公司银行”、“中国最佳现金管理银行”和“中国最佳投资银行”等诸多奖项。主要从十个方面推进公司结现投行业务发展。

（一）稳步推进机构队伍建设，为业务发展提供组织人力保障。一是顺利完成组织机构改革。总行公司金融业务部负责大中小微公司客户全产品营销管理和大客户的牵头营销。结算与现金管理部主要负责结算、现金管理等产品的研发、营销和拓展。投资银行部作为利润中心更加突出经营职能，开拓新的利润增长点。二是成立公司金融业务推进委员会。总行成立委员会并召开第一次会议。目前已有33家一级（直属）分行，比照总行成立了公司金融业务推进委员会，5家分行成立了类似职能机构。三是充实客户经理队伍并创新考核方式。通过多渠道补充人员，2014年公司客户经理增加2 000名，总数达3.4万名。四是加强培训和资格认证管理。共举办全行性的公司、结现、投行业务培训班50多期，培训近2万人次；公司客户经理资格认证持证率88%，较上年提高了9个百分点；564人取得国际财资管理师资格；3 810人取得投行企业理财师资格。五是打造专业化、专门化的业务团队。已建立100人的债券承销团队、134人的金融资产服务团队、116人的供应链金融团队、1 100人的结现产品经理团队、700人的投行团队。出台了总行级客户首席客户经理管理办法。

（二）稳步推进信贷资源储备与配置，信贷结构持续优化。一是通过营销指导优化资源配置。总行制定下发了做好装备制造等行业重点项目营销以及2014年四季度公司贷款投放的指导文件。2014年，先进制造业、现代服务业、文化产业和战略新兴产业新增贷款2 718亿元，占公司贷款增量的67%。二是通过储备和预沟通高效锁定重大项目。总分行合作推进项目储备，2014年末储备各类重大项目3 839个，金额2.5万亿元。前中后台联手，分批次预沟通锁定重大信贷项目，成功牵头了五矿集团收购秘鲁邦巴斯铜矿项目等一批重大银团项目。三是通过政策优化挖掘信贷增长潜力。总行将10年期以上项目贷款经济资本期限调节系数统一下调至115%，10年期以上贷款利差上调10个基点。还调整了对铁路总公司授信使用限额的限制，上调了电力等行业重点客户的授信额度。

（三）稳步推进公司存款业务发展，奠定坚实的增长基础。11家分行公司存款增量同业第一，浙江、深圳分行存款增量过百亿元。一是通过强化条线管理抓存款。绝大部分分行都明确了公司存款工作的牵头部门，以及工作任务和目标。总分行通过多方式、高频率的通报、座谈、督导等措施传导压力，促进存款增长。二是通过“裸贷”治理抓存款。2014年末全行裸贷客户36 837户，较年中下降9 556户，为全年最低值。推进“裸债”、“裸财”治理，我行主承销债券募集资金的发行日留存率和月末留存率分别为50.4%和18.4%，理财投资资金5日留存率为85%，同比均有所提高。三是通过规范受托支付抓存款。总行取消了流动资金贷款受托支付时限要求，提高了小企业贷款和网贷通受托支付起点金额，调低了受托支付走款比重下限要求，全行低于起点金额的流动资金贷款受托支付笔数、金额占比均下降19%。四是通过理财和保证金抓存款。先后推出7天滚动型和集合式结构性存款，并推广分段计息存款产品，推动法人理财与存款良性转换。通过上调保证金存款集中价格、提高保证金收取比例、放宽银票余额限制等措施，拉动保证金存款增加151亿元，余额达1 006亿元。

（四）稳步推进客户拓展与服务，优质客户基础不断壮大。一是探索通过新模式全面拓户。通过总对总合作拓户，如与中国出版集团联合印发全产品金融服务意见，该集团全部130余家下属企业将基本账户转到我行。通过电商平台拓户，融e购电商平台全年累计签约商户达3 444户，新开立1 772个公司账户。通过供应链拓户，全行供应链融资累放4 174亿元，余额1 959亿元，累计为2 065条供应链、6 141户子客户办理供应链融资，拖户比1∶3。2014年，公司客户净增28万户，完成全年任务的113%，其中当年新拓公司客户71万户，带来金融资产1 915亿元；新拓日均金融资产5万元以上客户7.3万户，带来金融资产1 795亿元。二是做好重点客户营销服务。将总行级公司客户由261户扩展到300户并进行分类管理，一、二级分行级公司客户分别达1 478户、4 207户，三个层次客户总量近

6 000户。24 家分行成立了大客户中心，已采用“总对总”模式对 371 个集团核定授信。2014 年，总行与 19 家总行级公司客户以及河南等省（区）人民政府进行了合作签约活动。

（五）稳步推进非信贷融资发展，加速向资产管理大行转型。全行完成非信贷融资 1.06 万亿元，与新增贷款之比达 2.8∶1。

——债券承销方面。2014 年承销金额 3 866 亿元，完成全年计划的 111%，同业排名第一。承销客户数 218 户，增长 45%；承销债券 199 只，增长 44%；债券承销收入 20 亿元，其中非金融企业债券承销收入 13 亿元，增长 28%。

——银团贷款方面。2014 年，全行银团贷款牵头分销额 1 678 亿元，完成全年计划的 105%，牵头项目 475 个，同业排名第一，首次荣登汤森路透亚太地区银团贷款业务牵头行、簿记行排行榜双榜首，连续第五次蝉联中国银行业协会银团评优最佳业绩奖、最佳交易奖并首次获得最佳管理奖。

——资产交易方面。2014 年，融资项目完成 2 593 亿元，项目推荐及管理费收入 48 亿元，稳中有增。从资产交易项目看，完成北金所委托债权投资业务挂牌 355 笔，合计 816 亿元，资产管理部投资 745 亿元。从标准化理财融资工具营销看，自试点以来已累计成功注册发行 23 笔合计 65 亿元。从混合所有制项目营销看，我行是首家参与中石化销售公司混合所有制改革项目的银行，以理财资金的方式投资 20 亿元。

（六）稳步推进结现业务发展，重点领域取得新突破。一是借助“企业通”和大额资金平台，开展拓户增存工作。完成 1.3 万户目标客户开户，全年新开有效对公结算账户 72.8 万户，完成年度任务的 137%；新客户公司存款日均增量 937 亿元，新开结算账户存款日均增量 1 825 亿元。二是加大营销创新力度，不断提升境内外现金管理服务水平。现金管理客户净增 16 万户，增长 16.6%；五星级以上现金管理客户 24.8 万户，占现金管理客户的 22%。全球现金管理客户新增 561 户，总量达到 4 374 户，服务范围扩大至近 70 个国家和地区。三是持续推进法人理财和贵金属业务。法人理财有效客户增加 7.7 万户，存量达 10.6 万户；贵金属有效客户数达 780 万户。法人理财产品销售额达 2.03 万亿元，日均存量规模 4 281 亿元。贵金属业务量达到 11.5 万吨，贵金属交易额 1.03 万亿元，分行贵金属产品线实现收入 46.9 亿元，增长 28%。四是紧跟市场形势，巩固代理业务优势地位。缴费平台上线缴费项目 1 733 个，缴费 170 万笔、2.6 亿元；与 27 家企业开展财智商贸通业务合作。269 家获颁牌照的非金融支付机构中，有 167 家与我行建立合作关系，122 家与我行签署备付金合作协议，备付金余额 253 亿元，市场份额遥遥领先。

（七）稳步推进投行业务发展，品牌影响力进一步提升。一是品牌类投行业务持续快速发展。2014 年实现全口径品牌类投行业务收入 175.8 亿元，增长 16.6%，占投行业务收入的比重提高 6.5 个百分点。总行投行部利润中心实现利润约 11.9 亿元，增长 23%；投行部负责的重组并购、股权融资、债务融资业务分别增长 29%、38% 和 14%，合计增幅 22.6%。二是合规发展基础类投行业务，积极应对外部监管，最大限度地避免了经济损失和声誉风险。实现基础类投行收入 103 亿元，对投行业务的稳定发展作出了积极贡献。三是项目运作成效显著，工银投行品牌影响力显著提升。2014 年成功运作了澳门金管局投资中石化销售公司战略引资项目等一批效益显著、市场影响力大的股权债权与并购项目。全行投行条线完成并购顾问项目 319 个，涉及交易规模超过 1 400 亿元，增长近 60%；安排并购融资 579 亿元，其中并购贷款 472 亿元，并购贷款余额四大行占比 57%；私募股权主理银行业务 93 笔，存续规模 427 亿元，增长 16%；总行牵头运作的财务重组项目 3 个，总债务规模超过 200 亿元；全行运作分销顾问项目 6 个，涉及分销金额 50 亿元。

（八）稳步推进内内联动和内外联动，发挥 One ICBC 合力。总分行、境内外机构共同推进联动营销工作，从以往单一化、零散化联动向系统化、规范化、规模化联动发展。

——内内联动方面。2014 年以来，总行公司金融业务部、结算与现金管理部、投资银行部、国际业务部等 16 个部门联合下发联动营销文件近 40 份，引导系统联动拓展相关业务，其中现金管理、常年财务顾问、投融资顾问、国际业务等 4 项联动指标超额完成任务。通过联动营销，进一步提升了重点客户群的全产品覆盖率，如全行 209 家制造业领先企业网银业务客户签约率达 96%，年金服务客户签约率达 61%。

——内外联动方面。一是完善全球营销服务体系。搭建“公司金融联动”联系人网络，人数达 300 人，覆盖 40 多个国家和地区。将跨境并购、境外 IPO、境外债券承销、跨境租赁等产品纳入跨境联动金融产品体系。总行多部门联合下发联动营销指导意见，推进跨境联动工作。二是搭建跨境银政企沟通平台。举办了中荷峰会等会议，推动中外政府、300 余家中方企业及 150 余家外方企业相互合作。支持北车、万达、中广核等 103 个总行级客户跨境项目，涵盖亚、欧、美、非四大洲，涉及境外项目融资、并购贷款、债券承销、IPO 等产品线。

（九）稳步推进业务的线上发展，信息化建设不断提速。一是建设推广公司与法人客户营销系统。该系统月均访问量已达 1 193 万次。建立了客户统一视图，包括客户 11 大类信息近 1 000 项指标，将 14 项重点指标集成在一张表中予以展现。初步实现了公司客户管户到人，公司客户初次分配率达84.5%。初步实现了精准营销功能，可定制精准营销模型，实现自上而下营销指导。二是加强融e购平台入驻商户营销。B2C方面，全年营销签约商户3 444户，东风本田、万科等多家总分行级优质客户入驻电商平台。B2B方面，商品交易市场与供应链协同模式产品已经投产，并在河北、浙江、贵州、云南4家分行试点，营销天津物产等30多家客户入驻商城。

（十）稳步推进发展模式优化，小微金融业务有序开展。启动了小微金融业务发展模式的优化工作，28家一级（直属）分行设立了独立的小微金融业务部（或小企业经营中心），10家分行分别在公司或个金部内设置了专门队伍，初步建立专业化的团队。总行制定下发了优化小微金融业务发展模式的指导意见。截至2014年末，我行监管口径小微企业贷款余额17 215亿元，较2013年末增加116亿元，同比多增16亿元。如果考虑2014年初统一刷新企业经营规模标识，政府融资平台贷款及房地产贷款压降，不良贷款核销以及小微商户逸贷公司卡未纳入统计范围等因素，我行监管口径小微企业贷款较2013年实际增加1 613亿元，增幅9.4%，接近同期各项贷款平均增幅，基本完成“两个不低于”的监管指标，获得监管部门的肯定。

二、分析当前形势，剖析问题成因，争取发展的主动权

在实现公司、结现和投行业务稳健发展的同时，全行也暴露出一些思想认识和经营管理方面的问题，主要有四点。

（一）从思想认识看，适应经济新常态的准备还不充分。对新常态下传统市场和新兴市场的营销指导、政策配套、产品创新还不够及时、到位。部分分行还没有随经济的新发展，实现观念和认识的“升级”，没有做到应时而变、随需而变，思维模式还停留在过去时，留恋于规模扩张型的粗放模式和传统路径，局限于在自己熟悉的业务领域中打转，对新业务、新市场、新机遇认识不深、把握不牢。

（二）从基础工作看，业务发展的根基还不够稳固。存款基础方面，公司存款虽然年末回升但年内序时进度不理想，“裸贷”治理取得一定效果但未能完成下降60%的目标，存款的竞争力有所弱化。客户及账户基础方面，客户总量增长快，但是存量优质客户质量下移的问题比较突出，日均金融资产5万元以上客户单边下降26.6万户，抵消新增客户的贡献，导致全年净减少5 992户。这些问题的成因较为复杂，但主要还是自身的原因，包括管理基础不牢、考核传导不力、综合化营销不够等。

（三）从发展动力看，新支点培育和潜力挖掘还不到位。公司贷款方面，高端制造、新能源、民生等新的增长点尚未形成规模，储备金额排名前十的行业都是传统行业，占总储备的80%，新兴行业占比较低。代理投资方面，有融资需求且符合我行投资政策及投资收益要求的行业有限，在信贷市场投放存在较大压力的背景下，部分分行开展表外业务动力减弱。投行业务方面，如何从资金拉动型向顾问咨询型和资金杠杆撬动型的模式转变，从单纯收取固定顾问费向顾问费加分享投资收益转型，还需做更多的探索和创新。中间业务收入方面，以往简单依靠信贷拉动的“息转费”模式不可持续，2014年我行贷款相关类中间业务收入同比下降20亿元，降幅9%。

（四）从组织推动看，纵向传导和横向协调还不够顺畅。纵向管理一致性方面，总分行部门职责不统一，涉及存款、拓户、中收等多方面，如有的分行现在仍没有清晰梳理公司存款营销和产品部门的关系。纵向战略传导方面，部分分行级重点客户营销责任落空，网点对公服务不到位；客户经理管理支持机制还不完善，“不敢不能不愿”现象普遍存在。横向协调方面，还没有形成很好地服务客户跨地域经营的营销模式，如很多集团公司对资金进行集中管理，受资金归集影响，子公司属地行营销存款动力不足。

三、2015年要积极适应新常态，加快推动业务转型发展

按照全行改革发展研讨会和全行工作会议的要求和部署，结合对新一年形势的判断，确定2015年公司结现投行业务的主要工作思路是：积极适应经济新常态，把各项工作聚焦到价值贡献提升上来，将转型创新作为全年工作的主线，充分发挥考核的导向作用，突出优势、补齐短板，打好客户基础、网点对公服务基础、客户经理队伍基础，有效防控实质性风险，开创业务发展新局面。公司业务方面，要以市场拓展、稳存增存、客户拓展、全产品与联动营销、信息化建设、客户经理队伍建设为着力点，扎实推进“大公司金融”战略落地实施，不断提升贡献度和竞争力。结现业务方面，要围绕账户拓展、现金管理、代理合作、法人理财、贵金属营销等核心业务，提升信息化水平和网点对公服务能力，推动结现业务持续健康快速发展。投行业务方面，要做好品牌类投行盈利模式转型和基础类投行升级，深化商投互动，进一步提高投行品牌影响力。

2015年要确保实现以下经营目标。公司业务方面，日均金融资产50万元以上客户净增3 000户，跨境人民币业务大中型客户新增1 000户，供应链累放链数净增200条，累放客户净增2 000户，裸贷客户减少9 400户；公司贷款新增4 500亿元，公司存款日均新增600亿元、时点新增1 500亿元，非金融企业债券承销完成4 100亿元，发放委托贷款2 000亿元，资产交易完成2 500亿元，银团贷款分销1 400亿元；实现中间业务收

入875亿元。结现业务方面，有效对公结算账户新开70万户、净增10万户，有效基本账户新开30万户、净增6万户，日均金融资产5万元以上优质账户净增2万户；现金管理客户净增10万户，五星级及以上现金管理客户净增2.5万户，全球现金管理客户净增535户；新开对公账户时点存款2 000亿元，日均900亿元；理财产品日均增量386亿元；贵金属有效客户净增236万户；实现中间业务收入136亿元，其中贵金属业务收入37亿元。投行业务方面，并购重组、股权融资、债务融资三项产品线收入总体增长23%，达到158亿元；投融资顾问、常年财务顾问、企业信息化服务三项业务收入106亿元；投行部利润中心实现利润14亿元，增长20%。私募股权主理银行规模争取达到500亿元，力争完成700亿元并购贷款和300亿元并购金融资产服务业务。总分行要科学分解目标、层层落实到位，把握好序时进度，确保圆满完成各项任务。关于小微金融业务，总行将专门召开工作会议进行部署。

这次会议之后，总行将下发重大融资项目营销推动、客户经理队伍建设、公司存款及裸贷治理等一批工作方案，作为本年度重点工作的指导性文件。全行公司结现投行条线，要围绕这些方案，通过扎实做好十项工作，进一步推动业务转型发展。

（一）扎实做好信贷市场拓展，形成信贷多极支撑格局。要用好长期贷款经济资本期限调节系数下调、优质客户授信上调等政策，通过重大项目储备和预沟通机制，把握好营销机遇，不断开辟新的增长点、增长带。一是拓展“三个支撑带”中的重点项目。“一带一路”方面，要重点支持境内战略承接区域的交通运输及商贸物流项目、境外基础设施建设和能源资源项目，做好产业投资、经贸合作等方面配套金融服务。京津冀协同发展方面，要重点支持交通一体化、产业园区、产业转移、清洁能源、文化旅游和医疗教育六大领域。长江经济带方面，要重点支持提升长江黄金水道、建设综合立体交通走廊、提升城市公共交通网络能力、全面推进新型城镇化、创新驱动促进产业转型升级五大规划实施中的优质项目。要做好“三个支撑带”营销的组织推动，总行将分别成立“三个支撑带”领导小组和工作小组，负责业务推动，各相关分行要设立专人专岗负责具体组织推动工作，要密切协作、提高效率、抓紧突破，做好签约等各项工作。二是拓展基础产业市场。电力方面，重点支持电网、水电、核电、风电、太阳能发电、大容量高参数火电、抽水蓄能电站、煤电一体化等领域中优质项目，以及已建成优质项目的再融资和售后回租；交通方面，重点支持国家高速公路网、国省干线高速公路的建设、已建成高速公路项目的固定资产支持融资，以及港口、铁路、机场等综合运输体系建设；能源资源方面，重点支持油气资源开发、炼化一体化、油气管网和储存设施建设等领域中优质项目。今年，要新增基础产业贷款3 300亿元。三是拓展新兴产业市场。现代服务业方面，重点支持交通节点城市的物流园区、仓储物流及冷链物流等细分市场；支持具有品牌和客源优势的公立医教养项目，以及区位优势明显、股东实力较强、现金流稳定且归集于我行的民营医教养项目。文化产业方面，重点支持优质景区，以及依托景区门票、综合经营收入还贷的旅游及配套设施建设项目，并支持广电运营、新闻出版、电影院线等领域优质项目。先进制造业方面，重点支持有市场、有效益的高端装备制造业、军工类板块以及国家重点扶持的新能源汽车领域中优质项目。信息基础设施产业，重点支持4G网络建设等重点项目。今年，要新增新兴产业贷款1 600亿元。四是探索新型城镇化领域业务。积极探索PPP模式项下的新型城镇化领域信贷业务拓展，要主动与各级政府对接，建立总分行PPP项目储备库，对各省市正式推出的PPP项目要及时入库，对其中实质风险可控、操作条件齐备的项目要尽快启动信贷业务流程。要重点关注轨道交通项目、“使用者付费”为主或具备一定经营现金流且政府补贴合理的水处理、环保、垃圾处理、燃气、供热、管网、医疗养老等项目，以及已建成的TOT类项目。要关注社会资本方对股权融资的需求，以“商行+投行”方式介入PPP项目，尤其要支持64个试点城镇中的重点项目建设。五是拓展优质境外市场。以“走出去”中资企业和全球500强外资企业为重点，围绕资源、高铁、电力、港口、产能富余等行业，发展产能输出、资源进口、跨境并购中的信贷业务。全年境外贷款要新增1 700亿元，增长21%。六是拓展供应链融资市场。要加强对政府采购、医药医疗、信息服务、建筑工程以及商品交易市场等五大重点领域的拓展；深化本行采购、汽车制造、家用电器、航空工业、工程机械、商业贸易、食品饮料、信息设备、交通运输、环境保护等行业市场的拓展；充分挖掘项目贷款资源优势，依托项目供应链条、承包链条逐级延伸拓展上下游企业。七是做好贷款定价管理。要依据贷款基础利率（LPR）、RAROC阈值体系，控制利率下浮贷款的发放，提高贷款整体收益率。

（二）扎实做好稳存增存工作，形成存款多源拉动态势。一是通过强化考核和管理拉动存款。今年，总行已经明确在分行经营绩效考评中把公司存款独立出来，权重增加到40分。各行要根据总行考核导向尽快进行相应调整并逐级传导，在辖属机构经营考评中单独考核公司存款，增大考核权重，加强捆绑考核。另外，要坚决避免出现赶存款的现象，对重要时点客户非正常销户、存款非正常流失等要有明确惩罚措施。要保持公司存款业务统计报告的科学性，公司存款科目调整变更等事项要报总行公司金融业务部等相关部门审批后方可执行，并回溯历史数据，确保统计口径的一致性。二是通过深挖资金源拉动存款。公司部门要联动机构、个金、银行卡、资管、金融市场等部门，共同抓好财政支出、军队采购、个人按揭、理财投资、产业基金投资等重点资金源向公司存款转化过程中留存我行的工作。要抓好客户资本市场募集资金、理财募集资金、发债募集资金在我行的沉淀；抓好保证金存款，通过扩大银票、保函、信用证等吸收保证金的产品规模，以及提高保证金收取比例等措施，促进保证金存款快速增长；抓好供应链客户配套现金管理服务落地，逐步形成购销资金流动闭环；抓好大额资金平台目标客户营销，覆盖重点客户交易对手，提高资金封闭运行水平。三是通过提升网点服务拉动存款。每个对公网点都要建立面向中高端公司客户的专属服务区域；要借助网点产品供给系统、融e联等渠道，加强稳存增存相关产品的宣传培训；要做好网点公司业务考核，新开办对公业务的网点，一年内对公存款占比不能低于10%；开办对公业务超过三年的网点，对公存款占比不能低于30%。四是通过“裸贷”治理拉动存款。遵循“先易后难”原则分类治理，对我行业务占比高、但结算归行率偏低的优先治理；对我行业务占比过低的，先力争成为客户主要合作银行，再争取更多的结算归行。年内裸贷客户总量要压缩20%，减少9 400户。大型集团客户由总行与各分行大客户部负责，年内基本消灭总分行级客户“裸贷”现象；中型客户由各分行负责公司客户拓展的团队负责，裸贷数量较2014年考核基数要下降30%；小型客户裸贷治理由总分行小企业部负责，年末除不良及潜在风险客户外，裸贷户总量要下降35%。要继续抓好受托支付新规定的贯彻执行，提高信贷资金行内留存比例。要同步消灭“裸债”、“裸财”，年内我行主承销债券的发行日留存率和月末留存率要分别达到80%和30%以上，理财投资资金5日留存率要在85%以上。五是通过产品创新拉动存款。要发展好跨境双向人民币资金池和经常项下跨境人民币集中收付业务，形成新的人民币存款增长渠道，争取更多企业选择我行作为合作行。要探索推出更具市场竞争力的分段计息产品和对公保本理财产品，并实现电子银行渠道上的理财产品线上购买、线上质押等功能。六是通过提高结算服务竞争力拉动存款。要以大量的新开户和结算资金沉淀带动低成本公司存款增长。要根据市场竞争情况，合理确定我行结算服务收费标准，形成更具竞争力的服务方案。要营销现金管理、银企互联等具有排他性的产品，要以资金归集量作为考核重点。要加强营销资金池、集团账户、票据池、收款管家等资金归集产品，以资金归集带动存款增长。

（三）扎实做好优质客户拓展与服务，持续优化客户结构。要抓住“服务体验建设年”契机，不断夯实公司客户基础。一是加强组织管理。各行要参照总行模式，由公司业务部门牵头公司客户管理，并着重做好日均金融资产50万元以上公司客户的拓展与管理，结现部门着重做好日均金融资产5万元以上公司账户的拓展与管理。各行要确定拓户负责人，对于日均金融资产50万元以上客户、日均金融资产5万元以上公司账户，将营销任务分解到人、考核奖惩兑现到人。二是拓展重点板块客户。各行要全面拓展辖内主板、中小板、创业板、新三板客户；适度介入私募、创投资金支持的其他优质企业。针对上市或拟上市公司在资产结构、商业信用、现金管理及资本市场运作等方面的特点，可在上市前提供可认股选择权融资、Pre－IPO股权融资、夹层融资等服务，上市中提供财务顾问、并购重组等服务，上市后提供增发理财投资、股票质押融资、配股融资、并购贷款及重组并购基金等服务。同时，要持续做好依托供应链、大型交易平台等进行批量拓户。三是提升客户服务水平。扩大重点客户范围，各级国资委直管企业、成为行业龙头的民营企业、外资企业，都要纳入总、省、市行相应层级公司客户名单，名单实行动态调整，并纳入营销系统。提升战略客户服务层次，各级行领导要带头营销维护最重要的战略客户，带头负起管户责任。具备条件的分行可比照总行的首席客户经理制先行先试。实行差别化服务，对重点客户要“一户一策”制定综合金融服务方案，指定责任团队具体实施。要推动实施网点公司业务达标工程，每个对公网点要配备1～2名公司客户经理，日均金融资产50万元以上客户配备专职客户经理，日均金融资产5万元以上客户要有专人维护。

（四）扎实做好非信贷融资创新，推动业务的转型升级。

——债券承销方面。一是挖掘江苏、山东、安徽、陕西等资源禀赋较高地区的潜力，这些地区债券业务发展空间还很大，这几家分行要“一户一策”开展营销工作，提高同业占比。二是结合重点产品（如永续债、并购债），并抓住债券市场新的机遇（如存续债券到期高峰期），开展全行性的营销活动。三是筹建全球债务资本市场服务平台，提升海外债券承销竞争力。总行将整合我行在全球主要资本市场的承销牌照资源，工银国际、工银亚洲、新加坡分行等境外机构要继续提高市场声誉与团队力量，加强与境内机构联动，为客户提供境内外两个市场的融资服务。

——金融资产交易方面。一是持续做好信贷资产证券化工作，各行要做好贷款资产推荐入池及出表系统操作，履行好贷款服务商职责。二是加大对重点客户重大项目的支持力度，通过股权、债权多种创新投融资模式，满足交通、电力、基础设施及商贸文化等领域融资需求。项目要坚持优中选优，回避资产负债率高、资产规模小的企业项目，且原则上要落实充足抵质押担保。三是全力推广应用理财计划直接投资及理财直接融资工具等创新产品，加大标准化理财投资模式的营销推荐力度，提高新型投资模式业务量占比。四是高度关注资本市场与混合所有制改革业务机会，在上市公司金融服务、重组并购等领域取得更大突破。五是扩大收益来源，提高项目收益水平。要进一步加强对理财项目推荐收入的管理，在规范经营前提下合理安排项目推荐前后端收费。

——银团贷款方面。一要多渠道拓展优质项目源，适度参与他行牵头的优质项目并扩大业务份额，通过规范承销安排、代理、顾问、承诺及管理等服务，增加银团贷款综合收益。二要密切银行同业间银团贷款合作，将我行与国开行银团互惠合作模式推广到其他同业机构。三要加强总分行联动，提高总行级客户银团筹组分销效率。对重大项目，可由总行直接牵头并筹组分销。四是境外机构要积极争取国际大型银团贷款项目的牵头行、簿记行、代理行、参加行等角色，尤其是“一带一路”建设过程中的重大项目。

（五）扎实做好结现业务，全力打造新的市场竞争优势。一是做好对公账户营销拓展。把握好自贸区、工业园区、新经济规划带等经济集聚区以及重点产业链。以“企业通”、大额资金平台为抓手，做好基本户和优质账户营销拓展；结合通用缴费平台和财智商贸通推广工作，批量营销上线客户开户。提高财智账户卡、结算套餐等产品渗透率，将电子对账服务纳入结算套餐，2015 年要力争实现财智账户卡发卡 50 万张，套餐销售数量 20 万套。二是提升现金管理营销服务水平。通过行业协会等机构集中营销、与行业龙头合作形成示范效应，重点拓展结算量大而资金留存少、下属机构众多而财务管理分散、跨行同名账户资金划转量大等客户群。要优化机制和流程，落实好存款考核还原、分润及收费减免还原，适度下放业务审批权。要把握跨境人民币、外汇资金集中运营和自贸区政策机遇，以跨境双向资金池为抓手，扩大市场份额；持续加强项目管理，强化主办行为中心的业务推进协调机制，打造百强服务典型案例；发挥区域中心纽带作用，巩固境内外业务联系人制度。三是实现法人理财业务新突破。在兼顾成本收益、存款和理财良性转化的前提下，做大增利、稳利、T+0、周周分红、日升月恒等主力创收产品存量规模，高回报的理财产品主要用于维护高价值贡献客户或竞争他行优质客户。针对中小企业客户，丰富完善购买渠道和产品种类。四是推动代理合作创新发展。积极寻找与支付机构合作机会，上海、深圳、浙江、江苏等分行要提高重点合作机构收入贡献。要积极配合人民银行备付金存管工作检查，发挥我行存管业务优势。要做好通用缴费平台、财智商贸通等重点产品的营销推广，缴费平台年内要新增缴费项目 1 200 项，财智商贸通要实现各一级、直属分行都有当地大型商品交易市场或电商企业上线投产。要提升代理财政支付、代理非税收入收缴等业务的服务水平。五是加强产品系统建设。研发对公多币种账户、境外多币种名义资金池、全球账户信息报告等新产品，完善账户管理与信息服务、付款服务、收款服务、流动性管理等四个方面的系统功能。完成多银行支付平台建设，实现“融 e 购”、“财智商贸通”、“通用缴费平台”等互联网金融产品的跨银行线上支付清算需求。推动财智账户卡透支、现金管理系统等新产品和系统研发。通过账户结算交易信息挖掘，为客户营销和风险防范提供支持。六是促进贵金属业务发展。通过“公私联动”、网点渠道、业务沙龙、交易大赛等方式，推进客户批量营销，推广高认可度、高附加值实物产品，以及账户贵金属、黄金积存、贵金属递延交易业务。

（六）扎实做好投资银行业务，推进商投互动深入发展。一是做好股权融资顾问业务。要做好境内资本市场股权类业务，积极支持优质重资产类企业开展权益性资产证券化，积极支持大型国企混合所有制改革，以产业基金等形式拓展政府社会资本合作（PPP）市场，以“结构化 + 非标”相结合的方式开展定向增发和股票投资，以私募永续债、优先股等产品优化重点客户资产负债水平，挖掘财政资本金搭桥、项目前期融资等代理投资业务机会；利用好 QFLP（合格境外有限合伙人）、跨境担保放宽、外资入境股权投资结汇试点等政策机会，拓展境外股权类业务机会。二是做好并购顾问业务。境内业务要重点围绕上市公司，打造并购产品与服务体系；发掘新三板、国企混合所有制改革、公私合伙制存量资产改造等热点板块的并购机会；加强对优先股、可转债、并购债、并购金融资产服务业务等金融创新工具在并购领域的研究和运用，建设专业性强、凝聚力强、市场影响力强的专家型并购专业队伍，打造工银并购品牌。跨境业务，深化内外联动，引导境内企业积极竞标收购欧美市场优质标的，提供涵盖并购贷款、并购银团、并购发债、并购基金、联合收购体组建、标的债务置换等多元化的跨境融资顾问服务，参与中资企业境外收购后的整合方案实施。三是做好债务融资顾问业务。要加大企业资产证券化、交易所公司债等资本市场相关产品营销力度，通过标准化债务融资产品满足客户需求；加大结构化融资等成熟产品在交通等现金流较为稳定的行业的推广复制力度，推动一批重大项目的运作。四是做好财务重组顾问业务。重点关注传统行业优质企业的业务需求；积极把握新一轮国企改制过程中的财务重组顾问业务机会；对连续亏损两年以上或负债率超过警戒线的上市公司，尝试开展财务重组顾问业务；依托我行风险贷款的处置渠道，拓展投行顾问收入增收的途径。五是重点做好分销顾问业务推广。各行要快速、扎实地建立起有效的行外分销合作机构群体、行内直接撮合队伍以及合格直接投资者群体；同时，要加强投行产品创新工作的系统管理与推动，加大对文化、养老健康等新兴产业投行服务创新工作的力度。六是做好收益共享安排。要建立合理、透明的理财资金成本报价和收益共享机制，推荐理财投资的投行项目在行内收益分配时应合理体现投行条线的贡献。做好与资产管理部19家分行“特定理财产品跨区销售政策”的衔接，积极推荐私募股权主理银行项目由总行理财资金投资。七是做好投行研究服务。要进一步夯实研究基础，提升研究质量，探索研究支持投行业务发展的新模式，更有效支持投行项目，创建国内一流分析师团队，将客户顾问服务做实做精，注重投行研究品牌建设，扩大市场影响。

（七）扎实做好全方位联动营销，提升一体化服务水平。要充分发挥好公司金融业务推进委员会、内外联动分润方案等联动协调机制的作用，从多个维度全面推进联动营销的开展。

——全产品营销方面。今年总行将选择8家分行作为结现、投行、专项融资、养老金业务与公司业务全产品营销的试点行。每家试点行都要组建营销部门和产品部门联动的全产品服务团队；根据客户金融服务需求和综合贡献，进行产品组合定价，避免过于强调单一产品的收益；依据客户使用产品的情况，以及产品销售情况，建立准确反映客户需求与体验的产品创新与后评价机制。通过提高全产品的覆盖率，挖掘客户潜能，增强客户黏性，提升客户贡献。

——内外联动营销方面。要构建跨境客户特别是大型跨境客户的分层分类营销机制，形成境内外机构“一点接入，全球响应”的协同服务格局。一要积极营销世界500强和境外优质客户。各境外机构应积极拓展世界500强外资企业和当地优质企业，力争成为企业核心合作银行。同时要通过当地使馆、投资机构收集梳理辖内客户对华业务信息，向境内分行推荐客户和业务。二要继续大力支持中资客户“走出去”。关注“一带一路”战略带来的基础设施、工程承包、装备制造、铁路、电力等增长点。境内外机构要共同梳理“一带一路”重点项目、重点客户清单，提出营销推动方案并抓紧实施。三要提高国际业务覆盖率。公司金融、国际业务等部门要共同推进，大力提升开办国际业务的公司客户比重，力争对公司有贷户的国际业务产品覆盖实现新的突破。

（八）扎实做好信息化建设，推动业务线上线下融合发展。一是推广应用好营销系统。要安排专人做好系统应用推动工作，制定切实有效的措施，引导员工学好、用好营销系统。要做好客户经理进系统并通过系统管户工作，各行所有在岗公司客户经理都要在营销系统开立用户，分层次建立管户关系，杜绝“伪分配”，单人管户数量原则上不超过150户。要做好管理人员进系统并通过系统进行管理，各级管理人员要进系统认领辖内战略客户，全面掌握客户信息，并组织做好战略客户的营销服务；同时通过系统做好对客户经理等相关业务人员的管理。要做好多部门联合推动，相关部门要共同做好系统功能优化提升和应用推广工作，尤其要满足客户经理和支行网点负责人的全产品营销和精细化管理需要，将营销系统打造成跨专业、跨平台、跨产品的对公客户营销和管理工具。二是积极营销融e购电商平台客户。B2B平台已于2015年1月18日正式对外营业，各行要建立专人专户的联合营销机制，按照总行下发的名单做好目标商户拓展。2015年，力争营销商品交易市场50家、直驻商户200家。要加大采购客户的营销力度，结合我行集团采购线上化的经验和中建集团融e购采购专区合作典型案例，为大型企业集团提供规范、透明的线上采购服务；积极拓展与大型商户具有稳定交易关系的中小经销商和采购商；通过“商务诚信建设项目”积极与各地商务厅对接，借助政府资源批量拓展B2B平台客户。要坚持“以融引商，以商促融”，各行要结合电子供应链金融、网贷通等业务的推广，吸引知名企业入驻平台，同时向入驻商户推介我行信贷、结算等金融业务。三是推动电子供应链快速发展。各行公司部门要明确专人负责电子供应链业务，推动相关部门对电子供应链进行研发支持。要做好电子供应链融资目标客户库建设，结合客户分层体系，分层设立目标客户库，对于实力较强、上下游客户资源丰富且合作意愿较强的核心企业可推荐纳入总行级目标库。

（九）扎实做好业务团队建设，不断提升营销服务水平。一是加强客户经理配备。年内全行公司客户经理要净增加2 000人，增幅6%。各行要把握好网点优化改革释放近2万人的机遇，加强与人力资源等部门的协调配合，遴选3 000～4 000名优秀人员充实到公司客户经理队伍。二是加强专业团队建设。债券专员团队、供应链团队要分别达到150人和200人；全行二级分行（含）以上专职结现产品经理团队、投行团队要分别达到1 200人和800人，相关分行要提早规划，尽快将人员配备到位。各行要根据业务需要，建立公司结现投行专业分析师队伍。三是分层次进行业务培训。面向分行行领导、业务部门总经理、普通员工等多个层次，采取面授、视频、网络等多种培训方式，加大公司结现投行专业培训力度，及时传达相关工作要求和政策制度规定，并组织做好资质认证考试和继续教育。四是提升网点对公服务能力。要对网点重点客户进行分包到人，借助互联网产品和自助渠道对公业务，做好中小企业“长尾”客户引导和分流。要充分利用晨会直通车、网点援助保障系统、融e联、网络大学等形式，加强网点对公客户经理培训，不断提升业务技能。五是完善客户经理考评体系。重点选择拓户、存款、贷款、中间业务收入、理财、结算、现金管理、代发工资等基础服务类产品作为主要考核指标；建立推广个人绩效合约模式，推行重点业务的产品计价机制；将团队考核结果科学分解到个人。六是用好信息系统。客户经理要运用统一视图掌握客户各项金融业务指标情况，提升分管客户产品覆盖率和综合贡献度；通过融e联创建线上线下一体化服务营销模式，提高服务效率和质量。

（十）扎实做好风险管理与合规经营，在规范中谋发展。一是做好信贷业务风险防控。各行要持续加强对融资平台、房地产、产能过剩、批发贸易、商品融资等重点领域的风险控制，配合相关部门做好政府债务相关领域融资确权工作。要重点关注大额亏损集团及成员企业、互保联保、担保圈交叉违约、关联交叉违约、多头融资、过度融资等高风险主体可能的逃废债。要适度减少风险较高领域的信贷资源配置，房地产贷款要重点压降三四线城市及商用房开发贷款；5个产能严重过剩行业劣质客户要压降120亿元。大额亏损、互保联保、过度融资、现金流下降等风险隐患领域退出4 000亿元。二是做好金融资产服务业务风险防控。各行要加强债券承销全流程管理，高度关注企业频繁的并购、重组活动，督导其及时披露相关信息及风险事件。严格理财融资项目客户准入，从严设置信用增级措施，落实足值抵押担保。把好投行业务风险关，做好投行项目的日常监测管理，逐笔排查存在退出风险的存续项目，加强与资产管理公司等机构合作，积极通过分销撮合、资产转让等方式化解潜在风险。委托贷款业务要注意准确把握监管部门的监管导向和要求，严控操作风险，注重合规发展。三是处理好融资相关服务与合规收费间的关系。各行要按总行有关规定和价目表规范收费，做到应收尽收，根据业务服务实质内容规范入账。今年各行要重点抓好国内贸易融资服务和承诺服务费率达标，确保业务收入与发生额之比不低于总行指导费率。

同志们，新常态带来新挑战，也带来新机遇。我们要以更加开阔的视野和更加敏锐的洞察力，积极探索；要以更加广博的胸怀和更加坚定的信心，努力作为；新的一年里，让我们大家携手奋进，共同推动公司结现投行业务转型发展，争取更大的成绩。

落地新模式　拓展新市场
开启小微金融业务发展的新篇章

——在中国工商银行2015年小微企业金融工作会议上的讲话

郑万春

（2015年2月12日）

这次会议的主要内容是，贯彻年初全行工作会议精神，总结2014年小微金融工作，分析当前面临的形势，安排部署2015年小微金融重点工作。下面，我讲三个方面的意见。

一、2014年小微金融业务条线迎难而上，在复杂形势下实现了业务的平稳发展

2014年面对前所未有的困难，全行小微金融业务条线坚决贯彻总行党委关于坚定信心、优化模式的总体要求，迎难而上、奋发有为，实现了小微金融业务的平稳发展。2014年末监管口径小微企业贷款余额17 215亿元，较上年增加116亿元，同比多增16亿元。如果考虑到2014年初企业经营规模标识调整，政府融资平台贷款及房地产贷款压降，不良贷款核销以及小微商户逸贷公司卡未纳入统计范围等因素，小微企业贷款实际增加1 613亿元，增幅9.4%、接近同期各项贷款平均增幅，基本完成“两个不低于”的监管指标，得到了人民银行、银监会等部门的肯定。

各行加大对新客户的拓展力度，全年累计拓展小企业贷款客户2.23万户、相应新增1 837亿元贷款，累计拓展个人商用房贷款客户9.1万户、相应新增贷款524.2亿元，累计拓展个人经营贷款客户2.04万户、相应新增贷款216亿元；资产质量相对较好的个人商用房贷款余额比年初增加229.31亿元、增幅15.07%，小企业网贷通余额比年初增加191.6亿元、增幅8.05%。在全行上下的共同努力下，有效遏制了业务大幅下滑的势头。

与此同时，全行积极调整信贷结构。全年共退出小企业有贷户2.69万户，退出个人经营性贷款客户9.72万户。特别是资产质量相对较差的个人经营贷款余额较年初下降496.18亿元、降幅30.55%，贸易融资余额较年初下降281.71亿元、降幅32.43%，商品融资余额下降177.13亿元、降幅76.38%。信贷结构进一步优化，为减缓信贷资产劣变起到了积极作用。

回顾2014年，全行小微金融业务条线主要开展了以下几项工作。

（一）找准方向，切实优化小微金融业务发展模式。启动了小微金融业务发展模式的优化工作，形成《关于优化小微金融业务发展模式的意见》和《小微企业金融业务中心组建与运营指南》等重要文件印发全

行，从业务营运模式、风险防控技术、产品流程创新、机构人员配备、机制体制配套等方面，对小微金融业务的发展模式进行了全面优化，基本确立了我行小微金融业务发展的主要模式。同时，重点围绕建立专业化管理团队、组建专营机构及研究配套制度办法等方面开展了大量工作。

在专业化管理团队方面，初步搭建了专业化的业务管理团队。截至目前共有27家一级分行设立了独立的小微金融业务一级部或小企业经营中心，2家分行的小企业部定位为一级部，与公司部合署办公；7家分行的小企业管理职能在公司部，另有2家分行的小企业职能分别在个金部和信管部。同时，理顺了总行层面小微金融业务管理职能，确立了小企业金融业务部门在营销管理、发展机制、业务准入、产品创新、流程设计、系统优化、风险管理、专营机构、队伍建设等方面的牵头管理职责。

在组建小微中心方面，总行制定并印发了《关于做好小微金融业务中心试点工作的通知》，明确了小微中心的设计思路，详细规定了小微中心的职能定位、组织架构、岗位职责、人员配置、业务流程、考核方式、管理路径等具体事项，并在2014年10月启动了小微中心的试点组建工作。截至今年2月11日，总行已经批复安徽、河北、山东等26家分行40个小微中心的试点方案，其中4家分行9个小微中心已开业，16家分行20多个小微中心已基本完成筹建工作；江苏、浙江、湖南等7家分行的方案也已进入审批流程；由于报送时间较晚或方案本身不够成熟等原因，宁夏、海南、厦门分行将随后进行批复。安徽分行十分重视试点工作，率先向总行上报试点方案，并在试点方案获批后，在系统内首个挂牌运营，组织全辖二级分行赴现场观摩，并为小微中心拨付专项经费，起到了示范作用。

（二）加强组织推动，多措并举，保证业务平稳发展。一是加大监测通报、督导考核力度，总行先后组织召开了多次小企业金融工作会议和座谈会，明确不同时期业务发展目标和工作重点；针对面临的困难和存在的问题，积极制定应对措施，并在专项信贷规模、内部转移资金价格等方面出台配套政策。二是广泛开展业务调研、及时调整部分政策和制度，消除阻碍业务发展的政策因素。针对分行集中反映的经济资本占用、RAROC阈值、授信测算方法、网贷通质押物范围、个人经营性贷款等方面存在的政策问题，调整了相关政策；依据监管政策及时出台了小微企业续贷、融资性担保机构保证金差别化管理等政策。三是各分行开展了形式多样的组织推动工作，并配套相应的资源倾斜，取得了良好的效果。例如，河北分行重点推广网贷通产品，拿出专项奖励用于营销竞赛，年末小企业网贷通客户数达到1 979户，贷款余额达到218亿元；河南分行在抓好小微客户资产业务的同时，重视抓好对公结算账户和存款工作，促进了小微企业存款的显著增长；上海分行大力推进小微企业票据直贴业务，全年净增104亿元，在系统内排名第一。截至2014年底，全行小微企业网贷通业务余额达2 572.4亿元、全年增长191.6亿元，小微企业票据直贴业务余额达1 091.3亿元、增长806.9亿元，止住了小微信贷业务大幅下滑势头。

（三）坚持风控前移，扎实推进批量化营销、联动营销。一方面，建立了总行级和分行级的小微重点客户群名单、落实营销力量，总行定期进行跟踪和分析。截至2014年末，全行共营销和服务了490个重点客户群，涉及近1.5万户小微客户，贷款余额543亿元。另一方面，加大小微金融条线和大公司条线、个金条线的联动力度，围绕大客户、大项目、商友卡客户群拓展优质小微金融客户，截至2014年末，全行从优质商友客户中新拓展5 545户小微客户，新增贷款200亿元。

多家分行在批量化营销、联动营销方面取得了可喜的成绩。例如，广东分行通过"大数据＋公私联动"开展商友卡及小微企业联动营销活动，并对新注册企业开展专题营销，加强数据筛选、实行名单制管理。江苏分行坚持做好"一区一链一市场"，全年共营销200个小企业重点客户群，制定并审批同意25个融资方案，已实现贷款投放395户、金额51亿元。吉林分行深入挖掘集中采购供应商、私人银行客户、商友卡客户、结算类客户等客户资源，与省金融办联合开展了"吉林省1 000户成长型小微企业"专项营销活动，取得了实效。

（四）积极开展产品创新。总行研发了"商e贷""链融通"和财智账户卡小额透支等产品，扩大了授信项下授权审批制的适用范围。多家分行在产品创新等方面取得了可喜的成绩。例如，浙江分行设计推广"小贷通""商贸通""固贷通"等产品，全年设计批量融资方案92个，融资方案项下拓展小微客户761户、贷款16亿元。江西分行积极开展银政合作，设计推出由省财政厅与工业园区提供贷款风险代偿保证金的"财园信贷通"业务，自开办以来累计拓展客户756户，发放贷款27.6亿元。北京分行推出新三板股权质押贷款等新产品，大力支持科技型小微企业，年末科技型小微贷款户数、余额分别达到433户和30亿元。

（五）优化IT系统，建设专业队伍，做好营销宣传。

一是积极推动全球信贷与代理投资管理系统（GCMS）小企业系统功能一体化建设，完善小企业信贷业务系统管理功能。优化了小企业业务流程，开发灵活控制管理模式，减少信息重复采集；推动小微企业与业主个人信息的整合，将经营实体与实际控制人合并作为同一个风险管理对象；为支持重点客户群服务方案，配套开发了重点客户群管理及方案项下简易流程相关功能。

二是推动专业化队伍建设。在小微中心试点方案中，总行规范了岗位设置，对不同岗位的职责要求、专业资质、人员数量都作了规定，规划了队伍建设的专业化发展方向。组建跨层级的专业团队，支持业务创新和新模式推广。总分行组织开办了形式多样的小微金融业务培训活动，对各个层级的从业人员进行了专项培训。

三是加强营销宣传。各级行开展形式多样的营销宣传、产品推介活动，进一步巩固我行积极支持小微企业的社会形象，提高我行小微产品的知名度。在广东、北京、江苏分行的配合下，总行参展了中国国际中小企业博览会、中国中小企业投融资交易会、中国中小企业节等展览活动。

在复杂多变的经营环境下，上述成绩来之不易。全行小微金融条线保持了积极进取的工作态度，发扬了攻坚克难的精神，基本完成了2014年小微金融的监管指标，新客户、新市场的拓展取得一定成效，资产质量总体可控。在此，我代表总行党委向全行小微企业金融条线的同事们表示衷心的感谢！

二、转变观念，全面认识小微金融业务

本届政府对小微金融高度重视，把支持小微企业发展上升到在新常态下“保增长、促转型”的新高度，并密集出台多项扶持政策。各地政府和各级监管部门对小微金融的关注程度也在不断提高，小微企业的金融生态日益改善。

近年来我行大规模开展小微金融业务，不仅较好地支持了实体经济，也拓展了客户，进一步夯实了经营基础。受外部经济环境变化、风控压力持续增大等不利因素影响，2012年以来全行小微金融业务的发展速度有所减慢，原有发展模式中的一些问题也逐步显现，部分机构的经营积极性受到了影响，对于工商银行“要不要做小微金融业务”“做什么样的小微金融业务”“怎么做小微金融业务”等问题产生了疑惑。今天，在部署2015年重点工作之前，我想先就上述问题谈一谈看法。

（一）如何看待大银行做小微金融业务的问题。在前期调研座谈中，一些分支行的同志流露出大银行是不是不适合做小微企业，工行还要不要做小微金融的困惑。这里我要说的是，像工商银行这样的大银行，不仅需要做小微金融业务，也适合做小微金融业务。

一方面，工商银行“需要做”小微金融业务。这个问题在2014年专业会上我已经作了较为详细阐述，去年以来国内金融体制改革和央行出台的货币政策也验证了总行当时的判断。今天我再补充两点意见：第一，加快发展小微金融业务是积极应对经济转型的需要。新常态下我国的经济增长模式正在发生实质性转变，服务业和消费相关行业对经济的拉动会不断加大，投资对经济的拉动会逐步减弱，加快发展小微金融业务，正是顺应了经济转型和产业结构调整的大趋势。第二，加快发展小微金融业务是增强客户基础的需要。商业银行在资金供需两端掌握的客户越多，自身的地位才越牢固，否则就会在两端大客户的挤压下逐渐“通道”化。当前全行面临的公司业务利润增长放缓、公司存款增长乏力、有效信贷需求不足等问题，主要原因就是因为客户基础相对薄弱、有效客户占比不高。因此必须大力发展小微金融业务，切实扩大客户基础，为各项业务的发展创造机会。

另一方面，工商银行“适合做”小微金融业务。大银行不但可以做小微金融业务，还可以做得很好。在美国小微企业贷款占比排名中，名列前茅的就是富国银行、摩根大通、美国运通、美国银行、花旗银行这样的大型金融机构。在去年的专业会上，我也阐述了我行拥有的渠道、客户、系统、数据等优势，希望大家进一步增强信心。

可以说，小微金融业务是事关工商银行未来发展的战略性、基础性业务。在今年全行工作会议上，总行把小微金融确定为积极拓展的六大信贷市场之一，并提出了一系列工作要求，充分显示了总行党委发展小微业务的信心和决心。

（二）如何看待小微金融业务风险的问题。对于工商银行而言，小微金融业务的风险是不是已经高到了不能发展业务的地步？是不是已经无法用收益去覆盖风险？这就需要我们从“整体与部分”“绝对与相对”等维度去看待小微信贷的风险问题。

从整体上看，近三年来内部口径小企业贷款不良率持续上升，2014年末已达4.09%，确实比较高，也显著降低了其营业贡献。仔细分析，真正给我们造成较大损失的小企业客户主要是两类：一是为了享受小企业的信贷政策和流程，主动“化装”或被人为“包装”成小企业的中型企业；二是钢贸、煤贸等强周期行业中的客户。从地区分布看，无论是一级分行之间，还是同一省市的不同二级分行之间，不良率也都有明显差别，说明只要管理到位，风险还是可控的。从银行同业情况看，尽管各行小微贷款不良率在升高，但是部分专业化经营水平较高、对小微金融研究较深的银行，贷款不良率仍然处在较低水平。

从绝对水平上看，小微企业贷款的不良率一般要高于大型企业，但是如果考虑对小微企业可以收取更高的贷款利率，创造更好的交叉销售机会，综合收益能够覆盖风险损失。我行小微企业贷款利率一直明显高于公司贷款，并贡献了较丰厚的中间业务收入，就很好地说明了这个问题。

（三）如何看待小微金融业务定位的问题。在2014年底召开的改革发展研讨会上，总行提出了小微信贷业务小额化的发展方向，以及向消费、服务、民生等领域倾斜的发展思路。总行在设置小微中心审批权限时，也是按不超过1 000万元掌握的。对于这样的业务定位，

部分分行还存有疑虑，认为授权金额是不是太小了？这里，我也谈一谈认识。

一是关于小额化的问题。从内部看，目前我行小企业贷款的户均余额是975万元，71.42%的贷款都投向了单户融资余额1 000万元以上的客户，其中很多客户根本就不是小企业而是中型企业。单户融资金额过高，既不利于风险防控，也不利于市场竞争。在风控方面，我们是“大的按小的做”，把部分中型企业纳入小企业信贷管理范畴，执行小企业的准入标准和操作流程，造成客户准入门槛降低、风控尺度偏松。据统计，2014年以来单户融资金额较大的客户不良率上升相对较快。在市场竞争方面，由于实际面对的客户经营规模和融资金额较大，在办理小企业信贷业务过程中，“小的按大的做”，评级、授信、审批和贷后管理等方面基本套用一般法人客户的管理模式，不适应小微企业的特点，使诸多管理环节流于形式，业务流程长、运行效率低，影响了市场竞争力。从外部看，国内小企业信贷市场竞争日趋激烈，特别是单户融资金额1 000万元以上的优质市场竞争格局基本定型、增长空间受限，这一现象在东部地区尤为明显。相对而言，单户融资金额500万元以下的市场，还属于方兴未艾的“蓝海”。

基于上述认识，总行提出了小额化的战略定位，要求到2017年末单户融资金额1 000万元以下的客户，贷款余额占比要由目前的37%上升到60%，其中单户500万元以下的贷款余额占比要由目前的21%上升到40%。

二是关于向消费、服务、民生等领域倾斜的问题。小微信贷业务向消费、服务、民生等领域倾斜的战略定位，主要是出于以下两方面考虑：一方面，是为顺应新常态的发展规律。截至2014年末，我行强、弱周期行业的信贷占比分别为56%和44%，强周期行业融资占比相对较高，同时强周期行业5.16%的不良率也明显高于弱周期行业2.66%的不良率。因此，未来我们需要加大在消费、服务、民生等弱周期行业的信贷投放。另一方面，是为了适应商业银行的经营特点。强周期行业中的小微客户经营波动性较大，经营状况发生变化的速度也很快，商业银行很难及时做出反应，单纯利差收入很难覆盖实际承担的风险。因此，在显著提高自身快速反应能力之前，把弱周期行业作为今后我行小微金融业务的重点投放方向，也是符合商业银行经营特点的。

（四）如何看待设立小微金融业务中心的问题。在小微中心试点过程中，部分分行存在着组建工作推进缓慢、资源配置不足、配套机制不完善等问题。部分分行把新模式简单理解为审批权下放和流程简化，对细分市场规划、非现场贷后管理等新岗位的人员配备数量明显不足，致使小微中心无力承担细分市场规划、产品创新、非现场贷后管理等重要职责，无法真正成为小微业务的指挥策划中心、业务操作中心和贷后管理中心。少数分行感觉原有模式下业务发展得也不错，认为没有必要设立小微中心。出现这些情况的原因是对新模式的认识不到位。

一是对小微中心集约化、专业化的特点认识不足。小微信贷业务的零售特征明显，十分复杂，决定了必须走专业化的道路，否则风控难以到位、效率无法提高。领先银行的实践证明，以风控前移的理念做好市场规划，以专业化分工、流水线作业的小微金融业务中心作为一站式办理平台，以非现场和现场相结合的方式做好贷后管理，对提高小微金融的业务处理效率和风控能力有明显效果，总行已把集约化和专业化作为专营机构改革的核心内容。

二是对新模式强调的授权充分、责任明确、权责匹配的新机制认识不足。面对经营情况复杂多变的小微客户，如果为了统一审批标准、防范道德风险而过分地强调上收审批权，往往造成责任主体缺位。在风险管理中容易出现相互依赖、推诿的情况，减弱独立担当意识；上收审批权后加剧了银企信息不对称的矛盾，导致偏重“形式合规”、滋生“包装文化”，忽视了对实质性风险的防控。

从现阶段银行同业对小微金融的改革动向来看，普遍强调给予经办机构和从业人员更大的决策权，同时明确经营管理责任，在业务经营层面做到“权责利”对等。但是仍有部分分行在设计试点方案时没有完全领会总行意图，出现了在考核机制不完善、配套措施不具备的情况下盲目放权，或畏首畏尾、不敢放权两种不良倾向。下一步，各行要将小微金融新发展模式的核心理念贯穿于小微中心组建和运营的过程中，突破固有观念、打破僵化思维，既立足于完善小微中心组织架构和运行流程，提高处理效率、激发经营活力，又按照实施全程风险管理的要求，明确岗位职责，使风险管理真正落到实处。

三、坚持小额化、专业化导向，全力做好2015年各项重点工作

根据全行工作会议的要求和部署，2015年小微金融业务的主要工作思路是：通过营运模式、风控模式、服务模式创新，实现小微业务发展优化模式真正落地，推动业务不断向小额化方向发展，向消费、服务、民生等领域倾斜，重点发展单户融资规模500万元以下的小微客户，确保完成“两个不低于”监管指标。

2015年，全行小微金融业务力争实现以下经营目标：监管口径小微企业贷款余额增加1 400亿元；小微贷款客户数量超过32.5万户，其中单户融资规模500万元以下的贷款余额占比由目前的21%上升到25%以上；小微贷款不良率控制在3%左右。内部管理口径小微贷款余额增加500亿元，其中小微客户网贷通余额增加300亿元。重点抓好以下八个方面工作：

（一）加强协同配合，努力完成监管指标。据了解，2015 年银监会将执行新的“两个不低于”监管指标，分别是小微贷款增幅不低于同期各项贷款平均增幅，以及贷款客户数量不低于上年同期。完成新的监管指标难度将进一步加大，我们必须克服各种困难、确保完成。鉴于监管口径小微企业贷款的构成较为复杂，横跨多个业务条线、涉及多个部门，总行已经明确由公司金融业务部（小企业金融业务部）在总行层面作为牵头管理部门。各行要比照总行模式，由小微金融业务部门承担牵头管理职责，负责牵头制订监管口径小微企业贷款的年度计划，并承担监测、通报、协助考核等工作；同时，各行要为监管口径小微企业贷款业务配备专项贷款计划，完善企业经营规模标识管理，统一对外披露口径，进一步加大推动和考核力度，确保完成监管要求。

（二）全面认识新模式，扎实做好小微中心试点与推广。小微中心试点推广工作是发展模式优化的核心环节，各行要真正做“实”小微金融业务中心，严格按照总行要求定位中心的职能，按照专业化分工的要求设置岗位，配备数量充足、素质达标的专职人员；以相对标准化的方式完成尽职调查、业务审查审核、非现场贷后管理等工作，从而切实提高风控能力及运行效率。

总行将组建小微中心专业支持团队，开通网讯小微金融专栏、微信群等交流平台，对试点机构进行现场与非现场指导。各试点机构要积极运用上述渠道，加强与总行支持团队之间的交流沟通，及时解决试点中出现的问题。4 月中下旬，总行还将为小微中心组织专题培训，各试点机构要认真选拔业务骨干参加。各试点机构要在三季度总结试点工作并报送总行，以便进一步完善小微中心方案、四季度在全行范围内推广。

总行党委明确要求，2015 年小微金融发展模式的优化工作必须取得实质性突破，全行要不折不扣地推动新模式落地工作，各项工作要有声势、有目标、有效果。在此我再强调几点：一是各级行党委要高度重视模式优化工作，主要负责人要亲自抓好小微企业专业管理团队和小微中心的组建工作，配备数量充足、素质合格的从业人员，保障资源投入；二是相关分行要扎实做好小微中心试点与推广工作，严格按照总行批复意见，加快筹建小微中心，并确保在 3 月中旬之前开业运营；三是各行要单独建立对小微中心及从业人员的考评制度，在调动从业人员积极性的同时，进一步明确岗位职责、完善责任机制，真正体现小微金融业务特点；四是各一级（直属）分行要加强对试点过程的管理，督促试点机构定期总结试点情况，及时修订配套机制并向总行反馈。

（三）把握新机遇，积极拓展优质小微市场。尽管经济下行的压力仍然较大，但新常态下经济转型升级与各种扶持政策还是给小微企业带来了巨大机遇。各行要把握好机遇，充分利用自身的优势，高度关注经济转型升级过程中涌现的新行业、新业态，积极拓展优质的小微市场与客户，实现量、质齐升。

要继续强化批量化营销理念，一要充分利用当前的政策红利，加强银政、银企、银担合作，借助合作方的信息、资金和管理优势，扩大我行客户群体。各行要定期走访行业协会、商会、市场管理方、核心企业及地方政府职能部门，主动与当地政府中小企业主管部门开展工作对接，批量获取产业集群、专业市场、供应链等信息，从中筛选优质客户。二要充分发挥集团整体优势，加强业务条线之间、境内外、母子公司间的联动。要通过大客户、大项目的供应链挖掘小微客户，要强化分析结算信息、金融资产分布、交易记录等数据，从优质公司无贷户、商友客户、个人中高端客户、私人银行客户中筛选目标客户。三要利用好网点、网银、手机银行、融 e 购、融 e 联等营销渠道，扩大营销触点，特别是要充分利用我行网点渠道优势，建立利益共享的新客户网点推荐机制。

要做好优质存量客户维护与再营销。在存量贷款到期前，要提前走访沟通，摸清客户经营状况、融资需求等情况，对于经营情况稳定、信用状况良好的优质客户，要尽早与客户沟通，提前准备相关续贷手续，防止客户流失；对于经营情况稳定但因我行产品、政策调整等原因，无法继续按照原方式办理业务的客户，应积极与客户协商，争取达成新的贷款条件，并通过提高服务效率、提供替代产品等方式挽留客户。对于经营情况稳定、信用状况良好流入他行的老客户，要适时回访，梳理客户流失原因，制订新的服务方案，努力挽回。

要高度重视弱周期行业的市场拓展。随着服务业成为第一大产业，我行小微金融业务的客户结构也要相应调整，向批发零售、餐饮旅游、生活服务、文化娱乐等领域倾斜。各行要通过行业细分，深入研究不同细分行业的商业模式、金融需求特点，找准客户经营和银行融资的主要风险点，探索新的营销切入方式和针对性风控方法，用差异化的产品服务不同行业不同类型的客户。要建立以结算为基础、以融资和理财为核心、以客户综合贡献为定价依据的全产品服务体系，为小微企业、业主家庭提供全产品金融服务，并通过全产品服务了解客户，有效改善银企信息不对称的局面。

（四）创新风控模式，实现业务发展与风险控制的均衡。小微企业风险相对较高，表现形式更为复杂。这几年的实践告诉我们，要有效控制小微企业信贷风险，必须对现有的风控模式进行彻底改造。

要以“规划先行”“风控前移”的理念，层层做实市场规划，选准市场与客户。近期，总行将下发细分市场规划工作指引、细分市场规划方案模板和区域市场规划报告模板，并通过培训指导分行开展区域市场规划和细分市场规划。各一级分行要扎实开展区域市场规划工作，确定重点行业、区域、板块，自上而下、进退有度地主动选择目标市场；各二级分行要根据上级行规划，积极围绕产业集群、专业市场等客户群开展细分市场规划，精准识别目标客户并进行批量准入。到2015年末，区域市场规划工作要覆盖所有的一级分行，细分市场规划工作要覆盖所有的小微中心和业务量较大的二级分行。

要不断创新小微融资业务的审查理念和方法，注重把控实质性风险。改变当前过度依赖第二还款来源的做法，下沉审批层级，通过掌握客户结算信息、水电费、税收、物流数据，以及业主个人信用记录和资产实力等信息，运用交叉检验等方法，强化对第一还款来源、真实融资用途和综合偿债能力的把控。

要加快推进现场管理与非现场管理相结合的贷后管理新模式。近期总行将印发《小微企业贷款业务存续期管理规定》，各级行要按照贷后管理职责分工，分别履行现场信息采集、非现场信息采集、监测提示、风险核查、风险处置等职责。同时，要在总行规定基础上，进一步制定符合本行实际的实施细则并抓好落实。

要把治理小微企业“裸贷”作为今年贷后管理的重要内容。2014年末全行共有小企业“裸贷”客户1.9万户，贷款余额2 056亿元，分别占小企业有贷户总数的27%及小企业贷款总余额的32%。裸贷客户贷款不良率为10.8%，高出小微企业贷款平均不良率6.7个百分点，在潜在风险贷款中裸贷客户的占比更是高达95.7%。治理裸贷是当前必须抓好的一项重要工作，剔除不良贷款和潜在风险贷款客户外，今年小微企业裸贷客户总量要压缩35%，会后总行将把压缩指标分解下达到各行。各行要以治理“裸贷”客户为契机，加强信贷业务与结算、存款业务联动，并把结算开户、存款占比、贷款回笼等事项纳入借款合同或账户监管协议。

（五）完善产品创新管理体系，加快新产品研发。要从建立科学的产品创新管理体系和加快新产品研发两方面做好产品创新工作。在建立科学的产品创新管理体系方面，为适应小微企业融资产品区域化、便利化、便捷化的要求，总行将建立上下联动、适度授权、全过程管理的小微企业信贷产品创新管理机制。总行负责制定基础性政策制度、基本准入标准及关键管理要求，各分行依据当地市场特点、客户群特征，负责在总行的基础制度框架下填充具体产品要素，指导辖内分支行开展业务。建立小微金融产品创新管理新机制是优化发展模式的重要内容之一，各行要高度重视这项工作，尽快熟悉产品创新管理新规则，绝不能把新机制片面地理解为单纯下放创新权限。总行对各一级分行授权将与其小微专业化管理团队建设、专营机构设置及人员配备等管理要素挂钩，各行要在小企业金融业务部内设立产品创新岗位并配备专职人员。各行要加强对创新权限执行情况的管理，对推广应用情况差或者风险隐患较多的产品，须及时叫停并尽快完善，同时在贷后监测工作中要增加相关内容。

在新产品研发方面，今年小企业金融条线将采取总行独立创新、总分行联合创新或分支行自主创新等方式，要尽早推出一批操作简便、风险可控的小额信贷产品。一是充分利用国家鼓励小微企业发展的政策，灵活运用政府扶持基金、政策性担保公司、信用保险等增信手段，将风险控制要求内嵌到融资结构中，及时推出“银政通”等产品。二是以我行“融e购”平台为切入点，以网商线上经营行为和交易记录为风险控制手段，推出“全流程线上办理、循环使用、随借随还”的免抵押“商e贷”产品。三是依托智能网点或移动互联网技术，延展业务办理渠道，改造现有产品。四是继续完善小微企业贷款期限管理，结合监管部门提出的年审制贷款、续贷贷款、循环贷款等规定进一步优化还款方式，为优质小微客户提供持续的融资服务。

（六）尽快构建单户融资金额500万元以下的微型客户信贷业务经营管理体系。要突出小微客户特点，在经营模式、客户准入、产品流程、贷后管理等方面进行创新。今年要重点做好以下几方面工作。一是重点研究并争取尽快推出适用于小额贷款业务的打分卡技术，通过多种渠道搜集整理客户信息，完成对客户的快速评级，并为业务审查和贷后管理提供参考。二是加快整合微型企业贷款和个人经营贷款业务，按照统一市场定位、统一风控标准的原则，改造个人经营贷款和微型企业贷款产品，避免出现政策套利、多头融资的情况。三是研发推广小额贷款产品，特别是小额网络贷款以及小额抵押贷款。四是重点改造小额贷款业务流程，从把握实质性风险、改善客户体验和方便经办人员操作入手，对包括业务发起、尽职调查、审查审批、作业监督、资金配置、贷后管理、档案管理等环节在内的业务全流程进行改造。

（七）保障资源投入，配套相关机制。小微金融业务具有前期投入大、培育周期长的特点，需要在资源配置、机制保障等方面进行配套，提高经办机构和从业人员的积极性。今年要重点做好以下几项工作：

一要保障必要的资源。目前小微业务管理人员和客户经理数量不足、质量不达标的情况普遍存在，沿海地区的一些分支机构的问题尤为突出。各级行要高度重视小微金融业务的人力资源保障工作，选拔优秀分流人员并充实到小微从业队伍。同时，为确保完成“两个不低于”监管要求，总行分别为内部口径、监管口径配备了指令性和指导性的信贷计划，对不能按序时进度完成小微贷款计划的分行，总行将上收小企业专项规模并扣减该行总规模；对超序时进行发放小企业贷款并出现总规模不足的分行，总行将适当给予补助。各行要从全局出发确保小微企业所需信贷规模。

二要加紧完善考核机制。在考核分支机构绩效时，必须包含小微指标并适当加大权重。各小微中心试点行须进一步完善对中心的考核制度，做到发展与风控均衡，同时完善对从业人员的考核办法，依据岗位职责，差异化设置考核指标，引导从业人员认真履职。

三要进一步健全风险责任制。各行要进一步细化尽职免责相关制度，加紧推广小微信贷业务标准作业流程，作为尽职免责和失职严惩的依据。同时，对小微中心从业人员，要尽快实行部分绩效工资与风险挂钩并延期支付的制度，逐步建立业务发展与风险控制相均衡的长效机制。

四要出台鼓励发展单户融资500万元以下小额贷款业务的政策与激励措施。针对初期规模不经济的情况，总行将为符合小额化和弱周期方向的小微贷款配置相对优惠的内部资金转移价格，并适当下调经济资本占用系数。各级行也要做好正向激励工作。

（八）加强队伍建设，提高业务条线的专业水平。

一要充实人员、壮大队伍。各行要严格遵照新模式的要求设立相对独立的专业管理团队，进一步充实部门职能，并按照调整后的职能及业务量，合理设置岗位、配备专人；小微中心的主任、规划岗、尽调岗、审查岗、贷后管理岗等基础性岗位，必须配备专职人员、不得兼岗。各行要加强对辖属机构小微从业人员配备情况的监测监督，并将人员配备情况与业务授权、信贷资源配置等挂钩。

二要完善岗位专业资格管理，进一步提高从业人员素质。各级行小企业金融业务部的从业人员必须同时具备营销序列（小企业）专业资格及信贷专业资格，其中部门负责人须具备小企业专业中高级资格；从事小微信贷业务的客户经理须同时具备对公客户经理和信贷专业资格。暂不具备资格的，可以给予一定的过渡期。在过渡期内，需加紧参加培训和考试；过渡期满后仍未取得资格的，须调整到其他岗位。各行要按总行岗位专业资格管理的要求做好培训和考试工作，同时要结合本地区特点，编写具有地方特色的岗位培训教材或典型风险案例，开展形式多样的继续教育。

三要打出组合拳，重振队伍士气。受多种因素影响，当前部分机构小企业从业人员士气不高，这种局面必须尽快改变。各行要向其宣传小微金融业务在全行发展战略中的重要地位以及发展小微业务的坚定决心；要做好正向激励，充分调动从业人员积极性；要做细、做好责任评议工作，落实尽职免责相关规定，切实保障从业人员的正当权益。

同志们，在经济发展新常态下，小微金融业务的重要性进一步提高，各级行要进一步转变观念，加大资源投入，通过扎实推进新模式，努力使小微金融业务不断向小额化、专业化方向发展，推动小微金融业务持续健康发展。

向改革要动力　向管理要效益
全面提升新常态下资产负债管理和资金运作效率

——在中国工商银行2015年资产负债管理、金融市场和票据业务工作会议上的讲话

郑万春

（2015年2月13日）

今天我们召开全行资产负债管理、金融市场和票据业务专业工作会议，主题是认真贯彻落实改革发展研讨会和全行工作会议精神，总结2014年各项工作，分析面临的形势和问题，研究部署2015年工作任务。下面，我讲三点意见。

一、2014年资产负债管理和资金运作实现了新跨越

2014年，全行资产负债管理、金融市场和票据业务战线的广大干部员工在总行党委的领导下，认真贯彻落实国家宏观经济政策和监管要求，合理把握资产负债总量和运行节奏，有效推进资产负债结构优化，不断增强资本实力和对流动性风险、市场风险的管控能力；准确把握金融市场机遇，加快产品创新，有力提升了资产负债业务利润贡献和资金运作效率。其中，总行金融市场部合理优化投资组合结构，加快交易与承销业务发展，全年实现考核利润664亿元，同比增长32.8亿元，增幅5.2%，完成T3目标；各分行不断加大金融市场业务拓展、组合营销和产品推广力度，全年共实现中间业务收入74.8亿元，同比增长12.3亿元，增幅

19.7%，完成T3目标的107%；实现推荐信用债收入62.7亿元，同比增长10.7亿元，增幅超过20%；全行资产负债管理专业通过提高精细化管理水平和集约化运营票据及融资业务，创造净利润149亿元，其中票据营业部实现拨备后利润19.5亿元，同比增长4.04亿元，增幅达26.1%，各项考核指标均达到T3目标。

回顾一年来的工作，主要特点是：

（一）在助推全行经营转型过程中，资产负债结构调控工作取得了新进展。

一是信贷资源配置效率得到有效提升。全行认真落实国家宏观政策和稳健货币政策要求，坚持市场化和效率优先原则，建立了贷款计划挂钩配置新机制，在加强贷款计划分配与存款增长、利率定价和资产质量挂钩的同时，加大了跨区域贷款计划的平衡调剂力度；探索推进贷款存量收回的统筹计划管理，按存量到期收回5%的地区移位比例，引导各行重视盘活存量，提高信贷资金的使用效率。2014年末，境内分行人民币贷款比年初增加9 066亿元，增幅为10.3%。人民币贷款投放均衡率达55.5%，居四大行首位，同比提高0.7个百分点，河南、北京、贵州、湖南、江苏等分行贷款计划使用效率较高。票据营业部从大局出发，积极落实票据业务反周期运作策略，认真配合总行完成信贷调控目标，有效促进了信贷平稳投放。

二是资本管理工作取得重要突破。启动了资本管理改革，将利润中心、境外及控股机构纳入资本限额管理，优化了资本计量政策，研究制定了市场化的资本配置和交易方案。分行资本优化取得了显著进展，共有17家分行开展资本优化工作，累计节约资本98亿元，相当于压降风险加权资产（RWA）约800亿元，提升资本充足率约10个基点。其中，北京、广东、河北、天津、河南等分行通过优化资产结构、产品类型、贷款条件、时点节奏等措施，节约了5%～10%的资本。各项资本指标运行良好，2014年末集团口径资本充足率（未经审计）达14.58%，比年初大幅提升146个基点，达到了历史最好水平；经济资本使用效率提高，2014年末集团口径经济资本限额使用率控制在71%，资本优化节约效果明显，尤其是有效压降了无效和低效的表外业务资本占用。

三是资金来源的质量有所改善。从存款的增长性来看，2014年末境内分行本外币存款增量排名同业首位，人民币存款增加8 060亿元，外汇存款增加152亿美元，其中北京、河南、山东、湖南等分行的一般性存款时点及日均增长较好；从存款的稳定性来看，境内分行本外币存款的偏离度为1.87%；从资金来源的成本结构来看，2014年末成本偏高的短期同业定期存款较年初下降1 278亿元，低成本票据再贴现业务交易量突破400亿元，有效降低了资金成本；从外源性资本的补充情况来看，2014年先后发行200亿元二级资本工具和350亿元优先股，支持工银亚洲向总行定向发行100亿元长期次级债券，全年资本补充约2 370亿元，2014年末一级资本净额（未经审计）达1.53万亿元，有望继续保持全球同业领先；从主动负债管理来看，全年发行了8期合计106.4亿元同业存单，并为发行大额可转让存单做好充足的准备。研究制定了“高来高走”业务试点方案，在实现价差收益的前提下，通过市场化手段消化了重点客户的高成本负债。

（二）在不断完善管理机制过程中，资产负债内外部定价管理工作实现了新突破。

一是内外部定价机制更富弹性。进一步完善了分行存款利率分级授权机制。2014年人民币存款付息率为2.09%，比上半年下降2个基点，付息成本上升得到抑制；同业存款余额四大行排名第一，付息率低于主要可比银行。建立了贷款量价协调重点关注行制度，两次上调贷款业务配置价格，新发放人民币贷款利率较上年提升10个基点。实施了票据直贴和转贴现的差异化内部定价管理，并对小微企业票据直贴业务执行内部优惠价格。2014年末，全行直贴余额占比76.6%，同比提高14.9个百分点，其中小微企业直贴余额占比达31.3%，同比提高12个百分点。适时调整外汇存贷款自主定价授权标准，2014年境内外汇贷款综合收益率为3.42%，同比提高99个基点。

二是内外部定价的调整与市场波动更加同步。紧随市场利率变化，加大了内外部价格调整频次，更加侧重于价格杠杆的预调、微调和结构性调整。2014年，总行分别调整短期同业定期存款内外部价格143次和251次，7次调整人民币存贷款内部资金转移价格，20次调整境内外汇存贷款和结售汇业务资金价格。

三是定价管理的增收节支成效更加明显。2014年全年人民币存款付息率从一季度的高点大幅回落9个基点，节约利息成本约136亿元，其中通过压降高成本同业定期存款，节约利息支出约58亿元；个人住房贷款平均收益率同比提高30个基点，增加利息收入约57亿元；2014年末境内外汇存贷款利差较年初提高43个基点。山西分行以178亿元的票据系统外转卖，实现了近5 000万元的投资收益，单位票据资产运作收益稳居系统第一。

四是贷款基础利率（LPR）的推广应用更富成效。印发了贷款基础利率管理办法，完善了主机系统业务处理功能，建立了与LPR直接挂钩的内部定价机制。2014年，全行累计发放LPR贷款约2 000亿元，上海、浙江、陕西、甘肃等分行12月份新发放的以LPR为基准的短期法人贷款占比超过50%。

（三）在复杂多变的市场环境中，资金管理和运作效率迈上了新台阶。

一是资金使用效率保持同业领先。在确保流动性安全的前提下，我行日均备付率优于四行平均水平0.31

个百分点，日均节约资金445亿元，按新增债券收益率4.78%测算，约增加当年利润18.1亿元。“一点接入、一点清算”模式下资金管理体制改革稳步推进，2015年预计进一步节约日均资金100亿~150亿元。

二是资金运作节奏灵活高效。抓住有利的市场机会，非结算用途存放同业和票据买入返售业务的加权平均利率高于同期限同业拆借利率（Shibor）62个基点，实现利息收入43.6亿元。克服存款增速放缓、波动加大的不利因素，人民币债券投资余额比年初增加445亿元，新增债券收益率达4.78%，同比提高80个基点。其中，我行2014年上半年人民币债券投资组合收益率高于四行平均水平2个基点，相当于全年多创利润6.3亿元；外币债券投资组合2014年末到期收益率高于四行平均水平约93个基点，相当于全年多创利润约5 000万美元。动态调控外汇敞口规模，通过银行账户购汇售汇适时操作，全年实现收益6.14亿元；精准把握6亿欧元优先股的币种转换时机，2015年1月末与定价日汇率相比实现了7 000万美元的盈利。票据营业部坚持以量补价、加快周转的交易策略，全年交易量累计达3.45万亿元，连续三年翻番。广东、山东、河北、江西与四川分行与票据营业部协同运作，贴现业务量较上年增长显著。

三是境外资金集中管理改革稳步推进。成功搭建了集团内资金交易市场，目前共有34家境外机构和上海自贸区分行参与，2014年累计交易3 158笔，金额达6 441亿美元；启动境外资金集中管理系统建设，有序推进了境外筹资工具统筹管理改革。

四是金融市场重点产品创新层出不穷。稳步扩大债券借贷业务规模，积极开展账户贵金属存量资产运用，进入国际主要交易所开展场内交易，探索开展跨市场套利交易。创新推出账户大豆、账户铜等新产品，不断丰富账户原油转期和双向交易等新功能，其中北京、浙江、上海等分行积极做好业务推广，抢占市场先机，确立了优势地位；首家推出国开行和进出口银行金融债的柜台发行与买卖；积极推动与境内非银行金融机构开展外币同业拆借等创新。

五是金融市场业务发展基础进一步夯实。同业率先开发交易事前控制系统，全面启动对公代客交易系统建设，不断优化金融市场交易管理平台和全球债券集中交易系统，进一步完善全球24小时不间断交易体系。全面搭建面向客户的金融市场信息服务体系，不断加大互联网宣传和精准营销力度。初步投产服务全行、覆盖主要资产类别的衍生产品定价系统，开创国内同业自主研发现代化、创新型定价系统的先例。开发投产票据电子化交易平台，提高了报价公开透明度和交易效率。

六是交易类产品线市场竞争力稳居龙头。账户交易类产品覆盖五大产品线，“人无我有、人有我优”的优势突出；独家获准开办人民币结算商品交易，商品交易竞争力进一步提升，其中山东、江西、海南等分行积极开拓客户、成效显著；柜台债券交易量和客户持有余额的市场占比超过50%和75%，市场排名第一；银行间外汇市场做市交易规模连续五年市场排名第一，结售汇市场竞争力持续增强，其中广东、深圳等分行在加强业务推广、丰富产品类型、提高网点外汇服务能力等方面成效显著；债务融资工具承销总额突破4 700亿元，各类债务融资工具发行总额市场排名第一，其中北京、上海、浙江在承销规模、收入和客户等方面在当地市场持续保持领先；代理债券交易与结算业务QFII客户数市场排名第一。

（四）在复杂严峻的风险环境中，资产负债风险管控工作经受了新考验。

一是流动性风险管理得到全方位完善。积极向人民银行、银监会汇报沟通我行流动性和存款偏离度管理情况，发挥大行作用，协助做好市场稳定工作。修订了流动性风险管理办法和人民币资金管理办法，编制了大资管业务发展规划，研发了大资管业务管理系统、同业存单管理系统、理财集中度管理系统和第二代支付系统下流动性管理系统，强化了境内外、表内外、本外币流动性风险的统筹管理机制。分类指导境外机构制订流动性覆盖率（LCR）指标提升计划，重点督导达标压力较大的机构优化资产负债结构。2014年末，各境外机构LCR指标均较年初有明显提升，10家有明确LCR监管要求的境外机构全部达标。支持伦敦分行成功获得英国监管当局的流动性豁免，支持工银亚洲开展流动性应急演练，加大了对作为人民币清算行的新加坡、卢森堡、多哈、多伦多等境外机构的流动性支持力度。2014年末，总行向境外机构拆出资金105亿美元，比年初增加21亿美元。

二是经营性风险得到有效管控。认真落实同业业务的监管新规，加强与监管部门的沟通汇报及同业交流，初步制定了符合我行实际的专营部门制改革方案，为建立我行同业业务新模式奠定了基础。基本形成了覆盖金融市场业务全流程的“一本制度、一套规程、一册流程图、一卷指引”的业务制度体系。开发了票据系统电子影像项目，提高贴现业务的电子化审批以及纸质票据存管效率，增强上级行对经办行业务的审查指导与非现场监测效果。通过在票据综合系统中设置企业黑名单、对承兑行及交易对手进行公示控制等方式，严防风险票据流入。2014年末，全行同业融资不良率继续保持为零，票据贴现资产不良率0.02%，全年票据存管率达89%，同比提高了13.7个百分点。

2014年各项工作任务的顺利完成，是总行党委的正确领导、科学决策的结果，也是全行资产负债管理、金融市场和票据业务战线广大干部员工奋发有为、顽强拼搏的结果。在此，我代表总行党委向大家表示诚挚的慰问和衷心的感谢！

在肯定成绩的同时，我们还必须更加清醒地认识到，在国内利率市场化改革全面提速、金融脱媒不断加快、互联网金融迅速发展、国际金融市场动荡日益加剧的形势下，全行资产负债结构有待进一步优化，在平衡协调资金来源的稳定性、均衡性和低成本目标上还有差距；分支机构的资本压力传导机制还不够顺畅，资本使用效率和刚性约束有待进一步加强；全行资金来源与资金运用的协调管理机制还不完善，流动性管理系统涵盖的内容相对全行的业务种类还不全面；负债分类和利率定价管理还不够精细化，还需要在开发存款定价模型、测算客户综合贡献度上下功夫；金融市场业务与国际同业在各条线的交易做市能力上还存在一定差距，产品创新从设计到转化为经营效益的时间需进一步缩短；部分机构在执行总行政策和把握工作的全局性方面还有待改进，票据营业部和分行之间的业务联动有待深化，全行票据业务协同发展还有进一步提升的空间。我们一定要高度重视这些问题，下大力气认真加以解决，推动各项业务的管理水平向更高层面迈进。

二、认识新常态，破解新难题，准确把握2015年主要工作思路和目标

去年召开的中央经济工作会议阐述了经济发展新常态的趋势性变化，总行党委在改革发展研讨会和全行工作会议上对2015年各项工作进行了全面部署。全行要认清当前各项工作面临的新局面，明确下一步业务发展的总体思路，着力优化资产布局和负债布局，努力提升资金运作效率和资本使用效率，凝神聚气、全力以赴实现各项任务目标。

（一）在经济增速换挡回落的新常态下，优化资产结构需要更加注重提升资金的使用效益。在我国经济高速增长的背景下，过去30年国内银行业实现了年均22%的信贷增速，过去10年间银行业资产规模年均增速超过了18%。随着国内经济由高速向中高速增长转换，银行资产增速也在趋缓。同时，社会融资结构趋于多元化，银行扩张信贷规模的宏微观基础正在发生改变。面对新常态，如何在宏观环境、资金供给、资本回报等约束条件下，统筹优化资产布局和资金运用结构，使资金流向效益更好、风险更低的业务品种和区域，提升资金使用效益，是我们面临的挑战。

当前全行资产结构仍有很大的优化调整空间。一是信贷投放方面，2015年全行贷款到期移位加上新增贷款总量达到3万亿元左右，信贷资金存量周转和再运用的压力较大。同时，部分分行的小微企业贷款增长乏力，票据贴现占当年贷款增量比重较高，有效信贷资源储备明显不足。二是债券投资方面，2015年境内法人人民币口径将有约7 000亿元债券（含利息）到期。今年人民币债券市场收益率预计保持低位震荡，到期后的债券再投资收益率面临下行压力，将会对NIM水平造成不利影响。三是票据业务方面，2014年票据转贴现卖出1.1万亿元，增长100%，但仅实现了4.7亿元的价差收益。同时，2014年已卖出未到期的票据余额从年初的1 450亿元增至年末的3 759亿元，对应占用的表外风险加权资产也由363亿元增至940亿元，增幅达159%。

总行党委2013年提出了“优化资产布局”的战略目标，2014年提出了资产布局“四个统筹”的基本思路。各级资产负债管理部门和利润中心要在符合国家宏观经济政策导向、服从全行整体利益、确保流动性安全的前提下，既要学会运筹帷幄和精打细算，算好资金账和效益账，推进资产负债业务的科学管理和有效管理，统筹提高资金使用效率，避免资金配置在次优甚至低效的业务和产品上；又要摒弃对传统规模扩张路径的依赖，通过用好增量、盘活存量和交易流转实现资产布局的调整优化。资产结构的优化转型既是经济新常态下的必然要求，更是我行提升可持续发展能力的内在需求，全行上下要突出抓好资产结构优化和资金使用效益提升，顺利完成2015年的核心经营目标。

（二）在金融市场改革和创新不断深化的新常态下，优化负债结构需要更加注重提升资金的运作效率。当前我国金融市场自由化程度进一步深化，利率市场化改革和金融脱媒加快，互联网金融及影子银行的发展促使资金跨市场流动的成本更低、效率更高，国内居民财富调整分配的选择更趋多元化和便捷化，这导致银行资金来源波动加剧，流动性风险加大。同时，我国经济金融体系的全球化趋势进一步发展，其他经济体的宏观政策和系统性金融风险更易向国内资金市场传导。2015年美元有可能进入加息通道，欧洲央行近期又推出了大规模的量化宽松政策，国际金融市场动荡加剧将导致我行经营环境更具不确定性，风险来源更为多元化。

从我行的负债总量和结构来看，一是人民币存款增长动力不足，2014年人民币存款较年初增长5.4%，同比下降0.3个百分点，仅完成年度计划的73%；一般性存款时点增量居四大行第二位，若不考虑北京分行的绝对领先优势，我行存款增量则落后于农行3 433亿元；个别分行存款增长集中在季末的情况仍较突出。二是存款付息率上升速度较快，2014年末全口径人民币存款付息率（含保本理财和结构性存款）为2.19%，比年初上升12个基点。三是2014年末主动负债业务的余额为7 273亿元，在总负债中占比仅为4.4%，而且散落在不同业务部门，缺乏统一、前瞻性的业务发展规划。

资金来源的质量和成本是支撑资产业务良好发展的基础。在当前环境下，要进一步优化负债结构、提升资金的运作效率，需要我们更加重视资金来源的增长性、均衡性和低成本，统筹把握好存款和贷款的关系、存款的成长性和稳定性关系、存款的量价协调关系、被动和主动负债关系、资本补充的总量和结构关系，为推动资

产业务的发展提供全面坚实的保障。

（三）在利率市场化全面加速的新常态下，增强盈利能力需要更加注重提升资产负债业务的定价能力。在当前国内金融改革全面提速的形势下，利率全面市场化的脚步渐行渐近。2014 年 11 月 22 日，人民银行下调了存贷款基准利率，合并了部分利率期限档次，扩大了存款利率浮动区间；预计存款保险条例在 2015 年完成立法，2016 年开始实施；大额存单业务、降息及进一步扩大存款利率浮动区间等改革措施可能在 2015 年陆续推出。

利率市场化全面加速，对我行最直接的影响就是存贷款利差收窄。2014 年 12 月新发放人民币贷款利率比前 11 个月下降 33 个基点，2015 年存量贷款将陆续完成利率重定价，预计全部贷款收益率将比 2014 年下降 25～30 个基点。全行利率上浮 20% 的存款金额和占比增长较快，截至 2015 年 1 月末已分别达到 12 253 亿元和 8.67%，其中执行利率 1.2 倍的定期存款占比已达到 14.7%，预计 2015 年全行存款付息率将难以明显下降。如果考虑到存款定期化、定期长期化因素，以及可能推出的大额存单及其他存款产品创新业务，存款付息成本很可能继续保持高位甚至会小幅上升。

“打铁还需自身硬”，要在利率市场化新常态下立于不败之地，就要做好充分的准备工作，不断夯实利率市场化定价管理的各项基础，加快建立以利率敏感性为主线的负债分类体系，开发以客户综合贡献为基础的存款定价模型，完善存贷款定价系统，健全利率政策和授权执行效果的评估流程，实施“可放可收、收放有序”的动态授权调整机制。

（四）在资本刚性约束日益凸显的新常态下，推动业务发展需要更加注重提升资本的管理水平。当前境内外资本监管日趋严格，巴塞尔Ⅲ（BASEL Ⅲ）新标准法加快推出，我行的利润增长和内源资本积累难度加大，在全球系统重要性银行（G－SIFIs）中的组别进一步升高，国际化和综合化发展进一步深化，提高单位资本使用效率、强化资本精细化管理的重要性更为凸显。

目前来看，我行的资本管理水平还不能完全适应监管形势和经营发展的需要。一是资本压力没有完全传导下去。配置给分行的资本仅占全行总量的 60% 左右，总行相关资本指标在绩效考核中的占比超过 17%，而有些分行才 4%～5%，分行向辖内机构的压力传导存在层层衰减的问题。二是资本管理意识没有完全树立，资本管理方法掌握不够。不少管理人员没有绷紧“资本弦”，很多业务人员没有算过“资本账”，不了解机构、产品、客户和每笔业务的 RAROC 水平和 EVA 占用情况。三是资本限额存在“软约束”，有些分行是干了再算，限额不足就向总行寻求追加额度；而不是算了再干，主动调整优化资本占用。四是分行资本管理指标口径众多，不同信息系统和业务条线中存在经济资本、监管资本初级法、监管资本高级法等口径，资本管理效率受到影响。下一步，总行将按照“一个部门牵头统筹、方法统一简单透明、战略导向清晰明确”的原则，加强和改进全行的资本管理体系。要重点实施调整后 RWA 和经济资本的双线管理，强化资本对业务拓展和风险扩张的刚性约束；开展资本指标在各业务领域的推广应用，强化资本对资产组合和信贷结构调整的导向；提升资本指标在二级分行、支行和客户经理方面的考核占比，强化资本对绩效考核和资源配置的引领作用。

2015 年全行资产负债、金融市场和票据业务的主要目标为：一是境内分行人民币各项存款新增 10 000 亿元，其中一般性存款增加 8 500 亿元，日均增量计划为 3 400 亿元；境内分行人民币贷款计划定为 8 500 亿元，年中将视稳健货币政策具体要求和同业运行情况做适情调整。二是境内外汇存款新增 90 亿美元，境内外汇贷款新增 80 亿美元，其中国际贸易融资新增 50 亿美元，“走出去”一般现汇贷款新增 30 亿美元。三是境外机构新增存款 256 亿美元，新增贷款 362 亿美元，新增主动负债 268 亿美元。四是确保资本充足率维持在合理均衡的水平，在不考虑外部融资的情况下，资本充足率不低于 14.7%，一级资本充足率不低于 12.5%；全行经济资本增量限额为 1 300 亿元，调整后 RWA 增量限额为 10 656 亿元。五是在确保流动性安全的前提下，保持日均备付率低于四行平均水平；在 1 000 亿元余额内加快同业存单的发行，做好存款稳定性管理，确保境内本外币存款偏离度低于 3%。六是协调贷款定价管理和支持实体经济的关系，全行新发放 LPR 贷款占比计划为 40%，新发放贷款利率综合浮动幅度计划为 6.3%。七是做好同业业务改革及配套工作，同时优化业务结构，保持业务平稳发展；继续保持国债代理发行总量市场占比第一地位。八是全行票据直贴量力争达 8 000亿元，同比增长 20%；票据投资收益力争达 7 亿元，同比增长 50%；票据融资资产不良率控制在 0.05% 以内，票据营业部拨备后利润力争增长 5% 以上。九是总行金融市场部考核利润力争超过 480.5 亿元，分行产品线交易与承销业务收入平均增幅力争达到 5%，其中重点产品线收入平均增幅力争超过 10%；债务融资工具承销发行额力争超过 5 000 亿元；账户交易类产品客户数确保增长 15%、力争增长 20%，收入要力争增长 15% 以上；柜台债券业务收入增长 50%，客户数增加至 200 万户；结售汇业务量要增长 10%，收入增幅要不低于 7%；个人和对公活跃客户数力争分别增长 16% 和 10%，个人有效网点覆盖率从 33.23% 提高至 44.49%，对公从 21.89% 调高至 25.26%；力争分行全部开办商品交易与人民币利率互换业务。

三、把握新常态，开创新格局，全面做好 2015 年各项工作

2015 年，要积极把握资产负债管理、金融市场和

票据业务面临的新常态，以提高资金运作效率和资本使用效率为中心，加快推动全行资产布局和负债布局的优化转型，切实提高资本、资金和利率定价的管理水平，有效提升各项资产负债业务的精细化管理水平。为此，要重点做好以下六方面的工作。

（一）积极把握资产总量增速趋于平缓的新常态，努力促进资产端的总量平衡和结构转型。

一是继续完善贷款计划管理方式，在总结前期管理实践的基础上，健全信贷计划管理制度和分配办法，进一步提高信贷计划管理的科学性和有效性。要继续按市场化原则配置信贷资源。坚持实施贷款计划“三挂钩”管理框架，将年初挂钩分配历史增量权重由65%降至60%，EVA挂钩配置权重保持为30%，将战略配置权重提高至10%。总行年初分配贷款计划7 800亿元，预留700亿元计划于年内逐步分解下达，各行2015年年初分配计划与2014年增量相比基本高于80%。要根据国家相关部门关于存贷款口径调整和宏观审慎管理的新要求，把握好各项贷款总量和节奏，促进贷款与非存款类金融机构拆放的协调发展，确保对实体经济融资需求的有效支持。要深化存量与增量并重的贷款计划管理方式，将存量收回腾出规模的地区移位比例提高至10%，鼓励存量腾出的信贷资金运用到期限适中、利率合理的大型基础设施项目和与区域利率水平匹配的个人住房按揭贷款，继续控制超长期利率下浮贷款、地方政府融资平台与三四线城市房地产贷款。关注区域信贷资源储备分化的趋势，主动引导和撮合行内外的信贷资产交易流转，共享优质信贷资源，增强分支机构信贷业务的协调发展能力。要实施有侧重的重点城市行信贷资源配置策略，选择湖南、河北和陕西分行营业部以及东营、嘉兴和洛阳分行等6家城市行作为首批重点扶持对象。通过总行、一级分行和重点城市行的三级联动，力争有效提升重点城市行资产负债业务的整体市场竞争力；总行重点扶持的城市行，要注意信贷资源配置和资金运作效率并重，确保明显缩小与当地同业的竞争差距。要加强对融资规模的统筹规划与监测分析，保持融资业务发展与宏观经济运行、实体经济需求和我行发展战略相匹配，信贷与非信贷总额力争达到4.5:1的规划目标。

二是合理规划债券投资增量规模，优化盘活债券资产存量结构。人民币债券投资方面，要大力优化投资组合结构，稳步加大信用类投资工具投资力度，适度加大含免税收益的国债投资力度，努力提高投资收益；收益率下行过程中适当提高可供出售账户债券占比，兼顾利差与价差收入。要稳步扩大债券借贷开展范围和规模，探索交易所场内交易模式，巩固市场领先优势。外币债券投资方面，要在有效防控利率风险的前提下，适度扩大资产组合规模，继续优化组合结构，加大对高评级优质外币企业债券的投资力度，稳健开展美国国债与信用债等债券交易。各分行要加强推荐信用债投资准入管理，贯彻落实总行关于行业压降及行业结构调整的信贷和投资管理要求，加强投后风险管理。要关注辖内客户融资需求，积极推进同业特定目的载体推荐投资，做好投后管理。要积极配合总行稳步扩大债券借贷业务规模，并做好辖内相关客户的尽职调查、授信审查及日常关系维护。

三是加快推进同业业务专营改革，确保同业业务成为新的利润增长点。要争取银监会支持专营部门设置和分行继续经营、核算同业存款业务的改革方案，对同业借款、同业投资等线下同业业务，由分行开展尽职调查并推荐总行办理，在扣除资本成本、拨备成本等因素后，损益返还分行。要强化同业业务的风险防范。各分行要作为线下同业业务风险管理的第一责任人，按照谁受益、谁负责的原则，做好尽职调查、融后风险管理等事项。要加快产品创新，使特殊目的载体投资成为新的利润增长点；加强与企业集团财务公司、金融租赁公司等机构的合作，撬动相关企业和个人业务的发展。要以专营部制为依托，优化票据买入返售业务的处理与系统审批流程，落实利润中心与分行的分润机制，协调处理好票据营业部与分行票据买入返售业务的关系。

四是统筹优化票据资产结构，强化业务创新、完善定价体系，提升票据市场竞争能力。要着力发展小微企业直贴业务。各分行要专注拓展直贴市场，票据营业部要发挥规模、渠道优势，支持分行大力开展小微企业直贴业务，更好地服务实体经济。要立足票据市场深化转型，强化业务创新、完善定价体系。认真研究互联网票据、电票资产管理以及票据衍生品等新业务，打造新的市场空间和利润来源。完善定价管理体系，激励分行提升议价能力，强化对票据业务的考核引导，提升盈利贡献。要完善系统内竞合机制。以票据营业部和9家重点分行全面合作的“9+9营销工程”为突破口，试点“统一出口、封闭运作”的运营模式，努力打造分行与票据营业部密切衔接的票据交易产品链。票据营业部要加强票据托管系统与电子化交易平台的市场推广，逐步建成中国票据市场的做市商和综合服务商，培育新的盈利增长点。

五是全面提升交易能力及产品线发展水平，不断拓展承销发行领域。要大力加强外汇网点建设，着力提升结售汇有效网点覆盖率和服务能力；积极宣传我行“币种丰富、渠道多样、价格优惠”的优势，加强结售汇与国际结算等业务联动营销。要加快业务推广与客户拓展，推进商品交易全面开办，加强对账户铜和账户大豆等新产品、账户外汇双向交易等新功能的营销。要充分挖掘贷款客户的外汇避险需求，积极推广双币远期结售汇、利率掉期等外汇避险重点产品；对金融市场择期交易业务，要合理平衡业务规模和效益，促进业务规范发展；加快推广代客人民币利率互换，以“LPR利率互换”等产品为重点，加强与信贷业务联动发展。要努力巩固承销发行业务市场领先地位，积极挖掘辖内客户融资需求，加大业务资源丰富但我行市场排名较低区域的营销推广力度，在风险可控的前提下着力拓展中小型优质客户。要切实做好企业发行辅导与跟踪，引导企业采取市场化定价的发行方式，保障我行手续费收入，同时加强对存续客户日常监测，做好后续管理。要加大对商业银行金融债、柜台记账式债券、资产支持票据及地方政府债券的营销力度，配合总行推进资产证券化业务发展，做好后续资产管理和服务工作。

（二）积极把握稳存增存形势日趋严峻的新常态，努力促进负债端的总量平衡和结构转型。

一要把握存款业务发展进入新常态的特点和规律，改善存款增长的稳定性和均衡性。要加大存款业务的推动力度，不断夯实存款业务发展基础，持续优化存款增长的体制机制。一方面要不断拓展外部市场，夯实客户基础；另一方面要眼睛向内、向下，深入挖掘内部资源，加强精细化管理力度，向管理要效益。要继续通过运用市场化手段，动态调整内部资金转移价格，增加对低成本存款业务的激励和支持。各行要继续落实新增存贷比管理各项要求，总行资产负债管理部要研究完善管理方案，对于存款增长较好的分行给予适度奖励，协调好存款均衡性、稳定性管理，确保月末、季末全行存款偏离度控制在3%以内。

二要继续推进主动负债和外源性资本补充工作，推进资金来源的主动性和多样性。主动负债方面，要统筹制定主动负债业务发展规划，根据市场竞争态势、成本收益情况综合确定不同产品规模占比、业务推动进度。健全主动负债业务管理制度，实行"总行统一管理、分行自主运作"的管理模式，拓展稳定的资金来源，合理把控高成本主动负债业务对全行经营管理的影响。要进一步加大同业存单发行频率和力度，力争达到1 000亿元，引导短期同业定期存款逐步向同业存单产品转换。要继续做好大额存单产品的相关准备工作，争取成为首批试点行，同时研究适时推出普通金融债券的可行性。要进一步在全行范围内推广开展"高来高走"业务，丰富业务种类和范围，实现资产负债一一对应的精细化管理，在实现盈利的前提下有序拓展各类资金来源。外源性资本补充方面，要根据三年资本规划和年度资本充足率管理目标，敏锐把握市场机会和时间窗口，统筹做好资本工具的发行工作。计划境内市场再新增发行260亿元二级资本工具，境外市场再发行20亿美元二级资本工具，抵补当年二级资本工具扣减的影响，优化二级资本结构；全力配合做好450亿元优先股的发行工作，进一步充实其他一级资本。

（三）积极把握国内外资本监管日趋严格的新常态，大力提升资本管理的水平。一是统一思想认识，践行资本集约化发展模式。2015年，总行将对资本管理进行重大改革。要充分认识资本改革对有效传导资本压力的重要作用。由于资本充足率基准从巴塞尔协议Ⅰ的8%提升到巴塞尔协议Ⅲ的12%以上，全行资本占用总量将平均上升50%左右，资本改革有利于实现全行资本持有总量与分行资本占用限额的匹配。要充分认识资本改革对于贯彻落实资本监管要求的重要意义。这次改革将简化各类产品调节系数和政策调节系数，更有效传导监管资本压力。各分支机构要充分认识到，积极开展资本管理工作不仅对全行推进资本集约化发展具有积极意义，还可以让本行在绩效考核和资源配置上获益。要加强对分行资本管理的全方位宣讲培训，尤其要加强对高级管理人员和"一把手"的培训；要创新培训方式，通过园地和微信渠道，运用模板和案例教学。

二是强化双线管理，打造市场化的限额管理机制。要从2015年开始实施调整后RWA和经济资本的"双限额"管理机制，既传导监管资本压力，又贯彻全行经营导向和风险偏好。2015年全行调整后RWA增量限额为1.06万亿元，经济资本增量限额为1 300亿元，新增限额一定要用好。要在限额分配上重点将资本创造与资本使用挂钩，调整后RWA和经济资本限额实现了与资产规模、结构和质量的挂钩，并按业务发展需求进行了保底安排。要建立并实施调整后RWA和经济资本限额的市场化管理机制，节余的资本限额可出售给总行，获得相应收益，提高考核得分；限额不足时向总行购买，承担适当成本，减少考核得分。各机构要准确把握"双限额"管理的内容，根据各季度净利润和业务增量，准确匡算所需限额，交易限额时算好账，实现精准购买。各机构要做好资本压力向下传导的工作，结合自身经营特点和考核体系，制订辖内调整后RWA与经济资本限额的管理方案。

三是统一管理口径，发挥资本指标的整体效力。要采用调整后RWA和经济资本数据，逐步统一对分行的各类资本计量和管理口径，解决目前信贷管理系统、MOVA系统、绩效考核中资本数据口径不一致的问题，既发挥总行的管理合力，又便于分行使用。要在限额管理、绩效评价、资源配置、客户管理和产品定价等方面应用资本数据时，统一口径、统一出口，避免数据混乱和导向掣肘。要完善经济资本计量标准，全面接轨巴塞尔协议Ⅲ的要求，清晰界定资本管理职能定位和分工，既要体现经营战略导向和信贷政策要求，又要传导监管资本压力，还要保证分行的可操作性。

四是强化效率提升，持续推进资本优化和应用。总行要尽快建立经济资本优化团队，全面推动分行做好资本优化工作。要为分行提供简明直观的资本优化工具和测算模板，让管理人员和业务人员都能够运用资本指标开展优化工作。要将资本优化工作和强化资本限额刚性结合起来，对于客户等级劣变、信贷结构恶化、资产风险度上升、产品选择失当、时点节奏错配等非业务拓展性因素导致的资本占用上升，要收紧资本限额配置，督促分行开展资本优化。要将资本优化和盘活信贷存量结合起来，综合运用经济资本基准系数和调节系数，引导分行做好存量信贷结构调整工作。要进一步强化经济资本在绩效考核中的运用，重点将人均 EVA、调整后 RWA 回报率、经济资本占用率指标纳入绩效考核；原则上二级分行资本相关指标的考核权重不低于总行权重占比，并对二级分行到支行、从支行到客户经理的考核提出要求，解决资本压力传导“最后一公里”问题。

（四）积极把握利率市场化改革全面加速的新常态，大力提升资产负债管理内外部定价的能力。

一是进一步构建对 NIM 的监测、分析和评价体系。要加快推进资产负债配置监测系统二期的研发，逐步投产境外机构资产负债项目报表体系、集团资产负债运行效率分析、重点城市行及重点县支行资产负债报表体系、境内分行有效贷款需求指数分析、分机构资产负债业务发展 360 度分析等六个模块，更加及时全面地展现全行资产负债业务运行情况。要从全方位解析 NIM 的构成及变动趋势，动态监测评估各种内生变量、外生变量对 NIM 走势的影响，对比分析同业可比机构的运行动态，及时提出巩固竞争优势和缩小同业差距的管理措施建议。

二是进一步提升外部定价管理的弹性和精细化程度。要研究建立负债分类管理体系，按照负债产品的利率敏感属性和利率市场化程度，区分主动负债、利率敏感性高的被动负债、利率敏感性低的被动负债，逐层构建负债分类统计监测体系，将分类结果应用到制定挂牌利率和利率授权管理之中，为全行负债结构调整做好准备。要建立以客户贡献度为基础的存款定价模型，确保重点客户定价与贡献匹配协调。要完善存贷款定价系统，实现系统准确计量客户的综合贡献，分行按客户综合贡献加强存贷款议价管理。要继续完善存贷款量价协调重点关注行制度，按月监测分析并通报存贷款量价发展及同业比较情况，促进各级分行与业务管理部门加强存贷款定价、议价的管理。要加强部门分工合作，总分行利率管理部门要制定和完善存款的定价政策、定价标准和差别授权体系，业务管理部门要加强本专业的议价管理，实现利率政策的良性循环。要努力扩大以 LPR 为基准的贷款规模，确保 LPR 贷款在新发放贷款中的占比不低于 40%，丰富 LPR 定价的贷款品种和期限，加强“LPR 利率互换 + LPR 贷款”组合产品的推广。要加强存贷款利率定价的自律管理，在总行逐步扩大分行利率定价授权的同时，各级行要强化利率定价财务约束，着力解决新发放贷款的利率水平下降问题。要进一步深化外汇存贷款利率管理机制改革，动态调整分行外汇自主定价授权条件，引入外汇存贷款 FTP 利差条件，引导全行外汇存贷款业务协调发展。

三是进一步增强内部资金转移价格管理的灵活性、科学性和创新性。要继续灵活调整本外币内部资金转移价格。发挥好内部资金转移价格的导向和财务硬约束作用。要进一步改进管理机制。把事后评价与调整策略有机结合起来，提高内部价格调整的有效性和主动性。要继续加强管理创新，稳步推进 LPR 在贷款内部定价中的应用，不断完善主动负债业务内部资金转移定价方案。要优化完善内部收益率曲线模型，逐步应用于存贷款内部定价和 LPR 报价。

（五）积极把握内外部因素复杂交织的新常态，大力提升新环境下的风险把控能力。

一是进一步完善流动性风险管理体系。要继续按照稳健审慎的流动性管理策略，持续加强负债稳定性管理，合理安排资产投资进度，加强大额资金预测预报和动态现金流管理。准确把握市场机会，加强资金营运管理，动态调整融资总量及结构布局。要加快研究建立表内外资金统筹协调的运作和管理机制，保持融入融出资金的有序性和一致性，从流动性管理和资金运作两个方面发挥全行整体合力，增强抵御市场波动的风险管控能力和盈利能力。要按照监管要求及我行经营管理需要，做好流动性限额的系统控制、流动性监管指标、流动性风险压力测试的系统自动化应用，提高流动性风险管理自动化程度。要继续推进大资管业务支持和管理工作，配合相关部门加强成本核算，推动从收益最大化的角度统筹摆布存款与理财业务。

二是继续加强境外机构流动性的管理和指导。要实施境外筹资工具统筹管理改革，完善境外资金交易市场功能，努力实现境外资金集约化运营、一体化管理。要稳步推进境外机构资金集中和内部资金转移价格管理，并选择境外机构开展试点投产。要继续强化境外机构流动性管理，有效应对境外 LCR 监管。要继续大力支持境外机构开展人民币资金业务，进一步完善境外和跨境人民币资金管理模式。

三是创新和完善利率风险和集团汇率风险管理。要关注利率下行期利率定价隐含的利率风险，合理把握利率上浮到顶的中长期存款业务发展节奏。丰富利率风险冲击场景，做好利率变化影响的情景模拟和压力测试，开展银行账户利率风险的内部资本充足评估，研究银行账户信用利差风险计量技术，完善银行账户利率风险内部模型。要坚持统筹管理和分类指导的思路，积极探索境外机构资本金、营运资金和当年利润保值增值的手段，努力降低汇率波动对集团所有者权益的影响。

四是继续加强合规风险与操作风险管理。要结合“一加强，两遏制”专项检查，全面梳理资产负债业务、金融市场业务和票据业务存在的管理薄弱环节及合规风险隐患，认真加强整改。要加快部分同业业务的制度、流程设计和法律文本的再造工作，规范业务发展。要根据国家及相关业务管理部门的新要求，修订票据融资业务管理制度，建立票据风险联动处置机制，加强票据业务风险的非现场监测和排查。要加强对贴现申请人的管理、真实交易背景的审查以及贴现资金流向的监控，票据营业部要加强对转贴现及票据买入返售业务操作风险的防控。

（六）积极把握队伍建设工作面临的新常态，努力打造一支素质过硬、作风优良的专业团队。一要加强专业队伍的作风建设。各专业的党员领导干部要强化政治责任意识，严明组织纪律，严格贯彻落实好国家经济金融政策、监管规定和总行党委的指示要求，坚持不懈地抓好民主生活会各项整改措施的落实工作。要进一步加强对各级管理干部和从业人员的廉洁从业教育，通过构建科学合理的管理制度、流程和授权体系，对经营过程中的关键环节进行严格把控。二要加快提升专业队伍的整体效能，打造高素质的员工队伍。要合理规划和管理员工队伍，稳定核心人才、业务骨干和管理团队。各专业部门一定要选配责任意识强、业务素质过硬的干部人员，强化对绩优员工的正向激励。要加强员工的教育培训，总行今年重点要针对资本管理改革、利率定价管理改革和人民银行二代支付系统下的流动性管理改革，在分行开展全面深入的培训。各行要充分利用好我行培训资源，紧跟国家政策、监管新规和业务热点，在不同层级的岗位开展全方位的教育培训工作。

同志们，全行的转型发展已经进入到了关键时期，面对复杂严峻的经济金融形势，我们一定要以更加宽广的视野和思路、更加积极的态度和行动，在总行党委的坚强领导下，改革创新、攻坚克难，确保圆满完成全年目标任务，为建设国际一流现代金融企业作出新的贡献。

在部分分行公司存款专项座谈会上的讲话

郑万春

（2015 年 5 月 12 日）

今年以来，全行公司业务发展面临不良贷款增加、公司存款负增长和小企业信贷新增乏力三大难题，其中一季度公司存款较年初下降 1 959 亿元，为近 5 年最低值。刚才 10 家分行和 5 个部门的汇报发言都深入分析了公司存款工作的情况，也提出了下一步的工作思路、措施和建议。下面，我结合大家的发言，再讲三个方面的意见。

一、要确保完成公司存款序时进度目标

今年，全行本币公司存款计划是时点余额新增 2 000亿元、日均新增 600 亿元，计划任务年初已经分解下达各行，但从一季度情况看，完成得并不好。一是序时进度完成情况不理想。3 月末，全行本币公司存款余额 31 885 亿元，较年初下降 1 959 亿元；只有 10 家分行正增长，其中 8 家完成序时任务。本币日均公司存款 31 357 亿元，较上年全年日均下降 735 亿元；只有 11 家分行日均存款实现正增长，其中 6 家完成序时任务。二是存款增量四行占比落后。3 月末，尽管本币公司存款余额四大行排名保持第一，但增量分别落后中行、农行、建行 2 611 亿元、2 267 亿元、1 980 亿元，四大行排名最后且为负增长。三是与机构、个人存款完成情况差距较大。受公司存款自身规律及今年春节较晚等因素影响，3 月末时点增量分别较机构、储蓄存款少 3 659 亿元、5 899 亿元。

尽管二季度以来全行公司存款有所回升，但目前仍较年初负增长约 2 000 亿元。现在距离 6 月末只有 30 多个工作日，要完成序时进度，意味着平均每个工作日全行公司存款增长要超百亿元，任务十分艰巨。各行要进一步增强对抓公司存款紧迫性的认识，做好辖内任务分解和责任落实，确保完成 6 月末序时目标任务。特别是今天参会的 10 家机构，你们公司存款在系统内的余额占比超过 60%，增量占比超过 70%，大家要对各自在全行公司存款上的位置和承担的责任有更清醒的认识，“大行要有大贡献”，关键时点必须站出来，切实担起责任。

二、深刻认识当前公司存款工作中存在的突出问题

当前全行公司存款增长乏力的原因是多方面的，各种内外部因素、主客观因素复杂交织。从客观因素分析，既有宏观经济整体下行、企业经营效益显著下滑、全社会货币供应量增速同比下降、非金融企业存款同比少增、利率市场化改革加速等宏观因素，也有企业集团资金归集导致的公司存款同业化、企业资金管理水平提高导致的存款理财化、企业证券投资增加导致公司存款流出以及可比同业利率定价策略严重分化等微观因素。但从主观因素看，一些分行在思想认识、工作机制、客户基础等方面，还无法适应总行的公司存款工作要求和

市场形势的较快变化。

一是对公司存款重视程度仍然不够。公司存款平均成本较全行各项存款平均成本低70个基点左右，即1亿元公司存款替代其他存款1年可多增加分行利润70万～100万元。但有些分行不重视存款结构和效益，抓公司存款的工作力度不足。有些分行缺乏系统性的工作谋划，对公司存款变动规律、管理机制问题关注不够，存款仍主要依靠抓大户、冲时点。虽然各行都已明确了公司存款牵头管理部门，但是有些分行公司存款管理还未形成合力，缺乏客户与产品信息共享，甚至简单以有贷无贷或大中小型企业为标准条线割裂管理，难以有效做好客户服务工作。

二是客户基础还较薄弱。从公司客户的存款分布情况看，全行低效公司存款客户占比较高。3月末，全行日均存款50万元以下客户408万户、占全部公司客户的92%；对应日均存款1 581亿元、在全部公司日均存款中的占比仅为5.8%。从客户类型看，新型存款客户市场拓展还不深，比如阿里巴巴、腾讯等典型的资金交易类客户合作还不充分，不利于进一步锁定交易类结算资金源头。再如，随着证券市场活跃度提高，各类产业基金、私募机构和股权基金管理的社会资金量显著增加，很多分行对这类客户的关注和营销工作也不够深入。

三是队伍建设还不到位。随着“大公司金融战略”深入实施，公司业务条线全产品营销职责不断强化，要相应加强公司客户经理队伍建设，特别是要加强负债业务营销技能培训以及产品经理的协同营销支持。近年来，虽然客户分类分层的管理及系统认领工作加快推进，法人客户营销系统中客户分配率已达86%，但部分分行仍未能认识到这项工作的深远影响，虚假管户的问题仍比较突出。系统数据显示，全行分配客户200户以上的人员有1 145人，甚至存在一人管几千户的情况。多数分行公司客户经理配备实际上仅能覆盖办理信贷业务的客户、重点存款大户等，大量中小客户由于存款波动性强、存款贡献低等原因暂时无法实现有效的批量营销维护。

四是网点对公服务能力不足。突出表现为网点对公服务效果不均衡，不少网点优质客户占比低于20%，不少网点公司存款余额不高，不少网点仅能提供简单的存汇服务，对公客户经理尚未配备到位。目前全行网点竞争力提升工程正全面实施，但网点对公存款占比达标要求落实还不到位，开办对公业务一年以上的网点中，对公存款占比达标的只有52.77%；开办对公业务三年以上的网点中，对公存款占比达标的只有23.11%。

五是服务手段和方式比较传统。部分分行公司存款竞争还停留在“拼价格”和“信贷派生”等传统方式上，不重视对客户日常资金活动的分析和管理，不擅长运用创新产品满足客户个性化需求。比如结构性存款产品，至3月末仍有不少分行从未办理；再如“节节高”灵活计息产品，至3月末仅有8家分行向当地监管部门报备开办，其中又仅有浙江分行办理了26亿元、厦门分行办理了2亿元。

三、要重点抓好六个方面的公司存款工作

（一）抓好公司存款工作的计划安排。一是明确总体目标。各行要根据本行公司存款余额和增量四行占比情况，以及总行分解下达的季度和日均计划，合理确定、均衡完成公司存款工作的目标计划。二是合理安排结构。各行要充分认识机构、储蓄与公司存款的形态转化规律，提前谋划财政专项资金、军队政府采购、理财投资、分红派息、个人按揭、商户POS刷卡及预付卡业务等资金源的日均和时点存款摆布，主动加强理财产品与存款互动，合理安排季末产品起息和到账时间，既要符合存款偏离度的监管要求，也要争取完成公司存款序时进度。三是加强组织推动。各行要进一步强化公司业务系统管理，通过多维度的存款通报，提高辖内机构对公司存款工作的重视程度；通过重点专业的捆绑考核，充分调动营销部门和产品部门对存款工作的积极性；通过有针对性的培训和产品创新，保持公司存款业务的市场竞争力。

（二）抓好公司存款的客户基础工作。

一是夯实客户基础。截至3月末，全行公司客户达到445.5万户，较年初净增13.98万户，增长较快。但同时存量优质客户质量结构下移的问题仍比较突出，日均金融资产50万元以上公司客户37.19万户，较年初下降2 364户，距离6月末净增1 500户的序时目标差距较大。各行要进一步加强客户拓展工作，确保有效客户净增长，同时做好金融资产50万元以上的重要存款客户的日常营销维护，服务责任要落实到人。二是落实分层营销。目前，全行已经初步建立了总行、省行、二级分行以及支行的四级客户分层营销和分类管理体系。各行要一手抓客户直接营销，一手抓公司业务系统管理，切实引导资源优先配置到重点存款客户的营销维护。上半年，日均金融资产50万元以上客户必须全部有人管户；要对3.6万户去年资金流入量超过1亿元、但日均金融资产未达到50万元的非资金归集户的存量客户进行“二次营销”；要广泛通过银团贷款、股权投资、电商平台、商业集群、供应链金融等业务批量拓展优质客户；要紧盯上市、拟上市板块和新三板市场客户的各类募集资金加强营销。三是存量增量并重。截至4月末，日均金融资产50万元以上客户降级及流失造成存款下降655亿元。各行要切实做好存款大户日常维护工作，及时堵住存款流失的漏洞。

（三）抓好公司存款的产品服务。随着利率市场化逐步深入以及存款保险制度的推出，各家银行存款营销策略将发生较大分化，全行要充分发挥大型商业银行的

综合化优势，通过丰富产品服务吸引客户。

一是抓好银票保证金存款业务。去年末，全行银票保证金余额1 006.4亿元，较年初增长151亿元，全行平均承兑保证金率29%，较年初提高2.69个百分点。各行要将银票保证金存款作为稳存增存的重要抓手，实现承兑业务与保证金存款的协调增长。在确保贸易背景真实、风险可控的前提下做大票据承兑业务规模，进一步提高市场占比。考虑到保证金账户资金集中上存期限暂时受限的问题要到下半年才能得到有效解决，各行也可通过加强营销存单质押等低风险业务，带动公司存款增长。

二是开发新的存款品种。企业大额存单业务即将推出，总行相关部门、各分行要做好技术、系统和客户资源储备，争取成为首批发行和首笔成交的机构。要针对市场竞争需求，开发定活两便、灵活计息的存款产品，优先满足重点存款客户需求。总行试点下放部分自主创新权限，各行可结合当地客户需求特点研究开发特色存款产品。

三是加强存款与理财互动。首先，各行要认识到表内外理财产品仍然是维护部分存款大户的重要手段。其次，要强化成本效益理念和量价协调发展意识，高收益的表内外理财要优先用于维护我行重点客户以及挖转他行优质客户。再次，要保证我行理财产品价格的竞争力。最后，要进一步探索“高来高走”运作机制，力图较好实现内部利润核算以及外部成本转嫁。需要强调的是，各行要充分认识大客户存款流失将严重伤害我行公司存款市场竞争力和市场地位，对大客户存款营销要创新思路和加大投入。

四是抓好各类业务派生存款。各行要继续加强信贷业务、债券承销、理财投资、股权和并购、租赁等业务的存款派生管理，其中我行牵头的银团要力争代理行和账户行角色；我行主承销债券的发行日留存率和月末留存率要分别达到80%和30%以上；我行理财投资资金5日留存率要达到85%以上；我行客户主导成立的产业和股权基金，均应在我行开户和资金归集；我行推荐投资的客户，资金原则上也要封闭在我行账户运行；工银租赁应协助分行营销办理租赁业务客户存款，客户缴纳租赁保证金和支付租赁款必须支付到我行账户。

五是做好本外币业务联动。近年来，部分分行利用人民币利差汇差波动开发国际业务组合产品，带动公司存款较快增长。如深圳分行，近三年组合产品规模分别达315亿元、590亿元、773亿元，带动的公司存款占比分别达到当年末余额的22%、35%、41%。各行一方面要顺应人民币双向波动走势，主动开发新的国际业务组合产品，继续拉动公司存款增长；另一方面，还要把握人民币国际化的历史机遇，重点做好人民币跨境双向资金池和经常项下跨境人民币集中收付等业务营销，为今后境内外本币存款增长奠定基础。

六是提升现金管理归集率。4月末，全行现金管理签约客户已达117.4万户，较上年增长近5万户。要进一步落实现金管理对公司存款增长的带动效果，加强对现金管理已签约客户资金归集增量的考核；要重点营销不具备财务公司牌照申请资格的各类企业，促进其他各类存款转化为公司存款；要通过培训提升产品经理素质，确保资金池、集团账户、票据池、收款管家等产品能够更好满足公司现金管理客户的个性化需求。

七是创新客户服务方式。要进一步整合公司、投行、结现、资管、科技等专业服务能力，通过综合化服务增强客户黏性。要强化“互联网+”思维在客户服务中的创新应用，紧跟当前各类新型业态发展，提高互联网金融领域的服务能力和客户体验。要加快融e联平台在公司业务条线的推广应用，打造全天候、个性化客户服务平台和全新客户经理服务营销模式。要加快推进法人金融资产自助质押平台、“企业通”平台、小微企业服务平台等建设和应用，加快开发存贷通、智能存款等产品，不断满足客户金融服务需求。

（四）抓好存款业务交流和经验推广。一是通过经验推广促进“裸贷”客户治理。4月末全行“裸贷”客户39 698户，较上年末基数减少7 642户，仅有北京、湖北、江西、宁夏、贵州、西藏6家分行“裸贷”客户不降反增。治理中，浙江、广东等分行“月中提前治理潜在裸贷户+低风险银票直贴”的组合做法取得了较好效果，其经验值得推广。二是通过经验推广强化大额资金平台监控。1~4月全行目标客户累计开户3 498户，完成全年任务的23%。其中，江苏、广东、浙江、上海等分行目标客户开户完成率高于全行平均水平。这些分行充分利用大额资金监控平台，形成了一套挖掘客户资金运动流向、配套综合化金融服务，将大额资金封闭留存我行账户体系的有效做法。这些做法值得更多分行借鉴。三是通过经验推广进一步规范受托支付。去年，总行连续发文要求各行合理规范受托支付，取得了较好成效，不必要的受托支付情况明显下降，信贷资金留存率有所提高。以流动资金贷款为例，去年6~12月，全行发放的流贷中，低于起点金额的受托支付金额占比66%，较1~5月下降19个百分点。除了内蒙古分行，其他分行不必要的受托支付流贷金额占比全部下降且低于上年度水平。今年前4月，全行信贷资金受托支付留存率平均为71.13%。各行要认真学习借鉴青岛、江西、四川、湖北等分行提高信贷资金受托支付留存率的有关经验，进一步提高信贷对存款的拉动作用。四是通过经验推广提升网点对公服务能力。各行要做好网点对公专属服务，争取每个综合化网点都建立面向中高端公司客户的专属服务区域和通道。要做好网点的培训和产品体系建设，利用“网点直通车”、网点产品直供系统、融e联等渠道，发布网贷通、个人经营性贷款等产品，并为网点产品供应系统建设提供多样化的产品。要做好网点公司业务考核，新开办对公业务的网点，一年内对公存款占比不能低于10%；开办对公业务超过三年的网点，对公存款占比不能低于30%。五是通过经验推广优化完善存款考核。多年来，深圳分行形成了一套有效的客户经理存款考核办法；广东、河南等分行近期也分别利用法人客户营销系统和MOVA试点优化客户经理的存款考核。总行相关部门要及时总结这些分行做法和经验，适时推广。

7月初，全行要组织一次公司存款工作的案例分析和经验交流活动，进一步提高工作成效。

（五）抓好存款工作的机制建设。一是考核传导要到位。今年，总行进一步加强公司存款考核力度，单设“人均本币公司存款日均增量”指标，分值40分。各行要贯彻战略导向，相应调整考评办法，确保层层分解至辖内各经营机构。二是要树立成本观念。目前，公司存款是全行平均付息成本最低的存款。各行要适当提高各类存款的付息率考核，引导辖内经营机构重视存款成本，同时充分利用内部资金转移价格引导辖内经营机构关注客户综合收益。三是要强化效益考核。主要是目标任务要分解到人，并明确奖惩措施。要依托法人客户营销系统、MOVA系统进行客户认领，落实绩效挂钩。要尽快实现客户维度的存款考核，确保每笔存款都能与客户综合收益对应起来。

（六）抓好客户经理队伍建设。一是增加客户经理配备。今年全行公司客户经理计划增加2 000人，各行要根据总行用人计划，从新入行大学生和网点优化改革释放人员中遴选优秀人才，充实到公司客户经理队伍，主要配备到支行和网点。二是提高客户经理素质。要把好客户经理准入关，实现100%持证上岗，保障客户日常营销维护质量。要分门别类加强客户经理培训，保障各级行客户经理的知识不断更新，营销技能不断提升。三是落实客户经理信息化管理。上半年，各行应力争完成公司客户经理全部进系统开户、认领客户，为考核到人奠定扎实的管理基础。四是重点客户优先配备客户经理。原则上，年日均金融资产50万元以上的公司客户必须配备管户客户经理。五是探索客户经理“升降级”制度。今后，要逐步探索实施客户经理可上可下的“升降级”制度，新入行的客户经理要先下网点到一线，通过累积业绩评价逐步升级，公司存款等关键指标要在业绩评价中占较高的权重。

同志们，尽管当前公司存款面临较大的困难，但只要大家坚定信心，齐心协力，攻坚克难，狠抓落实，就一定能够尽快扭转当前公司存款增长乏力、市场份额下降的不利局面，夯实公司存款基础工作，完成半年度公司存款序时任务，为全年公司存款计划目标的实现打下坚实的基础。

统一认识　高度重视
促进小微金融业务的健康发展

——在小微金融业务发展动员会上的讲话

郑万春

（2015年5月19日）

今天之所以召集各分行行长参加这次视频会议，是因为小微企业金融工作十分重要，总行党委非常重视这项工作。这次会议的主要内容是，进一步学习贯彻李克强总理在我行考察期间的重要讲话精神，落实银监会关于加大对小微企业支持力度的监管要求，按照总行党委会关于促进小微金融业务发展的意见，部署近期重点工作。下面，我讲四个方面的意见。

一、统一思想，迎难而上，坚定不移地发展小微金融业务

小微企业是经济社会发展的基础和国家政策支持的重点领域，更是关乎工商银行未来发展的战略性、基础性核心业务领域，做好小微企业金融业务既是服务国家战略、体现大行担当的外在要求，更是保证我行持续发展、基业长青的内在需要。

从国家层面看，小微企业是我国经济社会发展的重要力量，在稳定就业、保证经济不出现系统性风险方面有着不可替代的作用。当前，在经济新常态下，新的增长动力正在形成，同时外部需求收缩，内部多种矛盾聚合，经济运行走势分化，下行压力仍然较大。在这样的大背景下，党中央、国务院高度重视小微企业的融资问题，已经把支持小微企业的发展上升到保增长、稳就业、促转型的新高度。李克强总理多次指出，小微企业是就业的容纳器，支持小微企业，破解小微企业融资

难、融资贵，直接关乎“就业”这个民生之本，是顶住当前经济下行压力、守住底线的“重要一招”；从长远看，小微企业是中国经济创新发展的重要动力，通过扶持小微企业，鼓励大众创业、万众创新，也是推动中国经济持续发展的“重要一招”。这次李克强总理来工行，重点考察了小微金融业务，对工商银行的业务开展情况给予了肯定，在座谈会上又专门谈到了小微企业融资问题，要求金融机构深刻领会金融与实体经济“一荣俱荣、一损俱损”的基本规律，督促金融机构拿出更加有效的举措支持小微企业。作为国有控股的大行，我们在响应中央号召、服务国家战略方面责无旁贷，一定要起好表率作用，不折不扣地完成党中央、国务院交办的重要任务。

银监会一直高度重视对小微企业的金融支持工作，自2013年国务院下发《关于金融支持小微企业发展的实施意见》以来，先后出台了四项配套政策文件，以及一项促进小微企业贷款到期续贷“无缝对接”的政策。为落实国务院领导近期要求商业银行在守住系统性风险底线的基础上，进一步加大服务实体经济、支持小微企业力度的重要批示，银监会前不久又召开了关于小微金融服务监管政策落实情况自查工作动员会议。会上，周慕冰副主席指出部分银行还存在着“续贷”政策未执行到位、差异化考核与尽职免责未落实到位、“典当文化”盛行和乱收费等问题，要求各家银行比照小微金融服务监管政策，对本行的落实情况进行自查。总行已经下发了开展相关自查工作的通知，各行要高度重视此次自查工作，全面反映我行工作成果，认真落实改进措施。

从自身发展看，小微金融业务是决定工行前途命运的战略性业务。发展小微金融，既是有效应对金融脱媒趋势、寻找新的信贷增长点和蓄水池的需要，又是积极迎接利率市场化浪潮、保持全行NIM稳定的需要，更是切实强化客户基础、为转型发展提供有力支持的需要。工商银行的小微金融业务在国内起步较早，业务规模最大，形成了自身的业务模式，也为全行的利润增长和经营转型作出了巨大贡献。但是受经济周期和互联网金融发展、金融脱媒等多方面因素影响，部分地区小微企业融资增长乏力，不良贷款出现上升势头，一些分行发展小微金融的积极性有所下降，甚至出现恐贷、畏贷的畏难情绪，原有的小微金融发展模式亟须调整更新。小微金融业务是国内外银行业的重点发展领域，国际上的先进经验比比皆是，国内也有一些成功案例。为探索出一条符合工商银行特点的小微金融业务发展道路，从2014年下半年开始，总行全面启动了小微金融业务发展模式的优化工作，目前正处在业务模式转型的关键时期，非常需要保持业务健康平稳的发展态势。

从“三个不低于”监管指标的完成情况看，目前全行面临的形势比较严峻。截至4月末，全行有贷款余额的小微客户数量21.3万户，较上年同期增加1.5万户；申贷获得率92.15%，较上年同期高出8.29个百分点，均达到了监管要求。但是，在最为关键的融资总量指标上，4月末监管口径小微企业贷款余额17 156亿元，较2014年末下降59亿元，较3月末下降190亿元，贷款增速－0.34%，低于同期各项贷款平均增速3.78个百分点，完成监管指标的压力很大。全行5月份前15天，小微企业贷款余额又下降了30多亿元，仍旧延续了下降势头，局面非常被动。

总行党委一直高度关注小微金融业务的发展情况，近期专门召开了扩大会议，深入学习贯彻国务院领导重要批示精神，研究如何更好更快地推进小微金融业务工作，要求全行要以高度的责任感和担当精神，持续改进小微金融服务，加快推进小微金融业务发展模式优化，实现小微金融业务的持续健康快速发展，并印发了《关于认真贯彻李克强总理重要讲话精神　更好地支持实体经济发展的通知》和《关于促进小微金融业务发展的实施意见》。在《实施意见》中，总行明确了2015年度小微金融业务发展目标和序时进度要求。在这里，我再次强调，到年末，全行监管口径小微企业贷款余额要较年初增加1 700亿元，不良率不得高于全行各项贷款平均不良率2个百分点，单户融资规模500万元以下的贷款余额占比要由目前的21%上升到24%以上。同时，为了表明工商银行坚定支持小微企业发展的决心，提振士气，除了要确保完成年度业务指标之外，全行还要按照月度序时进度加快小微企业贷款投放，尽快扭转业务增长乏力的不利局面，消灭业务负增长的分行。到6月末，全行监管口径小微企业贷款余额要力争较年初增加850亿元，不良率控制在3%以下；各行要将任务指标层层细化分解，层层狠抓落实，确保按时完成。

为了明确小微金融业务的发展责任，保证各项措施落到实处，总行决定将各一级（直属）分行主要负责人作为完成“三个不低于”监管指标的第一责任人，将“三个不低于”指标完成情况与主要负责人的个人评优及提拔任用挂钩。各级行要充分认识完成小微金融任务对经济发展的重要性，以及对于全行经营转型的重要意义，比照总行，把小微金融业务作为一把手工程，明确辖属机构主要负责人在业务发展和风险防控方面的责任，会后各级行主要负责人要尽快牵头研究加快小微金融业务发展的工作措施，一级要比一级具体，一级要比一级细致，保障小微金融业务发展所需的各类资源，重在抓落实、抓进度、抓成效。

二、立足当前，采取有力措施，尽快实现业务突破

在当期经济环境下，部分小微企业的生产经营比较困难，有效融资需求有所下降，业务风险不断显现。客观地说，目前发展小微金融确实需要具有较强的风险识

别和管理能力，专业队伍的培养也需要有一个过程。有的同志就认为，既然目前发展业务的风险难以防范，新的发展模式也还在探索之中，不如现在就先不做小微金融，等经济环境好了，或者新的发展模式探索成功了之后再做。这种想法是有问题的。因为只有在发展中才能解决问题，越不发展问题就越大。如果小微金融业务的发展停滞不前，甚至有所倒退，不但完不成监管指标，业务本身也会陷入规模越来越小，质量越来越差，专业队伍逐渐退化，市场地位逐步丧失的恶性循环，必将大大增加未来重新开拓市场、竞争优质客户的难度。只有通过业务的不断发展，不断实践，才能在发展中发现和解决问题，对原有的发展模式进行合理有效的优化。

在较为复杂的经营环境中，要完成党中央、国务院以及监管部门交给我行的任务，要推动全行的转型发展，就必须在守住风险底线的基础上，通过找准市场，选好产品，实现业务的有序突破，尽快扭转小微金融业务负增长的局面，确保在6月末和年底两个重要时点都完成“三个不低于”的监管指标。从近期看，全行要重点发展六种风险相对可控的小微金融业务：

一是要重点发展小微企业票据直贴业务。各行要将票据直贴业务作为现阶段完成“三个不低于”指标的重要抓手，在风险可控的前提下保证授信额度，按照总行每月下达的小微票据直贴专项计划拓展业务，确保6月末小微企业票据直贴余额较4月末再增长200亿元。为促进该项业务发展，总行也将在现行资金价格优惠30个基点的基础上，进一步将优惠力度扩大至50个基点。

二是要重点发展小微客户在线质押贷款。对于小微客户在我行拥有的定期存款、国债、保本理财等可质押金融资产，可以采用主动推送授信的方法，按照“全程线上、循环使用、随借随还”的原则，发展在线质押贷款业务。前期总行已对小微企业及其股东在我行的可质押金融资产进行了摸底，将在近期制定下发产品管理办法，并在10月底之前完成相关系统改造工作。各行应尽快做好营销准备工作。在系统投产前，总行将向分行下发持有金融资产的小微客户清单，各行要积极营销，并先期按低风险担保项下流动资金循环贷款的方式为客户提供线下服务，全年要力争实现200亿元至300亿元的增量目标。

三是要重点发展网贷通业务。尽管近期部分分行网贷通业务的不良率有所上升，但是从整体上看，网贷通业务仍然是我行小微信贷的优势产品，押品质量较好，不良处置损失率较低，风险相对可控，是需要重点发展的业务种类。总行已经将网贷通业务的年度增长计划由500亿元调增至600亿元，同时调整了RAROC未达标业务的审批权限，增强了网贷通定价的灵活性。各行要在严格把控实质性风险的前提下，加大营销力度，加强对抵押物的评估和管理工作，积极稳妥地发展网贷通业务，努力把网贷通打造成稳定我行优质客户、竞争他行优质客户的精品业务。

四是要重点发展小微商户逸贷公司卡和小微企业财智账户卡透支业务。小微商户逸贷公司卡和即将推出的小微企业财智账户卡透支贷款业务，均是利用客户在我行的交易结算记录核定授信额度的小额信贷产品，两款产品在拓展小额信贷客户、发掘客户真实需求、控制融资风险等方面都具有独特优势。各行要加强各级小微金融业务部门和信用卡、结算与现金管理部门的互动，找准目标客户，联手开拓优质市场，确保到年末小微商户逸贷公司卡余额达到100亿元以上，客户数量达到5万户；财智账户卡透支贷款余额达到30亿元，客户数量达到3 000户左右。

五是要重点发展有核心企业提供增信的供应链融资业务。各行要依托供应链核心企业，纵向拓展其上下游客户，依托第三方平台、市场管理方，横向拓展入驻商户。在这两方面我们已经进行了积极尝试，并积累了成功经验。各行要积极发掘市场需求，认真筛选核心企业，灵活采取核心企业担保、应付账款质押等多种增信措施，利用好供应链业务在市场拓展和风险防控两方面的优势。其中特别要用好电子供应链产品，通过与核心企业资源管理计划（ERP）系统对接的方式，确保贸易背景的真实性，通过电子渠道提款方式简化操作，提高业务办理效率。

六是要重点发展“银政通”业务。为抓住各级政府不断加大对小微企业扶持力度的有利局面，用好用足各级政府出台的小微扶持政策，总行在近期下发了《小微企业“银政通”业务管理办法》，支持分行灵活运用政府风险补偿基金、政策性担保公司、信用保险等增信手段，在“银政通”产品大类下，根据各地实际情况开发相应产品。各级行都要和当地政府保持密切沟通，争取政府的支持与合作，共同化解小微企业的融资难问题。

为了支持分行用好重点产品，实现业务增长，总行已经出台了全方位的配套政策，主要集中在以下五个方面：

第一，全面保障小微企业贷款的信贷规模。自5月起，总行将在核定的人民币贷款分地区计划中，一并下达小微企业贷款和小微票据直贴专项计划，对于超额完成月度计划的分行，总行将根据超额情况自动追加贷款规模，对于未能完成月度计划的分行，总行将相应自动扣减贷款规模。

第二，为小微企业贷款提供优惠的内部资金转移价格。在2015年度，对期末超额完成小微企业贷款进度计划的分行，总行将对超额完成部分给予50个基点的内部资金转移价格补贴；对于小微企业贷款余额较年初负增长的分行，总行将对负增长部分增计50个基点的内部资金成本。

第三，加大绩效考核力度，建立差异化考核机制。

总行将依据监管口径小微企业贷款增长情况，在每季末把未完成序时进度的分行进行排队分档，对完成情况较差的分行，在经营绩效考核中降低1～3个绩效等级。同时考虑到分行在现有考核体系下缺乏小微金融发展动力的客观事实，总行将针对小微金融业务笔数多、单笔金额小、投入产出效率相对较低的特点，为小微金融业务建立差异化的考核机制，通过合理设置考核标准和绩效分成比例，客观评价小微金融业务部门及从业人员的工作业绩。各行也要在辖内积极探索、制定实施差异化的小微金融业务考核办法。

第四，尽快出台尽职免责管理办法，提高小微企业贷款的不良容忍度。针对小微金融业务单笔风险相对较高的特点，为保护小微金融业务从业人员的积极性，总行将在近期印发小微信贷业务尽职免责管理办法。各行要按照该项管理办法进一步制定实施细则，使尽职免责能够真正落到实处。同时要探索将小微企业贷款不良容忍度与贷款收益率挂钩，对于小微贷款的风险溢价能够覆盖风险成本的，凡业务合规且非主观导致的风险，可不将其作为对相关经营管理机构及个人的处罚理由。

第五，加快小微企业账户服务平台建设，为业务发展提供切入点和风控手段。总行将根据小微企业的生产经营特点和业务需求，建设能够满足小微企业一揽子金融服务需求的小微企业账户服务平台，通过加强与海关、工商等部门的合作，在平台上提供企业通、小微专属理财、代理政务服务、交易保证支付、小额快捷支付、预付卡资金存管等金融服务，增强客户黏性，积累小微客户的交易信息，为融资决策和风险管理提供信息支持。

为尽快扭转小微金融业务发展的被动局面、实现业务突破，各行要切实加强组织推动，及时召开业务分析会，建立辖内的信息交流平台，了解基层机构的业务开展情况，解决基层机构反映的实际问题。特别是要通过抓重点区域、抓重点市场，通过树立先进典型、打造业务亮点、交流成功经验的方法，重树基层对于发展小微金融业务的信心，在辖内形成示范效应。对于发展进度滞后以及贷款不良率较高的分支机构，上级行要进行专项督导和定向帮扶，帮助分支机构尽快止住出血点、实现业务正增长。

三、多管齐下，持续增强风险管理，守住风险底线

从整体上看，小微企业普遍存在经营规模小、管理不规范、信息不透明等特点，对于银行而言，属于风险相对较高的客户群体。从业务可持续发展的角度看，风险管理水平的高低最终将决定一家银行的小微金融业务的成败。尤其在新常态下，经济形势复杂多变，李克强总理多次要求坚决守住不发生区域性、系统性金融风险的底线。当前，有效防控信用风险，守住风险底线，已经成为全行各项工作的重中之重。目前我行小微金融的风险管理承受了较大压力，截至4月末，监管口径小微企业不良贷款余额548亿元，不良率3.2%，分别较年初增加105亿元和0.6个百分点；前4个月共核销转让73.7亿元小微企业不良贷款，风控压力逐渐加大，迫切需要我们在大力发展小微金融业务的同时，把风险防范工作放到同样重要的位置。各行要根据全行风险管理战略和小微金融业务特点，加紧构建科学的小微金融风险管理模式，特别要注意避免“重形式要素、轻实质管理，重第二还款来源、轻第一来源，重眼前利益、轻长期风险”的现象，树立求真务实的信贷文化。近期，各行要从五方面入手，积极采取应对措施，做好小微企业信贷风险防控工作：

一是要做好存量贷款的风险摸底排查，全面掌握小微企业信贷风险状况。各行要深入分析辖内小微信贷风险的特点及变化趋势，提高风险趋势预判能力，其中对于问题突出的重点地区和行业，要逐户进行风险核查。除了关注小微企业不良贷款和剪刀差贷款之外，还要重点关注即将到期贷款的风险状况。

二是要分门别类地做好存量贷款风险化解工作，在贷款到期前进行逐笔分析，及时落实还款资金来源，在必要时提前采取保全措施。按照银监会《关于完善和创新小微企业贷款服务　提高小微企业金融服务水平的通知》要求，对于生产经营正常、具有还贷能力和意愿，但存在临时性资金困难的小微客户，要给予续贷支持。

三是要加大资产保全力度。对因深度涉及民间借贷、担保圈而资金断裂，由于经营不善而停产，或是涉及连带责任担保等情况的小微企业信贷客户，各行要尽快采取法律措施保全我行资产，其中对还款意愿不强的客户，要立即采取诉讼措施。

四是要加快存量不良贷款的清收处置进度。国税总局已经出台了《关于金融企业涉农贷款和中小企业贷款损失税前扣除问题的公告》，各行要充分运用国税总局出台的新政策，积极采取重组、资产转让、核销等多种方式，加快不良贷款处置进度。对于近期小微企业不良贷款增加较多的二级分行，一级分行领导要亲自挂帅清收处置工作，对处置成效负责。

五是要加强贷款客户的销售归行管理。各行要根据小微客户特点，搜集与小微企业销售归行相关的个人账户，并在信贷管理系统中建立关联关系，持续监控其销售归行情况，密切监控其经营状况变化。对于销售归行比例明显偏低的客户，要区分不同情况，制定差异化退出策略，防止短期内出现大面积违约。

四、着眼未来，推动小微金融业务向专业化和标准化方向发展

当前全行小微企业贷款增长乏力、风险防控压力增

大，既有经济下行压力较大、有效需求减少的外部原因，也有我行自身体制机制不适应的因素，如尚未建立适合小微金融业务特点的专营体系，缺乏对小微金融业务的差异化考核和激励机制，客户定位出现偏差，单户融资规模偏大，产品创新权限过于集中，对于市场需求的反应速度较慢等。为解决上述问题，总行在去年全面启动了小微金融业务发展模式的优化工作，探索发展小微金融业务的科学道路。根据总行的构想，我行未来的小微金融业务将分为标准化贷款与非标准化贷款两大类。其中标准化贷款是指高度依赖数据和模型，运用互联网、大数据理念和技术进行标准化运营、持续性监测，不需要过多人员参与的贷款产品，例如现在的信用卡贷款和逸贷，以及总行正在开发的在线质押贷款、小额信用线上贷款等产品。非标准化贷款是指难以标准化运作的相对复杂的小微信贷产品，这类业务需要由具有丰富经验的专业人员按照专业化的管理方式和流程来办理。现阶段，我行的小微贷款户均近千万元，额度大且标准化程度非常低，难以用标准化的产品取代。目前全行正在推广的小微中心模式，就是要以集约化、专业化的方法，实现对非标准化小微信贷业务的专业化高效处理，以此有效应对信息不透明及风险相对较高的小微信贷业务。

标准化贷款是全行小微信贷业务的发展方向，在互联网时代，如果我们仍然依靠人海战术和传统信贷模式去发展小微业务，肯定是越发展越吃力，越发展越迷茫。工商银行小微金融业务的客户数量肯定会越来越多，业务规模也会越做越大，但全行的员工总数不可能再增加，甚至还要减少，如果不利用互联网，不利用大数据，还在原来的道路上打转转，业务发展肯定难以为继。当然，这会有一个过程，理想是不可能在一夜之间实现的，在小额化标准化贷款还没有成为小微贷款的主流之前，非标准化的小微贷款还是小微信贷的重要内容。现阶段，各行要切实抓好小微金融发展模式优化的落地工作，真正体现小微金融业务责权利的统一、集约化的经营和专业化管理，改变目前全行小微金融条线普遍存在的专营机构不专、从业人员多为兼职、业务办理以散点化为主的现状，做到“由专业人员，用专业方法，做专业事情”。具体来说，重点要做好三项工作：

一是要加快推进小微中心试点进度，集约化专业化加工处理小微企业非标准化信贷业务。总行在2014年末启动了小微中心的组建和运营工作，目前除个别分行还需要对中心组建方案进行完善之外，其余分行的62家小微中心的试点方案已经全部批复。截至4月末，已有29家小微中心开始按照新模式办理业务，累计发放贷款近63亿元，小微中心户均融资余额从近1 000万元下降至345万元左右，小额化成效显著。与此同时，为保障小微中心的高效运营，总行先后在市场规划、客户营销、业务过程管理等方面制定下发了多份配套性文件，方便分行的业务开展。但从试点情况看，部分分行仍旧存在着小微中心组建进度较慢、专业人员到位不足、资源保障力度不大、转型发展动力不强的问题。为实现小微金融业务向专业化发展的目标，各行要高度重视小微中心的推广工作，按照把小微中心做实做好的原则，根据小微中心的职能定位和专业化分工要求，配备数量充足、素质达标的专职人员，以流水线作业方式完成市场规划、尽职调查、业务审查审核、非现场贷后管理等一系列工作，切实提高风控能力及运营效率。2015年底之前，全行要再组建100家左右小微中心，并逐步将小微中心打造成全行非标准化小微信贷业务的主流处理渠道。

二是要加快专业队伍建设。所有的业务发展最终都要落实到人，各行要建立与小微金融业务发展战略相配套的人力资源投入机制和差异化的考核激励机制，使优秀的业务人员愿意长期从事小微金融业务。在专业管理团队层面上，要根据模式优化工作的总体要求，设置分行小微金融业务部门职能并充实人员；在经营机构层面上，要加强小微中心、专业支行等专营机构内部的人员配备及专业资格管理，增强专业团队与各类服务渠道之间的高效联动和有机结合。

三是要加快推广风险管理新模式。各行要参照总行制定的相关指导意见，以“规划先行”“风控前移”的理念，层层做实市场规划，选准目标市场与客户，确定特定客户群整体的融资限额和适用产品。近期总行将推动各一级分行对辖内小微金融市场情况进行分析，同时将制定标准化操作流程，把风险管理的要求进一步细化为贷前调查、贷中审查和贷后检查的具体操作方法和程序，更加有效地把握实质性风险。

为改变目前小微贷款单户融资金额过大、客户真实融资需求难以把握、过度融资行为难以防范、单笔业务耗费人力资源较多的局面，使小微信贷业务真正“做小做多做好”，目前总行正在按照“客户视角、统筹数据、集中运营”原则，整合各项行内外客户数据，建设全行统一的“全天候运营、多渠道支持、后台集中运营监测”的网络贷款平台，为客户提供质押、抵押、信用等各类标准化的融资服务。总行还将尽快推出针对在我行有信用记录的小微客户纯线上小额信用贷款产品，对单户融资金额较小的微型客户的打分卡技术和其他标准化新产品也在加紧研发中。各行要根据总行的统一部署，对辖内潜在目标客户进行摸底，制定针对性的营销宣传方案，在标准化产品推出和相关系统开发完成后快速抢占优质市场。

同志们，发展小微金融业务，既是党中央、国务院交办的重要任务，也是实现全行经营转型和可持续发展的现实需要。希望大家深刻领会李克强总理在我行考察调研期间的重要指示精神，进一步统一思想，提高认识，根据总行关于小微金融业务发展的统一部署，层层做好细化和落实，切实守住风险底线，不断加大对实体经济和小微企业的支持力度，确保完成“三个不低于”的监管指标，尽快探索走出一条符合工商银行特点的小微金融业务发展道路。

在部分分行小微金融业务发展推动会上的讲话

郑万春

（2015 年 5 月 27 日 · 根据录音整理）

刚才，参会的 12 家分行对本行小微金融业务发展现状、半年任务目标及已采取措施等进行了详细汇报，也提出了一些很好的意见和建议。各行一直以来都非常重视小微金融业务，特别是总行近期召开小微金融业务发展动员视频会后，各行一把手高度重视，层层传导会议精神，并采取了一系列有力措施，从各行汇报情况能够看出，大家对完成小微金融业务“时间过半、任务过半”的序时任务很有信心。下面，我讲八个方面的意见。

一、关于小微企业任务目标

各行在将总行下发的任务作为全年目标的前提下，应尽力实现 6 月末“时间过半、任务过半”。监管口径任务方面，各行原则上在 5 月末应全部实现扭负为正，6 月末确保完成监管口径任务目标的 40%，力争实现任务过半（增量 850 亿元）；内部管理口径方面，应比照监管口径要求执行，对于下降金额确实比较大的分行，应争取在 6 月末实现正增长。

在座各位都是各分行小微金融业务分管行长和部门负责人，对任务完成情况，尤其是上半年任务完成情况要切实担起责任。要多找主观原因，不推脱、不懈怠，确保工作成效。回去之后，要将本次会议精神向本行党委汇报，按照小微金融业务发展动员会的要求，尽快成立由一把手负总责的小微金融业务推动小组，一把手重视了，推动了，效果自然会显现。总行将采取通报评比、专题培训、现场调研等形式，强化对各行小微金融业务发展的帮扶督导。

二、关于小微金融信贷产品

工信部统计数据显示，全国小微企业客户数大约 1 500万户，加上个体工商户达到 6 000 万户，应该说可以挖掘的市场是非常大的。当前，我行正处于经营转型的关键时期，随着大企业的融资方式逐步转向股票市场、债券市场，小微企业对我行的重要性将越发显现。可以说，能否做好小微金融服务，在一定意义上决定着工商银行的发展和未来。我行服务小微企业的信贷产品非常丰富，按照产品的标准化程度，可以划分为标准化和非标准化，逐步提高标准化贷款占比是我行小微企业贷款的发展方向。

当前，各行应重点推广风险相对较低、标准化程度较高的六项重点产品。一是小微企业票据直贴业务。票据直贴不仅以银行信用作担保，并且贴现总量控制在承兑行在我行的授信额度之内，风险相对较小。二是小微商户公司逸贷卡和小微企业财智账户卡透支。其中，小微商户公司逸贷卡目前贷款余额 30 亿元，今年要争取突破 100 亿元；财智账户卡发卡量已达到 300 多万张，市场潜力较大，各行要切实加大营销力度。三是小微客户在线质押贷款。在系统功能未上线前，各行可通过线下方式办理，可质押的金融资产主要包括定期存款、大额存单、债券、保本理财产品等。四是小微企业商户贷款。目前，针对融 e 购等网上小微商户，总行相关部门正进行产品和系统开发，预计三个月内可实现上线，各行应提前做好客户挖掘工作。五是网贷通。要加快产品优化，尽快打造成为工商银行的业务精品。六是银政通。各行应充分利用当前的政策红利，依靠政府资金缓释贷款风险，提高批量营销效果。

三、关于业务审批权限和联动机制建设

针对小微企业信贷业务审批权限授权问题，总行相关部门应继续加强研究，在此，我提几点想法。一是对于1 000 万～3 000 万元的小微企业信贷业务，原则上应集中在省行授信审批部审批。二是对于 1 000 万元以下小微企业信贷业务，可按小微中心管理办法将业务审批权限转授至小微中心。三是在即将出台的《小微企业线上质押贷款管理办法》中，可将网上质押贷款企业授信额度控制在 3 000 万元以内，纯信用类网上贷款企业授信额度控制在 300 万元以内。同时，各行应根据辖内分支机构业务规模和风险把控能力，对小微中心实行差异化授权，调低对风险较大地区的授权金额，适当提高对业务量较大、经营管理能力强地区的授权金额。

同时，各行前中后台应建立有效联动机制，切实提高业务办理效率，前台部门要把好客户准入，中台部门要提高审批效率，后台部门要加强对资产质量动态监测，部门之间一定要加强合作，互相支持，在当前严峻的形势下实现业务良性发展。由于小企业贷款具有“短频急快”的特点，审批时间过长会导致贷款无法及时满足企业资金需求，反而有可能“劣币驱逐良币”，增加我行贷款风险。各行要抓紧优化业务流程机制，确保前中后台人员任务目标一致，调查和审查审批标准统一，紧抓实质风险，兼顾市场拓展与风险控制，避免过分纠结在不必要的形式要求上。

四、关于客户营销

通过2014年以来的多次调研发现，小微企业信贷市场发展潜力很大，对我行的利润贡献和重要性也将越来越明显。如何全面提高网点人员营销能力，关键是靠产品、靠营销。各行要持续加强网点小企业客户经理的人员配备和业务培训，通过柜面业务分流和集中处理改革释放的人员应及时补充到前台营销岗位。

对于如何更好地指导小企业客户经理开展营销，关键在于设计一张完善的尽职调查表。大部分外资银行目前都有类似功能的尽职调查表，客户经理只需要确保所填写内容的真实、准确、完整、及时，审查审批人员就能够准确掌握客户真实经营情况。目前情况下，总行可选择部分业务经验丰富的分行开展试点，待经验成熟后在全行推广。

五、关于个人经营贷款

2014年以来，全行个人经营贷款余额快速下降，各行要提高重视程度，尽快扭转业务发展不利局面。通过整合微型企业贷款和个人经营贷款，推动小微金融业务向小额化、标准化、线上化方向发展。要打通客户信息壁垒，避免政策套利；要在运营模式、风控模式、服务模式等领域进行创新突破，研发打分卡技术和贷款新产品；要按照自动化、批量化管理的原则配套业务流程和管理体制。

要明确的是，个人经营贷款符合小微金融业务小额化发展方向，不能放弃，必须做好。总行小企业金融业务部应尽快完善个人经营贷款制度办法，下发个人经营贷款业务发展指导意见，并做好经验的总结推广。

六、关于小企业专营机构设置

各行应通过设置专门机构、配足专业人员、制定专项方案、采用专业技术等措施推动小微金融业务健康发展。总行去年启动的小微中心试点改革工作，目的就是促进小微金融业务的专业化经营。截至目前，总行已正式批复了全部36家分行、63个小微中心的试点方案。通过对小微中心试点情况的分析发现，一是这种模式有效提高了业务办理效率，吸引了大批优质客户，推动了业务发展；二是相关业务办理人员权责利更加明确，能够充分调动员工的营销积极性；三是单笔业务金额明显下降。总行今年将在已试点小微中心基础上，新增100家试点小微中心。在座各行是小微中心的重点试点区域，要选择辖内市场基础好、经营管理能力强、适宜试点的地区，及时筹划和报送中心试点方案，进一步做好小微中心试点工作。

随着互联网金融的快速发展，全行未来的小微金融业务发展方向将包括线上和线下两方面。其中，线上业务将通过网络贷款中心（筹备中）实现业务管理，但也应清晰地认识到，短期内完全依靠线上业务支撑全行达到银监会“三个不低于”的监管要求是十分困难的，线下业务仍然承担着极其重要的任务；而线下业务的办理要通过总行设立小企业金融业务部、一级（直属）分行设立小企业金融业务部、二级分行（支行）设立小微中心的模式实现。

七、关于完善人员考核激励机制

总的来说，小微企业从业人员应该配备一套独立完善的考核激励机制办法，以便能够有效传递总分行的业务发展导向。全行当务之急是为小企业客户经理设计一张完善的业务考核表，充分调动客户经理的营销积极性。

希望在座各行立即行动，结合辖内业务发展现状和总行千分制考核要求，尽快为小企业客户经理设计完善的业务考核表，有效打通总行、分行、二级分行及基层客户经理的信息传导渠道，通过提高存款和小微企业贷款的考核占比，降低理财、保险等附加业务的权重等措施，积极引导小企业客户经理拓展小微企业贷款业务。

八、关于加强风险防控

一是要做好市场规划，实现风控前移。各行应通过做实做细区域市场规划和细分市场规划，做好行业、潜在市场及目标客户准入工作，全面掌握行业现状、企业征信记录、结算信息、水电费、税收、物流及上下游经营状况。“钢贸”的历史教训也清晰地告诉我们，预先做好市场规划是十分重要的，可以在一定程度上有效规避系统性风险的爆发。

二是贷后管理及不良资产处置。各行要综合运用现场和非现场相结合的信息采集手段，认真履行贷后管理职责，强化业务非现场监测。各行也应深刻认识到，必须在发展中解决不良问题，只收不贷只会加重不良状况。对于生产经营正常，具有还贷能力和意愿，但存在临时性资金困难的客户，要给予续贷支持。各行应分门别类做好不良资产的风险化解，灵活运用处置一批、重组化解一批、缓释一批等手段进行处置。对于不良资产处置工作，各行应实行专人负责制，全面梳理内部流程，提高不良资产处置效率。

发展小微金融业务是党中央、国务院交予我们的任务，是监管部门的要求，也是我行实现战略转型的内在需要。现在是小微金融业务发展的关键时刻，我们面临着严峻的竞争形势和较大的监管压力，希望大家从全行大局和长远发展的战略高度出发，认真做好小微金融业务，努力推动各项工作取得新进展、业务创新实现新突破，为增强全行整体竞争力作出新的更大的贡献。

积极应对　全力挖潜
推动投资银行业务加快发展

——在部分分行投资银行业务发展推动会上的讲话

郑万春

（2015 年 6 月 11 日）

今天专门召集大家来北京开了一整天的座谈会。上午总行投行部分析了今年以来投行业务的发展情况，各分行分管行长汇报了本行工作进展、存在问题和下一步的工作措施，相关部门也结合本部门实际对如何支持配合和促进投行业务发展提出了有益的建议。通过这次座谈讨论，大家对当前投行业务面临的形势有了更加清楚的认识，希望大家正视业务发展中面临的压力和困难，把问题摆在桌面，共同商讨解决办法，增强业务发展的信心，努力完成上半年计划，为实现全行的经营和转型目标多做贡献。下面，我讲三个方面的意见。

一、关于 1～5 月投行业务经营情况

今年以来投行业务收入同比下降，降幅从一季度末的 28.73% 扩大到 5 月末的 31.92%。尤其是二季度以来，4 月份、5 月份当月收入分别为 2.06 亿元和 4.01 亿元，只有去年同期的 50%。投行业务收入的下降主要集中在投融资顾问和债务融资顾问两项业务，分别同比减少 13.27 亿元和 13.28 亿元。从各行情况看，全行只有 6 家计划单位的投行收入同比正增长，2 家计划单位完成序时进度，情况普遍不理想。

直观来看，投行收入下降是受去年高基数和外部监管、信贷政策调整等因素的影响，但也反映出在经济新常态的背景下，我们的转型和创新步伐不够快，没有跟上企业金融需求的变化。当然，我们并没有忽视这些问题。近年来，总行一直在强调投行业务的转型创新和可持续发展，完成了多项富有成效的推动工作。比如，股权融资业务方面，除传统的夹层股权融资外，已涵盖 Pre－IPO、国企混改、定向增发、新三板、二级市场股票投资等各资本市场领域，完成了包括中石化销售公司战略引资 100 亿元交易撮合及 20 亿元理财投资、苏宁云商权益性资产证券化等市场关注的重大投行项目。债务融资业务方面，已建立全面覆盖企业直接债务融资市场的产品体系，运作完成 50 亿元中证金、50 亿元武钢集团等结构化融资项目，湖南高速、长春燃气等交易所资产证券化项目，并在交易所公司债、政府存量债务置换、PPP 债务融资等领域积极进行了创新尝试。境内并购业务方面，在巩固非上市公司并购市场龙头地位的基础上，不断拓展上市公司资本市场相关业务，收入保持了较好的增长态势。完成华数传媒定增、TCL 集团员工持股计划、包钢集团定增等市场影响力大的项目。跨境并购业务方面，完成锦江国际收购法国卢浮酒店集团、复星集团收购地中海俱乐部等多个具有全球影响的项目，累计交易金额 50 亿美元，发放并购贷款近 20 亿美元，超过去年全年水平；推进中巴工业园项目，举办巴基斯坦投资论坛，提升了全球品牌形象。财务重组业务方面，牵头运作山东长星、新疆天盛、中国二重等具有较高市场影响力的项目，积极研究通过投行手段参与不良资产处置、加速信贷资产流转的创新做法。投行分销顾问业务方面，完成总行立项分销顾问项目 14 个，涉及分销金额 376 亿元，推动了投行业务经营模式和资金渠道创新。原基础类投行业务方面，总行已经印发了转型升级的具体指导意见，各分行要抓好落地实施。

总的来说，目前全行整体投行收入进度不理想，但成绩和亮点也很突出。资本市场持续活跃和繁荣，各位投行业务分管行长和部门总经理要拿出再次创业的激情，采取措施加快投行业务的转型发展。总行也会尽可能地给大家创造条件，加大上下联动力度，在投行考核、资源配置等方面多配套一些支持。总行公司金融业务部、财务会计部、信贷与投资管理部、授信审批部、资产管理部和私人银行部等部门也要在客户营销、风险把控、资金募集以及财务考核、绩效激励等方面多给予帮助和支持，工商银行集团大投行业务的发展，离不开

各部门之间的通力合作。

二、积极应对当前形势，充分认识投行业务转型发展的重要性

整体来讲，目前商业银行正处在一个艰难的时期，主要有三方面原因：一是外部环境的变化，宏观经济增速放缓；二是利率市场化的改革，存款利率浮动区间日益扩大；三是互联网金融的冲击，加速了金融脱媒的步伐。这个艰难时期最主要的表现是三期叠加：一是规模增长步入趋缓期，商业银行传统的依靠规模扩张增加利润、提高效益的时代已经终结；二是存贷利差进入收窄期，直接压缩了银行的盈利空间；三是企业的盈利能力下滑，银行进入不良资产上升期。

在这一背景之下，我们的投行业务也遇到了前所未有的困难，主要来自三个方面：一是全行项目投资规模降低，导致传统投行项目需求减少；二是按国家政策要求，减免小微企业收费，基础投行收入大幅下降；三是投行业务的转型和创新没有跟上，品牌类投行业务的增长弥补不了原有基础投行收入的下降。近一年多来，资本市场的投行业务机会很多，我们没有很好地抓住，一方面体制机制没有跟上，另一方面自身经营管理仍有潜力可挖，做投行业务要敢于担当，敢于创新。接下来，我着重强调一下当前投行业务的重要性和下一步的转型思路。

（一）坚定信心，为实现全行经营目标作出应有贡献。当前，全行的经营发展正处于转型升级的关键和艰难时刻。“三期叠加”的经济背景，对风险控制和资产质量提出了严峻的考验；基准利率下调和利率市场改革提速使利差收窄的压力凸显，对经营效益提出了严峻的挑战。一季度虽然全行各项业务整体发展平稳，但利润增速明显降低，实现净利润 744.57 亿元，同比仅增长 1.36%，是 15 年来的历史低点。总行党委指出，全行在稳定和增加盈利上决不能有任何的犹豫和迟疑。如果中间业务收入不能保持较好的发展态势，势必使全行的经营效益面临更大的压力，也将对我行的市场形象、市值管理和投资者信心造成负面影响。

近年来，投行业务一直是中间业务中最为重要的业务品种之一。全口径投行业务收入占中间业务收入的比重约为 20%，有些分行甚至更高。因此，投行业务收入计划完成情况对全行中间业务收入计划完成，乃至全行经营计划的完成都具有十分重要的影响。5 月末，投行收入对中间业务收入的贡献度降至 16.36%，成为拖累全行中间业务收入增长的重要因素之一。从以往的业务经营管理经验看，只要全行上下能够认识到位、措施得力，完全可以在计划任务冲刺阶段取得业务收入的显著增长。比如，去年 6 月 6 日到 6 月末的 20 多天里，全行投行业务收入增长了 53 亿元。因此，大家要树立增收的信心和决心，提高责任感和紧迫感，集全辖之力做好这项工作。

（二）积极应对，以转型升级促进投行业务收入增长。根据总行的整体安排，中间业务收入上半年目标是 774 亿元，同比增长 3.32%，其中投行业务为 153.75 亿元，同比零增长。从目前的情况看，差距还很大。一方面，收入压力越来越大，大家都反映现有的主打投行产品，监管越来越严格，收费越来越困难，股权融资、债务融资、并购重组等品牌类项目来源越来越少。客观上讲，外部环境变化、经济下行导致客户结构和需求改变，这对投行业务确实是一个很大的影响，农行、建行、中行一季度可比投行收入也分别同比下降了 15.7%、19.2% 和 46.5%。另一方面，也反映出我们现有的这些产品市场竞争力不足，对传统信贷业务的依存度过高。

投行业务本源是资本市场的业务。当前资本市场快速升温，是投行业务再次转型、重装出发的大好机会。前不久，总行投行部牵头，就利用当前资本市场形势促进中间业务发展作了专题汇报。从目前我行与资本市场上市公司业务合作情况来看，业务发展空间广阔，有巨大潜力可挖。从各分行上报汇总数据来看，两市上市公司和新三板挂牌企业中，我行信贷客户占比仅为 15%，投行客户占比仅为 5%，有很大的业务拓展空间。我们完全有条件创新更多具有资本市场特点的投融资产品，开拓交易所市场的蓝海。同时，总行目前正在积极地推进工银资本的申设，通过投资平台，使投行产品链条进一步延伸，逐步由目前的“融资 + 顾问”的业务模式向“投资 + 顾问 + 融资”的全产品链模式转型，拓展投行业务产品链和收入来源。

三、上半年投行业务发展的总体要求和措施

上半年投行业务总体要求是，全行要确保完成年初制订的经营计划，确保投行收入在 6 月底完成 50% 的序时进度，力争完成 60%，达到 158 亿元，全力扭转下滑态势。

（一）多措并举，弥补收入计划缺口。各分行要认真分析缺口产生的原因，分产品、分科目找到问题所在和增收潜力，逐个辖属机构制定有针对性的增收目标和督导措施。这个工作必须要由分管行长亲自抓，把增收任务分品种、分项目、分机构落实到人。要协调相关的部门和机构，齐心合力推动本辖区的投行业务增收工作，采取一切办法，坚决弥补收入计划缺口。

投融资顾问业务方面，各行投行部重点是要与二级分行、公司部、审批部建立联动机制，密切关注高融资成本行业的顾问机会。常年财务顾问业务重点是我行大、中型客户拓展工作，力争在二季度、三季度、四季度末的覆盖率分别达到 30%、35% 和 40%。并购重组、股权融资、债务融资方面，近期总行投行部对各家分行的项目储备进行了摸底，粗略估算，即使这些项目全部

顺利运作完成，上半年可实现投行收入105亿元，距离任务目标完成仍有53亿元的缺口。面对这种形势，我提两个要求：第一，一定要加快现有项目的推进和收尾工作，审批流程中或者审批已完成但资金尚未到位的项目，要加强与相关部门的沟通和协调，尽快推动实施；第二，要继续加大营销力度，各行公司投行一把手要亲自带队营销潜在投行客户，可以先从辖内上市公司着手，建立联系，了解需求，尽快形成项目储备。在最后收入冲刺阶段，总分行都要加强对辖属机构的收入督导力度，要按日监测收入进度，对增收不力的机构，采取通报批评、诫勉谈话等方式，提高辖属机构的紧迫感和执行力。

（二）坚持规范合规经营，做到应收尽收。2012年以来，发改委、银监会收费专项检查一直没有放松，希望各行要正确处理好发展与规范管理的关系，我还是以前的观点，合规经营与业务发展要两手抓。只要分行投行项目有合法的合同协议，我们也提供了与之匹配的投行服务，收费在总行规定的标准范围内，就是合理规范的，就要放手去做。有的分行片面地理解规范管理的压力，不是以加强服务为出发点、而是以放松正常业务发展为代价去应对规范管理压力；有的分行思想上存在误区，将当前投行业务发展中存在的困难和问题统统归咎于经济下行压力较大等外部因素。但面对相同的困难和经营环境，各行的业绩为什么出现较大的差异呢？我认为，只要各行能够做到未雨绸缪，在系统推动、政策配套、加强服务等方面提早入手、多想办法，完全可以做到在合规经营的前提下推动投行收入保持较快的增长。各行要抓住政府融资平台在建项目后续融资1 500亿元投放的机会，及时跟进，提供相应的投行服务，争取6月底前实现投行业务收入。

（三）树立大投行意识，向资本市场要收益。2014年，总行党委提出了“大投行”战略，这是我行拓展资本市场业务的战略规划，目标是发挥全行各部门的协同作用，将我行打造成投行服务的集成供应商。投资银行条线要牢牢树立“大投行”意识，与各相关部门做好协调沟通，形成适合本行的工作机制，同心协力把投行业务做大做强。

从当前形势看，加强资本市场的业务投入，发展交易型投行业务，向资本市场要收入是可行的。下一步，我们应从加强资本市场客户营销、完善投行业务产品体系、加强投资平台建设等几个方面推动资本市场业务发展，探索分享投资收益模式。

（四）加大营销力度，抓好重点客户服务。投行业务转型首要的是选好客户群，要抓好以下七个方面的工作：第一，要抓好上市公司的服务。目前两市上市公司有2 500多家，而且还在不断增加，这里面投行业务机会很多，是重中之重。第二，要抓好新三板企业的服务。这些企业是上市公司的后备军，5月末数量已达2 487家，而且仍在快速增加，这些企业管理相对规范，财务制度比较完善，发展潜力大，要重点关注。第三，要抓好国有企业的重组服务。如混合所有制改造，每个省至少可以找到一两个项目。第四，要抓好PPP项目的服务。这是国家重点支持的一个领域，如果能设计出合理的交易结构，促成政府和民营资本合作，对于国家、社会和我行业务发展都会产生很好的效益。第五，要抓好兼并收购和企业重组。在当前产业结构调整和去产能的过程中，这类业务需求很多。第六，要抓好企业债务重组的服务。在当前经济形势下，这类业务机会很多，并且收益很大，不仅能救活企业，而且能得到很多股权、债券、并购业务机会。第七，要抓好“走出去”企业的服务。积极配合国家“一带一路”战略的推进实施，做好企业跨境并购等相关服务。

（五）利用资本市场形势，做好投行产品创新。当前，多层次资本市场正在逐步完善，相关政策不断出台，要重点做好现有品牌类投行业务，继续挖掘潜力。

兼并收购方面，境内并购还要围绕上市公司做文章。在前期上市公司“董秘工程”的基础上，启动“董事长”工程，进一步提升项目营销层级；制定上市公司合作分类标准，提高营销方案的针对性和有效性；积极推进国泰君安收购上海证券、湖南广电传媒并购基金、华数传媒并购基金、吉林酒精行业整合、上汽收购整合等重大项目，年末力争在汤森路透并购交易财务顾问的排名中更进一步。跨境并购要抓住积极推进“走出去”战略的重点客户群，特别是央企集团、A股上市公司、大型并购基金等三类客户的海外收购需求，巩固我行市场先发优势；要与境外机构加强联动，发挥我行全球网络优势，加大推荐境外优质收购目标的工作力度，宣传我行成功服务复星、锦江、万达等海外收购交易中的融资创新；要进一步拓展并购银团的牵头筹组与分销业务、跨境并购过桥贷款业务、海外并购基金杠杆收购融资业务；要灵活运用我行境外贷款品种，支持海外中概股公司私有化退市融资、境外发行房地产信托投资基金（Reits）反向收购融资等市场热点需求；要继续推动中巴工业园项目，引导和支持更多中资企业参与中巴经济走廊建设。

股权融资方面，一是要重点拓展资本市场相关业务，包括结构化定向增发、权益性资产证券化Pre-IPO基金、中概股重组及转板上市、组合式新三板基金等业务。二是积极利用私募永续债、优先股、产业基金、远期资产收购等形式，创新资本金融资模式，帮助优质重点客户降低资产负债率，挖掘财政资本金搭桥、代理投资形式的项目前期融资机会。三是充分利用通过中航国际、中石化等典型案例积累的市场影响力，拓展国企混改业务。四是重点拓展并购基金业务，重点营销国内大型央企、省企或民企行业龙头、上市公司及其控股股东收购资产或产业整合过程中的并购基金需求，与优秀私募基金管理机构共同为其提供基金发起组建、资金募集、项目推荐、定增或股权转让退出、投后管理在内的综合性服务。

债务融资业务方面，在公开市场领域，加大交易所资产证券化业务的培训和业务推广，挖掘以应收账款、应收租赁款、景区门票、高速路收费权、水费电费收费权以及信托受益权为基础资产的优质资产证券化项目。深入研究证监会公司债券发行的新规定，以“顾问＋投资”的业务模式开拓这一市场新领域。继续加大对拥有稳定现金流的非标准化结构化融资项目营销，实现稳定可持续的债务融资业务收入。

财务重组方面，重点关注上市公司财务重组业务，通过引入“重组基金”投资的方式，使基金作为承接潜在风险贷款的“中转站”，为相对“优质”的不良或风险贷款提供转化渠道和平台。基金在企业重组完成后退出，获取投资回报，实现投行收入。

除了以上成熟的品牌类投行业务外，我们还必须紧跟形势，拓展业务领域，开发一批创新类投行产品。

一是不良资产处置类产品。最近，投行部提出了借助基金方式处理不良资产的两种方式，各分行要认真学习并尽快实践。现在银行系统不良资产大量出现，一年有几千亿元的规模，加上我们具有处置不良资产的能力和资金优势，一定要提前布局，尽快做起来。二是上市公司的市值管理。随着资本市场的繁荣，上市公司对市值管理的需求越来越多，刚才有的分行也提出了这个产品，接下来总分行要尽快研究方案，加快实施。三是资产证券化产品。目前，企业直接融资的空间已经打开，今后将会有越来越多的企业通过资产证券化业务满足其融资需求。四是上市公司定向增发方面的产品。在股市繁荣的背景下，定向增发需求将不断涌现，新股发行我们无法介入，但是定向增发我们一定要抓住机会。五是PPP项目的融资产品。重点拓展PPP股权债权业务，营销建筑、施工、设备总包、城市综合开发等领域的业务机会。六是基金方面的投资产品。现在全国范围内各种基金不断涌现，我们要积极参与，创造服务模式，争取超额收益。七是分销顾问产品。有的分行已经做了，通过这项业务，我们可以拓宽资金渠道，建立投融资客户群，为进军资本市场打下基础。总之，与资本市场相关的一切创新产品，只要依法合规、风险可控、收益合理，我们就要放手去做，去创新。

（六）借鉴先进分行经验，加强团队激励。商行与投行业务在管理文化上存在差异，在投行业务运作过程中，单兵作战能力往往影响项目成败，因此在人员考核评价方面与商行业务也应有所区别。2013年以来，河北、河南、江西、江苏等分行相继推出二级分行投行团队建设的创新举措，主要包括两方面内容：一是健全团队，在二级分行设立投行专职团队；二是调整激励，将绩效考核与业务收入挂钩。两项举措实施以来，从实践效果来看，这些激励举措有利于基层投行团队建设，有利于投行客户的全面覆盖和投行项目管理的扁平化，对增加投行业务收入具有积极意义，如河北分行2013年和2014年投行收入增速分别达到25%和17%。请各分行认真学习兄弟分行的成功经验，结合本行情况，因地制宜地拿出办法，完善本行投行团队建设和绩效考核机制。

同志们，目前距离6月底仅有19天的时间了，我们的收入缺口还有89亿元。各位分管行长和部门总经理必须要增强责任意识，采取一切可行的方法，将增收工作落到实处，抓出实效，确保投行业务实现正增长！

在网点运营标准化管理改革推动会上的讲话

郑万春

（2015年7月21日）

网点运营标准化改革自去年8月全面启动以来，经过全行上下近一年的努力，已经取得重要的进展和明显的成效。今天，总行召开改革推动会，主要目的是全面总结全行改革进展情况，分析面临的困难，部署下一阶段工作，动员全行继续深化改革，全面提升运营管理效能和网点竞争力。

今天的会议开得紧凑又富有成效，山西、浙江、上海等12家分行发了言，其他分行提交了书面材料，刚才总行相关部门也谈了很好的意见。听了各行的发言，我感到，去年改革实施以来，全行上下高度重视，齐心协力，狠抓落实，取得了重要的改革成效。下面，结合大家的发言，我讲几点意见。

一、一年来网点运营标准化管理改革取得重要成效

去年以来，全行上下把网点运营标准化管理改革作

为中心工作和网点竞争力提升七大工程的首要工程来抓，在加强理念传导和摸底调研的基础上，集中力量统筹推进数据治理、系统研发、标准制定、柜口调整、人员优化、运营管理、机制建设等方面工作，改革进展不断加快，改革成效不断显现，有效促进了网点竞争力的全面提升。

（一）改革组织实施进展顺利。全行上下充分认识到网点运营标准化改革的必然性，认识到这一项改革工程的基础性、广泛性和复杂性，集中力量扎实推进各方面工作，改革的基础建设和试点推广力度不断加大，进展不断加快。总行相关部门相互配合，网点运营管理的制度、标准、平台、数据不断完善，为改革和管理提供了坚实支撑。改革监测、分析通报、督导推动等机制促进了改革推广有序推进。部分行主管行领导和运行管理部门深入基层，依托网点运营管理平台展现的柜口、岗位、人员、业务量等数据，研究分析具体问题，打造标杆网点，在摸索试点和总结经验的基础上，以点带面推动改革不断加快和持续深化；各分行结合不同类型网点的实际情况和特点，因地制宜分类推进网点运营标准化管理，取得了较好的进展，上半年改革整体进度达到了预期计划目标。

（二）网点资源优化成效突出。全行上下坚持把优化网点运营资源配置作为网点运营标准化管理改革的重要基础，统筹实施网点柜口、岗位、人员的优化调整，促进了运营资源与业务发展的更好匹配。从今天分行发言情况来看，各行都提炼了很多好的做法，如广东分行的“一定位、两优化”、河北分行的“四优化、一提高”等措施。各行按照高低柜业务划分标准和网点实际工作量数据，逐个网点匡算高低柜口配置数量，推进高低柜口调整，全行网点柜口布局明显优化。新疆、福建、厦门、江西等分行按照高低柜口分设、高低柜业务分离处理的要求，加大投入实施了柜口基础改造，推进了柜口布局的合理优化。截至6月末，全行普通区高低柜比例由改革前的2.27:1降低至1.32:1，下降42%，其中山西分行从原来的4.8:1降到了2:1，浙江分行降到了0.81:1；全行对外服务柜口由9.6万个下降至8.9万个，降幅7.3%，部分柜口被改造为客户体验区，提供网上银行、手机银行等业务渠道的体验服务。各行在优化高低柜口配置的同时，积极通过推行全窗口叫号、优化排队叫号策略、加强大堂引导和业务分离管理、强化高低柜业务监测等手段，促进了客户分层服务和高低柜业务分离处理，促进了网点运营和服务能力提升。

各行按照精简岗位设置、合理核定编制、优化人员结构、强化内部管理的总体要求，扎实推进网点岗位和人员标准配置，积极采取措施加强人员转岗、适岗培训、考核和管理，人力资源配置不断优化。根据各行名单式跟踪监测结果，自改革以来全行共实现8 900余名柜员从高柜向低柜流动，累计释放27 923名柜员和服务支持岗人员转岗至其他岗位，其中转为营销类岗位17 498人，超额完成总行预定的人员结构优化目标。网点柜员由改革前的116 753人减至99 270人，下降了15%；服务支持岗人员由改革前的12 123人降至9 024人，降幅25.4%；营销类人员增长23.3%、占网点人数的32.1%，全行营销力量得到较大扩充。全面推行营业网点主机岗位新标准，将全行近4 000个主机岗位精简为5个全行性岗位，将主机岗位管理权限上收至一级（直属）分行以上，实现了营业网点主机岗位精简整合和统一规范化管理。

（三）网点运营效能稳步提升。各行在优化资源配置的同时，通过推进柜员综合化、上收网点中后台业务、优化网点劳动组合等多种措施不断加强内部挖潜，提高了网点资源综合利用效率。各级行运用网点运营管理平台数据，持续开展网点运营效率横向比较和对照分析，准确定位业务量不饱和等现象较为突出的网点和柜员，从业务技能培训、劳动组合调整、考核评价完善等方面采取针对性措施加强管理、挖掘潜能，不仅促进了网点运营效率的提升，也进一步改善了客户服务，高峰期客户排队等候时间有效缩短，客户服务体验得到改善。截至6月末，全行柜员人均工作量由改革初的105笔提高到117笔，上升了12%，最高的贵州分行达到143笔；山西、宁夏、上海等分行人均业务量增幅超过25%，柜员工作饱和度整体得到提升。人均工作量不足50笔的网点减少了22%；日均工作量低于50笔的柜员数由改革前的18 317名减少至9 241名，下降了50%，柜员忙闲不均情况得到改善。

（四）网点综合管理得以强化。围绕改革目标任务，协同推进了集约运营、系统整合和风险管理等方面改革工作，为网点运营标准化管理创造条件。深化业务集约运营，今年新增了上门收款、保证金开户等纳入集中处理，实现152个业务品种的后台集约处理，柜面渠道全口径业务集中率达到67%；现金集约运营改革已实现91%的库存现金、92%的上门收送款和96%的贵金属后台集中运营；大力推进二级分行运行后台中心有机整合、归类合并、规范管理，进一步增强了后台中心对网点的服务和支撑能力。全面梳理网点各类管理系统，整合构建网点统一工作台，实现网点用户“一次登录、一次身份验证、一站式业务操作”，有效改进用户体验，提升操作效率。核算印章综合改革和电子验印完成在全行推广，进一步强化了运营风险关键环节管理，为网点人员灵活配置创造了条件。网点资源综合调度管理机制研究扎实开展，依据网点实际业务情况实施网点内岗位兼岗流动和跨网点运营人员统一调度的思路逐渐清晰，为推进网点运营资源综合利用奠定了良好基础。多方面配套措施的综合实施，简化了柜面业务流程，精简了网点业务操作，释放了网点服务潜能，为提高网点资源利用效率和运营效能提供了有力支持。

总体来看，网点运营标准化管理改革工作有序推进，全行网点柜口和人员结构逐步优化，网点运营效能稳步提升，改革取得了可喜的进展和成效。全行1.6万多个网点，所处地域、业务特点、运营情况差异非常大，实施网点运营标准化管理改革难度大、内容多、任务重，能够在短短不到一年的时间里，取得如此成效，主要得益于以下几个方面：

一是得益于各级党委的坚强领导。各级行把网点运营标准化改革作为“一把手”工程和重点工作来抓，举全行之力全面推动改革。姜董事长、易行长等总行领导多次对改革工作作出重要指示，在全行性重要会议对这项改革进行专门部署。各分行党委高度重视改革工作的研究部署和组织实施，建立了行长挂帅、统一领导、分工合作、齐抓共管的改革推动机制，促进了改革方案落地、资源统筹和工作协同；部分行主要负责人定期听取改革情况汇报，专门研究改革具体实施，为改革注入了强劲动力。

二是得益于全行上下的攻坚克难。各级行和相关部门充分认识到改革的艰巨性和复杂性，尽职尽责扎实开展工作，有力推动了改革措施的实施。总行有关部门组织对全行数千个交易进行了全面梳理、解析和改造，实现了全行工作量的准确计量、客观反映和横向可比；高标准、前瞻性构建了网点运营管理平台，为全行网点科学实施运营标准化提供了先进的平台和手段支持。各分行深入基层分析网点运营情况，因地制宜推动改革落地实施；持续加强改革过程的资源优化调整监测，通过名单式管理，积极跟踪研究解决“人从哪里来”、“人到哪里去”的问题。可以说，全行上下专注改革、甘于奉献，为贯彻改革思路、落实改革措施、解决改革问题付出了大量艰辛的劳动，为改革的顺利实施作出了重要的贡献。

三是得益于各级行的主动作为。网点运营标准化管理改革启动以来，各级行建立了改革实施监测机制，通过任务分解和压力传导来突出抓好任务落实，推动改革工作一点一滴地落实。总行制定了详细的改革实施计划，明确了每一项改革、每一项工作的目标任务和时间安排；深入开展改革调研和督导，建立了分行间的改革工作动态宣传和沟通交流机制，促进了改革经验相互借鉴，推动分行全面落实总行改革要求。各分行均制定了改革实施的具体方案和推动策略，按总行要求扎实推进改革的试点和推广实施。部分行建立了工作推进专家小组，具体负责改革有关工作的组织实施和具体推动，保证了改革的顺利推进。实践证明，改革工作的落实，需要我们不折不扣地抓执行、抓细节、抓管理。

二、高度重视改革中存在的问题和困难

经过全行上下的共同努力，网点运营标准化管理改革整体上取得了很好的成效，但同时我们也要清楚地看到，因各行改革基础差异较大，改革进展和质量还存在较大的不均衡性，改革中还存在一些亟待解决的深层次矛盾和问题，需要引起各级行的高度重视并采取措施加快解决。

（一）改革的认识有待进一步深化。各行在改革的理念宣导、改革部署、组织推动等方面都采取了很多积极的措施，但部分行特别是部分二级分行、网点仍存在对改革的目标、内涵等方面认识不够全面、准确的现象，对改革需要实现的运营效率、服务水平和整体竞争力提升等多方面目标的认识还不够深入，导致改革工作思路存在一定的局限性。部分行在复杂问题面前，主观能动性发挥不够，存在对网点具体情况研究不够深入、采取措施不够有效、改革内容不够全面的情况。个别行对网点运营基础夯实的关注度不高，对网点运营标准化管理助推网点经营转型和竞争力提升的基础性支撑作用认识不足，对加强前后台协同、营销服务运营统筹的系统性改革和管理重视不够，长此以往可能会影响网点甚至全行的可持续发展。

（二）各行间网点运营不均衡性仍需关注。网点运营标准化管理改革的目标是整体上提高全行网点运营效能和网点竞争力，从前期各行推广情况以及总行初步评价结果来看，部分行在改革推动力度、推广进度、基础管理等方面与改革先进分行间存在较大的差距。全行目前改革覆盖网点达到98%，其中部分行已经覆盖到全辖所有网点，但实际完成情况分行之间包括分行内部各二级分行、支行间存在较大的差距。从改革实施结果来看，各分行在资源优化配置、运营管理方面存在较大的差异。高低柜配比方面，优化成效好的厦门、广东分行营业部、苏州等分行已达到0.8:1以下，基本与业务结构相匹配，但仍有广西、辽宁、吉林等7家分行维持在2:1以上，与实际业务结构偏离40%以上；高低柜业务分离处理方面，厦门、新疆、大连、浙江、福建分行的低柜业务可分离率已基本达到30%以内的合理水平，但仍有辽宁、黑龙江、四川等6家分行在60%以上；人员优化配置方面，部分行释放出的柜员和服务支持岗人员已较好地完成了转岗适岗，而少数分行没有妥善完成释放人员的转岗工作甚至使部分人员处于待岗状态；运营效率方面，全行当班柜员人均工作量117笔，高的贵州、青岛、海南、广东分行营业部等4家分行达到130笔以上，但有甘肃、陕西、云南等7家分行低于110笔，最低的分行只有90笔，在一定程度上说明，分行间、网点间、柜员间工作负荷和忙闲不均问题仍然存在，需要从整体上继续改进。

（三）改革成效有待进一步提升。网点运营标准化改革旨在提升网点运营效能和客户营销服务水平，促进网点竞争力的大幅提升，但从目前情况看，柜口优化、高低柜业务分离处理、资源潜能挖掘、运营效率提升还存在一定的空间。部分行在优化资源配置过程中未能深

入扎实地开展业务分析和柜口改造等工作，如网点运营管理平台统计的低柜中有5 415个实际上是现金区内未发挥低柜作用的高柜，有待加快优化调整。部分行对人员转岗名单制管理落实不到位，导致统计结果与平台数据存在较大的差异，对转岗人员的培训、安排、评价和管理等工作还有待进一步加强，以切实将网点人员优化转化为营销服务能力和网点竞争力的提升。部分行对如何加强网点运营精益管理和提高网点管理效能等方面研究尚不深入，导致资源优化后运营效率和服务质量没有明显改观。全行高低柜配比优化后，低柜业务可分离率仍维持在较高水平，有待加大业务分离处理力度；全行释放了近2.8万名柜面人员后，营销服务潜能还有待加快提升；柜员优化配置后，仍有8 039名柜员日均工作量不足50笔，占柜员总数的8.1%。

此外，今天各行发言中还反映网点设备配备不足、兼岗流动受限制、人员素质难以适应、考核评价不完善、线上线下互动不够协调、现场管理水平有待提高等方面的问题。

上述问题是在改革不断深入推进过程中逐步暴露出的深层次矛盾和问题，有些问题是一些分行调查研究不够深入、工作作风不够扎实、改革各个方面统筹不到位、解决问题方法不多的反映；有些问题也有总行相关制度办法需要进一步完善的地方。全行要正视并客观分析自身存在的问题，认真分析、分类解决，既要立足当前，迅速采取针对性措施解决好当前面临的局部性、理解性、执行性问题，为实现改革顺利推进打下坚实基础；又要着眼长远，逐步把工作重点转移到解决体制机制性问题上来，推动网点资源持续优化和运营标准化管理持续深入。

三、全面完成网点运营标准化管理改革任务

针对当前面临的形势，总行专门研究了进一步深化改革相关问题，前不久印发文件进一步明确了深化网点运营标准化管理改革的目标任务和具体要求。各行要严格按照总行的部署，统筹资源优化、运营管理和机制建设等方面工作，推动网点运营标准化改革向纵深推进，年内全面构建起适应现代商业银行发展需要的网点运营标准化管理体系。

（一）要以组织机制为保障继续加强改革推动。网点运营标准化管理是一项长期的工作，但作为一项改革已进入收官的关键阶段，各行要严格按照总行确定的目标和要求，继续加强目标管理和过程控制，确保10月底前全面完成改革推广，实现资源优化配置、运营效能提升、网点竞争力增强的目标。

一是要进一步深化改革认识。在互联网金融的时代，银行的网点基础业务、融资业务、代理业务等三大板块将快速向互联网的方向发展，各行必须从本质性上认识到网点运营标准化管理的必然趋势，认识到这项改革的重要性、复杂性，要把人员从业务操作中解放出来。各行要继续加强宣传、培训和引导，确保各级行和有关人员全面准确理解网点运营标准化改革的实质内涵、主要目标及持续性特征，对照本行改革进展情况，统筹有效推进柜口优化、人员调整、精益管理、机制建设等各方面工作。云南、黑龙江、天津等已经基本完成改革推广的分行要继续分析本行网点运营情况，查找短板，持续优化，不断提高网点运营管理水平；尚未完成改革推广的分行要集中精力，加强对网点分析、指导和推动，按期完成推广任务，提高资源运营效能。

二是要进一步改进工作方法。各行网点情况差异较大，网点运营标准化改革内容非常广泛复杂，要求我们必须以更加扎实的工作加强组织领导和推动实施。各行要继续发挥好“一把手”挂帅的领导小组的组织协调和推动作用，以严格的监测督导和考核通报切实增强改革的推动力。要对尚未完成改革推广的网点，继续深入分析其柜口、人员、业务、服务等实际情况，因地制宜、一行一策制定具体资源调整和运营管理措施，确保改革更具针对性和有效性。

三是要进一步注重改革成效。各行要把客户体验、效率提升和资源科学配置作为检验改革成效的重要标准，在关注分行总体进展和成效的基础上，加强基层机构改革的具体指导，确保每个网点都通过改革取得实际成效。要加强改革成果评价和反馈，总行已初步制定网点运营标准化管理评价办法，并在这次会上印发给了大家征求意见，充分吸收各行的合理建议修改完善后会尽快实施。各行要根据总行设置的评价体系，结合本行改革进展适时开展评价。要利用评价结果，查找网点在柜口设置、人员配置、柜员工作量饱和度等方面存在的突出问题，有针对性地制定具体改进措施，形成评价、改进、提升的良性循环，持续推进网点运营管理水平的提高。

（二）要以确保质量为前提扎实推进资源优化配置。网点运营标准化改革的首要任务就是根据网点业务实际需要，对长期以来形成的柜口、岗位和人员格局进行优化，从根本上改变资源配置不均衡、运营效率偏低的情况。各行要进一步深入分析业务结构，对照现有柜口、人员配置情况，科学推进资源配置优化调整，挖掘资源潜能，提高网点运营效能。

一是要合理调整柜口布局。改革之初，总行就明确提出要求，要以网点实际业务量和业务结构为依据，按照高柜、低柜对应办理业务品种的实际工作量匡算确定每个网点应配置的高低柜口数，推进柜口优化配置。前不久，总行针对改革中出现的新情况进一步明确，普通服务区柜口数在2个以下的小规模网点、自助+理财网点、日均业务量在100笔以下网点等特殊网点，可不再分别设置高、低柜口。各行要按照这个要求，对照本行实际情况，因地制宜推进网点柜口调整工作，目前尚未

达到该目标要求的网点，要加快柜口改造，尽快实现高低柜口配比与业务结构比例的匹配。大部分行尚有一定的封闭区低柜，甚至部分网点有时还将其作为高柜在使用，要创造条件通过改造来设置成开放式低柜；确因一定原因暂时无法改造的，要加强管理，确保只承担低柜业务处理和服务营销职能，但仍要尽快通过改造增设必要的低柜。

二是要推进业务分离处理。目前仍有 10 家分行低柜业务可分离率在 50% 以上，从全行来看低柜业务分离率也仍有较大的压降空间。各行要继续抓好高低柜业务分离处理工作，实现运营效率提升和营销服务加强。厦门、新疆、大连等 5 家低柜业务可分离率已达到合理水平的分行，要总结经验并加强对尚未达到合理水平网点的指导，着力推进高低柜业务分离处理；尚未达到合理水平的分行要加大力度，通过推行全窗口叫号、优化排队叫号策略、加强大堂引导等措施，加强业务分离管理，促进高柜业务和低柜业务的分离处理，切实发挥高柜快收快付、低柜处理复杂业务并营销服务的作用。

三是要科学优化人员配置。目前全行已超额完成了预定的 2 万名网点员工优化配置的目标任务，下一阶段要继续在总量基础上做好结构优化的文章。各行要以确保安全高效运营为前提确定各网点实际业务所需人员数量，在保证服务和安全基础上进行人力资源优化，避免简单追求人数精简和柜员工作量提高而造成客户服务不到位的问题。要加强柜员综合化和素质培养，提高业务技能，确保运营质量和效率提升；个人金融业务、结算与现金管理、公司金融业务等部门要加强转岗到营销岗位人员的培训工作，切实提升转岗人员营销能力。要把服务支持岗人员作为重点关注对象，该类人员偏多的分行要继续大力推进网点中后台业务上收，实现该类岗位人员配置的最优化。要继续严格落实人员转岗名单制管理，清楚掌握“人从哪里来”和“人到哪里去”。

四是要做好人员转岗工作。改革以来释放的近 2.8 万名人员，有部分人并未实现妥善转岗，甚至出现了回流现象，各行要进一步做好人员转岗和适岗工作，采取有效措施加强培训、引导和考核，确保岗位调整人员和新适岗人员的无缝衔接，切实将释放出的人员充实到营销服务等岗位，增强我行在账户拓展、客户维护等方面的能力。要建立人员监测机制，把握网点各类岗位的职责边界，保持人岗匹配的相对稳定性，避免人员在岗位间的反复频繁调整，防止转岗人员回流。要以各类岗位核心工作职责为依据，强化岗位履职质量、客户服务、产品营销等的考核评价，在增加营销人员数量的同时要大力提高营销人员素质，全面提升网点运营、客户拓展、产品渗透、市场营销能力，切实将网点人员结构优化转化为网点竞争力提升的成果。

（三）要以提高效益为目标强化网点运营精益管理。要构建网点运营管理长效机制，通过科学管理和精益管理实现资源潜能的内涵式挖掘，推动网点运营标准化管理持续深入、网点运营向质量效益型转变，促进网点竞争力的提升。

一是要强化网点运营综合分析评价。受各行人员情况和管理水平差异的影响，部分行对利用数据分析等工具、方法实施网点精益管理的能力不强，要构建完善的网点运营分析监测和统一评价机制，依托网点运营管理平台持续加强网点运营情况分析，深入剖析网点在资源配置和运营效率等方面存在的问题，针对性制定管理措施，推动网点从定性管理向基于数据分析的量化管理转变。要建立网点运营标准动态优化和资源配置持续优化机制，根据分析评价结果以及网点客户、业务、运营模式等的发展变化，动态优化网点运营标准，持续提升网点运营管理水平。

二是要探索网点运营资源综合利用。网点各岗位人力资源配置的相对固定与业务时段性峰谷波动，导致了网点间、岗位间、不同时段间工作负荷的不均衡性，需要加快研究推进资源综合利用。总行前期组织部分行在总结 19 家分行探索实施网点岗位兼岗流动和柜员集中管理做法的基础上开展课题研究，形成了网点运营资源综合调度管理的初步思路，近期征求分行意见形成正式方案后组织实施。各分行可以根据需要在总行整体框架和部署下结合本行实际，稳步有序地探索实施网点柜面运营、大堂服务、现场审核等方面的岗位兼岗流动，实现在控制风险前提下的运营、服务和营销工作的相互衔接、协调运转；研究在支行以上层级机构建立机动运营人员队伍，根据网点业务运营变化，实施柜员和大堂值班经理等运营资源在网点间的余缺调剂。要建立科学的弹性排班和统一调度机制，根据网点客户流量、排队情况、业务结构等的实际变化情况，动态调整高低柜口设置和临柜柜员数量，最大限度地发挥资源配置效能。

三是要推进网点运营提质增效。各行要持续将工作量水平偏低的柜员及该类柜员占比较高的网点列入重点关注对象，针对性制定具体措施，切实加强运营管理，促进网点和柜员运营效率提升。要结合分析结果，加快推进客户规模不大、业务结构单一、整体工作量不高、运营效率低的网点优化调整。要高度关注改革过程中网点人员、流程、管理等方面变化和可能出现的各种风险因素，要特别防范一人兼多岗过程中运营风险，加强操作风险监测、分析和管理，严防风险事件。要不断优化网点各岗位工作内容和流程，推动网点人员提高岗位核心价值。

（四）要以持续创新为驱动探索运营管理新模式。随着互联网技术在金融领域的快速发展和深入应用，金融业态和客户金融消费习惯正在发生深刻的变化，我行正大力推进互联网金融建设整体战略，可以预见，互联网技术将越来越多地嵌入到商业银行业务运营流程。过去一年，全行柜面业务量下降了12.7%，预计网点柜面业务将继续呈现下降的趋势。网点运营标准化管理是一个持续的过程，随着银行网点的不断发展演化，需要我们深入研究网点运营标准的动态优化和调整，不断推进网点运营资源配置持续优化和网点运营管理模式创新。

相比传统银行运营模式，互联网金融模式下的客户需求和银行运营将呈现新的特点。客户需求方面，客户希望可随时随地随身进行低成本的金融消费，可便捷高效地取得金融消费对应的实物，可跟踪了解每项业务进度详情，可获取银行营业场所、业务范围、服务供给的确定性信息等。银行运营方面，物理网点依然是商业银行建立客户关系、向客户提供复杂性个性化产品的重要渠道；本着成本导向和效率优先的原则，将逐步打造客户自助为主、银行协助为辅的客户化运营新模式，网点转变为品牌展示中心、客户关系管理中心、复杂高附加值产品营销中心及O2O落地服务对接节点；主要依靠大数据应用技术，构建智能化识别和事中控制风险模式；构建线上线下一体化运营流程和线下支持体系，实现线上线下业务运行无缝对接，改进客户体验，提高运营效率。基于此，依托新技术运用，银行的服务理念、管理体制、组织架构、运营模式和业务流程都将发生根本性变革。

全行运行管理上下要顺应互联网金融对银行业和网点带来的深刻改变，把加快基于互联网金融模式的业务运营体系建设作为重要课题来研究，运用互联网思维提出客户服务、流程建设、风险控制、内部管理以及网点运营管理等方面的新思路和策略，以线上线下无缝对接、前后台协同服务不断提升客户服务品质，进一步巩固我行在互联网金融时代的核心竞争优势。

最后，我想再简单谈谈统筹抓好运行管理各项改革的问题。网点运营标准化管理改革是当前运行管理的中心工作，涉及前后台和内部管理等多方面内容，要统筹兼顾相关方面工作，确保改革实施的协同性、系统性和整体性。年初全行运行管理工作会议提出了全面建设服务导向型业务流程、集约导向型运营后台、风险导向型过程控制体系、全球化资金清算运营体系的具体要求，在全行运行管理专业的共同努力下，上半年如期完成各项任务，取得了很好成绩，全行运行管理水平不断提升。下半年运行管理改革发展任务依然繁重，除网点运营标准化管理改革以外，还要全面完成网点统一工作台推广，推进组合服务流程改革试点，启动交易统一管理改革、客户身份认证人脸识别、柜面业务运营双屏交互等多项重点改革工作。各行要做好谋划，加强组织管理，统筹各项重点改革任务，要从推动机制、资源投入、进度安排、配套保障等各方面协调配套，避免顾此失彼，确保各项改革有序推进。

同志们，这次会议是在网点运营标准化改革取得明显成效之际召开的一次重要会议，改革取得的重要成果可喜可贺。全行要总结经验，乘势而上，以开拓创新、追求卓越的精神，加强改革推动，强化运营管理，确保网点运营标准化管理改革全面推开，努力推动网点运营管理水平再上新台阶，进一步促进网点竞争发展能力的全面提升。

因势利导　扬长补短
大力推动公司结现业务取得新发展

——在公司结现业务年中工作推动会上的讲话

郑万春

（2015年8月4日）

7月30日，总行在北京召开了中国工商银行年中工作会议，姜建清董事长和易会满行长分别作了重要讲话。今天会议的主题是，总结上半年公司结现业务开展情况，贯彻落实全行年中工作会议精神，安排部署下半年公司结现业务重点工作。

上半年，公司结现专业在总行党委的正确领导下，取得了良好的经营业绩，绝大部分指标实现了时间过半、任务过半，同口径公司存款增量同业第一，公司贷款增量仅次于农行，银团贷款稳居汤森—路透亚太地区银团牵头行排行榜榜首。公司结现板块为全行转型发展作出了新的贡献。下半年，全行要坚持“以客户为中心、以市场为导向”，紧紧围绕利息收入、非利息收入两种盈利模式，在抓好贷款存款的同时，注重金融资产服务的创新；在开展线下业务的同时，注重线上线下的融合发展；在提升自身业务能力的同时，注重通过多维联动形成营销合力；在积极拓展市场的同时，注重实质风险的有效防控。

二、公司金融业务下半年工作要求

（一）以信贷市场拓展为经营支撑，不断稳固传统领域优势。各行要紧紧围绕国家战略布局和宏观政策导向的重点领域，牢牢抓住各类投资主体，积极发现和培育新的信贷增长点、增长带，加快信贷投放，争取早投放、早受益。同时要按总行要求，平滑投放节奏，避免月末、季末贷款集中投放冲高。

一是深入拓展基础产业市场。政府融资平台方面，要做好在建项目后续融资，各行要按总行下发的工作要求，逐个项目落实提款进度与额度，优先安排资金投放。交通方面，积极支持国家重点铁路项目建设和铁路总公司机车采购；密切关注收费公路管理条例调整动态，重点支持国家高速公路网、国省干线高速公路的建设，做好存量高速公路债务重组和固融业务；重点支持港口、机场等综合运输体系建设。能源资源方面，重点支持电网、水电、核电、风电、太阳能发电等领域中的优质项目，以及已建成优质项目的再融资和售后回租；重点支持油气资源开发、炼化一体化、油气管网和储存设施建设等领域中的优质项目。

二是积极开辟新兴产业市场。现代服务业方面，重点支持交通节点城市的物流园区、仓储物流及冷链物流等细分市场；支持具有品牌和客源优势的公立医教养项目，以及区位优势明显、股东实力较强、现金流稳定且归集于我行的民营医教养项目。文化产业方面，重点支持优质景区，以及依托景区门票及综合经营收入还贷的旅游及配套设施建设项目，并支持广电运营、新闻出版、电影院线等领域优质项目。先进制造业方面，重点支持有市场、有效益的高端装备制造业、军工类板块以及国家重点扶持的新能源汽车领域优质项目，储备“中国制造2025”十大重点领域项目。

三是做好“三大支撑带”金融服务。“三大支撑带”的国家规划，已逐步从战略层面细化到重大项目建设层面。总行明确支持以全额承贷方式，竞争“三大支撑带”重大银团项目牵头行、代理行。相关分行要用好用足政策，加快与地方政府签约，签约过程中要附带项目清单。要根据重点项目清单，逐个制订营销方案，通过创新性地采取股债结合、股权先行方式带动信贷投放，创新开展施工订单融资等业务，提高市场竞争力。项目营销责任要落实到人，全程跟踪落地。要按信息共享、利益共享、风险共担原则做好跨区域联动营销，形成营销合力。对西藏等少数民族地区，各行要结合财政优惠政策，做好境内建筑、能源等领域央企到该地区建设、投资的配套服务，并积极引荐该地区分行共同开展金融合作。

四是积极支持优质PPP模式项目。PPP模式作为政府提供公共品的主要模式，有广阔的发展空间。各行要主动对接地方政府和在PPP领域有较大潜力的建筑施工、公用事业、材料设备等社会资本方和供应方，遴选并储备一批价格调整机制相对灵活、市场化程度较高、需求长期稳定、具有一定经营性现金流的优质项目。对于缺乏使用者付费的PPP项目，优选当地财政状况较好、社会资本方综合实力较强的项目，纳入储备库。要根据项目及融资主体特征设计综合服务方案，探索参与地方PPP项目基金等方式提供综合融资服务，并开展项目咨询等业务合作。

五是加快重大项目从储备到投放的转化。总行已经建立重大项目储备库，已储备的项目资源丰富，各行要加快推动项目从储备到投放的转化。各级行公司业务部门要加强与本级行及有权审批行中后台部门的沟通协调，建立重大项目优先受理和限时审批制度，及早商定融资金额、利率、期限、担保方式等掌握原则和条件，尽量将分歧解决在前期，提高储备项目的转化率和成功率。对于总行和一级分行直接营销接洽、跨地域跨境运作、同业竞争激烈的重点项目，可相应由总行和一级分行直接受理。

（二）以公司存款业务为发展基础，不断提升稳存增存水平。各行要在上半年时点存款增长较好、日均存款大幅回升的基础上，进一步夯实公司存款的基础地位，但稳存增存不能仅仅依靠价格手段，而要通过做大流量争取客户资金沉淀。

一是紧紧抓住资金源头。公司部门要会同机构、个金、银行卡、资管、金融市场等不同专业，研究财政支出、军队采购、个人按揭、理财投资等规模较大的资金源转化公司存款的工作机制。对行外资金，要特别注重抓好中央及地方财政每年的转移支付资金向公司存款的转化；对行内资金，要特别注重通过“裸贷”治理、受托支付管理等方式，促进信贷资金向公司存款的转化。

二是做好交易资金归集留存。要沿着客户交易链条，做好配套资金管理。通过收款管家产品，解决销售款回行问题；引导客户采用银票、信用证等产品进行支付结算，并争取客户的保证金存款；对票据签发量大的客户，通过金融资产池产品，解决资金托管和集中使用问题，促使客户托收回流货款留存我行，逐步形成购销资金流动闭环。

三是有效控制存款成本。既要善于灵活运用利率定价经营存款，更要善于通过为客户提供资产配置多元化服务组织存款，而不是过度依赖利率上浮竞争存款。通过大额存单和“高来高走”资金运营模式，争取优质客户大体量资金沉淀的同时，相应置换保本理财和结构性存款等高成本负债，要注重匹配明确的资金运用，真正做到高来的负债能够高走，守住不亏本、有盈利的经营底线。

四是通过网点抓好公司存款。各行公司金融业务部门要会同渠道部门，提升网点公司存款营销服务能力，推动抓好综合网点对公业务达标工程。要确保新开办对公业务的网点，对公存款占比都要提升到10%以上；开办对公业务超过三年的网点，对公存款占比都要提升到30%以上。

（三）以公司客户发展为业务源头，不断壮大优质客户群体。目前存量客户向下迁移严重、新增客户中优质客户占比较低，深层次原因是客户分层管理、分类服务还不到位。大家要抓住今年全行组织开展“服务体验建设年”的机会，提升客户服务水平，加快从客户满意度到忠诚度到贡献度的转化。

一是强化对中高端客户的分层服务。对总省市三个层次客户，按金融资产金额、利润贡献等，分包由各级管理人员作为营销主要责任人认领维护。要推动银企高层定期互访，组织签订全面战略合作协议，有效期内合作协议占比要达到75%以上，“一户一策”制订综合金融服务方案，指定责任团队具体实施。

二是依托基层渠道做好中小客户维护。要推动每个综合化网点都建立面向优质公司客户的专属服务区域和通道，同时利用自助机具加强对中小客户分流引导，提升网点服务承载能力。要加快离行式自助银行建设，对大中型商场、专业市场、商品市场等交易集中场所，重点拓展市场管理方资质较高，网上交易替代性较弱的优质市场，营销好市场管理方，并跟进机具布放和产品推介，以点带面提升客户在我行的资金交易量和资金沉淀量。

三是积极拓展重点板块优质客户。拓展供应链板块，将总省市三个层级客户和优质项目贷款借款主体作为核心企业，充分利用客户的上下游供应链关系，实现链式拓户。拓展产业园区板块，以国家级和省级园区为主，摸清园区主导产业、入驻企业清单，制定针对性的营销方案，持续开展营销。拓展重点产品线板块，主要包括国际业务大中型客户、养老金客户、大额平台目标客户、代发工资公司客户、常年财务顾问客户、企业年金托管客户、资产证券化融资客户、安心账户托管业务客户、重点托管客户等。

（四）以金融资产服务为改革抓手，不断取得转型升级突破。各行要大力推动金融资产服务业务的发展，加快实现从盈利模式转型和资产经营方式转变。

一是债券承销方面。落后行要尽快实现突破。陕西、云南、辽宁、湖南、甘肃、吉林、大连、青岛、宁夏等9家零承销分行，江苏、河南、四川、安徽、天津、内蒙古、苏州、广西等8家区域占比低于5%的分行，要全面梳理当地市场资源，对AA+级以上优质客户的项目逐一落实营销责任，尽快形成突破，提升市场排名。要强化优质客户拓展。对各地资质较优、发行频繁、累发金额大的客户，要严格按照名单制管理，逐户建立分行领导挂帅、各相关部门共同参与的专业化营销团队，结合新产品营销、到期债券后续服务等主题制定合作方案，全面争取发债大户。要推动各项业务协同发展。要把债券市场优质发行主体作为我行“拓户、存款、中收”的重要来源，带动相关业务发展；同时积极布局境外市场，为客户提供境内外、本外币的全方位融资支持。

二是银团贷款方面。要紧抓重大项目。各行要积极营销重点行业、重点区域、境内外资本市场并购重组等板块的优质项目，巩固我行牵头行、代理行市场领先优势，并择优参加他行牵头项目，多渠道拓展业务空间。要加快业务创新。积极推介我行分组银团、银团保理业务等创新模式，做好银团贷款业务营销管理系统开发应用，利用好银行业协会银团贷款系统平台，提高银团筹组效率。要加强与同业合作。继续做好与国开行等同业的银团合作，从牵头与参贷两方面把握好市场机会，以我行牵头分销为主线，择优参与他行牵头重大项目银团，促进信贷投放。

三是资产交易方面。要加大业务营销推荐力度。积极支持重大项目与重点客户融资需求，积极挖掘股权及资本市场融资需求，并做好项目入池储备。要加快资产证券化。各行要结合信贷资产结构优化需要和资产筛选标准，加快储备限额管理行业等领域资产，组建好证券化基础资产池，并做好配套贷款服务工作，确保完成全年300亿元资产证券化任务。要开拓产业基金市场业务。随着产业基金的兴起，政府和企业的融资驱动模式从融资自用向筹资主导转变。各行要积极介入产业基金组建及投资，从源头上获取后续项目、客户分布、资金配置等信息，拓展新兴业务市场。要做好上市拟上市企业服务。上市前，做好账户开立、资金结算、公司贷款等服务；上市中，提供Pre-IPO和上市顾问服务，引荐与我行有战略合作关系的券商协助上市，辅以提供贷款、理财夹层融资支持；上市后，通过并购贷款、理财参与定向增发、PE基金等综合化金融服务，支持企业并购重组。

（五）以线上线下融合为创新重点，不断推升网络金融层次。各行要聚焦互联网金融产品创新，把我行的科技领先优势与互联网先发优势相融合，形成难以复制的竞争力。

一是做好电商平台入驻商户营销和综合服务。今年末，B2C商城商户要达到1万户，各行要重点围绕智能家居、节能环保、进口商品及房地产、汽车等重点市场、产业链拓展商户；B2B商城商户数要达到2 000户，各行要重点推广直驻商户、商品交易市场、集中采购平台等模式，充分挖掘优质客户资源，争取更多金融、建筑等重点行业大型采购商上线。同时，要依托电商平台，为企业提供更便捷、更多元的线上融资、支付结算以及其他金融服务，并依托线上业务拉动线下金融业务发展。

二是加快推动网络融资业务发展。总行决定对现有信贷经营模式进行改造，实现标准化和专业化信贷业务分开管理，标准化信贷业务主要针对个人和微型企业等零售类客户信贷业务、大中小型批发类客户中可以实行标准化管理的信贷业务；专业化信贷业务主要针对不能实行标准化管理的批发类客户信贷业务。

网络融资是标准化信贷业务的主体，为做好网络融资业务，总行决定成立网络融资中心，9月底之前在合肥挂牌成立，主要为客户提供个人质押贷款、法人质押贷款、抵押类贷款和信用类贷款四大类标准化线上融资产品。目前总行已经成立了网络融资项目领导小组及网络融资中心筹备组，启动网络融资平台建设工作。

网络融资中心与各行要在四大产品线上深度合作，网络融资中心要通过互联网直接服务客户，通过网络渠道处理贷款业务，完成贷款发放。各行要负责在客户调查、产品营销、开户、押品管理、逾期催收等无法完全在线上实现的环节，配合网络融资中心做好本地化服务。传统信贷业务标准化、线上化是一个长期的过程，各行要通过宣传、指导将线下业务逐步往线上引流。

（六）以对公营销系统为技术杠杆，不断扩大精准营销范围。公司与法人客户营销系统主要由三大平台构成，分别是对公客户经理营销工作台、公司金融大数据平台、专业管理工作台和基层机构负责人工作台，实现了对客户营销维护的动态记录、统计、监测、管理。各行要充分利用营销系统，提高精准营销水平。

一是高度重视营销系统推广工作。应用和推广好对公客户营销系统是全行营销部门的一项基础性工作，各行要成立由主管行领导、各相关部门负责人参加的领导小组，做好组织推动工作，并采取多种方式开展宣传、培训、通报等工作。总行将对各级机构使用系统的情况进行监测，对分管行长、公司部总经理、分支行负责人、客户经理等不同角色使用系统情况进行通报。

二是尽快完成客户经理进系统工作。2013年12月，我主持召开公司与法人客户营销系统全行视频推广会时，提出100%客户、100%客户经理进系统。目前，对公客户基本实现100%进系统，但是100%客户经理进系统还未完全实现，各行公司金融业务部要与人力资源部共同研究，全面核实辖内公司客户经理信息，于9月底之前，将公司客户经理全部纳入营销系统进行管理，并同步做好客户的科学分配。总行将对客户经理进系统和客户分配情况进行监测，对客户虚管、营销服务“悬空”的情况进行通报。

三是组织做好系统功能宣传培训和系统应用管理工作。为保证各级行营销人员更好地掌握系统功能，总行将编写营销系统的宣传培训手册，并将于近期组织集中培训。各行要制定系统宣传推广应用方案，并于8月底之前报备总行。各行要及时反馈应用情况和系统问题，项目组要及时分析解决分行反馈的问题。各行要在利用系统做好营销服务的同时，做好敏感信息保密工作，利用权限管理和审核流程等方式提升信息安全等级，杜绝数据外泄。

（七）以内外联动营销为合作纽带，不断丰富跨境服务内涵。内外联动营销的核心是建立制度化、常态化的跨区域跨专业协调联动机制，发挥好机构和专业单兵突破与全集团一体化作战优势，形成One ICBC的营销合力。

一是要构建统一营销机制。发挥总、分行公司金融业务部门在大客户服务方面的更大作用，尤其要加强对大客户的总对总营销工作，将跨境重点客户纳入相应层级公司客户范围，参照总行的首席客户经理制，成立全球客户经理团队，在全球范围内与客户单点接触，提供统一的服务，形成境内外机构“一点接入，全球响应”的协同服务格局。

二是要做好重点产品组合营销。针对国际大客户的特点，推动相关部门配备专门从事全球现金管理、统一结售汇等全球管理基础性业务的产品经理，发挥投行、商行相互带动作用，综合利用普通债务型、优先债务型、次级债务型、权益型、夹层型和信用期权型等多种投融资组合，做好客户综合化服务，并实现对风险的有效控制、分散、对冲和转移。

三是要大力支持“走出去”、“引进来”客户。充分发挥我行“金融+信息”的引领作用，主动为“走出去”企业推荐项目，分析境外国别、市场和行业环境，提供投融资一体化的金融解决方案。要内外联动积极营销世界500强外资客户，充分利用公司金融业务内外联动联系人网络，加紧与大型跨国企业合作，共同拓展外资企业对华业务。

（八）以机构队伍建设为组织保障，不断增强专业服务能力。要解决“大公司金融”战略执行“最后一公里”问题，核心是解决客户经理“不敢、不能、不愿”营销的问题。下一步，要通过做好“五个到位”，深入推进客户经理队伍建设。

一是人员配备要到位。今年，公司客户经理总量要较上年末增加2 000人，达到3.6万人，增幅6%。各行要把握网点优化释放人员的机遇，遴选优秀人员充实到公司客户经理岗位，要推动将新增加的客户经理，优先配备到公司客户资源比较富集的网点。

二是信息传导要到位。要解决战略执行的问题，首要的是要能够及时了解战略内涵和执行情况，对重点客户的服务，我们都要建立工作团队，通过融e联等工具建立联络群，保证信息沟通实时、顺畅。此外，总行将对营销系统进行升级，以后营销系统挂接客户经理手机、邮箱等，实现信息自动推送。

三是专业水平要到位。主要是做好分层次培训、资格认证管理和专业团队建设。分层次培训要提高针对性和实用性，突出新业务、新政策和典型案例培训。要做好资格认证管理，对公客户经理持证覆盖率要由59%提高到75%以上；办理融资业务客户经理的信贷专业资质持证覆盖率由12%提高到50%以上。要对主要产品线建立专业营销团队，全行公司金融专业已经建立105人的债券承销团队、132人的资产交易团队、116人的供应链金融团队、32人的数据分析师团队。后续，要根据业务发展需要扩大专业范围和人员规模。

四是产品支持要到位。重点是构建“客户经理+产品经理”团队，必要时加入技术人员、风险管理人员等，形成综合营销服务团队。产品经理主要是做好产品培训及业务咨询，为客户经理营销提供产品方面的技术支持。产品经理队伍可以在产品部门组建，也可以在公司业务部门组建，关键是确保产品经理对客户经理的支持要全面、要及时、要稳定。

五是考核激励要到位。对客户经理的考核要进一步突出价值创造与风险管控指标，探索公司客户经理产品计价考核机制，调动客户经理积极性和主动性，但原则上产品计价收入不超过客户经理绩效收入的40%。对信贷、存款等重点业务责任人，将其部分绩效与业务完成情况挂钩，由一级（直属）分行列支奖励资金，并直接划转到责任人个人账户，提升激励效果。

（九）以实质风险防控为关注焦点，不断提高风险管理水平。今年以来，全行资产质量下移问题更加突出，风险防控压力不断增大，公司金融业务条线要按总行要求部署，更深入参与到风险防控工作中来。

一是做好信贷业务风险防控。总行近期下发了《关于加强公司业务条线信用风险管理的通知》（工银办发〔2015〕433号），各行要按总行要求严把客户准入关，严守客户遴选、尽职调查等贷前关键环节，做到“真调查、实反映”，坚决杜绝“包装”客户；严格执行贷后管理制度，加强贷后现场管理。要严格落实部分行业的限额管理要求，通过结构优化来防范风险。产能过剩行业，要加快劣势客户退出，下半年需退出金额166亿元，进一步推动产能过剩行业的信贷结构调整。房地产行业，要严控商用房开发贷款总量，逐步降低商用房贷款占比，原则上新项目贷款借款人仅限于总行级优质房地产客户，下半年需退出金额307亿元。地方政府融资平台，要关注包括土地出让收入在内的地方政府财力变化，特别是财力较弱地区的融资平台贷款风险。对清理甄别中未纳入政府债务范围的融资平台债权，各行要及时与地方政府和债务人协商落实风控及增信措施，保障我行资产安全。

二是做好金融资产服务业务风险防控。对债券承销业务，要做好全流程管理，关注企业频繁的并购、重组活动，督导其及时披露相关信息，切实履行主承销商职责。对资产交易业务，要加强理财项目存续期的投后管理，做好潜在风险项目的提前化转工作。

二、结现业务下半年工作要求

（一）进一步做好账户拓展工作，夯实客户基础。

一是要持续做好新账户拓展。要以“企业通”和建设中的小微企业账户服务平台为竞争手段，紧抓新客户源头营销。要坚持以点带面，持续做好重点区域市场拓展，包括自贸区、工业园区、新经济规划带等新经济集聚区以及重点产业链，争取账户新资源。要充分运用财智账户卡、结算套餐、工银信使等特色优势产品，提高产品渗透率，推进客户拓展。

二是要注重日均金融资产5万元以上优质账户挖掘。各行要强化任务分解和工作落实，将5万元以上优质账户拓户指标逐级分解到网点层面，年底前力争实现每家财富管理中心增加15个优质账户，每家理财网点增加10个优质账户，每家金融便利店增加5个优质账户，并做好人员配备、考核计价等配套机制。同时，要持续做好产品创新，推进小额快捷支付、交易保证支付、小微专属理财等业务的研发推广，不断巩固产品优势。

（二）深入推动大额资金监控平台应用，挖掘优质客户。大额资金监控平台是我行应对市场竞争的利器，全行一定要推广好应用好。上半年我们已成功营销了平台目标客户5 398户，取得了历史性的突破。我们要在此基础上再接再厉，下半年确保再成功营销7 000户目标客户，力争能够成功营销9 000户。各行要高度重视并认真做好大额平台的营销挖转工作。

一是各行领导要带头应用好大额平台。主管行长要亲自挂帅，尽快完成系统内角色设置、超大额资金流转信息设置和目标客户认领，掌握基本操作，并对重点客户、重点项目亲自走访营销，落实行长责任制。

二是要加强营销过程管理。各行要做好目标客户营销动态和结果的跟踪记录，加强上下联动和信息传递反馈，确保营销工作扎实有效推进。

三是要做好对平台应用情况的反馈。总行将根据业务发展的实际情况，不断升级优化该系统。为此，总行将就系统应用情况开展专项问卷调查，广泛征求各级行、各营销人员对大额平台使用中的意见建议。各行要积极配合完成调查，将最切实的用户体验与第一线的营销建议反馈给总行。

（三）提升现金管理服务水平，突出专业价值。现金管理作为我行为企业提供的综合化解决方案，一直在同业中保持领先优势，但是从这项业务的中间收入情况看，去年和今年上半年的完成情况都不理想。在这个问题上，各行都反映限制息转费是主要原因。这说明有的分行在对现金管理的定位上，还没有真正认识到这是为企业提高管理、带来收益、创造价值的一项业务；是依托我行系统优势、服务优势、专业优势竞争客户的利器；还没有把它作为我行经营转型的重要抓手。因此，全行要重新审视现金管理业务的战略定位，不仅把现金管理作为增强优质客户黏性、吸收存款、发放贷款的重要手段，更要把它作为向企业提供专业化服务、为我行创造中间业务收入的一个重要产品线。

在具体工作上，要量质并举，通过不断营销和提升服务，稳定存量客户，争取新客户，持续做大客户规模和市场占有率。要做深做实现有现金管理客户，重点推动客户产品上线和服务升级，由单一产品向组合产品转换，由单业务领域合作向多业务领域拓展，不断丰富合作内涵，全面提升客户综合贡献。要进一步落实存款考核还原、分润及收费减免还原机制，简化业务办理流程。要加强现金管理议价和收费管理，在持续增强服务能力的基础上，不断提升议价水平，全面提高客户贡献和现金管理服务收入。

各行要充分认识和重视发展全球现金管理业务对我行国际化经营战略的重要意义，着力提升全球现金管理服务能力。要以跨境人民币、外汇资金集中运营和金融改革试验区的跨境双向资金池业务为抓手，抢抓市场机遇，主动开展业务营销。当前这项业务具有很强的排他性，各行要发挥业务联合推动小组作用，对潜在客户开展名单制管理，提早介入，持续跟进，确保业务合作落地；要推进开展客户全球授信和统一定价专题研究，力争今年内形成健全的全球授信及统一定价服务机制，切实扩展全球现金管理客户上线数和产品服务使用范围；要持续实施重点客户服务名单制、团队制管理，充分发挥境外现金管理区域中心效用，推进区域中心队伍建设与升级转型，确保客户诉求的及时解决和业务合作快速突破。

（四）深入开展法人理财和贵金属精细化营销，强化业务协同发展。上半年法人理财业务完成进度比较好，下半年要进一步从业务价值角度做好工作。要充分用好不同法人理财产品收益率的带动作用，运用高收益理财产品、结构性存款等稳定现有客户、竞争新客户，进而带动全行各项公司业务协同发展。要做大增利、稳利、T+0等主力创收产品存量规模，促进理财收入稳定增长。要做好理财和存款工作协调，将理财业务立足点放在优先转化付息率较高的负债业务，以及吸引他行客户购买上，并争取客户资金都在我行体系内流转。在大额存单业务发展中，要牢固树立成本意识，将有限的大额存单资源用于维护特定目标客户。要积极探索大额存单等高成本负债的资金运用渠道，有效控制负债成本。

贵金属业务方面，今年以来，贵金属价格波动显著，贵金属投资吸引力明显加大。要加强与贵金属业务部、金融市场部联动营销，抓住机遇，大力开展账户贵金属、积存金、代理黄金交易所等业务营销推广活动，并组织好账户交易类业务交易大赛，推动贵金属业务贡献全面提升。同时，进一步加强实物产品市场分析和营销宣传，推广市场接受度高、高附加值的实物贵金属产品，提高实物销售收益水平，形成交易类和实物类产品相辅相成、协同发展的良好态势。

（五）树立业务创新理念，不断增强互联网金融新市场竞争力。要继续做好工银e缴费、工银e商贸等重点产品的营销推广，工银e缴费要继续加大营销力度，首先抓好收费企业，要在确保水电燃气项目全覆盖的基础上，重点做好所在地其他收费企业的营销工作，使缴费平台能够支持更多的收费项目；另一方面随着缴费项目的不断上线，各分行要充分利用总行组织的客户宣传活动，并结合本行实际做好缴费个人的营销和服务支持。同时，各行要注重了解和反馈收费企业和缴费个人的意见建议，总行结现部将牵头持续优化产品功能，通过全行共同努力，把工银e缴费打造成我行具有市场竞争力的互联网金融产品。工银e商贸要实现各一级、直属分行都有当地大型商品交易市场或电商企业上线投产。与第三方支付机构的各项业务合作中，在严格执行“五统一”管理要求的基础上，要坚持资源换资源的原则，在明确服务价格的前提下，提供相关服务，切实将优质服务转化为实际收益。

在做好各项业务拓展工作的同时，我们还要在机制建设、网点提升、人才培养上狠下功夫，以确保专业的持续稳定发展。

一是要全力提升网点对公服务能力，助推全行经营转型。将日均金融资产5万元以上优质账户拓展作为网点对公服务能力提升的工作重点。各行要参照总行定期下发的日均金融资产3万~5万元账户清单，层层分解营销任务并实行客户分包管理，组织网点指派专人与客户联系对接，加大存量客户挖潜和新客户拓展，年底前务必完成5万元以上优质账户拓展目标。这里强调一下网点客户经理配备和业务培训。网点竞争力提升工程实施以来，全行实现2.7万人的优化转岗，其中1.7万人转到营销岗位，但这1.7万人基本都在做个人业务营销，人员转岗对公司结现业务发展的推动作用尚未显现。各行要积极争取把转岗人员中适合从事对公产品营销和客户维护的人员充实到网点对公营销队伍中来。同时，为解决客户经理“不敢、不会、不能”营销的问题，总行下阶段将通过现场培训、网络大学培训等多种方式，加强网点客户经理产品营销和业务技能培训。各行除组织相应培训外，还可考虑选派人员到对公业务业绩突出的网点以工代学，尽快培养一批基础好、素质高的对公客户经理。

二是要继续抓好队伍建设，构建立体化专业化营销服务团队。客户经理队伍建设方面，重点通过分解落实任务目标、强化业务培训、加强营销指导、完善工作台建设、优化业务数据统计等，不断提升对公客户经理综合服务能力。产品经理队伍建设方面，在当前产品经理队伍初具规模的基础上，下半年重点是要通过完善配套机制，用好这支队伍。要将产品经理队伍与客户经理队伍挂钩，构建立体化营销服务团队，使得各个层级都有一支专业的营销服务队伍，面向对公客户开展营销开拓。要确保有任务、有指标、有压力。通过重点推进“四个达标”（人员配备达标、直营客户数量达标、分管机构数量达标、考核管理达标），落实产品经理的营销任务和工作职责，使其做好所在二级分行的重点行业、重点领域、重点客户的直接营销。要健全产品经理队伍建设相关工作支持机制，强化经验交流、营销信息沟通和问题解决，持续做好产品经理技能培训和营销支持。

三是要加强规范管理，有效防范风险。今年以来，账户风险事件频发，客户资金被盗取情况突出，为我行账户风险管控敲响了警钟。因此，全行在账户拓展的同时，一定要坚持市场和风险并重原则，切实做好长期不动户清理和账户尽职调查管理，实现账户工作的质、量并举。长期不动户专项清理方面，结现专业要做好组织推动工作，确保在8月31日前完成清理，并配套做好相关指标的考核还原；对存款余额1万元以下、未激活营销成功且不存在其他保留原因的，应予以清理，并要建立不动户激活营销和销户的长效管理机制。账户尽职调查管理方面，要通过规范尽职调查流程、优化尽职调查手段、落实尽职调查人员等工作，提高对账户的风险管理水平，有效降低通过银行账户作案的风险。

同志们，面对严峻复杂的经营形势，大家要认真落实总行党委的各项工作部署和要求，坚定信心，转变思路，创新方法，因势利导，扬长补短，进一步把下半年的工作做实做好，确保完成全年目标任务。

借鉴优秀案例　推广先进经验
加快形成投资银行业务新市场

——在投资银行业务年中工作推动会暨案例交流会上的讲话

郑万春

（2015年8月5日）

今年以来，全行投行战线积极克服各种困难，努力增加投行收入，并完成了一些具有较强创新性的、出彩的项目。今天，总行投行部精选出一部分典型的、可复制性强的案例，由项目所在分行与大家进行了经验分享，同时总行投行部也向大家讲解了各产品线的工作思路和重点措施。希望大家会后认真研读，有疑问的地方可以跟总行或兄弟行进一步深入探讨，并在省行、二级行层面大力推广，结合属地特点以及资本市场变化，不断开拓业务思路，丰富投行业务的品种和盈利模式，努力完成全年任务目标。下面，我讲两方面意见。

一、关于上半年投行业务经营情况

上半年，全行共实现投行业务收入112.86亿元，完成全年计划的42.75%。未达到序时进度的原因，主要是原基础类投行和债务融资顾问业务收入同比下降幅度较大。而兼并收购顾问、股权融资顾问等重点产品线收入实现了同比36.08%和24.10%的较快增长。投行收入四行占比45%，仍然保持了市场第一的绝对优势。

从分行层面来看，大家都是非常努力的。在目前比较困难的形势下，有的分行仍然很好地完成了序时任务，取得了不错的经营成果；没有完成序时任务的分行，也尽可能地多做贡献。全行38家计划单位中，12家分行完成序时计划（50%），分别是北京、广西、吉林、厦门、河北、贵州、湖南、宁波、河南、海南、新疆和上海分行。收入超过5亿元以上的分行共6家，分别是江苏分行（含苏州）15.93亿元、湖北分行9.10亿元、广东分行（含广州）8.12亿元、上海分行5.89亿元、河北分行5.50亿元、浙江分行5.29亿元。从增速来看，9家分行投行收入实现正增长。

尽管受市场及外部政策变化等客观因素的影响，全行投行业务收入增长遇到了一些阻力，然而全行投行条线业务组织推动、项目推进力度丝毫没有减弱，重点项目运作取得积极进展。

并购业务方面，上半年共完成并购项目数249个，涉及交易金额超过1 330亿元，发放并购贷款435亿元，6月末并购贷款余额1 000.86亿元，我行成为国内首家并购贷款余额过千亿元的金融机构。其中，境内并购业务，在不断巩固非上市公司并购市场龙头地位的基础上，不断拓展上市公司资本市场相关业务，收入保持了较快的增长势头。积极开拓上市公司控股股东定增配股、房地产并购、国企改制、股权激励、PPP存量资产并购、并购基金等重点业务领域，成功完成了华数传媒定增、TCL集团员工持股计划、包钢集团定增、武汉航空港收购湖北机场等市场影响力较大、具有复制推广意义的项目，成功举办了吉林、天津并购论坛和北京水务并购论坛。跨境并购业务，积极响应国家战略，大力推进中巴工业园项目，积极促成山东如意集团在巴基斯坦投资电厂等项目，成功举办巴基斯坦投资论坛、中非企业家论坛；完成了锦江国际收购法国卢浮酒店集团、复星集团收购地中海俱乐部等多个重大跨境并购项目，有力地提升了工银投行在全球的品牌形象。

股权融资业务方面，总分行上半年共完成股权融资项目65笔，涉及交易金额171.95亿元；存续期内私募股权主理银行业务83笔，余额374亿元。正式推出组合式基金创新产品，努力探索PPP项目资本金融资途径，创新推广远期资产收购等优质客户权益性融资模式，积极尝试区域FOF、战略参股基金管理机构和投资性公司等新的业务模式，重点开拓Pre－IPO、国企混改、定向增发、新三板投资、权益性资产证券化等领域业务。审批完成了华能光伏产业基金、北京水环境基金、上海城鼎基金等重大项目。

债务融资业务方面，上半年全行新签署债务融资顾问业务协议619笔。已建立全面覆盖企业直接债务融资市场的产品体系，在非公开债务市场领域运作完成中证金（50亿元）、武钢集团（50亿元）等规模大、综合收益高的结构化融资项目；在公开债务市场领域完成湖南高速、长春燃气、融和租赁等交易所资产证券化项目，并在交易所公司债、政府存量债务置换、PPP债务融资等领域积极进行了创新尝试。

财务重组业务方面，总行牵头运作了山东长星、新疆天盛、中国二重、英利集团等具有较大市场影响力的项目，涉及总债务规模约460亿元，最大限度地保护了债权人的利益，得到了市场的认可和好评，强化了工商银行财务重组顾问业务品牌。其中，山东长星及新疆天盛项目已完成，共实现首期项目收入1 100万元。另外，还通过投行手段参与不良资产处置，为化解减少不良贷款发挥了积极作用。

分销顾问业务方面，全行共推动分销项目16个，涉及分销金额274亿元，实现业务收入超过1亿元，体现了创新业务的高成长性。持续创新完成多个可复制的分销业务模式，开发了包括“金融资产交易”类分销业务模式、合格投资者直接撮合类分销业务模式、“投行集成服务”分销业务模式等。此外，还大力推动了长沙城镇化项目、易方达基金50亿元分销项目、基于低风险金融资产的互联网渠道分销业务项目。拓展了与各类保险机构和互联网渠道的业务合作，与众安保险、阳光保险、国寿财险、蚂蚁金服（含招财宝平台和网金社平台）、京东金融等在投行产品设计和资金渠道合作方面初步形成了战略性业务合作关系。

原基础类投行业务方面，总行已经印发了转型升级的具体指导意见，各分行要抓好落地实施，实现规范收费、应收尽收。投行研究中心也积极发挥在宏观、策略和行业领域的研究优势，创新形成专门为政府提供顾问服务的投行业务品种，内容涵盖区域和产业发展、财政和债务管理、资本市场、项目设计和投融资方案等，以深化我行和政府的合作，从中发掘并提前锁定优质项目资源，对接我行金融产品。试点一年多来获得了良好的经济和社会效益。目前已开发运作贵州、海南、陕西、天津和江西等地方政府顾问项目。

二、下半年投行业务发展的总体要求和措施

总体要求：认真贯彻落实全行年初及年中工作会议精神，完成年初制订的投行业务经营计划，确保全年实现投行收入264亿元。各分行要落实好所分配的工作任务，所有分行兼并收购、股权融资、债务融资三条重点产品线必须实现零的突破，同时在产品创新方面也要有所突破。

（一）坚定信心，全方位联动推进大投行战略深入实施。董事长在年初全行工作会议上提出要全面推进实施“大投行”战略，努力使投资银行业务成为全行经营转型的标志性业务板块。目前，我行的投行业务在机构、人员和业务等方面都得到了很大的充实。总、分行投行部和相关业务部门从事广义上的投行业务，越来越多的境外机构开展投行业务，同时我们还有工银国际、工银瑞信等子公司的持牌优势。全口径的投行业务收入超过300亿元的规模，这是目前国内任何一个证券公司都无法比拟的。

客观上讲，经济下行压力加大等外部环境变化导致客户结构和需求改变，对投行业务产生了很大影响。农行、建行、中行上半年可比投行收入同比也分别下降了14.8%、19.8%和48.1%。我行的投行收入四行占比已经超过45%，下半年要保持收入的大幅增长，压力确实比较大。但考虑到下半年全行的经营形势以及总行党委对稳定和增加盈利的要求，投行业务作为中间业务收入的重要组成部分，必须全力以赴，确保实现全年264亿元收入目标。收入大行和上半年收入进度完成较好的分行，要有大局意识，努力完成或超额完成计划任务，为全行投行业务的经营提供更大的回旋空间。也请总行财务会计部在制定明年的任务计划时，不要把各分行今年超额完成的部分计入基数，不鞭打快牛；上半年收入进度完成相对落后的分行，下半年一定要拿出有力措施，迎头赶上，尤其是一定要消除兼并收购、股权融资、债务融资等重点投行产品线零收入的现象，每一条产品线都必须实现收入。

上半年总分行、部门间积极联动，对投行业务发展起到了突出作用。总行投行部在对分行进行正常的业务指导和服务外，从4月份开始，密集赴各重点分行开展业务督导和项目推进工作，5月初组织召开了投行业务

座谈会，推动投行业务产品创新，6月初又召集部分分行召开投行业务推动会，督促各行努力完成上半年经营计划；总行投行部还与相关部门积极联动，共同研究探索利用资本市场促进中间业务发展。下半年，总分行要进一步加强业务联动，通过案例培训、现场项目营销和推动等手段，将典型案例在各分行推广，快速形成市场规模。今天的案例交流是一个很好的开始，会上一共交流了17个典型案例。但由于时间限制，每一个案例展开的还不够细致。作为投行专业人员，不仅要懂营销，更要掌握投行产品交易结构设计等核心技术，今后的案例分析要在这一点上进一步加强。希望下半年投行部进一步丰富案例交流形式，把案例推广工作做得更细、更好。另外，投行与资产管理、私人银行等专业也要进一步加强协同联动，围绕客户综合化投融资需求，充分利用集团整体资源，打通融资端与投资端的通道，为客户提供一揽子解决方案。

（二）加大营销力度，抓好重点客户服务。一要重点关注政府主导的投融资项目服务。比如混合所有制改革、国有企业重组、政府引导基金、PPP项目融资等。需要注意的一点是，政府类项目要掌握我行的出资比例，主要做整体方案设计并通过杠杆带动其他机构投资，要体现出投行业务的技术含量。此外，在融资平台取消后，PPP将成为政府融资的重要方式，也是国家重点支持的一个领域，要以此为切入点，通过股权融资、并购融资、结构化融资等产品的创新，设计合理的交易结构，促成政府和民营资本合作，对于政府、社会和我行业务发展都会产生很好的效益。下半年，每个分行至少要完成两个这样的项目。二要抓好上市公司和新三板挂牌企业的服务。截至7月底，沪深两市上市公司有2 800家，新三板挂牌企业有3 052家，这里面投行业务机会很多，是我们的重点拓展方向。三要抓好兼并收购和企业重组，特别是当前产业结构调整和去产能过程中的业务机会很多。四要抓好企业债务重组的服务，通过顾问服务，帮助企业度过财务危机，化解我行的资产风险，并争取一些潜在的股权、债券、并购业务机会。五要抓好“走出去”企业的服务，积极配合国家“一带一路”战略，做好企业跨境并购等相关服务。

（三）加快产品创新，推动新产品尽快形成规模。随着经济步入新常态、利率市场化提速、资本市场建设持续推进，地方政府、企业客户、合作机构等各类客户，对我行包括PE基金在内的各类股权融资、涵盖表内外的并购融资安排的业务需求更加旺盛，总分行都遇到了大量的项目机会。在座的各位主管行长大部分都是同时分管公司和投行专业的，希望进一步调动公司和投行部门的力量，以形成合力，同时各有侧重、分工配合，共同拓展这块重要的市场。我在去年的公司投行工作会议上就提出，“对股权融资、并购交易的前台工作，原则上由总分行投行部门负责”，各级行公司部门主要是做好客户推荐和联合营销等配合工作，总分行投行团队主要是加强创新、提升专业服务能力，从重点项目突破并及时总结推广业务模式，打造投行业务在股权融资和重组并购业务领域的核心竞争力和市场影响力，形成新的业务增长点，巩固拳头产品的领先优势。同时，要在获取超额收益方面多动脑筋，实现投行业务盈利模式的突破。刚才，投行各产品线已经详细阐述了下半年各业务线的工作思路。下面，我再强调几点。

兼并收购方面，境内并购还是要围绕上市公司做文章。重点推进上市公司控股股东定增、股票回购、董监高增持、资产收购、混合所有制改革中股权激励、员工持股等方面的并购业务项目，积极探索中概股私有化等新领域。不断丰富并购融资产品和手段，除并购贷款外，还要大力发展代理投资并购业务，适度介入市场前景广阔的并购基金业务，研究并购债、优先股、可转债等并购融资新产品的可行性。跨境并购方面，要充分发挥境外机构优势，继续围绕国家“走出去”和“一带一路”战略，以促进国际产能合作、促进重点装备出口、推动制造业战略升级为重点，服务好央企、大型民企、大型私募基金的海外收购交易。要不断创新跨境融资产品，在融e联设立“跨境投行业务信息圈”，加大内外联动力度，积极推进中粮农业全球并购基金、锦江酒店物业欧洲并购基金、中巴工业园等重点项目。

股权融资方面，一是创新推动项目资本金和企业权益性融资业务。推广应用远期资产收购等符合会计准则要求的兜底回购交易结构。重点推动地铁、轨道交通等重大基础设施项目的资本金融资，设计合理的还款路径和方式。加强PPP政策制度解读、招投标流程、财政承受能力测算、交易结构设计、风险收益匹配等方面的实践，争取实现PPP项目资本金融资的突破。二是分门别类做好政府引导基金和产业基金业务。积极争取为政府设立的基金充当财务顾问，提供基金架构搭建、管理人选聘、运作机制设计等方面的服务，争取基金托管、账户开立、存款沉淀等综合收益。三是加快探索资本市场投资收益类业务。前瞻把握注册制、战略新兴板、新三板分层等改革机遇，大力拓展一二级市场联动类型的资本市场业务，积极运作Pre－IPO、国企混改、新三板挂牌前投资与定增、并购基金、中概股回归项目。四是拓展有风险承受能力的资金渠道。拓展私银金晟母基金、私银和资管专户理财、专项理财产品或一对一发行等行内渠道对接非信用风险兜底的、投资类股权项目。

债务融资业务方面，在公开市场领域，加大交易所资产证券化业务的培训和业务推广，不断挖掘以应收账款、应收租赁款、景区门票、高速路收费权、公用事业收费权以及信托受益权为基础资产的优质资产证券化项目。同时，深入研究证监会公司债券发行的新规定，以“顾问＋投资”的业务模式开拓这一新市场领域。在非公开市场领域，继续加大对拥有稳定现金流的结构化融资项目、贷款前期融资项目、债券搭桥融资项目、厂房搬迁项目及债权类 PPP 项目的营销，对分行辖区内重点项目实行名单制管理，提升项目运作效率，确保实现稳定可持续的债务融资业务收入。

财务重组方面，重点关注上市公司财务重组业务，通过引入“重组基金”投资的方式，使基金作为承接潜在风险贷款的“中转站”，为相对优质的不良或风险贷款提供转化渠道和平台。基金在企业重组完成后退出，获取投资回报，实现投行收入。

分销顾问业务方面，要大力拓展行外传统的同业资金渠道和新兴的互联网资金渠道，积极发展投行专属的合格直接投资者客户群体，夯实业务发展基础。要大力推广“分销业务 + 互联网 + 信保”等创新性高、复制性强的分销顾问业务模式，力争将分销顾问业务流程化、模块化、批量化。

原基础类投行业务方面，要通过加强政策指导、专业培训、拓展客户群等手段，提升投融资顾问业务和常年财务顾问业务的服务质量，实现业务的合规运营和稳定发展。同时，政府财务顾问业务，每家分行要力争完成至少 1 个项目；风险咨询业务，每家分行要力争完成至少 2 个项目。

（四）重视团队建设，完善激励机制。团队建设好，收入相应完成也更好，如河北、河南分行上半年收入就超过了序时进度，江苏分行也作出了很大贡献。各分行要认真学习先进分行的成功经验，结合本行情况，因地制宜地拿出办法，完善本行投行团队建设和绩效考核机制。下半年，各行要按照半年工作会议的要求，加快投行专职团队建设，有独立投行部的一级分行要进一步充实投行团队的专业力量、提高人员素质；未设立独立投行部的一级分行要保证有 5 ~ 8 人的专职投行团队，每家二级分行要固定 2 名左右的投行专职人员，争取达到省内 50 人左右规模。原则上，投行业务专职人员需要具备社会上公认的证券从业资格。要将绩效考核与业务收入挂钩，调动投行团队积极性，为项目运作提供保障。

同志们，今天这次会议，既是一次案例交流分析会，也是年中工作推动会。希望大家通过对典型案例的研读，借鉴推广先进经验，提升项目运作能力，加快形成投行业务的新动力。下半年，投行业务的工作任务还十分艰巨，大家一定要树立信心，振奋精神，贯彻落实好董事长关于“抓住经济结构调整和企业资本运作的新热点，稳步提升大投行发展水平”的要求，确保完成全年的工作目标，为全行经营发展作出更多的贡献。

高度重视　主动担当
积极推动网贷通业务稳步健康发展

——在网贷通业务推动会上的讲话

郑万春

（2015 年 8 月 28 日）

为了适应大数据和互联网技术在金融业务领域的应用发展，加快推进全行信贷经营转型，总行党委将网络融资明确定位为未来全行的战略性业务领域，要求大力推进。从我们现有的网络融资业务模式看，网贷通既是目前网络融资业务中最重要的板块，也是目前我行拓展小微企业融资市场的重要抓手。今天，总行召开这次专题视频会议，就是要总结前一阶段全行网贷通业务发展情况，分析当前存在的突出问题，统一思想，明确目标，积极采取各种有效措施，稳步推进网贷通业务的持续健康发展。下面，我讲四个方面的意见。

一、全行网贷通业务的发展现状及存在的主要问题

经过前几年的快速发展，全行网贷通业务余额在 2014 年 6 月末超过 3 000 亿元，达到阶段性的历史高点，但一年多以来，网贷通业务面临着较大的发展瓶颈。截至今年 7 月末，全行网贷通业务余额 2 307 亿元，较年初减少433 亿元；客户数 29 409 户，较年初减少 1 508 户；不良贷款余额 95 亿元，较年初增加 38 亿元；不良贷款率 4.12%，较年初上升 2.03%，并呈现出以下三大特点：

（一）重点分行业务下滑态势严重。今年以来，小企业网贷通业务的贷款余额和客户数逐月下降，部分重点地区分行的业务下滑趋势尤为明显。截至 7 月末，全行仅重庆、上海、厦门、辽宁、湖南、大连等 6 家分行的网贷通业务余额较年初增加，其他分行均出现了不同程度的下降，其中广东、云南、浙江、内蒙古、河南、河北、四川、贵州、安徽、陕西、江西、山西、广西

13 家分行的网贷通业务余额较年初下降均超过 10 亿元，特别是网贷通业务余额较高的广东、云南和浙江 3 家分行分别下降了 124 亿元、48 亿元和 36 亿元，给全行的业务增长造成了很大压力。

（二）部分分行网贷通业务资产质量明显下降。截至 7 月末，小微企业网贷通不良贷款余额 92 亿元，较年初增加 36 亿元；不良贷款客户 830 家，较年初增加 299 家；不良率 4.30%，较年初上升 2.13%。从各行情况看，网贷通业务不良贷款较为集中，其中山西、内蒙古、福建、大连、安徽、贵州、云南、湖南、广西 9 家分行的不良率超过 10%，内蒙古、四川、广东、广西、河南、云南和浙江 7 家分行的小微企业网贷通不良余额超过 5 亿元，不良余额合计 57 亿元，占全行网贷通不良余额的 62%。

（三）网贷通业务不良余额主要集中在批发零售业和制造业。截至 7 月末，全行小微企业网贷通不良贷款主要集中在批发零售业和制造业，这两个行业的不良额分别为 55 亿元和 27 亿元，合计约占网贷通全部不良贷款余额的 90%，其中批发零售业的不良贷款又集中于煤炭及制品批发、金属及金属矿批发、建材批发等三大领域，制造业的不良贷款主要集中于非金属矿物制品业和金属制品业。

二、充分认识发展网贷通业务的重要意义

网贷通是我行运用先进的网络和风控技术，针对企业生产经营特点，尤其是小微企业“短、频、急”的融资需求，在全行推出的第一款网络融资产品。自 2010 年正式推向市场以来，网贷通已经成为国内金融同业中最具影响力的网络融资品牌，全行要强化宣传，因势利导，通过品牌深化，进一步扩大网贷通业务的市场影响力。

（一）网贷通是我行拓展小微企业信贷市场的重要抓手。自网贷通产品投放市场以来，我行已累计为 7.83 万家企业提供了 1.85 万亿元的网贷通贷款。截至今年 7 月末，全行小企业网贷通贷款余额 2 134 亿元，客户 2.6 万户，余额和户数分别占全部网贷通业务的 94% 和 96%，可以说，小微客户是目前网贷通业务的主要服务对象和客户群体。同时，在今年上半年新建信贷关系的小微企业客户房地产抵押贷款中，网贷通业务占比 37%，说明网贷通业务在发展新客户、拓展新市场方面具有较强的竞争优势，是我行竞争同业优质小微客户的重要产品。

（二）网贷通是大型银行经营小微金融业务的成功典范。大型银行如果以传统信贷模式拓展小微金融业务，存在着人力资源和经营效益的双重约束问题，而网贷通业务通过网络化和自动化有效地解决了这一问题，不仅降低了银行的运行成本，也有效提升了客户体验。在降低运行成本方面，网贷通借助互联网技术，使融资服务的时间与空间得到延展，突破了物理网点的限制，节约了网点资源。同时网贷通业务可以实现客户贷款申请、签约、提款、还款的自动化处理，大大节约了人力操作成本和经营成本。在提升客户体验方面，网贷通业务具有网络自助化办理、资金随借随还等功能，为客户提供了自主便捷、成本节约的融资服务，特别契合小微企业的金融服务需求，在竞争激烈的小微金融市场上得到了客户充分肯定。

（三）网贷通业务赢得了社会各界的广泛好评。网贷通业务一经推出，迅速凭借其快捷、方便等多重优势受到了广大客户的热烈欢迎，成为目前国内互联网金融领域单体金额最大的融资服务产品，同时也引起了包括央视、新华社、人民网等权威媒体在内的社会各界的普遍关注和广泛好评。银监会、银行业协会、中国中小企业协会、《银行家》杂志等多家机构先后向我行授予了各种奖项，各地政府及监管部门也将其作为银行业改进服务手段、支持中小企业发展的范例来加以宣传推广，显著提升了我行网络融资和小微金融业务的社会美誉度。

三、全面认识网贷通业务发展中存在的风险

当前，我国宏观经济“三期叠加”，银行业外部经营环境复杂，全行网贷通业务出现了阶段性的不良贷款和不良率快速双升，对此，各行应当保持高度重视。与此同时，我们也应当看到，这是网贷通业务向市场大规模推广后所经历的第一轮经济周期考验，其发展变化情况给我们留下了宝贵的业务数据。通过对这些数据的分析表明，网贷通业务的整体风险可控，只要充分利用全行的大数据优势，及时调整和强化产品功能，就可以保持网贷通业务的持续健康发展。对于现阶段网贷通业务发展过程中暴露的一些风险和问题，要从以下四个方面全面认识：

（一）网贷通业务并未改变传统信贷业务的风险特点。目前我行的网贷通业务主要还是以房地产抵押担保方式进行办理，其网络融资属性只是体现在贷款审批通过后的签约、提款和还款的网络自助操作之中，以及为配合网络自助操作而对传统流程所进行的优化上，网贷通产品本身并未改变贷款业务原有的风险特点。因此，在银行贷款风险持续暴露的大背景下，网贷通业务也难以独善其身。要加强网贷通业务的风险管理，就必须加强对客户的尽职调查和客户准入控制，对客户的经营情况、财务状况和偿债能力进行综合分析，同时还要对借款人的还款能力和借款用途进行细致调查和分析。

必须提醒大家注意的是，正确落实网贷通业务的风控要求必须防止两种极端化思维。一是防止在办理网贷通业务后放松期间管理。在业务实践中，有的客户经理在与客户签订循环贷款合同并将合同上挂网银后，对企业的经营情况不闻不问，直到贷款出现违约或劣变后才

发现问题，这实际上是对网贷通业务管理不到位的表现。在网贷通业务的管理中，为满足客户的自助提款要求，总行特别强调期间管理，要求客户经理做好调查、检查工作，如出现异常，要及时关闭自助提款系统。从网贷通业务的管理要求上看，期间管理已经包含了客户经理的调查和检查职责，客户经理如果不尽职尽责地完成期间管理，就等于没有做贷前调查就进行了放款。二是要防止过度夸大流程改变对风险管理的影响。为实现客户自助提款和还款，提升客户体验，网贷通业务对客户贷前调查和支付监督做了一些变动。以支付管理为例，网贷通业务采用“提款金额控制＋关键字扫描＋白名单管理＋期间管理检查”的模式替代了线下的人工支付监督，只要认真执行这一管理流程，就基本能满足风险控制要求和银监会《流动资金贷款管理暂行办法》的要求，但一些分行认为支付模式的改变扩大了风险，甚至要求客户在提款时一定要履行线下支付监督程序，这实际上已经抹杀了网贷通业务的最突出优点，对业务发展产生了严重的制约。

（二）网贷通业务的标准化、循环化创新就是为了更好地进行风险控制。一方面，推广网贷通业务有利于解放从业人员。传统小微企业贷款流程较为复杂，手续烦琐，从业人员工作压力较大，繁重的案头工作严重地消耗了营销时间和风险管理精力，致使市场营销从“行商”变为“坐商”，对信贷风险的管理深度也严重不足。网贷通业务通过将部分风险相对较低的业务进行网络化和循环化办理，可以有效缓解从业人员压力，帮助其腾出更多的时间与精力开展营销，用于关注、检查疑难贷款和劣变贷款情况，及时采取有效措施，防范和化解信贷风险。另一方面，网贷通业务的标准化业务流程为信贷人员匮乏地区发展小微金融业务提供了重要的风险保障。标准化流程规定了客户经理办理业务需要处理的每一个步骤，也规定了审查审批人员的审核重点和关注要点，以及后续提款核准的条件，既减少了业务沟通的成本，又保证了业务处理的质量。以河北分行为例，2009 年以来，该行以网贷通为主要抓手，在信贷队伍人员数量难以全面满足业务需要的情况下力推网贷通产品，取得了良好效果，目前该行小微企业贷款余额超过 200 亿元，网贷通业务占比高达 70%。

（三）网贷通强调押品对风险的覆盖，违约损失率较低。我行的网贷通业务主要采取了房地产抵押担保方式，以小微企业网贷通业务为例。截至今年 4 月末，全行以房地产抵押担保方式办理的小微企业网贷通业务合计 2 274 亿元，约占全部小微企业网贷通业务余额的 98%，对应的房地产押品评估价值合计 5 100 亿元，对应的贷款合同金额为 3 409 亿元，平均抵押率为 66.84%，押品价值能够有效覆盖贷款本息。其中，94 亿元不良贷款所对应的房地产押品评估价值合计 203 亿元，平均抵押率为 46.31%，比平均抵押率低出 20.53 个百分点。从实际情况看，根据对部分一级分行网贷通业务的不良贷款清收数据统计，网贷通业务不良贷款的现金清收比例接近 100%，而且处置时间相对可控。因此，尽管网贷通业务在短期内违约率较高，但违约损失率基本可控。

（四）网贷通业务的区域性特征明显，可以通过针对性管理实现总体风险控制。从二级分行维度分析，不良额较高的四川分行营业部、贵州分行营业部、云南分行营业部、内蒙古赤峰分行、广西分行营业部等前 20 家机构的网贷通业务不良贷款合计 42 亿元，超过全行网贷通不良贷款总额的 50%。其中，福建宁德、安徽安庆、云南分行营业部等 13 家分行的不良率超过 10%，特别是福建宁德分行不良率高达 82.66%。从支行维度分析，全行共有 2 464 家支行办理小微企业网贷通业务，其中 410 家支行存在不良贷款，占比 16.64%，接近 85% 的支行资产质量较好。在 410 家支行中，只有 31 家支行的网贷通不良贷款余额超过 5 000 万元，9 家支行超过 1 亿元，其中贵阳小河支行、宁德福安东风支行、安庆桐城支行、贵阳南明支行等 12 家支行网贷通不良率超过 50%。

这些机构网贷通业务不良贷款的集中发生既有当地市场环境、信用环境等外部因素的影响，也与其业务管理和风险防控措施不到位有关。从外部因素来看，部分区域由于行业性风险爆发、房地产市场持续低迷、大宗商品价格断崖式下跌、民间信用体系恶化等因素相互交织，造成企业经营风险信用风险大面积爆发。从内部发展模式来看，不良贷款问题突出的机构普遍存在着业务管理不到位，在机构授权与管理上不够审慎等问题，一些不具备信贷经营条件和专业人员配套的支行也需要承担业务发展指标，信贷风险管控质量难以得到有效保证。在考核激励方面，部分机构按照单笔贷款金额的一定比例进行奖励，而且往往采取贷款发放后一次性兑现奖励的方式，容易导致基层行出现重放轻管的现象。

四、多措并举实现网贷通业务的量质同升

发展网贷通业务对于全行信贷经营转型意义重大，针对今年以来网贷通业务增长乏力、资产质量有所下滑的问题，总行已经在业务转授权、第三方抵押等方面进行了政策调整，并在信贷流程风控管理、贷后监测、不良处置等方面提出了明确要求。各行要认真领会总行的政策调整意图，坚持小额化的客户定位，充分保障网贷通业务的信贷规模，不断推动网贷通业务的优化升级，保持我行在这项产品上的竞争优势，近期要重点做好以下七个方面的工作。

（一）高度重视网贷通业务，确保完成全年业务增长目标。网络融资是商业银行必然的发展方向。为有效应对互联网企业的竞争，利用互联网技术优化升级商业银行传统的信贷、风控和管理模式，总行党委已决定成

立“网络融资业务中心”，以大数据、模型化、标准化、专业化、网络化和规模化为核心，推动全行标准化信贷业务的快速增长。网贷通是目前我行网络融资业务的重点产品，按年初计划，到今年末，全行网贷通业务要实现较年初增长600亿元的目标，对以信用方式办理的网贷通业务，总行党委近期也提出了年末余额要力争达到300亿元的目标任务。各行要提高认识，认真落实总行战略部署，将网贷通产品作为发展网络融资的重要抓手，要专门成立有前中后台部门参加的网贷通业务推动团队，深耕细作，团结协作，确保全面完成总行下达的全年增量指标。

（二）加强组织领导，落实资源保障。各行要成立以一把手为组长、分管行长为副组长，公司金融、小企业金融、信贷与投资管理、授信审批、结算现金、电子银行、信息科技等部门参加的网络融资业务领导小组，加强对辖内网络融资资源的调查研究，认真部署下一步网络融资业务工作。各行要将网贷通业务作为发展重点，将年度任务目标层层分解至分支机构，并集中开展多种形式的网贷通业务营销与推介活动。要通过案例分享、检查督导、专项考核评价等行之有效的工作方式方法，将各项工作措施落到实处，迅速形成以网贷通业务为核心的网络融资业务发展新局面。要落实针对网贷通业务的各项资源配套，确保贷款规模保障到位，支持有真实需求的客户小额化、高频率地使用网贷通业务，同时对网贷通业务指标完成较好的机构和个人要给予专项奖励。

（三）认真领会总行政策调整精神，对目标客户进行分层分类，全面开展网贷通业务营销。总行已经于6月份印发了《关于加强小企业网贷通业务管理　促进业务健康发展的通知》（工银办发〔2015〕361号），适当调整了网贷通信贷政策，允许以第三方房地产抵押办理小微企业网贷通业务，并结合前期总行对RAROC未达标业务审批权限的调整，增强了网贷通定价的灵活性。各行要合理运用总行政策，通过对目标客户进行分层分类，加大营销力度，将网贷通作为我行网络融资业务的拳头产品，重点发展单户融资金额在500万元以下的网贷通业务，在严格把控实质性风险的前提下，加大业务推动力度，确保取得业务成效。

在客户分层上，各行要根据不同规模客户的特点进行针对性营销。其中针对大中型企业，要重点选择主营业务突出、有一定经营年限、行业前景稳定、不涉及房地产、民间融资和担保链的客户，对于符合信用类网贷通融资条件的，要主动推送相关信息，做好融资跟踪服务。针对小微企业，要重点选择经营稳定、实力较强、信用记录好、现金流量平稳的客户，优选具有较强保值和变现能力的抵质押物，特别要重点关注企业的融资银行家数、融资总额、个人信用、个人资产、还款来源和融资用途。针对个人客户，要加强对行内存量客户的挖掘，从个人资产综合服务客户及我行贷款已结清客户中，通过“以资产找客户”的方式筛选目标客户，组织开展定向网贷通产品营销。

在客户分类上，各行要结合网贷通业务融资效率高、成本低、无时空限制、提款保障性强等优势，针对不同需求类型的客户群体开展针对性营销。例如，对融资时效要求较高，或者位置较偏的客户，要重点突出网贷通的资金实时配置、随借随还、融资不受时空限制等优势。对财务成本控制意识较强的客户，要从网贷通节约财务成本和人力成本、保障财务计划执行等方面加强宣传和营销。对现金流入量较大的客户，要通过强调随借随还对融资财务成本的大幅节约，提升客户对网贷通产品的使用兴趣。

（四）加大市场推广力度，高质量发展信用网贷通业务。现阶段，我行存量信用贷款是促进网贷通业务发展的有效增长点。总行已于8月份印发《关于以信用方式办理网络循环贷款业务的通知》（工银规章〔2015〕450号），明确了客户准入条件、办理信用网贷通的名单制流程、单户最高限额、贷款最长循环期限、单笔业务最长期限、适用业务流程及贷后管理要求，各一级分行要加强对二级分行开展以信用方式办理网贷通业务的培训指导，对符合条件的目标客户加强引导，推动信用类网贷通业务快速增长。

这里再强调一下，以信用方式办理的网贷通业务虽然属于流动资金贷款范畴，但通过客户在线签约、提款、还款等自助操作模式，不仅可以极大地减轻客户经理的工作量，降低作业成本和操作风险，而且利用互联网技术为客户提供网上签约、随借随还等便利性操作也能够有效提升对优质客户的服务能力。从存量贷款情况看，截至今年5月末，以信用方式发放的流动资金贷款余额为7 620亿元，占流动资金贷款总额的33.58%，剔除不良贷款后，剩余以信用方式发放的流动资金贷款余额为7 525亿元，客户数量超过8 100户，非专项授信额度超过4万亿元，授信使用率仅为16%。这部分客户目前主要采用传统的线下方式进行提款，如能将这部分客户和短期贷款需求向网络融资模式引导，将有效降低信贷运行成本，同时提升客户办理业务的体验，创造出更大的经济效益。

（五）加强对网贷通借款客户、贷款用途及还款来源的调查分析。网贷通业务与普通贷款业务的风险特征并无本质性差异，各行要坚决摒弃“一抵了之”的错误思想，严格控制网贷通业务借款客户的准入，强化对客户第一还款来源的管理。在贷款发放前要做好融资循环期内对应现金流量的测算，在融资期间应根据测算做好间隔期复查工作，对客户现金流入情况与融资申请出现严重偏差，影响客户还款来源的，经办人员应援引借款合同违约救济条款，及时关闭自助提款功能，并视情况提前中止循环借款合同。

要加强对业务的全流程管理。客户经理要深入分析客户信息的真实性、完整性和有效性，结合客户所在行业特性合理采集各种外部信息和财务数据，通过数据交叉分析，对客户生产经营状况和信用风险进行分析和判断。信贷审查人员要审慎分析客户融资需求的合理性和偿债能力，并通过客户货款回笼及应收应付款等经营数据进行详细验证，切实防范过度授信和过度融资现象。对一些借据提款期限长、货款回笼比率过低的业务，信贷审查人员要审慎判断，从严掌握贷款准入，合理设定系统核准条件。在贷款发放后，客户经理和经办支行要认真落实贷款存续期间的客户经营情况调查、支付及贷后检查工作，总行也将加强对网贷通业务的资金流监测分析工作，及时向相关信贷人员推送风险预警。对上级行发出的业务预警，各级经营机构应及时组织检查，并反馈检查结果。

（六）加大对高风险地区和高风险行业的主动管控力度，尤其要做好业务防假工作。针对网贷通业务风险发生区域集中的特点，全行要紧密结合经办机构的风险管控能力、人员配置等情况，实行差别化的管理。其中，对于网贷通业务不良率超过5%的支行，要由一级分行对其实行网贷通客户名单制管理，对名单外的客户严禁办理相关业务。针对现阶段网贷通风险行业集中、房地产押品价值下降明显的特点，各行要对存量网贷通业务进行全面风险排查，并重点分析为批发零售等高风险行业客户所办理的网贷通业务，或者已经被纳入潜在风险贷款管理或存在单笔提款金额大、提款频次低、资金回笼比率过低、所处区域房地产价格下降幅度较大、房地产市场“有价无市”等风险迹象的网贷通业务。

在加强对网贷通业务风险管理的过程中，特别要重视做好防假工作。总行近期对部分分行的小微信贷业务进行了检查，从检查情况看，借道网贷通业务，通过虚构交易背景、放大贷款额度从而实现为房地产企业提供融资，甚至是帮助房地产企业实现房产虚假销售的现象较为突出，这可以说是现阶段网贷通业务所面临的最大风险隐患。各行要高度重视网贷通业务的防假工作，特别是要关注业务规模较小，但借款金额较大的贸易类、投资类企业的借款申请，防止部分房地产企业利用网贷通业务套取我行贷款。

（七）加强对业务人员互联网思维的培训，充分利用网络技术，优化业务流程和风险控制手段。网贷通业务是互联网技术与传统金融行业紧密结合的产物，在系统上已实现客户全流程自主线上操作，包括网银申请贷款、网签借款合同、网银提款和还款、网银贷款资金受托支付和自主支付等，各行要加强对从业人员的互联网思维培训，积极引导客户进行线上融资操作，充分发挥网贷通产品优势，让客户真实体验到快捷高效、随借随还的网络贷款服务，有效减轻客户经理案头工作，帮助客户经理把主要精力和工作时间用于市场营销和客户维护上。

同时，业务的发展必须建立在守住风险底线的基础之上。各行要积极探索行内和行外的相关大数据应用，一是要加强与当地房地产信息政府主管部门的合作，尽量采用系统直连或批量导入等技术手段，及时获取以我行为抵押权人的抵押登记变动情况，规避抵押物被查封后继续提款的风险。二是要加强与当地主流房地产评估中介机构的合作，争取采用系统技术手段实时获取抵押房地产的市场评估价值，对房地产价值出现较大波动的，经办行要按办法要求及时进行押品重评，并迅速采取补充抵押或压缩授信等风险缓释措施。三是要充分利用我行在水费、电费、电信、税务等公用费用代扣代缴方面的系统接口，批量获取数据，同时加强对行内数据仓库数据、人行征信数据、结算类数据、个人金融类数据和信用卡数据的整合分析，以提高对客户违约风险的预警和研判能力，使数据资源转化为现实生产力。

同志们，现在距离年末只有四个月的时间，时间非常紧迫，任务还很艰巨。全行要以高度的责任感和使命感，站在信贷业务经营转型的战略高度，加快推进网贷通业务的发展，确保完成全年各项任务目标。

强化联动合作　加快协同发展
提升全行票据业务收益水平

——在中国工商银行系统内票据业务联动合作会上的讲话

郑万春

（2015年9月22日）

今天，我们在青岛召开系统内分行票据业务联动合作现场会，主题是总结去年部分重点分行票据业务座谈会后全行票据业务发展取得的成果，按照姜建清董事长提出的“ONE ICBC”战略和协同发展理念，进一步研究深化全行票据业务的联动具体措施，提高票据业务的运作效率和收益水平。

刚才，各家分行介绍了联动合作的经验做法，票据营业部介绍了票据资产托管、票据电子化交易、电子商业汇票代理接入三项新型的平台服务类产品，总行两个部门从全行的角度对票据业务相关工作进行了提示。从分行的交流发言来看，票据业务的发展取得了很好的成果。当前形势下，票据业务具有四个方面的突出意义：一是调控规模的蓄水池。这项票据业务的传统功能现在在月末、季末调控信贷规模方面发挥了更大的作用，尤其是在经济下行期信贷投放进度放缓的情况下，增持票据不仅有合适的收益，也有利于关键时点及时调控规模。二是创造效益的增长点。今年以来全行票据业务已累计实现169亿元利息收入，全年预计突破200亿元，票据业务净利差可达到利息收入的1/3以上，在我行利润贡献中占到了一定的比重，成为新的效益增长点。三是支持小微企业的“撒手锏”。得益于总行给予小微企业票据贴现的优惠政策，全行加大了小微企业票据贴现的发展力度，取得了不错的效果。今年以来，全行小微企业贷款较年初新增1 137亿元，其中新增小微企业票据贴现917亿元，占全部小微企业贷款增量的80%。四是控制不良资产的新手段。截至目前，全行票据业务的资金损失仍然为零，即使存在个别操作风险及违约风险，但由于具有金融机构授信控制、追索诉讼的保全手段等，票据业务的风险相对较低。同时，票据业务对于我行丰富同业业务品种、提升同业业务品牌也具有深远的意义。下面，我讲三点意见。

一、一年来全行票据业务发展势头良好

去年9月3日，我们在上海召开了部分重点分行票据业务座谈会。会后，总行资产负债管理部、票据营业部等各相关部门、各分行积极落实会议的各项要求，优化和完善了管理措施，推动了全行票据业务的协同发展，从承兑、贴现到转贴现、再贴现，对全行票据业务类型有了基本划分，进一步明晰了分行集中办理票据贴现业务、票据营业部集中办理转贴现业务的协同发展策略，提升了工商银行票据业务的整体竞争力。经过票据业务条线同志们一年来的努力工作，全行票据业务的规模体量、市场占比和盈利贡献等综合发展水平明显提升，票据营业部与分行业务协同发展取得初步成效，主要体现在以下几个方面。

（一）票据业务综合发展能力持续提升

一是票据业务体量明显增加。一年来（2014年9月至2015年8月，下同），全行票据融资业务累计交易量达18万亿元，同比增加11万亿元，增幅达157%，交易笔数达351万笔，同比增加167万笔，增幅为91%；票据业务活力进一步增强。在37家一级分行和直属分行中，广东分行、河北分行和上海分行排名靠前，其中广东分行办理票据贴现825亿元，同比增加312亿元，增幅为61%。据2014年同业统计数据显示，在工农中建四大国有银行的票据业务交易总量中，我行占比为49.5%，同比提升10.5个百分点，远超其他三大行水平。二是票据业务结构不断优化。截至今年8月末，全行票据融资余额6 233亿元，其中买断类票据融资余额5 099亿元，比年初增加1 594亿元。贴现票据余额4 170亿元，在买断类票据融资余额中的占比为82%，同比提升30个百分点，服务实体经济和支撑全行存贷款业务发展的能力进一步增强；小微企业贴现票据余额1 993亿元，占比为39%，有效支持了小微企业的健康发展；我行承兑票据的贴现承兑比也由去年同期的13.7%提高到了今年的24.9%。三是票据业务贡献持续提升。今年前8个月，全行票据业务累计实现利息收入169亿元，已经达到了去年全年的水平，同比增加76亿元，增幅达82%；实现利差收入71亿元，同比增加34亿元，增长91%。上海分行、江苏分行和天津分行利差收入分别为5.2亿元、3.6亿元和3.4亿元，在分行中排名前三。四是票据业务总体收益率较高。今年前8个月，全行票据业务年化收益率为5.02%。广东分行票据业务年化收益率为10.18%，同比增长36个基点，位于全行首位。以转贴现业务为主的票据营业部，票据业务年化收益率达到了6.07%，高于全行公司贷款收益率14个基点，且经济资本回报优势明显。总体来说，票据业务对全行盈利增长的贡献十分显著。

（二）票据业务协同发展格局日益形成

一是票据合作链条日益清晰。按照“ONE ICBC”战略协同的发展理念，一年来分行发挥地域、网点、人员和客户优势，票据营业部充分发挥专营、专业优势和渠道、产品优势，以票据业务合作为切入点，推动全行票据业务规模化、集约化发展，打造了票据营业部与分行密切链接的票据业务合作链条。目前，全行票据业务已经初步形成了分行重点做大承兑、直贴业务，票据营业部重点做强转贴现、买入返售等票据交易业务的总体格局，协同发展结构进一步明晰。二是分行贴现业务发展迅速。票据业务发展得到了分行的普遍重视。一年来，全行票据贴现业务和客户数同比大幅增长，累计办理票据贴现业务42万笔，同比增加14万笔，增幅为50%；业务交易量9 154亿元，同比增加3 702亿元，增幅为68%；共与28 681家企业客户发生了贴现业务往来，同比增加6 169家，增幅为27.4%。在一级分行和直属分行中，江苏分行、广东分行和山东分行排名位列前三，贴现客户同比分别增加811户、592户和527户，拓户效果显著。三是票据营业部转贴现业务周转加快。票据营业部着力加强了转贴现客户拓展和出口渠道建设，来支持分行做大贴现业务，票据周转速度和周转交易业务收益持续提升。自去年9月份以来，票据营业部累计与1 145家系统内外客户发生了业务往来，其中

系统外客户占比为88%，核心客户72户，重点客户132户，交易渠道更加畅通；票据营业部累计办理票据转贴现业务5.4万亿元，同比增加2.3万亿元，增幅为77%；业务累计周转次数达到30次，同比增加7次，在周转次数提升的基础上，进一步提高了交易获利水平。

（三）分行与票据营业部联动合作成果显著

一是推动对口分行业务取得阶段性进展。票据营业部积极探索与分行深化合作的新模式，自去年系统内重点分行票据业务座谈会后，推出了“9+9”联动合作模式。票据营业部在所属9家经营机构服务区域内，分别选定了河北、苏州、青岛、四川、湖南、新疆、湖北、黑龙江、江西等9家对口分行开展深入合作，推动了9家分行票据业务的快速发展。今年前8个月，9家分行票据交易量大幅提升，累计办理贴现业务1 586亿元，同比增加700亿元，增长79%；累计办理转贴现业务9 211亿元，同比增加4 363亿元，增长90%，其中湖北分行办理贴现业务206亿元，同比增加150亿元，增幅为270%，增幅最大；河北分行办理贴现业务523亿元，同比增加221亿元，增幅为73%，增量最多；四川分行贴现客户数608户，增长了188户，增幅达44.76%，客户数量增长最多。票据业务收益显著增长，9家分行票据业务利息收入达到了23亿元，同比增加11.9亿元，增幅为107%；实现净利差收入8.47亿元，同比增加4.67亿元，增幅为123%，其中，黑龙江分行、河北分行和江西分行票据业务利差收入相对较高，分别为2亿元、1.9亿元和1.7亿元，在分行中排名靠前。分行贴现业务的增长还可增加贴现资金的留存，带动分行派生存款及中间业务收入的增加。二是形成了有代表性的成功案例。“9+9”联动合作模式实施以来，青岛分行和票据营业部天津分部的合作成效最为突出。截至8月末，青岛分行票据业务实现利息收入2.27亿元，同比增长63%，占分行贷款利息收入的5.2%，实现净利差收入1.16亿元，同比增长115%，占分行拨备前利润的5.4%；累计办理票据贴现业务122亿元，同比增加75亿元，增幅160%；贴现客户数达到350户，同比增加137户，增幅64%；增加派生存款（保证金存款）16亿元和承兑手续费收入272万元。天津分部与青岛分行办理转贴现业务3 939亿元，交易量同比增长7倍，实现净利差收入1 293万元，同比增长11%，实现了青岛分行和票据营业部业务的双赢发展。总的来说，“9+9”的联动合作模式，对提高全行票据业务运作效率、提升票据业务综合贡献具有很强的实践指导意义，值得我们认真总结和推广。

二、联动合作中需要把握的几个问题

一年来，全行票据业务发展取得了长足的进步，票据营业部与分行的分工日益清晰，全行票据业务紧密合作网络初具雏形。但从合作的效果看，票据营业部和分行之间的业务联动仍有待深化，全行票据业务协同发展还有进一步提升的空间。

（一）联动合作认识还有待进一步统一。我行票据业务的整体链条中，票据营业部与分行票据业务定位和业务特点不同，双方各具优势。要提高全行票据业务的收入水平，必须发挥票据营业部与分行各自的优势，加强双方票据业务及配套产品的横向、纵向联动合作，通过分工协作、优势互补，形成工商银行票据业务产品链，促进全行票据业务的健康、协调发展。在深化合作过程中，双方要本着互利共赢的原则，从大局和长远上着眼，从工商银行票据业务发展出发，实现全行整体利益的最大化。要做的是向市场要效益，积极把握市场变化规律，增强票据业务定价的灵活性，分行要注重我行承兑票据的回流，持续提升优质资产占比，提高贴现业务的议价能力。票据营业部要注重面向客户，在扎扎实实做好资源储备的基础上寻找更为合适的市场渠道，将票据业务收益更多地锁定在我行。票据营业部与分行要充分交流，共同努力，将思想认识提升到“ONE ICBC”协同发展的战略上来，按照“战略统一、运作高效、管控有力、服务协同”的总体要求，全面打造联动合作的票据业务发展格局，带动票据业务收益实现集团内的最大化。

（二）联动合作的潜力还有待进一步挖掘。从同业近两年统计数据来看，2013年，16家上市银行票据贴现利息收入合计为700亿元，占营业收入的2.40%，其中工农中建四大国有银行收入合计为332亿元，占营业收入的1.69%。2014年，16家上市银行票据贴现利息收入合计为698亿元，占营业收入的2.09%，其中工农中建四大国有银行收入合计为337亿元，占营业收入的1.53%。我行上述两个年度票据贴现利息收入在营业收入中的占比分别为1.75%和1.93%，在四大国有银行中排名最高，但与上市银行平均水平仍有差距。如果按照票据综合收益占比计算（含贴现利息收入、买入返售票据利息收入、承兑手续费收入、按3%利差计算的承兑保证金间接收入），2014年在16家上市银行中，民生、兴业、浦发银行排名前三，我行票据综合收益水平差距还比较大，与我行市场地位不相称。在同业的票据业务管理体系中，票据全产品运作模式的优势体现得较为突出，有利于实现综合收益的最大化。票据营业部与各分行票据业务合作取得了一些成效，但从全行总体情况看，在合作的紧密度以及合作的体制、机制方面仍有提升的空间。目前，各分行与票据营业部交易占比平均为72%，其中最低为27%；9家对口分行占比平均为80%，其中最低为60%。票据营业部全行票据业务“出口”渠道作用还没有完全发挥出来，票据业务联动合作的潜力较大。

（三）联动合作的效能还有待进一步提升。当前，票据市场变化日新月异，同业竞争日益激烈，仅仅依靠持票生息来创造利润已远不能满足业务发展需求。2014年，我行票据业务投资收益为4.74亿元，从周转情况看，我行票据业务周转水平与16家上市银行平均水平仍有差距。同业的先进水平给我行票据业务经营带来了严峻考验，但与此同时，工商银行作为具有市场引领地位的大行，票据业务也同样蕴藏着协同发展的巨大潜力。在票据市场利差逐步收窄的情况下，不仅票据营业部要发挥渠道优势，努力提升全行票据业务周转水平，分行和票据营业部更要在买入返售、再贴现、票据资管业务的合作上，各展所长，加强联动，提高资金使用效率，贡献更多的投资收益。

（四）创新业务合作步伐有待于进一步加快。近年来，电子化和网络化成为我国金融市场发展的主流趋势，互联网对金融市场发展影响日益深刻，衍生出各类票据创新产品，而以传统纸质票据为标的，以线下手工交易为主的传统交易模式成为票据市场进一步发展的瓶颈。在票据营业部的发起下，在总行资产负债管理部、资产托管部的支持下，我行开发了以票据存托管系统为基础，以票据电子化交易为平台和电票代理接入服务为补充的新型平台业务，为“互联网＋票据”的经营新格局奠定基础。这三项新产品从总行到分行分管部门各不相同，大家对业务的认识程度、人员配套和管理方式也各不一致，业务自推出以来，进展速度与预期存在着一定的差距，在平台上进行托管、交易的比重还不够大，应用推广速度还有待进一步加快。一方面业务覆盖面还不够广，目前，这些新业务的试点和推广工作主要集中在票据营业部和部分分行，还没有形成全行合力拓展新业务的氛围；另一方面新业务还处于起步时期，客户数量不多，交易量还不够大，没有形成平台业务的规模效应；此外，随着业务试点的推进，在业务流程制定、收益分配、系统优化完善、网点布局推广以及从业人员培训等方面，总行资产托管部、资产负债管理部和票据营业部还须进一步加强合作、主动推进，支持分行三项业务的快速发展，形成全行新的收益增长点。

（五）风险防控水平有待于进一步加强。受宏观经济下行压力加大的影响，当前票据市场因企业资金链断裂、债务违约和银行内部违规操作引发的票据风险正呈现多发、突发态势，由此导致票据到期收回时间延长，逾期率提高，票据纠纷也较往年有所增加。错综复杂的票据市场环境和灵活多变的交易模式对我们传统的业务管理模式和风险管控水平提出了挑战，也对我行票据业务的合规经营提出了更高要求，在制度执行上、流程操作上、业务管理上都还存在需要改进的问题。全行票据从业人员必须认真履行岗位职责，严守实质风险底线，有效防控潜在的各类票据业务风险，分行要着重防范好承兑和贴现环节的操作风险、政策风险和信用风险；票据营业部要着重在转贴现环节防范好市场风险和信用风险，严格按照制度和流程操作，为业务的发展保驾护航。

三、下阶段重点抓好的几项工作

票据业务作为风险小、收益高、流动性强、能够直接服务实体经济发展的一项产品，市场地位日益重要。而随着商业银行存贷比取消以及利率市场化改革的进一步深化，票据市场的竞争将更加激烈。全行要发挥票据业务已有的联动优势，进一步扩大联动合作的覆盖面，票据营业部和分行要积极作为，持续推动和促进全行票据业务规模化、集约化发展，实现工商银行票据产品收益的最大化。下一阶段，要重点抓好以下几项工作。

（一）发挥联动优势，形成全行票据业务协同发展合力。票据营业部和分行要进一步明确定位，通过完善内部管理、理顺业务操作流程、建立激励机制等措施，本着自主协商、市场化运作的原则，提升全行票据业务运作效率。分行要充分发挥地域、网点、人员、客户优势，做大承兑和贴现业务，进一步提升我行承兑票据的回行贴现率，贴现承兑比要在今年前8月的24.94%的基础上，每年提升3个百分点以上，到2017年超过30%，进一步降低经济资本的占用和信用风险水平。要注重拓展一批优质企业客户，为做大贴现业务筑牢基础，切实将客户拓展作为创利增效的基础工作抓实抓好。要将票据贴现作为服务小微企业的重要业务品种，继续提高小微企业的贴现占比。在增加利润、增加存款来源的同时，支持实体经济发展。根据经营需要，结合信贷投放需求，发挥票据资产灵活调剂规模的作用。票据营业部作为全行票据业务专营机构，要利用专业优势和平台优势，全面满足分行的业务需求，传导周转交易业务办理经验，加快票据流转速度，加强买入返售业务联动，进一步盘活全行票据资产，发挥整体协同作用。同时要进一步加快同业客户的拓展，将营销触角延伸到票据市场主体的各个层面，牢牢抓住核心和重点客户，发挥专业、专营和渠道、客户的综合优势，不断提升市场运作能力。

（二）增强盈利能力，提升全行票据业务贡献水平。票据业务联动合作的最终目标是要通过分行和票据营业部紧密合作，提升全行票据业务的贡献水平。总行资产负债管理部要在政策上继续加以引导，适时、灵活调整全行票据直贴、转贴现和买入返售业务内部资金转移价格，进一步厘清分行办理票据直贴、票据营业部做强转贴现业务的协同发展定位与分工；在继续坚持利率市场化定价的前提下，通过加大流量业务支持力度等措施，推进分行票据资产向票据营业部集中汇流，激励和引导全行在不断提高议价水平的同时，着力加快票据周转交易的体量、频率和效益，努力提升系统内票据投资收益和综合收益率。票据营业部要牵头组织，按照“全行营销、集中办理”的原则，在确保分行可预期收益的情况下，积极与分行开展买入返售业务联动，在服务总行流动性管理、提高资金运作效率的同时，努力为全行实现更为丰厚的票据同业业务收益回报。票据营业部和分行还要在同业融资授信、再贴现、票据资管等业务领域开展更广泛的合作。分行要同步做好当地同业机构的融资授信工作，在总行授权内的要加快进度，超总行授权额度的要及时上报总行，进一步扩大票据业务的合作范围。在再贴现和票据资管业务合作上，票据营业部和分行要资源共享，通过票据置换和归集，提高业务办理体量，进一步补充低成本资金来源，增加增收创利渠道。

（三）坚持创新发展，不断丰富联动合作内容。我行顺应票据业务电子化发展趋势，陆续推出了票据资产托管、票据电子化交易平台和电子票据代理接入三项平台类新产品，通过服务于多元化的客户群体及市场需求，建立高效率、低成本、低风险的票据市场交易环境。对于分行来说，发展平台业务可以进一步丰富同业合作品种，增加中间业务收入和同业存款来源，促进分行的业务发展。总分行要形成合力，加快票据创新产品的发展。一是要进一步加强业务管理。要发挥工商银行网点布局和运行结算优势，在总行核准的票据准入机构范围内，加快托管存入网点的纵向和横向发展。抓紧制定托管操作流程、管理办法，使业务操作顺畅，管理到位。二是要持续做好平台的优化完善。总行各相关部门要多听取分行以及客户的意见建议，持续优化平台功能和服务条款，使之更具生命力和竞争力。三是要加强平台的应用。第一步要在系统内应用，通过平台进行分行之间、分行与票据营业部之间的业务交易；第二步要把平台社会化，通过人民银行等相关机构的批准，建立由我行牵头的，使之成为真正的交易所，集中进行票据的登记与管理，进一步巩固并提升我行在票据市场上的影响力和领导力。

（四）强化风险意识，确保票据业务稳健发展。风险的把控，关键在于机制与管理。在当前票据市场各类风险急剧暴露的情况下，全行必须要坚守风险底线，绝不触碰监管红线。要根据当前的票据业务风险形势，强化风险防范意识，不得以市场交易习惯代替管理制度、不得以业务往来信任代替管理规定，严禁与票据掮客或中介发生业务往来。分行在办理承兑和贴现业务时，要加强对客户的尽职调查与准入管理，加强对真实交易背景的审查以及贴现资金流向的监控。票据营业部要加强对转贴现及买入返售业务操作风险的防控，同时要通过加强对分行风险防范理念与技术的传导，将风险防范的关口前移至承兑和贴现环节。要坚持票据存管制度，进一步加强对存管率的考核，强化纸质票据的集中统一管理。票据营业部要与分行建立票据风险联动处置机制，积极开展对分行票据业务专项风险评估、监测与流程优化，实现全行票据业务风险管理一体化。

（五）做好经验总结，推广“9+9”联动合作模式。作为分行与票据营业部紧密合作的起步试点，“9+9”联动合作模式是落实“ONE ICBC”战略和协同发展理念的具体举措，在全面打造联动合作的票据业务一体化发展格局中起到了积极的作用。总行资产负债管理部要加强对联动合作的指导和推动，票据营业部和分行要及时总结联动合作中好的经验与做法，从工商银行全行业务发展的角度出发，进一步统一对票据业务联动合作、协同发展的理解和认识，持续改进和完善合作模式，争取在四季度试点的9家分行与票据营业部转贴现业务合作在其转贴现总量中的占比达到90%以上。票据营业部要在总结“9+9”联动合作成果的基础上，逐步选取票据业务发展潜力较大的分行推广合作经验，力争用三年时间，使全行各一级分行与票据营业部的转贴现业务合作的占比总体达到90%，将我行票据业务协同发展提高到新的水平，持续打造富有市场竞争活力的工商银行票据业务产品链，促进全行票据交易市场份额和收益水平的显著提升。

（六）加强人才队伍建设，提升从业人员水平。目前，全行具有票据业务经营资质的机构有953家、票据从业人员达3 000多人。随着票据体量快速增长放大，业务要想做大做强，关键还是在于提高票据条线专业人员的素质，持续加强业务培训。分行要加紧选拔优秀人才配好票据经营队伍，抓好票据从业人员的基本素质。总行资产负债管理部和票据营业部要从健全完善各个业务品种的制度办法出发，持续提升全行票据专业条线整体业务素质和水平。

贯彻新常态下转型发展战略
提升运行管理价值创造能力

——在中国工商银行2015年运行管理工作会议上的讲话

谷　澍

（2015年1月20日）

这次会议的主要任务是，贯彻落实全行改革发展研讨会精神，全面总结2014年运行管理工作，研究部署2015年改革发展任务。下面，我讲几点意见。

一、运行管理在全行改革发展中的价值创造作用有效发挥

过去的一年，各级运行管理部门紧紧围绕全行改革发展战略部署，着手实施多项改革，运营管理基础不断夯实，运营服务水平显著提升，运行管理在全面深化改革和经营转型中的基础支撑和价值创造作用有效发挥。

（一）网点运营标准化改革见成效。网点运营标准化管理改革是网点竞争力提升的关键和基础工程，全行上下按照总行网点竞争力提升及网点运营标准化管理工作的总体部署，扎实推进数据治理、标准制定、平台建设、试点推广等方面工作，取得了明显的改革成效。建立了以业务处理时长为尺度的工作量度量标准和折算标准，实现了全行柜员工作量的准确计量、客观反映和横向可比。制定了网点运营业态分类、高低柜业务划分、柜口配置、岗位设置、柜员配备等网点运营标准，为网点资源优化配置提供了标准依据。构建起涵盖运营基础信息管理、全渠道业务量统计、运营质量效率管理、网点运营监测评价等功能的网点运营管理平台，实现了网点运营数据信息的集中展现和网点运营情况的统一评价。改革启动以来，全行上下齐心协力、迎难而上，以统一的改革方案凝聚共识，以完善的组织机制引导改革，以忘我的工作投入攻坚克难，以成功的试点案例引领深入，形成了浓厚的改革氛围，改革成效逐步显现。全行普通区高低柜配比从2.27:1降至1.40:1，降幅为38%，其中7家试点分行从2.22:1降至1.03:1，降幅为53%；柜员人均工作量从6月初的105笔提高至124笔，上升了18%，7家试点行由98.6笔提高至130笔，上升了32%；全行共实现8 900余名柜员从高柜向低柜流动，13 695名柜员和服务支持人员转岗至营销类等岗位，人员结构进一步优化，营销力量得以加强，柜员工作饱和度、网点运营效能和客户服务水平均得以提升。

（二）资金汇划体系改革圆满收官。本着精简账户体系、提高汇划效率的要求，利用两年时间完成了本外币资金汇划业务改革，全辖通汇、直通高效、信息共享的资金汇划运行新格局成功构建。本外币资金汇划业务改革是对行内核算模式、支付业务流程的重塑与再造，全行上下科学谋划、精心组织，针对账户体系、业务处理模式、机构管理方式等关键改革环节制定了严密有效的风险控制措施，保证了改革的统筹实施、业务的平稳运行和新旧模式的顺利切换。改革全面取消了系统内备付金逐级清算的冗余环节，统一了本外币汇划业务的挂账层级及核算标准，建立起与全额资金管理体系相适应的集约核算体系；取消了资金汇划报文收发处理流程，形成了同城异地统一的直通式转账模式；取消了人民币汇划通汇机构审批准入限制，实现了全网点直接通汇。新核算体系建成后，全行停用本外币备付金及辖内往来内部账户19.6万个，用于核算本外币汇划业务在途资金的挂账账户大量缩减，人民币挂账账户从6 815户缩减至22户，外币挂账账户从28 700户缩减至88户，资金实时到账率达到93%以上，全行支付结算服务能力实现质的提升。

（三）核算印章改革取得重要成果。按照精简种类、分类管理、电子替代、刚性控制的总体原则，扎实推进营业机构核算印章综合改革。建立了基于“交易—凭证—用印”对应关系的统一柜面业务用印标准，通过交易驱动的用印流程有效解决了传统模式下用印和业务相分离的缺陷，从根本上破解了核算印章管理的行业性难题。遵循“有章必有码、有码必可验”的原则，构建了以业务验证码为核心的新型柜面业务认证运行机制，为保护客户资金安全提供了新的验证手段。经过一年多的艰苦努力，全行所有营业网点全面投产电子化印章，接近90%的营业网点投产柜面用印机，实现了重要核算印章的电子化打印或自动化控制，有效防控了套章、套凭证等风险。改革将19万枚实物核算印章实现上收，用印风险难以管控的局面得到根本改观。全新业务用印模式运行高效平稳，柜面用印机平均用印时间稳

定在8秒以内，柜员从大量的人工盖章操作和复杂烦琐的印章日常出入库、保管、交接等工作中解放出来，客户、柜员体验良好。系统硬控制打破了传统模式下印押证分管分用的岗位分离管理要求，为网点岗位整合和人员灵活配置创造了有利条件。

（四）柜员指纹认证改革全面完成。以加强事中风险控制、推进柜员管理模式转型为目标，全面实施柜员身份指纹认证改革。借助人体指纹所具有的唯一性、不可变性、难以复制性等生物特点，将指纹识别技术与我行现有业务处理流程有机融合，构建起集指纹管理、柜员管理、身份认证于一体的全新电子化、信息化管理模式，实现了员工身份、指纹和主机岗位权限的匹配管理和操作权限的硬控制。改革涉及全行每一个网点和柜员，与柜面业务运营、网点客户服务、操作风险管理密切相关，涉及面广、技术要求高，经过反复探索实践和应用完善，攻坚突破指纹库建立、指纹验证、指纹训练和技术升级等关键环节，全行1.7万余个网点、近19.7万个主机柜员已成功应用指纹身份认证，指纹认证通过率高于80%人群稳定在92%以上。柜员指纹认证模式的应用，为在更高层级、更大范围集中管理和灵活调配柜员提供了有利前提。柜员身份指纹认证改革是我行主机柜员身份认证体系、柜员管理流程、事中风险控制手段等方面的突破创新，全新的身份认证和柜员管理模式，精简了管理流程、强化了管理效果、降低了管理成本，对全行深化风险管理先进手段运用和推进柜员管理信息化具有重要促进作用。

（五）集约运营能力得到显著增强。

一是集约运营标准体系初步构建。深耕业务集中处理领域，新增委托收款等11个业务品种纳入集中处理，全口径柜面业务集中率提高至67%，可集中率压降至1.3%。建立了包括建设标准、管理标准、服务标准在内的集约运营标准化管理体系，多项制度办法相继实施，集约运营质量效率大幅提升，业务集中处理时间平均缩短了37%，经集中处理的风险事件率下降了54%。本着有机整合、归类合并、标准运作的要求，扎实推进二级分行运行后台中心规范管理，134家二级分行完成了账务管理类中心、实物管理类中心的分类设置，机构数量由481个精简至271个，精简幅度达44%。浙江、安徽等分行将本行特色业务进一步上收，网点服务潜能进一步释放。四川分行建立了异地双中心互为备份的省行集中远程授权模式，授权规模效应充分发挥，人日均授权量提升了30%，人员释放率达28%。

二是现金营运管理水平不断提高。现金营运中心集约化处理能力不断增强，累计完成现金收付量45.8万亿元，贵金属出入库5 280吨。境外人民币现钞服务网络建设取得新突破，以新加坡分行为中心成功开辟了境内外直通式人民币现钞调运渠道。现金业务信息化建设有序推进，实物现金营运管理平台和款箱物流系统完成试点，实现了重要业务环节的全流程、自动化管理。自助设备分类集中运营深入推进，离行式自动柜员机实现全面集中、附行式自动柜员机供钞与账务管理集中度分别达到100%和98%、现金区以外自动柜员机装卸钞集中度达到99%。

三是全行清算服务体系日益完善。依托集团统一的清算业务通用平台，总行、境内分行和境外20家机构实现了境内外一体化清算业务运营，代理金融同业全球支付的清算银行服务体系初步构建。科学布局跨境人民币清算账户，建立起以“总行集中代理、跨时区持续运作”为特征的境外人民币清算体系。全行清算网络持续拓展，具备了通过网上银行、银银直联等我行自有渠道提供同业清算服务的能力。境内外协调联动进一步加强，美元、欧元、日元清算业务的去委支持比分别达到76%、95%、93.5%。“一点接入、一点清算”的二代跨行支付系统全面推广，实现了我行单一法人账户与人行“总对总”的跨行资金集中清算，全行存放人行的备付资金压降了约200亿元。覆盖全球市场汇率类、利率类、商品类和信用类产品运作的金融市场后台体系全面建立，为我行金融市场业务发展提供了有力的后台支持。

（六）流程和风险管理向纵深推进。

一是业务流程持续优化进一步深入。以协议、申请书的整合和电子化改造为突破口，简化对公客户开户流程，开户业务办理时间降至15分钟，缩短了3/4，客户盖章次数多、往返网点次数多的问题得到根本解决。141类个人业务完成签单服务模式改造，取消了客户手工填写凭证和柜员重复录入环节，柜面平均服务时长由327秒下降至145秒，柜面服务效率大幅提升，客户和柜员体验明显改善。以会计凭证集中预售、空白重要凭证联动销号、个人账户挂失止付等为主要内容的基础环节流程改造，简化了柜员操作，实现了流程对操作风险的硬控制。

二是业务运营风险管理进一步强化。支付结算风险防控能力持续加强，支付密码推广率达90%以上，电子验印使用率和自动通过率均超过70%。业务授权模式和审核方式动态完善，授权规范化程度不断提高，授权责任风险事件发生率下降了87%。智能现场履职管理和智能运行督导改革深入推进，实现了管理模式由全面覆盖向风险导向的转变。银企对账电子化进程加快，网银对账占比由48%提升至61%，全行综合对账率达到94%。风险监控领域持续拓展，针对重点环节研发35个模型，及时识别并有效化解风险隐患；持续开展模型训练优化，模型识别精准度较上年提高21%。风险监控标准化体系更加完备，在10余项制度办法相继实施的基础上，研究总结了有效的风险识别方法和风险事件管理指引，做到正面有规范、反面有案例、管理有引导。坚持季度运营风险分析通报，全行内部风险暴露水平控制在万分之八的较好水平。

三是参数集中管理水平进一步提高。按照规范事权管理、强化风险控制的总体思路，构建起“标准统一、管理分级、控制严密、运行高效”的新型事权参数管理体系，参数对柜员业务行为及操作风险的刚性控制效能得到充分发挥。参数精细化管理有效实施，二级分行参数维护和管理职能进一步强化，总、省、市三级参数管理新格局成功构建。境外参数集约化管理扎实推进，建立起集中管理、流程控制与代理维护相结合的境外参数管理模式。电子银行等外围参数纳入监控范围，参数安全管理能力进一步增强。年终参数管理、系统测试、账务核查等工作圆满完成，保证了年终决算的安全高效。

2014 年各项工作的全面完成，标志着全行运行管理第三个三年发展战略规划的各项任务目标全部实现。运行管理始终坚持锐意创新，运营改革圆满收官，运营格局实现根本性变革，风险管理实现创造性突破，为全行内涵式、可持续发展注入了强劲活力；流程优化持续推进，服务效率显著提高，客户体验明显改善，为全行应对市场需求、提升竞争实力增添了不竭动力；网点标准化正式启动，管理标准科学构建，运营效能大幅提升，为全行进行资源优化配置、网点功能转型释放出巨大潜力。价值型运行管理体系建设成果丰硕，有力助推了全行发展方式的转变，也为运行管理在更高起点上谋划未来发展奠定了坚实基础。在此，我代表总行党委向全行的运行管理工作者致以诚挚的感谢和慰问！

目前，全行的管理体制、运行机制、管理方式、资源配置还不完全适应新的发展要求，运行管理也面临着一些亟待破解的难题。业务流程综合改造阶段性任务已经完成，但流程统一管理的长效机制尚未形成。网点运营的各项标准业已明确，但网点运营资源的高效运作和科学调配机制尚未建立。境内业务集约运营格局已然成形，但境外业务的集约化运行和境内外业务的一体化管理尚需加强。运行管理的价值创造作用日益显现，但运行管理价值在部分行尚未得到客观体现。新一轮科技创新与金融产业变革已经起航，互联网金融方兴未艾，正在深刻改变传统金融的经营模式、制胜要素和竞争格局，要求我们突破传统运行管理模式的机制框架，不断创新业务运营管理理念，加快构建面向未来、渠道融合、互联互通、更加智慧的运营服务模式。

前不久召开的改革发展研讨会确定了新常态下全行落实转型发展战略的重要举措，明确提出要全面深化改革，加快国际化发展、突出境内境外一体，强化互联网思维、突出线上线下联动、加快推动网点转型，突出风险管理导向。这些都为运行管理的改革发展指明了方向。全行运行管理要认真学习贯彻会议精神，科学谋划业务运营领域的重大改革，以改革创新赢取内涵式发展的新空间。2015 年运行管理工作的总体思路是：以运营集约化、管理一体化为方向，以服务客户、服务发展、服务全局为主线，实施网点运营标准化管理改革，加快服务导向型业务流程建设，构建集约运营精益化管理体系，推动前后台运营的联动服务；强化过程控制理念，构建集成整合、全程控制、全员参与、科学量化的运营风险管理体系；坚持关键领域改革与运行基础管理的全面统筹，加快打造智慧运营体系，推动价值型运行管理体系向更高水平迈进。

二、加快服务导向型业务流程建设

运行管理作为网点运营的重要建设者和管理者，要深入贯彻服务导向理念，加快构建运营标准体系，持续开展业务流程优化，不断改善客户体验，推动网点运营向价值服务转型。要积极适应互联网金融发展新常态，将信息化与银行运营深度融合，以业务流程线上线下一体为突破口，启动以技术高度集成、模式融合创新、流程灵活智能、服务高效便捷为特征的智慧运营体系建设。

（一）深入实施网点运营标准化管理。全行上下要进一步深刻理解和准确把握网点运营标准化管理改革的目标和内涵，加快运营标准推广，推进资源优化配置，建立长效运作机制，促进网点运营服务效能的持续提升。

全面完成网点运营标准化改革推广。全行要按照改革整体部署，加强改革的组织推动、任务落实和进度监测，确保按期完成改革推广任务。7 家试点分行要进一步加快推广进度，力争上半年完成全辖推广任务，并全面总结改革经验，编制样板网点改革实施案例，为全行推广提供更好的借鉴；各推广分行要在充分吸收借鉴试点行成功经验的基础上，统筹实施网点岗位整合、人员结构调整、柜口布局优化、运营效率提升等工作，第一季度要在完成辖内试点的基础上全面启动改革推广工作，上半年完成 60% 网点推广，第三季度前全面完成辖内推广任务。总行和各分行要按照“成熟一家、验收一家”的原则，组织开展网点运营标准化达标情况验收评价，确保年内全行全面构建起营业网点运营业态、柜口设置、岗位配备、人员配置和业务运营的标准化体系，实现高低柜口配置比例与相应业务量比例的合理匹配，完成柜员的结构优化任务。

构建网点运营科学管理的长效机制。未来网点仍然是我行重要的客户服务渠道，网点资源调配和劳动组合安排直接影响到网点运营效率，各行要在全面构建起网点运营标准化管理体系的基础上，站在全行战略发展的高度加强对网点的精益管理。要按照适应转型、内涵挖潜、整体提升的总体要求，实施网点运营资源在更大范围内的集中调度管理，建立基于网点业务运营规律的科学排班管理机制，构建有利于实现网点内各岗位兼岗流动的制度、流程和机制，提高资源综合利用效能。要建立全行统一的涵盖核心银行系统与网点各类业务系统的岗位体系和以岗设权的岗位权限标准，提高岗位管理水平。要建立网点运营分析评价和资源配置持续优化机制，依托网点运营管理平台，开展基于数据分析的量化管理，并根据分析评价结果动态调整网点运营标准。全行运行管理要切实承担起网点内部功能分区、岗位设置、柜口和柜员配备等运营标准动态管理以及网点业务核算、流程管理等业务运营职能，与渠道管理部、个人金融业务部一起，保证网点管理协调有序运转。

（二）实施网点组合服务流程优化改造。要按照功能分类标准、公共流程复用、业务规则统一、服务组合灵活的思路，以个人业务为切入点，重点实施公共流程模块和对客服务流程建设，建立以客户为中心的组合服务模式，进一步改善客户体验。要通过抽取与客户服务、运营风险、业务核算相关的公共处理流程，构建面向服务架构的交易设计体系，便于交易功能快速重构，支持业务功能灵活组合和产品的快速创新。要优先完成网点高频组合交易改造试点和推广工作，保证同一客户办理多笔业务时的合并操作和信息共享，减少冗余流程，从根本上解决柜面组合服务中填单多、签字多、输密多的行业性难题。要以模块化、标准化改造为契机，形成全行各项业务共同遵循的交易标准和处理规则，推动公共流程的集中把关和统一配置，确保流程设计和管理符合统一流程设计理念和我行整体发展方向。

（三）探索线上线下一体化的运营模式。要密切关注外部形势变化，运用互联网思维和现代信息技术，提前谋划互联网金融背景下的商业银行运营模式。要按照统筹规划、分步实施、持续创新的原则，综合考虑客户金融需求和银行管理要求，完善线上线下服务流程，拓展线上线下联动的广度和深度，构建“服务全面线上接入、线上线下互联互通、流程无缝对接、风险控制严密”的全新运营服务体系，为客户提供随时随地随身的高品质金融服务。要适应客户金融服务需求和服务习惯的生活化趋势，实施业务受理环节的线上化改造，促进网点向客户营销和服务体验中心转型。要建立客户需求和我行运营服务资源有效匹配的机制，实现客户服务的线上线下无缝对接，形成线上线下一体化的金融服务模式。要同步整合我行前后台运营服务资源，探索建立网点和后台中心间职责合理分工、任务智能分配、资源集中调配、服务有机联动的线下服务处理体系，高效承接线上服务的落地业务运营，形成线上线下信息共享、流程互通、业务互联的综合运营服务机制，打造能够掌握甚至先导于目标客户体验和感受的业务运营体系。

三、深化集约导向型运营后台建设

要坚持集约运营、精益管理理念，统筹共享服务中心建设与二级分行后台中心整合的有机协同、统筹现金供应链物流体系与参数统一规范化管理的协调推进，实施对柜面业务核算、实物管理、参数管理的集约化、专业化和标准化运作，构建层次清晰、标准统一、管理有序、服务高效的集约运营体系，形成对全行业务运作的强大支持。

（一）建设全能型的共享服务中心。要适应新型网点运营业态的发展趋势，在业务集约运营的基础上，构建集业务接入、智能处理和精益管理于一体的全能型共享服务中心和智慧型运营服务平台。要进一步拓展业务受理渠道，支持客户通过物理、自助、电子、接入、智能终端以及协议约定等渠道发起的业务，推动业务集中由网点受理向多渠道受理转变。要实施业务智能受理改造，依托先进识别技术及工作流机制，通过业务智能识别和流程自动判断，全面简化柜员操作，改善客户体验。要研究扩充业务处理中心的在线协助职能，通过文本、语音、视频等远程交互手段，为客户线上业务办理提供实时在线服务支持。要以精益运营为理念，以质量、效率、安全为导向，以定量管理、动态管理为主要方向，深入实施集约运营体系标准化管理，并以分类指导为抓手，开展业务处理中心评级管理，推动中心核心管理能力与创新发展能力的全面提升。

（二）完成二级分行后台中心整合。后台中心整合工作的效果和规范管理水平直接影响到全行的业务运营能力，也直接关系着网点服务潜能的释放和核心竞争能力的提升。各行要按照账务管理类、实物管理类两大类中心的整合归并和标准运作要求，加快改革推广进度，准确把握改革重点，做到机构整合与业务整合相统筹、纵向上收与横向整合相统筹、规范运作与因地制宜相统筹，切实提高业务集约化程度和中心标准化管理水平。要进一步增强后台中心规范管理工作的紧迫感，严格执行一行一策，逐个二级行制订方案，逐个二级行抓实施进度，逐个二级行抓执行力度，逐个二级行验收考核，将总行要求不折不扣地落实到位，确保年内全面构建定位清晰、布局科学、机构精简、管理高效的二级分行运行后台中心格局。

（三）全面提高现金营运管理水平。要应用供应链管理理念，加强全行本外币现钞、贵金属、业务凭证、重要物品等的合理预测、科学调度、统一配送和信息共享，提高物流资源综合利用水平。要加大中心现代化建设和机具配备力度，提高现金清分、鉴伪能力和自动化处理水平，有效满足日益增长的现钞清分需求。要加快推广实物现金营运管理系统和款箱物流管理系统，实现库存实时监测和灵活调剂，提高仓储配送效率。要加强外币现钞业务信息化建设和管理，构建集外币库存监测、调拨需求撮合、调钞路径管理等多功能于一体的外币现钞调运系统，改变目前集中点行手工归集、调剂外币现钞的模式，提高外币调拨管理的科学化水平。要继续强化自动柜员机运营管理工作，在确保新增设备纳入集约化运营的基础上，现金保障率达到98.5%以上，非技术故障率控制在0.6%以内。重点城市要试点推广ATM动态密码锁，加快构建“系统控制、任务驱动、指纹认证、双密开锁”的自动柜员机管理模式，提高装卸钞效率和安全控制水平。

（四）持续强化参数集中统一管理。要按照“境内外一体化、管理精细化”的总体要求，深化参数管理改革，构建贯穿参数设计、生产、应用、安全管理全流程，涵盖主机与外围、境内与境外的统一参数运营新格局，进一步提高参数集约化管理水平和服务支持能力。要深入挖掘参数管理价值，着力加强全行账务核算规范化管理，重点推进手工计息等业务的综合治理，充分发挥参数在核算管理、流程控制和风险管理中的作用。要按照“有利于控制风险、有利于提升效能、有利于优化配置”原则，整体规划、稳步实施外围参数集中统一管理，规范外围参数管理行为。要继续推进多种模式并存的境外参数集中管理，研究建立境外特殊监管要求下的参数管理模式，促进境外业务健康发展。要全面加强参数风险管理，提升参数运营风险控制水平，为各项业务安全运营提供基础保障。

四、完善风险导向型过程控制体系

要充分发挥运行管理在全行操作风险管理中的关键作用，突出过程控制，构建集风险识别、控制、计量、监测、评估、报告为一体，涵盖业务处理事前、事中、事后全流程的运营风险管理体系，增强运营风险管理的计划性及系统性，提高运营风险管理水平和过程控制能力。

（一）全面完成核算印章综合改革。各行要继续保证印章改革的资源投入，尚未完成柜面用印机推广的分行要在一季度完成全辖推广。各行要按照新的核算印章制度要求，强化业务用印规范管理，上半年要完成废止印章的上收、清理和销毁工作，年底前要完成网点用于对公回单业务的核算印章收缴。各行要继续做好客户宣传和引导，及时解答和消除客户疑问，特别要做好集团大客户的沟通和解释工作。运行管理要切实把好业务用印的准入关，对于新增用印需求，要协调各业务部门采用电子化或自动化的用印方式，充分发挥印章改革成效。要以核算印章改革为契机，完成自助回单机的推广，同时扩大电子回单应用，为客户提供多渠道的回单服务。

（二）不断提高运营风险管理水平。要密切关注互联网金融对账户开立、使用、变更、注销等全流程管理的影响，运用互联网思维适时调整单位账户管理模式，提供以客户为中心、便捷高效、集约智能的账户服务，更好地适应客户需求差异化、服务渠道多元化、内部管理精细化的要求。要继续加大支付密码推广力度，实现柜面活跃客户支付密码器的基本覆盖；稳步推广电子验印系统，实现柜面印鉴核验的业务全覆盖和实物印鉴卡的全封闭管理，从源头上保障支付安全性。要不断提高指纹认证通过率和柜员权限管理效率，拓展指纹认证应用领域，提高事中风险控制能力。要在把握实质风险和控制要点的前提下，优化事权划分管理机制，完善各类业务的事权划分管理方式，实现业务核算的效率与安全并重。要以规范操作、提高效率、强化内控为原则，实施网点重要事项、关键任务的系统自动分配和跟踪管理，优先实现现场管理人员岗位履职要点和管理要求的系统化管理，明确自我评估的频次、内容和标准，变被动管理为主动履职，引导网点人员自我评估、自我发现、自我约束、自我提升。要结合视频监控联网平台推广进程，推行基于影像、凭证、数据的场景还原式检查，实施二级分行集中式、直通式、非现场的重点检查督导，推动传统巡回检查模式向风险导向的智能督导模式的根本转变。要充分应用网上银行、移动通信、自助终端等新型对账手段，提高客户对账的便捷性与时效性，网银对账占网银客户比例力争超过70%；加强对账真实性管理，重点账户要全面应用回执验印，实现对账周期内的有效对账全覆盖。

（三）创新运营风险监控体系管理。要顺应互联网金融背景下交易渠道多元化、交易地点区域化、风险特征隐蔽化的新形势，在省行集中监控的基础上构建跨区域监控新模式，对跨区域异常交易进行全程监控和动态跟踪，实现跨区域风险事件的完整收集和标准统一，确保整个体系的良性运转。要积极研究新渠道、新产品以及关键环节的风险监控策略，运用新型分析工具深挖风险特征，提升模型研发设计的前瞻性、智能性；按照可行有效原则，开展模型的持续优化与动态更新，保证模型运行效率。要用关联监控的思维，将不同时间、不同环节、不同交易等方面的风险特征进行匹配，创新开展由点带线、由线及面的网状监控，进一步提升风险识别的精准性。要深化客户交易习惯的延伸应用，通过客户基础信息与交易信息的集成与挖掘，细分客户行为特征与习惯偏好，通过多条特征组合定制方式，实现模型快速研发投产，并为客户精准识别提供信息支持。要充分运用集团内外部的运营风险信息，开展以大数据为基础的风险信息挖掘、量化分析、评估管理与科学决策，形成客户、机构、柜员、渠道、产品等维度的运营风险统一视图，提高风险管理的全面性和有效性。要深化风险分析成果的共享应用，深入落实风险分级管理机制，发挥部门间横向联动和机构间纵向协同的风险管理合力，推动重点风险环节的综合治理，构筑坚实的运营风险防控网络。

五、打造全球化资金清算运营体系

在我行全球网络布局日益完善、国际化进入升级发展的新阶段，运行管理要按照集团一体化管理的要求，继续统筹好集团与分支机构、境内与境外的业务运营，加强对全球分支机构的业务运营格局、业务组织模式、账务核算流程、系统平台功能等方面的统一指导和管理，建立起集团统一、层次清晰、运作协调、内控严密的全球清算管理体系，为集团经营管理和改革创新提供强有力的运营支撑。

（一）构建境内外一体化清算体系。要进一步整合清算运行资源，加快形成涵盖全球主要货币、跨时区连续运作的境外清算运营格局。要加强清算业务统一管理，建立全行清算能力分析评价机制，提升集团清算业务的管理水平和运行效率。要结合人民银行 CIPS 系统建设，进一步拓宽人民币跨境支付渠道，提升人民币清算行运行能力，构建辐射全球、更加高效的境外人民币清算行服务体系。要持续拓展清算网络，推广清算网银服务和银银直联清算方式，建立起多渠道清算、互联金融同业的跨境支付体系。要围绕互联网金融和移动支付应用，丰富跨境清算的渠道和内容，满足客户全球多币种即时支付需求。要继续加快清算业务通用平台在境外机构投产，完成纽约分行接入美元清算系统、法兰克福分行接入欧元清算系统的自主研发。

（二）打造同业领先工银支付品牌。要以二代跨行支付系统成功投产为契机，建立全天候运行的工商银行支付体系，打造同业领先的工银支付品牌。要将深圳金融结算系统作为现有支付系统的有益补充和备用渠道，提供准 7×24 小时的人民币跨行支付服务。要实施跨行汇款产品化改造，统一网银、柜面、手机、电话等全渠道跨行汇款支付模式，实现支付路径的智能化选择，全面提升我行支付结算的服务效能及客户体验。要改革各地同城业务的资金清算模式，实现同城清算资金在总行层面的集中管理，进一步压降我行在人民银行的备付资金，提升全行资金运用效率。

（三）建立集团统一金融市场后台。要着力打造支持我行在全球范围进行交易、投资、融资的集团统一金融市场后台运营管理平台，加快金融市场后台系统功能自主研发，形成更加严密、安全、集约的金融市场交易后台体系。要把握全球金融市场交易和监管规则变化，围绕金融市场运作模式和金融工具创新，进一步完善我行参与金融市场双边、多边及中央对手方清算的业务运作机制，提升我行作为市场综合会员开展代理金融同业交易结算和清算的服务能力。要提高商品市场交易后台支持水平，丰富境外商品交易场内和场外结算网络对接渠道，不断增强商品账户交易与实物交易的后台簿记暨核算能力。

（四）增强海外机构运营支持能力。要本着“尊重本地监管、坚持集团一体、兼顾效率风险”的原则，统筹推进境外机构 FOVA 系统需求、流程设计、业务核算、运营风险等方面的统一管理，为海外机构经营发展提供运营服务支持。要建立“集团统一标准＋区域统一标准＋分行特色标准”的 FOVA 差异化需求分层管理机制，强化 FOVA 业务需求的统筹规划、合规审核、效果评估和复用推广，进一步提升 FOVA 系统在业务落地、满足监管和本地化发展方面的适应能力。要实施主机、外围、特色系统及外购系统间流程直通直驱、信息关联共享和账务自动处理，减少手工操作和业务落地处理，强化操作风险的系统硬控制。要搭建“集团—境外区域总部—境外机构”三级联动的业务管理架构，强化境外区域总部的运营管理职能，建立统一、完备、实用的境外业务运营制度体系，规划设计与 IT 架构、经营牌照、网点特征、业务规模相适应的分类运营管理模式，提升境外机构精细化管理水平。

同志们，人才是运行管理改革发展的核心和根基，有了人才，才能核心在、根基深。全行要继续把运行管理人才队伍建设放在优先位置，以常抓的韧劲、严抓的决心切实抓好人才的培养、使用和激励，用管长远、固根本的机制吸引人才、发现人才、凝聚人才、造就人才。要结合运营改革后网点操作简化，后台业务处理复杂程度高、专业性强的要求，尽快建立一套完整体现责权利相对等，覆盖各级行、各类机构的业务运营岗位任职体系，充分体现岗位价值。要加强运行管理三支队伍的培养，启动专业带头人素质能力提升工程、“百千”专家人才工程、操作型人才培训工程，使各类人才都能思维常新、知识常新、技能常新。要以全行人力资源管理深化项目实施为契机，落地解决好运行管理人员的岗位激励、薪酬激励和职业发展激励问题，激发员工的工作积极性和创造性，有效减少运行管理人才流失。要大力集聚运行管理创新人才，招人聚才并举，择英才而用之，让一切创造价值的源泉充分涌流，为运行管理改革发展注入持久动力。

同志们，2015 年是全行新一轮十年纲要和三年规划的开启之年。做好今年的工作对运行管理在更高起点上谋求新发展至关重要，各级运行管理部门要进一步增强进取意识、创新意识、责任意识，奋发有为、真抓实干，为经济新常态下的全行转型发展作出更大的贡献。

主动适应服务新常态　奋力开创服务新局面

——在中国工商银行2015年服务工作推动会上的讲话

谷　澍

（2015年1月23日·根据录音整理）

刚才听了6家单位的经验介绍，表彰了部分“十百千”获奖机构和个人。总的感觉是，在2014年“人民满意银行建设年”活动中，全行涌现出了一大批服务先进，探索形成了一系列好做法好经验。这是全行智慧的结晶，是下一步做好服务工作的宝贵财富，要加快予以推广。这次会议的主要任务是，全面总结2014年服务工作，部署开展2015年工作，动员全行以改革发展研讨会精神为指导进一步加强服务改进。下面，我结合大家的发言，讲三个方面意见。

一、人民满意银行建设成效显著

一年来，各级行、各部门围绕窗口服务改进、服务效率提升、客户投诉管理、服务规范建设、管理机制完善等重点工作，多措并举，标本兼治，取得了服务工作新进步和客户满意度新提高的突出成效。去年全行普通客户满意度跃升到优良级，中高端客户满意度提高到良好级。第三方公司的独立调查表明，去年客户满意度排名在可比同业中上升到第二位。我们还经受住了南京青奥会金融服务的高强度压力测试，获得了海内外的广泛赞誉。

（一）窗口服务更加人性化。特事特办人性化服务要求有力执行，窗口服务24条改进措施落到实处，网点负责人现场坐班制全面推开。群众路线教育实践活动窗口服务专项整治方案深入实施，窗口服务作风进一步转变。如陕西分行推行“十多十少”服务新理念，使人民群众真切感受到主动为客户服务、积极替客户解忧的服务新风气。“六严禁”服务高压线进一步明确，服务底线意识增强，服务恶性事件零发生。年内客户对窗口服务过程的满意率提升至98.65%，专门致电和来函表扬窗口服务的客户达2.81万人次，正面报道达16万篇次，客户对窗口服务更满意。

（二）网点服务更加高效化。以运营标准化改革推进为契机，柜员跨网点调度、窗口按客流配置、业务按高低柜分离等措施综合实施。超长时间等候网点专项治理活动深入推进。如重庆分行实施三级行领导挂牌督导重点网点，有效压降了客户等候时间。去年全行等候时间控制在30分钟以内的客户占比保持在90%以上，超时等候网点服务效率较治理前提升了42%。柜面服务资源进一步向中高端客户倾斜，柜面服务五星级及以上客户占比提高7个百分点到26%。

（三）基础服务更加规范化。出台15个高频业务场景标准服务话术，一线解释应答客户咨询的规范性和业务操作办理的准确性提高。编写网点规范服务190条创建工具手册并强化培训落地。如河南分行集中全行培训资源对全辖800名网点负责人和大堂经理进行服务规范的轮训。中国银行业文明规范服务千佳网点创建成效明显，129家网点获评，居同业之首。这些网点的盈利增长能力、客户发展能力、业务成长性均优于全行网点平均水平，形成了“服务好、发展快”的良性循环。如北京分行10家网点参评，100%获评千佳网点，在当地同业中占比超过了50%。

（四）投诉管理更加精细化。开展客户投诉焦点问题的顶层治理。推行现场服务纠纷首问负责制和投诉处理支行行长最终负责制。狠抓客户到银监会信访投诉压降工作。如河北分行开展了对重点机构的定向督导和突出问题的专项整治，压降效果明显。年内全行全口径客户投诉量压降至815件，同比下降72%；其中，银监会认定的有责信访投诉85起，降至可比同业较低水平。投诉办结时间缩短至4.7天，客户对投诉处理的满意度保持在95%以上。

（五）服务管理更加机制化。服务工作传导推动更为有力，点面结合，相互推进。挖掘分析“客户之声”非结构化数据42万余条，围绕流程、产品、管理等方面提出可行性建议和整改意见9大项。服务质量管控加强，全年督导整改问题网点服务缺陷780余项，服务监督检查的覆盖面、精确度和有效性提高。服务管理外延进一步拓展，考核机制更加完善，管理效能大幅提升。

随着全行第一个十年发展纲要的实施，服务工作相应推出了连续九年的接力式改进计划，从2006年的“服务创新年”到2014年的“人民满意银行建设年”，一年一个主题推进。2014年是渠道管理战线承接服务管理工作的第一年。在这一年里，大家与各部门、各机构一道，协作攻坚，向总行党委交了一份满意的答卷。成绩来之不易，是各部门有力支持的结果，是各级机构努力改进的结果，是广大一线员工辛勤付出的结果。借此机会，我代表总行党委向大家以及奋战在服务一线的广大干部员工致以诚挚的慰问和衷心的感谢。

二、认清服务新常态，谋划服务新改进，确立服务新优势

在去年底召开的改革发展研讨会上，姜董事长深刻阐述了新时期全行转型发展的新常态和新要求。随着全行转型发展进入新常态，服务工作也面临许多新变化和新挑战，尤其以下三个方面值得重点关注。

（一）客户体验优劣决定客户忠诚度。银行是服务行业，客户是银行效益的源泉，体验是制胜的根本。调研发现，在与我行建立了账户往来关系的客户中，有20%左右的客户选择其他行作主办行，这部分客户对我们的贡献微乎其微，与工商银行只是保持最基础的关系来往。这部分客户没有选择我行作主办行的主要原因是服务体验不好。当然，这里所说的服务不只是一线人员的服务，包括产品等诸多方面。这表明，客户体验决定客户忠诚度，而客户忠诚度的高低则决定了一个银行发展的好与坏。一两年前尤其是互联网金融兴起后我们开始重视客户体验。比如，去年针对客户反映比较强烈的开户时间长、手续烦琐等问题，我们投入力量对开户业务流程进行了优化，使该项业务的处理时间较改革前缩短了2/3，明显改善了客户体验。现在互联网企业十分注重客户体验建设，从某种程度上来讲，互联网企业如微信、支付宝等的出现，实际上从非银行方面对我行构成了挑战。这也使全行更加认识到客户体验的重要性。实事求是地讲，以往我们并没有特别强调客户体验。比如工银e支付，事实上早些年就在研发，但那个时候并没有下力气去推广，因为那时我们更加注重客户的资金安全。但对客户而言，保护其资产安全是银行分内应做的事情，更关心的是产品是否易用便捷。面对这样的挑战，我们如果不加强客户体验改进，客户就可能离我们而去。

（二）金融客户渠道选择更加多元化。随着互联网用户和智能手机用户的快速增长，随着电子商务、第三方支付和非银行渠道的迅猛发展，客户的渠道选择行为正在发生深刻变化。去年以来我行在适应这一变化方面做了很多尝试，效果也很好。比如，电商平台虽然我行不是第一家推出的，但发展得很快，按照去年11月份的数据测算，全年交易额预计达到700亿元，客户量将超过1 300万户，日均交易达到100万笔，而且对分支机构营销起到了很好的促进作用。又如，手机银行也不是我行最早推出的，但去年用户已达到1.4亿户，同业最高。再如，智能银行虽非同业首创，但我行结合自身实际探索出了一条具有工商银行特色的路子来，即更加侧重于低柜业务的智能化，目前在北京、深圳等分行的试点情况良好。从这些数据来看，互联网金融服务方面，我行起步虽然不是最早的，但发展速度是最快的，给客户带来了一种工行大象起舞的感觉，社会反响十分正面。全行只要充分利用已经构建起来的优势，加强创新引领和投入，加快推进多渠道服务互联互通，促进对客户的全渠道拓展和一体化服务，一定能更好地适应客户渠道选择更加多元化这一新常态。

（三）网点服务能力的提升更加迫切。与互联网企业和一些新组建的互联网银行如前海微众银行相比，网点是我行的主要优势之一。而且，网点目前仍是获取和维护客户的重要场所。数据显示，近年来全行网点到访客户数持续增长。2014年全行网点日均到访客户数296人次，较2013年增加了13人次。即使将来监管部门允许通过脸谱识别等技术进行远程开户，网点的存在价值也不会可有可无，全行应更加充分地发挥网点这一优势，让客户爱到网点来，有效增加与客户的接触和营销机会。当然，吸引客户到网点来不再是主要办理简单业务，而是办理必须通过面对面交互才能解决的复杂业务。基于金融服务的专业性和特殊的消费心理，对于复杂的个性化金融业务，通常客户比较倾向于选择面对面方式进行办理。与此同时，到店的客户增加但选择柜面办理业务的客户数下降。数据显示，网均柜面日叫号办理的客户数由2011年的145人下降到2014年的115人，三年下降了21%，呈现出“离柜不离行”的特征。因此，在顺势发展好互联网金融产品与平台的同时，如何充分挖掘并发挥网点的渠道优势，使网点创造更大的价值产能，这是决定全行生存发展的重大问题。

全行必须依据正确的方向确立服务优势，真正引领服务新常态。面对服务工作的这些趋势性变化，全行在推进今后一个时期的服务工作中要牢牢把握以下“三个突出”的基本要求。

一是服务改进必须突出客户体验的优化。要顺应“体验为王”的新金融消费特征，将服务改进重点转到客户体验建设上来，针对最影响客户体验的突出问题进行工程式推进、项目式解决和方案式优化。通过创建更佳的服务体验，向客户要更多的钱包份额，向服务要更大的价值创造。

二是服务改进必须突出全渠道服务能力的提升。要把握客户金融行为特点，加强客户、服务与渠道的适配度建设，使得目标客户的各类业务在目标渠道适得其所、高效完成。要推进网点服务转型，提升网点服务体验，促进网点由目标客户“不是必须去”的地方转为客户“想去”的地方。

三是服务改进必须突出服务品牌和服务口碑的塑造。要适应新媒体时代口碑传播社交化特点，选树先进

标杆，打造特色品牌，宣传优质服务，塑造具有工商银行特色的服务口碑，以服务凝聚客户、创造价值、促进发展、惠及社会。要用优质服务来积累发展正能量，增强员工职业自豪感和向心力。

2015年是新三年规划实施的开局之年，总行党委决定将今年定为“服务体验建设年”。根据总行党委这一安排，结合“三个突出”的基本要求，2015年服务工作的主要任务是，以“服务体验建设年”活动为主线，以客户现场服务体验的改进、多渠道服务体验的改进、服务诉求解决体验的改进为着力点，以塑造具有正能量的服务口碑为推动力，全面改进服务品质，提升服务对目标客户的吸引力和黏合力，为全行转型发展注入新的活力和强的动力。主要目标是，大众客户服务满意度上升10%；中高端客户忠诚度企稳回升；客户经理对五星级及以上客户的服务覆盖率达到100%；网点对客户的主动识别引导率达到100%；客户诉求限时解决率提高到100%，每亿个人客户升级投诉量压降到10件以内；中国银行业文明规范服务百佳网点获评数居同业第一。

客户体验是一项综合工程，涵盖前台服务，涵盖产品流程，涵盖制度系统，需要各级机构和前中后台的深度参与和有力配合。比如排队，可能是流程不合理、交易时间较长引发的，这就涉及运行管理、信息科技等部门；也可能是柜口开放不合理引发的，这就涉及人力资源、个人金融等部门；还可能是其他渠道对柜面业务的替代不够导致的，这又涉及电子银行等部门。再如产品收益，取决于全行投资、信贷、金融市场等的运作水平，这就涉及资产管理、信贷审批、金融市场、公司业务等部门。因此，改进客户体验不是前台一个环节的事情，涉及全条线、全业务、全部门。刚才上海分行介绍的服务委员会制度就很好，通过委员会能够有效对引发客户体验不好的深层次问题进行统筹解决，要予以大力推广。总行层面，要通过规范服务委员会运作、明确相关部门职责和要求、完善协同机制等措施，着力构建跨部门及时研究解决客户和基层反映的影响体验深层次问题的管理平台，强化总行专业部门改进客户体验的主体责任和联动协作；要充分凝聚前、中、后台力量，做好客户体验建设的顶层规划；要从渠道和客户两个维度明确体验建设的策略和路径，组织前、中、后台一起，一个方案一个方案有序推出，一个节点一个节点扎实推进，一个问题一个问题跟进解决。分行层面，要充分借鉴湖北分行刚才介绍的“领导抓、抓领导、一级带动一级”的做法，加强组织推动，抓好配套改进；要立足当前，抓紧梳理影响客户体验的问题。从最需要改的、能立即改的、可迅速见效的部位和环节着手，排序解决，立行立改，确保圆满完成2015年服务体验建设的各项目标任务。

三、深入开展“服务体验建设年”活动，提升服务品质

近年来服务工作的持续开展，解决了一批影响客户体验的突出问题。但坦率地说，我行给客户创造的体验与客户的期望相比还有较大差距。比如，一些网点还不能给客户提供宾至如归的服务，现场服务主动性较差，个别机构和员工待客冷漠、态度蛮横的问题还时有发生。再如，对客户的合理诉求响应较慢，推诿敷衍多，担当解决少。又如，营销服务以我要卖什么为主，较少考虑客户真正需要什么，个别甚至是诱导或涉嫌欺诈销售。全行要看到当前客户服务体验建设的艰巨性和紧迫性，进一步将工作的着力点、管理的落脚点、改进的聚焦点放到总行党委“服务体验建设年”的总体部署上来，瞄准客户体验痛点，着重围绕人员、渠道、环境、投诉处理等方面，狠抓整改提升。

（一）强化“三个主动”，提升客户对现场人员服务的体验。要针对客户体验峰终时刻，强化柜员、大堂、网点负责人等三个关键岗位的主动服务，为客户创造全程关注、无缝链接、周到细致的现场服务体验。

一要强化柜员的主动服务。要适应金融服务去柜面化趋势，健全柜员“忙时上柜、闲时营销”的柜台内外转换机制，促使柜员在业务低谷期进入大堂开展营销服务。要明确高低柜业务办理种类，实行全窗口叫号服务，将高低柜一并纳入叫号机进行统一叫号和窗口分配。要深化服务宗旨意识教育和服务行为规范执行，提升柜员的主动服务意识，使柜员的态度更热情一点、行为更规范一点、服务更主动一点。年内总行将组织开展“窗口服务精彩一瞬间”评比活动，推动全行形成柜员优质服务“比、学、赶、帮、超”的热潮。

二要强化大堂的主动识别引导和业务辅导办理。大堂经理是现场服务的核心。要严格按标准配备网点大堂经理，确保网点专职大堂经理覆盖率达到100%。要建立大堂经理台账管理系统，严格大堂经理准入门槛，不得将不具备履职能力的人员安排到大堂经理岗位。要落实《营业网点大堂服务管理规定》，完善大堂人员分工配合和相互补位的工作机制，提高大堂对客户动线关键节点的服务能力，实现对进入网点客户的100%识别引导。要结合大堂经理现场服务管理“三九二”工作法，组织开展大堂经理比武竞赛活动，增强大堂经理队伍履职能力。

三要强化网点负责人的主动现场服务管理。要严格落实网点主要负责人现场坐班制，促使网点负责人主动承担现场服务管理职责。尤其要针对运营标准化改革推开后窗口数量可能进一步压缩的现实状况，科学研判客户流量峰值变化情况，主动加强网点业务高峰期窗口开放管理，合理匹配各时段窗口开放数量和劳动组合，确保高峰期窗口开放充足，防止引发新的排队问题。

（二）提升渠道和产品服务能力，改进客户对各种服务渠道和产品的体验。要把握客户渠道行为特征，围绕渠道的客户定位、功能设计和服务模式等推进不同客户不同业务在不同渠道的适配调整，促进渠道服务效益的最大化和客户体验的最优化。

一要提高客户经理营销服务能力，改善服务体验。客户经理是深化客户关系、开展个性化服务最重要的渠道。分析表明，当前我行中高端客户体验不佳、黏性不强、活跃度不高的重要原因是客户经理对客户的服务覆盖率低且专业能力不强。各行要紧密跟踪总行正在推进的客户经理管理机制改革成果，依托客户经理营销和业绩管理系统，细化对辖内客户经理客户关系管理工作的方法引导和量化考核，解决好客户经理“不敢、不能、不愿”主动营销服务的问题。要加强客户经理综合化建设，提高客户经理公私、本外币联动营销服务能力。要创新“1（客户经理）+N（产品经理）”团队服务模式，强化中后台部门对客户经理营销服务的支持保障，变客户经理单兵作战为团队作战。要借鉴推广上海分行改善中高端客户服务的好做法，应用客户大数据分析技术，依据目标客户的特征，从产品、流程、风险管理措施等方面，为目标客户提供更加全面、综合、专业的定制化服务。要通过深化流程改革、远程授权改革、运营标准化改革等工程，将人力资源配置重心由交易核算岗位转向营销服务岗位，进一步充实客户经理队伍，提高客户经理对中高端客户的服务覆盖率。要尝试开展客户经理对高净值客户的管户包干服务，确保高净值客户享受一对一尊贵专享服务。

二要提升客户对高柜业务自助化和低柜业务智能化的服务体验。高柜业务自助化和低柜业务智能化是提升服务效率、改进客户体验的重要举措，也是网点适应客户多渠道选择行为、提升多渠道协同服务能力的内在要求。今年总行将建成1 000家“自助+理财”网点，在1 000家网点推行智能化服务模式。要加强客户渠道行为研究分析，实施高效的渠道—客户匹配策略，依托高柜业务自助化和低柜业务智能化，加快将大众客户低附加值服务由以往的“柜面化、低效化”向“自助化、智能化、标准化”转变，引导这些客户使用体验更好、效率更高、成本更低的服务渠道。要推进网点内多渠道服务集成，促进自助渠道、线上渠道与网点渠道在客户拓展、服务交付、业务处理等方面的一体化联动。要加强人机交互服务过程中的人工介入和全程帮助，做好客户培育和辅导，有效解决客户因不会用、不习惯用而不愿用、不喜欢用的问题。要加快自助服务设备界面友好性建设，尤其要针对老年客户开发自助设备专享界面，为老年客户提供功能简单的友好服务界面，为其创造便捷的操作体验。要提高客户识别引导的精准率，充分尊重客户对服务渠道选择的自主权。要围绕交易无纸化、填单简单化、操作简明化实施服务运营流程改革，加快推进网点交易流程优化和构件化改造，重构网点高频组合交易，简化柜面业务受理和处理环节，提高柜面业务服务效率。要应用智能化客户管理技术解决方案，基于网点WiFi和LBS（基于位置的服务）项目的实施，推广预约服务，提高网点跨时空客流管理能力。我最近走访了一些网点，网点对WiFi的反映很好。有了WiFi后，客户可通过浏览网页来打发时间，缩短客户对等候的心理感知时间，还可以更好地促进电商平台在网点的落地营销。而且，建设费用不大。今年总行下决心要实现全行1.6万多家网点WiFi全覆盖。

三要适应移动化发展趋势改进线上渠道服务体验。要加快新一代开放式电子银行平台建设，逐步推进业务展现电商化和网上理财个性化，努力为客户提供开放化、个性化的线上服务体验。要改版手机银行关键业务流程及服务界面，为客户提供更加易用、便捷、愉悦的应用体验，提高手机银行客户的渗透率和活跃率。要加快移动金融和电商平台在网点的落地建设，依托融e购、融e联、融e行等移动金融产品，打造“金融+生活+商务”的全方位服务平台，建设一个能有效拓展客户、深化客户关系、提高客户活跃度的服务生态系统。要通过多渠道融合发展，推进金融服务与生活服务的联动，打通营销服务场景与客户生活场景，实现客户一个端口进来、金融与生活一站式解决。总行今年将重点针对新渠道使用情况进行客户调研，寻找体验痛点，发现改进方向，开展主动改进。

（三）实施“两项标准化”，为客户提供One ICBC的服务环境体验。行内外客户满意度调查结果均表明，影响客户满意度提升的一个重要因素是功能和业态相同的网点之间服务体验的差异性较大，这种差异性主要源于服务流程的不一致和服务便利设施的不一致，必须加以改进。

一要实施网点服务流程标准化建设。服务流程是软环境的重要内容。要分业态制定网点柜员、大堂经理、客户经理等岗位的服务流程，明确各岗位服务内容、服务规范、质量要求，提高各岗位基础服务的规范化和标准化水平。要根据客户动线，建立网点岗位联动服务流程，明确各岗位在识别引导、接触营销、业务处理、关系维护等方面联动服务的标准和要求，实现对客户服务全覆盖和联动无缝隙。

二要实施基本服务设施标准化管理。总行正在抓紧制定物理渠道建设管理规定。各行要组织做好落地实施，逐步对客户意见簿、填单模板、分区服务标识等便民服务设施以及员工服装进行统一和规范，切实改变当前“千个网点千个样”给客户带来的不尽一致的视觉体验。

（四）完善“五个机制”，狠抓升级投诉管理，提高客户的诉求解决体验。要以提高各级机构在第一时间解决客户诉求的能力为重点，健全投诉管理机制，狠抓升级投诉管理，为客户创建受重视、响应快、处理好的诉求解决体验。

一要强化客户投诉批量解决机制。刚才信用卡中心交流的批量压降投诉做法值得在各业务条线推广。总行今年将继续梳理一批客户反映比较集中的突出问题，组织从制度、流程、产品、平台等方面进行源头治理。各行要抓好整改落实，从制度执行、业务操作等方面进行配套改进，总分行一道，推进对突出问题的统筹解决和客户投诉的批量压降。要针对当前理财产品销售中存在的问题，组织开展理财产品销售投诉专项治理活动，压降销售不规范而引发的客户投诉。

二要落实网点服务纠纷首问负责制和投诉处理支行行长最终责任制。要明确首问人的职责和权限，清晰首问负责时限和质量等方面的标准并在网点公示，接受广大客户的监督，确保首问负责制落到实处。要强化支行行长对投诉最终处理的职责，建立权益类投诉报告机制，严格最终责任制未落实的惩处要求。要积极探索辖内网点与“95588”中心对客户投诉的联动处理模式，实现对客户拨打“95588”反映网点权限内服务问题的及时响应和高效处理，确保将投诉解决在当地、解决在当时。

三要完善投诉小额补偿解决机制。要前移投诉处理关口，对金额较小、银行与客户责任一时又难以清晰界定的复杂疑难投诉，按照《小额补偿管理办法》，积极运用小额补偿机制，进行快速解决。在这里作一澄清说明，一些基层机构对运用这一机制顾虑较多，担心会被内控合规部门作为违规行为而进行积分。实际上，小额补偿机制应用情况虽纳入总行内控合规检查，但仅对个别机构、个别员工一段时期内高频率运用且累计补偿金额较大的异常行为纳入违规积分管理。

四要健全“客户之声”大数据分析整改机制。要完善“客户之声”定期分析制度，至少每个季度对“95588”落地工单进行一次分析挖掘。要建立分析整改机制，将发现的问题及时分解落实到相关业务部门和分支机构，督导整改落实。总行今年将对“95588”落地工单进行标准化管理。各行要认真落实总行工单标准化管理要求，加强工单回复管理，以更有效的事后监督，防范投诉处理弄虚作假行为。

五要严格升级投诉考核惩处机制。今年总行将调整投诉考核重点，突出对监管部门、外部媒体受理的投诉及“95588”受理的二次投诉等的考核。各行要将管理的重点转到客户首次投诉的及时稳妥处理上来。要强化对投诉升级的惩处，对引发声誉风险的，严肃问责处理。

（五）以先进和典型引路，塑造良好的服务口碑。北京分行以千佳创建为抓手全面改进服务品质的实践证明，品牌就是凝聚力，口碑就是生产力。要积极借鉴这一做法，以先进和典型引路，确立标杆，强化宣传，形成口碑。

一要开展网点服务评级体系建设。从浙江分行刚才介绍的做法来看，分层次打造服务标杆，为客户构建更加多元化、更加有层次感的服务体验是解决当前服务工作不平衡的有效手段。要在全行组织开展网点服务评级体系建设，分业态打造一批总行级、省行级和二级分行级优质服务网点，推动网点服务提级增效。网点服务等级实行滚动建设、年度评定、动态管理，力争用3年时间在全行打造1 000家总行级、2 000家省行级、3 000家二级分行级优质服务网点。要将网点服务评级体系建设与网点经营绩效、一线员工职业发展等挂起钩来，与百千佳创建工作结合起来，与强化服务督导管理协同起来，切实把这项工作抓细、抓实、抓好。

二要创新服务口碑社交化传播方式。自媒体时代客户之间通过社交方式对服务经历、服务产品等进行众传播，会对银行口碑产生重要影响。我行正在推出的“融e联”是开展服务口碑社交传播的好载体。“融e联”今年将拓展用户2 000万户，会带来很好的传播效应。要借助“融e联”构建服务口碑社交化传播新模式。一是强化对客户意见建议的实时响应和反馈。要加强“融e联”与网点的一体化联动，实现对客户通过“融e联”反映的服务问题和纠纷抱怨等的实时响应和迅速反馈，给客户创造“银行真正关心我”的良好服务体验。二是主动传播服务正能量。要依托“融e联”服务信息发布功能，组织各机构积极向客户推送本单位在优质服务工作方面的特色、亮点和成果，传递正能量，同时通过点赞有奖、转发有奖的形式，鼓励和引导客户将正能量扩散出去，一传十、十传百，使特色服务品牌在客户心中落地生根。

三要继续坚持服务恶性事件零容忍。恶性服务事件对我行服务口碑和服务形象的损害是无法估量的。不发生恶性服务事件，是工商银行对客户最基本的承诺，也是建设人民满意银行最起码的要求。要进一步严明红线不能碰的服务纪律，对服务恶性事件保持高压、严控、重惩的管理态势，教育和督导全行恪守服务底线，加大不规范服务行为曝光力度，严查重处当事人，并严肃追究有关管理者的责任。

同志们，当前服务工作正进入新常态，任务更加艰巨繁重。全行既要坚定信心，保持定力，以钉钉子精神夯实服务基础，又要直面困难，开拓进取，以创新思维抢占服务高点，努力开创服务工作新局面。

在诉讼案件管理工作座谈会上的讲话

谷　澍

（2015 年 4 月 23 日）

今天这个座谈会开得很好，很有必要。刚才，10 家分行总结了近两年诉讼案件管理工作情况，分析了当前诉讼案件面临的新问题新挑战，研讨了下一步工作思路和举措，很有意义。下面，我讲三个方面的意见。

一、近两年全行诉讼案件管理工作回顾总结

2013—2014 年，全行诉讼案件管理工作取得了显著成绩。全行法律部门通过诉讼、仲裁、执行等法律手段收回各类资产 227.33 亿元，占全行近两年不良资产现金清收和以物抵债总额（不含批量转让）的 40%；其中收回现金 212.35 亿元，占收回资产的 93.41%。法律部门还积极参与各分行不良贷款批量转让工作，共对 558 亿元的批量转让项目进行尽职法律审查，全程参与项目谈判，审定贷款权益转让合同，妥善处理相关法律事务工作，为有效改善全行资产质量、提高经营效益作出了显著贡献。同时，全行法律部门处理各类被诉案件 3 927 件，涉及被诉金额 43.75 亿元，通过妥善应诉处理，我行胜诉 1 440 件，避免经济损失金额 15.45 亿元，避免损失率（占全部已决案件金额的比例）达 84.38%，有效维护了我行合法权益。全行诉讼案件管理工作之所以取得很好的成绩，总结相关工作经验，我认为主要有以下几个方面：

（一）把加强法律清收工作放在法律事务工作的重要位置。

一是各行领导非常重视法律清收工作，从组织领导、工作实施等方面给予大力支持。有的分行领导亲自挂帅清收，结合本行实际情况研究制定切实可行的清收工作计划；有的分行领导注重调动各种有效资源，全程参与重点不良户及大额不良贷款的法律清收工作；有的分行领导深入基层调研，现场研究解决法律清收工作中存在的问题和困难，确保法律清收工作任务顺利完成。自去年 9 月以来，各行抓住最高人民法院开展“转变执行作风、规范执行行为”专项活动这一有利时机，按照总行部署和要求，认真组织开展执行积案清理专项活动，将这次专项活动作为“一把手”工程来抓，成立由行领导负责的专项活动领导小组，主动加强联系执行法院，集中调配行内外有效资源，落实工作责任和目标，将专项活动落到实处。截至今年 3 月底，专项活动开展 7 个月以来，累计收回 30.21 亿元，占全国金融机构执行收回（151 亿元）的 20%，其中现金收回 27.91 亿元，占比 92.38%，取得了显著的阶段性成果。

二是认真落实总行对重点关注行、亿元大户和账销案存资产法律清收的督办要求。近几年，对未执行余额靠前和执行率较低的分行，总行每年将其列为起诉案件管理重点关注行，这些分行按照总行督办要求，认真研究制定加强执行工作方案，采取有效措施，加大法律清收力度，胜诉案件执行工作明显改进。例如，2014 年浙江、广东、安徽三家分行分别执行收回 22.81 亿元、9.51 亿元和 9.38 亿元，排名全行前三位。各行按照总行要求，对 43 户、96.66 亿元胜诉未执结的亿元以上大户实施动态名单制管理，累计收回金额 32.53 亿元，部分长期未能执行的案件取得了重要突破。加大账销案存资产法律清收力度，通过对账销案存资产进行筛选清理，及时采取清收措施向账销案存资产要效益。近两年运用法律手段清收账销案存资产 1 800 多笔，收回资产 15.53 亿元。

三是着力加强起诉案件管理工作。通过诉讼案件管理系统实现起诉案件审批信息化管理，对风险突发、情势紧急的起诉案件，建立起诉案件绿色审批通道，确保抓住诉讼时机和取得诉讼效果。注意分析典型诉讼案件反映出来的风险隐患，向业务部门作出风险提示，并协助修改完善相关业务规章制度和操作流程，从根源上避免法律风险。近两年，全行法律部门共办理起诉案件 37 819 件，起诉总金额 1 036.08 亿元，超过 70% 的案件都由我行法律人员自行代理，按照法律服务市场价格测算，节省律师代理费大约 15 亿元。

（二）把加强被诉案件风险防控作为依法维护我行合法权益的重要手段。

一是对重大被诉案件实行名单制管理。将被诉金额 1 000 万元以上和可能对我行声誉造成负面影响的被诉案件纳入重大被诉案件名单管理，涉案分行对此项工作高度重视，根据总行要求，成立专案工作小组，由行领导亲自督导，逐案制定完善应诉方案和声誉风险专项应急处理预案。总行和各行法律部门对纳入名单制管理的

案件实行全流程管理，实行专人负责，对被诉案件金额较高、风险较大的分行开展现场或视频指导和督办。2014 年，纳入名单制管理的重大被诉案件共结案 17 件，其中胜诉 13 件，避免损失金额 2.41 亿元。

二是妥善处理重大疑难被诉案件。全行法律部门通过内外协调和上下联动等多种措施，妥善处理应诉工作中遇到的各种难题，在多起重大、疑难或敏感的被诉案件中获得完全胜诉，成功化解了可能给我行造成的经济损失和声誉风险。例如，淄博某国际贸易有限公司诉山东淄博分行信用证纠纷案，在总行和山东分行指导下，淄博分行加强与对方当事人的沟通工作，促使对方当事人撤诉，我行避免损失金额 9 136 万元。又如，某信托诉吉林延吉宏银支行信托贷款纠纷案，经总行和吉林分行上下联动，积极应对，促使法院一审、二审和再审均驳回该信托有关诉讼请求，避免损失 4 887.69 万元，维护了我行合法权益。

三是重视防控民间借贷引发的被诉风险。针对全行因民间借贷引发的被诉风险高发态势，总行制定印发《民间借贷引发的被诉案件应诉工作指引》，并向最高法院反映民间借贷当事人向银行转嫁风险有关情况，联合农行、中行和建行法律部门向最高法院报送专题报告，建议最高法院切实维护商业银行合法权益，引起最高法院高度重视。例如，黄某诉厦门前埔支行民间借贷纠纷案，经总行和厦门分行积极争取和努力协调，最高法院撤销福建省高院一审前埔支行完全败诉判决，二审改判我行完全胜诉，避免经济损失 6 506 万元。

四是积极防控化解劳动争议被诉案件风险。针对一些协解人员、内退人员由上访转而通过法律手段维权新情况，总行指导各行进一步重视和加强劳动争议被诉案件风险防控工作，全面排查我行败诉但未执结劳动争议案件风险隐患，采取有效措施妥善化解涉访劳动争议案件。有的分行通过加强与劳动仲裁机构、法院和社保机构沟通等工作，争取其对我行劳动用工改革的理解和支持。有的分行法律、人力和办公室等部门密切配合，从政策、法律等方面指导分支机构化解劳动争议纠纷。例如，谢志英等 120 余名内退人员诉总行、四川分行、绵阳分行和雅安分行群体性劳动争议纠纷案，在总行法律部指导下，经四川分行积极应对，当地劳动争议仲裁委员会已裁决驳回谢志英等人的仲裁申请，我行仲裁阶段胜诉。

（三）把建立健全相关工作机制作为提高诉讼案件管理水平的重要抓手。总行从积极防控诉讼风险角度出发，根据诉讼案件管理工作需要，修订完善诉讼案件管理制度，构建统一、规范的诉讼案件管理工作机制，进一步提升诉讼案件精细化管理程度，不断提高诉讼工作成效。各分行根据总行的制度办法，结合实际制定相应的规定或实施细则，全行诉讼案件管理工作的制度化和规范化水平不断提升。例如，建立健全重要被诉案件快报机制，对重要的被诉案件实行全流程管理，分行在得知案件有关情况后 24 小时内上报总行，并迅速采取必要措施妥善防控相关法律风险；建立起诉案件月度分析报告制度和重要起诉案件及时报告制度，各分行按月分析报告起诉案件情况，并及时报告可能对我行产生重大声誉风险或法律风险的起诉案件，提高起诉案件监测精细度；强化诉讼案件审批管理机制，对于超过分行处理权限的诉讼案件，各分行在案件请示中合理评估预测起诉案件胜诉执行率以及被诉案件败诉风险大小，全面报告风险形成原因等情况。同时，建立总行审批诉讼案件台账，按“谁审批、谁负责”原则，全过程跟踪案件进展情况，督导分行提高诉讼案件管理工作质量；建立被诉风险重点关注行督办制度，督促指导有关分行采取有效措施防范和化解被诉风险，取得良好效果。

（四）把创新相关工作方法作为强化诉讼案件管理的有效途径。有的分行与当地高级人民法院开展试点合作，运用实现担保物权制度提高清收效率。近两年，浙江、辽宁等 18 家分行申请实现担保物权案件 945 件，涉及金额 71.77 亿元，成功收回 27.24 亿元，切实提高了法律清收效率。有的分行推广诉前送达地址确认制度，大幅缩短诉讼周期，有效解决因债务人下落不明情况下公告送达时间长的法律难题；有的分行积极利用抵押物强制执行“直通车”制度，集中执行一批抵押物，取得良好效果；有的分行借助司法力量加大催收力度；有的分行利用网络方式查找被执行人财产供法院执行。例如，深圳分行利用深圳中院“鹰眼查控网”，查找被执行人各类财产信息，效果显著。

同时，全行法律部门还注重创新风险预警机制，强化诉讼风险事前防控工作，全面监测起诉和被诉案件情况，深入研究归纳诉讼案件反映的突出风险问题，及时向各级行管理层报送诉讼案件情况报告，并在辖内通报诉讼案件情况。对于诉讼风险较为突出的信用风险、信贷业务管理问题，印章印鉴管理、个人客户身份识别等重点业务环节，以及存款、贷款、担保等重点业务领域诉讼案件反映的风险隐患，主动向辖内分支机构和业务部门发送风险提示函，提出风险防控意见和建议，促使辖内分支机构和业务部门及时堵塞漏洞；对于应对得当、处理成功的诉讼案件，还通过编发典型诉讼案件参考等方式进行通报，对分支机构强化依法合规经营意识，提高依法经营管理水平起到了积极作用。

二、当前诉讼案件管理工作面临的问题与挑战

（一）不良贷款双升使法律清收工作任务更加繁重。当前，我国经济处于“三期叠加”时期，经济下行压力较大，一些行业和企业的风险问题持续暴露，加之社会上存在的非法集资、民间借贷、担保圈等因素影响，外部风险极易向银行传染渗透。在此背景下，近年

来我行不良贷款出现双上升，剪刀差扩大，因信用风险而引发的起诉案件无论是数量还是金额都有显著增长，在贷款劣变趋势短期内难有缓解情况下，预计全行起诉案件高发态势将会持续一个时期，诉讼案件管理工作面临较大压力。其中，以下两个特点值得关注：

一是起诉案件数量及金额继续呈高发态势。自2012年起，法律清收起诉案件发案件数和金额逐年大幅增加。2014年，全行新发生起诉案件共20 966件，起诉总金额642.76亿元，比2013年起诉总件数（16 853件）和总金额（393.32亿元）分别增长24.41%和63.42%，其中主要是贷款类起诉案件，发案金额占总金额的92.13%。从起诉案件金额看，浙江、上海、江苏、福建和广东分行2013—2014年发案金额总计558.61亿元，占近两年全行起诉总金额的53.92%。从同比增幅看，北京、福建、山西、黑龙江、河南、甘肃、广西、四川、辽宁等9家分行2014年发案件数同比增幅超过100%；陕西、云南、新疆、湖北、广西、四川、重庆等15家分行2014年起诉金额同比增幅超过100%。

二是胜诉案件执行应收余额较大，执行率较低。截至2014年末，全行胜诉案件执行应收余额346.69亿元，较2013年末增加113.62亿元，增幅48.75%。2013年和2014年胜诉案件执行率分别为31.39%和25.83%，执行率处于较低水平。由于待执行金额基数大、案情复杂，2014年起诉案件增多，审结案件数量也相应增加等原因，今年的胜诉案件执行工作将面临更大压力。上海、山东、江苏、福建、浙江等5家分行胜诉案件执行应收余额均超过20亿元，占全行应收余额的41.63%，未来一段时间法律清收压力较大。福建、湖南、北京、上海、甘肃、厦门、新疆等分行执行率低于10%，应引起进一步重视。

（二）内部操作风险和外部欺诈等风险因素叠加使被诉案件风险化解难度加大。近两年，在宏观经济下行压力增大和外部风险向银行传导冲击加剧等外部因素的影响下，一些分支机构在经营管理中发生的操作风险、声誉风险、道德风险、信用风险等方面的问题不断出现，并转化为被诉案件，全行被诉案件风险防控任务十分艰巨，主要表现为：一是全行未决被诉案件金额连续三年上升。截至2014年末，未决被诉案件金额（25.55亿元）比2013年末增加5.49亿元，增幅为27.38%，达到2009年以来最高水平。二是操作风险事件是被诉且败诉的主要原因。近两年，因分支机构和工作人员依法合规意识不强、操作不当、违规操作、内部欺诈、未履行法定或约定义务等操作风险事件导致被诉且败诉案件948件，败诉金额2.77亿元，分别占全行败诉案件件数和金额的93.12%和96.26%。三是不法分子盗转客户大额存款问题引发的被诉案件高发。2014年，各行报告发生百万元以上存款类被诉案件21件，被诉金额合计1.59亿元，平均单个案件被诉金额756.83万元。这些案件往往涉及员工犯罪、内外勾结或未能有效防控外部欺诈等操作风险问题，特别是一些案件中我行办理业务存在瑕疵，被法院认定存在过错，败诉风险较高。四是民间借贷、“飞单”问题引发的被诉案件防控压力较大。截至2014年末，全行尚有未审结民间借贷引发的被诉案件51件，被诉金额4.25亿元。今年初，湖南分行“飞单”事件暴露，涉及多个机构和不少员工，情况复杂，已有个别投资人起诉我行要求赔偿损失，大部分投资人正通过信访、闹访等方式维权，尽管尚未对我行提起诉讼，但潜在被诉风险不容忽视。

与此同时，外部欺诈引发的诉讼案件应对处理难度增加。随着融资方式的多元化和欺诈手段的隐蔽化，一些融资人利用商品融资、信用证等业务特点，通过以次充好、擅自处置抵质押物，或伪造单据、虚构交易等方式骗取银行信用，恶意向我行转嫁风险，引发贷款风险和诉讼风险。此外，近年来银行面临的外部欺诈呈现出由传统业务、传统手段向新产品、新业务延伸趋势，不法分子不但通过伪造银行卡、印鉴印章等手段欺诈，还在互联网金融、理财等新业务领域，通过诱骗客户不当使用网银电子密码器、第三方支付等新型手段欺诈，甚至引诱我行员工参与民间借贷等进行业务违规操作。2014年，全行发生外部欺诈引发的被诉案件593件，被诉金额4.62亿元，分别占当年全部新发被诉案件件数和金额的41.61%和32.79%。不法分子诈骗手段升级，涉及业务领域越来越多，对我行如何加强外部欺诈防控机制建设，有效防控外部欺诈风险和应对相关诉讼案件提出了挑战。

（三）金融创新和经营转型对诉讼案件管理工作提出更高要求。金融创新在带来新的盈利增长点的同时，也加大了风险管控难度，由于缺乏相应的法律法规和监管规范，涉及信托、证券、保险等部分创新产品、新业务法律关系不清晰，法律和监管规定不明确，法律责任难以有效判断，应对处理难度加大。特别是互联网金融可能引发的被诉风险值得关注。2014年，此类被诉风险呈现快速增长态势，全年新发案件50件，被诉金额1 756.72万元。其中，46件涉及外部欺诈因素，被诉金额1 515.75万元，占比分别为92%和86.28%。案件多涉及第三方支付、快捷支付、信用卡无卡收单、超级网银和银商银权转账等多项业务，风险点较为分散且难以把握。由于公安机关未能侦破刑事案件或无法将客户资金追回，个别客户甚至否认被骗事实，为挽回损失起诉我行。在互联网金融交易模式下，业务全面电子化、网络化、数字化，一些业务银行无法留存客户签字或盖章，银行举证难度较大，一旦客户提起诉讼，我行则面临较大法律风险。例如，逸贷创新业务可通过网上银行、手机银行、短信银行、POS等各种快捷渠道实时、联动办理贷款，简化了贷款流程，提高了效率，但我行在相关诉讼中也面临着电子证据的保存、调取以及证明力等方面的法律问题。

（四）消费者权益保护新形势使被诉案件管理工作面临新挑战。近年来，随着监管部门对消费者权益保护工作愈发重视，行业协会对消费者的帮扶力度不断加大，以及消费者维权意识明显增强，被诉风险防控的难度也明显增加。有的消费者一旦认为自身权益受损，往往不是采取投诉或协商方式，而是直接向法院起诉银行，导致近期相关被诉案件大幅上升。例如在 2014 年，消费者维权诉讼就分别占我行全部被诉案件件数与金额的 86.88% 和 43.83%。近年来智能手机和移动互联逐渐普及后，有的消费者在起诉银行的同时还通过网络论坛、微博微信等表达诉求或宣泄不满，这种单方信息不仅容易在短时间内大范围传播，引起媒体和社会公众的广泛关注，甚至还会引发部分客户与银行的情绪对立，形成法律风险、信访风险和声誉风险交织的更复杂局面，进而对银行应诉造成更大压力。

三、做好诉讼案件管理工作的几点要求

（一）进一步加强不良贷款法律清收工作。针对当前企业信用风险大量暴露、银行贷款劣变趋势短期内难有缓解的情况，各行要高度重视运用法律手段清收处置不良贷款，围绕压降不良贷款这一中心工作，建立健全不良贷款法律清收工作机制，积极整合内外部资源，打造良好畅通的法律清收通道。各行领导要亲自抓，对信贷风险高发行、高发领域加大法律清收资源支持。法律部门要提前介入逾期贷款风险化解工作。要推广运用实现担保物权制度收回不良贷款相关经验和做法，创新不良贷款清收新途径，扩大法律清收成果，为改善全行资产质量作出新贡献。

执行积案清理专项活动是今年全行法律部门的一项重要工作，为各级行法律部门和法律人员提供了施展专业才能、创造工作业绩的平台。目前，全行执行积案清理专项活动已取得阶段性成果，在专项活动剩余不多的时间内，各行要按照总行有关工作部署和要求，进一步增强责任感和紧迫感，提高工作主动性和有效性，充分调动和运用各方面有效资源，集中力量，抢抓时机，共同努力，克服困难，争取积案清理专项活动取得更大成果。

要进一步加强起诉案件管理，围绕全行不良贷款清收目标，最大限度实现诉讼效益。法律部门要与信贷与投资管理、公司金融、个人金融、银行卡等业务部门建立联动机制，提高对突发风险、潜在风险和重点关注贷款风险的响应速度。充分发挥诉讼案件授权审批的风险防控和效益优先作用，大力提高起诉案件审批工作质效。积极主动与人民法院协调沟通，对我行起诉案件争取做到资产“保全快”，案件“立案快、审理快、执行快”，努力破解执行难问题，不断提高胜诉案件执行率。充分发挥仲裁相较诉讼程序审理周期短、程序简便、保密性好、专业性强等优势，加快案件审理和执行。

（二）进一步重视和加强被诉案件风险防控工作。当前，全行未决被诉案件金额较高，被诉案件风险防控压力较大，而且被诉案件反映出一些分支机构在经营管理活动中存在许多风险隐患。各级行要高度重视和加强被诉案件风险防控工作，不断完善被诉案件应对工作机制，有效防控和化解被诉风险。各级行要建立健全法律事务部门和业务部门的联动和配合机制，明确被诉风险防控目标，合理划分职责分工，落实工作责任。被诉案件发生后，相关业务部门要从核查案件基本情况、收集证据材料、制订完善应诉方案等方面，积极配合法律事务部门做好被诉案件处理工作，协调一致对外应诉抗辩。对有关部门相互推诿导致被诉案件败诉的，要严格按照总行有关规定追究责任，对有关责任人员进行严肃处理。

总行法律部已对全行被诉金额 1 000 万元以上、经媒体报道对我行造成较大声誉风险和社会负面影响等重要被诉案件实行名单制管理，实行专人负责，并开展现场指导和督办。各行要按照总行要求，做好重要被诉案件名单制管理工作，分管行领导要负责督办，法律部门要指导和帮助案发行有效解决应诉工作中遇到的困难和问题。要将辖内被诉案件风险排名前列的分行列为重点关注行，发送督办函要求相关分支机构认真分析被诉风险产生原因，研究制订加强被诉风险防控工作方案，采取有效措施降低和化解被诉风险。

各行要下大力气重点做好涉及大额存款被盗、涉外保函、信用证和民间融资、“飞单”等问题引发的等重大、敏感被诉风险防控工作。这几类案件受经济形势影响较大，在经济新常态下这些案件有可能继续高发。各行要加强开户风险源头控制，根据个人存款实名制规定，严格做好对来人和资料真实性、合法性的鉴别工作。严格执行网银注册和 U 盾发放“本人办、交本人、本人签”原则，确保 U 盾交给本人，严防不法分子盗转客户存款。要注重保函和信用证的独立性原则，按照国际惯例和协议文本进行偿付，并谨慎处理保函和信用证项下有关诉讼，避免我行境外机构被无端卷入诉讼，维护良好国际声誉。高度关注民间融资、“飞单”事件以及潜在被诉风险，法律部门要协助相关部门力争在被诉案件发生前妥善解决纠纷，同时，为可能发生的被诉案件做好应诉准备，避免被动应诉。

各行要发挥好调解、和解机制在化解纠纷方面的作用，对于我行确有过错、败诉可能性较大案件，要从维护我行声誉角度出发，主动与对方当事人调解或和解，最大限度减少我行经济损失，避免发生声誉风险事件。

（三）进一步加强从源头防控和化解诉讼风险工作。对于起诉案件反映出的贷前调查、贷中审批、贷后

管理以及贷款担保方面存在的信贷业务操作风险和信用风险管理问题，各行法律部门要及时作出风险提示，协助和配合相关业务部门认真分析研究并采取改进措施，从源头上防控贷款风险。

对于当前被诉案件风险较高的存款、担保、贷款、中间业务和银行卡等业务领域，各行法律部门要认真做好相关业务法律咨询审查工作，堵塞业务漏洞，切实加强事前法律风险防控工作。

要密切关注和监测新产品、新业务可能引发的诉讼风险，提前介入纠纷处理，努力避免案件发生和财务损失。加强对重点业务领域、重点业务环节引发的被诉案件的监测分析，及时发现被诉案件反映出的业务漏洞和风险隐患，有效识别业务潜在风险，通过向管理层报告、通报、风险提示函、召开案件分析会等形式，主动提示风险，推动业务部门及时采取整改措施消除风险隐患，努力前移被诉风险防控关口。

在处理被诉案件过程中，相关业务部门和法律部门要注意监测声誉风险，相互配合做好声誉风险防控工作。对于可能引发声誉风险的被诉案件，要制订应急预案，明确职责分工，及时有效地开展媒体协调沟通工作，防止被诉案件引发声誉风险。

（四）进一步做好司法机关网络查控协助执行工作。近几年，我行积极支持配合人民法院等司法机关利用信息科技手段开展案件当事人财产网络查控工作。目前，我行 25 家分行先后建成投产和运用“点对点”网络执行查控系统，协助当地高级法院开展网络查询和冻结。总行网络执行查冻扣一体化版本于 2014 年 11 月正式投产，并顺利为最高法院指定的北京、黑龙江、福建三个试点地区法院办理网络查控 28 192 笔。我行工作获得最高法院、银监会及银行业协会充分肯定，最高法院专门来函致谢，称我行率先投产网络执行查控系统统一版本，在全国、全行业起到引领示范作用，树立了良好社会形象。

各行要切实做好与人民法院“点对点”网络执行查控系统投产应用工作。已投产网络执行查控系统的分行要充分利用这一系统配合各地法院做好网络查冻扣工作，尚未投产的分行要积极与当地高院沟通联系，争取尽快投产。各行要以此为契机，深化与当地法院的合作，争取法院加大对我行不良贷款清收等工作的支持力度。根据银监会、公安部要求，我行正在研究探索与公安机关开展网络执行查控合作，下一步将布置各行做好落实推进工作。针对我行协助法院等司法机关实施网络查控的新情况，总行要尽快修订完善协助执行有关制度办法，规范各级机构协助执行工作模式和职责分工，优化改进协助执行工作流程。

（五）进一步加强法律专业队伍建设和基层行诉讼案件管理工作。法律专业人员是做好法律风险防控工作的人力资源基础。各行要高度重视和加强法律专业队伍建设，及时充实法律专业人员队伍，做好法律专业人员的储备和培养工作，充分发挥法律专业队伍在处理诉讼案件、维护我行权益和支持发展创新等方面的重要作用。要建立法律专业人员队伍台账，健全法律专业人员流动机制，拓宽法律专业人员职业发展空间。特别要强化二级分行法律风险防控职责，加强二级分行法律队伍建设，配备必要的专职法律人员从事诉讼案件管理工作。要结合宏观经济形势、业务发展创新和法律风险状况，充分利用行内外各种学习培训资源，通过现场培训、视频培训等形式，加强法律人员业务培训，不断提高法律人员的业务技能和专业素养。需要强调的是，基层行发生诉讼案件后，当事行要承担案件管理第一责任，认真履行案件处理职责，不得消极应对，更不能“新官不理旧账”，使案件久拖不决。对于不尽职尽责造成损失的，要按照规定严肃追究有关人员的责任。

（六）进一步加强客户投诉管理工作。全行客户投诉管理工作已由总行渠道管理部移交至法律事务部，这是法律事务部门新增加的一项重要职能，也是消费者权益保护范畴的合理延伸，更与被诉案件风险防控有紧密联系。各行要加强与监管部门的沟通协调，努力争取对我行客户投诉管理工作的理解、指导和支持。要抓紧完善和落实首诉处理工作机制，争取在客户首次投诉时就化解相关问题，避免升级为二次投诉、信访甚至引发诉讼案件或媒体炒作。要结合当前消费者权益保护新要求和客户投诉管理存在的不足，有针对性地开展相关业务培训，切实提高客户投诉管理工作水平。

严格评价标准　坚决遏制风险
扎实做好内控评价暨回头看工作

——在内控评价暨“两加强、两遏制”回头看工作启动会上的讲话

谷　澍

（2015年9月14日）

今天，受易会满行长委托，组织召开内控评价暨“两加强、两遏制”回头看工作启动会，目的是针对即将开展的内控评价和“两加强、两遏制”回头看两项重点工作进行动员和部署。下面，我讲三点意见。

一、内控评价暨回头看检查工作的重要意义

近年来，通过全行特别是内控合规专业同志们的共同努力和辛勤工作，内控评价工作取得了显著的成效，有效地促进了内控合规体系的建设和发展。这项工作作为内控合规条线的一项品牌工程，已经成为全行贯彻落实科学发展、从严治行理念，落实“严密监测、严格核查、严肃整改、严厉问责”要求、突出过程控制、完善内控体系、加强合规管理的强有力抓手。在当前内外部各类风险交织频现、资产质量劣变形势严峻的经营环境下，今年的内控评价工作不同于以往，不仅要更高质量地完成好内控评价，还增加了对“两加强、两遏制”回头看检查，工作的压力更大，任务更艰巨。

（一）要认清形势，增强工作责任感。经济新常态下，经济下行和结构调整中潜在风险不断传导到金融领域，银行信用风险呈现集中爆发态势，内外部风险的冲击愈演愈烈，商业银行面临着“风险形态频繁翻新、内外勾结层出不穷、案防难度显著增大、摸底排查亟待加强”的新形势，内控案防态势之严峻是我行股改上市以来没有过的。从全国来看，2014年公安机关立案侦查的金融犯罪达6.6万起，同比增长139.2%，其中非法集资发案数量、涉案金额、参与集资人数等大幅上升，同比增长200%左右，达到历年峰值，涉及全国31个省份和87%的地市，投资理财、P2P网络借贷、房地产、私募股权投资等领域风险暴露突出。而且，从目前来看，这种高发的态势还在延续。从我行来看，2014年全行案件风险率超过银监会腕骨监管指标，截至今年8月末，已发生案件和重大风险事件26起，同比上升32%。其中，按照银监会统计口径向监管部门报送的内部案件和案件风险分别达到5起和8起，给我行带来较大资金损失和声誉风险。我们应该清醒地认识到，全行内控案防管理形势已然不是“山雨欲来风满楼”，当前乃至今后一段时期，可能要迎来一轮“暴风骤雨”般的风险冲击，不是说“山雨欲来”和“风雨欲来”，而是已经来了，很可能会出现信用风险、市场风险、操作风险紧密交织、蔓延扩散的局面，内部控制的理念意识、制度办法、机制流程、系统手段都将接受经济下行压力较大形势下更加严峻、现实的考验。

面对复杂多变的形势，监管机构在资本监管、流动性监管、行为风险、反洗钱管理等方面也都采取了更加强有力的监管干预和制裁措施，监管关注的范围进一步拓展，监管制裁的力度显著提升，监管处罚的风险日趋上升。其中，银监会和证监会分别于2014年发布了《商业银行内部控制指引》和《企业年度内部控制评价报告的一般规定》，明确提出希望通过深入开展内部控制及评价，进一步夯实银行的管理基础，遏制案件和风险事件的高发态势。此外，根据国务院领导同志的要求，银监会于近期部署了“两加强、两遏制”回头看检查工作，进一步遏制当前的案件风险反弹势头。这对全行从宏观金融监管政策角度，把握好内控评价及回头看检查的方向和重点，从严从细从实贯彻好外部监管要求，夯实全行内控基础管理工作提出了更高的要求。

面对新的形势、新的要求，总行研究决定，要充分发挥我行连续十余年开展内控评价的组织优势和机制优势，将“两加强、两遏制”回头看与本年度内控评价工作有机结合，在全行范围内组织一次高规格、全覆盖、严标准的内控评价暨回头看检查。这不仅是对各个评价组的重要考验，也是对被评价行的重要考验，对此，全行必须统一思想，提高认识。

（二）全力以赴，着力完成三项工作。这次内控评价暨回头看工作，涉及面广、量大、情况复杂、标准高，重点要完成三项工作任务。

一是全面体检，对照标准排除隐患。面对经济新常态、金融新常态、监管新常态，要通过内控评价暨回头看这个抓手，有效落实已发现问题的整改问责，严防民间借贷、非法融资等外部侵害向银行体系蔓延传导，严

查员工与外部串通合谋、勾结作案，严防信贷领域外部骗贷、内部违法放贷，严控柜面业务违规问题的屡查屡犯。要加大对前期检查发现问题的整改和问责力度，做到“严肃认定一批、严厉处罚一批、严格通报一批”。要持续完善内部控制制度，积极主动应对信用、市场、操作、声誉等风险。要通过此次内控评价暨回头看检查，对全行内控案防机制进行一次全面的“健康体检”，健全完善各类风险的控制、监督及化解机制，降低操作风险隐患，切实遏制案件高发、频发的态势。

二是科学排队，查找差距补足短板。内控评价不同于一般审计检查项目，核心区别就是不仅要发现问题、排除隐患，更要发挥“标尺”作用。今年评价办法发生了较大变化，不仅将非现场评价总体分值权重由50%提升到70%，还将各类内外部监测、检查、评价等发现的问题也纳入现场过程评价进行计分，评价的结果将更科学地反映各行日常的内控管理状况。因此，此次评价要严格按照新办法对各行进行排队，切实评出各分行间的管理差距并指出其薄弱环节，特别是帮助各行认清自身的实际管理水平，查找分析典型性、普遍性问题背后的机制性、系统性、规律性原因，以及思想认识层面的问题，有针对性地完善规章制度、优化业务流程、升级系统功能、加强教育引导，进一步健全内部控制体系，牢固树立科学的发展观、业绩观和风险观，有效应对经济新常态下的各类风险挑战。

三是标本兼治，夯实基础促进转型。要按照“严密监测、严格核查、严肃整改、严厉问责”的工作要求，通过内控评价对各行内控管理状况进行一次全面评估，找准问题，对症下药，督促整改，防微杜渐，夯实全行的经营管理基础。要借内控评价暨回头看检查之力提升制度执行力。有些违规问题屡禁不止，就是因为传达落实层层打折扣，导致执行力度锐减、效果缩水，极易形成基层风险隐患。要通过全面评价检查，重点治理有章不循、有据不依、落实偏向、执行走样的行为。要借评价检查之力提升各级干部内控履职能力，目前有个别领导干部对内控管理的重要性认识不足，重业务发展、轻风险管理，抓业绩指标多、抓基础管理少，监督检查不彻底，整改问责走形式，存在“摆平”思想，致使一些管理问题积小成大。要通过对经营理念、履职能力、责任追究的全面评价，扭转发展与内控失衡的问题，以规范履职促健康发展，以业务合规保经营转型。

二、内控评价暨回头看检查工作总体部署

（一）检查范围和内容。本次内控评价范围包括36家一级（直属）分行和23家省（区）分行营业部，内容包括各分行经营管理的各个领域主要风险环节，是一次全覆盖的评价。

回头看检查是为了巩固我行前期“一加强、两遏制”专项检查工作的成果，遏制当前案件和风险事件的上升势头，在全面评价基础上进行的有针对性检查，包括各机构自查和总行抽查两个层面。检查范围包括总行各部室、各利润中心，各一级分行、直属分行，各直属机构，以及工银租赁、工银瑞信、工银安盛三个子公司。检查内容主要包括三个方面：一是对照“一加强、两遏制”专项检查中机构自查、总行重点检查、监管部门检查发现问题的清单，逐一核实和督促整改。二是对“一加强、两遏制”专项检查发现问题的问责情况、处理意见落实情况、外部监管部门提出的行政处罚意见落实情况进行自查，对问责处理不到位的进行督促落实。三是对辖属高风险机构的高风险领域和高风险环节进行全面检查，及时发现和揭示案件风险隐患。

为保证工作延续性，总行及各机构前期成立的“一加强、两遏制”专项检查领导小组，继续分工领导本次回头看工作。其中，各机构领导小组，负责领导本机构的回头看自查，并将自查情况报送总行及属地银监局。总行领导小组办公室仍设在内控合规部，与内控评价牵头职责合并，负责牵头汇总各机构自查情况，并统筹组织内控评价和回头看的高风险机构检查工作。

（二）检查时间安排。本次评价检查共分为三个阶段进行：

一是回头看自查阶段。从2015年9月14日至11月10日，各自查机构按总行统一部署和本机构检查方案开展自查，并对辖属高风险、有案件机构进行重点抽查。各机构自查方案应于9月25日前报属地银监局和总行检查领导小组办公室；自查报告应于11月10日前以正式公文报送总行检查领导小组办公室。

二是内控评价与回头看重点检查阶段。从2015年9月14日至11月20日，分三批完成内控现场评价工作。其中，2015年9月14日至25日为第一批；10月11日至30日为第二批，在开展第二批内控现场评价过程中，合并组织对总行确定的高风险分行及其下属高风险机构进行重点抽查；11月1日至20日为第三批，完成最后一批分行的评价工作。

三是汇总及整改阶段。从2015年11月11日至11月25日，主要是总行检查领导小组办公室汇总撰写全行回头看情况报告，并及时报送银监会；2015年11月至12月，牵头各相关业务主管部门指导督促各自查机构开展回头看发现问题的整改工作。

总行于2015年12月实施内控现场评价的复评，组织对现场评价工作底稿、发现问题进行全面复核和审查；2016年1月，完成非现场评价、效果评价和限制评价，汇总各分行和营业部2015年度最终得分，起草完成评价汇总报告及评价意见书，并督促落实整改。

三、内控评价暨回头看检查工作要求

（一）高度重视，加强组织领导。一是落实领导责任。各级行、各机构主要负责人要全面履行此项工作的

直接领导责任，做到亲自部署、亲自协调、亲自督办，确保评价检查达到查找问题隐患、夯实内控基础的预期目的。对各机构自查未发现、经监管部门抽查发现的整改问责不到位问题，以及重大违规违纪问题，将严肃追究自查责任。二是积极配合协调。检查评价期间，各分行要在资料调阅、系统环境、访谈答疑等方面给予全力支持配合，并在规定时限内反馈问题确认清单，逾期未反馈的，视同认可。三是做好统筹兼顾。本次内控评价暨“回头看”检查实际上是对前期“一加强、两遏制”专项检查的延续和深化，且又值四季度业务旺季，各分行要把此次内控评价暨回头看检查，与案件风险防控以及各项业务经营管理工作有机结合起来，做到衔接有序、相互促进。四是严守检查纪律。评价检查过程中，各分行和各检查人员要严格遵守廉洁自律各项规定和检查工作制度，严禁超标接待、宴请馈赠等任何影响评价检查公正性的行为。各分行可通过总行的监督信箱、电话和评估问卷，对评价组的业务能力、工作作风和劳动纪律进行监督评判。

（二）突出重点，把控重要风险。在评价检查过程中除全面系统地进行体检外，还要坚持风险导向，结合前期专项检查反映出的风险苗头、近一段时期金融风险形势以及各行自身操作风险和案件情况，高度关注案发数量和涉案金额较高的分支机构，高度关注员工异常行为以及信贷、存款、票据、同业、理财、表外等易发生案件的重点领域，高度关注账务管理、印章和空白凭证管理、重要岗位管理、风险责任追究等重点环节，认真评估查找这些关键领域在管理控制中存在的薄弱环节和问题隐患。在此基础上，深入分析问题原因，总结风险特征趋势，未雨绸缪、提早行动，及时采取有效措施进行整改防范，确保各类风险得到有效化解和控制。

（三）严肃问责，落实从严治行。对内控评价暨回头看检查过程中查实的每一起违规问题，要在制度范围内从严追责、从严处理。对屡查屡犯、恶意违规等痼疾，要抓典型、出重拳；对违规私售、参与非法集资、内外勾结骗贷等性质恶劣、触及红线的违规行为，要发现一起、处理一起，必须“摘帽子、端饭碗”。发现管理人员对违规问题不及时纠正、对不良行为缺乏监督教育、对风险苗头听之任之等不积极履职的情况，也要按照有关规定严肃追究其管理责任。对各类查而不处、避重就轻、流于形式甚至弄虚作假的，要严肃追究相关监督责任。对评价结果较差的分行，要约谈主要负责人，提出调整领导班子建议。总之，要做到对违规习惯“绝不放过”、对违规操作“绝不手软”、对问题整改“绝不放松”、对处罚执行“绝不打折”，通过切实提高违规成本，教育和警示全行干部员工真正将“从严治行”要求落到实处，并对制度规范心存敬畏，做到守住底线。

（四）追本溯源，完善制度机制。此次评价检查不仅要重视发现多少问题或内控评价的等级、结果和排名，更要重视过程管理，一方面，要坚持边查边改，对照问题清单，及时做好具体问题的整改、问责和处理，并在第一时间对苗头性、倾向性问题进行预警提示，消除风险隐患。另一方面，还要结合内外环境形势和经营管理实际，思考分析具体问题表象背后反映的深层原因，认真查找当前内部控制、案防管理在制度机制、系统流程、思想观念等方面存在的缺陷和漏洞，并通过修订完善制度指标、升级完善系统功能、优化改造流程机制等措施，有计划、分步骤地解决好政策导向与科学发展观念不统一、业绩观和风险观不端正、控制手段与实际风险状况不契合、制度流程与经济下行压力较大时期的管理需要不适应等深层次问题，进一步健全和完善层次分明、科学有效的内控合规管理体系，为稳健发展打牢基础。

同志们，内控案防是一项长期而艰巨的任务，全行上下要以此次内控评价暨回头看检查为契机，以高度负责的态度，严谨扎实的作风，真抓实干，严肃履职，切实做到防控风险目标不动摇，合规操作意识不放松，经营管理两手抓，为新形势下全行战略转型的深入推进和业务的可持续发展提供坚强保障。

严肃财务纪律　规范财务行为 促进工商银行健康可持续发展

——在严肃财务纪律视频会议上的讲话

谷　澍

（2015 年 9 月 25 日）

近期，总行有关部门组织对部分机构开展了财务方面的审计检查，通过检查发现了一些问题，有的问题还比较突出，需要引起全行高度重视。因此，今天专门召开视频会议，强调财务纪律，希望全行端正态度，提高合规意识，切实规范财务行为。下面，我主要讲三点意见。

一、深刻领会严肃财务纪律、规范财务行为的重要意义

（一）规范财务行为是贯彻落实中央八项规定、深入解决“四风”突出问题的重要体现。党的十八大以来，中央出台了改进工作作风、密切联系群众的八项规定，开展了以惩治“四风”为主题的党的群众路线教育实践活动。同时，中央有关部门细化制定了《厉行节约反对浪费条例》等20多个规范性文件。财务领域包括集中采购领域历来是党风廉政建设、反腐败斗争的关键和重点，中央出台的一系列制度、要求均与财务开支管理紧密相关。因此，各级机构要将思想认识统一到中央要求上来，充分认识新形势下中央相关要求对规范财务工作的重要意义，把加强和规范财务管理工作摆在更加突出的位置，把好财务管理关口，贯彻落实好中央八项规定精神，持之以恒地抓好作风建设。

（二）财务规范是满足监管要求和践行社会责任的重要体现。国家从维护国有资产的安全和完整、维护相关各方权益出发，需要约束国有控股金融企业规范经营行为和财务行为，确保财务信息真实规范，并赋予财政部、审计署、银监会等机构对国有控股金融企业的财务监管职责。因此，作为国有控股金融企业，除了要执行《企业会计准则》等一般规定外，还要执行适用于国有企业或国有控股金融企业的财务制度和相关要求。随着中国经济逐步进入新常态，监管机构更加重视行为监管，密切关注金融机构微观经营活动的合规性与合理性，监管标准更加严格，监管检查也日益频繁。同时，工商银行承担着更大的社会责任，要以更高的合规标准和诚信道德标杆约束自己，依法合规开展各项工作，尤其是财务工作。

（三）财务合规是全行持续健康发展的有效保障。任何一个企业，不可能只有自我发展，没有自我约束。财务制度是保障企业健康发展的重要约束机制。业务增长越快，业务规模越大，遇到的风险和难题也就越多，需要落实的政策法规和制度要求也越多，也就越发需要加强财务合规管理，保障依法合规进行价值创造。如果财务行为不合规、财务制度执行不规范，不仅损害工商银行稳健合规的文化传统，削弱工商银行可持续发展的动力，更可能影响到股改上市以来全行改革发展形成的宝贵成果以及发展愿景的实现。各级机构要从推动全行科学发展、持续发展的大局出发，坚持“合规创造价值”理念，培育依法合规的企业文化，切实规范经营行为和财务行为。同时，集中采购作为我行财务管理的重要组成部分，政策性强，受关注程度高，各级机构要注重规范采购行为，切实防范、控制采购环节的内外部风险。

二、清醒认识当前财务管理中存在的主要问题和严肃财务纪律的紧迫性

近年来，财务专业条线不断加强制度化、机制化、标准化和信息化建设，财务规范化和精细化管理水平得到了有效提升，有力支持和促进了业务发展以及市场竞争力提升，全行经营效益也得到大幅增长。但效益的持续增长也掩盖了财务管理尤其是财务开支管理方面的一些问题和风险。随着外部环境约束加强，以及经营效益增长压力加大，一些隐藏的问题和风险逐渐显现。从近期检查情况来看，当前全行财务管理存在以下问题。

（一）合规意识不足，制度执行不严。在经历了较长一段高速发展历程之后，有些机构和人员在好日子的滋养下放松了要求，财务纪律有所松弛、合规意识有所淡薄，突出体现在对制度、规则缺乏敬畏之心，有据不依、有令不行、有禁不止，财务开支强调主观需求，对财务规范和财务风险考虑不够。

比如，历来检查中都会发现的财务审批程序实施方面的问题。一些分行财务开支部门图花钱方便，该履行的财务审批程序不履行、逆流程报批、甚至一笔支出拆分多笔化整为零规避财务审批等，导致财务管控形同虚设，资源投入产出效率低下甚至铺张浪费，最后费用不够了、形成缺口了再来倒逼总行。总行强调这些程序性的问题，并不是说该履行的程序都履行了，财务就规范了。但是如果连基本的程序都没落实，那规范还从何谈起？

又如，总行最近一直在进行监测和控制的费用挂账问题。总行这些年一直坚持“价值创造”原则配置营业费用，鼓励分行通过价值创造挣取费用资源。然而一些分行指标上不去，费用挂不回来，考虑的不是如何提升自己的盈利能力，如何精打细算、量入为出，还仍然保留着前几年利润高速增长时的花钱方式。安排费用盘子的时候，经常自觉不自觉地把硬缺口留着，寻求总行在费用资源上的支持。总行不给追加费用指标就通过挂账方式“缓释”费用缺口，如内蒙古、河南、江西、天津等分行2014年存在通过财务应收款进行费用挂账的情况。这种做法危害很大，既明显违背了会计准则和财务纪律，也导致总行预算管理、资源配置、绩效考核等机制失效，集团战略得不到有效执行。更严重的是，寅吃卯粮，会给未来留下更大包袱，从而诱发更大的业务风险。总行去年对全行挂账情况进行了一次通报，今年通过财务系统对各行财务应收款科目挂账额度进行了硬控制，同时加强了挂账监测和风险提示，全行费用挂账问题得到了有效遏制。在这里再提醒一下，现在全行盈利增长面临较大压力，费用开支要从紧管理。各行要在总行核定的费用额度内精打细算，统筹安排各项开

支。严禁将刚性缺口留给总行，严禁通过任何科目进行费用挂账。

此外，部分机构未能树立正确的业绩观、考评观，存在调节损益、考核套利现象。比如，2014 年检查发现，湖北、青海、安徽等分行的少数支行，通过拨备提取调整、当期收入费用跨期列支、非中间业务收入转入中间业务收入核算、中间业务收入及存款内部科目互转等会计手段对经营业绩进行调整。这些盈余管理和违规套取考核利益的行为，不仅无法为我行创造价值，甚至可能会带来监管部门的严厉处罚和客户流失，其造成的损失将来也无法得到补偿。更为严重的是，这些不良倾向一旦上行下效，会造成整个工商银行财务纪律的松弛和财务行为的混乱。总行将对盈余管理和套取考核利益的行为进行重点监督检查，对于存在违反财务纪律的机构和个人，总行将严肃追责。

（二）职业敏感性不够，风险意识不强。党的十八大以来，党中央对党风建设、工作作风端正提出了一系列新的要求。同时，工商银行作为国内第一大银行，一举一动都受到监管机构和社会舆论的高度关注。在这样的情况下，就更加要求我们提高职业敏感性，根据外部环境的变化，及时转变观念、调整行为，适应新形势、新常态的要求。然而，一些分行财务开支管理还停留在“旧常态”下，穿旧鞋走老路，稍有不慎就会引发风险，触发作风建设红线。我在这里重点提示几个事项。

一是市场营销问题。在当前反“四风”不断深化、相关要求越来越高、查处越来越严的形势下，部分业务部门政策敏感性不强，对作风建设认识模糊甚至还处于不理解的状态，业务营销仍然停留于以前的惯性思维和习惯做法。如检查中发现有的分行还在购买高档酒水，且购买数量较多、金额较高，如某分行本部 2014 年采购单价 500 元以上的高档酒水超过 25 万元。又如，不少分行防范商业贿赂风险意识还不强，还存在向客户赠送贵金属、代金券、购物卡等较高价值礼品的行为，如某分行私人银行中心 2014 年在业务招待费中列支贵金属制品和人民币纪念册等 20 余万元。此外，检查中发现一些分行弄虚作假、变通列支营销费用的问题较为严重。如河南分行营业部某支行伪造会议资料在会议费中列支营销费用，导致会议召开频率、召开时间、参会人数等明显不合常理。不少分行在低耗、电子设备运转费、车船使用费、绿化费等科目列支招待用品、宣传用品费用，导致这些费用项目的人均、网均、车均、数量、单价等指标严重不合理。如甘肃定西分行某支行 2014 年人均购置胶水 95 瓶、墨水 93 瓶、签字笔 75 支、印油 59 瓶、印泥 33 盒，存在弄虚作假行为，经不起检查。

上述这些问题总行多次进行强调和风险提示。但从反馈情况看，不少分行对这些问题不以为然，认为只要是营销需要、没有装进员工的腰包就没有问题，就可以弄虚作假。规章制度意识被“营销观念”所代替，这是导致以“营销”为由产生不规范问题的深层次原因。不少机构变通列支养成了习惯，在目前业务招待费指标每年都有节余的情况下，还在串户列支，挤占别的费用项目。中央巡视组目前正在中铁总巡视，巡视期间发现郑州铁路局业务招待存在管理混乱、账目造假等问题，认定严重违反中央八项规定精神。郑州铁路局对相关十一名违纪违规人员进行了严肃处理，中铁总对相关情况进行了通报。各级机构要及时吸取相关教训，特别是业务营销部门要认真学习中央和总行作风建设、廉洁从业相关规定，从自我保护和保护合作伙伴的高度，重新审视以前习以为常的营销行为。要主动适应反腐倡廉新常态，转变不合时宜的营销观念，摒弃违反八项规定的营销模式和手段，把业务竞争的重心转移到丰富金融产品、完善服务渠道、提高服务质量上来，不断提升我行市场竞争力。

二是职工薪酬福利问题。收入分配调节问题一直是社会关注的热点和焦点，近年来中央不断加大对国有金融企业职工薪酬福利的管理力度。

工资费用管理方面，大股东对全行的工资总额进行预算管理，因此准确区分工资费用与其他费用的核算界限、防止超绕工资总额控制就成为重要风险点。财政部和总行的制度办法中都明确界定了工资费用、职工福利费等其他人力费用以及经营性费用的核算界限，但检查中发现，不少机构存在工资费用与其他费用串户列支的情况，如在经营性费用或其他人力费用中列支工资费用，个别机构通过二次分配将发放至员工工资账户的奖金收回来用于其他用途等。2013 年财政部会计信息质量检查后，总行专门印发了《关于加强营业费用管理的通知》，要求进一步规范工资费用列支。但从今年检查反馈的情况来看，这些问题仍然存在。比如，贵州分行营业部部分支行在车船使用费等科目为员工报销交通补贴，山西分行营业部某支行虚挂员工绩效进行二次分配。各级机构要准确区分工资费用与其他费用的核算界限，防止串户核算。要切实优化配置各类费用资源，五项福利补贴等津补贴发放标准要综合考虑不同岗位性质和特点合理确定。

职工福利管理方面，财政部 2009 年出台了加强职工福利费管理的通知，规范国有企业职工福利费管理。财政部 2013 年对我行进行会计信息质量检查时，也按照从严从紧原则对职工福利事项进行把握，这一点被检查的分行应该都有体会。财政部会计信息质量检查结束后，总行专门印发通知，要求各行深刻把握职工福利费制度的改革方向，转变“用足”观念，取消不合规项目，调整不合理标准，规范不合理方式。但从今年的检查情况来看，不少分行没有进行整改，随意设立项目、超标准以及以不合理方式发放职工福利的现象仍然存在。例如，某分行本部在职工福利费中列支应由员工个人承担的家庭财产保险费，陕西某二级分行在职工福利费中列支为全行员工办理的数字电视节目收视费。一些分行在职工福利费中列支的员工聚餐、旅游、文体等集体活动支出，人数多、标准高、金额大、次数频繁，很多开支经不起检查，成为风险高发点。比如，检查中发现浙江某二级分行组织全行所有员工在工作日开展拔河比赛，这显然不合常理。此外，检查中发现仍有少数分行通过职工福利费大量购买和发放有价凭证，如安徽分行辖属某机构2014年列支的集体活动费用中，有1 000余万元为购买储值卡发放给员工。总行近期修订印发了职工福利费管理办法，各行一定要按照从严、从细、从紧的要求，严格遵照执行，切实规范职工福利费列支范围、开支标准和发放方式，避免造成违规发放津补贴，以及公款吃喝、公款旅游、公款高消费娱乐等违规嫌疑，防范合规风险和声誉风险。

除上述问题外，目前一些机构人力费用管理中还存在管理人员与员工收入差距过大、超范围列支职工教育经费和劳动保护费等问题。例如，内外部制度均明确规定，参加社会上的学历教育，以及个人为取得学位而参加的在职教育，所需费用均由个人承担，但检查中发现有些行仍在职工教育经费中列支应由个人承担的上述开支。

三是行政办公支出方面。总行反复强调，各级机构要认真贯彻落实中央八项规定，改进工作作风，厉行勤俭节约，坚决杜绝奢侈浪费行为。但检查中发现，仍有少数分行政策敏感性不强，存在顶风违纪行为。例如，超编制、超标准使用公务用车，未经批准长期租借甚至账外使用公务用车；办公用房使用面积超标；公务接待活动存在住宿超标、就餐超标、赠送纪念品等讲排场、铺张浪费现象。如检查中发现，某分行本部5辆公务用车的排量或单价超过总行核定标准等。这些问题反映了有些行、有些同志对中央八项规定和六项禁令的严肃性认识不足，政治敏感性不强，稍有不慎，就会给个人和工商银行带来严重的声誉风险。各级机构要充分吸取有些国有企业由于一两笔不规范问题就给企业带来重大伤害的教训，认真贯彻落实中央和总行相关规定，大力弘扬艰苦奋斗、勤俭办行的优良传统，坚决刹住讲排场、比阔气等奢华之风。

（三）部门财务责任落实不到位，源头和过程控制失效。不少业务部门有一种错误认识，认为财务合规是财务部门的事，财务检查出了问题是财务部门的责任。固然，财务部门是全行财务开支的统筹管理部门，财务支出的最终支付是在财会部门，但财务行为的发生涉及各业务部门，财务问题滋生的领域往往是在业务经营环节，是业务行为在财务领域的集中体现。各部门拿着发票、单据到财会部门报销，在很多情况下，财会部门仅仅依据发票、单据很难判断财务行为是否真实、合规、合理。因此，规范化、精细化财务管理是一项系统工程，既与财会专业相关，更与各部门紧密相连，需要认真落实各业务部门的财务责任。总行财务管理基本规定以及相关费用管理办法对财务开支发起部门、归口管理部门、实物管理部门等部门的职责分工都做了明确规定，但检查中发现，不少部门对本部门在财务开支过程中应履行的职能、需承担的财务责任认识还比较模糊，财务开支过程中还存在各种各样的问题。

比如，财务管理基本规定明确财务开支发起部门对财务支出的真实性、合法性、合规性、合理性承担第一责任。然而，一些开支部门存在一些错位的业务发展观、业绩观，重业务拓展、轻合规管理，为追求业绩采取一些违规经营行为，采用一些不可持续的业务发展方式，不注意考虑财务后果和财务风险；一些部门主观故意规避财务管控和财务监督，如化整为零逃避财务审批、以各种方式超绕财务授权等；一些部门提供的支付核算要件不完整、不规范，导致出现大量的财务不合规、不合理问题。如检查中经常发现的发票日期早于合同签订日期、合同签订日期早于财务审批日期、合同签订日期晚于合同起始日期等，财务部门即便审查出来这些问题，但因为已对外签订合同，因此也无法拒绝支付。少数部门甚至提供虚假要件，如伪造相关证明材料、购买虚假发票等。我在这里强调一下，财务开支部门和员工要对自己的财务开支行为负起责任，要认真学习财务纪律和财务规定，切实增强守法意识和责任意识，严守道德底线，不踩制度红线，不撞法律高压线，从源头上杜绝不规范财务行为的发生。

又如，总行相关费用管理办法中均明确了各项费用归口管理部门的管理分工和职责，并要求归口管理部门在费用支出时进行审核把关、加强跟踪监测。一些归口管理部门只愿意做资源分配或锦上添花的工作，不愿意承担具体的审核把关职能，导致归口管理流于形式。检查中还发现，一些实物管理部门、台账管理部门未能履行好相应职能，低值易耗品、宣传用品和招待用品等实物的登记、盘点制度落实不到位，导致内部控制失效。我在这里强调一下，归口管理部门、实物资产管理部门、集中采购相关部门等要各司其职，严格遵守财务制度规定，加强财务行为的源头和过程控制，实现规范财务的齐抓共建。

（四）财务制度把握不准，财务履职不到位。财务部门是全行财务开支的统筹管理部门，对财务核算的准确性、支付核算要件的完整合规性以及资金支付的规范性负责。检查中发现，一些机构财务会计部门负责人风险意识和责任意识不强，未能及时将财务制度要求、财务后果等向行领导进行解释、向专业部门进行传导，明知违规违纪，还是被动签字。一些财务核算人员对规章制度的学习不够，操作流程把握不准，支付核算要件审查不严，导致出现财务核算不准确、支付核算要件不完整不合规以及资金支付不规范等问题。

涉及财务部门的具体问题，前期总行财会部组织专业条线召开了专题视频会议，总结了存在的主要问题，剖析了问题产生的原因，并提出了规范管理的具体要求。我在这里对具体问题就不重复举例了，再次强调一下，各级财会部门要摒弃“老好人”思想，切实负起责任，强化日常财务管理和内部风险控制，加强专业学习，严格执行财务制度，认真履行审核监督职能。要敢于坚持原则，该坚持的坚持，该拒绝的拒绝，把好关，守好口，确保财务开支合法、合规、合理，防范和化解财务风险。

（五）对后勤剥离公司定位不准确，业务往来不规范。后勤剥离公司问题历来是财务检查的重点，不但我们内部关注，外部监管机构也比较关注。中央2010年、2011年开展“小金库”专项治理工作时，就明确提出要重点关注宾馆、招待所、培训中心等后勤机构。不少分行在后勤公司剥离后，未能及时理顺双方关系，与后勤剥离公司业务往来、财务往来不规范，蕴藏了不少问题和风险隐患。

不少分行通过提高后勤公司物业费标准、以高于市场价格采购后勤公司物品和服务、将闲置房产无偿转让或以低于市场的价格出租给后勤公司再由其高价出租等方式让利于后勤剥离公司，通过与后勤剥离公司的资金往来购置或长期借使用车辆，以及通过后勤剥离公司承担一些其他开支，使后勤剥离服务公司成为防空洞、蓄水池。比如，某分行通过后勤服务公司变相租赁丰田越野车1辆，2014年以物业费的形式支付车辆折旧和保险费23万元。此外，一些分行未能准确划分我行和后勤剥离公司的界限，由后勤剥离公司完全代为履行内部职能部门的管理职责。少数分行在我行费用科目中列支已剥离后勤公司人员工资、福利、差旅等费用，个别分行后勤剥离公司人员作为经办人在我行报销相关费用。

各级机构要从观念上明确后勤剥离公司的独立法人地位，严格划分我行与后勤公司的界限，进一步明确我行与后勤公司的权利义务，清理并规范与后勤公司的业务往来，按照市场化原则完善和规范与后勤剥离公司的财务往来，切实防范各类合规风险。

（六）采购风险防范意识不强，制度执行不到位。近期总行对检查发现的采购管理中的突出问题、产生原因、整改要求等通报了全行，期望引起全行高度重视。各行要提升认识，明确纪律“高压线”，切实规范采购行为。这里我再对相关问题进行强调。

一是依然存在违规操作现象。集中采购不单单是集中采购部门的事情，规范全行采购行为涉及集中采购环节的各相关职能部门及人员，特别是相关领导。集中采购意识不强，对集中采购意义及重要性理解不够，导致有章不循或流于形式，存在违规操作、超绕授权、化整为零规避集中采购、倒签合同等现象。例如，海南分行某支行将营业办公楼维修工程进行拆分，超绕集中采购权限。有的分行竟然出现未在集中采购确定的供应商范围内实施采购、采购的供应商资格超出有效期、未经必要的集中采购流程确定供应商等不合规行为。如某分行2014年培训中心装修改造项目的供应商，不在省分行集中采购确定的入围名单之内。还有一些分行项目过期，不及时提交新的需求，依然让原有供应商超期服务，有的项目过期长达半年之久也不提出需求。一旦出现纠纷，工商银行声誉将受到损害。各行要引起高度重视，今后谁倒签合同，造成不良影响就追究谁的责任，监督部门要加大此类问题的检查。

如果说单纯的履行程序都未必能很好地防范采购风险，那么连基本的规范程序都不履行、流程都不执行的话，集中采购这一防范风险的重要手段，便形同虚设。这么简单的道理，我们的相关部门、相关人员不去践行，这里面的缘由，必须要好好地对照检查。

二是责权不对等，履职不到位。体现在项目需求不规范、项目评审环节的随意性甚至违规操作、推荐供应商环节把控不严等方面。采购环节涉及的链条长、部门多，但很多人认为采购责任仅限于集中采购部门。某些部门需求报送不规范，要素不完整，而并不认为是自身职责范围内的工作要求。比如，云南红河分行某支行办公楼维修项目的采购需求申请书仅包含项目预算和工期，缺少明确的工程标的、技术需求、质量标准、服务要求及商务条款要求，这样的需求如何去采购。

有的项目供应商推荐把控不严，比如，广东分行本部ATM备件项目，其中两家投标单位提交的授权证书存在明显的伪造迹象，但业务主管部门、集中采购部门和项目专家组均未发现，导致不符合资质的供应商参加了该项目竞标，并使其中一家公司中标入围。

某些项目专家评审环节存在主观随意性，不把采购评审工作作为严肃的事情来处理，对供应商评定中存在专家评分结果与无记名投票结果偏差大，甚至涂改评分结果的情况。这是严重违反集中采购纪律行为，各行必须引起高度重视。

采购中只要各相关部门认真履职、认真负责就能够控制各风险点。一个项目要经过业务主管部门、集中采购部门、项目专家组等各环节的审核，业务主管部门认真审核了，就不会出现推荐不符合供应商资质要求的情况；集中采购部门认真审核需求，不符合供应商资质要求的就进入不了采购环节；项目专家组认真审核供应商提供的资料，就不会出现资质不符要求，甚至提供伪造文件的供应商中标的情况。因此，各行、各部门要认真从自身找问题，从根源挖原因。

三是集中采购人员的专业能力亟待提高。有的分行没有专职人员保障，难以管理好辖内各级机构的采购工作，无法实现集中采购流程控制，更不要提精细化管理。人员配备不合理，人员素质不高等因素必然导致采购流程走形式、流程控制执行不完整、项目需求审核不严格、监督检查不到位等问题。年初，易行长在全行财会工作会议上就曾经讲过，对于履职不到位、造成不良后果的，将暂停其集中采购业务办理权。各行要认真落实，要对采购人员配置进行认真分析研究，要加强采购人员的培训与培养，确保规章制度贯彻落实。

三、标本兼治，建立健全财务合规长效机制

为切实严肃财务纪律，规范财务行为，总行目前正安排全行开展财务专项自查整改。各级机构要高度重视，按照总行部署扎实做好自查整改工作。当然，检查的最终目的不仅仅是发现问题，最重要的是要找到问题产生的根本原因，采取既要治标、更要治本的措施，彻底解决问题，建立健全全方位、多层次、立体式的财务合规长效机制，切实根治屡查屡犯顽疾。下面重点强调以下几点：

（一）提高合规意识，培育合规文化。各级机构要从思想层面下功夫，正确处理好规范与发展的关系，牢固树立合规意识，把依法合规经营放在首要位置。要通过各种渠道、各种形式，向各层级、各部门人员深入贯彻传达中央八项规定和内外部相关制度文件要求，增强全体人员的节约意识和成本控制意识，在全行形成厉行节约、勤俭办行的良好氛围，避免奢侈浪费等违规行为的发生；要加强采购领域的廉政建设，认真开展采购专项廉政教育，建立和完善廉政风险防控机制，从事集中采购工作的同志，要增强采购纪律意识，严格依规办事，切实把个人和单位的廉政风险防范工作落实到位，维护我行采购工作的良好形象和声誉。

同时，各行要加强合规文化宣传和舆论监督，通过多种渠道拓宽违纪线索来源，完善群众举报制度，大力宣传合规文化，加强违规案例公开通报，发挥警戒威慑作用，培养遵守财务纪律、集中采购纪律的自觉性和主动性，提高合规意识和责任意识，营造人人守法、事事合规的良好氛围。

（二）加强整章建制，抓好制度落实。中央厉行节约反对浪费系列制度出台后，总行相继修订印发了差旅费、会议费、业务招待费、因公出国经费、职工教育经费、职工福利费等管理办法，转发了财政部等三部委《国有金融企业负责人履职待遇和业务支出管理办法》，提出具体贯彻执行要求。此外，为进一步加强和规范财务管理，修订印发了集中采购管理规定、财审会工作规则等制度。无论近期还是以前出台的各项财务制度、采购办法，对财务工作的各方面、各层级、各环节均提出了规范管理要求。

各行要在总行制度框架下，从本行实际管理需要出发，加强本行财务制度、体制、机制建设。针对自查发现的管理漏洞和薄弱环节，有针对性地健全规章制度、优化业务流程、完善控制机制，全方位规范财务开支、集中采购行为，有效防范可能出现的操作隐患及各类风险，实现对财务行为的有效控制，使总行各项财务制度在本行得以落地执行。

（三）从严追究问责，提高违规成本。有制度规定，但如果从主观意识上不贯彻执行，再完备的制度规定都会沦为“稻草人”和“纸老虎”。近年来，总行加强了信贷领域的问责追究力度，处理了不少人。坦白地讲，财务领域目前责任追究还不到位。检查反映的一些问题，制度办法中都有明确的要求或禁止性规定，总行也通过各种方式反复强调、多次提示，但还是屡查屡犯，究其原因，还是因为责任追究不到位。查出了问题，不处理责任人，导致我们一些机构和干部员工对查出的问题不以为然，不反思、不整改。长此以往，助长了全行合规观念淡薄、规则意识不足等思想层面问题。

各行要以此次自查整改工作为引线，加大财务问题责任追究力度，切实提高违规成本。对于此次检查查实的每一起违规问题，要在制度范围内从严追责、从严处理，不护短、不手软，切实完善财务监督问责机制。在落实责任时，既要追究当事人的责任，还要按照党风廉政建设责任制要求，区分不同情形，严肃追究相关领导乃至“一把手”的监管责任。要防止只对单位处罚、不对个人处罚，只重经济处罚、不重人事处理，只处理财务人员、不处理业务人员等错误倾向。

（四）加强财会专业教育培训，提高专业履职能力。《会计法》赋予会计机构、会计人员“四个有权”，即对不真实、不合法的原始凭证有权不予接收；对违反会计制度的会计事项有权拒绝办理或者按照职权予以纠正；有权检举；发现账实不符，有权自行处理的，应当及时处理，无权处理的，应当立即报告，请求查明原因，作出处理。“四个有权”是严肃财务纪律、规范财务行为的最后防线，也是财会专业人员履职的底线标准。财务人员要把好这道防线，首先要清楚哪些是属于违反制度规定的不合规行为。因此，各级机构要加强中央八项规定和财务制度的教育培训，创新方式方法，提高培训覆盖面，尤其要加强对基层财务人员的培训，使各级财务人员准确理解、熟练掌握内外部各项财务制度要求，以制度为准绳，有效行使权力，提高专业履职能力。

（五）加强集中监测管理，消除风险隐患。很多违规问题的发生，如果能在日常管理监测中发现并予以纠正，将大大降低外部检查风险。各行要加强辖属机构重要财务事项日常监测管理，提高风险防范管理水平。财务开支管理方面，要通过非现场监测，对辖属机构重点财务费用人均、车均、网均情况以及大额资金支付、账务异常波动等进行监测分析，及时发现异常事项并进行风险提示，有效遏制违规事件的发生。集中采购方面，要通过加大上收力度，实施统一采购、融 e 购电商平台线上交易等多种形式，逐步将二级分行集中采购评审权

限上收至一级分行，实现一级分行对各类属地化集中采购项目的管控。

（六）加强采购全流程合规管理，完善监督制衡机制。针对检查中发现的集中采购方面的各类问题，各行要加强采购全流程的合规管理，严格执行集中采购制度，严禁随意更改集中采购程序和流程；要强化各职能部门及人员集中采购意识，集中采购各环节人员要履职尽责，严把每个关口；要规范项目需求，加强供应商推荐及初审环节的管理，严防不符合资质供应商进入商务谈判环节甚至推荐入围；要加强集中采购相关人员职业操守教育和管理，严格执行项目评审、商务谈判流程；要提升集中采购结果执行的质量及监管力度；强化对服务供应商的管理和服务后评价。

同时，要建立和完善集中采购内部管理体制和工作机制，切实落实采购人、管理部门、使用单位的职责和义务，建立起管理一环紧扣一环，权力制衡、分工负责、各负其责的良好工作机制，实现采购项目全过程关键环节的相互制约，并通过信息技术手段保证制度落实和程序规范，实现对集中采购业务全过程的跟踪督察。

同志们，在目前外部环境日趋严峻，经营压力进一步加大的背景下，费用总量增长有限与费用刚性增长的矛盾进一步突出，为此，全行上下要进一步提高财务管理精细化水平，从严从紧控制费用支出，努力提高投入产出效率；同时，要从科学发展和统揽全局的高度，充分认识严肃财务纪律、规范财务行为的重要性和紧迫性，牢固树立合规意识，切实规范财务行为，做到有令必行、有禁必止。要认真扎实做好此次财务自查整改工作，通过自查、反思、整改，全面、系统、深入地研究解决全行财务合规管理中存在的各类问题、风险和隐患，保障全行业务健康可持续发展，把工商银行办成一家廉洁、清正、诚信的国际一流金融机构。

抓好贯彻落实　夯实内控基础
切实提高全行案防工作水平

——在中国工商银行案件形势分析会议上的讲话

谷　澍

（2015 年 10 月 15 日）

刚才，易行长讲话对近期案件形势进行了全面分析，对下一步案防工作提出了严格要求，各级机构、各专业部门要认真领会，抓好落实。下面，我就 6 月 10 日全行案件和风险事件防控工作会议的落实情况进行通报，并就落实易行长刚才重要讲话精神提出几点具体措施。

一、全行案件和风险事件防控工作会议的落实情况

（一）迅速行动，抓好贯彻落实。按照易行长在 6 月 10 日案防会上提出的“五个必须”和“五个加强”的要求，总行相关部门履行管理职责，认真贯彻落实。内控合规部牵头完成了河北、湖南等 6 家分行客户存款和飞单私售等制度执行的专项检查，部署了落实银监会关于加强内控管理有效防范柜面业务操作风险的工作要求，组织启动了全行“两加强、两遏制”回头看检查工作。运行管理部制定了涵盖账户管理、风险监控、银企对账、双屏交互等创新技术应用的工作方案，并已开始有序实施。结算与现金管理部牵头印发了《人民币单位银行结算账户尽职调查管理办法》，明确了不同类型客户的尽职调查工作标准和要求。电子银行部下发通知，将所有 U 盾纳入了核算要素系统管理。个人金融业务部加快了在开户及注册网银环节实时验证客户预留手机号码的需求研发，预计 10 月下旬可以实现。渠道管理部下发通知，全面加强柜面一米线管理。监察室、个人金融业务部、公司金融业务部、结算与现金管理部等部门也确定了员工行为排查、客户经理管理、单位定期存款等多项制度完善的时间表。

同时，各分行也拟定具体工作措施，确保案防责任层层落实。比如，浙江分行确定存款结算、理财和代理、员工行为等六类风险高发领域，明确责任部门进行专项治理。广东、福建等分行加大对疑似飞单、民间融资、存款异动等账户的重点监测核查。深圳、云南等分行强化高风险账户对账管理，对异地账户逐户落实双线对账的要求。吉林、江西等分行实施多维量化、分类管理的网点运营风险评级，将结果应用于网点负责人和大堂值班经理的绩效考核、选拔任职。

（二）部分工作措施尚需抓紧落实。易行长刚才提到 6 月 10 日案防会议后，部分机构在落实总行风险防

控要求上仍有较为突出的问题，从总行开展的“存款安全管理及飞单治理落实情况专项检查”情况看，部分网点日常管理的精细化水平还有待提高，部分关键环节的实质性风险把控有待加强，部分风险防控措施尚未落实到位。在存款安全板块，比较突出的问题集中在业务真实性审核、“一米线”制度落实、客户预留电话核实、风险提示话术、柜面监控配备等环节。比如，重点检查发现，云南分行某网点未设置“一米线”标识或标识不明显，柜员在发放U盾时未向客户本人进行风险提示，在客户有他人陪同的情况下，现场管理人员按指纹后直接离开，未向客户本人明确进行风险提示、未核实客户身份、未确认客户办理业务的真实意愿；湖南分行某网点柜员在开卡环节未能识别暗访人员与身份证所有人不同；内蒙古分行某网点非现金柜台区域监控缺失。在飞单治理板块，主要的问题包括个别机构飞单排查不全面，未按要求放置风险警示卡，部分员工对飞单的概念、后果认识不到位，对飞单举报途径不了解，等等。

二、增强内部控制有效性，提高案防工作水平

刚才易行长已经对近期发生的案件和风险事件做了全面阐述和深刻剖析，这些案件和风险事件的发生看似偶然其实必然。除了外部环境变化的因素，我们需要高度关注其中所暴露出的在重要业务环节内部控制方面存在的漏洞和不足，修缮防控之网、练好防御之功。为了更好地贯彻落实易行长对进一步加强案件防控的指示精神，下面我主要再谈几点工作要求：

（一）加强案防责任的完善和落实工作。面对当前案件风险高发的严峻态势，全行要从强化责任、加强履职和优化考核三方面，层层分解落实案防责任链，打造各司其职、齐抓共管的案防工作格局。一是强化案防主体责任。8月份，总行已制定下发了《案件防范工作规定》《案件风险排查管理办法》，修订了《案件防范工作责任制管理办法》（简称“三个办法”），当前各级机构要重点抓好“三个办法”的落地执行，找准位置、明确任务、清晰责任，将案防各项职责贯彻到日常工作中。二是加强案防履职监督。上个月中旬，全行已经启动了“两加强、两遏制”回头看和内控评价检查工作，总行将通过该项检查，加强对各级机构、各专业条线的履职情况、案防“三个办法”和案防主体责任落实情况，以及案件和风险事件问责、查处和后续整改情况的监督，进一步督促各级机构和部门切实履行案防职责。三是优化案防工作考核标准。一方面，总行将通过案防工作评估管理办法的制定，进一步明确评估标准和评估流程，增加案防评估结果在行长经营绩效考核、内控评价中的运用，强化对管理人员履职行为的管理、监督和问责，对因管理不力辖内出现性质严重、负面影响重大的案件和风险事件的，从严追究管理人员责任，尤其是一把手责任。另一方面，充分发挥好有奖举报机制作用，对反映线索的举报人员给予奖励，对隐瞒不报的予以惩处。

（二）加强柜面业务实质性风险防控。从近年的案件看，客户尽职调查失真、现场真实性审核不严是造成网点案件和重大风险事件的关键因素，下一步必须按照总行6月份案件和风险事件防控会议提出的“五个必须”、“五个强化”的工作要求，切实加以整治。一是加强对业务真实性审核的现场履职管理。要认真落实现场管理人员的业务审批和事中风险控制职责，严格进行客户身份真实性、客户提交材料真实性、柜员业务处理与客户真实意愿一致性的审核。对本次会议后现场管理仍然存在问题，整改、落实工作不力的分行，总行将进行全行通报，并严肃问责；同时，各行要进一步明确和优化网点现场管理人员的职责和考核体系，不过度考核其营销类业务指标，引导其专注于网点业务的现场风险控制。二是加强柜面关键环节、特殊业务的风险控制。要加强客户准入管理，对不同风险等级的客户实施差异化的尽职调查；要将电子验印操作纳入主机交易流程，强化硬控制，对需人工辅助的验印换人复核；要强化挂失业务的现场审核、复核力度，研究对客户留存手机进行核实的验证方式；要在远程授权、业务集中处理环节适当增加对业务真实性的审核要求，杜绝出现客户印鉴样式不符等明显真实性问题却被授权通过的情况。三是加强高风险领域的风险监控。对存款诈骗等外部输入型风险，要优化风险监控模型，提高监测的精准度，增强核查的针对性；对存在资金异常支付、频繁大额支付、疑似出租出借账户、疑似非法集资、疑似套贷套现等异常行为，信贷管理、运行管理、个人金融、银行卡等业务部门要充分利用监测核查结果，在客户准入、业务权限、评级授信、贷后管理等环节及时采取针对性的管理措施，防范外部风险输入。四是加强高风险机构管理。要加强对高风险网点的风险监控和检查力度，尽快制定网点业务运行风险评级制度，逐步减少运营风险较高的D、E级网点数量。五是加强员工行为管理。要综合利用模型监测、员工大额异常资金交易监督、员工异常行为排查、客户回访、营销过程录音录像、强化营销行为的系统化管理、完善举报机制等手段，实现业务办理和营销过程可追溯，加强对柜员、客户经理和网点管理人员等重要岗位的行为风险监督，提高发现违法违规行为的能力。

（三）加强信贷业务操作风险防控。一是加强贷前调查环节管理。严格贯彻“双人调查、双人复核”的要求，加强当前信用风险多发领域和业务品种的贷前调查工作，重点加强对融资用途、关联关系和贸易真实性的调查和审查。二是完善人员资质管理。全面推进实施信贷从业人员资格认证制度，将专业资质作为从事信贷工作的基本要求和办理具体业务的刚性约束。加强对信贷从业人员的继续教育，着力解决基层信贷人员数量、

质量与业务发展和风险防控不匹配的问题。三是加强信用风险监控。进一步优化监控预警模式，提高潜在风险预警准确率，通过加强对虚构交易、异常资金流向等情况的监控，防范企业挪用银行贷款的行为；加强一级分行信贷监控团队建设，明确监控工作的职责和具体内容，进一步提升分支机构自主监测能力。

（四）加强票据业务的内部管控。一是持续加强票据融资业务实物票据的管控。全行要针对实物票据保管、交接这一实质性风险环节，全面梳理票据业务流程和制度文件，查找薄弱之处，细化票据交接、保管、背书等关键环节的流程；要坚持票据入库、交接登记、全程监控、双人办理、定期查库制度，确保票据资产的安全。二是研究建立完善交易对手管理机制。对于小型金融机构，票据营业部要严格按照地域辐射范围管理，原则上不得跨地区与小型金融机构办理票据融资业务，对于大中型金融机构可由总部通过名单制管理、不定期抽查等方式加大对跨地区业务的管理与风险防控。三是加强票据相关业务的系统控制。加快实现信贷管理系统票据融资的发放、收回和前台综合业务系统表内贷款账户和表外抵质押品账务记载的联动，后续用于质押的银票一旦办理托收，系统将自动进行匹配，对已办理质押贷款的银票实行硬控制，确保贷款未结清时质押银票托收资金只能存入贷款行专户。

（五）加大监督检查和整改问责力度。一是加强检查质量管理。总行内控合规部要建立严格的检查质量管理机制，按照谁立项、谁组织、谁负责的原则，落实检查工作主体责任，并对“三道防线”中的各类监督检查力量的监督检查效果进行问责。各级机构要建立检查效果的评估机制，严肃查处检查走过场、发现问题不揭示、重大问题不暴露等弄虚作假和渎职行为。二是明确检查重点。各分行和部门要坚持风险导向，高度关注“少、快、新、重”领域的风险，对近年来业务增长较快的新业务领域和创新产品，以及存在问题多、管理薄弱的业务，要优先安排检查项目、加大检查频率和力度。三是严格整改问责。各分行和部门要加强对本机构、本专业条线整改工作的指导、管理和考核，特别要做好“两加强、两遏制”回头看的自查和问责工作。总行已于近期部署对案件和风险事件高发的12家分行进行专项检查，重点检查对案件风险暴露问题的整改和案防责任的落实情况，对于整改问责不力、案防责任不落实的机构将严肃追究相关管理责任。

总之，在当前严峻的案防形势下，各级机构、各专业部门一定要保持案件防范的高压态势，切实履职尽责，全力抓好制度措施落实，持之以恒地推进内控案防工作，为全行业务又好又快发展创造稳定健康的内控案防环境。

在2015年网点竞争力提升业务技能比赛总决赛优秀选手展示暨颁奖典礼上的讲话

谷　澍

（2015年10月23日）

首先，我代表总行党委，对本次网点竞争力提升劳动竞赛的成功举办表示热烈的祝贺！向参加本次网点竞争力劳动竞赛的获奖分行和优胜选手表示热烈的祝贺！向中国金融工会王海光副主席亲临现场指导表示衷心的感谢！2015年度网点竞争力提升劳动竞赛是总行党委从全行战略发展和经营管理大局出发作出的重要工作部署。刚才，三位优秀选手在分享自身经验的同时，还针对本行一家典型的低效网点，提出了优化提升的思路方案，内容和形式都非常好。下面，我讲两点意见。

一、弘扬本次劳动竞赛精神，做好比赛成果的深化研究和推广应用

这次比赛既是一次高水平的业务技能展示，也是对全行网点竞争力提升工程成果的一次集中检阅。历时近一年的网点竞争力提升劳动竞赛有四个突出特点：一是力度大，优胜选手不仅能获得工行五一劳动奖章、中国金融五一劳动奖章，而且还要向全国总工会申报全国五一劳动奖章，这在我行历年劳动竞赛中是罕见的。二是范围广，占全行人数一半的23万名网点员工积极投身本次劳动竞赛，3万名网点负责人参加了业务技能比赛。总行渠道部、工会等16个部门均参与其中。三是形式新，本次竞赛将网点经营业绩与业务技能展示相结合，充分运用网点五级分类评价和一点一策诊断工具，进一步突出了对网点负责人实战能力的考察。四是效果好，竞赛项目和规则设计科学，重点突出了参赛网点经营业绩和参赛网点负责人经营管理能力，真正实现了以

竞赛促业务发展、以竞赛促竞争力提升。希望全行网点负责人以本次技能比赛为起点，继续传承和弘扬争先创优精神，切实履行好“四种角色”，努力提升网点的综合竞争能力。

一是网点负责人要成为总行网点竞争力提升战略的坚定执行者。网点负责人是网点营销管理、现场管理、员工管理、风险管理的第一责任人，也是全行网点竞争力提升的关键岗位。网点负责人业务素养的高低、经营管理水平的强弱，将直接影响网点竞争力提升七大工程能否落实到位。全行网点负责人要充分把握总行战略要求，做好战略层与执行层的有效衔接，确保各项政策措施在“最后一公里”的落地实施，加快推动网点营销服务水平不断提升。

二是网点负责人要成为网点业态创新和经营转型的勇敢践行者。近期，我行正式发布了互联网金融升级发展战略，将构建以“三平台、一中心”为主体，覆盖和贯通金融服务、电子商务、社交生活的互联网金融整体架构，打造线上与线下互联融通、互为支撑的服务模式。随着互联网金融的快速发展，网点经营管理的内涵和范围正在发生深刻变化，网点负责人作为承担全行网点经营转型的排头兵，要把握网点发展趋势，坚持全方位金融服务理念，创造性地满足客户提出的新的金融服务需求。要充分发挥网点在客户人性化服务、差异化服务和业务拓展等方面的特有优势，不断发现新市场，培育新客户，创造新的利润增长点，加快推动全行业务的转型发展。

三是网点负责人要成为网点精神文化的整合凝聚者。目前，网点员工队伍构成多元化、利益诉求多样化、价值取向多维化的特点日益凸显，这就要求网点负责人不仅要会抓业务发展，更要会抓文化建设和带好队伍，通过凝聚人心来汇聚力量，筑牢网点健康可持续发展的人文根基。要积极营造网点家园文化，增强人文关怀，关心员工诉求，有效疏导员工情绪和心理压力。要积极传播正能量，多唱“进行曲”，多吹“冲锋号”，进一步增强团队归属感和荣誉感，最大限度地调动员工的积极性、主动性和创造性，打造团结一心、合力攻坚的网点员工队伍。

四是网点负责人要成为网点风险防控的首要管理者。营业网点作为业务经营的第一线，是我们服务客户和办理业务的重要渠道，同时也是风险防控的主要关口。网点负责人要牢固树立风险防控意识，认真学习并严格执行外部监管规定和本行制度要求，妥善处理好风险管理与市场拓展的关系、兼顾好客户体验与风险防控的平衡，实现业务发展和防控风险的统一。

赛后，总行渠道管理部、工会和企业文化部等有关部门要认真梳理好、总结好、推广好本次竞赛涌现出来的网点竞争力提升优秀案例，通过专题网点直通车组织全行认真学习，并按照全国总工会要求，认真做好我行“一点一策”网点竞争力提升诊断工具申报全国职工劳动创新奖的相关工作。各分行要及时将这次比赛中的好思路、好做法、好经验，在辖内进行落地转化，把这些成功经验尽快转化成生产力，促进全行各项业务发展和网点竞争力提升。

二、着力构建长效机制，深入推进网点竞争力提升工程

网点竞争力提升工程启动以来，全行上下认真落实总行党委的决策部署，紧密围绕三年规划主要任务目标，有序推进竞争力提升各项工作，取得了显著成绩。一是网点竞争力明显提升。全行各项存款高于当地同业网均存款的竞争力达标网点新增 1 199 家，占比达到 50.1%，较上年提升了 9.4 个百分点。二是七大工程进展顺利，部分三年规划目标已提前实现。高低柜比例已由 2.27:1 降至 1.29:1，提前实现 1.8:1 的三年规划目标；网点销售类人员占比达到 28.3%；法人、个人有效客户分别较 2013 年末增长 9.43% 和 9.25%；共完成网点布局优化 1 742 家，四五级网点占比降至 23.65%。三是网点转型成效显著。目前，全行完成网点业态创新 909 家，其中建成轻型网点（理财便利店）728 家；完成网点智能化改造 1 241 家，极大地提升了客户体验水平；上半年已实现全行有效网点 WiFi 上网服务全覆盖的目标，为我行在互联网金融业务领域发力提供了保障。四是网点竞争力提升长效机制进一步建立健全。MOVA 网点业绩视图、网点运营管理平台、网点援助保障系统、网点服务营销支持系统、晨会直通车、服务直通车、网点直通式建议书和网点内部布局优秀案例平台等一系列科学工具的实施和推广，有效增强了全行服务、支持和管理网点的整体能力和水平。

虽然全行网点竞争力提升工作总体进展顺利，但是行际间不均衡现象仍然存在，在个别领域还较为突出。如有的分行对轻型网点（理财便利店）建设认识不到位、动作缓慢；有的分行竞争力达标网点占比不升反降，网点区域布局优化停滞不前；有的分行网点竞争力提升长效机制建设步伐缓慢，始终没有按照总行要求将网点五级分类结果与辖内网点考核评价直接挂钩，网点援助保障机制和网点服务营销支持机制也没有及时落地。对这些问题，各分行要结合实际，理清思路，找准短板，明确目标，狠抓进度，确保将各项措施落到实处。下一步，要在巩固前期工作成果的基础上，继续扎实推进网点竞争力提升工程。

一是深入开展智能化改造。要在总结试点工作经验的基础上，明确目标、做好规划、加快推进、量质并举，稳步提升辖内网点智能化服务水平。二是加快以理财便利店为代表的网点轻型化建设。各行不仅要结合实际选好、建好轻型网点，更要完善管理机制，经营好轻型网点，使全行网点体系投入产出更为合理。三是强化

网点经营和产出意识。各行要多措并举提升辖内竞争力达标网点占比，持续压降四五级低效网点。四是做好网点人员优化工作，将更多优秀员工充实到网点服务营销队伍，进一步夯实全行网点服务营销转型的人才基础。五是全面探索网点线上线下一体化，加快网点业态创新，在积极应对互联网金融冲击的同时，力争实现引领移动互联的时代潮流。六是完善网点竞争力提升长效机制。目前，我们已经有网点三业态五分类、网点晨会直通车、网点服务直通车、网点援助保障、网点服务营销支持、网点竞争力提升诊断、网点内部布局优化经验共享等机制，接下来要启动网点竞争力驻点帮扶、网点科学化区域选址、网点 PK 竞赛等十大机制，各行要按照总行部署，结合实际创造性地运用好这些机制，有效预防和解决网点竞争力提升中的“痛点”问题。七是加强网点负责人队伍建设。全行要将其作为一项长期性、系统性工作来抓，通过加强培训和交流，全面提高网点负责人的营销技能和管理能力，增强其应对复杂局面的能力。同时，要在日常经营中不断发现、挖掘优秀网点负责人，将有管理潜质的网点负责人提拔到管理岗位。

同志们，四季度进入全行各项工作的冲刺和收尾阶段，希望大家以高度的责任感、事业心和良好的精神状态扎实工作，确保全面完成网点竞争力提升年度各项工作任务目标，为网点竞争力提升七大工程的圆满完成奠定坚实基础，为加快推进全行改革发展和经营转型作出更大的贡献。

在全面推广应用融 e 联平台视频会上的讲话

谷　澍

（2015 年 11 月 20 日・根据录音整理）

我们召开这次视频会议目的是，进一步明确融 e 联建设与推广应用的重要意义和未来发展战略，动员全行全面推广应用融 e 联，推动融 e 联“全行建设、全行应用、全行受益”，年底前实现全行员工全部上线融 e 联，总用户数超 500 万，为明年更大规模的推广应用打好基础。

下面我讲三点意见：第一，我们为什么要做融 e 联这个平台；第二，为什么现在而不是等一等再大规模推广应用融 e 联；第三，当前和今后一段时间，推广应用融 e 联要做好的几项重点工作。

一、建设融 e 联平台的意义

9 月 29 日，姜建清董事长和易会满行长在合肥召开的工商银行互联网金融战略暨网络融资中心成立发布会上，提出了以金融为本，创新为魂，互联为器，构筑起以“三平台、一中心”为主体，覆盖和贯通金融服务、电子商务、社交生活的互联网金融整体架构。其中“一中心”就是网络融资中心，“三平台”是手机银行融 e 行、电商平台融 e 购、交互平台融 e 联。对于为什么要搞融 e 行大家没有疑问，因为这是我们的手机银行。融 e 购去年初刚刚推出的时候，很多同志是有疑问的，认为我们是做银行的，为什么要做一个电商平台去卖商品。现在融 e 购推广了一年多，大家的疑虑基本都消除了。因为融 e 购除了在交易量上名列全国前几名外，对我们营销客户也起到了非常重要的作用，还能够把大量的结算、支付业务固化了下来，各分行去营销公司客户的时候，带着融 e 购这个产品，人家就非常欢迎我们。海外分支机构在境外开展客户营销时，最初和当地的主流银行比没有什么优势，对当地客户没有什么吸引力，现在我们带着融 e 购去，说我们可以在中国帮着你卖商品，很多企业就非常感兴趣，对我们的主流业务也有很好的促进作用。

接下来关于第三个平台，大家会觉得我们为什么要搞融 e 联，平时联系用微信不就挺好、挺方便的吗？暂时看是这样，现在融 e 联的很多功能微信是有的，但长远看是不行的。为什么这么讲，我从融 e 联的几个功能来说起：

（一）融 e 联最主要的设计初衷是建立客户经理和客户之间的交互平台。融 e 联的目标是建设成为银行与客户、银行内部、客户与客户间的即时信息交互、业务咨询、沟通分享的互动平台，成为我行信息流汇集和共享的大数据应用平台，成为支持我行开展社交化金融、互动式营销的创新型金融服务平台。其中客户与客户经理间的交互是最主要的目标，其次是银行员工间的交互，最后是客户和客户之间的交互。银行的客户经理和客户之间的联系，最早是通过短信，一个客户经理可能收集整理上百个重要客户的手机号，通过群发短信联系客户，推荐产品。后来由于短信的费用较高，逐渐使用微信，通过建立微信圈和客户进行交互。如果单从个别客户经理和客户的交互来讲，利用微信的做法是可行的，但是从工商银行的整体来看，我们想建立的是一种客户经理和客户之间的互动交互模式，而不是客户经理自己自发地和客户去建立一个朋友圈。我们需要通过融e联把工行的六七万名客户经理和我们的活跃客户之间，主动地进行分派和管理，形成一个有组织体系的交互关系。这种交互关系和组织体系，光靠微信是做不出来的，只有靠我们自己的实时交互的即时通讯工具才能实现。通过客户和客户经理的交互架构，我们未来还要对客户经理与客户之间的联系进行监督，要看客户经理是不是尽职，和客户联系情况怎么样，这也是我们通过大数据对客户经理的工作进行评价的一个方向。

（二）融e联是安全性更高的即时通讯工具。现在，银行与客户之间账户信息（包括余额变动提醒）的沟通渠道主要有两个：一个通过短信，工行叫工银信使；另一个通过微信，有些银行又叫微信银行。这两种模式都有它的问题，微信银行（即通过微信发送账户信息）的主要问题在于安全性不强，毕竟微信是一个公共平台，上面也不用实名，万一以后出了问题可能会很严重；短信比微信安全性好一些，但是短信的最大问题是费用太高。我们今年要给电信运营商付的短信费用在××亿元以上。有的同志会说，虽然我们付了××亿元的短信费，但是也从客户身上收了一些服务费用。目前看，通过合理的服务收费还能够比较好地补偿我们给运营商付的费用，但未来很难说。为什么呢？第一，未来支付越来越方便，各种小额划款越来越多，短信总成本会越来越大。第二，如果以后其他银行都用微信等即时通讯工具，产生的信使费用肯定比走短信便宜，以后我们还能不能从客户身上收到这部分短信费是不确定的。今后，由于竞争压力我们不得不免收短信服务费的话，那么短信服务的收入就会大幅减少，而成本是刚性的，不会减少甚至还会越来越多，那么每年我们都将会承担很大的成本负担，且安全性上也没有保证。因此，我们要做融e联即时通讯平台APP，要它在银行和客户之间承担金融信息、客户账户余额信息的传送，这可以极大降低我们每年付给电信的高昂成本，对客户来讲也是可以接受的。

（三）融e联是银行员工之间的移动办公工具。有的同志说，移动办公有些事情通过打电话、发短信就可以了，但是很多时候，短信无法支持实现长文件的编辑转发。移动办公需要你经常去看一些信息，比如我们下一步就要将所有的网讯信息搬到融e联上去，这个是短信无法代替的功能。这些信息都搬到融e联上以后，领导看了一段信息就可以给下面发一个指示，能够极大地提高工作效率。以前这种指示是在网讯上、在NOTES上发的，但是现在大家的生活习惯越来越依赖手机，获取资讯的途径也主要是手机，已经很少去看台式机、PC机了，这样通过原来的方式发送讯息可能回复就不及时了。姜董事长就经常说，他有时在网讯上面看到一条消息，觉得很重要就会给相关部门或相关分行发一个指示，可这个指示下去，快的话是几天，慢的话可能要一个月，相关部门或分行才有回复。这说明了什么呢？说明很多老总或行长的工作习惯现在不以PC机为主了。以后，行内办公要有一套移动的NOTES、移动的网讯，这样才能提高工作效率，而融e联是这种设想的最好载体。

二、融e联平台已经具备大规模推广应用的功能基础

我们为什么现在急着推广融e联，融e联现在是否具备了推广应用的基础？很多同志用了融e联以后，吐槽比较多，这儿不好用，那儿不好用。我把新版融e联的整个功能试了一遍，确实很多地方不方便，但主要的功能是具备的。本月18日融e行推广以后，大家对融e行“智服务、惠生活”反响很好。我们在高兴的同时，也要看到我们的同业也在研究我们，建行、中行已经出了融e行的研究分析报告。这说明什么呢？这说明在移动互联网这个市场上，竞争步伐是非常快的，什么事等不到你十全十美再去做，什么事到了十全十美再去做就已经晚了，而且十全十美本身也是在使用中发现问题、不断完善形成的，不使用你不可能十全十美。融e行18日正式对外之前，总行试用，分行验证，大约一个月的时间，通过测试验证一共发现了五六百个问题，正式投产前解决了90%的问题，还有10%的放在下个版本去解决。回过头来看融e联，虽然现在还不完善，但它的主要功能都有，实际已具备了推广的基础。

从几个主要的功能看，最主要的是客户和客户经理之间的交互联系。目前融e联在这方面是没有任何问题的。现在的问题是什么呢？是我们客户经理和客户之间只有一小部分形成了对应关系，高端客户有客户经理去维护，大部分的客户还没有客户经理去维护。最理想的状况是什么呢？是每个客户经理、每个客户都能找到对应关系。现在还做不到这一点，我们是不是要等相关部门给每个客户经理都分配好足够的客户，每个客户都分配好客户经理以后，再来推动融e联呢？我觉得那是一种理想状态，像我们六七万个客户经理，上亿的活跃客户，客户经理和客户之间的这种联系建立是一个动态过程，很难在一夜之间将这个联系都列出来。目前主要矛盾不是客户经理和客户之间还没分配好对应关系，而是融e联上的客户不够多。现在融e联上才有300多万客户，只有客户规模达到几千万的时候，主要矛盾才慢慢变成构建客户经理和客户之间的交互关系图，现在的主要矛盾，是需要尽快推广应用融e联而不是等客户营销部门先把这个关系图做好。

第二个主要功能，从账户余额变动提醒来看，现在

的功能已经具备了，工银信使里所有的信息已经可以在融 e 联上实现转化。当然从短信发送到 APP 发送，从工银信使搬家转化到融 e 联的方法目前还有点烦琐。比如，手机上操作还需要动态密码验证，手机上余额变动提醒从短信到 APP 发送转化的设置页面也很复杂，科技部门要在下一个版本完成对这些功能的优化和完善。但不管怎么说这个功能是有的，我们可以对外宣传融 e 联能够承担传递余额变动提醒的职能了。

第三个是移动办公功能，现在融 e 联基本功能也都具备了。网讯正在往上搬，通过融 e 联实现员工和上级之间、员工之间联系没问题，当然有一些功能大家用的不太熟，有的功能科技部已经开发实现，但宣传推广不够，了解使用的人不多。比如我们的员工以普通客户的身份下载融 e 联后，如何进行工行员工的身份认证，很多人不知道，这就是宣传不够的结果。但总的来讲，融 e 联现在在行内办公这方面很多功能已经具备了，只是没整合，缺乏一个辅导教材教大家怎么用。

融 e 联现在存在的各种问题，归纳起来都和原来总行缺乏一个团队专门做这项工作有关。不久前，总行党委决定在电子银行部下成立融 e 联中心。将来，有了融 e 联中心专业团队后，一定会对原有的功能和问题进行整合，逐步解决相关问题。总的来说，融 e 联现在已经具备了大规模推广的基础，我们这个时候不推广很可能就会丧失良机。现在就我们搞了融 e 联，也许其他银行也在搞类似的平台或工具，只是我们还不知道而已。我们要尽快把融 e 联推出来，抢占市场先机，同时在推广应用的过程中，不断发现问题，完善融 e 联。

三、做好融 e 联推广应用工作的具体要求

为了更好地落实好全行互联网金融发展战略，总行已经自 10 月初组建了融 e 联中心筹备组，并积极开展了各项工作。总行融 e 联中心成立后，将具体负责融 e 联平台的规划建设、营销推广、运营管理以及数据监测和分析等工作。

目前，融 e 联平台在全行的推广应用势头良好。截至 11 月 18 日，融 e 联用户达 334.8 万户，较筹备组组建时增加 104 万户，增长 45%；我行员工注册成为融 e 联用户的 10.2 万人；我行客户经理注册融 e 联（客户经理版）用户的 3.7 万人。但是，也存在着各分行推广应用严重不均衡现象。总行电子银行部已经建立“融 e 联”服务号，按日发布各机构融 e 联推广数据，并且将各机构推广数据向各分行一把手作了反馈。下一步，我们重点要做好以下几项工作：

第一，各机构要积极组织做好本辖全部员工的融 e 联安装和应用工作，确保在 11 月 30 日前完成本辖员工下载、安装和使用融 e 联，并且通过统一认证号系统认证员工用户身份。我行员工全部上线融 e 联意义重大：一是能够为提升我行移动办公效率提供基础；二是可以比较全面验证融 e 联各项功能，及时发现并解决融 e 联软件和业务问题；三是可以广泛收集我行对建好、用好融 e 联的意见建议。各级机构领导班子成员要根据工作需要，带头做好融 e 联的创新应用，在融 e 联建立相应的工作群组，通过融 e 联实现内部信息的及时沟通和快速传达，进一步提升办公效率和安全性。这是我们这次开会最核心的工作任务。10 天之内要求全行员工全部上融 e 联，哪个行做得好、做得不好，哪个二级行做得好、做得不好，总行看得一清二楚。姜董事长、易行长对这个事情要求非常高，所以我们现在开始通过融 e 联逐日监控，希望各位分管行长会后跟一把手行长汇报推广要求，需要的话应在全辖做一个再动员，10 天之内全部员工都要上融 e 联。

第二，总行要加快完善功能。刚才我们说融 e 联具备了大规模推广应用的基础，推广时不我待，但另一方面，融 e 联目前确实存在一些功能使用上亟待完善之处。例如，我们前面列举的余额变动提醒功能，目前相关的功能设置不够简单明了，使用起来很不方便。总行相关部门要抓紧研究有关业务和技术方案，首要之急是及时收集总结融 e 联推广应用中发现的问题及优化建议，推动融 e 联平台功能不断优化完善。要加快优化客户在融 e 联上操作设置账户余额变动提醒的方法步骤，做到傻瓜式操作。类似组合对账等过于复杂的功能先不要上。在此基础上，进一步丰富和扩展其他功能。

第三，各级机构要自觉树立融 e 联“全行建设、全行应用、全行受益”理念，鼓励全行创新用新，将融 e 联推动与业务发展紧密结合起来，与提升办公效率、业务运营效率、营销管理效率联系起来。在推动行内员工全面上线融 e 联方面，上海分行给全行树立了一个很好的榜样。上海分行在接到总行下发的全行员工普及融 e 联通知后，分行领导班子高度重视，带头使用融 e 联，督导相关部门创新融 e 联应用，迅速以“融 e 联自传播”的方式，几乎在一天时间内完成了 90% 以上员工的融 e 联应用全覆盖，且在上线融 e 联的同时，着手开发一批具有分行特色的融 e 联移动办公应用。今后，希望有更多像上海分行这样的优秀案例，助推融 e 联的创新用新。

同志们，融 e 联的推广应用是总行党委高度关注的一项战略任务，我们一定要统一思想，明确目标，全力推进，确保今明两年的推广任务全面完成，向总行党委交出一份满意的答卷。

在中国工商银行“十大专业型人才培训工程”启动会上的讲话

王敬东

（2015年2月11日）

根据总行党委通过的《关于调整和完善员工培训与资质认证体系的意见》，从2015年起，全行教育培训工作的重点是建立以培养各层级专业型人才为主导、兼顾管理素养类和业务适应性的员工培训和资质认证体系。受易行长委托，今天专门召开这次会议，既是对《意见》具体实施方案的说明，同时也是正式启动“十大专业型人才培训工程”。

一、培训体系调整的主要内容

一是在培训工作的重点和方向上，我们提出了“一主两辅”的人才培训工作定位，以专业型人才培训为主，兼顾管理素养类培训和业务适应性培训，由过去偏重于业务适应性培训转向重点培养专业型人才，着眼于持续提高员工的专业胜任能力，紧紧围绕各类关键人才和紧缺人才的培养，系统规划培训目标、内容和方式手段，建立专业资质认证与专业能力培训相结合的模式，突出对各类人才的持续和系统的培养。在此基础上，更加强调案例教学，增强实际工作能力。

二是在培训工作的组织安排上，紧扣专业型人才的培训，强化对各类培训资源的整合，加强部门间相互配合、总分行上下联动，解决“多头组织、重复培训”的问题，切实增强人才培训的整体成效。总行要集中力量抓好核心专业型人才的培训，明确牵头部门和参与部门，统一课程师资、教材案例、培训考核及学员选拔、管理等方面的要求。对面向全员的各类培训，以分行组织实施为主，总行主要从推行培训积分制着手，通过搭建平台、整合资源、制定标准、开展示范等方式进行推动。

二、改进员工培训与资质认证的主要工作

围绕以上调整，2015年我们将围绕教材、师资、考试认证和培训方式等四个方面工作，对员工培训与资质认证进行全面优化和完善。

一是在教材方面，强化“配套化”开发，提高教材建设的针对性。在充分利用好现有6大类274种教材的基础上，围绕重点项目的实施，按照“缺什么、补什么”的原则，抓好教材开发重点规划，扩大教材品种，填补薄弱领域，覆盖各专业条线，有针对性地补充编写与专业胜任力培训相配套的教材，与“培训课程”、“案例教学”、“网络学习”等相衔接，避免大而全、突出小而精、强化实用性，提高活页式、讲义式、数字化等教材的比例。

二是在师资方面，实施“去行政化”，提高师资队伍的整体授课水平。充分发挥1.24万名已聘师资的作用，改变当前师资选聘与课酬发放主要以职务层级作为参考依据的做法，按照“以授课聘师资、以效果评能力、以能力定课酬”的原则，推行内训师“先聘后评”模式，在沿用现有选拔聘任办法的基础上，建立内训师授课能力等级评定制度，作为课酬发放依据，并强化师资队伍动态退出机制，提升师资授课的积极性和培训质量。

三是在考试认证方面，抓好试点、强化挂钩、从严获证，提高认证的“含金量”。在资质认证的挂钩方面，人力资源部已经做了大量的工作，取得了明显成效。下一步，一方面要落实信贷领域试点工作，按照总行党委会审议通过的试点工作方案，尽快出台《信贷专业资质管理办法》，抓紧编写考试大纲、题库和配套教材，上半年全面启动信贷前中后台人员和各级行长信贷资质考试工作。另一方面，要抓好专业资质认证的应用挂钩工作。重点在网点负责人、客户经理等基层岗位全面推行“持证上岗”，实现信贷前中后台人员的资质与业务授权100%挂钩。同时，全面取消免试获证方式，所有新增持证人员均需通过相应资质考试，确保认证质量。为此，今年要增加考试组织频次，优化各个序列的考试大纲和试题内容，强化对员工应用技能的考核。

四是在培训方式方面，各有侧重、分类实施，提高培训的实效性。总行层面，启动实施“十大专业型人才培训工程”，计划用3年时间，围绕十大专业类别，按照初、中、高3个层级，培训3万余名核心专业型人才。分行层面，采用专业胜任能力培训与业务适应性培训相结合的方式，做好全员培训。一方面，参照总行统

一模式和要求，开展辖内专业人才的能力持续提升培训；另一方面，密切配合我行重大政策和工作部署，按照“扁、频、快”的原则，适时开展转型发展、产品创新、市场营销、系统升级等方面的业务适应性培训，重点抓好互联网金融、网点转型与县域支行竞争力提升等领域的培训，并在基层风险管理和业务运营等岗位实施轮训。

三、实施“十大专业型人才培训工程”的总体要求

做好以上工作，关键是要实施好“十大专业型人才培训工程”。

一是把握工作方向，明确培训目标。始终以提升员工专业胜任能力、打造专业人才“第一方阵”为方向，3年内重点培训3万余名专业能力突出、适应全行发展战略要求的核心人才，今年力争培训规模达1万人。

二是健全工作机制，抓好责任落实。建立工作协调机制，通过召开各部门负责人协调会统筹指导培训的有序推进；成立项目工作组，成员由牵头部室、参与部室、直属学院派人组成，负责项目的具体组织实施。各部门要按照工作分工认真做好培训方案、课程、师资等各项准备工作，成熟一个、实施一个。

三是创新培训模式，提高培训系统性。专业型人才培训项目都要按照“小规模、长学制、多形式、满负荷”的要求进行设计，并参照正规大学的管理模式，推行学制、学分、学籍管理，实施“面授 + 网络 + 实践”的分阶段、系列化培训课程教学。

四是统一培训标准，规范培训实施。“十大专业型人才培训工程”主要由总行统一组织实施，对于参训人数较多的项目，应按照统一方案、统一内容、统一选拔的要求，由总、分行共同组织实施，并在培训结束后统一组织学员考核，确保培训的规范性。

五是强化过程控制，确保培训质量。教育部要会同相关部门，做好对培训方案、课程、师资等的审核把关，并从项目的组织与管理、学员的学习效果检验以及学员结业认定等多个层面进行质量控制。

六是加强育用结合，建立长效机制。以实施“十大专业型人才培训工程”为契机，建立培训长效机制，出台统一的指导意见，推动各行把员工培训与绩效考核、评先选优、岗位管理、业务授权、职业发展等方面统筹考虑，解决培训的压力和动力问题，实现培训投入产出效益最大化。

最后，要正确处理好专业型人才培训与业务适应性培训的关系，并做好两类培训的统筹衔接工作。专业型人才培训主要着眼于提升员工的专业胜任能力，满足转型发展对关键人才、紧缺人才的需要；业务适应性培训主要着眼于覆盖全员，满足各专业条线新产品、新业务、新系统、新制度推广的需要。对于业务适应性培训，各部门要结合今年本专业发展重点，认真做好培训计划，充分利用“网络大学”、“直播课堂”等“扁、频、快”的培训手段，并进一步调动发挥分行的作用，确保培训及时、到位。总行将探索推行全员培训积分管理办法，明确员工年度最低学分要求，主要依托“网络大学”平台分类实施相关培训与学习，切实把全行40多万名员工纳入到经常、持续学习的轨道。

建设员工培训与资质认证体系是今后一段时期教育培训工作的重点任务，特别是“十大专业型人才培训工程”事关工商银行未来转型发展能否具备坚实的人才基础，需要总行各部室、各分行的积极参与，希望大家积极行动起来，齐心协力，共同组织好、落实好总行党委交给我们的重任。

全面推进分析师队伍建设
服务新常态下全行转型发展新要求

——在中国工商银行分析师成果经验交流会上的讲话

王敬东

（2015年2月11日）

今天下午的会议开得非常好，刚才总行三个部门、两家分行的同志从不同的角度介绍了分析师队伍建设的经验，特别是分析工作的进展和体会，听后很受鼓舞。与去年11月6日召开全行分析师队伍建设工作推动会时相比，大家对分析师队伍建设、分析工作在推动业务发展和风险控制中的作用有了更深的理解。五个单位的发言，特别是在信息分析服务精准营销方面所取得的成果，我感到非常有价值。召开这次会议的主要目的是，

贯彻落实全行改革发展研讨会和2015年工作会议精神，总结2014年分析师队伍建设情况，深入分析新常态下全行转型发展对分析师队伍建设工作提出的新要求，研究谋划2015年的工作思路和措施办法，充分发挥信息引领和价值创造的作用。下面，我讲三点意见。

一、2014年全行分析师队伍建设取得积极进展

2014年，总行各有关部门、各分行认真落实“大数据和信息化”战略工作要求，积极推进全行分析师队伍建设，大力开展信息分析挖掘工作，取得了较好成绩。概括起来说，就是组建了队伍，建立了机制，产出了成果，实现了价值。

（一）组建了“专职+兼职”层次化分析师队伍。在全行共同努力下，到2014年末，建立了一支1 478人的分析师队伍，其中，总行管理信息部数据分析师10人，总行27个业务部门专业分析师548人，37家一级（直属）分行数据分析师141人，33家一级（直属）分行专业分析师779人。

（二）初步建立了分析师队伍的管理、工作和交流机制。在管理机制方面，2014年初，总行制定印发了《关于组建全行分析师队伍的意见》，总行人力资源部、管理信息部共同研究制定了《分析师队伍管理办法（试行）》，明确了分析师资质标准、聘任流程、工作模式、成果管理及奖惩机制等要求。人力资源部做了大量的工作，也给予了大力支持。在工作机制方面，数据分析师加专业分析师的“1+X”协同机制初步建立，总行管理信息、金融市场、电子银行、个人金融、公司金融以及北京、上海、浙江、江苏、山东、辽宁等12家分行分析师协同开展跨专业重点课题攻关，完成金融市场个人客户特征、工银e支付客户特征及营销潜力、中高端客户流失等多篇专题报告，为业务发展提供了有力支持，为分析师融入业务流程，发挥智力支持作用起到了很好的示范作用。在交流机制方面，建立了分析师三级例会制度。去年举办了两期全行分析师成果视频交流会，总行管理信息、个人金融、银行卡、电子银行、信贷与投资管理等部门负责人及北京、浙江、江苏分行分管副行长作了典型发言和经验介绍，取得了很好的效果，也得到总行相关部门和分行的高度肯定和积极响应。

（三）重点分析课题研究取得丰硕成果。2014年，总行数据分析师完成定期报告24篇、专题报告18篇。完成总行党委重点课题《研究搭建数据挖掘与智能应用体系》，总行改革发展重点课题《工商银行数据挖掘分析方法及智能应用研究》，完成《全行客户五级分类评价方案》、《全行重点业务线五级分类评价方案》研究，按季度发布客户、部分业务线五级分类评价结果，为绩效考核和资源配置提供了参考。特别是业务线五级分类评价，不是针对某个部门，而是对一项业务的全行贡献进行综合评价，结论还是比较客观的。

总行电子银行部、银行卡业务部、个人金融业务部、结算与现金管理部、信贷与投资管理部、产品创新管理部、金融市场部、内控合规部、内部审计局、票据营业部等部门专业分析师在精准营销、客户行为偏好、风险管理、业务发展等方面开展了一系列深度信息分析工作，对各专业部门战略决策和经营管理活动发挥了显著作用。

各分行分析师围绕本行经营重点开展分析工作，完成并向总行上报数据分析报告490余篇、专业分析报告180余篇，内容涉及客户管理、产品营销、业务发展、经营管理等多个领域，较好地发挥了在决策支持、业务引导方面的作用。

（四）重点推进分析师成果转化应用，实现信息创造价值。将营销和风控作为分析师服务的重点领域，以精准营销（EBM）系统为抓手，快速转化分析师工作成果，促成分析师工作融入业务流程、契合业务需求、服务业务发展。2014年，全行依托EBM系统部署了1 194项精准营销活动，其中，由分析师参与和支持的有560项，占比46.9%。挖掘分析成果在激发精准营销创意、把握客户行为偏好、预测客户需求、提高营销效率等方面发挥了重要作用。

二、新常态下全行转型发展对分析师队伍建设提出新要求

当前，经济发展进入新常态，金融生态环境发生了新变化，多层次资本市场体系日益完善、互联网金融业务蓬勃兴起，以及民营银行准入放宽，金融竞争格局加速演化，对我行经营发展提出了更高的要求。面对新常态下全行转型发展的新机遇和新挑战，分析师队伍建设工作也将步入一个新的关键发展期。

（一）新常态下全行经营转型发展对分析师提出更高的期望。2014年改革发展研讨会提出“今年以来全行经营发展已经渐入一个新常态，明年及今后一个时期这种新常态的特征和趋势性变化将会更加明显”。新常态下，全行在盈利增长、资产质量、资本约束、发展方式、客户需求、发展动力等方面都面临着新形势、新问题、新挑战。新常态下，需要运用新的方法和技术，提高判断力、预见性和快速执行力，以解决支付脱媒、融资脱媒和信息脱媒等诸多难题。新常态下，分析师要敢于担当，在服务全行业务发展、风险管理、转型创新等多个领域要有所作为，要通过对各类信息资源的挖掘分析和多领域应用，积极发现转型发展过程中新增长点、新增长带，推动客户服务和业务模式创新，为深入推动全行转型发展战略的实施提供信息服务和智力支持。

（二）“大数据和信息化”战略落地实施对分析师提出更大的挑战。大数据背景下信息技术创新导致信息

运行形态发生巨变，随着以互联化、数字化、虚拟化和智能化为特征的新一代信息技术的兴起，社会发展进入了全新的大数据时代。我行从2014年开始将“大数据和信息化”战略列为三大战略之一，信息化银行各项工作任务逐步推进，信息化银行的基础设施也初步搭建完成，2015年信息化银行建设将进入落地实施的关键期。信息化银行建设的新阶段，信息来源更加多样、信息增长更加迅猛、信息结构更加复杂，必须更加快速、低成本地获取、处理、解读海量信息，从繁复的数据中寻找业务发展规律，这就要求分析师必须熟练掌握数据获取、处理、挖掘分析工具，业务精通、技术精湛、分析精准，具备数据分析与挖掘应用软、硬实力两方面的能力，才能将数据转化为知识，发挥信息在决策、管理和营销等不同经营管理活动领域的价值，支持“大数据和信息化”战略各项任务落地实施。

（三）互联网金融升级发展对分析师提出更高的要求。去年召开的互联网金融服务营销动员会提出：“能否成功驾驭大数据，已经成为决定未来发展成败的关键因素。我们拥有海量的数据，但对数据怎样挖掘、挖掘什么，研究和运用得还远远不够。”要进一步加强和充分利用分析师队伍，“加快提高全行的数据增值应用能力，加大对各类数据的深层次、多维度挖掘分析，真正使数据成为提高竞争力和经济价值的生产因素。”目前，全行互联网金融整体架构已基本搭建完成，今年是全行互联网金融发展的关键之年，要抓住互联网金融中的新增长点，实现互联网金融升级发展，要求分析师具备运用大数据技术挖掘信息价值的能力，更好地利用大数据挖掘分析工具，发挥总分行分析师团队作用，充分发挥银行信息中介功能，将信息资源优势转化为市场竞争优势，真正实现定向、精准、高效和低成本的智能营销，建立金融服务与商业服务跨界整合的新模式。

三、2015年工作要求

总体来看，2014年全行分析师队伍建设工作取得了积极进展，为下一步全面推进分析师队伍建设奠定了很好的基础，也增强了我们继续做好这项工作的信心。在肯定成绩的同时，也必须看到分析师队伍建设还处于起步阶段，与“大数据和信息化”战略要求相比，与新常态下全行转型发展对分析师队伍的期望相比，还存在着一些差距。一是部分分行对如何充分发挥分析师队伍作用和价值重视不够，在分析师配备数量和质量方面存在被动应付的情况，10家分行数据分析师少于3人，转岗和兼职数据分析师占比达到1/3。二是分析成果仍以解释性分析为主，预测性、引领性分析成果较少，分析领域待拓展，产品体系待完善，成果形式待丰富。三是分析师队伍管理体系有待完善，资质认证、工作流程、协同互动、培训交流、知识共享等配套机制尚需进一步健全。

2015年全行分析师队伍建设工作总的指导思想是：认真贯彻全行改革发展研讨会与2015年工作会议精神，落实“三大战略”和互联网金融工作部署，健全分析师管理体系，“管好”、“用好”分析师资源，深化大数据在客户营销、经营管理、风险控制等领域的应用，充分发挥分析师“解读数据、洞察业务、助力发展、创造价值”的支持作用。这里提出以下几点要求：

（一）加强分析师队伍建设，完善分析师管理体系。一是进一步配齐配强分析师队伍，力争每家分行配备5名以上的数据分析师，分行主要部门专业分析师达到3人以上。总行将下发分行分析师重点任务计划，加强对分行分析师任务数量、质量及成效的评价考核，确保分析师的专业素质和工作能力满足信息化银行建设的要求。二是健全分析师管理体系，制定分析师管理办法、资质认证体系及工作成果考核细则。各行要根据分析师任职条件和专业资质标准，做好分行分析师的聘任、定级、考核等工作。三是逐步建立系统化、体系化的分析师培训与能力认证体系。各行管理信息、人力资源、教育部等部门要积极配合，通过加强业务知识培训、分析技能培训、模型与知识共享、资质认证考试等多种方式，开展业务、技术、工具、方法多领域多层级的培训，切实提升分行分析师的能力水平。

（二）夯实大数据基础，优化分析师工作环境。一是持续完善数据仓库，推进境内外新业务、集团子公司业务数据入库，加快企业工商注册信息、客户身份户籍信息、上市公司信息、发改委重大项目信息等外部数据统一入库；推动信息库建设，实现与数据仓库、大数据处理平台、流数据处理平台等的整合联动和互联共享。二是加快推广分析师工作平台（AIMS），优化完善系统功能，实现面向分析师的跨系统服务集成，为分析师提供全面的系统支持。各行要认真落实平台推广工作要求，做好分行用户授权管理工作，组织分析师依托AIMS平台开展分析项目，及时收集反馈平台完善建议。

（三）深化数据挖掘分析，建立数据分析产品体系。要运用大数据分析方法，综合利用内外部各类数据资源，围绕精准营销、客户管理、风险防控、互联网金融等开展深度挖掘分析，建立跨平台、跨专业、跨领域的分析产品体系；创新分析领域，加强对非结构化数据、流数据等的分析挖掘，在客户行为偏好、产品响应、风险先行指数等重点领域实现突破，充分发挥结构化数据与非结构化数据组合分析的价值。总行已确定了2015年重点分析课题计划，明确了各行重点分析研究领域和职责分工，详细要求将以工作要点的形式下发。各行要根据总行的工作要求，结合自身业务重点，围绕客户结构、资金流向、客户流失等方面开展定期分析，针对客户拓展提质、公私联动、产品和业务五级分类评价、风险预警等领域开展深度专题分析，提高分析产品的数量和质量，形成分行特色数据分析产品体系。

（四）加强数据挖掘成果的转化应用，发挥分析师对业务发展的信息支持作用。要重点做好客户管理、风险控制、市场营销等领域的数据挖掘成果应用，逐步建立客户行为细分、产品偏好、渠道偏好、客户响应、客户生命周期价值、客户流失预警等数据挖掘模型体系，为基层和客户提供信息线索和信息中介服务。要进一步深化精准营销（EBM）信息服务应用，依托EBM系统，积极推动数据挖掘模型成果的业务应用和试点推广，注重推动分析师队伍融入主流业务活动，促进分析师工作与业务发展需求的高度融合。

最后，我再强调一下，分析师是高素质人才，是宝贵的资源，一定要"管好"、"用好"。所谓"管好"，就是要从队伍管理、资质认证、业绩考核等方面建立分析师队伍管理体系，使分析师"名正言顺"、"名副其实"。在职务晋升时，同等条件下，对业绩突出、有重大贡献的优秀分析师人才予以优先考虑；有别于其他岗位工作业绩考核连续3年达到良好（含）以上才能获得奖励晋升的要求，对工作业绩考核连续2年达到良好（含）以上的分析师，可以加快工资等级档次的晋升。刚才管理信息部已经把管理办法的主要内容进行了介绍，也已征求了相关部门的意见，要尽快印发全行执行。各行要根据分析师任职条件和专业资质标准，做好分析师的聘任、定级、考核等工作管理。此外，总行将聘任首批25名左右优秀分行数据分析师为总行级数据分析师，协同开展重点课题攻关。总行人力资源部、企业文化部（教育部）要在分析师聘任与晋升发展、认证与培训等方面给予支持；总行个人金融、银行卡、电子银行、公司金融、内控合规、风险管理等部门要根据业务发展需要，组织本专业分析师开展挖掘分析、业务知识及技能培训等工作。所谓"用好"，就是要打通分析成果深化应用的通道和机制，总行信息科技部要加大对分析师工作平台的研发支持力度，为分析师提供高效率的分析挖掘环境；总行个人金融、银行卡、电子银行、公司金融、机构金融、结算与现金管理等部门要做好与数据分析师的协同配合，合作完成一批跨专业、跨平台、跨系统的数据挖掘与智能应用项目，大力推动分析成果向业务应用转化，实现信息创造价值。

同志们，2015年是全行转型发展和质量管理的关键之年，也是分析师队伍建设进入新一轮发展阶段的开启之年。全行上下要统一认识，注重"问题导向"、"需求导向"，充分发挥分析师队伍的智力支持作用，要在政治上关心分析师的成长，在工作上加强对分析师的支持和指导，在机制上建立分析师职业发展路径，在使用上打通分析成果向业务应用转化的通道，推动分析师多出成果、多做贡献，适应新常态下全行转型发展的新要求，助力"大数据和信息化"战略的落地实施。

从严执纪　狠抓落实
坚定不移推进党风廉政建设和反腐败工作

——在中国工商银行纪检监察工作会议上的报告

王敬东

（2015年2月16日）

这次会议的主要任务是，认真贯彻落实党的十八届中央纪委第五次全会以及2015年全行党建工作会议精神，总结2014年全行纪检监察工作，分析当前全行党风廉政建设和反腐败工作面临的形势，研究部署2015年工作任务。

一、2014年反腐倡廉工作取得新成效

2014年全行各级纪检监察机构认真贯彻落实中央纪委以及总行党委工作部署，围绕全行中心任务，强化监督执纪问责，狠抓任务落实，党风廉政建设和反腐败工作取得新成效。

（一）严明党的纪律，坚决纠正"四风"。根据中央纪委以及总行党委要求，把严格遵守党的政治纪律和组织纪律，查找纠正党风党纪方面存在的问题，作为年度反腐倡廉任务分工、巡视和党风廉政建设责任制量化考评等监督检查的重要内容，强化推动落实，切实增强了干部员工的组织意识和纪律观念。认真落实中央八项规定要求，巩固深化教育实践活动成果，牵头完成建立权力监督机制、建设节约型银行等7项整改任务及4项制度建设计划，促进反对"四风"工作的深入开展。坚持正风肃纪、强化监督问责，从巡视监督、信访核查和专项执法监察入手，共发现违规违纪问题140余个，提出整改建议60余条，处理相关责任人近30名，全行作风建设取得新成效。

（二）加强监督检查，严惩腐败行为。深化廉政风险防控机制建设，进一步加强了对重点领域和关键环节的动态监控和制约监督。改进巡视工作，强化震慑作用，全年共巡视11家分行，发现廉洁从业、选人用人、转型发展等方面存在问题164个，提出各类整改建议88条。其中，发现领导干部违纪违法问题线索13件、移交处理11件，已查实并处理处级及以上干部5人。对6个总行部室开展新一轮党风廉政建设责任制量化考评，合理调整指标，提高考评工作的有效性。对8家境外机构高管人员廉洁履职情况开展现场监督检查和非现场廉政访谈。拓宽执法监察领域，共对1 465家分支机构开展了执法监察，发现各类问题2 929个，累计清除128家有不良记录供应商。持续加大信访核查力度，全行受理信访举报1 256件，核查463件，处理相关责任人305人，并解决了一批员工反映强烈的热点难点问题。

（三）深化查防治理，严控案件风险。制定案件重要风险点防控治理方案，对违规放贷、违规套现等6个重要风险点进行了专项整治。开展重点领域案件和风险事件专项治理活动，深入排查员工参与民间融资、高利贷、经商办企业等违规行为。对4家案件防范重点监控行，加大督导检查力度，促其夯实案防基础。按照银监会案件防控工作要求，研究提出案防职责划分意见，重新界定了内控、监察和保卫部门的案防职责，并加大了案防工作考核力度。坚持“有案必查、查案必严”，遏制案件高发态势，全年查处内部经济案件和案件风险事件26件，其中总行督办重大案件和风险事件8件。严格规范责任追究，全年共审理违规违纪问题2 020件，处理相关责任人3 045人；其中总行审理审核26件，处理相关责任人280人。

（四）健全制度体系，推进源头治腐。制定我行惩治和预防腐败体系新五年实施办法，从总体目标、作风建设、惩治腐败、预防腐败、加强领导五个方面提出了明确要求。研究制定总行部室反腐倡廉任务分工方案，明确了百余项工作任务。修订员工违规行为处理规定，不断提高执纪问责的规范性。起草加强廉洁文化建设的意见，明确原则目标、建设路径及工作要求。印发基层党组织党务公开工作办法，确定干部选拔、绩效分配等九个方面的公开事项。制定纪委落实监督责任实施意见，确保纪检监察工作更加聚焦主责主业。研究起草纪委负责人选拔配备与管理意见、加强纪委书记分工管理、对新任职纪检监察负责人谈话办法等制度，不断推动纪检监察体制机制改革，进一步建立健全具有我行特点的反腐倡廉制度体系。

（五）强化责任担当，建设过硬队伍。以片区培训为抓手，持续加大纪检监察干部教育培训力度，全行六大片区累计举办培训班9期，培训900余人次，提升了纪检监察队伍综合素质和履职能力。在《中国城市金融》杂志组织策划了“护航经营发展，铸造廉洁银行”专题报道，引导全行纪检监察干部切实强化责任担当意识。强化纪检监察组织建设，进一步优化从业人员配备结构，组织开展纪委书记分工情况检查，确保其分管工作不与履行监督职责相冲突。强化纪律约束，通过巡视、量化考评等办法加强对纪检监察干部履职情况的监督，以铁的纪律着力打造一支政治强、业务精、作风硬的队伍。

2014年，纪检监察工作为深化全行党风廉政建设，保障全行改革发展发挥了重要作用，取得明显成效。这是总行纪委认真贯彻落实党中央、中央纪委深化党风廉政建设和反腐败工作各项决策的结果，是总行党委坚强领导和坚定支持的结果，也是全行各级机构和干部员工共同参与和努力的结果。在此我谨代表总行纪委，向纪检监察战线上的全体同志，向关心和支持反腐倡廉建设的全行各级干部员工，表示衷心的感谢。

这里还要特别提出，十年来，全行纪检监察工作取得的成绩凝聚了刘立宪纪委书记的智慧和心血。在此，请允许我提议，让我们对立宪书记为全行纪检监察工作作出的贡献表示感谢和敬意。

在肯定成绩的同时，我们也要清醒地看到，当前全行反腐倡廉工作存在的问题和不足。如有的单位党委的主体责任和纪委的监督责任落实不到位，一定程度上存在“上热下冷”、“逐级递减”的现象；有的纪检监察机构深化转职能、转方式、转作风“三转”工作进展不平衡，没有切实发挥监督作用，监督执纪存在凑数现象；有的纪检监察干部思想观念、工作作风、能力素质不能适应新形势、新要求，不敢担当、无所作为等问题依然存在，纪检监察队伍建设仍需加强。对此，全行必须高度重视，认真加以解决。

二、巩固成果、抓好基础，持续推进反腐倡廉各项工作

2015年全行党风廉政建设和反腐败工作的主要任务是：深入贯彻党的十八大和十八届三中、四中全会，中央纪委四次、五次全会以及国务院第三次廉政工作会议精神，按照2015年全行党建工作会议部署，保持政治定力，坚持全面从严治党、从严治行，严明政治纪律和政治规矩，加强纪律建设；深入贯彻党风廉政建设责任制，严格落实党委的主体责任和纪委的监督责任；强化监督执纪问责，持之以恒纠正“四风”；深化反腐败体制机制创新和制度保障，聚焦主责主业，提升纪检监察队伍履职能力，坚定不移地把党风廉政建设和反腐败工作引向深入。

（一）严明党的政治纪律和政治规矩，抓好中央重大决策部署和总行各项工作要求的贯彻落实。各级纪检监察机构要深刻领会中央关于党风廉政建设的新要求，以强烈的历史责任感，认真履行党章赋予的重要职责，

把维护党的政治纪律和政治规矩摆在更加突出的位置。加强对政治纪律和政治规矩执行情况的督查问责，坚决克服和纠正组织涣散、纪律松弛现象，确保党的纪律成为刚性约束。要促使全行党员领导干部把“同党中央保持高度一致”变成实实在在的行动，以更强的党性意识、政治觉悟和组织观念要求自己，自觉做到“四个服从”，使党的纪律成为全行必须遵守的行为准则。要自觉与总行党委保持一致，加强对中央重大决策部署和总行各项工作要求执行情况的监督检查，以树立正确的业绩观和全面的风险观为工作重点，围绕风险控制、结构优化、转型升级、提质增效等关键环节，及时发现和坚决纠正有令不行、有禁不止的行为。要在完善制度措施和推动深化改革上下功夫，把监督检查成果与推进建章立制相结合，不断深化源头治腐工作。

（二）持之以恒纠正“四风”，推动作风建设常态化。不良风气具有反复性和顽固性。当前“四风”病源还在、病根未除，仍停留在“不敢”层面，“不能”、“不想”的问题还远没有解决，防止反弹任务艰巨。各级机构抓作风建设决不能一阵紧、一阵松，要在坚持中深化、在深化中坚持，继续看住一个个节点，解决一个个具体问题，带动全行作风的整体转变。各级纪检监察机构要把落实中央八项规定精神和纠正“四风”作为经常性工作来抓，聚焦突出问题，紧盯“四风”的新形式、新动向，坚决查处顶风违纪行为，特别是用公款互相宴请、赠送节礼、超标准接待、变相公款旅游和奢侈浪费等问题。要把违反中央八项规定精神的行为作为纪律审查重点，作为纪律处分的重要内容，作为巡视、执法监察和党风廉政建设责任制考评的主要指标，对顶风违纪者所在单位党委、纪委进行严肃问责，决不搞例外，使作风建设真正落地生根，为全行改革发展营造风清气正的良好环境。

（三）加大案件查防力度，坚决遏制案件和违规违纪问题发生。案件防范牵头部门职责调整后，各级纪检监察部门要认真履行案件查处工作职责，持续加大案件查处力度，努力形成案防合力，有效遏制案件和案件风险事件反弹势头。

一是强化案件查处工作。今年案件查处工作的重点是违反政治纪律、组织纪律、中央八项规定精神，违规理财特别是“飞单”问题，违法放贷，参与非法集资、民间融资和经商办企业，诈骗和挪用银行或客户资金，商业贿赂等违法违纪案件。总行纪委将进一步加强对各单位案件查办工作的监督指导，加大现场督办力度。各级机构要严格执行下级纪委向上级纪委报告线索处置和案件查办情况制度，发生案件线索必须在24小时以内报告总行，严禁瞒报和以尚未查清等借口迟报。发生100万元以上内部案件或500万元以上内部案件风险事件的，一级（直属）分行纪委书记要负责向总行纪委汇报查办情况；发生500万元以上内部案件或1 000万元以上内部案件风险事件的，一级（直属）分行行长要负责向总行汇报查办情况。总行将调整案件查办工作的考核指标，从以往以考核发案情况为主，调整为以考核案件查处情况为主。

二是强化廉政风险防范。各级纪检监察部门要把廉政风险防范作为重要工作职责，当前要重点防范信贷业务、集中采购、资产处置三个领域的廉政风险。要对典型案件进行剖析和通报，深化警示教育，使干部员工引以为戒。要深化包括各级管理人员在内的员工异常行为管理，总行将制定管理办法，进一步明确工作职责、异常行为标识、排查机制以及处置方法。要继续把员工参与非法集资、民间融资和经商办企业作为排查重点，总行将加大监督抽查力度。要特别重视对各类在编不在岗人员的监督管理，认真清理排查，防止出现员工管理的“真空地带”。

三是强化重点监控行整改督导。针对2014年全行案发情况，确定青岛分行为2015年总行案件重点监控（关注）行，加强对其整改情况的督导检查和考核验收。各一级（直属）分行也要确定辖内案件重点监控行，并报总行备案。对于各一级（直属）分行确定的重点监控行，在监控期内发生案件和案件风险事件的，总行将直接予以重点关注。

四是强化案件审理工作。要严格按照规定执行审理程序，认真履行审核把关和监督制约职责，坚决杜绝查审不分、先定后审等情况发生。加大信贷业务违规责任追究力度，重点解决量纪不平衡、链条不完整等问题，进一步提升执纪质量。加大对各级管理人员的责任追究力度，在发挥案件查处震慑作用的同时，注重维护好员工合法权益。

（四）统筹兼顾，突出重点，纵深推进廉政建设各项工作。各级纪检监察机构既要统筹兼顾、整体推进反腐倡廉各项工作，也要把握重点、突破难点，以重点难点工作的成效带动全局工作的开展，以关键环节的突破带动整体建设的推进。

一是加强对反腐败工作的统一领导，督促全行抓好惩防体系新五年规划实施办法的落实。要以贯彻落实惩防体系新五年规划实施办法为主线，对今后一个时期全行反腐倡廉建设任务进行全面部署，整体推进教育、制度、监督、改革、纠风、惩治等各项工作。督促各级行党委认真履行主体责任，抓紧制定落实惩防体系建设新五年规划实施办法和实施细则，把建立健全惩治和预防腐败体系纳入年度任务分工，将惩治和预防腐败工作贯穿到全行改革发展各方面，与业务经营同步考虑、同步部署、同步实施。各级纪检监察机构要认真履行监督责任，通过巡视、执法监察和党风廉政建设责任制考评等方式，加强对惩防体系建设的监督检查，推动惩治和预防腐败工作各项任务落到实处。

二是强化廉政案防教育，牢固树立廉洁合规意识。

按照完善机制、注重融入、不断创新的思路，深入开展反腐倡廉宣传教育。注重常态化机制建设，将反腐倡廉教育纳入管理人员教育培训规划、党校轮训和院校教学计划，作为党委中心组、党支部学习以及各类业务培训的重要内容，融入选拔考试、任前谈话和廉政谈话，贯穿于管理人员培养、选拔、使用、管理的全过程。强化案件警示教育和岗位廉政教育，使干部员工受警醒、明底线、知敬畏，主动在思想上划出红线、在行动上明确界限，真正敬法畏纪，遵规守矩。深入推进廉洁文化建设，出台《关于加强廉洁文化建设的意见》，推动各单位制定细则并抓好落实；编发《廉洁自律和案防履职警示教育读本》和廉洁文化故事集，在全行根植廉洁从业观念。

三是创新方式方法，强化专项巡视，努力开创巡视工作新局面。深入贯彻落实中央巡视工作有关部署，继续把发现问题、形成震慑作为巡视主要任务，层层传导压力，切实维护党规行纪。组织开展对10家一级（直属）分行的现场巡视，在全面完成第一轮常规巡视的基础上，启动第二轮巡视工作。今年上半年，总行将派出五个巡视组对山东、福建、新疆、青岛、苏州分行进行巡视。各巡视组要聚焦突出问题，重点查找被巡视单位在遵守政治纪律和规矩、落实主体责任和监督责任、贯彻中央八项规定精神等方面存在的问题，着力发现是否存在以权谋私和贪污贿赂等违纪违法问题、违规用人和买官卖官等选人用人问题、侵害员工合法权益问题等。要不断改进方式方法，通过加强巡前准备和指导推动、公布巡视组进驻和联系信息、核实个人有关事项报告、发放不记名调查问卷等措施，深入查找违规违纪问题线索，并强化成果运用，切实发挥巡视的震慑、遏制、治本作用。

总行纪委监察室要充实力量、提高频次、扩大范围，全面开展以执法监察为主要形式的专项巡视。专项巡视重在“专”，要目标清晰、机动灵活，精准发现、定点突破。要加强与内审、内控、人事等部门的协调，认真梳理问题线索，以执法监察为抓手，针对一件事、一个下属单位、一个工程项目、一笔专项经费开展专项巡视，达到震慑、不敢、知止的效果。继续将中央八项规定精神和总行党委十五条落实意见贯彻执行情况作为全行指令性执法监察项目，将信贷制度执行情况和集中采购项目后评价作为全行指导性执法监察项目，同时不断深化集中采购监督和不良行为供应商排查工作，有效预防和制止违规问题发生。

四是坚持多措并举，以信访核查和廉政监督为重点，促进权力规范运行。坚持抓早抓小，加强日常管理，全面掌握党员干部的思想、工作、生活情况，对党员干部身上的问题要早发现、早提醒、早纠正、早处置，对苗头性问题要及时约谈函询诫勉，惩前毖后、治病救人，防止小错酿成大祸。按照总行党委要求，认真做好信访举报受理和核查工作，畅通员工监督渠道，强化问题线索管理，按照拟立案、初核、谈话函询、暂存、了结五类标准分类处置，确保件件有着落。要发挥信访直查快办优势，对线索具体、影响面大的问题以及情况紧急、急需查明并予以制止的问题要直接核实，快速解决。强化信访举报转办督查工作，加强跟踪督查，及时掌握情况，确保转办件去向明晰、处理到位。

要认真抓好廉政监督各项制度落实，进一步督促各级管理人员和关键岗位人员自觉廉洁从业。组织开展对新任职管理人员和关键岗位人员的廉洁谈话，认真落实管理人员在线填报廉洁从业专题报告、签订廉洁从业承诺等规定。继续开展对境外机构高管人员廉洁履职现场监督检查和非现场廉政访谈，研究出台有关制度办法，将监督内容、程序和方式方法常态化、长效化。深入推进基层党组织党务公开以及参与民主评议行风等工作，提高权力运行的透明度。加强对监督核查中发现问题的分析研判，为有关部门完善制度、改进工作提供参考和借鉴，逐步将监督核查工作由查处违规违纪问题的“点”，转移到完善制度流程的“线”，最后延展到促进合规经营、有效预防风险的“面”上来。

三、深化纪律检查体制机制改革，建设忠诚、干净、担当的纪检监察队伍

（一）深入落实两个责任，强化责任追究。各级党委要明确从严治党职责，紧紧抓住落实党风廉政建设主体责任这个“牛鼻子”，强化责任担当。认真贯彻执行总行党委关于落实党风廉政建设主体责任的意见，突出工作重点，深入开展理想信念宗旨和党风廉政教育，加强作风和纪律建设、坚决惩治腐败，定期向上级党委和纪委报告责任落实情况。创新工作方法，先从总行部门和一级（直属）分行抓起，通过约谈督促、述职考评、严肃问责等方式，一级抓一级，层层传导压力，在巩固总行部门和一级（直属）分行落实主体责任成果的基础上，推动二级分行落实主体责任。各级纪委要切实履行监督责任，既要协助党委加强党风廉政建设和组织协调反腐败工作，又要加大正风肃纪和腐败案件查处力度。要突出问责，坚持“一案双查”，对违反党的政治纪律和政治规矩、组织纪律；“四风”问题突出，发生顶风违纪问题；出现区域性、系统性腐败案件的单位，既要追究主体责任、监督责任，又要严肃追究领导责任，通过强化问责，让两个责任落地生根，形成实实在在的工作支撑。

（二）坚持立行立改，推进纪律检查体制改革。认真落实党的纪律检查体制改革实施方案的各项要求，积极探索完善工作机制，推进纪检监察双重领导体制具体化、程序化、制度化。对中央有明确要求、我行条件基本具备、工作中看得准的，要立行立改，以一项项具体改革，推动整体工作开展。深入落实中央提出的“一

个强化和两个为主”，强化上级纪委对下级纪委的领导，建立健全报告工作、定期述职、约谈汇报等制度，切实抓好一级（直属）分行、直属机构新任职纪检监察负责人谈话办法、加强纪委书记分工管理等措施要求的落地执行；继续落实查办腐败案件以上级纪委领导为主的要求，同时坚持下级纪委向上级纪委报告线索处置、案件查办情况的做法，加大对腐败行为的惩处力度；继续落实纪委书记、副书记的提名考察以上级纪委会同组织部门为主的要求，并根据中纪委有关规定，会同党委组织部研究制定一级（直属）分行监察室正职、副职的任免职办理工作制度。

（三）强化责任担当，以铁的纪律建设过硬队伍。全行各级纪检监察机构要从党章规定和形势任务出发，找准职责定位，聚焦中心任务，巩固深化“三转”成果，守住主业不发散，强化监督执纪问责，切实担负起监督责任。纪检监察干部队伍要进一步增强责任感和使命感，纪检监察负责人既要自身正、过得硬，又要在管理中敢于担当，领好班子、带好队伍；纪检监察人员要求真务实，践行“三严三实”，做到情况明、数字准、责任清、作风正、工作实。继续完善纪检监察组织建设和片区培训机制，夯实工作基础。打铁还需自身硬，纪检监察队伍要增强纪律观念和规矩意识，完善自我监督机制，自觉接受外部监督，对违规违纪行为零容忍，对不敢抓、不敢管、监督责任缺位的干部严肃问责，坚决防止“灯下黑”，用铁的纪律打造过硬队伍，为推动党风廉政建设和反腐败工作提供坚强的组织保障。

同志们，2015 年是全行新一轮十年纲要和三年规划的开启之年，各级纪检监察机构和广大纪检监察人员要扎实工作、锐意进取，不断取得反腐倡廉建设新成效，为全行实现经营转型和健康平稳发展作出新的贡献。

在 2015 年养老金业务经营管理培训班上的讲话

王敬东

（2015 年 3 月 25 日）

总行举办本次养老金业务经营管理培训班，主要基于两个方面的考虑：一是最近一年多来，国家及有关监管部门陆续出台一些养老金政策，既带来了新的市场机遇，也提出了新的工作要求，我们需要及时学习掌握政策，研究分析形势，明确新形势下的业务发展策略；二是认真贯彻落实全行改革发展研讨会和年初工作会议精神，进一步统一思想，明确今后一段时期业务发展方向和 2015 年主要目标任务，加快推进养老金业务经营转型和创新发展。下面，我讲三点意见。

一、养老金业务的独特价值和工作成效

养老金业务是一项新型金融业务，伴随国家社会保障和养老金管理体制改革应运而生。我行养老金业务开办十年来，在总行党委的正确领导下，经过总、分行的共同努力，这项业务从无到有、从小到大、从弱到强，搭建起比较成熟的业务运营体系，形成基本健全的产品系列，取得同业领先的市场份额，实现了综合效益的持续提升。

（一）养老金业务独特的价值贡献。与传统银行业务相比，养老金业务具有政策依赖度高、业务综合性强、服务期限长、客户锁定性好、经营效益稳定等独有特性。近年来，养老金专业抓住政策和市场机遇，积极服务养老事业和民生工程，不仅实现了自身的健康快速发展，还为全行丰富金融服务、强化客户基础作出了贡献。

养老金业务是推动全行利润增长的重要手段。近年来，我国金融体制改革进入攻坚阶段，银行业受利率市场化提速、存款被互联网理财产品分流、大客户议价能力提升等因素影响，息差持续收窄。央行去年 11 月和今年 3 月两次降息预示着我国进入降息周期，银行贷款利率降低，存款利率上浮区间扩大，对利润增长带来明显压力。同时，由于经济“三期叠加”，新常态下银行不良贷款仍面临反弹压力。在各种复杂因素的共同作用下，近两年全行利润增速持续放缓，未来业绩增长面临严峻考验，这就要求我们必须加快盈利模式转型，大力发展创新型中间业务，培育和拓展新的利润增长点。养老金业务的收费特性符合中间业务向“手续费和佣金”等服务性收费回归的转型方向，并已经成为收入增长最快的中间业务之一。2005 年以来，养老金客户数量年均增长 108%，管理养老金个人账户年均增长 55%，托管养老基金年均增长 65%；2008 年开办受托业务以来，受托管理养老金年均增长 13%。业务规模快速增长推动了业务收入的大幅提升，2005 年以来养老金业务收入年均增长 173%，2010 年以来年均增长 79%，远高于

全行中间业务平均增速。

养老金业务是新常态下巩固客户基础的重要纽带。新常态下，金融脱媒和跨界竞争加剧，对优质客户资源的争夺也更趋激烈。养老金客户作为源头性客户，一般存续期长、忠诚度高，可以作为我行强化客户基础、挖掘客户价值的重要抓手。从客户特点来看，养老金客户具有一定规模的金融资产和管理服务需求，是金融机构竞争的优质客户。从服务期限来看，养老金服务延续期长达几十年，甚至是永续的，而且服务关系确定后转移成本很高，有助于增加客户对银行的黏性。从客户数量来看，养老金业务与4.4万家对公客户和1 350万个人客户建立了长期密切的合作关系，稳固的客户关系和详尽的客户信息数据都是宝贵的资源。特别值得一提的是，近年来全行通过养老金业务与6 800多家没有业务关系的他行客户建立了服务关系，对实施拓户工程发挥了积极作用。我行传统的对公业务主要对接企业客户的财务部门，而养老金业务则主要对接企业的人事部门，为拓展业务开辟了新的渠道，有利于我们在巩固存量客户的同时，与他行客户建立服务关系。

养老金业务是拓展资产管理业务的新通道。养老金业务管理对象涵盖企业年金、职业年金、基本养老金以及各类企事业单位薪酬福利基金，可为全行资产管理业务转型升级提供新的销售渠道和资金通道。一方面，养老金追求长期、安全、稳健的投资收益，是我行银行理财、基金、保险等产品的重要机构投资者。养老金理财自2011年开办以来，累计销售5 109亿元，年均增长200%。另一方面，通过养老金受托业务，可将行内信贷资产、投行项目对接养老金产品，满足客户融资需求的同时为养老金资产提供稳定投资收益，实现养老金和资产管理业务协同发展。

养老金业务正在成为助推传统业务发展的新力量。养老金业务包括资产管理和信息管理两个方面的服务，是“大公司”、“全机构”、“大零售”与“大资管”发展战略的重要组成部分。养老金业务是少数同时服务对公客户和个人客户的业务之一，既服务企业、机关事业单位、社会团体等对公客户，又服务大量的个人客户，可以为公私联动和捆绑营销提供平台。养老金服务内容涉及受托管理、个人权益信息账户管理、资产托管、投资管理、管理顾问等多个领域，对行内多项业务具有助推作用。据不完全统计，近年来全行通过养老金业务渠道新发银行卡250多万张，开立企业网上银行1.1万多户，开立个人网上银行86万户，对存款、贷款、结算、电子银行等相关业务发展起到了积极的带动和支持作用。

总之，养老金业务具有鲜明的特性和独特的价值，发展养老金业务既是顺应国家宏观政策和支持社会发展的需要，又是我行推进经营转型和培育新增长点的重要抓手。在过去全行业务普遍发展较快的时候，养老金业务的增长贡献和带动效应还不太明显，但在经济新常态下传统业务盈利增速放缓的背景下，养老金业务的增长潜力将会逐步凸显。

（二）2014年主要工作成效。2014年，全行养老金业务条线扎实做好各项工作，取得了显著成效。一是经营贡献持续提升。全行实现养老金业务收入21.6亿元，完成年度计划的112%，同比增长41%；收入总量在四大行中占比达91%。二是业务规模稳步增长。全行养老金客户达到44 024家，比年初新增4 749家；受托管理养老金基金691亿元，新增145亿元；管理养老金个人账户1 357万户，新增119万户；托管养老金基金3 497亿元，新增649亿元；销售养老金理财产品2 691亿元，日均余额835亿元。三是市场地位进一步巩固。企业年金受托管理、账户管理、托管业务规模同业占比分别为49%、47%、39%，继续保持第一。在中国银行业协会组织的评奖中，我行获得养老金业务“最佳业绩奖”和“最佳发展奖”。

一年来，养老金业务紧紧围绕规模快速增长和收入显著提升两大目标，重点推进了三个方面的工作：

第一，通过持续有效的市场营销工作，推动业务普及发展。一是营销管理机制建设迈上新台阶。深化联动营销机制，与公司金融业务条线联动拓展百人以上客户近3 000家。积极扩展营销渠道，营销人员扩大至公司、机构、个金条线，销售对象扩大至个人客户，销售渠道扩大至网银渠道。二是重点客户拓展取得新成效。针对重点客户，总、分行联动加大营销攻坚力度，成功获得中国移动、神华集团、中国有色、中航集团、陕西电力、潍柴动力、重庆机场、广东广电等一批大型客户年金项目。针对存量客户，积极维护客户关系和挖掘潜力，成功与中国石油、中国石化、中国电信、中远集团、航天科工等多家重点客户续签合同，并有效丰富了服务内容，扩大了收费范围。三是重点产品推广取得新突破。以“如意养老”为载体拓展中小企业客户，通过完善产品性能，优化运营模式，举办专项竞赛，有效扩大了业务规模。以“如意人生”福利计划产品为突破，推动业务普及发展，养老金业务一级支行覆盖率达到89%。

第二，通过不断优化业务运营管理，促进服务水平持续提升。一是持续提升受托管理专业能力。对投资管理人实地考察，建立全方位评估体系，不断提升投资监督管理能力。大力提升重点客户服务能力，重点推进新项目启动工作，稳步提升老项目服务水平。探索建立集约化管理运营模式，将如意养老企业年金集合计划主办行操作集中到总行。二是不断提升账户管理的服务水平。引导客户通过专属客户服务平台等渠道获得服务，提高业务运作效率。推进新增重点年金项目运作进程，顺利完成神华集团、中国移动50万个人账户的建账。三是切实做好客户服务工作。坚持实施重点客户回访制度，做好新产品投产前客户体验活动，及时了解客户使用感受，将人性化需求融入服务和产品设计。四是优化升级养老金综合管理系统。集中力量做好重点项目和系统投产，开展养老金融业务系统规划研究，提出未来三年系统总体规划和实施路径。通过这些工作，有效提升了业务运营效率，提高了服务水平和客户满意度。

第三，通过积极主动的产品创新工作，不断拓宽业务领域。一是完善创新机制，助推业务发展。总行积极引导、鼓励分行开展业务创新，并将创新成果向全行宣传推广。浙江、河南、广东、上海、陕西、重庆等多家分行因地制宜，先行先试，走出了有当地特色的产品创新发展道路。二是加强资产管理业务创新，不断丰富如意人生系列产品，优化产品结构，更好地满足了市场需求。三是充分利用行内资源，开展创新合作，探索受托管理养老金与行内优质项目对接，与工银瑞信、富国基金、中金公司等多家投资管理人合作研发我行专属养老金产品。

2014 年养老金业务工作取得了显著的业绩，为全行改革发展作出了积极贡献，得到了总行领导的充分肯定。易会满行长指出："2014 年养老金业务成绩不错，基础类业务得到了比较好的拓展，实现了产品线收入的较快增长。"这些成绩的取得，是各级行重视支持和相关部门协同配合的结果，是养老金业务条线全体同志奋力拼搏和辛勤付出的结果，借此机会，我代表总行党委向同志们表示衷心的感谢。

二、准确把握养老金业务发展形势和工作方向

（一）充分认识养老金业务发展的新机遇

一是养老保障体制改革提速和政策落地将催生新的市场空间。党的十八大以来，在"全覆盖、保基本、多层次、可持续"方针指引下，养老保险制度改革顶层设计进程明显加快。2014 年，企业年金和职业年金个人缴费税收递延优惠政策正式实施。2015 年初，国务院发布《关于机关事业单位工作人员养老保险制度改革的决定》，明确机关事业单位工作人员基本养老保险制度与企业职工基本养老保险制度并轨，并建立职业年金制度。基本养老金方面，市场化投资已成共识，具体实施办法已在研究制定之中。2013 年底全国基本养老保险覆盖 8.2 亿人口，累计结存基金 3.1 万亿元，近三年年均增长 26%。如果有 40% 的基金入市投资，将有超过 1.2 万亿元的规模。我行可以积极争取权益信息管理、基金托管、投资理财等业务。职业年金方面，将采取市场化投资管理模式，其总体管理办法和基金管理办法预计将在年内出台。职业年金实施后将覆盖全国近 10 万机关事业单位 4 000 万工作人员，每年缴费超过 3 000亿元，10 年后基金规模将达到 5 万亿元以上。我行可以积极争取职业年金受托管理、账户信息管理、基金托管、投资理财、咨询顾问等业务。企业年金方面，目前我国企业年金参保企业仅占全国企业总数的 0.2%，参保职工仅占参加城镇职工基本养老保险人数的 7%，发展空间还非常大。养老保障体制并轨和社会整体养老金管理能力提升将为企业年金业务带来更好的外部环境，基本养老金市场化投资和职业年金发展将促进更多企业重视和建立企业年金制度，企业年金市场将迎来新的发展。

二是养老金运营政策不断完善为我行创新产品和优化运营创造了有利条件。在管理模式上，监管部门积极倡导和推动法人受托模式。目前《企业年金理事会管理办法》正在征求意见，将对理事会受托模式下的企业年金基金规模、人员配备和管理能力提出更加严格的要求，部分采取理事会受托模式的企业将转换为法人受托，这将带来新的业务机会。在基金投资环节，新的监管政策赋予企业年金更加宽泛的投资范围和更加灵活的投资选择。银行理财、基础设施债权投资计划、信托产品、特定资产管理计划以及股指期货等金融产品已纳入企业年金投资范围。受托人可以从计划层直接投向特定产品，投资管理人可以发行标准化的养老金产品。这些规定有利于提高企业年金投资效果，有利于提高我行作为受托人在企业年金投资管理中的话语权和主导地位。在基金运作规程上，企业年金和职业年金个人缴费税收递延政策将促使更多个人采取分期支取方式领取年金，有利于基金规模的积累扩大；企业年金运营行业标准和行业自律规范的推行实施，正在不断规范和优化市场秩序，进而提高行业整体运作效率。

三是各类企事业单位福利基金和个人养老金管理蕴藏新的业务机会。我国人口老龄化速度快、程度高、规模大，未富先老形势严峻，以储蓄为代表的传统金融服务不足以支撑养老服务需求，与收入保障、资产增值相关的新型养老金管理服务发展空间巨大。一方面，企事业单位员工养老计划、激励计划、持股计划等新型福利计划资产管理需求不断增加，金融机构可以研发以信托关系为基础、以多组合投资为特点的集合福利计划资产管理产品，为中小规模的福利基金提供管理服务。另一方面，个人对养老财务计划和资产管理的关注度日益提高，养老资产在超过 80 万亿元的居民家庭金融资产中占有较大比例，其保值增值需求不断显现，与退休收入保障、养老资产管理、老龄消费支持相关的养老金融服务市场正在形成。这些都表明，社会养老金管理需求正在日益增长，有待开发和挖掘的市场空间十分广阔。

（二）充分认清养老金业务面临的新挑战

一是市场竞争持续加剧。在完全市场化的企业年金领域，截至 2014 年 9 月末，全国有 7.2 万家企业建立了企业年金计划，个人账户 2 210 万户，基金规模7 092 亿元，共有 34 家机构具备 57 项企业年金管理资格。在非牌照性质的养老金理财、福利计划管理领域，几乎所

有大中型银行和寿险公司都推出了相应的产品和服务。当前，各家金融机构纷纷加大养老金市场竞争力度，尤其是建设银行、中国银行和5家养老保险公司表现出强劲的市场攻势，在发展策略、机构设置、人员配备、考核激励政策上都给予了一定的资源倾斜。总体来看，金融机构养老金市场竞争的核心是战略布局的比拼，源头业务、大型客户、重点地区是竞争的焦点。我行依托雄厚的综合实力和业务先发优势，一直在养老金市场占据领先地位，但是近年来，新增市场占比有所下滑，受托基金规模、个人账户规模和托管基金规模的新增占比都低于存量占比，部分分行本地新增市场份额被同业超越，需要引起我们的高度重视。

二是业务创新任重道远。从宏观来看，养老金市场前景毋庸置疑；从微观来看，客户需求丰富多样。目前我行养老金业务核心项目仍限于受托管理、账户管理、基金托管、投资理财等方面，服务内容还不够丰富，养老属性和个性化特征还不明显，竞争力仍需提高。在现有政策制度和市场背景下，如何认识捕捉、深入挖掘和准确把握客户需求，为其设计可持续的服务模式和服务方案；如何根据客户需求研发具有针对性的产品和服务，并推动这些产品和服务在各级机构落地实施；如何引导客户需求，优化产品服务，实现良性发展和持续收费，进而固化形成成熟的盈利模式，这些问题是决定我行养老金业务市场竞争力和未来工作成败的关键问题，需要我们共同努力，积极研究解决。

三是业务运营和客户服务面临压力。养老金业务政策性强、业务流程长、涉及主体多、规程要求高，对从业机构和从业人员提出了较高的专业要求。对分行牵头部门和业务人员而言，需要承担本行内部管理和组织推动、市场宣导和客户营销、服务方案设计和产品细化、与监管部门联系沟通、与同业机构合作交流、与客户面对面沟通、日常业务运行操作等多方面工作，需要有高度的专业能力和责任意识。单从已有客户服务而言，目前全行进入实际运作的受托基金规模663亿元，企业年金计划61个，投资组合127个，实际建账运作的企业35 306家，个人账户939万户，系统存储信息记录高达百亿条，客户服务渠道涵盖网点柜台、网上银行、电话银行、自助机具等。业务规模扩大和客户需求变化对运营和服务提出越来越高的要求，总分行都要对这种业务带来的压力作出相应的准备。

（三）准确把握养老金业务发展方向。姜建清董事长在全行改革发展研讨会上指出，养老金业务要“搭建养老资产管理综合服务平台，做大受托管理和账户管理等源头性业务”。未来一段时期，养老金业务要深入贯彻全行发展战略，实施业务联动、产品创新、资源整合策略，立足标准年金业务，拓展非标准年金市场，推动业务发展能力和价值贡献实现新的跨越。要围绕资产管理和信息管理两大板块，在全行大资管、大零售、信息化战略推进中助推互动、借力发展。要以受托管理、账户管理、资产管理、福利计划管理四大板块为重点，广泛拓展业务，形成面向客户“服务一生”的养老金融服务体系。要密切跟进国家政策，探索开展基本养老金、职业年金和个人养老金融服务。力争通过几年时间，把养老金业务打造成为产品服务完备、竞争能力突出、市场份额领先、盈利基础稳固的中间业务板块。

2015年是全行新的三年规划实施的开局之年，养老金业务要牢牢抓住发展机遇，优化业务布局，健全产品体系，强化市场营销，提升运营效率，广开收入来源，要以联动发展和创新驱动为主线，以受托管理、账户管理等源头业务为重点，做大企业年金和职业年金业务规模，开拓非标准年金市场。具体经营目标是：全年新增养老金单位客户5 000户，受托管理养老金规模达到720亿元，新增管理养老金个人账户155万户，养老金理财日均余额达到918亿元，全年实现养老金业务收入22.9亿元，企业年金新增市场占比银行同业第一，养老金业务一级支行覆盖率达到100%。

三、关于2015年养老金业务工作的几点要求

总行党委非常重视和关心养老金业务工作，姜建清董事长指示“新的一年，养老金业务要扭转增量下滑趋势”，易会满行长指出“2015年养老金业务工作重点还是体现在基础业务、基础客户的壮大上，进一步强化创新，争取完成好新的目标”。根据两位领导的指示，这里对2015年养老金业务工作提几点具体要求。

（一）围绕全行整体战略，推进业务经营转型。一是要进一步加大对养老金业务的支持和推动力度。养老金业务增长速度快、市场份额大，具有高稳定性、高成长性、高适用性的特点，不仅在培育和巩固优质客户、挖掘和拓展相关业务方面具有优势，还有助于把我行资产负债业务和资产管理业务连接起来，实现融合发展、互带互促。各行要充分认识养老金业务的作用和价值，加强对养老金业务的支持和培育力度。二是要牢固树立以基础业务、基础客户为核心的指导思想。受托管理和账户管理是养老金业务的核心，也是我行领先同业机构的优势业务。各行要把优势业务巩固好，发展好，在制定业务发展规划、工作思路和具体措施时，要突出基础业务、基础客户，以此带动养老金理财、综合养老保障等业务协同发展。各行要把工作抓早抓好，不要到年底搞突击，否则表面上完成了任务，但实际上基础不稳固。三是要抢抓养老保障制度改革带来的政策红利和市场机遇。各行要加强对养老金新政策的研究分析，加强与地方社保部门的沟通联系，了解政策动向，贯彻文件精神，确保新老政策交替下业务平稳运营，规划新机遇下业务布局，培育新的业务增长点。四是要把握全行重点区域发展契机，提升养老金业务竞争能力和辐射力。

年初工作会议提出梯次实施大中城市行和重点县支行竞争力提升计划，各行要着力提升资源禀赋高、发展潜力大的重点地区和城市行的养老金业务竞争力。要培育建设一批养老金业务旗舰二级分行和重点支行，带动全行业务竞争能力普遍提升。在区域发展上，一些分行已经取得了很好的成绩，积累了宝贵的经验，其他分行特别是中西部分行，要充分发挥主观能动性，目标更高远一些，成绩也会更好。比如陕西、甘肃分行，近年的业务发展都取得了不错的成绩。

（二）加强市场拓展，扩大业务规模。一是要完善营销机制。总行养老金业务部和各分行相关领导要分工负起营销管户责任，开展分层营销、分户管理，提高营销成功率。要深化与公司、机构、个金等业务的联动发展，把养老金业务融入全产品营销、全产业链服务、全集团联动的新机制之中。今年试点全产品营销的8家分行，要积极探索做好养老金产品的交叉销售和组合营销。二是要以养老金业务旺季营销活动为契机，抓好重点地区、重点客户、重点产品的营销工作。大型集团客户综合贡献度高、个性化需求多、同业竞争激烈，各行要高度重视，有效整合行内各种资源开展营销，丢失重点客户的机构必须认真查找、分析原因。要着力做好行业龙头企业、产业链核心企业的链式营销工作，批量拓展上下游企业和关联企业。需要强调的是，各行分管行领导要挂帅做好客户营销，对大客户要高度重视，对中小客户也不能忽视。三是要推动普及发展。我国中小企业数量已达4 000万户，占全国企业数的99%以上。各行要以“如意养老”、“如意人生”、“养老金与薪酬福利管理顾问”等重点产品为载体，大力拓展中小企业客户，推动业务普及发展。对于业务长期发展滞后的分支机构，要加强调研督导，力争实现突破。四是关注职业年金等新兴市场。随着养老保障制度改革的不断深化，机关事业单位的养老金管理将成为未来新兴市场重要的增长点。各行要积极跟进改革步伐，提前摸清本地区市场规模和现状，未雨绸缪，抢占先机。要以个人养老金理财产品为突破口，深入挖掘城乡居民个人养老保障需求，渐进推广，扩大业务规模。

（三）把握市场需求，加快产品创新。与大多数金融产品一样，养老金产品具有很强的同质性，要想保持领先优势就要不断加快产品和服务创新步伐，培育竞争对手无法模仿的核心竞争力。去年，我行在业内率先推出企业年金受托人直投业务，将管理的年金基金直接投资养老金产品。由于该业务能有效实现资金规模效应，降低管理费、提升管理效率和投资收益，得到了客户的高度认可。目前，我行已办理多笔养老金产品直投业务，涉及5家投资管理人发行的10只养老金产品，资金规模达6.3亿元，实现了比较理想的投资收益。其中，某航空集团公司的直投业务今年年化收益率达到12.5%。几家创新工作突出的分行，也有一个共同特点，就是在深入挖掘客户需求的基础上，依托我行信息科技优势，利用养老金综合管理系统，将养老金资产管理和个人账户权益信息管理相结合，将养老资金与行内信贷项目、资产项目相对接，进行服务和产品创新，取得了很好的效果。各行要积极学习相关经验，结合当地市场情况及客户需求，勇于尝试非标准年金业务自主创新，因地制宜推出适销对路的产品和服务。

（四）适应客户需求，提升服务品质。优质的服务品质是业务长远发展的根基。各行要多策并举改进服务，保持客户零投诉，提高客户忠诚度。一是要构建以客户为中心的服务营销新机制。各行要结合当地实际情况，全面梳理存量客户，落实客户分层管理和定期回访制度，建立健全客户投诉处理机制和客户满意度调查机制，有针对性地改进服务细节。通过不断提升服务水平，推动新客户早运作、早收益，确保老客户不流失，并争取更多业务资格，增强创收能力。二是要优化客户服务模式和服务流程。要针对养老金服务个性化程度高、前后台关联性强的特点，不断优化养老金业务运营，整合归并冗余环节和流程，提高客户自助化和业务处理自动化水平，提高业务处理效率。三是要不断优化客户结构。近年来，我行养老金客户数量持续增长，特别是养老金理财业务快速发展带动了客户数量的较快增长。但从客户结构来看，还存在中高端客户占比低、养老金理财同业客户占比高等问题。各行要扎实做好中高端客户维护与拓展工作，不断优化客户结构，为业务稳健持续发展奠定基础。

（五）加强业务管理，夯实发展基础。一是要打造专业化养老金业务团队。业务发展，人才是关键。养老金业务具有很强的专业性、政策性，对从业人员的专业素质有很高的要求。随着业务规模扩大和客户需求不断增加，一些分行业务人员数量和专业水平已经难以满足市场拓展和日常运营需要。对此，各行一方面要根据业务发展需要，及时配备充足的专职人员，为业务工作提供人才保障。另一方面，有为才能有位，养老金业务工作也要做出成绩，创造出与人员配置相符的效益。二是做好绩效考核和激励工作。各行要参照总行业务考核和评价体系，结合自身实际，完善养老金业务考评方案，通过加强考核、强化激励，进一步增强各级机构经营活力。三是做好业务合规管理和风险防控。严密的风险管理体系是养老金业务健康发展的重要保障，全行要牢固树立风险意识，健全养老金业务全过程控制、全方位覆盖的风险防控体系，重点关注新业务、新产品中的关键风险点，避免出现重大操作失误和风险损失，确保业务规范健康发展。

最后，我再强调两个问题。一是在业务工作思路上，各行要紧紧围绕姜董事长和易行长提出的工作要求，以受托管理和账户管理等源头性业务为核心，不断壮大基础业务和基础客户。在此基础上，通过养老金理财等非标准年金业务来增加收入，确保完成年度计划任务。二是在工作推动上，各行分管行领导要切实加强组织管理，用心思考、用力挖掘，充分发挥主观能动性，下大力气做好客户营销和服务工作，推动业务做大做强。

同志们，2015年是养老金新的政策制度密集落地实施的一年，做好今年养老金业务工作具有继往开来的重要意义。全行上下一定要充分认清形势，把握政策机遇，保持进取精神，保持务实作风，坚持发展，坚持创新，努力推动养老金业务工作再上新的台阶，为全行经营转型和改革发展作出新的贡献。

面对新常态　迎接新挑战
推动安保工作在新形势下再上新台阶

——在中国工商银行2015年安全保卫工作推动视频会上的讲话

王敬东

（2015年4月9日）

这次会议的主要内容是正确认识新形势下安全保卫工作面临的任务与挑战，研究明确下一阶段工作思路，扎实推动年度重点工作开展，更好地支持全行转型发展。下面，我讲三个方面的意见。

一、2014年工作回顾

2014年，各级安全保卫部门紧紧围绕全行改革发展中心任务，以推进“四条防线”建设为主线，真抓实干，积极进取，各项工作取得良好成效。

（一）外部案件防控继续保持良好态势。全行累计防堵抢盗、诈骗、破坏等外部案件4 179件，防范成功率为93.99%，避免我行损失182.56亿元；境内机构实现抢劫、盗窃既遂案件零发案，连续7年员工零伤亡。特别是在为业务经营提供风险防控预警方面，有效运用外部欺诈风险信息系统与业务系统对接应用，预警中止风险贷款86笔，避免资金风险7 833.5万元；拒办信用卡或调额申请26 802笔，排查风险客户49 618名。同时各级机构积极推动创建最安全银行，努力践行社会责任，帮助客户查堵电信诈骗事件4 243起，避免经济损失1.02亿元，赢得了社会公众的广泛赞誉。

（二）外部欺诈风险管理能力显著增强。首先，外部欺诈风险信息系统广泛投产应用，在境内全部分支机构和35家境外机构成功落地，并且与NOVA，以及信贷、银行卡、电子银行、个人金融、运行管理等8个业务系统顺利对接。其次，外部欺诈风险信息数据库建设更加深化，截至目前已累计存储行内外各类欺诈风险数据1 000余万条，较2014年初新增800万条，不仅与公安、高法、高检、工商等国家职能部门建立了反欺诈信息共享合作机制，还与多个部门实现了风险信息的实时更新。最后，外部欺诈风险评估的专业作用更加显现，年内总分行共开展75项专项评估，涉及克隆卡、涉外证件、伪假票证等9大领域，提出改进意见21项，均已转化为实际应用或列入业务改进计划，得到了业务部门的好评。

（三）安全技术防范建设取得新进展。一是集约化水平进一步提升。近年来累计完成4大类70项安防设施总行集采工作，全行视频、报警类安防设施供应商数量已由集采前的252家压降至11家，产品型号数量由集采前的923个集中为27个，品牌和型号压缩比分别达到95.6%和97.1%，安全防范建设成本也得到有效控制。二是报警监控联网平台建设稳步推进。经过各级行积极行动，年初确定的126个平台建设项目均顺利启动实施，并有50个平台项目完成建设和投产应用。其中，湖北、贵州、四川、安徽、江西、山东、河南、新疆等分行还主动加压、克服困难，超额完成了工作任务。特别是随着各地平台建设投产，其综合应用成效也日益显现。比如去年下半年以来，21个地市分行利用平台的远程监测与呼叫功能，及时发现并制止打架、醉酒、留宿等事件2 091起；17个地市分行通过对平台监测统计数据进行挖掘分析，检查处置操作风险事件1 100余起。

（四）安全管理专业化水平得到较大提高。一是在制度建设方面，围绕总行党委确定的安保新职能，年内先后制定或修订了《外部欺诈风险管理办法》、《安全保卫业务外包管理办法》等7项制度规程，并在境内外机构内统一适用，进一步健全了集团化安全管理制度体系。二是在履责监督方面，按照银监会和总行确定的案防职责分工，完善优化外部欺诈防控评价机制，突出履责过程评价，有效引导各级机构落实案防责任，强化风险管控。三是在安保外包管理方面，各级行狠抓外包服务项目执行与履约监督评价，切实督促外包商严格履行合同义务，有效支持和保障了基层机构业务运营的持续平稳。四是在强化基础工作上，一方面切实履行专业监督检查职能，各级安保部门共组织开展专业检查880余次，及时排查问题隐患4 900余项，问题现场整改率达96.39%；另一方面狠抓应急演练，各级机构共组织开展防抢、防盗、防火和防暴反恐等应急演练20余万次，参与演练30余万人次，确保了APEC会议等重大活动期间全行业务运营安全。

（五）集团化安全管理体系建设实现新突破。一是建立了全球安全服务网络。总行与安全服务运营商Prosegur和G4S公司签订集团战略合作协议，初步搭建起境外安全服务支持网络，为境外机构提升服务效能奠定了基础。二是安全服务整合取得积极进展。顺利完成了工银马来西亚、工银印尼安全服务整合项目，实现了资源优化、流程整合和成本控制。三是境外安全管理与服务效能进一步提升。年内为8家新设境外机构提供了专业支持，协助18家境外机构健全了安全管理制度，举办了3期专项面授或视频境外安全培训，并指导相关境外机构有效应对抢劫、游行、示威等安全类突发事件30余件。全年共向境外机构编发了20期安全风险提示和200余条安全防范策略建议。四是拓展了国际合作交流。充分依托国际银行安全协会（IBSA）平台，与49家国际性金融机构建立了安全管理交流机制，在银行反欺诈和实体防护等领域开展互动交流，有效协助国际同业调查处置20余起欺诈事件，并受邀加入全球欺诈预防及资金止付项目工作组，共同推动国际银行业反欺诈体系建设，我行在国际银行业安全管理领域的话语权日益提升。

这些成绩的取得，是总行党委坚强领导、各级机构高度重视和全行员工大力支持的结果，也是安全保卫专业条线上同志们辛勤付出和积极进取的结果。在这里，我代表总行党委向大家并通过你们向全行安全保卫专业条线的同志们表示诚挚的慰问和衷心的感谢。

同时需要指出的是，近几年，我行安全保卫工作经过不断努力，按照总行党委赋予新的职责内容，实现了成功转型。这种成功转型得益于我们坚持以贴近业务、服务业务为立足点，主动融入全行经营发展大局，顺势而为，实现突破；得益于我们坚持以“四条防线”建设为主线，准确锁定安全保卫工作发展实施路径；得益于我们坚持以外部欺诈风险管理为切入点，主动创新实践，研发外部欺诈风险信息系统，实现与业务经营更加紧密的联系；得益于我们坚持走科技创安的路子，以搭建报警监控联网平台为抓手，构建专业化安全技术防范体系，通过管理手段的科技创新，积极推动安全保卫管理集约化。应该讲这些都是我们在实践中积累的宝贵经验，需要不断总结提炼，改进完善，更好地运用到今后的实际工作中去。

二、当前面临的新形势与新任务

随着我国经济发展进入新常态，全行内外部环境均发生了较大变化，面临着许多新情况、新问题，安全保卫工作必须紧跟全行经营中心任务，清醒认识当前形势变化，准确把握任务要求、积极应对新的挑战。

首先，必须清醒认识外部社会治安环境的复杂变化。从外部整体环境来看，随着国内改革进入深水期和攻坚期，社会稳定进入风险期，刑事犯罪依然呈高发态势，暴力恐怖活动的现实威胁明显上升，重大恶性案件特别是个人极端暴力案件频发，给社会治安局势带来严峻挑战。从银行业案防形势来看，据银监会通报，去年针对银行机构的抢劫、盗窃和破坏案件数量出现明显反弹，同比增长了26%，还造成了10余名银行员工或客户伤亡。从我行相关数据来看，2014年各级机构遭遇外部欺诈事件总量突破1万起，同比增长了33.14%。虽然绝大多数得以成功防范，但是说明外部欺诈威胁在明显增多，我行安全保卫工作压力在加大。

其次，必须准确把握我行面临的外部欺诈风险主要规律与特征。姜建清董事长、易会满行长在2014年改革发展研讨会上指出，新常态下金融生态变化使银行面临的案件风险、欺诈风险、操作风险明显增多，要严密防范外部欺诈行为。从涉及领域来看，一方面运行管理、个人金融、银行卡等业务领域仍是外部欺诈事件多发领域；另一方面受经济环境变化影响，信贷融资类外部欺诈风险事件出现了数量和金额的双升，这种态势和苗头应予以警惕。从欺诈手法来看，克隆银行卡、伪冒证件等欺诈事件发生数量仍居高位。其中针对或利用自助设备、第三方支付工具实施的盗取客户信息及密码、制作假卡套现的作案特点突出，一些地区还出现了跨境团伙作案，防范和打击难度较大。尤其值得警惕的是，在互联网和新媒体的放大、诱发效应作用下，一些外部欺诈风险事件还可能引发其他风险，特别是声誉风险。在这种情况下，如何切实为业务经营保驾护航，既是对安全保卫工作提出的新挑战，也为安全保卫工作提供了进一步贴近业务经营，加强事前风险预警与防控支持的发展机遇。

最后，必须正视解决安全保卫工作存在的问题与不足。当前安全保卫工作还存在着一些亟待解决的问题。比如，对安全保卫工作新的职能内涵认识还不够统一，个别机构仍然抱着老眼光看待安全保卫工作，对安保职能拓展的意义和措施了解不透彻，认识不到位，以至于对于总行决策部署的重点改革工作，态度不积极，执行打折扣，甚至是选择性落实。又如，在推动安全保卫工作改革创新上动力不足。有的机构满足于过去的成绩，缺乏主动求变的勇气和行动，以至于在新的工作领域裹足不前，无所作为。再如，在发挥安保部门职能作用上，个别安保部门特别是部门负责人工作能力不足，甚至是履责意识不强，以至于相关工作迟迟打不开局面。此外，安全保卫队伍结构失衡、专业人才匮乏等问题依然未能有效解决，对安全保卫工作长远发展形成了瓶颈制约；安全保卫工作业务创新能力仍需进一步提升等等。对于这些问题，需要各级机构主要负责人、安保工作分管负责人和安保部门共同重视，尽快加以解决。

在认清形势、找准问题的同时，各级安保部门要进一步强化大局意识，紧密围绕新常态下全行经营发展中心任务，准确把握安全保卫工作面临的新任务、新要求，坚定信心，迎难而上，在挑战中寻找机遇，在机遇中谋求发展，努力推动全行安全保卫工作实现新突破。

三、下一阶段工作重点与要求

年初总行下发了《2015—2017 年安全保卫专业三年发展规划》，总体思路是：围绕构建全集团一体化安全管理体系工作目标，继续以“四条防线”建设为抓手，加快提升集团安全管理专业化、科技化和集约化水平。重点工作包括：统筹管理安全技术体系信息资源，实现报警联网应急处置总行、省行、二级分行三级联动；不断完善外部欺诈风险信息系统，实现与全行主要业务管理系统和风险监控系统的有机融合和互动；加强境内安保服务集约化管理和促进市场化改革，有效整合境外市场资源、拓展委托安全服务领域，逐步实现对境内外机构安保服务的集中管理；加强安全保卫专业队伍建设，着力培养引进关键人才和核心人才，不断优化队伍结构，提升队伍素质，为安全保卫工作未来发展提供人才支持保障。具体到今年工作，我们要抓好以下六个方面的落实。

（一）强化履责意识，狠抓责任落实，进一步夯实安全保卫工作基础。

一要强化安保责任人履责意识。各级机构主要负责人和分管安保工作负责人要严格落实安全保卫单位责任制，率先增强安全履责意识，切实站在经营发展一盘棋的角度，把安保工作与业务发展做到统筹安排部署，尤其是对于总行部署的重点工作，或者关系本单位运营安全的重要事项，必须及时组织研究，拿出落实方案，并要跟踪督导，保证执行落地。

二要强化全员履责意识。坚持以“建设最安全银行”活动为载体，利用多种形式和渠道组织安全宣传教育，积极推广介绍安全保卫工作的新职能、新变化和新成效，有效引导各级机构、相关部门和广大员工感知安全保卫工作新内涵，更加主动地参与支持安全保卫工作，共同维护经营安全。

三要强化安保部门履责意识。安全保卫工作成效如何，离不开领导重视和全员参与，但很大程度上更取决于安保部门是否切实履责，积极作为。在遇到实际复杂情况，需要攻坚克难的时候，更是考量安保部门负责人能否勇于担当。因此，各级安保部门要牢记打铁还需自身硬的道理，切实增强责任意识，担当意识和进取意识，以积极的工作态度、扎实的工作举措，全力保障一方平安。

（二）加强组织领导，抓好平台应用，努力推进报警监控联网综合管理平台建设。姜建清董事长曾经把信息化银行特征归纳为八个字，即集中、整合、共享和挖掘。按照这个标准来衡量，全行报警监控联网综合管理平台建设，正是对前端安防资源进行集中整合，搭建后台共享应用平台，通过对平台统计监测数据的挖掘分析，为安全管理提供决策数据支撑。因此，要从落实信息化银行建设要求出发，扎实推进全行报警监控联网平台建设。

一要加强对平台建设工作的组织协调。今年要实现全行 90% 的二级分行完成平台建设的目标。目前，多数分行已经迅速部署启动了平台建设，但是也有几个分行行动较为迟缓，拖了全行整体进度。这就需要分管安保工作的分行负责人，牵头组织安保部门进行认真研究测算，准备几套解决方案，加大沟通协调力度。此外更需要注意是否存在工作方式方法的问题。比如在成本测算上，是不是精打细算，做到了充分利旧，或者有没有盲目追新求全，以至于总体成本过高，同时安保部门是否向行领导汇报到位等。平台建设是一项系统性工程，遇到各种困难与问题是必然的，关键要加强上下联动，随时发现问题，解决问题。在这方面，总行要做好跟踪指导，定期汇总、收集和通报整体进展。

二要抓好对已建成投产平台的运行管理。首先必须保证平台运行管理机制健全，配套制度规程完善，相关平台管理人员和值机人员能够适应平台专业应用要求。要严格规范平台日常操作、管理与运行维护，优先确保平台警情响应与应急处置功能应用效果。要注重对平台统计监测的警情数据分析，及时跟踪排查异常行为，准确定位风险隐患，并据此采取针对性措施，查堵安全管理漏洞。要积极运用平台开展非现场监督检查，落实对前端设施运行状态的实时监测，实行安防资产的动态管理，以及为其他专业提供技术支持，促进实现平台应用功效的最大化。要定期汇总通报平台运行情况和应用功效，对于监测发现的违规行为在辖内进行警示曝光。要切实通过平台在多领域的实际应用，充分展现其专业化、科技化和综合化管理优势，进一步促进辖内平台建设工作的整体推进。

三要继续强化基础安防设施建设与管理。要密切跟进辖内物理渠道建设优化改造工作，特别是离行式自助银行建设进程，保证配套安防设施建设及时到位。要严格执行总行集中采购结果，强化安全成本控制。要加强对安防设施供应商和工程商的管理，落实售后服务监督与评价，确保各类安防设施及系统的稳定运行。要积极配合总行做好融 e 购上线安防设备采购流程改进工作，进一步提升安防设施集采、建设与运行管理集约化水平。

（三）深化系统应用，加强挖掘分析，积极发挥外部欺诈风险信息系统功效。外部欺诈风险信息系统是安全保卫工作职能拓展和转型发展的重要标志之一，其应用成效得到了行内业务部门、外部监管部门、银行同业和社会公众的广泛认同。下一步重点要积极运用大数据时代的思维方式，进一步深挖系统潜能，充分发挥系统功效。

一要不断拓展系统应用范围。总行要继续推动与公司客户营销、票据、单证等专业系统和FOVA系统的互联对接，为更多业务经营和内部管理条线提供外部欺诈风险监测布控支持。要加强与相关业务部门的定期沟通协调，及时掌握最新业务需求，不断优化系统功能，提升系统的适用性。同时各级安保部门还要加强对系统功能和应用成效的宣传，促进系统在更大范围得到推广应用。

二要积极完善系统风险信息数据库。总行要做好数据更新维护工作，保证风险监测预警的准确性，积极探讨加强与境外有权机关和国际同业开展风险情报信息交流，不断拓展系统数据来源。同时各级安保部门还要结合当地外部欺诈风险特点，建立与有关部门的定向联系机制，及时获取外部欺诈风险信息，协助总行不断充实数据库。

三要深度挖掘系统风险信息数据应用。总行要加快开发数据挖掘与分析模型，建立对企业、个人客户的外部欺诈风险科学评价机制，进一步丰富系统应用途径与手段，积极促进实现系统应用功效的最大化。一级（直属）分行要重点抓好对系统碰撞比对监测到的外部欺诈风险信息的归集分析和关联排査，找出风险规律特点，揭示潜在风险隐患，及时提示业务部门采取风险防控措施。

四要积极推进系统在多领域的关联应用。比如，外部欺诈风险评估是我行外部欺诈风险管理的另一个重要抓手，在协助业务部门诊断相关产品、流程和制度所面临的外部欺诈风险方面发挥了积极作用，下一步如何运用外部欺诈风险信息系统进行数据分析，找出高危风险环节进行风险评估，或者为风险评估提供工具支持，都值得认真研究。又如，去年总行完成了集团安全与反欺诈量化管理及成本收益的课题研究，相关指标的统计、测量与验证，同样可以借助外部欺诈风险信息系统来实现。此外，近期总行还与乌鲁木齐商业银行签署了外部欺诈风险信息系统应用合作协议，实现了系统应用领域拓展的有益尝试与突破。

（四）充分发挥专业监督职能，促进提升安全管理效能。

一要突出监督检查的效能导向。开展监督检查的目的是推动各项制度和工作要求得到落实，关键要做到切实发现问题，及时解决问题，确保监督检查取得实效。因此在组织监督检查之前，要明确检查内容、重点和标准，对可能存在风险隐患的部位和环节做到心中有数。在实施监督检查过程中，要有的放矢，深入排查，不放过任何问题隐患。要切忌为了检查而检查，在检查范围上“撒胡椒面”，在检查过程中“走马观花”。要务必落实检查责任，确保每检查一项内容，就排除一个雷区。

二要丰富监督检查的方法手段。要善于借助现代科技改进监督检查形式，丰富监督检查手段，促进监督检查效能的提升。比如通过报警监控联网平台，能够在有限时间内对多个机构开展远程非现场检查，或者对历史录像进行回放复核，或者对异常现象进行分析排查等。这只是一个简单的例子，还有许多思路与方法，需要大家共同探索实践。

三要注重监督检查的结果分析。这两年总行研发投产了监督检查管理系统，对各专业监督检查实行统一管理，其突出特点是能够对历次检查发现问题进行归纳、统计与分析，从而找出诱发问题的根源。因此，各级安保部门尤其是总行、一级（直属）分行安保部门，要切实重视运用监督检查管理系统，定期对系统中检查发现的安保专业类问题进行梳理分析，确定需要重点整治的领域，及时研究采取相应措施，有针对性地消除高发多发的风险隐患。

四要狠抓监督检查的问题整改。去年以来总行在安保专项检查通报中坚持对问题行进行点名通报，并先后向13家分行下发了整改通知书，对整改落实情况进行跟踪复核。这种工作方式很好，必须坚持下去，建立制度规范，形成常态机制。各级机构也要按照这种方式，切实做到“问题必整改，整改有复核”的监督检查闭环管理。

（五）加强安保业务外包管理，保障业务运营安全稳定。全行绝大多数基层机构业务运营保障和本部机关的安全防护均采取了业务外包，也就是说安保业务外包管理水平，与各级机构业务运营安全紧密相关，必须做到抓实抓细。

一要严格规范内部管理。近期总行对部分行安保业务外包管理情况进行了非现场检查，检查结果并不理想，发现仍然存在未使用总行格式合同、合同条款变更未报备、外包商投保保单逾期以及相关档案资料不全等制度执行问题。这些年类似检查组织的不少，相关问题依然屡查屡有，反映出相关安保部门和人员缺乏应有的合规意识和程序意识，尤其是个别机构把安保业务外包等同于安全责任外包，存在严重的认识偏差，必须尽快加以扭转。下一步总行将部署开展安保业务外包管理自查自纠，各级机构要认真抓好落实，切实加强制度执行与监督管理。

二要加强外包履约监督。目前我行安保业务外包项目共计2 400余项，年服务费用金额达45亿余元，已经分别占到全行业务外包总量的47.4%和66.8%，涉及460余家外包商，应该讲外包履约监督的工作量很大。加之受到各地安保市场垄断依旧、外包商服务水平参差不齐等因素影响，安保部门在开展履约监督过程中，受到的外部制约较多，工作难度较大，需要付出更多的时间与精力。在这种情况下，要切实加强外包履约监督，需要各级安保部门主动作为，坚持以合同为依据，积极主张和维护我行权益；要切忌主观畏难，坐等外部环境改变，不愿或不敢监督外包商履约；要积极依托行业整体力量，加强同业协调合作，努力争取话语权，有效督促外包商履行合同义务。与此同时，随着各地落实中央精神要求深入推动简政放权，安保市场垄断和地区封锁问题将逐步缓解并最终得以解决。对此，各行要有准确的判断，保持足够的敏锐性，及时掌握当地政策及市场积极变化，寻找有利时机和切入点，探索通过多种力量、渠道和形式进行有益尝试。

（六）适应新形势下任务要求，抓好安全保卫队伍建设。当前要重点加快解决队伍结构优化问题，积极推进核心人才培养工作，努力打造一支适应未来发展的专业人才队伍。

一要重视梯队建设，优化队伍结构。必须看到当前安全保卫工作职能与内涵都发生了深刻变化，现有安保队伍人员年龄老化、结构失衡等问题，已经对今后一个时期安全保卫工作的深入推进形成严重制约。特别是在二级分行及以上安保专业人员中，50岁以上人员占比为53.4%。在不考虑增量的情况下，未来三年将有14%的人员到龄退休，其中一级（直属）分行有18.3%的人员缺口。安全保卫工作具有很强的实际操作性，必须有一个熟悉情况和经验积累的塑造过程，不可能临时调配人员就能够胜任的。尤其是事关到抓安全保稳定，相关人员配备更应该认真审慎。对此，希望各级机构予以充分重视，把安保队伍梯队建设，切实摆上议事日程，通过社会招聘、内部交流和轮岗锻炼等形式，积极选配符合安全保卫转型发展需要的中青年人才，充实安保队伍力量。

二要突出专业培训，培养核心人才。总行要按照全行着力持续提高员工专业胜任能力，从过去偏重于业务适应性培训转向重点培训专业型人才的培训工作重点与思路，围绕安全保卫专业关键人才和紧缺人才的培养，认真编制培训方案与教材，精心抓好组织实施，尽快培养出一支适应未来需求、专业特长突出和综合能力过硬的中坚力量。要继续抓好外部欺诈风险信息系统、报警监控联网综合管理平台的推广应用培训，充分利用网络大学、视频培训等形式，提高培训覆盖面和时效性，保证培训及时传导到位。分行层面要认真选拔和积极推荐骨干力量参与总行核心人才培训，参照总行模式抓好辖内专业人才培养，同时要坚持抓好基层网点负责人、新到岗员工的安全教育培训，不断强化全员安全防范意识。

三要加强自我学习，提升工作能力。随着安全保卫工作转型发展的深入推进，涉及的业务领域会更广泛，遇到的新情况和新问题会越多，各级安保专业人员必须不断更新知识储备，增强专业能力。特别是安保部门负责人既是管理者，也是执行者，更要着力提高组织、谋划、推动和落实工作的能力。要坚持在干中学，学中干，在工作中及时了解掌握各种相关信息，注重学习一切有利于工作开展的知识，并在实践中不断积累经验、总结提炼，乃至创新，切实培养解决实际问题、处理复杂情况的工作能力。

最后再强调一点，随着全行内部组织机构改革的推进实施，各级安保部门要按照总行确定的安全保卫工作新职责，切实抓好本级工作职责的充实完善，及时调整优化内部工作分工，确保总行确定的各项重点工作任务分解到岗，落实到人。同时，在这个过程中要保证相关工作和人员的稳妥交替，尤其是二级分行及以下机构要切忌出现责任悬空，或工作脱节，必须确保安全保卫工作有人抓、有人管，严防发生重大案件及事故。

同志们，今年是全行新三年规划的开启之年，安全保卫工作转型发展也迈上了新的征途。切实抓好下一阶段各项工作的推动落实，对于在新形势下再上新台阶至关重要。各级安全保卫部门要进一步增强责任意识、进取意识和创新意识，奋发有为、真抓实干，积极为全行转型发展提供坚强有力的安全保障。

以提升专业胜任能力为目标
建设更加完善的员工培训与资质认证体系

——在中国工商银行教育培训工作座谈会上的讲话

王敬东

（2015 年 5 月 12 日）

这次工作座谈会不单纯是一次常规性年度专业会议，更主要是对未来一段时间全行教育培训工作的研究和部署。会议的主要任务是，认真贯彻落实总行党委《关于调整和完善员工培训与资质认证体系的意见》，总结 2014 年教育培训工作情况，安排 2015 年重点工作任务，听取工作改进意见和建议。下面，我讲三点意见。

一、2014 年全行教育培训工作取得新成就

去年，全行教育培训部门紧扣战略、突出重点，注重创新、力求实效，累计举办各类培训 5.2 万期、456 万人次，同比分别增长 16.3% 和 10.1%；人均受训达到 10.8 天，较上年增加 1.3 天。“网络大学”全年访问量 2 500 万人次，员工人均年度网络学习时间达到 28.6 小时，网络培训对现场培训的替代率达到 48.9%。专业资格考试 76 期，参试人员约 15 万人次，新增获证人员约 7 万人次，考试规模和频率同比增长 50%。重点做了以下几项工作：

（一）认真组织好学习贯彻习近平总书记系列重要讲话精神轮训。根据中央以及总行党委部署，围绕深入学习贯彻习近平总书记系列重要讲话精神，以坚定理想信念、强化担当意识、为全行深化改革筑牢思想基础为着力点，分级组织开展了全行处以上干部的集中轮训。总行直接举办 9 期、610 人的高管人员轮训，各单位分别组织 338 期、2.9 万余人的处级干部轮训，通过上下联动，圆满完成全部集中轮训任务。同时，发挥“总行党校—两所分校—六所教学基地”三级联动优势，大幅度增加各级领导干部党校培训规模，强化组织调训力度，全年累计举办各类党校培训 33 期、2 099 人次，分别较去年增长 100% 和 200%，对提高干部队伍的政治理论素养、综合管理能力与改革发展意识发挥了积极作用。

（二）以我行“三大战略”为重点，扎实开展经营转型和各类业务产品培训。围绕“三大战略”的推进实施，采取总行示范培训与分行转培训相结合的方式，共举办“大零售”、“大资管”、“大数据与信息化”等方面的面授培训 3 223 期、34.8 万人次；全行性网络培训 40 期、114 万人次。同时，围绕“网点竞争力提升七大工程”，自上而下开展对网点人员的岗位胜任力培训，重点举办网点负责人培训 3 616 期、17.6 万人次，客户经理培训 1.2 万期、46.7 万人次；围绕国际化发展布局，在香港及境外连续举办 25 期高、中级管理人员专题培训班，并进一步优化“国际化人才培训项目”，参训人数累计达到 425 人，项目整体成效受到北美院校职业教育与继续教育年会、加拿大会议委员会和国际教育商务合作组织的肯定。

（三）深入研究和推动教育培训的改革发展。根据总行党委确定的 2014 年度改革研究课题，经总分行层面多次调研、反复修改，形成了《关于调整和完善员工培训与资质认证体系的意见》，明确了未来教育培训工作的定位和目标，即建立以培养各层级专业型人才为主导，兼顾管理素养类培训和业务适应性培训的“一主两辅”员工培训和资质认证体系，并系统提出了培训教材、师资、考试、认证以及培训组织等方面的具体建设任务和配套措施。这是根据姜建清董事长“员工专业能力不足，需加强专业胜任能力培训”的指示精神作出的培训思路调整，主要变化是由过去岗位适应性培训为主转为专业胜任能力培训为主。为加快推进《意见》的落地，总行在项目实施、培训模式、效果评估、平台渠道、培训机制等方面先行先试，取得了较好的实效。

（四）全面推进培训转型创新。一是突出培训项目创新，大力提升培训的实效性。落实姜建清董事长关于“各级管理人员专业能力欠缺，亟须加强信贷等方面培训”的指示，启动“二级分行分管信贷业务副行长专业能力提升培训项目”，采用“集中培训→网络学习→继续教育”三阶段学籍积分制管理模式，全程实施案例式教学，全部开展以经营实战为导向的问答互动交流，取得了明显的效果；根据行领导关于“力争让每个员工都熟悉和会用互联网金融产品”“各级领导干部

要率先学会使用”的指示，启动“互联网金融产品培训项目”，实行面授与网络相结合、训前自学与训后测试相结合的方式，对各级管理人员普遍开展了一次互联网金融“三大平台、三大产品线”的培训。二是加强培训模式创新，推行“学习＋实践”二元培训模式。率先在网点负责人培训中进行试点，选择北京、上海、江苏、浙江、山东、深圳分行以及广东分行营业部的网点，组建50个总行级网点负责人培训实习基地，并开展示范培训，着力解决“课堂培训与岗位实践相脱节”的难题，切实提高参训学员的实战能力。三是推动培训评估考核创新，实施“逢训必考”评估反馈机制。率先在总行举办的面授培训中全面开展学员考试考核，并将考核结果进行“强制分布”、“直线反馈”，进一步增强培训的内在动力，较好地解决了“培训不培训一个样，学好学不好一个样”的问题，对推动全行提升培训质量和水平起到了示范作用。四是强化培训手段和渠道创新，满足员工多样化培训需求。建立完善全行知识共享平台，初步实现了与“NOVA柜员业务处理”等7个业务系统的互联互通，并开辟一线员工培训与工作相结合的直接渠道，推出涵盖产品、业务和操作的“业务助手”专区，解决一线员工无法获取最新业务产品信息的瓶颈问题；推动ICBC移动学习建设，研究制定《ICBC移动学习开发方案》，并将微信学习、直播课堂等互联网技术推广应用到基层员工培训当中，较好地解决了长期以来存在的“工学矛盾”难题。五是推动培训管理创新，推行全流程、全过程的培训项目化管理方式。开展“培训项目管理学习实践活动”，全行共有60余个项目参与项目管理实践，北京、陕西、深圳分行等18家单位的项目受到总行表彰，对做好全行教育培训工作具有较强的示范、推广价值。

（五）不断加强培训资源基础建设。一是完善内部兼职培训师的选拔和培养。完成了全行新一轮内训师续聘增聘工作，引入内训师角色任务模型和学习发展地图，明确内训师胜任力评价标准，建立了内训师标准化培训课程体系。目前全行共聘任各级内训师1.24万名，授课率为61.1%，较去年提高3.7个百分点；授课满意度为98.3%，较去年提高0.5个百分点。二是统筹推进培训案例和教材建设。围绕全行战略发展重点和培训需求，全年开发“网点竞争力提升”等案例580个，编写《营业网点负责人培训教材》等教材75种，同时开展对教材使用效果的追踪调查评估，为进一步提升教材实效性奠定基础。三是强化培训平台建设。深化“网络大学”学习应用，以私人银行专业为试点，建立分层分级网络培训课程体系，大幅提升网络培训的系统性和规范性。加大课件制作力度，集中开发50门面向基层一线员工的“微课件”，其中，《营业网点情景演练》等7个网络学习课件在2014年人民银行总行组织的相关评比中获奖，获奖总数位居金融同业第一；完成“工银大学”门户网站投产，对教育培训各个子系统进行了整合，打造统一的培训信息流和培训学习与管理平台。

二、优化完善员工培训与资质认证体系的总体要求

去年，总行党委审议通过了《关于调整和完善员工培训与资质认证体系的意见》这一改革课题，相关文件已经印发全行，作为未来几年教育培训工作的重要指导。当前及今后一段时间，我们要认真贯彻落实总行党委的有关要求，加快推进教育培训工作的改革和调整。具体体现在以下几个方面：

一是在培训的重点和方向上，由过去偏重于业务适应性培训转向以专业型人才培训为主，着眼于持续提高员工的专业胜任能力，紧紧围绕各类关键人才和紧缺人才的培养，分层分类规划培训目标、内容和方式手段，建立专业资质认证与专业能力培训相结合的模式，突出对各类人才的系统、规范、深度培养，切实把各岗位员工纳入能力持续提升的培养轨道，打造我行人才竞争优势。

二是在培训的组织安排上，紧扣专业型人才的培训，强化对各类培训资源的整合，加强部门间相互配合、总分行上下联动，解决“多头组织、重复培训”的问题，切实增强人才培训的整体成效。过去，教育培训部门主要是根据专业部室需求组织施训，现在则组建了培训主管部门为主导，长杭两院为主要参与者的专业团队去研发设计课程，培训效果明显提高。总行要集中力量抓好核心专业型人才的培训，采取分阶段、系统化的培训方式，争取用3年时间重点培训3万余名专业能力突出、适应全行发展战略要求的核心人才。各分行要根据实际情况，按照专业胜任能力培训与业务适应性培训相结合的原则，全面做好全员培训。一方面，参照总行统一模式和要求，系统推进辖内专业型人才的能力提升培训；另一方面，密切配合我行重大政策和工作部署，按照“扁、频、快”的原则，适时开展转型发展、产品创新、市场营销、系统升级等方面的业务适应性培训，重点抓好互联网金融、网点转型与竞争力提升等领域的培训，确保各岗位员工的知识和技能能够跟上业务发展的需要。

三是在考试认证的优化完善上，以提高考试与认证的“含金量”为着力点，从信贷前、中、后台人员开展试点着手，对专业资质考试认证标准与内容、序列层级设置、应用挂钩、管理机制与考试组织等多个方面进行调整，强化对员工的应用技能考核，加强资质认证与员工职业发展、业务授权、岗位管理的挂钩，严格把控专业资质获取途径，重点解决好当前专业资质免试获证比例偏高，考核内容与实际工作结合不够紧密等问题。

三、2015年教育培训工作重点任务

根据优化和完善员工培训与资质认证体系的总体规划和部署，今年全行教育培训工作的重点任务是：

（一）以提升专业胜任力为目标，抓紧实施“十大专业型人才培训工程”。紧扣经济新常态下全行转型发展的战略导向，围绕“经营管理”、“零售金融”、“资产管理与金融市场”、“公司与机构金融”、“国际化领域”、“互联网金融”、“数据挖掘与信息应用”、“风险管理”、“业务支持与综合管理”以及“业务运营与网点转型”等十个专业领域，高标准、高起点组织实施一批重点培训项目，确保员工的专业胜任能力得到有效提升，打造专业人才“第一方阵”。这项工作在去年全行改革发展研讨会和今年年初工作会议上作了专门布置，目前已在总行层面全面启动，力争今年培训规模达8 000人左右。

各单位在积极参与总行培训项目、做好参训学员选派工作的同时，也要结合自身实际开展辖内专业型人才的培训，明确培训重点，抓好组织筹备，做到“成熟一个、实施一个”。一是要强化整体联动。紧扣人才培养的综合化要求，打破各专业条线间界限，建立部门间协调机制，成立项目工作组，加强对各类培训资源的整合，统筹推进跨专业、跨部门培训。二是做好项目设计。根据“小规模、长学制、多形式、满负荷”的要求设计培训项目，统一课程师资、教材案例、培训考核及参训学员等方面标准，采取学制、学籍、学分管理的系统性培训方式，实施“面授＋网络＋实践”的分阶段、系列化培训课程学习。三是加强质量控制。围绕项目的组织管理、学员的学习效果检验以及学员结业认定等多个层面进行全过程管理。各单位要重视学员的训后使用，教育主管部门要会同人力资源部门、相关专业部门对学员训后专业能力作出评价，对良好及以上学员提出推荐使用建议，力求对参训学员的使用符合培养目标。

（二）以推行培训积分制为抓手，持续开展全员培训。在突出培训重点的同时，要认真做好对全行40多万员工的培训，力争做到全覆盖、无遗漏。今年全员培训的工作重点主要包括两个方面：一是抓长效学习机制建设，二是抓具体培训项目实施，最终目标是建立以培训积分制管理为牵引、以网络学习为主体、以集中面授为补充、专业胜任力培训和业务适应性培训相结合的全员培训格局，进一步把各岗位员工纳入经常、持续学习的轨道。需要强调的是，针对业务适应性培训，务必要立足基层员工岗位特点，多出精简生动、易用好用的微课件，加快移动学习平台建设，确保一线员工随时有效地开展自学。

要积极探索推行全员培训积分管理办法，明确员工年度最低学分要求，并参照十大专业型人才培训板块的划分，按照专业相近、业务相关的原则，对全行各岗位员工培训进行分类管理，及时更新、补充相应的业务适应性培训与专业能力提升培训课程，配套开发培训考试题库，主要依托“网络大学”引导员工主动学习、持续学习。各单位要健全完善培训与使用相结合的人力资源管理机制，把实行培训积分制与员工绩效考核、评先选优、岗位管理、业务授权、职业发展等方面统筹考虑，并结合自身实际有针对性地选择一个或多个方面进行挂钩，解决培训的压力和动力问题，最大限度实现培训投入产出效益最大化。

要面向全员重点实施一批服务当前转型发展的培训项目：一是开展网点转型与竞争力提升培训，根据网点竞争力提升对员工能力的新要求，分类开展对网点负责人、客户经理、大堂值班经理、大堂经理、柜员等5类人员的培训，重点抓好柜员、中后台人员转客户经理、大堂经理岗位，高柜转低柜人员的培训，确保转岗人员参训率达到100%。二是开展基层风险控制与业务运营岗位人员的轮训，根据新的风险管理形势和要求，分期分批对贷后管理人员、合规经理、业务处理人员进行有针对性的培训。三是加强互联网金融产品培训，跟踪互联网金融领域最新发展动态，并围绕我行相关产品的创新升级，持续抓好各级行“一把手”和客户经理等岗位人员知识更新，同步做好全员普及性培训。四是进一步加强全球雇员培训力度，根据国际化发展要求，开展境外优秀员工和管理人员的专项培训，促进境内外业务联动和经验分享。

（三）以健全完善专业资质认证体系为目标，扎实开展信贷专业资质认证优化试点工作。要根据总行党委前期审议通过的试点工作方案，认真抓好具体落实。一是整合原有“信贷审批资格”与“信贷序列专业资格”，统一设置“信贷专业资质”，覆盖前台营销人员、中后台授信审批与贷后管理人员，各有侧重、分层分级设置相应考试，强化对实战应用能力的考核。要把“信贷专业资质”作为从事信用风险业务人员持证上岗的必要条件，并与职务聘任以及信贷业务授权、审批签批相挂钩。二是把考试作为获证的唯一途径，对新增持证人员取消各类免试条件，对前期通过免试获证的存量持证人员，要求其在过渡期内重新参加考试。在考试方式上，主要以笔试为主，而对于目前已担任各一级（直属）分行行长及信贷主管行长、总行部门正副总经理等职务的高级管理人员，采取面试或笔试的方式。这项工作要有序推进，建议严格把控增量关，存量部分可考虑在过渡期内适当放宽一些。三是细化认证层级，在目前初、中、高三个认证等级的基础上，针对高级管理人员增设专家层级的“信贷专业资质”，并对新入职或新转入相关岗位人员设置“信贷见习证”。今年上半年，总行要完成考试大纲、试题库与培训教材的编写和修订工作，下半年要按照新的标准和要求全面铺开。

（四）以提升培训实效性为着力点，加强培训方式方法的创新。一是继续推行“学习+实践”的二元培训模式。在目前总行级网点负责人培训实习基地建设的基础上，组建500家分行级实习基地，试点建设私人银行、银行卡等领域的专业培训实习基地，并抓好对实习导师的辅导技能培训，突出“知识（理论）+案例+实战”的教学方式，强化学以致用，培养实战型人才。二是全面推行“逢训必考”培训评估反馈机制。在目前总行培训班实施的基础上，将考试考核范围进一步扩大至全行各层级面授培训班中，检验培训效果，并确保考试成绩及时向学员所在单位反馈，形成“考核—反馈—改进”的良性循环，实现“以考促训”的目标。三是抓紧推广移动学习。紧跟互联网技术发展趋势，加快开发、尽早投产移动学习平台功能，并同步做好移动学习内容规划，实现对我行最新产品知识和营销信息的快速推送，形成基层人员学习、查询和交流的新渠道。四是借鉴“百度百科”，建设全行开放式“知识库”共享平台。做好知识库内容的更新和维护，扩大各类知识与信息的应用，实现与MOVA等主要业务系统的全面对接，探索“多对多”、“多对一”的互动式、交互式学习模式，推动培训的“去中心化”，确保员工随时随需地查询学习和相互间经验分享。

（五）以增强培训服务保障能力为目标，抓好师资、教材与课程“三项基础建设”。一是实施师资的“去行政化”建设，提高师资队伍的整体授课水平。要改变当前师资选聘与课酬发放主要以职务层级作为参考依据的做法，按照“以授课聘师资、以效果评能力、以能力定课酬”的原则，推行内训师“先聘后评”模式，在维持现有选拔聘任办法的基础上，建立内训师授课能力等级评定制度，作为课酬发放依据，并强化师资队伍动态退出机制，提升培训讲师授课的积极性和培训质量。二是开展培训教材的“配套化”建设，提高教材建设的实效性。要紧扣岗位需要，贴近业务实际，强化教材的实用性，按照“缺什么、补什么”的原则，填补薄弱领域，抓好教材开发重点规划，有针对性地补充编写一批涵盖员工专业基本知识、基本技能、基本能力要求的教材，并与“培训课程”、“案例教学”、“移动学习”等相配套衔接。要紧紧围绕成人学习特点和阅读习惯，改进教材编排形式，避免大而全、突出小而精；避免文字堆砌，突出图片化、电子化，使“案头书”、活页式、讲义式和数字化等员工喜闻乐见、简洁明了、方便携带的教材形式成为主体，为员工工作、学习提供有效指导和帮助。三是加强培训课程的“体系化”建设，提高培训的规范性和标准化。要根据专业型人才培训需要，系统梳理、提炼、整合各岗位序列、对象层级中最核心的专业知识、技能和能力要求，对不同岗位类别和层级的培训内容实行分层设计、分类开发、模块组合，逐步形成以专业胜任力课程为主体的系列化课程体系。

（六）加强对教育培训工作的职责分工和组织管理。优化教育培训工作推进机制，实行分级负责、分层实施、上下联动、横向协同，切实把各专业、各岗位员工培训纳入统一的员工培训与资质认证体系当中，进一步形成整体工作合力。要重点理顺和明确教育部门和业务部门、总行与分行的职责分工，充分发挥两个方面的积极性。横向上，主要由教育部门负责统筹规划和安排，由业务部门具体组织实施。对于一些对象重复、内容交叉的跨专业、跨部门培训，教育部门要负责整合培训需求和计划，进行统一安排；纵向上，要围绕人才培训层级和重点，明确“总行—总行直属学院——级（直属）分行—二级分行—网络大学”五级实施主体的工作职责，总行要重点抓好核心专业型人才的培训，对于面向全员的各类培训，以分行组织实施为主，总行主要通过搭建平台、整合资源、制定标准、开展示范等方式进行推动。

最后，我想借此机会强调一下教育部门建设问题。对当前各分行层面的机构改革，全行上下要从确保教育培训工作可持续发展的角度，保证教育培训组织机构、人员队伍、资源投入和工作开展的延续性和稳定性。要重点抓好教育培训管理岗位建设，在二级分行及以上机构中配备一定数量和比例的专职人员，确保教育培训工作有人管、有人负责；要强化行属院校专业化服务能力建设，开展对一级（直属）分行金融培训学校的分级分类管理，将学校的服务水平、内部管理、教学条件等方面情况纳入年度工作考核，并根据考核结果实施等级评定，指导学校各有侧重发挥其功能和作用，并重点引导若干所基础条件较好、服务能力较强的学校作为总行专业型人才定点培训基地，进一步利用好行属院校资源和渠道。

同志们，总行党委已经明确优化与完善教育培训工作的总体思路和要求，现在的关键是如何抓好落实，确保工作实效。今天参会的既有分管这块工作的分行行领导，也有教育培训部门和院校负责人。在接下来的分组讨论中，大家要结合自身实际，敞开思路、集思广益，围绕机制建设、工作创新、组织推动等多个方面，查找存在的问题和不足，提出改进意见、建议和措施。希望各级教育培训部门紧紧围绕总行党委的战略部署，进一步增强紧迫感和责任感，抓紧抓好教育培训工作，推动队伍综合素质的持续提升，为全行转型发展作出新的更大贡献。

主动适应经济新常态
保持贵金属业务稳健可持续发展

——在贵金属业务专业提升培训班上的讲话

王敬东

（2015 年 5 月 13 日）

总行举办本次贵金属业务培训班，主要是帮助大家准确把握经济新常态下贵金属业务发展的新特征、新机遇、新挑战，总结过去几年贵金属业务的发展经验，明确贵金属业务下一步的发展要求和举措，确保全行贵金属业务实现稳健可持续发展。下面，我讲三点意见。

一、积极应对市场变化，出色完成经营任务

2014 年，通过创新产品服务、拓宽渠道、提升产能，全行贵金属业务稳健增长，全年实现产品线收入 52.10 亿元，同比增长 24%；贵金属客户总数达到 2 431万户，增长 23%，其中，有效客户数 780 万户，增长 47%。从各分行情况看，深圳、山东、广东、江苏 4 家分行贵金属业务收入突破 3 亿元，深圳分行更是突破了 6 亿元；有 23 家分行的贵金属业务收入四大行占比超过 50%，厦门、山东等分行收入增幅达到 100%以上。

今年 1 ~4 月，全行抓住实物贵金属销售旺季，加强业务联动，实现了产品线收入 20 亿元，同比增长 46%；中间业务收入 12.14 亿元，同比增长 32%；贵金属交易额 4 300 亿元，同比增长 34%；贵金属交易量 6.1 万吨，同比增长 97%，继续保持了稳健发展的良好态势。

成绩来之不易，在此，我谨代表总行党委，向全行贵金属业务线的全体干部员工，表示最衷心的感谢！回顾去年以来贵金属业务经营情况，主要有以下四个方面工作值得肯定。

（一）调整业务结构，实现经营目标。2014 年，针对国内黄金市场变化，全行主动调整经营重点，有效保障了贵金属收入整体稳步增长。一是抓住产业链客户在黄金价格下行周期中的套保避险需求，全力做大贵金属租赁、同业拆借业务，推动融资类收入占比由 22% 提升到 34%。二是在银行同业实物零售收入整体下降超过 30% 的环境下，充分发挥积存金产品的资产配置功能，重点推动个人定期积存和对公积存营销工作，实现了实物贵金属收入整体逆势增长。

（二）创新产品服务，迅速拓展市场。在实物业务方面，准确把握市场需求，创新推出“十二星座”、“龙凤传家”等时尚类、消费型新产品。在交易业务方面，持续创新服务手段，实施差异化保证金政策，提升客户交易意愿，增强客户黏性。在融资业务方面，创新推出供应链黄金租赁、白银租赁等新产品，推动租赁发放量、套保交易量同比大幅增长。在自贸区业务方面，成功开展上海金交所黄金国际板首笔交易，开始向境内外客户提供国际板贵金属交易经纪、代客和清算服务。

由于贵金属业务的专业性比较强，目前的产品创新工作主要集中在总行贵金属业务部。今后也希望各分行能够积极、主动地开展产品创新工作，多提建议，多提方案。以实物产品为例，各分行可结合当地文化特色，主动向总行提出产品设计建议，加快打造文化特色鲜明，形式内容丰富的实物产品组合。

（三）夯实渠道基础，提升业务产能。一是稳步推进物理渠道建设，新建成三类贵金属专属服务区 98 家，全行总数达到 5 873 家，网点覆盖率接近 40%。二是创新拓展线上渠道，抓住融 e 购电商平台上线契机，全力拓展贵金属业务新渠道，建立了贵金属电商旗舰店，并与顺丰速运合作实现了小规格产品的物流配送服务。三是全面拓展银银、银商渠道，江苏、广东、云南等多家分行已成功将我行积存金业务和实物产品延伸至银行同业，江苏、厦门等分行将同业拆借业务拓展至区域性同业机构。四是持续延伸海外渠道，通过引进中法建交 50 周年银币及熊猫金币代销等措施，扩充了海外机构实物产品种类，并在工银加拿大积极探索复制贵金属预付款融资业务模式。

（四）强化风险防范，巩固管理基础。2014 年，在贵金属业务纳入总行全面风险管理体系的基础上，进一步明确市场风险、信用风险、操作风险、商品业务风险的管理要求，颁布实施了《贵金属业务管理规定》，初步形成业务风险专业化、标准化、系统化的管理模式。通过对重要操作环节的排查，界定了关键风险点的风险等级，形成了各类风险监测指标体系，建立了全行统一

的业务线操作风险管控视图，保障了新兴业务的平稳健康发展。

二、经济新常态下贵金属业务面临的机遇与挑战

在去年中央经济工作会议上，习近平总书记阐述了我国经济发展新常态带来的九大趋势性变化。经济新常态催生了金融新常态，认识新常态、适应新常态、引领新常态，是未来商业银行经营发展的基本出发点。总体看，当前商业银行经营发展已经步入“盈利增长趋缓、资本约束增强、转型压力增大”的新常态。

今年第一季度我行经营发展开局总体平稳，各项业务保持稳健发展势头，主要计划指标基本完成序时进度，但经营形势依然十分严峻。第一季度，全行净利润同比增长1.36%，是近15年来的历史低点。同时，存款增长不稳定性加大，利差进一步收窄，特别是全行不良贷款持续反弹，盈利增长的压力十分突出。在这种形势下，必须加快推动中间业务和新业务转型升级，拓展多元收入来源。贵金属业务作为跨境、跨市场的新兴业务，在全行加快经营转型和国际化综合化布局中，面临着难得的发展机遇。我们一定要坚定信心、勇于担当、奋发有为，增强对集团的战略协同，发挥对盈利的拉动作用，为全行改革发展和经营转型作出积极贡献。

（一）要充分认识新常态下贵金属业务的独特价值。

第一，做大贵金属业务收入，有利于形成多元化的盈利格局。目前全行贵金属业务已形成实物销售、代客交易、经纪代理、融资融货、清算仓储服务等多个盈利模式。五年来，业务收入保持了年平均62%的增长速度，成为全行最具增长潜力的新兴业务线之一，在全行营业收入中的占比逐步提升，在国内可比银行中的市场份额接近60%。加快贵金属业务发展，一方面可创造高于传统业务的价值，另一方面可联动存贷款等多项业务的发展。如贵金属实物零售业务，平均销售毛利率在15%左右，收益水平高于存贷息差及传统代理业务；代理交易业务在取得手续费收入的同时，每完成1吨交易量，可以带动个人无息存款约10万元；黄金租赁业务每租出1吨黄金，可派生低息对公存款约1.75亿元。

第二，扩大贵金属业务规模，有利于形成资本节约型的经营格局。总行已明确要加快经营转型，走结构优化、效率提升、资本节约的内涵式发展道路。今年起全行实施调整后风险加权资产（RWA）和经济资本限额（EVA）的双线管理，加快业务结构和资产结构的转型。贵金属业务作为资本节约型的新兴业务，无论是代客代理业务、还是融贷融资业务，基本不占用分行风险加权资产和经济资本。做大贵金属业务规模，一方面不受分行资本限额限制，另一方面还有助于优化分行资产结构，为资产扩张型业务发展争取空间。

第三，夯实贵金属业务基础，有利于形成各项业务协同发展的新机制。贵金属业务涵盖了个人、公司、机构三大客户群体。充分发挥贵金属业务在资产保值增值、避险套利等方面的独特作用，积极探索贵金属业务发展新模式，加快创新贵金属实物产品、贵金属产业链金融服务，以及贵金属投资管理和资产运作产品，可有效融入全行大零售、大资管、大数据和信息化战略，有利于形成跨专业、跨条线协同发展的新机制，全面支持全行经营转型。

（二）新常态下贵金属业务发展空间更加广阔。

首先，从政策机遇看，人民币国际化和“一带一路”建设为贵金属市场扩容提供了重要支撑。随着经济全球化和国际货币体系多元化发展，人民币依托中国经济的持续发展、庞大的国际贸易规模、币值的相对稳定，正成为全球贸易和投资的新选择。经过六年多的努力，去年11月人民币首次成为世界第五大支付货币，仅次于美元、欧元、英镑和日元。这表明人民币已由新兴货币过渡为常用支付货币。同时人民币国际化进程加快，黄金作为超主权货币锚的作用彰显。年初人民银行颁发了《黄金及黄金制品进出口管理办法》，进一步放开黄金及黄金制品进出口限制，有助于推动我国获得世界黄金物流中心的地位，加速中国与国际黄金市场的联动。同时，“一带一路”的建设，也将为贵金属业务带来新的市场。“一带一路”在境外囊括了世界黄金储备前100强中的43个国家；在境内覆盖了山东、河南、江西、福建、湖南、内蒙古、云南、甘肃、新疆、安徽等成品金产量排名前十位的省区，这国外、国内两大“黄金圈”为贵金属业务发展，特别是贵金属产业链金融业务和跨境代理交易业务提供了广阔的市场空间。

其次，从市场机遇看，“西金东移”和趋于宽松的货币政策为贵金属实物消费和交易业务带来了利好。2014年，中国黄金消费总量仅次于印度，黄金进口量、交易量均保持增长趋势。第一季度，全国黄金消费量为327吨，同比增长4吨，累计生产黄金111吨，同比增加15%。亚太地区特别是中国正逐渐成为全球黄金消费和交易最活跃的地区，“西金东移”的大趋势已经形成，并将在较长时期延续。

今年以来世界主要经济体央行纷纷降息，市场流动性趋于宽松，这将进一步缩短黄金寻底周期，支撑黄金价格实现低位反弹，对国内黄金消费和投资交易具有一定的刺激作用。同时随着我国居民财富的快速积累，以及黄金投资理念的升级，黄金首饰、投资金币和纪念金条等消费仍将持续增长。

最后，从产业机遇来看，产业链整合和企业“走出去”战略将为贵金属融资业务带来广阔前景。中国黄金产量已连续8年位居全球第一，在国家战略支持下，黄金产业转型升级进一步加快。一是产业链整合加快，价值链集中度提高。产业链核心企业通过兼并、收

购等方式，逐步实现集采矿、冶炼、加工、销售为一体的全产业链集成；二是国内黄金企业走出去的步伐全面加快，并购、投资海外矿产资源和黄金企业的需求越来越强。在此过程中，产生了大量整合“商行＋投行＋租赁”的金融服务需求。商业银行发挥集团综合化经营优势，可取得多元化的收入来源。

总体上看，经济新常态下，贵金属业务发展面临的机遇大于挑战。我们要牢牢把握发展契机，加强行内专业联动，实现优势互补，以新的思维积极做大、做强贵金属业务。当然，我们也确实存在一些经营难题。2014年以来贵金属价格持续下行，市场保值性投资需求降低，实物贵金属业务增长速度放缓，部分分行在实际经营中也因此产生了畏难情绪，工作缺乏主动性和坚韧性；部分分行对市场新变化的把握不够敏感，对业务结构的调整不够迅速，对新业态下的渠道布局不够及时，这些分行的收入增长面临了很大挑战，同业竞争力下降，市场份额有所下滑。希望各分行要积极适应市场变化，主动调整业务结构；总行贵金属业务部也要主动地为分行出主意、想办法、提建议，努力通过业务和产品创新，实现贵金属业务稳健增长。

三、经济新常态下贵金属业务稳健可持续发展的要求和举措

2015年是贵金属业务新三年发展规划的开局之年。今年全行工作会议和第一季度经营情况分析会上，总行党委要求贵金属业务“努力适应市场新常态，更有效地发挥好工行集团综合优势，加快产品与服务创新，不断做大业务规模，努力提升业务线盈利能力，着力加强风险管理，确保业务稳健可持续发展。”全行要认真贯彻总行要求，树立更加高远进取的目标，更加主动地抓住机遇，应对挑战，推动贵金属业务稳健可持续发展，确保完成全年经营目标和各项工作任务。这里提几点具体要求：

（一）拓宽渠道提升产能，努力扩大市场规模。在渠道建设方面，我们要以提升产能为首要目标，积极加强与全行各业务线的联动发展，重点强化分行网点渠道建设，加快形成覆盖线下线上的立体化业务联动机制。

一是要进一步强化网点渠道建设。各分行要牢牢把握互联网时代银行网点布局转型升级的契机，加快探索符合贵金属商品零售业务特点、适应工行运行体系的贵金属旗舰店全功能经营新模式，积极争取资源倾斜，加快网点转型建设。对于北京西单支行、江苏钟山支行、苏州观前支行等先行先试的贵金属全功能旗舰店网点，要努力提升网点产能，加大对周边网点贵金属业务的辐射带动作用，发挥标杆引领作用。对于网均产能不达标、服务功能不完善、集中营销不落实、团队配备不到位的旗舰店，当年要坚决实施降级。

二是要坚决贯彻总行“e－ICBC”战略，加快打造贵金属线上线下一体化业务体系。要抓住互联网金融大发展的机遇，研究线上线下差异化产品策略。对于线上渠道，要在进一步丰富实物产品种类，扩大发展如在熊猫金银币品种的基础上，加快拓展以积存金、金交所标准金条为质押品的互联网自助融资产品。对于线下渠道，要强化实物展示和客户营销功能，各分行要加强“网购店取”线下提货服务，引导客户体验O2O购物新模式，努力形成线上线下一体化发展的贵金属业务体系。

三是要充分发挥集团综合经营优势，形成行内专业联动发展。通过交叉销售，相互促进，共同做大业务规模。各分行要以个人定期积存、代理金交所业务为抓手，加强与个金业务和私人银行业务的联动发展；以黄金租赁和产业链融资业务为基础，推进与公司业务的协同营销；以同业拆借业务和贵金属资产管理业务为重点，加强与大资管、机构金融业务的专业联动。

（二）创新产品优化服务，打造核心竞争力。目前，黄金价格走势震荡加剧，市场不确定性进一步增强。产品创新工作要积极适应不断变化的市场环境，满足和引领客户新的投资消费需求。

一是要进一步丰富实物类产品体系。要根据市场热点，将自营产品开发重点转向实用型、时尚型、消费型领域，并加快引进单价低、市场反响好的代销产品，加快构建以自营产品为主、代销产品为辅，具有工行特色的实物产品体系，提升实物业务盈利水平。

二是要重点做好个人定期积存业务的推广营销工作。各分行要制定明确的年度客户发展和积存业务目标，采取切实有效的措施，努力提高积存类业务在个人客户金融资产中的配置占比，迅速扩大全行积存业务规模。要依靠服务创新提升交易规模。建立交易类业务递进式营销推广体系，通过专业化团队、平台和产品，切实做好大客户服务工作，探索实践高频次交易模式，不断稳固扩大高频次交易客户群体。

三是要深度介入产业链融资服务。在贵金属价格下行周期，要牢牢把握产业链企业套保避险等业务需求，积极创新贵金属供应链融资业务。要在深圳分行下游产业链融资业务试点成功的基础上，推动山东、河南、北京、安徽、湖南、内蒙古、甘肃等贵金属产业集聚地区分行，争取年内形成多条产业链上游融资业务线，扩大全行贵金属融资业务规模。

四是要积极探索贵金属资产管理业务。把握去年下半年以来资本市场快速上扬、社会财富重新配置的机遇，积极创新代客利率、汇率和贵金属等套保套利产品，进一步加强与行内资产管理、私人银行等业务部门，以及行外基金、期货、证券、保险等金融机构的贵金属业务合作，稳步做大贵金属资产管理规模。各分行要加快复制江苏、厦门分行银银合作的业务模式，实现贵金属资管业务与实物、账户、融资等业务的协同

发展。

（三）加强风险管理控制，确保业务稳健增长。今年以来，一些分行的黄金租赁业务发生逾期，给我们的资产质量管理敲响了警钟。在经济下行压力较大的时期，全行更要注重风险防控，切实平衡好发展速度与质量的关系，确保贵金属业务稳健发展。

一是要严把租赁业务准入关口，控制好信用风险。总行已扩大了贵金属租赁客户准入审批范围，并重申了准入条件。各分行要严格执行准入审批程序，切实掌握客户经营情况和租赁用途，从源头上把好客户准入关。要加强总分行联动，按季度开展存量客户风险排查，每半年开展准入核查。加强租后日常管理和租赁到期管理，提高风险预警和防范能力。对于已发生风险的分行，要加快清收处置，力争在年内全部化解风险。

二是要结合业务创新，持续开展操作风险识别和梳理。各分行要结合本行特点，及时梳理业务创新过程中出现的管控“盲点”，采取有效措施，控制关键风险环节。总行要在总结全行共性问题的基础上，及时修订流程办法。

三是要提升服务和产品质量，防范声誉风险。要加强实物类业务的售后服务体系建设，明确线上和线下渠道售后服务标准，完善客户投诉处理预案。要进一步健全实物产品质量管控体系，加强对产品供应商质量控制，落实合作企业职责。

四是要提升研判能力，强化市场风险管理手段。总行要持续优化风险管理系统，积极拓展境内外、场内外、现货与期货的对冲渠道，提升市场风险管理能力。

（四）完善体制机制建设，激发业务经营活力。根据总行深化改革工作的部署和要求，近期上海、浙江、广东三家分行已正式启动了转型发展试点工作。总行指定上海分行作为贵金属业务转型突破试点行，将配套提供政策保障、营销推动、产品创新等支持措施。上海分行要根据总行要求，主动落实贵金属业务发展规划，积极探索贵金属业务做大、做强、做实的有效路径，尽快形成可复制、可推广的转型发展模式，为全行贵金属业务发展提供经验支持。各分行也要根据区域特点，加快形成驱动贵金属业务发展的新型经营模式，理顺经营传导机制，尽早形成比较成熟的贵金属业务改革发展方案。

去年以来，各分行内设机构改革工作不断深化，内蒙古、青岛、江西、吉林、贵州5家分行调整了贵金属业务牵头部门。其中，内蒙古、青岛、吉林3家分行将贵金属业务划转至机构部和个金部，由个金部牵头贵金属业务整体发展；江西、贵州2家分行，由新设的电子银行与结算管理部负责贵金属业务。这5家分行的贵金属业务牵头部门，要切实承担牵头管理职责，制订年度发展目标、拿出工作措施，积极与其他业务部门联动，统筹推进贵金属实物、账户、融资、理财四大类业务发展。后续，总行将召集上述5家分行的贵金属业务主管行长和牵头部门负责人，专题研究贵金属业务牵头管理和联动发展的经营机制。

在总行第一季度经营情况分析会上，易会满行长强调“要真正把新业务抓上去、把传统业务转型落实到位，关键要靠集约化、扁平化的团队制，柔性管理组织来推动。总行利润中心改革就是往这个方向推。”河南分行积极试点了贵金属业务团队制管理模式，取得了良好的经营效益。各分行要根据贵金属业务发展的实际情况，因地制宜地研究探索符合本地经营特点的组织管理模式，加大资源投入力度，确保贵金属业务的持续发展。

同志们，贵金属业务要实现稳健可持续发展，需要整个业务线以及全行各渠道部门、各分行的共同配合、共同努力。希望各行各部门要主动适应新常态，敏锐把握新机遇，加大投入，努力推动贵金属业务发展提质增效，为建设“国际一流贵金属投资与管理银行”作出更大贡献。

围绕团结全行员工投身改革发展的主题
进一步加强和改进工会工作

——在提升工会干部素质能力学习竞赛活动总结会议上的讲话

王敬东

（2015年5月19日）

开展提升工会干部素质能力学习竞赛活动，是总行工会在全党大兴学习之风和全行加快各类专业人才队伍建设的背景下实施的，具有重要意义。活动开展以来，各级工会高度重视，认真组织实施；广大工会干部自觉主动学习，素质和能力得到了明显提升。这次总行工会组织的一级（直属）分行和直属机构工会干部答题竞赛，就是对各单位前段时间开展活动成效的一次很好检验。从竞赛成绩看，效果很明显，达到了预期目的。参加竞赛的52个代表队有10个获得一、二、三等奖，还有10个单位获得优秀组织奖，在此向你们表示热烈祝贺！

近年来，在总行党委的正确领导下，全行各级工会和工会干部认真履行职责，扎实开展各项工作，特别是在职工之家建设、困难救助、维护员工权益、开展业务竞赛和文体活动等方面取得显著成效，较好地完成了总行党委赋予的各项职责任务，有力助推了经营发展，得到了各级党委和广大员工的认可。这些工作，总行工会每年都进行了目标管理考核，今天就不重复总结了。对今年和今后一段时间的工作，年初总行工会也专门下发了工作要点，各单位要按照部署和要求，结合实际抓好落实。这里，我主要围绕团结全行员工投身改革发展这一主题，着重就如何进一步加强和改进工会工作谈三点意见。

一、要充分认识新形势下加强和改进工会工作的重要性和紧迫性

（一）加强和改进工会工作，是新形势下党中央和习近平总书记提出的新要求。党的十八大以来，习近平总书记多次对工会和工会工作作出重要指示，特别是在今年“五一”前夕召开的全国劳模和先进工作者表彰大会上再次强调：“工会是党联系群众的桥梁和纽带，工会工作是党的群团工作、群众工作的重要组成部分……新形势下，工会工作只能加强，不能削弱；只能改进提高，不能停滞不前。”要求各级工会组织和广大工会干部“要坚决履行维护职工合法权益的基本职责，把竭诚为职工群众服务作为工会一切工作的出发点和落脚点”、“把工作重心放在最广大普通职工身上，着力强化服务意识，提高维权能力，改进工作作风，破除衙门作风，坚决克服机关化、脱离职工群众现象，让职工群众真正感受到工会是‘职工之家’，工会干部是最可信赖的‘娘家人’。”习近平总书记的重要讲话，不仅明确了工会和工会工作的地位和作用，而且对新形势下工会工作全面提出了要求，并且特别强调了只能加强和改进，不能削弱和停滞。全行各级工会和工会干部要深入学习和深刻领会习总书记重要讲话精神，按照习近平总书记提出的要求，对本单位工会工作进行全面梳理和分析，认真查找存在的问题和不足，采取有效措施，切实加以改进和提高。

（二）加强和改进工会工作，是经济新常态下更好地团结全行员工投身改革发展的客观需要。经济新常态下，全行经营发展面临复杂严峻形势，员工队伍也出现了一些新情况和新问题。一是少数员工对改革发展信心不足，有的思想不稳定；二是少数管理人员和员工对总行党委决策部署理解不到位，执行有偏差；三是少部分基层员工对快速发展的新业务难以适应。同时也存在各级管理层对员工利益关心不够，影响员工积极性发挥的问题。这些问题如果不解决或解决不好，就会动摇全行改革发展信心，影响改革发展目标实现。

因此，各级工会要进一步加强和改进工作，探索有效方式方法，既要协助党委解决好这些问题，也要切实了解员工诉求，反映员工心声，帮助员工解决现实问题。一是积极探索与宣传教育等部门形成思想工作合力的途径，深入开展社会主义核心价值观宣传教育，引导员工进一步坚定理想信念，增强改革发展信心，自觉把“个人梦”与“工行梦”联系在一起，努力在平凡岗位上创造一流业绩。二是采取多种形式大力宣传总行党委决策部署，使员工将总行党委决策部署内化于心、外化于行，把落实总行党委决策部署变为自觉行动。三是充分发挥工会业余学校等阵地作用，加强对基层员工业务培训，不断提升其业务能力。四是切实维护好员工合法权益，解决好员工实际困难和问题，建设好职工之家，开展多种形式文化体育活动，给员工更多无形的精神文化关怀，有效缓解员工压力，进一步激发和调动广大员工的积极性，使其更加自觉主动地投身改革发展。

（三）加强和改进工会工作，是增强工会自身建设和提升工作水平的内在要求。总行党委始终高度重视全行工会组织和队伍建设，2008年专门下发了《关于加强分支行党团工会组织工作机构建设的意见》，明确各级工会组织机构设置和人员配备，去年在境内分支机构改革方案中又强调了“工会相关组织应按照国家法律法规要求设置”等。总行党委的高度重视，使全行工会组织和队伍建设不断得到加强和完善，保证了工会职责的有效履行。但从目前全行工会组织和队伍建设情况看，也还存在一些不足：一是各级工会委员会、工会经费审查委员会及女职工委员会尚需依法健全，工作运行机制也需要作相应的调整。二是各级机构职工代表大会制度尚需进一步完善，总行职代会制度有待建立。三是工会工作法治化建设有待加强，运用法治思维和法治方式开展工作的能力尚待提高。四是二级分行以下基层工会组织和队伍建设尚需加强，少数工会干部素质能力还不能完全适应工作需要。这些问题的存在，一定程度上影响和制约了工会工作的开展，必须通过进一步加强和改进工作，有效地解决这些问题，才能不断提升工会工作水平。

二、加强和改进工会工作，要从推进工会工作法治化建设着手

（一）树立和增强运用法治思维和法治方式开展工会工作的观念。党的十八届四中全会作出了全面推进依法治国的重大战略决策，对新形势下全面推进依法治国、建设社会主义法治国家作出了全面部署。近期全国

总工会也印发了《关于大力推进工会工作法治化建设的实施意见》，对推进工会工作法治化建设提出了明确要求。各级工会和工会干部要认真学习、深刻领会、全面贯彻中央以及全总文件精神和要求，切实树立和增强法治观念，自觉学习和掌握法治基本知识，特别是熟练掌握涉及职工切身利益和工会活动的法律知识，提高依法开展工作能力，运用法律手段解决改革发展中的各种劳动关系矛盾和问题，熟练运用法律原则和法律规范维护职工权益，不断提升工会工作法治化水平。

（二）依法推进工会组建。要依法完善工会组建制度，严格按照法定条件和法定程序组建工会。目前主要是解决好依法民主选举产生各级工会委员会、工会经费审查委员会及女职工委员会问题。总行近期将研究依法完善总行工会“三会”问题，各单位也要抓紧研究并依法完善工会“三会”。工会“三会”依法完善后换届及组织变更、合并、撤销也要依法进行。

（三）依法管理工会事务。各级工会要依法健全工会的各项制度，形成配套的制度体系，打牢依法管会制度基础。特别要依法收缴工会经费，加强工会经费审查审计监督，依法管理和使用工会经费和财产，夯实服务职工和开展工会活动的物质基础。从了解的情况看，近几年每年都有部分单位工会经费没有依法足额提取，有的相差还比较多，希望各位主任回去后了解一下本单位工会经费提取情况，没有提足的要督促抓紧落实。

（四）依法履行工会职责。各级工会要依法组织召开本单位职工代表大会，进一步推行行务公开，不断丰富和畅通职工民主参与形式和渠道，切实落实职工的知情权、参与权、表达权、监督权。要依法完善职代会程序，会前要按照党委确定的议题，通过多种形式广泛征求职工意见和建议，形成职工代表提案，报党委研究并责成相关部门提出解决措施。对涉及经营发展的重大决策和涉及职工切身利益的收入分配、人力资源深化项目、员工休假请假管理办法等，须经职工代表大会表决通过，充分发挥职代会在经营发展重大决策和涉及员工切身利益等重大事项上的重要作用。总行将尽快研究建立职代会问题，报经党委同意后将适时建立。

（五）依法构建和谐劳动关系。近期中央印发了《关于构建和谐劳动关系的意见》，这是指导新时期劳动关系工作的纲领性文件。各级工会和工会干部要认真学习领会文件精神，按照文件规定和要求，立足我行实际，通过宣传、建制、规范、督办等措施，有效推动劳动关系双方的合作、协商机制建设，有效预防和化解劳动关系矛盾。在构建和谐劳动关系中，要保证工会职责不缺位，主动参与和配合有关部门建立和完善职工权益保障、劳动关系协商协调、劳动关系矛盾调处等机制和制度，切实推动全行建立规范有序、公正合理、互利共赢、和谐稳定的劳动关系。

（六）依法维护职工权益。一是依照宪法、工会法维护好职工参加和组织工会的权利，切实保障会员的选举权、被选举权和表决权，以及对工会工作进行监督和提出意见建议等权利。二是依照劳动法律法规，重点维护好职工收入分配、休息休假、获得劳动安全卫生保护、接受职业技能培训、享受社会保险和福利等权益。三是努力解决好职工最关心、最直接、最现实的利益问题。

三、加强和改进工会工作，要以取得工作成效、提升素质能力和增强自身建设为目标

（一）努力取得工作成效。

一是树立有为才有位理念。各级工会和工会干部要时刻想着自己是党组织联系职工群众的桥梁和纽带，始终心系广大员工，不断激发工作热情，热爱工会事业和工会工作，认真履职、主动作为，时刻为党组织分忧，处处为员工解难，在经营管理一线、在员工困难时刻，时时处处见到工会干部的身影，以实际行动团结带动广大员工投身改革发展，维护好员工合法权益，以实际工作成效赢得党组织和广大员工的认可和信任，不断提升工会和工会干部的地位和形象。

二是不断创新工作方式和方法。各级工会和工会干部要切实转变思想观念，顺应时代发展和形势变化，克服墨守成规，摒弃陈旧思维，紧紧围绕团结广大员工投身改革发展这一主题推动工作创新。要在开展好日常各项工作的同时，积极探索开展有利于助推经济新常态下全行转型发展的业务和技能竞赛，以及员工新业务和新技能培训等，不断提升员工的业务和技能水平。要着眼于员工实际需求和困难，不断拓展服务领域，创新服务手段，完善服务机制，做实做好员工健康服务、困难帮扶、爱心互助、法律援助、关爱女员工行动等工作，努力取得更好效果。

（二）全面提升素质能力。

一是增强提升素质能力的紧迫感。习近平总书记在第四批全国干部学习培训教材《序言》中强调，“面对复杂严峻的国际形势，面对艰巨繁重的改革发展稳定任务……全党同志特别是各级领导干部要有本领不够的危机感，以时不我待的精神，一刻不停增强本领。”作为工会干部，面对全行复杂严峻的经营形势和艰巨繁重的改革发展任务，也要有本领不够的危机感，以时不我待的精神，一刻不停地提升自身素质能力，更好地团结广大员工坚定信心、克服困难、齐心协力投身改革发展。

二是努力学习。习近平总书记指出“好学才能上进，好学才有本领”。各级工会干部要努力学习各方面知识，努力在实践中增长才干，加快知识更新，优化知识结构，拓宽眼界和视野，着力解决本领不足、本领恐慌、本领落后问题。特别要重点学习好习近平总书记系列重要讲话特别是有关工会工作重要论述，学习好宪法和与职工切身利益及工会活动密切相关的法律、金融业

务知识，以及文化体育艺术等方面的知识与技能。

三是积极营造提升素质能力的学习氛围。各级工会要充分利用自身资源和社会资源，有计划地组织开展各种形式的提升工会干部素质能力学习活动，如举办培训班集中组织培训学习、开展学习竞赛、网上答题、有奖征文、演讲比赛等，积极为工会干部提升素质能力创造学习条件。

（三）切实加强自身建设。

一是加强工会领导班子和干部队伍专业化建设。今年1月，中央印发了《关于加强和改进党的群团工作的意见》，着重强调了新形势下加强和改进党的群团工作的重要性和紧迫性，对加强党的群团工作提出了明确要求。各级党委和工会要认真学习领会意见精神，并结合实际抓好落实。要按照信念坚定、为民服务、勤政务实、敢于担当、清正廉洁的好干部标准，选拔群众工作经验丰富、群众威信高的同志，推荐作为工会领导班子特别是主要负责人人选，由工会组织依法民主选举并尊重选举结果。工会领导班子要健全和落实中心组理论学习、党员领导干部民主生活会、新进班子成员任职培训等制度。要关心工会干部队伍建设，主动关心、爱护、帮助工会干部，把他们作为主力军学习和培养好，充分发挥他们的作用；要注意把熟悉银行业务特别是具有法律专业知识的人员招聘到工会干部队伍中来，不断推进工会干部队伍专业化建设。

二是依法依规设置工会组织和配备人员。各单位党委要在当前境内分支机构改革中，根据总行改革方案要求，严格按照《工会法》规定，设置各级工会特别二级分行以下基层工会组织机构并配足人员。各单位工会要加强对基层工会组织机构设置和人员配备情况监督检查，对未按规定和要求设置和配备的，要及时向党委汇报并予以纠正，年底前要将辖内基层工会机构设置和人员配备情况报总行工会。

三是加强作风建设。各级工会和工会领导干部要带头践行党的群众路线，坚持把群众路线作为工会工作的生命线和根本工作路线，把工作重心放在基层最广大普通职工身上，深入基层一线和职工中，倾听他们的心声，反映他们的诉求，维护他们的权益。要进一步健全防止和克服“四风”问题的长效机制，不断改进工作作风，坚决克服机关化、脱离职工群众现象，让职工群众真正感受到工会是“职工之家”，工会干部是最可依赖的“娘家人”。

同志们，面对当前复杂严峻的经营形势，各级工会和工会干部要切实增强责任感和紧迫感，进一步加强和改进工会工作，不断提升工作水平，更好地团结广大员工积极投身改革发展，为实现建设国际一流现代金融企业的工行梦作出新的贡献。

提高数据挖掘的针对性实用性
推动分析成果落地应用

——在全行分析师成果经验交流会上的讲话

王敬东

（2015 年 5 月 20 日）

刚才，总行三个部门、三家分行的同志从分析成果应用和服务精准营销等角度介绍了经验成果，听了之后很受鼓舞，感到分析师队伍建设工作已经进入了良性发展的轨道。在全行分析师队伍、工作机制、协作网络等方面有了阶段性成果之后，我们的工作重心将转移至如何用好分析师资源、推动分析成果应用、体现数据挖掘分析价值上来。因此，从本次会议起，每次将针对 1～2 个典型的数据分析应用领域或重点课题开展深度交流讨论。刚才视频交流的主题内容之一，是交流中高端客户流失预警模型在七家行的试点应用成果，探讨将分析师的预测性分析成果推向业务应用，提升我行数据挖掘驱动精准营销活动的方式和途径问题。下面，围绕这一内容，我讲三点意见。

一、全行分析师队伍建设成果为开展高水平的大数据分析应用奠定了基础

全行分析师队伍建设工作自 2014 年启动以来，在总行党委的正确领导下，在各行的共同努力下，按照“大数据和信息化”战略的总体要求，在团队组建、制度建设、工作开展、平台服务、培训交流等方面取得了积极进展。主要体现在六个方面：

（一）分析师队伍组建第一阶段任务完成良好。截至今年第一季度末，全行已建立起一支 1 762 人的分析师队伍，其中，总行管理信息部配备数据分析师 10 人，

28 个业务部门配备专业分析师 603 人；37 家一级（直属）分行配备数据分析师 162 人，34 家一级（直属）分行配备专业分析师 987 人。

（二）分析师队伍管理体系基本建成。总行制定并印发了《分析师队伍管理办法（试行）》，明确了分析师队伍管理原则、选聘标准、聘任与晋升流程、工作考核及奖惩机制等各方面要求。经过分行推荐和总行评审，完成了首批总行级数据分析师选聘工作，聘任了 32 名分行优秀数据分析师为总行级数据分析师，作为以总、分行联动方式系统化组织实施重点分析项目的骨干力量开展协同攻关，希望相关分行对总行的协同攻关项目给予积极支持。

（三）分析师队伍人才系统化培训项目全面启动。总行已经将分析师培养计划纳入全行“十大专业型人才培训工程”，总行企业文化部（教育部）、管理信息部为此做了大量工作，计划在近三年内面向全行分析师持续开展分阶段、系列化、体系化的培训与学习，在全行范围内培养 800 名数据分析师、1 000 名专业分析师人才队伍，并鼓励和支持一批经过培训的优秀分析师考取国际公认的数据分析师资格证书，为推动我行开展多领域、高水平的数据分析和业务应用工作打好梯次化人才队伍基础。其中，初级阶段前两期分析师培训班分别于 4 月 24 日、5 月 18 日启动。总行还启动了分析师工作台（AIMS）全行推广工作，印发《关于做好分析师工作台应用推广的通知》，已经能够为全行分析师队伍提供统一的分析环境和工作平台。

（四）重点分析课题研究取得良好成果。第一季度，总行数据分析师团队完成并发布《2014 年末全行客户和部分业务线五级分类评价结果》等定期分析报告 8 篇，完成并提交《全行个人中高端客户迁徙及发展情况分析》、《全行日均金融资产 5 万元以上公司客户流失和资产降级情况分析》、《融 e 购客户评价分析》等专题分析报告 6 篇，较好地发挥了分析师在经营管理、绩效考核、客户营销、业务发展等方面的支持作用。这些报告得到了有关专业部门的大力支持和深度参与，对业务发展起到了很好的决策参考作用，姜建清董事长和易会满行长对这些报告都给予了充分肯定。

总行个人金融、内控合规、资产管理、运行管理、安全保卫等业务部门结合业务重点，围绕精准营销、风险防控、运营管理等方面开展了一系列分析工作。例如，个人金融业务部完成代发工资客户、财富客户、商友会员、跨境客户、临界中高端客户提升 5 个分析项目；内控合规部开展融 e 购业务合规情况、ATM 自助查询交易异常情况等方面的监测分析，对及时发现并防范风险事件起到了较好的支持作用；资产管理部依托 EDW 完成“在我行持有金融资产少、在他行持有金融资产多”的客户分析，确定理财产品营销目标客户群，为开展理财业务精准营销提供支持。

各行分析师也围绕本行经营重点开展数据分析工作，积极推动分析成果转化。例如，江苏分行完成《对公与个人存款大户变化简析》、《“自助 + 理财”网点业态调整分析》等报告，为经营管理和业务发展提供有力支持；吉林分行完成《个人中高端客户流失情况分析》、《个人信贷风险预警模型构建及预警分析》等报告，并依托分析成果开展流失客户挽回精准营销活动，建立了预警风险监测机制；山东分行完成《代发工资客户及业务发展》、《法人客户流失降级》和《工银 e 支付业务发展》等报告，为客户维护、流程优化、产品营销等工作提供有力参考。

（五）分析成果服务精准营销取得好成绩。第一季度，各专业部门与管理信息部门的分析师密切合作，建立各类精准营销模型并依托 EBM 系统开展 251 项精准营销活动。从业务板块看，个人金融、电子银行、银行卡专业的 EBM 精准营销活动分别为 109 项、56 项和 39 项，多专业协作方式 EBM 精准营销活动 46 项；从应用领域看，客户拓展、客户关怀和交叉销售领域的活动数量分别为 155 项、63 项和 33 项。各分行部署 240 项分行主导型营销活动，黑龙江、新疆、贵州、山西、江苏、山东、北京、四川、大连、湖南、广东、陕西 12 家分行营销活动数量超过 10 项，北京、广东、广西、内蒙古、江西、宁波 6 家分行辖内基层机构的业务负责人和客户经理依托 EBM 系统直接发起了 87 次精准营销查询。

（六）探索数据挖掘驱动精准营销新模式取得突破。管理信息部介绍了个人中高端客户流失预警模型在北京、上海、浙江、江苏、天津、辽宁、宁波 7 家分行的试点应用情况，试点成效很显著，充分说明分析师挖掘分析成果能够在预测客户行为、提高营销效率等方面发挥重要作用。个人金融业务部介绍的临界值客户精准营销、金融市场部针对目标客户探索差异化定价和定向广告推送机制，体现了大数据分析对客户精细化管理的支持作用。

大数据金矿，是宝贵资源，要让大数据产生价值，需要专业的分析师队伍开展深加工。刚才部门和各分行的发言表明，依托分析师的智力支持，全行在精准营销等领域已经开展了很多有益的探索和应用工作，在目标客户拓展、产品交叉销售、提升客户价值等方面取得了不错的应用成效。虽然这些探索和实践还不够体系化、制度化和全面化，但是，这些探索都是很有价值的，既是分析师突破自我、提升分析能力的体现，也是大数据挖掘运用与经营管理活动融会贯通产生的应用价值所在。这样的应用还需要继续发展和深入下去。当然，在此过程中，各级行领导的支持和指导也非常重要，有些分行的介绍材料中专门汇报了行领导对大数据分析高度重视，亲自推动、指导大数据分析为业务发展服务。这很好，这是推动分析师队伍建设取得实效的关键，希望更多的分行管理层认识到并高度重视这个问题。

二、提高数据挖掘的针对性实用性，推动分析成果快速转化为业务应用

（一）精准营销是大数据思维的重要应用体现。在大数据时代，海量的数据能够让银行更好地了解客户需求，提供个性化的服务。数据能告诉我们，每一个客户的行为偏好，他们想要什么，喜欢什么，每个人的需求有哪些区别，哪些又可以被集合到一起来进行分类。精准营销正是这种大数据思维的具体体现，是发挥大数据价值的典型模式。西方商业银行的实践表明，传统的大众营销成功率一般只有 0.2% ~3.1%，而基于大数据的精准营销成功率可以达到 18% ~34%。众多国际著名企业，如富国银行、益百利、沃尔玛、e－Bay 等已成功应用精准营销模式为其业务拓展和利润增长提供了有力支撑。

（二）提供精准营销信息服务是分析师队伍服务业务的重要手段。姜建清董事长指出“要加快全行的数据增值应用能力，真正使数据成为提高竞争力和经济价值的生产因素”。这就要求全行分析师以大数据信息流管理为主线，依托数据分析成果主动参与全行经营管理活动，实现信息创造价值，提升我行的核心竞争力和金融服务水平，其中，精准营销应用是全行分析师融入业务流程、服务业务发展的重要手段。2009 年以来，全行依托精准营销信息服务（EBM）系统累计开展了超过2 500项精准营销活动，综合营销成功率超过 25%，极大地提高了营销效率，降低了营销成本，创造了显著价值，已经成为推动我行营销模式转型、提升优质客户竞争能力的重要抓手。同时，通过信息的深入分析和挖掘，很好地解决了基层行营销过程中“新增客户从哪里来”、“存量客户如何维护”等关键问题，通过对营销全流程的跟踪监测和效果评价，较好地解决了营销一线的信息服务不对称问题，受到了基层行的广泛欢迎。今后，全行分析师要继续以精准营销信息服务为主要任务，深入调研市场营销一线的实际需求，加快提升大数据在服务与营销领域的应用水平，努力实现分析师“洞察业务、助力发展”的目标。

（三）数据分析要实现从解释性分析向预测性分析的突破。目前，国际上通常认为数据分析能力分四个等级。第 1 个等级是解释性分析，即利用数据来理解和描述业务现状与流程；第 2 个等级是诊断性分析，即利用数据来分析业务背后的原因；第 3 个等级是预测性分析，即利用数据和挖掘方法，建立模型，发现业务规律或预测未来趋势；第 4 个等级是处方性分析，即以提升业务绩效为目标，在给定复杂目标、需求和约束条件下，通过分析、计算，在一组有价值的可能动作或决策中做出最优选择。分析能力等级越高，其对业务和决策的指导性、针对性越强。在数据挖掘驱动下，大数据不仅能“发现”客户曾经的需求，还能够“创造”客户将来的需求。这就要求分析师不断提高驾驭大数据的能力，加强对解决问题能力的培养，既要发现问题、解释原因，又要给出建议、提出对策。我行成建制的分析师队伍建立的时间还不长，分析能力基本上还处于初级水平，目前在完成解释性、诊断性分析方面做了大量工作，取得了一批成果。但是，我们的能力仅仅停留在当前阶段还是很不够的，要利用一切条件和机会，努力提升分析师队伍大数据分析的能力，尤其要在预测性分析方面尽快取得一批突破性成果。需要强调的是，分析师队伍要主动向行领导汇报工作，准确理解行领导的数据分析需求，主动、深入研究本行经营管理和业务发展中的重点、难点问题，这样才能明确分析目标在哪里，分析的结果如何应用。当前，尤其要注意加强对信贷资产质量、存款增长、小微企业金融服务等热点难点问题的分析与研究。

三、下一步工作要求

（一）落实分析师管理办法，抓好分析师管理机制建设。一是要抓好《分析师队伍管理办法（试行)》落地工作。各分行要制定本行分析师队伍管理制度，根据分析师任职条件和专业资质标准，做好分析师的聘任、定级、考核等管理工作。二是抓好分析师培训工作。各行要认真组织分析师参加总行统一安排的数据分析师和专业分析师培训项目，分析师要按要求完成面授课程与网络课程的学习，切实提升分析师理论基础、工具运用和分析挖掘能力。管理信息部和教育部要对培训的进度和质量严格把关。三是抓好分析师工作台推广应用。各行要根据《关于做好分析师工作台应用推广的通知》要求，从组织领导、用户授权管理、信息安全、平台应用、用户培训等方面做好平台应用推广工作，提高分析师工作管理、成果展示、知识共享、考核评价等效率。四是抓好协同工作机制建设。各行要积极参与总行统一安排的分析项目，统筹安排分行重点分析项目，建立定期交流机制和成果共享机制，组织数据分析师和专业分析师联合开展重点课题挖掘分析。

（二）改进数据分析工作方法，提高分析成果质量。一是在选择分析课题时要密切关注全行重点业务发展动态，聚焦全行关注的问题。二是在分析过程中要建立事前调研、事中评估、事后评价的机制，提高分析工作的有效性和精准性。三是数据分析要抓住复杂现象中的本质规律，能够将复杂问题简单化，增强分析报告的可读性和易用性。四是做好分析成果的推广应用，并在应用中不断提高解决问题的能力，不断优化和完善一批重要性高、紧迫性强的业务分析模型和分析方法论体系。

（三）重点做好中高端客户流失预警模型推广及客户行为细分模型、产品响应模型的试点应用工作，提升大数据预测分析服务水平。总行管理信息、个人金融、

银行卡、电子银行、私人银行等业务部门要组建数据挖掘精准营销模型试点推广小组，重点做好模型构建和优化工作，制订模型应用业务方案，指导各分行应用模型开展精准营销活动；北京、上海、浙江、江苏、天津、辽宁、宁波7家分行要全面总结前期试点工作成果和经验，向总行提出模型优化改进建议，并加大营销资源的投入力度，在6月底前实现在全辖推广；广东、山西、内蒙古、贵州、湖南、大连、厦门7家分行作为首批扩大应用分行，要周密组织，充分借鉴已有经验，加强对模型和实施方案的宣传培训，在6月底前做好中高端客户流失预警精准营销方案的本地化设计和应用工作；其他分行要做好9月底前推广应用的相关准备。总行将鼓励并支持有条件的分行提前开展模型推广应用工作。

同志们，2015年已经过去近一半的时间，全行上下要按照今年分析师队伍建设工作总的指导思想，以业务问题和业务需求为导向，灵活运用大数据分析挖掘方法，创新大数据落实应用机制，打通分析成果向业务应用转化的通道，更好地发挥分析师队伍对推动全行转型发展的支持服务作用。

立足本源　提升认识
全面完成养老金业务发展任务

——在养老金业务工作座谈会上的讲话

王敬东

（2015年8月12日·根据录音整理）

总行选择在这个时机召开养老金业务座谈会，主要基于两点考虑：一是机关事业单位养老保险制度改革以及职业年金启动为我行业务发展带来了新的机遇和挑战，易会满行长、张红力副行长前期对此专门组织召开会议进行了安排部署，我们要认真贯彻并抓好相关工作落实。二是当前养老金业务收入增长面临一定压力，我们要再加一把劲。通过这次座谈交流，大家对本行养老金业务工作做了回顾总结，提高了认识，各分行之间也得以相互启发、相互交流，会议效果很好，达到了预期目的。刚才总行养老金业务部也全面系统地介绍了全行上半年养老金业务发展情况，对下一步工作提出了要求，我都同意。下面，我再讲五点意见。

一、养老金业务市场潜力大、发展前景好

据统计，目前我国企业年金参保企业仅占全国企业总数的0.2%，参保职工仅占参加城镇职工基本养老保险人数的7%，发展空间还非常大。按照近5年资产平均28.6%的增速，10年后全国企业年金总规模将达12万亿元；职业年金将覆盖全国近10万机关事业单位4 000万工作人员，每年缴费超过3 000亿元，10年后基金规模将达到5万亿元以上。二者合计近20万亿元的市场规模，每年将给各市场参与主体带来上千亿元的收入。如果我们现在放弃这个小业务，未来会丢失大市场。要看到，养老金业务综合效益非常明显。一是年金业务与客户联系紧密，日常互动频繁，业务办理过程中涉及银行卡、网上银行、结算、代发工资、理财等业务，对其他业务带动效果较好。二是据总行管理信息部分析，通过养老金业务带动其他业务的企业客户和个人客户转化率分别为17%和28%，这表明通过养老金业务可以有效拓展公司金融业务和个人金融业务，而且量还不小。同时，养老金企业客户户均存款显著高于全行法人客户平均水平，代发工资、投融资、基金、第三方存管等业务覆盖率显著高于全行法人客户平均水平。这是我们通过大数据分析得出的结论，我觉得很有说服力和现实意义，用实实在在的数据证实了养老金业务对其他业务的带动和促进作用，说明大力发展养老金业务综合效益是明显的。

二、以养老金业务为突破口，拓展客户资源

过去，工商银行凭借网点多、口碑好、商誉高吸引客户。但近年来，中小商业银行不断丰富促销手段，分流了不少我行客户资源。如果我们还抱着传统观念等待客户上门是行不通的，必须坚持“以客户为中心”的原则，不断扩大基础客户。养老金业务就是我们拓展客户资源、稳固客户关系、挖掘客户价值的有力抓手。一是客户黏性强。年金建立后随着服务期限不断延长，日常运作数据日益增加，更换的难度也将逐步加大。二是优质客户多。建立年金的企业一般盈利状况较好，机关事业单位有财政保障，员工收入较高，稳定性好，能够给我们带来长期的优质客户。三是公私联动好。年金业

务是一项既服务企业客户又服务个人客户的中间业务，只要营销成功了企业，这个企业的员工自然会成为我们的客户。各行要充分认识养老金业务尽管即期投入较大、收入不高，但长期看前景好、收益大的特点，下大气力抓好养老金业务。

三、探索编制养老金业务规划，加强顶层设计

（一）要研究养老金市场。随着老龄化社会来临，各大机构在养老金市场投入逐步加大。基本养老、补充养老和个人储蓄养老服务市场有多大，我们可以做哪些事，收益有多大等，需要我们认真调研，统筹考虑。各行要站在全省、全行的角度，动态分析本地区业务发展空间，制订符合区域市场情况的规划。

（二）要加强顶层设计。各行要统筹考虑公司金融业务、机构金融业务在服务公司客户、机构客户，包括政府客户的工作中，在研究服务地方经济发展中有效配置信贷资源和其他金融服务，以此来推动养老金业务的发展和养老金客户的拓展，单纯指望一个团队去做，是很难有好的效果的。

四、重点做好养老金基础业务，适度调整发展思路

（一）要坚持长远发展的战略思维。各行要牢牢把握总行党委将养老金业务作为新兴战略业务的定位，在资源配备和业务拓展过程中，要认真思考养老金业务带来的长远效益，要有“前人栽树、后人乘凉”的奉献精神。发展好养老金业务需要保障人员和费用的投入，从实践看，这项业务做得比较好的分行都有专职的部门或团队，如果没有专门负责养老金业务的团队来做这件事，就很难做好。

（二）要坚持优先发展基础业务。在标准年金业务、养老金资产管理业务、养老金与薪酬福利管理顾问三个板块中，要把标准年金业务当做基础业务，这是我们的立足点，要优先发展。要逐步提升受托业务市场占比，巩固和保持账户管理业务市场占比第一的领先优势。各行要认真对比各自的市场占比与全行平均市场占比，落后的分行要查找差距和原因，拿出行之有效的市场提升方案。标准年金、资产管理、养老金和薪酬福利顾问业务要均衡发展，个别分行要改变过度依赖养老金和薪酬福利顾问业务收入的状况，突出标准年金的主导地位。

（三）要坚持优先竞争源头业务。在企业年金受托、账户管理、基金托管、投资管理四项业务，以及职业年金受托、基金托管、投资管理三项业务中，受托业务是源头性业务，要重点竞争。企业年金大家都做得比较多了，职业年金基金管理办法颁布在即，这里我想重点说说为什么要竞争职业年金的受托业务。一是受托人与社保机构签约，是职业年金基金管理的总管理人，拥有选择和更换托管人与投资管理人、制定投资策略、分配投资资金、购买养老金产品等权利，争取到了受托业务就占据了职业年金市场的主导地位，就会拥有较大的话语权。二是职业年金受托业务收入可观，刚才总行养老金业务部的报告里对职业年金受托业务收入做了详细测算，100 亿元职业年金受托业务可带来约 6 675 万元收入。三是职业年金受托业务综合效益明显。成为职业年金受托人，对进一步拓展养老金产品托管、工银瑞信投资管理及其他资产管理业务具有显著带动作用，也有助于我行作为受托人与各地社保经办机构保持良好合作关系，有针对性地营销优质的机关事业单位员工。

总行养老金业务部要考虑在后续业务考核中加大对标准年金的考核权重，并与财务会计部协调适当降低对收入增长的考核。同时，建议各分行在本行考核指标中加大养老金业务考核权重，扩大考核主体。

五、加大组织推动力度，确保完成年度计划

（一）要全力营销职业年金业务。一要明确目标责任，全力以赴。按照《关于做好机关事业单位养老保险制度改革金融服务和营销工作的意见》有关要求，职业年金受托业务要获得不低于 30% 的市场份额。山东、河南、浙江、山西、甘肃、吉林等分行要带头重点突破。二要加大营销力度，密切跟进。各行要提高营销层次，成立行长挂帅的专属服务团队，加强对人社、财政部门的日常沟通和营销走访，制订针对性的营销和服务方案。要积极参与本地区职业年金实施方案的制订，协助业务培训、数据测算、系统开发等前期工作。把握较大的分行要争取引导客户在我行建立单一职业年金计划，把握较小的分行可引导建立多个计划。三要强化部门联动，发挥合力。养老金业务牵头部门要完善业务发展联动机制，建立健全与公司、机构、个金等业务条线的联动营销，整合全行资源，提高营销成功率。

（二）要深入研究养老金业务发展机制。一是团队建设问题。各行一定要建立一支稳定的养老金业务团队，这个团队可以采取工作组的方式。比如，某家分行的养老金业务由机构部牵头，在机构部要有核心人员专职做养老金业务，同时在公司部也可以有人兼职协助开展养老金业务。二是责任落实问题。上周，我到陕西分行调研养老金业务，他们实行“三定”责任制，按照“定目标、定进度、定责任人”的方式，明确各项工作责任。今天参会的很多分行也都谈到了责任落实问题，这是个好的做法。三是内部协调问题。各位分管行长不仅负责养老金业务，也负责其他业务。在开展养老金业务时，既要在自己分管范围内做好协调工作，也要注意与其他业务分管行长、其他各部门的沟通，加强联动，形成合力。

（三）要确保完成年度任务指标。一要加快年金运

作进度，积极推进新签约重点项目启动工作，协助客户做好合同签署、方案设计等相关工作，尽早实现受托资产新增、个人账户新增、业务收入新增。二要通过提高服务质量、改进服务细节等措施，树立优质服务的市场口碑，逐步提高收费水平。这里我强调一下，个别分行由于人员配备不到位，服务质量难以保证，出现了客户流失或客户投诉的问题，要引起高度重视，坚决杜绝此类情况的发生。三要创新养老金资产管理业务发展，提高资产管理业务销售能力，夯实养老金资产管理业务基础，提高资产管理业务收入水平。

最后，希望各位分管行长回去后，将本次会议内容抓紧向本行党委进行汇报，并认真抓好会议各项要求的落实，进一步提高对养老金业务重要性的认识，提振发展养老金业务的信心和决心，推动养老金业务加快发展，全面完成全年业务发展目标，为全行经营发展作出更大贡献。

优化经营机制　抓好旺季营销
全面完成贵金属业务经营发展任务

——在贵金属业务经营管理培训班上的讲话

王敬东

（2015 年 10 月 22 日 · 根据录音整理）

刚才，部分分行介绍了贵金属实物零售、递延交易、产业链融资等业务的发展成果，交流了渠道建设、联动营销、团队建设等方面的管理经验，听了大家的发言，我觉得都很好。总行举办这次贵金属业务经营管理培训班，不仅是对旺季营销工作进行部署，更希望搭建一个相互交流的平台，帮助大家互相学习了解兄弟分行在产品创新、业务营销、经营管理等方面的经验，取长补短、相互促进，进一步把贵金属业务做大做强。下面，我谈几点看法。

一、统一思想认识，坚定业务发展信心

随着中国经济发展进入新常态，宏观经济形势和外部经营环境发生了复杂变化，商业银行的经营压力日益增大。一方面，随着利率市场化进程的加快，存贷款利差进一步收窄。另一方面，宏观经济下行压力加大，实体企业的经营风险向银行业传导，部分行业出现了风险集中爆发的情况，给商业银行的资产质量管理带来了严峻挑战。在这样的经营环境下，总行党委前瞻性地提出“大零售、大资管、大数据与信息化”三大战略，要求全行上下敏锐把握经济形势变化，主动应对挑战，加快转型发展。贵金属作为新兴业务，横跨资管、零售两大业务线，对个金、公司、机构等业务板块具有较强的协同和拉动作用。加快发展贵金属业务既有利于落实总行党委三大战略，推动传统业务转型升级，也有利于各分行打造新的利润增长点，加快把增长动力从传统领域转向新兴业务。

从过去几年的发展经验看，贵金属是一条具有成长性和市场潜力的产品线，最近五年的业务收入保持年均62%的增长速度，是全行发展最快的业务线之一。今年前三季度，面对大宗商品市场整体低迷和市场投资需求平淡等不利因素，贵金属业务线通过加快产品服务创新、主动调整业务结构、加强风险管控等措施，保持了业务收入的稳健增长，为完成全年经营任务目标打下了良好的基础。同时，我们也要深刻地认识到，外部经营形势依然错综复杂，不确定因素依然较多，要完成总行党委布置的经营任务，还要付出艰苦的努力。全行贵金属业务线要统一思想认识，坚定发展信心，进一步提高贵金属业务市场竞争力。

第四季度是贵金属传统销售旺季，各行要全力以赴组织推动好岁末年初的旺季营销工作，进一步明确业务发展目标：到年末，贵金属业务线收入要实现同比增长5%以上，实物零售、代理金交所交易、积存金等实物贵金属业务收入要力争增长 6.5%，中间业务收入四行占比要继续保持总量、增量双第一，努力为明年业务发展打好基础。

二、落实管理职责，提高专业化经营水平

（一）强化主管行长和主管部门牵头管理职能。去年全行组织实施了分支机构改革调整工作，易会满行长就利润中心相关业务职能的落实问题提出明确要求，“总行利润中心相关业务在各分行要有落实安排，未设立独立部门的，相关职能要由相应的业务牵头管理部门归口负责。”为确保贵金属业务持续发展，各分行要在新的组织管理架构下，明确并强化贵金属业务主管行长

和主管部门的牵头管理职能。

对于主管行长，要牵头做好计划管理工作，组织协调贵金属业务相关部门，深入研究市场环境和客户需求，制定贵金属业务发展三年规划和分年度计划，明确贵金属业务在本行营业收入中的占比目标和在可比同业中的市场目标。要组织协调所在行资源，强化配套保障机制，为贵金属业务发展提供资源支持。

对于业务主管部门，要对贵金属业务实行统一归口管理。一方面，要牵头负责贵金属产品整体营销组织，明确区域市场发展策略和经营目标；另一方面，要根据客户类别，做好任务分解和定期督导，形成纵向整合二级分行，横向协调专业条线，贯通全行、面向客户的贵金属产品线经营机制。以北京分行为例，通过渠道资源整合，已在个人客户贵金属业务的任务分解、营销推动、考核评价等方面形成了顺畅、有效的管理机制。这些有益的探索和成功的经验，都是值得各行学习借鉴的。

（二）落实经营职责，提升管理水平。各分行贵金属业务主管行长和主管部门要根据市场特点和指标缺口，有针对性地制订业务营销方案，让基层行清楚地知道“做什么”和“怎么做”。针对“做什么”，主管部门要将本行的贵金属业务营销指标细化分解落实到基层行，完善营销方案，落实营销职责。要抓好精细化管理，按月、按旬推进计划、落实目标，通过业务通报、进度监测和现场督导等方式，确保各项营销任务落实到位。针对“怎么做”，主管部门要根据总行要求，结合自身业务特点，配套制定工作措施。对重点产品，要制订详细的专项营销方案，加强部门联动营销。在年底旺季营销期间，要以一二级分行和旗舰店为单位，主抓集中销售。一级分行每季度至少安排1次大型集中销售活动，二级分行每季度至少安排1～2次中大型集中销售活动，旗舰店每月至少安排1～2次小型集中销售活动。

（三）明确旺季营销重点，提高增收创利能力。在实物销售方面，要进一步丰富产品体系。总行已经与中国金币总公司签订了战略合作协议，年底前重点引进熊猫币、生肖币等投资纪念币类产品。各分行要充分认识到熊猫币、生肖币具有市场认可度高、产品收益性好和销售周期短的特点，特别是在年底业务冲刺的关键时期，能够为全行提供可观的中间业务收入贡献。目前，全行贵金属中间业务收入还有差距，尚未达到序时进度要求，各分行要牢牢抓住每年11月至次年1月的熊猫币、生肖币销售旺季，努力实现中间业务收入目标。各分行主管行长要亲自主抓该项工作，牵头部门要配套制定营销办法，定期通报销售情况，确保各项措施落实到位，完成总行下达的任务目标。同时，要配套投入资源进行市场宣传，在市场竞争最激烈的时候打响工行品牌，亮出工行声音。

在交易业务方面，要继续以个人积存金业务和代理金交所业务为重点，提高交易类产品在各类客户群体中的渗透率和覆盖率。一方面，要从对冲货币贬值、财富保值增值的角度，将黄金作为重要配置资产纳入到个人资产管理当中，提高积存金产品在个人客户资产中的配置占比。另一方面，要从稳存增存、提高中收的方面考虑，加大递延业务推广力度，对现有高端客户要做好服务维护工作，积极扩大客户交易规模。

在产业链融资服务方面，各分行要充分把握金价波动带来的市场机会，深入挖掘黄金产业链企业套保避险需求，切实服务好实体经济。要全力推动山东、河南、北京、安徽、湖南、内蒙古、甘肃等贵金属产业集聚地区的分行，加快复制贵金属供应链融资业务模式，稳步推动融资业务向上游企业拓展。要抓住黄金企业旺季备货需求，做好优质客户、重点客户的走访和营销，努力做大租赁业务规模，为今年底及明年的业务发展打好基础。

三、稳定人员队伍，创新团队化运作模式

贵金属业务的发展，离不开专业人才队伍的支撑。各分行要充分认识到队伍建设的重要性，充分考虑贵金属业务专业性强、协调难度大和客户营销面广的特点，要在保障现有专业人才队伍稳定的基础上，争取用2～3年的时间，再培养一批专业人才，充实一批营销力量。

一方面，要加强专业培训，保持人才队伍的稳定。总行已经把贵金属纳入十大专业人才培训体系。未来三年，将以二级分行行长、旗舰店负责人、贵金属业务骨干为主要对象，选拔培养180人作为全行贵金属业务线核心人才队伍。同时，将继续组织开展黄金交易员、中高级黄金分析师等专业资格培训，为各分行选拔和培养贵金属专业人才提供培训支持。各分行要以贵金属专业核心人才为重点，做好队伍稳定工作。刚才，北京、江苏、深圳等分行交流了很多业务创新和渠道创新的案例，这些都是专业线同志们对贵金属业务长期深入研究的成果。大家要鼓励员工扎根于专业工作，不断提高专业水平，努力培养一支既熟悉贵金属市场发展规律，又精通银行传统业务的专业队伍，确保把贵金属业务做深做实。

另一方面，各分行要充分认识到团队制管理模式对于优化人力资源配置，提高经营管理效率的重要性。易会满行长指出，“要真正把新业务抓上去、把传统业务转型落实到位，关键要靠集约化、扁平化的团队制，柔性管理组织来推动。”目前，河南分行已积极试点了贵金属业务团队制管理模式，取得了良好的经营效益，业务收入增量迅速提升至全行第一名。各分行也要加快探索研究符合各自经营特点的组织管理模式，结合总行新三年发展规划中关于贵金属业务三级梯队行分类的要求，加大人力资源投入，确保满足业务发展和风险管理

的人员需要。总行贵金属业务部要进一步强化专业线牵头管理职责，协助分行开展业务规划、产品创新、渠道拓展、风险管控、专业人才培养等工作，确保贵金属业务线实现稳健、可持续发展。

四、加强专业支持，完善总分行联动机制

贵金属业务这些年来的发展成绩凝聚了全行各专业、各分行的集体智慧和努力，依靠全行上下的紧密协作，我们走出了一条资源整合、渠道协同、总分行联动的发展之路。未来，总分行之间、各专业条线之间要进一步加强联动，研究把贵金属业务嵌入到“大零售”、“大资管”、“大数据和信息化”战略当中，加强贵金属与个金、公司、机构等业务的联动发展。

总行贵金属业务部要积极发挥业务线牵头管理职责，明确经营任务和目标，健全制度规范和办法，加强市场研究和业务推动，对于分行既要有一般性的支持，也要有个性化的服务，要主动为分行出主意、想办法、提建议，帮助分行发现问题、解决问题，不断提高全行业务线的专业水平，推动贵金属业务持续平稳发展。

各分行要充分认识贵金属业务具有跨境、跨市场、跨专业条线的特点，深入研究贵金属业务与其他专业条线的联动营销机制。要在整合对公渠道资源，推动代理客户交易和黄金租赁业务快速发展的基础上，重点做好贵金属业务对“大零售”战略的协同支撑，丰富个金产品体系，满足个人客户贵金属资产配置需求。从个人黄金资产配置情况看，全球人均黄金持有量为20克，而我国仅为4.6克，贵金属个人金融业务未来还有很大的增长潜力。各分行贵金属业务主管部门要制订贵金属业务和个人金融业务的交叉营销方案，利用大数据分析，找准客户定位，精准营销目标客户，加快提升贵金属在个人客户群体中的资产占比。

五、完善考核机制，兼顾精神与物质激励

贵金属业务作为新兴业务线，要不断完善优化考核激励机制，从制度层面保证员工发挥工作积极性。特别是要落实并解决好考核“最后一公里”的问题。各分行要以总行制定的《贵金属业务专业评价指标》作为评价依据，结合各自经营发展情况，建立科学有效、层层落实的考核评价机制。主管行长要负责将分行贵金属业务指标纳入对二级分行行长和网点负责人的考核。主管部门要与联动部门共同将相关业务指标分解纳入各自的业务线考核，依托MOVA系统和客户经理营销系统，将指标细化到客户经理，做到各类业绩准确认领、合理分润，切实提升营销人员积极性与主动性。同时，主管部门要进一步加强对五星级旗舰店在考核激励、资源配置和营销指导等方面的支持，提高五星级旗舰店综合竞争力，加快提升网点产能。

同时，我们也要树立以人为本的理念，要在业绩奖励的同时，加强对员工的精神鼓励。各位主管行长和主管部门负责人，要尊重、理解、关心、爱护员工，把员工的积极性引导好、保护好、发挥好。要充分发挥国有银行的党建工作优势，通过加强组织建设和作风建设，把广大干部员工的思想统一起来，把党的思想作风建设优势运用到我们工作中去，将精神鼓励和物质鼓励相结合，更好地发挥考核激励作用，推进贵金属业务快速健康发展，推动大家为共同的目标而奋斗。

六、强化风险控制，提高贵金属业务营业贡献

近期，总行内控合规部对贵金属融资类、实物类两大业务进行了检查，形成了专项检查报告，客观地指出了部分分行在业务创新发展过程中存在的问题。特别是一些分行的租赁业务出现逾期风险，这既有业务制度不完善的原因，也有经济变化带来的影响，给我们的资产质量管理敲响了警钟。面对潜在的业务风险，全行上下要高度重视，稳妥应对。一是要严控信用风险和操作风险。总行贵金属业务部牵头，针对专项检查中发现的问题与风险隐患，开展专题研究，指导业务线认真落实整改措施。二是要加强黄金租赁业务逾期清收工作。第三季度末，总行已组织开展了全行黄金租赁业务风险分类和减值准备计提工作。年底前，各分行要协同信贷管理等部门，加快不良资产清收处置。三是要加强声誉风险管理。各分行要在三季度处置电子银行渠道外部欺诈事件客户赔付工作的基础上，继续做好客户赔付和安抚工作，维护好客户权益和我行形象。各位贵金属业务主管行长和主管部门负责人，要切实平衡好发展质量与速度的关系，在做好风险管控的前提下，推动业务持续稳健发展。我们要善于用发展的眼光看待问题，不能因为眼前出现了一点困难，就自我限制、停滞不前，要努力在发展中解决问题，只有把市场做大了，把业务做好了，才能为解决困难争取更多的空间。

同志们，贵金属业务经过多年的发展，不仅为全行创造了一个新的利润增长点，也成为全行转型发展的一个成功范例。希望各行进一步增强大局意识，树立更为远大的发展目标，在当前全行经营压力比较大的时期，勇于担当、奋发有为，不唯任务唯市场，在确保完成全年经营任务的基础上，努力为全行利润增长多作贡献，为加快推动改革发展和经营转型多作贡献。

在2015年管理信息业务主管行长培训班上的讲话

王敬东

（2015年11月4日·根据录音整理）

这次培训班主要有三个任务：一是培训学习；二是交流经验；三是部署工作。希望各位分行主管行长对管理信息工作多支持、多重视。刚才12家分行作了很好的发言，结合实际工作提出了不少推动信息管理和应用的新思路、新方法，对做好全行管理信息工作很有启发。结合大家发言，我谈几点意见。

一、今年以来管理信息工作取得明显进展

今年以来，在姜建清董事长和易会满行长的关心指导下，管理信息工作取得很大进步，当然，这也得益于总行各部门特别是信息科技部等部门的大力支持，也是在座的各位分行领导和管理信息部门负责人共同努力的结果。

一是信息基础管理方面实现新突破。实施“客户信息标准化建设与整合工程”，健全客户信息标准体系，推动信息标准与技术元数据的映射对接，个人和法人客户信息完整率稳步提升。投产全行统一指标库，实现近4万个综合统计指标入库。组织全球统计信息系统（GSIS）投产验证，实现人民银行月报第一批次报表编报从金融统计信息系统（SIS）迁移到GSIS系统。推广网讯新采编系统，实现各网讯子站点的互联互通。投产特别关注客户信息系统（CIIS）用户与信息安全管理项目，CIIS系统对客户信息安全保障的硬控制和自动化水平得到提高。

二是信息分析方面取得新成果。围绕全行经营管理的重点难点和互联网金融等业务热点，管理信息专业完成客户管理、新兴业务、资金流向、风险监控等领域的数据分析报告400多篇，其中总行完成44篇，分行完成380篇。加强对理财业务、小微企业贷款、金融资产服务等领域的统计监测分析和同业经营业绩的比较分析，积极开展资讯分析，组织召开两期全行分析师成果经验交流会，较好地服务了经营决策。

三是信息应用方面产生新成效。部署精准营销活动1 200多项，开启境外精准营销应用，创造了显著的综合效益。强化特色信息应用，推动业务部门利用工商注册信息、营销项目信息库信息拓户营销。全行累计利用工商注册信息新拓户13万户，拓户率18%。上线融e联“每日要闻”服务号，实现《每日资讯摘要》的移动推送。创新开展互联网金融逐日监测，延伸对基层网点的统计信息服务。应用CIIS系统的境外机构增至23家，实现对具备投产条件的境外机构全覆盖。

二、管理信息工作要在服务全行改革发展中发挥更大作用

刚刚结束的党的十八届五中全会，是我国即将进入全面建成小康社会决胜阶段召开的一次重要会议。总行党委认真学习贯彻全会精神，提出要紧紧围绕“十三五”规划的战略布局，部署工商银行明年及今后一个时期的发展，要按照适应新常态、把握新常态、引领新常态的总要求进行战略谋划，以创新、协调、绿色、开放、共享的发展理念引领发展行动。当前，银行业经营发展中遇到诸多新的情况和问题，挑战和机遇并存。我们要认真学习领会五中全会精神，把思想和行动统一到总行党委的战略决策上来。

管理信息工作在服务全行改革发展中发挥着重要作用，大家要切实提高使命意识、责任意识和服务意识。一方面，要聚焦主业，切实做好数据基础工作和信息服务，进一步提升数据质量，推动数据全面共享；另一方面，要以更加开阔的视野做好数据应用，助力管理决策，努力提高管理信息工作的贡献度，更好地服务于全行的改革发展。

三、关于下阶段工作意见

（一）进一步做好大数据应用的基础工作。一是建设主数据管理机制。要对个人和法人客户信息进行多渠道交叉验证，持续提升个人客户、法人客户信息的真实有效性。推进境外数据治理。以客户信息类数据为突破口，研究建立全行主数据管理机制，实现系统互联互通和信息同步共享。二是加快建设开放、联通、产品化、数据驱动、探索型大数据应用体系。建立企业级数据仓库与集团信息库的数据转化和流动机制，建设基于客户行为和特征数据的事件库，打通流数据处理平台和企业级数据仓库、集团信息库的数据循环。三是推动我行互联网金融“三平台一中心”与外部数据的统一入库及

一站式跨平台数据关联访问，与相关业务部门协作开展大数据应用产品设计研发，并在全行广泛推广成熟的大数据应用模型。

（二）提升对客户营销服务与风控的信息支持能力。一是继续推进信息标准化建设。要紧跟新兴业务，整合内外部信息、结构化和非结构化信息，继续完善基础信息标准和充实指标信息标准。完善客户贡献度评价模型，优化客户星级评级体系。二是升级EBM信息服务体系。智能营销信息服务管理系统（EBM）在日常管理中发挥着重要作用。下一步要根据业务需要，升级现有的EBM功能，提高精准度，推动场景化、到店式EBM服务；提高智能性，推动模型化、事件式EBM管理；提高全流程管控力，实现全过程监控和成果全量化评价；提高时效性，依托流数据平台和融e联等新渠道实现实时、直通式EBM支持。将大数据分析模型应用于具体业务场景，形成大数据挖掘成果应用转化机制，实现定向、精准、高效和低成本的智能营销，将信息资源优势转化为市场竞争优势。三是增强风险防控信息支持。要加快人民银行、银监会、工商、司法等部门的征信信息整合应用，遴选应用资质达标的社会征信机构的信息产品，做好风险防控的信息应用工作。一方面，推进客户前置验证。进一步整合客户行内外多维度信息，结合我行信贷产品、信贷政策和客户类型，研究快捷、高效的客户前置验证和主体评价策略，支持融e购、网络融资、个人信用消费贷、小微信贷等互联网金融业务。另一方面，加强风险预警。深入应用个人业务重要信息提示产品、小微企业—企业主交叉违约等预警提示信息产品，实现相关预警信息在融e联、NOTES、CIIS等渠道的主动推送和自动展现，推动相关信息与我行个人客户营销系统（PBMS）、法人客户营销系统（CBMS）、全球信贷与代理投资管理系统（GCMS）及银行卡等主要营销和业务系统的刚性对接，推进风险防控关口前移，为贷后管理及时提供预警信息。完善关联企业信息管理系统（GRMS），配合公司、信管等业务条线，拓展关联信息在小微企业防假反假领域应用。

（三）提升对管理层的信息服务水平。要积极推进“驾驶舱”项目建设，确保系统按计划分批投产，全面显示关键业务的数据指标和执行情况，为管理层提供“一站式”管理信息中心和应用工具，为中高端用户提供精细化信息服务。要健全统计信息菜单，做好对全行各层级、各业务线、各级管理者的信息服务与支持。要拓宽数据分析领域，重点围绕互联网金融、客户管理、资金流向、客户发展指数等领域进行分析研究，推进大数据挖掘与智能应用项目，在典型大数据分析领域实现分析方法和应用能力的突破。扩充统计定期报告和专题报告产品线，及时、客观反映全行各条线经营成果。依托集团网讯和全球资讯海量信息，推出更多有价值、有特色的信息综述与分析报告。跟踪国际国内同业最新业绩，及时开展同业比较分析研究。

（四）做好二级分行的信息服务工作。二级分行是工商银行重要的经营主体，是全行承上启下的关键一环，举足轻重。要进一步加强对二级分行的信息支持力度，推动二级分行从传统经营向精细化管理转变。一是建立信息应用机制。要总结二级分行经营管理中的数据需求和以往数据服务经验，形成对二级分行各项业务提供数据支撑的模板体系。建立明确的数据服务流程，通过在二级分行确定归口部门和人员的方式，建立标准数据需求收集和处理流程，实现简单需求在二级分行内解决，复杂需求按流程上报一级分行解决的模式。二是加强应用成果培训推广。要结合数据仓库、统计系统及资讯平台在总行和一级分行层面的成功案例，加强对二级分行管理人员和专业人员的培训，积极向二级分行推广经验成果，使二级分行了解总行系统功能与应用情况，推动二级分行提出本地业务需求，通过自助和协同方式完成数据提取和应用。三是推动系统应用和信息推送。要针对二级分行经营管理需求，加快EDW、EBM、报表集中管理平台（CS2002+）、CS2002（T+1）动态监测系统等系统的推广，提高系统应用覆盖度。有效利用工商注册信息、营销项目信息库信息等特色资讯信息，及时对二级分行机构负责人进行信息推送，促进信息成果转化。

（五）内外联动，强化境外信息服务。当前境外机构发展正进入提质增效的新阶段，要借鉴境内信息服务经验，结合境外机构经营实际，做好对境外机构的信息服务。一是推进数据仓库应用。针对境外机构数据应用需求强烈但数据查询能力不高、数据分析能力不强的实际情况，加强EDW、EBM应用培训，为境外机构数据仓库应用提供技术和人员支持，依托EBM系统开展内外联动的精准营销应用，重点支持有实际应用需求且应用基础较好的境外机构，以点带面提升境外数据仓库应用水平。二是做好资讯信息服务。筛选整合项目信息，提炼有价值的信息向境外机构负责人定期推送。融合境内外分行采集报送的联动信息，形成更为丰富的跨境联动信息库，理顺反馈渠道，优化分享功能。通过“工银融e联”建立海外信息沟通群组，做好定向授权推送，支持海外市场开拓。另外，要继续推动境外机构统计制度落实，巩固提高报表自动化成果。

四、关于分行管理信息工作要求

这里对各行管理信息工作提出几点希望，以推动全行管理信息工作更好地开展。

一是信息基础工作要“抓细”。管理信息工作头绪很多，但数据质量和信息安全一刻也不能放松，这是我们工作的底线。特别强调一下统计工作，统计工作具有短板效应，做好了默默无闻，做不好“一鸣惊人”。各位主管行长作为统计领导责任人，要切实履行责任，加强对统计工作的组织协调，保障统计岗位人员配备，关心统计人员成长，关注关键时点统计工作安排，确保报送总行和当地监管部门的数据质量。另外，GSIS推广应用工作涉及总行和各级分支行，总行刚刚召开了专题会，研究了下一步GSIS的应用工作，希望大家高度重视，积极做好系统的推广应用。要高度重视信息安全，严格落实管理制度，完善防控手段，细化日常监控，确保信息的依法合规使用。随着管理信息工作任务的日益繁重，很多分行反映人手紧张，总行调研也发现不少分行管理信息部门人员结构不尽合理，希望各行合理调配人力资源，尽快构建起一支知识结构和年龄结构合理、能适应全行转型发展要求的管理信息员工队伍。

二是信息应用工作要“做实”。要坚持问题导向、需求导向，定期与业务部室沟通，把握业务部室的实际需求，主动与业务部室对接，增加信息服务的契合度，更好地发挥信息的潜在价值。要明确岗位职责，理顺二级分行信息需求处理流程，大力推广成熟的数据应用模型，增强二级分行数据分析应用能力，指导和帮助二级分行解决客户营销与服务、风险管理中的实际问题。

三是信息分析工作要“创新”。大数据的积累便于我们更加全面准确地认识问题。大数据具有新的特点，开发大数据、应用大数据需要新的技术手段。今年以来，按照总行十大专业人才培训安排，总行管理信息部牵头组织实施了分析师培训项目，系统化开展新的分析方法和分析工具培训，并在非结构化数据分析方面进行了初步探索。各行在实际工作中既要注重借鉴和引入总行的分析成果，也要紧密结合本行经营特点，选准视角，应用新的分析工具和方法，从多维度开展信息分析，不断推出新的高价值含量的分析产品，积极促进经营发展水平的提升。

加快推进“两个平台”建设应用
增强内部安全管理和外部风险防控能力

——在安全保卫专业“两个平台”建设应用工作视频推动会上的讲话

王敬东

（2015年11月25日）

这次视频会议的主要内容是，研究交流报警监控联网综合管理平台和外部欺诈风险信息系统建设应用工作经验，进一步推进“两个平台”建设应用，提升内部安全管理和外部风险防控能力。刚才，4家分行作了交流发言，相关经验做法有很强的推广价值，希望各行认真学习借鉴。下面，我再讲几点意见。

一、加快报警监控联网平台建设，着力构建全行三级联网应急指挥体系

（一）全面认识报警监控联网平台建设的综合功效。目前，全行报警监控联网平台建设整体进展顺利。截至10月末，已有112个二级分行平台投产运行，另有84个平台开始联调测试，91个平台正在施工建设，年末全行二级分行平台联网率不低于90%的目标有望实现。应当看到，报警监控联网平台建设，不仅是落实国家及行业安防标准等外部监管要求，也是我行防控外部风险和强化内部管理的内在需求，其综合应用功效不断显现。一是准确监测、预警和防控外部风险攻击。据不完全统计，前10月全行累计发现和及时处置盗窃网点、撬盗自助银行、破坏自助机具、堵塞ATM出钞口和张贴虚假公告等各类刑事治安事件1 000余起，有效保护了银行及客户财产安全。二是持续监督、记录和督促基层安全责任落实。如通过二维码扫描记录和系统自动智能处理，对营业网点每日安全检查、撤布防管理、款箱交接等重点环节，实行持续监测记录和异常预警提示，实现内部安全管理的关口前移。三是全面支持运行、内控、渠道等多专业内控案防需要。依托于平台非现场检查功能支持，20个一级（直属）分行启动实施了运行风险非现场检查试点，大幅提升了运营检查效能，其中，违规问题发现比率和违规积分查处率，分别较现场检查提升了95%和329%。四是为重大突发事件的快速响应和应急指挥协调提供了有效保障。如天津“8·12”特大爆炸火灾事故发生后，分行报警监控联网平台第一时间触发响应，对波及区域金库和网点现场环境进行实时监测，为分行后续应急指挥处置提供了有力支持。随着全行报警监控联网平台建设覆盖面的不断延伸，以及总行、一级分行和二级分行三级联网架构的搭建，平台应用的规模效应还将进一步显现。

（二）加快解决报警监控联网平台建设中存在的问题。相对于多数分行能够按照总行整体规划，积极推进

平台建设，也还有少数分行平台建设迟缓或者后续管理不到位，主要原因还是对平台建设的必要性和重要性缺乏足够的认识。具体表现在，一是法规意识不够强。没有从落实国家及行业安防监管要求的高度，全力推进平台建设，消极等待。二是大局意识不够强。没有从落实总行统一部署、全行一盘棋的角度，认真落实总行平台建设规划，只是局限于原有平台改造。三是担当意识不够强。尤其是平台建设遇到问题和阻力以后，有的安全保卫部门不及时汇报，不主动沟通，相关分管行领导对平台建设不够关心，指导督促不够到位，以至于问题长期搁置，平台建设停滞不前。四是风险意识不够强。报警监控联网平台相当于行内的110报警指挥中心，承担了辖内所有金库、营业网点、自助银行的各类警情接收与处置工作，能否在第一时间发现警情，快速处置，及时控制风险，事关到行内人员、财产和运营安全。尤其是从平台应用管理来看，绝不是简单地看看监控、调调录像，还涉及警情统计和异常行为分析等高科技含量工作，必须能够综合协调和指挥处置各类突发事件。这么重要的平台，我们有的分行没有把人员配齐配强，倘若因此出了事，那就悔之晚矣！关于上述问题，各级机构务必要引起高度重视，尽快研究解决。现在距年底只有1个多月，各行要加快辖内平台建设，确保完成今年任务。对于平台建设迟缓，包括管理不力的，总行安全保卫部要加大督办力度。对于总行督办后仍然整改不力的，相关分行负责同志要带队到总行专题汇报。

（三）抓好报警监控联网平台后续建设与管理应用。关于明年报警监控联网平台建设工作，总行安全保卫部将进行统一安排。我在这里先提几点要求：一要提前规划和落实平台建设资源。目前全行二级分行平台建设已进入收尾阶段，明年将启动总行和一级分行平台项目。各行必须提前研究，统筹规划，在明年费用计划中做好安排。尤其是仍有欠账的分行更要顾全大局，确保相关投入到位。同时在平台建设过程中，必须坚持厉行节约，充分利旧，不铺张浪费。要本着“急用为先”的原则，优先保证平台中心建设，后续可分批接入前端网点，确保明年年内完成全行三级联网平台的整体架构搭建和正常运行。二要加强平台运行管理。总行要尽快出台相关平台管理制度规范，加速推动平台运行管理标准化。要利用视频会议和网络大学等载体，对平台管理及值机人员进行统一培训，实行统一上岗能力测试。各分行要结合运用行内资源和社会外包资源，保证平台管理与值机人员配备，尤其要选好平台管理人员，务必让负责任、有能力、肯干事的人员来管理平台，确保平台日常管理严谨规范，关键时刻顶得上去。三要积极运用平台，加强内部管理，纠正违规行为。总行要制定运用平台进行非现场检查的操作规范，明确检查重点环节与时段，并要提出检查频度要求。各级机构要抓好实施运用，通过平台非现场检查，提升检查覆盖面和检查效能，对发现问题进行通报，形成威慑力，促进制度执行。四要发挥平台综合功效。总行安全保卫部要加强与运行、内控、渠道等专业的协调联动，统一规划和挖掘发挥平台综合功效，积极支持全行加强内控管理和风险防控工作需求。各级安保部门要重点发挥平台警情数据分析、安防设施运行监测、安防资产动态管理等功能，使其真正成为强化安全制度执行、提升安全管理效能的有效抓手。

二、深化外部欺诈风险信息系统应用，增强外部风险防控的针对性和前瞻性

（一）准确认识外部欺诈风险信息系统的应用成效。2014年以来，我行外部欺诈风险信息系统相继在集团境内外完成投产应用，实现与信贷、信用卡、公司金融、电子银行和私人银行等13个业务系统互联对接，其及时预警和精准防控外部欺诈风险的作用与成效，已经得到了充分实践验证，受到了行内外广泛认同。比如，通过外部欺诈风险信息系统嵌入到账户开立、信贷审批、信用卡申办、集中采购等业务流程之中，累计预警拒绝个人及企业风险贷款融资1 100余笔，预警拦截信用卡业务风险23.6万余笔，预警清退私人银行风险客户820余户，相关专业通过贷款回收、不良压降和调整授信额度等措施，累计避免或预防相关资金风险150余亿元。通过外部欺诈风险信息系统在营业网点、网上银行、电话银行、手机银行、ATM、自助终端等全渠道进行自动布控，累计成功拦截电信诈骗4.8万起，帮助客户避免资金损失6.7亿余元等。上述数据说明，我行外部欺诈风险信息系统已构筑起一道依托于信息化和大数据技术的安全防火墙，为有效阻断外部欺诈风险向我行蔓延发挥了重要作用。当前，全行面临的外部风险防控压力前所未有，不仅直接针对我行的外部欺诈攻击数量居高不下，前10个月仅外部欺诈风险信息系统就累计预警拦截各类风险业务达27万余笔，而且向银行转嫁风险的各类外部欺诈风险也显著增加，一些案件风险甚至造成了重大资金损失。在这种复杂严峻的外部形势下，仍有个别行对外部欺诈风险信息系统了解不够深入，把系统的建设应用简单地看成总行项目，片面地认为与分行工作关系不大；个别安保部门对系统功能了解不全面，在系统推广应用上不主动，系统成效宣传也不积极，以至于主管安全保卫工作的分行负责人对系统一问三不知。会议结束后，各一级（直属）分行安全保卫部门要对辖内外部欺诈风险信息系统的推广应用情况进行总结分析，并向本行行领导进行专题汇报，以准确认识外部欺诈风险信息系统的重要作用，在组织推广应用上形成合力。

（二）不断充实全行外部欺诈风险信息数据库。目前我行外部欺诈风险信息系统已经收录了各类外部风险信息1 300余万条，建立了主要依托于国家相关权威部

门信息来源的风险数据库。可以讲，这个大数据库不仅是外部欺诈风险信息系统实现精准防控和打击犯罪的重要保障，也是立足之本。防控外部风险就是与犯罪分子进行博弈。在这个过程中，我们掌握的外部风险信息越全面越迅速，就越能够最大限度地压缩犯罪分子作案空间。总行与高法、高检和公安部等政府职能部门建立了风险信息共享机制，也要求各级机构加强与当地相关部门的对口联系，协调收集风险信息，充实全行数据库。在这方面，大多数分行做的不错，有的行基本上每个月都能够及时上传信息，有的行今年以来累计提供风险信息达数十万条。与之相比，有的行却很长时间悄无声息，甚至是半年才提供一次风险信息。各分行主管行长要主动了解一下情况，切实找准问题，帮助解决问题。同时，各级机构也不可忽视基层网点外部欺诈风险事件填报工作。随着我行对已知风险账户的全面布控，犯罪分子也在不断更新作案手法，通过伪造证件、冒名开户和倒卖卡片等方式，千方百计地寻找新的作案途径。作为外部风险防控的第一道防线，广大柜员通常能够第一时间察觉最新犯罪动态和新增风险账户信息，及时把这些新的欺诈手法和账户信息录入全行外部风险数据库，无疑将大幅提升风险布控的全面性和时效性。各行要切实加强外部欺诈风险信息系统的应用管理，积极引导和监督柜员及时准确地填报外部欺诈风险事件，并研究采取适当的激励措施，充分调动一线人员的积极性，共同参与构建全行防控外部风险的安全防火墙。

（三）充分发挥外部欺诈风险信息系统的综合效能。就目前而言，各行要重点做好以下工作：一要加强风险监测预警。要定期对辖内系统监测预警的外部欺诈风险事件及信息进行汇总统计，归纳提炼风险规律与特征，锁定风险多发高发地区与环节，及时编发预警提示，提出防控建议。这是一项基础工作，必须常抓不懈，只有警钟长鸣，才能防患于未然。二要加强数据挖掘分析。外部欺诈风险信息系统已经支持一级（直属）分行对辖内相关业务条线的风险账户及客户信息进行统计查询，许多分行也开始运用这项功能进行梳理筛查，及时向本行信贷、银行卡和私人银行等部门通报排查发现的高风险客户信息，提醒加以关注，采取必要的核查和管控措施。在当前银行经营内外部风险交织的严峻形势下，切实把这项工作做好，积极帮助管理层和业务部门识别风险，就是对经营发展的有力支持。三要加强系统应用推广宣传。在行内，使一线员工和业务部门知晓外部欺诈风险系统的作用与功能，主动接受和欢迎系统提供风险预警服务支持。在行外，使广大客户和监管部门认识外部欺诈风险系统的应用功效，打造最安全银行品牌形象。四要积极做好“融安 e 信”的宣传推介工作。作为我行推出的新型风险信息服务产品，“融安 e 信”不仅是一种中间业务产品，能够带来显性的安全效益，其更主要的作用在于依托我行外部欺诈风险信息数据库，以“融安 e 信”为桥梁，促进建立银行同业间对相关外部欺诈风险账户及客户的联防联控机制，形成行业合力，共同挤压犯罪分子作案空间，维护良好金融生态环境。对此，各行要进一步加深认识，加强行内专业联动，积极按照总行近期下发的有关“融安 e 信”推广工作的制度要求，主动走出去，多宣传，勤沟通，促进“融安 e 信”得到更多同业机构的认同与应用。

（四）不断深化外部欺诈风险信息系统的应用内涵。实现外部欺诈风险信息系统与业务系统的互联对接，并依托外部风险数据库这个黑名单，为相关业务提供风险账户及客户的筛查预警支持，只是迈出了利用外部欺诈风险系统进行综合风险防控工作的第一步。加快拓展系统应用领域，深入挖掘系统潜能，充分发挥综合效能，是今后外部欺诈风险信息系统深化应用的主攻方向和工作重点。近期，总行安全保卫部在这方面进行了积极探索，选取了外部欺诈风险信息系统中风险度较高的 100 万条数据为样本，从关联企业、个人、账户和业务四个维度进行了数据挖掘分析，力求对单一客户、单一账户、单一产品显现的风险追根溯源，深入查找关联账户、关联企业、关联客户和关联交易等信息，分析挖掘和比对验证潜在风险，为业务部门完善风险控制策略提供参考依据。这份报告的内容翔实，分析透彻，后续将提交总行操作风险委员会进行审议。应该讲，在深化外部欺诈风险信息系统应用方面，总行已经开好头，布好局，下一步关键在于各级机构怎样快速跟进。只要全行各级安保部门齐心协力，共同探索，积极进取，我行外部欺诈风险信息系统必将有更为广阔的应用空间，也必将为全行经营发展作出更为重要的贡献。

最后再强调一点。现在正值岁末年初，全行经营进入最后冲刺阶段，也是历来案件及事故的高发期。各级机构必须绷紧安全这根弦，严防各类外部风险攻击，确保业务运营安全。一要抓好重点部位防护，尤其要保障两大数据中心的安全运营，加强各级现金运营中心和金库的安全防护工作。二要抓好重点风险防控，尤其要把握年底和两节期间各地人员返乡过节流动量大、客户取现刷卡消费量大、银行资金结算业务量大等特点，严防针对银行及客户实施的抢劫、盗窃、伪卡欺诈和电信诈骗等犯罪。同时要高度重视冬季防火工作，特别是各级机构的机关本部、各级培训院校和各类业务中心，必须加强消防安全管理，彻查消除火灾隐患。三要积极配合当地银监部门和公安机关做好第四轮银行金融机构安全评估工作。对安全评估发现的问题隐患，要及时组织落实整改，确保顺利通过验收。四要加强突发事件应急管理，落实应急保障资源。要积极发挥报警监控联网平台的作用，快速响应和妥善处置辖内发生的突发事件。要严格执行重大突发事件报告制度，不得迟报瞒报。

同志们，确保全行业务运营环境安全事关全行经营发展稳定大局。各级机构及安全保卫部门必须进一步强化责任意识和担当意识，积极主动地抓好“两个平台”建设应用，并以此为抓手，不断增强内部安全管理和外部风险防控能力，为全行经营发展提供更加有力的安全服务支持保障。

在2015年下半年巡视工作动员会暨培训班上的讲话

王　林

（2015年8月24日·根据录音整理）

这次动员培训的主要任务是，贯彻落实中央及总行党委关于巡视工作的部署要求，全面安排2015年下半年巡视工作任务，着力提高巡视组和巡视工作人员工作能力和水平。下面，我讲三点意见。

一、领会精神、明确定位，深入落实从严治党、从严治行要求

党的十八大以来，中央巡视工作坚持“聚焦党风廉政建设这个中心”定位不变，围绕着力发现廉洁从业、作风建设、政治纪律、选人用人方面的问题，即“四个着力”重点不变，“发现问题”任务不变，并持续与时俱进，发现问题、形成震慑的能力越来越强。在中纪委立案审查的110余名部级及以上领导干部中，一半以上是根据巡视移交的问题线索查处的。中央政治局常委会每轮都听取巡视汇报，习近平总书记每次都发表重要讲话，充分肯定巡视工作成效，并提出下一步加强、改进巡视工作的具体要求。在今年听取首轮巡视汇报时，习近平总书记强调，全面从严治党任务十分艰巨，在国企尤为紧迫。要切实严明党的纪律，严肃查处腐败和违纪问题，坚决为改革清除毒瘤、扫除障碍。王岐山同志指出，巡视是党章规定的重要制度，中央赋予巡视这么大的权力，不只是简单找几个具体的违纪问题，而是要维护党章、严肃党的各项纪律，真正体现出中央巡视的政治高度，落实全面从严治党各项要求。巡视中央企业发现的问题，从根上讲是央企党的领导弱化。中国只有一个共产党、一本党章，没有特殊的“企业党”“事业党”，坚持党的领导不能搞特殊。巡视央企要站在关乎党的领导、公有制经济发展命脉的高度，坚持问题导向，善于发现和分析存在的问题，提出有针对性的意见建议；更重要的作用是倒逼国企改革，促进企业的发展、管理、开放。党的十八大以来党中央关于巡视工作，特别是央企巡视工作的相关要求，对我们开展巡视工作具有重要指导意义，我们必须认真领会、坚决贯彻。

我行2008年开始探索开展内部巡视，截至目前共巡视39家分行和直属机构。总行党委高度重视巡视工作，每年全行工作会议和纪检监察工作会议都会对巡视工作进行部署，在巡视范围、内容、方法和结果运用上不断深化和拓展。自2014年以来，每次现场巡视结束后，党委书记、副书记、纪委书记均坚持专门听取巡视工作汇报，深入研究巡视发现问题，具体安排巡视成果运用，有力推动巡视工作取得了较好成效。在今年上半年巡视工作汇报会上，党委书记姜建清同志充分肯定了巡视工作取得的成效并指出，通过巡视，指出了被巡视单位在作风建设、廉政案防、转型发展、干部选拔任用等方面存在的问题，发现了一些分行领导班子及处级干部的违规违纪线索，经核实后对7名厅级干部和多名处级及以下干部进行了纪律处分和组织处理。总行巡视组工作也引起了全行上下的高度关注，大家不愿意本单位发生什么问题，因而更加自觉地在管理工作上有所加强，在遵守纪律上有所约束，起到了一定的警示和教育作用。姜建清书记还强调，巡视工作要更加聚焦党风廉政建设和反腐败工作，着力发现违规违纪问题、形成有力震慑。今年下半年要不断扩大巡视覆盖面，对杭州金融研修学院、牡丹卡中心、票据营业部、私人银行部、贵金属业务部、数据中心（北京）、数据中心（上海）、软件开发中心、工银安盛9家直属机构、控股机构开展监督检查，实现对设立党委的总行直管机构的巡视全覆盖。

各巡视组要认真领会、深入落实中央及总行党委对巡视工作的新精神新要求，站在加强党风廉政建设和促进全行科学发展的战略高度，充分认识巡视监督的重大意义，树立和增强做好巡视工作的使命感和责任感。今年以来，党委书记姜建清、党委副书记易会满和钱文挥在“三严三实”专题党课上，都从不同角度认真分析了全行在作风建设、遵规守纪、廉洁从业、案件防查和主体责任落实等方面存在的问题和不足。各巡视组要以中央巡视组为标杆，结合“三严三实”专题教育，结

合我行实际，对照“严”的准绳、“实”的标尺，用党纪、行规一把尺子量到底，坚决贯彻落实从严治党、从严治行的各项要求，以巡视工作的实际成效保障全行改革发展的顺利推进。

二、突出重点、形成震慑，确保把纪律和规矩立起来、严起来

（一）把握巡视重点。各巡视组要切实贯彻落实中央及总行党委巡视工作方针，紧盯重点人、重点事和重点问题，以党纪为准绳，以行规为依据，广泛收集信息，深入挖掘线索，提出整改和处理建议。一是要突出巡视重点内容。习近平总书记特别指出，要用党的“六大纪律”，即政治纪律、组织纪律、廉洁纪律、群众纪律、工作纪律、生活纪律，深化“四个着力”，把纪律和规矩挺在前面。本次巡视我们将重点关注中央刚刚印发的《巡视工作条例》中进一步明确的“四个着力”，即着力发现违反政治纪律和政治规矩，存在违背党的路线方针政策的言行，有令不行、有禁不止，阳奉阴违，拉帮结派等问题；着力发现违反廉洁纪律，以权谋私、贪污贿赂、腐化堕落等问题；着力发现违反组织纪律，违规用人、拉票贿选、买官卖官，以及独断专行、软弱涣散、严重不团结等问题；着力发现违反群众纪律、工作纪律、生活纪律，搞形式主义、官僚主义、享乐主义和奢靡之风等问题。根据我行实际，我们还将是否存在落实党风廉政建设主体责任和监督责任不到位、是否存在侵害员工合法权益的问题等也列为监督重点，形成具有我行特色的“六个着力”监督内容。二是要突出巡视重点对象。要重点关注被巡视单位党委班子及成员，尤其是主要负责人，对重点内设部门和下一级机构主要负责人，也要进行延伸了解；要特别关注中央强调的三类人员，即党的十八大以来不收敛不收手、问题线索反映集中和群众反映强烈、现在重要岗位且可能还要提拔使用的领导干部。三是要突出重点领域和环节。要紧盯基建装修、集中采购、项目外包、后勤管理、财务管理、经费开支等方面的突出问题，要紧盯选人用人、人员招聘、薪酬分配等人力资源管理方面的突出问题。四是要突出把握好时间节点。重点是党的十八大以后、中央八项规定出台以后，特别是群众路线教育实践活动以后的“四风”等方面的违纪行为，时间节点之后仍发生的，必须追责；之前发生的，重在教育切实落实“越往后越严”的要求，真正为党纪党规、行纪行规立威。

（二）改进方式方法。本次巡视我们首次采用“一托二”的方式，五个巡视组中，有四个组每组配备两名副组长，一次巡视两个单位，同类同步安排，与以往相比，这是又一次组织制度和方式方法的创新，有利于加快实现巡视全覆盖。同时，进一步强化资料收集，将被巡视单位个性化资料和被诉案件情况等纳入资料清单，要求部分总行部室对被巡视单位开展非现场监测，不断细化、扩大资料收集范围。进一步规范被巡视单位汇报材料和班子成员述廉述责材料，要求将材料提前报送巡视办，尽早转交各组联系人熟悉掌握有关情况。进一步增强民主测评的有效性、针对性，测评时间改为见面会后开展，要求对被巡视单位每名班子成员的总体表现进行打分并排序，尽量列举具体违规违纪问题作为测评题目，以利于分析判断可能出现问题的人或事。进一步改进问卷调查的方法，开展不记名问卷调查，要求所有被调查人必须于发放问卷后第二天投入指定信箱，给被调查人反映问题留足时间、提供便利。进一步调整个别谈话的方式，除巡视指引确定的必谈对象外，围绕有利于发现问题灵活选择谈话对象，不再强调大范围，也不限于中层干部，还可结合实际，采取“一对一”的谈话方式。

（三）强化成果运用。一是认真写好巡视报告。要增强透过现象看本质的能力，处理好“树木”和“森林”的关系。一方面，要重视发现违规违纪线索，对班子及其成员的总体评价尽量简短，重点反映六个方面存在的问题，一时把握不准的问题也要以写实的方式加以反映，宁可写入，不可遗漏。另一方面，不能满足于发现具体问题，要加强归纳分析，善于发现同类机构的共性问题、规律性问题，深刻分析问题产生的原因，提出解决问题的建议，促进完善体制机制。同时，对于被巡视单位特别突出的好经验好做法，也可注意发现总结和予以反映，以利于同类机构之间相互借鉴、共同提高。二是严肃进行巡视反馈。对于巡视发现的问题，反馈时要如实指出来。反馈意见要明确具体，前后对应、有针对性，不能抽象概括、模棱两可。巡视组代表总行党委进行反馈，要高得上去、低得下来。既要站在总行党委的高度，强调直属机构、控股机构负责人都是党的干部，必须不折不扣贯彻中央及总行党委决策部署，落实从严治党、从严治行各项要求，又要直指具体问题，督促被巡视单位及时整改，该处分的处分，该通报的通报。对那些在巡视中感觉会有问题但没有时间去了解的线索，在向主要负责人反馈时要提醒予以关注。三是切实做好分类处置。对涉及全行性的问题和建议，要分解落实到总行相关部室，认真剖析深层次原因，提出深化改革、源头治腐的对策建议，确保巡视成果得到充分运用。对发现的违规违纪线索要及时移交纪委监察室或者组织部处理，做到件件有着落、事事有回音。问题查实的要严肃追究相关人员的责任。对发现的廉政勤政方面不称职的干部，要提出调整分工、改任专业职务或者调离等建议，及时作出组织处理。对涉及班子成员的一些苗头性、倾向性问题，通过谈话提醒、诫勉函询等方式，抓早抓小，把问题解决在萌芽状态。同时，对于被巡视单位的好做法及典型事例，也应适当反映和推荐。

三、敢于担当、严格守纪，不折不扣完成各项巡视任务

巡视组实行组长负责制，巡视组组长是落实巡视监督责任的第一责任人。各位组长一定要牢固树立“两职”观念，即有重大问题应当发现而没有发现就是失职、发现问题没有如实报告就是渎职。我们是代表总行党委开展巡视监督工作的，必须切实摆脱内部监督可能存在的各种人情干扰，敢于坚持原则，不怕得罪人，善于主动作为，不打折扣，不打马虎眼，全面提高监督水平。副组长这次选的都是一级（直属）分行纪委书记，目的是要我们条线的同志更加聚焦主业主责，充分发挥从事纪检监察工作的优势，围绕监督检查重点，协助组长积极安排好组内工作，确保巡视工作的高效开展。本次联络员均是从总行监察室选派，各位联络员要自觉承担“上下沟通、纵横协调”的职责，主动加强与各方面的沟通协调，配合组长和副组长做好日常工作。巡视组的其他同志来自不同的机构和业务部门，每个人都要将自身业务优势与巡视工作要求紧密结合，认真学习掌握巡视要求，及时转变观念，进入角色，按照“谁检查、谁负责”的要求，扎扎实实完成好每个环节的工作任务。

本次巡视采用“一托二”的方式，现场巡视时间为20天左右，时间紧、任务重，给巡视组内部管理提出了挑战。巡视组可实行“统分结合、分兵作战”的措施，组长统筹定向把关，两位副组长原则上各带一队具体负责对一家被巡视单位进行巡视监督。要在细化分工上下功夫，确保全组同志各有侧重、统筹推进，充分发挥每位组员的智慧，扬所长、避所短、尽所能。要把业务学习作为规定动作，在进驻前和进驻之初，还要抽出专门时间，集中学习中央《巡视工作条例》和其他巡视工作制度，熟练掌握工作流程、要求，提高工作的规范性和有效性。要认真研究有关部门在巡视前提供的资料，专门组织研究分析、吃深吃透，并结合被巡视单位特点，分析判断需要予以关注的重点问题，制订有针对性的具体工作方案。巡视办作为巡视领导小组的日常办事机构，担负着统筹、指导、协调、服务的职责，要围绕落实总行党委和巡视领导小组工作部署，制定推进工作的具体措施，及时为巡视组提供帮助，指导督促处理好疑难问题，确保巡视工作顺利开展。

最后，强调一下巡视纪律。纪律和规矩这把尺子，既要用来衡量巡视对象，也要时时用来衡量自己。巡视干部要带头适应作风建设的新常态、严查严管的新常态，严格遵守政治纪律、组织纪律、廉政纪律、保密纪律，严格执行中央八项规定精神和总行党委十五条要求等作风制度，严禁利用巡视工作便利谋取私利或者为他人谋取不正当利益，做到恪尽职守、严于律己，努力成为一支忠诚、干净、担当的巡视队伍。此外，巡视工作时间相对较长，大家长期出差在外，也要注意劳逸结合，保重身体，以饱满的精神状态开展监督检查，圆满完成巡视监督任务。

同志们，巡视工作是落实从严治党、从严治行的重要举措，是中央及总行党委交付的重大职责，标准高、要求严，希望大家勤勉尽职、团结协作，坚持从严从实监督，把“严”的要求和“实”的措施贯穿于巡视监督全过程，为深化党风廉政建设和反腐败工作，推进全行健康可持续发展作出积极贡献。

在中国工商银行
纪委书记　监察室主任培训班上的两个讲话

——在开班时的讲话

王　林

（2015年9月8日）

很高兴利用这次培训的机会跟大家见面和共同学习交流。这次培训有两项主要任务，一是进一步推动落实年初纪检监察工作会议部署，确保按时、按质完成好年初总行确定的各项工作任务。二是深入学习领会党的十八大以来中央及总行党委关于党风廉政建设和反腐败斗争的新部署、新精神，并结合我行实际，思考和谋划明年乃至今后一段时期全行纪检监察工作的总体方向和基本思路。

我是纪检战线的一名新兵，8月4日到总行报到。在过去的一个多月里，我先后到总行监察室、内部审计局、内控合规部、运行管理部、财务会计部等10多个部室调研，认真阅读了行内一些文件资料，参加了有关

会议，参与了今年下半年总行巡视动员和进驻等工作，逐步加深了对工商银行的认识和了解。一个月来，我有三点感受：

一是工商银行的管理基础和经营业绩是非常好的。在党中央、国务院的正确领导下，经过全行上下30多年的共同努力，我们行在体制机制、管理水平、服务能力、经营业绩等方面都实现了历史性跨越，综合实力全面提升，成为全球成长性最好的大型金融机构之一，不仅奠定了在国内市场的领军地位，而且多项指标领先全球同业。这点我在证监会工作时也有所了解，但这一个月的感受更深。能够成为工商银行的一员，我感到十分荣幸。

二是总行党委高度重视党风廉政建设和反腐败工作。总行党委一贯坚持从严治党、从严治行，近年来明确提出建设廉洁银行的工作目标和要求。党委班子成员尤其是主要负责同志带头严格执行廉洁从业规定，带头认真履行党风廉政建设主体责任，坚持以上率下，层层传导压力，积极领导和支持纪检监察部门履行监督职责。总行党委的信任、重视和支持，是我们做好监督工作的坚强动力和有力支撑。

三是工商银行纪检监察工作具有很好的基础。在中央纪委以及总行党委的正确领导下，全行各级纪检监察部门、3 000多名专职纪检监察干部，紧密结合银行实际，认真研究探索大型国有金融企业纪检监察工作的特点和规律，全面推进惩治和预防腐败体系建设，持续加大监督检查力度，特别是注重充分发挥信息科技优势，不断加强制度和机制创新，有许多工作走在了金融同业的前列，也为国际一流现代金融企业建设提供了坚强保障。作为纪委书记，我对带领全行纪检监察这样一支优秀的干部员工队伍，进一步做好监督、执纪、问责等方面工作，为全行改革发展作出新贡献充满信心。

下面，结合这次培训的目的和任务，主要围绕如何学习贯彻中央纪委及总行党委关于党风廉政建设和反腐败工作的新部署、新精神，如何推动全行纪检监察部门深化转职能、转方式、转作风，先谈几点个人的体会和意见，希望在这次培训中与同志们一起深入学习和研讨交流。

一、深刻学习领会中央及总行党委反腐倡廉新部署新精神，明确工作方向和目标

党的十八大以来，以习近平为总书记的党中央扛起了管党治党的责任，旗帜鲜明地反对腐败，提出了一系列新思想、新论断和新要求，为反腐倡廉建设提供了强大的思想武器。如“四个全面”战略部署，全面从严治党是保障；党风廉政建设和反腐败斗争形势依然严峻复杂，必须保持政治定力，坚持有腐必反，有贪必肃，减少腐败存量，遏制腐败增量；落实八项规定，加强作风建设；严明政治纪律，严守党的规矩；“老虎”、“苍蝇”一起打；不断改进巡视工作，发挥巡视的震慑、遏制和治本作用；认真落实党委主体责任和纪委监督责任；依法治国、依规治党，加强党内法规制度建设，等等。总行党委认真贯彻落实党中央、中央纪委决策部署，结合我行实际，也提出了从严治党、从严治行的一系列新要求，采取了多项有力措施。如制定了落实八项规定精神的十五条具体要求并带头执行；出台了党委落实主体责任的规定；继续深化和拓展内部巡视工作，尽快实现全覆盖；对历年来的信访举报线索进行排查梳理和分类处置，确保了件件有着落；认真开展重要风险点治理和“一加强两遏制”专项检查，等等。总之，从中央到我行，在党风廉政建设和反腐败斗争上做了很多工作，有很多创新，付出了艰苦努力，取得了明显成效。

对党的十八大以来党中央、中央纪委及总行党委的这些新部署、新精神，应该如何学？我认为，需要把握三点：第一，要带头学。在座各位作为全系统分行及直属机构纪检监察战线的主要负责同志，必须带头深入学习领会党中央、中央纪委及总行党委的一系列新要求，才能更好地带领大家看清当前反腐败斗争形势和今后工作的方向，正确履行好我们的监督职责，这也是我们举办这次培训班的初衷所在。第二，要站在政治和全局的高度学。就是要切实增强党章、党员和党性意识，从战略和全局的高度看问题，把我们的思想认识统一到党中央对形势的科学判断和工作部署上来，真正吃透中央精神。第三，要紧密联系银行实际学。联系银行实际不是在执行纪律上讲特殊、打折扣，而是要分析我们银行自身反腐倡廉建设、干部队伍作风建设、党建基础管理等实际状况，有针对性地采取有效措施，用党纪行规的尺子规范和约束大家的行为。培训前总行纪委监察室已给大家准备了一些学习材料，包括党章、习近平总书记和王岐山同志重要讲话、中纪委“学思践悟”专栏有关文章，以及我行姜建清党委书记和易会满、钱文挥党委副书记在“三严三实”党课上的讲话材料等。希望大家借此认真总结回顾和思考党的十八大以来，中央是怎么部署、怎么领导的？总行党委是如何贯彻、全行上下如何形成合力的？通过这一段时间的学习和思考，我认为可以概括、集中最核心、最重要有这么几条：

（一）狠抓“两个责任”的落实。抓党风廉政建设，党委负主体责任，党委书记是第一责任人，党委成员对职责范围内的党风廉政建设负领导责任；纪委负监督责任，在党委领导下，协助党委加强党风建设和组织协调反腐败工作，其专职是监督执纪问责。这是中央的一个创新提法。这两种责任不是并列关系，主体责任是前提，监督责任是保障。党委主体责任是政治责任，是深入推进党风廉政建设的“牛鼻子”。正如中纪委黄树贤副书记所讲，党风廉政建设和反腐败斗争，八项规定，是党中央在抓，总书记在抓！中纪委在监督、督促。正是通过狠抓“两个责任”落实，党风廉政建设

才取得了明显进展，进一步赢得了党心民心。总行党委十五条规定发布后，总行党委书记和各位党委成员带头执行，以上率下，总行纪委严肃查处违反“四风”规定的行为，以坚决的态度纠正“四风”，同样取得了十分明显的成效，进一步印证了狠抓“两个责任”落实的重要意义。

（二）驰而不息推进作风建设。新一届党中央、中央政治局从抓作风建设起步，以上率下，狠抓八项规定落实，把加强党的作风建设作为反腐败的治本之策。其深层次的原因在于，作风问题关乎人心向背、关乎党的生死存亡！如果不对“四风”问题击猛掌、施重拳，我们党就会失去党心民心，中华民族发展的宝贵机遇期就会丧失，“两个一百年”奋斗目标和中华民族伟大复兴的中国梦就难以实现。“冰冻三尺，非一日之寒”，纠正“四风”不可能一蹴而就、一劳永逸，不能指望一下子解决所有问题。因此习近平总书记告诫全党，作风建设永远在路上。姜建清书记在年初全行纪检监察工作会议上也指出，全行作风建设依然任重而道远，全行必须切实增强抓作风建设的工作韧劲和持久耐力。因此，我们必须驰而不息加强作风建设，一个节点一个节点抓下去，而且越来越严，绝不允许反弹回潮，开弓没有回头箭！

（三）以零容忍态度惩治腐败。中央强调，查处腐败问题，必须坚持零容忍的态度不变、猛药去疴的决心不减、刮骨疗毒的勇气不泄、严厉惩处的尺度不松，发现一起查处一起，发现多少查处多少，不定指标、上不封顶，让那些想搞腐败的人断了念头、搞了腐败的人付出代价。党的十八大以来，中纪委已查处中管干部 110 余名，去年以来还开展了“猎狐行动”和“天网行动”，加强国际追逃追赃工作。总行党委也提出，要坚持有案必查、查案必严。党的十八大以来，全行共查处各类违纪违规责任人 4 000 余名，其中 41 人因涉嫌违法被移送司法机关。党中央以及总行党委的声音和行动，都彰显了惩治腐败的旗帜、立场和零容忍态度。

（四）加强、改进和创新巡视工作。党的十八大后，党中央要求巡视工作聚焦党风廉政建设这个中心，着力发现政治纪律、廉洁从业、作风建设、选人用人四方面的问题，使巡视成为党内监督的“利剑”。要求巡视组把发现问题作为主要任务，有重大问题没发现就是失职，发现了问题没有如实汇报就是渎职。党的十八大以来查处的中管干部，一半以上都是通过巡视发现的。我行自 2008 年开始探索开展内部巡视，这些年来不断深化和拓展巡视工作，截至目前共巡视了 39 家单位，对巡视发现有违纪违规问题的 7 名厅级干部和多名处级及以下干部进行了纪律处分和组织处理，有效发挥了巡视的警示、教育作用。巡视发现的问题，有力印证了中央巡视工作方针是完全正确的。因此，巡视工作只能加强不能削弱，必须矢志不渝地坚持下去，不断巩固成果、深化拓展，让利剑高悬、震慑常在。

（五）将纪律和规矩挺在前面。管党治党靠什么？靠依规治党、严明纪律。纪律就是管党治党的尺子。无数案例表明，领导干部“破法”者，无不从“破纪”始。党内已经出现的这么多问题，并非没有纪律要求，而是没当回事，没有严格执行，直至严重腐败了，抓起来，通常就是“老三篇”：一是贪污受贿，二是滥用职权，三是作风糜烂、脱离群众。“严明”二字要害在执行，要做到执纪必严、违纪必究。因此，党中央明确要求纪委必须回归本职、回归“原教旨”，把纪律挺在前面，立起来、严起来、执行到位，守住纪律这条底线。总行党委也要求把党纪行规立起来、严起来，抓早抓小，动辄则咎，发现苗头就及时提醒，触犯纪律就及时处理。这既是治标，也是治本。

（六）深化转职能、转方式、转作风。党的十八大后，中纪委提出纪委要实行“三转”的要求，并带头落实。去年下半年，中纪委将“三转”要求传导到了省一级，中纪委五次全会要求，2015 年要传导到市一级。总行党委在年初全行纪检监察工作会议上，要求各级行纪检监察部门要深化“三转”工作，聚焦党风廉政建设和反腐败工作，更好地履行党章赋予的监督职责。“三转”的实质是要求纪检监察机关找准职责定位，明确主责主业。定位准才能责任清，责任清才能敢担当。因此，“三转”首先在职能上要尽快从不该做的工作中解脱出来，转向监督、执纪、问责，同时指导思想、部署安排、机构设置等，都要与之相适应，工作方式、工作作风，都要随之而转。“三转”是一项长期的任务，改变惯性实属不易，全行纪检监察系统“三转”不可能一步到位、一劳永逸，不可能发个文件，一下子就解决了，因此要从总、省行做起，发扬“钉钉子”精神，一步一步推进。

回顾党的十八大以来这些新部署和新要求，充分说明党中央关于加强党风廉政建设和反腐败斗争的决策是完全正确的，党中央、中纪委以及总行党委采取的政策措施是坚决有力的，进展和成效是非常明显的，这些部署、要求和措施，也给我们下一步工作指明了方向，提供了遵循。姜建清党委书记在“三严三实”专题党课上强调，当前全行经营发展所处的内外部环境之多变，面临挑战之严峻，改革任务之艰巨，经营压力之巨大，是近些年来所未有过的。全行要顺利闯过资产质量关、经营转型关、改革创新关，需要有一个坚强的领导核心，需要有一支能打硬仗、敢打硬仗的队伍，这些都需要进一步加强作风建设、加强反腐倡廉建设加以保障。在当前依然严峻复杂的形势下，我们纪检监察干部肩上的责任更加艰巨，使命更加光荣。大家一定要认真学习、深刻领会、全面落实中央及总行党委新精神新要求，站在全面从严治党和促进全行科学发展的战略高度，切实履行好党章赋予我们的监督职责。

二、深入研究思考当前工作中面临的紧迫和重要问题，切实履行好主业主责

围绕如何贯彻落实中央及总行党委对党风廉政建设和反腐败工作的新部署、新要求，我们必须对当前工作中面临的一些紧迫和重要问题进行专题研究、深入思考，提出具体、有效的工作措施，并抓好落实。8月7日我到总行监察室调研时，曾经提出了四个需要思考的问题，今天再稍微作些扩充，提出以下问题，也请大家一起来研讨，希望能够集思广益、互相交流、互相启发，为今后一个时期全行纪检监察系统深化“三转”和聚焦做好主业统一思想，打牢基础。

（一）如何深化“三转”工作要求，聚焦主业主责。王岐山同志在纪检监察机关“三转”专题研讨班上强调，纪检监察机关要明确职责定位，聚焦党风廉政建设和反腐败斗争，紧紧围绕监督执纪问责，深化转职能、转方式、转作风，全面提高履职能力。我行姜建清书记也要求各级行纪委书记进一步规范和调整职责分工，确保把主要精力放在抓纪检监察工作上，强化监督执纪问责，瞪大眼睛、发现问题。对全行纪检监察部门而言，如何深化“三转”，既是一个事关长远和全局，关乎今后5～10年纪检监察工作定位的问题，也是一个非常现实和紧迫，需要立行立改，尽快抓出成效的时效性很强的问题。为此，在职能定位上，我们要认真思考如何进一步摆正位置，避免越位、错位、缺位，并围绕“三转”要求及时调整自身机构设置和人员配置。特别是各位纪委书记更要认真思考如何做到专心抓纪律，避免分散精力。如果真正地专心主业了，工作也不会少，任务也不轻。在工作方式上，我们要认真思考如何创新体制机制、改进方式方法，如何抓细节、抓具体，一步步把工作做实做深。在工作作风上，我们要认真思考如何保持对党绝对忠诚、对党规党纪心存敬畏和戒惧，敢于担当、敢于监督、敢于负责。总而言之，“三转”过程中还有非常多的问题需要我们思考和研究。

（二）如何处理好“两责”的关系，全面落实党委主体责任和纪委监督责任。党风廉政建设中党委的主体责任和纪委的监督责任不是并列关系，主体责任是前提，监督责任是保障。两个责任相互联系、相互促进。离开党委的坚强领导，纪委的监督作用就难以发挥；没有纪委的监督，主体责任这个“牛鼻子”也难以抓住。当前中央讲两个责任，更主要的是突出强调党委主体责任。中央领导同志指出，党风廉政建设出了大问题，党委的主体责任不可推卸，纪委的监督责任也难辞其咎。这就要求我们必须认真思考在具体工作中如何处理好这两者的关系？怎样协助和督促同级党委和班子里每一位党委成员履行好主体责任，而不是大包大揽，越俎代庖？怎样发挥好纪委自己的监督责任？怎样监督和引导下级党委认真履行主体责任，逐步拧紧管党治党的螺丝？这些问题，需要大家深入思考，在实践中妥善地加以解决。

（三）如何持续抓好作风建设，坚决防止“四风”问题反弹。在党中央高度重视下，目前“四风”问题已经有所收敛，但是树倒根在，有些是在高压态势下取得的，有些改变形式由“地上”转入“地下”，有些停留在“不敢”上、“不想”的自觉尚未完全形成。从我行情况看，有些党员干部在纠正“四风”问题上，观念转变不到位、制度执行不严格，个别党员干部在出差、接待等方面超标准，只是行为“由明转暗”，“打擦边球”，享乐主义、奢靡之风仍然存在。这些情况说明，作风问题具有顽固性、反复性，因此需要抓常、抓细、抓长，锲而不舍、驰而不息，决不能紧一阵松一阵、进三步退两步。这就要求我们必须认真研究当前各行、各单位“四风”问题具体是个什么状况？“四风”问题有哪些新动向、新形式？过去哪些措施有效管用？今后如何贯彻“越往后执纪越严”的要求？如何不断加大典型案件的曝光力度，持续释放执纪必严的强烈信号？如何构建常态化治理机制？等等。这些问题研究不清楚，作风建设工作就找不到方向和重点。

（四）如何增强全行党员的党章党纪党规意识，把纪律挺在前面。王岐山同志近期在中央巡视工作领导小组会议上讲到，巡视央企发现的问题，从根本上讲是央企党的领导弱化。在国企深化改革过程中，必须旗帜鲜明地加强党的领导，而不是削弱党的领导。这一条不能羞羞答答、遮遮掩掩。央企出现的党的观念薄弱、党章党纪党规意识缺失、混淆个人和组织的关系等现象，在我行一些分支机构和党员干部中或多或少也存在。如何在全行党员，特别是各级党员领导干部中进一步加强党性观念，唤醒党章党纪党规意识？如何切实增强作为国有金融企业党员干部应有的政治意识和大局观念，坚决摒弃各种“特殊论”思想？如何把纪律和规矩挺在前面，加大纪律审查力度，把纪律和规矩立起来、严起来？如何以“啄木鸟精神”严格执纪，抓早抓小，用纪律管住大多数？这些都是十分重要的课题，需要大家认真思考。

（五）如何深化和拓展巡视工作，进一步加强对下级党委班子及其成员的监督。最近，中央印发了新修订的《巡视工作条例》，围绕党的“六大纪律”，即政治纪律、组织纪律、廉洁纪律、群众纪律、工作纪律、生活纪律，进一步深化“四个着力”，通过巡视强化对各级党委班子及其成员的监督。近年来，我行积极探索开展内部巡视，各行、各单位也有被巡视的体会，有的还借鉴巡视做法，开展了对下级党委的巡察工作。希望大家在认真总结经验的基础上，结合新《巡视工作条例》要求，认真思考如何深化和拓展巡视工作。比如，如何改进巡视发现问题的方式方法？如何加强巡视组织领导、机构设置和队伍建设？如何加强巡视发现的问题分

类处置，做到件件有着落？等等。特别是中央巡视组即将来我行进行巡视，大家应如何对照中央巡视国有企业时发现的问题提前做到应改尽改？如何做好巡视进驻后的配合工作？如何做好巡视发现问题的整改落实、线索核查工作？等等。大家也要深入思考，研究提出可行的意见和建议。

（六）如何加大案件查处力度，坚决遏制案件和风险事件高发的势头。近年来，在经济下行压力加大的背景下，全行案防形势严峻复杂，案件反弹压力增大。仅今年以来，截至8月底，全行纪检监察部门共查处内部案件、内部案件风险事件和商业贿赂案件×件，同比上升×%。姜建清书记近日在一个签报上批示：“近期案件事故呈高发状态，监察及内控部要有进一步措施，切实扭转这种态势。”去年，总行根据监管部门要求，对全行案防工作牵头部门作出了调整，由监察室调整为内控合规部，但监察系统在案件管理方面也不能放松。易会满副书记近日在一份签报批示中强调，“关于案件管理职责需进一步明确，案防工作归属内控合规部，对案件考核统计定性、与监管部门沟通归监察室。”在当前案件和风险事件高发状态下，如何履行好案件管理职责？如何发挥以查促防的治本功能？如何切实加大案件和风险事件中直接责任和管理责任的问责力度？需要大家认真思考，提出对策建议。

（七）如何落实“两个为主”的要求，加强纪检监察队伍建设。十八届中央纪委三次全会从推进党的纪律检查体制创新的高度，着力强化上级纪委对下级纪委的领导，明确提出“两个为主”的要求。一个“为主”是各级纪委书记、副书记的提名和考察以上级纪委会同组织部门为主，为此也要求纪委书记要向上级纪委负责。这次巡视全部抽调纪委书记担任副组长，也是体现这个精神。另一个“为主”是查办腐败案件以上级纪委领导为主，线索处置和案件查办在向同级党委报告的同时必须向上级纪委报告，绝不能发现问题不报告。目前，总行党委已经讨论通过《一级（直属）分行、直属机构纪委书记提名考察办法》，配套实施细则也在研究之中。下一步，我们还要认真思考如何在全行纪检监察系统进一步落实“两个为主”要求、强化上级纪委对下级纪委的领导。认真思考如何健全上级纪委对下级纪委提名考察和考核评价机制，加强纪检监察队伍建设和条线管理。在这方面也请大家认真思考、共同讨论。

（八）如何与其他部门协同配合，形成监督合力。纪检监察部门与全行其他内设部门的总目标是一致的，加强党风廉政建设，查纠经营管理问题背后的作风和腐败问题，也是为了保障工商银行的持续健康发展，实现国有资产保值增值，助力国民经济稳定增长，这是各个部门能够协同配合的前提和基础。作为纪检监察部门，关键是如何找准自身工作融入业务经营管理的结合点和切入点？如何加强与行内相关部门在监督检查、问责处理、廉洁文化建设等方面的协同配合？如何协调推动相关部门更加主动深入地推动不敢、不能、不想的“三不”防控机制建设？

此外，还要深入研究如何加强我行纪检监察专业的IT系统建设，增强非现场监测和系统硬控制能力；如何加强调查研究，增强工作的前瞻性和规律性；还有各单位在工作中遇到的，大家关心、关注的其他重要问题都可以提出来，利用这次培训机会一起讨论研究。

同志们，我到工商银行工作仅一个月时间，利用今天这个机会，只是和大家交流一些初步的学习思考和体会，也提出一些需要进一步研究思考讨论的问题。希望大家珍惜这次培训的机会，专心听讲、深入思考、热烈讨论，共同完成好这次培训任务，为做好新形势下纪检监察工作，为加快推进全行转型发展发挥更大更好作用创造条件、奠定基础。

在结束时的讲话
（2015年9月11日）

这次纪委书记、监察室主任培训班开得很成功，较好地完成了培训的两项任务：一是围绕贯彻落实年初纪检监察工作会议精神和主要任务，惠平主任和四位副主任进行了有针对性的部署和指导，所提要求我都赞同，请大家回去后务必按要求抓紧完成好全年各项工作任务。二是通过听讲座、学文件、座谈交流等方式，大家深入学习领会了党的十八大以来党中央及总行党委关于党风廉政建设和反腐败斗争的新部署、新精神，并结合自身工作实际，进行了充分交流探讨。9月9日，我分别到四个组现场听了8位书记和10位主任的发言，也深切感受到大家讨论主题明确、观点鲜明、气氛热烈。刚才北京、上海、广西分行和票据营业部纪委书记以及山东、浙江分行监察室主任共6位同志代表各组发言，讲得很好。反映出大家在培训期间认认真真地学习了党中央的最新精神，对有关问题进行了深入思考，而且思有所悟、学有所获，充分说明本次培训达到了深化认识、充分交流、统一思想的目的。

在讨论中，大家围绕贯彻落实党中央关于党风廉政建设和反腐败斗争的最新要求，特别是当前工作中面临的主要问题，提出了很多好的思路想法和对策建议。对这些想法和建议，我们在工作中该如何行动，我想有三个总的原则要把握好：一是要坚决贯彻落实中央及总行党委部署精神。对中央决策部署及总行党委工作要求，我们必须认真领会、自觉服从、坚决贯彻，决不能做样子、打折扣、打马虎眼，必须真正落实到位。二是具体工作要实，不等不靠。中央及总行党委的有关部署和精神是明确的，但是具体的工作措施和操作办法各单位要结合实际，在符合政策精神的前提下，创造性地制定和实施，不能流于形式、虚于应对，也不能借口中央及总行党委规定不具体而等待观望、无所作为。三是要实践在先，逐步上升为机制制度。不敢、不能、不想的“三不”机制构建，不是一下子就能建成的，大家在工作中看得准的，在权限范围内的，要先大胆做起来，一点点推进，能走一步走一步，不能为了走一大步连半步也不走。要在实践中逐步总结经验，最终形成常态化的机制和制度。基于这三个原则，我就大家关心的问题讲几点意见。

一、深化“三转”工作要求，聚焦主业主责

到底如何深化转职能、转方式、转作风？大家对这个问题谈论得最多，也最为关注。这个问题和如何处理主体责任和监督责任两责间的关系问题是紧密相连的，其他抓作风、严纪律、搞巡视、查案件、带队伍、重协同六个问题也是围绕如何深化“三转”展开的。因此，对这个问题我想多说几句。

（一）要进一步明确职能定位。深化“三转”，转职能是核心。“三转”的实质是要求纪检监察部门找准职责定位，明确主业主责。因此，在“三转”中，最重要的是转职能，职能越明确越聚焦，工作就越具体越深入，成效也越快速越显著。

一是明确职能定位要回归党章规定和中央及中纪委要求。党章第四十四条规定，“纪委的主要任务是维护党的章程和其他党内法规，检查党的路线、方针、政策和决定的执行情况，协助党的委员会加强党风廉政建设和组织协调反腐败工作。”这是我们职责定位的根本依据。党的十八大以后，党中央和中纪委根据当前依然严峻复杂的反腐倡廉形势，以及党要管党、从严治党的现阶段工作任务，把党章赋予纪委的职责不断具体化、简明化，那就是聚焦党风廉政建设和反腐败工作，强化监督执纪问责。党章规定和中央要求明确了新时期纪委的地位和责任，也是我们转职能的基本出发点。

二是明确职能定位要避免越位、缺位和错位。大家普遍反映实际工作中，随着工作领域的不断拓展，简单地认为要多参与、多做事，有为才有位，结果做了大量分外的事，比如人员招聘考试、集中采购等一些现场监督的工作，耗费了大量精力，真正要害的环节和节点往往又没有监督到，导致实际效果不理想，还容易成为某些违纪违规行为的背书和挡箭牌。对此，湖南等分行进行了试点探索，调整和退出了一些现场监督工作。总行纪委监察室对此也要加强研究，尽快明确如何规范这些领域的监督工作，要把相关职能部门推到第一线，纪委要把监督重心从监督具体工作开展，转到监督职能部门履职上来，抓好对监督者的再监督。

三是明确职责定位要进一步规范纪委书记分工。大家都比较关心纪委书记分工的问题。中纪委《关于规范中央单位纪检机构主要负责人分工和兼职的通知》（中纪办〔2014〕40号）明确规定，“各单位纪检机构主要负责人不得分管所在单位其他业务工作。根据工作需要，可以分管巡视工作。”我的工作分工就是按此执行的。对一级（直属）分行和直属机构纪委书记分工，总行党委已有明确要求，各分行各直属机构要按《关于进一步加强纪委书记分工管理的通知》（工银党纪〔2014〕13号）的要求执行。总行纪委监察室也要密切跟踪中央精神和制度执行情况，如有修订必要，要报总行党委乃至中央纪委审定后再予执行。但无论具体分管情况如何，各位纪委书记都必须做到专心主业主责，专注监督执纪问责，这个责任必须履行到位。

四是明确职责定位要进一步调整机构设置和人员配置。也有的同志谈到机构设置和队伍建设上的不适应问题，特别是基层行，这个问题比较突出。对此，总行党委在2010年《关于加强和改进纪检监察组织建设的意见》，以及总行党委最新的一些文件精神中是给了政策的，各分行各机构要把政策用足。如果这些政策中有不适应当前需要的，总行纪委监察室要梳理研究并向总行党委提出完善建议。但是，我们也要注意防止一种倾向，就是不能一讲工作重要、任务繁重就要编制、增人员。这方面中纪委给我们做了很好的榜样，编制、机构、人员都没有增加，但是通过盘活存量、内部挖潜，监督执纪问责的力度却极大地增强了。

（二）要进一步转变工作方式。深化“三转”，转方式是关键。转职能必然要求转方式，从严治党、严明纪律，监督执纪的方式就应该多样化、经常化。我们要根据形势和任务的变化，认真思考如何创新体制机制、改进方式方法，如何抓细节、抓具体，一步步把工作做实做深，确保工作有创新、有发展、有突破。

一是转方式要创新机制制度，改进方式方法。转方式要创新组织制度，以此支撑新的方式方法。如总行巡视工作为了加快实现巡视全覆盖，今年下半年也借鉴中央巡视组做法，采取了“一托二”的模式，派出五个巡视组，一次完成对9家设立党委的直属机构的巡视。另外，在基层纪检监察人员配备上，有些分行也有很多好的创新做法，比如，广西、深圳等分行就在支行探索实行了派驻制，取得了很好的效果。

二是转方式要善于抓早抓小，从细节入手把工作做实。中央强调“纪”在“法”前，把纪律挺在前沿，用纪律管住大多数，就需要我们进一步做到把教育提醒工作做在前面。总行纪委监察室在网讯开通“明纪守规树新风”专栏，对干部员工进行“三示”（告示、提示、警示），从一点一滴的小事抓起、改起，就充分体现了教育在前、提示在先，体现了对干部的严管厚爱。

（三）进一步改进工作作风。深化“三转”，转作风是保障。作风不转，转职能、转方式就很难到位，成果也难以巩固。姜建清书记在年初全行纪检监察工作会议上提出，各级纪检监察干部要以“三转”为工作准绳，牢固树立敢于担当、敢于监督、敢于负责的精神，牢固树立忠诚于党、忠诚于纪检监察事业的政治信念，

努力打造一支忠诚、干净、担当的纪检监察干部队伍。改进作风的要害和关键在于责任担当，坚决克服思想上不想监督、不敢监督和作风上不深不实等突出问题。有些分行的纪委书记和监察室主任也表达了在开展监督工作中的种种顾虑和担心，存在不愿碰触疑难、敏感问题，不敢、不愿得罪人，监督流于形式的现象。不可否认同级监督中确实存在一些不利于大胆开展监督的客观因素，但是决不能借此把应承担的监督责任推得一干二净。负责任的人能把冷板凳坐热，不负责任的人能把热板凳坐冷。只要抓住重点，深入下去，干出成绩，切实履行监督职责，就一定能增加工作的权威。

二、处理好“两责”关系，全面落实党委主体责任和纪委监督责任

讨论中大家也非常关注如何推动党委和党委班子成员以及党委职能部门落实主体责任的问题。这一问题与“三转”相关，涉及纪检监察部门如何正确定位，做到既不越位，不大包大揽、越俎代庖；也不缺位，避免不尽责履职、无所作为。关于监督责任我们讲了很多，因此，这里我重点强调一下如何推动主体责任落实的问题。

（一）落实主体责任要增强管党治党的意识。姜建清书记曾经指出，我们行也有少数基层行的个别党委班子成员认为自己分管的是业务工作，抓党风廉政建设和反腐败工作是党委书记和纪委书记的事，与自己无关。各级行党委和党员领导干部要坚决防止和消除这种“无关论”思想，切实增强责任意识。每个党委成员都要把抓好党风廉政建设和反腐败工作当成分内之事，做到认识清楚、落实有力，真正担负起主体责任；党员领导干部要以身作则，发挥好表率作用。过去党风廉政建设主要是纪检监察部门在具体抓，现在要转变为党委班子及其成员承担主体责任。这里既有思想认识问题，也有工作惯性或路径依赖问题，需要各级行党委及班子成员切实增强党的意识。各级行要加强主体责任方面的教育培训和宣传引导，使党员领导干部提高思想认识，熟知责任内容和工作要求，自觉承担主体责任。像工银安盛和其他一些合资控股子公司，反映连党委文件都看不到，这种特例的问题要专门研究，尽快加以解决。党委各职能部门也要根据新的要求承担起协助党委履行主体责任的职责。

（二）落实党委主体责任关键在行动。中纪委明确指出，落实主体责任，表态期已过，现在关键在行动，形成实实在在的工作支撑。总行党委已经印发了《关于落实党风廉政建设主体责任的意见》，各级行要在此基础上，结合各单位实践，把党委主体责任更加具体化，浙江、四川等分行把党委主要负责人、班子成员、部门主要负责人的职责与任务进行了细化分解，值得肯定。但也有的同志提出，希望中纪委、总行党委、纪委多发一点文件，告诉我们落实主体责任该做些什么；或者列出一个责任清单，下面好“照单”办事。等政策、等文件，某种程度上是一种依赖心理，是推脱责任、缺乏责任担当的表现。还有的希望搞出一套办法、设计一套指标，规定主体责任的权重比例，对责任落实情况进行绩效考核。这完全是错用绩效考核方法来衡量党的建设，是新的形式主义。主体责任是政治责任，在党章上写得清清楚楚，没有权重问题。党要管党、从严治党，就是要求各级党委都要抓好党的建设，要管要治。落实主体责任不需要再发文件，关键是敢不敢、愿不愿意把这个责任真正担起来。

（三）落实主体责任要牵住牛鼻子。我们讲，落实主体责任是推进党风廉政建设的牛鼻子。纪委既要推动同级党委抓，也要监督下级党委抓。姜建清书记在今年上半年巡视工作汇报会上指出，全行在党的建设、日常管理、制度流程、纪律检查等方面还存在不到位的问题，要认真抓一抓，如果上热下冷，不能往下延伸的话，就会有问题。总行要把一级分行抓好，让一级分行去抓二级行及以下的党组织。上级行党委、纪委要通过监督检查、约谈、听汇报等方式，一级抓一级，层层传导压力。对于同级党委及其成员的主体责任这个牛鼻子，大家也要积极推动，遇到困难了要及时向上级纪委汇报，依靠上级纪委、上级党委做好工作。

（四）落实主体责任要强化问责。动员千遍，不如问责一次。中纪委提出2015年是问责之年，要通过强化问责，推动落实两个责任，特别是主体责任，一定要迈出这一步。今年初全行纪检监察工作会议上，姜建清书记对此作出了部署，强调要进一步强化问责，没有问责，责任就难以落实。今后，如果一家分行、一个部门接连出现廉政和作风问题，或者发生重大腐败案件和风险事件，不仅要追究当事人和相关部门的责任，还要严肃追究有关单位党委、纪委的责任，大家对此一定要有清醒认识。各行要通过党风廉政建设责任制考评等方式，加强督促检查，发现主体责任未落实到位的给予提示提醒，对拒不整改或其管辖范围内发生重大问题的要严肃问责。中央纪委近期也通报了多起履行主体责任和监督责任不力的责任追究典型案例，有的是下属单位发生的违规因私出境以及违规报销公款等问题，严肃追究了上级单位党委书记和副书记的责任，给予了免职等处理。

三、持续抓好作风建设，坚决防止“四风”问题反弹

作风建设是反腐倡廉治本之策，关乎人心向背，关乎党的生死存亡。习近平总书记提出的目标和要求就是让作风建设成为十八届中央进入十九届的名片。中央国家机关纪工委吴海英副书记在讲课中也强调了党中央“横下一条心纠正四风”的鲜明态度。我们必须从政治纪律和政治规矩的高度来讲这个问题，必须常抓不懈，只能越来越严，绝不能反弹。

（一）加强作风建设要以上率下。作风建设有较明显的上行下效效应。因此要重在加强对领导机关和管理人员的作风建设，建立健全作风建设长效机制。在座谈讨论时，有些书记也讲到了我们行的干部在遵守作风建设规定方面有很多严格自律的做法。如有的省分行党委书记为了避免产生不良影响，在营销活动中自己掏钱请客户喝酒；有的省分行党委副书记爱人病逝，自己请两天假悄悄办理后事，不惊动同事。这些做法都体现了党员领导干部敬畏纪律、严格自律的意识，相信会给大家带来更多的正面影响。

（二）加强作风建设要抓常抓长。要认真落实总行党委贯彻落实中央八项规定精神的十五条规定，正确区分公务活动与商务活动、公与私之间的界限，消除纠正“四风”影响业务发展的错误思想，防止以市场拓展、客户关系维护、考察等名义，搞公款吃喝、送礼、旅游等行为。要消除“一阵风”的错误思想，彻底打消个别干部的侥幸心理，抓住元旦、春节、端午、中秋等重要节点，揪住“四风”这个重点，通过落实十五条规定情况的巡视、执法监察、专项检查、信访核查等方式，重点查处十八大后、八项规定出台后、群众路线教育实践活动后仍然顶风违纪的行为，并给予严肃处理。

（三）加强作风建设要抓早抓小，动辄则咎，加大通报震慑力度。针对“四风”方面的问题，要从最基本的要求做起，从以往看似小事的问题抓起，抓大不放小，发现作风问题及时采取纪律处分、组织处理、诫勉谈话、约谈函询等方式提醒纠正，咬咬耳朵、拉拉袖子，营造动辄则咎的氛围。中央前天通报的宝钢原党委常委、副总经理赵昆违反中央八项规定案例，就是抓住他开会住别墅、公款打高尔夫、接受几百元的雪茄礼物这些违纪问题。海南分行针对出现的领导干部公款打高尔夫的苗头性问题，及时制定措施办法加以制止。最近福建分行也严肃查处了一起县支行搞超标准接待的问题。对违反中央八项规定精神、搞“四风”的，必须坚持发现一起查办一起通报一起，形成有力震慑，坚决防止反弹回潮。

四、增强全行党员的党章党纪党规意识，把纪律挺在前沿

把纪律挺在前沿，就是对“三转”的深化，真正管住纪律，就是深化的方向。目前有的党员干部在遵纪守法方面的表现和群众没有什么区别，甚至还差。党纪严于国法，也要严于行规，把党员的先进性和纯洁性体现出来。

（一）把纪律挺在前沿就要抛弃“特殊论”的思想。大家在讨论中也一致认为，工商银行作为国有金融企业的领军者，必须带头坚持党的领导，严守党的纪律。要旗帜鲜明地加强党的领导、贯彻中央的精神，对此毫不动摇。要加强正面教育和反面警示，特别是结合全党正在开展的“三严三实”专题教育活动，要求全行党员认真学习党章，对照党章锤炼严实作风，认真学习党的纪律，牢固树立纪律和规矩意识，形成全行党员干部在党言党、在党忧党、在党为党的良好风气，发挥共产党员先锋模范作用和党组织战斗堡垒作用。

（二）把纪律挺在前沿就要用纪律管住大多数。要用党纪的尺子衡量全行党员的言行，处理好树木和森林的关系，纪律不只是用来查处少数几个严重违纪违法分子，更重要的是要管住大多数人。在这次培训讲课中提倡大家学习扁鹊治未病和治病初起时，针对苗头性、倾向性问题经常给予告示、提示和警示。这是最能体现贯彻落实“三转”要求的重要方面。纪检监察部门要加强对各项纪律要求的梳理，以便加强教育提醒。党员特别是党员领导干部要坚持参加党组织的生活，经常组织和参加学党章、学党纪党规的主题教育活动，增强党性修养和纪律意识。

（三）把纪律挺在前沿就要严肃处理违纪行为。在监督检查中要把党的纪律挺在前面，严肃查处违反党纪党规的行为并在全行通报，通过反面典型警示全行党员，党纪不是儿戏，不是“稻草人”，而是带电的“高压线”。要深化问题线索处置工作，加强对干部的提醒、谈话诫勉、函询。有的分行担心处理人、通报典型案例会给单位、给党委抹黑，有的省分行三年来只给了一两个处级干部纪律处分。其实如果执纪不严，不处理人，不敢抓不敢管，就会形成“破窗效应”，从严治党、从严治行也就无从谈起。中央纪委正是坚持了点名通报的措施，才使得纪律的严肃性、震慑性发挥出来，使得纪律和规矩真正立起来、挺起来。

五、深化和拓展巡视工作，进一步加强对下级党委班子及其成员的监督

巡视监督是一项党内监督制度，核心是加强对下级党委班子及其成员的监督。对于巡视工作，大家总体上比较肯定。有的分行也反映，巡视后，党委“一把手”对党风廉政建设和反腐败工作的重视程度大为提高，有力推动了工作开展。各行要充分运用现有的监督手段与方式，同时也要积极探索新的手段与方式，加强对下级行党委及其班子成员的监督。

（一）加强巡视工作重在加强对下一级党委及其成员的监督。目前，山东、河南、新疆、海南、青岛等多家分行借鉴总行巡视做法，开展了对下级党委班子的巡察（查）。讨论中大家普遍反映，巡视是上级党委和纪委监督下级党委的利器，是个很好的监督手段和工作抓手，希望也能名正言顺地用起来。总行之所以没有在制度上支持这种做法，原因是上一届中央纪委有关领导，曾经有个内部讲话精神，主要是不鼓励层层搞巡视，地方上不鼓励地市及以下搞巡视，央企（包括金融企业）原则上只在总部这一级开展巡视。但是实践中，许多分

行，特别是管辖范围较大的分行，感觉很有必要对下级行党委开展巡视，因此也就照葫芦画瓢，比照总行巡视的方式方法做了起来，也取得了不错的效果。党的十八大以来，新一届党中央、中央纪委对巡视工作更加重视，在修订出台巡视工作条例后，还将出台专门的国有（金融）企业巡视工作指导意见，经请示了解，中央纪委对巡视往下延伸的态度也有所调整，因此在修订我行巡视工作规定时，总行将一并考虑省分行层面开展巡视的问题。在总行制度调整前，大家可以通过深化党风廉政建设责任制考核评价，借鉴巡视的方式方法，达到加强对下级党委班子及其成员进行监督的目的。

（二）加强巡视工作要不断加强巡视组织建设和改进方式方法。大家在讨论中对改进巡视工作提出了一些很好的意见建议，如要完善巡视人员库，加强巡视组人员配备；要在巡视中坚持群众路线，广泛发布巡视进驻信息和联系电话、联系邮箱等，通过信访举报、无记名调查问卷等手段发现问题；要强化巡视结果运用，巡视发现的问题和责任都要划分清楚，归拢到具体某个领导干部身上，并逐一向班子成员反馈，领导班子成员个人也要报送整改报告；要加强巡视发现问题的通报，以警示全行，等等。对这些意见建议，总行巡视办要认真研究，合理可行的，要在修订我行巡视办法和开展巡视工作时予以采纳。

（三）要高度重视中央巡视组的巡视工作。中央将于近期派出巡视组对包含我行在内的国有金融企业进行巡视，这也是对我行自2004年和2009年后的又一次巡视，也是在党的十八大以后巡视的重点内容、相关要求发生重大变化后的又一次全面巡视。今年4月，中央对部分大型国有企业巡视后，中纪委副书记黄树贤同志专门约谈了金融企业负责人，指出了巡视国企时发现的一些突出问题，要求我们在中央巡视组到来之前能做的、能改的就要先做起来，立即抓，立即改，需要处理的要立即进行处理。对此我们要高度重视，认真做好相关准备、改进和配合工作。对于巡视组指出的问题，更要认真对待，积极落实整改，及时按要求完成巡视组转办的反映领导干部问题线索的核查工作，以主动积极的姿态迎接和配合好中央巡视组的监督检查。

六、加大案件查处力度，坚决遏制案件和风险事件高发的势头

近期案件事故呈高发态势，对客户及我行的资金安全，对我行的社会声誉，都造成了极大的危害，来自监管方面的压力也很大，因此，全行上下必须按照姜建清书记批示精神，采取有力措施，坚决扭转这种态势。

（一）要认真履行案件查防工作职责。去年案防工作牵头部门调整后，纪检监察部门的主要职责是查办案件。同时，纪检监察部门还是案防工作的重要职能部门，还将继续负责员工异常行为排查、廉政风险防范、廉洁从业和案例警示教育等案防工作。因此，要按照案防工作领导小组安排和行领导有关批示精神，认真履行工作职责，跟内控协调配合好，防止出现工作真空。在此基础上，要继续坚持以往行之有效的工作措施，不断创新方式方法，共同取得案防工作的新成效，切实扭转案件反弹的不利局面。

（二）要消除惧怕查案的错误思想和做法。近期案件多发，除了经济环境因素外，内部监督管理和思想认识上的因素不容忽视。许多同志反映，有些分行对查办案件心存畏惧，如果查办案件力度大，直接影响该行以及纪检监察部门的绩效考核排名，因此面临进退两难的处境。其实，认真开展监督检查，严肃查办违纪违规案件，短期内也许问题暴露会比较多，但是长期看，问题会逐渐减少，案件多发的势头会得到有效控制。过去有的分行发现问题不暴露，靠压、靠抹，人员处理不到位，警示教育不到位，结果导致案件和案件风险事件高发反弹。因此，必须严格执行案件报告制度，排查出案件要按要求及时向上级纪委报告；对于相关责任人和当事人，要严肃处理，该开除的开除，该通报的通报，通过警示发挥查办案件的治本功能。当然，对于案件考核相关办法也要研究改进，不能出了案件就扣纪检监察部门的分，把板子打在纪检监察部门身上，这与查处的职责是相矛盾的，权力和责任也是不匹配的。对纪检监察部门应该追究有案不查、查案不严的责任，而不是追究发案的责任。

（三）要继续坚持员工异常行为排查等行之有效做法。要坚决遏制案件和风险事件的高发势头，首先要加强员工异常行为排查等工作，及早发现案件风险苗头，及早处理，实现关口前移，防止小错演变成大案。有的分行反映排查难度大，主要是因为基层纪检监察力量薄弱等原因，我想员工异常行为排查，关键还是要靠身边人监督身边人，要靠网点负责人、专业部门负责人、基层行行长等认真履行监督管理和排查职责。一般性的人员行为管理，还是归人力资源部负责。总行纪委监察室要抓紧修订完善相关办法，指导推动分行做好这项工作。深圳分行等开发了员工异常行为分析与风险方法系统，通过系统搭建覆盖全员的排查网络，通过量化风险分值得出综合评价结果，也是一个很好的探索。另外，有的分行反映，经商办企业，排查出来情形比较复杂，如有的参股私募，成为股东，但不参与实际经营；有的参与新三板市场股权交易；有的内退员工经商办企业，等等。对于这些情况，总、分行纪委监察室也要抓紧研究，进一步明确有关政策界限。

七、落实“两个为主”要求，加强上级纪委对下级纪委的领导

查办腐败案件以上级纪委领导为主，线索处置和案件查办在向同级党委报告的同时必须向上级纪委报告，

这一要求各行执行得较好，刚才也已谈到了。在此，我主要强调一下各级纪委书记、副书记的提名和考察以上级纪委会同组织部门为主的落实问题。

（一）要抓好纪委书记提名考察办法的落实。总行纪委会同党委组织部研究制定的《一级（直属）分行、直属机构纪委书记提名考察办法（试行）》，已经总行党委会审议通过，总行将尽快印发执行并研究制定配套实施细则。今后，一级（直属）分行、直属机构（含综合化子公司）纪委书记的提名考察和交流调整工作将由总行纪委会同总行党委组织部为主开展。纪委书记的选拔要坚持政治标准，严格素质要求，切实把敢于监督、善于监督，履行党风廉政建设主体责任、监督责任表现突出的优秀干部选拔到纪委书记岗位上来，增强纪检监察领导班子的生机与活力。目前有的分行已经在这方面照中纪委要求做起来了，有的提名做到了，但是考察没有；有的还是下级报上级批；大部分行对下级纪委副书记、监察室主任的提名考察还没有做。下一步各行各单位也要根据总行规定抓紧制定提名考察的具体实施办法，将这项工作落到实处。

（二）要落实纪委书记向上级纪委负责的要求。各级纪委书记以上级纪委提名为主，就是明确各级纪委书记要向上级纪委负责。因此有的同志建议在我行建立各级纪委书记定期向上级纪委报告的制度，报告同级领导班子及班子成员的情况，特别是违纪违规苗头及其他发现的问题，还有辖内纪检监察工作情况等，下级纪委向上级纪委的报告不需要经过同级班子一把手审定同意。这些都可以逐步做起来。此外，各级纪委书记还应当服从上级纪委关于党风廉政建设和反腐败工作的统一安排，统筹参加巡视、执法监察、信访核查、案件督办等工作，这样才能调动全行的力量抓好工作，也有利于解决同级监督难的问题。

（三）要完善相关考核制度。与双重领导体制具体落地相配套的，要健全完善纪委书记考核制度，避免纪检监察部门和人员在开展监督工作时瞻前顾后、束手束脚。有的同志建议可否考虑下级纪委主要由上级纪委来考核，比如，70% 由上级纪委来定。在本级考核中，取消对监察室的 360 度考核，减少其他部门和下级行的考核打分环节，改为同级党委直接考核打分。比如，深圳分行等对监察室就是由党委书记、纪委书记考核。这些都可以探索，目的就是为各级纪检监察部门放手大胆开展监督工作创造条件。

（四）要深化干部滚动进出机制。总行党委多次强调要建立干部滚动进出机制，各级行纪委也要创新工作机制和方式方法，落实这些部署安排，让优秀干部进得来，也出得去，形成良性循环。要探索建立纪检监察领导班子岗位激励机制，把纪委正副书记岗位作为领导干部政治和组织协调能力锻炼的重要平台，增强岗位吸引力，打开干部职业发展通道。有的分行交流干部到监察岗位上锻炼，如广西分行 2012 年以来已有 16 名年轻干部到省分行监察室学习锻炼；有的分行纪检监察干部交流提拔到二级分行任纪委书记或者到内控等相关部门任领导职务，拓展了职业发展空间。

八、强化内外协同，形成监督合力

强化内外协同，特别是与业务部门的协同，首先要纠正一种错误的认识，即把加强党内监督同业务发展对立起来的认识。在开班时我讲到了，纪检监察部门与全行其他内设部门总的目标是一致的，都是为了促进工商银行市场竞争能力的提升和战略发展目标的实现，这是各个部门能够协同配合的前提和基础。另外，聚焦主业也并不是要放弃对银行经营管理的监督，而是监督的视角、重点、方式发生了变化和调整，监督视角要从具体业务工作的监督转向经营管理问题背后的作风问题、纪律问题乃至腐败问题的监督，监督重点要转向纠正“四风”、惩处不廉洁行为、防范道德风险，监督方式要从直接监督、大包大揽转向监督的再监督，避免越位。为此，纪检监察部门必须强化与各部门的协同，不能形成“两张皮”。在具体的协同过程中，大家也要注意方式方法，提高增强合力、解决问题的能力。

（一）要规范不良贷款问责程序。姜建清书记曾经指出，并不是说程序、制度都做到了，党的工作就加强了。但是如果连制度、规定、程序这些都没落实，那党的工作和党委主体责任从何谈起？所以在各分行反映比较强烈的不良贷款问责工作中，大家要积极争取同级党委的支持和理解，加强与信贷、内控等部门的协调，争取提前量，坚持按程序办事，避免为了赶时间进度等违反制度规定、留下后遗症。

（二）要发挥纪委委员的作用。纪委委员大多是一些职能部门的主要负责人，不能顶个名凑个数，必须要有实质性的参与，需要承担一些工作与任务，比如，参加集体审理会、参与纪委重要制度的研究制定等。各级纪委要对纪委委员履职提出明确要求，加强履职管理和监督。

（三）要加强信息共享。协同先要实现信息共享，监察部门除了建系统外，也要进系统，要求各主要业务部门的系统开放端口，把各种信息用“大数据”的思路集中起来，取其所需，并在此基础上查找问题、分析报告。比如，总行纪委的廉政监察系统要集中组织部、内审、内控、信管等多个部门的数据，才能对一个总行管理的干部建立全面的、充分的、动态的个人廉政档案，才便于日常监督管理。

（四）要加强对外的协调沟通。对外要加强与公检法、地方纪委的沟通协调。同时，还要加强与同业的交流沟通，谦虚学习借鉴他行好的经验做法，不能放不下身段，处处以老大自居。

九、带好队伍，打造一支忠诚、干净、担当的纪检监察干部队伍

打铁还要自身硬，要履行好监督、执纪、问责各项职责任务，必须有一支绝对忠诚、自身过硬、敢于担当的队伍。抓好纪委班子建设，带好纪检监察队伍，这是纪委书记的主体责任，纪委书记要真能吃苦带队伍，带好队伍，提高这支队伍的执行力、战斗力。近期中纪委有关领导同志跟我们几位新任职的金融机构纪委书记的谈话，其中就突出强调了带队伍的问题。在此，结合中纪委领导要求，我就抓班子带队伍提一些要求。

（一）要对党绝对忠诚。纪检监察干部就是要为党做好监督工作，当好党的忠诚卫士。因此最基本的要求就是忠诚，即对党忠诚，这也是对纪检监察干部的特殊要求和最高要求。因为是对党忠诚，所以还要强调是绝对的忠诚。习近平总书记对我们忠诚的具体要求是“五个坚持、五个必须”，即坚持绝对忠诚的政治品格，坚持高度自觉的大局意识，坚持极端负责的工作作风，坚持无怨无悔的奉献精神，坚持廉洁自律的道德操守；必须维护党中央权威，必须维护党的团结，必须遵守组织程序，必须服从组织决定，必须管好亲属和身边工作人员。刘云山同志最近在中央党校秋季班开学典礼上指出，要强化党的意识，保持对党忠诚的政治品格，忠诚于党的信仰，坚定道路自信、理论自信、制度自信；忠诚于党的宗旨，牢记为了人民是天职、服务人民是本职，自觉践行党的群众路线；忠诚于党的事业，勤政敬业，先之劳之，敢于担当，保持干事创业的进取心和精气神。当前开展的“三严三实”教育，对纪检监察干部更重要，更要积极参与，要带头讲党性重品行。对自己要严格要求，尤其是要严格遵守党的政治纪律和组织纪律。要心中有党，对党的一切要求、一切决议，要真正做到从思想上认同。真正地认同也要有一个过程，这就要认真学习和深刻领会习近平总书记系列重要讲话精神和王岐山同志的讲话精神。要经得起考验，要有坚定的理想信念，这是忠诚的最基本要求。

（二）要做到敢于担当。从我们行的实际看，总体上看，党风廉政建设情况是好的，对此方方面面也是充分肯定的。但是，也要深入研究，看到存在的问题，特别是要把问题吃透，找准监督的切入口。如不良贷款上升问题，既有市场变化的因素，有经济大环境的问题，也有自身的问题。其中自身的问题在经济上升时往往被掩盖了，但经济形势变化，风浪起来了，自身的问题就容易暴露出来。再比如，今年以来全行各类案件和风险事件明显反弹，也暴露出各行、各单位在管理理念、工作作风、选人用人等方面的深层次问题。所以对我们而言，不断地转变作风，反腐倡廉的任务很重。这就要求纪检干部要敢担当、能担当，要自觉把党章赋予的责任履行好，要把监督的担子担起来，特别是要把对领导班子的监督责任担当起来。对发现的严重违反党纪行规的要严肃查处。对违反中央八项规定精神的问题、“四风”问题，要认真严肃审查处理。纪委书记要真正对上级纪委负责，发现重大问题该汇报的一定要汇报，绝不能发现问题不报告，这是敢于担当的重要表现。

（三）要严格带好队伍。纪检监察部门不是“无菌室”，也不是“保险箱”，要坚决防止出现“灯下黑”。纪检监察干部尤其要强化党的纪律规矩意识，经常看一看党的政治准则、组织原则执行的怎么样，看一看党的路线方针政策落实得怎么样，看一看重大事项请示报告制度贯彻得怎么样，找差距、明不足，带头做政治上的明白人、遵规守纪的老实人。要完善自我监督机制，自觉接受外部监督，对纪检监察队伍自身存在的问题，更要抓早抓小，脸要黑起来，小问题早提醒，对违规违纪行为零容忍，对不敢抓、不敢管、监督责任缺位的干部严肃问责。要用铁的纪律打造过硬队伍，带头严格执行纪律，干干净净搞监督。

（四）要严格要求自己。信任不能代替监督，纪委书记也要接受监督。自己首先要自觉，要带头讲纪律，要率先垂范，要求别人做到的自己首先要做到，还要管好身边的工作人员，管好家属。要以“三严三实”要求修身做人、干事创业。要能“守其白、炼其黑、坚如铁、洁如玉”。对自己、对工作要真正地严起来、实起来。特别是在当前，全行经营转型中有很多困难，但不能因困难而失守，党的纪律绝对不能失守。对于遇到的具体问题，如业务违规追责、损失责任问责、违纪违法行为查处等具体问题和不同情况，要讲方法，不能简单粗糙，不能情况不明胆子大，有什么吃不准的问题要及时请示报告。

以上是我对大家学习交流中普遍关心问题的九点意见。希望大家要坚持学而用、学而行，把学习收获转化为进一步做好工作的责任和本领，持续深化“三转”，聚焦主业主责，为推进廉洁银行建设、保障全行改革发展作出新贡献。

加强财务监督　严格执纪问责
立行立改规范财务行为

——在严肃财务纪律视频会议上的讲话

王　林

（2015 年 9 月 25 日）

今天这次会议非常重要。刚才谷行长深刻阐述了严肃财务纪律、规范财务行为的重要意义，深入剖析了当前全行财务管理中存在的主要问题，从培育文化、整章建制等六个方面提出了建立健全财务合规长效机制的具体要求。下面，我从严肃财务纪律、加强监督执纪问责的角度谈两点意见。

一、清醒认识党中央及总行党委关于从严治党的新部署新要求，严肃看待财务纪律约束

财务领域包括集中采购领域历来是党风廉政建设和反腐败斗争的关键和重点，因此，要执行好财务纪律，就必须对党中央及总行党委有关从严治党、加强党风廉政建设的决策部署有清醒的认识和把握。党的十八大以来，党中央把全面从严治党提到了一个新高度，采取了一系列措施加强党风廉政建设和反腐败工作，总行党委也一再强调从严治行，从严管理。对此我们必须有清醒认识。

（一）清醒认识党中央对当前反腐倡廉形势的判断以及我行存在的薄弱环节。党的十八大后，习近平总书记在分析反腐倡廉形势时讲了依然严峻，强调了复杂。原因在于：一是在“四风”问题方面，虽然有所收敛，面上有改进，总体是好的，但树倒根在，还有反弹现象。二是在惩治腐败方面，腐败分子在高压面前虽有所收敛、有所震慑，“不敢腐”的氛围逐步形成，但是不收手、不收敛、顶风违纪的现象还依然存在。三是在思想教育方面，虽采取了很多有效措施，但“不想腐”的思想防线还没有筑牢，离真正“不想腐”相差很远。四是在机制制度方面，权力运行监督制约还不到位，权力集中、资金密集、资源富集的领域和部门发生了塌方式腐败，“不能腐”的制度笼子还没有扎好。五是在“一把手”监督方面，“一把手”腐败、“苍蝇”式基层“一把手”腐败问题突出，占比高，群众反映强烈。具体到我们行，姜建清书记在年初纪检监察工作会议上指出，全行反腐倡廉工作还存在一些薄弱环节，作风建设依然任重而道远，全行一定要有清醒的认识，进一步采取有力措施，切实改进作风、严明党纪行规，推动廉洁银行建设取得更大进展。姜建清书记、易会满副书记、钱文挥副书记在近期党课上也指出了全行在作风建设方面的问题和不足，要求全行按照严的要求和实的作风切实加以改进。

（二）清醒认识我行赖以持续健康发展的政治优势和优良传统。经过 30 多年的改革发展，工商银行实现了从大到强、从本土到全球、从国有独资银行到公众上市银行的历史性转变，跻身世界领先的大型跨国金融集团之列。这一辉煌成就是在党的领导下取得的，得益于中国经济的长期稳定增长，得益于几代工行人筚路蓝缕、艰辛奋斗，也得益于我们从严从实的管理要求和工作作风。30 多年来，总行党委始终秉持从严治党、从严治行的方针，总行党委班子及其成员严格遵守政治纪律和政治规矩，积极担当起国有大型商业银行应尽的政治责任，积极探索符合金融机构特点的反腐倡廉工作思路和有力举措，扎实推进惩治和预防腐败体系建设，坚定不移推进廉洁银行建设，逐步形成了融入全行发展战略、具有我行特色的反腐倡廉工作格局。具体在遵守财务纪律等方面，我行更有着“铁账本、铁算盘、铁规章”的“三铁”优良传统。正是靠着集团党建工作的政治优势和依法合规经营的优良传统，工商银行才能够在长期激烈竞争中脱颖而出，向着“最盈利、最优秀、最受尊敬的国际一流金融企业”稳步迈进。我们要清醒认识这些支撑我们取得长足发展的优势和传统，维护和传承好这些优秀基因，充分发挥党建政治优势、大力发扬“三铁”精神等优良传统，自觉严肃财务纪律、规范财务行为，为全行持续健康发展提供坚强保障。

（三）清醒认识中央和总行党委从严治党的坚强决心。党的十八大以来，党中央围绕从严治党提出了一系列新思想、新论断和新要求：如狠抓党委主体责任和纪委监督责任的落实，驰而不息推进作风建设，坚持以零容忍态度惩治腐败，“老虎”、“苍蝇”一起打，将纪律和规矩挺在前面，加强、改进和创新巡视工作等，坚决

遏制腐败现象蔓延势头，并且强调不刮风，不搞运动，越往后执纪越严，查处越重，绝不允许反弹回潮。今年6月，中纪委直接查办了中投证券原党委书记、董事长龙增来在党的十八大以后、中央八项规定出台后、党的群众路线教育实践活动后，违规公款吃喝、公款打高尔夫球、公款支付个人出书费用等顶风违纪行为。中央9月刚刚通报的宝钢原党委常委、副总经理赵昆违反中央八项规定案例，也是抓住他开会住别墅、公款打高尔夫、接受几百元的雪茄礼物这些看似金额不大但发生在“三个之后”性质非常严重的违纪问题。这些举措深得党心民心，彰显了党中央全面从严治党的坚强意志。总行党委认真贯彻落实党中央决策部署，结合我行实际，提出了加强作风建设十五条规定等一系列从严治党、从严治行的新要求，采取了深化拓展巡视、梳理排查信访等多项有力措施，也取得了廉洁银行建设的新成效。随着全面从严治党高压态势的持续和扩展，以及防腐机制制度建设的步伐加快，良好的政治生态正在有序形成，新的社会风气正在逐步常态化。

因此，大家一定要清醒认识和敏锐把握政治生态和社会环境的深刻转变和长期向好的大趋势，自觉顺应、推动、维护社会风气和行内风气不断向好的方面转变。要看到整个国企领域都在落实从严治党要求，都要严格遵守党章，严格执行党的纪律，我们不能强调什么“特殊性”。要看到客户在转变作风，也在逐步按照新的纪律建设和作风建设要求规范开展业务活动，我们不能以市场营销为借口，习惯性地做出违反八项规定精神的事情。我们对此不能心存侥幸，寄希望于行为由明转暗、“穿隐身衣”来规避查处，这些终究逃不脱组织监督和群众监督的火眼金睛。

二、切实增强财务管理方面的纪律意识、责任意识和监督意识，立行立改规范财务行为

认清党风廉政建设的形势和要求，看清作风建设的趋势和方向，关键是要及时转变观念，切实增强财务管理方面的纪律意识、责任意识和监督意识，严格纪律、严明责任、严肃监督、严厉问责，立行立改，将中央及总行党委的各项新部署和新要求内化于心、外化于行，切实规范各类财务行为。

（一）严格纪律，自觉运用纪律的尺子衡量和规范财务行为。今年以来，王岐山书记多次强调坚持从严治党、依规治党，把纪律立起来、严起来。他强调，纪律是管党治党的尺子，要用纪律管住大多数。财务纪律是《中国共产党纪律处分条例》规定的重要纪律，是党的各级组织和全体党员必须遵守的行为规则。党的十八大以后，中央强调要把纪律挺在法律的前面，就财务管理而言，就是要按照党纪严于国法的要求，自觉运用党的财务纪律的尺子衡量和规范各种财务行为，严格执行和维护财务纪律，不能把底线退到《刑法》、《企业会计准则》等法律法规层面。目前行内各类检查中发现的财务违规问题，有的就是典型的“四风”问题和违纪问题，有的还发生在党的十八大以后，性质非常严重。比如，调节损益、考核套利等，就是典型的形式主义、官僚主义的问题；用房用车超标、大量购买高档酒水、变通列支业务招待费等，就是典型的享乐主义、奢靡之风的问题；对外赠送贵金属等贵重礼品、通过二次分配将员工绩效发放到账后提现用于其他用途等，就是违反廉洁纪律和群众纪律的问题。这些纪律和规定都是不可碰触的底线，在日常监督执纪中就要坚持抓早抓小、动辄则咎，要从财务报销、科目使用、公车管理等一点一滴的小事抓起，发现苗头性问题及时谈话提醒或函询诫勉，要让纪律严起来、落下去，触犯了纪律就要及时处理，该纪律处分的及时处分、该组织处理的作出处理，发挥纪律的正面引导和惩戒警示两方面作用。

（二）严明责任，认真履行规范财务管理的职责。有权必有责，权责要对等。财会部门首先要负起统筹管理的责任，严格执行财务纪律规定，敢于坚持原则，坚决抵制各种违纪违规财务开支行为。同时要明确，严肃财务纪律、规范财务行为，不只是财会部门的事，财务开支部门、财务归口管理部门、采购需求和使用部门、集中采购部门，以及各分行、各机构的领导，尤其是主要负责人，都要理解、配合和支持财会部门的工作，认真履行规范财务管理的职责，严格按财务纪律要求和财务制度规定办事，不给财会部门出难题。其实变通科目列支费用等问题的发生，往往是财务开支部门违规支出在先，倒逼财会部门以各种不规范、不合规的办法列支费用。因此，各责任主体都要从消除各种模糊和错误认识入手，从改变以往的各种陈规陋习做起，对不规范的财务行为要真抓、严管，既规范财务程序，也要牢牢控制住实质风险。

（三）严肃监督，强化对财务行为的日常监督管理。严管就是厚爱，信任不能代替监督。首先，财务管理部门、财务开支部门等相关职能部门，要牢固树立自我监督的意识。越是肩负重要使命，越要强化自我监督。同时要增强接受外部监督的意识，自觉接受组织监督和群众监督。其次，各级行、各机构主要负责人、分管财务的负责人以及班子其他成员要注意综合运用教育、警示、挽救、惩治等方式，强化对分管部门财务行为的日常监督管理。特别是党委书记作为第一责任人，要领好班子、带好队伍，切实把管党治党的责任体现在日常管理监督中。最后，纪检监察、内审内控等监督部门也要通过巡视、执法监察、信访核查、专项审计、内控评价等方式，加强对财务行为的再检查和再监督。各级行、各机构纪检监察部门要按照忠诚、干净、担当的要求，强化责任担当，瞪大眼睛、拉长耳朵，敢唱“黑脸”，不断提高发现问题、监督执纪的能力，对发

现的严重违反党纪行规的要严肃查处，切实把监督的担子担起来。纪委书记要真正对上级纪委负责，发现同级领导班子及班子成员的重大问题要及时向上级纪委汇报，不需要经过同级班子“一把手”审定同意，决不能隐瞒不报。

（四）严厉问责，通过问责倒逼责任落实。党的财务纪律和总行的财务规定都是明确的，具体工作责任和党风廉政建设责任制规定等也是清楚的，接下来关键是执行。拒不执行纪律规定或者执行不到位的，就要严肃问责。动员千遍，不如问责一次。问责要区分情节轻重，对轻微的违纪问题和苗头性、倾向性问题决不能放任自流，切实防止小问题酿成大错误，这也是对干部的保护。对于视纪律规定如儿戏，不顾中央及总行党委三令五申，在党的十八大以后、八项规定出台后、群众路线教育实践活动后仍然不收敛、不收手，顶风违纪的，以及强迫、唆使他人违反财务纪律的，要从重或加重处理。问责要区分直接责任和领导责任，对分管范围内出现严重顶风违纪问题，或“四风”问题禁而不绝的，不仅要追究直接责任，还要追究领导责任；不仅要追究主体责任，也要追究监督责任，层层传导压力，典型案例要通报全行，保持高压态势，通过问责倒逼责任落实。近两年总行根据巡视发现问题处理的7名总行直管干部中，有4名就是因为违反财务纪律被处理的，而且其中还有两名是一级（直属）分行的“一把手”，这4名同志承担的就是主要领导责任和重要领导责任。

（五）立行立改，积极主动地迎接和配合好中央巡视工作。中央决定今年完成对中管国有重要骨干企业和金融企业巡视全覆盖。前两轮主要是对中管国有企业进行巡视，第四季度中央巡视组将对国有金融企业进行巡视。今年4月，中央对部分大型国有企业巡视后，中纪委副书记黄树贤同志专门约谈了包括姜建清书记在内的金融企业负责人，指出了巡视国企时发现的一些突出问题，其中就有落实中央八项规定精神、执行财务纪律方面的问题，要求我们在中央巡视组到来之前能做的、能改的就要先做起来，立即抓，立即改，需要处理的要立即进行处理。刚才谷行长在讲话中也举了中央巡视组巡视中铁总时，发现的郑州铁路局在业务招待等方面严重违反八项规定精神的问题，11名违纪违规人员受到了严肃处理。对此我们务必引起高度重视，按照中央精神对有关问题认真对照自查，举一反三、立行立改。对检查中发现的问题，各分行、各机构要认真研究、立即整改，需要完善制度的要抓紧完善制度，需要处理人的抓紧处理。对于巡视组指出的问题，更要认真对待，积极落实整改，以主动积极的姿态迎接和配合好中央巡视组的监督检查。

同志们，包括财务纪律在内的各项纪律是红线、是底线。各级行、各机构要严格按照中央及总行党委新部署新要求，切实提高认识、积极转变观念，不折不扣地贯彻执行各项纪律规定，不碰红线，守住底线，切实把各项纪律立起来、严起来，把财务行为、经营行为进一步规范起来，为全行持续健康发展提供坚强保障。此外，中秋、国庆双节在即，在此向大家致以节日的问候！同时也提醒大家，越是在重要节点，越要牢记作风建设要求，不折不扣执行各项纪律规定，过一个风清气正、和谐轻松的节日。

以查促防　查防结合
切实做好案件查防工作

——在中国工商银行案件形势分析会议上的讲话

王　林

（2015年10月15日）

刚才，易行长就全行今年以来案防形势和下一步案防工作要求作了重要讲话，谷澍副行长着重从内控案防角度提出了具体措施。根据会议安排，我就全行今年查处的内部案件和风险事件情况作一具体通报，并着重从纪检监察部门落实职责，特别是履行好案件查防工作职责提几点要求。

一、今年以来查处的内部案件和案件风险事件情况

今年前三季度，全行纪检监察部门共查处内部案件、内部案件风险事件和商业贿赂案件28件，同比上升33%。从案发岗位（人员）看，主要集中在基层机构负责人、客户经理、内退和退出管理类人员以及柜员

四个岗位，涉案的49人中，基层机构负责人12人、客户经理14人、内退和退出管理类人员10人、柜员5人，四者合计占全部涉案人数的84%。从案发机构看，共有16家一级（直属）分行发案，同比增加2家，其中发案数量在2件及以上的有四川、河南、陕西等9家，共发生21件，占全部案件和案件风险事件数量的75%。具体情况如下：

（一）内部案件查处情况。前三季度，全行共查处内部案件5件，同比上升66%；涉案金额11 784.66万元，同比上升132%。分别为广东清远分行连州支行柜员刘谦丹涉嫌盗窃客户资金19万元案件；宁夏分行惠农支行客户经理王岩等4人涉嫌违法放贷1 600万元案件；河北分行营业部建南支行8 932.76万元存款失踪及该行营业室副经理范丽曼因涉嫌非法吸收公众存款被逮捕案件；江西吉安分行吉州支行员工廖章华涉嫌诈骗客户资金300.9万元案件；陕西榆林分行横山支行柜员周彦廷涉嫌伙同外部不法分子挪用公款932万元案件。

今年以来查处的内部案件数量和涉案金额同比双升，涉案金额增幅尤为明显，一方面表明在经济“三期叠加”、下行压力加大的背景下，全行案防工作正遭遇前所未有的挑战和冲击，案防形势严峻复杂；另一方面也和监管部门从严监管、对案件统计从严掌握密切相关，今年凡符合立案条件的监管部门都将予以立案，而且涉案金额一般按照案件涉及的全部金额统计。

（二）内部案件风险事件查处情况。前三季度，全行共查处内部案件风险事件13件，同比上升30%。13件内部案件风险事件从分类来看共有6类。

一是参与非法集资和民间融资5件，分别为陕西分行营业部未央支行高级经理张世俊涉嫌非法吸收公众存款事件；四川内江分行员工王忠涉嫌参与非法吸收公众存款3 320万元事件；四川眉山等3家二级分行8名内退员工在当地投融资公司兼任职并参与非法吸收公众存款事件；河南濮阳分行范县支行行长王宪伟涉嫌违规担保1 100万元事件；辽宁朝阳分行建平支行客户经理张璐涉嫌参与民间融资1 469万元事件。

二是挪用2件，分别为天津保税分行南疆支行柜员杨海莉涉嫌挪用企业资金96万元事件；广西崇左分行龙州支行员工凌汉华涉嫌挪用公款4.7万元事件。

三是信贷业务领域的骗取贷款、滥用职权和失职、参与外部贷款诈骗各1件，分别为四川绵阳分行临园支行客户经理陈小平涉嫌骗取贷款490万元事件、河北张家口分行桥东支行副行长田俊斌涉嫌在贷款发放过程中滥用职权以及客户经理刘卉春等2人涉嫌失职事件、浙江衢州分行南区支行原行长邓新川涉嫌参与外部贷款诈骗事件。

四是存款失踪1件，为浙江台州分行天台支行和衢州分行江山支行客户存款4 679万元失踪及天台支行员工赖在听因涉嫌诈骗被逮捕事件。

五是套取变造定期存单事件1件，为江苏泰州分行泰兴支行柜员张馗套取变造定期存单并因涉嫌变造金融票证被逮捕事件。

六是信用卡诈骗1件，为宁夏分行西城支行客户经理陈铁牛涉嫌信用卡诈骗57万元事件。

上述6类内部案件风险事件中，数量最多且风险隐患较为突出的为参与非法集资和民间融资类事件，共发生5件，在全部案件风险事件中占比达到38%。此外，各行通过排查还发现了大量参与民间融资特别是经商办企业的员工，表明此类问题在全行仍普遍存在，应引起我们的高度关注。严格意义上讲，上述案件风险事件中有很多已符合银监会对案件的定义，随着查处工作的深入，有的可能会演变为案件。

（三）商业贿赂案件查处情况。前三季度共查处商业贿赂案件10件，同比上升25%；涉案人员20人，同比上升100%。分别为河南焦作分行原行长赵凌涉嫌受贿案件；河南鹤壁分行广场支行副行长关鹤林涉嫌受贿案件；山东济宁分行行长刘磊涉嫌受贿案件；山东烟台分行牟平支行行长曲宏云涉嫌受贿案件；四川分行营业部滨江支行副行长李慧等6人涉嫌受贿案件；云南分行营业部大观支行副行长曹斌等4人涉嫌受贿案件；江苏无锡分行江阴支行原副行长葛伟东等3人涉嫌受贿案件；安徽黄山分行祁门支行客户经理戴朝辉涉嫌受贿案件；广西桂林分行荔浦支行原副行长王建林涉嫌受贿案件；苏州分行张家港大新支行行长金毅涉嫌受贿案件。

上述商业贿赂案件主要具有如下特点：一是信贷业务领域仍是商业贿赂案件最高发领域，共发生7件，占比70%。二是飞单私售背后的利益输送问题逐渐浮出水面，目前已有两家分行的10名员工因飞单私售并从中收受好处被公安机关立案侦查。三是处级管理人员涉案问题突出，先后有河南焦作分行原行长赵凌和山东济宁分行行长刘磊2名处级管理人员因涉嫌受贿被立案侦查。四是个别机构接连发案，如江苏分行已连续8年发生商业贿赂案件，今年其辖属无锡分行江阴支行又先后有三任副行长涉嫌受贿犯罪。

二、履职履责，切实做好全行纪检监察部门案件查防工作

根据当前全行案防形势的严峻复杂性和刚才易会满行长、谷澍副行长讲话精神，下一步各级纪检监察部门要按照易会满行长强调的四点要求抓好以下四项工作。

（一）以查促防，严肃查处各类案件和案件风险事件。案件管理是纪检监察部门的重要工作职责。各级纪检监察部门要进一步明确查办案件是主职、有案不查是失职、压案不报是渎职的要求，从六个方面落实好案件查防职能。

一是要加强案件查办和指导。凡发生各类案件和案件线索，纪检监察部门必须在第一时间介入调查，务必

把案件查清、查透、查彻底，对于有案不查、查案不力的将严肃追究纪委的监督责任。总行纪委监察室也要进一步加大案件现场查办和督办力度，加强对各行查办案件工作的监督和指导，并将案件查办情况作为各行纪检监察工作考核的重要内容。

二是要注重形成案件查办合力。在案件查办过程中要加强与当地政府相关部门、监管部门和公安司法机关的沟通协调，加强与内控、运管、信贷管理等部门的协调配合，把案发原因和暴露的问题查清查透，做好资金追缴和舆情控制等工作，努力将案件造成的不良影响降到最低。

三是要突出严字当头。对各类案件和风险事件严肃查处、严厉问责，对于管理混乱，导致发生重大恶性案件和风险事件，以及同质同类案件和风险事件反复发生的，要从严追究管理人员直至一把手的责任；对于出现区域性、系统性腐败案件的单位，既要严肃追究主体责任，又要追究监督责任；对于案件和风险事件，在内部违规违纪问题已核查清楚，进行问责不会对案件查处和资金追缴等工作造成不良影响的情况下要尽快进行责任认定和处理，涉及金额 50 万元以上的总行监察室要进行审理，50 万元以下的分行自行处理后要向总行备案。

四是要加强案件管理。发生内部案件线索必须在 24 小时以内双线上报至总行监察室和内控合规部，由监察室会同内控合规部对其性质作出认定，并就具体情况按规定要求上报监管部门。对于瞒报、迟报、大案小报等违反案件报送纪律的，是党委不让报的严肃追究党委责任，是纪委隐瞒不报的严肃追究纪委责任。

五是要加强案件考核。在对案件和案件风险事件严格考核的基础上，对于造成的资金损失大、声誉风险大、内部违规违纪问题严重的风险事件要比照案件进行考核。同时为鼓励自查案件和追缴资金，引导各行主动排查、防范案件风险，减少资金损失，对自查发现或涉案金额全部追回的案件和案件风险事件在考核中予以少扣一定比例的分数。

六是要注重发挥以查促防的治本功能。对在案件查办过程中发现的制度流程存在的漏洞，要及时提示相关专业部门并督促其有效整改；对苗头性案件隐患和新型作案手段，要进行风险提示并跟踪研究解决的对策；对案件高发机构，要进行重点监控（关注）并加强督导整改；对案件暴露问题的整改情况，要进行再监督再检查，确保各项整改措施落到实处，案件隐患有效消除。

（二）抓早抓小，有效防范小问题演变为大案件。党中央和中央纪委多次强调"要加强纪律建设，把纪律和规矩挺在前面，立起来，严起来，执行到位，这是全面从严治党的必然要求"。对我行而言，要落实从严治党、从严治行，遏制案件反弹势头，更必须强调把党纪和行规挺在前面。剖析我行发生的内部案件几乎都存在严重违规问题，绝大多数商业贿赂案件是从违反廉洁纪律开始的。只有管住这些违规违纪问题，才能从根本上防止小问题演变为大案件。全行各级纪检监察部门要在严肃查处内部案件和案件风险事件的同时，高度关注违纪案件和可能引发内部案件的违规问题。

一是要善于从巡视、信访核查、执法监察、员工异常行为排查等渠道获取违纪线索。对存在违纪苗头的人和事要及时"咬耳朵、扯袖子"，甚至要"红红脸、出出汗"，防微杜渐；对确实存在违纪问题的要坚持抓早抓小，及时处理，防止违纪演变为违法，要切实运用好中央纪委最新提出的监督执纪的"四种形态"。

二是要加强与内控、运管、信管等部门的协调配合，共同研究分析业务违规中可能隐藏的案件线索。对发现的可疑问题要及时跟进，一查到底，有效提高案件的成功堵截率、自查率和及时查出率。

三是对已形成的内部案件或案件风险事件，特别是需要移送司法机关的涉案人员，要按照先纪后法原则，必须对相关人员先进行党纪处理。

（三）突出重点，不断深化员工异常行为排查。今年以来，总行纪委监察室在分析研判案防形势的基础上，先后部署了"三类案件"涉及的异常行为、超出自身经济承受能力投资股市以及违规投资经商办企业三项专项排查。目前，前两项排查已经完成，各行通过排查，及时发现和处置了大量异常行为，化解了案件风险。其中员工违规投资经商办企业排查不是一项新的排查，总行早在 2011 年就已排查过，去年的全行案件查防工作会议上再次部署并提出了一些行之有效的排查方法，但从目前全行排查情况看，问题仍然很多，对此各行要引起高度重视。

一是要按照总行部署对此问题进行集中清理，充分运用工商注册信息系统等途径进行深入排查，对排查发现的问题逐一核实，分类处置，并于 11 月底前上报排查情况和初步处理意见。考虑到员工经商办企业问题比较复杂，涉及类型很多，形成原因多样，总行将根据全行排查情况，提出最终的处理指导意见。

二是要以此次集中清理为契机，继续深化员工异常行为排查工作。对于总行部署的专项排查，各行要作为规定动作保质保量完成，同时还要结合实际，明确本行排查重点。在排查工作中，要统筹考虑员工近期和以往、八小时以内和八小时以外的表现，综合分析员工的异常行为表现、异常资金往来和异常业务痕迹，提高排查工作的精准度。

三是要畅通异常行为的反映渠道，建立异常行为举报的奖励和不报的惩处机制，消除员工的心理障碍和顾虑，使员工发现的异常行为能够及时反映上来。

四是要加强异常行为的处置，综合分析风险程度大小，风险隐患是否容易消除等因素，对排查发现的有异常行为员工要采取有针对性的处置措施。对于风险程度高，已构成违规违纪的，要严格按照有关规定进行党纪政纪处分，对于涉嫌违法犯罪的，要坚决移送公安司法机关追究刑事责任。

（四）加强警示教育，提高依法合规意识和线索处置能力。近年来，全行持续加强内控案防教育，有效增强了各级管理人员和员工的案防意识与案件线索处置能力。今年江西吉安分行吉州支行刘鑫源、易寿禄、裴香莲3名员工，在员工异常行为排查和在为客户服务过程中敏锐地捕捉到案件线索并及时上报，为发现案件发挥了重要作用，在此要予以表扬。各行一定要认真学习借鉴，运用正反两方面的典型案例加强教育。

一是要加强正面引导。注重总结本行的正面典型案例，对抵制检举重大违规违纪问题和堵截案件的有功人员予以奖励，开展示范教育，弘扬正能量，进一步增强员工识别发现异常行为和案件线索的意识和能力。

二是要加强警示教育。为落实从严治行，发挥惩处的警示震慑作用，总行近期将集中通报一批典型案件，同时利用总行网讯“明纪守规树新风”栏目进行经常性的告示、提示和警示，各行要利用好总行这一平台栏目，采取多种形式，深入开展警示教育。

三是要注重提高警示教育的效果。警示教育要有经常性，做到木鱼常敲、警钟长鸣，使各级管理人员和员工对严峻复杂的案防形势时刻保持高度的警觉和足够的重视；要有针对性，做到因岗施教和因人施教，既根据不同岗位特点和要求，科学设计教育内容，又根据同一岗位不同人员的性格特点，采取不同的教育方式，有的放矢，对症下药；要有震撼性，用于警示教育的案例一律点名道姓，不能羞羞答答、遮遮掩掩，同时要把违规违纪违法的后果讲清讲透，使各级管理人员和员工受警醒、明底线、知敬畏，自觉做到不敢为和不想为。

总之，希望各级行，特别是各级纪检监察部门认真学习领会易会满行长、谷澍副行长讲话精神，自觉履行好监督执纪问责的职责，真正发挥以查促防、查防结合作用，切实做好案件查防工作，为有效防范案件风险，促进全行改革发展作出新的贡献。

切实加强党章党规党纪学习
不断提高纪检监察队伍责任意识和履职能力

——在“一加强、两提高”教育活动动员会上的讲话

王　林

（2015年10月28日）

为认真贯彻中纪委“纪检监察干部监督工作座谈会和培训班”精神和落实全面从严治党、从严治行的要求，进一步加强全行纪检监察干部对党章、党规、党纪的学习，不断提升纪检监察干部的党性意识、宗旨意识、纪律意识和规矩意识，推进全行纪检监察部门深化“三转”，帮助纪检监察干部在学思践悟中提高履职能力，经总行纪委研究，并报请总行党委同意，在全行纪检监察干部中开展“加强党章党规党纪学习，提高责任意识，提高履职能力”教育活动。今天，我们召开教育活动动员会，对活动进行安排部署，动员全行各级纪检监察干部以饱满的政治热情和良好的精神状态投身学习教育活动。下面，我讲三点意见。

一、充分认识开展“一加强、两提高”教育活动的重要意义，切实将思想统一到总行纪委的活动部署上来

今年9月23日，中纪委组织召开纪检监察干部监督工作座谈会，会上，中纪委书记王岐山同志强调，纪检监察干部要做到打铁还需自身硬，在全面从严治党中，纪律检查机关担负着监督执纪问责的重要职责，自身建设更要过硬；干部犯错误、组织有责任，纪检机关和领导干部要切实担负起监督管理职责；严管就是厚爱，信任不能代替监督，要用严明的纪律管住自己，建设一支忠诚干净担当的纪检监察干部队伍。总行党委书记、董事长姜建清同志在年初纪检监察工作会上也提出，要加强纪检监察队伍建设，增强干部能力素质，严明各项纪律，做到自身正、过得硬。“一加强、两提高”教育活动，是总行纪委深入推进纪检监察干部队伍思想政治建设和作风建设的重要举措，是严肃纪检监察干部队伍党内政治生活、严明党的政治纪律和政治规矩的重要抓手，对落实新形势下从严治党的战略举措，促进纪检监察部门深化“三转”，聚焦主责主业，充分履行党章赋予的监督责任，加强自我监督，实现自我净化、自我提升，在当前复杂环境下保障全行健康发展具

有重要意义。全行各级纪检监察干部要自觉把思想统一到总行纪委的安排部署上来，切实提高对这次教育活动重要性的认识。

（一）“一加强、两提高”是纪检监察部门加强自身干部队伍建设，筑牢理想信念的重要举措。党的十八大以来，习近平总书记多次强调，纪检监察机关和纪检监察干部“打铁还需自身硬”，要防止“灯下黑”，要敢于担当、敢于监督、敢于负责，牢固树立忠诚于党、忠诚于纪检监察事业的政治信念，努力成为一支忠诚、干净、担当的纪检监察干部队伍。王岐山书记也多次指出，纪检监察队伍在关乎人心向背的党风廉政建设和反腐败斗争中有着重要使命担当，干的就是“打铁”的活儿，自身建设更要过硬，己不正，焉能正人？正人先正己。姜建清董事长也要求，各级行纪检监察部门要深化“三转”工作，聚焦党风廉政建设和反腐败工作，更好地履行党章赋予的监督职责，要以“三转”为工作准绳，牢固树立敢于担当、敢于监督、敢于负责的精神，牢固树立忠诚于党、忠诚于纪检监察事业的政治信念，努力打造一支忠诚、干净、担当的纪检监察干部队伍。各级纪检监察部门和全体纪检监察干部要按照中央和总行党委要求，加强队伍建设，率先学习党章党规党纪、提升责任意识和履职能力，以更高的标准和更严的纪律来要求自己，在理想信念、思想政治和作风建设方面走在其他干部员工之前。我们工商银行的纪检监察干部队伍整体上来说是好的，在贯彻党的路线方针、党风廉政建设和反腐败斗争中也取得了一定的成绩，但也要清晰地认识到，还有少数同志自身建设还不过硬，比如，有的同志主动履行监督责任的意识还不够强，关注业务管理多，关心纪检监察工作少；有的同志在履行监督责任时，关注业务制度办法多，关注党纪党规少。这些问题，根源就在党章党规党纪意识不强，理想信念还不牢固。对党的绝对忠诚、坚定的理想信念，是对于每一位纪检监察干部最根本的要求，也是纪检监察机关的政治使命。全行纪检监察干部要全身心投入这次教育活动中来，通过学习党章党规党纪、党的理论，不断提高思想认识，补充精神之“钙”，坚守住党规党纪的底线，牢固树立理想信念、宗旨意识的高线。

（二）“一加强、两提高”是纪检监察部门履行党章赋予的监督责任，深化纪检监察“三转”的重要保证。监督执纪问责是党章赋予纪检监察部门的职责。中央纪委十八届三次全会决定中指出，落实党风廉政建设责任制，党委负主体责任，纪委负监督责任，要求纪检监察部门“聚焦中心任务”，紧紧围绕监督执纪问责，全面提高履职能力。党的十八大后，中央纪委提出了纪检监察部门要“转职能、转方式、转作风”。总行党委认真落实中纪委要求，在年初全行纪检监察工作会议上，要求各级行纪检监察部门要深化“三转”工作，聚焦党风廉政建设和反腐败工作。今年9月，总行举办了一级（直属）分行、直属机构纪委书记和监察室主任培训班，对“三转”进行了深入讨论，通过培训和讨论反映出，现在要聚焦主业，但我们有的基层纪委还习惯于过去的工作思路和模式，管了一些与监督职责不相适应的事务，做了一些超越职权范围的工作，不知道为什么要转、该怎么转、该向哪里转。在培训班总结时，我对这些问题进行了分析，转职能，就是明确职能定位，聚焦中心任务，突出监督执纪问责的主业，做到既不越俎代庖，也不缺位失责；转方式，就是创新理念思路，改进方式方法，为科学有效地履行职能、担当责任提供载体和路径；转作风，就是建设忠诚可靠、服务人民、刚正不阿、秉公执纪的纪检监察队伍，形成严、细、深、实的工作作风，做到情况明、数字准、责任清、作风正、工作实，以优良的作风保障监督责任落实到位。“三转”中，转职能是核心，转方式是关键，转作风是保障。“三转”相互关联，是一个整体，相辅相成。正确并深刻理解“三转”的内涵，理清三者的相互关系，对于推进“三转”工作非常重要，要求我们必须首先解决“为什么转”的问题，进而解决“转什么、怎么转”。总行纪委决定开展这次教育活动，其中一个重要目的就是要统一各级纪检监察部门的思想，解决好“为什么转”的问题，组织全体纪检监察干部从党章学起，从“党内宪法”赋予纪检监察部门的职责学起，准确把握方向和目标，明确职责定位，切实履行好党章赋予的监督职责。

（三）“一加强、两提高”是纪检监察部门完成好总行党委交给的任务、维护全行稳健发展的重要保障。在“三严三实”专题教育党课上，姜建清董事长指出“全行干部队伍总体上是好的，风气是正的”，但也要认识到在“三期叠加”背景下，全行经营发展所处的内外部环境之多变，面临挑战之严峻，改革任务之艰巨，经营压力之巨大，前所未有，当前和未来三年全行要“过三关”，更需要从严从实的管理和优良的作风来保障。各级纪检监察部门要清醒认识和准确把握当前全行在纪律规矩意识、作风建设以及反腐倡廉工作方面面临的形势和挑战，要认识到反腐倡廉工作与中央提出的新精神新要求相比，以及我行自身确定的建设“最盈利、最优秀、最受尊重的国际一流金融企业”的愿景相比，还有很大的差距；全行干部员工，特别是党员领导干部队伍中还不同程度地存在纪律规矩意识不强，工作作风不严不实的问题。要认识到这些问题就是总行党委交给我们的监督重点之所在，也是我们的工作重点之所在，更是我们面临的新挑战和新考验之所在。要看到，现在有的纪检监察干部应对这些挑战和考验的准备还不充分，表现为学习动力不足，对新政策、新要求、新形势了解不多；履职能力不够强，看不到问题，遇到问题不会处理或是所做的工作经不住历史的检验。工欲善其事，必先利其器，纪检监察干部加强自我学习、自我提升，锤炼一支能打硬仗、敢打硬仗的队伍，以应对新形势下的各种挑战已迫在眉睫、刻不容缓。这次活动就是要提供这样一个契机，全行纪检监察干部要通过活动，以更加坚定的信念、更加优良的作风和更高的履职能力担当起监督执纪问责的重任，为全行过好“三关”，促进各项业务稳健发展保驾护航。

二、抓住重点，注意方法，确保教育活动扎实推进、不走过场

党的十八大以来，党的理论和实践发生了广泛而深刻的变化，面对不断丰富发展中的党的理论和实践，全体纪检监察干部有迫切的政治理论学习要求。教育活动要收到实效，学习就绝对不能走过场，就要解决好“怎么学”和“学什么”的问题。这次活动对学习提出了“六个一”的要求，列出了一些必学的制度规章、文件材料、典型案例，还给大家准备了学习资料包，这些都是总行活动领导小组办公室为大家提供的学习方法和学习重点。

（一）关于“怎么学”的问题。我在近期给总行纪委委员、总行机关各党支部书记和纪检委员、总行机关纪委委员、总行监察室全体人员讲授的“三严三实”教育党课上，结合自己近三个月来的学习感悟讲了三点体会，今天再把这三点体会分享给全行纪检监察干部：

一是要带头学。各级纪委书记、副书记和监察室主任、副主任要带头学习，以上率下，带领全行纪检监察干部一起学，要读原著、学原文、悟原理，真正掌握思想精髓和贯穿其中的立场、观点、方法，做政治上的“明白人”，不断增强道路自信、理论自信、制度自信。这次活动中要求纪委书记要讲一次党课，纪委副书记（监察室主任）做一次辅导，就是要引导各级纪委书记做到这一点。全体纪检监察干部要紧跟形势，深入学习领会党中央、中央纪委及总行党委的一系列新要求，更好地看清当前反腐败形势和今后工作的方向，正确履行好我们的监督职责，要把这次活动作为践行“三严三实”的实际行动，为全行党员干部学习党章党规党纪发挥示范带头作用。

二是要站在政治和全局的高度学。要切实增强党章、党员和党性意识，从战略和全局的高度看问题，把我们的思想认识统一到党中央对形势的科学判断和工作部署上来，真正吃透中央精神。如学习要狠抓“两个责任”的落实，就不能只停留在了解“两个责任”的内容上，要通过学习来统一思想，理解内涵，掌握方法，落实要求。中央纪委近期转发了河南省委关于新乡市委原书记李庆贵落实党风廉政建设主体责任和新乡市纪委落实监督责任不到位问题的通报，李庆贵成为党的十八大以来，首位因任期内班子成员连续腐败而被追责并公开通报的市委书记，新乡市纪委也因为监督责任履行不到位被追责。近日，中央纪委又通报了五起落实“两个责任”不力的典型案例，其中，中国海洋石油总公司南海东部管理局所属生产部等多个部门和单位违反财经纪律套取现金、私设“小金库”，以会议费为名报销吃喝费用、违规在度假村和五星级酒店开会，相关直接违纪人员受到处理。因落实主体责任不力，该局党委书记、局长刘再生和党委委员、副局长杜玉杰分别受到党内警告和党内严重警告处分；因落实监督责任不力，该局党委副书记、纪委书记高广生受到党内严重警告处分。最近，我们某省分行下属的一个支行行长出了问题，被媒体曝光，总行责令该分行分别追究其所属二级分行的党委书记及纪委书记、监察室主任的主体责任和监督责任，待分行责任追究意见落实后，总行将向全行通报。通过这些案例要认识到，主体责任和监督责任的履行是真实、具体、实在的，两个责任哪一个履行不好，都是要被追责的。

三是要紧密联系银行实际学。联系银行实际不是要在执行纪律上搞企业特殊论，虽然行业有差别，但党内无特殊。要认真分析银行自身反腐倡廉建设、干部队伍作风建设、党建基础管理等实际状况，有针对性地采取有效措施，切实履行起监督责任，用党纪行规的尺子规范和约束干部员工的行为，体现党要管党、从严治党、从严治行的要求。

（二）关于“学什么”的问题。总行纪委提出党章党规党纪、重要讲话和文件资料、典型案例三个方面的重点，通过学习这些内容，帮助大家抓住理论脉络，提纲挈领、系统完整地学习党的理论知识、党中央以及总行党委的新部署、新精神。

一是党章党规党纪。包括《中国共产党章程》、《中国共产党廉洁自律准则》、《中国共产党纪律处分条例》以及作风建设有关规定等内容。党章是党内的根本大法，纪委的职责和权力都是党章赋予的，党规党纪是纪检监察干部的行动指南，监督执纪问责都要符合党规的要求。纪检监察部门深化“三转”，落实监督责任，强化党章意识是根本，熟知党规是保障，要精读细学，通晓党章，常读常学常用党规党纪，做到内化于心，外化于行。10月21日，中央修订印发了《中国共产党廉洁自律准则》、《中国共产党纪律处分条例》，总行纪委立即组织进行了集体学习，大家一致认为这两部法规给全体党员干部树立了道德“高线”，列出了纪律“底线”，体现了中央全面从严治党的决心，各级纪委要带头学习，带头贯彻执行。

二是重要讲话及相关文件资料。要认真学习党的十八大和十八届三中、四中、五中全会、中央纪委十八届各次全会公报精神，认真学习习近平总书记、王岐山纪委书记有关提高党章意识和加强纪检监察队伍建设的重要论述和重要讲话精神，准确把握重要思想、重要讲话的丰富内涵和精神实质，领会核心要义，掌握精神实质，不断增强“三个自信”，始终坚守共产党人的精神

家园。要认真学习总行党委关于加强党章学习、加强纪检监察干部队伍建设的要求、总行党委班子成员在“三严三实”教育活动中所授的党课，认真学习今年一级（直属）分行、直属机构纪委书记、监察室主任培训班等会议精神要求，切实把党中央以及总行党委的要求贯彻落实到党风廉政建设和反腐败工作的全过程，不断提高尽职履职的责任意识和担当意识。

三是典型通报。对党的十八大以来中央纪委关于违反八项规定精神、“两个责任”追责的典型案例通报以及纪检监察干部违纪违法案件通报等反映出来的问题，要结合金融工作实际进行反思，以案为鉴，吸取教训，弄清楚自己该做什么、不该做什么。要严守党的政治纪律和政治规矩，真正做到对党忠诚、爱党护党，要把维护党的纪律作为坚定理想信念、践行革命宗旨的神圣使命，同一切破坏党纪条规的行为作斗争。要把党要管党、从严治党的方针落到实处，做到学法、知法、懂法、守法，依法依规办事，提升做好监督执纪问责工作的能力。

三、坚持高标准、严要求，确保教育活动取得实效

这次教育活动需要学习的内容比较多，要求比较高，同时正值岁末年初工作旺季，还需要配合好中央巡视组的专项巡视工作，各行纪检监察部门的任务繁重，但是大家一定要认识到，学习教育与日常工作并不是对立矛盾的，做好了可以事半功倍，可谓磨刀不误砍柴工。各级纪委要增强责任感和紧迫感，把活动摆上重要议事日程，高度重视、周密安排、狠抓落实，确保教育活动取得实效。

（一）提高认识，精心组织。各级纪委、监察室要高度重视此次教育活动，尽快成立本级教育活动领导小组，指导和推动本单位活动的开展。要把活动与“三严三实”专题教育结合起来，作为提升纪检监察干部履职水平的重要抓手，结合实际，精心组织，做到有计划、有安排、有落实、有成效。

（二）从严要求，落实责任。各级纪委全面负责本次教育活动，纪委书记是本级教育活动的第一责任人，既要带头参加学习，接受教育，上好党课；又要搞好组织推动，亲自抓，形成上行下效、上率下行的良好局面；还要带头督导，带头整改，确保活动取得实效。每位纪检监察干部都要以践行“三严三实”的高度责任感投入到活动中来，活动的每个环节都要“严”字当头，“实”字托底，活动中要认真查摆存在的问题，边学边改，边查边改，确保收到预期的效果。

（三）加强督导，注重实效。在教育活动中，上级教育活动领导小组办公室要采取现场、非现场督导、抽查下级报告材料、参加下级组织生活会等多种形式，对活动开展情况进行检查，加强督促指导，及时了解和掌握活动开展情况，坚决杜绝形式主义。要重点检查学习的成效，如各级纪检监察干部是否利用这次学习机会，学透党的基本理论、党员的权利义务和党纪政纪条规，牢固树立党章党规党纪意识；是否按照中央纪委“四个不准”的纪律要求，做到自身正、自身净、自身硬；是否学以致用，按照党章党规党纪的要求，聚焦监督主责，敢于担当责任，对违规违纪干部抓早抓小，落实了“四个常态”，使监督执纪问责各项工作在制度化、规范化的轨道上运行。

（四）做好宣传，营造氛围。对教育活动开展情况要及时总结和报道，并向总行教育活动领导小组办公室上报相关活动信息。总行将利用简报、“明纪守规树新风”网讯专栏等多种渠道，对各机构活动开展情况进行宣传报道，对好的工作建议、心得体会、活动感悟等进行刊载。各机构也可结合实际，通过各种平台，加强宣传引导，营造学习党章、遵守党规党纪、敢于监督、勇于担当的良好氛围。

同志们，搞好这次教育活动，责任重大、意义深远。让我们以高度的政治责任感、良好的精神状态和扎实的工作作风，把活动组织好、开展好，确保取得实实在在的效果，切实打造一支忠诚、干净、担当的纪检监察干部队伍，为全行健康发展作出新的贡献。

在中国工商银行廉洁文化发布会上的讲话

王　林

（2015年10月28日）

10月8日，总行党委审议通过了《关于加强廉洁文化建设的意见》，提出了“公开透明、公私分明、自律律他、廉勤并重”的廉洁文化理念和相关方法路径、工作要求，这是我行企业文化建设的又一成果，表明我

行企业文化建设又上了一个新台阶。今天，我们在这里举办廉洁文化发布会，目的是向行内外展示我行加强党风廉政建设及企业文化建设的态度和决心，广泛宣传廉洁文化的内涵及深远意义，在全行进一步营造廉洁从业的氛围，打造一支廉洁高效的干部员工队伍，提升我行廉洁诚信的品牌形象。总行党委高度重视此次发布会，姜建清董事长、易会满行长专门作出批示，钱文挥监事长刚才作了重要讲话，从打造百年金融老店的战略高度，回顾了工商银行廉洁文化形成的内生氛围，强调了廉洁文化建设的重要性和紧迫性，明确了文化引领、理念先行，提出了今后一段时期廉洁文化建设的总体目标，以及全面建设廉洁银行的要求。会后，各机构、各部门要认真学习贯彻，不折不扣落实各项工作要求，着力推进廉洁文化落地生根，为廉洁银行建设提供强大的精神动力和文化支撑。下面，我就学习、宣传、贯彻廉洁文化再提四点具体要求：

一要高度重视并发挥文化促廉的作用。工商银行的廉洁文化，是工商银行廉洁从业氛围的历史积淀，是“工于至诚 行以致远”企业文化不可或缺的重要组成部分。党的十八大以来，工商银行按照中央的统一部署，改进作风，更新观念，党风廉政建设工作取得新进展，“四风”问题得到有效遏制，一些沉疴流弊得到积极纠治，但要构建反腐倡廉工作长效化机制，还要继续依赖并发挥文化的力量。先进文化可以促廉养廉，《关于加强廉洁文化建设的意见》的出台，为广大干部员工确立了看得见、摸得着的廉洁从业标准，各级行、各部门要重视和发挥好廉洁文化的引领、凝聚和约束作用，使之成为推动工商银行反腐倡廉和廉洁银行创建的重要手段，满足服务客户和建设国际一流现代金融企业的内在要求，保障员工职业生涯安全和个人人生价值的实现。

二要深入理解并践行廉洁文化的理念。要坚持公开透明，大力推进党务、行务、部（室）务公开，自觉接受组织、群众和舆论监督，让权力在阳光下运行。要坚持公私分明，以法律法规和行规行纪为判断标准，自觉处理好公与私的关系，把公私分明作为谨慎用权的底线，确保行使权力不越轨、不谋私；还要树立正确的权力观和业绩观，大力弘扬先公后私、克己奉公的精神。要坚持自律律他，不断提升职业操守和道德修养，在灰色、模糊地带和各种利益诱惑面前，有效识别和管理利益冲突，严格约束自己的一言一行；还要勇于对他人苗头性、倾向性问题及早提醒和化解，发现违规违纪行为及时揭发和制止。要坚持廉勤并重，以廉立身、以廉养德，审慎对待和使用权力，增强节俭意识和成本意识，以勤立业、以勤促廉，做到勤勉敬业、恪尽职守。

三要扎实推进并拓展廉洁文化建设成效。要以上带下，充分发挥各级行、各部门领导班子和领导干部在廉洁文化建设中的示范带头作用，落实主体责任，恪守廉洁承诺。要共谋共创，以全员参与为保障，形成廉洁文化建设的广泛群众基础和良好氛围。要突出重点，加强对各级管理人员和关键岗位人员的教育，督促其规范用权、正确履职、恪尽职守、廉洁自律。要注重基础，从最基本的建章立制、遵章守纪、严格执纪等做起，将廉洁文化渗透到各项经营管理活动之中。要惩防并举，扎实做好教育、制度、监督等预防工作，做到提醒在前、预防在前，同时加大查处违纪违规行为力度，充分发挥惩治的震慑作用。要奖罚分明，对廉洁文化建设的正面典型予以表彰奖励，对不抓不管、顶风违纪的严肃问责，树立正确的价值导向。随着廉洁文化建设工作的不断深入，各机构还要充分结合各自经营管理实际，多举办廉洁故事征集、阅读廉洁从业书籍、开展廉洁文化知识竞赛等活动，多采用案例讨论、论坛交流、网络共享等便捷化教育方式，多挖掘本机构廉洁文化建设先进典型，深化拓展廉洁文化建设成效。

四要牢牢坚守并创新廉洁文化的内涵。工商银行的廉洁文化建设，既是一个持之以恒的坚守过程，更是一个与时俱进的创新过程。近日，中央相继印发了新修订的《中国共产党廉洁自律准则》、《中国共产党纪律处分条例》，我们一定要切实贯彻落实《准则》、《条例》要求，丰富完善廉洁文化内容。各级党委要落实主体责任，切实抓好《准则》、《条例》的学习宣传、贯彻落实，使党的纪律和规矩刻印在全体党员特别是党员领导干部的心上，把严守政治纪律和政治规矩永远排在首要位置，通过严肃政治纪律和政治规矩带动其他纪律立起来、严起来。各级纪检监察部门要将纪律和规矩挺在前面，认真抓好监督执纪问责，加大查处违反《准则》、《条例》行为的力度，进一步探索建立不敢腐、不能腐、不想腐的有效机制。广大党员干部要加强党性修养，牢固树立党章党规党纪意识，严格遵守国家法律法规，守住纪律“底线”，使廉洁自律规范内化于心、外化于行，自觉做守纪律、讲规矩的模范，努力营造良好的政治生态。

在境外机构党风廉政建设工作座谈会上的讲话

王　林

（2015 年 11 月 3 日）

刚才，听了大家对境外机构党风廉政建设有关情况的介绍，很有收获，也很受启发。这次为了配合做好中央巡视组的专项巡视工作，总行党委专门召集国内职级为省行副行级（含）以上的境外机构和 4 个区域管理机构（美国、中东、湄公河、欧洲）的 10 名主要负责同志回国，参加 11 月 1 日的动员会和个别谈话工作，这既反映出总行党委对这次专项巡视的高度重视，也说明我们这 10 家境外机构在贯彻落实党的建设和党风廉政建设工作中具有十分重要的代表性。这次专项巡视是一次政治巡视，在动员会上，中央第四巡视组马瑞民组长深刻阐明了巡视工作的重要意义，指出全面从严治党的核心就是加强党的领导。中央巡视办张本平副主任也对做好巡视配合工作提出了明确要求。姜建清党委书记更是要求我们全行各级党组织和全体党员干部要从政治责任的高度坚决支持、积极配合中央巡视组的工作，确保巡视任务圆满完成。大家要深入学习领会、认真贯彻落实上述讲话精神，除参加动员会议和个别谈话外，还要配合做好后续可能会遇到的问题线索核查及整改落实工作，同时要以此为契机，全面加强境外机构党的建设和党风廉政建设工作。

马瑞民组长在讲话中还着重传达了中央领导讲话精神，特别强调全党只有一部党章，对全体党员和所有党组织都有效管用，坚持党的领导没有例外、没有特殊。因此，作为国有控股大型金融企业，不仅要高度重视和不折不扣地加强境内各级机构的党建工作，而且要全面加强境外机构党的建设和党风廉政建设，这是我们义不容辞的政治责任。总行党委高度重视，今天上午谷澍副行长召开了境外机构业务发展座谈会，下午专门召集大家就境外机构党风廉政建设工作进行座谈，目的就是要进一步了解掌握境外机构党的建设和党风廉政建设的实际状况，研究提出进一步加强境外机构党风廉政建设的思路和措施。下面，我结合大家座谈发言情况和总行纪委监察室日常工作掌握的情况，重点讲两方面的意见。

一、全面客观认识境外机构党风廉政建设现状

（一）要充分认识到工商银行国际化战略的顺利实施得益于党的坚强领导。在党中央、国务院的正确领导下，早在 20 世纪 90 年代初，总行党委就提出并尝试推进了国际化战略。从 1992 年设立第一家境外机构——新加坡代表处起步，工商银行的国际化经营已经走过了 20 多年不平凡的历程。特别是 2006 年上市以来，我们将党的强大政治优势与公司治理机制有机结合，依托股改上市后整体实力的增强，抓住机遇，积极布局，境外机构快速发展，竞争能力得到了显著提升，国际化发展成为我行经营转型的一道亮丽风景。截至今年第三季度末，我行已建成跨越六大洲，覆盖 42 个国家和地区，由 400 家境外机构组成的牌照完备、运营高效、服务优良的全球网络。这些成绩和进步的取得，得益于党的坚强领导，得益于我们坚决落实中央关于改革开放和“走出去”战略部署，自觉把加强党的建设贯穿于国际化战略实施全过程，党始终是现代金融企业建设事业的坚强领导核心。

（二）要充分肯定境外机构在党风廉政建设方面的积极探索和取得的明显成效。工商银行作为党领导下的大型国有控股金融企业，总行党委始终高度重视党风廉政建设，今年 10 月党委审议通过了《关于加强廉洁文化建设的意见》，提出了“公开透明、公私分明、自律律他、廉勤并重”的廉洁文化理念和相关方法、路径、工作要求，这是我行企业文化建设的又一成果。从大家发言中可以看出，各境外机构也结合自身实际，不断探索党建工作引领发展、支撑发展、保障发展的新途径、新举措。除了刚才座谈时大家提到的，总行纪委监察室在工作中也了解到境外机构一些好的做法。如悉尼分行在设立之初，就主动向总领馆申请设立党支部，积极发展党员，频繁开展活动，总经理室成员带头讲党课，组织观看《建国大业》、《建党大业》等优秀教育影片，按时参加总领馆党日活动和国庆升旗仪式，使党组织的凝聚力进一步增强，在海外中资机构中起到了表率作用。纽约分行认真执行总行廉洁从业制度，制订了严格的营销标准，从严控制业务营销中赠送的小礼品价格，而且购买、保管、领用环节均有登记台账，推动了客户关系维护方式及时融入美国本土文化，维护了工商银行

的廉洁形象，促进了分行业务的稳健发展。外派工银阿根廷的管理层成员带头遵守总行各项廉洁自律要求，在总行检查组发放的不记名问卷调查中，“拒收礼品礼金等不正当利益”、“管好配偶、子女”、“勤俭办行、规范职务消费”等测评项目均得到99分以上的正面评价，外派员工对管理层成员廉洁履职的问卷满意度达98.64%，这不仅为3 000余名当地雇员树立了廉洁从业榜样，也有助于提高当地市场和客户对工商银行的认同度。

（三）要清醒认识境外机构在党风廉政建设方面存在的问题和不足。按照中纪委以及总行党委的要求，总行纪委监察室在国际业务部、内部审计局、内控合规部等部门的有力配合下，从2012年开始，有计划地对境外机构高管人员廉洁履职情况开展现场检查，目前已经完成了对8家机构的现场检查，从检查的情况看，主要问题表现为：一是个别党员领导干部对在境外机构中增强党员意识、强化党的领导的重要性认识不足。有的过多强调境外机构在人文环境、业务经营、人员构成等方面的特殊性，没有认识到境外机构虽然从地理位置上远在境外，但从本质上讲仍是工商银行的一个分支机构，每一个外派机构负责人仍是工商银行党委任命的干部，说明有的干部在思想政治学习和党性修养上还存在一定的差距。二是差别化探索落实总行廉政案防要求仍需加强。对于明确适用于境外机构的总行廉政案防制度，有些境外机构没有结合实际，作出细化、差别化的探索落实。有的境外机构负责人，考虑经营压力多，考虑党建工作和党风廉政建设工作少，党组织的战斗堡垒作用没有充分体现。三是民主决策的作风仍需加强，团结共进的工作氛围仍需营造。有的境外机构通过召开总经理办公会或其他类似会议进行议事决策，会议频率相对随意，议事程序相对简单，记录要素也不尽完善。有的境外机构外派管理人员工作配合上出现“共苦不同甘”现象，缺乏有效沟通和协调，在有些问题上矛盾隔阂越积越多。有的甚至将个人矛盾公开，造成员工“选边站队”，工作、生活氛围压抑沉闷。有的境外机构关心关爱员工不够，人员流失率高，并且当地雇员和外派员工由于语言、文化上的巨大差异，也出现了不团结、不和谐的现象。四是极个别境外机构负责人自律意识不强，公私不分、要求不严。近年来总行收到一些信访举报，反映个别境外管理人员在办公用房、租赁、装修等方面以权谋私，公款报销应由个人支付的费用、违规选人用人、公车私用等问题线索。其中，一些经核查了解部分属实，总行已经采取了免职调离、谈话提醒等组织处理措施，有的仍在了解关注中。

总之，我们既要看到境外机构在党风廉政建设方面取得的成绩，也要清醒认识存在的问题和不足，采取有针对性的措施积极加以改进。

二、进一步加强境外机构党风廉政建设工作

（一）要深刻学习领会中央以及总行党委关于党风廉政建设的新部署新精神。党的十八大以来，党中央在全面从严治党方面形成了一系列新思想、新论断和新要求。如“四个全面”战略部署，全面从严治党是保障；落实八项规定，加强作风建设；严明政治纪律，严守党的规矩；认真落实党委主体责任和纪委监督责任；把纪律挺在前沿，等等。这都充分显示了党中央坚持全面从严治党的恒心和决心。总行党委结合我行实际，也提出了从严治党、从严治行的一系列新要求，如制定了落实中央八项规定精神的十五条具体要求并带头执行，出台了党委落实主体责任和纪委落实监督责任的规定，等等。当前党风廉政建设的形势、要求和任务都与以往发生了很大变化，各境外机构一定要深入学习、认真思考如何结合实际，在党组织和党员干部中传达好、创造性地落实好这些新部署、新精神，切实增强党员干部的党性、党章、党纪意识，并解决好“学”与“行”的问题。

（二）要不折不扣落实好从严治党、从严治行的新要求。在境外复杂、特殊的环境里，要实现境外业务健康发展，确保国有资产保值增值，就必须把党的政治优势发挥好，把党风廉政建设的要求落实好，确保工商银行的机构延伸到哪里，工商银行的业务开办到哪里，党组织就建到哪里，党员干部就派到哪里，党建工作就开展到哪里。在坚持党的领导上，一定要全集团一个标准、一把尺子，境外机构也不能例外，没有特殊。只要是党的组织、党员和党的干部，就要按党章和党的规则办事，中央制定的路线方针都要贯彻，从严治党的要求都要落实，党的纪律和规矩都必须遵守。当然，境外机构所处环境不同，员工队伍构成多元、利益诉求多样、价值取向多维，党组织的建设和活动方式也不尽一致，确实不能生搬硬套境内的做法，但必须坚持原则性，做到工作标准不降低，同时在形式上可以结合境外机构所在地实际，根据总行党委和所在地使（领）馆安排，体现一定灵活度，因地制宜、勇于创新、想尽办法抓好抓实。

（三）要进一步提升外派领导班子的廉洁履职能力。要健全科学民主决策机制，着力提升战略决策能力。按照民主、科学、高效的原则，建立完善外派领导班子议事和决策机制，制定各项内部管理制度和规定，合理划分职责权限，严格规范决策程序。要防止“一言堂”、个人说了算，也要防止议而不决、决而不行。对于重大决策、重要人事任免、重大项目安排和大额度资金运作等“三重一大”事项，应在外派领导班子内进行集体讨论酝酿，达成一致意见后，再按照当地监管和公司治理要求履行必要的程序，形成最终决定。外派班子成员要相互尊重、相互信任，增强团结共事的能

力，共同推动境外机构业务的可持续发展。“一把手”要在工作上作表率，生活上作模范，充分调动每位员工的积极性，努力打造一支团结和谐、充满活力、运行高效的境外团队，共同推动各项工作顺利开展。

（四）要带头自觉遵守行内各项廉洁从业制度和作风建设规定。自身正，不令而行。在廉洁从业方面，境外机构负责人首先要带头管好自己以及配偶、子女和身边工作人员。要自重、自省、自警、自励，正确行使手中权力，决不允许公私不分、以权谋私。要严格执行中央八项规定精神，坚决反对“四风”，决不允许把一些在国内过去习以为常的不规范做法带到境外去，决不允许片面以境外的一些惯例为借口，不严格执行总行党委的决策部署和工作纪律要求。每一个境外机构的每一名党员领导干部都要严格执行《中国共产党廉洁自律准则》，严格执行领导干部个人有关事项报告制度，按时填报廉洁从业报告和廉洁从业承诺，等等。当前，尤其要及时组织学习贯彻中央新修订印发的《中国共产党廉洁自律准则》和《中国共产党纪律处分条例》，强化纪律意识和规矩意识，筑牢廉洁从业的思想道德防线。要以良好的作风和经常性的纪律教育引导全体员工严格执行廉洁自律各项规定，着力打造一支廉洁高效的境外干部员工队伍。

参加今天座谈会的各位是境外机构的代表，希望大家在境外机构党风廉政建设方面发挥好带头作用，充分发挥集团党建工作的政治优势，切实加强党风廉政建设，以更加奋发有为的精神，更加求真务实的作风，深入推进全行国际化战略的实施，为国际一流现代金融企业建设作出新的贡献。

在中国工商银行2015年信贷工作会议上的讲话

魏国雄

（2015年2月10日）

今天会议的主要任务是，认真贯彻去年末召开的全行改革发展研讨会和2015年工作会议精神，落实今年信贷与投资管理、授信审批和风险管理重点工作。一会儿易会满行长还要做重要讲话，请各行认真贯彻落实。下面我就2014年全行信贷工作情况及今年重点工作先讲几点具体意见。

一、2014年信贷工作回顾

2014年，全行信贷战线按照总行党委统一部署，扎实推进各项工作，保持了信贷业务稳健有序发展。

（一）信贷投量适度、投向合理。全年境内分行新增本外币贷款××亿元，同比多增××亿元，增幅××%，累放贷款××万亿元，相当于新增量的××倍。重点拓展基础设施、能源资源等八大领域，以及个人消费类信贷、小微企业及供应链融资等三大业务板块，个人住房贷款增加××亿元，增幅为××%，高出各项贷款平均增幅近一倍。项目贷款增加××亿元，同比多增××亿元，主要用于支持国家及省级重大项目建设。地方政府融资平台、房地产及产能过剩行业共压降融资××亿元。在支持实体经济提质增效过程中，促进了信贷经营转型和结构优化。

（二）信贷资产质量达到预定控制目标。年末集团不良贷款率为××%，实现了预定控制目标。全年清收处置不良贷款××亿元，其中现金清收××亿元，现金清收账销案存资产××亿元，同比增加××亿元。转化潜在风险贷款，收回有风险的融资××亿元，整改操作不规范和具有风险隐患融资××亿元，为加强融资风险管控、提升信贷资产质量发挥了重要作用。

（三）信贷运行机制持续完善。总行组建成立信用风险监控中心，实现了对全集团、全客户、全产品、全流程的风险监控，总分行联动的信用风险监控体系基本形成。全年共对××万户法人贷款客户、××万笔个人贷款进行监测排查，涉及我行融资××万亿元。调整优化行业（绿色）信贷政策，去掉了冗余内容，突出了行业关键特性指标，强化行业全口径融资限额管理，充分发挥投向引导和风险控制功能。全面清理了信贷业务制度办法，更新废止、精简整合70余个制度、办法以及一些过时不适用的文件。健全金融资产服务业务制度体系，实现对非标代理投资业务全产品、全流程、各环节的制度覆盖。经监管部门批准，实施了资本管理内评法，进一步完善了信用风险内部评级，提高评级结果的时效性、敏感性和适用性。总行信贷与投资管理部牵头组织以及配合内外部检查和审计31项，累计对超过××亿元信贷和金融资产服务业务进行了现场检查，并督促认真整改。

（四）信贷流程持续优化。总行对分行集中反馈的9大类376个流程问题逐个研究确定解决方案，从制度、体制和系统功能上全面优化信贷业务操作流程。授信审批部门以机构改革为契机，整合优化内设机构和业务流程，优化完善授信管理，突出了授信对风险总量的控制，增强授信管理的灵活性。整合了项目评估和审查流程，明晰了项目评估与审查的职责分工，扩大了调评合一、评审合一、认同评估适用范围，进一步规范了授信项下授权审批制，加快推进个人住房贷款自动化审批。总行授信审批部整合后，总体运转良好，大幅提升了业务办理效率。2014年全行完成授信方案审批××个，核定授信额度××亿元；完成法人客户和个人客户单笔融资业务审批××笔、金额××亿元。全行首次在9月末顺利完成年度评级授信核定工作，较往年时间提前、质量提升。全行累计对××笔、××亿元信贷业务实施逐笔放款核准，放款核准及时率××%。全行信贷监督部门累计接收应入库信贷档案××份，经监督检查合格入库××份，入库率××%。

过去一年，在工作任务十分繁重的情况下，全行信贷管理、授信审批、风险管理战线的全体员工，兢兢业业、努力工作，较好地完成了各项工作目标，为全行经营发展作出了积极的贡献。

二、今年信贷工作主要目标任务

在去年末改革发展研讨会和今年的工作会议上，姜董事长、易行长对今年信贷管理工作提出了总体工作要求，明确了具体目标，各行要认真贯彻落实。今年信贷工作的主要目标是：

境内分行人民币贷款新增××亿元，其中，公司贷款增加××亿元，个人贷款增加××亿元，银行卡透支增加××亿元。金融资产服务非标代理投资增加××亿元。

不良贷款率控制在××%以内；清收处置不良贷款××亿元，其中，现金清收××亿元；逾期贷款控制在××亿元以内；压降潜在风险融资××亿元。地方政府融资平台融资压降××亿元，房地产领域融资压降××亿元，5个严重产能过剩行业融资压降××亿元。

三、工作措施要求

（一）加大对重点领域的信贷政策支持

积极支持列入国家“一带一路”、京津冀协同发展、长江经济带“三个支撑带”的重点规划建设项目，支持交通运输以及电网、水电、核电、新能源发电、油气资源开发储备等优质能源项目建设。对于我行作为牵头行（代理行）的大型优质项目，可以提高融资同业占比。

积极支持教育、医疗、健康、养老、现代物流、文化旅游、生态环保、节能、高端装备制造以及各地区、各行业、各细分领域龙头优势企业及其上下游企业的融资，调整完善相关的信贷准入政策，积极研究新兴产业商业化运作模式，加强政策引导。从授信核定、业务流程、业务条件等方面，加大对优势企业政策支持。

加大对自贸区和优势企业“走出去”融资业务政策支持，支持能源资源、高铁、电力、产能富余等行业产能出口、资源进口、跨境并购中的融资业务，完善境内外一体化配套的信贷政策和授权。对于需要上收总行审批的一些限制行业“走出去”项目，境内分行可执行基本授权，且不受相关行业限额控制。

为了更高效、更精准地支持市场营销，对一些疑难项目可以采取预审制，总分行可由行领导召集前中后台负责人进行预审，提前做好把关和政策引导。

对于单户500万元以下的小微企业，进一步扩大向下转授权，推行标准化简易业务流程，不再履行集体审议程序。

（二）积极支持个人信贷业务发展

重点发展个人住房按揭业务，积极支持首套房及改善型住房消费。按照市场化原则确定贷款成数和风险定价。个人住房贷款业务自动化审批今年要争取达到可自动化审批量的30%，将二套房纳入自动化审批范围。

进一步扩大个人质押贷款业务范围，推出个人金融资产质押贷款产品，将线上质押贷款额度由100万元提高到1 000万元，线上质押贷款采取客户承诺负面清单制并加强监测监控方式进行管理。

推出个人小额信用消费贷款业务品种。主要面对在我行有稳定的代发工资、稳定的金融资产、办理过个人贷款且还款记录良好的优质客户，推行个人信用贷款，采用模型核定贷款额度、网上自助、循环方式办理。

对于部分具备条件的分行，探索推行个人实物资产抵押的贷款品种。

（三）完善信用风险业务授权管理

今年信用风险业务授权总体原则是充分授权、权责匹配、动态管理。根据对各行信贷风险管理综合评价，在保持授权分类总体稳定的基础上，调整分行分类。

扩大分行基础产业类项目贷款、个人消费贷款、内保外贷、债券承销及投资、走出去等业务授权。除钢铁、水泥、光伏制造、常用有色金属冶炼、造船、煤化工、平板玻璃、风电设备8个产能过剩行业及液晶面板项目贷款上收总行外，其余项目贷款按基本授权执行。并将分行审批的其他产业项目贷款年限由8年放宽至10年。对评级、押品、评估、代客衍生交易保证金减免等，不再作为授权管理，均在相关的制度办法中明确。

这里需要强调的是，一级分行在转授权时，要遵循权责对等，谁转授权、谁负责，授权下放、监管上收的原则，对于总行允许转授的权限，不能搞简单的可授尽授。要在确保机构人员到位、风险可控的前提下才可行使转授权。

（四）加强行业限额及重点行业风险管理

总行将全部国民经济行业划分为18个行业板块，对每个板块提出信贷投向和风险控制的意见。通过行业板块与具体子行业相结合的方式，实现行业政策的全覆盖，有效指导全行信贷投放。将风电设备、医药制造行业由谨慎进入类上调为适度进入Ⅱ类；将煤炭行业下调为谨慎进入类。适当放宽机场、港口、轨道交通等基础设施领域政策，提高煤炭等风险较高行业政策标准。

今年总行继续对5个严重产能过剩行业及煤炭行业实行全口径融资限额管理，优化调整行业限额管理方式。支持具有产品、技术等优势的优质企业融资需求，支持这些产能“走出去”。采取名单制方式，加快退出产能过剩行业中工艺技术落后、污染严重、谨慎类和退出类客户融资。

受多种风险因素影响，一些已建成煤化工项目在技术、成本、环保、水资源等方面仍有较多问题，效益较差。要暂缓无特别优势的新的煤化工项目审批或签约，已签合同未提款的暂缓提款，已放款的要落实有效担保，切实防范新型煤化工行业性风险。

（五）加强地方政府债务相关领域和房地产融资管理

在控制地方政府融资平台融资总量的同时，加快调整存量融资结构，积极研究和发展PPP模式新市场。当前政府债务相关领域过渡期政策还不明朗，对已到期的存量融资原则上要收回，对确实暂时不能收回的，要在确认债务偿还已纳入地方政府预算和债务系统的前提下，按照监管要求办理融资整改。对在建项目后续提款的，也要在确认债务偿还已纳入地方政府预算和债务系统的前提下，按照相关贷款条件和监管要求，由一级（直属）分行行长签批后办理。各行要继续做好地方政府债务确权工作，继续执行现行的地方政府融资平台监管政策。

房地产融资总量压降××亿元，今年贷款存量移位仍有××多亿元的投放空间，重点投向一二线城市可带来住房按揭资源的普通商品住房及保障性住房项目，加大优质客户支持力度。对于项目建设进度及销售基本正常，暂时出现销售进度缓慢不能按期偿还贷款的，经一级分行审批，可以采取期限、利率、还款方式等要素整改，确保资金安全。棚户区改造主要支持按商业化模式运作的项目，对于主要依靠土地出让收入返还或融资平台承贷的项目，要执行政府债务相关政策。重点控制压降三四线城市三四级资质客户贷款，严格控制商用房开发贷款，严格控制商铺、商场、酒店、宾馆、写字楼等固定资产支持融资业务，严防用途管理不到位、资金监管不落实、价值评估虚高、套现投资等风险。

（六）加强融资产品创新和风险管理

加大推进网上融资产品创新，继续推进网络融资产品创新，开发更多适于产业链、中小微企业以及个人用户的标准化互联网信贷产品。加快网贷通产品从小企业向个人用户的延伸。积极围绕我行融e购电商平台整体战略进一步提升信贷服务的协同性和竞争力，要准确把握“B2B”、“B2C”、“C2B”等不同交易生态环境下个人、小微和产业链客户的经济行为特征和金融服务需求，有效运用大数据和互联网技术开发个人循环贷、网上集采贷、在线供应链融资、网商微贷等“一触即贷”的标准化网络融资产品，进一步丰富我行互联网信贷产品体系。

积极创新适应新常态需要的信贷产品。进一步完善内外联动、跨境供应链、“走出去”等配套政策和产品，实现境内外机构、客户、业务的融合贯通。积极运用结构性融资产品，并通过投行与商行的组合模式切入优质客户并购重组业务。鼓励在医疗、养老、文化、旅游等领域通过先行先试开展信贷产品创新。要对信贷产品收益、风险、使用频率等定期评价，及时停办或调整风险较高、使用频率过低的产品。

尽快把贸易融资产品整合为采购融资、订单融资、发票融资和保理业务四大类，取消应收账款池融资，规范商品融资模式，明确产品适用场景和风险防控要点，并配套制定调查、审查、作业监督和贷后管理工作模板。同时要做好防假反假，严控虚假交易、重复质押等风险，推动贸易融资业务健康发展。

（七）持续优化信贷流程

今年客户信用等级评定主要以机评为基础，原则上不再作向上推翻调整，但可以向下调。要从严审查定性评价得分明显超过定量评价的合理性，提高评级审慎性。要引入外部第三方数据，与评级信息交叉验证，全面真实反映客户风险状况，提高评级准确性。对于不符合信用等级要求的客户，在风险可控的前提下，经有权审批人审批，可以办理相关业务。

完善授信管理办法，建立集团层面、境内外统一的授信制度，取消债项授信，除衍生类业务外按业务余额等额占用授信，不再采用系数法，进一步增加授信管理的弹性，简化存量客户年度授信核定工作。今年的评级、授信工作实行并轨进行，原则上8月底前要完成年度评级授信工作。

优化项目评估和押品管理。制定项目评估偿债能力评价办法，按行业修订评估实施细则、打分卡模型、技术经济指标及评估指引，完善外部评估咨询机制。修订押品管理办法，规范押品价值评定，强化押品中介评估机构的考核与管理。

进一步优化授信审批流程。扩大授信项下授权审批制范围，期限三年（含）以内的非融资类保函（预付款保函除外）、代理签发银票和代开信用证业务，可执行授信项下授权审批制。原则上小微企业、贸易融资及其他小额标准化业务，都不履行集体审议程序。进一步充实审议委员队伍，逐步减少兼职委员数量，加快实现信贷集体审议向专家委员审议转变。

（八）全力保持资产质量稳定

各行要继续全力压降逾期贷款，对临时性资金紧张的客户，要在风险敞口不扩大的前提下，做好客户贷款期限、还款方式、担保方式等要素整改，及时采取各种积极有效措施来化解风险。总行将对逾期30天到90天未纳入不良的公司贷款按照不良贷款模拟计提拨备。继续抓好不良贷款清收处置，提前做好不良贷款批量转让工作，清收处置任务较重的分行，要加快组建特殊资产处置团队，抽调专人早安排、早摸查、早尽调、早准备，及时做好与相关资产管理公司拟转让资产包的推介与对接，加快处置效率，提高受偿率，完善集中处置、专职清收、分层管理工作机制。提高处置收益。适度放宽以物抵债的授权，通过法院调解（和解）或仲裁方式实施的以物抵债，抵入资产须有较高变现价值、产权清晰，便于管理和处置。

加强潜在风险客户管理，对总行信贷监督中心四色清单的风险特征全面显现、短期内劣变可能性很大的红色风险预警客户，风险特征已逐步显现、中期劣变可能性较大的橙色风险预警客户，以及风险隐患已积聚，中长期来看劣变可能性较大的黄色风险预警客户，其信用等级不得高于A级；红色预警客户贷款质量分类不得高于关注三级；橙色、黄色风险预警客户贷款质量分类不得高于正常四级。对于潜在风险客户，除部分低风险信贷业务外，原则上不得增加融资余额，确需增加的，须由一级（直属）分行行长或主管授信审批副行长审批。对潜在风险融资压降计划未完成额、未纳入潜在风险管理的违约融资额，年末按一定比例扣减分行考核利润。

继续实施不良贷款压降与绩效工资挂钩考核，并对2013年以来新办理业务（指新的客户及存量客户新增加融资）发生的不良贷款，要逐笔分析，区分责任，严肃问责。对在调查、审查审批、贷后管理等环节明显失职的相关责任人及管理人员，按现行处理规定从重处罚。

（九）切实发挥各环节风险把控职能

加强授信风险总量控制，核定授信方案要突出管控好风险总量，重点关注客户整体融资的适度性，当前特别要加强非专项融资总量的控制，防范过度融资风险和多头融资风险。对审查发现存在过度融资的客户，要坚决压缩授信和融资。对我行融资同业占比偏高的客户，要控制我行授信及融资总量。对信用风险较大的客户要提前主动压缩授信，督促经办行逐步退出。

对单笔业务审查中要重点把握好借款人、融资用途、还款来源和增信措施四个关键环节。要严格控制各类保证贷款，除了母公司给子公司担保并按信用贷款管理外，严格控制其他的保证贷款，特别是互保、联保、关联保证；对于缓释作用不强的保证方式存量融资要逐步压缩或用其他方式来增信。对担保公司担保的贷款要审慎办理，择优选择资本实力强、管理规范、风控机制良好的担保机构开展合作。

提款审核环节要切实承担起放款前最后环节的风险把关职责。借款合同须在审批有效期内签订，且合同中须明确约定具体提款期限，超过提款期限的，原则上不得核准提款。提款审核环节须对借款人风险状况重新进行评估衡量，对风险扩大的业务，应重新提交原审批行审核确认是否办理提款或申请变更贷款条件。作业监督环节要进一步加强和完善信贷业务档案资料管理，确保信贷档案资料及时、完整、合规入库。

（十）完善信用风险监控体系

切实提高风险预警覆盖率及命中率，抓住当前信贷风险突出的领域，加大对结算异常波动（主要是结算量大幅下降）、过度融资、关联风险、交叉违约等风险问题的监测分析，切实发挥大数据在风险管理中的应用，采取系统控制、跟踪督办等措施，逐一解决风险“雷区”。

建立和落实上下联动的监控工作机制，进一步明确和规范各级行监控职责、业务流程等。一级（直属）分行信贷管理部门要建立专职团队负责信用风险监控工作，二级分行要指定专职岗位落实相关职责。对总行监控预警的风险客户、机构或人员，各级行要严格按照职责分工，落实风险核查、信息反馈、跟踪督办及风险管控等工作，确保责任到人，整改到位。

完善法人大户融资风险管理机制。总行重点对融资余额在10亿元以上且存在风险隐患的客户，定期召开风险分析会议，控风险、定策略、提措施、督落实。各级分行也要建立法人大户会诊制度，完善大户风险分析机制，健全法人客户突发风险事件应急处理机制，重点针对融资金额亿元以上的潜在风险大户，一户一策，确定并实施有针对性的风险控制措施。

加强风险加权资产的监测、分析和管理。今年，总行要根据监管新要求，加强对风险加权资产的监测分析。各分行要进一步树立资本节约的经营理念，持续开展风险加权资产的监测分析，优化信贷业务结构，压缩和退出资本占用高、回报低的融资业务，减少低效非信贷资产的资本占用。

总行将从行业、区域、产品、质量等维度，对各分行信用风险业务资本占用、收益、RAROC等变化情况进行监测，综合评价各分行存量移位与增量资源配置效率，督导分行优化信贷结构。

（十一）加强代理投资业务管理

加强流程管理和风险控制。制定代理投资业务作业监督操作规程，代理投资业务必须在系统中完成前提条件核准和作业监督后才能放款。制定投后管理实施细则、投后管理检查和报告模板并投产应用系统功能，推进投后管理职责与操作要求落地。

完善合作机构管理，对于不在总行准入名单内、没有核定限额的合作机构，各行不得与之合作。

制定代理投资业务资产质量分类管理办法，通过分类系统实现细分资产质量、细化管理要求、逐笔监控业务风险。

完善金融资产服务系统。目前理财投资、私募股权主理银行等业务的系统管理功能已全部投产应用，其他业务功能今年也将全部投产，真正实现代理投资业务的全面系统管理。今后的业务必须在线上办理，不得线下办理业务。

进一步加强自营与代理业务风险隔离，防范输入型、交叉型风险。不能简单地以信贷审批代替代理投资审批，严格融资客户准入管理，对信贷潜在风险客户、明显过度融资客户，代理业务不得受理其融资需求，严防风险传染。对理财投资客户出现违约风险的，不得通过表内贷款为其融资兑付退出。

（十二）持续推进信息化建设

在去年全面完成个贷业务系统迁移工作基础上，今年上半年，全行将完成境内法人贷款业务向 GCMS 的一体化迁移整合工作。新系统投产后，全集团个贷、法人贷款和金融资产服务业务将全流程纳入 GCMS 操作管理，实现各类信息的统一处理、高度共享、整合利用，实现产品和业务流程的灵活配置，有力支持业务创新和对市场的快速响应。目前 7 家分行已分批试运行，系统功能总体平稳，其余各行也将陆续完成投产应用。投产后，CM2002 系统将关闭退出，各行要提早做好人员培训和准备工作，确保系统平稳上线。

持续推进信贷业务流程优化工作。去年总行对基层行反映信贷业务流程存在的系统操作页面不友好、操作不便捷、信息和影像重复采集、流程环节过多等问题进行了专题梳理，全面优化支持统一业务流程处理、授信项下授权审批和低风险等简易流程处理，归并整合合同用印、内评验证等业务辅助流程，实施尽职调查模板标准化改造。上述系统功能优化随 GCMS 法人贷款一体化功能推广应用后，将极大简化业务处理流程、完善系统各类信息共享调用、提升系统操作的便捷性和页面友好性，大幅减少客户经理案头工作。今年总行将进一步研究利用移动办公和多渠道身份认证等方式，启动对个贷业务流程的优化工作。同时建立系统功能用户体验工作机制，在 GCMS 中开辟专栏登记反馈各类问题。各行要结合总行具体要求，选派一线业务人员积极参与体验，提出改进建议，同步做好日常问题登记管理，与总行一起推进信贷业务流程的持续优化。

全面整合贷后管理和信贷集中监控体系。重点研究完善从总分行集中监控到基层行落地执行、反馈和控制的全流程共享和全封闭系统化处理，避免因为监控事项体外循环，风险信息前中后台不能全面共享的情况。同时结合存续期管理工作要求，不断构建和完善以客户管理为中心的贷后（投后）管理体系，归并整合客户经理各项贷后（投后）操作事项和流程，减少重复操作。

（十三）加强信贷经营机构及人员管理

实施信贷经营机构资质管理。总行已印发信贷经营机构资质管理办法。在 2 月底前，各行要在人力资源系统中完善人员信息，重点厘清基层经营机构行长和信贷分管行长、团队负责人、团队业务骨干的底数。3 月，各行要成立一把手负责的信贷业务经营资质管理委员会，并完成首次资质认定。要加强对经营机构动态管理，对不符合条件的，要实施风险提示、业务整顿、机构整顿等措施，直至暂停信贷经营资质。

实施信贷人员资质管理。总行将信贷审批资格与信贷序列专业资格统一为信贷专业资质，涵盖从事信用风险业务的前、中、后台人员。把通过考试认证作为取得信贷专业资质的基本要求，考试以笔试为主，取消免试，前期已通过免试取得相应资格的要重新参加考试。信贷专业资质考试认证由总行统一规划和管理，并由总行、分行分别组织实施，从今年起增加考试和认证频次，满足业务发展需求。为平稳衔接信贷专业资质管理，将 2016 年 12 月 31 日前设置为过渡期。在过渡期内，对已通过考试获得原信贷审批、信贷序列资格的人员，在资格有效期内可作为信贷序列职务聘任的依据，对免试获得原信贷序列、信贷审批资格的人员，要求重新参加信贷专业资质 A 类考试。

要做好各项业务培训。根据总行培训规划，要利用三年时间对全行高级资质人员、专家审议委员、总行评估委员等业务人员进行全面轮训。中后台部门还要与前台部门密切配合，做好对相关营销人员的业务培训。同志们，2015 年各项工作任务十分艰巨，大家要进一步坚定发展信心，保持奋发有为的精神状态，全力做好今年信贷各项工作，为保持资产质量基本稳定和加快推进转型发展作出积极的贡献！

在全行集中采购工作座谈会上的讲话

魏国雄

（2015 年 4 月 10 日 · 根据录音整理）

这次座谈会共有 28 家分行分管集中采购工作的副行长和集中采购部总经理参加。会议分为两个阶段，昨天主要研究如何进一步做好专项集中采购工作，今天主要研究如何进一步加强分行集中采购管理工作，其间还针对《关于加强分行集中采购管理的通知（征求意见稿）》进行了讨论，内容比较充实，会议比较成功。下面我谈几点意见。

一、全行集中采购工作取得了明显成效

2014 年，各行积极开拓思路，采取了很多有效措施，主动地开展工作，较好地发挥了集中采购的职能作用。以前座谈会大家谈问题和困难比较多，受限于人员不足、管理手段落后、学习机会不多等，有的行在工作上存在畏难情绪。这次会上，大家谈了许多好做法、好经验，以及取得的工作成效，也对工作中遇到的新情况、新问题进行了反映，体现出各行在集中采购管理的理念、思路上有了较大的提升。可以看出，大家对做好下一步集中采购工作充满信心，对集中化、规范化的采购管理十分期盼。

应该说，去年经过大家共同努力，全行集中采购工作在完善规章制度、防控风险、提高效率、推进信息化建设、节约财务成本等方面都取得了非常明显的成效。全行共完成采购 505 亿元，比上年增长近 5%，其中，集中采购 491 亿元，集中采购占比达到 97%，超额完成了全年计划。通过集中采购，节约支出 45.43 亿元，节约率达 13.86%，对全行经营效益的提升作出了重要贡献。不仅如此，去年全行集中采购效率也得到同步提升，管理更加规范、透明。以往反映集中采购比较多的问题是效率比较低，有时难以满足业务急需。有的反映说，一个项目实施集采需要 3 个月以上，去年这方面的声音明显减少，说明我们的效率明显提升，这个成绩是要充分肯定的。同时，集中采购的投诉、举报也明显减少，说明去年我们集中采购操作更加规范、透明。

二、当前工作中存在的主要问题

（一）人员配备不足，采购质量有待提高。部分一级分行集中采购专职人员较少，面对管理地域广、二级分行多、项目上收任务重等实际情况，却一直没有增加集中采购岗位人员；有的分行甚至没有专职人员。集中采购专家队伍建设有待加强，而且在知识结构、专业水平、业务能力上也存在着差距。

（二）重复采购。从全集团的角度看，重复采购的情况还比较多，同一品种、同一质量、同一要求的产品存在各分支机构重复采购、多次采购的情况，且价格差异也比较大。

（三）个别分行未严格执行集中采购制度。个别分行仍存在着应集中采购而未实施集中采购、在集中采购确定的供应商之外实施采购、对推荐供应商资格审核不规范、不严谨、项目整合力度不够和集中采购人员未能认真审核把关等问题。

（四）集中采购业务管理系统建设尚需完善。集中采购信息系统建设还相对滞后，还不能满足统计、分析、自动进行价格对比的要求，影响了集采管理效率。

三、下一步工作要求

（一）上收二级分行集中采购项目评审权。从各行集中采购集中度情况看，上收二级分行集中采购项目评审权的时机已经基本成熟。总行将对上收工作的一些细节事项再进行充分调研，今年 6 月底作为一个时间节点，从 7 月起分阶段分步实施，力争年底前见到成效。总行在上收集中采购评审权上早有成功案例，比如，珠海软件开发中心等直属机构的物业项目、班车租赁项目，是总行召开集中采购审查委员会审议的，是总行集中采购部组织专家谈判的。上级评审的好处在于，从更高的层面掌握信息和进行价格分析，根据当地的工资水平、物业水平、管理水平，可以拉平价格。比如，物业管理项目，省行评审可以对所属机构的物业管理进行评估和比较。正如有的分行发言时谈到，自身认为印刷项目评审谈判价格下降了 30%，已经较低，但从全行来看，还不是最低的。广告项目、守押项目也是如此。集中采购要为业务服务，想业务之所想，急业务之所急，但审批的紧急程度一般情况下是有限的，集中到一级分行审批是可以实现的。集中采购上收评审权，可减轻二级分行的压力，使其集中精力搞经营，也可防范道德风

险的产生。

集中是采购管理必然趋势，现在大部分分行采购集中度已达到90%，有的分行更高一些。二级行集中采购的评审权今年上收至一级分行，由一级分行召开集中采购审查委员会审议，组织评审谈判，保证规范操作，做到透明、合规、防风险。据我了解，平安保险公司在全国有很多分支机构，但公司对所有分支机构的保单全部集中处理，一张出租车发票、一顿饭费、一张机票、出差补贴也全部集中一地审核，实现财务全国集中。再比如，办公用品的统一标准化，不是工商银行独创，而是一个大企业必要的标准和形象。集中并不是我们创新，很多大银行全球都是统一的。我们的网点装修也不应该是五花八门，也应当统一。我们是国际大公司，要提高管理水平，要提高品牌效益，统一是非常关键的，要真正形成一个整体。

专项集中采购、区域集中采购也是集中采购的方式。比如，宁波分行集中采购评审权归属于浙江分行，大连分行评审权归属于辽宁分行等都可以探索。分行盖大楼必须当地立项，按照当地政府规定实施公开招标，除此之外原则上都可以上收到一级分行来评审，这样，工商银行集中采购才能更加规范。易会满行长在今年年初的财会工作会议上已经把这个要求讲清楚了，各行要落实好。总行集中采购部也要加强督促，使这项工作真正落到实处。

（二）加大专项集中采购力度。专项集中采购经过三四年时间的试行，开始是区域集中采购，最早从西藏分行开始。由于西藏分行规模较小，其集中采购全部委托四川分行办理，效果不错。还有像网点家具的专项集采项目，总行专门到广东召开现场会，各行反映还是不错的，采购价格甚至比原先各自采购下降一半以上。为此，去年总行加大力度推进专项集中采购工作。推广这个模式一定要有压力测试，小规模试点时有些问题不明显，推广面大了则会反映出来，这就是试点的效果，如果没有各分行的努力，没有压力测试，今天大家提不出这么多好的建议。

去年总行印发了专项集中采购管理办法，总行集中采购部再梳理一下，今年再发一个新的修订版。对一些比较标准化、比较适宜作为全行性、区域性使用的设备，将来都可以委托分行去做专项集中采购。集中采购采取两种形式，一种总行直接做，一种总行委托分行做，两种形式都是工商银行的集中采购。专项集中采购实施分行其实履行的是总行委托评审职能，代表工商银行在集中采购。总行要做好专项集中采购项目和分行集中采购项目的衔接，逐步扩大专项集中采购标的范围，避免分行重复采购。同时，专项集中采购也要提供计划采购数量，去年总行统一集中采购项目已经做到了。像产品零售一样，购买一台与购买一千台的价格是完全不一样的。

（三）集中采购要研究制订应急方案。在集中采购当中可能会遇到各种各样的问题，不确定因素始终存在。我们在制度上要做好应急预案，如果这家供应商不行了，马上要启动备选，不能措手不及。总行将来要做好这方面的工作，保证业务需要。

（四）严把供应商准入关。要进一步规范和严格审查供应商资质。一是对潜在的供应商资质要通过第三方信息验证，可以使用信贷系统查询供应商有无违约记录，是否欠贷欠息等，严把供应商准入关。二是既要了解供应商行业排名，也要关注供应商综合评价，不能只看排名，要对包括产量、质量、管理能力、技术力量、可持续发展以及法律诉讼、媒体报道等方面都有评估。三是对入围供应商每年做一次年审，重新评价。要对所有存续一年以上供应商服务情况、项目执行情况等有反馈意见，这要成为常规性的工作内容。总行组织实施的项目，由总行汇总；分行组织实施的项目，由分行汇总。未通过年审的供应商，属于不合格供应商，不能推荐为下期新项目的备选供应商。四是供应商要在工商银行开立账户，便于我们掌握其资信情况，可以更加了解其经营是否稳定、正常、有无违法违约行为等情况。鼓励供应商在工商银行办理各种金融业务服务，达到互惠互利，合作共赢。

（五）严把采购需求质量关。采购需求质量好坏，关系到集中采购物品的质量。因此，项目主管部门提出的需求应该清晰、全面、具体，包括材质、使用寿命、服务范围、维保等内容都应该具体明确，采购需求越细越好。集中采购部门审核需求时，要注意与项目主管部门一起把好需求质量关，对采购需求要反复沟通，反复核实，对不明确的内容要及时提示项目需求主管部门补充完善。只有采购需求编制得详细清晰，才能采购到好产品。同时，要注意不留过多库存，尤其是对更新很快的产品，不宜一次采购太多，最好零库存，把费用降到最低。

（六）注重队伍建设，提高专业水平。总、分行都要提升专家库专家的质量，提高专家的层次，确保专家的阅历和经验足以支撑对采购项目的决策。专家谈判的牵头人很关键，涉及价格、条款等很多方面，谈判人员要对谈判结果负责。

一级分行采购队伍的人员要充实、要稳定、要专业。没有专业人员做保障，集中采购业务是管理不好的。专项集中采购已经证明跨区域评审的可行性，对于集采人员不足以保质保量地完成本行集中采购工作任务的分行，总行集中采购部可协调由其他分行帮助评审。希望各行能够加强队伍建设，加强人员配备。同时，总行要加强对人员的培训，可以让每个分行集中采购人员轮流到总行工作3～6个月，边干边学，提高工作水平。

（七）做好融e购电商平台采购工作。目前，总行正在研究加快融e购集中采购业务发展问题，并增加融资功能，以便向入围供应商开展融资业务。各行应积极利用融e购平台，将分行实施的物品类统一集中采购项目纳入融e购平台，如不能纳入平台的项目也要说明原因。

精心组织　周密部署
确保法人客户一体化功能顺利投产

——在全球信贷与代理投资管理系统法人客户一体化功能投产动员会议上的讲话

魏国雄

（2015年5月11日）

今天，我们召开全球信贷与代理投资管理系统（GCMS）法人客户一体化功能的全行投产动员会，部署GCMS投产相关工作。下面，我讲三方面意见。

一、全球信贷与代理投资管理系统建设总体情况

一直以来，我行高度重视以信息技术手段提高信贷业务经营管理水平，努力打造与国际一流商业银行相适应的信贷与代理投资业务管理系统，并始终走在同业前列。2003年，我行率先建成了数据大集中的法人客户信贷管理系统（CM2002），被人民银行誉为“具有国内领先、国际先进水平”；2006年，建成了个人信贷管理系统（PCM2003），实现了个人信贷业务的信息化操作与管理；2009年，建成了境外信贷管理系统，实现了全行各类信贷业务信息化管理的全覆盖。

随着全行境内外信用类业务的快速发展，原有多个业务系统存在管理分散、信息割裂、操作复杂、架构固化等问题，难以满足业务创新和风险防控的需要。为此，2011年，总行提出按照“ONE ICBC”风险管理理念，搭建一个全集团统一的信用风险管理平台——全球信贷与代理投资管理系统（GCMS），并按照信息化银行建设的总体要求，通过系统升级改造和技术平台的迁移，整合各类信贷业务子系统，归并业务流程，集成业务参数，共享数据信息，强化风险控制。

考虑到这次系统迁移整合涉及境内和境外、法人和个人，系统功能庞杂，工作量巨大，同时又不能影响业务的正常办理，因此，迁移整合采取了分阶段研发、分阶段投产的策略。

2010年10月，GCMS首先在境外机构推广应用；

2012年4月，不良贷款管理功能投产；

2013年4月，贷后管理功能投产；

2013年6月，客户信息管理、客户评级、授信管理功能投产；

2013年10月，理财投资（非信贷）、代理信托计划、私募股权主理银行、私人银行代理与顾问咨询等金融资产服务业务纳入系统管理；

2014年6月，GCMS境内个贷业务功能投产应用。

2014年以来，在总结上述系统迁移整合经验的基础上，总行集中了大量资源，重点开展了境内法人客户一体化功能建设。在此过程中，为提高业务处理效率、简化业务操作，总行从梳理制度和完善系统两个方面同步推动业务流程优化工作。易会满行长主持专题会议，研究确定了7项信贷业务流程优化的重点内容。我和林晓轩首席信息官也多次召开专题会议，研究确定了统一业务流程、强化流程控制、减少信息重复采集、简化用印流程、强化系统链接等33类优化事项、72项优化功能。经过一年多的努力，上述功能已经相继开发完成，并从今年1~2月起，先后在湖北、上海、浙江等7家分行试点运行。总体上看，新系统运行平稳，已具备在全行投产的条件，计划于5月16日在全行范围内正式投产应用。

同志们，GCMS系统建设历经数载，工程浩大，时间紧、要求高、任务重，总行信贷管理和信息科技部门会同公司金融、授信审批、风险管理、国际业务、机构金融、贵金属业务等部门，齐心协力、密切配合，开展了大量卓有成效的工作。各分行也积极支持系统建设，先后选派业务骨干400余人次参与系统需求编写、用户体验和验收测试工作，并提出了千余条优化建议。特别是软件开发中心、数据中心（北京）、数据中心（上海）的同志们，克服研发资源紧、开发周期短、整合难度大等困难，较好地完成了各个版本的研发、测试以及系统运维支持工作。在此，我谨代表总行向参与系统建设的业务和科技人员表示衷心的感谢！

二、全球信贷与代理投资管理系统的主要优化功能

GCMS在充分借鉴和吸收原CM2002、PCM2003成功经验的基础上，按照信息化银行“集中、整合、共享、挖掘”的建设理念，以及信用风险业务一体化控制管理要求，在业务覆盖、信息共享、操作便利、流程优化和配置灵活等多个方面有了较大提升和优化。

（一）实现了对集团内信用类业务的集中操作管理。GCMS全面投产应用后，集团境内信用类业务将全流程纳入GCMS操作管理，并通过客户统一授信管理，与金融市场、票据和租赁等相关业务系统对接，实现全集团范围内信用类业务风险总量的控制。

（二）实现了集团内信用类客户信息的互联互通、充分共享。GCMS全面投产应用后，境内机构与境外机构之间、法人业务和个人业务之间、金融资产服务业务和信贷业务之间，包括客户及其关联维度，将完全实现相关信息的整合、共享、互通，以及交叉违约等风险处理的联动控制管理。

（三）实现了信用类客户信息集团内的唯一性管理。GCMS在客户管理上，实现了全集团内“一个客户、一个编码、一套档案”，不管这个客户在境内外哪个机构办理业务，办理何种信用类业务，GCMS中仅赋予其唯一的客户编码、一套客户档案，可有效防止客户跨区域多头开户、多头融资、过度融资问题。

（四）加强了对关联客户的管理。通过对商业贸易信息、资金流向信息挖掘，GCMS实现了对资金流向关联、交易对手关联等9类客户关联关系的自动识别，为更好地识别隐性关联客户关系，强化对关联客户群体的总量风险控制提供了有力的信息支持。

（五）将金融资产服务业务纳入系统操作管理。所涉及的客户及合作机构准入、融资项目的调查和审查审批、项目投后存续期管理等，都将全流程纳入GCMS管理与控制。

（六）升级了法人客户授信管理功能。根据新版授信办法，GCMS系统调整了授信分项；新增了9个测算模型，优化了6个测算模型；新增了预留额度直接分配、授信报备等业务流程，简化了授信核定操作；优化了低风险信贷业务的授信占用，增加了授信分项的自动借用功能。

（七）全面支持“统一业务流程”处理。对评级、授信、押品评估和单笔债项中需同时处理的业务，GCMS系统可按一笔业务统一报送、统一审查、统一审批，改变以往按评级、授信、债项、押品评估分别处理的模式，较好地解决流程过多、重复操作问题。

（八）灵活支持授信项下授权审批、低风险业务等简易流程。新系统对符合授信项下授权审批的业务、低风险业务、小企业方案项下业务，提供了“尽职调查→核查→审批”简易流程，并可根据业务要求灵活调整适用业务范围和条件，较好地满足了高频度、高时效性业务办理需要。

（九）强化了信贷业务流程流转的控制。新系统可通过参数设置，控制一笔业务的流转层级和流程环节的最多次数，既可方便各行综合考虑本行直报和非直报业务范围、分工和授权、业务经办行管理水平差异，设定业务流程，同时又可控制办理人员和层次的上限，避免随意增加流程环节导致流程过长问题。

（十）简化了信贷业务电子审批书操作流程。新系统统一整合了法人业务、授信业务和小企业业务电子审批书操作模式，支持在业务审查和审批环节并行对电子审批书进行拟稿、核稿和下发操作，改变以往业务在审批后，需折返审查和审批人进行审批书操作的串行模式，提高了审查审批业务处理效率。

（十一）优化了信贷业务用印流程。新系统通过对格式文本合同范围扩充，简化用印信息录入，以及与法律审查系统对接，避免了以往一笔业务涉及不同合同文本需在多个系统分别发起用印申请流程、重复操作等问题。

（十二）提供了标准的尽职调查模板，避免了信息重复录入和采集。业务人员在系统中采集的客户、财务、业务信息能够在调查报告中自动抽取生成，改变目前由于信息无法联动共享，业务人员需重复录入调查信息的问题，大幅减少业务人员的案头工作。

（十三）优化了系统信息采集，提高信息录入效率。一是对系统信息录入内容进行梳理整合，删减无效或冗余信息字段411个；二是减少了页面来回切换等无效操作，以统一业务申请为例，页面切换和点击操作由原来的123次减少为63次；三是实现押品与业务影像资料共享引用，减少信息重复扫描；四是取消押品评估方法无效信息采集；五是支持财务报表数据的外部导入和离线采集，便于客户经理一站式采集相关信息。

（十四）简化了评级和押品处理流程。一是在满足监管要求的条件下，将内评验证流程从事中调整为事后，避免因为内评验证流程影响业务正常审批和办理；二是简化评级流程操作，取消每个环节均须进行初评的系统控制；三是整合了押品调查和测算功能，实现一站式操作。

（十五）强化了系统间链接和信息集成。GCMS实现了与行内外系统的统一对接，将人行征信报告、特别关注信息、外部欺诈信息、交叉违约信息等外部信息整合在一个页面上，实现了业务人员的“一键查询”，避免了以往需要分别登录不同系统进行信息查询的问题，提高了业务操作的便利性。

（十六）构建了客户统一风险视图。从信用风险分析和决策角度，按照重要性原则构建了客户的信用风险视图，汇总展示客户基本信息，表内外融资、金融资产

服务业务、银行卡业务信息、关联信息、资金流信息、风险预警等各类信息，实现了对原来分散信息的统一整合，避免了以往信息调阅需要进入或切换菜单和页面的不便。

（十七）与信贷与代理投资运营支持系统（CMAS）共同构成了集团信用风险管理的统一平台。在系统一体化建设过程中，总行对GCMS进行了适当瘦身，将其定位于业务的生产和管理，将涉及数据统计、加工分析和模型挖掘功能剥离纳入CMAS系统。CMAS相应挖掘结果实时返传给GCMS供业务人员使用，实现GCMS与CMAS两个系统无缝对接，以满足信贷风险集中监控管理和统一风险管控要求。

（十八）完善了系统提示功能，增强了系统操作的友好性。一是新系统增加对息采集的合规性校验提示，提示业务人员规范录入，提高信息录入质量。二是对因业务管理要求而在系统中设置的各类刚性控制，从业务发起阶段，便会提示业务人员，便于业务人员及时按照管理要求调整业务方案。

（十九）精简系统功能菜单，统一操作入口。新系统将原来20余个业务申请入口统一为一个“业务申请”；将原来评级、授信、债项等各业务调查、审查、审批等流程环节处理统一为一个“审查审批处理”；实现一站式的作业监督发起和流程处理，避免了以往业务办理需在不同功能菜单来回切换操作的不便和烦琐。

（二十）提供了便捷操作的一键反馈问题渠道。新系统支持业务人员通过“在线帮助”功能，“一键反馈”操作中遇到的问题以及优化建议，并通过系统快速直接上报总行，便于总行及时掌握系统运行中的问题。

（二十一）提供了操作手册在线调阅功能。各级行操作人员在业务处理时，可随时阅该业务功能对应的操作手册。后续，总行还将及时和动态更新手册信息，更好地指导各级行业务人员进行系统操作，避免因为不熟悉系统操作，影响业务办理。

（二十二）增加了网络融资业务的创新功能。通过“客户自助操作+系统自动处理”模式，实现银行承兑汇票、国内保理、订单融资、发票融资、预付款融资、应付款融资等业务在线申请、合同在线签订、在线提款还款以及融资资金在线支付等全流程各项功能。同时，结合“融e购”平台建设，实现与“融e购”平台的对接，实时获取企业电子贸易信息，支持全流程线上不落地办理业务。

（二十三）提供了灵活化的产品创新机制和系统管理手段。GCMS建立起了以客户信息、产品信息、流程环节等最小“粒度”的参数指标体系，通过参数化配置各类产品，实施业务办理按照行业、担保方式、信用等级等维度准入条件配置，以及对风险客户实施业务停办、风险提示的一体化管理。

系统建设是一项长期、复杂的工程。下阶段，总行将进一步搜集整理客户经理、审查审批、作业监督等不同环节人员的不同诉求，有针对性地优化系统功能。对前台客户经理，将力求简化操作，减少信息重复采集，并研究支持移动终端，通过互联共享，身份认证、交叉验证、自动采集等方式减少手工方式的信息采集、核对；对审查审批人员，将增加、完善信用信息查询分析工具，进一步提高审批流程操作的便捷性；对作业监督人员，将增加信息核实比对的易用性，提高页面友好性，进一步提高系统的智能化水平。

希望各级行业务人员一如既往地支持系统建设工作，不论是对系统工具的具体需求，还是对政策制度的意见和建议，都可以通过系统平台进行反映。总行将认真研究、及时反馈。同时各行要积极参与总行组织的功能体验和验收测试工作，确保系统各项优化符合实际操作要求。

三、投产工作要求

（一）高度重视法人客户一体化功能推广工作。法人客户一体化功能涉及公司、国际、授信审批、信贷管理等信贷前、中、后台各个部门。各行要成立由主管行领导、各相关部门负责人参加的领导小组，统筹做好投产工作的组织领导和相关问题的协调；前期已经成立投产支持小组的，要按照总行统一部署及时做好各项投产准备工作。

（二）落实机器设备配置检查和更新工作。各行要按照总行此前下发的通知要求，及时完成信贷相关业务部门使用GCMS机器设备的全面梳理、排查和更换，确保所有设备能够满足运行GCMS系统PC机的配置要求，避免因为设备更新不到位导致系统投产后操作运行缓慢，影响业务办理效率。

（三）组织做好系统功能参训工作。为保证各行业务人员很好地掌握系统功能，本周总行将组织视频培训，培训开通到所有支行，客户经理、审查审批、作业监督等信贷业务全流程环节的人员必须参加对应的培训，各级行要做好培训服务与考勤管理，学员要熟练掌握新系统的功能和特点。

（四）信息科技部门要加强技术保障工作。为确保本次推广工作顺利完成和生产系统的安全稳定运行，数据中心（北京）、数据中心（上海）及各分行信息科技部要根据本单位系统、设备、网络等方面的情况统筹考虑，认真做好系统推广后的风险评估和应急预案，确保推广工作顺利推进。

（五）加强系统应用管理。新系统投产后，各类表内外融资（含贵金属租赁）、委托贷款、金融资产服务业务均须在GCMS中进行电子化流程处理。投产初期，确因系统功能原因导致无法办理的业务，各行要提前向总行信贷与投资管理部报告，并参照《资产管理系统业务应急管理办法》（工银办发〔2008〕468 号）要求进行应急处理。对无特殊原因而未通过新系统办理的业务，将视做账外经营，总行将严肃追究相关人员责任。

同志们，新系统即将投产，全行上下一定要高度重视，相互配合，形成合力，狠抓落实，全力做好法人客户一体化功能投产应用工作！

在部分分行信贷资产质量督导会上的讲话

魏国雄

（2015 年 9 月 6 日）

刚才，大家都汇报了 9 月末贷款质量的预测情况，我提几方面要求。

一是确保完成 9 月末不良贷款控制目标。今天参会的主要是 8 月末不良余额与年初计划差距比较大的分行。各行汇报的 9 月末不良贷款预测数据都超过了总行年初核定的控制计划。6 月末，全行的不良率是 1.40%，8 月末是 1.60%，9 月末要压降到 1.45% 以内，贷款质量管控的压力很大。

总行综合考虑劣变、处置等多方面因素，核定了各行 9 月末的不良贷款控制目标，具体是：河北分行控制在 45 亿元、内蒙古分行 70 亿元、江苏分行 87 亿元、福建分行 145 亿元、山东分行 112 亿元、广东分行 98 亿元、四川分行 48 亿元、云南分行 35 亿元、陕西分行 47 亿元、宁波分行 48 亿元以内。

二是严格逾期贷款减值处理。全行 6 月末逾期超过 90 天未减值的贷款余额较大，总量上也超过了可比同业。各行要严格贷款质量分类管理，原则上逾期超过 90 天的贷款必须分类为不良贷款。对于还款存在暂时性困难的企业，可通过调整还款计划和合同条款的方式，帮助企业渡过难关。

三是及早上报批量转让方案。9 月计划实施批量转让的分行，本周内要将相关材料上报总行，为总行审查和后续操作留出时间。

四是做好与当地政府部门的沟通协调工作。当前不良贷款激增的区域性特征非常明显，不利于地区金融秩序的稳定和金融生态环境的维护，这也是地方政府担心的问题。各行一定要做好与地方政府部门的沟通协调工作，争取地方政府和监管部门能够在风险缓释和处置中给予一些政策，起到推动作用。

五是争取适当减免以物抵债的相关税费。在以物抵债的税费收取上地方政府有一定的灵活性，各行要积极与相关政府部门沟通，充分反映情况，争取地方政府通过调整税费政策或定向优惠的方式，对我行采取以物抵债方式处置不良贷款给予支持，降低操作成本。

六是严控新增贷款质量。从目前监测情况来看，新发放贷款的质量不够高，我们还是按照惯性的模式在操作。各行要高度重视新增贷款质量管控工作，在贷款投向、准入条件、担保方式、用途等方面严格把好关，防止新增贷款出现风险，切实止住新的出血点。

创新思维　优化机制
加快推进新常态下信息化银行建设

——在中国工商银行 2015 年信息科技工作会议上的讲话

林晓轩

（2015 年 1 月 21 日·根据录音整理）

刚才，易会满行长的重要讲话充分肯定了 2014 年全行信息科技工作成绩，分析了下一阶段科技工作面临的新形势，从全行战略角度对信息科技今年以及今后一段时期信息科技工作提出了明确要求。下面，结合易行长讲话要求，就如何做好今年的信息科技工作，我讲两点具体意见。

一、要适应全行经营转型和互联网金融创新要求，打造信息科技建设的新思维、新技术、新人才和新机制

全行科技人员要充分认识经营转型和互联网金融创新对信息科技工作提出的新要求，塑造新思维，运用新技术，培养新人才，打造新机制，保持我行信息科技领先优势，为全行走出一条保质量、提效率、促升级、谋发展的新道路提供有力支持和保障。

（一）要以新思维谋划全行科技工作长远发展。当前金融科技领域所面临的最主要问题，不只是互联网企业带动的一批新技术应用上的挑战，更主要的是思想观念上面临的挑战，这一点在创新管理和应用研发上显得尤其突出。特别是去年在推进互联网金融建设工作中，我们的很多思想观念面临挑战。如果不能尽快转变我们的思维，每年研发投产的大批创新应用很有可能无法达到预期的目标。全行信息科技部门在系统研发上要主动做好两个思想上的转变。

一是在系统建设中，要多从使用者的角度思考，真正落实好信息化银行建设提出的系统整合、信息共享、流程互联的目标。以往在对客服务的系统建设中，往往不同程度存在这样的情况，即在产品功能和流程设计上，站在银行自身的角度考虑得较多，对合作方的要求考虑得较少，对最终使用者——客户的要求和感受考虑得则更少。在内部管理系统建设中，我们提供给各级管理者和员工的往往是一个专业一项工作对应一套系统，基层员工在日常实际工作中要在多个系统中频繁切换。这两年，许多人都在谈互联网思维，观点也很多，但是重视使用者的感受、不能只满足于将事情做完而要将事情做好做到极致，我想这两点是我们当下最需要学习的。因此，我们在系统设计和研发中要切实关注使用者的感受，也就是以前常讲的通过我们的“一劳”换取使用者的“永逸”；要通过新技术、新平台做好对使用者交易行为的引导，激活客户的交易量。同时，今年总行将在业务运营管理、客户营销、信贷审批等条线为前台使用者提供统一的工作平台，后台根据业务需要可能对应着多个专业管理。各业务部门也要改变“一个专业一项工作，建设一套端到端的业务管理系统”的思想，全行共同努力，推进信息化银行系统建设目标的实现。

二是全行在系统创新上必须要坚持顶层设计，同时兼顾各专业、各地域的差异化要求。在当前市场竞争日趋激烈的形势下，满足客户的差异化服务是市场竞争的必然要求，为此要使一个系统一个产品在应用上能保持持久生命力，总行在做好统一平台的设计规划的同时，必须充分听取分行特别是基层一线的意见，兼顾好分行本地特色创新的需求，为分行保留必需的差异化服务接口。各分行在本地特色创新研发管理上，也要主动做好与总行统一平台的整合和衔接，不能片面强调区域特色差异创新而要求系统独立、入口独立、界面和流程独立，忽略了客户的感受，这也不符合互联网创新的特征。

要做到以上两点转变，总行的科技部门就不能只做软件开发的工厂，要发挥好科技人员的主观能动性，发挥他们在研发创新上的专业特长，主动与产品创新部门和业务主管部门、业务营销部门一起做好应用创新的全生命周期管理。

（二）要以新技术带动全行业务创新与服务能力的提升。当前新技术发展日新月异，业务的发展与变化不断推陈出新。例如，大数据分析挖掘技术的广泛运用，改变了传统商业的经营模式，甚至带来了商业文化上的变化，特别是在营销、风险管理等方面。移动互联网、社交网络等新技术丰富了金融服务渠道，对原有客户服务模式和客户体验也带来深刻的变化。虽然我行在传统金融行业中具有明显科技优势，但与互联网企业相比，在新技术应用特别是大数据应用上还存在一定的差距。

去年总行党委批准启动了对IT架构的优化转型工作，在课题研究上总行也已经完成了对今后一段时期IT架构转型优化的研究规划。IT架构转型要求全行科技人员要以更加开放的心态，保持对新技术的学习和应用，当然期间可能会遇到许多困难，需要各级管理者做好对方案的设计和论证，并坚定地推进。目前总行与业界的部分领先企业成立了联合实验室，分别在IT基础架构、应用架构、大数据技术等方面安排了一系列研究工作，希望在开展前瞻性研究的同时，推动研究成果的具体落地。总行信息科技部要做好对该项工作的统筹管理，控制好转型改造规模，今年要有重点突破。需要强调的是，IT架构转型不仅仅只是技术架构自身的转型，更要为全行信息系统的安全稳定运行、为业务创新和服务提供更好的支持。

（三）要以新人才和新机制保障全行科技重点任务的实施落地。全行当前的科技管理机制是在长期经营管理实践中逐步完善形成的，对信息科技工作的顺利推进发挥了重要的组织保障作用。随着新技术的发展和业务创新的加快，信息科技部门要以更加积极、协作、进取的态度，按照“责任更明确、效率更高、资源更节约”的原则，推进科技管理机制的创新。全行信息科技部门特别是总行科技部门要率先组织对研发管理和组织流程进行优化，研究创新与之配套的管理制度。要强化在新技术、新业务领域的前瞻性研究，加强科技与业务的融合创新，推进科技研发流程与测试流程、基础架构管理与生产运行管理更加紧密的结合。

目前，全行已经建立了一支具有一定规模的科技队伍，积累了一大批经验丰富的专业管理人才。从前年开始，总行在各中心强化对信息科技专业人员的管理。这项工作不仅是要改变和淡化在创新研发管理上的行政化色彩，更重要的是要发挥好专业管理人员在信息科技各专业线、各层级上的专业管理作用，落实好人岗匹配的要求，进一步明确责任，给各级专业管理人员创造更多的工作空间和发挥能动性的空间，从而更好地达到高层有专业的总体设计和规划、基层有专业的详细实施、中间有专业的控制和审核。同时，去年组织了面向各中心和分行的科技岗位能力评估，从评估结果看，各中心人员能力与岗位要求还存在一些差距，部分分行在特色应用、基础架构等关键领域缺少核心专业人才。人才培养是一项长期工作，各单位要按照“人员、岗位、能力”相匹配的原则，组织开展各层级科技岗位能力的提升，总行信息科技部和相关部门要做好组织和支持。

二、认真做好今年的信息科技工作

总行党委在去年底召开的改革发展研讨会上，提出了突出创新驱动导向，将科技创新打造为金融创新的基础和支撑的要求。各级科技部门要认真贯彻落实总行党委的要求，集中资源，开展好今年的重点信息科技工作任务，为全行转型发展提供坚实保障。

（一）要牢固树立“安全生产运行第一”的指导思想，保持信息系统安全平稳运行态势。去年全行发生的生产事件数量与上年相比下降 12%，这在去年“两地三中心”工程建设快速推进、全行业务创新投产的速度明显加快、数据中心处理的业务量快速增长的背景下是很不容易的。但进入今年以来，不到半个月的时间，全行已经发生了多起造成一定影响的生产事件，生产运行形势依然严峻。今年，全行上下要牢牢守住信息系统不出现重大生产事件这一底线，严格控制四级及以上生产事件数量，争取与去年相比继续保持下降。为此，再强调几点：

第一，要继续加强对生产事件的敏感性管理，在研发、测试、生产管理上切实落实“生产无小事”的思想。有关工作几年来已经反复强调，各中心要结合强化专业人员管理的要求，着力提升专业管理能力，进一步加强在研发需求分析、方案和程序设计、编码等环节的技术把控，在测试方案制订、分行测试组织、问题管理等方面的质量把关，在生产变更、性能容量、监控、应急等环节的严格管理，进一步明确责任，控制好风险。对暴露出来的问题，要组织做好案例分析，举一反三，要重点从体制机制上查找原因，并持续改进。

第二，要牢牢把住生产运行事前监控和事后应急这两道关口。虽然近年来我行不断优化监控体系，但仍有生产事件发生时监控没能主动发现、及时发现的情况。今年要对系统运营监控管理的关键环节再安排一次全面梳理，抓紧组织优化改进，在重大事件发生前要做到先于客户与用户主动发现问题。要关注应急预案的有效性和可操作性，做好人员培训，提高一线值班人员对生产事件的快速处置能力。数据中心（上海）与各分行要对照总行制度要求确保关键演练场景覆盖的全面性、演练的真实性和应急预案的可操作性；要按照业务连续性管理的要求，加强科技与业务的应急联动，组织各级业务部门参加一些应急演练，通过演练完善突发事件中的上下联动、对外沟通，以及科技与业务联动的响应机制。

第三，要强化生产运维一体化管理。生产运维一体化，不仅是“两地三中心”管理的一体化，也包括数据中心生产运行和软件开发中心应用支持管理的一体化。要通过一体化管理，加强相互协作配合，提高流程效率，更好地明确责任，提高人员配置效率。数据中心（上海）要承担好生产运维一体化管理的主体责任，要保持“两地三中心”设施和系统随时处于可切换的状态。

第四，关于信息安全工作。当前银行的信息安全已经越来越受到各方面关注，信息安全是一项全行性工作，不是哪一个部门的工作，各单位要按照总行相关要求，高度重视信息安全的日常管理。在内部安全防护上，重点要保护好客户信息等商业信息不外泄，特别要坚决严防批量外泄。信息科技部要与内控合规、办公室以及各业务部门密切配合，对进入系统后的信息管理、存储、处理等过程再做全面梳理，尤其要控制好对信息的批量浏览、传输、下载、打印以及系统维护等环节的控制和审核。要进一步明确各部门、各机构的信息安全职责，对存在的薄弱环节尽快组织整改。在外部安全防御上，我行已经形成了比较完善的管理机制，在应对外部攻击、预防和消除安全隐患等方面发挥了积极的作用。下一步，要密切跟踪内外部信息安全形势的发展，及时提出应对措施和建议，确保不发生重大信息安全事件。

近期，银监会发布了《银行业应用安全可控信息技术推进指南》，明确了对银行机构的具体工作目标。全行要按照“每年安全可控信息技术应用递增不低于 15%”的要求，重点在办公应用、基础设施设备、存储设备、中低端服务器、信息安全技术等领域加快落实，确保 2019 年自主可控总体占比不低于 75%。

（二）以互联网金融创新为突破，深入推进信息化银行各项重点工作任务的落地实施，全面促进国际化、综合化领域的创新发展。主要抓好三个方面：

第一，要加紧转型发展重点领域的应用研发创新。一是积极推进重点领域的研发创新工作。刚才易行长在讲话中对今年信息科技工作提出了明确要求，各级信息科技部门要与业务部门紧密配合，转变思维，做好项目落实。对易行长在业务创新方面提出的新要求，要尽快研究落实方案，力争今年实现项目启动。二是信息科技部门要密切跟踪新技术发展和监管政策的变化，会同相关业务部门积极开展新业务创新尝试，组织做好创新储备，如移动支付和远程开户管理，等等。要配合业务部门充分听取基层分行和客户的需求，积极做好对公客户互联网金融产品和服务创新研发。三是持续做好全行重点项目管理。去年以来，总行在产品创新上采取了重点项目管理的办法，取得一定的成效。各部门要按照这一要求，做好项目管理，特别是做好需求的前期论证，对重点项目要组织需求人员参与研发和测试过程，各业务主管部门要在业务创新上发挥好主导作用，确保业务总体方案能够在需求设计、程序设计过程中得到正确的理解，最终达到业务创新的目标。要进一步完善产品创新全流程管理，加强业务部门、产品创新部门在产品研发需求、测试需求等阶段的投入力度。

第二，要实现国际化综合化领域的创新突破，促进境外机构、综合化子公司与集团的深度融合、协同发展。一是要抓紧做好工银美国 FOVA 系统投产准备，确保上半年完成业务正式投产，这项工作的挑战性很强，各相关业务部门和科技部门要把这项工作作为今年国际化推进的一项重点任务。二是要抓紧推进境外科技服务机制的完善，更加快速地满足境外机构差异化的服务需求。重点从平台建设和人员队伍两个方面，提高境外科技服务团队的工作能力。

第三，要积极应用总行平台和产品，主动开展分行本地特色创新与应用推广。去年总分行密切配合，在民生领域开展了大量的特色创新。今年总行要继续做好对分行区域特色等平台的优化工作，积极支持各分行的特色业务研发，同时要加强和规范对分行产品准入、界面、认证、权限的管理。各分行要充分利用总行已有的银医、缴费、社保等统一系统平台，做好与当地行业机构的合作创新研发。总行科技和相关业务部门要发挥好分行直接面向市场的优势，在实践中不断完善统一平台。各分行也要比照总行成立重点客户服务团队，加强对本地军队、政府机构、大型公司等重点客户的创新和服务支持。科技部门要主动配合业务部门开展对本地研发创新成果的效果跟踪。

（三）要深化新时期下的信息科技管理工作。第一，要做好新一轮信息科技发展规划的编制工作。2015 年是全行新一轮十年纲要和三年规划的开局之年，也是“十二五”信息科技发展规划的收官之年。我们要全面、客观地评估“十二五”科技规划的完成情况，在肯定成绩、总结经验的基础上，认清当前科技迅猛发展以及客户金融消费需求和习惯的改变，给银行信息科技工作带来的巨大挑战和广阔的创新空间，紧紧围绕全行发展战略目标和各项业务发展规划，抓紧开展“十三五”信息科技发展规划的研制工作，为今后一个时期全行信息科技工作提供方向指导。

第二，要强化信息科技风险管理第一二道防线的作用。从去年内外部检查审计发现的问题来看，一些中高风险问题依然存在。例如，部分分行未提交变更申请并在非变更时间实施变更的问题，还有一些分行在自助设备上未安装防病毒软件、生产 UPS 设备未纳入统一监控、缺少对重要系统的应急预案、超级用户管理不严格等。这些问题都是总行反复强调、要求注意和整改的问题，反映出一些单位在生产风险意识、科技专业管理、问题整改落实等方面仍存在较大差距，尤其是在领导重视和措施具体落实上问题尤为突出，希望各分行行领导要引起重视，抽时间认真看一下总行的非现场检查情况通报。今后，对于各类检查、审计发现的反复出现的高风险问题，总行将比照可能引发的生产事件进行定级和考核。各级科技部门是信息科技风险管理第一道防线的责任主体，要从源头上加强管控，做好专业技术审核把关。总行第二道防线团队要基于大数据开展科技风险管理，专项开展对中高风险的挖掘和分析，提升全行科技风险管理水平。

第三，要做好科技专项资金的使用管理与监督。每年总行都会根据科技建设及业务发展任务，统筹安排全行科技专项资金，并根据任务进度，分批次下达资金指标。然而，近年来一些分行在科技专项资金的使用上，出现了挪用占用的情况。比如，个别分行将 ATM 专项资金用来采购其他电子设备；个别分行将报总行立项配套的专项资金，用于其他未进行规范审查审批的系统建设，等等。这不仅违反了科技制度和财务制度，而且影响了总行统一安排的工作任务实施，甚至影响了我行的对外形象。

去年底总行财务会计部和信息科技部联合下发了《关于加强科技资金执行管理的通知》，进一步强调了有关要求。各分行科技部门要会同财务会计部门，按照总行有关规定做好科技资金的管理和使用。今年总行也将加强对这方面工作的非现场检查。2015 年，全行许多改革和创新任务都需要信息科技部门的积极参与。各级信息科技部门要紧紧围绕全行战略发展中心任务，秉承“诚信、务实、拼搏、创新”的科技文化，加快推进信息科技工作创新，努力完成好今年的各项工作任务。

第七部分

综合统计

责任编辑：赵会玉

中国工商银行股本变动及主要股东持股情况

一、股份变动情况表

	2014 年 12 月 31 日		报告期内增减（+，-）	2015 年 12 月 31 日	
	股份数量	比例（%）	可转债转股	股份数量	比例（%）
一、有限售条件股份	—	—	—	—	—
二、无限售条件股份	353 494 213 820	100.00	2 912 043 269	356 406 257 089	100.00
1. 人民币普通股	266 700 169 270	75.45	2 912 043 269	269 612 212 539	75.65
2. 境外上市的外资股	86 794 044 550	24.55	—	86 794 044 550	24.35
三、股份总数	353 494 213 820	100.00	2 912 043 269	356 406 257 089	100.00

注："境外上市的外资股"即 H 股，根据中国证监会《公开发行证券的公司信息披露内容与格式准则第 5 号——公司股份变动报告的内容与格式》（2007 年修订）中的相关内容界定。

二、前 10 名股东持股情况

2015 年末股东总数			624 193（2015 年 12 月 31 日的 A + H 股在册股东数）			
前 10 名股东持股情况（以下数据来源于 2015 年 12 月 31 日的在册股东情况）						
股东名称	股东性质	股份类别	持股比例（%）	持股总数	持有有限售条件股份数量	质押或冻结的股份数量
汇金公司	国家	A 股	34.71	123 717 852 951	无	-438 000 000
财政部	国家	A 股	34.60	123 316 451 864	无	—
香港中央结算有限公司/香港中央结算代理人有限公司（3）	境外法人	A 股	0.09	308 324 177	无	-316 704 584
		H 股	24.15	86 059 557 613	未知	38 517 695
中国证券金融股份有限公司	国有法人	A 股	1.23	4 374 260 086	无	4 170 647 177
中国平安人寿保险股份有限公司 - 传统 - 普通保险产品	其他	A 股	1.21	4 322 828 137	无	-180 943 273
梧桐树投资平台有限责任公司	国有法人	A 股	0.40	1 420 781 042	无	1 420 781 042
中央汇金资产管理有限责任公司（4）	国有法人	A 股	0.28	1 013 921 700	无	1 013 921 700
安邦人寿保险股份有限公司 - 保守型投资组合	其他	A 股	0.11	390 487 231	无	390 487 231
中国人寿保险股份有限公司 - 传统 - 普通保险产品 - 005L - CT001 沪	其他	A 股	0.09	317 038 827	无	—
GIC PRIVATE LIMITED	境外法人	A 股	0.07	264 466 161	无	209 964 262

注：（1）H 股股东持股情况是根据 H 股证券登记处设置的本行股东名册中所列的股份数目统计。

（2）本行无有限售条件股份。

（3）香港中央结算有限公司持有 308 324 177 股 A 股，香港中央结算代理人有限公司持有 86 059 557 613 股 H 股。

（4）中央汇金资产管理有限责任公司是汇金公司的全资子公司。除此之外，本行未知上述股东之间有关联关系或一致行动关系。

中国工商银行合并资产负债表

（除特别注明外，金额单位均为人民币百万元）

	2015 年	2014 年
资产：		
现金及存放中央银行款项	3 059 633	3 523 622
存放同业及其他金融机构款项	211 559	304 273
贵金属	114 619	95 950
拆出资金	472 234	478 503
以公允价值计量且其变动计入当期损益的金融资产	343 272	346 828
衍生金融资产	78 870	24 048
买入返售款项	996 333	468 462
客户贷款及垫款	11 652 812	10 768 750
可供出售金融资产	1 444 195	1 188 288
持有至到期投资	2 870 353	2 566 390
应收款项类投资	352 143	331 731
长期股权投资	24 185	28 919
固定资产	195 401	171 434
在建工程	26 101	24 804
递延所得税资产	21 066	24 758
其他资产	347 004	263 193
资产合计	22 209 780	20 609 953
负债：		
向中央银行借款	210	631
同业及其他金融机构存放款项	1 788 267	1 106 776
拆入资金	477 593	432 463
以公允价值计量且其变动计入当期损益的金融负债	303 927	589 385
衍生金融负债	76 826	24 191
卖出回购款项	337 191	380 957
存款证	183 352	176 248
客户存款	16 281 939	15 556 601
应付职工薪酬	31 717	28 148
应交税费	75 234	72 278
已发行债务证券	306 622	279 590
递延所得税负债	995	451
其他负债	545 388	424 930
负债合计	20 409 261	19 072 649

续表

	2015 年	2014 年
股东权益：		
股本	356 407	353 495
其他权益工具	79 375	34 428
其中：优先股	79 375	34 428
资本公积	151 963	144 874
其他综合收益	-4 655	-24 548
盈余公积	178 040	150 752
一般准备	246 356	221 622
未分配利润	781 988	650 236
归属于母公司股东的权益	1 789 474	1 530 859
少数股东权益	11 045	6 445
股东权益合计	1 800 519	1 537 304
负债及股东权益总计	22 209 780	20 609 953

中国工商银行合并利润表

（除特别注明外，金额单位均为人民币百万元）

	2015 年	2014 年
利息净收入	507 867	493 522
利息收入	871 779	849 879
利息支出	(363 912)	(356 357)
手续费及佣金净收入	143 391	132 497
手续费及佣金收入	161 670	146 678
手续费及佣金支出	(18 279)	(14 181)
投资收益	10 409	4 920
其中：对联营及合营企业的投资收益	2 330	2 157
公允价值变动净收益	2 796	680
汇兑及汇率产品净收益	1 894	3 673
其他业务收入	31 290	23 600
营业收入	697 647	658 892
营业税金及附加	(42 320)	(41 351)
业务及管理费	(177 823)	(176 261)
资产减值损失	(86 993)	(56 729)
其他业务成本	(30 976)	(24 939)
营业支出	(338 112)	(299 280)

续表

	2015 年	2014 年
营业利润	359 535	359 612
加：营业外收入	4 392	3 062
减：营业外支出	（692）	（1 062）
税前利润	363 235	361 612
减：所得税费用	（85 515）	（85 326）
净利润	277 720	276 286
净利润归属于：		
母公司股东	277 131	275 811
少数股东	589	475
本年净利润	277 720	276 286
其他综合收益的税后净额	20 405	32 567
归属母公司股东的其他综合收益的税后净额	19 893	32 311
以后不能重分类进损益的其他综合收益	（8）	—
权益法下在被投资单位不能重分类进损益的其他综合收益中享有的份额	（8）	—
以后将重分类进损益的		
以后将重分类进损益的其他综合收益	19 901	32 311
可供出售金融资产		
可供出售金融资产公允价值变动损益	25 147	34 188
现金流量套期损益的有效部分	（73）	108
权益法下在被投资单位以后将重分类进损益的其他综合收益中享有的份额	156	80
外币财务报表折算差额	（5 329）	（2 065）
归属于少数股东的其他综合收益的税后净额	512	256
本年其他综合收益小计	20 405	32 567
本年综合收益总额	298 125	308 853
综合收益总额归属于：		
母公司股东	297 024	308 122
少数股东	1 101	731
	298 125	308 853
每股收益		
基本每股收益（人民币元）	0.77	0.78
稀释每股收益（人民币元）	0.77	0.78

中国工商银行合并现金流量表

（除特别注明外，金额单位均为人民币百万元）

	2015 年	2014 年
一、经营活动现金流量：		
客户存款净额	688 632	920 197
同业及其他金融机构存放款项净额	672 376	236 491
拆入资金净额	30 922	23 920
存放同业及其他金融机构款项净额	—	74 283
存放中央银行款项净额	442 973	—
买入返售款项净额	130 224	—
卖出回购款项净额	—	81 653
指定为以公允价值计量且其变动计入当期损益的金融资产净额	103 856	35 022
以公允价值计量且其变动计入		
当期损益的金融负债款项净额	—	33 136
存款证净额	1 136	43 147
收取的以公允价值计量且其变动计入当期损益的金融资产投资收益	3 159	960
收取的利息、手续费及佣金的现金	1 026 569	983 475
处置抵债资产收到的现金	193	641
收到的其他与经营活动有关的现金	88 058	27 783
经营活动现金流入小计	3 188 098	2 460 708
客户贷款及垫款净额	(924 231)	(1 121 840)
向中央银行借款净额	(421)	(93)
存放中央银行款项净额	—	(223 291)
存放同业及其他金融机构款项净额	(79 015)	—
拆出资金净额	(12 158)	(71 214)
买入返售款项净额	—	(173 890)
卖出回购款项净额	(43 766)	—
为交易而持有的金融资产净额	(98 020)	(6 047)
以公允价值计量且其变动计入当期损益的金融负债款项净额	(284 962)	—
支付的利息、手续费及佣金的现金	(356 293)	(329 411)
支付给职工以及为职工支付的现金	(110 604)	(108 403)
支付的各项税费	(131 136)	(131 392)
支付的其他与经营活动有关的现金	(15 728)	(93 670)
经营活动现金流出小计	(2 056 334)	(2 259 251)
经营活动产生的现金流量净额	1 131 764	201 457

续表

	2015 年	2014 年
二、投资活动现金流量：		
收回投资收到的现金	1 378 079	1 011 771
分配股利及红利所收到的现金	1 094	1 145
处置固定资产、无形资产和其他长期资产（不含抵债资产）收回的现金	3 481	3 802
投资活动现金流入小计	1 382 654	1 016 718
投资支付的现金	（2 007 160）	（1 109 178）
投资联营及合营企业所支付的现金	（158）	（324）
收购子公司所支付的现金净额	—	—
增资子公司所支付的现金净额	—	—
购建固定资产、无形资产和其他长期资产支付的现金	（33 486）	（44 623）
增加在建工程所支付的现金	（8 811）	（9 334）
投资活动现金流出小计	（2 049 615）	（1 163 459）
投资活动产生的现金流量净额	（666 961）	（146 741）
三、筹资活动现金流量：		
吸收少数股东投资所收到的现金	323	1 393
发行优先股所收到的现金	45 000	34 549
发行债务证券所收到的现金	116 214	95 554
筹资活动现金流入小计	161 537	131 496
支付债务证券利息	（10 325）	（11 278）
偿还其他债务证券所支付的现金	（94 205）	（54 594）
分配普通股股利所支付的现金	（91 026）	（91 960）
分配优先股股利所支付的现金	（2 331）	—
取得少数股东股权所支付的现金	（374）	—
向少数股东分配股利所支付的现金	（8）	（8）
筹资活动现金流出小计	（198 269）	（157 840）
筹资活动产生的现金流量净额	（36 732）	（26 344）
四、汇率变动对现金及现金等价物的影响	18 963	8 490
五、现金及现金等价物净变动额	447 034	36 862
加：年初现金及现金等价物余额	994 264	957 402
六、年末现金及现金等价物余额	1 441 298	994 264
补充资料		
1. 将净利润调节为经营活动现金流量：		
净利润	277 720	276 286
资产减值损失	86 993	56 729
固定资产折旧	16 976	15 053

续表

	2015 年	2014 年
资产摊销	3 368	3 252
债券投资溢折价摊销	(1 422)	(102)
固定资产、无形资产和其他长期资产盘盈及处置净收益	(848)	(944)
投资收益	(7 250)	(3 960)
公允价值变动净收益	(2 796)	(680)
未实现汇兑（收益）/损失	(7 494)	(476)
已减值贷款利息收入	(4 156)	(2 779)
递延税款	(3 869)	(7 673)
发行债务证券利息支出	13 349	11 705
经营性应收项目的增加	(1 210 467)	(1 630 065)
经营性应付项目的增加	1 971 660	1 485 111
经营活动产生的现金流量净额	1 131 764	201 457
2. 现金及现金等价物净变动情况：		
现金年末余额	85 226	88 714
减：现金年初余额	88 714	80 913
加：现金等价物的年末余额	1 356 072	905 550
减：现金等价物的年初余额	905 550	876 489
现金及现金等价物净变动额	447 034	36 862

中国工商银行资本充足率情况表

人民币百万元，百分比除外

项目	2015 年 12 月 31 日	2014 年 12 月 31 日
核心一级资本	1 713 160	1 498 403
实收资本	356 407	353 495
资本公积可计入部分	151 963	144 874
盈余公积	178 040	150 752
一般风险准备	246 356	221 622
未分配利润	781 853	650 308
少数股东资本可计入部分	4 340	2 191
其他	(5 799)	(24 839)
核心一级资本扣除项目	11 665	11 670
商誉	8 478	8 487
其他无形资产（土地使用权除外）	1 356	1 279

续表

项目	2015年12月31日	2014年12月31日
对未按公允价值计量的项目进行现金流套期形成的储备	(3 869)	(3 796)
对有控制权但不并表的金融机构的核心一级资本投资	5 700	5 700
核心一级资本净额	1 701 495	1 486 733
其他一级资本	79 567	34 500
其他一级资本工具及其溢价	79 375	34 428
少数股东资本可计入部分	192	72
一级资本净额	1 781 062	1 521 233
二级资本	244 641	306 704
二级资本工具及其溢价可计入金额	180 242	187 829
超额贷款损失准备	63 398	118 633
少数股东资本可计入部分	1 001	242
二级资本扣除项目	13 600	15 800
对未并表金融机构大额少数资本投资中的二级资本	13 600	15 800
总资本净额	2 012 103	1 812 137
风险加权资产	13 216 687	12 475 939
核心一级资本充足率	12.87%	11.92%
一级资本充足率	13.48%	12.19%
资本充足率	15.22%	14.53%

中国工商银行贷款五级分类分布情况表

人民币百万元，百分比除外

项目	2015年12月31日		2014年12月31日	
	金额	占比（%）	金额	占比（%）
正常	11 233 456	94.14	10 582 050	95.97
关注	520 492	4.36	319 784	2.90
不良贷款	179 518	1.50	124 497	1.13
次级	104 805	0.87	66 809	0.60
可疑	60 512	0.51	49 359	0.45
损失	14 201	0.12	8 329	0.08
合计	11 933 466	100.00	11 026 331	100.00

中国工商银行员工情况表

2015 年 12 月 31 日

序号	机构名称	合同制人员合计	性别结构		年龄结构								学历结构				
			男	女	平均年龄	25 岁及以下	26 ~ 30 岁	31 ~ 35 岁	36 ~ 40 岁	41 ~ 45 岁	46 ~ 50 岁	50 岁以上	博士研究生	硕士研究生	大学本科	大专	专科以下
1	合计	446 842	218 518	228 324	42	26 601	70 038	43 910	39 021	70 824	94 477	101 971	542	21 030	218 446	148 386	58 438
2	总行本部	3 420	2 041	1 379	36	170	717	1 160	685	255	160	273	247	1 896	1 229	38	10
3	北京分行	18 824	7 748	11 076	38	1 151	4 388	3 464	1 674	2 053	3 172	2 922	29	2 002	10 676	4 841	1 276
4	天津分行	7 912	3 871	4 041	41	582	920	949	710	1 242	2 023	1 486	3	316	3 887	2 286	1 420
5	河北分行	21 549	11 547	10 002	45	582	1 732	1 101	1 863	4 236	4 925	7 110		388	8 396	8 087	4 678
6	山西分行	15 067	7 356	7 711	44	324	1 680	1 139	1 742	2 461	3 924	3 797	1	490	4 841	6 563	3 172
7	内蒙古分行	12 242	6 264	5 978	45	182	919	640	1 046	2 415	3 051	3 989	1	204	4 955	4 318	2 764
8	辽宁分行	18 427	9 287	9 140	45	752	1 104	1 411	1 849	3 200	4 329	5 782	1	448	8 581	7 908	1 489
9	吉林分行	13 334	6 485	6 849	44	423	1 209	1 021	1 856	2 247	2 122	4 456	1	328	6 303	4 118	2 584
10	黑龙江分行	16 119	8 319	7 800	46	398	787	538	1 557	3 067	3 997	5 775	2	172	5 929	6 508	3 508
11	上海分行	14 448	5 681	8 767	36	1 880	4 110	1 736	1 361	1 585	2 551	1 225	37	845	9 512	2 740	1 314
12	江苏分行	19 309	9 877	9 432	42	712	3 706	1 587	916	2 512	4 869	5 007	9	664	9 576	6 024	3 036
13	浙江分行	21 212	8 752	12 460	37	2 436	4 986	3 822	1 891	2 543	2 797	2 737	12	911	13 602	5 105	1 582
14	安徽分行	13 986	7 766	6 220	44	849	1 705	640	1 043	2 121	3 266	4 362	9	372	6 016	5 582	2 007
15	福建分行	12 379	5 791	6 588	42	713	1 566	1 324	1 258	1 980	2 776	2 762	5	228	6 709	3 662	1 775
16	江西分行	10 992	5 693	5 299	43	627	1 044	702	1 223	1 938	2 488	2 970	1	305	4 178	4 303	2 205
17	山东分行	21 336	11 094	10 242	43	760	2 834	2 026	1 932	3 695	3 941	6 148	12	714	10 352	8 082	2 176
18	河南分行	20 220	10 642	9 578	44	901	1 800	668	1 733	4 903	5 432	4 783	5	406	8 839	7 193	3 777
19	湖北分行	17 821	9 084	8 737	43	1 281	1 845	680	1 336	3 352	4 942	4 385	12	934	8 178	5 803	2 894
20	湖南分行	14 232	7 103	7 129	45	432	1 022	1 088	1 172	2 203	3 938	4 377	3	274	5 479	6 330	2 146
21	广东分行	20 791	10 866	9 925	38	1 667	4 595	2 994	2 279	3 817	3 155	2 284	23	643	10 617	7 344	2 164

续表

序号	机构名称	合同制人员合计	性别结构		年龄结构								学历结构				
			男	女	平均年龄	25岁及以下	26～30岁	31～35岁	36～40岁	41～45岁	46～50岁	50岁以上	博士研究生	硕士研究生	大学本科	大专	专科以下
22	广西分行	10 728	4 924	5 804	42	809	1 490	1 154	769	1 467	2 287	2 752	1	161	5 064	3 760	1 742
23	海南分行	2 732	1 547	1 185	42	173	319	139	387	478	685	551	2	87	1 546	844	253
24	四川分行	16 523	8 043	8 480	40	923	3 628	1 835	1 287	2 873	3 449	2 528	13	1 059	8 341	5 996	1 114
25	贵州分行	7 069	3 635	3 434	41	826	1 263	336	349	758	1 644	1 893		163	3 433	2 494	979
26	云南分行	8 770	4 074	4 696	43	591	1 059	506	554	1 276	2 387	2 397		243	4 185	3 416	926
27	陕西分行	12 433	6 596	5 837	45	370	1 045	583	915	2 467	3 733	3 320	8	559	4 786	5 546	1 534
28	甘肃分行	7 624	4 018	3 606	45	371	354	386	527	1 211	2 444	2 331	1	70	3 880	2 904	769
29	青海分行	2 249	1 080	1 169	39	398	325	109	151	320	672	274		43	1 321	773	112
30	宁夏分行	2 860	1 311	1 549	42	220	472	170	139	519	693	647		44	1 353	1 156	307
31	新疆分行	8 087	3 587	4 500	42	613	1 092	539	687	1 112	2 212	1 832	2	184	4 057	3 019	825
32	西藏分行	154	105	49	36	23	33	22	20	37	15	4	1	8	133	12	
33	重庆分行	7 249	3 644	3 605	42	550	1 364	544	317	1 037	1 552	1 885	6	420	3 028	2 585	1 210
34	大连分行	4 182	1 594	2 588	40	194	875	417	315	921	661	799	2	270	2 432	1 267	211
35	青岛分行	3 648	1 732	1 916	41	194	752	432	213	374	546	1 137		250	1 840	1 013	545
36	宁波分行	4 248	1 677	2 571	37	349	1 232	680	404	473	543	567	1	174	2 773	917	383
37	深圳分行	5 344	2 527	2 817	36	534	1 368	1 194	464	675	569	540	8	600	3 379	1 035	322
38	厦门分行	2 476	1 055	1 421	39	234	515	230	243	455	435	364	4	173	1 638	380	281
39	广东分行营业部	10 566	4 198	6 368	35	1 018	2 891	2 415	1 011	1 543	1 113	575	9	432	6 786	2 743	596
40	苏州分行	4 429	1 889	2 540	36	410	1 560	552	271	428	616	592	1	211	3 018	869	330
41	票据营业部	315	136	179	37	20	95	46	42	47	38	27	2	80	215	18	
42	私人银行部	140	90	50	34	2	48	44	20	12	5	9	7	78	51	4	
43	贵金属业务部	87	58	29	35	5	19	27	18	10	5	3	3	40	44		
44	内部审计局直属分局	44	23	21	41		1	10	8	16	1	8	2	20	22		

续表

序号	机构名称	合同制人员合计	性别结构		年龄结构								学历结构				
			男	女	平均年龄	25岁及以下	26～30岁	31～35岁	36～40岁	41～45岁	46～50岁	50岁以上	博士研究生	硕士研究生	大学本科	大专	专科以下
45	内部审计局天津分局	36	23	13	48			2	3	6	10	15		7	29		
46	内部审计局沈阳分局	35	19	16	45			4	5	7	12	7		7	27	1	
47	内部审计局上海分局	40	21	19	43		2	4	14	5	7	8		6	34		
48	内部审计局南京分局	36	27	9	48				10	5	7	14		4	32		
49	内部审计局武汉分局	38	23	15	44		1	6	8	8	2	13		10	27	1	
50	内部审计局广州分局	38	27	11	45		1	5	2	12	8	10	2	4	31	1	
51	内部审计局成都分局	34	22	12	46			5	6	5	6	12	1	8	22	3	
52	内部审计局昆明分局	33	18	15	45		1	1	6	11	7	7	1	3	29		
53	内部审计局西安分局	30	19	11	49			2	1	5	7	15	1	1	27	1	
54	长春金融研修学院	65	37	28	45	1	6	16	1	3	5	33	3	17	42	3	
55	杭州金融研修学院	69	33	36	41	3	17	8	2	3	17	19	1	22	46		
56	银行卡业务部（牡丹卡中心）	1 663	476	1 187	32	151	922	244	119	121	64	42	9	168	1 110	368	8
57	数据中心（北京）	920	464	456	31	96	460	197	71	46	28	22	4	380	526	8	2
58	数据中心（上海）	866	589	277	32	80	375	234	75	47	26	29	6	270	568	18	4
59	软件开发中心	4 481	2 957	1 524	31	282	2 026	1 582	377	121	64	29	26	1 680	2 755	18	2
60	电子银行中心	1 098	351	747	30	72	632	297	26	22	27	22		61	854	180	3
61	电子银行中心（石家庄）	376	110	266	29	26	292	29	7	15	6	1		10	312	54	
62	电子银行中心（合肥）	346	115	231	27	73	247	13	3	7	1	2		17	250	79	
63	电子银行中心（广州）	176	58	118	31	13	92	44	8	15	2	2		6	104	63	3
64	国际结算单证中心	652	186	466	29	124	372	99	25	21	7	4		252	398	2	
65	产品研发中心	233	133	100	30	31	123	58	15	5	1		2	188	43		

中国工商银行系统机构设置情况表

2015 年 12 月 31 日

序号	机构名称	合计	总行	一级分行	直属分行	一级分行营业部	二级分行	一级支行			基层营业网点				总行利润中心、直属机构及其分支
								合计	县支行	城区支行	合计	二级支行	分理处	储蓄所	
1	合计	17 002	1	31	5	27	409	3 080	1 321	1 759	13 420	12 246	824	350	29
2	总行本部	1	1												
3	总行部门类利润中心	6													6
4	北京分行	563		1		1	34	2	2		525	492	14	19	
5	天津分行	341		1			23	11	3	8	306	304		2	
6	河北分行	845		1		1	10	214	93	121	619	610	5	4	
7	山西分行	471		1		1	10	145	67	78	314	314			
8	内蒙古分行	387		1		1	12	106	50	56	267	267			
9	辽宁分行	638		1		1	12	140	29	111	484	457	6	21	
10	吉林分行	387		1		1	8	84	28	56	293	251	13	29	
11	黑龙江分行	577		1		1	12	169	56	113	394	239	17	138	
12	上海分行	497		1		2	33				461	449	12		
13	江苏分行	929		1		1	11	117	45	72	799	769	26	4	
14	浙江分行	809		1		1	11	106	49	57	690	588	101	1	
15	安徽分行	575		1		1	15	160	43	117	398	398			
16	福建分行	466		1		1	9	86	52	34	369	369			
17	江西分行	446		1		1	10	121	76	45	313	281	32		
18	山东分行	980		1		1	15	162	80	82	801	441	270	90	
19	河南分行	774		1		1	17	185	83	102	570	539	31		

续表

序号	机构名称	合计	总行	一级分行	直属分行	一级分行营业部	二级分行	一级支行			基层营业网点				总行利润中心、直属机构及其分支
								合计	县支行	城区支行	合计	二级支行	分理处	储蓄所	
20	湖北分行	726		1		1	12	106	39	67	606	606			
21	湖南分行	557		1		1	13	142	62	80	400	329	70	1	
22	广东分行	1 074		1			19	203	56	147	851	851			
23	广西分行	476		1		1	13	111	56	55	350	350			
24	海南分行	127		1		1	2	15	10	5	108	108			
25	四川分行	766		1		1	18	107	78	29	639	539	100		
26	贵州分行	301		1		1	8	82	50	32	209	179	30		
27	云南分行	362		1		1	15	65	35	30	280	280			
28	陕西分行	502		1		1	9	114	48	66	377	353	20	4	
29	甘肃分行	331		1		1	15	54	38	16	260	259		1	
30	青海分行	90		1			1	12	6	6	76	71	5		
31	宁夏分行	100		1				17	6	11	82	68	13	1	
32	新疆分行	260		1		1	14	61	40	21	183	180	3		
33	西藏分行	3		1				1		1	1	1			
34	重庆分行	328		1			20	36	22	14	271	247	23	1	
35	大连分行	163			1			21	4	17	141	141			
36	青岛分行	126			1			19	5	14	106	65	19	22	
37	宁波分行	181			1		1	20	5	15	159	155	2	2	
38	深圳分行	137			1		1	26		26	109	109			
39	厦门分行	70			1		1	17		17	51	51			
40	广东分行营业部	386				1	1	35	3	32	349	348		1	

续表

序号	机构名称	合计	总行	一级分行	直属分行	一级分行营业部	二级分行	一级支行			基层营业网点				总行利润中心、直属机构及其分支
								合计	县支行	城区支行	合计	二级支行	分理处	储蓄所	
41	苏州分行	221					4	8	2	6	209	188	12	9	
42	长春金融研修学院	1													1
43	杭州金融研修学院	1													1
44	总行银行卡业务部（牡丹卡中心）	4													4
45	软件开发中心	1													1
46	数据中心（北京）	1													1
47	数据中心（上海）	1													1
48	电子银行中心	1													1
49	国际结算单证中心	1													1
50	产品研发中心	1													1
51	总行票据营业部	9													9
52	总行私人银行部	1													1
53	总行贵金属业务部	1													1
54	总行资产托管部	1													1
55	总行投资银行部	1													1
56	总行养老金业务部	1													1
57	总行金融市场部	1													1
58	总行资产管理部	1													1

第八部分

大 事 记

责任编辑：赵会玉

1月

1月5日

姜建清党委书记主持召开第1次党委（扩大）会议，听取党委组织部有关工作汇报。党委副书记易会满、赵林，党委委员张红力、王希全、郑万春、谷澍、王敬东出席。

姜建清董事长、易会满行长、赵林监事长，张红力、王希全、郑万春、谷澍、王敬东副行长出席2014年经营情况通报会，听取了2014年全行经营情况的汇报。在北京的董事、监事和魏国雄首席风险官、林晓轩首席信息官、胡浩董事会秘书以及总行各部门负责人参加。

易会满行长拜会银监会银行监管一部肖远企主任，双方就中国工商银行2014年度经营管理情况及2015年度需要监管支持的事项交换了意见。

张红力副行长拜访全国社保基金理事会于革胜副理事长，双方就工商银行2014年度经营情况、境外业务发展情况，以及全国社保基金理事会投资管理、养老保险、国企改革及托管业务等议题交换了意见。

1月5日–1月7日

张红力副行长赴山西出差。其间，赴山西分行听取了经营情况汇报，调研分行资产质量状况、代理信托计划和资管项目情况；出席了分行党员领导干部民主生活会；拜会了山西省省长李小鹏、副省长王一新，双方就进一步加强合作、大力推进金融业改革发展、加快消化表内外资产业务风险等议题交换了意见；走访了山西省委常委、统战部长孙绍骋，双方就服务小微企业融资与政府开展合作等事宜交换了意见。

王敬东副行长赴广西、海南出差。其间，出席了广西和海南分行党员领导干部民主生活会；会见了广西壮族自治区常务副主席黄道伟，双方就基础设施建设、新型城镇化、产业升级优化等方面交换了意见；赴广西分行营业部南湖支行调研，现场观看了客户经理对客户营销管理系统的使用情况，听取客户经理对相关系统的优化建议。

1月6日–1月8日

易会满行长赴上海、湖北出差。其间，出席了上海分行党员领导干部民主生活会，听取了经营情况汇报；拜会了湖北省委书记李鸿忠、省长王国生、副省长曹广晶等地方党政领导，就工商银行近年来在鄂发展情况、支持产能转移和企业“走出去”、小微和高新企业发展等话题交换了意见；走访了东风汽车董事长徐平，就进一步深化电商平台汽车销售、“走出去”业务、债券承销、金融租赁、金融创新等领域合作事宜进行了交流。

赵林监事长赴新疆调研。其间，出席了分行党员领导干部民主生活会；赴新疆分行营业部人民路支行、明德路支行看望慰问基层一线员工。

王希全副行长赴浙江调研。其间，出席了分行党员领导干部民主生活会；出席了在台州温岭召开的大零售业务座谈会，听取了台州分行、温岭支行、玉环支行和仙居支行“大零售”业务发展战略落实情况、存在的问题及下一阶段工作安排的汇报；赴温岭支行营业部现场调研和指导。

1月7日–1月8日

郑万春副行长赴河南调研。其间，出席了分行党员领导干部民主生活会，听取了经营情况汇报。

谷澍副行长赴宁夏调研。其间，出席了分行党员领导干部民主生活会；赴宁夏分行营业部看望慰问了一线员工，并对网点分区设置、高低柜配比、柜台业务量等网点渠道建设和网点运营标准化改革工作相关情况进行了实地调研。

1月9日

姜建清董事长参加国务院应对国际金融危机小组第26次会议。

张红力、郑万春副行长分别会见华为首席财务官孟晚舟一行，就2015年度深化全面战略合作关系、加强海外重大项目融资、全球业务合作等议题进行了交流。

郑万春副行长与科威特大型建筑工程公司ConTech United Company董事会主席谢赫·艾哈默德·萨巴赫、首席运营官查理·海德尔一行走访中国铁建国际集团有限公司，三方就科威特境内基础设施项目深度合作进行了交流。

以工银发〔2015〕3号决定：提名蒋玉林任工银金融租赁有限公司董事长、董事，陈焕祥不再担任工银金融租赁有限公司董事长、董事。

1月9日–1月13日

姜建清董事长、易会满行长、赵林监事长一行先后拜会了银监会尚福林主席、周慕冰副主席、财政部楼继伟部长，并会见了中投公司丁学东董事长、郭浩达监事长、梁骧副总经理、解植春副总经理一行。会见中，姜建清董事长向有关监管机构及股东单位汇报了2014年工商银行的经营情况及2015年经营目标和主要工作措施。

1月12日–1月13日

张红力副行长赴上海出差。其间，拜访了上海证券交易所黄红元总经理、中国金融期货交易所张慎峰董事长、申银万国证券股份有限公司总经理储晓明、中国证券登记结算有限公司上海分公司聂燕总经理，就当前资本市场形势、银证业务合作等进行了交流。

王希全副行长赴山东调研。其间，出席了分行党员领导干部民主生活会；赴山东分行营业部市中支行调研

“大零售”战略落实情况。

1 月 13 日

姜建清董事长、易会满行长、王敬东副行长参加中纪委召开的十八届中央纪律检查委员会第五次全体会议。

1 月 14 日

姜建清董事长会见台湾永丰金融控股股份有限公司董事长何寿川先生一行，双方就跨境人民币业务发展、互联网金融领域创新、两岸间人民币零售与投资产品开发、全球经济形势、大宗商品市场走势等话题进行了交流。

易会满行长主持召开业务与产品创新管理委员会 2015 年第一次会议，王希全副行长出席会议。会议听取了《2014 年产品与业务创新工作情况报告》，审议了《产品创新奖励评选工作报告》和《2013 年产品退出分析情况报告》。

易会满行长、郑万春副行长拜访中国铁塔股份有限公司总经理佟吉禄，双方就铁塔公司发展规划以及双方全面金融业务合作等议题交换了意见。

易会满行长、郑万春副行长拜访中国海洋石油总公司杨华总经理，双方回顾了以往合作情况，并重点就当前国内外经济形势以及存款、债券承销、项目融资、跨境双向人民币资金池和“走出去”等重点业务合作进行了交流。

谷澍副行长赴内蒙古调研。其间，出席了内蒙古分行党员领导干部民主生活会；赴分行营业部慰问一线员工，并对网点渠道建设和网点运营标准化改革相关工作进行实地调研。

王敬东副行长赴管理信息部宣布人事任免事项。经总行党委研究决定，蒋玉林同志不再担任管理信息部总经理职务，管理信息部工作由苏宗国同志主持。

1 月 15 日

姜建清党委书记主持召开第 2 次党委（扩大）会议。会议传达了十八届中央纪委五次全会精神，审议了拟提交董事会的有关汇报和议案。党委副书记易会满、赵林，党委委员张红力、王希全、郑万春、谷澍、王敬东出席。

易会满行长会见中信建投证券股份有限公司董事长王常青、总裁齐亮一行，双方回顾了 2014 年业务合作成果，并就在资产证券化、财富管理、资本融资等方面进一步加强战略合作、加强银证合作创新等议题进行了交流。

谷澍副行长听取毕马威 2014 年度审计进度及预审初步发现的汇报。

1 月 16 日

姜建清党委书记主持召开党的群众路线教育实践活动专题民主生活会，党委副书记易会满、赵林，党委委员张红力、王希全、郑万春、谷澍、王敬东出席。会上，总行党委以“严格党内生活，严守党的纪律，深化作风建设”为主题，深入贯彻落实习近平总书记“三严三实”要求，认真开展了批评与自我批评。

易会满行长、郑万春副行长会见中核集团总经理钱智民、总会计师李季泽一行，双方就项目融资、债券承销、资金结算、核电项目、产业基金等领域业务合作事宜进行了沟通。

张红力副行长赴专项融资部（营业部）宣布人事任免事项。经总行党委研究决定，江涛同志不再担任专项融资部（营业部）总经理职务，专项融资部（营业部）工作由闫峻同志主持。

1 月 18 日 –1 月 21 日

姜建清董事长应邀出席了香港特别行政区政府主办的“亚洲金融论坛”并参加了“中国经济前景”环节的讨论。在香港期间，姜建清董事长还会见了全国政协副主席、前特首董建华、香港特别行政区首席行政长官梁振英、香港金管局主席陈德霖，以及长江集团主席李嘉诚、嘉里集团主席郭鹤年、东亚银行主席李国宝、华润集团董事长傅育宁、南丰集团总裁梁锦松等本地主要集团客户负责人；赴工银亚洲铜锣湾分行旗舰店考察了解工银亚洲零售业务开展情况。

1 月 19 日

易会满行长、郑万春副行长、魏国雄首席风险官主持召开第 3 次专题会议，研究资本与风险加权资产限额管理优化方案。

1 月 20 日

易会满行长、张红力副行长拜会人力资源和社会保障部胡晓义副部长，双方就国家机关和事业单位养老保险制度改革涉及的账务设置、资金管理、信息保密、系统建设等问题进行了交流。

谷澍副行长主持召开 2015 年运行管理工作视频会议，贯彻落实全行改革发展研讨会精神，全面总结 2014 年运行管理工作，研究部署 2015 年改革发展任务。

王敬东副行长赴养老金业务部调研，听取部门关于业务发展情况和下一步工作思路的工作汇报，并就 2015 年养老金业务发展进行部署。

王敬东副行长赴管理信息部调研，听取了关于 2014 年主要工作成果和 2015 年重点工作安排的汇报，并对 2015 年管理信息重点工作做出进一步部署。

1 月 21 日

易会满行长、林晓轩首席信息官主持召开 2015 年信息科技工作会议，总结了 2014 年信息科技工作取得的成绩，深刻分析了经济新常态下全行信息科技工作面临的新形势和新挑战，并对 2015 年的信息科技工作进行了部署。

易会满行长走访中国人寿集团总裁缪建民，双方回顾了长期以来的战略合作关系，并就在代理保险、企业年金、基金业务、投融资业务等领域加强合作，特别是在医疗健康、养老民生方面加强创新合作进行了交流。

张红力副行长出席2015年第1期（总第39期）创新沙龙。此次创新沙龙主题为“2015年宏观形势分析与展望”。

郑万春副行长会见沙特阿拉伯国家石油公司全球司库Basil Abulhamayel先生一行，双方就现金管理、融资、国际业务、投资银行等领域开展合作进行了交流。

郑万春副行长会见荷兰托克集团董事长Claude Dauphin和首席执行官Jeremy Weir先生一行，双方就进一步加强在全球银团、大宗商品交易、贵金属交易、结构性贸易融资、并购重组、自贸区业务等方面的合作进行了交流。

谷澍副行长会见加拿大蒙特利尔银行资本市场集团首席执行官Darryl White一行，双方探讨了两行合作现状及未来合作方向，并就中加两国经济形势、人民币国际化、中国银行业监管、互联网金融等共同关心的话题进行了交流。

谷澍副行长拜访中国建筑股份有限公司副总裁、总经济师刘锦章，双方就加快推进电商业务合作等议题进行了交流。

1月22日

姜建清董事长主持召开董事会会议，审议通过了《关于2015年度经营计划的议案》《关于调整部分董事会专门委员会主席及委员的议案》等六项议案，听取了《关于2014年经营情况的汇报》等六项汇报。易会满副董事长等12位董事会成员出席会议。胡浩董事会秘书参加会议。赵林监事长及监事会成员、监管机构代表以及总行相关部门负责人列席会议。

姜建清董事长主持召开中国工商银行董事会战略委员会会议。会议审议通过了《关于2015年度经营计划的议案》，听取了《关于2015年境内外机构增资、并购股权投资及申设机构注资规划的报告》。易会满、M. C. 麦卡锡、黄钢城、柯清辉、洪永淼、汪小亚、傅仲君委员出席会议。胡浩董事会秘书参加会议。监事会成员王炽曦监事、董娟监事、银监会银行监管一部有关同志列席会议。

赵林监事长主持召开监事会会议，审议通过了《关于中国工商银行股份有限公司2015年度监事会工作计划的议案》，并听取了《关于2014年度审计进度及预审初步发现的汇报》、《关于2015年度监事会监督检查实施方案的汇报》等五项汇报，研究讨论了《中国工商银行股份有限公司2014年度监事会工作报告》。王炽曦、董娟、孟焰、张炜、李明天监事出席会议，行内有关部门负责同志列席会议。

赵林监事长出席监事会监督委员会会议，会议审议通过了《关于中国工商银行股份有限公司2015年度监事会监督委员会工作计划的议案》、《关于2015年度监事会监督检查实施方案的议案》两项议案，并听取了《关于2014年度审计进度及预审初步发现的汇报》《关于2014年第四季度监督情况的汇报》两项汇报。监督委员会主任委员董娟主持会议，王炽曦、孟焰、张炜、李明天监事参加。

张红力副行长主持召开资产管理业务工作会议，全面总结2014年全行资产管理业务各项工作，深入分析经济新常态下的新机遇、新挑战，研究谋划2015年落实大资管战略升级发展年的工作思路和具体措施，动员全行增强战略定力，实现大资管业务的提质增效和战略转型。

王希全副行长、魏国雄首席风险官主持召开第8次专题会议，研究个人贷款负面清单管理及个人贷款相关产品体系优化问题。

郑万春副行长、林晓轩首席信息官主持召开第4次专题会议，研究部署加快推进票据电子化交易平台建设相关事宜。

王敬东副行长参加银监会召开的机关机构改革情况通报会。

1月23日

姜建清董事长主持召开中国工商银行股份有限公司2015年第一次临时股东大会，易会满副董事长、行长及董事会成员汪小亚、葛蓉蓉、李军、傅仲君和胡浩董事会秘书出席现场会议，黄钢城、麦卡锡、钟嘉年、柯清辉、洪永淼、衣锡群通过电话方式参加会议，赵林监事长及监事会成员王炽曦、董娟、孟焰和张炜，监管机构代表及本行有关部门负责人参加本次会议。董事候选人梁定邦、郑福清、费周林、程凤朝列席会议。会议审议通过了《关于选举梁定邦先生为中国工商银行股份有限公司独立董事的议案》等九项议案。

赵林监事长赴企业文化部（党委宣传部、教育部）调研。

张红力副行长出席中国银行业协会召开的第四届贸易金融年会并发表致辞。

谷澍副行长主持召开全行服务工作推动会，分析了当前服务工作面临的金融服务重体验、客户选择多元化、网点转型迫切等新常态，对2015“服务体验建设年”活动进行了全面部署。同时，为2014“人民满意银行建设年”活动中表现突出的“十百千”获奖单位和个人进行了现场颁奖。

1月26日

姜建清党委书记主持召开第3次党委（扩大）会议，研究年度工作会议材料。党委副书记易会满、赵林，党委委员张红力、王希全、郑万春、谷澍、王敬东出席。

王敬东副行长参加全国党建研究会召开的第五届理事会第五次全体会议。

1月26日－1月27日

谷澍副行长赴广州、香港出差。其间，赴电子银行中心（广州）调研，听取了电子银行中心整体工作情况汇报；会见了香港交易所总裁李小加，双方就沪港通业务开办以来双方的有关合作进行了交流；赴总行境外信贷簿记中心现场调研业务开展情况，并看望了簿记中心的工作人员。

1月27日

姜建清董事长、易会满行长、王希全副行长听取了个人金融业务部关于2014年个人金融业务经营情况、当前存在的问题、2015年强化大零售战略落地传导的工作思路和举措的专项汇报。

张红力副行长、林晓轩首席信息官主持召开会议，研究银银合作平台有关事宜。

张红力副行长出席2015年度工商银行与保险公司业务合作研讨会，与中国人寿、人保财险、中信保、人民人寿、新华、泰康、安邦等10家公司的高管，围绕“新常态　新银保”主题，对保险市场、银保合作进行分析研判，并从加强代销合作、推动互联网保险发展、共同推动产品创新、推动养老、健康、信用保证保险合作等方面进行了交流。

郑万春副行长拜访银监会监管一部肖远企主任，双方就同业业务监管要求交换了意见。

郑万春副行长拜访中国机械工业集团董事长任洪斌、总经理徐建、总会计师骆家駹，双方就在存贷款、现金管理、外汇资金集中管理、出口买方信贷、境外上市顾问等领域开展全面合作进行了交流，并就中国第二重型机械集团公司债务重组方案交换了意见。

总行在北京举办了工银长隆联名信用卡首发仪式，王敬东副行长与广东长隆集团总裁陈万成代表双方签署了工银长隆联名卡全面合作协议，并为6名持卡人颁发了首批工银长隆联名信用卡。银联和VISA卡组织高级管理人员、部分商户和持卡人代表、15家新闻媒体出席了仪式。

1月28日

党委副书记、监事长、党校校长赵林，总行党委委员、副行长、党校副校长王敬东出席党校校务委员会第十二次会议，会议听取了党校2014年工作情况的汇报，审议并通过了2015年工作要点和培训计划。

张红力副行长出席2015年度工商银行与证券公司业务合作研讨会，与银河证券、中信证券、中信建投、华融证券、民族证券、新时代证券等12家证券公司高管，围绕“新机遇　新未来”主题，畅谈对宏观经济形势和资本市场发展的看法，并从客户拓展、资产管理、产品互销、分支机构全面对接、客户资源及渠道共享等方面提出了合作建议。

张红力副行长会见世界银行集团多边担保机构首席执行官Keiko Honda女士一行，双方就加强双方海外项目合作进行了交流。

张红力副行长赴专项融资部（营业部）调研。

王希全副行长会见华融证券董事长祝献忠一行，双方就进一步加强代销券商资管产品等业务合作进行了交流。

王敬东副行长出席工行与公安部联合举办的警银协作防控电信诈骗座谈会。

1月29日

全行2015年年度工作会议在京召开。姜建清董事长总结了2014年工作，明确了2015年工作的总体要求、核心目标和重点任务。易会满行长分析了2014年经营情况，明确了今年的具体经营计划和主要工作措施。赵林监事长主持会议，张红力、王希全、郑万春、谷澍、王敬东副行长，魏国雄首席风险官、林晓轩首席信息官、胡浩董事会秘书及在北京的董事会、监事会成员出席会议。总行各部室（利润中心）主要负责人，各一级（直属）分行，各直属机构和内审分局主要负责人，一类营业部总经理，各境外机构和境内子公司主要负责人参加了会议。国家有关部门、监管机构和股东单位代表也应邀参加了会议。

1月30日

全行党建工作会议在北京召开。党委书记、董事长姜建清同志深入分析了全行党建工作面临的新形势新任务，提出了当前和今后一个时期全行党建工作的总体要求，部署了现阶段全行党建重点工作。会议由党委副书记、行长易会满主持，党委副书记赵林、党委班子成员张红力、王希全、郑万春、谷澍、王敬东同志和魏国雄首席风险官、林晓轩首席信息官、胡浩董事会秘书出席会议。总行各业务总监，各一级（直属）分行、各直属机构、一类营业部党委书记，各内审分局、境外机构及筹备组、境内子公司主要负责人，总行各部门（利润中心）总经理参加了会议。银监会银行监管一部有关负责同志也应邀参加了会议。

全行2015年国际化工作会议在京召开。姜建清董事长做了题为《顺应新常态　把握新趋势　推进国际化经营纵深发展》的重要讲话，易会满行长结合姜建清董事长的讲话精神，就新常态下如何落实国际化重点工作进行了具体部署。会议还对“2014年国际业务十佳先进单位”、“2014年全球单证管理系统推广先进单位”和先进个人进行了表彰。谷澍副行长主持会议，赵林监事长、张红力、王希全、郑万春副行长和董事会、监事会和高管层成员出席会议。

姜建清董事长应邀出席了法国总理曼努埃尔·瓦尔斯在法国驻华大使官邸举行的小型座谈会。姜建清董事长对法国政府和法国大使馆在工行开展对法业务中给予的大力支持表示感谢，并向瓦尔斯总理介绍了工行经营发展情况、参与的中法合作项目以及工行在法国“大巴黎计划”项目中发挥的作用。瓦尔斯总理对工商银行为推动法国经济发展及中法合作作出的贡献表示赞赏。

2 月

2 月 2 日

姜建清董事长、郑万春副行长会见中国港中旅集团公司董事长张学武、副总会计师郑江一行，双方就港中旅集团经营情况及下一步合作内容进行了交流，并达成了签署总对总全面战略合作协议的共识。

张红力副行长会见阿根廷外交和宗教事务部国际经济关系国务秘书卡洛斯·比安科先生，双方就工行在阿根廷经营情况、核电项目合作等方面交换了意见。

以工银发〔2015〕7 号决定：提名毕明强任工银标准银行公众有限公司董事长。

2 月 2 日 –2 月 3 日

易会满行长出访英国。其间，出席工银标准银行多数股权项目交割典礼并致辞；会见了标准银行联席 CEO Ben Kruger 先生，双方就今后如何更好发挥各自优势、继续支持工银标准银行提高盈利能力等议题进行了交流；拜会了英国审慎监管局执行董事 Megan Butler 女士，双方就工行伦敦子行和分行业务本地化、员工本地化、公司治理本地化以及在英三家机构业务协调发展等问题交换了意见；拜会了中国驻英国大使刘晓明先生，双方就中英经贸往来发展趋势、英国金融市场现状及走势、中资金融机构、中资企业在英发展等话题进行了交流；赴工银伦敦和伦敦分行进行了调研；与标银公众管理层及工行派驻工作组进行了座谈。

2 月 3 日

姜建清董事长参加了阿根廷总统克里斯蒂娜在京举办的访华座谈会，介绍了工商银行在阿根廷业务发展情况，并建议阿根廷政府积极考虑在两国经贸往来中促进人民币的使用，在阿根廷国内给予人民币与美元同等的外汇地位，实现两国政府、企业与银行的双赢。

张红力副行长赴城市金融研究所调研。

张红力副行长、林晓轩首席信息官会见农信银资金清算中心总裁王耀辉一行，双方就推动城乡通、跨境通、科技技术、电商平台等领域的业务合作进行了交流。

王敬东副行长召开总行纪委全体会议。会议研究讨论了 2015 年纪检监察工作会议材料。

2 月 2 日 –2 月 4 日

郑万春副行长赴北京、天津、山东调研。其间分别听取了北京新街口支行、长安支行等 5 家支行，天津分行营业部、河西支行等 4 家支行，山东德州分行、东营分行等 4 家二级分行关于公司存款、客户拓展、客户经理队伍建设、网点对公服务能力、小微金融等工作汇报，并对公司结现重点业务和网点对公服务能力提升进行了专题调研。

2 月 4 日

姜建清董事长、谷澍副行长赴电商平台工作组调研，听取互联网金融推进工作情况汇报。

姜建清董事长会见纽约联储银行行长及首席执行官 William Dudley 先生一行，双方就中国宏观经济运行、全球监管新规、美国经济形势及监管变化等话题进行了交流。

张红力副行长会见乌干达能源与矿业部部长 Irere Mulonin 女士一行，双方就中资企业在乌项目合作等事宜进行了交流。

王希全副行长会见 VISA 亚太区总裁柯如龙（Chris Clark）先生一行，双方就亚太区和中国市场的发展态势和前景，以及如何共同应对支付市场对外开放等问题进行了交流。

谷澍副行长会见越南农业与农村发展银行行长薛文成一行，双方就公司治理架构、薪酬与人力资源管理、国际化发展、人民币清算、资产管理等领域内容进行了交流。

2 月 5 日

姜建清董事长、郑万春副行长会见三星电子株式会社副会长李在镕一行，双方就拓展银企合作等事宜进行了交流，并就签署全面合作协议，尽快推动双方具体业务合作落地达成了共识。

易会满行长、王希全副行长出席全行零售业务工作会议。

张红力副行长拜会了财政部副部长刘昆、国库司司长刘祝余，双方就推进业务合作、加强服务民生、加快财政信息化建设等议题进行了交流。

王希全副行长主持召开零售专业工作布置会，听取个人金融业务部、银行卡业务部、私人银行部 2015 年重点工作安排和进展情况，以及工银瑞信、工银安盛支持集团大零售战略发展的相关举措。

谷澍副行长会见日本商工组合中央金库社长杉山秀二，双方就加强在资金业务、外汇交易、客户服务等领域的合作进行了交流，并就中小企业融资及风险管控、日本经济形势、地方产业发展等具体问题交换了意见。

2 月 6 日

易会满行长、郑万春副行长会见丝路基金董事长金琦女士一行，双方就与丝路基金建立全面合作、共同服务国家“一带一路”战略规划交换了意见，并就如何在项目资源共享、筛选、评价、风险控制以及股权、债券基金组建等专业性问题进行了交流。

郑万春副行长主持召开 2015 年全行公司、结现、投行业务工作会议。

郑万春副行长会见物美控股集团有限公司首席执行

官张斌一行，双方就境内外重组并购、银企业务合作等内容进行了交流，并举办了《战略合作协议》签约仪式。

2月6日–2月7日

王希全副行长出席2015年零售金融业务高级管理人员培训班开班仪式，并围绕当前互联网金融背景下零售客户发展问题的重要性和紧迫性、做好客户工作的三大策略、零售业务创新等内容进行了授课。

2月9日

姜建清董事长参加国务院召开的第三次廉政工作会议。

王希全副行长会见中国银联董事长葛华勇一行，双方就移动支付业务、中国支付行业对外开放、银联网络境外受理环境、互联网金融、创新产品、支付产业发展、行业数据交换等问题交换了意见。

谷澍副行长会见卢森堡明讯银行首席执行官杰弗瑞·特斯勒先生一行，双方就欧洲市场的跨境人民币业务发展、两行业务合作等话题进行了交流。

2月9日–2月11日

郑万春副行长赴海南出差。其间，参加了中国国债协会第四届理事会；赴海南分行调研，听取了分行近年来经营管理情况，以及资产负债、金融市场、票据业务和小企业信贷等业务发展情况的专题汇报；调研了工行支持的文化旅游项目。

2月10日

姜建清党委书记主持召开第1次党委会议，中组部干部五局局长毛定之一行到总行宣布了中国工商银行党委副书记、监事长调整决定。经党中央、国务院批准，钱文挥同志任中国工商银行党委副书记、监事长，免去赵林同志中国工商银行党委副书记、监事长职务。易会满党委副书记、赵林监事长，党委委员张红力、王希全、谷澍、王敬东出席。王炽曦监事、魏国雄首席风险官、林晓轩首席信息官、胡浩董事会秘书参加会议。

姜建清党委书记主持召开第4次党委（扩大）会议，通报了中央关于工行党委副书记、监事长调整的决定。易会满党委副书记、赵林监事长、钱文挥党委副书记，党委委员张红力、王希全、谷澍、王敬东出席。魏国雄首席风险官、林晓轩首席信息官、胡浩董事会秘书参加会议。

易会满行长主持召开全行信贷工作会议。魏国雄首席风险官参加会议。

王敬东副行长出席2015年度企业年金投资策略会并致辞。

2月11日

易会满行长会见日本瑞穗银行行长林信秀一行，双方回顾了去年两行签署全面合作协议以来的合作情况，并就中国经济新常态下银行发展战略、人民币国际化业务机会、中资企业境外投资策略、做好两行共同客户服务等话题进行了交流。

易会满行长慰问原行领导黄玉峻、王占祥、王为强等老同志。

张红力副行长主持召开第11次专题会议，研究“境外一带一路”战略具体实施措施。

王希全副行长慰问原行领导陈克儒、肖昌秀、董东庆等老同志。

谷澍副行长赴安徽调研，现场考察合肥中心新园区建设情况，听取了电子银行部、安徽分行、电子银行中心（合肥）、国际业务单证中心（合肥）相关工作情况的汇报。

王敬东副行长主持召开2015年第一期全行分析师成果经验交流会议。

王敬东副行长出席十大专业型人才培训工程启动会并讲话。

2月12日

姜建清董事长、钱文挥党委副书记会见北京市西城区区委书记王宁、常务副区长苏东一行，双方就在城市功能转型、棚户区改造、金博会等方面的战略合作交换了意见。

姜建清董事长慰问原行长陈立、张肖等老同志。

易会满行长、郑万春副行长拜访中国五矿集团公司周中枢董事长、沈翎总会计师，双方就大宗商品交易、“一路一带”项目开发、国际银团、境内外发债、电商平台、跨境人民币双向资金池等业务领域的合作进行了交流。魏国雄首席风险官陪同。

张红力副行长出席全行机构金融业务工作会议并讲话。

王希全副行长赴青海分行宣布人事任免事项。经总行党委研究决定，张延挺同志任青海分行党委书记，主持全面工作，待有关任职手续办妥后再正式任命为行长；崔亮同志调总行工作，不再担任青海分行行长、党委书记职务。

郑万春副行长出席2015年全行小企业金融工作会议并讲话。

郑万春副行长会见顺风国际清洁能源有限公司控股股东郑建明一行，双方就光伏发电、“走出去”、全球现金管理等领域的合作进行了交流。

谷澍副行长在北京视频主持召开了工银伦敦2015年第一次董事会会议，审议了工银伦敦审计委员会报告、风险委员会报告、董事会效力报告、员工薪酬水平及调整情况等议案，听取了子行管理层关于2014年经营情况及2015年预算情况的汇报。

王敬东副行长主持召开落实中央领导关于戴春宁案件批示精神专题会。

2月13日

姜建清党委书记主持召开第5次党委（扩大）会议，研究纪检监察工作会议和组织人事工作会议材料，听取党委组织部关于《2015年组织人事工作要点》等七项议题的汇报。党委副书记易会满、钱文挥，党委委员张红力、王希全、郑万春、谷澍、王敬东出席会议。

姜建清董事长、易会满行长、钱文挥监事长、张红力、王希全、郑万春、谷澍、王敬东副行长出席“总行机关2015年春节团拜会”。姜建清董事长发表了新春贺词，易会满行长主持团拜会。魏国雄首席风险官、林晓轩首席信息官、胡浩董事会秘书参加。

姜建清董事长、易会满行长、谷澍副行长赴电商平台调研。

张红力副行长会见了中国银行副行长张金良一行，就推动双方优先股发行相关事宜进行了交流。

郑万春副行长出席全行资产负债管理、金融市场和票据业务工作视频会议并讲话。

以工银任免〔2015〕25号决定：聘任魏学坤为信贷与投资管理部总经理。解聘毕明强信贷与投资管理部总经理职务，另有任用。

以工银任免〔2015〕26号决定：聘任苏宗国为管理信息部总经理。解聘蒋玉林管理信息部总经理职务，另有任用。

2月15日

姜建清董事长、郑万春副行长拜访国家烟草专卖局（中国烟草集团）凌成兴局长，双方就对公理财、海外兼并收购、企业年金、网上跨行支付、全球现金管理等业务方面的合作与对方进行了交流，并就为烟草在境外设立资金总部，统筹管理烟草海外机构的资金达成了一致意见。

易会满行长、郑万春副行长拜访首都机场集团刘雪松总经理，双方就首都新机场建设以及全面金融业务合作等议题交换了意见。

谷澍副行长主持召开网点竞争力提升领导小组2015年第一次会议。

2月16日

党委书记、董事长姜建清，党委副书记、行长易会满，党委副书记钱文挥，党委委员、副行长王敬东出席2015年纪检监察工作会议。姜建清党委书记作重要讲话，易会满党委副书记主持会议，王敬东党委委员作工作报告。

姜建清董事长、易会满行长会见人保集团董事长吴焰，双方就电子商务、企业年金、支持小微企业发展、支持中国企业“走出去”等领域合作进行了交流。

郑万春副行长主持召开京津冀一体化信贷投向和信贷政策座谈会。魏国雄首席风险官出席会议。

2月17日

易会满行长参加中共中央办公厅、国务院办公厅举办的春节团拜会。

谷澍副行长通过视频方式出席南标集团临时董事会议。

2月26日

姜建清董事长、郑万春副行长拜访中国航空工业集团公司董事长林左鸣、副总经理兼总会计师顾惠忠，双方就跨境人民币双向资金池、境内外债券承销、供应链融资、海外并购、租赁、企业年金等领域的合作进行了交流。

2月27日

钱文挥党委副书记拜访银监会周慕冰副主席、监管一部主任肖远企，双方就当前商业银行面临的风险与挑战、进一步发挥监事会在公司治理中的作用等进行了交流。

郑万春副行长主持召开第10次专题会议，研究部署票据营业部纠纷风险处置工作。

郑万春副行长拜访中石化总会计师刘运，双方就进一步加强业务合作进行了交流。

谷澍副行长会见德勤全球银行和证券行业主管合伙人 Jim Reichbach，双方就全球银行业发展与转型趋势及双方合作进行了交流。

谷澍副行长、魏国雄首席风险官、林晓轩首席信息官出席融e购电商平台融资业务推动会。

2月28日

姜建清党委书记主持召开第6次党委（扩大）会议，听取党委组织部有关工作汇报。党委副书记易会满、钱文挥，党委委员张红力、王希全、郑万春、谷澍、王敬东出席。

姜建清董事长、易会满行长、赵林监事长、张红力副行长出席中国城市金融学会常务理事会会议暨中国工商银行发展战略咨询会议。姜建清董事长作重要讲话，易会满行长主持会议，张红力副行长做主题报告。会议还审议了常务理事增补提案。魏国雄首席风险官、胡浩董事会秘书以及来自总行机关的常务理事参加会议。

赵林监事长主持召开监事会会议，审议通过了《关于提名钱文挥先生为中国工商银行股份有限公司股东代表监事候选人的议案》。王炽曦、董娟、孟焰、张炜、李明天监事出席会议。

钱文挥党委副书记出席信访工作视频会。

郑万春副行长主持召开“一带一路”、长江经济带信贷投向及信贷政策座谈会。魏国雄首席风险官出席会议。

王敬东副行长主持召开总行机关党委全委会，审议2015年机关党建工作要点、2014年度总行机关党费收支情况报告和2015年总行机关党员发展计划。

王敬东副行长参加全国妇联举办的纪念“三八”国际妇女节表彰大会。

2月28日－3月14日

王希全副行长参加中组部在浦东干部学院举办的第3期省部级干部深化改革开放专题研讨班。

2月28日－3月7日

谷澍副行长赴南非、津巴布韦出差。在南非期间，出席了标准银行集团董事会及各专业委员会会议。会议审议通过了标准银行集团董事长继任人选选拔、董事会成员任命调整、集团2014年经营业绩及分红方案、高管薪酬调整、股票回购授权更新、偿付能力及流动性评估报告审议等多项议案；与标准银行集团联合CEO、首席财务官等高管人员进行座谈；赴非洲代表处暨驻标准银行工作组约堡驻地调研，听取了非洲代表处负责人的工作汇报，慰问了代表处员工；赴标准银行约堡Sandton支行调研。在津巴布韦期间，拜访了我国驻津巴布韦大使林琳；与津巴布韦标准银行高管团队进行座谈。

3月

3月1日－4月29日

郑万春副行长参加中央党校举办的“战略思维与领导能力”研究专题省部级干部进修班。

3月2日

姜建清董事长参加山西省政府在北京的单位座谈会，双方就进一步加强合作等话题进行了交流。

易会满行长出席“人民币国际化之新丝路：狮城债的新契机”论坛并致辞。论坛期间，易会满行长会见了新加坡驻华大使罗家良、新加坡金管局助理局长梁新松等嘉宾。

3月3日

姜建清董事长、易会满行长、钱文挥党委副书记会见香港特首梁振英先生一行，双方就香港国际金融中心建设、工商银行国际化及在港业务发展情况等话题交换了意见。

姜建清董事长会见英国每日邮报主席罗斯米尔公爵，双方回顾了一直以来良好的合作关系，并就国际化发展进程、与每日邮报集团进一步开展合作的方向等话题进行了交流。

3月4日

姜建清董事长会见巴里克黄金集团董事长约翰·桑顿先生一行，双方就黄金市场走势、加强业务合作进行了交流。

钱文挥党委副书记拜访中央汇金投资有限责任公司郭浩达监事长，双方就当前商业银行面临的风险与挑战、进一步发挥监事会在公司治理中的作用等进行了交流。

3月5日

姜建清董事长赴人民大会堂旁听十二届全国人民代表大会第三次会议开幕会。

钱文挥党委副书记到办公室调研。

以工银发〔2015〕18号决定：提名侯倩任中国工商银行（新西兰）有限公司执行董事、总经理，敬骏不再担任中国工商银行（新西兰）有限公司执行董事、总经理，另有任用。

以工银任免〔2015〕37号决定：聘任敬骏为中国工商银行金边分行总经理，解聘牛建军中国工商银行金边分行总经理职务，另有任用。

3月6日

姜建清董事长会见了前来工行作“宪法与依法治国”专题讲座的清华大学法学院院长王振民教授，钱文挥党委副书记和王敬东副行长参加会见并出席了专题讲座。

3月9日

姜建清董事长、张红力副行长会见中国商飞金壮龙董事长，并见证了工银租赁与中国商用飞机有限责任公司签署《ARJ21－700飞机购机意向协议》。

钱文挥党委副书记会见全国政协委员、香港商报社长黄扬略一行，双方就工行国际化战略布局和在港机构的业务发展情况、人民币跨境使用和“一带一路”建设等议题进行了交流。

谷澍副行长主持召开审计署2015年新增贷款及经营管理情况审计调查进点见面会，审计署金融司王志成副司长一行参加会议。

以工银党〔2015〕15号决定：钱文挥同志任中国工商银行党校校长，赵林同志不再担任中国工商银行党校校长职务，刘立宪同志不再担任中国工商银行党校副校长职务。

3月10日

姜建清董事长、易会满行长、张红力副行长会见江西省省长鹿心社、副省长李炳军一行，双方就江西富余产能“走出去”，境外农业合作等议题交换了意见。易会满行长、李炳军副省长代表双方签署了《“走出去”战略合作协议》。

姜建清董事长、易会满行长会见陕西省省委书记赵正永、省长娄勤俭一行，双方就“一带一路”战略实施、新加坡航空物流园区落户服务、电子商务、融资渠道、走出去等议题交换了意见。

姜建清董事长会见耶鲁大学管理学院院长爱德华·施奈德一行，双方就全球经济形势、全球治理等话题交换了意见，并就进一步深化双方在培训、研究等领域合作进行了交流。

钱文挥党委副书记赴监事会办公室调研。

谷澍副行长主持召开总行操作风险暨内部控制管理委员会2015年第一次会议，会议审议并原则通过了内控合规部《2014年度操作风险管理报告》等6项议案，审阅了监察室、信息科技部和内控合规部提交的5个专题报告。

王敬东副行长赴监察室调研，研究部署中央纪委对工行开展专题调研的落实工作。

3月11日

姜建清董事长、易会满行长、张红力副行长会见云南省委书记李纪恒、省长陈豪一行，双方就在国家“一带一路”战略部署下深化银政合作事宜交换了意见。易会满行长和陈豪省长分别代表双方签署了《“一带一路”金融服务战略合作协议》。

姜建清董事长会见印度尼西亚国企部部长莉尼及印度尼西亚国有企业代表团一行，双方就工行在印度尼西亚的业务发展情况、基础设施建设、人民币结算等议题交换了意见。

易会满行长会见毕马威全球金融服务业主席安德森先生一行，双方就当前全球银行业经营状况、监管政策、外部形势、发展规律等方面交换了意见。会见后，双方共同出席了毕马威年度审计结果沟通会，听取了毕马威工行审计项目负责人关于2014年年度审计工作的汇报。

易会满行长会见武汉市市长万勇、常务副市长贾耀斌一行，双方就武汉市经济金融社会发展战略、重大项目金融服务、信息沟通、金融创新合作、发展总部经济等方面交换了意见。

钱文挥党委副书记赴总行幼儿园、银泉大厦进行工作调研。

谷澍副行长出席2015年总行反洗钱领导小组会议。会议审议并通过了总行反洗钱领导小组办公室（内控合规部）提交的《关于2014年全行反洗钱工作情况的报告及2015年全行反洗钱工作安排的建议》，并对境外机构有关反洗钱工作进行了研究部署。

以工银任免〔2015〕63号决定：聘任闫峻为专项融资部（营业部）总经理。解聘江寿专项融资部（营业部）总经理职务，另有任用。

3月12日

姜建清董事长会见罗斯柴尔德家族英国系的核心成员、主要管理人奥利佛·罗斯柴尔德主席一行，双方就中英两国经济发展现状及趋势、两国企业合作、双方潜在合作领域等话题进行了交流。

易会满行长主持召开第12次专题会议，研究公司客户拓展与维护工作。

谷澍副行长出席2015年电子银行业务工作视频会并讲话。

3月13日

姜建清董事长会见吉林省省长蒋超良一行，双方就加强银政合作等内容进行了交流。

易会满行长出席2015年财务会计工作会议并讲话。

易会满行长主持召开第1次行长办公会议，研究浙江、上海、广东分行转型试点工作。钱文挥党委副书记，谷澍、王敬东副行长，魏国雄首席风险官出席会议。

3月16日-3月17日

易会满行长赴河北分行调研。

3月16日

王敬东副行长出席2015年上半年巡视工作动员会并讲话。

3月17日

姜建清董事长、易会满行长听取互联网金融产品发布会筹备工作汇报。

钱文挥党委副书记赴内部审计局调研。

张红力副行长主持召开境外“一带一路”第二次工作会议。

3月18日

姜建清董事长主持会议召开领导班子和领导干部综合考核评价暨选人用人“一报告两评议”工作会议。易会满行长、赵林监事长、钱文挥党委副书记，张红力、王希全、郑万春、谷澍、王敬东副行长出席会议。魏国雄首席风险官、胡浩董事会秘书参加会议。

姜建清董事长会见新加坡政府投资公司总裁林祥源一行，双方就中国经济发展、信贷增长与货币政策、金融市场改革动态、互联网金融战略等话题进行了交流。

党委副书记、行长易会满出席中国工商银行组织人事工作会议并讲话，党委副书记钱文挥主持会议，党委委员、副行长张红力、王希全、郑万春、谷澍、王敬东出席会议。

易会满行长主持召开总行风险管理委员会2015年第一次会议，审议通过了《2014年集团并表管理情况及2015年并表管理计划》、《中国工商银行2015—2017年风险管理规划》和《2014年度风险管理报告》，听取了《关于2013年以来新增融资情况的报告》《委托贷款业务风险管理情况的报告》和《2014年度资产管理业务风险管理情况的报告》。王希全、谷澍、王敬东副行长，魏国雄首席风险官出席会议。

张红力副行长会见福特汽车公司副总裁兼全球司库Neil Schloss先生一行，双方在回顾以往合作的基础上，就备用银团贷款、汽车租赁、电商平台、债券承销等议题进行了交流。

张红力副行长会见BP集团全球司库Alan Haywood先生一行，双方就国际国内宏观经济形势、能源供给与需求、国际资本市场发展交换了意见，并就加强境内外发债、备用银团贷款、项目融资、船舶融资、商品交易等领域合作进行了交流。

3月19日

姜建清党委书记主持召开第7次党委（扩大）会议，研究拟提交董事会审议的议案和汇报，听取了战略管理与投资者关系部关于向工银莫斯科增资和私人银行部通过工银瑞信申请设立私募基金管理公司的汇报。党委副书记易会满、钱文挥，党委委员张红力、王希全、谷澍、王敬东出席。

姜建清董事长会见摩根士丹利集团名誉董事长John Mack，双方就中国经济发展情况、工行互联网金融战略、美国互联网金融发展情况，以及在私募股权、资产管理等领域的潜在合作机会进行了交流。

姜建清董事长会见瑞士信贷集团首席执行官 Brady Dougan，双方就欧洲经济复苏前景、欧元汇率变动等话题进行了交流，并就全球金融市场运行、国际银行业收购与兼并趋势等话题交换了意见。胡浩董事会秘书陪同。

3 月 20 日

姜建清董事长会见瑞银集团首席执行官 Sergop P. Ermotti 一行，双方就进一步加强业务合作进行了交流。胡浩董事会秘书陪同。

姜建清董事长会见 AIA 友邦保险集团 CEO Mark Tucker 一行，双方就进一步加强业务合作进行了交流。

易会满行长主持召开第 2 次行长办公会议，审议了《2015 年基本授权方案（境内外）》。钱文挥党委副书记，张红力、王希全、王敬东副行长出席。

易会满行长、张红力副行长会见中国铁路总公司总会计师余邦利一行，双方就加强在新建铁路项目融资、铁路建设债券投资、铁路发展基金投资及“走出去”等领域的合作进行了交流。

王希全副行长出席零售业务“三评价一考核”工作视频会并讲话。

3 月 22 日 –3 月 29 日

谷澍副行长赴加拿大、美国出差。在加拿大期间，出席了工行在多伦多举行的加拿大人民币清算行启动仪式；会见了加拿大财政部长 Joe Oliver 先生、我国驻加拿大罗照辉大使和薛冰总领事、加拿大金融机构监管署监管总监 Paul Laverty 先生、蒙特利尔银行资本市场首席执行官 Darryl White 先生、加拿大多伦多交易所集团首席执行官 Lou Eccleston 先生；并赴工银加拿大调研，听取了子行经营情况汇报。在美期间，拜会了纽约金融管理局外国批发银行监管部副局长 Jeffery Raymond 先生、纽联储大型外国银行监管局高级副总裁 Patricia Meadows 女士、货币监理署国际银行监管主管 Marci Heppner 女士；会见了花旗银行副行长 William J. Mills 先生、汇丰银行美洲区全球银行条线首席执行官 Patrick Nolan 先生；赴工银美国、工银金融和纽约分行调研，听取了美国机构整体经营情况汇报。

3 月 23 日

姜建清董事长、易会满行长、王敬东副行长出席互联网金融产品发布会。

姜建清董事长会见法国巴黎银行董事长 Jean Lemierre 先生一行，双方就加强在同业拆借、债券承销、银团贷款等领域的合作进行了交流。

姜建清董事长会见澳大利亚矿业集团 FMG 公司董事长安德鲁·福瑞斯特先生一行，双方就铁矿石行业发展趋势、双方未来合作等议题进行了交流。

姜建清董事长会见万科集团总裁郁亮，双方就加强银企合作、电商平台合作等事宜进行了交流。

张红力副行长拜访中国铁路总公司黄民副总经理，双方就工商银行国际化战略、海外机构和业务布局、中国高铁“走出去”金融服务等内容进行了交流。

易会满行长，张红力、王敬东副行长参加银监会召开的 2014 年度监管通报会，魏国雄首席风险官、胡浩董事会秘书出席会议。在京董事、监事参加会议。

钱文挥党委副书记赴上海送原山东分行行长沈如军赴任交通银行副行长。

3 月 23 日 –3 月 30 日

王希全副行长赴日本、韩国出差。在日本期间，应邀出席 VISA 亚太区高级客户理事会会议，与 VISA 全球 CEO Charles W. Scharf，亚太区总裁 Chris Clark，以及来自亚太区 10 个国家的 19 名理事会成员行的高级负责人进行了深入交流；会见了日本 JCB 有限公司总裁兼首席执行官川西孝雄，双方深化信用卡业务合作，提升双方品牌影响力等事宜进行了交流；实地考察了东京分行下辖池袋分理处，大阪分行。在韩国期间，赴首尔分行调研，听取了分行近年来主要经营情况和零售业务工作汇报；先后会见了韩国三星电子财务官、高级副总裁（专务）金正昊，三星卡公司总裁、首席执行官元麒赞，就手机支付（Samsung Pay）、银企互联合作、员工卡、联名卡及代发工资、双币借记卡、商户网络、大数据应用等方面的合作展开了深入交流。

3 月 24 日

姜建清董事长会见巴基斯坦旁遮普省首席部长沙巴斯·谢里夫一行，双方回顾了近期与巴方合作的项目，并就加强在中巴经济走廊和工业园建设，以及水电、能源等基础设施建设有关项目的合作交换了意见。

易会满行长、魏国雄首席风险官主持召开第 14 次专题会议，研究重点分行资产质量防控工作。

钱文挥党委副书记参加中国金融思想政治工作研究会召开的第四届理事会第五次全体会议。

钱文挥党委副书记赴企业文化部调研。

3 月 24 日 –3 月 25 日

王敬东副行长赴上海、杭州调研。其间，出席养老金业务经营管理培训班并讲话；赴贵金属业务部调研，听取部门关于 1 ~2 月经营情况和全年工作安排的汇报；赴上海金融培训学校调研，听取培训学校工作汇报；赴绍兴分行座谈。

3 月 25 日

姜建清董事长主持召开中国工商银行股份有限公司董事会战略委员会。会议审议通过了《关于 2014 年度财务决算方案的议案》等四项议案。易会满副董事长等 9 位委员会成员出席会议，胡浩董事会秘书参加会议，监事会部分成员、监管机构代表以及总行相关部门负责人列席会议。

姜建清董事长会见美国“亮点基金会”主席尼尔·布什一行，双方就工商银行国际化经营、中美关系研讨会安排、工商银行积极履行社会责任、中美城市发展等话题进行了交流。

赵林监事长主持召开中国工商银行股份有限公司监事会会议。会议审议通过了《2014年度监事会工作报告》、《2014年度监事会监督报告》等10项议案，听取了关于对董事和高级管理人员访谈情况、内控合规工作情况等6项汇报。王炽曦、董娟、孟焰、张炜、李明天监事出席会议，钱文挥党委副书记列席了会议。

3月25日－3月26日

姜建清董事长主持召开中国工商银行股份有限公司董事会会议。会议审议通过了《关于2014年度报告及摘要的议案》等十六项议案，并听取了《关于2014年度风险管理情况的汇报》等十一项汇报。易会满副董事长，董事会成员M·C.麦卡锡、钟嘉年、洪永淼、衣锡群、汪小亚、葛蓉蓉、傅仲君、郑福清、费周林、程凤朝、黄钢城、柯清辉出席会议，钱文挥党委副书记、胡浩董事会秘书参加会议。赵林监事长、监事会成员王炽曦、董娟、孟焰、张炜、李明天，魏国雄首席风险官列席会议。

3月26日

姜建清董事长、易会满行长出席2014年度业绩发布会。魏国雄首席风险官、胡浩董事会秘书陪同。

3月25日－3月27日

易会满行长赴香港出席业绩发布会、投资者业绩说明会。魏国雄首席风险官陪同。

3月27日－3月28日

姜建清董事长赴海南出差。其间，作为发言嘉宾应邀参加了博鳌亚洲论坛2015年年会开幕式，并参加了“下一次金融危机”分论坛；会见了德勤会计师事务所全球主席Steve Almond，双方就工行全球业务拓展、不同国家和地区之间的互联网金融与电子商务发展情况交换了进行了交流；与澳大利亚工党领袖Bill Shorten先生进行了会谈，双方就中国经济发展情况、工行在澳机构业务发展情况、中澳双方经贸、投资与金融往来等话题交换了意见；会见了永丰金控何寿川董事长，双方回顾了永丰金控与工商银行业务合作进展情况，并就境外人民币业务发展、两岸经贸往来等情况进行了交流；与国务院台湾事务办公室张志军主任进行会谈，双方就当前台湾经济与政治发展情况、工商银行支持两岸经贸往来有关工作交换了意见。

3月28日

以工银任免〔2015〕99号决定：聘任洪青为中国工商银行孟买分行总经理，解聘孙羲中国工商银行孟买分行总经理职务，另有任用。

3月29日

钱文挥党委副书记参加“共和国部长义务植树”活动。

3月30日

姜建清董事长、易会满行长、钱文挥党委副书记出席2015年内审内控工作会议并讲话。谷澍副行长，人民银行、审计署、银监会相关部门负责人，在北京的董事、监事参加会议。

郑万春副行长主持召开第20次专题会议，研究推进小微企业账户服务平台建设工作。

王敬东副行长参加银监会召开的全国银行业先进集体、先进个人表彰大会。

3月31日

姜建清董事长、张红力副行长会见波音公司副董事长兼波音民用飞机集团总裁雷蒙德·康纳先生、波音民机集团全球销售高级副总裁约翰·沃吉克先生一行，双方就中国经济金融形势、工银租赁业务发展情况、全球飞机租赁市场发展等方面进行了交流。

姜建清董事长、王敬东副行长参加中央国家机关工委来工行开展的《中国共产党党和国家机关基层组织工作条例》贯彻落实情况访谈。

易会满行长、张红力副行长出席2015年第3期（总第41期）创新沙龙。此次创新沙龙主题为“2014年度总行改革发展重点课题成果发布”。易会满行长为获奖课题颁奖并致辞，张红力副行长主持本期沙龙。

钱文挥党委副书记会见“21世纪韩中交流协会”金汉圭会长一行，双方就中韩经贸往来、韩国离岸人民币市场建设等话题进行了交流。

张红力副行长出席资产管理业务推进委员会2015年第一次会议。会议审议了《关于进一步推进大资管战略协同的意见》等3项报告，审阅了《关于理财业务事业部制改革有关事项的汇报》和《关于〈商业银行理财业务监督管理办法（征求意见稿）〉有关事项的汇报》。

王希全副行长参加人民银行召开的利率市场化座谈会。

谷澍副行长会见SWIFT组织全球首席执行官Gottfried Leibbrandt先生一行，双方就互联网金融、人民银行跨境人民币系统（CIPS）、KYC合规数据库、Sibos年会有关活动安排等进行了交流。

4月

4月1日

钱文挥党委副书记赴总行党校（房山培训中心）调研。

谷澍副行长与汪小亚、葛蓉蓉、傅仲君、郑福清、费周林、程凤朝董事赴电子银行部进行工作调研。

4月2日

姜建清董事长赴山东分行宣布人事任免决定。经中央批准，沈如军同志提任交通银行总行副行长、党委委员，不再担任山东分行行长、党委书记职务；总行党委研究决定，戴春林同志任山东分行行长、党委书记。在山东期间，姜建清还会见了山东省委书记姜异康、省长郭树清、副省长夏耕等领导同志。

易会满行长主持召开互联网金融产品推广汇报会，听取了互联网金融三大平台和三大产品线等重点产品的市场推广进展情况，分析了当前面临的重点问题，提出了下一步工作计划。随后召开了业务与产品创新管理委员会 2015 年第二次会议，听取了产品的项目达标评价工作报告，审议通过了《业务与产品创新管理委员会 2015 年工作要点》、《2015 年产品与业务创新研发计划》。王希全、谷澍副行长出席会议。

张红力副行长出席工行与巴基斯坦哈比银行在苏州工业园区共同主办的“巴基斯坦投资论坛”并致辞。

王希全副行长与汪小亚、葛蓉蓉、傅仲君、郑福清、费周林、程凤朝董事赴个人金融业务部调研。

谷澍副行长会见国际金融公司（IFC）副总裁兼司库华敬东一行，双方就人民币国际化、货币互换、人民币债券发行等业务合作交换了意见，并就亚洲基础设施投资银行、人民币加入国际货币基金组织特别提款权及金融监管等话题进行了交流。

王敬东副行长参加中国金融工会召开的第四届全国委员会第三次全体会议。

4 月 3 日

姜建清党委书记主持第 8 次党委（扩大）会议，传达了中办发电〔2015〕5 号文件精神，听取了信贷与投资管理部关于信贷资产质量情况和财务会计部关于 2015 年第一季度经营情况分析的汇报。党委副书记易会满、钱文挥，党委委员张红力、王希全、谷澍、王敬东出席。

姜建清董事长参加国务院召开的关于研究部署支持中国装备走出去和推进国际产能合作座谈会。

谷澍副行长主持召开总行服务工作委员会 2015 年第一次会议，审议了《中国工商银行服务工作委员会工作规则》，听取了渠道管理部关于 2012—2014 年三年客户满意度调查情况汇报，研究部署了下一阶段服务改进重点工作。

4 月 8 日

姜建清董事长主持召开会议，研究制定 2015—2017 年三年发展战略规划，易会满行长、钱文挥党委副书记、张红力副行长、王希全副行长出席会议。董事会秘书胡浩参加会议。

张红力副行长会见中国信托业保障基金有限责任公司总裁刘宏宇一行，双方就加强资产托管、资产管理、金融市场、投资银行、科技系统、信托风险处置等领域的合作进行了交流。

王敬东副行长赴工会工作委员会调研。

4 月 9 日

姜建清董事长主持召开会议，研究制定 2015—2017 年三年发展战略规划，王希全副行长、谷澍副行长、王敬东副行长出席会议。

姜建清董事长会见河南省委常委、常务副省长李克一行，双方就加强银政合作等内容交换了意见。魏国雄首席风险官陪同。

原行长、党组书记、离休干部陈立同志遗体送别仪式在北京市八宝山殡仪馆举行。中共中央总书记、国家主席、中央军委主席习近平，中共中央政治局常委刘云山，中共中央政治局委员、中央组织部部长赵乐际对陈立同志的家属表示慰问，并送花圈；原党和国家领导人胡锦涛、朱镕基对陈立同志的逝世表示悼念，向家属表示慰问。姜建清董事长、赵林监事长、钱文挥党委副书记，张红力、王希全、郑万春、谷澍、王敬东副行长出席告别仪式。

钱文挥党委副书记赴吉林分行宣布人事任免事项。经总行党委研究决定，鞠延强同志不再担任吉林分行行长、党委书记职务，调辽宁分行任职，由岳万国同志主持吉林分行全面工作。

郑万春副行长会见国投集团张华总会计师，双方就产业基金合作、投行及结算服务等话题进行了交流。

王敬东副行长主持召开 2015 年安全保卫工作推动视频会并讲话。

4 月 9 日—4 月 16 日

易会满行长率团赴瑞士、德国、英国进行 2014 年度业绩路演，通过投资者交流会、一对一会谈等形式，与 70 余家 H 股主要股东及潜在投资者进行了沟通，并围绕资本市场关注点和投资者提问，系统地介绍了中国经济转型、企业改革、金融市场格局变化等情况，阐述了工行在“一带一路”等三大战略带格局下的全球机构与资产布局，在“三期叠加”经济环境中维持资产质量稳定的能力和财务实力，在利率市场化改革背景下的转型发展进程和定价管理策略，以及在应对互联网金融挑战中的 e－ICBC 战略，坚定了投资者的信心。路演期间，易会满行长还拜会了瑞士金融市场监督管理局首席执行官 Mark Branson 先生，双方就在瑞机构设置的流程和组织形式、公司治理要求进行了探讨，并就中瑞双边关系与经贸合作、瑞士经济金融业发展概况、巴塞尔Ⅲ资本协议执行情况等话题交换了意见；走访了伦敦金融交易所（LME），会见了 LME 首席运营官和 LME 清算所首席执行官，双方就在客户开发、人民币计价交易产品创新、仓储物流管理技术和经验输出等方面加强战略合作进行了交流；会见了巴克莱银行副主席 David Wright 爵士，双方就加强国际银团、金融市场业务、资本工具创新、中英基础设施项目融资、非洲地区业务合作等话题进行了交流；赴法兰克福分行调研，听取了法兰克福分行和工银欧洲的工作汇报；赴工银标准银行调研，听取了公司管理层关于股权交割以后公司财务效益、客户拓展、业务整合、监管环境等情况汇报，并对工银标准银行的业务发展进行部署。

4 月 10 日

《亚洲公司治理》杂志在香港举办了第五届（2015年）“Asian Excellence Award”颁奖典礼，易会满行长连续第二次获评“Asia's Best CEO – Investor Relations（亚洲最佳 CEO – 投资者关系奖）”。工银亚洲代表工行领取奖项。

钱文挥党委副书记赴辽宁分行宣布人事任免事项。经总行党委研究决定，鞠延强同志任辽宁分行行长、党委书记；戴春林同志不再担任辽宁分行行长、党委书记职务，调山东分行工作。

张红力副行长主持召开中国城市金融学会第五届理事会第五次会议暨 2015 年学术年会并讲话。会议特邀中国人民银行副行长潘功胜以“新常态下金融改革”为主题作主旨演讲，对当前中国利率市场化改革和存款保险制度等相关问题进行了深入剖析。会议还审议了《学会工作报告》，表决通过了常务理事增补提案，就“新常态下工商银行所面临的机遇与挑战、问题与对策”展开研讨，颁发了第十二届优秀论文及调研报告获奖证书。

郑万春副行长走访中石化集团总会计师刘运和股份公司财务总监王新华，双方就加强跨境人民币双向资金池、境内外发债、大项目融资等领域的业务合作进行了交流。

谷澍副行长参加人民银行召开的“营改增”有关会议。

谷澍副行长听取关于互联网金融模式下运营体系建设汇报。

谷澍副行长拜访亚马逊公司全球副总裁兼中国区总裁葛道远先生，双方就加强业务合作等内容进行了交流。

4 月 11 日 –4 月 29 日

王敬东副行长赴上海参加中国浦东干部学院“提升企业创新能力专题研究班”。

4 月 13 日

姜建清董事长主持召开会议，研究小额公司网贷平台建设相关工作，王希全副行长、魏国雄首席风险官出席。

王希全副行长主持召开第 23 次专题会议，研究银行卡业务部关于“商户之家”服务平台业务方案。

4 月 13 日—4 月 23 日

姜建清董事长赴卡塔尔、巴基斯坦和泰国出差。在卡塔尔期间，姜建清董事长出席了多哈人民币清算行启动仪式，会见了卡塔尔王国首相阿卜杜拉·本·纳赛尔·哈利法·阿勒萨尼阁下，双方就多哈人民币清算行建设、工商银行全球业务平台等议题交换了意见；会见了卡塔尔王国埃米尔塔米姆·本·哈迈德·阿勒萨尼，双方就中国“一带一路”战略、中卡经贸与投资关系等议题交换了意见；会见了卡塔尔央行行长阿卜杜拉·本·萨乌德·阿勒萨尼，双方就卡塔尔地缘优势、多哈人民币清算业务合作等内容进行了交流；会见了卡塔尔交通部长贾西姆·赛义夫·哈迈德·阿尔·苏来提，双方就卡塔尔基础设施建设、中资企业在卡投资等事宜进行了交流。在巴基斯坦期间，在习近平主席和纳瓦兹·谢里夫总理的见证下，姜建清董事长与有关方面签署了 Suki 水电站项目、萨西瓦尔燃煤电站、Dawood 风电、卡塔尔煤电一体化以及如意工业园区等项目融资协议，习近平主席和谢里夫总理为工行拉合尔分行开业揭牌；会见了巴基斯坦总理纳瓦兹·谢里夫一行，双方就工商银行在巴业务发展、基础设施建设融资、大型工业园区建设整体方案规划等交换了意见；赴伊斯兰堡分行调研，听取卡拉奇分行、伊斯兰堡分行经营情况汇报，并看望慰问当地员工；会见了哈比银行董事长苏丹·阿里·阿拉纳、CEO 诺曼·达尔一行，双方回顾了两行业务往来的情况，并就进一步加强两行合作、推动中巴工业园区建设等话题进行了交流。在泰国期间，姜建清董事长出席了工行曼谷人民币清算行启动仪式；会见了前来参加仪式的泰国央行张旭洲行长，双方就人民币国际化、资本项目开放等话题交换了意见；会见了泰国盘古银行董事长陈有汉，双方就促进中泰双方经贸往来等话题进行了交流；会见了泰国正大集团董事长谢国民，双方就新兴农业产业化布局、冷链物流产业布局等进行了交流。

4 月 14 日

党委副书记、党校校长钱文挥出席总行党校第 23 期领导干部进修班开学典礼并讲话。

张红力副行长会见俄罗斯杜马能源委员会主席伊万·格拉乔夫先生及企业代表团一行，双方交换了对国际政经形势、中俄能源合作、俄投融资环境的看法，并就进一步加强业务合作进行了交流。

谷澍副行长会见土耳其担保银行副行长图尔盖·格涅辛先生一行，双方就业务发展情况、土耳其金融市场状况、未来合作方向等内容进行了交流。

4 月 15 日

钱文挥党委副书记参加国务院常务会议。

张红力副行长主持召开“金融智库建设”座谈会，就中国工商银行金融智库建设等问题听取专家、学者的意见。

张红力副行长主持召开平安集团需求讨论会。

张红力副行长会见亚信集团股份有限公司田溯宁董事长一行，双方就加强信贷、现金管理、投行业务、互联网金融等方面合作进行了交流，并出席了《战略合作协议》签约仪式。

张红力副行长会见汇丰银行集团总经理兼资本融资环球主管雷凯森一行，双方就全球宏观经济环境、国际银行业监管问题，以及综合化经营战略、与汇丰银行的合作等内容进行了交流。

4 月 16 日

钱文挥党委副书记会见《中国农村金融》杂志社廖有明社长一行，双方就加强和改进对农村金融业务的宣传报道工作进行了交流。

张红力副行长会见空客公司客户事务首席运营官雷义和空客中国公司总裁陈菊明一行，双方就巩固战略合作关系、探讨未来合作方向等话题进行了交流。

以工银任免〔2015〕121 号决定：聘任张延挺为中国工商银行青海分行行长，聘期至 2020 年 4 月止。因工作需要或其他原因，聘期可提前中止。解聘其中国银行新疆维吾尔自治区分行副行长职务。解聘崔亮中国工商银行青海分行行长职务，另有任用。

4 月 17 日

中共中央政治局常委、国务院总理李克强来到工行考察并主持召开座谈会。

上午 9 点 30 分，李克强总理与国务院副总理马凯、国务院秘书长杨晶在姜建清董事长、易会满行长的陪同下来到小企业金融业务部，对工行积极开展小微贷款予以肯定。他说，小微企业是就业的主要载体，蕴藏着巨大创新活力，金融机构要拿出更加有效的举措支持小微企业，促进大众创业、万众创新。在交易大厅，李克强仔细询问金融支持“走出去”情况，勉励工行要勇于在面向世界、服务企业中提升自身竞争力，拓展发展空间。

李克强在工行主持召开座谈会。李克强说，实体经济是肌体，金融是血液，两者相互依托、相辅相成，金融业在经济升级发展和民生改善等方面发挥着不可替代的作用。当前，世界经济复苏不确定性增多，国内经济运行保持在合理区间，但下行压力加大，金融调控要服从和服务于经济社会发展大局，在经济新常态下要有新举措，稳健货币政策要灵活有效，加大定向调控和结构性改革力度，在搭配组合运用好现有货币政策工具的同时，根据需要创新推出针对性强的金融措施，与财政政策、产业政策等相互配合，为稳增长、调结构提供支撑。

李克强强调，金融机构要以改革的方式，着力解决融资难、融资贵问题，加强对小微企业和创新创业的服务。商业银行要根据企业情况自主开展贷款展期或续贷，多措并举引导实际利率下行。大力发展政府支持的融资担保机构、基金和再担保机构，通过信贷资产证券化、贷款流转等方式盘活存量资金，发展金融租赁，支持有市场前景的企业发展，扶持“三农”等薄弱环节。扩大直接融资，推进股票发行注册制，促进多层次资本市场持续健康发展，加快银行间债券市场和交易所市场互联互通，引导更多资金投入实体经济，使金融与实体经济共享发展红利。

李克强指出，要依靠深化改革增强金融业的活力和效率。进一步放开市场准入，实现民营银行、消费金融公司、村镇银行设立“常态化”，塑造金融新格局。推进利率、汇率市场化和人民币资本项目可兑换扎实向前。推进保险业改革创新，利用来源稳定、期限长的保险资金设立投资基金，助推实体经济发展。扩大向开发性政策性金融发放抵押补充贷款规模，支持棚改、水利、中西部铁路等稳增长调结构惠民生重大项目尽快落地。通过拓宽外汇储备运用渠道、扩大“两优”贷款规模等，推动中国装备走出去和国际产能合作，带动国内相关产业发展和升级。

李克强说，要支持金融创新和扩大对外开放。积极发展“互联网+金融”等新业态，开展股权众筹融资试点。进一步开展上海自贸区金融开放试点，择机推出“深港通”，增加境内机构境外发债规模并允许募集资金回流境内使用。同时，要加大不良资产核销和处置力度，强化金融监管协调，坚决守住不发生区域性系统性金融风险的底线。

4 月 21 日

易会满行长出席工银标准银行全球商品和金融市场业务论坛并致辞。

钱文挥党委副书记参加中共中央办公厅召开的“三严三实”专题教育工作座谈会。

4 月 21 日，中国（天津）自由贸易试验区正式挂牌成立，天津分行成功为自贸区内注册企业办理了 1.2 亿元跨境人民币境外借款业务，成为自贸区内首单跨境人民币境外借款业务。

4 月 22 日

易会满党委副书记主持召开第 9 次党委（扩大）会议，传达学习李克强总理 4 月 17 日座谈会讲话精神，研究贯彻落实措施。党委副书记钱文挥，党委委员张红力、王希全、谷澍，魏国雄首席风险官出席。

易会满行长、张红力副行长会见中国长城资产管理公司总裁张晓松一行，双方就不良资产转让及委托合作模式探索、加强投资银行、现金管理等业务领域合作进行了交流。张红力副行长、曲行铁副总裁代表双方签署了《战略合作协议》。

张红力副行长会见秘鲁驻华大使胡安·卡洛斯·卡普纳伊先生一行，双方回顾了当前合作情况，并就继续深化合作进行了交流。

4 月 23 日

谷澍副行长主持召开部分分行诉讼案件管理工作座谈会，听取分行诉讼案件管理工作情况汇报，部署下一阶段的工作。

谷澍副行长会见台湾永丰金控策略长张晋源，双方就融 e 购台湾馆建设、跨境国际保理业务、国际银团合作等话题进行了交流。

谷澍副行长在北京主持召开工银伦敦 2015 年第二

次董事会视频会议，审议了审计委员会主席报告、近期与英国监管当局沟通情况、董事会权限范围、两位新独立董事候选人加入董事会等议案，听取了子行管理层关于2015年第一季度经营情况的汇报。

4月24日

姜建清党委书记主持召开第10次党委（扩大）会议，审议了《关于向中国工商银行（亚洲）股份有限公司增资的议案》等7项拟提交董事会审议的议案和汇报，党委副书记易会满、钱文挥，党委委员张红力、王希全、郑万春、谷澍出席会议。

姜建清董事长、张红力副行长会见赤道几内亚财政预算部部长米盖尔·恩贡加·奥比昂一行，双方就加强金融合作、支持赤道几内亚经济建设与发展等话题交换了意见。

易会满行长主持召开总行零售金融业务推进委员会2015年第一次会议。王希全副行长出席会议。

谷澍副行长主持召开全行跨境人民币业务领导小组2015年第一次工作会议，听取了国际业务部、资产负债管理部等跨境人民币业务领导小组成员部门和部分境内外机构对近期全行跨境人民币业务发展情况的汇报，研究部署了下一阶段推进业务发展的各项举措。

4月27日

全行2015年第一季度经营情况分析会在北京召开，姜建清董事长、易会满行长围绕贯彻落实李克强总理考察工行并召开金融工作座谈会的重要讲话精神，对下一步重点工作作了安排部署。钱文挥党委副书记、张红力、王希全、郑万春、谷澍副行长，魏国雄首席风险官、胡浩董事会秘书出席会议。

姜建清董事长接受英国《银行家》（The Banker）杂志主编Brian Caplen先生的专访，就中国经济新常态下商业银行经营模式的转变、利率市场化加快推进对工行的影响、国际化发展等话题回答了对方的提问。

钱文挥党委副书记参加银监会召开的党委中心组第四次集体学习（电视电话）会议。

4月28日

在习近平主席和到访的赤道几内亚总统奥比昂见证下，姜建清董事长与赤道几内亚财政和预算部部长恩贡加在人民大会堂联合签署了基础设施合作框架协议。

张红力副行长在上海主持召开2015年度工商银行与证券公司业务合作研讨会，与各家参会证券公司围绕“新机遇 新未来”主题，交流对宏观经济形势和资本市场发展的看法，并从客户拓展、资产管理、资金融通等方面提出了合作建议。

4月29日

姜建清董事长主持召开董事会会议，审议通过了《关于2015年第一季度报告的议案》等6项议案，并听取了《关于2015年第一季度经营情况的汇报》。易会满、麦卡锡、钟嘉年、柯清辉、洪永淼、衣锡群、梁定邦、汪小亚、葛蓉蓉、傅仲君、郑福清、费周林、程凤朝董事出席会议。钱文挥党委副书记、赵林监事长、全体监事、魏国雄首席风险官和监管机构代表以及总行相关部门负责人列席会议。

赵林监事长主持召开监事会会议，审议通过了《关于2015年第一季度报告的议案》，听取了《关于2015年第一季度商定程序》等4项汇报。王炽曦、董娟、孟焰、张炜、李明天监事出席会议，钱文挥党委副书记参加会议。

4月30日

王希全副行长参加人民银行召开的部分金融机构利率市场化改革座谈会。

谷澍副行长出席网点竞争力提升领导小组工作会议。会议听取了渠道管理部及各相关部门关于2015年第一季度全行网点竞争力提升工作进展的汇报，以及对网点竞争力提升工作的意见和建议。

5月

5月4日

易会满行长参加银监会召开的经济金融形势分析（电视电话）会议。

5月5日

姜建清董事长、易会满行长、钱文挥党委副书记为2014年享受政府特殊津贴的人员颁发证书。

姜建清董事长、郑万春副行长拜访三峡集团卢纯董事长、林初学副总经理、杨亚总会计师，就境内外清洁能源电力市场前景和银企双方各项金融业务合作进行了交流。

王希全副行长出席在北京召开的工银HCE云支付信用卡首发仪式。

5月5日–5月7日

易会满行长赴内蒙古分行调研。其间，分别听取了内蒙古分行、鄂尔多斯分行的工作汇报，督导分行做好不良贷款管理和潜在风险防控工作；会见了内蒙古自治区副主席云光中，双方就税收减免政策、地方资产管理公司业务合作、地方债承销发行、债务置换信息沟通等议题交换了意见；会见了鄂尔多斯市委书记白玉刚，双方就债务置换、建立付息保障基金、化解三角债等进行了交流。

5月6日

姜建清董事长、钱文挥党委副书记，王希全、郑万春、王敬东副行长出席“互联网+”中国工商银行青春创意秀活动。

张红力副行长会见安哥拉财政部部长阿曼多·曼努埃尔一行，双方回顾了近年来取得的金融合作成果，并就索约燃煤电站、卡卡水电站等系列电力项目，以及安政府发行欧洲债券、推动中资企业赴安投资等议题交换了意见。

王希全副行长赴北京分行调研，听取了信用卡业务经营情况汇报，分析了信用卡业务发展中存在的问题，提出了信用卡业务下一步发展要求。

5月6日－5月26日

谷澍副行长赴上海参加中国浦东干部学院省部级干部“提高企业国际竞争力”专题研讨班。

5月7日

王希全副行长主持召开第27次专题会议，研究第三方存管业务发展问题。

王敬东副行长出席新形势下反腐倡廉工作专题讲座，邀请中央国家机关纪工委副书记吴海英作专题报告。

5月7日－5月8日

姜建清董事长、郑万春副行长赴重庆调研。其间，会见了中共中央政治局委员、重庆市委书记孙政才，重庆市人民政府市长黄奇帆，市委常委、常务副市长翁杰明，市委常委、秘书长张鸣，副市长刘伟等地方党政主要负责同志，并出席了中国工商银行与重庆市人民政府金融战略合作协议签字仪式。听取了重庆分行的工作汇报，并就下一阶段的工作进行部署；赴上清寺支行看望慰问了一线员工。

5月10日

易会满行长、郑万春副行长参加人民银行召开的市场利率定价自律机制紧急会议，传达利率调整政策，讨论利率市场化改革思路。

5月11日

姜建清党委书记主持召开第11次党委（扩大）会议，学习贯彻总理重要批示精神，研究推进小微金融业务工作，传达了国务院和中纪委有关会议精神，听取了党委组织部关于党建工作领导小组工作规则和“三严三实”专题教育相关情况的汇报。党委副书记易会满、钱文挥，党委委员张红力、郑万春、王敬东出席。

张红力副行长会见迪拜国际金融中心管理局（DIFCA）副首席执行官Arif Mohamed Amiri先生一行，双方就中东区域市场状况、工行在当地的发展等议题交换了意见。

秘鲁驻华使馆在北京举行“秘鲁：基础设施与公共服务的投资机遇”中国投资路演会，张红力副行长应邀出席会议并讲话，数十家中国企业参加路演会。

张红力副行长拜会人民银行副行长潘功胜，双方就存款保险费率标准、保险费缴存、保险基金运作的投向等内容进行了交流。

郑万春副行长主持召开第25次专题会议，研究金融市场业务领域加强与工银标准业务合作的方案及有关工作。

5月11日－5月12日

王希全副行长赴宁波调研。其间，听取了宁波分行近两年主营业务发展及“大零售”战略贯彻落实情况汇报，并就下一阶段的业务发展进行了部署；出席了在宁波举办的部分分行私人银行业务发展座谈会并讲话。

5月11日－5月14日

郑万春副行长赴浙江、江苏调研。其间，出席了部分分行公司存款业务座谈会，并就上半年公司存款工作进行了部署；赴浙江分行和网络融资中心调研，听取了相关工作情况汇报；赴江苏分行督导信贷资产质量管控、小微金融业务发展等重点工作；考察了南京天环谷昌物流冷冻食品批发市场，并与10家小微企业主进行了座谈。

5月12日

钱文挥党委副书记赴银行卡业务部调研。

王敬东副行长主持召开中国工商银行教育培训工作座谈会并讲话。

5月12日－5月14日

易会满行长赴山东、山西调研。其间，赴山东、山西分行调研督导不良贷款管理和潜在风险防控工作，并就复杂经营形势下加强信贷风险防控工作进行了部署；拜会了山东省省长郭树清、常务副省长孙伟等地方党政负责人，就进一步加强银证合作、支持银行转型发展等议题交换了意见；拜会山西省省长李小鹏、副省长王一新等地方党政负责人，就代理信托风险化解有关事宜交换了意见。

5月12日－5月13日

张红力副行长赴河南调研。其间，拜会了河南省副省长张维宁，双方就支持河南发挥“走出去”区位优势，推动优势富余产能、农业等领域“走出去”等议题交换了意见；会谈结束后，张红力副行长与河南省张维宁副省长共同见证了河南分行与河南省商务厅签署“走出去”战略合作协议。

王敬东副行长赴吉林调研。其间，赴长春金融研修学院出席了教育培训专题培训班，听取了北京、上海、江苏、浙江4家分行的经验介绍，并参加了分组座谈，充分肯定了教育培训工作取得的成绩，并就加快推进教育培训工作转型发展进行了部署；出席了贵金属专业提升培训班，并对全行贵金属业务线加大市场拓展力度，促进贵金属业务稳健、可持续发展提出了要求；赴吉林分行调研，听取了分行经营情况汇报，并就下一阶段的工作进行了部署。

5月13日

姜建清董事长参加国务院常务会议。

姜建清董事长会见苹果公司首席执行官Tim Cook一行，双方就深入拓展电商平台产品销售、现金管理业务等方面的合作进行了交流，并就中国支付市场的发展现状和趋势交换了意见。

张红力副行长主持2015年第4期（总第42期）创新沙龙并致辞。

王敬东副行长出席贵金属业务专业提升培训班并讲话。

5月13日–5月14日

王希全副行长赴安徽调研。其间，听取了安徽分行经营发展情况汇报，督导信贷资产质量管理工作，并就安徽分行下一阶段的发展做出了部署；听取了马鞍山分行的工作汇报，调研“大零售”战略实施与试点情况。

5月14日

姜建清董事长主持召开会议，听取公司金融业务部关于网络贷款平台建设工作的汇报。郑万春副行长、魏国雄首席风险官出席会议。

姜建清董事长会见贵州省常务副省长秦如培一行，双方就通过债务融资工具、资产证券化等多种方式丰富企业融资渠道，协助贵州省政府盘活存量国有资产等内容交换了意见。

钱文挥党委副书记赴天津调研。其间，听取了天津分行信贷资产质量管控工作汇报，督导分行抓好信贷资产质量管控工作；赴河东支行现场调研，慰问一线员工，并听取河东支行整体情况和资产质量情况的汇报。王炽曦监事陪同。

王敬东副行长赴管理信息部调研，重点分析课题进展情况，并就下一步做好数据分析工作、发挥分析师作用提出要求。

5月15日

党委书记姜建清主持召开第12次党委（扩大）会议，研究促进工银标准健康快速发展的具体举措。党委副书记易会满、钱文挥，党委委员张红力、王希全、郑万春、王敬东出席。

党委书记、董事长姜建清以“三严三实”为主题，为总行本部和各分支机构党员干部讲授专题党课，并以此启动了全行“三严三实”专题教育。专题党课由党委副书记钱文挥主持。党委副书记、行长易会满和党委委员张红力、王希全、郑万春、王敬东，董事会秘书胡浩，以及总行本部高级经理以上党员干部800余人在现场参加了党课学习。各一级（直属）分行、直属机构、内审分局、境内控股公司3 500余名处级以上党员干部在视频分会场参加了党课学习。

易会满行长出席2015中国旅游产业峰会并作主题发言，易会满行长代表工行与国家旅游局签署了《支持旅游产业发展战略合作协议》。

张红力副行长主持召开“境外一带一路”第四次工作会，听取了专项融资部“一带一路”项目介绍以及做好新时期“走出去”和“一带一路”工作若干问题的汇报，部署了下一阶段的工作。

王希全副行长会见银监会大型银行监管部王大庆副主任，双方共同出席了“大型银行利用互联网金融助力实体经济”课题调研会，听取了产品创新管理、公司金融业务、信贷与投资管理、电子银行、渠道管理、内部审计、财务会计和信息科技等部门的专题汇报，并就大型银行如何利用互联网金融助力实体经济的课题进行了交流。

5月18日–5月19日

姜建清董事长赴广东调研。其间，主持召开了信贷资产质量专题调研座谈会，听取了广东分行、福建分行关于信贷资产质量工作的专题汇报，并就下一步信贷资产质量工作做出重要指示；会见了广东省人民政府朱小丹省长、陈云贤副省长，就设立政府担保基金帮助中小微企业解决融资难、支持广东参与“一带一路”建设，企业技术改造和企业“走出去”等议题交换了意见，并赴海格通信股份有限公司考察调研；赴广州市开发区萝岗支行调研，了解了柜面业务、自助设备、智能设备的运行情况，并慰问了一线员工。

5月18日—5月27日

易会满行长出访巴西、阿根廷、智利，配合李克强总理南美高访有关活动。在巴西期间，在李克强总理和巴西总统罗塞夫的见证下，代表工行分别与巴西淡水河谷、巴西石油、巴西航空、欧德布瑞奇、联邦储蓄银行等5家企业签署了合作协议，在此次中巴高访成果项目中居于首位；应邀参加了李克强总理和罗塞夫总统共同主持的欢迎午宴，与中巴企业代表进行了广泛交流；参加了“中国装备制造展”和中巴企业家渡轮见面会，李克强总理参观了工行展台并作重要指示；听取了工银巴西的工作汇报，并慰问了外派员工。在阿根廷期间，易会满行长出席了工银阿根廷中层以上干部大会，对子行3 600余名干部员工进行慰问；出席了工银阿根廷西班牙语版手机银行发布仪式；会见了阿根廷国家核电公司首席执行官Jose Antonez先生，双方就发挥工行的资金、融资和团队优势，加强金融服务和支持事宜进行了交流；会见了杨万明大使，感谢使馆对阿根廷子行的支持和帮助，并介绍了工行国际化情况、在阿根廷经营情况及下一步发展计划。在智利期间，在李克强总理和智利总统巴切莱特的见证下，易会满行长代表工行与智利国家矿业公司签署了合作协议，作为此次总理对智利高访的三个商业成果之一；参加了李克强总理和巴切莱特总统共同主持的欢迎晚宴，与中智政商各界人士进行了广泛交流；出席了“中国智利建交45周年经贸研讨会”并作为唯一金融企业代表发言，介绍了工行在全球布局情况和近年来所获荣誉，以及在南美经营发展和重大项目金融服务情况；分别拜访了智利国家铜业公司、国家矿业公司、太平洋矿业公司等智利当地大型企业，营销了一批中国企业“走出去”项目。

5月18日–5月20日

钱文挥党委副书记参加中央统战工作会议。

5 月 19 日

王希全副行长会见了赴工银瑞信调研的全国社会保障基金理事会沈小南副理事长一行，就加强双方投资管理等领域合作进行了会谈。

郑万春副行长出席 2015 年小微金融业务动员会并讲话。

郑万春副行长拜会三峡集团杨亚总会计师，双方就加强全球现金管理和跨境资金账户业务、境内外债券融资业务、养老金业务、境外资产并购投行业务和境内外项目融资等内容进行了交流。

王敬东副行长出席全行提升工会干部素质能力学习竞赛活动总结会并接见慰问即将参加金融系统表彰活动的 6 名劳模先进代表。

5 月 20 日

姜建清董事长主持召开第 26 次专题会议，听取河北分行、总行个人金融业务部关于客户资金风险事件的汇报。

姜建清董事长会见韩国进出口银行（Export - Import Bank of Korea）行长李德勋先生一行，双方共同签署了合作备忘录，将共同促进与支持人民币国际化和人民币交易在韩国市场的发展，积极推进自然资源、石油化工、船舶融资等项目的专项融资，合作促进东北亚地区发展，并积极参与“一带一路”建设。

张红力副行长出席在深圳举办的“新起点 新未来”广东地区银证保合作研讨会并讲话。

郑万春副行长、魏国雄首席风险官主持召开第 30 次专题会议，研究统一相关信息系统中资本指标的计量口径问题。

王敬东副行长出席 2015 年第二期全行分析师成果经验交流视频会并讲话。

以工银发〔2015〕63 号决定：提名徐克恩任土耳其 Tekstilbank 股份有限公司董事长。

5 月 20 日 –5 月 21 日

钱文挥党委副书记赴浙江调研。其间，出席宣传思想文化工作会议。会议深入剖析了当前宣传思想文化工作面临的新形势、新任务，并就加强宣传思想文化工作服务“四个全面”战略大局提出了具体要求。在浙江期间，钱文挥党委副书记还听取了分行整体经营发展情况和信贷资产质量管控工作汇报，并赴萧山南苑支行现场调研并慰问一线员工。王炽曦监事陪同。

王希全副行长赴湖北调研。其间，出席了在武汉召开的部分分行信用卡业务推进座谈会，听取了总行银行卡业务部关于信用卡业务经营与发展策略分析，以及湖北、山西等 8 家参会分行与 2 家省行营业部信用卡业务发展现状及建议，并就信用卡业务发展进行了部署；赴湖北襄阳分行调研“大零售”战略实施与试点情况，听取了湖北分行、湖北分行营业部以及襄阳、荆门、十堰等二级分行的工作汇报，并就湖北分行“大零售”战略推进工作提出了具体要求；会见了湖北省委常委、襄阳市委书记王君正、代市长秦军等地方党政负责人，就进一步加强银证合作交换了意见。

5 月 21 日

姜建清董事长通过视频方式接受了英国《欧洲货币》（Euromoney）杂志主编 Clive Horwood 先生的专访，就工商银行业绩增长驱动力、近一年来主要成就及未来经营发展中面临的机遇和挑战等问题回答了对方提问。

5 月 22 日

党委书记姜建清主持召开第 13 次党委（扩大）会议，审议了《关于〈中国工商银行 2015—2024 年发展战略纲要〉的议案》等 7 项拟提交董事会的议案。党委副书记钱文挥，党委委员张红力、王希全、郑万春、王敬东出席。

郑万春副行长赴公司金融业务部调研。

王敬东副行长参加人民银行召开的《中国金融业信息化“十三五”发展规划》编制工作启动会。

5 月 24 日 –6 月 2 日

姜建清董事长出访土耳其、韩国、加拿大。在土耳其期间，姜建清董事长主持了工行收购土耳其 Tekstil 银行的交割仪式；拜会了土耳其总统埃尔多安，双方就推动两国之间经贸、旅游和项目合作、人民币国际化等内容交换了意见；赴土耳其子行调研，并慰问当地员工；会见了伊斯坦布尔省省长 Vasip Sahin，双方就加强合作交换了意见；会见了原 Tekstil 银行股东 GSD 公司董事长 Turgut Yilmaz，双方就进一步加强在能源电力、交通运输、城市基础设施建设等领域合作进行了交流；应邀出席了伊兹密尔商会主办的欢迎早餐会，与商会会长 Ekrem Demirtas 及伊兹密尔当地主要的钢铁、水泥、食用油及电子制造业公司主要负责人进行了会谈。

在韩国期间，姜建清董事长主持了中韩 CEO 圆桌会议，围绕中国金融业发展、韩国医疗产业的现状和合作方向、亚洲投资银行（AIIB）及两国合作、韩中 FTA 与双边经贸合作、双边信息产业及文化产业合作、中国城镇化建设进程、新常态下两国经济合作等议题与中韩企业家进行了深入交流；拜会了韩国贸易保险公社社长金荣鹤，并代表双方签署了合作备忘录；会见了韩国金融委员会委员长任钟龙，双方就韩国市场人民币业务发展交换了意见；拜会了金融监督院院长陈雄燮，对金融监督院多年来对工商银行在韩国业务的支持表示感谢，并就丰富在韩人民币业务品种、推动韩国人民币市场建设进行了交流；会见了三星集团副会长李在镕，双方就进一步加强全球范围业务领域合作进行了交流，并共同见证了双边合作协议的签署。在论坛期间，姜建清董事长还会见了中国驻韩国大使邱国洪、锦湖韩亚集团会长朴三求及参加论坛的企业家代表。

在加拿大期间，姜建清董事长应邀出席了国际货币会议（IMC），并作为主讲嘉宾，参加了会议的首场讨论；会见了加中贸易协会理事长、POWER 投资集团首席执行官 Andre Desmaris 先生，双方就当前中国经济运行情况、未来面临的挑战和机遇、两家机构的金融保险业务合作等进行了交流；会见了蒙特利尔市长 Denis Coderre 先生及魁北克省财政部长 Carlos Leitao 先生，介绍了工商银行在加拿大的业务发展情况、支持中加贸易与投资往来等做的相关工作，会谈结束后 Denis Coderre 市长、Carlos Leitao 财长与姜建清董事长共同为蒙特利尔分行揭牌；会见了南非标准银行联合 CEO Sim Tshabalala 先生，双方就即将举行的中国企业家论坛非洲行活动交换了意见。

5 月 25 日

党委副书记、保密委员会主任、密码工作领导小组组长钱文挥出席保密委员会和密码工作领导小组联席会议并讲话。

王希全副行长会见三星电子株式会社大中华区 CEO 朴载淳一行，双方就战略合作协议中的移动支付业务合作内容进行了交流。

5 月 26 日

郑万春副行长赴河北调研。其间，拜见了中共河北省委常委、常务副省长杨崇勇，双方就加强银政双方金融业务合作，共同推动河北承接京津产业转移和要素外溢，促进河北经济发展、转型升级和绿色崛起进行了会谈，会谈结束后，郑万春副行长代表工行与河北省政府签署了《京津冀协同发展金融服务战略合作协议》；听取了河北分行工作汇报，督导分行做好客户拓展、不良资产处置、小微企业金融服务等工作；赴河北分行营业部中华支行慰问一线员工，并与网点对公客户经理就如何提升网点对公服务水平、加强小微企业金融服务进行座谈。

王敬东副行长赴深圳走访华为大学陈海燕副校长，双方就企业大学建设及教育培训等工作进行了交流。在深圳期间，王敬东副行长还赴深圳东环支行调研了智能网点建设。

5 月 27 日

张红力副行长拜会新华人寿保险股份有限公司总裁兼首席运营官万峰，双方回顾了长期以来的良好战略合作关系，并就加强代销保险、资产托管、投行等合作进行了交流。

5 月 27 日 –5 月 29 日

钱文挥党委副书记赴西藏分行宣布人事任免事项。经总行党委研究，王学勇同志任西藏分行行长、党委书记。在西藏期间，钱文挥党委副书记会见了西藏自治区政府甲热·洛桑丹增副主席，双方就加大创新型金融产品和服务在西藏自治区的投放力度、择优支持小微企业发展等内容交换了意见；听取了西藏分行工作汇报，并就全面系统做好业务发展谋划，推动分行转型发展等方面提出了要求。

5 月 28 日

张红力副行长拜会财政部国库司司长刘祝余，双方就机关事业单位养老改革金融服务和业务合作进行了会谈，并就当前国家经济形势、货币政策、监管政策等共同关心的问题交换了意见。

张红力副行长出席在北京召开的《中国资产托管行业发展报告（2014）》发布会并讲话。

郑万春副行长出席媒体融合形势下广电网络发展路径座谈会，并作主题发言。会上，郑万春副行长代表工行与中国广播电视网络有限公司签署了《网络融合项目融资合作协议》。根据该协议，中国广播电视网络有限公司选择由工行担任其首期省际网络并购项目相关融资业务的主牵头银行，由工行负责牵头设计包括并购贷款、产业基金、债券承销等在内的综合化融资服务方案，并组织实施。

郑万春副行长出席部分分行小微金融业务发展推动会并讲话。

谷澍副行长主持会议召开第一季度监管会谈。

王敬东副行长出席外部欺诈风险评估管理领导小组工作会议，会议听取了安全保卫部《2014 年全行外部欺诈风险评估工作总结》，审议通过了《领导小组成员及安全顾问库调整名单》和《2015 年外部欺诈风险评估课题计划》。

5 月 29 日

易会满行长主持召开第 29 次专题会议，研究存款失踪类风险事件应对措施。

6 月

6 月 1 日

张红力副行长会见广东省委常委、广州市委书记任学锋一行，双方就研究推进在广州设立租赁资产交易平台等有关事宜交换了意见。

张红力副行长会见美国财政部长助理 Leo Martinez，双方就绿色金融实践与管理经验进行了交流。

张红力副行长会见巴西淡水河谷集团财务总监卢西亚诺·圣安尼先生一行，双方首先回顾了在淡水河谷香港上市、船舶租赁、项目融资、银团等方面的合作，并就宏观经济形势、钢铁行业前景及落实战略合作协议等话题进行了交流。

6 月 1 日 –6 月 3 日

郑万春副行长赴吉林调研。其间，出席了结算与现金管理专业高级管理人员研修班并授课；赴吉林分行调研，听取了吉林分行整体情况汇报，并就供应链融资、小微企业金融服务、网点对公服务能力建设等重点工作听取了分行及部分支行的意见建议，赴基层营业网点看望慰问员工。

6月2日

易会满行长会见欧洲稳定机制（ESM）总裁克劳斯·雷格林先生一行，双方就欧盟经济金融形势、中欧经贸投资往来、中国利率市场化和人民币国际化进程，以及在债券发行、投资、人民币业务等具体领域的合作交换了意见。

王希全副行长主持召开企业年金管理委员会2015年度会议，听取了人力资源部对2014年两项基金管理工作的汇报，审议通过了增选企业年金基金投资管理人、续签两项基金投资管理合同、修订投资管理人绩效考核办法、增选职工代表委员等4项议案。

王敬东副行长会见摩根大通全球商品业务首席执行官约翰·安德森先生一行，双方就中国经济转型发展及其对全球大宗商品及贵金属市场走势影响、进一步加强在贵金属仓储清算业务合作和新兴市场产业链金融服务进行了交流。

6月3日

姜建清董事长主持召开董事会战略委员会会议，审议通过了《关于中国工商银行2015—2024年发展战略纲要的议案》等3项议案。易会满副董事长、麦卡锡、柯清辉、洪永淼、衣锡群、汪小亚、傅仲君、郑福清董事出席会议。胡浩董事会秘书参加会议。王炽曦监事列席会议。

王敬东副行长参加财政部召开的落实中央八项规定精神、纠正“四风”工作座谈会。

6月3日-6月10日

谷澍副行长出访沙特、荷兰、卢森堡。其间，出席了利雅得分行开业仪式、荷兰人民币国际化论坛并致辞；见证了工银欧洲与泛欧证券交易所、荷兰银行、荷兰皇家航空、APG、Nidera签署合作备忘录；主持召开了欧洲机构座谈会，工银欧洲及辖属7国机构、工银伦敦、工银莫斯科、工银标准等机构参会；拜会了卢森堡金融监管局局长Jean Guill、卢森堡财政部国库署署长Isabella Goubin女士、阿姆斯特丹市长范德兰先生、阿姆斯特丹泛欧证券交易所首席执行官Maurice van Tilburg先生、明讯银行（德国）首席执行官Stefan Lepp先生，以及沙中友好协会主席、沙中商会会长、杰里西集团董事长阿卜杜拉哈曼·杰里西先生；赴利雅得分行和阿姆斯特丹分行调研。

6月4日

姜建清董事长主持召开董事会会议，审议通过了《关于中国工商银行2015—2024年发展战略纲要的议案》等7项议案。易会满副董事长、麦卡锡、钟嘉年、柯清辉、洪永淼、衣锡群、梁定邦、汪小亚、葛蓉蓉、傅仲君、郑福清、费周林、程凤朝董事出席会议。胡浩董事会秘书参加会议。王炽曦、董娟、孟焰、李明天监事，钱文挥党委副书记、魏国雄首席风险官列席会议。

钱文挥党委副书记赴工银金融租赁公司调研。

张红力副行长会见空中客车公司总裁兼首席执行官法布里斯·布利叶和空客中国公司总裁陈菊明一行，双方就巩固战略合作关系及在未来宽体机和窄体机方面的合作进行了交流。

郑万春副行长会见国家发展改革委固定资产投资司司长许昆林、副司长邹再华一行，就工商银行支持国家投资项目建设的有关情况、下一步工作措施及相关政策建议等交换了意见，并就进一步加强重大项目银、政、企合作对接，建立长效的政策沟通和问题协调机制进行了磋商。

6月4日-6月5日

王希全副行长赴陕西调研。其间，出席了在西安召开的部分分行信用卡业务推动座谈会，听取了总行银行卡业务部关于信用卡业务经营与发展策略的分析，以及陕西、河北等十家分行与三家省行营业部关于信用卡业务问题、措施及建议的汇报，并就下半年信用卡业务发展进行了部署；赴陕西分行调研零售业务及率先发展试点工作，听取了陕西分行、分行营业部以及宝鸡分行工作汇报。

6月5日

易会满行长、张红力副行长出席全行社保改革营销工作动员会并讲话。

郑万春副行长主持召开第32次专题会议，研究单位定期存款运营风险防范措施。

郑万春副行长听取结算与现金管理部小微企业账户平台建设情况的汇报。

郑万春副行长主持召开网络融资平台建设会议。

6月8日

姜建清董事长、易会满行长、钱文挥党委副书记、王敬东副行长出席2015年上半年巡视工作汇报会，听取巡视组关于山东、福建、新疆、青岛、苏州分行的巡视情况。

姜建清董事长会见美国前财政部长保尔森一行，双方就中美两国经济金融发展态势、中国经济结构调整与发展方式转变、金融业改革与宏观审慎监管、银行业发展前景、工行经营业绩与市值表现等话题交换了意见。胡浩董事会秘书陪同。

易会满行长、郑万春副行长会见青岛市市长张新起一行，就在产业基金、混合所有制改革、债券融资和跨境投融资、电子商务建设方面加强银证合作等议题交换了意见。会谈结束后，易会满行长和张新起市长分别代表双方签署了《战略合作备忘录》。

郑万春副行长出席在中电建集团总部举行的肯尼亚10亿美元电站项目总承包合同及金融服务协议签约仪式并致辞。

6月9日

在习近平主席和到访的安哥拉总统多斯桑托斯的见

证下，姜建清董事长与安哥拉财政部部长曼努埃尔在人民大会堂签署了索约电站融资协议，工商银行将向安哥拉提供8．4亿美元贷款融资支持索约电站建设。

姜建清董事长会见伦敦证交所（London Stock Exchange，LSE）首席执行官Xavier Rolet先生一行，双方就中国企业境外发行债券、境外基础设施项目贷款债券化、伦敦证交所人民币业务发展情况、自贸区人民币平台、人民币指数体系建设等话题进行了交流。

易会满行长主持召开金融资产服务业业务管理委员会2015年第一次会议，审议通过了总行金融资产服务业务管理委员会委员名单、2014年金融资产服务业务风险管理情况报告等5项议题，并提出相关工作要求。张红力、王希全、郑万春、王敬东副行长和魏国雄首席风险官出席会议。

易会满行长、张红力副行长、魏国雄首席风险官、胡浩董事会秘书出席第十一届博士后出站报告评审会并担任答辩评委。

党委副书记、党校校长钱文挥到总行党校与第23期领导干部进修班学员座谈，听取了学员代表关于党校学习的收获和体会的发言，并围绕全行经营管理、转型发展、体制机制、风险管控和队伍建设等方面与学员交流互动，对学员今后工作提出了要求。

6月10日

姜建清党委书记主持召开第14次党委（扩大）会议，听取银行卡业务部关于个人信用消费贷款业务实施方案的汇报。党委副书记易会满、钱文挥，党委委员张红力、王希全、郑万春出席。

易会满行长主持召开全行案件和风险事件防控工作会并讲话。钱文挥党委副书记，张红力、王希全、郑万春副行长，魏国雄首席风险官出席会议，王希全副行长主持会议。

6月11日－6月12日

易会满行长赴湖南调研。其间，听取了省行和省行营业部的工作汇报，并就强化“大零售”战略、抓好重点信贷市场发展、夯实风险防控基础、打好资产质量保卫战和攻坚战、抓好经营转型和竞争力提升、落实内控案防责任和措施等工作进行了部署；拜会了湖南省委书记徐守盛、副省长张剑飞等地方党政负责人，就在重大项目、个人消费、小微企业、国际产能合作等领域加强合作交换了意见。

6月11日

钱文挥党委副书记赴机构金融业务部调研。

郑万春副行长主持召开部分分行投资银行业务发展推动会并讲话。

6月12日

姜建清董事长在钓鱼台国宾馆会见安哥拉总统多斯桑托斯，简要回顾了近年来工行与安哥拉财政部以及石油公司合作取得的成果，介绍了工行改革发展和国际化经营所取得的成绩。多斯桑托斯总统高度赞赏近年来工商银行在安哥拉经济社会发展中发挥的重要作用，希望双方进一步扩展合作广度、提升合作高度，期盼工商银行在安哥拉基础设施建设和经济多元化发展中发挥关键作用。双方还就安哥拉经济金融形势、经济多元化战略、智慧能源管理等话题交换了意见。

钱文挥党委副书记到产品创新管理部调研。

郑万春副行长拜会中国移动通信集团公司副总经理、总会计师薛涛海，双方就新形势下进一步加强传统业务合作，及大额存单、优先股投资、供应链融资等新业务合作进行了交流。

王敬东副行长参加中纪委召开的联席单位纪委书记（纪检组长）会议。

王敬东副行长出席部分分行贵金属业务座谈会。

6月15日

姜建清董事长主持召开座谈会，欢送林晓轩同志调任中国农业银行副行长、党委委员。党委副书记易会满、钱文挥，党委委员张红力、王希全、郑万春、王敬东出席会议。

姜建清董事长、张红力副行长会见印尼国企部长莉妮女士一行，双方就加强在经济、贸易和投资领域的业务合作交换了意见。

钱文挥党委副书记主持召开总行“三严三实”专题教育工作协调小组会议，听取前一阶段全行“三严三实”专题教育进展情况汇报，研究部署下一阶段工作。

郑万春副行长主持召开6家重点扶持城市行竞争力提升座谈会并讲话。

王敬东副行长出席人民银行召开的大中小微贷款专项统计检查进场见面会。

以工银发〔2015〕79号决定：张红力任中国工商银行股份有限公司执行董事。

6月16日

姜建清董事长、易会满行长出席中国工商银行2015年“走出去”工作座谈会。张红力副行长主持会议。在京的总行党委及高管层成员出席会议。

姜建清董事长、谷澍副行长会见中国建筑股份有限公司董事长官庆一行，就在电子商务和在线供应链金融领域开展全面合作，共同打造集在线交易、支付和融资为一体的开放式电商平台进行了交流。会谈结束后，谷澍副行长、刘锦章副总裁代表双方签署了电子商务和在线供应链金融合作协议。

6月17日

姜建清董事长参加国务院常务会议。

姜建清董事长、郑万春副行长会见中国南方航空集团公司党组书记谭万庚、副总会计师王建军一行，就加强在电子商务、全球现金管理及跨境资金池、境外并购等领域的合作进行了交流。会谈结束后，郑万春副行长、王建军副总会计师代表双方签署了《战略合作协议》。

张红力副行长赴波兰驻华使馆与波兰国家开发银行总裁 Dariusz Kacprzyk 先生会谈，双方就加强在波兰及中东欧地区基础设施投融资领域的合作进行了交流。

张红力副行长会见中国液化天然气运输公司董事长孙家康一行，双方就进一步加强合作进行了交流。

谷澍副行长会见渣打银行公司业务集团总裁华洛燊先生一行，双方就两行国际化经营、发展战略、“一带一路”区域合作、与亚投行的合作、人民币国际化、两行在中国及海外市场的全面合作等话题进行了交流。

以工银党任免〔2015〕30 号决定：任命徐守本同志为中国工商银行深圳市分行党委书记；免去其中国工商银行广东省分行党委委员职务。免去林谦同志中国工商银行深圳市分行党委书记职务，另有任用。

6 月 17 日 –6 月 18 日

易会满行长赴云南调研。其间，听取了云南分行业务发展、经营转型、风险控制和队伍建设等方面的工作汇报，并就如何利用自身优势找到经济新常态下发展的新路子，过好质量、转型、创新“三关”进行了部署；拜会了云南省省长陈豪、副省长和段琪等地方党政负责人，就进一步加强银政合作等话题交换了意见；赴内部审计局昆明分局慰问干部员工；赴云南分行营业部北京路支行看望慰问一线员工，并调研网点柜面业务量、客户需求变化、理财产品销售、信用卡申办客户体验、运营标准化、核算印章改革、防范“飞单”私售等方面的情况。

6 月 18 日

姜建清董事长出席“中国工商银行个人信用消费金融中心”成立发布会并致辞，王希全副行长主持发布会。

党委副书记钱文挥赴贵州分行宣布人事任免事项。经总行党委研究，黄力同志不再担任贵州分行行长、党委书记职务，调总行工作；陈平同志任贵州分行行长、党委书记。

郑万春副行长主持召开市场风险管理委员会 2015 年第二次会议。会议审议通过了风险管理部提交的《2015 年度资产管理业务市场风险限额管理方案》等 4 项内容，会议还审阅了风险管理部提交的《2015 年一季度市场风险管理报告》等 4 个报告。魏国雄首席风险官出席会议。

王敬东副行长主持召开总行纪委全体会议，传达学习中央纪委有关会议精神，研究部署下半年工作。

6 月 19 日

中国工商银行股份有限公司 2014 年度股东年会在京港两地通过视频连线方式召开，会议由姜建清董事长主持。会议审议通过了关于《中国工商银行股份有限公司 2014 年度董事会工作报告》等 10 项议案，并听取了《关于〈中国工商银行股份有限公司 2014 年度关联交易专项报告〉的汇报》等 3 项汇报。易会满副董事长、张红力、麦卡锡、钟嘉年、柯清辉、洪永淼、衣锡群、梁定邦、汪小亚、葛蓉蓉、傅仲君、郑福清、费周林、程凤朝董事，赵林监事长和王炽曦、董娟、孟焰、张炜、李明天监事，以及胡浩董事会秘书出席会议。董、监事候选人钱文挥、王希全先生列席会议。

易会满行长带队与傅仲君、费周林、程凤朝董事，王炽曦监事一行赴工银亚洲调研。

中国工商银行股份有限公司监事会会议在北京召开。根据有关规定和年龄原因，赵林监事长在会上提出辞呈，辞去工行监事、监事长职务。监事会对赵林在任职期间作出的贡献给予了高度评价和深切谢意。会议审议通过了《关于选举中国工商银行股份有限公司监事长的议案》，选举钱文挥同志为中国工商银行股份有限公司监事长。

党委副书记、党校校长钱文挥出席总行党校第 23 期领导干部进修班结业典礼并讲话。

谷澍副行长会见土耳其中央银行国际关系司司长优素福·索尼尔·巴什卡亚和市场司副司长亚克尔·巴伊尔一行，双方就人民币国际化、双边本币互换协议启用、人民币清算行建设、央行投资境内银行间债券市场等议题交换了意见。

王敬东副行长赴机关党委调研。

6 月 20 日

姜建清董事长出席在山东青岛举办的中国财富论坛并发表主题演讲。在青岛期间，姜建清董事长还拜会了山东省省长郭树清。

6 月 23 日

在习近平主席和来访的比利时国王菲利普见证下，姜建清董事长与比利时 Exmar 公司首席执行官赛沃瑞斯先生在人民大会堂就我国首单出口比利时的高端海工装备签署出口买方信贷协议。该项目中，工商银行将为 Exmar 公司在我国订造全球首座浮式天然气液化平台提供融资。

易会满行长主持召开 2015 年互联网金融市场推广第三次汇报会，听取了电子银行部融 e 购特色营销、个人金融业务部融 e 行营销推广等 6 项工作的进展情况，以及江苏和四川两家分行互联网金融重点产品推广情况，分析了当前市场推广中存在的重点问题，提出了下一步工作要求。王希全副行长、谷澍副行长、魏国雄首席风险官出席会议。

郑万春副行长拜会中国烟草总公司（国家烟草专卖局）张玉霞总会计师，双方就加强在优先股、资金管理、海外并购及融资、外汇风险管理等方面的合作进行了交流。

谷澍副行长会见苏格兰皇家银行集团司库 John Cummins 先生，双方就近期国际经济形势、英国监管变化以及两行合作等话题进行了交流。

王敬东副行长参加人民银行召开的征信系统建设应用工作座谈会。

王敬东副行长会见世界黄金协会首席执行官施安霖先生一行，双方就全球黄金市场发展趋势和贵金属业务领域合作进行了交流。

以工银任免〔2015〕171号决定：免去林晓轩中国工商银行股份有限公司首席信息官职务。

6月23日－6月26日

钱文挥监事长赴云南、广东调研。其间，先后赴内审昆明分局、内审广州分局、深圳分行宣布人事任免事项。经总行党委研究决定，黄再红同志不再担任昆明分局局长职务，交流到广州分局工作；张卫东同志任昆明分局副局长，主持全面工作；杨春林同志不再担任内审广州分局局长职务，转任广东分行资深专家；黄再红同志任内审广州分局局长；林谦同志不再担任深圳分行行长、党委书记，转任深圳分行资深专家；徐守本同志任深圳分行行长、党委书记；李学民同志任深圳分行党委副书记。此外，钱文挥监事长先后到云南分行和广东分行调研，听取分行工作汇报，并赴云南分行营业部、广东分行营业部网点视察和慰问一线员工。

6月24日

姜建清董事长参加国务院常务会议。

张红力副行长会见广发证券总裁林治海一行，双方就进一步加强在金融市场、资产管理、经纪业务领域的合作进行了交流。

郑万春副行长赴运行管理部调研，听取了全行运行管理2015年主要工作以及下一阶段工作安排的汇报，并就运行管理业务下一步发展进行了部署。

6月25日－7月2日

姜建清董事长出访德国、比利时、法国。在德国期间，姜建清董事长先后出席了汉堡分行、柏林分行开业仪式，会见汉堡市市长朔尔茨、汉堡商会主席施密特－泰伦茨先生，双方就工商银行全球业务发展情况、在欧洲地区业务发展的历史与布局、推动汉堡工商界与中国企业界加强交流等议题交换了意见；与中德经济顾问委员会德方主席林哈德会谈，双方回顾了中德经济顾问委员会成立以来的合作情况，并就德国总理默克尔访华期间的第二次会议安排等进行了交流；会见贝仕集团董事长Schulte博士，双方就加强船舶融资与租赁业务领域合作进行了交流，姜建清董事长还与Schulte博士共同见证了工银租赁与贝仕集团合作协议的签署；与德国工商总会主席施瓦策、中国驻德大使馆李晓驷公使就中德经贸合作、工商银行在德机构网络扩展等内容进行了交流。

在比利时期间，姜建清董事长会见了比利时央行副行长Pierre Wunsch先生一行，并在李克强总理和比利时米歇尔首相的见证下，与比利时联合银行签署了战略合作备忘录、与Seatrade集团签署融资租赁业务协议。

在法国期间，姜建清董事长在李克强总理与瓦尔斯总理的见证下，与泛欧交易所签署了合作备忘录，未来双方将进一步加强与泛欧交易所在资本市场领域的合作，推荐更多的中国企业在泛欧交易所上市、发债；会见了泛欧交易所全球市场与销售主管Lee Hodgkinson先生，并为交易所开市敲钟；在巴黎主持召开座谈会，听取了工银欧洲辖属机构、工银伦敦、工银标准、工银土耳其、工银莫斯科等在欧机构经营情况的汇报并做重要讲话。

6月25日

王希全副行长主持召开第39次专题会议，研究个人信用消费贷款实施方案。

张红力副行长参加财政部、公安部、人民银行召开的跨省异地交通违法罚款业务协调工作会议。

张红力副行长会见世界可持续发展工商理事会会长兼CEO彼得·巴克，双方就在可持续发展领域与国际组织和其他国际金融业战略伙伴合作事宜进行了交流。

谷澍副行长会见新加坡金融管理局助理局长梁新松先生一行。双方就新加坡人民币市场、新加坡人民币清算行的最新发展情况进行了交流，还就推动国家层面互换资金使用、项目融资合作等议题展开了讨论。

6月26日

受党委书记、董事长姜建清委托，党委副书记、行长易会满，党委委员、副行长王敬东赴监察室宣布人事任免事项。经总行党委研究决定，李明天同志不再担任总行纪委副书记、监察室主任职务，惠平同志任总行纪委副书记、监察室主任。

易会满行长、谷澍副行长会见百度公司总裁张亚勤、副总裁朱光一行，就利用各自优势，围绕客户需求，在传统业务、互联网金融业务、日常生活服务三个层面深化合作等话题进行了交流。会谈结束后，共同出席了双方战略合作协议签约仪式，易会满行长、张亚勤总裁在仪式上致辞，谷澍副行长、朱光副总裁代表双方在协议上签字。

郑万春副行长主持召开落实京津冀协同发展规划纲要座谈会，听取了北京、天津、河北分行关于三地政府落实规划纲要实施方案、重大项目储备投放情况、面临的主要问题和意见建议的汇报，以及总行相关部门对京津冀协同发展规划纲要的理解和认识，并就信贷政策、规模限额、产品创新、项目准入等方面与分行进行了深入沟通并形成优化调整共识。

郑万春副行长主持召开存款偏离度管理协调会，听取了各相关部门关于存款偏离度管理及季末各业务条线存款安排的汇报，就充分认识存款偏离度管理的重要性、推动6月末各项存款平稳增长做了具体部署。

6月29日

受党委书记姜建清委托，党委副书记易会满主持召开第15次党委（扩大）会议，听取内部审计局《关于提请董事会审议聘请2016年度会计师事务所议案的汇报》。党委副书记钱文挥，党委委员张红力、王希全、郑万春、谷澍出席会议。

易会满行长、谷澍副行长赴内控合规部宣布人事任免事项。经总行党委研究决定，黄力同志担任内控合规部主要负责人，惠平同志不再担任内控合规部总经理。

钱文挥监事长主持召开第四届“感动工行”评选活动第三次评审会议。

张红力副行长主持2015年第5期（总第43期）创新沙龙并致辞。

郑万春副行长拜会中国铁塔股份有限公司总会计师高春雷，双方就推进全面合作等议题进行了交流。

6月30日

易会满行长会见约旦计划与国际合作大臣艾马德·法胡里先生一行，双方就中约两国经济形势、约旦经济发展规划、能源及基建领域合作等议题交换了意见。

钱文挥监事长主持召开总行“三严三实”专题教育工作协调小组第二次会议，听取专题教育进展情况，并研究下一阶段工作安排。

谷澍副行长会见美国纽约梅隆银行亚太区主席、总行执委会成员 Steven Lacky 先生一行，双方回顾了两行多年来的良好合作关系，就加强在资产管理和资产托管领域合作进行了探讨，并就人民币国际化和希腊债务危机等议题进行了交流。

7月

7月1日

钱文挥监事长赴投资银行部调研。

钱文挥监事长赴内部审计局宣布人事任免事项。经总行党委研究，崔亮同志任内部审计局副局长（省行行长级）。

7月2日

钱文挥监事长赴个人金融业务部调研。

王希全副行长主持召开企业年金管理委员会2015年度会议，听取了委员会办公室（人力资源部）关于企业年金基金和统筹外福利负债基金2014年投资管理工作的汇报，审议通过了增选企业年金基金投资管理人等4项议案。

7月2日－7月3日

郑万春副行长赴安徽调研。其间，考察了总行后台中心办公楼建设工程，听取了安徽分行经营管理情况和电子银行中心（合肥）运营情况汇报，并提出了工作要求；会见了奇瑞汽车集团董事长尹同跃，双方就进一步加强“走出去”领域的合作进行了交流。

7月3日

姜建清董事长会见澳大利亚前总理陆克文先生一行，双方就当前宏观经济、金融形势等话题交换了意见。

张红力副行长会见恒大地产集团夏海钧总裁，双方就2015年第二期恒大集团公司债发行路演事宜进行了会谈。

王希全副行长出席工商银行—工银安盛2015年期交转型创新发展工作会议并讲话。

谷澍副行长赴信息科技部调研，听取了上半年信息科技工作情况汇报及下半年工作安排，并就互联网金融创新、“两地三中心”运行、网络安全等工作进行了部署。

7月6日

姜建清董事长主持召开董事会会议，审议通过了《关于聘请2016年度会计师事务所的议案》。易会满副董事长，张红力、王希全、麦卡锡、钟嘉年、柯清辉、洪永淼、衣锡群、梁定邦、汪小亚、葛蓉蓉、傅仲君、郑福清、费周林、程凤朝董事现场出席会议，钱文挥监事长及王炽曦、董娟、孟焰、李明天监事。

党委书记、董事长姜建清出席中国工商银行纪念建党94周年党建工作交流会并作重要讲话，党委副书记、行长易会满主持会议。

钱文挥监事长主持召开监事会会议，审议通过了《关于聘请2016年度会计师事务所的议案》，并听取了关于集团并表管理专项调研情况等4项汇报。王炽曦、董娟、孟焰、张炜、李明天监事出席会议。

7月6日－7月16日

王希全副行长参加中组部举办的“深化企业改革完善市场体系”专题研讨班。

7月6日－7月7日

王敬东副行长参加党中央召开的党的群团工作会议。

7月7日

姜建清董事长会见美国发现金融服务公司（Discover Financial Services）董事长兼CEO David Nelms先生一行，双方就进一步深化信用卡及个人信用消费贷款风险管理合作进行了交流。

易会满行长主持召开第3次行长办公会议，听取了部分专业上半年工作情况汇报，分析了当前的经营问题，研究了下一阶段工作。钱文挥监事长，张红力、郑万春、谷澍副行长，胡浩董事会秘书出席会议。

谷澍副行长会见汇丰全球银行业务副主席 Kevan Watts 先生一行，双方就欧洲经济形势、跨国银行经营模式、应对监管挑战等话题进行了交流。

7月8日

姜建清董事长参加国务院常务会议。

党委书记姜建清主持召开“严以修身”专题学习

研讨，带领党委成员共同学习了《习近平谈治国理政》等资料中关于“严以修身”内容的重要论述，并就下一步深化“三严三实”专题教育、开展“严以律己”“严以用权”学习研讨提出工作要求。党委副书记易会满、钱文挥，党委委员张红力、郑万春、谷澍、王敬东结合自学体会，就如何加强党性修养、坚定理想信念、把牢思想和行动的“总开关”等方面进行了交流。

易会满行长、谷澍副行长赴互联网金融营销中心调研。

郑万春副行长会见新加坡金鹰纸业集团董事局主席陈江和一行，双方就进一步加强业务合作进行了交流。

谷澍副行长在北京通过视频出席了工银阿根廷2015年第七次董事会会议，审议了子行2015年第六次董事会会议纪要等8项议案。

7月9日－7月10日

姜建清董事长参加国务院召开的部分省（区）政府主要负责人经济形势座谈会。

7月9日

姜建清董事长出席了在京召开的新浪网2015银行发展论坛，领取“年度卓越银行家”大奖。

英国《欧洲货币》杂志公布了2015年度全球卓越奖项（Awards for Excellence）获奖名单，工行荣获“全球新兴市场最佳银行”，姜建清董事长个人被授予“全球金融服务杰出贡献奖”。姜建清董事长通过视频方式致辞答谢，胡浩董事会秘书参加了颁奖典礼并代表工行领奖。

易会满行长、张红力副行长赴专项融资部调研。

钱文挥监事长赴公司金融业务部调研。

郑万春副行长会见三峡集团杨亚总会计师一行，双方就加强业务合作进行了交流。

谷澍副行长会见美国拉扎德公司副董事长Gary Parr先生一行，双方就全球经济金融形势、银行业国际化发展模式、未来合作机会等话题进行了交流。

谷澍副行长会见苹果全球高级副总裁Jennifer Bailey女士一行，双方就加强支付领域的合作进行了交流。

谷澍副行长会见英国劳埃德银行商业银行业务首席执行官Andrew Bester一行，双方就欧洲经济形势、英国监管环境、两行经营战略与业务合作等话题进行了交流。

7月10日

姜建清董事长参加国务院召开的专家及企业负责人经济形势座谈会。

姜建清党委书记主持第16次党委（扩大）会议，听取了当前市场有关情况的汇报。党委副书记易会满、钱文挥，党委委员张红力、王希全、谷澍、王敬东出席。

7月10日－7月14日

郑万春副行长参加中组部举办的“中国制造2025”专题研讨班。

7月13日

姜建清党委书记主持召开第17次党委（扩大）会议，听取了公司金融业务部关于网络融资中心建设工作的汇报，并研究工行境内优先股发行相关工作。党委副书记易会满、钱文挥，党委委员张红力、谷澍、王敬东出席。

姜建清董事长、易会满行长、张红力副行长出席工行与中信保《“一带一路”战略专项合作协议》签约仪式。

姜建清董事长会见莫斯科交易所主席Alexander Afanasiev一行，双方就人民币清算行建设、人民币掉期交易、RQFII等议题交换了意见。

7月14日

姜建清党委书记主持召开座谈会欢送赵林同志。党委副书记易会满、钱文挥，党委委员张红力、谷澍、王敬东，魏国雄首席风险官参加座谈会并发言。

姜建清董事长、易会满行长、张红力副行长会见中国人寿保险（集团）公司董事长杨明生一行，双方就进一步加强银保合作进行了交流，并就资本市场发展、保险业管理模式等话题交换了意见。会谈后，张红力副行长、中国人寿保险（集团）公司副总裁白涛代表双方签署了《全面战略合作协议》。

姜建清董事长会见台湾永丰金控董事长何寿川一行。胡浩董事会秘书陪同。

钱文挥监事长赴国际业务部调研。

7月15日－7月24日

姜建清董事长率团出访南非、肯尼亚、埃塞俄比亚。在南非期间，姜建清董事长在约翰内斯堡出席了由工行及标准银行、亚布力中国企业家论坛共同组织的“中非企业家论坛”并作主题发言；会见了参加企业家论坛的南非经济发展部长Mr. Ebrahim Patel、贸工部总干事长Mr. Lionel October、中国驻南非大使田学军等；与南非标准银行联合首席执行官Ben Kruger、Sim Tshabalala共同主持了工商银行与标准银行战略合作会议，听取了两行管理层成员关于双方战略合作所取得成绩的介绍，并就下一步战略合作工作作重要讲话；会见了标准银行前任CEO，现任Liberty保险公司董事长Jacko Maree先生，双方就Liberty保险公司的业务发展交换了意见；赴开普敦工行驻非洲代表处视察并慰问外派员工。

在肯尼亚期间，姜建清董事长在内罗毕出席了由工行及标准银行、亚布力中国企业家论坛共同组织的“中非企业家论坛”并致辞，会议期间，姜建清董事长和肯尼亚财政部长Henry Rotich先生共同签署了《基础设施整体开发合作协议》；会见了南非标准银行董事长Thulani Gcabashe，双方就进一步加强合作、更好地服务双边客户进行了交流；与肯尼亚央行主席Jairus Mohammed Nyaoga 会谈，介绍了工商银行在全球人民币业务方面发展的有关情况；拜会了肯尼亚总统 Uhuru Kenyatta，双方就加强在肯尼亚基础设施建设和油气资源开发等领域的合作交换了意见。

在埃塞俄比亚期间，姜建清董事长拜会了埃塞俄比亚总理 Hailemariam Desalegn，双方就埃塞俄比亚电力领域引入 PPP 模式等话题交换了意见；会见了埃塞俄比亚航空公司首席执行官 Tewolde Gebremariam，双方就加强在飞机租赁、机场、航空设备租赁、投资者引入，以及全球利率、汇率、航油价格对冲管理等领域的合作进行了交流；会见了财政与经济发展部长 Sufian Ahmed，代表工商银行与埃塞俄比亚财政部签署了《投融资整体开发合作协议》，并见证了江西糖业与埃塞俄比亚糖业公司签署《OMO－KURAZ5 糖厂项目贷款协议》。

7 月 15 日

易会满行长参加国务院常务会议。

郑万春副行长主持召开第 33 次专题会议，研究大额存单后续发行工作。

谷澍副行长赴数据中心（北京）调研。

谷澍副行长会见日本三井住友银行执行董事川崎靖之先生一行，双方就加强两行合作、促进中日两国经贸发展等话题进行了交流。

7 月 16 日

钱文挥监事长赴结算与现金管理部调研。

张红力副行长会见淡马锡首席投资官谢松辉先生一行，双方就工行的经营情况、淡马锡对华投资情况、深化双方合作等话题进行了交流。

7 月 17 日

易会满行长赴人力资源部参加组织生活会，听取人力资源部“三严三实”专题教育情况汇报，并就深化“三严三实”专题教育、落实新形势下从严治党的战略举措等工作进行了部署；听取了人力资源管理工作情况及下一步发展思路的汇报，并就贯彻落实年初党建工作会议和组织人事工作会议部署提出了工作要求。易会满行长还参加了人力资源部党日活动。

钱文挥监事长听取企业文化部关于第四届“感动工行”员工颁奖典礼准备情况的汇报，并就下一步工作安排提出要求。

郑万春副行长参加北京市召开的 2015 年上半年经济形势分析会。

谷澍副行长主持召开第 34 次专题会议，研究集团金融市场业务事前控制有关工作。

谷澍副行长主持召开总行网点竞争力提升领导小组暨服务工作委员会会议，听取了渠道管理部关于上半年全行网点竞争力提升与服务管理整体工作进展的汇报，就网点竞争力提升和服务管理工作推进过程中存在的重点问题进行了研究。

谷澍副行长出席总行单证中心“全国青年文明号”揭牌仪式，并慰问了一线青年员工。

7 月 19 日－7 月 21 日

谷澍副行长为全行电子银行高级管理人员培训班授课。

7 月 20 日

郑万春副行长主持召开第 35 次专题会议，研究部署网络融资中心筹备建设相关工作。

以工银任免〔2015〕239 号决定：聘任徐守本为中国工商银行深圳市分行行长，聘期至 2020 年 7 月止。因工作需要或其他原因，聘期可提前中止。解聘其中国工商银行广东省分行副行长职务。聘任林谦为中国工商银行深圳市分行资深专家，解聘其中国工商银行深圳市分行行长职务。

7 月 21 日

钱文挥监事长赴财务会计部调研。

郑万春副行长主持召开全行网点运营标准化管理改革推动会并讲话。

谷澍副行长赴数据中心（上海）调研。

王敬东副行长赴北京分行调研，听取了分行养老金业务发展情况的汇报，并就有关工作进行了部署。

7 月 22 日

党委副书记、行长易会满以“践行‘三严三实’全面从严治行”为主题，为总行本部党员干部讲授了专题党课，并对总行干部正确处理好“四个关系”，在全面从严治行中作出表率提出了要求。党委副书记、监事长钱文挥，党委委员、副行长张红力、王希全、郑万春参加专题党课。党委委员、副行长王敬东主持专题党课。

7 月 22 日－7 月 24 日

易会满行长赴广西调研。其间，出席了广西分行与广西壮族自治区政府举办的建设“一带一路”有机衔接重要门户金融服务战略合作协议的签约仪式，易会满行长、自治区常务副主席唐仁健代表双方在协议上签字；拜会了自治区党委书记彭清华、常务副主席唐仁健等地方党政负责人，双方就加强企业“走出去”、公务员养老保险制度改革、重大项目信息沟通与衔接等话题交换了意见；听取了广西分行及营业部工作汇报，并就进一步提升资产质量和经营效益进行了部署；召开了当前重点工作座谈会，就新形势下信贷经营模式再造、总省行战略“最后一公里”落地、利率市场化后存贷款市场竞争及对策等内容进行了专题研讨。

谷澍副行长为全行信息科技高级管理人员培训班授课。

7 月 23 日

钱文挥监事长参加银监会组织的北京辖区上市公司董监事专题培训。

王希全副行长出席银监会 2015 年半年度监管会谈。

王希全副行长出席个人信用消费业务高级培训班并

讲话。

7 月 23 日 –7 月 24 日

郑万春副行长赴湖南调研。其间，听取了分行上半年经营发展及湖南分行营业部竞争力提升情况汇报，就下半年工作进行了部署，并视察了株洲时代支行网点；会见了南车株洲电力机车公司董事长周清和，双方就进一步加强业务合作进行了交流；会见了湖南省副省长张剑飞和株洲市市委书记贺安杰，双方就加快创新、进一步加强银政合作交换了意见。

7 月 24 日

钱文挥监事长赴授信审批部调研。

7 月 27 日

姜建清董事长、易会满行长、钱文挥监事长参加中央召开的有关会议。

郑万春副行长出席京津冀工作推动会，研究京津冀协同发展综合金融服务方案。

王敬东副行长主持召开总行机关两委委员会议，研究审议了机关党委《关于加强和改进总行机关党建工作的意见》，讨论了总行机关基层服务型党组织建设品牌选树工作。

以工银任免〔2015〕256 号决定：聘任陈平为中国工商银行贵州省分行行长，聘期至 2019 年 10 月止。因工作需要或其他原因，聘期可提前中止。解聘其中国工商银行江苏省分行副行长职务。解聘黄力中国工商银行贵州省分行行长职务，另有任用。

7 月 27 日 –7 月 29 日

王希全副行长赴广东就利添利产品异常交易风险事件进行调查与部署。

7 月 28 日

姜建清党委书记主持召开第 18 次党委（扩大）会议，研究年中工作会议材料。

7 月 29 日

姜建清董事长会见土耳其 TOSYALI 集团董事长 TOSYALI FUAT 先生，双方就加强在高铁、港口、电力等基础设施建设领域合作进行了交流。

易会满行长、郑万春副行长赴北京分行调研，重点了解了分行经营管理情况、支持京津冀协同发展情况及互联网金融等创新型业务发展情况，并就分行充分发挥区位优势、加速京津冀协同发展战略落地等工作进行了部署。魏国雄首席风险官陪同。

钱文挥监事长赴专项融资部（营业部）调研。

谷澍副行长主持召开全行跨境人民币业务领导小组 2015 年第二次工作会议，听取了全行跨境人民币业务发展情况汇报，研究部署了下一阶段的业务推动措施。

谷澍副行长主持召开境外直销银行领导小组第一次工作会议，听取了国际业务部关于境外直销银行工作进展及下一步工作计划的汇报，研究部署了下一阶段的工作举措。

谷澍副行长会见了卢森堡明讯银行首席执行官 Jeffrey Tessler 先生一行，双方就进一步拓展业务合作范围进行了交流。

王敬东副行长赴山东调研。其间，听取了山东分行贵金属业务发展情况的汇报，并就下一阶段工作进行了部署；走访了山东黄金集团和山东招金集团，深入了解企业生产经营情况及金融服务需求，就进一步加强贵金属业务合作、支持企业海外并购、推进业务创新合作等方面进行了交流。

7 月 30 日

全行年中工作会议在北京召开。姜建清董事长总结了上半年经营发展情况，分析了当前面临的形势，部署了下半年重点工作任务。易会满行长分析了上半年经营情况，指出了当前需要重点关注与思考的问题，明确了下半年经营目标和工作重点。钱文挥监事长主持会议，副行长张红力、王希全、郑万春、谷澍、王敬东，魏国雄首席风险官，胡浩董事会秘书及在京的董事会，监事会成员出席会议。

7 月 31 日

姜建清董事长参加国务院常务会议。

姜建清董事长参加中组部召开的省区市和部分部门单位“三严三实”专题教育工作座谈会。

易会满行长参加银监会召开的 2015 年上半年全国银行业监督管理工作及形势分析（电视电话）会议。

钱文挥监事长主持召开第四届“感动工行”员工颁奖典礼并致辞。王希全、郑万春、谷澍、王敬东副行长出席。

8 月

8 月 3 日

姜建清董事长、郑万春副行长、谷澍副行长、魏国雄首席风险官主持召开会议，听取电子银行部互联网金融推进情况汇报。

8 月 4 日

姜建清党委书记主持召开第 19 次党委（扩大）会议，宣布了中组部关于工行纪委书记、党委委员王林同志任职的决定。党委副书记易会满、钱文挥，党委委员张红力、王希全、郑万春、谷澍、王敬东出席会议。

姜建清董事长、张红力副行长会见中国银联董事长葛华勇先生一行，就进一步加强合作进行了交流，并就银联下一步战略发展相关问题交换了意见。

易会满行长、谷澍副行长会见国家卫生与计划生育委员会金小桃副主任一行，就医疗健康大数据合作等话题交换了意见。

王希全副行长出席个人金融业务部部务会暨党支部

组织生活会，听取了部门全行年中工作会议精神贯彻落实情况，以及党支部“三严三实”专题教育进展情况，就下一阶段工作提出了要求。

郑万春副行长出席2015年全行公司结现业务年中工作推动会议并讲话。

8月5日

姜建清董事长会见澳大利亚驻华大使Frances Adamson女士一行，双方就推动澳大利亚人民币业务发展、工行在澳经营情况、开展电商合作等议题交换了意见。

钱文挥监事长赴资产负债管理部调研。

郑万春副行长出席2015年投资银行业务年中工作推动会暨案例交流会并讲话。

谷澍副行长会见IBM公司全球金融事业部总裁Ian Hurst先生，双方就工行“两地三中心”架构后续完善、网络安全和反欺诈技术、互联网金融与监管等议题进行了交流。

谷澍副行长会见美银美林企业银行业务总裁Anne Clarke Wolff女士一行，双方就当前宏观经济形势和两行合作机会等议题进行了交流。

谷澍副行长主持召开会议，听取了国际业务部关于全国跨境电子商务发展情况的汇报，研究部署下一阶段工作。

8月5日–8月6日

王敬东副行长赴陕西调研。其间，听取了陕西分行、延安分行整体经营情况介绍，以及养老金业务和工会工作情况汇报，并就下一阶段的工作进行了部署；走访了陕西延长油田公司总经理王书宝，双方就进一步加强银企合作进行了交流。

8月6日

姜建清董事长、王希全副行长主持召开会议，听取个人金融业务部大学生综合金融服务平台“工银e校园APP”进展情况汇报。

钱文挥监事长主持召开第38次专题会议，研究进一步深入推动“管理效率提升年”活动措施。

8月6日–8月7日

易会满行长赴贵州调研。其间，拜会了贵州省委书记陈敏尔、副省长何力等地方党政负责人，就深化银政合作交换了意见，并一同出席了工行与贵州省政府战略合作协议签约仪式并共同见证了协议签署；听取了贵州分行、遵义分行工作汇报，提出了下一步工作要求；视察遵义分行营业部网点，看望慰问了干部员工；赴贵安新区考察调研，参观了贵安新区规划展馆和电子信息产业园。

8月7日

姜建清党委书记主持召开第20次党委（扩大）会议，集中学习研讨7月31日中央组织召开的省区市和部分部门单位“三严三实”专题教育工作座谈会议精神。党委副书记易会满、钱文挥，党委委员张红力、王希全、郑万春、谷澍、王敬东、王林出席会议。

谷澍副行长出席网点竞争力提升工程经验推广会并讲话。

王敬东副行长主持召开第36次专题会议，研究推进工行与公安部开展网络查控合作工作方案。

王林纪委书记赴监察室调研。

8月10日

易会满行长拜访亚洲基础设施投资银行（亚投行）多边临时秘书处秘书长金立群，双方就加强金融业务合作等议题交换了意见，并就项目投融资、债券承销发行等相关合作议题进行了交流。

8月11日

易会满行长主持召开总行风险管理委员会2015年第三次会议，审议通过了《2015年度恢复与处置计划更新情况的报告》等5项议案。张红力、谷澍、王敬东副行长，王林纪委书记，魏国雄首席风险官出席会议。

8月11日—8月13日

钱文挥监事长赴黑龙江调研。其间，先后听取了黑龙江分行、大庆分行工作情况汇报，并就下一步工作提出要求；分别会见了黑龙江省副省长孙尧和大庆市委常委、常务副市长于洪涛，就工行如何更有效的支持当地经济发展、服务机关事业单位人员养老保险制度改革工作开展、化解部分地方企业经营风险等交换了意见；赴分行部分营业网点视察并慰问一线员工。王炽曦监事陪同。

郑万春副行长出席在长春金融研修学院举办的全行小企业金融业务高级管理人员培训班并授课。

谷澍副行长在北京通过电话会议方式出席了标准银行集团2015年8月董事会及各委员会会议。会议审议了标准银行集团2015年上半年业绩及分红方案等5项议案。

8月12日

谷澍副行长主持召开第37次专题会议，研究电子渠道贵金属交易外部欺诈问题。

谷澍副行长主持召开总行操作风险暨内部控制管理委员会2015年第三次会议，审议了《2015年上半年操作风险管理报告》，听取了《2015年上半年业务运营风险状况分析报告》等3项报告，审阅了《2015—2017年内部控制体系建设规划》等3份材料。

王敬东副行长出席部分分行养老金业务座谈会，听取了上半年养老金业务经营情况及后续工作安排的汇报，就下一步工作提出要求。

8月13日

王希全副行长出席零售业务“率先发展”改革试点工作座谈会并讲话。

谷澍副行长在北京通过视频方式主持召开了工银伦敦2015年第三次董事会会议。会议讨论了工银伦敦

2015 年第二次董事会会议纪要、关注事项、会议之后的各项决定，审议了审计委员会主席报告等 6 项议案，听取了工银伦敦管理层 2015 年第二季度工作情况汇报，并就加强汇率风险管理、有效控制货币错配风险等进行了部署。

王林纪委书记赴运行管理部调研，听取了部门工作汇报。

8 月 14 日

易会满行长主持召开中国工商银行 2015 年境外零售业务工作会议并讲话。王希全、谷澍副行长参加会议。

钱文挥监事长主持召开总行“三严三实”专题教育工作协调小组第三次会议，听取了全行“三严三实”专题教育工作开展情况和总行党委专题学习研讨准备情况，研究部署了下一阶段工作。

钱文挥监事长主持召开会议，听取了汪小亚、葛蓉蓉、傅仲君、郑福清、费周林、程凤朝董事在公司治理、董事履职、发展战略、风险管理等方面的意见。王炽曦、张炜监事参加会议。

张红力副行长会见美国财政部代理助理部长 Seth Carpenter 一行，双方就中国人民银行调整人民币汇率中间价等议题交换了意见。

王敬东副行长参加管理信息部党支部“三严三实”专题组织生活会，听取了支部落实“三严三实”专题教育安排汇报，并就下一阶段开展“三严三实”专题教育进行了部署。

王林纪委书记赴内部审计局调研。

王林纪委书记赴内控合规部调研。

8 月 17 日

钱文挥监事长赴监事会办公室宣布人事任免事项。经总行党委研究决定，张文武同志担任监事会办公室主要负责人，王炽曦同志不再兼任监事会办公室主任职务。

8 月 17 日—8 月 25 日

张红力副行长出访瑞典、冰岛和荷兰。其间，走访了瑞典华伦纽斯集团总裁 Anders Boman，就开展全面合作交换了意见；拜访了瑞典斯堪的纳维亚航空公司副总裁兼首席财务官 Goran 先生，双方就飞机租赁业务合作进行了座谈；拜会了冰岛航空集团首席财务官 BOGI NILS BOGASON 先生，双方就进一步加强合作进行了交流；赴阿姆斯特丹分行调研，听取分行未来经营发展策略、业务拓展重点情况汇报，就下一阶段的业务发展提出了具体要求，并慰问了一线员工；走访了 Aercap 飞机租赁公司总裁兼首席商务官 Philip Scruggs 先生，双方就加强业务合作进行了交流。

8 月 18 日

姜建清董事长会见彭博公司董事长、纽约前市长 Michael Bloomberg 先生一行。

易会满行长会见中粮集团总裁于旭波一行，双方就进一步加强在全球银团、国际贸易融资、并购重组等领域的业务合作进行了交流。

王林纪委书记赴财务会计部调研。

8 月 18 日 –8 月 19 日

钱文挥监事长赴沈阳调研。其间，赴内审沈阳分局宣布干部任免事项，经总行党委研究决定，张兴东同志任内审沈阳分局局长，李久新同志不再担任内审沈阳分局局长职务，转任黑龙江分行资深专家；赴辽宁分行调研，听取分行工作汇报。

8 月 18 日 –8 月 20 日

姜建清董事长先后赴内审南京分局、江苏分行、内审上海分局、上海分行、厦门分行宣布干部任免事项。经总行党委研究决定，应俊惠同志任内审南京分局局长，初苏华同志不再担任内审南京分局局长职务，转任江苏分行资深专家；刘金同志任江苏分行行长、党委书记，黄纪宪同志不再担任江苏分行行长、党委书记职务，调内审上海分局任职；黄纪宪同志任内审上海分局局长，周志方同志不再担任内审上海分局局长职务，转任浙江分行资深专家；顾国明同志任上海分行行长、党委书记，由于年龄原因，沈立强同志改任上海分行资深专家、工银瑞信董事长等职务，不再担任上海分行行长、党委书记职务；顾斌同志任厦门分行行长、党委书记，崔勇同志调北京分行任职，不再担任厦门分行行长、党委书记职务。

在南京期间，姜建清董事长先后会见了中共江苏省委书记罗志军、常务副省长李云峰、南京市委书记黄莉新、南京市长缪瑞林等地方党政领导，就当前宏观经济运行情况等话题交换了意见；与李云峰常务副省长共同见证了投资银行部与南京市江北新区签署战略合作协议。

在上海期间，姜建清董事长会见了中共中央政治局委员、中共上海市委书记韩正、上海市人民政府市长杨雄、常务副市长屠光绍，就上海市国际金融中心建设等话题交换了意见。

8 月 19 日

易会满行长主持召开总行公司金融业务推进委员会 2015 年第一次会议，审议通过了《2015 年上半年公司金融业务经营发展情况的报告》等 4 项议案，听取了 2015 年上半年公司金融业务发展情况汇报，并就下一阶段公司金融业务工作提出了要求。

王林纪委书记赴风险管理部调研。

8 月 20 日

党委副书记、监事长钱文挥以“坚持严以用权 弘扬清风正气”为主题，为总行本部党员干部讲授了专题党课。党委委员郑万春、谷澍、王林参加。

谷澍副行长通过视频方式主持召开工银莫斯科中层以上管理人员大会，宣布干部任免事项。经总行党委研究决定，蒋玉林同志担任工银莫斯科董事长、非执行董事，莫扶民同志不再担任工银莫斯科董事长、非执行董事职务。

王林纪委书记赴资产管理部调研。

8 月 20 日－8 月 21 日

易会满行长赴陕西调研。其间，拜会了陕西省省委书记赵正永、省长娄勤俭、常务副省长姚引良、省委秘书长刘小燕等地方党政负责人，就在重大基础设施和重点项目建设等领域加强银政合作交换了意见，并共同出席了工行与陕西省政府举办的《“一带一路”战略规划框架性合作协议》签约仪式，见证了陕西分行、工银瑞信和陕西金控三方签署的产业基金合作框架协议，陕西分行与陕西延长石油等 4 家当地核心“走出去”企业分别签署的《“走出去”战略合作协议》，以及工行“融 e 购”电商平台“陕西馆”开馆；听取了陕西分行及营业部竞争力提升情况汇报，并就信贷结构调整，信贷队伍、信贷文化建设等方面提出了要求。

8 月 21 日

钱文挥监事长赴管理信息部调研。

郑万春副行长赴网络融资中心筹备组调研，听取了网络融资中心开业筹备、业务推动情况汇报，就下一阶段工作进行了部署，并慰问了筹备组在北京的工作人员。

王林纪委书记赴法律事务部（消费者权益保护办公室）调研。

8 月 24 日

易会满行长会见巴西众议院金融监管委员会主席文森特及巴西银行副行长塞萨尔一行，双方就加强中巴两国金融领域合作交换了意见。

王林纪委书记出席 2015 年下半年巡视工作动员会暨培训班并讲话。

8 月 25 日

姜建清党委书记主持召开第 21 次党委（扩大）会议，审议了《关于 2015 年上半年经营情况的汇报》等 15 项拟提交董事会审议的议案和汇报，听取了 2015 年下半年巡视组有关工作的汇报。党委副书记易会满、钱文挥，党委委员郑万春、谷澍、王敬东、王林出席。

党委书记姜建清主持召开“严以律己”专题学习研讨，带领党委成员集中观看了《新闻联播》对周永康、薄熙来、徐才厚、令计划、苏荣等严重违纪违法案件的报道，并就下一步开展“严以用权”的集中学习研讨提出工作要求。党委副书记易会满、钱文挥，党委委员郑万春、谷澍、王敬东、王林联系个人进步成长经历和自身实际情况，结合前期自学的正反两方面典型作了热烈交流。

8 月 26 日

姜建清董事长参加国务院常务会议。

姜建清董事长会见毕马威全球金融服务业主席 Jeremy Anderson 先生一行，双方就近期全球金融市场的震荡对未来世界经济的影响、互联网金融及直销银行的发展趋势等热点问题进行了交流。

姜建清董事长会见巴基斯坦旁遮普省省长沙巴兹·谢里夫一行，双方就中巴经济走廊项目进展、旁遮普省工业园区合作模式、推动巴基斯坦建立智能电网等内容交换了意见。

钱文挥监事长赴养老金业务部调研。

王希全副行长主持召开会议，就“银行业金融机构未来发展变化”议题与银监会调研组座谈。

谷澍副行长主持召开会议，研究电子渠道交易事中风险控制问题。

王林纪委书记赴金融市场部调研。

8 月 27 日

姜建清董事长主持召开董事会会议，审议通过了《关于 2015 年半年度报告及摘要的议案》等 12 项议案，听取了《关于 2015 年上半年经营情况的汇报》等 3 项汇报。易会满副董事长，张红力、王希全、麦卡锡、钟嘉年、衣锡群、梁定邦、汪小亚、葛蓉蓉、傅仲君、郑福清、费周林、程凤朝、柯清辉、洪永淼董事出席。钱文挥监事长，王炽曦、董娟、孟焰、张炜、李明天监事，魏国雄首席风险官列席。

姜建清董事长、易会满行长、魏国雄首席风险官出席中期业绩发布会并会见分析师、新闻媒体。

钱文挥监事长主持召开监事会会议，审议通过了《关于 2015 年半年度报告及摘要的议案》，听取了《关于 2015 年中期财务报告审阅结果》等 7 项汇报。王炽曦、董娟、孟焰、张炜、李明天监事出席。行内有关部门负责同志列席。

王希全副行长会见 VISA 全球总裁麦凯恩一行，双方就中国清算市场开放事宜进行了交流。

郑万春副行长主持召开第 40 次专题会议，梳理分析了工行中资客户海外债券承销业务当前发展情况、业务流程及分工、存在问题等，研究了境内外债券承销一体化发展事宜。

郑万春副行长会见西门子公司全球司库官卢彼德先生一行，双方就宏观经济金融形势以及进一步深化银企全球合作进行了交流。

王林纪委书记出席总行第五巡视组与牡丹卡中心党委班子见面会，听取了部门工作情况和党风廉政建设情况的汇报。

王林纪委书记出席总行第一巡视组与数据中心（北京）党委领导班子见面会，听取了部门工作情况和党风廉政建设情况的汇报。

8 月 28 日

姜建清党委书记主持召开第 22 次党委（扩大）会议，听取京津冀协同发展综合服务若干意见的汇报。党委副书记易会满、钱文挥，党委委员张红力、王希全、郑万春、谷澍、王敬东、王林出席。

姜建清董事长主持召开会议，研究互联网金融相关工作。易会满行长、谷澍副行长出席。

王希全副行长代表总行党委走访慰问总行机关抗日战争时期参加革命工作的离退休干部萧瑚、马歧鸣、刘淑芸，并发放慰问金和慰问信。

郑万春副行长主持召开会议，听取网贷通业务推动情况汇报。

8月29日－8月30日

郑万春副行长赴重庆调研。其间，受邀出席了2015亚布力中国企业家论坛夏季高峰会并作主题发言；出席了全行网贷通业务推动会，总结了业务发展情况，分析了目前存在的突出问题，部署了下一步工作。

8月31日

姜建清董事长会见来访的埃及工贸部部长穆尼尔·努尔先生一行，双方就中埃产能合作等议题进行了交流。

易会满行长赴宁夏调研。其间，代表工行接受了中国—阿拉伯国家博览会金融顾问聘书，向宁夏回族自治区刘慧主席提交了工行综合金融服务方案并致辞；拜会了宁夏回族自治区党委书记李建华、常务副主席张超超、副主席王和山等地方党政负责人，就进一步加强银政合作交换了意见；听取了宁夏分行的工作汇报，并就下一阶段的工作进行了部署。

郑万春副行长会见中国海洋石油有限公司副总裁陈壁一行，双方就加强全球业务合作进行了交流。

9月

9月1日

易会满行长、王希全副行长会见中国太平保险集团有限责任公司总经理李劲夫、副总经理王廷科一行，双方就进一步深化全面业务合作交换了意见。

9月2日

谷澍副行长应邀出席中国银行业协会与瑞士银行家协会在北京举办的第二届“中瑞金融圆桌论坛”，并围绕“人民币国际化进程及资产多元化配置”作主题发言。

9月3日－9月10日

张红力副行长出访俄罗斯、蒙古。在俄罗斯期间，张红力会见了俄罗斯诺里尔斯克镍业集团布格洛夫副总裁、诺瓦泰克集团米赫尔松董事长、俄罗斯天然气工业股份公司伊万尼科夫首席财务官；出席了首届俄罗斯东方经济论坛，并与多家中外企业领袖进行业务交流。在蒙古期间，张红力拜访了蒙古国议院Z. Enkhbold议长，与蒙古国总统办公厅Puntsag Tsagaan主任会面，并会见了Erdenes Tavan Tolgoi公司Batbileg Batbayar执行总裁、MCS Holding集团Odjargal Jambaljamts董事长。

9月6日

易会满行长主持召开部分分行信贷资产质量督导会并作讲话。魏国雄首席风险官出席。

党委委员、副行长谷澍以“把握新趋势 迎接新挑战 严实推进国际化经营转型发展”为主题，为分管领域的总行本部党员干部讲授了专题党课。

党委委员、副行长谷澍参加国际业务部党支部“改进作风 改善服务 更好服务国际化发展”专题组织生活会。

9月6日－9月11日

王希全副行长赴辽宁、吉林、黑龙江调研。其间，分别在铁岭分行、四平分行、牡丹江分行召开座谈会，研究县域市场零售业务发展，到部分县支行和营业网点调研并慰问基层员工，并就深入推进“三严三实”专题教育活动提出了具体要求。

9月7日

姜建清董事长会见澳大利亚前总理陆克文先生一行。

谷澍副行长会见中国投资有限责任公司刘桂平副总经理一行，双方就有关债券投资事宜进行了交流。

谷澍副行长会见浪潮集团公司孙丕恕董事长一行，双方就业务合作、金融IT行业发展方向、自主可控解决方案等话题进行了交流。

王林纪委书记赴董事会办公室调研。

9月7日－9月15日

易会满行长出访缅甸、越南、韩国。在缅甸期间，易会满出席了仰光分行开业仪式暨“一带一路”中缅商务论坛，会见了中国驻缅甸大使洪亮、缅甸财税部、中央银行、仰光省等当地政要及与会企业代表，走访了缅甸恒泽集团、缅甸建设和住房开发银行等当地客户，并到仰光分行看望慰问干部员工。

在越南期间，易会满主持召开了东南亚部分境外机构座谈会，拜会了我国驻越南大使洪小勇先生，走访了越南胡志明市发展银行、越南越捷航空、青岛赛轮集团在越机构、富美兴联营公司等客户，见证了工行与中电顾问国际签署项目合作协议，并看望慰问了河内分行干部员工。

在韩国期间，易会满出席了首尔人民币高峰论坛并发表致辞，拜会了中国驻韩国大使邱洪国、韩国中央银行总裁李柱烈，听取了首尔、东京等分行的工作汇报，分别会见了韩国友利银行行长李广求、新韩银行行长赵镛炳、进出口银行行长李德勋并出席相关合作协议签约仪式，看望慰问了首尔分行干部员工。

9月8日

钱文挥监事长赴渠道管理部调研。

郑万春副行长会见恒大集团董事长许家印一行，双方就房地产市场走势等进行了交流。

9 月 8 日 –9 月 9 日

王敬东副行长赴贵州调研。其间，先后与省分行、遵义分行座谈，参观了报警监控联网平台和外部欺诈风险信息系统的应用情况，走访了贵州以晴光电集团有限公司。

9 月 8 日 –9 月 11 日

王林纪委书记出席在北京银泉大厦举办的一级（直属）分行、直属机构纪委书记、监察室主任培训班并讲话。

9 月 9 日

钱文挥监事长赴运行管理部调研，听取了关于全行运行管理工作及下一阶段工作安排的汇报。

谷澍副行长主持召开人民币汇率贬值波动专题研讨会议，研究了人民币汇率波动对境外机构的影响，讨论了应对人民币汇率可能继续变化的措施。

9 月 10 日

银监会召开跨境危机管理工作会议，郑万春副行长参加。

谷澍副行长赴银川出席 2015 中国—阿拉伯国家博览会开幕式及宁夏分行举办的“一带一路及跨境人民币业务”推介会。

王林纪委书记赴监事会办公室调研，听取了关于工行监事会基本情况、监事会办公室重点工作及党风廉政建设情况的汇报。

王林纪委书记赴信贷与投资管理部调研，听取了部门工作和党风廉政建设情况汇报。

9 月 11 日

姜建清董事长会见来访的标准银行集团中国区新任首席执行官 Francois Gamet 先生一行，双方就加强战略合作交换了意见。

张红力副行长会见东方电气集团总经理斯泽夫一行，双方就开展全面业务合作进行了深入交流。

谷澍副行长会见来访的迪拜国际金融中心管理局（DIFC Authority，DIFCA）主席 H. E. Essa Kazim 先生一行。双方就中国经济金融发展形势、迪拜当前经济环境和未来发展战略、工行与迪拜国际金融中心合作情况等话题展开了深入交流。

谷澍副行长会见来访的国际金融协会执行总裁洪川先生，就工行参加 G20 会议等议题进行了会谈。

谷澍副行长赴数据中心（北京）参加全行信息系统异地灾难恢复应急演练，并通过现场及视频方式慰问了参演人员。

王敬东副行长参加人民银行召开的票据业务座谈会。

9 月 13 日 –9 月 15 日

王林纪委书记赴上海调研。其间，对总行巡视组工作开展情况进行现场督导，先后赴票据营业部、工银安盛、上海分行、私人银行部、贵金属业务部、内审上海分局、数据中心（上海）调研，听取了六家在沪机构党委开展“三严三实”教育、落实党建工作责任、推进反腐倡廉建设等情况的汇报，还赴内审上海分局看望了干部员工。

9 月 14 日

张红力副行长主持召开“一带一路”第五次工作会议，听取了相关部门工作汇报，对全行“走出去”下一步工作提出要求。

王希全副行长在工银瑞信主持召开中层以上管理人员大会，宣布总行关于工银瑞信董事长调整的决定，沈立强任工银瑞信基金管理有限公司董事长、董事，陈焕祥不再担任工银瑞信基金管理有限公司董事长、董事职务。

郑万春副行长主持召开会议，研究商品交易审计发现问题整改工作。

谷澍副行长出席内控评价暨“两加强、两遏制”回头看工作启动会并讲话。

9 月 15 日

姜建清董事长、张红力副行长会见来访的蒙古国央行行长 Zoljargal N. 一行，就加强双边金融合作和工行在蒙古申设代表处等事宜交换了意见。

姜建清董事长出席总行在京召开的“助力梦想，青年成才”行动计划启动暨“工银 e 校园”手机 APP 发布会并发表重要讲话，与王希全副行长和与会嘉宾共同启动“工银 e 校园”品牌发布。会前，王希全副行长会见了共青团中央书记处书记汪鸿雁一行，双方围绕大学生综合金融服务展开交流。

钱文挥监事长赴法律事务部（消费者权益保护办公室）调研。

党委委员、副行长张红力以“‘严实精神’引领转型发展 做金融改革的促进派和实干家”为主题，为分管领域的党员干部讲授了专题党课。

郑万春副行长出席网点风险分级管理会议，听取运行管理部关于网点风险分级管理思路和下一步工作安排的汇报。

郑万春副行长走访苹果公司北京总部并与其全球司库进行视频会议。

第 41 次专题会议，王敬东副行长主持，研究推进工行与公安部网络查控合作项目。

9 月 16 日

姜建清党委书记主持召开第 23 次党委（扩大）会议，听取了关于加强廉洁文化建设意见等七项议题的汇报。党委副书记易会满、钱文挥，党委委员张红力、王希全、郑万春、谷澍、王敬东、王林出席。

姜建清董事长、易会满行长、郑万春副行长会见了来访的上海市市长杨雄、常务副市长屠光绍一行，双方就上海国际金融中心建设、支持企业“走出去”、推动长江经济带发展等话题进行了交流。会谈结束后，易会满和屠光绍分别代表双方签署了《战略合作备忘录》。

张红力副行长会见山西省王一新副省长一行，就海鑫钢铁重组项目进行了会谈。

9月16日－9月23日

谷澍副行长出访澳大利亚、新西兰。其间，谷澍拜会了新西兰副总理兼财政部长 Bill English 先生、澳大利亚储备银行副行长 Guy Debelle 博士、新西兰奥克兰市市长 Len Brown 先生，拜访了澳大利亚金管局、新西兰储备银行监管负责人，会见了澳大利亚外交贸易部、澳新银行、澳大利亚国民银行、奥克兰市发展委员会负责人，并赴工行澳大利亚和新西兰机构调研。

9月17日

姜建清董事长会见新闻集团主席默多克一行，双方就当前宏观经济金融形势交换了意见。

钱文挥监事长赴信贷与投资管理部调研。

王林纪委书记赴养老金业务部调研。

郑万春副行长赴上海主持召开长江经济带部分分行信贷市场拓展座谈会，重点就新形势下如何进一步支持国家长江经济带发展战略实施，以创新思路推动长江经济带优质信贷市场拓展问题进行了研讨。

易会满行长、王敬东副行长在杭院出席新任二级分行行长培训班学员座谈会。座谈会由王敬东主持，易会满作总结讲话。

易会满行长、原行长张肖、王敬东副行长、魏国雄首席风险官在杭州出席杭州金融研修学院建院30周年纪念活动，活动仪式上首先宣读了姜建清董事长的致信，易会满、张肖分别致辞。

9月17日－9月25日

姜建清董事长出访阿根廷、美国。在阿根廷期间，姜建清出席了阿根廷人民币清算行开业启动仪式并发表重要讲话，分别会见了参加开业仪式的我驻阿根廷大使杨万明、阿根廷央行行长 Alejandro Vanoli、阿根廷 YPF 石油公司董事长兼首席执行官 Miguel Galuccio、布省银行董事长 Gustavo Marangoni，接见了阿根廷子行中外管理层，并主持了拉美地区机构座谈会。在美国期间，姜建清出席了在洛杉矶举行的人民币国际化与中美经济合作论坛，发表重要讲话，并会见了应邀参加论坛的驻洛杉矶总领事（大使衔）刘健、洛杉矶郡郡长 Michael Antonovich；在西雅图主持了工银美国西雅图办公室开业仪式并发表致辞；应邀参加了美中贸易全国委员会为习近平主席访美举办的欢迎晚宴，出席了由保尔森基金会及贸促会共同举办的中美企业圆桌会议并讲话；在旧金山会见了苹果公司 CEO Tim Cook 并签署了双边合作备忘录。

9月18日

易会满行长、王敬东副行长、魏国雄首席风险官赴浙江调研。其间，出席了工行与浙江省政府“一带一路”和“长江经济带”金融战略合作协议签约仪式，拜会了浙江省省长李强、副省长朱从玖等地方党政负责人，走访了娃哈哈集团董事长宗庆后、华数集团总裁曹强，听取了浙江分行工作情况汇报。

钱文挥监事长赴城市金融研究所调研。

钱文挥监事长参加李克强总理主持召开的深化国企改革座谈会。

王希全副行长赴银行卡业务部调研。

王林纪委书记赴电子银行部调研。

9月21日

张红力副行长应邀出席英国财政部在北京举办的“英中未来银行业论坛—通过中英合作融资一带一路”并作主题发言。

王敬东副行长出席工行与中国金币总公司战略合作协议签约仪式。

9月21日－9月23日

郑万春副行长赴青岛调研。其间，出席了系统内票据业务联动合作现场会，听取了青岛分行工作汇报，会见了青岛市政府张新起市长、刘明君副市长。

9月22日

钱文挥监事长赴直属党委、系统团委调研。

张红力副行长会见来访的加拿大安大略省财政厅厅长 Charles Sousa、加拿大驻华大使 Guy Saint－Jacques 一行，双方就当前经济形势、工行经营情况及面临的挑战、中加经贸投资往来等议题进行了交流和探讨。

王希全副行长参加银监会召开的银行业重大风险（案件）第一次约谈告诫会议。

王林纪委书记赴渠道管理部调研。

王林纪委书记赴机构金融业务部调研。

9月23日

易会满行长参加国务院常务会议。

王林纪委书记参加中纪委召开的干部监督工作座谈会。

王希全副行长赴河北分行调研。

9月24日

钱文挥监事长赴信息科技部调研。

党委委员、副行长郑万春以“认真践行‘三严三实’要求，奋力开拓经营管理的新局面”为主题，为分管部门党员干部讲授专题党课。

党委委员、副行长郑万春同志参加资产负债管理部党支部“严以律己”专题组织生活会。

郑万春副行长听取网络融资中心筹备情况汇报。

郑万春副行长拜会人民银行支付结算司谢众司长。

郑万春副行长拜会中国石油刘跃珍总会计师，双方回顾总结了长期以来的战略友好合作，并重点就油气管道领域业务合作进行了深入交流。

9月25日

易会满行长、谷澍副行长、王林纪委书记出席全行严肃财务纪律工作会会议并分别讲话。

郑万春副行长出席北京分行小微金融融e贷发布会。

王敬东副行长出席国家新闻出版广电总局、山西省人民政府和中国出版集团在山西太原联合举办的2015年“读者大会”。

王林纪委书记赴战略管理与投资者关系部调研。

王林纪委书记召开总行纪委全体会议，传达学习王岐山书记在中纪委纪检监察干部监督工作座谈会上的重要讲话，并结合实际研究部署纪检监察重点工作。在北京的总行纪委委员参加会议。

9月28日

姜建清党委书记主持召开第24次党委（扩大）会议，听取了党委组织部有关工作汇报。党委副书记易会满、钱文挥，党委委员张红力、王希全、郑万春、谷澍、王敬东、王林出席。

张红力副行长拜会信达董事长侯建杭，双方就全面战略合作进行了深入交谈。

谷澍副行长会见澳大利亚联邦银行副行长Kelly Bayer Rosmarin女士一行，双方就电子银行、互联网金融对传统银行业的挑战等话题进行了深入沟通。

王敬东副行长参加银监会举办的“积分圆梦”公益行动全国启动仪式。

王林纪委书记赴国际业务部调研。

9月29日

姜建清董事长、易会满行长、郑万春副行长、谷澍副行长、魏国雄首席风险官出席在安徽合肥举办的互联网金融战略暨网络融资中心成立发布会，宣布构筑起了以“三平台、一中心”为主体，覆盖和贯通金融服务、电子商务、社交生活的互联网金融整体架构。

姜建清董事长、易会满行长、郑万春副行长、谷澍副行长、魏国雄首席风险官在合肥拜会了安徽省省委书记王学军，省委常委、省委秘书长唐承沛，省委常委、副省长陈树隆和副省长花建慧等地方党政负责人。会谈结束后，郑万春和花建慧代表双方签署了《“走出去”战略合作协议》，同时，工行还会同安徽省商务厅，分别与海螺水泥、铜陵有色、中铁四局等10家安徽重点“走出去”企业签署了《海外金融服务合作框架协议》。

钱文挥监事长参加国务院常务会议。

9月30日

王林纪委书记赴资产负债管理部调研。

易会满行长参加国务院召开的国庆招待会。

10月

10月8日

姜建清党委书记主持召开第24次党委（扩大）会议，宣布人事任免决定。经中组部研究决定，胡浩同志任中国工商银行副行长、党委委员。根据工作需要，郑万春同志拟调往其他单位任职，经中组部批准，不再担任工商银行副行长、党委委员职务。党委副书记易会满、钱文挥，党委委员张红力、王希全、郑万春、谷澍、王林出席。

易会满行长、郑万春副行长、魏国雄首席风险官赴公司金融业务部调研，听取了部门关于公司信贷业务开展情况及下一步工作思路、网络融资中心关于网络融资业务有关情况的汇报，就下一步工作提出了要求。

王敬东副行长参加人民银行召开的人民币跨境支付系统投产仪式及跨境人民币业务座谈会。

10月9日

姜建清董事长会见澳大利亚西太平洋银行集团董事会主席Lindsay Maxsted先生和副行长Lynn Cobley女士一行，双方就近期中澳经济形势、银行业发展、跨境人民币交易和清算等热点问题进行深入探讨。

谷澍副行长赴数据中心（北京）宣布人事任免决定。经总行党委研究决定，毛卫东同志任数据中心（北京）总经理、党委书记，王丽平同志不再担任数据中心（北京）总经理、党委书记职务。

王林纪委书记赴授信审批部调研。

王林纪委书记以“践行‘三严三实’打造忠诚干净担当的纪检监察队伍”为主题，为总行纪委委员及所在部门综合处长、总行机关各党支部（总支部）书记和纪检委员、机关纪委委员以及监察室全体干部员工讲授专题党课。

10月10日

姜建清董事长、易会满行长、钱文挥监事长、王林纪委书记出席2015年下半年巡视工作汇报会，听取各巡视组汇报。

张红力副行长主持召开第43次专题会议，研究支持召开国际金融论坛第12届全球年会事项。

张红力副行长、魏国雄首席风险官主持召开第44次专题会议，研究“全球资产交易平台”工作组织方案，对下一步工作进行了部署。

张红力副行长主持召开第45次专题会议，研究上海清算所签署授信融资合作协议有关问题。

王敬东副行长赴管理信息部调研，听取了关于统一指标库、客户信息标准化、二级分行信息应用等重点工作进展情况的汇报。

王敬东副行长为分管部室党员干部讲授“三严三实”专题党课。

10月11日－10月18日

钱文挥监事长出访墨西哥、土耳其。在墨西哥期间，钱文挥出席了工银墨西哥揭牌庆典并讲话，出席了中国—拉美企业家峰会，会见了哈里斯科州经济部长Jose Palacios Jimenez先生，并主持了中墨企业家高级别工作组会议，走访了墨西哥 MEGA 集团主席 Guillermo Romo 先生，并与工行美国机构、工银加拿大和工银墨西哥负责人进行了座谈。在土耳其期间，钱文挥会见了土耳其央行行长 Eerdem Basci 先生、土耳其银行监理署主席 Mehmet Ali Akben 先生、伊斯坦布尔省副省长 Ismail Gultekin 先生、中国驻伊斯坦布尔总领事顾景奇，赴工银土耳其调研并慰问员工。

10 月 12 日

易会满行长主持召开第 6 次行长办公会，总结分析前三季度经营情况，安排部署四季度工作。张红力、王希全、谷澍、王敬东副行长，王林纪委书记，胡浩副行长，魏国雄首席风险官出席。

王希全副行长、魏国雄首席风险官主持召开第 46 次专题会议，研究推动个人信贷业务发展相关问题。

10 月 13 日

姜建清董事长会见来访的俄罗斯联邦委员会副主席乌马汉诺夫先生一行，双方就中俄经济形势、项目合作和担保方式、推动两国本币结算等议题交换了意见。

张红力副行长应邀出席第二届中国—俄罗斯博览会。其间，在“中俄区域金融合作研讨会”上作了主题发言，会见了黑龙江省委副书记陈润儿、副省长郝会龙，国家外汇局副局长邓先宏，俄央行远东管理局副行长列夫恰科夫，出席了黑龙江分行“携手金融　走向世界——金融支持企业走出去战略合作”签约仪式，见证黑龙江分行与中信保哈尔滨营业管理部以及哈电国际等 4 家企业签署“走出去”合作协议，并与哈电集团等重要客户进行会谈。

王敬东副行长出席党校第九期领导干部研究班开班仪式并讲话。

王林纪委书记赴管理信息部调研。

王林纪委书记赴信息科技部调研。

胡浩副行长参加发改委召开的“支持重大项目建设”座谈会。

10 月 14 日

姜建清董事长参加国务院常务会议。

谷澍副行长出席国际财务报告准则基金会受托人会议，并同亚洲基础设施投资银行候任行长金立群、证监会首席会计师贾文勤等，与国际会计准则理事会主席汉斯·胡格沃斯进行了“国际财务报告准则与中国：机遇与挑战”的专家组讨论。

王敬东副行长率队走访中国铁建股份有限公司，与公司执行董事、副总裁庄尚标就加强双方合作，特别是企业年金合作进行会谈。

王林纪委书记赴产品创新管理部调研，听取了部门整体工作和支部党建情况的汇报。

10 月 15 日

总行组织召开全行案件形势分析会议，易会满行长、谷澍副行长、王林纪委书记出席并讲话，王敬东副行长主持。

谷澍副行长主持召开会议，研究新版手机银行有关工作。

王敬东副行长主持召开第 47 次专题会议，研究 2015 年贵金属业务专项检查整改落实情况。

10 月 16 日

姜建清董事长参加李克强总理主持召开的金融企业座谈会。

姜建清董事长、易会满行长主持召开第 1 次行务会，总结了全行三季度经营情况，分析了当前面临的形势和经营管理中存在的主要问题，安排部署了四季度重点工作。张红力、王希全、谷澍、王敬东副行长，王林纪委书记，胡浩副行长，魏国雄首席风险官出席。

姜建清党委书记主持召开第 25 次党委（扩大）会议，听取了《迎接和配合中央巡视组工作方案》等六项汇报，审议了拟提交董事会的九项议案和汇报。党委副书记易会满，党委委员张红力、王希全、谷澍、王敬东、王林出席。

易会满行长会见青岛市市长张新起一行，双方就当前宏观经济运行情况等话题交换了意见。魏国雄首席风险官陪同。

王林纪委书记出席总行召开的迎接和配合中央巡视工作联络组动员会。

胡浩副行长参加人民银行举办的主题为“发展普惠金融，实施精准扶贫”的扶贫开发金融服务论坛。

以工银发〔2015〕114 号决定：提名林谦任中国工商银行（加拿大）有限公司董事长、非执行董事，江涛不再担任中国工商银行（加拿大）有限公司董事长、非执行董事。

以工银发〔2015〕115 号决定：提名林谦任中国工商银行（巴西）有限公司董事长、非执行董事，江涛不再担任中国工商银行（巴西）有限公司董事长、非执行董事。

以工银发〔2015〕116 号决定：提名林谦任中国工商银行马来西亚有限公司董事长、非执行董事，莫扶民不再担任中国工商银行马来西亚有限公司董事长、非执行董事。

以工银发〔2015〕116 号决定：提名林谦任中国工商银行马来西亚有限公司董事长、非执行董事，莫扶民不再担任中国工商银行马来西亚有限公司董事长、非执行董事。

10 月 18 日

胡浩副行长出席第十届（2015 年度）“大众证券杯”中国上市公司竞争力、公信力调查颁奖典礼暨“新常态 新机遇 新策略”中国资本市场高峰论坛，胡浩副行长获颁“金牌董秘”奖。

10 月 18 日－10 月 23 日

姜建清董事长出访意大利、英国。在意大利期间，姜建清主持了罗马分行开业仪式。姜建清董事长在讲话中回顾了工商银行国际化所取得的成绩，以及工银欧洲、米兰分行成立五年以来在促进意中经贸合作方面所做的工作，并表示，工商银行将继续在欧洲和意大利加大投入，为促进意中经贸往来和两国的经济繁荣和发展作出自己的贡献；拜会了意大利央行行长 Ignazio Visco、意大利财政部长 Pier Carlo Padoan 等政府部门负责人，并就国际国内经济形势、促进双边企业往来、欧洲银行业监管等话题交换了意见；会见了应邀参加开业仪式的我驻意大利大使李瑞宇及意大利引进外资与企业发展署董事长 Ginacarlo Botti、意大利外贸保险公司 CEO Alessandro CAstellano、意中基金会主席 Cesare Romiti 等意大利本地商界领袖，就进一步加强合作、创新金融工具等话题进行了交流；视察了米兰分行，看望慰问了分行员工，并拜访了意大利 CDP 投资集团主席 Claudio Costamagna。

在英国期间，姜建清应邀参加了伦敦金融城市长为习近平主席访英举办的欢迎晚宴；听取了工银标准的工作汇报，姜建清董事长肯定了工银标准收购以来在业务整合方面所做的工作，要求工银标准要进一步加强原油融资、贵金属业务、基础金属业务、商品融资等方面的产品创新，实现各项发展的新突破，将业务发展的潜力转化成为现实的竞争优势；听取了工银伦敦的工作汇报，对分行所取得的成绩给予肯定，要求分行发挥地处金融中心的区位优势，依托集团全球业务平台，实现各项业务的跨越式发展；会见了伦敦金属交易所 CEO Gary Jones 及其控股股东、港交所总裁李小加，双方就加强结算、清算等方面的合作、在国内开展实物仓储业务等话题进行了交流，参观了伦敦金属交易所交易大厅，并现场观摩了基础金属品种交易定价及开盘情况；会见了英中贸易商会主席沙逊勋爵、怡和集团董事长凯瑟克爵士、巴克莱集团董事长 John McFarlane 先生等，并就加强沟通与合作，进一步促进双边贸易与投资往来进行了交流。

10 月 19 日

张红力副行长会见新加坡工商联合总会张松声主席一行，双方就“一带一路”相关合作进行了交流。

张红力副行长会见美国商品期货交易委员会（CFTC）委员 Christopher Gianarcarlo 一行，双方就中国金融市场投资、美国金融监管改革相关国际协调等议题交换了意见。

王林纪委书记赴安全保卫部调研。

10 月 19 日 –10 月 21 日

王敬东副行长赴四川调研。其间，拜会了四川省常务副省长王宁，介绍了工行整体经营情况及支持四川地方经济社会发展所做的工作；听取了四川分行、德阳分行整体经营及养老金业务情况的介绍；走访了企业年金客户东方电气集团，了解企业经营发展情况并听取意见。

10 月 19 日 –10 月 22 日

胡浩副行长率工作团队赴伦敦陪同人民银行领导出席央行票据定价会和发行总结会，并赴工银标准进行了工作调研。

10 月 21 日

易会满行长参加国务院常务会议。

易会满行长、张红力副行长会见来访的中国信达资产管理股份有限公司董事长侯建杭、总裁臧景范一行，双方就创新不良贷款处置方式和渠道、不良贷款处置状况、当前外部环境下金融业面临的经营挑战等话题进行了交流，并共同出席双方《战略合作框架协议》签署仪式。

张红力副行长会见来访的加拿大巴里克黄金公司董事长约翰·桑顿先生一行，双方就巴里克与中国企业的合资项目、全球备用银团、黄金交易等合作事宜进行了交流。

王希全副行长以“以‘三严三实’专题教育扎实推动零售业务转型发展”为主题，为分管部室党员干部讲授了专题党课。

王林纪委书记赴城市金融研究所调研。

10 月 21 日 –10 月 22 日

钱文挥监事长赴海南分行宣布总行党委对海南分行主要负责人进行调整的决定。经总行党委研究决定，石琪贤同志不再担任海南分行行长、党委书记职务，改任江苏分行资深专家；胡晔同志主持海南分行全面工作。

王希全副行长出席中国金融学会举办的第二十届两岸金融合作研讨会，并作了题为“两岸票据业务合作的机遇与挑战”的主旨发言。

谷澍副行长出席信息科技发展研讨会，并赴软件开发中心调研。在参加信息科技发展研讨会期间，听取了信息科技部有关明年信息科技工作思路的汇报，以及数据中心（北京）、数据中心（上海）、软件开发中心和部分分行的意见建议。在软件开发中心调研期间，谷澍听取了中心的整体研发进展、研发组织优化、架构转型等情况的汇报，并提出了具体要求。

10 月 22 日

易会满行长、王希全副行长会见来访的安盛集团董事长兼总裁亨利·德·卡斯特、副总裁德尼·杜威一行，双方就工银安盛业务发展情况和未来战略规划等内容进行了交流。

易会满行长赴人力资源和社会保障部拜会游钧副部长，双方就社保改革以及加强银社业务合作等议题交换了意见。

王希全副行长听取毕马威华振会计师事务所关于 2015 年第三季度商定程序的汇报。

王敬东副行长出席贵金属业务经营管理培训班并作讲话。

王林纪委书记赴专项融资部调研。

10 月 23 日

易会满行长参加国务院召开的防范和处置非法集资电视电话会议。

易会满行长、胡浩副行长会见纽约梅隆银行总裁 Karen Peetz 女士一行，双方就宏观经济金融形势进行了交流。

易会满行长会见中国能源建设股份有限公司董事长汪建平、总经理丁焰章一行，双方就进一步深化全面合作等话题交换了意见。

张红力副行长会见深圳前海微众银行行长李南青、监事长梁瑶兰、副行长郑新林一行，双方重点就互联网金融业务进行了交流。

王希全副行长出席全行个人信贷业务视频推动会并作重要讲话。

谷澍副行长出席全行网点竞争力提升业务技能比赛总决赛优秀选手展示暨颁奖典礼并作了重要讲话。

王林纪委书记主持召开纪委 2015 年第二次全体会议，传达学习了习近平总书记关于巡视工作的重要论述和王岐山同志有关要求，研读了《中国共产党巡视工作条例》、《中国共产党廉洁自律准则》、《中国共产党纪律处分条例》。

以工银发〔2015〕119 号决定：提名李文聪任中国工商银行（莫斯科）股份公司执行董事、总经理，宋扬不再担任中国工商银行（莫斯科）股份公司执行董事、总经理。

10 月 23 日 – 10 月 24 日

王敬东副行长参加全国培养选拔年轻干部和女干部、少数民族干部、党外干部工作座谈会。

10 月 26 日

钱文挥监事长会见贵州省政府何力副省长一行，双方就干部挂职交流事宜深入交换了意见。

姜建清党委书记主持召开第 26 次党委（扩大）会议，集中学习了习近平总书记关于巡视工作重要讲话精神和王岐山同志有关要求，以及中央近期修订印发的《中国共产党巡视工作条例》等三项准则条例，讨论审定了拟提交中央巡视组的汇报材料，研究成立了专门的整改领导小组。党委副书记易会满、钱文挥，党委委员张红力、王希全、谷澍、王敬东、王林、胡浩出席。

谷澍副行长应邀出席荷兰驻华使馆在北京举办“中荷企业 CEO 圆桌会议”，并在圆桌讨论中发言。

10 月 26 日 – 10 月 29 日

姜建清董事长出席中央召开的党的十八届五中全会，易会满行长列席。

10 月 27 日

胡浩副行长赴公司金融业务部调研。

10 月 28 日

钱文挥监事长出席中国工商银行廉洁文化发布会并作重要讲话，王林纪委书记主持会议。

张红力副行长受邀参加亚洲开发银行与中国华融资产管理股份有限公司在北京联合举办的“2015 年国有资产管理公司国际论坛（IPAF）第三届峰会”，并就“金融市场发展趋势与亚洲资产管理市场面临的挑战、机遇与前景”发表演讲，参与专题讨论。

谷澍副行长与独立董事麦卡锡先生就工行国际化发展的有关问题进行座谈。

王敬东副行长主持召开总行机关党委全委会，会议研究了《关于 2015 年开展总行机关党建述职评议考核工作方案》和新修订的《中共中国工商银行机关委员会工作规则（2015 年版）》，审批了预备党员发展和转正事宜。

王林纪委书记出席总行召开的全行纪检监察干部“一加强、两提高”教育活动动员会并讲话。

胡浩副行长赴投资银行部调研。

10 月 29 日

在李克强总理和来访的德国总理默克尔见证下，姜建清董事长在人民大会堂分别与德国大众汽车公司总裁穆勒、德国彼得杜勒公司首席财务官贝尔克曼女士签署全面战略合作协议与船舶融资委托协议。

钱文挥监事长主持召开总行“三严三实”专题教育工作协调小组第四次会议，听取前一阶段全行系统、总行机关“三严三实”专题二学习研讨情况和总行党委专题三学习研讨准备情况汇报，并研究部署下一阶段工作。

谷澍副行长出席第四届“金融街论坛”，并参加了金融街、华尔街和伦敦金融城的“两街一城国际金融合作”主题对话交流讨论。

王敬东副行长赴法律事务部调研，听取了部门关于近两年法律事务工作和消费者权益保护工作情况、当前面临挑战以及下一步工作措施的汇报。

胡浩副行长赴结算与现金管理部调研。

10 月 30 日

姜建清董事长在合肥主持中德经济顾问委员会会议及中德中小企业论坛。会上，姜建清代表顾委会向李克强总理、默克尔总理做了工作汇报，介绍了工信部与德国经济部建立智能制造对话机制、中德标准化合作委员会继续深化电动汽车标准化合作、中欧签署 5G 合作联合声明等成果，指出顾委会中方成员对德合作热情不断提升、合作领域不断拓宽，并就下一步顾委会运行机制及中德银行业监管相关问题进行了简要的汇报。

李克强在听取汇报及发言后，充分肯定了中德经济顾问委员会成立以来的工作。李克强表示，中德关系十分密切，合作日益深入，欢迎德国企业扩大对华投资，开展更多经贸合作，中国将进一步扩大投资领域的市场开放，并确保在华外资企业都享有同中国企业同等的待遇。中国将在实施“中国制造 2025”、推动“大众创业、万众创新”过程中，和德国“工业4.0”战略合作对接，并进一步加强知识产权保护。希望德国企业放眼世界，同中国开展第三方市场合作，实现互利共赢，也希望两国中小企业发挥优势，在两国战略对接、产业升级中加强合作，打造中德经济合作新的增长点。

在随后工行主办的中德中小企业论坛上，姜建清作了开幕演讲。姜建清指出，中小企业在经济结构调整与转型、全面拉动经济增长及有效创造就业等方面起着至关重要的作用，中德两国经济互补性极强，中小企业有巨大的合作潜力，希望两国中小企业加强交流，共同合作，推进两国经贸往来迈上新的台阶。

易会满副董事长受姜建清董事长委托主持召开董事会会议，会议审议通过了《关于2015年第三季度报告的议案》、《关于衣锡群先生辞去中国工商银行股份有限公司独立董事及董事会专门委员会相关职务的议案》、《关于提名杨绍信先生为中国工商银行股份有限公司独立董事候选人的议案》等八项议案，听取了《关于2015年前三季度经营情况的汇报》、《关于2016年董事会会议计划的汇报》两项汇报。张红力、王希全、麦卡锡、钟嘉年、柯清辉、洪永淼、衣锡群、梁定邦、汪小亚、葛蓉蓉、傅仲君、郑福清、费周林、程凤朝董事现场出席会议。胡浩副行长兼董事会秘书参加会议。钱文挥监事长及监事会王炽曦、董娟、孟焰监事，银监会代表李年荣列席会议。

钱文挥监事长主持召开监事会会议，会议审议通过了《关于2015年第三季度报告的议案》等5项议案，并听取了关于2015年第三季度商定程序等8项汇报。王炽曦、董娟、孟焰、张炜、惠平监事出席。

谷澍副行长主持召开全行跨境人民币业务领导小组2015年第三次工作会议，听取了国际业务部、资产负债管理部、金融市场部等跨境人民币业务领导小组成员部门和部分境内外机构对近期全行跨境人民币业务发展情况和需要解决问题的汇报，研究部署了下一阶段的业务推动措施。

王林纪委书记主持召开迎接和配合中央巡视工作联络组第二次会议。会议总结了前期准备工作进展情况，并就全面做好相关配合工作进行了安排部署。

胡浩副行长赴金融市场部调研。

11月

11月1日

中央第四巡视组巡视工商银行工作动员会召开，中央第四巡视组组长马瑞民就即将开展的专项巡视工作作了讲话，中央巡视工作领导小组办公室有关负责同志就配合做好巡视工作提出要求。党委书记姜建清主持会议并作动员讲话，强调全行各级党委和各级党员领导干部要把接受专项巡视作为当前重大的政治任务，认真落实中央巡视组和中央巡视办提出的工作要求，坚决服从巡视工作安排，切实增强接受巡视监督、支持巡视监督的自觉性和坚定性。中央第四巡视组副组长李继平、赵树林、姚瑞峰及巡视组全体成员，工行党委领导班子成员出席会议，总行其他高管层人员、各部室总经理和副总经理、境外机构和控股机构主要负责人在北京主会场列席会议，境内各一级分行、直属机构领导班子成员在本单位分会场通过视频方式列席会议。

11月1日–11月3日

张红力副行长出席第二届“读懂中国”国际会议，在“十三五规划和中国经济发展战略”分论坛上，就“金融如何助推‘十三五’规划的实现”作主题发言。

11月2日

姜建清党委书记主持召开第28次党委（扩大）会议，传达了中国共产党第十八届中央委员会第五次全体会议精神，审议了《关于确定工行境内优先股发行时间及股息率询价区间的汇报》。党委副书记易会满、钱文挥，党委委员张红力、王希全、谷澍、王敬东、王林、胡浩出席。

谷澍副行长主持召开会议，研究境外机构直销银行事宜。

11月3日

王希全副行长参加北京辖区上市公司政策解读专题培训。

谷澍副行长主持召开境外机构座谈会，11家境外机构负责人和总行9个相关部门负责人参会。境外机构负责人围绕第四季度工作计划和所在地中资同业经营情况进行了发言。

王林纪委书记主持召开总行纪委2015年第三次全体会议。

王林纪委书记主持召开部分境外机构党风廉政建设座谈会。会上，10名境外机构负责人分别汇报了所在机构党的建设和党风廉政建设情况，就所在区域政治环境、监管要求、党组织（工委）活动等进行了交流，并提出了相关意见和建议。

11月4日

姜建清董事长参加国务院常务会议。

姜建清董事长会见加拿大蒙特利尔银行CEO William Downe一行，双方就加强业务合作、推动两国经贸发展、银行风险控制等议题交换了意见。

钱文挥监事长到总行党校与第9期领导干部研究班学员座谈，听取了学员代表在党校学习的收获和体会，对学习成效给予了肯定，并对学员在理论联系实际方面提出了希望和要求。

王敬东副行长在杭州金融研修学院出席2015年管理信息业务主管行长培训班并召开座谈会。

11月5日

姜建清董事长会见澳大利亚前总理陆克文一行，双方就当前宏观经济、金融形势等话题交换了意见。

姜建清董事长参加中央国家机关工委在京举行的中央国家机关学习贯彻十八届五中全会精神动员部署大会。

易会满行长参加人民银行召开的部分在京金融机构座谈会。

钱文挥监事长会见国家保密局保密检查人员一行。

张红力副行长会见鹏华基金管理有限公司总裁邓召明等一行，双方就加深资产管理、托管合作等内容进行了交流。

张红力副行长拜会中国国际贸易促进委员会会长姜增伟，双方就共同办好中非合作论坛峰会配套活动、合作支持对外经贸发展和企业“走出去”进行了交流。

谷澍副行长主持召开总行网点竞争力提升领导小组2015年第四次会议。会议听取了渠道管理部关于今年前三季度全行网点竞争力提升整体工作进展及下一步工作计划的汇报，就网点对公客户经理配备略有下降、MOVA等基础系统信息规范与数据治理、智能设备功能规范管理与丰富完善等重点问题进行了研究与分析，并提出了改进工作建议与实施措施。

胡浩副行长主持召开会议，听取小微企业和网络融资中心相关工作专题汇报。

胡浩副行长主持召开第49次专题会议，研究境外金融市场业务全球布局有关工作。

11月5日－11月6日

姜建清董事长、易会满行长、谷澍副行长分别会见了来访的标准银行董事长 Thulani Gcabashe 先生一行，双方就中非合作论坛峰会相关活动安排、推动两行战略合作《五年行动纲要》落实、标准银行经营管理、国际经济金融形势等议题做了广泛深入的交流。

11月6日

姜建清董事长会见高盛投资银行部主席 Chris Cole 一行，双方就当前宏观经济、金融形势等话题进行了交流。

易会满行长会见卢森堡明讯银行首席执行官 Jeffrey Tessler 先生一行，双方就加强信息分享、保持各个层面的交流合作进行了交流。

11月6日－11月8日

国际金融论坛（IFF）第12届全球年会在北京成功举办，全球100多位财经领袖聚焦“世界增长新动力”主题，进行了广泛讨论和深入剖析。姜建清董事长主持年会开闭幕式、圆桌讨论等，并发表了致辞和主题演讲。姜建清主持了“世界增长新动力：机遇与风险”的主题讨论，并在“世界增长新动力：基建投资如何促进全球增长”主题讨论环节，发表了题为《发挥金融机构引领作用　加快国际基础设施合作》的主旨演讲。在年会期间，姜建清会见了国际金融论坛（IFF）主席、第26任澳大利亚总理陆克文，联合主席、韩国前总理韩升洙，顾问委员会主席、日本前首相鸠山由纪夫，全面可持续发展理事会主席、新西兰前总理詹妮·希普莉，南非标准银行董事长图拉尼，台湾永丰金控董事长何寿川，金砖国家开发银行行长瓦曼·卡马特以及沙特阿卜杜拉国王基金会主席图尔基亲王等与会嘉宾，就当前宏观经济金融形势进行了深入交流。IFF学术委员、原行长杨凯生，IFF学术委员、原副行长王丽丽、张红力副行长也参与了圆桌讨论并作主题发言。

11月9日

胡浩副行长赴投资银行部宣布干部任免，经总行党委研究决定，刘金同志不再担任投资银行部总经理职务，赴江苏分行任职。

姜建清董事长参加国务院召开的经济形势座谈会。

胡浩副行长、魏国雄首席风险官主持第50次专题会议，研究中国国新控股有限责任公司理财直接投资项目相关工作。

11月10日

姜建清董事长会见哈比银行总裁 Nauman K. Dar 一行，双方就近期中巴经济走廊项目合作、跨境人民币业务、巴国企私有化等热点问题进行了深入交流，并就双方合作为巴政府发行离岸人民币债券、中巴工业园建设、电力基础设施投资与开发等双方重点合作项目进行了探讨。

姜建清董事长会见德国汉堡市长兼德国社会民主党副主席奥拉夫·朔尔茨一行，双方就当前宏观经济、金融形势等话题交换了意见并共同见证工行与德国莱斯航运公司签署船舶融资委任协议。

易会满行长出席第四届中国支付清算论坛并致辞。

以工银任免〔2015〕395号决定：聘任岳万国为中国工商银行吉林省分行行长，聘期至2020年11月止。因工作需要或其他原因，聘期可提前中止。

11月11日

姜建清董事长参加国务院常务会议。

钱文挥监事长赴资产托管部调研。

王希全副行长参加银联召开的董事会。

胡浩副行长拜会中国移动通信集团公司副总经理兼总会计师薛涛海，双方就新形势下进一步加强全面业务合作进行了交流。

以工银党任免〔2015〕79号决定：任命岳万国同志为中国工商银行吉林省分行党委书记。

11月12日

钱文挥监事长赴监事会办公室调研。

谷澍副行长主持第54次专题会议，研究互联网金融业务相关事宜。

谷澍副行长通过视频方式主持召开工银泰国中层以上管理人员大会，宣布总行关于工银泰国人事任免的决定，李志刚同志任工银泰国董事长、不再担任工银泰国总经理职务，胡晔同志不再担任工银泰国董事长、执行董事职务，卢建同志任工银泰国执行董事、总经理。

谷澍副行长通过视频方式主持召开工银欧洲、法兰克福分行中层以上管理人员大会，宣布总行关于工银欧洲人事任免的决定，陈飞同志任工银欧洲董事长，高明同志不再担任工银欧洲董事长职务。

胡浩副行长拜会国家烟草专卖局（中国烟草总公司）副局长徐莹，双方就加强全面业务合作进行了交流。

11 月 12 日 – 11 月 16 日

张红力副行长参加中央党校举办的第三期省部级干部党风廉政培训班。

11 月 13 日

钱文挥监事长出席总行党校第九期领导干部研究班结业仪式并讲话。

谷澍副行长主持会议，研究融 e 购平台整合事宜。

胡浩副行长、魏国雄首席风险官主持召开第 55 次专题会议，研究上海分行公司金融服务创新方案。

11 月 14 日

姜建清董事长出席中国金融学会 2015 学术年会暨 2015 中国金融论坛并发表主题演讲。

11 月 15 日

以工银任免〔2015〕399 号决定：聘任张文武为监事会办公室主任，免去王炽曦监事会办公室主任职务。

11 月 16 日

中国工商银行行史馆开馆仪式在北京举行。姜建清董事长发表开馆致辞，易会满行长主持开馆仪式，姜建清董事长、易会满行长、钱文挥监事长共同为行史馆开馆剪彩。在京行领导、董事、监事，高管、总监出席。总行各部室主要负责人及员工代表参加。

易会满行长主持召开总行资产负债管理委员会 2015 年第五次会议。会议审议了资产负债管理部提交的《利率市场化条件下的定价管理机制改革方案》、《关于推进集团资产负债市场化统筹管理改革的报告》，审阅了资产负债管理部提交的《2015 年前三季度资产负债运行情况分析》、《2015 年前三季度流动性风险管理报告》。王希全、谷澍、王敬东、胡浩副行长，魏国雄首席风险官出席。

钱文挥监事长会见新增定点扶贫单位——四川省凉山彝族自治州金阳县县委书记毛正文一行，听取了金阳县委、县政府主要负责同志扶贫开发工作情况汇报，提出了工行“十三五”期间定点扶贫工作的整体思路和安排。

王希全副行长会见赴工银瑞信调研的全国社会保障基金理事会于革胜副理事长一行，双方就加强投资管理等领域合作进行会谈。

11 月 17 日

姜建清党委书记主持召开“严以用权”专题学习研讨，带领党委成员共同学习了习近平总书记关于“严以用权”内容的重要论述及王岐山同志《人民日报》署名文章《坚持高标准守住底线 推进全面从严治党制度创新》，观看了《〈纪律处分条例〉背后的案例故事》等视频学习资料，并就下一步深化“三严三实”专题教育提出工作要求。党委副书记易会满、钱文挥，党委委员张红力、王希全、谷澍、王敬东、王林、胡浩围绕“严以用权，真抓实干，实实在在谋事创业做人，树立忠诚、干净、担当新形象”主题，结合个人自学，联系自身思想及分管工作实际作了热烈交流。党委各部门主要负责人、“三严三实”专题教育工作协调小组综合组、宣传组、联络组正副组长列席会议。

姜建清董事长会见法国前总理德维尔潘一行，双方就当前宏观经济、金融形势等话题交换了意见。

易会满行长会见澳大利亚国民银行集团首席执行官 Andrew Thorburn 先生一行，双方就当前银行业经营形势、热点问题以及进一步加强业务合作等话题交换了意见。

钱文挥监事长赴银泉大厦宣布人事任免事项。

张红力副行长拜会商务部国际贸易谈判副代表张向晨，双方就政银合作支持企业“走出去”以及共同办好中非合作论坛峰会配套活动进行了会谈。

胡浩副行长拜会中国电子科技集团公司总会计师张登洲，双方就加强全面业务合作进行了深入交流。

11 月 18 日

姜建清董事长会见 Lazard 投资银行董事长 Kenneth Jacobs 一行，双方就在跨境并购、财务顾问等领域开展合作进行了交流。

姜建清董事长会见巴克莱银行董事总经理罗斯福四世一行，双方就当前宏观经济、金融形势等话题进行了交流。

姜建清董事长、易会满行长、胡浩副行长、魏国雄首席风险官出席总行召开的信贷防假反假对策研讨专题沙龙，张红力副行长主持并致辞。个人金融业务部、信贷与投资管理部、风险管理部、产品创新管理部、信息科技部、公司金融业务部、银行卡业务部等七个部门的负责人及毕马威会计师事务所的代表分别从不同角度对利用大数据技术进行信贷防假反假作了专题发言。姜建清在听取各部门的汇报后指出，当前工行正处于转型发展的关键时期，假贷问题反映出银行在信息收集、数据分析、模型构建等方面尚存在薄弱环节，信贷防假反假是关乎银行生死攸关的问题，并对做好信贷防假反假工作提出了要求。

工行顺利完成了 450 亿元境内优先股的簿记建档工作。易会满行长、胡浩副行长现场见证簿记完成并讲话，并听取了发行团队对优先股投资者认购和簿记建档情况的汇报。

钱文挥监事长会见新任外部监事。

张红力副行长走访中国保险投资公司（简称中保投）筹备组组长、泰康人寿执行副总裁兼首席投资官、泰康资产总经理兼首席执行官段国圣，了解中保投的筹备情况，对中保投账户开立、存款、结算、托管等相关业务开展高层营销。

王希全副行长赴安徽分行调研，听取了分行信贷资产质量和零售业务工作情况的汇报，并就有关工作进行了部署。

谷澍副行长赴运行管理部调研，听取了部门工作任务完成情况以及 2016 年主要工作计划安排的汇报，并提出具体的工作要求。

王林纪委书记赴离退休人员管理部调研。

11 月 19 日

姜建清董事长、胡浩副行长出席战略管理与投资者关系部“三严三实”专题组织生活会。姜建清听取了党委委员、战投部党支部书记胡浩同志关于支部“三严三实”专题教育开展以来，在领导班子带头讲党课、党员参与学习研讨、加强党建知识宣传、结合品牌活动深化专题教育等方面的情况汇报并以《认真践行习总书记讲话精神，做新时期的好党员、好干部》为题，为战投部全体党员和员工做主题讲话，与支部党员代表就相关业务领域和青年员工成长等方面所关心的问题进行了交流。

姜建清董事长主持第 56 次专题会议，研究新时期新型金融风险防范工作，易会满行长，钱文挥监事长，张红力、谷澍、王敬东副行长，王林纪委书记，胡浩副行长，魏国雄首席风险官出席。

王林纪委书记赴资产托管部调研。

11 月 19 日 – 11 月 20 日

王希全副行长赴江苏分行、苏州分行调研。其间，听取了分行零售业务发展情况的汇报，并就有关工作进行了部署。

11 月 20 日

易会满行长会见来访的中国农业发展银行行长祝树民一行，双方就信贷管理系统移交、深化两行合作等事宜进行了交流。

钱文挥监事长赴安全保卫部调研。

谷澍副行长出席总行召开的全面推广应用“融 e 联”平台视频动员会并讲话。

王敬东副行长主持召开第 57 次专题会议，研究关于进一步加强养老金业务工作的意见。

11 月 23 日

谷澍副行长会见伦敦证券交易所首席执行官 Nikhil Rathi 先生一行。双方就人民币国际化形势、债券承销业务、绿色金融等市场热点和双方未来业务合作交换了意见。

11 月 23 日 – 11 月 24 日

姜建清董事长、张红力副行长赴苏州。其间，姜建清、张红力出席了第五届中国—中东欧国家经贸论坛开幕式；先后会见了爱沙尼亚总理 Taavi Rivas、欧洲复兴开发银行董事总经理 Jean – Marc Peterschmitt、波兰国家开发银行主席 Dariusz Kacprzyk、东方电气集团公司总经理斯泽夫、中国出口信用保险公司总经理罗熹、保加利亚开发银行副董事长 Bilian Balev 以及苏州市常务副市长周伟强，见证了工行与东方电气、波黑业主签署巴诺维奇燃煤电站建设及融资框架协议。姜建清还出席了工行承办的“同心携手共建‘一带一路’”分论坛活动，并发表主旨演讲，指出中国与中东欧合作历史悠久、基础深厚，经济存在互补性，工商银行将进一步利用自身优势，在知识银行服务、综合化金融产品、信息中介服务等方面，为中国—中东欧经贸合作提供更大金融助力。在分论坛上，工商银行分别与欧洲复兴开发银行、捷克进出口银行、捷克贸易促进局、保加利亚开发银行、斯洛伐克投资促进局签署了战略合作协议，将与相关方加强一体化金融服务、贸易融资和跨境电子商务等方面的对接，共同支持中国—中东欧经贸合作发展，还与中信保联合发布了面向中东欧市场的六大类创新产品和服务。

11 月 23 日 – 11 月 26 日

胡浩副行长赴上海调研。其间，主持召开了上海分行公司金融业务创新发展座谈会、上海分行重点支行座谈会，赴票据营业部进行了工作调研，会见了上海市住房和城乡建设委员会主任顾金山、上海市发展和改革委员会副主任王扣柱、上海城投（集团）有限公司总裁陈晓宏、宝钢集团总经理陈德荣、上海汽车集团副总裁兼财务总监谷峰、绿地控股集团董事长兼总裁张玉良。魏国雄首席风险官陪同。

11 月 24 日

钱文挥监事长赴工银瑞信调研。

谷澍副行长会见来访的俄罗斯中央银行副行长斯科罗波加托娃女士一行，双方就银行信息科技架构、信息安全、支付清算体系建设等话题展开了交流。

11 月 25 日

在中国国家主席习近平和到访的波兰总统安杰伊·杜达见证下，易会满行长代表工行在人民大会堂与波兰信息与外国投资局局长 Slawomir Majman、波兰国家开发银行总经理 Dariusz Kacprzyk 分别签署了《跨境电商和贸易融资合作协议》和《金融和国际产能合作协议》，为中国—中东欧经贸合作再添新成果。

谷澍副行长主持召开总行操作风险暨内部控制管理委员会 2015 年第四次会议，总行 31 个成员部室出席了会议。会议审议并原则通过了内控合规部提交的《2015 年第三季度操作风险管理报告》、《2016 年度操作风险暨内部控制管理委员会工作计划（草案）》，听取了管理信息部提交的《2015 年度数据质量操作风险管理报告》以及安全保卫部提交的《我行风险客户关联业务分析报告》，并审阅了监察室提交的《当前银行业金融机构案件特点和发展趋势分析及防治对策研究》以及运行管理部提交的《2015 年第三季度业务运营风险分析报告》。

谷澍副行长会见来访的汇丰集团环球银行副主席 Kevan Watts 先生，双方就中英经济合作、人民币国际化、新资本补充工具以及银行国际化发展等话题进行了交流。

王敬东副行长出席安全保卫专业“两个平台”建设应用工作视频推动会并讲话。

王林纪委书记赴结算与现金管理部调研。

11 月 26 日

姜建清董事长、张红力副行长主持召开会议，研究中国中东欧金融公司相关工作。

姜建清董事长、张红力副行长会见捷克总理博胡斯拉夫·索博特卡一行，双方就捷克金融业发展情况、中国、欧洲、非洲地区经济发展情况交换了意见。

姜建清董事长会见来访的印度国家银行董事长 Arundhati Bhattacharya 女士一行，双方就目前中印两国经济形势、金融业未来的电子化发展以及两行的保函业务合作进行了探讨。

姜建清董事长会见来访的塔塔集团主席 Cyrus Pallonji Mistry 先生一行，双方就近期中印经济形势、印度基础设施和能源的投资与开发等热点问题进行了交流，会谈后，双方签署了《战略合作备忘录》，以期建立全面长远的战略合作关系，维护双方共同利益，促进双方共同发展。

易会满行长、张红力副行长主持召开第 58 次专题会议，研究同业业务有关工作。

易会满行长出席全行决算工作视频会议。

张红力副行长会见科威特政府投资局股权证券部全球总监艾哈迈德·艾尔·托侯斯先生，双方就中国经济增长、资本账户开放、亚洲基础设施投资银行发展进程和国际经济前景等内容进行了交流。

王希全副行长陪同离退休老行领导参观行史馆。

谷澍副行长会见了来访的立陶宛央行董事马吕斯·尤吉拉斯先生一行，双方就立陶宛经济金融情况、工商银行发展规划、人民币清算行机制等话题展开了交流。

谷澍副行长出席中国银行业协会银行业产品和服务标准化专业委员会成立大会。大会选举工商银行为中国银行业协会银行业产品和服务标准化专业委员会第一届主任单位，谷澍当选为银行业产品和服务标准化专业委员会主任。

王林纪委书记向中央第四巡视组马瑞民组长、李继平副组长汇报近期集中查处的违纪违规问题情况。

王林纪委书记召开总行纪委 2015 年第四次全体会议。

11 月 27 日

姜建清董事长主持召开 2015 年董事会战略研讨会，分析当前国内外经济金融形势及工行面临的机遇和挑战，重点研究讨论未来一段时间全行改革发展思路及战略设想。易会满副董事长、张红力、王希全、麦卡锡、钟嘉年、洪永淼、梁定邦、汪小亚、葛蓉蓉、傅仲君、郑福清、费周林、程凤朝董事出席。中央第四巡视组李继平副组长、钱文挥监事长及王炽曦监事、张炜监事、惠平监事、谷澍副行长、王敬东副行长、王林纪委书记、胡浩副行长兼董事会秘书、魏国雄首席风险官列席。

11 月 30 日

姜建清党委书记主持召开第 29 次党委（扩大）会议，听取对中央巡视组交办有关事项查办情况、处理意见和下一步工作安排的汇报。党委副书记易会满、钱文挥，党委委员张红力、王希全、谷澍、王敬东、王林、胡浩出席。

谷澍副行长通过视频主持召开工银伦敦 2015 年第四次董事会会议。会议听取了子行管理层第三季度工作情况及相关工作汇报。

12 月

12 月 1 日

总行在北京召开从严治党严肃执纪警示教育大会，党委书记、董事长姜建清出席会议并作重要讲话，党委副书记、行长易会满主持会议，王林纪委书记对违纪违法典型案例进行了通报。党委副书记、监事长钱文挥，党委委员、副行长张红力、王希全、谷澍、王敬东、胡浩，魏国雄首席风险官出席。会议对中央巡视组交办的违反中央“八项规定”精神的 15 个问题和 28 件信访线索，以及工行近两年来发现和发生的违纪违规违法案件和信访线索集中查处情况进行了通报，并对其中 13 个典型案例进行了重点通报。会议要求各级行各机构要以案为鉴、吸取教训、检身正己、防微杜渐，坚决把党风廉政建设一步步引向深入。

姜建清董事长参加中央企业党的建设工作座谈会。

钱文挥监事长赴数据中心（北京）调研。

王敬东副行长主持召开总行机关党支部（总支部）书记会议，传达中央国家机关工委书记杨晶同志在中央国家机关学习贯彻十八届五中全会精神动员部署大会上的讲话精神。

胡浩副行长拜会中国铁路总公司总会计师余邦利，双方就加强银企全面业务合作进行了交流。

谷澍副行长参加银监会召开的境外业务座谈会。

12 月 2 日

姜建清董事长参加国务院常务会议。

钱文挥监事长赴离退休人员管理部调研。

谷澍副行长主持召开会议，研究完善融 e 联功能相关工作。

王林纪委书记主持召开配合中央巡视工作专题会，研究部署中央巡视组交办材料的提供工作。

胡浩副行长会见来访的美国苹果公司高级副总裁 Gary Wipfler 先生一行，双方围绕服务机制、全球现金管理、全球授信等领域的业务合作进行了交流。

胡浩副行长拜会中国兵器装备集团公司副总经理李守武，双方就加强银企全面业务合作进行了深入交流。

12 月 2 日 –12 月 5 日

易会满行长、张红力副行长出访南非。在比勒陀利亚期间，在习近平主席和南非总统祖马的共同见证下，易会满行长与南非标准银行联合首席执行官沙巴拉拉代表双方签署总金额 100 亿兰特的工行兰特债券发行承销合作协议。

在约翰内斯堡期间，易会满、张红力先后拜会了乌干达总统穆塞韦尼、科特迪瓦总统瓦塔拉、安哥拉总统多斯桑托斯、赞比亚总统伦古等非洲国家元首；出席了由工行、南非标准银行与国家发改委国际合作中心联合主办的中非投融资论坛，并分别在论坛上致辞和作总结发言，发布“中南通”跨境直连汇款产品，见证合作协议签署；参加了中非装备制造业展，视察了工行和标准银行展位，出席了南非“中国年”闭幕式等系列活动；出席了工行与南非标准银行关于落实双方五年行动纲要座谈会，听取了双方管理团队关于南标经营管理情况、IT 建设情况以及双方落实行动纲要的进展和计划等汇报；易会满还出席了中非企业家大会开幕式，并作为唯一企业家代表在开幕式上致辞。

12 月 2 日 –12 月 3 日

王敬东副行长赴深圳调研。其间，听取了深圳分行整体经营情况和信贷资产质量控制情况的汇报，对今后工作做出了指示，参观考察了前海深港合作区，并与前海分行座谈。

12 月 3 日

姜建清董事长会见来访的科威特政府投资局执行董事兼 CEO Bader M. Al Saad 先生一行，双方就我国经济形势、人民币汇率和资本市场波动等热点问题进行了深入探讨。

谷澍副行长参加银监会召开的 2015 年科技年会。

谷澍副行长会见来访的日本商工组合中央金库社长杉山秀二先生一行，双方就两行合作、宏观经济形势、小微企业信贷等话题进行了交流。

胡浩副行长会见来访的交通银行副行长于亚利一行，双方就交通银行发行金融债券以及两行合作等事宜进行了交流。

12 月 3 日 –12 月 4 日

王希全副行长赴河南分行调研。其间，听取了分行信贷资产质量和零售业务工作情况的汇报，就有关工作进行了部署，赴营业部商都路支行召开了零售业务座谈会，赴河南安阳分行就零售业务先行先试工作进行了调研。

12 月 4 日

姜建清党委书记主持召开座谈会欢送郑万春同志。党委副书记钱文挥，党委委员谷澍、王敬东、王林、胡浩，魏国雄首席风险官参加座谈会并发言。

姜建清党委书记主持召开第 30 次党委（扩大）会议，传达中央企业党的建设工作座谈会精神。党委副书记钱文挥，党委委员谷澍、王敬东、王林、胡浩出席。

钱文挥监事长会见工行定点扶贫地区四川省达州市市委书记一行，与达州市委、市政府及万源市委、市政府主要负责同志就当地发展情况、脱贫难点以及工商银行的帮扶重点交换了意见。

王敬东副行长代表工行出席北京大学 2015 年度奖教金、奖学金颁奖典礼并致辞，其间，与北京大学林建华校长、吴志攀常务副校长简短会谈，并与获奖师生代表交流。

王林纪委书记赴北京分行调研。其间，听取了北京分行党委、纪委工作情况汇报，与北京分行辖属各支行纪委书记就如何落实“三转”，强化“两个责任”，运用监督执纪“四种形态”，更好履行主业主责、促进经营发展等问题进行了座谈交流。

胡浩副行长参加银监会召开的国际化和“走出去”业务座谈会。

12 月 7 日

易会满行长会见广东省副省长陈云贤一行。双方回顾了过去的良好合作，就广东省经济社会发展及“十三五”重点合作方向和项目交换了意见。

谷澍副行长主持召开全行跨境人民币业务领导小组 2015 年第四次工作会议，听取了总行国际业务部、城市金融研究所、金融市场部、资产管理部、资产负债管理部和工银亚洲、新加坡分行关于人民币纳入国际货币基金组织（IMF）特别提款权（SDR）货币篮子后工行业务机遇和应对策略的专题汇报，部署下一步工作。

王敬东副行长出席总行机关召开的部分党支部书记党建工作现场述职评议会并作总结点评。

12 月 7 日 –12 月 8 日

张红力副行长出访伊朗。其间，会见了伊朗财经部、中央银行、工业发展和重建组织负责人，拜会了我国驻伊朗大使、商务参赞，考察了伊朗经济金融形势，探讨了中伊经贸合作以及伊朗解除制裁后的银行业务机会。

12 月 8 日

钱文挥监事长赴人力资源部（党委组织部）调研。

银监会召开中国工商银行（核心）监管联席会议，谷澍副行长参加。

谷澍副行长会见来访的美国货币监理署（OCC）

国际银行监管部主任 Marci A. Heppner 女士一行，双方就工银美国经营管理及合规情况、OCC 监管框架、工行在美发展计划等话题进行了交流。

总行市场风险管理委员会召开 2015 年第四次会议。会议由胡浩副行长主持，魏国雄首席风险官和 19 个部室负责人参加了会议。会议审议通过了风险管理部提交的《市场风险并表管理办法（2015 年版）》、《市场风险管理委员会 2016 年度工作计划（草案）》等两项议案、听取了金融市场部《关于 2015 年金融市场业务新产品业务开展及风险管理情况的报告》和风险管理部《关于境外机构市场风险系统推广与应用情况的报告》、《关于集团产品控制工作情况的报告》，审阅了风险管理部提交的《2015 年第三季度市场风险管理报告》、《2015 年第三季度市场风险计量报告》。

12 月 9 日

姜建清董事长参加国务院常务会议。

姜建清董事长会见来访的厄瓜多尔副总统豪尔赫·格拉斯及外交部长、财政部长、驻华大使等一行，双方就厄国经济和财政政策及具体项目情况等交换了意见。

钱文挥监事长在北京分行主持召开专题民主生活会征求分支机构意见建议座谈会。

王希全副行长赴湖南调研。其间，听取了湖南分行信贷资产质量和零售业务工作情况的汇报，并就有关工作进行了部署。

王敬东副行长赴养老金业务部调研。

胡浩副行长出席总行在北京召开的 2015 年末投资银行业务推动会并讲话。

胡浩副行长听取北京、天津、河北三省分行工作汇报。

12 月 10 日

党委书记姜建清同志主持召开第 31 次党委（扩大）会议，听取了《筹建中东欧金融公司情况》等四项汇报。中央第四巡视组李继平副组长，党委副书记易会满、钱文挥，党委委员张红力、王希全、谷澍、王敬东、王林、胡浩出席。

姜建清董事长会见来访的中国中铁股份有限公司李长进董事长一行，双方围绕战略合作协议、重大 PPP 项目、“走出去”等进行了交流。

谷澍副行长会见来访的英国审慎监管局（PRA）代理执行董事 Sarah Breeden 女士一行，双方就工行在英机构业务定位和发展规划，以及工行恢复与处置计划等话题进行了交流。

王敬东副行长主持召开第 59 次专题会议，研究黄金租赁业务风险控制问题。

胡浩副行长参加人民银行联合发展改革委召开的金融支持京津冀协同发展座谈会并发言。

12 月 11 日

钱文挥监事长赴天津分行调研。其间，听取了分行总体经营情况和信贷资产质量管控工作汇报，对下一步工作提出了要求。

张红力副行长会见来访的格鲁吉亚伙伴基金主席大卫·萨迦涅利泽一行，双方就中东欧金融公司合作、主权和类主权债发行与承销、国家主权资产管理及政府财务顾问等话题进行了交流。

王敬东副行长参加国务院召开的中央单位定点扶贫工作会议。

王林纪委书记赴江苏分行调研。其间，听取了江苏分行党委、纪委今年以来履行主体责任和监督责任情况汇报，就如何抓好作风建设等重点工作，如何深化“三转”、更好履行主业主责，如何促进党风廉政与经营管理的协调发展等问题进行了座谈交流。

胡浩副行长赴新疆调研。其间，出席了工行与新疆生产建设兵团《全面战略合作协议》签约仪式和“兵团棉花暨融 e 购招商大会”，会见了兵团副司令员宋建业一行，听取了新疆分行工作汇报，赴新疆分行营业小企业中心调研，并参观了新疆分行明德路支行、新疆分行钱币博物馆。

12 月 12 日

易会满行长应邀出席国家质检总局联合中央电视台举办的 2015 年中国品牌价值评价信息发布会，并作为金融行业的唯一代表发表了获奖感言。

王希全副行长出席中国银联在北京举办的银联云闪付产品发布会。

12 月 14 日

易会满行长主持召开第 7 次行长办公会，审议工银安盛拟出资参与发起设立中保投资有限责任公司有关事宜，钱文挥监事长，张红力、王希全、谷澍、王敬东副行长，王林纪委书记，胡浩副行长，魏国雄首席风险官出席。

胡浩副行长主持会议研究中石油管道项目。

12 月 14 日－12 月 16 日

姜建清董事长、魏国雄首席风险官赴福建、广东调研。在福建期间，姜建清参加了分行党员领导干部民主生活会并作重要讲话，充分肯定了福建分行党员领导干部民主生活会召开的质量和效果，并对今后工作提出了深化学习研讨成果，切实落实好“三严三实”要求；落实管党治党责任，扎实推进全面从严治行；扎实抓好整改落实工作，构建作风建设长效机制等要求。姜建清、魏国雄还主持召开了信贷资产质量专题会议，指出福建分行干部员工为扭转信贷资产滑坡，采取了很多措施，也收到了一定成效，班子和干部员工的精神面貌总体来说是好的，但分行面临的形势依然严峻，要求全行上下艰苦奋斗，贯彻好“疏导、清淤、堵漏、综合治理”十字方针，深入抓好信贷资产质量管控的基础性工作，坚定信心，持之以恒，取得这场信贷资产质量攻坚战的最终胜利。会见了中共福建省委书记尤权、福建省人民政府代省长于伟国，双方就产业转型升级、重大项目建设、中小企业发展等方面交换了意见。

在广东期间，参加了分行党员领导干部民主生活会并作重要讲话。姜建清指出，广东分行党委紧扣“三严三实”主题，准备扎实，剖析深刻，问题找得比较准，班子成员联系实际，对照“三严三实”要求，把自己存在的问题进行查摆，批评和自我批评诚恳、坦诚，体现了对同志和事业高度负责的精神，出于公心，坚持原则，达到了“批评—团结—批评”的要求，取得了良好的效果。主持召开广东分行信贷资产质量专题会议，姜建清指出，广东分行在信贷资产防范风险方面，做了大量的工作，取得了一定成绩，要继续抓好信贷资产质量，从内部管理入手，抓细节，抓落实，在资产质量管理上持续走在同业的前列；持续抓好经营转型，提前规划未来几年的信贷资源配置，并创新业务发展模式，从融资中介转化为信息和服务中介，大力提升中间业务收入占比；进一步加大创新力度，在现有信息系统的基础上，充分发挥工商银行大型数据库积累的优势，实现工商银行信贷管理从2.0版本到3.0版本的提升。会见了广东省人民政府省长朱小丹一行，双方就加强基础设施建设、促进产业转型升级、推动实体经济发展等方面交换了意见。

12月15日

钱文挥监事长主持召开专题民主生活会征求总行机关意见建议座谈会，王敬东副行长出席。

王希全副行长主持召开银联国际风险与审计委员会议。

王希全副行长参加中央办公厅召开的中管企业负责人薪酬制度改革座谈会。

胡浩副行长拜会国家开发投资公司总会计师张华，双方就全面加强银企业务合作进行了深入交流。

胡浩副行长拜会中国石油天然气集团公司总会计师刘跃珍，双方就全面加强银企业务合作进行了深入交流。

胡浩副行长赴辽宁调研。其间，听取了辽宁分行关于整体经营情况、信贷资产质量管控情况、公司及投行业务发展情况的汇报，走访了沈阳飞机工业（集团）有限公司、辽宁辉山乳业集团有限公司等重点客户。

12月15日－12月16日

易会满行长赴江苏调研。其间，分别听取了江苏分行、苏州分行工作汇报，应邀出席了2015年苏州境外投资与服务高峰论坛并致辞，考察了苏州新区支行智能网点运营情况，并拜会了江苏省常务副省长李云峰、苏州市市长周乃翔等地方党政负责人。

12月16日

王敬东副行长参加人民银行召开的全国扶贫开发金融服务工作电视电话会议。

12月16日－12月17日

谷澍副行长赴四川调研。其间，听取了四川分行整体经营情况和信贷资产质量管控情况汇报，就渠道管理与融e联推广应用进行了专题调研，赴省分行业务处理中心和运行风险监控中心进行了现场调研。

12月16日－12月18日

张红力副行长赴云南调研。其间，参加了云南分行民主生活会，督导了不良贷款清收处置工作。

12月17日

王希全副行长参加银监会召开的大型银行2015年第二次季度形势分析例会。

12月17日－12月18日

钱文挥监事长赴浙江调研。其间，听取了浙江分行信贷资产质量管控情况以及下阶段工作安排的汇报，考察了浙江分行营业部解放路支行基层党建和企业文化建设工作，慰问了一线员工。

胡浩副行长赴陕西调研，其间，听取了陕西分行关于主要工作情况、信贷资产质量情况、公司及结现业务发展情况的汇报，走访了陕西延长石油（集团）有限责任公司、陕西粮农集团有限责任公司等重点客户。

12月18日－12月21日

姜建清董事长、易会满行长参加中央经济工作会议及中央城市工作会议。

12月21日

中国工商银行股份有限公司2015年第二次临时股东大会在总行召开，会议由姜建清董事长主持，易会满副董事长、行长，钱文挥监事长，张红力执行董事、副行长，王希全执行董事、副行长及董事会、监事会成员出席会议。胡浩副行长兼董事会秘书参加会议，监管机构代表及总行相关部门负责人列席会议。会议审议通过了《关于选举洪永淼先生为中国工商银行股份有限公司独立董事的议案》等五项议案。

谷澍副行长出席中德经济顾问委员会在北京举办的“2015中德合作高管对话”活动，并围绕中德金融合作做主旨演讲。

胡浩副行长主持第54次专题会议，研究非金融企业债务融资工具承销与投资流程优化事宜。

12月21日－12月22日

王敬东副行长赴广西调研。其间，参加了政府投资引导基金设立揭牌暨签约仪式，听取了广西分行整体经营和信贷资产质量控制情况的汇报，参加了分行党员领导干部民主生活会。

12月22日

姜建清党委书记主持第32次党委（扩大）会议，传达中央经济工作会议和中央城市工作会议精神，集中学习《干部教育培训工作条例》。党委副书记易会满、钱文挥，党委委员张红力、王希全、谷澍、王林、胡浩出席。

易会满行长主持召开信息化银行建设工程领导小组第八次会议暨信息科技管理委员会2015年第二次会议，

王希全、谷澍副行长，魏国雄首席风险官出席。会议审议了《2016 年科技工作计划和科技资金预算》等四项议题，审阅了《今年以来信息科技工作情况暨信息化银行建设进展情况》。

张红力副行长主持召开资产管理业务推进委员会 2015 年第二次会议。

王林纪委书记赴人力资源部调研。

胡浩副行长主持召开会议，研究支付宝服务窗业务。

12 月 23 日

姜建清董事长参加国务院常务会议。

姜建清党委书记主持召开第 33 次党委（扩大）会议，研究战略发展研讨会会议材料。党委副书记易会满、钱文挥，党委委员张红力、王希全、谷澍、王敬东、王林、胡浩出席。

易会满行长会见来访的日本三井住友银行行长国部毅先生一行，双方就全球经济金融形势、中国宏观经济形势以及两行国际化战略等话题进行了交流。

钱文挥监事长赴内审直属分局调研，听取了分局工作汇报，对今后工作提出了要求和期望。

谷澍副行长会见梵高博物馆董事会顾问威廉·梵高先生一行。

胡浩副行长参加中国人民银行与西藏自治区人民政府联合在北京召开的“金融支持西藏经济社会发展座谈会”。

12 月 24 日

钱文挥监事长主持召开中国工商银行股份有限公司监事会会议，王炽曦、董娟、张炜、惠平、瞿强监事出席会议，行内有关部门负责同志列席会议。会议审议通过了《关于瞿强先生担任监事会监督委员会委员的议案》等 3 项议案，并听取了关于绩效考评和薪酬管理情况等 3 项汇报。

钱文挥监事长访谈梁定邦、衣锡群董事。王炽曦监事陪同。

谷澍副行长会见中兴通讯执行副总裁、财务总监韦在胜先生一行，双方就业务合作、金融 IT 解决方案等话题进行了交流。

王希全副行长、魏国雄首席风险官主持召开汽车专项分期付款业务专题会。

王林纪委书记主持召开总行纪委 2015 年第五次全体会议。

12 月 24 日－12 月 25 日

胡浩副行长参加中央农村工作会议。

12 月 25 日－12 月 26 日

总行在京召开改革发展研讨会，认真贯彻十八届五中全会和中央经济工作会议精神，深入分析全行经营发展面临的新形势新任务，研究谋划明年的工作思路及未来一个时期的发展战略。姜建清董事长在题为《创新发展理念 破解发展难题 增强发展动力 厚植发展优势 不断开拓现代金融企业建设新境界》的讲话中，以十八届五中全会和中央经济工作会议精神为指针，深刻阐述了当前及今后一个时期全行经营环境和发展条件的新变化，对全行如何过好资产质量关、经营转型关、改革创新关，如何深入落实从严治党、从严治行等重点工作作出重要部署。易会满行长的讲话阐述了全行面临的“四个前所未有”的需求和压力，重点围绕经济新常态下的信贷经营、应对利率市场化、加快推进转型和创新、加强内控与风险管理等问题，提出了明年及下一阶段的工作思路和具体措施。总行部分部室、分行、综合化子公司、境外机构负责人紧扣会议主题，结合各自实际作了发言。会议由钱文挥监事长主持，张红力、王希全、谷澍、王敬东副行长，王林纪委书记，胡浩副行长，董事会、监事会和高管层成员出席会议。

12 月 28 日

姜建清董事长、易会满行长、胡浩副行长会见来访的万向集团董事局主席鲁冠球、首席执行官鲁伟鼎等一行，双方就加强金融合作进行了深入交流并签署《全面战略合作协议》。

钱文挥监事长访谈费周林、郑福清董事。王炽曦监事陪同。

谷澍副行长参加人民银行召开的完善合意贷款管理、实施宏观审慎评估机制座谈会。

王敬东副行长主持召开总行机关党委全委会，学习传达全行改革发展研讨会精神和中央国家机关工委党建工作务虚会精神，研究 2016 年总行机关党建工作。

12 月 29 日

姜建清党委书记主持召开总行党委民主生活会，会议紧扣“三严三实”主题，通报了专题民主生活会准备工作情况和 2014 年度民主生活会整改措施落实情况。姜建清代表党委进行了对照检查发言，其他各党委成员严肃认真地开展了批评与自我批评。中央第四巡视组组长马瑞民同志参加会议并讲话，中央组织部干部五局巡视员、副局长徐宝君同志和中央纪委、中央国家机关工委、中央第四巡视组有关同志到会指导。党委副书记易会满、钱文挥，党委委员张红力、王希全、谷澍、王敬东、王林、胡浩出席。

12 月 29 日－12 月 30 日

王敬东副行长赴湖北调研。其间，参加了湖北省长江经济带产业基金合作协议签约仪式，出席了湖北分行党员领导干部民主生活会。

12 月 30 日

姜建清党委书记主持召开第 34 次党委（扩大）会议，传达李克强总理、马凯副总理重要指示精神，研究 2016 年经营计划，审议拟提交董事会审议的若干议案，传达中央扶贫开发工作会议和中央农村工作会议精神。党委副书记易会满、钱文挥，党委委员张红力、王希全、谷澍、王林、胡浩出席。

钱文挥监事长访谈葛蓉蓉、衣锡群、傅仲君董事。王炽曦监事陪同。

12 月 31 日

姜建清董事长、易会满行长、钱文挥监事长等全体行领导赴各单位亲切看望参加年终决算的干部员工。在总行大楼，姜建清一行前往财务会计部、资产负债管理部、运行管理部、信息科技部、专项融资部、金融市场部、风险管理部、资产管理部、信贷与投资管理部，来到正在进行年终决算的工作人员中间，与大家亲切交谈，了解全年工作情况及年终决算的各项准备工作，勉励大家要一丝不苟、扎实工作，圆满完成年终决算的各项任务；在信息科技部通过视频会议系统向在数据中心（北京）、数据中心（上海）、软件开发中心现场进行年终决算的员工们致以亲切的慰问，并对全行信息科技工作提出了要求；在专项融资部观看了工行支持“一带一路”等境外重大项目成果展示，并通过语音在融 e 联向全球专项融资条线的工作人员致以新年的问候。在北京分行，姜建清、易会满、钱文挥等行领导听取年度经营情况汇报后，姜建清对北京分行取得的经营业绩表示祝贺，希望抢抓机遇，再接再厉，再创佳绩，随后分赴分行营业部、新街口支行营业室、长安支行西单智能网点支行慰问基层员工。在数据中心（北京），易会满等行领导通过视频慰问了参加年终决算工作的全行科技战线干部员工，对他们过去一年的工作成绩给予肯定，并要求大家落实好姜建清董事长在年终决算慰问期间和前不久改革发展研讨会对新一年科技工作提出的殷切期望和要求。

第九部分
附　　录

责任编辑：缪　磊

2015年中国工商银行党委成员、董事、监事及高管人员名录

党委

党委书记：姜建清
党委副书记：易会满、钱文挥
党委委员：张红力、王希全、谷澍、王敬东、王林、胡浩

董事

董事长、执行董事：姜建清
副董事长、执行董事：易会满
执行董事：张红力、王希全
非执行董事：汪小亚、葛蓉蓉、傅仲君、郑福清、费周林、程凤朝
独立非执行董事：M. C. 麦卡锡、钟嘉年、柯清辉、洪永淼、衣锡群、梁定邦

监事

监事长：钱文挥
股东代表监事：王炽曦
外部监事：董娟、瞿强
职工代表监事：张炜、惠平

高级管理人员

行长：易会满
副行长：张红力、王希全、谷澍、王敬东、胡浩
纪委书记：王林
董事会秘书：胡浩
首席风险官：魏国雄

总行内设机构名录

办公室

主任：高志新
副主任：宋立新、刘德奇、张彪、高翀、王元元、邢新华

董事会办公室

主任：钱毅
副主任：洪烨、金晖

监事会办公室

主任：张文武
副主任：郭敏、钱忠华

财务会计部

总经理：刘亚干
副总经理：魏茂庆、王凤玲、吴茜、王刚、王志敏

资产负债管理部

总经理：朱长法
副总经理：何邵聪、张伟、郑福鹏、韩强

管理信息部

总经理：苏宗国
副总经理：胡铁川、张勇

战略管理与投资者关系部

总经理：胡浩
副总经理：胡芳、杨学宁

投资银行部

副总经理：安丽艳、张都兴、邹新、张小东、孔庆龙

金融市场部

总经理：王刚
副总经理：沈士生、唐凌云、赵传新、王海璐、王屯

资产管理部

总经理：韩松
副总经理：马长水、杨治宇、魏泉红

机构金融业务部

总经理：席德应
副总经理：袁宏奇、胡益民、郭琳、张凯

个人金融业务部

个人金融业务总监兼总经理：李卫平
副总经理：任西明、张剑宇、胡亚辉、应维云、田耕、徐建斌

资产托管部

总经理：李勇
副总经理：王立波、王承远、肖婉如、晏秋生

养老金业务部

总经理：赵跃
副总经理：何亚平、刘彤

信贷与投资管理部

总经理：魏学坤

副总经理：刘绍楚、黄绍辉、杨海涛、宁洁

公司金融业务部

总经理：乔晋声
副总经理：熊燕、郑卫东、黄梅、王旭、戴莲、张保、李新彬

专项融资部（营业部）

总经理：闫峻
副总经理：刘建昌、秦靖、沈敏

授信审批部

总经理：索绪全
副总经理：陈忠、许蒙、刘志

风险管理部

总经理：刘瑞霞
副总经理：季景玉、武宗选、刘震

结算与现金管理部

总经理：曾琪
副总经理：杨烈、翁伟勇、周伟

运行管理部

总经理：牛刚
副总经理：毛宁、戴志华、张世皓、毛群、高军、刘伟、彭华

国际业务部

总经理：吴斌
副总经理：原擒龙（兼）、聂长雯、宋扬、敖军承、陶能虹、吕宇

内部审计局

局长：刘卫星
副局长：李炳元、李健飞、崔亮、贾伊宾、史晓媛、马恒山、乔峰

内控合规部

总经理：黄力
副总经理：童频、连工、王栋、王增科

法律事务部（消费者权益保护办公室）

总经理：张炜
副总经理：刘湘玲、刘泽华、张国蓉、董建军

信息科技部

总经理：吕仲涛
副总经理：张艳、毛宇星、张颖、杨龙如、杨雷

电子银行部

总经理：侯本旗
副总经理：张立军、陈道斌、王嵩、陈静娴（兼）、鲁小涛、陈昭旭、李红燕

产品创新管理部

总经理：薛鸿健
副总经理：李秀媛、徐晓群（兼）、杨勇革

人力资源部

总经理：王云桂
副总经理：宋翰乙、霍江、苗帅、张江山

企业文化部（教育部）

总经理：华耀纲
副总经理：杨桂琴、邵光华

监察室

主任：惠平
副主任：崔琪珍、韩奇、赵向军、苏万龙

保卫部

总经理：靳晓鹏
副总经理：施维、郭春野

工会工作委员会

常务副主任：张恪理
副主任：熊少军

团委

团委书记：孙伯龙

直属党委

常务副书记：王秀山
副书记：郑延东

离退休人员管理部

总经理：张庆华

城市金融研究所

金融研究总监兼所长：周月秋
副所长：周永发、殷红

渠道管理部

总经理：郝彬
副总经理：彭兆芝、郑允弢、张屾

总行直属机构名录

牡丹卡中心

总裁、党委书记：栾建胜
执行副总裁、党委委员：孙洪霞、龙春玲、周跃东、韩旭升、陈明、吕文宁
纪委书记、党委委员：赵力
地址：北京市西城区金融大街5号—甲5号，新盛大厦A座
邮　编：100032

私人银行部

总经理、党委书记：马健
副总经理、党委委员：徐卫东、王华
副总经理、纪委书记、党委委员：邹慧丽
地址：上海市中山东一路24号6楼
邮编：200002

贵金属业务部

总经理、党委书记：周明
副总经理、纪委书记、党委委员：赵文建
副总经理、党委委员：仇奕、杨煜国、陈一颖
地址：上海市中山东二路11号18楼
邮编：200002

票据营业部

总经理、党委书记：郭伟
副总经理、党委副书记：张敬伦
副总经理、党委委员：唐国林、王永琪
纪委书记、党委委员：吕洁
地址：上海市虹口区天潼路133号17楼
邮编：200080

长春金融研修学院

院长、党委书记：陆钦
副院长、党委委员：项成
纪委书记、党委委员：郑向居
地址：长春市二道区公平路448号
邮编：130033

杭州金融研修学院

院长、党委书记：陈华蓉
副院长、纪委书记、党委委员：王龙华
副院长、党委委员：吕香茹、王晓波
地址：杭州市西湖区留下街道屏峰888号
邮编：310023

软件开发中心

总经理、党委书记：马雁
副总经理、党委委员：朱菲菲、李金浩、杨龙如（兼）、李兴双、程杰
副总经理、纪委书记、党委委员：吴绵顺
地址：珠海市唐家湾软件园路2号
邮编：519080

数据中心（北京）

总经理、党委书记：毛卫东
副总经理、纪委书记、党委委员：黎万明
副总经理、党委委员：孔兵、王晓静
地址：北京市海淀区西三旗建材东路16号
邮编：100096

数据中心（上海）

总经理、党委书记：钱斌
副总经理、纪委书记、党委委员：刘方洲
副总经理、党委委员：郑庆华、李六旬、丁旭东、程杰浩（兼）、王长江
地址：上海市杨高北路2005号（台南西路80号）
邮编：200131

国际结算单证中心

总经理：原擒龙
副总经理：荆仁、夏霖
地址：北京市东城区朝阳门内大街188号鸿安商务大厦二层
邮　编：100010

总行电子银行中心

总经理：陈静娴
副总经理：吕敏、郭杨、赵金龙
地址：北京市西城区德胜门外大街77号德胜国际中心D座
邮　编：100088

电子银行中心（石家庄）

总经理：马铁军
副总经理：徐志强
地址：石家庄市桥西区时光街88号
邮编：050081

电子银行中心（合肥）

总经理：曾建平
副总经理：戴敏
地址：合肥市东流路999号新城国际大厦B座14楼

邮编：230031

电子银行中心（广州）

总经理：张敬华
副总经理：陈强
地址：广州市天河区科韵路32—34号2楼
邮编：510665

产品研发中心

总经理：徐晓群
副总经理：王新红
地址：北京市海淀区西三旗建材城东路16号
邮编：100096

各一级分行、直属分行名录

北京分行

行长、党委书记：王珍军
副行长、党委副书记：龚萍
副行长、党委委员：顾建纲、汪晓芳、崔勇、李建民、张展
纪委书记、党委委员：王建红
地址：北京市西城区复兴门南大街2号（天银大厦B座）
邮编：100031

天津分行

行长、党委书记：蔡东
副行长、党委委员：刘惠新、张静、罗勇、张希刚、赵义民
纪委书记、党委委员：赵军
地址：天津市河西区围堤道123号
邮编：300074

河北分行

行长、党委书记：史立军
副行长、党委副书记：张彦欣
副行长、党委委员：赵增学、李明海、谢泰峰、王爱东
纪委书记、党委委员：齐永田
地址：石家庄市中山西路188号
邮编：050051

山西分行

行长、党委书记：周玮
副行长、党委委员：于晋萍、贾建强、牛喜军
纪委书记、党委委员：王景华
地址：太原市迎泽大街145号
邮编：030001

内蒙古分行

行长、党委书记：吴宁锋
副行长、党委委员：范继忠、刘志忠、苏新立、肖舟、涂晓光
纪委书记、党委委员：曲云军
地址：呼和浩特市锡林北路105号
邮编：010050

辽宁分行

行长、党委书记：鞠延强
副行长、党委委员：王洪冰、宋宁、刘静波、杨志忠、徐言峰
纪委书记、党委委员：王伟
地址：沈阳市和平区南京北街88号
邮编：110001

吉林分行

行长、党委书记：岳万国
副行长、党委委员：周春晓、毕晓宏、陈宇龙、赵桂德
纪委书记、党委委员：张彦辉
地址：长春市人民大街9559号
邮编：130022

黑龙江分行

行长、党委书记：张晓辛
副行长、党委委员：杨宝金、杨秀芬、张希杰、石玉龙
纪委书记、党委委员：邹克胜
地址：哈尔滨市道里区中央大街218号
邮编：150010

上海分行

行长、党委书记：顾国明
副行长、党委委员：成善栋、朱晓怡、周春明、曹琦
纪委书记、党委委员：吴勇
地址：上海市浦东大道9号
邮编：200120

江苏分行

行长、党委书记：刘金
副行长、党委委员：万辉、宋建华、吴宗辉、岳小勇、徐晓岚、王都富、刘任捷
纪委书记、党委委员：吴宗辉（兼）
地址：南京市中山南路408号

邮编：210006

浙江分行

行长、党委书记：沈荣勤
副行长、党委委员：叶定金、吴翔江、宋关昶、张松财、杨忆、王伟民、邵锦华
纪委书记、党委委员：刘岩方
地址：杭州市中河中路150号
邮政编码：310009

安徽分行

行长、党委书记：常真旺
副行长、党委副书记：梁延国
副行长、党委委员：许益明、胡伟谊、邹平、赵洪亚、陈澍
纪委书记、党委委员：朱勇
地址：合肥市芜湖路189号
邮编：230001

福建分行

行长、党委书记：朱春华
副行长、党委副书记：田哲
副行长、党委委员：李良茂、三升烽、郑志伟、陈建兴、陈友滨
纪委书记：李良茂（兼）
地址：福州市古田路108号
邮编：350005

江西分行

行长、党委书记：倪百祥
副行长、党委委员：张少华、邱建华、周维、姜成茂、张毅
纪委书记、党委委员：李照明
地址：南昌市抚河北路233号
邮编：330008

山东分行

行长、党委书记：戴春林
副行长、党委委员：李明、范国德、王跃民、崔中玉、徐光林、刘爱峰
纪委书记、党委委员：赵树广
地址：济南市经四路310号
邮编：250001

河南分行

行长、党委书记：许杰
副行长、党委委员：姚虎、郭瑞海、薛文才、张有赋、王晓东、夏宗福
纪委书记：姚虎（兼）
地址：郑州市经三路99号
邮编：450011

湖北分行

行长、党委书记：王芝斌
副行长、党委副书记：明道欣
副行长、党委委员：吴代强、张金星、李峰、施光军
纪委书记、党委委员：熊红英
地址：武汉市武昌区中北路31号
邮编：430071

湖南分行

行长、党委书记：苏国庆
副行长、党委委员：郑子术、聂建国、肖舟、李波、张慎
纪委书记、党委委员：邢敏
地址：长沙市芙蓉中路一段619号
邮编：410011

广东分行

行长、党委书记：施刚
副行长、党委副书记：杨南昌
副行长、党委委员：沈晓东、谢忠、李宝权、周骏
纪委书记、党委委员：卢卓雄
地址：广东省广州市沿江西路123号
邮编：510120

广西分行

行长、党委书记：彭正江
副行长、党委副书记：许桂北
副行长、党委委员：杨永、邵苏江、李德斌、杨军、王琦
纪委书记、党委委员：吴进
地址：南宁市教育路15－1号
邮编：530022

海南分行

行长、党委书记：石琪贤
副行长、党委副书记：胡晔
副行长、党委委员：王树慧、陈学坤、吴传武、杨若飞、张波
纪委书记：陈学坤（兼）
地址：海南省海口市和平南路54号
邮编：570203

重庆分行

行长、党委书记：王百荣

副行长、党委委员：谢明、贺明、王涛、罗伟、韩忠东
纪委书记、党委委员：宋克修
地址：重庆市南岸区江南大道9号
邮编：400060

四川分行

行长、党委书记：官学清
副行长、党委副书记：尹尤宪
副行长、党委委员：洪维刚、罗毅、陈丹、陈汀
纪委书记、党委委员：马培雄
地址：成都市总府路35号
邮编：610016

贵州分行

行长、党委书记：陈平
副行长、党委委员：吴涛、黄文晖、张正华
纪委书记、党委委员：马俊平
地址：贵阳市中华北路200号
邮编：550001

云南分行

行长、党委书记：许海
副行长、党委委员：合杰、余良、王晓东、倪立、平凡
纪委书记、党委委员：凤兆龙
地址：昆明市青年路395号邦克大厦
邮编：650021

陕西分行

行长、党委书记：尚军
副行长、党委委员：刘勇、王军锋、王建设、蒋伟
纪委书记、党委委员：杨金凯
地址：西安市东新街395号
邮编：710004

甘肃分行

行长、党委书记：张海琳
副行长、党委副书记：樊志成
副行长、党委委员：李昶、郭一民、蒋立强、晏贵宾、袁桃
纪委书记：樊志成（兼）
地址：兰州市庆阳路408号
邮编：730030

青海分行

行长、党委书记：张延挺
副行长、党委委员：柴海生、李香玲、张振民
纪委书记、党委委员：高得文
地址：西宁市胜利路2号
邮编：810001

宁夏分行

行长、党委书记：王保林
副行长、党委委员：廉智、栗宁安、李民、张强、郝宗民
纪委书记、党委委员：唐学文
地址：银川市黄河东路901号
邮编：750002

新疆分行

行长、党委书记：孙建勇
副行长、党委副书记：袁萍
副行长、党委委员：邢雷、张家琦、余龙、文德明
纪委书记、党委委员：张脉群
地址：乌鲁木齐市人民路231号
邮编：830002

西藏分行

行长、党委书记：王学勇
副行长、党委副书记：格桑曲珍
副行长、党委委员：刘永斌
纪委书记：刘永斌（兼）
地址：拉萨市金珠中路31号
邮编：850000

大连分行

行长、党委书记：迟维君
副行长、党委委员：吕维、姜晓芳、高亚林、张程、姚春和
纪委书记、党委委员：牛晓东
地址：大连市中山区中山广场5号
邮政编码：116001

青岛分行

行长、党委书记：付捷
副行长、党委委员：程青、时辉、毛波、孙风雷、陈兵
纪委书记、党委委员：薛德贵
地址：青岛市市南区山东路25号
邮编：266071

宁波分行

行长、党委书记：俞龙
副行长、党委委员：董继松、江甬辉、蔡志文、陈霄、郑东林、郑晔

纪委书记、党委委员：严爱兵
地 址：宁波市中山西路 218 号
邮 编：315010

厦门分行

行长、党委书记：顾斌
副行长、党委委员：苏昆山、黄立波、曾桂华、李苏杰、黄献军
纪委书记、党委委员：林建忠
地址：厦门市湖滨北路 17 号工商银行大厦
邮编：361012

深圳分行

行长、党委书记：徐守本
副行长、党委委员：李学民、姚玉平、周杰、李健雄、骆伟华
纪委书记、党委委员：万力
地址：深圳市罗湖区深南东路 5055 金融中心大厦北座
邮编：518015

苏州分行

行长、党委书记：徐晓岚
副行长、党委委员：吴军、杨晓东、杨磊、蔡小娟
纪委书记、党委委员：赵大哲
地址：苏州市闻胥路 88 号
邮编：215002

各内审分局名录

直属分局

局长：黄庆惠
副局长：何黎萍、刘辉成
地址：北京市西城区白云路 10 号工商银行二层
邮编：100045

天津分局

局长：林明
副局长：王世明、孔祥国、李新明
地址：天津市河西区围堤道 123 号 26—27 层
邮编：300074

沈阳分局

局长：张兴东
副局长：陈晓光、刘相勇
地址：沈阳市和平区和平北大街 180 号
邮编：110001

上海分局

局长：黄纪宪
副局长：邱仁尔、林跃武、顾红英、董继松
地址：上海市黄浦区金陵东路 2 号光明金融大厦
邮编：200002

南京分局

局长：应俊惠
副局长：黄世忠、吕相军、谢志华
地址：南京市建邺区兴隆大街 172 -5 号
邮编：210019

武汉分局

局长：宋士卿
副局长：罗健、张龙清
地址：武汉市中北路 31 号 18—19 层
邮编：430071

广州分局

局长：黄再红
副局长：于临辉、蔡文、黄泉进、孙红、朱荣华
地址：广州市昌岗东路五巷 23 号
邮编：510260

成都分局

局长：荀大志
副局长：刘健、黄岗、王文胜、严盖
地址：四川省成都市锦江区如是庵街 28 号
邮编：610016

昆明分局

局长：张卫东
副局长：陶云
地址：昆明市青年路 395 号邦克大厦
邮编：650011

西安分局

局长：李志诚
副局长：水永成、苏南宏、吴永强
地址：西安市高新开发区高新路 1 号金融大厦
邮编：710075

各一级分行营业部名录

河北分行营业部

总经理、党委书记：王爱东

地址：石家庄市平安南大街113号
邮编：050021

山西分行营业部

总经理、党委书记：邹建文
地址：太原市新建路86号
邮编：030002

内蒙古分行营业部

总经理、党委书记：王化臣
地址：呼和浩特市新华大街15号
邮编：010010

辽宁分行营业部

总经理、党委书记：刘静波
地址：沈阳市沈河区友好街9号
邮编：110013

吉林分行营业部

总经理、党委书记：赵桂德
地址：长春市朝阳区同志街136号
邮编：130061

黑龙江分行营业部

总经理、党委书记：郭红
地址：哈尔滨市道里区河洛街7号
邮编：150076

江苏分行营业部

总经理、党委书记：王都富
地址：南京市中山南路408号
邮编：210006

浙江分行营业部

总经理、党委书记：沈忻
地址：杭州市庆春路90号
邮编：310003

安徽分行营业部

总经理、党委书记：赵洪亚
地址：合肥市潜山路320号A座
邮编：230031

福建分行营业部

总经理、党委书记：郑志伟
地址：福州市八一七中路600号
邮编：350004

江西分行营业部

总经理、党委书记：肖东
地址：南昌市中山路206号
邮编：330003

山东分行营业部

总经理、党委书记：朱岩峰
地址：济南市历下区黑虎泉西路57号
邮编：250011

河南分行营业部

总经理、党委书记：王晓东
地址：郑州市花园路24号
邮编：450008

湖北分行营业部

总经理、党委书记：李峰
地址：武汉市汉口江汉路17号
邮编：430021

湖南分行营业部

总经理：张慎
地址：长沙市五一大道465号
邮编：410005

广东分行营业部

总经理、党委书记：沈晓东
地址：广州市大沙头路29号工银大厦
邮编：510100

广西分行营业部

总经理、党委书记：杨世亮
地址：南宁市民族大道38－2号
邮编：530022

四川分行营业部

总经理、党委书记：陈汀
地址：成都市藩库街9号
邮编：610016

贵州分行营业部

总经理、党委书记：蒋云志
地址：贵阳市省府路1号
邮编：550001

云南分行营业部

总经理、党委书记：倪立

地址：昆明市五一路 164 号
邮编：650000

陕西分行营业部

总经理、党委书记：蒋伟
地址：西安市东木头市 9 号
邮编：710002

甘肃分行营业部

总经理、党委书记：蒲五斤
地址：兰州市静宁路 358 号
邮编：730030

新疆分行营业部

总经理、党委书记：文德明
地址：乌鲁木齐市新民路 2 号
邮编：830002

各二级分行机构名录

北京分行

分行营业部

党委书记：舒力
地址：北京市西城区复兴门南大街 2 号（天银大厦 B 座）
邮编：100031

东城支行

行长、党委书记：苗鸿祥
地址：北京市东城区东四十条 24 号
邮编：100007

王府井支行

行长、党委书记：聂建文
地址：北京市东城区王府井大街 237 号
邮编：100006

和平里支行

行长、党委书记：张俊杰
地址：北京市东城区和平里北街 14 号
邮编：100013

长安支行

行长、党委书记：卫峥
地址：北京市西城区宣内大街乙 6 号
邮编：100031

新街口支行

行长、党委书记：曲琰
地址：北京市西城区西直门内大街 143 号
邮编：100035

南礼士路支行

行长、党委书记：谢一平
地址：北京市西城区阜外大街 8 号
邮编：100037

金融街支行

行长、党委书记：于青
地址：北京市西城区丰汇园 11 号楼
邮编：100032

地安门支行

行长、党委书记：梅霜
地址：北京市西城区德胜门外大街 77 号
邮编：100009

崇文支行

行长、党委书记：高平
地址：北京市崇文区永定门外大街 86 号
邮编：100075

宣武支行

行长、党委书记：包永康
地址：北京市宣武区广安门内大街 116 号
邮编：100055

广安门支行

行长、党委书记：尹家桢
地址：北京市宣武区广外南滨河路 3 号楼
邮编：100055

珠市口支行

行长、党委书记：张建东
地址：北京市崇文区珠市口东大街 15 号
邮 编：100062

朝阳支行

行长、党委书记：储成龙
地址：北京市朝阳区朝外大街 1 号
邮编：100020

九龙山支行

行长、党委书记：李湛

地址：北京市朝阳区广渠路甲40号
邮编：100022

亚运村支行

行长、党委书记：齐兆惠
地址：北京市朝阳区慧忠北里407号
邮编：100012

望京支行

行长、党委书记：金恒钧
地址：北京市朝阳区酒仙桥路10号
邮编：100010

商务中心区支行

行长、党委书记：张丹云
地址：北京市朝阳区建国路108号
邮编：100022

海淀支行

行长、党委书记：方建蔚
地址：北京市海淀区中关村东路100号
邮编：100080

海淀西区支行

行长、党委书记：李景欣
地址：北京市海淀区北四环西路65号
邮编：101200

中关村支行

行长、党委书记：王耕欣
地址：北京市海淀区上地信息路2号
邮编：100085

翠微路支行

行长、党委书记：郭俊
地址：北京市海淀区阜成路79号
邮编：100036

西客站支行

行长、党委书记：江波
地址：北京市海淀区莲花池东路39号
邮编：100055

丰台支行

行长、党委书记：尹承德
地址：北京市丰台区文体路19号
邮编：100071

方庄支行

行长、党委书记：贾金锡
地址：北京市丰台区芳城园三区18号楼
邮编：100078

经济技术开发区支行

行长、党委书记：任小克
地址：北京市经济技术开发区荣昌东街甲5号隆盛大厦A座二层
邮编：100176

石景山支行

行长、党委书记：王耀红
地址：北京市石景山区石景山路63号
邮编：100043

门头沟支行

行长、党委书记：范文
地址：北京市门头沟区新桥大街12号
邮编：102300

房山支行

行长、党委书记：王凯
地址：北京市房山良乡西潞北大街32号
邮编：102488

通州支行

行长、党委书记：马跃进
地址：北京市通州区新华大街155号
邮编：101100

大兴支行

行长、党委书记：胡贤文
地址：北京市大兴区兴政街24号
邮编：102600

顺义支行

行长、党委书记：鲍晓晨
地址：北京市顺义区石园西路
邮编：101300

昌平支行

行长、党委书记：王智先
地址：北京市昌平区昌平镇鼓楼西街35号
邮编：102200

怀柔支行

行长、党委书记：周小斌

地址：北京市怀柔区商业街23号
邮编：101400

密云支行

行长、党委书记：徐斌
地址：北京市密云县鼓楼南大街
邮编：101500

平谷支行

行长、党委书记：张军
地址：北京市平谷区府前西街14号
邮编：101200

延庆支行

行长、党委书记：姚毅
地址：北京市延庆县延庆镇东大街37号
邮编：102100

天津分行

营业部

总经理、党委书记：马明
地址：天津市和平区赤峰道12号
邮编：300041

和平支行

行长、党委书记：杨居庄
地址：天津市和平区解放北路147号
邮编：300040

新华支行

行长、党委书记：李云峰
地址：天津市和平区西康路33号
邮编：300051

南开支行

行长、党委书记：葛强
地址：天津市南开区黄河道东头12号
邮编：300101

河北支行

行长、党委书记：张筱襄
地址：天津市河北区滨海道69号
邮编：300010

红桥支行

行长、党委书记：张立群
地址：天津市红桥区大丰路金融大厦
邮编：300121

河西支行

行长、党委书记：戴江
地址：天津市河西区围堤道123号
邮编：300074

广厦支行

行长、党委书记：赵洪领
地址：天津市河西区大沽南路361号
邮编：300202

河东支行

副行长、党委副书记：王双宁
地址：天津市河东区十一经路河东金融大厦
邮编：300171

新技术产业园区支行

行长、党委书记：刘鹏
地址：天津市南开区红旗路208号增2号
邮编：300190

津西支行

行长、党总支书记：张运航
地址：天津市西青开发区津港公路龙府花园4号楼
邮编：300381

自贸区分行

行长、党委书记：李林原
地址：天津市塘沽区新华路菜市街1号
邮编：300450

开发区分行

行长：王兆毅
党委副书记：杜晓燕、郑琇煦
地址：天津开发区广场东路20号滨海金融街5AB座
邮编：300457

保税区分行

行长、党委书记：何松
地址：天津港保税区天保大道176号
邮编：300461

汉沽支行

行长、党委书记：王刚
地址：天津市汉沽区新开中路69号
邮编：300480

大港支行

行长、党委书记：刘永辉
地址：天津市大港区迎宾街 79 号
邮编：300270

西青支行

行长、党总支书记：毕堃
地址：天津市西青区杨柳青新华道 77 号
邮编：300380

北辰支行

行长、党总支书记：杨斌
地址：天津市北辰区京津公路 346 号
邮编：300400

东丽支行

行长、党总支书记：王伯森
地址：天津市东丽区福山路与先锋路交口
邮编：300300

津南支行

行长、党总支书记：陈宏
地址：天津市津南区咸水沽镇体育场路 35 号
邮编：300350

宁河支行

行长：李华金
党总支书记：王永泰
地址：天津市宁河区芦台镇商业道 59 号
邮编：301500

武清支行

行长、党总支书记：孙昊
地址：天津武清开发区福源道北侧金融商务楼 1－102
邮编：301700

蓟县支行

行长、党总支书记：袁乃村
地址：天津市蓟县城关兴华大街 1 号
邮编：301900

宝坻支行

行长、党总支书记：李强
地址：天津市宝坻区南关大街 2 号
邮编：301800

静海支行

行长、党总支书记：刘建农
地址：天津市静海区胜利大街 21 号
邮编：301600

国信支行

行长、党委书记：宋佳镭
地址：天津市河西区宾水道宾泰公寓 1 门
邮编：300061

红旗路支行

副行长（主持工作）、党委书记：王志咏
地址：天津市新技术产业园区华苑产业区榕苑路 2 号海益国际 2 号楼 4 层
邮编：300384

成都道支行

行长、党总支书记：孙强
地址：天津市和平区成都道 25 号
邮编：300050

北站支行

行长、党委书记：张志福
地址：天津市河北区中山路 22 号
邮编：300142

新村支行

行长、党总支书记：蔺津祥
地址：天津市红桥区咸阳北路与丁字沽一号路交口康平楼底商
邮编：300131

唐家口支行

行长、党总支书记：刘西泉
地址：天津市河东区成林道东局子 1 号战备楼 1 层
邮编：300161

陈塘庄支行

行长、党委书记：王迪
地址：天津市河西区大沽南路 880 号增 1 号
邮编：300220

空港经济区支行

行长、党总支书记：王利力
地址：天津空港经济区汇津广场 1－4 号楼 S－23
邮编：300308

临港经济区支行

行长、党总支副书记：卢永波
地址：天津临港工业区渤海十二南路西侧海港创业

园18－1、5
邮编：300452

河北分行

邯郸分行

行长、党委书记：刘斌
地址：邯郸市人民东路248号
邮编：056002

邢台分行

行长、党委书记：王玉刚
地址：邢台市郭守敬北路285号
邮编：054059

衡水分行

行长、党委书记：赵相玉
地址：衡水市人民西路321号
邮编：053000

保定分行

行长、党委书记：张志勇
地址：保定市东风中路1902号
邮编：071051

沧州分行

行长、党委书记：卢斌
地址：沧州市清池南大道13号
邮编：061000

承德分行

行长、党委书记：张志斌
地址：承德市西大街26号
邮编：067000

张家口分行

行长、党委书记：杨力民
地址：张家口市桥东区解放大街20号
邮编：075000

唐山分行

行长、党委书记：刘军
地址：唐山市新华东道102号
邮编：063000

廊坊分行

行长、党委书记：郭会科
地址：廊坊市和平路78号
邮编：065000

秦皇岛分行

行长、党委书记：李占虎
地址：秦皇岛市建设大街136号
邮编：066000

山西分行

大同分行

行长、党委书记：张乃信
地址：大同市新建西路44号
邮编：037006

阳泉分行

行长、党委书记：常江
地址：阳泉市德胜东街13号
邮编：045000

长治分行

行长、党委书记：裴利民
地址：长治市太行东街167号
邮编：046011

晋城分行

行长、党委书记：郭守诚
地址：晋城市凤台西街55号
邮编：048026

朔州分行

行长、党委书记：王东山
地址：朔州市振华西街50号
邮编：036000

忻州分行

行长、党委书记：甄燕
地址：忻州市长征西街27号
邮编：034000

吕梁分行

副行长（主持工作）、党委副书记：赵阳
地址：吕梁市离石区永宁东路29号
邮编：033000

晋中分行

行长、党委书记：李颖耀
地址：晋中市榆次区迎宾路28号
邮编：030600

临汾分行

行长、党委书记：裴小业
地址：临汾市尧都区鼓楼北街 44 号
邮编：041000

运城分行

行长、党委书记：靳小红
地址：运城市红旗东街 242 号
邮编：044000

内蒙古分行

包头分行

行长、党委书记：刘文海
地址：包头市昆都仑区钢铁大街 46 号
邮编：014100

鄂尔多斯分行

行长、党委书记：谢家俊
地址：鄂尔多斯市伊金霍洛旗阿勒腾席热镇文明路北纵八路西兴泰鄂尔多斯中心商务广场 B 区 T4 楼
邮编：017200

巴彦淖尔分行

行长、党委书记：韩啸鸣
地址：巴彦淖尔市临河区胜利路 51 号
邮编：015000

乌海分行

行长、党委书记：贾振山
地址：乌海市海勃湾区人民北路 77 号
邮编：016000

阿拉善盟分行

行长、党委书记：郑建华
地址：阿拉善盟巴彦浩特额鲁特东路 05 号
邮编：750306

乌兰察布分行

行长、党委书记：周慧林
地址：乌兰察布市集宁区桥东五马路 6 号
邮编：012000

锡林郭勒盟分行

行长、党委书记：张平
地址：锡林浩特市察哈尔街 23 号
邮编：026000

赤峰分行

行长、党委书记：曲向泽
地址：赤峰市红山区钢铁西街 18 号
邮编：024000

通辽分行

行长、党委书记：叶凯
地址：通辽市科尔沁区永清大街 352 号
邮编：028000

兴安盟分行

行长、党委书记：王晓勇
地址：乌兰浩特市兴安北大路 90 号
邮编：137400

呼伦贝尔分行

行长、党委书记：徐国君
地址：呼伦贝尔市海拉尔区伊敏大街 40 号
邮编：021008

满洲里分行

行长、党委书记：刘文明
地址：满洲里市三道街 4 号
邮编：021400

辽宁分行

鞍山分行

行长、党委书记：杨青
地址：鞍山市铁东区二一九路 32 号
邮编：114002

抚顺分行

行长、党委书记：张学锋
地址：抚顺市新抚区中央大街东七路 4 号
邮编：113008

本溪分行

行长、党委书记：杨树波
地址：本溪市平山区曙光路 3 号
邮编：117000

丹东分行

行长、党委书记：韩基广
地址：丹东市元宝区锦山大街 113 号
邮编：118000

锦州分行

行长、党委书记：张国军
地址：锦州市凌河区解放路五段 24 甲
邮编：121000

营口分行

行长、党委书记：林继维
地址：营口市金牛山大街西 4 号
邮编：115000

阜新分行

行长、党委书记：刘德全
地址：阜新市细河区解放大街 8 号
邮编：123000

辽阳分行

行长、党委书记：王金贵
地址：辽阳市白塔区中华大街 157 号
邮编：111000

铁岭分行

行长、党委书记：姜民
地址：铁岭市银州区银州路 27 号
邮编：112000

朝阳分行

行长、党委书记：郭文峰
地址：朝阳市双塔区朝阳大街四段 3 号
邮编：122000

盘锦分行

行长、党委书记：王海军
地址：盘锦市兴隆台区市府大街 9 号
邮编：124010

葫芦岛分行

行长、党委书记：何彬
地址：葫芦岛市龙港区龙湾大街 38 号
邮编：125000

吉林分行

吉林分行

行长、党委书记：朱评
地址：吉林市松江路 9 号
邮编：132011

四平分行

行长、党委书记：李延苗
地址：四平市铁西区英雄大路 258 号
邮编：136000

辽源分行

行长、党委书记：许晶
地址：辽源市人民大街 518 号
邮编：136200

通化分行

行长、党委书记：史建光
地址：通化市东昌区滨江西路 3801 号
邮编：134000

白山分行

行长、党委书记：王井彪
地址：白山市通江路 2 号
邮编：134300

白城分行

行长、党委书记：王文
地址：白城市中兴东大路 10 号
邮编：137000

松原分行

行长、党委书记：杨谦
地址：松原市宁江区长宁南街 2101 号
邮编：138001

延边分行

行长、党委书记：巨新
地址：延吉市长白路 56 号
邮编：133001

黑龙江分行

齐齐哈尔分行

行长、党委书记：张余振
地址：齐齐哈尔市龙沙区斜阳街 6 号
邮编：161005

牡丹江分行

行长、党委书记：冯善核
地址：黑龙江省牡丹江市太平路 115 号
邮编：157000

佳木斯分行

行长、党委书记：宓彦辉
地址：黑龙江省佳木斯市保卫路105号
邮编：154002

大庆分行

行长、党委书记：王伟哲
地址：大庆市萨尔图区东风路37号
邮编：163001

伊春分行

行长、党委书记：吕云彪
地址：伊春市伊春区新兴中大街78号
邮编：153000

鸡西分行

行长、党委书记：张青武
地址：鸡西市鸡冠区红旗大街19号
邮编：158100

鹤岗分行

行长、党委书记：王春起
地址：鹤岗市工农区东解放路69号
邮编：154101

双鸭山分行

行长、党委书记：于晓东
地址：双鸭山市尖山区六马路15号
邮编：155100

七台河分行

行长、党委书记：黄光伟
地址：七台河市桃山区大同街26号
邮编：154600

绥化分行

行长、党委书记：梁建国
地址：绥化市中兴西路72号
邮编：152001

黑河分行

行长、党委书记：魏连彬
地址：黑河市合作区通江路工行大楼
邮编：164300

大兴安岭分行

行长、党委书记：李安
地址：加格达奇区人民路38号
邮编：165000

上海分行

营业部

总经理、党委书记：徐光华
地址：上海市中山东一路24号
邮编：200002

第二营业部

总经理、党支部书记：殷仲洁
地址：上海市即墨路88号
邮编：200120

外滩支行

行长、党总支书记：冯雁飞
地址：上海市中山东二路11号
邮编：200002

浦东分行

行长、党委书记：项震
地址：上海市浦东南路2024—2034号
邮编：200127

静安支行

行长、党委书记：吴晓春
地址：上海市康定路699号
邮编：200040

徐汇支行

行长、党委书记：王伟权
地址：上海市徐汇区辛耕路133号3—6层
邮编：200030

虹口支行

行长、党委书记：钱勤新
地址：上海市东大名路578号
邮编：200080

闸北支行

行长、党委书记：陈磊
地址：上海市广中西路587号
邮编：200072

卢湾支行

行长、党委书记：王德湛
地址：上海市淮海中路98号

邮编：200021

黄浦支行

行长、党委书记：苏岳勤
地址：上海市四川中路346号
邮编：200002

杨浦支行

行长、党委书记：王育松
地址：上海市控江路1698号
邮编：200092

普陀支行

行长、党委书记：吕虹
地址：上海市普陀区大渡河路388弄5号
邮编：200062

长宁支行

行长、党委书记：王卫政
地址：上海市延安西路895号
邮编：200050

宝山支行

行长、党委书记：王睿
地址：上海市松滨路318号
邮编：200940

闵行支行

行长、党委书记：杨勇
地址：上海市闵行区都市路4855号2座
邮编：201199

金山支行

行长、党委书记：张作学
地址：上海市金山区石化卫零路558号
邮编：200540

漕河泾开发区支行

行长、党总支书记：李毓菖
地址：上海市宜山路900号
邮编：200233

虹桥开发区支行

行长、党总支书记：张政
地址：上海市娄山关路83号
邮编：200336

浦东开发区支行

行长、党委书记：张毅
地址：上海市金桥路1391号1－7层
邮编：200129

嘉定支行

副行长（主持工作）、党总支副书记：曹枫
地址：上海市清河路151号
邮编：201800

南汇支行

副行长（主持工作）、党总支副书记：吴斌
地址：上海市惠南镇城南路258号
邮编：201300

奉贤支行

行长、党总支书记：盛俊中
地址：上海市南桥镇南中路48号
邮编：201400

松江支行

行长、党总支书记：徐莹
地址：上海市松江区中山二路216号
邮编：201600

青浦支行

行长、党总支书记：赵云锋
地址：上海市青浦区城中东路485号
邮编：201700

崇明支行

行长、党支部书记：雷鸣
地址：上海市城桥镇南门路158号
邮编：202150

临港支行

行长、党支部书记：孙伟
地址：上海市临港新城新元南路555号
邮编：201306

张江支行

行长、党总支书记：徐劲松
地址：上海市张江路639号
邮编：201120

地铁支行

行长、党支部书记：李春华
地址：上海市浦东新区银城中路488号
邮编：200120

世博支行

行长、党总支书记：王洪海
地址：上海市浦东新区耀华路 8 号
邮编：200126

自贸区分行

行长、党支部书记：周宏
地址：上海市马吉路 28 号
邮编：200131

江苏分行

无锡分行

行长、党委书记：周刚
地址：无锡市五爱路 30 号
邮编：214031

常州分行

行长、党委书记：张彬
地址：常州市延陵中路 680 号
邮编：213003

南通分行

行长、党委书记：邱亚光
地址：南通市姚港路 8 号
邮编：226006

镇江分行

行长、党委书记：姜邗
地址：镇江市解放路 308 号
邮编：212001

泰州分行

行长、党委书记：陈阳
地址：泰州市青年北路 188 号
邮编：225300

扬州分行

行长、党委书记：徐扬
地址：扬州市扬子江中路 756 号
邮编：225009

徐州分行

行长、党委书记：李明星
地址：徐州市大同街 31 号
邮编：221003

盐城分行

行长、党委书记：陈爱民
地址：盐城市建军中路 124 号
邮编：224001

淮安分行

党委书记：兰强
地址：淮安市淮海西路 81 号
邮编：223001

连云港分行

行长、党委书记：卞俊峰
地址：连云港市海连中路 118 号
邮编：222004

宿迁分行

行长、党委书记：徐渠
地址：宿迁市洪泽湖路 71 号
邮编：223800

浙江分行

温州分行

行长、党委书记：陶彪
地址：温州市人民东路 2 号工行大厦
邮编：325003

嘉兴分行

行长、党委书记：林士强
地址：嘉兴市禾兴南路 419 号
邮编：314001

湖州分行

行长、党委书记：阮云波
地址：湖州市苕溪西路 258 号
邮编：313000

绍兴分行

行长、党委书记：邵锦华
地址：绍兴市胜利东路 180 号
邮编：312000

金华分行

行长、党委书记：金小山
地址：金华市八一北街 595 号
邮编：321000

衢州分行

行长、党委书记：陈文伟
地址：衢州市市区上街66号
邮编：324000

台州分行

行长、党委书记：俞鉴峰
地址：台州市椒江区市府大道509号
邮编：318000

丽水分行

行长、党委书记：徐晓伟
地址：丽水市丽阳街555号
邮编：323000

舟山分行

行长、党委书记：陈坚
地址：舟山市定海区人民南路16号
邮编：316000

义乌分行

行长、党委书记：沈初阳
地址：义乌市篁园路128号
邮编：322000

萧山分行

行长、党委书记：施锡昌
地址：杭州市萧山区城厢镇城河街54号
邮编：311200

安徽分行

淮北分行

行长、党委书记：王晓东
地址：淮北市人民中路192号
邮编：235000

宿州分行

行长、党委书记：吉道勇
地址：宿州市淮海中路58号
邮编：234000

蚌埠分行

行长、党委书记：李星逸
地址：蚌埠市中兴街95号
邮编：233000

阜阳分行

行长、党委书记：兰少锋
地址：阜阳市清河东路568号
邮编：236032

淮南分行

行长、党委书记：姜涌
地址：淮南市田家庵区国庆中路287号
邮编：232007

滁州分行

行长、党委书记：周晨光
地址：滁州市南谯北路852号
邮编：239000

六安分行

行长、党委书记：纪小岗
地址：六安市解放南路79号
邮编：237000

马鞍山分行

行长、党委书记：石海龙
地址：马鞍山市雨山区太白大道3455号
邮编：243000

芜湖分行

行长、党委书记：钱晓东
地址：芜湖市文化路38号
邮编：241000

宣城分行

行长、党委书记：梁菁涟
地址：宣城市昭亭路美都大厦
邮编：242000

铜陵分行

行长、党委书记：崔国强
地址：铜陵市长江东路50号
邮编：244000

池州分行

行长、党委书记：金斌
地址：池州市秋浦西路117号
邮编：247000

安庆分行

行长、党委书记：王新潮

地址：安庆市孝肃路 230 号
邮政编码：246004

黄山分行

行长、党委书记：张宇建
地址：黄山市屯溪区黄山东路 57 号
邮编：245000

亳州分行

行长、党委书记：苑卫东
地址：亳州市人民中路 431 号
邮编：236800

福建分行

泉州分行

行长、党委书记：张建明
地址：泉州市丰泽街 610 号
邮编：362000

漳州分行

行长、党委书记：黄金坤
地址：漳州市元光南路 3 号工行大楼
邮编：363000

三明分行

行长、党委书记：曹代福
地址：三明市和仁新村一幢
邮编：365000

南平分行

行长、党委书记：何韶军
地址：南平市东山路 2 号
邮编：353000

莆田分行

行长、党委书记：陈建愉
地址：莆田市荔城大道南段 968 号
邮编：351100

龙岩分行

行长、党委书记：朱子群
地址：龙岩市九一南路 47 号
邮编：364000

宁德分行

副行长、党委委员：韩哲明
地址：宁德市东侨区海滨 1 号
邮编：352100

福建自贸试验区平潭片区分行

行长：纪云凡
地址：平潭潭城镇海坛中路 73 号
邮编：350400

福建自贸试验区福州片区分行

行长：刘铭
地址：福州市马尾区君竹路 24 号
邮编：350015

江西分行

赣州分行

行长、党委书记：赵乘南
地址：赣州市文清路 39 号
邮编：341000

宜春分行

行长、党委书记：黄新根
地址：宜春市袁州区秀江中路 219 号
邮编：336000

吉安分行

行长、党委书记：胡小龙
地址：吉安市井冈山大道 103 号
邮编：343000

上饶分行

行长、党委书记：纪英武
地址：上饶市滨江西路 25 号
邮编：334000

抚州分行

行长、党委书记：陈红根
地址：抚州市赣东大道 439 号
邮编：344000

九江分行

行长、党委书记：曾劭群
地址：九江市滨江路 99 号
邮编：332000

景德镇分行

行长、党委书记：罗德平
地址：景德镇市瓷都大道 1106 号
邮编：333000

萍乡分行

行长、党委书记：徐惟
地址：萍乡市建设西路 76 号
邮编：337000

新余分行

行长、党委书记：陈世勇
地址：新余市仙来东大道 269 号
邮编：338000

鹰潭分行

行长、党委书记：朱葵
地址：鹰潭市环城西路 1 号
邮编：335000

山东分行

淄博分行

行长、党委书记：王世明
地址：淄博市张店金晶大道 158 号
邮编：255000

枣庄分行

行长、党委书记：盖伟
地址：枣庄市光明大道 2399 号
邮编：277102

东营分行

行长、党委书记：冯建军
地址：东营市南一路 278 号
邮　编：257091

烟台分行

行长、党委书记：陈国立
地址：烟台市芝罘区海港路 1 号
邮编：264000

潍坊分行

行长、党委书记：孙长庚
地址：潍坊市奎文区胜利东街 5099 号
邮编：261031

济宁分行

行长、党委书记：张冠军
地址：济宁市红星东路 115 号
邮编：272017

泰安分行

行长、党委书记：刘洪波
地址：泰安市财源大街 135 号
邮编：271000

威海分行

行长、党委书记：刘光海
地址：威海市文化西路 188 号
邮编：264209

日照分行

行长、党委书记：房立法
地址：日照市黄海一路 43 号
邮编：276826

莱芜分行

行长、党委书记：李沧海
地址：莱芜市鲁中东大街 1 号
邮 编：271100

临沂分行

行长、党委书记：孙光辉
地址：临沂市兰山区平安路 135 号
邮编：276000

德州分行

行长、党委书记：赵忠江
地址：德州市天衢中路 1561 号
邮编：253016

聊城分行

行长、党委书记：杨峰
地址：聊城市昌润南路 7 号
邮编：252000

滨州分行

行长、党委书记：吴建勇
地址：滨州市滨城区渤海十八路 568 号
邮编：256600

菏泽分行

行长、党委书记：许在敏
地址：菏泽市人民路 1366 号
邮编：274000

河南分行

洛阳分行

行长、党委书记：贺伍有
地址：洛阳市中州中路 230 号
邮编：471000

开封分行

行长、党委书记：康广明
地址：开封市丁角街 88 号
邮编：475000

新乡分行

行长、党委书记：马世良
地址：新乡市和平大道 88 号
邮编：453003

焦作分行

行长、党委书记：邢卫勇
地址：焦作市焦东中路 23 号
邮编：454002

平顶山分行

行长、党委书记：张延庆
地址：平顶山市矿工中路南 37 号
邮编：467000

安阳分行

行长、党委书记：吕红晓
地址：安阳市文峰大道中段
邮编：455000

鹤壁分行

行长、党委书记：丁杰
地址：鹤壁市兴鹤大街 235 号
邮编：458030

濮阳分行

行长、党委书记：韩国庆
地址：濮阳市建设路 16 号
邮编：457000

许昌分行

行长、党委书记：雷晓峰
地址：许昌市七一路 88 号
邮编：461000

漯河分行

行长、党委书记：刘志刚
地址：漯河市黄河路 692 号
邮编：462000

三门峡分行

行长、党委书记：贺春朝
地址：三门峡市崤山路中段 42 号
邮编：472000

南阳分行

行长、党委书记：王勇
地址：南阳市工业路 124 号
邮编：473000

驻马店分行

行长、党委书记：关文杰
地址：驻马店市解放路东段
邮编：463000

商丘分行

行长、党委书记：王海峰
地址：商丘市文化东路 569 号
邮编：476000

周口分行

行长、党委书记：王明峰
地址：周口市工农路 20 号
邮编：466000

信阳分行

副行长、党委委员：崔晓波
地址：信阳市四一路 41 号
邮编：464000

济源分行

行长、党委书记：蔡海泉
地址：济源市宣化东街 131 号
邮编：454650

湖北分行

三峡分行

行长、党委书记：罗国新
地址：宜昌市夷陵路 89 号
邮编：443000

襄阳分行

行长、党委书记：张辉
地址：襄阳市前进路 69 号
邮编：441003

荆州分行

行长、党委书记：徐向东
地址：荆州市沙市区北京中路 352 号
邮编：434000

孝感分行

行长、党委书记：刘向明
地址：孝感市园林二路 47 号
邮编：432000

十堰分行

行长、党委书记：王宇涛
地址：十堰市公园路 7 号
邮编：442001

荆门分行

行长、党委书记：肖勇
地址：荆门市象山一路 1 号
邮编：431800

黄冈分行

行长、党委书记：邱世杰
地址：黄冈市新港二路 59 号
邮编：438000

黄石分行

行长、党委书记：胡国祥
地址：黄石市南京路 6 号
邮编：435000

咸宁分行

行长、党委书记：钱金叶
地址：咸宁市淦河大道 66 号
邮编：437100

随州分行

行长、党委书记：肖金萍
地址：随州市烈山大道 493 号
邮编：441300

恩施分行

行长、党委书记：胡学理
地址：恩施市施州大道 30 号
邮编：445000

鄂州分行

行长、党委书记：杨金祥
地址：鄂州市武昌大道 312 号
邮编：436000

湖南分行

株洲分行

行长、党委书记：郑振华
地址：株洲市建设南路 320 号
邮编：412000

湘潭分行

行长、党委书记：许青
地址：湘潭市韶山中路 1 号
邮编：411000

衡阳分行

行长、党委书记：雷东明
地址：衡阳市解放路 1 号
邮编：421001

邵阳分行

行长、党委书记：田俊德
地址：邵阳市红旗路 389 号
邮编：422000

岳阳分行

行长、党委书记：杨林
地址：岳阳市南湖大道 115 号
邮编：414000

益阳分行

行长、党委书记：陆舟
地址：益阳市益宾路 9 号
邮编：413000

常德分行

行长、党委书记：焦成军
地址：常德市人民中路 358 号
邮编：415000

永州分行

行长、党委书记：徐彦杰
地址：永州市零陵区南津南路 196 号

邮编：425100

郴州分行

行长、党委书记：许建林
地址：郴州市北湖路 27 号
邮编：423000

娄底分行

行长、党委书记：胡浩
地址：娄底市乐坪东街 7 号
邮编：417000

怀化分行

行长、党委书记：杨理杰
地址：怀化市迎丰中路 569 号
邮编：418000

湘西分行

行长、党委书记：肖新华
地址：吉首市人民北路 79 号
邮编：416000

张家界分行

行长、党委书记：黄堃
地址：张家界市回龙路 29 号
邮编：427000

广东分行

珠海分行

行长、党委书记：周骏
地址：珠海市吉大景山路 19 号工商银行大厦
邮编：519015

汕头分行

行长、党委书记：林绍生
地址：汕头市迎宾路 1 号工行大楼
邮编：515041

韶关分行

党委副书记（主持）：邓湧
地址：韶关市建国路 2 号
邮编：512000

河源分行

行长、党委书记：应非
地址：河源市沿江路 13 号
邮编：517000

梅州分行

行长、党委书记：林伟
地址：梅州市嘉应东路 18 号
邮编：514021

惠州分行

行长、党委书记：徐晓飞
地址：惠州市文明 1 路 3 号
邮编：516003

汕尾分行

党委副书记（主持）：江光明
地址：汕尾市四马路中段
邮编：516600

东莞分行

行长、党委书记：许长明
地址：东莞市莞太路胜和路段 18 号
邮编：523009

中山分行

行长、党委书记：刘同朋
地址：中山市石岐悦来南路 7 号
邮编：528400

江门分行

行长、党委书记：梅超
地址：江门市港口路 93 号
邮编：529030

佛山分行

行长、党委书记：林筜
地址：佛山市汾江中路 130 号
邮编：528000

阳江分行

行长、党委书记：洪仕芹
地址：阳江市新江北路 488 号
邮编：529500

湛江分行

党委副书记（主持）：符辉
地址：湛江市康顺路 29 号
邮编：524043

茂名分行

行长、党委书记：余彬

地址：茂名市人民南路 36 号
邮编：525000

肇庆分行

行长、党委书记：吴伟科
地址：肇庆市端州三路 34 号
邮编：526040

清远分行

行长、党委书记：吴卫权
地址：清远市桥北一路 1 号
邮编：511500

潮州分行

行长、党委书记：林斌
地址：潮州市潮州大道中段
邮编：521000

揭阳分行

行长、党委书记：蔡志成
地址：揭阳市黄岐山大道中段
邮编：522031

云浮分行

行长、党委书记：刘勇
地址：云浮市建设北路 3 号
邮编：527300

横琴分行

党委书记：周骏
行长：刘刚
地址：珠海市横琴新区十字门中央商务区横琴金融产业服务基地 1 号楼
邮编：519031

南沙分行

行长、党委书记：张祖鸣
地址：广州市南沙经济技术开发区港前大道南 143 号
邮编：511458

广西分行

柳州分行

行长、党委书记：余昌涛
地址：柳州市广雅路 19 号
邮编：545001

桂林分行

行长、党委书记：瞿东波
地址：桂林市中山路 16 号
邮编：541001

梧州分行

行长、党委书记：蔡山
地址：梧州市大学路 25 号
邮编：543002

北海分行

行长、党委书记：汪春
地址：北海市四川南路 63 号
邮编：536000

防城港分行

行长、党委书记：庞愈强
地址：防城港市友谊大道 11 号
邮编：535700

钦州分行

行长、党委书记：郑志海
地址：钦州市向阳路 8 号
邮编：535000

贵港分行

行长、党委书记：陈德明
地址：贵港市桂林路 708 号东方巴黎写字楼 21—23 层
邮编：537100

玉林分行

行长、党委书记：黄伟
地址：玉林市一环东路 158 号
邮编：537000

百色分行

行长、党委书记：唐国富
地址：百色市中山二路 1 号
邮编：533000

河池分行

党委书记：楼志军
地址：河池市新建路 74 号
邮编：547000

来宾分行

党委书记：祁飞

地址：来宾市新兴路140号
邮编：546100

崇左分行

党委书记：江淦
地址：崇左市江南路42号
邮编：532200

贺州分行

行长、党委书记：黎东屏
地址：贺州市建设东路2号
邮编：542800

海南分行

三亚分行

行长、党委书记：李峰
地址：三亚市解放路743号
邮编：572000

洋浦分行

行长、党委书记：符致通
地址：洋浦经济开发区工商银行大厦
邮编：578101

重庆分行

两江分行

行长、党委书记：方蕾
地址：重庆市渝北区黄山大道中段56号渝兴广场B1栋
邮编：400121

万州分行

行长、党委书记：雷成亮
地址：重庆市万州区白岩路81号
邮编：404000

涪陵分行

行长、党委书记：郭保华
地址：重庆市涪陵区兴华中路2号
邮编：408000

黔江分行

行长、党委书记：龚兵
地址：重庆市黔江区新华大道西段1128号
邮编：409000

高科技开发区支行

行长、党委书记：蔡知平
地址：重庆市渝州路54号
邮编：400039

朝天门支行

行长、党委副书记：刘劲
地址：重庆市渝中区民族路24号
邮编：400011

渝中支行

行长、党委书记：赖涛
地址：重庆市渝中区民族路177号
邮编：400010

江北支行

行长、党委书记：蒋勇
地址：重庆市渝北区龙溪镇加州花园B4－4
邮编：401147

沙坪坝支行

行长、党委书记：苏海涛
地址：重庆市沙坪坝区小龙坎新街78号
邮编：400030

九龙坡支行

行长、党委书记：江凯
地址：重庆市九龙坡区杨家坪正街13号
邮编：400050

南岸支行

行长、党委书记：李红
地址：重庆市南岸区江南大道9号
邮编：400060

大渡口支行

行长、党委副书记：高兵
地址：重庆市大渡口区钢花路350号
邮编：400084

北碚支行

行长、党委书记：文革兵
地址：重庆市北碚区康宁路60号
邮编：400700

巴南支行

行长、党委书记：张克强

地址：重庆市巴南区龙洲湾龙海大道3号
邮编：400055

渝北支行

行长、党委书记：金远明
地址：重庆市渝北区仙桃街道桂馥大道1号　华辰·财富广场C座12—15楼
邮编：401120

永川支行

行长、党委书记：杨忠坚
地址：重庆市永川区中山大道中段594号
邮编：402160

江津支行

行长、党委副书记：李东
地址：重庆市江津区几江大同路322号
邮编：402260

合川支行

行长、党委书记：张正义
地址：重庆市合川区苏家街3号
邮编：401520

长寿支行

行长、党委副书记：胡显明
地址：重庆市长寿区桃源大道6号
地址：401220

北部新区支行

行长、党委书记：唐莉
地址：重庆市北部新区金渝大道99号
邮编：401121

较场口支行

行长、党委书记：袁毅
地址：重庆市渝中区较场口88号附1号
邮编：400010

南坪支行

行长、党委书记：曹涌涛
地址：重庆市南岸区南坪西路5号
邮编：400060

建新北路支行

行长、党委书记：屈蓉
地址：重庆市江北区建新北路37号
邮编：400020

小龙坎支行

行长、党委书记：罗明
地址：重庆市沙坪坝区凤天大道130号
邮编：400030

两路口支行

行长、党委书记：张建伦
地址：重庆市渝中区中山二路159号
邮编：400014

四川分行

德阳分行

行长、党委书记：麻旭恒
地址：德阳市凯江路33号
邮编：618000

绵阳分行

行长、党委书记：周玥
地址：绵阳市涪城区警钟街10号
邮编：621000

广元分行

行长、党委书记：刘远为
地址：广元市利州东路667号
邮编：628017

遂宁分行

行长、党委书记：李绍平
地址：遂宁市遂州北路159号
邮编：629000

南充分行

行长、党委书记：李思林
地址：南充市丝绸路86号
邮编：637000

广安分行

行长、党委书记：齐君
地址：广安市金安大道二段1号
邮编：638000

达州分行

行长、党委书记：王毅
地址：达州市南外镇西环路538号
邮编：635000

巴中分行

行长、党委书记：王鲲
地址：巴中市江北大街中段
邮编：636600

资阳分行

行长、党委书记：马传勇
地址：资阳市雁江区西门桥 24 号
邮编：641300

内江分行

行长、党委书记：刘海
地址：内江市中区中央路 48—52 号
邮编：641000

自贡分行

副行长（主持工作）、党委副书记：张钧
地　址：自贡市自流井区尚义灏二支路 1 号
邮　编：643000

泸州分行

行长、党委书记：徐向上
地址：泸州市迎晖路 77 号
邮编：646000

宜宾分行

行长、党委书记：张昕煜
地址：宜宾市南岸商贸路 101 号
邮编：644002

眉山分行

行长、党委书记：姜海清
地址：眉山市东坡区珠市西街 138 号
邮编：620010

乐山分行

行长、党委书记：林进
地址：乐山市中区紫云后街 4 号
邮编：614000

雅安分行

行长、党委书记：柳杨
地址：雅安市雨城区东大街 17 号
邮编：625000

凉山分行

行长、党委书记：贾林恒
地址：西昌市航天大道 28 号
邮编：615000

攀枝花分行

行长、党委书记：余平
地址：攀枝花市攀枝花大道东段 492 号
邮编：617000

贵州分行

遵义分行

行长、党委书记：余庆飞
地址：遵义市红花岗区新华路 8 号
邮编：563000

六盘水分行

行长、党委书记：袁珍凡
地址：六盘水市凉都大道 59 号
邮编：553000

安顺分行

行长、党委书记：严发忠
地址：安顺市东郊路 18 号
邮编：561000

毕节分行

行长、党委书记：李文
地址：毕节市七星关区麻园大道
邮编：551700

铜仁分行

行长、党委书记：田进朝
地址：铜仁市共青路 37 号
邮编：554300

凯里分行

行长、党委书记：陈晓强
地址：凯里市北京西路 15 号
邮编：556600

都匀分行

行长、党委书记：吴奇
地址：都匀市广惠路 263 号
邮编：558000

兴义分行

行长、党委书记：梅亮
地址：兴义市瑞金北路 7 号

邮编：562400

云南分行

玉溪分行

行长、党委书记：马仁平
地址：玉溪市玉兴路 21 号
邮编：653100

曲靖分行

副行长（主持工作）、党委副书记：王茹平
地址：曲靖市麒麟东路 6 号
邮编：655000

昭通分行

副行长（主持工作）、党委副书记：李彦斌
地址：昭通市昭阳区学生路 123 号
邮编：657000

红河分行

行长、党委书记：刘建雄
地址：红河州蒙自市天马路 41 号
邮编：661100

文山分行

副行长（主持工作）、党委副书记：陈绍明
地址：文山州文山市普阳路 114 号
邮编：663000

普洱分行

行长、党委书记：王文卫
地址：普洱市思茅区人民西路 90 号
邮编：665000

西双版纳分行

行长、党委书记：陈丽华
地址：西双版纳州景洪市勐遮路 10 号
邮编：666100

临沧分行

行长、党委书记：赵国明
地址：临沧市临翔区南塘街 144 号
邮编：677000

楚雄分行

行长、党委书记：罗涛
地址：楚雄州楚雄市龙泉路 78 号
邮编：675000

大理分行

行长、党委书记：李胜祥
地址：大理州大理市下关人民街 30 号
邮编：671000

丽江分行

行长、党委书记：曹云生
地址：丽江市古城区香格里大道 1071 号
邮编：674100

迪庆分行

行长、党委书记：彭卫红
地址：迪庆州香格里拉县建塘镇长征大道 28 号
邮编：674400

怒江分行

行长、党委书记：刘江
地址：怒江州泸水县六库镇人民路 97 号
邮编：673100

保山分行

行长、党委书记：刁文利
地址：保山市隆阳区正阳北路 129 号
邮编：678000

德宏分行

行长、党委书记：周剑
地址：德宏州芒市胞波路 30 号
邮编：678400

陕西分行

铜川分行

行长、党委书记：姚胜琦
地址：铜川市新区华原东道 7 号
邮编：7270316

宝鸡分行

行长、党委书记：尚立本
地址：宝鸡市经二路 157 号
邮编：721000

咸阳分行

行长、党委书记：王育新
地址：咸阳市人民中路 37 号
邮编 712000

渭南分行

行长、党委书记：仪彦龙
地址：渭南市前进路中段 87 号
邮编：714000

商洛分行

行长、党委书记：问世雄
地址：商洛市迎宾路一号
邮编：726000

汉中分行

行长、党委书记：王建安
地址：汉中市汉台区人民路 106 号
邮编：723000

安康分行

副行长、党委副书记：杨永生
地址：安康市汉滨区解放路 16 号
邮编：723000

延安分行

副行长（主持工作）、党委副书记：拓雪峰
地址：延安市师范路 441 号
邮编：716000

榆林分行

行长、党委书记：王益武
地址：榆林市长城路西 32 号
邮编：719000

甘肃分行

天水分行

行长、党委书记：杨凤伟
地址：天水市秦州区建设路 185 号
邮编：741000

白银分行

行长、党委书记：李哲
地址：白银市白银区人民路 81 号
邮编：730900

金昌分行

行长、党委书记：王多令
地址：金昌市新华路 18 号
邮编：737100

嘉峪关分行

行长、党委书记：杨振乾
地址：嘉峪关市新华中路 476 号
邮编：735100

酒泉分行

行长、党委书记：汤志锋
地址：酒泉市肃州区解放路 1 号
邮编：735000

张掖分行

行长、党委书记：许国军
地址：张掖市甘州县府街 99 号
邮编：734000

武威分行

行长、党委书记：师建华
地址：武威市凉州区西大街 9 号
邮编：733000

定西分行

行长、党委书记：刘彦辉
地址：安定区大什字
邮编：743000

平凉分行

行长、党委书记：马煜
地址：平凉市崆峒区西大街 75 号
邮编：744000

庆阳分行

行长、党委书记：王虎
地址：庆阳市西大街 232 号
邮编：745000

陇南分行

行长、党委书记：石云
地址：陇南市武都区盘旋路 006 号
邮编：746000

临夏分行

行长、党委书记：孙平
地址：临夏市团结路 50 号
邮编：731100

甘南分行

行长、党委书记：郝巍

地址：甘南州合作市碌曲东路18号
邮编：747000

矿区分行

行长、党委书记：杨振乾
地址：嘉裕关市和诚西路66号
邮编：735112

场区分行

行长、党委书记：彭希鹏
地址：兰州市27支局48信箱106号
邮编：732750

新疆分行

伊犁哈萨克自治州分行

行长、党委书记：谢国珍
地址：伊宁市斯大林街39号
邮编：835000

塔城分行

行长、党委书记：杨明
地址：塔城市新华街153号
邮编：834700

阿勒泰分行

行长、党委书记：吴文达
地址：阿勒泰市金山路6号
邮编：836500

博尔塔拉蒙古自治州分行

行长、党委书记：肖功亮
地址：博乐市青得里大街148号
邮编：833400

昌吉回族自治州分行

行长、党委书记：孙凤琴
地址：昌吉市延安北路23号
邮编：831100

哈密分行

行长、党委书记：杨铂
地址：哈密市中山北路22号
邮编：839000

吐鲁番分行

行长、党委书记：刘辉
地址：吐鲁番市绿洲中路390号
邮编：838000

巴音郭楞蒙古自治州分行

行长、党委书记：王睿
地址：库尔勒市石化大道工行大厦
邮编：841000

阿克苏分行

行长、党委书记：米荣昆
地址：阿克苏市栏杆路24号
邮编：843000

喀什分行

行长、党委书记：符光毅
地址：喀什市人民东路1号
邮编：844000

和田分行

行长、党委书记：邢军平
地址：和田市乌鲁木齐南路2号
邮编：848000

克拉玛依石油分行

行长、党委书记：乐成军
地址：克拉玛依市天山路38号
邮编：834000

石河子分行

行长、党委书记：蔡学德
地址：石河子市北四路23小区240号
邮编：832000

新疆第七支行

行长、党委书记：孟中
地址：乌鲁木齐21信箱456分箱
邮编：841700

境内控股及独资子公司名录

工银瑞信基金管理有限公司

董事长：沈立强
总经理：郭特华
督察长：朱碧艳
地址：北京市西城区金融大街5号
新盛大厦A座6－9层
邮编：100033

工银金融租赁有限公司

董事长：蒋玉林
总裁：丛林
地址（天津）：天津市经济开发区广场东路20号
邮编：300457
地址（北京）：北京市西城区金融大街丙17号
北京银行大厦10层
邮编：100033

工银安盛人寿保险有限公司

董事长：孙持平
监事长：刘国威
总裁：张文伟
地址：上海市浦东新区陆家嘴环路
166号未来资产大厦19楼
邮编：200120

重庆璧山工银村镇银行

董事长：郭保华
行长：刘同宇
地址：重庆市璧山区奥康大道1号
邮编：402760

浙江平湖工银村镇银行

董事长：徐新桥
监事长：俞方敏
行长：岳建忠
地址：平湖市城南西路258号
邮编：314200

境外机构名录

香港分行

Industrial and Commercial Bank of China Limited, Hong Kong Branch
地址：33/F, ICBC Tower, 3 Garden Road, Central, Hong Kong
邮箱：icbchk@ icbcasia. com
电话：+ 852 2588 1188
传真：+ 852 2878 7784
SWIFT：ICBKHKHH

新加坡分行

Industrial and Commercial Bank of China Limited, Singapore Branch
地址：6 Raffles Quay #12 - 01, Singapore 048580
邮箱：icbcsg@ sg. icbc. com. cn
电话：+65 - 65381066
传真：+65 - 65381370
SWIFT：ICBKSGSG

东京分行

Industrial and Commercial Bank of China Limited, Tokyo Branch
地址：2 - 1 Marunouchi 1 - Chome, Chiyoda - Ku Tokyo, 100 - 0005, Japan
邮箱：icbctokyo@ icbc. co. jp
电话：+813 - 52232088
传真：+813 - 52198502
SWIFT：ICBKJPJT

首尔分行

Industrial and Commercial Bank of China Limited, Seoul Branch
地址：16th Floor, Taepyeongno Bldg. , #73 Sejong - daero, Jung - gu, Seoul 100 - 767, Korea
邮箱：icbcseoul@ kr. icbc. com. cn
电话：+822 - 37886670
传真：+822 - 7553748
SWIFT：ICBKKRSE

釜山分行

Industrial and Commercial Bank of China Limited, Busan Branch
地址：1st Floor, Samsung Fire & Marine Insurance Bldg. , #184, Jungang - daero, Dong - gu, Busan 601 - 728, Korea
邮箱：busanadmin@ kr. icbc. com. cn
电话：+8251 - 4638868
传真：+8251 - 4636880
SWIFT：ICBKKRSE

河内分行

Industrial and Commercial Bank of China Limited, Hanoi Branch
地址：3rd Floor Daeha Business Center, No. 360, Kim Ma Str. , Ba Dinh Dist. , Hanoi, Vietnam
邮箱：admin@ vn. icbc. com. cn
电话：+84 - 462698888
传真：+84 - 462699800
SWIFT：ICBKVNVN

万象分行

Industrial and Commercial Bank of China Limited,

Vientiane Branch

地址：Asean Road，Home No. 358，Unit12，Sibounheuang Village，Chanthabouly District，Vientiane Capital，Lao PDR

邮箱：icbcvte@ la. icbc. com. cn

电话：+856 – 21258888

传真：+856 – 21258897

SWIFT：ICBKLALA

金边分行

Industrial and Commercial Bank of China Limited，Phnom Penh Branch

地址：No. 15，Preah Norodom Boulevard，Phsar Thmey I，Duan Penh，Phnom Penh，Cambodia

邮箱：icbckh@ kh. icbc. com. cn

电话：+855 – 23955880

传真：+855 – 23965268

SWIFT：ICBKKHPP

多哈分行

Industrial and Commercial Bank of China Limited，Doha Branch

地址：Level 20，Doha Tower，Al Corniche Street，West Bay，Doha，Qatar PO BOX11217

邮箱：zhaowei@ doh. icbc. com. cn

电话：+974 – 44072758

传真：+974 – 44072751

SWIFT：ICBKQAQAXXX

阿布扎比分行

Industrial and Commercial Bank of China Limited，Abu Dhabi Branch

地址：9th floor & Mezzanine floor

AKAR properties，Al Bateen Tower C6

Bainuna Street，Al Bateen Area，Abu Dhabi，United Arab Emirates

邮箱：dboffice@ dxb. icbc. com. cn

电话：+971 – 2 – 4998600

传真：+971 – 2 – 4998622

SWIFT：ICBKAEAA

迪拜国际金融中心分行

Industrial and Commercial Bank of China Limited，Dubai（DIFC）Branch

地址：Floor 5&6，Gate Village Building 1，Dubai International Financial Center，Dubai，United Arab Emirates

邮箱：dboffice@ dxb. icbc. com. cn

电话：+971 – 47031111

传真：+971 – 47031199

SWIFT：ICBKAEAD

卡拉奇分行

Industrial and Commercial Bank of China Limited Karachi Branch

地址：15th & 16th Floor，Ocean Tower，G – 3，Block – 9，Scheme # 5，Main Clifton Road，Karachi，Pakistan. P. C：75600

电话：+92 – 2135208988

传真：+92 – 2135208930

SWIFT：ICBKPKKAXXX

孟买分行

Industrial and Commercial Bank of China Limited，Mumbai Branch

地址：Level 1，East Wing，Wockhardt Tower，C – 2，G Block，Bandra Kurla Complex，Bandra（E），Mumbai – 400 051，India

邮箱：icbcmumbai@ india. icbc. com. cn

电话：+91 – 2233155999

传真：+91 – 2233155900

SWIFT：ICBKINBBXXX

仰光分行

Industrial and Commercial Bank of China Limited，Yangon Branch

地址：459 Pyay Road，Kamayut Township，Yangon，Myanmar

电话：+95 – 12306306 – 8810，8830，8821

传真：+95 – 12306305 – 8805，8806

SWIFT：ICBKMMMY

利雅得分行

Industrial and Commercial Bank of China Limited，Riyadh Branch

地址：T08A，Level 8，Al Faisaliah Tower，Riyadh 12212，Kingdom of Saudi Arabia P. O. Box 95

邮箱：service@ sa. icbc. com. cn

电话：+966 – 11 – 2899 – 800

传真：+966 – 11 – 2899 – 879

SWIFT：ICBKSARI

科威特分行

Industrial and Commercial Bank of China Limited，Kuwait Branch

地址：Building 2A（Al – Tijaria Tower），Floor 7，Al – Soor Street，Al – Morqab，Block3，Kuwait City，Kuwait

电话：00965 – 22281777
传真：00965 – 22281799
SWIFT：ICBKKWKW

悉尼分行

Industrial and Commercial Bank of China Limited, Sydney Branch
地址：Level 1, 220 George Street, Sydney NSW 2000, Australia
邮箱：info@ icbc. com. au
电话：+612 – 94755588
传真：+612 – 92333982
SWIFT：ICBKAU2S

卢森堡分行

Industrial and Commercial Bank of China Limited, Luxembourg Branch
地址：32, Boulevard Royal, L – 2449 Luxembourg, B. P. 278 L – 2012 Luxembourg
邮箱：office@ eu. icbc. com. cn
电话：+352 – 2686661
传真：+352 – 26866666
SWIFT：ICBKLULL

法兰克福分行

Industrial and Commercial Bank of China Limited, Frankfurt Branch
地址：Bockenheimer Anlage 15, 60322 Frankfurt am Main, Germany
邮箱：icbc@ icbc – ffm. de
电话：+49 – 6950604700
传真：+49 – 6950604708
SWIFT：ICBKDEFF

伦敦分行

Industrial and Commercial Bank of China Limited, London Branch
地址：81 King William Street, London EC4N 7BG, UK
邮箱：admin@ icbclondon. com
电话：+44 20 7397 8888
传真：+44 20 7397 8890
SWIFT：ICBKGB3L

纽约分行

Industrial and Commercial Bank of China Limited, New York Branch
地址：725 Fifth Avenue, 20th Floor, New York, NY 10022, USA
邮箱：info – nyb@ us. icbc. com. cn
电话：+1 – 212 – 838 7799
传真：+1 – 212 – 838 6688
SWIFT：ICBKUS33

中国工商银行（亚洲）有限公司

Industrial and Commercial Bank of China (Asia) Limited
地址：33/F, ICBC Tower, 3 Garden Road, Central, Hong Kong
邮箱：enquiry@ icbcasia. com
电话：+852 3510 8888
传真：+852 2805 1166
SWIFT：UBHKHKHH

工银国际控股有限公司

ICBC International Holdings Limited
地址：37/F, ICBC Tower, 3 Garden Road, Central, Hong Kong
邮箱：info@ icbci. com. hk
电话：+852 – 26833888
传真：+852 – 26833900
SWIFT：ICBHHKHH

中国工商银行（澳门）股份有限公司

Industrial and Commercial Bank of China (Macau) Limited
地址：18th Floor, ICBC Tower, Macau Landmark, 555 Avenida da Amizade, Macau
邮箱：icbc@ mc. icbc. com. cn
电话：+853 – 28555222
传真：+853 – 28338064
SWIFT：ICBKMOMX

中国工商银行马来西亚有限公司

Industrial and Commercial Bank of China (Malaysia) Berhad
地址：Level 35, Menara Maxis, Kuala Lumpur City Centre, 50088 Kuala Lumpur, Malaysia
邮箱：icbcmalaysia@ my. icbc. com. cn
电话：+603 – 23013399
传真：+603 – 23013388
SWIFT：ICBKMYK

中国工商银行（印度尼西亚）有限公司

PT. Bank ICBC Indonesia
地址：32nd TCT ICBC Tower, Jl. MH. Thamrin

No. 81, Jakarta Pusat 10310, Indonesia
邮箱：cs@ ina. icbc. com. cn
电话：+62 – 2123556000
传真：+62 – 2131996010
SWIFT：ICBKIDJA

中国工商银行（泰国）股份有限公司

Industrial and Commercial Bank of China (Thai) Public Company Limited
地址：622 Emporium Tower 11th – 13th Fl. , Sukhumvit Road, Khlong Ton, Khlong Toei, Bangkok, Thailand
电话：+66 – 26295588
传真：+66 – 26639888
SWIFT：ICBKTHBK

中国工商银行（阿拉木图）股份公司

Industrial and Commercial Bank of China (Almaty) Joint Stock Company
地址：150/230, Abai/Turgut Ozal Street, Almaty, Kazakhstan. 050046
邮箱：office@ kz. icbc. com. cn
电话：+7727 – 2377085
传真：+7727 – 2377070
SWIFT：ICBKKZKX

中国工商银行（新西兰）有限公司

Industrial and Commercial Bank of China (New Zealand) Limited
地址：Level 11, 188 Quay Street, Auckland 1010, New Zealand
邮箱：info@ nz. icbc. com. cn
电话：+64 – 93747288
传真：+64 – 93747287
SWIFT：ICBKNZ2A

中国工商银行（伦敦）有限公司

ICBC (London) PLC
地址：81 King William Street, London EC4N 7BG, UK
邮箱：admin@ icbclondon. com
电话：+44 – 2073978888
传真：+44 – 2073978899
SWIFT：ICBKGB2L

中国工商银行（欧洲）有限公司

Industrial and Commercial Bank of China (Europe) S. A.
地址：32, Boulevard Royal, L – 2449 Luxembourg
邮箱：office@ eu. icbc. com. cn
电话：+352 – 2686661
传真：+352 – 26866666
SWIFT：ICBKLULU

中国工商银行（莫斯科）股份公司

Bank ICBC (joint stock company)
地址：Building 29, Serebryanicheskaya Embankment, Moscow, Russia Federation 109028
邮箱：info@ ms. icbc. com. cn
电话：+7 – 495 2873099
传真：+7 – 495 2873098
SWIFT：ICBKRUMM

工银标准银行公众有限公司

ICBC Standard Bank PLC
地址：20 Gresham Street, London, United Kingdom, EC2V 7JE
邮箱：londonmarketing@ icbcstandard. com
电话：+44 203 145 5000
传真：+44 203 189 5000
SWIFT：SBLLGB2L

中国工商银行（土耳其）股份有限公司

ICBC Turkey Bank A.
地址：Maslak Mah. Dereboyu, 2 Caddesi No：13 34398 Sariyer, STANBUL
邮箱：gongwen@ tr. icbc. com. cn
电话：+90 212 335 5162
SWIFT：ICBKTRISXXX

中国工商银行（美国）

Industrial and Commercial Bank of China (USA) NA
地址：202 Canal Street, New York, NY 10013, USA
邮箱：info@ us. icbc. com. cn
电话：+1 – 212 – 238 – 8208
传真：+1 – 212 – 619 – 0315
SWIFT：ICBKUS3N

工银金融服务有限责任公司

Industrial and Commercial Bank of China Financial Services LLC
地址：1633 Broadway, 28th Floor, New York, NY, 10019, USA
邮箱：info@ icbkus. com
电话：+1 – 212 – 993 – 7300
传真：+1 – 212 – 993 – 7349
SWIFT：ICBKUS33FIN

中国工商银行（墨西哥）有限公司

Industrial and Commercial Bank of China Mexico S. A.

地址：Paseo de la Reforma 250，Piso 18，Col. Juarez，C. P. 06600，Del. Cuauhtemoc，Mexico D. F.

邮箱：info@ icbc. com. mx

电话：+52 -55 -41253388

SWIFT：ICBKMXMM

中国工商银行（加拿大）有限公司

Industrial and Commercial Bank of China (Canada)

地址：Unit 3710，Bay Adelaide Centre，333 Bay Street，Toronto，Ontario，M5H 2R2，Canada

邮箱：info@ icbk. ca

电话：+1416 -366 -5588

传真：+1416 -607 -2000

SWIFT：ICBKCAT2

中国工商银行（阿根廷）股份有限公司

Industrial and Commercial Bank of China (Argentina) S. A.

地址：Blvd. Cecilia Grierson 355，(C1107 CPG) Buenos Aires，Argentina

邮箱：gongwen@ ar. icbc. com. cn

电话：+54 -11 -4820 -9022

传真：+54 -11 -4820 -1901

SWIFT：ICBKARBA

中国工商银行（巴西）有限公司

Industrial and Commercial Bank of China (Brasil) S. A.

地址：Av. Brigadeiro Faria Lima，3477 - Block B -6 andar - SAO PAULO/SP - Brasil

邮箱：bxgw@ br. icbc. com. cn

电话：+5511 -2395 -6600

传真：+5511 -2395 -6600

SWIFT：ICBKBRSP

中国工商银行（秘鲁）有限公司

ICBC PERU BANK

地址：Av. Juan de Arona 151，Oficina 202，San Isidro，Lima27，Perú

邮箱：gongwen@ pe. icbc. com. cn

电话：+51 -16316801

传真：+51 -16316803

SWIFT：ICBKPEPL

中国工商银行股份有限公司非洲代表处

Industrial and Commercial Bank of China Limited，African Representative Office

地址：47 Price Drive，Constantia，Cape Town ，South Africa，7806

2015年度二级分行经营效益30强

地区	分行	按绩效得分排名	按净利润排名	按人均EVA排名	三项因素综合排名
广东	中山	5	2	6	1
广东	东莞	7	1	19	2
浙江	嘉兴	2	5	21	3
江苏	南通	6	6	17	4
山东	东营	8	11	10	5
河北	廊坊	15	7	11	6
苏州	昆山	9	22	5	7
浙江	台州	3	3	33	8
广东	惠州	14	12	13	9
江苏	常州	16	4	20	10
浙江	湖州	4	18	34	11
海南	三亚	12	45	2	12
广东	江门	26	16	26	13
山东	菏泽	25	24	22	14

续表

地区	分行	按绩效得分排名	按净利润排名	按人均 EVA 排名	三项因素综合排名
广东	汕头	29	17	30	15
河北	保定	18	10	52	16
江苏	宿迁	27	38	15	17
山东	聊城	40	21	23	18
广东	珠海	62	13	12	19
广东	揭阳	36	39	14	20
广东	河源	23	60	8	21
江苏	扬州	38	23	49	22
河北	唐山	46	9	62	23
贵州	兴义	17	82	25	24
浙江	衢州	13	41	73	25
山东	潍坊	31	15	81	26
贵州	都匀	21	79	27	27
四川	南充	47	50	31	28
海南	洋浦	10	119	4	29
广东	云浮	52	73	9	30

2015 年度城区支行经营效益 40 强

地区	支行	按绩效得分排名	按净利润排名	按人均 EVA 排名	三项因素综合排名
北京	翠微路	4	1	4	1
北京	新街口	2	3	8	2
北京	营业部	7	7	3	3
深圳	营业部	11	5	1	4
浙江	西湖	1	15	6	5
北京	长安	13	4	7	6
北京	珠市口	5	10	10	7
上海	营业部	23	2	2	8
北京	南礼士路	12	8	22	9
江苏	江宁	6	26	14	10
北京	海淀西区	3	9	37	11
上海	第二营业部	27	16	9	12
北京	海淀	8	14	40	13
北京	东城	19	13	39	14
北京	金融街	29	30	16	15
北京	朝阳	9	11	57	16
广东	第一	35	25	17	17

续表

地区	支行	按绩效得分排名	按净利润排名	按人均 EVA 排名	三项因素综合排名
贵州	中华路	14	52	13	18
广东	高新	17	38	32	19
北京	宣武	77	6	12	20
浙江	解放路	33	43	24	21
北京	西客站	39	18	44	22
四川	春熙	48	17	38	23
北京	中关村	21	21	83	24
贵州	云岩	37	62	26	25
北京	商务中心区	16	44	68	26
深圳	高新园	18	99	21	27
北京	丰台	22	24	104	28
湖北	东湖	26	80	52	29
江苏	浦口	24	111	25	30
北京	王府井	45	28	91	31
河南	商都路	36	45	84	32
北京	石景山	54	29	86	33
四川	滨江	98	22	50	34
四川	草市	67	42	63	35
湖北	硚口	25	68	80	36
上海	黄浦	42	12	125	37
上海	虹桥开发区	63	50	70	38
重庆	沙坪坝	40	66	78	39
上海	外滩	120	37	29	40

2015 年国际评级及获得的主要奖项

国际评级情况

	穆迪（Moody's）	标准普尔（S&P）
长期外币存款评级	A1	A
评级展望	稳定	稳定
短期外币存款评级	P－1	A－1
个体信用实力评级（BCA）	baa2	—
个体信用状况评级（SACP）	—	bbb＋

获奖情况

境外奖项

奖项名称	颁奖机构
全球新兴市场最佳银行	《欧洲货币》
全球金融服务杰出贡献奖	
中国最佳银行	
中国最佳贵金属交易银行	
中国最佳银行	《银行家》
中国最佳公司银行	《环球金融》
中国最佳个人银行	
中国最佳财资及现金管理银行	
中国最佳私人银行	
中国最佳外汇兑换提供银行	
中国最佳短期融资券/中期票据银行	
中国最佳托管银行	
中国最佳本地银行	《亚洲货币》
中国最佳私人银行	《金融时报》
全优公司白金奖	《财资》
中国最佳私人银行	
中国最佳债券承销商	
中国最佳商品衍生品交易银行	
中国最佳银行	《金融亚洲》
中国最佳外汇交易银行	
中国最佳私人银行	
年度最佳并购交易奖	
中国最佳网络银行	《亚洲银行家》
中国最佳合作银行	
最具国际化现金管理银行	
中国最佳客户关系管理项目技术实施奖	
最佳投资者关系奖	《亚洲公司治理》
最佳社会责任奖	
亚洲最佳 CEO（投资者关系）——易会满行长	
中国最佳银行	《亚洲风险》
全球华商 1000——最大金融企业大奖	《亚洲周刊》
全球华商 1000——最高纯利企业大奖	
中国大陆企业香港股市排行榜——最大市值企业大奖	

续表

奖项名称	颁奖机构
最佳公司治理上市公司	《大公报》
中国最佳收付款服务银行	《国际司库管理》
租赁结构融资奖	《海事融资》
最佳交易奖	《贸易金融》
出口信贷最佳交易奖	《贸易与福费廷》
IMA 管理会计特别贡献奖	美国会计师协会
优秀企业管治资料披露奖	香港管理专业协会
香港公司管治卓越奖	香港上市公司商会
亚太最佳呼叫中心奖	亚太客服与呼叫中心联盟
全球竞争力品牌・中国 TOP10	美国国际数据集团
最佳合作伙伴	VISA 国际组织
最佳创新支付奖	
最佳商旅类信用卡发卡行	万事达卡国际组织
风险监控优化奖	
跨境交易业务最佳合作伙伴	
收单杰出合作奖	美国运通
最佳高端产品服务奖	
最佳公务卡产品合作奖	
最佳影响力奖	JCB
亚太区最佳特许经营银行	大来国际

境内奖项

奖项名称	颁奖机构
银行科技发展二等奖	中国人民银行
最具社会责任金融机构奖	中国银行业协会
社会责任最佳绿色金融奖	
公益慈善优秀项目奖	
银团贷款最佳业绩奖	
银团贷款最佳交易奖	
养老金业务最佳业绩奖	
养老金业务最佳发展奖	
养老金行业领军人物奖	
中国银行业文明规范服务工作突出贡献奖	
中国银行业普及金融知识万里行活动最佳成效奖	
全国银行业法律风险管理先进单位	
银行卡网络支付安全宣传月“突出贡献奖”	

续表

奖项名称	颁奖机构
最佳境外机构代理人	中国外汇交易中心
综合最佳做市机构	
最佳做市奖	
最佳即期做市奖	
最佳远掉做市奖	
最佳交易奖	
最佳即期交易奖	
最佳远掉交易奖	
最佳非美货币交易奖	
最佳外币对交易奖	
最受欢迎即期做市机构奖	
最受欢迎远掉做市机构奖	
优秀卢布直接交易做市机构奖	
优秀林吉特直接交易做市机构奖	
优秀英镑直接交易做市机构奖	
最佳后台支持做市机构奖/最佳后台支持做市商	
最佳会员奖	
优秀清算会员	银行间市场清算所股份有限公司
优秀结算成员	
外汇清算优秀奖	
债券净额清算优秀奖	
托管银行优秀奖	
最佳协作奖	中国银联
最具市场影响力奖	全国银行间同业拆借中心
最佳做市机构奖	
优秀金融类会员	上海黄金交易所
市场杰出贡献奖	
询价业务杰出贡献奖	
租借业务优秀商业银行	
年度影响力品牌金奖	上海理财博览会
个人贷款业务消费者满意度奖	银率网
并购专项奖	中国并购公会
“银行卡网络支付安全宣传月”优秀组织奖	中国支付清算协会
最佳呼叫中心奖	中国电子商户呼叫中心与客户关系管理专业委员会
“金鼎奖”年度优秀金融品牌奖：工商银行电商平台——融 e 购	中国国际金融展
中国最具价值企业品牌	中国品牌建设促进会
公众透明度典范奖	中国企业管理研究会社会责任委员会
中国企业社会责任 500 强	中国企业评价协会

续表

奖项名称	颁奖机构
中国优秀企业公民	中国社会工作联合会企业公民工作委员会
优秀基金项目奖	中国下一代教育基金会
互联网金融产品创新奖	中国县镇经济交流会 中国村镇银行发展讨论组委会 亚太金融学会
互联网金融风控与安全奖	
互联网金融平台优秀奖	
中国最佳客户联络中心奖	中国信息化推进联盟客户 关系管理专业委员会
光明功勋奖	中华健康快车基金会
最具社会责任金融机构奖	中央金融团工委 全国金融青联 中国银行业协会 中国青少年发展基金会
运营管理标杆班组奖	金融业客服中心发展联盟
呼出业务标杆团队奖	
“金耳麦杯”中国最佳客户中心	客户世界机构
中国企业十大绿色行动	联合国全球契约中国网络
关注气候变化与环境保护最佳实践奖	
中国最佳客户体验私人银行	《21 世纪经济报道》
最佳银行财富管理品牌	
金蜜蜂·优秀企业社会责任报告·领袖型企业	《WTO 经济导刊》
最值得信赖的银行机构	《半月谈》
最具创新力企业	《第一财经》
年度大数据金融机构品牌	
中国企业社会责任榜杰出企业奖	
年度互联网金融创新案例奖（融 e 购）	
年度国际化银行	
金圆桌奖最佳董事会	《董事会》
金圆桌奖最具创新力董秘	
互联网金融创新银行	《华夏时报》
年度金牌私人银行	《金融理财》
年度金牌资产管理银行	
年度金牌信用卡银行	
年度金牌市场潜力金融产品——国债期货套利产品	
年度金牌变现力金融产品——e 灵通	
年度最佳移动银行——工银融 e 行	
金牌创新力金融产品——工银云闪付信用卡	
金牌市场影响力金融产品——工银环球旅行信用卡	
年度金牌市场创新力金融产品——账户原油	
年度金牌市场影响力金融产品——“一带一路”沿线国家与新兴市场货币外汇买卖	

续表

奖项名称	颁奖机构
最佳商业银行	《金融时报》（中国） 中国社科院金融研究所
十佳互联网金融创新机构	
中国最受尊敬企业	《经济观察报》
年度最佳社会贡献银行	
年度最佳现金管理产品创新银行	《贸易金融》
中国最佳私人银行奖	《每日经济新闻》
中国普惠金融榜“卓越贡献奖”	
国有上市企业社会责任榜第一名	《南方周末》
最佳资产管理品牌奖	《上海证券报》
最佳银行理财产品奖	
“金互联”奖——卓越应用平台奖	
十年最佳全球资金管理经典案例	《首席财务官》
公司理财创新奖	《新理财》
最佳金融创新奖	《银行家》（中国）
最佳金融品牌创新奖	
十佳金融产品创新奖（零售业务）	
十佳互联网金融创新奖（人脉挖宝）	
十佳金融产品创新奖（人民币结算商品交易）	
十佳互联网金融创新奖（对公代客交易网上银行）	
十佳金融产品创新奖（对公业务）	
中国证券市场“卓越贡献龙鼎奖”	《证券日报》
最佳全能银行投行	《证券时报》
最佳跨境融资银行	
“一带一路”最佳海外形象奖	《中国报道》
创新产品与应用奖	《中国电子报》
卓越竞争力品牌建设银行	《中国经营报》
卓越竞争力国有商业银行	
卓越竞争力投资银行	
最具影响力企业领袖	《中国企业家》
最具责任感企业	《中国新闻周刊》
金牛最强盈利公司	《中国证券报》
金牛最佳董秘	
银行卡服务创新团队	《卓越理财》
亚洲最佳商业银行	21 世纪研究院金融研究中心
中国最佳电子银行奖	中国金融认证中心
中国最佳手机银行安全奖	
最佳综合性银行	东方财富网
最佳互联网金融银行	
最佳支付产品	

续表

奖项名称	颁奖机构
中国企业最具影响力十大新媒体账号	国务院国资委新闻中心 中央企业媒体联盟
年度网银卓越奖	和讯网
年度网银用户体验奖	
年度手机银行卓越奖	
中国互联网金融优秀品牌奖	互联网金融工作委员会
杰出中资银行	金融界
杰出信用卡品牌	
金融界领航奖——最佳手机银行品牌奖	金融界 清华五道口金融学院
电子银行创新奖之金融互联网最佳践行奖（人脉挖宝）	网银联盟
年度最佳信用卡	新浪网
易观之星·最佳手机银行奖	易观
易观之星·最佳电商平台奖（融e购）	
中国大学生最佳雇主TOP50	中华英才网
大学生最佳雇主全国性银行业Top10	

2015年全国性重要评比或评奖活动结果

全国劳动模范

满都拉（蒙古族）　内蒙古分行信息科技部总经理
林小群（女）　浙江温州分行永嘉支行大堂经理
胡家山　安徽淮南分行人力资源部员工
杨金花（女）　河南安阳分行营业部客户经理
肖义华（女）　湖南株洲分行新华路支行行长
罗　欣（女）　贵州六盘水分行个金部业务经理

全国五一巾帼标兵岗、全国金融五一巾帼标兵岗、全国金融五一劳动奖状

北京分行西客站支行营业部
上海分行古北新区支行

全国五一巾帼标兵、全国金融五一巾帼标兵、全国金融五一劳动奖章

杨理杰　湖南怀化分行行长

全国巾帼文明岗

江西分行赣州金房支行
海南分行海口世贸支行
青海分行西宁西门口支行

全国巾帼建功标兵

朱红梅　河南分行营业部行政区支行理财经理

全国金融五一劳动奖状（防风险先进集体）

广州高新技术开发区支行
北京顺义支行

全国金融先锋号（防风险先进集体）

湖北孝感应城支行
重庆渝中支行业务运行管理部

全国金融五一劳动奖章（防风险先进个人）

曲　阳　辽宁分行信贷与投资管理部副总经理
王爱香　海南分行内控合规部检查中心经理
张　进　贵州分行营业部现金营运中心经理
潘劲松　深圳分行内控合规部总经理

全国金融道德模范（助人爱亲模范）

朱　捷　上海普陀支行员工

全国金融道德模范提名奖（学习创新）

陈铁钢　辽宁分行营业部和平北市支行客户经理

全国金融系统“职工之友”

沈荣勤　浙江分行党委书记、行长
王芝斌　湖北分行党委书记、行长

全国金融模范职工之家

山西忻州分行工会
安徽宿州分行工会
湖北分行机关工会
青岛市南第二支行工会

全国金融系统优秀工会干部

郭明三　山东分行工会副主任
叶　鸣（女）　湖南分行工会副主任
张　英（女）　广东分行营业部工会办公室主任
吴　进　广西分行工会主任
王殿军　甘肃分行工会副主任